S0-AWP-181

Big Dipper [-'dɪpə'] n - **1.** Br [rollercoaster] montagnes fpl russes - **2.** Am ASTRON : **the ~** la Grande Ourse.

Black Maria n inf panier m à salade.

city ['sɪtɪ] (pl -ies) n ville f, cité f.
City n Br : **the City** la City (quartier financier de Londres).

THE CITY

La City, quartier financier de la capitale, est une circonscription administrative autonome de Londres ayant sa propre police. Le terme « the City » est souvent employé pour désigner le monde britannique de la finance.

couch potato n inf flemmard m, -e f (qui passe son temps devant la télé).

ELT (abbr of **English language teaching**) n enseignement de l'anglais.

fall [fɔːl] (pt fell, pp fallen) ◇ vi - **1.** [gen] tomber ; **to ~ flat** [joke] tomber à plat - **2.** [decrease] baisser - **3.** [become] : **to ~ asleep** s'endormir ◇ n - **1.** [gen] : **~ (in)** chute (de) - **2.** Am [autumn] automne m.
falls npl chutes fpl.

favourite Br, **favorite** Am ['feɪvrɪt] ◇ adj favori(ite) ◇ n favori m, -ite f.

hadn't ['hædnt] = had not.

selves [selvz] pl ➤ self.

step [step] (pt & pp -ped, cont -ping) ◇ n - **1.** [pace] pas m ; **in/out of ~ with** fig en accord/désaccord avec ; **to watch one's ~** faire attention où l'on marche ; fig faire attention à ce que l'on fait - **2.** [action] mesure f - **3.** [stage] étape f ; **~ by ~** petit à petit, progressivement - **4.** [stair] marche f - **5.** [of ladder] barreau m, échelon m - **6.** Am MUS ton m ◇ vi - **1.** [move foot] : **to ~ forward** avancer ; **to ~ off** OR **down from sthg** descendre de qqch ; **to ~ back** reculer - **2.** [tread] : **to ~ on/in sthg** marcher sur/dans qqch.
steps npl - **1.** [stairs] marches fpl - **2.** Br [stepladder] escabeau m.
step aside vi - **1.** [move away] s'écarter - **2.** [leave job] démissionner.

DICTIONNAIRE COMPACT

FRANÇAIS ANGLAIS
ANGLAIS FRANÇAIS

CONCISE DICTIONARY

FRENCH ENGLISH
ENGLISH FRENCH

LAROUSSE

**DICTIONNAIRE
COMPACT**

**FRANÇAIS
ANGLAIS**

**ANGLAIS
FRANÇAIS**

LAROUSSE

ISBN 2-03-540040-6
Larousse/HER, Paris

Distributeur exclusif au Québec: Messageries ADP, 1751 Richardson, Montréal (Québec)

ISBN 2-03-542012-1 (hardcover edition)
ISBN 2-03-542002-2 (paperback edition)

Diffusion/Sales : Larousse Kingfisher Chambers Inc., New York

LAROUSSE

CONCISE DICTIONARY

FRENCH ENGLISH

ENGLISH FRENCH

LAROUSSE

Deuxième Édition / *Second Edition*

Direction de la présente édition
General Editor for this edition
Valérie Katzaros

Rédaction
Editors
Frances Illingworth
Marie Ollivier
Paloma Cabot
Peggy Loison

Informatique éditoriale
Data managment
Abdul Aziz Ndao

Direction artistique
Layout
Sophie Compagne

Première Édition / *First Edition*

Direction de l'ouvrage
General Editor
Catherine Love

Coordination éditoriale
Coordinating Editors
Wendy Lee   Patrick White   Catherine Julia

Rédaction
Editors

Florence Millar
Sabine Citron
Liliane Charrier
Valérie Dupin
Véronique Athukorala
Jean Bertrand
Françoise Fauchet
Carine Lipski
Carole Coen

Harry Campbell
Donald Watt.
Karen George
Margaret Ross
Huw Davies
Sara Montgomery
Calum Short
Jane Goldie
Charlotte Boynton
Callum Brines

SOMMAIRE

CONTENTS

AU LECTEUR

La gamme COMPACT offre l'outil de travail idéal pour un large éventail de situations, allant du travail scolaire ou en auto-apprentissage au contexte quotidien du bureau.

Le COMPACT français/anglais vise à répondre rapidement et efficacement au plus grand nombre des questions posées par la lecture de l'anglais d'aujourd'hui et par la rédaction de travaux, de lettres, de rapports en anglais.

Avec plus de 100 000 mots et expressions éclairés par plus de 130 000 traductions, ce dictionnaire permet de pleinement apprécier textes littéraires et documents, de mieux comprendre la presse quotidienne ou hebdomadaire, de déchiffrer prospectus et notices, de faire une traduction rapide ou une synthèse. De nombreux sigles et noms propres, les termes les plus courants des affaires et de l'informatique, en font une référence particuliè-

rement actuelle. Par le traitement clair et détaillé du vocabulaire fondamental, les exemples de constructions grammaticales, les tournures idiomatiques, les indications de sens soulignant la ou les traductions appropriées, il permet de rédiger dans la langue étrangère sans risque de contresens et sans hésitation.

Une présentation et une typographie très étudiées concourent à rendre plus aisée la consultation. Pour l'usager qui n'est plus un vrai débutant sans prétendre être un spécialiste, le COMPACT est l'ouvrage de référence pour parfaire son anglais.

N'hésitez pas à nous faire part de vos observations, questions ou critiques éventuelles ; vous contribuerez ainsi à rendre cet ouvrage encore meilleur.

L'Éditeur

TO OUR READERS

The Larousse CONCISE dictionary is the perfect companion for a wide variety of situations, from language learning at school and at home to everyday use in the office.

This French dictionary is designed to provide fast and efficient solutions to the various problems encountered when reading present-day French. It will also be an invaluable aid in preparing written work of all kinds, from schoolwork to letters and reports.

The CONCISE has over 100,000 references and 130,000 translations. It enables the user to read and enjoy a wide range of fiction and journalism, to understand trade literature, brochures and manuals, and to summarize and translate from French quickly and accurately. This entirely new dictionary also features up-to-date coverage of common abbreviations and acro-

nyms, proper names, business terms and computing vocabulary.

Writing French accurately and confidently is no longer a problem thanks to the CONCISE 's detailed coverage of essential vocabulary, and helpful sense-markers which guide the user to the most appropriate translation.

Careful thought has gone into the presentation of the entries, both in terms of layout and typography. For the user who has moved beyond beginners' level but is not intending to pursue French at an academic level, the CONCISE is the ideal reference work.

Send us your comments or queries – you will be helping us to make this dictionary an even better book in future.

The Publisher

ABBREVIATIONS
Grammatical, register and regional labels

ABRÉVIATIONS
Étiquettes grammaticales, stylistiques et dialectales

abbreviation	abbr/abr	abréviation
adjective	adj	adjectif
adverb	adv	adverbe
American English	Am	anglais américain
slang	arg	argot
article	art	article
Australian English	Austr	anglais australien
auxiliary	aux	auxiliaire
before noun	avant n	avant le nom

indicates that the translation is always used attributively, i.e. directly before the noun which it modifies

appliqué à la traduction d'un adjectif français, indique l'emploi d'un nom anglais avec valeur d'adjectif ; souligne aussi les cas où la traduction d'un adjectif est nécessairement antéposée

Belgian French	Belg	belgicisme
British English	Br	anglais britannique
Canadian English/French	Can	canadianisme
compound	comp	nom anglais utilisé en apposition

a noun used to modify another noun, e.g. gardening in gardening book or airforce in airforce base

nom anglais utilisé en apposition par exemple gardening dans gardening book ou airforce dans airforce base

comparative	compar	comparatif
conjunction	conj	conjonction
continuous	cont	progressif
definite	def/déf	défini
demonstrative	dem/dém	démonstratif
specially	esp	particulièrement
exclamation	excl	interjection
informal	fam	familier
figurative	fig	figuré
formal	fml	soutenu
inseparable	fus	non séparable

shows that a phrasal verb is "fused", i.e. inseparable, e.g. look after where the object cannot come between the verb and the particle, e.g. I looked after him but not I looked him after

indique qu'un verbe anglais à particule (« phrasal verb ») ne peut pas être séparé de sa particule, c'est-à-dire qu'un complément d'objet ne peut être inséré entre les deux, par exemplel looked after him (et non I looked him after)

generally, in most cases	gen/gén	généralement

identifies the most common translation of a word

indique la traduction la plus courante d'un mot

Swiss French	Helv	helvétisme
humorous	hum	humoristique
indefinite	indef/indéf	indéfini
informal	inf	familier
infinitive	infin	infinitif
exclamation	interj	interjection
interrogative	interr	interrogatif

invariable	*inv*	invariable

applied to a noun to indicate that the plural and singular forms are the same, e.g. garde-boue *m inv* : les garde-boue, sheep *pl inv* : four sheep ; applied to a French adjective to indicate that feminine and plural forms same as masculine, e.g. vieux jeu *inv* : ils sont/elle est vieux jeu

avec un nom, signifie que la forme du pluriel est identique à la forme du singulier par exemple garde-boue *m inv* : les garde-boue, sheep *pl inv* : four sheep ; avec un adjectif, signifie que la forme du féminin et celle du pluriel sont identiques à la forme du masculin, par exemple vieux jeu *inv* : ils sont/elle est vieux jeu

ironic	*iro/iron*	ironique
literal	*lit/litt*	littéral

in conjunction with *fig*, shows that both a literal and figurative sense is being covered by the same translation

conjointement à l'étiquette *fig*, indique que la traduction donnée couvre à la fois le sens littéral et le sens figuré

phrase(s)	*loc*	locution(s)
adjectival phrase	*loc adj*	locution adjectivale
adverbial phrase	*loc adv*	locution adverbiale
conjunctival phrase	*loc conj*	locution conjonctive
prepositional phrase	*loc prép*	locution prépositionnelle

adjectives, adverbs, conjunctions and prepositions consisting of more than one word, e.g. d'affilée, par dépit, en dépit de, bien que

adjectifs, adverbes, conjonctions et prépositions composés de plusieurs mots, par exemple d'affilée, par dépit, en dépit de, bien que

noun	*n*	nom
feminine noun	*nf*	nom féminin
masculine noun	*nm*	nom masculin
masculine or feminine noun	*nmf*	nom masculin ou féminin

depending on gender, e.g. dentiste *nmf* where you would say un dentiste or le dentiste for a man and une dentiste or la dentiste for a woman

dentiste *nmf* pouvant être un dentiste ou une dentiste, selon le sexe

numeral	*num*	numéral
oneself	*o.s.*	
pejorative	*pej/péj*	péjoratif

implies disapproval, e.g. bimbo, catty, macho

implique une nuance dépréciative, par exemple accoutré

personal	*pers*	personnel
phrase(s)	*phr*	locution(s)
plural	*pl*	pluriel
possessive	*poss*	possessif
past participle	*pp*	participe passé
present participle	*ppr*	participe présent
preposition	*prep/prép*	préposition
pronoun	*pron*	pronom
past tense	*pt*	passé
	qqch	quelque chose
	qqn	quelqu'un
registered trademark	®	nom déposé

words considered to be trademarks have been designated in this dictionary by the symbol ®. However, neither the presence nor the absence of such designation should be regarded as affecting the legal status of any trademark.

les noms de marque sont désignés dans ce dictionnaire par le symbole ®. Néanmoins ni ce symbole ni son absence éventuelle ne peuvent être considérés comme susceptibles d'avoir une incidence quelconque sur le statut légal d'une marque.

relative	*rel*	relatif
someone, somebody	*sb*	
Scottish English	*Scot*	anglais écossais
separable	*sep*	séparable

shows that a phrasal verb is separable, e.g. **let in, help out** where the object can come between the verb and the particle, **I let her in, he helped me out**

indique qu'un verbe anglais à particule (« phrasal verb ») peut être séparé de sa particule, c'est-à-dire qu'un complément d'objet peut être inséré entre les deux, par exemple **I let her in, I helped him out**

singular	*sg*	singulier
slang	*sl*	argot
formal	*sout*	soutenu
something	*sthg*	
subject	*subj/suj*	sujet
superlative	*superl*	superlatif
very informal	*tfam*	très familier
uncountable noun	*U*	substantif non comptable

i.e. an English noun which is never used in the plural or with "a"; used when the French word is or can be a plural, e.g. **applause** *n (U)* **applaudissements** *mpl*, **battement** *nm* beat, beating *(U)*

désigne en anglais les noms qui ne sont jamais utilisés au pluriel, lorsque le terme français est un pluriel ou peut être mis au pluriel, par exemple **applause** *n (U)* **applaudissements** *mpl*, **battement** *nm* beat, beating *(U)*

usually	*usu*	habituellement
link verb followed by a predicative adjective or noun	*v attr*	verbe suivi d'un attribut
verb	*vb/v*	verbe
intransitive verb	*vi*	verbe intransitif
impersonal verb (always used with the subject "it")	*v impers*	verbe impersonnel
very informal	*v inf*	très familier
pronominal verb	*vp*	verbe pronominal
transitive verb	*vt*	verbe transitif
vulgar, offensive	*vulg*	vulgaire, susceptible de choquer
cultural equivalent	~	équivalence culturelle
introduces a new part of speech within an entry	◇	introduit une nouvelle catégorie grammaticale dans une entrée
introduces a sub-entry, such as a plural form with its own specific meaning or a set phrase containing the headword (e.g. a phrasal verb or adverbial phrase)	◆	introduit une sous-entrée, par exemple une forme plurielle ayant un sens propre, une locution adjectivale ou adverbiale, un verbe pronominal, etc.

FIELDS LABELS   ## DOMAINES

administration, administrative	ADMIN	administration
aeronautics, aviation	AERON/AÉRON	aéronautique
agriculture, farming	AGR(IC)	agriculture
anatomy	ANAT	anatomie
archaeology	ARCHAEOL/ARCHÉOL	archéologie
architecture	ARCHIT	architecture
astrology	ASTROL	astrologie
astronomy	ASTRON	astronomie
automobile, cars	AUT(OM)	automobile
biology	BIOL	biologie
botany	BOT	botanique
chemistry	CHEM/CHIM	chimie
cinema, film-making	CIN(EMA)	cinéma
commerce, business	COMM	commerce
computers, computer science	COMPUT	informatique
construction,	CONSTR	construction
sewing	COUT	couture
culinary, cooking	CULIN	cuisine, art culinaire
ecology	ÉCOL	écologie
economics	ECON/ÉCON	économie
electricity	ELEC/ÉLECTR	électricité
electronics	ELECTRON/ÉLECTRON	électronique
finance, financial	FIN	finances
soccer	FTBL	football
geography, geographical	GEOGR/GÉOGR	géographie
geology, geological	GEOL/GÉOL	géologie
geometry	GEOM/GÉOM	géométrie
grammar	GRAM(M)	grammaire
history	HIST	histoire
industry	IND	industrie

FIELDS LABELS

DOMAINES

computers, computer science	INFORM	informatique
juridical, legal	JUR	juridique
linguistics	LING	linguistique
mathematics	MATH(S)	mathématiques
medicine	MED/MÉD	médecine
weather, meteorology	METEOR/MÉTÉOR	météorologie
military, armaments	MIL	domaine militaire
music	MUS	musique
mythology	MYTH	mythologie
nautical, maritime	NAUT/NAVIG	navigation
pharmacology, pharmaceutics	PHARM	pharmacologie
philosophy	PHILO	philosophie
photography	PHOT	photographie
physics	PHYS	physique
politics	POL(IT)	politique
psychology, psychiatry	PSYCH(OL)	psychologie
railways	RAIL	rail
religion	RELIG	religion
school	SCH/SCOL	domaine scolaire, éducation
sociology	SOCIOL	sociologie
stock exchange	ST EX	Bourse
technology, technical	TECH(NOL)	technique, technologie
telecommunications	TELEC/TÉLÉCOM	télécommunications
television	TV/TÉLÉ	télévision
printing, typography	TYPO	typographie
university	UNIV	université
veterinary science	VETER	médecine vétérinaire
zoology	ZOOL	zoologie

PHONETIC TRANSCRIPTION

TRANSCRIPTION PHONÉTIQUE

English vowels

[ɪ] pit, big, rid
[e] pet, tend
[æ] pat, bag, mad
[ʌ] putt, cut
[ɒ] pot, log
[ʊ] put, full
[ə] mother, suppose

[iː] bean, weed
[ɑː] barn, car, laugh
[ɔː] born, lawn
[uː] loop, loose
[ɜː] burn, learn, bird

Voyelles françaises

[i] fille, île
[e] pays, année
[ɛ] bec, aime
[a] lac, papillon
[o] drôle, aube
[ɔ] botte, automne
[u] outil, goût
[y] usage, lune
[ø] aveu, jeu
[œ] peuple, bœuf
[ə] le, je

English Diphtongs

[eɪ] bay, late, great
[aɪ] buy, light, aisle
[ɔɪ] boy , foil
[əʊ] no, road, blow
[aʊ] now, shout, town
[ɪə] peer, fierce, idea
[eə] pair, bear, share
[ʊə] poor, sure, tour

Nasales françaises

[ɛ̃] timbre, main
[ɑ̃] champ, ennui
[ɔ̃] ongle, mon
[œ̃] parfum, brun

Semi-vowels

you, spaniel   [j]
wet, why, twin   [w]
   [ɥ]

Semi-voyelles

yeux, lieu
ouest, oui
lui, nuit

Consonants

pop, people	[p]	prendre, grippe
bottle, bib	[b]	bateau, rosbif
train, tip	[t]	théâtre, temps
dog, did	[d]	dalle, ronde
come, kitchen	[k]	coq, quatre
loch	[x]	
gag, great	[g]	garder, épilogue
chain, wretched	[tʃ]	
jig, fridge	[dʒ]	
fib, physical	[f]	physique, fort
vine, livid	[v]	voir, rive
think, fifth	[θ]	

Consonnes

TRANSCRIPCIÓN FONÉTICA

TRANSCRIPTION PHONÉTIQUE

this, with	[ð]	
seal, peace	[s]	cela, savant
zip, his	[z]	fraise, zéro
sheep, machine	[ʃ]	charrue, schéma
usual, measure	[ʒ]	rouge, jabot
how, perhaps	[h]	
metal, comb	[m]	mât, drame
night, dinner	[n]	nager, trône
sung, parking	[ŋ]	dancing, smoking
	[ɲ]	agneau, peigner
little, help	[l]	halle, lit
right, carry	[r]	arracher, sabre

The symbol ['] has been used to represent the French "h aspiré", e.g. hachis ['aʃi].

Le symbole ['] représente le « h aspiré » français, p. ex. hachis ['aʃi].

The symbol ['] indicates that the following syllable carries primary stress and the symbol [ˌ] that the following syllable carries secondary stress.

Les symboles ['] et [ˌ] indiquent respectivement un accent primaire et un accent secondaire sur la syllabe suivante.

The symbol [ʳ] in English phonetics indicates that the final "r" is pronounced only when followed by a word beginning with a vowel. Note that it is nearly always pronounced in American English.

Le symbole [ʳ] indique que le « r » final d'un mot anglais ne se prononce que lorsqu'il forme une liaison avec la voyelle du mot suivant ; le « r » final est presque toujours prononcé en anglais américain.

A phonetic transcription has been given where appropriate after every French headword (the main word which starts an entry). All one-word English headwords similarly have phonetics. For English compound headwords, whether hyphenated or of two or more words, phonetics are given for any element which does not appear elsewhere in the dictionary as a headword in its own right.

Une transcription phonétique – quand elle a été jugée nécessaire – suit chaque libellé (terme-vedette de l'entrée) français, ainsi que chaque libellé anglais écrit en un seul mot. Pour les mots composés anglais (avec ou sans trait d'union, et composés de deux éléments ou plus), la phonétique est présente pour ceux des éléments qui n'apparaissent pas dans le dictionnaire en tant que libellés à part entière.

A NOTE ON FRENCH VERBS

French verbs have a number (from [1] to
[116]) which refers to the conjugation
table given at the back of the dictionary.
This number is not repeated for reflexive
verbs when these are sub-entries.

VERBES FRANÇAIS

Les verbes français comportent une
numérotation (de [1] à [116]) qui renvoie
aux conjugaisons fournies en fin
d'ouvrage. Ce chiffre n'est pas répété
après les verbes pronominaux lorsqu'ils
apparaissent comme sous-libellés.

A NOTE ON FRENCH COMPOUNDS

A compound is a word or expression
which has a single meaning but is made
up of more than one word, e.g. point of
order, kiss of life, virtual reality, World Series
and International Monetary Fund. It is a feature of this dictionary that English compounds appear in the A-Z list in strict
alphabetical order. The compound blood
pressure will therefore come after bloodless
which itself follows blood group.

MOTS COMPOSÉS ANGLAIS

On désigne par composés des entités
lexicales ayant un sens autonome mais
qui sont composées de plus d'un mot.
Nous avons pris le parti de faire figurer
les composés anglais dans l'ordre alphabétique général. Le composé blood pressure est ainsi présenté après bloodless, qui
suit blood group.

LISTE DES ENCADRÉS CULTURELS FRANÇAIS
LIST OF FRENCH CULTURAL BOXES

L'ACADÉMIE FRANÇAISE	COMITÉ D'ENTREPRISE	LA BIBLIOTHÈQUE MAZARINE
ARTE	LE CONSEIL D'ÈTAT	MÉDECINS SANS FRONTIÈRES
L'ASSEMBLÉE NATIONALE	LE CONSEIL DES MINISTRES	MINITEL
AUDIMAT	COQ GAULOIS	MUGUET
LE FESTIVAL D'AVIGNON	LA COUR DES COMPTES	LE MUSÉE D'ORSAY
BACCALAURÉAT	DÉCLARATION D'IMPÔTS	LE PLAN ORSEC
BASTILLE	DEUG, DEUST	GRAND ET PETIT PALAIS
BEAUBOURG	DOM-TOM	PÂQUES
BIBLIOTHÈQUE NATIONALE DE FRANCE	GRANDE ÉCOLE	PARIS
BISTROT	L'ÈLYSÉE	POLYTECHNIQUE
BIZUTAGE	FÊTE	QUAI
CAFÉ	FÊTE DE LA MUSIQUE	LE QUARTIER LATIN
CANAL+	FRANCOPHONIE	LA RENTRÉE
LE FESTIVAL DE CANNES	IMMATRICULATION	LA RÉVOLUTION FRANÇAISE
LES CHÂTEAUX DE LA LOIRE	L'INSTITUT DE FRANCE	RIVE DROITE, RIVE GAUCHE
	L'INSTITUT PASTEUR	
LA CINÉMATHÈQUE FRANÇAISE	LE JOURNAL OFFICIEL	TIRER LES ROIS
	LA FÊTE DU 14 JUILLET	SÉCURITÉ SOCIALE
COEFFICIENT	LOTO	LE SEIZIÈME
COHABITATION	LE LOUVRE	LE SÉNAT
COLLÈGE	LYCÉE	LA SORBONNE
LE COLLÈGE DE FRANCE	MAI 68	VERLAN
LA COMÉDIE-FRANÇAISE	LE MARAIS	PARC DE LA VILLETTE
	MARIANNE	
	MATIGNON	

LIST OF ENGLISH CULTURAL BOXES
LISTE DES ENCADRÉS CULTURELS ANGLAIS

THE ALBERT HALL	EDINBURGH FESTIVAL	PRIMARIES
A LEVEL	EMBLEMS	PRIVY COUNCIL
APRIL FOOL'S DAY	ENGLISH BREAKFAST	PUB
BEST MAN	FETE	PUBLIC SCHOOL
BILL OF RIGHTS	FLEET STREET	PULITZER PRIZE
BINGO	GRAMMAR SCHOOL	SAINT PATRICK'S DAY
BOOKER PRIZE	GREAT BRITAIN	SENATE
BRITISH COUNCIL	GUY FAWKES'NIGHT	SPONSORED WALK
BROAD SHEET	HALLOWE'EN	THE STARS AND STRIPES
BUILDING SOCIETY	HIGHLAND GAMES	SUNDAY PAPERS
CAUCUS	HOUSE OF COMMONS	THE SUPER BOWL
THE CHURCH OF ENGLAND	HOUSE OF LORDS	SUPREME COURT
THE CITY	HOUSE OF REPRESENTATIVES	TABLOID
THE COMMONWEALTH	ICE CREAM VAN	THANKSGIVING
CONGRESS	L	THE UNION JACK
CONSTITUTION	LICENSING HOURS	WALL STREET
CONTINENTAL BREAKFAST	PANTOMIME	THE WELSH ASSEMBLY
COVENT GARDEN	PENTAGON	WESTMINSTER
DEVOLUTION	POLITICALLY CORRECT	WHITEHALL
DOWNING STREET	POPPY DAY	YELLOW LINES

COMMENT UTILISER LE DICTIONNAIRE

I. Comment trouver le mot ou l'expression que l'on recherche

Il faut d'abord se poser plusieurs questions :
S'agit-il d'un mot isolé, d'un mot à trait d'union ou d'une abréviation ?
S'agit-il d'un nom composé ?
S'agit-il d'une expression ou d'une locution ?
S'agit-il d'un verbe pronominal ?
S'agit-il d'un verbe à particules anglais ?
S'agit-il d'une forme irrégulière ?

Mots isolés, mots à trait d'union et abréviations

En règle générale, on trouve le mot recherché à la place qui lui correspond dans l'ordre alphabétique.

Les entrées commençant par une *majuscule* apparaissent après celles qui s'écrivent de la même façon mais commencent par une minuscule.

> **réunion** [reynjɔ̃] *nf* - **1.** [séance] meeting - **2.** [jonction] union, merging.
> **Réunion** [reynjɔ̃] *nf* : (l'île de) la ~ Réunion.

Si le mot avec majuscule et le mot avec minuscule sont liés du point de vue du sens, on trouvera la version avec majuscule sous son équivalent avec minuscule, après un losange noir (➡). Il s'agit d'un type de « sous-entrée » (voir plus bas).

> **administration** [əd,mɪnɪ'streɪʃn] *n* administration *f*.
> ➡ **Administration** *n Am* : the Administration le gouvernement.

Les mots comportant un *trait d'union*, un *point* ou une *apostrophe* viennent après ceux qui s'écrivent de la même façon mais sans aucun de ces signes.

> **second hand** ['sekənd-] *n* [of clock] trotteuse *f*.
> **second-hand** ['sekənd-] *adj* [goods, shop] d'occasion...

Les entrées portant un *accent* se trouvent après celles qui s'écrivent de la même façon mais sans accent.

> **ou** [u] *conj* [indique une alternative, une approximation] or...
> **où** [u] *pron rel* [spatial] where...

Dans certains cas, l'entrée est suivie d'un chiffre en *exposant*. Ceci veut dire que, juste avant ou juste après, figure une autre entrée, elle aussi suivie d'un chiffre, qui

> **tear¹** [tɪəʳ] *n* larme *f* ; **in ~s** en larmes.
> **tear²** [teəʳ] (*pt* **tore**, *pp* **torn**) *vt* [rip] déchirer...

s'écrit de la même façon mais a un sens ou une prononciation totalement différents.
Ce sont ce que l'on appelle des homographes. Il faut s'assurer que l'on ne se trompe pas d'entrée. Faisons donc bien attention à la catégorie grammaticale et à la prononciation. Dans l'exemple ci-dessus, les deux mots « tear » n'ont pas la même phonétique ; il faut par ailleurs se demander si l'on recherche un nom *(n)* ou un verbe transitif *(vt)*.

Certains mots sont traités en sous-entrée, précédés d'un losange noir (◆). Il s'agit notamment, comme on l'a vu plus haut, de formes avec majuscule sous la forme équivalente sans majuscule, ou bien de noms placés sous un adjectif.

> **animal, e, aux** [animal, o] *adj* **- 1.** [propre à l'animal] animal *(avant n)* **- 2.** [instinctif] instinctive.
> ◆ **animal** *nm* [bête] animal ; ~ **en peluche** stuffed animal...

Si l'on cherche un nom qui, au *pluriel*, a un sens différent de celui du singulier (comme **glass/glasses** en anglais), c'est sous la forme au singulier qu'on le trouvera : le mot au pluriel y figure en sous-entrée.

> **glass** [glɑːs] ⬦ *n* **- 1.** [gen] verre *m* **- 2.** *(U)* [glassware] verrerie *f* ⬦ *comp* [bottle, jar] en OR de verre ; [door, partition] vitré(e).
> ◆ **glasses** *npl* [spectacles] lunettes *fpl*.

Certains noms apparaissent directement au pluriel dans la liste alphabétique, soit parce qu'ils n'existent pas au singulier, soit parce que ce dernier est rare (**scissors** en anglais, **abats** en français).

Noms composés

Un nom composé est une expression dotée d'une signification globale, mais constituée de plusieurs mots (p. ex. **homme d'affaires** ou **joint venture**). Dans la partie français-anglais, on trouve ces composés dans le dictionnaire à l'entrée correspondant au premier élément. Ainsi, **homme d'affaires** sera sous **homme**. Au sein d'une entrée, les différents noms composés sont classés par ordre alphabétique, sans tenir compte de la préposition médiane ; dans l'entrée **café**, par exemple, **café au lait** vient après **café glacé** et **café en grains**.

Certains composés français dont le sens est éloigné du mot d'entrée sont mis en relief dans l'article et figurent après un losange noir (◆).

> **fuseau, x** [fyzo] *nm* **- 1.** [outil] spindle **- 2.** [pantalon] ski-pants *(pl)*.
> ◆ **fuseau horaire** *nm* time zone.

Du côté anglais, les noms composés apparaissent comme des entrées à part entière.

Il existe aussi des composés dont les deux éléments sont séparés par un trait d'union. Ils figurent dans le dictionnaire en entrée, par exemple **train-spotter** ou **time-sharing**.

> **tea break** *n Br* pause pour prendre le thé, ≃ pause-café *f*.
> **tea caddy** [-ˌkædɪ] *n Br* boîte *f* à thé.
> **teacake** [ˈtiːkeɪk] *n Br* petit pain rond avec des raisins secs.

Expressions et locutions

Par « expression » on entend un groupe de mots qui se manifestent toujours dans le même ordre et qui ont un sens global (**prendre part à qqch, to do sb credit**). C'est notamment le cas des expressions figurées et idiomatiques, ainsi que des proverbes (**avoir un chat dans la gorge, to pull sb's leg**).

Toutes les expressions sont à chercher sous le premier nom dont elles se composent (**prendre part à qqch** sous **part**, **to do sb credit** sous **credit**). S'il n'y a pas de nom dans l'expression, on cherchera sous le verbe.

Certaines expressions très figées ayant une valeur grammaticale globale (locutions) sont traitées en sous-entrée sous le premier élément signifiant, précédées du symbole ◆, de façon à mettre en relief la différence de sens et de fonction grammaticale entre la locution et l'entrée à laquelle elle se rattache.

> **part** [par] nf [de gâteau] portion ; [de bonheur, d'héritage] share ; [partie] part ; **réclamer sa ~** to claim one's share...
> ◆ **d'autre part** loc adv besides, moreover.
> ◆ **de part en part** loc adv right through.

Verbes pronominaux

La plupart des verbes pronominaux sont placés en sous-entrée sous la forme principale qui leur correspond après le symbole ◆.

> **cacher** [3] [kaʃe] vt - **1.** [gén] to hide ; **je ne vous cache pas que ...** to be honest, ... - **2.** [vue] to mask.
> ◆ **se cacher** vp : **se ~ (de qqn)** to hide (from sb).

Verbes à particules anglais

Les verbes à particules anglais figurent en sous-entrée sous la forme principale du verbe.

> **get** [get] (Br pt & pp **got**, cont **-ting**, Am pt **got**, pp **gotten**, cont **-ting**) vt [cause to do] : **to ~ sb to do sthg** faire faire qqch à qqn...
> ◆ **get along** vi - **1.** [manage] se débrouiller - **2.** [progress] avancer, faire des progrès - **3.** [have a good relationship] s'entendre.
> ◆ **get up** ◇ vi se lever ◇ vt fus [petition, demonstration] organiser.

Formes irrégulières

Les formes irrégulières des noms, adjectifs et verbes sont données en entrée dans le dictionnaire.

> **belle** [bɛl] adj & nf ▷ **beau**.

> **went** [went] pt ▷ **go**.

En outre, une liste des verbes irréguliers anglais avec leurs différentes formes figure en annexe.

II. Comment trouver la bonne traduction anglaise

Une fois que l'on aura localisé en français le mot ou l'expression recherchés, il apparaîtra peut-être qu'il existe plusieurs traductions possibles. Qu'à cela ne tienne, on trouvera dans le dictionnaire tous les éléments nécessaires pour identifier la bonne traduction.

Comment fonctionne une entrée de dictionnaire ? Examinons l'entrée **sauter**.

Les losanges blancs (◇) introduisent une catégorie grammaticale lorsqu'un même mot peut en avoir plusieurs - ici, *vi* (verbe intransitif) puis *vt* (verbe transitif). Voir la liste des abréviations p. XI.

Chaque catégorie grammaticale est alors divisée en catégories de sens, introduites par des chiffres en gras (**-1.**, **-2.**), lorsque le mot a plusieurs sens. Des indicateurs entre crochets ([bondir]) ou des indicateurs de domaine (CULIN) permettent d'identifier le sens recherché.

> **sauter** [3] [sote] ◇ *vi* - **1.** [bondir] to jump, to leap ; ~ **à la corde** to skip ; ~ **de joie** *fig* to jump for joy ; ~ **au cou de qqn** *fig* to throw one's arms around sb - **2.** [exploser] to blow up ; [fusible] to blow - **3.** [être projeté - bouchon] to fly out ; [- serrure] to burst off ; [- bouton] to fly off - **4.** *fam* [employé] to get the sack - **5.** [être annulé] to be cancelled - **6.** CULIN : **faire ~ qqch** to sauté sthg - **7.** *loc* : **et que ça saute!** *fam* and get a move on! ◇ *vt* - **1.** [fossé, obstacle] to jump *ou* leap over - **2.** *fig* [page, repas] to skip.

Imaginons que l'on veuille traduire *tu as sauté un chapitre*.

La phrase à traduire comporte un verbe dont nous savons qu'il peut être soit intransitif, soit transitif ; ici, c'est le verbe *transitif* qui nous intéresse (◇ vt) puisqu'il y a un complément d'objet dans la phrase.

Examinons le sens du verbe : le contexte étant celui d'un livre, c'est dans la catégorie **-2.** que l'on trouvera la traduction souhaitée, qui est **to skip**.

Concernant le mot **chapitre**, il n'y a pas de confusion possible entre différentes catégories grammaticales. En revanche, c'est au sens **-1.** [de livre & RELIG], que se trouve la solution : **chapter**.

> **chapitre** [ʃapitr] *nm* - **1.** [de livre & RELIG] chapter - **2.** [de budget] head, item - **3.** *fig* [sujet] subject.

Il ne reste plus qu'à combiner les mots trouvés pour traduire la phrase, en mettant bien sûr le verbe **to skip** au temps et à la forme voulus : **you have skipped a chapter**.

III. Informations d'ordre culturel

Afin de mieux comprendre et de mieux parler une langue étrangère, il est nécessaire d'obtenir des informations concernant les spécificités culturelles du pays concerné. De tels renseignements ne seraient pas à leur place à l'intérieur des entrées du dictionnaire. Ainsi, le lecteur français trouvera dans la partie anglais-français des **encadrés** qui le renseigneront sur les particularités culturelles du Royaume-Uni et des États-Unis.

L'encadré EMBLEMS traite des emblèmes qui symbolisent les différentes régions du Royaume-Uni.

EMBLEMS

> La Grande-Bretagne est souvent symbolisée par le personnage de Britannia, une femme en robe longue portant un bouclier au motif de l'Union Jack (drapeau du Royaume-Uni). Les emblèmes de l'Angleterre sont la rose rouge et le lion. Le pays de Galles est traditionnellement représenté par le poireau, ainsi que la jonquille ou le dragon rouge. L'emblème de l'Écosse est le chardon. Le trèfle et la harpe symbolisent l'Irlande.

HOW TO USE THE DICTIONARY

I. Finding the word or phrase you are looking for

First you can ask yourself some basic questions:
Is it a single word, a hyphenated word or an abbreviation?
Is it a compound noun?
Is it a phrase or an idiom?
Is it a reflexive verb?
Is it a phrasal verb?
Is it an irregular form?

Single words, hyphenated words and abbreviations

As a general rule you will find the word you are looking for in its alphabetical
order in the dictionary, whether it is a single word, a hyphenated word or an
abbreviation.

Words that are written with an *initial cap-ital letter* appear as separate entries to an-other word spelt in the same way but not capitalized.

> **réunion** [reynjɔ̃] *nf* **- 1.** [séance] meeting **- 2.** [jonction] union, merging.
> **Réunion** [reynjɔ̃] *nf* : **(l'île de) la ~** Réunion.

If however the capitalized word is related in meaning to the non-capitalized word, it will appear as a sub-entry. Sub-entries are intro-duced by a black diamond and help highlight items within an entry.

> **réunionnais, e** [reynjɔnɛ, ɛz] *adj* of/from Réunion Island.
> ◆ **Réunionnais, e** *nm, f* native *ou* inhab-itant of Réunion.

Words with a *hyphen*, a *full stop* or an *apostrophe* come after those spelled the same way but without any of these punctu-ation marks.

> **SA** (*abr de* **société anonyme**) *nf* ≃ Ltd *Br*, ≃ Inc. *Am*.
> **S.A.** (*abr de* **Son Altesse**) H.H.

Accented words come after entries that are spelt in the same way but are not accented. So you will find the entry **où** after the entry **ou**.

> **ou** [u] *conj* [indique une alternative, une approximation] or...
> **où** [u] *pron rel* [spatial] where...

Some entries are followed by a *superscript* number. These are homographs: words that are spelt in the same way but that have dis-tinct meanings or pronunciations. You must

> **car¹** [kar] *nm* coach *Br*, bus *Am*.
> **car²** [kar] *conj* for, because.

be careful to identify correctly the entry you need, either by looking at the grammatical category or the phonetic transcription.

If you are looking for a noun which in the **plural** has its own distinct meaning, you will find it under the singular form as a sub-entry.

> **anglais, e** [āglɛ, ɛz] adj English...
> ➤ **anglaises** nfpl ringlets.

Some plural nouns appear as headwords when they are never or rarely used in the singular, e.g. **scissors** in English or **abats** in French

Compound nouns

A compound is a word or expression which has a single meaning but is made up of more than one word e.g. **people carrier, International Monetary Fund.**

On the English-French side of the dictionary compound nouns are to be found as separate entries in their alphabetical order in the dictionary. The compound **blood donor** will therefore come after **bloodcurdling** which itself follows **blood count**.

> **blood count** n numération f globulaire.
> **bloodcurdling** ['blʌd,kɜːdlɪŋ] adj à vous glacer le sang.
> **blood donor** n donneur m, -euse f de sang.

On the French-English side however you should look under the first element of the compound. So, for example, you will find **homme d'affaires** at the entry **homme**. If there is more than one compound within an entry, they will appear in their alphabetical order within the entry, regardless of any preposition between the two parts of the compound. So at **café** you will find **café au lait** after **café en grains** and before **café liégeois**.

Some compounds that have distinct meanings from the main entry are treated separately as sub-entries, preceded by a black diamond.

> **fuseau, x** [fyzo] nm - **1.** [outil] spindle - **2.** [pantalon] ski-pants (pl).
> ➤ **fuseau horaire** nm time zone.

Phrases and idioms

Phrases and idioms, such as **avoir un chat dans la gorge** or **to pull sb's leg**, are to be found under the first noun element of the phrase. So you would look for **avoir un chat dans la gorge** at the entry **chat** and **to pull sb's leg** at **leg**.

> **chat, chatte** [ʃa, ʃat] nm, f cat ; ~ de gouttière ordinary cat, alley cat Am ; ~ sauvage wildcat ; ~ persan/siamois Persian/Siamese cat ; il n'y a pas un ~ fam there's not a soul ; appeler un ~ un ~ to call a spade a spade ; avoir d'autres ~s à fouetter to have other fish to fry ; avoir un ~ dans la gorge to have a frog in one's throat.

Some very fixed phrases like **in spite of** in English or **d'autre part** in French are entered under the first noun element as sub-entries.

> **spite** [spaɪt] ◇ *n* rancune *f* ; **to do sthg out of** OR **from ~** faire qqch par malice ◇ *vt* contrarier.
> ➤ **in spite of** *prep* en dépit de, malgré.

> **part** [parl *nf* [de gâteau] portion ; [de bonheur, d'héritage] share ; [partie] part ; **réclamer sa ~** to claim one's share...
> ➤ **d'autre part** *loc adv* besides, moreover.
> ➤ **de part en part** *loc adv* right through.

French reflexive verbs

French reflexive verbs are entered under the main form as sub-entries.

> **cacher** [3] [kaʃe] *vt* - **1.** [gén] to hide ; **je ne vous cache pas que ...** to be honest, ... - **2.** [vue] to mask.
> ➤ **se cacher** *vp* : **se ~ (de qqn)** to hide (from sb).

English phrasal verbs

English phrasal verbs appear as sub-entries.

> **amount** [ə'maʊnt] *n* [quantity] quantité *f* ; **a great ~ of** beaucoup de...
> ➤ **amount to** *vt fus* - **1.** [total] s'élever à - **2.** [be equivalent to] revenir à, équivaloir à.

Irregular forms

Irregular forms of nouns, adjectives and verbs appear in the dictionary as entries with cross-references to the main form.

> **vieil** ⊳ **vieux**.

> **caught** [kɔːt] *pt & pp* ⊳ **catch**.

II. Finding the right translation

When you have found the word you are looking for, you will have to identify the right translation. Some entries may only have one translation, but others may be subdivided into different grammatical categories and these in turn may be subdivided into different sense categories. If a word has more than one part of speech, each grammatical category is separated and introduced by a white diamond.

> **skip** [skɪp] (*pt & pp* -**ped**, *cont* -**ping**) ◇ *n* - **1.** [jump] petit saut *m* - **2.** *Br* [container] benne *f* ◇ *vt* [page, class, meal] sauter ◇ *vi* - **1.** [gen] sauter, sautiller - **2.** *Br* [over rope] sauter à la corde.

Here we can see that **skip** is a noun (n), a transitive verb (vt) and an intransitive verb (vi). See page XI for a full list of abbreviations used in the dictionary.

If you had to translate the sentence **"you've skipped a page"**, you must first decide what part of speech **skip** is in this instance. It is a verb with a direct object and therefore you must look for the translation under the transitive verb category, marked "vt". To further reassure you that this is the right category you will find the noun "page" along with other nouns that are used typically with the verb **skip** in square brackets before the translation. So the translation you need here is **sauter**.

Now look at the word **page**.

Again you must decide what part of speech the word is. Here it is a noun. You will notice that the noun category is divided again into different senses. When a word has several

> **page** [peɪdʒ] ◇ n - **1.** [of book] page f - **2.** [sheet of paper] feuille f ◇ vt - **1.** [using a pager] biper - **2.** [in airport] appeler au micro.

meanings within one part of speech, these are separated into numbered categories. To choose the right numbered sense category, you must use the information provided in the brackets to pinpoint the exact meaning of the word in its context. This may be a synonym, another word frequently used with the entry word, a label indicating the subject area (computing, business, military etc) or an indicator such as here in sense **-1.** (of book). In the sentence **"you have skipped a page"**, we may assume that it is a page in a book rather than a single sheet of paper so the correct translation is **page**. After the translation you will notice the letter "*f*" in italics. This indicates that the French noun is feminine.

You can now translate the sentence correctly, once you have conjugated the verb, as: **"tu as sauté une page"**.

To help you conjugate verbs in French, there are conjugation tables at the back of the dictionary. Each verb on the French-English side of the dictionary has a bracketed number after its phonetic transcription that refers to a conjugation model.

III. Cultural notes

In order to fully understand a foreign language it is often useful to have extra information on the culture of the country. It is not always possible to give this kind of information within a dictionary entry, but you will find boxed notes after certain entries that provide fuller explanations of certain aspects of culture. For example, on the French-English side of the dictionary there is a note describing the significance of the "grandes écoles" which have certain connotations for a native French speaker.

GRANDE ÉCOLE

> The 'grandes écoles' are relatively small non-university establishments awarding highly-respected diplomas. Admission is usually only possible after two years of intensive preparatory studies and a competitive examination. Most have close links with industry. The 'grandes écoles' include l'École des hautes études commerciales, or HEC (management and business), l'École polytechnique (engineering) and l'École normale supérieure (the humanities). A diploma from a 'grande école' is comparable in prestige to an Oxbridge degree in Britain.

FRANÇAIS - ANGLAIS

FRENCH - ENGLISH

FRANÇAIS-ANGLAIS
FRENCH-ENGLISH

a¹, A [a] *nm inv* a, A ; **prouver par a + b** to prove conclusively ; **de A à Z** from beginning to end.

A - 1. *abr de* **anticyclone - 2.** (*abr de* **ampère**) A, amp - **3.** (*abr de* **autoroute**) M.

a² ⬦ ⊳ **avoir** ⬦ (*abr de* **are**) a.

à [a] *prép* (*contraction de à + le =* **au**, *contraction de à + les =* **aux**) - **1.** [introduisant un complément d'objet indirect] to ; **parler à qqn** to speak to sb ; **donner qqch à qqn** to give sthg to sb, to give sb sthg ; **penser à qqch** to think about sthg - **2.** [introduisant un complément de lieu - situation] at, in ; [- direction] to ; **être à la maison/au bureau** to be at home/at the office ; **il habite à Paris/à la campagne** he lives in Paris/in the country ; **il vit au Pérou** he lives in Peru ; **aller à Paris/à la campagne/au Pérou** to go to Paris/to the country/to Peru ; **un voyage à Londres/aux Seychelles** a journey to London/to the Seychelles - **3.** [introduisant un complément de temps] : **à onze heures** at eleven o'clock ; **au mois de février** in the month of February ; **à lundi!** see you (on) Monday! ; **à plus tard!** see you later! ; **de huit à dix heures** from eight to ten o'clock ; **se situer à une heure/à 10 kilomètres de l'aéroport** to be situated an hour/10 kilometres (away) from the airport - **4.** [introduisant un complément de manière, de moyen] : **à haute voix** out loud, aloud ; **rire aux éclats** to roar with laughter ; **agir à son gré** to do as one pleases ; **acheter à crédit** to buy on credit ; **à pied/cheval** on foot/horseback - **5.** [indiquant une caractéristique] with ; **une fille aux cheveux longs** a girl with long hair ; **l'homme à l'imperméable** the man with the raincoat - **6.** [introduisant un chiffre] : **ils sont venus à dix** ten of them came ; **un livre à** 30 francs a 30-franc book, a book costing 30 francs ; **la vitesse est limitée à 50 km à l'heure** the speed limit is 50 km per *ou* an hour ; **un groupe de 10 à 12 personnes** a group of 10 to 12 people, a group of between 10 and 12 people ; **deux à deux** two by two - **7.** [marque l'appartenance] : **c'est à moi/toi/lui/elle** it's mine/yours/his/hers ; **ce vélo est à ma sœur** this bike is my sister's *ou* belongs to my sister ; **une amie à moi** a friend of mine - **8.** [introduit le but] : **coupe à champagne** champagne goblet ; **le courrier à poster** the mail to be posted ; **appartement à vendre/louer** flat for sale/to let.

AB (*abr de* **assez bien**) fair grade (*as assessment of schoolwork*).

abaisser [4] [abɛse] *vt* - **1.** [rideau, voile] to lower ; [levier, manette] to push *ou* pull down - **2.** [diminuer] to reduce, to lower - **3.** *sout* [avilir] to debase.

s'abaisser *vp* - **1.** [descendre - rideau] to fall, to come down ; [- terrain] to fall away - **2.** [s'humilier] to demean o.s. ; **s'~ à faire qqch** to lower o.s. to do sthg.

abandon [abãdɔ̃] *nm* - **1.** [désertion, délaissement] desertion ; **à l'~** [jardin, maison] neglected, in a state of neglect - **2.** [renonciation] abandoning, giving up - **3.** [cession] renunciation, giving up ; **faire ~ de qqch (au profit de qqn)** to make sthg over (to sb) - **4.** [nonchalance, confiance] abandon.

abandonner [3] [abãdɔne] *vt* - **1.** [quitter - femme, enfants] to abandon, to desert ; [- voiture, propriété] to abandon ; **~ son poste** to desert one's post - **2.** [renoncer à] to give up, to abandon - **3.** [se retirer de - course, concours] to withdraw from - **4.** [céder] : ~ **qqch à qqn** to leave sthg to sb, to leave sb sthg.

➧ **s'abandonner** vp - **1.** [se laisser aller] : **s'~ à qqch** to give o.s. up to sthg - **2.** [s'épancher] to pour out one's feelings.

abasourdi, e [abazurdi] adj stunned.

abasourdir [32] [abazurdir] vt to stun.

abat-jour [abaʒur] nm inv lampshade.

abats [aba] nmpl [d'animal] offal (U) ; [de volaille] giblets.

abattage [abataʒ] nm [d'arbre] felling.

abattement [abatmã] nm - **1.** [faiblesse physique] weakness - **2.** [désespoir] dejection - **3.** [déduction] reduction ; ~ **fiscal** tax allowance.

abattis [abati] nmpl giblets.

abattoir [abatwar] nm abattoir, slaughterhouse.

abattre [83] [abatr] vt - **1.** [faire tomber - mur] to knock down ; [- arbre] to cut down, to fell ; [- avion] to bring down - **2.** [tuer - gén] to kill ; [- dans un abattoir] to slaughter - **3.** [épuiser] to wear out ; [démoraliser] to demoralize.

➧ **s'abattre** vp : **s'~ (sur)** [toit, arbre] to crash down (on) ; [pluie] to beat down (on) ; [avion, insectes, rapaces] to swoop down (on) ; [maladie, fléau] to descend (on).

abattu, e [abaty] ◇ pp ▷ **abattre** ◇ adj - **1.** [déprimé] demoralized, dejected - **2.** [affaibli] very weak.

abbaye [abeii] nf abbey.

abbé [abe] nm - **1.** [prêtre] priest - **2.** [de couvent] abbot.

abc [abese] nm basics (pl).

abcès [apsɛ] nm abscess ; **crever l'~** fig to root out the problem.

abdication [abdikasjɔ̃] nf abdication.

abdiquer [3] [abdike] ◇ vt - **1.** [renoncer à] to renounce - **2.** [suj : roi] to abdicate ◇ vi - **1.** [roi] to abdicate - **2.** [renoncer] to give up.

abdomen [abdɔmɛn] nm abdomen.

abdominal, e, aux [abdɔminal, o] adj abdominal.

➧ **abdominaux** nmpl - **1.** [muscles] abdominal ou stomach muscles - **2.** [exercices] : **faire des abdominaux** to do exercises for the stomach muscles.

abécédaire [abesedɛr] nm ABC (book).

abeille [abɛj] nf bee.

aberrant, e [abɛrã, ãt] adj absurd.

aberration [aberasjɔ̃] nf aberration.

abhorrer [3] [abɔre] vt sout to abhor.

Abidjan [abidʒã] n Abidjan.

abîme [abim] nm abyss, gulf.

abîmer [3] [abime] vt [détériorer - objet] to damage ; [- partie du corps, vue] to ruin.

➧ **s'abîmer** vp - **1.** [gén] to be damaged [fruits] to go bad - **2.** fig [personne] : **s'~ dans** [lecture] to bury o.s. in ; [pensées] to lose o.s. in.

abject, e [abʒɛkt] adj despicable, contemptible.

abjurer [3] [abʒyre] vt RELIG to renounce.

ablatif [ablatif] nm ablative.

ablation [ablasjɔ̃] nf MÉD removal.

ablutions [ablysjɔ̃] nfpl : **faire ses ~** to perform one's ablutions.

abnégation [abnegasjɔ̃] nf selflessness.

aboie, aboies etc ▷ **aboyer**.

aboiement [abwamã] nm bark, barking (U)

abois [abwa] nmpl : **être aux ~** fig to be in dire straits.

abolir [32] [abɔlir] vt to abolish.

abolition [abɔlisjɔ̃] nf abolition.

abominable [abɔminabl] adj appalling, awful.

abominablement [abɔminabləmã] ad - **1.** [très mal] abominably - **2.** [extrêmement] awfully.

abomination [abɔminasjɔ̃] nf abomination

abondamment [abɔ̃damã] adv - **1.** [beaucoup] plentifully - **2.** [largement] extensively.

abondance [abɔ̃dãs] nf - **1.** [profusion] abundance ; **en ~** in abundance - **2.** [opulence] affluence ; **vivre dans l'~** to live in affluence.

abondant, e [abɔ̃dã, ãt] adj [gén] plentiful [végétation, chevelure] luxuriant ; [pluie] heavy.

abonder [3] [abɔ̃de] vi to abound, to b abundant ; ~ **en qqch** to be rich in sthg ~ **dans le sens de qqn** to be entirely of sb' opinion.

abonné, e [abɔne] nm, f - **1.** [à un journal, à ur chaîne de télé] subscriber ; [à un théâtre] season ticket holder - **2.** [à un service public] consumer.

abonnement [abɔnmã] nm - **1.** [à un journal, une chaîne de télé] subscription ; [à un théâtre] season ticket - **2.** [au téléphone] rental ; [au ga à l'électricité] standing charge.

abonner [3] [abɔne] ➧ **s'abonner** vp : **s'~ qqch** [journal, chaîne de télé] to take out a sub scription to sthg ; [service public] to get cor nected to sthg ; [théâtre] to buy a seaso ticket for sthg.

abord [abɔr] nm : **être d'un ~ facile/difficile** t be very/not very approachable ; **au premiè ~, de prime ~** at first sight ; **dès l'~** from th outset.

➧ **abords** nmpl [gén] surrounding area (sg. [de ville] outskirts.

d'abord loc adv - **1.** [en premier lieu] first - **2.** [avant tout] : (tout) d'~ first (of all), in the first place.

abordable [abɔrdabl] adj [lieu] accessible ; [personne] approachable ; [de prix modéré] affordable.

abordage [abɔrdaʒ] nm boarding.

aborder [3] [abɔrde] ◇ vi to land ◇ vt - **1.** [personne, lieu] to approach - **2.** [question] to tackle.

aborigène [abɔriʒɛn] adj aboriginal.
Aborigène nmf (Australian) aborigine.

abouti, e [abuti] adj - **1.** [projet, démarche] successful - **2.** [œuvre] accomplished.

aboutir [32] [abutir] vi - **1.** [chemin] : ~ à/dans to end at/in - **2.** [négociation] to be successful ; ~ à qqch to result in sthg.

aboutissement [abutismã] nm outcome.

aboyer [13] [abwaje] vi to bark.

abracadabrant, e [abrakadabrã, ãt] adj preposterous.

abrasif, ive [abrazif, iv] adj abrasive.
abrasif nm abrasive.

abrégé, e [abreʒe] adj abridged.
abrégé nm résumé, summary ; en ~ in abbreviated form.

abréger [22] [abreʒe] vt [visite, réunion] to cut short ; [discours] to shorten ; [mot] to abbreviate.

abreuver [5] [abrœve] vt [animal] to water ; ~ qqn de fig to shower sb with.
s'abreuver vp to drink.

abreuvoir [abrœvwar] nm [lieu] watering place ; [installation] drinking trough.

abréviation [abrevjasjɔ̃] nf abbreviation.

abri [abri] nm shelter ; à l'~ de sheltered from ; fig safe from ; se mettre à l'~ (de) to shelter (from), to take shelter (from) ; ~ antiatomique nuclear fallout shelter ; ~ de jardin garden shed.

abricot [abriko] nm & adj inv apricot.

abricotier [abrikɔtje] nm apricot tree.

abriter [3] [abrite] vt - **1.** [protéger] : ~ qqn/qqch (de) to shelter sb/sthg (from) - **2.** [héberger] to accommodate.
s'abriter vp : s'~ (de) to shelter (from).

abroger [17] [abrɔʒe] vt to repeal.

abrupt, e [abrypt] adj - **1.** [raide] steep - **2.** [rude] abrupt, brusque.

bruti, e [abryti] fam ◇ adj moronic ◇ nm, f moron.

abrutir [32] [abrytir] vt - **1.** [abêtir] : ~ qqn to deaden sb's mind - **2.** [accabler] : ~ qqn de travail to work sb silly - **3.** [étourdir] to daze.
s'abrutir vp - **1.** [s'épuiser] : s'~ de travail to work o.s. stupid - **2.** [s'abêtir] to become moronic.

abrutissant, e [abrytisã, ãt] adj - **1.** [bruit, travail] stupefying - **2.** [jeu, feuilleton] moronic.

abrutissement [abrytismã] nm - **1.** [épuisement] exhaustion - **2.** [intellectuel] mindless state.

ABS (abr de Antiblockiersystem) nm ABS.

absence [apsãs] nf - **1.** [de personne] absence ; en l'~ de in the absence of - **2.** [carence] lack.

absent, e [apsã, ãt] ◇ adj - **1.** [personne] : ~ (de) [gén] away (from) ; [pour maladie] absent (from) - **2.** [regard, air] vacant, absent - **3.** [manquant] lacking ◇ nm, f absentee.

absentéisme [apsãteism] nm absenteeism.

absenter [3] [apsãte] **s'absenter** vp : s'~ (de la pièce) to leave (the room).

abside [apsid] nf apse.

absinthe [apsɛ̃t] nf [plante] wormwood ; [boisson] absinth.

absolu, e [apsɔly] adj [gén] absolute ; [décision, jugement] uncompromising.
absolu nm : l'~ the Absolute ; dans l'~ out of context.

absolument [apsɔlymã] adv absolutely.

absolution [apsɔlysjɔ̃] nf absolution.

absolutisme [apsɔlytism] nm absolutism.

absorbant, e [apsɔrbã, ãt] adj - **1.** [matière] absorbent - **2.** [occupation] absorbing.

absorber [3] [apsɔrbe] vt - **1.** [gén] to absorb - **2.** [manger] to take - **3.** [entreprise] to take over.
s'absorber vp : s'~ dans qqch to get ou become absorbed in sthg.

absorption [apsɔrpsjɔ̃] nf - **1.** [gén] absorption - **2.** ÉCON takeover.

abstenir [40] [apstənir] **s'abstenir** vp - **1.** [ne rien faire] : s'~ (de qqch/de faire qqch) to refrain (from sthg/from doing sthg) - **2.** [ne pas voter] to abstain.

abstention [apstãsjɔ̃] nf abstention.

abstentionnisme [apstãsjɔnism] nm abstaining.

abstenu, e [apstəny] pp ▷ abstenir.

abstiendrai, abstiendras etc ▷ abstenir.

abstinence [apstinãs] nf abstinence ; faire ~ to abstain (from eating meat).

abstraction [apstraksjɔ̃] nf abstraction ; faire ~ de to disregard.

abstrait, e [apstrɛ, ɛt] adj abstract.
abstrait nm : l'~ the abstract.

absurde [apsyrd] ◇ adj absurd ◇ nm : l'~ the absurd ; raisonnement par l'~ reductio ad absurdum.

absurdité [apsyrdite] *nf* absurdity ; **dire des ~s** to talk nonsense *(U)*.

abus [aby] *nm* abuse ; **~ de confiance** breach of trust ; **~ de pouvoir** abuse of power.

abuser [3] [abyze] ⟨⟩ *vi* - **1.** [dépasser les bornes] to go too far - **2.** [user] : **~ de** [autorité, pouvoir] to overstep the bounds of ; [femme] to take advantage of ; [temps] to take up too much of ; **~ de ses forces** to overexert o.s. ⟨⟩ *vt sout* to mislead.

▸ **s'abuser** *vp* : **s'~ sur** to delude o.s. about.

abusif, ive [abyzif, iv] *adj* - **1.** [excessif] excessive - **2.** [fautif] improper.

AC (*abr de* **appellation contrôlée**) *nf* label guaranteeing quality of wine.

acabit [akabi] *nm* : **du même ~** *péj* of the same type.

acacia [akasja] *nm* acacia.

académicien, enne [akademisjɛ̃, ɛn] *nm, f* academician ; [de l'Académie française] member of the French Academy.

académie [akademi] *nf* - **1.** SCOL & UNIV ≃ regional education authority *Br*, ≃ school district *Am* - **2.** [institut] academy ; **l'Académie française** the French Academy *(learned society of leading men and women of letters)* ; **l'Académie Goncourt** *literary society whose members choose the winner of the Prix Goncourt.*

L'ACADÉMIE FRANÇAISE

Founded in 1634 by Cardinal Richelieu, the 'Académie française' consists of forty distinguished writers known as 'les Quarante' or 'les Immortels'. Their chief task is to produce a definitive grammar and dictionary, the 9th edition of which dates from 1986, and to be the ultimate authority in matters concerning the French language.

académique [akademik] *adj* - **1.** UNIV academic - **2.** [conventionnel] conventional.

acajou [akaʒu] *nm & adj inv* mahogany.

acariâtre [akarjatr] *adj* bad-tempered, cantankerous.

acarien [akarjɛ̃] *nm* [gén] acarid ; [de poussière] dust mite.

accablant, e [akablɑ̃, ɑ̃t] *adj* - **1.** [soleil, chaleur] oppressive - **2.** [preuve, témoignage] overwhelming.

accabler [3] [akable] *vt* - **1.** [surcharger] : **~ qqn de** [travail] to overwhelm sb with ; **~ qqn d'injures** to shower sb with abuse - **2.** [accuser] to condemn.

accalmie [akalmi] *nf litt* & *fig* lull.

accaparer [3] [akapare] *vt* to monopolize ;

son travail l'accapare his work takes up al his time.

▸ **s'accaparer** *vp* : **s'~ qqch** to seize sthg.

accéder [18] [aksede] ▸ **accéder à** v - **1.** [pénétrer dans] to reach, to get to - **2.** [parve nir à] to attain - **3.** [consentir à] to comply with.

accélérateur [akseleratœr] *nm* accelerator.

accélération [akselerasjɔ̃] *nf* [de voiture, mach ne] acceleration ; [de projet] speeding up.

accélérer [18] [akselere] ⟨⟩ *vt* to accelerate to speed up ⟨⟩ *vi* AUTOM to accelerate.

accent [aksɑ̃] *nm* - **1.** [gén] accent ; **~ aigu grave/circonflexe** acute/grave/circumflex (accent) - **2.** [intonation] tone ; **~ tonique** stress ; **mettre l'~ sur** to stress, to empha size.

accentuation [aksɑ̃tɥasjɔ̃] *nf* - **1.** [à l'écrit] ac centing ; [en parlant] stress - **2.** [intensification intensification.

accentuer [7] [aksɑ̃tɥe] *vt* - **1.** [insister sur, soul gner] to emphasize, to accentuate - **2.** [inter sifier] to intensify - **3.** [à l'écrit] to put the ac cents on ; [en parlant] to stress.

▸ **s'accentuer** *vp* to become more pro nounced.

acceptable [akseptabl] *adj* satisfactory, ac ceptable.

acceptation [akseptasjɔ̃] *nf* acceptance.

accepter [4] [aksepte] *vt* to accept ; **~ de fair qqch** to agree to do sthg ; **~ que** (+ subjonc tif) : **~ que qqn fasse qqch** to agree to s doing sthg ; **je n'accepte pas qu'il me parl ainsi** I won't have him talking to me lik that.

acception [aksepsjɔ̃] *nf* sense.

accès [aksɛ] *nm* - **1.** [entrée] entry ; **avoi donner ~ à** to have/to give access to ; **'~ ir terdit'** 'no entry' ; **'~ réservé aux riverain** 'residents only' - **2.** [voie d'entrée] entranc - **3.** [abord] : **être d'un ~ facile/difficile** [personn to be approachable/unapproachable ; [vre] to be easy/difficult (to read) - **4.** [cris bout ; **~ de colère** fit of anger.

accessible [aksesibl] *adj* - **1.** [lieu, livre] access ible ; [personne] approachable ; [prix, équip ment] affordable - **2.** [sensible] : **~ à** susceptibl to.

accession [aksesjɔ̃] *nf* : **~ à** [trône, présidence accession to ; [indépendance] attainment of.

accessoire [akseswar] ⟨⟩ *nm* - **1.** [gén] acce sory - **2.** [de théâtre, cinéma] prop ⟨⟩ *adj* second ary.

accessoirement [akseswarmɑ̃] *adv* if nee be.

accident [aksidɑ̃] *nm* accident ; **par ~ b** chance, by accident ; **~ de parcours** hiccup

~ **de la route/de voiture/du travail** road/car/ industrial accident ; ~ **de terrain** bump.

accidenté, e [aksidɑ̃te] <> *adj* - **1.** [terrain, surface] uneven - **2.** [voiture] damaged - **3.** [vie] eventful <> *nm, f (gén pl)* : ~ **de la route** accident victim.

accidentel, elle [aksidɑ̃tɛl] *adj* accidental.

accidentellement [aksidɑ̃tɛlmɑ̃] *adv* [rencontrer] by chance, accidentally ; [mourir] in an accident.

acclamation [aklamasjɔ̃] *nf (gén pl)* cheers (pl), cheering (U).

acclamer [3] [aklame] *vt* to cheer.

acclimatation [aklimatasjɔ̃] *nf* acclimatization.

acclimater [3] [aklimate] *vt* to acclimatize ; *fig* to introduce.
  ➧ **s'acclimater** *vp* : **s'~ à** to become acclimatized to.

accointances [akwɛ̃tɑ̃s] *nfpl* : **avoir des ~ dans/avec** *péj* to have contacts in/with.

accolade [akɔlad] *nf* - **1.** TYPO brace - **2.** [embrassade] embrace ; **donner l'~ à qqn** to embrace sb.

accoler [3] [akɔle] *vt* - **1.** [par accolade] to bracket together - **2.** [adjoindre] : ~ **qqch à** to add sthg to.

accommodant, e [akɔmɔdɑ̃, ɑ̃t] *adj* obliging.

accommodement [akɔmɔdmɑ̃] *nm* compromise.

accommoder [3] [akɔmɔde] *vt* - **1.** CULIN to prepare - **2.** [mettre en accord] : ~ **qqch à** to adapt sthg to.
  ➧ **s'accommoder** *vp* : **s'~ de** to put up with ; **s'~ à** to adapt to.

accompagnateur, trice [akɔ̃paɲatœr, tris] *nm, f* - **1.** MUS accompanist - **2.** [guide] guide.

accompagnement [akɔ̃paɲmɑ̃] *nm* - **1.** MUS accompaniment - **2.** CULIN side dish.

accompagner [3] [akɔ̃paɲe] *vt* - **1.** [personne] to go with, to accompany - **2.** [agrémenter] : ~ **qqch de** to accompany sthg with ; **elle accompagna sa réponse d'un sourire** she answered with a smile - **3.** MUS to accompany ; ~ **qqn au piano/à la guitare** to accompany sb on the piano/guitar.

accompli, e [akɔ̃pli] *adj* accomplished.

accomplir [32] [akɔ̃plir] *vt* to carry out.
  ➧ **s'accomplir** *vp* to come about.

accomplissement [akɔ̃plismɑ̃] *nm* [d'apprentissage] completion ; [de travail] fulfilment.

accord [akɔr] *nm* - **1.** [gén & LING] agreement ; **en ~ avec** in harmony with ; **d'un commun ~** with one accord ; ~ **à l'amiable** COMM out-of-court settlement, mutual agreement - **2.** MUS chord - **3.** [acceptation] approval ; **donner son ~ à qqch** to approve sthg.
  ➧ **d'accord** <> *loc adv* OK, all right <> *loc adj* : **être d'~ (avec)** to agree (with) ; **tomber** OU **se mettre d'~** to come to an agreement, to agree.

accordéon [akɔrdeɔ̃] *nm* accordion ; **avoir les chaussettes en ~** to have one's socks down around one's ankles.

accorder [3] [akɔrde] *vt* - **1.** [donner] : ~ **qqch à qqn** to grant sb sthg - **2.** [attribuer] : ~ **qqch à qqch** to accord sthg to sthg ; ~ **de l'importance à** to attach importance to - **3.** [harmoniser] to match - **4.** GRAM : ~ **qqch avec qqch** to make sthg agree with sthg - **5.** MUS to tune.
  ➧ **s'accorder** *vp* - **1.** [gén] : **s'~ (pour faire qqch)** to agree (to do sthg) ; **s'~ à faire qqch** to be unanimous in doing sthg - **2.** [être assorti] to match - **3.** GRAM to agree.

accordeur [akɔrdœr] *nm* tuner.

accoster [3] [akɔste] <> *vt* - **1.** NAVIG to come alongside - **2.** [personne] to accost <> *vi* NAVIG to dock.

accotement [akɔtmɑ̃] *nm* [de route] shoulder ; ~ **stabilisé** hard shoulder ; ~ **non stabilisé** soft verge *Br*, soft shoulder *Am*.

accouchement [akuʃmɑ̃] *nm* childbirth ; ~ **sans douleur** natural childbirth.

accoucher [3] [akuʃe] *vi* : ~ **(de)** to give birth (to).

accouder [3] [akude] ➧ **s'accouder** *vp* to lean on one's elbows ; **s'~ à** to lean on one's elbows on.

accoudoir [akudwar] *nm* armrest.

accouplement [akupləmɑ̃] *nm* mating, coupling.

accourir [45] [akurir] *vi* to run up, to rush up.

accours, accourt *etc* ▷ **accourir**.

accouru, e [akury] *pp* ▷ **accourir**.

accoutré, e [akutre] *adj péj* : **être bizarrement ~** to be oddly got up.

accoutrement [akutrəmɑ̃] *nm péj* getup.

accoutrer [3] [akutre] ➧ **s'accoutrer** *vp péj* : **s'~ bizarrement** to get o.s. up very strangely.

accoutumance [akutymɑ̃s] *nf* [adaptation] adaptation ; MÉD addiction.

accoutumé, e [akutyme] *adj* usual.
  ➧ **comme à l'accoutumée** *loc adv sout* as usual.

accoutumer [3] [akutyme] *vt* : ~ **qqn à qqn/ qqch** to get sb used to sb/sthg ; ~ **qqn à faire qqch** to get sb used to doing sthg.
  ➧ **s'accoutumer** *vp* : **s'~ à qqn/qqch** to get

used to sb/sthg ; **s'~ à faire qqch** to get used to doing sthg.

accréditation [akreditasjɔ̃] *nf* FIN accreditation.

accréditer [3] [akredite] *vt* [rumeur] to substantiate ; **~ qqn auprès de** to accredit sb to. ➤ **s'accréditer** *vp* to gain substance.

accro [akro] *fam* ◇ *adj* : **~ à** hooked on ◇ *nmf* : **c'est une ~ de la planche** she's a windsurfing freak.

accroc [akro] *nm* - **1.** [déchirure] tear ; **faire un ~ à** to tear - **2.** [incident] hitch ; **sans ~** without a hitch.

accrochage [akrɔʃaʒ] *nm* - **1.** [accident] collision - **2.** *fam* [dispute] row - **3.** [de tableaux] hanging.

accroche [akrɔʃ] *nf* COMM catch line.

accrocher [3] [akrɔʃe] *vt* - **1.** [suspendre] : **~ qqch (à)** to hang sthg up (on) - **2.** [déchirer] : **~ qqch (à)** to catch sthg (on) - **3.** [attacher] : **~ qqch (à)** to hitch sthg (to) - **4.** [heurter] to bump into - **5.** [retenir l'attention de] to attract. ➤ **s'accrocher** *vp* - **1.** [s'agripper] : **s'~ (à)** to hang on (to) ; **s'~ à qqn** *fig* to cling to sb - **2.** *fam* [se disputer] to row, to have a row - **3.** *fam* [persévérer] to stick at it.

accrocheur, euse [akrɔʃœr, øz] *adj* - **1.** [qui retient l'attention] eye-catching - **2.** [opiniâtre] tenacious.

accroire [akrwar] *vt sout* : **en faire ~ à qqn** to take sb in.

accroissement [akrwasmɑ̃] *nm* increase, growth.

accroître [94] [akrwatr] *vt* to increase. ➤ **s'accroître** *vp* to increase, to grow.

accroupir [32] [akrupir] ➤ **s'accroupir** *vp* to squat.

accru, e [akry] *pp* ▷ **accroître**.

accu [aky] *nm* : **recharger ses ~s** *fam fig* to recharge one's batteries.

accueil [akœj] *nm* - **1.** [lieu] reception - **2.** [action] welcome, reception.

accueillant, e [akœjɑ̃, ɑ̃t] *adj* welcoming, friendly.

accueillir [41] [akœjir] *vt* - **1.** [gén] to welcome - **2.** [loger] to accommodate.

acculer [3] [akyle] *vt* - **1.** [repousser] : **~ qqn contre/à** to drive sb up against/into - **2.** *fig* : **~ qqn à** [ruine, désespoir] to drive sb to ; [faute] to force sb into.

accumulateur [akymylatœr] *nm* accumulator, battery.

accumulation [akymylasjɔ̃] *nf* accumulation.

accumuler [3] [akymyle] *vt* to accumulate ; *fig* to store up. ➤ **s'accumuler** *vp* to pile up.

accusateur, trice [akyzatœr, tris] ◇ *adj* accusing ◇ *nm, f* accuser.

accusation [akyzasjɔ̃] *nf* - **1.** [reproche] accusation - **2.** JUR charge ; **mettre en ~** to indict ; **l'~** the prosecution.

accusé, e [akyze] *nm, f* accused, defendant. ➤ **accusé de réception** *nm* acknowledgement (of receipt).

accuser [3] [akyze] *vt* - **1.** [porter une accusation contre] : **~ qqn (de qqch)** to accuse sb (of sthg) - **2.** JUR : **~ qqn de qqch** to charge sb with sthg - **3.** [mettre en relief] to emphasize.

acerbe [asɛrb] *adj* acerbic.

acéré, e [asere] *adj* sharp.

acériculture [aserikyltyr] *nf* maple sugar production.

acétate [asetat] *nm* acetate.

acétone [asetɔn] *nf* acetone.

achalandé, e [aʃalɑ̃de] *adj* [en marchandises] **bien ~** well-stocked.

acharné, e [aʃarne] *adj* [combat] fierce ; [travail] unremitting.

acharnement [aʃarnəmɑ̃] *nm* relentlessness.

acharner [3] [aʃarne] ➤ **s'acharner** *vp* - **1.** [combattre] : **s'~ contre** OU **après** OU **sur qqn** [ennemi, victime] to hound sb ; [suj : malheur] to dog sb - **2.** [s'obstiner] : **s'~ (à faire qqch)** to persist (in doing sthg).

achat [aʃa] *nm* purchase ; **faire des ~s** to go shopping ; **~ d'espace** COMM buying of (advertising) space.

acheminer [3] [aʃmine] *vt* to dispatch. ➤ **s'acheminer** *vp* : **s'~ vers** [lieu, désastre] to head for ; [solution, paix] to move towards *B* OU toward *Am*.

acheter [28] [aʃte] *vt litt* & *fig* to buy ; **~ qqch à** OU **pour qqn** to buy sthg for sb, to buy sb sthg ; **~ qqch à qqn** [commerçant] to buy sthg from sb.

acheteur, euse [aʃtœr, øz] *nm, f* buyer, purchaser.

achevé, e [aʃve] *adj sout* : **d'un ridicule ~** utterly ridiculous.

achèvement [aʃɛvmɑ̃] *nm* completion.

achever [19] [aʃve] *vt* - **1.** [terminer] to complete, to finish (off) - **2.** [tuer, accabler] to finish off. ➤ **s'achever** *vp* to end, to come to an end.

achoppement [aʃɔpmɑ̃] ▷ **pierre**.

acide [asid] ◇ *adj* - **1.** [saveur] sour - **2.** [propos] sharp, acid - **3.** CHIM acid ◇ *nm* - **1.** CHIM acid

~ **acétique/chlorhydrique/sulfurique** acetic/ hydrochloric/sulphuric acid ; ~ **aminé** amino acid - **2.** *arg* *drogue* acid.

acidité [asidite] *nf* - **1.** CHIM acidity - **2.** [saveur] sourness - **3.** [de propos] sharpness.

acid jazz [asiddʒaz] *nm* acid jazz.

acidulé, e [asidyle] *adj* slightly acid ; ⟼ **bonbon**.

acier [asje] *nm* steel ; ~ **inoxydable** stainless steel.

aciérie [asjeri] *nf* steelworks *(sg)*.

acné [akne] *nf* acne ; ~ **juvénile** teenage acne.

acolyte [akɔlit] *nm* *péj* henchman.

acompte [akɔ̃t] *nm* deposit ; **verser un** ~ to put down *ou* pay a deposit.

acoquiner [3] [akɔkine] ➤ **s'acoquiner** *vp* : **s'~ avec qqn** to gang up with sb.

à-côté [akote] *(pl* **à-côtés)** *nm* - **1.** [point accessoire] side issue - **2.** [gain d'appoint] extra.

à-coup [aku] *(pl* **à-coups)** *nm* jerk ; **par ~s** in fits and starts.

acoustique [akustik] ◇ *nf* - **1.** [science] acoustics *(U)* - **2.** [d'une salle] acoustics *(pl)* ◇ *adj* acoustic.

acquéreur [akerœr] *nm* buyer.

acquérir [39] [akerir] *vt* - **1.** [gén] to acquire - **2.** [conquérir] to win. ➤ **s'acquérir** *vp* : **s'~ qqch** to win sthg, to gain sthg.

acquiers, acquiert *etc* ⟼ **acquérir**.

acquiescement [akjɛsmɑ̃] *nm* approval.

acquiescer [21] [akjese] *vi* to acquiesce ; ~ **à** to agree to.

acquis, e [aki, iz] ◇ *pp* ⟼ **acquérir** ◇ *adj* - **1.** [caractère] acquired - **2.** [droit, avantage] established. ➤ **acquis** *nmpl* [connaissances] knowledge *(U)*.

acquisition [akizisjɔ̃] *nf* acquisition.

acquit [aki] *nm* receipt ; **pour** ~ COMM received ; **faire qqch par** ~ **de conscience** *fig* to do sthg to set one's mind at rest.

acquittement [akitmɑ̃] *nm* - **1.** [d'obligation] settlement - **2.** JUR acquittal.

acquitter [3] [akite] *vt* - **1.** JUR to acquit - **2.** [régler] to pay - **3.** [libérer] : ~ **qqn de** to release sb from. ➤ **s'acquitter** *vp* : **s'~ de qqch** [payer] to settle sthg ; *fig* to carry sthg out.

âcre [akr] *adj* - **1.** [saveur] bitter - **2.** [fumée] acrid.

acrimonie [akrimɔni] *nf* acrimony.

acrobate [akrɔbat] *nmf* acrobat.

acrobatie [akrɔbasi] *nf* acrobatics *(U)* ; ~**s aériennes** aerobatics *(pl)*.

acrobatique [akrɔbatik] *adj* acrobatic.

acronyme [akrɔnim] *nm* acronym.

acrylique [akrilik] *adj* & *nm* acrylic.

acte [akt] *nm* - **1.** [action] act, action ; **faire** ~ **d'autorité** to exercise one's authority ; **faire** ~ **de bonne volonté** to make a gesture of goodwill ; **faire** ~ **de candidature** to submit an application - **2.** THÉÂTRE act - **3.** JUR deed ; ~ **d'accusation** charge ; ~ **de naissance/de mariage** birth/marriage certificate ; ~ **notarié** deed executed by a notary ; ~ **de vente** bill of sale - **4.** RELIG certificate ; ~ **de baptême** baptismal certificate - **5.** *loc* : **faire** ~ **de présence** to put in an appearance ; **prendre** ~ **de** to note, to take note of. ➤ **actes** *nmpl* [de colloque] proceedings.

acteur, trice [aktœr, tris] *nm, f* actor (*f* actress).

actif, ive [aktif, iv] *adj* [gén] active ; **la population active** the working population. ➤ **actif** *nm* - **1.** FIN assets *(pl)* - **2.** *loc* : **avoir qqch à son** ~ to have sthg to one's credit.

action [aksjɔ̃] *nf* - **1.** [gén] action ; **passer à l'~** to go into action ; MIL to go into battle ; **sous l'~ de** under the effect of - **2.** [acte] action, act ; **bonne/mauvaise** ~ good/bad deed - **3.** JUR action, lawsuit - **4.** FIN share - **5.** RELIG : ~ **de grâces** thanksgiving.

actionnaire [aksjɔner] *nmf* FIN shareholder.

actionner [3] [aksjɔne] *vt* to work, to activate.

activement [aktivmɑ̃] *adv* actively.

activer [3] [aktive] *vt* to speed up. ➤ **s'activer** *vp* to bustle about.

activisme [aktivism] *nm* activism.

activiste [aktivist] *adj* & *nmf* activist.

activité [aktivite] *nf* [gén] activity ; **en** ~ [volcan] active ; ~ **d'éveil** early learning experience ; ~ **professionnelle** job, profession.

actuaire [aktuer] *nmf* actuary.

actualisation [aktualizasjɔ̃] *nf* [d'un texte] updating.

actualiser [3] [aktualize] *vt* to bring up to date.

actualité [aktualite] *nf* - **1.** [d'un sujet] topicality ; **être d'~** to be topical - **2.** [événements] : **l'~ sportive/politique/littéraire** the current sports/political/literary scene. ➤ **actualités** *nfpl* : **les ~s** the news *(sg)*.

actuel, elle [aktuel] *adj* - **1.** [contemporain, présent] current, present ; **à l'heure ~le** at the present time - **2.** [d'actualité] topical.

actuellement [aktɥɛlmɑ̃] *adv* at present, currently.

acuité [akɥite] *nf* acuteness ; ~ **visuelle** keenness of sight.

acupuncture, acuponcture [akypɔ̃ktyr] *nf* acupuncture.

adage [adaʒ] *nm* adage, saying.

adaptable [adaptabl] *adj* adaptable.

adaptateur, trice [adaptatœr, tris] *nm, f* adapter.
➤ **adaptateur** *nm* ÉLECTR adapter.

adaptation [adaptasjɔ̃] *nf* adaptation.

adapter [3] [adapte] *vt* - **1.** [gén] to adapt - **2.** [fixer] to fit ; ~ **qqch à qqch** to fit sthg to sthg.
➤ **s'adapter** *vp* : **s'**~ **(à)** to adapt (to).

ADD (*abr de* **analogique/digital/digital**) ADD.

additif [aditif] *nm* - **1.** [supplément] rider, additional clause - **2.** [substance] additive.

addition [adisjɔ̃] *nf* - **1.** [ajout, calcul] addition - **2.** [note] bill *Br*, check *Am*.

additionnel, elle [adisjɔnɛl] *adj* extra, additional.

additionner [3] [adisjɔne] *vt* - **1.** [mélanger] : ~ **une poudre d'eau** to add water to a powder - **2.** [chiffres] to add up.
➤ **s'additionner** *vp* to add up.

adduction [adyksjɔ̃] *nf* [des eaux, du gaz] supply.

adepte [adɛpt] *nmf* follower.

adéquat, e [adekwa, at] *adj* suitable, appropriate.

adhérence [aderɑ̃s] *nf* [de pneu] grip.

adhérent, e [aderɑ̃, ɑ̃t] ◇ *adj* : ~ **à** which adheres *ou* sticks to ◇ *nm, f* : ~ **(de)** member (of).

adhérer [18] [adere] *vi* - **1.** [coller] to stick, to adhere ; ~ **à** [se fixer sur] to stick *ou* adhere to ; [être d'accord avec] *fig* to support, to adhere to - **2.** [être membre] : ~ **à** to become a member of, to join.

adhésif, ive [adezif, iv] *adj* sticky, adhesive.
➤ **adhésif** *nm* adhesive.

adhésion [adezjɔ̃] *nf* - **1.** [à une idée] : ~ **(à)** support (for) - **2.** [de pneu] : **une bonne** ~ **à la route** good road-holding (*U*) - **3.** [à un parti] : ~ **(à)** membership (of).

adieu [adjø] ◇ *interj* goodbye!, farewell! ; **dire** ~ **à qqch** *fig* to say goodbye to sthg ◇ *nm* (*gén pl*) farewell ; **faire ses** ~**x à qqn** to say one's farewells to sb.

adipeux, euse [adipø, øz] *adj* [tissu] adipose ; [personne] fat.

adjacent, e [adʒasɑ̃, ɑ̃t] *adj* adjoining, adjacent.

adjectif [adʒɛktif] *nm* GRAM adjective ; ~ **attribut** predicative adjective ; ~ **épithète** attributive adjective.

adjoindre [82] [adʒwɛ̃dr] *vt* : ~ **qqch à qqch** to add sthg to sthg.
➤ **s'adjoindre** *vp* to appoint, to take on.

adjoint, e [adʒwɛ̃, ɛ̃t] ◇ *adj* deputy (*avant n*), assistant (*avant n*) ◇ *nm, f* deputy, assistant ; ~ **au maire** deputy mayor.

adjonction [adʒɔ̃ksjɔ̃] *nf* addition ; **sans** ~ **de sel/sucre/conservateurs** with no added salt/sugar/preservatives.

adjudant [adʒydɑ̃] *nm* [dans la marine] warrant officer ; [dans l'armée] company sergeant major ; ~ **chef** [dans la marine] warrant officer 1st class *Br*, chief warrant officer *Am* ; [dans l'armée] regimental sergeant major.

adjudicataire [adʒydikatɛr] *nmf* successful bidder.

adjudication [adʒydikasjɔ̃] *nf* - **1.** [vente aux enchères] sale by auction - **2.** ADMIN awarding.

adjuger [17] [adʒyʒe] *vt* : ~ **qqch (à qqn)** [aux enchères] to auction sthg (to sb) ; [décerner] to award sthg (to sb) ; **adjugé!** sold!
➤ **s'adjuger** *vp* : **s'**~ **qqch** to give o.s. sthg.

adjurer [3] [adʒyre] *vt sout* to implore, to beg.

adjuvant [adʒyvɑ̃] *nm* - **1.** [médicament] adjuvant - **2.** [stimulant] stimulant.

admets *etc* ▷ **admettre**.

admettre [84] [admɛtr] *vt* - **1.** [tolérer, accepter] to allow, to accept - **2.** [supposer] to suppose to assume ; **admettons que** (+ *subjonctif*) supposing *ou* assuming (that) - **3.** [autoriser] to allow ; **être admis à faire qqch** to be allowed to do sthg - **4.** [accueillir, reconnaître] to admit.

administrateur, trice [administratœr, tris] *nm, f* - **1.** [gérant] administrator ; ~ **de biens** administrator of an estate ; ~ **judiciaire** receiver - **2.** [de conseil d'administration] director.

administratif, ive [administratif, iv] *adj* administrative.

administration [administrasjɔ̃] *nf* - **1.** [service public] : **l'Administration** ≃ the Civil Service - **2.** [gestion] administration.

administrer [3] [administre] *vt* - **1.** [gérer] to manage, to administer - **2.** [médicament, sacrement] to administer.

admirable [admirabl] *adj* - **1.** [personne, comportement] admirable - **2.** [paysage, spectacle] wonderful.

admirablement [admirabləmɑ̃] *adv* admirably.

admirateur, trice [admiratœr, tris] *nm, f* admirer.

admiratif, ive [admiratif, iv] *adj* admiring.

admiration [admirasjɔ̃] *nf* admiration ; **être en ~ devant qqn/qqch** to be filled with admiration for sb/sth.

admirer [3] [admire] *vt* to admire.

admis, e [admi, iz] *pp* ⊳ **admettre**.

admissible [admisibl] ◇ *adj* - **1.** [attitude] acceptable - **2.** SCOL eligible ◇ *nmf* SCOL eligible candidate.

admission [admisjɔ̃] *nf* admission.

admonester [3] [admɔnɛste] *vt* sout to admonish.

ADN (*abr de* **acide désoxyribonucléique**) *nm* DNA.

ado [ado] (*abr de* **adolescent**) *nmf* fam teenager.

adolescence [adɔlesɑ̃s] *nf* adolescence.

adolescent, e [adɔlesɑ̃, ɑ̃t] ◇ *adj* adolescent ◇ *nm, f* adolescent, teenager.

adonis [adɔnis] *nm* Adonis.

adonner [3] [adɔne] ➙ **s'adonner** *vp* : **s'~ à** [sport, activité] to devote o.s. to ; [vice] to take to.

adopter [3] [adɔpte] *vt* - **1.** [gén] to adopt - **2.** [loi] to pass.

adoptif, ive [adɔptif, iv] *adj* [famille] adoptive ; [pays, enfant] adopted.

adoption [adɔpsjɔ̃] *nf* adoption ; **d'~** [pays, ville] adopted ; [famille] adoptive.

adorable [adɔrabl] *adj* adorable, delightful.

adorateur, trice [adɔratœr, tris] ◇ *adj* adoring, worshipping *Br*, worshiping *Am* ◇ *nm, f* - **1.** [de personne] admirer - **2.** RELIG worshipper *Br*, worshiper *Am*.

adoration [adɔrasjɔ̃] *nf* - **1.** [amour] adoration ; **être en ~ devant qqn** to worship sb - **2.** RELIG worship.

adorer [3] [adɔre] *vt* - **1.** [personne, chose] to adore - **2.** RELIG to worship.

adosser [3] [adose] *vt* : **~ qqch à qqch** to place sthg against sthg.
➙ **s'adosser** *vp* : **s'~ à** *ou* **contre qqch** to lean against sthg.

adoucir [32] [adusir] *vt* - **1.** [gén] to soften - **2.** [chagrin, peine] to ease, to soothe.
➙ **s'adoucir** *vp* - **1.** [temps] to become *ou* get milder - **2.** [personne] to mellow.

adoucissant, e [adusisɑ̃, ɑ̃t] *adj* soothing.
➙ **adoucissant** *nm* softener.

adoucissement [adusismɑ̃] *nm* - **1.** [de température] : **il y a eu un ~ de la température** the weather has become milder - **2.** [de peine] soothing, easing - **3.** [de l'eau] softening.

adoucisseur [adusisœr] *nm* : **~ d'eau** water softener.

adrénaline [adrenalin] *nf* adrenalin.

adresse [adres] *nf* - **1.** [gén & INFORM] address ; **ce restaurant est une bonne ~** this restaurant is a good place to go ; **à l'~ de** *fig* for the benefit of ; **~ électronique** e-mail address - **2.** [habileté] skill - **3.** [mot] headword.

adresser [4] [adrese] *vt* - **1.** [faire parvenir] : **~ qqch à qqn** to address sthg to sb - **2.** [envoyer] : **~ qqn à qqn** to refer sb to sb.
➙ **s'adresser** *vp* : **s'~ à** [parler à] to speak to ; [être destiné à] to be aimed at, to be intended for.

Adriatique [adriatik] *nf* : **l'~** the Adriatic.

adroit, e [adrwa, at] *adj* skilful.

adroitement [adrwatmɑ̃] *adv* skilfully.

aduler [3] [adyle] *vt* to adulate.

adulte [adylt] *nmf* & *adj* adult.

adultère [adylter] ◇ *nm* [acte] adultery ◇ *adj* adulterous.

adultérin, e [adylterɛ̃, in] *adj* illegitimate.

advenir [40] [advɔnir] *v impers* to happen ; **qu'advient-il de ...?** what is happening to ...? ; **qu'est-il advenu de ...?** what has happened to *ou* become of ...? ; **advienne que pourra** come what may.

advenu [advɔny] *pp* ⊳ **advenir**.

adverbe [adverb] *nm* adverb.

adversaire [adverser] *nmf* adversary, opponent.

adverse [advers] *adj* [opposé] opposing ; ⊳ **parti**.

adversité [adversite] *nf* adversity.

advient [advjɛ̃] ⊳ **advenir**.

advint [advɛ̃] ⊳ **advenir**.

AE (*abr de* **adjoint d'enseignement**) *nm* non-certified teacher.

AELE (*abr de* **Association européenne de libre-échange**) *nf* EFTA.

AEN (*abr de* **Agence pour l'énergie nucléaire**) *nf* French nuclear energy agency, ≃ AEA *Br*, ≃ AEC *Am*.

aération [aerasjɔ̃] *nf* [circulation d'air] ventilation ; [action] airing.

aéré, e [aere] *adj* - **1.** [pièce] well-ventilated ; **mal ~** stuffy - **2.** *fig* [présentation] well-spaced.

aérer [18] [aere] *vt* - **1.** [pièce, chose] to air - **2.** *fig* [présentation, mise en page] to lighten.
➙ **s'aérer** *vp* [sortir] to get some fresh air.

aérien, enne [aerjɛ̃, ɛn] *adj* - **1.** [grâce] ethereal ; [démarche] light - **2.** [câble] overhead (*avant n*) - **3.** [transports, attaque] air (*avant n*) ; **compagnie ~ne** airline (company).

aérobic [aerɔbik] nm aerobics (U).

aérodrome [aerɔdrom] nm aerodrome.

aérodynamique [aerɔdinamik] <> nf aerodynamics (U) <> adj streamlined, aerodynamic.

aérogare [aerɔgar] nf - **1.** [aéroport] airport - **2.** [gare] air terminal.

aéroglisseur [aerɔglisœr] nm hovercraft.

aérogramme [aerɔgram] nm aerogramme.

aéromodélisme [aerɔmɔdelism] nm model aircraft making.

aéronautique [aerɔnotik] <> nf aeronautics (U) <> adj aeronautical.

aéronaval, e, als [aerɔnaval] adj air and sea (avant n).

aérophagie [aerɔfaʒi] nf abdominal wind.

aéroport [aerɔpɔr] nm airport.

aéroporté, e [aerɔpɔrte] adj airborne.

aérosol [aerɔsɔl] nm & adj inv aerosol.

aérospatial, e, aux [aerɔspasjal, o] adj aerospace (avant n).
 ➡ **aérospatiale** nf aerospace industry.

AF <> nfpl abr de **allocations familiales** <> nf (abr de **Assemblée fédérale**) (Swiss) Federal Assembly.

affabilité [afabilite] nf affability.

affable [afabl] adj - **1.** [personne] affable, agreeable - **2.** [parole] kind.

affabulation [afabylasjɔ̃] nf fabrication.

affaiblir [32] [afeblir] vt litt & fig to weaken.
 ➡ **s'affaiblir** vp litt & fig to weaken, to become weaker.

affaiblissement [afeblismɑ̃] nm weakening.

affaire [afer] nf - **1.** [question] matter - **2.** [situation, polémique] affair - **3.** [marché] deal ; **faire une ~ to** get a bargain ou a good deal ; **une ~ en or** a real bargain - **4.** [entreprise] business - **5.** [procès] case - **6.** loc : **avoir ~ à qqn** to deal with sb ; **vous aurez ~ à moi!** you'll have me to deal with! ; **c'est l'~ d'une minute** it will only take a minute ; **faire l'~** to do nicely ; **j'en fais mon ~** leave it to me ; **tirer qqn d'~** to get sb out of trouble.
 ➡ **affaires** nfpl - **1.** COMM business (U) - **2.** [objets personnels] things, belongings - **3.** [activités] affairs ; **les ~s de l'État** affairs of state ; **les Affaires étrangères** ≃ the Foreign Office (sg) ; **se mêler** ou **s'occuper de ses ~s** to mind one's own business ; **toutes ~s cessantes** forthwith.

affairé, e [afere] adj busy.

affairer [4] [afere] ➡ **s'affairer** vp to bustle about.

affairisme [aferism] nm racketeering.

affaissement [afesmɑ̃] nm GÉOGR subsidence.

affaisser [4] [afese] ➡ **s'affaisser** vp - **1.** [se creuser] to subside, to sink - **2.** [tomber] to collapse.

affaler [3] [afale] ➡ **s'affaler** vp to collapse.

affamé, e [afame] adj starving.

affectation [afektasjɔ̃] nf - **1.** [attribution] **~ de qqch à** allocation of sthg to - **2.** [nomination] appointment, posting - **3.** [manque de naturel] affectation.

affecter [4] [afekte] vt - **1.** [consacrer] : **~ qqch à** to allocate sthg to - **2.** [nommer] : **~ qqn à** to appoint sb to - **3.** [feindre] to feign - **4.** [émouvoir] to affect, to move.

affectif, ive [afektif, iv] adj emotional.

affection [afeksjɔ̃] nf - **1.** [sentiment] affection ; **avoir de l'~ pour** to be fond of - **2.** [maladie] complaint.

affectionner [3] [afeksjɔne] vt to be fond of.

affectivité [afektivite] nf emotions (pl).

affectueusement [afektɥøzmɑ̃] adv affectionately.

affectueux, euse [afektɥø, øz] adj affectionate.

afférent, e [aferɑ̃, ɑ̃t] adj - **1.** JUR : **~ à qqch** pertaining ou relating to sthg - **2.** ANAT afferent.

affermir [32] [afermir] vt [gén] to strengthen ; [chairs] to tone up.
 ➡ **s'affermir** vp - **1.** [matière] to be strengthened ; [chairs] to be toned up - **2.** [pouvoir] to be consolidated.

affichage [afiʃaʒ] nm - **1.** [d'un poster, d'un avis] putting up, displaying - **2.** ÉLECTRON : **~ à cristaux liquides** LCD, liquid crystal display ; **~ numérique** digital display.

affiche [afiʃ] nf [gén] poster ; [officielle] notice ; **~ publicitaire** (advertising) poster ; **être l'~** fig to be on.

afficher [3] [afiʃe] vt - **1.** [liste, poster] to put up ; [vente, réglementation] to put up a notice about - **2.** [laisser transparaître] to display, to exhibit.
 ➡ **s'afficher** vp : **s'~ avec qqn** to flaunt o.s. with sb.

affichette [afiʃet] nf small poster.

afficheur [afiʃœr] nm - **1.** [entreprise] billposter - **2.** ÉLECTRON display.

affilée [afile] ➡ **d'affilée** loc adv : **trois jours d'~** three days running.

affiler [3] [afile] vt to sharpen.

affilié, e [afilje] adj : **~ à** affiliated to.

affiner [3] [afine] vt litt & fig to refine.

➤ **s'affiner** *vp* [silhouette] to become thinner ; [devenir plus raffiné] to become more refined.

affinité [afinite] *nf* affinity ; **avoir des ~s avec** to have an affinity with.

affirmatif, ive [afirmatif, iv] *adj* - **1.** [réponse] affirmative - **2.** [personne] positive.
➤ **affirmatif** *adv* affirmative.
➤ **affirmative** *nf* : **dans l'affirmative** if yes, if the answer is yes ; **répondre par l'affirmative** to reply in the affirmative.

affirmation [afirmasjɔ̃] *nf* assertion.

affirmativement [afirmativmɑ̃] *adv* : **répondre ~** to answer in the affirmative.

affirmer [3] [afirme] *vt* - **1.** [certifier] to maintain, to claim - **2.** [exprimer] to assert.
➤ **s'affirmer** *vp* to assert o.s.

affixe [afiks] *nm* affix.

affleurer [5] [aflœre] *vi* **fig** to rise to the surface.

affliction [afliksjɔ̃] *nf* affliction.

affligeant, e [afliʒɑ̃, ɑ̃t] *adj* - **1.** [désolant] saddening, distressing - **2.** [lamentable] appalling.

affliger [17] [afliʒe] *vt sout* - **1.** [attrister] to sadden, to distress - **2.** [de défaut, de maladie] : **être affligé de** to be afflicted with.
➤ **s'affliger** *vp sout* : **s'~ de** to be distressed at *ou* about.

affluence [aflyɑ̃s] *nf* crowd, crowds *(pl)*.

affluent [aflyɑ̃] *nm* tributary.

affluer [3] [aflye] *vi* - **1.** [choses] to pour in, to flood in - **2.** [personnes] to flock - **3.** [sang] : **~ (à)** to rush (to).

afflux [afly] *nm* - **1.** [de liquide, dons, capitaux] flow - **2.** [de personnes] flood.

affolant, e [afɔlɑ̃, ɑ̃t] *adj* - **1.** [inquiétant] frightening - **2.** [troublant] disturbing.

affolé, e [afɔle] *adj* horrified.

affolement [afɔlmɑ̃] *nm* panic.

affoler [3] [afɔle] *vt* - **1.** [inquiéter] to terrify - **2.** [émouvoir] to drive mad.
➤ **s'affoler** *vp* [paniquer] to panic.

affranchi, e [afrɑ̃ʃi] *adj* - **1.** [lettre - avec timbre] stamped ; [- à la machine] franked - **2.** [personne, esclave] liberated.

affranchir [32] [afrɑ̃ʃir] *vt* - **1.** [lettre - avec timbre] to stamp ; [- à la machine] to frank - **2.** **arg crime** [renseigner] to put in the picture, to fill in - **3.** [libérer] : **~ qqn de qqch** to liberate *ou* free sb from sthg - **4.** [esclave] to set free, to liberate.
➤ **s'affranchir** *vp* : **s'~ de qqch** [se libérer de] to free o.s. from sthg.

affranchissement [afrɑ̃ʃismɑ̃] *nm* - **1.** [de lettre - avec timbre] stamping ; [- à la machine] franking - **2.** [libération] liberation, emancipation.

affres [afr] *nfpl littéraire* throes.

affréter [18] [afrete] *vt* to charter.

affreusement [afrøzmɑ̃] *adv* - **1.** [horriblement] horribly - **2.** [énormément] awfully.

affreux, euse [afrø, øz] *adj* - **1.** [repoussant] horrible - **2.** [effrayant] terrifying - **3.** [détestable] awful, dreadful.

affriolant, e [afrijɔlɑ̃, ɑ̃t] *adj* enticing.

affront [afrɔ̃] *nm* insult, affront ; **faire un ~ à qqn** to insult sb.

affrontement [afrɔ̃tmɑ̃] *nm* confrontation.

affronter [3] [afrɔ̃te] *vt* to confront.
➤ **s'affronter** *vp* to confront each other.

affubler [3] [afyble] *vt péj* : **être affublé de** to be got up in.
➤ **s'affubler** *vp* : **s'~ de qqch** *péj* to get o.s. up in sthg.

affût [afy] *nm* : **être à l'~ (de)** to be lying in wait (for) ; **fig** to be on the lookout (for).

affûter [3] [afyte] *vt* to sharpen.

afghan, e [afgɑ̃, an] *adj* Afghan.
➤ **afghan** *nm* [langue] Afghan, Pashto.
➤ **Afghan, e** *nm, f* Afghan.

Afghanistan [afganistɑ̃] *nm* : **l'~** Afghanistan.

afin [afɛ̃] ➤ **afin de** *loc prép* in order to.
➤ **afin que** *loc conj* (+ subjonctif) so that.

AFNOR, Afnor [afnɔr] (*abr de* **Association française de normalisation**) *nf French industrial standards authority*, ≃ BSI **Br**, ≃ ASA **Am**.

a fortiori [afɔrsjɔri] *adv* all the more.

AFP (*abr de* **Agence France-Presse**) *nf French press agency*.

africain, e [afrikɛ̃, ɛn] *adj* African.
➤ **Africain, e** *nm, f* African.

afrikaner [afrikaner], **afrikaander** [afrikɑ̃der] *adj* Afrikaner.
➤ **Afrikaner, Afrikaander** *nmf* Afrikaner.

Afrique [afrik] *nf* : **l'~** Africa ; **l'~ australe** Southern Africa ; **l'~ noire** sub-Saharan Africa ; **l'~ du Nord** North Africa ; **l'~ du Sud** South Africa.

after-shave [aftœrʃev] *nm inv* & *adj inv* aftershave.

ag. *abr de* **agence**.

AG (*abr de* **assemblée générale**) *nf* GM.

agaçant, e [agasɑ̃, ɑ̃t] *adj* irritating.

agacement [agasmɑ̃] *nm* irritation.

agacer [16] [agase] *vt* to irritate.

agate [agat] *nf* agate.

âge [aʒ] nm age ; **à l'~ de** at the age of ; **en ~ de faire qqch** old enough to do sthg ; **en bas ~** very young ; **quel ~ as-tu?** how old are you? ; **d'un certain ~** middle-aged ; **prendre de l'~** to age ; **l'~ adulte** adulthood ; **l'~ ingrat** the awkward ou difficult age ; **d'un ~ avancé** elderly ; **~ de fer/de bronze** Iron/Bronze Age ; **~ mental** mental age ; **d'~ mûr** of mature years ; **~ d'or** golden age ; **~ de raison** age of reason ; **le troisième ~** [personnes] the over-sixties.

âgé, e [aʒe] adj old, elderly ; **être ~ de 20 ans** to be 20 years old ou of age ; **un enfant ~ de 3 ans** a 3-year-old child.

agence [aʒɑ̃s] nf agency ; **~ immobilière** estate agent's Br, real estate agent's Am ; **~ matrimoniale** marriage bureau ; **Agence nationale pour l'emploi** ≈ job centre ; **~ de publicité** advertising agency ; **~ de voyages** travel agent's, travel agency.

agencement [aʒɑ̃smɑ̃] nm arrangement.

agencer [16] [aʒɑ̃se] vt to arrange ; fig to put together.
➣ **s'agencer** vp to fit together.

agenda [aʒɛ̃da] nm diary.

agenouiller [3] [aʒnuje] ➣ **s'agenouiller** vp to kneel ; **s'~ devant** fig to bow down before.

agent [aʒɑ̃] nm agent ; **~ de change** stockbroker ; **~ commercial** sales representative ; **~ immobilier** estate agent Br, real estate agent Am ; **~ de police** police officer ; **~ de publicité** advertising agent ; **~ secret** secret agent.

agglomérat [aglɔmera] nm GÉOL & fig agglomerate.

agglomération [aglɔmerasjɔ̃] nf - **1.** [amas] conglomeration - **2.** [ville] conurbation ; **l'~ parisienne** the Parisian urban area.

aggloméré [aglɔmere] nm chipboard.

agglomérer [18] [aglɔmere] vt to mix together.
➣ **s'agglomérer** vp - **1.** [surface] to bind - **2.** [foule] to gather.

agglutiner [3] [aglytine] vt to stick together.
➣ **s'agglutiner** vp [foule] to gather, to congregate.

aggravation [agravasjɔ̃] nf worsening, aggravation.

aggraver [3] [agrave] vt to make worse.
➣ **s'aggraver** vp to get worse, to worsen.

agile [aʒil] adj agile, nimble.

agilement [aʒilmɑ̃] adv agilely.

agilité [aʒilite] nf litt & fig agility.

agios [aʒjo] nmpl FIN bank charges.

agir [32] [aʒir] vi - **1.** [faire, être efficace] to ac‹ - **2.** [se comporter] to behave - **3.** [influer] : **~ su** to have an effect on.
➣ **s'agir** v impers : **il s'agit de ...** it's a matter of ... ; **il s'agit de faire qqch** we/you etc mus‹ do sthg ; **de quoi s'agit-il?** what's it about? **de quoi s'agit-il dans ce film/cette lettre?** wha‹ is this film/letter about?

agissements [aʒismɑ̃] nmpl péj schemes, in‹ trigues.

agitateur, trice [aʒitatœr, tris] nm, f POL‹ agitator.

agitation [aʒitasjɔ̃] nf agitation ; [politique, sc‹ ciale] unrest.

agité, e [aʒite] adj - **1.** [gén] restless ; [enfan‹ classe] restless, fidgety ; [journée, atmosphère] hectic - **2.** [mer] rough.

agiter [3] [aʒite] vt - **1.** [remuer - flacon, objet] t‹ shake ; [- drapeau, bras] to wave ; **'~ avan‹ l'emploi'** 'shake well before use' - **2.** [énerve‹ to perturb.
➣ **s'agiter** vp [personne] to move about, t‹ fidget ; [mer] to stir ; [population] to get rest‹ less.

agneau [aɲo] nm - **1.** [animal, viande] lamb‹ **doux comme un ~** gentle as a lamb - **2.** [cui‹ lambskin.

agonie [agɔni] nf [de personne] mortal agony‹ fig death throes (pl) ; **être à l'~** to be a‹ death's door.

agoniser [3] [agɔnize] vi [personne] to b‹ dying ; fig to be on its last legs.

agoraphobie [agɔrafɔbi] nf agoraphobia.

agrafe [agraf] nf - **1.** [de bureau] staple - **2.** M‹ clip.

agrafer [3] [agrafe] vt - **1.** [attacher] to faste‹ - **2.** fam fig [attraper] to nab.

agrafeuse [agraføz] nf stapler.

agraire [agrɛr] adj agrarian.

agrandir [32] [agrɑ̃dir] vt - **1.** [élargir - gén ‹ PHOT] to enlarge ; [- rue, écart] to widen - **2.** f‹ [développer] to expand - **3.** [faire paraître pl‹ grand] : **~ qqch** to make sthg look bigger.
➣ **s'agrandir** vp - **1.** [s'étendre] to grow - **2.** f‹ [se développer] to expand.

agrandissement [agrɑ̃dismɑ̃] nm - **1.** [gén ‹ PHOT] enlargement - **2.** fig [développement] e‹ pansion.

agréable [agreabl] adj pleasant, nice.

agréablement [agreabləmɑ̃] adv pleasan‹ ly.

agréé, e [agree] adj [concessionnaire, appareil] ‹ thorized.

agréer [15] [agree] vt sout - **1.** [accepter] : fai‹

~ qqch to have sthg accepted ; **veuillez ~ mes salutations distinguées** ou **l'expression de mes sentiments distingués** yours faithfully - **2.** [convenir] : ~ **à qqn** to suit ou please sb.

agrégat [agrega] nm - **1.** [aggloméré] aggregate - **2.** fig & péj [amas] hotchpotch Br, hodgepodge Am.

agrégation [agregasjɔ̃] nf competitive examination for secondary school and university teachers.

agrégé, e [agreʒe] nm, f holder of the agrégation.

agrément [agremɑ̃] nm - **1.** [caractère agréable] attractiveness ; **d'~** [jardin] ornamental ; [voyage] pleasure (avant n) - **2.** [approbation] consent, approval.

agrémenter [3] [agremɑ̃te] vt : ~ **qqch (de qqch)** to embellish sthg (with sthg).

➤ **s'agrémenter** vp : **s'~ de qqch** [vêtement] to be trimmed ou adorned with sthg.

agrès [agrɛ] nmpl SPORT gym apparatus (U).

agresser [4] [agrese] vt - **1.** [suj : personne] to attack - **2.** fig [suj : bruit, pollution] to assault.

agresseur [agresœr] nm attacker.

agressif, ive [agresif, iv] adj aggressive.

agression [agresjɔ̃] nf attack ; MIL & PSYCHOL aggression.

agressivement [agresivmɑ̃] adv aggressively.

agressivité [agresivite] nf aggressiveness.

agricole [agrikɔl] adj agricultural.

agriculteur, trice [agrikyltœr, tris] nm, f farmer.

agriculture [agrikyltyr] nf agriculture, farming.

agripper [3] [agripe] vt - **1.** [personne] to cling ou hang on to - **2.** [objet] to grip, to clutch.

➤ **s'agripper** vp : **s'~ à qqn** to cling ou hang on to sb ; **s'~ à qqch** to grip ou clutch sthg.

agroalimentaire [agroalimɑ̃ter] ◇ adj : industrie ~ food-processing industry ; **les produits ~s** processed foods ou foodstuffs ◇ nm : **l'~** the food processing industry.

agronome [agronom] nmf agronomist.

agronomie [agronomi] nf agronomy.

agronomique [agronomik] adj agronomic.

agrume [agrym] nm citrus fruit.

aguerrir [32] [agerir] vt to harden.

➤ **s'aguerrir** vp : **s'~ (contre)** to become hardened (to).

aguets [agɛ] ➤ **aux aguets** loc adv : être/rester aux ~ to be ou keep on the lookout.

aguichant, e [agiʃɑ̃, ɑ̃t] adj enticing.

ah [a] interj oh!, ah! ; **ah bon?** really? ; **ah, quelle bonne surprise!** what a nice surprise!

Ah (abr de **ampère-heure**) ah.

ahuri, e [ayri] adj : **être ~ (par qqch)** to be taken aback (by sthg).

ahurir [32] [ayrir] vt [étonner] to astound.

ahurissant, e [ayrisɑ̃, ɑ̃t] adj astounding.

ahurissement [ayrismɑ̃] nm astonishment.

ai ⊳ avoir.

aide [ɛd] ◇ nf - **1.** [gén] help ; **à l'~!** help! ; **appeler (qqn) à l'~** to call (to sb) for help ; **venir en ~ à qqn** to come to sb's aid, to help sb ; **~ ménagère** home help - **2.** [secours financier] aid ; **~ sociale** social security Br, welfare Am ◇ nmf [adjoint] assistant ; **~ de camp** MIL aide-de-camp.

➤ **à l'aide de** loc prép with the help ou aid of.

aide-mémoire [ɛdmemwar] nm inv aide-mémoire ; [pour examen] revision notes (pl).

aider [4] [ede] vt to help ; **~ qqn à faire qqch** to help sb to do sthg ; **~ à faire qqch** to help to do sthg ; **~ qqn dans qqch** to help sb with sthg ; **se faire ~ par** ou **de qqn** to be helped by sb, to get help from sb ; **~ à faire qqch** to help to do sthg.

➤ **s'aider** vp - **1.** [s'assister mutuellement] to help each other - **2.** [avoir recours] : **s'~ de** to use, to make use of.

aide-soignant, e [ɛdswaɲɑ̃, ɑ̃t] (mpl aides-soignants, fpl aides-soignantes) nm, f nursing auxiliary Br, nurse's aide Am.

aie, aies etc ⊳ avoir.

aïe [aj] interj - **1.** [exprime la douleur] ow!, ouch! - **2.** [exprime le désagrément] oh dear!, oh no!

AIEA (abr de **Agence internationale de l'énergie atomique**) nf IAEA.

aïeul, e [ajœl] nm, f sout grandparent, grandfather (f grandmother).

aïeux [ajø] nmpl ancestors.

aigle [ɛgl] nm eagle.

aiglon [ɛglɔ̃] nm eaglet.

aigre [ɛgr] adj - **1.** [gén] sour - **2.** [propos] harsh.

aigre-doux, aigre-douce [ɛgrədu, ɛgrədus] adj - **1.** CULIN sweet-and-sour - **2.** [propos] bittersweet.

aigrelet, ette [ɛgrəlɛ, ɛt] adj - **1.** [vin] vinegary - **2.** [voix] sharpish.

aigrement [ɛgrəmɑ̃] adv bitterly.

aigrette [ɛgrɛt] nf egret.

aigreur [ɛgrœr] nf - **1.** [d'un aliment] sourness - **2.** [d'un propos] harshness.

➤ **aigreurs d'estomac** nfpl heartburn (U).

aigri, e [ɛgri] adj embittered.

aigrir [32] [ɛgrir] vt - **1.** [aliment] to make sour - **2.** [personne] to embitter.

s'aigrir *vp* - **1.** [aliment] to turn sour - **2.** [personne] to become bitter.

aigu, uë [egy] *adj* - **1.** [son] high-pitched - **2.** [objet, lame] sharp ; [angle] acute - **3.** [douleur] sharp, acute - **4.** [conflit, grève] bitter - **5.** [intelligence, sens] acute, keen.
➤ **aigu** *nm* high note.

aiguillage [eguijaʒ] *nm* [RAIL - manœuvre] shunting *Br*, switching *Am* ; [- dispositif] points *(pl) Br*, switch *Am*.

aiguille [eguij] *nf* - **1.** [gén] needle ; **~ à tricoter** knitting needle ; **~ de pin** pine needle ; **chercher une ~ dans une botte de foin** *fig* to look for a needle in a haystack - **2.** [de pendule] hand - **3.** GÉOGR peak.

aiguiller [3] [eguije] *vt* - **1.** RAIL to shunt *Br*, to switch *Am* - **2.** [personne, conversation] to steer, to direct.

aiguilleur [eguijœr] *nm* - **1.** RAIL pointsman *Br*, switchman *Am* - **2.** AÉRON : **~ du ciel** air traffic controller.

aiguillon [eguijɔ̃] *nm* - **1.** [dard] sting - **2.** [stimulant] spur, incentive.

aiguiser [3] [egize] *vt litt & fig* to sharpen ; **~ l'appétit** to whet the appetite.

aïkido, aikido [ajkido] *nm* aikido.

ail [aj] (*pl* **ails** OU **aulx** [ol]) *nm* garlic *(U)* ; **~ des bois** *Can* wild leek.

aile [ɛl] *nf* - **1.** [gén] wing ; **battre de l'~** to be in a bad way ; **donner des ~s à qqn** to lend sb wings ; **voler de ses propres ~s** to stand on one's own two feet - **2.** [de moulin] sail.

aileron [ɛlrɔ̃] *nm* - **1.** [de requin] fin - **2.** [d'avion] aileron.

ailier [elje] *nm* winger.

aille, ailles *etc* ➭ **aller.**

ailleurs [ajœr] *adv* elsewhere, somewhere *Br* OU someplace *Am* else ; **elle avait l'esprit ~** *fig* her mind was on other things ; **nulle part ~** nowhere *Br* OU no-place *Am* else ; **partout ~** everywhere *Br* OU everyplace *Am* else.
➤ **d'ailleurs** *loc adv* moreover, besides.
➤ **par ailleurs** *loc adv* moreover, furthermore.

ailloli, aïoli [ajɔli] *nm* garlic mayonnaise.

aimable [ɛmabl] *adj* kind, nice.

aimablement [ɛmabləmã] *adv* kindly.

aimant¹, e [ɛmã, ãt] *adj* loving.

aimant² [ɛmã] *nm* magnet.

aimanter [3] [ɛmãte] *vt* to magnetize.

aimer [4] [eme] *vt* - **1.** [gén] to like ; **~ bien qqch/qqn** to like sthg/sb, to be fond of sthg/sb ; **~ bien faire qqch** to (really) like doing sthg ; **~ (à) faire qqch** to like to do sthg, to

like doing sthg ; **j'aime à croire que ...** I like to think that ... ; **elle aime qu'on l'appelle par son surnom** she likes being called by her nickname ; **je n'aime pas que tu rentres seule le soir** I don't like you coming home alone at night ; **j'aimerais (bien) que tu viennes avec moi** I'd like you to come with me ; **j'aimerais bien une autre tasse de café** I wouldn't mind another cup of coffee ; **~ mieux qqch** to prefer sthg ; **~ mieux faire qqch** to prefer doing OU to do sthg - **2.** [d'amour] to love.
➤ **s'aimer** *vp* - **1.** *(emploi réfléchi)* to like o.s. - **2.** *(emploi réciproque)* to love each other ; **s'~ bien** to like each other.

aine [ɛn] *nf* groin.

aîné, e [ene] ◇ *adj* [plus âgé] elder, older ; [le plus âgé] eldest, oldest ◇ *nm, f* [plus âgé] older OU elder child, older OU eldest son/daughter ; [le plus âgé] oldest OU eldest child, oldest OU eldest son/daughter ; **elle est mon ~e de deux ans** she is two years older than me.

aînesse [enes] ➭ **droit.**

ainsi [ɛ̃si] *adv* - **1.** [manière] in this way, like this - **2.** [valeur conclusive] thus ; **~ donc** so ; **et ~ de suite** and so on, and so forth ; **pour ~ dire** so to speak ; **~ soit-il** RELIG so be it, amen.
➤ **ainsi que** *loc conj* - **1.** [comme, de même que] as - **2.** [et] as well as.

aïoli = **ailloli.**

air [ɛr] *nm* - **1.** [gén] air ; **le grand ~** the fresh air ; **à l'~ libre** in the open air ; **en plein ~** (out) in the open air, outside ; **prendre l'~** to get some (fresh) air ; **en l'~** [projet] (up) in the air ; *fig* [paroles] empty ; **~ comprimé** compressed air ; **~ conditionné** air-conditioning ; **s'envoyer en l'~** *vulg* to get laid - **2.** [apparence, mine] air, look ; **il a l'~ triste** he looks sad ; **il a l'~ de bouder** it looks as if he's sulking ; **il a l'~ de faire beau** it looks like being a nice day ; **sans en avoir l'~** without showing it ; **d'un ~ dégagé** in a casual manner ; **n'avoir l'~ de rien** to look OU seem unremarkable, to look OU seem insignificant ; **un ~ de famille** a family resemblance - **3.** MUS tune.

Airbag® [ɛrbag] *nm* airbag.

aire [ɛr] *nf* - **1.** [gén] area ; **~ d'atterrissage** landing strip ; **~ de jeu** playground ; **~ de repos** lay-by ; **~ de stationnement** parking area - **2.** [nid] eyrie.

airelle [ɛrɛl] *nf* bilberry.

aisance [ɛzãs] *nf* - **1.** [facilité] ease - **2.** [richesse] **il vit dans l'~** he has an affluent lifestyle.

aise [ɛz] ◇ *nf sout* pleasure ; **être à l'~** OU **à son ~** [confortable] to feel comfortable ; [financièrement] to be comfortably off ; **mettez-vous à l'~** make yourself comfortable ; **mettre qqn mal à l'~** to make sb feel ill at ease *ou* uneasy ; **en prendre à son ~** to do as one likes ; **à votre ~** please yourself, as you wish ◇ *adj* : **être bien ~ (de faire qqch)** to be delighted (to do sthg).

➥ **aises** *nfpl* : **aimer ses ~s** to like one's (home) comforts ; **prendre ses ~s** to make o.s. comfortable.

aisé, e [eze] *adj* - **1.** [facile] easy - **2.** [riche] well-off.

aisément [ezemɑ̃l] *adv* easily.

aisselle [ɛsɛl] *nf* armpit.

ajonc [aʒɔ̃] *nm* gorse *(U)*.

ajournement [aʒuʁnəmɑ̃l] *nm* adjournment, postponement.

ajourner [3] [aʒuʁne] *vt* - **1.** [reporter - décision etc] to postpone ; [- réunion, procès] to adjourn - **2.** [candidat] to refer.

ajout [aʒu] *nm* addition.

ajouter [3] [aʒute] *vt* to add ; **~ que** to add that ; **~ foi à qqch** *sout* to give credence to sthg.

➥ **s'ajouter** *vp* : **s'~ à qqch** to be in addition to sthg.

ajustage [aʒystaʒ] *nm* fitting.

ajusté, e [aʒyste] *adj* [coupé] fitted, tailored.

ajuster [3] [aʒyste] *vt* - **1.** [monter] : **~ qqch (à)** to fit sthg (to) - **2.** [régler] to adjust - **3.** [vêtement] to alter - **4.** [tir, coup] to aim - **5.** [arranger - coiffure, cravate] to adjust.

➥ **s'ajuster** *vp* to be adaptable.

ajusteur [aʒystœʁ] *nm* fitter.

alaise, alèse [alɛz] *nf* undersheet.

alambiqué, e [alɑ̃bike] *adj* convoluted.

alarmant, e [alaʁmɑ̃, ɑ̃t] *adj* alarming.

alarme [alaʁm] *nf* alarm ; **donner l'~** to give *ou* raise the alarm.

alarmer [3] [alaʁme] *vt* to alarm.

➥ **s'alarmer** *vp* to get *ou* become alarmed.

alarmiste [alaʁmist] ◇ *nmf* scaremonger ◇ *adj* alarmist.

albanais, e [albanɛ, ɛz] *adj* Albanian.

➥ **albanais** *nm* [langue] Albanian.

➥ **Albanais, e** *nm, f* Albanian.

Albanie [albani] *nf* : **l'~** Albania.

albâtre [albɑtʁ] *nm* alabaster.

albatros [albatʁos] *nm* albatross.

albinos [albinos] *nmf* & *adj inv* albino.

album [albɔm] *nm* album ; **~ (de) photo** photo album.

albumine [albymin] *nf* albumin.

alcalin, e [alkalɛ̃, in] *adj* alkaline.

alchimiste [alʃimist] *nmf* alchemist.

alcool [alkɔl] *nm* alcohol ; **~ à brûler** methylated spirits *(pl)* ; **~ à 90 degrés** surgical spirit ; **~ de prune/poire** plum/pear brandy.

alcoolémie [alkɔlemi] *nf* : **taux d'~** blood alcohol level.

alcoolique [alkɔlik] *nmf* & *adj* alcoholic.

alcoolisé, e [alkɔlize] *adj* alcoholic.

alcoolisme [alkɔlism] *nm* alcoholism.

Alc(o)otest® [alkɔtɛst] *nm* ≃ Breathalyser® ; **passer un ~** to be breathalysed.

alcôve [alkov] *nf* recess ; **secret d'~** intimate secret.

aléa [alea] *nm (gén pl)* *sout* hazard.

aléatoire [aleatwaʁ] *adj* - **1.** [avenir] uncertain - **2.** [choix] random.

alémanique [alemanik] *adj* : **Suisse ~** German-speaking (part of) Switzerland.

alentour [alɑ̃tuʁ] *adv* around, round about.

➥ **alentours** *nmpl* surroundings ; **les ~s de la ville** the outskirts of the city ; **aux ~s de** [spatial] in the vicinity of ; [temporel] around.

alerte [alɛʁt] ◇ *adj* - **1.** [personne, esprit] agile, alert - **2.** [style, pas] lively ◇ *nf* alarm, alert ; **donner l'~** to sound *ou* give the alert ; **~ à la bombe** bomb scare ; **fausse ~** false alarm.

alerter [3] [alɛʁte] *vt* to warn, to alert.

alèse = alaise.

alexandrin [alɛksɑ̃dʁɛ̃] *nm* alexandrine.

algèbre [alʒɛbʁ] *nf* algebra.

Alger [alʒe] *n* Algiers.

Algérie [alʒeʁi] *nf* : **l'~** Algeria.

algérien, enne [alʒeʁjɛ̃, ɛn] *adj* Algerian.

➥ **Algérien, enne** *nm, f* Algerian.

algue [alg] *nf* seaweed *(U)*.

alias [aljas] *adv* alias.

alibi [alibi] *nm* alibi.

aliénation [aljenasjɔ̃] *nf* alienation ; **~ mentale** insanity.

aliéné, e [aljene] ◇ *adj* - **1.** MÉD insane - **2.** JUR alienated ◇ *nm, f* MÉD insane person.

aliéner [18] [aljene] *vt* to alienate.

alignement [aliɲmɑ̃] *nm* alignment, lining up ; **~ sur** alignment with ; **être dans l'~ de** to be in line with.

aligner [3] [aliɲe] *vt* - **1.** [disposer en ligne] to line up, to align - **2.** [présenter] to set out - **3.** [adapter] : **~ qqch sur** to align sthg with, to bring sthg into line with.

➥ **s'aligner** *vp* to line up ; **s'~ sur** POLIT to align o.s. with.

aliment [alimɑ̃] *nm* [nourriture] food *(U)*.

alimentaire [alimɑ̃tɛʁ] *adj* - **1.** [gén] food *(avant n)* ; **c'est juste un travail ~** I'm doing this job just for the money - **2.** JUR maintenance (avant n).

alimentation [alimãtasjɔ̃] nf - **1.** [nourriture] diet ; **magasin d'~** food store - **2.** [approvisionnement] : **~ (en)** supply ou supplying (U) (of).

alimenter [3] [alimãte] vt - **1.** [nourrir] to feed - **2.** [approvisionner] : **~ qqch en** to supply sthg with - **3.** fig [entretenir] to keep going.
◆ **s'alimenter** vp to eat.

alinéa [alinea] nm - **1.** [retrait de ligne] indent - **2.** [dans un document officiel] paragraph.

aliter [3] [alite] vt : **être alité** to be bedridden.
◆ **s'aliter** vp to take to one's bed.

allaitement [aletmã] nm [d'enfant] breastfeeding ; [d'animal] suckling.

allaiter [4] [alete] vt [enfant] to breast-feed ; [animal] to suckle.

allant [alã] nm : **plein d'~** dynamic.

allé, e [ale] pp ▷ aller.

alléchant, e [aleʃã, ãt] adj mouth-watering, tempting.

allécher [18] [aleʃe] vt : **il a été alléché par l'odeur/la perspective** the smell/prospect made his mouth water.

allée [ale] nf - **1.** [dans un jardin] path ; [dans une ville] avenue - **2.** [passage] aisle - **3.** [trajet] : **~s et venues** comings and goings - **4.** Can GOLF fairway.

allégation [alegasjɔ̃] nf allegation.

allégé, e [aleʒe] adj [régime, produit] low-fat.

allégeance [aleʒãs] nf allegiance.

alléger [22] [aleʒe] vt - **1.** [fardeau] to lighten - **2.** [douleur] to soothe.

allégorie [alegɔri] nf allegory.

allègre [alɛgr] adj - **1.** [ton] cheerful - **2.** [démarche] jaunty.

allégresse [alegrɛs] nf elation.

alléguer [18] [alege] vt : **~ une excuse** to put forward an excuse ; **~ que** to plead (that).

Allemagne [almaɲ] nf : **l'~** Germany ; **l'(ex-)~ de l'Est** (former) East Germany ; **l'(ex-)~ de l'Ouest** (former) West Germany.

allemand, e [almã, ãd] adj German.
◆ **allemand** nm [langue] German.
◆ **Allemand, e** nm, f German ; **un Allemand de l'Est/l'Ouest** an East/a West German.

aller [31] [ale] ◇ nm - **1.** [trajet] outward journey - **2.** [billet] single ticket Br, one-way ticket Am ◇ vi - **1.** [gén] to go ; **allez!** come on! ; **allez, au revoir!** bye then! ; **vas-y!** go on! ; **allons-y!, on y va!** let's go!, off we go! - **2.** (+ infinitif) : **~ faire qqch** to go and do sthg ; **~ chercher les enfants à l'école** to go and fetch the children from school ;

~ travailler/se promener to go to work/for a walk - **3.** [indiquant un état] : **comment vas-tu?** how are you? ; **je vais bien** I'm very well, I'm fine ; **comment ça va? — ça va** [santé] how are you? — fine ou all right ; [situation] how are things? — fine ou all right ; **~ mieux** to be better - **4.** [convenir] : **ce type de clou ne va pas pour ce travail** this kind of nail won't do ou isn't suitable for this job ; **~ avec** to go with ; **~ à qqn** to suit sb ; [suj : vêtement, taille] to fit sb ; **ces couleurs ne vont pas ensemble** these colours don't go well together - **5.** loc : **cela va de soi, cela va sans dire** that goes without saying ; **il y va de votre vie!** your life is at stake!, your life depends on it! ; **il en va de ... comme ...** the same goes for ... as ... ; **il en va de même pour lui** the same goes for him ◇ v aux (+ infinitif) [exprime le futur proche] to be going to, will ; **je vais arriver en retard** I'm going to arrive late, I'll arrive late ; **nous allons bientôt avoir fini** we'll soon have finished.
◆ **s'en aller** vp - **1.** [partir] to go, to be off ; **allez-vous-en!** go away! - **2.** [disparaître] to go away.

allergie [alɛrʒi] nf allergy.

allergique [alɛrʒik] adj : **~ (à)** allergic (to).

aller-retour [aleratur] nm return (ticket).

alliage [aljaʒ] nm alloy.

alliance [aljãs] nf - **1.** [union - stratégique] alliance ; [- par le mariage] union, marriage ; **cousin par ~** cousin by marriage - **2.** [bague] wedding ring - **3.** [organisation] : **l'Alliance française** organization promoting French language and culture abroad.

allié, e [alje] ◇ adj : **~ (à)** allied (to) ◇ nm, f ally.
◆ **Alliés** nmpl : **les Alliés** the Allies.

allier [9] [alje] vt - **1.** [métaux] to alloy - **2.** [associer] to combine.
◆ **s'allier** vp to become allies ; **s'~ qqn** to win sb over as an ally ; **s'~ à qqn** to ally with sb.

alligator [aligatɔr] nm alligator.

allitération [aliterasjɔ̃] nf alliteration.

allô [alo] interj hello!

allocation [alɔkasjɔ̃] nf - **1.** [attribution] allocation - **2.** [aide financière] : **~ chômage** unemployment benefit (U) Br ou compensation (U) Am ; **~ logement** housing benefit (U) Br, rent subsidy (U) Am ; **~s familiales** child benefit (U) Br, welfare (U) Am.

allocution [alɔkysjɔ̃] nf short speech.

allongé, e [alɔ̃ʒe] adj - **1.** [position] : **être ~** to be lying down ou stretched out - **2.** [forme] elongated.

allongement [alɔ̃ʒmɑ̃] *nm* lengthening.

allonger [17] [alɔ̃ʒe] ◇ *vt* **- 1.** [gén] to lengthen, to make longer **- 2.** [jambe, bras] to stretch (out) **- 3.** [personne] to lay down **- 4.** *fam* [argent] to dish out **- 5.** *fam* [coup] to aim ◇ *vi* [jours] to grow longer.
➧ **s'allonger** *vp* **- 1.** [gén] to get longer **- 2.** [se coucher] to lie down **- 3.** [se déployer] to stretch (out).

allopathique [alɔpatik] *adj* allopathic.

allouer [6] [alwe] *vt* : ~ **qqch à qqn** to allocate sthg to sb.

allumage [alymaʒ] *nm* **- 1.** [de feu] lighting **- 2.** [d'appareil électrique] switching *ou* turning on **- 3.** [de moteur] ignition.

allume-cigares [alymsigar] *nm inv* cigar lighter.

allume-gaz [alymgaz] *nm inv* gas lighter.

allumer [3] [alyme] *vt* **- 1.** [lampe, radio, télévision] to turn *ou* switch on ; **allume dans la cuisine** turn the kitchen light on **- 2.** [gaz] to light ; [cigarette] to light (up) **- 3.** *fam* [personne] to turn on.
➧ **s'allumer** *vp* **- 1.** [gén] to light up ; **s'~ de** *fig* [de joie, curiosité] to light up with **- 2.** *ÉLECTR* to come *ou* go on.

allumette [alymɛt] *nf* match ; **craquer une ~** to strike a match.

allumeuse [alymøz] *nf fam péj* tease.

allure [alyr] *nf* **- 1.** [vitesse] speed ; **à toute ~** at top *ou* full speed **- 2.** [prestance] presence ; **avoir de l'~** to have style **- 3.** [apparence générale] appearance ; **avoir une drôle d'~** to look odd ; **avoir fière ~** to cut a striking figure.

allusion [alyzjɔ̃] *nf* allusion ; **faire ~ à** to refer *ou* allude to.

almanach [almana] *nm* almanac.

aloès [alɔɛs] *nm* aloe.

aloi [alwa] *nm* : **de bon ~** [mesure] of real worth ; **de mauvais ~** [gaîté] not genuine ; [plaisanterie] in bad taste.

alors [alɔr] *adv* **- 1.** [jadis] then, at that time **- 2.** [à ce moment-là] then **- 3.** [exprimant la conséquence] then, so ; **et ~, qu'est-ce qui s'est passé?** so what happened? ; **il va se mettre en colère — et ~?** he'll be angry — so what? **- 4.** [emploi expressif] well (then) ; **~, qu'est-ce qu'on fait?** well, what are we doing? ; **ça ~!** well fancy that!
➧ **d'alors** *loc adv* at that time.
➧ **jusqu'alors** *loc adv* (up) until then.
➧ **alors que** *loc conj* **- 1.** [exprimant le temps] while, when **- 2.** [exprimant l'opposition] even though ; **elle est sortie ~ que c'était interdit** she went out even though it was forbidden ; **ils aiment le café ~ que nous, nous bu-**

vons du thé they like coffee whereas we drink tea.

alouette [alwɛt] *nf* lark.

alourdir [32] [alurdir] *vt* **- 1.** [gén] to weigh down, to make heavy **- 2.** *fig* [impôts] to increase.
➧ **s'alourdir** *vp* **- 1.** [taille] to get bigger **- 2.** [paupières] to grow heavy.

aloyau [alwajo] *nm* sirloin.

alpage [alpaʒ] *nm* high mountain pasture.

Alpes [alp] *nfpl* : **les ~** the Alps.

alpestre [alpɛstr] *adj* alpine.

alphabet [alfabɛ] *nm* alphabet.

alphabétique [alfabetik] *adj* alphabetical.

alphabétisation [alfabetizasjɔ̃] *nf* teaching of literacy.

alphabétiser [3] [alfabetize] *vt* : ~ **qqn** to teach sb (how) to read and write ; ~ **un pays** to eliminate illiteracy from a country.

alpin, e [alpɛ̃, in] *adj* alpine.

alpinisme [alpinism] *nm* mountaineering.

alpiniste [alpinist] *nmf* mountaineer.

Alsace [alzas] *nf* : **l'~** Alsace.

alsacien, enne [alzasjɛ̃, ɛn] *adj* Alsatian.
➧ **alsacien** *nm* [dialecte] Alsatian.
➧ **Alsacien, enne** *nm, f* Alsatian.

altération [alterasjɔ̃] *nf* **- 1.** [dégradation - gén] alteration, distortion ; [- de santé] deterioration **- 2.** *MUS* inflection.

altercation [alterkasjɔ̃] *nf* altercation.

alter ego [alterego] *nm inv* alter ego.

altérer [18] [altere] *vt* **- 1.** [détériorer] to spoil **- 2.** [santé] to harm, to affect ; [vérité, récit] to distort.
➧ **s'altérer** *vp* **- 1.** [matière - métal] to deteriorate ; [- aliment] to go off, to spoil **- 2.** [santé] to deteriorate.

alternance [alternɑ̃s] *nf* **- 1.** [succession] alternation ; **en ~** alternately **- 2.** *POLIT* change of government party.

alternatif, ive [alternatif, iv] *adj* **- 1.** [périodique] alternating **- 2.** [parallèle] alternative.
➧ **alternative** *nf* alternative.

alternativement [alternativmɑ̃] *adv* alternately.

alterner [3] [alterne] ◇ *vt* : **(faire) ~ qqch et qqch** to alternate sthg with sthg ◇ *vi* [se succéder] : ~ **(avec)** to alternate (with).

altesse [altɛs] *nf* : **Son Altesse** His/Her Highness.

altier, ère [altje, ɛr] *adj* haughty.

altimètre [altimetr] *nm* altimeter.

altiport [altipɔr] *nm* airport at high altitude, used especially to serve ski resorts.

altitude [altityd] *nf* altitude, height ; **en ~ at** (high) altitude ; **monter en ~ to** climb to altitude ; **prendre de l'~** AÉRON to gain height *ou* altitude.

alto [alto] *nm* [MUS - voix] alto ; [- instrument] viola.

alu [aly] *fam* ◇ *nm* [métal] aluminium *Br*, aluminum *Am* ; [papier] aluminium *Br ou* aluminum *Am* foil, tinfoil ◇ *adj* : **papier ~** aluminium *Br ou* aluminum *Am* foil, tinfoil.

aluminium [alyminjɔm] *nm* aluminium *Br*, aluminum *Am*.

alunir [32] [alynir] *vi* to land on the moon.

alunissage [alynisaʒ] *nm* moon landing.

alvéole [alveɔl] *nf* - **1.** [cavité] cavity ; **~ dentaire** tooth socket - **2.** [de ruche, poumon] alveolus.

amabilité [amabilite] *nf* kindness ; **avoir l'~ de faire qqch** to be so kind as to do sthg.

amadouer [6] [amadwe] *vt* [adoucir] to tame, to pacify ; [persuader] to coax.
◆ **s'amadouer** *vp* to relent.

amaigrir [32] [amegrir] *vt* to make thin *ou* thinner.
◆ **s'amaigrir** *vp* to get thin *ou* thinner.

amaigrissant, e [amegrisɑ̃, ɑ̃t] *adj* slimming *(avant n) Br*, reducing *(avant n) Am*.

amaigrissement [amegrismɑ̃] *nm* loss of weight.

amalgame [amalgam] *nm* - **1.** TECHNOL amalgam - **2.** [de styles] mixture - **3.** [d'idées, de notions] : **il ne faut pas faire l'~ entre ces deux questions** the two issues must not be confused.

amalgamer [3] [amalgame] *vt* to combine.
◆ **s'amalgamer** *vp* : **s'~ avec** *ou* **à** to be combined *ou* mixed with.

amande [amɑ̃d] *nf* almond ; **en ~** *fig* almond-shaped.

amandier [amɑ̃dje] *nm* almond tree.

amanite [amanit] *nf* : **~ phalloïde** death-cap (mushroom).

amant [amɑ̃] *nm* lover.

amarre [amar] *nf* rope, cable ; **larguer les ~s** [bateau] to cast off ; *fam fig* [partir] to hit the road.

amarrer [3] [amare] *vt* - **1.** NAVIG to moor - **2.** [fixer] to tie down.

amaryllis [amarilis] *nf* amaryllis.

amas [ama] *nm* pile.

amasser [3] [amase] *vt* - **1.** [objets] to pile up - **2.** [argent] to accumulate.
◆ **s'amasser** *vp* - **1.** [gén] to pile up - **2.** [foule] to gather.

amateur [amatœr] *nm* - **1.** [connaisseur - d'art, de bon café] : **~ de** lover of - **2.** [non-professionnel]

amateur ; **faire qqch en ~** to do sthg as a hobby - **3.** *péj* [dilettante] amateur.

amateurisme [amatœrism] *nm* - **1.** SPORT amateurism - **2.** *péj* [dilettantisme] amateurishness.

amazone [amazon] *nf* horsewoman ; **monter en ~** to ride sidesaddle.

Amazone [amazon] *nf* : **l'~** the Amazon (River).

Amazonie [amazoni] *nf* : **l'~** the Amazon (Basin).

amazonien, enne [amazonjɛ̃, ɛn] *adj* Amazonian ; **la forêt ~ne** the Amazon rain forest.

ambages [ɑ̃baʒ] ◆ **sans ambages** *loc adv sout* without beating about the bush.

ambassade [ɑ̃basad] *nf* embassy.

ambassadeur, drice [ɑ̃basadœr, dris] *nm, f* ambassador.

ambiance [ɑ̃bjɑ̃s] *nf* atmosphere ; **il y a de l'~!** there's a good atmosphere!

ambiant, e [ɑ̃bjɑ̃, ɑ̃t] *adj* : **température ~e** room temperature.

ambidextre [ɑ̃bidɛkstr] ◇ *nmf* ambidextrous person ◇ *adj* ambidextrous.

ambigu, uë [ɑ̃bigy] *adj* ambiguous.

ambiguïté [ɑ̃bigɥite] *nf* ambiguity ; **sans ~** [parler, répondre] unambiguously ; [réponse, attitude] unambiguous.

ambitieux, euse [ɑ̃bisjø, øz] ◇ *nm, f* ambitious person ◇ *adj* ambitious.

ambition [ɑ̃bisjɔ̃] *nf* - **1.** *péj* [arrivisme] ambitiousness - **2.** [désir] ambition ; **avoir l'~ de faire qqch** to have an ambition to do sthg.

ambitionner [3] [ɑ̃bisjɔne] *vt* : **~ qqch/de faire qqch** to seek sthg/to do sthg.

ambivalent, e [ɑ̃bivalɑ̃, ɑ̃t] *adj* ambivalent.

ambre [ɑ̃br] *nm* - **1.** [couleur] amber - **2.** [matière] : **~ (gris)** ambergris.

ambré, e [ɑ̃bre] *adj* [couleur] amber.

ambulance [ɑ̃bylɑ̃s] *nf* ambulance.

ambulancier, ère [ɑ̃bylɑ̃sje, ɛr] *nm, f* ambulanceman (*f* ambulancewoman).

ambulant, e [ɑ̃bylɑ̃, ɑ̃t] *adj* travelling *(avant n)*.

âme [ɑm] *nf* - **1.** [gén] soul ; **dans l'~** [par goût] at heart ; [accompli] through and through ; **avoir une ~ de comédien** to be a born actor ; **une bonne ~** *hum* a kind soul ; **~ sœur** soulmate **être l'~ de qqch** to be the heart and soul of sthg - **2.** [caractère] spirit, soul - **3.** *loc* : **en mon ~ et conscience** in all honesty ; **sans rencontrer ~ qui vive** without seeing a living soul **rendre l'~** to breathe one's last.

amélioration [ameljɔrasjɔ̃] *nf* improvement.

améliorer [3] [ameljɔre] *vt* to improve.
➤ **s'améliorer** *vp* to improve.

amen [amɛn] *adv* amen.

aménagement [amenaʒmɑ̃] *nm* **- 1.** [de lieu] fitting out ; **~ du territoire** development, planning **- 2.** [de programme] planning, organizing.

aménager [17] [amenaʒe] *vt* **- 1.** [pièce] to fit out **- 2.** [programme] to plan, to organize.

amende [amɑ̃d] *nf* fine ; **mettre qqn à l'~** to penalize sb ; **faire ~ honorable** to admit one's mistake.

amendement [amɑ̃dmɑ̃] *nm* POLIT amendment.

amender [3] [amɑ̃de] *vt* **- 1.** POLIT to amend **- 2.** AGRIC to enrich.
➤ **s'amender** *vp* to mend one's ways.

amène [amɛn] *adj sout* amiable, affable.

amener [19] [amne] *vt* **- 1.** [mener] to bring **- 2.** [inciter] : **~ qqn à faire qqch** [suj : circonstances] to lead sb to do sthg ; [suj : personne] to get sb to do sthg **- 3.** [occasionner, préparer] to bring about.
➤ **s'amener** *vp fam* **- 1.** [arriver] to turn up, to show up **- 2.** [venir] to come.

aménorrhée [amenɔre] *nf* MÉD amenorrhoea.

amenuiser [3] [amənɥize] *vt* **- 1.** [rendre plus petit] : **ses cheveux amenuisent son visage** her hair makes her face look thinner **- 2.** [réduire] to diminish, to reduce.
➤ **s'amenuiser** *vp* to dwindle, to diminish.

amer, ère [amɛr] *adj* bitter.

amèrement [amɛrmɑ̃] *adv* bitterly.

américain, e [amerikɛ̃, ɛn] *adj* American.
➤ **américain** *nm* [langue] American English.
➤ **Américain, e** *nm, f* American.

américanisme [amerikanism] *nm* Americanism.

amérindien, enne [amerɛ̃djɛ̃, ɛn] *adj* Native American.
➤ **Amérindien, enne** *nm, f* Native American.

Amérique [amerik] *nf* : **l'~** America ; **l'~ centrale** Central America ; **l'~ du Nord** North America ; **l'~ du Sud** South America ; **l'~ latine** Latin America.

amerrir [32] [amerir] *vi* [hydravion] to land (on the sea) ; [cabine spatiale] to splash down.

amertume [amɛrtym] *nf* bitterness.

améthyste [ametist] *nf* amethyst.

ameublement [amœbləmɑ̃] *nm* [meubles] furniture ; [action de meubler] furnishing.

ameublir [32] [amœblir] *vt* [sol] to break up.

ameuter [3] [amøte] *vt* [curieux] to draw a crowd of ; [quartier, voisins] to bring out.

ami, e [ami] ◇ *adj* friendly ◇ *nm, f* **- 1.** [camarade] friend ; **~ d'enfance** childhood friend ; **petit ~** boyfriend ; **petite ~e** girlfriend **- 2.** [partisan] supporter, friend.
➤ **faux ami** *nm* false friend.

amiable [amjabl] *adj* [accord] friendly, informal.
➤ **à l'amiable** *loc adv* & *loc adj* out of court.

amiante [amjɑ̃t] *nm* asbestos.

amibe [amib] *nf* amoeba.

amibien, enne [amibjɛ̃, ɛn] *adj* amoebic.
➤ **amibien** *nm* amoeba.

amical, e, aux [amikal, o] *adj* friendly.
➤ **amicale** *nf* association, club *(for people with a shared interest)*.

amicalement [amikalmɑ̃] *adv* **- 1.** [de façon amicale] amicably, in a friendly way **- 2.** [dans une lettre] yours (ever), (with) best wishes.

amidon [amidɔ̃] *nm* starch.

amidonner [3] [amidɔne] *vt* to starch.

amincir [32] [amɛ̃sir] ◇ *vt* : **~ qqn** to make sb look slimmer ◇ *vi* to get slimmer *ou* thinner.
➤ **s'amincir** *vp fig* [diminuer] to dwindle, to diminish.

amincissant, e [amɛ̃sisɑ̃, ɑ̃t] *adj* slimming.

amiral, aux [amiral, o] *nm* admiral.

amitié [amitje] *nf* **- 1.** [affection] affection ; **prendre qqn en ~** to befriend sb **- 2.** [rapports amicaux] friendship ; **faire ses ~s à qqn** to give sb one's good *ou* best wishes.

AMM *(abr de* Autorisation de mise sur le marché*) nf* official authorization for marketing a pharmaceutical product.

ammoniac, aque [amɔnjak] *adj* CHIM ammoniac.
➤ **ammoniac** *nm* ammonia.
➤ **ammoniaque** *nf* ammonia (water).

amnésie [amnezi] *nf* amnesia.

amniocentèse [amnjɔsɛ̃tez] *nf* amniocentesis.

amnistie [amnisti] *nf* amnesty.

amnistier [9] [amnistje] *vt* to amnesty.

amocher [3] [amɔʃe] *vt fam* to mess up.
➤ **s'amocher** *vp fam* to mess o.s. up.

amoindrir [32] [amwɛ̃drir] *vt* to diminish.
➤ **s'amoindrir** *vp* to dwindle, to diminish.

amollir [32] [amɔlir] *vt* [personne] to make soft.
➤ **s'amollir** *vp* [personne] to go soft.

amonceler [24] [amɔ̃sle] *vt* to accumulate.

s'amonceler *vp* to pile up, to accumulate.

amoncelle, amoncelles *etc* ⊳ amonceler.

amont [amɔ̃] *nm* upstream (water) ; **en ~ de** [rivière] upriver *ou* upstream from ; *fig* prior to.

amoral, e, aux [amɔral, o] *adj* - **1.** [qui ignore la morale] amoral - **2.** [débauché] immoral.

amorce [amɔrs] *nf* - **1.** [d'explosif] priming ; [de cartouche, d'obus] cap - **2.** PÊCHE bait - **3.** *fig* [commencement] beginnings *(pl)*, germ.

amorcer [16] [amɔrse] *vt* - **1.** [explosif] to prime - **2.** PÊCHE to bait - **3.** *fig* [commencer] to begin, to initiate.

s'amorcer *vp* to begin.

amorphe [amɔrf] *adj* - **1.** [personne] lifeless - **2.** [matériau] amorphous.

amortir [32] [amɔrtir] *vt* - **1.** [atténuer - choc] to absorb ; [- bruit] to deaden, to muffle - **2.** [dette] to pay off - **3.** [achat] to write off.

amortissement [amɔrtismɑ̃] *nm* - **1.** [de choc] absorption ; [de bruit] deadening, muffling - **2.** [de dette] payment, paying off - **3.** [d'achat] writing off.

amortisseur [amɔrtisœr] *nm* AUTOM shock absorber.

amour [amur] *nm* - **1.** [gén] love ; **~ maternel/ filial** maternal/filial love ; **pour l'~ de** for the love of ; **pour l'~ du ciel** for heaven's sake ; **faire l'~** to make love ; **filer le parfait ~** to live out love's dream - **2.** [jolie chose] : **un ~ de** a darling (little) - **3.** [personne] : **un ~** an angel, a dear.

amours *nfpl* [vie sentimentale] love-life ; **à tes ~s!** [toast] here's to you! ; [quand on éternue] bless you!

amouracher [3] [amuraʃe] **s'amouracher** *vp* : **s'~ de** to become infatuated with.

amourette [amurɛt] *nf* passing fancy, brief love affair.

amoureusement [amurøzmɑ̃] *adv* amorously.

amoureux, euse [amurø, øz] ◇ *adj* - **1.** [personne] in love ; **être/tomber ~ (de)** to be/fall in love (with) - **2.** [regard, geste] loving ◇ *nm, f* - **1.** [prétendant] suitor - **2.** [passionné] : **~ de** lover of ; **un ~ de la nature** a nature lover.

amour-propre [amurprɔpr] *nm* pride, self-respect.

amovible [amɔvibl] *adj* - **1.** [déplaçable] detachable, removable - **2.** [fonctionnaire] removable.

ampère [ɑ̃pɛr] *nm* amp, ampere.

amphétamine [ɑ̃fetamin] *nf* amphetamine.

amphi [ɑ̃fi] *nm fam* lecture hall *ou* theatre ; **cours en ~** lecture.

amphibie [ɑ̃fibi] ◇ *nm* amphibian ◇ *adj* amphibious.

amphithéâtre [ɑ̃fiteatr] *nm* - **1.** HIST amphitheatre - **2.** [d'université] lecture hall *ou* theatre.

ample [ɑ̃pl] *adj* - **1.** [vêtement - gén] loose-fitting ; [- jupe] full - **2.** [projet] extensive ; **pour de plus ~s informations** for further details - **3.** [geste] broad, sweeping.

amplement [ɑ̃pləmɑ̃] *adv* [largement] fully, amply.

ampleur [ɑ̃plœr] *nf* - **1.** [de vêtement] fullness - **2.** [d'événement, de dégâts] extent - **3.** *loc* : **prendre toute son ~** to reach its height.

ampli [ɑ̃pli] *nm* amp.

amplificateur, trice [ɑ̃plifikatœr, tris] *adj* ÉLECTR amplifying ; **un phénomène ~ de la croissance** *fig* a phenomenon which increases growth.

amplificateur *nm* - **1.** [gén] amplifier - **2.** PHOT enlarger.

amplifier [9] [ɑ̃plifje] *vt* - **1.** [mouvement, son] to amplify ; [image] to magnify, to enlarge - **2.** [scandale] to increase ; [évènement, problème] to highlight.

s'amplifier *vp* [son] to grow *ou* to get louder ; *fig* [revendications, phénomène] to grow.

amplitude [ɑ̃plityd] *nf* - **1.** [de geste] fullness - **2.** [d'onde] amplitude - **3.** [de température] range.

ampoule [ɑ̃pul] *nf* - **1.** [de lampe] bulb - **2.** [sur la peau] blister - **3.** [médicament] ampoule, phial.

ampoulé, e [ɑ̃pule] *adj péj* pompous.

amputation [ɑ̃pytasjɔ̃] *nf* MÉD amputation.

amputer [3] [ɑ̃pyte] *vt* MÉD to amputate ; *fig* [couper] to cut (back *ou* down) ; **son article a été amputé d'un tiers** his article was cut by a third.

amulette [amylɛt] *nf* amulet.

amusant, e [amyzɑ̃, ɑ̃t] *adj* [drôle] funny ; [distrayant] amusing ; **c'est très ~** it's great fun.

amuse-gueule [amyzgœl] *nm inv fam* cocktail snack, (party) nibble.

amusement [amyzmɑ̃] *nm* amusement *(U)*.

amuser [3] [amyze] *vt* to amuse, to entertain.

s'amuser *vp* to have fun, to have a good time ; **s'~ à faire qqch** to amuse o.s. (by) doing sthg.

amygdale [amidal] *nf* tonsil.

an [ɑ̃] *nm* year ; **avoir sept ~s** to be seven

(years old) ; **l'~ dernier/prochain** last/next year ; **en l'~ 2000** in the year 2000 ; **le premier** ou **le jour de l'~** New Year's Day ; **le nouvel ~** the New Year ; **bon ~ mal ~** taking the good years with the bad.

anabolisant [anabɔlizɑ̃] nm anabolic steroid.

anachronique [anakrɔnik] adj anachronistic.

anagramme [anagram] nf anagram.

ANAH (abr de **Agence nationale pour l'amélioration de l'habitat**) nf national agency responsible for housing projects and restoration grants.

anal, e, aux [anal, o] adj anal ; **stade ~** PSYCHOL anal phase.

analgésique [analʒezik] nm & adj analgesic.

anallergique [analɛrʒik] adj hypoallergenic.

analogie [analɔʒi] nf analogy.

analogique [analɔʒik] adj analogue Br, analog Am.

analogue [analɔg] <> nm equivalent, analogue Br, analog Am <> adj analogous, comparable.

analphabète [analfabet] nmf & adj illiterate.

analyse [analiz] nf - **1.** [étude] analysis ; **en dernière ~** in the final analysis - **2.** CHIM & MÉD test, analysis - **3.** [psychanalyse] analysis (U).

analyser [3] [analize] vt - **1.** [étudier, psychanalyser] to analyse Br, to analyze Am - **2.** CHIM & MÉD to test, to analyse Br, to analyze Am.

◆ **s'analyser** vp to be analysed ou understood ; **un tel comportement ne s'analyse pas facilement** such behaviour Br ou behavior Am is not easy to understand.

analyste [analist] nmf analyst.

analyste-programmeur, euse [analist-prɔgramœr, øz] (mpl **analystes-programmeurs**, fpl **analystes-programmeuses**) nm, f systems analyst.

analytique [analitik] adj analytical.

ananas [anana(s)] nm pineapple.

anar [anar] nmf & adj fam anarchist.

anarchie [anarʃi] nf - **1.** POLIT anarchy - **2.** [désordre] chaos, anarchy.

anarchique [anarʃik] adj anarchic.

anarchiste [anarʃist] nmf & adj anarchist.

anathème [anatɛm] nm anathema ; **jeter l'~ sur** fig & sout to curse.

Anatolie [anatɔli] nf : **l'~** Anatolia.

anatomie [anatɔmi] nf anatomy.

anatomique [anatɔmik] adj anatomical.

ancestral, e, aux [ɑ̃sɛstral, o] adj ancestral.

ancêtre [ɑ̃sɛtr] nmf [aïeul] ancestor ; fig [forme première] forerunner, ancestor ; fig [initiateur] father (f mother).

anchois [ɑ̃ʃwa] nm anchovy.

ancien, enne [ɑ̃sjɛ̃, ɛn] adj - **1.** [gén] old ; **l'~ franc** the old franc - **2.** (avant n) [précédent] former, old - **3.** [qui a de l'ancienneté] senior - **4.** [du passé] ancient ; **l'Ancien Régime** the Ancien Régime.

◆ **ancien** nm [mobilier] : **l'~** antiques (pl).

◆ **anciens** nmpl elders.

anciennement [ɑ̃sjɛnmɑ̃] adv formerly, previously.

ancienneté [ɑ̃sjɛnte] nf - **1.** [d'une tradition] oldness - **2.** [d'un employé] seniority.

ancre [ɑ̃kr] nf NAVIG anchor ; **jeter l'~** to drop anchor ; **lever l'~** to weigh anchor ; fam [partir] to make tracks.

ancrer [3] [ɑ̃kre] vt [bateau] to anchor ; fig [idée, habitude] to root.

Andalousie [ɑ̃daluzi] nf : **l'~** Andalusia.

Andes [ɑ̃d] nfpl : **les ~** the Andes ; **la cordillère des ~** the Andes Mountain Ranges.

Andorre [ɑ̃dɔr] nf : **(la principauté d')~** (the principality of) Andorra.

andouille [ɑ̃duj] nf - **1.** [charcuterie] type of sausage made of chitterlings (pig's intestines eaten cold) - **2.** fam [imbécile] prat, twit.

andouillette [ɑ̃dujɛt] nf type of sausage made of chitterlings (pig's intestines) eaten hot.

androgyne [ɑ̃drɔʒin] <> nmf androgynous person <> adj androgynous.

âne [an] nm - **1.** ZOOL ass, donkey - **2.** fam [imbécile] ass.

anéantir [32] [aneɑ̃tir] vt - **1.** [détruire] to annihilate ; fig to ruin, to wreck - **2.** [démoraliser] to crush, to overwhelm.

◆ **s'anéantir** vp [disparaître] to vanish.

anéantissement [aneɑ̃tismɑ̃] nm - **1.** [destruction] annihilation ; fig wrecking, ruin - **2.** [abattement] dejection.

anecdote [anɛkdɔt] nf anecdote.

anecdotique [anɛkdɔtik] adj anecdotal.

anémie [anemi] nf MÉD anaemia Br, anemia Am ; fig enfeeblement.

anémié, e [anemje] adj anaemic Br, anemic Am.

anémier [9] [anemje] vt MÉD to make anaemic Br ou anemic Am ; fig to weaken.

◆ **s'anémier** vp MÉD to become anaemic Br ou anemic Am ; fig to weaken.

anémique [anemik] *adj* anaemic *Br*, anemic *Am*.

anémone [anemɔn] *nf* anemone.

ânerie [anri] *nf fam* - **1.** [caractère] stupidity *(U)* - **2.** [parole, acte] : **dire/faire une ~** to say/do something stupid.

ânesse [anɛs] *nf* she-ass, she-donkey.

anesthésie [anɛstezi] *nf* anaesthesia *Br*, anesthesia *Am* ; **sous ~** under (the) anaesthetic *Br ou* anesthetic *Am*, under anaesthesia ; **~ locale** local anaesthetic *Br ou* anesthetic *Am* ; **~ générale** general anaesthetic *Br ou* anesthetic *Am*.

anesthésier [9] [anɛstezje] *vt* to anaesthetize *Br*, to anesthetize *Am*.

anesthésique [anɛstezik] *nm & adj* anaesthetic *Br*, anesthetic *Am*.

anesthésiste [anɛstezist] *nmf* anaesthetist *Br*, anesthetist *Am*.

aneth [anɛt] *nm* dill.

anfractuosité [ɑ̃fraktɥozite] *nf* crevice.

ange [ɑ̃ʒ] *nm* angel ; **~ gardien** guardian angel ; **être aux ~s** *fig* to be in one's seventh heaven.

angélique [ɑ̃ʒelik] ◇ *nf* angelica ◇ *adj* angelic.

angélus [ɑ̃ʒelys] *nm* [sonnerie] angelus (bell).

angevin, e [ɑ̃ʒvɛ̃, in] *adj* - **1.** [de l'Anjou] of/from Anjou - **2.** [d'Angers] of/from Angers.
➤ **Angevin, e** *nm, f* - **1.** [de l'Anjou] person from Anjou - **2.** [d'Angers] person from Angers.

angine [ɑ̃ʒin] *nf* [pharyngite] pharyngitis ; [amygdalite] tonsillitis ; **~ de poitrine** angina (pectoris).

anglais, e [ɑ̃glɛ, ɛz] *adj* English.
➤ **anglais** *nm* [langue] English.
➤ **Anglais, e** *nm, f* Englishman (*f* Englishwoman) ; **les Anglais** the English.
➤ **anglaises** *nfpl* ringlets.
➤ **à l'anglaise** *loc adv* CULIN boiled ; **filer à l'~e** *fig* to make *ou* sneak off.

angle [ɑ̃gl] *nm* - **1.** [coin] corner ; **~ mort** [zone invisible] blind spot ; **arrondir les ~s** *fig* to smooth things over - **2.** MATHS angle ; **~ droit/aigu/obtus** right/acute/obtuse angle ; **voir les choses sous un certain ~** *fig* to see things from a certain point of view.

Angleterre [ɑ̃glətɛr] *nf* : **l' ~** England.

anglican, e [ɑ̃glikɑ̃, an] *adj & nm, f* Anglican.

anglophone [ɑ̃glɔfɔn] ◇ *nmf* English-speaker ◇ *adj* English-speaking, anglophone.

anglo-saxon, onne [ɑ̃glosaksɔ̃, ɔn] *adj* Anglo-Saxon.
➤ **anglo-saxon** *nm* [langue] Anglo-Saxon, Old English.
➤ **Anglo-Saxon, onne** *nm, f* Anglo-Saxon.

angoisse [ɑ̃gwas] *nf* anguish.

angoissé, e [ɑ̃gwase] ◇ *adj* anguished ◇ *nmf* neurotic.

angoisser [3] [ɑ̃gwase] *vt* [effrayer] to cause anxiety to.
➤ **s'angoisser** *vp* - **1.** [être anxieux] to be overcome with anxiety - **2.** *fam* [s'inquiéter] to fret.

Angola [ɑ̃gɔla] *nm* : **l'~** Angola.

angolais, e [ɑ̃gɔlɛ, ɛz] *adj* Angolan.
➤ **Angolais, e** *nm, f* Angolan.

angora [ɑ̃gɔra] *nm & adj* angora.

anguille [ɑ̃gij] *nf* eel ; **il y a ~ sous roche** *fig* something's up, something's going on.

anguleux, euse [ɑ̃gylø, øz] *adj* angular.

anicroche [anikrɔʃ] *nf* hitch.

animal, e, aux [animal, o] *adj* - **1.** [propre à l'animal] animal *(avant n)* - **2.** [instinctif] instinctive.
➤ **animal** *nm* - **1.** [bête] animal ; **~ en peluche** stuffed animal ; **~ sauvage/domestique** wild/domestic animal - **2.** *péj* [personne] lout, oaf.

animalerie [animalri] *nf* pet shop.

animateur, trice [animatœr, tris] *nm, f* - **1.** RADIO & TÉLÉ presenter - **2.** [socioculturel, sportif] activities organizer - **3.** [de manifestation] organizer.

animation [animasjɔ̃] *nf* - **1.** [de rue] activity, life ; [de conversation, visage] animation - **2.** [publicitaire] demonstration, promotion - **3.** [activités] activities *(pl)* - **4.** CIN animation.

animé, e [anime] *adj* [rue] lively ; [conversation, visage] animated ; [objet] animate.

animer [3] [anime] *vt* - **1.** [mettre de l'entrain dans] to animate, to liven up - **2.** [présenter] to present - **3.** [organiser des activités pour] to organize activities for.
➤ **s'animer** *vp* - **1.** [visage] to light up - **2.** [rue] to come to life, to liven up.

animisme [animism] *nm* animism.

animiste [animist] *nmf & adj* animist.

animosité [animozite] *nf* animosity.

anis [ani(s)] *nm* BOT anise ; CULIN aniseed.

anisette [anizɛt] *nf* anisette.

ankylosé, e [ɑ̃kiloze] *adj* [paralysé] stiff ; [engourdi] numb.

annales [anal] *nfpl* - **1.** [revue] review *(sg)*, journal *(sg)* - **2.** [d'examen] past papers ; **les ~ du bac** A-level past papers - **3.** [chronique annuelle] chronicle *(sg)*, annals ; **rester dans les ~** *fig* to go down in history.

anneau, x [ano] nm - **1.** [gén] ring - **2.** [maillon] link - **3.** [de reptile] coil.
➡ **anneaux** nmpl SPORT rings.

année [ane] nf year ; **d'~ en ~** from year to year ; **souhaiter la bonne ~ à qqn** to wish sb a Happy New Year ; **~ bissextile** leap year ; **~ fiscale** financial ou fiscal ou tax year ; **~-lumière** light year ; **~ scolaire** school year.

annexe [anɛks] ◇ nf - **1.** [de dossier] appendix, annexe - **2.** [de bâtiment] annexe ◇ adj related, associated.

annexer [4] [anɛkse] vt - **1.** [incorporer] : **~ qqch (à qqch)** to append ou annex sthg (to sthg) - **2.** [pays] to annex.
➡ **s'annexer** vp - **1.** [s'attribuer] to grab - **2.** [s'ajouter] : **s'~ à qqch** to be associated with sthg.

annexion [anɛksjɔ̃] nf annexation.

annihiler [3] [aniile] vt [réduire à néant] to destroy, to wreck.
➡ **s'annihiler** vp to be destroyed, to be wrecked.

anniversaire [aniversɛr] ◇ nm [de mariage, mort, événement] anniversary ; [de naissance] birthday ; **bon** ou **joyeux ~!** happy birthday! ◇ adj anniversary (avant n).

annonce [anɔ̃s] nf - **1.** [déclaration] announcement ; fig sign, indication - **2.** [texte] advertisement ; **~ commerciale** display ad ; **passer une ~** to place an advert ou advertisement ; **petite ~** classified advertisement, small ad.

annoncer [16] [anɔ̃se] vt - **1.** [faire savoir] to announce - **2.** [indiquer] to herald - **3.** [prédire] to predict.
➡ **s'annoncer** vp : **s'~ bien/mal** to look promising/unpromising ; **la crise s'annonce** there is a crisis looming.

annonceur, euse [anɔ̃sœr, øz] nm, f advertiser.

annonciateur, trice [anɔ̃sjatœr, tris] adj : **~ de qqch** heralding sthg.

Annonciation [anɔ̃sjasjɔ̃] nf [événement] Annunciation ; [jour] Annunciation (Day).

annoter [3] [anɔte] vt to annotate.

annuaire [anɥɛr] nm annual, yearbook ; **~ téléphonique** telephone directory, phone book.

annuel, elle [anɥɛl] adj - **1.** [tous les ans] annual, yearly - **2.** [d'une année] annual.

annuellement [anɥɛlmɑ̃] adv annually, yearly.

annuité [anɥite] nf - **1.** [paiement] annual payment, annual instalment Br ou installment Am - **2.** [année de service] year (of service).

annulaire [anylɛr] ◇ nm ring finger ◇ adj ring-shaped, annular.

annulation [anylasjɔ̃] nf - **1.** [de rendez-vous, réservation] cancellation - **2.** [de mariage] annulment.

annuler [3] [anyle] vt - **1.** [rendez-vous, réservation] to cancel - **2.** [mariage] to annul - **3.** [procédure] to declare invalid.
➡ **s'annuler** vp to cancel each other out.

anoblir [32] [anɔblir] vt to ennoble.

anodin, e [anɔdɛ̃, in] adj - **1.** [blessure] minor - **2.** [propos] harmless - **3.** [détail, personne] insignificant.

anomalie [anɔmali] nf anomaly.

ânon [anɔ̃] nm young donkey ou ass.

ânonner [3] [anɔne] vt & vi to recite in a drone.

anonymat [anɔnima] nm anonymity ; **garder l'~** to remain anonymous.

anonyme [anɔnim] ◇ nm [écrivain] anonymous author ◇ adj anonymous.

anorak [anɔrak] nm anorak.

anorexie [anɔrɛksi] nf anorexia.

anormal, e, aux [anɔrmal, o] ◇ adj - **1.** [inhabituel] abnormal, not normal - **2.** [intolérable, injuste] wrong, not right - **3.** [arriéré] (mentally) subnormal ◇ nm, f mental defective.

anormalement [anɔrmalmɑ̃] adv abnormally.

ANPE (abr de **Agence nationale pour l'emploi**) nf French national employment agency, ≃ job centre Br ; **s'inscrire à l'~** to register as unemployed.

anse [ɑ̃s] nf - **1.** [d'ustensile] handle - **2.** GÉOGR cove.

antagonisme [ɑ̃tagɔnism] nm antagonism.

antagoniste [ɑ̃tagɔnist] ◇ nmf antagonist ◇ adj antagonistic.

antan [ɑ̃tɑ̃] ➡ **d'antan** loc adj littéraire of old, of yesteryear.

antarctique [ɑ̃tarktik] adj Antarctic ; **le cercle polaire ~** the Antarctic Circle.
➡ **Antarctique** nm - **1.** [continent] : **l'~** Antarctica - **2.** [océan] : **l'~** the Antarctic (Ocean).

antécédent [ɑ̃tesedɑ̃] nm - **1.** (gén pl) [passé] history (sg) - **2.** GRAM antecedent.

antédiluvien, enne [ɑ̃tedilyvjɛ̃, ɛn] adj antediluvian, ancient.

antenne [ɑ̃tɛn] nf - **1.** [d'insecte] antenna, feeler ; **avoir des ~s** fam fig to have a sixth sense - **2.** [de télévision, de radio] aerial Br, antenna ; **~ parabolique** dish aerial ou antenna Am, satellite dish ; **être à l'~** to be on

antépénultième

the air ; **hors** ~ off the air - **3.** [bâtiment] unit - **4.** [succursale] branch, office.

antépénultième [ɑ̃tepenyltjɛm] ◇ *nf* LING antepenultimate (syllable) ◇ *adj* antepenultimate.

antérieur, e [ɑ̃terjœr] *adj* - **1.** [dans le temps] earlier, previous ; ~ **à** previous *ou* prior to - **2.** [dans l'espace] front *(avant n).*

antérieurement [ɑ̃terjœrmɑ̃] *adv* earlier, previously ; ~ **à** prior to.

anthologie [ɑ̃tɔlɔʒi] *nf* anthology.

anthracite [ɑ̃trasit] ◇ *nm* anthracite ◇ *adj inv* charcoal grey *Br ou* gray *Am.*

anthropologie [ɑ̃trɔpɔlɔʒi] *nf* anthropology.

anthropométrie [ɑ̃trɔpɔmetri] *nf* anthropometry.

anthropophage [ɑ̃trɔpɔfaʒ] ◇ *nmf* cannibal ◇ *adj* cannibalistic.

antiaérien, enne [ɑ̃tiaerjɛ̃, ɛn] *adj* antiaircraft.

anti-âge [ɑ̃tiaʒ] *adj* : **crème** ~ anti-ageing cream.

antialcoolique [ɑ̃tialkɔlik] *adj* : **ligue** ~ temperance league.

antibiotique [ɑ̃tibjɔtik] *nm* & *adj* antibiotic.

antibrouillard [ɑ̃tibrujar] *nm* & *adj inv* : **(phare** *ou* **feu)** ~ fog lamp *Br*, foglight *Am.*

antibruit [ɑ̃tibrɥi] *adj inv* anti-noise ; **mur** ~ noise reduction barrier.

antibuée [ɑ̃tibɥe] ▷ **dispositif.**

antichambre [ɑ̃tiʃɑ̃br] *nf* antechamber ; **faire** ~ *fig* to wait patiently *(to see somebody).*

anticipation [ɑ̃tisipasjɔ̃] *nf* - **1.** FIN advance ; **paiement par** ~ advance payment, payment in advance - **2.** LITTÉRATURE : **roman d'**~ science fiction novel.

anticipé, e [ɑ̃tisipe] *adj* early.

anticiper [3] [ɑ̃tisipe] ◇ *vt* to anticipate ◇ *vi* : ~ **(sur qqch)** to anticipate (sthg).

anticléricalisme [ɑ̃tiklerikalism] *nm* anticlericalism.

anticolonialisme [ɑ̃tikɔlɔnjalism] *nm* anticolonialism.

anticolonialiste [ɑ̃tikɔlɔnjalist] *nmf* & *adj* anticolonialist.

anticommunisme [ɑ̃tikɔmynism] *nm* anticommunism.

anticonformiste [ɑ̃tikɔ̃fɔrmist] *adj* & *nmf* non-conformist.

anticonstitutionnel, elle [ɑ̃tikɔ̃stitysjɔnɛl] *adj* unconstitutional.

anticorps [ɑ̃tikɔr] *nm* antibody.

anticyclone [ɑ̃tisiklɔn] *nm* anticyclone.

antidater [3] [ɑ̃tidate] *vt* to backdate.

antidémarrage [ɑ̃tidemaraʒ] *adj inv* : **système** ~ immobilizer.

antidépresseur [ɑ̃tideprescœr] *nm* & *adj m* antidepressant.

antidérapant, e [ɑ̃tiderapɑ̃, ɑ̃t] *adj* [pneu] non-skid ; [semelle, surface] non-slip.
◆ **antidérapant** *nm* [pneu] anti-skid tyre *B. ou* tire *Am.*

antidopage [ɑ̃tidɔpaʒ], **antidoping** [ɑ̃ti-dɔpiŋ] *adj inv* : **contrôle** ~ dope test, drugs test.

antidote [ɑ̃tidɔt] *nm* antidote.

anti-effraction [ɑ̃tiefraksjɔ̃] *adj inv* [dispositif] antitheft.

antigang [ɑ̃tigɑ̃g] ◇ *adj* ▷ **brigade** ◇ *n* ≃ serious crime squad.

antigel [ɑ̃tiʒɛl] *nm inv* & *adj inv* antifreeze.

antillais, e [ɑ̃tijɛ, ɛz] *adj* West Indian.
◆ **Antillais, e** *nm, f* West Indian.

Antilles [ɑ̃tij] *nfpl* : **les** ~ the West Indies **aux** ~ in the West Indies.

antilope [ɑ̃tilɔp] *nf* antelope.

antimilitarisme [ɑ̃timilitarism] *nm* antimilitarism.

antimilitariste [ɑ̃timilitarist] *nmf* & *ac* antimilitarist.

antimite [ɑ̃timit] *adj inv* : **boule** ~ mothball.

antinucléaire [ɑ̃tinykleɛr] *adj* antinuclear.

Antiope [ɑ̃tjɔp] *n* information system avail able via the French television network ≃ Teletext *Br.*

antiparasite [ɑ̃tiparazit] ◇ *nm* suppresso ◇ *adj inv* anti-interference.

antipathie [ɑ̃tipati] *nf* antipathy, hostility.

antipathique [ɑ̃tipatik] *adj* unpleasant ; **e** **le m'est** ~ I dislike her, I don't like her.

antipelliculaire [ɑ̃tipelikyler] *adj* : **sham** pooing ~ anti-dandruff shampoo.

antiphrase [ɑ̃tifraz] *nf* antiphrasis.

antipode [ɑ̃tipɔd] *nm* : **être à l'**~ *ou* **aux** ~ **(de)** [lieu] to be on the other side of the worl (from) ; *fig* to be diametrically oppose (to).

antipoison [ɑ̃tipwazɔ̃] ▷ **centre.**

antiquaire [ɑ̃tiker] *nmf* antique dealer.

antique [ɑ̃tik] *adj* - **1.** [de l'antiquité - civilisatio ancient ; [- vase, objet] antique - **2.** [vieux] an quated, ancient.

antiquité [ɑ̃tikite] *nf* - **1.** [époque] : **l'Antiquit** antiquity - **2.** [ancienneté] great age, antiquit - **3.** [objet] antique.

antirabique [ɑ̃tirabik] *adj* : **vaccin ~** rabies vaccine.

antiraciste [ɑ̃tirasist] *adj & nmf* antiracist.

antireflet [ɑ̃tirəflɛ] *adj inv* [surface] non-reflecting.

antirides [ɑ̃tirid] *adj inv* anti-wrinkle.

antirouille [ɑ̃tiruj] *adj inv* [traitement] rust *(avant n)* ; [revêtement, peinture] rustproof.

antisèche [ɑ̃tisɛʃ] *nf arg scol* crib *Br*, cheat sheet *Am*.

antisémite [ɑ̃tisemit] <> *nmf* anti-Semite <> *adj* anti-Semitic.

antiseptique [ɑ̃tisɛptik] *nm & adj* antiseptic.

antisismique [ɑ̃tisismik] *adj* earthquake-proof.

antithèse [ɑ̃titɛz] *nf* antithesis.

antitussif, ive [ɑ̃titysif, iv] *adj* cough *(avant n)*.
 antitussif *nm* cough mixture.

antiviral, aux [ɑ̃tiviral, o] *nm* antivirus.

antivol [ɑ̃tivɔl] <> *nm inv* anti-theft device <> *adj inv* anti-theft.

antre [ɑ̃tr] *nm* den, lair.

anus [anys] *nm* anus.

anxiété [ɑ̃ksjete] *nf* anxiety ; **être dans l'~** to be very worried *ou* anxious.

anxieusement [ɑ̃ksjøzmɑ̃] *adv* anxiously.

anxieux, euse [ɑ̃ksjø, øz] <> *adj* anxious, worried ; **être ~ de qqch** to be worried *ou* anxious about sthg ; **être ~ de faire qqch** to be anxious to do sthg <> *nm, f* worrier.

AOC (*abr de* **appellation d'origine contrôlée**) *nf* label guaranteeing quality of French wine.

aorte [aɔrt] *nf* aorta.

août [u(t)] *nm* August ; **le quinze août** Assumption Day ; *voir aussi* **septembre**.

aoûtat [auta] *nm* harvest tick.

apaisement [apɛzmɑ̃] *nm* - **1.** [moral] comfort - **2.** [de douleur] alleviation - **3.** [de tension, de crise] calming.

apaiser [4] [apeze] *vt* - **1.** [personne] to calm down, to pacify - **2.** [conscience] to salve ; [douleur] to soothe ; [soif] to slake, to quench ; [faim] to assuage.
 s'apaiser *vp* - **1.** [personne] to calm down - **2.** [besoin] to be assuaged ; [tempête] to subside, to abate ; [douleur] to die down ; [scrupules] to be allayed.

apanage [apanaʒ] *nm sout* privilege ; **être l'~ de qqn/qqch** to be the prerogative of sb/sthg.

aparté [aparte] *nm* - **1.** THÉÂTRE aside - **2.** [conversation] private conversation ; **prendre qqn en ~** to take sb aside.

apartheid [aparted] *nm* apartheid.

apathie [apati] *nf* apathy.

apathique [apatik] *adj* apathetic.

apatride [apatrid] <> *nmf* stateless person <> *adj* stateless.

apercevoir [52] [apɛrsəvwar] *vt* - **1.** [voir] to see, to catch sight of - **2.** [comprendre] to see, to perceive.
 s'apercevoir *vp* : **s'~ de qqch** to notice sthg ; **s'~ que** to notice (that).

aperçois, aperçoit *etc* ➾ apercevoir.

aperçu, e [apɛrsy] *pp* ➾ apercevoir.
 aperçu *nm* general idea ; **donner un ~ de qqch** to give a general idea of sthg.

apéritif, ive [aperitif, iv] *adj* which whets the appetite.
 apéritif *nm* aperitif ; **prendre l'~** to have an aperitif, to have drinks *(before a meal)*.

apesanteur [apəzɑ̃tœr] *nf* weightlessness.

à-peu-près [apøprɛ] *nm inv* approximation.

aphasie [afazi] *nf* aphasia.

aphone [afɔn] *adj* voiceless.

aphorisme [afɔrism] *nm* aphorism.

aphrodisiaque [afrɔdizjak] *nm & adj* aphrodisiac.

aphte [aft] *nm* mouth ulcer.

API (*abr de* **alphabet phonétique international**) *nm* IPA.

apiculteur, trice [apikyltœr, tris] *nm, f* beekeeper.

apiculture [apikyltyr] *nf* beekeeping.

apitoie, apitoies *etc* ➾ apitoyer.

apitoiement [apitwamɑ̃] *nm* pity.

apitoyer [13] [apitwaje] *vt* to move to pity.
 s'apitoyer *vp* to feel pity ; **s'~ sur** to feel sorry for.

ap. J.-C. (*abr de* **après Jésus-Christ**) AD.

APL (*abr de* **aide personnalisée au logement**) *nf* housing benefit.

aplanir [32] [aplanir] *vt* - **1.** [aplatir] to level - **2.** *fig* [difficulté, obstacle] to smooth away, to iron out.
 s'aplanir *vp fig* [se résoudre] to be ironed out.

aplatir [32] [aplatir] *vt* [gén] to flatten ; [couture] to press flat ; [cheveux] to smooth down.
 s'aplatir *vp* - **1.** [s'écraser] to be flattened - **2.** [s'étaler] to lie flat ; **s'~ devant qqn** *fig* to grovel before sb.

aplomb [aplɔ̃] *nm* - **1.** [stabilité] balance - **2.** [audace] nerve, cheek ; **garder/perdre son ~** to keep/lose one's nerve.

apnée

d'aplomb loc adv steady ; **se tenir d'~** to be steady ; **ne pas se sentir d'~** to feel out of sorts.

apnée [apne] nf : **plonger en ~** to dive without breathing apparatus.

apocalypse [apɔkalips] nf apocalypse.

apocalyptique [apɔkaliptik] adj apocalyptic.

apogée [apɔʒe] nm ASTRON apogee ; fig peak.

apolitique [apɔlitik] adj apolitical, unpolitical.

apologie [apɔlɔʒi] nf justification, apology ; **faire l'~ de qqn/qqch** to praise sb/sthg.

apoplexie [apɔplɛksi] nf apoplexy.

apostrophe [apɔstrɔf] nf - **1.** [signe graphique] apostrophe - **2.** [interpellation] rude remark.

apostropher [3] [apɔstrɔfe] vt : **~ qqn** to speak rudely to sb.

apothéose [apɔteoz] nf - **1.** [consécration] great honour Br ou honor Am - **2.** [point culminant - d'un spectacle] grand finale ; [- d'une carrière] crowning glory.

apôtre [apotr] nm apostle, disciple ; **se faire l'~ de qqch** fig to be the ou an advocate of sthg.

Appalaches [apalaʃ] nmpl : **les ~** the Appalachians.

apparaissais, apparaissions etc ⊳ apparaître.

apparaître [91] [aparɛtr] ⟨⟩ vi - **1.** [gén] to appear - **2.** [se dévoiler] to come to light ⟨⟩ v impers : **il apparaît que** it seems ou appears that.

apparat [apara] nm pomp ; **d'~** [dîner, habit] ceremonial ; **en grand ~** with great pomp and ceremony.

appareil [aparɛj] nm - **1.** [gén] device ; [électrique] appliance ; **porter un ~ (auditif)/(dentaire)** to wear a hearing aid/a brace - **2.** [téléphone] phone, telephone ; **qui est à l'~?** who's speaking? - **3.** [avion] aircraft - **4.** [structure] apparatus - **5.** loc : **dans le plus simple ~** in one's birthday suit.

appareil digestif nm digestive system.

appareil photo nm camera ; **~ photo numérique** digital camera.

appareillage [aparɛjaʒ] nm - **1.** [équipement] equipment - **2.** NAVIG getting under way.

appareiller [4] [apareje] ⟨⟩ vt [assortir] to match up ⟨⟩ vi NAVIG to get under way.

apparemment [aparamã] adv apparently.

apparence [aparãs] nf appearance ; **malgré les ou en dépit des ~s** in spite of appearances ; **sauver les ~s** to keep up appearances.

en apparence loc adv seemingly, apparently.

apparent, e [aparã, ãt] adj - **1.** [superficiel, illusoire] apparent - **2.** [visible] visible ; **couture ~es** top-stitched seams - **3.** [évident] obvious.

apparenté, e [aparãte] adj : **~ à** [personne] related to ; fig [ressemblant] similar to ; [affilié] affiliated to.

appariteur [aparitœr] nm porter (in university).

apparition [aparisjɔ̃] nf - **1.** [gén] appearance ; **faire son ~** to make one's appearance - **2.** [vision - RELIG] vision ; [- de fantôme] apparition.

appart [apart] (abr de **appartement**) nm fam flat Br, apartment Am.

appartement [apartəmã] nm flat Br, apartment Am.

appartenance [apartənãs] nf : **~ à** [famille] belonging to ; [parti] membership of.

appartenir [40] [apartənir] vi - **1.** [être la propriété de] : **~ à qqn** to belong to sb - **2.** [faire partie de] : **~ à qqch** to belong to sthg, to be a member of sthg ; **il ne m'appartient pas de faire ..** fig & sout it's not up to me to do ...

appartenu [apartəny] pp inv ⊳ appartenir.

appartiendrai, appartiendrais etc ⊳ appartenir.

apparu, e [apary] pp ⊳ apparaître.

appât [apa] nm PÊCHE bait, lure.

appâter [3] [apate] vt litt & fig to lure.

appauvrir [32] [apovrir] vt to impoverish.

s'appauvrir vp to grow poorer, to become impoverished.

appel [apɛl] nm - **1.** [gén] call ; **faire ~ à qqn** to appeal to sb ; **faire ~ à qqch** [nécessiter] to call for sthg ; [avoir recours à] to call on sthg ; **~ (téléphonique)** (phone) call - **2.** JUR appeal ; **faire ~** JUR to appeal ; **sans ~** final - **3.** [pour vérifier - gén] roll-call ; [- SCOL] registration ; **manquer à l'~** to be absent - **4.** COMM : **~ d'offre** invitation to tender - **5.** [signe] : **faire un ~ de phares** to flash one's headlights.

appelant [aplã] nm [leurre] decoy ; Can [sifflet] birdcall.

appelé [aple] nm conscript.

appeler [24] [aple] ⟨⟩ vt - **1.** [gén] to call ; **~ au secours** ou **à l'aide** to call for help - **2.** [téléphoner] to ring, to call - **3.** [exiger] to call for - **4.** [entraîner] to lead to - **5.** [nommer] : **être appelé à un poste** to be appointed to a post - **6.** [amener] : **~ qqn à faire qqch** to call on sb to do sthg ⟨⟩ vi [solliciter] : **en ~ à qqch** to appeal to sthg.

s'appeler vp - **1.** [se nommer] to be called

comment cela s'appelle? what is it called? ; il s'appelle Patrick his name is Patrick, he's called Patrick - 2. [se téléphoner] : on s'appelle demain? shall we talk tomorrow?

appellation [apɛlasjɔ̃] *nf* designation, name ; ~ contrôlée *guarantee that a wine conforms to certain conditions of origin, strength and quality* ; ~ d'origine JUR label of origin.

appelle, appelles *etc* ▷ appeler.

appendice [apɛ̃dis] *nm* appendix.

appendicite [apɛ̃disit] *nf* appendicitis.

appentis [apɑ̃ti] *nm* lean-to.

appesantir [32] [apəzɑ̃tir] *vt* [démarche] to slow down.
▸ **s'appesantir** *vp* - 1. [s'alourdir] to become heavy - 2. [insister] : **s'~ sur qqch** to dwell on sthg.

appétissant, e [apetisɑ̃, ɑ̃t] *adj* [nourriture] appetizing.

appétit [apeti] *nm* appetite ; ~ de qqch/de faire qqch *fig* appetite for sthg/for doing sthg ; bon ~! enjoy your meal! ; couper/ouvrir l'~ à qqn to spoil/whet sb's appetite ; manger de bon ~ to eat heartily.

applaudir [32] [aplodir] ◇ *vt* to applaud ◇ *vi* to clap, to applaud ; ~ à qqch *fig* to applaud sthg ; ~ à tout rompre *fig* to bring the house down.

applaudissements [aplodismɑ̃] *nmpl* applause *(U)*, clapping *(U)*.

applicable [aplikabl] *adj* : ~ (à) applicable (to).

application [aplikasjɔ̃] *nf* [gén & INFORM] application ; mettre qqch en ~ to apply sthg.

applique [aplik] *nf* wall lamp.

appliquer [3] [aplike] *vt* [gén] to apply ; [loi] to enforce.
▸ **s'appliquer** *vp* - 1. [s'étaler, se poser] : cette peinture s'applique facilement this paint goes on easily - 2. [concerner] : s'~ à qqn/qqch to apply to sb/sthg - 3. [se concentrer] : s'~ (à faire qqch) to apply o.s. (to doing sthg).

appoint [apwɛ̃] *nm* - 1. [monnaie] change ; faire l'~ to give the right money - 2. [aide] help, support ; d'~ [salaire, chauffage] extra ; lit d'~ spare bed.

appointements [apwɛ̃tmɑ̃] *nmpl* salary *(sg)*.

apport [apɔr] *nm* - 1. [gén & FIN] contribution - 2. [de chaleur] input.

apporter [3] [apɔrte] *vt* - 1. [gén] to bring ; ça m'a beaucoup apporté *fig* I got a lot from it - 2. [raison, preuve] to provide, to give - 3. [contribuer à] to give, to bring ; [provoquer] to bring

about - 4. [mettre - soin] to exercise ; [- attention] to give.

apposer [3] [apoze] *vt* - 1. [affiche] to put up - 2. [signature] to append.

apposition [apozisjɔ̃] *nf* GRAM apposition ; en ~ in apposition.

appréciable [apresjabl] *adj* - 1. [notable] appreciable - 2. [précieux] : un grand jardin, c'est ~! I/we really appreciate having a big garden.

appréciation [apresjasjɔ̃] *nf* - 1. [de valeur] valuation ; [de distance, poids] estimation - 2. [jugement] judgment - 3. SCOL assessment.

apprécier [9] [apresje] *vt* - 1. [gén] to appreciate - 2. [évaluer] to estimate, to assess.
▸ **s'apprécier** *vp* to like one other.

appréhender [3] [apreɑ̃de] *vt* - 1. [arrêter] to arrest - 2. [craindre] : ~ qqch/de faire qqch to dread sthg/doing sthg.

appréhension [apreɑ̃sjɔ̃] *nf* apprehension.

apprenais ▷ apprendre.

apprendre [79] [aprɑ̃dr] *vt* - 1. [étudier] to learn ; ~ à faire qqch to learn (how) to do sthg - 2. [enseigner] to teach ; ~ qqch à qqn to teach sb sthg ; ~ à qqn à faire qqch to teach sb (how) to do sthg - 3. [nouvelle] to hear of, to learn of ; ~ que to hear that, to learn that ; ~ qqch à qqn to tell sb of sthg.

apprenne ▷ apprendre.

apprenti, e [aprɑ̃ti] *nm, f* [élève] apprentice ; *fig* beginner ; ~ sorcier *fig* sorcerer's apprentice.

apprentissage [aprɑ̃tisaʒ] *nm* - 1. [de métier] apprenticeship - 2. [formation] learning ; ~ de la vie learning about life.

apprêter [4] [aprete] *vt* to prepare.
▸ **s'apprêter** *vp* - 1. [être sur le point] : s'~ à faire qqch to get ready to do sthg - 2. [s'habiller] : s'~ pour qqch to dress up for sthg.

appris, e [apri, iz] *pp* ▷ apprendre.

apprivoiser [3] [aprivwaze] *vt* to tame.
▸ **s'apprivoiser** *vp* - 1. [animal] to become tame - 2. [personne] to become more sociable.

approbateur, trice [aprɔbatœr, tris] *adj* approving.

approbation [aprɔbasjɔ̃] *nf* approval.

approchant, e [aprɔʃɑ̃, ɑ̃t] *adj* similar ; quelque chose d'~ something similar.

approche [aprɔʃ] *nf* [arrivée] approach ; à l'~ des fêtes as the Christmas holidays draw near ; il a pressé le pas à l'~ de la maison he quickened his step as he approached the house.

➤ **approches** *nfpl* [abords] surrounding area *(sg)*.

approcher [3] [aprɔʃe] ⬦ *vt* - **1.** [mettre plus près] to move near, to bring near ; ~ **qqch de qqn/qqch** to move sthg near (to) sb/sthg - **2.** [aborder] to go up to, to approach ⬦ *vi* to approach, to go/come near ; **approchez!** come nearer! ; **n'approchez pas!** keep ou stay away! ; ~ **de** [moment, fin] to approach.

➤ **s'approcher** *vp* to come/go near, to approach ; **s'~ de qqn/qqch** to approach sb/sthg.

approfondir [32] [aprɔfɔ̃dir] *vt* - **1.** [creuser] to make deeper - **2.** [développer] to go further into.

➤ **s'approfondir** *vp* - **1.** [se creuser] to become deeper - **2.** [se compliquer] to deepen.

approprié, e [aprɔprije] *adj* : ~ **(à)** appropriate (to).

approprier [10] [aprɔprije] *vt* - **1.** [adapter] to adapt - **2.** *Belg* to clean.

➤ **s'approprier** *vp* [s'adjuger] to appropriate.

approuver [3] [apruve] *vt* - **1.** [gén] to approve of ; ~ **qqn de faire qqch** to commend sb for doing sthg - **2.** *JUR* to approve.

approvisionnement [aprɔvizjɔnmɑ̃] *nm* supplies *(pl)*, stocks *(pl)*.

approvisionner [3] [aprɔvizjɔne] *vt* - **1.** [compte en banque] to pay money into - **2.** [magasin, pays] to supply.

➤ **s'approvisionner** *vp* : **s'~ chez/à** [suj : particulier] to shop at/in ; [suj : commerçant] to get one's supplies from.

approximatif, ive [aprɔksimatif, iv] *adj* approximate, rough.

approximation [aprɔksimasjɔ̃] *nf* approximation.

approximativement [aprɔksimativmɑ̃] *adv* approximately, roughly.

appt *abr de* appartement.

appui [apɥi] *nm* - **1.** [soutien] support ; **à l'~ de** in support of - **2.** [de fenêtre] sill.

appuie, appuies *etc* ⊳ appuyer.

appui-tête [apɥitɛt] *(pl* appuis-tête) *nm* headrest.

appuyer [14] [apɥije] ⬦ *vt* - **1.** [poser] : ~ **qqch sur/contre qqch** to lean sthg on/against sthg, to rest sthg on/against sthg - **2.** [presser] : ~ **qqch sur/contre** to press sthg on/against - **3.** *fig* [soutenir] to support ⬦ *vi* - **1.** [reposer] : ~ **sur** to lean ou rest on - **2.** [presser] to push ; ~ **sur** [bouton] to press - **3.** *fig* [insister] : ~ **sur** to stress - **4.** [se diriger] : ~ **sur la** ou **à droite** to bear right.

➤ **s'appuyer** *vp* - **1.** [se tenir] : **s'~ contre/sur** to lean against/on, to rest against/on - **2.** [se

baser] : **s'~ sur** to rely on - **3.** [compter] : **s'~ sur** to rely on, to count on - **4.** *fam* [supporter, prendre en charge] : **s'~ qqn** to put up with sb ; **s'~ qqch** to take sthg on, to take on sthg.

apr. *abr de* après.

âpre [apr] *adj* - **1.** [goût, discussion, combat] bitter - **2.** [ton, épreuve, critique] harsh - **3.** [concurrence] fierce.

âprement [aprəmɑ̃] *adv* bitterly, fiercely.

après [aprɛ] ⬦ *prép* - **1.** [gén] after ; ~ **avoir mangé, ils ...** after having eaten ou after they had eaten, they ... ; ~ **cela** after that ; ~ **quoi** after which - **2.** [indiquant l'attirance, l'attachement, l'hostilité] : **soupirer ~ qqn** to yearn for sb ; **aboyer ~ qqn** to bark at sb ; **se fâcher ~ qqn** to get angry at ou with sb ⬦ *adv* - **1.** [temps] afterwards ; ~, **je rentrerai à la maison** I'll go home afterwards ; **un mois ~** one month later ; **le mois d'~** the following ou next month - **2.** [lieu, dans un ordre, dans un rang] : **la rue d'~** the next street ; **c'est ma sœur qui vient ~** my sister's next.

➤ **après coup** *loc adv* afterwards, after the event.

➤ **après que** *loc conj* (+ *indicatif*) after ; **je le verrai ~ qu'il aura fini** I'll see him after ou when he's finished ; ~ **qu'ils eurent dîné, ...** after dinner ou after they had dined, ...

➤ **après tout** *loc adv* after all.

➤ **d'après** *loc prép* according to ; **d'~ moi** in my opinion ; **d'~ lui** according to him.

➤ **et après** *loc adv* (employée interrogativement) - **1.** [questionnement sur la suite] and then what? - **2.** [exprime l'indifférence] so what?

après-demain [aprɛdmɛ̃] *adv* the day after tomorrow.

après-guerre [aprɛgɛr] *nm* post-war years *(pl)* ; **d'~** post-war.

après-midi [aprɛmidi] *nm inv* ou *nf inv* after noon.

après-rasage [aprɛrazaʒ] *(pl* après-rasages) *nm* & *adj inv* aftershave.

après-ski [aprɛski] *(pl* après-skis) *nm* [chaussure] snow-boot.

après-soleil [aprɛsɔlɛj] *adj inv* after-sun *(avant n)*.

après-vente [aprɛvɑ̃t] ⊳ service.

âpreté [aprəte] *nf* - **1.** [de goût, discussion, combat] bitterness - **2.** [de voix, épreuve, critique] harshness - **3.** [de concurrence] ferocity.

à-propos [apropo] *nm inv* [de remarque] aptness ; **faire preuve d'~** to show presence of mind.

apte [apt] *adj* : ~ **à qqch/à faire qqch** capable of sthg/of doing sthg ; ~ **(au service)** *MIL* fit (for service).

aptitude [aptityd] *nf* : ~ (à ou pour qqch) aptitude (for sthg) ; ~ à ou pour faire qqch ability to do ou for doing sthg.

aquagym [akwaʒim] *nf* aquarobics (U).

aquarelle [akwarɛl] *nf* watercolour.

aquarium [akwarjɔm] *nm* aquarium.

aquatique [akwatik] *adj* [plante, animal] aquatic ; [milieu, paysage] watery, marshy.

aqueduc [akdyk] *nm* aqueduct.

aqueux, euse [akø, øz] *adj* watery.

aquilin [akilɛ̃] ▷ **nez**.

Aquitaine [akitɛn] *nf* : l'~ Aquitaine.

AR ◇ *nm* - **1.** *abr de* accusé de réception - **2.** (*abr de* aller-retour) RTN ◇ *abr de* arrière.

arabe [arab] ◇ *adj* [peuple] Arab ; [désert] Arabian ◇ *nm* [langue] Arabic.
� **Arabe** *nmf* Arab.

arabesque [arabɛsk] *nf* - **1.** [ornement] arabesque - **2.** [ligne sinueuse] flourish.

Arabie [arabi] *nf* : l'~ Arabia ; l'~ Saoudite Saudi Arabia.

arabophone [arabɔfɔn] ◇ *adj* Arabic-speaking ◇ *nmf* Arabic speaker.

arachide [araʃid] *nf* - **1.** [plante] groundnut - **2.** [graine] peanut, groundnut.

araignée [arɛɲe] *nf* spider ; avoir une ~ dans le ou au plafond *fam fig* to have a screw loose.
▸ **araignée de mer** *nf* spider crab.

araser [3] [araze] *vt* GÉOL to erode.

arbalète [arbalɛt] *nf* crossbow.

arbitrage [arbitraʒ] *nm* - **1.** [SPORT - gén] refereeing ; [- au tennis, cricket] umpiring - **2.** JUR arbitration.

arbitraire [arbitrɛr] *adj* arbitrary.

arbitrairement [arbitrɛrmã] *adv* arbitrarily.

arbitre [arbitr] *nm* - **1.** [SPORT - gén] referee ; [- au tennis, cricket] umpire - **2.** [conciliateur] arbitrator.
▸ **libre arbitre** *nm* free will.

arbitrer [3] [arbitre] *vt* - **1.** [SPORT - gén] to referee ; [- au tennis, cricket] to umpire - **2.** [conflit] to arbitrate.

arborer [3] [arbɔre] *vt* - **1.** [exhiber] to display, to sport - **2.** [expression] to wear.

arborescence [arbɔresãs] *nf* INFORM tree.

arboriculteur, trice [arbɔrikyltœr, tris] *nm, f* tree grower.

arboriculture [arbɔrikyltyr] *nf* tree growing.

arbouse [arbuz] *nf* arbutus berry.

arbre [arbr] *nm* - **1.** BOT & *fig* tree ; ~ fruitier fruit tree ; ~ généalogique family tree ; ~ de Noël Christmas tree - **2.** [axe] shaft ; ~ de transmission AUTOM drive shaft, propeller shaft.

arbrisseau, x [arbriso] *nm* shrub.

arbuste [arbyst] *nm* shrub.

arc [ark] *nm* - **1.** [arme] bow - **2.** [courbe] arc ; ~ de cercle arc of a circle - **3.** ARCHIT arch.

arcade [arkad] *nf* - **1.** ARCHIT arch ; ~s arcade (*sg*) - **2.** ANAT : ~ sourcilière arch of the eyebrows.

arc-bouter [3] [arkbute] ▸ **s'arc-bouter** *vp* to brace o.s.

arceau, x [arso] *nm* - **1.** ARCHIT arch - **2.** [objet métallique] hoop.

arc-en-ciel [arkãsjɛl] (*pl* arcs-en-ciel) *nm* rainbow.

archaïque [arkaik] *adj* archaic.

arche [arʃ] *nf* ARCHIT arch.

archéologie [arkeɔlɔʒi] *nf* archaeology.

archéologique [arkeɔlɔʒik] *adj* archaeological.

archéologue [arkeɔlɔg] *nmf* archaeologist.

archer [arʃe] *nm* archer.

archet [arʃɛ] *nm* MUS bow.

archétype [arketip] *nm* archetype.

archevêché [arʃəveʃe] *nm* [charge] archbishopric ; [logement] archbishop's palace.

archevêque [arʃəvɛk] *nm* archbishop.

archipel [arʃipɛl] *nm* archipelago.

architecte [arʃitɛkt] *nmf* architect.

architectural, e, aux [arʃitɛktyral, o] *adj* architectural.

architecture [arʃitɛktyr] *nf* architecture ; *fig* structure.

archiver [3] [arʃive] *vt* to archive.

archives [arʃiv] *nfpl* [de bureau] records ; [de musée] archives.

archiviste [arʃivist] *nmf* archivist.

arctique [arktik] *adj* Arctic ; le cercle polaire ~ the Arctic Circle.
▸ **Arctique** *nm* : l'~ the Arctic.

ardemment [ardamã] *adv* fervently, passionately.

ardent, e [ardã, ãt] *adj* - **1.** [soleil] blazing - **2.** [soif, fièvre] raging ; [passion] burning - **3.** [yeux, couleur] blazing.

ardeur [ardœr] *nf* - **1.** [vigueur] fervour, enthusiasm - **2.** [chaleur] blazing heat.

ardoise [ardwaz] *nf* slate.

ardu, e [ardy] *adj* - **1.** [travail] arduous ; [problème] difficult - **2.** [pente] steep.

are [ar] *nm* 100 square metres.

aréna [arenal] *nm* Can *sports centre with skating rink*, arena Am.

arène [arɛn] *nf* arena ; **l'~ politique** the political arena.

➤ **arènes** *nfpl* [romaines] amphitheatre *(sg)* ; [pour corridas] bullring *(sg)*.

arête [arɛt] *nf* - **1.** [de poisson] bone - **2.** [d'un toit, d'une montagne] ridge - **3.** [du nez] bridge.

arg. *abr de* argus.

argent [arʒɑ̃] *nm* - **1.** [métal, couleur] silver - **2.** [monnaie] money ; **~ comptant** cash ; **~ liquide** (ready) cash ; **~ de poche** pocket money ; **en avoir pour son ~** to get one's money's worth.

argenté, e [arʒɑ̃te] *adj* silvery, silver.

argenterie [arʒɑ̃tri] *nf* silverware.

argentin, e [arʒɑ̃tɛ̃, in] *adj* - **1.** [son] silvery - **2.** [d'Argentine] Argentinian.

➤ **Argentin, e** *nm, f* Argentinian.

Argentine [arʒɑ̃tin] *nf* : **l'~** Argentina.

argile [arʒil] *nf* clay.

argileux, euse [arʒilø, øz] *adj* clayey.

argot [argo] *nm* slang.

argotique [argotik] *adj* slang *(avant n)*, slangy.

arguer [8] [argɥe] *vi sout* [prétexter] : **~ de qqch (pour)** to put sthg forward as a reason (for).

argument [argymɑ̃] *nm* argument ; **tirer ~ de qqch** to use sthg as an argument ; **~ de vente** COMM selling point.

argumentation [argymɑ̃tasjɔ̃] *nf* argumentation.

argus [argys] *nm* : **coté à l'~** *rated in the guide to secondhand car prices*.

aride [arid] *adj litt* & *fig* arid ; [travail] thankless.

aridité [aridite] *nf* aridity.

aristocrate [aristokrat] *nmf* aristocrat.

aristocratie [aristokrasi] *nf* aristocracy.

aristocratique [aristokratik] *adj* aristocratic.

arithmétique [aritmetik] ⬦ *nf* arithmetic ⬦ *adj* arithmetical.

armagnac [armaɲak] *nm* armagnac.

armateur [armatœr] *nm* ship owner.

armature [armatyr] *nf* - **1.** CONSTR & *fig* framework - **2.** [de parapluie] frame ; [de soutien-gorge] underwiring - **3.** MUS key signature.

arme [arm] *nf litt* & *fig* weapon ; **~ blanche** blade ; **~ à feu** firearm ; **passer l'~ à gauche** *fam fig* to snuff it.

➤ **armes** *nfpl* - **1.** [armée] : **les ~s** the army - **2.** [blason] coat of arms *(sg)* - **3.** *loc* : **faire ses premières ~s** [apprendre] to learn the ropes ;

fourbir ses ~s to prepare for battle ; **partir avec ~s et bagages** to leave taking everything.

armée [arme] *nf* army ; **l'~ de l'air** the air force ; **l'~ de terre** the army.

➤ **Armée du salut** *nf* : **l'Armée du salut** the Salvation Army.

armement [armǝmɑ̃] *nm* - **1.** [MIL - de personne] arming ; [- de pays] armament ; [- ensemble d'armes] arms *(pl)* ; **la course aux ~s** the arms race - **2.** [de fusil] cocking - **3.** [d'appareil photo] winding-on - **4.** [de navire] fitting-out.

Arménie [armeni] *nf* : **l'~** Armenia.

arménien, enne [armenjɛ̃, ɛn] *adj* Armenian.

➤ **arménien** *nm* [langue] Armenian.

➤ **Arménien, enne** *nm, f* Armenian.

armer [3] [arme] *vt* - **1.** [pourvoir en armes] to arm ; **être armé pour qqch/pour faire qqch** *fig* [préparé] to be equipped for sthg/to do sthg - **2.** [fusil] to cock - **3.** [appareil photo] to wind on - **4.** [navire] to fit out.

➤ **s'armer** *vp litt* & *fig* : **s'~ (de)** to arm o.s (with).

armistice [armistis] *nm* armistice.

armoire [armwar] *nf* [gén] cupboard Br, closet Am ; [garde-robe] wardrobe ; **~ à glace** wardrobe with a mirror ; **c'est une ~ à glace!** *fam fig* he's built like a tank! ; **~ à pharmacie** medicine cabinet.

armoiries [armwari] *nfpl* coat of arms *(sg)*.

armure [armyr] *nf* armour Br, armor Am.

armurerie [armyrri] *nf* [magasin] gunsmith's (shop).

armurier [armyrje] *nm* [d'armes à feu] gunsmith ; [d'armes blanches] armourer.

ARN (*abr de* acide ribonucléique) *nm* RNA.

arnaque [arnak] *nf fam* rip-off.

arnaquer [3] [arnake] *vt fam* to do Br, to swindle ; **se faire ~** to be had.

aromate [aromat] *nm* [épice] spice ; [fine herbe] herb.

aromathérapie [aromaterapi] *nf* aromatherapy.

aromatique [aromatik] *adj* aromatic.

aromatiser [3] [aromatize] *vt* to flavour.

arôme [arom] *nm* - **1.** [gén] aroma ; [de fleur, parfum] fragrance - **2.** [goût] flavour.

arpège [arpɛʒ] *nm* arpeggio.

arpenter [3] [arpɑ̃te] *vt* - **1.** [marcher] to pace up and down - **2.** [terrain] to survey.

arpenteur [arpɑ̃tœr] *nm* surveyor.

arqué, e [arke] *adj* - **1.** [objet] curved - **2.** [jambe] bow *(avant n)*, bandy ; [nez] hooked ; [sourcil] arched.

arr. *abr de* arrondissement.

arraché [araʃe] ◆ **à l'arraché** *loc adv* : gagner *ou* emporter la victoire à l'~ to snatch victory.

arrachement [araʃmã] *nm fig* wrench.

arrache-pied [araʃpje] ◆ **d'arrache-pied** *loc adv* : travailler d'~ to work away furiously.

arracher [3] [araʃe] *vt* - **1.** [extraire - plante] to pull up *ou* out ; [- dent] to extract - **2.** [déchirer - page] to tear off *ou* out ; [- chemise, bras] to tear off - **3.** [prendre] : ~ qqch à qqn to snatch sthg from sb ; *fig* [extorquer] to extract sthg from sb ; [susciter] to wring sthg from sb - **4.** [soustraire] : ~ qqn à [milieu, lieu] to drag sb away from ; [lit, sommeil] to drag sb from ; [habitude, torpeur] to force sb out of ; [mort, danger] to snatch sb from.
◆ **s'arracher** *vp* - **1.** [se détacher] : s'~ de *ou* à [milieu, lieu] to drag o.s. away from ; [lit, sommeil] to drag o.s. from - **2.** [se disputer] : s'~ qqn/qqch to fight over sb/sthg - **3.** *fam* [partir] to split, to beat it.

arraisonner [3] [arɛzɔne] *vt* [navire] to stop and inspect.

arrangeant, e [arãʒã, ãt] *adj* obliging.

arrangement [arãʒmã] *nm* - **1.** [gén] arrangement - **2.** [accord] agreement, arrangement.

arranger [17] [arãʒe] *vt* - **1.** [gén] to arrange - **2.** [convenir à] to suit - **3.** [régler] to settle - **4.** [améliorer] to sort out - **5.** [réparer] to fix.
◆ **s'arranger** *vp* to come to an agreement ; s'~ pour faire qqch to manage to do sthg ; arrangez-vous pour être là à cinq heures make sure you're there at five o'clock ; cela va s'~ things will work out.

arrdt. *abr de* arrondissement.

arrérages [areraʒ] *nmpl* arrears.

arrestation [arɛstasjɔ̃] *nf* arrest ; être en état d'~ to be under arrest.

arrêt [arɛ] *nm* - **1.** [d'un mouvement] stopping ; à l'~ [véhicule] stationary ; [machine] (switched) off ; tomber en ~ devant qqch to stop dead in front of sthg - **2.** [interruption] interruption ; sans ~ [sans interruption] non-stop ; [sans relâche] constantly, continually ; être en ~ maladie to be on sick leave ; ~ maladie *ou* de travail doctor's certificate ; ~ du travail stoppage - **3.** [station] : ~ (d'autobus) (bus) stop ; ~ facultatif request stop - **4.** *JUR* decision, judgment.

arrêté [arɛte] *nm* - **1.** *FIN* settlement - **2.** *ADMIN* order, decree ; par ~ préfectoral by order of the prefect.

arrêter [4] [arɛte] ◇ *vt* - **1.** [gén] to stop

- **2.** [cesser] : ~ de faire qqch to stop doing sthg ; ~ de fumer to stop smoking - **3.** [abandonner - gén] to give up ; [- école] to leave - **4.** [voleur] to arrest - **5.** [fixer] to decide on ◇ *vi* to stop.
◆ **s'arrêter** *vp* to stop ; s'~ à qqch : il ne s'arrête pas à ces détails he's not going to dwell on these details ; s'~ de faire to stop doing ; s'~ chez qqn to stay with sb.

arrhes [ar] *nfpl* deposit *(sg).*

arrière [arjɛr] ◇ *adj inv* back, rear ; roue ~ rear *ou* back wheel ; marche ~ reverse gear ◇ *nm* - **1.** [partie postérieure] back ; à l'~ at the back *Br*, in back *Am* ; assurer ses ~s *fig* to play safe - **2.** *SPORT* back.
◆ **en arrière** *loc adv* - **1.** [dans la direction opposée] back, backwards ; faire un pas en ~ to take a step back *ou* backwards - **2.** [derrière, à la traîne] behind ; rester en ~ to lag behind.
◆ **en arrière de** *loc prép* behind.

arriéré, e [arjere] *adj* - **1.** [mentalité, pays] backward - **2.** [dette] outstanding, overdue.
◆ **arriéré** *nm* arrears *(pl).*

arrière-boutique [arjɛrbutik] (*pl* **arrière-boutiques**) *nf* back shop.

arrière-garde [arjɛrgard] (*pl* **arrière-gardes**) *nf* rearguard ; combat d'~ *litt* & *fig* rearguard action.

arrière-goût [arjɛrgu] (*pl* **arrière-goûts**) *nm* aftertaste.

arrière-grand-mère [arjɛrgrãmɛr] (*pl* **arrière-grands-mères**) *nf* great-grandmother.

arrière-grand-père [arjɛrgrãpɛr] (*pl* **arrière-grands-pères**) *nm* great-grandfather.

arrière-pays [arjɛrpei] *nm inv* hinterland.

arrière-pensée [arjɛrpãse] (*pl* **arrière-pensées**) *nf* - **1.** [raison intéressée] ulterior motive - **2.** [réserve] : sans ~ without reservation.

arrière-plan [arjɛrplã] (*pl* **arrière-plans**) *nm* background.

arrière-saison [arjɛrsɛzɔ̃] (*pl* **arrière-saisons**) *nf* late autumn.

arrière-train [arjɛrtrɛ̃] (*pl* **arrière-trains**) *nm* hindquarters *(pl).*

arrimer [3] [arime] *vt* - **1.** [attacher] to secure - **2.** *NAVIG* to stow.

arrivage [arivaʒ] *nm* - **1.** [de marchandises] consignment, delivery - **2.** [de touristes] influx.

arrivant, e [arivã, ãt] *nm, f* [personne] arrival.

arrivée [arive] *nf* - **1.** [venue] arrival - **2.** *TECHNOL* inlet.

arriver [3] [arive] ◇ *vi* - **1.** [venir] to arrive ; en ~ à faire qqch *fig* to begin to do sthg ; j'arrive!

(I'm) coming! ; ~ à **Paris** to arrive in *ou* reach Paris ; **l'eau m'arrivait aux genoux** the water came up to my knees - **2.** [réussir dans la vie] to succeed, to get on - **3.** [parvenir] : ~ à **faire qqch** to manage to do sthg, to succeed in doing sthg ; **il n'arrive pas à faire ses devoirs** he can't do his homework ◇ *v impers* to happen ; **il arrive que** (+ *subjonctif*) : **il arrive qu'il soit en retard** he is sometimes late ; **il arrive à tout le monde de se décourager** we all get fed up sometimes ; **il arrive à tout le monde de se tromper** anyone can make a mistake ; **il lui arrive d'oublier quel jour on est** he sometimes forgets what day it is ; **quoi qu'il arrive** whatever happens.

arrivisme [arivism] *nm péj* ambition.

arrobas, arobas [arɔbas] *nf* [dans une adresse électronique] at.

arrogance [arɔgɑ̃s] *nf* arrogance.

arrogant, e [arɔgɑ̃, ɑ̃t] ◇ *adj* arrogant ◇ *nm, f* arrogant person.

arroger [17] [arɔʒe] ➡ **s'arroger** *vp* : **s'~ le droit de faire qqch** to take it upon o.s. to do sthg.

arrondi [arɔ̃di] *nm* [de jupe] hemline.

arrondir [32] [arɔ̃dir] *vt* - **1.** [forme] to make round - **2.** [capital] to increase - **3.** [chiffre - au-dessus] to round up ; [- en dessous] to round down.
➡ **s'arrondir** *vp* [corps, visage] to fill out.

arrondissement [arɔ̃dismɑ̃] *nm* - **1.** ADMIN arrondissement (*administrative division of a département or city*) - **2.** [de somme - au-dessus] rounding up ; [- en dessous] rounding down.

arrosage [arozaʒ] *nm* [de jardin] watering ; [de rue] spraying.

arroser [3] [aroze] *vt* - **1.** [jardin] to water, to spray - **2.** [couler à travers] to flow through - **3.** *fam* [café] : ~ **son café (avec)** to lace one's coffee (with) - **4.** *fam* [repas] to wash down - **5.** *fam* [célébrer] to celebrate - **6.** *fam* [soudoyer] : ~ **qqn** to grease sb's palm.

arrosoir [arozwar] *nm* watering can.

arsenal, aux [arsənal, o] *nm* - **1.** [de navires] naval dockyard - **2.** [d'armes] arsenal ; ~ **de pêcheur** fishing gear.

arsenic [arsənik] *nm* arsenic.

art [ar] *nm* art ; **l'~ de faire qqch** the art of doing sthg ; ~ **culinaire** art of cooking ; ~ **dramatique/graphique** dramatic/graphic art ; **le septième ~** cinema ; ~**s appliqués** applied arts ; ~**s et métiers** state-funded institution offering vocational courses by correspondence or evening classes ; **Salon des Arts ménagers** ≃ Ideal Home Exhibition *Br* home crafts exhibition *ou* show *Am*.

art. *abr de* article.

Arte [arte] *n* Franco-German cultural television channel.

ARTE

Arte is a Franco-German cultural television channel created in 1992. It broadcasts arthouse films, documentaries and cultural discussion programmes. In Germany it is only available on cable.

artère [arter] *nf* - **1.** ANAT artery ; ~ **coronaire** coronary artery - **2.** [rue] arterial road.

artériel, elle [arterjɛl] *adj* arterial.

artériosclérose [arterjɔsklerɔz] *nf* arterio sclerosis.

arthrite [artrit] *nf* arthritis.

arthrose [artroz] *nf* osteoarthritis.

artichaut [artiʃo] *nm* artichoke.

article [artikl] *nm* - **1.** [gén] article ; ~ **défini/indéfini** definite/indefinite article ; ~ **de fond** feature ; ~**s de bureau** office supplies - **2.** INFORM record - **3.** *loc* : **faire l'~** to make sales pitch ; **à l'~ de la mort** at death's door

articulation [artikylasjɔ̃] *nf* - **1.** ANAT & TECHNO joint - **2.** [prononciation] articulation - **3.** [d'un démonstration] structure.

articulé, e [artikyle] *adj* jointed.

articuler [3] [artikyle] *vt* - **1.** [prononcer] to ar ticulate - **2.** ANAT & TECHNOL to articulate, to joint - **3.** JUR to set out.
➡ **s'articuler** *vp* to hang together ; **s'~ su autour de qqch** [réflexion] to be based o centred on sthg.

artifice [artifis] *nm* - **1.** [moyen astucieux] cleve device *ou* trick - **2.** [tromperie] trick.

artificiel, elle [artifisjɛl] *adj* artificial.

artificiellement [artifisjɛlmɑ̃] *adv* artifi cially.

artillerie [artijri] *nf* MIL artillery.

artisan, e [artizɑ̃, an] *nm, f* craftsman craftswoman.
➡ **artisan** *nm* [responsable] : **être l'~ de** *fig* to b the architect of.

artisanal, e, aux [artizanal, o] *adj* craft (*avant n*) ; **fabrication** ~**e** cottage industry.

artisanat [artizana] *nm* [métier] craft ; [classe craftsmen.

artiste [artist] *nmf* - **1.** [créateur] artist ; ~ **pein tre** painter - **2.** [interprète] performer.

artistique [artistik] *adj* artistic.

as[1] [a] ▷ **avoir**.

as[2] [as] *nm* - **1.** [carte] ace - **2.** [premier] numbe one - **3.** [champion] star, ace - **4.** *loc* : **être frir gué comme l'~ de pique** *fam* to look like scarecrow ; **passer à l'~** *fam* to go by the board ; **être plein aux ~** *fam* to be rolling in it.

a/s (*abr de* aux soins de) c/o.

AS (*abr de* **association sportive**) *nf* sports association.

ASA, Asa [aza] (*abr de* **American Standards Association**) *nf* ASA.

asc. *abr de* ascenseur.

ascendant, e [asãdã, ãt] *adj* rising.
➡ **ascendant** *nm* - **1.** [influence] influence, power ; **avoir de l'~ sur qqn** to have influence over sb - **2.** *ASTROL* ascendant.

ascenseur [asãsœr] *nm* lift *Br*, elevator *Am*.

ascension [asãsjõ] *nf* - **1.** [de montagne] ascent - **2.** [d'avion] climb - **3.** [progression] rise.
➡ **Ascension** *nf* : **l'Ascension** Ascension (Day).

ascensionnel, elle [asãsjɔnɛl] *adj* upward.

ascèse [asɛz] *nf* asceticism.

ascète [asɛt] *nmf* ascetic.

ASE (*abr de* **Agence spatiale européenne**) *nf* ESA.

aseptique [asɛptik] *adj* aseptic.

ashkénase [aʃkenaz] *adj* & *nmf* : **(Juif) ~** Ashkenazi ; **les ~s** the Ashkenazim.

asiatique [azjatik] *adj* - **1.** [de l'Asie en général] Asian - **2.** [d'Extrême-Orient] oriental.
➡ **Asiatique** *nmf* Asian.

Asie [azi] *nf* : **l'~** Asia ; **l'~ centrale** Central Asia ; **l'~ du Sud-Est** Southeast Asia.

asile [azil] *nm* - **1.** [refuge] refuge - **2.** *POLIT* : **demander/accorder l'~ politique** to seek/to grant political asylum - **3.** *vieilli* [psychiatrique] asylum.

asocial, e, aux [asɔsjal, o] ◇ *adj* antisocial ◇ *nm, f* social misfit.

aspect [aspɛ] *nm* - **1.** [apparence] appearance ; **d'~ agréable** nice-looking - **2.** [angle & *LING*] aspect - **3.** [vue] : **à l'~ de** *sout* at the sight of.

asperge [aspɛrʒ] *nf* [légume] asparagus.

asperger [17] [aspɛrʒe] *vt* : **~ qqch de qqch** to spray sthg with sthg ; **~ qqn de qqch** [arroser] to spray sb with sthg ; [éclabousser] to splash sb with sthg.
➡ **s'asperger** *vp* : **s'~ de qqch** to spray o.s. with sthg.

aspérité [asperite] *nf* [du sol] bump.

asphalte [asfalt] *nm* asphalt.

asphyxie [asfiksi] *nf* - **1.** *MÉD* asphyxia, suffocation - **2.** *fig* [de l'économie] paralysis.

asphyxier [9] [asfiksje] *vt* - **1.** *MÉD* to asphyxiate, to suffocate - **2.** *fig* [économie] to paralyse *Br*, to paralyze *Am*.
➡ **s'asphyxier** *vp* to suffocate.

aspic [aspik] *nm* [vipère] asp.

aspirant, e [aspirã, ãt] *adj* : **hotte ~e** cooker hood *Br*, cooker range *Am* ; **pompe ~e** suction pump.
➡ **aspirant** *nm* [armée] ≃ officer cadet ; [marine] ≃ midshipman.

aspirateur [aspiratœr] *nm* Hoover® *Br*, vacuum cleaner ; **passer l'~** to do the vacuuming *ou* hoovering.

aspiration [aspirasjõ] *nf* - **1.** [souffle] inhalation - **2.** *TECHNOL* suction - **3.** *LING* aspiration.
➡ **aspirations** *nfpl* aspirations.

aspirer [3] [aspire] *vt* - **1.** [air] to inhale ; [liquide] to suck up - **2.** *TECHNOL* to suck up, to draw up - **3.** [désirer] : **~ à qqch/à faire qqch** to aspire to sthg/to do sthg.

aspirine [aspirin] *nf* aspirin.

assagir [32] [asaʒir] *vt* to quieten down.
➡ **s'assagir** *vp* to quieten down.

assaillant, e [asajã, ãt] ◇ *adj* attacking ◇ *nm, f* assailant, attacker.

assaillir [47] [asajir] *vt* to attack, to assault ; **~ qqn de qqch** *fig* to assail *ou* bombard sb with sthg.

assainir [32] [asenir] *vt* - **1.** [logement] to clean up - **2.** [eau] to purify - **3.** *ÉCON* to rectify, to stabilize.

assainissement [asenismã] *nm* - **1.** [de quartier] cleaning up - **2.** [d'eau] purification - **3.** *ÉCON* stabilization.

assaisonnement [asɛzɔnmã] *nm* [sauce] dressing ; [condiments] seasoning.

assaisonner [3] [asɛzɔne] *vt* - **1.** [salade] to dress ; [viande, plat] to season - **2.** [propos] to season - **3.** *fam* [gronder] to tell off ; **se faire ~ par qqn** to get a (good) telling-off from sb.

assassin, e [asasɛ̃, in] *adj* provocative.
➡ **assassin** *nm* [gén] murderer ; *POLIT* assassin.

assassinat [asasina] *nm* [gén] murder ; *POLIT* assassination.

assassiner [3] [asasine] *vt* [tuer - gén] to murder ; [- *POLIT*] to assassinate.

assaut [aso] *nm* - **1.** [attaque] assault, attack ; **prendre d'~** [lieu] to storm ; [personne] to attack - **2.** *SPORT* bout - **3.** *loc* : **faire ~ de** to vie with each other in.

assécher [18] [aseʃe] *vt* to drain.
➡ **s'assécher** *vp* to become dry, to dry up.

ASSEDIC, Assedic [asedik] (*abr de* **Association pour l'emploi dans l'industrie et le commerce**) *nfpl* French unemployment insurance scheme ; **toucher les ~** to get unemployment benefit *Br ou* welfare *Am*.

assemblage [asãblaʒ] *nm* - **1.** [gén] assembly

- 2. *INFORM* : **langage d'~** assembler *ou* assembly language.

assemblée [asɑ̃ble] *nf* **- 1.** [réunion] meeting **- 2.** [public] gathering **- 3.** *ADMIN* & *POLIT* assembly ; **~ constituante** constituent assembly ; **~ consultative** advisory body ; **l'Assemblée nationale** *lower house of the French parliament*.

L'ASSEMBLÉE NATIONALE

> The French parliament has two chambers : the National Assembly and the Senate. The members of the National Assembly (the 'députés') are elected in the 'élections législatives' held every five years.

assembler [asɑ̃ble] *vt* **- 1.** [monter] to put together **- 2.** [réunir - objets] to gather (together) **- 3.** [associer] to connect **- 4.** [personnes - gén] to bring together, to assemble ; [- députés] to convene.
➡ **s'assembler** *vp* to gather.

assener [19] [asəne], **asséner** [18] [asene] *vt* : **~ un coup à qqn** [frapper] to strike sb, to deal sb a blow.

assentiment [asɑ̃timɑ̃] *nm* assent ; **donner son ~ à qqch** to give one's assent to sthg.

asseoir [65] [aswar] <> *vt* **- 1.** [sur un siège] to put **- 2.** [fondations] to lay **- 3.** *fig* [réputation] to establish ; **~ qqch sur qqch** to base sthg on sthg ; **~ l'impôt sur le revenu** to base taxation on income <> *vi* : **faire ~ qqn** to seat sb, to ask sb to take a seat.
➡ **s'asseoir** *vp* to sit (down).

assermenté, e [asɛrmɑ̃te] *adj* **- 1.** [fonctionnaire, expert] sworn **- 2.** [témoin] under oath.

assertion [asɛrsjɔ̃] *nf* assertion.

assesseur [asesœr] *nm* assessor.

asseyais, asseyions *etc* ▷ asseoir.

asseyez, asseyons *etc* ▷ asseoir.

assez [ase] *adv* **- 1.** [suffisamment] enough ; **~ grand pour qqch/pour faire qqch** big enough for sthg/to do sthg ; **~ de** enough ; **~ de lait/chaises** enough milk/chairs ; **il en reste juste ~** there is/are just enough left ; **en avoir ~ de qqn/qqch** to have had enough of sb/sthg, to be fed up with sb/sthg **- 2.** [plutôt] quite, rather.

assidu, e [asidy] *adj* **- 1.** [élève] diligent **- 2.** [travail] painstaking **- 3.** [empressé] : **~ (auprès de qqn)** attentive (to sb).

assiduité [asidɥite] *nf* **- 1.** [zèle] diligence **- 2.** [fréquence] : **avec ~** regularly.
➡ **assiduités** *nfpl péj* & *sout* attentions ; **poursuivre qqn de ses ~s** to press one's attentions on sb.

assidûment [asidymɑ̃] *adv* **- 1.** [avec zèle] assiduously, diligently **- 2.** [fréquemment] regularly.

assiégeant, e [asjeʒɑ̃, ɑ̃t] *adj* besieging.
➡ **assiégeant** *nm* besieger.

assiéger [22] [asjeʒe] *vt litt* & *fig* to besiege.

assiette [asjɛt] *nf* **- 1.** [vaisselle] plate ; **~ creuse** *ou* **à soupe** soup plate ; **~ à dessert** dessert plate ; **~ plate** dinner plate **- 2.** [de cavalier] seat **- 3.** [d'impôt] base **- 4.** *CULIN* : **~ anglaise** assorted cold meats *(pl) Br*, cold cuts *(pl) Am* ; **~ de crudités** *raw vegetables served as an hors-d'œuvre* **- 5.** *loc* : **ne pas être dans son ~** to feel off colour.

assiettée [asjete] *nf* plate, plateful.

assignation [asiɲasjɔ̃] *nf* **- 1.** [attribution] : **~ de qqch à qqn** allocation of sthg to sb **- 2.** *JUR* summons.

assigner [3] [asiɲe] *vt* **- 1.** [fonds, tâche] : **~ qqch à qqn** to allocate *ou* assign sthg to sb **- 2.** [personne] : **~ qqn à qqch** to assign sb to sthg **- 3.** *JUR* : **~ qqn en justice** to issue a writ against sb.

assimilation [asimilasjɔ̃] *nf* assimilation ; **~ de qqch à qqch** assimilation of sthg with sthg ; **~ de qqn à qqn** comparison of sb to sb.

assimiler [3] [asimile] *vt* **- 1.** [aliment, connaissances] to assimilate **- 2.** [confondre] : **~ qqch (à qqch)** to liken sthg (to sthg) ; **~ qqn à qqn** to compare sb to *ou* with sb.
➡ **s'assimiler** *vp* **- 1.** [se comparer] : **s'~ à qqn** to be (able to be) compared to sb **- 2.** [s'intégrer] to integrate.

assis, e [asi, iz] <> *pp* ▷ asseoir <> *adj* sitting, seated ; **place ~e** seat.
➡ **assise** *nf* **- 1.** [base] seat, seating **- 2.** *BIOL* & *GÉOL* stratum.
➡ **assises** *nfpl* **- 1.** *JUR* : **(cour d')~es** Crown Court *Br*, Circuit court *Am* **- 2.** [congrès] conference *(sg)*.

assistance [asistɑ̃s] *nf* **- 1.** [aide] assistance ; **prêter ~ à qqn** to lend assistance to sb ; **l'Assistance publique** *French authority which manages the social services and state-owned hospitals* ; **être à l'Assistance (publique)** to be in care ; **~ technique** technical aid **- 2.** [auditoire] audience.

assistant, e [asistɑ̃, ɑ̃t] *nm, f* **- 1.** [auxiliaire] assistant ; **~e sociale** social worker **- 2.** *UNIV* assistant lecturer.

assister [3] [asiste] <> *vi* : **~ à qqch** to be at sthg, to attend sthg <> *vt* to assist.

associatif, ive [asɔsjatif, iv] *adj* **- 1.** [mémoire] associative **- 2.** [vie] community *(avant n)*.

association [asɔsjasjɔ̃] *nf* **- 1.** [gén] association ; **~ d'idées** association of ideas

- **2.** [union] society, association ; **~ à but non lucratif** JUR non-profit-making Br OU non-profit Am organization ; **~ sportive** sports club - **3.** COMM partnership.

associé, e [asɔsje] <> adj associated <> nm, f - **1.** [collaborateur] associate - **2.** [actionnaire] partner.

associer [9] [asɔsje] vt - **1.** [personnes] to bring together - **2.** [idées] to associate - **3.** [faire participer] : **~ qqn à qqch** [inclure] to bring sb in on sthg ; [prendre pour partenaire] to make sb a partner in sthg.

  ◆ **s'associer** vp - **1.** [prendre part] : **s'~ à qqch** [participer] to join OU participate in sthg ; [partager] to share sthg - **2.** [collaborer] : **s'~ à** OU **avec qqn** to join forces with sb - **3.** [se combiner] : **s'~ à qqch** to be combined with sthg.

assoiffé, e [aswafe] adj thirsty ; **~ de pouvoir** fig power-hungry.

assois ⊳ asseoir.

assombrir [32] [asɔ̃bʀiʀ] vt - **1.** [plonger dans l'obscurité] to darken - **2.** fig [attrister] to cast a shadow over.

  ◆ **s'assombrir** vp - **1.** [devenir sombre] to grow dark - **2.** fig [s'attrister] to darken.

assommant, e [asɔmɑ̃, ɑ̃t] adj péj deadly boring.

assommer [3] [asɔme] vt - **1.** [frapper] to knock out - **2.** [ennuyer] to bore stiff - **3.** [de reproches] to overwhelm.

Assomption [asɔ̃psjɔ̃] nf : **l'~** the Assumption.

assorti, e [asɔʀti] adj - **1.** [accordé] : **bien ~** well-matched ; **mal ~** ill-matched ; **une cravate ~e au costume** a tie which matches the suit - **2.** [varié] assorted.

assortiment [asɔʀtimɑ̃] nm assortment, selection.

assortir [32] [asɔʀtiʀ] vt - **1.** [objets] : **~ qqch à qqch** to match sthg to OU with sthg - **2.** [magasin] to stock.

  ◆ **s'assortir** vp to match ; **s'~ de qqch** to be accompanied by OU with sthg.

assoupi, e [asupi] adj - **1.** [endormi] dozing - **2.** fig & littéraire [sens, intérêt] dulled ; [passion, haine] spent ; [querelle] dormant.

assoupir [32] [asupiʀ] vt - **1.** sout [enfant] to send to sleep - **2.** fig & littéraire [douleur] to soothe.

  ◆ **s'assoupir** vp - **1.** [s'endormir] to doze off - **2.** fig & littéraire [douleur] to die down.

assoupissement [asupismɑ̃] nm - **1.** [sommeil] doze - **2.** fig & sout : **l'~ culturel** cultural apathy.

assouplir [32] [asupliʀ] vt - **1.** [corps] to make

supple - **2.** [matière] to soften - **3.** [règlement] to relax - **4.** [caractère] to mellow.

  ◆ **s'assouplir** vp - **1.** [physiquement] to become supple - **2.** [moralement] to mellow.

assouplissement [asuplismɑ̃] nm - **1.** [de corps] making supple - **2.** [de matière] softening - **3.** [de règlement] easing, relaxation - **4.** [de caractère] mellowing.

assourdir [32] [asuʀdiʀ] vt - **1.** [rendre sourd] to deafen - **2.** [abrutir] to exhaust, to wear out - **3.** [amortir] to deaden, to muffle.

assouvir [32] [asuviʀ] vt to satisfy.

  ◆ **s'assouvir** vp littéraire to be satisfied.

ASSU, Assu [asy] (abr de **Association du sport scolaire et universitaire**) nf former schools and university sports association.

assujetti, e [asyʒeti] adj : **~ à l'impôt** subject to tax OU taxation.

assujettir [32] [asyʒetiʀ] vt - **1.** [peuple] to subjugate - **2.** [soumettre] : **~ qqn à qqch** to subject sb to sthg - **3.** [fixer] to secure.

  ◆ **s'assujettir** vp : **s'~ à qqch** to submit to sthg.

assumer [3] [asyme] vt - **1.** [fonction - exercer] to carry out ; [- prendre] to take on - **2.** [risque, responsabilité] to accept - **3.** [condition] to come to terms with - **4.** [frais] to meet.

  ◆ **s'assumer** vp to come to terms with o.s.

assurance [asyʀɑ̃s] nf - **1.** [gén] assurance - **2.** [contrat] insurance ; **contracter** OU **prendre une ~** to take out insurance ; **~ maladie** health insurance ; **~ tous risques** AUTOM comprehensive insurance ; **~-vie** life assurance.

assuré, e [asyʀe] nm, f policy holder ; **~ social** National Insurance contributor Br, Social Security contributor Am.

assurément [asyʀemɑ̃] adv sout certainly.

assurer [3] [asyʀe] vt - **1.** [promettre] : **~ à qqn que** to assure sb (that) ; **~ qqn de qqch** to assure sb of sthg - **2.** [permanence, liaison] to provide - **3.** [voiture] to insure - **4.** [paix] to ensure - **5.** [échelle] to secure, to fix.

  ◆ **s'assurer** vp - **1.** [vérifier] : **s'~ que** to make sure (that) ; **s'~ de qqch** to ensure sthg, to make sure of sthg - **2.** COMM : **s'~ (contre qqch)** to insure o.s. (against sthg) - **3.** [obtenir] : **s'~ qqch** to secure sthg - **4.** [se stabiliser] to steady o.s.

Assyrie [asiʀi] nf : **l'~** Assyria.

assyrien, enne [asiʀjɛ̃, ɛn] adj Assyrian.

  ◆ **Assyrien, enne** nm, f Assyrian.

astérisque [asteʀisk] nm asterisk.

asthmatique [asmatik] nmf & adj asthmatic.

asthme [asm] nm MÉD asthma.

asticot [astiko] *nm* maggot.

astigmate [astigmat] *nmf & adj* astigmatic.

astiquer [3] [astike] *vt* to polish.

astrakan [astrakɑ̃] *nm* astrakhan.

astral, e, aux [astral, o] *adj* astral, star *(avant n)*.

astre [astr] *nm* star.

astreignant, e [astrɛɲɑ̃, ɑ̃t] *adj* demanding.

astreindre [81] [astrɛ̃dr] *vt* : **~ qqn à qqch** to subject sb to sthg ; **~ qqn à faire qqch** to compel sb to do sthg.
➟ **s'astreindre** *vp* : **s'~ à qqch** to subject o.s. to sthg ; **s'~ à faire qqch** to compel o.s. to do sthg.

astreint, e [astrɛ̃, ɛt] *pp* ▷ **astreindre**.

astringent, e [astrɛ̃ʒɑ̃, ɑ̃t] *adj* astringent.
➟ **astringent** *nm* astringent.

astrologie [astrɔlɔʒi] *nf* astrology.

astrologique [astrɔlɔʒik] *adj* astrological.

astrologue [astrɔlɔg] *nm* astrologer.

astronaute [astronot] *nmf* astronaut.

astronautique [astronotik] *nf* astronautics *(U)*.

astronome [astronɔm] *nmf* astronomer.

astronomie [astronɔmi] *nf* astronomy.

astronomique [astronɔmik] *adj* astronomical.

astrophysique [astrofizik] *nf* astrophysics *(U)*.

astuce [astys] *nf* - **1.** [ruse] (clever) trick - **2.** [ingéniosité] shrewdness *(U)* - **3.** [plaisanterie] wisecrack.

astucieux, euse [astysjø, øz] *adj* - **1.** [idée] clever - **2.** [personne] shrewd.

asymétrique [asimetrik] *adj* asymmetric, asymmetrical.

atavisme [atavism] *nm* atavism.

atelier [atəlje] *nm* - **1.** [d'artisan] workshop - **2.** [de peintre] studio.

atermoiement [atɛrmwamɑ̃] *nm* - **1.** [tergiversation] procrastination - **2.** JUR postponement.

athée [ate] ◇ *nmf* atheist ◇ *adj* atheistic.

athénée [atene] *nm* Belg secondary school.

Athènes [atɛn] *n* Athens.

athénien, enne [atenjɛ̃, ɛn] *adj* Athenian.
➟ **Athénien, enne** *nm, f* Athenian.

athlète [atlɛt] *nmf* athlete.

athlétique [atletik] *adj* athletic.

athlétisme [atletism] *nm* athletics *(U)*.

Atlantide [atlɑ̃tid] *nf* : **l'~** Atlantis.

atlantique [atlɑ̃tik] *adj* Atlantic.

➟ **Atlantique** *nm* : **l'Atlantique** the Atlantic (Ocean).

atlas [atlas] *nm* atlas.

Atlas [atlas] *nm* : **l'~** the Atlas Mountains *(pl)*.

atmosphère [atmɔsfɛr] *nf* atmosphere.

atmosphérique [atmɔsferik] *adj* atmospheric.

atoca [atɔka] *nm* Can *large cranberry*.

atoll [atɔl] *nm* atoll.

atome [atom] *nm* atom ; **avoir des ~s crochus avec qqn** to be on the same wavelength as sb.

atomique [atɔmik] *adj* - **1.** [gén] nuclear - **2.** CHIM & PHYS atomic.

atomiseur [atɔmizœr] *nm* spray.

atone [atɔn] *adj* - **1.** [inexpressif] lifeless - **2.** MÉD atonic - **3.** [voyelle] unstressed.

atours [atur] *nmpl littéraire* : **paré de** OU **dans ses plus beaux ~** in all one's finery.

atout [atu] *nm* - **1.** [carte] trump ; **~ cœur/pique/trèfle/carreau** hearts/spades/clubs/diamonds are trumps - **2.** *fig* [ressource] asset, advantage.

ATP ◇ *nf (abr de* **Association des tennismen professionnels***)* ATP ◇ *nfpl (abr de* **arts et traditions populaires***)* arts and crafts ; **musée des ~** arts and crafts museum.

âtre [atr] *nm littéraire* hearth.

atroce [atrɔs] *adj* - **1.** [crime] atrocious, dreadful - **2.** [souffrance] horrific, atrocious - **3.** [temps] terrible.

atrocement [atrɔsmɑ̃] *adv* - **1.** [horriblement] horribly, terribly - **2.** [exagérément] terribly.

atrocité [atrɔsite] *nf* - **1.** [horreur] atrocity - **2.** [calomnie] insult.

atrophie [atrɔfi] *nf* atrophy.

atrophier [9] [atrɔfje] ➟ **s'atrophier** *vp* to atrophy.

attabler [3] [atable] ➟ **s'attabler** *vp* to sit down (at the table) ; **s'~ devant qqch** to sit down to sthg.

attachant, e [ataʃɑ̃, ɑ̃t] *adj* lovable.

attache [ataʃ] *nf* [lien] fastening.
➟ **attaches** *nfpl* links, connections.

attaché, e [ataʃe] *nm, f* attaché ; **~ d'ambassade** attaché ; **~ commercial/culturel/militaire** commercial/cultural/military attaché ; **~ de presse** [diplomatique] press attaché ; [d'organisme, d'entreprise] press officer.

attaché-case [ataʃekɛz] *(pl* **attachés-cases***)* *nm* attaché case.

attachement [ataʃmɑ̃] *nm* attachment.

attacher [3] [ataʃe] ◇ *vt* - **1.** [lier] : **~ qqch (à)** to fasten OU tie sthg (to) ; *fig* [associer] to at tach sthg (to) **- 2.** [paquet] to tie up **- 3.** [lacet] to do up ; [ceinture de sécurité] to fasten **- 4.** *fig* [émotionnellement] : **~ qqn à** to bind sb to <> *vi* CULIN : **~ (à)** to stick (to).

s'attacher *vp* **- 1.** [émotionnellement] : **s'~ à qqn/qqch** to become attached to sb/sthg **- 2.** [se fermer] to fasten ; **s'~ avec** ou **par qqch** to do up ou fasten with sthg **- 3.** [s'appliquer] : **s'~ à qqch/à faire qqch** to devote o.s. to sthg/ to doing sthg, to apply o.s. to sthg/to doing sthg.

attaquant, e [atakɑ̃, ɑ̃t] <> *adj* attacking <> *nm, f* attacker.

attaque [atak] *nf* **- 1.** [gén & MÉD] attack ; **~ à main armée** holdup ; *fig* : **~ contre qqn/qqch** attack on sb/sthg **- 2.** MUS [de note] attack **- 3.** *loc* : **être d'~** to be on form ; **être/se sentir d'~ pour faire qqch** to be/feel up to doing sthg.

attaquer [3] [atake] *vt* **- 1.** [gén] to attack **- 2.** [JUR - personne] to take to court ; [- jugement] to contest **- 3.** *fam* [plat] to tuck into **- 4.** [tâche] to tackle.

s'attaquer *vp* **- 1.** [combattre] : **s'~ à qqn** to attack sb **- 2.** *fig* : **s'~ à qqch** [tâche] to tackle sthg.

attardé, e [atarde] <> *adj* **- 1.** [idées] outdated **- 2.** [passants] late **- 3.** [enfant] backward <> *nm, f* [enfant] backward child.

attarder [3] [atarde] **s'attarder** *vp* : **s'~ sur qqch** to dwell on sthg ; **s'~ à faire qqch** to stay on to do sthg, to stay behind to do sthg.

atteignais, atteignions etc ⊳ atteindre.

atteindre [8] [atɛdr] *vt* **- 1.** [gén] to reach **- 2.** [toucher] to hit **- 3.** [affecter] to affect.

atteint, e [atɛ̃, ɛ̃t] <> *pp* ⊳ atteindre <> *adj* **- 1.** [malade] : **être ~ de** to be suffering from **- 2.** *fam* [fou] touched.

atteinte *nf* **- 1.** [préjudice] : **~e à** attack on ; **porter ~e à** to undermine ; **hors d'~e** [hors de portée] out of reach ; [inattaquable] beyond reach **- 2.** [effet] effect.

attelage [atlaʒ] *nm* **- 1.** [chevaux] team **- 2.** [harnachement] harnessing (U).

atteler [24] [atle] *vt* **- 1.** [animaux, véhicules] to hitch up ; [wagons] to couple **- 2.** [à une tâche] : **~ qqn à** to assign sb to.

s'atteler *vp* : **s'~ à** to get down to.

attelle [atɛl] *nf* splint.

attenant, e [atnɑ̃, ɑ̃t] *adj* : **~ (à qqch)** adjoining (sthg).

attendre [73] [atɑ̃dr] <> *vt* **- 1.** [gén] to wait for ; **le déjeuner nous attend** lunch is ready ; **~ que** (+ *subjonctif*) : **~ que la pluie s'arrête to** wait for the rain to stop ; **faire ~ qqn** [personne] to keep sb waiting ; **les résultats se font ~** we're all waiting for the results **- 2.** [espérer] : **~ qqch (de qqn/qqch)** to expect sthg (from sb/sthg) **- 3.** [suj : surprise, épreuve] to be in store for <> *vi* to wait ; **attends!** hang on!

s'attendre *vp* : **s'~ à** to expect.

en attendant *loc adv* **- 1.** [pendant ce temps] meanwhile, in the meantime **- 2.** [quand même] all the same.

attendrir [32] [atɑ̃drir] *vt* **- 1.** [viande] to tenderize **- 2.** [personne] to move.

s'attendrir *vp* : **s'~ (sur qqn/qqch)** to be moved (by sb/sthg).

attendrissant, e [atɑ̃drisɑ̃, ɑ̃t] *adj* moving, touching.

attendrissement [atɑ̃drismɑ̃] *nm* pity.

attendrisseur [atɑ̃drisœr] *nm* meat tenderizer.

attendu, e [atɑ̃dy] *pp* ⊳ attendre.

attendu <> *nm* JUR reasoning (U) <> *prép* considering.

attendu que *loc conj* since, considering that.

attentat [atɑ̃ta] *nm* attack ; **~ à la bombe** bomb attack, bombing ; **~ à la pudeur** JUR indecent assault.

attente [atɑ̃t] *nf* **- 1.** [station] wait ; **en ~ in** abeyance **- 2.** [espoir] expectation ; **contre toute ~** contrary to all expectations ; **répondre aux ~s de qqn** to live up to sb's expectations.

attenter [3] [atɑ̃te] *vi* : **~ à** [liberté, droit] to violate ; **~ à ses jours** to attempt suicide ; **~ à la vie de qqn** to make an attempt on sb's life.

attentif, ive [atɑ̃tif, iv] *adj* **- 1.** [auditoire] : **~ (à qqch)** attentive (to sthg) **- 2.** [soin] careful, scrupulous.

attention [atɑ̃sjɔ̃] <> *nf* attention ; **à l'~ de** for the attention of ; **faire ~ à** [prudence] to be careful of ; [concentration] to pay attention to ; **porter qqch à l'~ de qqn** to bring sthg to sb's attention <> *interj* watch out!, be careful! ; **'~ chien méchant'** 'beware of the dog' ; **~ à la marche** mind the step ; **'~ peinture fraîche'** 'wet paint'.

attentionné, e [atɑ̃sjɔne] *adj* thoughtful ; **~ auprès de** attentive to.

attentisme [atɑ̃tism] *nm* [gén] waiting game ; POLIT policy of wait-and-see.

attentivement [atɑ̃tivmɑ̃] *adv* attentively, carefully.

atténuante [atenɥɑ̃t] ⊳ circonstance.

atténuation [atenɥasjɔ̃] *nf* [de lumière] dimming ; [de propos] toning down ; [de douleur] easing ; **~ de peine** JUR reduction in sentence.

atténuer [7] [atenɥe] vt [douleur] to ease ; [propos, ton] to tone down ; [lumière] to dim, to subdue ; [bruit] to quieten.
➤ **s'atténuer** vp [lumière] to dim, to fade ; [bruit] to fade ; [douleur] to ease.

atterrer [4] [atere] vt to stagger.

atterrir [32] [aterir] vi to land ; **~ dans qqch** fig to land up in sthg.

atterrissage [aterisaʒ] nm landing ; **~ sans visibilité** blind landing ; **~ forcé** emergency landing.

attestation [atɛstasjɔ̃] nf **- 1.** [certificat] certificate **- 2.** [action] attestation **- 3.** [preuve] proof.

attester [3] [atɛste] vt **- 1.** [confirmer] to vouch for, to testify to **- 2.** [certifier] to attest.

attifer [3] [atife] vt to get up.
➤ **s'attifer** vp to get ou doll o.s. up.

attique [atik] nm ARCHIT attic.

attirail [atiraj] nm fam [équipement] gear.

attirance [atirɑ̃s] nf attraction ; **avoir/éprouver de l'~ pour** to be/to feel attracted to.

attirant, e [atirɑ̃, ɑ̃t] adj attractive.

attirer [3] [atire] vt **- 1.** [gén] to attract **- 2.** [amener vers soi] : **~ qqn à/vers soi** to draw sb to/towards one **- 3.** [provoquer] : **~ des ennuis à qqn** to cause trouble for sb.
➤ **s'attirer** vp : **s'~ qqch** to bring sthg on o.s.

attiser [3] [atize] vt **- 1.** [feu] to poke **- 2.** fig [haine] to stir up.

attitré, e [atitre] adj **- 1.** [habituel] usual **- 2.** [titulaire - fournisseur] by appointment ; [- représentant] accredited.

attitude [atityd] nf **- 1.** [comportement, approche] attitude **- 2.** [posture] posture.

attouchement [atuʃmɑ̃] nm caress.

attractif, ive [atraktif, iv] adj **- 1.** [force] magnetic **- 2.** [prix] attractive.

attraction [atraksjɔ̃] nf **- 1.** [gén] attraction **- 2.** [force] : **~ magnétique** magnetic force ; **l'~ terrestre** the earth's gravitational force.
➤ **attractions** nfpl **- 1.** [jeux] amusements **- 2.** [spectacle] attractions.

attrait [atrɛ] nm **- 1.** [séduction] appeal **- 2.** [intérêt] attraction.
➤ **attraits** nmpl attractions.

attrape [atrap] nf trick.

attrape-nigaud [atrapnigo] (pl attrape-nigauds) nm con.

attraper [3] [atrape] vt **- 1.** [gén] to catch **- 2.** fam [gronder] to tell off ; **se faire ~ (par qqn)** to get a telling-off (from sb) **- 3.** [habitude, accent] to pick up **- 4.** fam [tromper] to take in.

attrayant, e [atrɛjɑ̃, ɑ̃t] adj attractive.

attribuer [7] [atribɥe] vt **- 1.** [tâche, part] : **~ qqch à qqn** to assign ou allocate sthg to sb, to assign ou allocate sb sthg ; [privilège] to grant sthg to sb, to grant sb sthg ; [récompense] to award sthg to sb, to award sb sthg **- 2.** [faute] : **~ qqch à qqn** to attribute sthg to sb, to put sthg down to sb.
➤ **s'attribuer** vp **- 1.** [s'approprier] to appropriate (for o.s.) **- 2.** [revendiquer] to claim (for o.s.)

attribut [atriby] nm **- 1.** [gén] attribute **- 2.** GRAM complement.

attribution [atribysjɔ̃] nf **- 1.** [de prix] awarding, award **- 2.** [de part, tâche] allocation, assignment **- 3.** [d'avantage] bestowing.
➤ **attributions** nfpl [fonctions] duties.

attrister [3] [atriste] vt to sadden.
➤ **s'attrister** vp to be saddened.

attroupement [atrupmɑ̃] nm crowd.

attrouper [3] [atrupe] ➤ **s'attrouper** vp to form a crowd, to gather.

au [o] ▷ **à**.

aubade [obad] nf dawn serenade.

aubaine [obɛn] nf piece of good fortune.

aube [ob] nf **- 1.** [aurore] dawn, daybreak ; **à l'~** at dawn ; **à l'~ de** fig at the dawn of **- 2.** RELIG alb.

aubépine [obepin] nf hawthorn.

auberge [obɛrʒ] nf [hôtel] inn ; **~ de jeunesse** youth hostel ; **on n'est pas sorti de l'~** fam fig we're not out of the woods yet.

aubergine [obɛrʒin] ◇ nf **- 1.** BOT aubergine Br, eggplant Am **- 2.** péj [contractuelle] traffic warden Br, meter maid Am ◇ adj inv [couleur] aubergine.

aubergiste [obɛrʒist] nmf innkeeper.

auburn [obœrn] adj inv auburn.

aucun, e [okœ, yn] ◇ adj **- 1.** [sens négatif] : **ne ... ~** no ; **il n'y a ~e voiture dans la rue** there aren't any cars in the street, there are no cars in the street ; **sans faire ~ bruit** without making a sound **- 2.** [sens positif] any ; **il lit plus qu'~ autre enfant** he reads more than any other child ◇ pron **- 1.** [sens négatif] none ; **~ des enfants** none of the children ; **~ d'entre nous** none of us ; **~ (des deux)** neither (of them) **- 2.** [sens positif] : **plus qu'~ de nous** more than any of us ; **d'~s** sout some (people).

aucunement [okynmɑ̃] adv not at all, in no way.

audace [odas] nf **- 1.** [hardiesse] daring, boldness **- 2.** [insolence] audacity ; **avoir l'~ de faire**

qqch to have the cheek *ou* audacity to do sthg - **3.** [innovation] daring innovation.

audacieux, euse [odasjø, øz] <> *adj* - **1.** [projet] daring, bold - **2.** [personne, geste] bold <> *nm, f* daring person.

au-dedans [odədā] *loc adv* inside.
➡ **au-dedans de** *loc prép* inside.

au-dehors [odəɔr] *loc adv* outside.
➡ **au-dehors de** *loc prép* outside.

au-delà [odəla] <> *loc adv* - **1.** [plus loin] be-yond - **2.** [davantage, plus] more <> *nm* : l'~ the hereafter, the afterlife.
➡ **au-delà de** *loc prép* beyond.

au-dessous [odəsu] *loc adv* below, under-neath.
➡ **au-dessous de** *loc prép* below, under.

au-dessus [odəsy] *loc adv* above.
➡ **au-dessus de** *loc prép* above, over.

au-devant [odəvā] *loc adv* ahead.
➡ **au-devant de** *loc prép* : aller ~ de to go to meet ; aller ~ du danger to court danger.

audible [odibl] *adj* audible.

audience [odjās] *nf* - **1.** [public, entretien] audi-ence - **2.** JUR hearing.

Audimat® [odimat] *nm* audience rating.

AUDIMAT

Viewing figures for French television are calculated using a device which is installed for a period of time in selected households.

audionumérique [odjɔnymerik] *adj* digital audio.

audiovisuel, elle [odjɔvizɥɛl] *adj* audio-visual.
➡ **audiovisuel** *nm* TV and radio.

audit [odit] *nm* audit ; ~ marketing COMM mar-keting audit.

auditeur, trice [oditœr, tris] *nm, f* listener.
➡ **auditeur** *nm* - **1.** UNIV : ~ libre *person al-lowed to attend lectures without being regis-tered*, auditor *Am* - **2.** FIN auditor.

auditif, ive [oditif, iv] *adj* - **1.** [appareil] hear-ing *(avant n)* - **2.** [mémoire] auditory.

audition [odisjō] *nf* - **1.** [fait d'entendre] hear-ing - **2.** JUR examination - **3.** THÉÂTRE audition - **4.** MUS recital.

auditionner [3] [odisjɔne] *vt & vi* to audi-tion.

auditoire [oditwar] *nm* [public] audience ; ~ cible COMM target audience.

auditorium [oditɔrjɔm] *nm* [de concert] audi-torium ; [d'enregistrement] studio.

auge [oʒ] *nf* [pour animaux] trough.

augmentation [ogmātasjō] *nf* : ~ (de) in-crease (in) ; ~ (de salaire) rise (in salary).

augmenter [3] [ogmāte] <> *vt* to increase ; [prix, salaire] to raise ; [personne] to give a rise to *Br*, to give a raise to *Am* <> *vi* to increase, to rise ; le froid augmente it's getting colder ; la douleur augmente the pain is getting worse.

augure [ogyr] *nm* [présage] omen ; être de bon/mauvais ~ to be a good/bad sign.

augurer [3] [ogyre] *vt* : ~ bien/mal de qqch to augur well/ill for sthg.

auguste [ogyst] *adj* august.

aujourd'hui [oʒurdɥi] *adv* today.

aulx ▷ ail.

aumône [omon] *nf* : faire l'~ à qqn to give alms to sb ; faire l'~ de qqch à qqn *fig* to fa-vour *Br ou* favor *Am* sb with sthg.

aumônier [omonje] *nm* RELIG chaplain.

auparavant [oparavā] *adv* - **1.** [tout d'abord] first (of all) - **2.** [avant] before, previously.

auprès [oprɛ] ➡ **auprès de** *loc prép* - **1.** [à cô-té de] beside, next to - **2.** [dans l'opinion de] in the eyes of - **3.** [comparé à] compared with - **4.** [en s'adressant à] to.

auquel [okɛl] ▷ lequel.

aurai, auras *etc* ▷ avoir.

auréole [oreɔl] *nf* - **1.** ASTRON & RELIG halo - **2.** [trace] ring.

auréoler [3] [oreɔle] *vt* : être auréolé de to be crowned with.

auriculaire [orikylɛr] *nm* little finger.

aurore [orɔr] *nf* dawn ; ~ boréale northern lights *(pl)*, aurora borealis ; à l'~ de *fig* at the dawn of.

ausculter [3] [oskylte] *vt* MÉD to sound.

auspice [ospis] *nm* (*gén pl*) sign, auspice ; sous d'heureux ~s promisingly ; sous les ~s de qqn under the auspices of sb.

aussi [osi] *adv* - **1.** [pareillement, en plus] also, too ; moi ~ me too ; j'y vais ~ I'm going too *ou* as well ; il parle anglais et ~ espagnol he speaks English as well as Spanish - **2.** [dans une comparaison] : ~ ... que as ... as ; il n'est pas ~ intelligent que son frère he's not as clever as his brother ; je n'ai jamais rien vu d'~ beau I've never seen anything so beautiful ; ~ lé-ger qu'il soit, je ne pourrai pas le porter even though it's light *ou* light it is, I won't be able to carry it ; ~ incroyable que cela paraisse incredible though *ou* as it may seem - **3.** *sout* [introduisant une explication] so.
➡ **(tout) aussi bien** *loc adv* just as easily, just as well ; j'aurais pu (tout) ~ bien refuser I could just as easily have said no.

◆ **aussi bien ... que** *loc conj* as well ... as ; **tu le sais ~ bien que moi** you know as well as I do.

aussitôt [osito] *adv* immediately.
◆ **aussitôt que** *loc conj* as soon as.

austère [oster] *adj* - **1.** [personne, vie] austere - **2.** [vêtement] severe ; [paysage] harsh.

austérité [osterite] *nf* - **1.** [de personne, vie] austerity - **2.** [de vêtement] severeness ; [de paysage] harshness.

austral, e [ostral] (*pl* **australs** OU **austraux** [ostro]) *adj* southern.

Australie [ostrali] *nf* : **l'~** Australia ; **l'~-Méridionale** South Australia ; **l'~-Occidentale** Western Australia.

australien, enne [ostraljɛ̃, ɛn] *adj* Australian.
◆ **Australien, -enne** *nm, f* Australian.

autant [otɑ̃] *adv* - **1.** [comparatif] : **~ que** as much as ; **ce livre coûte ~ que l'autre** this book costs as much as the other one ; **~ de (... que)** [quantité] as much (... as) ; [nombre] as many (... as) ; **il a dépensé ~ d'argent que moi** he spent as much money as I did ; **il y a ~ de femmes que d'hommes** there are as many women as men ; **il est gentil avec moi ~ il est désagréable avec elle** he is as kind to me as he is unpleasant to her - **2.** [à un tel point, en si grande quantité] so much ; [en si grand nombre] so many ; **~ de patience** so much patience ; **~ de gens** so many people ; **il ne peut pas en dire ~** he can't say the same ; **en faire ~** to do likewise - **3.** [il vaut mieux] : **~ dire la vérité** we/you *etc* may as well tell the truth.
◆ **autant que** *loc conj* : **(pour) ~ que je sache** as far as I know.
◆ **d'autant** *loc adv* accordingly, in proportion.
◆ **d'autant mieux** *loc adv* all the better ; **d'~ mieux que** all the better since.
◆ **d'autant que** *loc conj* : **d'~ (plus) que** all the more so since ; **d'~ moins que** all the less so since.
◆ **pour autant** *loc adv* for all that.

autarcie [otarsi] *nf* autarky.

autel [otɛl] *nm* altar.

auteur [otœr] *nm* - **1.** [d'œuvre] author - **2.** [inventeur] originator - **3.** [responsable] perpetrator.

authenticité [otɑ̃tisite] *nf* authenticity, genuineness.

authentifier [9] [otɑ̃tifje] *vt* to authenticate.

authentique [otɑ̃tik] *adj* authentic, genuine.

autisme [otism] *nm* autism.

autiste [otist] ◇ *nmf* autistic person ◇ *adj* autistic.

autistique [otistik] *adj* autistic.

auto [oto] *nf* car ; **~ tamponneuse** dodgem *Br*, bumper car.

autobiographie [otobjografi] *nf* autobiography.

autobiographique [otobjografik] *adj* autobiographical.

autobronzant, e [otobrɔ̃zɑ̃, ɑ̃t] *adj* self-tanning ; **lotion ~e** self-tanning lotion.
◆ **autobronzant** *nm* self-tanning product.

autobus [otobys] *nm* bus ; **~ à impériale** ≃ double-decker bus.

autocar [otokar] *nm* coach.

autochtone [otokton] *nmf* & *adj* native.

autocollant, e [otokɔlɑ̃, ɑ̃t] *adj* self-adhesive, sticky.
◆ **autocollant** *nm* sticker.

autocouchettes [otokuʃɛt] *adj inv* : **train ~** ≃ Motorail® train.

autocritique [otokritik] *nf* self-criticism.

autocuiseur [otokɥizœr] *nm* pressure cooker.

autodéfense [otodefɑ̃s] *nf* self-defence *Br*, self-defense *Am*.

autodétermination [otodeterminasjɔ̃] *nf* self-determination.

autodétruire [98] [otodetrɥir] ◆ **s'autodétruire** *vp* - **1.** [machine] to self-destruct - **2.** [personne] to destroy o.s.

autodidacte [otodidakt] ◇ *nmf* self-taught person ◇ *adj* self-taught.

autodiscipline [otodisiplin] *nf* self-discipline.

auto-école [otoekɔl] (*pl* **auto-écoles**) *nf* driving school.

autofinancement [otofinɑ̃smɑ̃] *nm* self-financing.

autofocus [otofokys] *nm* & *adj inv* auto-focus.

autogène [otoʒɛn] *adj* : **training ~** autogenic training.

autogéré, e [otoʒere] *adj* worker-controlled, self-managed.

autogestion [otoʒɛstjɔ̃] *nf* workers' control.

autographe [otograf] ◇ *nm* autograph ◇ *adj* autograph (*avant n*).

autoguidé, e [otogide] *adj* self-guided.

automate [otomat] *nm* [robot] automaton.

automatique [otomatik] ◇ *nm* - **1.** [pistolet] automatic - **2.** TÉLÉCOM ≃ direct dialling ◇ *adj* automatic.

automatiquement [ɔtɔmatikmɑ̃] *adv* automatically.

automatisation [ɔtɔmatizasjɔ̃] *nf* automation.

automatisme [ɔtɔmatism] *nm* - **1.** [de machine] automatic operation - **2.** [réflexe] automatic reaction, automatism.

automédication [ɔtɔmedikasjɔ̃] *nf* self-medication.

automitrailleuse [ɔtɔmitrajøz] *nf* armoured *Br ou* armored *Am* vehicle.

automnal, e, aux [ɔtɔnal, o] *adj* autumnal, autumn *(avant n)*.

automne [ɔtɔn] *nm* autumn, fall *Am* ; **en ~** in the autumn, in the fall *Am* ; **être à l'~ de sa vie** *fig* to be in the autumn of one's life.

automobile [ɔtɔmɔbil] ◇ *nf* car, automobile *Am* ◇ *adj* [industrie, accessoires] car *(avant n)*, automobile *(avant n) Am* ; [véhicule] motor *(avant n)*.

automobiliste [ɔtɔmɔbilist] *nmf* driver, motorist *Br*.

automoteur, trice [ɔtɔmɔtœr, tris] *adj* self-propelled.
◆ **automoteur** *nm large self-propelled river barge.*
◆ **automotrice** *nf* railcar.

autonettoyant, e [ɔtɔnɛtwajɑ̃, ɑ̃t] *adj* self-cleaning.

autonome [ɔtɔnɔm] *adj* - **1.** [gén] autonomous, independent - **2.** INFORM off-line - **3.** [appareil] self-contained.

autonomie [ɔtɔnɔmi] *nf* - **1.** [indépendance] autonomy, independence - **2.** AUTOM & AVIAT range ; **~ de vol** AVIAT flight range - **3.** POLIT autonomy, self-government.

autonomiste [ɔtɔnɔmist] *nmf* & *adj* separatist.

autoportrait [ɔtɔpɔrtrɛ] *nm* self-portrait.

autopropulsé, e [ɔtɔpropylse] *adj* self-propelled.

autopsie [ɔtɔpsi] *nf* post-mortem, autopsy.

autoradio [ɔtɔradjo] *nm* car radio.

autorail [ɔtɔraj] *nm* railcar.

auto-reverse [ɔtɔrivɛrs] *adj inv* auto-reverse.

autorisation [ɔtɔrizasjɔ̃] *nf* - **1.** [permission] permission, authorization ; **avoir l'~ de faire qqch** to be allowed to do sthg ; **demander/accorder l'~ de faire qqch** to request/grant permission to do sthg - **2.** [attestation] pass, permit.

autorisé, e [ɔtɔrize] *adj* [personne] in authority ; **milieux ~s** official circles.

autoriser [3] [ɔtɔrize] *vt* to authorize, to permit ; **~ qqn à faire qqch** [permission] to give

sb permission to do sthg ; [possibilité] to permit *ou* allow sb to do sthg.

autoritaire [ɔtɔritɛr] *adj* authoritarian.

autoritarisme [ɔtɔritarism] *nm* authoritarianism.

autorité [ɔtɔrite] *nf* authority ; **faire ~** [ouvrage] to be authoritative ; [personne] to be an authority ; **faire qqch d'~** to do sthg out of hand.

autoroute [ɔtɔrut] *nf* motorway *Br*, highway *Am*, freeway *Am* ; **~ de l'information** INFORM information highway *ou* superhighway.

autoroutier, ère [ɔtɔrutje, ɛr] *adj* motorway *(avant n) Br*, freeway *(avant n) Am*.

auto-stop [ɔtɔstɔp] *nm* hitchhiking ; hitching ; **faire de l'~** to hitchhike, to hitch ; **prendre quelqu'un en ~** to pick up a hitchhiker.

auto-stoppeur, euse [ɔtɔstɔpœr, øz] (*mpl* auto-stoppeurs, *fpl* auto-stoppeuses) *nm, f* hitchhiker, hitcher.

autosuggestion [ɔtɔsygʒɛstjɔ̃] *nf* autosuggestion.

autour [ɔtur] *adv* round, around.
◆ **autour de** *loc prép* - **1.** [sens spatial] round, around - **2.** [sens temporel] about, around.

autre [ɔtr] ◇ *adj indéf* - **1.** [distinct, différent] other, different ; **je préfère une ~ marque de café** I prefer another *ou* a different brand of coffee ; **l'un et l'~ projets** both projects ; **ni l'une ni l'~ maison** neither house ; **~ chose** something else - **2.** [supplémentaire] other ; **tu veux une ~ tasse de café?** would you like another cup of coffee? - **3.** [qui est différent par une certaine supériorité] : **c'est un (tout) ~ homme que son père** he's not at all like his father, he's a different man from his father - **4.** [qui reste] other, remaining ; **les ~s passagers ont été rapatriés en autobus** the other *ou* remaining passengers were bussed home ◇ *pron indéf* : **l'~** the other (one) ; **un ~** another (one) ; **les ~s** [personnes] the others ; [objets] the others, the other ones ; **l'un à côté de l'~** side by side ; **d'une semaine à l'~** from one week to the next ; **aucun ~, nul ~, personne d'~** no one else, nobody else ; **quelqu'un d'~** somebody else, someone else ; **rien d'~** nothing else ; **l'une chante, l'~ danse** one sings and the other dances ; **l'un et l'~ sont venus** they both came, both of them came ; **l'un ou l'~ ira** one or other (of them) will go ; **ni l'un ni l'~ n'est venu** neither (of them) came.

autrefois [ɔtrəfwa] *adv* in the past, formerly.

autrement [ɔtrəmɑ̃] *adv* - **1.** [différemment] otherwise, differently ; **je n'ai pas pu faire**

~ que d'y aller I had no choice but to go ; **~ dit** in other words - **2.** [sinon] otherwise - **3.** *sout* [beaucoup plus] far more ; **je n'en suis pas ~ étonné** it doesn't particularly surprise me.

Autriche [otriʃ] *nf* : **l'~** Austria.

autrichien, enne [otriʃjɛ̃, ɛn] *adj* Austrian.

◆ **Autrichien, enne** *nm, f* Austrian.

autruche [otryʃ] *nf* ostrich ; **avoir un estomac d'~** *fig* to have a cast-iron stomach ; **pratiquer la politique de l'~** *fig* to bury one's head in the sand.

autrui [otrɥi] *pron* others, other people.

auvent [ovã] *nm* canopy.

aux [o] ⊳ à.

auxiliaire [oksiljɛr] ◇ *nmf* [assistant] assistant ; **~ médical** medical auxiliary ◇ *nm* GRAM auxiliary (verb) ◇ *adj* - **1.** [secondaire] auxiliary - **2.** ADMIN assistant *(avant n)*.

auxquels, auxquelles [okɛl] ⊳ lequel.

av. *abr de* avenue.

AV ◇ *nm* (*abr de* avis de virement) *notification of bank transfer* ◇ *abr de* avant.

avachi, e [avaʃi] *adj* - **1.** [gén] misshapen - **2.** [personne] listless ; **il était ~ dans un fauteuil** he was slumped in an armchair.

aval, als [aval] *nm* backing *(U)*, endorsement.

◆ **en aval** *loc adv litt* & *fig* downstream.

◆ **en aval de** *loc prép litt* & *fig* downstream of.

avalanche [avalãʃ] *nf litt* & *fig* avalanche.

avaler [3] [avale] *vt* - **1.** [gén] to swallow - **2.** *fig* [supporter] to take ; **dur à ~** difficult to swallow.

avaliser [3] [avalize] *vt* - **1.** [traite] to endorse - **2.** [décision, projet] to back.

avance [avãs] *nf* - **1.** [progression, somme d'argent] advance - **2.** [distance, temps] lead ; **le train a dix minutes d'~** the train is ten minutes early ; **le train a une ~ de dix minutes sur l'horaire** the train is running ten minutes ahead of schedule ; **prendre de l'~ (dans qqch)** to get ahead (in sthg).

◆ **avances** *nfpl* : **faire des ~s à qqn** to make advances towards sb.

◆ **à l'avance** *loc adv* in advance.

◆ **d'avance** *loc adv* in advance.

◆ **en avance** *loc adv* : **être en ~** to be early ; **être en ~ sur qqch** to be ahead of sthg.

◆ **par avance** *loc adv* in advance.

avancement [avãsmã] *nm* - **1.** [développement] progress - **2.** [promotion] promotion.

avancer [16] [avãse] ◇ *vt* - **1.** [objet, tête] to move forward ; [date, départ] to bring forward ; [main] to hold out - **2.** [projet, travail] to advance - **3.** [montre, horloge] to put forward - **4.** [argent] : **~ qqch à qqn** to advance sb sthg ◇ *vi* - **1.** [approcher] to move forward - **2.** [progresser] to advance ; **~ dans qqch** to make progress in sthg - **3.** [faire saillie] : **~ (dans/sur)** to jut out (into/over), to project (into/over) - **4.** [montre, horloge] : **ma montre avance de dix minutes** my watch is ten minutes fast - **5.** [servir] : **ça n'avance à rien** that won't get us/you anywhere.

◆ **s'avancer** *vp* - **1.** [s'approcher] to move forward ; **s'~ vers qqn/qqch** to move towards Br ou toward Am sb/sthg - **2.** [prendre de l'avance] : **s'~ (dans qqch)** to get ahead (in sthg) - **3.** [s'engager] to commit o.s.

avant [avã] ◇ *prép* before ◇ *adv* before ; **quelques jours ~** a few days earlier *ou* before ; **tu connais le cinéma? ma maison se situe un peu ~** do you know the cinema? my house is just this side of it ; **bien ~** [spatial] well before ; [temporel] well before *ou* beforehand ◇ *adj inv* front ; **les roues ~** the front wheels ◇ *nm* - **1.** [partie antérieure] front - **2.** SPORT forward.

◆ **avant de** *loc prép* : **~ de faire qqch** before doing sthg ; **~ de partir** before leaving.

◆ **avant que** *loc conj* (+ *subjonctif*) : **je dois te parler ~ que tu partes** I must speak to you before you leave.

◆ **avant tout** *loc adv* above all ; **sa carrière passe ~ tout** his career comes first.

◆ **en avant** *loc adv* forward, forwards.

◆ **en avant de** *loc prép* in front of.

avantage [avãtaʒ] *nm* [gén & TENNIS] advantage ; **se montrer à son ~** to look one's best ; **~s en nature** fringe benefits, perks ; **~s sociaux** welfare benefits.

avantager [17] [avãtaʒe] *vt* - **1.** [favoriser] to favour Br, to favor Am - **2.** [mettre en valeur] to flatter.

avantageusement [avãtaʒøzmã] *adv* favourably Br, favorably Am.

avantageux, euse [avãtaʒø, øz] *adj* - **1.** [attrayant] attractive - **2.** [profitable] profitable, lucrative - **3.** [économique - prix] reasonable - **4.** [flatteur] flattering - **5.** *sout* [présomptueux] **prendre l'air ~** to look superior.

avant-bras [avãbra] *nm inv* forearm.

avant-centre [avãsãtr] (*pl* avant-centres) *nm* centre Br *ou* center Am forward.

avant-coureur [avãkurœr] ⊳ signe.

avant-dernier, ère [avãdɛrnje, ɛr] (*mp* avant-derniers, *fpl* avant-dernières) *adj* second to last, penultimate.

avant-garde [avãgard] (pl avant-gardes) nf - **1.** MIL vanguard - **2.** [idées] avant-garde ; **d'~** avant-garde.

avant-goût [avãgu] (pl avant-goûts) nm foretaste.

avant-hier [avãtjɛr] adv the day before yesterday.

avant-première [avãprəmjɛr] (pl avant-premières) nf preview ; **présenté en ~** [film, pièce] previewed.

avant-projet [avãprɔʒɛ] (pl avant-projets) nm draft.

avant-propos [avãprɔpo] nm inv foreword.

avant-veille [avãvɛj] (pl avant-veilles) nf : **l'~** two days earlier.

avare [avar] <> nmf miser <> adj miserly ; **être ~ de qqch** fig to be sparing with sthg.

avarice [avaris] nf avarice.

avarie [avari] nf damage (U).

avarié, e [avarje] adj rotting, bad.

avatar [avatar] nm [transformation] metamorphosis.

➤ **avatars** nmpl [mésaventures] misfortunes.

avec [avɛk] <> prép - **1.** [gén] with ; **~ respect** with respect, respectfully ; **c'est fait ~ du cuir** it's made from leather ; **et ~ ça?, et ~ ceci?** fam [dans un magasin] anything else? - **2.** [vis-à-vis de] to, towards Br, toward Am <> adv fam with it/him etc ; **tiens mon sac, je ne peux pas courir ~!** hold my bag, I can't run with it!

Ave (Maria) [ave(marja)] nm inv Hail Mary.

avenant, e [avnã, ãt] adj pleasant.

➤ **avenant** nm JUR additional clause.

➤ **à l'avenant** loc adv in the same vein.

avènement [avɛnmã] nm - **1.** [d'un roi] accession - **2.** fig [début] advent.

avenir [avnir] nm future ; **avoir de l'~** to have a future ; **d'~** [profession, concept] with a future, with prospects.

➤ **à l'avenir** loc adv in future.

Avent [avã] nm : **l'~** Advent.

aventure [avãtyr] nf - **1.** [gén] adventure - **2.** [liaison amoureuse] affair - **3.** loc : **dire la bonne ~ à qqn** to tell sb's fortune.

➤ **d'aventure** loc adv by (any) chance.

aventurer [3] [avãtyre] vt - **1.** [risquer] to risk - **2.** sout [remarque] to venture.

➤ **s'aventurer** vp to venture (out) ; **s'~ à faire qqch** fig to venture to do sthg.

aventureux, euse [avãtyrø, øz] adj - **1.** [personne, vie] adventurous - **2.** [projet] risky.

aventurier, ère [avãtyrje, ɛr] nm, f adventurer.

avenu [avny] adj m : **nul et non ~** JUR null and void.

avenue [avny] nf avenue.

avérer [18] [avere] ➤ **s'avérer** vp : **il s'est avéré (être) à la hauteur** he proved (to be) up to it ; **il s'est avéré (être) un musicien accompli** he proved to be (an) an accomplished musician.

averse [avers] nf downpour ; **~ de neige** snowflurry.

aversion [aversjɔ̃] nf : **~ pour** aversion to, loathing for ; **prendre qqn/qqch en ~** to take an intense dislike to sb/sthg ; **avoir qqn/qqch en ~** to have an aversion to sb/sthg.

averti, e [averti] adj - **1.** [expérimenté] experienced - **2.** [initié] : **~ (de)** informed ou well-informed (about).

avertir [32] [avertir] vt - **1.** [mettre en garde] to warn - **2.** [prévenir] to inform ; **avertissez-moi dès que possible** let me know as soon as possible.

avertissement [avertismã] nm - **1.** [gén] warning - **2.** [avis] notice, notification.

avertisseur, euse [avertisœr, øz] <> adj warning (avant n) <> nm - **1.** [Klaxon] horn - **2.** [d'incendie] alarm.

aveu, x [avø] nm confession ; **de l'~ de tout le monde, c'est lui le responsable** everyone agrees that he is responsible ; **passer aux ~x** to make a confession.

aveuglant, e [avœglã, ãt] adj - **1.** [lumière] blinding - **2.** fig [vérité] blindingly obvious.

aveugle [avœgl] <> nmf blind person ; **les ~s** the blind <> adj litt & fig blind.

aveuglement [avœgləmã] nm blindness.

aveuglément [avœglemã] adv blindly.

aveugler [5] [avœgle] vt - **1.** litt & fig [priver de la vue] to blind - **2.** [fenêtre] to board up.

➤ **s'aveugler** vp : **s'~ sur qqn** to be blind to sb's faults.

aveuglette [avœglɛt] ➤ **à l'aveuglette** loc adv : **marcher à l'~** to grope one's way ; **avancer à l'~** fig to be in the dark.

aviateur, trice [avjatœr, tris] nm, f aviator.

aviation [avjasjɔ̃] nf - **1.** [transport aérien] aviation - **2.** MIL airforce.

aviculture [avikyltyr] nf [gén] birdbreeding ; [de volailles] poultry farming.

avide [avid] adj - **1.** [vorace, cupide] greedy - **2.** [désireux] : **~ de qqch/de faire qqch** eager (for sthg/to do sthg).

avidement [avidmã] adv - **1.** [avec appétit, convoitise] greedily - **2.** [avec intérêt] avidly - **3.** [avec passion] eagerly.

avidité [avidite] nf - **1.** [voracité, cupidité] greed - **2.** [passion] eagerness.

Avignon [aviɲɔ̃] *n* Avignon ; **en ~** in Avignon ; **le festival d'~** the Avignon festival.

LE FESTIVAL D'AVIGNON

Founded by Jean Vilar in 1947 and held every summer in and around Avignon, this arts festival is a showcase for new theatre and dance performances. The fringe festival, known as the 'festival off' has grown in renown over the years.

avilir [32] [avilir] *vt* - **1.** [personne] to degrade - **2.** [monnaie, marchandise] to devalue.

➤ s'avilir *vp* - **1.** [personne] to demean o.s. - **2.** [monnaie, marchandise] to depreciate.

aviné, e [avine] *adj* - **1.** [personne] inebriated - **2.** [haleine] smelling of alcohol.

avion [avjɔ̃] *nm* plane, aeroplane, airplane *Am* ; **en ~** by plane, by air ; **par ~** [courrier] airmail ; **~ de ligne** airliner ; **~ à réaction** jet (plane).

aviron [avirɔ̃] *nm* - **1.** [rame] oar - **2.** *SPORT* : **l'~** rowing.

avis [avi] *nm* - **1.** [opinion] opinion ; **changer d'~** to change one's mind ; **être d'~ que** to think that, to be of the opinion that ; **à mon ~** in my opinion ; **les ~ sont partagés** opinion is divided - **2.** [conseil] advice *(U)* - **3.** [notification] notification, notice ; **sauf ~ contraire** unless otherwise informed ; **jusqu'à nouvel ~** until further notice ; **~ de débit/crédit** debit/credit advice.

avisé, e [avize] *adj* [sensé] sensible ; **être bien/mal ~ de faire qqch** to be well-advised/ill-advised to do sthg.

aviser [3] [avize] ⬥ *vt* - **1.** [informer] : **~ qqn de qqch** to inform sb of sthg - **2.** *sout* [apercevoir] to notice ⬥ *vi* to reassess the situation.

➤ s'aviser *vp* - **1.** *sout* [s'apercevoir] : **s'~ de qqch** to notice sthg ; **s'~ que** to notice (that) - **2.** [oser] : **s'~ de faire qqch** to take it into one's head to do sthg ; **ne t'avise pas de répondre!** don't you dare answer me back!

av. J.-C. *(abr de avant Jésus-Christ)* BC.

avocat, e [avɔka, at] *nm, f* - **1.** *JUR* barrister *Br*, attorney-at-law *Am* ; **~ d'affaires** commercial lawyer ; **~ de la défense** counsel for the defence *Br*, defense counsel *Am* ; **~ général** ≃ counsel for the prosecution *Br*, prosecuting attorney *Am* - **2.** [défenseur] : **se faire l'~ de qqch** to champion sthg ; **se faire l'~ du diable** *fig* to play devil's advocate.

➤ avocat *nm* [fruit] avocado.

avoine [avwan] *nf* oats *(pl)*.

avoir [1] [avwar] ⬥ *nm* - **1.** [biens] assets *(pl)* - **2.** [document] credit note ⬥ *v aux* to have ; **j'ai fini** I have finished ; **il a attendu pendant deux heures** he waited for two hours ⬥ *vt*

- **1.** [posséder] to have (got) ; **il a deux enfants/les cheveux bruns** he has (got) two children/brown hair ; **la maison a un grand jardin** the house has (got) a large garden - **2.** [être âgé de] : **il a 20 ans** he is 20 (years old) ; **il a deux ans de plus que son frère** he is two years older than his brother - **3.** [obtenir] to get - **4.** [éprouver] to have ; **~ du chagrin** to feel sorrowful ; **~ de la sympathie pour qqn** to have a liking for sb ; *voir aussi* **faim, peur, soif** *etc* - **5.** *loc* : **se faire ~** *fam* to be had *ou* conned ; **en ~ assez (de qqch/de faire qqch)** to have had enough (of sthg/of doing sthg) ; **j'en ai pour cinq minutes** it'll take me five minutes ; **en ~ après qqn** to have (got) it in for sb.

➤ avoir à *vi + prép* [devoir] : **~ à faire qqch** to have to do sthg ; **tu n'avais pas à lui parler sur ce ton** you had no need to speak to him like that, you shouldn't have spoken to him like that ; **tu n'avais qu'à me demander** you only had to ask me ; **tu n'as qu'à y aller toi-même** just go (there) yourself, why don't you just go (there) yourself?

➤ il y a *v impers* - **1.** [présentatif] there is/are ; **il y a un problème** there's a problem ; **il y a des problèmes** there are (some) problems ; **qu'est-ce qu'il y a?** what's the matter?, what is it? ; **il n'y a qu'à en finir** we'll/you'll *etc* just have to have done (with it) - **2.** [temporel] : **il y a trois ans** three years ago ; **il y a longtemps de cela** that was a long time ago ; **il y a longtemps qu'il est parti** he left a long time ago.

avoisinant, e [avwazinɑ̃, ɑ̃t] *adj* - **1.** [lieu, maison] neighbouring *Br*, neighboring *Am* - **2.** [sens, couleur] similar.

Avoriaz [avɔrjaz] *n* : **le festival d'~** *festival of science fiction and horror films held annually at Avoriaz in the French Alps.*

avortement [avɔrtəmɑ̃] *nm* - **1.** *MÉD* abortion - **2.** *fig* [d'un projet] abandonment.

avorter [3] [avɔrte] *vi* - **1.** *MÉD* : **(se faire) ~** to have an abortion - **2.** [échouer] to fail.

avorton [avɔrtɔ̃] *nm péj* [nabot] runt.

avouer [6] [avwe] *vt* - **1.** [confesser] to confess (to) - **2.** [reconnaître] to admit - **3.** [déclarer] to avow.

➤ s'avouer *vp* to admit (to being) ; **s'~ vaincu** to admit defeat.

avril [avril] *nm* April ; *voir aussi* **septembre**.

AVS *(abr de assurance vieillesse et survivants)* *nf Swiss pension scheme.*

axe [aks] *nm* - **1.** *GÉOM & PHYS* axis - **2.** [de roue] axle - **3.** [route] : **les grands ~s** the major roads ; **~ rouge** *section of the Paris road system where parking is prohibited to avoid congestion* - **4.** [prolongement] : **dans l'~ de** directly in line with - **5.** [de politique, de parti] line.

axer [3] [akse] *vt* : ~ **qqch sur qqch** to centre *Br ou* center *Am* sthg on sthg ; ~ **qqch autour de qqch** to centre *Br ou* center *Am* sthg around sthg.

axial, e, aux [aksjal, o] *adj* axial.

axiome [aksjom] *nm* axiom.

ayant [ɛjã] *ppr* ⊳ **avoir**.

ayant droit [ɛjãdrwa] (*pl* ayants droit) *nm* beneficiary.

ayatollah [ajatɔla] *nm* ayatollah.

azalée [azale] *nf* azalea.

azimut [azimyt] ➡ **tous azimuts** *loc adj* [défense, offensive] all-out.

azote [azɔt] *nm* nitrogen.

aztèque [aztɛk] *adj* Aztec.
➡ **Aztèque** *nmf* Aztec.

azur [azyr] *nm littéraire* - **1.** [couleur] azure - **2.** [ciel] skies (*pl*).

azyme [azim] ⊳ **pain**.

B

b, B [be] *nm inv* b, B.
➡ **B** (*abr de* **bien**) good grade (*as assessment on schoolwork*), ≈ B.

BA (*abr de* **bonne action**) *nf fam* good deed.

baba [baba] ◇ *nm* - **1.** CULIN : ~ **(au rhum)** rum baba - **2.** [hippie] *person practising hippie life-style and values* ◇ *adj inv fam* : **en rester ~** to be flabbergasted.

babeurre [babœr] *nm* buttermilk.

babil [babil] *nm* [d'enfant] babble, babbling.

babiller [3] [babije] *vi* to babble.

babines [babin] *nfpl* chops ; **se lécher les ~** *fig* to lick one's lips.

babiole [babjɔl] *nf* - **1.** [objet] knick-knack - **2.** [broutille] trifling matter.

bâbord [babɔr] *nm* port ; **à ~** to port, on the port side.

babouin [babwɛ̃] *nm* baboon.

baby-foot [babifut] *nm inv* table football.

baby-sitter [bebisitœr] (*pl* baby-sitters) *nmf* baby-sitter.

baby-sitting [bebisitiŋ] (*pl* baby-sittings) *nm* baby-sitting ; **faire du ~** to baby-sit.

bac [bak] *nm* - **1.** = **baccalauréat** - **2.** [bateau] ferry - **3.** [de réfrigérateur] : ~ **à glace** ice tray ; ~ **à légumes** vegetable drawer - **4.** [d'évier] sink.

baccalauréat [bakalɔrea] *nm school-leaving examinations leading to university entrance qualification.*

BACCALAURÉAT

The 'baccalauréat' or 'bac' is a series of examinations taken by French pupils who have completed their final year of secondary education ; successful candidates may go on to university. There are three types of examination : students taking the 'bac L' concentrate on arts subjects, those taking the 'bac S' concentrate on science subjects, and those taking the 'bac ES' concentrate on economics. Alternatively, students can take vocational courses like the 'bac STI' or the 'bac STT' leading to a qualification in industrial science and technology, computer studies and so on.

bâche [baʃ] *nf* [toile] tarpaulin.

bachelier, ère [baʃəlje, ɛr] *nm, f* holder of the baccalauréat.

bachot [baʃo] *vieilli* = **baccalauréat**.

bachotage [baʃɔtaʒ] *nm* cramming.

bacille [basil] *nm* bacillus.

bâcler [3] [bakle] *vt* to botch.

bacon [bekɔn] *nm* bacon.

bactéricide [bakterisid] *adj* bactericidal.

bactérie [bakteri] *nf* bacterium.

badaud, e [bado, od] *nm, f* gawper.

badge [badʒ] *nm* badge.

badger [badʒe] *vi* [en arrivant] to clock in *ou* on ; [en sortant] to clock out *ou* off.

badigeon [badiʒɔ̃] *nm* whitewash.

badigeonner [3] [badiʒɔne] *vt* - **1.** [mur] to whitewash - **2.** [plaie] to paint - **3.** [tarte, pain] to brush.

badin, e [badɛ̃, in] *adj* playful.

badinage [badinaʒ] *nm sout* joking.

badiner [3] [badine] *vi sout* to joke ; **ne pas ~ avec qqch** not to treat sthg lightly.

badminton [badminton] *nm* badminton.

BAFA, Bafa [bafa] (*abr de* **brevet d'aptitude aux fonctions d'animation**) *nm diploma for youth leaders and workers.*

baffe [baf] *nf fam* slap.

baffle [bafl] *nm* speaker.

bafouer [6] [bafwe] *vt* - **1.** [principe] to trample upon - **2.** [personne] to ridicule.

bafouille [bafuj] *nf fam* letter.

bafouiller [3] [bafuje] *vi* & *vt* to mumble.

bâfrer [3] [bafre] *fam* ◇ *vi* to guzzle ◇ *vt* to wolf down.

bagage [baga3] *nm* - **1.** (*gén pl*) [valises, sacs] luggage (*U*), baggage (*U*) ; **faire ses ~s** to pack ; **~s à main** hand luggage ; **plier ~** to pack one's bags (and leave) - **2.** [connaissances] (fund of) knowledge ; **~ intellectuel/ culturel** intellectual/cultural baggage.

bagagiste [baga3ist] *nmf* [chargement des avions] baggage handler ; [à l'hôtel etc] porter ; [fabricant] travel goods manufacturer.

bagarre [bagar] *nf* brawl, fight ; **chercher la ~ *fam*** to look for a fight.

bagarrer [3] [bagare] *vi* to fight.
◆ **se bagarrer** *vp* to fight.

bagarreur, euse [bagarœr, øz] ◇ *adj* aggressive, who likes a fight ◇ *nm, f fig* fighter.

bagatelle [bagatɛl] *nf* - **1.** [objet] trinket - **2.** [somme d'argent] : **acheter qqch pour une ~** to buy sthg for next to nothing ; **la ~ de X francs *iron*** a mere X francs - **3.** [chose futile] trifle - **4.** [sexe] : **être porté sur la ~** to be quite a one for the ladies.

bagnard [baɲar] *nm* convict.

bagne [baɲ] *nm* - **1.** [prison] labour *Br ou* labor *Am* camp - **2.** [sentence] hard labour *Br ou* labor *Am* ; **c'est le ~ ici *fig*** it's slave labour *Br ou* labor *Am* here.

bagnole [baɲɔl] *nf fam* car.

bagou(t) [bagu] *nm* patter ; **avoir du ~** to have the gift of the gab.

bague [bag] *nf* - **1.** [bijou, anneau] ring ; **~ de fiançailles** engagement ring - **2.** [de cigare] band - **3.** *TECH* : **~ de serrage** clip.

baguer [3] [bage] *vt* [oiseau, arbre] to ring.

baguette [bagɛt] *nf* - **1.** [pain] French stick - **2.** [petit bâton] stick ; **~ magique** magic wand ; **~ de tambour** drumstick ; **mener qqn à la ~** to rule sb with a rod of iron - **3.** [pour manger] chopstick - **4.** [de chef d'orchestre] baton.

Bahamas [baamas] *nfpl* : **les ~** the Bahamas ; **aux ~** in the Bahamas.

bahut [bay] *nm* - **1.** [buffet] sideboard - **2.** [coffre] chest - **3.** *arg scol* [lycée] secondary school - **4.** *fam péj* [voiture] old banger.

baie [bɛ] *nf* - **1.** [fruit] berry - **2.** *GÉOGR* bay - **3.** [fenêtre] : **~ vitrée** picture window.

baignade [bɛɲad] *nf* [action] bathing (*U*) *Br*, swimming (*U*) ; **'~ interdite'** 'no bathing/ swimming'.

baigner [4] [beɲe] ◇ *vt* - **1.** [donner un bain à] to bath - **2.** [tremper, remplir] to bathe ; **baigné de soleil** bathed in sunlight ◇ *vi* : **~ dans le luxe** to be surrounded by wealth ; **~ dans son sang** to lie in a pool of blood ; **les tomates baignaient dans l'huile** the tomatoes were swimming in oil ; **tout/ça baigne *fam*** everything's/it's great.
◆ **se baigner** *vp* - **1.** [dans la mer] to go swimming, to swim - **2.** [dans une baignoire] to have a bath.

baigneur, euse [bɛɲœr, øz] *nm, f* bather *Br*, swimmer.
◆ **baigneur** *nm* [poupée] baby doll.

baignoire [beɲwar] *nf* bath.

bail [baj] (*pl* **baux** [bo]) *nm* - **1.** *JUR* lease ; **renouveler un ~** to renew a lease ; **~ à loyer** residential lease ; **~ reconductible** renewable lease - **2.** *loc* : **ça fait un ~ que *fam*** it's ages since.

bâillement [bajmã] *nm* yawning (*U*), yawn.

bâiller [3] [baje] *vi* - **1.** [personne] to yawn - **2.** [vêtement] to gape.

bailleur, eresse [bajœr, bajrɛs] *nm, f* lessor ; **~ de fonds** backer.

bâillon [bajɔ̃] *nm* gag.

bâillonner [3] [bajɔne] *vt* to gag.

bain [bɛ̃] *nm* - **1.** [gén] bath ; **faire couler un ~** to run a bath ; **prendre un ~** to have *ou* take a bath ; **~ moussant** foaming bath oil ; **~ à remous** spa bath, whirlpool bath ; **~s-douches** public baths - **2.** [dans mer, piscine] swim ; **~ de mer** sea bathing *Br ou* swimming - **3.** [de partie du corps] : **~ de bouche** mouthwash ; **~ de pieds** foot-bath - **4.** *loc* : **se mettre dans le ~** to get the hang of things ; **prendre un ~ de foule** to go on a walkabout ; **prendre un ~ de soleil** to sunbathe.

bain-marie [bɛ̃mari] (*pl* **bains-marie**) *nm* : **~ in a bain-marie.

baïonnette [bajɔnɛt] *nf* - **1.** [arme] bayonet - **2.** *ÉLECTR* bayonet fitting.

baise [bɛz] *nf vulg* fucking.

baisemain [bɛzmɛ̃] *nm* : **faire le ~ à qqn** to kiss sb's hand.

baiser [4] [beze] ◇ *nm* kiss ◇ *vt vulg* [avoir des relations sexuelles avec] to fuck ◇ *vi vulg* to fuck.

baisse [bɛs] *nf* - **1.** [gén] : **~ (de)** drop (in), fall (in) ; **en ~** falling ; **la tendance est à la ~** there is a downward trend - **2.** *INFORM* : **~ de tension** brownout.

baisser [4] [bese] ◇ *vt* [gén] to lower ; [radio] to turn down ; **~ le ton** to modify one's tone ; **~ les yeux** to look down ◇ *vi* - **1.** [descendre] to go down ; **le jour baisse** it's getting dark - **2.** [santé, vue] to fail - **3.** [prix] to fall - **4.** [s'affa blir - malade] to grow weaker ; [- talent] to decline.

◆ **se baisser** *vp* to bend down.

bajoues [baʒul *nfpl* jowls.

bakchich [bakʃiʃ] *nm* baksheesh.

bal [bal] *nm* ball ; **~ masqué/costumé** masked/fancy-dress ball ; **~ populaire** *OU* **musette** *popular old-fashioned dance accompanied by accordion.*

BAL, Bal (*abr de* **boîte aux lettres (électronique)**) *nf* E-mail.

balade [balad] *nf fam* stroll ; **faire une ~** to go for a stroll.

balader [3] [balade] ◇ *vt* - **1.** *fam* [traîner avec soi] to trail around - **2.** [emmener en promenade] to take for a walk ◇ *vi* : **envoyer ~ qqn** to send sb packing.

◆ **se balader** *vp fam* - **1.** [se promener - à pied] to go for a walk ; [- en voiture] to go for a drive - **2.** [traîner] to be kicking around.

baladeur, euse [baladœr, øz] *adj* wandering.

◆ **baladeur** *nm* personal stereo.

◆ **baladeuse** *nf* inspection lamp.

balafre [balafr] *nf* - **1.** [blessure] gash - **2.** [cicatrice] scar.

balafré, e [balafre] *adj* scarred.

balai [balɛ] *nm* - **1.** [de nettoyage] broom, brush ; **~ mécanique** carpet sweeper - **2.** [d'essuie-glace] wiper blade - **3.** *fam* [an] : **il a 50 ~s** he's 50 years old.

balai-brosse [balɛbrɔs] (*pl* **balais-brosses**) *nm* (long-handled) scrubbing *Br OU* scrub *Am* brush.

balaie, balaies ▷ **balayer.**

balance [balɑ̃s] *nf* - **1.** [instrument] scales (*pl*) ; **faire pencher la ~** *fig* to tip the balance - **2.** COMM & POLIT balance ; **~ des paiements/commerciale** balance of payments/of trade ; **~ des pouvoirs** balance of power.

◆ **Balance** *nf* ASTROL Libra ; **être Balance** to be (a) Libra.

balancement [balɑ̃smɑ̃] *nm* [mouvement - d'objet, de hanches] swaying ; [- de bras, de jambe] swinging ; [- de navire] motion.

balancer [16] [balɑ̃se] ◇ *vt* - **1.** [bouger] to swing - **2.** *fam* [lancer] to chuck - **3.** *fam* [jeter] to chuck out ◇ *vi* - **1.** *sout* [hésiter] to waver - **2.** [osciller] to swing.

◆ **se balancer** *vp* - **1.** [sur une chaise] to rock backwards and forwards - **2.** [sur une balançoire] to swing - **3.** *fam* : **se ~ de qqch** not to give a damn about sthg.

balancier [balɑ̃sje] *nm* - **1.** [de pendule] pendulum - **2.** [de funambule] pole.

balançoire [balɑ̃swar] *nf* [suspendue] swing ; [bascule] see-saw.

balayage [balɛjaʒ] *nm* [gén] sweeping ; TECHNOL scanning.

balayer [11] [balɛje] *vt* - **1.** [nettoyer] to sweep - **2.** [chasser] to sweep away - **3.** *fig* [écarter] to brush aside - **4.** [suj : radar] to scan ; [suj : projecteurs] to sweep (across).

balayette [balɛjɛt] *nf* small brush.

balayeur, euse [balɛjœr, øz] *nm, f* roadsweeper *Br*, streetsweeper *Am*.

◆ **balayeuse** *nf* [machine] roadsweeper.

balayures [balɛjyr] *nfpl* sweepings.

balbutiement [balbysimɑ̃] *nm* - **1.** [bredouillement] stammering - **2.** *fig* : **~s** [débuts] infancy (*U*).

balbutier [9] [balbysje] ◇ *vi* - **1.** [bafouiller] to stammer - **2.** *fig* [débuter] to be in its infancy ◇ *vt* [bafouiller] to stammer (out).

balcon [balkɔ̃] *nm* - **1.** [de maison - terrasse] balcony ; [- balustrade] parapet - **2.** [de théâtre, de cinéma] circle.

balconnet [balkɔnɛ] *nm* : **soutien-gorge à ~** half-cup bra.

baldaquin [baldakɛ̃] *nm* - **1.** ARCHIT canopy - **2.** ▷ **lit.**

Bâle [bal] *n* Basel.

Baléares [balear] *nfpl* : **les ~** the Balearic Islands ; **aux ~** in the Balearic Islands.

baleine [balɛn] *nf* - **1.** [mammifère] whale - **2.** [de corset] whalebone - **3.** [de parapluie] rib.

baleinier, ère [balɛnje, ɛr] *adj* whaling (*avant n*).

◆ **baleinier** *nm* whaler.

◆ **baleinière** *nf* [bateau] whaler.

Bali [bali] *n* Bali ; **à ~** in Bali.

balinais, e [balinɛ, ɛz] *adj* Balinese.

◆ **Balinais, e** *nm, f* Balinese (*inv*).

balisage [balizaʒ] *nm* - **1.** [action] marking out - **2.** [signaux - NAVIG] markers (*pl*), marker buoys (*pl*) ; [- AÉRON] runway lights (*pl*) ; [- AUTOM] road signs (*pl*).

balise [baliz] *nf* - **1.** NAVIG marker (buoy) - **2.** AÉRON runway light - **3.** AUTOM road sign - **4.** INFORM tag.

baliser [3] [balize] ◇ *vt* to mark out ◇ *vi fam* to be scared stiff.

balistique [balistik] ◇ *nf* ballistics (*U*) ◇ *adj* ballistic.

balivernes [balivɛrn] *nfpl* nonsense (*U*).

Balkans [balkɑ̃] *nmpl* : **les ~** the Balkans.

ballade [balad] *nf* ballad.

ballant, e [balɑ̃, ɑ̃t] *adj* : **les bras ~s** arms dangling.

◆ **ballant** *nm* [mouvement] : **avoir du ~** to sway.

ballast [balast] *nm* - **1.** [chemin de fer] ballast - **2.** *NAVIG* ballast tank.

balle [bal] *nf* - **1.** [d'arme à feu] bullet ; ~ **perdue** stray bullet - **2.** [de jeu] ball ; ~ **de ping-pong/ tennis** table-tennis/tennis ball - **3.** [de marchandises] bale - **4.** *fam* [argent] franc - **5.** *loc* : **se renvoyer la** ~ to pass the buck ; **saisir la** ~ **au bond** to jump at the chance.

ballerine [balrin] *nf* - **1.** [danseuse] ballerina - **2.** [chaussure] ballet shoe.

ballet [balɛ] *nm* [gén] ballet ; *fig* [activité intense] to-ing and fro-ing.

ballon [balɔ̃] *nm* - **1.** *JEU* & *SPORT* ball ; ~ **de foot- ball** football ; **le** ~ **ovale** rugby ; **le** ~ **rond** football - **2.** [montgolfière, de fête] balloon - **3.** [verre de vin] : ~ **de rouge** glass of red (wine).

ballonné, e [balɔne] *adj* : **avoir le ventre** ~, **être** ~ to be bloated.

ballot [balo] *nm* - **1.** [de marchandises] bundle - **2.** *vieilli* [imbécile] twit.

ballottage [balɔtaʒ] *nm* *POLIT* second ballot ; **en** ~ standing for a second ballot.

ballotter [3] [balɔte] ◇ *vt* to toss about ; **être ballotté entre** *fig* to be torn between ◇ *vi* [chose] to roll around.

ballottine [balɔtin] *nf* : ~ **de foie gras** *type of galantine made with foie gras*.

ball-trap [baltrap] *nm* clay pigeon shooting.

balluchon = baluchon.

balnéaire [balneɛr] *adj* : **station** ~ seaside resort.

balourd, e [balur, urd] ◇ *adj* clumsy ◇ *nm, f* clumsy idiot.

balte [balt] *adj* Baltic.
➤ **Balte** *nmf* native of the Baltic states.

Baltique [baltik] *nf* : **la** ~ the Baltic (Sea).

baluchon, balluchon [balyʃɔ̃] *nm* bundle ; **faire son** ~ *fam* to pack one's bags (and leave).

balustrade [balystrad] *nf* - **1.** [de terrasse] bal- ustrade - **2.** [rambarde] guardrail.

bambin [bɑ̃bɛ̃] *nm* kiddie.

bambou [bɑ̃bu] *nm* - **1.** [plante] bamboo ; **pousse de** ~ bamboo shoot - **2.** [matériau] : **en** ~ bamboo *(avant n)*.

bamboula [bɑ̃bula] *nf* : **faire la** ~ *fam* to have a wild time.

ban [bɑ̃] *nm* - **1.** [de mariage] : **publier** *OU* **afficher les** ~**s** to publish *OU* display the banns - **2.** [applaudissements] round of applause - **3.** *loc* : **être/mettre qqn au** ~ **de la société** to be outlawed/to outlaw sb (from society) ; **le** ~ **et l'arrière-**~ the whole lot of them.

banal, e, als [banal] *adj* commonplace banal ; **pas** *OU* **peu** ~ unusual.

banaliser [3] [banalize] *vt* : **voiture banalisé** unmarked police car.
➤ **se banaliser** *vp* to become common place.

banalité [banalite] *nf* - **1.** [caractère bana banality - **2.** [cliché] commonplace ; **échange des** ~**s** to make small-talk.

banane [banan] *nf* - **1.** [fruit] banana - **2.** [sac bum-bag - **3.** [coiffure] quiff.

bananier, ère [banan je, ɛr] *adj* banan *(avant n)* ; **république bananière** banana re public.
➤ **bananier** *nm* - **1.** [arbre] banana tre - **2.** [cargo] banana boat.

banc [bɑ̃] *nm* [siège] bench ; **le** ~ **des accusés** *JL* the dock ; ~ **d'essai** test-bed ; **être au** ~ **d'es sai** *fig* to be at the test stage ; ~ **des joueur** *HOCKEY* players' bench ; ~ **de neige** *Can* snow bank ; ~ **des pénalités** *OU* **des punitions** *HOCKE* penalty box ; ~ **de poissons** shoal of fish ~ **de sable** sandbank.

bancaire [bɑ̃kɛr] *adj* bank *(avant n)*, bankin *(avant n)*.

bancal, e, als [bɑ̃kal] *adj* - **1.** [personne] lam - **2.** [meuble] wobbly - **3.** [théorie, idée] unsounc

bandage [bɑ̃daʒ] *nm* [de blessé] bandage.

bande [bɑ̃d] *nf* - **1.** [de tissu, de papier] strip ~ **dessinée** comic strip - **2.** [bandage] ban dage ; ~ **Velpeau**® crepe bandage - **3.** [de b lard] cushion ; **par la** ~ *fig* by a roundabou route - **4.** [groupe] band ; ~ **de ...!** *fam* bunc of...! ; **en** ~ in a group ; **faire** ~ **à part** to keep t o.s. - **5.** [pellicule de film] film - **6.** [d'enregistremer tape ; ~ **audionumérique** DAT tape ; ~ **m** gnétique (magnetic) tape ; ~ **originale** *C* original soundtrack ; ~ **vidéo** video (tape - **7.** [voie] : ~ **d'arrêt d'urgence** hard shoulde - **8.** *RADIO* : ~ **de fréquence** waveband - **9.** *NAVIG* **donner de la** ~ to list.

bande-annonce [bɑ̃danɔ̃s] *(pl* **bande annonces)** *nf* trailer.

bandeau [bɑ̃do] *nm* - **1.** [sur les yeux] blindfol - **2.** [dans les cheveux] headband.

bandelette [bɑ̃dlɛt] *nf* strip (of cloth).

bander [3] [bɑ̃de] ◇ *vt* - **1.** *MÉD* to bandage ~ **les yeux de qqn** to blindfold sb - **2.** [arc] t draw back - **3.** [muscle] to flex ◇ *vi* *vulg* t have a hard-on.

banderole [bɑ̃drɔl] *nf* streamer.

bande-son [bɑ̃dsɔ̃] *(pl* **bandes-son)** soundtrack.

bandit [bɑ̃di] *nm* - **1.** [voleur] bandit - **2.** [perso ne sans scrupules] crook.

banditisme [bɑ̃ditism] *nm* serious crime.

bandoulière [bɑ̃duljɛr] *nf* bandolier ; **en ~** across the shoulder.

bangladais, e [bɑ̃glade, ɛz] *adj* Bangladeshi.
➨ **Bangladais, e** *nm, f* Bangladeshi.

Bangladesh [bɑ̃gladɛʃ] *nm* : **le ~** Bangladesh ; **au ~** in Bangladesh.

banlieue [bɑ̃ljø] *nf* suburbs (*pl*) ; **en ~** in the suburbs ; **la grande ~** the outer suburbs ; **la ~ parisienne** the Paris suburbs ; **réseau de ~** commuter *ou* suburban network.

banlieusard, e [bɑ̃ljøzar, ard] *nm, f person living in the suburbs.*

bannière [banjɛr] *nf* [étendard] banner.

bannir [32] [banir] *vt* : **~ qqn/qqch (de)** to banish sb/sthg (from).

banque [bɑ̃k] *nf* - **1.** [activité] banking - **2.** [établissement, au jeu] bank ; **Banque centrale européenne** European Central Bank ; **Banque de France** Bank of France - **3.** INFORM : **~ de données** data bank - **4.** MÉD : **~ d'organes/du sang/du sperme** organ/blood/sperm bank.

banqueroute [bɑ̃krut] *nf* bankruptcy ; **faire ~** to go bankrupt.

banquet [bɑ̃kɛ] *nm* (celebration) dinner ; [de gala] banquet.

banquette [bɑ̃kɛt] *nf* seat ; **~ arrière** back seat.

banquier, ère [bɑ̃kje, ɛr] *nm, f* banker.

banquise [bɑ̃kiz] *nf* ice field.

baobab [baɔbab] *nm* baobab.

baptême [batɛm] *nm* - **1.** RELIG baptism, christening - **2.** [première fois] : **~ de l'air** maiden flight ; **~ du feu** baptism of fire.

baptiser [3] [batize] *vt* to baptize, to christen.

baptismal, e, aux [batismal, o] *adj* baptismal ; ⊳ **fonts.**

baquet [bakɛ] *nm* - **1.** [cuve] tub - **2.** [siège] bucket seat.

bar [bar] *nm* - **1.** [café, unité de pression] bar ; **~ à café** *Helv* coffee bar ; **~ à vin** wine bar - **2.** [poisson] bass.

baragouiner [3] [baragwine] *vt fam* - **1.** [langue] : **il baragouine le français** he speaks broken French - **2.** [bredouiller] to gabble.

baraka [baraka] *nf fam* : **avoir la ~** to be lucky.

baraque [barak] *nf* - **1.** [cabane] hut - **2.** *fam* [maison] house - **3.** [de forain] stall, stand.

baraqué, e [barake] *adj fam* well-built.

baraquement [barakmɑ̃] *nm* camp *(of huts for refugees, workers etc).*

baratin [baratɛ̃] *nm fam* smooth talk ; **faire du ~ à qqn** to sweet-talk sb.

baratiner [3] [baratine] *fam* ⟨ *vt* [femme] to chat up ; [client] to give one's sales pitch to ⟨ *vi* to be a smooth talker.

Barbade [barbad] *nf* : **la ~** Barbados ; **à la ~** in Barbados.

barbant, e [barbɑ̃, ɑ̃t] *adj fam* deadly dull *ou* boring.

barbare [barbar] ⟨ *nm* barbarian ⟨ *adj* - **1.** *péj* [non civilisé] barbarous - **2.** [cruel] baric.

barbarisme [barbarism] *nm* GRAM barbarism.

barbe [barb] *nf* beard ; **se laisser pousser la ~** to grow a beard ; **~ à papa** candy floss *Br*, cotton candy *Am* ; **faire qqch au nez et à la ~ de qqn** *fig* to do sthg right under sb's nose ; **quelle** *ou* **la ~!** *fam* what a drag!

barbecue [barbəkju] *nm* barbecue.

barbelé, e [barbəle] *adj* barbed ; **fil de fer ~** barbed wire.
➨ **barbelé** *nm* barbed wire (U).

barber [3] [barbe] *vt fam* to bore stiff.
➨ **se barber** *vp fam* to be bored stiff.

barbiche [barbiʃ] *nf* goatee (beard).

barbiturique [barbityrik] *nm* barbiturate.

barboter [3] [barbɔte] ⟨ *vi* to paddle ⟨ *vt fam* to nick.

barboteuse [barbɔtøz] *nf* romper-suit.

barbouillé, -e [barbuje] *adj* : **être ~, avoir l'estomac ~** to feel sick.

barbouiller [3] [barbuje] *vt* - **1.** [salir] : **~ qqch (de)** to smear sthg (with) - **2.** *péj* [peindre] to daub - **3.** *fam* [écrire sur] to scribble on.

barbu, e [barby] *adj* bearded.
➨ **barbu** *nm* bearded man.
➨ **barbue** *nf* [poisson] brill.

barda [barda] *nm* - **1.** *arg mil* kit - **2.** *fam* [attirail] gear ; **avec tout son ~** with all his/her gear.

barde [bard] ⟨ *nm* [poète] bard ⟨ *nf* CULIN bacon, bard.

bardé, e [barde] *adj* : **il est ~ de diplômes** he's got heaps of diplomas.

barder [3] [barde] ⟨ *vt* CULIN to bard ⟨ *vi fam* : **ça va ~** there'll be trouble.

barème [barɛm] *nm* [de référence] table ; [de salaires] scale.

barge [barʒ] *nf* [bateau] barge.

baril [baril] *nm* barrel ; **un ~ de pétrole** a barrel of oil.

barillet [barijɛ] *nm* - **1.** [petit baril] cask - **2.** [de revolver, de serrure] cylinder.

bariolé, e [barjɔle] *adj* multicoloured *Br*, multicolored *Am*.

barjo(t) [barʒo] *adj inv fam* nuts.

barmaid [barmɛd] *nf* barmaid.

barman [barman] (*pl* **barmans** OU **barmen** [barmɛn]) *nm* barman.

baromètre [barɔmɛtr] *nm* barometer.

baron, onne [barɔ̃, ɔn] *nm, f* baron (*f* baroness).

➤ **baron** *nm* [magnat] baron.

baroque [barɔk] ⬦ *nm* ART : **le ~** the Baroque style ⬦ *adj* - **1.** [style] baroque - **2.** [bizarre] weird.

baroud [barud] *nm* : **~ d'honneur** last stand.

barque [bark] *nf* small boat ; **savoir mener sa ~** *fig* to be well-organized.

barquette [barkɛt] *nf* - **1.** [tartelette] pastry boat - **2.** [récipient - de fruits] punnet ; [- de frites] carton ; [- de crème glacée] tub.

barrage [baraʒ] *nm* - **1.** [de rue] roadblock - **2.** CONSTR dam.

barre [bar] *nf* - **1.** [gén & JUR] bar ; **~ fixe** GYM high bar ; **des témoins** JUR witness box *Br* OU stand *Am* ; **c'est le coup de ~** *fig* it's a rip-off ; **avoir un coup de ~** *fig* to be shattered - **2.** NAVIG helm ; **être à la ~** NAVIG & *fig* to be at the helm - **3.** [trait] stroke - **4.** INFORM : **~ d'espacement** space bar ; **~ de menu** menu bar ; **~ d'outils** tool bar.

barreau [baro] *nm* bar ; **le ~** JUR the Bar.

barrer [3] [bare] *vt* - **1.** [rue, route] to block - **2.** [mot, phrase] to cross out - **3.** [bateau] to steer.

➤ **se barrer** *vp fam* to clear off.

barrette [barɛt] *nf* [pince à cheveux] (hair) slide *Br*, barrette *Am*.

barreur, euse [barœr, øz] *nm, f* NAVIG helmsman ; [à l'aviron] cox.

barricade [barikad] *nf* barricade ; **monter sur les ~s** *fig* to man the barricades.

barricader [3] [barikade] *vt* to barricade.

➤ **se barricader** *vp* to barricade o.s. ; **se ~ chez soi** to shut o.s. away (at home).

barrière [barjɛr] *nf litt* & *fig* barrier ; **~ de dégel** ban on heavy lorries on certain roads during a thaw.

barrique [barik] *nf* barrel.

barrir [32] [barir] *vi* to trumpet.

baryton [baritɔ̃] *nm* baritone.

bas, basse [ba, baz *devant nm commençant par voyelle ou h muet*, bas] *adj* - **1.** [gén] low - **2.** *péj* [vil] base, low - **3.** MUS bass.

➤ **bas** ⬦ *nm* - **1.** [partie inférieure] bottom, lower part ; **avoir/connaître des hauts et des ~** to have/go through ups and downs - **2.** [vêtement] stocking ; **~ de laine** woollen *Br* OU woolen *Am* stocking ; *fig* nest egg ⬦ *adv* low ; **à ~ ...!** down with ...! ; **parler ~** to speak

in a low voice, to speak softly ; **mettre ~** [animal] to give birth.

➤ **en bas** *loc adv* at the bottom ; [dans une maison] downstairs.

➤ **en bas de** *loc prép* at the bottom of ; **attendre qqn en ~ de chez lui** to wait for sb downstairs.

➤ **bas de gamme** ⬦ *adj* downmarket ⬦ *nm* bottom of the range.

basalte [bazalt] *nm* basalt.

basané, e [bazane] *adj* tanned.

bas-bleu [bablø] (*pl* **bas-bleus**) *nm péj* bluestocking.

bas-côté [bakote] (*pl* **bas-côtés**) *nm* [de route] verge.

bascule [baskyl] *nf* - **1.** [balance] weighing machine - **2.** [balançoire] seesaw.

basculer [3] [baskyle] ⬦ *vi* to fall over, to overbalance ; [benne] to tip up ; **~ dans qqch** *fig* to tip over into sthg ⬦ *vt* to tip up, to tilt.

base [baz] *nf* - **1.** [partie inférieure] base ; **la ~** [d'entreprise, de syndicat] the rank and file - **2.** [principe fondamental] basis ; **à ~ de** based on ; **de ~** basic ; **une boisson à ~ d'orange** an orange-based drink ; **sur la ~ de** on the basis of - **3.** INFORM : **~ de données** database - **4.** [cosmétique] : **~ de maquillage** make-up base - **5.** *Can* : **~ de plein air** outdoor recreation area.

base-ball [bɛzbol] (*pl* **base-balls**) *nm* baseball.

baser [3] [baze] *vt* to base ; **~ qqch sur** *fig* to base sthg on.

➤ **se baser** *vp* : **sur quoi vous basez-vous pour affirmer cela?** what are you basing this statement on?

bas-fond [bafɔ̃] (*pl* **bas-fonds**) *nm* [de l'océan] shallow.

➤ **bas-fonds** *nmpl fig* - **1.** [de la société] dregs - **2.** [quartiers pauvres] slums.

basilic [bazilik] *nm* [plante] basil.

basilique [bazilik] *nf* basilica.

basique [bazik] *adj* basic.

basket [baskɛt] ⬦ *nm* = **basket-ball** ⬦ *nf* [chaussure] trainer *Br*, sneaker *Am* ; **lâche-moi les ~s!** *fam fig* get off my back!

basket-ball [baskɛtbol] *nm* basketball.

basmati [basmati] *nm* basmati (rice).

basque [bask] ⬦ *adj* Basque ; **le Pays ~** the Basque country ⬦ *nm* [langue] Basque ⬦ *nf* [vêtement] tail (*of coat*) ; **être toujours pendu aux ~s de qqn** *fam fig* to be always tagging along after sb.

➤ **Basque** *nmf* Basque.

bas-relief [baʀəljɛf] (*pl* **bas-reliefs**) *nm* bas-relief.

basse [bas] ⬦ *adj* ⊳ **bas** ⬦ *nf* MUS bass.

basse-cour [baskuʀ] (*pl* **basses-cours**) *nf* - **1.** [volaille] poultry - **2.** [partie de ferme] farmyard.

bassement [basmɑ̃] *adv* despicably ; **être ~ intéressé** to be motivated by petty self-interest.

bassesse [basɛs] *nf* - **1.** [mesquinerie] baseness, meanness - **2.** [action vile] despicable act.

basset [basɛ] *nm* basset hound.

bassin [basɛ̃] *nm* - **1.** [cuvette] bowl - **2.** [pièce d'eau] (ornamental) pond - **3.** [de piscine] : **petit/grand ~** children's/main pool - **4.** ANAT pelvis - **5.** GÉOL basin ; **~ houiller** coalfield ; **le Bassin parisien** the Paris basin.

bassine [basin] *nf* bowl, basin.

bassiner [3] [basine] *vt* - **1.** [humecter] to bathe - **2.** *fam* [importuner] to bore.

bassiste [basist] *nmf* bass player.

basson [basɔ̃] *nm* [instrument] bassoon ; [personne] bassoonist.

bastide [bastid] *nf traditional farmhouse or country house in southern France ; walled town (in south-west France).*

Bastille [bastij] *nf* : **la prise de la ~** the storming of the Bastille.

BASTILLE

A state prison, the Bastille fell to the people of Paris on 14 July 1789 - today celebrated as Bastille Day. The square where the Bastille once stood is now the home of the new Paris opera house, known as 'l'Opéra-Bastille'. There are many restaurants and bars around Bastille making it a popular night spot.

bastingage [bastɛ̃gaʒ] *nm* (ship's) rail.

bastion [bastjɔ̃] *nm litt* & *fig* bastion.

baston [bastɔ̃] *nf* tfam punch-up.

bas-ventre [bavɑ̃tʀ] (*pl* **bas-ventres**) *nm* lower abdomen.

bât [ba] *nm* packsaddle ; **c'est là que le ~ blesse** *fig* that's his/her *etc* weak point.

bataille [bataj] *nf* - **1.** MIL battle - **2.** [bagarre] fight - **3.** [jeu de cartes] ≃ beggar-my-neighbour - **4.** *loc* : **en ~** [cheveux] dishevelled *Br*, disheveled *Am*.

batailler [3] [bataje] *vi* : **~ pour qqch/pour faire qqch** to fight for sthg/to do sthg.

bataillon [batajɔ̃] *nm* MIL battalion ; *fig* horde.

bâtard, e [batar, ard] ⬦ *adj* - **1.** [enfant] il-

legitimate - **2.** *péj* [style, solution] hybrid ⬦ *nm*, *f* illegitimate child.

➡ **bâtard** *nm* - **1.** [pain] *short loaf of bread* - **2.** [chien] mongrel.

batavia [batavja] *nf* Webb lettuce.

bateau [bato] *nm* - **1.** [embarcation - gén] boat ; [- plus grand] ship ; **~ à voile/moteur** sailing/motor boat ; **~ de pêche** fishing boat ; **mener qqn en ~** *fig* to take sb for a ride - **2.** [de trottoir] driveway entrance (*low kerb*) - **3.** (*en apposition inv*) : **encolure ~** boat neck - **4.** (*en apposition inv*) [sujet, thème] well-worn ; **c'est ~ !** it's the same old stuff!

bateau-mouche [batomuʃ] (*pl* **bateaux-mouches**) *nm* riverboat (*on the Seine*).

bateleur, euse [batlœʀ, øz] *nm, f* street acrobat.

bâti, e [bati] *adj* - **1.** [terrain] developed - **2.** [personne] : **bien ~** well-built.

➡ **bâti** *nm* - **1.** COUTURE tacking - **2.** CONSTR frame, framework.

batifoler [3] [batifɔle] *vi* to frolic.

bâtiment [batimɑ̃] *nm* - **1.** [édifice] building - **2.** IND : **le ~** the building trade - **3.** NAVIG ship, vessel.

bâtir [32] [batiʀ] *vt* - **1.** CONSTR to build - **2.** *fig* [réputation, fortune] to build (up) ; [théorie, phrase] to construct - **3.** COUTURE to tack.

➡ **se bâtir** *vp* to be built.

bâtisse [batis] *nf souvent péj* house.

bâton [batɔ̃] *nm* - **1.** [gén] stick ; **~ de réglisse** liquorice stick ; **~ de ski** ski pole - **2.** *fam fig* 10,000 francs - **3.** *loc* : **mettre des ~s dans les roues à qqn** to put a spoke in sb's wheel ; **à ~s rompus** [conversation] rambling ; **parler à ~s rompus** to talk of this and that.

bâtonnet [batɔnɛ] *nm* rod.

bâtonnier [batɔnje] *nm* JUR ≃ President of the Bar.

batracien [batʀasjɛ̃] *nm* amphibian.

battage [bataʒ] *nm* : **~ (publicitaire** OU **médiatique)** (media) hype.

battant, e [batɑ̃, ɑ̃t] ⬦ *adj* : **sous une pluie ~e** in the pouring OU driving rain ; **le cœur ~** with beating heart ⬦ *nm*, *f* fighter.

➡ **battant** *nm* - **1.** [de porte] door (*of double doors*) ; [de fenêtre] half (*of double window*) - **2.** [de cloche] clapper.

batte [bat] *nf* SPORT bat.

battement [batmɑ̃] *nm* - **1.** [mouvement - d'ailes] flap, beating (U) ; [- de cœur, pouls] beat, beating (U) ; [- de cils, paupières] flutter, fluttering (U) - **2.** [bruit - de porte] banging (U) ; [- de la pluie] beating (U) - **3.** [intervalle de temps] break ; **une heure de ~** an hour free.

batterie [batʀi] *nf* - **1.** ÉLECTR & MIL battery ;

recharger ses ~s *fig* to recharge one's bat-teries - **2.** [attirail] : **~ de cuisine** kitchen uten-sils *(pl)* - **3.** MUS drums *(pl)* - **4.** [série] : **une ~ de** a string of.

batteur [batœr] *nm* - **1.** MUS drummer - **2.** CULIN beater, whisk - **3.** [SPORT - de cricket] batsman ; [- de base-ball] batter.

batteuse [batøz] *nf* AGRIC thresher.

battoir [batwar] *nm* - **1.** [à tapis] carpet beater - **2.** *fig* [main] great mitt *ou* paw.

battre [83] [batr] ◇ *vt* - **1.** [gén] to beat ; **~ en neige** [blancs d'œufs] to beat until stiff - **2.** [par-courir] to scour - **3.** [cartes] to shuffle ◇ *vi* [gén] to beat ; **~ des cils** to blink ; **~ des mains** to clap (one's hands).

◆ **se battre** *vp* to fight ; **se ~ contre qqn to** fight sb.

battu, e [baty] ◇ *pp* ▷ **battre** ◇ *adj* - **1.** [tassé] hard-packed ; **jouer sur terre ~e** TENNIS to play on clay - **2.** [fatigué] : **avoir les yeux ~s** to have shadows under one's eyes.

◆ **battue** *nf* - **1.** [chasse] beat - **2.** [chasse à l'hom-me] manhunt.

baud [bol] *nm* baud.

baudroie [bodrwa] *nf* monkfish.

baudruche [bodryʃ] *nf* - **1.** [ballon] balloon - **2.** *fig* [personne] front man.

baume [bom] *nm litt* & *fig* balm ; **mettre du ~ au cœur de qqn** to comfort sb.

baux ▷ **bail**.

bauxite [boksit] *nf* bauxite.

bavard, e [bavar, ard] ◇ *adj* talkative ◇ *nm, f* chatterbox ; *péj* gossip.

bavardage [bavardaʒ] *nm* - **1.** [papotage] chat-tering - **2.** *(gén pl)* [racontar] gossip *(U)*.

bavarder [3] [bavarde] *vi* to chatter ; *péj* to gossip.

bavarois, e [bavarwa, waz] *adj* Bavarian.

◆ **bavarois** *nm*, **bavaroise** *nf* [gâteau] ≃ mousse.

◆ **Bavarois, e** *nm, f* Bavarian.

bave [bav] *nf* - **1.** [salive] dribble - **2.** [d'animal] slaver - **3.** [de limace] slime.

baver [3] [bave] *vi* - **1.** [personne] to dribble - **2.** [animal] to slaver - **3.** [limace] to leave a trail - **4.** [stylo] to leak - **5.** *loc* : **en ~** *fam* to have a hard *ou* rough time of it.

bavette [bavɛt] *nf* - **1.** [bavoir, de tablier] bib - **2.** [viande] flank - **3.** *loc* : **tailler une ~ (avec qqn)** *fam* to have a chinwag (with sb).

baveux, euse [bavø, øz] *adj* - **1.** [bébé] drib-bling - **2.** [lettre] blurred - **3.** [omelette] runny.

Bavière [bavjɛr] *nf* : **la ~** Bavaria.

bavoir [bavwar] *nm* bib.

bavure [bavyr] *nf* - **1.** [tache] smudge - **2.** [er-reur] blunder.

bayer [3] [baje] *vi* : **~ aux corneilles** to stand gazing into space.

bazar [bazar] *nm* - **1.** [boutique] general store - **2.** *fam* [désordre] jumble, clutter.

bazarder [3] [bazarde] *vt fam* to chuck out, to get rid of.

BCBG (*abr de* **bon chic bon genre**) *nmf* & *adj*, term used to describe an upper-class lifestyle reflected especially in expensive and conser-vative clothes ; **il est très ~** ≃ he's a real preppie type.

BCE (*abr de* **Banque centrale européenne**) *n* : ECB.

BCG (*abr de* **bacille Calmette-Guérin**) *nm* BCG.

bcp *abr de* **beaucoup**.

bd *abr de* **boulevard**.

BD, bédé [bede] (*abr de* **bande dessinée**) *nf* : **une ~** a comic strip ; **la ~** comic strips *(pl)*.

béant, e [beã, ãt] *adj* [plaie, gouffre] gaping [yeux] wide open.

béarnais, e [bearnɛ, ɛz] *adj* of *ou* from the Béarn.

◆ **Béarnais, e** *nm, f* native *ou* inhabitant o the Béarn.

◆ **béarnaise** *nf* : **(sauce) ~e** Béarnaise sauce.

béat, e [bea, at] *adj* - **1.** [content de soi] smu - **2.** [heureux] blissful.

béatement [beatmã] *adv* blissfully.

béatitude [beatityd] *nf* - **1.** RELIG beatitude - **2.** [bonheur] bliss.

beau, belle, beaux [bo, bɛl] *adj* (**bel** [bɛl devant voyelle ou h muet) - **1.** [joli - femme] beautiful, good-looking ; [- homme] hand some, good-looking ; [- chose] beautifu - **2.** [temps] fine, good - **3.** *(toujours avant l nom)* [important] fine, excellent ; **une bell somme** a tidy sum (of money) - **4.** *iron* [mau vais] : **une belle grippe** a nasty dose of the flu **un ~ travail** a fine piece of work - **5.** *(sens in tensif)* : **un ~ jour** one fine day - **6.** [noble] fine noble - **7.** *loc* : **elle a ~ jeu de dire ça** it's eas *ou* all very well for her to say that.

◆ **beau** ◇ *adv* : **il fait ~** the weather is goo *ou* fine ; **j'ai ~ essayer ...** however hard I tr ..., try as I may ... ; **j'ai ~ dire ...** whatever say ... ◇ *nm* : **être au ~ fixe** to be set fair **avoir le moral au ~ fixe** *fig* to have a sunn disposition ; **faire le ~** [chien] to sit up an beg.

◆ **belle** *nf* - **1.** [femme] lady friend - **2.** [dans u jeu] decider - **3.** *loc* : **(se) faire la belle** to es cape.

➤ **bel et bien** *loc adv* well and truly, actually.

➤ **de plus belle** *loc adv* more than ever.

Beaubourg [bobur] *n name commonly used to refer to the Pompidou Centre.*

BEAUBOURG

Officially 'Beaubourg' refers to the area surrounding the Pompidou Centre in the Halles district of Paris but it has come to mean the Pompidou Centre itself. The unusual design of the building caused much controversy when it was built in 1977. It houses a modern art gallery, a cinema, an open-stack library and other cultural exhibits. With 8 million visitors a year it is one of the most popular monuments in Paris.

beaucoup [boku] <> *adv* - **1.** [un grand nombre] : ~ **de** a lot of, many ; **il y en a ~** there are many *ou* a lot (of them) - **2.** [une grande quantité] : ~ **de** a lot of ; ~ **d'énergie** a lot of energy ; **il n'a pas ~ de temps** he hasn't a lot of *ou* much time ; **il n'en a pas ~** he doesn't have much *ou* a lot (of it) - **3.** *(modifiant un verbe)* a lot ; **il boit ~** he drinks a lot ; **c'est ~ dire** that's saying a lot - **4.** *(modifiant un adjectif comparatif)* much, a lot ; **c'est ~ mieux** it's much *ou* a lot better ; ~ **trop vite** much too quickly <> *pron inv* many ; **nous sommes ~ à penser que ...** many of us think that ...

➤ **de beaucoup** *loc adv* by far.

beauf [bof] *nm* - **1.** *péj* stereotype of average French man with narrow views - **2.** *fam* [beau-frère] brother-in-law.

beau-fils [bofis] *(pl* **beaux-fils**) *nm* - **1.** [gendre] son-in-law - **2.** [de remariage] stepson.

beau-frère [bofrer] *(pl* **beaux-frères**) *nm* brother-in-law.

beau-père [boper] *(pl* **beaux-pères**) *nm* - **1.** [père du conjoint] father-in-law - **2.** [de remariage] stepfather.

beauté [bote] *nf* beauty ; **de toute ~** absolutely beautiful ; **en ~** [magnifiquement] in great style ; *sout* [femme] ravishing.

beaux-arts [bozar] *nmpl* fine art *(sg).*

➤ **Beaux-Arts** *nmpl* : **les Beaux-Arts** French national art school.

beaux-parents [boparã] *nmpl* - **1.** [de l'homme] husband's parents, in-laws - **2.** [de la femme] wife's parents, in-laws.

bébé [bebe] <> *nm* baby ; ~ **phoque** seal pup, baby seal <> *adj inv* babyish.

bébé-éprouvette [bebeepruvet] *(pl* **bébés-éprouvette**) *nm* test-tube baby.

bébête [bebet] *adj* silly.

bec [bɛk] *nm* - **1.** [d'oiseau] beak - **2.** [d'instrument de musique] mouthpiece - **3.** [de casserole etc] lip ; ~ **de gaz** [réverbère] gaslamp *(in street)* ; ~ **verseur** spout - **4.** *fam* [bouche] mouth ; **ouvrir le ~** to open one's mouth ; **clouer le ~ à qqn** to shut sb up.

bécane [bekan] *nf fam* - **1.** [moto, vélo] bike - **2.** [ordinateur etc] machine.

bécasse [bekas] *nf* - **1.** [oiseau] woodcock - **2.** *fam* [femme sotte] silly goose.

bécassine [bekasin] *nf* - **1.** [oiseau] snipe - **2.** *fam* [jeune fille naïve] silly little goose.

bec-de-lièvre [bɛkdəljɛvr] *(pl* **becs-de-lièvre**) *nm* harelip.

béchamel [beʃamɛl] *nf* : **(sauce) ~** béchamel sauce.

bêche [bɛʃ] *nf* spade.

bêcher [4] [beʃe] *vt* to dig.

bêcheur, euse [beʃœr, øz] *nm, f fam* stuck-up person.

bécoter [3] [bekɔte] *vt fam* to snog *Br ou* smooch with.

➤ **se bécoter** *vp* to snog *Br,* to smooch.

becquée [beke] *nf* : **donner la ~ à** to feed.

becqueter, béqueter [27] [bekte] *vt* to peck at.

becter [4] [bekte] *vi fam* to eat.

bedaine [bədɛn] *nf* potbelly.

bédé = BD.

bedeau, x [bədo] *nm* verger.

bedonnant, e [bədɔnã, ãt] *adj* potbellied.

bédouin, e [bedwɛ̃, in] *adj* Bedouin.

➤ **Bédouin, e** *nm, f* Bedouin.

bée [be] *adj* : **bouche ~** open-mouthed.

bégaiement [begemã] *nm* stammering.

bégayer [11] [begeje] <> *vi* to have a stutter *ou* stammer <> *vt* to stammer (out).

bégonia [begɔnja] *nm* begonia.

bègue [bɛg] <> *adj* : **être ~** to have a stutter *ou* stammer <> *nmf* stutterer, stammerer.

bégueule [begœl] *fam péj* <> *adj* prudish <> *nf* prude.

béguin [begɛ̃] *nm fam* : **avoir le ~ pour qqn** to have a crush on sb ; **avoir le ~ pour qqch** to be mad keen on sthg.

beige [bɛʒ] *adj & nm* beige.

beigne [bɛɲ] *nf fam* slap.

beignet [beɲe] *nm* fritter.

bel [bɛl] ▷ **beau**.

bêler [4] [bele] *vi* to bleat.

belette [bəlɛt] *nf* weasel.

belge [bɛlʒ] *adj* Belgian.

➤ **Belge** *nmf* Belgian.

belgicisme [bɛlʒisism] *nm* [mot] Belgian word ; [tournure] Belgian expression.

Belgique [bɛlʒik] *nf* : **la ~** Belgium.

bélier [belje] *nm* - **1.** [animal] ram - **2.** [poutre] battering ram.

⇒ **Bélier** *nm* ASTROL Aries ; **être Bélier** to be (an) Aries.

Belize [beliz] *nm* : **le ~** Belize ; **au ~** in Belize.

belladone [beladɔn] *nf* deadly nightshade.

bellâtre [belatr] *nm péj* smoothie.

belle [bɛl] *adj* & *nf* ⊃ **beau.**

belle-famille [bɛlfamij] (*pl* belles-familles) *nf* - **1.** [de l'homme] husband's family, in-laws (*pl*) - **2.** [de la femme] wife's family, in-laws (*pl*).

belle-fille [bɛlfij] (*pl* belles-filles) *nf* - **1.** [épouse du fils] daughter-in-law - **2.** [de remariage] stepdaughter.

belle-mère [belmɛr] (*pl* belles-mères) *nf* - **1.** [mère du conjoint] mother-in-law - **2.** [de remariage] stepmother.

belles-lettres [belletr] *nfpl* (great) literature (*U*).

belle-sœur [belsœr] (*pl* belles-sœurs) *nf* sister-in-law.

belligérant, e [beliʒerɑ̃, ɑ̃t] *adj* & *nm, f* belligerent.

belliqueux, euse [belikø, øz] *adj* [peuple] warlike ; [humeur, tempérament] aggressive.

belote [bɔlɔt] *nf* French card game.

belvédère [belvedɛr] *nm* - **1.** [construction] belvedere - **2.** [terrasse] viewpoint.

bémol [bemɔl] *adj* & *nm* MUS flat.

bénédictin, e [benediktɛ̃, in] ⇔ *adj* Benedictine ⇔ *nm, f* Benedictine ; **travail de ~** *fig* painstaking task.

⇒ **Bénédictine** *nf* [liqueur] Benedictine.

bénédiction [benediksjɔ̃] *nf* blessing ; **donner sa ~** *fig* to give one's blessing to.

bénéfice [benefis] *nm* - **1.** [avantage] advantage, benefit ; **au ~ de** in aid of ; **accorder à qqn le ~ du doute** to give sb the benefit of the doubt - **2.** [profit] profit ; **~ net/brut** net/gross profit ; **intéressement aux ~s** profit-sharing ; **rapport cours-~** price-earnings ratio ; **~s commerciaux** trading profit (*sg*).

bénéficiaire [benefisjɛr] ⇔ *nmf* [gén] beneficiary ; [de chèque] payee ⇔ *adj* [marge] profit (*avant n*) ; [résultat, société] profit-making.

bénéficier [9] [benefisje] *vi* : **~ de** [profiter de] to benefit from ; [jouir de] to enjoy ; [obtenir] to have, to get.

bénéfique [benefik] *adj* beneficial.

Bénélux [benelyks] *nm* : **le ~** Benelux ; **les pays du ~** the Benelux countries.

benêt [bɔnɛ] ⇔ *nm* clod ⇔ *adj* (*seulement masculin*) silly, simple.

bénévolat [benevɔla] *nm* voluntary work.

bénévole [benevɔl] ⇔ *adj* voluntary ⇔ *nm* volunteer, voluntary worker.

bénévolement [benevɔlmɑ̃] *adv* voluntarily, for nothing.

Bengale [bɛ̃gal] *nm* : **le ~** Bengal ; **au ~** in Bengal.

bénin, igne [benɛ̃, iɲ] *adj* - **1.** [maladie, accident] minor ; [tumeur] benign - **2.** *sout* [bienveillant] benign.

Bénin [benɛ̃] *nm* : **le ~** Benin ; **au ~** in Benin.

béninois, e [beninwa, waz] *adj* Beninese.

⇒ **Béninois, e** *nm, f* Beninese (*inv*).

bénir [32] [benir] *vt* - **1.** [gén] to bless - **2.** [se réjouir de] to thank God for.

bénit, e [beni, it] *adj* consecrated ; **eau ~e** holy water.

bénitier [benitje] *nm* holy water font.

benjamin, e [bɛ̃ʒamɛ̃, in] *nm, f* [de famille] youngest child ; [de groupe] youngest member.

benne [bɛn] *nf* - **1.** [de camion] tipper - **2.** [de téléphérique] car - **3.** [pour déchets] skip.

benzine [bɛ̃zin] *nf* benzine.

béotien, enne [beɔsjɛ̃, ɛn] *nm, f* philistine.

BEP, Bep (*abr de* brevet d'études professionnelles) *nm school-leaver's diploma* (*taken at age 18*).

BEPC, Bepc (*abr de* brevet d'études du premier cycle) *nm former school certificat* (*taken at age 16*).

béqueter = becqueter.

béquille [bekij] *nf* - **1.** [pour marcher] crutch - **2.** [d'un deux-roues] stand.

berbère [bɛrbɛr] *adj* & *nm* Berber.

⇒ **Berbère** *nmf* Berber.

bercail [bɛrkaj] *nm* fold ; **rentrer au ~** *fig* to return to the fold.

berceau, x [bɛrso] *nm* cradle.

bercer [16] [bɛrse] *vt* - **1.** [bébé, bateau] to rock ; **son enfance a été bercée de cette musique** he was brought up on this kind of music - **2.** *fig* [tromper] : **~ qqn de** to delude sb with.

⇒ **se bercer** *vp fig* : **se ~ de** to delude o.s. with ; **se ~ d'illusions** to delude o.s.

berceuse [bɛrsøz] *nf* - **1.** [chanson] lullaby - **2.** *Can* [fauteuil] rocking chair.

Bercy [bɛrsi] *n* - **1.** [ministère] *the French Ministry of Finance* - **2.** [stade] *large sports and concert hall in Paris*.

BERD, Berd [bɛrd] (*abr de* Banque européenne pour la reconstruction et le développement) *nf* EBRD.

béret [berɛ] *nm* beret ; **~ basque** (French) beret.

bergamote [bɛrgamɔt] *nf* bergamot orange.

berge [bɛrʒ] *nf* - **1.** [bord] bank - **2.** *fam* [an] : il a plus de 50 ~s he's over 50.

berger, ère [bɛrʒe, ɛr] *nm, f* shepherd (*f* shepherdess).
➤ **bergère** *nf* [canapé] wing chair.
➤ **berger allemand** *nm* alsatian *Br*, German shepherd.

bergerie [bɛrʒəri] *nf* sheepfold.

bergeronnette [bɛrʒərɔnɛt] *nf* wagtail.

Berlin [bɛrlɛ̃] *n* Berlin ; **~-Est** East Berlin ; **~-Ouest** West Berlin ; **le mur de ~** the Berlin Wall.

berline [bɛrlin] *nf* saloon (car) *Br*, sedan *Am*.

berlingot [bɛrlɛ̃go] *nm* - **1.** [de lait] carton - **2.** [bonbon] boiled sweet.

berlue [bɛrly] *nf* : **j'ai la ~!** I must be seeing things!

bermuda [bɛrmyda] *nm* bermuda shorts (*pl*).

Bermudes [bɛrmyd] *nfpl* : **les ~** Bermuda (*sg*) ; **aux ~** in Bermuda ; **le triangle des ~** the Bermuda Triangle.

bernard-l'ermite [bɛrnarlɛrmit] *nm inv* hermit crab.

berne [bɛrn] *nf* : **en ~** ≃ at half-mast.

berner [3] [bɛrne] *vt* to fool.

berrichon, onne [beriʃɔ̃, ɔn] *adj* of *ou* from the Berry.

besace [bəzas] *nf* pouch.

besicles [bezikl] *nfpl hum* specs.

besogne [bəzɔɲ] *nf* job, work (*U*) ; **aller vite en ~** *fig* to be a fast worker.

besoin [bəzwɛ̃] *nm* need ; **avoir ~ de qqch/de faire qqch** to need sthg/to do sthg ; **au ~** if necessary, if need *ou* needs be ; **être dans le ~** to be in need.
➤ **besoins** *nmpl* - **1.** [exigences] needs - **2.** *loc* : **faire ses ~s** to relieve o.s. ; **pour les ~s de la cause** for our purposes.

bestial, e, aux [bɛstjal, o] *adj* bestial, brutish.

bestiole [bɛstjɔl] *nf* (little) creature.

best-seller [bɛstselɛr] (*pl* best-sellers) *nm* best-seller.

bétail [betaj] *nm* cattle (*pl*).

bête [bɛt] ◇ *nf* - **1.** [animal] animal ; [insecte] insect ; **~ à bon Dieu** ladybird *Br*, ladybug *Am* ; **~ féroce** wild animal ; **~ de somme** beast of burden - **2.** *loc* : **chercher la petite ~** to nitpick ; **c'est sa ~ noire** that's his/her pet hate ◇ *adj* - **1.** [stupide] stupid - **2.** [simple] : **c'est tout ~** there's nothing to it.

bêtement [bɛtmɑ̃] *adv* - **1.** [de façon bête] stupidly - **2.** [simplement] : **tout ~** just, quite simply.

bêtifiant, e [betifjɑ̃, ɑ̃t] *adj* idiotic.

bêtise [betiz] *nf* - **1.** [stupidité] stupidity - **2.** [action, remarque] stupid thing ; **faire/dire une ~** to do/say something stupid ; **faire des ~s** to be stupid *ou* silly.

béton [betɔ̃] *nm* - **1.** [matériau] concrete ; **~ armé** reinforced concrete - **2.** *fig* : **en ~** [argument] cast-iron.

bétonner [3] [betɔne] ◇ *vt* to concrete ◇ *vi* *FOOTBALL* to play defensively.

bétonnière [betɔnjɛr] *nf* cement mixer.

bette [bɛt], **blette** [blɛt] *nf* Swiss chard.

betterave [bɛtrav] *nf* beetroot *Br*, beet *Am* ; **~ fourragère** mangel-wurzel ; **~ sucrière** *ou* à **sucre** sugar beet.

beuglement [bøgləmɑ̃] *nm* - **1.** [de bovin] mooing (*U*), lowing (*U*) - **2.** [de radio] blaring (*U*).

beugler [5] [bøgle] *vi* - **1.** [bovin] to moo, to low - **2.** *fam* [personne] to bellow ; [radio] to blare out.

beur [bœr] *nmf* person born in France of North African immigrant parents.

beurre [bœr] *nm* - **1.** [aliment] butter ; **~ de cacahuètes** peanut butter ; **~ de cacao** cocoa butter ; **~ demi-sel** slightly-salted butter ; **~ noir** brown butter sauce - **2.** *loc* : **compter pour du ~** to count for nothing ; **faire son ~** to make one's pile ; **mettre du ~ dans les épinards** to make life a little more comfortable.

beurré, e [bœre] *adj* - **1.** [couvert de beurre] buttered - **2.** *fam* [ivre] plastered.

beurrer [5] [bœre] *vt* to butter.

beurrier, ère [bœrje, ɛr] *adj* [industrie] butter (*avant n*) ; [région] butter-producing.

beurrier [bœrje] *nm* butter dish.

beuverie [bœvri] *nf* drinking session.

bévue [bevy] *nf* blunder ; **faire** *ou* **commettre une ~** to slip up.

Beyrouth [berut] *n* Beirut ; **~-Est** East Beirut ; **~-Ouest** West Beirut.

BHV (*abr de Bazar de l'Hôtel de Ville*) *nm* large department store in central Paris.

biais [bjɛ] *nm* - **1.** [ligne oblique] slant ; **en** *ou* **de ~** [de travers] at an angle ; *fig* indirectly - **2.** *COUTURE* bias ; **tailler un tissu dans le ~** to cut a piece of cloth on the bias - **3.** [aspect] angle - **4.** [moyen détourné] expedient ; **par le ~ de** by means of.

biaiser [4] [bjeze] *vi fig* to dodge the issue.

bibelot [biblo] *nm* trinket, curio.

biberon [bibʀɔ̃] *nm* baby's bottle ; **nourrir au ~** to bottle-feed.

bible [bibl] *nf* bible.

bibliobus [biblijɔbys] *nm* mobile library.

bibliographie [biblijɔgʀafi] *nf* bibliography.

bibliographique [biblijɔgʀafik] *adj* bibliographical.

bibliophile [biblijɔfil] *nmf* book lover.

bibliothécaire [biblijɔtekɛʀ] *nmf* librarian.

bibliothèque [biblijɔtɛk] *nf* - **1.** [meuble] bookcase - **2.** [édifice, collection] library ; **~ municipale** public library ; **la Bibliothèque nationale de France** *the French national library.*

BIBLIOTHÈQUE NATIONALE DE FRANCE

The 'Bibliothèque nationale de France' or 'BNF' is a large copyright deposit library that includes the 'Bibliothèque nationale' or 'BN', situated in the rue de Richelieu and the 'Bibliothèque de France' or 'Bibliothèque François Mitterrand', the new and ultramodern complex in the 13th arrondissement. The 'BN' houses the library's priceless collection of manuscripts, engravings, coins medals and maps, while the bulk of the book collection is in the new complex.

biblique [biblik] *adj* biblical.

Bic® [bik] *nm* ball-point pen.

bicarbonate [bikaʀbɔnat] *nm* : **~ (de soude)** bicarbonate of soda.

bicentenaire [bisɑ̃tnɛʀ] ◇ *adj* two-hundred-year-old *(avant n)* ◇ *nm* bicentenary *Br,* bicentennial *Am.*

biceps [bisɛps] *nm* biceps.

biche [biʃ] *nf* ZOOL hind, doe.

bichonner [3] [biʃɔne] *vt* [choyer] to cosset, to pamper.

❖ se bichonner *vp* to spruce o.s. up ; [femme] to doll o.s. up.

bicolore [bikɔlɔʀ] *adj* two-coloured *Br,* two-colored *Am.*

bicoque [bikɔk] *nf péj* house.

bicorne [bikɔʀn] *nm* cocked hat.

bicyclette [bisiklɛt] *nf* bicycle ; **rouler à ~** to cycle.

bidasse [bidas] *nm fam* squaddie *Br,* grunt *Am.*

bide [bid] *nm fam* - **1.** [ventre] belly - **2.** [échec] flop.

bidet [bidɛ] *nm* - **1.** [sanitaire] bidet - **2.** *hum* [cheval] nag.

bidon [bidɔ̃] *nm* - **1.** [récipient] can - **2.** *fam* [ventre] belly - **3.** *(en apposition inv) fam* [faux] phoney *Br,* phony *Am* - **4.** *fam* [simulation] : **c'est du ~** it's (a load of) rubbish.

bidonner [3] [bidɔne] **❖ se bidonner** *vp fam* to laugh one's head off.

bidonville [bidɔ̃vil] *nm* shantytown.

bidouilleur [biduijœʀ] *nm* INFORM do-it-yourselfer.

bidule [bidyl] *nm fam* thing, thingy.

bielle [bjɛl] *nf* connecting rod.

biélorusse [bjelɔʀys] *adj* Belorussian, Byelorussian.

❖ Biélorusse *nmf* Belorussian, Byelorussian.

Biélorussie [bjelɔʀysi] *nf* : **la ~** Belorussia, Byelorussia.

bien [bjɛ̃] *(compar & superl* **mieux**) ◇ *adj in* - **1.** [satisfaisant] good ; **il est ~ comme prof** he's a good teacher ; **il est ~, ce bureau** this is a good office - **2.** [en bonne santé] well ; **je ne me sens pas ~** I don't feel well - **3.** [joli] good looking ; **tu ne trouves pas qu'elle est ~ comme ça?** don't you think she looks good *o* nice like that? - **4.** [à l'aise] comfortable - **5.** [convenable] respectable ◇ *nm* - **1.** [sens moral] : **le ~** good ; **le ~ et le mal** good and evil - **2.** [intérêt] good ; **je te dis ça pour ton ~** I'm telling you this for your own good - **3.** [richesse, propriété] property, possession ; **~s de consommation** consumer goods - **4.** *loc* : **faire du ~ à qqn** to do sb good ; **dire du ~ de qqn/qqch** to speak well of sb/sthg ; **mener à ~ t** bring to fruition, to complete ; **en tou** **~ tout honneur** with the best of intentions ◇ *adv* - **1.** [de manière satisfaisante] well ; o **mange ~ ici** the food's good here ; **il ne s'est pas ~ conduit** he didn't behave well ; **tu a ~ fait** you did the right thing ; **tu ferais ~ d'** **aller** you would be wise to go ; **c'est ~ fait!** serves him/her *etc* right! - **2.** [sens intensif] quite, really ; **~ souvent** quite often ; **en es tu ~ sûr?** are you quite sure (about it)? ; **j'es père ~ que ...** I DO hope that ... ; **on a ~ ri** w had a good laugh ; **il y a ~ trois heures qu** **j'attends** I've been waiting for at least three hours ; **c'est ~ aimable à vous** it's very kin *ou* good of you - **3.** [renforçant un comparatif] : **est parti ~ plus tard** he left much later ; **o était ~ moins riches** we were a lot worse o *ou* poorer - **4.** [servant à conclure ou à introduire **bien, c'est fini pour aujourd'hui** well, that's for today ; **~, je t'écoute** well, I'm listening ; **très ~, je vais avec toi** all right then, I'll g with you - **5.** [en effet] : **c'est ~ lui** it really him ; **c'est ~ ce que je disais** that's just what said ◇ *interj* : **eh ~!** oh well! ; **eh ~, qu'e penses-tu?** well, what do you think?

❖ biens *nmpl* property (U).

❖ bien de, bien des *loc adj* : **~ des gens so venus** quite a lot of people came ; **~ des fo**

many times ; **il a ~ de la chance** he's very *ou* really lucky ; **il a eu ~ de la peine à me convaincre** he had quite a lot of trouble convincing me.

➭ **bien entendu** *loc adv* of course.

➭ **bien que** *loc conj* (+ subjonctif) although, though.

➭ **bien sûr** *loc adv* of course, certainly.

bien-aimé, e [bjɛ̃neme] (*mpl* bien-aimés, *fpl* bien-aimées) *adj* & *nm, f* beloved.

bien-être [bjɛ̃nɛtr] *nm inv* - **1.** [physique] well-being - **2.** [matériel] wellbeing, comfort.

bienfaisance [bjɛ̃fəzɑ̃s] *nf* charity.

bienfaisant, e [bjɛ̃fəzɑ̃, ɑ̃t] *adj* beneficial.

bienfait [bjɛ̃fɛ] *nm* - **1.** [effet bénéfique] benefit - **2.** [faveur] kindness.

bienfaiteur, trice [bjɛ̃fɛtœr, tris] *nm, f* benefactor.

bien-fondé [bjɛ̃fɔ̃de] (*pl* bien-fondés) *nm* validity.

bienheureux, euse [bjɛ̃nørø, øz] *adj* - **1.** RELIG blessed - **2.** [heureux] happy.

biennal, e, aux [bjenal, o] *adj* biennial.

➭ **biennale** *nf* biennial festival.

bien-pensant, e [bjɛ̃pɑ̃sɑ̃, ɑ̃t] (*mpl* bien-pensants, *fpl* bien-pensantes) *adj* & *nm, f péj* conformist.

bienséance [bjɛ̃seɑ̃s] *nf* decorum.

➭ **bienséances** *nfpl* conventions.

bientôt [bjɛ̃to] *adv* soon ; **à ~!** see you soon!

bienveillance [bjɛ̃vejɑ̃s] *nf* kindness.

bienveillant, e [bjɛ̃vejɑ̃, ɑ̃t] *adj* kindly.

bienvenu, e [bjɛ̃vny] <> *adj* [qui arrive à propos] welcome <> *nm, f* : **être le ~/la ~e** to be welcome ; **soyez le ~!** welcome!

➭ **bienvenue** *nf* welcome ; **souhaiter la ~e à qqn** to welcome sb.

bière [bjɛr] *nf* - **1.** [boisson] beer ; **~ blonde** lager ; **~ brune** brown ale ; **~ pression** draught *Br ou* draft *Am* beer - **2.** [cercueil] coffin.

biffer [3] [bife] *vt sout* to cross out.

bifidus [bifidys] *nm* bifidus ; **yaourt au ~** bio yogurt, yogurt containing bifidus.

bifteck [biftɛk] *nm* steak.

bifurcation [bifyrkasjɔ̃] *nf* [embranchement] fork ; *fig* new direction.

bifurquer [3] [bifyrke] *vi* - **1.** [route, voie ferrée] to fork - **2.** [voiture] to turn off - **3.** *fig* [personne] to branch off.

bigame [bigam] <> *adj* bigamous <> *nmf* bigamist.

bigamie [bigami] *nf* bigamy.

bigarreau, x [bigaro] *nm* cherry.

bigophone [bigɔfɔn] *nm fam vieilli* [téléphone] blower *Br*, horn *Am*.

bigorneau, x [bigɔrno] *nm* winkle.

bigot, e [bigo, ɔt] *péj* <> *adj* bigoted <> *nm, f* bigot.

bigoudi [bigudi] *nm* curler.

bigrement [bigrəmɑ̃] *adv fam vieilli* [beaucoup] a lot ; [très] very.

bijou, x [biʒu] *nm* - **1.** [joyau] jewel - **2.** *fig* [chef-d'œuvre] gem.

bijouterie [biʒutri] *nf* - **1.** [magasin] jeweller's *Br ou* jeweler's *Am* (shop) - **2.** [activité] jewellery-making *Br*, jewelry-making *Am* - **3.** [commerce] jewellery *Br ou* jewelry *Am* trade.

bijoutier, ère [biʒutje, ɛr] *nm, f* jeweller *Br*, jeweler *Am*.

Bikini® [bikini] *nm* bikini.

bilan [bilɑ̃] *nm* - **1.** FIN balance sheet ; **déposer son ~** to declare bankruptcy - **2.** [état d'une situation] state of affairs ; **faire le ~ (de)** to take stock (of) ; **~ de santé** checkup.

bilatéral, e, aux [bilateral, o] *adj* - **1.** [stationnement] on both sides (of the road) - **2.** [contrat, accord] bilateral.

bile [bil] *nf* bile ; **déverser sa ~** to vent one's spleen ; **se faire de la ~** *fam* to worry.

biliaire [biljɛr] *adj* biliary ; **calcul ~** gallstone ; **vésicule ~** gall bladder.

bilieux, euse [biljø, øz] *adj* - **1.** [teint] bilious - **2.** [tempérament] irascible.

bilingue [bilɛ̃g] <> *adj* bilingual <> *nmf* [personne] bilingual person <> *nm* [dictionnaire] bilingual dictionary.

bilinguisme [bilɛ̃gɥism] *nm* bilingualism.

billard [bijar] *nm* - **1.** [jeu] billiards (U) - **2.** [table de jeu] billiard table - **3.** *loc* : **passer ou monter sur le ~** *fam* to go under the knife.

bille [bij] *nf* - **1.** [d'enfant] marble - **2.** [de billard] ball - **3.** *fam* [tête] face - **4.** [de bois] block of wood.

billet [bijɛ] *nm* - **1.** [lettre] note ; **~ doux** love letter - **2.** [argent] : **~ (de banque)** (bank) note ; **un ~ de 100 francs** a 100-franc note - **3.** [ticket] ticket ; **~ de train/d'avion** train/plane ticket ; **~ de faveur** complimentary ticket ; **~ de loterie** lottery ticket.

billetterie [bijɛtri] *nf* - **1.** [à l'aéroport] ticket desk ; [à la gare] booking office *ou* hall - **2.** [bureau, service] ticket office - **3.** BANQUE cash dispenser.

billion [biljɔ̃] *nm* billion *Br*, trillion *Am*.

bimensuel, elle [bimɑ̃sɥɛl] *adj* fortnightly *Br*, twice monthly.

bimensuel *nm* fortnightly review *Br*, semimonthly *Am*.

bimestriel, elle [bimɛstrijɛl] *adj* two-monthly.

bimoteur [bimɔtœr] ◇ *adj* twin-engined ◇ *nm* twin-engined plane.

binaire [binɛr] *adj* binary.

biner [3] [bine] *vt* to hoe.

biniou [binju] *nm* (Breton) bagpipes *(pl)*.

binocle [binɔkl] *nm* pince-nez.

binocles *nmpl fam vieilli* specs.

bio [bjo] *adj inv* natural ; **aliments ~** wholefood, health food.

biocarburant [bjɔkarbyrɑ̃] *nm* biofuel.

biochimie [bjɔʃimi] *nf* biochemistry.

biodégradable [bjɔdegradabl] *adj* biodegradable.

biodiversité [bjɔdivɛrsite] *nf* biodiversity.

biographie [bjɔgrafi] *nf* biography.

biographique [bjɔgrafik] *adj* biographical.

biologie [bjɔlɔʒi] *nf* biology.

biologique [bjɔlɔʒik] *adj* - **1.** *SCIENCE* biological - **2.** [naturel] organic.

biopsie [bjɔpsi] *nf* biopsy.

biorythme [bjɔritm] *nm* biorhythm.

biotechnologie [bjɔtɛknɔlɔʒi] *nf* biotechnology.

bip [bip] *nm* - **1.** [signal] tone, beep ; **parlez après le ~ (sonore)** please speak after the beep *ou* tone - **2.** [appareil] bleeper.

bipède [biped] *nm* & *adj* biped.

biper [3] [bipe] *vt* to page.

bique [bik] *nf* - **1.** *fam* [chèvre] (nanny) goat - **2.** *péj* [femme] : **vieille ~** old bag.

BIRD [bœrd] (*abr de* **Banque internationale pour la reconstruction et le développement**) *nf* IBRD.

biréacteur [bireaktœr] *nm* twin-engined jet.

birman, e [birmɑ̃, an] *adj* Burmese.

birman *nm* [langue] Burmese.

Birman, e *nm, f* Burmese.

Birmanie [birmani] *nf* : **la ~** Burma.

bis¹, e [bi, biz] *adj* greyish-brown ; **pain ~** brown bread.

bis² [bis] ◇ *adv* - **1.** [dans adresse] : **5 ~** 5a - **2.** [à la fin d'un spectacle] encore ◇ *nm* encore.

bisannuel, elle [bizanɥɛl] *adj* biennial.

bisbille [bizbij] *nf* squabble, tiff ; **être en ~ (avec)** to be on bad terms (with).

biscornu, e [biskɔrny] *adj* - **1.** [difforme] irregularly shaped - **2.** [bizarre] weird.

biscotte [biskɔt] *nf* toasted bread sold in packets and often eaten for breakfast.

biscuit [biskɥi] *nm* - **1.** [sec] biscuit *Br*, cookie *Am* ; [salé] cracker - **2.** [gâteau] sponge.

bise [biz] *nf* - **1.** [vent] north wind - **2.** *fam* [baiser] kiss ; **grosses ~s** love and kisses.

biseau, x [bizo] *nm* bevel ; **en ~** bevelled *Br*, beleved *Am*.

bison [bizɔ̃] *nm* bison.

bisou [bizu] *nm fam* kiss.

bisque [bisk] *nf* thick soup, the ingredients of which have been pureed ; **~ de homard** lobster bisque.

bissextile [bisɛkstil] ▷ **année**.

bistouri [bisturi] *nm* lancet.

bistro(t) [bistro] *nm fam* cafe, bar.

BISTROT

This word can refer either to a small cafe or to a cosy restaurant, especially one frequented by regulars. 'Le style bistrot' refers to a style of furnishing inspired by the chairs, tables and zinc countertops typical of the traditional 'bistrot'.

bit [bit] *nm* *INFORM* bit.

BIT (*abr de* **Bureau international du travail**) *nm* ILO.

bit(t)e [bit] *nf vulg* cock.

bitume [bitym] *nm* - **1.** [revêtement] asphalt - **2.** *CHIM* bitumen.

bivouac [bivwak] *nm* bivouac.

bivouaquer [3] [bivwake] *vi* to bivouac.

bizarre [bizar] *adj* strange, odd.

bizarrement [bizarmɑ̃] *adv* strangely oddly.

bizarrerie [bizarri] *nf* strangeness.

bizutage [bizytaʒ] *nm* practical jokes played on new arrivals in a school or college.

BIZUTAGE

In some French schools and colleges, students in fancy-dress take to the streets and play practical jokes (sometimes very cruel ones) on each other and on passers-by at the beginning of the school year. This is part of the traditional initiation ceremony known as 'bizutage'.

blabla, bla-bla [blabla] *nm inv fam* waffle.

blackbouler [3] [blakbule] *vt* - **1.** [à une élection] to blackball - **2.** *fam* [à un examen] to fail.

black-out [blakawt] *nm* blackout.

blafard, e [blafar, ard] *adj* pale.

blague [blag] *nf* - **1.** [plaisanterie] joke ; **~ à part** joking apart ; **sans ~!** no!, really? - **2.** [sac] **~ à tabac** tobacco pouch.

blaguer [3] [blage] *fam vi* to joke.

blagueur, euse [blagœr, øz] *fam* <> *adj* jokey <> *nm, f* joker.

blaireau, x [blɛro] *nm* - **1.** [animal] badger - **2.** [de rasage] shaving brush.

blairer [4] [blɛre] *vt fam* : **je ne peux pas la ~** I can't stand her.

blâme [blam] *nm* - **1.** [désapprobation] disapproval - **2.** [sanction] reprimand.

blâmer [3] [blame] *vt* - **1.** [désapprouver] to blame - **2.** [sanctionner] to reprimand.

blanc, blanche [blɑ̃, blɑ̃ʃ] *adj* - **1.** [gén] white - **2.** [non écrit] blank - **3.** [pâle] pale.

 blanc *nm* - **1.** [couleur] white ; **~ cassé** off-white - **2.** [personne] white (man) - **3.** [linge de maison] : **le ~** the (household) linen - **4.** [sur page] blank (space) ; **en ~** [chèque] blank ; **laisser en ~** to leave blank - **5.** [dans conversation] gap - **6.** [de volaille] white meat - **7.** [vin] white (wine) ; **~ de ~s** *white wine from white grapes* - **8.** *loc* : **chauffé à ~** white-hot ; **tirer à ~** to shoot *ou* fire blanks.

 blanche *nf* - **1.** [personne] white (woman) - **2.** *MUS* minim.

 blanc d'œuf *nm* egg white.

blanc-bec [blɑ̃bɛk] (*pl* **blancs-becs**) *nm péj* & *vieilli* greenhorn.

blanchâtre [blɑ̃ʃatr] *adj* whitish.

blanche > **blanc**.

blancheur [blɑ̃ʃœr] *nf* whiteness.

blanchiment [blɑ̃ʃimɑ̃] *nm* - **1.** [décoloration] bleaching - **2.** [coloration en blanc] whitewashing ; **~ d'argent** *fig* money laundering.

blanchir [32] [blɑ̃ʃir] <> *vt* - **1.** [mur] to whitewash - **2.** [linge, argent] to launder - **3.** [légumes] to blanch - **4.** [sucre] to refine ; [papier, tissu] to bleach - **5.** *fig* [accusé] : **~ qqn de qqch** to clear sb of sthg <> *vi* : **~ (de)** to go white (with).

blanchissage [blɑ̃ʃisaʒ] *nm* - **1.** [de linge] laundering - **2.** [de sucre] refining.

blanchisserie [blɑ̃ʃisri] *nf* laundry.

blanchon [blɑ̃ʃɔ̃] *nm* *Can* whitecoat (*baby seal*).

blanquette [blɑ̃kɛt] *nf* - **1.** *CULIN* stew of veal, lamb or chicken served in a white sauce ; **~ de veau** veal blanquette - **2.** [vin] : **~ de Limoux** *sparkling wine from Limoux*.

blasé, e [blaze] <> *adj* blasé <> *nm, f* blasé person.

blason [blazɔ̃] *nm* coat of arms.

blasphématoire [blasfematwar] *adj* blasphemous.

blasphème [blasfɛm] *nm* blasphemy.

blasphémer [18] [blasfeme] *vt* & *vi* to blaspheme.

blatte [blat] *nf* cockroach.

blazer [blazɛr] *nm* blazer.

blé [ble] *nm* - **1.** [céréale] wheat, corn ; **~ en herbe** unripe corn ; **~ noir** buckwheat ; **blond comme les ~s** with corn-coloured hair - **2.** *fam* [argent] dough.

bled [blɛd] *nm* - **1.** [brousse] *North African interior* - **2.** *fam péj* [village isolé] godforsaken place.

blême [blɛm] *adj* : **~ (de)** pale (with).

blêmir [32] [blemir] *vi* to go *ou* turn pale.

blennorragie [blenɔraʒi] *nf* gonorrhoea.

blessant, e [blesɑ̃, ɑ̃t] *adj* hurtful.

blessé, e [blese] *nm, f* wounded *ou* injured person ; **un grand ~** a badly wounded *ou* injured person.

blesser [4] [blese] *vt* - **1.** [physiquement - accidentellement] to injure, to hurt ; [- par arme] to wound ; **ses chaussures lui blessent les pieds** his shoes make his feet sore - **2.** [moralement] to hurt.

 se blesser *vp* to injure o.s., to hurt o.s.

blessure [blesyr] *nf litt* & *fig* wound.

blet, blette [blɛ, blɛt] *adj* overripe.

blette = **bette**.

bleu, e [blø] *adj* - **1.** [couleur] blue ; **~ pâle/pétrole/roi** pale/petrol/royal blue - **2.** [viande] very rare.

 bleu *nm* - **1.** [couleur] blue - **2.** [meurtrissure] bruise - **3.** *fam* [novice - à l'armée] raw recruit ; [- à l'université] freshman, fresher *Br* - **4.** [fromage] blue cheese - **5.** [antiseptique] : **~ de méthylène** methylene blue - **6.** [vêtement] : **~ de travail** overalls (*pl*).

bleuet [bløɛ] *nm* cornflower ; *Can* [fruit] blueberry.

bleuetière [bløtjɛr] *nf Can* blueberry field.

bleuir [32] [bløir] *vt* & *vi* to turn blue.

bleuté, e [bløte] *adj* bluish.

blindé, e [blɛ̃de] *adj* - **1.** [véhicule] armoured *Br*, armored *Am* ; [porte, coffre] armour-plated *Br*, armor-plated *Am* - **2.** *fam fig* [personne] hardened.

 blindé *nm* armoured *Br ou* armored *Am* car.

blinder [3] [blɛ̃de] *vt* - **1.** [véhicule] to armour *Br*, to armor *Am* ; [porte, coffre] to armour-plate *Br*, to armor-plate *Am* - **2.** *fam* [endurcir] to harden.

 se blinder *vp fam fig* to harden o.s.

blini [blini] *nm* blini.

blizzard [blizar] *nm* blizzard.

bloc [blɔk] *nm* - **1.** [gén] block ; **en ~** wholesale ; **faire ~** to unite - **2.** [assemblage] unit ; **~ d'alimentation** *INFORM* power pack ; **~ opéra-**

toire operating theatre ; **~ sanitaire** toilet block.

blocage [blɔkaʒ] *nm* - **1.** ÉCON freeze, freezing *(U)* - **2.** [de roue] locking - **3.** PSYCHOL (mental) block - **4.** CONSTR rubble.

blockhaus [blɔkos] *nm* blockhouse.

bloc-moteur [blɔkmɔtœr] *(pl* **blocs-moteurs)** *nm* engine block.

bloc-notes [blɔknɔt] *(pl* **blocs-notes)** *nm* notepad.

blocus [blɔkys] *nm* blockade.

blond, e [blɔ̃, blɔ̃d] ◇ *adj* fair, blond ◇ *nm, f* fair-haired *ou* blond man *(f* fair-haired) *ou* blonde woman.
 ➨ **blond** *nm* : **~ cendré/vénitien/platine** ash/strawberry/platinum blond.
 ➨ **blonde** *nf* - **1.** [cigarette] Virginia cigarette - **2.** [bière] lager.

blondeur [blɔ̃dœr] *nf* blondness, fairness.

blondir [32] [blɔ̃dir] *vi* to go *ou* turn blond ; **faire ~** CULIN to fry gently without browning.

bloquer [3] [blɔke] *vt* - **1.** [porte, freins] to jam ; [roues] to lock - **2.** [route, chemin] to block ; [personne] : **être bloqué** to be stuck - **3.** [prix, salaires, crédit] to freeze - **4.** [regrouper] to combine - **5.** PSYCHOL : **être bloqué** to have a (mental) block.
 ➨ **se bloquer** *vp* - **1.** [se coincer] to jam - **2.** PSYCHOL : **se ~ contre** to have a (mental) block about.

blottir [32] [blɔtir] ➨ **se blottir** *vp* : **se ~ (contre)** to snuggle up (to).

blouse [bluz] *nf* - **1.** [de travail, d'écolier] smock - **2.** [chemisier] blouse.

blouser [3] [bluze] ◇ *vi* to be full ◇ *vt fam* : **~ qqn** to pull a fast one on sb.

blouson [bluzɔ̃] *nm* bomber jacket, blouson ; **~ noir** ≃ teddy boy.

blue-jean [bludʒin] *(pl* **blue-jeans** [bludʒins]) *nm* jeans *(pl).*

blues [bluz] *nm inv* blues.

bluff [blœf] *nm* bluff.

bluffer [3] [blœfe] *fam vi & vt* to bluff.

blush [blœʃ] *nm* blusher.

BN *nf abr de* **Bibliothèque nationale.**

BNF *nf abr de* **Bibliothèque nationale de France.**

boa [bɔa] *nm* boa.

boat people [botpipəl] *nmpl* boat people.

bob [bɔb] *nm* SPORT bob.

bobard [bɔbar] *nm fam* fib.

bobine [bɔbin] *nf* - **1.** [cylindre] reel, spool - **2.** ÉLECTR coil - **3.** *fam vieilli* [visage] face.

bobo [bɔbo] *nm (langage enfantin)* : **se faire ~** to hurt o.s. ; **j'ai ~ à la tête** my head hurts.

bobsleigh [bɔbslɛg] *nm* bobsleigh.

bocage [bɔkaʒ] *nm* - **1.** [bois] grove - **2.** GÉOGR bocage.

bocal, aux [bɔkal, o] *nm* jar.

bock [bɔk] *nm* beer mug.

body-building [bɔdibildiŋ] *nm* : **le ~** body building *(U).*

bœuf [bœf, pl bø] *nm* - **1.** [animal] ox - **2.** [viande] beef ; **~ bourguignon** *beef stew in a red-wine sauce* ; **~ en daube** *beef braised in wine and stock* ; **~ miroton** *slices of beef reheated in stock.*

bof [bɔf] *interj fam* [exprime le mépris] so what? ; [exprime la lassitude] I don't really care.

bogue [bɔg], **bug** [bʌg] *nm* INFORM bug ; **le ~ de l'an 2000** the millennium bug.

bohème [bɔɛm] ◇ *adj* bohemian ◇ *nf* : **la ~** bohemia.

Bohême [bɔɛm] *nf* : **la ~** Bohemia.

bohémien, enne [bɔemjɛ̃, ɛn] ◇ *adj* - **1.** [tsigane] gipsy *(avant n)* - **2.** [non-conformiste] bohemian ◇ *nm, f* - **1.** [tsigane] gipsy - **2.** [non-conformiste] bohemian.
 ➨ **Bohémien, enne** *nm, f* Bohemian.

boire [108] [bwar] ◇ *vt* - **1.** [s'abreuver] to drink - **2.** [absorber] to soak up, to absorb ◇ *vi* to drink.

bois [bwa] ◇ *nm* wood ; **en ~** wooden ; **~ mort** dead wood *Br,* deadwood *Am* ; **~ vert** green wood ; **chèque en ~** *fig* rubber cheque *Br,* bad check *Am* ; **petit ~** kindling ; **toucher du ~** *fam fig* to touch wood *Br,* to knock on wood *Am* ◇ *nmpl* - **1.** MUS woodwind *(U)* - **2.** [cornes] antlers.

boisé, e [bwaze] *adj* wooded.

boiser [3] [bwaze] *vt* to afforest.

boiserie [bwazri] *nf* panelling *(U) Br,* paneling *(U) Am.*

boisson [bwasɔ̃] *nf* - **1.** [breuvage] drink ; **~ chaude/froide** hot/cold drink ; **être pris de ~** to be intoxicated - **2.** [habitude] drink drinking *(U).*

boîte [bwat] *nf* - **1.** [récipient] box ; **en ~** tinned *Br,* canned ; **~ de conserve** tin *Br,* can ; **~ aux lettres** [pour la réception] letterbox ; [pour l'envoi] postbox *Br,* mailbox *Am* ; **~ à musique** music box *Br,* music box *Am* ; **~ noire** black box ; **~ postale** post office box ; **mettre qqn en ~** *fig* to pull sb's leg - **2.** AUTOM : **~ à gants** glove compartment ; **~ de vitesses** gearbox - **3.** INFORM : **~ de dialogue** dialog box ; **~ aux lettres électronique** electronic mailbox ; **~ vocale** voice mail - **4.** *fam* [entreprise] company, firm ; [lycée] school - **5.** *fam* [discothèque] : **~ (de nuit)** nightclub, club.

boiter [3] [bwate] *vi* - **1.** [personne] to limp - **2.** [meuble] to wobble.

boiteux, euse [bwatø, øz] ⬦ *adj* - **1.** [personne] lame - **2.** [meuble] wobbly - **3.** *fig* [raisonnement] shaky ⬦ *nm, f* lame person.

boîtier [bwatje] *nm* - **1.** [boîte] case - **2.** TECHNOL casing.

boitiller [3] [bwatije] *vi* to limp slightly.

bol [bɔl] *nm* - **1.** [récipient] bowl - **2.** [contenu] bowl, bowlful - **3.** *loc* : **avoir du ~** *fam* to be lucky ; **prendre un ~ d'air** to get some fresh air.

bolet [bɔlɛ] *nm* boletus.

bolide [bɔlid] *nm* - **1.** [véhicule] racing Br ou race Am car ; **comme un ~** like a rocket - **2.** ASTRON meteor.

Bolivie [bɔlivi] *nf* : **la ~** Bolivia.

bolivien, enne [bɔlivjɛ̃, ɛn] *adj* Bolivian.

⬤ **Bolivien, enne** *nm, f* Bolivian.

bombance [bɔ̃bɑ̃s] *nf* : **faire ~** *fam* to have a feast.

bombardement [bɔ̃bardəmɑ̃] *nm* bombardment, bombing *(U)*.

bombarder [3] [bɔ̃barde] *vt* - **1.** MIL to bomb - **2.** [assaillir] : **~ qqn/qqch de** to bombard sb/sthg with - **3.** *fam fig* [nommer] : **~ qqn chef de personnel** to pitchfork sb into the job of personnel manager.

bombardier [bɔ̃bardje] *nm* - **1.** [avion] bomber - **2.** [aviateur] bombardier.

bombe [bɔ̃b] *nf* - **1.** [projectile] bomb ; *fig* bombshell ; **~ atomique** atomic bomb ; **~ incendiaire** incendiary ou fire bomb ; **~ à retardement** time bomb - **2.** [casquette] riding hat - **3.** [atomiseur] spray, aerosol - **4.** CULIN : **~ glacée** (ice-cream) bombe - **5.** *loc* : **faire la ~** to live it up.

bombé, e [bɔ̃be] *adj* bulging, rounded.

bomber [3] [bɔ̃be] ⬦ *vt* - **1.** [torse] to stick out - **2.** *fam* [dessiner à la bombe] to spray ⬦ *vi* - **1.** [devenir convexe] to bulge - **2.** *fam* [aller vite] to bomb along.

bon, bonne [bɔ̃, bɔn] (*compar & superl* **meilleur**) *adj* - **1.** [gén] good - **2.** [généreux] good, kind - **3.** [utilisable - billet, carte] valid - **4.** [correct] right - **5.** [dans l'expression d'un souhait] : **bonne année!** Happy New Year! ; **bonne chance!** good luck! ; **bonnes vacances!** have a nice holiday! - **6.** *loc* : **être ~ pour qqch/pour faire qqch** *fam* to be fit for sthg/for doing sthg ; **tu es ~ pour une contravention** you'll end up with ou you'll get a parking ticket ; **~ à (+ infinitif)** fit to ; **c'est ~ à savoir** that's worth knowing.

⬤ **bon** ⬦ *adv* : **à quoi ~ ...?** what's the use ...? ; **il fait ~** the weather's fine, it's fine ;

sentir ~ to smell good ; **tenir ~** to stand firm ⬦ *interj* - **1.** [marque de satisfaction] good! - **2.** [marque de surprise] : **ah ~!** really? ⬦ *nm* - **1.** [constatant un droit] voucher ; **~ de commande** order form ; **~ du Trésor** FIN Treasury bill ou bond - **2.** *(gén pl)* [personne] : **les ~s et les méchants** good people and wicked people - **3.** [éléments valables] good *(U)*.

⬤ **pour de bon** *loc adv* seriously, really.

bonbon [bɔ̃bɔ̃] *nm* - **1.** [friandise] sweet Br, piece of candy Am ; **~ acidulé** acid drop - **2.** Belg [gâteau] biscuit.

bonbonne [bɔ̃bɔn] *nf* demijohn.

bonbonnière [bɔ̃bɔnjɛr] *nf* - **1.** [boîte] sweetbox Br, candy box Am - **2.** *fig* [appartement] bijou flat Br ou apartment Am.

bond [bɔ̃] *nm* [d'animal, de personne] leap, bound ; [de balle] bounce ; **faire un ~** to leap (forward) ; **faire faux ~ à qqn** to let sb down.

bonde [bɔ̃d] *nf* - **1.** [d'évier] plug - **2.** [trou] bunghole - **3.** [bouchon] bung.

bondé, e [bɔ̃de] *adj* packed.

bondieuserie [bɔ̃djøzri] *nf péj* - **1.** [bigoterie] religiosity - **2.** [objet] religious trinket.

bondir [32] [bɔ̃dir] *vi* - **1.** [sauter] to leap, to bound ; **~ sur qqn/qqch** to pounce on sb/sthg - **2.** [s'élancer] to leap forward - **3.** *fig* [réagir violemment] : **~ (de)** to jump (with).

bonheur [bɔnœr] *nm* - **1.** [félicité] happiness - **2.** [chance] (good) luck, good fortune ; **par ~** happily, fortunately ; **au petit ~** haphazardly ; **porter ~** to be lucky, to bring good luck.

bonhomie [bɔnɔmi] *nf* good-naturedness, good humour.

bonhomme [bɔnɔm] (*pl* **bonshommes** [bɔ̃zɔml]) *nm* - **1.** *fam péj* [homme] fellow - **2.** [petit garçon] fellow - **3.** [représentation] man ; **~ de neige** snowman - **4.** *loc* : **aller son petit ~ de chemin** *fig* to jog along.

boniche [bɔniʃ] *nf péj* servant, skivvy Br.

bonification [bɔnifikasjɔ̃] *nf* - **1.** [de terre, de vin] improvement - **2.** SPORT bonus points *(pl)*.

bonifier [9] [bɔnifje] *vt* to improve.

⬤ **se bonifier** *vp* to improve.

boniment [bɔnimɑ̃] *nm* - **1.** [baratin] sales talk *(U)* - **2.** [mensonge] (tall) story.

bonjour [bɔ̃ʒur] *nm* hello ; [avant midi] good morning ; [après midi] good afternoon ; **c'est simple comme ~** it's (as) easy as ABC.

bonne [bɔn] ⬦ *nf* maid ⬦ *adj* ⊳ **bon.**

bonne-maman [bɔnmamɑ̃] (*pl* **bonnes-mamans**) *nf* granny, grandma.

bonnement [bɔnmɑ̃] *adv* : **tout ~** just, simply.

bonnet [bɔnɛ] *nm* - **1.** [coiffure] (woolly) hat ;

~ **d'âne** ≃ dunce's cap ; ~ **de bain** swimming cap ; ~ **de nuit** fig [personne] misery ; **gros** ~ fig [personne] big cheese ; ~ **phrygien** Phrygian cap *(worn by the sans-culottes during the French Revolution)* - **2.** [de soutien-gorge] cup - **3.** loc : ~ **blanc et blanc** ~ six of one and half a dozen of the other.

bonneterie [bɔnɛtri] nf - **1.** [magasin] hosier's (shop) - **2.** [marchandise] hosiery (U) - **3.** [commerce] hosiery (business ou trade).

bon-papa [bɔ̃papa] (pl **bons-papas**) nm grandad, grandpa.

bonsoir [bɔ̃swar] nm [en arrivant] hello, good evening ; [en partant] goodbye, good evening ; [en se couchant] good night.

bonté [bɔ̃te] nf - **1.** [qualité] goodness, kindness ; **avoir la** ~ **de faire qqch** sout to be so good ou kind as to do sthg - **2.** (gén pl) [acte] act of kindness.

bonus [bɔnys] nm [prime d'assurance] no-claims bonus.

boom [bum] nm boom.

boomerang [bumrãg] nm boomerang.

borborygme [bɔrbɔrigm] nm rumbling (U).

bord [bɔr] nm - **1.** [de table, de vêtement] edge ; [de verre, de chapeau] rim ; **à ras** ~**s** to the brim - **2.** [de rivière] bank ; [de lac] edge, shore ; **au** ~ **de la mer** at the seaside - **3.** [de bois, jardin] edge ; [de route] edge, side - **4.** [d'un moyen de transport] : **passer par-dessus** ~ to fall overboard ; **virer de** ~ NAVIG to tack - **5.** loc : **être du même** ~ fig to be on the same side.

➤ **à bord de** loc prép : **à** ~ **de qqch** on board sthg.

➤ **au bord de** loc prép at the edge of ; fig on the verge of.

bordeaux [bɔrdo] ⬦ nm - **1.** [vin] Bordeaux - **2.** [couleur] claret ⬦ adj inv claret.

bordée [bɔrde] nf broadside ; ~ **d'injures** fig torrent of abuse ; ~ **de neige** Can heavy snowfall.

bordel [bɔrdɛl] nm vulg - **1.** [maison close] brothel - **2.** [désordre] shambles (sg).

border [3] [bɔrde] vt - **1.** [vêtement] : ~ **qqch de** to edge sthg with - **2.** [être en bordure de] to line - **3.** [voile] to haul on - **4.** [couverture, personne] to tuck in.

bordereau, x [bɔrdəro] nm - **1.** [liste] schedule - **2.** [facture] invoice - **3.** [relevé] slip ; ~ **de salaire** pay slip.

bordure [bɔrdyr] nf - **1.** [bord] edge ; **en** ~ **de** on the edge of - **2.** [de fleurs] border - **3.** [de vêtement] edge, edging.

boréal, e, aux [bɔreal, o] adj northern.

borgne [bɔrɲ] ⬦ nmf [personne] one-eyed person ⬦ adj - **1.** [personne] one-eyed - **2.** [fe-

nêtre] with an obstructed view - **3.** fig [sordide] disreputable.

borne [bɔrn] nf - **1.** [marque] boundary marker ; ~ **kilométrique** ≃ milestone - **2.** [limite] limit, bounds (pl) ; **dépasser les** ~**s** to go too far ; **sans** ~**s** boundless - **3.** fam [kilomètre] kilometre Br, kilometer Am - **4.** INFORM : ~ **interactive** interactive terminal.

borné, e [bɔrne] adj - **1.** [horizon] limited - **2.** [personne] narrow-minded ; [esprit] narrow.

Bornéo [bɔrneo] n Borneo ; **à** ~ in Borneo.

borner [3] [bɔrne] vt [terrain] to limit ; [projet, ambition] to limit, to restrict.

➤ **se borner** vp : **se** ~ **à qqch/à faire qqch** [suj : personne] to confine o.s. to sthg/to doing sthg.

bosniaque [bɔsnjak] adj Bosnian.
➤ **Bosniaque** nmf Bosnian.

Bosnie [bɔsni] nf : **la** ~ Bosnia.

bosquet [bɔskɛ] nm copse.

bosse [bɔs] nf - **1.** [sur tête, sur route] bump - **2.** [de bossu, chameau] hump - **3.** loc : **avoir la** ~ **des maths** fam to have a good head for maths Br ou math Am ; **rouler sa** ~ fam to knock around ou about.

bosseler [24] [bɔsle] vt - **1.** [cabosser] to dent - **2.** [travailler] to emboss.

bosser [3] [bɔse] vi fam to work hard.

bosseur, euse [bɔsœr, øz] fam ⬦ adj hardworking ⬦ nm, f hard worker.

bossu, e [bɔsy] ⬦ adj hunchbacked ⬦ nm, f hunchback.

bot [bo] ▷ **pied**.

botanique [bɔtanik] ⬦ adj botanical ⬦ nf **la** ~ botany.

Botswana [bɔtswana] nm : **le** ~ Botswana ; **au** ~ in Botswana.

botte [bɔt] nf - **1.** [chaussure] boot ; ~ **de caoutchouc** wellington (boot) Br, rubber boot Am ; **lécher les** ~**s de qqn** fam fig to lick sb's boots ; **en avoir plein les** ~**s** fam fig to have had a bellyful - **2.** [de légumes] bunch - **3.** [en escrime] thrust, lunge.

botter [3] [bɔte] vt - **1.** [chausser] : **être botté de cuir** to be wearing leather boots - **2.** fam [donner un coup de pied à] to boot - **3.** fam vieilli [plaire à] : **ça me botte** I dig it.

bottier [bɔtje] nm [de bottes] bootmaker ; [de chaussures] shoemaker.

bottillon [bɔtijɔ̃] nm (ankle) boot.

Bottin® [bɔtɛ̃] nm phone book.

bottine [bɔtin] nf (ankle) boot.

bouc [buk] nm - **1.** [animal] (billy) goat ; ~ **émissaire** fig scapegoat - **2.** [barbe] goatee.

boucan [bukã] *nm fam* row, racket.

bouche [buʃ] *nf* - **1.** [gén] mouth ; **~ d'incendie** fire hydrant ; **~ de métro** metro entrance *ou* exit - **2.** *loc* : **garder qqch pour la bonne ~** to save sthg till last *ou* the end ; **de ~ à oreille** by word of mouth ; **faire la fine ~** to be awkward, to make difficulties.

bouché, e [buʃe] *adj* - **1.** [en bouteille] bottled - **2.** *fam* [personne] dumb, thick *Br*.

bouche-à-bouche [buʃabuʃ] *nm inv* : **faire du ~ à qqn** to give sb mouth-to-mouth resuscitation.

bouchée [buʃe] *nf* mouthful ; **~ à la reine** CULIN chicken vol-au-vent ; **pour une ~ de pain** *fig* for a song.

boucher¹ [3] [buʃe] *vt* - **1.** [fermer - bouteille] to cork ; [- trou] to fill (in *ou* up) - **2.** [passage, vue] to block.

◆ **se boucher** *vp* to get blocked (up) ; **se ~ le nez** to hold one's nose.

boucher², ère [buʃe, ɛr] *nm, f* butcher.

boucherie [buʃri] *nf* - **1.** [magasin] butcher's (shop) ; **~ chevaline** horse butcher's - **2.** [commerce] butchery (trade) - **3.** *fig* [carnage] slaughter.

boucherie-charcuterie [buʃriʃarkytri] (*pl* **boucheries-charcuteries**) *nf* butcher's.

bouche-trou [buʃtru] (*pl* **bouche-trous**) *nm* - **1.** [personne] : **servir de ~** to make up (the) numbers - **2.** [objet] stopgap.

bouchon [buʃɔ̃] *nm* - **1.** [pour obturer - gén] top ; [- de réservoir] cap ; [- de bouteille] cork ; **~ de cire** buildup of wax in the ear - **2.** [de canne à pêche] float - **3.** [embouteillage] traffic jam.

bouchonner [3] [buʃɔne] ◇ *vt* - **1.** [cheval] to rub down - **2.** [enfant] to pamper ◇ *vi* : **ça bouchonne sur l'autoroute** there is a traffic jam on the motorway.

boucle [bukl] *nf* - **1.** [de ceinture, soulier] buckle - **2.** [bijou] : **~ d'oreille** earring - **3.** [de cheveux] curl - **4.** [de fleuve, d'avion & INFORM] loop.

bouclé, e [bukle] *adj* [cheveux] curly ; [personne] curly-haired.

boucler [3] [bukle] *vt* - **1.** [attacher] to buckle ; [ceinture de sécurité] to fasten - **2.** [fermer] to shut - **3.** *fam* [enfermer - voleur] to lock up ; [- malade] to shut away - **4.** [encercler] to seal off - **5.** [terminer] to finish.

bouclier [buklije] *nm litt & fig* shield.

bouddha [buda] *nm* [statuette] buddha.

◆ **Bouddha** *nm* Buddha.

bouddhisme [budism] *nm* Buddhism.

bouddhiste [budist] *nmf & adj* Buddhist.

bouder [3] [bude] ◇ *vi* to sulk ◇ *vt* [chose] to dislike ; [personne] to shun ; **elle me boude depuis que je lui ai fait faux-bond** she has cold-shouldered me ever since I let her down.

boudeur, euse [budœr, øz] ◇ *adj* sulky ◇ *nm, f* sulky person.

boudin [budɛ̃] *nm* - **1.** CULIN blood pudding ; **~ blanc/noir** white/black pudding - **2.** *fam péj* [personne] podge.

boudiné, e [budine] *adj* - **1.** [gros] podgy - **2.** [serré] : **être ~ dans ses vêtements** to be squeezed into one's clothes.

boudoir [budwar] *nm* - **1.** [salon] boudoir - **2.** [biscuit] sponge finger.

boue [bu] *nf* mud ; **traîner qqn dans la ~, couvrir qqn de ~** *fig* to drag sb *ou* sb's name through the mud.

bouée [bwe] *nf* - **1.** [balise] buoy - **2.** [pour flotter] rubber ring ; **~ de sauvetage** lifebelt.

boueux, euse [buø, øz] *adj* muddy.

◆ **boueux** *nm fam* dustman *Br*, garbage man *Am*.

bouffant, e [bufã, ãt] *adj* [manche, jupe] full ; [cheveux] bouffant.

bouffe [buf] *nf fam* grub.

bouffée [bufe] *nf* - **1.** [de fumée] puff ; [de parfum] whiff ; [d'air] breath ; **~s de chaleur** (hot) flushes *Br*, hot flashes *Am* - **2.** [accès] surge ; **~s délirantes** mad fits.

bouffer [3] [bufe] ◇ *vi* [manches] to puff out ◇ *vt fam* [manger] to eat.

bouffi, e [bufi] *adj* : **~ (de)** swollen (with).

bouffon, onne [bufɔ̃, ɔn] *adj* farcical.

◆ **bouffon** *nm* - **1.** HIST jester - **2.** [pitre] clown.

bouge [buʒ] *nm péj* - **1.** [taudis] hovel - **2.** [café] dive.

bougeoir [buʒwar] *nm* candlestick.

bougeotte [buʒɔt] *nf* : **avoir la ~** to have itchy feet.

bouger [17] [buʒe] ◇ *vt* [déplacer] to move ◇ *vi* - **1.** [remuer] to move ; **je ne bouge pas (de chez moi) aujourd'hui** I'm staying at home today - **2.** [vêtement] to shrink - **3.** [changer] to change - **4.** [s'agiter] : **ça bouge partout dans le monde** there is unrest all over the world.

◆ **se bouger** *vp fam* - **1.** [faire des efforts] to move *ou* shift o.s. - **2.** [se déplacer] to move (over).

bougie [buʒi] *nf* - **1.** [chandelle] candle - **2.** [de moteur] spark plug, sparking plug.

bougon, onne [bugɔ̃, ɔn] ◇ *adj* grumpy ◇ *nm, f* grumbler.

bougonner [3] [bugɔne] *vt & vi* to grumble.

bougre, esse [bugr, ɛs] *nm, f fam* [homme] bloke *Br*, guy ; [femme] (old) girl.

◆ **bougre** *nm fam* : **~ d'andouille!** you damned idiot!, you bloody fool! *Br*.

boui-boui [bwibwi] (*pl* bouis-bouis) *nm fam péj* (cheap) caff.

bouillabaisse [bujabɛs] *nf* bouillabaisse (*Provençal fish soup*).

bouillant, e [bujɑ̃, ɑ̃t] *adj* - **1.** [qui bout] boiling - **2.** [très chaud] boiling hot - **3.** *fig* [ardent] fiery.

bouille [buj] *nf fam* [visage] face.

bouilleur [bujœr] *nm* : ~ de cru small-scale distiller.

bouillie [buji] *nf* baby's cereal ; **réduire en** ~ [légumes] to puree ; [personne] to reduce to a pulp.

bouillir [48] [bujir] *vi* - **1.** [aliments] to boil ; **faire** ~ to boil - **2.** *fig* [personne] : ~ **(de)** to seethe (with).

bouilloire [bujwar] *nf* kettle.

bouillon [bujɔ̃] *nm* - **1.** [soupe] stock - **2.** [bouillonnement] bubble ; **faire bouillir à gros** ~**s** to bring to a rolling boil - **3.** [bactériologique] : ~ **de culture** culture medium.

bouillonner [3] [bujɔne] *vi* - **1.** [liquide] to bubble - **2.** [torrent] to foam - **3.** *fig* [personne] to seethe.

bouillotte [bujɔt] *nf* hot-water bottle.

boul. *abr de* boulevard.

boulanger, ère [bulɑ̃ʒe, ɛr] <> *adj* bakery (*avant n*), baking (*avant n*) <> *nm, f* baker.

boulangerie [bulɑ̃ʒri] *nf* - **1.** [magasin] baker's (shop) - **2.** [commerce] bakery trade.

boulangerie-pâtisserie [bulɑ̃ʒripatisri] (*pl* **boulangeries-pâtisseries**) *nf* ≃ baker's (shop).

boule [bul] *nf* - **1.** [gén] ball ; [de loto] counter ; [de pétanque] bowl ; ~ **de commande** INFORM trackball ; ~ **de neige** snowball ; **faire** ~ **de neige** to snowball - **2.** *loc* : **se mettre en** ~ *fam* to blow one's top ; **perdre la** ~ *fam* to lose one's marbles.

➡ **boules** *nfpl* [jeux] *game played on bare ground with steel bowls*.

➡ **boules Quiès®** *nfpl earplugs made of wax*.

bouleau, x [bulo] *nm* silver birch.

bouledogue [buldɔg] *nm* bulldog.

boulet [bulɛ] *nm* - **1.** [munition] : ~ **de canon** cannonball ; **tirer à** ~**s rouges sur qqn** *fig* to let fly at sb - **2.** [de forçat] ball and chain - **3.** *fig* [fardeau] millstone (round one's neck).

boulette [bulɛt] *nf* - **1.** [petite boule] pellet - **2.** [de viande] meatball.

boulevard [bulvar] *nm* - **1.** [rue] boulevard ; **les grands** ~ *Paris boulevards running from the Place de la République to la Madeleine* - **2.** THÉÂTRE light comedy (*U*).

bouleversant, e [bulvɛrsɑ̃, ɑ̃t] *adj* distressing.

bouleversement [bulvɛrsəmɑ̃] *nm* disruption.

bouleverser [3] [bulvɛrse] *vt* - **1.** [objets] to turn upside down - **2.** [modifier] to disrupt - **3.** [émouvoir] to distress.

boulier [bulje] *nm* abacus.

boulimie [bulimi] *nf* bulimia.

bouliste [bulist] *nmf* bowls player.

Boulle [bul] *n* : **l'école** ~ *prestigious school training cabinetmakers*.

boulon [bulɔ̃] *nm* bolt.

boulonner [3] [bulɔne] <> *vt* to bolt <> *vi fam* to slog (away).

boulot¹, otte [bulo, ɔt] *adj* dumpy.

boulot² [bulo] *nm fam* - **1.** [travail] work - **2.** [emploi] job.

boum [bum] <> *interj* bang! <> *nm* - **1.** [bruit] bang ; **faire** ~ to go bang - **2.** ÉCON & *fig* boom <> *nf fam vieilli* party.

bouquet [bukɛ] *nm* - **1.** [de fleurs - gén] bunch (of flowers) ; [- formel] bouquet - **2.** [crevette] prawn - **3.** [de vin] bouquet - **4.** [de feu d'artifice] crowning piece - **5.** CULIN : ~ **garni** bouquet garni - **6.** TÉLÉ : ~ **de programmes** multichannel package - **7.** *loc* : **ça c'est le** ~ ! *fam* that takes the cake *ou* biscuit *Br*!

bouquetin [buktɛ̃] *nm* ibex.

bouquin [bukɛ̃] *nm fam* book.

bouquiner [3] [bukine] *vi* & *vt fam* to read.

bouquiniste [bukinist] *nmf* secondhand bookseller.

bourbeux, euse [burbø, øz] *adj* muddy.

bourbier [burbje] *nm* [lieu] quagmire, mire ; *fig* mess.

bourbon [burbɔ̃] *nm* [whisky] bourbon.

bourde [burd] *nf* - **1.** [baliverne] rubbish (*U*) - **2.** *fam* [erreur] blunder.

bourdon [burdɔ̃] *nm* - **1.** [insecte] bumblebee - **2.** [cloche] (large) bell - **3.** [ton grave] drone - **4.** *loc* : **avoir le** ~ *fam* to be (feeling) down.

bourdonnement [burdɔnmɑ̃] *nm* - **1.** [d'insecte, de voix, de moteur] buzz (*U*) - **2.** *loc* : **avoir des** ~**s d'oreilles** to have a ringing in one's ears.

bourdonner [3] [burdɔne] *vi* - **1.** [insecte, machine, voix] to buzz - **2.** [oreille] to ring.

bourg [bur] *nm* market town.

bourgade [burgad] *nf* village.

bourgeois, e [burʒwa, az] <> *adj* - **1.** [valeur] middle-class - **2.** [cuisine] plain - **3.** *péj* [personne] bourgeois <> *nm, f* bourgeois.

bourgeoisie [burʒwazi] *nf* ≃ middle classes (*pl*).

bourgeon [burʒɔ̃] *nm* bud.

bourgeonner [3] [burʒɔne] *vi* to bud.

bourgmestre [burgmɛstr] *nm* burgomaster.

bourgogne [burgɔɲ] *nm* Burgundy *(wine)*.

Bourgogne [burgɔɲ] *nf* : **la ~** Burgundy.

bourguignon, onne [burgiɲɔ̃, ɔn] *adj* [de Bourgogne] Burgundian.
> **Bourguignon, onne** *nm, f* Burgundian.

bourlinguer [3] [burlɛ̃ge] *vi fam* [voyager] to bum around the world.

bourrade [burad] *nf* thump.

bourrage [buraʒ] *nm* [de coussin] stuffing.
> **bourrage de crâne** *nm* - **1.** [bachotage] swotting - **2.** [propagande] brainwashing.

bourrasque [burask] *nf* gust of wind.

bourratif, ive [buratif, iv] *adj* stodgy.

bourre [bur] *nf* - **1.** [de coussin] stuffing - **2.** [de laine] flock - **3.** [de bourgeon] down - **4.** *loc* : **être à la ~** *fam* [dans travail] to be behind ; [dans activité] to be running late.

bourré, e [bure] *adj fam* - **1.** [plein] : **~ (de)** [salle] packed (with) ; *fig* chock-full (of) - **2.** [ivre] plastered.

bourreau, x [buro] *nm* - **1.** HIST executioner - **2.** [personne cruelle] torturer ; **~ de travail** workaholic.

bourrelé [burle] ▷ **remords**.

bourrelet [burlɛ] *nm* - **1.** [de graisse] roll of fat - **2.** [de porte] draught *Br ou* draft *Am* excluder.

bourrer [3] [bure] *vt* - **1.** [remplir - coussin] to stuff ; [- pipe] to fill ; [- sac, armoire] : **~ qqch (de)** to cram sthg full (with) - **2.** *fam* [gaver] : **~ qqn (de)** to stuff sb (with) - **3.** *fam* [estomac] : **ça bourre!** it's really filling!
> **se bourrer** *vp fam* - **1.** [se gaver] : **se ~ (de qqch)** to stuff o.s. (with sthg) - **2.** [se soûler] : **se ~ la gueule** to get plastered.

bourricot [buriko] *nm* (small) donkey.

bourrique [burik] *nf* - **1.** [ânesse] she-ass ; **faire tourner qqn en ~** *fam fig* to drive sb up the wall - **2.** *fam* [personne] pigheaded person.

bourru, e [bury] *adj* [peu aimable] surly.

bourse [burs] *nf* - **1.** [porte-monnaie] purse ; **sans ~ délier** without spending anything - **2.** [d'études] grant.
> **Bourse** *nf* [marché] stock exchange, stock market ; **la Bourse de Paris** the Paris Stock Exchange ; **jouer en Bourse** to speculate on the stock exchange *ou* stock market ; **Bourse de commerce** commodity market.

boursicoter [3] [bursikɔte] *vi* to dabble (on the stock market).

boursier, ère [bursje, ɛr] ◇ *adj* - **1.** [élève] on a grant - **2.** FIN stock-exchange, stock-market *(avant n)* ◇ *nm, f* - **1.** [étudiant] student on a grant - **2.** FIN stockbroker.

boursouflé, e [bursufle] *adj* - **1.** [enflé] swollen - **2.** [emphatique] overblown.

boursoufler [3] [bursufle] *vt* to puff up, to swell.
> **se boursoufler** *vp* [peinture] to blister.

bous, bout *etc* ▷ **bouillir**.

bousculade [buskylad] *nf* - **1.** [cohue] crush - **2.** [agitation] rush.

bousculer [3] [buskyle] *vt* - **1.** [pousser] to shove - **2.** [faire tomber] to knock over - **3.** [presser] to rush - **4.** [modifier] to overturn.
> **se bousculer** *vp* to jostle each other.

bouse [buz] *nf* : **~ de vache** cow dung.

bousiller [3] [buzije] *vt fam* - **1.** [abîmer] to ruin, to knacker *Br* - **2.** [bâcler] to botch.

boussole [busɔl] *nf* compass.

bout [bu] *nm* - **1.** [extrémité, fin] end ; **~ à ~** end to end ; **au ~ de** [temps] after ; [espace] at the end of ; **d'un ~ à l'autre** [de ville etc] from one end to the other ; [de livre] from beginning to end ; **~ filtre** filter tip - **2.** [morceau] bit - **3.** *loc* : **au ~ du compte** all things considered ; **à tout ~ de champ** every five minutes ; **être à ~** to be exhausted ; **il n'est pas au ~ de ses peines** his troubles are not over yet ; **à ~ de souffle** out of breath, breathless ; **être à ~ de forces** to have no strength left ; **mener qqn par le ~ du nez** to lead sb by the nose ; **à ~ portant** at point-blank range ; **pousser qqn à ~** to drive sb to distraction ; **être au ~ du rouleau** to have come to the end of the road ; **venir à ~ de** [personne] to get the better of ; [difficulté] to overcome.
> **bout de chou** *nm fam* poppet.

boutade [butad] *nf* [plaisanterie] jest.

boute-en-train [butɑ̃trɛ̃] *nm inv* live wire ; **il était le ~ de la soirée** he was the life and soul of the party.

bouteille [butɛj] *nf* bottle ; **mettre en ~ ou ~s** to bottle ; **prendre de la ~** *fam fig* to be getting on a bit.

boutique [butik] *nf* [gén] shop ; [de mode] boutique ; **~ hors-taxe** duty-free shop ; **fermer ~** to shut up shop ; **parler ~** to talk shop.

bouton [butɔ̃] *nm* - **1.** COUTURE button ; **~ de manchette** cufflink - **2.** [sur la peau] spot - **3.** [de porte] knob - **4.** [commutateur] switch - **5.** [bourgeon] bud.

bouton-d'or [butɔ̃dɔr] *(pl* boutons-d'or) *nm* buttercup.

boutonner [3] [butɔne] *vt* to button (up).
> **se boutonner** *vp* [vêtement] to button.

boutonneux, euse [butɔnø, øz] *adj* spotty.

boutonnière [butɔnjɛr] *nf* [de vêtement] buttonhole.

bouton-pression [butɔ̃presjɔ̃] (*pl* **boutons-pression**) *nm* press-stud *Br*, snap fastener *Am*.

bouture [butyr] *nf* cutting.

bouvier [buvje] *nm* - **1.** [personne] herdsman - **2.** [chien] sheepdog.

bouvreuil [buvrœj] *nm* bullfinch.

bovidé [bɔvide] *nm* bovine.

bovin, e [bɔvɛ̃, in] *adj* bovine.
➤ **bovins** *nmpl* cattle.

bowling [buliŋ] *nm* - **1.** [jeu] bowling - **2.** [lieu] bowling alley.

box [bɔks] (*pl* **boxes**) *nm* - **1.** [d'écurie] loose box - **2.** [compartiment] cubicle ; **le ~ des accusés** the dock - **3.** [parking] lock-up garage.

boxe [bɔks] *nf* boxing.

boxer[1] [bɔkse] ⬦ *vi* to box ⬦ *vt fam* to thump.

boxer[2] [bɔksɛr] *nm* [chien] boxer.

boxeur [bɔksœr] *nm SPORT* boxer.

boyau [bwajo] *nm* - **1.** [chambre à air] inner tube - **2.** [corde] catgut - **3.** [galerie] narrow gallery.
➤ **boyaux** *nmpl* [intestins] guts.

boycott [bɔjkɔt] *nm* boycott.

boycotter [3] [bɔjkɔte] *vt* to boycott.

boy-scout [bɔjskut] (*pl* **boy-scouts**) *nm vieilli* boy scout.

BP (*abr de* **boîte postale**) *nf* PO Box.

BPF (*abr de* **bon pour francs**) *printed on cheques before space where amount is to be inserted.*

bracelet [braslɛ] *nm* - **1.** [bijou] bracelet - **2.** [de montre] strap.

bracelet-montre [braslɛmɔ̃tr] (*pl* **bracelets-montres**) *nm* wristwatch.

braconnage [brakɔnaʒ] *nm* poaching.

braconner [3] [brakɔne] *vi* to go poaching, to poach.

braconnier [brakɔnje] *nm* poacher.

brader [3] [brade] *vt* [solder] to sell off ; [vendre à bas prix] to sell for next to nothing.

braderie [bradri] *nf* clearance sale.

braguette [bragɛt] *nf* flies (*pl*).

braille [braj] *nm* Braille.

brailler [3] [braje] ⬦ *vi* to bawl ⬦ *vt* to bawl (out).

braire [112] [brɛr] *vi* - **1.** [âne] to bray - **2.** *fam* [personne] to bellow.

braise [brɛz] *nf* embers (*pl*) ; **cuire sous la ~** to cook in the embers of a fire ; **de ~** *fig* fiery.

braiser [4] [breze] *vt* to braise.

bramer [3] [brame] *vi* [cerf] to bell.

brancard [brɑ̃kar] *nm* - **1.** [civière] stretcher - **2.** [de charrette] shaft ; **ruer dans les ~s** *fig* to rebel, to protest.

brancardier, ère [brɑ̃kardje, ɛr] *nm, f* stretcher-bearer.

branchage [brɑ̃ʃaʒ] *nm* branches (*pl*).

branche [brɑ̃ʃ] *nf* - **1.** [gén] branch - **2.** [de lunettes] arm - **3.** [de compas] leg.

branché, e [brɑ̃ʃe] *adj* - **1.** *ÉLECTR* plugged in, connected - **2.** *fam* [à la mode] trendy.

branchement [brɑ̃ʃmɑ̃] *nm* - **1.** [raccordement] connection, plugging in - **2.** [bifurcation] branch.

brancher [3] [brɑ̃ʃe] *vt* - **1.** [raccorder & *INFORM*] to connect ; **~ qqch sur** *ÉLECTR* to plug sthg into - **2.** *fam* [orienter] to steer ; **~ qqn sur qqch** to start sb off on sthg ; **~ la conversation sur** to steer the conversation towards *Br ou* toward *Am* - **3.** *fam* [plaire] to appeal to.

branchies [brɑ̃ʃi] *nfpl* [de poisson] gills.

brandade [brɑ̃dad] *nf* : **~ de morue** creamed salt cod.

brandir [32] [brɑ̃dir] *vt* to wave.

branlant, e [brɑ̃lɑ̃, ɑ̃t] *adj* [escalier, mur] shaky ; [meuble, dent] wobbly.

branle [brɑ̃l] *nm* : **mettre en ~** to set in motion.

branle-bas [brɑ̃lba] *nm inv* pandemonium (*U*) ; **~ de combat** action stations (*pl*).

branler [3] [brɑ̃le] ⬦ *vt* - **1.** [hocher] : **la tête** to shake one's head - **2.** *tfam* [faire] : **qu'est-ce qu'il branle?** what is he playing at? ⬦ *vi* [escalier, chaise] to be shaky ; [dent, meuble] to be wobbly.
➤ **se branler** *vp vulg* to wank *Br*, to jerk off.

braquage [brakaʒ] *nm* - **1.** *AUTOM* lock - **2.** [attaque] holdup.

braquer [3] [brake] ⬦ *vt* - **1.** [diriger] : **~ qqch sur** [arme] to aim sthg at ; [télescope] to train sthg on ; [regard] to fix sthg on - **2.** [contrarier] to antagonize - **3.** *fam* [attaquer] to hold up ⬦ *vi* to turn (the wheel).
➤ **se braquer** *vp* [personne] to take a stand.

bras [bra] *nm* - **1.** [gén] arm ; **~ dessus - dessous** arm in arm ; **le ~ en écharpe** with one's arm in a sling ; **~ droit** right-hand man *ou* woman ; **~ de fer** [jeu] arm wrestling ; *fig* trial of strength ; **baisser les ~** to throw in the towel ; **en ~ de chemise** in one's shirtsleeves ; **se croiser les ~** just to sit there ; **avoir le ~ long** [avoir de l'influence] to have pull - **2.** [main-d'œuvre] hand, worker - **3.** [de cours d'eau] branch ; **~ de mer** arm of the sea.

brasier [brazje] *nm* [incendie] blaze, inferno.

Brasilia [brazilja] *n* Brasilia.

bras-le-corps [bralkɔr] ➤ **à bras-le-corps** *loc adv* bodily.

brassage [brasaʒ] *nm* - **1.** [de bière] brewing - **2.** *fig* [mélange] mixing.

brassard [brasar] *nm* armband.

brasse [bras] *nf* [nage] breaststroke ; ~ **coulée** breaststroke ; ~ **papillon** butterfly (stroke).

brassée [brase] *nf* armful.

brasser [3] [brase] *vt* - **1.** [bière] to brew - **2.** [mélanger] to mix - **3.** *fig* [manier] to handle.

brasserie [brasri] *nf* - **1.** [usine] brewery - **2.** [industrie] brewing (industry) - **3.** [café-restaurant] brasserie.

brasseur, euse [brasœr, øz] *nm, f* - **1.** [de bière] brewer - **2.** *fig* : ~ **d'affaires** wheeler-dealer - **3.** [nageur] breaststroke swimmer.

brassière [brasjɛr] *nf* - **1.** [de bébé] (baby's) vest *Br ou* undershirt *Am* - **2.** [gilet de sauvetage] life jacket - **3.** *Can* [soutien-gorge] bra.

bravade [bravad] *nf* bravado ; **par ~** out of bravado.

brave [brav] <> *adj* - **1.** *(après n)* [courageux] brave - **2.** *(avant n)* [honnête] decent - **3.** [naïf et gentil] nice <> *nmf* : **mon ~** my good man.

bravement [bravmã] *adv* - **1.** [courageusement] bravely - **2.** [résolument] determinedly.

braver [3] [brave] *vt* - **1.** [parents, règlement] to defy - **2.** [mépriser] to brave.

bravo [bravo] *interj* bravo! ➤ **bravos** *nmpl* cheers.

bravoure [bravur] *nf* bravery.

BRB (*abr de* **Brigade de répression du banditisme**) *nf* *French serious crime squad.*

break [brɛk] *nm* - **1.** [voiture] estate (car) *Br,* station wagon *Am* - **2.** [jazz] break - **3.** [pause] break.

brebis [brəbi] *nf* ewe ; ~ **galeuse** black sheep.

brèche [brɛʃ] *nf* - **1.** [de mur] gap - **2.** *MIL* breach - **3.** *loc* : **battre qqn en ~** [attaquer] to knock sb down ; **battre qqch en ~** *fig* to demolish sthg ; **être sur la ~** to be hard at work.

bredouille [brəduj] *adj* : **être/rentrer ~** to be/to return empty-handed.

bredouillement [brədujmã] *nm* stammering.

bredouiller [3] [brəduje] <> *vi* to stammer <> *vt* to stammer (out).

bref, brève [brɛf, brɛv] *adj* - **1.** [gén] short, brief ; **soyez ~!** make it brief! - **2.** *LING* short. ➤ **bref** *adv* in short, in a word ; **en ~** briefly. ➤ **brève** *nf* *PRESSE* brief news item.

brelan [brəlã] *nm* : **un ~** three of a kind ; **un ~ de valets** three jacks.

breloque [brələk] *nf* charm.

brème [brɛm] *nf* [poisson] bream.

Brésil [brezil] *nm* : **le ~** Brazil ; **au ~** in Brazil.

brésilien, enne [breziljɛ̃, ɛn] *adj* Brazilian. ➤ **Brésilien, enne** *nm, f* Brazilian.

Bretagne [brətaɲ] *nf* : **la ~** Brittany.

bretelle [brətɛl] *nf* - **1.** [d'autoroute] access road, slip road *Br* - **2.** [de fusil] sling - **3.** [de pantalon] : ~**s** braces *Br,* suspenders *Am* - **4.** [de bustier] strap.

breton, onne [brətɔ̃, ɔn] *adj* Breton. ➤ **breton** *nm* [langue] Breton. ➤ **Breton, onne** *nm, f* Breton.

breuvage [brœvaʒ] *nm* [boisson] beverage.

brève ➤ **bref.**

brevet [brəvɛ] *nm* - **1.** [certificat] certificate ; ~ **de secouriste** first-aid certificate - **2.** [diplôme] diploma ; ~ **des collèges** *school certificate taken after four years of secondary education* - **3.** [d'invention] patent ; **déposer un ~** to file a patent - **4.** *fig* [assurance] guarantee.

breveter [27] [brəvte] *vt* to patent ; **faire ~ qqch** to take out a patent on sthg, to patent sthg.

bréviaire [brevjɛr] *nm* breviary.

bribe [brib] *nf* [fragment] scrap, bit ; *fig* snippet ; ~**s de conversation** snatches of conversation.

bric [brik] ➤ **de bric et de broc** *loc adv* any old how.

bric-à-brac [brikabrak] *nm inv* bric-a-brac.

bricolage [brikɔlaʒ] *nm* - **1.** [travaux] do-it-yourself, DIY - **2.** [réparation provisoire] patching up.

bricole [brikɔl] *nf* - **1.** [babiole] trinket - **2.** [chose insignifiante] trivial matter.

bricoler [3] [brikɔle] <> *vi* to do odd jobs (around the house) <> *vt* - **1.** [réparer] to fix, to mend - **2.** [fabriquer] to make, to knock up *Br.*

bricoleur, euse [brikɔlœr, øz] <> *adj* handy (about the house) <> *nm, f* home handyman (*f* handywoman).

bride [brid] *nf* - **1.** [de cheval] bridle ; **à ~ abattue** at full tilt ; **lâcher la ~ à qqn** to give sb his/her head - **2.** [de chapeau] string - **3.** *COUTURE* bride, bar - **4.** *TECHNOL* flange.

bridé [bride] ➤ **œil.**

brider [3] [bride] *vt* [cheval] to bridle ; *fig* to rein (in).

bridge [bridʒ] *nm* bridge.

brie [bri] *nm* [fromage] Brie.

briefer [3] [brife] *vt* to brief.

briefing [brifiŋ] *nm* briefing.

brièvement [brijɛvmã] *adv* briefly.

brièveté [brijɛvte] *nf* brevity, briefness.

brigade [brigad] nf - **1.** [d'ouvriers, de soldats] brigade - **2.** [détachement] squad ; ~ **antigang** police squad concerned with combating terrorism and organized crime ; ~ **des mœurs/des stups** vice/drugs squad ; ~ **volante** flying squad.

brigadier [brigadje] nm - **1.** MIL corporal - **2.** [de police] sergeant.

brigand [brigã] nm - **1.** [bandit] bandit - **2.** [homme malhonnête] crook.

brigandage [brigãdaʒ] nm - **1.** [vol à main armée] armed robbery - **2.** [action malhonnête] robbery.

briguer [3] [brige] vt sout to aspire to ; ~ **un second mandat** to seek re-election.

brillamment [brijamã] adv [gén] brilliantly ; [réussir un examen] with flying colours.

brillant, e [brijã, ãt] adj - **1.** [qui brille - gén] sparkling ; [- cheveux] glossy ; [- yeux] bright - **2.** [remarquable] brilliant.
➡ **brillant** nm - **1.** [diamant] brilliant - **2.** [éclat] shine.

brillantine [brijãtin] nf brilliantine.

briller [3] [brije] vi to shine.

brimade [brimad] nf - **1.** [vexation] harassment (U) - **2.** [de bizutage] bullying (U).

brimer [3] [brime] vt to victimize, to bully.

brin [brɛ̃] nm - **1.** [tige] twig ; ~ **d'herbe** blade of grass ; **un beau** ~ **de fille** a fine figure of a girl - **2.** [fil] strand - **3.** [petite quantité] : **un** ~ **(de)** a bit (of) ; **faire un** ~ **de toilette** to have a quick wash.

brindille [brɛ̃dij] nf twig.

bringue [brɛ̃g] nf fam binge ; **faire la** ~ to go on a binge.

bringuebaler, brinquebaler [3] [brɛ̃gbale] vi [voiture] to jolt along.

brio [brijo] nm - **1.** MUS brio - **2.** [talent] : **avec** ~ brilliantly.

brioche [brijɔʃ] nf - **1.** [pâtisserie] brioche - **2.** fam [ventre] paunch.

brioché, e [brijɔʃe] adj [pain] brioche-style.

brique [brik] <> nf - **1.** [pierre] brick - **2.** [emballage] carton - **3.** fam [argent] 10,000 francs <> adj inv brick red.

briquer [3] [brike] vt to scrub.

briquet [brike] nm (cigarette) lighter.

briqueterie [briketri] nf brickworks (sg).

bris [bri] nm [destruction] breaking ; ~ **de glace** broken windows.

brisant [brizã] nm [écueil] reef.
➡ **brisants** nmpl [récif] breakers.

brise [briz] nf breeze.

brisé, e [brize] adj fig broken ; ~ **de chagrin**

overwhelmed by sorrow ; ~ **de fatigue** exhausted.

brise-glace(s) [brizglas] nm inv [navire] icebreaker.

brise-jet [brizʒe] nm inv nozzle (for tap).

brise-lames [brizlam] nm inv breakwater.

brise-mottes [brizmɔt] nm inv harrow.

briser [3] [brize] vt - **1.** [gén] to break - **2.** fig [carrière] to ruin ; [conversation] to break off ; [espérances] to shatter.
➡ **se briser** vp - **1.** [gén] to break - **2.** fig [espoir] to be dashed ; [efforts] to be thwarted.

briseur, euse [brizœr, øz] nm, f : ~ **de grève** strike-breaker.

bristol [bristɔl] nm - **1.** [papier] Bristol board - **2.** vieilli [carte de visite] visiting card.

britannique [britanik] adj British.
➡ **Britannique** nmf British person, Briton ; **les Britanniques** the British.

broc [brɔ] nm jug.

brocante [brɔkãt] nf - **1.** [commerce] second hand trade - **2.** [objets] secondhand goods (pl).

brocanteur, euse [brɔkãtœr, øz] nm, f dealer in secondhand goods.

brocart [brɔkar] nm brocade.

broche [brɔʃ] nf - **1.** [bijou] brooch - **2.** CULIN spit ; **cuire à la** ~ to spit-roast - **3.** ÉLECTR & MÉD pin - **4.** [de métier à filer] spindle.

broché, e [brɔʃe] adj - **1.** [tissu] brocade (avant n), brocaded - **2.** TYPO : **livre** ~ paperback (book).

brochet [brɔʃe] nm pike.

brochette [brɔʃet] nf - **1.** [ustensile] skewer - **2.** [plat] kebab - **3.** fam fig [groupe] string, row.

brochure [brɔʃyr] nf - **1.** [imprimé] brochure, booklet - **2.** [de livre] binding - **3.** [de tissu] brocaded pattern.

brocoli [brɔkɔli] nm broccoli (U).

brodequin [brɔdkɛ̃] nm boot.

broder [3] [brɔde] vt & vi to embroider.

broderie [brɔdri] nf - **1.** [art] embroidery - **2.** [ouvrage] (piece of) embroidery.

broie, broies etc ⊳ **broyer**.

bromure [brɔmyr] nm bromide.

bronche [brɔ̃ʃ] nf bronchus ; **j'ai des problèmes de** ~**s** I've got chest problems.

broncher [3] [brɔ̃ʃe] vi to stumble ; **sans** ~ without complaining, uncomplainingly.

bronchiolite [brɔ̃kjɔlit] nf bronchiolitis.

bronchite [brɔ̃ʃit] nf bronchitis (U).

bronzage [brɔ̃zaʒ] nm - **1.** [de peau] tan, suntan - **2.** [de métal] bronzing.

bronzant, e [brɔ̃zã, ãt] adj suntan (avant n).

bronze [brɔ̃z] nm bronze.

bronzé, e [brɔ̃ze] *adj* tanned, suntanned.

bronzer [3] [brɔ̃ze] *vi* [peau] to tan ; [personne] to get a tan.

brosse [brɔs] *nf* brush ; ~ **à cheveux** hairbrush ; ~ **à dents** toothbrush ; ~ **à habits** clothes brush ; **avoir les cheveux en ~** to have a crew cut.

brosser [3] [brɔse] *vt* **- 1.** [habits, cheveux] to brush **- 2.** [paysage, portrait] to paint.
➤ **se brosser** *vp* to brush one's clothes, to brush o.s. down ; **se ~ les cheveux/les dents** to brush one's hair/teeth.

brou ➤ **brou de noix** *nm* **- 1.** [liqueur] walnut liqueur **- 2.** [teinture] walnut stain.

brouet [brue] *nm* gruel.

brouette [bruɛt] *nf* wheelbarrow.

brouhaha [bruaa] *nm* hubbub.

brouillard [brujar] *nm* [léger] mist ; [dense] fog ; ~ **givrant** freezing fog ; **être dans le ~** *fig* to be lost.

brouille [bruj] *nf* quarrel.

brouillé, e [bruje] *adj* **- 1.** [fâché] : **être ~ avec qqn** to be on bad terms with sb ; **être ~ avec qqch** *fig* to be hopeless *ou* useless at sthg **- 2.** [teint] muddy **- 3.** ▷ **œuf.**

brouiller [3] [bruje] *vt* **- 1.** [désunir] to set at odds, to put on bad terms **- 2.** [vue] to blur **- 3.** [RADIO - accidentellement] to cause interference to ; [- délibérément] to jam **- 4.** [rendre confus] to muddle (up).
➤ **se brouiller** *vp* **- 1.** [se fâcher] to fall out ; **se ~ avec qqn (pour qqch)** to fall out with sb (over sthg) **- 2.** [se troubler] to become blurred **- 3.** [devenir confus] to get muddled (up), to become confused **- 4.** MÉTÉOR to cloud over.

brouilleur [brujœr] *nm* INFORM scrambler.

brouillon, onne [brujɔ̃, ɔn] *adj* careless, untidy.
➤ **brouillon** *nm* rough copy, draft.

broussaille [brusaj] *nf* : **les ~s** the undergrowth ; **en ~** *fig* [cheveux] untidy ; [sourcils] bushy.

broussailleux, euse [brusajø, øz] *adj* **- 1.** [région] scrubby **- 2.** [sourcils] bushy.

brousse [brus] *nf* GÉOGR scrubland, bush.

brouter [3] [brute] ◇ *vt* to graze on ◇ *vi* **- 1.** [animal] to graze **- 2.** TECHNOL to judder.

broutille [brutij] *nf* trifle.

broyer [13] [brwaje] *vt* to grind, to crush.

broyeur [brwajœr] *nm* : **évier à ~** sink with waste disposal unit.

bru [bry] *nf sout* daughter-in-law.

brucelles [brysɛl] *nfpl* **- 1.** [pince] (pair of) tweezers **- 2.** *Helv* [pince à épiler] (pair of) eyebrow tweezers.

brugnon [brynɔ̃] *nm* nectarine.

bruine [brɥin] *nf* drizzle.

bruire [105] [brɥir] *vi* [feuilles, étoffe] to rustle ; [eau] to murmur.

bruissement [brɥismã] *nm* [de feuilles, d'étoffe] rustle, rustling *(U)* ; [d'eau] murmur, murmuring *(U)*.

bruit [brɥi] *nm* **- 1.** [son] noise, sound ; ~ **de fond** background noise **- 2.** [vacarme & TECHNOL] noise ; **faire du ~** to make a noise ; **sans ~** silently, noiselessly **- 3.** [rumeur] rumour *Br*, rumor *Am* **- 4.** [retentissement] fuss ; **faire du ~** to cause a stir.

bruitage [brɥitaʒ] *nm* sound-effects *(pl)*.

brûlant, e [brylã, ãt] *adj* **- 1.** [gén] burning (hot) ; [liquide] boiling (hot) ; [plat] piping hot **- 2.** *fig* [amour, question] burning.

brûle-pourpoint [brylpurpwɛ̃] ➤ **à brûle-pourpoint** *loc adv* point-blank, straight out.

brûler [3] [bryle] ◇ *vt* **- 1.** [gén] to burn ; [suj : eau bouillante] to scald ; **la fumée me brûle les yeux** the smoke is making my eyes sting **- 2.** [café] to roast **- 3.** [feu rouge] to drive through ; [étape] to miss out, to skip ◇ *vi* **- 1.** [gén] to burn ; [maison, forêt] to be on fire **- 2.** [être brûlant] to be burning (hot) ; ~ **de** *fig* to be consumed with ; ~ **de faire qqch** to be longing *ou* dying to do sthg ; ~ **de fièvre** to be running a high temperature.
➤ **se brûler** *vp* to burn o.s.

brûlis [bryli] *nm* burn-off.

brûlure [brylyr] *nf* **- 1.** [lésion] burn ; ~ **au premier/troisième degré** first-degree/third-degree burn **- 2.** [sensation] burning (sensation) ; **avoir des ~s d'estomac** to have heartburn.

brume [brym] *nf* mist.

brumeux, euse [brymø, øz] *adj* misty ; *fig* hazy.

brun, e [brœ̃, bryn] ◇ *adj* brown ; [cheveux] dark ◇ *nm, f* dark-haired man (*f* woman).
➤ **brun** *nm* [couleur] brown.
➤ **brune** *nf* **- 1.** [cigarette] *cigarette made of dark tobacco* **- 2.** [bière] brown ale.

brunâtre [brynatr] *adj* brownish.

brunir [32] [brynir] ◇ *vt* **- 1.** [peau] to tan **- 2.** [métal] to polish, to burnish ◇ *vi* [personne] to get a tan ; [peau] to tan.

Brushing® [brœʃiŋ] *nm* : **faire un ~ à qqn** to give sb a blow-dry, to blow-dry sb's hair.

brusque [brysk] *adj* abrupt.

brusquement [bryskəmã] *adv* abruptly.

brusquer [3] [bryske] *vt* to rush ; [élève] to push.

brusquerie [bryskəri] *nf* abruptness.

brut, e [bryt] adj - **1.** [pierre précieuse, bois] rough ; [sucre] unrefined ; [métal, soie] raw ; [champagne] extra dry ; (pétrole) ~ crude (oil) - **2.** fig [fait, idées] crude, raw - **3.** ÉCON gross.
➤ **brute** nf brute.

brutal, e, aux [brytal, o] adj - **1.** [violent] violent, brutal ; être ~ avec qqn to be brutal to sb - **2.** [soudain] sudden - **3.** [manière] blunt.

brutalement [brytalmã] adv - **1.** [violemment] brutally - **2.** [soudainement] suddenly - **3.** [sèchement] bluntly.

brutaliser [3] [brytalize] vt to mistreat.

brutalité [brytalite] nf - **1.** [violence] violence, brutality - **2.** [caractère soudain] suddenness.
➤ **brutalités** nfpl brutality (U).

Bruxelles [bry(k)sɛl] n Brussels.

bruxellois, e [brysɛlwa, az] adj of/from Brussels.
➤ **Bruxellois, e** nm, f native ou inhabitant of Brussels.

bruyamment [brɥijamã] adv noisily.

bruyant, e [brɥijã, ãt] adj noisy.

bruyère [bryjɛr] nf - **1.** [plante] heather - **2.** [lande] heathland.

BT ⬦ nm (abr de brevet de technicien) vocational training certificate (taken at age 18) ⬦ nf (abr de basse tension) LT.

BTA (abr de brevet de technicien agricole) nm agricultural training certificate (taken at age 18).

BTP (abr de bâtiment et travaux publics) nmpl building and public works sector.

BTS (abr de brevet de technicien supérieur) nm advanced vocational training certificate (taken at the end of a 2-year higher education course).

bu, e [by] pp ➪ boire.

BU (abr de bibliothèque universitaire) nf university library.

buanderie [byãdri] nf laundry.

buccal, e, aux [bykal, o] adj buccal ; par voie ~e orally.

bûche [byʃ] nf - **1.** [bois] log ; ~ de Noël Yule log ; prendre ou ramasser une ~ fam to fall flat on one's face - **2.** fam [personne] lump.

bûcher[1] [byʃe] nm - **1.** [supplice] : le ~ the stake - **2.** [funéraire] pyre.

bûcher[2] [3] [byʃe] ⬦ vi to swot ⬦ vt to swot up.

bûcheron, onne [byʃrɔ̃, ɔn] nm, f forestry worker.

bûcheur, euse [byʃœr, øz] ⬦ adj hardworking ⬦ nm, f fam swot Br, grind Am.

bucolique [bykɔlik] adj pastoral.

budget [bydʒɛ] nm budget.

budgétaire [bydʒetɛr] adj budgetary ; an née ~ financial Br ou fiscal Am year.

budgétiser [3] [bydʒetize] vt to budget for.

buée [bɥe] nf [sur vitre] condensation.

buffet [byfɛ] nm - **1.** [meuble] sideboard - **2.** [repas] buffet - **3.** [café-restaurant] : ~ de gare station buffet.

buffle [byfl] nm [animal] buffalo.

bug [bʌg] nm = bogue.

buis [bɥi] nm box(wood).

buisson [bɥisɔ̃] nm bush.

buissonnière [bɥisɔnjɛr] ➪ école.

bulbe [bylb] nm bulb.

bulgare [bylgar] adj Bulgarian.
➤ **bulgare** nm [langue] Bulgarian.
➤ **Bulgare** nmf Bulgarian.

Bulgarie [bylgari] nf : la ~ Bulgaria.

bulldozer [byldozer] nm bulldozer.

bulle [byl] nf - **1.** [gén] bubble ; ~ de savon soap bubble - **2.** [de bande dessinée] speech balloon - **3.** RELIG (papal) bull.

bulletin [byltɛ̃] nm - **1.** [communiqué] bulletin ; ~ (de la) météo weather forecast ; ~ de sant médical bulletin - **2.** [imprimé] form ; ~ de vo te ballot paper - **3.** SCOL report - **4.** [certifica certificate ; ~ de consigne left luggage ticke Br, luggage room ou checkroom ticket Am ; ~ de salaire ou de paye pay slip.

bulletin-réponse [byltɛ̃repɔ̃s] (pl bulletins réponse) nm reply form.

bungalow [bœ̃galo] nm [maison] bungalow [de vacances] chalet.

bunker [bunkœr] nm bunker.

buraliste [byralist] nmf - **1.** [d'un bureau de t bac] tobacconist - **2.** [préposé] clerk.

bure [byr] nf - **1.** [étoffe] coarse brown woolle cloth - **2.** [de moine] frock.

bureau [byro] nm - **1.** [gén] office ; ~ d'aide sc ciale social security office ; ~ de change bu eau de change ; ~ d'études design office ~ de poste post office ; ~ de tabac tobaccor ist's ; ~ de vote polling station - **2.** [meubl desk - **3.** [comité] committee.

bureaucrate [byrokrat] nmf bureaucrat.

bureaucratie [byrokrasi] nf bureaucracy.

bureaucratique [byrokratik] adj péj bu eaucratic.

bureautique [byrotik] nf office automa tion.

burette [byrɛt] nf - **1.** [flacon] cruet - **2.** [de cl miste] burette - **3.** [de mécanicien] oilcan.

burin [byrɛ̃] nm - **1.** [outil] chisel - **2.** [gravu engraving.

buriné, e [byrine] adj engraved ; [visage, trai lined.

Burkina [byrkina] *nm* : **le ~** Burkina Faso ; **au ~** in Burkina Faso.

burkinabé [byrkinabe] *adj* from Burkina Faso.
➤ **Burkinabé** *nmf* native *ou* inhabitant of Burkina Faso.

burlesque [byrlɛsk] ⟨⟩ *adj* **- 1.** [comique] funny **- 2.** [ridicule] ludicrous, absurd **- 3.** THÉÂTRE burlesque ⟨⟩ *nm* : **le ~** the burlesque.

burnous [byrnu] *nm* **- 1.** [manteau] burnous **- 2.** [de bébé] hooded cape.

burundais, e [burundɛ, ɛz] *adj* Burundian.
➤ **Burundais, e** *nm, f* Burundian.

Burundi [burundi] *nm* : **le ~** Burundi ; **au ~** in Burundi.

bus [bys] *nm* bus.

buse [byz] *nf* **- 1.** [oiseau] buzzard **- 2.** [tuyau] pipe, duct **- 3.** *fam fig* twit *Br*, idiot.

busqué [byske] ⊳ **nez**.

buste [byst] *nm* [torse] chest ; [poitrine de femme, sculpture] bust.

bustier [bystje] *nm* [corsage] strapless top ; [soutien-gorge] longline bra.

but [byt] *nm* **- 1.** [point visé] target **- 2.** [objectif] goal, aim, purpose ; **errer sans ~** to wander aimlessly ; **il touche au ~** he's nearly there ; **à ~ non lucratif** JUR non-profit-making *Br*, non-profit *Am* ; **aller droit au ~** to go straight to the point ; **dans le ~ de faire qqch** with the aim *ou* intention of doing sthg **- 3.** SPORT goal ; **marquer un ~** to score a goal **- 4.** *loc* : **de ~ en blanc** point-blank, straight out.

butane [bytan] *nm* : **(gaz) ~** butane ; [domestique] Calor gas® *Br*, butane.

buté, e [byte] *adj* stubborn.
➤ **butée** *nf* **- 1.** ARCHIT abutment **- 2.** TECHNOL stop.

buter [3] [byte] ⟨⟩ *vi* **- 1.** [se heurter] : **~ sur/contre qqch** to stumble on/over sthg, to trip on/over sthg ; *fig* to run into/come up against sthg **- 2.** SPORT to score a goal ⟨⟩ *vt* **- 1.** [étayer] to support **- 2.** *tfam* [tuer] to do in, to bump off.
➤ **se buter** *vp* to dig one's heels in ; **se ~ contre** *fig* to refuse to listen to.

butin [bytɛ̃] *nm* [de guerre] booty ; [de vol] loot ; [de recherche] finds *(pl)*.

butiner [3] [bytine] ⟨⟩ *vi* to collect nectar ⟨⟩ *vt* [suj : abeille] to collect nectar from ; *fig* to gather.

butoir [bytwar] *nm* **- 1.** [de porte] doorstop **- 2.** [de chemin de fer] buffer.

butte [byt] *nf* [colline] mound, rise ; **~ de tir** butts *(pl)* ; **être en ~ à** *fig* to be exposed to.

buvable [byvabl] *adj* [boisson] drinkable ; [ampoule] (to be) taken orally.

buvard [byvar] *nm* [papier] blotting-paper ; [sous-main] blotter.

buvette [byvɛt] *nf* **- 1.** [café] refreshment room, buffet **- 2.** [de station thermale] pump room.

buveur, euse [byvœr, øz] *nm, f* drinker.

buvez, buvons *etc* ⊳ **boire**.

BVA (*abr de* **Brulé Ville Associés**) *n French market research company.*

BVP (*abr de* **Bureau de vérification de la publicité**) *nm French advertising standards authority,* ≃ ASA *Br*.

Byzance [bizɑ̃s] *n* **- 1.** HIST Byzantium **- 2.** *loc* : **c'est ~!** it's fantastic!

BZH (*abr de* **Breizh**) Brittany (*as nationality sticker on a car*).

C

c¹, C [se] *nm inv* c, C.
➤ **C - 1.** (*abr de* **celsius, centigrade**) C **- 2.** (*abr de* **coulomb**) C **- 3.** *abr de* **code**.

c² *abr de* **centime**.

c' ⊳ **ce**.

ca *abr de* **centiare**.

CA ⟨⟩ *nm* **- 1.** *abr de* **chiffre d'affaires - 2.** *abr de* **conseil d'administration - 3.** *abr de* **corps d'armée** ⟨⟩ *nf* (*abr de* **chambre d'agriculture**) *local government body responsible for agricultural matters.*

ça [sa] *pron dém* **- 1.** [désignant un objet - éloigné] that ; [- proche] this **- 2.** [sujet indéterminé] it, that ; **comment ~ va?** how are you?, how are things? ; **~ ira comme ~** that will be fine ; **~ y est** that's it ; **c'est ~** that's right **- 3.** [renforcement expressif] : **où ~?** where? ; **qui ~?** who?

çà [sa] *adv* : **~ et là** here and there.

caban [kabɑ̃] *nm* reefer (jacket).

cabane [kaban] *nf* **- 1.** [abri] cabin, hut ; [remise] shed ; **~ à lapins** hutch **- 2.** *fam* [prison] : **en ~** in the clink.

cabanon [kabanɔ̃] *nm* **- 1.** [à la campagne] cot-

tage - 2. [sur la plage] chalet **- 3.** [cellule] padded cell **- 4.** [de rangement] shed.

cabaret [kabarɛ] nm cabaret.

cabas [kaba] nm shopping-bag.

cabillaud [kabijo] nm (fresh) cod.

cabine [kabin] nf **- 1.** [de navire, d'avion, de véhicule] cabin **- 2.** [compartiment, petit local] cubicle ; **~ d'essayage** fitting room ; **~ téléphonique** phone box.

cabinet [kabinɛ] nm **- 1.** [pièce] : **~ de toilette** ≃ bathroom ; **~ de travail** study **- 2.** [toilettes] toilet **- 3.** [local professionnel] office ; **~ dentaire/ médical** dentist's/doctor's surgery *Br*, dentist's/doctor's office *Am* **- 4.** [de ministre] advisers *(pl)*.
➭ **cabinets** nmpl toilet *(sg)*.

câble [kabl] nm cable ; **télévision par ~** cable television.

câblé, e [kable] adj *TÉLÉ* equipped with cable TV.

cabosser [3] [kabɔse] vt to dent.

cabot [kabo] ◇ adj theatrical ◇ nm **- 1.** [personne] poser **- 2.** *fam* [chien] mutt.

cabotage [kabɔtaʒ] nm coastal navigation.

caboteur [kabɔtœr] nm [navire] coaster.

cabotin, e [kabɔtɛ̃, in] *péj* ◇ adj theatrical ◇ nm, f **- 1.** *fam* [acteur] ham (actor) **- 2.** [frimeur] poser.

cabrer [3] [kabre] ➭ **se cabrer** vp **- 1.** [cheval] to rear (up) ; [avion] to climb steeply **- 2.** *fig* [personne] to take offence *Br ou* offense *Am*.

cabri [kabri] nm kid.

cabriole [kabrijɔl] nf [bond] caper ; [pirouette] somersault.

cabriolet [kabrijɔlɛ] nm convertible.

CAC, Cac [kak] (*abr de* **Compagnie des agents de change**) nf : **l'indice ~-40** *the French stock exchange shares index.*

caca [kaka] nm *fam* pooh ; **faire ~** to do a pooh ; **~ d'oie** greeny-yellow.

cacahouète, cacahuète [kakawɛt] nf peanut.

cacao [kakao] nm **- 1.** [poudre] cocoa (powder) **- 2.** [boisson] cocoa **- 3.** [graine] cocoa bean.

cachalot [kaʃalo] nm sperm whale.

cache [kaʃ] ◇ nf [cachette] hiding place ◇ nm **- 1.** [masque] card *(for masking text etc)* **- 2.** *CIN & PHOT* mask.

cache-cache [kaʃkaʃ] nm inv : **jouer à ~** to play hide and seek.

cache-col [kaʃkɔl] nm inv scarf.

cachemire [kaʃmir] nm **- 1.** [laine] cashmere **- 2.** [dessin] paisley.

cache-nez [kaʃne] nm inv scarf.

cache-oreilles [kaʃɔrɛj] nm inv earmuffs.

cache-pot [kaʃpo] nm inv flowerpot-holder.

cacher [3] [kaʃe] vt **- 1.** [gén] to hide ; **je ne vous cache pas que ...** to be honest, ... **- 2.** [vue] to mask.
➭ **se cacher** vp : **se ~ (de qqn)** to hide (from sb).

cache-sexe [kaʃsɛks] nm inv G-string.

cachet [kaʃɛ] nm **- 1.** [comprimé] tablet, pill **- 2.** [marque] postmark **- 3.** [style] style, character ; **avoir du ~** to have character **- 4.** [rétribution] fee **- 5.** [sceau] seal.

cacheter [27] [kaʃte] vt to seal.

cachette [kaʃɛt] nf hiding place ; **en ~** secretly.

cachot [kaʃo] nm **- 1.** [cellule] cell **- 2.** [punition] solitary confinement.

cachotterie [kaʃɔtri] nf little secret ; **faire des ~s (à qqn)** to hide things (from sb).

cachottier, ère [kaʃɔtje, ɛr] ◇ adj secretive ◇ nm, f secretive person.

cachou [kaʃu] nm *sweet taken to freshen the breath.*

cacophonie [kakɔfɔni] nf din.

cactus [kaktys] nm cactus.

c.-à-d. (*abr de* **c'est-à-dire**) i.e.

cadastre [kadastr] nm [registre] ≃ land register ; [service] ≃ land registry, ≃ land office *Am*.

cadavérique [kadaverik] adj deathly.

cadavre [kadavr] nm corpse, (dead) body ; **un ~ ambulant** a walking skeleton.

caddie [kadi] nm *GOLF* caddie.

Caddie® [kadi] nm [chariot] trolley.

cadeau, x [kado] ◇ nm present, gift ; **faire ~ de qqch à qqn** to give sthg to sb (as a present) ; **~ d'anniversaire** birthday present ; **il ne nous a pas fait de ~** *fam* he didn't do us any favours ◇ adj inv : **idée ~** gift idea ; **paquet ~** gift-wrapped parcel.

cadenas [kadna] nm padlock.

cadenasser [3] [kadnase] vt to padlock.
➭ **se cadenasser** vp to padlock.

cadence [kadɑ̃s] nf **- 1.** [rythme musical] rhythm ; **en ~** in time **- 2.** [de travail] rate.

cadencé, e [kadɑ̃se] adj rhythmical.

cadet, ette [kadɛ, ɛt] ◇ adj younger ◇ nm, f **- 1.** [de deux enfants] younger ; [de plusieurs enfants] youngest ; **il est mon ~ de deux ans** he's two years younger than me ; **c'est le ~ de mes soucis** *fig* that's the least of my worries **- 2.** *SPORT* junior.

cadran [kadrɑ̃] nm dial ; **~ solaire** sundial.

cadre [kadr] nm **- 1.** [de tableau, de porte] frame **- 2.** [contexte] context ; **dans le ~ de** as part of ; [limite] within the limits *ou* scope of ; **sortir d**

~ de to go beyond (the scope of) **- 3.** [décor, milieu] surroundings *(pl)* **- 4.** [responsable] : **~ moyen/supérieur** middle/senior manager ; **jeune ~ dynamique** *iron* dynamic young executive ; **être rayé des ~s** to be dismissed **- 5.** [sur formulaire] box.

cadrer [3] [kadre] ◇ *vi* to agree, to tally ◇ *vt* CIN, PHOT & TÉLÉ to frame.

cadreur [kadrœr, øz] *nm* cameraman.

caduc, caduque [kadyk] *adj* **- 1.** [feuille] deciduous **- 2.** [qui n'est plus valide] obsolete.

CAF ◇ *nf* (abr de **Caisse d'allocations familiales**) *family allowance office* ◇ (abr de **coût, assurance, fret**) cif.

cafard [kafar] *nm* **- 1.** *fam* SCOL sneak ; [à la police] grass **- 2.** [insecte] cockroach **- 3.** *fig* [mélancolie] : **avoir le ~** to feel low *ou* down.

cafarder [3] [kafarde] *vi* **- 1.** [dénoncer - SCOL] to sneak ; [- à la police] to grass **- 2.** [déprimer] to feel low *ou* down.

cafardeux, euse [kafardø, øz] *adj* low, down.

café [kafe] ◇ *nm* **- 1.** [plante, boisson] coffee ; **~ crème** *coffee with frothy milk* ; **~ glacé** iced coffee ; **~ en grains** coffee beans ; **~ au lait** white coffee *(with hot milk)* ; **~ liégeois** *coffee ice cream with whipped cream poured over* ; **~ moulu** ground coffee ; **~ noir** black coffee ; **~ en poudre** *ou* **soluble** instant coffee **- 2.** [lieu] bar, café ◇ *adj inv* coffee-coloured *Br*, coffee-colored *Am*.

CAFÉ

In French cafés, a small cup of strong black coffee is called 'un (petit) café', 'un express' or, colloquially, 'un petit noir'. This may be served 'serré' (extra-strong), 'léger' (weak) or 'allongé' (diluted with hot water). An 'express' with a tiny amount of milk added is called 'une noisette'. A large cup of black coffee is 'un grand café', 'un double express' or, colloquially, 'un grand noir'. Coffee with frothy, steam-heated milk is called 'un (grand/petit) crème'. The term 'café au lait' is almost never used in cafés.

caféine [kafein] *nf* caffeine ; **sans ~** caffeine-free.

cafétéria [kafeterja] *nf* cafeteria.

café-théâtre [kafeteatr] *(pl* cafés-théâtres) *nm* ≃ cabaret.

cafetier [kaftje] *nm* café owner.

cafetière [kaftjer] *nf* **- 1.** [récipient] coffee-pot **- 2.** [électrique] coffee-maker ; [italienne] percolator.

cafouiller [3] [kafuje] *vi fam* **- 1.** [s'embrouiller]

to get into a mess **- 2.** [moteur] to misfire ; TÉLÉ to be on the blink.

cage [kaʒ] *nf* **- 1.** [pour animaux] cage **- 2.** [dans une maison] : **~ d'escalier** stairwell **- 3.** ANAT : **~ thoracique** rib cage.

cageot [kaʒo] *nm* [caisse] crate.

cagibi [kaʒibi] *nm* boxroom *Br*, storage room *Am*.

cagneux, euse [kaɲø, øz] *adj* : **avoir les genoux ~** to be knock-kneed.

cagnotte [kaɲɔt] *nf* **- 1.** [caisse commune] kitty **- 2.** [économies] savings *(pl)*.

cagoule [kagul] *nf* **- 1.** [passe-montagne] balaclava **- 2.** [de moine] cowl **- 3.** [de voleur, de pénitent] hood.

cahier [kaje] *nm* **- 1.** [de notes] exercise book, notebook ; **~ de brouillon** rough book ; **~ de textes** homework book **- 2.** COMM : **~ des charges** specification.

cahin-caha [kaɛ̃kaa] *adv* : **aller ~** to be jogging along.

cahot [kao] *nm* bump, jolt.

cahoter [3] [kaɔte] ◇ *vi* to jolt around ◇ *vt* **- 1.** [secouer] to jolt **- 2.** *fig* [malmener] to knock around.

cahute [kayt] *nf* shack.

caïd [kaid] *nm* **- 1.** [chef de bande] leader **- 2.** *fam* [homme fort] big shot.

caillasse [kajas] *nf fam* loose stones *(pl)*.

caille [kaj] *nf* quail.

caillé, e [kaje] *adj* [lait] curdled ; [sang] clotted.
➤ **caillé** *nm* CULIN curds *(pl)*.

cailler [3] [kaje] *vi* **- 1.** [lait] to curdle ; [sang] to clot **- 2.** *fam* [avoir froid] to be freezing.
➤ **se cailler** *vp* **- 1.** [lait] to curdle ; [sang] to clot **- 2.** *fam* [avoir froid] : **on se caille** it's freezing.

caillot [kajo] *nm* clot.

caillou, x [kaju] *nm* **- 1.** [pierre] stone, pebble **- 2.** *fam* [pierre précieuse] rock **- 3.** *fam* [crâne] head.

cailouteux, euse [kajutø, øz] *adj* stony.

caïman [kaimã] *nm* cayman.

Caire [ker] *n* : **Le ~** Cairo.

caisse [kes] *nf* **- 1.** [boîte] crate, box ; **~ à outils** toolbox **- 2.** TECHNOL case **- 3.** MUS : **grosse ~** bass drum **- 4.** [guichet] cash desk, till ; [de supermarché] checkout, till ; **~ enregistreuse** cash register **- 5.** [recette] takings *(pl)* ; **tenir la ~** *fig* to hold the purse-strings ; **~ noire** slush fund **- 6.** [organisme] : **~ d'allocation** ≃ social security office ; **~ d'épargne** [fonds] savings fund ; [établissement] savings bank ;

~ de prévoyance contingency fund ; ~ de retraite pension fund.

caissette [kɛsɛt] nf small box.

caissier, ère [kesje, ɛr] nm, f cashier.

caisson [kɛsɔ̃] nm - **1.** MIL & TECHNOL caisson - **2.** ARCHIT coffer.

cajoler [3] [kaʒɔle] vt to make a fuss of, to cuddle.

cajolerie [kaʒɔlri] nf cuddle.

cajou [kaʒu] ⊳ noix.

cake [kɛk] nm fruit-cake.

cal¹ [kal] nm callus.

cal² (abr de calorie) cal.

calamar [kalamar], **calmar** [kalmar] nm squid.

calaminé, e [kalamine] adj coked up.

calamité [kalamite] nf disaster.

calandre [kalɑ̃dr] nf - **1.** [de voiture] radiator grille - **2.** [machine] calender.

calanque [kalɑ̃k] nf rocky inlet.

calcaire [kalkɛr] ⊳ adj [eau] hard ; [sol] chalky ; [roche] limestone (avant n) ⊳ nm limestone.

calciner [3] [kalsine] vt to burn to a cinder.

calcium [kalsjɔm] nm calcium.

calcul [kalkyl] nm - **1.** [opération] : le ~ arithmetic ; ~ **mental** mental arithmetic - **2.** [compte] calculation - **3.** fig [plan] plan ; agir par ~ to act out of self-interest - **4.** MÉD : ~ (rénal) kidney stone.

calculateur, trice [kalkylatœr, tris] adj péj calculating.

➤ **calculateur** nm computer.

➤ **calculatrice** nf calculator ; **calculatrice de poche** pocket calculator.

calculer [3] [kalkyle] ⊳ vt - **1.** [déterminer] to calculate, to work out - **2.** [prévoir] to plan ; **mal/bien** ~ qqch to judge sthg badly/well ⊳ vi - **1.** [faire des calculs] to calculate - **2.** péj [dépenser avec parcimonie] to count the pennies.

calculette [kalkylɛt] nf pocket calculator.

Calcutta [kalkyta] n Calcutta.

cale [kal] nf - **1.** [de navire] hold ; ~ **sèche** dry dock - **2.** [pour immobiliser] wedge.

calé, e [kale] adj fam - **1.** [personne] clever, brainy ; **être ~ en** to be good at - **2.** [problème] tough.

calebasse [kalbas] nf gourd.

calèche [kalɛʃ] nf (horse-drawn) carriage.

caleçon [kalsɔ̃] nm - **1.** [sous-vêtement masculin] boxer shorts (pl), pair of boxer shorts ; ~ **long** longjohns (pl), pair of longjohns - **2.** [vêtement féminin] leggings (pl), pair of leggings.

Calédonie [kaledɔni] nf : **la ~** Caledonia.

calembour [kalɑ̃bur] nm pun, play on words.

calendes [kalɑ̃d] nfpl : **renvoyer qqch aux ~ grecques** to postpone sthg indefinitely.

calendrier [kalɑ̃drije] nm - **1.** [système, agenda, d'un festival] calendar - **2.** [emploi du temps] timetable - **3.** [d'un voyage] schedule.

cale-pied [kalpje] (pl **cale-pieds**) nm toe-clip

calepin [kalpɛ̃] nm notebook.

caler [3] [kale] ⊳ vt - **1.** [avec cale] to wedge - **2.** [stabiliser, appuyer] to prop up - **3.** fam [remplir] : **ça cale (l'estomac)** it's filling ⊳ v - **1.** [moteur, véhicule] to stall - **2.** fam [personne] to give up.

calfeutrer [3] [kalføtre] vt to draughtproof.

➤ **se calfeutrer** vp to shut o.s. up ou away.

calibre [kalibr] nm - **1.** [de tuyau] diameter bore ; [de fusil] calibre ; [de fruit, d'œuf] size ; de **gros ~** large-calibre - **2.** fam fig [envergure] calibre ; **du même ~** of the same calibre.

calibrer [3] [kalibre] vt - **1.** [machine, fusil] to calibrate - **2.** [fruit, œuf] to grade.

calice [kalis] nm - **1.** RELIG chalice - **2.** BOT calyx

calicot [kaliko] nm - **1.** [tissu] calico - **2.** [banderole] banner.

Californie [kalifɔrni] nf : **la ~** California ; **la Basse ~** Lower California.

californien, enne [kalifɔrnjɛ̃, ɛn] adj Californian.

➤ **Californien, enne** nm, f Californian.

califourchon [kalifurʃɔ̃] ➤ **à califourchon** loc adv astride ; **être (assis) à ~ sur qqch** to sit astride sthg.

câlin, e [kalɛ̃, in] adj affectionate.

➤ **câlin** nm cuddle ; **faire un ~ à qqn** to give sb a cuddle.

câliner [3] [kaline] vt to cuddle.

calisson [kalisɔ̃] nm small iced cake made with almond paste.

calleux, euse [kalø, øz] adj calloused.

call-girl [kɔlgœrl] (pl **call-girls**) nf call girl.

calligraphie [kaligrafi] nf calligraphy.

callosité [kalozite] nf callus.

calmant, e [kalmɑ̃, ɑ̃t] adj soothing.

➤ **calmant** nm [pour la douleur] painkiller [pour l'anxiété] tranquillizer, sedative.

calmar [kalmar] ➤ calamar.

calme [kalm] ⊳ adj quiet, calm ⊳ nm - **1.** [gén] calm, calmness ; **dans le ~** quietly calmly ; **du ~!** calm down! ; **rétablir le ~** t restore order ; **le ~ plat** [de la mer] dead calm **c'est le ~ plat en ce moment** fig things ar very quiet at the moment - **2.** [absence de brui peace (and quiet).

calmer [3] [kalme] vt - **1.** [apaiser] to calm

(down) - **2.** [réduire - douleur] to soothe ; [- inquiétude] to allay.

se calmer *vp* - **1.** [s'apaiser - personne, discussion] to calm down ; [- tempête] to abate ; [- mer] to become calm - **2.** [diminuer - douleur] to ease ; [- fièvre, inquiétude, désir] to subside.

calomnie [kalɔmni] *nf* [écrits] libel ; [paroles] slander.

calomnier [9] [kalɔmnje] *vt* [par écrit] to libel ; [verbalement] to slander.

calomnieux, euse [kalɔmnjø, øz] *adj* [écrits] libellous *Br*, libelous *Am* ; [propos] slanderous.

calorie [kalɔri] *nf* calorie.

calorifère [kalɔrifɛr] ◇ *nm* stove ◇ *adj* heat-giving.

calorifique [kalɔrifik] *adj* calorific.

calorifuge [kalɔrifyʒ] ◇ *adj* insulating ◇ *nm* insulation.

calorique [kalɔrik] *adj* calorific.

calot [kalo] *nm* - **1.** [de militaire] ≈ beret - **2.** [bille] (large) marble.

calotte [kalɔt] *nf* - **1.** [bonnet] skullcap - **2.** *fam* [gifle] slap - **3.** GÉOGR : ~ **glaciaire** ice cap.

calque [kalk] *nm* - **1.** [dessin] tracing - **2.** [papier] : **(papier)** ~ tracing paper - **3.** *fig* [imitation] (exact) copy ; **il est le ~ de son père** he's the spitting image of his father - **4.** [traduction] calque, loan translation.

calquer [3] [kalke] *vt* - **1.** [carte] to trace - **2.** [imiter] to copy exactly ; ~ **qqch sur qqch** to model sthg on sthg - **3.** [traduire littéralement] to translate literally.

calvados [kalvadɔs] *nm* Calvados.

calvaire [kalvɛr] *nm* - **1.** [croix] wayside cross - **2.** *fig* [épreuve] ordeal.

Calvaire *nm* : **le Calvaire** Calvary.

calviniste [kalvinist] *adj* & *nmf* Calvinist.

calvitie [kalvisi] *nf* baldness ; ~ **précoce** premature baldness.

camaïeu [kamajø] *nm* monochrome ; **en ~** in monochrome, monochrome *(avant n)*.

camarade [kamarad] *nmf* - **1.** [compagnon, ami] friend ; ~ **de classe** classmate ; ~ **d'école** schoolfriend - **2.** POLIT comrade.

camaraderie [kamaradri] *nf* - **1.** [familiarité, entente] friendship - **2.** [solidarité] comradeship, camaraderie.

cambiste [kãbist] FIN ◇ *adj* foreign exchange *(avant n)* ◇ *nmf* foreign exchange dealer.

Cambodge [kãbɔdʒ] *nm* : **le ~** Cambodia ; **au ~** in Cambodia.

cambodgien, enne [kãbɔdʒjɛ̃, ɛn] *adj* Cambodian.

Cambodgien, enne *nm, f* Cambodian.

cambouis [kãbwi] *nm* dirty grease.

cambré, e [kãbre] *adj* arched.

cambrer [3] [kãbre] *vt* : ~ **les reins** OU **la taille** to arch one's back.

se cambrer *vp* [se redresser] to arch one's back.

cambriolage [kãbrijɔlaʒ] *nm* burglary.

cambrioler [3] [kãbrijɔle] *vt* to burgle *Br*, to burglarize *Am*.

cambrioleur, euse [kãbrijɔlœr, øz] *nm, f* burglar.

cambrousse [kãbrus] *nf fam* : **en pleine ~** out in the sticks.

cambrure [kãbryr] *nf* - **1.** [de pied] instep ; ~ **des reins** OU **du dos** small of the back - **2.** [de poutre] curve ; [de chaussure] arch.

came [kam] *nf* - **1.** TECHNOL cam - **2.** *tfam* [drogue] stuff.

camé, e [kame] *tfam* ◇ *adj* [drogué] stoned ◇ *nm, f* junkie.

camée [kame] *nm* cameo.

caméléon [kamaleɔ̃] *nm litt* & *fig* chameleon.

camélia [kamelja] *nm* camellia.

camelote [kamlɔt] *nf* [marchandise de mauvaise qualité] junk, rubbish *Br*.

camembert [kamãbɛr] *nm* - **1.** [fromage] Camembert - **2.** [graphique] pie chart.

caméra [kamera] *nf* - **1.** CIN & TÉLÉ camera - **2.** [d'amateur] cinecamera.

cameraman [kameraman] *(pl* **cameramen** [kameramɛn], **cameramans)** *nm* cameraman.

Cameroun [kamrun] *nm* : **le ~** Cameroon ; **au ~** in Cameroon.

camerounais, e [kamrunɛ, ɛz] *adj* Cameroonian.

Camerounais, e *nm, f* Cameroonian.

Caméscope® [kameskɔp] *nm* camcorder.

camion [kamjɔ̃] *nm* lorry *Br*, truck *Am* ; ~ **de déménagement** removal van *Br*, moving van *Am*.

camion-citerne [kamjɔ̃sitɛrn] *(pl* **camions-citernes)** *nm* tanker *Br*, tanker truck *Am*.

camionnage [kamjɔnaʒ] *nm* road haulage *Br*, trucking *Am*.

camionnette [kamjɔnɛt] *nf* van.

camionneur [kamjɔnœr] *nm* - **1.** [conducteur] lorry-driver *Br*, truck-driver *Am* - **2.** [entrepreneur] road haulier *Br*, trucker *Am*.

camisole [kamizɔl] **camisole de force** *nf* straitjacket.

camomille [kamɔmij] *nf* - **1.** [plante] camomile - **2.** [tisane] camomile tea.

camouflage [kamuflaʒ] *nm* [déguisement] camouflage ; *fig* [dissimulation] concealment.

camoufler [3] [kamufle] *vt* [déguiser] to camouflage ; *fig* [dissimuler] to conceal, to cover up ; ~ **qqch en qqch** to camouflage sthg as sthg.

➤ **se camoufler** *vp* [se cacher] to hide.

camouflet [kamufle] *nm littéraire* [affront] snub ; **infliger un ~ à qqn** to snub sb.

camp [kɑ̃] *nm* - **1.** [gén] camp ; ~ **de concentration** concentration camp ; ~ **retranché** fortified camp, fortress ; ~ **de vacances** holiday camp ; ~ **volant** temporary camp ; **ficher le ~** *fam* to get lost, to clear off ; **lever le ~** to break camp ; *fig* to clear off *ou* out - **2.** *SPORT* half (of the field) - **3.** [parti] side.

campagnard, e [kɑ̃paɲar, ard] ◇ *adj* - **1.** [de la campagne] country *(avant n)* - **2.** [rustique] rustic ◇ *nm, f* countryman (*f* countrywoman).

campagne [kɑ̃paɲ] *nf* - **1.** [régions rurales] country ; **à la ~** in the country ; **en rase ~** in open country ; **battre la ~** [police] to comb the countryside ; [divaguer] to wander - **2.** *MIL, POLIT & PUBLICITÉ* campaign ; **partir en ~** *POLIT* to start campaigning ; **faire ~ pour/contre** to campaign for/against ; ~ **d'affichage** poster campaign ; ~ **électorale** election campaign ; ~ **de presse** press campaign ; ~ **publicitaire** advertising campaign ; ~ **de vente** sales campaign.

campanule [kɑ̃panyl] *nf* bellflower, campanula.

campé, e [kɑ̃pe] *adj* : **bien ~** [personnage] well-rounded ; [récit] well-constructed ; **être bien ~ (sur ses jambes)** to stand firmly on one's feet.

campement [kɑ̃pmɑ̃] *nm* camp, encampment.

camper [3] [kɑ̃pe] ◇ *vi* to camp ◇ *vt* - **1.** [poser solidement] to place firmly - **2.** *fig* [esquisser] to portray.

➤ **se camper** *vp* : **se ~ devant qqn/qqch** to plant o.s. in front of sb/sthg.

campeur, euse [kɑ̃pœr, øz] *nm, f* camper.

camphre [kɑ̃fr] *nm* camphor.

camphré, e [kɑ̃fre] *adj* camphorated.

camping [kɑ̃piŋ] *nm* - **1.** [activité] camping ; **faire du ~** to go camping ; ~ **sauvage** camping in the wild, wilderness camping *Am* - **2.** [terrain] campsite.

camping-car [kɑ̃piŋkar] (*pl* **camping-cars**) *nm* camper, Dormobile® *Br*.

Camping-Gaz® [kɑ̃piŋgaz] *nm inv* ≈ Primus® stove.

campus [kɑ̃pys] *nm* campus.

camus [kamy] ▷ **nez**.

Canada [kanada] *nm* : **le ~** Canada ; **au ~** in Canada.

Canadair® [kanadɛr] *nm plane equipped with water tanks to fight forest fires.*

canadianisme [kanadjanism] *nm* Canadianism.

canadien, enne [kanadjɛ̃, ɛn] *adj* Canadian.

➤ **canadienne** *nf* [veste] sheepskin jacket.

➤ **Canadien, enne** *nm, f* Canadian.

canaille [kanaj] ◇ *adj* - **1.** [coquin] roguish - **2.** [vulgaire] crude ◇ *nf* - **1.** [scélérat] scoundrel - **2.** *hum* [coquin] little devil.

canal, aux [kanal, o] *nm* - **1.** [gén] channel ; **par le ~ de qqn** *fig* [par l'entremise de] through sb ; ~ **de distribution** distribution channel - **2.** [voie d'eau] canal - **3.** *ANAT* canal, duct.

➤ **Canal** *nm* : **Canal+** *French TV pay channel.*

CANAL+

> Canal+ broadcasts programmes that have to be unscrambled using a special decoding unit, although for part of the day its programmes can be seen without this device.

canalisation [kanalizasjɔ̃] *nf* - **1.** [conduit] pipe - **2.** *litt & fig* [action de canaliser] channelling.

canaliser [3] [kanalize] *vt* - **1.** [cours d'eau] to canalize - **2.** *fig* [orienter] to channel.

canapé [kanape] *nm* - **1.** [siège] sofa ; ~ **convertible** sofa bed - **2.** *CULIN* canapé.

canapé-lit [kanapeli] (*pl* **canapés-lits**) *nm* sofa bed.

canaque, kanak [kanak] *adj* Kanak.

➤ **Canaque** *nmf* Kanak.

canard [kanar] *nm* - **1.** [oiseau] duck - **2.** [fausse note] wrong note - **3.** *fam* [journal] rag.

canari [kanari] ◇ *nm* canary ◇ *adj inv* : **jaune ~** canary yellow.

Canaries [kanari] *nfpl* : **les ~** the Canaries ; **aux ~** in the Canaries.

Canberra [kɑ̃bera] *n* Canberra.

cancan [kɑ̃kɑ̃] *nm* - **1.** [ragot] piece of gossip ; **dire des ~s sur qqn** to spread gossip about sb - **2.** [danse] cancan.

cancaner [3] [kɑ̃kane] *vi* - **1.** [canard] to quack - **2.** [médire] to spread gossip ; ~ **sur qqn** to spread gossip about sb.

cancanier, ère [kɑ̃kanje, ɛr] ◇ *adj* gossipy ◇ *nm, f* gossip.

cancer [kɑ̃sɛr] *nm MÉD* cancer.

➤ **Cancer** *nm* - **1.** *ASTROL* Cancer ; **être Cancer** to be (a) Cancer - **2.** *GÉOGR* : **le tropique du Cancer** the tropic of Cancer.

cancéreux, euse [kɑ̃serø, øz] ◇ *adj* - **1.** [personne] suffering from cancer - **2.** [t meur] cancerous ⬦ *nm, f* [personne] cancer sufferer.

cancérigène [kɑ̃seriʒɛn] *adj* carcinogenic.

cancre [kɑ̃kr] *nm fam* dunce.

cancrelat [kɑ̃krəla] *nm* cockroach.

candélabre [kɑ̃delabr] *nm* candelabra.

candeur [kɑ̃dœr] *nf* ingenuousness.

candi [kɑ̃di] *adj* : **sucre ~** (sugar) candy.

candidat, e [kɑ̃dida, at] *nm, f* : **~ (à)** candidate (for).

candidature [kɑ̃didatyr] *nf* - **1.** [à un poste] application ; **poser sa ~ pour qqch** to apply for sthg - **2.** [à une élection] candidature.

candide [kɑ̃did] *adj* ingenuous.

cane [kan] *nf* (female) duck.

caneton [kantɔ̃] *nm* (male) duckling.

canette [kanɛt] *nf* - **1.** [de fil] spool - **2.** [petite cane] (female) duckling - **3.** [de boisson - bouteille] bottle ; [- boîte] can.

canevas [kanva] *nm* - **1.** COUTURE canvas - **2.** [plan] structure.

caniche [kaniʃ] *nm* poodle.

canicule [kanikyl] *nf* heatwave.

canif [kanif] *nm* penknife.

canin, e [kanɛ̃, in] *adj* canine ; **exposition ~e** dog show.
⬥ **canine** *nf* canine (tooth).

caniveau (*pl* x) [kanivo] *nm* gutter.

cannabis [kanabis] *nm* cannabis.

canne [kan] *nf* - **1.** [bâton] walking stick ; **~ à pêche** fishing rod - **2.** *fam* [jambe] pin.
⬥ **canne à sucre** *nf* sugar cane.

canné, e [kane] *adj* cane (*avant n*).

cannelé, e [kanle] *adj* fluted.

cannelle [kanɛl] ⬦ *nf* - **1.** [aromate] cinnamon - **2.** [robinet] tap *Br*, faucet *Am* ⬦ *adj inv* [couleur] cinnamon.

cannelure [kanlyr] *nf* - **1.** [de colonne] flute - **2.** BOT & GÉOL striation.

Cannes [kan] *n* Cannes ; **le festival de ~** the Cannes film festival.

LE FESTIVAL DE CANNES

This international film festival takes place in Cannes every May. The jury, which consists of celebrities from the world of show business, awards several prizes, the most prestigious of which is the 'Palme d'or' for the best film of the year. The award ceremonies take place in the 'Palais des festivals' situated on the seafront, known as 'la Croisette'.

cannibale [kanibal] *nmf* & *adj* cannibal.

cannibalisme [kanibalism] *nm* cannibalism.

canoë [kanɔe] *nm* canoe.

canoë-kayak [kanɔekajak] (*pl* **canoës-kayaks**) *nm* kayak.

canon [kanɔ̃] ⬦ *nm* - **1.** [arme] gun ; HIST cannon - **2.** [tube d'arme] barrel - **3.** *fam* [verre de vin] glass (of wine) - **4.** MUS : **chanter en ~** to sing in canon - **5.** [norme & RELIG] canon ⬦ *adj*
▷ **droit.**

canonique [kanɔnik] *adj* canonical ; **d'un âge ~** fig of a venerable age.

canoniser [3] [kanɔnize] *vt* to canonize.

canot [kano] *nm* dinghy ; **~ pneumatique** inflatable dinghy ; **~ de sauvetage** lifeboat.

canotage [kanɔtaʒ] *nm* rowing, boating ; **faire du ~** to go rowing *ou* boating.

canotier [kanɔtje] *nm* - **1.** [rameur] rower - **2.** [chapeau] boater.

cantal [kɑ̃tal] *nm semi-hard cheese from the Auvergne.*

cantate [kɑ̃tat] *nf* cantata.

cantatrice [kɑ̃tatris] *nf* prima donna.

cantine [kɑ̃tin] *nf* - **1.** [réfectoire] canteen - **2.** [malle] trunk.

cantique [kɑ̃tik] *nm* hymn.

canton [kɑ̃tɔ̃] *nm* - **1.** [en France] ≃ district - **2.** [en Suisse] canton.

cantonade [kɑ̃tɔnad] ➡ **à la cantonade** *loc adv* : **parler à la ~** to speak to everyone (in general).

cantonais, e [kɑ̃tɔnɛ, ɛz] *adj* Cantonese ; **riz ~** egg fried rice.
⬥ **cantonais** *nm* [langue] Cantonese.
⬥ **Cantonais, e** *nm, f* native *ou* inhabitant of Canton.

cantonal, e, aux [kɑ̃tɔnal, o] *adj* - **1.** [en France] ≃ district . (*avant n*) - **2.** [en Suisse] cantonal.

cantonnement [kɑ̃tɔnmɑ̃] *nm* [MIL - action] billeting ; [- lieu] billet.

cantonner [3] [kɑ̃tɔne] *vt* - **1.** MIL to quarter, to billet *Br* - **2.** [maintenir] to confine ; **~ qqn à** *ou* **dans** to confine sb to.
➡ **se cantonner** *vp* : **se ~ dans** to confine o.s. to.

cantonnier [kɑ̃tɔnje] *nm* roadman.

canular [kanylar] *nm fam* hoax.

canyon, cañon [kanjɔn, kanjɔ̃] *nm* canyon.

canyoning [kanjɔniŋ] *nm* canyoning.

CAO (*abr de* **conception assistée par ordinateur**) *nf* CAD.

caoutchouc [kautʃu] *nm* - **1.** [substance] rubber ; **en ~** rubber (*avant n*) ; **~ mousse** foam

caoutchouteux

rubber - **2.** [plante] rubber plant - **3.** [élastique] elastic *ou* rubber band.

caoutchouteux, euse [kautʃutø, øz] *adj* rubbery.

cap [kap] *nm* - **1.** GÉOGR cape ; **le ~ de Bonne-Espérance** the Cape of Good Hope ; **le ~ Horn** Cape Horn ; **passer le ~ de qqch** *fig* to get through sthg ; **passer le ~ de la quarantaine** *fig* to turn forty - **2.** [direction] course ; **changer de ~** to change course ; **mettre le ~ sur** to head for.
➤ **Cap** *nm* : **Le Cap** Cape Town.

CAP (*abr de* **certificat d'aptitude professionnelle**) *nm vocational training certificate* (*taken at secondary school*).

capable [kapabl] *adj* - **1.** [apte] : **~ (de qqch/de faire qqch)** capable (of sthg/of doing sthg) - **2.** [à même] : **~ de faire qqch** likely to do sthg ; **~ de réussir** likely to succeed - **3.** JUR competent.

capacité [kapasite] *nf* - **1.** [de récipient] capacity - **2.** [de personne] ability - **3.** JUR [mentale] capacity - **4.** UNIV : **~ en droit** [diplôme] *qualifying certificate in law gained by examination after 2 years' study.*

cape [kap] *nf* [vêtement] cloak ; **rire sous ~** *fig* to laugh up one's sleeve.

CAPES, Capes [kapɛs] (*abr de* **certificat d'aptitude au professorat de l'enseignement du second degré**) *nm secondary school teaching certificate.*

capésien, enne [kapesjɛ̃, ɛn] *nm, f person holding a secondary school teaching qualification.*

CAPET, Capet [kapɛt] (*abr de* **certificat d'aptitude au professorat de l'enseignement technique**) *nm specialized teaching certificate.*

capharnaüm [kafarnaɔm] *nm* mess.

capillaire [kapilɛr] ⬦ *adj* - **1.** [lotion] hair (*avant n*) - **2.** ANAT & BOT capillary ⬦ *nm* - **1.** BOT maidenhair fern - **2.** ANAT capillary.

capillarité [kapilarite] *nf* PHYS capillarity.

capitaine [kapitɛn] *nm* captain ; **~ au long cours** NAVIG master mariner.

capitainerie [kapitɛnri] *nf* harbour *Br ou* harbor *Am* master's office.

capital, e, aux [kapital, o] *adj* - **1.** [décision, événement] major - **2.** JUR capital.
➤ **capital** *nm* FIN capital ; **~ d'exploitation** working capital ; **~ santé** *fig* reserves (*pl*) of health ; **~ social** authorized *ou* share capital.
➤ **capitale** *nf* [ville, lettre] capital.
➤ **capitaux** *nmpl* capital (*U*).

capitaliser [3] [kapitalize] ⬦ *vt* FIN to capit alize ; *fig* to accumulate ⬦ *vi* to save.

capitalisme [kapitalism] *nm* capitalism.

capitaliste [kapitalist] *nmf & adj* capitalist.

capiteux, euse [kapitø, øz] *adj* - **1.** [vin] intoxicating ; [parfum] heady - **2.** [charme] alluring.

capitonné, e [kapitɔne] *adj* padded ; **~ de cuir** with leather upholstery.

capituler [3] [kapityle] *vi* to surrender ; **~ devant qqn/qqch** to surrender to sb/sthg.

caporal, aux [kapɔral, o] *nm* - **1.** MIL lance corporal - **2.** [tabac] caporal.

caporal-chef [kapɔralʃɛf] (*pl* **caporaux-chefs** [kapɔroʃɛf]) *nm* corporal.

capot [kapo] ⬦ *adj inv* [aux jeux de cartes] : **mettre qqn ~** to take all the tricks from sb ⬦ *nm* - **1.** [de voiture] bonnet *Br*, hood *Am* - **2.** [de machine] (protective) cover.

capote [kapɔt] *nf* - **1.** [de voiture] hood *Br*, top *Am* - **2.** [manteau] greatcoat, overcoat - **3.** [chapeau] bonnet - **4.** *fam* [préservatif] : **~ (anglaise)** condom.

capoter [3] [kapɔte] *vi* - **1.** [se retourner] to overturn - **2.** *Can* [perdre la tête] to lose one's head - **3.** [échouer] to come to nothing.

câpre [kapr] *nf* caper.

caprice [kapris] *nm* whim ; **les ~s de la météo** the vagaries of the weather ; **faire des ~s** to be temperamental.

capricieux, euse [kaprisjø, øz] ⬦ *adj* [changeant] capricious ; [coléreux] temperamental ⬦ *nm, f* temperamental person.

capricorne [kaprikɔrn] *nm* ZOOL capricorn beetle.
➤ **Capricorne** *nm* - **1.** ASTROL Capricorn ; **être Capricorne** to be (a) Capricorn - **2.** GÉOGR : **le tropique du Capricorne** the tropic of Capricorn.

capsule [kapsyl] *nf* - **1.** [de bouteille] cap - **2.** ASTRON, BOT & MÉD capsule.

capter [3] [kapte] *vt* - **1.** [recevoir sur émetteur] to pick up - **2.** [source, rivière] to harness - **3.** *fig* [attention, confiance] to gain, to win.

capteur [kaptœr] *nm* PHYS sensor ; **~ solaire** solar panel.

captieux, euse [kapsjø, øz] *adj* specious.

captif, ive [kaptif, iv] ⬦ *adj* captive ; **être ~ de qqch** *fig* to be a slave to sthg ⬦ *nm, f* prisoner.

captivant, e [kaptivɑ̃, ɑ̃t] *adj* [livre, film] enthralling ; [personne] captivating.

captiver [3] [kaptive] *vt* to captivate.

captivité [kaptivite] *nf* captivity ; **en ~** in captivity.

capture [kaptyr] *nf* - **1.** [action] capture - **2.** [prise] catch.

capturer [3] [kaptyre] *vt* to catch, to capture.

capuche [kapyʃ] *nf* (detachable) hood.

capuchon [kapyʃɔ̃] *nm* - **1.** [bonnet - d'imperméable] hood ; [- de religieux] cowl - **2.** [bouchon] cap, top.

capucin [kapysɛ̃] *nm* RELIG Capuchin.

capucine [kapysin] *nf* [fleur] nasturtium.

capverdien, enne [kapvɛrdjɛ̃, ɛn] *adj* Cape Verdean.

➤ **Capverdien, enne** *nm, f* Cape Verdean.

Cap-Vert [kapvɛr] *nm* Cape Verde.

caquelon [kaklɔ̃] *nm* fondue dish.

caquet [kakɛ] *nm* - **1.** [de poule] cackling (U) - **2.** *péj* [bavardage] chatter (U) ; **rabattre le ~ à ou de qqn** to shut sb up.

caqueter [27] [kakte] *vi* - **1.** [poule] to cackle - **2.** *péj* [personne] to chatter.

car[1] [kar] *nm* coach Br, bus Am.

car[2] [kar] *conj* because, for.

carabine [karabin] *nf* rifle.

carabiné, e [karabine] *adj fam* [tempête] violent ; [rhume] stinking ; [amende] heavy.

Caracas [karakas] *n* Caracas.

caraco [karako] *nm* loose blouse.

caracoler [3] [karakɔle] *vi* - **1.** [cheval] to prance ; [cavalier] to caracole - **2.** *fig* [sautiller] to prance about.

caractère [karaktɛr] *nm* - **1.** [gén] character ; **avoir du ~** to have character ; **avoir mauvais ~** to be bad-tempered ; **en petits/gros ~s** in small/large print ; **~s d'imprimerie** block capitals - **2.** [caractéristique] feature, characteristic.

caractériel, elle [karakterjɛl] ◇ *adj* [troubles] emotional ; [personne] emotionally disturbed ◇ *nm, f* emotionally disturbed person.

caractérisé, e [karakterize] *adj* [net] clear ; **être d'une grossièreté ~e** to be downright rude.

caractériser [3] [karakterize] *vt* to be characteristic of.

➤ **se caractériser** *vp* : **se ~ par qqch** to be characterized by sthg.

caractéristique [karakteristik] ◇ *nf* characteristic, feature ◇ *adj* : **~ (de)** characteristic (of).

carafe [karaf] *nf* [pour vin, eau] carafe ; [pour alcool] decanter ; **rester en ~** *fam* to be left stranded.

carafon [karafɔ̃] *nm* small carafe.

caraïbe [karaib] *adj* Caribbean.

➤ **Caraïbe** *nmf* Carib.

➤ **Caraïbes** [karaib] *nfpl* : **les ~s** the Caribbean ; **dans les Caraïbes** in the Caribbean.

carambolage [karãbɔlaʒ] *nm* pile-up.

caramel [karamɛl] ◇ *nm* - **1.** CULIN caramel - **2.** [bonbon - dur] toffee, caramel ; [- mou] fudge ◇ *adj inv* [couleur] caramel.

caraméliser [3] [karamelize] *vt* [sucre] to caramelize ; [gâteau] to coat with caramel.

➤ **se caraméliser** *vp* to caramelize.

carapace [karapas] *nf* shell ; *fig* protection, shield.

carapater [3] [karapate] ➤ **se carapater** *vp fam* to scarper, to hop it.

carat [kara] *nm* carat ; **or à 9 ~s** 9-carat gold.

caravane [karavan] *nf* - **1.** [de camping, de désert] caravan - **2.** [groupe de personnes] procession.

caravaning [karavaniŋ] *nm* caravanning.

carbone [karbɔn] *nm* carbon ; **(papier) ~** carbon paper.

carbonique [karbɔnik] *adj* : **gaz ~** carbon dioxide ; **neige ~** dry ice.

carboniser [3] [karbɔnize] *vt* to burn to a cinder.

carbonnade [karbɔnad] *nf* CULIN type of stew.

carburant [karbyrã] ◇ *adj m* : **mélange ~** (fuel) mixture ◇ *nm* fuel.

carburateur [karbyratœr] *nm* carburettor Br, carburetor Am.

carbure [karbyr] *nm* carbide.

carburer [3] [karbyre] *vi* - **1.** [moteur] : **~ bien/mal** to be well/badly tuned - **2.** *fam* [être en forme] to be fine.

carcajou [karkaʒu] *nm* wolverine.

carcan [karkã] *nm* HIST iron collar ; *fig* yoke.

carcasse [karkas] *nf* - **1.** [d'animal] carcass - **2.** [de bâtiment, navire] framework - **3.** [de véhicule] shell.

carcéral, e, aux [karseral, o] *adj* prison (avant n).

carcinome [karsinɔm] *nm* carcinoma.

cardan [kardã] *nm* universal joint.

carder [3] [karde] *vt* to card.

cardiaque [kardjak] ◇ *adj* cardiac ; **être ~** to have a heart condition ; **crise ~** heart attack ◇ *nmf* heart patient.

cardigan [kardigã] *nm* cardigan.

cardinal, e, aux [kardinal, o] *adj* cardinal.

➤ **cardinal** *nm* - **1.** RELIG cardinal - **2.** [nombre] cardinal number.

cardiologue [kardjɔlɔg] *nmf* heart specialist, cardiologist.

cardio-vasculaire [kardjɔvaskyler] *(pl* cardio-vasculaires) *adj* cardiovascular.

Carême [karɛm] *nm* : **le ~** Lent.

carence [karãs] *nf* - **1.** [de personne, gouvernement] inadequacy, incompetence - **2.** [manque] : ~ **(en)** deficiency (in).

carène [karɛn] *nf* NAVIG hull.

caréner [18] [karene] *vt* - **1.** [navire] to careen - **2.** [carrosserie] to streamline.

caressant, e [karɛsã, ãt] *adj* affectionate.

caresse [karɛs] *nf* caress ; **faire une ~ à qqn** to caress sb.

caresser [4] [karese] *vt* - **1.** [personne] to caress ; [animal, objet] to stroke - **2.** *fig* [espoir] to cherish.

car-ferry [karferi] (*pl* car-ferries) *nm* car ferry.

cargaison [kargezõ] *nf* - **1.** TRANSPORT cargo - **2.** *fam* [grande quantité] load, pile.

cargo [kargo] *nm* - **1.** [navire] freighter - **2.** [avion] cargo plane.

cari = curry.

caribou [karibu] *nm* caribou.

caricatural, e, aux [karikatyral, o] *adj* [récit] exaggerated.

caricature [karikatyr] *nf* - **1.** [gén] caricature - **2.** *péj* [personne] sight.

carie [kari] *nf* - **1.** MÉD caries - **2.** BOT blight.

carillon [karijõ] *nm* - **1.** [cloches] bells (*pl*) - **2.** [d'horloge, de porte] chime.

carillonner [3] [karijone] ◇ *vi* to ring ◇ *vt* - **1.** [heure] to strike, to chime - **2.** *fig* [nouvelle] to announce.

caritatif, ive [karitatif, iv] *adj* charitable.

carlingue [karlɛ̃g] *nf* - **1.** [d'avion] cabin - **2.** [de navire] keelson.

carmélite [karmelit] *nf* Carmelite (nun).

carmin [karmɛ̃] ◇ *adj inv* crimson ◇ *nm* [couleur] crimson ; [colorant] cochineal.

carnage [karnaʒ] *nm* slaughter, carnage.

carnassier, ère [karnasje, ɛr] *adj* carnivorous.

carnassier [karnasje] *nm* carnivore.

carnaval [karnaval] *nm* carnival.

carnet [karnɛ] *nm* - **1.** [petit cahier] notebook ; ~ **d'adresses** address book ; ~ **de notes** SCOL report card - **2.** [bloc de feuilles] book ; ~ **de chèques** cheque book *Br*, checkbook *Am* ; ~ **de tickets** book of tickets.

carnivore [karnivɔr] ◇ *adj* carnivorous ◇ *nm* carnivore.

carotide [karɔtid] ANAT ◇ *adj* carotid ◇ *nf* carotid artery.

carotte [karɔt] ◇ *nf* carrot ; ~**s râpées** grated carrots ; ~**s Vichy** glazed carrots ; **les ~s sont cuites** *fam* they've/we've *etc* had it ◇ *adj inv* [couleur] carroty.

carpe [karp] ◇ *nf* carp ; **être muet comme une ~** *fig* not to say a word ◇ *nm* ANAT carpus.

carpette [karpɛt] *nf* - **1.** [petit tapis] rug - **2.** *fam péj* [personne] doormat.

carquois [karkwa] *nm* quiver.

carré, e [kare] *adj* - **1.** [gén] square ; **20 mètres ~s** 20 square metres - **2.** [franc] straightforward.

➤ **carré** *nm* - **1.** [quadrilatère] square ; **élever un nombre au ~** MATHS to square a number ; ~ **blanc** TV white square in the corner of the screen indicating that a television programme is not recommended for children ; ~ **de soie** [foulard] silk square - **2.** [sur un navire] wardroom - **3.** CARTES : **un ~ d'as** four aces - **4.** CULIN : ~ **d'agneau** rack of lamb - **5.** [petit terrain] patch, plot.

carreau (*pl* x) [karo] *nm* - **1.** [carrelage] tile - **2.** [sol] tiled floor ; **rester sur le ~** *fig* to be knocked out - **3.** [vitre] window pane - **4.** [motif carré] check ; **à ~x** [tissu] checked ; [papier] squared - **5.** CARTES diamond ; **l'atout est ~** diamonds are trumps - **6.** *loc* : **se tenir à ~** to watch one's step.

carrefour [karfur] *nm* - **1.** [de routes, de la vie] crossroads (*sg*) - **2.** [forum] forum, conference.

carrelage [karlaʒ] *nm* - **1.** [action] tiling - **2.** [surface] tiles (*pl*).

carreler [24] [karle] *vt* to tile.

carrelet [karlɛ] *nm* - **1.** [poisson] plaice - **2.** [filet de pêche] net.

carreleur [karlœr] *nm* tiler.

carrément [karemã] *adv* - **1.** [franchement] bluntly - **2.** [complètement] completely, quite - **3.** [sans hésiter] straight.

carrer [3] [kare] ➤ **se carrer** *vp* : **se ~ dans** to settle o.s. in.

carrière [karjɛr] *nf* - **1.** [profession] career ; **embrasser une ~** to take up a career ; **faire ~ dans qqch** to make a career (for o.s.) in sthg - **2.** [gisement] quarry.

carriériste [karjerist] *nmf péj* careerist.

carriole [karjɔl] *nf* - **1.** [petite charrette] cart - **2.** *Can* [traîneau] sleigh.

carrossable [karɔsabl] *adj* suitable for vehicles.

carrosse [karɔs] *nm* (horse-drawn) coach.

carrosserie [karɔsri] *nf* - **1.** [de voiture] bodywork, body - **2.** [industrie] coachbuilding.

carrossier [karɔsje] *nm* coachbuilder.

carrousel [karuzɛl] *nm* ÉQUITATION carousel ; ~ **d'avions** *fig* aerial display.

carrure [karyr] *nf* - **1.** [de personne] build ; *fig* stature - **2.** [de vêtement] width across the shoulders.

cartable [kartabl] *nm* schoolbag.

carte [kart] *nf* **- 1.** [gén] card ; **~ d'abonnement** season ticket ; **~ bancaire** cash card *Br* ; **~ de crédit** credit card ; **~ d'étudiant** student card ; **~ graphique** INFORM graphics board ; **~ à gratter** scratch card ; **~ grise** ≃ logbook *Br*, ≃ car registration papers *Am* ; **~ d'identité** identity card ; **~ à mémoire** memory card ; **~ mère** INFORM motherboard ; **~ nominative** personal identity card ; **Carte Orange** season ticket *(for use on public transport in Paris)* ; **~ postale** postcard ; **~ à puce** smart card ; **~ de séjour** residence permit ; **~ son** INFORM soundcard ; **Carte Vermeil** card entitling senior citizens to reduced rates in cinemas, on public transport etc ; **~ de visite** visiting card *Br*, calling card *Am* ; **donner ~ blanche à qqn** *fig* to give sb a free hand **- 2.** [de jeu] : **~ (à jouer)** (playing) card ; **abattre ses ~s** to lay down one's cards ; *fig* to show one's hand ; **battre les ~s** to shuffle the cards ; **brouiller les ~s** *fig* to cloud ou obscure the issue ; **tirer les ~s à qqn** to read sb's cards **- 3.** GÉOGR map ; **~ d'état-major** ≃ Ordnance Survey map *Br*, ≃ Geological Survey map *Am* ; **~ routière** road map **- 4.** [au restaurant] menu ; **à la ~** [menu] à la carte ; [horaires] flexible ; **~ des vins** wine list.

cartel [kartɛl] *nm* **- 1.** ÉCON cartel **- 2.** POLIT coalition.

carter [kartɛr] *nm* **- 1.** [de bicyclette] chain guard **- 2.** [de moteur] crankcase.

carte-réponse [kartrepɔs] *(pl* cartes-réponses) *nf* reply card.

cartésien, enne [kartezjɛ̃, ɛn] ◇ *adj* **- 1.** [rationnel] logical, rational **- 2.** [relatif à Descartes] Cartesian ◇ *nm, f* Cartesian.

cartilage [kartilaʒ] *nm* cartilage.

cartilagineux, euse [kartilaʒinø, øz] *adj* **- 1.** [tissu] cartilaginous **- 2.** [viande] gristly.

cartographie [kartɔgrafi] *nf* cartography.

cartomancien, enne [kartɔmɑ̃sjɛ̃, ɛn] *nm, f* fortune-teller *(using cards)*.

carton [kartɔ̃] *nm* **- 1.** [matière] cardboard ; **en ~** cardboard ; **~ ondulé** corrugated cardboard **- 2.** [emballage] cardboard box ; **~ à dessin** portfolio **- 3.** [cible] target ; **faire un ~** *fam* to target-shoot ; *fig* to take potshots **- 4.** [carte] : **~ d'invitation** formal invitation.

cartonné, e [kartɔne] *adj* [livre] hardback.

carton-pâte [kartɔ̃pat] *(pl* cartons-pâtes) *nm* pasteboard ; **de** ou **en ~** cardboard.

cartouche [kartuʃ] *nf* **- 1.** [gén & INFORM] cartridge **- 2.** [de cigarettes] carton.

cas [ka] *nm* case ; **au ~ où** in case ; **auquel ~** in which case ; **dans** ou **en ce ~** in that case ; **en**

aucun ~ under no circumstances ; **en tout ~** in any case, anyway ; **en ~ de** in case of ; **en ~ d'urgence** in an emergency ; **en ~ de besoin** if need be ; **c'est le ~ de le dire** you've hit the nail on the head ; **le ~ échéant** if the need arises, if need be ; **~ de conscience** matter of conscience ; **~ de force majeure** emergency ; **~ social** person with social problems ; **faire grand ~ de** to set great store by.

casanier, ère [kazanje, ɛr] *adj* & *nm, f* stay-at-home.

casaque [kazak] *nf* **- 1.** [veste] overblouse ; **tourner ~** *fig* to change sides **- 2.** HIPPISME blouse.

cascade [kaskad] *nf* **- 1.** [chute d'eau] waterfall ; *fig* stream, torrent ; **en ~** *fig* one after the other **- 2.** CIN stunt.

cascadeur, euse [kaskadœr, øz] *nm, f* **- 1.** [au cirque] acrobat **- 2.** CIN stuntman *(f* stuntwoman).

cascher = **kas(c)her**.

case [kaz] *nf* **- 1.** [habitation] hut **- 2.** [de boîte, tiroir] compartment ; [d'échiquier] square ; [sur un formulaire] box.

casemate [kazmat] *nf* bunker.

caser [3] [kaze] *vt* **- 1.** *fam* [trouver un emploi pour] to get a job for **- 2.** *fam* [loger] to put up **- 3.** *fam* [marier] to marry off **- 4.** [placer] to put.

◆ **se caser** *vp fam* **- 1.** [trouver un emploi] to get (o.s.) a job **- 2.** [se marier] to get hitched **- 3.** [se loger] to find a place to live.

caserne [kazɛrn] *nf* barracks.

cash [kaʃ] *nm* cash ; **payer ~** to pay (in) cash.

casher = **kascher**.

casier [kazje] *nm* **- 1.** [compartiment] compartment ; [pour le courrier] pigeonhole **- 2.** [meuble - à bouteilles] rack ; [- à courrier] set of pigeonholes **- 3.** PÊCHE lobster pot.

◆ **casier judiciaire** *nm* police record ; **~ judiciaire vierge** clean (police) record.

casino [kazino] *nm* casino.

Caspienne [kaspjɛn] *n* : **la ~** the Caspian Sea.

casque [kask] *nm* **- 1.** [de protection] helmet ; **~ intégral** crash helmet **- 2.** [séchoir] hairdryer **- 3.** [à écouteurs] headphones *(pl).*

◆ **Casques bleus** *nmpl* : **les Casques bleus** the UN peace-keeping force.

casqué, e [kaske] *adj* wearing a helmet.

casquer [3] [kaske] *vi fam* to cough up.

casquette [kaskɛt] *nf* cap.

cassant, e [kasɑ̃, ɑ̃t] *adj* **- 1.** [fragile - verre] fragile ; [- cheveux] brittle **- 2.** [dur] brusque.

cassation [kasasjɔ̃] ▷ **cour**.

casse [kas] ◇ *nf* **- 1.** [action] breakage **- 2.** *fam*

[violence] aggro - **3.** [de voitures] scrapyard
- **4.** TYPO : **haut/bas de ~** upper/lower case
⬦ nm fam [cambriolage] break-in.

cassé, e [kase] adj - **1.** [voûté, courbé] stooped
- **2.** [voix] trembling, breaking.

casse-cou [kasku] nmf inv [personne] daredevil.

casse-croûte [kaskrut] nm inv snack.

casse-noisettes [kasnwazɛt], **casse-noix**
[kasnwa] nm inv nutcrackers (pl).

casse-pieds [kaspje] ⬦ adj inv fam annoying
⬦ nmf inv pain (in the neck).

casser [3] [kase] ⬦ vt - **1.** [briser] to break ; **à
tout ~** fam fig [extraordinaire] fabulous, fantastic ; [tout au plus] at (the) most - **2.** JUR to quash
- **3.** COMM : **~ les prix** to slash prices ⬦ vi to
break.

⬦ **se casser** vp - **1.** [se briser] to break
- **2.** [membre] : **se ~ un bras** to break one's arm
- **3.** fam [se fatiguer] to strain o.s. - **4.** fam [s'en al-
ler] to hop it, to push off.

casserole [kasrɔl] nf - **1.** [ustensile] saucepan ;
à la ~ CULIN braised - **2.** [voiture] (old) banger
- **3.** fam [instrument] : **être une vraie ~** to sound
tinny - **4.** loc : **passer à la ~** fam to be bumped
off ; [sexuellement] to get laid.

casse-tête [kastɛt] nm inv - **1.** fig [problème]
headache - **2.** [jeu] puzzle.

cassette [kasɛt] nf - **1.** [coffret] casket - **2.** [de
musique, vidéo] cassette - **3.** INFORM : **~ audionumérique** DAT tape.

casseur [kasœr] nm - **1.** [cambrioleur] burglar
- **2.** [manifestant] rioting demonstrator.

cassis [kasis] nm - **1.** [fruit] blackcurrant ; [ar-
buste] blackcurrant bush ; [liqueur] blackcurrant liqueur - **2.** [sur la route] dip.

cassonade [kasɔnad] nf brown sugar.

cassoulet [kasule] nm stew of haricot beans
and meat.

cassure [kasyr] nf break.

castagnettes [kastaɲɛt] nfpl castanets.

caste [kast] nf caste.

casting [kastiŋ] nm [acteurs] cast ; [sélection]
casting ; **aller à un ~** to go to an audition.

castor [kastɔr] nm beaver.

castration [kastrasjɔ̃] nf castration.

castrer [3] [kastre] vt to castrate ; [chat] to
neuter ; [chatte] to spay.

cataclysme [kataklism] nm cataclysm.

catacombes [katakɔ̃b] nfpl catacombs.

catadioptre [katadjɔptr], **Cataphote**® [ka-
tafɔt] nm - **1.** [sur la route] cat's eye Br, highway
reflector Am - **2.** [de véhicule] reflector.

catalan, e [katalɑ̃, an] adj Catalan, Catalonian.

⬦ **catalan** nm [langue] Catalan.
⬦ **Catalan, e** nm, f Catalan, Catalonian.

Catalogne [katalɔɲ] nf : **la ~** Catalonia.

catalogue [katalɔg] nm catalogue Br, catalog Am.

cataloguer [3] [katalɔge] vt - **1.** [classer] to
catalogue Br, to catalog Am - **2.** péj [juger] to
label.

catalyseur [katalizœr] nm CHIM & fig catalyst.

catalytique [katalitik] ⊳ pot.

catamaran [katamarɑ̃] nm - **1.** [voilier] catamaran - **2.** [d'hydravion] floats (pl).

Cataphote® = catadioptre.

cataplasme [kataplasm] nm poultice.

catapulter [3] [katapylte] vt to catapult.

cataracte [katarakt] nf cataract.

catarrhe [katar] nm catarrh.

catastrophe [katastrɔf] nf disaster, catastrophe ; **atterrir en ~** to crashland ; **partir en
~** to leave in a mad rush.

catastrophé, e [katastrɔfe] adj shocked,
upset.

catastrophique [katastrɔfik] adj disastrous, catastrophic.

catch [katʃ] nm wrestling.

catéchisme [kateʃism] nm catechism.

catégorie [kategɔri] nf [gén] category ; [de per-
sonnel] grade ; [de viande, fruits] quality ; **~ socio-
professionnelle** ÉCON socio-economic group.

catégorique [kategɔrik] adj categorical.

catégoriquement [kategɔrikmɑ̃] adv categorically.

caténaire [katenɛr] adj & nf catenary.

cathédrale [katedral] nf cathedral.

cathode [katɔd] nf cathode.

cathodique [katɔdik] ⊳ tube.

catholicisme [katɔlisism] nm Catholicism.

catholique [katɔlik] adj Catholic ; **pas (très)
~** fig dubious, dodgy.

catimini [katimini] ⬦ **en catimini** loc adv
secretly.

catogan [katɔgɑ̃] nm ribbon (securing hair at
the back of the neck).

cauchemar [koʃmar] nm litt & fig nightmare.

cauchemardesque [koʃmardɛsk] adj nightmarish.

caudal, e, aux [kodal, o] adj caudal, tai
(avant n).

causal, e, als ou **aux** [kozal, o] ad
causal.

causalité [kozalite] nf causality.

causant, e [kozɑ̃, ɑ̃t] adj : **peu ~** not very
chatty.

cause [koz] *nf* - **1.** [gén] cause ; **gagner qqn à sa ~** to win sb over (to one's cause) ; **à ~ de** because of ; **pour ~ de** on account of, because of ; **et pour ~!** and for good reason! ; **faire ~ commune avec qqn** to make common cause with sb - **2.** *JUR* case - **3.** *loc* : **être en ~** [intérêts] to be at stake ; [honnêteté] to be in doubt *ou* in question ; **être hors de ~** to be beyond suspicion ; **remettre en ~** to challenge, to question.

causer [3] [koze] <> *vt* : **~ qqch à qqn** to cause sb sthg <> *vi* - **1.** [bavarder] : **~ (de)** to chat (about) - **2.** [jaser] : **~ (sur)** to gossip (about).

causerie [kozri] *nf* talk.

causette [kozet] *nf fam* chat ; **faire la ~ avec qqn** to have a chat with sb.

causticité [kostisite] *nf* causticness, causticity.

caustique [kostik] *adj* & *nm* caustic.

cauteleux, euse [kotlø, øz] *adj* sly.

cautériser [3] [koterize] *vt* to cauterize.

caution [kosjɔ̃] *nf* - **1.** [somme d'argent] guarantee ; **libérer qqn sous ~** *JUR* to free sb on bail ; **payer la ~ de qqn** to stand bail for sb - **2.** [personne] guarantor ; **se porter ~ pour qqn** to act as guarantor for sb - **3.** [soutien] support, backing.

cautionner [3] [kosjɔne] *vt* - **1.** [se porter garant de] to guarantee - **2.** *fig* [appuyer] to support, to back.

cavalcade [kavalkad] *nf* - **1.** [de cavaliers] cavalcade - **2.** [d'enfants] stampede.

cavale [kaval] *nf fam* : **être en ~** to be on the run.

cavaler [3] [kavale] *vi fam* [courir] to run *ou* rush around ; **~ après qqn/qqch** to chase (after) sb/sthg.

cavalerie [kavalri] *nf* - **1.** *MIL* cavalry - **2.** [de cirque] horses *(pl)*.

cavalier, ère [kavalje, ɛr] <> *adj* - **1.** [destiné aux cavaliers] : **allée cavalière** bridle path - **2.** *sout* [impertinent] offhand <> *nm, f* - **1.** [à cheval] rider - **2.** [partenaire] partner ; **faire ~ seul** *fig* to go it alone.

➙ **cavalier** *nm* [aux échecs] knight.

cavalièrement [kavaljɛrmɑ̃] *adv* in an offhand manner.

cave [kav] <> *nf* - **1.** [sous-sol] cellar - **2.** [de vins] (wine) cellar - **3.** [cabaret] cellar nightclub <> *nm arg crime* outsider <> *adj* [joues] hollow ; [yeux] sunken.

caveau (*pl* **x**) [kavo] *nm* - **1.** [petite cave] small cellar - **2.** [cabaret] nightclub - **3.** [sépulture] vault.

caverne [kavɛrn] *nf* cave.

caverneux, euse [kavɛrnø, øz] ⊳ **voix.**

caviar [kavjar] *nm* caviar.

cavité [kavite] *nf* cavity.

CB (*abr de* **citizen's band, canaux banalisés**) *nf* CB.

cc - **1.** (*abr de* **cuillère à café**) tsp - **2.** *abr de* **charges comprises**.

CC (*abr de* **corps consulaire**) CC.

CCE (*abr de* **Commission des communautés européennes**) *nf* ECC.

CCI (*abr de* **Chambre de commerce et d'industrie**) *nf* CCI.

CCP (*abr de* **compte chèque postal, compte courant postal**) *nm post office account,* ≃ Giro *Br.*

CD *nm* - **1.** (*abr de* **chemin départemental**) minor road - **2.** (*abr de* **compact disc**) CD - **3.** (*abr de* **comité directeur**) steering committee - **4.** (*abr de* **corps diplomatique**) CD.

CDD *nm abr de* **contrat à durée déterminée** ; **elle est en ~** she's on a fixed term contract.

CdF (*abr de* **Charbonnages de France**) *nmpl French national coal board,* ≃ NCB *Br.*

CDI *nm* - **1.** (*abr de* **centre de documentation et d'information**) *school library* - **2.** *abr de* **contrat à durée indéterminée** ; **elle est en ~** she's got a permanent work contract.

CD-Rom [sederɔm] (*abr de* **compact disc read only memory**) *nm* CD-Rom.

CDS (*abr de* **Centre des démocrates sociaux**) *nm French political party.*

CDU (*abr de* **Classification décimale universelle**) *nf* DDS.

ce [sə] <> *adj dém* (**cet** [sɛt] *devant voyelle ou h muet, f* **cette** [sɛt], *pl* **ces** [se]) [proche] this, these *(pl)* ; [éloigné] that, those *(pl)* ; **~ mois, ~ mois-ci** this month ; **cette année, cette année-là** that year ; **regarde de ~ côté-ci et pas de ~ côté-là** look on this side, not that side <> *pron dém* (**c'** *devant voyelle*) **c'est** it is, it's ; **~ sont** they are, they're ; **c'est mon bureau** this is my office, it's my office ; **~ sont mes enfants** these are my children, they're my children ; **c'est à Paris** it's in Paris ; **c'était hier** it was yesterday ; **qui est-~?** who is it? ; **~ qui, ~ que** what ; **ils ont eu ~ qui leur revenait** they got what they deserved ; **..., ~ qui est étonnant** ..., which is surprising ; **elle n'achète même pas ~ dont elle a besoin** she doesn't even buy what she needs ; **vous savez bien ~ à quoi je pense** you know exactly what I'm thinking about ; **faites donc ~ pour quoi on vous paie** do what you're paid to do.

CE <> *nm* - **1.** *abr de* **comité d'entreprise** - **2.** (*abr de* **cours élémentaire**) : **~1** *second year of primary school* ; **~2** *third year of pri-*

mary school ⬦ nf (*abr de* **Communauté européenne**) EC.

CEA (*abr de* **Commissariat à l'énergie atomique**) *nm French atomic energy commission*, ≃ AEA *Br*, ≃ AEC *Am*.

CECA, Ceca [seka] (*abr de* **Communauté européenne du charbon et de l'acier**) *nf* ECSC.

ceci [səsi] *pron dém* this ; ~ **pour vous dire que ...** this is just to say (that) ... ; ~ **n'explique pas cela** this doesn't explain that ; ~ **(étant) dit** having said that ; **à ~ près que** with the exception that, except that.

cécité [sesite] *nf* blindness.

céder [18] [sede] ⬦ *vt* - **1.** [donner] to give up ; 'cédez le passage' 'give way' *Br*, 'yield' *Am* - **2.** [revendre] to sell ⬦ *vi* - **1.** [personne] : ~ **(à)** to give in (to), to yield (to) - **2.** [chaise, plancher] to give way.

CEDEX, Cedex [sedɛks] (*abr de* **courrier d'entreprise à distribution exceptionnelle**) *nm accelerated postal service for bulk users*.

cédille [sedij] *nf* cedilla ; **c ~ c** cedilla.

cèdre [sɛdr] *nm* cedar.

CEE (*abr de* **Communauté économique européenne**) *nf* EEC.

CEI (*abr de* **Communauté d'États Indépendants**) *nf* CIS.

ceindre [81] [sɛ̃dr] *vt* - **1.** [entourer] : ~ **qqch de qqch** to put sthg around sthg - **2.** [mettre] to put on.

ceinture [sɛ̃tyr] *nf* - **1.** [gén] belt ; **attachez vos ~s** fasten your seat *ou* safety belts ; ~ **à enrouleur** inertia-reel seat belt ; ~ **noire** *JUDO* black belt ; ~ **de sauvetage** life belt ; ~ **de sécurité** safety *ou* seat belt ; ~ **verte** green belt ; **se serrer la ~** *fig* to tighten one's belt - **2.** *ANAT* waist - **3.** *COUTURE* waistband.

ceinturon [sɛ̃tyrɔ̃] *nm* belt.

cela [səla] *pron dém* that ; ~ **ne vous regarde pas** it's *ou* that's none of your business ; **il y a des années de ~** that was many years ago ; **c'est ~** that's right ; ~ **dit ...** having said that ... ; **malgré ~** in spite of that, nevertheless.

célébration [selebrasjɔ̃] *nf* celebration.

célèbre [selɛbr] *adj* famous.

célébrer [18] [selebre] *vt* - **1.** [gén] to celebrate - **2.** [faire la louange de] to praise.

célébrité [selebrite] *nf* - **1.** [renommée] fame - **2.** [personne] celebrity.

céleri [sɛlri] *nm* celery ; ~ **rémoulade** *CULIN* grated celeriac in mustard dressing.
◆ **céleri rave, céleri-rave** *nm* celeriac.

célérité [selerite] *nf* speed.

céleste [selɛst] *adj* heavenly.

célibat [seliba] *nm* celibacy.

célibataire [selibatɛr] ⬦ *adj* single, unmarried ; **père** *ou* **mère** ~ single parent ⬦ *nmf* single person, single man (*f* woman) ; ~ **endurci** confirmed bachelor.

celle ▷ **celui**.

celle-ci ▷ **celui-ci**.

celle-là ▷ **celui-là**.

celles ▷ **celui**.

celles-ci ▷ **celui-ci**.

celles-là ▷ **celui-là**.

cellier [selje] *nm* storeroom.

Cellophane® [selɔfan] *nf* Cellophane® ; **sous ~** (wrapped) in cellophane.

cellulaire [selylɛr] *adj* - **1.** *BIOL* & *TÉLÉCOM* cellular - **2.** [destiné aux prisonniers] : **régime ~** solitary confinement ; **voiture ~** prison van.

cellule [selyl] *nf* - **1.** [gén & *INFORM*] cell ; ~ **photoélectrique** photoelectric cell - **2.** [groupe] unit ; ~ **de crise** [groupe] emergency committee ; [réunion] emergency committee meeting.

cellulite [selylit] *nf* cellulite.

celluloïd [selylɔid] *nm* celluloid.

cellulose [selyloz] *nf* cellulose.

celte [sɛlt] *adj* Celtic.
◆ **Celte** *nmf* Celt.

celtique [sɛltik] ⬦ *adj* Celtic ⬦ *nm* [langue] Celtic.

celui [səlɥi] (*f* **celle** [sɛl], *mpl* **ceux** [sø], *fpl* **celles** [sɛl]) *pron dém* - **1.** [suivi d'un complément prépositionnel] the one ; **celle de devant** the one in front ; **ceux d'entre vous qui ...** those of you who ... - **2.** [suivi d'un pronom relatif] : ~ **qui** [objet] the one which *ou* that ; [personne] the one who ; **c'est celle qui te va le mieux** that's the one which *ou* that suits you best ; ~ **que vous voyez** the one (which *ou* that) you can see, the one whom you can see ; **ceux que je connais** those I know - **3.** [suivi d'un adjectif, d'un participe] the one.

celui-ci [səlɥisi] (*f* **celle-ci** [sɛlsi], *mpl* **ceux-ci** [søsi], *fpl* **celles-ci** [sɛlsi]) *pron dém* this one, these ones (*pl*).

celui-là [səlɥila] (*f* **celle-là** [sɛlla], *mpl* **ceux-là** [søla], *fpl* **celles-là** [sɛlla]) *pron dém* that one, those ones (*pl*) ; ~ **... celui-ci** the former ... the latter.

cénacle [senakl] *nm* [coterie] circle.

cendre [sɑ̃dr] *nf* ash ; **réduire qqch en ~s** to reduce sthg to ashes.
◆ **cendres** *nfpl* [restes des morts] ashes ; **renaître de ses ~s** *fig* to rise from the ashes.
◆ **Cendres** *nfpl* : **le mercredi des Cendres** Ash Wednesday.

cendré, e [sãdre] *adj* [chevelure] : **blond ~** ash blond.

cendrier [sãdrije] *nm* - **1.** [de fumeur] ashtray - **2.** [de poêle] ashpan.

cène [sɛn] *nf* (Holy) Communion.
Cène *nf* : **la Cène** the Last Supper.

censé, e [sãse] *adj* : **être ~ faire qqch** to be supposed to do sthg.

censément [sãsemã] *adv sout* supposedly.

censeur [sãsœr] *nm* - **1.** SCOL ≃ deputy head *Br*, ≃ vice-principal *Am* - **2.** CIN & PRESSE censor - **3.** *fig* [juge] critic.

censure [sãsyr] *nf* - **1.** [presse & CIN - contrôle] censorship ; [- censeurs] censors *(pl)* - **2.** POLIT censure - **3.** PSYCHOL censor.

censurer [3] [sãsyre] *vt* - **1.** CIN, PRESSE & PSYCHOL to censor - **2.** [juger] to censure.

cent [sã] ◇ *adj num* one hundred, a hundred ◇ *nm* - **1.** [nombre] a hundred ; *voir aussi* **six** - **2.** [mesure de proportion] : **pour ~** percent ; **~ pour ~** a hundred percent - **3.** [monnaie] cent.

centaine [sãtɛn] *nf* - **1.** [cent unités] hundred - **2.** [un grand nombre] : **une ~ de** about a hundred ; **des ~s (de)** hundreds (of) ; **plusieurs ~s de** several hundred ; **par ~s** in hundreds.

centenaire [sãtner] ◇ *adj* hundred-year-old *(avant n)* ; **être ~** to be a hundred years old ◇ *nmf* centenarian ◇ *nm* [anniversaire] centenary *Br*, centennial *Am*.

centiare [sãtjar] *nm* square metre *Br* ou meter *Am*.

centième [sãtjɛm] ◇ *adj num, nm* ou *nmf* hundredth ; *voir aussi* **sixième** ◇ *nf* THÉÂTRE hundredth performance.

centigrade [sãtigrad] ⊳ **degré**.

centigramme [sãtigram] *nm* centigram.

centilitre [sãtilitr] *nm* centilitre *Br*, centiliter *Am*.

centime [sãtim] *nm* centime.

centimètre [sãtimetr] *nm* - **1.** [mesure] centimetre *Br*, centimeter *Am* ; **~ cube** cubic centimetre *Br* ou centimeter *Am* - **2.** [ruban, règle] tape measure.

central, e, aux [sãtral, o] *adj* central.
central *nm* - **1.** TENNIS centre *Br* ou center *Am* court - **2.** [de réseau] : **~ téléphonique** telephone exchange.
centrale *nf* - **1.** [usine] power plant ou station ; **~e hydroélectrique** hydroelectric power station ; **~e nucléaire** nuclear power plant ou station - **2.** [syndicale] group of affiliated trade unions - **3.** COMM : **~e d'achat** buying group.
Centrale *nf grande école training highly-qualified engineers.*

centralien, enne [sãtraljɛ̃, ɛn] *nm, f* engineering student.

centralisation [sãtralizasjɔ̃] *nf* centralization.

centraliser [3] [sãtralize] *vt* to centralize.

centre [sãtr] *nm* [gén] centre *Br*, center *Am* ; **~ d'accueil** reception centre *Br* ou center *Am* ; **~ aéré** outdoor centre *Br* ou center *Am* ; **~ antipoison** poison centre *Br* ou center *Am* ; **~ d'appels** call centre *Br* ou center *Am* ; **~ commercial** shopping centre *Br* ou center *Am*, ~ mall *Am* ; **~ culturel** arts centre *Br* ou center *Am* ; **~ de documentation** reference library ; **~ équestre** riding school ; **~ de gravité** centre *Br* ou center *Am* of gravity ; **~ nerveux** nerve centre *Br* ou center *Am* ; **~ de rééducation** rehabilitation centre *Br* ou center *Am*.

centrer [3] [sãtre] *vt* to centre *Br*, to center *Am*.

centre-ville [sãtrəvil] *(pl* **centres-villes)** *nm* city centre *Br* ou center *Am*, town centre *Br* ou center *Am*.

centrifuge [sãtrifyʒ] ⊳ **force**.

centrifugeuse [sãtrifyʒøz] *nf* - **1.** TECHNOL centrifuge - **2.** CULIN juice extractor.

centriste [sãtrist] POLIT ◇ *adj* centre *(avant n) Br*, center *(avant n) Am* ◇ *nmf* centrist.

centuple [sãtypl] *nm* : **être le ~ de qqch** to be a hundred times sthg ; **au ~** a hundredfold.

centupler [3] [sãtyple] *vt* & *vi* to increase a hundredfold.

cep [sɛp] *nm* stock.

CEP (*abr de* **certificat d'études primaires**) *nm school-leaving certificate formerly taken at end of primary education.*

cépage [sepaʒ] *nm* (type of) vine.

cèpe [sɛp] *nm* cep.

cependant [səpãdã] *conj* however, yet.

céramique [seramik] *nf* - **1.** [matière, objet] ceramic - **2.** [art] ceramics *(U)*, pottery.

cerbère [serber] *nm* strict caretaker ou doorkeeper.

cerceau *(pl* x) [serso] *nm* hoop.

cercle [serkl] *nm* circle ; **~ d'amis** circle of friends ; **~ vicieux** vicious circle.

cerclé, e [serkle] *adj* ringed ; **des lunettes ~es d'écaille** horn-rimmed glasses.

cercueil [serkœj] *nm* coffin.

céréale [sereal] *nf* cereal.

cérébral, e, aux [serebral, o] ◇ *adj* - **1.** [du cerveau] cerebral - **2.** [personne, activité] intellectual ◇ *nm, f* intellectual.

cérémonial, als [seremɔnjal] *nm* ceremonial.

cérémonie [seremɔni] *nf* ceremony ; **sans ~**

without ceremony, informally ; **faire des ~s** to make a fuss.

cérémonieux, euse [seremɔnjø, øz] *adj* ceremonious.

CERES [seres] (*abr de* **Centre d'études, de recherches et d'éducation socialiste**) *nm* formerly the intellectual section of the French socialist party.

cerf [sɛr] *nm* stag.

cerfeuil [sɛrfœj] *nm* chervil.

cerf-volant [sɛrvɔlɑ̃] (*pl* **cerfs-volants**) *nm* - **1.** [jouet] kite - **2.** [insecte] stag beetle.

cerise [sɔriz] <> *nf* cherry ; **~ à grappes** choke berry ; **la ~ sur le gâteau** *fig* the icing on the cake <> *adj inv* cherry.

cerisier [sɔrizje] *nm* [arbre] cherry (tree) ; [bois] cherry (wood).

CERN, Cern [sɛrn] (*abr de* **Conseil européen pour la recherche nucléaire**) *nm* CERN.

cerne [sɛrn] *nm* ring.

cerné [sɛrne] ▷ **œil**.

cerner [3] [sɛrne] *vt* - **1.** [encercler] to surround - **2.** [entourer d'un trait] to ring - **3.** *fig* [sujet] to define.

certain, e [sɛrtɛ̃, ɛn] <> *adj* certain ; **c'est une chose ~e** there's no doubt about it ; **être ~ de qqch** to be certain *ou* sure of sthg ; **être ~ que** to be certain *ou* sure (that) ; **je suis pourtant ~ d'avoir mis mes clés là** but I'm certain *ou* sure I left my keys there <> *adj indéf* (*avant n*) certain ; **il a un ~ talent** he has some talent *ou* a certain talent ; **à un ~ moment** at some point ; **~s jours** some days ; **un ~ temps** for a while ; **dans une certaine mesure** to a certain extent ; **avoir un ~ âge** to be getting on, to be past one's prime ; **c'est un monsieur d'un ~ âge** he's getting on a bit ; **un ~ M. Lebrun** a Mr Lebrun.

▸ **certains** (*fpl* **certaines**) *pron indéf pl* some.

certainement [sɛrtɛnmɑ̃] *adv* [probablement] most probably, most likely ; [bien sûr] certainly.

certes [sɛrt] *adv* of course.

certificat [sɛrtifika] *nm* - **1.** [attestation, diplôme] certificate ; **~ d'aptitude professionnelle** vocational training certificate ; **~ d'études** *primary school-leaving certificate* ; **~ médical** medical certificate ; **~ de scolarité** *certificate of regular attendance at school or university* - **2.** [référence] reference.

certifié, e [sɛrtifje] *adj* : **professeur ~** qualified teacher.

certifier [9] [sɛrtifje] *vt* - **1.** [assurer] : **~ qqch à qqn** to assure sb of sthg - **2.** [authentifier] to certify.

certitude [sɛrtityd] *nf* certainty.

cérumen [serymɛn] *nm* wax, earwax.

cerveau [sɛrvo] *nm* brain.

cervelas [sɛrvəla] *nm* saveloy.

cervelle [sɛrvɛl] *nf* - **1.** ANAT brain - **2.** [facultés mentales, aliment] brains (*pl*) - **3.** *loc* : **se brûler la ~** to blow one's brains out ; **se creuser la ~** to rack one's brains.

cervical, e, aux [sɛrvikal, o] *adj* cervical ; **(vertèbre) ~e** cervical vertebra.

ces ▷ **ce**.

CES *nm* - **1.** (*abr de* **collège d'enseignement secondaire**) *former secondary school* - **2.** *abr de* **Contrat emploi-solidarité**.

César [sezar] *nm* : **les ~s** French cinema awards.

césarienne [sezarjɛn] *nf* caesarean (section).

cessante [sesɑ̃t] ▷ **affaire**.

cessation [sesasjɔ̃] *nf* suspension.

cesse [sɛs] *nf* : **n'avoir de ~ que** (+ subjonctif) *sout* not to rest until.

▸ **sans cesse** *loc adv* continually, constantly.

cesser [4] [sese] <> *vi* to stop, to cease <> *vt* to stop ; **~ de faire qqch** to stop doing sthg.

cessez-le-feu [seseləfø] *nm inv* cease-fire.

cession [sesjɔ̃] *nf* transfer.

c'est-à-dire [setadir] *conj* - **1.** [en d'autres termes] : **~ (que)** that is (to say) - **2.** [introduit une restriction, précision, réponse] : **~ que** well ..., actually ...

cet ▷ **ce**.

cétacé [setase] *nm* cetacean.

cette ▷ **ce**.

ceux ▷ **celui**.

ceux-ci ▷ **celui-ci**.

ceux-là ▷ **celui-là**.

cévenol, e [sevnɔl] *adj* of/from the Cévennes region.

Ceylan [selɑ̃] *nm* Ceylon.

cf. (*abr de* **confer**) cf.

CFA <> *nf* (*abr de* **Communauté financière africaine**) : **franc ~** *currency used in former French African colonies* <> *nm* (*abr de* **centre de formation des apprentis**) *centre for apprenticeship training*.

CFAO (*abr de* **conception de fabrication assistée par ordinateur**) *nf* CAM.

CFC (*abr de* **chlorofluorocarbone**) *nm* CFC.

CFDT (*abr de* **Confédération française démocratique du travail**) *nf French trade union*.

CFES (*abr de* **certificat de fin d'études secondaires**) *nm school-leaving certificate*.

CFF (*abr de* **Chemins de fer fédéraux**) *nmp Swiss railways*.

CFL (*abr de* **Chemins de fer luxembourgeois**) *nmpl Luxembourg railways*.

CFP (*abr de* **Compagnie française des pétroles**) *nf French oil company.*

CFTC (*abr de* **Confédération française des travailleurs chrétiens**) *nf French trade union.*

CGC (*abr de* **Confédération générale des cadres**) *nf French management union.*

CGT (*abr de* **Confédération générale du travail**) *nf French trade union (affiliated to the Communist party).*

ch. - 1. *abr de* **charges - 2.** *abr de* **chauffage - 3.** *abr de* **cherche.**

CH (*abr de* **Confédération helvétique**) *Switzerland (as nationality sticker on a car).*

chacal [ʃakal] *nm* jackal.

chacun, e [ʃakœ̃, yn] *pron indéf* each (one) ; [tout le monde] everyone, everybody ; **~ de nous/de vous/d'eux** each of us/you/them ; **~ pour soi** every man for himself ; **tout un ~** every one of us/them.

chagrin, e [ʃagrɛ̃, in] *adj* [personne] grieving ; [caractère, humeur] morose.
- **chagrin** *nm* grief ; **avoir du ~** to grieve.

chagriner [3] [ʃagrine] *vt* **- 1.** [peiner] to grieve, to distress **- 2.** [contrarier] to upset.

chahut [ʃay] *nm* uproar.

chahuter [3] [ʃayte] <> *vi* to cause an uproar <> *vt* **- 1.** [importuner - professeur] to rag, to tease ; [- orateur] to heckle **- 2.** [bousculer] to jostle.

chahuteur, euse [ʃaytœr, øz] <> *adj* disruptive, rowdy <> *nm, f* **- 1.** [enfant] disruptive child **- 2.** [manifestant] heckler.

chai [ʃɛ] *nm* wine and spirits store *ou* storehouse.

chaîne [ʃɛn] *nf* **- 1.** [gén] chain ; **~ de montagnes** mountain range **- 2.** IND : **~ de fabrication/de montage** production/assembly line ; **travail à la ~** production-line work ; **produire qqch à la ~** to mass-produce sthg **- 3.** TÉLÉ channel ; **~ à péage** pay TV channel ; **~ de télévision** television channel, TV channel ; **~ thématique** specialized channel **- 4.** [appareil] stereo (system) ; **~ hi-fi** hi-fi system.
- **chaînes** *nfpl fig* chains, bonds.

chaînette [ʃɛnɛt] *nf* small chain.

chaînon [ʃɛnɔ̃] *nm litt & fig* link.

chair [ʃɛr] <> *nf* flesh ; **bien en ~** plump ; **en ~ et en os** in the flesh ; **~ à saucisse** sausage meat ; **avoir la ~ de poule** to have goose pimples *ou* gooseflesh, to have goosebumps *Am* <> *adj inv* flesh-coloured *Br*, flesh-colored *Am*.

chaire [ʃɛr] *nf* **- 1.** [estrade - de prédicateur] pulpit ; [- de professeur] rostrum **- 2.** UNIV chair.

chaise [ʃɛz] *nf* chair ; **~ électrique** electric chair ; **~ haute** high chair ; **~ longue** deckchair ; **être assis entre deux ~s** *fig* to be in an awkward situation.

chaland [ʃalɑ̃] *nm* [bateau] barge.

châle [ʃal] *nm* shawl.

chalet [ʃalɛ] *nm* **- 1.** [de montagne] chalet **- 2.** *Can* [maison de campagne] (holiday) cottage.

chaleur [ʃalœr] *nf* heat ; [agréable] warmth ; **avec ~** [accueillir] warmly ; **en ~** [animal] on heat.

chaleureusement [ʃalœrøzmɑ̃] *adv* warmly.

chaleureux, euse [ʃalœrø, øz] *adj* warm.

challenge [ʃalɑ̃ʒ] *nm* **- 1.** SPORT tournament **- 2.** *fig* [défi] challenge.

challenger [tʃalɛndʒœr] *nm* SPORT & *fig* challenger.

chaloupe [ʃalup] *nf* rowing boat *Br*, rowboat *Am*.

chalumeau [ʃalymo] *nm* **- 1.** TECHNOL blowlamp *Br*, blowtorch *Am* **- 2.** [paille] (drinking) straw.

chalutier [ʃalytje] *nm* **- 1.** [bateau] trawler **- 2.** [pêcheur] trawlerman.

chamade [ʃamad] *nf* : **battre la ~** [cœur] to pound.

chamailler [3] [ʃamaje] - **se chamailler** *vp fam* to squabble.

chambardement [ʃɑ̃bardəmɑ̃] *nm fam* [bouleversement] upheaval.

chambarder [3] [ʃɑ̃barde] *vt fam* **- 1.** [pièce] to turn upside down **- 2.** [projet] to upset.

chambouler [3] [ʃɑ̃bule] *vt fam* to make a mess of, to turn upside down.

chambranle [ʃɑ̃brɑ̃l] *nm* [de porte, fenêtre] frame ; [de cheminée] mantelpiece.

chambre [ʃɑ̃br] *nf* **- 1.** [où l'on dort] : **~ (à coucher)** bedroom ; **garder la ~** to stay in one's room ; **faire ~ à part** to sleep in separate rooms ; **~ à un lit, ~ pour une personne** single room ; **~ pour deux personnes** double room ; **~ à deux lits** twin-bedded room ; **~ d'amis** spare room ; **~ d'hôte** bed and breakfast **- 2.** [local] room ; **~ forte** strongroom ; **~ froide** cold store ; **~ noire** darkroom **- 3.** JUR division ; **~ d'accusation** court of criminal appeal **- 4.** POLIT chamber, house ; **Chambre des députés**, ≈ House of Commons *Br*, ≈ House of Representatives *Am* **- 5.** COMM : **~ de commerce** chamber of commerce ; **~ des métiers** guild chamber **- 6.** TECHNOL chamber ; **~ à air** [de pneu] inner tube.

chambrée [ʃɑ̃bre] *nf* room, roomful ; [de soldats] barrack room.

chambrer [3] [ʃɑ̃bre] *vt* **- 1.** [vin] to bring to

room temperature - **2.** *fam* [se moquer] : ~ **qqn** to pull sb's leg, to wind sb up *Br*.

chameau, x [ʃamo] *nm* - **1.** [mammifère] camel - **2.** *fam injurieux* [homme] pig ; [femme] cow.

chamois [ʃamwa] ◇ *nm* chamois ; [peau] chamois (leather) ◇ *adj inv* [couleur] fawn.

champ [ʃɑ̃] *nm* - **1.** [gén & INFORM] field ; ~ **de bataille** battlefield ; ~ **de courses** racecourse ; ~ **magnétique** magnetic field ; **fleurs des** ~**s** wild flowers ; ~ **visuel** field of vision *ou* view ; **laisser le** ~ **libre à qqn** *fig* to leave the field open *ou* clear for sb - **2.** [étendue] area ; ~ **d'action** sphere of activity.

champagne [ʃɑ̃paɲ] *nm* champagne ; ~ **rosé** pink champagne.

champagnisé [ʃɑ̃ɑ̃nize] ⊏▷ **vin.**

champenois, e [ʃɑ̃pənwa, az] *adj* : **méthode** ~**e** champagne-style.

champêtre [ʃɑ̃pɛtr] *adj* rural.

champignon [ʃɑ̃piɲɔ̃] *nm* - **1.** BOT & MÉD fungus ; **pousser comme des** ~**s** *fig* to mushroom - **2.** [comestible] mushroom ; ~ **de Paris** button mushroom ; ~ **vénéneux** toadstool - **3.** *fam* [accélérateur] accelerator ; **appuyer sur le** ~ to put one's foot down *Br*, to step on the gas *Am*.

champion, onne [ʃɑ̃pjɔ̃, ɔn] ◇ *nm, f* champion ; ~ **du monde** world champion ◇ *adj fam* brilliant.

championnat [ʃɑ̃pjɔna] *nm* championship ; ~ **du monde** world championship.

chance [ʃɑ̃s] *nf* - **1.** [bonheur] luck *(U)* ; **avoir de la** ~ to be lucky ; **ne pas avoir de** ~ to be unlucky ; **bonne** ~! good luck! ; **quelle** ~! what luck!, how lucky! ; **porter** ~ to bring good luck - **2.** [probabilité, possibilité] chance, opportunity ; **avoir des** ~**s de faire qqch** to have a chance of doing sthg ; **donner sa** ~ **à qqn** to give sb a chance ; **il y a peu de** ~**s que** ... there's not much chance that ...

chancelant, e [ʃɑ̃slɑ̃, ɑ̃t] *adj* - **1.** [titubant, bancal] unsteady - **2.** *fig* [mémoire, santé] shaky.

chanceler [24] [ʃɑ̃sle] *vi* [personne, gouvernement] to totter ; [meuble] to wobble.

chancelier [ʃɑ̃səlje] *nm* - **1.** [premier ministre] chancellor - **2.** [de consulat, d'ambassade] secretary.
➡ **Chancelier** *nm* : **le Chancelier de l'Échiquier** the Chancellor of the Exchequer.

chancellerie [ʃɑ̃sɛlri] *nf* - **1.** [ministère de la justice] chancery *Br*, Department of Justice *Am* - **2.** [en Allemagne] chancellor's office - **3.** [de consulat, d'ambassade] chancery.

chanceux, euse [ʃɑ̃sø, øz] *adj* lucky.

chancre {ʃɑ̃kr] *nm* - **1.** MÉD chancre - **2.** BOT canker.

chandail [ʃɑ̃daj] *nm* (thick) sweater.

Chandeleur [ʃɑ̃dlœr] *nf* Candlemas.

chandelier [ʃɑ̃dəlje] *nm* [pour une bougie] candlestick ; [à plusieurs branches] candelabra.

chandelle [ʃɑ̃dɛl] *nf* [bougie] candle ; **dîner aux** ~**s** candlelit dinner ; **brûler la** ~ **par les deux bouts** *fig* to burn the candle at both ends ; **devoir une chandelle** ~ **à qqn** *fig* to owe sb a big favour *Br ou* favor *Am* ; **tenir la** ~ to play gooseberry ; **voir trente-six** ~**s** *fam fig* to see stars.

change [ʃɑ̃ʒ] *nm* - **1.** [troc & FIN] exchange ; **donner le** ~ **à qqn** to pull the wool over sb's eyes ; **gagner au** ~ to be better off ; **perdre au** ~ to lose out - **2.** [couche de bébé] disposable nappy *Br*, diaper *Am*.

changeant, e [ʃɑ̃ʒɑ̃, ɑ̃t] *adj* - **1.** [temps, humeur] changeable - **2.** [reflet] shimmering.

changement [ʃɑ̃ʒmɑ̃] *nm* change ; ~ **de programme** change of plan ; ~ **de vitesse** gear lever *Br*, gearshift *Am*.

changer [17] [ʃɑ̃ʒe] ◇ *vt* - **1.** [gén] to change ; ~ **qqch contre** to change *ou* exchange sthg for ; ~ **qqn en** to change sb into ; ~ **des francs en livres** to change francs into pounds ; ~ **des francs contre des livres** to exchange francs for pounds - **2.** [modifier] to change, to alter ; **ne rien** ~ **à qqch** not to make any changes to sthg ; **ça me/te changera** that will be a (nice) change for me/ you ◇ *vi* - **1.** [gén] to change ; ~ **de train (à)** to change trains (at) ; ~ **d'avis** to change one's mind ; **ça changera!** that'll make a change! ; ~ **de direction** to change direction ; ~ **de place (avec qqn)** to change places (with sb) ; ~ **de vitesse** AUTOM to change gear ; ~ **de voiture** to change one's car ; **pour** ~ for a change - **2.** [modifier] to change, to alter ; ~ **de comportement** to alter one's behaviour *Br ou* behavior *Am*.
➡ **se changer** *vp* - **1.** [se rhabiller] to change, to get changed - **2.** [se transformer] : **se** ~ **en** to change into.

changeur [ʃɑ̃ʒœr] *nm* - **1.** [personne] moneychanger - **2.** [appareil] : ~ **de monnaie** change machine.

chanoine [ʃanwan] *nm* canon.

chanson [ʃɑ̃sɔ̃] *nf* song ; **c'est toujours la même** ~ *fig* it's the same old story.

chansonnette [ʃɑ̃sɔnɛt] *nf* ditty.

chansonnier, ère [ʃɑ̃sɔnje, ɛr] *nm, f* cabaret singer-songwriter.

chant [ʃɑ̃] *nm* - **1.** [chanson] song, singing *(U)* ; [sacré] hymn ; ~ **du cygne** *fig* swansong ; ~ **grégorien** Gregorian chant - **2.** [art] singing.

chantage [ʃɑ̃taʒ] *nm litt & fig* blackmail ; **fai-**

re du ~ to use ou resort to blackmail ; **faire du ~ à qqn** to blackmail sb.

chantant, e [ʃɑ̃tɑ̃, ɑ̃t] *adj* - **1.** [accent, voix] lilting - **2.** [musique, air] catchy.

chanter [3] [ʃɑ̃te] <> *vt* - **1.** [chanson] to sing - **2.** *fam* [raconter] to tell - **3.** *littéraire* [célébrer] to sing ou tell of ; **~ les louanges de qqn** to sing sb's praises <> *vi* - **1.** [gén] to sing ; **~ juste** to sing in tune ; **~ faux** to sing off key - **2.** *loc* : **faire ~ qqn** to blackmail sb ; **si ça vous chante!** *fam* if you feel like ou fancy it!

chanterelle [ʃɑ̃trɛl] *nf* [champignon] chanterelle.

chanteur, euse [ʃɑ̃tœr, øz] *nm, f* singer.

chantier [ʃɑ̃tje] *nm* - **1.** CONSTR (building) site ; [sur la route] roadworks (pl) ; **en ~** *fig* in progress ; **~ naval** shipyard, dockyard - **2.** *fig* [désordre] shambles (sg), mess.

Chantilly [ʃɑ̃tiji] *nf* : **(crème) ~** *stiffly whipped cream sweetened and flavoured*.

chantonner [3] [ʃɑ̃tɔne] *vt & vi* to hum.

chanvre [ʃɑ̃vr] *nm* hemp.

chaos [kao] *nm* chaos.

chaotique [kaɔtik] *adj* chaotic.

chap. (*abr de* **chapitre**) ch.

chaparder [3] [ʃaparde] *vt* to steal.

chapeau, x [ʃapo] *nm* - **1.** [coiffure] hat ; **~ melon** bowler hat ; **tirer son ~ à qqn** to take one's hat off to sb - **2.** PRESSE introductory paragraph - **3.** *loc* : **chapeau!** *fam* nice one! ; **démarrer sur les ~x de roues** *fam* to take off like a bat out of hell.

chapeauter [3] [ʃapote] *vt* [service] to head ; [personnes] to supervise.

chapelain [ʃaplɛ̃] *nm* chaplain.

chapelet [ʃaplɛ] *nm* - **1.** RELIG rosary ; **dire son ~** to say one's rosary, to tell one's beads - **2.** [de saucisses, d'oignons] string - **3.** *fig* [d'injures] string, torrent.

chapelier, ère [ʃapəlje, ɛr] <> *adj* hat (avant n) <> *nm, f* [pour hommes] hatter ; [pour femmes] milliner.

chapelle [ʃapɛl] *nf* - **1.** [petite église] chapel ; [partie d'église] choir ; **~ ardente** chapel of rest - **2.** [coterie] clique.

chapelure [ʃaplyr] *nf* (dried) breadcrumbs (pl).

chaperon [ʃaprɔ̃] *nm* - **1.** LITTÉRATURE : **le Petit ~ Rouge** Little Red Riding Hood - **2.** [personne] chaperone.

chapiteau [ʃapito] *nm* - **1.** [de colonne] capital - **2.** [de cirque] big top.

chapitre [ʃapitr] *nm* - **1.** [de livre & RELIG] chapter - **2.** [de budget] head, item - **3.** *fig* [sujet] subject.

chapitrer [3] [ʃapitre] *vt sout* to reprimand.

chapon [ʃapɔ̃] *nm* - **1.** [volaille] capon - **2.** [encas] piece of bread rubbed with garlic and oil.

chaque [ʃak] *adj indéf* each, every ; **~ personne** each person, everyone ; **j'ai payé ces livres 100 francs ~** I paid 100 francs each for these books.

char [ʃar] *nm* - **1.** MIL : **~ (d'assaut)** tank - **2.** [charrette] cart, waggon - **3.** [de carnaval] float - **4.** Can [voiture] car - **5.** HIST chariot.

charabia [ʃarabja] *nm* gibberish.

charade [ʃarad] *nf* charade.

charbon [ʃarbɔ̃] *nm* - **1.** [combustible] coal ; **~ de bois** charcoal ; **être sur des ~s ardents** *fig* to be like a cat on hot bricks *Br* ou on a hot roof *Am* - **2.** [maladie] anthrax.

charbonnage [l] *nm* coalmining ; **les ~s** collieries, coalmines.

charbonnier, ère [ʃarbɔnje, ɛr] *adj* coal (avant n).

➤ **charbonnier** *nm* - **1.** [cargo] collier - **2.** [vendeur] coal merchant ; [livreur] coalman.

charcuter [3] [ʃarkyte] *vt fam péj* to butcher.

charcuterie [ʃarkytri] *nf* - **1.** [magasin] pork butcher's - **2.** [produits] pork meat products - **3.** [commerce] pork meat trade.

charcutier, ère [ʃarkytje, ɛr] *nm, f* [commerçant] pork butcher.

chardon [ʃardɔ̃] *nm* - **1.** [plante] thistle - **2.** [sur un mur] spikes (pl).

chardonneret [ʃardɔnrɛ] *nm* goldfinch.

charentais, e [ʃarɑ̃tɛ, ɛz] *adj* of/from Charente.

➤ **charentaise** *nf* (bedroom) slipper.

charge [ʃarʒ] *nf* - **1.** [fardeau] load - **2.** [fonction] office - **3.** [responsabilité] responsibility ; **être à la ~ de** [personne] to be dependent on ; **les travaux sont à la ~ du propriétaire** the owner is liable for the cost of the work ; **prendre qqch en ~** [payer] to pay (for) sthg ; [s'occuper de] to take charge of sthg ; **prendre qqn en ~** to take charge of sb - **4.** ÉLECTR, JUR & MIL charge ; **revenir à la ~** to return to the fray - **5.** *loc* : **j'accepte, à ~ de revanche** I accept, provided that you'll let me do the same for you some time.

➤ **charges** *nfpl* - **1.** [d'appartement] service charge - **2.** ÉCON expenses, costs ; **~s sociales** ≃ employer's contributions.

chargé, e [ʃarʒe] <> *adj* - **1.** [véhicule, personne] : **~ (de)** loaded (with) - **2.** [responsable] : **~ (de)** responsible for - **3.** [occupé] full, busy <> *nm, f* : **~ d'affaires** chargé d'affaires ; **~ de cours** ≃ lecturer ; **~ de mission** head of mission.

chargement [ʃarʒəmã] nm - **1.** [action] loading - **2.** [marchandises] load.

charger [17] [ʃarʒe] vt - **1.** [gén & INFORM] to load - **2.** [remplir] to fill - **3.** ÉLECTR, JUR & MIL to charge - **4.** [donner une mission à] : ~ **qqn de faire qqch** to put sb in charge of doing sthg.
➤ **se charger** vp : **se ~ de qqn/qqch** to take care of sb/sthg, to take charge of sb/sthg ; **se ~ de faire qqch** to undertake to do sthg.

chargeur [ʃarʒœr] nm - **1.** ÉLECTR charger - **2.** [d'arme] magazine - **3.** [d'appareil photo] cartridge, cassette '- **4.** [personne - qui expédie une charge] shipper ; [- qui charge] docker Br, longshoreman Am, stevedore Am.

chariot [ʃarjo] nm - **1.** [charrette] handcart - **2.** [à bagages, dans un hôpital] trolley Br, wagon Am ; ~ **élévateur** forklift truck - **3.** [de machine à écrire] carriage.

charismatique [karismatik] adj charismatic.

charisme [karism] nm charisma.

charitable [ʃaritabl] adj charitable ; [conseil] friendly.

charité [ʃarite] nf - **1.** [aumône & RELIG] charity ; **faire la ~ à qqn** to give sb charity - **2.** [bonté] kindness.

charivari [ʃarivari] nm hullabaloo.

charlatan [ʃarlatã] nm péj charlatan.

charlotte [ʃarlɔt] nf CULIN charlotte.

charmant, e [ʃarmã, ãt] adj charming.

charme [ʃarm] nm - **1.** [séduction] charm ; **faire du ~ (à qqn)** to turn on the charm (for sb) - **2.** [enchantement] spell ; **rompre le ~** to break the spell - **3.** [arbre] ironwood, hornbeam - **4.** loc : **se porter comme un ~** fam to be as fit as a fiddle.

charmer [3] [ʃarme] vt to charm ; **être charmé de faire qqch** to be delighted to do sthg.

charmeur, euse [ʃarmœr, øz] <> adj charming <> nm, f charmer ; **~ de serpents** snake charmer.

charnel, elle [ʃarnɛl] adj carnal.

charnier [ʃarnje] nm mass grave.

charnière [ʃarnjɛr] <> nf hinge ; fig turning point <> adj [période] transitional.

charnu, e [ʃarny] adj fleshy.

charognard [ʃarɔɲar] nm litt & fig vulture.

charogne [ʃarɔɲ] nf - **1.** [d'animal] carrion (U) - **2.** tfam [crapule - homme] bastard ; [- femme] bitch.

charpente [ʃarpãt] nf - **1.** [de bâtiment, de roman] framework - **2.** [ossature] frame.

charpenté, e [ʃarpãte] adj : **être bien ~** [personne] to be well-built ; [roman] to be well-constructed.

charpentier [ʃarpãtje] nm carpenter.

charretier, ère [ʃartje, ɛr] <> adj cart (avant n) <> nm, f carter ; **jurer comme un ~** to swear like a trooper.

charrette [ʃaret] nf cart.

charrier [9] [ʃarje] <> vt - **1.** to carry - **2.** fam [se moquer de] : **~ qqn** to take sb for a ride <> vi fam [exagérer] to go too far.

charrue [ʃary] nf plough Br, plow Am ; **mettre la ~ avant les bœufs** fam fig to put the cart before the horse.

charte [ʃart] nf charter ; **l'École nationale des ~s** grande école for archivists and librarians.

charter [ʃarter] <> nm chartered plane <> adj inv (en apposition) charter (avant n).

chartreuse [ʃartrøz] nf - **1.** RELIG Carthusian monastery - **2.** [liqueur] Chartreuse.

Charybde [ʃaribd] n Charybdis ; **tomber de ~ en Scylla** to go from the frying pan into the fire.

chas [ʃa] nm eye (of needle).

chasse [ʃas] nf - **1.** [action] hunting ; **aller à la ~** to go hunting ; **~ à courre** hunting (on horseback with hounds) - **2.** [période] : **la ~ est ouverte/fermée** it's the open/close season - **3.** [domaine] : **~ gardée** private hunting ou shooting preserve ; fig preserve - **4.** [poursuite] chase ; **faire la ~ à qqch** to chase sthg ; **faire la ~ à qqn/qqch** fig to hunt (for) sb/sthg, to hunt sb/sthg down ; **prendre qqn/qqch en ~** to give chase to sb/sthg ; **~ à l'homme** man hunt - **5.** [des cabinets] : **~ (d'eau)** flush ; **tirer la ~** to flush the toilet.

chassé-croisé [ʃasekrwaze] (pl **chassés croisés**) nm toing and froing.

chasse-neige [ʃasnɛʒ] nm inv snowplough Br, snowplow Am.

chasser [3] [ʃase] <> vt - **1.** [animal] to hunt - **2.** [faire partir - personne] to drive ou chase away ; [- odeur, souci] to dispel <> vi - **1.** [aller à la chasse] to go hunting, to hunt - **2.** [roues] to skid.

chasseur, euse [ʃasœr, øz] nm, f hunter.
➤ **chasseur** nm - **1.** [d'hôtel] page, messenger - **2.** MIL : **~ alpin** soldier specially trained for operations in mountainous terrain - **3.** [avion] fighter.
➤ **chasseur de têtes** nm headhunter.

châssis [ʃasi] nm - **1.** [de fenêtre, de porte, de machine] frame - **2.** [de véhicule] chassis - **3.** [de tableau] stretcher.

chaste [ʃast] adj chaste.

chasteté [ʃastəte] nf chastity.

chasuble [ʃazybl] <> nf chasuble <> ⊳ **robe**.

chat, chatte [ʃa, ʃat] nm, f cat ; **~ de gouttiè**

re ordinary cat, alley cat *Am* ; **~ sauvage** wildcat ; *Can* [raton laveur] raccoon ; **~ persan/ siamois** Persian/Siamese cat ; **il n'y a pas un ~ fam** there's not a soul ; **appeler un ~ un ~** to call a spade a spade ; **avoir d'autres ~s à fouetter** to have other fish to fry ; **avoir un ~ dans la gorge** to have a frog in one's throat.

châtaigne [ʃatɛɲ] *nf* - **1.** [fruit] chestnut - **2.** *fam* [coup] clout.

châtaignier [ʃatɛɲe] *nm* [arbre] chestnut (tree) ; [bois] chestnut.

châtain [ʃatɛ̃] *adj* & *nm* chestnut, chestnut-brown.

château, x [ʃato] *nm* - **1.** [forteresse] : **~ (fort)** castle - **2.** [résidence - seigneuriale] mansion ; [- de monarque, d'évêque] palace ; **~ de cartes** *litt* & *fig* house of cards ; **~ de sable** sandcastle ; **les châteaux de la Loire** the Châteaux of the Loire ; **bâtir des ~x en Espagne** *fig* to build castles in Spain - **3.** [vignoble] château, vineyard - **4.** [réservoir] : **~ d'eau** water tower.

LES CHÂTEAUX DE LA LOIRE

These royal residences were originally built as hunting lodges in the Loire Valley during the Renaissance. The largest château is Chambord and was used by Francis I. Other notable châteaux include Chenonceaux, Azay-le-Rideau, Amboise and Blois.

chateaubriand, châteaubriant [ʃatobrijɑ̃] *nm thickest part of a fillet of beef.*

châtelain, e [ʃatlɛ̃, ɛn] *nm, f* lord (*f* lady) of the manor.

châtier [9] [ʃatje] *vt sout* - **1.** [punir] to punish - **2.** [polir] to refine, to hone.

chatière [ʃatjɛr] *nf* - **1.** [pour chat] cat-flap - **2.** [d'aération] air vent.

châtiment [ʃatimɑ̃] *nm* punishment.

chaton [ʃatɔ̃] *nm* - **1.** [petit chat] kitten - **2.** *BOT* catkin - **3.** [de bague] setting - **4.** [pierre] stone.

chatouiller [3] [ʃatuje] *vt* - **1.** [faire des chatouilles à] to tickle - **2.** *fig* [titiller] to titillate.

chatouilles [ʃatuj] *nfpl* tickling (U).

chatouilleux, euse [ʃatujø, øz] *adj* - **1.** [sensible aux chatouilles] ticklish - **2.** *fig* [susceptible] touchy.

chatoyant, e [ʃatwajɑ̃, ɑ̃t] *adj* [reflet, étoffe] shimmering ; [bijou] sparkling.

chatoyer [13] [ʃatwaje] *vi* [reflet, étoffe] to shimmer ; [bijou] to sparkle.

châtrer [3] [ʃatre] *vt* to castrate ; [chat] to neuter ; [chatte] to spay.

hatte ▷ **chat.**

chatterton [ʃatɛrtɔn] *nm ÉLECTR* insulating tape.

chaud, e [ʃo, ʃod] *adj* - **1.** [gén] warm ; [de température très élevée, sensuel] hot - **2.** *fig* [enthousiaste] : **être ~ pour qqch/pour faire qqch** to be keen on sthg/on doing sthg - **3.** [animé] tense.
◆ **chaud** ◇ *adv* : **avoir ~** to be warm *ou* hot ; **il fait ~** it's warm *ou* hot ; **manger ~** to have something hot (to eat) ; **tenir ~** to keep warm ; **j'ai eu ~** [l'échapper belle] I had a narrow *ou* lucky escape ; [avoir peur] I had a nasty shock *ou* fright ◇ *nm* heat ; **rester au ~** to stay in the warm ; **un ~ et froid** a chill.

chaudement [ʃodmɑ̃] *adv* warmly.

chaud-froid [ʃofrwa] (*pl* chauds-froids) *nm poultry or game served cold in a thick white sauce glazed with jelly.*

chaudière [ʃodjɛr] *nf* boiler.

chaudron [ʃodrɔ̃] *nm* cauldron.

chauffage [ʃofaʒ] *nm* - **1.** [action] heating - **2.** [appareil] heating (system) ; **~ central** central heating.

chauffant, e [ʃofɑ̃, ɑ̃t] *adj* heating ; **couverture ~e** electric blanket ; **plaque ~e** hotplate.

chauffard [ʃofar] *nm péj* reckless driver.

chauffe-biberon [ʃofbibrɔ̃] (*pl* chauffe-biberons) *nm* bottle-warmer.

chauffe-eau [ʃofo] *nm inv* water-heater.

chauffe-plats [ʃofpla] *nm inv* hotplate, chafing dish.

chauffer [3] [ʃofe] ◇ *vt* [rendre chaud] to heat (up) ; **~ à blanc** to heat until white-hot ◇ *vi* - **1.** [devenir chaud] to heat up - **2.** [moteur] to overheat - **3.** *fam* [barder] : **ça va ~** there's going to be trouble.
◆ **se chauffer** *vp* : **se ~ à qqch** to heat one's house with sthg.

chaufferette [ʃofrɛt] *nf* - **1.** [réchaud] hotplate, chafing dish - **2.** [pour les pieds] footwarmer.

chaufferie [ʃofri] *nf* boiler room.

chauffeur [ʃofœr] *nm* - **1.** *AUTOM* driver ; **~ du dimanche** Sunday driver ; **~ de taxi** taxi driver - **2.** [de chaudière] stoker.

chaume [ʃom] *nm* - **1.** [paille] thatch - **2.** [de céréales] stubble.

chaumière [ʃomjɛr] *nf* cottage.

chaussée [ʃose] *nf* road, roadway ; **'~ déformée'** 'uneven road surface'.

chausse-pied [ʃospje] (*pl* chausse-pieds) *nm* shoehorn.

chausser [3] [ʃose] ◇ *vt* - **1.** [chaussures, lunettes, skis] to put on ; **~ qqn** to put sb's shoes on - **2.** [fournir] to supply shoes to - **3.** [suj : chaussures] to fit ◇ *vi* : **~ du 39** to take size 39 (shoes).

◆ **se chausser** *vp* to put one's shoes on.

chausse-trape (*pl* chausse-trapes), **chausse-trappe** (*pl* chausse-trappes) [ʃostrap] *nf* trap.

chaussette [ʃosɛt] *nf* sock.

chausseur [ʃosœr] *nm* shoemaker.

chausson [ʃosõ] *nm* - **1.** [pantoufle] slipper - **2.** [de danse] ballet shoe - **3.** [de bébé] bootee - **4.** CULIN turnover ; **~ aux pommes** apple turnover.

chaussure [ʃosyr] *nf* - **1.** [soulier] shoe ; **~ basse** low-heeled shoe, flat shoe ; **~ à crampons** [pour football, rugby] studded boot ; [pour athlétisme] spiked shoe ; **~ de marche** [de randonnée] hiking *ou* walking boot ; [confortable] walking shoe ; **~ montante** (ankle) boot ; **~ à scratch** shoe with Velcro® fastenings ; **~ de ski** ski boot ; **trouver ~ à son pied** *fam fig* to find Mr/Miss Right - **2.** [industrie] footwear industry.

chauve [ʃov] ◇ *adj* [sans cheveux] bald ◇ *nm* bald man.

chauve-souris [ʃovsuri] (*pl* chauves-souris) *nf* bat.

chauvin, e [ʃovɛ̃, in] ◇ *adj* chauvinistic ◇ *nm, f* chauvinist.

chauvinisme [ʃovinism] *nm* chauvinism.

chaux [ʃo] *nf* lime ; **blanchi à la ~** white-washed.

chavirer [3] [ʃavire] ◇ *vi* - **1.** [bateau] to capsize - **2.** *fig* [tourner] to spin - **3.** *fig* [échouer] to founder ◇ *vt* - **1.** [bateau] to capsize - **2.** [meuble] to tip over.

chéchia [ʃeʃja] *nf* fez.

check-up [tʃɛkœp] *nm inv* check-up.

chef [ʃɛf] *nm* - **1.** [d'un groupe] head, leader ; [au travail] boss ; **en ~** in chief ; **~ de chantier** foreman ; **~ d'entreprise** company head ; **~ d'État** head of state ; **~ de fabrication** production manager ; **~ de famille** head of the family ; **~ de file** POLIT (party) leader ; **~ de gare** stationmaster ; **~ de marque** brand manager ; **~ d'orchestre** conductor ; **~ de produit** product manager ; **~ de projet** project manager ; **~ de rayon** departmental manager *ou* supervisor ; **~ de service** ADMIN departmental manager - **2.** [cuisinier] chef - **3.** *loc* : **de son propre ~** on one's own initiative ; **opiner du ~** to nod agreement.

◆ **chef d'accusation** *nm* charge, count.

chef-d'œuvre [ʃedœvr] (*pl* chefs-d'œuvre) *nm* masterpiece.

chef-lieu [ʃɛfljø] (*pl* chefs-lieux) *nm* ≃ county town *Br* county seat *Am*.

cheik [ʃɛk] *nm* sheikh.

chemin [ʃəmɛ̃] *nm* - **1.** [voie] path ; **~ vicina**[l] byroad, minor road - **2.** [parcours] way ; **fi**[g] road ; **en ~** on the way ; **faire du ~** to cover a lot of ground ; *fig* to gain ground ; **rebrousser ~** to turn back ; **le ~ de croix** the way o[f] the cross ; **prendre le ~ des écoliers** *fig* to g[o] the long way round ; **suivre le droit ~** *fig* t[o] stay on the straight and narrow.

◆ **chemin de fer** *nm* railway *Br*, railroa[d] *Am*.

cheminée [ʃəmine] *nf* - **1.** [foyer] fireplac[e] - **2.** [conduit d'usine] chimney - **3.** [encadremen]t mantelpiece - **4.** [de paquebot, locomotive] fun[nel].

cheminement [ʃəminmɑ̃] *nm* [progression] ad[vance] ; *fig* [d'idée] development.

cheminer [3] [ʃəmine] *vi* [avancer] to mak[e] one's way ; *fig* [idée] to develop.

cheminot [ʃəmino] *nm* railwayman *Br*, rail[road] man *Am*.

chemise [ʃəmiz] *nf* - **1.** [d'homme] shirt ; **~ d**[e] **nuit** [de femme] nightdress - **2.** [dossier] folder.

chemiserie [ʃəmizri] *nf* [magasin] shirt[maker's] ; [industrie] shirtmaking.

chemisette [ʃəmizɛt] *nf* [d'homme] short[sleeved] shirt ; [de femme] short-sleeve[d] blouse.

chemisier [ʃəmizje] *nm* - **1.** [vêtement] blous[e] - **2.** [marchand, fabricant] shirtmaker.

chenal, aux [ʃənal, o] *nm* [canal] channel.

chenapan [ʃnapɑ̃] *nm hum* rascal.

chêne [ʃɛn] *nm* [arbre] oak (tree) ; [bois] oak.

chenet [ʃənɛ] *nm* firedog.

chenil [ʃənil] *nm* [pour chiens] kennel.

chenille [ʃənij] *nf* - **1.** [insecte] caterpilla[r] - **2.** [courroie] caterpillar track.

chenu, e [ʃəny] *adj littéraire* [tête, barbe] hoary

cheptel [ʃɛptɛl] *nm* [bétail] livestock (U).

chèque [ʃɛk] *nm* cheque *Br*, check *Am* ; **fair**[e] **un ~** to write a cheque *Br ou* check *Am* ; **tou**[cher] **cher un ~** to cash a cheque *Br ou* check *Am* ; **~ (bancaire)** (bank) cheque *Br ou* check *Am* ; **~ barré** crossed cheque *Br ou* check *Am* ; **~ en blanc** blank cheque *Br ou* check *Am* ; **~ postal** post office cheque *Br ou* check *Am* ; **~ sans provision** bad cheque *Br ou* check *Am* ; **~ de voyage** traveller's cheque *Br*, trave[l]er's check *Am*.

chèque-cadeau [ʃɛkkado] (*pl* chèque[s]cadeaux) *nm* gift token.

chèque-repas [ʃɛkrəpa] (*pl* chèques-repas[)] **chèque-restaurant** [ʃɛkrɛstɔrɑ̃] [(]*pl* chèques-restaurant) *nm* luncheon vouche[r]

chéquier [ʃekje] *nm* chequebook *Br*, check[book] *Am*.

cher, chère [ʃɛr] ◇ *adj* - **1.** [aimé] : ~ **(à qqn)** dear (to sb) ; **Cher Monsieur** [au début d'une lettre] Dear Sir ; **Chère Madame** [au début d'une lettre] Dear Madam - **2.** [produit, vie, commerçant] expensive ◇ *nm, f hum* : **mon** ~ dear.
 cher *adv* : **valoir** ~, **coûter** ~ to be expensive, to cost a lot ; **payer** ~ to pay a lot ; **je l'ai payé** ~ *litt* & *fig* it cost me a lot.
 chère *nf* : **aimer la bonne chère** *sout* to like to eat well.
chercher [3] [ʃɛrʃe] ◇ *vt* - **1.** [gén] to look for ; **vous l'aurez cherché!** you're asking for it! - **2.** [prendre] : **aller/venir** ~ **qqn** [à un rendez-vous] to (go/come and) meet sb ; [en voiture] to (go/come and) pick sb up ; **aller/venir** ~ **qqch** to (go/come and) get sthg - **3.** *fam* [atteindre] : **ça va** ~ **dans les 100 francs** it will come to about 100 francs ◇ *vi* : ~ **à faire qqch** to try to do sthg.
 se chercher *vp* to try to find o.s.
chercheur, euse [ʃɛrʃœr, øz] ◇ *adj* - **1.** [esprit] inquiring - **2.** ▷ **tête** ◇ *nm, f* [scientifique] researcher.
chèrement [ʃɛrmã] *adv* dearly.
chéri, e [ʃeri] ◇ *adj* dear ◇ *nm, f* darling.
chérir [32] [ʃerir] *vt* [personne] to love dearly ; [chose, idée] to cherish.
cherté [ʃɛrte] *nf* high cost.
chétif, ive [ʃetif, iv] *adj* - **1.** [malingre] sickly, weak - **2.** [rabougri] stunted, puny - **3.** *littéraire* [insuffisant] meagre *Br*, meager *Am*.
cheval, aux [ʃəval, o] *nm* - **1.** [animal] horse ; **à** ~ **on** horseback ; **être à** ~ **sur qqch** [être assis] to be sitting astride sthg ; *fig* [siècles] to straddle sthg ; *fig* [tenir à] to be a stickler for sthg ; ~ **d'arçons** horse (in gymnastics) ; ~ **de bataille** *fig* hobby horse ; ~ **de course** racehorse ; ~ **de trait** draught *Br ou* draft *Am* horse ; **chevaux de bois** merry-go-round (sg) ; **monter sur ses grands chevaux** to get on one's high horse - **2.** [équitation] riding, horse-riding ; **faire du** ~ to ride - **3.** AUTOM : ~, ~-**vapeur** horsepower.
chevaleresque [ʃəvalrɛsk] *adj* chivalrous.
chevalerie [ʃəvalri] *nf* - **1.** [qualité] chivalry - **2.** HIST knighthood.
chevalet [ʃəvalɛ] *nm* [de peintre] easel.
chevalier [ʃəvalje] *nm* knight ; ~ **servant** (faithful) admirer.
chevalière [ʃəvaljɛr] *nf* [bague] signet ring.
chevalin, e [ʃəvalɛ̃, in] *adj* [de cheval] horse (avant n) ; *fig* horsey.
chevauchée [ʃəvoʃe] *nf* - **1.** [course] ride, horse-ride - **2.** [cavalcade] cavalcade.
chevaucher [3] [ʃəvoʃe] *vt* [être assis] to sit *ou* be astride.

 se chevaucher *vp* to overlap.
chevelu, e [ʃəvly] *adj* hairy.
chevelure [ʃəvlyr] *nf* [cheveux] hair.
chevet [ʃəvɛ] *nm* head (of bed) ; **être au** ~ **de qqn** to be at sb's bedside.
cheveu, x [ʃəvø] *nm* [chevelure] hair ; **avoir les** ~**x taillés en brosse** to have a crew cut ; **se faire couper les** ~**x** to have one's hair cut ; **s'arracher les** ~**x** to tear one's hair out ; **avoir un** ~ **sur la langue** to have a lisp ; **arriver comme un** ~ **sur la soupe** to come at an awkward moment ; **couper les** ~**x en quatre** to split hairs ; **tiré par les** ~**x** far-fetched, contrived.
cheville [ʃəvij] *nf* - **1.** ANAT ankle ; **il ne t'arrive pas à la** ~ *fam fig* he can't hold a candle to you - **2.** [pour fixer une vis] Rawlplug® ; ~ **ouvrière** AUTOM & *fig* kingpin.
chèvre [ʃɛvr] ◇ *nf* [animal] goat ; **ménager la** ~ **et le chou** to run with the hare and hunt with the hounds ◇ *nm* [fromage] goat's cheese.
chevreau, x [ʃəvro] *nm* kid.
chèvrefeuille [ʃɛvrəfœj] *nm* honeysuckle.
chevreuil [ʃəvrœj] *nm* - **1.** [animal] roe deer - **2.** CULIN venison.
chevron [ʃəvrɔ̃] *nm* - **1.** CONSTR rafter - **2.** [motif décoratif] chevron.
chevronné, e [ʃəvrɔne] *adj* [expérimenté] experienced.
chevrotant, e [ʃəvrɔtɑ̃, ɑ̃t] *adj* tremulous.
chevrotine [ʃəvrɔtin] *nf* buckshot.
chewing-gum [ʃwiŋɡɔm] (*pl* **chewing-gums**) *nm* chewing gum (U).
chez [ʃe] *prép* - **1.** [dans la maison de] : **il est** ~ **lui** he's at home ; **il rentre** ~ **lui** he's going home ; **être** ~ **le coiffeur/médecin** to be at the hairdresser's/doctor's ; **aller** ~ **le coiffeur/médecin** to go to the hairdresser's/doctor's ; **il va venir** ~ **nous** he is going to come to our place *ou* house ; **il habite** ~ **nous** he lives with us - **2.** [en ce qui concerne] : ~ **les jeunes** among young people ; ~ **les Anglais** in England - **3.** [dans les œuvres de] : ~ **Proust** in (the works of) Proust - **4.** [dans le caractère de] : **cette réaction est normale** ~ **lui** this reaction is normal for *ou* with him ; **ce que j'apprécie** ~ **lui, c'est sa gentillesse** what I like about him is his kindness.
chez-soi [ʃeswa] *nm inv* home, place of one's own.
chialer [3] [ʃjale] *vi fam* to blubber.
chiant, e [ʃjɑ̃, ɑ̃t] *adj tfam* - **1.** [très ennuyeux] bloody *Br ou* damned boring - **2.** [contrariant] bloody *Br ou* damned annoying ; **c'est** ~ it's a bloody *Br ou* damned pain.
chic [ʃik] ◇ *adj* (*inv en genre*) - **1.** [élégant]

smart, chic - **2.** *vieilli* [serviable] nice ◇ *nm*
style ; **bon ~ bon genre** ≃ Sloaney *Br*, ≃
preppie *Am* ; **avoir le ~ pour faire qqch** to
have the knack of doing sthg ◇ *interj* :
~ (alors)! great!
chicane [ʃikan] *nf* [querelle] squabble.
chicaner [3] [ʃikane] ◇ *vt* : **~ qqn sur qqch** to
quibble with sb over sthg ◇ *vi* [contester] :
~ (sur qqch) to quibble (over *ou* about sthg).
➤ **se chicaner** *vp* to squabble, to bicker.
chiche [ʃiʃ] ◇ *adj* - **1.** [avare] mean ; **être ~ de**
to be sparing with - **2.** [peu abondant] meagre
Br, meager *Am*, scanty - **3.** *fam* [capable] : **il
n'est pas ~ de le faire!** he wouldn't dare (do
it)! ◇ *interj* : **chiche!** (you) want a bet?
chichement [ʃiʃmã] *adv* [pauvrement]
meagrely.
chichi [ʃiʃi] *nm* : **faire des ~s** *fam* to make a
fuss.
chicorée [ʃikɔre] *nf* [salade] endive ; [à café]
chicory ; **~ frisée** curly endive.
chien [ʃjɛ̃] *nm* - **1.** [animal] dog ; **~ d'aveugle**
guide dog ; **~ de chasse** [d'arrêt] gundog ; **~ esquimau** husky ; **~ de garde** guard dog ;
~ policier/savant police/performing dog ;
entre ~ et loup at dusk *ou* twilight ; **se regarder en ~s de faïence** to stare grimly at each
other - **2.** [d'arme] hammer - **3.** *loc* : **avoir un
mal de ~ à faire qqch** to have a lot of trouble
doing sthg ; **en ~ de fusil** curled up ; **avoir du
~** to have class *ou* style.
chiendent [ʃjɛ̃dã] *nm* couch grass.
chien-loup [ʃjɛ̃lu] (*pl* **chiens-loups**) *nm* Alsatian (dog).
chienne [ʃjɛn] *nf* (female) dog, bitch.
chier [9] [ʃje] *vi vulg* to shit ; **faire ~ qqn** to get
on sb's tits ; **se faire ~** to be bored shitless.
chiffe [ʃif] *nf* : **c'est une ~ molle** he's spineless, he's a weed.
chiffon [ʃifɔ̃] *nm* [linge] rag ; **parler ~s** to talk
clothes.
chiffonné, e [ʃifɔne] *adj* [visage, mine] worn.
chiffonner [3] [ʃifɔne] *vt* - **1.** [vêtement] to
crumple, to crease ; [papier] to crumple
- **2.** *fam fig* [contrarier] to bother.
chiffonnier, ère [ʃifɔnje, ɛr] *nm, f* rag-and-
bone man (*f* woman).
➤ **chiffonnier** *nm* [meuble] chiffonier.
chiffre [ʃifr] *nm* - **1.** [caractère] figure, number ; **~ arabe/romain** Arabic/Roman nu-
meral - **2.** [montant] sum ; **~ d'affaires** COMM
turnover *Br*, net revenue *Am* ; **~ rond** round
number ; **~ de ventes** sales figures (*pl*)
- **3.** [code secret] code.
chiffrer [3] [ʃifre] ◇ *vt* - **1.** [numéroter] to

number - **2.** [évaluer] to calculate, to assess
- **3.** [coder] to encode ◇ *vi fam* to mount up.
➤ **se chiffrer** *vp* : **se ~ à** to add up to.
chignole [ʃiɲɔl] *nf* drill.
chignon [ʃiɲɔ̃] *nm* bun (*in hair*) ; **se crêper le
~** *fig* to scratch each other's eyes out.
Chili [ʃili] *nm* : **le ~** Chile ; **au ~** in Chile.
chilien, enne [ʃiljɛ̃, ɛn] *adj* Chilean.
➤ **Chilien, enne** *nm, f* Chilean.
chimère [ʃimer] *nf* - **1.** MYTH chimera - **2.** [illu-
sion] illusion, dream.
chimérique [ʃimerik] *adj* - **1.** [illusoire] illusory
- **2.** [rêveur] fanciful.
chimie [ʃimi] *nf* chemistry.
chimiothérapie [ʃimjɔterapi] *nf* chemotherapy.
chimique [ʃimik] *adj* chemical.
chimiquement [ʃimikmã] *adv* chemically.
chimiste [ʃimist] *nmf* chemist.
chimpanzé [ʃɛ̃pãze] *nm* chimpanzee.
chinchilla [ʃɛ̃ʃila] *nm* chinchilla.
Chine [ʃin] *nf* : **la ~** China.
chiné, e [ʃine] *adj* mottled.
chiner [3] [ʃine] *vi* to look for bargains.
chinois, e [ʃinwa, az] *adj* Chinese.
➤ **chinois** *nm* - **1.** [langue] Chinese ; **c'est du
~ fig** it's all Greek to me - **2.** [passoire] conical
sieve.
➤ **Chinois, e** *nm, f* Chinese person ; **les Chinois** the Chinese.
chinoiserie [ʃinwazri] *nf* [objet] Chinese
curio, piece of chinoiserie ; *fig* unnecessary complication.
➤ **chinoiseries** *nfpl* unnecessary complications, red tape (*sg*).
chiot [ʃjo] *nm* puppy.
chiottes [ʃjɔt] *nfpl vulg* shithouse (*sg*).
chiper [3] [ʃipe] *vt fam* [voler] to pinch, to
nick *Br*.
chipie [ʃipi] *nf* vixen *péj*.
chipolata [ʃipolata] *nf* chipolata.
chipoter [3] [ʃipote] *vi* ; [sur] [nourriture] to
pick (at) ; [contester] to quibble (over *ou*
about).
chips [ʃips] *nfpl* : **(pommes) ~** (potato) crisps
Br, (potato) chips *Am*.
chique [ʃik] *nm* : **c'est du ~** it's all sham.
chiquenaude [ʃiknod] *nf* flick.
chiquer [3] [ʃike] ◇ *vt* to chew ◇ *vi* to chew
tobacco.
chiromancien, enne [kirɔmãsjɛ̃, ɛn] *nm, f*
palmist.
chiropraticien, enne [kiropratisjɛ̃, ɛn]
nm, f, **chiropracteur** [kiropraktœr] *nm*
chiropractor.

chirurgical, e, aux [ʃiryrʒikal, o] *adj* surgical.

chirurgie [ʃiryrʒil *nf* surgery ; ~ **esthétique** plastic surgery.

chirurgien [ʃiryrʒjɛ̃] *nm* surgeon.

chirurgien-dentiste [ʃiryrʒjɛ̃dɑ̃tist] (*pl* chirurgiens-dentistes) *nm* dental surgeon.

chiure [ʃjyr] *nf* : ~ **(de mouche)** flyspecks (*pl*).

ch.-l. *abr de* chef-lieu.

chlinguer = schlinguer.

chlore [klɔr] *nm* chlorine.

chloroforme [klɔrɔfɔrm] *nm* chloroform.

chlorophylle [klɔrɔfil] *nf* chlorophyll.

chlorure [klɔryr] *nm* chloride.

chnoque = schnock.

choc [ʃɔk] *nm* - **1.** [heurt, coup] impact ; **de ~** *fig* shock (*avant n*) - **2.** [conflit] clash - **3.** [émotion] shock ; ~ **opératoire** post-operative shock - **4.** (*en apposition*) : **images-~s** shock pictures ; **prix-~** amazing bargain.

chocolat [ʃɔkɔla] ⟨⟩ *nm* chocolate ; ~ **au lait/noir** milk/plain chocolate ; ~ **à cuire/à croquer** cooking/eating chocolate ; ~ **Liégeois** *chocolate ice cream with Chantilly cream* ⟨⟩ *adj inv* chocolate (brown).

chocolaté, e [ʃɔkɔlate] *adj* chocolate (flavoured).

chocolatier, ère [ʃɔkɔlatje, ɛr] ⟨⟩ *adj* chocolate (*avant n*) ⟨⟩ *nm, f* [fabricant] chocolate manufacturer ; [commerçant] confectioner.
➤ **chocolatière** *nf* [récipient] chocolate pot.

chœur [kœr] *nm* - **1.** [chorale] choir ; [d'opéra] *fig* chorus ; **chanter en ~** to sing in chorus ; **en ~** *fig* all together - **2.** [d'église] choir, chancel.

choir [72] [ʃwar] *vt littéraire* : **laisser ~ qqch** to let sthg fall ; **laisser ~ qqn** *fig & littéraire* to let sb down ; **se laisser ~ dans qqch** to drop *ou* fall into sthg.

choisi, e [ʃwazi] *adj* selected ; [termes, langage] carefully chosen.

choisir [32] [ʃwazir] ⟨⟩ *vt* : ~ **(de faire qqch)** to choose (to do sthg) ⟨⟩ *vi* to choose.

choix [ʃwa] *nm* - **1.** [gén] choice ; **le livre de ton ~** any book you like ; **au ~** as you prefer ; **avoir le ~** to have the choice - **2.** [qualité] : **de premier ~** grade *ou* class one ; **articles de second ~** seconds.

choléra [kɔlera] *nm* cholera.

cholestérol [kɔlesterɔl] *nm* cholesterol.

chômage [ʃomaʒ] *nm* unemployment ; **en ~, au ~** unemployed ; ~ **partiel** short time (working) ; **être mis au ~ technique** to be laid off.

chômer [3] [ʃome] ⟨⟩ *vt* to keep ⟨⟩ *vi* to be unemployed ; *fig* to be idle.

chômeur, euse [ʃomœr, øz] *nm, f* : **les ~s** the unemployed.

chope [ʃɔp] *nf* tankard.

choper [3] [ʃɔpe] *vt fam* - **1.** [voler, arrêter] to nick *Br*, to pinch - **2.** [attraper] to catch.

choquant, e [ʃɔkɑ̃, ɑ̃t] *adj* shocking.

choquer [3] [ʃɔke] *vt* - **1.** [scandaliser] to shock - **2.** [traumatiser] to shake (up).

choral, e, als *ou* **aux** [kɔral, o] *adj* choral.
➤ **choral, als** *nm* [chant] chorale.
➤ **chorale** *nf* [groupe] choir.

chorégraphie [kɔregrafil *nf* choreography.

choriste [kɔrist] *nmf* chorister.

chose [ʃoz] ⟨⟩ *nf* thing ; **c'est (bien) peu de ~** it's nothing really ; **c'est la moindre des ~s** it's the least I/we can do ; **chaque ~ en son temps** everything in good time ; **de deux ~s l'une** (it's got to be) one thing or the other ; **dire bien des ~s à qqn** to give sb one's regards ; **ne pas faire les ~s à moitié** not to do things by halves ; **parler de ~s et d'autres** to talk of this and that ; **regarder les ~s en face** to face up to things ⟨⟩ *nm fam* - **1.** [truc] thingy, whatsit - **2.** [personne] thingy, what's-his-name (*f* what's-her-name) ⟨⟩ *adj inv* : **se sentir (tout) ~** to feel a bit peculiar.

chou, x [ʃu] ⟨⟩ *nm* - **1.** [légume] cabbage ; ~ **de Bruxelles** Brussels sprout ; **faire ~ blanc** *fam fig* to draw a blank - **2.** [pâtisserie] choux bun ; ~ **à la crème** cream puff - **3.** [personne] : **mon ~** darling ⟨⟩ *adj inv* sweet, cute.

choucas [ʃuka] *nm* jackdaw.

chouchou, oute [ʃuʃu, ut] *nm, f* favourite ; [élève] teacher's pet.
➤ **chouchou** *nm* [pour les cheveux] scrunchy, scrunchie.

chouchouter [3] [ʃuʃute] *vt* to pet.

choucroute [ʃukrut] *nf* sauerkraut ; ~ **garnie** *sauerkraut with meat and potatoes*.

chouette [ʃwɛt] ⟨⟩ *nf* [oiseau] owl ⟨⟩ *adj fam* great ⟨⟩ *interj* : ~ **(alors)!** great!

chou-fleur [ʃuflœr] (*pl* choux-fleurs) *nm* cauliflower.

choyer [13] [ʃwaje] *vt sout* to pamper.

CHR (*abr de* centre hospitalier régional) *nm* regional hospital.

chrétien, enne [kretjɛ̃, ɛn] *adj & nm, f* Christian.

chrétienté [kretjɛ̃te] *nf* Christendom.

Christ [krist] *nm* Christ.

christianiser [3] [kristjanize] *vt* - **1.** [personne] to convert (to Christianity) - **2.** [pays] to christianize.

christianisme [kristjanism] *nm* Christianity.

chromatique [krɔmatik] *adj* - **1.** MUS & OPTIQUE chromatic - **2.** BIOL chromosomal.

chrome [krom] *nm* - **1.** [de voiture] chrome - **2.** CHIM chromium.

chromé, e [krome] *adj* chrome-plated ; **acier** ~ chrome steel.

chromosome [krɔmozom] *nm* chromosome.

chronique [krɔnik] <> *nf* - **1.** [annales] chronicle ; **défrayer la** ~ to be the talk of the town - **2.** PRESSE : ~ **sportive** sports section <> *adj* chronic.

chrono [krɔno] = **chronomètre**.

chronologie [krɔnɔlɔʒi] *nf* chronology.

chronologique [krɔnɔlɔʒik] *adj* chronological.

chronomètre [krɔnɔmetr] *nm* SPORT stopwatch.

chronométrer [18] [krɔnɔmetre] *vt* to time.

chronométreur [krɔnɔmetrœr] *nm* HOCKEY timekeeper.

chrysalide [krizalid] *nf* chrysalis.

chrysanthème [krizɑ̃tem] *nm* chrysanthemum.

CHS (*abr de* Comité d'hygiène et de sécurité) *nm* health and safety committee.

chu, e [ʃy] *pp* ⊳ **choir**.

CHU (*abr de* centre hospitalo-universitaire) *nm* teaching hospital.

chuchotement [ʃyʃɔtmɑ̃] *nm* whisper.
➤ **chuchotements** *nmpl* whispering (*U*).

chuchoter [3] [ʃyʃɔte] *vt* & *vi* to whisper.

chuinter [3] [ʃɥɛ̃te] *vi* [siffler] to hiss.

chut [ʃyt] *interj* sh!, hush!

chute [ʃyt] *nf* - **1.** [gén] fall ; **faire une** ~ to (have *ou* take a) fall ; ~ **de cheveux** hair loss ; ~ **d'eau** waterfall ; ~ **libre** free fall ; ~ **de neige** snowfall ; ~ **de pierres** falling rocks ; ~ **de reins** small of the back ; **la** ~ **du mur de Berlin** the fall of the Berlin Wall - **2.** [de tissu] scrap.

chuter [3] [ʃyte] *vi* - **1.** [baisser] to fall, to drop - **2.** [tomber] to fall.

Chypre [ʃipr] *nf* Cyprus ; **à** ~ in Cyprus.

chypriote [ʃipriɔt], **cypriote** [sipriɔt] *adj* Cypriot.
➤ **Chypriote, Cypriote** *nmf* Cypriot.

ci [si] *adv* (*après n*) : **ce livre-**~ this book, **ces jours-**~ these days.

Ci (*abr de* curie) Ci.

CIA (*abr de* Central Intelligence Agency) *nf* CIA.

ci-après [siapre] *adv* below.

cibiste [sibist] *nmf* CB enthusiast.

cible [sibl] *nf litt* & *fig* target ; **groupe** ~ target group.

ciblé [sible] *adj* COMM targeted.

cibler [3] [sible] *vt* to target.

ciboire [sibwar] *nm* ciborium.

ciboulette [sibulet] *nf* chives (*pl*).

cicatrice [sikatris] *nf* scar.

cicatriser [3] [sikatrize] *vt litt* & *fig* to heal.
➤ **se cicatriser** *vp litt* & *fig* to heal.

ci-contre [sikɔ̃tr] *adv* opposite.

CICR (*abr de* Comité international de la Croix-Rouge) *nm* IRCC.

ci-dessous [sidəsu] *adv* below.

ci-dessus [sidəsy] *adv* above.

CIDEX, Cidex [sidɛks] (*abr de* courrier individuel à distribution exceptionnelle) *nm* system grouping letter boxes in country areas.

CIDJ (*abr de* centre d'information et de documentation de la jeunesse) *nm* careers advisory service.

cidre [sidr] *nm* cider ; ~ **bouché** superior bottled cider ; ~ **doux/brut** sweet/dry cider.

CIDUNaTI [sidynati] (*abr de* Comité interprofessionnel d'information et de défense de l'union nationale des travailleurs indépendants) *nm* union of self-employed craftsmen.

Cie (*abr de* compagnie) Co.

ciel (*pl sens 1* **ciels** [sjɛl], *pl sens 2* **cieux** [sjø]) <> *nm* - **1.** [firmament] sky ; ~ **de plomb** leaden sky ; **à** ~ **ouvert** open-air ; **être au septième** ~ to be in one's seventh heaven ; **remuer** ~ **et terre (pour faire qqch)** to move heaven and earth (to do sthg) ; **tomber du** ~ *fam* to be heaven-sent *ou* a godsend - **2.** [paradis, providence] heaven ; **c'est le** ~ **qui l'envoie!** he's heaven-sent! <> *interj hum* & *sout* good heavens!
➤ **cieux** *nmpl* heaven (*sg*).

CIEP (*abr de* Centre international d'études pédagogiques) *nm* French centre for educational research.

cierge [sjɛrʒ] *nm* RELIG (votive) candle.

cigale [sigal] *nf* cicada.

cigare [sigar] *nm* cigar.

cigarette [sigaret] *nf* cigarette ; ~ **blonde/brune** cigarette made from Virginia/dark tobacco.

cigarillo [sigarijo] *nm* cigarillo.

ci-gît [siʒi] *adv* here lies.

cigogne [sigɔɲ] *nf* stork.

ci-inclus, e [siɛ̃kly, yz] *adj* enclosed.
➤ **ci-inclus** *adv* enclosed.

ci-joint, e [siʒwɛ̃, ɛ̃t] *adj* enclosed.

ci-joint adv : **veuillez trouver ~** ... please find enclosed ...

cil [sil] nm ANAT eyelash, lash.

ciller [3] [sije] vi to blink (one's eyes) ; **sans ~** fig without blinking.

cimaise [simɛz] nf [de salle d'exposition] gallery wall.

cime [sim] nf [d'arbre, de montagne] top ; fig height.

ciment [simɑ̃] nm cement.

cimenter [3] [simɑ̃te] vt to cement.

cimetière [simtjɛr] nm cemetery.

ciné [sine] nm fam cinema.

cinéaste [sineast] nmf film-maker.

ciné-club [sineklœb] (pl ciné-clubs) nm film club.

cinéma [sinema] nm - **1.** [salle, industrie], cinema ; **aller au ~** to go to the cinema - **2.** [art] cinema, film ; **un acteur de ~** a film star ; **~ publicitaire** COMM cinema screen advertising ; **faire du ~** to be in film ; fig to put on an act.

cinémathèque [sinematɛk] nf film archive ; **la Cinémathèque française** the French film institute.

LA CINÉMATHÈQUE FRANÇAISE

Founded in 1936, the 'Cinémathèque française' specializes in the conservation and restoration of films ; it also screens films for public viewing.

cinématographique [sinematɔɡrafik] adj cinematographic.

cinéphile [sinefil] nmf film buff.

cinétique [sinetik] ◇ nf kinetics (U) ◇ adj kinetic.

cinglant, e [sɛ̃ɡlɑ̃, ɑ̃t] adj litt & fig biting ; [pluie] driving.

cinglé, e [sɛ̃ɡle] fam ◇ adj nuts, nutty ◇ nm, f nutcase.

cingler [3] [sɛ̃ɡle] ◇ vt to lash ◇ vi littéraire [naviguer] to sail.

cinq [sɛ̃k] ◇ adj num five ◇ nm five ; **il était moins ~** fam it was a near thing ; voir aussi six.

cinquantaine [sɛ̃kɑ̃tɛn] nf - **1.** [nombre] : **une ~ de** about fifty - **2.** [âge] : **avoir la ~** to be in one's fifties.

cinquante [sɛ̃kɑ̃t] adj num & nm fifty ; voir aussi six.

cinquantenaire [sɛ̃kɑ̃tnɛr] ◇ nmf person in his/her fifties ◇ nm [de personne] fiftieth birthday ; [d'événement] fiftieth anniversary ; [d'institution] golden jubilee ◇ adj fifty-year-old.

cinquantième [sɛ̃kɑ̃tjɛm] adj num, nm ou nmf fiftieth ; voir aussi sixième.

cinquième [sɛ̃kjɛm] ◇ adj num, nm ou nmf fifth ◇ nf SCOL ≃ second year ou form Br, ≃ seventh grade Am ; voir aussi sixième.

cinquièmement [sɛ̃kjɛmmɑ̃] adv fifthly, in the fifth place.

cintre [sɛ̃tr] nm - **1.** [pour vêtements] coat hanger - **2.** ARCHIT arch, curve.

cintré, e [sɛ̃tre] adj - **1.** COUTURE waisted - **2.** ARCHIT arched, vaulted.

CIO (abr de Comité international olympique) nm IOC.

cirage [siraʒ] nm - **1.** [action] polishing - **2.** [produit] shoe polish - **3.** loc : **être dans le ~** fam to be in a daze.

circoncision [sirkɔ̃siz jɔ̃] nf circumcision.

circonférence [sirkɔ̃ferɑ̃s] nf - **1.** GÉOM circumference - **2.** [pourtour] boundary.

circonflexe [sirkɔ̃flɛks] ▷ **accent.**

circonscription [sirkɔ̃skripsjɔ̃] nf district ; **~ électorale** [nationale] constituency ; [locale] ward.

circonscrire [99] [sirkɔ̃skrir] vt - **1.** GÉOM to circumscribe - **2.** [incendie, épidémie] to contain - **3.** fig [sujet] to define.

se circonscrire vp : **se ~ autour de** to be centred on ou around.

circonspect, e [sirkɔ̃spɛ, ɛkt] adj cautious.

circonspection [sirkɔ̃spɛksjɔ̃] nf caution, wariness.

circonstance [sirkɔ̃stɑ̃s] nf - **1.** [occasion] occasion - **2.** (gén pl) [contexte, conjoncture] circumstance ; **~s atténuantes** JUR mitigating circumstances ; **de ~** appropriate.

circonstancié, e [sirkɔ̃stɑ̃sje] adj detailed.

circonstanciel, elle [sirkɔ̃stɑ̃sjɛl] adj GRAM adverbial.

circuit [sirkɥi] nm - **1.** [chemin] route - **2.** [parcours touristique] tour ; **~ touristique** tourist route - **3.** SPORT & TECHNOL circuit ; **en ~ fermé** [en boucle] closed-circuit (avant n) ; fig within a limited circle ; **~ imprimé/intégré** printed/integrated circuit - **4.** ÉCON network.

circulaire [sirkylɛr] nf & adj circular.

circulation [sirkylasjɔ̃] nf - **1.** [mouvement] circulation ; **mettre en ~** to circulate ; **retirer de la ~** to withdraw from circulation ; **~ (du sang)** circulation - **2.** [trafic] traffic ; **route à grande ~** main road, trunk road Br ; **'~ alternée'** 'traffic control ahead' ; **disparaître de la ~** fig to disappear from the scene.

circulatoire [sirkylatwar] adj circulatory.

circuler [3] [sirkyle] vi - **1.** [sang, air, argent] to circulate ; **faire ~ qqch** to circulate sthg

- 2. [aller et venir] to move (along) ; **circulez!** move along! ; **on circule mal en ville** the traffic is bad in town **- 3.** [train, bus] to run **- 4.** *fig* [rumeur, nouvelle] to spread.

cire [sir] *nf* **- 1.** [matière] wax ; **~ d'abeilles** beeswax ; **~ à cacheter** sealing wax **- 2.** [encaustique] polish.

ciré, e [sire] *adj* **- 1.** [parquet] polished **- 2.** ▷ **toile.**

◆ **ciré** *nm* oilskin.

cirer [3] [sire] *vt* **- 1.** to polish **- 2.** *loc fam* : **(n')en avoir rien à ~ (de qqch)** not to give a dawn (about sthg) ; **j'en ai rien à ~** I don't give a damn.

cireux, euse [sirø, øz] *adj* **- 1.** [pâle] waxen **- 2.** [matière] waxy.

◆ **cireuse** *nf* floor polisher.

cirque [sirk] *nm* **- 1.** [gén] circus **- 2.** GÉOL cirque **- 3.** *fam fig* [désordre, chahut] chaos *(U).*

cirrhose [siroz] *nf* cirrhosis *(U).*

cisaille [sizaj] *nf* shears *(pl).*

cisaillement [sizajmã] *nm* [de métal] cutting ; [de branches] pruning.

cisailler [3] [sizaje] *vt* [métal] to cut ; [branches] to prune.

ciseau, x [sizo] *nm* chisel.

◆ **ciseaux** *nmpl* scissors.

ciseler [25] [sizle] *vt* **- 1.** [pierre, métal] to chisel **- 2.** [bijou] to engrave **- 3.** *fig* [parfaire] to polish (up).

ciselure [sizlyr] *nf* [bois] carving ; [objet précieux] engraving.

Cisjordanie [sizʒɔrdani] *nf* : **la ~** the West Bank.

cisjordanien, enne [sizʒɔrdanjɛ̃, ɛn] *adj* of/ from the West Bank.

◆ **Cisjordanien, enne** *nm, f* native *ou* inhabitant of the West Bank.

cistercien, enne [sistersjɛ̃, ɛn] *adj* Cistercian.

◆ **cistercien** *nm* Cistercian.

citadelle [sitadɛl] *nf litt* & *fig* citadel.

citadin, e [sitadɛ̃, in] ◇ *adj* city *(avant n)*, urban ◇ *nm, f* city dweller.

citation [sitasjɔ̃] *nf* **- 1.** JUR summons *(sg)* **- 2.** [extrait] quote, quotation.

cité [site] *nf* **- 1.** [ville] city **- 2.** [lotissement] housing estate *Br ou* project *Am* ; **~ ouvrière** (workers') housing estate *Br ou* project *Am* ; **~ universitaire** halls *(pl)* of residence.

cité-dortoir [sitedɔrtwar] *(pl* cités-dortoirs) *nf* dormitory town.

citer [3] [site] *vt* **- 1.** [exemple, propos, auteur] to quote **- 2.** JUR [convoquer] to summon **- 3.** MIL :

être cité à l'ordre du jour to be mentioned in dispatches.

citerne [sitɛrn] *nf* **- 1.** [d'eau] water tank **- 2.** [cuve] tank ; **~ à mazout** oil tank.

cité U [site] *nf fam abr de* **cité universitaire.**

citoyen, enne [sitwajɛ̃, ɛn] *nm, f* citizen.

citoyenneté [sitwajɛnte] *nf* citizenship.

citron [sitrɔ̃] ◇ *nm* lemon ; **~ pressé** fresh lemon juice ; **~ vert** lime ◇ *adj inv* lemon yellow.

citronnade [sitrɔnad] *nf* (still) lemonade.

citronnelle [sitrɔnɛl] *nf* [plante] lemon balm.

citronnier [sitrɔnje] *nm* lemon tree.

citrouille [sitruj] *nf* pumpkin.

civet [sivɛ] *nm* stew ; **~ de lièvre** jugged hare.

civière [sivjɛr] *nf* stretcher.

civil, e [sivil] ◇ *adj* **- 1.** [gén] civil **- 2.** [non militaire] civilian ◇ *nm, f* civilian ; **dans le ~** in civilian life ; **policier en ~** plain-clothes policeman (*f* policewoman) ; **soldat en ~** soldier in civilian clothes.

civilement [sivilmã] *adv* : **se marier ~** to get married at a registry office.

civilisation [sivilizasjɔ̃] *nf* civilization.

civilisé, e [sivilize] *adj* civilized.

civiliser [3] [sivilize] *vt* to civilize.

◆ **se civiliser** *vp* to become civilized.

civilité [sivilite] *nf* civility.

◆ **civilités** *nfpl sout* compliments.

civique [sivik] *adj* civic ; **instruction ~** civics *(U).*

civisme [sivism] *nm* sense of civic responsibility.

cl *(abr de* centilitre) cl.

clac [klak] *interj* [porte] slam! ; [taquets] click!

clafoutis [klafuti] *nm* [gâteau] *cake made from a batter poured over fruit.*

claie [klɛ] *nf* **- 1.** [treillis] rack **- 2.** [clôture] hurdle.

clair, e [klɛr] *adj* **- 1.** [gén] clear ; **c'est ~ et net** there's no two ways about it ; **il est ~ que c'est impossible** it's clear that it's impossible, clearly it's impossible **- 2.** [lumineux] bright **- 3.** [pale - couleur, teint] light ; [- tissu, cheveux] light-coloured *Br,* light-colored *Am.*

◆ **clair** ◇ *adv* : **voir ~ (dans qqch)** *fig* to have a clear understanding (of sthg) ◇ *nm* : **passer le plus ~ de son temps à faire qqch** to spend most *ou* the bulk of one's time doing sthg ; **mettre ou tirer qqch au ~** to shed light upon sthg.

◆ **clair de lune** *(pl* clairs de lune) *nm* moonlight *(U).*

◆ **en clair** *loc adv* TÉLÉ unscrambled *(esp of a private TV channel).*

clairement [klɛrmɑ̃] adv clearly.

claire-voie [klɛrvwa] **◆ à claire-voie** loc adv openwork *(avant n)*.

clairière [klɛrjɛr] nf clearing.

clairon [klɛrɔ̃] nm bugle.

claironner [3] [klɛrɔne] ◇ vi to play the bugle ◇ vt fig [crier] : **~ qqch** to shout sthg from the rooftops.

clairsemé, e [klɛrsəme] adj [cheveux] thin ; [arbres] scattered ; [population] sparse.

clairvoyant, e [klɛrvwajɑ̃, ɑ̃t] adj perceptive.

clamer [3] [klame] vt to proclaim.

clameur [klamœr] nf clamour Br, clamor Am.

clamser [3] [klamse] vi tfam to kick the bucket, to snuff it Br.

clan [klɑ̃] nm clan.

clandestin, e [klɑ̃dɛstɛ̃, in] ◇ adj [journal, commerce] clandestine ; [activité] covert ◇ nm, f [étranger] illegal immigrant ou alien ; [voyageur] stowaway.

clandestinité [klɑ̃dɛstinite] nf clandestine nature ; **dans la ~** [travailler] clandestinely ; [vivre] underground.

clapet [klapɛ] nm - **1.** TECHNOL valve - **2.** fam fig [bouche] trap.

clapier [klapje] nm [à lapins] hutch.

clapotement [klapɔtmɑ̃], **clapotis** [klapɔti] nm [de vagues] lapping *(U)*.

clapoter [3] [klapɔte] vi [vagues] to lap.

clapotis = clapotement.

claquage [klakaʒ] nm MÉD strain ; **se faire un ~** to pull ou to strain a muscle.

claque [klak] nf - **1.** [gifle] slap ; **donner une ~ à qqn** to slap sb - **2.** THÉÂTRE claque - **3.** Can [pour chaussures] galosh, rubber Am - **4.** loc : **en avoir sa ~ (de)** fam to be fed up to the back teeth (with).

claqué, e [klake] adj fam [éreinté] whacked Br, bushed.

claquement [klakmɑ̃] nm - **1.** [de porte - qui se ferme] slam, slamming *(U)* ; [- mal fermée] banging *(U)* - **2.** [de doigts] snap, snapping *(U)*.

claquemurer [3] [klakmyre] **◆ se claquemurer** vp to shut o.s. up ou away.

claquer [3] [klake] ◇ vt - **1.** [fermer] to slam - **2.** : **faire ~** [langue] to click ; [doigts] to snap ; [fouet] to crack - **3.** fam [gifler] to slap - **4.** fam [dépenser] to blow - **5.** fam [fatiguer] to wear out ◇ vi - **1.** [porte, volet] to bang - **2.** fam [personne] to kick the bucket, to snuff it Br - **3.** fam [machine] to conk out - **4.** [ampoule] to burn out, to go.

◆ se claquer vp - **1.** [se fatiguer] to wear o.s. out - **2.** [se déchirer] : **se ~ un muscle** to pull ou tear a muscle.

claquettes [klakɛt] nfpl [danse] tap dancing *(U)*.

clarification [klarifikasjɔ̃] nf litt & fig clarification.

clarifier [9] [klarifje] vt litt & fig to clarify.

◆ se clarifier vp fig to become clear.

clarinette [klarinɛt] nf [instrument] clarinet.

clarté [klarte] nf - **1.** [lumière] brightness - **2.** [transparence] clearness - **3.** [netteté] clarity.

classe [klas] nf - **1.** [gén] class ; **de grande ~** first-class, high-class ; **~ ouvrière** working class ; **~ touriste** economy class - **2.** SCOL : **aller en ~** to go to school ; **~ de neige** skiing trip *(with school)* ; **~ de rattrapage** remedial class ; **~ verte** field trip *(with school)* - **3.** [catégorie] category, type - **4.** MIL rank - **5.** loc : **la ou quelle ~!** fam first class!, fantastic! ; **faire ses ~s** MIL to do one's training.

classé, e [klase] adj [monument] listed.

classement [klasmɑ̃] nm - **1.** [rangement] filing - **2.** [classification] classification - **3.** [rang - SCOL] position ; [- SPORT] placing - **4.** [liste - SCOL] class list ; [- SPORT] final placings *(pl)* ; **~ général** overall placings *(pl)*.

classer [3] [klase] vt - **1.** [ranger] to file - **2.** [plantes, animaux] to classify - **3.** [cataloguer] : **~ qqn (parmi)** to label sb (as) - **4.** [attribuer un rang à] to rank.

◆ se classer vp to be classed, to rank ; **se ~ troisième** to come third.

classeur [klasœr] nm - **1.** [meuble] filing cabinet - **2.** [portefeuille] file, folder - **3.** [d'écolier] ring binder.

classification [klasifikasjɔ̃] nf classification ; **~ périodique des éléments** CHIM periodic table.

classique [klasik] ◇ nm - **1.** [auteur] classical author ; **les grands ~s** the great classical authors - **2.** [œuvre] classic - **3.** ART & MUS : **le ~** [musique] classical (music) ; [architecture] classical architecture ; [beaux-arts] classical art ◇ adj - **1.** ART & MUS classical - **2.** [sobre] classic - **3.** [habituel] classic ; **ça, c'est l'histoire ~!** it's the usual story!

clause [kloz] nf clause.

claustrer [3] [klostre] **◆ se claustrer** vp sout to shut o.s. away ou up.

claustrophobie [klostrofɔbi] nf claustrophobia.

clavecin [klavsɛ̃] nm harpsichord.

clavicule [klavikyl] nf collarbone.

clavier [klavje] nm keyboard.

clé, clef [kle] ◇ nf - **1.** [gén] key ; **la ~ du mys-**

tère the key to the mystery ; **fermer qqch à ~** to lock sthg ; **~s en main** [usine] turnkey ; [logement] ready for immediate entry ; **mettre qqn/qqch sous ~** to lock sb/sthg up ; **~ de contact** AUTOM ignition key ; **mettre la ~ sous la porte** to clear out **- 2.** [outil] : **~ anglaise** OU **à molette** adjustable spanner Br OU wrench Am, monkey wrench **- 3.** MUS [signe] clef ; **~ de sol/fa** treble/bass clef ; **à la ~ fig** at the end (of it all) <> adj : **industrie/rôle ~** key industry/role.

◆ **clé de voûte** nf litt & fig keystone.

clean [klin] adj fam [chose, lieu] neat ; [personne] clean-living.

clef = clé.

clématite [klematit] nf clematis.

clémence [klemãs] nf **- 1.** sout [indulgence] clemency **- 2.** fig [douceur] mildness.

clément, e [klemã, ãt] adj **- 1.** [indulgent] lenient **- 2.** fig [température] mild.

clémentine [klemãtin] nf clementine.

cleptomane = kleptomane.

clerc [klɛr] nm [assistant] clerk ; **~ de notaire** lawyer's clerk.

clergé [klɛrʒe] nm clergy.

clérical, e, aux [klerikal, o] <> adj clerical <> nm, f clericalist.

CLES, Cles [klɛs] (abr de contrat local emploi-solidarité) nm community work scheme for young unemployed people.

Clic-Clac® [klikklac] nm pull-out sofa bed.

cliché [kliʃe] nm **- 1.** PHOT negative **- 2.** [banalité] cliché.

client, e [kliã, ãt] nm, f **- 1.** [de notaire, d'agence] client ; [de médecin] patient **- 2.** [acheteur] customer **- 3.** [habitué] regular (customer).

clientèle [kliãtɛl] nf **- 1.** [ensemble des clients] customers (pl) ; [de profession libérale] clientele **- 2.** [fait d'être client] : **accorder sa ~ à** to give one's custom to.

cligner [3] [kliɲe] <> vt : **~ les yeux** to blink <> vi : **~ de l'œil** to wink ; **~ des yeux** to blink.

clignotant, e [kliɲɔtã, ãt] adj [lumière] flickering.

◆ **clignotant** nm **- 1.** AUTOM indicator ; **mettre son ~** to indicate **- 2.** ÉCON & fig warning sign.

clignoter [3] [kliɲɔte] vi **- 1.** [yeux] to blink **- 2.** [lumière] to flicker.

climat [klima] nm litt & fig climate.

climatique [klimatik] adj climatique.

climatisation [klimatizasjɔ̃] nf air-conditioning.

climatisé, e [klimatize] adj air-conditioned.

clin [klɛ̃] ◆ **clin d'œil** nm : **faire un ~ d'œil (à)** to wink (at) ; **en un ~ d'œil** in a flash.

clinique [klinik] <> nf clinic <> adj clinical.

clinquant, e [klɛ̃kã, ãt] adj litt & fig flashy.

◆ **clinquant** nm **- 1.** [faux bijou] imitation jewellery (U) Br OU jewelry (U) Am **- 2.** fig [éclat] gloss.

clip [klip] nm **- 1.** [vidéo] pop video **- 2.** [boucle d'oreilles] clip-on earring.

clique [klik] nf péj clique.

◆ **cliques** nfpl : **prendre ses ~s et ses claques** fam to pack one's bags (and go).

cliquer [3] [klike] vi INFORM to click.

cliqueter [27] [klikte] vi **- 1.** [pièces, clés, chaînes] to jingle, to jangle **- 2.** [verres] to clink.

cliquetis [klikti] nm **- 1.** [de pièces, clés, chaînes] jingling (U), jangling (U) **- 2.** [de verres] clinking (U).

clitoris [klitɔris] nm clitoris.

clivage [klivaʒ] nm **- 1.** GÉOL cleavage **- 2.** fig [division] division.

cloaque [klɔak] nm [lieu] cesspit.

clochard, e [klɔʃar, ard] nm, f tramp.

cloche [klɔʃ] <> nf **- 1.** [d'église] bell **- 2.** [couvercle] : **~ à fromage** glass cover for cheese **- 3.** fam [idiot] idiot, clot Br **- 4.** (en apposition) [jupe] flared <> adj fam : **ce qu'elle peut être ~** celle-là! she can be a right idiot!

cloche-pied [klɔʃpje] ◆ **à cloche-pied** loc adv hopping ; **sauter à ~** to hop.

clocher¹ [klɔʃe] nm [d'église] church tower.

clocher² [3] [klɔʃe] vi : **il y a quelque chose qui cloche** there's something wrong here.

clochette [klɔʃɛt] nf **- 1.** [petite cloche] [little] bell **- 2.** [de fleur] bell.

clodo [klɔdo] nmf fam tramp.

cloison [klwazɔ̃] nf [mur] partition.

cloisonner [3] [klwazɔne] vt [pièce, maison] to partition (off) ; fig to compartmentalize.

cloître [klwatr] nm cloister

cloîtrer [3] [klwatre] vt **- 1.** RELIG to cloister **- 2.** [enfermer] to shut away (from the outside world).

◆ **se cloîtrer** vp **- 1.** [s'enfermer] to shut o.s. away, se **~ dans** fig to retreat into **- 2.** [RE-LIG sœur] to enter a convent ; [- moine] to enter a monastery.

clone [klon] nm INFORM clone.

clope [klɔp] nm OU nf fam cigarette, fag Br.

clopin-clopant [klɔpɛ̃klɔpã] adv : **aller ~** [personne] to hobble along ; fig to struggle along.

clopiner [3] [klɔpine] vi to hobble along.

cloporte [klɔpɔrt] nm woodlouse.

cloque [klɔk] *nf* blister.

cloquer [3] [klɔke] *vi* to blister.

clore [113] [klɔr] *vt* to close ; [négociations] to conclude ; ~ une session INFORM to log out.

clos, e [klo, kloz] ⬦ *pp* ▷ **clore** ⬦ *adj* closed.
➡ **clos** *nm* - **1.** [terrain] enclosed field - **2.** [vignoble] vineyard.

clôture [klotyr] *nf* - **1.** [haie] hedge ; [de fil de fer] fence ; ~ électrifiée OU électrique electric fence - **2.** [fermeture] closing, closure - **3.** [fin] end, conclusion.

clôturer [3] [klotyre] *vt* - **1.** [terrain] to enclose - **2.** [négociation] to close, to conclude.

clou [klu] *nm* - **1.** [pointe] nail ; ~ de girofle CULIN clove ; des ~s! *fam* no chance! ; maigre comme un ~ as thin as a rake ; mettre au ~ [en gage] to pawn ; [en prison] to put in the clink - **2.** [attraction] highlight.
➡ **clous** *nmpl* pedestrian crossing *(sg)*.

clouer [3] [klue] *vt* [fixer - couvercle, planche] to nail (down) ; [- tableau, caisse] to nail (up) ; *fig* [immobiliser] : rester cloué sur place to be rooted to the spot ; être cloué au lit (par) *fam* to be laid up in bed (with).

clouté, e [klute] *adj* [vêtement] studded.

clown [klun] *nm* clown ; faire le ~ to clown around, to act the fool.

CLT (*abr de* Compagnie luxembourgeoise de télévision) *nf* Luxembourg TV company.

club [klœb] *nm* club.

cm (*abr de* centimètre) cm.

CM ⬦ *nf* (*abr de* Chambre des métiers) chamber of commerce for trades ⬦ *nm* (*abr de* cours moyen) : ~1 fourth year of primary school ; ~2 fifth year of primary school.

CNAC [knak] (*abr de* Centre national d'art et de culture) *nm* official name of the Pompidou Centre.

CNAM [knam] (*abr de* Conservatoire national des arts et métiers) *nm* science and technology school in Paris.

CNC *nm* - **1.** (*abr de* Conseil national de la consommation) official consumer protection organization - **2.** (*abr de* Centre national de la cinématographie) national cinematographic organization.

CNDP (*abr de* Centre national de documentation pédagogique) *nm* national organization for educational resources.

CNE (*abr de* Caisse nationale d'épargne) *nf* national savings bank.

CNEC [knɛk] (*abr de* Centre national de l'enseignement par correspondance) *nm* national education body organizing correspondence courses, ≃ Open University *Br*.

CNES, Cnes [knɛs] (*abr de* Centre national d'études spatiales) *nm* French national space research centre.

CNIL [knil] *nf abr de* Commission nationale de l'informatique et des libertés.

CNIT, Cnit [knit] (*abr de* Centre national des industries et des techniques) *nm* exhibition centre at la Défense near Paris.

CNJA (*abr de* Centre national des jeunes agriculteurs) *nm* young farmers' union.

CNRS (*abr de* Centre national de la recherche scientifique) *nm* national scientific research organization.

CNTS (*abr de* Centre national de transfusion sanguine) *nm* national blood transfusion centre.

CNUCED, Cnuced [knysɛd] (*abr de* Conférence des Nations unies pour le commerce et l'industrie) *nf* UNCTAD.

coaguler [3] [kɔagyle] ⬦ *vt* - **1.** [sang] to clot - **2.** [lait] to curdle ⬦ *vi* - **1.** [sang] to clot - **2.** [lait] to curdle.
➡ **se coaguler** *vp* - **1.** [sang] to clot - **2.** [lait] to curdle.

coaliser [3] [kɔalize] *vt* to group together, to unite.
➡ **se coaliser** *vp* - **1.** [s'allier] to form a coalition OU an alliance - **2.** [s'unir] to unite.

coalition [kɔalisjɔ̃] *nf* coalition.

coasser [3] [kɔase] *vi* [grenouille] to croak.

COB, Cob [kɔb] (*abr de* Commission des opérations de Bourse) *nf* commission for supervision of stock exchange operations, ≃ SIB *Br*, ≃ SEC *Am*.

cobalt [kɔbalt] *nm* cobalt.

cobaye [kɔbaj] *nm litt* & *fig* guinea pig.

cobra [kɔbra] *nm* cobra.

coca [kɔka] ⬦ *nm* BOT coca ⬦ *nf* coca extract.

Coca® [kɔka] *nm* [boisson] Coke®.

cocagne [kɔkaɲ] ▷ mât, pays.

cocaïne [kɔkain] *nf* cocaine.

cocaïnomane [kokainɔman] *nmf* cocaine addict.

cocarde [kɔkard] *nf* - **1.** [insigne] roundel - **2.** [distinction] rosette.

cocardier, ère [kɔkardje, ɛr] ⬦ *adj* [chauvin] jingoistic ⬦ *nm, f* jingoist.

cocasse [kɔkas] *adj* funny.

coccinelle [kɔksinɛl] *nf* - **1.** [insecte] ladybird *Br*, ladybug *Am* - **2.** [voiture] Beetle.

coccyx [kɔksis] *nm* coccyx.

coche [kɔʃ] *nm* : manquer le ~ *fam fig* to miss the boat.

cocher¹ [kɔʃe] *nm* coachman.

cocher² [3] [kɔʃe] *vt* to tick (off) *Br*, to check (off) *Am*.

cochère [kɔʃɛr] ⊏> **porte**.

cocheur [kɔʃœr] *nm Can GOLF* : ~ **d'allée** pitching wedge ; ~ **de sable** sand wedge.

cochon, onne [kɔʃɔ̃, ɔn] <> *adj* dirty, smutty <> *nm, f fam péj* pig ; **un tour de ~** a dirty trick.

➤ **cochon** *nm* pig ; ~ **d'Inde** guinea pig ; ~ **de lait** piglet.

cochonnaille [kɔʃɔnaj] *nf fam* [charcuterie] pork.

cochonner [3] [kɔʃɔne] *vt fam* to mess up.

cochonnerie [kɔʃɔnri] *nf fam* - **1.** [nourriture] muck *(U)* - **2.** [chose] rubbish *(U)* - **3.** [saleté] mess *(U)* - **4.** [obscénité] dirty joke, smut *(U)*.

cochonnet [kɔʃɔnɛ] *nm* - **1.** [petit cochon] piglet - **2.** JEU jack.

cocker [kɔkɛr] *nm* cocker spaniel.

cockpit [kɔkpit] *nm* cockpit.

cocktail [kɔktɛl] *nm* - **1.** [réception] cocktail party - **2.** [boisson] cocktail - **3.** *fig* [mélange] mixture ; ~ **Molotov** Molotov cocktail.

coco [kɔko] *nm* - **1.** ⊏> **noix** - **2.** *fam péj* [individu] bloke *Br*, guy - **3.** *péj* [communiste] commie.

cocon [kɔkɔ̃] *nm ZOOL & fig* cocoon.

cocooning [kɔkuniŋ] *nm* : faire du ~ to cocoon o.s.

cocorico [kɔkɔriko] *nm* [du coq] cock-a-doodle-doo.

cocotier [kɔkɔtje] *nm* coconut tree.

cocotte [kɔkɔt] *nf* - **1.** [marmite] casserole (dish) - **2.** [poule] hen ; ~ **en papier** paper shape - **3.** *péj* [courtisane] tart.

Cocotte-Minute® [kɔkɔtminyt] *nf* pressure cooker.

cocu, e [kɔky] *nm, f & adj fam* cuckold.

code [kɔd] *nm* - **1.** [gén] code ; ~ **barres** bar code ; ~ **de caractères** INFORM character code ; ~ **civil** OU **Napoléon** civil code ; ~ **génétique** genetic code ; ~ **pénal** penal code ; ~ **postal** postcode *Br*, zip code *Am* ; ~ **de la route** highway code ; ~ **secret** [pour carte de crédit] PIN number - **2.** [phares] dipped headlights *(pl)* ; **se mettre en ~s** to dip one's headlights.

codéine [kɔdein] *nf* codeine.

coder [3] [kɔde] *vt* to code.

codétenu, e [kɔdetny] *nm, f* (fellow) prisoner.

codifier [9] [kɔdifje] *vt* to codify.

coefficient [kɔefisjɑ̃] *nm* coefficient ; ~ **d'erreur** margin of error.

COEFFICIENT

In 'baccalauréat' examinations, the grade for each subject is multiplied by a 'coefficient' which is determined by the type of baccalauréat chosen. For a 'bac S', which has a scientific bias, the 'coefficient' for maths will be higher than the philosophy 'coefficient', for example.

coéquipier, ère [kɔekipje, ɛr] *nm, f* teammate.

cœur [kœr] *nm* heart ; **au ~ de l'hiver** in the depths of winter ; **au ~ de l'été** at the height of summer ; **au ~ du conflit** at the height of the conflict ; **de bon ~** willingly ; **de tout son ~** with all one's heart ; **à ~ ouvert** MÉD open-heart ; **parler à ~ ouvert à qqn** to have a heart-to-heart with sb ; **apprendre par ~** to learn by heart ; **avoir qqch à ~** to have one's heart set on sthg ; **avoir bon ~** to be kind-hearted ; **avoir le ~ sur la main** to be big-hearted ; **avoir mal au ~** to feel sick ; **avoir un ~ d'artichaut** to fall in love very easily ; **ne avoir le ~ net** to be clear in one's (own) mind ; **avoir le ~ serré** OU **gros** to have a heavy heart ; **briser** OU **fendre le ~ de qqn** to break sb's heart ; **s'en donner à ~ joie** [prendre beaucoup de plaisir] to have a whale of a time ; **manquer de ~, ne pas avoir de ~** to be heartless ; **ne pas avoir le ~ de faire qqch** not to have the heart to do sthg ; **serrer qqn contre son ~** to clasp sb to one's breast ; **soulever le ~ à qqn** to make sb feel sick ; **tenir à ~** to be close to one's heart.

➤ **cœur de pierre** *nm* heart of stone.

coexistence [kɔɛgzistɑ̃s] *nf* coexistence.

coexister [3] [kɔɛgziste] *vi* to coexist.

COFACE [kɔfas] (*abr de* **Compagnie française d'assurance pour le commerce extérieur**) *n* : export insurance company, ≃ ECGD.

coffrage [kɔfraʒ] *nm* [pour le béton] formwork *(U)* ; [charpente] coffering.

coffre [kɔfr] *nm* - **1.** [meuble] chest - **2.** [de voiture] boot *Br*, trunk *Am* - **3.** [coffre-fort] safe - **4.** *loc* : **avoir du ~** *fam fig* to have a lot of puff.

coffre-fort [kɔfrəfɔr] (*pl* **coffres-forts**) *nm* safe.

coffrer [3] [kɔfre] *vt* - **1.** *fam* [emprisonner] to bang up - **2.** TECHNOL to put up shuttering for.

coffret [kɔfrɛ] *nm* - **1.** [petit coffre] casket ; ~ **à bijoux** jewellery *Br* OU jewelry *Am* box - **2.** [de disques] boxed set.

cogestion [kɔʒɛstjɔ̃] *nf* joint management.

cogitation [kɔʒitasjɔ̃] *nf hum* cogitation.
cogiter [3] [kɔʒite] *vi hum* to cogitate.
cognac [kɔɲak] *nm* cognac, brandy.
cogner [3] [kɔɲe] ⇔ *vt fam* to beat up ⇔ *vi*
- **1.** [heurter] to bang - **2.** *fam* [donner des coups] to
hit - **3.** [soleil] to beat down.
➤ **se cogner** *vp* - **1.** [se heurter] to bump o.s. ;
se ~ à *ou* contre qqch to bump into sthg ; se
~ la tête/le genou to hit one's head/knee
- **2.** *fam* [se battre] to have a punch-up *Br*.
cohabitation [kɔabitasjɔ̃] *nf* - **1.** [de personnes]
living together, cohabitation - **2.** *POLIT* cohabitation.

COHABITATION

Describes a situation in which the president
represents one political party and the government another. The term was first used
to describe the 1986-1988 period when
the socialist president, François Mitterrand,
had a right-wing prime minister, Jacques
Chirac.

cohabiter [3] [kɔabite] *vi* - **1.** [habiter ensemble]
to live together - **2.** *POLIT* to cohabit.
cohérence [kɔerɑ̃s] *nf* consistency, coher-
ence.
cohérent, e [kɔerɑ̃, ɑ̃t] *adj* - **1.** [logique] consistent, coherent - **2.** [unifié] coherent.
cohéritier, ère [kɔeritje, ɛr] *nm, f* joint heir
(*f* heiress).
cohésion [kɔezjɔ̃] *nf* cohesion.
cohorte [kɔɔrt] *nf* [groupe] troop.
cohue [kɔy] *nf* - **1.** [foule] crowd - **2.** [bousculade]
crush.
coi, coite [kwa, kwat] *adj* : rester ~ *sout* to remain silent.
coiffe [kwaf] *nf* headdress.
coiffé, e [kwafe] *adj* : être bien/mal ~ to have
tidy/untidy hair ; être ~ d'une casquette to
be wearing a cap.
coiffer [3] [kwafe] *vt* - **1.** [mettre sur la tête] :
~ qqn de qqch to put sthg on sb's head
- **2.** [les cheveux] : ~ qqn to do sb's hair - **3.** [re-
couvrir] to top, to cover - **4.** [diriger] to head.
➤ **se coiffer** *vp* - **1.** [les cheveux] to do one's
hair - **2.** [mettre sur sa tête] : se ~ de to wear, to
put on.
coiffeur, euse [kwafœr, øz] *nm, f* hairdresser.
➤ **coiffeuse** *nf* [meuble] dressing table.
coiffure [kwafyr] *nf* - **1.** [chapeau] hat - **2.** [che-
veux] hairstyle - **3.** [profession] hairdressing.
coin [kwɛ̃] *nm* - **1.** [angle] corner ; au ~ du feu
by the fireside ; envoyer qqn au ~ to make
sb stand in the corner ; à tous les ~s de rue
on every street corner ; regarder qqn du
~ de l'œil [à la dérobée] to look at sb out of the

corner of one's eye - **2.** [parcelle, endroit] place,
spot ; du ~ local ; dans le ~ in the area ; un
~ de ciel bleu a patch of blue sky ; *fig* dans un
~ de ma mémoire in a corner of my memory ; ~ cuisine kitchen area ; le petit ~ *fam*
the little boys'/girls' room - **3.** [outil] wedge
- **4.** [matrice] die.
coincé, e [kwɛ̃se] *adj fam* [personne] hung up.
coincer [16] [kwɛ̃se] *vt* - **1.** [bloquer] to jam
- **2.** *fam* [prendre] to nab ; *fig* to catch out
- **3.** [acculer] to corner, to trap.
➤ **se coincer** *vp* to get stuck.
coïncidence [kɔɛ̃sidɑ̃s] *nf* coincidence.
coïncider [3] [kɔɛ̃side] *vi* to coincide.
coing [kwɛ̃] *nm* [fruit] quince.
coït [kɔit] *nm* coitus.
coke [kɔk] ⇔ *nf* [cocaïne] coke ⇔ *nm* [combusti-
ble] coke.
col [kɔl] *nm* - **1.** [de vêtement] collar ; faux ~ detachable collar ; ~ roulé polo neck *Br*,
turtleneck *Am* - **2.** [partie étroite] neck - **3.** *ANAT* :
~ du fémur neck of the thighbone *ou*
femur ; ~ de l'utérus cervix, neck of the
womb - **4.** *GÉOGR* pass.
col. *abr de* colonne.
colchique [kɔlʃik] *nm* [plante] autumn crocus.
coléoptère [kɔleɔptɛr] *nm* beetle.
colère [kɔlɛr] *nf* - **1.** [irritation] anger ; être/se
mettre en ~ to be/get angry ; ravaler sa ~ to
keep one's temper - **2.** [accès d'humeur] fit of
anger *ou* rage ; piquer une ~ to fly into a
rage.
coléreux, euse [kɔlerø, øz], **colérique**
[kɔlerik] *adj* [tempérament] fiery ; [personne]
quick-tempered.
colifichet [kɔlifiʃe] *nm* [bijou] trinket.
colimaçon [kɔlimasɔ̃] ➤ **en colimaçon** *loc
adv* spiral.
colin [kɔlɛ̃] *nm* [merlu] hake.
colin-maillard [kɔlɛ̃majar] (*pl* colin-
maillards) *nm* blind man's buff.
colique [kɔlik] *nf* - **1.** (*gén pl*) [douleur] colic (U)
- **2.** [diarrhée] diarrhoea.
colis [kɔli] *nm* parcel.
colistier, ère [kɔlistje, ɛr] *nm, f* fellow candidate.
coll. - **1.** *abr de* collection - **2.** (*abr de* collabo-
rateurs) : et ~ et al.
collabo [kɔlabo] *nmf HIST* & *péj* collaborator.
collaborateur, trice [kɔlabɔratœr, tris]
nm, f - **1.** [employé] colleague - **2.** [de journal]
contributor - **3.** *HIST* collaborator.
collaboration [kɔlabɔrasjɔ̃] *nf* collaboration.
collaborer [3] [kɔlabɔre] *vi* - **1.** [coopérer, sous
l'Occupation] to collaborate - **2.** [participer] : ~ à
to contribute to.

collage [kɔlaʒ] nm - **1.** [action] sticking, gluing - **2.** ART collage.

collant, e [kɔlɑ̃, ɑ̃t] adj - **1.** [substance] sticky - **2.** [vêtement] close-fitting, tight-fitting - **3.** fam [personne] clinging, clingy.
◆ **collant** nm tights (pl) Br, panty hose (pl) Am.

collatéral, e, aux [kɔlateral, o] ⇔ adj - **1.** ANAT collateral - **2.** ARCHIT side (avant n) - **3.** JUR collateral ⇔ nm, f collateral.

collation [kɔlasjɔ̃] nf [repas] snack.

colle [kɔl] nf - **1.** [substance] glue - **2.** [question] poser ; **poser une ~ à qqn** to set sb a (real) poser - **3.** [SCOL - interrogation] test ; [- retenue] detention ; **avoir une heure de ~** to get an hour's detention.

collecte [kɔlɛkt] nf collection.

collecteur, trice [kɔlɛktœr, tris] ⇔ adj : **égout ~** main sewer ⇔ nm, f : **~ de fonds** fundraiser ; **~ d'impôts** tax collector.

collectif, ive [kɔlɛktif, iv] adj - **1.** [responsabilité, travail] collective - **2.** [billet, voyage] group (avant n).
◆ **collectif** nm - **1.** [équipe] team - **2.** LING collective noun - **3.** FIN : **~ budgétaire** collection of budgetary measures.

collection [kɔlɛksjɔ̃] nf - **1.** [d'objets, de livres, de vêtements] collection ; **faire la ~ de** to collect - **2.** COMM line.

collectionner [3] [kɔlɛksjɔne] vt litt & fig to collect.

collectionneur, euse [kɔlɛksjɔnœr, øz] nm, f collector.

collectivité [kɔlɛktivite] nf community ; **les ~s locales** ADMIN the local communities.

collège [kɔlɛʒ] nm - **1.** SCOL ≃ secondary school ; **le Collège de France** the Collège de France - **2.** [de personnes] college ; **~ électoral** electoral college.

COLLÈGE

COLLÈGE
A state secondary school for French children aged 11 to 15. The school years covered go from 'sixième', through 'cinquième' and 'quatrième' to 'troisième', the final year, when pupils take an exam known as the 'brevet des collèges'. They may then go on to study for the 'baccalauréat' at a 'lycée'.

LE COLLÈGE DE FRANCE
This place of learning near the Sorbonne holds public lectures given by prominent academics and specialists. It is not a university and does not confer degrees, although it is controlled by the Ministry of Education.

---

collégial, e, aux [kɔleʒjal, o] adj collegial, collegiate.
◆ **collégiale** nf collegiate church.

collégien, enne [kɔleʒjɛ̃, ɛn] nm, f schoolboy (f schoolgirl).

collègue [kɔlɛg] nmf colleague.

coller [3] [kɔle] ⇔ vt - **1.** [fixer - affiche] to stick (up) ; [- timbre] to stick - **2.** [appuyer] to press - **3.** INFORM to paste - **4.** fam [mettre] to stick, to dump - **5.** SCOL to give (a) detention to, to keep behind - **6.** [embarrasser] to catch out - **7.** fam [suivre] to cling to - **8.** fam [donner] : **~ qqch à qqn** to give sthg to sb, to give sb sthg ⇔ vi - **1.** [adhérer] to stick - **2.** [être adapté] : **~ à qqch** [vêtement] to cling to sthg ; fig to fit in with sthg, to adhere to sthg - **3.** fam [bien se passer] to be ou go OK - **4.** [suivre] : **~ à** to stick close to.
◆ **se coller** vp - **1.** fam [subir] to get landed with - **2.** [se plaquer] : **se ~ contre qqn/qqch** to press o.s. against sb/sthg.

collerette [kɔlrɛt] nf - **1.** [de vêtement] ruff - **2.** [de tuyau] flange.

collet [kɔlɛ] nm - **1.** [de vêtement] collar ; **mettre la main au ~ de qqn** to grab sb by the collar ou the scruff of the neck ; **être ~ monté** [affecté, guindé] to be strait-laced - **2.** [piège] snare.

collier [kɔlje] nm - **1.** [bijou] necklace ; **~ de perles** pearl necklace - **2.** [d'animal] collar - **3.** [barbe] fringe of beard along the jawline.

collimateur [kɔlimatœr] nm : **avoir qqn dans le ~** fam to have sb in one's sights.

colline [kɔlin] nf hill.

collision [kɔlizjɔ̃] nf [choc] collision, crash ; **entrer en ~ avec** to collide with.

colloque [kɔlɔk] nm colloquium.

collusion [kɔlyzjɔ̃] nf collusion.

collyre [kɔlir] nm eye lotion.

colmater [3] [kɔlmate] vt - **1.** [fuite] to plug, to seal off - **2.** [brèche] to fill, to seal.

colo [kɔlo] nf fam children's holiday camp Br, summer camp Am.

colombage [kɔlɔ̃baʒ] nm half-timbering ; **à ~s** half-timbered.

colombe [kɔlɔ̃b] nf dove.

Colombie [kɔlɔ̃bi] nf : **la ~** Colombia.

colombien, enne [kɔlɔ̃bjɛ̃, ɛn] adj Colombian.
◆ **Colombien, enne** nm, f Colombian.

Colombo [kɔlɔ̃bo] n Colombo.

colon [kɔlɔ̃] nm settler.

côlon [kolɔ̃] nm colon.

colonel [kɔlɔnɛl] nm colonel.

colonelle [kɔlɔnɛl] nf colonel's wife.

colonial, e, aux [kɔlɔnjal, o] adj colonial.

colonialisme [kɔlɔnjalism] nm colonialism.

colonialiste [kɔlɔnjalist] nmf & adj colonialist.

colonie [kɔlɔni] *nf* - **1.** [territoire] colony - **2.** [d'expatriés] community ; **~ de vacances** holiday *Br ou* summer camp *Am*.

colonisation [kɔlɔnizasjɔ̃] *nf* colonization.

coloniser [3] [kɔlɔnize] *vt litt* & *fig* to colonize.

colonne [kɔlɔn] *nf* column ; **en ~** in a line *ou* column.

colonne vertébrale *nf* spine, spinal column.

colorant, e [kɔlɔrɑ̃, ɑ̃t] *adj* colouring *Br*, coloring *Am*.

colorant *nm* colouring *Br*, coloring *Am* ; **~ alimentaire** food colouring *Br ou* coloring *Am*.

coloration [kɔlɔrasjɔ̃] *nf* colour *Br*, color *Am*, colouring *Br*, coloring *Am*.

coloré, e [kɔlɔre] *adj* - **1.** [de couleur] coloured *Br*, colored *Am* - **2.** *fig* [diversifié, imagé] colourful *Br*, colorful *Am*.

colorer [3] [kɔlɔre] *vt* [teindre] to colour *Br*, to color *Am* ; **~ qqch de** *fig* to colour *Br ou* color *Am* sthg with.

se colorer *vp* [les cheveux] to colour *Br*, to color *Am*, to dye ; **se ~ de** *fig* to be coloured *Br ou* colored *Am* with.

coloriage [kɔlɔrjaʒ] *nm* - **1.** [action] colouring *Br*, coloring *Am* - **2.** [dessin] drawing.

colorier [9] [kɔlɔrje] *vt* to colour in *Br*, to color in *Am*.

coloris [kɔlɔri] *nm* shade.

colorisation [kɔlɔrizasjɔ̃] *nf* CIN colourization *Br*, colorization *Am*.

coloriser [3] [kɔlɔrize] *vt* CIN to colourize *Br*, to colorize *Am*.

colossal, e, aux [kɔlɔsal, o] *adj* colossal, huge.

colosse [kɔlɔs] *nm* - **1.** [homme] giant - **2.** [statue] colossus.

colportage [kɔlpɔrtaʒ] *nm* hawking.

colporter [3] [kɔlpɔrte] *vt* [marchandise] to hawk ; [information] to spread.

se colporter *vp* [information] to spread.

colporteur, euse [kɔlpɔrtœr, øz] *nm, f* - **1.** [de marchandises] hawker - **2.** [de ragots] gossip.

coltiner [3] [kɔltine] **se coltiner** *vp fam* to be landed with.

colza [kɔlza] *nm* rape (seed).

coma [kɔma] *nm* coma ; **être dans le ~** to be in a coma.

comateux, euse [kɔmatø, øz] <> *adj* comatose <> *nm, f* person in a coma.

combat [kɔ̃ba] *nm* - **1.** [bataille] battle, fight ; **mettre/être hors de ~** to put/be out of the fight ; *fig* to put/be out of the game - **2.** *fig* [lutte] struggle - **3.** SPORT fight.

combatif, ive [kɔ̃batif, iv] *adj* [humeur] fighting *(avant n)* ; [troupes] willing to fight.

combativité [kɔ̃bativite] *nf* fighting spirit.

combattant, e [kɔ̃batɑ̃, ɑ̃t] <> *adj* fighting *(avant n)* <> *nm, f* [en guerre] combatant ; [dans bagarre] fighter ; **ancien ~** veteran.

combattre [83] [kɔ̃batr] <> *vt litt* & *fig* to fight (against) <> *vi* to fight.

combattu, e [kɔ̃baty] *pp* ⊳ **combattre**.

combien [kɔ̃bjɛ̃] <> *conj* how much ; **~ de** [nombre] how many ; [quantité] how much ; **~ de temps?** how long? ; **ça fait ~?** [prix] how much is that? ; [longueur, hauteur etc] how long/high etc is it? <> *adv* how (much) <> *nm inv* : **le ~ sommes-nous?** what date is it? ; **tous les ~?** how often?

combientième [kɔ̃bjɛ̃tjɛm] <> *nmf* : **il est le ~?** where did he come? <> *adj* : **c'est le ~ examen qu'on passe?** that makes how many exams we've taken?

combinaison [kɔ̃binɛzɔ̃] *nf* - **1.** [d'éléments] combination - **2.** [de femme] slip - **3.** [vêtement - de mécanicien] boiler suit *Br*, overalls *(pl) Br*, overall *Am* ; [- de ski] ski suit - **4.** [de coffre] combination - **5.** [manœuvre] scheme.

combine [kɔ̃bin] *nf fam* trick.

combiné [kɔ̃bine] *nm* receiver.

combiner [3] [kɔ̃bine] *vt* - **1.** [arranger] to combine - **2.** [organiser] to devise.

se combiner *vp* to turn out.

comble [kɔ̃bl] <> *nm* height ; **le ~ de** the height of ; **c'est un** *ou* **le ~!** that beats everything! ; **être au ~ du désespoir** to be in the depths of despair ; **être au ~ du bonheur** to be overjoyed <> *adj* packed.

combles *nmpl* attic *(sg)*, loft *(sg)* ; **loger sous les ~s** to live in an attic.

combler [3] [kɔ̃ble] *vt* - **1.** [gâter] to spoil ; **~ qqn de** to shower sb with - **2.** [boucher] to fill in - **3.** [déficit] to make good ; [lacune] to fill.

combustible [kɔ̃bystibl] <> *nm* fuel <> *adj* combustible.

combustion [kɔ̃bystjɔ̃] *nf* combustion.

COMECON, Comecon [kɔmekɔn] *(abr de Council for Mutual Economic Assistance) nm* COMECON.

comédie [kɔmedi] *nf* - **1.** CIN & THÉÂTRE comedy ; **la Comédie-Française** the Comédie

Française ; ~ **musicale** musical ; **jouer la ~** *fig* to put on an act **- 2.** [complication] palaver.

LA COMÉDIE-FRANÇAISE

This state-subsidized company dates back to the seventeenth century ; the theatre itself, officially called 'le Théâtre-Français' or 'le Français', is situated in the rue de Richelieu in Paris. Its repertoire consists mainly of classical works, although modern plays are sometimes staged.

comédien, enne [kɔmedjɛ̃, ɛn] ⬦ *nm, f* [acteur] actor (*f* actress) ; *fig* & *péj* sham ⬦ *adj fig* & *péj* : **être ~** to be a sham.

COMES, Comes [kɔmɛs] (*abr de* **Commissariat à l'énergie solaire**) *nm* solar energy commission.

comestible [kɔmɛstibl] *adj* edible.
➡ **comestibles** *nmpl* food (U).

comète [kɔmɛt] *nf* comet ; **tirer des plans sur la ~** *fig* to count one's chickens (before they are hatched).

comice [kɔmis] *nm* : **~ agricole** local farmers' meeting.

comique [kɔmik] ⬦ *nm* **- 1.** THÉÂTRE comic actor **- 2.** [genre] : **le ~** comedy ⬦ *adj* **- 1.** [style] comic **- 2.** [drôle] comical, funny.

comité [kɔmite] *nm* committee ; **en petit ~** *fig* with a few close friends ; **~ d'entreprise** works council (*also organizing leisure activities)*.

COMITÉ D'ENTREPRISE

The 'comité d'entreprise' or 'CE' looks after the general welfare of company employees and organizes subsidized leisure activities, outings, holidays etc.

commandant [kɔmɑ̃dɑ̃] *nm* commander ; **~ de bord** AÉRON captain.

commande [kɔmɑ̃d] *nf* **- 1.** [de marchandises] order ; **passer une ~** to place an order ; **sur ~** to order ; **disponible sur ~** available on request **- 2.** TECHNOL control ; **être aux ~s (de)**, **tenir les ~s (de)** [d'avion, de machine] to be at the controls (of) ; NAVIG & *fig* to be at the helm (of) **- 3.** INFORM command ; **~ numérique** digital control.

commandement [kɔmɑ̃dmɑ̃] *nm* command ; **les dix ~s** RELIG the Ten Commandments.

commander [3] [kɔmɑ̃de] ⬦ *vt* **- 1.** [ordonner] to order, to command **- 2.** MIL to command **- 3.** [contrôler] to operate, to control **- 4.** COMM to order ⬦ *vi* to be in charge ; **~ à qqn de faire qqch** to order sb to do sthg.

➡ **se commander** *vp* : **ça ne se commande pas** *fig* it is uncontrollable.

commanditaire [kɔmɑ̃ditɛr] JUR ⬦ *nm* backer ⬦ *adj* : **(associé) ~** sleeping partner *Br*, silent partner *Am*.

commanditer [3] [kɔmɑ̃dite] *vt* **- 1.** [entreprise] to finance **- 2.** [meurtre] to put up the money for.

commando [kɔmɑ̃do] *nm* commando (unit).

comme [kɔm] ⬦ *conj* **- 1.** [introduisant une comparaison] like ; **il sera médecin ~ son père** he'll become a doctor (just) like his father ; **nous nagerons ~ quand nous étions en Sicile** we'll go swimming as *ou* like we did when we were in Sicily ; **il se mit à pleurer ~ pour m'émouvoir** he started to cry as though to move me **- 2.** [exprimant la manière] as ; **fais ~ il te plaira** do as you wish ; **~ tu le dis** as you say ; **il était ~ fou** he was like a madman ; **~ prévu/convenu** as planned/agreed ; **~ bon vous semble** as you think best ; **~ ci ~ ça** *fam* so-so **- 3.** [tel que] like, such as ; **les arbres ~ le marronnier** trees such as *ou* like the chestnut **- 4.** [en tant que] as ; **~ professeur, il est nul** as a teacher he's hopeless **- 5.** [ainsi que] : **les filles ~ les garçons iront jouer au foot** both girls and boys will play football ; **l'un ~ l'autre sont très gentils** the one is as kind as the other, they are equally kind **- 6.** [introduisant une cause] as, since ; **~ il pleuvait nous sommes rentrés** as it was raining we went back ⬦ *adv* [marquant l'intensité] how ; **~ tu as grandi!** how you've grown! ; **~ c'est difficile!** it's so difficult! ; **regarde ~ il nage bien!** (just) look what a good swimmer he is!, (just) look how well he swims!

➡ **comme si** *loc conj* as if.

➡ **comme quoi** *loc adv* to the effect that ; **~ quoi, on ne peut pas tout prévoir** which just goes to show you can't think of everything.

➡ **quelque chose comme** *loc adv* [à peu près] something like ; **cela fait quelque chose ~ 10 000 francs** that comes to something like 10,000 francs.

commémoration [kɔmemɔrasjɔ̃] *nf* commemoration.

commémorer [3] [kɔmemɔre] *vt* to commemorate.

commencement [kɔmɑ̃smɑ̃] *nm* beginning, start ; **au ~** at first, in the beginning.

commencer [16] [kɔmɑ̃se] ⬦ *vt* [entreprendre] to begin, to start ; [être au début de] to begin ⬦ *vi* to start, to begin ; **~ à faire qqch** to begin *ou* start to do sthg, to begin *ou* start doing sthg ; **~ par faire qqch** to begin *ou* start

by doing sthg ; ~ **mal/bien** to start badly/
well.

comment [kɔmã] <> *adv* how ; **comment?**
what? ; ~ **ça va?** how are you? ; ~ **cela?** how
come? <> *interj* : ~ **donc!** of course!, sure
thing! ; **et ~!** *fam* and how!, absolutely!
<> *nm inv* ▷ **pourquoi**.

commentaire [kɔmɑ̃tɛr] *nm* - **1.** [explication]
commentary - **2.** [observation] comment ; **sans
~!** enough said!

commentateur, trice   [kɔmɑ̃tatœr, tris]
nm, f RADIO & TÉLÉ commentator ; ~ **sportif**
sports commentator.

commenter [3] [kɔmɑ̃te] *vt* to comment on.

commérage [kɔmeraʒ] *nm péj* gossip (U).

commerçant, e [kɔmɛrsɑ̃, ɑ̃t] <> *adj* [rue]
shopping (avant n) ; [quartier] commercial ;
[personne] business-minded <> *nm, f* shopkeeper ; **petit ~** small trader.

commerce [kɔmɛrs] *nm* - **1.** [achat et vente]
commerce, trade ; **dans le ~** in the shops *Br*
ou stores *Am* ; ~ **de gros/détail** wholesale/
retail trade ; ~ **électronique** electronic
commerce, e-commerce ; ~ **extérieur** foreign trade - **2.** [magasin] business ; **le petit ~**
small shopkeepers (pl) - **3.** loc : **être d'un
~ agréable** sout to be easy to get on with.

commercial, e, aux [kɔmɛrsjal, o] <> *adj*
[entreprise, valeur] commercial ; [politique] trade
(avant n) <> *nm, f* marketing man (f
woman).

commercialisation [kɔmɛrsjalizasjɔ̃] *nf*
marketing.

commercialiser [3] [kɔmɛrsjalize] *vt* to
market.

commère [kɔmɛr] *nf péj* gossip.

commets ▷ **commettre**.

commettre [84] [kɔmɛtr] *vt* to commit.
➤ **se commettre** *vp sout* : **se ~ avec** to become involved with.

commis, e [kɔmi, iz] *pp* ▷ **commettre**.
➤ **commis** *nm* assistant ; ~ **voyageur** commercial traveller *Br ou* traveler *Am*.

commisération [kɔmizerasjɔ̃] *nf sout* commiseration.

commissaire [kɔmisɛr] *nm* commissioner ;
~ **aux comptes** auditor ; ~ **de police** (police)
superintendent *Br*, (police) captain *Am*.

commissaire-priseur [kɔmisɛrprizœr] (pl
commissaires-priseurs) *nm* auctioneer.

commissariat [kɔmisarja] *nm* : ~ **de police**
police station.

commission [kɔmisjɔ̃] *nf* - **1.** [délégation] commission, committee ; ~ **d'enquête** commission of inquiry ; **la Commission nationale de**

l'informatique et des libertés *watchdog committee supervising the application of data
protection legislation* ; ~ **parlementaire** parliamentary committee - **2.** [message] message - **3.** [rémunération] commission.
➤ **commissions** *nfpl* shopping (U) ; **faire les
~s** to do the shopping.

commissionnaire [kɔmisjɔnɛr] *nm* [intermé-
diaire] agent ; [d'un message] messenger ; [d'un
objet] delivery boy *ou* man.

commissure [kɔmisyr] *nf* : **la ~ des lèvres** the
corner of the mouth.

commode [kɔmɔd] <> *nf* chest of drawers
<> *adj* - **1.** [pratique - système] convenient ; [- ou-
til] handy - **2.** [aimable] : **pas ~** awkward - **3.** [fa-
cile] easy.

commodité [kɔmɔdite] *nf* convenience.
➤ **commodités** *nfpl* [conforts] comforts.

commotion [kɔmosjɔ̃] *nf* MÉD shock ; ~ **cérébrale** concussion.

commuer [7] [kɔmɥe] *vt* : ~ **qqch en** to commute sthg to.

commun, e [kɔmœ̃, yn] *adj* - **1.** [gén] common ; [décision, effort] joint ; [salle, jardin] shared ;
~ **à** common to ; **avoir qqch en ~** to have sthg
in common ; **faire qqch en ~** to do sthg together - **2.** [courant] usual, common.
➤ **commun** *nm* : **le ~** the ordinary ; **hors du
~** out of the ordinary ; **le ~ des mortels** ordinary people.
➤ **commune** *nf* town.
➤ **Commune** *nf* HIST Paris Commune.
➤ **communs** *nmpl* outhouses.

communal, e, aux [kɔmynal, o] *adj* [école]
local ; [bâtiments] council (avant n).

communautaire [kɔmynotɛr] *adj* community (avant n).

communauté [kɔmynote] *nf* - **1.** [groupe]
community ; **vivre en ~** to live communally
- **2.** [de sentiments, d'idées] identity - **3.** POL : **la
Communauté européenne** the European
Community ; **la Communauté d'États indépendants** the Commonwealth of Independent States.

commune ▷ **commun**.

communément [kɔmynemɑ̃] *adv* commonly.

communiant, e [kɔmynjɑ̃, ɑ̃t] *nm, f* com-
municant ; **premier ~** *child taking first communion*.

communicatif, ive [kɔmynikatif, iv] *adj*
- **1.** [rire, éternuement] infectious - **2.** [personne]
communicative.

communication [kɔmynikasjɔ̃] *nf* - **1.** [gén]
communication ; ~ **en entreprise** communication ; ~ **de masse** mass media - **2.** TÉLÉCOM :

~ **(téléphonique)** (phone) call ; **être en ~ avec qqn** to be talking to sb ; **obtenir la ~** to get through ; **recevoir/prendre une ~** to receive/take a (phone) call ; **~ interurbaine** long-distance (phone) call.

communier [9] [kɔmynje] *vi* RELIG to take communion ; **~ (dans)** *fig* to be united (in).

communion [kɔmynjɔ̃] *nf* RELIG communion ; **être en ~ avec** *fig* & *littéraire* to commune with.

communiqué [kɔmynike] *nm* communiqué ; **~ de presse** press release.

communiquer [3] [kɔmynike] ◇ *vt* : **~ qqch à** [information, sentiment] to pass on *ou* communicate sthg to ; [chaleur] to transmit sthg to ; [maladie] to pass sthg on to ◇ *vi* : **~ avec** to communicate with.
  ◆ **se communiquer** *vp* [se propager] to spread.

communisme [kɔmynism] *nm* communism.

communiste [kɔmynist] *nmf* & *adj* communist.

commutateur [kɔmytatœr] *nm* switch.

commutation [kɔmytasjɔ̃] *nf* - **1.** JUR : **~ de peine** commutation of sentence - **2.** TECHNOL switching.

Comores [kɔmɔr] *nfpl* : **les ~** the Comoro Islands, the Comoros ; **aux ~** in the Comoro Islands.

comorien, enne [kɔmɔrjɛ̃, ɛn] *adj* Comoran, Comorian.
  ◆ **Comorien, enne** *nm*, *f* Comoran, Comorian.

compact, e [kɔ̃pakt] *adj* - **1.** [épais, dense] dense - **2.** [petit] compact.
  ◆ **compact** *nm* [disque laser] compact disc, CD.

compagne [▷ **compagnon**.

compagnie [kɔ̃paɲi] *nf* - **1.** [gén & COMM] company ; **fausser ~ à qqn** to slip away from sb ; **tenir ~ à qqn** to keep sb company ; **et ~ and company** ; *iron* and the rest ; **~ aérienne** airline (company) ; **~ d'assurances** insurance company ; **~ de navigation** shipping company ; **en ~ de** in the company of - **2.** [assemblée] gathering.

compagnon [kɔ̃paɲɔ̃], **compagne** [kɔ̃paɲ] *nm*, *f* companion.
  ◆ **compagnon** *nm* HIST journeyman.

comparable [kɔ̃parabl] *adj* comparable.

comparaison [kɔ̃parɛzɔ̃] *nf* [parallèle] comparison ; **en ~ de**, **par ~ avec** compared with, in *ou* by comparison with.

comparaître [91] [kɔ̃parɛtr] *vi* JUR : **~ (devant)** to appear (before).

comparatif, ive [kɔ̃paratif, iv] *adj* comparative.
  ◆ **comparatif** *nm* GRAM comparative.

comparativement [kɔ̃parativmɑ̃] *adv* comparatively.

comparé, e [kɔ̃pare] *adj* comparative ; [mérites] relative.

comparer [3] [kɔ̃pare] *vt* - **1.** [confronter] : **~ (avec)** to compare (with) - **2.** [assimiler] : **~ qqch à** to compare *ou* liken sthg to.

comparse [kɔ̃pars] *nmf* *péj* stooge.

compartiment [kɔ̃partimɑ̃] *nm* compartment.

compartimenter [3] [kɔ̃partimɑ̃te] *vt* [meuble] to partition ; *fig* [administration] to compartmentalize.

comparu, e [kɔ̃pary] *pp* ▷ **comparaître**.

comparution [kɔ̃parysjɔ̃] *nf* JUR appearance.

compas [kɔ̃pa] *nm* - **1.** [de dessin] pair of compasses, compasses *(pl)* - **2.** NAVIG compass.

compassé, e [kɔ̃pase] *adj* *sout* staid, stuffy.

compassion [kɔ̃pasjɔ̃] *nf* *sout* compassion.

compatible [kɔ̃patibl] *adj* : **~ (avec)** compatible (with).

compatir [32] [kɔ̃patir] *vi* : **~ (à)** to sympathize (with).

compatissant, e [kɔ̃patisɑ̃, ɑ̃t] *adj* sympathetic.

compatriote [kɔ̃patrijɔt] *nmf* compatriot, fellow countryman (*f* countrywoman).

compensation [kɔ̃pɑ̃sasjɔ̃] *nf* - **1.** [dédommagement] compensation ; **en ~** in compensation - **2.** [équilibrage] balance.

compensé, e [kɔ̃pɑ̃se] *adj* built-up.

compenser [3] [kɔ̃pɑ̃se] ◇ *vt* to compensate *ou* make up for ◇ *vi* to compensate, to make up.

compétence [kɔ̃petɑ̃s] *nf* - **1.** [qualification] skill, ability - **2.** JUR competence ; **cela n'entre pas dans mes ~s** that's outside my scope.

compétent, e [kɔ̃petɑ̃, ɑ̃t] *adj* - **1.** [capable] capable, competent - **2.** ADMIN & JUR competent ; **les autorités ~es** the relevant authorities.

compétitif, ive [kɔ̃petitif, iv] *adj* competitive.

compétition [kɔ̃petisjɔ̃] *nf* competition ; **faire de la ~** to go in for competitive sport ; **~ automobile** motor race.

compétitivité [kɔ̃petitivite] *nf* competitiveness.

compil [kɔ̃pil] *nf fam* compilation album.

compilation [kɔ̃pilasjɔ̃] *nf* compilation.

complainte [kɔ̃plɛ̃t] *nf* lament.

complaire [110] [kɔ̃plɛr] *vi* : ~ à qqn *sout* to please sb.
➡ **se complaire** *vp* : se ~ dans qqch/à faire qqch to revel in sthg/in doing sthg.

complaisance [kɔ̃plɛzɑ̃s] *nf* - **1.** [obligeance] kindness - **2.** [indulgence] indulgence - **3.** [autosatisfaction] : avec ~ indulgently.

complaisant, e [kɔ̃plɛzɑ̃, ɑ̃t] *adj* - **1.** [aimable] obliging, kind - **2.** [indulgent] indulgent.

complément [kɔ̃plemɑ̃] *nm* - **1.** [gén & GRAM] complement ; ~ d'information additional *ou* further information ; ~ du nom possessive phrase ; ~ d'objet direct direct object ; ~ d'objet indirect indirect object - **2.** [reste] remainder.

complémentaire [kɔ̃plemɑ̃tɛr] *adj* - **1.** [supplémentaire] supplementary - **2.** [caractères, couleurs] complementary.

complet, ète [kɔ̃plɛ, ɛt] *adj* - **1.** [gén] complete ; c'est ~! *fam* that's all I/we need ; la famille au (grand) ~ the whole family - **2.** [plein] full.
➡ **complet(-veston)** *nm* suit.

complètement [kɔ̃plɛtmɑ̃] *adv* - **1.** [vraiment] absolutely, totally - **2.** [entièrement] completely.

compléter [18] [kɔ̃plete] *vt* [gén] to complete, to complement ; [somme d'argent] to make up.
➡ **se compléter** *vp* to complement one another.

complexe [kɔ̃plɛks] <> *nm* - **1.** PSYCHOL complex ; avoir des ~s to have hang-ups, to be hung up ; sans ~ *ou* ~s well-adjusted ; ~ d'infériorité/de supériorité inferiority/superiority complex - **2.** [ensemble] complex ; ~ hospitalier/scolaire/sportif hospital/school/sports complex ; ~ multisalle multiplex (cinema) <> *adj* complex, complicated.

complexé, e [kɔ̃plɛkse] *adj* hung up, mixed up.

complexifier [kɔ̃plɛksifje] *vt* to make (more) complex.

complexité [kɔ̃plɛksite] *nf* complexity.

complication [kɔ̃plikasjɔ̃] *nf* intricacy, complexity.
➡ **complications** *nfpl* complications.

complice [kɔ̃plis] <> *nmf* accomplice <> *adj* [sourire, regard, air] knowing.

complicité [kɔ̃plisite] *nf* complicity.

compliment [kɔ̃plimɑ̃] *nm* compliment.

complimenter [3] [kɔ̃plimɑ̃te] *vt* to compliment.

compliqué, e [kɔ̃plike] *adj* [problème] complex, complicated ; [personne] complicated.

compliquer [3] [kɔ̃plike] *vt* to complicate.
➡ **se compliquer** *vp* to get complicated.

complot [kɔ̃plo] *nm* plot.

comploter [3] [kɔ̃plɔte] *vt* & *vi litt* & *fig* to plot.

comportement [kɔ̃pɔrtəmɑ̃] *nm* behaviour *Br*, behavior *Am*.

comportemental, e, aux [kɔ̃pɔrtəmɑ̃tal, o] *adj* behavioural *Br*, behavioral *Am*.

comporter [3] [kɔ̃pɔrte] *vt* - **1.** [contenir] to include, to contain - **2.** [être composé de] to consist of, to be made up of.
➡ **se comporter** *vp* to behave.

composant, e [kɔ̃pozɑ̃, ɑ̃t] *adj* constituent, component.
➡ **composant** *nm* component.
➡ **composante** *nf* component.

composé, e [kɔ̃poze] *adj* compound.
➡ **composé** *nm* - **1.** [mélange] combination - **2.** CHIM & LING compound.

composer [3] [kɔ̃poze] <> *vt* - **1.** [constituer] to make up, to form ; être composé de to be made up of - **2.** [créer - roman, lettre, poème] to write ; [- musique] to compose, to write - **3.** [numéro de téléphone] to dial ; [code] to key in <> *vi* to compromise.
➡ **se composer** *vp* [être constitué] : se ~ de to be composed of, to be made up of.

composite [kɔ̃pozit] <> *nm* composite <> *adj* - **1.** [disparate - mobilier] assorted, of various types ; [- foule] heterogeneous - **2.** [matériau] composite.

compositeur, trice [kɔ̃pozitœr, tris] *nm, f* - **1.** MUS composer - **2.** TYPO typesetter.

composition [kɔ̃pozisjɔ̃] *nf* - **1.** [gén] composition ; [de roman] writing, composition - **2.** TYPO typesetting - **3.** SCOL test ; ~ française French composition - **4.** [caractère] : être de bonne ~ to be good-natured.

compost [kɔ̃pɔst] *nm* compost.

composter [3] [kɔ̃pɔste] *vt* [ticket, billet] to date-stamp.

compote [kɔ̃pɔt] *nf* compote ; ~ de pommes stewed apple, apple sauce ; j'ai les jambes en ~ *fam fig* my legs feel like jelly.

compotier [kɔ̃pɔtje] *nm* fruit bowl.

compréhensible [kɔ̃preɑ̃sibl] *adj* [texte, parole] comprehensible ; *fig* [réaction] understandable.

compréhensif, ive [kɔ̃preɑ̃sif, iv] *adj* understanding.

compréhension [kɔ̃preɑ̃sjɔ̃] *nf* - **1.** [de texte] comprehension, understanding - **2.** [indulgence] understanding.

comprenais, comprenions *etc* ⊳ comprendre.

comprendre [79] [kɔ̃prɑ̃dr] ◇ *vt* - **1.** [gén] to understand ; **je comprends!** I see! ; **se faire ~** to make o.s. understood ; **mal ~** to misunderstand - **2.** [comporter] to comprise, to consist of - **3.** [inclure] to include ◇ *vi* to understand.

◆ **se comprendre** *vp* to understand one another ; **ça se comprend** that's understandable.

comprenne, comprennes *etc* ⊳ comprendre.

compresse [kɔ̃prɛs] *nf* compress.

compresseur [kɔ̃presœr] ⊳ rouleau.

compression [kɔ̃presjɔ̃] *nf* [de gaz] compression ; *fig* cutback, reduction.

comprimé, e [kɔ̃prime] *adj* compressed.

◆ **comprimé** *nm* tablet ; **~ effervescent** effervescent tablet.

comprimer [3] [kɔ̃prime] *vt* - **1.** [gaz, vapeur] to compress - **2.** [personnes] : **être comprimés dans** to be packed into.

compris, e [kɔ̃pri, iz] ◇ *pp* ⊳ comprendre ◇ *adj* - **1.** [situé] lying, contained - **2.** [inclus] : **charges (non) ~es** (not) including bills, bills (not) included ; **tout ~** all inclusive, all in ; **y ~ including.**

compromets ⊳ compromettre.

compromettant, e [kɔ̃prɔmetɑ̃, ɑ̃t] *adj* compromising.

compromettre [84] [kɔ̃prɔmɛtr] *vt* to compromise.

◆ **se compromettre** *vp* : **se ~ (avec qqn/ dans qqch)** to compromise o.s. (with sb/in sthg).

compromis, e [kɔ̃prɔmi, iz] *pp* ⊳ compromettre.

◆ **compromis** *nm* compromise.

compromission [kɔ̃prɔmisjɔ̃] *nf péj* base action.

comptabiliser [3] [kɔ̃tabilize] *vt* to enter in an account.

comptabilité [kɔ̃tabilite] *nf* [comptes] accounts (*pl*) ; [service] : **la ~** accounts, the accounts department.

comptable [kɔ̃tabl] ◇ *nmf* accountant ◇ *adj* accounting (*avant n*).

comptant [kɔ̃tɑ̃] ◇ *adj inv* cash, in cash ◇ *adv* : **payer ou régler ~** to pay cash.

◆ **au comptant** *loc adv* : **payer au ~** to pay cash.

compte [kɔ̃t] *nm* - **1.** [action] count, counting (*U*) ; [total] number ; **faire le ~ (de)** countdown ; **~ à rebours** countdown ; **~ rond** round number - **2.** BANQUE, COMM & COMPTABILITÉ account ; **ouvrir un ~** to open an account ; **régler un ~** to settle an account ; **~ bancaire** *ou* **en banque** bank account ; **~ courant** current account, checking account *Am* ; **~ créditeur** account in credit ; **~ débiteur** overdrawn account ; **~ de dépôt** deposit account ; **~ d'épargne** savings account ; **~ d'exploitation** operating account ; **~ postal** post office account - **3.** *loc* : **avoir son ~** to have had enough ; **être/se mettre à son ~** to be/become self-employed ; **prendre qqch en ~, tenir ~ de qqch** to take sthg into account ; **régler son ~ à qqn** *fam fig* to sort sb out ; **rendre ~ de** to account for ; **se rendre ~ de qqch** to realize sthg ; **se rendre ~ que** to realize (that) ; **s'en tirer à bon ~** to get off lightly ; **tout ~ fait** all things considered.

◆ **comptes** *nmpl* accounts ; **devoir des ~s à** to be accountable to ; **faire ses ~s** to do one's accounts ; **faire des ~s d'apothicaire** to account for every last penny ; **régler ses ~s avec qqch** to come to terms with sthg ; **régler ses ~s avec qqn** to have it out with sb.

compte-chèques (*pl* **comptes-chèques**), **compte chèques** (*pl* **comptes chèques**) [kɔ̃tʃɛk] *nm* current account, checking account *Am*.

compte-gouttes [kɔ̃tgut] *nm inv* dropper ; **au ~** *fig* sparingly.

compter [3] [kɔ̃te] ◇ *vt* - **1.** [dénombrer] to count - **2.** [avoir l'intention de] : **~ faire qqch** to intend to do sthg, to plan to do sthg ◇ *vi* - **1.** [calculer] to count - **2.** [être important] to count, to matter ; **~ pour** to count for - **3.** : **~ sur** [se fier à] to rely *ou* count on **4.** : **~ avec** [tenir compte de] to reckon with, to take account of - **5.** : **~ parmi** [faire partie de] to be included amongst, to rank amongst.

◆ **à compter de** *loc prép* as from, starting from.

◆ **sans compter** ◇ *loc prép* [excepté] not including ◇ *loc adv* : **se dépenser sans ~** *fig* to give unsparingly of o.s.

◆ **sans compter que** *loc conj* besides which.

compte rendu (*pl* **comptes rendus**), **compte-rendu** (*pl* **comptes-rendus**) [kɔ̃trɑ̃dy] *nm* report, account.

compte-tours [kɔ̃ttur] *nm inv* rev counter, tachometer.

compteur [kɔ̃tœr] *nm* meter ; **remettre les ~s à zéro** *fig* to go back to square one, to start all over again.

comptine [kɔ̃tin] *nf* nursery rhyme.

comptoir [kɔ̃twar] *nm* - **1.** [de bar] bar ; [de magasin] counter - **2.** HIST trading post - **3.** *Helv* [foire] trade fair.

compulser [3] [kɔ̃pylse] *vt* to consult.

comte [kɔ̃t] *nm* count.

comté [kɔ̃te] *nm* - **1.** [fromage] *type of cheese similar to Gruyère* - **2.** ADMIN [au Canada] county - **3.** HIST earldom.

comtesse [kɔ̃tɛs] *nf* countess.

con, conne [kɔ̃, kɔn] *tfam* <> *adj* bloody *Br* OU damned stupid <> *nm, f* stupid bastard (*f* bitch).

Conakry [kɔnakri] *n* Conakry.

concasser [3] [kɔ̃kase] *vt* to crush ; [poivre] to grind.

concave [kɔ̃kav] *adj* concave.

concéder [18] [kɔ̃sede] *vt* : **~ qqch à** [droit, terrain] to grant sthg to ; [point, victoire] to concede sthg to ; **~ que** to admit (that), to concede (that).

concentration [kɔ̃sɑ̃trasjɔ̃] *nf* concentration.

concentré, e [kɔ̃sɑ̃tre] *adj* - **1.** [gén] concentrated - **2.** [personne] : **elle était très ~e** she was concentrating hard - **3.** ⊏> **lait.**
- **concentré** *nm* concentrate ; **~ de tomates** CULIN tomato purée.

concentrer [3] [kɔ̃sɑ̃tre] *vt* to concentrate.
- **se concentrer** *vp* - **1.** [se rassembler] to be concentrated - **2.** [personne] to concentrate.

concentrique [kɔ̃sɑ̃trik] *adj* concentric.

concept [kɔ̃sɛpt] *nm* concept.

concepteur, trice [kɔ̃sɛptœr, tris] *nm, f* designer.

conception [kɔ̃sɛpsjɔ̃] *nf* - **1.** [gén] conception - **2.** [d'un produit, d'une campagne] design, designing (*U*).

concernant [kɔ̃sɛrnɑ̃] *prép* regarding, concerning.

concerner [3] [kɔ̃sɛrne] *vt* to concern ; **être/ se sentir concerné par qqch** to be/feel concerned by sthg ; **en ce qui me concerne** as far as I'm concerned.

concert [kɔ̃sɛr] *nm* - **1.** MUS concert - **2.** [entente] accord ; **de ~ avec qqn** together with sb.

concertation [kɔ̃sɛrtasjɔ̃] *nf* consultation.

concerter [3] [kɔ̃sɛrte] *vt* [organiser] to devise (jointly).
- **se concerter** *vp* to consult (each other).

concerto [kɔ̃sɛrto] *nm* concerto.

concession [kɔ̃sesjɔ̃] *nf* - **1.** [compromis & GRAM] concession ; **faire des ~s (à qqn)** to make concessions (to sb) - **2.** [autorisation] rights (*pl*), concession.

concessionnaire [kɔ̃sesjɔnɛr] <> *nmf* - **1.** [automobile] (car) dealer - **2.** [qui possède une franchise] franchise holder <> *adj* concessionary.

concevable [kɔ̃səvabl] *adj* conceivable.

concevoir [52] [kɔ̃səvwar] *vt* - **1.** [enfant, projet] to conceive - **2.** [comprendre] to conceive of ; **je ne peux pas ~ comment/pourquoi** I cannot conceive how/why - **3.** *sout* [éprouver] to feel.
- **se concevoir** *vp* to be imagined.

concierge [kɔ̃sjɛrʒ] *nmf* caretaker, concierge.

concile [kɔ̃sil] *nm* council.

conciliabule [kɔ̃siljabyl] *nm* [discussion] consultation.

conciliant, e [kɔ̃siljɑ̃, ɑ̃t] *adj* conciliating.

conciliation [kɔ̃siljasjɔ̃] *nf* - **1.** [règlement d'un conflit] reconciliation, reconciling - **2.** [accord & JUR] conciliation.

concilier [9] [kɔ̃silje] *vt* - **1.** [mettre d'accord, allier] to reconcile ; **~ qqch et** OU **avec qqch** to reconcile sthg with sthg - **2.** [gagner à sa cause] : **~ qqn à** to win sb over to.
- **se concilier** *vp* : **se ~ qqn** to win sb over ; **se ~ qqch** to gain sthg.

concis, e [kɔ̃si, iz] *adj* [style, discours] concise ; [personne] terse.

concision [kɔ̃sizjɔ̃] *nf* conciseness, concision.

concitoyen, enne [kɔ̃sitwajɛ̃, ɛn] *nm, f* fellow citizen.

conclu, e [kɔ̃kly] *pp* ⊏> **conclure.**

concluant, e [kɔ̃klyɑ̃, ɑ̃t] *adj* [convaincant] conclusive.

conclure [96] [kɔ̃klyr] <> *vt* to conclude ; **~ de qqch que** to conclude from sthg that ; **en ~ que** to deduce (that) <> *vi* : **les experts ont conclu à la folie** the experts concluded he/she was mad ; **le tribunal a conclu au suicide** the court returned a verdict of suicide.

conclusion [kɔ̃klyzjɔ̃] *nf* - **1.** [gén] conclusion ; **en arriver à la ~ que** to come to the conclusion that - **2.** [partie finale] close.

concocter [3] [kɔ̃kɔkte] *vt* to concoct.

concombre [kɔ̃kɔ̃br] *nm* cucumber.

concomitant, e [kɔ̃kɔmitɑ̃, ɑ̃t] *adj* concomitant.

concordance [kɔ̃kɔrdɑ̃s] *nf* [conformité] agreement ; **~ des temps** GRAM sequence of tenses.

concorde [kɔ̃kɔrd] *nf* concord.

Concorde® [kɔ̃kɔrd] *nm* Concorde®.

concorder [3] [kɔ̃kɔrde] *vi* - **1.** [coïncider] to agree, to coincide - **2.** [être en accord] : ~ **(avec)** to be in accordance (with) - **3.** [avoir un même but] to coincide.

concourir [45] [kɔ̃kurir] *vi* - **1.** [contribuer] : ~ **à** to work towards *Br ou* toward *Am* - **2.** [participer à un concours] to compete.

concours [kɔ̃kur] *nm* - **1.** [examen] competitive examination ; ~ **de recrutement** competitive entry examination - **2.** [compétition] competition, contest ; **hors ~** [dans une compétition] ineligible ; *fig* exceptional ; ~ **hippique** horse show - **3.** [collaboration] help ; **avec le ~ de qqn** with sb's help *ou* assistance - **4.** [coïncidence] : ~ **de circonstances** combination of circumstances.

concret, ète [kɔ̃krɛ, ɛt] *adj* concrete.

concrètement [kɔ̃krɛtmã] *adv* [en réalité] in real *ou* practical terms.

concrétiser [3] [kɔ̃kretize] *vt* [projet] to give shape to ; [rêve, espoir] to give solid form to.
➭ **se concrétiser** *vp* [projet] to take shape ; [rêve, espoir] to materialize.

conçu, e [kɔ̃sy] *pp* ▷ **concevoir**.

concubin, e [kɔ̃kybɛ̃, in] *nm, f* partner, common-law husband (*f* wife).

concubinage [kɔ̃kybinaʒ] *nm* living together, cohabitation.

concupiscent, e [kɔ̃kypisɑ̃, ɑ̃t] *adj* concupiscent.

concurremment [kɔ̃kyramã] *adv* jointly.

concurrence [kɔ̃kyrɑ̃s] *nf* - **1.** [rivalité] rivalry - **2.** ÉCON competition ; ~ **déloyale** unfair competition ; **des prix défiant toute ~** unbeatable prices - **3.** [montant] : **jusqu'à ~ de** to the amount of, not exceeding.

concurrent, e [kɔ̃kyrɑ̃, ɑ̃t] <> *adj* rival, competing <> *nm, f* competitor.

concurrentiel, elle [kɔ̃kyrɑ̃sjɛl] *adj* competitive.

condamnable [kɔ̃danabl] *adj* reprehensible.

condamnation [kɔ̃danasjɔ̃] *nf* - **1.** JUR sentence - **2.** [dénonciation] condemnation.

condamné, e [kɔ̃dane] *nm, f* convict, prisoner.

condamner [3] [kɔ̃dane] *vt* - **1.** JUR : ~ **qqn (à)** to sentence sb (to) ; ~ **qqn à une amende** to fine sb - **2.** *fig* [obliger] : ~ **qqn à qqch** to condemn sb to sthg - **3.** [malade] : **être condamné** to be terminally ill - **4.** [interdire] to forbid - **5.** [blâmer] to condemn - **6.** [fermer] to fill in, to block up.

condensateur [kɔ̃dɑ̃satœr] *nm* condenser.

condensation [kɔ̃dɑ̃sasjɔ̃] *nf* condensation.

condensé [kɔ̃dɑ̃se] <> *nm* summary <> *adj* ▷ **lait**.

condenser [3] [kɔ̃dɑ̃se] *vt* to condense.
➭ **se condenser** *vp* to condense.

condescendant, e [kɔ̃desɑ̃dɑ̃, ɑ̃t] *adj* condescending.

condescendre [73] [kɔ̃desɑ̃dr] *vi sout* : ~ **à qqch/à faire qqch** to condescend to sthg/to do sthg.

condescendu [kɔ̃desɑ̃dy] *pp inv* ▷ **condescendre**.

condiment [kɔ̃dimã] *nm* condiment.

condisciple [kɔ̃disipl] *nm* fellow student.

condition [kɔ̃disjɔ̃] *nf* - **1.** [gén] condition ; ~ **sine qua non** essential condition ; **remplir une ~** to fulfil a condition ; **se mettre en ~** [physiquement] to get into shape - **2.** [place sociale] station ; **la ~ des ouvriers** the workers' lot.
➭ **conditions** *nfpl* - **1.** [circonstances] conditions ; ~**s de vie** living conditions ; ~**s atmosphériques** atmospheric conditions - **2.** [de paiement] terms.
➭ **à condition de** *loc prép* providing *ou* provided (that).
➭ **à condition que** *loc conj* (+ *subjonctif*) providing *ou* provided (that).
➭ **sans conditions** <> *loc adj* unconditional <> *loc adv* unconditionally.

conditionné, e [kɔ̃disjɔne] *adj* - **1.** [emballé] : ~ **sous vide** vacuum-packed - **2.** ▷ **air**.

conditionnel, elle [kɔ̃disjɔnɛl] *adj* conditional.
➭ **conditionnel** *nm* GRAM conditional.

conditionnement [kɔ̃disjɔnmã] *nm* - **1.** [action d'emballer] packaging, packing - **2.** [emballage] package - **3.** PSYCHOL & TECHNOL conditioning.

conditionner [3] [kɔ̃disjɔne] *vt* - **1.** [déterminer] to govern - **2.** PSYCHOL & TECHNOL to condition - **3.** [emballer] to pack.

condoléances [kɔ̃dɔleɑ̃s] *nfpl* condolences.

conducteur, trice [kɔ̃dyktœr, tris] <> *adj* conductive <> *nm, f* [de véhicule] driver.
➭ **conducteur** *nm* ÉLECTR conductor.

conduire [98] [kɔ̃dɥir] <> *vt* - **1.** [voiture, personne] to drive - **2.** [transmettre] to conduct - **3.** *fig* [diriger] to manage - **4.** *fig* [à la ruine, au désespoir] : ~ **qqn à qqch** to drive sb to sthg <> *vi* - **1.** AUTOM to drive - **2.** [mener] : ~ **à** to lead to.
➭ **se conduire** *vp* to behave.

conduisais, conduisions *etc* ▷ **conduire**.

conduit, e [kɔ̃dɥi, it] *pp* ⟶ **conduire**.

◆ **conduit** *nm* - **1.** [tuyau] conduit, pipe - **2.** ANAT duct, canal.

◆ **conduite** *nf* - **1.** [pilotage d'un véhicule] driving ; ~e à droite/gauche right-hand/left-hand drive ; ~e en état d'ébriété drunken-driving - **2.** [direction] running - **3.** [comportement] behaviour *(U)* Br, behavior *(U)* Am - **4.** [canalisation] : ~e de gaz/d'eau gas/water main, gas/water pipe.

cône [kon] *nm* GÉOM cone.

confection [kɔ̃fɛksjɔ̃] *nf* - **1.** [réalisation] making - **2.** [industrie] clothing industry.

confectionner [3] [kɔ̃fɛksjɔne] *vt* to make.

confédéral, e, aux [kɔ̃federal, o] *adj* confederal.

confédération [kɔ̃federasjɔ̃] *nf* - **1.** [d'états] confederacy - **2.** [d'associations] confederation.

conférence [kɔ̃ferɑ̃s] *nf* - **1.** [exposé] lecture - **2.** [réunion] conference ; ~ de presse press conference ; ~ au sommet summit conference.

conférencier, ère [kɔ̃ferɑ̃sje, ɛr] *nm, f* lecturer.

conférer [18] [kɔ̃fere] *vt* [accorder] : ~ qqch à qqn to confer sthg on sb.

confesse [kɔ̃fɛs] *nf* : aller à ~ to go to confession.

confesser [4] [kɔ̃fese] *vt* - **1.** [avouer] to confess - **2.** RELIG : ~ qqn to hear sb's confession.

◆ **se confesser** *vp* to go to confession.

confession [kɔ̃fesjɔ̃] *nf* confession.

confessionnal, aux [kɔ̃fesjɔnal, o] *nm* confessional.

confessionnel, elle [kɔ̃fesjɔnɛl] *adj* RELIG denominational.

confetti [kɔ̃feti] *nm* confetti *(U)*.

confiance [kɔ̃fjɑ̃s] *nf* confidence ; avoir ~ en to have confidence *ou* faith in ; avoir ~ en soi to be self-confident ; en toute ~ with complete confidence ; de ~ trustworthy ; faire ~ à qqn/qqch to trust sb/sthg.

confiant, e [kɔ̃fjɑ̃, ɑ̃t] *adj* - **1.** [sans méfiance] trusting - **2.** [assuré] : ~ (en qqch) confident (of sthg).

confidence [kɔ̃fidɑ̃s] *nf* confidence ; en ~ in confidence ; faire des ~s à qqn to confide in sb ; être dans la ~ to be in the know.

confident, e [kɔ̃fidɑ̃, ɑ̃t] *nm, f* confidant (*f* confidante).

confidentiel, elle [kɔ̃fidɑ̃sjɛl] *adj* confidential.

confier [9] [kɔ̃fje] *vt* - **1.** [donner] : ~ qqn/qqch à

qqn to entrust sb/sthg to sb - **2.** [dire] : ~ qqch à qqn to confide sthg to sb.

◆ **se confier** *vp* : se ~ à qqn to confide in sb.

configuration [kɔ̃figyrasjɔ̃] *nf* TECHNOL configuration ; [conception] layout.

confiné, e [kɔ̃fine] *adj* - **1.** [air] stale ; [atmosphère] enclosed - **2.** [enfermé] shut away.

confins [kɔ̃fɛ̃] *nmpl* : aux ~ de on the borders of.

confirmation [kɔ̃firmasjɔ̃] *nf* confirmation.

confirmer [3] [kɔ̃firme] *vt* [certifier] to confirm ; ~ qqn dans qqch to confirm sb in sthg ; il n'a pas été confirmé dans ses fonctions he was not retained in the post.

◆ **se confirmer** *vp* to be confirmed.

confiscation [kɔ̃fiskasjɔ̃] *nf* confiscation.

confiserie [kɔ̃fizri] *nf* - **1.** [magasin] sweet shop Br, candy store Am, confectioner's - **2.** [sucreries] sweets *(pl)* Br, candy *(U)* Am, confectionery *(U)*.

confiseur, euse [kɔ̃fizœr, øz] *nm, f* confectioner.

confisquer [3] [kɔ̃fiske] *vt* to confiscate.

confit, e [kɔ̃fi, it] *adj* ⟶ **fruit**.

◆ **confit** *nm* conserve.

confiture [kɔ̃fityr] *nf* jam.

conflagration [kɔ̃flagrasjɔ̃] *nf* cataclysm.

conflictuel, elle [kɔ̃fliktɥɛl] *adj* conflicting.

conflit [kɔ̃fli] *nm* - **1.** [situation tendue] clash, conflict - **2.** [entre États] conflict.

confluent [kɔ̃flyɑ̃] *nm* confluence ; au ~ de at the confluence of.

confondre [75] [kɔ̃fɔ̃dr] *vt* - **1.** [ne pas distinguer] to confuse - **2.** [accusé] to confound - **3.** [stupéfier] to astound.

◆ **se confondre** *vp* - **1.** [se mêler] to merge - **2.** *fig* : se ~ en excuses to apologize profusely ; il s'est confondu en remerciements he thanked me/him *etc* profusely.

confondu, e [kɔ̃fɔ̃dy] *pp* ⟶ **confondre**.

conformation [kɔ̃fɔrmasjɔ̃] *nf* structure.

conforme [kɔ̃fɔrm] *adj* : ~ à in accordance with.

conformé, e [kɔ̃fɔrme] *adj* : bien ~ well-formed ; mal ~ ill-formed.

conformément [kɔ̃fɔrmemɑ̃] ◆ **conformément à** *loc prép* in accordance with.

conformer [3] [kɔ̃fɔrme] *vt* : ~ qqch à to shape sthg according to.

◆ **se conformer** *vp* : se ~ à [s'adapter] to conform to ; [obéir] to comply with.

conformiste [kɔ̃fɔrmist] ◇ *nmf* conformist ◇ *adj* - **1.** [traditionaliste] conformist - **2.** [Anglican] Anglican.

conformité [kɔ̃fɔrmite] *nf* - **1.** [ressemblance] : ~ **(à)** conformity (to) - **2.** [accord] : **être en** ~ **avec** to be in accordance with.

confort [kɔ̃fɔr] *nm* comfort ; **tout** ~ with all mod cons *Br*, with all modern conveniences *Am*.

confortable [kɔ̃fɔrtabl] *adj* comfortable.

confortablement [kɔ̃fɔrtabləmɑ̃] *adv* comfortably ; ~ **payé** well-paid.

conforter [3] [kɔ̃fɔrte] *vt* : ~ **qqn (dans qqch)** to strengthen sb (in sthg).

confrère, consœur [kɔ̃frɛr, kɔ̃sœr] *nm, f* colleague.

confrérie [kɔ̃freri] *nf* brotherhood.

confrontation [kɔ̃frɔ̃tasjɔ̃] *nf* - **1.** [face à face] confrontation - **2.** [comparaison] comparison.

confronter [3] [kɔ̃frɔ̃te] *vt* - **1.** [mettre face à face] to confront ; *fig* : **être confronté à** to be confronted *ou* faced with - **2.** [comparer] to compare.

confus, e [kɔ̃fy, yz] *adj* - **1.** [indistinct, embrouillé] confused - **2.** [gêné] embarrassed ; **je suis vraiment** ~ I'm really very sorry.

confusément [kɔ̃fyzemɑ̃] *adj* - **1.** [pêle-mêle] in confusion - **2.** [indistinctement] indistinctly - **3.** [vaguement] vaguely.

confusion [kɔ̃fyzjɔ̃] *nf* - **1.** [gén] confusion - **2.** [embarras] confusion, embarrassment.

congé [kɔ̃ʒe] *nm* - **1.** [arrêt de travail] leave *(U)* ; ~ **(de) maladie** sick leave ; ~ **de maternité** maternity leave - **2.** [vacances] holiday *Br*, vacation *Am* ; **en** ~ on holiday ; ~ **annuel** annual leave ; **~s payés** paid holiday *(U) ou* holidays *ou* leave *(U) Br*, paid vacation *Am* ; **une journée/semaine de** ~ a day/week off - **3.** [renvoi] notice ; **donner son** ~ **à qqn** to give sb his/her notice ; **prendre** ~ **(de qqn)** *sout* to take one's leave (of sb).

congédier [9] [kɔ̃ʒedje] *vt* to dismiss.

congé-formation [kɔ̃ʒefɔrmasjɔ̃] *(pl* **congés-formation**) *nm* training leave.

congélateur [kɔ̃ʒelatœr] *nm* freezer.

congeler [25] [kɔ̃ʒle] *vt* to freeze.

congénital, e, aux [kɔ̃ʒenital, o] *adj* congenital.

congère [kɔ̃ʒɛr] *nf* snowdrift.

congestion [kɔ̃ʒɛstjɔ̃] *nf* congestion ; ~ **pulmonaire** pulmonary congestion.

conglomérat [kɔ̃glɔmera] *nm* conglomerate.

Congo [kɔ̃go] *nm* [pays] : **le** ~ the Congo ; **au** ~ in the Congo ; **la République démocratique du** ~ the Democratic Republic of Congo ; [fleuve] : **le** ~ the Congo.

congolais, e [kɔ̃gɔlɛ, ɛz] *adj* Congolese.

◆ **congolais** *nm* CULIN coconut cake.

◆ **Congolais, e** *nm, f* Congolese person.

congratuler [3] [kɔ̃gratyle] *vt* to congratulate.

congre [kɔ̃gr] *nm* conger eel.

congrégation [kɔ̃gregasjɔ̃] *nf* congregation.

congrès [kɔ̃grɛ] *nm* - **1.** [colloque] assembly - **2.** HIST [réunion] congress.

◆ **Congrès** *nm* [parlement américain] : **le Congrès** Congress.

congressiste [kɔ̃gresist] *nmf* congress participant.

congrue [kɔ̃gry] ▷ **portion.**

conifère [kɔnifɛr] *nm* conifer.

conique [kɔnik] *adj* conical.

conjecture [kɔ̃ʒɛktyr] *nf* conjecture ; **se perdre en ~s** to lose o.s. in conjecture.

conjecturer [3] [kɔ̃ʒɛktyre] *vt & vi* to conjecture.

conjoint, e [kɔ̃ʒwɛ̃, ɛ̃t] ◇ *adj* joint ◇ *nm, f* spouse.

conjointement [kɔ̃ʒwɛ̃tmɑ̃] *adv* : ~ **(avec qqn)** jointly (with sb).

conjonctif, ive [kɔ̃ʒɔ̃ktif, iv] *adj* - **1.** ▷ **tissu** - **2.** GRAM conjunctive.

conjonction [kɔ̃ʒɔ̃ksjɔ̃] *nf* conjunction ; ~ **de coordination/de subordination** GRAM coordinating/subordinating conjunction.

conjonctivite [kɔ̃ʒɔ̃ktivit] *nf* conjunctivitis *(U).*

conjoncture [kɔ̃ʒɔ̃ktyr] *nf* ÉCON situation, circumstances *(pl).*

conjoncturel, elle [kɔ̃ʒɔ̃ktyrɛl] *adj* [situation, tendance] economic.

conjugaison [kɔ̃ʒygɛzɔ̃] *nf* - **1.** [union] uniting - **2.** GRAM conjugation.

conjugal, e, aux [kɔ̃ʒygal, o] *adj* conjugal.

conjuguer [3] [kɔ̃ʒyge] *vt* - **1.** [unir] to combine - **2.** GRAM to conjugate.

conjuration [kɔ̃ʒyrasjɔ̃] *nf* - **1.** [conspiration] conspiracy - **2.** [exorcisme] exorcism.

conjurer [3] [kɔ̃ʒyre] *vt* - **1.** [supplier] to beg ; **je vous en conjure!** *sout* I beg (of) you! - **2.** [exorciser] to exorcize - **3.** [écarter] to avert.

◆ **se conjurer** *vp* to plot, to conspire.

connaissais, connaissions *etc* ▷ **connaître.**

connaissance [kɔnɛsɑ̃s] *nf* - **1.** [savoir] knowledge *(U)* ; **à ma** ~ to (the best of) my knowledge ; **en** ~ **de cause** with full knowledge of the facts ; **prendre** ~ **de qqch** to study sthg, to examine sthg - **2.** [personne] acquaintance ; **une vieille** ~ an old acquaintance ; **faire** ~ **(avec qqn)** to become acquainted (with sb) ; **faire la ~ de** to meet **- 3.** [conscience] : **perdre/reprendre ~** to lose/regain consciousness ; **sans ~** unconscious.

connaisseur, euse [kɔnɛsœr, øz] ◇ *adj* expert *(avant n)* ◇ *nm, f* connoisseur.

connaître [91] [kɔnɛtr] *vt* **- 1.** [gén] to know ; **~ qqn de nom/de vue** to know sb by name/sight **- 2.** [éprouver] to experience.

➡ **se connaître** *vp* **- 1. : s'y ~ en** [être expert] to know about ; **il s'y connaît** he knows what he's talking about/doing **- 2.** [soi-même] to know o.s. **- 3.** [se rencontrer] to meet (each other) ; **il se connaissent** they've met each other.

connecter [4] [kɔnɛkte] *vt* to connect.

➡ **se connecter** *vpr* to log on, to log in ; **se ~ sur Internet** to log onto the Internet.

connecteur [kɔnɛktœr] *nm* : **~ à broche** INFORM pin connector.

connerie [kɔnri] *nf* tfam stupidity *(U)* ; **faire/dire des ~s** to do/to say something bloody stupid *Br*, to do/to say something damned stupid.

connexe [kɔnɛks] *adj* related.

connexion [kɔnɛksjɔ̃] *nf* connection.

connivence [kɔnivãs] *nf* connivance ; **être de ~ (avec qqn)** to be in league (with sb).

connotation [kɔnɔtasjɔ̃] *nf* connotation.

connu, e [kɔny] ◇ *pp* ➣ **connaître** ◇ *adj* **- 1.** [célèbre] well-known, famous **- 2.** [su] : **~ de qqn** known to sb.

conquérant, e [kɔ̃kerã, ãt] ◇ *adj* conquering ◇ *nm, f* conqueror.

conquérir [39] [kɔ̃kerir] *vt* to conquer.

conquête [kɔ̃kɛt] *nf* conquest ; **faire la ~ de qqch** to conquer sthg ; **faire la ~ de qqn** to win sb over.

conquiers, conquiert *etc* ➣ **conquérir**.

conquis, e [kɔ̃ki, iz] *pp* ➣ **conquérir**.

consacré, e [kɔ̃sakre] *adj* **- 1.** [habituel] established, accepted **- 2.** RELIG consecrated.

consacrer [3] [kɔ̃sakre] *vt* **- 1.** RELIG to consecrate **- 2.** [employer] : **~ qqch à** to devote sthg to.

➡ **se consacrer** *vp* : **se ~ à** to dedicate o.s. to, to devote o.s. to.

consanguin, e [kɔ̃sãgɛ̃, in] *adj* : **frère ~** half-brother ; **sœur ~e** half-sister ; *voir aussi* **mariage**.

consciemment [kɔ̃sjamã] *adv* knowingly, consciously.

conscience [kɔ̃sjãs] *nf* **- 1.** [connaissance & PSYCHOL] consciousness ; **avoir ~ de qqch** to be aware of sthg **- 2.** [morale] conscience ; **agir selon sa ~** to follow one's conscience ; **avoir**

qqch sur la ~ to have sthg on one's conscience ; **bonne/mauvaise ~** clear/guilty conscience ; **~ professionnelle** professional integrity, conscientiousness.

consciencieusement [kɔ̃sjãsjøzmã] *adv* conscientiously.

consciencieux, euse [kɔ̃sjãsjø, øz] *adj* conscientious.

conscient, e [kɔ̃sjã, ãt] *adj* conscious ; **être ~ de qqch** [connaître] to be conscious of sthg.

conscription [kɔ̃skripsjɔ̃] *nf* conscription, draft *Am*.

conscrit [kɔ̃skri] *nm* conscript, recruit, draftee *Am*.

consécration [kɔ̃sekrasjɔ̃] *nf* **- 1.** [reconnaissance] recognition ; [de droit, coutume] establishment **- 2.** RELIG consecration.

consécutif, ive [kɔ̃sekytif, iv] *adj* **- 1.** [successif & GRAM] consecutive **- 2.** [résultant] : **~ à** resulting from.

conseil [kɔ̃sɛj] *nm* **- 1.** [avis] piece of advice, advice *(U)* ; **donner un ~ OU des ~s (à qqn)** to give (sb) advice ; **suivre le ~ de qqn** to take somebody's advice **- 2.** [personne] : **~ (en)** consultant (in) **- 3.** [assemblée] council ; **~ d'administration** board of directors ; **~ de classe** staff meeting ; **le Conseil constitutionnel** *French government body ensuring that laws, elections and referenda are constitutional* ; **~ de discipline** disciplinary committee ; **le Conseil d'État** the (French) Council of State ; **le Conseil des ministres** ≃ the Cabinet ; **~ municipal** town council *Br*, city council *Am* ; **le Conseil supérieur de la magistrature** *French state body that appoints members of the judiciary*.

CONSEIL

LE CONSEIL D'ÉTAT
The French Council of State has 200 members. It acts both as the highest court to which the legal affairs of the state can be referred, and as a consultative body to which bills and rulings are submitted by the government prior to examination by the 'Conseil des ministres'.

LE CONSEIL DES MINISTRES
The President himself presides over the 'Conseil des ministres', which traditionally meets every Wednesday morning ; strictly speaking, when ministers assemble in the sole presence of the Prime Minister, this is known as 'le Conseil du cabinet'.

conseiller[1] [4] [kɔ̃seje] ◇ *vt* **- 1.** [recommander] to advise ; **~ qqch à qqn** to recommend sthg to sb **- 2.** [guider] to advise, to counsel ◇ *vi* [donner un conseil] : ~ **à qqn de faire qqch** to advise sb to do sthg.

conseiller², ère [kɔ̃seje, ɛr] *nm, f* - **1.** [guide] counsellor *Br*, counselor *Am* ; ~ **matrimonial** marriage counsellor *Br* ou counselor *Am* - **2.** [d'un conseil] councillor *Br*, councilor *Am* ; ~ **municipal** town councillor *Br*, city councilman (*f* councilwoman) *Am*.

consensuel, elle [kɔ̃sɑ̃sɥɛl] *adj* : **politique** ~**le** consensus politics.

consensus [kɔ̃sɛ̃sys] *nm* consensus.

consentement [kɔ̃sɑ̃tmɑ̃] *nm* consent.

consentir [37] [kɔ̃sɑ̃tir] ◇ *vt* - **1.** [accorder] : ~ **qqch à qqn** to grant sb sthg - **2.** [accepter] : ~ **que** (+ subjonctif) : **je consens qu'il vienne** I consent to his coming ◇ *vi* : ~ **à qqch** to consent to sthg.

conséquence [kɔ̃sekɑ̃s] *nf* consequence, result ; **avoir des ~s (sur qqch)** to have consequences (for sthg) ; **sans ~** [sans importance] of no importance ; **ne pas tirer à ~** to be of no consequence.

conséquent, e [kɔ̃sekɑ̃, ɑ̃t] *adj* - **1.** [cohérent] consistent - **2.** [important] sizeable, considerable.

◆ **par conséquent** *loc adv* therefore, consequently.

conservateur, trice [kɔ̃sɛrvatœr, tris] ◇ *adj* conservative ◇ *nm, f* - **1.** POLIT conservative - **2.** [administrateur] curator.

◆ **conservateur** *nm* preservative.

conservation [kɔ̃sɛrvasjɔ̃] *nf* - **1.** [état, entretien] preservation - **2.** [d'aliment] preserving.

conservatoire [kɔ̃sɛrvatwar] *nm* academy ; ~ **de musique** music college ; **le Conservatoire national supérieur d'art dramatique, le Conservatoire** national drama school in Paris.

conserve [kɔ̃sɛrv] *nf* tinned *Br* ou canned food ; **en ~** [en boîte] tinned, canned ; [en bocal] preserved, bottled.

◆ **de conserve** *loc adv* together.

conserver [3] [kɔ̃sɛrve] *vt* - **1.** [garder, entretenir] to keep - **2.** [entreposer - en boîte] to can ; [- en bocal] to bottle ; '~ **au frais**' 'keep in a cool place' - **3.** [personne] : **être bien conservé** to be well-preserved.

◆ **se conserver** *vp* to keep.

considérable [kɔ̃siderabl] *adj* considerable.

considération [kɔ̃siderasjɔ̃] *nf* - **1.** [réflexion, motivation] consideration ; **en ~ de qqch** in consideration of sthg ; **prendre qqch en ~** to take sthg into consideration - **2.** [estime] respect.

considérer [18] [kɔ̃sidere] *vt* to consider ; **tout bien considéré** all things considered.

consigne [kɔ̃siɲ] *nf* - **1.** [ordre] orders *(pl)*

- **2.** (gén pl) [instruction] instructions *(pl)*
- **3.** [entrepôt de bagages] left-luggage office *Br*, checkroom *Am*, baggage room *Am* ; ~ **automatique** lockers *(pl)*, left-luggage lockers *(pl) Br* - **4.** [somme d'argent] deposit.

consigné, e [kɔ̃siɲe] *adj* returnable.

consigner [3] [kɔ̃siɲe] *vt* - **1.** [bagages] to leave in the left-luggage office *Br* ou checkroom *Am* ou baggage room *Am* - **2.** sout [relater] to record, to set down - **3.** MIL to confine to barracks - **4.** vieilli & SCOL : ~ **qqn** to give sb detention.

consistance [kɔ̃sistɑ̃s] *nf* [solidité] consistency ; fig substance ; **sans ~** [fade] colourless *Br*, colorless *Am*.

consistant, e [kɔ̃sistɑ̃, ɑ̃t] *adj* - **1.** [épais] thick - **2.** [nourrissant] substantial - **3.** [fondé] sound.

consister [3] [kɔ̃siste] *vi* : ~ **en** to consist of ; ~ **à faire qqch** to consist in doing sthg.

consœur ▷ **confrère**.

consolation [kɔ̃sɔlasjɔ̃] *nf* consolation.

console [kɔ̃sɔl] *nf* - **1.** [table] console (table) - **2.** INFORM : ~ **de jeux** games console ; ~ **de visualisation** VDU, visual display unit.

consoler [3] [kɔ̃sɔle] *vt* - **1.** [réconforter] : ~ **qqn (de qqch)** to comfort sb (in sthg) - **2.** [apaiser] to soothe.

◆ **se consoler** *vp* : **se ~ de qqch** to get over sthg.

consolider [3] [kɔ̃sɔlide] *vt* litt & fig to strengthen.

consommateur, trice [kɔ̃sɔmatœr, tris] *nm, f* [acheteur] consumer ; [d'un bar] customer.

consommation [kɔ̃sɔmasjɔ̃] *nf* - **1.** [utilisation] consumption ; **faire une grande** ou **grosse ~ de** to use (up) a lot of - **2.** [boisson] drink.

consommé, e [kɔ̃sɔme] *adj* sout consummate.

◆ **consommé** *nm* consommé.

consommer [3] [kɔ̃sɔme] ◇ *vt* - **1.** [utiliser] to use (up) - **2.** [manger] to eat ; **'à ~ avant le 5 juin 2004'** 'best before ou use by 5/6/04' - **3.** [énergie] to consume, to use ◇ *vi* - **1.** [boire] to drink - **2.** [voiture] : **cette voiture consomme beaucoup** this car uses a lot of fuel.

consonance [kɔ̃sɔnɑ̃s] *nf* consonance ; **un nom aux ~s harmonieuses** a beautiful name.

consonne [kɔ̃sɔn] *nf* consonant.

consort [kɔ̃sɔr] ▷ **prince**.

◆ **consorts** *nmpl* : **et ~s** péj and his/their sort, and the like.

consortium [kɔ̃sɔrsjɔm] *nm* consortium.

conspirateur, trice [kɔ̃spiratœr, tris] *nm, f* conspirator.

conspiration [kɔ̃spirasjɔ̃] *nf* conspiracy.

conspirer [3] [kɔ̃spire] ◇ vt [comploter] to plot ◇ vi to conspire.

conspuer [7] [kɔ̃spɥe] vt to boo.

constamment [kɔ̃stamã] adv constantly.

constance [kɔ̃stãs] nf - **1.** [persévérance] perseverance ; **avoir de la ~** to be indefatigable - **2.** [permanence, fidélité] constancy.

constant, e [kɔ̃stã, ãt] adj constant.

constat [kɔ̃sta] nm - **1.** [procès-verbal] report ; **~ à l'amiable** joint insurance statement made by drivers after an accident ; **~ d'huissier** affidavit made before a bailiff - **2.** [constatation] established fact ; **faire le ~ de qqch** to note sthg ; **~ d'échec** acknowledgement of failure.

constatation [kɔ̃statasjɔ̃] nf - **1.** [révélation] observation - **2.** [fait retenu] finding.

constater [3] [kɔ̃state] vt - **1.** [se rendre compte de] to see, to note - **2.** [consigner - fait, infraction] to record ; [- décès, authenticité] to certify.

constellation [kɔ̃stelasjɔ̃] nf ASTRON constellation.

consternation [kɔ̃stɛrnasjɔ̃] nf dismay.

consterner [3] [kɔ̃stɛrne] vt to dismay.

constipation [kɔ̃stipasjɔ̃] nf constipation.

constipé, e [kɔ̃stipe] adj - **1.** MÉD constipated - **2.** fam fig [manière, air] ill at ease.

constituant, e [kɔ̃stitɥã, ãt] adj constituent ; voir aussi **assemblée**.

constitué, e [kɔ̃stitɥe] adj - **1.** [personne] : **normalement/bien ~** of normal/sound constitution - **2.** [composé] : **~ de** consisting of, composed of - **3.** [établi par la loi] constituted.

constituer [7] [kɔ̃stitɥe] vt - **1.** [élaborer] to set up - **2.** [composer] to make up - **3.** [représenter] to constitute - **4.** [établir] to agree, to settle (on).

➤ **se constituer** vp : **se ~ de** to be made up of, to consist of ; **se ~ en** to form ; **se ~ prisonnier** to give o.s. up ; **se ~ partie civile** JUR to sue privately for damages.

constitution [kɔ̃stitysjɔ̃] nf - **1.** [création] setting up - **2.** [de pays, de corps] constitution - **3.** [composition] composition - **4.** [établissement] establishment.

constitutionnel, elle [kɔ̃stitysjɔnɛl] adj constitutional.

constructeur [kɔ̃stryktœr] nm - **1.** [fabricant] manufacturer ; [de navire] shipbuilder - **2.** [bâtisseur] builder.

constructif, ive [kɔ̃stryktif, iv] adj - **1.** [créateur] creative - **2.** [positif] constructive.

construction [kɔ̃stryksjɔ̃] nf - **1.** IND building, construction ; **~ navale** shipbuilding - **2.** [édifice] structure, building - **3.** GRAM & fig construction.

construire [98] [kɔ̃strɥir] vt - **1.** [bâtir, fabriquer] to build - **2.** [roman] to structure - **3.** [théorie, phrase] to construct.

construisais, construisions etc ▷ **construire**.

construit, e [kɔ̃strɥi, it] pp ▷ **construire**.

consul [kɔ̃syl] nm consul ; **~ honoraire** honorary consul.

consulat [kɔ̃syla] nm - **1.** [charge] consulship - **2.** [résidence] consulate.

consultatif, ive [kɔ̃syltatif, iv] adj consultative, advisory.

consultation [kɔ̃syltasjɔ̃] nf - **1.** [d'ouvrage] : **de ~ aisée** easy to use - **2.** MÉD & POLIT consultation - **3.** [d'expert] (professional) advice.

consulter [3] [kɔ̃sylte] ◇ vt - **1.** [compulser] to consult - **2.** [interroger, demander conseil à] to consult, to ask - **3.** [spécialiste] to consult, to see ◇ vi [médecin] to take ou hold surgery ; [avocat] to be available for consultation.

➤ **se consulter** vp to confer.

consumer [3] [kɔ̃syme] vt - **1.** sout [brûler] to burn, to destroy - **2.** fig & littéraire [épuiser] to consume, to eat up.

➤ **se consumer** vp to waste away ; **se ~ de qqch** littéraire to be eaten up ou consumed with sthg.

consumérisme [kɔ̃symerism] nm consumerism.

contact [kɔ̃takt] nm - **1.** [gén] contact ; **le ~ du marbre est froid** marble is cold to the touch ; **mettre qqn et qqn en ~, mettre qqn en ~ avec qqn** to put sb in touch with sb ; **prendre ~ avec** to make contact with ; **rester en ~ (avec)** to stay in touch (with) ; **au ~ de** on contact with ; **au ~ des jeunes** through mixing ou associating with young people - **2.** AUTOM ignition ; **mettre/couper le ~** to switch on/off the ignition.

contacter [3] [kɔ̃takte] vt to contact.

contagieux, euse [kɔ̃taʒjø, øz] ◇ adj MÉD contagious ; fig infectious ◇ nm, f contagious patient.

contagion [kɔ̃taʒjɔ̃] nf MÉD contagion ; fig infectiousness.

container ▷ **conteneur**.

contaminer [3] [kɔ̃tamine] vt [infecter] to contaminate ; fig to contaminate, to infect.

conte [kɔ̃t] nm story ; **~ de fées** fairy tale.

contemplation [kɔ̃tãplasjɔ̃] nf contemplation ; **rester en ~ devant** to gaze in contemplation at.

contempler [3] [kɔ̃tãple] vt to contemplate.

contemporain, e [kɔ̃tɑ̃pɔʀɛ̃, ɛn] ◇ *adj* : **~ (de)** contemporary (with) ◇ *nm, f* contemporary.

contenance [kɔ̃tnɑ̃s] *nf* - **1.** [capacité volumique] capacity - **2.** [attitude] : **se donner une ~** to give an impression of composure ; **perdre ~** to lose one's composure.

conteneur [kɔ̃tɑnœʀ], **container** [kɔ̃tɛnɛʀ] *nm* (freight) container.

contenir [40] [kɔ̃tniʀ] *vt* to contain, to hold, to take.

➤ **se contenir** *vp* to contain o.s., to control o.s.

content, e [kɔ̃tɑ̃, ɑ̃t] *adj* - **1.** [joyeux] happy - **2.** [satisfait] : **~ (de qqn/qqch)** happy (with sb/sthg), content (with sb/sthg) ; **~ de faire qqch** happy to do sthg.

➤ **content** *nm* : **avoir son ~ de** to have one's fill of.

contentement [kɔ̃tɑ̃tmɑ̃] *nm* satisfaction.

contenter [3] [kɔ̃tɑ̃te] *vt* to satisfy.

➤ **se contenter** *vp* : **se ~ de qqch/de faire qqch** to content o.s. with sthg/with doing sthg ; **se ~ de peu** to be content with little.

contentieux [kɔ̃tɑ̃sjø] *nm* [litige] dispute ; [service] legal department.

contenu, e [kɔ̃tny] *pp* ▷ **contenir.**

➤ **contenu** *nm* - **1.** [de récipient] contents (pl) - **2.** [de texte, discours] content.

conter [3] [kɔ̃te] *vt* to tell.

contestable [kɔ̃tɛstabl] *adj* questionable.

contestataire [kɔ̃tɛstatɛʀ] ◇ *nmf* antiestablishment figure ◇ *adj* antiestablishment.

contestation [kɔ̃tɛstasjɔ̃] *nf* - **1.** [protestation] protest, dispute - **2.** POLIT : **la ~** antiestablishment activity.

conteste [kɔ̃tɛst] ➤ **sans conteste** *loc adv* unquestionably.

contester [3] [kɔ̃tɛste] ◇ *vt* to dispute, to contest ◇ *vi* to protest.

conteur, euse [kɔ̃tœʀ, øz] *nm, f* storyteller.

contexte [kɔ̃tɛkst] *nm* context.

contiens, contient *etc* ▷ **contenir.**

contigu, uë [kɔ̃tigy] *adj* : **~ (à)** adjacent (to).

continent [kɔ̃tinɑ̃] *nm* continent.

continental, e, aux [kɔ̃tinɑ̃tal, o] *adj* continental.

contingence [kɔ̃tɛ̃ʒɑ̃s] *nf (gén pl)* contingency.

contingent [kɔ̃tɛ̃ʒɑ̃] *nm* - **1.** MIL national service conscripts (pl), draft Am - **2.** COMM quota.

contingenter [3] [kɔ̃tɛ̃ʒɑ̃te] *vt* to put a quota on.

continu, e [kɔ̃tiny] *adj* continuous.

continuation [kɔ̃tinɥasjɔ̃] *nf* continuation.

continuel, elle [kɔ̃tinɥɛl] *adj* - **1.** [continu] continuous - **2.** [répété] continual.

continuellement [kɔ̃tinɥɛlmɑ̃] *adv* continually.

continuer [7] [kɔ̃tinɥe] ◇ *vt* - **1.** [poursuivre] to carry on with, to continue (with) - **2.** [prolonger] to continue ◇ *vi* to continue, to go on ; **~ à** *ou* **de faire qqch** to continue to do *ou* doing sthg.

➤ **se continuer** *vp* to continue, to carry on.

continuité [kɔ̃tinɥite] *nf* continuity.

contondant, e [kɔ̃tɔ̃dɑ̃, ɑ̃t] *adj* blunt.

contorsionner [3] [kɔ̃tɔʀsjɔne] ➤ **se contorsionner** *vp* to contort (o.s.), to writhe.

contour [kɔ̃tuʀ] *nm* - **1.** [limite] outline - **2.** *(gén pl)* [courbe] bend.

contourner [3] [kɔ̃tuʀne] *vt litt* & *fig* to bypass, to get round.

contraceptif, ive [kɔ̃tʀasɛptif, iv] *adj* contraceptive.

➤ **contraceptif** *nm* contraceptive.

contraception [kɔ̃tʀasɛpsjɔ̃] *nf* contraception.

contracter [3] [kɔ̃tʀakte] *vt* - **1.** [muscle] to contract, to tense ; [visage] to contort - **2.** [maladie] to contract, to catch - **3.** [engagement] to contract ; [assurance] to take out - **4.** [moralement] to make tense *ou* nervous - **5.** [habitude] to pick up, to acquire.

contraction [kɔ̃tʀaksjɔ̃] *nf* contraction ; [état de muscle] tenseness ; **avoir des ~s** to have contractions.

contractuel, elle [kɔ̃tʀaktɥɛl] ◇ *adj* contractual ◇ *nm, f* traffic warden Br, traffic policeman (f policewoman) Am.

contradiction [kɔ̃tʀadiksjɔ̃] *nf* contradiction.

contradictoire [kɔ̃tʀadiktwaʀ] *adj* contradictory ; **débat ~** open debate.

contraignais, contraignions *etc* ▷ **contraindre.**

contraignant, e [kɔ̃tʀɛɲɑ̃, ɑ̃t] *adj* restricting.

contraindre [80] [kɔ̃tʀɛ̃dʀ] *vt* : **~ qqn à faire qqch** to compel *ou* force sb to do sthg ; **être contraint de faire qqch** to be compelled *ou* forced to do sthg.

➤ **se contraindre** *vp* - **1.** *sout* [se maîtriser] to contain o.s., to control o.s. - **2.** [s'obliger] : **~ à faire qqch** to make o.s. do sthg, to force o.s. to do sthg.

contraint, e [kɔ̃tʀɛ̃, ɛ̃t] ◇ *pp* ▷ **contraindre** ◇ *adj* forced ; **~ et forcé** under duress.

contrainte *nf* constraint ; **sans ~e** freely.

contraire [kɔ̃trɛr] ◇ *nm* : **le ~** the opposite ; **je n'ai jamais dit le ~** I have never denied it ◇ *adj* opposite ; **~ à** [non conforme à] contrary to ; [nuisible à] harmful to, damaging to.
→ **au contraire** *loc adv* on the contrary.
→ **au contraire de** *loc prép* unlike.

contrairement [kɔ̃trɛrmɑ̃] → **contrairement à** *loc prép* contrary to.

contrariant, e [kɔ̃trarjɑ̃, ɑ̃t] *adj* - **1.** [personne] contrary, perverse - **2.** [événement] annoying, tiresome.

contrarier [9] [kɔ̃trarje] *vt* - **1.** [contrecarrer] to thwart, to frustrate - **2.** [irriter] to annoy.
→ **se contrarier** *vp* to contrast.

contrariété [kɔ̃trarjete] *nf* annoyance.

contraste [kɔ̃trast] *nm* contrast ; **faire ~ avec** to contrast with.

contraster [3] [kɔ̃traste] *vt* & *vi* to contrast.

contrat [kɔ̃tra] *nm* contract, agreement ; **remplir son ~** *fig* to keep *ou* fulfil one's promise ; **~ d'apprentissage** apprenticeship contract ; **~ collectif** collective agreement ; **~ à durée déterminée/indéterminée** fixed-term/permanent contract ; **Contrat emploi-solidarité** government-sponsored contract for the unempoyed involving professional training ; **~ reconductible** renewable agreement.

contravention [kɔ̃travɑ̃sjɔ̃] *nf* [amende] fine ; **~ pour stationnement interdit** parking ticket ; **dresser une ~ à qqn** to fine sb.

contre [kɔ̃tr] ◇ *prép* - **1.** [juxtaposition, opposition] against - **2.** [proportion, comparaison] : **élu à 15 voix ~ 9** elected by 15 votes to 9 ; **parier à 10 ~ 1** to bet 10 to 1 - **3.** [échange] (in exchange) for ◇ *adv* - **1.** [juxtaposition] : **prends la rampe et appuie-toi ~** take hold of the rail and lean against it - **2.** [opposition] : **vous êtes pour ou ~?** are you for or against? ◇ *nm* ▷ **pour.**
→ **par contre** *loc adv* on the other hand.

contre-attaque [kɔ̃tratak] (*pl* **contre-attaques**) *nf* counterattack.

contrebalancer [16] [kɔ̃trəbalɑ̃se] *vt* to counterbalance, to offset.
→ **se contrebalancer** *vp* : **se ~ de** *fam* not to give a damn about.

contrebande [kɔ̃trəbɑ̃d] *nf* [activité] smuggling ; [marchandises] contraband ; **passer qqch en ~** to smuggle sthg.

contrebandier, ère [kɔ̃trəbɑ̃dje, ɛr] *nm, f* smuggler.

contrebas [kɔ̃trəba] → **en contrebas** *loc adv* (down) below.

contrebasse [kɔ̃trəbas] *nf* - **1.** [instrument] (double) bass - **2.** [musicien] (double) bass player.

contrecarrer [3] [kɔ̃trəkare] *vt* to thwart, to frustrate.

contrecœur [kɔ̃trəkœr] → **à contrecœur** *loc adv* grudgingly.

contrecoup [kɔ̃trəku] *nm* consequence.

contre-courant [kɔ̃trəkurɑ̃] → **à contre-courant** *loc adv* against the current.

contredire [103] [kɔ̃trədir] *vt* to contradict.
→ **se contredire** *vp* - **1.** (emploi réciproque) to contradict (each other) - **2.** (emploi réfléchi) to contradict o.s.

contredit, e [kɔ̃trədi, it] *pp* ▷ **contredire.**

contrée [kɔ̃tre] *nf* [pays] land ; [région] region.

contre-écrou [kɔ̃trekru] (*pl* **contre-écrous**) *nm* lock-nut.

contre-espionnage [kɔ̃trɛspjɔnaʒ] *nm* counterespionage.

contre-exemple [kɔ̃trɛgzɑ̃pl] (*pl* **contre-exemples**) *nm* example to the contrary.

contre-expertise [kɔ̃trɛkspɛrtiz] (*pl* **contre-expertises**) *nf* second (expert) opinion.

contrefaçon [kɔ̃trəfasɔ̃] *nf* [activité] counterfeiting ; [produit] forgery.

contrefaire [109] [kɔ̃trəfɛr] *vt* - **1.** [signature, monnaie] to counterfeit, to forge - **2.** [voix] to disguise.

contrefait, e [kɔ̃trəfɛ, ɛt] *adj* - **1.** [frauduleux] forged - **2.** *sout* [difforme] deformed.

contreficher [3] [kɔ̃trəfiʃe] → **se contreficher** *vp* : **se ~ de** *fam* not to give a damn about.

contre-filet [kɔ̃trəfilɛ] (*pl* **contre-filets**) *nm* sirloin.

contrefort [kɔ̃trəfɔr] *nm* - **1.** [pilier] buttress - **2.** [de chaussure] back.
→ **contreforts** *nmpl* foothills.

contre-indication [kɔ̃trɛ̃dikasjɔ̃] (*pl* **contre-indications**) *nf* contraindication.

contre-interrogatoire [kɔ̃trɛ̃terɔgatwar] (*pl* **contre-interrogatoires**) *nm* cross-examination.

contre-jour [kɔ̃trəʒur] → **à contre-jour** *loc adv* against the light.

contremaître, esse [kɔ̃trəmɛtr, ɛs] *nm, f* foreman (*f* forewoman).

contremarque [kɔ̃trəmark] *nf* [pour sortir d'un spectacle] pass-out ticket.

contre-offensive [kɔ̃trɔfɑ̃siv] (*pl* **contre-offensives**) *nf* counteroffensive.

contre-OPA [kɔ̃trɔpeal] *nf inv* counterbid.

contre-ordre = **contrordre.**

contrepartie [kɔ̃trəpartil] *nf* - **1.** [compensation] compensation - **2.** [contraire] opposing view.
➡ **en contrepartie** *loc adv* in return.

contre-performance [kɔ̃trəpɛrfɔrmɑ̃s] (*pl* contre-performances) *nf* disappointing performance.

contrepèterie [kɔ̃trəpɛtri] *nf* spoonerism.

contre-pied [kɔ̃trəpje] *nm* : **prendre le ~ de** to do the opposite of.

contreplaqué, contre-plaqué [kɔ̃trəplakel *nm* plywood.

contrepoids [kɔ̃trəpwal *nm litt* & *fig* counterbalance, counterweight.

contrepoint [kɔ̃trəpwɛ̃l *nm* counterpoint.

contrepoison [kɔ̃trəpwazɔ̃l *nm* antidote.

contre-pouvoir [kɔ̃trəpuvwar] (*pl* contre-pouvoirs) *nm* counterbalance.

contre-publicité [kɔ̃trəpyblisitel (*pl* contre-publicités) *nf* - **1.** [mauvaise publicité] adverse *ou* bad publicity (*U*) - **2.** [publicité offensive] negative advertising (*U*).

contrer [3] [kɔ̃trel *vt* - **1.** [s'opposer à] to counter - **2.** CARTES to double.

contresens [kɔ̃trəsɑ̃s] *nm* - **1.** [erreur - de traduction] mistranslation ; [- d'interprétation] misinterpretation - **2.** [absurdité] nonsense (*U*).
➡ **à contresens** *loc adv litt* & *fig* the wrong way.

contresigner [3] [kɔ̃trəsiɲe] *vt* to countersign.

contretemps [kɔ̃trətɑ̃l *nm* hitch, mishap.
➡ **à contretemps** *loc adv* MUS out of time ; *fig* at the wrong moment.

contrevenant, e [kɔ̃trəvnɑ̃, ɑ̃tl *nm, f* offender.

contrevenir [40] [kɔ̃trəvnir] *vi* : **~ à** to contravene, to infringe.

contrevenu [kɔ̃trəvny] *pp inv* ➡ contrevenir.

contribuable [kɔ̃tribɥabl] *nmf* taxpayer.

contribuer [7] [kɔ̃tribɥe] *vi* : **~ à** to contribute to *ou* towards.

contribution [kɔ̃tribysjɔ̃l *nf* : **~ (à)** contribution (to) ; **mettre qqn à ~** to call on sb's services.
➡ **contributions** *nfpl* taxes ; **~s directes/indirectes** direct/indirect taxation.

contrit, e [kɔ̃tri, itl *adj* contrite.

contrôle [kɔ̃trol] *nm* - **1.** [vérification - de déclaration] check, checking (*U*) ; [- de documents, billets] inspection ; **~ d'identité** identity check ; **~ de qualité** quality control ; **radar** [- AUTOM] radar speed-trap ; **~ de routine** routine inspection - **2.** [maîtrise, commande] control ; **perdre le ~ de qqch** to lose control of sthg ; **~ des**

naissances birth control ; **~ des prix** price control - **3.** [salle] control room - **4.** SCOL test ; **~ continu** UNIV continuous assessment - **5.** [direction] running, supervision.

contrôler [3] [kɔ̃trole] *vt* - **1.** [vérifier - documents, billets] to inspect ; [- déclaration] to check ; [- connaissances] to test - **2.** [maîtriser, diriger] to control - **3.** TECHNOL to monitor, to control - **4.** [superviser] to supervise.
➡ **se contrôler** *vp* to control o.s.

contrôleur, euse [kɔ̃trolœr, øzl *nm, f* [de train] ticket inspector ; [d'autobus] (bus) conductor (*f* conductress) ; **~ aérien** air traffic controller.

contrordre, contre-ordre (*pl* contre-ordres) [kɔ̃trɔrdrl *nm* countermand ; **sauf ~** unless otherwise instructed.

controverse [kɔ̃trɔvɛrs] *nf* controversy.

controversé, e [kɔ̃trɔvɛrsel *adj* [personne, décision] controversial.

contumace [kɔ̃tymasl *nf* JUR : **condamné par ~** sentenced in absentia.

contusion [kɔ̃tyzjɔ̃l *nf* bruise, contusion.

conurbation [kɔnyrbasjɔ̃l *nf* conurbation.

convaincant, e [kɔ̃vɛ̃kɑ̃, ɑ̃tl *adj* convincing.

convaincre [114] [kɔ̃vɛ̃krl *vt* - **1.** [persuader] : **~ qqn (de qqch)** to convince sb (of sthg) ; **~ qqn (de faire qqch)** to persuade sb (to do sthg) - **2.** JUR : **~ qqn de** to find sb guilty of, to convict sb of.

convaincu, e [kɔ̃vɛ̃kyl ◇ *pp* ➡ convaincre ◇ *adj* [partisan] committed ; **d'un ton ~ d'un air ~** with conviction.

convainquais, convainquions *etc* ➡ convaincre.

convainquant [kɔ̃vɛ̃kɑ̃l *ppr* ➡ convaincre.

convalescence [kɔ̃valesɑ̃s] *nf* convalescence ; **être en ~** to be convalescing *ou* recovering

convalescent, e [kɔ̃valesɑ̃, ɑ̃tl *adj* & *nm, f* convalescent.

convenable [kɔ̃vnabl] *adj* - **1.** [manières, comportement] polite ; [tenue, personne] decent, respectable - **2.** [approprié] suitable - **3.** [acceptable] adequate, acceptable.

convenablement [kɔ̃vnabləmɑ̃l *adv* - **1.** [s'habiller, se tenir] properly - **2.** [être payé] decently - **3.** [travailler] adequately.

convenance [kɔ̃vnɑ̃s] *nf* : **à ma/votre ~** to my/your convenience.
➡ **convenances** *nfpl* proprieties.

convenir [40] [kɔ̃vnirl *vi* - **1.** [décider] : **~ de qqch/de faire qqch** to agree on sthg/to do sthg - **2.** [plaire] : **~ à qqn** to suit sb, to be convenient for sb **- 3.** [être approprié] : **~ à** OU **pour** to be suitable for ; **il convient de ...** it is advisable to ... **- 4.** sout [admettre] : **~ de qqch** to admit to sthg ; **~ que** to admit (that) ; **j'en conviens** sout I admit it.

convention [kɔ̃vɑ̃sjɔ̃] nf **- 1.** [règle, assemblée] convention **- 2.** [accord] agreement ; **~ collective** collective agreement.
➤ **conventions** nfpl : **les ~s** convention (sg).
➤ **de convention** loc adj conventional.

conventionné, e [kɔ̃vɑ̃sjɔne] adj subsidized, ≃ National Health (avant n) Br.

conventionnel, elle [kɔ̃vɑ̃sjɔnɛl] adj conventional.

convenu, e [kɔ̃vny] ⬦ pp ⬜ **convenir**
⬦ adj **- 1.** [décidé] : **comme ~** as agreed **- 2.** péj [stéréotypé] conventional.

convergent, e [kɔ̃vɛrʒɑ̃, ɑ̃t] adj convergent.

converger [17] [kɔ̃vɛrʒe] vi : **~ (vers)** to converge (on).

conversation [kɔ̃vɛrsasjɔ̃] nf conversation ; **détourner la ~** to change the subject ; **être en grande ~ avec** to be deep in conversation with.

converser [3] [kɔ̃vɛrse] vi sout : **~ (avec)** to converse (with).

conversion [kɔ̃vɛrsjɔ̃] nf **- 1.** [gén] : **~ (à/en)** conversion (to/into) **- 2.** SKI kick turn.

converti, e [kɔ̃vɛrti] nm, f : **prêcher un ~** fig to preach to the converted.

convertible [kɔ̃vɛrtibl] ⬦ nm [canapé-lit] sofa bed ⬦ adj convertible.

convertir [32] [kɔ̃vɛrtir] vt : **~ qqn (à)** to convert sb (to) ; **~ qqch (en)** to convert sthg (into).
➤ **se convertir** vp : **se ~ (à)** to be converted (to).

convexe [kɔ̃vɛks] adj convex.

conviction [kɔ̃viksjɔ̃] nf conviction ; **avoir la ~ que** to be convinced (that).

conviendrai, conviendrons etc ⬜ convenir.

convier [9] [kɔ̃vje] vt : **~ qqn à** to invite sb to.

convive [kɔ̃viv] nmf guest (at a meal).

convivial, e, aux [kɔ̃vivjal, o] adj **- 1.** [réunion] convivial **- 2.** INFORM user-friendly.

convocation [kɔ̃vɔkasjɔ̃] nf [avis écrit] summons (sg), notification to attend.

convoi [kɔ̃vwa] nm **- 1.** [de véhicules] convoy ; **~ exceptionnel** wide load **- 2.** [train] train.

convoiter [3] [kɔ̃vwate] vt to covet.

convoitise [kɔ̃vwatiz] nf covetousness.

convoler [3] [kɔ̃vɔle] ⬜ noces.

convoquer [3] [kɔ̃vɔke] vt **- 1.** [assemblée] to

convene **- 2.** [pour un entretien] to invite **- 3.** [subalterne, témoin] to summon **- 4.** [à un examen] : **~ qqn** to ask sb to attend.

convoyer [13] [kɔ̃vwaje] vt to escort.

convoyeur, euse [kɔ̃vwajœr, øz] ⬦ adj escort (avant n) ⬦ nm, f escort ; **~ de fonds** security guard.

convulser [3] [kɔ̃vylse] vt to convulse.
➤ **se convulser** vp to convulse.

convulsif, ive [kɔ̃vylsif, iv] adj convulsive.

convulsion [kɔ̃vylsjɔ̃] nf convulsion.

cool [kull] adj inv fam [décontracté] laid-back, cool.

coopérant [kɔɔperɑ̃] nm **- 1.** MIL person engaged in voluntary work abroad as an alternative to military service **- 2.** ÉCON foreign expert working in developing country.

coopératif, ive [kɔɔperatif, iv] adj cooperative.
➤ **coopérative** nf [groupement] cooperative ; **coopérative de consommation** consumers' cooperative.

coopération [kɔɔperasjɔ̃] nf **- 1.** [collaboration] cooperation ; **en ~ avec qqn** in collaboration with sb **- 2.** [aide] : **la ~** ≃ overseas development.

coopérer [18] [kɔɔpere] vi : **~ (à)** to cooperate (in).

cooptation [kɔɔptasjɔ̃] nf co-opting.

coordinateur, trice [kɔɔrdinatœr, tris] ⬦ adj coordinating ⬦ nm, f coordinator.

coordination [kɔɔrdinasjɔ̃] nf coordination ; voir aussi **conjonction**.

coordonnée [kɔɔrdɔne] nf **- 1.** LING coordinate clause **- 2.** MATHS coordinate.
➤ **coordonnées** nfpl **- 1.** GÉOGR coordinates **- 2.** [adresse] address and phone number, details.

coordonner [3] [kɔɔrdɔne] vt to coordinate.

copain, ine [kɔpɛ̃, in] ⬦ adj friendly, matey ; **être très ~s** to be great pals ⬦ nm, f [ami] friend, mate ; [petit ami] boyfriend (f girlfriend).

copeau, x [kɔpo] nm [de bois] (wood) shaving.

Copenhague [kɔpɛnag] n Copenhagen.

copie [kɔpi] nf **- 1.** [double, reproduction] copy ; **~ (certifiée) conforme** certified copy **- 2.** [SCOL - de devoir] fair copy ; [- d'examen] paper, script.

copier [9] [kɔpje] ⬦ vt [gén & INFORM] to copy ⬦ vi : **~ sur qqn** to copy from sb.

copieur, euse [kɔpjœr, øz] nm, f [étudiant] copier.
➤ **copieur** nm [photocopieur] copier, photocopier.

copieusement [kɔpjøzmɑ̃l *adv* copiously.

copieux, euse [kɔpjø, øz] *adj* copious.

copilote [kɔpilɔt] *nmf* copilot.

copine ➩ copain.

coprocesseur [kɔprɔsɛsœr] *nm* : ~ mathématique INFORM maths *Br ou* math *Am* coprocessor.

coproducteur, trice [kɔprɔdyktœr, tris] *nm, f* [pour spectacle] coproducer.

coproduction [kɔprɔdyksjɔ̃] *nf* coproduction ; en ~ coproduced.

copropriétaire [kɔprɔprijetɛr] *nmf* coowner, joint owner.

copropriété [kɔprɔprijete] *nf* coownership, joint ownership.

copuler [3] [kɔpyle] *vi* to copulate.

copyright [kɔpirajt] *nm* copyright.

coq [kɔk] *nm* cock, cockerel ; ~ de bruyère grouse ; le ~ gaulois the French cockerel ; ~ au vin *chicken cooked with red wine, bacon, mushrooms and shallots* ; fier comme un ~ *fig* as proud as a peacock ; être comme un ~ en pâte *fig* to be in clover ; sauter *ou* passer du ~ à l'âne to jump from one subject to another.

LE COQ GAULOIS

The cockerel is the symbol of France. Its cry, 'cocorico!', is sometimes used humorously to express national pride : 'trois médailles d'or pour la France - cocorico!'.

---

coque [kɔk] *nf* - **1.** [de noix] shell - **2.** [de navire] hull.

coquelet [kɔklɛ] *nm* cockerel.

coquelicot [kɔkliko] *nm* poppy.

coqueluche [kɔklyʃ] *nf* whooping cough ; être la ~ de *fig* to be the idol *ou* darling of.

coquet, ette [kɔkɛ, ɛt] *adj* - **1.** [vêtements] smart, stylish ; [ville, jeune fille] pretty - **2.** *(avant n) hum* [important] : la ~te somme de 100 livres the tidy sum of £100.

➤ **coquette** *nf* flirt.

coquetier [kɔktje] *nm* eggcup.

coquetterie [kɔkɛtri] *nf* - **1.** [désir de plaire] coquettishness - **2.** [élégance] smartness, stylishness.

coquillage [kɔkijaʒ] *nm* - **1.** [mollusque] shellfish - **2.** [coquille] shell.

coquille [kɔkij] *nf* - **1.** [de mollusque, noix, œuf] shell ; ~ de noix [embarcation] cockleshell ; ~ Saint-Jacques scallop ; rentrer dans sa ~ *fig* to go back into one's shell - **2.** TYPO misprint.

coquillettes [kɔkijɛt] *nfpl* pasta shells.

coquin, e [kɔkɛ̃, in] *adj* [sous-vêtement] sexy, naughty ; [regard, histoire] saucy ◇ *nm, f* rascal.

cor [kɔr] *nm* - **1.** [instrument] horn ; ~ de chasse hunting horn - **2.** [au pied] corn.
➤ à cor et à cri *loc adv* : réclamer qqch à ~ et à cri to clamour *Br ou* clamor *Am* for sthg.

corail, aux [kɔraj, o] *nm* - **1.** [gén] coral - **2.** RAIL : train ~ ≃ express train.
➤ corail *adj inv* coral (pink).

Coran [kɔrɑ̃] *nm* : le ~ the Koran.

coranique [kɔranik] *adj* Koranic.

corbeau, x [kɔrbo] *nm* - **1.** [oiseau] crow - **2.** [délateur] writer of poison-pen letters.

corbeille [kɔrbɛj] *nf* - **1.** [panier] basket ; ~ à papier waste paper basket - **2.** THÉÂTRE (dress) circle - **3.** [de Bourse] stockbrokers' enclosure *(at Paris Stock Exchange)*.

corbillard [kɔrbijar] *nm* hearse.

cordage [kɔrdaʒ] *nm* - **1.** [de bateau] rigging (U) - **2.** [de raquette] strings (pl).

corde [kɔrd] *nf* - **1.** [filin] rope ; ~ à linge washing *ou* clothes line ; ~ à sauter skipping rope - **2.** [d'instrument, arc] string ; avoir plusd'une ~ à son arc *fig* to have more than one string to one's bow - **3.** ANAT : ~s vocales vocal cords - **4.** HIPPISME rails (pl) ; ATHLÉTISME inside (lane) - **5.** *loc* : usé jusqu'à la ~ [vêtement] threadbare ; [histoire] well-worn, hackneyed ; faire vibrer la ~ sensible to strike the right chord.
➤ cordes *nfpl* - **1.** MUS strings - **2.** BOXE : les ~s the ropes - **3.** *loc* : être dans les ~s de qqn to be (in) sb's line ; il tombe *ou* pleut des ~s it's raining cats and dogs.

cordeau [kɔrdo] *nm* [de jardinier] line ; tracé au ~ *fig* [route] dead straight.

cordée [kɔrde] *nf* ALPINISME roped party *(of mountaineers)*.

cordelette [kɔrdəlɛt] *nf* string.

cordial, e, aux [kɔrdjal, o] *adj* warm, cordial.
➤ cordial, aux *nm vieilli* tonic, pick-me-up.

cordialement [kɔrdjalmɑ̃] *adv* [saluer] warmly, cordially ; [en fin de lettre] Kind regards.

cordialité [kɔrdjalite] *nf* warmth.

cordon [kɔrdɔ̃] *nm* string, cord ; ~ ombilical umbilical cord ; ~ de police police cordon.

cordon-bleu [kɔrdɔ̃blø] *(pl* cordons-bleus) *nm* cordon bleu cook.

cordonnerie [kɔrdɔnri] *nf* - **1.** [magasin] shoe repairer's, cobbler's - **2.** [activité, commerce] shoe repairing.

cordonnier, ère [kɔrdɔnje, ɛr] *nm, f* shoe repairer, cobbler.

Cordoue [kɔrdu] *n* Cordoba.

Corée [kɔre] *nf* Korea ; **la ~ du Nord/du Sud** North/South Korea.

coréen, enne [kɔreɛ̃, ɛn] *adj* Korean.
◆ **Coréen, enne** *nm, f* Korean.

coreligionnaire [kɔreliʒjɔnɛr] *nmf* fellow Jew/Christian *etc.*

coriace [kɔrjas] *adj litt* & *fig* tough.

coriandre [kɔrjɑ̃dr] *nf* coriander.

cormoran [kɔrmɔrɑ̃] *nm* cormorant.

corne [kɔrn] *nf* - **1.** [gén] horn ; [de cerf] antler ; **~ d'abondance** *fig* horn of plenty ; **~ de brume** foghorn - **2.** [callosité] hard skin *(U)*, callus.

cornée [kɔrne] *nf* cornea.

corneille [kɔrnɛj] *nf* crow.

cornélien, enne [kɔrneljɛ̃, ɛn] *adj* involving the conflict between love and duty.

cornemuse [kɔrnəmyz] *nf* bagpipes *(pl)*.

corner¹ [3] [kɔrne] ◇ *vi* [sirène] to blare (out) ◇ *vt* [page] to turn down the corner of.

corner² [kɔrner] *nm* FOOTBALL corner (kick).

cornet [kɔrnɛ] *nm* - **1.** [d'aliment] cornet, cone - **2.** [de jeu] (dice) shaker.

corniaud, corniot [kɔrnjo] *nm* - **1.** [chien] mongrel - **2.** *fam* [imbécile] twit.

corniche [kɔrniʃ] *nf* - **1.** [route] cliff road - **2.** [moulure] cornice.

cornichon [kɔrniʃɔ̃] *nm* - **1.** [condiment] gherkin - **2.** *fam* [imbécile] twit.

corniot = **corniaud**.

Cornouailles [kɔrnwaj] *nf* : **la ~** Cornwall.

corollaire [kɔrɔlɛr] *nm* corollary.

corolle [kɔrɔl] *nf* corolla.

coron [kɔrɔ̃] *nm* [village] mining village.

coronaire [kɔrɔnɛr] ▷ **artère**.

corporation [kɔrpɔrasjɔ̃] *nf* corporate body.

corporel, elle [kɔrpɔrɛl] *adj* - **1.** [physique - besoin] bodily ; [- châtiment] corporal - **2.** JUR tangible.

corps [kɔr] *nm* - **1.** [gén] body ; **être au ~ à ~** to fight hand-to-hand ; **le ~ du délit** JUR corpus delicti ; **~ étranger** foreign body ; **~ gras** fat - **2.** [groupe] : **~ d'armée** (army) corps ; **~ diplomatique** diplomatic corps ; **le ~ électoral** the electorate ; **~ enseignant** [profession] teaching profession ; [d'école] teaching staff ; **~ expéditionnaire** task force ; **le ~ législatif** the legislative body ; **le ~ médical** the medical profession - **3.** *loc* : **à mon ~ défendant** against my will ; **faire ~ avec** to form (an integral) part of ; **se dévouer ~ et âme à** to commit o.s. body and soul to ; **se jeter** OU **se lancer à ~ perdu dans qqch** to throw o.s. (headlong) into sthg ; **prendre ~** to take shape ; **sombrer ~ et biens** to go down with all hands.

corpulent, e [kɔrpylɑ̃, ɑ̃t] *adj* corpulent, stout.

corpus [kɔrpys] *nm* corpus.

corpuscule [kɔrpyskyl] *nm* corpuscle.

correct, e [kɔrɛkt] *adj* - **1.** [exact] correct, right - **2.** [honnête] correct, proper - **3.** [acceptable] decent ; [travail] fair.

correctement [kɔrɛktəmɑ̃] *adv* - **1.** [sans faute] accurately - **2.** [décemment] properly.

correcteur, trice [kɔrɛktœr, tris] ◇ *adj* corrective ◇ *nm, f* - **1.** [d'examen] examiner, marker *Br*, grader *Am* - **2.** TYPO proofreader.
◆ **correcteur orthographique** *nm* spellchecker.

correctif, ive [kɔrɛktif, iv] *adj* corrective.
◆ **correctif** *nm* rider ; **apporter un ~ à qqch** to qualify sthg.

correction [kɔrɛksjɔ̃] *nf* - **1.** [d'erreur] correction - **2.** [punition] punishment ; **donner une ~ à qqn** to give sb a good hiding - **3.** [modification] correction - **4.** TYPO proofreading - **5.** [notation] marking - **6.** [qualité] correctness - **7.** [bienséance] propriety.

correctionnel, elle [kɔrɛksjɔnɛl] *adj* JUR : **tribunal ~** ≃ magistrate's court ; **peine ~le** *sentence of up to five years' imprisonment*.
◆ **correctionnelle** *nf* JUR ≃ magistrate's court ; **passer en ~le** to appear before the magistrate.

corrélation [kɔrelasjɔ̃] *nf* correlation.

correspondance [kɔrɛspɔ̃dɑ̃s] *nf* - **1.** [gén] correspondence ; **cours par ~** correspondence course - **2.** TRANSPORT connection ; **assurer la ~ avec** to connect with.

correspondant, e [kɔrɛspɔ̃dɑ̃, ɑ̃t] ◇ *adj* corresponding ◇ *nm, f* - **1.** [par lettres] penfriend, correspondent - **2.** [par téléphone] : **je vous passe votre ~** I'll put you through - **3.** PRESSE correspondent ; **de notre ~ à New York** from our New York correspondent ; **~ de guerre/de presse** war/newspaper correspondent.

correspondre [75] [kɔrɛspɔ̃dr] *vi* - **1.** [être conforme] : **~ à** to correspond to - **2.** [communiquer] to communicate - **3.** [par lettres] : **~ avec** to correspond with.
◆ **se correspondre** *vp* [s'accorder] to correspond.

correspondu, e [kɔrɛspɔ̃dy] *pp* ▷ **correspondre**.

corrida [kɔrida] *nf* bullfight.

corridor [kɔridɔr] *nm* corridor.

corrigé [kɔriʒe] *nm* correct version.

corriger [17] [kɔriʒe] vt - **1.** TYPO to correct, to proofread - **2.** [noter] to mark - **3.** [modifier] to correct - **4.** [guérir] : ~ **qqn** de to cure sb of - **5.** [punir] to give a good hiding to.

◆ **se corriger** vp - **1.** [d'un défaut] : **se ~ de** to cure o.s. of - **2.** [devenir raisonnable] to mend one's ways.

corroborer [3] [kɔrɔbɔre] vt to corroborate.

corroder [3] [kɔrɔde] vt [ronger] to corrode ; fig to erode.

corrompre [78] [kɔrɔ̃pr] vt - **1.** [soudoyer] to bribe - **2.** [dépraver] to corrupt - **3.** fig [gâter] to spoil.

corrompu, e [kɔrɔ̃py] ◇ pp ▷ **corrompre** ◇ adj [fonctionnaire, âme] corrupt.

corrosif, ive [kɔrozif, iv] adj - **1.** [acide] corrosive - **2.** fig [ironie] biting.

◆ **corrosif** nm corrosive.

corrosion [kɔrozjɔ̃] nf corrosion.

corruption [kɔrypsjɔ̃] nf - **1.** [subornation] bribery ; ~ **de fonctionnaire** bribery of a public official - **2.** [dépravation] corruption - **3.** [décomposition] decomposition - **4.** [altération] debasing.

corsage [kɔrsaʒ] nm - **1.** [chemisier] blouse - **2.** [de robe] bodice.

corsaire [kɔrsɛr] nm - **1.** [navire, marin] corsair, privateer - **2.** [pantalon] pedal-pushers (pl).

corse [kɔrs] ◇ adj Corsican ◇ nm [langue] Corsican.

◆ **Corse** ◇ nmf Corsican ◇ nf : **la Corse** Corsica ; **en Corse** in Corsica.

corsé, e [kɔrse] adj [café] strong ; [vin] full-bodied ; [plat, histoire] spicy.

corser [3] [kɔrse] vt - **1.** [plat, sauce] to spice up - **2.** [histoire] to liven up - **3.** [vin] to strengthen.

◆ **se corser** vp [se compliquer] to get complicated ; **ça se corse** things are getting serious.

corset [kɔrse] nm corset ; ~ **orthopédique** MÉD surgical corset.

cortège [kɔrtɛʒ] nm procession ; ~ **funèbre** funeral procession, cortege.

cortisone [kɔrtizɔn] nf cortisone.

corvée [kɔrve] nf - **1.** MIL fatigue (duty) - **2.** [activité pénible] chore.

cosignataire [kɔsiɲatɛr] nmf JUR cosignatory.

cosinus [kɔsinys] nm cosine.

cosmétique [kɔsmetik] nm & adj cosmetic.

cosmique [kɔsmik] adj cosmic.

cosmonaute [kɔsmɔnot] nmf cosmonaut.

cosmopolite [kɔsmɔpɔlit] adj cosmopolitan.

cosmos [kɔsmos] nm - **1.** [univers] cosmos - **2.** [espace] outer space.

cosse [kɔs] nf - **1.** [de légume] pod - **2.** fam vieilli [paresse] : **avoir la ~** to feel lazy.

cossu, e [kɔsy] adj - **1.** [personne] wealthy, moneyed - **2.** [maison] opulent.

Costa Rica [kɔstarika] nm : **le ~** Costa Rica ; **au ~** in Costa Rica.

costaricien, enne [kɔstarisjɛ̃, ɛn] adj Costa Rican.

◆ **Costaricien, enne** nm, f Costa Rican.

costaud (f inv OU e) [kɔsto, od] adj sturdily built.

◆ **costaud** nm strapping man.

costume [kɔstym] nm - **1.** [folklorique, de théâtre] costume - **2.** [vêtement d'homme] suit ; ~ **trois-pièces** three-piece suit.

costumé, e [kɔstyme] adj fancy-dress (avant n).

costumier, ère [kɔstymje, ɛr] nm, f THÉÂTRE wardrobe master (f mistress).

cotation [kɔtasjɔ̃] nf FIN quotation ; ~ **en Bourse** quoting on the stock exchange.

cote [kɔt] nf - **1.** [marque de classement] classification mark ; [marque numérale] serial number - **2.** FIN quotation - **3.** [de valeur] valuation - **4.** [de cheval] odds (pl) - **5.** [popularité] rating ; **avoir la ~ (auprès de qqn)** fam to be popular (with sb) - **6.** [niveau] level ; ~ **d'alerte** [de cours d'eau] danger level ; fig crisis point.

coté, e [kɔte] adj [estimé] popular ; **être ~** to be well thought of ; **être bien/mal ~** to be highly/poorly rated.

côte [kot] nf - **1.** ANAT & BOT [de bœuf] rib ; [de porc, mouton ; agneau] chop ; ~ **à ~** side by side - **2.** [pente] hill - **3.** [littoral] coast ; **la Côte d'Azur** the French Riviera - **4.** [tissu] : **velours à ~s** corduroy.

côté [kote] nm - **1.** [gén] side ; **être couché sur le ~** to be lying on one's side ; **être aux ~s de qqn** fig to be by sb's side ; **d'un ~ ..., de l'autre ~ ...** on the one hand ..., on the other hand ... ; **et ~ finances, ça va?** fam how are things moneywise? - **2.** [endroit, direction] direction, way ; **de quel ~ est-il parti?** which way did he go? ; **de l'autre ~ de** on the other side of ; **de tous ~s** from all directions ; **du ~ de** [près de] near ; [direction] towards Br, toward Am ; [provenance] from.

◆ **à côté** loc adv - **1.** [lieu - gén] nearby ; [- dans la maison adjacente] next door - **2.** [cible] : **tirer à ~** to shoot wide (of the target).

◆ **à côté de** loc prép - **1.** [proximité] beside, next to - **2.** [en comparaison avec] beside, compared to - **3.** [en dehors de] : **être à ~ du sujet** to be off the point.

➥ de **côté** *loc adv* - **1.** [se placer, marcher] side-ways - **2.** [en réserve] aside ; **mettre/laisser qqch de ~** to put/leave sthg aside.

coteau [kɔto] *nm* - **1.** [colline] hill - **2.** [versant] slope.

Côte-d'Ivoire [kotdivwar] *nf* : **la ~** the Ivory Coast.

côtelé, e [kotle] *adj* ribbed ; **velours ~** corduroy.

côtelette [kotlɛt] *nf* [de porc, mouton, d'agneau] chop ; [de veau] cutlet.

coter [3] [kɔte] *vt* - **1.** [marquer, noter] to mark - **2.** FIN to quote - **3.** [carte, plan] to mark spot heights on.

coterie [kɔtri] *nf péj* & *vieilli* set, clique.

côtier, ère [kotje, ɛr] *adj* coastal.

cotisation [kɔtizasjɔ̃] *nf* [à club, parti] subscription ; [à la Sécurité sociale] contribution.

cotiser [3] [kɔtize] *vi* [à un club, un parti] to subscribe ; [à la Sécurité sociale] to contribute.
➥ **se cotiser** *vp* to club together.

coton [kɔtɔ̃] *nm* cotton ; **~ (hydrophile)** cotton wool ; **filer un mauvais ~** *fig* to be in a bad way.

cotonnade [kɔtɔnad] *nf* cotton fabric.

Coton-Tige® [kɔtɔ̃tiʒ] (*pl* **Cotons-Tiges**) *nm* cotton bud *Br*, Q-tip® *Am*.

côtoyer [13] [kotwaje] *vt* - **1.** [longer] to run alongside - **2.** *fig* [frôler] to verge on - **3.** *fig* [fréquenter] to mix with.

cotte [kɔt] *nf* HIST tunic ; **~ de mailles** coat of mail.

cou [ku] *nm* [de personne, bouteille] neck ; **se jeter au ~ de qqn, sauter au ~ de qqn** to throw one's arms around sb's neck ; **jusqu'au ~** *fig* up to one's eyes ; **se pendre au ~ de qqn** to hang round sb's neck.

couac [kwak] *nm* false ou wrong note.

couard, e [kwar, ard] *sout* ⬦ *adj* cowardly ⬦ *nm, f* coward.

couchage [kuʃaʒ] *nm* sleeping arrangements (*pl*) ▷ **sac**.

couchant [kuʃɑ̃] ⬦ *adj* ▷ **soleil** ⬦ *nm* west.

couche [kuʃ] *nf* - **1.** [de peinture, de vernis] coat, layer ; [de poussière] film, layer - **2.** [épaisseur] layer ; **~ d'ozone** ozone layer ; **en avoir** ou **en tenir une ~** *fam* to be (as) thick as two short planks - **3.** [de bébé] nappy *Br*, diaper *Am* - **4.** [classe sociale] stratum.
➥ **couches** *nfpl vieilli* confinement (*U*), labour (*U*) *Br*, labor (*U*) *Am*.
➥ **fausse couche** *nf* miscarriage.

couché, e [kuʃe] *adj* : **être ~** [étendu] to be lying down ; [au lit] to be in bed.

couche-culotte [kuʃkylɔt] (*pl* **couches-culottes**) *nf* disposable nappy *Br* ou diaper *Am*.

coucher¹ [3] [kuʃe] ⬦ *vt* - **1.** [enfant] to put to bed - **2.** [objet, blessé] to lay down - **3.** *sout* [inscrire] to mention ⬦ *vi* - **1.** [dormir] to sleep - **2.** [passer la nuit] to spend the night ; **un nom à ~ dehors** *fam* an impossible name - **3.** *fam* [avoir des rapports sexuels] : **~ avec** to sleep with.
➥ **se coucher** *vp* - **1.** [s'allonger] to lie down - **2.** [se mettre au lit] to go to bed - **3.** [se courber] to bend over - **4.** [astre] to set.

coucher² [kuʃe] *nm* [d'astre] setting ; **au ~ du soleil** at sunset.

couchette [kuʃɛt] *nf* - **1.** [de train] couchette - **2.** [de navire] berth.

coucheur [kuʃœr] *nm* : **mauvais ~** *fig* awkward customer.

couci-couça [kusikusa] *adv fam* so-so.

coucou [kuku] ⬦ *nm* - **1.** [oiseau] cuckoo - **2.** [pendule] cuckoo clock - **3.** *péj* [avion] crate ⬦ *interj* peekaboo!

coude [kud] *nm* - **1.** [de personne, de vêtement] elbow ; **être au ~ à ~** to be shoulder to shoulder ; **jouer des ~s** to elbow people aside ; **se serrer les ~s** to stick together - **2.** [courbe] bend.

coudée [kude] *nf* : **avoir les ~s franches** to have room to move ou elbow room.

cou-de-pied [kudpje] (*pl* **cous-de-pied**) *nm* instep.

coudoyer [13] [kudwaje] *vt* to rub shoulders with.

coudre [86] [kudr] ⬦ *vt* - **1.** [bouton] to sew on - **2.** MÉD to sew up, to stitch ⬦ *vi* to sew.

coudrier [kudrije] *nm* hazel tree.

couenne [kwan] *nf* [de lard] rind.

couette [kwɛt] *nf* - **1.** [édredon] duvet - **2.** [coiffure] bunches (*pl*).

couffin [kufɛ̃] *nm* - **1.** [berceau] Moses basket - **2.** [cabas] basket.

couille [kuj] *nf* (*gén pl*) *vulg* ball.

couiner [3] [kwine] *vi* - **1.** [animal] to squeal - **2.** [pleurnicher] to whine.

coulant, e [kulɑ̃, ɑ̃t] *adj* - **1.** [fluide] runny - **2.** [style] fluent - **3.** *fam* [indulgent] easy-going, laid-back.

coulée [kule] *nf* - **1.** [de matière liquide] : **~ de lave** lava flow ; **~ de boue** mudslide - **2.** [de métal] casting.

couler [3] [kule] ⬦ *vi* - **1.** [liquide] to flow ; **faire ~ un bain** to run a bath - **2.** [beurre, fromage, nez] to run - **3.** [robinet] to drip ; [tonneau, stylo] to leak - **4.** [temps] to slip by - **5.** [navire, entreprise]

to sink ◇ *vt* - **1.** [navire] to sink - **2.** [métal, bronze] to cast - **3.** *fam* [personne, entreprise] to ruin.
➤ **se couler** *vp* [se glisser] to slip ; **se la ~ douce** *fam* to have an easy life.

couleur [kulœr] ◇ *nf* - **1.** [teinte, caractère] colour *Br*, color *Am* ; **télévision en ~s** colour *Br* ou color *Am* television ; **haut en ~** [personne] high-coloured *Br*, high-colored *Am* ; [quartier, récit] colourful *Br*, colorful *Am* - **2.** [linge] coloureds *(pl) Br*, coloreds *(pl) Am* - **3.** CARTES suit - **4.** [d'opinion] leaning - **5.** *loc* : **annoncer la ~** to state one's intentions ; **en faire voir de toutes les ~s à qqn** to give sb a hard time ; **sous ~ de qqch/faire qqch** under the guise of sthg/of doing sthg ◇ *adj inv* [télévision, pellicule] colour *(avant n) Br*, color *(avant n) Am*.

couleuvre [kulœvr] *nf* grass snake ; **avaler des ~s** *fam fig* [être impassible] to swallow insults.

coulis [kuli] *nm* CULIN puree.

coulissant, e [kulisɑ̃, ɑ̃t] *adj* sliding *(avant n)*.

coulisse [kulis] *nf* - **1.** [glissière] : **fenêtre/porte à ~** sliding window/door - **2.** COUTURE hem.
➤ **coulisses** *nfpl* THÉÂTRE wings ; **dans les ~s** *fig* behind the scenes.

coulisser [3] [kulise] *vi* to slide.

couloir [kulwar] *nm* - **1.** [corridor] corridor - **2.** GÉOGR gully - **3.** SPORT & TRANSPORT lane ; **~ aérien** air lane ; **~ d'autobus** bus lane.

coulommiers [kulɔmje] *nm* soft cheese made from cow's milk.

coulpe [kulp] *nf* : **battre sa ~** to repent one's sins openly.

coup [ku] *nm* - **1.** [choc - physique, moral] blow ; **donner un ~ de coude à qqn** to nudge sb ; **rouer qqn de ~s** to give sb a beating ; **c'est un ~ bas!** *fig* that's below the belt! ; **~ de couteau** stab *(with a knife)* ; **un ~ dur** *fig* a heavy blow ; **donner un ~ de fouet à qqn** *fig* to give sb a shot in the arm ; **~ de grâce** *litt* & *fig* coup de grâce, death-blow ; **~ de pied** kick ; **~ de poing** punch - **2.** [action nuisible] trick ; **faire un sale ~ à qqn** *fam* to play a dirty trick on sb ; **~ fourré** stab in the back - **3.** [SPORT - au tennis] stroke ; [- en boxe] blow, punch ; [- au football] kick ; **~ franc** free kick - **4.** [d'éponge, de chiffon] wipe ; **un ~ de crayon** a pencil stroke ; **donner un ~ de balai** to give the floor a sweep - **5.** [bruit] noise ; **~ de feu** shot, gun shot ; **~ de sonnette** ring ; **~ de tonnerre** thunderclap - **6.** [action spectaculaire] : **~ d'éclat** feat ; **~ d'État** coup (d'état) ; **~ de théâtre** *fig* dramatic turn of events - **7.** *fam* [fois] time - **8.** *loc* : **boire un ~** to have a drink ; **donner un ~ de main à qqn** to give sb a helping hand ; **être dans le ~** [être à la mode] to be up to date ; [être au courant] to be in the know ; **faire les quatre cents ~s** to lead a wild life ; **frapper un grand ~** to strike a decisive blow ; **jeter un ~ d'œil à** to glance at ; **marquer le ~** to mark the occasion ; **en prendre un ~** to take a knock ; **tenir le ~** to hold out ; **tenter le ~** to have a go ; **valoir le ~** to be well worth it.
➤ **coup de fil** *nm* phone call.
➤ **coup de foudre** *nm* love at first sight.
➤ **coup du lapin** *nm* AUTOM whiplash *(U)*.
➤ **coup de soleil** *nm* sunburn *(U)*.
➤ **coup de téléphone** *nm* telephone ou phone call ; **donner** ou **passer un ~ de téléphone à qqn** to telephone ou phone sb.
➤ **coup de vent** *nm* gust of wind ; **partir en ~ de vent** to rush off.
➤ **à coup sûr** *loc adv* definitely.
➤ **du coup** *loc adv* as a result.
➤ **coup sur coup** *loc adv* one after the other.
➤ **du premier coup** *loc adv* first time, at the first attempt.
➤ **sous le coup de** *loc prép* - **1.** [sous l'action de] : **tomber sous le ~ de la loi** to be a statutory offence *Br* ou offense *Am* - **2.** [sous l'effet de] in the grip of.
➤ **tout à coup** *loc adv* suddenly.

coupable [kupabl] ◇ *adj* - **1.** [personne, pensée] guilty ; **plaider ~/non ~** JUR to plead guilty/ not guilty - **2.** [action, dessein] culpable, reprehensible ; [négligence, oubli] sinful ◇ *nmf* guilty person ou party.

coupant, e [kupɑ̃, ɑ̃t] *adj* - **1.** [tranchant] cutting - **2.** *fig* [sec] sharp.

coupe [kup] *nf* - **1.** [verre] glass ; **~ de champagne** glass of champagne - **2.** [à fruits] dish - **3.** SPORT cup ; **Coupe du monde** World Cup - **4.** [d'arbres] felling - **5.** [de vêtement, aux cartes] cut - **6.** : **~ (de cheveux)** haircut - **7.** [plan, surface] (cross) section - **8.** [de phrase] break - **9.** [réduction] cut, cutback.

coupé, e [kupe] *adj* : **bien/mal ~** well/badly cut.
➤ **coupé** *nm* coupé.

coupe-circuit [kupsirkɥi] *(pl inv* ou **coupe-circuits)** *nm* circuit breaker.

coupe-faim [kupfɛ̃] *nm inv* appetite suppressant.

coupe-feu [kupfø] ◇ *nm inv* firebreak ◇ *adj inv* fire *(avant n)*.

coupe-gorge [kupgɔrʒ] *nm inv* dangerous place.

coupelle [kupɛl] *nf* dish.

coupe-ongles [kupɔ̃gl] *nm inv* nail clippers.

coupe-papier [kuppapje] (*pl inv* OU **coupe-papiers**) *nm* paper knife.

couper [3] [kupe] ◇ *vt* - **1.** [gén & INFORM] to cut - **2.** [arbre] to cut down - **3.** [pain] to slice ; [rôti] to carve - **4.** [envie, appétit] to take away - **5.** [vin] to dilute - **6.** [CARTES - avec atout] to trump ; [- paquet] to cut - **7.** [découper] to cut out - **8.** [interrompre, trancher] to cut off - **9.** [traverser] to cut across ◇ *vi* - **1.** [gén] to cut - **2.** [échapper] : ~ à to get out of - **3.** *loc* : ~ **court à qqch** to cut sthg short.

◆ **se couper** *vp* - **1.** [se blesser] to cut o.s. - **2.** [se croiser] to cross - **3.** [s'isoler] : **se** ~ **de** to cut o.s. off from.

couper-coller *nm inv* INFORM : **faire un** ~ to cut and paste.

couperet [kupre] *nm* - **1.** [de boucher] cleaver - **2.** [de guillotine] blade.

couperose [kuproz] *nf* [sur le visage] blotchiness.

couperosé, e [kuproze] *adj* blotchy.

coupe-vent [kupvã] *nm inv* [vêtement] windcheater *Br*, windbreaker *Am*.

couple [kupl] *nm* [de personnes] couple ; [d'animaux] pair.

couplé, e [kuple] *adj* HIPPISME doubled.

◆ **couplé** *nm* HIPPISME double.

coupler [3] [kuple] *vt* [objets] to couple.

couplet [kuplɛ] *nm* verse.

coupole [kupɔl] *nf* ARCHIT dome, cupola.

coupon [kupɔ̃] *nm* - **1.** [d'étoffe] remnant - **2.** FIN coupon - **3.** [billet] ticket.

coupon-réponse [kupɔ̃repɔ̃s] (*pl* **coupons-réponse**) *nm* reply coupon.

coupure [kupyr] *nf* - **1.** [gén] cut ; [billet de banque] : **petite** ~ small denomination note ; ~ **de courant** ÉLECTR power cut ; INFORM blackout ; ~ **de presse** (press) cutting, clipping ; ~ **publicitaire** commercial break - **2.** *fig* [rupture] break.

cour [kur] *nf* - **1.** [espace] courtyard ; ~ **de récréation** playground - **2.** [du roi, tribunal] court ; *fig & hum* following ; **Cour de cassation** Court of Appeal ; **la Cour des comptes** *the French audit office* ; **Haute** ~ **(de justice)** High Court ; ~ **martiale** court-martial - **3.** *loc* : **faire la** ~ **à** [femme] to court ; *fig* to charm, to woo.

LA COUR DES COMPTES

This state body supervises the financial affairs of public bodies and local government, and monitors the way public funds are used.

courage [kuraʒ] *nm* courage ; **bon** ~! good luck! ; **prendre son** ~ **à deux mains** to pluck up courage ; **je n'ai pas le** ~ **de faire mes devoirs** I can't bring myself to do my homework.

courageusement [kuraʒøzmã] *adv* courageously.

courageux, euse [kuraʒø, øz] *adj* - **1.** [brave] brave - **2.** [qui a de l'énergie] energetic - **3.** [audacieux] bold.

couramment [kuramã] *adv* - **1.** [parler une langue] fluently - **2.** [communément] commonly.

courant, e [kurã, ãt] *adj* - **1.** [habituel] everyday (*avant n*) - **2.** [en cours] present.

◆ **courant** *nm* - **1.** [marin, atmosphérique, électrique] current ; **couper le** ~ to cut off the power ; ~ **d'air** draught *Br*, draft *Am* ; ~ **alternatif** alternating current - **2.** [d'idées] current - **3.** [laps de temps] : **dans le** ~ **du mois/de l'année** in the course of the month/the year ; ~ **décembre** in the course of December.

◆ **au courant** *loc adv* : **être au** ~ to know (about it) ; **mettre qqn au** ~ **(de)** to tell sb (about) ; **tenir qqn au** ~ **(de)** to keep sb informed (about) ; **se mettre/se tenir au** ~ **(de)** to get/keep up to date (with).

courbatu, e [kurbaty] *adj* aching.

courbature [kurbatyr] *nf* ache.

courbaturé, e [kurbatyre] *adj* aching.

courbe [kurb] ◇ *nf* curve ; ~ **de niveau** [sur une carte] contour (line) ; ~ **de température** MÉD temperature curve ◇ *adj* curved.

courber [3] [kurbe] ◇ *vt* - **1.** [tige] to bend - **2.** [tête] to bow ◇ *vi* to bow.

◆ **se courber** *vp* - **1.** [chose] to bend - **2.** [personne] to bow, to bend down.

courbette [kurbɛt] *nf* [révérence] bow ; **faire des** ~**s** *fig* to bow and scrape.

coureur, euse [kurœr, øz] *nm, f* - **1.** SPORT runner ; ~ **cycliste** racing cyclist - **2.** *fam fig* [amateur] : ~ **(de jupons)** womanizer.

courge [kurʒ] *nf* - **1.** [légume] marrow *Br*, squash *Am* - **2.** *fam* [imbécile] dimwit.

courgette [kurʒɛt] *nf* courgette *Br*, zucchini *Am*.

courir [45] [kurir] ◇ *vi* - **1.** [aller rapidement] to run ; ~ **après qqn/qqch** *fig* to chase after sb/sthg, to run after sb/sthg ; **laisse** ~! *fig* let it go! ; **faire** ~ **qqn** *fig* to pull sb's leg - **2.** SPORT to race - **3.** [se précipiter, rivière] to rush - **4.** [se propager] : **le bruit court que ...** rumour *Br* OU rumor *Am* has it that ... ; **faire** ~ **un bruit** to spread a rumour *Br* OU rumor *Am* ◇ *vt* - **1.** SPORT to run in - **2.** [parcourir] to roam (through) - **3.** [faire le tour de] to go round - **4.** [fréquenter - bals, musées] to do the rounds of.

couronne [kurɔn] *nf* **- 1.** [ornement, autorité] crown **- 2.** [de fleurs] wreath ; ~ **mortuaire** OU **funéraire** funeral wreath **- 3.** [monnaie - de Suède, d'Islande] krona ; [- du Danemark, de Norvège] krone ; [- de la République tchèque] crown.

couronnement [kurɔnmɑ̃l] *nm* **- 1.** [de monarque] coronation **- 2.** [d'édifice] crown **- 3.** *fig* [apogée] crowning achievement.

couronner [3] [kurɔne] *vt* **- 1.** [monarque] to crown **- 2.** [récompenser] to give a prize to ; **être couronné de succès** *fig* to be crowned with success.

courrai, courras *etc* ⊳ **courir**.

courre [kur] ⊳ **chasse**.

courrier [kurje] *nm* mail, letters *(pl)* ; ~ **du cœur** agony column ; ~ **direct** COMM direct mail shot ; ~ **électronique** INFORM electronic mail, E-mail ; ~ **des lecteurs** [rubrique] letters to the editor.

courroie [kurwa] *nf* TECHNOL belt ; [attache] strap ; ~ **de transmission** driving belt ; ~ **de ventilateur** fanbelt.

courroucer [16] [kuruse] *vt littéraire* to anger.

courroux [kuru] *nm littéraire* wrath, rage.

cours [kur] ⋄ ⊳ **courir** ⋄ *nm* **- 1.** [écoulement] flow ; ~ **d'eau** waterway ; **donner** OU **laisser libre** ~ **à** *fig* to give free rein to **- 2.** [déroulement] course ; **au** ~ **de** during, in the course of ; **en** ~ [année, dossier] current ; [affaires] in hand ; **en** ~ **de route** on the way ; **entraver le** ~ **de la justice** to hinder the course of justice ; **suivre son** ~ to take its course **- 3.** FIN price ; ~ **du change** exchange rate ; **avoir** ~ [monnaie] to be legal tender **- 4.** [leçon] class, lesson ; **donner des** ~ **(à qqn)** to teach (sb) ; ~ **intensifs** crash course *(sg)* ; ~ **magistral** lecture ; ~ **de rattrapage/du soir** remedial/evening class **- 5.** [classe] : ~ **élémentaire** *years two and three of primary school* ; ~ **moyen** *last two years of primary school* ; ~ **préparatoire** ≃ first-year infants *Br*, ≃ nursery school *Am* **- 6.** [avenue] avenue.

course [kurs] *nf* **- 1.** [action] running *(U)* ; **au pas de** ~ at a run ; **être dans la** ~ *fig* to be in touch OU in the know **- 2.** [compétition] race ; ~ **attelée** OU **sous harnais** harness race ; ~ **automobile/cycliste** car/cycle race ; ~ **à pied** (foot) race **- 3.** [excursion] trip **- 4.** [en taxi] journey **- 5.** [mouvement] flight, course **- 6.** [commission] errand ; **faire des** ~s to go shopping.

coursier, ère [kursje, ɛr] *nm, f* messenger.

coursive [kursiv] *nf* gangway.

court, e [kur, kurt] *adj* short
◆ **court** ⋄ ⊳ **courir** ⋄ *adv* : **être à** ~ **d'argent/d'idées/d'arguments** to be short

of money/ideas/arguments ; **prendre qqn de** ~ to catch sb unawares ; **tourner** ~ to stop suddenly ⋄ *nm* : ~ **de tennis** tennis court.

court-bouillon [kurbujɔ̃] *(pl* **courts-bouillons)** *nm* court-bouillon.

court-circuit [kursirkɥi] *(pl* **courts-circuits)** *nm* short circuit.

court-circuiter [3] [kursirkɥite] *vt* ÉLECTR to short-circuit ; *fig* to bypass.

courtier, ère [kurtje, ɛr] *nm, f* broker.

courtisan, e [kurtizɑ̃, an] *nm, f* **- 1.** HIST courtier **- 2.** [flatteur] sycophant.
◆ **courtisane** *nf* courtesan.

courtiser [3] [kurtize] *vt* **- 1.** [femme] to woo, to court **- 2.** *péj* [flatter] to flatter.

court-jus [kurʒy] *(pl* **courts-jus)** *nm fam* short.

court-métrage [kurmetraʒ] *(pl* **courts-métrages)** *nm* short (film).

courtois, e [kurtwa, az] *adj* courteous.

courtoisie [kurtwazi] *nf* courtesy.

couru, e [kury] ⋄ *pp* ⊳ **courir** ⋄ *adj* popular ; **c'est** ~ **(d'avance)** *fam fig* it's a foregone conclusion.

cousais, cousions *etc* ⊳ **coudre**.

couscous [kuskus] *nm* couscous, *traditional North African dish of semolina served with a spicy stew of meat and vegetables*.

cousin, e [kuzɛ̃, in] *nm, f* cousin ; ~ **germain** first cousin.

coussin [kusɛ̃] *nm* **- 1.** [de siège] cushion ; ~ **d'air** air cushion **- 2.** *Can* BASE-BALL base.

coussinet [kusinɛ] *nm* **- 1.** [coussin] small cushion **- 2.** [de patte d'animal] pad.

cousu, e [kuzy] ⋄ *pp* ⊳ **coudre** ⋄ *adj* : **c'est du** ~ **main** *fam fig* it's top-quality stuff ; ~ **de fil blanc** *fig* obvious.

coût [ku] *nm* cost ; **le** ~ **de la vie** the cost of living ; ~s **de distribution** COMM distribution costs.

coûtant [kutɑ̃] ⊳ **prix**.

couteau, x [kuto] *nm* **- 1.** [gén] knife ; ~ **à cran d'arrêt** flick knife ; ~ **de cuisine** kitchen knife ; **à couper au** ~ *fig* that you could cut with a knife ; **avoir le** ~ **sous la gorge** *fig* to have a gun to one's head ; **être à** ~x **tirés (avec qqn)** *fig* to be at daggers drawn (with sb) **- 2.** [coquillage] razor shell *Br*, razor clam *Am*.

coutelas [kutla] *nm* [grand couteau] large knife.

coutellerie [kutɛlri] *nf* [industrie, produits] cutlery ; [atelier] cutlery factory ; [magasin] cutler's (shop).

coûter [3] [kute] ⋄ *vi* **- 1.** [valoir] to cost ; **ça coûte combien?** how much is it? ; ~ **cher** to be

expensive, to cost a lot ; *fig* to be costly ;
~ **cher à qqn** to cost sb a lot ; *fig* to cost sb
dear *ou* dearly - **2.** *fig* [être pénible] to be difficult ◇ *vt fig* to cost.

➤ **coûte que coûte** *loc adv* at all costs.

coûteux, euse [kutø, øz] *adj* costly, expensive.

coutume [kutym] *nf* [gén & JUR] custom ; **avoir
~ de faire qqch** to be in the habit of doing
sthg ; **la ~ veut que ...** tradition dictates that
...

coutumier, ère [kutymje, ɛr] *adj* customary ; **il est ~ du fait** he's always doing that.

couture [kutyr] *nf* - **1.** [action] sewing ; **faire de
la ~** to sew - **2.** [points] seam ; **~ apparente**
topstitching, overstitching - **3.** [activité]
dressmaking ; **haute ~** designer fashion.

couturier, ère [kutyrje, ɛr] *nm, f* couturier ;
grand ~ fashion designer, couturier.

couvée [kuve] *nf* [d'œufs] clutch ; [de poussins]
brood.

couvent [kuvã] *nm* [de sœurs] convent ; [de moi-
nes] monastery.

couver [3] [kuve] ◇ *vt* - **1.** [œufs] to sit on
- **2.** [dorloter] to mollycoddle - **3.** [maladie] to be
sickening for ◇ *vi* [poule] to brood ; *fig* [com-
plot] to hatch.

couvercle [kuvɛrkl] *nm* [de casserole, boîte] lid,
cover ; [de flacon, bombe, aérosol] top, cap.

couvert, e [kuvɛr, ɛrt] ◇ *pp* ➤ **couvrir**
◇ *adj* - **1.** [submergé] covered ; **~ de** covered
with - **2.** [habillé] dressed ; **être bien ~** to be
well wrapped up - **3.** [nuageux] overcast.

➤ **couvert** *nm* - **1.** [abri] : **se mettre à ~** to take
shelter ; **sous le ~ de l'amitié** *fig* under a
cloak of friendship - **2.** [place à table] place
(setting) ; **mettre** *ou* **dresser le ~** to set *ou* lay
the table.

➤ **couverts** *nmpl* cutlery *(U)*.

couverture [kuvɛrtyr] *nf* - **1.** [gén] cover ;
~ sociale social security cover - **2.** [de lit]
blanket ; **~ chauffante** electric blanket ; **tirer la ~ à soi** *fam fig* to take (all) the credit
(for o.s.) - **3.** [toit] roofing *(U)* - **4.** PRESSE coverage.

couveuse [kuvøz] *nf* - **1.** [poule] sitting hen
- **2.** [machine] incubator.

couvre-chef [kuvrəʃɛf] (*pl* **couvre-chefs**) *nm
hum* hat.

couvre-feu [kuvrəfø] (*pl* **couvre-feux**) *nm*
curfew.

couvre-lit [kuvrəli] (*pl* **couvre-lits**) *nm* bedspread.

couvre-pied (*pl* **couvre-pieds**) *nm*,
couvre-pieds *nm inv* [kuvrəpje] quilt,
eiderdown.

couvreur [kuvrœr] *nm* roofer.

couvrir [34] [kuvrir] *vt* - **1.** [gén] to cover ;
~ qqn/qqch de *litt* & *fig* to cover sb/sthg with
- **2.** [protéger] to shield - **3.** [son] to drown
(out).

➤ **se couvrir** *vp* - **1.** [se vêtir] to wrap up - **2.** [se
recouvrir] : **se ~ de feuilles/de fleurs** to come
into leaf/blossom - **3.** [ciel] to cloud over
- **4.** [se protéger] to cover o.s.

cover-girl [kɔvœrgœrl] (*pl* **cover-girls**) *nf*
cover girl.

covoiturage [kɔvwatyraʒ] *nm* car sharing ;
pratiquer le ~ to belong to a car pool.

cow-boy [kɔbɔj] (*pl* **cow-boys**) *nm* cowboy.

coyote [kɔjɔt] *nm* coyote.

CP *nm abr de* **cours préparatoire**.

CPAM (*abr de* **caisse primaire d'assurances
maladie**) *nf* national health insurance office.

cps (*abr de* **caractères par seconde**) cps.

cpt *abr de* **comptant**.

CQFD (*abr de* **ce qu'il fallait démontrer**) QED.

crabe [krab] *nm* crab.

crac [krak] *interj* crack!

crachat [kraʃa] *nm* spit *(U)*.

craché, e [kraʃe] *adj* : **c'est son père tout ~**
he's the spitting image of his father.

cracher [3] [kraʃe] ◇ *vi* - **1.** [personne] to spit
- **2.** [crépiter] to crackle - **3.** *fam fig* [dénigrer] :
~ sur qqn to run sb down - **4.** *fam* [dédaigner] :
ne pas ~ sur qqch not to turn one's nose up
at sthg ◇ *vt* [sang] to spit (up) ; [lave, injures] to
spit (out).

crachin [kraʃɛ̃] *nm* drizzle.

crachoir [kraʃwar] *nm* spittoon ; **tenir le ~** *fam
fig* to monopolize the conversation.

crack [krak] *nm* - **1.** [cheval] top horse - **2.** *fam*
[as] star (performer) ; **c'est un ~ en mathématiques** he's a whizz at maths *Br ou* math *Am*
- **3.** [drogue] crack.

crado [krado] *adj fam* filthy.

craie [krɛ] *nf* chalk.

craignais, craignions *etc* ➤ **craindre**.

craindre [80] [krɛ̃dr] *vt* - **1.** [redouter] to fear, to
be afraid of ; **~ de faire qqch** to be afraid of
doing sthg ; **je crains d'avoir oublié mes papiers** I'm afraid I've forgotten my papers ;
~ que (+ *subjonctif*) to be afraid (that) ; **je
crains qu'il oublie** *ou* **n'oublie** I'm afraid he
may forget - **2.** [être sensible à] to be susceptible to.

craint, e [krɛ̃, ɛ̃t] *pp* ➤ **craindre**.

crainte [krɛ̃t] *nf* fear ; **de ~ de faire qqch** for
fear of doing sthg ; **de ~ que** (+ *subjonctif*) for
fear that ; **il a fui de ~ qu'on ne le voie** he fled

for fear that he might be seen *ou* for fear of being seen.

craintif, ive [krɛtif, iv] *adj* timid.

cramer [3] [krame] *vt* & *vi fam* to burn.
 se cramer *vp fam* to burn o.s. ; **se ~ le doigt** to burn one's finger.

cramoisi, e [kramwazi] *adj* crimson.

crampe [krɑ̃p] *nf* cramp.

crampon [krɑ̃pɔ̃] *nm* - **1.** [crochet - gén] clamp ; [- pour alpinisme] crampon - **2.** *fam* [personne] (persistent) bore.

cramponner [3] [krɑ̃pɔne] **se cramponner** *vp* [s'agripper] to hang on ; **se ~ à qqn/qqch** *litt* & *fig* to cling to sb/sthg.

cran [krɑ̃] *nm* - **1.** [entaille, degré] notch, cut - **2.** *(U)* [audace] guts *(pl)* ; **avoir du ~** to have guts.

crâne [krɑn] *nm* skull ; **se mettre qqch dans le ~** *fig* to get sthg into one's head.

crâner [3] [krɑne] *vi fam* to show off.

crâneur, euse [krɑnœr, øz] *fam* *adj* boastful *nm, f* show-off.

crânien, enne [krɑnjɛ̃, ɛn] *adj* : **boîte ~ne** skull ; **traumatisme ~** head injury.

crapaud [krapo] *nm* toad.

crapule [krapyl] *nf* scum *(U)*.

crapuleux, euse [krapylø, øz] *adj* sordid.

craqueler [24] [krakle] *vt* to crack.
 se craqueler *vp* to crack.

craquelure [kraklyr] *nf* crack.

craquement [krakmɑ̃] *nm* crack, cracking *(U)*.

craquer [3] [krake] *vi* - **1.** [produire un bruit] to crack ; [plancher, chaussure] to creak - **2.** [se déchirer] to split - **3.** [s'effondrer - personne] to crack up ; [- régime, projet] to be falling apart - **4.** [être séduit par] : **~ pour** to fall for *vt* [allumette] to strike.

crash [kraʃ] *(pl* **crashs** *ou* **crashes)** *nm* crash landing.

crasse [kras] *nf* - **1.** [saleté] dirt, filth - **2.** *fam* [mauvais tour] dirty trick *adj* crass.

crasseux, euse [krasø, øz] *adj* filthy.

cratère [krater] *nm* crater.

cravache [kravaʃ] *nf* riding crop.

cravacher [3] [kravaʃe] *vt* to whip *vi fam fig* to pull out all the stops.

cravate [kravat] *nf* tie.

crawl [krol] *nm* crawl.

crayon [krɛjɔ̃] *nm* - **1.** [gén] pencil ; **~ à bille** ballpoint (pen) ; **~ de couleur** crayon ; **~ noir** pencil - **2.** TECHNOL ; **~ optique** light pen.

crayon-feutre [krɛjɔ̃føtr] *(pl* **crayons-feutres)** *nm* felt-tip (pen).

crayonner [3] [krɛjɔne] *vt* [dessin] to sketch.

CRDP *(abr de* centre régional de documentation pédagogique) *nm local centre for educational resources.*

créance [kreɑ̃s] *nf* COMM debt.

créancier, ère [kreɑ̃sje, ɛr] *nm, f* creditor.

créateur, trice [kreatœr, tris] *adj* creative *nm, f* creator.
 Créateur *nm* : **le Créateur** the Creator.

créatif, ive [kreatif, iv] *adj* creative.
 créatif *nm* ideas man, designer.

création [kreasjɔ̃] *nf* creation ; **la ~ (du monde)** RELIG the Creation.

créativité [kreativite] *nf* creativity.

créature [kreatyr] *nf* creature.

crécelle [kresel] *nf* rattle.

crèche [krɛʃ] *nf* - **1.** [de Noël] crib - **2.** [garderie] crèche.

crécher [18] [kreʃe] *vi fam* to crash, to kip down *Br.*

crédibiliser [3] [kredibilize] *vt* to make credible.

crédibilité [kredibilite] *nf* credibility.

crédible [kredibl] *adj* credible.

CREDIF, Crédif [kredif] *(abr de* Centre de recherche et d'étude pour la diffusion du français) *nm official body promoting use of the French language.*

crédit [kredi] *nm* - **1.** [gén] credit ; **faire ~ à qqn** to give sb credit ; **acheter/vendre qqch à ~** to buy/sell sthg on credit ; **~ municipal** pawnshop ; **~ relais** bridging loan - **2.** *fig* & *sout* influence.

crédit-bail [kredibaj] *(pl* **crédits-bails)** *nm* leasing.

créditer [3] [kredite] *vt* [compte] to credit ; *fig* : **~ qqn de qqch** to credit sb with sthg.

créditeur, trice [kreditœr, tris] *adj* in credit *nm, f* creditor.

credo [kredo] *nm* creed, credo.

crédule [kredyl] *adj* credulous.

crédulité [kredylite] *nf* credulity.

créer [15] [kree] *vt* - **1.** RELIG [inventer] to create - **2.** [fonder] to found, to start up - **3.** [causer] : **~ des problèmes à qqn** to create trouble for sb.

crémaillère [kremajer] *nf* - **1.** [de cheminée] trammel ; **pendre la ~** *fig* to have a house-warming (party) - **2.** TECHNOL rack.

crémation [kremasjɔ̃] *nf* cremation.

crématoire [krematwar] **four.**

crématorium [krematɔrjɔm] *nm* crematorium *Br*, crematory *Am*.

crème [krɛm] ◇ *nf* - **1.** [gén] cream ; ~ **dépila-toire/à raser** depilatory/shaving cream ; ~ **fouettée/fraîche/glacée** whipped/fresh/ice cream ; ~ **anglaise** custard ; ~ **autobron-zante** self-tanning cream ; ~ **de cassis** black-currant liqueur ; ~ **glacée** ice cream ; ~ **hydratante** moisturizer ; ~ **pâtissière** confectioner's custard ; ~ **renversée** custard cream *Br*, cup custard *Am* - **2.** [personne] : **la** ~ **des maris/des hommes** the best of husbands/of men ◇ *adj inv* cream.

crémerie [krɛmri] *nf* dairy.

crémeux, euse [kremø, øz] *adj* creamy.

crémier, ère [kremje, ɛr] *nm, f* dairyman (*f* dairywoman).

créneau, x [kreno] *nm* - **1.** [de fortification] crenel - **2.** [pour se garer] : **faire un** ~ to reverse into a parking space - **3.** [de marché] niche - **4.** [horaire] window, gap.

crénelé, e [krenle] *adj* crenelated.

créole [kreɔl] *adj* & *nm* creole.

➤ **créoles** *nfpl* dangly earrings.

crêpe [krɛp] ◇ *nf* CULIN pancake ◇ *nm* [tissu] crepe.

crêper [4] [krepe] *vt* to backcomb.

crêperie [krepri] *nf* pancake restaurant.

crépi [krepi] *nm* roughcast.

crépinette [krepinɛt] *nf* flat sausage.

crépir [32] [krepir] *vt* to roughcast.

crépiter [3] [krepite] *vi* [feu, flammes] to crackle ; [pluie] to patter.

crépon [krepɔ̃] ◇ *adj* ▷ **papier** ◇ *nm* seersucker.

CREPS, Creps [krɛps] (*abr de* **centre régional d'éducation physique et sportive**) *nm regional sports centre.*

crépu, e [krepy] *adj* frizzy.

crépuscule [krepyskyl] *nm* [du jour] dusk, twilight ; *fig* twilight ; **au** ~ at dusk, at twilight.

crescendo [kreʃɛndo, kreʃɛ̃do] ◇ *adv* crescendo ; **aller** ~ *fig* [bruit] to get *ou* grow louder and louder ; [dépenses, émotion] to grow apace ◇ *nm inv* MUS & *fig* crescendo.

cresson [kresɔ̃] *nm* watercress.

Crète [krɛt] *nf* : **la** ~ Crete.

crête [krɛt] *nf* - **1.** [de coq] comb - **2.** [de montagne, vague, oiseau] crest.

crétin, e [kretɛ̃, in] *fam* ◇ *adj* cretinous, idiotic ◇ *nm, f* cretin, idiot.

crétois, e [kretwa, az] *adj* Cretan.

➤ **Crétois, e** *nm, f* Cretan.

cretonne [krətɔn] *nf* cretonne.

creuser [3] [krøze] *vt* - **1.** [trou] to dig - **2.** [objet] to hollow out - **3.** [taille, reins] to arch - **4.** *fig* [approfondir] to go into deeply - **5.** *loc* : **ça creuse!** *fam* that gives you an appetite!

➤ **se creuser** *vp* - **1.** [devenir creux] to become hollow - **2.** *fam fig* [réfléchir] to rack one's brains - **3.** *fig* [s'élargir] to deepen, to widen.

creuset [krøze] *nm* crucible ; *fig* melting pot.

creux, creuse [krø, krøz] *adj* - **1.** [vide, concave] hollow - **2.** [période - d'activité réduite] slack ; [- à tarif réduit] off-peak - **3.** [paroles] empty.

➤ **creux** *nm* - **1.** [concavité] hollow ; **le** ~ **de la main** the hollow of one's hand - **2.** [période] lull - **3.** *loc* : **être au** ~ **de la vague** *fig* to be at a low point.

crevaison [krəvezɔ̃] *nf* puncture.

crevant, e [krəvɑ̃, ɑ̃t] *adj fam* - **1.** [fatigant] exhausting, knackering *Br* - **2.** [amusant] hilarious.

crevasse [krəvas] *nf* [de mur] crevice, crack ; [de glacier] crevasse ; [sur la main] crack.

crevé, e [krəve] *adj* - **1.** [pneu] burst, punctured - **2.** *fam* [fatigué] dead, shattered *Br*.

crève [krɛv] *nf fam* bad *ou* stinking cold ; **attraper la** ~ to catch one's death (of cold).

crève-cœur [krɛvkœr] *nm inv* heartbreak.

crever [19] [krəve] ◇ *vi* - **1.** [éclater] to burst - **2.** *tfam* [mourir] to die ; ~ **de** *fig* [jalousie, orgueil] to be bursting with ◇ *vt* - **1.** [percer] to burst - **2.** *fam* [épuiser] to wear out.

➤ **se crever** *vp fam* to wear o.s. out.

crevette [krəvɛt] *nf* : ~ **(grise)** shrimp ; ~ **(rose)** prawn.

CRF (*abr de* **Croix-Rouge française**) *nf French Red Cross.*

cri [kri] *nm* - **1.** [de personne] cry, shout ; [perçant] scream ; [d'animal] cry ; **pousser un** ~ to cry (out), to shout ; **pousser des** ~**s de joie** to shout for *ou* with joy ; **pousser un** ~ **de douleur** to cry out in pain ; **à grands** ~**s** *fig* loudly - **2.** [appel] cry ; **le dernier** ~ *fig* the latest thing ; ~ **du cœur** cri de cœur.

criailler [3] [kriaje] *vi* to scream, to squawk.

criant, e [krijɑ̃, ɑ̃t] *adj* [injustice] blatant.

criard, e [krijar, ard] *adj* - **1.** [voix] strident, piercing - **2.** [couleur] loud.

crible [kribl] *nm* [instrument] sieve ; **passer qqch au** ~ *fig* to examine sthg closely.

criblé, e [krible] *adj* riddled ; **être** ~ **de dettes** to be up to one's eyes in debt.

cric [krik] *nm* jack.

cricket [krikɛt] *nm* cricket.

criée [krije] ▷ **vente**.

crier [10] [krije] ◇ *vi* - **1.** [pousser un cri] to

shout (out), to yell - **2.** [parler fort] to shout - **3.** [protester] : **~ contre** ou **après qqn** to nag sb, to go on at sb - **4.** sout [grincer] to creak ◇ vt to shout (out).

crime [krim] nm - **1.** [délit] crime ; **~ de lèse-majesté** fig treason (U) - **2.** [meurtre] murder ; **~ passionnel** crime of passion ; **~s contre l'humanité** crime against humanity.

Crimée [krime] nf : **la ~** the Crimea ; **la guerre de ~** the Crimean War.

criminalité [kriminalite] nf crime.

criminel, elle [kriminɛl] ◇ adj criminal ◇ nm, f criminal ; **~ de guerre** war criminal.

crin [krɛ̃] nm [d'animal] hair ; **à tout ~** fig dyed-in-the-wool.

crinière [krinjɛr] nf mane.

crique [krik] nf creek.

criquet [krikɛ] nm locust ; [sauterelle] grasshopper.

crise [kriz] nf - **1.** MÉD attack ; **~ cardiaque** heart attack ; **~ de foie** bilious attack ; **~ de tétanie** muscle spasm - **2.** [accès] fit ; **~ de larmes** fit of tears ; **~ de nerfs** attack of nerves ; **piquer une ~** fam to have a fit, to fly off the handle - **3.** [élan] (sudden) urge - **4.** [phase critique] crisis ; **en ~** in crisis.

crispant, e [krispɑ̃, ɑ̃t] adj irritating, frustrating.

crispation [krispasjɔ̃] nf - **1.** [contraction] contraction - **2.** [agacement] irritation.

crispé, e [krispe] adj tense, on edge.

crisper [3] [krispe] vt - **1.** [contracter - visage] to tense ; [- poing] to clench - **2.** [agacer] to irritate.

➤ **se crisper** vp - **1.** [se contracter] to tense (up) - **2.** [s'irriter] to get irritated.

criss [kris] nm kris.

crisser [3] [krise] vi [pneu] to screech ; [étoffe] to rustle.

cristal, aux [kristal, o] nm crystal ; **en ~** crystal (avant n) ; **~ de roche** quartz.

cristallin, e [kristalɛ̃, in] adj - **1.** [limpide] crystal clear, crystalline - **2.** [roche] crystalline.
➤ **cristallin** nm crystalline lens.

cristalliser [3] [kristalize] vt litt & fig to crystallize.
➤ **se cristalliser** vp to crystallize.

critère [kritɛr] nm criterion.

critérium [kriterjɔm] nm qualifier.

critiquable [kritikabl] adj [décision] debatable ; [personne] open to criticism.

critique [kritik] ◇ adj critical ◇ nmf critic ;

~ d'art art critic ; **~ littéraire** literary critic ◇ nf criticism ; **la ~** the critics (pl).

critiquer [3] [kritike] vt to criticize.

croasser [3] [krɔase] vi to croak, to caw.

croate [krɔat] adj Croat, Croatian.
➤ **Croate** nmf Croat, Croatian.

Croatie [krɔasi] nf : **la ~** Croatia.

croc [kro] nm - **1.** [de chien] fang ; **montrer les ~s** fig to bare one's teeth - **2.** [crochet] hook.

croc-en-jambe [krɔkɑ̃ʒɑ̃b] (pl crocs-en-jambe) nm : **faire un ~ à qqn** to trip sb up.

croche [krɔʃ] nf quaver Br, eighth (note) Am.

croche-pied [krɔʃpje] (pl croche-pieds) nm : **faire un ~ à qqn** to trip sb up.

crochet [krɔʃɛ] nm - **1.** [de métal] hook ; **vivre aux ~s de qqn** to live off sb - **2.** TRICOT crochet hook - **3.** TYPO square bracket - **4.** [détour] : **faire un ~** to make a detour - **5.** BOXE : **~ du gauche/du droit** left/right hook.

crocheter [28] [krɔʃte] vt to pick.

crochu, e [krɔʃy] adj [doigts] claw-like ; [nez] hooked.

croco [krɔko] nm fam crocodile (skin).

crocodile [krɔkɔdil] nm crocodile.

crocus [krɔkys] nm crocus.

croire [107] [krwar] ◇ vt - **1.** [chose, personne] believe ; **à l'en ~, on n'y arrivera jamais** to hear him talk, you'd think we'd never manage it - **2.** [penser] to think ; **tu crois ?** do you think so? ; **il te croyait parti** he thought you'd left ; **~ que** to think (that) ◇ vi : **~ à** to believe in ; **~ en** to believe in, to have faith in.

➤ **se croire** vp - **1.** [prétendre être] : **il se croit plus fort que moi** he thinks he's stronger than me ; **se ~ tout permis** to think one can get away with anything ; **s'y ~** fam to think one is it - **2.** [penser se trouver] : **on se croirait au Japon** you'd think you were in Japan.

croisade [krwazad] nf HIST & fig crusade.

croisé, e [krwaze] adj [veste] double-breasted.
➤ **croisé** nm HIST crusader.
➤ **croisée** nf - **1.** [fenêtre] casement, window - **2.** [croisement] : **à la ~e des chemins** litt & fig at a crossroads.

croisement [krwazmɑ̃] nm - **1.** [intersection] junction, intersection - **2.** BIOL cross-breeding.

croiser [3] [krwaze] ◇ vt - **1.** [jambes] to cross ; [bras] to fold - **2.** [passer à côté de] to pass - **3.** [chemin] to cross, to cut across - **4.** [métisser] to interbreed ◇ vi NAVIG to cruise.
➤ **se croiser** vp [chemins] to cross, to inter-

sect ; [personnes] to pass ; [lettres] to cross ; [regards] to meet.

croisière [krwazjɛr] nf cruise.

croisillon [krwazijɔ̃] nm : **à ~s** lattice *(avant n)*.

croissais, croissions etc ⊳ **croître**.

croissance [krwasɑ̃s] nf growth, development ; **~ économique** economic growth *ou* development.

croissant, e [krwasɑ̃, ɑ̃t] *adj* increasing, growing.

➤ **croissant** nm - **1.** [de lune] crescent - **2.** CULIN croissant.

croître [93] [krwatr] vi - **1.** [grandir] to grow - **2.** [augmenter] to increase.

croix [krwa] nf cross ; **en ~** in the shape of a cross ; **~ gammée** swastika ; **mettre** *ou* **faire une ~ sur qqch** fig to write sthg off ; **la ~ et la bannière** fig the devil's own job.

Croix-Rouge [krwaruʒ] nf : **la ~** the Red Cross.

croquant, e [krɔkɑ̃, ɑ̃t] *adj* crisp, crunchy.

➤ **croquant** nm vieilli yokel.

croque-madame [krɔkmadam] nm inv croque-monsieur with a fried egg.

croque-mitaine [krɔkmitɛn] *(pl* **croque-mitaines)** nm bogeyman.

croque-monsieur [krɔkməsjø] nm inv toasted cheese and ham sandwich.

croque-mort [krɔkmɔr] *(pl* **croque-morts)** nm fam undertaker.

croquer [3] [krɔke] ⬦ vt - **1.** [manger] to crunch - **2.** [dessiner] to sketch ; **(jolie) à ~** fig pretty as a picture ⬦ vi to be crunchy.

croquette [krɔkɛt] nf croquette.

croquis [krɔki] nm sketch ; **faire un ~** to make a sketch.

cross [krɔs] nm [exercice] cross-country (running) ; [course] cross-country race.

crosse [krɔs] nf - **1.** [d'évêque] crozier - **2.** [de fusil] butt - **3.** HOCKEY hockey stick.

crotale [krɔtal] nm rattlesnake.

crotte [krɔt] nf [de lapin etc] droppings *(pl)* ; [de chien] dirt ; **crotte!** fam damn!

crottin [krɔtɛ̃] nm [de cheval] (horse) manure.

croulant, e [krulɑ̃, ɑ̃t] ⬦ *adj* crumbling ⬦ nm, f fam (old) fogy, wrinkly.

rouler [3] [krule] vi to crumble ; **~ sous** litt & fig to collapse under.

roupe [krup] nf rump ; **monter en ~** to ride pillion.

roupier [krupje] nm croupier.

croupion [krupjɔ̃] nm ZOOL rump ; CULIN parson's nose.

croupir [32] [krupir] vi litt & fig to stagnate.

CROUS, Crous [krus] *(abr de* **centre régional des œuvres universitaires et scolaires)** nm student representative body dealing with accommodation, catering etc.

croustade [krustad] nf croustade.

croustillant, e [krustijɑ̃, ɑ̃t] *adj* - **1.** [croquant - pain] crusty ; [- biscuit] crunchy - **2.** [grivois] spicy, juicy.

croustiller [3] [krustije] vi to be crusty.

croûte [krut] nf - **1.** [du pain, terrestre] crust ; **casser la ~** fam fig to have a bite to eat ; **gagner sa ~** fam fig to earn a crust - **2.** CULIN : **en ~** in piecrust *ou* pastry - **3.** [de fromage] rind - **4.** [de plaie] scab - **5.** fam péj [tableau] daub.

croûton [krutɔ̃] nm - **1.** [bout du pain] crust - **2.** [pain frit] crouton - **3.** fam péj [personne] fuddy-duddy.

croyable [krwajabl] *adj* believable ; **c'est pas ~!** it's unbelievable *ou* incredible!

croyais, croyions etc ⊳ **croire**.

croyance [krwajɑ̃s] nf belief.

croyant, e [krwajɑ̃, ɑ̃t] ⬦ ppr ⊳ **croire** ⬦ adj : **être ~** to be a believer ⬦ nm, f believer.

CRS *(abr de* **Compagnie républicaine de sécurité)** nm member of the French riot police ; **on a fait appel aux ~** the riot police were called in.

cru, e [kry] ⬦ pp ⊳ **croire** ⬦ adj - **1.** [non cuit] raw - **2.** [violent] harsh - **3.** [direct] blunt - **4.** [grivois] crude.

➤ **cru** nm [vin] vintage, wine ; [vignoble] vineyard ; **du ~** fig local ; **un grand ~** a fine wine ; **de son propre ~** fig of one's own devising.

crû [kry] pp ⊳ **croître**.

cruauté [kryote] nf cruelty.

cruche [kryʃ] nf - **1.** [objet] jug - **2.** fam péj [personne niaise] twit.

crucial, e, aux [krysjal, o] *adj* crucial.

crucifix [krysifi] nm crucifix.

crucifixion [krysifiksjɔ̃] nf crucifixion.

cruciverbiste [krysiverbist] nmf crossword enthusiast.

crudité [krydite] nf crudeness.

➤ **crudités** nfpl crudités.

crue [kry] nf rise in the water level ; **en ~** in spate.

cruel, elle [kryɛl] *adj* cruel.

cruellement [kryɛlmɑ̃] *adv* cruelly.

crûment [krymɑ̃] *adv* - **1.** [sans ménagement] bluntly - **2.** [avec grossièreté] crudely.

crustacé [krystase] *nm* shellfish, crustacean ; **~s** shellfish *(U)*.

cryoconservation [krijɔkɔ̃servasjɔ̃] *nf* cryonics, cryopreservation *f*.

cryptage [kriptaʒ] *nm* encryption.

crypte [kript] *nf* crypt.

crypter [kripte] *vt* to encrypt ; **chaîne cryptée** encrypted channel.

cs (*abr de* **cuillère à soupe**) tbs, tbsp.

CSA (*abr de* **Conseil supérieur de l'audiovisuel**) *nm French broadcasting supervisory body.*

CSCE (*abr de* **Conférence sur la sécurité et la coopération en Europe**) *nf* CSCE.

CSEN (*abr de* **Confédération des syndicats de l'Éducation nationale**) *nf confederation of teachers' unions.*

CSG (*abr de* **contribution sociale généralisée**) *nf income-related tax contribution.*

CSP (*abr de* **catégorie socio-professionnelle**) *nf socio-professional group.*

Cuba [kyba] *n* Cuba ; **à ~** in Cuba.

cubain, aine [kybɛ̃, ɛn] *adj* Cuban.
➡ **Cubain, aine** *nm, f* Cuban.

cube [kyb] *nm* cube ; **4 au ~ = 64** 4 cubed is 64 ; **élever au ~** MATHS to cube ; **mètre ~** cubic metre *Br ou* meter *Am*.
➡ **gros cube** *nm* big motorbike.

cubique [kybik] *adj* cubic.

cubisme [kybism] *nm* cubism.

cubitus [kybitys] *nm* ulna.

cucu(l) [kyky] *adj inv fam* silly.

cueille, cueilles *etc* ⊳ **cueillir**.

cueillette [kœjɛt] *nf* picking, harvesting.

cueilli, e [kœji] *pp* ⊳ **cueillir**.

cueillir [41] [kœjir] *vt* - **1.** [fruits, fleurs] to pick - **2.** *fam* [personne] to catch, to nab.

cuillère, cuiller [kɥijɛr] *nf* spoon ; **~ à café** coffee spoon ; **~ à soupe** teaspoon ; **~ à dessert** dessertspoon ; **~ à soupe** soup spoon ; CULIN tablespoon ; **petite ~** teaspoon.

cuillerée [kɥijere] *nf* spoonful ; **~ à café** CULIN teaspoonful ; **~ à soupe** CULIN tablespoonful.

cuir [kɥir] *nm* leather ; [non tanné] hide ; **en ~** leather *(avant n)* ; **~ chevelu** ANAT scalp.

cuirasse [kɥiras] *nf* [de chevalier] breastplate ; *fig* armour *Br*, armor *Am*.

cuirassé [kɥirase] *nm* battleship.

cuire [98] [kɥir] ⬦ *vt* - **1.** [viande, œuf] to cook ; [tarte, gâteau] to bake - **2.** [briques, poterie] to fire ⬦ *vi* - **1.** [viande, œuf] to cook ; [tarte, gâteau] to bake ; **faire ~ qqch** to cook/bake sthg - **2.** *fig* [personne] to roast, to be boiling ; **il vous en**

cuira! *fig* you'll suffer (for it)!, you'll regret it!

cuisais, cuisions *etc* ⊳ **cuire**.

cuisant, e [kɥizɑ̃, ɑ̃t] *adj* [douloureux] stinging, smarting ; *fig* bitter.

cuisine [kɥizin] *nf* - **1.** [pièce] kitchen - **2.** [art] cooking, cookery ; **faire la ~** to do the cooking, to cook ; **~ bourgeoise** home cooking - **3.** *fam* [combine] schemings *(pl)*, schemes *(pl)* ; **~ électorale** electoral hanky-panky *(U)*

cuisiné, e [kɥizine] *adj* : **plat ~** ready-cooked meal.

cuisiner [3] [kɥizine] ⬦ *vt* - **1.** [aliment] to cook - **2.** *fam* [personne] to grill ⬦ *vi* to cook ; **bien/mal ~** to be a good/bad cook.

cuisinier, ère [kɥizinje, ɛr] *nm, f* cook.
➡ **cuisinière** *nf* cooker ; **cuisinière électrique/à gaz** electric/gas cooker.

cuissardes [kɥisard] *nfpl* [de pêcheur] waders [de femme] thigh boots.

cuisse [kɥis] *nf* - **1.** ANAT thigh - **2.** CULIN leg ; **~ de grenouille** frog's legs.

cuisson [kɥisɔ̃] *nf* cooking.

cuissot [kɥiso] *nm* haunch ; **~ de chevreuil** haunch of venison.

cuistot [kɥisto] *nm fam* cook.

cuistre [kɥistr] *littéraire* ⬦ *nm* prig ⬦ *adj* priggish.

cuit, e [kɥi, kɥit] ⬦ *pp* ⊳ **cuire** ⬦ *adj* : **bien ~** [steak] well-done ; **trop ~** overcooked, overdone ; **être ~** *fam fig* to have had it.
➡ **cuite** *nf fam* : **prendre une ~e** to get plastered *ou* smashed.

cuiter [3] [kɥite] ➡ **se cuiter** *vp fam* to get plastered *ou* smashed.

cuivre [kɥivr] *nm* - **1.** [métal] : **~ (rouge)** copper ; **~ jaune** brass - **2.** *(gén pl)* [objet] brass (object).
➡ **cuivres** *nmpl* : **les ~s** MUS the brass.

cuivré, e [kɥivre] *adj* [couleur, reflet] coppery [teint] bronzed.

cul [ky] *nm* - **1.** *tfam* [postérieur] bum ; **avoir le ~ entre deux chaises** to be in an awkward position ; **en avoir plein le ~ de qqch** *tfam* to be sick and tired of sthg ; **être comme ~ et chemise** to be as thick as thieves - **2.** [de bouteille] bottom ; **faire ~ sec** *fam* to down one's drink in one.

culasse [kylas] *nf* - **1.** [d'arme à feu] breech - **2.** AUTOM cylinder head.

culbute [kylbyt] *nf* - **1.** [saut] somersault - **2.** [chute] tumble, fall.

culbuter [3] [kylbyte] ⬦ *vt* [objet] to knock

over ⬦ *vi* - **1.** [faire une chute] to (take a) tumble - **2.** [se renverser] to (do a) somersault.

cul-de-jatte [kydʒat] (*pl* **culs-de-jatte**) *nm* legless cripple.

cul-de-sac [kydsak] (*pl* **culs-de-sac**) *nm* dead end.

culinaire [kylinɛr] *adj* culinary.

culminant [kylminɑ̃] ▷ **point**.

culminer [3] [kylmine] *vi* [surplomber] to tower ; ~ **à** [s'élever à] to reach its highest point at ; *fig* to peak at.

culot [kylo] *nm* - **1.** *fam* [toupet] cheek, nerve ; **avoir le ~ de** to have the cheek *ou* nerve to ; **avoir du ~** to have a lot of nerve - **2.** [de cartouche, ampoule] cap.

culotte [kylɔt] *nf* - **1.** [sous-vêtement féminin] knickers *(pl)*, panties *(pl)*, pair of knickers *ou* panties - **2.** [vêtement] : ~**s courtes/longues** short/long trousers ; **porter la ~** *fam fig* to wear the trousers.

culotté, e [kylɔte] *adj* [effronté] : **elle est ~e** she's got a nerve.

culpabiliser [3] [kylpabilize] ⬦ *vt* : ~ **qqn** to make sb feel guilty ⬦ *vi* to feel guilty.

culpabilité [kylpabilite] *nf* guilt.

culte [kylt] *nm* - **1.** [vénération, amour] worship - **2.** [religion] religion.

cultivateur, trice [kyltivatœr, tris] *nm, f* farmer.

cultivé, e [kyltive] *adj* [personne] educated, cultured.

cultiver [3] [kyltive] *vt* - **1.** [terre, goût, relation] to cultivate - **2.** [plante] to grow.

➤ **se cultiver** *vp* to cultivate *ou* improve one's mind.

culture [kyltyr] *nf* - **1.** AGRIC cultivation, farming ; **les ~s** cultivated land - **2.** [savoir] culture, knowledge ; ~ **générale** [connaissances] general knowledge ; [éducation] general education ; ~ **physique** physical training - **3.** [civilisation] culture.

culturel, elle [kyltyrɛl] *adj* cultural.

culturisme [kyltyrism] *nm* bodybuilding.

cumin [kymɛ̃] *nm* cumin.

cumul [kymyl] *nm* [de fonctions, titres] holding simultaneously ; [de salaires] drawing simultaneously.

cumuler [3] [kymyle] *vt* [fonctions, titres] to hold simultaneously ; [salaires] to draw simultaneously.

cumulus [kymylys] *nm* cumulus.

cupide [kypid] *adj* greedy.

cupidité [kypidite] *nf* greed, cupidity.

curaçao [kyraso] *nm* curaçao.

curatif, ive [kyratif, iv] *adj* curative.

cure [kyr] *nf* (course of) treatment ; **faire une ~ de fruits** to go on a fruit-based diet ; ~ **d'amaigrissement** slimming course *Br*, reducing treatment *Am* ; ~ **de désintoxication** [d'alcool] drying-out treatment ; [de drogue] detoxification treatment ; ~ **de sommeil** sleep therapy ; **faire une ~ thermale** to take the waters.

curé [kyre] *nm* parish priest.

cure-dents [kyrdɑ̃] *nm inv* toothpick.

cure-pipes *nm inv*, **cure-pipe** *nm* (*pl inv*) [kyrpip] pipe cleaner.

curer [3] [kyre] *vt* to clean out.

➤ **se curer** *vp* : **se ~ les ongles** to clean one's nails.

curetage [kyrtaʒ] *nm* curettage.

curie [kyri] *nf* curia.

curieusement [kyrjøzmɑ̃] *adv* curiously, strangely.

curieux, euse [kyrjø, øz] ⬦ *adj* - **1.** [intéressé] curious ; ~ **de qqch/de faire qqch** curious about sthg/to do sthg - **2.** [indiscret] inquisitive - **3.** [étrange] strange, curious ⬦ *nm, f* busybody.

curiosité [kyrjozite] *nf* curiosity.

➤ **curiosités** *nfpl* interesting sights.

curiste [kyrist] *nmf* *person undergoing treatment at a spa.*

curling [kœrliŋ] *nm* curling.

curriculum vitae [kyrikylɔmvite] *nm inv* curriculum vitae *Br*, résumé *Am*.

curry [kyri], **carry** [kari], **cari** [kari] *nm* - **1.** [épice] curry powder - **2.** [plat] curry.

curseur [kyrsœr] *nm* cursor.

cursus [kyrsys] *nm* degree course.

cutané, e [kytane] *adj* cutaneous, skin (*avant n*).

cuti [kyti] *nf* : **virer sa ~** *fam fig* to throw off one's shackles.

cutiréaction, cuti-réaction (*pl* **cuti-réactions**) [kytireaksjɔ̃] *nf* skin test.

cutter [kœtɛr] *nm* Stanley knife®.

cuve [kyv] *nf* - **1.** [citerne] tank - **2.** [à vin] vat.

cuvée [kyve] *nf* - **1.** [récolte] vintage - **2.** [contenu de cuve] vatful.

cuver [3] [kyve] *vt* - **1.** [faire séjourner en cuve] to put in a vat to ferment - **2.** [alcool, déception] : ~ **qqch** to sleep sthg off.

cuvette [kyvɛt] *nf* - **1.** [récipient] basin, bowl - **2.** [de lavabo] basin ; [de W.-C.] bowl - **3.** GÉOGR basin.

cv (*abr de* **cheval-vapeur**) [puissance] HP.

CV *nm* - **1.** (*abr de* **curriculum vitae**) CV *Br*, résumé *Am* ; **ça fera bien dans ton ~** it'll look good on your CV - **2.** (*abr de* **cheval-vapeur**) hp ; [puissance fiscale] *classification for scaling of car tax.*

CVS (*abr de* **corrigées des variations saisonnières**) *adj* seasonally adjusted.

cx *nm* [coefficient de pénétration dans l'air] drag coefficient.

cyanure [sjanyr] *nm* cyanide.

cybercafé [sibɛrkafe] *nm* cybercafé, internet café.

cybercommerce [sibɛrkɔmɛrs] *nm* e-commerce.

cyberespace [sibɛrɛspas], **cybermonde** [sibɛrmɔ̃d] *nm* cyberspace.

cybernaute [sibɛrnot] *nm* (net) surfer, cybersurfer, cybernaut.

cyclable [siklabl] ⊳ **piste.**

Cyclades [siklad] *nfpl* : **les ~** the Cyclades ; **dans les ~** in the Cyclades.

cyclamen [siklamɛn] *nm* cyclamen.

cycle [sikl] *nm* cycle ; **~ menstruel** menstrual cycle ; **premier ~** *UNIV* ≃ first and second year ; *SCOL* middle school *Br*, junior high school *Am* ; **second ~** *UNIV* ≃ final year *Br*, ≃ senior year *Am* ; *SCOL* upper school *Br*, high school *Am* ; **troisième ~** *UNIV* ≃ postgraduate year *ou* years.

cyclique [siklik] *adj* cyclic, cyclical.

cyclisme [siklism] *nm* cycling.

cycliste [siklist] ⟷ *nmf* cyclist ⟷ *adj* cycle (*avant n*).

cyclo-cross [siklokrɔs] *nm inv* cyclo-cross.

cyclomoteur [siklɔmɔtœr] *nm* moped.

cyclone [siklon] *nm* cyclone.

cyclothymique [siklɔtimik] *nmf* & *adj* manic-depressive.

cyclotourisme [siklɔturism] *nm* cycle touring.

cygne [siɲ] *nm* swan.

cylindre [silɛ̃dr] *nm* - **1.** *AUTOM* & *GÉOM* cylinder - **2.** [rouleau] roller.

cylindrée [silɛ̃dre] *nf* engine capacity.

cylindrique [silɛ̃drik] *adj* cylindrical.

cymbale [sɛ̃bal] *nf* cymbal.

cynique [sinik] ⟷ *nmf* cynic ⟷ *adj* cynical.

cynisme [sinism] *nm* cynicism.

cyprès [siprɛ] *nm* cypress.

cypriote, Cypriote ⊳ **chypriote.**

cyrillique [sirilik] *adj* Cyrillic.

cystite [sistit] *nf* cystitis (U).

cytise [sitiz] *nm* laburnum.

d, D [de] *nm inv* d, D.

d' ⊳ **de.**

da (*abr de* **déca**) da.

d'abord [dabɔr] ⊳ **abord.**

Dacca [daka] *n* Dacca.

d'accord [dakɔr] *loc adv* : **d'accord!** all right!, OK! ; **être ~ avec** to agree with.

dactylo [daktilo] *nf* [personne] typist ; [procédé] typing.

dactylographier [9] [daktilɔgrafje] *vt* t‹ type.

dada [dada] *nm* - **1.** [cheval] gee-gee - **2.** *fam* [oc cupation] hobby - **3.** *fam* [idée] hobbyhorse - **4.** *ART* Dadaism.

dadais [dadɛ] *nm* fool ; **un grand ~** a big o‹ great lump.

dahlia [dalja] *nm* dahlia.

Dahomey [daɔmɛ] *nm* : **le ~** Dahomey ; **au** in Dahomey.

daigner [4] [deɲe] *vi* to deign.

daim [dɛ̃] *nm* - **1.** [animal] fallow deer - **2.** [pea‹ suede.

dais [dɛ] *nm* canopy.

Dakar [dakar] *n* Dakar.

dal (*abr de* **décalitre**) dal.

dallage [dalaʒ] *nm* [action] paving ; [dalle‹ pavement.

dalle [dal] *nf* [de pierre] slab ; [de lino] tile ; **avo la ~** *fam fig* to be famished *ou* starving ; **qu ~!** *fam fig* damn all!, not a (damn) thing!

dalmatien, enne [dalmasjɛ̃, ɛn] *nm, f* dal matian.

daltonien, enne [daltɔnjɛ̃, ɛn] ⟷ a‹ colour-blind *Br*, color-blind *Am* ⟷ *nm,* colour-blind *Br ou* color-blind *Am* person.

dam¹ [dam] *nm* : **au grand ~ de** [déplaisir] to th‹ great displeasure of.

dam² (*abr de* **décamètre**) dam.

Damas [damas] *n* Damascus.

dame [dam] *nf* - **1.** [femme] lady - **2.** *CARTES* ‹ *ÉCHECS* queen.

➡ **dames** *nfpl* draughts *Br*, checkers *Am*.

dame-jeanne [damʒan] (*pl* **dames-jeannes**) *nf* demijohn.

damer [3] [dame] *vt* to pack down.

damier [damje] *nm* - **1.** [de jeu] draughtboard *Br*, checkerboard *Am* - **2.** [motif] : **à ~** checked.

damnation [danɑsjɔ̃] *nf* damnation.

damné, e [dane] <> *adj fam* damned <> *nm, f* damned person.

damner [3] [dane] *vt* to damn.
➤ **se damner** *vp* to be damned ; **se ~ pour** *fig* to risk damnation for.

dancing [dɑ̃siŋ] *nm* dance hall.

dandiner [3] [dɑ̃dine] ➤ **se dandiner** *vp* to waddle.

dandy [dɑ̃di] *nm* dandy.

Danemark [danmark] *nm* : **le ~** Denmark ; **au ~** in Denmark.

danger [dɑ̃ʒe] *nm* danger ; **en ~** in danger ; **hors de ~** out of danger ; **courir un ~** to run a risk ; **narguer le ~** to flout danger ; **~ public** public menace.

dangereusement [dɑ̃ʒrøzmɑ̃] *adv* dangerously.

dangereux, euse [dɑ̃ʒrø, øz] *adj* dangerous.

danois, e [danwa, az] *adj* Danish.
➤ **danois** *nm* - **1.** [langue] Danish - **2.** [chien] Great Dane.
➤ **Danois, e** *nm, f* Dane.

dans [dɑ̃] *prép* - **1.** [dans le temps] in ; **je reviens ~ un mois** I'll be back in a month *ou* in a month's time - **2.** [dans l'espace] in ; **~ une boîte** in *ou* inside a box ; **c'est ~ ma chambre/mon sac** it's in my room/my bag - **3.** [avec mouvement] into ; **entrer ~ une chambre** to come into a room, to enter a room - **4.** [indiquant un état, une manière] in ; **vivre ~ la misère** to live in poverty ; **il est ~ le commerce** he's in business - **5.** [environ] : **~ les ...** about ... ; **ça coûte ~ les 200 francs** it costs about 200 francs.

dansant, e [dɑ̃sɑ̃, ɑ̃t] *adj litt* & *fig* dancing ; **soirée ~e** dance ; **thé ~** tea dance.

danse [dɑ̃s] *nf* - **1.** [art] dancing ; **~ classique/ folklorique/moderne** ballet/folk/modern dancing ; **~ du ventre** belly dance - **2.** [musique] dance.

danser [3] [dɑ̃se] <> *vi* - **1.** [personne] to dance - **2.** [bateau] to bob ; [flammes] to flicker <> *vt* to dance.

danseur, euse [dɑ̃sœr, øz] *nm, f* dancer ; **en danseuse** *CYCLISME* standing on the pedals ; **~ étoile** principal dancer.

dantesque [dɑ̃tɛsk] *adj* Dantesque, Dantean.

DAO (*abr de* **dessin assisté par ordinateur**) *nm* CAD.

dard [dar] *nm* [d'animal] sting.

darder [3] [darde] *vt* to beat down ; **~ un regard sur** *fig* to shoot a glance at.

dare-dare [dardar] *adv fam* on the double.

Dar es-Salaam [daressalam] *n* Dar es-Salaam.

darne [darn] *nf* [de poisson] steak.

dartre [dartr] *nf* sore.

DAT (*abr de* **digital audio tape**) DAT.

DATAR, Datar [datar] (*abr de* **Délégation à l'aménagement du territoire et à l'action régionale**) *nf regional land development agency*.

datation [datɑsjɔ̃] *nf* dating.

date [dat] *nf* - **1.** [jour+mois+année] date ; **~ limite de vente/de consommation** sell-by/use-by date ; **de longue ~** long-standing ; **~ de naissance** date of birth - **2.** [moment] event.

dater [3] [date] <> *vt* to date <> *vi* - **1.** [marquer] to be *ou* mark a milestone - **2.** *fam* [être démodé] to be dated.
➤ **à dater de** *loc prép* as of *ou* from.

dateur, euse [datœr, øz] *adj* date *(avant n)*.
➤ **dateur** *nm* [timbre] datestamp ; [de montre] date indicator.

datif [datif] *nm GRAM* dative.

datte [dat] *nf* date.

dattier [datje] *nm* date palm.

daube [dob] *nf CULIN* ≃ stew.

dauphin [dofɛ̃] *nm* - **1.** [mammifère] dolphin - **2.** *HIST* heir apparent.

dauphine [dofin] *nf HIST* heir apparent.

daurade [dɔrad] *nf* sea bream.

davantage [davɑ̃taʒ] *adv* - **1.** [plus] more ; **~ de** more - **2.** [plus longtemps] (any) longer.

dB (*abr de* **décibel**) dB.

DB (*abr de* **division blindée**) *nf* armoured *Br ou* armored *Am* division.

DCA (*abr de* **défense contre aéronefs**) *nf* AA *(anti-aircraft)*.

DCT (*abr de* **diphtérie coqueluche tétanos**) *nm* vaccine against diphtheria, tetanus and whooping cough.

DDA (*abr de* **Direction départementale de l'agriculture**) *nf local offices of the Ministry of Agriculture*.

DDASS, Ddass [das] (*abr de* **Direction départementale d'action sanitaire et sociale**) *nf* ≃ DSS *Br*, ≃ SSA *Am* ; **un enfant de la ~** a state orphan.

DDD (*abr de* **digital digital digital**) DDD.

DDE (*abr de* **Direction départementale de**

l'Équipement) *nf local offices of the Ministry of the Environment.*

DDT (*abr de* **dichloro-dyphényl-trichloréthane**) *nm* DDT.

DDTAB (*abr de* **diphtérie, tétanos, typhoïde, paratyphoïde A**) *nm vaccine against diphtheria, tetanus, typhoid and paratyphoid.*

de [də] (*contraction de de + le* = **du** [dy], *de + les* = **des** [de]) ⬦ *prép* - **1.** [provenance] from ; revenir ~ Paris to come back *ou* return from Paris ; **il est sorti ~ la maison** he left the house, he went out of the house - **2.** [avec à] : ~ ... à from ... to ; ~ **Paris à Tokyo** from Paris to Tokyo ; ~ **dix heures à midi** from ten o'clock to *ou* till midday ; **il y avait ~ quinze à vingt mille spectateurs** there were between fifteen and twenty thousand spectators - **3.** [appartenance] of ; **la porte du salon** the door of the sitting room, the sitting room door ; **le frère ~ Pierre** Pierre's brother ; **la maison ~ mes parents** my parents' house - **4.** [indique la détermination, la qualité] : **un verre d'eau** a glass of water ; **un peignoir ~ soie** a silk dressing gown ; **un appartement ~ 60 m²** a flat 60 metres square ; **un bébé ~ trois jours** a three-day-old baby ; **une ville ~ 500 000 habitants** a town with *ou* of 500,000 inhabitants ; **le train ~ 9 h 30** the 9.30 train ⬦ *article partitif* - **1.** [dans une phrase affirmative] some ; **je voudrais du vin/du lait** I'd like (some) wine/(some) milk ; **boire ~ l'eau** to drink (some) water ; **acheter des légumes** to buy some vegetables - **2.** [dans une interrogation ou une négation] any ; **ils n'ont pas d'enfants** they don't have any children, they have no children ; **avez-vous du pain?** do you have any bread?, have you got any bread? ; **voulez-vous du thé?** would you like some tea?

DE (*abr de* **diplômé d'État**) *adj* qualified ; **infirmière ~** qualified nurse, ≈ RGN *Br.*

dé [de] *nm* - **1.** [à jouer] dice, die - **2.** [morceau] dice, cube ; **couper en ~s** CULIN to dice - **3.** COUTURE : ~ **(à coudre)** thimble.

DEA (*abr de* **diplôme d'études approfondies**) *nm* postgraduate diploma.

dealer¹ [dile] *vt* to deal.

dealer² [dilœr] *nm fam* dealer.

déambuler [3] [deãbyle] *vi* to stroll (around).

débâcle [debakl] *nf* [débandade] rout ; *fig* collapse.

déballage [debalaʒ] *nm litt* unpacking.

déballer [3] [debale] *vt* to unpack ; *fam fig* to pour out.

débandade [debãdad] *nf* dispersal.

débaptiser [3] [debatize] *vt* to rename.

débarbouiller [3] [debarbuje] *vt* : ~ **qqn** to wash sb's face.
➤ **se débarbouiller** *vp* to wash one's face.

débarcadère [debarkader] *nm* landing stage.

débardeur [debardœr] *nm* - **1.** [ouvrier] docker - **2.** [vêtement] slipover.

débarquement [debarkəmã] *nm* [de marchandises] unloading ; **le Débarquement** HIST the D-Day landings.

débarquer [3] [debarke] ⬦ *vt* [marchandises] to unload ; [passagers & MIL] to land ⬦ *vi* - **1.** [d'un bateau] to disembark - **2.** MIL to land - **3.** *fam* [arriver à l'improviste] to turn up ; *fig* to know nothing.

débarras [debara] *nm* junk room ; **bon ~!** *fig* good riddance!

débarrasser [3] [debarase] *vt* - **1.** [pièce] to clear up ; [table] to clear - **2.** [ôter] : ~ **qqn de qqch** to take sthg from sb.
➤ **se débarrasser** *vp* : **se ~ de** to get rid of.

débat [deba] *nm* debate ; **élargir le ~** to broaden *ou* widen the debate.
➤ **débats** *nmpl* debates, proceedings.

débattre [83] [debatr] ⬦ *vt* to debate, to discuss ⬦ *vi* : ~ **de qqch** to debate *ou* discuss sthg.
➤ **se débattre** *vp* to struggle ; **se ~ avec** *ou* **contre** *fig* to struggle with *ou* against.

débattu, e [debaty] *pp* ⬦ **débattre.**

débauche [deboʃ] *nf* debauchery ; **une ~ de** *fig* a profusion of.

débauché, e [deboʃe] ⬦ *adj* debauched ⬦ *nm, f* debauched person.

débaucher [3] [deboʃe] *vt* - **1.** [corrompre] to debauch, to corrupt - **2.** [licencier] to make redundant.

débile [debil] ⬦ *nmf* - **1.** [attardé] retarded person ; ~ **mental** mentally retarded person ; ~ **profond** profoundly retarded person - **2.** *fam* [idiot] moron ⬦ *adj fam* stupid.

débilitant, e [debilitã, ãt] *adj* debilitating.

débilité [debilite] *nf* - **1.** [stupidité] stupidity - **2.** [maladie] debility, deficiency.

débiner [3] [debine] ➤ **se débiner** *vp fam* to clear off.

débit [debi] *nm* - **1.** [de marchandises] (retail) sale - **2.** [magasin] : ~ **de boissons** bar ; ~ **de tabac** tobacconist's *Br*, tobacco shop *Am* - **3.** [coupe] sawing up, cutting up - **4.** [de liquide] (rate of) flow - **5.** [élocution] delivery - **6.** FIN debit ; **avoir un ~ de 500 francs** to be 500 francs overdrawn.

débitant, e [debitã, ãt] *nm, f* - **1.** [de boissons

licensed grocer - **2.** [de tabac] tobacconist *Br*, tobacco dealer *Am*.

débiter [3] [debite] *vt* - **1.** [marchandises] to sell - **2.** [arbre] to saw up ; [viande] to cut up - **3.** [suj : robinet] to have a flow of - **4.** *fam fig* [prononcer] to spout - **5.** *FIN* to debit.

débiteur, trice [debitœr, tris] <> *adj* - **1.** [personne] debtor *(avant n)* - **2.** *FIN* debit *(avant n)*, in the red <> *nm, f* debtor.

déblaiement [deblɛmɑ̃], **déblayage** [deblɛjaʒ] *nm* clearing.

déblatérer [18] [deblatere] *vi fam* [médire] : ~ **contre** to rant on about.

déblayage = déblaiement.

déblayer [11] [debleje] *vt* [dégager] to clear ; ~ **le terrain** *fig* to clear the ground.

débloquer [3] [debloke] <> *vt* - **1.** [machine] to get going again - **2.** [crédit] to release - **3.** [compte, salaires, prix] to unfreeze <> *vi fam* to talk rubbish.

déboguer [deboge] *vt* to debug.

déboires [debwar] *nmpl* - **1.** [déceptions] disappointments - **2.** [échecs] setbacks - **3.** [ennuis] trouble *(U)*, problems.

déboisement [debwazmɑ̃] *nm* deforestation.

déboiser [3] [debwaze] *vt* [région] to deforest ; [terrain] to clear (of trees).

► **se déboiser** *vp* to become deforested.

déboîter [3] [debwate] <> *vt* - **1.** [objet] to dislodge ; ~ **une porte** to take a door off its hinges - **2.** [membre] to dislocate <> *vi AUTOM* to pull out.

► **se déboîter** *vp* - **1.** [se démonter] to come apart ; [porte] to come off its hinges - **2.** [membre] to dislocate.

débonnaire [debonɛr] *adj* good-natured, easy-going.

débordant, e [debordɑ̃, ɑ̃t] *adj* - **1.** [activité] bustling - **2.** [personne] : ~ **de** [joie, vie] overflowing with ; [santé, énergie] bursting with.

débordement [debordəmɑ̃] *nm* - **1.** [de fleuve, récipient] overflowing - **2.** [de joie, tendresse] outburst.

► **débordements** *nmpl* excesses.

déborder [3] [deborde] <> *vi* [fleuve, liquide] to overflow ; *fig* ~ **de** [vie, joie] to be bubbling with <> *vt* [limite] to go beyond.

débouché [debuʃe] *nm* - **1.** [issue] end - **2.** *(gén pl)* *COMM* outlet - **3.** [de carrière] prospect, opening.

déboucher [3] [debuʃe] <> *vt* - **1.** [bouteille] to open - **2.** [conduite, nez] to unblock <> *vi* : ~ **sur** [arriver] to open out into ; *fig* to lead to, to achieve.

débouler [3] [debule] <> *vi* [personne - arriver] to charge up ; [animal] to bolt <> *vt* to hurtle down.

déboulonner [3] [debulone] *vt* [statue] to dismantle.

débourser [3] [deburse] *vt* to pay out.

déboussoler [3] [debusole] *vt fam* to throw, to disorientate.

debout [dəbu] *adv* - **1.** [gén] : **être** ~ [sur ses pieds] to be standing (up) ; [réveillé] to be up ; [objet] to be standing up *ou* upright ; **mettre qqch** ~ to stand sthg up ; **se mettre** ~ to stand up ; **debout!** get up!, on your feet! - **2.** *loc* : **tenir** ~ [bâtiment] to remain standing ; [argument] to stand up ; **il ne tient pas** ~ he's asleep on his feet.

débouter [3] [debute] *vt JUR* to dismiss.

déboutonner [3] [debutone] *vt* to unbutton, to undo.

► **se déboutonner** *vp* [défaire ses boutons] to undo one's buttons/one's jacket *etc*.

débraillé, e [debraje] *adj* dishevelled *Br*, disheveled *Am*.

débrancher [3] [debrɑ̃ʃe] *vt* - **1.** [appareil] to unplug - **2.** [téléphone] to disconnect.

débrayage [debrejaʒ] *nm* - **1.** [AUTOM - pièce] clutch ; [- action] disengagement of the clutch - **2.** [arrêt de travail] stoppage.

débrayer [11] [debreje] *vi* - **1.** *AUTOM* to disengage the clutch, to declutch - **2.** [cesser le travail] to stop work.

débridé, e [debride] *adj fig & sout* [imagination, sensualité] unbridled.

débris [debri] <> *nm* piece, fragment <> *nmpl* - **1.** [restes] leftovers - **2.** *fig & littéraire* [d'armée, fortune] remains ; [d'un état] ruins.

débrouillard, e [debrujar, ard] *fam* <> *adj* resourceful <> *nm, f* resourceful person.

débrouillardise [debrujardiz] *nf fam* resourcefulness.

débrouiller [3] [debruje] *vt* - **1.** [démêler] to untangle - **2.** *fig* [résoudre] to unravel, to solve.

► **se débrouiller** *vp* : **se** ~ **(pour faire qqch)** to manage (to do sthg) ; **se** ~ **en anglais/math** to get by in English/maths ; **débrouille-toi!** you'll have to sort it out (by) yourself!

débroussailler [3] [debrusaje] *vt* [terrain] to clear ; *fig* to do the groundwork for.

débusquer [3] [debyske] *vt* - **1.** [gibier] to drive out - **2.** [personne] to flush out.

début [deby] *nm* beginning, start ; **au** ~ at the start *ou* beginning ; **au** ~ **de** at the beginning of ; **dès le** ~ (right) from the start.

► **débuts** *nmpl* debut *(sg)*.

débutant, e [debytã, ãt] *nm, f* beginner.

débuter [3] [debyte] *vi* - **1.** [commencer] : ~ **(par)** to begin (with), to start (with) - **2.** [faire ses débuts] to start out.

déca [deka] *nm fam* decaff.

deçà [dəsa] ➡ **deçà delà** *loc adv* here and there.
➡ **en deçà de** *loc prép* - **1.** [de ce côté-ci de] on this side of - **2.** [en dessous de] short of.

décacheter [27] [dekaʃte] *vt* to open.

décade [dekad] *nf* period of ten days.

décadence [dekadãs] *nf* - **1.** [déclin] decline - **2.** [débauche] decadence.

décadent, e [dekadã, ãt] *adj* decadent.

décaféiné, e [dekafeine] *adj* decaffeinated.
➡ **décaféiné** *nm* decaffeinated coffee.

décalage [dekalaʒ] *nm* gap ; *fig* gulf, discrepancy ; ~ **horaire** [entre zones] time difference ; [après un vol] jet lag.

décalcification [dekalsifikasjɔ̃] *nf* decalcification.

décalcomanie [dekalkɔmani] *nf* transfer *(adhesive)*.

décaler [3] [dekale] *vt* - **1.** [dans le temps - avancer] to bring forward ; [- retarder] to put back - **2.** [dans l'espace] to move, to shift.
➡ **se décaler** *vp* to move.

décalquer [3] [dekalke] *vt* to trace.

décamper [3] [dekãpe] *vi fam* to clear off.

décan [dekã] *nm* ASTROL one of three subdivisions of each star sign.

décanter [3] [dekãte] ◇ *vt* : **laisser** ~ [liquide] to allow to settle ; *fig* [idée] to allow to settle down *ou* become clearer ◇ *vi* [liquide] to settle ; *fig* [idées] to become clear.
➡ **se décanter** *vp* [idées] to become clear.

décapant, e [dekapã, ãt] *adj* - **1.** [nettoyant] stripping - **2.** *fig* [incisif] cutting, caustic.
➡ **décapant** *nm* (paint) stripper.

décaper [3] [dekape] *vt* to strip, to sand.

décapiter [3] [dekapite] *vt* - **1.** [personne - volontairement] to behead ; [- accidentellement] to decapitate - **2.** [arbre] to cut the top off - **3.** *fig* [organisation, parti] to remove the leader *ou* leaders of.

décapotable [dekapɔtabl] *nf & adj* convertible.

décapsuler [3] [dekapsyle] *vt* to take the top off, to open.

décapsuleur [dekapsylœr] *nm* bottle opener.

décarcasser [3] [dekarkase] ➡ **se décarcasser** *vp fam* : **se** ~ **(à faire qqch)** to slog away (at doing sthg).

décédé, e [desede] *adj* deceased.

décéder [18] [desede] *vi* to die.

déceler [25] [desle] *vt* - **1.** [révéler] to reveal - **2.** [repérer] to detect.

décélération [deselerasjɔ̃] *nf* deceleration.

décembre [desãbr] *nm* December ; *voir aussi* **septembre**.

décemment [desamã] *adv* - **1.** [convenablement] properly - **2.** [raisonnablement] reasonably.

décence [desãs] *nf* decency.

décennie [desenil] *nf* decade.

décent, e [desã, ãt] *adj* decent.

décentralisation [desãtralizasjɔ̃] *nf* decentralization.

décentraliser [3] [desãtralize] *vt* to decentralize.

décentrer [3] [desãtre] *vt* to move off-centre *Br ou* off-center *Am*.

déception [desɛpsjɔ̃] *nf* disappointment.

décerner [3] [deserne] *vt* : ~ **qqch à** to award sthg to.

décès [desɛ] *nm* death.

décevant, e [desəvã, ãt] *adj* disappointing.

décevoir [52] [desəvwar] *vt* to disappoint.

déchaîné, e [deʃene] *adj* - **1.** [vent, mer] stormy, wild - **2.** [passion] unrestrained ; [opinion publique] raging - **3.** [personne] wild.

déchaîner [4] [deʃene] *vt* [passion] to unleash [rires] to cause an outburst of.
➡ **se déchaîner** *vp* - **1.** [éléments naturels] to erupt - **2.** [personne] to fly into a rage.

déchanter [3] [deʃãte] *vi* to become disillusioned.

décharge [deʃarʒ] *nf* - **1.** JUR discharge - **2.** ÉLECTR discharge ; ~ **électrique** electric *Br ou* electrical *Am* shock - **3.** [reçu] receipt - **4.** [dépotoir] rubbish tip *ou* dump *Br*, garbage dump *Am* ; ~ **municipale** city/town dump.

déchargement [deʃarʒəmã] *nm* unloading

décharger [17] [deʃarʒe] *vt* - **1.** [véhicule, marchandises] to unload - **2.** [arme - tirer] to fire, to discharge ; [- enlever la charge de] to unload - **3.** [soulager - cœur] to unburden ; [- conscience] to salve ; [- colère] to vent - **4.** [libérer] : ~ **qqn de** to release sb from.
➡ **se décharger** *vp* - **1.** ÉLECTR to go flat - **2.** [se libérer] : **se** ~ **de qqch sur** to offload sthg onto - **3.** [rivière] : **se** ~ **dans** to flow into.

décharné, e [deʃarne] *adj* [maigre] emaciated.

déchausser [3] [deʃose] *vt* : ~ **qqn** to take sb's shoes off.
➡ **se déchausser** *vp* - **1.** [personne] to take one's shoes off - **2.** [dent] to come loose.

dèche [dɛʃ] *nf fam* : **être dans la** ~ to be on one's uppers.

déchéance [deʃeãs] *nf* - **1.** [déclin] degeneration, decline - **2.** [d'un souverain] dethronement - **3.** JUR loss.

déchet [deʃɛ] *nm* [de matériau] scrap.
➤ **déchets** *nmpl* refuse *(U)*, waste *(U)* ; **~s radioactifs** radioactive waste.

déchetterie® [deʃetri] *nf* recycling centre Br ou center Am.

déchiffrer [3] [deʃifre] *vt* - **1.** [inscription, hiéroglyphes] to decipher ; [énigme] to unravel - **2.** MUS to sight-read.

déchiqueter [27] [deʃikte] *vt* to tear to shreds.

déchirant, e [deʃirã, ãt] *adj* heartrending.

déchirement [deʃirmã] *nm* - **1.** [division] rift, split - **2.** [souffrance morale] heartbreak, distress.

déchirer [3] [deʃire] *vt* - **1.** [papier, tissu] to tear up, to rip up - **2.** *fig* [diviser] to tear apart.
➤ **se déchirer** *vp* - **1.** [personnes] to tear each other apart - **2.** [matériau, muscle] to tear.

déchirure [deʃiryr] *nf* tear ; *fig* wrench ; **~ musculaire** MÉD torn muscle.

déchoir [71] [deʃwar] *vi sout* [s'abaisser] to demean o.s.

déchu, e [deʃy] ◇ *pp* ▷ **déchoir** ◇ *adj* - **1.** [homme, ange] fallen ; [souverain] deposed - **2.** JUR : **être ~ de** to be deprived of.

deci [dəsi] ➤ **deci-delà** *adv sout* here and there.

décibel [desibɛl] *nm* decibel.

décidé, e [deside] *adj* - **1.** [résolu] determined - **2.** [arrêté] settled.

décidément [desidemã] *adv* really.

décider [3] [deside] *vt* - **1.** [prendre une décision] : **~ (de faire qqch)** to decide (to do sthg) ; **~ que** to decide (that) - **2.** [convaincre] : **~ qqn à faire qqch** to persuade sb to do sthg - **3.** [déterminer] : **~ de qqch** to decide on sthg.
➤ **se décider** *vp* - **1.** [personne] : **se ~ (à faire qqch)** to make up one's mind (to do sthg) - **2.** [affaire] to be decided, to be settled - **3.** [choisir] : **se ~ pour** to decide on, to settle on.

décideur [desidœr] *nm* decision-maker.

décilitre [desilitr] *nm* decilitre.

décimal, e, aux [desimal, o] *adj* decimal.
➤ **décimale** *nf* decimal.

décimer [3] [desime] *vt* to decimate.

décimètre [desimɛtr] *nm* - **1.** [dixième de mètre] decimetre - **2.** [règle] ruler ; **double ~** ≃ foot rule.

décisif, ive [desizif, iv] *adj* decisive.

décision [desizjɔ̃] *nf* decision ; **prendre une ~** to take ou make a decision.

décisionnaire [desizjɔnɛr] *nmf* decision-maker.

déclamer [3] [deklame] *vt* to declaim.

déclaration [deklarasjɔ̃] *nf* - **1.** [orale] declaration, announcement ; **faire une ~** to make a statement ; **~ de guerre/d'amour** declaration of war/of love - **2.** [écrite] report, declaration ; [d'assurance] claim ; **~ de naissance/de décès** registration of birth/death ; **~ d'impôts** tax return ; **~ de revenus** statement of income.

DÉCLARATION D'IMPÔTS

People in France are required to declare their taxable earnings at the beginning of the year. Quarterly tax payments ('tiers provisionnels') are based on estimated tax for the year, the payment for the final quarter being adjusted according to the actual tax owed.

déclarer [3] [deklare] *vt* - **1.** [annoncer] to declare ; **~ que** to declare (that) - **2.** [signaler] to report ; **rien à ~** nothing to declare ; **~ une naissance** to register a birth.
➤ **se déclarer** *vp* - **1.** [se prononcer] : **se ~ pour/contre qqch** to come out in favour of/against sthg - **2.** [se manifester] to break out.

déclasser [3] [deklase] *vt* - **1.** [personne - gén] to downgrade ; [- SPORT] to relegate - **2.** [objets] to get out of order.

déclenchement [deklãʃmã] *nm* [de mécanisme] activating, setting off ; *fig* launching.

déclencher [3] [deklãʃe] *vt* [mécanisme] to activate, to set off ; *fig* to launch.
➤ **se déclencher** *vp* [mécanisme] to go off, to be activated ; *fig* to be triggered off.

déclic [deklik] *nm* - **1.** [mécanisme] trigger - **2.** [bruit] click.

déclin [deklɛ̃] *nm* - **1.** [de civilisation, population, santé] decline ; **une personnalité sur son ~** *fig* a celebrity on the wane - **2.** [fin] close.

déclinaison [deklinɛzɔ̃] *nf* GRAM declension.

décliner [3] [dekline] ◇ *vi* - **1.** [santé, population, popularité] to decline - **2.** [jour] to draw to a close ◇ *vt* - **1.** [offre, honneur] to decline ; **~ une invitation** to decline an invitation ; **~ toute responsabilité** to accept no responsibility - **2.** GRAM to decline ; *fig* [gamme de produits] to develop - **3.** [énoncer] to state.
➤ **se décliner** *vp* GRAM to decline.

déclivité [deklivite] *nf* slope, incline.

décloisonner [3] [deklwazɔne] *vt fig* to decompartmentalize.

déclouer [3] [deklue] *vt* to take the nails out of.

décocher [3] [dekɔʃe] *vt litt* & *fig* to let fly ; ~ **un regard** to shoot a glance.

décoction [dekɔksjɔ̃] *nf* decoction.

décodage [dekɔdaʒ] *nm* decoding.

décoder [3] [dekɔde] *vt* to decode.

décodeur [dekɔdœr] *nm* decoder.

décoiffer [3] [dekwafe] *vt* [cheveux] to mess up.

➤ **se décoiffer** *vp* - **1.** [cheveux] to be messed up - **2.** [enlever son chapeau] to take off one's hat.

décoincer [16] [dekwɛ̃se] *vt* - **1.** [chose] to loosen ; [mécanisme] to unjam - **2.** *fam* [personne] to loosen up.

➤ **se décoincer** *vp* - **1.** [mécanisme] to loosen - **2.** *fam fig* [personne] to loosen up.

déçois, déçoit *etc* ⊳ **décevoir**.

décolérer [18] [dekɔlere] *vi* : **il n'a pas décoléré** he hasn't calmed down.

décollage [dekɔlaʒ] *nm litt* & *fig* takeoff.

décollé, e [dekɔle] *adj* : **il a les oreilles ~es** his ears stick out.

décollement [dekɔlmɑ̃] *nm* : ~ **de la rétine** MÉD detachment of the retina.

décoller [3] [dekɔle] ⟺ *vt* [étiquette, timbre] to unstick ; [papier peint] to strip (off) ⟺ *vi litt* & *fig* to take off.

➤ **se décoller** *vp* [étiquette, timbre] to come unstuck ; [papier peint] to peel off.

décolleté, e [dekɔlte] *adj* [vêtement] low-cut.

➤ **décolleté** *nm* - **1.** [de personne] neck and shoulders *(pl)* - **2.** [de vêtement] neckline, neck.

décolonisation [dekɔlɔnizasjɔ̃] *nf* decolonization.

décolorant, e [dekɔlɔrɑ̃, ɑ̃t] *adj* bleaching *(avant n)*.

➤ **décolorant** *nm* bleach.

décoloration [dekɔlɔrasjɔ̃] *nf* bleaching.

décolorer [3] [dekɔlɔre] *vt* [par décolorant] to bleach, to lighten ; [par usure] to fade.

➤ **se décolorer** *vp* - **1.** [se ternir] to fade - **2.** [cheveux] to bleach.

décombres [dekɔ̃br] *nmpl* debris *(U)*.

décommander [3] [dekɔmɑ̃de] *vt* to cancel.

➤ **se décommander** *vp* to cancel one's appointment.

décomposé, e [dekɔ̃poze] *adj* - **1.** [pourri] decomposed - **2.** [visage] haggard ; [personne] in shock.

décomposer [3] [dekɔ̃poze] *vt* - **1.** [gén] : ~ **(en)** to break down (into) - **2.** *fig* [troubler] to distort.

➤ **se décomposer** *vp* - **1.** [se putréfier] to rot to decompose - **2.** [se diviser] : **se ~ en** to be broken down into - **3.** *fig* [s'altérer] to be distorted.

décomposition [dekɔ̃pozisjɔ̃] *nf* - **1.** [putréfaction] decomposition - **2.** *fig* [analyse] breaking down, analysis.

décompresser [4] [dekɔ̃prese] ⟺ *vt* TECHNO to decompress ⟺ *vi* to unwind.

décompression [dekɔ̃presjɔ̃] *nf* decompression.

décompte [dekɔ̃t] *nm* - **1.** [calcul] breakdown (of an amount) - **2.** [réduction] deduction ; **j'a fait le ~ de ce que tu me dois** I've deducted *ou* taken off what you owe me.

décompter [3] [dekɔ̃te] *vt* to deduct.

déconcentrer [3] [dekɔ̃sɑ̃tre] *vt* - **1.** [disséminer] to decentralize - **2.** [distraire] to distract.

➤ **se déconcentrer** *vp* to be distracted.

déconcertant, e [dekɔ̃sɛrtɑ̃, ɑ̃t] *adj* disconcerting.

déconcerter [3] [dekɔ̃sɛrte] *vt* to disconcert.

déconfit, e [dekɔ̃fi, it] *adj* crestfallen.

déconfiture [dekɔ̃fityr] *nf* collapse, ruin.

décongeler [25] [dekɔ̃ʒle] *vt* to defrost.

décongestionner [3] [dekɔ̃ʒɛstjɔne] *vt* to relieve congestion in ; ~ **la circulation** to reduce traffic.

déconnecter [4] [dekɔnɛkte] *vt* to disconnect ; **être déconnecté** *fam* to be out of touch.

➤ **se déconnecter** *vp* INFORM to disconnect to log off.

déconner [3] [dekɔne] *vi tfam* [dire] to talk rubbish ; [faire] to muck around.

déconseillé, e [dekɔ̃seje] *adj* : **c'est fortement ~** it's extremely inadvisable.

déconseiller [4] [dekɔ̃seje] *vt* : ~ **qqch à qq** to advise sb against sthg ; ~ **à qqn de fair qqch** to advise sb against doing sthg.

déconsidérer [18] [dekɔ̃sidere] *vt* to discredit.

➤ **se déconsidérer** *vp* to be discredited.

décontaminer [3] [dekɔ̃tamine] *vt* to decontaminate.

décontenancer [16] [dekɔ̃tnɑ̃se] *vt* to put out.

➤ **se décontenancer** *vp* to be put out.

décontracté, e [dekɔ̃trakte] *adj* - **1.** [muscle] relaxed - **2.** [détendu] casual, laid-back.

décontracter [3] [dekɔ̃trakte] *vt* to relax.

➤ **se décontracter** *vp* to relax.

déconvenue [dekɔ̃vny] *nf* disappointment.

décor [dekɔr] *nm* - **1.** [cadre] scenery - **2.** [orne ment] decoration - **3.** THÉÂTRE scenery (U) ; CIN sets (pl), décor.

décorateur, trice [dekɔratœr, tris] nm, f CIN & THÉÂTRE designer ; ~ **d'intérieur** interior decorator.

décoratif, ive [dekɔratif, iv] adj decorative.

décoration [dekɔrasjɔ̃] nf decoration.

décorer [3] [dekɔre] vt to decorate.

décortiquer [3] [dekɔrtike] vt [noix] to shell ; [graine] to husk ; **fig** to analyse Br OU analyze Am in minute detail.

décorum [dekɔrɔm] nm decorum.

découcher [3] [dekuʃe] vi to stay out all night.

découdre [86] [dekudr] vt COUTURE to unpick ; **en ~** to come to blows.
➤ **se découdre** vp to come unstitched.

découler [3] [dekule] vi : **~ de** to follow from.

découpage [dekupaʒ] nm - **1.** [action] cutting out ; [résultat] paper cutout - **2.** CIN preparation of screenplay - **3.** ADMIN : **~ (électoral)** division into constituencies - **4. fig** [de texte] cutting, editing.

découper [3] [dekupe] vt - **1.** [couper] to cut up - **2. fig** [diviser] to cut out.
➤ **se découper** vp fig : **se ~ sur** to stand out against.

découplé, e [dekuple] adj : **bien ~** well-proportioned.

découpure [dekupyr] nf [bord] indentations (pl), jagged outline.

décourageant, e [dekuraʒɑ̃, ɑ̃t] adj discouraging.

découragement [dekuraʒmɑ̃] nm discouragement.

décourager [17] [dekuraʒe] vt to discourage ; **~ qqn de qqch** to put sb off sthg ; **~ qqn de faire qqch** to discourage sb from doing sthg.
➤ **se décourager** vp to lose heart.

décousu, e [dekuzy] <> pp ⊳ **découdre** <> adj fig [conversation] disjointed.

découvert, e [dekuvɛr, ɛrt] <> pp ⊳ **découvrir** <> adj [tête] bare ; [terrain] exposed.
➤ **découvert** nm BANQUE overdraft ; **être à ~ (de 6 000 francs)** to be (6,000 francs) overdrawn.
➤ **découverte** nf discovery ; **aller à la ~e de** to explore.

découvrir [34] [dekuvrir] vt - **1.** [trouver, surprendre] to discover - **2.** [ôter ce qui couvre, mettre à jour] to uncover - **3.** [laisser voir] to reveal.
➤ **se découvrir** vp - **1.** [se dévêtir] to take off one's clothes, to undress - **2.** [ôter son chapeau]

to take off one's hat - **3.** [ciel] to clear - **4.** [se trouver - cousin, penchant] to discover.

décrasser [3] [dekrase] vt to scrub.

décrépit, e [dekrepi, it] adj decrepit.

décrépitude [dekrepityd] nf - **1.** [de personne] decrepitude - **2.** [d'objet] dilapidation.

decrescendo [dekreʃɛndo] <> nm inv decrescendo <> adv MUS decrescendo ; **aller ~ fig** to wane.

décret [dekrɛ] nm decree ; **~ ministériel** order in council.

décréter [18] [dekrete] vt - **1.** ADMIN to decree - **2.** [décider] : **~ que** to decide that.

décrier [10] [dekrije] vt sout to decry.

décrire [99] [dekrir] vt to describe.

décrisper [3] [dekrispe] vt - **1.** [personne] to put at ease - **2.** [atmosphère] to ease.
➤ **se décrisper** vp to relax.

décrit, e [dekri, it] pp ⊳ **décrire**.

décrochement [dekrɔʃmɑ̃] nm - **1.** GÉOL thrust fault - **2.** [action] unhooking - **3.** [partie en retrait] recess.

décrocher [3] [dekrɔʃe] <> vt - **1.** [enlever] to take down - **2.** [téléphone] to pick up - **3. fam** [obtenir] to land <> vi fam [abandonner] to drop out.
➤ **se décrocher** vp to fall down.

décroiser [3] [dekrwaze] vt to unfold, to uncross.

décroissant, e [dekrwasɑ̃, ɑ̃t] adj [courbe] decreasing ; [influence] diminishing ; **par ordre ~** in descending order.

décroître [94] [dekrwatr] vi to decrease, to diminish ; [jours] to get shorter.

décrotter [3] [dekrɔte] vt to clean the mud off.

décru, e [dekry] pp ⊳ **décroître**.
➤ **décrue** nf drop in the water level.

décrypter [3] [dekripte] vt to decipher.

déçu, e [desy] <> pp ⊳ **décevoir** <> adj disappointed.

déculotter [3] [dekylɔte] vt : **~ qqn** to take sb's trousers off.
➤ **se déculotter** vp to take one's trousers off.

déculpabiliser [3] [dekylpabilize] vt : **~ qqn** to free sb from guilt.
➤ **se déculpabiliser** vp to free o.s. from guilt.

décupler [3] [dekyple] vt & vi to increase tenfold.

dédaigner [4] [dedeɲe] vt - **1.** [mépriser - personne] to despise ; [- conseils, injures] to scorn - **2.** [refuser] : **~ de faire qqch** sout to disdain to do sthg ; **ne pas ~ qqch/de faire qqch** not to be above sthg/above doing sthg.

dédaigneusement [dedɛɲøzmɑ̃] *adv* disdainfully.

dédaigneux, euse [dedɛɲø, øz] *adj* disdainful.

dédain [dedɛ̃] *nm* disdain, contempt.

dédale [dedal] *nm litt* & *fig* maze.

dedans [dədɑ̃] *adv* & *nm* inside.
➤ **de dedans** *loc adv* from inside, from within.
➤ **en dedans** *loc adv* inside, within.
➤ **en dedans de** *loc prép* inside, within ; *voir aussi* là-dedans.

dédicace [dedikas] *nf* dedication.

dédicacer [16] [dedikase] *vt* : **~ qqch (à qqn)** to sign *ou* autograph sthg (for sb).

dédié, e [dedje] *adj* INFORM dedicated.

dédier [9] [dedje] *vt* : **~ qqch (à qqn/à qqch)** to dedicate sthg (to sb/to sthg).

dédire [103] [dedir] ➤ **se dédire** *vp sout* to go back on one's word.

dédit [dedi] *nm* JUR penalty (clause).

dédommagement [dedɔmaʒmɑ̃] *nm* compensation.

dédommager [17] [dedɔmaʒe] *vt* **- 1.** [indemniser] to compensate **- 2.** *fig* [remercier] to repay.

dédouanement [dedwanmɑ̃], **dédouanage** [dedwanaʒ] *nm* customs clearance.

dédouaner [3] [dedwane] *vt* [marchandises] to clear through customs.

dédoublement [dedublǝmɑ̃] *nm* halving, splitting (in two) ; **~ de la personnalité** PSYCHOL & *fig* split personality.

dédoubler [3] [deduble] *vt* to halve, to split ; [fil] to separate.
➤ **se dédoubler** *vp* **- 1.** PSYCHOL & *fig* to have a split personality **- 2.** *fig* & *hum* [être partout] to be in two places at once.

dédramatiser [3] [dedramatize] *vt* [événement] to play down ; [situation] to defuse.

déductible [dedyktibl] *adj* deductible.

déduction [dedyksjɔ̃] *nf* deduction.

déduire [98] [dedɥir] *vt* : **~ qqch (de)** [ôter] to deduct sthg (from) ; [conclure] to deduce sthg (from).

déduisais, déduisait *etc* ➤ déduire.

déduit, e [dedɥi, it] *pp* ➤ déduire.

déesse [deɛs] *nf* goddess.

DEFA, Defa [defa] (*abr de* diplôme d'État relatif aux fonctions d'animation) *nm diploma for senior youth leaders.*

défaillance [defajɑ̃s] *nf* **- 1.** [incapacité - de machine] failure ; [- de personne, organisation] weakness **- 2.** [malaise] blackout, fainting fit ; **~ cardiaque** MÉD heart failure.

défaillant, e [defajɑ̃, ɑ̃t] *adj* [faible] failing.

défaillir [47] [defajir] *vi* **- 1.** [s'évanouir] to faint **- 2.** [faire défaut] to fail.

défaire [109] [defɛr] *vt* **- 1.** [détacher] to undo [valise] to unpack ; [lit] to strip **- 2.** *sout* [vaincre] to defeat.
➤ **se défaire** *vp* **- 1.** [ne pas tenir] to come undone **- 2.** *sout* [se séparer] : **se ~ de** to get rid of

défaisais, défaisions *etc* ➤ défaire.

défait, e [defɛ, ɛt] ◇ *pp* ➤ défaire ◇ *adj fig* [épuisé] haggard.
➤ **défaite** *nf* defeat.

défaitisme [defetism] *nm* defeatism.

défaitiste [defetist] *nmf* & *adj* defeatist.

défalcation [defalkasjɔ̃] *nf* deduction.

défalquer [3] [defalke] *vt* to deduct.

défasse, défasses *etc* ➤ défaire.

défaut [defo] *nm* **- 1.** [imperfection - gén] flaw [- de personne] fault, shortcoming ; **~ de fabri cation** manufacturing fault **- 2.** [manque] lack ; **à ~ de** for lack *ou* want of ; **l'eau fai (cruellement) ~** there is a serious wate shortage ; **par ~** [être jugé] in one's absence [calculer] to the nearest decimal point.

défaveur [defavœr] *nf* disfavour Br, disfavo Am ; **être en ~** to be out of favour Br *ou* favo Am ; **tomber en ~** to fall out of favour Br o favor Am.

défavorable [defavɔrabl] *adj* unfavourable Br, unfavorable Am.

défavorisé, e [defavɔrize] *adj* disadvan taged, underprivileged.

défavoriser [3] [defavɔrize] *vt* to handicap to penalize.

défectif, ive [defektiv, iv] *adj* GRAM defective

défection [defeksjɔ̃] *nf* **- 1.** [absence] absenc **- 2.** [abandon] defection.

défectueux, euse [defektɥø, øz] *adj* faulty defective.

défendable [defɑ̃dabl] *adj litt* & *fig* defens ible.

défendais, défendions *etc* ➤ défen dre.

défendeur, eresse [defɑ̃dœr, rɛs] *nm, f* de fendant.

défendre [73] [defɑ̃dr] *vt* **- 1.** [personne, opinion client] to defend **- 2.** [interdire] to forbid ; **~ qqc à qqn** to forbid sb sthg ; **~ à qqn de faire qqc** to forbid sb to do sthg ; **~ que qqn fasse qqc** to forbid sb to do sthg.
➤ **se défendre** *vp* **- 1.** [se battre, se justifier] t defend o.s. **- 2.** *fam* [se débrouiller] : **se ~ (en) t**

get by (in) - **3.** [nier] : **se ~ de faire qqch** to deny doing sthg - **4.** [thèse] to stand up.

défendu, e [defãdy] ◇ *pp* ▷ **défendre** ◇ *adj* : 'il est ~ de jouer au ballon' 'no ball games'.

défense [defãs] *nf* - **1.** [d'éléphant] tusk - **2.** [interdiction] prohibition, ban ; '~ de fumer/de stationner/d'entrer' 'no smoking/parking/entry' ; '~ d'afficher' 'stick no bills' - **3.** [protection] defence *Br*, defense *Am* ; **prendre la ~ de** to stand up for ; **~ antiaérienne** MIL antiaircraft defence *Br ou* defense *Am* ; **~ des consommateurs** consumer protection ; **la ~ nationale** MIL national defence *Br ou* defense *Am* ; **légitime ~** JUR self-defence *Br*, self-defense *Am*.

défenseur [defãsœr] *nm* - **1.** JUR counsel for the defence *Br*, defense attorney *Am* - **2.** [partisan] champion - **3.** HOCKEY : **~ droit** right defence *Br ou* defense *Am* ; **~ gauche** left defence *Br ou* defense *Am*.

défensif, ive [defãsif, iv] *adj* defensive.
➤ **défensive** *nf* : **être sur la défensive** to be on the defensive.

déféquer [18] [defeke] *vi* to defecate.

déférence [deferãs] *nf* deference.

déférer [18] [defere] ◇ *vt* JUR to refer ◇ *vi sout* [céder] : **~ à** to defer to.

déferlement [deferləmã] *nm* [de vagues] breaking ; *fig* surge, upsurge.

déferler [3] [deferle] *vi* [vagues] to break ; *fig* to surge.

défi [defi] *nm* challenge ; **mettre qqn au ~ de faire qqch** to challenge sb to do sthg ; **relever le ~** to take up the challenge.

défiance [defjãs] *nf* distrust, mistrust.

défiant, e [defjã, ãt] *adj* distrustful, mistrustful.

déficeler [24] [defisle] *vt* to untie.

déficience [defisjãs] *nf* deficiency.

déficient, e [defisjã, ãt] *adj* deficient.

déficit [defisit] *nm* - **1.** FIN deficit ; **être en ~** to be in deficit - **2.** [manque] deficiency.

déficitaire [defisiter] *adj* in deficit.

défier [9] [defje] *vt* - **1.** [braver] : **~ qqn de faire qqch** to defy sb to do sthg - **2.** *vieilli* [provoquer] : **~ (qqn à)** to challenge (sb to).
➤ **se défier** *vp littéraire* : **se ~ de qqn/qqch** to mistrust sb/sthg.

défigurer [3] [defigyre] *vt* - **1.** [blesser] to disfigure - **2.** [enlaidir] to deface.

défilé [defile] *nm* - **1.** [parade] parade ; **~ de mode** fashion parade - **2.** [couloir] defile, narrow pass.

défiler [3] [defile] *vi* - **1.** [dans une parade] to march past - **2.** [se succéder] to pass.
➤ **se défiler** *vp fam* to back out.

défini, e [defini] *adj* - **1.** [précis] clear, precise - **2.** GRAM definite.

définir [32] [definir] *vt* to define.

définitif, ive [definitif, iv] *adj* definitive, final.
➤ **en définitive** *loc adv* in the end.

définition [definisjɔ̃] *nf* definition ; **par ~** by definition.

définitivement [definitivmã] *adv* for good, permanently.

défiscaliser [3] [defiskalize] *vt* to exempt from taxation.

déflagration [deflagrasjɔ̃] *nf* explosion.

déflation [deflasjɔ̃] *nf* deflation.

déflationniste [deflasjɔnist] *adj* deflationary, deflationist.

déflecteur [deflɛktœr] *nm* quarterlight.

déflorer [3] [deflɔre] *vt* [jeune fille] to deflower ; *fig* to taint.

défonce [defɔ̃s] *nf arg drogue* high.

défoncé, e [defɔ̃se] *adj* - **1.** [abîmé - route] with large potholes ; [- chaise] broken, brokendown - **2.** *arg drogue* [drogué] high, stoned.

défoncer [16] [defɔ̃se] *vt* [caisse, porte] to smash in ; [route] to break up ; [mur] to smash down ; [chaise] to break.
➤ **se défoncer** *vp* - **1.** *arg drogue* to trip, to get high - **2.** *fam* [se surpasser] to go all out, to work flat out.

déformant, e [defɔrmã, ãt] *adj* distorting.

déformation [defɔrmasjɔ̃] *nf* - **1.** [d'objet, de théorie] distortion - **2.** MÉD deformity ; **~ professionnelle** *mental conditioning caused by one's job*.

déformer [3] [defɔrme] *vt* to distort.
➤ **se déformer** *vp* [changer de forme] to be distorted, to be deformed ; [se courber] to bend.

défoulement [defulmã] *nm* unwinding, letting off steam.

défouler [3] [defule] *vt fam* to unwind.
➤ **se défouler** *vp fam* to let off steam, to unwind.

défrayer [11] [defreje] *vt* [payer] : **~ qqn** to pay sb's expenses *ou* costs.

défricher [3] [defriʃe] *vt* [terrain] to clear ; *fig* [question] to do the groundwork for.

défriser [3] [defrize] *vt* - **1.** [cheveux] to straighten - **2.** *fam fig* [déplaire] to bother.

défroisser [3] [defrwase] *vt* to smooth out.

défunt, e [defœ̃, œ̃t] ◇ *adj* [décédé] late ◇ *nm, f* deceased.

dégagé, e [degaʒe] *adj* - **1.** [ciel, vue] clear ; [partie du corps] bare - **2.** [désinvolte] casual, airy - **3.** [libre] : ~ **de** free from.

dégagement [degaʒmã] *nm* - **1.** [passage] passage - **2.** [émanation] emission - **3.** [évacuation] freeing, extricating.

dégager [17] [degaʒe] <> *vt* - **1.** [odeur] to produce, to give off - **2.** [délivrer - blessé] to free, to extricate - **3.** [idée] to bring out - **4.** [bénéfice] to show - **5.** [budget] to release - **6.** [pièce] to clear - **7.** [libérer] : ~ **qqn de** to release sb from <> *vi fam* [partir] to clear off.

 se dégager *vp* - **1.** [se délivrer] : **se ~ de qqch** to free o.s. from sthg ; *fig* to get out of sthg - **2.** [se désencombrer] to clear - **3.** [émaner] to be given off - **4.** [émerger] to emerge.

dégaine [degɛn] *nf fam* gawkiness *(U)*.

dégainer [4] [degene] *vt* [épée, revolver] to draw.

dégarnir [32] [degarnir] *vt* to strip, to clear.
 se dégarnir *vp* [vitrine] to be cleared ; [arbre] to lose its leaves ; **sa tête se dégarnit, il se dégarnit** he's going bald.

dégât [dega] *nm litt* & *fig* damage *(U)* ; **faire des ~s** to cause damage ; **limiter les ~s** *fig* to call a halt before things get any worse.

dégel [deʒɛl] *nm* - **1.** [fonte des glaces] thaw - **2.** FIN unfreezing.

dégeler [25] [deʒle] <> *vt* - **1.** [produit surgelé] to thaw - **2.** FIN to unfreeze - **3.** *fig* [dérider] to warm up <> *vi* to thaw.
 se dégeler *vp fig* to thaw, to warm up.

dégénéré, e [deʒenere] *adj* & *nm, f* degenerate.

dégénérer [18] [deʒenere] *vi* to degenerate ; ~ **en** to degenerate into.

dégénérescence [deʒeneresãs] *nf* degeneration, degeneracy.

dégingandé, e [deʒɛ̃gãde] *adj fam* gangling.

dégivrer [3] [deʒivre] *vt* [pare-brise] to de-ice ; [réfrigérateur] to defrost.

dégivreur [deʒivrœr] *nm* [de voiture, avion] de-icer ; [de réfrigérateur] defroster.

déglinguer [3] [deglɛ̃ge] *vt fam* to smash (to pieces).
 se déglinguer *vp fam* to fall to pieces.

déglutition [deglytisjɔ̃] *nf* swallowing.

dégonflé, e [degɔ̃fle] <> *adj* [pneu, roue] flat <> *nm, f fam* [personne] chicken, yellow-belly.

dégonfler [3] [degɔ̃fle] <> *vt* to deflate, to let down <> *vi* to go down ; **faire ~** to reduce the swelling of.
 se dégonfler *vp* - **1.** [objet] to go down - **2.** *fam* [personne] to chicken out.

dégorger [17] [degɔrʒe] <> *vt* - **1.** [tuyau] to

clear (out) - **2.** [eau] to discharge - **3.** [soie, laine] to purify <> *vi* - **1.** [tissu] to run - **2.** CULIN : **faire ~** to soak.

dégot(t)er [degɔte] [3] *vt fam* to dig up.
 se dégot(t)er *vp fam* to dig up for o.s.

dégouliner [3] [deguline] *vi* to trickle.

dégourdi, e [degurdi] <> *adj* clever <> *nm, f* clever person.

dégourdir [32] [degurdir] *vt* - **1.** [membres - ankylosés] to restore the circulation to ; [- gelés] to warm up - **2.** *fig* [déniaiser] : ~ **qqn** to teach sb a thing or two.
 se dégourdir *vp* - **1.** [membres] : **se ~ les jambes** to stretch one's legs - **2.** *fig* [acquérir de l'aisance] to learn a thing or two.

dégoût [degu] *nm* disgust, distaste ; **le ~ de la vie** world-weariness ; **ravaler son ~** to swallow one's distaste.

dégoûtant, e [degutã, ãt] <> *adj* - **1.** [sale] filthy, disgusting - **2.** [révoltant, grossier] disgusting <> *nm, f* disgusting person.

dégoûté, e [degute] <> *adj* [écœuré] disgusted ; ~ **de** sick of <> *nm, f* : **faire le ~** to be fussy.

dégoûter [3] [degute] *vt* to disgust ; ~ **qqn de qqch/de faire qqch** to put sb off sthg/off doing sthg.

dégoutter [3] [degute] *vi* : ~ **(de qqch)** to drip (with sthg).

dégradant, e [degradã, ãt] *adj* degrading.

dégradation [degradasjɔ̃] *nf* - **1.** [de bâtiment] damage ; [du sol] erosion - **2.** [de moral] decline - **3.** [de personne] degradation - **4.** [de situation] deterioration.

dégradé, e [degrade] *adj* [couleur] shading off.
 dégradé *nm* gradation ; **un ~ de bleu** a blue shading.
 en dégradé *loc adv* [cheveux] layered.

dégrader [3] [degrade] *vt* - **1.** [officier] to degrade - **2.** [abîmer -] to damage ; [- sol] to erode - **3.** *fig* [avilir] to degrade, to debase.
 se dégrader *vp* - **1.** [bâtiment, santé] to deteriorate - **2.** *fig* [personne] to degrade o.s.

dégrafer [3] [degrafe] *vt* to undo, to unfasten.
 se dégrafer *vp* to come undone.

dégraissage [degresaʒ] *nm* - **1.** [de vêtement] dry-cleaning - **2.** [de personnel] trimming, cutting back.

dégraisser [4] [degrese] *vt* - **1.** [vêtement] to dry-clean - **2.** [personnel] to trim, to cut back.

degré [dəgre] *nm* - **1.** [gén] degree ; **~s centigrades** *ou* **Celsius** degrees centigrade *ou* Celsius ; ~ **de parenté** degree of kinship

prendre qqn/qqch au premier ~ to take sb/ sthg at face value **- 2.** *sout* [marche] step.

dégressif, ive [degresif, iv] *adj* : **tarif ~** decreasing price scale.

dégrèvement [degrɛvmɑ̃] *nm* tax relief.

dégriffé, e [degrife] *adj* ex-designer label *(avant n).*
➤ **dégriffé** *nm* ex-designer label garment.

dégringolade [degrɛ̃gɔlad] *nf litt* & *fig* tumble.

dégringoler [3] [degrɛ̃gɔle] *fam* ⟨> *vt* to tumble down ⟨> *vi* [tomber] to tumble ; *fig* to crash.

dégriser [3] [degrize] *vt sout* [désenivrer] to sober up ; **~ qqn** *fig* to bring sb to his/her senses.

dégrossir [32] [degrosir] *vt* **- 1.** [matériau] to rough-hew **- 2.** *fig* [affaire, question] to rough out **- 3.** *fig* [personne] to polish.
➤ **se dégrossir** *vp* [personne] to become more polished.

déguenillé, e [degənije] *adj* ragged.

déguerpir [32] [degɛrpir] *vi* to clear off.

dégueulasse [degœlas] *tfam* ⟨> *adj* **- 1.** [très sale, grossier] filthy ; **blague ~** dirty joke **- 2.** [très mauvais-plat] disgusting ; [-temps] lousy ⟨> *nmf* scum *(U).*

dégueuler [5] [degœle] *vi fam* to throw up.

déguisé, e [degize] *adj* disguised ; [pour s'amuser] in fancy dress.

déguisement [degizmɑ̃] *nm* disguise ; [pour bal masqué] fancy dress.

déguiser [3] [degize] *vt* to disguise.
➤ **se déguiser** *vp* : **se ~ en** [pour tromper] to disguise o.s. as ; [pour s'amuser] to dress up as.

dégustation [degystasjɔ̃] *nf* tasting, sampling ; **~ de vin** wine tasting.

déguster [3] [degyste] ⟨> *vt* [savourer] to taste, to sample ⟨> *vi fam* [subir] : **il va ~!** he'll be for it!

déhancher [3] [deɑ̃ʃe] ➤ **se déhancher** *vp* [en marchant] to swing one's hips ; [en restant immobile] to put all one's weight on one leg.

dehors [dəɔr] ⟨> *adv* outside ; **aller ~** to go outside ; **dormir ~** to sleep out of doors, to sleep out ; **jeter** *ou* **mettre qqn ~** to throw sb out ⟨> *nm* outside ⟨> *nmpl* : **les ~** [les apparences] appearances.
➤ **en dehors** *loc adv* outside, outwards *Br*, outward *Am*.
➤ **en dehors de** *loc prép* [excepté] apart from.

déjà [deʒa] *adv* **- 1.** [dès cet instant] already **- 2.** [précédemment] already, before **- 3.** [au fait] : **quel est ton nom ~?** what did you say your name was? **- 4.** [renforce une affirmation] : **ce n'est ~ pas si mal** that's not bad at all.

déjanter [3] [deʒɑ̃te] *vt* : **~ un pneu** to take a tyre *Br ou* tire *Am* off the rim.

déjà-vu [deʒavy] *nm inv* : **c'est du ~** it's old hat.

déjection [deʒɛksjɔ̃] *nf* [action] evacuation.
➤ **déjections** *nfpl* excrement *(U).*

déjeuner [5] [deʒœne] ⟨> *vi* **- 1.** [le matin] to have breakfast **- 2.** [à midi] to have lunch ⟨> *nm* **- 1.** [repas de midi] lunch ; **~ d'affaires** business lunch **- 2.** *Can* [dîner] dinner.

déjouer [6] [deʒwe] *vt* to frustrate ; **~ la surveillance de qqn** to elude sb's surveillance.

delà [dəla] ⟹ **au-delà.**

délabré, e [delabre] *adj* ruined.

délabrement [delabrəmɑ̃] *nm* **- 1.** [de bâtiment] dilapidation, ruining **- 2.** [de personne] ruin.

délacer [16] [delase] *vt* to unlace, to undo.

délai [delɛ] *nm* **- 1.** [temps accordé] period ; **dans un ~ de** within (a period of) ; **dans les ~s impartis** by the deadline ; **sans ~** immediately, without delay ; **~ de livraison** delivery time, lead time **- 2.** [sursis] extension (of deadline).

délaissé, e [delese] *adj* abandoned.

délaisser [4] [delese] *vt* **- 1.** [abandonner] to leave **- 2.** [négliger] to neglect.

délassement [delasmɑ̃] *nm* relaxation.

délasser [3] [delase] *vt* to refresh.
➤ **se délasser** *vp* to relax.

délateur, trice [delatœr, tris] *nm, f* informer.

délation [delasjɔ̃] *nf* informing.

délavé, e [delave] *adj* faded.

délayage [delɛjaʒ] *nm* verbiage, waffle.

délayer [11] [deleje] *vt* **- 1.** [diluer] : **~ qqch dans qqch** to mix sthg with sthg **- 2.** *fig* [exposer longuement] to pad out.

Delco® [dɛlko] *nm* AUTOM distributor.

délectable [delɛktable] *adj sout* delectable.

délectation [delɛktasjɔ̃] *nf* [plaisir] delight ; **avec ~** in delight.

délecter [4] [delɛkte] ➤ **se délecter** *vp* : **se ~ de qqch/à faire qqch** to delight in sthg/in doing sthg.

délégation [delegasjɔ̃] *nf* delegation ; **agir par ~** to be delegated to act.

délégué, e [delege] ⟨> *adj* [personne] delegated ⟨> *nm, f* [représentant] : **~ (à)** delegate (to) ; **~ de classe/du personnel/syndical** class/ staff/trade union representative.

déléguer [18] [delege] *vt* : **~ qqn (à qqch)** to delegate sb (to sthg).

délestage [delɛstaʒ] *nm* **- 1.** [de ballon, de navire] removal of ballast **- 2.** [de circulation] (temporary) diversion.

délester [3] [delɛste] vt - **1.** [ballon, navire] to remove ballast from - **2.** [circulation routière] to set up a diversion on, to divert - **3.** fig & hum [voler] : ~ qqn de qqch to relieve sb of sthg.

délibératif, ive [deliberatif, iv] adj : avoir voix délibérative to have voting rights.

délibération [deliberasjɔ̃] nf deliberation.

délibéré, e [delibere] adj - **1.** [intentionnel] deliberate - **2.** [résolu] determined.

➡ **délibéré** nm JUR judge's deliberations (pl).

délibérément [deliberemã] adv - **1.** [en connaissance de cause] after deliberation OU due consideration - **2.** [intentionnellement] deliberately, on purpose.

délibérer [18] [delibere] vi : ~ (de OU sur) to deliberate (on OU over).

délicat, e [delika, at] adj - **1.** [gén] delicate - **2.** [aimable] thoughtful, sensitive - **3.** [exigeant] fussy, difficult ; faire le ~ to be fussy.

délicatement [delikatmã] adv delicately.

délicatesse [delikatɛs] nf - **1.** [gén] delicacy - **2.** [tact] delicacy, tact.

délice [delis] nm delight.

délicieusement [delisjøzmã] adv [agréablement] delightfully.

délicieux, euse [delisjø, øz] adj - **1.** [savoureux] delicious - **2.** [agréable] delightful.

délictueux, euse [deliktɥø, øz] adj criminal.

délié, e [delje] adj [doigts] nimble.

délier [9] [delje] vt to untie ; ~ qqn de fig & sout to release sb from.

délimitation [delimitasjɔ̃] nf - **1.** [de territoire] fixing of the boundaries - **2.** [de fonction] demarcation - **3.** fig [de sujet] definition.

délimiter [3] [delimite] vt [frontière] to fix ; fig [question, domaine] to define, to demarcate.

délinquance [delɛ̃kɑ̃s] nf delinquency ; ~ informatique cybercrime ; ~ juvénile juvenile delinquency.

délinquant, e [delɛ̃kɑ̃, ɑ̃t] ⬦ adj delinquent ⬦ nm, f delinquent ; petit ~ petty criminal.

déliquescent, e [delikesɑ̃, ɑ̃t] adj fam [personne] feeble ; vieilli [mœurs] decaying.

délirant, e [delirã, ɑ̃t] adj -**1.** MÉD delirious - **2.** [extravagant] frenzied - **3.** fam [extraordinaire] crazy.

délire [delir] nm MÉD delirium ; en ~ fig frenzied.

délirer [3] [delire] vi MÉD to be OU become delirious ; fam fig to rave.

délit [deli] nm crime, offence Br, offense Am ; en flagrant ~ red-handed, in the act ; ~ de

fuite failure to stop (after an accident) ; ~s d'initiés FIN insider trading,(U).

délivrance [delivrɑ̃s] nf - **1.** [libération] freeing, release - **2.** [soulagement] relief - **3.** [accouchement] delivery.

délivrer [3] [delivre] vt - **1.** [prisonnier] to free, to release - **2.** [pays] to deliver, to free ; ~ de to free from ; fig to relieve from - **3.** [remettre] : ~ qqch (à qqn) to issue sthg (to sb) - **4.** [marchandise] to deliver.

➡ **se délivrer** vp - **1.** [se libérer] : se ~ (de) to free o.s. (from) - **2.** [passeport] to be issued.

déloger [17] [delɔʒe] vt : ~ (de) to dislodge (from).

déloyal, e, aux [delwajal, o] adj - **1.** [infidèle] disloyal - **2.** [malhonnête] unfair.

Delphes [delf] n Delphi.

delta [dɛlta] nm delta.

deltaplane, delta-plane (pl delta-planes) [dɛltaplan] nm hang glider.

déluge [delyʒ] nm - **1.** RELIG : le Déluge the Flood ; remonter au Déluge fig to go back to the year dot - **2.** [pluie] downpour, deluge ; un ~ de fig a flood of.

déluré, e [delyre] adj [malin] quick-witted ; péj [dévergondé] saucy.

démagogie [demagɔʒi] nf pandering to public opinion, demagogy.

démagogique [demagɔʒik] adj demagogic.

démagogue [demagɔg] nmf demagogue.

demain [dəmɛ̃] ⬦ adv - **1.** [le jour suivant] tomorrow ; ~ matin tomorrow morning - **2.** fig [plus tard] in the future ⬦ nm tomorrow ; à ~! see you tomorrow!

demande [dəmɑ̃d] nf - **1.** [souhait] request ; à la ~ générale by popular demand ; accéder à une ~ to accede to a demand - **2.** [démarche] proposal ; ~ en mariage proposal of marriage - **3.** [candidature] application ; ~ d'emploi job application ; '~s d'emploi' 'situations wanted' - **4.** [commande] order - **5.** ÉCON demand - **6.** JUR petition.

demandé, e [dəmɑ̃de] adj in demand.

demander [3] [dəmɑ̃de] ⬦ vt - **1.** [réclamer, s'enquérir] to ask for ; ~ qqch à qqn to ask sb for sthg - **2.** [appeler] to call ; on vous demande à la réception/au téléphone you're wanted at reception/on the telephone ; qui demandez-vous? who do you want? - **3.** [désirer] to ask, to want ; je ne demande pas mieux I'd be only too pleased (to), I'd love to - **4.** [exiger] : tu m'en demandes trop you're asking too much of me - **5.** [nécessiter] to require - **6.** [chercher] to look for, to require ⬦ vi - **1.** [réclamer] : ~ à qqn de faire qqch to ask sb to do sthg ; ne ~ qu'à ... to be ready to ... - **2.** [nécessiter] : **ce projet demande à être étudié** this project requires investigation *ou* needs investigating.

se demander *vp* : **se ~ (si)** to wonder (if *ou* whether).

demandeur¹, euse [dəmãdœr, øz] *nm, f* [solliciteur] : **~ d'asile** asylum-seeker ; **~ d'emploi** job-seeker.

demandeur², eresse [dəmãdœr, drɛs] *nm, f* JUR plaintiff.

démangeaison [demãʒɛzɔ̃] *nf* [irritation] itch, itching (U) ; *fam fig* urge.

démanger [17] [demãʒe] *vi* [gratter] to itch ; **ça me démange de ...** *fig* I'm itching *ou* dying to ...

démanteler [25] [demãtle] *vt* [construction] to demolish ; *fig* to break up.

démaquillant, e [demakijã, ãt] *adj* make-up-removing *(avant n)*.

démaquillant *nm* make-up remover.

démaquiller [3] [demakije] *vt* to remove make-up from.

se démaquiller *vp* to remove one's make-up.

démarcation [demarkasjɔ̃] *nf* [frontière] demarcation ; *fig* separation.

démarchage [demarʃaʒ] *nm* : **~ à domicile** door-to-door selling.

démarche [demarʃ] *nf* - **1.** [manière de marcher] gait, walk - **2.** [raisonnement] approach, method - **3.** [requête] step ; **faire les ~s pour faire qqch** to take the necessary steps to do sthg.

démarcheur, euse [demarʃœr, øz] *nm, f* - **1.** [représentant] door-to-door salesman (*f* saleswoman) - **2.** [prospecteur] canvasser.

démarque [demark] *nf* [solde] marking down.

démarquer [3] [demarke] *vt* - **1.** [solder] to mark down - **2.** SPORT not to mark.

se démarquer *vp* - **1.** SPORT to shake off one's marker - **2.** *fig* [se distinguer] : **se ~ (de)** to distinguish o.s. (from).

démarrage [demaraʒ] *nm* starting, start ; **~ en côte** hill start.

démarrer [3] [demare] ◇ *vi* - **1.** [véhicule] to start (up) ; [conducteur] to drive off - **2.** SPORT to break away - **3.** *fig* [affaire, projet] to get off the ground ◇ *vt* - **1.** [véhicule] to start (up) ; **faire ~** to start - **2.** *fam fig* [commencer] : **~ qqch** to get sthg going.

démarreur [demarœr] *nm* starter.

démasquer [3] [demaske] *vt* - **1.** [personne] to unmask - **2.** *fig* [complot, plan] to unveil.

se démasquer *vp* to show one's true colours.

démêlant, e [demɛlã, ãt] *adj* conditioning *(avant n)*.

démêlant *nm* conditioner.

démêlé [demele] *nm* quarrel ; **avoir des ~s avec la justice** to get into trouble with the law.

démêler [4] [demele] *vt* [cheveux, fil] to untangle ; *fig* to unravel.

se démêler *vp* : **se ~ les cheveux** to comb out one's hair ; **se ~ de** *fig* to extricate o.s. from.

démembrer [3] [demãbre] *vt* [animal] to dismember ; *fig* [réseau] to break up.

déménagement [demenaʒmã] *nm* removal.

déménager [17] [demenaʒe] ◇ *vt* to move ◇ *vi* to move (house).

déménageur [demenaʒœr] *nm* removal man *Br*, mover *Am*.

démence [demãs] *nf* MÉD dementia ; [bêtise] madness.

démener [19] [demne] **se démener** *vp* *litt* & *fig* to struggle.

dément, e [demã, ãt] ◇ *adj* MÉD demented ; *fam* [extraordinaire, extravagant] crazy ◇ *nm, f* demented person.

démenti [demãti] *nm* denial ; **apporter un ~ à qqch** to deny sthg (formally).

démentiel, elle [demãsjɛl] *adj* MÉD demented ; *fam* [incroyable] crazy.

démentir [37] [demãtir] *vt* - **1.** [réfuter] to deny - **2.** [contredire] to contradict.

se démentir *vp* : **ne pas se ~ sout** to remain unchanged.

démerder [3] [demɛrde] **se démerder** *vp* *tfam* [se débrouiller] to (know how to) look after o.s.

démériter [3] [demerite] *vi* - **1.** [être indigne] : **~ de** to show o.s. (to be) unworthy of - **2.** [être dévalorisé] : **en quoi a-t-il démérité?** what has he done wrong? ; **~ auprès de qqn** to come down in sb's eyes *ou* estimation.

démesure [deməzyr] *nf* excess, immoderation.

démesurément [deməzyremã] *adv* excessively.

démets *etc* ➤ **démettre**.

démettre [84] [demɛtr] *vt* - **1.** MÉD to put out (of joint) - **2.** [congédier] : **~ qqn de** to dismiss sb from.

se démettre *vp* - **1.** MÉD : **se ~ l'épaule** to put one's shoulder out (of joint) - **2.** [démissionner] : **se ~ de ses fonctions** to resign.

demeurant [dəmœrã] **au demeurant** *loc adv* all things considered.

demeure [dəmœr] *nf* - **1.** *sout* [domicile, habitation] residence - **2.** JUR : **mettre qqn en ~ (de faire qqch)** to order sb (to do sthg).
🞄 **à demeure** ◇ *loc adj* permanent ◇ *loc adv* permanently.

demeuré, e [dəmœre] ◇ *adj* simple, half-witted ◇ *nm, f* half-wit.

demeurer [5] [dəmœre] *vi* - **1.** *(aux : avoir)* [habiter] to live - **2.** *(aux : être)* [rester] to remain.

demi, e [dəmi] *adj* half ; **un kilo et ~** one and a half kilos ; **il est une heure et ~e** it's half past one ; **à ~** half ; **dormir à ~** to be nearly asleep ; **ouvrir à ~** to half-open ; **faire les choses à ~** to do things by halves.
🞄 **demi** *nm* - **1.** [bière] beer, ≈ half-pint *Br* - **2.** FOOTBALL midfielder ; **~ de mêlée** RUGBY scrumhalf ; **~ d'ouverture** RUGBY fly half, standoff (half).
🞄 **demie** *nf* : **à la ~e** on the half-hour.

demi-bouteille [dəmibutεj] (*pl* **demi-bouteilles**) *nf* half-bottle.

demi-cercle [dəmisεrkl] (*pl* **demi-cercles**) *nm* semicircle ; **en ~** semicircular.

demi-douzaine [dəmiduzεn] (*pl* **demi-douzaines**) *nf* half-dozen ; **une ~ (de)** half a dozen.

demi-fin, e [dəmifε̃, in] (*mpl* **demi-fins**, *fpl* **demi-fines**) *adj* [haricots] medium.

demi-finale [dəmifinal] (*pl* **demi-finales**) *nf* semifinal.

demi-frère [dəmifrer] (*pl* **demi-frères**) *nm* half-brother.

demi-gros [dəmigro] *nm* : **(commerce de) ~** cash and carry.

demi-heure [dəmijœr] (*pl* **demi-heures**) *nf* half an hour, half-hour.

demi-jour [dəmiʒur] *nm* half-light.

demi-journée [dəmiʒurne] (*pl* **demi-journées**) *nf* half a day, half-day.

démilitariser [3] [demilitarize] *vt* to demilitarize.

demi-litre [dəmilitr] (*pl* **demi-litres**) *nm* half a litre *Br* ou liter *Am*, half-litre *Br*, half-liter *Am*.

demi-mal [dəmimal] (*pl* **demi-maux**) *nm* : **ce n'est que ~** things ou it could have been worse.

demi-mesure [dəmiməzyr] (*pl* **demi-mesures**) *nf* - **1.** [quantité] half a measure - **2.** [compromis] half-measure.

demi-mot [dəmimo] 🞄 **à demi-mot** *loc adv* : **comprendre à ~** to understand without things having to be spelled out.

déminage [deminaʒ] *nm* [de sol] mine clearance ; [d'eau] minesweeping.

déminer [3] [demine] *vt* to clear of mines.

demi-pension [dəmipɑ̃sjɔ̃] (*pl* **demi-pensions**) *nf* - **1.** [d'hôtel] half-board - **2.** [d'école] : **être en ~** to take school dinners (*pl*).

demi-pensionnaire [dəmipɑ̃sjɔner] (*pl* **demi-pensionnaires**) *nmf* child who has school dinners.

demi-place [dəmiplas] (*pl* **demi-places**) *nf* - **1.** [pour spectacle] half-price ticket - **2.** [dans transports publics] half-fare.

démis, e [demi, iz] *pp* ⊳ **démettre**.

demi-saison [dəmisεzɔ̃] *nf* : **une veste de ~** a spring/autumn jacket.

demi-sel [dəmisel] *adj inv* slightly salted.

demi-sœur [dəmisœr] (*pl* **demi-sœurs**) *nf* half-sister.

demi-soupir [dəmisupir] (*pl* **demi-soupirs**) *nm* quaver rest *Br*, eighth note rest *Am*.

démission [demisjɔ̃] *nf* resignation ; **remettre sa ~** to hand in one's notice.

démissionnaire [demisjɔner] ◇ *nmf* person resigning ◇ *adj* resigning *(avant n)* ; [ministre] outgoing *(avant n)*.

démissionner [3] [demisjɔne] ◇ *vi* [d'un emploi] to resign ; *fig* to give up ◇ *vt hum* : **~ qqn** to give sb the boot.

demi-tarif [dəmitarif] (*pl* **demi-tarifs**) ◇ *adj* half-price ◇ *nm* - **1.** [tarification] half-fare - **2.** [billet] half-price ticket.

demi-teinte [dəmitε̃t] (*pl* **demi-teintes**) *nf* halftone ; **en ~, en ~s** *fig* subtle.

demi-ton [dəmitɔ̃] (*pl* **demi-tons**) *nm* semitone.

demi-tour [dəmitur] (*pl* **demi-tours**) *nm* [gén] half-turn ; MIL about-turn ; **faire ~** to turn back.

démo [demo] *nf fam* demonstration ; **faire une ~ à qqn** to give s.o. a demonstration.

démobiliser [3] [demɔbilize] *vt* MIL to demobilize ; **être démobilisé** *fig* to be demotivated.

démocrate [demɔkrat] ◇ *nmf* democrat ◇ *adj* democratic.

démocrate-chrétien, enne [demɔkrat-kretjε̃, εn] (*mpl* **démocrates-chrétiens**, *fpl* **démocrates-chrétiennes**) ◇ *adj* Christian-Democratic ◇ *nm, f* Christian Democrat.

démocratie [demɔkrasi] *nf* democracy ; **les ~s occidentales** the Western democracies.

démocratique [demɔkratik] *adj* democratic.

démocratisation [demɔkratizasjɔ̃] *nf* democratization.

démocratiser [3] [demɔkratize] *vt* to democratize.

démodé, e [demɔde] *adj* old-fashioned.
démographie [demɔgrafi] *nf* demography.
démographique [demɔgrafik] *adj* demographic.
demoiselle [dəmwazɛl] *nf* - **1.** [jeune fille] maid ; **~ d'honneur** bridesmaid - **2.** [libellule] dragonfly.
démolir [32] [demɔlir] *vt* - **1.** [gén] to demolish - **2.** *fam* [frapper] : **~ qqn** to smash sb's face in ; **se faire ~** to get one's face smashed in.
démolisseur [demɔlisœr] *nm* demolition worker.
démolition [demɔlisjɔ̃] *nf* demolition ; **en ~** in the course of being demolished.
démon [demɔ̃] *nm* - **1.** [diable, personne] devil, demon ; **le ~** RELIG the Devil - **2.** *fig* : **le ~ de l'alcool/de la curiosité** the demon drink/curiosity ; **le ~ de midi** middle-aged lust.
démoniaque [demɔnjak] *adj* - **1.** [diabolique] diabolical - **2.** [possédé du démon] possessed.
démonstrateur, trice [demɔ̃stratœr, tris] *nm, f* demonstrator.
démonstratif, ive [demɔ̃stratif, iv] *adj* - **1.** [argument] convincing - **2.** [personne & GRAM] demonstrative.
➡ **démonstratif** *nm* GRAM demonstrative.
démonstration [demɔ̃strasjɔ̃] *nf* - **1.** [gén] demonstration - **2.** MIL show, demonstration.
démontable [demɔ̃tabl] *adj* collapsible.
démontage [demɔ̃taʒ] *nm* dismantling, taking to pieces ; [de moteur] stripping down.
démonté, e [demɔ̃te] *adj* [océan] raging.
démonte-pneu [demɔ̃tpnø] *(pl* **démonte-pneus)** *nm* tyre lever *Br*, tire iron *Am*.
démonter [3] [demɔ̃te] *vt* - **1.** [appareil] to dismantle, to take apart - **2.** [troubler] : **~ qqn** to put sb out.
➡ **se démonter** *vp fam* to be put out.
démontrer [3] [demɔ̃tre] *vt* - **1.** [prouver] to prove, to demonstrate - **2.** [témoigner de] to show, to demonstrate.
démoralisant, e [demɔralizɑ̃, ɑ̃t] *adj* demoralizing.
démoraliser [3] [demɔralize] *vt* to demoralize.
➡ **se démoraliser** *vp* to lose heart.
démordre [76] [demɔrdr] *vt* : **ne pas ~ de** to stick to.
démordu [demɔrdy] *pp inv* ➲ **démordre**.
démotiver [3] [demɔtive] *vt* to demotivate.
démouler [3] [demule] *vt* to turn out of a mould, to remove from a mould.
démultiplication [demyltiplikasjɔ̃] *nf* TECHNOL reduction in gear ratio.

démunir [32] [demynir] *vt* to deprive.
➡ **se démunir** *vp* : **se ~ de** to part with.
démystifier [9] [demistifje] *vt* - **1.** [concept] to demystify - **2.** [personne] to disabuse.
dénatalité [denatalite] *nf* fall in the birthrate.
dénationaliser [3] [denasjɔnalize] *vt* to denationalize.
dénaturé, e [denatyre] *adj* - **1.** [parents] unfit - **2.** [goût] unnatural - **3.** TECHNOL denatured.
dénaturer [3] [denatyre] *vt* - **1.** [goût] to impair, to mar - **2.** TECHNOL to denature - **3.** [déformer] to distort.
dénégation [denegasjɔ̃] *nf* denial.
déneigement [denɛʒmɑ̃] *nm* snow clearance.
déneiger [23] [deneʒe] *vt* to clear snow from.
déneigeuse [deneʒøz] *nf Can* snowblower.
déni [deni] *nm* denial ; **~ de justice** JUR denial of justice.
déniaiser [4] [denjeze] *vt hum* & *vieilli* : **~ qqn** to teach sb a thing or two.
dénicher [3] [denife] *vt fig* - **1.** [personne] to flush out - **2.** *fam* [objet] to unearth.
denier [dənje] *nm* denier *(coin)*.
➡ **deniers** *nmpl* : **les ~s publics** the public purse *(sg)* ; **les ~s de l'État** the State coffers.
dénigrer [3] [denigre] *vt* to denigrate, to run down.
dénivelé [denivle] *nm* difference in level *ou* height.
dénivellation [denivelasjɔ̃] *nf* - **1.** [différence de niveau] difference in height *ou* level - **2.** [de route] bumps *(pl)*, unevenness *(U)* - **3.** [pente] slope.
dénombrer [3] [denɔ̃bre] *vt* [compter] to count ; [énumérer] to enumerate.
dénominateur [denɔminatœr] *nm* denominator ; **~ commun** MATHS & *fig* common denominator.
dénomination [denɔminasjɔ̃] *nf* name.
dénommé, e [denɔme] *adj* : **un ~ Robert** someone by the name of Robert.
dénoncer [16] [denɔ̃se] *vt* - **1.** [gén] to denounce ; **~ qqn à qqn** to denounce sb to sb, to inform on sb - **2.** *fig* [trahir] to betray.
dénonciation [denɔ̃sjasjɔ̃] *nf* denunciation.
dénoter [3] [denɔte] *vt* to show, to indicate.
dénouement [denumɑ̃] *nm* - **1.** [issue] outcome - **2.** [d'un film, d'un livre] denouement.
dénouer [6] [denwe] *vt* [nœud] to untie, to undo ; *fig* to unravel.

dénoyauter [3] [denwajotel *vt* [fruit] to stone.

denrée [dãrel *nf* [produit] produce *(U)* ; ~s alimentaires foodstuffs ; ~ rare *fig* rare commodity.

dense [dãs] *adj* - **1.** [gén] dense - **2.** [style] condensed.

densité [dãsitel *nf* density ; ~ de population population density ; **double/haute** ~ *INFORM* double/high density.

dent [dãl *nf* - **1.** [de personne, d'objet] tooth ; **il claquait des** ~s his teeth were chattering ; **faire ses** ~s to cut one's teeth, to teethe ; **mordre à belles** ~s **dans** to get one's teeth into ; ~ **de lait/de sagesse** milk/wisdom tooth ; **en** ~s **de scie** jagged, serrated ; **avoir les** ~s **longues** to have high hopes ; **avoir une** ~ **contre qqn** to have it in for sb ; **ne rien avoir à se mettre sous la** ~ to have nothing left to eat ; **ne pas desserrer les** ~s not to open one's mouth ; **grincer des** ~s to gnash one's teeth - **2.** *GÉOGR* peak.

dentaire [dãterl *adj* dental.

dental, e, aux [dãtal, ol *adj* *LING* dental.

denté, e [dãtel *adj* - **1.** *TECHNOL* toothed ; **roue** ~**e** cogwheel - **2.** [feuille] dentate.

dentelé, e [dãtlel *adj* serrated, jagged.

dentelle [dãtɛll *nf* lace *(U)*.

dentier [dãtjel *nm* - **1.** [dents] dentures *(pl)* - **2.** *TECHNOL* set of teeth, teeth *(pl)*.

dentifrice [dãtifrisl *nm* toothpaste.

dentiste [dãtistl *nmf* dentist.

dentition [dãtisjõl *nf* teeth *(pl)*, dentition.

dénuder [3] [denydel *vt* to leave bare ; [fil électrique] to strip.
se dénuder *vp* to strip (off).

dénué, e [denyel *adj sout* : ~ **de** devoid of.

dénuement [denymãl *nm* destitution *(U)*.

dénutrition [denytrisjõl *nf* malnutrition.

déodorant, e [deɔdɔrã, ãtl *adj* deodorant.
déodorant *nm* deodorant.

déontologie [deõtɔlɔʒil *nf* professional ethics *(pl)*.

dép. - 1. *abr de* **départ** - **2.** *abr de* **département**.

dépannage [depanaʒl *nm* repair ; **service de** ~ *AUT* breakdown service.

dépanner [3] [depanel *vt* - **1.** [réparer] to repair, to fix - **2.** *fam* [aider] to bail out.

dépanneur, euse [depanœr, øzl *nm, f* repairman *(f* repairwoman*)*.
dépanneuse *nf* [véhicule] (breakdown) recovery vehicle.

dépareillé, e [deparejel *adj* [ensemble] nonmatching ; [paire] odd.

déparer [3] [deparel *vt* to spoil.

départ [deparl *nm* - **1.** [de personne] departure, leaving ; [de véhicule] departure ; **les grands** ~s the holiday exodus *(sg)* - **2.** *SPORT* & *fig* start ; **faux** ~ false start.
au départ *loc adv* to start with.

départager [17] [departaʒel *vt* - **1.** [concurrents, opinions] to decide between - **2.** [lors d'une élection] to choose between - **3.** [séparer] to separate.

département [departəmãl *nm* - **1.** [territoire] *territorial and administrative division of France* - **2.** [service] department.

départemental, e, aux [departəmãtal, ol *adj of a French département*.
départementale *nf* secondary road, ≃ B road *Br*.

départir [32] [departirl
se départir *vp* : **ne pas se** ~ **de** to retain.

dépassé, e [depasel *adj* - **1.** [périmé] oldfashioned - **2.** *fam* [déconcerté] : ~ **par** overwhelmed by.

dépassement [depasmãl *nm* - **1.** [en voiture] overtaking ; ~ **sans visibilité** overtaking blind - **2.** *FIN* overspending.

dépasser [3] [depasel ◇ *vt* - **1.** [doubler] to overtake - **2.** [être plus grand que] to be taller than - **3.** [être plus long que] to be longer than - **4.** [excéder] to exceed, to be more than - **5.** [durer plus longtemps que] : ~ **une heure** to go on for more than an hour - **6.** [surpasser] to outshine - **7.** [aller au-delà de] to exceed - **8.** [franchir] to pass - **9.** *loc* : **ça me dépasse** *fam* it's beyond me ◇ *vi* : ~ **(de)** to stick out (from).
se dépasser *vp* to excel o.s.

dépassionner [3] [depasjonel *vt* to take the heat out of.

dépaysement [depeizmãl *nm* change of scene, disorientation.

dépayser [3] [depeizel *vt* - **1.** [désorienter] to disorientate *Br*, to disorient *Am* - **2.** [changer agréablement] to make a change of scene for.

dépecer [29] [depəsel *vt* - **1.** [découper] to chop up - **2.** [déchiqueter] to tear apart.

dépêche [depɛʃl *nf* dispatch.

dépêcher [4] [depeʃel *vt sout* [envoyer] to dispatch.
se dépêcher *vp* to hurry up ; **se** ~ **de faire qqch** to hurry to do sthg.

dépeignais, dépeignions *etc* ▷ dépeindre.

dépeindre [81] [depɛ̃drl *vt* to depict, to describe.

dépeint, e [depɛ̃, ɛ̃tl *pp* ▷ dépeindre.

dépendance [depãdãsl *nf* - **1.** [de personne]

dependence ; **être sous la ~ de** to be dependent on - **2.** [à la drogue] dependency - **3.** [de bâtiment] outbuilding.

dépendant, e [depɑ̃dɑ̃, ɑ̃t] *adj* : **~ (de)** dependent (on).

dépendre [73] [depɑ̃dr] *vt* - **1.** [être soumis] : **~ de** to depend on ; **ça dépend** it depends - **2.** [appartenir] : **~ de** to belong to - **3.** [décrocher] to take down.

dépendu [depɑ̃dy] *pp inv* ⊳ **dépendre**.

dépens [depɑ̃] *nmpl* JUR costs ; **aux ~ de qqn** at sb's expense ; **je l'ai appris à mes ~** I learned that to my cost.

dépense [depɑ̃s] *nf* - **1.** [frais] expense - **2.** FIN & *fig* expenditure *(U)* ; **les ~s publiques** public spending *(U)* - **3.** [consommation] consumption.

dépenser [3] [depɑ̃se] *vt* - **1.** [argent] to spend ; **~ sans compter** to spend lavishly - **2.** *fig* [énergie] to expend.
◆ **se dépenser** *vp litt* & *fig* to exert o.s.

dépensier, ère [depɑ̃sje, ɛr] *adj* extravagant.

déperdition [depɛrdisjɔ̃] *nf* loss ; **~ de chaleur** heat loss.

dépérir [32] [deperir] *vi* - **1.** [personne] to waste away - **2.** [santé, affaire] to decline - **3.** [plante] to wither.

dépêtrer [4] [depetre] ◆ **se dépêtrer** *vp* : **se ~ de** *fam* [se dégager de] to get out of ; *fig* [se sortir de] to extricate o.s. from ; *fig* [se débarrasser de] to get rid of.

dépeuplement [depœpləmɑ̃] *nm* - **1.** [de pays] depopulation - **2.** [d'étang, de rivière, de forêt] emptying of wildlife.

dépeupler [5] [depœple] *vt* - **1.** [pays] to depopulate - **2.** [étang, rivière, forêt] to drive the wildlife from.
◆ **se dépeupler** *vp* - **1.** [pays] to become depopulated - **2.** [rivière, étang] to have a diminishing *ou* disappearing wildlife population.

déphasé, e [defaze] *adj* ÉLECTR out of phase ; *fam fig* out of touch.

dépiauter [3] [depjote] *vt fam* [animal] to skin ; *fig* [texte] to pull to pieces.

dépilatoire [depilatwar] *adj* : **crème ~** depilatory cream.

dépistage [depista3] *nm* - **1.** [de gibier, de voleur] tracking down - **2.** [de maladie] screening ; **~ du SIDA** AIDS testing.

dépister [3] [depiste] *vt* - **1.** [gibier, voleur] to track down - **2.** [maladie] to screen for - **3.** [déjouer] to throw off the scent - **4.** *fig* [découvrir] to detect.

dépit [depi] *nm* pique, spite ; **par ~** out of pique *ou* spite.
◆ **en dépit de** *loc prép* in spite of.

dépité, e [depite] *adj* cross, annoyed.

déplacé, e [deplase] *adj* - **1.** [propos, attitude, présence] out of place - **2.** [personne] displaced.

déplacement [deplasmɑ̃] *nm* - **1.** [d'objet] moving ; **~ de vertèbre** MÉD slipped disc *Br ou* disk *Am* - **2.** [voyage] travelling *(U) Br*, traveling *(U) Am* ; **en ~** away on business ; **valoir le ~** *fig* to be worth going.

déplacer [16] [deplase] *vt* - **1.** [objet] to move, to shift ; *fig* [problème] to shift the emphasis of - **2.** [muter] to transfer.
◆ **se déplacer** *vp* - **1.** [se mouvoir - animal] to move (around) ; [- personne] to walk - **2.** [voyager] to travel - **3.** MÉD : **se ~ une vertèbre** to slip a disc *Br ou* disk *Am*.

déplaire [110] [deplɛr] *vt* - **1.** [ne pas plaire] : **cela me déplaît** I don't like it - **2.** [irriter] to displease ; **n'en déplaise à mon patron** *hum* whether my boss likes it or not.

déplaisant, e [deplɛzɑ̃, ɑ̃t] *adj sout* unpleasant.

déplaisir [deplezir] *nm sout* displeasure.

dépliant [deplijɑ̃] *nm* leaflet ; **~ touristique** tourist brochure.

déplier [10] [deplije] *vt* to unfold.
◆ **se déplier** *vp* to unfold.

déploiement [deplwamɑ̃] *nm* - **1.** MIL deployment - **2.** [d'ailes] spreading - **3.** [de voile] unfurling, opening - **4.** *fig* [d'efforts] display ; **un grand ~ de** a major display of.

déplorable [deplɔrabl] *adj* deplorable.

déplorer [3] [deplɔre] *vt* - **1.** [regretter] to deplore - **2.** [pleurer] to mourn.

déployer [13] [deplwaje] *vt* - **1.** [déplier - gén] to unfold ; [- plan, journal] to open ; [ailes] to spread - **2.** MIL to deploy - **3.** [mettre en œuvre] to expend - **4.** [manifester] to display.

déplu [deply] *pp* ⊳ **déplaire**.

dépoitraillé, e [depwatraje] *adj fam péj* with one's shirt wide open.

dépoli, e [depɔli] *adj* [métal] tarnished ; [verre] frosted.

dépolitiser [3] [depɔlitize] *vt* to depoliticize.

déportation [depɔrtasjɔ̃] *nf* - **1.** [exil] deportation - **2.** [internement] transportation to a concentration camp.

déporté, e [depɔrte] *nm, f* - **1.** [exilé] deportee - **2.** [interné] prisoner *(in a concentration camp)*.

déporter [3] [depɔrte] *vt* - **1.** [dévier] to carry off course - **2.** [exiler] to deport - **3.** [interner] to send to a concentration camp.

déposant, e [depozã, ãt] *nm, f* - **1.** FIN depositor - **2.** JUR deponent.

déposé, e [depoze] *adj* : **marque ~e** registered trademark ; **modèle ~** patented design.

déposer [3] [depoze] ◇ *vt* - **1.** [poser] to put down - **2.** [personne, paquet] to drop - **3.** [argent, sédiment] to deposit - **4.** ADMIN to register - **5.** JUR to file ; **~ son bilan** FIN to go into liquidation - **6.** [monarque] to depose - **7.** [moteur] to take out ◇ *vi* - **1.** JUR to testify, to give evidence - **2.** [sédiment] to form a deposit.
➡ **se déposer** *vp* to settle.

dépositaire [depoziter] *nmf* - **1.** COMM agent - **2.** [d'objet] bailee ; **~ de** *fig* person entrusted with.

déposition [depozisjõ] *nf* deposition.

déposséder [18] [deposede] *vt* : **~ qqn de** to dispossess sb of.

dépôt [depo] *nm* - **1.** [d'objet, d'argent, de sédiment] deposit, depositing *(U)* ; **verser un ~ (de garantie)** to put down a deposit ; **~ d'ordures** (rubbish) dump *Br*, garbage dump *Am* - **2.** ADMIN registration ; **~ légal** copyright registration - **3.** [garage] depot - **4.** [entrepôt] store, warehouse - **5.** [prison] ≃ police cells *(pl)*.

dépoter [3] [depote] *vt* [plante] to remove from the pot.

dépotoir [depotwar] *nm* - **1.** [décharge] (rubbish) dump *Br*, garbage dump *Am* ; *fam fig* dump, tip - **2.** [usine] sewage works, sewage reprocessing plant.

dépouille [depuj] *nf* - **1.** [peau] hide, skin - **2.** [humaine] remains *(pl)* ; **~ mortelle** mortal remains.
➡ **dépouilles** *nfpl* spoils.

dépouillement [depujmã] *nm* - **1.** [sobriété] austerity, sobriety - **2.** [examen] perusal ; **~ de scrutin** counting of the votes.

dépouiller [3] [depuje] *vt* - **1.** [priver] : **~ qqn (de)** to strip sb (of) - **2.** [examiner] to peruse ; **~ un scrutin** to count the votes.
➡ **se dépouiller** *vp* : **se ~ de** to divest o.s. of.

dépourvu, e [depurvy] *adj* : **~ de** without, lacking in.
➡ **au dépourvu** *loc adv* : **prendre qqn au ~** to catch sb unawares.

dépoussiérer [18] [depusjere] *vt* to dust (off).

dépravation [depravasjõ] *nf* depravity.

dépravé, e [deprave] ◇ *adj* depraved ◇ *nm, f* degenerate.

dépraver [3] [deprave] *vt* to deprave.
➡ **se dépraver** *vp* to become depraved.

dépréciation [depresjasjõ] *nf* depreciation.

déprécier [9] [depresje] *vt* - **1.** [marchandise] to reduce the value of - **2.** [œuvre] to disparage.
➡ **se déprécier** *vp* - **1.** [marchandise] to depreciate - **2.** [personne] to put o.s. down.

dépressif, ive [depresif, iv] ◇ *adj* depressive ◇ *nm, f* depressive (person).

dépression [depresjõ] *nf* depression ; **faire de la ~** to be depressed ; **~ nerveuse** nervous breakdown.

déprimant, e [deprimã, ãt] *adj* depressing.

déprime [deprim] *nf fam* : **faire une ~** to be (feeling) down.

déprimé, e [deprime] *adj* depressed.

déprimer [3] [deprime] ◇ *vt* to depress ◇ *vi fam* to be (feeling) down.

déprogrammer [3] [deprograme] *vt* to remove from the schedule ; TÉLÉ to take off the air.

dépuceler [24] [depysle] *vt fam* : **~ qqn** to take sb's virginity.

depuis [dəpɥi] ◇ *prép* - **1.** [à partir d'une date ou d'un moment précis] since ; **je ne l'ai pas vu ~ son mariage** I haven't seen him since he got married ; **il est parti ~ hier** he's been away since yesterday ; **~ le début jusqu'à la fin** from beginning to end - **2.** [exprimant une durée] for ; **il est malade ~ une semaine** he has been ill for a week ; **~ 10 ans/longtemps** for 10 years/a long time ; **~ toujours** always - **3.** [dans l'espace] from ; **~ la route, on pouvait voir la mer** you could see the sea from the road ; **~ le premier jusqu'au dernier** from the first to the last ◇ *adv* since (then) ; **~, nous ne l'avons pas revu** we haven't seen him since (then).
➡ **depuis lors** *loc adv* since then.
➡ **depuis que** *loc conj* since ; **je ne l'ai pas revu ~ qu'il s'est marié** I haven't seen him since he got married.

dépuratif, ive [depyratif, iv] *adj* cleansing, eliminating.
➡ **dépuratif** *nm* depurative.

députation [depytasjõ] *nf* - **1.** [délégation] deputation - **2.** [fonction] : **candidat à la ~** parliamentary candidate.

député [depyte] *nm* - **1.** [délégué] representative - **2.** [au parlement] member of parliament *Br*, representative *Am* ; **~ européen** Euro-MP, MEP ; **~-maire** *MP and mayor*.

députer [3] [depyte] *vt* to send as representative.

déraciner [3] [derasine] *vt litt* & *fig* to uproot.

déraillement [derajmã] *nm* derailment.

dérailler [3] [deraje] *vi* - **1.** [train] to leave the rails, to be derailed - **2.** *fam fig* [mécanisme] to go on the blink - **3.** *fam fig* [personne] to go to pieces.

dérailleur [derajœr] *nm* [de bicyclette] derailleur.

déraison [derezɔ̃] *nf* lack of reason.

déraisonnable [derezɔnabl] *adj* unreasonable.

déraisonner [3] [derezɔne] *vi sout* to talk nonsense.

dérangement [derɑ̃ʒmɑ̃] *nm* trouble ; **en ~** out of order.

déranger [17] [derɑ̃ʒe] ◇ *vt* - **1.** [personne] to disturb, to bother ; **ça vous dérange si je fume?** do you mind if I smoke? - **2.** [plan] to disrupt - **3.** [maison, pièce] to disarrange, to make untidy ◇ *vi* to be disturbing.
➤ **se déranger** *vp* - **1.** [se déplacer] to move - **2.** [se gêner] to put o.s. out.

dérapage [derapaʒ] *nm* [glissement] skid ; *fig* excess ; **~ contrôlé** controlled skid.

déraper [3] [derape] *vi* [glisser] to skid ; *fig* to get out of hand.

dératé, e [derate] *nm, f fam* : **courir comme un ~** to run flat out.

dératisation [deratizasjɔ̃] *nf* extermination of rats.

derechef [dərəʃɛf] *adv sout* once again.

déréglement [dereɡləmɑ̃] *nm* [de machine] malfunction ; [de fonction corporelle] upset.

déréglementation [dereɡləmɑ̃tasjɔ̃] *nf* deregulation.

déréglementer [3] [dereɡləmɑ̃te] *vt* to deregulate.

dérégler [18] [dereɡle] *vt* [mécanisme] to put out of order ; *fig* to upset.
➤ **se dérégler** *vp* [mécanisme] to go wrong ; *fig* to be upset *ou* unsettled.

dérider [3] [deride] *vt fig* : **~ qqn** to cheer sb up.
➤ **se dérider** *vp* to cheer up.

dérision [derizjɔ̃] *nf* derision ; **tourner qqch en ~** to hold sthg up to ridicule.

dérisoire [derizwar] *adj* derisory.

dérivatif, ive [derivatif, iv] *adj* derivative.
➤ **dérivatif** *nm* distraction.

dérivation [derivasjɔ̃] *nf* - **1.** [de cours d'eau, circulation] diversion - **2.** LING & MATHS derivation.

dérive [deriv] *nf* - **1.** [aileron] centreboard - **2.** [mouvement] drift, drifting *(U)* ; **aller** *ou* **partir à la ~** *fig* to fall apart.

dérivé [derive] *nm* derivative.

dérivée [derive] *nf* MATHS derivative.

dériver [3] [derive] ◇ *vt* - **1.** [détourner] to di-

vert - **2.** LING to derive ◇ *vi* - **1.** [aller à la dérive] to drift - **2.** *fig* [découler] : **~ de** to derive from.

dériveur [derivœr] *nm* sailing dinghy *(with centreboard)*.

dermato [dɛrmato] *nmf fam* dermatologist.

dermatologie [dɛrmatɔlɔʒi] *nf* dermatology.

dermatologue [dɛrmatɔlɔɡ] *nmf* dermatologist.

dernier, ère [dɛrnje, ɛr] ◇ *adj* - **1.** [gén] last ; **samedi ~** last Saturday ; **l'année dernière** last year - **2.** [ultime] last, final - **3.** [plus récent] latest ◇ *nm, f* last ; **ce ~** the latter ; **petit ~** baby of the family.
➤ **en dernier** *loc adv* last.

dernièrement [dɛrnjɛrmɑ̃] *adv* recently, lately.

dernier-né, dernière-née [dɛrnjene, dɛrnjerne] *(mpl* **derniers-nés**, *fpl* **dernières-nées)** *nm, f* [bébé] youngest (child) ; **la dernière-née de Fiat**® *fig* the new Fiat®.

dérobade [derɔbad] *nf* evasion, shirking *(U)*.

dérobé, e [derɔbe] *adj* - **1.** [volé] stolen - **2.** [caché] hidden.
➤ **à la dérobée** *loc adv* surreptitiously.

dérober [3] [derɔbe] *vt sout* to steal.
➤ **se dérober** *vp* - **1.** [se soustraire] : **se ~ à qqch** to shirk sthg - **2.** [s'effondrer] to give way.

dérogation [derɔɡasjɔ̃] *nf* [action] dispensation ; [résultat] exception.

déroger [17] [derɔʒe] *vi* : **~ à** to depart from.

dérouiller [3] [deruje] *vt* - **1.** [nettoyer] to remove the rust from - **2.** *fam* [frapper] : **~ qqn** to give sb a belting.
➤ **se dérouiller** *vp fig* to stretch (o.s.).

déroulement [derulmɑ̃] *nm* - **1.** [de bobine] unwinding - **2.** *fig* [d'événement] development.

dérouler [3] [derule] *vt* [fil] to unwind ; [papier, tissu] to unroll.
➤ **se dérouler** *vp* to take place.

déroutant, e [derutɑ̃, ɑ̃t] *adj* disconcerting, bewildering.

déroute [derut] *nf* MIL rout ; *fig* collapse ; **mettre en ~** to rout.

dérouter [3] [derute] *vt* - **1.** [déconcerter] to disconcert, to put out - **2.** [dévier] to divert.

derrick [derik] *nm* derrick.

derrière [dɛrjɛr] ◇ *prép* & *adv* behind ◇ *nm* - **1.** [partie arrière] back ; **la porte de ~** the back door - **2.** [partie du corps] bottom, behind.

des [de] ◇ *art indéf* ▻ **un** ◇ *prép* ▻ **de**.

dès [dɛ] *prép* from ; **~ son arrivée** the minute he arrives/arrived, as soon as he arrives/

arrived ; ~ **l'enfance** since childhood ;
~ **1900** as far back as 1900, as early as 1900 ;
~ **maintenant** from now on ; ~ **demain**
starting *ou* from tomorrow.

➤ **dès lors** *loc adv* from then on.

➤ **dès lors que** *loc conj* [puisque] since.

➤ **dès que** *loc conj* as soon as.

désabusé, e [dezabyze] *adj* disillusioned.

désaccord [dezakɔr] *nm* disagreement.

désaccordé, e [dezakɔrde] *adj* out of tune.

désaccoutumer [3] [dezakutyme] *vt* : ~ **qqn**
de to get sb out of the habit of.

➤ **se désaccoutumer** *vp* : **se ~ de qqch/de**
faire qqch to become unaccustomed to
sthg/to doing sthg.

désaffecté, e [dezafɛkte] *adj* disused.

désaffection [dezafɛksjɔ̃] *nf* disaffection.

désagréable [dezagreabl] *adj* unpleasant.

désagréablement [dezagreabləmɑ̃] *adv* un-
pleasantly.

désagréger [22] [dezagreʒe] *vt* to break up.

➤ **se désagréger** *vp* to break up.

désagrément [dezagremɑ̃] *nm* annoyance.

désaltérant, e [dezalterɑ̃, ɑ̃t] *adj* thirst-
quenching.

désaltérer [18] [dezaltere] <> *vt* to quench
the thirst of <> *vi* to be thirst-quenching.

➤ **se désaltérer** *vp* to quench one's thirst.

désamorcer [16] [dezamɔrse] *vt* [arme] to remove the primer from ; [bombe] to defuse ;
fig [complot] to nip in the bud.

désappointer [3] [dezapwɛte] *vt* to disappoint.

désapprendre [79] [dezaprɑ̃dr] *vt* to forget.

désapprobateur, trice [dezaprɔbatœr,
tris] *adj* disapproving.

désapprobation [dezaprɔbasjɔ̃] *nf* disapproval.

désapprouver [3] [dezapruve] <> *vt* to disapprove of <> *vi* to be disapproving.

désarçonner [3] [dezarsɔne] *vt litt* & *fig* to
throw.

désargenté, e [dezarʒɑ̃te] *adj* short (of
money).

désarmant, e [dezarmɑ̃, ɑ̃t] *adj* disarming.

désarmement [dezarməmɑ̃] *nm* disarmament.

désarmer [3] [dezarme] <> *vt* to disarm ; [fu-
sil] to unload <> *vi* - **1.** [pays] to disarm - **2.** *fig*
[personne] to give up ; [haine] to cease.

désarroi [dezarwa] *nm* confusion.

désassorti, e [dezasɔrti] *adj* [dépareillé] nonmatching.

désastre [dezastr] *nm* disaster.

désastreux, euse [dezastrø, øz] *adj* disastrous.

désavantage [dezavɑ̃taʒ] *nm* disadvantage.

désavantager [17] [dezavɑ̃taʒe] *vt* to disadvantage.

désavantageux, euse [dezavɑ̃taʒø, øz] *adj*
unfavourable *Br*, unfavorable *Am*.

désaveu, x [dezavø] *nm* - **1.** [reniement] denia
- **2.** [désapprobation] disapproval.

désavouer [6] [dezavwe] *vt* to disown.

➤ **se désavouer** *vp* to go back on one's
word.

désaxé, e [dezakse] <> *adj* [mentalement] dis
ordered, unhinged <> *nm, f* unhinged per
son.

descendance [desɑ̃dɑ̃s] *nf* - **1.** [origine] des
cent - **2.** [progéniture] descendants *(pl)*.

descendant, e [desɑ̃dɑ̃, ɑ̃t] *nm, f* [héritier] des
cendant.

descendre [73] [desɑ̃dr] <> *vt (aux : avoir*
- **1.** [escalier, pente] to go/come down ; ~ **la ru**
en courant to run down the street - **2.** [rideau
tableau] to lower - **3.** [apporter] to bring/tak
down - **4.** *fam* [personne, avion] to shoot dow
<> *vi (aux : être)* - **1.** [gén] to go/come down
[température, niveau] to fall - **2.** [passager] to ge
off ; ~ **d'un bus** to get off a bus ; ~ **d'une voitu**
re to get out of a car - **3.** [loger] : ~ **chez** to sta
with ; ~ **à l'hôtel** to stay in a hotel - **4.** [être is
su] : ~ **de** to be descended from - **5.** [marée] t
go out.

descendu, e [desɑ̃dy] *pp* ⊳ **descendre**.

descente [desɑ̃t] *nf* - **1.** [action] descen
- **2.** [pente] downhill slope *ou* stretch - **3.** *fa*
fig [capacité à boire] : **il a une bonne ~** he can cer
tainly put it away - **4.** [irruption] raid - **5.** [ta
pis] : ~ **de lit** bedside rug.

descriptif, ive [dɛskriptif, iv] *adj* descrip
tive.

➤ **descriptif** *nm* [de lieu] particulars *(pl)*
[d'appareil] specification.

description [dɛskripsjɔ̃] *nf* description.

désemparé, e [dezɑ̃pare] *adj* [personne] help
less ; [avion, navire] disabled.

désemplir [32] [dezɑ̃plir] *vi* : **ce restaurant n**
désemplit pas this restaurant is alway
packed.

désencombrer [3] [dezɑ̃kɔ̃bre] *vt* to clear.

désendettement [dezɑ̃dɛtmɑ̃] *nm* de
gearing, debt reduction.

désenfler [3] [dezɑ̃fle] *vi* to go down, to be
come less swollen.

désengagement [dezɑ̃gaʒmɑ̃] *nm* diser
gagement.

désensibiliser [3] [desãsibilize] *vt* to desensitize.

déséquilibre [dezekilibr] *nm* imbalance.

déséquilibré, e [dezekilibre] *nm, f* unbalanced person.

déséquilibrer [3] [dezekilibre] *vt* - **1.** [physiquement] : ~ **qqn** to throw sb off balance - **2.** [perturber] to unbalance.

désert, e [dezer, ɛrt] *adj* [désertique - île] desert *(avant n)* ; [peu fréquenté] deserted.
➤ **désert** *nm* desert.

déserter [3] [dezerte] *vt & vi* to desert.

déserteur [dezertœr] *nm* MIL deserter ; *fig & péj* traitor.

désertification [dezertifikasjɔ̃], **désertisation** [dezertizasjɔ̃] *nf* desertification ; [de région] depopulation.

désertion [dezersjɔ̃] *nf* desertion.

désertique [dezertik] *adj* desert *(avant n)*.

désertisation = désertification.

désespérant, e [dezesperã, ãt] *adj* - **1.** [déprimant] depressing - **2.** [affligeant] hopeless.

désespéré, e [dezespere] *adj* - **1.** [regard] desperate - **2.** [situation] hopeless.

désespérément [dezesperemã] *adv* - **1.** [sans espoir] hopelessly - **2.** [avec acharnement] desperately.

désespérer [18] [dezespere] ◇ *vt* - **1.** [décourager] : ~ **qqn** to drive sb to despair - **2.** [perdre espoir] : ~ **que qqch arrive** to give up hope of sthg happening ◇ *vi* : ~ **(de)** to despair (of).
➤ **se désespérer** *vp* to despair.

désespoir [dezespwar] *nm* despair ; **en ~ de cause** as a last resort ; **faire le ~ de qqn** to be the despair of sb.

déshabillé [dezabije] *nm* negligee.

déshabiller [3] [dezabije] *vt* to undress.
➤ **se déshabiller** *vp* to undress, to get undressed.

déshabituer [7] [dezabitɥe] *vt* : ~ **qqn de faire qqch** to get sb out of the habit of doing sthg.
➤ **se déshabituer** *vp* : **se ~ de qqch** to become unaccustomed to sthg.

désherbant, e [dezerbã, ãt] *adj* weedkilling.
➤ **désherbant** *nm* weedkiller.

désherber [3] [dezerbe] *vt & vi* to weed.

déshérité, e [dezerite] ◇ *adj* - **1.** [privé d'héritage] disinherited - **2.** [pauvre] deprived ◇ *nm, f* [pauvre] deprived person.

déshériter [3] [dezerite] *vt* to disinherit.

déshonneur [dezɔnœr] *nm* disgrace.

déshonorant, e [dezɔnɔrã, ãt] *adj* dishonourable *Br*, dishonorable *Am*.

déshonorer [3] [dezɔnɔre] *vt* to disgrace, to bring disgrace on.
➤ **se déshonorer** *vp* to disgrace o.s.

déshumaniser [3] [dezymanize] *vt* to dehumanize.

déshydratation [dezidratasjɔ̃] *nf* dehydration.

déshydrater [3] [dezidrate] *vt* to dehydrate.
➤ **se déshydrater** *vp* to become dehydrated.

desiderata [deziderata] *nmpl* requirements.

design [dizajn] ◇ *adj inv* modern ◇ *nm inv* modernism.

désignation [dezinasjɔ̃] *nf* - **1.** [appellation] designation, name - **2.** [nomination] appointment.

désigner [3] [dezine] *vt* - **1.** [choisir] to appoint - **2.** [signaler] to point out - **3.** [nommer] to designate.
➤ **se désigner** *vp* : **se ~ (volontaire) pour qqch/pour faire qqch** to volunteer for sthg/to do sthg.

désillusion [dezilyzjɔ̃] *nf* disillusion.

désillusionner [3] [dezilyzjɔne] *vt* to disillusion.

désincarné, e [dezẽkarne] *adj* - **1.** RELIG disembodied - **2.** [éthéré] unearthly.

désindustrialisation [dezẽdystrijalizasjɔ̃] *nf* deindustrialization.

désinence [dezinãs] *nf* LING ending.

désinfectant, e [dezẽfɛktã, ãt] *adj* disinfectant.
➤ **désinfectant** *nm* disinfectant.

désinfecter [4] [dezẽfɛkte] *vt* to disinfect.

désinflation [dezẽflasjɔ̃] *nf* disinflation.

désinformation [dezẽfɔrmasjɔ̃] *nf* disinformation.

désintégration [dezẽtegrasjɔ̃] *nf* [désagrégation] disintegration ; *fig* break-up.

désintégrer [18] [dezẽtegre] *vt* to break up.
➤ **se désintégrer** *vp* to disintegrate, to break up.

désintéressé, e [dezẽterese] *adj* disinterested.

désintéresser [4] [dezẽterese] ➤ **se désintéresser** *vp* : **se ~ de** to lose interest in.

désintérêt [dezẽtere] *nm* lack of interest.

désintoxication [dezẽtɔksikasjɔ̃] *nf* detoxification.

désinvolte [dezẽvɔlt] *adj* - **1.** [à l'aise] casual - **2.** *péj* [sans-gêne] offhand.

désinvolture [dezɛ̃vɔltyr] *nf* - **1.** [légèreté] casualness - **2.** *péj* [sans-gêne] offhandedness ; **avec ~** in an offhand manner.

désir [dezir] *nm* - **1.** [souhait] desire, wish - **2.** [charnel] desire.

désirable [dezirabl] *adj* desirable.

désirer [3] [dezire] *vt* - **1.** *sout* [chose] : **~ faire qqch** to wish to do sthg ; **vous désirez?** [dans un magasin] can I help you? ; [dans un café] what can I get you? - **2.** [sexuellement] to desire - **3.** *loc* : **laisser à ~** to leave a lot to be desired.

désireux, euse [dezirø, øz] *adj sout* : **~ de faire qqch** anxious to do sthg.

désistement [dezistəmɑ̃] *nm* : **~ (de)** withdrawal (from).

désister [3] [deziste] **se désister** *vp* - **1.** *JUR* : **se ~ de qqch** to withdraw sthg - **2.** [se retirer] to withdraw, to stand down.

désobéir [32] [dezɔbeir] *vi* : **~ (à qqn)** to disobey (sb).

désobéissance [dezɔbeisɑ̃s] *nf* disobedience.

désobéissant, e [dezɔbeisɑ̃, ɑ̃t] *adj* disobedient.

désobligeant, e [dezɔbliʒɑ̃, ɑ̃t] *adj sout* offensive.

désodorisant, e [dezɔdɔrizɑ̃, ɑ̃t] *adj* deodorant.

désodorisant *nm* air freshener.

désodoriser [3] [dezɔdɔrize] *vt* to deodorize.

désœuvré, e [dezœvre] *adj* idle.

désœuvrement [dezœvrəmɑ̃] *nm* idleness.

désolant, e [dezɔlɑ̃, ɑ̃t] *adj* disappointing.

désolation [dezɔlasjɔ̃] *nf* - **1.** [destruction] desolation - **2.** *sout* [affliction] distress.

désolé, e [dezɔle] *adj* - **1.** [ravagé] desolate - **2.** [très affligé] distressed - **3.** [contrarié] very sorry.

désoler [3] [dezɔle] *vt* - **1.** [affliger] to sadden - **2.** [contrarier] to upset, to make sorry.

se désoler *vp* [être contrarié] to be upset.

désolidariser [3] [desɔlidarize] *vt* - **1.** [choses] : **~ qqch (de)** to disengage *ou* disconnect sthg (from) - **2.** [personnes] to estrange.

se désolidariser *vp* : **se ~ de** to dissociate o.s. from.

désopilant, e [dezɔpilɑ̃, ɑ̃t] *adj* hilarious.

désordonné, e [dezɔrdɔne] *adj* [maison, personne] untidy ; *fig* [vie] disorganized.

désordre [dezɔrdr] *nm* - **1.** [fouillis] untidiness ; **en ~** untidy ; **dans le ~** in random order - **2.** *fig* [confusion] disorder - **3.** [agitation] disturbances *(pl)*, disorder *(U)*.

désorganiser [3] [dezɔrganize] *vt* to disrupt.

se désorganiser *vp* to become disorganized.

désorienté, e [dezɔrjɑ̃te] *adj* disoriented, disorientated.

désorienter [3] [dezɔrjɑ̃te] *vt* [égarer] to disorient, to disorientate ; *fig* [déconcerter] to bewilder.

désormais [dezɔrmɛ] *adv* from now on, in future.

désosser [3] [dezɔse] *vt* to bone.

despote [dɛspɔt] ◇ *nm* [chef d'État] despot ; *fig* & *péj* tyrant ◇ *adj* despotic.

despotique [dɛspɔtik] *adj* despotic.

despotisme [dɛspɔtism] *nm* [gouvernement] despotism ; *fig* & *péj* tyranny.

desquels, desquelles [dekɛl] ➩ lequel.

DESS (*abr de* **diplôme d'études supérieures spécialisées**) *nm postgraduate diploma*.

dessaisir [32] [desezir] *vt JUR* : **~ qqn d'une affaire** to withdraw a case from sb.

se dessaisir *vp sout* : **se ~ de qqch** to relinquish sthg.

dessaler [3] [desale] ◇ *vt* [poisson] : **faire ~** to soak ◇ *vi NAVIG* to capsize.

dessaouler, dessoûler [3] [desule] ◇ *vt* to sober up ◇ *vi* to sober up ; **ne pas ~** *fam* to be permanently plastered.

dessécher [18] [deseʃe] *vt* [peau] to dry (out) ; *fig* [cœur] to harden.

se dessécher *vp* [peau, terre] to dry out ; [plante] to wither ; *fig* to harden.

dessein [desɛ̃] *nm sout* intention.

à dessein *loc adv* intentionally, on purpose.

desserrer [4] [desere] *vt* to loosen ; [poing, dents] to unclench ; [frein] to release.

dessert [desɛr] *nm* dessert.

desserte [desɛrt] *nf* - **1.** *TRANSPORT* [transport] service - **2.** [meuble] sideboard.

desservir [38] [desɛrvir] *vt* - **1.** *TRANSPORT* to serve - **2.** [table] to clear - **3.** [désavantager] to do a disservice to.

dessin [desɛ̃] *nm* - **1.** [graphique] drawing ; **~ animé** cartoon *(film)* ; **~ humoristique** cartoon *(drawing)* ; **~ industriel** draughtsmanship *Br*, draftsmanship *Am* - **2.** *fig* [contour] outline.

dessinateur, trice [desinatœr, tris] *nm, f* artist, draughtsman (*f* draughtswoman *Br*, draftsman (*f* draftswoman) *Am* ; **~ industriel** draughtsman *Br*, draftsman *Am*.

dessiner [3] [desine] ◇ *vt* [représenter] to draw ; *fig* to outline ◇ *vi* to draw.

➤ **se dessiner** *vp* [se former] to take shape ; *fig* to stand out.

dessoûler = dessaouler.

dessous [dəsu] ◇ *adv* underneath ◇ *prép* underneath, under ◇ *nm* - **1.** [partie inférieure - gén] underside ; [- d'un tissu] wrong side - **2.** *loc* : **avoir le ~** to come off worst ; **être au trente-sixième ~** to be in dire straits ; **connaître le ~ des cartes (de)** to have inside information (on) ; **les ~ de la politique/la finance** the hidden side of politics/the financial world ◇ *nmpl* [sous-vêtements féminins] underwear (U).

➤ **en dessous** *loc adv* underneath ; [plus bas] below ; **ils habitent l'appartement d'en ~** they live in the flat below *ou* downstairs ; **agir par en ~** to act in an underhand way.

➤ **en dessous de** *loc prép* below.

dessous-de-plat [dəsudpla] *nm inv* tablemat.

dessous-de-table [dəsudtabl] *nm inv* backhander.

dessus [dəsy] ◇ *adv* on top ; **n'oubliez pas d'inscrire l'adresse ~** don't forget to write the address on it ; **faites attention à ne pas marcher ~** be careful not to walk on it ◇ *nm* - **1.** [partie supérieure] top - **2.** [étage supérieur] upstairs ; **les voisins du ~** the upstairs neighbours - **3.** *loc* : **avoir le ~** to have the upper hand ; **reprendre le ~** to get over it ; **sens ~ dessous** upside down.

➤ **en dessus** *loc adv* on top.

dessus-de-lit [dəsydli] *nm inv* bedspread.

déstabilisateur, trice [destabilizatœr, tris] *adj* destabilizing.

déstabilisation [destabilizasjɔ̃] *nf* destabilization.

déstabiliser [3] [destabilize] *vt* to destabilize.

destin [dɛstɛ̃] *nm* fate.

destinataire [dɛstinatɛr] *nmf* addressee.

destination [dɛstinasjɔ̃] *nf* - **1.** [direction] destination ; **arriver à ~** to reach one's destination ; **un avion à ~ de Paris** a plane to *ou* for Paris - **2.** [rôle] purpose.

destinée [dɛstine] *nf* destiny.

destiner [3] [dɛstine] *vt* - **1.** [consacrer] : **~ qqch à** to intend sthg for, to mean sthg for - **2.** [vouer] : **~ qqn à qqch/à faire qqch** [à un métier] to destine sb for sthg/to do sthg ; [sort] to mark sb out for sthg/to do sthg.

➤ **se destiner** *vp* : **se ~ à** to intend to go into.

destituer [7] [dɛstitɥe] *vt* to dismiss.

destitution [dɛstitysjɔ̃] *nf* dismissal.

destructeur, trice [dɛstryktœr, tris] ◇ *adj* destructive ◇ *nm, f* destroyer.

destruction [dɛstryksjɔ̃] *nf* destruction.

déstructuration [destryktyrasjɔ̃] *nf* breaking down.

déstructurer [3] [destryktyre] *vt* to break down.

désuet, ète [dezɥɛ, ɛt] *adj* [expression, coutume] obsolete ; [style, tableau] outmoded.

désuétude [dezɥetyd] *nf* : **tomber en ~** [expression, coutume] to become obsolete ; [style, tableau] to become outmoded.

désuni, e [dezyni] *adj* divided.

désunion [dezynjɔ̃] *nf* division, dissension.

désunir [32] [dezynir] *vt* [scinder] to divide, to separate ; *fig* to divide.

➤ **se désunir** *vp* [athlète] to lose one's stride.

détachable [detaʃabl] *adj* detachable, removable.

détachage [detaʃaʒ] *nm* stain removal.

détachant, e [detaʃɑ̃, ɑ̃t] *adj* stain-removing.

➤ **détachant** *nm* stain remover.

détaché, e [detaʃe] *adj* detached ; **~ à** *ou* **auprès de** seconded to.

détachement [detaʃmɑ̃] *nm* - **1.** [d'esprit] detachment - **2.** [de fonctionnaire] secondment - **3.** *MIL* detachment.

détacher [3] [detaʃe] *vt* - **1.** [enlever] : **~ qqch (de)** [objet] to detach sthg (from) ; *fig* to free sthg (from) ; **coupon à ~** tear-off coupon - **2.** [nettoyer] to remove stains from, to clean - **3.** [délier] to undo ; [cheveux] to untie - **4.** *ADMIN* : **~ qqn auprès de** to second sb to.

➤ **se détacher** *vp* - **1.** [tomber] : **se ~ (de)** to come off ; *fig* to free o.s. (from) - **2.** [se défaire] to come undone - **3.** [ressortir] : **se ~ sur** to stand out on - **4.** [se désintéresser] : **se ~ de qqn** to drift apart from sb.

détail [detaj] *nm* - **1.** [précision] detail - **2.** [description] : **faire le ~ de** to give a detailed breakdown *ou* description of - **3.** *COMM* : **le ~** retail.

➤ **au détail** *loc adj* & *loc adv* retail.

➤ **en détail** *loc adv* in detail.

détaillant, e [detajɑ̃, ɑ̃t] ◇ *adj* retail ◇ *nm, f* retailer.

détaillé, e [detaje] *adj* detailed.

détailler [3] [detaje] *vt* - **1.** [expliquer] to give details of - **2.** [vendre] to retail.

détaler [3] [detale] *vi* - **1.** [personne] to clear out - **2.** [animal] to bolt.

détartrant, e [detartrɑ̃, ɑ̃t] *adj* descaling.

➤ **détartrant** *nm* descaling agent.

détartrer [3] [detartre] *vt* to scale, to descale.

détaxe [detaks] *nf* : **~ (sur)** [suppression] removal of tax (from) ; [réduction] reduction in tax (on).

détecter [4] [detɛkte] *vt* to detect.

détecteur, trice [detɛktœr, tris] *adj* detecting, detector *(avant n)*.
- **détecteur** *nm* detector ; **~ de fumée** smoke detector.

détection [detɛksjɔ̃] *nf* detection.

détective [detɛktiv] *nm* detective ; **~ privé** private detective.

déteindre [81] [detɛ̃dr] ⬦ *vt* to fade ⬦ *vi* to fade ; **~ sur** *fig* to rub off on ; **~ au lavage** to run (in the wash).

déteint, e [detɛ̃, ɛ̃t] *pp* ⊏> **déteindre**.

dételer [24] [detle] ⬦ *vt* - **1.** [cheval] to unharness - **2.** [wagon] to unhitch ⬦ *vi fam fig* : **sans ~** at a stretch.

détendre [73] [detɑ̃dr] *vt* - **1.** [corde] to loosen, to slacken ; *fig* to ease - **2.** [personne] to relax.
- **se détendre** *vp* - **1.** [se relâcher] to slacken ; *fig* to ease ; [atmosphère] to become more relaxed - **2.** [se reposer] to relax.

détendu, e [detɑ̃dy] ⬦ *pp* ⊏> **détendre** ⬦ *adj* - **1.** [corde] loose, slack - **2.** [personne] relaxed.

détenir [40] [detnir] *vt* - **1.** [objet] to have, to hold - **2.** [personne] to detain, to hold.

détente [detɑ̃t] *nf* - **1.** [de ressort] release - **2.** [d'une arme] trigger - **3.** [repos] relaxation - **4.** POLIT détente - **5.** [d'athlète] thrust - **6.** *loc* : **être dur à la ~** to be slow on the uptake.

détenteur, trice [detɑ̃tœr, tris] *nm, f* [d'objet, de secret] possessor ; [de prix, record] holder.

détention [detɑ̃sjɔ̃] *nf* - **1.** [possession] possession - **2.** [emprisonnement] detention ; **~ préventive** remand (in custody).

détenu, e [detny] ⬦ *pp* ⊏> **détenir** ⬦ *adj* detained ⬦ *nm, f* prisoner.

détergent, e [detɛrʒɑ̃, ɑ̃t] *adj* detergent *(avant n)*.
- **détergent** *nm* detergent.

détérioration [deterjɔrasjɔ̃] *nf* [de bâtiment] deterioration ; [de situation] worsening.

détériorer [3] [deterjɔre] *vt* - **1.** [abîmer] to damage - **2.** [altérer] to ruin.
- **se détériorer** *vp* - **1.** [bâtiment] to deteriorate ; [situation] to worsen - **2.** [s'altérer] to be spoiled.

déterminant, e [detɛrminɑ̃, ɑ̃t] *adj* decisive, determining.
- **déterminant** *nm* - **1.** LING determiner - **2.** MATHS determinant.

détermination [detɛrminasjɔ̃] *nf* - **1.** [défini-

tion] determining *(U)* - **2.** [fixation] determination - **3.** [résolution] decision.

déterminé, e [detɛrmine] *adj* - **1.** [quantité] given *(avant n)* - **2.** [expression] determined.

déterminer [3] [detɛrmine] *vt* - **1.** [préciser] to determine, to specify - **2.** [provoquer] to bring about ; **~ qqn à faire qqch** to cause sb to do sthg.
- **se déterminer** *vp* : **se ~ à faire qqch** to decide to do sthg.

déterminisme [detɛrminism] *nm* determinism.

déterré, e [detere] *adj* : **avoir une mine de ~** to look like death warmed up.

déterrer [4] [detere] *vt* to dig up.

détersif, ive [detɛrsif, iv] *adj* detergent *(avant n)*.
- **détersif** *nm* detergent. ⬦

détestable [detɛstabl] *adj* dreadful.

détester [3] [detɛste] *vt* to detest.

détiendrai, détiendras *etc* ⊏> **détenir**.

détonant, e [detɔnɑ̃, ɑ̃t] *adj* explosive.

détonateur [detɔnatœr] *nm* TECHNOL detonator ; *fig* trigger.

détonation [detɔnasjɔ̃] *nf* detonation.

détoner [3] [detɔne] *vi* to detonate.

détonner [3] [detɔne] *vi* MUS to be out of tune ; [couleur] to clash ; [personne] to be out of place.

détour [detur] *nm* - **1.** [crochet] detour ; **faire un ~ (par)** to make a detour (through) - **2.** [méandre] bend ; **au ~ du chemin** at the bend in the road ; **sans ~** *fig* directly.

détourné, e [deturne] *adj* [dévié] indirect ; *fig* roundabout *(avant n)*.

détournement [deturnəmɑ̃] *nm* diversion ; **~ d'avion** hijacking ; **~ de fonds** embezzlement ; **~ de mineur** corruption of a minor.

détourner [3] [deturne] *vt* - **1.** [dévier - gén] to divert ; [- avion] to hijack - **2.** [écarter] : **~ qqn de** to distract sb from, to divert sb from - **3.** [la tête, les yeux] to turn away - **4.** [argent] to embezzle.
- **se détourner** *vp* to turn away ; **se ~ de** *fig* to move away from.

détracteur, trice [detraktœr, tris] *nm, f* detractor.

détraqué, e [detrake] *fam* ⬦ *adj* - **1.** [déréglé] on the blink - **2.** [fou] nutty, loopy ⬦ *nm, f* nutter.

détraquer [3] [detrake] *vt fam* [dérégler] to break ; *fig* to upset.
- **se détraquer** *vp fam* [se dérégler] to go wrong ; *fig* to become unsettled.

détrempe [detrɑ̃p] *nf* ART tempera.

détremper [3] [detrɑ̃pe] vt - **1.** [sol] to soften - **2.** [peinture] to thin.

détresse [detrɛs] nf distress ; **en ~** in distress.

détriment [detrimɑ̃] ➡ **au détriment de** loc prép to the detriment of.

détritus [detrity(s)] nm detritus.

détroit [detrwa] nm strait ; **le ~ de Bering** the Bering Strait ; **le ~ de Gibraltar** the Strait of Gibraltar.

détromper [3] [detrɔ̃pe] vt to disabuse.
➡ **se détromper** vp to disabuse o.s. ; **détrompez-vous!** think again!

détrôner [3] [detrone] vt [souverain] to dethrone ; fig to oust.

détrousser [3] [detruse] vt vieilli to rob.

détruire [98] [detrɥir] vt - **1.** [démolir, éliminer] to destroy - **2.** [massacrer] to wipe out - **3.** fig [anéantir] to ruin.
➡ **se détruire** vp to destroy o.s.

détruisais, détruise etc ▷ **détruire**.

détruit, e [detrɥi, it] pp ▷ **détruire**.

dette [dɛt] nf debt ; **avoir des ~s** to have debts ; **la ~ publique** the national debt ; **être criblé de ~s** to be crippled by debt.

DEUG, Deug [dœg] (abr de **diplôme d'études universitaires générales**) nm university diploma taken after two years of arts courses.

DEUG, DEUST
In French universities, students take the 'DEUG' or the 'DEUST' after two years of courses. They may then take further courses leading to the 'licence' (the equivalent of a bachelor's degree).

deuil [dœj] nm [douleur, mort] bereavement ; [vêtements, période] mourning (U) ; **en ~** in mourning ; **porter le ~** to be in ou wear mourning ; **faire son ~ de qqch** fig to wave sthg goodbye.

DEUST, Deust [dœst] (abr de **diplôme d'études universitaires scientifiques et techniques**) nm university diploma taken after two years of science courses ; voir aussi **DEUG**.

deux [dø] ⬦ adj num two ; **ses ~ fils** both his sons, his two sons ; **tous les ~ jours** every other day, every two days, every second day ; **en moins de ~** fam fig in no time at all, in two ticks ⬦ nm two ; **les ~** both ; **par ~** in pairs ; voir aussi **six**.

deuxième [døzjɛm] adj num, nm ou nmf second ; voir aussi **sixième**.

deuxièmement [døzjɛmmɑ̃] adv secondly.

deux-pièces [døpjɛs] nm inv - **1.** [appartement] two-room flat Br ou apartment Am - **2.** [bikini] two-piece (swimming costume).

deux-points [døpwɛ̃] nm inv colon.

deux-roues [døru] nm inv two-wheeled vehicle.

deux-temps [døtɑ̃] nm inv MÉCANIQUE two-stroke (engine).

dévaler [3] [devale] ⬦ vt to run down ⬦ vi to hurtle down.

dévaliser [3] [devalize] vt [cambrioler - maison] to ransack ; [- personne] to rob ; fig to strip bare.

dévalorisant, e [devalɔrizɑ̃, ɑ̃t] adj demeaning.

dévalorisation [devalɔrizasjɔ̃] nf depreciation.

dévaloriser [3] [devalɔrize] vt - **1.** [monnaie] to devalue - **2.** [personne] to run ou put down.
➡ **se dévaloriser** vp - **1.** [monnaie] to fall in value - **2.** [personne] fig to run ou put o.s. down.

dévaluation [devalɥasjɔ̃] nf devaluation.

dévaluer [7] [devalɥe] ⬦ vt to devalue ⬦ vi to devalue.
➡ **se dévaluer** vp to devalue.

devancer [16] [dəvɑ̃se] vt - **1.** [précéder] to arrive before - **2.** [surpasser] to be in front of - **3.** [anticiper] to anticipate.

devant [dəvɑ̃] ⬦ prép - **1.** [en face de] in front of - **2.** [en avant de] ahead of, in front of ; **aller droit ~ soi** to go straight ahead ou on - **3.** [en présence de, face à] in the face of ⬦ adv - **1.** [en face] in front - **2.** [en avant] in front, ahead ⬦ nm front ; **prendre les ~s** to make the first move, to take the initiative.
➡ **de devant** loc adj [pattes, roues] front (avant n).

devanture [dəvɑ̃tyr] nf shop window ; **à la ~ de** on display in.

dévastateur, trice [devastatœr, tris] adj devastating.

dévastation [devastasjɔ̃] nf devastation.

dévaster [3] [devaste] vt to devastate.

déveine [devɛn] nf fam bad luck.

développement [devlɔpmɑ̃] nm - **1.** [gén] development - **2.** PHOT developing - **3.** [exposé] exposition.
➡ **développements** nmpl developments.

développer [3] [devlɔpe] vt to develop ; [industrie, commerce] to expand.
➡ **se développer** vp - **1.** [s'épanouir] to spread - **2.** ÉCON to grow, to expand.

devenir [40] [dəvnir] vi to become ; **que devenez-vous?** fig how are you doing?

devenu, e [dəvny] pp ▷ **devenir**.

dévergondé, e [devergɔ̃de] ⟨⟩ *adj* shameless, wild ⟨⟩ *nm, f* shameless person.

dévergonder [3] [devergɔ̃de] ⇒ **se dévergonder** *vp* to go to the bad, to get into bad ways.

déverrouiller [3] [deveruje] *vt* **- 1.** [porte] to unbolt **- 2.** [arme] to release the catch of.

déverser [3] [deverse] *vt* **- 1.** [liquide] to pour out **- 2.** [ordures] to tip (out) **- 3.** [bombes] to unload, to drop **- 4.** *fig* [injures] to pour out.
⇒ **se déverser** *vp* : se ~ **dans** to flow into.

déversoir [deverswar] *nm* overflow.

dévêtir [44] [devetir] *vt sout* to undress.
⇒ **se dévêtir** *vp sout* to undress, to get undressed.

dévêtu, e [devety] *pp* ⊳ **dévêtir**.

déviant, e [devjã, ãt] *adj* deviant.

déviation [devjasjɔ̃] *nf* **- 1.** [gén] deviation **- 2.** [d'itinéraire] diversion.

dévider [3] [devide] *vt* [fil] to unwind.

deviendrai, deviendras *etc* ⊳ **devenir**.

devienne, devient ⊳ **devenir**.

dévier [9] [devje] ⟨⟩ *vi* : ~ **de** to deviate from ⟨⟩ *vt* to divert.

devin, devineresse [dəvɛ̃, dəvinrɛs] *nm, f* : je ne suis pas ~! I'm not psychic!

deviner [3] [dəvine] *vt* to guess.
⇒ **se deviner** *vp* **- 1.** [aller de soi] to just come naturally **- 2.** [se voir] : ça se devine facilement that's easy to see.

devinette [dəvinet] *nf* riddle.

devis [dəvi] *nm* estimate ; faire un ~ to (give an) estimate.

dévisager [17] [devizaʒe] *vt* to stare at.

devise [dəviz] *nf* **- 1.** [formule] motto **- 2.** [monnaie] currency.
⇒ **devises** *nfpl* [argent] currency *(U)*.

deviser [3] [dəvize] *vi* **- 1.** *sout* [parler] : ~ **de** *ou* **sur** to converse about **- 2.** *Helv* [faire un devis] to estimate.

dévisser [3] [devise] ⟨⟩ *vt* to unscrew ⟨⟩ *vi* ALPINISME to fall (off).

de visu [dəvizy] *adv* : constater qqch ~ to see sthg with one's own eyes.

dévoiler [3] [devwale] *vt* to unveil ; *fig* to reveal.

devoir [53] [dəvwar] ⟨⟩ *nm* **- 1.** [obligation] duty ; faire son ~ to do one's duty **- 2.** SCOL homework *(U)* ; faire ses ~s to do one's homework ⟨⟩ *vt* **- 1.** [argent, respect] : ~ qqch (à qqn) to owe (sb) sthg **- 2.** [être redevable de] : ~ qqch à qqn to owe sthg to sb ; je lui dois d'être ici it's thanks to him that I'm here **- 3.** [marque l'obligation] : ~ faire qqch to have to do sthg ; je dois partir à l'heure ce soir I have

to *ou* must leave on time tonight ; tu devrais faire attention you should be *ou* ought to be careful ; il n'aurait pas dû mentir he shouldn't have lied, he ought not to have lied **- 4.** [marque la probabilité] : il doit faire chaud là-bas it must be hot over there ; il a dû oublier he must have forgotten **- 5.** [marque le futur, l'intention] : ~ faire qqch to be (due) to do sthg, to be going to do sthg ; elle doit arriver à 6 heures she's due to arrive at 6 o'clock ; je dois voir mes parents ce week-end I'm seeing *ou* going to see my parents this weekend **- 6.** [être destiné à] : il devait mourir trois ans plus tard he was to die three years later ; cela devait arriver it had to happen, it was bound to happen.
⇒ **se devoir** *vp* : se ~ de faire qqch to be duty-bound to do sthg ; comme il se doit as is proper.

dévolu, e [devɔly] *adj sout* : ~ à allotted to.
⇒ **dévolu** *nm* : jeter son ~ sur to set one's sights on.

dévorer [3] [devɔre] *vt* to devour ; être dévoré de *fig* to be eaten up by *ou* with.

dévot, e [devo, ɔt] ⟨⟩ *adj* devout ⟨⟩ *nm, f* devout person.

dévotion [devɔsjɔ̃] *nf* devotion ; avec ~ [prier] devoutly ; [soigner, aimer] devotedly ; faire ses ~s to perform one's devotions.

dévoué, e [devwe] *adj* devoted.

dévouement [devumã] *nm* devotion.

dévouer [6] [devwe] ⇒ **se dévouer** *vp* **- 1.** [se consacrer] : se ~ à to devote o.s. to **- 2.** *fig* [se sacrifier] : se ~ pour qqch/pour faire qqch to sacrifice o.s. for sthg/to do sthg.

dévoyé, e [devwaje] *adj & nm, f* delinquent.

dévoyer [13] [devwaje] *vt littéraire* to lead astray.
⇒ **se dévoyer** *vp littéraire* to go astray.

devrai, devras *etc* ⊳ **devoir**.

dextérité [dɛksterite] *nf* dexterity, skill ; avec ~ skilfully.

dg (*abr de* décigramme) dg.

DG (*abr de* directeur général) *nm* GM.

DGE (*abr de* dotation globale d'équipement) *nf* state contribution to local government capital budget.

DGF (*abr de* dotation globale de fonctionnement) *nf* state contribution to local government revenue budget.

DGI (*abr de* Direction générale des impôts) *n* central tax office.

DGSE (*abr de* Direction générale de la sécurité extérieure) *nf* French intelligence and espionage service, ≃ MI6 *Br*, ≃ CIA *Am*.

diabète [djabɛt] *nm* diabetes *(U)*.

diabétique [djabetik] *nmf* & *adj* diabetic.

diable [djabl] *nm* devil ; **au ~** [loin] miles from anywhere ; **avoir le ~ au corps** to be a real handful ; **tirer le ~ par la queue** to live from hand to mouth.

diablement [djabləmɑ̃] *adv vieilli* horribly.

diablesse [djablɛs] *nf* she-devil ; [femme turbulente] shrew, vixen.

diablotin [djablɔtɛ̃] *nm* imp.

diabolique [djabɔlik] *adj* diabolical.

diabolo [djabɔlo] *nm* **- 1.** [jouet] diabolo **- 2.** [boisson] fruit cordial and lemonade ; **~ menthe** mint (cordial) and lemonade.

diacre [djakr] *nm* RELIG deacon.

diadème [djadɛm] *nm* diadem.

diagnostic [djagnɔstik] *nm* MÉD & *fig* diagnosis.

diagnostiquer [3] [djagnɔstike] *vt* MÉD & *fig* to diagnose.

diagonale [djagɔnal] *nf* diagonal ; **en ~** diagonally ; **lire en ~** *fig* to skim.

diagramme [djagram] *nm* graph.

dialecte [djalɛkt] *nm* dialect.

dialectique [djalɛktik] *nf* & *adj* dialectic.

dialogue [djalɔg] *nm* discussion ; **c'est un ~ de sourds** they're/you're *etc* never going to agree.
◆ **dialogues** *nmpl* dialogue *(sg)* Br, dialog *(sg)* Am.

dialoguer [3] [djalɔge] *vi* **- 1.** [converser] to converse **- 2.** INFORM to interact.

dialyse [djaliz] *nf* dialysis.

diamant [djamɑ̃] *nm* [pierre] diamond.

diamétralement [diametralmɑ̃] *adv* : **~ opposé** diametrically opposed.

diamètre [djamɛtr] *nm* diameter.

diantre [djɑ̃tr] *interj littéraire* & *vieilli* by Jove!

diapason [djapazɔ̃] *nm* [instrument] tuning fork ; **se mettre au ~** *fig* to get on the same wavelength.

diaphane [djafan] *adj* [peau, teint] translucent ; [tissu] diaphanous.

diaphragme [djafragm] *nm* diaphragm.

diapositive [djapozitiv] *nf* slide.

diarrhée [djare] *nf* diarrhoea.

diatribe [djatrib] *nf sout* diatribe.

dichotomie [dikɔtɔmi] *nf* dichotomy.

dico [diko] *nm fam* dictionary.

Dictaphone® [diktafɔn] *nm* Dictaphone®.

dictateur [diktatœr] *nm* dictator.

dictatorial, e, aux [diktatɔrjal, o] *adj* dictatorial.

dictature [diktatyr] *nf* dictatorship.

dictée [dikte] *nf* dictation.

dicter [3] [dikte] *vt* to dictate.

diction [diksjɔ̃] *nf* diction.

dictionnaire [diksjɔnɛr] *nm* dictionary ; **~ bilingue/encyclopédique** bilingual/encyclopedic dictionary.

dicton [diktɔ̃] *nm* saying, dictum.

didactique [didaktik] *adj* didactic.

dièse [djɛz] ◇ *adj* sharp ; **do/fa ~** C/F sharp ◇ *nm* sharp.

diesel [djezɛl] *adj inv* diesel ; **moteur ~** diesel engine.

diète [djɛt] *nf* diet ; **être à la ~** [régime] ; to be on a diet ; [jeûne] to be fasting.

diététicien, enne [djetetisjɛ̃, ɛn] *nm, f* dietician.

diététique [djetetik] ◇ *nf* dietetics (U) ◇ *adj* [considération, raison] dietary ; [produit, magasin] health *(avant n)*.

dieu, x [djø] *nm* god ; **comme un ~** *fig* & *hum* divinely.
◆ **Dieu** *nm* God ; **mon Dieu!** my God! ; **Dieu sait où/comment** God knows where/how ; **Dieu merci!** thank God!

diffamation [difamasjɔ̃] *nf* [écrite] libel ; [orale] slander ; **attaquer qqn en ~** to sue sb for slander/libel.

diffamatoire [difamatwar] *adj* defamatory.

différant [diferɑ̃] *pp* ⊳ **différer**.

différé, e [difere] *adj* recorded.
◆ **différé** *nm* : **en ~** TÉLÉ recorded ; INFORM offline.

différemment [diferamɑ̃] *adv* differently.

différence [diferɑ̃s] *nf* difference.

différencier [9] [diferɑ̃sje] *vt* : **~ qqch de qqch** to differentiate sthg from sthg.
◆ **se différencier** *vp* : **se ~ de** to be different from.

différend [diferɑ̃] *nm* [désaccord] difference of opinion ; **avoir un ~ avec** to have a difference of opinion with.

différent, e [diferɑ̃, ɑ̃t] *adj* : **~ (de)** different (from).

différentiel, elle [diferɑ̃sjɛl] *adj* differential.

différer [18] [difere] ◇ *vt* [retarder] to postpone ◇ *vi* : **~ de** to differ from, to be different from ; **~ (selon)** to vary (according to).

difficile [difisil] ◇ *adj* difficult ◇ *nm* : **faire le/la ~** to be hard to please.

difficilement [difisilmɑ̃] *adv* with difficulty.

difficulté [difikylte] *nf* **- 1.** [complexité, peine] difficulty **- 2.** [obstacle] problem ; **en ~** in difficulty.

difforme [difɔrm] *adj* deformed.

difformité [difɔrmite] nf deformity.

diffraction [difraksjɔ̃] nf diffraction.

diffus, e [dify, yz] adj diffused ; fig vague.

diffuser [3] [difyze] vt - 1. [lumière] to diffuse - 2. [émission] to broadcast - 3. [livres] to distribute.

diffuseur [difyzœr] nm - 1. [appareil] diffuser - 2. [de livres] distributor.

diffusion [difyzjɔ̃] nf - 1. [d'émission, d'onde] broadcast - 2. [de livres] distribution.

digérer [18] [diʒere] ⋄ vi to digest ⋄ vt - 1. [repas, connaissance] to digest - 2. fam fig [désagrément] to put up with.

digeste [diʒɛst] adj (easily) digestible.

digestible [diʒɛstibl] adj digestible.

digestif, ive [diʒɛstif, iv] adj digestive.
➤ **digestif** nm liqueur.

digestion [diʒɛstjɔ̃] nf digestion.

digital, e, aux [diʒital, o] adj - 1. TECHNOL digital - 2. ▷ **empreinte**.
➤ **digitale** nf digitalis.

digne [diɲ] adj - 1. [honorable] dignified - 2. [méritant] : ~ de worthy of ; ~ de foi trustworthy.

dignement [diɲmɑ̃] adv with dignity.

dignitaire [diɲitɛr] nm dignitary ; haut ~ mandarin.

dignité [diɲite] nf dignity ; se draper dans sa ~ to stand on one's dignity.

digression [digresjɔ̃] nf digression.

digue [dig] nf dike.

diktat [diktat] nm diktat.

dilapider [3] [dilapide] vt to squander.

dilatation [dilatasjɔ̃] nf dilation.

dilater [3] [dilate] vt to dilate.
➤ **se dilater** vp to expand, to dilate.

dilatoire [dilatwar] adj delaying (avant n).

dilemme [dilɛm] nm dilemma.

dilettante [diletɑ̃t] nmf dilettante ; faire qqch en ~ to dabble in sthg.

diligence [diliʒɑ̃s] nf HIST & sout diligence.

diligent, e [diliʒɑ̃, ɑ̃t] adj vieilli diligent.

diluant [dilɥɑ̃] nm thinner.

diluer [7] [dilɥe] vt to dilute.

diluvien, enne [dilyvjɛ̃, ɛn] adj torrential.

dimanche [dimɑ̃ʃ] nm Sunday ; ~ des Rameaux Palm Sunday ; voir aussi **samedi**.

dimension [dimɑ̃sjɔ̃] nf - 1. [mesure] dimension - 2. [taille] dimensions (pl), size - 3. fig [importance] magnitude ; à la ~ de equal to.

diminué, e [diminɥe] adj diminished.

diminuer [7] [diminɥe] ⋄ vt [réduire] to diminish, to reduce ⋄ vi [intensité] to diminish, to decrease.
➤ **se diminuer** vp to put o.s. down.

diminutif, ive [diminytif, iv] adj diminutive.
➤ **diminutif** nm diminutive.

diminution [diminysjɔ̃] nf diminution.

DIN, Din [din] (abr de Deutsche Industrie Norm) DIN.

dinde [dɛ̃d] nf - 1. [animal] turkey - 2. péj [femme] stupid woman.

dindon [dɛ̃dɔ̃] nm turkey ; être le ~ de la farce fig to be made a fool of.

dîner [3] [dine] ⋄ vi to dine ⋄ nm dinner ; ~ d'affaires/aux chandelles business/candlelit dinner.

dînette [dinɛt] nf doll's tea party ; faire la ~ to have a snack ; jouer à la ~ to have a doll's tea party.

dingue [dɛ̃g] fam ⋄ adj - 1. [personne] crazy - 2. [histoire] incredible ⋄ nmf loony.

dinosaure [dinozɔr] nm dinosaur.

diocèse [djɔsɛz] nm diocese.

diode [djɔd] nf diode.

dioptrie [djɔptri] nf dioptre.

dioxine [djɔksin] nf dioxin.

diphasé, e [difaze] adj two-phase.

diphtérie [difteri] nf diphtheria.

diphtongue [diftɔ̃g] nf diphthong.

diplomate [diplɔmat] ⋄ nmf [ambassadeur] diplomat ⋄ nm [gâteau] ≃ trifle ⋄ adj diplomatic.

diplomatie [diplɔmasi] nf diplomacy.

diplomatique [diplɔmatik] adj diplomatic.

diplôme [diplom] nm diploma.

diplômé, e [diplome] ⋄ adj : être ~ de/en to be a graduate of/in ⋄ nm, f graduate.

dire [102] [dir] vt : ~ qqch (à qqn) [parole] to say sthg (to sb) ; [vérité, mensonge, secret] to tell (sb) sthg ; ~ à qqn de faire qqch to tell sb to do sthg ; il m'a dit que ... he told me (that) ... ; cela va sans ~ that goes without saying ; c'est vite dit fam that's easy (for you/him etc) to say ; c'est beaucoup ~ that's saying a lot ; elle est vraiment difficile, et ce n'est pas peu ~ she's very difficult - and I mean difficult en ~ long fig to speak volumes ; entre nous soit dit between you and me ; la ville proprement dite the actual town ; ~ du bien/du mal (de) to speak well/ill (of) ; que dirais-tu de ... what would you say to ...? ; qu'en dis-tu what do you think (of it)? ; on dit que ... they say (that) ... ; on dirait que ... it looks as if ... on dirait de la soie it looks like silk, you'd think it was silk ; et ~ que je n'étais pas là and to think I wasn't there! ; **ça ne me dit rien** [pas envie] I don't fancy that ; [jamais entendu] I've never heard of it.

● **se dire** vp **- 1.** [penser] to think (to o.s.) **- 2.** [s'employer] : **ça ne se dit pas** [par décence] you mustn't say that ; [par usage] people don't say that, nobody says that **- 3.** [se traduire] : **'chat' se dit 'gato' en espagnol** the Spanish for 'cat' is 'gato'.

● **au dire de** loc prép according to.

● **cela dit** loc adv having said that.

● **dis donc** loc adv fam so ; [au fait] by the way ; [à qqn qui exagère] look here!

● **pour ainsi dire** loc adv so to speak.

● **à vrai dire** loc adv to tell the truth.

direct, e [dirɛkt] adj direct.

● **direct** nm **- 1.** BOXE jab ; **un ~ du gauche** a straight left **- 2.** [train] direct train **- 3.** RADIO & TÉLÉ : **le ~** live transmission (U) ; **en ~** live.

directement [dirɛktəmɑ̃] adv directly.

directeur, trice [dirɛktœr, tris] ◇ adj **- 1.** [dirigeant] leading ; **comité ~** steering committee **- 2.** [central] guiding ◇ nm, f director, manager ; **~ commercial/du marketing** sales/marketing director, sales/marketing manager ; **~ général** general manager, managing director Br, chief executive officer Am ; **~ de la communication** director of communications ; **~ du personnel** ou **des ressources humaines** personnel ou human resources manager ; **~ de thèse** UNIV supervisor Br, reader Am ; **~ des ventes** sales manager.

direction [dirɛksjɔ̃] nf **- 1.** [gestion, ensemble des cadres] management ; **sous la ~ de** under the management of **- 2.** [orientation] direction ; **en** ou **dans la ~ de** in the direction of ; **'toutes ~s'** 'all routes' **- 3.** AUTOM steering ; **~ assistée** power steering.

directive [dirɛktiv] nf directive.

directorial, e, aux [dirɛktɔrjal, o] adj managerial.

directrice ⊳ directeur.

dirigeable [diriʒabl] nm : **(ballon) ~** airship.

dirigeant, e [diriʒɑ̃, ɑ̃t] ◇ adj ruling ◇ nm, f [de pays] leader ; [d'entreprise] manager.

diriger [17] [diriʒe] vt **- 1.** [mener - entreprise] to run, to manage ; [- orchestre] to conduct ; [- film, acteurs] to direct ; [- recherches, projet] to supervise **- 2.** [conduire] to steer **- 3.** [orienter] : **~ qqch sur** to aim sthg at ; **~ qqch vers** to aim sthg towards Br ou toward Am.

● **se diriger** vp : **se ~ vers** to go towards Br ou toward Am, to head towards Br ou toward Am.

dirigisme [diriʒism] nm interventionism.

disais, disions etc ⊳ dire.

discal, e, aux [diskal, o] ⊳ hernie.

discernement [disɛrnəmɑ̃] nm **- 1.** [jugement] discernment **- 2.** sout [distinction] distinction.

discerner [3] [disɛrne] vt **- 1.** [distinguer] : **~ qqch de** to distinguish sthg from **- 2.** [deviner] to discern.

disciple [disipl] nmf disciple.

disciplinaire [disiplinɛr] adj disciplinary ; **mesure ~** disciplinary measure.

discipline [disiplin] nf discipline ; **~ de fer** iron rule.

discipliné, e [disipline] adj disciplined.

discipliner [3] [discipline] vt [personne] to discipline ; [cheveux] to control.

disc-jockey [diskʒɔkɛ] (pl disc-jockeys) nm disc jockey.

disco [disko] ◇ adj inv disco (avant n) ◇ nm disco (music).

discographie [diskɔgrafi] nf discography.

discontinu, e [diskɔ̃tiny] adj [ligne] broken ; [bruit, effort] intermittent.

discontinuer [7] [diskɔ̃tinɥe] vi : **sans ~** without interruption.

discordance [diskɔrdɑ̃s] nf discrepancy.

discordant, e [diskɔrdɑ̃, ɑ̃t] adj discordant.

discorde [diskɔrd] nf discord.

discothèque [diskɔtɛk] nf **- 1.** [boîte de nuit] night club **- 2.** [de prêt] record library.

discount [disk(a)unt] nm discount.

discourir [45] [diskurir] vi to talk at length ; **~ sur** to hold forth on.

discours [diskur] nm **- 1.** [allocution] speech ; **faire un ~** to make a speech **- 2.** LING : **~ direct/indirect** direct/reported speech.

discouru, e [diskury] pp ⊳ discourir.

discrédit [diskredi] nm discredit, disrepute ; **jeter le ~ sur** to bring disgrace on.

discréditer [3] [diskredite] vt to discredit.

● **se discréditer** vp to discredit o.s.

discret, ète [diskrɛ, ɛt] adj [gén] discreet ; [réservé] reserved.

discrètement [diskrɛtmɑ̃] adv discreetly.

discrétion [diskresjɔ̃] nf **- 1.** [réserve, tact, silence] discretion **- 2.** [sobriété] sobriety, simplicity ; **avec ~** discreetly.

● **à discrétion** ◇ loc adj unlimited ◇ loc adv as much as you want.

discrétionnaire [diskresjɔnɛr] adj discretionary.

discrimination [diskriminasjɔ̃] nf discrimination ; **sans ~** indiscriminately.

discriminatoire [diskriminatwar] *adj* discriminatory.

disculper [3] [diskylpe] *vt* to exonerate.
◆ **se disculper** *vp* to exonerate o.s.

discussion [diskysjɔ̃] *nf* - **1.** [conversation, examen] discussion - **2.** [contestation, altercation] argument ; **sans ~** without argument.

discutable [diskytabl] *adj* - **1.** [contestable] questionable - **2.** [douteux] doubtful, questionable.

discutailler [3] [diskytaje] *vi fam péj* to argue over trivialities *ou* details.

discuter [3] [diskyte] ◇ *vt* - **1.** [débattre] : **~ (de) qqch** to discuss sthg - **2.** [contester] to dispute ◇ *vi* - **1.** [parlementer] to discuss - **2.** [converser] to talk - **3.** [contester] to argue.
◆ **se discuter** *vp* to be questionable *ou* debatable.

disert, e [dizɛr, ɛrt] *adj littéraire* articulate.

disette [dizɛt] *nf sout* [famine] famine ; *fig* [manque] shortage.

diseur, euse [dizœr, øz] *nm, f* : **~ de bonne aventure** fortune-teller.

disgrâce [disgras] *nf* disgrace.

disgracieux, euse [disgrasjø, øz] *adj* - **1.** [sans grâce] awkward, graceless - **2.** [laid] plain.

disjoindre [82] [disʒwɛdr] *vt* [planches, tuiles] to take apart ; *fig* to separate, to distinguish.
◆ **se disjoindre** *vp* to come apart.

disjoint, e [disʒwɛ̃, ɛ̃t] *pp* ▷ disjoindre.

disjoncter [disʒɔ̃kte] *vi* - **1.** ELECTR to short-circuit - **2.** *fam* [perdre la tête] to flip, to crack up.

disjoncteur [disʒɔ̃ktœr] *nm* trip switch, circuit breaker.

dislocation [dislɔkasjɔ̃] *nf MÉD* dislocation.

disloquer [3] [dislɔke] *vt* - **1.** MÉD to dislocate - **2.** [machine, empire] to dismantle.
◆ **se disloquer** *vp* [machine] to fall apart *ou* to pieces ; *fig* [empire] to break up.

disparaissais, disparaissions *etc* ▷ disparaître.

disparaître [91] [disparɛtr] *vi* - **1.** [gén] to disappear, to vanish ; **disparais!** vanish! ; **faire ~** [personne] to get rid of ; [obstacle] to remove - **2.** [mourir] to die.

disparate [disparat] *adj* [éléments] disparate ; [couleurs, mobilier] badly matched.

disparité [disparite] *nf* - **1.** [écart] disparity - **2.** [différence - d'éléments] disparity ; [- de couleurs] mismatch.

disparition [disparisjɔ̃] *nf* - **1.** [gén] disappearance ; [d'espèce] extinction ; **en voie de ~** endangered - **2.** [mort] passing.

disparu, e [dispary] ◇ *pp* ▷ disparaître. ◇ *nm, f* dead person, deceased.

dispatcher [3] [dispatʃe] *vt* to dispatch, to despatch.

dispendieux, euse [dispɑ̃djø, øz] *adj sou* expensive.

dispensaire [dispɑ̃sɛr] *nm* community clinic *Br*, free clinic *Am*.

dispense [dispɑ̃s] *nf* - **1.** [exemption] exemption ; **~ d'âge** special dispensation *(in the matter of age)* - **2.** [certificat] certificate of exemption.

dispenser [3] [dispɑ̃se] *vt* - **1.** [distribuer] to dispense - **2.** [exempter] : **~ qqn de qqch** [corvée] to excuse sb sthg, to let sb off sthg ; **je te dispense de tes réflexions!** *fig* spare us the comments!, keep your comments to yourself!
◆ **se dispenser** *vp* : **se ~ de qqch/de faire qqch** to get out of sthg/of doing sthg.

disperser [3] [dispɛrse] *vt* to scatter (about *ou* around) ; [collection, brume, foule] to break up ; *fig* [efforts, forces] to dissipate, to waste.
◆ **se disperser** *vp* - **1.** [feuilles, cendres] to scatter ; [brume, foule] to break up, to clear - **2.** [personne] to take on too much at once, to spread o.s. too thin.

dispersion [dispɛrsjɔ̃] *nf* scattering ; [de collection, brume, foule] breaking up ; *fig* [d'efforts, de forces] waste, squandering.

disponibilité [dispɔnibilite] *nf* - **1.** [de choses] availability - **2.** [de fonctionnaire] leave of absence ; **en ~** on leave of absence - **3.** [d'esprit] alertness, receptiveness.
◆ **disponibilités** *nfpl* available funds, liquid assets.

disponible [dispɔnibl] *adj* - **1.** [place, personne] available, free - **2.** [fonctionnaire] on leave of absence.

dispos, e [dispo, oz] *adj* fresh, full of energy.

disposé, e [dispoze] *adj* : **être ~ à faire qqch** to be prepared *ou* willing to do sthg ; **être bien ~ envers qqn** to be well-disposed towards *Br ou* toward *Am* sb.

disposer [3] [dispoze] ◇ *vt* - **1.** [arranger] to arrange - **2.** [inciter] : **~ qqn à qqch** to lead *ou* move sb to do sthg ◇ *vi* : **~ de** [moyens, argent] to have available (to one), to have at one's disposal ; [chose] to have the use of ; [temps] to have free *ou* available ; **vous pouvez ~** *fig & sout* you may leave *ou* go.
◆ **se disposer** *vp* : **se ~ à qqch/à faire qqch** *sout* to prepare for sthg/to do sthg.

dispositif [dispozitif] *nm* [mécanisme] device, mechanism ; **~ antibuée** demister ; **~ ant**

parasite suppressor ; **~ de sûreté** safety device.

disposition [dispozisjɔ̃] *nf* - **1.** [arrangement] arrangement - **2.** [disponibilité] : **à la ~ de** at the disposal of, available to.

dispositions *nfpl* - **1.** [mesures] arrangements, measures - **2.** JUR provisions - **3.** [dons] : **avoir des ~s pour** to have a gift for.

disproportion [dispʀɔpɔʀsjɔ̃] *nf* disproportion.

disproportionné, e [dispʀɔpɔʀsjɔne] *adj* out of proportion.

dispute [dispyt] *nf* argument, quarrel.

disputer [3] [dispyte] *vt* - **1.** [SPORT - course] to run ; [- match] to play - **2.** [lutter pour] to fight for.

se disputer *vp* - **1.** [se quereller] to quarrel, to fight - **2.** SPORT to be played - **3.** [lutter pour] to fight over *ou* for.

disquaire [diskɛʀ] *nm* record dealer.

disqualification [diskalifikasjɔ̃] *nf* disqualification.

disqualifier [9] [diskalifje] *vt* to disqualify.

disque [disk] *nm* - **1.** MUS record ; [vidéo] video disc ; **~ compact** *ou* **laser** compact disc - **2.** ANAT disc Br, disk Am - **3.** INFORM disk ; **~ dur** hard disk - **4.** SPORT discus.

disque de stationnement *nm* parking disc Br *ou* permit Am.

disquette [diskɛt] *nf* diskette, floppy disk ; **~ haute/double densité** high/double density disk ; **~ système** system diskette.

dissection [disɛksjɔ̃] *nf* dissection.

dissemblable [disɑ̃blabl] *adj* dissimilar.

dissémination [diseminasjɔ̃] *nf* - **1.** [dispersion] scattering, spreading (out) ; *fig* dissemination, spreading - **2.** [répartition] scattering.

disséminer [3] [disemine] *vt* [graines, maisons] to scatter, to spread (out) ; *fig* [idées] to disseminate, to spread.

dissension [disɑ̃sjɔ̃] *nf* dissent.

disséquer [18] [diseke] *vt litt* & *fig* to dissect.

dissertation [disɛʀtasjɔ̃] *nf* essay.

disserter [3] [disɛʀte] *vi* : **~ sur** [à l'écrit] to write on ; [à l'oral] to speak on.

dissidence [disidɑ̃s] *nf* dissent, dissidence.

dissident, e [disidɑ̃, ɑ̃t] *adj* & *nm, f* dissident.

dissimulation [disimylasjɔ̃] *nf* - **1.** [hypocrisie] duplicity - **2.** [de la vérité] concealment.

dissimulé, e [disimyle] *adj* [hypocrite] dissembling, duplicitous.

dissimuler [3] [disimyle] *vt* to conceal.

se dissimuler *vp* - **1.** [se cacher] to conceal

o.s., to hide - **2.** [refuser de voir] : **se ~ qqch** to close one's eyes to sthg.

dissipation [disipasjɔ̃] *nf* - **1.** [dispersion] dispersal, breaking up ; *fig* [de malentendu] clearing up ; [de craintes] dispelling - **2.** [indiscipline] indiscipline, misbehaviour Br, misbehavior Am - **3.** [dilapidation] squandering - **4.** [débauche] dissipation.

dissipé, e [disipe] *adj* - **1.** [turbulent] unruly, badly behaved - **2.** [frivole] dissipated, dissolute.

dissiper [3] [disipe] *vt* - **1.** [chasser] to break up, to clear ; *fig* to dispel - **2.** [dilapider, gâcher] to squander - **3.** [distraire] to lead astray.

se dissiper *vp* - **1.** [brouillard, fumée] to clear - **2.** [élève] to misbehave - **3.** *fig* [malaise, fatigue] to go away ; [doute] to be dispelled.

dissocier [9] [disɔsje] *vt* - **1.** [séparer] to separate, to distinguish - **2.** CHIM to dissociate.

dissolu, e [disɔly] *adj* dissolute.

dissolution [disɔlysjɔ̃] *nf* - **1.** JUR dissolution - **2.** [mélange] dissolving - **3.** *sout* [débauche] dissipation.

dissolvais, dissolvions *etc* ▷ **dissoudre.**

dissolvant, e [disɔlvɑ̃, ɑ̃t] *adj* solvent.

dissolvant *nm* [solvant] solvent ; [pour vernis à ongles] nail varnish remover.

dissonance [disɔnɑ̃s] *nf* dissonance ; *fig* clash, discord.

dissoudre [87] [disudʀ] *vt* : **(faire) ~** to dissolve.

se dissoudre *vp* - **1.** [substance] to dissolve - **2.** JUR to be dissolved.

dissous, oute [disu, ut] *pp* ▷ **dissoudre.**

dissuader [3] [disɥade] *vt* to dissuade.

dissuasif, ive [disɥazif, iv] *adj* deterrent.

dissuasion [disɥazjɔ̃] *nf* dissuasion ; **force de ~** deterrent (effect).

dissymétrique [disimetrik] *adj* dissymmetrical.

distance [distɑ̃s] *nf* - **1.** [éloignement] distance ; **à ~** at a distance ; [télécommander] by remote control ; **à une ~ de 300 mètres** 300 metres away ; **se tenir à ~** to keep one's distance ; **garder ses ~s** to keep one's distance ; **prendre ses ~s** *fig* to stand back *ou* aloof - **2.** [intervalle] interval - **3.** [écart] gap.

distancer [16] [distɑ̃se] *vt* to outstrip.

distanciation [distɑ̃sjasjɔ̃] *nf* distance.

distancier [9] [distɑ̃sje] **se distancier** *vp* : **se ~ de** to distance o.s. from.

distant, e [distɑ̃, ɑ̃t] *adj* - **1.** [éloigné] : **une ville ~e de 10 km** a town 10 km away ; **des villes**

~es de 10 km towns 10 km apart - 2. [froid] distant.

distendre [73] [distɑ̃dr] *vt* [ressort, corde] to stretch ; [abdomen] to distend.

→ **se distendre** *vp* to distend.

distendu, e [distɑ̃dy] *pp* ⟁ **distendre**.

distillation [distilasjɔ̃] *nf* distilling, distillation.

distiller [3] [distile] *vt* [alcool] to distil *Br*, to distill *Am* ; [pétrole] to refine ; [miel] to secrete ; *fig & littéraire* to exude.

distillerie [distilri] *nf* [industrie] distilling ; [lieu] distillery.

distinct, e [distɛ̃, ɛ̃kt] *adj* distinct.

distinctement [distɛ̃ktəmɑ̃] *adv* distinctly, clearly.

distinctif, ive [distɛ̃ktif, iv] *adj* distinctive.

distinction [distɛ̃ksjɔ̃] *nf* distinction.

distingué, e [distɛ̃ge] *adj* distinguished.

distinguer [3] [distɛ̃ge] *vt* - 1. [différencier] to tell apart, to distinguish - 2. [percevoir] to make out, to distinguish - 3. [rendre différent] : ~ de to distinguish from, to set apart from.

→ **se distinguer** *vp* - 1. [se différencier] : se ~ (de) to stand out (from) - 2. [s'illustrer] to distinguish o.s. - 3. [être perçu] : **au loin se distinguait la côte** you could make out the coast in the distance.

distraction [distraksjɔ̃] *nf* - 1. [inattention] inattention, absent-mindedness ; **par ~** absent-mindedly - 2. [passe-temps] leisure activity.

distraire [112] [distrɛr] *vt* - 1. [déranger] to distract - 2. [divertir] to amuse, to entertain.

→ **se distraire** *vp* to amuse o.s.

distrait, e [distrɛ, ɛt] ⟁ *pp* ⟁ **distraire** ⟁ *adj* absent-minded.

distraitement [distrɛtmɑ̃] *adv* absent-mindedly, absently.

distrayais, distrayons *etc* ⟁ **distraire**.

distrayant, e [distrɛjɑ̃, ɑ̃t] *adj* entertaining.

distribanque [distribɑ̃k] *nm* cash dispenser.

distribuer [7] [distribɥe] *vt* to distribute ; [courrier] to deliver ; [ordres] to give out ; [cartes] to deal ; [coups, sourires] to dispense.

distributeur, trice [distribytœr, tris] *nm, f* distributor.

→ **distributeur** *nm* - 1. *AUTOM & COMM* distributor - 2. [machine] : **~ (automatique) de billets** *BANQUE* cash machine, cash dispenser ; *TRANSPORT* ticket machine ; **~ de boissons** drinks machine.

distribution [distribysjɔ̃] *nf* - 1. [répartition, diffusion, disposition] distribution ; **~ du courrier**

postal delivery ; **~ des prix** *SCOL* prize-giving - 2. [approvisionnement] supply - 3. *CIN & THÉÂTRE* cast.

district [distrikt] *nm* district.

dit, dite [di, dit] ⟁ *pp* ⟁ **dire** ⟁ *adj* - 1. [appelé] known as - 2. *JUR* said, above - 3. [fixé] : **à l'heure ~e** at the appointed time.

dites, dîtes ⟁ **dire**.

dithyrambique [ditirɑ̃bik] *adj* eulogistic.

DIU (*abr de* **dispositif intra-utérin**) *nm* IUD.

diurétique [djyretik] *nm & adj* diuretic.

diurne [djyrn] *adj* diurnal.

diva [diva] *nf* prima donna, diva.

divagation [divagasjɔ̃] *nf* wandering.

divaguer [3] [divage] *vi* to ramble.

divan [divɑ̃] *nm* divan *(seat)*.

divergeant [divɛrʒɑ̃] *ppr* ⟁ **diverger**.

divergence [divɛrʒɑ̃s] *nf* divergence, difference ; [d'opinions] difference.

divergent, e [divɛrʒɑ̃, ɑ̃t] *adj* divergent.

diverger [17] [divɛrʒe] *vi* to diverge ; [opinions] to differ.

divers, e [divɛr, ɛrs] *adj* - 1. [différent] different, various - 2. [disparate] diverse - 3. *(avant n)* [plusieurs] various, several - 4. *PRESSE* : **'divers'** 'miscellaneous'.

diversement [divɛrsəmɑ̃] *adv* variously, in different ways.

diversification [divɛrsifikasjɔ̃] *nf* diversification.

diversifier [9] [divɛrsifje] *vt* to vary, to diversify.

→ **se diversifier** *vp* to diversify.

diversion [divɛrsjɔ̃] *nf* diversion ; **créer une ~, faire ~** to create a diversion.

diversité [divɛrsite] *nf* diversity.

divertir [32] [divɛrtir] *vt* [distraire] to entertain, to amuse.

→ **se divertir** *vp* to amuse o.s., to entertain o.s.

divertissant, e [divɛrtisɑ̃, ɑ̃t] *adj* entertaining, amusing.

divertissement [divɛrtismɑ̃] *nm* - 1. [passe-temps] form of relaxation - 2. *MUS* divertimento.

dividende [dividɑ̃d] *nm* dividend.

divin, e [divɛ̃, in] *adj* divine.

divination [divinasjɔ̃] *nf* divination.

divinement [divinmɑ̃] *adv* divinely.

divinité [divinite] *nf* divinity.

diviser [3] [divize] *vt* - 1. [gén] to divide, to split up ; **~ pour régner** *fig* divide and rule - 2. *MATHS* to divide ; **~ 8 par 4** to divide 8 by 4.

se diviser *vp* - **1.** [se séparer] to divide - **2.** [diverger] to be divided.

divisible [divizibl] *adj* divisible.

division [divizjɔ̃] *nf* division ; ~ aéroportée MIL airborne division.

divisionnaire [divizjɔnɛr] *adj* divisional.

divorce [divɔrs] *nm* - **1.** JUR divorce ; **demander le ~** to ask for a divorce, to sue for divorce - **2.** *fig* [divergence] gulf, separation.

divorcé, e [divɔrse] <> *adj* divorced <> *nm, f* divorcee, divorced person.

divorcer [16] [divɔrse] *vi* to divorce.

divulgation [divylgasjɔ̃] *nf* disclosure.

divulguer [3] [divylge] *vt* to divulge.

dix [dis] *adj num* & *nm* ten ; *voir aussi* **six**.

dix-huit [dizɥit] *adj num* & *nm* eighteen ; *voir aussi* **six**.

dix-huitième [dizɥitjɛm] *adj num, nm* OU *nmf* eighteenth ; *voir aussi* **sixième**.

dixième [dizjɛm] <> *nf* SCOL ≃ third year ou form *(at primary school)* Br, ≃ second grade Am <> *adj num, nm* OU *nmf* tenth ; *voir aussi* **sixième**.

dix-neuf [diznœf] *adj num* & *nm* nineteen ; *voir aussi* **six**.

dix-neuvième [diznœvjɛm] *adj num, nm* OU *nmf* nineteenth ; *voir aussi* **sixième**.

dix-sept [disɛt] *adj num* & *nm* seventeen ; *voir aussi* **six**.

dix-septième [disɛtjɛm] *adj num, nm* OU *nmf* seventeenth ; *voir aussi* **sixième**.

dizaine [dizɛn] *nf* - **1.** MATHS ten - **2.** [environ dix] : **une ~ de** about ten ; **par ~s** [en grand nombre] in their dozens.

Djakarta [dʒakarta] *n* Jakarta.

djellaba [dʒelaba] *nf* jellaba.

Djibouti [dʒibuti] *n* Djibouti.

djiboutien, enne [dʒibutjɛ̃, ɛn] *adj* of/from Djibouti.

Djiboutien, enne *nm, f* person from Djibouti.

dm *(abr de* **décimètre)** dm.

DM *(abr de* **deutsche Mark)** DM.

do¹ [do] *nm inv* MUS C ; [chanté] doh.

do² *(abr de* **dito)** do.

doberman [dɔbɛrman] *nm* Doberman (pinscher).

doc [dɔk] *(abr de* **documentation)** *nf* literature, brochures *(pl)* ; **pouvez-vous me donner de la ~ sur cet ordinateur?** could you give me some literature about this computer?

doc. *(abr de* **document)** doc.

docile [dɔsil] *adj* - **1.** [obéissant] docile - **2.** [cheveux] manageable.

docilement [dɔsilmɑ̃] *adv* meekly, obediently.

docilité [dɔsilite] *nf* obedience.

dock [dɔk] *nm* - **1.** [bassin] dock - **2.** [hangar] warehouse.

docker [dɔkɛr] *nm* docker.

docte [dɔkt] *adj iron* professorial.

doctement [dɔktəmɑ̃] *adv* [savamment] learnedly.

docteur [dɔktœr] *nm* - **1.** [médecin] doctor ; **~ en médecine** doctor of medicine - **2.** UNIV : **~ ès lettres/sciences** ≃ PhD ; **~ honoris causa** ≃ Hon. PhD.

doctoral, e, aux [dɔktɔral, o] *adj péj* pompous, professorial.

doctorat [dɔktɔra] *nm* - **1.** [grade] doctorate ; **~ d'État** ≃ D. Litt., *higher doctorate awarded for aptitude for advanced research* ; **~ du troisième cycle** *doctorate awarded for three years' study and a work of research* - **2.** [épreuve] doctoral exam.

doctoresse [dɔktɔrɛs] *nf* woman ou lady doctor.

doctrinaire [dɔktrinɛr] *adj* - **1.** [dogmatique] doctrinaire - **2.** [sentencieux] sententious.

doctrine [dɔktrin] *nf* doctrine.

document [dɔkymɑ̃] *nm* document.

documentaire [dɔkymɑ̃tɛr] *nm* & *adj* documentary.

documentaliste [dɔkymɑ̃talist] *nmf* [d'archives] archivist ; PRESSE & TÉLÉ researcher.

documentation [dɔkymɑ̃tasjɔ̃] *nf* - **1.** [travail] research - **2.** [documents] paperwork, papers *(pl)* - **3.** [brochures] documentation.

documenté, e [dɔkymɑ̃te] *adj* - **1.** [personne] well-informed - **2.** [étude] well-documented.

documenter [3] [dɔkymɑ̃te] *vt* to document.

se documenter *vp* to do some research.

dodeliner [3] [dɔdline] *vi* : **~ de la tête** to nod gently.

dodo [dodo] *nm fam* beddy-byes ; **faire ~** to sleep.

dodu, e [dody] *adj fam* [enfant, joue, bras] chubby ; [animal] plump.

dogmatique [dɔgmatik] *adj* dogmatic.

dogme [dɔgm] *nm* dogma.

dogue [dɔg] *nm* mastiff.

doigt [dwa] *nm* finger ; **un ~ de** (just) a drop *ou* finger of ; **montrer qqch du ~** to point at sthg ; **~ de pied** toe ; **être à deux ~s de faire qqch** to be within an ace of doing sthg ; **mettre le ~ dans l'engrenage** to embark on sthg, to get involved ; **se mettre le ~ dans l'œil** *fam* to be kidding o.s. ; **je m'en mords les ~s** I could kick myself (for it) ; **obéir à qqn au ~ et à l'œil** to obey sb's every whim, to be at sb's beck and call.

doigté [dwate] *nm* delicacy, tact.

dois ⊳ **devoir**.

doive ⊳ **devoir**.

doléances [dɔleãs] *nfpl sout* grievances.

dollar [dɔlar] *nm* dollar.

dolmen [dɔlmɛn] *nm* dolmen.

DOM [dɔm] (*abr de* **département d'outre-mer**) *nm French overseas département*.

domaine [dɔmɛn] *nm* - **1.** [propriété] estate - **2.** [secteur, champ d'activité] field, domain ; **tomber dans le ~ public** be out of copyright.

domanial, e, aux [dɔmanjal, o] *adj* national, state *(avant n)*.

dôme [dom] *nm* - **1.** ARCHIT dome - **2.** GÉOGR rounded peak.

domestication [dɔmɛstikasjɔ̃] *nf* domestication.

domestique [dɔmɛstik] ◇ *nmf* (domestic) servant ◇ *adj* family *(avant n)* ; [travaux] household *(avant n)*.

domestiquer [3] [dɔmɛstike] *vt* - **1.** [animal] to domesticate - **2.** [éléments naturels] to harness.

domicile [dɔmisil] *nm* - **1.** [gén] (place of) residence ; **travailler à ~** to work from *ou* at home ; **ils livrent à ~** they do deliveries ; **sans ~ fixe** of no fixed abode ; **élire ~** to take up residence ; **~ conjugal** JUR marital home - **2.** [d'entreprise] (registered) address.

domiciliation [dɔmisiljasjɔ̃] *nf* : **~ bancaire** domiciliation.

domicilié, e [dɔmisilje] *adj* : **~ à** (officially) resident in *ou* at.

dominant, e [dɔminã, ãt] *adj* - **1.** [qui prévaut] dominant - **2.** [qui surplombe] dominating.

◆ **dominante** *nf* - **1.** [caractéristique] dominant feature *ou* characteristic - **2.** [couleur] dominant colour *Br ou* color *Am* - **3.** MUS dominant.

domination [dɔminasjɔ̃] *nf* - **1.** [autorité] domination, dominion - **2.** [influence] influence.

dominer [3] [dɔmine] ◇ *vt* - **1.** [surplomber, avoir de l'autorité sur] to dominate - **2.** [surpasser] to outclass - **3.** [maîtriser] to control, to master - **4.** *fig* [connaître] to master ◇ *vi* - **1.** [régner] to dominate, to be dominant - **2.** [prédominer] to predominate - **3.** [triompher] to be on top, to hold sway.

◆ **se dominer** *vp* to control o.s.

dominicain, e [dɔminikɛ̃, ɛn] *adj* Dominican.

◆ **Dominicain, e** *nm, f* Dominican.

dominical, e, aux [dɔminikal, o] *adj* Sunday *(avant n)*.

Dominique [dɔminik] *nf* : **la ~** Dominica.

domino [dɔmino] *nm* domino.

dommage [dɔmaʒ] *nm* - **1.** [préjudice] harm *(U)* ; **~s et intérêts, ~s-intérêts** damages ; **quel ~!** what a shame! ; **c'est ~ que** (+ *subjonctif*) it's a pity *ou* shame (that) - **2.** [dégâts] damage *(U)*.

dompter [3] [dɔ̃te] *vt* - **1.** [animal, fauve] to tame - **2.** [rebelles, enfants] to subdue - **3.** *fig* [maîtriser] to overcome, to control.

dompteur, euse [dɔ̃tœr, øz] *nm, f* [de fauves] tamer.

DOM-TOM [dɔmtɔm] (*abr de* **départements d'outre-mer/territoires d'outre-mer**) *nmpl French overseas départements and territories*.

DOM-TOM

> The four French overseas départements are Guadeloupe, Guyana, Martinique and Réunion. The overseas territories, New Caledonia, French Polynesia, Wallis and Futuna and French territories at the Poles, enjoy greater autonomy than the departments.

don [dɔ̃] *nm* - **1.** [cadeau] gift ; **faire ~ de** to make a gift *ou* present of ; **~ du sang** blood donation - **2.** [aptitude] knack.

DON [dɔn] (*abr de* **disque optique numérique**) *nm digital optical disk*.

donateur, trice [dɔnatœr, tris] *nm, f* donor.

donation [dɔnasjɔ̃] *nf* settlement.

donc [dɔ̃k] *conj* so ; **je disais ~ ...** so as I was saying ... ; **allons ~!** come on! ; **tais-toi ~!** will you be quiet!

donjon [dɔ̃ʒɔ̃] *nm* keep.

donjuanisme [dɔ̃ʒɥanism] *nm* womanizing.

donnant [dɔnã] ◆ **donnant donnant** *loc adv* fair's fair.

donne [dɔn] *nf* JEU deal.

donné, e [dɔne] *adj* given ; **c'est ~** it's a gift ; **c'est pas ~** it's not exactly cheap ; **étant ~ que** given that, considering (that).

◆ **donnée** *nf* - **1.** INFORM & MATHS datum, piece of data ; **~es numériques** numerical data - **2.** [élément] fact, particular.

donner [3] [dɔne] ◇ *vt* - **1.** [gén] to give ; [se débarrasser de] to give away ; **~ qqch à qqn** to give sb sthg, to give sthg to sb ; **~ qqch à faire à qqn** to give sb sthg to do, to give sthg to sb to do ; **~ sa voiture à réparer** to leave one's car to be repaired ; **quel âge lui donnes-tu?** how old do you think he/she is? - **2.** *fam* [dénoncer] to shop - **3.** [occasionner] to give, to cause ; **ne rien ~** to be no use *ou* good, to be unproductive ◇ *vi* **- 1.** [tomber] : **~ dans** to fall into ; *fig* to have a tendency towards *Br ou* toward *Am* **- 2.** [s'ouvrir] : **~ sur** to look out onto **- 3.** [produire] to produce, to yield **- 4.** [amener] : **~ à penser/entendre que** to lead sb to think/understand that.

◆ **se donner** *vp* **- 1.** [se consacrer] : **se ~ à qqch** to give *ou* devote o.s. to sthg **- 2.** [céder] : **se ~ à qqn** to give o.s. to sb.

donneur, euse [dɔnœr, øz] *nm, f* **- 1.** MÉD donor ; **~ de sang** blood donor **- 2.** CARTES dealer.

dont [dɔ̃] *pron rel* **- 1.** [complément de verbe ou d'adjectif] : **la personne ~ tu parles** the person you're speaking about, the person about whom you are speaking ; **l'accident ~ il est responsable** the accident for which he is responsible ; **c'est quelqu'un ~ on dit le plus grand bien** he's someone about whom people speak highly *(la traduction varie selon la préposition anglaise utilisée avec le verbe ou l'adjectif)* **- 2.** [complément de nom ou de pronom - relatif à l'objet] of which, whose ; [- relatif à personne] whose ; **un meuble ~ le bois est vermoulu** a piece of furniture with woodworm ; **la boîte ~ le couvercle est jaune** the box whose lid is yellow, the box with the yellow lid ; **c'est quelqu'un ~ j'apprécie l'honnêteté** he's someone whose honesty I appreciate ; **celui ~ les parents sont divorcés** the one whose parents are divorced **- 3.** [indiquant la partie d'un tout] : **plusieurs personnes ont téléphoné, ~ ton frère** several people phoned, one of which was your brother *ou* and among them was your brother ; **j'ai vu plusieurs films ~ deux étaient particulièrement intéressants** I saw several films, two of which were particularly interesting.

dopage [dɔpaʒ] *nm* doping.

dopant, e [dɔpɑ̃, ɑ̃t] *adj* stimulant.

◆ **dopant** *nm* dope *(U)*.

dope [dɔp] *nf fam* dope.

doper [3] [dɔpe] *vt* to dope.

◆ **se doper** *vp* to take stimulants.

dorade [dɔrad] = **daurade**.

doré, e [dɔre] *adj* **- 1.** [couvert de dorure] gilded, gilt ; **~ sur tranche** gilt-edged **- 2.** [couleur] golden.

dorénavant [dɔrenavɑ̃] *adv* from now on, in future.

dorer [3] [dɔre] ◇ *vt* **- 1.** [couvrir d'or] to gild **- 2.** [peau] to tan **- 3.** CULIN to glaze ◇ *vi* CULIN : **faire ~** to brown.

◆ **se dorer** *vp* to tan.

dorloter [3] [dɔrlɔte] *vt* to pamper, to cosset.

dormant, e [dɔrmɑ̃, ɑ̃t] *adj* [eau] still.

dormeur, euse [dɔrmœr, øz] *nm, f* sleeper.

dormir [36] [dɔrmir] *vi* **- 1.** [sommeiller] to sleep ; **~ debout** to be asleep on one's feet ; **à ~ debout** unbelievable, implausible **- 2.** [rester inactif - personne] to slack, to stand around (doing nothing) ; [- capitaux] to lie idle.

dorsal, e, aux [dɔrsal, o] *adj* dorsal.

dortoir [dɔrtwar] *nm* dormitory.

dorure [dɔryr] *nf* **- 1.** [couche d'or] gilt **- 2.** [ce qui est doré] golden *ou* gilt decoration.

doryphore [dɔrifɔr] *nm* colorado beetle.

dos [do] *nm* back ; **~ à ~** back to back ; **de ~** from behind ; **sur le ~** on one's back ; **'voir au ~'** 'see over' ; **à ~ d'âne** (riding) on a mule ; **ne rien avoir à se mettre sur le ~** to have nothing to wear ; **tourner le ~ à** [être tourné] to have one's back to ; *litt* & *fig* [se tourner] to turn one's back on ; **~ crawlé** backstroke ; **avoir bon ~** to be the one who always gets the blame ; **en avoir plein le ~** *fam* to be fed up (to the back teeth), to have had it up to here ; **se mettre qqn à ~** to put sb's back up.

DOS, Dos [dɔs] *(abr de* **Disk Operating System)** *nm* DOS.

dosage [dozaʒ] *nm* [de médicament] dose ; [d'ingrédient] amount.

dos-d'âne [dodɑn] *nm* bump.

dose [doz] *nf* **- 1.** [quantité de médicament] dose ; **'ne pas dépasser la ~ prescrite'** 'do not exceed the prescribed dose' **- 2.** [quantité] share ; **forcer la ~** *fam fig* to overdo it ; **une (bonne) ~ de bêtise** *fam fig* a lot of silliness ; **j'en ai eu ma ~** *fam fig* I've had enough.

doser [3] [doze] *vt* [médicament, ingrédient] to measure out ; *fig* to weigh up.

doseur [dozœr] *nm* [appareil] measure ; [de cuisine] measuring jug.

dossard [dosar] *nm* number *(on competitor's back)*.

dossier [dosje] *nm* **- 1.** [de fauteuil] back **- 2.** [documents] file, dossier ; **~ suspendu** suspension file **- 3.** [classeur] file, folder **- 4.** *fig* [question] question.

dot [dɔt] *nf* dowry.

dotation [dɔtasjɔ̃] *nf* **- 1.** JUR endowment **- 2.** ADMIN grant.

doter [3] [dɔte] *vt* [pourvoir] : **~ de** [talent] to endow with ; [machine] to equip with.

douairière [dwɛrjɛr] *nf* [veuve] dowager.

douane [dwan] *nf* **- 1.** [service, lieu] customs

(pl) ; **passer la ~** to go through customs **- 2.** [taxe] (import) duty.

douanier, ère [dwanje, ɛr] <> *adj* customs *(avant n)* <> *nm, f* customs officer.

doublage [dublaʒ] *nm* **- 1.** [renforcement] lining **- 2.** [de film] dubbing **- 3.** [d'acteur] understudying.

double [dubl] <> *adj* double <> *adv* double ; **voir ~** to see double, to have double vision <> *nm* **- 1.** [quantité] : **le ~** double **- 2.** [copie] copy ; **en ~** in duplicate **- 3.** [d'une personne] double **- 4.** TENNIS doubles *(pl)*.

doublé [duble] *nm* **- 1.** [en orfèvrerie] rolled gold **- 2.** [réussite double] double.

doublement [dubləmã] <> *adv* doubly <> *nm* [de lettre] doubling.

doubler [3] [duble] <> *vt* **- 1.** [multiplier] to double **- 2.** [plier] to (fold) double **- 3.** [renforcer] : **~ (de)** to line (with) **- 4.** [dépasser] to overtake **- 5.** [film, acteur] to dub **- 6.** *fam* [trahir] to con, to double-cross **- 7.** [augmenter] to double <> *vi* **- 1.** [véhicule] to overtake **- 2.** [augmenter] to double.

➤ **se doubler** *vp* : **se ~ de** to be coupled with.

doublure [dublyr] *nf* **- 1.** [renforcement] lining **- 2.** CIN stand-in.

douce ➤ **doux**.

douceâtre [dusatr] *adj* sickly (sweet), cloying.

doucement [dusmã] *adv* **- 1.** [descendre] carefully ; [frapper] gently ; **doucement!** gently *ou* easy (does it)! **- 2.** [traiter] gently ; [parler] softly **- 3.** [médiocrement] (only) so-so.

doucereux, euse [dusrø, øz] *adj* **- 1.** [saveur] sickly (sweet), cloying **- 2.** [mielleux] smooth, suave.

doucette [dusɛt] *nf* BOT lamb's lettuce.

douceur [dusœr] *nf* **- 1.** [de saveur, parfum] sweetness **- 2.** [d'éclairage, de peau, de musique] softness **- 3.** [de climat] mildness **- 4.** [de caractère] gentleness **- 5.** [plaisir] pleasure.

➤ **douceurs** *nfpl* [friandises] sweets.

➤ **en douceur** <> *loc adv* smoothly <> *loc adj* smooth.

douche [duʃ] *nf* **- 1.** [appareil, action] shower ; **prendre une ~** to take *ou* have a shower **- 2.** *fam fig* [déception] letdown ; **~ écossaise** shock to the system.

doucher [3] [duʃe] *vt* **- 1.** [donner une douche à] : **~ qqn** to give sb a shower **- 2.** *fam fig* [décevoir] to let down.

➤ **se doucher** *vp* to take *ou* have a shower, to shower.

doudou [dudu] *nm fam* [langage enfantin] security blanket.

doudoune [dudun] *nf* quilted jacket.

doué, e [dwe] *adj* talented ; **être ~ pour** to have a gift for.

douer [6] [due] *vt* : **~ qqn de** to endow sb with.

douille [duj] *nf* **- 1.** [d'ampoule] socket **- 2.** [de cartouche] cartridge.

douillet, ette [dujɛ, ɛt] <> *adj* **- 1.** [confortable] snug, cosy **- 2.** [sensible] soft <> *nm, f* wimp.

douillettement [dujɛtmã] *adv* snugly.

douleur [dulœr] *nf litt & fig* pain ; **se tordre de ~** to writhe in pain ; **nous avons la ~ de vous annoncer ...** it is with great sorrow that we announce ...

douloureux, euse [dulurø, øz] *adj* **- 1.** [physiquement] painful **- 2.** [moralement] distressing **- 3.** [regard, air] sorrowful.

doute [dut] *nm* doubt ; **avoir des ~s sur** to have misgivings about ; **mettre qqch en ~** to cast doubt on sthg.

➤ **sans doute** *loc adv* no doubt ; **sans aucun ~** without (a) doubt.

douter [3] [dute] <> *vt* [ne pas croire] : **~ que** *(+ subjonctif)* to doubt (that) <> *vi* [ne pas avoir confiance] : **~ de qqn/de qqch** to doubt sb/sthg, to have doubts about sb/sthg ; **j'en doute** I doubt it.

➤ **se douter** *vp* : **se ~ de qqch** to suspect sthg ; **je m'en doutais** I thought so ; **je m'en doute** I'm not surprised.

douteux, euse [dutø, øz] *adj* **- 1.** [incertain] doubtful **- 2.** [contestable] questionable **- 3.** *péj* [mœurs] dubious ; [vêtements, personne] dubious-looking.

douves [duv] *nfpl* [de château] moat *(sg)*.

Douvres [duvr] *n* Dover.

doux, douce [du, dus] *adj* **- 1.** [éclairage, peau, musique] soft **- 2.** [saveur, parfum] sweet **- 3.** [climat, condiment] mild **- 4.** *sout* [agréable] pleasant **- 5.** [pente, regard, caractère] gentle.

➤ **doux** *loc adv* : **il fait ~** the weather is mild.

➤ **en douce** *loc adv* secretly.

douzaine [duzɛn] *nf* **- 1.** [douze] dozen **- 2.** [environ douze] : **une ~ de** about twelve.

douze [duz] *adj num & nm* twelve ; *voir aussi* **six**.

douzième [duzjɛm] *adj num, nm ou nmf* twelfth ; *voir aussi* **sixième**.

doyen, enne [dwajɛ̃, ɛn] *nm, f* [le plus ancien] most senior member.

DP *(abr de délégué du personnel) nm* staff representative.

DPLG *(abr de diplômé par le gouvernement)*

adj holder of official certificate for architects, engineers etc.

dr. (*abr de* **droite**) R, r.

Dr (*abr de* **Docteur**) Dr.

draconien, enne [drakɔnjɛ̃, ɛn] *adj* draconian.

dragage [dragaʒ] *nm* dredging.

dragée [draʒe] *nf* - **1.** [confiserie] sugared almond ; **tenir la ~ haute à qqn** to hold out against sb - **2.** [comprimé] pill.

dragon [dragɔ̃] *nm* - **1.** [monstre, personne autoritaire] dragon - **2.** [soldat] dragoon.

drague [drag] *nf* - **1.** TECHNOL dredger - **2.** *fam fig* [flirt] picking up.

draguer [3] [drage] *vt* - **1.** [nettoyer] to dredge - **2.** *fam* [personne] to chat up, to get off with.

dragueur, euse [dragœr, øz] *nm, f fam* [homme] womanizer ; **quelle dragueuse!** she's always chasing after men!
�le **dragueur** *nm* [bateau] dredger.

drainage [drenaʒ] *nm* draining.

drainer [4] [drene] *vt* - **1.** [terrain, plaie] to drain - **2.** *fig* [attirer] to drain off.

dramatique [dramatik] ◇ *nf* play ◇ *adj* - **1.** THÉÂTRE dramatic - **2.** [grave] tragic.

dramatisation [dramatizasjɔ̃] *nf* dramatization.

dramatiser [3] [dramatize] *vt* [exagérer] to dramatize.

drame [dram] *nm* - **1.** [catastrophe] tragedy ; **faire un ~ de qqch** *fig* to make a drama of sthg - **2.** LITTÉRATURE drama.

drap [dra] *nm* - **1.** [de lit] sheet - **2.** [tissu] woollen *Br ou* woolen *Am* cloth ; **être dans de beaux ~s** *fig* to be in a real mess.

drapeau, x [drapo] *nm* flag ; **~ blanc** white flag ; **le ~ tricolore** the tricolour, the French flag ; **être sous les ~x** *fig* to be doing military service.

draper [3] [drape] *vt* to drape.
➤ **se draper** *vp* : **se ~ dans** to drape o.s. in.

draperie [drapri] *nf* - **1.** [tenture] drapery - **2.** [industrie] cloth industry.

drap-housse [draus] (*pl* **draps-housses**) *nm* fitted sheet.

drapier, ère [drapje, ɛr] ◇ *adj* clothing (*avant n*) ◇ *nm, f* - **1.** [fabricant] cloth manufacturer - **2.** [marchand] draper.

drastique [drastik] *adj* drastic.

drave [drav] *nf Can* drive (of floating logs).

dressage [dresaʒ] *nm* [d'animal] training, taming.

dresser [4] [drese] *vt* - **1.** [lever] to raise - **2.** [faire tenir] to put up - **3.** *sout* [construire] to erect - **4.** [acte, liste, carte] to draw up ; [procès-verbal] to

make out - **5.** [dompter] to train - **6.** *fig* [opposer] : **~ qqn contre qqn** to set sb against sb.
➤ **se dresser** *vp* - **1.** [se lever] to stand up - **2.** [s'élever] to rise (up) ; *fig* to stand ; **se ~ contre qqch** to rise up against sthg.

dresseur, euse [drescɛr, øz] *nm, f* trainer.

dressoir [dreswar] *nm* dresser.

DRH ◇ *nf* (*abr de* **direction des ressources humaines**) personnel department ◇ *nm* (*abr de* **directeur des ressources humaines**) personnel manager.

dribbler [3] [drible] SPORT ◇ *vi* to dribble ◇ *vt* : **~ qqn** to dribble past sb.

drille [drij] *nm* : **un joyeux ~** a cheery person.

driver [3] [*nm* drajvœr *vi* drajve] GOLF ◇ *nm* driver ◇ *vi* to drive.

drogue [drɔg] *nf* - **1.** [stupéfiant] *fig* drug ; **la ~** drugs (*pl*) ; **~ dure** hard drug - **2.** [médicament] medicine.

drogué, e [drɔge] ◇ *adj* drugged ◇ *nm, f* drug addict.

droguer [3] [drɔge] *vt* [victime] to drug.
➤ **se droguer** *vp* [de stupéfiants] to take drugs.

droguerie [drɔgri] *nf* hardware shop.

droguiste [drɔgist] *nmf* : **chez le ~** at the hardware shop.

droit, e [drwa, drwat] *adj* - **1.** [du côté droit] right - **2.** [rectiligne, vertical, honnête] straight ; **~ comme un i** straight as a ramrod, bolt upright.
➤ **droit** ◇ *adv* straight ; **tout ~** straight ahead ; **aller ~ au but** *fig* to go straight to the point ◇ *nm* - **1.** JUR law ; **~ canon** canon law ; **~ civil** civil law ; **~ coutumier** common law ; **~ pénal** criminal law ; **de ~ commun** common-law (*avant n*) - **2.** [prérogative] right ; **avoir ~ à** to be entitled to ; **avoir le ~ de faire qqch** to be allowed to do sthg ; **être dans son ~** to be within one's rights ; **être en ~ de faire qqch** to have a right to do sthg ; **de quel ~?** by what right? ; **~ d'aînesse** birthright ; **~ d'asile** right of asylum ; **~ de grâce** power of pardon ; **~ de regard** right of access ; **~ de visite** visiting rights (*pl*), access ; **~ d'aînesse** birthright ; **~ de vote** right to vote ; **~ d'auteur** royalties ; **~s de l'homme** human rights ; **~s d'inscription** registration fees ; **à qui de ~** to the proper authority.
➤ **droite** *nf* - **1.** [gén] right, right-hand side ; **à ~e** on the right ; **à ~e de** to the right of ; **garder/serrer sa ~e** to keep to the right - **2.** POLIT : **la ~e** the right (wing) ; **de ~e** right-wing.

droitier, ère [drwatje, ɛr] ◇ *adj* right-handed ◇ *nm, f* right-handed person, right-hander.

droiture [drwatyr] *nf* straightforwardness.

drôle [drol] *adj* - **1.** [amusant] funny - **2.** : ~ de [bizarre] funny ; *fam* [remarquable] amazing.

drôlement [drolmã] *adv* - **1.** *fam* [très] tremendously - **2.** [bizarrement] in a strange way - **3.** [de façon amusante] in a funny way.

drôlerie [drolri] *nf* humour *Br*, humor *Am*.

dromadaire [dromadɛr] *nm* dromedary.

dru, e [dry] *adj* thick.
➤ **dru** *adv* : tomber ~ to fall heavily.

drugstore [drœgstor] *nm* drugstore.

druide [drɥid] *nm* druid.

ds *abr de* dans.

DST (*abr de* **Direction de la surveillance du territoire**) *nf* counterespionage section.

DT (*abr de* **diphtérie, tétanos**) *nm* vaccine against diphtheria and tetanus.

D.T.COQ. (*abr de* **diphtérie, tétanos, coqueluche**) *nm* vaccine against diphtheria, tetanus and whooping cough.

du ⊏ de.

dû, due [dy] ◇ *pp* ⊏ **devoir** ◇ *adj* due, owing.
➤ **dû** *nm* due ; réclamer son ~ to demand one's due.

dualité [dɥalite] *nf* duality.

Dubayy [dybaj] *n* Dubai.

dubitatif, ive [dybitatif, iv] *adj* doubtful.

Dublin [dyblɛ̃] *n* Dublin.

dublinois, e [dyblinwa, waz] *adj* of/from Dublin.
➤ **Dublinois, e** *nm, f* Dubliner.

duc [dyk] *nm* duke.

ducal, e, aux [dykal, o] *adj* ducal.

duché [dyʃe] *nm* duchy.

duchesse [dyʃɛs] *nf* duchess.

duel [dɥɛl] *nm* duel.

duffel-coat (*pl* **duffel-coats**), **duffle-coat** (*pl* **duffle-coats**) [dœfœlkot] *nm* duffel coat.

dûment [dymã] *adv* duly.

dumping [dœmpiŋ] *nm* COMM dumping.

dune [dyn] *nf* dune.

duo [dɥo] *nm* - **1.** MUS duet ; en ~ in duet - **2.** [couple] duo.

dupe [dyp] ◇ *nf* dupe ◇ *adj* gullible ; être/ ne pas être ~ to be/not to be taken in.

duper [3] [dype] *vt sout* to dupe, to take sb in.

duplex [dyplɛks] *nm* - **1.** [appartement] split-level flat, maisonette *Br*, duplex *Am* - **2.** RADIO & TÉLÉ link-up ; en ~ link-up *(avant n)*.

duplicata [dyplikata] *nm inv* duplicate.

duplicité [dyplisite] *nf* duplicity.

dupliquer [3] [dyplike] *vt* [document] to duplicate.

duquel [dykɛl] ⊏ **lequel**.

dur, e [dyr] ◇ *adj* - **1.** [matière, personne, travail] hard ; [carton] stiff - **2.** [viande] tough - **3.** [climat, punition, loi] harsh ◇ *nm, f fam* : ~ (à cuire) tough nut.
➤ **dur** *adv* hard.
➤ **à la dure** *loc adv* : **coucher à la ~e** to sleep rough ; **être élevé à la ~e** to have been brought up the hard way.

durable [dyrabl] *adj* lasting.

durablement [dyrabləmã] *adv* durably.

durant [dyrã] *prép* - **1.** [pendant] for - **2.** [au cours de] during.

durcir [32] [dyrsir] ◇ *vt litt* & *fig* to harden ◇ *vi* to harden, to become hard.
➤ **se durcir** *vp litt* & *fig* to harden.

durcissement [dyrsismã] *nm* hardening.

durée [dyre] *nf* length ; **(de) longue ~** long-lasting ; '**~ de conservation ...**' 'best before ...'.

durement [dyrmã] *adv* - **1.** [violemment] hard, vigorously - **2.** [péniblement] severely - **3.** [méchamment] harshly.

durer [3] [dyre] *vi* to last.

dureté [dyrte] *nf* - **1.** [de matériau, de l'eau] hardness - **2.** [de problème] difficulty - **3.** [d'époque, de climat, de personne] harshness - **4.** [de punition] severity.

durillon [dyrijɔ̃] *nm* [sur le pied] corn ; [sur la main] callus.

dus, dut *etc* ⊏ **devoir**.

DUT (*abr de* **diplôme universitaire de technologie**) *nm* university diploma in technology.

duvet [dyve] *nm* - **1.** [plumes, poils fins] down - **2.** [sac de couchage] sleeping bag.

DVD (*abr de* **Digital Video ou Versatile Disc**) *nm inv* DVD.

DVD-ROM [dvdrom] (*abr de* **Digital Video ou Versatile Disc Read Only Memory**) *nm* DVD-ROM.

dynamique [dinamik] ◇ *nf* - **1.** PHYS dynamics *(U)* - **2.** *fig* : ~ **de groupe** group dynamics *(pl)* ◇ *adj* dynamic.

dynamiser [3] [dinamize] *vt* to inspire with energy.

dynamisme [dinamism] *nm* dynamism.

dynamite [dinamit] *nf* dynamite.

dynamiter [3] [dinamite] *vt* to dynamite.

dynamo [dinamo] *nf* dynamo.

dynamomètre [dinamɔmɛtr] *nm* dynamometer.

dynastie [dinasti] *nf* dynasty.

dysenterie [disãtri] *nf* dysentery.

dyslexique [dislɛksik] <> *nmf* dyslexic person <> *adj* dyslexic.

dyspepsie [dispɛpsi] *nf* dyspepsia.

e, E [ə] *nm inv* e, E.

➤ **E** (*abr de est*) E.

EAO (*abr de enseignement assisté par ordinateur*) *nm* CAL.

eau, x [o] *nf* water ; **prendre l'~** to leak ; **~ douce/salée/de mer** fresh/salt/sea water ; **~ gazeuse/plate** fizzy/still water ; **~ bénite** holy water ; **~ courante** running water ; **~ distillée** distilled water ; **~ minérale** mineral water ; **~ oxygénée** hydrogen peroxide ; **~ de pluie** rainwater ; **~ de source** spring water ; **~ de toilette** toilet water ; **~x dormantes** still waters ; **les Eaux et Forêts** ≃ the Forestry Commission ; **les ~x territoriales** territorial waters ; **les ~x usées** waste water (*U*) ; **à l'~ de rose** soppy, sentimental ; **mettre** *ou* **faire venir l'~ à la bouche** to make one's mouth water ; **mettre de l'~ dans son vin** to calm down, to tone it down a bit ; **tomber à l'~** *fig* to fall through.

EAU (*abr de Émirats arabes unis*) *nmpl* UAE.

eau-de-vie [odvi] (*pl* eaux-de-vie) *nf* brandy.

eau-forte [ofɔrt] (*pl* eaux-fortes) *nf* etching.

ébahi, e [ebai] *adj* staggered, astounded.

ébahissement [ebaismɑ̃] *nm* amazement.

ébats [eba] *nmpl littéraire* frolics ; **~ amoureux** lovemaking (*U*).

ébattre [83] [ebatr] ➤ **s'ébattre** *vp littéraire* to frolic.

ébauche [eboʃ] *nf* [esquisse] sketch ; *fig* outline ; **l'~ d'un sourire** the ghost of a smile.

ébaucher [3] [eboʃe] *vt* - **1.** [esquisser] to rough out - **2.** *fig* [commencer] : **~ un geste** to start to make a gesture.

ébène [eben] *nf* ebony.

ébéniste [ebenist] *nm* cabinet-maker.

ébénisterie [ebenistəri] *nf* - **1.** [métier] cabinet-making - **2.** [travail] cabinet work.

éberlué, e [eberlɥe] *adj* flabbergasted.

éblouir [32] [ebluir] *vt* to dazzle.

éblouissant, e [ebluisɑ̃, ɑ̃t] *adj* dazzling.

éblouissement [ebluismɑ̃] *nm* - **1.** [aveuglement] glare, dazzle - **2.** [vertige] dizziness - **3.** [émerveillement] amazement.

ébonite [ebɔnit] *nf* vulcanite, ebonite.

éborgner [3] [ebɔrɲe] *vt* : **~ qqn** to put sb's eye out.

éboueur [ebwœr] *nm* dustman *Br*, garbage collector *Am*.

ébouillanter [3] [ebujɑ̃te] *vt* to scald. ➤ **s'ébouillanter** *vp* to scald o.s.

éboulement [ebulmɑ̃] *nm* caving in, fall.

éboulis [ebuli] *nm* mass of fallen rocks.

ébouriffer [3] [eburife] *vt* - **1.** [cheveux] to ruffle - **2.** *fam* [étonner] to amaze.

ébranler [3] [ebrɑ̃le] *vt* - **1.** [bâtiment, opinion] to shake - **2.** [gouvernement, nerfs] to weaken. ➤ **s'ébranler** *vp* [train] to move off.

ébrécher [18] [ebreʃe] *vt* [assiette, verre] to chip ; *fam fig* to break into.

ébriété [ebrijete] *nf* drunkenness.

ébrouer [3] [ebrue] ➤ **s'ébrouer** *vp* [animal] to shake o.s.

ébruiter [3] [ebrɥite] *vt* to spread. ➤ **s'ébruiter** *vp* to become known.

ébullition [ebylisjɔ̃] *nf* - **1.** [de liquide] boiling point ; **porter à ~** CULIN to bring to the boil - **2.** [effervescence] : **en ~** *fig* in a state of agitation.

écaille [ekaj] *nf* - **1.** [de poisson, reptile] scale ; [de tortue] shell - **2.** [de plâtre, peinture, vernis] flake - **3.** [matière] tortoiseshell ; **en ~** [lunettes] horn-rimmed.

écailler¹, ère [ekaje, ɛr] *nm, f* oyster seller.

écailler² [3] [ekaje] *vt* - **1.** [poisson] to scale - **2.** [huîtres] to open. ➤ **s'écailler** *vp* to flake *ou* peel off.

écarlate [ekarlat] *adj* & *nf* scarlet ; **devenir ~** to turn crimson *ou* scarlet.

écarquiller [3] [ekarkije] *vt* : **~ les yeux** to stare wide-eyed.

écart [ekar] *nm* - **1.** [espace] space - **2.** [temps] gap - **3.** [différence] difference - **4.** [déviation] : **faire un ~** [personne] to step aside ; [cheval] to shy ; **être à l'~** to be in the background ; *fig* : **tenir qqn à l'~ de** to keep sb out of *ou* away from - **5.** GYM : **grand ~** splits (*pl*).

écarteler [25] [ekartəle] *vt fig* to tear apart.

écartement [ekartəmɑ̃] *nm* : **~ entre** space between.

écarter [3] [ekarte] *vt* - **1.** [bras, jambes] to open, to spread ; **~ qqch de** to move sthg away from - **2.** [obstacle, danger] to brush aside - **3.** [foule, rideaux] to push aside ; [solution] to dismiss ; **~ qqn de** to exclude sb from.

➡ **s'écarter** *vp* - **1.** [se séparer] to part - **2.** [se détourner] : **s'~ de** to deviate from.

ecchymose [ekimoz] *nf* bruise.

ecclésiastique [eklezjastik] ◇ *nm* clergyman ◇ *adj* ecclesiastical.

écervelé, e [esɛrvəle] ◇ *adj* scatty, scatterbrained ◇ *nm, f* scatterbrain.

échafaud [eʃafo] *nm* scaffold.

échafaudage [eʃafodaʒ] *nm* - **1.** CONSTR scaffolding - **2.** [amas] pile.

échafauder [3] [eʃafode] ◇ *vt* - **1.** [empiler] to pile up - **2.** [élaborer] to construct ◇ *vi* to put up scaffolding.

échalas [eʃala] *nm* - **1.** [perche] stake, pole - **2.** *péj* [personne] beanpole.

échalote [eʃalɔt] *nf* shallot.

échancré, e [eʃɑ̃kre] *adj* - **1.** [vêtement] low-necked - **2.** [côte] indented.

échancrure [eʃɑ̃kryr] *nf* - **1.** [de robe] low neckline - **2.** [de côte] indentation.

échange [eʃɑ̃ʒ] *nm* - **1.** [de choses] exchange ; **en ~ (de)** in exchange (for) ; **~ standard** *replacement of faulty goods with the same item* ; **~ de bons procédés** exchange of favours - **2.** COMM : **les ~s** trade (*sg*) ; **libre-~** free trade.

échangeable [eʃɑ̃ʒabl] *adj* exchangeable.

échanger [17] [eʃɑ̃ʒe] *vt* - **1.** [troquer] to swap, to exchange - **2.** [marchandise] : **~ qqch (contre)** to change sthg (for) - **3.** [communiquer] to exchange.

échangeur [eʃɑ̃ʒœr] *nm* interchange.

échangisme [eʃɑ̃ʒism] *nm* [de partenaires sexuels] partner-swapping.

échantillon [eʃɑ̃tijɔ̃] *nm* [de produit, de population] sample ; *fig* example.

échantillonnage [eʃɑ̃tijɔnaʒ] *nm* [série d'échantillons] range of samples.

échappatoire [eʃapatwar] *nf* way out.

échappée [eʃape] *nf* - **1.** SPORT breakaway - **2.** [vue] vista.

échappement [eʃapmɑ̃] *nm* - **1.** AUTOM exhaust ▷ **pot** - **2.** [d'horloge] escapement.

échapper [3] [eʃape] *vi* - **1.** : **~ à** [personne, situation] to escape from ; [danger, mort] to escape ; [suj : détail, parole, sens] to escape - **2.** [glisser] : **~ de** to slip from *ou* out of ; **laisser ~** to let slip - **3.** *loc* : **l'~ belle** to have a narrow escape.

➡ **s'échapper** *vp* : **s'~ (de)** to escape (from).

écharde [eʃard] *nf* splinter.

écharpe [eʃarp] *nf* scarf ; **en ~** in a sling ; **l'~ tricolore** *mayoral sash worn by French mayors at civic functions* ; **prendre en ~** *fig* to hit on the side.

écharper [3] [eʃarpe] *vt* to rip to pieces *ou* shreds.

échasse [eʃas] *nf* [de berger, oiseau] stilt.

échassier [eʃasje] *nm* wader.

échauder [3] [eʃode] *vt* - **1.** [ébouillanter] to scald - **2.** *fam fig* [enseigner] : **~ qqn** to teach sb a lesson.

échauffement [eʃofmɑ̃] *nm* - **1.** [de moteur] overheating ; [de terre] heating up - **2.** SPORT warm-up - **3.** [surexcitation] overheating - **4.** MÉD inflammation.

échauffer [3] [eʃofe] *vt* - **1.** [chauffer] to overheat - **2.** [exciter] to excite - **3.** [énerver] to irritate.

➡ **s'échauffer** *vp* - **1.** SPORT to warm up - **2.** *fig* [s'animer] to become heated.

échauffourée [eʃofure] *nf* brawl, skirmish.

échéance [eʃeɑ̃s] *nf* - **1.** [délai] expiry ; **à courte ou brève ~** in the short term ; **à longue ~** in the long term - **2.** [date] payment date ; **arriver à ~** to fall due.

échéancier [eʃeɑ̃sje] *nm* bill-book.

échéant [eʃeɑ̃] *adj* : **le cas ~** if necessary, if need be.

échec [eʃɛk] *nm* - **1.** [insuccès] failure ; **un ~ cuisant** a bitter defeat ; **essuyer un ~** to suffer a defeat ; **être en situation d'~ scolaire** to have learning difficulties ; **tenir qqn en ~** to hold sb in check ; **voué à l'~** doomed to failure - **2.** JEU : **~ et mat** checkmate.

➡ **échecs** *nmpl* chess (*U*).

échelle [eʃɛl] *nf* - **1.** [objet] ladder ; **~ de corde** rope ladder ; **faire la courte ~ à qqn** *lit* & *fig* to give sb a leg up - **2.** [ordre de grandeur] scale ; **à l'~ de** on the level of ; **sur une grande ~** on a large scale.

échelon [eʃlɔ̃] *nm* - **1.** [barreau] rung - **2.** *fig* [niveau] level ; **gravir les ~s (de)** to climb the rungs (of).

échelonner [3] [eʃlɔne] *vt* [espacer] to spread out.

➡ **s'échelonner** *vp* to be spread out.

écheveau, x [eʃvo] *nm* skein.

échevelé, e [eʃəvle] *adj* - **1.** [ébouriffé] dishevelled *Br*, disheveled *Am* - **2.** [frénétique] wild.

échine [eʃin] *nf* ANAT spine ; **courber l'~** *fig* to submit.

échiner [3] [eʃine] ➡ **s'échiner** *vp fam* [s'épuiser] : **s'~ (à faire qqch)** to exhaust o.s. (doing sthg).

échiquier [eʃikje] *nm* - **1.** JEU chessboard

- 2. *fig* [scène] scene ; **l'~ politique** the political scene.

écho [eko] *nm* echo ; **il se fait l'~ de la direction** he repeats what the managers say ; **rester sans ~** to get no response.

échographie [ekɔgrafi] *nf* [examen] ultrasound (scan).

échoir [70] [eʃwar] *vi* **- 1.** [être dévolu] : **~ à** to fall to **- 2.** [expirer] to fall due.

échoppe [eʃɔp] *nf* stall.

échouer [6] [eʃwe] *vi* **- 1.** [ne pas réussir] to fail ; **~ à un examen** to fail an exam **- 2.** [navire] to run aground **- 3.** *fam fig* [aboutir] to end up.
➡ **s'échouer** *vp* [navire] to run aground.

échu, e [eʃy] *pp* ➡ **échoir**.

éclabousser [3] [eklabuse] *vt* **- 1.** [suj : liquide] to spatter **- 2.** *fig* [compromettre] to compromise.

éclaboussure [eklabusyr] *nf* **- 1.** [de liquide] splash **- 2.** *fig* blot (on one's reputation).

éclair [ekler] ◇ *nm* **- 1.** [de lumière] flash of lightning **- 2.** *fig* [instant] : **~ de** flash of ; **en un ~** in a flash **- 3.** [gâteau] : **~ au chocolat/café** chocolate/coffee éclair ◇ *adj inv* : **visite ~** flying visit ; **guerre ~** blitzkrieg.

éclairage [eklɛraʒ] *nm* **- 1.** [lumière] lighting **- 2.** *fig* [point de vue] light.

éclaircie [eklɛrsi] *nf* bright interval, sunny spell.

éclaircir [32] [eklɛrsir] *vt* **- 1.** [rendre plus clair] to lighten **- 2.** [rendre moins épais] to thin **- 3.** *fig* [clarifier] to clarify.
➡ **s'éclaircir** *vp* **- 1.** [devenir plus clair] to clear **- 2.** [devenir moins épais] to thin **- 3.** [se clarifier] to become clearer.

éclaircissement [eklɛrsismɑ̃] *nm* [explication] explanation.

éclairer [4] [eklere] *vt* **- 1.** [de lumière] to light up **- 2.** [expliquer] to clarify **- 3.** *littéraire* [renseigner] : **~ qqn sur qqch** to throw light on sthg for sb.
➡ **s'éclairer** *vp* **- 1.** [personne] to light one's way **- 2.** [regard, visage] to light up **- 3.** [situation] to become clear **- 4.** [rue, ville] to light up.

éclaireur [eklɛrœr] *nm* scout ; **partir en ~** to have a scout around.

éclat [ekla] *nm* **- 1.** [de verre, d'os] splinter ; [de pierre] chip ; **voler en ~s** to fly into pieces **- 2.** [de lumière] brilliance **- 3.** [de couleur] vividness **- 4.** [beauté] radiance **- 5.** [faste] splendour *Br*, splendor *Am* **- 6.** [bruit] burst ; **~ de rire** burst of laughter ; **~s de voix** shouts ; **faire un ~** to cause a scandal **- 7.** *loc* : **rire aux ~s** to roar *ou* shriek with laughter.

éclatant, e [eklatɑ̃, ɑ̃t] *adj* **- 1.** [brillant, resplendissant] brilliant, bright ; [teint, beauté] radiant ;

~ de bursting with **- 2.** [admirable] resounding **- 3.** [perçant] loud.

éclater [3] [eklate] *vi* **- 1.** [exploser - pneu] to burst ; [- verre] to shatter ; [- obus] to explode ; **faire ~** [ballon] to burst ; [bombe] to explode ; [pétard] to let off **- 2.** [incendie, rires] to break out **- 3.** [joie] to shine ; **laisser ~** to give vent to **- 4.** [bijou] to sparkle, to glitter **- 5.** *fig* [nouvelles, scandale] to break.
➡ **s'éclater** *vp fam* to have a great time.

éclectique [eklɛktik] *adj* eclectic.

éclipse [eklips] *nf* **- 1.** ASTRON eclipse ; **~ de lune/soleil** eclipse of the moon/sun **- 2.** *fig* [période de défaillance] eclipse **- 3.** *fig* [disparition] disappearance.

éclipser [3] [eklipse] *vt* to eclipse.
➡ **s'éclipser** *vp* **- 1.** ASTRON to go into eclipse **- 2.** *fam* [s'esquiver] to slip away.

éclopé, e [eklɔpe] ◇ *adj* lame ◇ *nm, f* lame person.

éclore [113] [eklɔr] *vi* **- 1.** [s'ouvrir - fleur] to open out, to blossom ; [- œuf] to hatch ; **faire ~** [œuf] to hatch ; *fig* [vocation] to develop **- 2.** *fig* [naître] to dawn.

éclos, e [eklo, oz] *pp* ➡ **éclore**.

éclosion [eklozjɔ̃] *nf* **- 1.** [de fleur] blossoming **- 2.** [d'œuf] hatching **- 3.** *fig* [naissance] blossoming, birth.

écluse [eklyz] *nf* lock.

écluser [3] [eklyze] *vt* **- 1.** [NAVIG - fleuve] to construct locks on ; [- bateau] to take through a lock **- 2.** *fam* [boire] to knock back.

écœurant, e [ekœrɑ̃, ɑ̃t] *adj* **- 1.** [gén] disgusting **- 2.** [démoralisant] sickening.

écœurement [ekœrmɑ̃] *nm* **- 1.** [nausée] nausea **- 2.** [répugnance] disgust **- 3.** [découragement] discouragement.

écœurer [5] [ekœre] *vt* **- 1.** [dégoûter] to sicken, to disgust **- 2.** *fig* [indigner] to sicken **- 3.** [décourager] to discourage.

école [ekɔl] *nf* **- 1.** [gén] school ; **aller à l'~** to go to school ; **~ communale** local primary *Br ou* grade *Am* school ; **~ maternelle** nursery school ; **~ normale** ≃ teacher training college *Br*, ≃ teachers college *Am* ; **École normale supérieure** *grande école for secondary and university teachers* ; **~ primaire/secondaire** primary/secondary school *Br*, grade/high school *Am* ; **grande ~** ≃ *specialist training establishment, entered by competitive exam and highly prestigious* ; **faire l'~ buissonnière** to play truant *Br ou* hooky *Am* ; **être à bonne ~** to be in good hands ; **faire ~** to be accepted **- 2.** [éducation] schooling ; **l'~ libre** education at an école libre *(Cath-*

olic school, partly state-funded) ; **l'~ privée** private education.

GRANDE ÉCOLE

The 'grandes écoles' are relatively small non-university establishments awarding highly-respected diplomas. Admission is usually only possible after two years of intensive preparatory studies and a competitive examination. Most have close links with industry. The 'grandes écoles' include l'École des hautes études commerciales, or HEC (management and business), l'École polytechnique (engineering) and l'École normale supérieure (the humanities). A diploma from a 'grande école' is comparable in prestige to an Oxbridge degree in Britain.

écolier, ère [ekɔlje, ɛr] *nm, f* - **1.** [élève] pupil - **2.** *fig* [novice] beginner.

écolo [ekɔlɔ] *nmf fam* ecologist ; **les ~s** the Greens.

écologie [ekɔlɔʒi] *nf* ecology.

écologique [ekɔlɔʒik] *adj* ecological.

écologiste [ekɔlɔʒist] *nmf* ecologist.

écomusée [ekɔmyze] *nm* museum of the environment.

éconduire [98] [ekɔ̃dɥir] *vt* [repousser - demande] to dismiss ; [- visiteur, soupirant] to show to the door.

économat [ekɔnɔma] *nm* - **1.** [fonction] bursarship - **2.** [magasin] staff shop.

économe [ekɔnɔm] ◇ *nmf* bursar ◇ *adj* careful, thrifty ; **être ~ de** to be sparing of.

économie [ekɔnɔmi] *nf* - **1.** [science] economics *(U)* - **2.** POLIT economy ; **~ dirigée** state-controlled economy ; **~ de marché** market economy ; **~ mixte** mixed economy - **3.** [parcimonie] economy, thrift - **4.** *litt & fig* [épargne] saving ; **~s d'énergie** energy savings - **5.** *(gén pl)* [pécule] savings *(pl)* ; **faire des ~s** to save up - **6.** *(gén pl)* : **~s d'échelle** economies of scale.

économique [ekɔnɔmik] *adj* - **1.** ÉCON economic - **2.** [avantageux] economical.

économiquement [ekɔnɔmikmɑ̃] *adv* economically.

économiser [3] [ekɔnɔmize] *vt litt & fig* to save.

économiste [ekɔnɔmist] *nmf* economist.

écoper [3] [ekɔpe] ◇ *vt* - **1.** NAVIG to bale out - **2.** *fam* [sanction] : **~ (de) qqch** to get sthg ◇ *vi fam* [être puni] to get the blame.

écoproduit [ekɔprɔdɥi] *nm* green product.

écorce [ekɔrs] *nf* - **1.** [d'arbre] bark - **2.** [d'agrume] peel ; **~ d'orange** orange peel - **3.** GÉOL crust.

écorché [ekɔrʃe] *nm* - **1.** ANAT cut-away anatomical figure - **2.** TECHNOL cut-away - **3.** *loc* **un ~ vif** a soul in torment.

écorcher [3] [ekɔrʃe] *vt* - **1.** [lapin] to skin - **2.** [bras, jambe] to scratch - **3.** *fig* [langue, nom] to mispronounce.
◆ **s'écorcher** *vp* to graze o.s.

écorchure [ekɔrʃyr] *nf* graze, scratch.

écorecharge [ekɔrəʃarʒ] *nf* ecorefill.

écorner [3] [ekɔrne] *vt* [endommager - meuble] to damage ; [- page] to dog-ear.

écossais, e [ekɔsɛ, ɛz] *adj* - **1.** [de l'Écosse] Scottish ; [whisky] Scotch - **2.** [tissu] tartan.
◆ **écossais** *nm* - **1.** [langue] Scots - **2.** [tissu] tartan.
◆ **Écossais, e** *nm, f* Scot, Scotsman *(f* Scotswoman*)*.

Écosse [ekɔs] *nf* : **l'~** Scotland.

écosser [3] [ekɔse] *vt* to shell.

écosystème [ekɔsistɛm] *nm* ecosystem.

écot [eko] *nm* share ; **payer son ~** to pay one's share.

écotourisme [ekɔturism] *nm* ecotourism.

écoulement [ekulmɑ̃] *nm* - **1.** [gén] flow - **2.** [du temps] passing - **3.** [de marchandises] selling.

écouler [3] [ekule] *vt* to sell.
◆ **s'écouler** *vp* - **1.** [eau] to flow - **2.** [personnes] to flow out - **3.** [temps] to pass.

écourter [3] [ekurte] *vt* to shorten.

écoute [ekut] *nf* - **1.** [action d'écouter] listening ; **être à l'~ de** to be listening to - **2.** [audience] audience ; **heure de grande ~** RADIO peak listening time ; TÉLÉ peak viewing time - **3.** [surveillance] : **les ~s téléphoniques** phone tapping *(U)* ; **être sur table d'~** to have one's phone tapped.

écouter [3] [ekute] *vt* to listen to.
◆ **s'écouter** *vp fig* - **1.** [écouter soi-même] to listen to o.s. - **2.** [s'observer] to coddle o.s.

écouteur [ekutœr] *nm* [de téléphone] earpiece.
◆ **écouteurs** *nmpl* [de radio] headphones.

écoutille [ekutij] *nf* hatchway.

écrabouiller [3] [ekrabuje] *vt fam* [écraser] to crush, to squash.

écran [ekrɑ̃] *nm* - **1.** CIN & INFORM screen ; **le petit ~** television ; **~ orientable** tiltable screen ; **~ tactile** tactile screen touch - **2.** [de protection] shield ; **~ de fumée** smoke screen.

écrasant, e [ekrazɑ̃, ɑ̃t] *adj* - **1.** [lourd] crushing - **2.** *fig* [accablant] overwhelming.

écraser [3] [ekraze] ◇ *vt* - **1.** [comprimer - cigarette] to stub out ; [- pied] to tread on ; [- insecte, raisin] to crush - **2.** [accabler] : **~ qqn (de)** to burden sb (with) - **3.** [vaincre] to crush - **4.** [renver-

ser] to run over ⇔ *vi fam* : **en ~** to sleep like a log.
➤ **s'écraser** *vp* - **1.** [avion, automobile] : **s'~ (contre)** to crash (into) - **2.** [foule] to be crushed - **3.** *fam* [se taire] to shut up.

écrémer [18] [ekreme] *vt* - **1.** [lait] to skim - **2.** *fig* [bibliothèque, collection] to cream off the best from.

écrevisse [ekrəvis] *nf* crayfish ; **rouge comme une ~** (as) red as a beetroot.

écrier [10] [ekrije] ➤ **s'écrier** *vp* to cry out.

écrin [ekrɛ̃] *nm* case.

écrire [99] [ekrir] *vt* - **1.** [phrase, livre] to write - **2.** [orthographier] to spell.
➤ **s'écrire** *vp* [s'épeler] to be spelled.

écrit, e [ekri, it] ⇔ *pp* ⊳ **écrire** ⇔ *adj* written ; **bien/mal ~** well/badly written.
➤ **écrit** *nm* - **1.** [ouvrage] writing - **2.** [examen] written exam - **3.** [document] piece of writing.
➤ **par écrit** *loc adv* in writing.

écriteau, x [ekrito] *nm* notice.

écriture [ekrityr] *nf* - **1.** [gén] writing - **2.** (gén pl) COMM [comptes] books (pl) - **3.** BIBLE : **l'Écriture sainte** the Holy Scripture.

écrivain [ekrivɛ̃] *nm* writer, author ; **~ public** (public) letter-writer.

écrivais, écrivions *etc* ⊳ **écrire**.

écrou [ekru] *nm* TECHNOL nut.

écrouer [3] [ekrue] *vt* to imprison.

écroulement [ekrulmɑ̃] *nm litt* & *fig* collapse.

écrouler [3] [ekrule] ➤ **s'écrouler** *vp litt* & *fig* to collapse.

écru, e [ekry] *adj* [naturel] unbleached.

ecstasy [ekstazi] *nm* [drogue] ecstasy.

ectoplasme [ektɔplasm] *nm* ectoplasm.

ÉCU [eky] (abr de European Currency Unit) *nm* ECU.

écu [eky] *nm* - **1.** [bouclier, armoiries] shield - **2.** [monnaie ancienne] crown - **3.** = ECU.

écueil [ekœj] *nm* - **1.** [rocher] reef - **2.** *fig* [obstacle] stumbling block.

écuelle [ekɥɛl] *nf* - **1.** [objet] bowl - **2.** [contenu] bowlful.

éculé, e [ekyle] *adj* - **1.** [chaussure] down-atheel - **2.** *fig* [plaisanterie] hackneyed.

écume [ekym] *nf* - **1.** [mousse, bave] foam - **2.** *fig* [lie] dregs (pl).

écumer [3] [ekyme] ⇔ *vt* - **1.** [confiture] to skim - **2.** *fig* [mer, ville] to scour ⇔ *vi* - **1.** [mer] to foam, to boil - **2.** [animal] to foam at the mouth - **3.** *fig* [être furieux] : **~ (de)** to boil (with).

écumoire [ekymwar] *nf* skimmer.

écureuil [ekyrœj] *nm* squirrel ; **l'Écureuil** nickname for the Caisse d'Épargne (whose logo is a squirrel).

écurie [ekyri] *nf* - **1.** [pour chevaux & SPORT] stable - **2.** *fig* [local sale] pigsty.

écusson [ekysɔ̃] *nm* - **1.** [d'armoiries] coat-ofarms - **2.** MIL badge.

écuyer, ère [ekɥije, ɛr] *nm, f* [de cirque] rider.
➤ **écuyer** *nm* [de chevalier] squire.

eczéma [ɛgzema] *nm* eczema.

éd. (abr de **édition**) ed., edit.

edelweiss [edelves] *nm* edelweiss.

éden [eden] *nm* : **un ~** a garden of Eden ; **l'Éden** the garden of Eden.

édenté, e [edɑ̃te] *adj* toothless.

EDF, Edf (abr de **Électricité de France**) *nf* French national electricity company.

édifiant, e [edifjɑ̃, ɑ̃t] *adj* edifying.

édification [edifikasjɔ̃] *nf* - **1.** [de temple, empire] building - **2.** *fig* [de fidèles] edification.

édifice [edifis] *nm* - **1.** [construction] building ; **~ public** public building - **2.** *fig* [institution] : **l'~ social** the fabric of society.

édifier [9] [edifje] *vt* - **1.** [ville, église] to build - **2.** *fig* [théorie] to construct - **3.** [personne] to edify ; *iron* to enlighten.

Édimbourg [edɛ̃bur] *n* Edinburgh.

édit [edi] *nm* edict.

édit. abr de **éditeur**.

éditer [3] [edite] *vt* to publish.

éditeur, trice [editœr, tris] *nm, f* publisher.

édition [edisjɔ̃] *nf* - **1.** [profession] publishing - **2.** [de journal, de livre] edition ; **dernière ~** last edition ; **~ électronique** electronic publishing ; **~ originale** first edition.

édito [edito] *nm fam* editorial.

éditorial, aux [editɔrjal, o] *nm* leader, editorial.

éditorialiste [editɔrjalist] *nmf* leader writer, editorialist.

édredon [edrədɔ̃] *nm* eiderdown.

éducateur, trice [edykatœr, tris] ⇔ *adj* educational ⇔ *nm, f* teacher ; **~ spécialisé** teacher of children with special educational needs.

éducatif, ive [edykatif, iv] *adj* educational.

éducation [edykasjɔ̃] *nf* - **1.** [apprentissage] education ; **~ civique** civics (U) ; **l'Éducation nationale** ≃ the Department for Education Br, ≃ the Department of Education Am ; **~ physique** physical education ; **~ sexuelle** sex education - **2.** [parentale] upbringing - **3.** [savoir-vivre] breeding.

édulcorant [edylkɔrɑ̃] *nm* : **~ (de synthèse)** (artificial) sweetener.

édulcorer [3] [edylkɔre] vt - **1.** sout [tisane] to sweeten - **2.** fig [propos] to tone down.

éduquer [3] [edyke] vt [enfant] to bring up ; [élève] to educate.

effacé, e [efase] adj - **1.** [teinte] faded - **2.** [modeste - rôle] unobtrusive ; [- personne] self-effacing.

effacer [16] [efase] vt - **1.** [mot] to erase, to rub out ; INFORM to delete - **2.** [souvenir] to erase - **3.** [réussite] to eclipse.

➧ **s'effacer** vp - **1.** [s'estomper] to fade (away) - **2.** sout [s'écarter] to move aside - **3.** fig [s'incliner] to give way.

effarant, e [efarɑ̃, ɑ̃t] adj frightening.

effaré, e [efare] adj frightened, scared.

effarement [efarmɑ̃] nm fear, alarm.

effarer [3] [efare] vt to frighten, to scare.

effaroucher [3] [efaruʃe] vt - **1.** [effrayer] to scare off - **2.** [intimider] to overawe.

effectif, ive [efɛktif, iv] adj - **1.** [remède] effective - **2.** [aide] positive.

➧ **effectif** nm - **1.** MIL strength - **2.** [de groupe] total number.

effectivement [efɛktivmɑ̃] adv - **1.** [réellement] effectively - **2.** [confirmation] in fact.

effectuer [7] [efɛktɥe] vt [réaliser - manœuvre] to carry out ; [- trajet, paiement] to make.

➧ **s'effectuer** vp to be made.

efféminé, e [efemine] adj effeminate.

effervescence [efɛrvesɑ̃s] nf - **1.** PHYS effervescence - **2.** [agitation] turmoil ; **en ~** in turmoil.

effervescent, e [efɛrvesɑ̃, ɑ̃t] adj [boisson] effervescent ; fig [pays] in turmoil.

effet [efɛ] nm - **1.** [gén] effect ; **avoir pour ~ de faire qqch** to have the effect of doing sthg ; **à ~ rétroactif** JUR retrospective ; **rester sans ~** to be ineffective ; **sous l'~ de** under the effects of ; [alcool] under the influence of ; **faire de l'~** to have an effect ; **~ de serre** greenhouse effect - **2.** [impression recherchée] impression ; **faire son ~** to cause a stir - **3.** COMM [titre] bill.

➧ **en effet** loc adv in fact, indeed.

➧ **à cet effet** loc adv with this end in view.

effeuiller [5] [efœje] vt [arbre] to remove the leaves from ; [fleur] to remove the petals from.

➧ **s'effeuiller** vp [arbre] to lose its leaves ; [fleur] to lose its petals.

efficace [efikas] adj - **1.** [remède, mesure] effective - **2.** [personne, machine] efficient.

efficacité [efikasite] nf - **1.** [de remède, mesure] effectiveness - **2.** [de personne, machine] efficiency.

efficience [efisjɑ̃s] nf efficiency.

effigie [efiʒi] nf effigy.

effilé, e [efile] adj [doigt, silhouette] slim, slender ; [lame] sharp ; [voiture] streamlined.

effiler [3] [efile] vt - **1.** [tissu] to fray - **2.** [lame] to sharpen - **3.** [cheveux] to thin.

➧ **s'effiler** vp to fray.

effilocher [3] [efilɔʃe] vt to fray.

➧ **s'effilocher** vp to fray.

efflanqué, e [eflɑ̃ke] adj emaciated.

effleurer [5] [eflœre] vt - **1.** [visage, bras] to brush (against) - **2.** fig [problème, thème] to touch on - **3.** fig [suj : pensée, idée] : **~ qqn** to cross sb's mind.

effluve [eflyv] nm exhalation ; fig [d'enfance du passé] breath.

effondrement [efɔ̃drəmɑ̃] nm collapse.

effondrer [3] [efɔ̃dre] ➧ **s'effondrer** vp litt & fig to collapse.

efforcer [16] [efɔrse] ➧ **s'efforcer** vp to force o.s. ; **s'~ de faire qqch** to make an effort to do sthg.

effort [efɔr] nm - **1.** [de personne] effort ; **faire un ~** to make an effort ; **faire l'~ de faire qqch** to make the effort to do sthg ; **sans ~** [victoire] effortless - **2.** TECHNOL stress.

effraction [efraksjɔ̃] nf breaking in ; **entrer par ~** to break into.

effrayant, e [efrɛjɑ̃, ɑ̃t] adj - **1.** [cauchemar] terrifying - **2.** fam [appétit, prix] tremendous, awful.

effrayer [11] [efreje] vt to frighten, to scare.

➧ **s'effrayer** vp to be frightened, to take fright.

effréné, e [efrene] adj - **1.** [course] frantic - **2.** [désir] unbridled.

effriter [3] [efrite] vt to cause to crumble.

➧ **s'effriter** vp - **1.** [mur] to crumble - **2.** fig [majorité] to be eroded.

effroi [efrwa] nm fear, dread.

effronté, e [efrɔ̃te] ◇ adj insolent ◇ nm, f insolent person.

effrontément [efrɔ̃temɑ̃] adv insolently, brazenly.

effronterie [efrɔ̃tri] nf insolence.

effroyable [efrwajabl] adj - **1.** [catastrophe, misère] appalling - **2.** [laideur] hideous.

effusion [efyzjɔ̃] nf - **1.** [de liquide] effusion ; **sans ~ de sang** without bloodshed - **2.** [de sentiments] effusiveness.

égal, e, aux [egal, o] ◇ adj - **1.** [équivalent] equal - **2.** [régulier] even - **3.** fam [indifférent] : **ça m'est ~, c'est ~** I don't mind ◇ nm, f equal ; **d'~ à ~** as an equal ; **sans ~** unequalled B, unequaled Am.

également [egalmã] *adv* - **1.** [avec égalité] equally - **2.** [aussi] as well, too.

égaler [3] [egale] *vt* - **1.** MATHS to equal - **2.** [beauté] to match, to compare with.

égalisation [egalizasjɔ̃] *nf* equalization ; SPORT equalizing *Br*, tying *Am*.

égaliser [3] [egalize] ◇ *vt* [haie, cheveux] to trim ◇ *vi* SPORT to equalize *Br*, to tie *Am*.

égalitaire [egalitɛr] *adj* egalitarian.

égalitarisme [egalitarism] *nm* egalitarianism.

égalité [egalite] *nf* - **1.** [gén] equality ; être à ~ to be level *ou* equal - **2.** [d'humeur] evenness - **3.** SPORT : être à ~ to be level.

égard [egar] *nm* consideration ; à cet ~ in this respect ; par ~ pour *sout* out of consideration for ; eu ~ à considering.
➤ **à l'égard de** *loc prép* with regard to, towards *Br*, toward *Am*.
➤ **à certains égards** *loc adv* in some respects.

égaré, e [egare] *adj* - **1.** [perdu - voyageur] lost ; [- animal] stray *(avant n)* - **2.** [regard, air] distraught.

égarement [egarmã] *nm* - **1.** [de jeunesse] wildness - **2.** [de raisonnement] aberration.

égarer [3] [egare] *vt* - **1.** [objet] to mislay, to lose - **2.** [personne] to mislead - **3.** *fig* & *sout* [suj : passion] to lead astray.
➤ **s'égarer** *vp* - **1.** [lettre] to get lost, to go astray ; [personne] to get lost, to lose one's way - **2.** [discussion] to wander from the point - **3.** *fig* & *sout* [personne] to stray from the point.

égayer [11] [egeje] *vt* - **1.** [personne] to cheer up - **2.** [pièce] to brighten up.
➤ **s'égayer** *vp* to enjoy o.s.

égérie [eʒeri] *nf* muse.

égide [eʒid] *nf* protection ; sous l'~ de *littérai-re* under the aegis of.

églantier [eglãtje] *nm* wild rose (bush).

églantine [eglãtin] *nf* wild rose.

églefin, aiglefin [egləfɛ̃] *nm* haddock.

église [egliz] *nf* church ; aller à l'~ to go to church.
➤ **Église** *nf* : l'Église the Church ; l'Église catholique/protestante the Catholic/Protestant Church.

ego [ego] *nm* ego.

égocentrique [egosãtrik] ◇ *nmf* self-centred person ◇ *adj* self-centred, egocentric.

égocentrisme [egosãtrism] *nm* self-centredness.

égoïsme [egoism] *nm* selfishness, egoism.

égoïste [egoist] ◇ *nmf* selfish person ◇ *adj* selfish, egoistic.

égorger [17] [egorʒe] *vt* - **1.** [animal, personne] to cut the throat of - **2.** *fig* [client] to bleed white.

égosiller [3] [egozije] ➤ **s'égosiller** *vp fam* - **1.** [crier] to bawl, to shout - **2.** [chanter] to sing one's head off.

égout [egu] *nm* sewer.

égoutter [3] [egute] *vt* - **1.** [vaisselle] to leave to drain - **2.** [légumes, fromage] to drain.
➤ **s'égoutter** *vp* to drip, to drain.

égouttoir [egutwar] *nm* - **1.** [à légumes] colander, strainer - **2.** [à vaisselle] rack *(for washing-up)*.

égratigner [3] [egratiɲe] *vt* to scratch ; *fig* to have a go *ou* dig at.
➤ **s'égratigner** *vp* : s'~ la main to scratch one's hand.

égratignure [egratiɲyr] *nf* scratch, graze ; *fig* dig.

égrener [19] [egrəne] *vt* - **1.** [détacher les grains de - épi, cosse] to shell ; [- grappe] to pick grapes from - **2.** [chapelet] to tell - **3.** *fig* [marquer] to mark.
➤ **s'égrener** *vp* - **1.** [raisins] to drop off the bunch - **2.** [personnes] to spread out.

égrillard, e [egrijar, ard] *adj* ribald, bawdy.

Égypte [eʒipt] *nf* : l'~ Egypt.

égyptien, enne [eʒipsjɛ̃, ɛn] *adj* Egyptian.
➤ **égyptien** *nm* [langue] Egyptian.
➤ **Égyptien, enne** *nm, f* Egyptian.

égyptologie [eʒiptɔlɔʒi] *nf* Egyptology.

eh [e] *interj* hey! ; ~ bien well.

éhonté, e [eɔ̃te] ◇ *adj* shameless ◇ *nm, f* shameless person.

Eiffel [efɛl] *n* : la tour ~ the Eiffel Tower.

éjaculation [eʒakylasjɔ̃] *nf* ejaculation ; ~ précoce premature ejaculation.

éjectable [eʒɛktabl] *adj* : siège ~ ejector seat.

éjecter [4] [eʒɛkte] *vt* - **1.** [douille] to eject - **2.** *fam* [personne] to kick out.

élaboration [elabɔrasjɔ̃] *nf* [de plan, système] working out, development.

élaboré, e [elabɔre] *adj* elaborate.

élaborer [3] [elabɔre] *vt* [plan, système] to work out, to develop.

élagage [elagaʒ] *nm litt* & *fig* pruning.

élaguer [3] [elage] *vt litt* & *fig* to prune.

élan [elã] *nm* - **1.** ZOOL elk - **2.** SPORT run-up ; *Can* GOLF swing ; prendre son ~ to take a run-up, to gather speed - **3.** *fig* [de joie] outburst.

élancé, e [elãse] *adj* slender.

élancement [elãsmã] *nm* [douleur] shooting pain.

élancer [16] [elɑ̃se] *vi* MÉD to give shooting pains.
→ **s'élancer** *vp* - **1.** [se précipiter] to rush, to dash - **2.** SPORT to take a run-up - **3.** *fig* [s'envoler] to soar.

élargir [32] [elaʀʒiʀ] ◇ *vt* to widen ; [vêtement] to let out ; *fig* to expand ◇ *vi fam* [forcir] to fill out.
→ **s'élargir** *vp* - **1.** [s'agrandir] to widen ; [vêtement] to stretch ; *fig* to expand - **2.** *fam* [grossir] to put on weight.

élargissement [elaʀʒismɑ̃] *nm* widening ; [de vêtement] letting out ; *fig* expansion.

élasticité [elastisite] *nf* - **1.** PHYS elasticity - **2.** [de personne, corps] flexibility.

élastique [elastik] ◇ *nm* - **1.** [pour attacher] elastic band - **2.** [matière] elastic ◇ *adj* - **1.** PHYS elastic - **2.** [corps] flexible - **3.** *fig* [conscience] accommodating.

élastomère [elastɔmɛʀ] *nm* elastomer.

eldorado [ɛldɔʀado] *nm* El Dorado.

électeur, trice [elɛktœʀ, tʀis] *nm, f* voter, elector.

élection [elɛksjɔ̃] *nf* - **1.** [vote] election ; **~ partielle** by-election ; **~ présidentielle** presidential election ; **~s municipales** local elections - **2.** *fig* [choix] choice ; **d'~** chosen.

électoral, e, aux [elɛktɔʀal, o] *adj* electoral ; [campagne, réunion] election *(avant n)*.

électoralisme [elɛktɔʀalism] *nm* electioneering.

électorat [elɛktɔʀa] *nm* electorate.

électricien, enne [elɛktʀisjɛ̃, ɛn] *nm, f* electrician.

électricité [elɛktʀisite] *nf* electricity ; **il y a de l'~ dans l'air** *fig* the atmosphere is electric.

électrification [elɛktʀifikasjɔ̃] *nf* electrification.

électrifier [9] [elɛktʀifje] *vt* to electrify.

électrique [elɛktʀik] *adj litt* & *fig* electric.

électriser [3] [elɛktʀize] *vt litt* & *fig* to electrify.

électroaimant [elɛktʀɔɛmɑ̃] *nm* electromagnet.

électrocardiogramme [elɛktʀɔkaʀdjɔgʀam] *nm* electrocardiogram.

électrochoc [elɛktʀɔʃɔk] *nm* electroshock therapy.

électrocuter [3] [elɛktʀɔkyte] *vt* to electrocute.

électrode [elɛktʀɔd] *nf* electrode.

électroencéphalogramme [elɛktʀɔɑ̃sefalɔgʀam] *nm* electroencephalogram.

électrogène [elɛktʀɔʒɛn] *adj* : **groupe ~** generating unit.

électrolyse [elɛktʀɔliz] *nf* electrolysis.

électromagnétique [elɛktʀɔmaɲetik] *adj* electromagnetic.

électroménager [elɛktʀɔmenaʒe] ◇ *adj* : **appareil ~** household electrical appliance ◇ *nm* household electrical appliances *(pl)*.

électron [elɛktʀɔ̃] *nm* electron.

électronicien, enne [elɛktʀɔnisjɛ̃, ɛn] *nm, f* electronics specialist.

électronique [elɛktʀɔnik] ◇ *nf* SCIENCE electronics *(U)* ◇ *adj* electronic ; [microscope] electron *(avant n)*.

électrophone [elɛktʀɔfɔn] *nm* record player.

élégamment [elegamɑ̃] *adv* elegantly.

élégance [elegɑ̃s] *nf* - **1.** [de personne, style] elegance - **2.** [délicatesse - de solution, procédé] elegance ; [- de conduite] generosity.

élégant, e [elegɑ̃, ɑ̃t] *adj* - **1.** [personne, style] elegant - **2.** [délicat - solution, procédé] elegant ; [- conduite] generous.

élément [elemɑ̃] *nm* - **1.** [gén] element ; **les bons/mauvais ~s** the good/bad elements ; **les quatre ~s** the four elements ; **être dans son ~** to be in one's element - **2.** [de machine] component.

élémentaire [elemɑ̃tɛʀ] *adj* - **1.** [gén] elementary - **2.** [installation, besoin] basic.

éléphant [elefɑ̃] *nm* elephant.

éléphantesque [elefɑ̃tɛsk] *adj fam* gigantic.

élevage [ɛlvaʒ] *nm* breeding, rearing ; [installation] farm.

élévateur, trice [elevatœʀ, tʀis] *adj* elevator *(avant n)*.
→ **élévateur** *nm* lift Br, elevator Am.

élévation [elevasjɔ̃] *nf* - **1.** [gén] raising ; **~ à** MATHS raising to ; *fig* elevation to - **2.** [tertre] rise, mound - **3.** [de sentiments] nobility.

élevé, e [ɛlve] *adj* - **1.** [haut] high - **2.** *fig* [sentiment, âme] noble - **3.** [enfant] : **bien/mal ~** well/badly brought up.

élève [elɛv] *nmf* - **1.** [écolier, disciple] pupil - **2.** MIL cadet.

élever [19] [ɛlve] *vt* - **1.** [gén] to raise - **2.** [fardeau] to lift, to raise - **3.** [statue] to put up, to erect - **4.** [à un rang supérieur] to elevate - **5.** [esprit] to improve - **6.** [enfant] to bring up - **7.** [poulets] to rear, to breed.
→ **s'élever** *vp* - **1.** [gén] to rise - **2.** [montant] **s'~ à** to add up to - **3.** [protester] : **s'~ contre qqn/qqch** to protest against sb/sthg.

éleveur, euse [ɛlvœʀ, øz] *nm, f* breeder.

elfe [ɛlf] *nm* elf.

élider [3] [elide] *vt* to elide.

s'élider vp to be elided.
éligible [eliʒibl] adj eligible.
élimé, e [elime] adj threadbare.
élimination [eliminasjɔ̃] nf elimination ; **procéder par ~** to proceed by elimination.
éliminatoire [eliminatwar] ⋄ nf (gén pl) SPORT qualifying heat ou round ⋄ adj qualifying (avant n).
éliminer [3] [elimine] vt to eliminate.
élire [106] [elir] vt to elect.
élisais, élisions etc ▷ **élire**.
élision [elizjɔ̃] nf elision.
élite [elit] nf elite ; **d'~** choice, select.
élitiste [elitist] nmf & adj elitist.
élixir [eliksir] nm elixir.
elle [ɛl] pron pers - **1.** [sujet - personne] she ; [- animal] it, she ; [- chose] it - **2.** [complément - personne] her ; [- animal] it, her ; [- chose] it.
elles pron pers pl - **1.** [sujet] they - **2.** [complément] them.
elle-même pron pers [personne] herself ; [animal] itself, herself ; [chose] itself.
elles-mêmes pron pers pl themselves.
ellipse [elips] nf - **1.** GÉOM ellipse - **2.** LING ellipsis.
elliptique [eliptik] adj elliptical.
élocution [elɔkysjɔ̃] nf delivery ; **défaut d'~** speech defect.
éloge [elɔʒ] nm - **1.** [discours] eulogy - **2.** [louange] praise ; **faire l'~ de qqn/qqch** [louer] to speak highly of sb/sthg ; **couvrir qqn d'~s** to shower sb with praise.
élogieux, euse [elɔʒjø, øz] adj laudatory.
éloigné, e [elwaɲe] adj distant.
éloignement [elwaɲmɑ̃] nm - **1.** [mise à l'écart] removal - **2.** [séparation] absence - **3.** [dans l'espace, le temps] distance.
éloigner [3] [elwaɲe] vt - **1.** [écarter] to move away ; **~ qqch de** to move sthg away from - **2.** [détourner] to turn away - **3.** [chasser] to dismiss.
s'éloigner vp - **1.** [partir] to move ou go away - **2.** fig [du sujet] to stray from the point - **3.** [se détacher] to distance o.s.
élongation [elɔ̃gasjɔ̃] nf MÉD : **~ de muscle** pulled muscle.
éloquence [elɔkɑ̃s] nf - **1.** [d'orateur, d'expression] eloquence - **2.** [de données] significance.
éloquent, e [elɔkɑ̃, ɑ̃t] adj - **1.** [avocat, silence] eloquent - **2.** [données] significant.
élu, e [ely] ⋄ pp ▷ **élire** ⋄ adj POLIT elected ⋄ nm, f - **1.** POLIT elected representative - **2.** RELIG chosen one ; **l'~ de son cœur** hum ou sout one's heart's desire.
élucider [3] [elyside] vt to clear up.

élucubration [elykybrasjɔ̃] nf raving.
éluder [3] [elyde] vt to evade.
Élysée [elize] nm : **l'~** the official residence of the French President and, by extension, the President himself.

> **L'ÉLYSÉE**
>
> This eighteenth-century palace near the Champs-Élysées is the official residence of the French President. The name is often used to refer to the presidency itself.

émacié, e [emasje] adj littéraire emaciated.
émail, aux [emaj, emo] nm enamel ; **en ~** enamel, enamelled Br, enameled Am.
émaux nmpl enamelwork (U).
e-mail [imɛl] (pl e-mails) nm e-mail, E-mail.
émanation [emanasjɔ̃] nf emanation ; **être l'~ de** fig to emanate from.
émancipation [emɑ̃sipasjɔ̃] nf emancipation.
émanciper [3] [emɑ̃sipe] vt to emancipate.
s'émanciper vp - **1.** [se libérer] to become free ou liberated - **2.** fam [se dévergonder] to become emancipated.
émaner [3] [emane] vi : **~ de** to emanate from.
émarger [17] [emarʒe] ⋄ vt - **1.** [signer] to sign - **2.** [enlever la marge de] to trim the margins of ⋄ vi to sign.
émasculer [3] [emaskyle] vt to emasculate.
emballage [ɑ̃balaʒ] nm packaging.
emballement [ɑ̃balmɑ̃] nm - **1.** [enthousiasme] sudden craze - **2.** [de moteur] racing (U).
emballer [3] [ɑ̃bale] vt - **1.** [objet] to pack (up), to wrap (up) - **2.** [moteur] to race - **3.** fam [plaire à] to thrill.
s'emballer vp - **1.** [moteur] to race - **2.** [cheval] to bolt - **3.** fam [personne - s'enthousiasmer] to get carried away ; [- s'emporter] to lose one's temper.
embarcadère [ɑ̃barkader] nm landing stage.
embarcation [ɑ̃barkasjɔ̃] nf small boat.
embardée [ɑ̃barde] nf swerve ; **faire une ~** to swerve.
embargo [ɑ̃bargo] nm embargo.
embarquement [ɑ̃barkəmɑ̃] nm - **1.** [de marchandises] loading - **2.** [de passagers] boarding ; **~ immédiat** immediate boarding.
embarquer [3] [ɑ̃barke] ⋄ vt - **1.** [marchandises] to load - **2.** [passagers] to (take on) board - **3.** fam [dans une voiture] to take, to give a lift to - **4.** fam [arrêter] to pick up - **5.** fam fig [engager] : **~ qqn dans** to involve sb in - **6.** fam [emmener] to cart off ⋄ vi : **~ (pour)** to sail (for).

➤ **s'embarquer** *vp* - **1.** [sur un bateau] to (set) sail - **2.** *fam fig* [s'engager] : **s'~ dans** to get involved in.

embarras [ɑ̃baʀa] *nm* - **1.** [incertitude] (state of) uncertainty ; **avoir l'~ du choix** to be spoilt for choice - **2.** [situation difficile] predicament ; **être dans l'~** to be in a predicament ; **mettre qqn dans l'~** to place sb in an awkward position ; **tirer qqn d'~** to get sb out of a tight spot - **3.** [perplexité] confusion - **4.** [gêne] embarrassment - **5.** [souci] difficulty, worry.

embarrassant, e [ɑ̃baʀasɑ̃, ɑ̃t] *adj* - **1.** [encombrant] cumbersome - **2.** [délicat] embarrassing.

embarrassé, e [ɑ̃baʀase] *adj* - **1.** [encombré - pièce, bureau] cluttered ; **avoir les mains ~es** to have one's hands full - **2.** [gêné] embarrassed - **3.** [confus] confused.

embarrasser [3] [ɑ̃baʀase] *vt* - **1.** [encombrer - pièce] to clutter up ; [- personne] to hamper - **2.** [gêner] to put in an awkward position.

➤ **s'embarrasser** *vp* - **1.** [se charger] : **s'~ de qqch** to burden o.s. with sthg ; *fig* to bother about sthg - **2.** [s'empêtrer] : **s'~ dans** to get tangled up in.

embauche [ɑ̃boʃ] *nf*, **embauchage** [ɑ̃bo-ʃaʒ] *nm* hiring, employment.

embaucher [3] [ɑ̃boʃe] *vt* - **1.** [employer] to employ, to take on - **2.** *fam* [occuper] : **je t'embauche!** I need your help!

embaumer [3] [ɑ̃bome] ⬥ *vt* - **1.** [cadavre] to embalm - **2.** [parfumer] to scent ⬥ *vi* to be fragrant.

embellie [ɑ̃beli] *nf* [éclaircie] bright *ou* clear spell ; *fig* (temporary) improvement.

embellir [32] [ɑ̃beliʀ] ⬥ *vt* - **1.** [agrémenter] to brighten up - **2.** *fig* [enjoliver] to embellish ⬥ *vi* [devenir plus beau] to become more attractive ; *fig & hum* to grow, to increase.

emberlificoter [3] [ɑ̃bɛʀlifikɔte] *vt fam fig* to sweet-talk.

➤ **s'emberlificoter** *vp fam* to get tangled up.

embêtant, e [ɑ̃bɛtɑ̃, ɑ̃t] *adj fam* annoying.

embêtement [ɑ̃bɛtmɑ̃] *nm fam* trouble.

embêter [4] [ɑ̃bɛte] *vt fam* [contrarier, importuner] to annoy.

➤ **s'embêter** *vp fam* [s'ennuyer] to be bored.

emblée [ɑ̃ble] ➤ **d'emblée** *loc adv* right away.

emblème [ɑ̃blɛm] *nm* emblem.

embobiner [3] [ɑ̃bɔbine] *vt* - **1.** [fil] to wind - **2.** *fam* [personne] to fool.

emboîter [3] [ɑ̃bwate] *vt* : **~ qqch dans qqch** to fit sthg into sthg ; **~ le pas à qqn** [suivre] to follow close on sb's heels ; *fig* to follow sb's lead.

➤ **s'emboîter** *vp* to fit together.

embolie [ɑ̃bɔli] *nf* embolism.

embonpoint [ɑ̃bɔ̃pwɛ̃] *nm* stoutness ; **prendre de l'~** to get stout.

embouché, e [ɑ̃buʃe] *adj fam* : **mal ~** foul-mouthed.

embouchure [ɑ̃buʃyʀ] *nf* - **1.** [d'instrument] mouthpiece - **2.** [de fleuve] mouth ; **l'~ du Rhône** the mouth of the Rhône.

embourber [3] [ɑ̃buʀbe] ➤ **s'embourber** *vp* [s'enliser] to get stuck in the mud ; *fig* to get bogged down.

embourgeoisement [ɑ̃buʀʒwazmɑ̃] *nm* [de personne] adoption of middle-class values ; [de quartier] gentrification.

embourgeoiser [3] [ɑ̃buʀʒwaze] *vt* [personne] to instil *Br ou* instill *Am* middle-class values in ; [quartier] to gentrify.

➤ **s'embourgeoiser** *vp* [personne] to adopt middle-class values ; [quartier] to become gentrified.

embout [ɑ̃bu] *nm* [protection] tip ; [extrémité d'un tube] nozzle.

embouteillage [ɑ̃buteja3] *nm* - **1.** [circulation] traffic jam - **2.** [mise en bouteilles] bottling.

emboutir [32] [ɑ̃butiʀ] *vt* - **1.** *fam* [voiture] to crash into - **2.** TECHNOL to stamp.

embranchement [ɑ̃bʀɑ̃ʃmɑ̃] *nm* - **1.** [carrefour] junction - **2.** [division] branching (out) ; *fig* branch.

embraser [3] [ɑ̃bʀaze] *vt* [incendier, éclairer] to set ablaze ; *fig* [d'amour] to (set on) fire, to inflame.

➤ **s'embraser** *vp* [prendre feu, s'éclairer] to be ablaze ; *fig & littéraire* to be inflamed.

embrassade [ɑ̃bʀasad] *nf* embrace.

embrasse [ɑ̃bʀas] *nf* tieback.

embrasser [3] [ɑ̃bʀase] *vt* - **1.** [donner un baiser à] to kiss - **2.** [étreindre] to embrace - **3.** *fig* [du regard] to take in.

➤ **s'embrasser** *vp* to kiss (each other).

embrasure [ɑ̃bʀazyʀ] *nf* : **dans l'~ de la fenêtre** in the window.

embrayage [ɑ̃bʀɛja3] *nm* - **1.** [action] engaging the clutch - **2.** [mécanisme] clutch.

embrayer [11] [ɑ̃bʀeje] *vi* - **1.** AUTOM to engage the clutch - **2.** *fam fig* [s'engager] : **~ sur** to get onto the subject of.

embrigader [3] [ɑ̃bʀigade] *vt* to recruit.

➤ **s'embrigader** *vp* to join.

embringuer [3] [ɑ̃bʀɛ̃ge] *vt fam* to involve.

➤ **s'embringuer** *vp fam* : **s'~ dans** to get mixed up in.

embrocher [3] [ɑ̃brɔʃe] vt to skewer.
➤ **s'embrocher** vp fam to stab o.s.

embrouillamini [ɑ̃brujamini] nm fam muddle.

embrouille [ɑ̃bruj] nf fam shenanigans (pl).

embrouiller [3] [ɑ̃bruje] vt - **1.** [mélanger] to mix (up), to muddle (up) - **2.** fig [compliquer] to confuse.

embruns [ɑ̃brœ̃] nmpl spray (U).

embryologie [ɑ̃brijɔlɔʒi] nf embryology.

embryon [ɑ̃brijɔ̃] nm litt & fig embryo.

embryonnaire [ɑ̃brijɔnɛr] adj litt & fig embryonic.

embûche [ɑ̃byʃ] nf pitfall.

embuer [7] [ɑ̃bɥe] vt - **1.** [de vapeur] to steam up - **2.** [de larmes] to mist (over).

embuscade [ɑ̃byskad] nf ambush.

embusquer [3] [ɑ̃byske] vt - **1.** [poster] to position for an ambush - **2.** [mettre à l'abri] to post away from the front line.
➤ **s'embusquer** vp - **1.** [se poster] to lie in ambush - **2.** [se mettre à l'abri] to be posted away from the front line.

éméché, e [emeʃe] adj fam merry, tipsy.

émeraude [emrod] ◇ nf emerald ◇ adj inv (en apposition) : **vert ~** emerald (green).

émergence [emɛrʒɑ̃s] nf emergence.

émergent, e [emɛrʒɑ̃, ɑ̃t] adj : **pays ~** emerging country.

émerger [17] [emɛrʒe] vi - **1.** [gén] to emerge - **2.** NAVIG & fig to surface.

émeri [emri] nm : **papier** OU **toile ~** emery paper.

émérite [emerit] adj distinguished, eminent.

émerveillement [emɛrvɛjmɑ̃] nm wonder.

émerveiller [4] [emɛrveje] vt to fill with wonder.
➤ **s'émerveiller** vp : **s'~ (de)** to marvel (at).

émets ▷ émettre.

émetteur, trice [emetœr, tris] adj transmitting ; **poste ~** transmitter.
➤ **émetteur** nm [appareil] transmitter ; **~-récepteur** transmitter-receiver.

émettre [84] [emɛtr] vt - **1.** [produire] to emit - **2.** [diffuser] to transmit, to broadcast - **3.** [mettre en circulation] to issue - **4.** [exprimer] to express.

émeus, émeut etc ▷ émouvoir.

émeute [emøt] nf riot.

émeutier, ère [emøtje, ɛr] nm, f rioter.

émietter [4] [emjete] vt - **1.** [du pain] to crumble - **2.** [morceler] to divide up.

émigrant, e [emigrɑ̃, ɑ̃t] adj & nm, f emigrant.

émigration [emigrasjɔ̃] nf - **1.** [de personnes] emigration - **2.** ZOOL migration.

émigré, e [emigre] ◇ adj migrant ◇ nm, f emigrant.

émigrer [3] [emigre] vi - **1.** [personnes] to emigrate - **2.** [animaux] to migrate.

émincé, e [emɛ̃se] adj sliced thinly.
➤ **émincé** nm thin slices of meat served in a sauce.

éminemment [eminamɑ̃] adv eminently.

éminence [eminɑ̃s] nf hill.
➤ **Éminence** nf Eminence ; **Son Éminence** His Eminence.
➤ **éminence grise** nf éminence grise.

éminent, e [eminɑ̃, ɑ̃t] adj eminent, distinguished.

émir [emir] nm emir.

émirat [emira] nm emirate.
➤ **Émirat** nm : **les Émirats arabes unis** the United Arab Emirates.

émis, e [emi, iz] pp ▷ émettre.

émissaire [emiser] ◇ nm - **1.** [envoyé] emissary, envoy - **2.** TECHNOL outlet, drainage channel ◇ adj - **1.** ANAT emissary - **2.** ▷ bouc.

émission [emisjɔ̃] nf - **1.** [de gaz, de son etc] emission - **2.** [RADIO & TÉLÉ - transmission] transmission, broadcasting ; [- programme] programme Br, program Am - **3.** [mise en circulation] issue.

emmagasiner [3] [ɑ̃magazine] vt - **1.** [stocker] to store - **2.** fig [accumuler] to store up.

emmailloter [3] [ɑ̃majɔte] vt to wrap up.

emmanchure [ɑ̃mɑ̃ʃyr] nf armhole.

Emmaüs [emays] n : **~ International** charity organization which helps the poor and homeless.

emmêler [4] [ɑ̃mele] vt - **1.** [fils] to tangle up - **2.** fig [idées] to muddle up, to confuse.
➤ **s'emmêler** vp - **1.** [fils] to get into a tangle - **2.** fig [personne] to get mixed up.

emménagement [ɑ̃menaʒmɑ̃] nm moving in.

emménager [17] [ɑ̃menaʒe] vi to move in.

emmener [19] [ɑ̃mne] vt to take.

emmerdant, e [ɑ̃mɛrdɑ̃, ɑ̃t] adj tfam bloody Br OU damned annoying.

emmerdement [ɑ̃mɛrdəmɑ̃] nm tfam hassle, bloody Br OU damned nuisance ; **avoir des ~s** to have problems.

emmerder [3] [ɑ̃mɛrde] vt tfam to piss off.
➤ **s'emmerder** vp tfam [s'embêter] to be bored stiff.

emmerdeur, euse [ɑ̃mɛrdœr, øz] *nm, f* t*fam* pain in the arse *Br* ou ass *Am*.

emmitoufler [3] [ɑ̃mitufle] *vt* to wrap up.
➤ **s'emmitoufler** *vp* to wrap o.s. up.

émoi [emwa] *nm* - **1.** *sout* [agitation] agitation, commotion ; **en ~** in turmoil - **2.** [émotion] emotion.

émollient, e [emɔljɑ̃, ɑ̃t] *adj* emollient.
➤ **émollient** *nm* emollient.

émotif, ive [emɔtif, iv] <> *adj* emotional <> *nm, f* emotional person.

émotion [emosjɔ̃] *nf* - **1.** [sentiment] emotion - **2.** [peur] fright, shock ; **donner des ~s à qqn** to give sb a fright ou shock.

émotionnel, elle [emosjɔnɛl] *adj* emotional.

émotionner [3] [emosjɔne] *vt fam* to move (to the brink of tears).

émotivité [emɔtivite] *nf* emotionalism.

émoulu, e [emuly] ⊏> **frais**.

émousser [3] [emuse] *vt litt* & *fig* to blunt.
➤ **s'émousser** *vp* [lame] to become blunt ; *fig* to die down, to lessen.

émoustiller [3] [emustije] *vt* - **1.** [rendre gai] to liven up - **2.** [exciter] to arouse, to excite.

émouvant, e [emuvɑ̃, ɑ̃t] *adj* moving.

émouvoir [55] [emuvwar] *vt* - **1.** [troubler] to disturb, to upset - **2.** [susciter la sympathie de] to move, to touch.
➤ **s'émouvoir** *vp* to show emotion, to be upset.

empailler [3] [ɑ̃paje] *vt* - **1.** [animal] to stuff - **2.** [chaise] to upholster (with straw).

empaler [3] [ɑ̃pale] *vt* to impale.
➤ **s'empaler** *vp* : **s'~ sur** to be impaled on ou upon.

empaqueter [27] [ɑ̃pakte] *vt* to pack (up), to wrap (up).

emparer [3] [ɑ̃pare] ➤ **s'emparer** *vp* : **s'~ de** [suj : personne] to seize ; [suj : sentiment] to take hold of.

empâté, e [ɑ̃pate] *adj* [visage, traits] bloated ; [bouche, langue] coated.

empâter [3] [ɑ̃pate] *vt* - **1.** [visage, traits] to fatten out - **2.** [bouche, langue] to coat, to fur up.
➤ **s'empâter** *vp* to put on weight.

empattement [ɑ̃patmɑ̃] *nm* - **1.** AUTOM wheelbase - **2.** TYPO serif.

empêchement [ɑ̃pɛʃmɑ̃] *nm* obstacle ; **j'ai un ~** something has come up.

empêcher [4] [ɑ̃peʃe] *vt* to prevent ; **~ qqn/ qqch de faire qqch** to prevent sb/sthg from doing sthg ; **~ que qqn (ne) fasse qqch** to prevent sb from doing sthg ; **(il) n'empêche que** nevertheless, all the same.

➤ **s'empêcher** *vp* : **s'~ de faire qqch** to stop o.s. doing sthg ; **je ne peux pas m'~ de pleurer** I can't help crying.

empêcheur, euse [ɑ̃peʃœr, øz] *nm, f fam* : **~ de tourner en rond** killjoy.

empeigne [ɑ̃pɛɲ] *nf* upper.

empereur [ɑ̃prœr] *nm* emperor.

empesé, e [ɑ̃pəze] *adj* - **1.** [linge] starched - **2.** *fig* [style] stiff.

empester [3] [ɑ̃peste] <> *vt* to stink out <> *vi* to stink.

empêtrer [4] [ɑ̃petre] *vt* : **être empêtré dans** to be tangled up in.
➤ **s'empêtrer** *vp* : **s'~ (dans)** to get tangled up (in).

emphase [ɑ̃faz] *nf péj* pomposity.

emphatique [ɑ̃fatik] *adj péj* pompous.

empiècement [ɑ̃pjɛsmɑ̃] *nm* yoke.

empiéter [18] [ɑ̃pjete] *vi* : **~ sur** to encroach on.

empiffrer [3] [ɑ̃pifre] ➤ **s'empiffrer** *vp fam* to stuff o.s.

empilement [ɑ̃pilmɑ̃], **empilage** [ɑ̃pilaʒ] *nm* [action] piling up, stacking up ; [pile] pile, stack.

empiler [3] [ɑ̃pile] *vt* - **1.** [entasser] to pile up, to stack up - **2.** t*fam* [duper] to rip off.
➤ **s'empiler** *vp* to pile up.

empire [ɑ̃pir] *nm* - **1.** HIST & *fig* empire ; **l'Empire** the Empire under Napoleon I ; **le Second Empire** the Second Empire (*under Napoleon III*) ; **pour un ~** *fig* for the world - **2.** *sout* [contrôle] influence ; **sous l'~ de** [la boisson] under the influence of ; [la colère] gripped by.

empirer [3] [ɑ̃pire] *vi* & *vt* to worsen.

empirique [ɑ̃pirik] *adj* empirical.

empirisme [ɑ̃pirism] *nm* empiricism.

emplacement [ɑ̃plasmɑ̃] *nm* [gén] site, location ; [dans un camping] place.

emplâtre [ɑ̃platr] *nm* - **1.** [pommade] plaster - **2.** *péj* [incapable] lazy lump.

emplette [ɑ̃plɛt] *nf* (*gén pl*) purchase ; **faire des ~s** to go shopping ; **faire l'~ de** to purchase.

emplir [32] [ɑ̃plir] *vt sout* : **~ (de)** to fill (with).
➤ **s'emplir** *vp* : **s'~ (de)** to fill (with).

emploi [ɑ̃plwa] *nm* - **1.** [utilisation] use ; **faire double ~** to be unnecessary ou redundant ; **~ du temps** timetable ; **mode d'~** instructions (*pl*) (for use) - **2.** [travail] job.

employé, e [ɑ̃plwaje] *nm, f* employee ; **~ de bureau** office employee ou worker.

employer [13] [ɑ̃plwaje] *vt* - **1.** [utiliser] to use - **2.** [salarier] to employ.
➤ **s'employer** *vp* to be used ; **s'~ à qqch/t...**

be working on sthg, to apply o.s. to sthg ; **s'~ à faire qqch** to apply o.s. to doing sthg.

employeur, euse [ɑ̃plwajœr, øz] *nm, f* employer.

empocher [3] [ɑ̃pɔʃe] *vt fam* to pocket.

empoignade [ɑ̃pwaɲad] *nf* row.

empoigne [ɑ̃pwaɲ] ⟹ **foire**.

empoigner [3] [ɑ̃pwaɲe] *vt* - **1.** [saisir] to grasp - **2.** *fig* [émouvoir] to grip.
➡ **s'empoigner** *vp fig* to come to blows.

empoisonnant, e [ɑ̃pwazɔnɑ̃, ɑ̃t] *adj* - **1.** [ennuyeux] boring - **2.** [insupportable] irritating.

empoisonnement [ɑ̃pwazɔnmɑ̃] *nm* - **1.** [intoxication] poisoning - **2.** *fam fig* [souci] trouble *(U)*.

empoisonner [3] [ɑ̃pwazɔne] *vt* - **1.** [gén] to poison - **2.** [empuantir] to stink out - **3.** *fam* [ennuyer] to annoy, to bug.

emporté, e [ɑ̃pɔrte] *adj* short-tempered.

emportement [ɑ̃pɔrtəmɑ̃] *nm* anger.

emporte-pièce [ɑ̃pɔrtəpjɛs] *nm inv* punch.
➡ **à l'emporte-pièce** *loc adj* incisive.

emporter [3] [ɑ̃pɔrte] *vt* - **1.** [emmener] to take (away) ; **à ~** [plats] to take away, to go *Am* - **2.** [entraîner] to carry along - **3.** [arracher] to tear off, to blow off - **4.** [faire mourir] to carry off - **5.** [gagner] to win - **6.** [surpasser] : **l'~ sur** to get the better of.
➡ **s'emporter** *vp* to get angry, to lose one's temper.

empoté, e [ɑ̃pɔte] *fam* ⟨ *adj* clumsy ⟨ *nm, f* clumsy person.

empourprer [3] [ɑ̃purpre] ➡ **s'empourprer** *vp littéraire* to turn crimson.

empreinte [ɑ̃prɛ̃t] *nf* [trace] print ; *fig* mark, trace ; **~ génétique** genetic fingerprint ; **~s digitales** fingerprints.

empressé, e [ɑ̃prese] ⟨ *adj* attentive ⟨ *nm, f* attentive person.

empressement [ɑ̃prɛsmɑ̃] *nm* - **1.** [zèle] attentiveness - **2.** [enthousiasme] eagerness.

empresser [4] [ɑ̃prese] ➡ **s'empresser** *vp* : **s'~ de faire qqch** to hurry to do sthg ; **s'~ auprès de qqn** to be attentive to sb.

emprise [ɑ̃priz] *nf* - **1.** [ascendant] influence ; **sous l'~ de** [l'alcool] under the influence of ; [la colère] gripped by - **2.** *JUR* expropriation.

emprisonnement [ɑ̃prizɔnmɑ̃] *nm* imprisonment.

emprisonner [3] [ɑ̃prizɔne] *vt* - **1.** [voleur] to imprison - **2.** [partie du corps] to fit tightly round.

emprunt [ɑ̃prœ̃] *nm* - **1.** *FIN* loan ; **couvrir un ~** to guarantee a loan ; **lancer un ~** to float a loan ; **~ d'État** government loan - **2.** *LING & fig* borrowing.

emprunté, e [ɑ̃prœ̃te] *adj* awkward, self-conscious.

emprunter [3] [ɑ̃prœ̃te] *vt* - **1.** [gén] to borrow ; **~ qqch à** to borrow sthg from - **2.** [route] to take.

empuantir [32] [ɑ̃pɥɑ̃tir] *vt* to stink out.

EMT (*abr de* éducation manuelle et technique) *nf* practical sciences *(pl)*.

ému, e [emy] ⟨ *pp* ⟹ **émouvoir** ⟨ *adj* [personne] moved, touched ; [regard, sourire] emotional.

émulation [emylasjɔ̃] *nf* - **1.** [concurrence] rivalry - **2.** [imitation] emulation.

émule [emyl] *nmf* - **1.** [imitateur] emulator - **2.** [concurrent] rival.

émulsion [emylsjɔ̃] *nf* emulsion.

en [ɑ̃] ⟨ *prép* - **1.** [temps] in ; **~ 1994** in 1994 ; **~ hiver/septembre** in winter/September - **2.** [lieu] in ; [direction] to ; **une maison ~ Suède** a house in Sweden ; **habiter ~ Sicile/ville** to live in Sicily/town ; **aller ~ Sicile/ville** to go to Sicily/town ; **aller de ville ~ ville** to go from town to town - **3.** [matière] made of ; **c'est ~ métal** it's (made of) metal ; **une théière ~ argent** a silver teapot - **4.** [état, forme, manière] : **les arbres sont ~ fleurs** the trees are in blossom ; **du sucre ~ morceaux** sugar cubes ; **du lait ~ poudre** powdered milk ; **je la préfère ~ vert** I prefer it in green ; **agir ~ traître** to behave treacherously ; **je l'ai eu ~ cadeau** I was given it as a present ; **dire qqch ~ anglais** to say sthg in English ; **~ vacances** on holiday - **5.** [moyen] by ; **~ avion/bateau/train** by plane/boat/train - **6.** [mesure] in ; **vous l'avez ~ 38?** do you have it in a 38? ; **compter ~ dollars** to calculate in dollars - **7.** [devant un participe présent] : **~ arrivant à Paris** on arriving in Paris, as he/she *etc* arrived in Paris ; **~ faisant un effort** by making an effort ; **~ mangeant** while eating ; **elle répondit ~ souriant** she replied with a smile. ⟨ *pron adv* - **1.** [complément de verbe, de nom, d'adjectif] : **il s'~ est souvenu** he remembered it ; **nous ~ avons déjà parlé** we've already spoken about it ; **on ~ meurt, de ce genre de maladie** people die from this sort of illness ; **je m'~ porte garant** I'll vouch for it ; **j'~ garde un très bon souvenir** I have very happy memories of it ; **sa maison ~ est pleine** his house is full of them - **2.** [avec un indéfini, exprimant une quantité] : **j'~ connais un/plusieurs** I know one/several of them ; **j'ai du chocolat, tu ~ veux?** I've got some chocolate, do you want some? ; **tu ~ as?** have you got any?, do you have any? ; **il y ~ a plusieurs** there are several (of them) - **3.** [provenance] from there ; **j'~ viens à l'instant** I've just come from there.

ENA, Ena [ena] (abr de **École nationale d'administration**) nf prestigious grande école training future government officials.

énarque [enark] nmf graduate of the École nationale d'administration (ENA).

encablure [ɑ̃kablyr] nf cable length.

encadrement [ɑ̃kadrəmɑ̃] nm - **1.** [de tableau, porte] frame - **2.** [dans une entreprise] managerial staff ; [à l'armée] officers (pl) ; [à l'école] staff - **3.** [du crédit] restriction.

encadrer [3] [ɑ̃kadre] vt - **1.** [photo, visage] to frame - **2.** [employés] to supervise ; [soldats] to be in command of ; [élèves] to teach - **3.** [détenu] to flank - **4.** fam [arbre] to crash into.

encadreur [ɑ̃kadrœr] nm framer.

encaisse [ɑ̃kɛs] nf ready cash.

encaissé, e [ɑ̃kese] adj [vallée] deep and narrow ; [rivière] steep-banked.

encaisser [4] [ɑ̃kese] vt - **1.** [argent, coups, insultes] to take - **2.** [chèque] to cash - **3.** loc : **ne pas pouvoir ~ qqn** fam not to be able to stand sb.

encanailler [3] [ɑ̃kanaje] ➤ **s'encanailler** vp to slum it.

encart [ɑ̃kar] nm insert ; **~ publicitaire** advertising insert.

en-cas, encas [ɑ̃ka] nm inv snack.

encastrable [ɑ̃kastrabl] adj that can be fitted (in).

encastrer [3] [ɑ̃kastre] vt to fit.
➤ **s'encastrer** vp to fit (exactly).

encaustique [ɑ̃kostik] nf - **1.** [cire] polish - **2.** [peinture] encaustic.

encaustiquer [3] [ɑ̃kostike] vt to polish.

enceinte [ɑ̃sɛ̃t] ◇ adj f pregnant ; **~ de 4 mois** 4 months pregnant ◇ nf - **1.** [muraille] wall - **2.** [espace] : **dans l'~ de** within (the confines of) - **3.** [baffle] : **~ (acoustique)** speaker.

encens [ɑ̃sɑ̃] nm incense.

encenser [3] [ɑ̃sɑ̃se] vt - **1.** [brûler de l'encens dans] to burn incense in - **2.** fig [louer] to flatter.

encensoir [ɑ̃sɑ̃swar] nm censer.

encercler [3] [ɑ̃sɛrkle] vt - **1.** [cerner, environner] to surround - **2.** [entourer] to circle.

enchaînement [ɑ̃ʃɛnmɑ̃] nm - **1.** [succession] series - **2.** [liaison] link - **3.** MUS progression.

enchaîner [4] [ɑ̃ʃene] ◇ vt - **1.** [attacher] to chain up - **2.** fig [asservir] to enslave - **3.** [coordonner] to link ◇ vi : **~ (sur)** to move on (to).
➤ **s'enchaîner** vp [se suivre] to follow on from each other.

enchanté, e [ɑ̃ʃɑ̃te] adj - **1.** [ravi] delighted ;

~ de faire votre connaissance pleased to meet you - **2.** [ensorcelé] enchanted.

enchantement [ɑ̃ʃɑ̃tmɑ̃] nm - **1.** [sortilège] magic spell ; **comme par ~** as if by magic - **2.** sout [ravissement] delight - **3.** [merveille] wonder.

enchanter [3] [ɑ̃ʃɑ̃te] vt - **1.** [ensorceler, charmer] to enchant - **2.** [ravir] to delight.

enchanteur, eresse [ɑ̃ʃɑ̃tœr, trɛs] ◇ ad enchanting ◇ nm, f - **1.** [magicien] enchante - **2.** [charmeur] charmer.

enchâsser [3] [ɑ̃ʃase] vt - **1.** [encastrer] to fi - **2.** [sertir] to set.

enchère [ɑ̃ʃɛr] nf bid ; **faire monter les ~s** to raise the bidding ; **vendre qqch aux ~s** to sel sthg at ou by auction.

enchérir [32] [ɑ̃ʃerir] vi : **~ sur** to bid higher than ; fig & littéraire [dépasser] to go beyond.

enchevêtrer [4] [ɑ̃ʃəvetre] vt [emmêler] to tangle up ; fig to muddle, to confuse.

enclave [ɑ̃klav] nf enclave.

enclencher [3] [ɑ̃klɑ̃ʃe] vt - **1.** [mécanisme] to engage - **2.** fig [projet] to set in motion.
➤ **s'enclencher** vp - **1.** TECHNOL to engage - **2.** fig [commencer] to begin.

enclin, e [ɑ̃klɛ̃, in] adj : **~ à qqch/à faire qqch** inclined to sthg/to do sthg.

enclore [113] [ɑ̃klɔr] vt to fence in, to en close.

enclos, e [ɑ̃klo, oz] pp ▷ **enclore**.
➤ **enclos** nm enclosure.

enclume [ɑ̃klym] nf anvil.

encoche [ɑ̃kɔʃ] nf notch.

encoder [3] [ɑ̃kɔde] vt to encode.

encodeur [ɑ̃kɔdœr] nm INFORM encoder.

encoignure [ɑ̃kwaɲyr, ɑ̃kɔɲyr] nf - **1.** [coir corner - **2.** [meuble] corner cupboard.

encolure [ɑ̃kɔlyr] nf neck.

encombrant, e [ɑ̃kɔ̃brɑ̃, ɑ̃t] adj cumber some ; fig [personne] undesirable.

encombre [ɑ̃kɔ̃br] ➤ **sans encombre** lo adv without a hitch.

encombré, e [ɑ̃kɔ̃bre] adj [lieu] busy, congest ed ; fig saturated.

encombrement [ɑ̃kɔ̃brəmɑ̃] nm - **1.** [d'un pièce] clutter - **2.** [d'un objet] overall dimen sions (pl) - **3.** [embouteillage] traffic jam - **4.** IN FORM footprint.

encombrer [3] [ɑ̃kɔ̃bre] vt to clutter (up).
➤ **s'encombrer** vp fam : **s'~ de qqn** to be lumbered with sb Br ; **s'~ de qqch** to burde o.s. with sthg ; fig to bother about sthg.

encontre [ɑ̃kɔ̃tr] ➤ **à l'encontre de** lo prép : **aller à l'~ de** to go against, to oppose.

encorbellement [ãkɔrbɛlmã] *nm* corbelled structure ; **en ~** corbelled.

encorder [3] [ãkɔrde] ➤ **s'encorder** *vp* to rope up.

encore [ãkɔr] *adv* - **1.** [toujours] still ; **il dort ~** he's still asleep ; **~ un mois** one more month ; **pas ~** not yet ; **elle ne travaille pas ~** she's not working yet - **2.** [de nouveau] again ; **il m'a ~ menti** he's lied to me again ; **quoi ~?** what now? ; **l'ascenseur est en panne - ~!** the lift's out of order - not again! ; **~ de la glace?** some more ice cream? ; **~ une fois** once more, once again - **3.** [marque le renforcement] even ; **~ mieux/pire** even better/worse - **4.** [marque une restriction] : **il ne suffit pas d'être beau, ~ faut-il être intelligent** it's not enough to be good-looking, you have to be intelligent too.
➤ **et encore** *loc adv* : **j'ai eu le temps de prendre un sandwich, et ~!** I had time for a sandwich, but only just! ; **ça vaut 100 francs, et ~** it's worth 100 francs, if that.
➤ **mais encore** *loc adv* what else?
➤ **si encore** *loc adv* if only.
➤ **encore que** *loc conj (+ subjonctif)* although.

encourageant, e [ãkuraʒã, ãt] *adj* encouraging.

encouragement [ãkuraʒmã] *nm* - **1.** [parole] (word of) encouragement - **2.** [action] encouragement.

encourager [17] [ãkuraʒe] *vt* to encourage ; **~ qqn à faire qqch** to encourage sb to do sthg.

encourir [45] [ãkurir] *vt sout* to incur.

encourrai, encourras *etc* ▷ encourir.

encouru, e [ãkury] *pp* ▷ encourir.

encrasser [3] [ãkrase] *vt* - **1.** TECHNOL to clog up - **2.** *fam* [salir] to make dirty *ou* filthy.
➤ **s'encrasser** *vp* - **1.** TECHNOL to clog up - **2.** *fam* [se salir] to get dirty *ou* filthy.

encre [ãkr] *nf* ink ; **~ de Chine** Indian *Br ou* India *Am* ink.

encrer [3] [ãkre] *vt* to ink.

encreur [ãkrœr] ▷ **tampon, rouleau.**

encrier [ãkrije] *nm* inkwell.

encroûter [3] [ãkrute] ➤ **s'encroûter** *vp fam* to get into a rut ; **s'~ dans ses habitudes** to become set in one's ways.

enculé [ãkyle] *nm vulg* arsehole *Br*, asshole *Am*.

enculer [3] [ãkyle] *vt vulg* to bugger.

encyclique [ãsiklik] *nf* RELIG encyclical.

encyclopédie [ãsiklɔpedi] *nf* encyclopedia.

encyclopédique [ãsiklɔpedik] *adj* encyclopedic.

endémique [ãdemik] *adj* endemic.

endettement [ãdɛtmã] *nm* debt.

endetter [4] [ãdete] ➤ **s'endetter** *vp* to get into debt.

endeuiller [5] [ãdœje] *vt* to plunge into mourning.

endiablé, e [ãdjable] *adj* [frénétique] frantic, frenzied.

endiguer [3] [ãdige] *vt* - **1.** [fleuve] to dam - **2.** *fig* [réprimer] to stem.

endimanché, e [ãdimãʃe] *adj* in one's Sunday best.

endimancher [3] [ãdimãʃe] ➤ **s'endimancher** *vp* to dress in one's Sunday best.

endive [ãdiv] *nf* chicory (U).

endoctrinement [ãdɔktrinmã] *nm* indoctrination.

endoctriner [3] [ãdɔktrine] *vt* to indoctrinate.

endommager [17] [ãdɔmaʒe] *vt* to damage.

endormi, e [ãdɔrmi] *adj* - **1.** [personne] sleeping, asleep - **2.** *fig* [village] sleepy ; [jambe] numb ; [passion] dormant ; *fam* [apathique] sluggish.

endormir [36] [ãdɔrmir] *vt* - **1.** [assoupir, ennuyer] to send to sleep - **2.** [anesthésier - patient] to anaesthetize *Br*, anesthetize *Am* ; [- douleur] to ease - **3.** *fig* [tromper] to allay - **4.** *fig* [affaiblir] to dull.
➤ **s'endormir** *vp* - **1.** [s'assoupir] to fall asleep - **2.** [s'affaiblir] to be allayed - **3.** *fig* [jambe] to go to sleep.

endoscopie [ãdɔskɔpi] *nf* endoscopy.

endosser [3] [ãdose] *vt* - **1.** [vêtement] to put on - **2.** FIN & JUR to endorse ; **~ un chèque** to endorse a cheque *Br ou* check *Am* - **3.** *fig* [responsabilité] to take on.

endroit [ãdrwa] *nm* - **1.** [lieu, point] place ; **à quel ~?** where? - **2.** [passage] part - **3.** [côté] right side ; **à l'~** the right way round.
➤ **à l'endroit de** *prép littéraire* with regard to.

enduire [98] [ãdɥir] *vt* : **~ qqch (de)** to coat sthg (with).

enduisais, enduisions *etc* ▷ enduire.

enduit, e [ãdɥi, it] *pp* ▷ enduire.
➤ **enduit** *nm* coating.

endurance [ãdyrãs] *nf* endurance.

endurant, e [ãdyrã, ãt] *adj* tough, resilient.

endurci, e [ãdyrsi] *adj* - **1.** [aguerri] hardened - **2.** *fig* [insensible] hard.

endurcir [32] [ãdyrsir] *vt* to harden.

➤ **s'endurcir** *vp* : s'~ à to become hardened to.

endurer [3] [ɑ̃dyre] *vt* to endure.

énergétique [enɛrʒetik] *adj* - **1.** [ressource] energy *(avant n)* - **2.** [aliment] energy-giving.

énergie [enɛrʒi] *nf* energy ; ~ **nucléaire/solaire** nuclear/solar energy ; ~ **éolienne** wind power ; ~ **renouvelable** renewable energy.

énergique [enɛrʒik] *adj* [gén] energetic ; [remède] powerful ; [mesure] drastic.

énergiquement [enɛrʒikmɑ̃] *adv* energetically.

énergisant, e [enɛrʒizɑ̃, ɑ̃t] *adj* stimulating.
➤ **énergisant** *nm* tonic.

énergumène [enɛrgymɛn] *nmf* rowdy character.

énervant, e [enɛrvɑ̃, ɑ̃t] *adj* annoying, irritating.

énervé, e [enɛrve] *adj* - **1.** [irrité] annoyed, irritated - **2.** [surexcité] overexcited.

énervement [enɛrvəmɑ̃] *nm* - **1.** [irritation] irritation - **2.** [surexcitation] excitement.

énerver [3] [enɛrve] *vt* to irritate, to annoy.
➤ **s'énerver** *vp* [être irrité] to get annoyed ; [être excité] to get worked up *ou* excited.

enfance [ɑ̃fɑ̃s] *nf* - **1.** [âge] childhood ; **retomber en ~** to lapse into one's second childhood - **2.** [enfants] children *(pl)* - **3.** *fig* [débuts] infancy ; [de civilisation, de l'humanité] dawn ; **l'~ de l'art** *fig* child's play.

enfant [ɑ̃fɑ̃] *nmf* - **1.** [gén] child ; ~ **illégitime** *ou* **naturel** illegitimate child ; ~ **martyr** abused child ; ~ **prodige** child prodigy ; **attendre un ~** to be expecting a baby - **2.** [originaire] native ; **c'est un ~ de la balle** his/her parents were in the theatre/circus *etc.*
➤ **bon enfant** *loc adj* good-natured.

enfantement [ɑ̃fɑ̃tmɑ̃] *nm littéraire* childbirth ; *fig* creation.

enfanter [3] [ɑ̃fɑ̃te] *vt littéraire* to give birth to.

enfantillage [ɑ̃fɑ̃tijaʒ] *nm* childishness *(U)*.

enfantin, e [ɑ̃fɑ̃tɛ̃, in] *adj* - **1.** [propre à l'enfance] childlike ; *péj* childish ; [jeu, chanson] children's - **2.** [facile] childishly simple.

enfer [ɑ̃fɛr] *nm* - **1.** RELIG & *fig* hell ; **d'~** *fig* hellish, infernal - **2.** [de bibliothèque] restricted books department.
➤ **Enfers** *nmpl* : **les Enfers** the Underworld *(sg)*.

enfermer [3] [ɑ̃fɛrme] *vt* - **1.** [séquestrer, ranger] to shut away - **2.** *littéraire* [enclore] to enclose.

➤ **s'enfermer** *vp* to shut o.s. away *ou* up ; **s'~ dans** *fig* to retreat into.

enfilade [ɑ̃filad] *nf* row ; **en ~** in a row.

enfiler [3] [ɑ̃file] *vt* - **1.** [aiguille, sur un fil] to thread - **2.** [vêtements] to slip on.
➤ **s'enfiler** *vp fam* [ingurgiter] to put away.

enfin [ɑ̃fɛ̃] *adv* - **1.** [en dernier lieu] finally, at last ; [dans une liste] lastly - **2.** [avant une récapitulation] in a word, in short - **3.** [introduit une rectification] that is, well - **4.** [introduit une concession] anyway.

enflammé, e [ɑ̃flame] *adj* - **1.** [en flammes] burning - **2.** *fig* [déclaration, discours] passionate ; [discussion] heated.

enflammer [3] [ɑ̃flame] *vt* - **1.** [bois] to set fire to - **2.** *fig* [exalter] to inflame.
➤ **s'enflammer** *vp* - **1.** [bois] to catch fire - **2.** *fig* [s'exalter] to flare up.

enflé, e [ɑ̃fle] *adj* [style] turgid.

enfler [3] [ɑ̃fle] *vi* to swell (up).

enflure [ɑ̃flyr] *nf* [de corps] swelling.

enfoncé, e [ɑ̃fɔ̃se] *adj* deep-set.

enfoncer [16] [ɑ̃fɔ̃se] *vt* - **1.** [faire pénétrer] to drive in ; ~ **qqch dans qqch** to drive sthg into sthg - **2.** [enfouir] : ~ **ses mains dans ses poches** to thrust one's hands into one's pockets - **3.** [défoncer] to break down - **4.** *fam* [vaincre] to hammer, to thrash.
➤ **s'enfoncer** *vp* - **1.** : s'~ **dans** [eau, boue] to sink into ; [bois, ville] to disappear into - **2.** [céder] to give way.

enfouir [32] [ɑ̃fwir] *vt* - **1.** [cacher] to hide - **2.** [ensevelir] to bury.
➤ **s'enfouir** *vp* to bury o.s.

enfourcher [3] [ɑ̃furʃe] *vt* to get on, to mount.

enfourner [3] [ɑ̃furne] *vt* - **1.** [pain] to put in the oven - **2.** *fam* [avaler] to gobble up.

enfreignais, enfreignions *etc* ▷ **enfreindre**.

enfreindre [81] [ɑ̃frɛ̃dr] *vt* to infringe.

enfreint, e [ɑ̃frɛ̃, ɛ̃t] *pp* ▷ **enfreindre**.

enfuir [35] [ɑ̃fɥir] ➤ **s'enfuir** *vp* - **1.** [fuir] to run away - **2.** *littéraire* [passer] to slip away.

enfumer [3] [ɑ̃fyme] *vt* to fill with smoke.

enfuyais, enfuyions *etc* ▷ **enfuir**.

engagé, e [ɑ̃gaʒe] *adj* committed.

engageant, e [ɑ̃gaʒɑ̃, ɑ̃t] *adj* engaging.

engagement [ɑ̃gaʒmɑ̃] *nm* - **1.** [promesse] commitment ; **sans ~** COMM without obligation - **2.** JUR contract - **3.** [embauche] engagement, taking on - **4.** [MIL - de soldats] enlistment ; [- combat] engagement - **5.** FOOTBALL & RUGBY kick-off - **6.** [encouragement] encouragement.

engager [17] [ãgaʒe] ⬦ vt - **1.** [lier] to commit - **2.** [embaucher] to take on, to engage - **3.** [faire entrer] : ~ **qqch dans** to insert sthg into - **4.** [commencer] to start - **5.** [impliquer] to involve - **6.** [encourager] : ~ **qqn à faire qqch** to urge sb to do sthg ⬦ vi - **1.** FOOTBALL & RUGBY to kick off - **2.** [lier] : **cela n'engage à rien** there is no obligation.
➤ **s'engager** vp - **1.** [promettre] : **s'~ à qqch/à faire qqch** to commit o.s. to sthg/to doing sthg - **2.** MIL : **s'~ (dans)** to enlist (in) - **3.** [pénétrer] : **s'~ dans** to enter - **4.** fig [débuter] to begin - **5.** [militer] to be committed.

engeance [ãʒãs] nf littéraire riffraff.

engelure [ãʒlyr] nf chilblain.

engendrer [3] [ãʒãdre] vt - **1.** littéraire to father - **2.** MATHS to generate - **3.** fig [produire] to cause, to give rise to ; [sentiment] to engender.

engin [ãʒɛ̃] nm - **1.** [machine] machine - **2.** MIL missile - **3.** fam péj [objet] thing.

engineering [ɛnʒiniriŋ] nm engineering.

englober [3] [ãglɔbe] vt to include.

engloutir [32] [ãglutir] vt - **1.** [dévorer] to gobble up - **2.** [faire disparaître] to engulf - **3.** fig [dilapider] to squander.
➤ **s'engloutir** vp to be engulfed.

engluer [3] [ãglɥe] vt - **1.** [oiseau] to catch (using birdlime) - **2.** [piège] to smear with birdlime.
➤ **s'engluer** vp : **s'~ (de)** to get sticky (with) ; **s'~ (dans)** fig to become bogged down (in).

engorgement [ãgɔrʒəmã] nm - **1.** MÉD engorgement - **2.** fig [de marché] glutting, swamping.

engorger [17] [ãgɔrʒe] vt - **1.** [obstruer] to block, to obstruct - **2.** MÉD to engorge.
➤ **s'engorger** vp to become blocked.

engouement [ãgumã] nm - **1.** [enthousiasme] infatuation - **2.** MÉD strangulation (of hernia).

engouer [6] [ãgue] ➤ **s'engouer** vp : **s'~ de** to become infatuated with.

engouffrer [3] [ãgufre] vt fam - **1.** [dévorer] to wolf down - **2.** [dilapider] to squander.
➤ **s'engouffrer** vp : **s'~ dans** to rush into.

engourdi, e [ãgurdi] adj numb ; fig dull.

engourdir [32] [ãgurdir] vt to numb ; fig to dull.
➤ **s'engourdir** vp to go numb.

engourdissement [ãgurdismã] nm - **1.** [raideur] numbness - **2.** [torpeur] torpor.

engrais [ãgrɛ] nm fertilizer ; ~ **chimique** chemical fertilizer.

engraisser [4] [ãgrese] ⬦ vt - **1.** [animal] to fatten - **2.** [terre] to fertilize ⬦ vi to put on weight.
➤ **s'engraisser** vp fam fig to grow fat.

engranger [17] [ãgrãʒe] vt - **1.** [foin] to bring in - **2.** fig [accumuler] to store up.

engrenage [ãgrənaʒ] nm - **1.** TECHNOL gears (pl) - **2.** fig [circonstances] : **être pris dans l'~** to be caught up in the system.

engrosser [3] [ãgrose] vt fam to get pregnant.

engueulade [ãgœlad] nf fam bawling out.

engueuler [5] [ãgœle] vt fam : ~ **qqn** to bawl sb out.
➤ **s'engueuler** vp fam to have a row, to have a slanging match Br.

enguirlander [3] [ãgirlãde] vt - **1.** fam [gronder] to tell off - **2.** littéraire [décorer] to decorate.

enhardir [32] [ãardir] vt to make bold.
➤ **s'enhardir** vp to pluck up one's courage.

ENI [eni] (abr de **École normale d'instituteurs**) nf training college for primary school teachers.

énième [enjɛm] adj fam : **la ~ fois** the nth time.

énigmatique [enigmatik] adj enigmatic.

énigme [enigm] nf - **1.** [mystère] enigma - **2.** [jeu] riddle.

enivrant, e [ãnivrã, ãt] adj litt & fig intoxicating.

enivrer [3] [ãnivre] vt litt to get drunk ; fig to intoxicate.
➤ **s'enivrer** vp : **s'~ (de)** to get drunk (on) ; fig to become intoxicated (with).

enjambée [ãʒãbe] nf stride ; **marcher à grandes ~s** to stride (along).

enjamber [3] [ãʒãbe] ⬦ vt - **1.** [obstacle] to step over - **2.** [cours d'eau] to straddle ⬦ vi [empiéter] : ~ **sur** to encroach on.

enjeu [ãʒø] nm [mise] stake ; **quel est l'~ ici?** fig what's at stake here?

enjoignais, enjoignions etc ⊳ **enjoindre**.

enjoindre [82] [ãʒwɛ̃dr] vt littéraire : ~ **à qqn de faire qqch** to enjoin sb to do sthg.

enjoint [ãʒwɛ̃] pp inv ⊳ **enjoindre**.

enjôler [3] [ãʒole] vt to coax.

enjôleur, euse [ãʒolœr, øz] ⬦ adj wheedling ⬦ nm, f wheedler.

enjoliver [3] [ãʒɔlive] vt to embellish.

enjoliveur [ãʒɔlivœr] nm [de roue] hubcap ; [de calandre] badge.

enjoué, e [ãʒwe] adj cheerful.

enlacer [16] [ãlase] vt - **1.** [prendre dans ses bras] to embrace, to hug - **2.** [entourer] to wind round.

◆ **s'enlacer** *vp* - **1.** [s'entrelacer] to intertwine - **2.** [s'embrasser] to embrace, to hug.

enlaidir [32] [ɑ̃ledir] ◇ *vt* to make ugly ◇ *vi* to become ugly.

enlevé, e [ɑ̃lve] *adj* : **(bien)** ~ spirited.

enlèvement [ɑ̃levmɑ̃] *nm* - **1.** [action d'enlever] removal ; **l'~ des ordures (ménagères)** refuse collection - **2.** [rapt] abduction.

enlever [19] [ɑ̃lve] *vt* - **1.** [gén] to remove ; [vêtement] to take off - **2.** [prendre] : **~ qqch à qqn** to take sthg away from sb - **3.** [obtenir] to win - **4.** [kidnapper] to abduct - **5.** *littéraire* [faire mourir] to carry off.

◆ **s'enlever** *vp* to be removable.

enliser [3] [ɑ̃lize] ◆ **s'enliser** *vp* - **1.** [s'embourber] to sink, to get stuck - **2.** *fig* [piétiner] : **s'~ dans qqch** to get bogged down in sthg.

enluminure [ɑ̃lyminyr] *nf* illumination.

ENM (*abr de* **École nationale de la magistrature**) *nf grande école training lawyers.*

enneigé, e [ɑ̃neʒe] *adj* snow-covered.

enneigement [ɑ̃neʒmɑ̃] *nm* snow cover ; **bulletin d'~** snow report.

ennemi, e [ɛnmi] ◇ *adj* enemy *(avant n)* ◇ *nm, f* enemy ; **passer à l'~** to defect ; **~ juré** sworn enemy ; **~ public** public enemy.

ennui [ɑ̃nɥi] *nm* - **1.** [lassitude] boredom - **2.** [contrariété] annoyance ; **l'~, c'est que ...** the annoying thing is that ... - **3.** [problème] trouble *(U)* ; **attirer des ~s à qqn** to cause trouble for sb ; **s'attirer des ~s** to cause trouble for o.s. ; **avoir des ~s** to have problems.

ennuyer [14] [ɑ̃nɥije] *vt* - **1.** [agacer, contrarier] to annoy ; **cela t'ennuierait de venir me chercher?** would you mind picking me up? - **2.** [lasser] to bore - **3.** [inquiéter] to bother.

◆ **s'ennuyer** *vp* - **1.** [se morfondre] to be bored - **2.** [déplorer l'absence] : **s'~ de qqn/qqch** to miss sb/sthg.

ennuyeux, euse [ɑ̃nɥijø, øz] *adj* - **1.** [lassant] boring - **2.** [contrariant] annoying.

énoncé [enɔ̃se] *nm* - **1.** [libellé] wording - **2.** LING utterance.

énoncer [16] [enɔ̃se] *vt* - **1.** [libeller] to word - **2.** [exposer] to expound ; [théorème] to set forth.

énonciation [enɔ̃sjasjɔ̃] *nf* - **1.** [libellé] wording - **2.** LING utterance.

enorgueillir [32] [ɑ̃nɔrgœjir] ◆ **s'enorgueillir** *vp* : **s'~ de qqch/de faire qqch** to pride o.s. on sthg/on doing sthg.

énorme [enɔrm] *adj* - **1.** *litt* & *fig* [immense] enormous - **2.** *fam fig* [incroyable] far-fetched.

énormément [enɔrmemɑ̃] *adv* enormously ; **~ de** a great deal of.

énormité [enɔrmite] *nf* - **1.** [gigantisme] enormity - **2.** [absurdité] : **dire des ~s** to say the most awful things.

enquérir [39] [ɑ̃kerir] ◆ **s'enquérir** *vp sout* : **s'~ de qqn** to ask after sb ; **s'~ de qqch** to inquire about sthg.

enquête [ɑ̃kɛt] *nf* - **1.** [de police, recherches] investigation ; **~ de routine** routine inquiry - **2.** [sondage] survey.

enquêter [4] [ɑ̃kete] *vi* - **1.** [police, chercheur] to investigate - **2.** [sonder] to conduct a survey.

enquêteur, euse, trice [ɑ̃kɛtœr, øz, tris] *nm, f* investigator.

enquiers, enquiert *etc* ⊳ **enquérir**.

enquiquinant, e [ɑ̃kikinɑ̃, ɑ̃t] *adj fam* annoying.

enquis, e [ɑ̃ki, iz] *pp* ⊳ **enquérir**.

enraciner [3] [ɑ̃rasine] *vt* - **1.** [planter] to dig in - **2.** *fig* [idée, préjugé] to implant.

◆ **s'enraciner** *vp* - **1.** [plante, idée] to take root - **2.** [personne] to put down roots.

enragé, e [ɑ̃raʒe] ◇ *adj* - **1.** [chien] rabid, with rabies - **2.** *fig* [invétéré] keen ◇ *nm, f* : **c'est un ~ de football** he's mad about *ou* on football.

enrageant, e [ɑ̃raʒɑ̃, ɑ̃t] *adj* infuriating.

enrager [17] [ɑ̃raʒe] *vi* to be furious ; **faire ~ qqn** to infuriate sb.

enrayer [11] [ɑ̃reje] *vt* - **1.** [épidémie] to check, to stop - **2.** [mécanisme] to jam.

◆ **s'enrayer** *vp* [mécanisme] to jam.

enrégimenter [3] [ɑ̃reʒimɑ̃te] *vt* [dans l'armée] to enlist ; [dans un groupe] to enrol.

enregistrement [ɑ̃rəʒistrəmɑ̃] *nm* - **1.** [de son, d'images, d'informations] recording ; **~ pirate** pirate recording - **2.** [inscription] registration - **3.** [à l'aéroport] check-in ; **~ des bagages** baggage registration.

enregistrer [3] [ɑ̃rəʒistre] *vt* - **1.** [son, images, informations] to record - **2.** INFORM to store - **3.** [inscrire] to register - **4.** [à l'aéroport] to check in - **5.** *fam* [mémoriser] to make a mental note of.

enregistreur, euse [ɑ̃rəʒistrœr, øz] *adj* recording *(avant n)* ; **caisse enregistreuse** cash register.

enrhumé, e [ɑ̃ryme] *adj* : **je suis ~** I have a cold.

enrhumer [3] [ɑ̃ryme] ◆ **s'enrhumer** *vp* to catch (a) cold.

enrichi, e [ɑ̃riʃi] *adj* - **1.** [personne] nouveau riche - **2.** [matériau] enriched - **3.** *fig* [orné] : **~ de** enhanced by.

enrichir [32] [ɑ̃riʃir] vt **- 1.** [financièrement] to make rich **- 2.** [terre] fig to enrich.

◆ **s'enrichir** vp **- 1.** [financièrement] to grow rich **- 2.** [sol] fig to become enriched.

enrichissant, e [ɑ̃riʃisɑ̃, ɑ̃t] adj enriching.

enrichissement [ɑ̃riʃismɑ̃] nm **- 1.** [gén] enrichment **- 2.** [financier] increased wealth.

enrobé, e [ɑ̃rɔbe] adj **- 1.** [recouvert] : ~ de coated with **- 2.** fam [grassouillet] plump.

enrober [3] [ɑ̃rɔbe] vt **- 1.** [recouvrir] : ~ qqch de to coat sthg with **- 2.** fig [requête, nouvelle] to wrap up.

◆ **s'enrober** vp to put on weight.

enrôlement [ɑ̃rolmɑ̃] nm enrolment Br, enrollment Am.

enrôler [3] [ɑ̃role] vt to enrol Br, to enroll Am ; MIL to enlist.

◆ **s'enrôler** vp to enrol Br, to enroll Am ; MIL to enlist.

enroué, e [ɑ̃rwe] adj hoarse.

enrouer [6] [ɑ̃rwe] ◆ **s'enrouer** vp to become hoarse.

enroulement [ɑ̃rulmɑ̃] nm rolling up.

enrouler [3] [ɑ̃rule] vt to roll up ; ~ qqch autour de qqch to wind sthg round sthg.

◆ **s'enrouler** vp **- 1.** [entourer] : s'~ sur ou autour de qqch to wind around sthg **- 2.** [se pelotonner] : s'~ dans qqch to wrap o.s. up in sthg.

enrouleur, euse [ɑ̃rulœr, øz] adj winding.

ENS (abr de **École normale supérieure**) nf grande école training secondary school and university teachers.

ensabler [3] [ɑ̃sable] vt to silt up.

◆ **s'ensabler** vp to silt up.

ENSAD, Ensad [ɛnsad] (abr de **École nationale supérieure des arts décoratifs**) nf grande école for applied arts.

ENSAM, Ensam [ɛnsam] (abr de **École nationale supérieure des arts et métiers**) nf grande école for engineering.

enseignant, e [ɑ̃sɛɲɑ̃, ɑ̃t] ◇ adj teaching (avant n) ◇ nm, f teacher.

enseigne [ɑ̃sɛɲ] nf **- 1.** [de commerce] sign ; ~ lumineuse neon sign **- 2.** [drapeau, soldat] ensign **- 3.** loc : être logé à la même ~ to be in the same boat.

◆ **à telle enseigne que** loc conj so much so that.

enseignement [ɑ̃sɛɲmɑ̃] nm **- 1.** [gén] teaching ; ~ primaire/secondaire primary/secondary education **- 2.** [leçon] lesson.

enseigner [4] [ɑ̃sɛɲe] vt litt & fig to teach ; ~ qqch à qqn to teach sb sthg, to teach sthg to sb.

ensemble [ɑ̃sɑ̃bl] ◇ adv together ; aller ~ to

go together ◇ nm **- 1.** [totalité] whole ; l'~ de all of ; idée d'~ general idea ; dans l'~ on the whole **- 2.** [harmonie] unity **- 3.** [vêtement] outfit **- 4.** [série] collection **- 5.** MATHS set **- 6.** ARCHIT development ; grand ~ housing estate Br ou project Am **- 7.** MUS ensemble.

ensemblier [ɑ̃sɑ̃blije] nm interior decorator ; CIN & TÉLÉ set designer.

ensemencer [16] [ɑ̃səmɑ̃se] vt **- 1.** [terre] to sow **- 2.** [rivière] to stock.

enserrer [4] [ɑ̃sere] vt [entourer] to encircle ; fig to imprison.

ENSET, Enset [ɛnsɛt] (abr de **École nationale supérieure de l'enseignement technique**) nf grande école training science and technology teachers.

ensevelir [32] [ɑ̃səvlir] vt litt & fig to bury.

◆ **s'ensevelir** vp to bury o.s. (away).

ensoleillé, e [ɑ̃sɔleje] adj sunny.

ensoleillement [ɑ̃sɔlejmɑ̃] nm sunshine.

ensommeillé, e [ɑ̃sɔmeje] adj sleepy.

ensorceler [24] [ɑ̃sɔrsəle] vt to bewitch.

ensorcellement [ɑ̃sɔrsɛlmɑ̃] nm bewitching.

ensuite [ɑ̃sɥit] adv **- 1.** [après, plus tard] after, afterwards, later **- 2.** [puis] then, next, after that ; et ~? what then?, what next?

ensuivre [89] [ɑ̃sɥivr] ◆ **s'ensuivre** vp to follow ; il s'ensuit que it follows that ; et tout ce qui s'ensuit and all that that entails.

entaille [ɑ̃taj] nf cut.

entailler [3] [ɑ̃taje] vt to cut.

◆ **s'entailler** vp : s'~ le doigt to cut one's finger.

entame [ɑ̃tam] nf first slice.

entamer [3] [ɑ̃tame] vt **- 1.** [gâteau, fromage] to start (on) ; [bouteille, conserve] to start, to open **- 2.** [capital] to dip into **- 3.** [cuir, réputation] to damage **- 4.** [courage] to shake.

entartrer [3] [ɑ̃tartre] vt to fur up.

◆ **s'entartrer** vp to fur up.

entassement [ɑ̃tɑsmɑ̃] nm **- 1.** [d'objets] pile ; [action] piling up **- 2.** [de personnes] squeezing.

entasser [3] [ɑ̃tɑse] vt **- 1.** [accumuler, multiplier] to pile up **- 2.** [serrer] to squeeze.

◆ **s'entasser** vp **- 1.** [objets] to pile up **- 2.** [personnes] : s'~ dans to squeeze into.

entendement [ɑ̃tɑ̃dmɑ̃] nm understanding ; dépasser l'~ (de qqn) to be beyond (sb's) comprehension.

entendeur [ɑ̃tɑ̃dœr] nm : à bon ~ salut! so be warned!

entendre [73] [ɑ̃tɑ̃dr] vt **- 1.** [percevoir, écouter] to hear ; ~ dire que to hear (that) ; ~ parler de qqch to hear of ou about sthg ; à l'~ ... to hear him/her talk ... ; **qu'est-ce qu'il ne faut pas entendre!** *fam* give me a break! - **2.** *sout* [comprendre] to understand ; **laisser ~ que** to imply that ; **ne rien y ~ à qqch** not to know the first thing about sthg - **3.** *sout* [vouloir] : **~ faire qqch** to intend to do sthg - **4.** [vouloir dire] to mean.

➤ **s'entendre** *vp* - **1.** [sympathiser] : **s'~ avec qqn** to get on with sb - **2.** [s'accorder] to agree - **3.** [savoir] : **s'~ en qqch/à faire qqch** to be very good at sthg/at doing sthg ; **s'y ~** to know all about it - **4.** [être compris] to be understood ; **cela s'entend** that is understood - **5.** [s'écouter] : **on ne s'entend plus** we can't hear ourselves think.

entendu, e [ãtãdy] ◇ *pp* ▷ **entendre** ◇ *adj* - **1.** [compris] agreed, understood ; **entendu!** right!, O.K.! - **2.** [complice] knowing.

entente [ãtãt] *nf* - **1.** [harmonie] understanding - **2.** [accord] agreement - **3.** [compréhension] : **à double ~** with a double meaning.

entériner [3] [ãterine] *vt* to ratify.

entérite [ãterit] *nf* enteritis *(U)*.

enterrement [ãtermã] *nm* burial.

enterrer [4] [ãtere] *vt litt.* & *fig* to bury ; **~ sa vie de garçon** to have a stag party.

➤ **s'enterrer** *vp fig* to bury o.s. (away).

entêtant, e [ãtetã, ãt] *adj* heady.

en-tête [ãtet] (*pl* **en-têtes**) *nm* heading.

entêté, e [ãtete] ◇ *adj* stubborn ◇ *nm, f* stubborn person.

entêtement [ãtetmã] *nm* stubbornness.

entêter [4] [ãtete] ➤ **s'entêter** *vp* to persist ; **s'~ à faire qqch** to persist in doing sthg ; **s'~ dans qqch** to persist in sthg.

enthousiasme [ãtuzjasm] *nm* enthusiasm.

enthousiasmer [3] [ãtuzjasme] *vt* to fill with enthusiasm.

➤ **s'enthousiasmer** *vp* : **s'~ pour** to be enthusiastic about.

enthousiaste [ãtuzjast] ◇ *nmf* enthusiast ◇ *adj* enthusiastic.

enticher [3] [ãtiʃe] ➤ **s'enticher** *vp* : **s'~ de qqn/qqch** to become obsessed with sb/ sthg.

entier, ère [ãtje, ɛr] *adj* whole, entire.

➤ **en entier** *loc adv* in its/their entirety.

entièrement [ãtjermã] *adv* - **1.** [complètement] fully - **2.** [pleinement] wholly, entirely.

entité [ãtite] *nf* entity.

entomologie [ãtɔmɔlɔʒi] *nf* entomology.

entonner [3] [ãtɔne] *vt* [chant] to strike up.

entonnoir [ãtɔnwar] *nm* - **1.** [instrument] funnel - **2.** [cavité] crater.

entorse [ãtɔrs] *nf MÉD* sprain ; **se faire une ~ à**

la cheville/au poignet to sprain one's ankle/ wrist ; **faire une ~ à** *fig* [loi, règlement] to bend.

entortiller [3] [ãtɔrtije] *vt* - **1.** [entrelacer] to twist - **2.** [envelopper] : **~ qqch autour de qqch** to wrap sthg round sthg - **3.** *fam fig* [personne] to sweet-talk.

entourage [ãturaʒ] *nm* - **1.** [milieu] entourage - **2.** [clôture] surround.

entouré, e [ãture] *adj* - **1.** [enclos] surrounded - **2.** [soutenu] popular.

entourer [3] [ãture] *vt* - **1.** [enclore, encercler] : **~ (de)** to surround (with) - **2.** *fig* [soutenir] to rally round.

➤ **s'entourer** *vp* : **s'~ de** to surround o.s. with.

entourloupette [ãturlupɛt] *nf fam* dirty trick.

entournure [ãturnyr] *nf* : **être gêné aux ~s** *fig* [financièrement] to feel the pinch ; [être mal à l'aise] to feel awkward.

entracte [ãtrakt] *nm* interval ; *fig* interlude.

entraide [ãtrɛd] *nf* mutual assistance.

entraider [4] [ãtrede] ➤ **s'entraider** *vp* to help each other.

entrailles [ãtraj] *nfpl* - **1.** [intestins] entrails - **2.** *sout* [profondeurs] depths - **3.** *fig* [siège des sentiments] soul *(sg)*.

entrain [ãtrɛ̃] *nm* drive.

entraînement [ãtrɛnmã] *nm* - **1.** [mécanisme] drive - **2.** [préparation] practice ; *SPORT* training ; **manquer d'~** to be out of training ; *fig* to be out of practice.

entraîner [4] [ãtrene] *vt* - **1.** *TECHNOL* to drive - **2.** [tirer] to pull - **3.** [susciter] to lead to - **4.** *SPORT* to coach - **5.** [emmener] to take along - **6.** [séduire] to influence ; **~ qqn à faire qqch** to talk sb into sthg.

➤ **s'entraîner** *vp* to practise ; *SPORT* to train ; **s'~ à faire qqch** to practise doing sthg.

entraîneur, euse [ãtrenœr, øz] *nm, f* trainer, coach.

➤ **entraîneuse** *nf* [dans un cabaret etc] hostess.

entrant, e [ãtrã, ãt] *adj* incoming.

entrapercevoir, entr'apercevoir [52] [ãtrapersəvwar] *vt* to glimpse.

entrave [ãtrav] *nf* hobble ; *fig* obstruction.

entraver [3] [ãtrave] *vt* to hobble ; *fig* to hinder.

entre [ãtr] *prép* - **1.** [gén] between ; **~ nous** between you and me, between ourselves - **2.** [parmi] among ; **l'un d'~ nous ira** one of us will go ; **généralement ils restent ~ eux** they tend to keep themselves to themselves ; **ils se battent ~ eux** they're fighting among *ou* amongst themselves.

➤ **entre autres** *loc prép* : **~ autres (choses)**

among other things ; **~ autres (personnes)** among others.

entrebâillement [ɑ̃trəbajmɑ̃] *nm* opening ; **dans l'~ de la porte** through the half-open door.

entrebâiller [3] [ɑ̃trəbaje] *vt* to open slightly.

entrechat [ɑ̃trəʃa] *nm* - **1.** *DANSE* entrechat - **2.** [saut] leap ; **faire des ~s** to leap about.

entrechoquer [3] [ɑ̃trəʃɔke] *vt* to bang together.
➡ **s'entrechoquer** *vp* to bang into each other.

entrecôte [ɑ̃trəkot] *nf* entrecôte.

entrecoupé, e [ɑ̃trəkupe] *adj* : **~ de** interspersed with.

entrecouper [3] [ɑ̃trəkupe] *vt* to intersperse.

entrecroiser [3] [ɑ̃trəkrwaze] *vt* to interlace.
➡ **s'entrecroiser** *vp* to intersect.

entre-déchirer [3] [ɑ̃trədeʃire] ➡ **s'entre-déchirer** *vp* to tear each other to pieces.

entre-deux [ɑ̃trədø] *nm inv* gap, space ; **dans l'~** *fig* in the interim.

entre-deux-guerres [ɑ̃trədøgɛr] *nm inv* inter-war years.

entrée [ɑ̃tre] *nf* - **1.** [arrivée, accès] entry, entrance ; **'~ interdite'** 'no admittance' ; **'~ libre'** [dans un musée] 'admission free' ; [dans une boutique] 'browsers welcome' ; **~ en scène** entrance - **2.** [porte] entrance ; **~ des artistes** stage door ; **~ de service** tradesmen's entrance - **3.** [vestibule] (entrance) hall - **4.** [billet] ticket - **5.** [plat] starter, first course - **6.** [début] onset ; **~ en matière** introduction - **7.** [rubrique] entry - **8.** *INFORM* input, entry - **9.** *loc* : **d'~ de jeu** from the outset ; **avoir ses ~s chez qqn** to have sb's ear.

entrefaites [ɑ̃trəfɛt] *nfpl* : **sur ces ~** just at that moment.

entrefilet [ɑ̃trəfile] *nm* paragraph.

entregent [ɑ̃trəʒɑ̃] *nm* : **avoir de l'~** to know how to behave.

entrejambe, entre-jambes [ɑ̃trəʒɑ̃b] *nm* crotch.

entrelacer [16] [ɑ̃trəlase] *vt* to intertwine.
➡ **s'entrelacer** *vp* to intertwine.

entrelarder [3] [ɑ̃trəlarde] *vt* - **1.** *CULIN* to lard - **2.** *fam fig* [discours] : **~ de** to lace with.

entremêler [4] [ɑ̃trəmele] *vt* to mix ; **~ de** to mix with.
➡ **s'entremêler** *vp* to mingle.

entremets [ɑ̃trəmɛ] *nm* dessert.

entremettais, entremettions *etc* ▷ entremettre.

entremetteur, euse [ɑ̃trəmɛtœr, øz] *nm, f* mediator.
➡ **entremetteuse** *nf péj* go-between.

entremettre [84] [ɑ̃trəmɛtr] ➡ **s'entremettre** *vp* : **s'~ (dans)** to mediate (in).

entremis, e [ɑ̃trəmi, iz] *pp* ▷ entremettre.

entremise [ɑ̃trəmiz] *nf* intervention ; **par l'~ de** through.

entrepont [ɑ̃trəpɔ̃] *nm* steerage.

entreposer [3] [ɑ̃trəpoze] *vt* to store.

entrepôt [ɑ̃trəpo] *nm* warehouse.

entreprenais, entreprenions *etc* ▷ entreprendre.

entreprenant, e [ɑ̃trəprənɑ̃, ɑ̃t] *adj* enterprising ; [auprès des femmes] forward.

entreprendre [79] [ɑ̃trəprɑ̃dr] *vt* to undertake ; [commencer] to start ; **~ de faire qqch** to undertake to do sthg ; **~ qqn sur** to engage sb in conversation about.

entrepreneur, euse [ɑ̃trəprənœr, øz] *nm, f* - **1.** [de services & *CONSTR*] contractor - **2.** [patron] businessman (*f* businesswoman).

entreprenne, entreprennes *etc* ▷ entreprendre.

entrepris, e [ɑ̃trəpri, iz] *pp* ▷ entreprendre.

entreprise [ɑ̃trəpriz] *nf* - **1.** [travail, initiative] enterprise ; **libre ~** *ÉCON* free enterprise - **2.** [société] company ; **~ nationalisée** nationalized industry.

entrer [3] [ɑ̃tre] ◇ *vi* (*aux : être*) - **1.** [pénétrer] to enter, to go/come in ; **~ dans** [gén] to enter ; [pièce] to go/come into ; [bain, voiture] to get into ; *fig* [sujet] to go into ; **~ dans un mur** to crash into a wall ; **~ par** to go in *ou* enter by ; **entrez!** come in! ; **faire ~ qqn** to show sb in ; **faire ~ qqch** to bring sthg in - **2.** [faire partie] : **~ dans** to go into, to be part of - **3.** [être admis, devenir membre] : **~ à** [club, parti] to join ; **~ dans** [les affaires, l'enseignement] to go into ; [la police, l'armée] to join ; **~ en politique** to go into politics ; **~ à l'université** to enter university ; **~ à l'hôpital** to go into hospital - **4.** [être au début] : **~ en** to start, to begin ◇ *vt* (*aux : avoir*) - **1.** [gén] to bring in - **2.** *INFORM* to enter, to input.

entresol [ɑ̃trəsɔl] *nm* mezzanine.

entre-temps [ɑ̃trətɑ̃] *adv* meanwhile.

entretenir [40] [ɑ̃trətnir] *vt* - **1.** [faire durer] to keep alive - **2.** [cultiver] to maintain - **3.** [soigner] to look after - **4.** [personne, famille] to support - **5.** [parler à] : **~ qqn de qqch** to speak to sb about sthg.
➡ **s'entretenir** *vp* - **1.** [se parler] : **s'~ (de)** to

talk (about) - **2.** [prendre soin de soi] to look after o.s.

entretenu, e [ɑ̃trətny] ◇ *pp* ▷ **entretenir** ◇ *adj* - **1.** [soigné] well-kept ; **bien/mal ~** well-/badly kept - **2.** [femme] kept *(avant n)*.

entretien [ɑ̃trətjɛ̃] *nm* - **1.** [de voiture, jardin] maintenance, upkeep - **2.** [conversation] discussion ; [colloque] debate ; **~ d'embauche** job interview.

entretiendrai, entretiendras *etc* ▷ entretenir.

entre-tuer [7] [ɑ̃trətye] ⇒ **s'entre-tuer** *vp* to kill each other.

entreverrai, entreverras *etc* ▷ entrevoir.

entrevoir [62] [ɑ̃trəvwar] *vt* - **1.** [distinguer] to make out - **2.** [voir rapidement] to see briefly - **3.** *fig* [deviner] to glimpse.
⇒ **s'entrevoir** *vp* - **1.** [se voir] to see each other briefly - **2.** [se profiler] to be visible.

entrevoyais, entrevoyions *etc* ▷ entrevoir.

entrevu, e [ɑ̃trəvy] *pp* ▷ **entrevoir.**

entrevue [ɑ̃trəvy] *nf* meeting.

entrouvert, e [ɑ̃truvɛr, ɛrt] ◇ *pp* ▷ entrouvrir ◇ *adj* half-open.

entrouvrir [34] [ɑ̃truvrir] *vt* to open partly.
⇒ **s'entrouvrir** *vp* to open partly.

énumération [enymerasjɔ̃] *nf* enumeration.

énumérer [18] [enymere] *vt* to enumerate.

env. (*abr de* environ) approx.

envahir [32] [ɑ̃vair] *vt* - **1.** [gén & MIL] to invade - **2.** *fig* [suj : sommeil, doute] to overcome - **3.** *fig* [déranger] to intrude on.

envahissant, e [ɑ̃vaisɑ̃, ɑ̃t] *adj* - **1.** [herbes] invasive - **2.** [personne] intrusive.

envahissement [ɑ̃vaismɑ̃] *nm* invasion.

envahisseur [ɑ̃vaisœr] *nm* invader.

enveloppe [ɑ̃vlɔp] *nf* - **1.** [de lettre] envelope ; **mettre sous ~** to put in an envelope ; **~ à fenêtre** window envelope ; **~ timbrée** stamped addressed envelope - **2.** [d'emballage] covering - **3.** [membrane] membrane ; [de graine] husk - **4.** *fig & littéraire* [apparence] exterior.
⇒ **enveloppe budgétaire** *nf* budget.

envelopper [3] [ɑ̃vlɔpe] *vt* - **1.** [emballer] to wrap (up) - **2.** [suj : brouillard] to envelop - **3.** [déguiser] to mask.
⇒ **s'envelopper** *vp* : **s'~ dans** to wrap o.s. up in.

envenimer [3] [ɑ̃vnime] *vt* - **1.** [blessure] to infect - **2.** *fig* [querelle] to poison.
⇒ **s'envenimer** *vp* - **1.** [s'infecter] to become

infected - **2.** *fig* [se détériorer] to become poisoned.

envergure [ɑ̃vɛrgyr] *nf* - **1.** [largeur] span ; [d'oiseau, d'avion] wingspan - **2.** *fig* [qualité] calibre - **3.** *fig* [importance] scope ; **prendre de l'~** to expand.

enverrai, enverras *etc* ▷ envoyer.

envers¹ [ɑ̃vɛr] *prép* towards *Br*, toward *Am* ; **~ et contre tous** in spite of all opposition.

envers² [ɑ̃vɛr] *nm* - **1.** [de tissu] wrong side ; [de feuillet etc] back ; [de médaille] reverse - **2.** [face cachée] other side ; **l'~ du décor** *fig* behind the scenes.
⇒ **à l'envers** *loc adv* [vêtement] inside out ; [portrait, feuille] upside down ; *fig* the wrong way.

envi [ɑ̃vi] ⇒ **à l'envi** *loc adv littéraire* trying to outdo each other.

enviable [ɑ̃vjabl] *adj* enviable.

envie [ɑ̃vi] *nf* - **1.** [désir] desire ; **avoir ~ de qqch/de faire qqch** to feel like sthg/like doing sthg, to want sthg/to do sthg ; **mourir d'~ de faire qqch** to be dying to do sthg - **2.** [convoitise] envy ; **ce tailleur me fait ~** I'd love to buy that suit.

envier [9] [ɑ̃vje] *vt* to envy ; **n'avoir rien à ~ à qqn/à qqch** to have no reason to envy sb/sthg.

envieux, euse [ɑ̃vjø, øz] ◇ *adj* envious ◇ *nm, f* envious person ; **faire des ~** to make other people envious.

environ [ɑ̃virɔ̃] *adv* [à peu près] about.

environnant, e [ɑ̃virɔnɑ̃, ɑ̃t] *adj* surrounding.

environnement [ɑ̃virɔnmɑ̃] *nm* environment.

environnemental, e, aux [ɑ̃virɔnmɑ̃tal, ol] *adj* environmental.

environnementaliste [ɑ̃virɔnmɑ̃talist] *nmf* environmentalist.

environner [3] [ɑ̃virɔne] *vt* to surround.

environs [ɑ̃virɔ̃] *nmpl* (surrounding) area *(sg)* ; **dans les ~ de** in the vicinity of ; **aux ~ de** [lieu] near ; [époque] round about, around.

envisager [17] [ɑ̃vizaʒe] *vt* to consider ; **~ de faire qqch** to be considering doing sthg.

envoi [ɑ̃vwa] *nm* - **1.** [action] sending, dispatch ; **~ contre remboursement** cash on delivery - **2.** [colis] parcel.

envoie, envoies *etc* ▷ envoyer.

envol [ɑ̃vɔl] *nm* takeoff.

envolée [ɑ̃vɔle] *nf* - **1.** [d'oiseau] *fig* flight - **2.** [augmentation] : **l'~ du dollar** the rapid rise in the value of the dollar.

envoler [3] [ɑ̃vɔle] ⇒ **s'envoler** *vp* - **1.** [oiseau] to fly away - **2.** [avion] to take off - **3.** [disparaître] to disappear into thin air - **4.** [se disperser] to blow away.

envoûtement [ɑ̃vutmɑ̃] *nm* enchantment.

envoûter [3] [ɑ̃vute] *vt* to bewitch.

envoyé, e [ɑ̃vwaje] ◇ *adj* : **bien ~** well-aimed ◇ *nm, f* envoy ; **~ spécial** special correspondent.

envoyer [30] [ɑ̃vwaje] *vt* to send ; **~ qqch à qqn** [expédier] to send sb sthg, to send sthg to sb ; [jeter] to throw sb sthg, to throw sthg to sb ; **~ qqn faire qqch** to send sb to do sthg ; **~ chercher qqn/qqch** to send for sb/sthg ; **~ promener qqn** *fam fig* to send sb packing.

envoyeur, euse [ɑ̃vwajœr, øz] *nm, f* sender.

enzyme [ɑ̃zym] *nm ou nf* enzyme.

éolien, enne [eɔljɛ̃, ɛn] *adj* wind (*avant n*).
➤ **éolienne** *nf* windmill (*for generating power*), wind turbine.

épagneul [epaɲœl] *nm* spaniel.

épais, aisse [epɛ, ɛs] *adj* - **1.** [large, dense] thick - **2.** [trapu] thickset - **3.** [grossier] crude.

épaisseur [epɛsœr] *nf* - **1.** [largeur, densité] thickness - **2.** *fig* [consistance] depth.

épaissir [32] [epesir] *vt & vi* to thicken.
➤ **s'épaissir** *vp* - **1.** [liquide] to thicken - **2.** *fig* [mystère] to deepen.

épanchement [epɑ̃ʃmɑ̃] *nm* - **1.** [effusion] outpouring - **2.** MÉD effusion ; **~ de synovie** water on the knee.

épancher [3] [epɑ̃ʃe] *vt* to pour out.
➤ **s'épancher** *vp* [se confier] to pour one's heart out.

épanoui, e [epanwi] *adj* - **1.** [fleur] in full bloom - **2.** [expression] radiant - **3.** [corps] fully formed ; **aux formes ~es** well-rounded.

épanouir [32] [epanwir] *vt* [personne] to make happy.
➤ **s'épanouir** *vp* - **1.** [fleur] to open - **2.** [visage] to light up - **3.** [corps] to fill out - **4.** [personnalité] to blossom.

épanouissement [epanwismɑ̃] *nm* - **1.** [de fleur] blooming, opening - **2.** [de visage] brightening - **3.** [de corps] filling out - **4.** [de personnalité] flowering.

épargnant, e [eparɲɑ̃, ɑ̃t] ◇ *adj* thrifty ◇ *nm, f* saver ; **les petits ~s** small savers.

épargne [eparɲ] *nf* - **1.** [action, vertu] saving - **2.** [somme] savings (*pl*) ; **~ logement** savings account (*to buy property*).

épargner [3] [eparɲe] *vt* - **1.** [gén] to spare ; **~ qqch à qqn** to spare sb sthg - **2.** [économiser] to save.
➤ **s'épargner** *vp* to save *ou* spare o.s.

éparpiller [3] [eparpije] *vt* - **1.** [choses, personnes] to scatter - **2.** *fig* [forces] to dissipate.
➤ **s'éparpiller** *vp* - **1.** [se disperser] to scatter - **2.** *fig* [perdre son temps] to lack focus.

épars, e [epar, ars] *adj sout* [objets] scattered ; [végétation, cheveux] sparse.

épatant, e [epatɑ̃, ɑ̃t] *adj fam* great.

épate [epat] *nf fam* : **faire de l'~** to show off.

épaté, e [epate] *adj* - **1.** [nez] flat - **2.** *fam* [étonné] amazed.

épater [3] [epate] *vt fam* [étonner] to amaze.

épaule [epol] *nf* shoulder ; **hausser les ~s** to shrug (one's shoulders) ; **~ d'agneau** CULIN shoulder of lamb.

épaulement [epolmɑ̃] *nm* - **1.** [mur] retaining wall - **2.** GÉOL escarpment.

épauler [3] [epole] ◇ *vi* to raise one's rifle ◇ *vt* to support, to back up.

épaulette [epolɛt] *nf* - **1.** MIL epaulet - **2.** [rembourrage] shoulder pad.

épave [epav] *nf* wreck.

épée [epe] *nf* sword ; **~ de Damoclès** sword of Damocles ; **coup d'~ dans l'eau** *fig* wasted effort.

épeler [24] [eple] *vt* to spell.

épépiner [3] [epepine] *vt* to seed.

éperdu, e [eperdy] *adj* [sentiment] passionate ; **~ de** [personne] overcome with.

éperdument [eperdymɑ̃] *adv* - **1.** [travailler] frantically - **2.** [aimer] passionately.

éperlan [eperlɑ̃] *nm* smelt.

éperon [eprɔ̃] *nm* [de cavalier, de montagne] spur ; [de navire] ram ; **~ rocheux** rocky outcrop.

éperonner [3] [eprɔne] *vt* to spur on.

épervier [epervje] *nm* sparrowhawk.

éphèbe [efɛb] *nm hum* Adonis.

éphémère [efemɛr] ◇ *adj* [bref] ephemeral, fleeting ◇ *nm* ZOOL mayfly.

éphéméride [efemerid] *nf* tear-off calendar.

épi [epi] *nm* - **1.** [de céréale] ear ; **~ de maïs** CULIN corn on the cob - **2.** [cheveux] tuft ; **~ rebelle** unruly tuft of hair.

épice [epis] *nf* spice.

épicé, e [epise] *adj* spicy.

épicéa [episea] *nm* spruce.

épicentre [episɑ̃tr] *nm* epicentre *Br*, epicenter *Am*.

épicer [16] [epise] *vt* - **1.** [plat] to spice - **2.** [récit] to spice up.

épicerie [episri] *nf* - **1.** [magasin] grocer's (shop) - **2.** [denrées] groceries (*pl*) ; **~ fine** delicatessen.

épicier, ère [episje, ɛr] *nm, f* grocer.

épicurien, enne [epikyrjɛ̃, ɛn] ⬦ *adj* epicurean ⬦ *nm, f* epicure.

épidémie [epidemi] *nf* epidemic.

épidémique [epidemik] *adj* contagious.

épiderme [epidɛrm] *nm* epidermis.

épidermique [epidɛrmik] *adj* [de l'épiderme] skin *(avant n)* ; **réaction ~** *fig* kneejerk reaction.

épier [9] [epje] *vt* - **1.** [espionner] to spy on - **2.** [observer] to look for.

épieu [epjø] *nm* - **1.** [de guerre] pike - **2.** [de chasse] spear.

épigramme [epigram] *nf* epigram.

épilation [epilasjɔ̃] *nf* hair removal ; **~ à la cire** waxing.

épilepsie [epilɛpsi] *nf* epilepsy.

épileptique [epilɛptik] *nmf & adj* epileptic.

épiler [3] [epile] *vt* [jambes] to remove hair from ; [sourcils] to pluck.
➤ **s'épiler** *vp* : **s'~ les jambes** to remove the hair from one's legs ; [à la cire] to wax one's legs ; **s'~ les sourcils** to pluck one's eyebrows.

épilogue [epilɔg] *nm* - **1.** [de roman] epilogue *Br*, epilog *Am* - **2.** [d'affaire] outcome.

épiloguer [3] [epilɔge] *vi* to hold forth.

épinards [epinar] *nmpl* spinach *(U)* ; **~s en branches** leaf spinach.

épine [epin] *nf* - **1.** [arbrisseau] thorn bush - **2.** [piquant - de rosier] thorn ; [- de hérisson] spine ; **tirer une ~ du pied à qqn** *fig* to get sb out of a tight corner.
➤ **épine dorsale** *nf* backbone, spine.

épineux, euse [epinø, øz] *adj* thorny.

épingle [epɛ̃gl] *nf* [instrument] pin ; **~ à cheveux** hairpin ; **~ à nourrice** OU **de sûreté** safety pin ; **monter qqch en ~** *fig* to blow sthg up ; **tirer son ~ du jeu** *fig* to extricate o.s. ; **tiré à quatre ~s** *fig* impeccably turned out.

épingler [3] [epɛ̃gle] *vt* - **1.** [fixer] to pin (up) - **2.** *fam fig* [arrêter] to nab, to nick *Br*.

épinière [epinjɛr] ⬒ **moelle**.

Épiphanie [epifani] *nf* Epiphany.

épique [epik] *adj* epic.

épiscopal, e, aux [episkɔpal, o] *adj* episcopal.

épiscopat [episkɔpa] *nm* episcopate.

épisiotomie [epizjɔtɔmi] *nf* episiotomy.

épisode [epizɔd] *nm* episode.

épisodique [epizɔdik] *adj* - **1.** [occasionnel] occasional - **2.** [secondaire] minor.

épistémologie [epistemɔlɔʒi] *nf* epistemology.

épistolaire [epistɔlɛr] *adj* - **1.** [échange] of letters ; **être en relations ~s avec qqn** to be in (regular) correspondence with sb - **2.** [roman] epistolary.

épitaphe [epitaf] *nf* epitaph.

épithète [epitɛt] ⬦ *nf* - **1.** GRAM attribute - **2.** [qualificatif] term ⬦ *adj* attributive.

épître [epitr] *nf* epistle.

éploré, e [eplɔre] *adj* [personne] in tears ; [visage, air] tearful.

épluchage [eplyʃaʒ] *nm* - **1.** [de légumes] peeling - **2.** [de textes] dissection ; [de comptes] scrutiny.

épluche-légumes [eplyʃlegym] *nm inv* potato peeler.

éplucher [3] [eplyʃe] *vt* - **1.** [légumes] to peel - **2.** [textes] to dissect ; [comptes] to scrutinize.

épluchure [eplyʃyr] *nf* peelings *(pl)*.

éponge [epɔ̃ʒ] *nf* sponge ; **jeter l'~** *fig* to throw in the towel ; **passer l'~** *fig* to wipe the slate clean.

éponger [17] [epɔ̃ʒe] *vt* - **1.** [liquide, déficit] to mop up - **2.** [visage] to mop, to wipe.
➤ **s'éponger** *vp* [personne] to mop o.s. ; **s'~ le front** to mop one's brow.

épopée [epɔpe] *nf* epic.

époque [epɔk] *nf* - **1.** [de l'année] time - **2.** [de l'histoire] period ; **à l'~** at the time ; **d'~** period ; **la Belle Époque** = the Edwardian era - **3.** GÉOL period, age.

épouiller [3] [epuje] *vt* to delouse.

époumoner [3] [epumɔne] ➤ **s'époumoner** *vp* to shout o.s. hoarse.

épouse ⬒ **époux**.

épouser [3] [epuze] *vt* - **1.** [personne] to marry - **2.** [forme] to hug - **3.** *fig* [idée, principe] to espouse.

épousseter [27] [epuste] *vt* to dust.

époustouflant, e [epustuflɑ̃, ɑ̃t] *adj fam* amazing.

époustoufler [3] [epustufle] *vt fam* to flabbergast, to amaze.

épouvantable [epuvɑ̃tabl] *adj* dreadful.

épouvantail [epuvɑ̃taj] *nm* [à moineaux] scarecrow ; *fig* bogeyman.

épouvante [epuvɑ̃t] *nf* terror, horror ; **film d'~** horror film.

épouvanter [3] [epuvɑ̃te] *vt* to terrify.

époux, épouse [epu, epuz] *nm, f* spouse ; **prendre pour ~** to marry.

éprendre [79] [eprɑ̃dr] ➤ **s'éprendre** *vp sout* : **s'~ de** to fall in love with.

épreuve [eprœv] *nf* - **1.** [essai, examen] test ; **à l'~ du feu** fireproof ; **à l'~ des balles** bulletproof ; **mettre à l'~** to put to the test ; **à toute ~** unfailing ; **~ écrite/orale** written/oral test ; **~ de force** *fig* trial of strength - **2.** [malhéur] ordeal **- 3.** *SPORT* event **- 4.** *TYPO* proof **- 5.** *PHOT* print.

épris, e [epri, iz] ◇ *pp* ▷ **éprendre** ◇ *adj sout* : ~ **de** in love with.

éprouvant, e [epruvɑ̃, ɑ̃t] *adj* testing, trying.

éprouvé, e [epruve] *adj* **- 1.** [méthode] tried and tested **- 2.** [personne] sorely tried.

éprouver [3] [epruve] *vt* **- 1.** [tester] to test **- 2.** [ressentir] to feel **- 3.** [faire souffrir] to distress ; **être éprouvé par** to be afflicted by **- 4.** [difficultés, problèmes] to experience.

éprouvette [epruvet] *nf* **- 1.** [tube à essai] test tube **- 2.** [échantillon] sample.

EPS (*abr de* **éducation physique et sportive**) *nf* PE.

épuisant, e [epɥizɑ̃, ɑ̃t] *adj* exhausting.

épuisé, e [epɥize] *adj* **- 1.** [personne, corps] exhausted **- 2.** [marchandise] sold out, out of stock ; [livre] out of print.

épuisement [epɥizmɑ̃] *nm* exhaustion ; **jusqu'à ~ des stocks** while stocks last.

épuiser [3] [epɥize] *vt* to exhaust.

épuisette [epɥizet] *nf* landing net.

épuration [epyrasjɔ̃] *nf* **- 1.** [des eaux] purification **- 2.** *POLIT* purge.

épure [epyr] *nf* technical drawing.

épurer [3] [epyre] *vt* **- 1.** [eau, huile] to purify **- 2.** *POLIT* to purge **- 3.** *fig* [langage] to refine.

équarrir [32] [ekarir] *vt* **- 1.** [animal] to cut up **- 2.** [poutre] to square **- 3.** *fig* [personne] : **mal équarri** rough, crude.

équateur [ekwatœr] *nm* equator.

Équateur [ekwatœr] *nm* : **l'~** Ecuador.

équation [ekwasjɔ̃] *nf* equation ; **~ du premier/second degré** simple/quadratic equation.

équatorial, e, aux [ekwatɔrjal, o] *adj* equatorial.

équatorien, enne [ekwatɔrjɛ̃, ɛn] *adj* Ecuadoran, Ecuadorian.

Équatorien, enne *nm, f* Ecuadoran, Ecuadorian.

équerre [eker] *nf* [instrument] set square ; [en T] T-square ; **en ~** at right angles.

équestre [ekɛstr] *adj* equestrian.

équeuter [3] [ekøte] *vt* to remove the stalk *ou* stalks from.

équidistance [ekɥidistɑ̃s] *nf* equidistance ; **à ~ de ... et de ...** equidistant between ... and ...

équidistant, e [ekɥidistɑ̃, ɑ̃t] *adj* equidistant.

équilatéral, e, aux [ekɥilateral, o] *adj* equilateral.

équilibre [ekilibr] *nm* **- 1.** [gén] balance ; **en ~** balanced ; **perdre l'~** to lose one's balance **- 2.** [psychique] stability.

équilibré, e [ekilibre] *adj* **- 1.** [personne] well-balanced **- 2.** [vie] stable **- 3.** *ARCHIT* : **aux proportions ~es** well-proportioned.

équilibrer [3] [ekilibre] *vt* to balance.

s'équilibrer *vp* to balance each other out.

équilibriste [ekilibrist] *nmf* tightrope walker.

équipage [ekipaʒ] *nm* crew.

équipe [ekip] *nf* team ; **d'~** team (*avant n*) ; **faire ~ avec** to team up with ; **travailler en ~** to work together *ou* as a team ; **~ de secours** rescue team.

équipé, e [ekipe] *adj* : **cuisine ~e** fitted kitchen.

équipée [ekipe] *nf* **- 1.** [aventure] venture **- 2.** [promenade] outing.

équipement [ekipmɑ̃] *nm* **- 1.** [matériel] equipment **- 2.** [aménagement] facilities (*pl*) ; **plan d'~** national national development plan ; **~s sportifs/scolaires** sports/educational facilities.

équiper [3] [ekipe] *vt* **- 1.** [navire, armée] to equip **- 2.** [personne, local] to equip, to fit out ; **~ qqn/qqch de** to equip sb/sthg with, to fit sb/sthg out with.

s'équiper *vp* : **s'~ (de)** to equip o.s. (with).

équipier, ère [ekipje, ɛr] *nm, f* team member.

équitable [ekitabl] *adj* fair.

équitablement [ekitabləmɑ̃] *adv* fairly.

équitation [ekitasjɔ̃] *nf* riding, horse-riding ; **faire de l'~** to go riding *ou* horse-riding, to ride.

équité [ekite] *nf* fairness.

équivalent, e [ekivalɑ̃, ɑ̃t] *adj* equivalent.

équivalent *nm* equivalent.

équivaloir [60] [ekivalwar] *vi* : **~ à** to be equivalent to.

équivalu [ekivaly] *pp inv* ▷ **équivaloir**.

équivaut ▷ **équivaloir**.

équivoque [ekivɔk] ◇ *adj* **- 1.** [ambigu] ambiguous **- 2.** [mystérieux] dubious ◇ *nf* ambiguity ; **sans ~** unequivocal (*adj*), unequivocally (*adv*).

érable [erabl] *nm* maple.

érablière [erablijer] *nf* maple grove, sugar bush *Am*.

éradication [eradikasjɔ̃] *nf* **- 1.** [suppression] eradication **- 2.** [ablation] removal.

éradiquer [3] [eradike] *vt* to eradicate.

érafler

érafler [3] [erafle] vt - **1.** [peau] to scratch - **2.** [mur, voiture] to scrape.
➤ **s'érafler** vp to scratch o.s.

éraflure [eraflyr] nf - **1.** [de peau] scratch - **2.** [de mur, voiture] scrape.

éraillé, e [eraje] adj [voix] hoarse.

ère [εr] nf era ; **l'an 813 de notre ~** the year 813 A.D.

érection [erεksjɔ̃] nf erection ; **en ~** erect.

éreintant, e [erɛtɑ̃, ɑ̃t] adj exhausting.

éreinter [3] [erɛte] vt - **1.** [fatiguer] to exhaust - **2.** [critiquer] to pull to pieces.

érémiste [eremist] nmf fam = **RMiste**.

ergonomique [ɛrɡɔnɔmik] adj ergonomic.

ergot [ɛrɡo] nm - **1.** [de coq] spur ; **se dresser sur ses ~s** to get one's hackles up - **2.** [de mammifère] dewclaw - **3.** [de blé] ergot.

ergoter [3] [ɛrɡɔte] vi to quibble.

ergothérapie [ɛrɡɔterapi] nf occupational therapy.

ériger [17] [eriʒe] vt - **1.** [monument] to erect - **2.** [tribunal] to set up - **3.** fig [transformer] : **~ qqn en** to set sb up as.
➤ **s'ériger** vp : **s'~ en** to set o.s. up as.

ermite [ermit] nm hermit.

éroder [3] [erɔde] vt to erode.

érogène [erɔʒɛn] adj erogenous.

érosion [erozjɔ̃] nf erosion.

érotique [erɔtik] adj erotic.

érotisme [erɔtism] nm eroticism.

errance [erɑ̃s] nf wandering.

errant, e [erɑ̃, ɑ̃t] adj [chien, chat] stray (avant n).

erratum [eratɔm] (pl errata [erata]) nm erratum.

errements [ermɑ̃] nmpl bad habits.

errer [4] [ere] vi to wander.

erreur [erœr] nf mistake ; **par ~** by mistake ; **sauf ~ de ma part** unless I'm mistaken ; **faire ~** to be mistaken ; **faire une ~** to make a mistake ; **~ judiciaire** miscarriage of justice.

erroné, e [erɔne] adj sout wrong.

ersatz [erzats] nm inv ersatz.

éructer [3] [erykte] vi to belch.

érudit, e [erydi, it] ◇ adj erudite, learned ◇ nm, f learned person.

érudition [erydisjɔ̃] nf learning, erudition.

éruption [erypsjɔ̃] nf - **1.** MÉD rash - **2.** [de volcan] eruption.

es ➩ **être**.

ès [εs] prép of (in certain titles) ; **docteur ~ lettres** = PhD, doctor of philosophy.

E/S (abr de entrée/sortie) I/O.

ESA, Esa [eza] (abr de European Space Agency) nf ESA.

esbroufe [ɛzbruf] nf fam showing-off ; **faire de l'~** to show off.

escabeau, x [ɛskabo] nm - **1.** [échelle] step-ladder - **2.** vieilli [tabouret] stool.

escadre [ɛskadr] nf - **1.** [navires] fleet - **2.** [avions] wing.

escadrille [ɛskadrij] nf - **1.** [navires] flotilla - **2.** [avions] flight.

escadron [ɛskadrɔ̃] nm squadron.

escalade [ɛskalad] nf - **1.** [de montagne, grille] climbing - **2.** [des prix, de violence] escalation.

escalader [3] [ɛskalade] vt to climb.

escale [ɛskal] nf - **1.** [lieu - pour navire] port of call ; [- pour avion] stopover - **2.** [arrêt - de navire] call ; [- d'avion] stopover, stop ; **~ technique** refuelling stop ; **faire ~ à** [navire] to put in at, to call at ; [avion] to stop over at.

escalier [ɛskalje] nm stairs (pl) ; **descendre/monter l'~** to go downstairs/upstairs ; **~ en colimaçon** spiral staircase ; **~ de secours** fire escape ; **~ de service** backstairs ; **~ roulant** OU **mécanique** escalator.

escalope [ɛskalɔp] nf escalope ; **~ panée** escalope in breadcrumbs.

escamotable [ɛskamɔtabl] adj - **1.** [train d'atterrissage] retractable ; [antenne] telescopic - **2.** [table] folding.

escamoter [3] [ɛskamɔte] vt - **1.** [faire disparaître] to make disappear - **2.** [voler] to lift - **3.** [rentrer] to retract - **4.** [phrase, mot] to swallow - **5.** [éluder - question] to evade ; [- objection] to get round.

escampette [ɛskɑ̃pεt] ➩ **poudre**.

escapade [ɛskapad] nf - **1.** [voyage] outing - **2.** [fugue] escapade.

escarbille [ɛskarbij] nf cinder.

escargot [ɛskarɡo] nm snail ; **comme un ~** [très lentement] at a snail's pace.

escarmouche [ɛskarmuʃ] nf skirmish.

escarpé, e [ɛskarpe] adj steep.

escarpement [ɛskarpəmɑ̃] nm - **1.** [de pente] steep slope - **2.** GÉOGR escarpment.

escarpin [ɛskarpɛ̃] nm court shoe Br, pump Am.

escarre [ɛskar] nf bedsore, pressure sore.

Escaut [ɛsko] nm : **l'~** the River Scheldt.

escient [ɛsjɑ̃] nm : **à bon ~** advisedly ; **à mauvais ~** ill-advisedly.

esclaffer [3] [ɛsklafe] ➤ **s'esclaffer** vp to burst out laughing.

esclandre [ɛsklɑ̃dr] nm sout scene ; **faire un ~** to make a scene.

esclavage [ɛsklavaʒ] nm slavery.

esclavagisme [ɛsklavaʒism] nm slavery.

esclave [ɛsklav] ◇ nmf slave ◇ adj : **être ~ de** to be a slave to.

escogriffe [ɛskɔgrif] nm fam : **un grand ~** a beanpole.

escompte [ɛskɔ̃t] nm discount.

escompter [3] [ɛskɔ̃te] vt - **1.** [prévoir] to count on - **2.** FIN to discount.

escorte [ɛskɔrt] nf escort.

escorter [3] [ɛskɔrte] vt to escort.

escouade [ɛskwad] nf squad.

escrime [ɛskrim] nf fencing.

escrimer [3] [ɛskrime] ➡ **s'escrimer** vp : **s'~ à faire qqch** to work (away) at doing sthg.

escroc [ɛskro] nm swindler.

escroquer [3] [ɛskrɔke] vt to swindle ; **~ qqch à qqn** to swindle sb out of sthg.

escroquerie [ɛskrɔkri] nf swindle, swindling (U).

eskimo, Eskimo ➪ esquimau.

ésotérique [ezɔterik] adj esoteric.

espace [ɛspas] nm space ; **~ publicitaire** advertising space ; **~ vert** green space, green area ; **~ vital** living space.

espacement [ɛspasmɑ̃] nm - **1.** [spatial] spacing - **2.** [temporel] spacing out.

espacer [16] [ɛspase] vt - **1.** [dans l'espace] to space out - **2.** [dans le temps - visites] to space out ; [- paiements] to spread out.
➡ **s'espacer** vp to become less frequent.

espadon [ɛspadɔ̃] nm - **1.** [poisson] swordfish - **2.** [épée] two-handed sword.

espadrille [ɛspadrij] nf espadrille.

Espagne [ɛspaɲ] nf : **l'~** Spain.

espagnol, e [ɛspaɲɔl] adj Spanish.
➡ **espagnol** nm [langue] Spanish.
➡ **Espagnol, e** nm, f Spaniard ; **les Espagnols** the Spanish.

espagnolette [ɛspaɲɔlɛt] nf latch (for window or shutter).

espalier [ɛspalje] nm - **1.** [arbre] espalier - **2.** SPORT wall bars (pl).

espèce [ɛspɛs] nf - **1.** BIOL, BOT & ZOOL species - **2.** [sorte] kind, sort ; **~ d'idiot!** you stupid fool! - **3.** [circonstance] : **en l'~** littéraire in the case in point.
➡ **espèces** nfpl cash ; **payer en ~s** to pay (in) cash.

espérance [ɛsperɑ̃s] nf hope ; **~ de vie** life expectancy.

espéranto [ɛsperɑ̃to] nm Esperanto.

espérer [18] [ɛspere] ◇ vt to hope for ; **~ que** to hope (that) ; **~ faire qqch** to hope to do

sthg ◇ vi to hope ; **~ en qqn/qqch** to trust in sb/sthg.

espiègle [ɛspjɛgl] ◇ nmf little rascal ◇ adj mischievous.

espièglerie [ɛspjɛgləri] nf - **1.** [malice] mischievousness - **2.** [tour, farce] prank.

espion, onne [ɛspjɔ̃, ɔn] nm, f spy.

espionnage [ɛspjɔnaʒ] nm spying ; **~ industriel** industrial espionage.

espionner [3] [ɛspjɔne] vt to spy on.

esplanade [ɛsplanad] nf esplanade.

espoir [ɛspwar] nm hope ; **avoir bon ~ que** to be confident that ; **nourrir l'~ de faire qqch** to live in hope of doing sthg ; **sans ~** hopeless ; **sans ~ de** without hope of.

esprit [ɛspri] nm - **1.** [entendement, personne, pensée] mind ; **avoir l'~ mal tourné** to have a dirty ou filthy mind ; **être large d'~** to be broad-minded ; **ouvrir l'~ de qqn** to open sb's eyes ; **reprendre ses ~s** to recover ; **venir à l'~ de qqn** to cross sb's mind - **2.** [attitude] spirit ; **~ de caste** class consciousness ; **~ de compétition** competitive spirit ; **~ de contradiction** argumentative nature, contrariness ; **~ critique** critical acumen ; **~ d'équipe** team spirit ; **~ maison** company spirit - **3.** [humour] wit ; **faire de l'~** to try to be funny - **4.** [fantôme] spirit, ghost.

esquif [ɛskif] nm littéraire skiff.

esquimau, aude, aux, eskimo [ɛskimo, od] adj Eskimo.
➡ **esquimau, eskimo** nm [langue] Eskimo.
➡ **Esquimau** nm, f, **Eskimo** nmf Eskimo (beware : the term 'Esquimau', like its English equivalent, is often considered offensive in North America. The term 'Inuit' is preferred).

Esquimau®, x [ɛskimo] nm inv : **~ (glacé)** ice cream on a stick.

esquinter [3] [ɛskɛ̃te] vt fam - **1.** [abîmer] to ruin - **2.** [critiquer] to slate Br, to pan.
➡ **s'esquinter** vp : **s'~ à faire qqch** to kill o.s. doing sthg.

esquisse [ɛskis] nf [croquis] sketch ; fig [de projet] outline ; fig [de geste, sourire] trace.

esquisser [3] [ɛskise] vt to sketch ; **~ un sourire** fig to give a half-smile.
➡ **s'esquisser** vp to take shape.

esquiver [3] [ɛskive] vt to dodge.
➡ **s'esquiver** vp to slip away.

essai [ɛsɛ] nm - **1.** [vérification] test, testing (U) ; **à l'~** on trial - **2.** [tentative] attempt - **3.** [étude] : **~ (sur)** essay (on) - **4.** RUGBY try.

essaie, essaies etc ➪ essayer.

essaim [ɛsɛ̃] nm litt & fig swarm.

essaimer [4] [eseme] *vi* to swarm ; *fig* to spread.

essayage [esɛjaʒ] *nm* fitting.

essayer [11] [eseje] *vt* to try ; **~ de faire qqch** to try to do sthg ; **essaie un peu, pour voir!** go on then, why don't you try?

➤ **s'essayer** *vp* : **s'~ à qqch/à faire qqch** to try one's hand at sthg/at doing sthg.

ESSEC, Essec [esɛk] (*abr de* **École supérieure des sciences économiques et commerciales**) *nf grande école for management and business studies.*

essence [esɑ̃s] *nf* - **1.** [fondement, de plante] essence ; **par ~** *sout* in essence - **2.** [carburant] petrol *Br*, gas *Am* ; **prendre de l'~** to get some petrol - **3.** [d'arbre] species.

essentiel, elle [esɑ̃sjɛl] *adj* - **1.** [indispensable] essential - **2.** [fondamental] basic.

➤ **essentiel** *nm* - **1.** [point] : **l'~** [le principal] the essential *ou* main thing ; [objets] the essentials *(pl)* ; **l'~ est que** (+ *subjonctif*) the essential *ou* main thing is that - **2.** [quantité] : **l'~ de** the main *ou* greater part of.

essentiellement [esɑ̃sjɛlmɑ̃] *adv* - **1.** [avant tout] above all - **2.** [par essence] essentially.

esseulé, e [esœle] *adj littéraire* forsaken.

essieu, x [esjø] *nm* axle.

essor [esɔr] *nm* flight, expansion, boom ; **en plein ~** booming ; **prendre son ~** to take flight ; *fig* to take off.

essorage [esɔraʒ] *nm* [manuel, à rouleaux] wringing (out) ; [à la machine] spin-drying.

essorer [3] [esɔre] *vt* [à la main, à rouleaux] to wring out ; [à la machine] to spin-dry ; [salade] to spin, to dry.

essoreuse [esɔrøz] *nf* [à rouleaux] mangle ; [électrique] spin-dryer ; [à salade] salad spinner.

essouffler [3] [esufle] *vt* to make breathless.

➤ **s'essouffler** *vp* to be breathless *ou* out of breath ; *fig* to run out of steam.

essuie, essuies *etc* ⊳ essuyer.

essuie-glace [esɥiglas] (*pl* essuie-glaces) *nm* windscreen wiper *Br*, windshield wiper *Am*.

essuie-mains [esɥimɛ̃] *nm inv* hand towel.

essuie-tout [esɥitu] *nm inv* kitchen roll.

essuyer [14] [esɥije] *vt* - **1.** [sécher] to dry - **2.** [nettoyer] to wipe - **3.** *fig* [subir] to suffer.

➤ **s'essuyer** *vp* to dry o.s.

est¹ [ɛst] ⬦ *nm* east ; **un vent d'~** an easterly wind ; **le vent d'~** the east wind ; **à l'~** in the east ; **à l'~ (de)** to the east (of) ⬦ *adj inv* [gén] east ; [province, région] eastern.

est² [ɛ] ⊳ être.

establishment [ɛstabliʃmɛnt] *nm* : **l'~** the Establishment.

estafette [ɛstafɛt] *nf* dispatch-rider ; MIL liaison officer.

estafilade [ɛstafilad] *nf* slash, gash.

est-allemand, e [ɛstalmɑ̃, ɑ̃d] *adj* East German.

estaminet [ɛstaminɛ] *nm* ≃ inn.

estampe [ɛstɑ̃p] *nf* print.

estamper [3] [ɛstɑ̃pe] *vt* - **1.** [monnaie] to mint - **2.** *fam* [escroquer] to fleece.

estampille [ɛstɑ̃pij] *nf* stamp.

est-ce que [ɛskə] *adv interr* : **est-ce qu'il fait beau?** is the weather good? ; **~ vous aimez l'accordéon?** do you like the accordion? ; **où ~ tu es?** where are you?

esthète [ɛstɛt] ⬦ *nmf* aesthete.

esthéticien, enne [ɛstetisjɛ̃, ɛn] *nm,* - **1.** [spécialiste] beautician - **2.** PHILO aesthetician.

esthétique [ɛstetik] ⬦ *nf* : **l'~** aesthetics *(U)* ⬦ *adj* - **1.** [relatif à la beauté] aesthetic - **2.** [harmonieux] attractive.

estimable [ɛstimabl] *adj* - **1.** [digne d'estime] honorable, respected - **2.** [évaluable] **facilement/difficilement ~** easy/difficult to estimate.

estimatif, ive [ɛstimatif, iv] *adj* estimated.

estimation [ɛstimasjɔ̃] *nf* estimate, estimation.

estime [ɛstim] *nf* respect, esteem ; **avoir de l'~ pour qqn** to respect sb.

estimer [3] [ɛstime] *vt* - **1.** [expertiser] to value - **2.** [évaluer] to estimate ; **j'estime la durée du voyage à 2 heures** I reckon the journey time is 2 hours - **3.** [respecter] to respect - **4.** [penser] : **~ que** to feel (that).

➤ **s'estimer** *vp* to consider o.s.

estival, e, aux [ɛstival, o] *adj* summer *(avant n)*.

estivant, e [ɛstivɑ̃, ɑ̃t] *nm, f* (summer) holiday-maker *Br ou* vacationer *Am*.

estocade [ɛstɔkad] *nf* death blow.

estomac [ɛstɔma] *nm* - **1.** ANAT stomach ; **avoir l'~ barbouillé** to feel sick ; **avoir un ~ d'autruche** *fig* to have a cast-iron digestion ; **avoir l'~ dans les talons** *fig* to be starving - **2.** [culot, cran] nerve.

estomaquer [3] [ɛstɔmake] *vt fam* to stagger.

estomper [3] [ɛstɔ̃pe] *vt* to blur ; *fig* [douleur] to lessen.

➤ **s'estomper** *vp* to become blurred ; *fig* [douleur] to lessen.

Estonie [ɛstɔni] *nf* : l'~ Estonia.

estonien, enne [ɛstɔnjɛ̃, ɛn] *adj* Estonian.

➤ **estonien** *nm* [langue] Estonian.

➤ **Estonien, enne** *nm, f* Estonian.

estrade [ɛstrad] *nf* dais.

estragon [ɛstragɔ̃] *nm* tarragon.

estropié, e [ɛstrɔpje] ◇ *adj* crippled ◇ *nm, f* cripple.

estropier [9] [ɛstrɔpje] *vt* [personne] to cripple ; *fig* [nom, mot] to mispronounce.

➤ **s'estropier** *vp* to cripple o.s.

estuaire [ɛstɥɛr] *nm* estuary.

estudiantin, e [ɛstydjɑ̃tɛ̃, in] *adj* student (*avant n*).

esturgeon [ɛstyrʒɔ̃] *nm* sturgeon.

et [e] *conj* - **1.** [gén] and ; ~ **moi?** what about me? - **2.** [dans les fractions et les nombres composés] : **vingt ~ un** twenty-one ; **il y a deux ans ~ demi** two and a half years ago ; **à deux heures ~ demie** at half past two.

ét. (*abr de* **étage**) fl.

ETA (*abr de* **Euskadi ta Askatasuna**) *nf* ETA.

étable [etabl] *nf* cowshed.

établi [etabli] *nm* workbench.

établir [32] [etablir] *vt* - **1.** [gén] to establish ; [record] to set - **2.** [dresser] to draw up.

➤ **s'établir** *vp* - **1.** [s'installer] to settle - **2.** [créer son entreprise] to set o.s. up - **3.** [s'instaurer] to become established.

établissement [etablismɑ̃] *nm* establishment ; ~ **hospitalier** hospital ; ~ **public** public body ; ~ **scolaire** educational establishment.

étage [etaʒ] *nm* - **1.** [de bâtiment] floor, storey *Br*, story *Am* ; **à l'~** upstairs ; **un immeuble à quatre ~s** a four-storey *Br* ou four-story *Am* block of flats ; **au premier ~** on the first floor *Br*, on the second floor *Am* - **2.** [de fusée] stage - **3.** [de terrain, placard] level - **4.** [condition] : **de bas ~** second-rate.

étager [17] [etaʒe] *vt* to arrange in tiers.

➤ **s'étager** *vp* to be terraced.

étagère [etaʒɛr] *nf* - **1.** [rayon] shelf - **2.** [meuble] shelves (*pl*), set of shelves.

étain [etɛ̃] *nm* - **1.** [métal] tin ; [alliage] pewter - **2.** [objet] piece of pewter.

étais, était *etc* ▷ **être.**

étal (*pl s* ou **étaux** [eto]) *nm* - **1.** [éventaire] stall - **2.** [de boucher] butcher's block.

étalage [etalaʒ] *nm* - **1.** [action, ensemble d'objets] display ; **faire ~ de** *fig* to flaunt - **2.** [devanture] window display.

étalagiste [etalaʒist] *nmf* - **1.** [décorateur] window-dresser - **2.** [vendeur] stall-holder.

étalement [etalmɑ̃] *nm* - **1.** [dans l'espace] spreading out - **2.** [dans le temps] staggering.

étaler [3] [etale] *vt* - **1.** [exposer] to display - **2.** [étendre] to spread out - **3.** [dans le temps] to stagger - **4.** [mettre une couche de] to spread - **5.** [exhiber] to parade.

➤ **s'étaler** *vp* - **1.** [s'étendre] to spread - **2.** [dans le temps] : **s'~ (sur)** to be spread (over) - **3.** *fam* [s'avachir] to sprawl - **4.** *fam* [tomber] to come a cropper *Br*, to fall flat on one's face.

étalon [etalɔ̃] *nm* - **1.** [cheval] stallion - **2.** [mesure] standard ; ~**-or** gold standard.

étalonner [3] [etalɔne] *vt* [graduer] to calibrate.

étamine [etamin] *nf* - **1.** [de fleur] stamen - **2.** [tissu] muslin.

étanche [etɑ̃ʃ] *adj* watertight ; [montre] waterproof.

étanchéité [etɑ̃ʃeite] *nf* watertightness.

étancher [3] [etɑ̃ʃe] *vt* - **1.** [sang, larmes] to stem (the flow of) - **2.** [rendre étanche] to make watertight - **3.** [assouvir] to quench.

étang [etɑ̃] *nm* pond.

étant *ppr* ▷ **être.**

étape [etap] *nf* - **1.** [gén] stage ; **brûler les ~s** *fig* to race ahead - **2.** [halte] stop ; **faire ~ à** to break one's journey at.

état [eta] *nm* - **1.** [manière d'être] state ; **être en ~/hors d'~ de faire qqch** to be in a/in no fit state to do sthg ; **en bon/mauvais ~** in good/poor condition ; **en ~ d'ivresse** under the influence of alcohol ; **en ~ de marche** in working order ; **laisser les choses en l'~** to leave things as they stand ; **remettre en ~** to repair ; ~ **d'âme** mood ; ~ **d'esprit** state of mind ; ~ **de santé** (state of) health ; **être dans un ~ second** to be in a daze ; ~ **de siège** state of siege ; ~ **stationnaire** stable condition ; ~ **d'urgence** state of emergency ; **être dans tous ses ~s** *fig* to be in a state - **2.** [métier, statut] status ; **de son ~** by profession ; ~ **civil** ADMIN ≃ marital status - **3.** [inventaire - gén] inventory ; [- de dépenses] statement ; **faire ~ de qqch** to give an account of sthg ; ~ **des lieux** *inventory and inspection of rented property.*

➤ **État** *nm* [nation] state ; **l'État** the State ; **État membre** member state ; **les États du Golfe** the Gulf States.

➤ **en tout état de cause** *loc adv* in any case.

étatique [etatik] *adj* state (*avant n*).

étatiser [3] [etatize] *vt* to bring under state control.

étatisme [etatism] *nm* state control.

état-major [etamaʒɔr] (*pl* **états-majors**) *nm*

- 1. ADMIN & MIL staff ; [de parti] leadership
- 2. [lieu] headquarters *(pl)*.

États-Unis [etazyni] *nmpl* : **les ~ (d'Amérique)**
the United States (of America) ; **aux ~** in
the United States.

étau, x [eto] *nm* vice.

étayer [11] [eteje] *vt* to prop up ; *fig* to back
up.

etc. (*abr de* et cætera) etc.

été [ete] ⬦ *pp inv* ⬢ **être** ⬦ *nm* summer ;
en ~ in (the) summer ; **~ indien** Indian summer.

éteignais, éteignions *etc* ⬢ éteindre.

éteindre [81] [etɛ̃dr] *vt* - **1.** [incendie, bougie, ci-
garette] to put out ; [radio, chauffage, lampe] to
turn off, to switch off - **2.** [soif] to quench
- 3. JUR [annuler] to extinguish.
⬢ **s'éteindre** *vp* - **1.** [feu, lampe] to go out
- 2. [bruit, souvenir] to fade (away) - **3.** *fig & littéraire* [personne] to pass away - **4.** [race] to die
out.

éteint, e [etɛ̃, ɛ̃t] ⬦ *pp* ⬢ éteindre ⬦ *adj*
- 1. [couleur] faded - **2.** [voix] faint ; [regard] dull.

étendage [etɑ̃daʒ] *nm* hanging out.

étendard [etɑ̃dar] *nm* standard.

étendre [73] [etɑ̃dr] *vt* - **1.** [déployer] to
stretch ; [journal, linge] to spread (out) - **2.** [cou-
cher] to lay - **3.** [appliquer] to spread - **4.** [accroî-
tre] to extend - **5.** *fam fig* [candidat] to fail - **6.** [di-
luer] to dilute ; [sauce] to thin.
⬢ **s'étendre** *vp* - **1.** [se coucher] to lie down
- 2. [s'étaler au loin] : **s'~ (de/jusqu'à)** to stretch
(from/as far as) - **3.** [croître] to spread
- 4. [s'attarder] : **s'~ sur** to elaborate on.

étendu, e [etɑ̃dy] ⬦ *pp* ⬢ étendre ⬦ *adj*
- 1. [bras, main] outstretched - **2.** [plaine, connais-
sances] extensive.
⬢ **étendue** *nf* - **1.** [surface] area, expanse
- 2. [durée] length - **3.** [importance] extent
- 4. MUS range.

éternel, elle [etɛrnɛl] *adj* eternal ; **ce ne sera
pas ~** this won't last for ever.
⬢ **Éternel** *nm* : **l'Éternel** the Eternal.

éternellement [etɛrnɛlmɑ̃] *adv* eternally.

éterniser [3] [etɛrnize] *vt* [prolonger] to drag
out.
⬢ **s'éterniser** *vp* - **1.** [se prolonger] to drag out
- 2. *fam* [rester] to stay for ever.

éternité [etɛrnite] *nf* eternity ; **il y a une
~ que je ne t'ai pas vu** I haven't seen you for
ages.

éternuement [etɛrnymɑ̃] *nm* sneeze.

éternuer [7] [etɛrnɥe] *vi* to sneeze.

êtes ⬢ être.

étêter [4] [etete] *vt* to cut the head off.

éther [etɛr] *nm* ether.

éthéré, e [etere] *adj* ethereal.

Éthiopie [etjɔpi] *nf* : **l'~** Ethiopia.

éthiopien, enne [etjɔpjɛ̃, ɛn] *adj* Ethiopian.
⬢ **Éthiopien, enne** *nm, f* Ethiopian.

éthique [etik] ⬦ *nf* ethics *(U or pl)* ⬦ *adj*
ethical.

ethnie [ɛtni] *nf* ethnic group.

ethnique [ɛtnik] *adj* ethnic.

ethnographie [ɛtnɔgrafi] *nf* ethnography.

ethnologie [ɛtnɔlɔʒi] *nf* ethnology.

ethnologue [ɛtnɔlɔg] *nmf* ethnologist.

éthologie [etɔlɔʒi] *nf* ethology.

éthylique [etilik] ⬦ *nmf* alcoholic ⬦ *adj*
alcoholic ; **alcool ~** ethyl alcohol, ethanol.

éthylisme [etilism] *nm* alcoholism.

étiez, étions *etc* ⬢ être.

étincelant, e [etɛ̃slɑ̃, ɑ̃t] *adj* sparkling.

étinceler [24] [etɛ̃sle] *vi* to sparkle.

étincelle [etɛ̃sɛl] *nf* spark.

étioler [3] [etjɔle] ⬢ **s'étioler** *vp* [plante] to
wilt ; [personne] to weaken ; [mémoire] to go.

étique [etik] *adj littéraire* [plante] stunted ; [per-
sonne] skinny.

étiqueter [27] [etikte] *vt litt & fig* to label.

étiquette [etikɛt] *nf* - **1.** [marque] *fig* label
- 2. [protocole] etiquette.

étirer [3] [etire] *vt* to stretch.
⬢ **s'étirer** *vp* to stretch.

Etna [etna] *nm* : **l'~** Mount Etna.

étoffe [etɔf] *nf* fabric, material ; **avoir l'~ de**
fig to have the makings of.

étoffer [3] [etɔfe] *vt* to flesh out.
⬢ **s'étoffer** *vp* to fill out.

étoile [etwal] *nf* star ; **l'~ du berger** the evening star ; **~ filante** shooting star ; **un trois ~s**
a three-star hotel ; **à la belle ~** *fig* under the
stars ; **être né sous une bonne ~** *fig* to be born
under a lucky star.
⬢ **étoile de mer** *nf* starfish.

étoilé, e [etwale] *adj* - **1.** [ciel, nuit] starry ; **la
bannière ~e** the Star-Spangled Banner
- 2. [vitre, pare-brise] shattered.

étole [etɔl] *nf* stole.

étonnamment [etɔnamɑ̃] *adv* surprisingly,
astonishingly.

étonnant, e [etɔnɑ̃, ɑ̃t] *adj* astonishing.

étonné, e [etɔne] *adj* surprised, aston-
ished.

étonnement [etɔnmɑ̃] *nm* astonishment,
surprise ; **au grand ~ de** to the great astonishment of.

étonner [3] [etɔne] *vt* to surprise, to astonish ; **ça m'étonnerait!** I'd be (very) surprised!

◆ **s'étonner** *vp* : **s'~ (de)** to be surprised (by) ; **s'~ que** (+ *subjonctif*) to be surprised (that).

étouffant, e [etufã, ãt] *adj* stifling.

étouffée [etufe] ◆ **à l'étouffée** *loc adv* steamed ; [viande] braised ; **faire cuire à l'~** to steam ; [viande] to braise.

étouffement [etufmã] *nm* - **1.** [asphyxie] suffocation - **2.** [répression] suppression.

étouffer [3] [etufe] ◇ *vt* - **1.** [gén] to stifle - **2.** [asphyxier] to suffocate - **3.** [feu] to smother - **4.** [scandale, révolte] to suppress ◇ *vi* to suffocate.

◆ **s'étouffer** *vp* - **1.** [s'étrangler] to choke - **2.** *fig* [se presser, s'écraser] to stifle.

étouffoir [etufwar] *nm fam* oven.

étourderie [eturdəri] *nf* - **1.** [distraction] thoughtlessness - **2.** [bévue] careless mistake ; [acte irréfléchi] thoughtless act.

étourdi, e [eturdi] ◇ *adj* scatterbrained ◇ *nm, f* scatterbrain.

étourdiment [eturdimã] *adv* without thinking.

étourdir [32] [eturdir] *vt* - **1.** [assommer] to daze - **2.** [fatiguer] to wear out.

◆ **s'étourdir** *vp* to be *ou* become dazed ; **s'~ de** to get drunk on.

étourdissant, e [eturdisã, ãt] *adj* - **1.** [fatigant] wearing - **2.** [sensationnel] stunning.

étourdissement [eturdismã] *nm* dizzy spell.

étourneau, x [eturno] *nm* starling.

étrange [etrãʒ] *adj* strange.

étrangement [etrãʒmã] *adv* strangely.

étranger, ère [etrãʒe, εr] ◇ *adj* - **1.** [gén] foreign - **2.** [différent, isolé] unknown, unfamiliar ; **être ~ à qqn** to be unknown to sb ; **être ~ à qqch** to have no connection with sthg ; **se sentir ~** to feel like an outsider ◇ *nm, f* - **1.** [de nationalité différente] foreigner - **2.** [inconnu] stranger - **3.** [exclu] outsider.

◆ **étranger** *nm* : **l'~** foreign countries (*pl*) ; **à l'~** abroad.

étrangeté [etrãʒte] *nf* strangeness.

étranglement [etrãgləmã] *nm* - **1.** [strangulation] strangulation - **2.** [rétrécissement] constriction.

étrangler [3] [etrãgle] *vt* - **1.** [gén] to choke - **2.** [stranguler] to strangle - **3.** [réprimer] to stifle - **4.** [serrer] to constrict.

◆ **s'étrangler** *vp* - **1.** [s'étouffer] to choke - **2.** [sanglots] to catch.

étrave [etrav] *nf* stem.

être [2] [εtr] ◇ *nm* being ; **les ~s vivants/humains** living/human beings. ◇ *v aux* - **1.** [pour les temps composés] to have/to be ; **il est parti hier** he left yesterday ; **il est déjà arrivé** he has already arrived ; **il est né en 1952** he was born in 1952 - **2.** [pour le passif] to be ; **la maison a été vendue** the house has been *ou* was sold ◇ *v attr* - **1.** [état] to be ; **il est grand/heureux** he's tall/happy ; **la maison est blanche** the house is white ; **il est médecin** he's a doctor ; **sois sage!** be good! - **2.** [possession] : **~ à qqn** to be sb's, to belong to sb ; **c'est à vous, cette voiture?** is this your car?, is this car yours? ; **cette maison est à lui/eux** this house is his/theirs, this is his/their house ◇ *v impers* - **1.** [exprimant le temps] : **quelle heure est-il?** what time is it?, what's the time? ; **il est dix heures dix** it's ten past ten *Br*, it's ten after ten *Am* - **2.** [suivi d'un adjectif] : **il est ...** it is ... ; **il est inutile de** it's useless to ; **il serait bon de/que** it would be good to/if, it would be a good idea to/if ◇ *vi* - **1.** [exister] to be ; **n'~ plus** *sout* [être décédé] to be no more - **2.** [indique une situation, un état] to be ; **il est à Paris** he's in Paris ; **nous sommes au printemps/en été** it's spring/summer - **3.** [indiquant une origine] : **il est de Paris** he's from Paris.

◆ **être à** *v + prép* - **1.** [indiquant une obligation] : **c'est à vérifier** it needs to be checked ; **cette chemise est à laver** this shirt needs washing ; **c'est à voir** that remains to be seen - **2.** [indiquant une continuité] : **il est toujours à ne rien faire** he never does a thing ; **il est toujours à s'inquiéter** he's always worrying.

étreindre [81] [etrɛ̃dr] *vt* - **1.** [embrasser] to hug, to embrace - **2.** *fig* [tenailler] to grip, to clutch.

◆ **s'étreindre** *vp* to embrace each other.

étreinte [etrɛ̃t] *nf* - **1.** [enlacement] embrace - **2.** [pression] stranglehold.

étrenner [4] [etrene] *vt* to use for the first time.

étrennes [etren] *nfpl* Christmas box (*sg*).

étrier [etrije] *nm* stirrup.

étriller [3] [etrije] *vt* - **1.** [cheval] to curry - **2.** [personne] to wipe the floor with ; [film] to tear to pieces.

étriper [3] [etripe] *vt* - **1.** [animal] to disembowel - **2.** *fam fig* [tuer] to murder.

◆ **s'étriper** *vp fam* to tear each other to pieces.

étriqué, e [etrike] *adj* - **1.** [vêtement] tight ; [appartement] cramped - **2.** [esprit] narrow.

étroit, e [etrwa, at] *adj* - **1.** [gén] narrow - **2.** [intime] close - **3.** [serré] tight.

◆ **à l'étroit** *loc adj* : **être à l'~** to be cramped.

étroitement [etrwatmã] *adv* closely.

étroitesse [etʁwatɛs] *nf* narrowness ; ~ d'esprit *fig* narrow-mindedness.

étude [etyd] *nf* - **1.** [gén] study ; à l'~ under consideration ; ~ de faisabilité feasibility study ; ~ médias media research ; ~ de marché market research (U) - **2.** [de notaire - local] office ; [- charge] practice - **3.** MUS étude.

➤ **études** *nfpl* studies ; faire des ~s to study ; ~s primaires/secondaires primary/secondary education (U).

étudiant, e [etydjã, ãt] <> *adj* student (avant n) <> *nm, f* student.

étudié, e [etydje] *adj* studied.

étudier [9] [etydje] *vt* to study.

étui [etɥi] *nm* case ; ~ à cigarettes/lunettes cigarette/glasses case.

étuve [etyv] *nf* - **1.** [local] steam room ; *fig* oven - **2.** [appareil] sterilizer.

étuvée [etyve] ➤ à l'étuvée *loc adv* braised ; faire cuire à l'~ to braise.

étymologie [etimɔlɔʒi] *nf* etymology.

étymologique [etimɔlɔʒik] *adj* etymological.

eu, e [y] *pp* ▷ avoir.

E-U, E-U A (abr de États-Unis (d'Amérique)) *nmpl* US, USA.

eucalyptus [økaliptys] *nm* eucalyptus.

eucharistie [økaʁisti] *nf* Eucharist.

euh [ø] *interj* er.

eunuque [ønyk] *nm* eunuch.

euphémisme [øfemism] *nm* euphemism ; par ~ euphemistically.

euphorie [øfɔʁi] *nf* euphoria.

euphorique [øfɔʁik] *adj* euphoric.

euphorisant, e [øfɔʁizã, ãt] *adj* exhilarating.

➤ **euphorisant** *nm* antidepressant.

eurasien, enne [øʁazjɛ̃, ɛn] *adj* Eurasian.
➤ **Eurasien, enne** *nm, f* Eurasian.

eurent ▷ avoir.

euro [øʁo] *nm* euro ; zone ~ euro zone, euro area.

eurocentrisme [øʁosãtʁism] *nm* Eurocentrism.

eurocrate [øʁokʁat] *nmf* Eurocrat.

eurodéputé [øʁodepyte] *nm* Euro MP.

eurodevise [øʁodəviz] *nf* Eurocurrency.

eurodollar [øʁodɔlaʁ] *nm* Eurodollar.

euromissile [øʁomisil] *nm* Euromissile.

Europe [øʁɔp] *nf* : l'~ Europe ; l'~ centrale Central Europe ; l'~ de l'Est Eastern Europe ; ils ont parlé de l'~ verte they discussed agriculture in the EC.

européen, enne [øʁɔpeɛ̃, ɛn] *adj* European.
➤ **Européen, enne** *nm, f* European.

Eurovision® [øʁovizjɔ̃] *nf inv* Eurovision®.

eus, eut *etc* ▷ avoir.

eût ▷ avoir.

euthanasie [øtanazi] *nf* euthanasia.

eux [ø] *pron pers* - **1.** [sujet] they ; ce sont ~ qui me l'ont dit they're the ones who told me - **2.** [complément] them.
➤ **eux-mêmes** *pron pers* themselves.

eV (abr de électron-volt) eV.

évacuation [evakɥasjɔ̃] *nf* - **1.** [gén] evacuation - **2.** [de liquide] draining.

évacuer [7] [evakɥe] *vt* - **1.** [gén] to evacuate - **2.** [liquide] to drain.

évadé, e [evade] *nm, f* escaped prisoner.

évader [3] [evade] ➤ s'évader *vp* : s'~ (de) to escape (from).

évaluation [evalɥasjɔ̃] *nf* [action] valuation ; [résultat] estimate.

évaluer [7] [evalɥe] *vt* [distance] to estimate ; [tableau] to value ; [risque] to assess.

évanescent, e [evanesã, ãt] *adj* fleeting.

évangélique [evãʒelik] *adj* evangelical.

évangélisation [evãʒelizasjɔ̃] *nf* evangelizing.

évangéliser [3] [evãʒelize] *vt* to evangelize.

évangéliste [evãʒelist] *nm* - **1.** [auteur] Evangelist - **2.** [prédicateur] evangelist.

évangile [evãʒil] *nm* gospel ; l'Évangile selon Saint Jean the Gospel according to St. John.

évanouir [32] [evanwiʁ] ➤ s'évanouir *vp* - **1.** [défaillir] to faint - **2.** [disparaître] to fade.

évanouissement [evanwismã] *nm* - **1.** [syncope] fainting fit - **2.** [disparition] fading.

évaporation [evapɔʁasjɔ̃] *nf* evaporation.

évaporer [3] [evapɔʁe] ➤ s'évaporer *vp* to evaporate.

évasé, e [evaze] *adj* flared.

évaser [3] [evaze] *vt* to flare.
➤ **s'évaser** *vp* to flare.

évasif, ive [evazif, iv] *adj* evasive.

évasion [evazjɔ̃] *nf* escape.

évasivement [evazivmã] *adv* evasively.

évêché [eveʃe] *nm* [territoire] diocese ; [résidence] bishop's palace.

éveil [evɛj] *nm* awakening ; en ~ on the alert.

éveillé, e [eveje] *adj* - **1.** [qui ne dort pas] wide awake - **2.** [vif, alerte] alert.

éveiller [4] [eveje] *vt* to arouse ; [intelligence, dormeur] to awaken.

➤ **s'éveiller** *vp* - **1.** [dormeur] to wake, to awaken - **2.** [curiosité] to be aroused - **3.** [esprit, intelligence] to be awakened - **4.** [s'ouvrir] : **s'~ à qqch** to discover sthg.

événement [evɛnmɑ̃] *nm* event.

événementiel, elle [evɛnmɑ̃sjɛl] *adj* [histoire] factual.

éventail [evɑ̃taj] *nm* - **1.** [objet] fan ; **en ~** fan-shaped - **2.** [choix] range.

éventaire [evɑ̃tɛr] *nm* - **1.** [étalage] stall, stand - **2.** [corbeille] tray.

éventé, e [evɑ̃te] *adj* stale.

éventer [3] [evɑ̃te] *vt* - **1.** [rafraîchir] to fan - **2.** [divulguer] to give away.
➤ **s'éventer** *vp* - **1.** [se rafraîchir] to fan o.s. - **2.** [parfum, vin] to go stale.

éventrer [3] [evɑ̃tre] *vt* - **1.** [étriper] to disembowel - **2.** [fendre] to rip open.

éventualité [evɑ̃tɥalite] *nf* - **1.** [possibilité] possibility - **2.** [circonstance] eventuality ; **dans l'~ de** in the event of ; **parer à toute ~** to be ready for any eventuality.

éventuel, elle [evɑ̃tɥɛl] *adj* possible.

éventuellement [evɑ̃tɥɛlmɑ̃] *adv* possibly.

évêque [evɛk] *nm* bishop.

évertuer [7] [evɛrtɥe] ➤ **s'évertuer** *vp* : **s'~ à faire qqch** to strive to do sthg.

éviction [eviksjɔ̃] *nf* eviction.

évidemment [evidamɑ̃] *adv* obviously.

évidence [evidɑ̃s] *nf* [caractère] evidence ; [fait] obvious fact ; **à l'~** obviously ; **mettre en ~** to emphasize, to highlight ; **se rendre à l'~** to face facts.

évident, e [evidɑ̃, ɑ̃t] *adj* obvious ; **ce n'est pas ~** [pas facile] it's not that easy.

évider [3] [evide] *vt* to hollow out.

évier [evje] *nm* sink.

évincer [16] [evɛ̃se] *vt* : **~ qqn (de)** to oust sb (from).

éviter [3] [evite] *vt* - **1.** [esquiver] to avoid - **2.** [s'abstenir] : **~ de faire qqch** to avoid doing sthg - **3.** [épargner] : **~ qqch à qqn** to save sb sthg.
➤ **s'éviter** *vp* - **1.** [se bouder] to avoid each other - **2.** [s'épargner] to spare o.s.

évocateur, trice [evɔkatœr, tris] *adj* - **1.** [film, roman] : **~ (de)** evocative (of) - **2.** [geste, regard] meaningful.

évocation [evɔkasjɔ̃] *nf* evocation.

évolué, e [evɔlɥe] *adj* - **1.** [développé] developed - **2.** [libéral, progressiste] broad-minded.

évoluer [7] [evɔlɥe] *vi* - **1.** [changer] to evolve ; [personne] to change - **2.** [se mouvoir] to move about.

évolutif, ive [evɔlytif, iv] *adj* - **1.** [système]

evolutionary - **2.** MÉD progressive - **3.** [travail] : **un poste ~** a job with prospects.

évolution [evɔlysjɔ̃] *nf* - **1.** [transformation] development - **2.** BIOL evolution - **3.** MÉD progress.
➤ **évolutions** *nfpl* movements.

évoquer [3] [evɔke] *vt* - **1.** [souvenir] to evoke ; **son nom ne m'évoque rien** his name means nothing to me - **2.** [problème] to refer to - **3.** [esprits, démons] to call up.

ex [ɛks] *nmf inv* ex.

ex- [ɛks] *préfixe* ex-.

exacerbé, e [ɛgzasɛrbe] *adj* exacerbated.

exacerber [3] [ɛgzasɛrbe] *vt* to heighten.

exact, e [ɛgzakt] *adj* - **1.** [calcul] correct - **2.** [récit, copie] exact - **3.** [ponctuel] punctual.

exactement [ɛgzaktəmɑ̃] *adv* exactly.

exaction [ɛgzaksjɔ̃] *nf* extortion.

exactitude [ɛgzaktityd] *nf* - **1.** [de calcul, montre] accuracy - **2.** [ponctualité] punctuality.

ex æquo [ɛgzeko] ◇ *adj inv* & *nmf inv* equal ◇ *adv* equal ; **troisième ~** third equal.

exagération [ɛgzaʒerasjɔ̃] *nf* exaggeration.

exagéré, e [ɛgzaʒere] *adj* exaggerated.

exagérément [ɛgzaʒeremɑ̃] *adv* exaggeratedly.

exagérer [18] [ɛgzaʒere] *vt* & *vi* to exaggerate.
➤ **s'exagérer** *vp* to exaggerate.

exaltant, e [ɛgzaltɑ̃, ɑ̃t] *adj* exhilarating.

exalté, e [ɛgzalte] ◇ *adj* [sentiment] elated ; [tempérament] over-excited ; [imagination] vivid ◇ *nm, f* fanatic.

exalter [3] [ɛgzalte] *vt* to excite.
➤ **s'exalter** *vp* to get carried away.

examen [ɛgzamɛ̃] *nm* examination ; SCOL exam, examination ; **~ médical** medical (examination) ; **mise en ~** JUR indictment.

examinateur, trice [ɛgzaminatœr, tris] *nm, f* examiner.

examiner [3] [ɛgzamine] *vt* to examine.

exaspérant, e [ɛgzasperɑ̃, ɑ̃t] *adj* exasperating.

exaspération [ɛgzasperasjɔ̃] *nf* exasperation.

exaspérer [18] [ɛgzaspere] *vt* to exasperate.

exaucer [16] [ɛgzose] *vt* to grant ; **~ qqn** to answer sb's prayers.

ex cathedra [ɛkskatedra] *loc adv* with authority.

excédant, e [ɛksedɑ̃, ɑ̃t] *adj* exasperating.

excédent [ɛksedɑ̃] *nm* surplus ; **en ~** surplus *(avant n)* ; **~ de bagages** [dans l'avion] excess luggage ou baggage ; ~ **commercial** trade surplus.

excédentaire [ɛksedātɛr] *adj* surplus *(avant n)*.

excéder [18] [ɛksede] *vt* - **1.** [gén] to exceed - **2.** [exaspérer] to exasperate.

excellemment [ɛkselamā] *adv* excellently.

excellence [ɛkselās] *nf* excellence ; **par ~** par excellence.

⭢ **Excellence** *nf* : **Son Excellence** His/Her Excellency.

excellent, e [ɛkselā, āt] *adj* excellent.

exceller [4] [ɛksele] *vi* : ~ **en** ou **dans qqch** to excel at ou in sthg ; ~ **à faire qqch** to excel at doing sthg.

excentré, e [ɛksātre] *adj* : **c'est très ~** it's quite a long way out.

excentrique [ɛksātrik] ⟷ *nmf* eccentric ⟷ *adj* - **1.** [gén] eccentric - **2.** [quartier] outlying.

excepté, e [ɛksɛpte] *adj* : **tous sont venus, lui ~** everyone came except (for) him.

⭢ **excepté** *prép* apart from, except.

exception [ɛksɛpsjɔ̃] *nf* exception ; **faire ~** to be an exception ; **d'~** exceptional ; **à l'~ de** except for.

exceptionnel, elle [ɛksɛpsjɔnɛl] *adj* exceptional.

exceptionnellement [ɛksɛpsjɔnɛlmā] *adv* - **1.** [par exception] in this (one) instance - **2.** [extrêmement] exceptionally.

excès [ɛksɛ] ⟷ *nm* excess ; ~ **de vitesse** speeding ; ~ **de zèle** overzealousness ; **à l'~** to excess, excessively ; **sans ~** moderately ⟷ *nmpl* excesses.

excessif, ive [ɛksesif, iv] *adj* - **1.** [démesuré] excessive - **2.** [extrême] extreme.

excessivement [ɛksesivmā] *adv* - **1.** [démesurément] excessively - **2.** [extrêmement] extremely.

excipient [ɛksipjā] *nm* excipient.

excision [ɛksizjɔ̃] *nf* excision.

excitant, e [ɛksitā, āt] *adj* - **1.** [stimulant, passionnant] exciting - **2.** MÉD stimulating.

⭢ **excitant** *nm* stimulant.

excitation [ɛksitasjɔ̃] *nf* - **1.** [énervement] excitement - **2.** [stimulation] encouragement - **3.** MÉD stimulation.

excité, e [ɛksite] ⟷ *adj* [énervé] excited ⟷ *nm, f* hothead.

exciter [3] [ɛksite] *vt* - **1.** [gén] to excite - **2.** [inciter] : ~ **qqn (à qqch/à faire qqch)** to incite sb (to sthg/to do sthg) - **3.** MÉD to stimulate.

⭢ **s'exciter** *vp* : **s'~ (sur)** to lose one's temper (with).

exclamation [ɛksklamasjɔ̃] *nf* exclamation.

exclamer [3] [ɛksklame] ⭢ **s'exclamer** *vp* : **s'~ (devant)** to exclaim (at ou over).

exclu, e [ɛkskly] ⟷ *pp* ⊳ **exclure** ⟷ *adj* excluded ⟷ *nm, f* outsider.

exclure [96] [ɛksklyr] *vt* to exclude ; [expulser] to expel.

exclusif, ive [ɛksklyzif, iv] *adj* exclusive ; ~ **de** exclusive of.

exclusion [ɛksklyzjɔ̃] *nf* expulsion ; **à l'~ de** to the exclusion of.

exclusivement [ɛksklyzivmā] *adv* - **1.** [uniquement] exclusively - **2.** [non inclus] exclusive.

exclusivité [ɛksklyzivite] *nf* - **1.** COMM exclusive rights *(pl)* ; **avoir l'~ (de)** to have exclusive rights (to) - **2.** CIN sole screening rights *(pl)* ; **en ~** exclusively - **3.** [de sentiment] exclusiveness.

excommunier [9] [ɛkskɔmynje] *vt* to excommunicate.

excrément [ɛkskremā] *nm (gén pl)* excrement *(U)*.

excroissance [ɛkskrwasās] *nf* excrescence.

excursion [ɛkskyrsjɔ̃] *nf* excursion ; **faire une ~** to go on a trip.

excursionniste [ɛkskyrsjɔnist] *nmf* daytripper Br, vacationer Am.

excusable [ɛkskyzabl] *adj* excusable.

excuse [ɛkskyz] *nf* excuse ; **avoir une ~** to have an excuse ; **se confondre en ~s** to apologize profusely ; **présenter ses ~s à qqn** to apologize to sb.

excuser [3] [ɛkskyze] *vt* to excuse ; **excusez-moi** [pour réparer] I'm sorry ; [pour demander] excuse me ; **se faire ~** to ask to be excused.

⭢ **s'excuser** *vp* [demander pardon] to apologize ; **s'~ de qqch/de faire qqch** to apologize for sthg/for doing sthg.

exécrable [ɛgzekrabl] *adj* atrocious.

exécrer [18] [ɛgzekre] *vt* to loathe.

exécutant, e [ɛgzekytā, āt] *nm, f* - **1.** [personne] underling - **2.** MUS performer.

exécuter [3] [ɛgzekyte] *vt* - **1.** [réaliser] to carry out ; [tableau] to paint - **2.** MUS to play, to perform - **3.** [mettre à mort] to execute.

⭢ **s'exécuter** *vp* to comply.

exécuteur, trice [ɛgzekytœr, tris] *nm, f* : ~ **testamentaire** executor.

exécutif, ive [ɛgzekytif, iv] *adj* executive.

⭢ **exécutif** *nm* : **l'~** the executive.

exécution [ɛgzekysjɔ̃] *nf* - **1.** [réalisation] carrying out ; [de tableau] painting ; **mettre à ~** to carry out - **2.** MUS performance - **3.** [mise à mort] execution.

exécutoire [ɛgzekytwar] *adj* binding.

exégèse [εgzeʒεz] nf exegesis.

exemplaire [εgzɑ̃plεr] ⟨⟩ nm copy ⟨⟩ adj exemplary.

exemple [εgzɑ̃pl] nm example ; **par ~** for example, for instance ; **ça, par ~!** [exprime la surprise] well, well!, good heavens! ; **pour l'~** as an example ; **citer qqn en ~** to quote sb as an example ; **montrer l'~** to set an example ; **prendre ~ sur qqn** to take a leaf out of sb's book ; **à l'~ de** following in the footsteps of.

exempt, e [εgzɑ̃, ɑ̃t] adj : **~ de** [dispensé de] exempt from ; [dépourvu de] free of ; **~ de taxes** tax-free Br, tax-exempt Am.

exempté, e [εgzɑ̃te] adj : **~ (de)** exempt (from).

exemption [εgzɑ̃psjɔ̃] nf exemption.

exercer [16] [εgzεrse] vt - **1.** [entraîner, mettre en usage] to exercise ; [autorité, influence] to exert - **2.** [métier] to carry on ; [médecine] to practise.
➤ **s'exercer** vp - **1.** [s'entraîner] to practise ; **s'~ à qqch/à faire qqch** to practise sthg/doing sthg - **2.** [se manifester] : **s'~ (sur OU contre)** to be exerted (on).

exercice [εgzεrsis] nm - **1.** [gén] exercise ; **~s d'assouplissement** keep-fit exercises - **2.** [entraînement] practice - **3.** [de métier, fonction] carrying out ; **dans l'~ de ses fonctions** in the execution of one's duties ; **en ~** in office - **4.** FIN financial year Br, fiscal year Am.

exergue [εgzεrg] nm inscription ; **mettre qqch en ~** to emphasize sthg.

exhalaison [εgzalεzɔ̃] nf odour Br, odor Am.

exhaler [3] [εgzale] vt littéraire - **1.** [odeur] to give off - **2.** fig [colère, rage] to vent - **3.** [plainte, soupir] to utter.
➤ **s'exhaler** vp - **1.** [odeur] to rise - **2.** [plainte, soupir] : **s'~ de** to rise from.

exhausser [3] [εgzose] vt to raise.

exhaustif, ive [εgzostif, iv] adj exhaustive.

exhiber [3] [εgzibe] vt [présenter] to show ; [faire étalage de] to show off.
➤ **s'exhiber** vp to make an exhibition of o.s.

exhibitionniste [εgzibisjɔnist] nmf exhibitionist.

exhortation [εgzɔrtasjɔ̃] nf exhortation.

exhorter [3] [εgzɔrte] vt : **~ qqn à qqch/à faire qqch** to urge sb to sthg/to do sthg.

exhumer [3] [εgzyme] vt to exhume ; fig to unearth, to dig up.

exigeant, e [εgziʒɑ̃, ɑ̃t] adj demanding.

exigence [εgziʒɑ̃s] nf - **1.** [caractère] demanding nature - **2.** [demande] demand.

exiger [17] [εgziʒe] vt - **1.** [demander] to demand ; **~ que** (+ subjonctif) to demand that ;

~ qqch de qqn to demand sthg from sb - **2.** [nécessiter] to require.

exigible [εgziʒibl] adj payable.

exigu, ë [εgzigy] adj cramped.

exiguïté [εgziguite] nf lack of space.

exil [εgzil] nm exile ; **en ~** exiled.

exilé, e [εgzile] nm, f exile.

exiler [3] [εgzile] vt to exile.
➤ **s'exiler** vp - **1.** POLIT to go into exile - **2.** fig [partir] to go into seclusion.

existence [εgzistɑ̃s] nf existence.

existentialisme [εgzistɑ̃sjalism] nm existentialism.

existentiel, elle [εgzistɑ̃sjεl] adj existential.

exister [3] [εgziste] ⟨⟩ vi to exist ⟨⟩ v impers : **il existe** [il y a] there is/are.

exode [εgzɔd] nm exodus ; **~ rural** rural depopulation.

exonération [εgzɔnerasjɔ̃] nf exemption ; **~ de qqch** exemption from sthg ; **~ d'impôts** tax exemption.

exonérer [18] [εgzɔnere] vt : **~ qqn de qqch** to exempt sb from sthg.

exorbitant, e [εgzɔrbitɑ̃, ɑ̃t] adj exorbitant.

exorbité, e [εgzɔrbite] ➤ **œil.**

exorciser [3] [εgzɔrsize] vt to exorcize.

exotique [εgzɔtik] adj exotic.

exotisme [εgzɔtism] nm exoticism.

expansé, e [εkspɑ̃se] adj expanded.

expansif, ive [εkspɑ̃sif, iv] adj expansive.

expansion [εkspɑ̃sjɔ̃] nf expansion ; **~ démographique** population growth.

expansionniste [εkspɑ̃sjɔnist] nmf & adj expansionist.

expatrié, e [εkspatrije] adj & nm, f expatriate.

expatrier [10] [εkspatrije] vt to expatriate.
➤ **s'expatrier** vp to leave one's country.

expectative [εkspεktativ] nf : **être dans l'~** to wait and see.

expectorant, e [εkspεktɔrɑ̃, ɑ̃t] adj expectorant.
➤ **expectorant** nm expectorant.

expédient [εkspedjɑ̃] nm expedient ; **vivre d'~s** to live by one's wits.

expédier [9] [εkspedje] vt - **1.** [lettre, marchandise] to send, to dispatch - **2.** [personne] to get rid of ; [question] to dispose of - **3.** [travail] to dash off.

expéditeur, trice [εkspeditœr, tris] ⟨⟩ adj dispatching (avant n) ⟨⟩ nm, f sender.

expéditif, ive [εkspeditif, iv] adj quick, expeditious.

expédition [ɛkspedisjɔ̃] nf - **1.** [envoi] sending - **2.** [voyage, campagne militaire] expedition ; ~ **punitive** punitive raid.

expéditionnaire [ɛkspedisjɔnɛr] ⊳ **corps**.

expérience [ɛksperjɑ̃s] nf - **1.** [pratique] experience ; **avoir de l'~** to have experience, to be experienced - **2.** [essai] experiment ; **faire l'~ de qqch** to experience ou try sthg ; **tenter l'~** to try.

expérimental, e, aux [ɛksperimɑ̃tal, o] adj experimental.

expérimentation [ɛksperimɑ̃tasjɔ̃] nf experimentation.

expérimenté, e [ɛksperimɑ̃te] adj experienced.

expérimenter [3] [ɛksperimɑ̃te] vt to test.

expert, e [ɛkspɛr, ɛrt] adj expert ; **être ~ (en la matière)** to be an expert (on the subject).
➡ **expert** nm expert.

expert-comptable [ɛkspɛrkɔ̃tabl] (pl **experts-comptables**) nm chartered accountant Br, certified public accountant Am.

expertise [ɛkspɛrtiz] nf - **1.** [examen] expert appraisal ; [estimation] (expert) valuation - **2.** [compétence] expertise.

expertiser [3] [ɛkspɛrtize] vt to value ; [dégâts] to assess.

expiation [ɛkspjasjɔ̃] nf atonement.

expier [9] [ɛkspje] vt to pay for.

expiration [ɛkspirasjɔ̃] nf - **1.** [d'air] exhalation - **2.** [de contrat] expiry.

expirer [3] [ɛkspire] ⬦ vt to breathe out ⬦ vi - **1.** [personne] to pass away - **2.** [contrat] to expire.

explicable [ɛksplikabl] adj explicable.

explicatif, ive [ɛksplikatif, iv] adj explanatory.

explication [ɛksplikasjɔ̃] nf explanation ; **demander des ~s à qqn** to demand an explanation from sb ; ~ **de texte** (literary) criticism.

explicite [ɛksplisit] adj explicit.

explicitement [ɛksplisitmɑ̃] adv explicitly.

expliciter [3] [ɛksplisite] vt to make explicit.

expliquer [3] [ɛksplike] vt - **1.** [gén] to explain - **2.** [texte] to criticize.
➡ **s'expliquer** vp - **1.** [se justifier] to explain o.s. - **2.** [comprendre] to understand - **3.** [discuter] to have it out - **4.** [devenir compréhensible] to be explained, to become clear.

exploit [ɛksplwa] nm exploit, feat ; iron [maladresse] achievement.

exploitable [ɛksplwatabl] adj [gisement] exploitable ; [renseignement] usable ; INFORM machine-readable.

exploitant, e [ɛksplwatɑ̃, ɑ̃t] nm, f farmer.

exploitation [ɛksplwatasjɔ̃] nf - **1.** [mise en valeur] running ; [de mine] working - **2.** [entreprise] operation, concern ; ~ **agricole** farm - **3.** [d'une personne] exploitation.

exploiter [3] [ɛksplwate] vt - **1.** [gén] to exploit - **2.** [entreprise] to operate, to run.

exploiteur, euse [ɛksplwatœr, øz] nm, f exploiter.

explorateur, trice [ɛksplɔratœr, tris] nm, f explorer.

exploration [ɛksplɔrasjɔ̃] nf exploration.

exploratoire [ɛksplɔratwar] adj exploratory.

explorer [3] [ɛksplɔre] vt to explore.

exploser [3] [ɛksplɔze] vi to explode.

explosif, ive [ɛksplozif, iv] adj explosive.
➡ **explosif** nm explosive.

explosion [ɛksplozjɔ̃] nf explosion ; [de colère joie] outburst.

expo [ɛkspo] nf fam exhibition.

exponentiel, elle [ɛkspɔnɑ̃sjɛl] adj exponential.

exportateur, trice [ɛkspɔrtatœr, tris] ⬦ adj exporting ⬦ nm, f exporter.

exportation [ɛkspɔrtasjɔ̃] nf export.

exporter [3] [ɛkspɔrte] vt to export.

exposant, e [ɛkspozɑ̃, ɑ̃t] nm, f exhibitor.
➡ **exposant** nm exponent.

exposé, e [ɛkspoze] adj - **1.** [orienté] : **bien ~** facing the sun - **2.** [vulnérable] exposed.
➡ **exposé** nm account ; SCOL talk.

exposer [3] [ɛkspoze] vt - **1.** [orienter, mettre en danger] to expose ; ~ **sa vie** to risk one's life - **2.** [présenter -] to display ; [- tableaux] to show to exhibit - **3.** [expliquer] to explain, to set out.
➡ **s'exposer** vp : **s'~ à qqch** to expose o.s. to sthg.

exposition [ɛkspozisjɔ̃] nf - **1.** [présentation] exhibition - **2.** [orientation] aspect - **3.** [explication] exposition.

exposition-vente [ɛkspozisjɔ̃vɑ̃t] (pl **expositions-ventes**) nf exhibition (where purchases can be made).

exprès¹, esse [ɛksprɛs] adj [formel] formal express.
➡ **exprès** adj inv [urgent] express ; **en ~** by express delivery.

exprès² [ɛksprɛ] adv on purpose ; **faire ~ de faire qqch** to do sthg deliberately ou on purpose.

express [ɛksprɛs] <> nm inv - **1.** [train] express - **2.** [café] espresso <> adj inv express.

expressément [ɛkspresemãl] adv expressly.

expressif, ive [ɛkspresif, iv] adj expressive.

expression [ɛkspresjɔ̃] nf expression ; ~ **idiomatique** idiom, idiomatic expression ; **réduire qqch à sa plus simple ~** fig to reduce sthg to its simplest form ; **selon l'~ consacrée** as the saying goes.

expressionnisme [ɛkspresjɔnism] nm expressionism.

expressivité [ɛkspresivite] nf expressiveness.

exprimable [ɛksprimabl] adj which can be expressed ; **difficilement ~** difficult to express.

exprimer [3] [ɛksprime] vt [pensées, sentiments] to express ; ~ **qqch par qqch** to express sthg with sthg.
➡ **s'exprimer** vp to express o.s.

expropriation [ɛksprɔprijasjɔ̃] nf expropriation.

exproprier [10] [ɛksprɔprije] vt to expropriate.

expulser [3] [ɛkspylse] vt : ~ **(de)** to expel (from) ; [locataire] to evict (from).

expulsion [ɛkspylsjɔ̃] nf expulsion ; [de locataire] eviction.

expurger [17] [ɛkspyrʒe] vt to expurgate.

exquis, e [ɛkski, iz] adj - **1.** [délicieux] exquisite - **2.** [distingué, agréable] delightful.

exsangue [ɛksɑ̃g] adj [blème] deathly pale.

extase [ɛkstaz] nf ecstasy ; **tomber en ~ devant** to go into ecstasies over.

extasier [9] [ɛkstazje] ➡ **s'extasier** vp : **s'~ devant** to go into ecstasies over.

extatique [ɛkstatik] adj ecstatic.

extenseur [ɛkstɑ̃sœr] <> nm GYM chest expander <> adj ▷ **muscle**.

extensible [ɛkstɑ̃sibl] adj stretchable.

extensif, ive [ɛkstɑ̃sif, iv] adj extensive.

extension [ɛkstɑ̃sjɔ̃] nf - **1.** [étirement] stretching - **2.** [développement] spread - **3.** [élargissement] extension ; **par ~** by extension ; ~ **de nom de fichier** INFORM (filename) extension.

exténuant, e [ɛkstenɥɑ̃, ɑ̃t] adj exhausting.

exténuer [7] [ɛkstenɥe] vt to exhaust.

extérieur, e [ɛksterjœr] adj - **1.** [au dehors] outside ; [étranger] external ; [apparent] outward - **2.** ÉCON & POLIT foreign.
➡ **extérieur** nm - **1.** [dehors] outside ; [de maison] exterior ; **à l'~ de qqch** outside sthg - **2.** ÉCON & POLIT : **l'~** foreign countries (pl).

extérieurement [ɛksterjœrmãl] adv - **1.** [à l'extérieur] on the outside, externally - **2.** [en apparence] outwardly.

extérioriser [3] [ɛksterjɔrize] vt to show.
➡ **s'extérioriser** vp to show one's feelings.

extermination [ɛksterminasjɔ̃] nf extermination.

exterminer [3] [ɛkstermine] vt to exterminate.

externat [ɛksterna] nm - **1.** SCOL day school - **2.** MÉD non-resident medical studentship.

externe [ɛkstern] <> nmf - **1.** SCOL day pupil - **2.** MÉD non-resident medical student, ≃ extern Am <> adj outer, external ; ~ **à qqch** outside sthg.

extincteur [ɛkstɛ̃ktœr] nm (fire) extinguisher.

extinction [ɛkstɛ̃ksjɔ̃] nf - **1.** [action d'éteindre] putting out, extinguishing ; ~ **des feux** lights out - **2.** fig [disparition] extinction ; ~ **de voix** loss of one's voice.

extirper [3] [ɛkstirpe] vt : ~ **(de)** [épine, réponse, secret] to drag (out of) ; [plante] to uproot (from) ; [erreur, préjugé] to root out (of).
➡ **s'extirper** vp : **s'~ de qqch** to struggle out of sthg.

extorquer [3] [ɛkstɔrke] vt : ~ **qqch à qqn** to extort sthg from sb.

extorsion [ɛkstɔrsjɔ̃] nf extortion ; ~ **de fonds** extortion of money.

extra [ɛkstra] <> nm inv - **1.** [employé] extra help (U) - **2.** [chose inhabituelle] (special) treat <> adj inv - **1.** [de qualité] top-quality - **2.** fam [génial] great, fantastic.

extraction [ɛkstraksjɔ̃] nf extraction.

extrader [3] [ɛkstrade] vt to extradite.

extradition [ɛkstradisjɔ̃] nf extradition.

extraire [112] [ɛkstrer] vt : ~ **(de)** to extract (from).

extrait, e [ɛkstre, ɛt] pp ▷ **extraire**.
➡ **extrait** nm extract ; ~ **de café** coffee extract ; ~ **de naissance** birth certificate.

extralucide [ɛkstralysid] ▷ **voyant**.

extraordinaire [ɛkstraɔrdiner] adj extraordinary.

extraplat, e [ɛkstrapla, at] adj wafer-thin.

extrapoler [3] [ɛkstrapɔle] vt & vi to extrapolate.

extraterrestre [ɛkstraterestr] nmf & adj extraterrestrial.

extravagance [ɛkstravagɑ̃s] nf extravagance.

extravagant, e [ɛkstravagɑ̃, ɑ̃t] adj extravagant ; [idée, propos] wild.

extraverti, e [ɛkstraverti] nm, f & adj extrovert.

extrême [ɛkstrɛm] ⟨> *nm* extreme ; **d'un ~ à l'autre** from one extreme to the other ⟨> *adj* extreme ; [limite] furthest ; **les sports ~s** extreme sports.

extrêmement [ɛkstrɛmmã] *adv* extremely.

extrême-onction [ɛkstrɛmɔ̃ksjɔ̃] (*pl* **extrêmes-onctions**) *nf* last rites (*pl*), extreme unction.

Extrême-Orient [ɛkstrɛmɔrjã] *nm* : **l'~** the Far East.

extrémiste [ɛkstremist] *nmf* & *adj* extremist.

extrémité [ɛkstremite] *nf* - **1.** [bout] end - **2.** [situation critique] straights (*pl*) ; **à la dernière ~** *fig* at death's door.

exubérant, e [ɛgzyberã, ãt] *adj* - **1.** [personne] exuberant - **2.** [végétation] luxuriant.

exulter [3] [ɛgzylte] *vi* to exult.

exutoire [ɛgzytwar] *nm* outlet.

ex-voto [ɛksvɔtɔ] *nm inv* votive offering.

eye-liner [ajlajnɛr] (*pl* **eye-liners**) *nm* eyeliner.

f, F [ɛf] *nm inv* f, F ; **F3** three-room flat *Br* OU apartment *Am*.
➤ **F** - **1.** *abr de* **femme** - **2.** *abr de* **féminin** - **3.** (*abr de* **Fahrenheit**) F - **4.** (*abr de* **franc**) F, Fr.

fa [fa] *nm inv* F ; [chanté] fa.

FAB [fab] (*abr de* **franco à bord**) FOB, fob.

fable [fabl] *nf* fable.

fabricant, e [fabrikã, ãt] *nm, f* manufacturer.

fabrication [fabrikasjɔ̃] *nf* manufacture, manufacturing ; **de ~ artisanale** handmade.

fabrique [fabrik] *nf* [usine] factory.

fabriquer [3] [fabrike] *vt* - **1.** [confectionner] to manufacture, to make ; **fabriqué en France** made in France - **2.** *fam* [faire] : **qu'est-ce que tu fabriques?** what are you up to? - **3.** [inventer] to fabricate.

fabulation [fabylasjɔ̃] *nf* fabrication.

fabuleusement [fabyløzmã] *adv* fabulously.

fabuleux, euse [fabylø, øz] *adj* fabulous.

fac [fak] *nf fam* college, uni *Br*.

FAC (*abr de* **franc d'avarie commune**) *adj* FGA, fga.

façade [fasad] *nf litt* & *fig* facade.

face [fas] *nf* - **1.** [visage] face ; **perdre la ~** to lose face ; **sauver la ~** to save face - **2.** [côté] side ; **faire ~ à qqch** [maison] to face sthg, to be opposite sthg ; *fig* [affronter] to face up to sthg ; **de ~** from the front ; **en ~ de qqn/qqch** opposite sb/sthg ; **d'en ~** across the street, opposite ; **~ à** facing ; **~ à qqch** [situation] faced with sthg ; **~ à ~** face to face ; **regarder qqch en ~** *fig* to face up to sthg.

face-à-face [fasafas] *nm inv* debate.

facétie [fasesi] *nf* practical joke.

facétieux, euse [fasesjø, øz] ⟨> *adj* playful ⟨> *nm, f* joker.

facette [fasɛt] *nf litt* & *fig* facet.

fâché, e [faʃe] *adj* - **1.** [en colère] angry ; [contrarié] annoyed - **2.** [brouillé] on bad terms.

fâcher [3] [faʃe] *vt* [mettre en colère] to anger, to make angry ; [contrarier] to annoy, to make annoyed.
➤ **se fâcher** *vp* - **1.** [se mettre en colère] : **se ~ (contre qqn)** to get angry (with sb) - **2.** [se brouiller] : **se ~ (avec qqn)** to fall out (with sb).

fâcherie [faʃri] *nf* disagreement.

fâcheux, euse [faʃø, øz] *adj* unfortunate.

facho [faʃo] *nmf* & *adj fam* fascist.

facial, e, aux [fasjal, o] *adj* facial.

faciès [fasjɛs] *nm péj* [visage] features (*pl*).

facile [fasil] *adj* - **1.** [aisé] easy ; **~ à faire/prononcer** easy to do/pronounce - **2.** [peu subtil] facile - **3.** [conciliant] easy-going ; **~ à vivre** easy to get on with.

facilement [fasilmã] *adv* easily.

facilité [fasilite] *nf* - **1.** [de tâche, problème] easiness - **2.** [capacité] ease - **3.** [dispositions] aptitude - **4.** COMM : **~s de paiement** easy (payment) terms ; **~s de crédit** credit facilities.

faciliter [3] [fasilite] *vt* to make easier.

façon [fasɔ̃] *nf* - **1.** [manière] way ; **~ de parler** figure of speech - **2.** [travail] work ; COUTURE making-up - **3.** [imitation] : **~ cuir** imitation leather.
➤ **façons** *nfpl* manner (*sg*), ways ; **faire des ~s** to make a fuss.
➤ **de façon à** *loc prép* so as to.

➤ **de façon que** (+ *subjonctif*) *loc conj* so that.

➤ **de toute façon** *loc adv* anyway, in any case.

➤ **sans façon** ◇ *loc adj* unpretentious ◇ *loc adv* [sincèrement] really, honestly ; [accepter] without fuss.

façonner [3] [fasɔne] *vt* - **1.** [travailler, former] to shape - **2.** [fabriquer] to manufacture, to make.

fac-similé [faksimile] (*pl* **fac-similés**) *nm* facsimile.

facteur, trice [faktœr, tris] *nm, f* [des postes] postman (*f* postwoman) *Br*, mailman (*f* mailwoman) *Am*.

➤ **facteur** *nm* - **1.** MUS [fabricant] maker ; **~ d'orgues** organ-builder - **2.** [élément & MATHS] factor ; **~ rhésus** MÉD Rhesus factor ; **~ vent** *Can* windchill factor.

factice [faktis] *adj* artificial.

faction [faksjɔ̃] *nf* - **1.** [groupe] faction - **2.** MIL : **être en** *ou* **de ~** to be on guard (duty) *ou* on sentry duty.

factotum [faktɔtɔm] *nm* odd-job man *Br*, odd jobber *Am*.

factuel, elle [faktɥɛl] *adj* factual.

facturation [faktyrasjɔ̃] *nf* - **1.** [action] invoicing - **2.** [bureau] invoice office.

facture [faktyr] *nf* - **1.** COMM invoice ; [de gaz, d'électricité] bill - **2.** ART technique - **3.** MUS [fabrication] making.

facturer [3] [faktyre] *vt* COMM to invoice.

facultatif, ive [fakyltatif, iv] *adj* optional.

facultativement [fakyltativmɑ̃] *adv* optionally.

faculté [fakylte] *nf* - **1.** [don & UNIV] faculty ; **~ de lettres/de droit/de médecine** Faculty of Arts/Law/Medicine - **2.** [possibilité] freedom - **3.** [pouvoir] power.

➤ **facultés** *nfpl* (mental) faculties.

fada [fada] *fam* ◇ *nm* nutcase ◇ *adj* nuts.

fadaises [fadɛz] *nfpl* drivel (U).

fade [fad] *adj* - **1.** [sans saveur] bland - **2.** [sans intérêt] insipid.

fagot [fago] *nm* bundle of sticks ; **de derrière les ~s** *fig* kept for a special occasion.

fagoté, e [fagɔte] *adj fam* dressed.

fagoter [3] [fagɔte] *vt fam* to dress up.

➤ **se fagoter** *vp fam* to dress o.s. up.

Fahrenheit [farɛnajt] *n inv* Fahrenheit.

faible [fɛbl] ◇ *adj* - **1.** [gén] weak ; **être ~ en maths** to be not very good at maths - **2.** [petit - montant, proportion] small ; [- revenu] low - **3.** [lueur, bruit] faint ◇ *nmf* weak person ; **~ d'esprit** feeble-minded person ◇ *nm*

weakness ; **avoir un ~ pour** to have a weakness for.

faiblement [fɛbləmɑ̃] *adv* - **1.** [mollement] weakly, feebly - **2.** [imperceptiblement] faintly - **3.** [peu] slightly.

faiblesse [fɛblɛs] *nf* - **1.** [gén] weakness ; **~ d'esprit** feeble-mindedness - **2.** [petitesse] smallness.

faiblir [32] [feblir] *vi* - **1.** [personne, monnaie] to weaken - **2.** [forces] to diminish, to fail - **3.** [tempête, vent] to die down.

faïence [fajɑ̃s] *nf* earthenware.

faignant, e = fainéant.

faille [faj] ◇ ▷ **falloir** ◇ *nf* - **1.** GÉOL fault - **2.** [défaut] flaw.

faillible [fajibl] *adj* fallible.

faillir [46] [fajir] *vi* - **1.** [manquer] : **~ à** [promesse] not to keep ; [devoir] not to do - **2.** [être sur le point de] : **~ faire qqch** to nearly *ou* almost do sthg.

faillite [fajit] *nf* FIN bankruptcy ; **faire ~** to go bankrupt ; **en ~** bankrupt.

faim [fɛ̃] *nf* hunger ; **avoir ~** to be hungry ; **avoir ~ de** *fig* to hunger for ; **mourir de ~** to be starving ; **ne pas manger à sa ~** not to eat one's fill ; **rester sur sa ~** to be still hungry ; *fig* to be unsatisfied *ou* disappointed ; **avoir une ~ de loup** to be starving.

fainéant, e [feneɑ̃, ɑ̃t], **feignant, e, faignant, e** [fɛɲɑ̃, ɑ̃t] ◇ *adj* lazy, idle ◇ *nm, f* lazybones.

fainéanter [3] [feneɑ̃te] *vi* to laze about.

faire [109] [fɛr] ◇ *vt* - **1.** [fabriquer, préparer] to make ; **~ une maison** to build a house ; **~ une tarte/du café/un film** to make a tart/coffee/a film ; **~ qqch de qqch** [transformer] to make sthg into sthg ; **~ qqch de qqn** *fig* to make sthg of sb ; **il veut en ~ un avocat** he wants him to be a lawyer, he wants to make a lawyer of him - **2.** [s'occuper à, entreprendre] to do ; **qu'est-ce qu'il fait dans la vie?** what does he do (for a living)? ; **que fais-tu dimanche?** what are you doing on Sunday? ; **qu'est-ce que je peux ~ pour vous aider?** what can I do to help you? - **3.** [étudier] to do ; **~ de l'anglais/des maths/du droit** to do English/maths/law - **4.** [sport, musique] to play ; **~ du football/de la clarinette** to play football/the clarinet - **5.** [effectuer] to do ; **~ le ménage** to do the housework ; **~ la cuisine** to cook, to do the cooking ; **~ la lessive** to do the washing - **6.** [occasionner] : **~ de la peine à qqn** to hurt sb ; **~ du mal à** to harm ; **~ du bruit** to make a noise ; **ça m'a fait quelque chose** it affected me ; **ça ne fait rien** it doesn't matter - **7.** [tenir le rôle de] to be, to

play - **8.** [imiter] : ~ **le sourd/l'innocent** to act
deaf/(the) innocent - **9.** [calcul, mesure] : **un et
un font deux** one and one are *ou* make two ;
ça fait combien (de kilomètres) jusqu'à la mer?
how far is it to the sea? ; **la table fait 2 mètres
de long** the table is 2 metres *Br ou* meters
Am long ; **du 38** to take a size 38 - **10.** [coû-
ter] to be, to cost ; **ça vous fait 50 francs en tout**
that'll be 50 francs altogether - **11.** [dire] :
«**tiens**», **fit-elle** "really", she said - **12.** : **ne
~ que** [faire sans cesse] to do nothing but ; **elle ne
fait que bavarder** she does nothing but gossip, she's always gossiping ; **je ne fais que
passer** I've just popped in ◇ *vi* [agir] to do, to
act ; **fais vite!** hurry up! ; **que ~?** what is to
be done? ; **tu ferais bien d'aller voir ce qui se
passe** you ought to *ou* you'd better go and
see what's happening ; **~ comme chez soi** to
make o.s. at home ◇ *v attr* [avoir l'air] to look ;
~ démodé/joli to look old-fashioned/
pretty ; **ça fait jeune** it makes you look
young ◇ *v substitut* to do ; **je lui ai dit de
prendre une échelle mais il ne l'a pas fait** I told
him to use a ladder but he didn't ; **faites!**
please do! ◇ *v impers* - **1.** [climat, temps] : **il fait
beau/froid** it's fine/cold ; **il fait 20 degrés** it's
20 degrees ; **il fait jour/nuit** it's light/dark ; **il
fait bon se reposer** it's *ou* it feels good to
have a rest - **2.** [exprime la durée, la distance] : **ça
fait six mois que je ne l'ai pas vu** it's six
months since I last saw him ; **ça fait six mois
que je fais du portugais** I've been going to
Portuguese classes for six months ; **ça fait
30 kilomètres qu'on roule sans phares** we've
been driving without lights for 30 kilometres ◇ *v auxiliaire* - **1.** [à l'actif] to make ;
~ démarrer une voiture to start a car ; **~ tomber qqch** to make sthg fall ; **l'aspirine fait
baisser la fièvre** aspirin brings down the
temperature ; **~ travailler qqn** to make sb
work ; **~ traverser la rue à un aveugle** to help
a blind man cross the road - **2.** [au passif] :
~ faire qqch (par qqn) to have sthg done (by
sb) ; **~ réparer sa voiture/nettoyer ses vitres** to
have one's car repaired/one's windows
cleaned.
➤ **se faire** *vp* - **1.** [avoir lieu] to take place
- **2.** [être à la mode] to be in - **3.** [être convenable] :
ça ne se fait pas (de faire qqch) it's not done
(to do sthg) - **4.** [devenir] : **se ~ (+ adjectif)** to
get, to become ; **il se fait tard** it's getting
late ; **se ~ beau** to make o.s. beautiful
- **5.** [causer] (+ *nom*) : **se ~ mal** to hurt o.s. ; **se
~ des amis** to make friends ; **se ~ une idée sur
qqch** to get some idea about sthg - **6.** (+ *infinitif*) : **se ~ écraser** to get run over ; **se ~ opérer** to have an operation ; **se ~ aider (par
qqn)** to get help (from sb) ; **se ~ faire un cos-**

tume to have a suit made (for o.s.) - **7.** *loc* :
comment se fait-il que ...? how is it that ...?,
how come ...? ; **s'en ~** to worry ; **ne vous en
faites pas!** don't worry!
➤ **se faire à** *vp + prép* to get used to.

faire-part [fɛrpar] *nm inv* announcement ;
~ de naissance/mariage birth/wedding announcement.

faire-valoir [fɛrvalwar] *nm inv* [personne] foil.

fair-play [fɛrplɛ] *adj inv* sporting ; **se montrer
~** to be sporting.

fais, fait *etc* ▷ faire.

faisable [fəzabl] *adj* feasible.

faisan, e [fəzã, an] *nm, f* pheasant.

faisandé, e [fəzãde] *adj* CULIN high.

faisceau, x [fɛso] *nm* - **1.** [rayon] beam ; **~ lumineux** beam of light - **2.** [fagot] bundle.

faiseur, euse [fəzœr, øz] *nm, f* maker ;
~ d'embarras fusspot.

faisons ▷ faire.

fait, faite [fɛ, fɛt] ◇ *pp* ▷ faire ◇ *adj*
- **1.** [fabriqué] made ; **être ~ pour** *litt* & *fig* to be
made *ou* meant for ; **il n'est pas ~ pour me-
ner cette vie** he's not cut out for this kind of
life ; **ils sont ~s l'un pour l'autre** they are
made for each other ; **~ sur mesure** made to
measure - **2.** [physique] : **bien ~** well-built
- **3.** [fromage] ripe - **4.** *loc* : **c'est bien ~ pour lui**
(it) serves him right ; **c'en est ~ de nous**
we're done for.
➤ **fait** *nm* - **1.** [acte] act ; **mettre qqn devant le
~ accompli** to present sb with a fait accom-
pli ; **prendre qqn sur le ~** to catch sb in the
act ; **~s et gestes** doings, actions - **2.** [événe-
ment] event ; **~s divers** news in brief - **3.** [réali-
té] fact ; **le ~ est que ...** the fact is (that) ...
➤ **au fait** *loc adv* by the way.
➤ **en fait** *loc adv* in (actual) fact.
➤ **en fait de** *loc prép* by way of.
➤ **du fait de** *loc prép* because of.

faîte [fɛt] *nm* - **1.** [de toit] ridge - **2.** [d'arbre] top
- **3.** *fig* [sommet] pinnacle.

faites ▷ faire.

faîtière [fɛtjɛr] *nf* skylight.

fait-tout (*pl inv*), **faitout** (*pl* faitouts) [fɛtu]
nm stewpan.

fakir [fakir] *nm* fakir.

falaise [falɛz] *nf* cliff.

falbalas [falbala] *nmpl* furbelows.

fallacieux, euse [falasjø, øz] *adj* - **1.** [promes-
se] false - **2.** [argument] fallacious.

falloir [69] [falwar] *v impers* : **il me faut du
temps** I need (some) time ; **il lui faudra de
l'énergie** he'll need (a lot of) energy ; **il te
faut un peu de repos** you need some rest ; **il**

faut que tu partes you must go *ou* leave, you'll have to go *ou* leave ; **il faut toujours qu'elle intervienne!** she always has to interfere! ; **il faut agir** we/you *etc* must act ; **il faut faire attention** we/you *etc* must be careful, we'll/you'll *etc* have to be careful ; **s'il le faut** if necessary.

➤ **s'en falloir** *v impers* : **il s'en faut de peu pour qu'il puisse acheter cette maison** he can almost afford to buy the house ; **il s'en faut de 20 cm pour que l'armoire tienne dans le coin** the cupboard is 20 cm too big to fit into the corner ; **il s'en faut de beaucoup pour qu'il ait l'examen** it'll take a lot for him to pass the exam ; **peu s'en est fallu qu'il démissionne** he very nearly resigned, he came close to resigning ; **tant s'en faut** far from it, on the contrary.

fallu [faly] *pp inv* ▷ **falloir**.

falot, e [falo, ɔt] *adj* dull.
➤ **falot** *nm* lantern.

falsification [falsifikasjɔ̃] *nf* - **1.** [de document] forgery ; [de monnaie] counterfeiting - **2.** [de produit alimentaire] adulteration.

falsifier [9] [falsifje] *vt* - **1.** [document, signature, faits] to falsify - **2.** [pensée, paroles] to misrepresent - **3.** [produit alimentaire] to adulterate.

famé, e [fame] *adj* : **mal ~** with a (bad) reputation.

famélique [famelik] *adj* half-starved.

fameusement [famøzmɑ̃] *adv fam* really.

fameux, euse [famø, øz] *adj* - **1.** [célèbre] famous - **2.** *fam* [remarquable] great ; **pas ~** not up to much, nothing great.

familial, e, aux [familjal, o] *adj* family (*avant n*).
➤ **familiale** *nf* estate car *Br*, station wagon *Am*.

familiariser [3] [familjarize] *vt* : **~ qqn avec** to familiarize sb with.
➤ **se familiariser** *vp* : **se ~ avec** to get used to.

familiarité [familjarite] *nf* familiarity.
➤ **familiarités** *nfpl* liberties.

familier, ère [familje, ɛr] *adj* familiar.
➤ **familier** *nm* regular (customer).

famille [famij] *nf* family ; [ensemble des parents] relatives, relations ; **de bonne ~** of good family ; **fonder une ~** to start a family ; **~ d'accueil** [lors d'un séjour linguistique] host family ; [pour enfant en difficulté] foster home ; **~ nombreuse** large family.

famine [famin] *nf* famine ; **crier ~** *fig* to complain of one's poverty.

fan [fan] *nmf fam* fan.

fanal, aux [fanal, o] *nm* - **1.** [de phare] beacon - **2.** [de train] headlight - **3.** [lanterne] lantern.

fanatique [fanatik] ◇ *nmf* fanatic ◇ *adj* fanatical.

fanatiser [3] [fanatize] *vt* to make fanatics out of.

fanatisme [fanatism] *nm* fanaticism.

fane [fan] *nf* - **1.** [de carotte] top - **2.** [d'arbre] fallen leaf.

faner [3] [fane] ◇ *vt* [altérer] to fade ◇ *vi* - **1.** [fleur] to wither - **2.** [beauté, couleur] to fade.
➤ **se faner** *vp* - **1.** [fleur] to wither - **2.** [beauté, couleur] to fade.

fanfare [fɑ̃far] *nf* - **1.** [orchestre] brass band - **2.** [musique] fanfare ; **en ~** noisy.

fanfaron, onne [fɑ̃farɔ̃, ɔn] ◇ *adj* boastful ◇ *nm, f* braggart.

fanfaronnade [fɑ̃farɔnad] *nf* boasting (*U*).

fanfreluche [fɑ̃frəlyʃ] *nf* trimming.

fange [fɑ̃ʒ] *nf littéraire* mire ; **traîner qqn dans la ~** to drag sb through the mire.

fanion [fanjɔ̃] *nm* pennant.

fantaisie [fɑ̃tezi] ◇ *nf* - **1.** [caprice] whim - **2.** (*U*) [goût] fancy - **3.** [imagination] imagination ; **de ~** imaginary - **4.** *MUS* fantasia ◇ *adj inv* : **chapeau ~** fancy hat ; **bijoux ~** fake jewellery *Br ou* jewelry *Am*.

fantaisiste [fɑ̃tezist] ◇ *nmf* entertainer ◇ *adj* - **1.** [fumiste] dilettante - **2.** [bizarre] fanciful.

fantasmagorique [fɑ̃tasmagɔrik] *adj* phantasmagorical, extraordinary.

fantasme [fɑ̃tasm] *nm* fantasy.

fantasmer [3] [fɑ̃tasme] *vi* to fantasize.

fantasque [fɑ̃task] *adj* - **1.** [personne] whimsical - **2.** [humeur] capricious - **3.** [chose] fantastic.

fantassin [fɑ̃tasɛ̃] *nm* infantryman.

fantastique [fɑ̃tastik] ◇ *adj* fantastic ◇ *nm* : **le ~** the fantastic.

fantoche [fɑ̃tɔʃ] ◇ *adj* puppet (*avant n*) ◇ *nm* puppet.

fantomatique [fɑ̃tɔmatik] *adj* ghostly.

fantôme [fɑ̃tom] ◇ *nm* ghost ◇ *adj* - **1.** [spectral] ghostly - **2.** [inexistant] phantom.

FAO *nf* - **1.** (*abr de* **fabrication assistée par ordinateur**) CAM - **2.** (*abr de* **Food and Agriculture Organisation**) FAO.

faon [fɑ̃] *nm* fawn.

FAP (*abr de* **franc d'avarie particulière**) *adj* FPA, fpa.

far [far] *nm* : **~ breton** *sweet flan containing plums*.

faramineux, euse [faraminø, øz] *adj fam*
- **1.** [prix] astronomical - **2.** [génial] fantastic.

farandole [farɑ̃dɔl] *nf* farandole.

farce [fars] *nf* - **1.** CULIN stuffing - **2.** [blague]
(practical) joke ; **faire une ~ à qqn** to play a
(practical) joke on sb ; **~s et attrapes** jokes
and novelties - **3.** LITTÉRATURE farce.

farceur, euse [farsœr, øz] *nm, f* (practical)
joker.

farci, e [farsi] *adj* - **1.** CULIN stuffed - **2.** *fig* [plein]
stuffed, crammed.

farcir [32] [farsir] *vt* - **1.** CULIN to stuff - **2.** [rem-
plir] : **~ qqch de** to stuff *ou* cram sthg with.
➤ **se farcir** *vp fam* - **1.** [faire] : **se ~ qqch** to get
stuck with sthg - **2.** [supporter] : **se ~ qqn** to
put up with sb - **3.** [manger] : **se ~ qqch** to scoff
sthg.

fard [far] *nm* make-up ; **~ à joues** blusher ;
~ à paupières eyeshadow ; **piquer un ~** *fam fig*
to blush.

fardeau, x [fardo] *nm* [poids] load ; *fig* burden.

farder [3] [farde] *vt* - **1.** [maquiller] to make up
- **2.** *fig* [masquer] to disguise.
➤ **se farder** *vp* to make o.s. up, to put on
one's make-up.

farfadet [farfadɛ] *nm* sprite.

farfelu, e [farfəly] *fam* ◇ *adj* weird ◇ *nm, f*
weirdo.

farfouiller [3] [farfuje] *vi fam* to rummage.

farine [farin] *nf* flour ; **rouler qqn dans la ~** *fig*
to take sb for a ride.

farineux, euse [farinø, øz] *adj* - **1.** [aspect,
goût] floury - **2.** [aliment] farinaceous.
➤ **farineux** *nm* starchy food.

farniente [farnjɛnte] *nm* idleness.

farouche [faruʃ] *adj* - **1.** [animal] wild, not
tame ; [personne] shy, withdrawn - **2.** [senti-
ment] fierce.

farouchement [faruʃmɑ̃] *adv* fiercely.

fart [far(t)] *nm* (ski) wax.

farter [3] [farte] *vt* to wax.

fascicule [fasikyl] *nm* part, instalment Br,
installment Am.

fascinant, e [fasinɑ̃, ɑ̃t] *adj* - **1.** [regard] alluring, captivating - **2.** [personne, histoire] fascinating.

fascination [fasinasjɔ̃] *nf* fascination.

fasciner [3] [fasine] *vt* to fascinate.

fascisant, e [faʃizɑ̃, ɑ̃t] *adj* fascistic.

fascisme [faʃism] *nm* fascism.

fasciste [faʃist] *nmf & adj* fascist.

fasse, fassions *etc* ▷ **faire**.

faste [fast] ◇ *nm* splendour Br, splendor Am
◇ *adj* [favorable] lucky.

fast-food [fastfud] (*pl* **fast-foods**) *nm* fast
food.

fastidieux, euse [fastidjø, øz] *adj* boring.

fastueux, euse [fastɥø, øz] *adj* luxurious.

fatal, e [fatal] *adj* - **1.** [mortel, funeste] fatal
- **2.** [inévitable] inevitable.

fatalement [fatalmɑ̃] *adv* inevitably.

fataliste [fatalist] ◇ *nmf* fatalist ◇ *adj* fatalistic.

fatalité [fatalite] *nf* - **1.** [destin] fate - **2.** [inéluc-
tabilité] inevitability.

fatidique [fatidik] *adj* fateful.

fatigant, e [fatigɑ̃, ɑ̃t] *adj* - **1.** [épuisant] tiring
- **2.** [ennuyeux] tiresome.

fatiguant [fatigɑ̃] *ppr* ▷ **fatiguer**.

fatigue [fatig] *nf* tiredness ; **tomber de ~,**
être mort de ~ to be dead tired.

fatigué, e [fatige] *adj* tired ; [cœur, yeux]
strained.

fatiguer [3] [fatige] *vt* [épuiser, affecter to
tire - cœur, yeux] to strain [ennuyer] to wear out
vi - **1.** [personne] to grow tired - **2.** [moteur] to
strain.
➤ **se fatiguer** *vp* to get tired ; **se ~ de qqch**
to get tired of sthg ; **se ~ à faire qqch** to wear
o.s. out doing sthg.

fatras [fatra] *nm* jumble.

fatuité [fatɥite] *nf littéraire* complacency.

faubourg [fobur] *nm* suburb.

fauché, e [foʃe] *adj fam* broke, hard-up.

faucher [3] [foʃe] *vt* - **1.** [couper - herbe, blé] to
cut - **2.** *fam* [voler] : **~ qqch à qqn** to pinch sthg
from sb - **3.** [piéton] to run over - **4.** *fig* [suj :
mort, maladie] to cut down.

faucille [fosij] *nf* sickle.

faucon [fokɔ̃] *nm* hawk.

faudra ▷ **falloir**.

faufil [fofil] *nm* tacking *ou* basting thread.

faufiler [3] [fofile] *vt* to tack, to baste.
➤ **se faufiler** *vp* : **se ~ dans** to slip into ; **se**
~ entre to thread one's way between.

faune [fon] ◇ *nf* - **1.** [animaux] fauna - **2.** *péj*
[personnes] : **la ~ qui fréquente ce bar** the sort
of people who hang round that bar ◇ *nm*
MYTH faun.

faussaire [foser] *nmf* forger.

faussement [fosmɑ̃] *adv* - **1.** [à tort] wrongly
- **2.** [prétendument] falsely.

fausser [3] [fose] *vt* - **1.** [déformer] to bend
- **2.** [rendre faux] to distort.
➤ **se fausser** *vp* [voix] to become strained.

fausset [fose] ▷ **voix**.

fausseté [fostel *nf* - **1.** [hypocrisie] duplicity - **2.** [de jugement, d'idée] falsity.

faut ⊏> falloir.

faute [fot] *nf* - **1.** [erreur] mistake, error ; **faire une ~** to make a mistake *ou* an error ; **~ de calcul** miscalculation ; **~ de frappe** [à la machine à écrire] typing error ; [à l'ordinateur] keying error ; **~ de goût** error of taste ; **~ d'inattention** careless mistake ; **~ d'orthographe** spelling mistake - **2.** [méfait, infraction] offence *Br*, offense *Am* ; **prendre qqn en ~** to catch sb out ; **~ professionnelle** professional misdemeanour *Br ou* misdemeanor *Am* - **3.** TENNIS fault ; FOOTBALL foul - **4.** [responsabilité] fault ; **de ma/ta** *etc* **~** my/your *etc* fault ; **par la ~ de qqn** because of sb ; **rejeter la ~ sur qqn** to shift the blame onto sb.

➤ **faute de** *loc prép* for want *ou* lack of ; **~ de mieux** for want *ou* lack of anything better.

➤ **sans faute** ◇ *loc adv* without fail ◇ *loc adj* faultless.

fauteuil [fotœj] *nm* - **1.** [siège] armchair ; **~ à bascule** rocking chair ; **~ roulant** wheelchair - **2.** [de théâtre] seat ; **~ d'orchestre** seat in the stalls *Br ou* orchestra *Am* - **3.** [de président] chair ; [d'académicien] seat.

fauteur, trice [fotœr, tris] *nm, f* : **~ de troubles** troublemaker.

fautif, ive [fotif, iv] ◇ *adj* - **1.** [coupable] guilty - **2.** [défectueux] faulty ◇ *nm, f* guilty party.

fauve [fov] ◇ *nm* - **1.** [animal] big cat - **2.** [couleur] fawn - **3.** ART Fauve ◇ *adj* - **1.** [animal] wild - **2.** [cuir, cheveux] tawny - **3.** ART Fauvist.

fauvette [fovɛt] *nf* warbler.

faux, fausse [fo, fos] *adj* - **1.** [incorrect] wrong - **2.** [postiche, mensonger, hypocrite] false ; **~ témoignage** JUR perjury - **3.** [monnaie, papiers] forged, fake ; [bijou, marbre] imitation, fake - **4.** [injustifié] : **fausse alerte** false alarm ; **c'est un ~ problème** that's not an issue (here).

➤ **faux** ◇ *nm* [document, tableau] forgery, fake ◇ *nf* scythe ◇ *adv* : **chanter/jouer ~** MUS to sing/play out of tune ; **sonner ~** *fig* not to ring true.

faux-filet (*pl* **faux-filets**), **faux filet** (*pl* **faux filets**) [fofilɛ] *nm* sirloin.

faux-fuyant [fofɥijɑ̃] (*pl* **faux-fuyants**) *nm* excuse.

faux-monnayeur [fomɔnɛjœr] (*pl* **faux-monnayeurs**) *nm* counterfeiter.

faux-semblant [fosɑ̃blɑ̃] (*pl* **faux-semblants**) *nm* pretence *Br*, pretense *Am*.

faux-sens [fosɑ̃s] *nm inv* mistranslation.

faveur [favœr] *nf* favour *Br*, favor *Am* ; **faire une ~ à qqn** to do sb a favour *Br ou* favor *Am* ;

intercéder en ~ de qqn to intercede on sb's behalf.

➤ **à la faveur de** *loc prép* thanks to.

➤ **en faveur de** *loc prép* in favour *Br ou* favor *Am* of.

favorable [favɔrabl] *adj* : **~ (à)** favourable *Br ou* favorable *Am* (to).

favorablement [favɔrabləmɑ̃] *adv* favourably *Br*, favorably *Am*.

favori, ite [favɔri, it] *adj & nm, f* favourite *Br*, favorite *Am*.

➤ **favoris** *nmpl* side whiskers.

favoriser [3] [favɔrize] *vt* - **1.** [avantager] to favour *Br*, to favor *Am* - **2.** [contribuer à] to promote - **3.** [aider] to assist.

favoritisme [favɔritism] *nm* favouritism *Br*, favoritism *Am*.

fax [faks] *nm* fax.

faxer [3] [fakse] *vt* to fax.

fayot [fajo] *nm fam* [personne] creep, crawler.

FB (*abr de* **franc belge**) BF.

FBI [ɛfbiaj] (*abr de* **Federal Bureau of Investigation**) *nm* FBI.

FC (*abr de* **Football club**) *nm* FC.

FCFA (*abr de* **franc CFA**) *currency still used in former French colonies in Africa.*

FCFP (*abr de* **franc CFP**) *currency still used in former French colonies in the Pacific.*

fébrile [febril] *adj* feverish.

fébrilement [febrilmɑ̃] *adv* feverishly.

fécal, e, aux [fekal, o] ⊏> **matière**.

fécond, e [fekɔ̃, ɔ̃d] *adj* - **1.** [femelle, terre, esprit] fertile - **2.** [écrivain] prolific - **3.** [histoire, situation] : **~ en qqch** rich in sthg.

fécondation [fekɔ̃dasjɔ̃] *nf* fertilization ; **~ in vitro** in vitro fertilization.

féconder [3] [fekɔ̃de] *vt* - **1.** [ovule] to fertilize - **2.** [femme, femelle] to impregnate - **3.** *littéraire* [fertiliser] to make fertile.

fécondité [fekɔ̃dite] *nf* - **1.** [gén] fertility - **2.** [d'écrivain] productiveness.

fécule [fekyl] *nf* starch.

féculent, e [fekylɑ̃, ɑ̃t] *adj* starchy.

➤ **féculent** *nm* starchy food.

fédéral, e, aux [federal, o] *adj* federal.

fédéralisme [federalism] *nm* federalism.

fédératif, ive [federatif, iv] *adj* federative.

fédération [federasjɔ̃] *nf* federation.

fée [fe] *nf* fairy ; **~ du logis** model housekeeper.

feed-back [fidbak] *nm inv* feedback.

féerie [fe(e)ri] *nf* - **1.** THÉÂTRE spectacular ; CIN fantasy - **2.** [de lieu] enchantment ; [de vision] enchanting sight.

féerique [fe(e)rik] *adj* [enchanteur] enchanting.

feignais, feignions *etc* ⊳ feindre.

feignant, e = fainéant.

feindre [81] [fɛ̃dr] ⋄ *vt* to feign ; **~ de faire qqch** to pretend to do sthg ⋄ *vi* to pretend.

feint, e [fɛ̃, fɛ̃t] *pp* ⊳ feindre.

feinte [fɛ̃t] *nf* - **1.** [ruse] ruse - **2.** FOOTBALL dummy ; BOXE feint.

fêlé, e [fele] ⋄ *adj* - **1.** [assiette] cracked - **2.** *fam* [personne] cracked, loony ⋄ *nm, f fam* freak, nutter.

fêler [4] [fele] *vt* to crack.
⇒ **se fêler** *vp* to crack.

félicitations [felisitasjɔ̃] *nfpl* congratulations ; **avec les ~ du jury** highly commended.

féliciter [3] [felisite] *vt* to congratulate.
⇒ **se féliciter** *vp* : **se ~ de** to congratulate o.s. on.

félin, e [felɛ̃, in] *adj* feline.
⇒ **félin** *nm* big cat.

fêlure [felyr] *nf* crack.

femelle [fəmɛl] *nf & adj* female.

féminin, e [feminɛ̃, in] *adj* - **1.** [gén] feminine - **2.** [revue, équipe] women's *(avant n)*.
⇒ **féminin** *nm* GRAM feminine.

féminiser [3] [feminize] *vt* - **1.** [efféminer] to make effeminate - **2.** BIOL to feminize.
⇒ **se féminiser** *vp* - **1.** [institution] to attract more women - **2.** [homme] to become effeminate.

féminisme [feminism] *nm* feminism.

féministe [feminist] *nmf & adj* feminist.

féminité [feminite] *nf* femininity.

femme [fam] *nf* - **1.** [personne de sexe féminin] woman ; **bonne ~** *péj* woman ; **contes/ remèdes de bonne ~** old wives' tales/ remedies ; **~ d'affaires** businesswoman ; **~ de chambre** chambermaid ; **~ fatale** femme fatale ; **~ au foyer** housewife ; **~ de ménage** cleaning woman ; **~ du monde** society woman ; **~ de tête** forceful woman - **2.** [épouse] wife ; **prendre ~** *vieilli* to take a wife.

femmelette [famlɛt] *nf péj* weakling.

fémur [femyr] *nm* femur.

FEN [fɛn] (*abr de* **Fédération de l'éducation nationale**) *nf teachers' trade union.*

fenaison [fənɛzɔ̃] *nf* haymaking.

fendiller [3] [fɑ̃dije] *vt* to crack.
⇒ **se fendiller** *vp* to crack.

fendre [73] [fɑ̃dr] *vt* - **1.** [bois] to split - **2.** [foule, flots] to cut through.
⇒ **se fendre** *vp* - **1.** [se crevasser] to crack - **2.** *fam* [d'une somme] : **se ~ de qqch** to part with sthg.

fendu, e [fɑ̃dy] *pp* ⊳ fendre.

fenêtre [fənɛtr] *nf* [gén & INFORM] window ; **~ à guillotine** sash window.

fenouil [fənuj] *nm* fennel.

fente [fɑ̃t] *nf* - **1.** [fissure] crack - **2.** [interstice, de vêtement] slit.

féodal, e, aux [feɔdal, o] *adj* feudal.
⇒ **féodal, aux** *nm* feudal lord.

féodalité [feɔdalite] *nf* feudalism.

fer [fɛr] *nm* iron ; **en ~, de ~** iron *(avant n)* ; **~ à cheval** horseshoe ; **~ forgé** wrought iron ; **~ de lance** spearhead ; **~ à repasser** iron ; **~ à souder** soldering iron ; **les quatre ~s en l'air** flat on one's back ; **croire qqch dur comme ~** to firmly believe sthg ; **il faut battre le ~ quand il est chaud** strike while the iron is hot ; **marquer qqn au ~ rouge** to brand sb.

ferai, feras *etc* ⊳ faire.

fer-blanc [fɛrblɑ̃] (*pl* fers-blancs) *nm* tinplate, tin ; **en ~** tin *(avant n)*.

ferblanterie [fɛrblɑ̃tri] *nf* - **1.** [commerce] tin industry - **2.** [ustensiles] tinware.

férié, e [ferje] ⊳ jour.

férir [ferir] *vt* : **sans coup ~** without meeting any resistance *ou* obstacle.

ferme[1] [fɛrm] *nf* farm.

ferme[2] [fɛrm] ⋄ *adj* firm ; **être ~ sur ses jambes** to be steady on one's feet ⋄ *adv* - **1.** [beaucoup] a lot - **2.** [définitivement] : **acheter/ vendre ~** to make a firm purchase/sale - **3.** *loc* : **tenir ~** to stand firm.

fermement [fɛrməmɑ̃] *adv* firmly.

ferment [fɛrmɑ̃] *nm* - **1.** [levure] ferment - **2.** *fig* [germe] seed, seeds *(pl)*.

fermentation [fɛrmɑ̃tasjɔ̃] *nf* CHIM fermentation ; *fig* ferment.

fermenter [3] [fɛrmɑ̃te] *vi* CHIM & *fig* to ferment.

fermer [3] [fɛrme] ⋄ *vt* - **1.** [porte, tiroir, yeux] to close, to shut ; [rideaux] to close, to draw ; [store] to pull down ; [enveloppe] to seal - **2.** [bloquer] to close ; **~ son esprit à qqch** to close one's mind to sthg - **3.** [gaz, lumière] to turn off - **4.** [vêtement] to do up - **5.** [entreprise] to close down - **6.** [interdire] : **~ qqch à qqn** to close sthg to sb - **7.** *loc* : **la ferme!, ferme-la!** *fam* shut it! ⋄ *vi* - **1.** [gén] to shut, to close - **2.** [vêtement] to do up - **3.** [entreprise] to close down.
⇒ **se fermer** *vp* - **1.** [porte] to close, to shut - **2.** [plaie] to close up - **3.** [vêtement] to do up

- 4. *fig* [s'endurcir] : **se ~ (à qqch)** to close o.s. off (from sthg).

fermeté [fɛrməte] *nf* firmness.

fermeture [fɛrmətyr] *nf* **- 1.** [de porte] closing ; **~ automatique des portes** doors close automatically **- 2.** [de vêtement, sac] fastening ; **~ Éclair**® zip *Br*, zipper *Am* **- 3.** [d'établissement - temporaire] closing ; [- définitive] closure ; **~ hebdomadaire/annuelle** weekly/annual closing.

fermier, ère [fɛrmje, ɛr] ◇ *adj* farm *(avant n)* ◇ *nm, f* farmer.

fermoir [fɛrmwar] *nm* clasp.

féroce [feros] *adj* [animal, appétit] ferocious ; [personne, désir] fierce.

férocement [ferɔsmɑ̃] *adv* fiercely.

férocité [ferɔsite] *nf* ferocity.

Féroé [fɛrɔe] *nfpl* : **les îles ~** the Faeroes ; **aux îles ~** in the Faeroes.

ferraille [fɛraj] *nf* **- 1.** [vieux fer] scrap iron *(U)* ; **bon à mettre à la ~** fit for the scrap heap **- 2.** *fam* [monnaie] loose change.

ferré, e [fɛre] *adj* **- 1.** [soulier] hobnailed **- 2.** *fam fig* [calé] : **être ~ en** to be well up on.

ferrer [4] [fɛre] *vt* **- 1.** [cheval] to shoe **- 2.** [poisson] to strike **- 3.** [soulier] to put hobnails on.

ferreux, euse [fɛrø, øz] *adj* ferrous.

ferronnerie [fɛrɔnri] *nf* **- 1.** [objet, métier] ironwork *(U)* **- 2.** [atelier] ironworks *(sg)*.

ferroviaire [fɛrɔvjɛr] *adj* rail *(avant n)*.

ferrugineux, euse [fɛryʒinø, øz] *adj* ferruginous.

ferrure [fɛryr] *nf* **- 1.** [de porte] fitting **- 2.** [de cheval] shoeing.

ferry-boat [fɛribot] *(pl* **ferry-boats***) nm* ferry.

fertile [fɛrtil] *adj litt* & *fig* fertile ; **~ en** *fig* filled with, full of.

fertilisant, e [fɛrtilizɑ̃, ɑ̃t] *adj* fertilizing.

fertiliser [3] [fɛrtilize] *vt* to fertilize.

fertilité [fɛrtilite] *nf* fertility.

féru, e [fery] *adj sout* [passionné] : **être ~ de qqch** to have a passion for sthg.

férule [feryl] *nf* : **(être) sous la ~ de qqn** *sout* (to be) under sb's iron rule.

fervent, e [fɛrvɑ̃, ɑ̃t] ◇ *adj* [chrétien] fervent ; [amoureux, démocrate] ardent ◇ *nm, f* devotee.

ferveur [fɛrvœr] *nf* **- 1.** [dévotion] fervour *Br*, fervor *Am* **- 2.** [zèle] zeal.

fesse [fɛs] *nf* buttock.

fessée [fese] *nf* spanking, smack (on the bottom).

fessier, ère [fesje, ɛr] *adj* buttock *(avant n)*.
➡ **fessier** *nm* buttocks *(pl)*.

festin [fɛstɛ̃] *nm* banquet, feast.

festival, als [fɛstival] *nm* festival.

festivités [fɛstivite] *nfpl* festivities.

feston [fɛstɔ̃] *nm* **- 1.** ARCHIT festoon **- 2.** COUTURE scallop.

festoyer [13] [fɛstwaje] *vi* to feast.

fêtard, e [fetar, ard] *nm, f* fun-loving person.

fête [fɛt] *nf* **- 1.** [congé] holiday ; **les ~s (de fin d'année)** the Christmas holidays ; **~ légale** public holiday ; **~ nationale** national holiday **- 2.** [réunion, réception] celebration ; **~ de famille** family celebration **- 3.** [kermesse] fair ; **en ~** in festive mood ; **~ foraine** funfair ; **~ de l'Humanité** *annual festival organized by the Communist daily newspaper 'l'Humanité'* ; **la ~ de la Musique** *annual music festival which takes place in the streets* **- 4.** [jour de célébration - de personne] saint's day ; [- de saint] feast (day) ; **~ des mères/des pères** Mother's/Father's Day **- 5.** [soirée] party **- 6.** *loc* : **ça va être ta ~** *fam* you'll get it in the neck ; **faire ~ à qqn** to make a fuss of sb ; **faire la ~** to have a good time.

FÊTE

> **FÊTE**
> The French traditionally wish 'bonne fête' to the person who has the same name as the saint commemorated on a particular day.
> **FÊTE DE LA MUSIQUE**
> This annual music festival which began life in the 1980s is becoming increasingly popular. On 21st June in cities throughout France the streets fill with both professional and amateur musicians, playing a wide range of music from classical to jazz, from rock to rap. All of the open-air concerts are free.

Fête-Dieu [fɛtdjø] *(pl inv* OU **Fêtes-Dieu***) nf* Corpus Christi.

fêter [4] [fete] *vt* [événement] to celebrate ; [personne] to have a party for.

fétiche [fetiʃ] *nm* **- 1.** [objet de culte] fetish **- 2.** [mascotte] mascot.

fétichisme [fetiʃism] *nm* **- 1.** [culte, perversion] fetishism **- 2.** [vénération] idolatry.

fétide [fetid] *adj* fetid.

fétu [fety] *nm* : **~ (de paille)** wisp (of straw).

feu¹, e [fø] *adj* : **~ M. X** the late Mr X ; **~ mon mari** my late husband.

feu², x [fø] *nm* **- 1.** [flamme, incendie] fire ; **au ~!** fire! ; **en ~** *litt* & *fig* on fire ; **avez-vous du ~?** have you got a light? ; **faire ~** MIL to fire ; **mettre le ~ à qqch** to set fire to sthg, to set sthg on fire ; **prendre ~** to catch fire ; **~ de bois** wood fire ; **~ de camp** camp fire ; **~ de cheminée** chimney fire ; **~ follet** will-o'-the-wisp ; **~ de joie** bonfire ; **être pris entre deux ~x** to be caught in the crossfire ; **jouer avec le ~** to play with fire ; **mettre à ~ et à sang** to ravage **- 2.** [signal] light ; **tous ~x éteints** without any lights ; **~ rouge/vert** red/green light ; **~x de croisement** dipped headlights ; **~x de position** sidelights ; **~x de route** headlights on full beam ; **~x de stationnement** parking lights ; **donner son** ou **le ~ vert (à qqn)** to give (sb) the go-ahead **- 3.** CULIN ring Br, burner Am ; **à ~ doux/vif** on a low/high flame ; **à petit ~** gently **- 4.** CIN & THÉÂTRE light (U) **- 5.** loc : **ne pas faire long ~** not to last long.

🔹 **feu d'artifice** nm firework.

feuillage [fœjaʒ] nm foliage.

feuille [fœj] nf **- 1.** [d'arbre] leaf ; **~ morte** dead leaf ; **~ de vigne** BOT vine leaf **- 2.** [page] sheet ; **~ blanche** blank sheet ; **~ de papier** sheet of paper ; **~ volante** loose leaf **- 3.** [document] form ; **~ de soins** claim form for reimbursement of medical expenses **- 4.** [journal] paper ; **~ de chou** fam péj rag.

feuillet [fœje] nm page.

feuilleté, e [fœjte] adj **- 1.** CULIN : **pâte ~e** puff pastry **- 2.** GÉOL foliated.

🔹 **feuilleté** nm pastry.

feuilleter [27] [fœjte] vt to flick through.

feuilleton [fœjtɔ̃] nm serial ; **~ télévisé** soap opera.

feuillu, e [fœjy] adj leafy.

🔹 **feuillu** nm broad-leaved tree.

feutre [føtr] nm **- 1.** [étoffe] felt **- 2.** [chapeau] felt hat **- 3.** [crayon] felt-tip pen.

feutré, e [føtre] adj **- 1.** [garni de feutre] trimmed with felt ; [qui a l'aspect du feutre] felted **- 2.** [bruit, cri] muffled.

feutrer [3] [føtre] ◇ vt **- 1.** [garnir de feutre] to trim with felt **- 2.** [bruit, cri] to muffle ◇ vi to felt (up).

🔹 **se feutrer** vp to felt (up).

feutrine [føtrin] nf lightweight felt.

fève [fɛv] nf broad bean.

février [fevrije] nm February ; voir aussi **septembre**.

FF (abr de **francs français**) FF.

FFI (abr de **Forces françaises de l'intérieur**) nfpl French Resistance forces operating within France during World War II.

FFL (abr de **Forces françaises libres**) nfpl free French Army during World War II.

FFR (abr de **Fédération française de rugby**) nf French rugby federation.

fg abr de **faubourg**.

FGEN (abr de **Fédération générale de l'éducation nationale**) nf teachers' trade union.

fi [fi] interj : **faire ~ de** to scorn.

fiabilité [fjabilite] nf reliability.

fiable [fjabl] adj reliable.

FIAC [fjak] (abr de **Foire internationale d'art contemporain**) nf international contemporary art fair held annually in Paris.

fiacre [fjakr] nm hackney carriage.

fiançailles [fjɑ̃saj] nfpl engagement (sg).

fiancé, e [fjɑ̃se] nm, f fiancé (f fiancée).

fiancer [16] [fjɑ̃se] 🔹 **se fiancer** vp : **se ~ (avec)** to get engaged (to).

fiasco [fjasko] nm fiasco ; **faire ~** to be a fiasco.

fibre [fibr] nf **- 1.** ANAT, BIOL & TECHNOL fibre Br, fiber Am ; **~ optique** fibre Br ou fiber Am optics (U) ; **~ de verre** fibreglass Br ou fiberglass Am, glass fibre Br **- 2.** fig [sentiment] feeling ; **avoir la ~ maternelle** to have the maternal instinct.

fibreux, euse [fibrø, øz] adj fibrous ; [viande] stringy.

fibrome [fibrom] nm fibroma.

ficelé, e [fisle] adj fam dressed ; **être mal ~** to be scruffy.

ficeler [24] [fisle] vt [lier] to tie up.

ficelle [fisɛl] nf **- 1.** [fil] string ; **tirer les ~s** to pull the strings **- 2.** [pain] thin French stick **- 3.** (gén pl) [truc] trick.

fiche [fiʃ] nf **- 1.** [document] card ; **~ de paie** pay slip ; **~ signalétique** identification sheet ; **~ technique** technical data sheet **- 2.** ÉLECTR & TECHNOL pin.

ficher [3] [fiʃe] (pp vt sens 1 & 2 fiché, pp vt sens 3 & 4 fichu) vt **- 1.** [enfoncer] : **~ qqch dans** to stick sthg into **- 2.** [inscrire] to put on file **- 3.** fam [mettre] : **qu'est-ce qu'il fiche?** what's he doing? **- 4.** fam [mettre] to put ; **~ qqn par terre** to send sb flying ; **~ qqch par terre** fig to mess ou muck sthg up ; **~ qqn dehors** ou **à la porte** to throw sb out.

🔹 **se ficher** vp **- 1.** [s'enfoncer - suj : clou, pique] : **se ~ dans** to go into **- 2.** fam [se moquer] : **se ~ de** to make fun of **- 3.** fam [ne pas tenir compte] : **se ~ de** not to give a damn about **- 4.** loc : **se ~ dedans** fam to get it all wrong.

fichier [fiʃje] nm file.

fichu, e [fiʃy] adj **- 1.** fam [cassé, fini] done for **- 2.** (avant n) [désagréable] nasty **- 3.** loc : **être mal ~** [personne] to feel rotten ; [objet] to be badly made ; **il n'est même pas ~ de faire son lit** fam he can't even make his own bed.

🔹 **fichu** nm scarf.

fictif, ive [fiktif, iv] *adj* - **1.** [imaginaire] imaginary - **2.** [faux] false - **3.** [valeur] face *(avant n)*.

fiction [fiksjɔ̃] *nf* - **1.** LITTÉRATURE fiction - **2.** [monde imaginaire] dream world.

ficus [fikys] *nm* fig-tree.

fidèle [fidɛl] ◇ *nmf* - **1.** RELIG believer - **2.** [adepte] fan ◇ *adj* - **1.** [loyal, exact, semblable] : ~ (à) faithful (to) ; ~ à la réalité accurate - **2.** [habitué] regular.

fidèlement [fidɛlmɑ̃] *adv* - **1.** [loyalement, exactement] faithfully - **2.** [régulièrement] regularly.

fidéliser [3] [fidelize] *vt* to attract and keep.

fidélité [fidelite] *nf* faithfulness.

Fidji [fidʒi] *n* Fiji ; à ~ in Fiji.

fidjien, enne [fidʒjɛ̃, ɛn] *adj* Fijian.
➨ **Fidjien, enne** *nm, f* Fijian.

fief [fjɛf] *nm* fief ; *fig* stronghold.

fieffé, e [fjefe] *adj* arrant.

fiel [fjɛl] *nm litt* & *fig* gall.

fiente [fjɑ̃t] *nf* droppings *(pl)*.

fier[1], **fière** [fjɛr] *adj* - **1.** [gén] proud ; ~ de qqn/qqch proud of sb/sth ; ~ de faire qqch proud to be doing sth - **2.** [noble] noble.

fier[2] [9] [fje] ➨ **se fier** *vp* : se ~ à to trust, to rely on.

fièrement [fjɛrmɑ̃] *adv* proudly.

fierté [fjɛrte] *nf* - **1.** [satisfaction, dignité] pride - **2.** [arrogance] arrogance.

fièvre [fjɛvr] *nf* - **1.** MÉD fever ; avoir de la ~ to have a fever ; avoir 40 de ~ to have a temperature of 105 (degrees) - **2.** *fig* [excitation] excitement.

fiévreusement [fjevrøzmɑ̃] *adv* feverishly.

fiévreux, euse [fjevrø, øz] *adj litt* & *fig* feverish.

fig. *abr de* figure.

figé, e [fiʒe] *adj* fixed.

figer [17] [fiʒe] *vt* to paralyse *Br*, to paralyze *Am* ; être figé sur place to be rooted to the spot.
➨ **se figer** *vp* - **1.** [s'immobiliser] to freeze - **2.** [se solidifier] to congeal.

fignoler [3] [fiɲɔle] *vt* to put the finishing touches to.

figue [fig] *nf* fig.

figuier [figje] *nm* fig-tree.

figurant, e [figyrɑ̃, ɑ̃t] *nm, f* extra.

figuratif, ive [figyratif, iv] *adj* figurative.

figuration [figyrasjɔ̃] *nf* CIN & THÉÂTRE : faire de la ~ to work as an extra.

figure [figyr] *nf* - **1.** [gén] figure ; faire ~ de to look like ; ~s imposées/libres SPORT compulsory/freestyle section ; ~ de proue figurehead ; *fig* leading light ; ~ de rhétori-

que LING figure of speech ; ~ de style LING stylistic device - **2.** [visage] face ; faire bonne ~ *fig* to put on a good face.

figuré, e [figyre] *adj* [sens] figurative.
➨ **figuré** *nm* : au ~ in the figurative sense.

figurer [3] [figyre] ◇ *vt* to represent ◇ *vi* : ~ dans/parmi to figure in/among.

figurine [figyrin] *nf* figurine.

fil [fil] *nm* - **1.** [brin] thread ; ~ à plomb plumb line ; ~ conducteur *fig* main idea ; c'est cousu de ~ blanc it doesn't fool anybody ; de ~ en aiguille gradually ; donner du ~ à retordre *fig* to make life difficult ; perdre le ~ (de qqch) *fig* to lose the thread (of sth) ; ne tenir qu'à un ~ *fig* to hang by a thread - **2.** [câble] wire ; ~ de fer wire ; avoir qqn au bout du ~ to have sb on the line - **3.** [cours] course ; au ~ de in the course of - **4.** [tissu] linen - **5.** [tranchant] edge.

filament [filamɑ̃] *nm* - **1.** ANAT & ÉLECTR filament - **2.** [végétal] fibre *Br*, fiber *Am* - **3.** [de colle, bave] thread.

filandreux, euse [filɑ̃drø, øz] *adj* [viande] stringy.

filant, e [filɑ̃, ɑ̃t] ➭ **étoile**.

filasse [filas] ◇ *nf* tow ◇ *adj inv* flaxen.

filature [filatyr] *nf* - **1.** [usine] mill ; [fabrication] spinning - **2.** [poursuite] tailing ; prendre qqn en ~ to tail sb.

file [fil] *nf* line ; à la ~ in a line ; en double ~ in two lines ; se garer en double ~ to double-park ; en ~ indienne in single *ou* Indian file ; se mettre en ~ to line up ; ~ d'attente queue *Br*, line *Am*.

filer [3] [file] ◇ *vt* - **1.** [soie, coton] to spin - **2.** [personne] to tail - **3.** *fam* [donner] : ~ qqch à qqn to slip sth to sb, to slip sb sth ◇ *vi* - **1.** [bas] to ladder *Br*, to run *Am* - **2.** [aller vite - temps, véhicule] to fly (by) - **3.** *fam* [partir] to dash off - **4.** *loc* : ~ doux to behave nicely.

filet [filɛ] *nm* - **1.** [à mailles] net ; ~ à papillons butterfly net ; ~ de pêche fishing net ; ~ à provisions string bag ; travailler sans ~ *fig* to take risks ; tendre un ~ *fig* to set a trap - **2.** CULIN fillet *Br*, filet *Am* ; ~ de bœuf fillet *Br ou* filet *Am* of beef ; ~ de sole fillet *Br ou* filet *Am* of sole - **3.** [de liquide] drop, dash ; [de lumière] shaft - **4.** [de vis] thread.

filial, e, aux [filjal, o] *adj* filial.
➨ **filiale** *nf* ÉCON subsidiary.

filiation [filjasjɔ̃] *nf* - **1.** [lien de parenté] line - **2.** *fig* [enchaînement] logical relationship.

filière [filjɛr] *nf* - **1.** [voie] : suivre la ~ [professionnelle] to work one's way up ; suivre la ~ hiérarchique to go through the right channels - **2.** [réseau] network.

filiforme [filifɔrm] *adj* skinny.

filigrane [filigran] *nm* [dessin] watermark ; **en ~** *fig* between the lines.

filin [filɛ̃] *nm* rope.

fille [fij] *nf* - **1.** [enfant] daughter - **2.** [femme] girl ; **jeune ~** girl ; **~ de joie** prostitute ; **~ mère** *péj* single mother ; **vieille ~** *péj* spinster ; **courir les ~s** *fig* to chase women.

fillette [fijɛt] *nf* little girl.

filleul, e [fijœl] *nm, f* godchild.

film [film] *nm* - **1.** [gén] film ; **~ d'action** action film ; **~ catastrophe** disaster movie ; **~ culte** cult film *Br*, cult movie *Am* ; **~ d'épouvante** horror film ; **~ noir** film noir ; **~ policier** detective film - **2.** *fig* [déroulement] course.

filmer [3] [filme] *vt* to film.

filmographie [filmɔgrafi] *nf* filmography, films *(pl)*.

filon [filɔ̃] *nm* - **1.** [de mine] vein - **2.** *fam fig* [possibilité] cushy number.

filou [filu] *nm* rogue.

filouterie [filutri] *nf* fraud.

fils [fis] *nm* son ; **~ de famille** boy from a privileged background ; **~ à papa** *péj* daddy's boy ; **le ~ prodigue** the prodigal son.

filtrage [filtraʒ] *nm* filtering ; *fig* screening.

filtrant, e [filtrã, ãt] *adj* [verre] tinted.

filtre [filtr] *nm* filter ; **~ à air** *AUTOM* air filter ; **~ à café** coffee filter.

filtrer [3] [filtre] ◇ *vt* to filter ; *fig* to screen ◇ *vi* to filter ; *fig* to filter through.

fin, fine [fɛ̃, fin] ◇ *adj* - **1.** [gén] fine - **2.** [partie du corps] slender ; [couche, papier] thin - **3.** [subtil] shrewd - **4.** [ouïe, vue] keen - **5.** *(avant n)* [spécialiste] expert ◇ *adv* finely ; **~ prêt** quite ready.

➤ **fin** *nf* end ; **~ mars** at the end of March ; **mettre ~ à** to put a stop *ou* an end to ; **prendre ~** to come to an end ; **tirer** *ou* **toucher à sa ~** to draw to a close ; **~ de citation** (quote) unquote ; **~ de saison** end of season ; **arrondir ses ~s de mois** to make ends meet ; **arriver** *ou* **parvenir à ses ~s** to achieve one's ends *ou* aims ; **c'est la ~ des haricots** it's the last straw ; **mener à bonne ~** to bring to a successful conclusion ; **mettre ~ à ses jours** to put an end to one's life ; **à toutes ~s utiles** just in case.

➤ **fin de série** *nf* oddment.

➤ **à la fin** *loc adv* : **tu vas m'écouter, à la ~?** will you listen to me?

➤ **à la fin de** *loc prép* at the end of.

➤ **en fin de** *loc prép* at the end of.

➤ **sans fin** *loc adj* endless.

final, e [final] *(pl* finals *ou* finaux [fino]) *adj* final.

➤ **final(e)** *nm* MUS finale.

➤ **finale** *nf* - **1.** *SPORT* final - **2.** [de mot] last syllable.

finalement [finalmã] *adv* finally.

finaliser [3] [finalize] *vt* to finalize.

finaliste [finalist] *nmf* & *adj* finalist.

finalité [finalite] *nf* *sout* [fonction] purpose.

finance [finãs] *nf* finance ; **la haute ~** high finance.

➤ **finances** *nfpl* finances.

➤ **Finances** *nfpl* : **les Finances** ≃ the Treasury, the Exchequer *Br*.

financement [finãsmã] *nm* financing, funding.

financer [16] [finãse] *vt* to finance, to fund.

financier, ère [finãsje, ɛr] *adj* financial.

➤ **financier** *nm* financier.

financièrement [finãsjɛrmã] *adv* financially.

finasser [3] [finase] *vi* *fam* to resort to tricks.

finaud, e [fino, od] *adj* wily, crafty.

fine [fin] *nf* type of brandy.

finement [finmã] *adv* - **1.** [délicatement] finely - **2.** [adroitement] cleverly - **3.** [subtilement] subtly.

finesse [finɛs] *nf* - **1.** [gén] fineness - **2.** [minceur] slenderness - **3.** [perspicacité] shrewdness - **4.** [subtilité] subtlety.

fini, e [fini] *adj* - **1.** *péj* [fieffé] : **un crétin ~** a complete idiot - **2.** *fam* [usé, diminué] finished - **3.** [limité] finite.

➤ **fini** *nm* [d'objet] finish.

finir [32] [finir] ◇ *vt* - **1.** [gén] to finish, to end - **2.** [vider] to empty - **3.** *fam* [user] to wear out ◇ *vi* - **1.** [gén] to finish, to end ; **~ par faire qqch** to do sthg eventually ; **tu vas ~ par tomber!** you're going to fall! ; **mal ~** to end badly - **2.** [arrêter] : **~ de faire qqch** to stop doing sthg ; **en ~ (avec)** to finish (with) ; **n'en plus ~** never-ending.

finish [finiʃ] *nm* finish ; **au ~** to the finish.

finition [finisjɔ̃] *nf* - **1.** [action] finishing - **2.** [d'objet] finish.

finlandais, e [fɛ̃lãdɛ, ɛz] *adj* Finnish.

➤ **Finlandais, e** *nm, f* Finn.

Finlande [fɛ̃lãd] *nf* : **la ~** Finland.

finnois, e [finwa, az] *adj* Finnish.

➤ **finnois** *nm* [langue] Finnish.

➤ **Finnois, e** *nm, f* Finn.

FINUL, Finul [finyl] *(abr de* Forces intérimaires des Nations unies au Liban) *nfpl* UNIFIL.

fiole [fjɔl] *nf* flask.

fioriture [fjɔrityr] *nf* flourish.

fioul = fuel.

FIP [fip] (*abr de* **France Inter Paris**) *nf French national radio station broadcasting music and traffic information.*

firmament [firmamɑ̃] *nm* firmament.

firme [firm] *nf* firm.

fis, fit *etc* ▷ faire.

FIS [fis] (*abr de* **Front islamique du salut**) *nm* : **le ~** the Islamic Salvation Front.

fisc [fisk] *nm* ≃ Inland Revenue *Br*, ≃ Internal Revenue *Am*.

fiscal, e, aux [fiskal, o] *adj* tax (*avant n*), fiscal.

fiscaliser [3] [fiskalize] *vt* to (make) subject to tax.

fiscalité [fiskalite] *nf* tax system.

fissure [fisyr] *nf litt & fig* crack.

fissurer [3] [fisyre] *vt* [fendre] to crack ; *fig* to split.
➡ **se fissurer** *vp* to crack.

fiston [fistɔ̃] *nm fam* son.

fitness [fitnɛs] *nm* keep-fit.

FIV [fiv] (*abr de* **fécondation in vitro**) *nf* IVF.

FIVETE, Fivete [fivɛt] (*abr de* **fécondation in vitro et transfert d'embryon**) *nf* GIFT ; **une ~** a test-tube baby.

fixateur, trice [fiksatœr, tris] *adj* - **1.** PHOT fixing (*avant n*) - **2.** [lotion, crème] setting (*avant n*).
➡ **fixateur** *nm* PHOT fixer.

fixatif [fiksatif] *nm* fixative.

fixation [fiksasjɔ̃] *nf* - **1.** [action de fixer] fixing - **2.** [attache] fastening, fastener ; [de ski] binding - **3.** PSYCHOL fixation.

fixe [fiks] *adj* fixed ; [encre] permanent ; **à heure ~** at set *ou* fixed times.
➡ **fixe** *nm* fixed salary.

fixement [fiksəmɑ̃] *adv* fixedly ; **regarder ~ qqn/qqch** to stare at sb/sthg.

fixer [3] [fikse] *vt* - **1.** [gén] to fix ; [règle] to set ; **~ son choix sur** to decide on - **2.** [monter] to hang - **3.** [regarder] to stare at - **4.** [renseigner] : **~ qqn sur qqch** to put sb in the picture about sthg ; **être fixé sur qqch** to know all about sthg.
➡ **se fixer** *vp* to settle ; **se ~ sur** [suj : choix, personne] to settle on ; [suj : regard] to rest on.

fixité [fiksite] *nf* steadiness.

fjord [fjɔrd] *nm* fjord.

Fl. (*abr de* **fleuve**) R.

FL (*abr de* **florin**) Fl, F, G.

flacon [flakɔ̃] *nm* small bottle ; **~ à parfum** perfume bottle.

flageller [4] [flaʒele] *vt* - **1.** [fouetter] to flagellate - **2.** *fig* [fustiger] to denounce.

flageoler [3] [flaʒɔle] *vi* to tremble.

flageolet [flaʒɔle] *nm* - **1.** [haricot] flageolet bean - **2.** MUS flageolet.

flagornerie [flagɔrnəri] *nf* flattery.

flagrant, e [flagrɑ̃, ɑ̃t] *adj* flagrant ▷ **délit**.

flair [flɛr] *nm* sense of smell ; **avoir du ~** *fig* to be intuitive.

flairer [4] [flɛre] *vt* to sniff, to smell ; *fig* to scent.

flamand, e [flamɑ̃, ɑ̃d] *adj* Flemish.
➡ **flamand** *nm* [langue] Flemish.
➡ **Flamand, e** *nm, f* Flemish person, Fleming.

flamant [flamɑ̃] *nm* flamingo ; **~ rose** pink flamingo.

flambant, e [flɑ̃bɑ̃, ɑ̃t] *adj* : **~ neuf** brand new.

flambeau, x [flɑ̃bo] *nm* torch ; *fig* flame ; **se passer le ~** *fig* to hand on the torch.

flambée [flɑ̃be] *nf* - **1.** [feu] blaze - **2.** *fig* [de colère] outburst ; [de violence] outbreak ; **il y a eu une ~ des prix** prices have sky-rocketed.

flamber [3] [flɑ̃be] ◇ *vi* - **1.** [brûler] to blaze - **2.** *fam* JEU to play for high stakes ◇ *vt* - **1.** [crêpe] to flambé - **2.** [volaille] to singe.

flamboie, flamboies *etc* ▷ flamboyer.

flamboyant, e [flɑ̃bwajɑ̃, ɑ̃t] *adj* - **1.** [ciel, regard] blazing ; [couleur] flaming - **2.** ARCHIT flamboyant.

flamboyer [13] [flɑ̃bwaje] *vi* to blaze.

flamingant, e [flamɛ̃gɑ̃, ɑ̃t] *adj* - **1.** [nationaliste] Flemish-nationalist - **2.** [de langue] Flemish-speaking.
➡ **Flamingant, e** *nm, f* - **1.** [nationaliste] Flemish nationalist - **2.** [de langue] Flemish speaker.

flamme [flam] *nf* flame ; *fig* fervour *Br*, fervor *Am*, fire.

flan [flɑ̃] *nm* baked custard.

flanc [flɑ̃] *nm* [de personne, navire, montagne] side ; [d'animal, d'armée] flank ; **à ~ de coteau** on the hillside ; **être sur le ~** *fig* to feel washed out ; **tirer au ~** *fam fig* to shirk, to skive *Br*.

flancher [3] [flɑ̃ʃe] *vi fam* to give up.

flanelle [flanɛl] *nf* flannel.

flâner [3] [flane] *vi* - **1.** [se promener] to stroll - **2.** [s'attarder] to hang about, to lounge about.

flânerie [flanri] *nf* stroll.

flâneur, euse [flanœr, øz] *nm, f* stroller.

flanquer [3] [flɑ̃ke] *vt* - **1.** *fam* [jeter] : **~ qqch par terre** to fling sthg to the ground ; **~ qqn dehors** to chuck *ou* fling sb out - **2.** *fam* [donner] : **~ une gifle à qqn** to clout sb round the ear ; **~ la frousse à qqn** to put the wind up sb

- 3. [accompagner] : **être flanqué de** to be flanked by.

→ **se flanquer** *vp fam* : **se ~ par terre** to fall flat on one's face.

flapi, e [flapi] *adj fam* dead beat.

flaque [flak] *nf* pool ; **~ (d'eau)** puddle.

flash [flaʃ] *nm* **- 1.** PHOT flash **- 2.** RADIO & TÉLÉ : **~ (d'information)** newsflash ; **~ de publicité** commercial.

flash-back [flaʃbak] (*pl inv* OU **flash-backs**) *nm* flashback.

flasher [3] [flaʃe] *vi fam* : **~ sur qqn/qqch** to be turned on by sb/sthg ; **faire ~ qqn** to turn sb on.

flasque [flask] ◇ *nf* flask ◇ *adj* flabby, limp.

flatter [3] [flate] *vt* **- 1.** [louer] to flatter **- 2.** [caresser] to stroke.

→ **se flatter** *vp* to flatter o.s. ; **je me flatte de le convaincre** I flatter myself that I can convince him ; **se ~ de faire qqch** to pride o.s. on doing sthg.

flatterie [flatri] *nf* flattery.

flatteur, euse [flatœr, øz] ◇ *adj* flattering ◇ *nm, f* flatterer.

flatulence [flatylɑ̃s] *nf* flatulence, wind.

FLE, fle [flə] (*abr de* **français langue étrangère**) *nm French as a foreign language.*

fléau, x [fleo] *nm* **- 1.** *litt* & *fig* [calamité] scourge **- 2.** [instrument] flail.

flèche [flɛʃ] *nf* **- 1.** [gén] arrow **- 2.** [d'église] spire **- 3.** *fig* [critique] shaft **- 4.** *loc* : **monter en ~** to shoot up ; **partir comme une ~** to shoot off.

flécher [18] [fleʃe] *vt* to mark (with arrows).

fléchette [fleʃɛt] *nf* dart.

→ **fléchettes** *nfpl* darts *(sg)*.

fléchir [32] [fleʃir] ◇ *vt* to bend, to flex ; *fig* to sway ◇ *vi* to bend ; *fig* to weaken.

fléchissement [fleʃismɑ̃] *nm* flexing, bending ; *fig* weakening.

flegmatique [flɛgmatik] *adj* phlegmatic.

flegme [flɛgm] *nm* composure.

flemmard, e [flɛmar, ard] *fam* ◇ *adj* lazy ◇ *nm, f* lazybones *(sg)*.

flemmarder [3] [flɛmarde] *vi fam* to lounge about.

flemme [flɛm] *nf fam* laziness ; **j'ai la ~ (de sortir)** I can't be bothered (to go out).

flétan [fletɑ̃] *nm* halibut.

flétrir [32] [fletrir] *vt* [fleur, visage] to wither.

→ **se flétrir** *vp* to wither.

fleur [flœr] *nf* BOT & *fig* flower ; **en ~, en ~s** [arbre] in flower, in blossom ; **à ~s** [motif] flowered ; **la fine ~ de** *fig* the flower OU the cream of ; **~ de lys** fleur-de-lis ; **dans la ~ de l'âge** in the prime of life ; **être ~ bleue** to be a romantic, to be sentimental ; **faire une ~ à qqn** *fam* to do sb a good turn ; **avoir les nerfs à ~ de peau** to be all on edge.

fleurer [5] [flœre] *vt* : **~ bon la vanille** to have a pleasant smell of vanilla.

fleuret [flœrɛ] *nm* foil.

fleurette [flœrɛt] *nf* : **conter ~ à qqn** *vieilli* OU *hum* to whisper sweet nothings to sb.

fleuri, e [flœri] *adj* **- 1.** [jardin, pré] in flower ; [vase] of flowers ; [tissu] flowered ; [table, appartement] decorated with flowers **- 2.** *fig* [style] flowery.

fleurir [32] [flœrir] ◇ *vi* to blossom ; *fig* to flourish ◇ *vt* [maison] to decorate with flowers ; [tombe] to lay flowers on.

fleuriste [flœrist] *nmf* florist.

fleuron [flœrɔ̃] *nm fig* jewel.

fleuve [flœv] *nm* **- 1.** [cours d'eau] river **- 2.** (*en apposition)* [interminable] lengthy, interminable ; **un discours ~** an interminable speech.

flexible [flɛksibl] *adj* flexible.

flexion [flɛksjɔ̃] *nf* **- 1.** [de genou, de poutre] bending **- 2.** LING inflexion.

flibustier [flibystje] *nm* buccaneer.

flic [flik] *nm fam* cop.

flingue [flɛ̃g] *nm fam* gun.

flinguer [3] [flɛ̃ge] *vt fam* to gun down.

→ **se flinguer** *vp fam* to blow one's brains out.

flipper¹ [flipœr] *nm* pin-ball machine.

flipper² [3] [flipe] *vi fam* **- 1.** [être déprimé] to feel down **- 2.** [planer] to freak out.

flirt [flœrt] *nm* **- 1.** [amourette] flirtation **- 2.** [personne] boyfriend (*f* girlfriend).

flirter [3] [flœrte] *vi* : **~ (avec qqn)** to flirt (with sb) ; **~ avec qqch** *fig* to flirt with sthg.

FLN (*abr de* **Front de libération nationale**) *nm Algerian national liberation front.*

FLNC (*abr de* **Front de libération nationale corse**) *nm Corsican national liberation front.*

FLNKS (*abr de* **Front de libération nationale kanak et socialiste**) *nm political movement in New Caledonia.*

flocon [flɔkɔ̃] *nm* flake ; **~ de neige** snowflake ; **~s d'avoine** oat flakes.

flonflon [flɔ̃flɔ̃] *nm* (*gén pl)* blare.

flop [flɔp] *nm* [échec] flop, failure.

flopée [flɔpe] *nf fam* : **une ~ de** heaps of, masses of.

floraison [flɔrɛzɔ̃] *nf litt* & *fig* flowering, blossoming.

floral, e, aux [flɔral, o] *adj* floral.

floralies [flɔrali] *nfpl* flower show *(sg)*.

flore [flɔr] *nf* flora.

Florence [flɔrɑ̃s] *n* Florence.

Floride [flɔrid] *nf* : **la ~** Florida.

florilège [flɔrilɛʒ] *nm* anthology.

florissant, e [flɔrisɑ̃, ɑ̃t] *adj* [santé] blooming ; [économie] flourishing.

flot [flo] *nm* flood, stream ; **être à ~** [navire] to be afloat ; *fig* to be back to normal ; **couler à ~s** *fig* to flow like water.

➤ **flots** *nmpl littéraire* waves.

flottage [flɔtaʒ] *nm* floating *(of logs)*.

flottaison [flɔtɛzɔ̃] *nf* floating.

flottant, e [flɔtɑ̃, ɑ̃t] *adj* - **1.** [gén] floating ; [esprit] irresolute - **2.** [robe] loose-fitting.

flotte [flɔt] *nf* - **1.** AÉRON & NAVIG fleet ; **~ aérienne** air fleet - **2.** *fam* [eau] water - **3.** *fam* [pluie] rain.

flottement [flɔtmɑ̃] *nm* - **1.** [de drapeau] fluttering - **2.** [indécision] hesitation, wavering - **3.** [de monnaie] floating.

flotter [3] [flɔte] *<> vi* - **1.** [sur l'eau] to float - **2.** [drapeau] to flap ; [brume, odeur] to drift - **3.** [dans un vêtement] : **tu flottes dedans** it's baggy on you *<> v impers fam* : **il flotte** it's raining.

flotteur [flɔtœr] *nm* [de ligne de pêche, d'hydravion] float ; [de chasse d'eau] ballcock.

flou, e [flu] *adj* - **1.** [couleur, coiffure] soft - **2.** [photo] blurred, fuzzy - **3.** [pensée] vague, woolly.

➤ **flou** *nm* [de photo] fuzziness ; [de décision] vagueness ; **le ~ artistique** CIN & PHOT soft focus ; *fig* vagueness.

flouer [3] [flue] *vt fam* to do, to swindle.

fluctuant, e [flyktɥɑ̃, ɑ̃t] *adj* fluctuating.

fluctuation [flyktɥasjɔ̃] *nf* fluctuation.

fluctuer [3] [flyktɥe] *vi* to fluctuate.

fluet, ette [flɥɛ, ɛt] *adj* [personne] thin, slender ; [voix] thin.

fluide [flɥid] *<> nm* - **1.** [matière] fluid - **2.** *fig* [pouvoir] (occult) power *<> adj* [matière] fluid ; [circulation] flowing freely.

fluidifier [9] [flɥidifje] *vt* [trafic] to improve the flow of.

fluidité [flɥidite] *nf* [gén] fluidity ; [de circulation] easy flow.

fluor [flyɔr] *nm* fluorine.

fluorescent, e [flyɔresɑ̃, ɑ̃t] *adj* fluorescent.

flûte [flyt] *<> nf* - **1.** MUS flute ; **~ à bec** recorder ; **~ traversière** flute - **2.** [verre] flute (glass) ; **~ à champagne** champagne flute - **3.** [pain] French stick *<> interj fam* bother!

flûtiste [flytist] *nmf* flautist *Br*, flutist *Am*.

fluvial, e, aux [flyvjal, o] *adj* [eaux, pêche] river *(avant n)* ; [alluvions] fluvial.

flux [fly] *nm* - **1.** [écoulement] flow ; **un ~ de** *fig* a flood of - **2.** [marée] flood tide ; **le ~ et le reflux** the ebb and flow - **3.** PHYS flux.

fluxion [flyksjɔ̃] *nf* inflammation ; **~ de poitrine** pneumonia.

FM *(abr de* **frequency modulation***) nf* FM.

FMI *(abr de* **Fonds monétaire international***) nm* IMF.

FN *(abr de* **Front national***) nm extreme right-wing French political party.*

FNAC, Fnac [fnak] *(abr de* **Fédération nationale des achats des cadres***) nf chain of large stores selling books, records, audio and video equipment etc.*

FNEF, Fnef [fnɛf] *(abr de* **Fédération nationale des étudiants de France***) nf students' union.*

FNSEA *(abr de* **Fédération nationale des syndicats d'exploitants agricoles***) nf farmers' union.*

FO *(abr de* **Force ouvrière***) nf workers' trade union.*

foc [fɔk] *nm* jib.

focal, e, aux [fɔkal, o] *adj* focal.

focaliser [3] [fɔkalize] *vt* to focus.

➤ **se focaliser** *vp fig* : **se ~ sur qqch** to focus on sthg.

fœtal, e, aux [fetal, o] *adj* foetal.

fœtus [fetys] *nm* foetus.

foi [fwa] *nf* - **1.** RELIG faith - **2.** [confiance] trust ; **avoir ~ en qqn/qqch** to trust sb/sthg, to have faith in sb/sthg - **3.** *loc* : **ajouter ~ à** *sout* to lend credence to ; **faire ~** to serve as proof ; **être de bonne/mauvaise ~** to be in good/bad faith ; **ma ~ ...** well ... ; **sur la ~ de** on the strength of.

foie [fwa] *nm* ANAT & CULIN liver ; **~ de veau/de volaille** calf's/chicken liver ; **~ gras** foie gras ; **avoir les ~s** *fam fig* to be scared out of one's wits.

foin [fwɛ̃] *nm* hay ; **faire les ~s** to make hay ; **faire du ~** *fam fig* to make a din.

foire [fwar] *nf* - **1.** [fête] funfair - **2.** [exposition, salon] trade fair - **3.** *fam* [agitation] circus ; **~ d'empoigne** free-for-all ; **faire la ~** *fam fig* to have a wild time.

foirer [3] [fware] *vi fam* [projet] to fall through.

foireux, euse [fwarø, øz] *adj fam* [raté] disastrous ; [qui va rater] doomed.

fois [fwa] *nf* time ; **une ~** once ; **deux ~** twice ; **trois/quatre ~** three/four times ; **deux ~ plus long** twice as long ; **neuf ~ sur dix** nine times out of ten ; **deux ~ trois** two times three ; **cette ~** this time ; **il était une ~ ...** once upon a time there was ... ; **pour une ~ (que)** for once ; **pour la énième ~** for the umpteenth time ; **une autre ~** another time ; **une (bonne) ~ pour toutes** once and for all ; **une ~ n'est pas coutume** just the once won't hurt.

➤ **à la fois** loc adv at the same time, at once.

➤ **des fois** loc adv [parfois] sometimes ; **non, mais des ~!** fam look here!

➤ **si des fois** loc conj fam if ever.

➤ **une fois que** loc conj once.

foison [fwazɔ̃] ➤ **à foison** loc adv in abundance.

foisonnement [fwazɔnmɑ̃] nm abundance.

foisonner [3] [fwazɔne] vi to abound ; **~ en** ou **de** to abound in.

folâtre [fɔlatr] adj playful.

folâtrer [3] [fɔlatre] vi to romp (about).

folichon, onne [fɔliʃɔ̃, ɔn] adj : **ça n'est pas ~** fam it's not much fun.

folie [fɔli] nf litt & fig madness ; **à la ~** madly ; **c'est de la ~** it's madness ou lunacy ; **avoir la ~ des grandeurs** to have delusions of grandeur ; **faire des ~s** fig to be extravagant.

folio [fɔljo] nm folio.

folk [fɔlk] ◇ nm folk music ◇ adj inv folk ; **la musique ~** folk music.

folklore [fɔlklɔr] nm [de pays] folklore ; **c'est du ~** fig you can't take it seriously.

folklorique [fɔlklɔrik] adj - **1.** [danse] folk - **2.** fig [situation, personne] bizarre, quaint.

folle ▷ **fou.**

follement [fɔlmɑ̃] adv madly, wildly ; **~ amoureux** madly in love.

follet [fɔlɛ] ▷ **feu.**

fomenter [3] [fɔmɑ̃te] vt to foment.

foncé, e [fɔ̃se] adj dark.

foncer [16] [fɔ̃se] ◇ vt to darken, to make darker ◇ vi - **1.** [teinte] to darken - **2.** [se ruer] : **~ sur** to rush at - **3.** fam [se dépêcher] to get a move on.

fonceur, euse [fɔ̃sœr, øz] ◇ adj dynamic, go-ahead ◇ nm, f dynamic person.

foncier, ère [fɔ̃sje, ɛr] adj - **1.** [impôt] land (avant n) ; **propriétaire ~** landowner - **2.** [fondamental] basic, fundamental.

foncièrement [fɔ̃sjɛrmɑ̃] adv basically.

fonction [fɔ̃ksjɔ̃] nf - **1.** [gén] function ; **faire ~ de** to act as - **2.** [profession] post ; **se démettre de ses ~s** to resign ; **entrer en ~** to take up one's post ou duties ; **la ~ publique** the civil service.

➤ **en fonction de** loc prép according to.

fonctionnaire [fɔ̃ksjɔnɛr] nmf [de l'État] state employee ; [dans l'administration] civil servant ; **haut ~** senior civil servant.

fonctionnariat [fɔ̃ksjɔnarja] nm employment by the state.

fonctionnariser [3] [fɔ̃ksjɔnarize] vt - **1.** [personne] to make an employee of the state - **2.** [service] to take into the public sector.

fonctionnel, elle [fɔ̃ksjɔnɛl] adj functional.

fonctionnement [fɔ̃ksjɔnmɑ̃] nm working, functioning.

fonctionner [3] [fɔ̃ksjɔne] vi to work, to function.

fond [fɔ̃] nm - **1.** [de récipient, puits, mer] bottom ; [de pièce] back ; **un ~** [petite quantité] a drop ; **sans ~** bottomless ; **au fin ~ de** in the depths of ; **de ~ en comble** from top to bottom - **2.** [substance] heart, root ; **avoir un très bon ~** to be a good person at heart ; **le ~ de ma pensée** what I really think ; **le ~ et la forme** content and form ; **aller au ~ des choses** to go to the heart ou root of things - **3.** [arrière-plan] background ; **~ sonore** background music.

➤ **fond d'artichaut** nm artichoke heart.

➤ **fond de bouteille** nm lees (pl), dregs (pl).

➤ **fond de teint** nm foundation.

➤ **à fond** loc adv - **1.** [entièrement] thoroughly ; **se donner à ~** to give one's all - **2.** [très vite] at top speed.

➤ **au fond, dans le fond** loc adv basically.

➤ **au fond de** loc prép : **au ~ de moi-même/lui-même** etc at heart, deep down.

fondais, fondions etc ▷ **fondre.**

fondamental, e, aux [fɔ̃damɑ̃tal, o] adj fundamental.

fondamentalement [fɔ̃damɑ̃talmɑ̃] adv fundamentally.

fondamentaliste [fɔ̃damɑ̃talist] nmf & adj fundamentalist.

fondant, e [fɔ̃dɑ̃, ɑ̃t] adj [neige, glace] melting ; [aliment] which melts in the mouth.

➤ **fondant** nm [gâteau] fondant.

fondateur, trice [fɔ̃datœr, tris] nm, f founder.

fondation [fɔ̃dasjɔ̃] nf foundation.

➤ **fondations** nfpl CONSTR foundations.

fondé, e [fɔ̃de] adj [craintes, reproches] justified, well-founded ; **non ~** unfounded ; **être ~ à faire qqch** to have good reason to do sthg.

➤ **fondé de pouvoir** nm authorized representative.

fondement [fɔ̃dmã] nm [base, motif] foundation ; **sans ~** groundless, without foundation.

fonder [3] [fɔ̃de] vt - **1.** [créer] to found - **2.** [baser] : **~ qqch sur** to base sthg on ; **~ de grands espoirs sur qqn** to pin one's hopes on sb.
➤ **se fonder** vp : **se ~ sur** [suj : personne] to base o.s. on ; [suj : argument] to be based on.

fonderie [fɔ̃dri] nf [usine] foundry.

fondeur, euse [fɔ̃dœr, øz] nm, f SKI cross-country skier.

fondre [75] [fɔ̃dr] ◇ vt - **1.** [beurre, neige] to melt ; [sucre, sel] to dissolve ; [métal] to melt down - **2.** [mouler] to cast - **3.** [mêler] to blend ◇ vi - **1.** [beurre, neige] to melt ; [sucre, sel] to dissolve ; fig to melt away - **2.** [maigrir] to lose weight - **3.** [se ruer] : **~ sur** to swoop down on.
➤ **se fondre** vp : **se ~ dans la brume/la foule** to melt away into the fog/the crowd.

fonds [fɔ̃] ◇ nm - **1.** [ressources] fund ; **le Fonds monétaire international** the International Monetary Fund ; **~ de roulement** working capital - **2.** [bien immobilier] : **~ (de commerce)** business ◇ nmpl funds ; **~ publics/secrets** public/secret funds.

fondu, e [fɔ̃dy] pp ▷ fondre.
➤ **fondu** nm - **1.** [CIN - ouverture] fade-in ; [- fermeture] fade-out ; **~ enchaîné** dissolve - **2.** [de couleurs] blend.
➤ **fondue** nf fondue ; **~ e au fromage** OU **savoyarde** cheese fondue ; **~e bourguignonne** meat fondue.

fongicide [fɔ̃ʒisid] ◇ nm fungicide ◇ adj fungicidal.

font ▷ faire.

fontaine [fɔ̃tɛn] nf [naturelle] spring ; [publique] fountain.

fonte [fɔ̃t] nf - **1.** [de glace, beurre] melting ; [de métal] melting down ; **la ~ des neiges** the thaw - **2.** [alliage] cast iron ; **en ~** cast-iron.

fonts [fɔ̃] nmpl : **~ baptismaux** (baptismal) font (sg).

foot [fut] = football.

football [futbol] nm football Br, soccer ; **~ américain** American football Br, football Am.

footballeur, euse [futbolœr, øz] nm, f footballer Br, soccer player.

footing [futiŋ] nm jogging ; **faire du ~** to go jogging.

for [fɔr] nm : **dans son ~ intérieur** in his/her heart of hearts.

FOR (abr de forint) F, Ft.

forage [fɔraʒ] nm drilling.

forain, e [fɔrɛ̃, ɛn] adj ▷ fête.

➤ **forain** nm stallholder.

forban [fɔrbã] nm - **1.** [corsaire] pirate - **2.** [escroc] crook.

forçat [fɔrsa] nm convict.

force [fɔrs] nf - **1.** [vigueur] strength ; **avoir de la ~** to be strong ; **en ~** [passer] by (physical) effort ; [arriver] in force ; **être une ~ de la nature** to be a human dynamo ; **être de ~ à faire qqch** to be up to doing sthg ; **c'est ce qui fait sa ~** that's where his strength lies ; **~ de caractère** strength of character ; **dans la ~ de l'âge** fig in the prime of life - **2.** [violence, puissance, MIL & PHYS] force ; **faire faire qqch à qqn de ~** to force sb to do sthg ; **par la ~ des choses** by force of circumstances ; **avoir ~ de loi** to have force of law ; **obtenir qqch par la ~** to obtain sthg by force ; **~ centrifuge** PHYS centrifugal force ; **~ de dissuasion** deterrent power ; **~ de frappe** strike force ; **~ d'inertie** PHYS force of inertia ; **~ de vente** COMM sales force.
➤ **forces** nfpl - **1.** [physique] strength (sg) ; **être à bout de ~s** to have no strength left ; **de toutes ses ~s** with all his/her strength ; **recouvrer ses ~s** to get one's strength back ; **reprendre des ~s** to recover one's strength - **2.** [organisation] : **les ~s armées** the armed forces ; **~s d'intervention** rapid deployment force (sg) ; **les ~s de l'ordre** the police (sg) ; **les ~s de police** the police force (sg).
➤ **à force de** loc prép by dint of.

forcé, e [fɔrse] adj forced.

forcément [fɔrsemã] adv inevitably.

forcené, e [fɔrsəne] ◇ adj [haine, critique] frenzied ; [partisan] fanatical ◇ nm, f maniac.

forceps [fɔrsɛps] nm forceps (pl).

forcer [16] [fɔrse] ◇ vt - **1.** [gén] to force ; **~ qqn à qqch/à faire qqch** to force sb into sthg/to do sthg - **2.** [admiration, respect] to compel, to command - **3.** [talent, voix] to strain ◇ vi : **ça ne sert à rien de ~, ça ne passe pas** there's no point in forcing it, it won't get through ; **~ sur qqch** to overdo sthg.
➤ **se forcer** vp [s'obliger] : **se ~ à faire qqch** to force o.s. to do sthg.

forcing [fɔrsiŋ] nm SPORT & fig pressure ; **faire du ~** to push o.s.

forcir [32] [fɔrsir] vi to put on weight.

forer [3] [fɔre] vt to drill.

forestier, ère [fɔrɛstje, ɛr] adj forest (avant n).
➤ **forestier** nm forestry worker.

forêt [fɔrɛ] nf forest.

foreuse [fɔrøz] nf drill.

forfait [fɔrfɛ] nm - **1.** [prix fixe] fixed price ; **être au ~** [pour l'imposition] to pay an estimated amount of tax - **2.** *SPORT* : **déclarer ~** [abandonner] to withdraw ; *fig* to give up - **3.** *littéraire* [crime] heinous crime.

forfaitaire [fɔrfetɛr] *adj* inclusive.

forfait-vacances [fɔrfevakɑ̃s] (*pl* **forfaits-vacances**) *nm* package holiday.

forfanterie [fɔrfɑ̃tri] *nf* bragging.

forge [fɔrʒ] *nf* forge.

forger [17] [fɔrʒe] *vt* - **1.** [métal] to forge - **2.** *fig* [caractère] to form - **3.** [plan, excuse] to concoct.

forgeron [fɔrʒərɔ̃] *nm* blacksmith.

formaliser [3] [fɔrmalize] *vt* to formalize.

➡ **se formaliser** *vp* : **se ~ (de)** to take offence *Br ou* offense *Am* (at).

formalisme [fɔrmalism] *nm* formality.

formaliste [fɔrmalist] ◇ *nmf* formalist ◇ *adj* [milieu] conventional ; [personne] : **être ~** to be a stickler for the rules.

formalité [fɔrmalite] *nf* formality ; **les ~s d'usage** the usual formalities.

format [fɔrma] *nm* - **1.** [dimension] size ; **grand/petit ~** large/small size - **2.** *INFORM* format.

formatage [fɔrmataʒ] *nm* *INFORM* formatting.

formater [3] [fɔrmate] *vt* *INFORM* to format.

formateur, trice [fɔrmatœr, tris] ◇ *adj* formative ◇ *nm, f* trainer.

formation [fɔrmasjɔ̃] *nf* - **1.** [gén] formation - **2.** [apprentissage] training ; **~ continue** continuing education ; **~ professionnelle** vocational training.

forme [fɔrm] *nf* - **1.** [aspect] shape, form ; **en ~ de** in the shape of ; **sous ~ de** in the form of ; **sous toutes ses ~s** in all its forms ; **prendre ~** to take shape - **2.** [état] form ; **être en (pleine) ~** to be in (great) shape, to be on (top) form - **3.** *loc* : **en bonne et due ~** in due form ; **faire qqch dans les ~s** to do sthg in the correct way ; **pour la ~** for form's sake ; **sans autre ~ de procès** without further ado.

➡ **formes** *nfpl* figure *(sg)*.

formel, elle [fɔrmɛl] *adj* - **1.** [définitif, ferme] positive, definite - **2.** [poli] formal.

formellement [fɔrmɛlmɑ̃] *adv* - **1.** [refuser] positively ; [promettre] definitely - **2.** [raisonner] formally.

former [3] [fɔrme] *vt* - **1.** [gén] to form - **2.** [personnel, élèves] to train - **3.** [goût, sensibilité] to develop.

➡ **se former** *vp* - **1.** [se constituer] to form - **2.** [s'instruire] to train o.s.

Formica® [fɔrmika] *nm inv* Formica®.

formidable [fɔrmidabl] *adj* - **1.** [épatant] great, tremendous - **2.** [incroyable] incredible.

formol [fɔrmɔl] *nm* formalin.

formosan, e [fɔrmɔzɑ̃, an] *adj* Formosan.

➡ **Formosan, e** *nm, f* Formosan.

Formose [fɔrmɔz] *n* Formosa ; **à ~** in Formosa.

formulaire [fɔrmylɛr] *nm* form ; **remplir un ~** to fill in a form.

formulation [fɔrmylasjɔ̃] *nf* wording, formulation.

formule [fɔrmyl] *nf* - **1.** [expression] expression ; **~ de politesse** [orale] polite phrase ; [épistolaire] letter ending - **2.** *CHIM* & *MATHS* formula - **3.** [méthode] way, method ; **nouvelle ~** new style of show/restaurant *etc* - **4.** [slogan] : **~ publicitaire** advertising slogan.

➡ **formule 1** *nf* Formula One.

formuler [3] [fɔrmyle] *vt* to formulate, to express.

forniquer [3] [fɔrnike] *vi* to fornicate.

forsythia [fɔrsisja] *nm* forsythia.

fort, e [fɔr, fɔrt] ◇ *adj* - **1.** [gén] strong ; **et le plus ~, c'est que ...** and the most amazing thing about it is ... ; **c'est un peu ~ !** *fam* that's a bit much! ; **c'est plus ~ que moi** I can't help it - **2.** [corpulent] heavy, big - **3.** [doué] gifted ; **être ~ en qqch** to be good at sthg - **4.** [puissant - voix] loud ; [- vent, lumière, accent] strong - **5.** [considérable] large ; **il y a de ~es chances qu'il gagne** there's a good chance he'll win ◇ *adv* - **1.** [frapper, battre] hard ; [sonner, parler] loud, loudly - **2.** *sout* [très] very ; **avoir ~ à faire (avec qqn)** to have a hard job (with sb) ◇ *nm* - **1.** [château] fort - **2.** [personne] : **un ~ en qqch** a person who is good at sthg - **3.** [spécialité] : **ce n'est pas mon ~** it's not my forte *ou* strong point.

➡ **au plus fort de** *loc prép* [hiver] in the depths of ; [tempête, dispute] at the height of.

fortement [fɔrtəmɑ̃] *adv* - **1.** [avec force] hard - **2.** [très - intéressé, ému] deeply - **3.** [beaucoup - bégayer, loucher] badly.

forteresse [fɔrtərɛs] *nf* fortress.

fortifiant, e [fɔrtifjɑ̃, ɑ̃t] *adj* fortifying.

➡ **fortifiant** *nm* tonic.

fortification [fɔrtifikasjɔ̃] *nf* fortification.

fortifier [9] [fɔrtifje] *vt* [personne, ville] to fortify ; **~ qqn dans qqch** *fig* to strengthen sb in sthg.

fortuit, e [fɔrtɥi, it] *adj* chance *(avant n)*, fortuitous.

fortune [fɔrtyn] *nf* - **1.** [richesse] fortune ; **faire ~** to make one's fortune - **2.** [hasard] luck, fortune.

fortuné, e [fɔrtyne] *adj* - **1.** [riche] wealthy - **2.** [chanceux] fortunate, lucky.

forum [fɔrɔm] *nm* forum ; **~ de discussion** IN-FORM chat room.

fosse [fos] *nf* - **1.** [trou] pit ; **~ septique** septic tank ; **~ aux lions** lions' den ; **~ d'orchestre** orchestra pit ; **~ de sable** Can GOLF bunker Br, sand trap Am - **2.** [tombe] grave ; **~ commune** common grave.

fossé [fose] *nm* ditch ; *fig* gap.

fossette [fosɛt] *nf* dimple.

fossile [fosil] ◇ *adj* fossil *(avant n)*, fossilized ◇ *nm* - **1.** [de plante, d'animal] fossil - **2.** *fig* & *péj* [personne] fossil, fogy.

fossoyeur, euse [foswajœr, øz] *nm, f* gravedigger.

fou, folle [fu, fɔl] ◇ *adj* (**fol** *devant voyelle ou h muet*) mad, insane ; [prodigieux] tremendous ; **être ~ de qqn/qqch** to be mad about sb/sthg ; **être ~ de joie** to be deliriously happy ; **~ à lier** raving mad ◇ *nm, f* madman (*f* madwoman) ; **~ furieux** manic ; **faire le ~** *fig* to act the fool.

foudre [fudr] *nf* lightning ; **encourir** OU **s'attirer les ~s de qqn** *fig* to bring down sb's wrath on o.s.

foudroyant, e [fudrwajɑ̃, ɑ̃t] *adj* - **1.** [progrès, vitesse] lightning *(avant n)* ; [succès] stunning - **2.** [nouvelle] devastating ; [regard] withering.

foudroyer [13] [fudrwaje] *vt* - **1.** [suj : foudre] to strike ; **l'arbre a été foudroyé** the tree was struck by lightning - **2.** *fig* [abattre] to strike down, to kill ; **~ qqn du regard** to glare at sb.

fouet [fwɛ] *nm* - **1.** [en cuir] whip ; **de plein ~** direct ; **il prit la pluie de plein ~** the rain hit him full in the face ; CULIN whisk.

fouetter [4] [fwete] *vt* - **1.** [gén] to whip ; [suj : pluie] to lash (against) - **2.** [stimuler] to stimulate.

fougasse [fugas] *nf* type of unleavened bread.

fougère [fuʒɛr] *nf* fern.

fougue [fug] *nf* ardour Br, ardor Am.

fougueux, euse [fugø, øz] *adj* ardent, spirited.

fouille [fuj] *nf* - **1.** [de personne, maison] search - **2.** [du sol] dig, excavation.
➤ **fouilles** *nfpl fam* pockets.

fouiller [3] [fuje] ◇ *vt* - **1.** [gén] to search - **2.** *fig* [approfondir] to examine closely ◇ *vi* : **~ dans** to go through.

fouillis [fuji] *nm* jumble, muddle.

fouine [fwin] *nf* stone-marten.

fouiner [3] [fwine] *vi* to ferret about.

foulard [fular] *nm* scarf.

foule [ful] *nf* - **1.** [de gens] crowd ; **en ~** in great numbers ; **attirer les ~s** *fig* to draw the crowds - **2.** *péj* [peuple] : **la ~** the masses *(pl)* - **3.** *fig* [multitude] : **une ~ de masses** of.

foulée [fule] *nf* [de coureur] stride ; **je suis sorti faire des courses et dans la ~ ...** I went out to do some shopping and while I was at it ...

fouler [3] [fule] *vt* [raisin] to press ; [sol] to walk on.
➤ **se fouler** *vp* - **1.** MÉD : **se ~ le poignet/la cheville** to sprain one's wrist/ankle - **2.** *fam fig* [se fatiguer] : **ne pas se ~** not to strain o.s.

foulure [fulyr] *nf* sprain.

four [fur] *nm* - **1.** [de cuisson] oven ; **cuit au ~** baked ; **~ électrique/à micro-ondes** electric/microwave oven ; **~ crématoire** HIST oven ; **je ne peux pas être (à la fois) au ~ et au moulin** *fig* I haven't got two pairs of hands, I can't be in two places at once ; **noir comme dans un ~** *fig* black as pitch - **2.** THÉÂTRE flop ; **faire un ~** to flop.

fourbe [furb] ◇ *adj* treacherous, deceitful ◇ *nmf* rogue.

fourbi [furbi] *nm fam* - **1.** [attirail] gear - **2.** [fouillis] mess.

fourbir [32] [furbir] *vt litt* & *fig* to polish.

fourbu, e [furby] *adj* tired out, exhausted.

fourche [furʃ] *nf* - **1.** [outil] pitchfork - **2.** [de vélo, route] fork - **3.** Belg SCOL free period.

fourcher [3] [furʃe] *vi* - **1.** [cheveux] to split - **2.** *loc* : **sa langue a fourché** he made a slip of the tongue.

fourchette [furʃɛt] *nf* - **1.** [couvert] fork - **2.** [écart] range, bracket.

fourchu, e [furʃy] *adj* forked.

fourgon [furgɔ̃] *nm* - **1.** [camionnette] van ; **~ cellulaire** police van Br, patrol wagon Am ; **~ mortuaire** hearse - **2.** [ferroviaire] : **~ à bestiaux** cattle truck ; **~ postal** mail van.

fourgonnette [furgɔnɛt] *nf* small van.

fourguer [3] [furge] *vt fam* : **~ qqch à qqn** to palm sthg off on sb.

fourmi [furmi] *nf* [insecte] ant ; *fig* hard worker ; **avoir des ~s dans les bras/les jambes** to have pins and needles in one's arms/legs.

fourmilière [furmiljɛr] *nf* anthill.

fourmillement [furmijmɑ̃] *nm* - **1.** [d'insectes, de personnes] swarming - **2.** [picotement] pins and needles *(pl)*.

fourmiller [3] [furmije] *vi* [pulluler] to swarm ; **~ de** *fig* to be swarming with.

fournaise [furnɛz] *nf* furnace.

fourneau, x [furno] *nm* - **1.** [cuisinière, poêle] stove - **2.** [de fonderie] furnace - **3.** [de pipe] bowl.

fournée [furne] *nf* batch.

fourni, e [furni] *adj* [barbe, cheveux] thick.

fournil [furnil] *nm* bakery.

fournir [32] [furnir] ⟺ *vt* - **1.** [procurer] : ~ qqch
à qqn to supply *ou* provide sb with sthg
- **2.** [produire] : ~ un effort to make an effort
- **3.** [approvisionner] : ~ qqn (en) to supply sb
(with) ⟺ *vi* : ~ à to provide for.
◆ **se fournir** *vp* : se ~ chez/en to get supplies from/of.

fournisseur, euse [furnisœr, øz] *nm, f* supplier ; ~ d'accès INFORM service provider.

fourniture [furnityr] *nf* supply, supplying
(U).
◆ **fournitures** *nfpl* : ~s de bureau office
supplies ; ~s scolaires school supplies.

fourrage [furaʒ] *nm* fodder.

fourrager¹, ère [furaʒe, ɛr] *adj* fodder
(avant n).

fourrager² [17] [furaʒe] *vi fam* : ~ dans qqch
to rummage through sthg.

fourré [fure] *nm* thicket.

fourreau, x [furo] *nm* - **1.** [d'épée] sheath ; [de
parapluie] cover - **2.** [robe] sheath dress.

fourrer [3] [fure] *vt* - **1.** CULIN to stuff, to fill
- **2.** *fam* [mettre] : ~ qqch (dans) to stuff sthg
(into).
◆ **se fourrer** *vp* : se ~ dans le pétrin to get
into a mess ; se ~ une idée dans la tête to get
an idea into one's head ; je ne savais plus où
me ~ I didn't know where to put myself.

fourre-tout [furtu] *nm inv* - **1.** [pièce] lumber
room *Br*, junk room *Am* - **2.** [sac] holdall
- **3.** *fig* & *péj* [d'idées] hotch-potch.

fourreur [furœr] *nm* furrier.

fourrière [furjɛr] *nf* pound ; mettre à la ~ [voi-
ture] to tow away.

fourrure [furyr] *nf* fur ; un manteau en fausse
~ a fake fur coat.

fourvoyer [13] [furvwaje] ◆ **se fourvoyer**
vp sout [s'égarer] to lose one's way ; [se tromper]
to go off on the wrong track.

foutaise [futɛz] *nf fam* crap (U).

foutoir [futwar] *nm fam* pigsty.

foutre [116] [futr] *vt tfam* - **1.** [mettre] to shove,
to stick ; ~ qqn dehors *ou* à la porte to chuck
sb out - **2.** [donner] : ~ la trouille à qqn to put
the wind up sb ; il lui a foutu une baffe he
thumped him one - **3.** [faire] to do ; ne rien
~ de la journée to do damn all all day ; j'en ai
rien à ~ I don't give a toss.
◆ **se foutre** *vp tfam* - **1.** [se mettre] : se ~ dans
[situation] to get o.s. into - **2.** [se moquer] : se ~ de
(la gueule de) qqn to laugh at sb, to take the
mickey out of sb *Br* - **3.** [ne pas s'intéresser] : je
m'en fous I don't give a damn about it.

foutu, e [futy] *adj fam* - **1.** [maudit] bloody *Br*,

damned ; [caractère] nasty - **2.** [fait, conçu] : bien
~ [projet, maison] great ; elle est bien ~e, celle-là
[femme] she's a real stunner - **3.** [perdu] : il est
~ he's/it's had it - **4.** [capable] : être ~ de faire
qqch to be liable *ou* quite likely to do sthg.

fox-terrier [fɔksterje] (*pl* fox-terriers) *nm* fox
terrier.

foyer [fwaje] *nm* - **1.** [maison] home ; rentrer au
~ to go home - **2.** [famille] family ; fonder un ~
to set up home - **3.** [résidence] home, hostel
- **4.** [point central] centre *Br*, center *Am* - **5.** [de lu-
nettes] focus ; verres à double ~ bifocals.

FP (*abr de* franchise postale) PP.

FPA (*abr de* formation professionnelle des
adultes) *nf state-run adult training scheme.*

FPLP (*abr de* Front populaire de libération de
la Palestine) *nm* PFLP.

frac [frak] *nm* tails (*pl*).

fracas [fraka] *nm* roar.

fracassant, e [frakasɑ̃, ɑ̃t] *adj* [bruyant] thunderous ; *fig* staggering, sensational.

fracasser [3] [frakase] *vt* to smash, to shatter.
◆ **se fracasser** *vp* : se ~ contre/sur to crash
against/into.

fraction [fraksjɔ̃] *nf* fraction.

fractionner [3] [fraksjɔne] *vt* to divide (up),
to split up.
◆ **se fractionner** *vp* to split up.

fracture [fraktyr] *nf* MÉD fracture ; ~ du crâne
fractured skull ; ~ sociale gap between the
rich and the poor.

fracturer [3] [fraktyre] *vt* - **1.** MÉD to fracture
- **2.** [coffre, serrure] to break open.
◆ **se fracturer** *vp* to break, to fracture.

fragile [fraʒil] *adj* [gén] fragile ; [peau, santé]
delicate.

fragiliser [3] [fraʒilize] *vt* to weaken.

fragilité [fraʒilite] *nf* fragility.

fragment [fragmɑ̃] *nm* - **1.** [morceau] fragment - **2.** [extrait - d'œuvre] extract ; [- de conver-
sation] snatch.

fragmentaire [fragmɑ̃ter] *adj* fragmentary

fragmenter [3] [fragmɑ̃te] *vt* to fragment
to break up.
◆ **se fragmenter** *vp* to fragment, to break
up.

fraîche ⟹ frais.

fraîchement [frɛʃmɑ̃] *adv* - **1.** [récemment] recently - **2.** [froidement] coolly.

fraîcheur [frɛʃœr] *nf* - **1.** [d'air, d'accueil] coolness - **2.** [de teint, d'aliment] freshness.

fraîchir [32] [frɛʃir] *vi* to freshen.

frais, fraîche [frɛ, frɛʃ] *adj* - **1.** [air, accueil]
cool ; boisson fraîche cold drink ; 'servir ~

'serve chilled' - **2.** [récent - trace] fresh ; [- encre] wet ; ~ **émoulu (de)** fresh (from) - **3.** [teint] fresh, clear ; ~ **et dispos** hale and hearty.

➤ **frais** ◇ nm : **mettre qqch au** ~ to put sthg in a cool place ; **prendre le** ~ to take a breath of fresh air ◇ nmpl [dépenses] expenses, costs ; **aux ~ de la maison** at the company's expense ; **faire des** ~ to spend a lot of money ; **rentrer dans ses** ~ to cover one's expenses ; **faux** ~ incidentals ; ~ **d'entretien** upkeep ; ~ **d'équipement** capital expenditure ; ~ **fixes** fixed costs ; ~ **généraux** overheads ; ~ **de justice** legal costs ; ~ **de représentation** entertainment allowance ; **à grands** ~ at a high price ; **à peu de** ~ cheaply ; **faire les** ~ **de qqch** to bear the brunt of sthg ◇ adv : **il fait** ~ it's cool.

fraise [frɛz] nf - **1.** [fruit] strawberry ; ~ **des bois** wild strawberry - **2.** [de dentiste] drill ; [de menuisier] bit.

fraiser [4] [frɛze] vt to countersink.

fraiseuse [frɛzøz] nf milling machine.

fraisier [frɛzje] nm - **1.** [plante] strawberry plant - **2.** [gâteau] strawberry sponge.

framboise [frɑ̃bwaz] nf - **1.** [fruit] raspberry - **2.** [liqueur] raspberry liqueur.

framboisier [frɑ̃bwazje] nm - **1.** [plante] raspberry bush - **2.** [gâteau] raspberry sponge.

franc, franche [frɑ̃, frɑ̃ʃ] adj - **1.** [sincère] frank - **2.** [net] clear, definite.

➤ **franc** nm franc ; **ancien/nouveau** ~ old/new franc ; ~ **français/belge/suisse** French/Belgian/Swiss franc.

français, e [frɑ̃sɛ, ɛz] adj French.

➤ **français** nm [langue] French.

➤ **Français, e** nm, f Frenchman (f Frenchwoman) ; **les Français** the French ; **le Français moyen** the average Frenchman.

France [frɑ̃s] nf : **la** ~ France ; ~ **2,** ~ **3** TÉLÉ French state-owned television channels ; **France-Inter** RADIO radio station broadcasting mainly current affairs programmes, interviews and debates.

franche ⊳ franc.

franchement [frɑ̃ʃmɑ̃] adv - **1.** [sincèrement] frankly - **2.** [nettement] clearly - **3.** [tout à fait] completely, downright.

franchir [32] [frɑ̃ʃir] vt - **1.** [obstacle] to get over - **2.** [porte] to go through ; [seuil] to cross - **3.** [distance] to cover.

franchise [frɑ̃ʃiz] nf - **1.** [sincérité] frankness - **2.** COMM franchise ; **agent en** ~ franchise holder - **3.** [d'assurance] excess - **4.** [détaxe] exemption.

francilien, enne [frɑ̃siljɛ̃, ɛn] adj ou from the Île-de-France.

Francilien, enne nm, f inhabitant of the Île-de-France.

franciscain, e [frɑ̃siskɛ̃, ɛn] adj & nm, f Franciscan.

franciser [3] [frɑ̃size] vt to frenchify.

franc-jeu [frɑ̃ʒø] nm : **jouer** ~ to play fair.

franc-maçon, onne [frɑ̃masɔ̃, ɔn] (mpl **francs-maçons,** fpl **franc-maçonnes**) adj masonic.

➤ **franc-maçon** nm freemason.

franc-maçonnerie [frɑ̃masɔnri] (pl **francmaçonneries**) nf freemasonry (U).

franco [frɑ̃ko] adv - **1.** fam [franchement] : **y aller** ~ to go straight to the point - **2.** COMM : ~ **à bord** free on board ; ~ **de port** carriage paid.

francophile [frɑ̃kɔfil] nmf & adj francophile.

francophone [frɑ̃kɔfɔn] ◇ adj French-speaking ◇ nmf French speaker.

francophonie [frɑ̃kɔfɔni] nf : **la** ~ French-speaking nations (pl).

FRANCOPHONIE

This is a wide-ranging cultural and political concept involving the promotion of French-speaking communities around the world, with a view to creating a 'French Commonwealth' with a strong identity.

franc-parler [frɑ̃parle] (pl **francs-parlers**) nm : **avoir son** ~ to speak one's mind.

franc-tireur [frɑ̃tirœr] (pl **francs-tireurs**) nm - **1.** MIL irregular - **2.** fig [indépendant] freelance ; **agir en** ~ to act independently.

frange [frɑ̃ʒ] nf fringe.

frangin, e [frɑ̃ʒɛ̃, ʒin] nm, f fam brother (f sister).

frangipane [frɑ̃ʒipan] nf almond paste.

franglais [frɑ̃glɛ] nm Franglais.

franquette [frɑ̃kɛt] ➤ **à la bonne franquette** loc adv informally, without any ceremony.

frappant, e [frapɑ̃, ɑ̃t] adj striking.

frappe [frap] nf - **1.** [de monnaie] minting, striking - **2.** [à la machine] typing ; INFORM keying - **3.** [de boxeur] punch - **4.** péj [voyou] lout, yob Br.

frappé, e [frape] adj - **1.** [champagne] chilled - **2.** fam [personne] crazy, nutty.

frapper [3] [frape] ◇ vt - **1.** [gén] to strike - **2.** [boisson] to chill ◇ vi to knock.

frasques [frask] nfpl pranks, escapades.

fraternel, elle [fraternɛl] adj fraternal, brotherly.

fraterniser [3] [fratɛrnize] *vi* to fraternize.

fraternité [fratɛrnite] *nf* brotherhood.

fratricide [fratrisid] ◇ *nmf* fratricide ◇ *adj* fratricidal.

fraude [frod] *nf* fraud ; **passer qqch en ~** to smuggle sthg in ; **~ électorale** ballot-rigging ; **~ fiscale** tax evasion ; **~ informatique** computer crime.

frauder [3] [frode] *vt* & *vi* to cheat.

fraudeur, euse [frodœr, øz] *nm, f* cheat.

frauduleux, euse [frodylø, øz] *adj* fraudulent.

frayer [11] [frɛje] ◇ *vt* : **~ la voie à qqn** to clear the way for sb ◇ *vi* [fréquenter] : **~ avec** to associate *ou* mix with.

➤ **se frayer** *vp* : **se ~ un chemin (à travers une foule)** to force one's way through (a crowd).

frayeur [frɛjœr] *nf* fright, fear.

fredaines [frədɛn] *nfpl* pranks.

fredonner [3] [frədɔne] *vt* & *vi* to hum.

freezer [frizœr] *nm* freezer compartment.

frégate [fregat] *nf* - **1.** [bateau] frigate - **2.** [oiseau] frigate-bird.

frein [frɛ̃] *nm* - **1.** AUTOM brake ; **~ à main** handbrake ; **~ moteur** engine brake - **2.** *fig* [obstacle] brake, check ; **mettre un ~ à** to curb - **3.** *loc* : **ronger son ~** *fig* to champ at the bit.

freinage [frɛnaʒ] *nm* braking.

freiner [4] [frɛne] ◇ *vt* - **1.** [mouvement, véhicule] to slow down ; [inflation, dépenses] to curb - **2.** [personne] to restrain ◇ *vi* to brake.

frelaté, e [frəlate] *adj* [vin] adulterated ; *fig* corrupt.

frêle [frɛl] *adj* - **1.** [enfant, voix] frail - **2.** [construction] flimsy, fragile.

frelon [frəlɔ̃] *nm* hornet.

freluquet [frəlykɛ] *nm péj* whippersnapper.

frémir [32] [fremir] *vi* - **1.** [corps, personne] to tremble - **2.** [eau] to simmer.

frémissement [fremismɑ̃] *nm* - **1.** [de corps, personne] shiver, trembling *(U)* - **2.** [d'eau] simmering.

frêne [frɛn] *nm* ash.

frénésie [frenezi] *nf* frenzy.

frénétique [frenetik] *adj* frenzied.

frénétiquement [frenetikmɑ̃] *adv* [applaudir] furiously.

fréquemment [frekamɑ̃] *adv* frequently.

fréquence [frekɑ̃s] *nf* frequency.

fréquent, e [frekɑ̃, ɑ̃t] *adj* frequent.

fréquentable [frekɑ̃tabl] *adj* respectable.

fréquentation [frekɑ̃tasjɔ̃] *nf* - **1.** [d'endroit] frequenting - **2.** [de personne] association.

➤ **fréquentations** *nfpl* company *(U)* ; **avoir de mauvaises ~s** to keep bad company.

fréquenté, e [frekɑ̃te] *adj* : **très ~** busy ; **c'est très bien/mal ~** the right/wrong sort of people go there.

fréquenter [3] [frekɑ̃te] *vt* - **1.** [endroit] to frequent - **2.** [personne] to associate with ; [petit ami] to go out with, to see.

frère [frɛr] ◇ *nm* brother ; **faux ~** false friend ; **~ de lait** foster brother ; **grand ~** big brother ◇ *adj* [parti, pays] sister *(avant n)*.

fresque [frɛsk] *nf* fresco.

fret [frɛ] *nm* freight.

frétiller [3] [fretije] *vi* [poisson, personne] to wriggle ; **~ de joie** *fig* to quiver with delight.

fretin [frətɛ̃] *nm* : **le menu ~** the small fry.

freudien, enne [frødjɛ̃, ɛn] *adj* Freudian.

friable [frijabl] *adj* crumbly.

friand, e [frijɑ̃, ɑ̃d] *adj* : **être ~ de** to be partial to.

➤ **friand** *nm* savoury *Br ou* savory *Am* tartlet.

friandise [frijɑ̃diz] *nf* delicacy.

fric [frik] *nm fam* cash.

fricassée [frikase] *nf* fricassee.

fric-frac [frikfrak] *nm inv fam* break-in.

friche [friʃ] *nf* fallow land ; **en ~** fallow.

fricoter [3] [frikɔte] *vt litt* & *fig* to cook up.

friction [friksjɔ̃] *nf* - **1.** [massage] massage - **2.** *fig* [désaccord] friction.

frictionner [3] [friksjɔne] *vt* to rub.

Frigidaire® [friʒidɛr] *nm* fridge, refrigerator.

frigide [friʒid] *adj* frigid.

frigidité [friʒidite] *nf* frigidity.

frigo [frigo] *nm fam* fridge.

frigorifié, e [frigɔrifje] *adj fam* frozen.

frigorifique [frigɔrifik] *adj* refrigerated.

frileux, euse [frilø, øz] *adj* - **1.** [craignant le froid] sensitive to the cold - **2.** [prudent] unadventurous.

frimas [frima] *nm littéraire* foggy winter weather.

frime [frim] *nf fam* showing off.

frimer [3] [frime] *vi fam* [bluffer] to pretend ; [se mettre en valeur] to show off.

frimeur, euse [frimœr, øz] *nmf* show-off.

frimousse [frimus] *nf fam* dear little face.

fringale [frɛ̃gal] *nf fam* : **avoir la ~** to be starving.

fringant, e [frɛ̃gɑ̃, ɑ̃t] *adj* high-spirited.

fringuer [3] [frɛ̃ge] *vt* to dress.

➤ **se fringuer** *vp fam* to get dressed.

233

fringues [frɛ̃g] *nfpl fam* clothes.

fripe [frip] *nf* : **les ~s** secondhand clothes.

friper [3] [fripe] *vt* to crumple.
➤ **se friper** *vp* to crumple.

fripier, ère [fripje, ɛr] *nm, f* secondhand clothes dealer.

fripon, onne [fripɔ̃, ɔn] ◇ *nm, f fam vieilli* rogue, rascal ◇ *adj* mischievous, cheeky.

fripouille [fripuj] *nf fam* scoundrel ; **petite ~** little devil.

frire [115] [frir] ◇ *vt* to fry ◇ *vi* to fry ; **faire ~** to fry.

Frisbee® [frizbi] *nm* Frisbee®.

frise [friz] *nf* ARCHIT frieze.

frisé, e [frize] *adj* [cheveux] curly ; [personne] curly-haired.
➤ **frisée** *nf* [salade] curly endive.

friser [3] [frize] ◇ *vt* - **1.** [cheveux] to curl - **2.** *fig* [ressembler à] to border on ◇ *vi* to curl.

frisette [frizɛt] *nf* curl.

frisotter [3] [frizɔte] ◇ *vt* to crimp, to frizz ◇ *vi* to be frizzy.

frisquet [friskɛ] *adj m* : **il fait ~** it's chilly.

frisson [frisɔ̃] *nm* [gén] shiver ; [de dégoût] shudder.

frissonner [3] [frisɔne] *vi* - **1.** [trembler] to shiver ; [de dégoût] to shudder - **2.** [s'agiter - eau] to ripple ; [- feuillage] to tremble.

frit, e [fri, frit] *pp* ▷ **frire.**

frite [frit] *nf* chip *Br*, (French) fry *Am*.

friterie [fritri] *nf* ≃ chip shop *Br*.

friteuse [fritøz] *nf* deep fat fryer.

friture [frityr] *nf* - **1.** [action de frire] frying - **2.** [poisson] fried fish ; **petite ~** fried whitebait - **3.** *fam* RADIO crackle.

frivole [frivɔl] *adj* frivolous.

frivolité [frivɔlite] *nf* frivolity.

froc [frɔk] *nm* - **1.** RELIG habit - **2.** *fam* [pantalon] trousers *(pl) Br*, pants *(pl) Am*.

froid, froide [frwa, frwad] *adj litt* & *fig* cold ; **rester ~** to be unmoved.
➤ **froid** ◇ *nm* - **1.** [température] cold ; **prendre ~** to catch (a) cold ; **crever de ~** *fam* to be freezing to death ; **grand ~** intense cold ; **il fait un ~ de canard** it's freezing cold ; **n'avoir pas ~ aux yeux** *fig* to be bold *ou* adventurous - **2.** [tension] coolness ; **être en ~ (avec qqn)** to be on bad terms (with sb) ◇ *adv* : **il fait ~** it's cold ; **avoir ~** to be cold ; **manger ~** to have something cold (to eat).
➤ **à froid** *loc adv* [dire, faire] coolly, unemotionally.

froidement [frwadmɑ̃] *adv* - **1.** [accueillir]

coldly - **2.** [écouter, parler] coolly - **3.** [tuer] cold-bloodedly.

froideur [frwadœr] *nf* - **1.** [indifférence] coldness - **2.** [impassibilité] coolness.

froisser [3] [frwase] *vt* - **1.** [tissu, papier] to crumple, to crease - **2.** *fig* [offenser] to offend.
➤ **se froisser** *vp* - **1.** [tissu] to crumple, to crease - **2.** MÉD : **se ~ un muscle** to strain a muscle - **3.** [se vexer] to take offence *Br ou* offense *Am*.

frôler [3] [frole] *vt* to brush against ; *fig* to have a brush with, to come close to.

fromage [frɔmaʒ] *nm* cheese ; **~ à pâte molle/dure** soft/hard cheese ; **~ de brebis** sheep's milk ; **~ de chèvre** goat's cheese ; **~ de tête** brawn *Br*, headcheese *Am*.

fromager, ère [frɔmaʒe, ɛr] ◇ *adj* cheese *(avant n)* ◇ *nm, f* [fabricant] cheesemaker.

fromagerie [frɔmaʒri] *nf* cheese shop.

froment [frɔmɑ̃] *nm* wheat.

fronce [frɔ̃s] *nf* gather.

froncement [frɔ̃smɑ̃] *nm* : **~ de sourcils** frown.

froncer [16] [frɔ̃se] *vt* - **1.** COUTURE to gather - **2.** [plisser] : **~ les sourcils** to frown.

frondaison [frɔ̃dɛzɔ̃] *nf* - **1.** [phénomène] foliation - **2.** [feuillage] foliage.

fronde [frɔ̃d] *nf* - **1.** [arme] sling ; [jouet] catapult *Br*, slingshot *Am* - **2.** [révolte] rebellion.

frondeur, euse [frɔ̃dœr, øz] ◇ *nm, f* rebel ◇ *adj* rebellious.

front [frɔ̃] *nm* - **1.** ANAT forehead - **2.** *fig* [audace] cheek ; **avoir le ~ de faire qqch** to have the cheek to do sthg - **3.** [avant] front ; [de bâtiment] front, façade ; **~ de mer** (sea) front ; **de ~** [attaquer] head on - **4.** MÉTÉOR, MIL & POLIT front - **5.** *loc* : **faire ~ à** to face up to ; **mener plusieurs activités de ~** to do several things at the same time.

frontal, e, aux [frɔ̃tal, o] *adj* - **1.** ANAT frontal - **2.** [collision, attaque] head-on.

frontalier, ère [frɔ̃talje, ɛr] ◇ *adj* frontier *(avant n)* ; **travailleur ~** *person who lives on one side of the border and works on the other* ◇ *nm, f* inhabitant of border area.

frontière [frɔ̃tjɛr] ◇ *adj* border *(avant n)* ◇ *nf* frontier, border ; *fig* frontier.

frontispice [frɔ̃tispis] *nm* frontispiece.

fronton [frɔ̃tɔ̃] *nm* - **1.** ARCHIT pediment - **2.** SPORT upper part of the wall in the game of pelota.

frottement [frɔtmɑ̃] *nm* - **1.** [action] rubbing - **2.** [contact, difficulté] friction.

frotter [3] [frɔte] ◇ *vt* to rub ; [parquet] to scrub ◇ *vi* to rub, to scrape.
➽ **se frotter** *vp* - **1.** [se blottir] : **se ~ contre** *ou* **à** to rub (up) against ; **il ne faut pas s'y ~** *fig* don't cross swords with him - **2.** [se laver] to rub o.s.

frottis [frɔti] *nm* smear ; **~ vaginal** cervical smear.

froufrou, s [frufru] *nm* rustle, swish.
➽ **froufrous** *nmpl* [de robe] frills.

froussard, e [frusar, ard] *adj* & *nm, f* *fam* chicken.

frousse [frus] *nf* *fam* fright ; **avoir la ~** to be scared stiff.

fructifier [9] [fryktifje] *vi* - **1.** [investissement] to give *ou* yield a profit ; **faire ~ son argent** to make one's money grow - **2.** [terre] to be productive - **3.** [arbre, idée] to bear fruit.

fructose [fryktoz] *nm* fructose.

fructueux, euse [fryktɥø, øz] *adj* fruitful, profitable.

frugal, e, aux [frygal, o] *adj* frugal.

fruit [frɥi] *nm litt* & *fig* fruit (U) ; **~ confit** candied fruit ; **le ~ défendu** the forbidden fruit ; **~ sec** dried fruit (U) ; **~s de mer** seafood (U).

fruité, e [frɥite] *adj* fruity.

fruitier, ère [frɥitje, ɛr] ◇ *adj* [arbre] fruit (avant n) ◇ *nm, f* fruiterer.
➽ **fruitier** *nm* [local] store-room for fruit.

frusques [frysk] *nfpl* gear (U), clobber (U).

fruste [fryst] *adj* uncouth.

frustrant, e [frystrã, ãt] *adj* frustrating.

frustration [frystrasjɔ̃] *nf* frustration.

frustré, e [frystre] ◇ *adj* frustrated ◇ *nm, f* frustrated person.

frustrer [3] [frystre] *vt* - **1.** [priver] : **~ qqn de** to deprive sb of - **2.** [décevoir] to frustrate.

FS (abr de franc suisse) SFr.

FTP (abr de francs-tireurs et partisans) *nmpl* Communist Resistance forces during World War II.

fuchsia [fyʃja] *nm* fuchsia.

fuel, fioul [fjul] *nm* - **1.** [de chauffage] fuel - **2.** [carburant] fuel oil.

fugace [fygas] *adj* fleeting.

fugitif, ive [fyʒitif, iv] ◇ *adj* fleeting ◇ *nm, f* fugitive.

fugue [fyg] *nf* - **1.** [de personne] flight ; **faire une ~** to run away - **2.** MUS fugue.

fuguer [3] [fyge] *vi* to run off *ou* away.

fugueur, euse [fygœr, øz] *adj* & *nm, f* run-away.

fui [fɥi] *pp inv* ⊳ **fuir**.

fuir [35] [fɥir] ◇ *vi* - **1.** [détaler] to flee - **2.** [tuyau] to leak - **3.** *fig* [s'écouler] to fly by ◇ *vt* [éviter] to avoid, to shun.

fuis, fuit etc ⊳ **fuir**.

fuite [fɥit] *nf* - **1.** [de personne] escape, flight ; **en ~** on the run ; **prendre la ~** to take flight ; **mettre qqn en ~** to put sb to flight - **2.** [écoulement, d'information] leak.

fulgurant, e [fylgyrã, ãt] *adj* - **1.** [découverte] dazzling - **2.** [vitesse] lightning (avant n) - **3.** [douleur] searing - **4.** *littéraire* [regard] of thunder.

fulminant, e [fylminã, ãt] *adj* [menaçant] threatening.

fulminer [3] [fylmine] *vi* - **1.** [personne] : **~ (contre)** to fulminate (against) - **2.** CHIM to detonate.

fumant, e [fymã, ãt] *adj* - **1.** [cheminée] smoking - **2.** [plat] steaming.

fumé, e [fyme] *adj* - **1.** CULIN smoked - **2.** [verres] tinted.

fumée [fyme] *nf* - **1.** [de combustion] smoke ; **partir en ~** *fig* to go up in smoke - **2.** [vapeur] steam.
➽ **fumées** *nfpl littéraire* fumes.

fumer [3] [fyme] ◇ *vi* - **1.** [personne, cheminée] to smoke - **2.** [bouilloire, plat] to steam - **3.** *fam* [être furieux] to fume, to rage ◇ *vt* - **1.** [cigarette, aliment] to smoke - **2.** AGRIC to spread manure on.

fumet [fymɛ] *nm* - **1.** [odeur] aroma - **2.** CULIN greatly reduced stock.

fumeur, euse [fymœr, øz] *nm, f* smoker.

fumeux, euse [fymø, øz] *adj* confused, woolly.

fumier [fymje] *nm* - **1.** AGRIC dung, manure - **2.** *vulg* [salaud] shit.

fumigation [fymigasjɔ̃] *nf* fumigation.

fumiste [fymist] *nmf péj* skiver Br, shirker.

fumisterie [fymistəri] *nf* *fam* skiving Br, shirking.

fumoir [fymwar] *nm* - **1.** [pour aliments] smoke-house - **2.** [pièce] smoking room.

funambule [fynãbyl] *nmf* tightrope walker.

funèbre [fynɛbr] *adj* - **1.** [de funérailles] funeral (avant n) - **2.** [lugubre] funereal ; [sentiments] dismal.

funérailles [fyneraj] *nfpl* funeral (sg).

funéraire [fynerɛr] *adj* funeral (avant n).

funeste [fynɛst] *adj* - **1.** [accident] fatal - **2.** [initiative, erreur] disastrous - **3.** [présage] of doom.

funiculaire [fynikylɛr] *nm* funicular railway.

FUNU, Funu [fyny] (abr de Force d'urgence des Nations unies) *nf* UNEF.

fur [fyr] ➽ **au fur et à mesure** loc adv as I/

you *etc* go along ; **au ~ et à mesure des besoins** as (and when) needed.
➤ **au fur et à mesure que** *loc conj* as (and when).

furax [fyraks] *adj inv fam* hopping mad.

furet [fyrɛ] *nm* - **1.** [animal] ferret - **2.** [personne] nosy parker - **3.** [jeu] hunt-the-slipper.

fureter [28] [fyrte] *vi* - **1.** [fouiller] to ferret around - **2.** [chasser] to go ferreting.

fureur [fyrœr] *nf* - **1.** [colère] fury - **2.** [passion] passion ; **faire ~** to be all the rage.

furibard, e [fyribar, ard] *adj fam* mad.

furibond, e [fyribɔ̃, ɔ̃d] *adj* furious.

furie [fyri] *nf* - **1.** [colère, agitation] fury ; **en ~** [personne] infuriated ; [éléments] raging - **2.** *fig* [femme] shrew - **3.** [passion] passion.

furieusement [fyrjøzmɑ̃] *adv* - **1.** [avec fureur] furiously - **2.** [extrêmement] tremendously.

furieux, euse [fyrjø, øz] *adj* - **1.** [personne] furious - **2.** [violent] violent - **3.** [énorme] tremendous.

furoncle [fyrɔ̃kl] *nm* boil.

furtif, ive [fyrtif, iv] *adj* furtive.

furtivement [fyrtivmɑ̃] *adv* furtively.

fus, fut *etc* ➞ **être**.

fusain [fyzɛ̃] *nm* - **1.** [crayon] charcoal - **2.** [dessin] charcoal drawing - **3.** [arbre] spindle tree.

fuseau, x [fyzo] *nm* - **1.** [outil] spindle - **2.** [pantalon] ski-pants *(pl)*.
➤ **fuseau horaire** *nm* time zone.

fusée [fyze] *nf* - **1.** [pièce d'artifice & AÉRON] rocket - **2.** TECHNOL spindle ; AUTOM stub axle.

fuselage [fyzlaʒ] *nm* fuselage.

fuselé, e [fyzle] *adj* [doigts] tapering ; [jambes] slender.

fuser [3] [fyze] *vi* [cri, rire] to burst forth *ou* out.

fusible [fyzibl] *nm* fuse.

fusil [fyzi] *nm* - **1.** [arme] gun ; **changer son ~ d'épaule** *fig* to change one's approach - **2.** [personne] marksman.

fusillade [fyzijad] *nf* - **1.** [combat] gunfire (U), fusillade - **2.** [exécution] shooting.

fusiller [3] [fyzije] *vt* - **1.** [exécuter] to shoot ; **~ qqn du regard** *fig* to look daggers at sb - **2.** *fam* [bousiller] to muck up, to ruin.

fusil-mitrailleur [fyzimitrajœr] *(pl* **fusils-mitrailleurs)** *nm* machine gun.

fusion [fyzjɔ̃] *nf* - **1.** [gén] fusion - **2.** [fonte] smelting ; **en ~** molten - **3.** ÉCON & POLIT merger.

fusionner [3] [fyzjɔne] *vt & vi* to merge.

fustiger [17] [fystiʒe] *vt* to castigate.

fut ➞ **être**.

fût [fy] *nm* - **1.** [d'arbre] trunk - **2.** [tonneau] barrel, cask - **3.** [d'arme] stock - **4.** [de colonne] shaft.

futaie [fytɛ] *nf* wood.

futé, e [fyte] *fam* ◇ *adj* cunning ◇ *nm, f* sharp cookie.

futile [fytil] *adj* - **1.** [insignifiant] futile - **2.** [frivole] frivolous.

futilité [fytilite] *nf* - **1.** [d'action] futility - **2.** [vétille] triviality.

futur, e [fytyr] ◇ *adj* future *(avant n)* ; **la vie ~e** RELIG the life to come ; **~s mariés** bride-and groom-to-be ◇ *nm, f* [fiancé] intended.
➤ **futur** *nm* future ; **~ antérieur** LING future perfect.

futuriste [fytyrist] ◇ *nmf* futurist ◇ *adj* futuristic.

futurologue [fytyrɔlɔg] *nmf* futurologist.

fuyant, e [fɥijɑ̃, ɑ̃t] *adj* - **1.** [perspective, front] receding *(avant n)* - **2.** [regard] evasive.

fuyard, e [fɥijar, ard] *nm, f* runaway.

fuyez, fuyons *etc* ➞ **fuir**.

FV *(abr de* **fréquence vocale)** VF.

G

g¹, G [ʒe] *nm inv* g, G.

g² *(abr de* **gauche)** L, l.
➤ **G** *(abr de* **giga)** G.

GAB [gab] *(abr de* **guichet automatique de banque)** *nm* cash dispenser, ATM *Am*.

gabardine [gabardin] *nf* gabardine.

gabarit [gabari] *nm* - **1.** [appareil de mesure] gauge - **2.** [dimension] size - **3.** [valeur] calibre ; **du même ~** of the same calibre.

gabegie [gabʒi] *nf* muddle, disorder.

Gabon [gabɔ̃] *nm* : **le ~** Gabon ; **au ~** in Gabon.

gabonais, e [gabɔnɛ, ɛz] *adj* Gabonese.
➤ **Gabonais, e** *nm, f* Gabonese.

gâche [gaʃ] *nf* - **1.** [de serrure] striking plate - **2.** [outil] trowel.

gâcher [3] [gaʃe] vt - **1.** [gaspiller] to waste - **2.** [gâter] to spoil - **3.** CONSTR to mix.

gâchette [gaʃɛt] nf trigger ; **appuyer sur la ~** to pull the trigger.

gâchis [gaʃi] nm - **1.** [gaspillage] waste (U) - **2.** [désordre] mess - **3.** CONSTR mortar.

gadelle [gadɛl] nf Can currant.

gadget [gadʒɛt] nm gadget.

gadoue [gadu] nf fam [boue] mud ; [engrais] sludge.

gaélique [gaelik] ◇ adj Gaelic ◇ nm Gaelic ; **~ d'Écosse** Scots Gaelic ; **~ d'Irlande** Irish Gaelic.

gaffe [gaf] nf - **1.** fam [maladresse] clanger ; **faire une ~** to drop a clanger - **2.** [outil] boat hook - **3.** loc : **faire ~** fam to take care.

gaffer [3] [gafe] ◇ vt to hook ◇ vi fam to put one's foot in it.

gaffeur, euse [gafœr, øz] fam ◇ adj blundering ◇ nm, f blunderer.

gag [gag] nm gag.

gaga [gaga] adj fam gaga, doddering.

gage [gaʒ] nm - **1.** [dépôt] pledge ; **mettre qqch en ~** to pawn sthg - **2.** [assurance, preuve] proof ; **en ~ de** as a token of - **3.** [dans jeu] forfeit.

gager [17] [gaʒe] vt : **~ que** to bet (that).

gageure [gaʒyr] nf challenge.

gagnant, e [gaɲɑ̃, ɑ̃t] ◇ adj winning (avant n) ◇ nm, f winner.

gagne-pain [gaɲpɛ̃] nm inv livelihood.

gagne-petit [gaɲpəti] nm inv person earning a pittance.

gagner [3] [gaɲe] vt - **1.** [salaire, argent, repos] to earn - **2.** [course, prix, affection] to win - **3.** [obtenir, économiser] to gain ; **~ du temps/de la place** to gain time/space - **4.** [vaincre] : **~ qqn de vitesse** to outpace sb - **5.** [atteindre à reach suj : feu, engourdissement] to spread to [- suj : sommeil, froid] to overcome [se concilier] to win over ◇ vi - **1.** [être vainqueur] to win - **2.** [bénéficier] to gain ; **~ à faire qqch** to be better off doing sthg ; **qu'est-ce que j'y gagne?** what do I get out of it? - **3.** [s'améliorer] : **~ en** to increase in ; **~ à être connu** to improve on acquaintance.

gagneur, euse [gaɲœr, øz] nm, f winner.

gai, e [gɛ] adj - **1.** [joyeux] cheerful, happy - **2.** [vif, plaisant] bright.

gaiement [gemɑ̃] adv cheerfully.

gaieté [gete] nf - **1.** [joie] cheerfulness ; **de ~ de cœur** enthusiastically - **2.** [vivacité] brightness.

gaillard, e [gajar, ard] ◇ adj - **1.** [alerte] sprightly, spry - **2.** [licencieux] ribald ◇ nm, f strapping individual.

gain [gɛ̃] nm - **1.** [profit] gain, profit - **2.** [succès]

winning ; **avoir** ou **obtenir ~ de cause** to win one's case - **3.** [économie] saving.

gains nmpl earnings.

gaine [gɛn] nf - **1.** [étui, enveloppe] sheath - **2.** [sous-vêtement] girdle, corset.

gaine-culotte [gɛnkylɔt] (pl gaines-culottes) nf panty girdle.

gainer [4] [gene] vt to sheathe.

gala [gala] nm gala, reception ; **de ~** gala (avant n).

galamment [galamɑ̃] adv politely, gallantly.

galant, e [galɑ̃, ɑ̃t] adj - **1.** [courtois] gallant - **2.** [amoureux] flirtatious.

galant nm admirer.

galanterie [galɑ̃tri] nf - **1.** [courtoisie] gallantry, politeness - **2.** [flatterie] compliment.

galantine [galɑ̃tin] nf boned meat or poultry pressed into a loaf shape.

galaxie [galaksi] nf galaxy.

galbe [galb] nm curve.

galbé, e [galbe] adj - **1.** [objet] curved - **2.** [jambe] shapely.

gale [gal] nf MÉD scabies (U).

galère [galɛr] nf NAVIG galley ; **quelle ~!** fig what a hassle!, what a drag!

galérer [18] [galere] vi fam to have a hard time.

galerie [galri] nf - **1.** [gén] gallery ; **~ marchande** ou **commerciale** shopping arcade ; **~ de peinture** picture gallery - **2.** THÉÂTRE circle ; **amuser la ~** fig to play to the gallery - **3.** [porte-bagages] roof rack.

galet [galɛ] nm - **1.** [caillou] pebble - **2.** TECHNOL wheel, roller.

galette [galɛt] nf - **1.** CULIN pancake (made from buckwheat flour) ; **~ des Rois** cake eaten on Twelfth Night - **2.** fam [argent] dough, cash.

galeux, euse [galø, øz] ◇ adj - **1.** MÉD scabious - **2.** ▷ **brebis** ◇ nm, f scurfy person.

galimatias [galimatja] nm gibberish (U).

galipette [galipɛt] nf fam somersault ; **faire des ~s** to do somersaults.

Galles [gal] ▷ **pays**.

gallicisme [galisism] nm [expression] French idiom ; [dans une langue étrangère] gallicism.

gallinacé, e [galinase] adj domestic.

gallinacé nm domestic fowl.

gallois, e [galwa, az] adj Welsh.

gallois nm [langue] Welsh.

Gallois, e nm, f Welshman (f Welshwoman) ; **les Gallois** the Welsh.

gallo-romain, e [galɔrɔmɛ̃, ɛn] (mp gallo-romains, *fpl* **gallo-romaines**) *adj* Gallo-Roman.

🔹 **Gallo-Romain, e** *nm, f* Gallo-Roman.

galoche [galɔʃ] *nf* clog.

galon [galɔ̃] *nm* - **1.** COUTURE braid (*U*) - **2.** MIL stripe ; **prendre du ~** *fig* to be promoted.

galop [galo] *nm* [allure] gallop ; **au ~** [cheval] at a gallop ; *fig* at the double.

galopade [galɔpad] *nf* - **1.** [de cheval] gallop - **2.** [de personne] stampede.

galopant, e [galɔpɑ̃, ɑ̃t] *adj fig* galloping, runaway.

galoper [3] [galɔpe] *vi* - **1.** [cheval] to gallop - **2.** [personne] to run about - **3.** [imagination] to run riot.

galopin [galɔpɛ̃] *nm fam* brat.

galvaniser [3] [galvanize] *vt litt & fig* to galvanize.

galvauder [3] [galvode] *vt* [ternir] to tarnish.

🔹 **se galvauder** *vp* to demean o.s.

gambade [gɑ̃bad] *nf* leap.

gambader [3] [gɑ̃bade] *vi* [sautiller] to leap about ; [agneau] to gambol.

gamberger [17] [gɑ̃bɛrʒe] *vi fam* to think hard.

gambette [gɑ̃bɛt] *nf fam* leg, pin.

Gambie [gɑ̃bi] *nf* : **la ~** Gambia.

gambien, enne [gɑ̃bjɛ̃, ɛn] *adj* Gambian.

🔹 **Gambien, enne** *nm, f* Gambian.

gamelle [gamɛl] *nf* - **1.** [plat] mess tin *Br*, kit *Am* - **2.** *fam* [chute] : **se ramasser une ~** to come a cropper.

gamin, e [gamɛ̃, in] ◇ *adj* - **1.** [espiègle] lively, mischievous - **2.** [puéril] childish ◇ *nm, f* - **1.** *fam* [enfant] kid - **2.** [des rues] street urchin.

gaminerie [gaminri] *nf* - **1.** [espièglerie] mischievousness - **2.** [enfantillage] childishness ; **faire des ~s** to be childish.

gamme [gam] *nf* - **1.** [série] range ; **~ de produits** product range ; **haut/bas de ~** at the top/bottom of the range - **2.** MUS scale.

Gand [gɑ̃] *n* Ghent.

gang [gɑ̃g] *nm* gang.

Gange [gɑ̃ʒ] *nm* : **le ~** the (River) Ganges.

ganglion [gɑ̃glijɔ̃] *nm* ganglion.

gangrène [gɑ̃grɛn] *nf* gangrene ; *fig* corruption, canker.

gangster [gɑ̃gstɛr] *nm* gangster ; *fig* crook.

gangue [gɑ̃g] *nf* - **1.** [de minerai] gangue - **2.** *fig* [carcan] straitjacket.

gant [gɑ̃] *nm* glove ; **~ de boxe** boxing glove ; **~ de caoutchouc** rubber glove ; **~ de crin** friction glove ; **~ de toilette** face cloth, flannel *Br* ; **aller comme un ~ à qqn** to fit sb like a

glove ; **prendre des ~s** to be cautious ; **prendre des ~s avec qqn** to handle sb with kid gloves.

garage [garaʒ] *nm* garage.

garagiste [garaʒist] *nmf* [propriétaire] garage owner ; [réparateur] garage mechanic.

garant, e [garɑ̃, ɑ̃t] *nm, f* [responsable] guarantor ; **se porter ~ de** to vouch for.

🔹 **garant** *nm* [garantie] guarantee.

garantie [garɑ̃ti] *nf* - **1.** [gén] guarantee - **2.** [de police d'assurance] cover.

garantir [32] [garɑ̃tir] *vt* - **1.** [assurer & COMM] to guarantee ; **~ à qqn que** to assure ou guarantee sb that - **2.** [protéger] : **~ qqch (de)** to protect sthg (from).

garce [gars] *nf* bitch.

garçon [garsɔ̃] *nm* - **1.** [enfant] boy ; **~ manqué** tomboy - **2.** [célibataire] : **vieux ~** confirmed bachelor - **3.** [serveur] : **~ (de café)** waiter ; **garçon!** waiter!

garçonne [garsɔn] *nf* : **coiffure à la ~** urchin cut.

garçonnet [garsɔnɛ] *nm* little boy.

garçonnière [garsɔnjɛr] *nf* bachelor flat *Br* ou apartment *Am*.

garde [gard] ◇ *nf* - **1.** [surveillance] protection - **2.** [veille] : **de ~** on duty ; **pharmacie de ~** duty chemist ; **~ de nuit** night duty - **3.** MIL guard ; **monter la ~** to go on guard - **4.** JUR : **avoir la ~ d'un enfant** to have custody of a child ; **~ à vue** ≃ police custody - **5.** *loc* : **être/se tenir sur ses ~s** to be/stay on one's guard ; **mettre qqn en ~ contre qqch** to put sb on their guard about sthg ; **prendre ~ à qqch** to watch out for sthg ; **prendre ~ à ne pas faire qqch** to take care not to do sthg ; **prendre ~ que** (+ *subjonctif*) to take care that ; **mise en ~** warning ◇ *nmf* keeper ; **~ du corps** bodyguard ; **~ d'enfants** childminder ; **~ forestier** forest ranger ; **le ~ des Sceaux** the Minister of Justice, ≃ Lord Chancellor *Br*, Attorney General *Am*.

🔹 **Garde** *nf* : **la Garde républicaine** the Republican Guard.

garde-à-vous [gardavu] *nm inv* attention ; **se mettre au ~** to stand to attention.

garde-barrière [gardəbarjɛr] (*pl* **gardes-barrière** ou **gardes-barrières**) *nmf* level-crossing keeper.

garde-boue [gardəbu] *nm inv* mudguard *Br*, fender *Am*.

garde-chasse [gardəʃas] (*pl* **gardes-chasse** ou **gardes-chasses**) *nm* gamekeeper.

garde-chiourme [gardəʃjurm] (*pl* **gardes-**

chiourme ou **gardes-chiourmes**) *nm* warder ; *fig* slavedriver.

garde-fou [gardǝful] (*pl* **garde-fous**) *nm* railing, parapet.

garde-malade [gardǝmaladl] (*pl* **gardes-malades**) *nmf* nurse.

garde-manger [gardǝmɑ̃ʒe] *nm inv* [pièce] pantry, larder ; [armoire] meat safe *Br*, cooler *Am*.

garde-meuble [gardǝmœbl] (*pl inv* ou **garde-meubles**) *nm* warehouse.

gardénia [gardenja] *nm* gardenia.

garde-pêche [gardǝpɛʃ] (*pl* **gardes-pêche**) ⟡ *nm* [personne] water bailiff *Br*, fishwarden *Am* ⟡ *nm inv* [bateau] fishery protection vessel.

garder [3] [garde] *vt* - **1.** [gén] to keep ; [vêtement] to keep on - **2.** [surveiller] to mind, to look after ; [défendre] to guard - **3.** [protéger] : ~ **qqn de qqch** to save sb from sthg.
➤ **se garder** *vp* - **1.** [se conserver] to keep - **2.** [se méfier] : **se ~ de qqn/qqch** to beware of sb/sthg - **3.** [s'abstenir] : **se ~ de faire qqch** to take care not to do sthg.

garderie [gardǝri] *nf* crèche *Br*, day nursery *Br*, day-care center *Am*.

garde-robe [gardǝrɔb] (*pl* **garde-robes**) *nf* wardrobe.

gardien, enne [gardjɛ̃, ɛn] *nm, f* - **1.** [surveillant] guard, keeper ; ~ **de but** goalkeeper ; ~ **de nuit** night watchman ; ~ **de prison** prison warder ou officer - **2.** *fig* [défenseur] protector, guardian - **3.** [agent] : ~ **de la paix** policeman.

gardiennage [gardjɛnaʒ] *nm* caretaking.

gardon [gardɔ̃] *nm* roach ; **frais comme un** ~ *fig* fresh as a daisy.

gare[1] [gar] *nf* station ; ~ **maritime** harbour *Br* ou harbor *Am* station ; ~ **routière** [de marchandises] road haulage depot ; [pour passagers] bus station ; ~ **de triage** marshalling yard.

gare[2] [gar] *interj* - **1.** [attention] watch out! ; ~ **aux voleurs** watch out for pickpockets ; **sans crier** ~ *fig* without warning - **2.** [menace] : ~ **à toi!** watch out!, watch it!

garer [3] [gare] *vt* - **1.** [ranger] to park - **2.** [mettre à l'abri] to put in a safe place.
➤ **se garer** *vp* - **1.** [stationner] to park - **2.** [se ranger] to pull over - **3.** [éviter] : **se ~ de qqch** to avoid sthg.

gargariser [3] [gargarize] ➤ **se gargariser** *vp* - **1.** [se rincer] to gargle - **2.** *péj* [se délecter] : **se ~ de** to delight ou revel in.

gargarisme [gargarism] *nm* gargle.

gargote [gargɔt] *nf* cheap restaurant, greasy spoon.

gargouille [garguj] *nf* gargoyle.

gargouillement [gargujmɑ̃] *nm* gurgling (U).

gargouiller [3] [garguje] *vi* - **1.** [eau] to gurgle - **2.** [intestins] to rumble.

garnement [garnǝmɑ̃] *nm* rascal, pest.

garni [garni] *nm vieilli* furnished accommodation (U) *Br* ou accommodations (*pl*) *Am*.

garnir [32] [garnir] *vt* - **1.** [équiper] to fit out, to furnish - **2.** [couvrir] : ~ **qqch (de)** to cover sthg (with) - **3.** [remplir] to fill - **4.** [orner] : ~ **qqch de** to decorate sthg with ; *COUTURE* to trim sthg with.
➤ **se garnir** *vp* to fill up.

garnison [garnizɔ̃] *nf* garrison.

garniture [garnityr] *nf* - **1.** [ornement] trimming ; [de lit] bed linen - **2.** *AUTOM* : ~ **de frein** brake lining ; ~ **(intérieure)** upholstery - **3.** [CULIN - pour accompagner] garnish *Br*, fixings (*pl*) *Am* ; [- pour remplir] filling ; ~ **de légumes** vegetables (*pl*).

garrigue [garig] *nf* scrub.

garrot [garo] *nm* - **1.** [de cheval] withers (*pl*) - **2.** *MÉD* tourniquet - **3.** [de torture] garrotte.

garrotter [3] [garɔte] *vt* - **1.** [attacher] to tie up - **2.** *fig* [museler] to muzzle.

gars [ga] *nm fam* - **1.** [garçon, homme] lad - **2.** [type] guy, bloke *Br*.

gascon, onne [gaskɔ̃, ɔn] *adj* Gascon.
➤ **Gascon, onne** *nm, f* Gascon.

gas-oil [gazɔjl, gazwal], **gazole** [gazɔl] *nm* diesel oil.

gaspillage [gaspijaʒ] *nm* waste.

gaspiller [3] [gaspije] *vt* to waste.

gastrique [gastrik] *adj* gastric.

gastrite [gastrit] *nf* gastritis (U).

gastro-entérite [gastrɔɑ̃terit] (*pl* **gastro-entérites**) *nf* gastroenteritis (U).

gastronome [gastrɔnɔm] *nmf* gourmet.

gastronomie [gastrɔnɔmi] *nf* gastronomy.

gastronomique [gastrɔnɔmik] *adj* gastronomic.

gâteau, x [gato] *nm* cake ; ~ **d'anniversaire** birthday cake ; ~ **de miel** honeycomb ; ~ **sec** biscuit *Br*, cookie *Am* ; **c'est du** ~ *fam* it's a piece of cake.

gâter [3] [gate] *vt* - **1.** [gén] to spoil ; [vacances, affaires] to ruin, to spoil - **2.** *iron* [combler] to be too good to ; **on est gâté!** just marvellous!
➤ **se gâter** *vp* - **1.** [aliments] to spoil, to go off - **2.** [temps] to change for the worse - **3.** [situation] to take a turn for the worse.

gâterie [gɑtri] nf treat.

gâteux, euse [gɑtø, øz] <> adj senile ; être ~ **de** fig to be daft about ou besotted with <> nm, f - **1.** [sénile] doddering old man (f woman) - **2.** [radoteur] old bore.

gâtisme [gɑtism] nm - **1.** [vieillissement] senility - **2.** [stupidité] stupidity.

GATT, Gatt [gat] (abr de General Agreement on Tariffs and Trade) nm GATT.

gauche [goʃ] <> nf - **1.** [côté] left, left-hand side ; **rouler sur la** ~ to drive on the left ; **à** ~ **(de)** on the left (of) ; **à ma/ta** etc ~ on my/ your etc left ; **de** ~ on the left - **2.** POLIT : **la** ~ the left (wing) - **3.** BOXE left <> adj - **1.** [côté] left - **2.** [personne] clumsy.

gauchement [goʃmɑ̃] adv clumsily.

gaucher, ère [goʃe, ɛr] <> adj left-handed <> nm, f left-handed person.

gauchir [32] [goʃir] <> vi to warp <> vt fig to distort.

gauchisant, e [goʃizɑ̃, ɑ̃t] adj leftist.

gauchisme [goʃism] nm leftism.

gauchiste [goʃist] <> nmf leftist <> adj left-wing.

gaufre [gofr] nf waffle.

gaufrer [3] [gofre] vt to emboss.

gaufrette [gofrɛt] nf wafer.

gaule [gol] nf - **1.** [perche] pole - **2.** [canne à pêche] fishing rod.

gauler [3] [gole] vt to bring ou shake down.

gaulliste [golist] nmf & adj Gaullist.

gaulois, e [golwa, az] adj - **1.** [de Gaule] Gallic - **2.** [osé] ribald.

➤ **Gaulois, e** nm, f Gaul.

gauloiserie [golwazri] nf bawdy story.

gausser [3] [gose] ➤ **se gausser** vp : **se** ~ **de** littéraire to make fun of.

gaver [3] [gave] vt - **1.** [animal] to force-feed - **2.** [personne] : ~ **qqn de** to feed sb full of.

➤ **se gaver** vp : **se** ~ **de** to gorge o.s. on.

gay [gɛ] adj inv & nm gay.

gaz [gaz] nm inv gas ; **à pleins** ~ fam AUTOM flat out ; ~ **carbonique** carbon dioxide ; ~ **lacrymogène** tear gas ; ~ **naturel** natural gas.

Gaza [gaza] n Gaza ; **la bande de** ~ the Gaza Strip.

gaze [gaz] nf gauze.

gazelle [gazɛl] nf gazelle.

gazer [3] [gaze] <> vt to gas <> vi fam to go at top speed ; **ça gaze!** everything's great! ; **ça gaze?** how are things?

gazette [gazɛt] nf newspaper, gazette.

gazeux, euse [gazø, øz] adj - **1.** CHIM gaseous - **2.** [boisson] fizzy.

gazoduc [gazodyk] nm gas pipeline.

gazole = gas-oil.

gazomètre [gazɔmɛtr] nm gasometer.

gazon [gazɔ̃] nm [herbe] grass ; [terrain] lawn.

gazouiller [3] [gazuje] vi - **1.** [oiseau] to chirp, to twitter - **2.** [bébé] to gurgle.

gazouillis [gazuji] nm - **1.** [d'oiseau] chirping, twittering - **2.** [de bébé] gurgling.

GB, G-B (abr de Grande-Bretagne) nf GB.

gd abr de **grand**.

GDF, Gdf (abr de Gaz de France) French national gas company.

geai [ʒɛ] nm jay.

géant, e [ʒeɑ̃, ɑ̃t] <> adj gigantic, giant <> nm, f giant.

geignement [ʒɛɲəmɑ̃] nm moaning.

geindre [81] [ʒɛ̃dr] vi - **1.** [gémir] to moan - **2.** fam [pleurnicher] to whine.

gel [ʒɛl] nm - **1.** MÉTÉOR frost - **2.** [d'eau] freezing - **3.** [cosmétique] gel.

gélatine [ʒelatin] nf gelatine.

gélatineux, euse [ʒelatinø, øz] adj gelatinous.

gelée [ʒəle] nf - **1.** MÉTÉOR frost ; ~ **blanche** hoarfrost - **2.** CULIN jelly ; **en** ~ in jelly ; ~ **royale** royal jelly.

geler [25] [ʒəle] vt & vi - **1.** [gén] to freeze - **2.** [projet] to halt.

➤ **se geler** vp fam to freeze.

gélule [ʒelyl] nf capsule.

Gémeaux [ʒemo] nmpl ASTROL Gemini ; **être** ~ to be (a) Gemini.

gémir [32] [ʒemir] vi - **1.** [gén] to moan - **2.** [par déception] to groan.

gémissement [ʒemismɑ̃] nm - **1.** [gén] moan ; [du vent] moaning (U) - **2.** [de déception] groan.

gemme [ʒɛm] nf gem, precious stone.

gênant, e [ʒenɑ̃, ɑ̃t] adj - **1.** [encombrant] in the way - **2.** [embarrassant] awkward, embarrassing - **3.** [énervant] : **être** ~ to be a nuisance.

gencive [ʒɑ̃siv] nf gum.

gendarme [ʒɑ̃darm] nm policeman.

gendarmerie [ʒɑ̃darməri] nf - **1.** [corps] police force - **2.** [lieu] police station.

gendre [ʒɑ̃dr] nm son-in-law.

gène [ʒɛn] nm gene.

gêne [ʒɛn] nf - **1.** [physique] difficulty - **2.** [psychologique] embarrassment ; **être 'sans** ~ fam to be a cool customer - **3.** [financière] difficulty ; **être dans la** ~ to be in financial difficulties.

gêné, e [ʒene] adj - **1.** [physiquement] : **être** ~ **pour marcher** to have difficulty walking

- 2. [psychologiquement] embarrassed **- 3.** [financièrement] in financial difficulties.

généalogie [ʒenealɔʒi] nf genealogy.

généalogique [ʒenealɔʒik] adj genealogical ; **arbre ~** family tree.

gêner [4] [ʒene] vt **- 1.** [physiquement - gén] to be too tight for ; [- suj : chaussures] to pinch **- 2.** [moralement] to embarrass **- 3.** [incommoder] to bother **- 4.** [encombrer] to hamper.

➤ **se gêner** vp to put o.s out ; **ne pas se ~ pour faire qqch** to feel free to do sthg ; **hum** to make no bones about doing sthg ; **ne vous gênez pas!** hum don't mind me!

général, e, aux [ʒeneral, o] adj general ; **en ~** generally, in general ; **répétition ~e** dress rehearsal.

➤ **général** nm MIL general.

➤ **générale** nf **- 1.** THÉÂTRE dress rehearsal **- 2.** MIL alarm.

généralement [ʒeneralmã] adv generally.

généralisation [ʒeneralizasjɔ̃] nf generalization.

généraliser [3] [ʒeneralize] vt & vi to generalize.

➤ **se généraliser** vp to become general ou widespread.

généraliste [ʒeneralist] ◇ nmf GP Br, family doctor ◇ adj general.

généralité [ʒeneralite] nf **- 1.** [idée] generality **- 2.** [universalité] general nature.

➤ **généralités** nfpl generalities.

générateur, trice [ʒeneratœr, tris] adj generating.

➤ **générateur** nm TECHNOL generator.

➤ **génératrice** nf ÉLECTR generator.

génération [ʒenerasjɔ̃] nf generation ; **la nouvelle ~** the younger generation ; **~ spontanée** SCIENCE spontaneous generation.

générer [18] [ʒenere] vt to generate.

généreusement [ʒenerøzmã] adv generously.

généreux, euse [ʒenerø, øz] adj generous ; [terre] fertile.

générique [ʒenerik] ◇ adj generic ; **médicament ~** MÉD generic drug ◇ nm **- 1.** CIN & TÉLÉ credits (pl) **- 2.** MÉD generic drug.

générosité [ʒenerozite] nf generosity.

genèse [ʒənez] nf [création] genesis.

➤ **Genèse** nf BIBLE Genesis.

genêt [ʒanɛ] nm broom.

génétique [ʒenetik] ◇ adj genetic ◇ nf genetics (U).

gêneur, euse [ʒenœr, øz] nm, f nuisance.

Genève [ʒənɛv] n Geneva.

genevois, e [ʒənvwa, az] adj Genevan.

génial, e, aux [ʒenjal, o] adj **- 1.** [personne] of genius **- 2.** [idée, invention] inspired **- 3.** fam [formidable] : **c'est ~!** that's great!, that's terrific!

génie [ʒeni] nm **- 1.** [personne, aptitude] genius ; **avoir du ~** to be a genius **- 2.** MYTH spirit, genie **- 3.** TECHNOL engineering ; **le ~** MIL ≃ the Royal Engineers Br, ≃ the (Army) Corps of Engineers Am ; **~ civil** civil engineering ; **~ maritime** [corps] marine architects.

genièvre [ʒənjɛvr] nm juniper.

génisse [ʒenis] nf heifer.

génital, e, aux [ʒenital, o] adj genital.

géniteur, trice [ʒenitœr, tris] nm, f parent ; [d'animal] sire (f dam).

génitif [ʒenitif] nm genitive (case).

génocide [ʒenɔsid] nm genocide.

génoise [ʒenwa, az] nf sponge cake.

génome [ʒenom] nm genome m.

genou, x [ʒənu] nm knee ; **à ~x** on one's knees, kneeling ; **se mettre à ~x** to kneel (down) ; **tenir** ou **avoir qqn sur ses ~x** to hold sb in one's lap ou on one's knee ; **être à ~x devant qqn** fig to worship sb ; **être sur les ~x** fam fig to be worn out, to be on one's last legs.

genouillère [ʒənujɛr] nf **- 1.** [bandage] knee bandage **- 2.** SPORT kneepad.

genre [ʒãr] nm **- 1.** [type] type, kind ; **en tous ~s** of all kinds ; **le ~ humain** the human race **- 2.** LITTÉRATURE genre **- 3.** [style de personne] style ; **avoir mauvais ~** to be coarse-looking **- 4.** GRAM gender.

gens [ʒã] nmpl people.

gentiane [ʒãsjan] nf gentian.

gentil, ille [ʒãti, ij] adj **- 1.** [agréable] nice **- 2.** [aimable] kind, nice ; **être ~ avec qqn** to be nice ou kind to sb.

gentilhomme [ʒãtijɔm] (pl **gentilshommes** [ʒãtizɔm]) nm gentleman.

gentillesse [ʒãtijɛs] nf kindness ; **avoir la ~ de faire qqch** to be so kind as to do sthg.

gentillet, ette [ʒãtijɛ, ɛt] adj **- 1.** [petit et gentil] nice little **- 2.** péj [assez agréable] nice enough.

gentiment [ʒãtimã] adv **- 1.** [sagement] nicely **- 2.** [aimablement] kindly, nicely **- 3.** Helv [tranquillement] calmly, quietly.

gentleman [dʒɛntləman] (pl **gentlemen** [dʒɛntləmɛn]) nm gentleman.

génuflexion [ʒenyflɛksjɔ̃] nf genuflexion.

géographe [ʒeɔgraf] nmf geographer.

géographie [ʒeɔgrafi] nf geography.

géographique [ʒeɔgrafik] adj geographical.

geôlier, ère [ʒolje, ɛr] *nm, f* gaoler.

géologie [ʒeɔlɔʒi] *nf* geology.

géologique [ʒeɔlɔʒik] *adj* geological.

géologue [ʒeɔlɔg] *nmf* geologist.

géomètre [ʒeɔmɛtr] *nmf* - **1.** [spécialiste] geometer, geometrician - **2.** [technicien] surveyor.

géométrie [ʒeɔmetri] *nf* geometry.

géométrique [ʒeɔmetrik] *adj* geometric.

géophysique [ʒeɔfizik] ⬦ *nf* geophysics *(U)* ⬦ *adj* geophysical.

géopolitique [ʒeɔpɔlitik] ⬦ *nf* geopolitics *(U)* ⬦ *adj* geopolitical.

géosphère [ʒeɔsfɛr] *nf* geosphere.

gérance [ʒerɑ̃s] *nf* management.

géranium [ʒeranjɔm] *nm* geranium.

gérant, e [ʒerɑ̃, ɑ̃t] *nm, f* manager.

gerbe [ʒɛrb] *nf* - **1.** [de blé] sheaf ; [de fleurs] spray - **2.** [d'étincelles, d'eau] shower.

gercé, e [ʒerse] *adj* chapped.

gerber [3] [ʒerbe] ⬦ *vt* - **1.** [blé] to bind into sheaves - **2.** [sacs, caisses] to pile (up) ⬦ *vi* - **1.** [fusée] to burst in a shower of sparks - **2.** *tfam* [vomir] to puke.

gerboise [ʒerbwaz] *nf* jerboa.

gercer [16] [ʒerse] *vt* & *vi* to crack, to chap.
➤ **se gercer** *vp* to crack, to chap.

gérer [18] [ʒere] *vt* to manage.

gériatrie [ʒerjatri] *nf* geriatrics *(U)*.

gériatrique [ʒerjatrik] *adj* geriatric.

germain, e [ʒermɛ̃, ɛn] ⊏ cousin.

germanique [ʒermanik] *adj* Germanic.

germaniste [ʒermanist] *nmf* - **1.** [spécialiste] German specialist - **2.** [étudiant] German student, student of German.

germe [ʒerm] *nm* - **1.** BOT & MÉD germ ; [de pomme de terre] eye ; **~s de soja** beansprouts - **2.** *fig* [origine] seed, cause.

germer [3] [ʒerme] *vi* to germinate.

germination [ʒerminasjɔ̃] *nf* germination.

gérondif [ʒerɔ̃dif] *nm* [latin] gerundive ; [français] gerund.

gérontologie [ʒerɔ̃tɔlɔʒi] *nf* gerontology.

gésier [ʒezje] *nm* gizzard.

gésir [49] [ʒezir] *vi littéraire* to lie.

gestation [ʒɛstasjɔ̃] *nf* gestation ; **en ~** *fig* in gestation.

geste [ʒɛst] *nm* - **1.** [mouvement] gesture - **2.** [acte] act, deed ; **faire un ~** *fig* to make a gesture.

gesticuler [3] [ʒɛstikyle] *vi* to gesticulate.

gestion [ʒɛstjɔ̃] *nf* management ; JUR administration ; **~ d'entreprise** business adminis-

tration ; **~ de fichiers** INFORM file management.

gestionnaire [ʒɛstjɔnɛr] ⬦ *nmf* [personne] manager ⬦ *adj* management *(avant n)* ⬦ *nm* INFORM : **~ de données** data manager.

gestuel, elle [ʒɛstɥɛl] *adj* [langage] sign *(avant n)*.

Ghana [gana] *nm* : **le ~** Ghana.

ghanéen, enne [ganeɛ̃, ɛn] *adj* Ghanaian.
➤ **Ghanéen, enne** *nm, f* Ghanaian.

ghetto [gɛto] *nm litt* & *fig* ghetto.

ghettoïsation [gɛtoizasjɔ̃] *nf* ghettoization.

gibecière [ʒibsjɛr] *nf* game bag ; [d'écolier] satchel.

gibelotte [ʒiblɔt] *nf rabbit cooked in white wine.*

gibet [ʒibɛ] *nm* gallows *(sg)*, gibbet.

gibier [ʒibje] *nm* game ; *fig* [personne] prey ; **du gros ~** big game ; *fig* [personne] important catch.

giboulée [ʒibule] *nf* sudden shower.

giboyeux, euse [ʒibwajø, øz] *adj* abounding in game.

Gibraltar [ʒibraltar] *nm* Gibraltar ; **à ~** in Gibraltar.

giclée [ʒikle] *nf* squirt, spurt.

gicler [3] [ʒikle] *vi* to squirt, to spurt.

gicleur [ʒiklœr] *nm* jet.

gifle [ʒifl] *nf* slap ; **donner une ~ à qqn** to slap sb.

gifler [3] [ʒifle] *vt* to slap ; *fig* [suj : vent, pluie] to whip, to lash.

GIG *(abr de* **grand invalide de guerre)** *nm* war invalid.

gigantesque [ʒigɑ̃tɛsk] *adj* gigantic.

giga-octet [ʒigaɔktɛ] *nm* INFORM gigabyte.

GIGN *(abr de* **Groupe d'intervention de la gendarmerie nationale)** *nm special crack force of the French police,* ≃ SAS *Br*, ≃ SWAT *Am*.

gigogne [ʒigɔɲ] ⊏ **lit, table**.

gigolo [ʒigɔlo] *nm* gigolo.

gigot [ʒigo] *nm* CULIN leg.

gigoter [3] [ʒigɔte] *vi* to squirm, to wriggle.

gilet [ʒile] *nm* - **1.** [cardigan] cardigan - **2.** [sans manches] waistcoat *Br*, vest *Am* ; **~ pare-balles** bulletproof vest ; **~ de sauvetage** life jacket.

gin [dʒin] *nm* gin.

gingembre [ʒɛ̃ʒɑ̃br] *nm* ginger.

gingivite [ʒɛ̃ʒivit] *nf* inflammation of the gums, gingivitis *(U)*.

girafe [ʒiraf] *nf* giraffe.

giratoire [ʒiratwar] *adj* gyrating ; **sens ~** roundabout *Br*, traffic circle *Am*.

girofle [ʒirɔfl] ⊳ **clou.**

giroflée [ʒirɔfle] *nf* stock.

girolle [ʒirɔl] *nf* chanterelle.

giron [ʒirɔ̃] *nm* lap ; **le ~ familial** *fig* the bosom of one's family.

girouette [ʒirwɛt] *nf* weathercock.

gisait, gisions *etc* ⊳ **gésir.**

gisant [ʒizɑ̃] ◇ *ppr* ⊳ **gésir** ◇ *nm* recumbent figure *(on tomb)*.

gisement [ʒizmɑ̃] *nm* deposit.

gît ⊳ **gésir.**

gitan, e [ʒitɑ̃, an] *adj* Gipsy *(avant n)*.
◆ **Gitan, e** *nm, f* Gipsy.

Gitane® [ʒitan] *nf* [cigarette] Gitane®.

gîte [ʒit] *nm* - **1.** [logement] : **~ (rural)** gîte, *self-catering accommodation in the country* - **2.** *littéraire* [abri] lodging ; **le ~ et le couvert** board and lodging - **3.** [du lièvre] form - **4.** [du bœuf] shin *Br*, shank *Am*.

gîter [3] [ʒite] *vi* - **1.** [lièvre] to lie - **2.** [bateau] to list.

givrant, e [ʒivrɑ̃, ɑ̃t] *adj* freezing.

givre [ʒivr] *nm* frost.

givré, e [ʒivre] *adj* - **1.** CULIN : **orange** *etc* **~e** orange *etc* sorbet *(served in the hollowed-out fruit)* - **2.** *fam* [personne] round the twist.

glabre [glabr] *adj* hairless.

glaçage [glasaʒ] *nm* - **1.** [de gâteau] icing *Br*, frosting *Am* - **2.** [de tissu] glazing.

glaçant, e [glasɑ̃, ɑ̃t] *adj* cold.

glace [glas] *nf* - **1.** [eau congelée] ice ; **rester de ~** *fig* to be unmoved ; **rompre la ~** *fig* to break the ice - **2.** [crème glacée] ice cream - **3.** [vitre -] pane ; [- de voiture] window - **4.** [miroir] mirror ; **~ sans tain** two-way mirror.
◆ **glaces** *nfpl* ice floes.

glacé, e [glase] *adj* - **1.** [gelé] frozen - **2.** [très froid] freezing - **3.** *fig* [hostile] cold - **4.** [dessert] iced ; [viande] glazed ; [fruit] glacé.

glacer [16] [glase] *vt* - **1.** [geler, paralyser] to chill - **2.** [étoffe, papier] to glaze - **3.** [gâteau] to ice *Br*, to frost *Am*.
◆ **se glacer** *vp* [sang] to run cold.

glaciaire [glasjɛr] *adj* glacial.

glacial, e, aux [glasjal, o] *adj litt & fig* icy.

glaciel, elle [glasjɛl] *adj Can* of an ice floe.
◆ **glaciel** *nm Can* ice floe.

glacier [glasje] *nm* - **1.** GÉOGR glacier - **2.** [marchand] ice cream seller *ou* man.

glacière [glasjɛr] *nf* icebox.

glaçon [glasɔ̃] *nm* - **1.** [dans boisson] ice cube - **2.** [sur toit] icicle - **3.** *fam fig* [personne] iceberg.

glaïeul [glajœl] *nm* gladiolus.

glaire [glɛr] *nf* - **1.** MÉD phlegm - **2.** [d'œuf] white.

glaise [glɛz] *nf* clay.

glaive [glɛv] *nm* sword.

gland [glɑ̃] *nm* - **1.** [de chêne] acorn - **2.** [ornement] tassel - **3.** ANAT glans.

glande [glɑ̃d] *nf* gland ; **~ endocrine** endocrine gland.

glander [3] [glɑ̃de] *vi* *tfam* to bugger about.

glaner [3] [glane] *vt* to glean.

glapir [32] [glapir] *vi* to yelp, to yap.

glapissement [glapismɑ̃] *nm* yelping, yapping.

glas [gla] *nm* knell ; **sonner le ~** to toll the bell ; **sonner le ~ de** *fig* to sound the death knell for.

glaucome [glokom] *nm* glaucoma.

glauque [glok] *adj* - **1.** [couleur] bluey-green - **2.** *fam* [lugubre] gloomy - **3.** *fam* [sordide] sordid.

glissade [glisad] *nf* slip ; **faire des ~s** to slide.

glissant, e [glisɑ̃, ɑ̃t] *adj* slippery.

glissement [glismɑ̃] *nm* - **1.** [action de glisser] gliding, sliding ; **~ de terrain** landslip, landslide - **2.** *fig* [electoral] swing, shift.

glisser [3] [glise] ◇ *vi* - **1.** [se déplacer] : **~ (sur)** to glide (over), to slide (over) - **2.** [déraper] : **~ (sur)** to slip (on) - **3.** *fig* [passer rapidement] : **~ sur** to skate over - **4.** [surface] to be slippery - **5.** [progresser] to slip ; **~ dans** to slip into, to slide into ; **~ vers** to slip towards *Br ou* toward *Am*, to slide towards *Br ou* toward *Am* ◇ *vt* to slip ; **~ un regard à qqn** *fig* to give sb a sidelong glance.
◆ **se glisser** *vp* to slip ; **se ~ dans** [lit] to slip *ou* slide into ; *fig* to slip *ou* creep into.

glissière [glisjɛr] *nf* runner ; **à ~** sliding ; **~ de sécurité** crash barrier.

glissoire [gliswar] *nf* slide.

global, e, aux [glɔbal, o] *adj* global.

globalement [glɔbalmɑ̃] *adv* on the whole.

globalisation [glɔbalizasjɔ̃] *nf* [d'un marché] globalization.

globalité [glɔbalite] *nf* entirety.

globe [glɔb] *nm* - **1.** [sphère, terre] globe ; **le ~ terrestre** the globe - **2.** [de verre] glass cover.

globe-trotter [glɔbtrɔtœr] (*pl* **globe-trotters**) *nmf* globe-trotter.

globule [glɔbyl] *nm* corpuscle, blood cell ; **~ blanc/rouge** white/red corpuscle.

globuleux [glɔbylø] ⊳ **œil.**

gloire [glwar] *nf* - **1.** [renommée] glory ; [de vedette] fame, stardom - **2.** [mérite] credit ; **à la ~ de** in praise of.

glorieux, euse [glɔrjø, øz] *adj* [mort, combat] glorious ; [héros, soldat] renowned.

glorifier [9] [glɔrifje] *vt* to glorify, to praise.
◆ **se glorifier** *vp* : **se ~ de** to glory in.

gloriole [glɔrjɔl] *nf* vainglory.

glose [gloz] *nf* gloss.

gloser [3] [gloze] ⟨⟩ *vi* : **~ sur** to gossip about ⟨⟩ *vt* to gloss.

glossaire [glɔsɛr] *nm* glossary.

glotte [glɔt] *nf* glottis.

glouglou [gluglu] *nm* - **1.** *fam* [de liquide] gurgling - **2.** [de dindon] gobbling.

gloussement [glusmɑ̃] *nm* - **1.** [de poule] cluck, clucking *(U)* - **2.** *fam* [de personne] chortle, chuckle.

glousser [3] [gluse] *vi* - **1.** [poule] to cluck - **2.** *fam* [personne] to chortle, to chuckle.

glouton, onne [glutɔ̃, ɔn] ⟨⟩ *adj* greedy ⟨⟩ *nm, f* glutton.

gloutonnerie [glutɔnri] *nf* gluttony, greed.

glu [gly] *nf* - **1.** [colle] glue - **2.** *fam fig* [personne] limpet, leech.

gluant, e [glyɑ̃, ɑ̃t] *adj* sticky.

glucide [glysid] *nm* glucide.

glucose [glykoz] *nm* glucose.

gluten [glytɛn] *nm* gluten.

glycémie [glisemi] *nf* glycaemia.

glycérine [gliserin] *nf* glycerine.

glycine [glisin] *nf* wisteria.

GMT (*abr de* Greenwich Mean Time) GMT.

gnangnan [nɑ̃nɑ̃] *adj inv fam* spineless, wet.

GNL (*abr de* gaz naturel liquéfié) *nm* LNG.

gnôle [noll] *nf* brandy.

gnome [gnom] *nm* gnome.

gnon [nɔ̃] *nm fam* thump.

go [go] ◆ **tout de go** *loc adv* straight.

GO (*abr de* grandes ondes) *nfpl* LW.

goal [gol] *nm* goalkeeper.

gobelet [gɔblɛ] *nm* beaker, tumbler.

gober [3] [gɔbe] *vt* - **1.** [avaler] to gulp down - **2.** *fam* [croire] to swallow - **3.** *fam* [aimer] : **je ne peux pas la ~** I can't stand her.

goberger [17] [gɔbɛrʒe] ◆ **se goberger** *vp fam* - **1.** [manger] to stuff o.s. - **2.** [se prélasser] to take it easy.

godasse [gɔdas] *nf fam* shoe.

godet [gɔdɛ] *nm* - **1.** [récipient] jar, pot - **2.** *COUTURE* flare.

godiller [3] [gɔdije] *vi* - **1.** [rameur] to scull - **2.** [skieur] to wedeln.

goéland [gɔelɑ̃] *nm* gull, seagull.

goélette [gɔelɛt] *nf* schooner.

goémon [gɔemɔ̃] *nm* wrack.

gogo [gogo] ◆ **à gogo** *loc adv fam* galore.

goguenard, e [gɔgnar, ard] *adj* mocking.

goguette [gɔgɛt] ◆ **en goguette** *loc adv fam* a bit tight *ou* tipsy.

goinfre [gwɛ̃fr] *nmf fam* pig.

goinfrer [3] [gwɛ̃fre] ◆ **se goinfrer** *vp* : **se ~ de** *fam* to stuff *ou* pig o.s. with.

goitre [gwatr] *nm* goitre.

golden [gɔldɛn] *nf inv* Golden Delicious.

golf [gɔlf] *nm* [sport] golf ; [terrain] golf course.

golfe [gɔlf] *nm* gulf, bay ; **le ~ de Gascogne** the Bay of Biscay ; **le ~ Persique** the (Persian) Gulf.

gommage [gɔmaʒ] *nm* - **1.** [d'écriture] erasing, rubbing out - **2.** [cosmétique] face scrub.

gomme [gɔm] *nf* - **1.** [substance, bonbon] gum - **2.** [pour effacer] rubber *Br*, eraser - **3.** *loc* : **à la ~** *fam* hopeless, useless.

gommé, e [gɔme] *adj* gummed.

gommer [3] [gɔme] *vt* to rub out, to erase ; *fig* to erase.

gond [gɔ̃] *nm* hinge ; **sortir de ses ~s** *fam fig* to fly off the handle.

gondole [gɔ̃dɔl] *nf* gondola.

gondoler [3] [gɔ̃dɔle] *vi* [bois] to warp ; [carton] to curl.
◆ **se gondoler** *vp* - **1.** [bois] to warp - **2.** *fam* [rire] to split one's sides laughing.

gonflable [gɔ̃flabl] *adj* inflatable.

gonfler [3] [gɔ̃fle] ⟨⟩ *vt* - **1.** [ballon, pneu] to blow up, to inflate ; [rivière, poitrine, yeux] to swell ; [joues] to blow out - **2.** *fig* [grossir] to exaggerate - **3.** *loc* : **être gonflé** *fam* [être courageux] to have guts ; [exagérer] to have a cheek *ou* a nerve ⟨⟩ *vi* to swell.
◆ **se gonfler** *vp* - **1.** [se distendre] to swell - **2.** [être envahi] : **se ~ de** [orgueil] to swell with ; [espoir] to be filled with.

gonflette [gɔ̃flɛt] *nf fam* : **faire de la ~** to pump iron.

gonfleur [gɔ̃flœr] *nm* pump.

gong [gɔ̃g] *nm* gong.

gonzesse [gɔ̃zɛs] *nf tfam* bird, chick.

goret [gɔrɛ] *nm* - **1.** [cochon] piglet - **2.** *fam* [garçon] dirty little pig.

gorge [gɔrʒ] *nf* - **1.** [gosier, cou] throat ; **avoir la ~ serrée** to have a lump in one's throat ; **s'éclaircir la ~** to clear one's throat ; **faire des ~s chaudes de qqch** to laugh sthg to scorn ; **prendre qqn à la ~** to put sb in a difficult situation ; **rire à ~ déployée** to laugh heartily - **2.** *littéraire* [poitrine] breast, bosom - **3.** *(gén pl)* [vallée] gorge.

gorgée [gɔrʒe] nf mouthful ; **à petites ~s** in sips.

gorger [17] [gɔrʒe] vt : **~ qqn de qqch** [gaver] to stuff sb with sthg ; [combler] to heap sthg on sb ; **~ qqch de** to fill sthg with.
➤ **se gorger** vp : **se ~ de** to gorge o.s. on.

gorille [gɔrij] nm - **1.** [animal] gorilla - **2.** fam [personne] bodyguard.

gosier [gozje] nm throat, gullet.

gosse [gɔs] nmf fam kid.

gothique [gɔtik] adj - **1.** ARCHIT Gothic - **2.** TYPO : **écriture ~** Gothic script.
➤ **gothique** nm : **le ~** the Gothic style.

gouache [gwaʃ] nf gouache.

gouaille [gwaj] nf cheek.

goudron [gudrɔ̃] nm tar.

goudronner [3] [gudrɔne] vt to tar.

gouffre [gufr] nm abyss ; **le ~ de l'oubli/du désespoir** the depths of oblivion/despair ; **au bord du ~** fig on the edge of the abyss.

goujat [guʒa] nm boor.

goujaterie [guʒatri] nf boorishness.

goujon [guʒɔ̃] nm [poisson] gudgeon ; **taquiner le ~** to do a bit of fishing.

goulet [gulɛ] nm narrows (pl) ; **~ d'étranglement** bottleneck.

goulot [gulo] nm neck ; **boire au ~** to drink straight from the bottle.

goulu, e [guly] ◇ adj greedy, gluttonous ◇ nm, f glutton.

goulûment [gulymɑ̃] adv greedily.

goupille [gupij] nf pin.

goupiller [3] [gupije] vt fam to fix.
➤ **se goupiller** vp fam to work out.

goupillon [gupijɔ̃] nm - **1.** RELIG (holy water) sprinkler - **2.** [à bouteille] bottle brush.

gourd, e [gur, gurd] adj numb.

gourde [gurd] ◇ nf - **1.** [récipient] flask, water bottle - **2.** fam [personne] idiot, clot Br ◇ adj fam thick.

gourdin [gurdɛ̃] nm club.

gourer [3] [gure] ➤ **se gourer** vp fam to slip up.

gourgane [gurgan] nf Can broad bean.

gourmand, e [gurmɑ̃, ɑ̃d] ◇ adj greedy ; **~ de** fond of ◇ nm, f glutton.

gourmandise [gurmɑ̃diz] nf - **1.** [caractère] greed, greediness - **2.** [sucrerie] sweet thing.

gourme [gurm] nf - **1.** MÉD impetigo - **2.** [maladie du cheval] strangles (U) - **3.** loc : **jeter sa ~ vieilli** to sow one's wild oats.

gourmet [gurmɛ] nm : **(fin) ~** gourmet.

gourmette [gurmɛt] nf chain bracelet.

gourou [guru] nm guru.

gousse [gus] nf pod ; **~ d'ail** clove of garlic.

gousset [gusɛ] nm [de gilet] fob pocket.

goût [gu] nm taste ; **au ~ du jour** fashionable ; **avoir du ~** to have taste ; **avoir le ~ de qqch** to have a taste ou liking for sthg ; **de bon ~** [élégant] tasteful, in good taste ; hum [bienséant] advisable ; **de mauvais ~** tasteless, in bad taste ; **il n'a ~ à rien** he doesn't feel like doing anything ; **prendre ~ à qqch** to take a liking to sthg ; **chacun ses ~s, à chacun son ~** each to his own.

goûter [3] [gute] ◇ vt - **1.** [déguster] to taste - **2.** [savourer] to enjoy - **3.** littéraire [estimer] to appreciate ◇ vi to have an afternoon snack ; **~ à/de** to taste ◇ nm afternoon snack for children, typically consisting of bread, butter, chocolate and a drink.

goutte [gut] ◇ nf - **1.** [de pluie, d'eau] drop ; **~ (d'eau) qui fait déborder le vase** fig the last straw ; **une ~ dans l'océan** a drop in the ocean ; **se ressembler comme deux ~s d'eau** to be as like as two peas in a pod - **2.** fam [alcool] : **la ~** the hard stuff - **3.** MÉD [maladie] goutte ◇ adv (de négation) littéraire : **ne ... ~** not a thing, nothing ; **je n'y vois ~** I can't see a thing.
➤ **gouttes** nfpl MÉD drops.

goutte-à-goutte [gutagut] nm inv (intravenous) drip Br, IV Am.

gouttelette [gutlɛt] nf droplet.

gouttière [gutjɛr] nf - **1.** [CONSTR - horizontale] gutter ; [- verticale] drainpipe - **2.** MÉD splint.

gouvernail [guvɛrnaj] nm rudder.

gouvernante [guvɛrnɑ̃t] nf - **1.** [d'enfants] governess - **2.** [de maison] housekeeper.

gouverne [guvɛrn] nf AÉRON control surface ; **~ de direction** rudder ; **pour ma/ta ~** fig for my/your guidance.

gouvernement [guvɛrnəmɑ̃] nm government.

gouvernemental, e, aux [guvɛrnəmɑ̃tal, o] adj [politique, organisation] government (avant n) ; [journal] pro-government.

gouverner [3] [guvɛrne] vt to govern.

gouverneur [guvɛrnœr] nm governor.

GPL (abr de gaz de pétrole liquéfié) nm LPG.

GQG (abr de grand quartier général) nm GHQ.

gr abr de grade.

GR (abr de (sentier de) grande randonnée) nm long-distance hiking path.

grabataire [grabatɛr] ◇ nmf invalid ◇ adj bedridden.

grabuge [grabyʒ] nm fam trouble.

grâce [gras] *nf* - **1.** [charme] grace ; **de bonne ~** with good grace, willingly ; **de mauvaise ~** with bad grace, reluctantly - **2.** [faveur] favour *Br*, favor *Am* ; **être dans les bonnes ~s de qqn** to be in sb's good books ; **faire ~ de qqch à qqn** to spare sb sthg - **3.** [miséricorde] mercy ; **rendre ~ à** *littéraire* to give thanks to.
⬤ **de grâce** *interj* for heaven's sake!
⬤ **grâce à** *loc prép* thanks to.

gracier [9] [grasje] *vt* to pardon.

gracieusement [grasjøzmɑ̃] *adv* - **1.** [avec grâce] graciously - **2.** [gratuitement] free (of charge).

gracieux, euse [grasjø, øz] *adj* - **1.** [charmant] graceful - **2.** [gratuit] free.

gracile [grasil] *adj* slender.

gradation [gradasjɔ̃] *nf* gradation.

grade [grad] *nm* [échelon] rank ; [universitaire] qualification ; **monter en ~** to be promoted ; **en prendre pour son ~** to get hauled over the coals.

gradé, e [grade] ⬤ *adj* non-commissioned ⬤ *nm, f* non-commissioned officer, NCO.

gradin [gradɛ̃] *nm* [de stade, de théâtre] tier ; [de terrain] terrace ; **en ~s** terraced.

graduation [graduasjɔ̃] *nf* graduation.

gradué, e [gradue] *Belg* ⬤ *adj* [étudiant] college *(avant n)* ⬤ *nm, f* college graduate.

graduel, elle [graduɛl] *adj* gradual ; [difficultés] increasing.

graduellement [graduɛlmɑ̃] *adv* gradually.

graduer [7] [gradue] *vt* - **1.** [récipient, règle] to graduate - **2.** *fig* [effort, travail] to increase gradually.

graffiti [grafiti] *nm inv* graffiti (*U*).

grailler [3] [graje] *vi fam* to nosh *Br*, to chow down *Am*.

graillon [grajɔ̃] *nm péj* burnt fat.

grain [grɛ̃] *nm* - **1.** [gén] grain ; [de moutarde] seed ; [de café] bean ; **~ de raisin** grape - **2.** [point] : **~ de beauté** mole, beauty spot - **3.** [averse] squall - **4.** *fig* [petite quantité] : **un ~ de** a touch of ; **un ~ de bon sens** an ounce of common sense - **5.** *loc* : **avoir un ~** *fam* to be a bit touched ; **mettre son ~ de sel** *péj* to put one's oar in ; **veiller au ~** to be on one's guard.

graine [grɛn] *nf* - **1.** *BOT* seed ; **mauvaise ~** *fig* bad lot - **2.** *loc* : **être de la ~ de voleur** to be a thief in the making ; **en prendre de la ~** *fam* to follow my/his *etc* example ; **monter en ~** [salade] to bolt, to run to seed ; *fig* to shoot up.

grainetier, ère [grɛntje, ɛr] *nm, f* seed merchant.

graissage [grɛsaʒ] *nm* lubrication.

graisse [grɛs] *nf* - **1.** *ANAT* & *CULIN* fat - **2.** [pour lubrifier] grease.

graisser [4] [grɛse] *vt* - **1.** [machine] to grease, to lubricate - **2.** [vêtements] to get grease on.

graisseux, euse [grɛsø, øz] *adj* - **1.** [papier] greasy - **2.** [bourrelet] of fat.

grammaire [gramɛr] *nf* grammar.

grammatical, e, aux [gramatikal, o] *adj* grammatical.

grammaticalement [gramatikalmɑ̃] *adv* grammatically.

gramme [gram] *nm* gram, gramme ; **il n'a pas un ~ de jugeote** he hasn't got an ounce of common sense.

grand, e [grɑ̃, grɑ̃d] ⬤ *adj* - **1.** [en hauteur] tall ; [en dimensions] big, large ; [en quantité, nombre] large, great ; **une ~e partie de** a large *ou* great proportion of ; **un ~ nombre de** a large *ou* great number of ; **en ~** [dimension] full-size - **2.** [âgé] grown-up ; **les ~es personnes** grown-ups ; **~ frère** big *ou* older brother ; **~e sœur** big *ou* older sister ; **il est assez ~ pour ...** he's old enough to ... - **3.** [puissant] big, leading - **4.** [important, remarquable] great ; **un ~ homme** a great man - **5.** [intense] : **un ~ blessé/brûlé** a person with serious wounds/burns ; **un ~ buveur/fumeur** a heavy drinker/smoker ⬤ *nm, f (gén pl)* - **1.** [personnage] great man (*f* woman) ; **c'est l'un des ~s de l'électroménager** he's one of the big names in electrical appliances - **2.** [enfant] older *ou* bigger boy (*f* girl).
⬤ **grand** *adv* : **voir ~** to think big.

grand-angle [grɑ̃tɑ̃gl] (*pl* grands-angles),
grand-angulaire [grɑ̃tɑ̃gylɛr] (*pl* grands-angulaires) ⬤ *adj* wide-angle ⬤ *nm* wide-angle lens.

grand-chose [grɑ̃ʃoz] ⬤ **pas grand-chose** ⬤ *pron indéf* not much ⬤ *nmf inv fam* worthless person.

grand-duché [grɑ̃dyʃe] (*pl* grands-duchés) *nm* grand duchy.

Grande-Bretagne [grɑ̃dbrətaɲ] *nf* : **la ~** Great Britain.

grandement [grɑ̃dmɑ̃] *adv* - **1.** [beaucoup] greatly - **2.** [largement] a lot ; **avoir ~ de quoi vivre** to have plenty to live on.

grandeur [grɑ̃dœr] *nf* - **1.** [taille] size ; **~ nature** life-size, life-sized - **2.** [apogée] *fig* greatness ; **~ d'âme** *fig* magnanimity.

grand-guignolesque [grɑ̃giɲɔlɛsk] *adj* bloodthirsty and melodramatic.

grandiloquent, e [grɑ̃dilɔkɑ̃, ɑ̃t] *adj* grandiloquent.

grandiose [grɑ̃djoz] *adj* imposing.

grandir [32] [grɑ̃dir] ⬤ *vt* : **~ qqn** [suj : chaussures] to make sb look taller ; *fig* to increase sb's standing ◇ *vi* [personne, plante] to grow ; [obscurité, bruit] to increase, to grow ; **~ dans l'estime de qqn** to go up in sb's estimation. ► **se grandir** *vp* to make o.s. (appear) taller ; *fig* to increase one's standing.

grandissant, e [grãdisã, ãt] *adj* growing.

grand-maman [grãmamã] (*pl* grand-mamans OU grands-mamans) *nf* granny, grandma.

grand-mère [grãmɛr] (*pl* grand-mères OU grands-mères) *nf* grandmother ; *fam fig* old biddy ; **~ maternelle/paternelle** maternal/paternal grandmother.

grand-messe [grãmɛs] (*pl* grand-messes OU grands-messes) *nf* high mass.

grand-oncle [grãtõkl] (*pl* grands-oncles) *nm* great-uncle.

grand-papa [grãpapa] (*pl* grands-papas) *nm* grandpa, grandad.

grand-peine [grãpɛn] ► **à grand-peine** *loc adv* with great difficulty.

grand-père [grãpɛr] (*pl* grands-pères) *nm* grandfather ; *fam fig* old geezer ; **~ maternel/paternel** maternal/paternal grandfather.

grands-parents [grãparã] *nmpl* grandparents.

grand-tante [grãtãt] (*pl* grand-tantes OU grands-tantes) *nf* great-aunt.

grand-voile [grãvwal] (*pl* grands-voiles) *nf* mainsail.

grange [grãʒ] *nf* barn.

granit(e) [granit] *nm* granite.

granité, e [granite] *adj* [tissu] pebble-weave. ► **granité** *nm* - **1.** [tissu] pebble weave - **2.** [glace] granita.

granule [granyl] *nm* - **1.** [grain] granule - **2.** MÉD pill.

granulé, e [granyle] *adj* [surface] granular. ► **granulé** *nm* tablet.

granuleux, euse [granylø, øz] *adj* granular.

grape-fruit [grɛpfrut] (*pl* grape-fruits) *nm* grapefruit.

graphe [graf] *nm* graph.

graphie [grafi] *nf* spelling.

graphique [grafik] ◇ *nm* diagram ; [graphe] graph ◇ *adj* graphic.

graphisme [grafism] *nm* - **1.** [écriture] handwriting - **2.** ART style of drawing.

graphiste [grafist] *nmf* graphic artist.

graphologie [grafɔlɔʒi] *nf* graphology.

graphologue [grafɔlɔg] *nmf* graphologist, handwriting expert.

grappe [grap] *nf* - **1.** [de fruits] bunch ; [de fleurs] stem ; **~ de raisin** bunch of grapes - **2.** *fig* [de gens] knot.

grappiller [3] [grapije] ◇ *vt litt* & *fig* to gather, to pick up ◇ *vi* [financièrement] to make money.

grappin [grapɛ̃] *nm* [ancre] grapnel ; **mettre le ~ sur** *fig* & *péj* to get one's claws into sb.

gras, grasse [gra, gras] *adj* - **1.** [personne, animal] fat - **2.** [plat, aliment] fatty ; **matières ~ses** fats - **3.** [cheveux, mains] greasy - **4.** [sol] clayey ; [crayon] soft - **5.** *fig* [plaisanterie] crude - **6.** *fig* [rire] throaty ; [toux] phlegmy - **7.** *fig* [plante] succulent. ► **gras** ◇ *nm* - **1.** [du jambon] fat - **2.** [de jambe] soft OU fleshy part - **3.** TYPO bold (type) ◇ *adv* : **manger ~** to eat fatty foods ; **tousser ~** to have a loose cough.

gras-double [gradubl] (*pl* gras-doubles) *nm* tripe.

grassement [grasmã] *adv* - **1.** [rire] coarsely - **2.** [payer] a lot.

grassouillet, ette [grasujɛ, ɛt] *adj* *fam* plump.

gratifiant, e [gratifjã, ãt] *adj* gratifying.

gratification [gratifikasjõ] *nf* - **1.** [en argent] bonus - **2.** [psychologique] gratification.

gratifier [9] [gratifje] *vt* - **1.** [accorder] : **~ qqn de qqch** to present sb with sthg, to present sthg to sb ; *fig* to reward sb with sthg - **2.** [stimuler] to gratify.

gratin [gratɛ̃] *nm* - **1.** CULIN dish sprinkled with breadcrumbs or cheese and browned ; **~ dauphinois** sliced potatoes baked with cream and browned on top - **2.** *fam fig* [haute société] upper crust.

gratiné, e [gratine] *adj* - **1.** CULIN sprinkled with breadcrumbs or cheese and browned - **2.** *fam fig* [ardu] stiff - **3.** *fam fig* [déroutant] weird. ► **gratinée** *nf* onion soup sprinkled with cheese and browned.

gratiner [3] [gratine] *vt* to sprinkle with breadcrumbs or cheese and then brown.

gratis [gratis] *adv* free.

gratitude [gratityd] *nf* : **~ (envers)** gratitude (to OU towards).

gratte-ciel [gratsjɛl] *nm inv* skyscraper.

grattement [gratmã] *nm* scratching.

gratte-papier [gratpapje] *nm inv* *fam* pen pusher.

gratter [3] [grate] ◇ *vt* - **1.** [gén] to scratch [pour enlever] to scrape off - **2.** *fam* [gagner] to make - **3.** *fam* [devancer] to overtake ◇ v

- 1. [démanger] to itch, to be itchy **- 2.** *fam* [écrire] to scribble **- 3.** [frapper] : **~ à la porte** to tap at the door **- 4.** *fam* [travailler] to slave, to slog **- 5.** *fam* [jouer] : **~ de** [violon] to scrape away at ; [guitare] to strum on.

◆ **se gratter** *vp* to scratch.

grattoir [gratwar] *nm* **- 1.** [outil] scraper **- 2.** [de boîte d'allumettes] striking surface.

gratuit, e [gratɥi, it] *adj* **- 1.** [entrée] free **- 2.** [hypothèse] unwarranted **- 3.** [violence] gratuitous.

gratuité [gratɥite] *nf* **- 1.** [d'entrée] free nature **- 2.** [d'hypothèse] unwarranted nature.

gratuitement [gratɥitmɑ̃] *adv* **- 1.** [sans payer] free, for nothing **- 2.** [sans raison] gratuitously.

gravats [grava] *nmpl* rubble (U).

grave [grav] ◇ *adj* **- 1.** [attitude, faute, maladie] serious, grave ; **ce n'est pas ~** [ce n'est rien] don't worry about it **- 2.** [voix] deep **- 3.** *LING* : **accent ~** grave accent ◇ *nm (gén pl)* *MUS* low register.

graveleux, euse [gravlø, øz] *adj* **- 1.** [sol] gravelly **- 2.** [fruit] gritty **- 3.** [propos] crude.

gravement [gravmɑ̃] *adv* gravely, seriously.

graver [3] [grave] *vt* **- 1.** [gén] to engrave **- 2.** [bois] to carve **- 3.** [disque] to cut.

graveur, euse [gravœr, øz] *nm, f* engraver.

gravier [gravje] *nm* gravel (U).

gravillon [gravijɔ̃] *nm* fine gravel (U).

gravir [32] [gravir] *vt* to climb.

gravité [gravite] *nf* **- 1.** [importance] seriousness, gravity ; **sans ~** not serious **- 2.** *PHYS* gravity.

graviter [3] [gravite] *vi* **- 1.** [astre] to revolve **- 2.** *fig* [évoluer] to gravitate.

gravure [gravyr] *nf* **- 1.** [technique] : **~ (sur)** engraving (on) ; **~ sur bois** woodcutting **- 2.** [reproduction] print ; [dans livre] plate.

gré [gre] *nm* **- 1.** [goût] : **à mon/son ~** for my/his taste, for my/his liking **- 2.** [volonté] : **bon ~ mal ~** willy nilly ; **contre mon/son ~** against my/his will ; **de ~ ou de force** *fig* whether you/they *etc* like it or not ; **de mon/son plein ~** of my/his own free will ; **au ~ de qqn/qqch** at the will of sb/sthg, at the pleasure of sb/sthg **- 3.** [gratitude] : **je vous saurais ~ de bien vouloir ...** *littéraire* I should be grateful if you would ...

grec, grecque [grɛk] *adj* Greek.

◆ **grec** *nm* [langue] Greek ; **~ ancien/moderne** ancient/modern Greek.

◆ **grecque** *nf* *CULIN* : **à la grecque** stewed in oil (with tomatoes) and served cold.

◆ **Grec, Grecque** *nm, f* Greek.

Grèce [grɛs] *nf* : **la ~** Greece.

gredin, e [grədɛ̃, in] *nm, f* rogue.

gréement [gremɑ̃] *nm* rigging.

green [grin] *nm* *GOLF* green.

Greenwich [grinwitʃ] *n* Greenwich ; **le méridien de ~** the Greenwich Meridian.

gréer [15] [gree] *vt* to rig.

greffe [grɛf] ◇ *nf* **- 1.** *MÉD* transplant ; [de peau] graft ; **~ du cœur** heart transplant **- 2.** *BOT* graft ◇ *nm* *JUR* : **~ (du tribunal)** office of the clerk of court.

greffer [4] [grefe] *vt* **- 1.** *MÉD* to transplant ; [peau] to graft ; **~ un rein/un cœur à qqn** to give sb a kidney/heart transplant **- 2.** *BOT* to graft.

◆ **se greffer** *vp* : **se ~ sur qqch** to be added to sthg.

greffier [grefje] *nm* clerk of the court.

grégaire [greger] *adj* gregarious.

grège [grɛʒ] ⇨ **soie**.

grégorien, enne [gregɔrjɛ̃, ɛn] *adj* Gregorian.

grêle [grɛl] ◇ *nf* hail ◇ *adj* **- 1.** [jambes] spindly **- 2.** [son] shrill.

grêlé, e [grele] *adj* pockmarked.

grêler [4] [grele] ◇ *v impers* to hail ; **il grêle** it's hailing ◇ *vt* to devastate by hail.

grêlon [grelɔ̃] *nm* hailstone.

grelot [grəlo] *nm* bell.

grelotter [3] [grələte] *vi* : **~ (de)** to shiver (with).

grenade [grənad] *nf* **- 1.** [fruit] pomegranate **- 2.** *MIL* grenade ; **~ lacrymogène** tear-gas grenade.

Grenade [grənad] ◇ *nf* [île] : **la ~** Grenada ; **à la ~** in Grenada ◇ *n* [ville d'Espagne] Granada.

grenadier [grənadje] *nm* **- 1.** [arbre] pomegranate tree **- 2.** *MIL* grenadier.

grenadine [grənadin] *nf* grenadine (*pomegranate syrup*).

grenat [grəna] ◇ *nm* garnet ◇ *adj inv* dark red.

grenier [grənje] *nm* **- 1.** [de maison] attic **- 2.** [à foin] loft **- 3.** *fig* [région] breadbasket.

grenouille [grənuj] *nf* frog ; **~ de bénitier** *fig* fanatical churchgoer.

grenouillère [grənujer] *nf* [de bébé] all-in-one.

grenu, e [grəny] *adj* **- 1.** [cuir] grained **- 2.** [roche] granular.

grès [grɛ] *nm* **- 1.** [roche] sandstone **- 2.** [poterie] stoneware.

grésil [grezil] *nm* hail.

grésillement [grezijmɑ̃] *nm* [de friture] sizzling ; [de feu] crackling.

grésiller [3] [grezije] *vi* - **1.** [friture] to sizzle ; [feu] to crackle - **2.** [radio] to crackle.

grève [grɛv] *nf* - **1.** [arrêt du travail] strike ; **être en ~** to be on strike ; **faire ~** to strike, to go on strike ; **~ de la faim** hunger strike ; **~ générale** general strike ; **~ sauvage** wildcat strike ; **~ sur le tas** sit-down strike ; **~ tournante** rotating strike ; **~ du zèle** work-to-rule - **2.** [rivage] shore.

grever [19] [grəve] *vt* to burden ; [budget] to put a strain on.

gréviste [grevist] ◇ *nmf* striker ◇ *adj* striking.

GRH (*abr de* **gestion des ressources humaines**) *nf* personnel management.

gribouillage [gribujaʒ] *nm* - **1.** [écriture] scrawl - **2.** [dessin] doodle.

gribouiller [3] [gribuje] *vt* & *vi* - **1.** [écrire] to scrawl - **2.** [dessiner] to doodle.

gribouillis [gribujil] = **gribouillage**.

grief [grijɛf] *nm* grievance ; **faire ~ de qqch à qqn** to hold sthg against sb.

grièvement [grijɛvmɑ̃] *adv* seriously.

griffe [grif] *nf* - **1.** [d'animal] claw ; **montrer les ~s** *litt* & *fig* to bare *ou* show one's claws ; **tomber dans les ~s de qqn** *fig* to fall into sb's clutches - **2.** [de créateur] hallmark ; [de couturier] label - **3.** *Belg* [éraflure] scratch.

griffer [3] [grife] *vt* - **1.** [suj : chat etc] to claw - **2.** [suj : créateur] to put one's name to.

griffonner [3] [grifɔne] ◇ *vt* - **1.** [écrire] to scrawl - **2.** [dessiner] to make a rough sketch of ◇ *vi* - **1.** [écrire] to scrawl - **2.** [dessiner] to make a rough sketch.

griffure [grifyr] *nf* scratch.

grignoter [3] [griɲɔte] ◇ *vt* - **1.** [manger] to nibble - **2.** *fam fig* [réduire - capital] to eat away (at) - **3.** *fam fig* [gagner - avantage] to gain ◇ *vi* - **1.** [manger] to nibble - **2.** *fam fig* [prendre] : **~ sur** to nibble away at.

grigou [grigu] *nm fam* skinflint.

gri-gri (*pl* **gris-gris**), **grigri** (*pl* **grigris**) [grigri] *nm* talisman, charm.

gril [gril] *nm* grill ; **sur le ~** on the grill ; **être sur le ~** *fig* to be like a cat on hot bricks.

grillade [grijad] *nf* CULIN grilled meat.

grillage [grijaʒ] *nm* - **1.** [de porte, de fenêtre] wire netting - **2.** [clôture] wire fence.

grillager [17] [grijaʒe] *vt* to put wire netting on.

grille [grij] *nf* - **1.** [portail] gate - **2.** [d'orifice, de guichet] grille ; [de fenêtre] bars (*pl*) - **3.** [de mots croisés, de loto] grid - **4.** [tableau] table ; **~ des** **programmes** programme *Br ou* program *Am* listings (*pl*) ; **~ des salaires** salary scale.

grille-pain [grijpɛ̃] *nm inv* toaster.

griller [3] [grije] ◇ *vt* - **1.** [viande] to grill *Br*, to broil *Am* ; [pain] to toast ; [café, marrons] to roast ; **~ une cigarette** *fam* to have a fag - **2.** *fig* [au soleil - personne] to burn ; [- végétation] to shrivel - **3.** [moteur] to burn out - **4.** *fam fig* [dépasser - concurrents] to outstrip ; **~ un feu rouge** to jump the lights ; **~ une étape** to rush ahead - **5.** *fig* [compromettre] to ruin ; **être grillé** to be done for ◇ *vi* - **1.** [viande] to grill *Br*, to broil *Am* - **2.** [ampoule] to blow - **3.** [personne] : **~ de** [envie, impatience] to be burning with ; **~ de faire qqch** to be longing to do sthg.

◆ **se griller** *vp fam* to be done for ; **se ~ auprès de qqn** to blow it with sb.

grillon [grijɔ̃] *nm* [insecte] cricket.

grimace [grimas] *nf* grimace ; **faire des ~s** to pull faces ; **faire la ~** to pull a face.

grimacer [16] [grimase] *vi* to grimace.

grimer [3] [grime] *vt* CIN & THÉÂTRE to make up.

◆ **se grimer** *vp* CIN & THÉÂTRE to make (o.s.) up.

grimoire [grimwar] *nm* [de sorcier] book of spells.

grimpant, e [grɛ̃pɑ̃, ɑ̃t] *adj* climbing (*avant n*).

grimper [3] [grɛ̃pe] ◇ *vt* to climb ◇ *vi* to climb ; **~ à un arbre/une échelle** to climb a tree/a ladder.

grimpeur, euse [grɛ̃pœr, øz] ◇ *adj* climbing (*avant n*) ◇ *nm, f* climber.

grinçant, e [grɛ̃sɑ̃, ɑ̃t] *adj* - **1.** [charnière] squeaking ; [porte, plancher] creaking - **2.** *fig* [ironie] jarring.

grincement [grɛ̃smɑ̃] *nm* [de charnière] squeaking ; [de porte, plancher] creaking ; **~s de dents** *fig* gnashing of teeth.

grincer [16] [grɛ̃se] *vi* [charnière] to squeak ; [porte, plancher] to creak.

grincheux, euse [grɛ̃ʃø, øz] ◇ *adj* grumpy ◇ *nm, f* moaner, grumbler.

gringalet [grɛ̃galɛ] *nm* weakling.

griotte [grijɔt] *nf* morello (cherry).

grippe [grip] *nf* MÉD flu (*U*) ; **avoir la ~** to have (the) flu ; **~ intestinale** gastric flu ; **prendre qqn/qqch en ~** *fig* to take a sudden dislike to sb/sthg.

grippé, e [gripe] *adj* [malade] : **être ~** to have flu.

gripper [3] [gripe] *vi* - **1.** [mécanisme] to jam - **2.** *fig* [processus] to stall.

◆ **se gripper** *vp* - **1.** [mécanisme] to jam - **2.** *fig* [système] to seize up.

grippe-sou [gripsu] (*pl inv* OU **grippe-sous**) *nm fam* skinflint.

gris, e [gri, griz] *adj* - **1.** [couleur] grey *Br*, gray *Am* - **2.** *fig* [morne] dismal - **3.** [saoul] tipsy.

◆ **gris** *nm* - **1.** [couleur] grey *Br*, gray *Am* - **2.** [tabac] shag.

grisaille [grizaj] *nf* - **1.** [de ciel] greyness *Br*, grayness *Am* - **2.** *fig* [de vie] dullness.

grisant, e [grizã, ãt] *adj* intoxicating.

grisâtre [grizatr] *adj* greyish *Br*, grayish *Am*.

grisé [grize] *nm* grey *Br* OU gray *Am* shading.

griser [3] [grize] *vt* to intoxicate.

◆ **se griser** *vp* : **se ~ de** [vin] to get tipsy on ; [air, succès] to get drunk on.

grisonnant, e [grizɔnã, ãt] *adj* greying *Br*, graying *Am*.

grisonner [3] [grizɔne] *vi* to turn grey *Br* OU gray *Am*.

grisou [grizu] *nm* firedamp.

grive [griv] *nf* thrush.

grivois, e [grivwa, az] *adj* ribald.

Groenland [grɔɛnlãd] *nm* : **le ~** Greenland ; **au ~** in Greenland.

grog [grɔg] *nm* (hot) toddy.

groggy [grɔgi] *adj inv* - **1.** [boxeur] groggy - **2.** *fig* [assommé] stunned.

grogne [grɔɲ] *nf* discontent, grumbling.

grognement [grɔɲmã] *nm* - **1.** [son] grunt ; [d'ours, de chien] growl - **2.** [protestation] grumble.

grogner [3] [grɔɲe] *vi* - **1.** [émettre un son] to grunt ; [ours, chien] to growl - **2.** [protester] to grumble.

grognon, onne [grɔɲɔ̃, ɔn] *adj* grumpy.

groin [grwɛ̃] *nm* snout.

grommeler [24] [grɔmle] *vt* & *vi* to mutter.

grondement [grɔ̃dmã] *nm* [d'animal] growl ; [de tonnerre, de train] rumble ; [de torrent] roar.

gronder [3] [grɔ̃de] ◇ *vi* - **1.** [animal] to growl ; [tonnerre] to rumble - **2.** *littéraire* [grommeler] to mutter ◇ *vt* to scold.

groom [grum] *nm* page.

gros, grosse [gro, gros] ◇ *adj* (*gén avant n*) - **1.** [gén] large, big - *péj* big - **2.** (*avant ou après n*) [corpulent] fat - **3.** [grossier] coarse - **4.** [fort, sonore] loud - **5.** [important, grave - ennuis] serious ; [- dépense] major - **6.** [plein] : **~ de** full of ◇ *nm, f* - **1.** [personne corpulente] fat person - **2.** [personnage important] big shot.

◆ **gros** ◇ *adv* [beaucoup] a lot ; **en avoir ~ sur le cœur** to be upset ◇ *nm* - **1.** [partie] : **le (plus) ~ (de qqch)** the main part (of sthg) ; **le (plus) ~ du travail** the bulk of the work - **2.** COMM : **le ~** wholesale.

◆ **de gros** *loc adj* COMM wholesale.

◆ **en gros** *loc adv* & *loc adj* - **1.** COMM wholesale - **2.** [en grands caractères] in large letters - **3.** [grosso modo] roughly.

groseille [grozɛj] ◇ *nf* currant ; **~ blanche** white currant ; **~ à maquereau** gooseberry ; **~ rouge** redcurrant ◇ *adj inv* red.

groseillier [grozeje] *nm* currant bush.

gros-porteur [grospɔrtœr] (*pl* **gros-porteurs**) *nm* jumbo (jet).

grosse [gros] ◇ *nf* - **1.** [douze douzaines] gross - **2.** JUR engrossment ◇ *adj* ▷ **gros**.

grossesse [grosɛs] *nf* pregnancy ; **~ extra-utérine** ectopic pregnancy ; **~ nerveuse** phantom pregnancy.

grosseur [grosœr] *nf* - **1.** [dimension, taille] size - **2.** [corpulence] fatness - **3.** MÉD lump.

grossier, ère [grosje, ɛr] *adj* - **1.** [matière] coarse - **2.** [sommaire] rough - **3.** [insolent] rude - **4.** [vulgaire] crude - **5.** [erreur] crass.

grossièrement [grosjɛrmã] *adv* - **1.** [sommairement] roughly - **2.** [vulgairement] crudely.

grossièreté [grosjɛrte] *nf* - **1.** [vulgarité] crudeness - **2.** [parole grossière] crude remark - **3.** [superficialité] superficiality.

grossir [32] [grosir] ◇ *vi* - **1.** [prendre du poids] to put on weight - **2.** [augmenter] to grow - **3.** [s'intensifier] to increase - **4.** [cours d'eau] to swell ◇ *vt* - **1.** [suj : microscope, verre] to magnify - **2.** [suj : vêtement] : **~ qqn** to make sb look fatter - **3.** [exagérer] to exaggerate.

grossissant, e [grosisã, ãt] *adj* [verre] magnifying.

grossissement [grosismã] *nm* - **1.** [de personne] increase in weight - **2.** [de loupe, de microscope] magnification - **3.** [exagération] exaggeration.

grossiste [grosist] *nmf* wholesaler.

grosso modo [grosomɔdɔl] *adv* roughly.

grotesque [grɔtɛsk] ◇ *adj* grotesque, ludicrous ◇ *nm* : **le ~** the grotesque.

grotte [grɔt] *nf* cave.

grouillant, e [grujã, ãt] *adj* - **1.** [foule] milling - **2.** [lieu] : **~ (de)** swarming (with).

grouiller [3] [gruje] *vi* : **~ (de)** to swarm (with).

◆ **se grouiller** *vp fam* to get a move on ; **se ~ de faire qqch** to rush to do sthg.

groupage [grupaʒ] *nm* bulking.

groupe [grup] *nm* group ; **en ~** as a group ; **~ armé** armed group ; **~ de pression** pressure group.

◆ **groupe électrogène** *nm* generator.

◆ **groupe sanguin** *nm* blood group.

groupement [grupmã] *nm* - **1.** [action] grouping - **2.** [groupe] group.

grouper [3] [grupe] *vt* to group.
➡ **se grouper** *vp* to come together.
groupie [grupi] *nmf* groupie.
groupuscule [grupyskyl] *nm* faction.
gruau [gryo] *nm* [farine] wheat flour.
grue [gry] *nf* TECHNOL & ZOOL crane ; **faire le pied de ~** *fig* to stand about.
gruger [17] [gryʒe] *vt littéraire* to dupe.
grumeau, x [grymo] *nm* lump.
grumeleux, euse [grymlø, øz] *adj* - **1.** [pâte] lumpy - **2.** [fruit] gritty - **3.** [peau] bumpy.
grunge [grʌnʒ] *adj* grunge *(modif)*.
gruyère [gryjer] *nm* Gruyère (cheese).
Guadeloupe [gwadlup] *nf* : **la ~** Guadeloupe ; **à la ~** in Guadeloupe.
guadeloupéen, enne [gwadlupeɛ̃, ɛn] *adj* of/from Guadeloupe.
➡ **Guadeloupéen, enne** *nm, f* native *ou* inhabitant of Guadeloupe.
Guatemala [gwatemala] *nm* : **le ~** Guatemala ; **au ~** in Guatemala.
guatémaltèque [gwatemaltɛk] *adj* Guatemalan.
➡ **Guatémaltèque** *nmf* Guatemalan.
gué [ge] *nm* ford ; **traverser à ~** to ford.
guenilles [gǝnij] *nfpl* rags.
guenon [gǝnɔ̃] *nf* female monkey.
guépard [gepar] *nm* cheetah.
guêpe [gɛp] *nf* wasp.
guêpier [gepje] *nm* wasp's nest ; *fig* hornet's nest ; **aller se fourrer dans un ~** to stir up a hornet's nest.
guère [ger] *adv* [peu] hardly ; **ne (+ verbe) ~** [peu] hardly ; **il ne l'aime ~** he doesn't like him/her very much ; **l'appel n'a ~ eu de succès** the appeal met with very little success ; **ne (+ verbe) plus ~** : **il ne m'écrit plus ~** he hardly (ever) writes (to me) now *ou* any more ; **il n'y a ~ plus de six ans** it's barely more than six years ago ; **il n'y a ~ de** there are hardly any.
guéridon [geridɔ̃] *nm* pedestal table.
guérilla [gerija] *nf* guerrilla warfare.
guérir [32] [gerir] ⬦ *vt* to cure ; **litt & fig** to cure sb of ⬦ *vi* to recover, to get better.
guérison [gerizɔ̃] *nf* - **1.** [de malade] recovery - **2.** [de maladie] cure.
guérissable [gerisabl] *adj* curable.
guérisseur, euse [gerisœr, øz] *nm, f* healer.
guérite [gerit] *nf* MIL sentry box.
Guernesey [gernǝze] *n* Guernsey ; **à ~** on Guernsey.
guerre [ger] *nf* - **1.** MIL & *fig* war ; **en ~** at war ;

déclarer la ~ to declare war ; **faire la ~ à un pays** to make *ou* wage war on a country ; **faire la ~ à qqch** to wage war on sthg ; **Première/Seconde Guerre mondiale** First/Second World War ; **~ civile** civil war ; **~ économique** trade war ; **~ froide** cold war ; **~ des nerfs** war of nerves ; **~ sainte** holy war - **2.** [technique] warfare *(U)* - **3.** *loc* : **à la ~ comme à la ~** you'll/we'll *etc* just have to make the best of things ; **c'est de bonne ~** that's fair enough *ou* perfectly fair ; **de ~ lasse** for the sake of peace.
guerrier, ère [gerje, ɛr] *adj* - **1.** [de guerre] war *(avant n)* - **2.** [peuple] warlike.
➡ **guerrier** *nm* warrior.
guerroyer [13] [gerwaje] *vi littéraire* to wage war.
guet [gɛ] *nm* : **faire le ~** to be on the look-out.
guet-apens [gɛtapɑ̃] *(pl* guets-apens) *nm* ambush ; *fig* trap ; **tomber dans un ~** to fall into an ambush *ou* a trap.
guêtre [gɛtr] *nf* gaiter ; **traîner ses ~s** *fam* to lounge about.
guetter [4] [gete] *vt* - **1.** [épier] to lie in wait for - **2.** [attendre] to be on the look-out for, to watch for - **3.** [menacer] to threaten.
gueulante [gœlɑ̃t] *nf fam* uproar ; **pousser une ~** to yell (one's head off).
gueulard, e [gœlar, ard] *fam* ⬦ *adj* who shouts a lot ⬦ *nm, f* person who shouts a lot.
➡ **gueulard** *nm* TECHNOL throat.
gueule [gœl] *nf* - **1.** [d'animal, ouverture] mouth - **2.** *tfam* [bouche de l'homme] gob Br, yap Am ; **ta ~!** shut your gob!, shut it! ; **c'est une grande ~** he/she is all mouth - **3.** *fam* [visage] face - **4.** *loc* : **avoir la ~ de bois** to have a hangover ; **casser la ~ à qqn** to smash sb's face in ; **se casser la ~** *fam* [tomber] to fall flat on one's face ; **faire la ~** *fam* to pull a long face, to sulk ; **se jeter dans la ~ du loup** to enter the lion's den.
gueule-de-loup [gœldǝlu] *(pl* gueules-de-loup) *nf* snapdragon.
gueuler [5] [gœle] *fam* ⬦ *vt* to yell ⬦ *vi* - **1.** [crier] to yell - **2.** [protester] to kick up a stink, to scream and shout.
gueuleton [gœltɔ̃] *nm fam* blowout.
gueux, gueuse [gø, gøz] *nm, f littéraire* beggar.
gui [gi] *nm* mistletoe.
guichet [giʃɛ] *nm* counter ; [de gare, de théâtre] ticket office ; **jouer à ~s fermés** *fig* to be sold out.
guide [gid] ⬦ *nm* - **1.** [gén] guide ; **~ de mon-**

tagne mountain guide - **2.** [livre] guidebook ⬥ *nf* Girl Guide *Br*, Girl Scout *Am*.
◆ **guides** *nfpl* reins.

guider [3] [gide] *vt* to guide.

guidon [gidɔ̃] *nm* handlebars (*pl*).

guigne [giɲ] *nf fam* bad *ou* rotten luck.

guigner [3] [giɲe] *vt fam* - **1.** [regarder] to eye - **2.** [convoiter] to have one's eye on.

guignol [giɲɔl] *nm* - **1.** [marionnette] glove puppet - **2.** [théâtre] ≃ Punch and Judy show ; **faire le ~** *fig* to act *ou* play the fool.

guillemet [gijmɛ] *nm* inverted comma, quotation mark ; **entre ~s** in inverted commas *ou* quotation marks ; **ouvrir/fermer les ~s** to open/close quotation marks.

guilleret, ette [gijrɛ, ɛt] *adj* perky.

guillotine [gijɔtin] *nf* - **1.** [instrument] guillotine - **2.** [de fenêtre] sash.

guillotiner [3] [gijɔtine] *vt* to guillotine.

guimauve [gimov] *nf* - **1.** [confiserie, plante] marshmallow - **2.** *fam* [sentimentalité] mush.

guimbarde [gɛ̃bard] *nf* - **1.** MUS Jew's harp - **2.** *fam* [voiture] jalopy.

guindé, e [gɛ̃de] *adj* stiff.

Guinée [gine] *nf* : **la ~** Guinea ; **la ~-Bissau** Guinea-Bissau ; **la ~Équatoriale** Equatorial Guinea.

guinéen, enne [gineɛ̃, ɛn] *adj* Guinean.
◆ **Guinéen, enne** *nm, f* Guinean.

guingois [gɛ̃gwa] ◆ **de guingois** *adv sout* lopsidedly.

guinguette [gɛ̃gɛt] *nf* open-air dance floor.

guirlande [girlɑ̃d] *nf* - **1.** [de fleurs] garland - **2.** [de papier] chain ; [de Noël] tinsel (U).

guise [giz] *nf* : **à ma ~** as I please *ou* like ; **en ~ de** by way of.

guitare [gitar] *nf* guitar ; **~ électrique** electric guitar.

guitariste [gitarist] *nmf* guitarist.

Gulf Stream [gœlfstrim] *nm* : **le ~** the Gulf Stream.

gustatif, ive [gystatif, iv] *adj* : **sensibilité gustative** sense of taste.

guttural, e, aux [gytyral, o] *adj* guttural.

Guyana [gɥijana] *nf* : **la ~** Guyana.

Guyane [gɥijan] *nf* : **la ~** French Guiana.

gym [ʒim] *nf* gym (U).

gymkhana [ʒimkana] *nm* rally.

gymnase [ʒimnaz] *nm* gymnasium.

gymnaste [ʒimnast] *nmf* gymnast.

gymnastique [ʒimnastik] *nf* SPORT & *fig* gymnastics (U) ; **faire de la ~** to do keep-fit exercises ; **~ corrective** remedial gymnastics.

gynéco [ʒineko] *nmf fam* gynaecologist *Br*, gynecologist *Am*.

gynécologie [ʒinekɔlɔʒi] *nf* gynaecology *Br*, gynecology *Am*.

gynécologique [ʒinekɔlɔʒik] *adj* gynaecological *Br*, gynecological *Am*.

gynécologue [ʒinekɔlɔg] *nmf* gynaecologist *Br*, gynecologist *Am*.

gypse [ʒips] *nm* gypsum.

gyrophare [ʒirɔfar] *nm* flashing light.

h¹, H [aʃ] *nm inv* h, H ; **~ aspiré/muet** aspirate/silent h.

h² - 1. (*abr de* **heure**) hr - **2.** (*abr de* **hecto**) h.
◆ **H - 1.** *abr de* **homme** - **2.** (*abr de* **hydrogène**) H.

ha (*abr de* **hectare**) ha.

hab. *abr de* **habitant**.

habile [abil] *adj* skilful ; [démarche] clever.

habilement [abilmɑ̃] *adv* skilfully ; [manœuvrer] cleverly.

habileté [abilte] *nf* skill.

habiliter [3] [abilite] *vt* to authorize ; **être habilité à faire qqch** to be authorized to do sthg.

habillage [abijaʒ] *nm* - **1.** [action] dressing - **2.** [enveloppe, protection] covering.

habillé, e [abije] *adj* [tenue] dressy ; [réception] smart.

habillement [abijmɑ̃] *nm* - **1.** [action] clothing - **2.** [tenue] outfit - **3.** [profession] clothing trade.

habiller [3] [abije] *vt* - **1.** [vêtir] : **~ qqn (de)** to dress sb (in) - **2.** [suj : fournisseur] to provide with clothing ; [suj : fabricant] to make clothes for - **3.** [recouvrir] to cover.
◆ **s'habiller** *vp* - **1.** [se vêtir] to dress, to get dressed ; **s'~ de** to dress in - **2.** [se vêtir élégamment] to dress up - **3.** [se fournir en vêtements] to buy one's clothes.

habilleur, euse [abijœr, øz] *nm, f* dresser.

habit [abil] *nm* **- 1.** [costume] suit ; **~ de neige** *Can* snowsuit ; **~ de soirée** evening dress **- 2.** RELIG habit.

➤ **habits** *nmpl* [vêtements] clothes.

habitable [abitabl] *adj* habitable.

habitacle [abitakl] *nm* [d'avion] cockpit ; [de voiture] passenger compartment.

habitant, e [abitā, āt] *nm, f* **- 1.** [de pays] inhabitant ; **loger chez l'~** to stay with local people **- 2.** [d'immeuble] occupant **- 3.** *Can* [paysan] farmer.

habitat [abita] *nm* **- 1.** [conditions de logement] housing conditions *(pl)* **- 2.** [mode de peuplement] settlement **- 3.** [d'animal] habitat.

habitation [abitasjɔ̃] *nf* **- 1.** [fait d'habiter] housing **- 2.** [résidence] house, home.

habiter [3] [abite] ⟷ *vt* **- 1.** [résider] to live in **- 2.** [suj : passion, sentiment] to dwell within ⟷ *vi* to live ; **~ à** to live in.

habitude [abityd] *nf* **- 1.** [façon de faire] habit ; **avoir l'~ de faire qqch** to be in the habit of doing sthg ; **d'~** usually ; **comme d'~** as usual ; **par ~** out of habit **- 2.** [coutume] custom.

habitué, e [abitye] *nm, f* regular.

habituel, elle [abityɛl] *adj* **- 1.** [coutumier] usual, customary **- 2.** [caractéristique] typical.

habituellement [abityɛlmal] *adv* usually.

habituer [7] [abitye] *vt* : **~ qqn à qqch/à faire qqch** to get sb used to sthg/to doing sthg.

➤ **s'habituer** *vp* : **s'~ à qqch/à faire qqch** to get used to sthg/to doing sthg.

hâbleur, euse [ˈablœr, øz] *littéraire* ⟷ *adj* boastful ⟷ *nm, f* braggart.

hache [ˈaʃ] *nf* axe *Br*, ax *Am* ; **enterrer la ~ de guerre** *fig* to bury the hatchet.

haché, e [ˈaʃe] *adj* **- 1.** [coupé - gén] finely chopped ; [- viande] minced *Br*, ground *Am* **- 2.** [entrecoupé] jerky.

hacher [3] [ˈaʃe] *vt* **- 1.** [couper - gén] to chop finely ; [- viande] to mince *Br*, to grind *Am* **- 2.** [entrecouper] to interrupt.

hachette [ˈaʃɛt] *nf* hatchet.

hachis [ˈaʃi] *nm* : **un ~ de persil** finely chopped parsley ; **un ~ de porc** minced pork *Br*, ground pork *Am* ; **~ Parmentier** ≃ shepherd's pie, ≃ cottage pie.

hachisch = haschisch.

hachoir [ˈaʃwar] *nm* **- 1.** [couteau] chopper **- 2.** [appareil] mincer *Br*, grinder *Am* **- 3.** [planche] chopping-board.

hachure [ˈaʃyr] *nf* hatching.

hachurer [3] [ˈaʃyre] *vt* to hatch.

haddock [ˈadɔk] *nm* smoked haddock.

hagard, e [ˈagar, ard] *adj* haggard.

hagiographie [aʒjɔgrafi] *nf* hagiography.

haï, e [ˈai] *pp* ⟹ haïr.

haie [ˈɛ] *nf* **- 1.** [d'arbustes] hedge **- 2.** [de personnes] row ; [de soldats, d'agents de police] line ; **~ d'honneur** guard of honour *Br ou* honor *Am* **- 3.** SPORT hurdle ; **400 mètres ~s** 400 metres *ou* meters *Am* hurdles.

haillons [ˈajɔ] *nmpl* rags.

haine [ˈɛn] *nf* hatred.

haineusement [ˈɛnøzmal] *adv* with hatred.

haineux, euse [ˈɛnø, øz] *adj* full of hatred.

haïr [33] [ˈair] *vt* to hate.

hais, hait *etc* ⟹ haïr.

haïssable [ˈaisabl] *adj* hateful.

haïssais, haïssions *etc* ⟹ haïr.

Haïti [aiti] *n* Haiti ; **à ~** in Haiti.

haïtien, enne [aisjɛ̃, ɛn] *adj* Haitian.

➤ **Haïtien, enne** *nm, f* Haitian.

hâle [ˈal] *nm* tan.

hâlé, e [ˈale] *adj* tanned.

haleine [alɛn] *nf* breath ; **avoir l'~ forte, avoir mauvaise ~** to have bad breath ; **courir à perdre ~** to run until one is breathless ; **hors d'~** out of breath ; **de longue ~** exacting and time-consuming ; **reprendre ~** to catch one's breath ; **tenir qqn en ~** to keep sb in suspense.

haler [3] [ˈale] *vt* **- 1.** [tirer] to haul in **- 2.** [remorquer] to tow.

haletant, e [ˈaltã, ãt] *adj* panting.

halètement [ˈalɛtmal] *nm* panting.

haleter [28] [ˈalte] *vi* to pant.

hall [ˈol] *nm* **- 1.** [vestibule, entrée] foyer, lobby **- 2.** [salle publique] concourse ; **~ d'arrivée/de départ** arrival/departure hall.

halle [ˈal] *nf* covered market.

➤ **halles** *nfpl* wholesale food market *(sg)*.

hallucinant, e [alysinã, ãt] *adj* **- 1.** [incroyable] extraordinary **- 2.** [grandiose] impressive.

hallucination [alysinasjɔ̃] *nf* hallucination.

halluciné, e [alysine] ⟷ *adj* crazed ⟷ *nm,* lunatic.

hallucinogène [alysinɔʒɛn] ⟷ *nm* hallucinogen ⟷ *adj* hallucinogenic.

halo [ˈalo] *nm* **- 1.** [cercle lumineux] halo **- 2.** *fig* [rayonnement] aura.

halogène [alɔʒɛn] *nm & adj* halogen.

halte [ˈalt] ⟷ *nf* stop ; **faire ~** to stop ⟷ *interj* stop!

haltère [altɛr] *nm* dumbbell.

haltérophile [alterɔfil] ⟷ *nmf* weight lifter ⟷ *adj* weight-lifting *(avant n)*.

haltérophilie [alterɔfili] *nf* weight-lifting.

hamac [ˈamak] *nm* hammock.

hamburger [ˈāburgœr] *nm* hamburger.

hameau, x [ˈamo] *nm* hamlet.

hameçon [amsɔ̃] *nm* fish-hook ; **mordre à l'~** *fig* to rise to the bait.

hammam [ˈamam] *nm* Turkish baths *(pl)*.

hampe [ˈɑ̃p] *nf* [de drapeau] pole.

hamster [ˈamstɛr] *nm* hamster.

hanche [ˈɑ̃ʃ] *nf* hip ; **rouler des ~s** to swing one's hips.

handball [ˈɑ̃dbal] *nm* handball.

handicap [ˈɑ̃dikap] *nm* handicap.

handicapé, e [ˈɑ̃dikape] ◇ *adj* handicapped ; **être ~ par qqch** *fig* to be handicapped by sthg ◇ *nm, f* handicapped person ; **~ mental** mentally handicapped person ; **~ moteur** spastic.

handicaper [3] [ˈɑ̃dikape] *vt* to handicap.

hangar [ˈɑ̃gar] *nm* shed ; *AÉRON* hangar.

hanneton [ˈantɔ̃] *nm* cockchafer.

Hanoi [ˈanɔj] *n* Hanoi.

hanter [3] [ˈɑ̃te] *vt* to haunt.

hantise [ˈɑ̃tiz] *nf* obsession ; **avoir la ~ de qqch/de faire qqch** to be obsessed by the fear of sthg/of doing sthg.

happer [3] [ˈape] *vt* - **1.** [attraper] to snap up - **2.** [accrocher] to strike.

hara-kiri [ˈarakiri] *nm* : **(se) faire ~** to commit hara-kiri.

harangue [ˈarɑ̃g] *nf* harangue.

haranguer [3] [ˈarɑ̃ge] *vt* to harangue.

haras [ˈara] *nm* stud (farm).

harassant, e [ˈarasɑ̃, ɑ̃t] *adj* exhausting.

harasser [3] [ˈarase] *vt* to exhaust.

harcèlement [ˈarsɛlmɑ̃] *nm* harassment ; **~ sexuel** sexual harassment.

harceler [25] [ˈarsəle] *vt* - **1.** [relancer] to harass - **2.** *MIL* to harry - **3.** [importuner] : **~ qqn (de)** to pester sb (with).

hardes [ˈard] *nfpl* old clothes.

hardi, e [ˈardi] *adj* bold, daring.

hardiesse [ˈardjɛs] *nf* boldness, daring.

hardware [ˈardwɛr] *nm* *INFORM* hardware.

harem [ˈarɛm] *nm* harem.

hareng [ˈarɑ̃] *nm* herring ; **~ saur** kipper.

harfang [ˈarfɑ̃] *nm* snowy owl.

hargne [ˈarɲ] *nf* spite (U), bad temper.

hargneux, euse [ˈarɲø, øz] *adj* [personne] spiteful, bad-tempered ; [remarque] spiteful, vicious.

haricot [ˈariko] *nm* bean ; **~s verts/blancs/rouges** green/haricot/kidney beans.

harmonica [armɔnika] *nm* harmonica, mouth organ.

harmonie [armɔni] *nf* - **1.** [gén] harmony ; vi-

vre en ~ **(avec qqn)** to live in harmony (with sb) - **2.** [de visage] symmetry - **3.** [fanfare] wind band.

harmonieusement [armɔnjøzmɑ̃] *adv* harmoniously.

harmonieux, euse [armɔnjø, øz] *adj* - **1.** [gén] harmonious - **2.** [voix] melodious - **3.** [traits, silhouette] regular.

harmonique [armɔnik] *adj* harmonic.

harmonisation [armɔnizasjɔ̃] *nf* - **1.** [coordination] harmonization - **2.** *MUS* harmonizing.

harmoniser [3] [armɔnize] *vt* *MUS* & *fig* to harmonize ; [salaires] to bring into line.

harmonium [armɔnjɔm] *nm* harmonium.

harnachement [ˈarnaʃmɑ̃] *nm* - **1.** [équipement de cheval] harness - **2.** [action] harnessing - **3.** *fig* [attirail] gear.

harnacher [3] [ˈarnaʃe] *vt* [cheval] to harness ; **être harnaché** *fig* to be got up.

harnais [ˈarnɛ] *nm* - **1.** [de cheval, de parachutiste] harness - **2.** *TECHNOL* train.

haro [ˈaro] *nm sout* : **crier ~ sur** to rail against.

harpagon [arpagɔ̃] *nm* ≃ Scrooge.

harpe [ˈarp] *nf* harp.

harpie [ˈarpi] *nf* harpy.

harpon [ˈarpɔ̃] *nm* harpoon.

harponner [3] [ˈarpɔne] *vt* - **1.** [poisson] to harpoon - **2.** *fam* [personne] to waylay.

hasard [ˈazar] *nm* chance ; **au ~** at random ; **à tout ~** on the off chance ; **par ~** by accident, by chance ; **comme par ~** *iron* as if by chance ; **si par ~** if by chance.

hasarder [3] [ˈazarde] *vt* - **1.** [tenter] to venture - **2.** [risquer] to hazard.

➤ **se hasarder** *vp* : **se ~ à faire qqch** to risk doing sthg.

hasardeux, euse [ˈazardø, øz] *adj* risky.

haschisch, haschich, hachisch [ˈaʃiʃ] *nm* hashish.

hâte [ˈat] *nf* haste ; **à la ~, en ~** hurriedly, hastily ; **avoir ~ de faire qqch** to be eager to do sthg.

hâter [3] [ˈate] *vt* - **1.** [activer] to hasten - **2.** [avancer] to bring forward.

➤ **se hâter** *vp* to hurry ; **se ~ de faire qqch** to hurry to do sthg.

hâtif, ive [ˈatif, iv] *adj* [précipité] hurried, hasty.

hauban [ˈobɑ̃] *nm* *NAUT* shroud.

hausse [ˈos] *nf* [augmentation] rise, increase ; **à la ~, en ~** rising.

haussement [ˈosmɑ̃] *nm* : **~ d'épaules** shrug (of the shoulders).

hausser [3] [ˈose] *vt* to raise.

haut, e [o, ot] *adj* - **1.** [gén] high ; ~ **de 20 m** 20 m high - **2.** [classe sociale, pays, région] upper - **3.** [responsable] senior.
◆ **haut** ◇ *adv* - **1.** [gén] high ; [placé] highly - **2.** [fort] loudly ; **dire bien ~ ce que l'on pense tout bas** to say out loud what everyone else is thinking ◇ *nm* - **1.** [hauteur] height ; **faire 2 m de ~** to be 2 m high *ou* in height - **2.** [sommet, vêtement] top - **3.** *loc* : **avoir** *ou* **connaître des ~s et des bas** to have one's ups and downs.
◆ **de haut** *loc adv* [avec dédain] haughtily ; **le prendre de ~** to react haughtily.
◆ **de haut en bas** *loc adv* from top to bottom.
◆ **du haut de** *loc prép* from the top of.
◆ **en haut** *loc adv* at the top ; [dans une maison] upstairs.
◆ **en haut de** *loc prép* at the top of.
◆ **là-haut** *loc adv* up there.

hautain, e ['otɛ̃, ɛn] *adj* haughty.

hautbois ['obwa] *nm* oboe.

haut-de-forme ['odfɔrm] (*pl* **hauts-de-forme**) *nm* top hat.

haut de gamme [odgam] ◇ *adj* upmarket ; **une chaîne ~** a state-of-the-art hi-fi system ◇ *nm* top of the range.

haute-fidélité [otfidelite] (*pl* **hautes-fidélités**) *nf* high fidelity, hi-fi.

hautement ['otmɑ̃] *adv* highly.

hauteur ['otœr] *nf* height ; **à ~ d'épaule** at shoulder level *ou* height ; **ne pas être à la ~ de qqch** not to be up to sthg.

haut-fond ['ofɔ̃] (*pl* **hauts-fonds**) *nm* shallows (*pl*).

haut-fourneau ['ofurno] (*pl* **hauts-fourneaux**) *nm* blast furnace.

haut-le-cœur ['olkœr] *nm inv* retch ; **avoir des ~** to retch.

haut-le-corps ['olkɔr] *nm inv* : **avoir un ~** to start, to jump.

haut-parleur ['oparlœr] (*pl* **haut-parleurs**) *nm* loudspeaker.

havane ['avan] ◇ *nm* Havana cigar ◇ *adj inv* tobacco-coloured *Br*, tobacco-colored *Am*.

Havane ['avan] *n* : **La ~** Havana.

hâve ['av] *adj littéraire* haggard.

havre ['avr] *nm* [refuge] haven.

Hawaii ['awaj] *n* Hawaii ; **à ~** in Hawaii.

hawaiien, enne ['awajɛ̃, ɛn] *adj* Hawaiian.
◆ **Hawaiien, enne** *nm, f* Hawaiian.

Haye ['ɛ] *n* : **La ~** the Hague.

hayon ['ajɔ̃] *nm* hatchback.

HCR (*abr de* **Haut-commissariat des Nations unies pour les réfugiés**) *nm* UN-HCR.

hé ['e] *interj* hey!

hebdo [ɛbdo] *nm fam* weekly.

hebdomadaire [ɛbdɔmadɛr] *nm* & *adj* weekly.

hébergement [ebɛrʒəmɑ̃] *nm* accommodation *Br*, accommodations (*pl*) *Am*.

héberger [17] [ebɛrʒe] *vt* - **1.** [loger] to put up - **2.** [suj : hôtel] to take in.

hébété, e [ebete] *adj* dazed.

hébétement [ebetmɑ̃] *nm* stupor.

hébétude [ebetyd] *nf littéraire* stupor.

hébraïque [ebraik] *adj* Hebrew.

hébreu, x [ebrø] *adj* Hebrew.
◆ **hébreu** *nm* [langue] Hebrew.
◆ **Hébreu, x** *nm* Hebrew.

Hébrides [ebrid] *nfpl* : **les ~** the Hebrides ; **aux ~** in the Hebrides.

HEC (*abr de* (**école des**) **Hautes études commerciales**) *n grande école for management and business studies.*

hécatombe [ekatɔ̃b] *nf litt* & *fig* slaughter.

hectare [ɛktar] *nm* hectare.

hectolitre [ɛktɔlitr] *nm* hectolitre.

hédonisme [edɔnism] *nm* hedonism.

hédoniste [edɔnist] ◇ *nmf* hedonist ◇ *adj* hedonistic.

hégémonie [eʒemɔni] *nf* hegemony.

hégire [eʒir] *nf* hegira.

hein ['ɛ̃] *interj fam* eh?, what? ; **tu m'en veux, ~?** you're cross with me, aren't you?

hélas [elas] *interj* unfortunately, alas.

héler [18] ['ele] *vt sout* to hail.

hélice [elis] *nf* - **1.** [d'avion, de bateau] propeller - **2.** MATHS helix.

hélicoïdal, e, aux [elikɔidal, o] *adj* - **1.** [forme] spiral, helical - **2.** MATHS helical.

hélicoptère [elikɔptɛr] *nm* helicopter.

héliomarin, e [eljɔmarɛ̃, in] *adj* MÉD [cure using sun and sea air.

héliport [elipɔr] *nm* heliport.

hélitreuiller [elitrœje] *vt* to wind to safety.

héliporté, e [elipɔrte] *adj* [troupes, fournitures] transported by helicopter ; [opération] helicopter (*avant n*).

hélium [eljɔm] *nm* helium.

Helsinki ['ɛlsiŋki] *n* Helsinki.

helvétisme [ɛlvetism] *nm* Swiss expression.

hem ['ɛm] *interj* [indique le doute] hmm.

hématologie [ematɔlɔʒi] *nf* haematology.

hématome [ematom] *nm* MÉD haematoma.

hémicycle [emisikl] *nm* POLIT : l'~ the Assemblée Nationale.

hémiplégique [emipleʒik] *nmf* & *adj* hemiplegic.

hémisphère [emisfɛr] *nm* hemisphere ; l'~ nord/sud northern/southern hemisphere ; ~ cérébral ANAT cerebral hemisphere.

hémoglobine [emɔglɔbin] *nf* haemoglobin.

hémophile [emɔfil] ◇ *nmf* haemophiliac ◇ *adj* haemophilic.

hémorragie [emɔraʒi] *nf* - **1.** MÉD haemorrhage ; ~ cérébrale brain haemorrhage ; ~ interne internal bleeding *(U)* - **2.** fig [perte, fuite] loss.

hémorroïdes [emɔrɔid] *nfpl* haemorrhoids, piles.

henné [ʼene] *nm* henna.

hennir [32] [ʼenir] *vi* to neigh, to whinny.

hennissement [ʼenismɑ̃] *nm* neigh, whinny.

hep [ʼɛp] *interj* hey!

hépatique [epatik] ◇ *nmf* person with liver problems ◇ *adj* liver *(avant n)*.

hépatite [epatit] *nf* MÉD hepatitis ; ~ B hepatitis B ; ~ virale viral hepatitis.

heptagone [ɛptagɔn] *nm* heptagon.

herbacé, e [ɛrbase] *adj* herbaceous.

herbage [ɛrbaʒ] *nm* pasture.

herbe [ɛrb] *nf* - **1.** BOT grass ; mauvaise ~ weed - **2.** CULIN & MÉD herb ; fines ~s herbs - **3.** fam [marijuana] grass - **4.** loc : en ~ budding ; couper l'~ sous les pieds de qqn to cut the ground from under sb's feet.

herbeux, euse [ɛrbø, øz] *adj* grassy.

herbicide [ɛrbisid] ◇ *nm* weedkiller, herbicide ◇ *adj* herbicidal.

herbier [ɛrbje] *nm* herbarium.

herbivore [ɛrbivɔr] ◇ *nm* herbivore ◇ *adj* herbivorous.

herboriste [ɛrbɔrist] *nmf* herbalist.

herboristerie [ɛrbɔristəri] *nf* herbalist's (shop).

herculéen, enne [ɛrkyleɛ̃, ɛn] *adj* Herculean.

hère [ʼɛr] *nm* : pauvre ~ poor wretch.

héréditaire [eredittɛr] *adj* hereditary.

hérédité [eredite] *nf* - **1.** [génétique] heredity - **2.** [de biens, de titre] inheritance.

hérésie [erezi] *nf* heresy.

hérétique [eretik] ◇ *nmf* heretic ◇ *adj* heretical.

hérisser [3] [ʼerise] *vt* - **1.** [dresser] : ~ son poil to bristle - **2.** [garnir] : être hérissé de [de clous]

to be studded with ; *fig* [de difficultés] to be fraught with - **3.** [irriter] : ~ qqn to get sb's back up.

hérisson [ʼerisɔ̃] *nm* - **1.** ZOOL hedgehog - **2.** [brosse] chimney sweep's brush.

héritage [eritaʒ] *nm* - **1.** [de biens] inheritance ; faire un ~ to come into an inheritance ; en ~ as an inheritance - **2.** [culturel] heritage.

hériter [3] [erite] ◇ *vi* to inherit ; ~ de qqch to inherit sthg ◇ *vt* : ~ qqch de qqn *litt* & *fig* to inherit sthg from sb.

héritier, ère [eritje, ɛr] *nm, f* heir *(f* heiress*)*.

hermaphrodite [ɛrmafrɔdit] *nmf* & *adj* hermaphrodite.

hermétique [ɛrmetik] *adj* - **1.** [étanche] hermetic - **2.** [incompréhensible] inaccessible, impossible to understand - **3.** [impénétrable] impenetrable.

hermétiquement [ɛrmetikmɑ̃] *adv* hermetically.

hermétisme [ɛrmetism] *nm* [de texte] obscurity.

hermine [ɛrmin] *nf* - **1.** [animal] stoat - **2.** [fourrure] ermine.

hernie [ʼɛrni] *nf* hernia ; ~ discale slipped disc *Br* OU disk *Am*.

héroïne [erɔin] *nf* - **1.** [personne] heroine - **2.** [drogue] heroin.

héroïnomane [erɔinɔman] *nmf* heroin addict.

héroïque [erɔik] *adj* heroic.

héroïquement [erɔikmɑ̃] *adv* heroically.

héroïsme [erɔism] *nm* heroism.

héron [ʼerɔ̃] *nm* heron.

héros [ʼero] *nm* hero.

herpès [ɛrpɛs] *nm* herpes.

herse [ʼɛrs] *nf* - **1.** AGRIC harrow - **2.** [grille] portcullis.

hertz [ʼɛrts] *nm inv* hertz.

hésitant, e [ezitɑ̃, ɑ̃t] *adj* hesitant.

hésitation [ezitasjɔ̃] *nf* hesitation ; avec ~ hesitantly ; sans ~ without hesitation, unhesitatingly.

hésiter [3] [ezite] *vi* to hesitate ; ~ entre/sur to hesitate between/over ; ~ à faire qqch to hesitate to do sthg.

hétéro [etero] *adj* & *nmf* hetero.

hétéroclite [eterɔklit] *adj* motley.

hétérogène [eterɔʒɛn] *adj* heterogeneous.

hétérogénéité [eterɔʒeneite] *nf* heterogeneity.

hétérosexuel, elle [eterɔsɛksɥɛl] *adj* & *nm,* *f* heterosexual.

hêtre [ˈɛtr] *nm* beech.

heure [œr] *nf* - **1.** [unité de temps] hour ; **250 km à l'~** 250 km per *ou* an hour ; **faire des ~s supplémentaires** to work overtime - **2.** [moment du jour] time ; **il est deux ~s** it's two o'clock ; **donner/demander l'~ à qqn** to tell/ask sb the time ; **quelle ~ est-il?** what time is it? ; **être à l'~** to be on time ; **mettre à l'~** [montre, pendule] to put right ; **~ d'affluence** [dans les transports] rush hour ; **~ creuse** off-peak time, slack period ; **~ d'ouverture/de fermeture** opening/closing time ; **~ de pointe** rush hour ; **~s de bureau** office hours ; **~s de réception** office/surgery *etc* hours - **3.** scol class, period - **4.** *loc* : **à ~ fixe** at a set time ; **à l'~ actuelle** at the present time ; **à l'~ qu'il est** at this moment in time ; **à la bonne ~!** that's wonderful! ; **à la première ~** at the crack of dawn ; **à toute ~** at any time ; **c'est l'~ (de faire qqch)** it's time (to do sthg) ; **de bonne ~** early ; **de la première ~** right from the start ; **sur l'~** at once.

heureusement [œrøzmɑ̃] *adv* - **1.** [par chance] luckily, fortunately - **2.** [favorablement] successfully.

heureux, euse [œrø, øz] ◇ *adj* - **1.** [gén] ·happy ; [favorable] fortunate ; **être ~ de faire qqch** to be happy to do sthg - **2.** [réussi] successful, happy - **3.** *loc* : **encore ~ (que)** (+ *subjonctif*) ... *fam* it's just as well (that) ... ◇ *nm, f* : **faire un ~** to make somebody's day.

heurt [œr] *nm* - **1.** [choc] collision, impact - **2.** [désaccord] clash ; **sans ~s** smoothly.

heurter [3] [ˈœrte] ◇ *vt* - **1.** [rentrer dans - gén] to hit ; [- suj : personne] to bump into - **2.** [offenser - personne, sensibilité] to offend - **3.** [bon sens, convenances] to go against ◇ *vi* : **~ contre qqch** to bump into sthg.

◆ **se heurter** *vp* - **1.** [gén] : **se ~ (contre)** to collide (with) - **2.** [rencontrer] : **se ~ à qqch** to come up against sthg.

heurtoir [ˈœrtwar] *nm* knocker.

hexagonal, e, aux [ɛgzagɔnal, o] *adj* - **1.** géom hexagonal - **2.** [français] French.

hexagone [ɛgzagɔn] *nm* géom hexagon.

◆ **Hexagone** *nm* : **l'Hexagone** (metropolitan) France.

HF (*abr de* **hautes fréquences**) HF.

hiatus [jatys] *nm inv* hiatus.

hibernation [ibɛrnasjɔ̃] *nf* hibernation.

hiberner [3] [ibɛrne] *vi* to hibernate.

hibiscus [ibiskys] *nm* hibiscus.

hibou, x [ˈibu] *nm* owl.

hic [ˈik] *nm fam* snag.

hideux, euse [ˈidø, øz] *adj* hideous.

hier [ijɛr] *adv* yesterday ; **~ matin/soir** yesterday morning/evening.

hiérarchie [ˈjerarʃi] *nf* hierarchy.

hiérarchique [ˈjerarʃik] *adj* hierarchical.

hiéroglyphe [jerɔglif] · *nm* hieroglyph, hieroglyphic.

◆ **hiéroglyphes** *nmpl* hieroglyphics.

hilarant, e [ilarɑ̃, ɑ̃t] *adj* hilarious.

hilare [ilar] *adj* beaming.

hilarité [ilarite] *nf* hilarity ; **provoquer l'~ générale** to give rise to general hilarity.

Himalaya [imalaja] *nm* : **l'~** the Himalayas (*pl*).

himalayen, enne [imalajɛ̃, jɛn] *adj* Himalayan.

hindi [ˈindi] *nm* [langue] Hindi.

hindou, e [ɛ̃du] *adj* Hindu.

◆ **Hindou, e** *nm, f* Hindu.

hindouisme [ɛ̃duism] *nm* Hinduism.

hippie, hippy [ˈipi] (*pl* **hippies**) *nmf* & *adj* hippy.

hippique [ipik] *adj* horse (*avant n*).

hippisme [ipism] *nm* (horse) riding.

hippocampe [ipɔkɑ̃p] *nm* seahorse.

hippodrome [ipɔdrom] *nm* race-course.

hippopotame [ipɔpɔtam] *nm* hippopotamus.

hirondelle [irɔ̃dɛl] *nf* swallow.

hirsute [irsyt] *adj* [chevelure, barbe] shaggy.

hispanique [ispanik] *adj* - **1.** [gén] Hispanic - **2.** [aux États-Unis] Spanish-American.

◆ **Hispanique** *nmf* [aux États-Unis] Spanish American.

hispano-américain, e [ispanɔamerikɛ̃, ɛn] (*mpl* **hispano-américains**, *fpl* **hispano-américaines**) *adj* Spanish-American.

◆ **Hispano-Américain, e** *nm, f* Spanish-American, Hispanic.

hispanophone [ispanɔfɔn] ◇ *nmf* Spanish-speaker ◇ *adj* Spanish-speaking.

hisser [3] [ˈise] *vt* - **1.** [voile, drapeau] to hoist - **2.** [charge] to heave, to haul.

◆ **se hisser** *vp* - **1.** [grimper] : **se ~ (sur)** to heave *ou* haul o.s. up (onto) - **2.** *fig* [s'élever] : **se ~ à** to pull o.s. up to.

histoire [istwar] *nf* - **1.** [science] history ; **~ ancienne/moderne/contemporaine** ancient/modern/contemporary history ; **~ de l'art** art history ; **~ de France** French history ; **~ naturelle** natural history ; **~ sain-**

te Biblical history ; **~ sociale/économique** social/economic history - **2.** [récit, mensonge] story ; **c'est une autre ~** that's another story ; **~ à dormir debout** tall story - **3.** [aventure] funny *ou* strange thing - **4.** *(gén pl)* [ennui] trouble *(U)* ; **faire des ~s** *fam* to make a fuss.

historien, enne [istɔrjɛ̃, ɛn] *nm, f* historian.

historique [istɔrik] *adj* - **1.** [roman, recherches] historical - **2.** [monument, événement] historic.

historiquement [istɔrikmɑ̃] *adv* historically.

hit-parade ['itparad] *(pl* **hit-parades)** *nm* : **le ~** the charts *(pl)*.

hiver [ivɛr] *nm* winter ; **en ~** in (the) winter.

hivernal, e, aux [ivɛrnal, o] *adj* winter *(avant n)*.

hiverner [3] [ivɛrne] *vi* to (spend the) winter.

hl *(abr de* **hectolitre)** hl.

HLM *(abr de* **habitation à loyer modéré)** *nm ou nf* low-rent, state-owned housing, ≃ council house/flat *Br*, ≃ public housing unit *Am*.

hm *(abr de* **hectomètre)** hm.

ho ['o] *interj* oh!

hobby ['ɔbi] *(pl* **hobbies)** *nm* hobby.

hochement ['ɔʃmɑ̃] *nm* : **~ de tête** [affirmatif] nod (of the head) ; [négatif] shake of the head.

hocher [3] ['ɔʃe] *vt* : **~ la tête** [affirmativement] to nod (one's head) ; [négativement] to shake one's head.

hochet ['ɔʃɛ] *nm* rattle.

hockey ['ɔkɛ] *nm* hockey ; **~ sur glace** ice hockey *Br*, hockey *Am* ; **~ sur gazon** field hockey.

holà ['ɔla] ◇ *interj* - **1.** [pour appeler] hey! - **2.** [pour arrêter] hold on! ◇ *nm* : **mettre le ~ à qqch** *fam* to put a stop to sthg.

holding ['ɔldiŋ] *nm ou nf* holding company.

hold-up ['ɔldœp] *nm inv* hold-up.

hollandais, e ['ɔlɑ̃dɛ, ɛz] *adj* Dutch.
➤ **hollandais** *nm* [langue] Dutch.
➤ **Hollandais, e** *nm, f* Dutchman *(f* Dutchwoman).

Hollande ['ɔlɑ̃d] *nf* : **la ~** Holland ; **en ~** in Holland.

holocauste [ɔlɔkost] *nm* holocaust.

hologramme [ɔlɔgram] *nm* hologram.

homard ['ɔmar] *nm* lobster ; **~ à l'armoricaine** *ou* **l'américaine** *lobster sautéed in oil with white wine, garlic and tomatoes.*

home ['ɔm] *nm* : **~ d'enfants** holiday centre *Br ou* center *Am* for children.

homélie [ɔmeli] *nf* homily.

homéopathe [ɔmeɔpat] ◇ *nmf* homeopath ◇ *adj* homeopathic.

homéopathie [ɔmeɔpati] *nf* homeopathy.

homéopathique [ɔmeɔpatik] *adj* homeopathic.

homicide [ɔmisid] ◇ *nm* [meurtre] murder ; **~ involontaire** manslaughter ; **~ volontaire** murder ◇ *adj* homicidal.

hommage [ɔmaʒ] *nm* [témoignage d'estime] tribute ; **rendre ~ à qqn/qqch** to pay tribute to sb/sthg.
➤ **hommages** *nmpl* [salutations] respects ; **mes ~s** *sout* my respects.

hommasse [ɔmas] *adj péj* mannish, butch.

homme [ɔm] *nm* man ; **vêtements d'~** menswear *(U)* ; **grand ~** great man ; **~ d'affaires** businessman ; **~ d'État** statesman ; **~ de main** hired man ; **~ du monde** man about town ; **~ de paille** stooge ; **~ politique** politician ; **d'~ à ~** man to man ; **comme un seul ~** as one (man).

homme-grenouille [ɔmgrənuj] *(pl* **hommes-grenouilles)** *nm* frogman.

homme-orchestre [ɔmɔrkɛstr] *(pl* **hommes-orchestres)** *nm* one-man band.

homme-sandwich [ɔmsɑ̃dwitʃ] *(pl* **hommes-sandwiches)** *nm* sandwich man.

homogène [ɔmɔʒɛn] *adj* homogeneous.

homogénéisé, e [ɔmɔʒeneize] *adj* homogenized.

homogénéité [ɔmɔʒeneite] *nf* homogeneity.

homologue [ɔmɔlɔg] ◇ *nm* counterpart, opposite number ◇ *adj* equivalent.

homologuer [3] [ɔmɔlɔge] *vt* [ratifier] to approve ; *SPORT* to recognize, to ratify.

homonyme [ɔmɔnim] *nm* - **1.** *LING* homonym - **2.** [personne, ville] namesake.

homosexualité [ɔmɔsɛksɥalite] *nf* homosexuality.

homosexuel, elle [ɔmɔsɛksɥɛl] *adj & nm, f* homosexual.

Honduras ['ɔ̃dyras] *nm* : **le ~** Honduras ; **au ~** in Honduras ; **le ~ britannique** British Honduras.

hondurien, enne ['ɔ̃dyrjɛ̃, ɛn] *adj* Honduran.
➤ **Hondurien, enne** *nm, f* Honduran.

Hongkong, Hong Kong ['ɔ̃gkɔ̃g] *n* Hong Kong.

Hongrie ['ɔ̃gri] *nf* : **la ~** Hungary.

hongrois, e [ˈɔ̃grwa, az] adj Hungarian.
 → **hongrois** nm [langue] Hungarian.
 → **Hongrois, e** nm, f Hungarian.

honnête [ɔnɛt] adj **- 1.** [intègre] honest **- 2.** [correct] honourable Br, honorable Am **- 3.** [convenable - travail, résultat] reasonable.

honnêtement [ɔnɛtmɑ̃] adv **- 1.** [de façon intègre, franchement] honestly **- 2.** [correctement] honourably Br, honorably Am.

honnêteté [ɔnɛtte] nf honesty.

honneur [ɔnœr] nm honour Br, honor Am ; en l'~ de in honour Br ou honor Am of ; être à l'~ to be in favour Br ou favor Am ; à qui ai-je l'~? sout to whom do I have the honour Br ou honor Am of speaking? ; faire ~ à qqn/à qqch to be a credit to sb/to sthg ; faire ~ à un repas fig to do justice to a meal ; sauver l'~ to save one's honour Br ou honor Am.
 → **honneurs** nmpl honours Br, honors Am.

Honolulu [ɔnɔlyly] n Honolulu.

honorable [ɔnɔrabl] adj **- 1.** [digne] honourable Br, honorable Am **- 2.** [convenable] respectable.

honorablement [ɔnɔrabləmɑ̃] adv honourably Br, honorably Am.

honoraire [ɔnɔrɛr] adj honorary.
 → **honoraires** nmpl fee (sg), fees.

honorer [3] [ɔnɔre] vt **- 1.** [vénérer, gratifier] : ~ qqn (de) to honour Br ou honor Am sb (with) **- 2.** [faire honneur à] to be a credit to **- 3.** [payer] to honour Br, to honor Am.
 → **s'honorer** vp : s'~ de qqch to pride o.s. on sthg.

honorifique [ɔnɔrifik] adj honorary Br, ceremonial Am.

honte [ˈɔ̃t] nf **- 1.** [sentiment] shame ; avoir ~ de qqn/qqch to be ashamed of sb/sthg ; avoir ~ de faire qqch to be ashamed of doing sthg ; faire ~ à qqn to make sb (feel) ashamed **- 2.** [action scandaleuse] : c'est une ~! it's a disgrace!

honteusement [ˈɔ̃tøzmɑ̃] adv shamefully.

honteux, euse [ˈɔ̃tø, øz] adj shameful ; [personne] ashamed.

hooligan, houligan [ˈuligan] nm hooligan.

hop [ˈɔp] interj **- 1.** [pour faire sauter] hup! **- 2.** [pour stimuler] off you go!

hôpital, aux [ɔpital, o] nm hospital ; ~ militaire/psychiatrique military/psychiatric hospital ; ~ de jour outpatients unit.

hoquet [ˈɔkɛ] nm hiccup ; avoir le ~ to have (the) hiccups.

hoqueter [27] [ˈɔkte] vi to hiccup.

horaire [ɔrɛr] ⋄ nm **- 1.** [de départ, d'arrivée]

timetable **- 2.** [de travail] hours (pl) (of work) ; ~ mobile ou flexible ou à la carte flexitime ⋄ adj hourly.

horde [ˈɔrd] nf horde.

horions [ˈɔrjɔ̃] nmpl littéraire blows.

horizon [ɔrizɔ̃] nm **- 1.** [ligne, perspective] horizon ; à l'~ litt & fig on the horizon **- 2.** [panorama] view.

horizontal, e, aux [ɔrizɔ̃tal, o] adj horizontal.
 → **horizontale** nf MATHS horizontal ; à l'~e horizontal, in a horizontal position ; [couché] flat out.

horizontalement [ɔrizɔ̃talmɑ̃] adv horizontally.

horloge [ɔrlɔʒ] nf clock ; ~ parlante speaking clock Br, Time Am.

horloger, ère [ɔrlɔʒe, ɛr] ⋄ adj clock/watch making (avant n) ⋄ nm, f clock maker, watchmaker.

horlogerie [ɔrlɔʒri] nf clock/watch making.

hormis [ˈɔrmi] prép save.

hormonal, e, aux [ɔrmɔnal, o] adj hormonal.

hormone [ɔrmɔn] nf hormone.

horodateur [ɔrodatœr] nm [à l'usine] clock ; [au parking] ticket machine.

horoscope [ɔrɔskɔp] nm horoscope.

horreur [ɔrœr] nf horror ; avoir ~ de qqn/qqch to hate sb/sthg ; avoir ~ de faire qqch to hate doing sthg ; avoir qqn/qqch en ~ to hate sb/sthg ; faire ~ à qqn to disgust sb ; quelle ~! how dreadful!, how awful!

horrible [ɔribl] adj **- 1.** [affreux] horrible **- 2.** fig [terrible] terrible, dreadful.

horriblement [ɔribləmɑ̃] adv horribly.

horrifiant, e [ɔrifjɑ̃, ɑ̃t] adj horrifying.

horrifier [9] [ɔrifje] vt to horrify.

horripilant, e [ɔripilɑ̃, ɑ̃t] adj exasperating.

horripiler [3] [ɔripile] vt to exasperate.

hors [ˈɔr] prép ▷ pair, service.
 → **hors de** loc prép outside ; ~ d'ici! get out of here! ; être ~ de soi to be beside o.s.

hors-bord [ˈɔrbɔr] nm inv speedboat.

hors-d'œuvre [ˈɔrdœvr] nm inv hors d'oeuvre, starter.

hors-jeu [ˈɔrʒø] nm inv & adj inv offside.

hors-la-loi [ˈɔrlalwa] nm inv outlaw.

hors-piste [ˈɔrpist] nm inv off-piste skiing.

hortensia [ɔrtɑ̃sja] nm hydrangea.

horticole [ɔrtikɔl] adj horticultural.

horticulteur, trice [ɔrtikyltœr, tris] nm, f horticulturalist.

horticulture [ɔrtikyltyr] *nf* horticulture.

hospice [ɔspis] *nm* home.

hospitalier, ère [ɔspitalje, ɛr] *adj* - **1.** [accueillant] hospitable - **2.** [relatif aux hôpitaux] hospital *(avant n)*.

hospitalisation [ɔspitalizasjɔ̃] *nf* hospitalization.

hospitaliser [3] [ɔspitalize] *vt* to hospitalize.

hospitalité [ɔspitalite] *nf* hospitality.

hostie [ɔsti] *nf* host.

hostile [ɔstil] *adj* : ~ (à) hostile (to).

hostilité [ɔstilite] *nf* hostility.
�le **hostilités** *nfpl* hostilities.

hôte, hôtesse [ot, otɛs] *nm, f* host *(f* hostess) ; **hôtesse d'accueil** receptionist ; **hôtesse de l'air** air hostess.
�le **hôte** *nm* [invité] guest.

hôtel [otɛl] *nm* - **1.** [d'hébergement] hotel ; **descendre à l'~** to stay at a hotel ; **~ trois étoiles** three-star hotel - **2.** [demeure] : **~ (particulier)** mansion - **3.** [établissement public] public building ; **~ de ville** town hall - **4.** [demeure] : **~ (particulier)** (private) mansion.

hôtelier, ère [otəlje, ɛr] <> *adj* hotel *(avant n)* <> *nm, f* hotelier.

hôtellerie [otɛlri] *nf* - **1.** [métier] hotel trade - **2.** [hôtel-restaurant] inn.

hot line [ɔtlain] *(pl* hot lines) *nf* hot line.

hotte [ɔt] *nf* - **1.** [panier] basket - **2.** [d'aération] hood ; **~ aspirante** extractor hood.

houblon [ublɔ̃] *nm* - **1.** ʙᴏᴛ hop - **2.** [de la bière] hops *(pl)*.

houe [u] *nf* hoe.

houille [uj] *nf* coal ; **~ blanche** hydroelectric power.

houiller, ère [uje, ɛr] *adj* coal *(avant n)*.
�le **houillère** *nf* coalmine.

houle [ul] *nf* swell.

houlette [ulɛt] *nf sout* : **sous la ~ de qqn** under the guidance of sb.

houleux, euse [ulø, øz] *adj litt* & *fig* turbulent.

houppe [up] *nf* - **1.** [à poudre] powder puff - **2.** [de cheveux] tuft.

houppette [upɛt] *nf* powder puff.

hourra, hurrah [ura] <> *nm* cheer <> *interj* hurrah!

house [aws], **house music** [awsmjuzik] *nf* house (music).

houspiller [3] [uspije] *vt* to tell off.

housse [us] *nf* cover ; **~ de couette** duvet cover.

houx [u] *nm* holly.

HS *(abr de* hors service) *adj* out of order ; **la télé est complètement ~** *fam* the telly's on the blink ; **je suis ~** *fam* I'm completely washed out.

HT *(abr de* hors taxe) <> *adj* exclusive of tax ; **300 F ~** ≃ 300 F plus VAT <> *nf (abr de* haute tension) HT.

HTML *(abr de* hypertext markup language) *nm* ɪɴꜰᴏʀᴍ HTML.

huard [ɥar] *nm Can* loon.

hublot [yblo] *nm* - **1.** [de bateau] porthole - **2.** [de four, cuisinière] window.

huche [yʃ] *nf* : **~ à pain** bread bin *Br*, bread box *Am*.

hue [y] *interj* gee up!, giddy up!

huées [ɥe] *nfpl* boos.

huer [7] [ɥe] <> *vt* [siffler] to boo <> *vi* [chouette, hibou] to hoot.

huile [ɥil] *nf* - **1.** [gén] oil ; **~ d'arachide/d'olive** groundnut/olive oil ; **~ de coude** *fam fig* elbow grease ; **~ essentielle** essential oil ; **~ de foie de morue** cod-liver oil ; **~ de paraffine** paraffin *Br*, kerosene *Am* ; **~ solaire** suntan oil/lotion ; **jeter de l'~ sur le feu** to add fuel to the flames - **2.** [peinture] oil painting - **3.** *fam* [personnalité] bigwig.

huiler [3] [ɥile] *vt* to oil.

huileux, euse [ɥilø, øz] *adj* oily.

huilier [ɥilje] *nm* - **1.** [accessoire] oil and vinegar set - **2.** [fabricant] oil producer.

huis [ɥi] *nm littéraire* door ; **à ~ clos** ᴊᴜʀ in camera.

huissier [ɥisje] *nm* - **1.** [appariteur] usher - **2.** ᴊᴜʀ bailiff.

huit [ɥit] <> *adj num* eight <> *nm* eight ; **lundi en ~** a week on Monday *Br*, Monday week *Br*, a week from Monday *Am* ; *voir aussi* **six**.

huitaine [ɥitɛn] *nf* : **sous** *ou* **à ~** in a week's time, a week today.

huitième [ɥitjɛm] <> *adj num* & *nmf* eighth <> *nm* eighth ; **le ~ de finale** round before the quarterfinal <> *nf* ꜱᴄᴏʟ ≃ second year *ou* form *(at junior school) Br*, ≃ fourth grade *Am* ; *voir aussi* **sixième**.

huître [ɥitr] *nf* oyster.

hululement = ululement.

hululer = ululer.

hum [œm] *interj* - **1.** [marque le doute] hmm! - **2.** [pour attirer l'attention] ahem!

humain, e [ymɛ̃, ɛn] *adj* - **1.** [gén] human - **2.** [sensible] humane.
�le **humain** *nm* [être humain] human (being).

humainement [ymɛnmɑ̃] *adv* - **1.** [matériellement] humanly - **2.** [avec bonté] humanely.

humaniser [3] [ymanize] *vt* to humanize.

◆ s'humaniser *vp* to become more human.

humaniste [ymanist] ⬦ *nmf* - **1.** [philosophe] humanist - **2.** [lettré] classicist ⬦ *adj* humanistic.

humanitaire [ymaniter] ⬦ *adj* humanitarian ; **couloir ~** humanitarian *ou* safe corridor ⬦ *nm* : **l' ~** humanitarian *ou* relief work.

humanité [ymanite] *nf* humanity.
◆ humanités *nfpl Belg* humanities.

humanoïde [ymanɔid] *nmf* & *adj* humanoid.

humble [œ̃bl] *adj* humble.

humblement [œ̃bləmɑ̃] *adv* humbly.

humecter [4] [ymɛkte] *vt* to moisten.
◆ s'humecter *vp* to moisten.

humer [3] [ˈyme] *vt* to smell.

humérus [ymerys] *nm* humerus.

humeur [ymœr] *nf* - **1.** [disposition] mood ; **être de bonne/mauvaise ~** to be in a good/bad mood - **2.** [caractère] nature - **3.** *sout* [irritation] temper ; **avec ~** angrily - **4.** *vieilli* & *ANAT* [liquide] humour *Br*, humor *Am*.

humide [ymid] *adj* [air, climat] humid ; [terre, herbe, mur] wet, damp ; [saison] rainy ; [front, yeux] moist.

humidificateur [ymidifikatœr] *nm* humidifier.

humidifier [9] [ymidifje] *vt* to humidify.

humidité [ymidite] *nf* [de climat, d'air] humidity ; [de terre, mur] dampness.

humiliant, e [ymiljɑ̃, ɑ̃t] *adj* humiliating.

humiliation [ymiljasjɔ̃] *nf* humiliation.

humilier [9] [ymilje] *vt* to humiliate.
◆ s'humilier *vp* : **s'~ devant qqn** to grovel to sb.

humilité [ymilite] *nf* humility.

humoriste [ymɔrist] ⬦ *nmf* humorist ⬦ *adj* humoristic.

humoristique [ymɔristik] *adj* humorous.

humour [ymur] *nm* humour *Br*, humor *Am* ; **avoir de l' ~** to have a sense of humour *Br ou* humor *Am* ; **manquer d' ~** to have no sense of humour *Br ou* humor *Am* ; **~ noir** black humour *Br ou* humor *Am*.

humus [ymys] *nm* humus.

huppé, e [ˈype] *adj* - **1.** *fam* [société] upper-crust - **2.** [oiseau] crested.

hurlant, e [ˈyrlɑ̃, ɑ̃t] *adj* - **1.** [gén] howling - **2.** *fig* [couleurs] clashing.

hurlement [ˈyrləmɑ̃] *nm* howl.

hurler [3] [ˈyrle] *vi* - **1.** [gén] to howl - **2.** [couleurs] to clash.

hurluberlu, e [yrlyberly] *nm, f fam* crank.

hurrah = hourra.

hussard [ˈysar] *nm* hussar.
◆ hussarde *nf* : **à la ~e** brutally.

hutte [ˈyt] *nf* hut.

hybride [ibrid] *nm* & *adj* hybrid.

hydratant, e [idratɑ̃, ɑ̃t] *adj* moisturizing.
◆ hydratant *nm* moisturizer.

hydratation [idratasjɔ̃] *nf* - **1.** *CHIM* hydration - **2.** [de peau] moisturizing.

hydrate [idrat] *nm* hydrate ; **~ de carbone** carbohydrate.

hydrater [3] [idrate] *vt* - **1.** *CHIM* to hydrate - **2.** [peau] to moisturize.

hydraulique [idrolik] ⬦ *nf* hydraulics *(U)* ⬦ *adj* hydraulic.

hydravion [idravjɔ̃] *nm* seaplane, hydroplane.

hydre [idr] *nf* hydra.

hydrocarbure [idrɔkarbyr] *nm* hydrocarbon.

hydrocution [idrɔkysjɔ̃] *nf* immersion syncope.

hydroélectrique [idrɔelɛktrik] *adj* hydroelectric.

hydrogène [idrɔʒɛn] *nm* hydrogen.

hydrogéné, e [idrɔʒene] *adj* hydrogenated.

hydroglisseur [idrɔglisœr] *nm* jetfoil, hydroplane.

hydrographie [idrɔgrafi] *nf* hydrography.

hydrologie [idrɔlɔʒi] *nf* hydrology.

hydrophile [idrɔfil] *adj* - **1.** [qui absorbe] absorbent - **2.** ⊳ **coton**.

hyène [jɛn] *nf* hyena.

hygiène [iʒjɛn] *nf* hygiene ; **~ dentaire/ intime** dental/personal hygiene.

hygiénique [iʒjenik] *adj* - **1.** [sanitaire] hygienic - **2.** [bon pour la santé] healthy.

hymen [imɛn] *nm* - **1.** *ANAT* hymen - **2.** *littéraire* [mariage] marriage.

hymne [imn] *nm* hymn ; **~ national** national anthem.

hyperbole [iperbɔl] *nf* - **1.** *MATHS* hyperbola - **2.** *LING* hyperbole.

hyperglycémie [iperglisemi] *nf* hyperglycaemia.

hypermarché [ipermarʃe] *nm* hypermarket.

hypermétrope [ipermetrɔp] ⬦ *nmf* longsighted person ⬦ *adj* longsighted.

hypersensible [ipersɑ̃sibl] ⬦ *nmf* hypersensitive person ⬦ *adj* hypersensitive.

hypertension [ipertɑ̃sjɔ̃] *nf* high blood

pressure, hypertension ; **faire de l'~** to have high blood pressure.

hypertexte [ipertɛkst] <> adj : **lien ~** hyperlink <> nm hypertext.

hypertrophié [ipertrɔfje] adj hypertrophic ; fig exaggerated.

hypnose [ipnoz] nf hypnosis.

hypnotique [ipnɔtik] nm & adj hypnotic.

hypnotiser [3] [ipnɔtize] vt to hypnotize ; fig to mesmerize.
➡ **s'hypnotiser** vp : **s'~ sur qqch** to be mesmerized by sthg.

hypoallergénique [ipɔalɛrʒenik] adj hypoallergenic.

hypocondriaque [ipɔkɔ̃drijak] nmf & adj hypochondriac.

hypocrisie [ipɔkrizi] nf hypocrisy.

hypocrite [ipɔkrit] <> nmf hypocrite <> adj hypocritical.

hypocritement [ipɔkritmɑ̃] adv hypocritically.

hypodermique [ipɔdɛrmik] adj hypodermic.

hypoglycémie [ipɔglisemi] nf hypoglycaemia.

hypokhâgne [ipɔkaɲ] nf first year of a two-year preparatory arts course taken prior to the competitive examination for entry into the École normale supérieure.

hypophyse [ipɔfiz] nf pituitary gland.

hypotension [ipɔtɑ̃sjɔ̃] nf low blood pressure ; **faire de l'~** to have low blood pressure.

hypoténuse [ipɔtenyz] nf hypotenuse.

hypothécaire [ipɔtekɛr] adj [prêt, contrat] mortgage (avant n).

hypothèque [ipɔtɛk] nf mortgage ; **grevé d'~s** [maison] heavily mortgaged.

hypothéquer [18] [ipɔteke] vt to mortgage.

hypothèse [ipɔtɛz] nf hypothesis ; **dans l'~ où** assuming.

hypothétique [ipɔtetik] adj hypothetical.

hystérie [isteri] nf hysteria ; **~ collective** mass hysteria.

hystérique [isterik] <> nmf hysterical person <> adj hysterical.

Hz (abr de **hertz**) Hz.

i, I [i] nm inv i, I ; **mettre les points sur les i** to dot the i's and cross the t's.

IA (abr de **intelligence artificielle**) nf AI.

IAC (abr de **insémination artificielle entre conjoints**) nf AIH.

IAD (abr de **insémination artificielle par donneur extérieur**) nf AID.

ibérique [iberik] adj : **la péninsule ~** the Iberian Peninsula.

ibid. (abr de **ibidem**) ibid.

iceberg [ajsbɛrg] nm iceberg.

ici [isi] adv **- 1.** [lieu] here ; **d'~** from around here ; **~ même** on this very spot ; **par ~** [direction] this way ; [alentour] around here ; **~-bas** here below **- 2.** [temps] now ; **d'~ (à) jeudi** between now and Thursday ; **d'~ (à) une semaine** in a week's time, a week from now ; **d'~ là** by then ; **d'~ peu** soon **- 3.** [au téléphone] : **~ Jacques** Jacques speaking ou here.

icône [ikon] nf INFORM & RELIG icon.

iconique [ikɔnik] adj iconic.

iconoclaste [ikɔnɔklast] <> nmf iconoclast <> adj iconoclastic.

iconographie [ikɔnɔgrafi] nf iconography.

id. (abr de **idem**) id.

idéal, e [ideal] (pl **idéals** OU **idéaux** [ideo]) adj ideal.
➡ **idéal** nm ideal.

idéalement [idealmɑ̃] adv ideally.

idéalisation [idealizasjɔ̃] nf idealization.

idéaliser [3] [idealize] vt to idealize.

idéalisme [idealism] nm idealism.

idéaliste [idealist] <> nmf idealist <> adj idealistic.

idée [ide] nf idea ; **à l'~ de/que** at the idea of/ that ; **avoir dans l'~ que ...** to have a feeling that ... ; **changer d'~** to change one's mind ; **ne pas avoir la moindre ~ (de)** not to have the slightest idea (about) ; **se faire des ~s** to imagine things ; **se faire des ~s sur qqn/qqch** to get ideas about sb/sthg ; **se faire une ~ de** to get an idea of ; **cela ne m'est jamais venu à l'~** it never occurred to me ; **~ fixe** obsession ; **~ de génie** brainwave ; **~s noires** black thoughts ; **~s reçues** assumptions ; **se rafraîchir les ~s** to refresh one's memory.

idem [idɛm] *adv* idem.

identification [idɑ̃tifikasjɔ̃] *nf* : **~ (à)** identification (with).

identifier [9] [idɑ̃tifje] *vt* to identify ; **~ qqn à qqch** to identify sb with sthg.

➧ **s'identifier** *vp* : **s'~ à qqn/qqch** to identify with sb/sthg.

identique [idɑ̃tik] *adj* : **~ (à)** identical (to).

identité [idɑ̃tite] *nf* identity.

idéologie [ideɔlɔʒi] *nf* ideology.

idéologique [ideɔlɔʒik] *adj* ideological.

idiomatique [idjɔmatik] *adj* idiomatic.

idiome [idjom] *nm* idiom.

idiot, e [idjo, ɔt] <> *adj* idiotic ; **MÉD** idiot (*avant n*) <> *nm, f* idiot.

idiotie [idjɔsi] *nf* - **1.** [stupidité] idiocy - **2.** [action, parole] idiotic thing.

idoine [idwan] *adj sout* appropriate.

idolâtrer [3] [idɔlatre] *vt* to idolize.

idole [idɔl] *nf* idol.

IDS (*abr de* **initiative de défense stratégique**) *nf* SDI.

idylle [idil] *nf* - **1.** [amour] romance - **2.** [poème] idyll.

idyllique [idilik] *adj* [idéal] idyllic.

if [if] *nm* yew.

IFOP, Ifop [ifɔp] (*abr de* **Institut français d'opinion publique**) *nm* French market research institute.

Ifremer [ifremɛr] (*abr de* **Institut français de recherche pour l'exploitation de la mer**) *nm* research establishment for marine resources.

IGF (*abr de* **impôt sur les grandes fortunes**) *nm former wealth tax.*

IGH (*abr de* **immeuble de grande hauteur**) *nm* very high building.

igloo, iglou [iglu] *nm* igloo.

IGN (*abr de* **Institut géographique national**) *nm national geographical institute,* ≃ Ordnance Survey *Br.*

ignare [iɲar] <> *nmf* ignoramus <> *adj* ignorant.

ignifuge [iɲifyʒ] <> *nm* fireproofing material <> *adj* fireproof.

ignoble [iɲɔbl] *adj* - **1.** [abject] base - **2.** [hideux] vile.

ignominie [iɲɔmini] *nf* - **1.** [état] disgrace - **2.** [action] disgraceful act.

ignominieux, euse [iɲɔminjø, øz] *adj* ignominious.

ignorance [iɲɔrɑ̃s] *nf* ignorance ; **dans l'~ de** in the dark about, in ignorance of.

ignorant, e [iɲɔrɑ̃, ɑ̃t] <> *adj* ignorant ; **~ en/de qqch** ignorant of sthg <> *nm, f* ignoramus.

ignoré, e [iɲɔre] *adj* unknown.

ignorer [3] [iɲɔre] *vt* - **1.** [ne pas savoir] not to know, to be unaware of ; **~ que** not to know that - **2.** [ne pas tenir compte de] to ignore - **3.** [ne pas connaître] to have no experience of.

➧ **s'ignorer** *vp* - **1.** [se bouder] to ignore each other - **2.** [méconnaître ses possibilités] to be unaware of one's talent.

IGPN (*abr de* **Inspection générale de la police nationale**) *nf police disciplinary body.*

IGS (*abr de* **Inspection générale des services**) *nf police disciplinary body for Paris.*

il [il] *pron pers* - **1.** [sujet - personne] he ; [- animal] it, he ; [- chose] it - **2.** [sujet d'un verbe impersonnel] it ; **~ pleut** it's raining.

➧ **ils** *pron pers pl* they.

île [il] *nf* island ; **les ~s Anglo-Normandes** the Channel Islands ; **les ~s Baléares** the Balearic Islands ; **les ~s Britanniques** the British Isles ; **les ~s Canaries** the Canary Islands ; **les ~s Malouines** the Falkland Islands ; **l'~ de Man** the Isle of Man ; **l'~ Maurice** Mauritius.

illégal, e, aux [ilegal, o] *adj* illegal.

illégalité [ilegalite] *nf* - **1.** [fait d'être illégal] illegality - **2.** [action illégale] illegal act.

illégitime [ileʒitim] *adj* - **1.** [enfant] illegitimate ; [union] unlawful - **2.** [non justifié] unwarranted.

illettré, e [iletre] *adj & nm, f* illiterate.

illicite [ilisit] *adj* illicit.

illico [iliko] *adv fam* right away, pronto.

illimité, e [ilimite] *adj* - **1.** [sans limites] unlimited - **2.** [indéterminé] indefinite.

illisible [ilizibl] *adj* - **1.** [indéchiffrable] illegible - **2.** [incompréhensible & INFORM] unreadable.

illogique [ilɔʒik] *adj* illogical.

illumination [ilyminasjɔ̃] *nf* - **1.** [éclairage] lighting - **2.** [idée soudaine] inspiration.

➧ **illuminations** *nfpl* illuminations.

illuminé, e [ilymine] <> *adj* illuminated <> *nm, f péj* crank.

illuminer [3] [ilymine] *vt* to light up ; [bâtiment, rue] to illuminate.

➧ **s'illuminer** *vp* : **s'~ de joie** to light up with joy.

illusion [ilyzjɔ̃] *nf* illusion ; **se faire des ~s** to fool o.s. ; **~ d'optique** optical illusion ; **se bercer d'~s** to live in cloud cuckoo land.

illusionner [3] [ilyzjɔne] *vt* to delude.

➧ **s'illusionner** *vp* to delude o.s.

illusionniste [ilyzjɔnist] *nmf* conjurer.

illusoire [ilyzwar] *adj* illusory.

illustrateur, trice [ilystratœr, tris] *nm, f* illustrator.

illustration [ilystrasjɔ̃] *nf* illustration.

illustre [ilystr] *adj* illustrious.

illustré, e [ilystre] *adj* illustrated.
➤ **illustré** *nm* illustrated magazine.

illustrer [3] [ilystre] *vt* - **1.** [gén] to illustrate - **2.** [rendre célèbre] to make famous.
➤ **s'illustrer** *vp* to distinguish o.s.

îlot [ilo] *nm* - **1.** [île] small island, islet - **2.** [de maisons] block - **3.** [lieu isolé] island - **4.** *fig* [de résistance] pocket.

ils ▷ **il**.

IMA [ima] (*abr de* **Institut du monde arabe**) *nm* *Paris exhibition centre for Arab culture and art.*

image [imaʒ] *nf* - **1.** [vision mentale, comparaison, ressemblance] image ; **être l'~ de qqn** to be the image of sb ; **~ de marque** [de personne] image ; [d'entreprise] corporate image - **2.** [dessin] picture ; **~ d'Épinal** sentimental picture ; *fig* simplistic argument/theory ; **sage comme une ~** as good as gold.

imagé, e [imaʒe] *adj* full of imagery.

imaginable [imaʒinabl] *adj* imaginable.

imaginaire [imaʒinɛr] ◇ *nm* : **l'~** the imaginary ◇ *adj* imaginary.

imaginatif, ive [imaʒinatif, iv] *adj* imaginative.

imagination [imaʒinasjɔ̃] *nf* imagination ; **avoir de l'~** to be imaginative.
➤ **imaginations** *nfpl littéraire & péj* [chimères] fancies.

imaginer [3] [imaʒine] *vt* - **1.** [supposer, croire] to imagine - **2.** [trouver] to think of.
➤ **s'imaginer** *vp* - **1.** [se voir] to see o.s. - **2.** [croire] to imagine.

imam [imam] *nm* imam.

imbattable [ɛ̃batabl] *adj* unbeatable.

imbécile [ɛ̃besil] ◇ *nmf* imbecile ◇ *adj* idiotic.

imbécillité [ɛ̃besilite] *nf* - **1.** [manque d'intelligence] imbecility - **2.** [acte, parole] stupid thing.

imberbe [ɛ̃bɛrb] *adj* beardless.

imbiber [3] [ɛ̃bibe] *vt* : **~ qqch de qqch** to soak sthg with *ou* in sthg.
➤ **s'imbiber** *vp* : **s'~ de** to soak up.

imbriqué, e [ɛ̃brike] *adj* overlapping.

imbriquer [3] [ɛ̃brike] ➤ **s'imbriquer** *vp* [se chevaucher] to overlap ; *fig* to intertwine.

imbroglio [ɛ̃brɔljo] *nm* imbroglio.

imbu, e [ɛ̃by] *adj* : **être ~ de** to be full of ; **être ~ de soi-même** to be full of oneself.

imbuvable [ɛ̃byvabl] *adj* - **1.** [eau] undrinkable - **2.** *fam* [personne] unbearable.

imitateur, trice [imitatœr, tris] *nm, f* - **1.** [comique] impersonator - **2.** *péj* [copieur] imitator.

imitation [imitasjɔ̃] *nf* imitation ; **~ cuir** imitation leather ; **à l'~ de** in imitation of.
➤ **en imitation** *loc adj* imitation.

imiter [3] [imite] *vt* - **1.** [s'inspirer de, contrefaire] to imitate - **2.** [reproduire l'aspect de] to look (just) like.

immaculé, e [imakyle] *adj* immaculate ; **L'Immaculée Conception** The Immaculate Conception.

immanent, e [imanɑ̃, ɑ̃t] *adj* immanent ; **~ à** inherent in.

immangeable [ɛ̃mɑ̃ʒabl] *adj* inedible.

immanquable [ɛ̃mɑ̃kabl] *adj* impossible to miss ; [sort, échec] inevitable.

immanquablement [ɛ̃mɑ̃kabləmɑ̃] *adv* inevitably.

immatériel, elle [imaterjɛl] *adj* - **1.** PHILO immaterial - **2.** [beauté] unreal - **3.** [investissement] intangible.

immatriculation [imatrikylasjɔ̃] *nf* registration.

immatriculer [3] [imatrikyle] *vt* to register.

immature [imatyr] *adj* immature.

immaturité [imatyrite] *nf* immaturity.

immédiat, e [imedja, at] ◇ *adj* immediate ◇ *nm* : **dans l'~** for the time being.

immédiatement [imedjatmɑ̃] *adv* immediately.

immémorial, e, aux [imemɔrjal, o] *adj* ancient.

immense [imɑ̃s] *adj* immense.

immensément [imɑ̃semɑ̃] *adv* immensely.

immensité [imɑ̃site] *nf* immensity, vastness.

immerger [17] [imɛrʒe] *vt* to submerge.
➤ **s'immerger** *vp* to submerge o.s.

immérité, e [imerite] *adj* undeserved.

immersion [imɛrsjɔ̃] *nf* immersion.

immettable [ɛ̃metabl] *adj* unwearable.

immeuble [imœbl] ◇ *nm* building ◇ *adj* JUR real.

immigrant, e [imigrɑ̃, ɑ̃t] *nm, f* immigrant.

immigration [imigrasjɔ̃] *nf* immigration.

immigré, e [imigre] *adj & nm, f* immigrant.

immigrer [3] [imigre] *vi* to immigrate.
imminence [iminɑ̃s] *nf* imminence.
imminent, e [iminɑ̃, ɑ̃t] *adj* imminent.
immiscer [16] [imise] ➡ **s'immiscer** *vp* : **s'~ dans** to interfere in *ou* with.
immixtion [imiksjɔ̃] *nf* interference.
immobile [imɔbil] *adj* - **1.** [personne, visage] motionless - **2.** [mécanisme] fixed, stationary - **3.** *fig* [figé] immovable.
immobilier, ère [imɔbilje, ɛr] *adj* : **biens ~s** property (U) *Br*, real estate (U) *Am* ; **société immobilière** property *Br ou* real estate *Am* company.
➡ **immobilier** *nm* : **l'~** property *Br*, real estate *Am*.
immobilisation [imɔbilizasjɔ̃] *nf* immobilization.
➡ **immobilisations** *nfpl* FIN fixed assets.
immobiliser [3] [imɔbilize] *vt* to immobilize.
➡ **s'immobiliser** *vp* to stop.
immobilisme [imɔbilism] *nm péj* opposition to progress.
immobilité [imɔbilite] *nf* immobility ; [de paysage, de lac] stillness.
immodéré, e [imɔdere] *adj* inordinate.
immoler [3] [imɔle] *vt* to sacrifice ; RELIG to immolate ; **~ qqn/qqch à** to sacrifice sb/sth to.
➡ **s'immoler** *vp* to immolate o.s.
immonde [imɔ̃d] *adj* - **1.** [sale] foul - **2.** [abject] vile.
immondices [imɔ̃dis] *nfpl* waste (U), refuse (U).
immoral, e, aux [imɔral, o] *adj* immoral.
immoralité [imɔralite] *nf* - **1.** [dépravation] immorality - **2.** [obscénité] obscenity.
immortaliser [3] [imɔrtalize] *vt* to immortalize.
➡ **s'immortaliser** *vp* to gain immortality.
immortalité [imɔrtalite] *nf* immortality.
immortel, elle [imɔrtɛl] *adj* immortal.
➡ **immortelle** *nf* BOT everlasting flower.
➡ **Immortel, elle** *nm, f fam* member of the Académie française.
immuable [imɥabl] *adj* - **1.** [éternel - loi] immutable - **2.** [constant] unchanging.
immunisation [imynizasjɔ̃] *nf* immunization.
immuniser [3] [imynize] *vt* - **1.** [vacciner] to immunize - **2.** *fig* [garantir] : **~ qqn contre qqch** to make sb immune to sth.
immunitaire [imyniter] *adj* immune (avant n).
immunité [imynite] *nf* immunity ; **~ di-**

plomatique/parlementaire *fig* diplomatic/parliamentary immunity.
immunodéficience [imynɔdefisjɑ̃s] *nf* immunodeficiency.
immunologique [imynɔlɔʒik] *adj* immunological.
impact [ɛ̃pakt] *nm* impact ; **avoir de l'~ sur** to have an impact on ; **étude d'~** impact study.
impair, e [ɛ̃pɛr] *adj* odd.
➡ **impair** *nm* [faux-pas] gaffe.
imparable [ɛ̃parabl] *adj* - **1.** [coup] unstoppable - **2.** [argument] unanswerable.
impardonnable [ɛ̃pardɔnabl] *adj* unforgivable.
imparfait, e [ɛ̃parfɛ, ɛt] *adj* - **1.** [défectueux] imperfect - **2.** [inachevé] incomplete.
➡ **imparfait** *nm* GRAM imperfect (tense).
imparfaitement [ɛ̃parfɛtmɑ̃] *adv* imperfectly.
impartial, e, aux [ɛ̃parsjal, o] *adj* impartial.
impartialité [ɛ̃parsjalite] *nf* impartiality.
impartir [32] [ɛ̃partir] *vt* : **~ qqch à qqn** *littéraire* [délai, droit] to grant sth to sb ; [don] to bestow sth upon sb ; [tâche] to assign sth to sb.
impasse [ɛ̃pas] *nf* - **1.** [rue] dead end - **2.** *fig* [difficulté] impasse, deadlock ; **être dans une ~ ou dans l'~** to be at an impasse, to be deadlocked - **3.** SCOL & UNIV : **faire une ~ sur un sujet** to give a subject a miss when revising for an exam - **4.** JEU : **faire une ~** to finesse - **5.** FIN : **~ budgétaire** budget deficit.
impassibilité [ɛ̃pasibilite] *nf* impassivity.
impassible [ɛ̃pasibl] *adj* impassive ; **rester ~** to be *ou* remain impassive.
impatiemment [ɛ̃pasjamɑ̃] *adv* impatiently.
impatience [ɛ̃pasjɑ̃s] *nf* impatience ; **bouillir d'~** to be burning with impatience.
impatient, e [ɛ̃pasjɑ̃, ɑ̃t] ⬦ *adj* impatient ; **être ~ de faire qqch** to be impatient *ou* longing to do sth ⬦ *nmf* impatient person.
impatienter [3] [ɛ̃pasjɑ̃te] *vt* to annoy.
➡ **s'impatienter** *vp* : **s'~ (de/contre)** to get impatient (at/with).
impayable [ɛ̃pɛjabl] *adj fam* priceless.
impayé, e [ɛ̃pɛje] *adj* unpaid, outstanding.
➡ **impayé** *nm* outstanding payment.
impeccable [ɛ̃pekabl] *adj* - **1.** [parfait] impeccable, faultless - **2.** [propre] spotless, immaculate.
impénétrable [ɛ̃penetrabl] *adj* impenetrable.

impénitent, e [ɛ̃penitɑ̃, ɑ̃t] *adj* unrepentant.

impensable [ɛ̃pɑ̃sabl] *adj* unthinkable.

imper [ɛ̃pɛr] *nm fam* mac.

impératif, ive [ɛ̃peratif, iv] *adj* **- 1.** [ton, air] imperious **- 2.** [besoin] imperative, essential.
➡ **impératif** *nm GRAM* imperative.

impérativement [ɛ̃perativmɑ̃] *adv* : **il faut ~ faire qqch** it is imperative to do sthg.

impératrice [ɛ̃peratris] *nf* empress.

imperceptible [ɛ̃pɛrsɛptibl] *adj* imperceptible.

imperceptiblement [ɛ̃pɛrsɛptibləmɑ̃] *adv* imperceptibly.

imperfection [ɛ̃pɛrfɛksjɔ̃] *nf* imperfection.

impérial, e, aux [ɛ̃perjal, o] *adj* imperial.
➡ **impériale** *nf* top deck.

impérialisme [ɛ̃perjalism] *nm POLIT* imperialism ; *fig* dominance.

impérialiste [ɛ̃perjalist] *nmf* & *adj* imperialist.

impérieusement [ɛ̃perjøzmɑ̃] *adv* imperiously.

impérieux, euse [ɛ̃perjø, øz] *adj* **- 1.** [ton, air] imperious **- 2.** [nécessité] urgent.

impérissable [ɛ̃perisabl] *adj* undying.

imperméabilisation [ɛ̃pɛrmeabilizasjɔ̃] *nf* waterproofing.

imperméabiliser [3] [ɛ̃pɛrmeabilize] *vt* to waterproof.

imperméable [ɛ̃pɛrmeabl] ◇ *adj* waterproof ; **~ à** [étanche] impermeable to ; *fig* impervious *ou* immune to ◇ *nm* raincoat.

impersonnel, elle [ɛ̃pɛrsɔnɛl] *adj* impersonal.

impertinence [ɛ̃pɛrtinɑ̃s] *nf* impertinence *(U)*.

impertinent, e [ɛ̃pɛrtinɑ̃, ɑ̃t] ◇ *adj* impertinent ◇ *nm, f* impertinent person.

imperturbable [ɛ̃pɛrtyrbabl] *adj* imperturbable.

impétigo [ɛ̃petigo] *nm* impetigo.

impétueux, euse [ɛ̃petɥø, øz] *adj* **- 1.** [personne, caractère] impetuous **- 2.** *littéraire* [vent, torrent] raging.

impétuosité [ɛ̃petɥozite] *nf* impetuousness.

impie [ɛ̃pi] *littéraire* & *vieilli* ◇ *nmf* ungodly person ◇ *adj* impious.

impiété [ɛ̃pjete] *nf littéraire* & *vieilli* impiety.

impitoyable [ɛ̃pitwajabl] *adj* merciless, pitiless.

impitoyablement [ɛ̃pitwajabləmɑ̃] *adv* mercilessly, pitilessly.

implacable [ɛ̃plakabl] *adj* implacable.

implant [ɛ̃plɑ̃] *nm MÉD* implant.

implantation [ɛ̃plɑ̃tasjɔ̃] *nf* **- 1.** [d'usine, de système] establishment **- 2.** [de cheveux] implant.

implanter [3] [ɛ̃plɑ̃te] *vt* **- 1.** [entreprise, système] to establish **- 2.** *fig* [préjugé] to implant.
➡ **s'implanter** *vp* [entreprise] to set up ; [coutume] to become established.

implication [ɛ̃plikasjɔ̃] *nf* **- 1.** [participation] : **~ (dans)** involvement (in) **- 2.** *(gén pl)* [conséquence] implication.

implicite [ɛ̃plisit] *adj* implicit.

implicitement [ɛ̃plisitmɑ̃] *adv* implicitly.

impliquer [3] [ɛ̃plike] *vt* **- 1.** [compromettre] : **~ qqn dans** to implicate sb in **- 2.** [requérir, entraîner] to imply.
➡ **s'impliquer** *vp* : **s'~ dans** *fam* to become involved in.

implorer [3] [ɛ̃plɔre] *vt* to beseech.

imploser [3] [ɛ̃plɔze] *vi* to implode.

implosion [ɛ̃plozjɔ̃] *nf* implosion.

impoli, e [ɛ̃pɔli] *adj* rude, impolite.

impoliment [ɛ̃pɔlimɑ̃] *adv* rudely, impolitely.

impolitesse [ɛ̃pɔlitɛs] *nf* rudeness, impoliteness.

impondérable [ɛ̃pɔ̃derabl] *adj* imponderable.
➡ **impondérables** *nmpl* imponderables.

impopulaire [ɛ̃pɔpylɛr] *adj* unpopular.

import [ɛ̃pɔr] *nm* **- 1.** *COMM* import **- 2.** *Belg* [montant] total.

importance [ɛ̃pɔrtɑ̃s] *nf* **- 1.** [gén] importance ; [de problème, montant] magnitude ; **attacher de l'~ à** to attach importance to ; **avoir de l'~** to be important ; **d'~** [non négligeable] of some importance ; **sans ~** unimportant ; [accident] minor **- 2.** [de dommages] extent **- 3.** [de ville] size.

important, e [ɛ̃pɔrtɑ̃, ɑ̃t] ◇ *adj* **- 1.** [personnage, découverte, rôle] important ; [événement, changement] important, significant **- 2.** [quantité, collection, somme] considerable, sizeable ; [dommages] extensive ◇ *nm, f* : **faire l'~** *péj* to act important.
➡ **important** *nm* : **l'~** the (most) important thing, the main thing.

importateur, trice [ɛ̃pɔrtatœr, tris] *adj* importing *(avant n)*.
➡ **importateur** *nm* importer.

importation [ɛ̃pɔrtasjɔ̃] *nf COMM* & *fig* import.

importer [3] [ɛ̃pɔrte] ◇ *vt* to import ◇ *v impers* : **~ (à)** to matter (to) ; **il importe de/que** it is important to/that ; **qu'importe!, peu importe!** it doesn't matter! ; **n'importe qui** anyone (at all) ; **n'importe quoi** anything (at all) ; **n'importe où** anywhere (at all) ; **n'importe quand** at any time (at all) ; **n'importe comment** anyhow.

import-export [ɛ̃pɔʀɛkspɔʀ] (*pl* **imports-exports**) *nm* import-export.

importun, e [ɛ̃pɔʀtœ̃, yn] ◇ *adj* - **1.** [indiscret] irksome, troublesome - **2.** [embarrassant] awkward ◇ *nmf vieilli* intruder.

importuner [3] [ɛ̃pɔʀtyne] *vt* to irk.

imposable [ɛ̃pozabl] *adj* taxable.

imposant, e [ɛ̃pozɑ̃, ɑ̃t] *adj* imposing.

imposé, e [ɛ̃poze] ◇ *adj* - **1.** [contribuable] taxed - **2.** SPORT [figure] compulsory ◇ *nm, f* [contribuable] taxpayer.

imposer [3] [ɛ̃poze] *vt* - **1.** [gén] : ~ **qqch/qqn à qqn** to impose sthg/sb on sb - **2.** [impressionner] : **en ~ à qqn** to impress sb - **3.** [taxer] to tax.

◆ **s'imposer** *vp* - **1.** [être nécessaire] to be essential *ou* imperative - **2.** [forcer le respect] to stand out - **3.** [avoir pour règle] : **s'~ de faire qqch** to make it a rule to do sthg.

imposition [ɛ̃pozisjɔ̃] *nf* - **1.** FIN taxation - **2.** RELIG laying on.

impossibilité [ɛ̃pɔsibilite] *nf* impossibility ; **être dans l'~ de faire qqch** to find it impossible to *ou* to be unable to do sthg.

impossible [ɛ̃pɔsibl] ◇ *adj* impossible ◇ *nm* : **tenter l'~** to attempt the impossible.

imposteur [ɛ̃pɔstœʀ] *nm* impostor.

imposture [ɛ̃pɔstyʀ] *nf* imposture.

impôt [ɛ̃po] *nm* tax ; **~ direct/indirect** direct/indirect tax ; **~s locaux** council tax *Br*, local tax *Am* ; **~ sur les grandes fortunes** wealth tax ; **~ sur les plus-values** capital gains tax ; **~ sur le revenu** income tax ; **être assujetti à l'~** to be subject to tax.

impotence [ɛ̃pɔtɑ̃s] *nf* infirmity.

impotent, e [ɛ̃pɔtɑ̃, ɑ̃t] ◇ *adj* disabled ◇ *nm, f* disabled person.

impraticable [ɛ̃pʀatikabl] *adj* - **1.** [inapplicable] impracticable - **2.** [inaccessible] impassable.

imprécation [ɛ̃pʀekasjɔ̃] *nf littéraire* imprecation.

imprécis, e [ɛ̃pʀesi, iz] *adj* imprecise.

imprécision [ɛ̃pʀesizjɔ̃] *nf* imprecision.

imprégner [18] [ɛ̃pʀeɲe] *vt* [imbiber] : ~ **qqch de qqch** to soak sthg in sthg ; ~ **qqn de qqch** *fig* to fill sb with sthg.

◆ **s'imprégner** *vp* : **s'~ de qqch** [s'imbiber] to soak sthg up ; *fig* to soak sthg up, to steep o.s. in sthg.

imprenable [ɛ̃pʀənabl] *adj* - **1.** [forteresse] impregnable - **2.** [vue] unimpeded.

imprésario, impresario [ɛ̃pʀesaʀjo] *nm* impresario.

impression [ɛ̃pʀesjɔ̃] *nf* - **1.** [gén] impression ; **avoir l'~ que** to have the impression *ou* feeling that ; **faire (une) bonne/mauvaise ~ (à)** to make a good/bad impression (on) - **2.** [de livre, tissu] printing - **3.** PHOT print.

impressionnable [ɛ̃pʀesjɔnabl] *adj* - **1.** [émotif] impressionable - **2.** PHOT sensitive.

impressionnant, e [ɛ̃pʀesjɔnɑ̃, ɑ̃t] *adj* - **1.** [imposant] impressive - **2.** [effrayant] frightening.

impressionner [3] [ɛ̃pʀesjɔne] *vt* - **1.** [frapper] to impress - **2.** [choquer] to shock, to upset - **3.** [intimider] to frighten - **4.** PHOT to expose.

impressionnisme [ɛ̃pʀesjɔnism] *nm* impressionism.

impressionniste [ɛ̃pʀesjɔnist] *nmf* & *adj* impressionist.

imprévisible [ɛ̃pʀevizibl] *adj* unforeseeable.

imprévoyance [ɛ̃pʀevwajɑ̃s] *nf* lack of foresight, improvidence.

imprévoyant, e [ɛ̃pʀevwajɑ̃, ɑ̃t] *adj* improvident.

imprévu, e [ɛ̃pʀevy] *adj* unforeseen.

◆ **imprévu** *nm* unforeseen situation ; **sauf ~** barring unforeseen circumstances.

imprimante [ɛ̃pʀimɑ̃t] *nf* printer ; ~ **laser/à jet d'encre/matricielle** laser/ink-jet/dot-matrix printer.

imprimé, e [ɛ̃pʀime] *adj* printed.

◆ **imprimé** *nm* - **1.** POSTES printed matter (U) - **2.** [formulaire] printed form - **3.** [tissu] print.

imprimer [3] [ɛ̃pʀime] *vt* - **1.** [texte, tissu] to print - **2.** [mouvement] to impart - **3.** [marque, empreinte] to leave.

imprimerie [ɛ̃pʀimʀi] *nf* - **1.** [technique] printing - **2.** [usine] printing works (sg).

imprimeur [ɛ̃pʀimœʀ] *nm* printer.

improbable [ɛ̃pʀɔbabl] *adj* improbable.

improductif, ive [ɛ̃pʀɔdyktif, iv] *adj* unproductive.

impromptu, e [ɛ̃pʀɔ̃pty] *adj* impromptu.

◆ **impromptu** ◇ *adv* impromptu ◇ *nm* impromptu.

imprononçable [ɛ̃pʀɔnɔ̃sabl] *adj* unpronounceable.

impropre [ɛ̃pʀɔpʀ] *adj* - **1.** GRAM incorrect - **2.** [inadapté] : ~ **à** unfit for.

impropriété [ɛ̃pʀɔpʀijete] *nf* [emploi erroné] incorrectness ; [expression] (language) error.

improvisation [ɛ̃pʀɔvizasjɔ̃] *nf* improvisation.

improviser [3] [ɛ̃pʀɔvize] *vt* to improvise.

s'improviser *vp* - **1.** [s'organiser] to be improvised - **2.** [devenir] : **s'~ metteur en scène** to act as director.

improviste [ɛ̃prɔvist] ➡ **à l'improviste** *loc adv* unexpectedly, without warning.

imprudemment [ɛ̃prydamɑ̃] *adv* rashly.

imprudence [ɛ̃prydɑ̃s] *nf* - **1.** [de personne, d'acte] rashness - **2.** [acte] rash act.

imprudent, e [ɛ̃prydɑ̃, ɑ̃t] ◇ *adj* rash ◇ *nm, f* rash person.

impubère [ɛ̃pybɛr] ◇ *adj* [avant la puberté] prepubescent ◇ *nmf* JUR ≃ minor.

impudence [ɛ̃pydɑ̃s] *nf* - **1.** [de personne, propos] impudence - **2.** [propos] impudent remark.

impudent, e [ɛ̃pydɑ̃, ɑ̃t] ◇ *adj* impudent ◇ *nm, f* impudent person.

impudeur [ɛ̃pydœr] *nf* shamelessness.

impudique [ɛ̃pydik] *adj* shameless.

impuissance [ɛ̃pɥisɑ̃s] *nf* - **1.** [incapacité] : **~ (à faire qqch)** powerlessness (to do sthg) - **2.** [sexuelle] impotence.

impuissant, e [ɛ̃pɥisɑ̃, ɑ̃t] *adj* - **1.** [incapable] : **~ (à faire qqch)** powerless (to do sthg) - **2.** [homme, fureur] impotent.
➡ **impuissant** *nm* impotent man.

impulsif, ive [ɛ̃pylsif, iv] ◇ *adj* impulsive ◇ *nm, f* impulsive person.

impulsion [ɛ̃pylsjɔ̃] *nf* - **1.** [poussée, essor] impetus - **2.** [instinct] impulse, instinct - **3.** *fig* : **sous l'~ de qqn** [influence] at the prompting *ou* instigation of sb ; **sous l'~ de qqch** [effet] impelled by sthg.

impulsivement [ɛ̃pylsivmɑ̃] *adv* impulsively.

impulsivité [ɛ̃pylsivite] *nf* impulsiveness.

impunément [ɛ̃pynemɑ̃] *adv* with impunity.

impuni, e [ɛ̃pyni] *adj* unpunished.

impunité [ɛ̃pynite] *nf* impunity ; **en toute ~** with impunity.

impur, e [ɛ̃pyr] *adj* impure.

impureté [ɛ̃pyrte] *nf* impurity.

imputable [ɛ̃pytabl] *adj* - **1.** [accident, erreur] : **~ à** attributable to - **2.** FIN : **~ à** *ou* **sur** chargeable to.

imputation [ɛ̃pytasjɔ̃] *nf* - **1.** [accusation] charge - **2.** FIN charging.

imputer [3] [ɛ̃pyte] *vt* : **~ qqch à qqn/à qqch** to attribute sthg to sb/to sthg ; **~ qqch à qqch** FIN to charge sthg to sthg.

imputrescible [ɛ̃pytresibl] *adj* [bois] rotproof ; [déchets] non-degradable.

in [in] *adj inv vieilli* in, with it.

INA [ina] (*abr de* **Institut national de l'audiovisuel**) *nm national television archive*.

inabordable [inabɔrdabl] *adj* - **1.** [prix] prohibitive - **2.** GÉOGR inaccessible *(by boat)* - **3.** [personne] unapproachable.

inacceptable [inaksɛptabl] *adj* unacceptable.

inaccessible [inaksesibl] *adj* [destination, domaine, personne] inaccessible ; [objectif, poste] unattainable ; **~ à** [sentiment] impervious to.

inaccoutumé, e [inakutyme] *adj* unaccustomed.

inachevé, e [inaʃve] *adj* unfinished, uncompleted.

inactif, ive [inaktif, iv] *adj* - **1.** [sans occupation, non utilisé] idle - **2.** [sans effet] ineffective - **3.** [sans emploi] non-working.

inaction [inaksjɔ̃] *nf* inaction.

inactivité [inaktivite] *nf* - **1.** [oisiveté] inactivity - **2.** ADMIN : **en ~** out of active service.

inadapté, e [inadapte] ◇ *adj* - **1.** [non adapté] : **~ (à)** unsuitable (for), unsuited (to) - **2.** [asocial] maladjusted ◇ *nm, f* maladjusted person.

inadéquat, e [inadekwa, at] *adj* : **~ (à)** inadequate (for).

inadéquation [inadekwasjɔ̃] *nf* : **~ (à)** inadequacy (for).

inadmissible [inadmisibl] *adj* [conduite] unacceptable.

inadvertance [inadvɛrtɑ̃s] *nf littéraire* oversight ; **par ~** inadvertently.

inaliénable [inaljenabl] *adj* inalienable.

inaltérable [inalterabl] *adj* - **1.** [matériau] stable - **2.** [sentiment] unfailing.

inamical, e, aux [inamikal, o] *adj* unfriendly.

inamovible [inamɔvibl] *adj* fixed.

inanimé, e [inanime] *adj* - **1.** [sans vie] inanimate - **2.** [inerte, évanoui] senseless.

inanité [inanite] *nf* futility.

inanition [inanisjɔ̃] *nf* : **tomber/mourir d'~** to faint with/die of hunger.

inaperçu, e [inapɛrsy] *adj* unnoticed ; **passer ~** to go *ou* pass unnoticed.

inapplicable [inaplikabl] *adj* inapplicable.

inappliqué, e [inaplike] *adj* - **1.** [étourdi] lazy, lacking in application - **2.** [inemployé] not applied *ou* practised.

inappréciable [inapresjabl] *adj* - **1.** [infime] imperceptible - **2.** [précieux] invaluable.

inapprochable [inaprɔʃabl] *adj* : **il est vraiment ~ en ce moment** you can't say anything to him at the moment.

inapproprié, e [inaprɔprije] *adj* : ~ à not appropriate for.

inapte [inapt] *adj* - **1.** [incapable] : ~ à qqch/à faire qqch incapable of sthg/of doing sthg - **2.** MIL unfit.

inaptitude [inaptityd] *nf* - **1.** [incapacité] : ~ à qqch/à faire qqch incapacity for sthg/for doing sthg - **2.** MIL unfitness.

inarticulé, e [inartikyle] *adj* inarticulate.

inassouvi, e [inasuvi] *adj* [faim] unsatisfied ; [soif] unquenched ; *fig* [sentiment] unsatisfied, unfulfilled.

inattaquable [inatakabl] *adj* - **1.** [imprenable] impregnable - **2.** [irréprochable] irreproachable, beyond reproach - **3.** [irréfutable] irréfutable.

inattendu, e [inatɑ̃dy] *adj* unexpected.

inattentif, ive [inatɑ̃tif, iv] *adj* : ~ à inattentive to.

inattention [inatɑ̃sjɔ̃] *nf* inattention ; **faute d'~** careless mistake.

inaudible [inodibl] *adj* - **1.** [impossible à entendre] inaudible - **2.** [inécoutable] impossible to listen to.

inaugural, e, aux [inogyral, o] *adj* inaugural *(avant n)*, opening *(avant n)*.

inauguration [inogyrasjɔ̃] *nf* - **1.** [cérémonie] inauguration, opening (ceremony) - **2.** [début] dawn.

inaugurer [3] [inogyre] *vt* - **1.** [monument] to unveil ; [installation, route] to open ; [procédé, édifice] to inaugurate - **2.** [époque] to usher in.

inavouable [inavwabl] *adj* unmentionable.

inavoué, e [inavwe] *adj* unconfessed.

INC (*abr de* **Institut national de la consommation**) *nm consumer research organization*.

inca [ɛ̃ka] *adj* Inca.
➽ **Inca** *nmf* Inca.

incalculable [ɛ̃kalkylabl] *adj* incalculable.

incandescence [ɛ̃kɑ̃desɑ̃s] *nf* incandescence.

incandescent, e [ɛ̃kɑ̃desɑ̃, ɑ̃t] *adj* incandescent.

incantation [ɛ̃kɑ̃tasjɔ̃] *nf* incantation.

incapable [ɛ̃kapabl] <> *nmf* - **1.** [raté] incompetent - **2.** JUR incapable person <> *adj* : ~ **de faire qqch** [inapte à] incapable of doing sthg ; [dans l'impossibilité de] unable to do sthg.

incapacité [ɛ̃kapasite] *nf* - **1.** [impossibilité] : ~ à ou de faire qqch inability to do sthg ; être dans l'~ de to be unable to - **2.** [invalidité] disability ; ~ **de travail** industrial disability - **3.** JUR incapacity - **4.** [incompétence] incompetence.

incarcération [ɛ̃karserasjɔ̃] *nf* incarceration.

incarcérer [18] [ɛ̃karsere] *vt* to incarcerate.

incarnation [ɛ̃karnasjɔ̃] *nf* incarnation.

incarné, e [ɛ̃karne] *adj* incarnate.

incarner [3] [ɛ̃karne] *vt* - **1.** [personnifier] to be the incarnation of - **2.** CIN & THÉÂTRE to play.
➽ **s'incarner** *vp* - **1.** RELIG to be ou become incarnate - **2.** [se réaliser] to be incarnated - **3.** MÉD [ongle] to become ingrown.

incartade [ɛ̃kartad] *nf* misdemeanour Br, misdemeanor Am.

incassable [ɛ̃kasabl] *adj* unbreakable.

incendiaire [ɛ̃sɑ̃djɛr] <> *nmf* arsonist <> *adj* [bombe] incendiary ; *fig* inflammatory.

incendie [ɛ̃sɑ̃di] *nm* fire ; *fig* flames *(pl)* ; ~ **de forêt** forest fire.

incendier [9] [ɛ̃sɑ̃dje] *vt* - **1.** [mettre le feu à] to set alight, to set fire to - **2.** *fig* [faire rougir] to make burn - **3.** *fam* [réprimander] to tear a strip off.

incertain, e [ɛ̃sɛrtɛ̃, ɛn] *adj* - **1.** [gén] uncertain ; [temps] unsettled - **2.** [vague - lumière] dim ; [- contour] blurred.

incertitude [ɛ̃sɛrtityd] *nf* uncertainty ; être dans l'~ to be uncertain.

incessamment [ɛ̃sesamɑ̃] *adv* at any moment, any moment now.

incessant, e [ɛ̃sesɑ̃, ɑ̃t] *adj* incessant.

incessible [ɛ̃sesibl] *adj* inalienable.

inceste [ɛ̃sɛst] *nm* incest.

incestueux, euse [ɛ̃sɛstɥø, øz] <> *adj* - **1.** [liaison, parent] incestuous - **2.** [enfant] born of incest <> *nm, f* incestuous person.

inchangé, e [ɛ̃ʃɑ̃ʒe] *adj* unchanged.

incidemment [ɛ̃sidamɑ̃] *adv* - **1.** [accidentellement] accidentally - **2.** [entre parenthèses] in passing.

incidence [ɛ̃sidɑ̃s] *nf* - **1.** [conséquence] effect impact *(U)* - **2.** FIN & PHYS incidence.

incident, e [ɛ̃sidɑ̃, ɑ̃t] *adj* [accessoire] incidental.
➽ **incident** *nm* - **1.** [gén] incident ; [ennui] hitch ; **sans ~** without incident ou a hitch ; ~ **diplomatique** diplomatic incident ; ~ **de parcours** (minor) setback - **2.** JUR point of law.

incinérateur [ɛ̃sineratœr] *nm* incinerator.

incinération [ɛ̃sinerasjɔ̃] *nf* - **1.** [de corps] cremation - **2.** [d'ordures] incineration.

incinérer [18] [ɛ̃sinere] *vt* - **1.** [corps] to cremate - **2.** [ordures] to incinerate.

incise [ɛ̃siz] *nf* LING interpolated clause.

inciser [3] [ɛ̃size] *vt* to incise, to make an incision in.

incisif, ive [ɛ̃sizif, iv] *adj* incisive.
➥ **incisive** *nf* incisor.

incision [ɛ̃sizjɔ̃] *nf* incision.

incitation [ɛ̃sitasjɔ̃] *nf* - **1.** [provocation] : ~ à qqch/à faire qqch incitement to sthg/to do sthg - **2.** [encouragement] : ~ à qqch/à faire qqch incentive to sthg/to do sthg.

inciter [3] [ɛ̃site] *vt* - **1.** [provoquer] : ~ qqn à qqch/à faire qqch to incite sb to sthg/to do sthg - **2.** [encourager] : ~ qqn à faire qqch to encourage sb to do sthg.

inclassable [ɛ̃klasabl] *adj* unclassifiable.

inclinable [ɛ̃klinabl] *adj* reclinable, reclining.

inclinaison [ɛ̃klinɛzɔ̃] *nf* - **1.** [pente] incline - **2.** [de tête, chapeau] angle, tilt.

inclination [ɛ̃klinasjɔ̃] *nf* - **1.** [salut - de tête] nod ; [- du corps entier] bow - **2.** [tendance] inclination ; **avoir une ~ à** to have an inclination *ou* a tendency to ; **avoir une ~ pour** [aimer] to have a liking for - **3.** *littéraire* [amour] (romantic) attachment.

incliner [3] [ɛ̃kline] ⟨⟩ *vt* - **1.** [pencher] to tilt, to lean - **2.** [pousser] : ~ **qqn à qqch/à faire qqch** to incline sb to sthg/to do sthg ⟨⟩ *vi* : ~ à qqch/à faire qqch to be inclined to sthg/to do sthg.
➥ **s'incliner** *vp* - **1.** [se pencher] to tilt, to lean - **2.** [céder] : **s'~ (devant)** to give in (to), to yield (to) - **3.** [respecter] : **s'~ devant** to bow down before.

inclure [96] [ɛ̃klyr] *vt* [mettre dedans] : ~ **qqch dans qqch** to include sthg in sthg ; [joindre] to enclose sthg with sthg.

inclus, e [ɛ̃kly, yz] ⟨⟩ *pp* ⊳ **inclure** ⟨⟩ *adj* - **1.** [compris - taxe, frais] included ; [joint - lettre] enclosed ; **jusqu'à la page 10 ~e** up to and including page 10 - **2.** [dent] impacted - **3.** *MATHS* : **être ~ dans** to be a subset of.

inclusion [ɛ̃klyzjɔ̃] *nf* inclusion.

inclusivement [ɛ̃klyzivmɑ̃] *adv* inclusive.

incoercible [ɛ̃kɔɛrsibl] *adj sout* uncontrollable.

incognito [ɛ̃kɔɲito] ⟨⟩ *adv* incognito ⟨⟩ *nm* : **garder l'~** to remain incognito.

incohérence [ɛ̃kɔerɑ̃s] *nf* [de paroles] incoherence ; [d'actes] inconsistency.

incohérent, e [ɛ̃kɔerɑ̃, ɑ̃t] *adj* [paroles] incoherent ; [actes] inconsistent.

incollable [ɛ̃kɔlabl] *adj* - **1.** [riz] nonstick - **2.** *fam* [imbattable] unbeatable.

incolore [ɛ̃kɔlɔr] *adj* colourless *Br*, colorless *Am*.

incomber [3] [ɛ̃kɔ̃be] *vi* : ~ **à qqn** to be sb's responsibility ; **il incombe à qqn de faire qqch**

(emploi impersonnel) it falls to sb *ou* it is incumbent on sb to do sthg.

incombustible [ɛ̃kɔ̃bystibl] *adj* incombustible.

incommensurable [ɛ̃kɔmɑ̃syrabl] *adj* - **1.** [immense] immeasurable - **2.** *MATHS* : ~ **avec** incommensurable with.

incommodant, e [ɛ̃kɔmɔdɑ̃, ɑ̃t] *adj* unpleasant.

incommode [ɛ̃kɔmɔd] *adj* - **1.** [heure, lieu] inconvenient - **2.** [position, chaise] uncomfortable.

incommoder [3] [ɛ̃kɔmɔde] *vt sout* to trouble.

incommodité [ɛ̃kɔmɔdite] *nf* - **1.** [d'installation] impracticality - **2.** [malaise] indisposition - **3.** [de situation] awkwardness.

incommunicable [ɛ̃kɔmynikabl] *adj* - **1.** [indicible] inexpressible - **2.** *JUR* non-transferable.

incomparable [ɛ̃kɔ̃parabl] *adj* - **1.** [différent] not comparable - **2.** [sans pareil] incomparable.

incomparablement [ɛ̃kɔ̃parabləmɑ̃] *adv* incomparably.

incompatibilité [ɛ̃kɔ̃patibilite] *nf* incompatibility ; ~ **d'humeur** (mutual) incompatibility.

incompatible [ɛ̃kɔ̃patibl] *adj* incompatible.

incompétence [ɛ̃kɔ̃petɑ̃s] *nf* - **1.** [incapacité] incompetence - **2.** [ignorance] : ~ **en qqch** ignorance about sthg.

incompétent, e [ɛ̃kɔ̃petɑ̃, ɑ̃t] *adj* - **1.** [incapable] incompetent - **2.** [ignorant] : ~ **en qqch** ignorant about sthg.

incomplet, ète [ɛ̃kɔ̃plɛ, ɛt] *adj* incomplete.

incomplètement [ɛ̃kɔ̃plɛtmɑ̃] *adv* incompletely.

incompréhensible [ɛ̃kɔ̃preɑ̃sibl] *adj* incomprehensible.

incompréhensif, ive [ɛ̃kɔ̃preɑ̃sif, iv] *adj* unsympathetic.

incompréhension [ɛ̃kɔ̃preɑ̃sjɔ̃] *nf* lack of understanding.

incompressible [ɛ̃kɔ̃presibl] *adj* - **1.** *TECHNOL* incompressible - **2.** *fig* [dépenses] impossible to reduce - **3.** *JUR* ⊳ **peine**.

incompris, e [ɛ̃kɔ̃pri, iz] ⟨⟩ *adj* misunderstood, not appreciated ⟨⟩ *nm, f* misunderstood person.

inconcevable [ɛ̃kɔ̃svabl] *adj* unimaginable.

inconciliable [ɛ̃kɔ̃siljabl] *adj* irreconcilable.

inconditionnel, elle [ɛ̃kɔ̃disjɔnɛl] ⟨⟩ *adj*

- 1. [total] unconditional **- 2.** [fervent] ardent ◇ *nm, f* ardent supporter *ou* admirer.

inconditionnellement [ɛ̃kɔ̃disjɔnɛlmɑ̃] *adv* unconditionally.

inconduite [ɛ̃kɔ̃dɥit] *nf littéraire* scandalous behaviour *Br ou* behavior *Am*.

inconfort [ɛ̃kɔ̃fɔr] *nm* discomfort.

inconfortable [ɛ̃kɔ̃fɔrtabl] *adj* uncomfortable.

incongru, e [ɛ̃kɔ̃gry] *adj* **- 1.** [malséant] unseemly, inappropriate **- 2.** [bizarre] incongruous.

incongruité [ɛ̃kɔ̃grɥite] *nf* **- 1.** [qualité bizarre] incongruity *(U)* **- 2.** [parole malséante] unseemly remark.

inconnu, e [ɛ̃kɔny] ◇ *adj* unknown ◇ *nm, f* stranger ; **la personne qui a eu le prix Goncourt cette année est un illustre ~ hum** no one has ever heard of the renowned winner of the prix Goncourt this year.
➤ **inconnue** *nf* **- 1.** MATHS unknown **- 2.** [variable] unknown (factor).

inconsciemment [ɛ̃kɔ̃sjamɑ̃] *adv* **- 1.** [sans en avoir conscience] unconsciously, unwittingly **- 2.** [à la légère] thoughtlessly.

inconscience [ɛ̃kɔ̃sjɑ̃s] *nf* **- 1.** [évanouissement] unconsciousness **- 2.** [légèreté] thoughtlessness.

inconscient, e [ɛ̃kɔ̃sjɑ̃, ɑ̃t] *adj* **- 1.** [évanoui, machinal] unconscious **- 2.** [irresponsable] thoughtless.
➤ **inconscient** *nm* : **l'~** the unconscious.

inconséquence [ɛ̃kɔ̃sekɑ̃s] *nf* inconsistency.

inconséquent, e [ɛ̃kɔ̃sekɑ̃, ɑ̃t] *adj* inconsistent.

inconsidéré, e [ɛ̃kɔ̃sidere] *adj* ill-considered, thoughtless.

inconsistant, e [ɛ̃kɔ̃sistɑ̃, ɑ̃t] *adj* **- 1.** [aliment] thin, watery **- 2.** [caractère] frivolous.

inconsolable [ɛ̃kɔ̃sɔlabl] *adj* inconsolable.

inconstance [ɛ̃kɔ̃stɑ̃s] *nf* fickleness.

inconstant, e [ɛ̃kɔ̃stɑ̃, ɑ̃t] ◇ *adj* fickle ◇ *nm, f vieilli* fickle heart.

incontestable [ɛ̃kɔ̃tɛstabl] *adj* unquestionable, indisputable.

incontestablement [ɛ̃kɔ̃tɛstabləmɑ̃] *adv* unquestionably, indisputably.

incontesté, e [ɛ̃kɔ̃tɛste] *adj* uncontested, unchallenged.

incontinence [ɛ̃kɔ̃tinɑ̃s] *nf* **- 1.** MÉD incontinence **- 2.** [excès] lack of restraint.

incontinent, e [ɛ̃kɔ̃tinɑ̃, ɑ̃t] *adj* **- 1.** MÉD incontinent **- 2.** [sans retenue] unrestrained.
➤ **incontinent** *adv littéraire* forthwith.

incontournable [ɛ̃kɔ̃turnabl] *adj* unavoidable.

inconvenance [ɛ̃kɔ̃vnɑ̃s] *nf* impropriety.

inconvenant, e [ɛ̃kɔ̃vnɑ̃, ɑ̃t] *adj* improper, unseemly.

inconvénient [ɛ̃kɔ̃venjɑ̃] *nm* **- 1.** [obstacle] problem ; **si vous n'y voyez pas d'~** if that is convenient (for you), if you have no objection **- 2.** [désavantage] disadvantage, drawback **- 3.** [risque] risk.

incorporation [ɛ̃kɔrpɔrasjɔ̃] *nf* **- 1.** [intégration] incorporation ; CULIN mixing, blending **- 2.** MIL enlistment.

incorporé, e [ɛ̃kɔrpɔre] *adj* [intégré] built-in.

incorporel, elle [ɛ̃kɔrpɔrɛl] *adj* **- 1.** [immatériel] incorporeal **- 2.** JUR intangible.

incorporer [3] [ɛ̃kɔrpɔre] *vt* **- 1.** [gén] to incorporate ; **~ qqch dans** to incorporate sthg into ; **~ qqch à** CULIN to mix *ou* blend sthg into **- 2.** MIL to enlist.
➤ **s'incorporer** *vp* : **s'~ à qqch** to become part of sthg.

incorrect, e [ɛ̃kɔrɛkt] *adj* **- 1.** [faux] incorrect **- 2.** [inconvenant] inappropriate ; [impoli] rude **- 3.** [déloyal] unfair ; **être ~ avec qqn** to treat sb unfairly.

incorrection [ɛ̃kɔrɛksjɔ̃] *nf* **- 1.** [impolitesse] impropriety **- 2.** [de langage] grammatical mistake **- 3.** [malhonnêteté] dishonesty.

incorrigible [ɛ̃kɔriʒibl] *adj* incorrigible.

incorruptible [ɛ̃kɔryptibl] *adj* incorruptible.

incrédule [ɛ̃kredyl] ◇ *nmf* **- 1.** [sceptique] sceptic *Br*, skeptic *Am* **- 2.** RELIG unbeliever ◇ *adj* **- 1.** [sceptique] incredulous, sceptical *Br*, skeptical *Am* **- 2.** RELIG unbelieving.

incrédulité [ɛ̃kredylite] *nf* **- 1.** [scepticisme] incredulity, scepticism *Br*, skepticism *Am* **- 2.** RELIG unbelief, lack of belief.

increvable [ɛ̃krəvabl] *adj* **- 1.** [ballon, pneu] puncture-proof **- 2.** *fam fig* [personne] tireless ; [machine] that will withstand rough treatment.

incriminer [3] [ɛ̃krimine] *vt* **- 1.** [personne] to incriminate **- 2.** [conduite] to condemn.

incroyable [ɛ̃krwajabl] *adj* incredible, unbelievable.

incroyablement [ɛ̃krwajabləmɑ̃] *adv* incredibly, unbelievably.

incroyant, e [ɛ̃krwajɑ̃, ɑ̃t] ◇ *adj* unbelieving ◇ *nm, f* unbeliever.

incrustation [ɛ̃krystasjɔ̃] *nf* **- 1.** [ornement] inlay **- 2.** [dépôt] deposit, fur *(U)*.

incruster [3] [ɛ̃kryste] *vt* **- 1.** [insérer] : **~ qqch dans qqch** to inlay sthg into sthg **- 2.** [déco-

rer] : ~ qqch de qqch to inlay sthg with sthg
- 3. [couvrir d'un dépôt] to fur up.
- ◆ **s'incruster** vp - 1. [s'insérer] : **s'~ dans qqch**
to become embedded in sthg - 2. [chaudière]
to fur up - 3. fam fig [personne] to take root.

incubateur, trice [ɛ̃kybatœr, tris] adj incu-
bating.
◆ **incubateur** nm incubator.

incubation [ɛ̃kybasjɔ̃] nf [d'œuf, de maladie] incubation ; fig hatching.

inculpation [ɛ̃kylpasjɔ̃] nf charge ; **sous
l'~ de** on a charge of.

inculpé, e [ɛ̃kylpe] nm, f : **l'~** the accused.

inculper [3] [ɛ̃kylpe] vt to charge ; **~ qqn de**
to charge sb with.

inculquer [3] [ɛ̃kylke] vt : **~ qqch à qqn** to instil Br ou instill Am sthg in sb.

inculte [ɛ̃kylt] adj - 1. [terre] uncultivated
- 2. [barbe] unkempt - 3. péj [personne] uneducated.

inculture [ɛ̃kyltyr] nf - 1. [intellectuelle] lack of
education - 2. [de terre] lack of cultivation.

incurable [ɛ̃kyrabl] ◇ nmf incurably ill
person ◇ adj incurable.

incurie [ɛ̃kyri] nf negligence.

incursion [ɛ̃kyrsjɔ̃] nf incursion, foray.

incurver [3] [ɛ̃kyrve] vt to curve.
◆ **s'incurver** vp to curve, to bend.

Inde [ɛ̃d] nf : **l'~** India.

indéboulonnable [ɛ̃debylɔnabl] adj : **il est
~ hum** they'll never be able to sack him.

indécence [ɛ̃desɑ̃s] nf - 1. [impudeur, immoralité]
indecency - 2. [propos] indecent remark ; [ac-
tion] indecent act.

indécent, e [ɛ̃desɑ̃, ɑ̃t] adj - 1. [impudique] indecent - 2. [immoral] scandalous.

indéchiffrable [ɛ̃deʃifrabl] adj - 1. [texte, écri-
ture] indecipherable - 2. [énigme] inexplicable - 3. fig [regard] inscrutable, impenetrable.

indéchirable [ɛ̃deʃirabl] adj tear-proof.

indécis, e [ɛ̃desi, iz] ◇ adj - 1. [personne - sur le
moment] undecided ; [- de nature] indecisive
- 2. [sourire] vague - 3. [résultat] uncertain
◇ nm, f indecisive person.
◆ **indécis** nmpl [dans sondage] don't knows.

indécision [ɛ̃desizjɔ̃] nf indecision ; [perpé-
tuelle] indecisiveness.

indécrottable [ɛ̃dekrɔtabl] adj fam - 1. [borné]
incredibly dumb - 2. [incorrigible] hopeless.

indéfectible [ɛ̃defɛktibl] adj indestructible.

indéfendable [ɛ̃defɑ̃dabl] adj indefensible.

indéfini, e [ɛ̃defini] adj - 1. [quantité, pronom]
indefinite - 2. [sentiment] vague.
◆ **indéfini** nm GRAM indefinite.

indéfiniment [ɛ̃definimɑ̃] adv indefinitely.

indéfinissable [ɛ̃definisabl] adj indefinable.

indéformable [ɛ̃defɔrmabl] adj that retains
its shape.

indélébile [ɛ̃delebil] adj indelible.

indélicat, e [ɛ̃delika, at] adj - 1. [mufle] indelicate - 2. [malhonnête] dishonest.

indémaillable [ɛ̃demajabl] ◇ nm run-
resistant material ◇ adj run-resistant.

indemne [ɛ̃dɛmn] adj unscathed, unharmed ; **sortir ~ de qqch** to come out of
sthg unscathed ou unharmed.

indemnisation [ɛ̃dɛmnizasjɔ̃] nf compensation.

indemniser [3] [ɛ̃dɛmnize] vt : **~ qqn de qqch**
[perte, préjudice] to compensate sb for sthg ;
[frais] to reimburse sb for sthg.

indemnité [ɛ̃dɛmnite] nf - 1. [de perte, préjudice]
compensation ; **~ de licenciement** redundancy payment - 2. [de frais] allowance ;
~ journalière daily allowance ; **~ de logement** accommodation Br ou housing Am allowance - 3. [allocation] : **~ parlementaire** MP's
Br ou Congressman's Am salary.

indémodable [ɛ̃demodabl] adj : **ce style est ~**
this style doesn't date.

indéniable [ɛ̃denjabl] adj undeniable.

indéniablement [ɛ̃denjabləmɑ̃] adv un-
deniably.

indépendamment [ɛ̃depɑ̃damɑ̃] adv : **~ de**
[abstraction faite de] regardless ou irrespective
of ; [outre] apart from ; [sans rapport avec] independently of.

indépendance [ɛ̃depɑ̃dɑ̃s] nf independence ; **accéder à l'~** to gain independence.

indépendant, e [ɛ̃depɑ̃dɑ̃, ɑ̃t] adj - 1. [gén]
independent ; [entrée] separate ; **~ de** independent of ; **~ de ma volonté** beyond my
control - 2. [travailleur] self-employed.

indépendantiste [ɛ̃depɑ̃dɑ̃tist] ◇ nmf advocate of political independence ◇ adj
independence (avant n).

indéracinable [ɛ̃derasinabl] adj [arbre] impossible to uproot ; fig ineradicable.

indescriptible [ɛ̃dɛskriptibl] adj indescribable.

indésirable [ɛ̃dezirabl] nmf & adj undesirable.

indestructible [ɛ̃dɛstryktibl] adj indestructible.

indéterminé, e [ɛ̃detɛrmine] adj - 1. [indéfini]
indeterminate, indefinite - 2. [vague] vague
- 3. [personne] undecided.

indétrônable [ɛ̃detronabl] adj inoustable.

index [ɛ̃dɛks] *nm* - **1.** [doigt] index finger - **2.** [aiguille] pointer, needle - **3.** [registre] index ; **mettre à l'~** *fig* to blacklist.

indexation [ɛ̃dɛksasjɔ̃] *nf* indexing.

indexer [4] [ɛ̃dɛkse] *vt* - **1.** *ÉCON* : **~ qqch sur qqch** to index sthg to sthg - **2.** [livre] to index.

indicateur, trice [ɛ̃dikatœr, tris] *adj* : **poteau ~** signpost ; **panneau ~** road sign.
➤ **indicateur** *nm* - **1.** [guide] directory, guide ; **~ des chemins de fer** railway *Br* *ou* railroad *Am* timetable - **2.** *TECHNOL* gauge ; **~ d'altitude** altimeter ; **~ de vitesse** speedometer - **3.** *ÉCON* indicator - **4.** [de police] informer.

indicatif, ive [ɛ̃dikatif, iv] *adj* indicative.
➤ **indicatif** *nm* - **1.** *RADIO* & *TÉLÉ* signature tune - **2.** [code] : **~ (téléphonique)** dialling code *Br*, dial code *Am* - **3.** *GRAM* : **l'~** the indicative.

indication [ɛ̃dikasjɔ̃] *nf* - **1.** [mention] indication - **2.** [renseignement] information *(U)* - **3.** [directive] instruction ; *THÉÂTRE* direction ; **sauf ~ contraire** unless otherwise instructed.

indice [ɛ̃dis] *nm* - **1.** [signe] sign - **2.** [dans une enquête] clue - **3.** [taux] rating ; **~ du coût de la vie** *ÉCON* cost-of-living index ; **~ des prix** *ÉCON* price index ; **~ de refroidissement** *Can* windchill factor - **4.** *MATHS* index.

indicible [ɛ̃disibl] *adj* inexpressible.

indien, enne [ɛ̃djɛ̃, ɛn] *adj* - **1.** [d'Inde] Indian - **2.** [d'Amérique] American Indian, Native American.
➤ **Indien, enne** *nm, f* - **1.** [d'Inde] Indian - **2.** [d'Amérique] American Indian, Native American.

indifféremment [ɛ̃diferamɑ̃] *adv* indifferently.

indifférence [ɛ̃diferɑ̃s] *nf* indifference.

indifférencié, e [ɛ̃diferɑ̃sje] *adj* undifferentiated.

indifférent, e [ɛ̃diferɑ̃, ɑ̃t] ◇ *adj* - **1.** [gén] : **~ à** indifferent to - **2.** *sout* [égal] immaterial ◇ *nm, f* unconcerned person.

indifférer [18] [ɛ̃difere] *vt* to be a matter of indifference to.

indigence [ɛ̃diʒɑ̃s] *nf* poverty.

indigène [ɛ̃diʒɛn] ◇ *nmf* native ◇ *adj* [peuple] native ; [faune, flore] indigenous.

indigent, e [ɛ̃diʒɑ̃, ɑ̃t] ◇ *adj* [pauvre] destitute, poverty-stricken ; *fig* [intellectuellement] impoverished ◇ *nm, f* poor person ; **les ~s** the poor, the destitute.

indigeste [ɛ̃diʒɛst] *adj* indigestible.

indigestion [ɛ̃diʒɛstjɔ̃] *nf* - **1.** [alimentaire] indigestion ; **avoir une ~** to have indigestion

- **2.** *fig* [saturation] surfeit ; **avoir une ~ de** to have had one's fill of.

indignation [ɛ̃diɲasjɔ̃] *nf* indignation.

indigne [ɛ̃diɲ] *adj* : **~ (de)** unworthy (of).

indigné, e [ɛ̃diɲe] *adj* indignant.

indigner [3] [ɛ̃diɲe] *vt* to make indignant.
➤ **s'indigner** *vp* : **s'~ de** *ou* **contre qqch** to get indignant about sthg ; **s'~ que** (+ *subjonctif*) to be indignant that.

indigo [ɛ̃digo] ◇ *nm* indigo ◇ *adj inv* indigo (blue).

indiqué, e [ɛ̃dike] *adj* - **1.** [convenable] appropriate - **2.** [recommandé] advisable ; **ce n'est pas très ~** it's not very advisable - **3.** [fixé] appointed.

indiquer [3] [ɛ̃dike] *vt* - **1.** [désigner] to indicate, to point out ; **~ qqn/qqch du doigt** to point at sb/sthg, to point sb/sthg out ; **~ qqn/qqch du regard** to glance towards sb/sthg *Br*, to glance toward sb/sthg *Am* - **2.** [afficher, montrer - suj : carte, pendule, aiguille] to show, to indicate - **3.** [recommander] : **~ qqn/qqch à qqn** to tell sb of sb/sthg, to suggest sb/sthg to sb - **4.** [dire, renseigner sur] to tell ; **~ à qqn comment faire qqch** to tell sb how to do sthg ; **pourriez-vous m'~ l'heure?** could you tell me the time? - **5.** [fixer - heure, date, lieu] to name, to indicate - **6.** [dénoter] to indicate, to point to.

indirect, e [ɛ̃dirɛkt] *adj* [gén] indirect ; [itinéraire] roundabout.

indirectement [ɛ̃dirɛktəmɑ̃] *adv* indirectly.

indiscipline [ɛ̃disiplin] *nf* lack of discipline.

indiscipliné, e [ɛ̃disipline] *adj* - **1.** [écolier, esprit] undisciplined, unruly - **2.** *fig* [mèches de cheveux] unmanageable.

indiscret, ète [ɛ̃diskrɛ, ɛt] ◇ *adj* indiscreet ; [curieux] inquisitive ◇ *nm, f* indiscreet person.

indiscrètement [ɛ̃diskrɛtmɑ̃] *adv* indiscreetly ; [avec curiosité] inquisitively.

indiscrétion [ɛ̃diskresjɔ̃] *nf* indiscretion ; [curiosité] curiosity ; **sans ~ ...** without wishing to be indiscreet ...

indiscutable [ɛ̃diskytabl] *adj* unquestionable, indisputable.

indiscutablement [ɛ̃diskytabləmɑ̃] *adv* unquestionably, indisputably.

indiscuté, e [ɛ̃diskyte] *adj* undisputed, unquestioned.

indispensable [ɛ̃dispɑ̃sabl] ◇ *adj* indispensable, essential ; **~ à** indispensable to, essential to ; **il est ~ que** (+ *subjonctif*) it is essential *ou* vital that ; **il est ~ de faire qqch** it is essential *ou* vital to do sthg ◇ *nm* : **l'~** the essentials *(pl)*.

indisponibilité [ɛ̃dispɔnibilite] *nf* unavailability.

indisponible [ɛ̃dispɔnibl] *adj* unavailable.

indisposé, e [ɛ̃dispoze] *adj* [malade] unwell ; **être ~e** [femme] to be indisposed.

indisposer [3] [ɛ̃dispoze] *vt* - **1.** *sout* [rendre malade] to indispose - **2.** *littéraire* [fâcher] to vex.

indisposition [ɛ̃dispozisjɔ̃] *nf* - **1.** [malaise] indisposition - **2.** [règles] period.

indissociable [ɛ̃disɔsjabl] *adj* indissociable.

indissoluble [ɛ̃disɔlybl] *adj* indissoluble.

indistinct, e [ɛ̃distɛ̃(kt), ɛ̃kt] *adj* indistinct ; [souvenir] hazy.

indistinctement [ɛ̃distɛ̃ktəmɑ̃] *adv* - **1.** [confusément] indistinctly - **2.** [indifféremment] equally well.

individu [ɛ̃dividy] *nm* individual.

individualiste [ɛ̃dividɥalist] *<>* *nmf* individualist *<>* *adj* individualistic.

individualité [ɛ̃dividɥalite] *nf* - **1.** [personne] individual - **2.** [unicité, originalité] individuality.

individuel, elle [ɛ̃dividɥɛl] *adj* individual.

individuellement [ɛ̃dividɥɛlmɑ̃] *adv* individually.

indivis, e [ɛ̃divi, iz] *adj* - **1.** [propriété] undivided - **2.** [héritier] joint ; **par ~** jointly.

indivisible [ɛ̃divizibl] *adj* indivisible.

Indochine [ɛ̃dɔʃin] *nf* : **l'~** Indochina ; **la guerre d'~** the Indochinese War.

indo-européen, enne [ɛ̃dɔœrɔpeɛ̃, ɛn] *(mpl* indo-européens, *fpl* indo-européennes) *adj* Indo-European.

indolence [ɛ̃dɔlɑ̃s] *nf* - **1.** [de personne] indolence, lethargy - **2.** [d'organisation] apathy - **3.** [de geste, regard] languidness.

indolent, e [ɛ̃dɔlɑ̃, ɑ̃t] *adj* - **1.** [personne] indolent, lethargic - **2.** [geste, regard] languid.

indolore [ɛ̃dɔlɔr] *adj* painless.

indomptable [ɛ̃dɔ̃tabl] *adj* - **1.** [animal] untamable - **2.** [personne] indomitable - **3.** [sentiment] uncontrollable.

Indonésie [ɛ̃dɔnezi] *nf* : **l'~** Indonesia.

indonésien, enne [ɛ̃dɔnezjɛ̃, ɛn] *adj* Indonesian.
➤ **indonésien** *nm* [langue] Indonesian.
➤ **Indonésien, enne** *nm, f* Indonesian.

indu, e [ɛ̃dy] *adj* - **1.** [heure] ungodly, unearthly - **2.** [dépenses, remarque] unwarranted.

indubitable [ɛ̃dybitabl] *adj* indubitable, undoubted ; **il est ~ que** it is indisputable *ou* beyond doubt that.

indubitablement [ɛ̃dybitabləmɑ̃] *adv* undoubtedly, indubitably.

induction [ɛ̃dyksjɔ̃] *nf* induction ; **par ~** by induction.

induire [98] [ɛ̃dɥir] *vt* to induce ; **~ qqn à faire qqch** to induce sb to do sthg ; **~ qqn en erreur** to mislead sb ; **en ~ que** to infer *ou* gather that.

induit, e [ɛ̃dɥi, ɥit] *<>* *pp* ▷ **induire** *<>* *adj* - **1.** [consécutif] resulting - **2.** *ÉLECTR* induced.

indulgence [ɛ̃dylʒɑ̃s] *nf* [de juge] leniency ; [de parent] indulgence ; **avec ~** leniently/indulgently.

indulgent, e [ɛ̃dylʒɑ̃, ɑ̃t] *adj* [juge] lenient ; [parent] indulgent.

indûment [ɛ̃dymɑ̃] *adv* unduly.

industrialisation [ɛ̃dystrijalizasjɔ̃] *nf* industrialization.

industrialisé, e [ɛ̃dystrijalize] *adj* industrialized ; **pays ~** industrialized country.

industrialiser [3] [ɛ̃dystrijalize] *vt* to industrialize.
➤ **s'industrialiser** *vp* to become industrialized.

industrie [ɛ̃dystri] *nf* industry ; **~ alimentaire** food industry ; **~ automobile** car industry ; **~ chimique** chemical industry ; **~ lourde** heavy industry.

industriel, elle [ɛ̃dystrijɛl] *adj* industrial.
➤ **industriel** *nm* industrialist.

industrieux, euse [ɛ̃dystrijø, øz] *adj littéraire* industrious.

inébranlable [inebrɑ̃labl] *adj* - **1.** [roc] solid, immovable - **2.** *fig* [conviction] unshakeable.

INED, Ined [inɛd] (*abr de* **Institut national d'études démographiques**) *nm national institute for demographic research.*

inédit, e [inedi, it] *adj* - **1.** [texte] unpublished - **2.** [trouvaille] novel, original.
➤ **inédit** *nm* unpublished work.

ineffable [inefabl] *adj* ineffable.

ineffaçable [inefasabl] *adj* indelible.

inefficace [inefikas] *adj* - **1.** [personne, machine] inefficient - **2.** [solution, remède, mesure] ineffective.

inefficacité [inefikasite] *nf* - **1.** [de personne, machine] inefficiency - **2.** [de solution, remède, mesure] ineffectiveness.

inégal, e, aux [inegal, o] *adj* - **1.** [différent, disproportionné] unequal - **2.** [irrégulier] uneven - **3.** [changeant] changeable ; [artiste, travail] erratic.

inégalable [inegalabl] *adj* matchless.

inégalé, e [inegale] *adj* unequalled *Br*, unequaled *Am*.

inégalement [inegalmɑ̃] *adv* [gén] unequally ; [irrégulièrement] unevenly.

inégalité [inegalite] *nf* - **1.** [injustice, disproportion] inequality ; **~s sociales** social inequalities - **2.** [différence] difference, disparity - **3.** [irrégularité] unevenness - **4.** [d'humeur] changeability.

inélégant, e [inelegã, ãt] *adj* - **1.** [dans l'habillement] inelegant - **2.** *fig* [indélicat] discourteous.

inéligible [inelizibl] *adj* ineligible.

inéluctable [inelyktabl] *adj* inescapable.

inéluctablement [inelyktabləmã] *adv* inescapably.

inénarrable [inenarabl] *adj* very funny.

inepte [inɛpt] *adj* inept.

ineptie [inɛpsi] *nf* - **1.** [bêtise] ineptitude - **2.** [chose idiote] nonsense *(U)* ; **dire des ~s** to talk nonsense.

inépuisable [inepɥizabl] *adj* inexhaustible.

inerte [inɛrt] *adj* - **1.** [corps, membre] lifeless - **2.** [personne] passive, inert - **3.** PHYS inert.

inertie [inɛrsi] *nf* - **1.** [manque de réaction] apathy, inertia - **2.** PHYS inertia.

inespéré, e [inespere] *adj* unexpected, unhoped-for.

inesthétique [inɛstetik] *adj* unaesthetic.

inestimable [inɛstimabl] *adj* : **d'une valeur ~** priceless ; *fig* invaluable.

inévitable [inevitabl] *adj* [obstacle] unavoidable ; [conséquence] inevitable.

inévitablement [inevitabləmã] *adv* inevitably.

inexact, e [inɛgza(kt), akt] *adj* - **1.** [faux, incomplet] inaccurate, inexact - **2.** [en retard] unpunctual.

inexactitude [inɛgzaktityd] *nf* - **1.** [erreur, imprécision] inaccuracy - **2.** [retard] unpunctuality.

inexcusable [inɛkskyzabl] *adj* unforgivable, inexcusable.

inexistant, e [inɛgzistã, ãt] *adj* nonexistent.

inexistence [inɛgzistãs] *nf* nonexistence.

inexorable [inɛgzɔrabl] *adj* inexorable.

inexorablement [inɛgzɔrabləmã] *adv* inexorably.

inexpérience [inɛksperjãs] *nf* lack of experience, inexperience.

inexpérimenté, e [inɛksperimãte] *adj* - **1.** [personne] inexperienced - **2.** [gestes] inexpert - **3.** [produit] untested.

inexplicable [inɛksplikabl] *adj* inexplicable, unexplainable.

inexpliqué, e [inɛksplike] *adj* unexplained.

inexploré, e [inɛksplɔre] *adj litt* & *fig* unexplored ; [mers] uncharted.

inexpressif, ive [inɛkspresif, iv] *adj* inexpressive.

inexprimable [inɛksprimabl] *adj* inexpressible.

inexprimé, e [inɛksprime] *adj* unexpressed.

inexpugnable [inɛkspygnabl] *adj* impregnable.

inextensible [inɛkstãsibl] *adj* - **1.** [matériau] unstretchable - **2.** [étoffe] non-stretch.

inextinguible [inɛkstɛ̃gibl] *adj* [passion] inextinguishable ; [soif] unquenchable ; [rire] uncontrollable.

in extremis [inɛkstremis] *adv* at the last minute.

inextricable [inɛkstrikabl] *adj* - **1.** [fouillis] inextricable - **2.** *fig* [affaire, mystère] that cannot be unravelled.

inextricablement [inɛkstrikabləmã] *adv* inextricably.

infaillible [ɛ̃fajibl] *adj* [personne, méthode] infallible ; [instinct] unerring.

infaisable [ɛ̃fəzabl] *adj* unfeasible.

infamant, e [ɛ̃famã, ãt] *adj* [marché] dishonourable *Br*, dishonorable *Am* ; [propos] defamatory.

infâme [ɛ̃fam] *adj* - **1.** [ignoble] despicable - **2.** *hum ou littéraire* [dégoûtant] vile.

infamie [ɛ̃fami] *nf* infamy.

infanterie [ɛ̃fãtri] *nf* infantry.

infanticide [ɛ̃fãtisid] <> *nmf* infanticide, child-killer <> *adj* infanticidal.

infantile [ɛ̃fãtil] *adj* - **1.** [maladie] childhood *(avant n)* - **2.** [médecine] for children - **3.** [comportement] infantile.

infantiliser [3] [ɛ̃fãtilize] *vt* to treat like a child.

infarctus [ɛ̃farktys] *nm* infarction, infarct ; **~ du myocarde** coronary thrombosis, myocardial infarction.

infatigable [ɛ̃fatigabl] *adj* - **1.** [personne] tireless - **2.** [attitude] untiring.

infatué, e [ɛ̃fatɥe] *adj péj* & *sout* : **~ de** conceited about ; **~ de soi-même** self-important.

infect, e [ɛ̃fɛkt] *adj* - **1.** [dégoûtant] vile - **2.** *littéraire* [mauvais] foul.

infecter [4] [ɛ̃fɛkte] *vt* - **1.** [eau] to contaminate - **2.** [plaie] to infect - **3.** [empoisonner] to poison.

➤ **s'infecter** *vp* to become infected, to turn septic.

infectieux, euse [ɛ̃fɛksjø, øz] *adj* infectious.

infection [ɛ̃fɛksjɔ̃] *nf* - **1.** MÉD infection - **2.** *fig* & *péj* [puanteur] stench.

inféoder [3] [ɛ̃feɔde] ➤ **s'inféoder** *vp* **s'~ à** to pledge one's allegiance to.

inférer [18] [ɛ̃fere] *vt littéraire* : ~ qqch de qqch to infer sthg from sthg.

inférieur, e [ɛ̃ferjœr] ◇ *adj* - **1.** [qui est en bas] lower - **2.** [dans une hiérarchie] inferior ; ~ à [qualité] inferior to ; [quantité] less than ; ~ ou égal à 8 MATHS less than or equal to 8 ◇ *nm, f* inferior.

infériorité [ɛ̃ferjɔrite] *nf* inferiority.

infernal, e, aux [ɛ̃fɛrnal, o] *adj* - **1.** [personne] fiendish - **2.** *fig* [bruit, chaleur, rythme] infernal ; [vision] diabolical.

infester [3] [ɛ̃feste] *vt* to infest ; être infesté de [rats, moustiques] to be infested with ; [touristes] to be overrun by.

infidèle [ɛ̃fidɛl] ◇ *adj* - **1.** [mari, femme, ami] : ~ (à) unfaithful (to) - **2.** [traducteur, historien] inaccurate - **3.** *vieilli* & RELIG infidel ◇ *nmf vieilli* & RELIG infidel.

infidélité [ɛ̃fidelite] *nf* - **1.** [trahison] infidelity ; faire des ~s à to be unfaithful to - **2.** [de traduction] inaccuracy - **3.** [de mémoire] unreliability.

infiltration [ɛ̃filtrasjɔ̃] *nf* infiltration.

infiltrer [3] [ɛ̃filtre] *vt* to infiltrate.
➤ **s'infiltrer** *vp* - **1.** [pluie, lumière] : s'~ par/dans to filter through/into - **2.** [hommes, idées] to infiltrate.

infime [ɛ̃fim] *adj* minute, infinitesimal.

infini, e [ɛ̃fini] *adj* - **1.** [sans bornes] infinite, boundless - **2.** MATHS, PHILO & RELIG infinite - **3.** *fig* [interminable] endless, interminable.
➤ **infini** *nm* infinity.
➤ **à l'infini** *loc adv* - **1.** MATHS to infinity - **2.** [discourir] ad infinitum, endlessly.

infiniment [ɛ̃finimɑ̃] *adv* extremely, immensely.

infinité [ɛ̃finite] *nf* infinity, infinite number.

infinitésimal, e, aux [ɛ̃finitezimal, o] *adj* infinitesimal.

infinitif, ive [ɛ̃finitif, iv] *adj* infinitive.
➤ **infinitif** *nm* infinitive.

infirme [ɛ̃firm] ◇ *adj* [handicapé] disabled ; [avec l'âge] infirm ◇ *nmf* disabled person ; ~ de guerre disabled ex-serviceman (*f* ex-servicewoman).

infirmer [3] [ɛ̃firme] *vt* - **1.** [démentir] to invalidate - **2.** JUR to annul.

infirmerie [ɛ̃firmɔri] *nf* infirmary.

infirmier, ère [ɛ̃firmje, ɛr] *nm, f* nurse ; ~ diplômé ≃ state-registered nurse.

infirmité [ɛ̃firmite] *nf* [handicap] disability ; [de vieillesse] infirmity.

inflammable [ɛ̃flamabl] *adj* inflammable, flammable.

inflammation [ɛ̃flamasjɔ̃] *nf* inflammation.

inflation [ɛ̃flasjɔ̃] *nf* ÉCON inflation ; *fig* increase.

inflationniste [ɛ̃flasjɔnist] *adj* & *nmf* inflationist.

infléchir [32] [ɛ̃fleʃir] *vt fig* [politique] to modify.
➤ **s'infléchir** *vp* - **1.** [route] to bend - **2.** *fig* [politique] to shift.

inflexible [ɛ̃flɛksibl] *adj* inflexible.

inflexion [ɛ̃flɛksjɔ̃] *nf* - **1.** [de tête] nod - **2.** [de voix] inflection - **3.** [de route] bend - **4.** *fig* [de politique] shift.

infliger [17] [ɛ̃fliʒe] *vt* : ~ qqch à qqn to inflict sthg on sb ; [amende] to impose sthg on sb.

influençable [ɛ̃flyɑ̃sabl] *adj* easily influenced.

influence [ɛ̃flyɑ̃s] *nf* influence ; [de médicament] effect ; avoir de l'~ sur qqn to have an influence on sb ; avoir une bonne/mauvaise ~ sur [suj : personne] to have a good/bad influence on ; [suj : chose] to have a good/bad effect on ; agir sous l'~ de qqch to act under the influence of sthg.

influencer [16] [ɛ̃flyɑ̃se] *vt* to influence.

influent, e [ɛ̃flyɑ̃, ɑ̃t] *adj* influential.

influer [3] [ɛ̃flye] *vi* : ~ sur qqch to influence sthg, to have an effect on sthg.

Infographie® [ɛ̃fɔɡrafi] *nf* computer graphics (*U*).

informateur, trice [ɛ̃fɔrmatœr, tris] *nm, f* - **1.** [qui renseigne] informant - **2.** [de police] informer.

informaticien, enne [ɛ̃fɔrmatisjɛ̃, ɛn] *nm, f* computer scientist.

information [ɛ̃fɔrmasjɔ̃] *nf* - **1.** [renseignement] piece of information - **2.** [renseignements & INFORM] information (*U*) - **3.** [nouvelle] piece of news - **4.** JUR inquiry.
➤ **informations** *nfpl* MÉDIA news (*sg*).

informatique [ɛ̃fɔrmatik] ◇ *nf* - **1.** [technique] computers ; ~ de gestion business applications (*pl*) - **2.** [science] computer science ◇ *adj* data-processing (*avant n*), computer (*avant n*).

informatisation [ɛ̃fɔrmatizasjɔ̃] *nf* computerization.

informatiser [3] [ɛ̃fɔrmatize] *vt* to computerize.
➤ **s'informatiser** *vp* to become computerized.

informe [ɛ̃fɔrm] *adj* - **1.** [masse, vêtement, silhouette] shapeless - **2.** *fig* [projet] sketchy, rough.

informé, e [ɛ̃fɔrme] *adj* informed ; **bien/mal ~** well/badly informed.

➤ **informé** *nm* : **jusqu'à plus ample ~** pending further information.

informel, elle [ɛ̃fɔrmɛl] *adj* informal.

informer [3] [ɛ̃fɔrme] ⬦ *vt* to inform ; **~ qqn sur** *ou* **de qqch** to inform sb about sthg ⬦ *vi* JUR : **~ contre qqn/sur qqch** to investigate sb/sthg.

➤ **s'informer** *vp* to inform o.s. ; **s'~ de qqch** to ask about sthg ; **s'~ sur qqch** to find out about sthg.

infortune [ɛ̃fɔrtyn] *nf* misfortune.

infortuné, e [ɛ̃fɔrtyne] *littéraire* & *vieilli* ⬦ *adj* wretched ⬦ *nm, f (gén pl)* unfortunate.

infos [ɛ̃fo] (*abr de* **informations**) *nfpl fam* : **les ~** the news *(sg)*.

infraction [ɛ̃fraksjɔ̃] *nf* offence ; **~ à** infringement *ou* breach of ; **être en ~** to be in breach of the law.

infranchissable [ɛ̃frɑ̃ʃisabl] *adj* insurmountable.

infrarouge [ɛ̃fraruʒ] *nm* & *adj* infrared.

infrastructure [ɛ̃frastryktyr] *nf* infrastructure ; **~ hôtelière** hotel facilities *(pl)*.

infréquentable [ɛ̃frekɑ̃tabl] *adj* - **1.** [personne] : **il est ~** you shouldn't mix with him - **2.** [lieu] : **ce café est ~** it's not the kind of café you should go to.

infroissable [ɛ̃frwasabl] *adj* crease-resistant.

infructueux, euse [ɛ̃fryktɥø, øz] *adj* fruitless.

infuse [ɛ̃fyz] ⬥ **science**.

infuser [3] [ɛ̃fyze] ⬦ *vt* - **1.** [tisane] to infuse ; [thé] to brew ; **laisser ~** to leave to infuse *ou* brew - **2.** *fig* & *littéraire* : **~ qqch à qqn/qqch** to infuse sb/sthg with sthg ⬦ *vi* [tisane] to infuse ; [thé] to brew.

infusion [ɛ̃fyzjɔ̃] *nf* infusion.

ingambe [ɛ̃gɑ̃b] *adj* spry.

ingénier [9] [ɛ̃ʒenje] ➤ **s'ingénier** *vp* : **s'~ à faire qqch** to try hard to do sthg.

ingénierie [ɛ̃ʒeniri] *nf* engineering.

ingénieur [ɛ̃ʒenjœr] *nm* engineer ; **~ agronome/chimiste/électronicien** agricultural/chemical/electronics engineer ; **~ des mines** mining engineer ; **~ des ponts et chaussées** civil engineer ; **~ du son** sound engineer ; **~ des travaux publics** civil engineer.

ingénieux, euse [ɛ̃ʒenjø, øz] *adj* ingenious.

ingéniosité [ɛ̃ʒenjozite] *nf* ingenuity.

ingénu, e [ɛ̃ʒeny] ⬦ *adj littéraire* [candide] artless ; *hum* & *péj* [trop candide] naïve ⬦ *nm, f littéraire* [candide] naïve person ; THÉÂTRE ingénue ; **jouer les ~s** THÉÂTRE to play ingénue roles ; [dans la vie] to act the sweet young thing.

ingénuité [ɛ̃ʒenɥite] *nf* naïvety.

ingénument [ɛ̃ʒenymɑ̃] *adv* naïvely.

ingérable [ɛ̃ʒerabl] *adj* unmanageable.

ingérence [ɛ̃ʒerɑ̃s] *nf* : **~ dans** interference in.

ingérer [18] [ɛ̃ʒere] *vt* to ingest.

➤ **s'ingérer** *vp* : **s'~ dans** to interfere in.

ingrat, e [ɛ̃gra, at] ⬦ *adj* - **1.** [personne] ungrateful - **2.** [métier] thankless, unrewarding - **3.** [sol] barren - **4.** [physique] unattractive ⬦ *nm, f* ungrateful wretch.

ingratitude [ɛ̃gratityd] *nf* ingratitude.

ingrédient [ɛ̃gredjɑ̃] *nm* ingredient.

inguérissable [ɛ̃gerisabl] *adj* incurable.

ingurgiter [3] [ɛ̃gyrʒite] *vt* - **1.** [avaler] to swallow - **2.** *fig* [connaissances] to absorb.

inhabitable [inabitabl] *adj* uninhabitable.

inhabité, e [inabite] *adj* uninhabited.

inhabituel, elle [inabitɥɛl] *adj* unusual.

inhalateur, trice [inalatœr, tris] *adj* : **appareil ~** inhaler.

➤ **inhalateur** *nm* inhaler.

inhalation [inalasjɔ̃] *nf* inhalation.

inhaler [3] [inale] *vt* to inhale, to breathe in.

inhérent, e [inerɑ̃, ɑ̃t] *adj* : **~ à** inherent in.

inhiber [3] [inibe] *vt* to inhibit.

inhibition [inibisjɔ̃] *nf* inhibition.

inhospitalier, ère [inɔspitalje, ɛr] *adj* inhospitable.

inhumain, e [inymɛ̃, ɛn] *adj* inhuman.

inhumation [inymasjɔ̃] *nf* burial.

inhumer [3] [inyme] *vt* to bury.

inimaginable [inimaʒinabl] *adj* incredible, unimaginable.

inimitable [inimitabl] *adj* inimitable.

inimitié [inimitje] *nf* : **~ contre** *ou* **à l'égard de** enmity towards *Br ou* toward *Am*.

ininflammable [inɛ̃flamabl] *adj* non-flammable.

inintelligible [inɛ̃teliʒibl] *adj* unintelligible.

inintéressant, e [inɛ̃teresɑ̃, ɑ̃t] *adj* uninteresting.

ininterrompu, e [inɛ̃terɔ̃py] *adj* [file, vacarme] uninterrupted ; [ligne, suite] unbroken ; [travail, effort] continuous.

inique [inik] *adj* iniquitous.

iniquité [inikite] *nf* iniquity.

initial, e, aux [inisjal, o] *adj* [lettre] initial.

➤ **initiale** *nf* initial.

initialement [inisjalmɑ̃] *adv* initially.

initialiser [3] [inisjalize] *vt* INFORM to initialize.

initiateur, trice [inisjatœr, tris] ◇ *adj* innovative ◇ *nm, f* - **1.** [maître] initiator - **2.** [précurseur] innovator.

initiation [inisjasjɔ̃] *nf* : ~ (à) [discipline] introduction (to) ; [rituel] initiation (into).

initiatique [inisjatik] *adj* [rite] initiation *(avant n).*

initiative [inisjativ] *nf* initiative ; **avoir de l'~** to have initiative ; **prendre l'~ de qqch/de faire qqch** to take the initiative for sthg/in doing sthg ; **de sa propre ~** on one's own initiative.

initié, e [inisje] ◇ *adj* initiated ◇ *nm, f* initiate.

initier [9] [inisje] *vt* : ~ **qqn à** to initiate sb into.
◆ **s'initier** *vp* : **s'~ à** to familiarize o.s. with.

injecté, e [ɛ̃ʒɛkte] *adj* : **yeux ~s de sang** bloodshot eyes.

injecter [4] [ɛ̃ʒɛkte] *vt* to inject.
◆ **s'injecter** *vp* [yeux] : **s'~ (de sang)** to become bloodshot.

injection [ɛ̃ʒɛksjɔ̃] *nf* injection.

injoignable [ɛ̃jwaɲabl] *adj* : **j'ai essayé de lui téléphoner mais il est ~** I tried to phone him but I couldn't get through to him *ou* reach him *ou* get hold of him.

injonction [ɛ̃ʒɔ̃ksjɔ̃] *nf* injunction.

injure [ɛ̃ʒyr] *nf* insult ; **abreuver qqn d'~s** to hurl insults at sb.

injurier [9] [ɛ̃ʒyrje] *vt* to insult.

injurieux, euse [ɛ̃ʒyrjø, øz] *adj* abusive, insulting.

injuste [ɛ̃ʒyst] *adj* unjust, unfair.

injustement [ɛ̃ʒystəmɑ̃] *adv* unjustly, unfairly.

injustice [ɛ̃ʒystis] *nf* injustice.

injustifiable [ɛ̃ʒystifjabl] *adj* unjustifiable.

injustifié, e [ɛ̃ʒystifje] *adj* unjustified.

inlassable [ɛ̃lasabl] *adj* tireless.

inlassablement [ɛ̃lasabləmɑ̃] *adv* tirelessly.

inné, e [ine] *adj* innate.

innocemment [inɔsamɑ̃] *adv* innocently.

innocence [inɔsɑ̃s] *nf* innocence.

innocent, e [inɔsɑ̃, ɑ̃t] ◇ *adj* innocent ◇ *nm, f* - **1.** JUR innocent person - **2.** [inoffensif, candide] innocent ; **faire l'~** *fig* to play the innocent - **3.** *vieilli* [idiot] simpleton.

innocenter [3] [inɔsɑ̃te] *vt* - **1.** JUR to clear - **2.** *fig* [excuser] to justify.

innocuité [inɔkɥite] *nf* harmlessness, innocuousness.

innombrable [inɔ̃brabl] *adj* innumerable ; [foule] vast.

innovateur, trice [inɔvatœr, tris] ◇ *adj* innovatory ◇ *nm, f* innovator.

innovation [inɔvasjɔ̃] *nf* innovation.

innover [3] [inɔve] *vi* to innovate ; **~ en matière de** to innovate in the field of.

inobservation [inɔpsɛrvasjɔ̃] *nf* inobservance.

inoccupé, e [inɔkype] *adj* - **1.** [lieu] empty, unoccupied - **2.** [personne, vie] idle.

inoculation [inɔkylasjɔ̃] *nf* [volontaire] inoculation ; [accidentelle] infection.

inoculer [3] [inɔkyle] *vt* MÉD : ~ **qqch à qqn** [volontairement] to inoculate sb with sthg ; [accidentellement] to infect sb with sthg.

inodore [inɔdɔr] *adj* odourless *Br*, odorless *Am*.

inoffensif, ive [inɔfɑ̃sif, iv] *adj* harmless.

inondation [inɔ̃dasjɔ̃] *nf* - **1.** [action] flooding - **2.** [résultat] flood.

inonder [3] [inɔ̃de] *vt* to flood ; ~ **de** *fig* to flood with.

inopérable [inɔperabl] *adj* inoperable.

inopérant, e [inɔperɑ̃, ɑ̃t] *adj* ineffective.

inopiné, e [inɔpine] *adj* unexpected.

inopinément [inɔpinemɑ̃] *adv* unexpectedly.

inopportun, e [inɔpɔrtœ̃, yn] *adj* inopportune.

inorganisé, e [inɔrganize] ◇ *adj* - **1.** [sans organisation] disorganized - **2.** [politiquement] independent ; [syndicalement] non-union *(avant n)* ◇ *nm, f* [politiquement] independent ; [syndicalement] non-union member.

inoubliable [inublijabl] *adj* unforgettable.

inouï, e [inwi] *adj* incredible, extraordinary.

Inox® [inɔks] *nm inv* & *adj inv* stainless steel.

inoxydable [inɔksidabl] ◇ *adj* stainless ; [casserole] stainless steel *(avant n)* ◇ *nm* stainless steel.

inqualifiable [ɛ̃kalifjabl] *adj* unspeakable.

inquiet, ète [ɛ̃kjɛ, ɛt] ◇ *adj* - **1.** [gén] anxious - **2.** [tourmenté] feverish ◇ *nm, f* worrier.

inquiétant, e [ɛ̃kjetɑ̃, ɑ̃t] *adj* disturbing, worrying.

inquiéter [18] [ɛ̃kjete] *vt* - **1.** [donner du souci à] to worry - **2.** [déranger] to disturb.
◆ **s'inquiéter** *vp* - **1.** [s'alarmer] to be worried - **2.** [se préoccuper] : **s'~ de** [s'enquérir de] to enquire about ; [se soucier de] to worry about.

inquiétude [ɛ̃kjetyd] *nf* anxiety, worry.

inquisiteur, trice [ɛ̃kizitœr, tris] *adj* prying.

INR (*abr de* Institut national de radiodiffusion) *nm* Belgian broadcasting company.

INRA, Inra [inra] (*abr de* Institut national de la recherche agronomique) *nm national institute for agronomic research.*

insaisissable [ɛ̃sezizabl] *adj* - **1.** [personne] elusive - **2.** *fig* [nuance] imperceptible.

insalubre [ɛ̃salybr] *adj* unhealthy.

insalubrité [ɛ̃salybrite] *nf* unhealthiness.

insanité [ɛ̃sanite] *nf* - **1.** [déraison] insanity, madness - **2.** [propos] : **dire** *qqch* **proférer des ~s** to say insane things - **3.** [acte] insane act.

insatiable [ɛ̃sasjabl] *adj* insatiable.

insatisfait, e [ɛ̃satisfɛ, ɛt] <> *adj* - **1.** [personne] dissatisfied - **2.** [sentiment] unsatisfied <> *nm, f* malcontent.

inscription [ɛ̃skripsjɔ̃] *nf* - **1.** [action, écrit] inscription - **2.** [enregistrement] enrolment *Br*, enrollment *Am*, registration - **3.** JUR registration.

inscrire [99] [ɛ̃skrir] *vt* - **1.** [écrire] to write down ; [graver] to inscribe - **2.** [personne] : **~** *qqn* **à** *qqch* to enrol *Br ou* enroll *Am* sb for sthg, to register sb for sthg ; **~** *qqn* **sur** *qqch* to put sb's name down on sthg - **3.** SPORT [but] to score.
➡ **s'inscrire** *vp* - **1.** [personne] : **s'~ à** *qqch* to enrol *Br ou* enroll *Am* for sthg, to register for sthg ; **s'~ sur** *qqch* to put one's name down on sthg - **2.** [s'insérer] : **s'~ dans** to come within the scope of - **3.** *loc* : **s'~ en faux contre** *qqch* to deny sthg vigorously.

inscrit, e [ɛ̃skri, it] <> *pp* ▷ **inscrire** <> *adj* [sur liste] registered ; **être ~ sur une liste** to have one's name on a list <> *nm, f* registered person.

inscrivais, inscrivions *etc* ▷ **inscrire**.

INSEAD [insead] (*abr de* Institut européen d'administration) *nm European business school in Fontainebleau.*

insecte [ɛ̃sɛkt] *nm* insect.

insecticide [ɛ̃sɛktisid] *nm & adj* insecticide.

insectivore [ɛ̃sɛktivɔr] <> *adj* insectivorous <> *nm* insectivore.

insécurité [ɛ̃sekyrite] *nf* insecurity.

INSEE, Insee [inse] (*abr de* Institut national de la statistique et des études économiques) *nm national institute of statistics and information about the economy.*

insémination [ɛ̃seminasjɔ̃] *nf* insemination ; **~ artificielle** artificial insemination.

insensé, e [ɛ̃sɑ̃se] *adj* - **1.** [déraisonnable] insane - **2.** [incroyable, excentrique] extraordinary.

insensibiliser [3] [ɛ̃sɑ̃sibilize] *vt* to anaes-

thetize *Br*, to anesthetize *Am* ; **~** *qqn* **(à)** *fig* to make sb insensitive (to).

insensibilité [ɛ̃sɑ̃sibilite] *nf* : **~ (à)** insensitivity (to).

insensible [ɛ̃sɑ̃sibl] *adj* - **1.** [gén] : **~ (à)** insensitive (to) - **2.** [imperceptible] imperceptible.

insensiblement [ɛ̃sɑ̃sibləmɑ̃] *adv* imperceptibly.

inséparable [ɛ̃separabl] *adj* : **~ (de)** inseparable (from).
➡ **inséparables** *nmpl* [perruches] lovebirds.

insérer [18] [ɛ̃sere] *vt* to insert ; **~ une annonce dans un journal** to put an advertisement in a newspaper.
➡ **s'insérer** *vp* - **1.** [s'intégrer] : **s'~ dans** to fit into - **2.** [s'attacher] to be attached.

INSERM, Inserm [insɛrm] (*abr de* Institut national de la santé et de la recherche médicale) *nm national institute for medical research.*

insertion [ɛ̃sɛrsjɔ̃] *nf* - **1.** [d'objet, de texte] insertion - **2.** [de personne] integration.

insidieux, euse [ɛ̃sidjø, øz] *adj* insidious.

insigne [ɛ̃siɲ] <> *nm* badge <> *adj* - **1.** *littéraire* [honneur] distinguished - **2.** *hum* [maladresse] remarkable.

insignifiant, e [ɛ̃siɲifjɑ̃, ɑ̃t] *adj* insignificant.

insinuant, e [ɛ̃sinɥɑ̃, ɑ̃t] *adj* ingratiating.

insinuation [ɛ̃sinɥasjɔ̃] *nf* insinuation, innuendo.

insinuer [7] [ɛ̃sinɥe] *vt* to insinuate, to imply.
➡ **s'insinuer** *vp* : **s'~ dans** [eau, humidité, odeur] to seep into ; *fig* [personne] to insinuate o.s. into.

insipide [ɛ̃sipid] *adj* [aliment] insipid, tasteless ; *fig* insipid.

insistance [ɛ̃sistɑ̃s] *nf* insistence ; **avec ~** insistently.

insistant, e [ɛ̃sistɑ̃, ɑ̃t] *adj* insistent.

insister [3] [ɛ̃siste] *vi* to insist ; **~ sur** to insist on ; **~ pour faire** *qqch* to insist on doing sthg.

insolation [ɛ̃sɔlasjɔ̃] *nf* - **1.** [malaise] sunstroke (U) - **2.** [ensoleillement] sunshine.

insolence [ɛ̃sɔlɑ̃s] *nf* insolence (U).

insolent, e [ɛ̃sɔlɑ̃, ɑ̃t] <> *adj* - **1.** [personne, acte] insolent - **2.** [joie, succès] unashamed, blatant <> *nm, f* insolent person.

insolite [ɛ̃sɔlit] *adj* unusual.

insoluble [ɛ̃sɔlybl] *adj* insoluble *Br*, insolvable *Am*.

insolvable [ɛ̃sɔlvabl] <> *adj* insolvent <> *nmf* bankrupt.

insomniaque [ɛ̃sɔmnjak] *nmf* & *adj* insomniac.

insomnie [ɛ̃sɔmni] *nf* insomnia *(U)* ; **avoir des ~s** to suffer from insomnia.

insondable [ɛ̃sɔ̃dabl] *adj* [gouffre, mystère] unfathomable ; [bêtise] abysmal.

insonore [ɛ̃sɔnɔr] *adj* soundproof.

insonorisation [ɛ̃sɔnɔrizasjɔ̃] *nf* soundproofing.

insonoriser [3] [ɛ̃sɔnɔrize] *vt* to soundproof.

insouciance [ɛ̃susjɑ̃s] *nf* - **1.** [inconscience] : **~ (de)** lack of concern (about) - **2.** [légèreté] carefree attitude.

insouciant, e [ɛ̃susjɑ̃, ɑ̃t] *adj* - **1.** [sans-souci] carefree - **2.** [inconscient] : **~ (de)** unconcerned (about).

insoumis, e [ɛ̃sumi, iz] *adj* - **1.** [caractère] rebellious - **2.** [peuple] unsubjugated - **3.** [soldat] deserting.
◆ **insoumis** *nm* deserter.

insoumission [ɛ̃sumisjɔ̃] *nf* - **1.** [caractère rebelle] rebelliousness - **2.** MIL desertion.

insoupçonné, e [ɛ̃supsɔne] *adj* unsuspected.

insoutenable [ɛ̃sutnabl] *adj* - **1.** [rythme] unsustainable - **2.** [scène, violence] unbearable - **3.** [théorie] untenable.

inspecter [4] [ɛ̃spɛkte] *vt* to inspect.

inspecteur, trice [ɛ̃spɛktœr, tris] *nm, f* inspector ; **~ des finances** ≃ tax inspector *Br*, ≃ Internal Revenue Service agent *Am* ; **~ de police** police inspector.

inspection [ɛ̃spɛksjɔ̃] *nf* - **1.** [contrôle] inspection ; **faire l'~ de qqch** to inspect sthg - **2.** [fonction] inspectorate ; **~ générale des Finances** ≃ Inland Revenue *Br*, ≃ Internal Revenue Service *Am*.

inspiration [ɛ̃spirasjɔ̃] *nf* - **1.** [gén] inspiration ; [idée] bright idea, brainwave ; **avoir de l'~** to be inspired ; **avoir une bonne/mauvaise ~** to have a good/bad idea - **2.** [d'air] breathing in.

inspiré, e [ɛ̃spire] *adj* inspired ; **être bien ~ de faire qqch** be well-advised to do sthg.

inspirer [3] [ɛ̃spire] *vt* - **1.** [gén] to inspire ; **~ qqch à qqn** to inspire sb with sthg - **2.** [air] to breathe in, to inhale.
◆ **s'inspirer** *vp* [prendre modèle sur] : **s'~ de qqn/qqch** to be inspired by sb/sthg.

instabilité [ɛ̃stabilite] *nf* - **1.** [gén] instability - **2.** [du temps] unsettled nature.

instable [ɛ̃stabl] ◇ *adj* - **1.** [gén] unstable - **2.** [vie, temps] unsettled ◇ *nmf* unstable person.

installateur, trice [ɛ̃stalatœr, tris] *nm, f* fitter.

installation [ɛ̃stalasjɔ̃] *nf* - **1.** [de gaz, eau, électricité] installation - **2.** [de personne - comme médecin, artisan] setting up ; [- dans appartement] settling in - **3.** [d'appartement] fitting out - **4.** [de rideaux, étagères] putting up ; [de meubles] putting in - **5.** *(gén pl)* [équipement] installations *(pl)*, fittings *(pl)* ; [usine] plant *(U)* ; [de loisirs] facilities *(pl)* ; **~ électrique** wiring ; **~s sanitaires** plumbing *(U)*.

installer [3] [ɛ̃stale] *vt* - **1.** [gaz, eau, électricité] to install *Br*, to instal *Am*, to put in - **2.** [appartement] to fit out - **3.** [rideaux, étagères] to put up ; [meubles] to put in - **4.** [personne] : **~ qqn** to get sb settled, to install *Br ou* instal *Am* sb.
◆ **s'installer** *vp* - **1.** [comme médecin, artisan etc] to set (o.s.) up - **2.** [emménager] to settle in ; **s'~ chez qqn** to move in with sb - **3.** [dans un fauteuil] to settle down - **4.** *fig* [maladie, routine] to set in.

instamment [ɛ̃stamɑ̃] *adv* insistently.

instance [ɛ̃stɑ̃s] *nf* - **1.** [autorité] authority - **2.** JUR proceedings *(pl)* - **3.** [insistance] entreaties *(pl)* ; **sur les ~s de** on the insistence of.
◆ **en instance** *loc adj* pending.
◆ **en instance de** *loc adv* on the point of ; **en ~ de divorce** waiting for a divorce.

instant [ɛ̃stɑ̃] *nm* instant ; **à l'~** [il y a peu de temps] a moment ago ; [immédiatement] this minute ; **à l'~ où** (just) as ; **à tout ~** [en permanence] at all times ; [d'un moment à l'autre] at any moment ; **pour l'~** for the moment ; **dans un ~** in a moment *ou* minute ; **dès l'~ où** from the moment (when) ; **un ~!** one moment! ; **en un ~** in a flash *ou* an instant ; **ne pas avoir un ~ de répit** not to have a moment's respite.

instantané, e [ɛ̃stɑ̃tane] *adj* - **1.** [immédiat] instantaneous - **2.** [soluble] instant.
◆ **instantané** *nm* snapshot.

instantanément [ɛ̃stɑ̃tanemɑ̃] *adv* instantaneously, at once.

instar [ɛ̃star] ◆ **à l'instar de** *loc prép* following the example of.

instaurer [3] [ɛ̃stɔre] *vt* [instituer] to establish ; *fig* [peur, confiance] to instil *Br*, to instill *Am*.

instigateur, trice [ɛ̃stigatœr, tris] *nm, f* instigator.

instigation [ɛ̃stigasjɔ̃] *nf* instigation.
◆ **à l'instigation de, sur l'instigation de** *loc prép* at the instigation of.

instiller [3] [ɛ̃stile] *vt* - **1.** [substance] to drip - **2.** [sentiment] to instil *Br*, to instill *Am*.

instinct [ɛ̃stɛ̃] *nm* instinct ; **d'~** instinctively ; **~ de conservation** instinct for self-preservation ; **~ grégaire** herd instinct ; **~ maternel** maternal instinct.

instinctif, ive [ɛ̃stɛktif, iv] ◇ *adj* instinctive ◇ *nm, f* instinctive person.

instinctivement [ɛ̃stɛktivmɑ̃] *adv* instinctively.

instituer [7] [ɛ̃stitɥe] *vt* - **1.** [pratique] to institute - **2.** JUR [personne] to appoint.
➡ **s'instituer** *vp* to be set up *ou* established.

institut [ɛ̃stity] *nm* - **1.** [gén] institute ; **l'Institut (de France)** the Institut de France ; **~ médico-légal** mortuary ; **l'~ Pasteur** *important medical research centre* - **2.** [de soins] : **~ de beauté** beauty salon ; **~ dentaire** ≃ dental hospital.

INSTITUT

L'INSTITUT DE FRANCE
'L'Institut', as it is commonly known, is the learned society which includes the five 'Académies' (the 'Académie française' being one of them). Its headquarters are in the building of the same name on the banks of the Seine in Paris.
L'INSTITUT PASTEUR
This is a major research and teaching establishment specializing in microbiology and bacteriology. Its headquarters are in Paris but it has branches all over the world.

instituteur, trice [ɛ̃stitytœr, tris] *nm, f* primary school teacher *Br*, grade school teacher *Am*.

institution [ɛ̃stitysjɔ̃] *nf* - **1.** [gén] institution - **2.** [école privée] private school - **3.** JUR nomination.
➡ **institutions** *nfpl* POLIT institutions.

institutionnaliser [3] [ɛ̃stitysjɔnalize] *vt* to institutionalize.
➡ **s'institutionnaliser** *vp* to become institutionalized.

instructeur [ɛ̃stryktœr] ◇ *nm* instructor ◇ *adj* MIL : **sergent ~** drill sergeant.

instructif, ive [ɛ̃stryktif, iv] *adj* instructive, educational.

instruction [ɛ̃stryksjɔ̃] *nf* - **1.** [enseignement, savoir] education ; **~ civique** civics *(U)* ; **~ publique** state education ; **~ religieuse** religious education - **2.** [formation] training - **3.** [directive] order - **4.** JUR (pre-trial) investigation.
➡ **instructions** *nfpl* instructions.

instruire [98] [ɛ̃strɥir] *vt* - **1.** [éduquer] to teach, to instruct - **2.** *sout* [informer] to inform - **3.** JUR [affaire] to investigate ; **~ contre qqn** to investigate sb.
➡ **s'instruire** *vp* - **1.** [se former] to learn

- **2.** *sout* [s'informer] : **s'~ de qqch auprès de qqn** to find out about sthg from sb.

instruisais, instruisions *etc* ▷ **instruire**.

instruit, e [ɛ̃strɥi, it] ◇ *pp* ▷ **instruire**
◇ *adj* educated.

instrument [ɛ̃strymɑ̃] *nm* instrument ; **~ à cordes/percussion/vent** stringed/percussion/wind instrument ; **~ contondant** blunt instrument ; **~ de musique** musical instrument ; **~ de travail** tool.

instrumental, e, aux [ɛ̃strymɑ̃tal, o] *adj* instrumental.
➡ **instrumental** *nm* instrumental.

instrumentation [ɛ̃strymɑ̃tasjɔ̃] *nf* instrumentation.

instrumentiste [ɛ̃strymɑ̃tist] *nmf* instrumentalist.

insu [ɛ̃sy] ➡ **à l'insu de** *loc prép* : **à l'~ de qqn** without sb knowing ; **ils ont tout organisé à mon ~** they organized it all without my knowing.

insubmersible [ɛ̃sybmɛrsibl] *adj* unsinkable.

insubordination [ɛ̃sybɔrdinasjɔ̃] *nf* insubordination.

insubordonné, e [ɛ̃sybɔrdɔne] *adj* insubordinate.

insuccès [ɛ̃syksɛ] *nm* failure.

insuffisamment [ɛ̃syfizamɑ̃] *adv* insufficiently, inadequately.

insuffisance [ɛ̃syfizɑ̃s] *nf* - **1.** [manque] insufficiency - **2.** MÉD deficiency ; **~ cardiaque** cardiac insufficiency.
➡ **insuffisances** *nfpl* [faiblesses] shortcomings.

insuffisant, e [ɛ̃syfizɑ̃, ɑ̃t] *adj* - **1.** [en quantité] insufficient - **2.** [en qualité] inadequate, unsatisfactory.

insuffler [3] [ɛ̃syfle] *vt* - **1.** [air] to blow - **2.** *fig* [sentiment] : **~ qqch à qqn** to inspire sb with sthg.

insulaire [ɛ̃sylɛr] ◇ *nmf* islander ◇ *adj* - **1.** GÉOGR island *(avant n)* - **2.** *fig* [attitude] insular.

insularité [ɛ̃sylarite] *nf* insularity.

insuline [ɛ̃sylin] *nf* insulin.

insultant, e [ɛ̃syltɑ̃, ɑ̃t] *adj* insulting.

insulte [ɛ̃sylt] *nf* insult.

insulter [3] [ɛ̃sylte] *vt* to insult.
➡ **s'insulter** *vp* to insult each other.

insupportable [ɛ̃sypɔrtabl] *adj* unbearable.

insurgé, e [ɛ̃syrʒe] *adj* & *nm, f* insurgent, rebel.

insurger [17] [ɛ̃syrʒe] ➡ **s'insurger** *vp* to

rebel, to revolt ; **s'~ contre qqn** to rebel *ou* rise up against sb ; **s'~ contre qqch** to protest against sthg.

insurmontable [ɛ̃syrmɔ̃tabl] *adj* [difficulté] insurmountable ; [dégoût] uncontrollable.

insurrection [ɛ̃syrɛksjɔ̃] *nf* insurrection.

insurrectionnel, elle [ɛ̃syrɛksjɔnɛl] *adj* insurrectionary.

intact, e [ɛ̃takt] *adj* intact.

intangible [ɛ̃tɑ̃ʒibl] *adj* **- 1.** *littéraire* [impalpable] intangible **- 2.** [sacré] inviolable.

intarissable [ɛ̃tarisabl] *adj* inexhaustible ; **il est ~** he could go on talking for ever.

intégral, e, aux [ɛ̃tegral, o] *adj* **- 1.** [paiement] in full ; [texte] unabridged, complete ; **bronzage ~** all-over tan **- 2.** MATHS : **calcul ~** integral calculus.
◆ **intégrale** *nf* **- 1.** MUS complete works *(pl)* **- 2.** MATHS integral.

intégralement [ɛ̃tegralmɑ̃] *adv* fully, in full.

intégralité [ɛ̃tegralite] *nf* whole ; **dans son ~** in full.

intégrant, e [ɛ̃tegrɑ̃, ɑ̃t] ▷ **parti**.

intégration [ɛ̃tegrasjɔ̃] *nf* integration.

intègre [ɛ̃tegr] *adj* honest, of integrity.

intégré, e [ɛ̃tegre] *adj* **- 1.** [logiciel] integrated **- 2.** [élément] built-in.

intégrer [18] [ɛ̃tegre] *vt* [assimiler] : **~ (à** *ou* **dans)** to integrate (into).
◆ **s'intégrer** *vp* **- 1.** [s'incorporer] : **s'~ dans** *ou* **à** to fit into **- 2.** [s'adapter] to integrate.

intégrisme [ɛ̃tegrism] *nm* fundamentalism.

intégriste [ɛ̃tegrist] *nmf* & *adj* fundamentalist.

intégrité [ɛ̃tegrite] *nf* **- 1.** [totalité] entirety **- 2.** [honnêteté] integrity.

intellect [ɛ̃telɛkt] *nm* intellect.

intellectualisme [ɛ̃telɛktɥalism] *nm* intellectualism.

intellectuel, elle [ɛ̃telɛktɥɛl] *adj* & *nm, f* intellectual.

intellectuellement [ɛ̃telɛktɥɛlmɑ̃] *adv* intellectually.

intelligemment [ɛ̃teliʒamɑ̃] *adv* intelligently.

intelligence [ɛ̃teliʒɑ̃s] *nf* **- 1.** [facultés mentales] intelligence ; **~ artificielle** artificial intelligence **- 2.** [personne] brain **- 3.** [compréhension, complicité] understanding ; **agir d'~ avec qqn** to act in complicity with sb.
◆ **intelligences** *nfpl* secret contacts.

intelligent, e [ɛ̃teliʒɑ̃, ɑ̃t] *adj* intelligent.

intelligentsia [ɛ̃teligensja] *nf* intelligentsia.

intelligible [ɛ̃teliʒibl] *adj* **- 1.** [voix] clear **- 2.** [concept, texte] intelligible.

intello [ɛ̃telo] *adj inv* & *nmf péj* highbrow.

intempérance [ɛ̃tɑ̃perɑ̃s] *nf* **- 1.** [abus] excessiveness **- 2.** [excès de plaisirs] overindulgence.

intempéries [ɛ̃tɑ̃peri] *nfpl* bad weather *(U)*.

intempestif, ive [ɛ̃tɑ̃pɛstif, iv] *adj* untimely.

intemporel, elle [ɛ̃tɑ̃pɔrɛl] *adj* **- 1.** [sans durée] timeless **- 2.** *littéraire* [immatériel] immaterial.

intenable [ɛ̃tənabl] *adj* **- 1.** [chaleur, personne] unbearable **- 2.** [position] untenable, indefensible.

intendance [ɛ̃tɑ̃dɑ̃s] *nf* **- 1.** MIL commissariat ; SCOL & UNIV bursar's office **- 2.** *fig* [questions matérielles] housekeeping.

intendant, e [ɛ̃tɑ̃dɑ̃, ɑ̃t] *nm, f* **- 1.** SCOL & UNIV bursar **- 2.** [de manoir] steward.
◆ **intendant** *nm* MIL quartermaster.

intense [ɛ̃tɑ̃s] *adj* **- 1.** [gén] intense **- 2.** [circulation] dense.

intensément [ɛ̃tɑ̃semɑ̃] *adv* intensely.

intensif, ive [ɛ̃tɑ̃sif, iv] *adj* intensive.

intensification [ɛ̃tɑ̃sifikasjɔ̃] *nf* intensification.

intensifier [9] [ɛ̃tɑ̃sifje] *vt* to intensify.
◆ **s'intensifier** *vp* to intensify.

intensité [ɛ̃tɑ̃site] *nf* intensity.

intenter [3] [ɛ̃tɑ̃te] *vt* JUR : **~ qqch contre** *ou* **à qqn** to bring sthg against sb.

intention [ɛ̃tɑ̃sjɔ̃] *nf* intention ; **avoir l'~ de faire qqch** to intend to do sthg ; **~ d'achat** COMM purchasing intention ; **agir dans une bonne ~** to act with good intentions.
◆ **à l'intention de** *loc prép* for.

intentionné, e [ɛ̃tɑ̃sjɔne] *adj* : **bien ~** well-meaning ; **mal ~** ill-disposed.

intentionnel, elle [ɛ̃tɑ̃sjɔnɛl] *adj* intentional.

intentionnellement [ɛ̃tɑ̃sjɔnɛlmɑ̃] *adv* intentionally.

inter [ɛ̃tɛr] *nm* **- 1.** *vieilli* = **interurbain - 2.** SPORT : **~ gauche/droit** inside left/right.

interactif, ive [ɛ̃tɛraktif, iv] *adj* interactive.

interaction [ɛ̃tɛraksjɔ̃] *nf* interaction.

interbancaire [ɛ̃tɛrbɑ̃kɛr] *adj* interbank *(avant n)*.

intercalaire [ɛ̃tɛrkalɛr] ◇ *nm* insert ◇ *adj* : **feuillet ~** insert ; **jour ~** extra day in a leap year.

intercaler [3] [ɛ̃tɛrkale] *vt* : **~ qqch dans qqch** [feuillet, citation] to insert sthg in sthg ; [dans le temps] to fit sthg into sthg.

➤ **s'intercaler** *vp* : **s'~ entre** to come between.

intercéder [18] [ɛ̃tɛrsede] *vi* : **~ pour** OU **en faveur de qqn auprès de qqn** to intercede with sb on behalf of sb.

intercepter [4] [ɛ̃tɛrsɛpte] *vt* - **1.** [lettre, ballon] to intercept - **2.** [chaleur] to block.

intercession [ɛ̃tɛrsesjɔ̃] *nf* intercession.

interchangeable [ɛ̃tɛrʃãʒabl] *adj* interchangeable.

interclasse [ɛ̃tɛrklas] *nm* break.

intercommunal, e, aux [ɛ̃tɛrkɔmynal, o] *adj* intermunicipal.

intercontinental, e, aux [ɛ̃tɛrkɔ̃tinãtal, o] *adj* intercontinental.

interdépartemental, e, aux [ɛ̃tɛrdepartəmãtal, o] *adj* interdepartmental.

interdépendance [ɛ̃tɛrdepãdãs] *nf* interdependence.

interdépendant, e [ɛ̃tɛrdepãdã, ãt] *adj* interdependent.

interdiction [ɛ̃tɛrdiksjɔ̃] *nf* - **1.** [défense] : '~ **de stationner**' 'strictly no parking' - **2.** [prohibition, suspension] : **~ (de)** ban (on), banning (of) ; **enfreindre/lever une ~** to break/lift a ban ; **~ de séjour** *order banning released prisoner from living in certain areas.*

interdire [103] [ɛ̃tɛrdir] *vt* - **1.** [prohiber] : **~ qqch à qqn** to forbid sb sthg ; **~ à qqn de faire qqch** to forbid sb to do sthg - **2.** [empêcher] to prevent ; **~ à qqn de faire qqch** to prevent sb from doing sthg - **3.** [d'exercer] to ban - **4.** [bloquer] to block.

➤ **s'interdire** *vp* : **s'~ qqch/de faire qqch** to refrain from sthg/from doing sthg.

interdisais, interdisions *etc* ▷ **interdire.**

interdisciplinaire [ɛ̃tɛrdisiplinɛr] *adj* interdisciplinary.

interdise, interdises *etc* ▷ **interdire.**

interdit, e [ɛ̃tɛrdi, it] ⬦ *pp* ▷ **interdire** ⬦ *adj* - **1.** [défendu] forbidden ; '**film ~ aux moins de 18 ans**' ≃ '(18)' ; **il est ~ de fumer** you're not allowed to smoke - **2.** [ébahi] : **rester ~** to be stunned - **3.** [privé] : **être ~ de chéquier** to have had one's chequebook *Br* OU checkbook *Am* facilities withdrawn ; **~ de séjour** banned from entering the country.

➤ **interdit** *nm* : **jeter l'~ sur qqn** to bar sb ; **lever un ~** to lift a ban.

intéressant, e [ɛ̃teresã, ãt] ⬦ *adj* - **1.** [captivant] interesting - **2.** [avantageux] advantageous, good ⬦ *nm, f* : **faire l'~** *péj* to show off.

intéressé, e [ɛ̃terese] ⬦ *adj* [concerné] concerned, involved ; *péj* [motivé] self-

interested ⬦ *nm, f* person concerned ; **le principal ~** the main person concerned.

intéressement [ɛ̃teresmã] *nm* profit-sharing (scheme).

intéresser [4] [ɛ̃terese] *vt* - **1.** [captiver] to interest ; **~ qqn à qqch** to interest sb in sthg - **2.** COMM [faire participer] : **~ les employés (aux bénéfices)** to give one's employees a share in the profits ; **~ qqn dans son commerce** to give sb a financial interest in one's business - **3.** [concerner] to concern.

➤ **s'intéresser** *vp* : **s'~ à qqn/qqch** to take an interest in sb/sthg, to be interested in sb/sthg.

intérêt [ɛ̃terɛ] *nm* - **1.** [gén] interest ; **~ pour** interest in ; **agir par ~** to act in one's own interest ; **avoir ~ à faire qqch** to be well advised to do sthg ; **dans l'~ général** in everyone's interest - **2.** [importance] significance - **3.** [avantage] advantage.

➤ **intérêts** *nmpl* - **1.** FIN interest *(sg)* ; **~s moratoires** interest on overdue payment - **2.** COMM : **avoir des ~s dans** to have a stake in.

interface [ɛ̃tɛrfas] *nf* INFORM interface ; **~ graphique** graphic interface.

interférence [ɛ̃tɛrferãs] *nf* - **1.** PHYS & POLIT interference - **2.** *fig* [conjonction] convergence.

interférer [18] [ɛ̃tɛrfere] *vi* - **1.** PHYS to interfere - **2.** *fig* [se rencontrer] to converge - **3.** *fig* [s'immiscer] : **~ dans qqch** to interfere in sthg.

intergalactique [ɛ̃tɛrgalaktik] *adj* intergalactic.

intérieur, e [ɛ̃terjœr] *adj* - **1.** [gén] inner - **2.** [de pays] domestic.

➤ **intérieur** *nm* - **1.** [gén] inside ; **de l'~** from the inside ; **à l'~ de soi-même** *fig* & *littéraire* inwardly ; **à l'~ (de qqch)** inside (sthg) - **2.** [de pays] interior.

intérieurement [ɛ̃terjœrmã] *adv* inwardly.

intérim [ɛ̃terim] *nm* - **1.** [période] interim period ; **assurer l'~ (de qqn)** to deputize (for sb) ; **par ~** acting - **2.** [travail temporaire] temporary OU casual work ; [dans un bureau] temping ; **faire de l'~**, **travailler en ~** to temp.

intérimaire [ɛ̃terimɛr] ⬦ *adj* - **1.** [ministre, directeur] acting *(avant n)* - **2.** [employé, fonctions] temporary ⬦ *nmf* - **1.** [ministre] acting minister - **2.** [employé] temp.

intérioriser [3] [ɛ̃terjɔrize] *vt* to internalize.

interjection [ɛ̃tɛrʒɛksjɔ̃] *nf* - **1.** LING interjection - **2.** JUR lodging of an appeal.

interjeter [27] [ɛ̃tɛrʒəte] *vt* JUR : **~ appel** to lodge an appeal.

interligne [ɛ̃tɛrliɲ] ⬦ *nm* (line) spacing ;

simple/double ~ single/double spacing ◇ *nf* TYPO lead, leading.

interlocuteur, trice [ɛ̃tɛrlɔkytœr, tris] *nm, f*
- 1. [dans conversation] speaker ; **mon ~** the person to whom I am/was speaking **- 2.** [dans négociation] negotiator.

interlope [ɛ̃tɛrlɔp] *adj* **- 1.** [illégal] illegal **- 2.** *fig* [louche] suspect, shady.

interloquer [3] [ɛ̃tɛrlɔke] *vt* to disconcert.

interlude [ɛ̃tɛrlyd] *nm* interlude.

intermède [ɛ̃tɛrmɛd] *nm* interlude.

intermédiaire [ɛ̃tɛrmedjɛr] ◇ *nm* intermediary, go-between ; **sans ~** without an intermediary ; **par l'~ de qqn/qqch** through sb/sthg ◇ *adj* intermediate.

interminable [ɛ̃tɛrminabl] *adj* never-ending, interminable.

interministériel, elle [ɛ̃tɛrministerjɛl] *adj* interdepartmental.

intermittence [ɛ̃tɛrmitɑ̃s] *nf* [discontinuité] :
par ~ intermittently, off and on.

intermittent, e [ɛ̃tɛrmitɑ̃, ɑ̃t] *adj* intermittent.

internat [ɛ̃tɛrna] *nm* **- 1.** [SCOL - établissement] boarding school ; [- système] boarding **- 2.** [MÉD & UNIV - concours] entrance examination ; [- période de stage] period spent as a houseman *Br ou* an intern *Am*.

international, e, aux [ɛ̃tɛrnasjɔnal, o] ◇ *adj* international ◇ *nm, f* SPORT international.

➤ **Internationale** *nf* **- 1.** [association] International **- 2.** [hymne] Internationale.

internationalisation [ɛ̃tɛrnasjɔnalizasjɔ̃] *nf* internationalization.

internaute [ɛ̃tɛrnot] *nmf* INFORM (net) surfer, cybersurfer, cybernaut.

interne [ɛ̃tɛrn] ◇ *nmf* **- 1.** [élève] boarder **- 2.** MÉD & UNIV houseman *Br*, intern *Am* ◇ *adj* **- 1.** ANAT internal ; [oreille] inner **- 2.** [du pays] domestic.

interné, e [ɛ̃tɛrne] *nm, f* **- 1.** [prisonnier] internee **- 2.** MÉD inmate *(of psychiatric hospital)*.

internement [ɛ̃tɛrnəmɑ̃] *nm* **- 1.** POLIT internment **- 2.** MÉD confinement *(to psychiatric hospital)*.

interner [3] [ɛ̃tɛrne] *vt* **- 1.** MÉD to commit *(to psychiatric hospital)* **- 2.** POLIT to intern.

Internet, internet [ɛ̃tɛrnɛt] *nm* : **(l')~** (the) internet, (the) Internet.

interpeller [26] [ɛ̃tɛrpəle] *vt* **- 1.** [apostropher] to call *ou* shout out to **- 2.** [interroger] to take in for questioning.

➤ **s'interpeller** *vp* to exchange insults.

Interphone® [ɛ̃tɛrfɔn] *nm* intercom ; [d'un immeuble] entry phone.

interplanétaire [ɛ̃tɛrplanetɛr] *adj* interplanetary.

interpoler [3] [ɛ̃tɛrpɔle] *vt* to interpolate.

interposer [3] [ɛ̃tɛrpoze] *vt* to interpose.

➤ **s'interposer** *vp* : **s'~ dans qqch** to intervene in sthg ; **s'~ entre qqn et qqn** to intervene *ou* come between sb and sb.

interprétariat [ɛ̃tɛrpretarja] *nm* interpreting.

interprétation [ɛ̃tɛrpretasjɔ̃] *nf* interpretation.

interprète [ɛ̃tɛrprɛt] *nmf* **- 1.** [gén] interpreter **- 2.** [porte-parole] spokesperson **- 3.** CIN, MUS & THÉÂTRE performer.

interpréter [18] [ɛ̃tɛrprete] *vt* to interpret.

interprofessionnel, elle [ɛ̃tɛrprɔfesjɔnɛl] *adj* interprofessional.

interrogateur, trice [ɛ̃tɛrɔgatœr, tris] ◇ *adj* inquiring *(avant n)* ◇ *nm, f* SCOL & UNIV oral examiner.

interrogatif, ive [ɛ̃tɛrɔgatif, iv] *adj* **- 1.** GRAM interrogative **- 2.** [air, ton] inquiring *(avant n)*.

➤ **interrogatif** *nm* GRAM interrogative.

interrogation [ɛ̃tɛrɔgasjɔ̃] *nf* **- 1.** [de prisonnier] interrogation ; [de témoin] questioning **- 2.** [question] question ; **~ directe/indirecte** GRAM direct/indirect question **- 3.** SCOL test.

interrogatoire [ɛ̃tɛrɔgatwar] *nm* **- 1.** [de police, juge] questioning **- 2.** [procès-verbal] statement.

interrogeable [ɛ̃tɛrɔʒabl] *adj* : **répondeur ~ à distance** answerphone with remote playback facility.

interroger [17] [ɛ̃tɛrɔʒe] *vt* **- 1.** [questionner] to question ; [accusé, base de données] to interrogate ; **~ qqn (sur qqch)** to question sb (about sthg) **- 2.** [faits, conscience] to examine.

➤ **s'interroger** *vp* : **s'~ sur** to wonder about.

interrompre [78] [ɛ̃tɛrɔ̃pr] *vt* to interrupt.

➤ **s'interrompre** *vp* to stop.

interrompu, e [ɛ̃tɛrɔ̃py] *pp* ➞ **interrompre**.

interrupteur [ɛ̃teryptœr] *nm* switch ; **~ à bascule** toggle switch.

interruption [ɛ̃terypsjɔ̃] *nf* **- 1.** [arrêt] break ; **sans ~** without a break **- 2.** [action] interruption.

intersection [ɛ̃tɛrsɛksjɔ̃] *nf* intersection.

intersidéral, e, aux [ɛ̃tɛrsideral, o] *adj* interstellar.

interstice [ɛ̃tɛrstis] *nm* chink, crack.

intersyndical, e, aux [ɛ̃tɛrsɛ̃dikal, o] *adj* interunion.

intertitre [ɛ̃tɛrtitr] *nm* - **1.** *PRESSE* subheading - **2.** *CIN* intertitle.

interurbain, e [ɛ̃tɛryrbɛ̃, ɛn] *adj* long-distance.

➡ **interurbain** *nm* : l'~ the long-distance telephone service.

intervalle [ɛ̃tɛrval] *nm* - **1.** [spatial] space, gap - **2.** [temporel] interval, period (of time) ; **à 6 jours d'~** after 6 days ; **dans l'~** in the meantime - **3.** *MUS* interval.

intervenant, e [ɛ̃tɛrvənɑ̃, ɑ̃t] *nm, f* - **1.** [orateur] speaker - **2.** *JUR* intervening party.

intervenir [40] [ɛ̃tɛrvənir] *vi* - **1.** [personne] to intervene ; **~ auprès de qqn** to intervene with sb ; **~ dans qqch** to intervene in sthg ; **faire ~ qqn** to bring *ou* call in sb - **2.** [événement] to take place.

intervention [ɛ̃tɛrvɑ̃sjɔ̃] *nf* - **1.** [gén] intervention - **2.** *MÉD* operation ; **subir une ~ chirurgicale** to have an operation, to have surgery - **3.** [discours] speech.

interventionniste [ɛ̃tɛrvɑ̃sjɔnist] *nmf* & *adj* interventionist.

intervenu, e [ɛ̃tɛrvəny] *pp* ⊳ **intervenir**.

intervertir [32] [ɛ̃tɛrvɛrtir] *vt* to reverse, to invert.

interviendrai, interviendras *etc* ⊳ **intervenir**.

intervienne, interviennes *etc* ⊳ **intervenir**.

interviens, intervient *etc* ⊳ **intervenir**.

interview [ɛ̃tɛrvju] *nf* interview ; **accorder une ~ à qqn** to give *ou* grant an interview to sb.

interviewer¹ [3] [ɛ̃tɛrvjuve] *vt* to interview.

interviewer² [ɛ̃tɛrvjuvœr] *nm* interviewer.

intestat [ɛ̃tɛsta] *JUR* ⟨⟩ *nmf person who dies intestate* ⟨⟩ *adj* intestate.

intestin, e [ɛ̃tɛstɛ̃, in] *adj sout* internal.

intestin [ɛ̃tɛstɛ̃] *nm* intestine ; **~ grêle** small intestine ; **gros ~** large intestine.

intestinal, e, aux [ɛ̃tɛstinal, o] *adj* intestinal.

intime [ɛ̃tim] ⟨⟩ *nmf* close friend ⟨⟩ *adj* [gén] intimate ; [vie, journal] private.

intimement [ɛ̃timmɑ̃] *adv* - **1.** [persuadé] firmly - **2.** [lié] intimately.

intimer [3] [ɛ̃time] *vt* - **1.** [enjoindre] : **~ qqch à qqn** to notify sb of sthg - **2.** *JUR* to summon.

intimidant, e [ɛ̃timidɑ̃, ɑ̃t] *adj* intimidating.

intimidation [ɛ̃timidasjɔ̃] *nf* intimidation.

intimider [3] [ɛ̃timide] *vt* to intimidate.

intimiste [ɛ̃timist] *adj* ART & LITTÉRATURE intimist.

intimité [ɛ̃timite] *nf* - **1.** [secret] depths *(pl)* - **2.** [familiarité, confort] intimacy - **3.** [vie privée] privacy ; **dans l'~** amongst friends, in private ; **dans la plus stricte ~** in complete privacy, in private.

intitulé [ɛ̃tityle] *nm* [titre] title ; [de paragraphe] heading.

intituler [3] [ɛ̃tityle] *vt* to call, to entitle.

➡ **s'intituler** *vp* - **1.** [ouvrage] to be called *ou* entitled - **2.** [personne] to call o.s.

intolérable [ɛ̃tɔlerabl] *adj* intolerable.

intolérance [ɛ̃tɔlerɑ̃s] *nf* - **1.** [religieuse, politique] intolerance - **2.** [de l'organisme] : **~ à qqch** inability to tolerate sthg.

intolérant, e [ɛ̃tɔlerɑ̃, ɑ̃t] *adj* intolerant.

intonation [ɛ̃tɔnasjɔ̃] *nf* intonation.

intouchable [ɛ̃tuʃabl] *nmf* & *adj* untouchable.

intoxication [ɛ̃tɔksikasjɔ̃] *nf* - **1.** [empoisonnement] poisoning ; **~ alimentaire** food poisoning - **2.** *fig* [propagande] brainwashing.

intoxiqué, e [ɛ̃tɔksike] ⟨⟩ *adj* : **~ (de)** addicted (to) ⟨⟩ *nm, f* addict.

intoxiquer [3] [ɛ̃tɔksike] *vt* : **~ qqn par** [empoisonner] to poison sb with ; *fig* to indoctrinate sb with.

➡ **s'intoxiquer** *vp* to poison o.s.

intraduisible [ɛ̃tradɥizibl] *adj* - **1.** [texte] untranslatable - **2.** [sentiment] inexpressible.

intraitable [ɛ̃trɛtabl] *adj* : **~ (sur)** inflexible (about).

intranet [ɛ̃tranɛt] *nm* intranet, Intranet.

intransigeance [ɛ̃trɑ̃ziʒɑ̃s] *nf* intransigence.

intransigeant, e [ɛ̃trɑ̃ziʒɑ̃, ɑ̃t] *adj* intransigent.

intransitif, ive [ɛ̃trɑ̃zitif, iv] *adj* intransitive.

intransportable [ɛ̃trɑ̃spɔrtabl] *adj* : **il est ~** he/it cannot be moved.

intraveineux, euse [ɛ̃travɛnø, øz] *adj* intravenous.

intrépide [ɛ̃trepid] *adj* bold, intrepid.

intrépidité [ɛ̃trepidite] *nf* boldness.

intrigant, e [ɛ̃trigɑ̃, ɑ̃t] ⟨⟩ *adj* scheming ⟨⟩ *nm, f* schemer.

intrigue [ɛ̃trig] *nf* - **1.** [liaison amoureuse] intrigue, affair - **2.** [manœuvre] intrigue - **3.** *CIN*, *LITTÉRATURE* & *THÉÂTRE* plot.

intriguer [3] [ɛ̃trige] ⟨⟩ *vt* to intrigue ⟨⟩ *vi* to scheme, to intrigue.

intrinsèque [ɛ̃trɛ̃sɛk] *adj* intrinsic.

introductif, ive [ɛ̃trɔdyktif, iv] *adj* JUR introductory.

introduction [ɛ̃trɔdyksjɔ̃] *nf* - **1.** [gén] : ~ (à) introduction (to) - **2.** [insertion] insertion.

introduire [98] [ɛ̃trɔdɥir] *vt* - **1.** [gén] to introduce - **2.** [faire entrer] to show in - **3.** [insérer] to insert - **4.** INFORM to input, to enter.
- **s'introduire** *vp* - **1.** [pénétrer] to enter ; **s'~ dans une maison** [cambrioleur] to get into OU enter a house - **2.** [s'implanter] to be introduced.

introduisais, introduisions *etc* ⊏ introduire.

introduit, e [ɛ̃trɔdɥi, it] *pp* ⊏ introduire.

intronisation [ɛ̃trɔnizasjɔ̃] *nf* RELIG enthronement ; *fig* establishment.

introspection [ɛ̃trɔspɛksjɔ̃] *nf* introspection.

introuvable [ɛ̃truvabl] *adj* nowhere Br OU no-place Am to be found.

introverti, e [ɛ̃trɔvɛrti] ⟨> *adj* introverted ⟨> *nm, f* introvert.

intrus, e [ɛ̃try, yz] ⟨> *adj* intrusive ⟨> *nm, f* intruder.

intrusion [ɛ̃tryzjɔ̃] *nf* - **1.** [gén & GÉOL] intrusion - **2.** [ingérence] interference.

intuitif, ive [ɛ̃tɥitif, iv] ⟨> *adj* intuitive ⟨> *nm, f* intuitive person.

intuition [ɛ̃tɥisjɔ̃] *nf* intuition ; **avoir de l'~** to be intuitive, to have intuition ; **avoir l'~ de qqch** to have an intuition about sthg.

intuitivement [ɛ̃tɥitivmã] *adv* intuitively.

inuit [inɥit] *adj inv* Inuit.
- **Inuit** *nmf* Inuit.

inusable [inyzabl] *adj* hardwearing.

inusité, e [inyzite] *adj* unusual, uncommon.

inutile [inytil] *adj* [objet, personne] useless ; [effort, démarche] pointless ; ~ **d'insister** it's pointless insisting.

inutilement [inytilmã] *adv* needlessly, unnecessarily.

inutilisable [inytilizabl] *adj* unusable.

inutilisé, e [inytilize] *adj* unused.

inutilité [inytilite] *nf* [de personne, d'objet] uselessness ; [de démarche, d'effort] pointlessness.

inv. (*abr de* invariable) inv.

invaincu, e [ɛ̃vɛ̃ky] *adj* - **1.** SPORT unbeaten - **2.** [peuple] unconquered.

invalide [ɛ̃valid] ⟨> *nmf* disabled person ; ~ **de guerre** disabled soldier ; ~ **du travail** industrially disabled person ⟨> *adj* disabled.

invalider [3] [ɛ̃valide] *vt* to invalidate.

invalidité [ɛ̃validite] *nf* - **1.** JUR invalidity - **2.** MÉD disability.

invariable [ɛ̃varjabl] *adj* - **1.** [immuable] unchanging - **2.** GRAM invariable.

invariablement [ɛ̃varjabləmã] *adv* invariably.

invasion [ɛ̃vazjɔ̃] *nf* invasion.

invective [ɛ̃vɛktiv] *nf* invective, abuse.

invectiver [3] [ɛ̃vɛktive] *vt* to abuse.
- **s'invectiver** *vp* to hurl abuse at each other.

invendable [ɛ̃vãdabl] *adj* unsaleable, unsellable.

invendu, e [ɛ̃vãdy] *adj* unsold.
- **invendu** (*gén pl*) *nm* remainder.

inventaire [ɛ̃vãtɛr] *nm* - **1.** [gén] inventory ; **faire l'~ de qqch** to make an inventory of sthg - **2.** [COMM - activité] stocktaking Br, inventory Am ; [- liste] list.

inventer [3] [ɛ̃vãte] *vt* to invent.

inventeur [ɛ̃vãtœr] *nm* - **1.** [de machine] inventor - **2.** JUR [de trésor] finder.

inventif, ive [ɛ̃vãtif, iv] *adj* inventive.

invention [ɛ̃vãsjɔ̃] *nf* - **1.** [découverte, mensonge] invention - **2.** [imagination] inventiveness.

inventorier [9] [ɛ̃vãtɔrje] *vt* to make an inventory of.

invérifiable [ɛ̃verifjabl] *adj* unverifiable.

inverse [ɛ̃vɛrs] ⟨> *nm* opposite, reverse ; **à l'~ de** contrary to ⟨> *adj* - **1.** [sens] opposite ; [ordre] reverse ; **en sens ~ (de)** in the opposite direction (to) - **2.** [rapport] inverse.

inversement [ɛ̃vɛrsəmã] *adv* - **1.** MATHS inversely ; ~ **proportionnel à** in inverse proportion to - **2.** [au contraire] on the other hand - **3.** [vice versa] vice versa.

inverser [3] [ɛ̃vɛrse] *vt* to reverse.

inversion [ɛ̃vɛrsjɔ̃] *nf* reversal.

invertébré, e [ɛ̃vɛrtebre] *adj* invertebrate.
- **invertébré** *nm* invertebrate.

investigation [ɛ̃vɛstigasjɔ̃] *nf* investigation.

investir [32] [ɛ̃vɛstir] *vt* to invest ; ~ **qqn d'une fonction** to invest OU vest sb with an office.

investissement [ɛ̃vɛstismã] *nm* investment.

investisseur, euse [ɛ̃vɛstisœr, øz] *nm, f* investor ; ~ **institutionnel** institutional investor.

investiture [ɛ̃vɛstityr] *nf* investiture.

invétéré, e [ɛ̃vetere] *adj péj* inveterate.

invincible [ɛ̃vɛ̃sibl] *adj* [gén] invincible ; [difficulté] insurmountable ; [charme] irresistible.

inviolabilité [ɛ̃vjɔlabilite] *nf* - **1.** JUR inviolability - **2.** [de parlementaire] immunity - **3.** [de coffre] impregnability.

inviolable [ɛ̃vjɔlabl] *adj* - **1.** JUR inviolable - **2.** [parlementaire] immune - **3.** [coffre] impregnable.

invisible [ɛ̃vizibl] *adj* invisible ; **rester ~** [personne] to stay out of sight.

invitation [ɛ̃vitasjɔ̃] *nf* : **~ (à)** invitation (to) ; **à** OU **sur l'~ de qqn** at sb's invitation ; **sur ~** by invitation ; **décliner une ~** to turn down an invitation.

invite [ɛ̃vit] *nf* invitation.

invité, e [ɛ̃vite] <> *adj* [hôte] invited ; [professeur, conférencier] guest *(avant n)* <> *nm, f* guest.

inviter [3] [ɛ̃vite] *vt* to invite ; **~ qqn à faire qqch** to invite sb to do sthg ; *fig* [suj : chose] to be an invitation to sb to do sthg ; **le beau temps invite à la promenade** this fine weather puts one in the mood for a walk ; **je vous invite!** it's my treat!

in vitro [invitro] ⊳ **fécondation**.

invivable [ɛ̃vivabl] *adj* unbearable.

invocation [ɛ̃vɔkasjɔ̃] *nf* invocation ; **~ à** call for.

involontaire [ɛ̃vɔlɔ̃tɛr] *adj* - **1.** [acte] involuntary - **2.** [personne] unwilling.

involontairement [ɛ̃vɔlɔ̃tɛrmɑ̃] *adv* involuntarily, unintentionally.

invoquer [3] [ɛ̃vɔke] *vt* - **1.** [alléguer] to put forward - **2.** [citer, appeler à l'aide] to invoke ; [paix] to call for.

invraisemblable [ɛ̃vrɛsɑ̃blabl] *adj* - **1.** [incroyable] unlikely, improbable - **2.** [extravagant] incredible.

invraisemblance [ɛ̃vrɛsɑ̃blɑ̃s] *nf* improbability.

invulnérable [ɛ̃vylnerabl] *adj* invulnerable.

iode [jɔd] *nm* iodine.

iodé, e [jɔde] *adj* containing iodine.

ion [jɔ̃] *nm* ion.

IPC (*abr de* indice des prix à la consommation) *nm* CPI.

Ipsos [ipsos] *n French market research institute.*

IR (*abr de* infra-rouge) *adj* IR.

IRA [ira] (*abr de* Irish Republican Army) *nf* IRA.

irai, iras *etc* ⊳ aller.

Irak, Iraq [irak] *nm* : **l'~** Iraq.

irakien, enne, iraquien, enne [irakjɛ̃, ɛn] *adj* Iraqi.

→ **Irakien, enne, Iraquien, enne** *nm, f* Iraqi.

Iran [irɑ̃] *nm* : **l'~** Iran.

iranien, enne [iranjɛ̃, ɛn] *adj* Iranian.

→ **iranien** *nm* [langue] Iranian.

→ **Iranien, enne** *nm, f* Iranian.

Iraq = Irak.

iraquien = irakien.

irascible [irasibl] *adj* irascible.

iris [iris] *nm* ANAT & BOT iris.

irisé, e [irize] *adj* iridescent.

irlandais, e [irlɑ̃dɛ, ɛz] *adj* Irish.

→ **irlandais** *nm* [langue] Irish.

→ **Irlandais, e** *nm, f* Irishman (f Irishwoman).

Irlande [irlɑ̃d] *nf* : **l'~** Ireland ; **l'~ du Nord/Sud** Northern/Southern Ireland.

ironie [irɔni] *nf* irony ; **~ du sort** twist of fate.

ironique [irɔnik] *adj* ironic.

ironiquement [irɔnikmɑ̃] *adv* ironically.

ironiser [3] [irɔnize] *vi* to speak ironically.

IRPP (*abr de* impôt sur le revenu des personnes physiques) *nm* income tax.

irradiation [iradjasjɔ̃] *nf* [rayons] radiation ; [action] irradiation.

irradier [9] [iradje] <> *vi* to radiate <> *vt* to irradiate.

irraisonné, e [irezɔne] *adj* irrational.

irrationnel, elle [irasjɔnɛl] *adj* irrational.

irréalisable [irealizabl] *adj* unrealizable.

irréaliste [irealist] *adj* unrealistic.

irréalité [irealite] *nf* unreality.

irrecevable [irəsəvabl] *adj* inadmissible.

irréconciliable [irekɔ̃siljabl] *adj* irreconcilable.

irrécupérable [irekyperabl] *adj* - **1.** [irrécouvrable] irretrievable - **2.** [irréparable] beyond repair - **3.** *fam* [personne] beyond hope.

irrécusable [irekyzabl] *adj* unimpeachable.

irréductible [iredyktibl] <> *nmf* diehard <> *adj* - **1.** CHIM, MATHS & MÉD irreducible - **2.** *fig* [volonté] indomitable ; [personne] implacable ; [communiste] diehard *(avant n)*.

irréel, elle [ireɛl] *adj* unreal.

irréfléchi, e [ireflefi] *adj* unthinking.

irréfutable [irefytabl] *adj* irrefutable.

irrégularité [iregylarite] *nf* - **1.** [gén] irregularity - **2.** [de terrain, performance] unevenness.

irrégulier, ère [iregylje, ɛr] *adj* - **1.** [gén] irregular - **2.** [terrain, surface] uneven, irregular - **3.** [employé, athlète] erratic.

irrégulièrement [iregyljɛrmɑ̃] *adv* irregularly.

irrémédiable [iremedjabl] *adj* - **1.** [irréparable] irreparable - **2.** [incurable] incurable.

irrémédiablement [iremedjablǝmɑ̃] *adv* irreparably.

irremplaçable [irɑ̃plasabl] *adj* irreplaceable.

irréparable [ireparabl] <> *nm* : **commettre l'~**

to do the unforgivable ⬦ *adj* - **1.** [objet] beyond repair - **2.** *fig* [perte, erreur] irreparable.

irrépressible [irepresibl] *adj* irrepressible.

irréprochable [ireproʃabl] *adj* irreproachable.

irrésistible [irezistibl] *adj* - **1.** [tentation, femme] irresistible - **2.** [amusant] entertaining.

irrésistiblement [irezistibləmɑ̃] *adv* irresistibly.

irrésolu, e [irezɔly] *adj* - **1.** [indécis] irresolute - **2.** [sans solution] unresolved.

irrespirable [irespirabl] *adj* - **1.** [air] unbreathable - **2.** *fig* [oppressant] oppressive.

irresponsable [irɛspɔ̃sabl] ⬦ *nmf* irresponsible person ⬦ *adj* irresponsible.

irrévérencieux, euse [ireverɑ̃sjø, øz] *adj* irreverent.

irréversible [ireversibl] *adj* irreversible.

irrévocable [irevɔkabl] *adj* irrevocable.

irrévocablement [irevɔkabləmɑ̃] *adv* irrevocably.

irrigation [irigasjɔ̃] *nf* irrigation.

irriguer [3] [irige] *vt* to irrigate.

irritabilité [iritabilite] *nf* irritability.

irritable [iritabl] *adj* irritable.

irritant, e [iritɑ̃, ɑ̃t] *adj* - **1.** [agaçant] irritating, annoying - **2.** *MÉD* irritant.

irritation [iritasjɔ̃] *nf* irritation.

irriter [3] [irite] *vt* - **1.** [exaspérer] to irritate, to annoy - **2.** *MÉD* to irritate.
➧ **s'irriter** *vp* to get irritated ; **s'~ contre qqn/de qqch** to get irritated with sb/at sthg.

irruption [irypsjɔ̃] *nf* - **1.** [invasion] invasion - **2.** [entrée brusque] irruption ; **faire ~ dans** to burst into.

ISBN (*abr de* **International standard book number**) *nm* ISBN.

ISF (*abr de* **impôt de solidarité sur la fortune**) *nm* wealth tax.

islam [islam] *nm* Islam.

islamique [islamik] *adj* Islamic.

islamisation [islamizasjɔ̃] *nf* Islamization.

islamiser [3] [islamize] *vt* to Islamize.

islandais, e [islɑ̃dɛ, ɛz] *adj* Icelandic.
➧ **islandais** *nm* [langue] Icelandic.
➧ **Islandais, e** *nm, f* Icelander.

Islande [islɑ̃d] *nf* : **l'~** Iceland.

isocèle [izɔsɛl] *adj* isoceles.

isolant, e [izɔlɑ̃, ɑ̃t] *adj* insulating.
➧ **isolant** *nm* insulator, insulating material.

isolateur, trice [izɔlatœr, tris] *adj* insulating.
➧ **isolateur** *nm* insulator.

isolation [izɔlasjɔ̃] *nf* insulation ; **~ phonique** soundproofing ; **~ thermique** thermal insulation.

isolationnisme [izɔlasjɔnism] *nm* isolationism.

isolé, e [izɔle] *adj* isolated.

isolement [izɔlmɑ̃] *nm* - **1.** [gén] isolation - **2.** *CONSTR* & *ÉLECTR* insulation.

isolément [izɔlemɑ̃] *adv* individually.

isoler [3] [izɔle] *vt* - **1.** [séparer] to isolate ; **~ qqch de qqch** to isolate sthg from sthg - **2.** *CONSTR* & *ÉLECTR* to insulate ; **~ qqch du froid** to insulate sthg (against the cold) ; **~ qqch du bruit** to soundproof sthg.
➧ **s'isoler** *vp* : **s'~ (de)** to isolate o.s. (from).

isoloir [izɔlwar] *nm* polling booth.

isotherme [izɔtɛrm] ⬦ *nf* isotherm ⬦ *adj* isothermal.

Israël [israɛl] *n* Israel.

israélien, enne [israeljɛ̃, ɛn] *adj* Israeli.
➧ **Israélien, enne** *nm, f* Israeli.

israélite [israelit] *adj* Jewish.
➧ **Israélite** *nmf* Jew.

issu, e [isy] *adj* : **être ~ de** [résulter de] to emerge *ou* stem from ; [personne] to come from.
➧ **issue** *nf* - **1.** [sortie] exit ; **~e de secours** emergency exit - **2.** *fig* [solution] way out, solution ; **sans ~e** hopeless - **3.** [terme] outcome ; **à l'~e de** at the end *ou* close of.

Istanbul [istaɑ̃bul] *n* Istanbul.

isthme [ism] *nm* isthmus.

Italie [itali] *nf* : **l'~** Italy.

italien, enne [italjɛ̃, ɛn] *adj* Italian.
➧ **italien** *nm* [langue] Italian.
➧ **Italien, enne** *nm, f* Italian.

italique [italik] ⬦ *nm* - **1.** *HIST* & *LING* Italic - **2.** *TYPO* italics (*pl*) ; **en ~** in italics ⬦ *adj* - **1.** *HIST* & *LING* Italic - **2.** *TYPO* italic.

itinéraire [itinerɛr] *nm* itinerary, route.

itinérant, e [itinerɑ̃, ɑ̃t] *adj* - **1.** [spectacle, troupe] itinerant - **2.** [ambassadeur] roving *(avant n)*.

itou [itu] *adv fam* as well.

ITP (*abr de* **ingénieur des travaux publics**) *nm* civil engineer.

IUFM (*abr de* **institut universitaire de formation des maîtres**) *nm* ≃ teacher training college *Br*, ≃ teachers college *Am*.

IUP (*abr de* **institut universitaire professionnel**) *nm* business school.

IUT (*abr de* **institut universitaire de technologie**) *nm* ≃ technical college.

IVG (*abr de* **interruption volontaire de grossesse**) *nf* abortion.

ivoire [ivwar] *nm* ivory.

ivoirien, enne [ivwarjɛ̃, ɛn] *adj* of/from the Ivory Coast.
◆ **Ivoirien, enne** *nm, f* native *ou* inhabitant of the Ivory Coast.

ivre [ivr] *adj* drunk ; ~ **de colère** wild with anger ; ~ **de joie** drunk *ou* mad with joy ; ~ **mort** dead drunk.

ivresse [ivrɛs] *nf* drunkenness ; [extase] rapture.

ivrogne [ivrɔɲ] *nmf* drunkard.

ivrognerie [ivrɔɲri] *nf* drunkenness.

J

j, J [ʒi] *nm inv* j, J.
◆ **J - 1.** (*abr de* **joule**) J **- 2.** *abr de* **jour.**

j' ⊳ **je.**

jabot [ʒabo] *nm* **- 1.** [d'oiseau] crop **- 2.** [de chemise] frill.

jacassement [ʒakasmɑ̃] *nm péj* chattering, jabbering.

jacasser [3] [ʒakase] *vi péj* to chatter, to jabber.

jachère [ʒaʃɛr] *nf* : **en ~** fallow.

jacinthe [ʒasɛ̃t] *nf* hyacinth.

jacobin, e [ʒakɔbɛ̃, in] *adj* Jacobin.
◆ **Jacobin** *nm* HIST Jacobin.

Jacuzzi® [ʒakuzi] *nm* Jacuzzi®.

jade [ʒad] *nm* jade.

jadis [ʒadis] *adv* formerly, in former times.

jaguar [ʒagwar] *nm* jaguar.

jaillir [32] [ʒajir] *vi* **- 1.** [liquide] to gush ; [flammes] to leap **- 2.** [cri] to ring out **- 3.** [personne] to spring out.

jais [ʒɛ] *nm* jet ; **noir comme le ~, noir de ~** jet-black.

Jakarta = **Djakarta**.

jalon [ʒalɔ̃] *nm* marker pole ; **poser les (premiers) ~s de** *fig* to pave the way for.

jalonner [3] [ʒalɔne] *vt* to mark (out) ; **jalonné de** [bordé de] lined with ; *fig* punctuated with.

jalousement [ʒaluzmɑ̃] *adv* jealously.

jalouser [3] [ʒaluze] *vt* to be jealous of.

jalousie [ʒaluzi] *nf* **- 1.** [envie] jealousy ; **être malade** *ou* **crever de ~** *fig* to be green with envy **- 2.** [store] blind.

jaloux, ouse [ʒalu, uz] *adj* : **~ (de)** jealous (of).

jamaïquain, e, jamaïcain, e [ʒamaïkɛ̃, ɛn] *adj* Jamaican.
◆ **Jamaïquain, e, Jamaïcain, e** *nm, f* Jamaican.

Jamaïque [ʒamaik] *nf* : **la ~** Jamaica.

jamais [ʒamɛ] *adv* **- 1.** [sens négatif] never ; **ne ... ~, ~ ne** never ; **je ne reviendrai ~, ~ je ne reviendrai** I'll never come back ; **(ne) ... ~ plus, plus ~ (ne)** never again ; **je ne viendrai ~ plus, plus ~ je ne viendrai** I'll never come here again ; **plus ~!** never again! **- 2.** [sens positif] : **plus que ~** more than ever ; **elle l'aimait plus que ~** she loved him more than ever ; **il est plus triste que ~** he's sadder than ever ; **si ~ tu le vois** if you should happen to see him, should you happen to see him.
◆ **à jamais** *loc adv* for ever.
◆ **pour jamais** *loc adv* for ever.

jambage [ʒɑ̃baʒ] *nm* [de lettre] downstroke.

jambe [ʒɑ̃b] *nf* leg ; **courir à toutes ~s** to run flat out ; **il s'enfuit à toutes ~s** he ran away as fast as his legs would carry him ; **prendre ses ~s à son cou** to take to one's heels ; **tenir la ~ à qqn** *fam fig* to keep sb talking ; **ça me fait une belle ~!** *fam fig* that's no good to me!

jambières [ʒɑ̃bjɛr] *nfpl* [de football] shin pads ; [de cricket] pads.

jambon [ʒɑ̃bɔ̃] *nm* ham ; **~ blanc** ham ; **~ fumé** smoked ham ; **un ~ beurre** *fam* a ham sandwich.

jambonneau, x [ʒɑ̃bɔno] *nm* knuckle of ham.

jante [ʒɑ̃t] *nf* (wheel) rim.

janvier [ʒɑ̃vje] *nm* January ; *voir aussi* **septembre.**

Japon [ʒapɔ̃] *nm* : **le ~** Japan ; **au ~** in Japan.

japonais, e [ʒapɔnɛ, ɛz] *adj* Japanese.
◆ **japonais** *nm* [langue] Japanese.
◆ **Japonais, e** *nm, f* Japanese (person) ; **les Japonais** the Japanese.

jappement [ʒapmɑ̃] *nm* yap, yapping (*U*).

japper [3] [ʒape] *vi* to yap.

jaquette [ʒakɛt] *nf* **- 1.** [vêtement] jacket **- 2.** [de livre] (dust) jacket.

jardin [ʒardɛ̃] *nm* garden ; **~ d'enfants** nursery school, kindergarten ; **~ public** park ; **~ zoologique** zoo.

jardinage [ʒardinaʒ] *nm* gardening.

jardiner [3] [ʒardine] *vi* to garden.

jardinet [ʒardinɛ] *nm* small garden.

jardinier, ère [ʒardinje, ɛr] *nm, f* gardener.
➤ **jardinière** *nf* - **1.** [bac à fleurs] window box - **2.** CULIN : **jardinière de légumes** mixed vegetables *(pl)*.

jargon [ʒargɔ̃] *nm* - **1.** [langage spécialisé] jargon - **2.** *fam* [charabia] gibberish.

jarret [ʒarɛ] *nm* - **1.** ANAT back of the knee - **2.** CULIN knuckle of veal.

jarretelle [ʒartɛl] *nf* suspender *Br*, garter *Am*.

jarretière [ʒartjɛr] *nf* garter.

jars [ʒar] *nm* gander.

jaser [3] [ʒaze] *vi* [bavarder] to gossip.

jasmin [ʒasmɛ̃] *nm* jasmine.

jatte [ʒat] *nf* bowl.

jauge [ʒoʒ] *nf* [instrument] gauge ; **~ de niveau d'huile** dipstick.

jauger [17] [ʒoʒe] *vt* to gauge.

jaunâtre [ʒonatr] *adj* yellowish.

jaune [ʒon] ⬦ *nm* [couleur] yellow ⬦ *adj* yellow ⬦ *adv* : **rire ~** *fig* to force o.s. to laugh.
➤ **jaune d'œuf** *nm* (egg) yolk.

jaunir [32] [ʒonir] *vt* & *vi* to turn yellow.

jaunisse [ʒonis] *nf* MÉD jaundice ; **en faire une ~** *fam fig* [de jalousie] to be green with envy ; [de déception] to take it badly.

jaunissement [ʒonismɑ̃] *nm* yellowing.

java [ʒava] *nf* type of *popular dance* ; **faire la ~** *fam fig* to live it up.

Java [ʒava] *n* Java ; **à ~** in Java.

javanais, e [ʒavanɛ, ɛz] *adj* Javanese.
➤ **javanais** *nm* [langue] Javanese.
➤ **Javanais, e** *nm, f* Javanese (person) ; **les Javanais** the Javanese.

Javel [ʒavɛl] *nf* : **eau de ~** bleach.

javelliser [3] [ʒavelize] *vt* to chlorinate.

javelot [ʒavlo] *nm* javelin.

jazz [dʒaz] *nm* jazz.

J.-C. (*abr de* Jésus-Christ) J.C.

je [ʒə], **j'** (*devant voyelle et h muet*) *pron pers* I.

jean [dʒin], **jeans** [dʒins] *nm* jeans *(pl)*, pair of jeans.

je-m'en-foutisme [ʒmɑ̃futism] *nm* couldn't-give-a-damn attitude.

jérémiades [ʒeremjad] *nfpl* moaning *(U)*, whining *(U)*.

jerrycan, jerricane [ʒerikan] *nm* jerry can.

jersey [ʒɛrzɛ] *nm* jersey ; **point de ~** stocking stitch.

Jersey [ʒɛrzɛ] *n* Jersey ; **à ~** on Jersey.

Jérusalem [ʒeryzalɛm] *n* Jerusalem.

jésuite [ʒezɥit] ⬦ *nm* Jesuit ⬦ *adj* Jesuit ; *péj* jesuitical.

Jésus-Christ [ʒezykri] *nm* Jesus Christ.

jet¹ [ʒɛ] *nm* - **1.** [action de jeter] throw ; **d'un seul ~** *fig* in one go - **2.** [de liquide] jet ; **~ d'eau** fountain - **3.** [esquisse] : **premier ~** rough outline *ou* draft.

jet² [dʒɛt] *nm* [avion] jet.

jetable [ʒətabl] *adj* disposable.

jetais, jetions *etc* ➣ **jeter**.

jeté, e [ʒəte] *pp* ➣ **jeter**.

jetée [ʒəte] *nf* jetty.

jeter [27] [ʒəte] *vt* to throw ; [se débarrasser de] to throw away ; **~ qqch à qqn** [lancer] to throw sthg to sb, to throw sb sthg ; [pour faire mal] to throw sthg at sb ; **~ qqn dehors** to throw sb out ; **~ un coup d'œil (à)** to take a look (at).
➤ **se jeter** *vp* : **se ~ sur** to pounce on ; **se ~ dans** [suj : rivière] to flow into ; **se ~ dans les bras de qqn** to throw o.s. into sb's arms ; **se ~ à l'eau** *fig* to take the plunge.

jeton [ʒətɔ̃] *nm* - **1.** [de jeu] counter ; [de téléphone] token - **2.** *loc* : **avoir les ~s** *fam* to have the jitters.
➤ **faux-jeton** *nm* hypocrite.
➤ **jeton de présence** *nm* fees paid to non-executive directors of a company.

jette, jettes *etc* ➣ **jeter**.

jetterai, jetteras *etc* ➣ **jeter**.

jeu, x [ʒø] *nm* - **1.** [divertissement] play *(U)*, playing *(U)* ; **par ~** for fun ; **~ de mots** play on words, pun - **2.** [régi par des règles] game ; **en ~** in (play) ; **hors ~** out (of play) ; **mettre un joueur hors ~** to put a player offside ; **~ de l'oie** ≃ snakes and ladders ; **~ de société** parlour *Br ou* parlor *Am* game ; **~ télévisé** game show - **3.** [d'argent] : **le ~** gambling ; **~ de hasard** game of chance - **4.** [d'échecs, de clés] set ; **~ de cartes** pack of cards - **5.** [manière de jouer - MUS] playing ; [- THÉÂTRE] acting ; [- SPORT] game - **6.** TECHNOL play ; **il y a du ~** there's a bit of play, it's rather loose - **7.** *loc* : **cacher son ~** to play one's cards close to one's chest ; **être en ~** to be at stake ; **entrer en ~** to come into play ; **entrer dans le ~ de qqn** to play sb's game.
➤ **Jeux Olympiques** *nmpl* : **les Jeux Olympiques** the Olympic Games.

jeudi [ʒødi] *nm* Thursday ; **~ saint** Maundy Thursday ; *voir aussi* **samedi**.

jeun [ʒœ̃] ◆ **à jeun** *loc adv* on an empty stomach.

jeune [ʒœn] ◇ *adj* young ; [style, apparence] youthful ; **~ homme/femme** young man/woman ; **~ fille** girl ; **~s gens** [gén] young people ; [garçons] young men ◇ *adv* : **faire ~** to look young ◇ *nm* young person ; **les ~s** young people.

jeûne [ʒøn] *nm* fast.

jeûner [3] [ʒøne] *vi* to fast.

jeunesse [ʒœnɛs] *nf* - **1.** [âge] youth ; [de style, apparence] youthfulness - **2.** [jeunes gens] young people *(pl)*.

JF, jf *abr de* **jeune fille.**

JH *abr de* **jeune homme.**

jingle [dʒingəl] *nm* jingle.

JO ◇ *nm* (*abr de* **Journal officiel**) *bulletin giving details of laws and official announcements* ◇ *nmpl* (*abr de* **Jeux Olympiques**) *Olympic Games.*

joaillerie [ʒɔajri] *nf* - **1.** [métier] jewel trade - **2.** [magasin] jeweller's *Br ou* jeweler's *Am* (shop).

joaillier, ère [ʒɔaje, ɛr] *nm, f* jeweller *Br,* jeweler *Am.*

job [dʒɔb] *nm fam* job.

jobard, e [ʒɔbar, ard] *adj fam* gullible.

jockey [ʒɔkɛ] *nm* jockey.

jogging [dʒɔgiŋ] *nm* - **1.** [activité] jogging ; **faire du ~** to go jogging, to go for a jog - **2.** [vêtement] tracksuit, jogging suit.

joie [ʒwa] *nf* joy ; **avec ~** with pleasure ; **~ de vivre** joie de vivre, joy of living.

joignable [ʒwaɲabl] *adj* contactable.

joignais, joignions *etc* ▷ **joindre.**

joindre [82] [ʒwɛ̃dr] *vt* - **1.** [rapprocher] to join ; [mains] to put together ; **(ne pas) arriver à ~ les deux bouts** *fam fig* (to be unable) to make ends meet - **2.** [ajouter] : **~ qqch (à)** to attach sthg (to) ; [adjoindre] to enclose sthg (with) - **3.** [par téléphone] to contact, to reach.
◆ **se joindre** *vp* : **se ~ à qqn** to join sb ; **se ~ à qqch** to join in sthg.

joint, e [ʒwɛ̃, ɛ̃t] *pp* ▷ **joindre.**
◆ **joint** *nm* - **1.** [d'étanchéité] seal - **2.** *fam* [drogue] joint.
◆ **joint de culasse** *nm* cylinder head gasket.

jointure [ʒwɛ̃tyr] *nf* ANAT joint.

joker [ʒɔkɛr] *nm* joker.

joli, e [ʒɔli] *adj* - **1.** [femme, chose] pretty, attractive - **2.** [somme, situation] nice - **3.** *loc* : **c'est bien ~, mais ...** that's all very well, but ... ; **c'est du ~ travail!** *iron* well done!

joliment [ʒɔlimã] *adv* - **1.** [bien] prettily, attractively ; *iron* nicely - **2.** *fam* [beaucoup] really.

jonc [ʒɔ̃] *nm* rush, bulrush.

joncher [3] [ʒɔ̃ʃe] *vt* to strew ; **être jonché de** to be strewn with.

jonction [ʒɔ̃ksjɔ̃] *nf* [de routes] junction.

jongler [3] [ʒɔ̃gle] *vi* to juggle.

jongleur, euse [ʒɔ̃glœr, øz] *nm, f* juggler.

jonquille [ʒɔ̃kij] *nf* daffodil.

Jordanie [ʒɔrdani] *nf* : **la ~** Jordan.

jordanien, enne [ʒɔrdanjɛ̃, ɛn] *adj* Jordanian.
◆ **Jordanien, enne** *nm, f* Jordanian.

jouable [ʒwabl] *adj* - **1.** SPORT playable - **2.** [situation] feasible.

joual [ʒwal] *nm* Can French-Canadian dialect.

joue [ʒu] *nf* cheek ; **tenir ou mettre qqn en ~** *fig* to take aim at sb.

jouer [6] [ʒwe] ◇ *vi* - **1.** [gén] to play ; **~ avec qqn/qqch** to play with sb/sthg ; **~ à qqch** [jeu, sport] to play sthg ; **~ de** MUS to play ; **à toi de ~!** (it's) your turn! ; *fig* your move! - **2.** CIN & THÉÂTRE to act - **3.** [parier] to gamble - **4.** [s'appliquer] to apply - **5.** *loc* : **~ des coudes** to use one's elbows ; **~ de malchance** to be dogged by bad luck ; **~ sur les mots** to play with words ◇ *vt* - **1.** [carte, partie] to play - **2.** [somme d'argent] to bet, to wager ; *fig* to gamble with - **3.** [THÉÂTRE - personnage, rôle] to play ; [- pièce] to put on, to perform - **4.** [avoir à l'affiche] to show - **5.** MUS to perform, to play - **6.** *loc* : **~ la comédie** to put on an act ; **~ le jeu** to play the game ; **~ un tour à qqn** to play a trick on sb.
◆ **se jouer** *vp* : **se ~ de qqch** to make light of sthg ; **se ~ de qqn** to deceive sb.

jouet [ʒwɛ] *nm* toy ; **être le ~ de** *fig* to be the victim of.

joueur, euse [ʒwœr, øz] *nm, f* - **1.** SPORT player ; **~ de football** footballer, football player ; **être beau/mauvais ~** to be a good/bad loser - **2.** [au casino] gambler.

joufflu, e [ʒufly] *adj* [personne] chubby-cheeked.

joug [ʒu] *nm* yoke.

jouir [32] [ʒwir] *vi* - **1.** [profiter] : **~ de** to enjoy - **2.** [sexuellement] to have an orgasm.

jouissance [ʒwisãs] *nf* - **1.** JUR [d'un bien] use - **2.** [sexuelle] orgasm.

joujou, x [ʒuʒu] *nm* toy.

jour [ʒur] *nm* - **1.** [unité de temps] day ; **huit ~s** a week ; **quinze ~s** a fortnight *Br,* two weeks ; **tous les ~s** every day ; **l'autre ~** the other day ; **de ~ en ~** day by day ; **~ après** day after day ; **au ~ le ~** from day to day ; **~ et nuit** night and day ; **du ~ au lendemain** overnight ; **~ pour ~** to the day ; **le ~ de l'an** New Year's Day ; **~ chômé** public holiday ; **~ de congé** day off ; **~ férié** public holiday ; **~ de fête** holiday ; **le ~ J** D-Day ; **~ ouvrable** working day - **2.** [lumière] daylight ; **de ~** in the daytime, by day ; **il fait ~** it's light ; **au petit ~** at the crack of dawn ; **au grand ~** in broad daylight - **3.** [époque] day ; **le ~ où** the day (that) ; **un beau ~** one fine day ; **un de ces ~s** one of these days - **4.** *loc* : **être à ~** to be up-to-date ; **mettre qqch à ~** to update sthg, to bring sthg up to date ; **de nos ~s** these days, nowadays ; **se faire ~** to become clear ; **sous un ~ nouveau** in a new light.

journal, aux [ʒurnal, o] *nm* - **1.** [publication] newspaper, paper ; **le ~ officiel de la République française** *official publication in which public notices appear* - **2.** TÉLÉ : **~ télévisé** television news - **3.** [écrit] : **~ (intime)** diary, journal ; **~ de bord** NAVIG ship's log ; INFORM log.

LE JOURNAL OFFICIEL

This bulletin prints information about new laws and summaries of parliamentary debates, and informs the public of any important government business. New companies are obliged by law to publish an announcement in the 'journal officiel'.

journalier, ère [ʒurnalje, ɛr] *adj* daily.
journalisme [ʒurnalism] *nm* journalism.
journaliste [ʒurnalist] *nmf* journalist, reporter.
journalistique [ʒurnalistik] *adj* journalistic.
journée [ʒurne] *nf* day ; **faire la ~ continue** to work through lunch.
journellement [ʒurnɛlmɑ̃] *adv* daily.
joute [ʒut] *nf* joust ; *fig* duel.
jouxter [3] [ʒukste] *vt* to adjoin.
jovial, e, aux [ʒɔvjal, o] *adj* jovial, jolly.
jovialité [ʒɔvjalite] *nf* joviality, jolliness.
joyau, x [ʒwajo] *nm* jewel.
joyeusement [ʒwajøzmɑ̃] *adv* joyfully.
joyeux, euse [ʒwajø, øz] *adj* joyful, happy ; **~ Noël!** Merry Christmas!
JT (*abr de* **journal télévisé**) *nm* television news.
jubilation [ʒybilasjɔ̃] *nf* jubilation.
jubilé [ʒybile] *nm* jubilee.
jubiler [3] [ʒybile] *vi fam* to be jubilant.
jucher [3] [ʒyʃe] *vt* : **~ qqn sur qqch** to perch sb on sthg.

se jucher *vp* : **se ~ sur qqch** to perch on sthg.
judaïque [ʒydaik] *adj* [loi] Judaic ; [tradition, religion] Jewish.
judaïsme [ʒydaism] *nm* Judaism.
judas [ʒydɑ] *nm* [ouverture] peephole.
Judée [ʒyde] *nf* : **la ~** Judaea, Judea.
judéo-chrétien, enne [ʒydeɔkretjɛ̃, ɛn] (*mpl* **judéo-chrétiens**, *fpl* **judéo-chrétiennes**) *adj* Judaeo-Christian.
judiciaire [ʒydisjɛr] *adj* judicial.
judicieusement [ʒydisjøzmɑ̃] *adv* judiciously.
judicieux, euse [ʒydisjø, øz] *adj* judicious.
judo [ʒydo] *nm* judo.
juge [ʒyʒ] *nm* judge ; **~ d'instruction** examining magistrate ; **~ de ligne** TENNIS line judge ; **~ de paix** justice of the peace ; **~ de touche** FOOTBALL linesman ; RUGBY touch judge.
jugé [ʒyʒe] **au jugé** *loc adv* by guesswork ; **tirer au ~** to fire blind.
jugement [ʒyʒmɑ̃] *nm* judgment ; **prononcer un ~** to pass sentence ; **~ de valeur** value judgment.
Jugement *nm* : **le Jugement dernier** the Last Judgment.
jugeote [ʒyʒɔt] *nf fam* common sense ; **manquer de ~** to have no common sense.
juger [17] [ʒyʒe] <> *vt* to judge ; [accusé] to try ; **~ que** to judge (that), to consider (that) ; **~ qqn/qqch inutile** to consider sb/sthg useless ; **~ bon de faire qqch** to consider it appropriate to do sthg <> *vi* to judge ; **~ de qqch** to judge sthg ; **si j'en juge d'après mon expérience** judging from my experience ; **jugez de ma surprise!** imagine my surprise!
juguler [3] [ʒygyle] *vt* [maladie] to halt ; [révolte] to put down ; [inflation] to curb.
juif, ive [ʒɥif, iv] *adj* Jewish.
Juif, ive *nm, f* Jew.
juillet [ʒɥije] *nm* July ; **la fête du 14 Juillet** *national holiday to mark the anniversary of the storming of the Bastille* ; *voir aussi* **septembre**.

LA FÊTE DU 14 JUILLET

The celebrations to mark the anniversary of the storming of the Bastille begin on the 13th July with outdoor public dances ('les bals du 14 juillet') in the streets, and continue on the 14th with a military parade in the morning and a firework display in the evening.

juin [ʒɥɛ̃] *nm* June ; *voir aussi* **septembre**.

juke-box [dʒukbɔks] *nm inv* jukebox.

julienne [ʒyljɛn] *nf* : ~ de légumes (*clear soup with*) *very thin strips of vegetable.*

jumeau, elle, x [ʒymo, ɛl, o] ◇ *adj* twin (*avant n*) ◇ *nm, f* twin ; **vrais/faux ~x** identical/fraternal twins.
➤ **jumelles** *nfpl* OPTIQUE binoculars.

jumelage [ʒymlaʒ] *nm* twinning.

jumelé, e [ʒymle] *adj* [villes] twinned ; [maisons] semidetached ; **roues ~es** double wheels.

jumeler [24] [ʒymle] *vt* to twin.

jumelle ▷ jumeau.

jument [ʒymã] *nf* mare.

jungle [ʒɑ̃gl] *nf* jungle.

junior [ʒynjɔr] *adj & nmf* SPORT junior.

junte [ʒɑ̃t] *nf* junta.

jupe [ʒyp] *nf* skirt.

jupe-culotte [ʒypkylɔt] (*pl* jupes-culottes) *nf* culottes (*pl*).

jupon [ʒypɔ̃] *nm* petticoat, slip.

Jura [ʒyra] *nm* : **le ~** the Jura (Mountains).

juré [ʒyre] *nm* JUR juror.

juré, e [ʒyre] *adj* : **ennemi ~** sworn enemy.

jurer [3] [ʒyre] ◇ *vt* : ~ **qqch à qqn** to swear *ou* pledge sthg to sb ; ~ **(à qqn) que ...** to swear (to sb) that ... ; ~ **de faire qqch** to swear *ou* vow to do sthg ; **je le jure** I swear ; **je vous jure!** *fam* honestly! ; **ne plus ~ que par** to swear by ◇ *vi* - **1.** [blasphémer] to swear, to curse - **2.** [ne pas aller ensemble] : ~ **(avec)** to clash (with).
➤ **se jurer** *vp* : **se ~ de faire qqch** to swear *ou* vow to do sthg.

juridiction [ʒyridiksjɔ̃] *nf* jurisdiction.

juridictionnel, elle [ʒyridiksjɔnɛl] *adj* jurisdictional.

juridique [ʒyridik] *adj* legal.

juridiquement [ʒyridikmã] *adv* legally.

jurisprudence [ʒyrisprydãs] *nf* jurisprudence ; **faire ~** to set a precedent.

juriste [ʒyrist] *nmf* lawyer.

juron [ʒyrɔ̃] *nm* swearword, oath.

jury [ʒyri] *nm* - **1.** JUR jury - **2.** [SCOL - d'examen] examining board ; [- de concours] admissions board.

jus [ʒy] *nm* - **1.** [de fruits, légumes] juice ; ~ **d'orange/de pomme** orange/apple juice - **2.** [de viande] gravy.

jusqu'au-boutiste [ʒyskobutist] *nmf* hardliner.

jusque, jusqu' [ʒysk(ə)] ➤ **jusqu'à** *loc prép* - **1.** [sens temporel] until, till ; **jusqu'à nouvel ordre** until further notice ; **jusqu'à pré-** sent up until now, so far - **2.** [sens spatial] as far as ; **jusqu'au bout** to the end - **3.** [même] even ; **aller jusqu'à faire qqch** *fig* to go as far as to do sthg.
➤ **jusqu'à ce que** *loc conj* until, till.
➤ **jusqu'en** *loc prép* up until.
➤ **jusqu'ici** *loc adv* [lieu] up to here ; [temps] until now, so far.
➤ **jusque-là** *loc adv* [lieu] up to there ; [temps] up until then.

justaucorps [ʒystokɔr] *nm* [maillot] leotard.

juste [ʒyst] ◇ *adj* - **1.** [équitable] fair - **2.** [exact] right, correct - **3.** [trop petit] tight ◇ *adv* - **1.** [bien] correctly, right - **2.** [exactement, seulement] just.
➤ **au juste** *loc adv* exactly.
➤ **tout juste** *loc adv* only just.

justement [ʒystəmã] *adv* - **1.** [avec raison] rightly - **2.** [précisément] exactly, precisely.

justesse [ʒystɛs] *nf* [de remarque] aptness ; [de raisonnement] soundness.
➤ **de justesse** *loc adv* only just.

justice [ʒystis] *nf* - **1.** JUR justice ; **se faire ~** [se suicider] to take one's life ; **passer en ~** to stand trial ; **rendre la ~** to dispense justice ; **rendre ~ à qqn/qqch** to do justice to sb/sthg - **2.** [équité] fairness.

justiciable [ʒystisjabl] *adj* : **être ~ de** JUR to be answerable to.

justicier, ère [ʒystisje, ɛr] *nm, f* righter of wrongs.

justifiable [ʒystifjabl] *adj* justifiable.

justificatif, ive [ʒystifikatif, iv] *adj* supporting.
➤ **justificatif** *nm* written proof (*U*).

justification [ʒystifikasjɔ̃] *nf* justification.

justifier [9] [ʒystifje] *vt* - **1.** [gén] to justify - **2.** TYPO : ~ **à gauche/à droite** to left-/right-justify.
➤ **se justifier** *vp* to justify o.s.

jute [ʒyt] *nm* jute.

juter [3] [ʒyte] *vi* [fruit] to be juicy.

juteux, euse [ʒytø, øz] *adj* juicy ; **une affaire juteuse** *fam* a nice little earner.

juvénile [ʒyvenil] *adj* youthful.

juxtaposé, e [ʒykstapoze] *adj* juxtaposed.

juxtaposer [3] [ʒykstapoze] *vt* to juxtapose, to place side by side.

juxtaposition [ʒykstapozisjɔ̃] *nf* juxtaposition.

K

k, K [ka] *nm inv* k, K.

K7 [kasεt] (*abr de* **cassette**) *nf* cassette ; **ra-dio-~** radiocassette.

Kaboul [kabul] *n* Kabul.

kabyle [kabil] ⬦ *adj* Kabyle ⬦ *nm* [langue] Kabyle.

➡ **Kabyle** *nmf* Kabyle.

Kabylie [kabili] *nf* : **la ~** Kabylia.

kaki [kaki] ⬦ *nm* - **1.** [couleur] khaki - **2.** [fruit] persimmon ⬦ *adj inv* khaki.

kaléidoscope [kaleidɔskɔp] *nm* kaleido-scope.

kamikaze [kamikaz] *nm* kamikaze pilot.

Kampuchéa [kãpyʃea] *nm* : **le ~** Kampu-chea.

kanak = **canaque**.

kangourou [kãguru] *nm* kangaroo.

kapok [kapɔk] *nm* kapok.

karaoké [karaɔke] *nm* karaoke.

karaté [karate] *nm* karate.

karité [karite] *nm* shea.

kart [kart] *nm* go-kart.

karting [kartiŋ] *nm* go-karting.

kas(c)her, **cascher** [kaʃεr] *adj inv* kosher ; **manger ~** to eat kosher food.

Katar = **Qatar**.

Katmand(o)u [katmɔdu] *n* Katmandu.

kayak [kajak] *nm* kayak.

KCS (*abr de* **couronne tchécoslovaque**) Kcs.

Kenya [kenja] *nm* : **le ~** Kenya ; **au ~** in Kenya.

kenyan, e [kenjã, an] *adj* Kenyan.

➡ **Kenyan, e** *nm, f* Kenyan.

képi [kepi] *nm* kepi.

kératine [keratin] *nf* keratin.

kermesse [kεrmεs] *nf* - **1.** [foire] fair - **2.** [fête de bienfaisance] fête.

kérosène [kerɔzεn] *nm* kerosene.

ketchup [kεtʃœp] *nm* ketchup.

keuf [kœf] *nm fam* cop.

keum [kœm] *nm fam* guy, bloke.

KF - **1.** *abr de* **kilofranc** - **2.** *abr de* **café**.

kg (*abr de* **kilogramme**) kg.

KGB (*abr de* **Komitet Gossoudarstvennoï Bezopasnosti**) *nm* KGB.

khâgne [kaɲ] *nf* second year of a two-year preparatory arts course taken prior to the competitive examination for entry to the École normale supérieure.

Khartoum [kartum] *n* Khartoum.

khmer, ère [kmer] *adj* Khmer.

➡ **khmer** *nm* [langue] Khmer.

➡ **Khmer, ère** *nm, f* Khmer.

khôl [kɔl], **kohol** [kɔɔl] *nm* kohl.

kibboutz [kibuts] *nm inv* kibbutz.

kidnapper [3] [kidnape] *vt* to kidnap.

kidnappeur, euse [kidnapœr, øz] *nm, f* kid-napper.

kidnapping [kidnapiŋ] *nm* kidnap.

kif-kif [kifkif] *adj inv fam* : **c'est ~** it makes no odds *Br*, it's all the same.

kilo [kilo] *nm* kilo.

kilofranc [kilofrã] *nm* one thousand francs.

kilogramme [kilɔgram] *nm* kilogram.

kilométrage [kilɔmetraʒ] *nm* - **1.** [de voiture] ≃ mileage ; **~ illimité** ≃ unlimited mileage - **2.** [distance] distance.

kilomètre [kilɔmetr] *nm* kilometre *Br*, kilo-meter *Am*.

kilométrique [kilɔmetrik] *adj* kilometric.

kilo-octet [kilɔɔktε] *nm* INFORM kilobyte.

kilowatt [kilɔwat] *nm* kilowatt.

kilowatt-heure [kilɔwatœr] (*pl* **kilowatts-heures**) *nm* kilowatt-hour.

kilt [kilt] *nm* kilt.

kimono [kimɔno] *nm* kimono.

kinésithérapeute [kineziterapøt] *nmf* physiotherapist.

Kinshasa [kinʃasa] *n* Kinshasa.

kiosque [kjɔsk] *nm* - **1.** [de vente] kiosk ; **~ à journaux** newspaper kiosk - **2.** [pavillon] pavil-ion - **3.** [de navire] pilot house, wheelhouse.

kir [kir] *nm apéritif made with white wine and blackcurrant liqueur*.

kirsch [kirʃ] *nm* cherry brandy.

kit [kit] *nm* kit ; **en ~** in kit form.

kitchenette [kitʃɔnεt] *nf* kitchenette.

kitsch [kitʃ] *adj inv* kitsch.

kiwi [kiwi] *nm* - **1.** [oiseau] kiwi - **2.** [fruit] kiwi, kiwi fruit (*U*).

Klaxon® [klaksɔ̃] *nm* horn.

klaxonner [3] [klaksɔne] *vi* to hoot.

kleptomane, cleptomane [klεptɔman] *nmf* kleptomaniac.

kleptomanie [klεptɔmani] *nf* kleptomania.

km (*abr de* **kilomètre**) km.

km/h (*abr de* **kilomètre par heure**) kph.

Ko (*abr de* **kilo-octet**) K.

K.-O. [kao] *nm* : **mettre qqn ~** to knock sb out.

koala [kɔala] *nm* koala (bear).

kohol = **khôl**.

Kosovar [kɔsɔvar] *nmf* Kosovar.

Kosovo [kɔsɔvɔ] *nm* : **le ~** Kosovo ; **au ~** in Kosovo.

kouglof, kugelhof [kuglɔf] *nm cake made with dried fruit and almonds.*

Koweït [kɔwɛt] *nm* [pays, ville] Kuwait ; **le ~** Kuwait ; **au ~** in Kuwait.

koweïtien, enne [kɔwɛtjɛ̃, ɛn] *adj* Kuwaiti.

➤ **Koweïtien, enne** *nm, f* Kuwaiti.

krach [krak] *nm* crash ; **~ boursier** stock market crash.

kraft [kraft] *nm* kraft ; **papier ~** brown paper.

KRD (*abr de* **couronne danoise**) Kr, DKr.

KRN (*abr de* **couronne norvégienne**) Kr, NKr.

KRS (*abr de* **couronne suédoise**) Kr, Skr.

Kuala Lumpur [kyalalympyr] *n* Kuala Lumpur.

kugelhof = **kouglof**.

kumquat [kumkwat] *nm* kumquat.

kung-fu [kuŋfu] *nm* kung fu.

kurde [kyrd] ◇ *adj* Kurdish ◇ *nm* [langue] Kurdish.

➤ **Kurde** *nmf* Kurd.

Kurdistan [kyrdistɑ̃] *nm* : **le ~** Kurdistan ; **au ~** in Kurdistan.

kWh (*abr de* **kilowatt-heure**) kW/hr.

Kyoto [kiɔtɔ] *n* Kyoto.

kyrielle [kirjɛl] *nf fam* stream ; [d'enfants] horde.

kyste [kist] *nm* cyst.

L

l, L [ɛl] ◇ *nm inv* l, L ◇ (*abr de* **litre**) l.

l' ➤ **le**.

la¹ [la] *art déf* & *pron déf* ➤ **le**.

la² [la] *nm inv* MUS A ; [chanté] la.

là [la] *adv* - **1.** [lieu] there ; **à 3 kilomètres de ~** 3 kilometres from there ; **passe par ~** go that way ; **c'est ~ que je travaille** that's where I work ; **je suis ~** I'm here ; **les faits sont ~** those are the facts - **2.** [temps] then ; **à quelques jours de ~** a few days later, a few days after that - **3.** [dans cela] : **la santé, tout est ~**

(good) health is everything ; **~ est le vrai problème** that's the real problem - **4.** [avec une proposition relative] : **~ où** [lieu] where ; [temps] when - **5.** *loc* : **de ~ à dire qu'elle est sympathique, il y a loin!** there's a big difference between saying that and saying that she's a nice person ; **nous en sommes ~** that's the stage we've reached ; **s'en tenir ~** to call a halt (there) ; *voir aussi* **ce, là-bas, là-dedans** etc.

là-bas [laba] *adv* (over) there.

label [labɛl] *nm* - **1.** [étiquette] : **~ de qualité** label guaranteeing quality - **2.** [commerce] label, brand name.

labeur [labœr] *nm sout* labour *Br*, labor *Am*.

labial, e, aux [labjal, o] *adj* labial.

labo [labo] (*abr de* **laboratoire**) *nm fam* lab.

laborantin, e [labɔrɑ̃tɛ̃, in] *nm, f* laboratory assistant.

laboratoire [labɔratwar] *nm* laboratory ; **~ d'analyses** test laboratory ; **~ de langues** language laboratory.

laborieusement [labɔrjøzmɑ̃] *adv* laboriously.

laborieux, euse [labɔrjø, øz] *adj* - **1.** [difficile] laborious - **2.** [travailleur] industrious ; **les classes laborieuses** the working class (*sg*).

labour [labur] *nm* - **1.** [labourage] ploughing - **2.** (*gén pl*) [terres] ploughed field.

labourage [laburaʒ] *nm* ploughing.

labourer [3] [labure] *vt* - **1.** AGRIC to plough *Br*, to plow *Am* - **2.** *fig* [creuser] to make a gash in.

laboureur [laburœr] *nm* ploughman.

labrador [labradɔr] *nm* labrador.

labyrinthe [labirɛ̃t] *nm* labyrinth.

lac [lak] *nm* lake ; **les Grands Lacs** the Great Lakes ; **le ~ Léman** Lake Geneva ; **le ~ Majeur** Lake Maggiore.

lacer [16] [lase] *vt* to tie.

lacérer [18] [lasere] *vt* - **1.** [déchirer] to shred - **2.** [blesser, griffer] to slash.

lacet [lasɛ] *nm* - **1.** [cordon] lace - **2.** [de route] bend - **3.** [piège] snare.

lâche [laʃ] ◇ *nmf* coward ◇ *adj* - **1.** [nœud] loose - **2.** [personne, comportement] cowardly.

lâchement [laʃmɑ̃] *adv* like a coward/cowards.

lâcher [3] [laʃe] ◇ *vt* - **1.** [libérer - bras, objet] to let go of ; [- animal] to let go, to release - **2.** [émettre - son, mot] to let out, to come out with - **3.** [desserrer] to loosen - **4.** [laisser tomber] : **~ qqch** to drop sthg - **5.** *fam* [abandonner - ami] : **~ qqn** to drop sb ◇ *vi* to give way ◇ *nm* : **un ~ de** a release of.

lâcheté [laʃte] *nf* - **1.** [couardise] cowardice - **2.** [acte] cowardly act.

lâcheur, euse [laʃœr, øz] *nm, f fam* unreliable person.

lacis [lasi] *nm* [labyrinthe] maze.

laconique [lakɔnik] *adj* laconic.

laconiquement [lakɔnikmɑ̃] *adv* laconically.

lacrymal, e, aux [lakrimal, o] *adj* lacrimal.

lacrymogène [lakrimɔʒɛn] *adj* tear *(avant n)*.

lactation [laktasjɔ̃] *nf* lactation.

lacté, e [lakte] *adj* [régime] milk *(avant n)*.

lactique [laktik] *adj* lactic.

lacunaire [lakynɛr] *adj* [insuffisant] incomplete.

lacune [lakyn] *nf* [manque] gap.

lacustre [lakystr] *adj* [faune, plante] lake *(avant n)* ; [cité, village] on stilts.

lad [lad] *nm* stable lad.

là-dedans [ladədɑ̃] *adv* inside, in there ; **il y a quelque chose qui m'intrigue ~** there's something in that which intrigues me.

là-dessous [ladsu] *adv* underneath, under there ; *fig* behind that.

là-dessus [ladsy] *adv* on that ; **~, il partit at** that point *ou* with that, he left ; **je suis d'accord ~** I agree about that.

ladite ➪ **ledit**.

lagon [lagɔ̃] *nm*, **lagune** [lagyn] *nf* lagoon.

Lagos [lagos] *nm* : **le ~** Lagos.

là-haut [lao] *adv* up there.

laïc, laïque [laik] ⟨⟩ *adj* lay *(avant n)* ; [juridiction] civil *(avant n)* ; [école] state *(avant n)* ⟨⟩ *nm, f* layman (*f* laywoman).

laïcisation [laisizasjɔ̃] *nf* secularization.

laid, e [lɛ, lɛd] *adj* - **1.** [esthétiquement] ugly - **2.** [moralement] wicked.

laideron [lɛdrɔ̃] *nm* ugly woman.

laideur [lɛdœr] *nf* - **1.** [physique] ugliness - **2.** [morale] wickedness.

laie [lɛ] *nf ZOOL* wild sow.

lainage [lɛnaʒ] *nm* [étoffe] woollen *Br ou* woolen *Am* material ; [vêtement] woolly, woollen *Br ou* woolen *Am* garment.

laine [lɛn] *nf* wool ; **~ polaire** polar fleece ; **~ de verre** glass wool ; **pure ~ vierge** pure new wool.

laineux, euse [lɛnø, øz] *adj* woolly.

lainier, ère [lɛnje, ɛr] ⟨⟩ *adj* wool *(avant n)* ⟨⟩ *nm, f* [marchand] wool merchant ; [ouvrier] wool worker.

laïque = **laïc**.

laisse [lɛs] *nf* [corde] lead, leash ; **tenir en ~** [chien] to keep on a lead *ou* leash ; **tenir qqn en ~** *fig* to keep sb on a short lead.

laissé-pour-compte,   **laissée-pour-compte** [lesepurkɔ̃t] (*mpl* laissés-pour-compte, *fpl* laissées-pour-compte) *adj* - **1.** [article] unsold - **2.** *fig* [personne] rejected.

◆ **laissé-pour-compte** *nm* - **1.** [article] unsold item - **2.** [personne] reject.

laisser [4] [lese] ⟨⟩ *v aux* (+ *infinitif*) : **~ qqn faire qqch** to let sb do sthg ; **laisse-le faire** leave him alone, don't interfere ; **~ tomber qqch** *litt* & *fig* to drop sthg ; **~ tomber qqn** *fam* to drop *ou* ditch sb ; **laisse tomber!** *fam* drop it! ⟨⟩ *vt* - **1.** [gén] to leave ; **~ qqch à qqn** [léguer] to leave sthg to sb, to leave sb sthg ; **~ qqn/qqch à qqn** [confier] to leave sb/sthg with sb - **2.** [céder] : **~ qqch à qqn** to let sb have sthg - **3.** *loc* : **~ qqn tranquille** to leave sb in peace *ou* alone ; **~ à désirer** to leave something to be desired.

◆ **se laisser** *vp* : **se ~ faire** to let o.s. be persuaded ; **se ~ aller** to relax ; [dans son apparence] to let o.s. go ; **se ~ aller dans un fauteuil** to collapse into an armchair ; **se ~ aller à qqch** to indulge in sthg ; **se ~ tenter par** to be tempted by.

laisser-aller [leseale] *nm inv* carelessness.

laissez-passer [lesepase] *nm inv* pass.

lait [lɛ] *nm* - **1.** [gén] milk ; **~ de chèvre/vache** goat's/cow's milk ; **~ entier/écrémé** whole/skimmed milk ; **~ concentré** *ou* **condensé** [sucré] condensed milk ; [non sucré] evaporated milk ; **~ maternel** mother's milk ; **~ en poudre** powdered milk ; **~ de poule** egg flip - **2.** [cosmétique] : **~ démaquillant** cleansing milk *ou* lotion.

laitage [lɛtaʒ] *nm* dairy product.

laiterie [lɛtri] *nf* dairy.

laiteux, euse [lɛtø, øz] *adj* milky.

laitier, ère [lɛtje, ɛr] ⟨⟩ *adj* dairy *(avant n)* ⟨⟩ *nm, f* milkman (*f* milkwoman).

◆ **laitier** *nm TECHNOL* slag.

laiton [lɛtɔ̃] *nm* brass.

laitue [lɛty] *nf* lettuce.

laïus [lajys] *nm* long speech.

lama [lama] *nm* - **1.** *ZOOL* llama - **2.** *RELIG* lama.

lambeau, x [lɑ̃bo] *nm* - **1.** [morceau] shred ; **mettre qqch en ~x** to tear sthg to pieces *ou* shreds - **2.** *fig* [fragment] fragment.

lambiner [3] [lɑ̃bine] *vi fam* to dawdle.

lambris [lɑ̃bri] *nm* panelling *Br*, paneling *Am*.

lambswool [lɑ̃bswul] *nm* lambswool.

lame [lam] *nf* - **1.** [fer] blade ; **~ de rasoir** razor blade - **2.** [lamelle] strip - **3.** [vague] wave ; **~ de fond** groundswell.

lamé, e [lame] *adj* lamé ; **~ or/argent** gold/silver lamé.

➤ **lamé** *nm* lamé ; **de** *ou* **en ~** lamé.

lamelle [lamɛl] *nf* - **1.** [de champignon] gill - **2.** [tranche] thin slice - **3.** [de verre] slide.

lamentable [lamɑ̃tabl] *adj* - **1.** [résultats, sort] appalling - **2.** [ton] plaintive.

lamentablement [lamɑ̃tabləmɑ̃] *adv* miserably.

lamentation [lamɑ̃tasjɔ̃] *nf* - **1.** [plainte] lamentation - **2.** *(gén pl)* [jérémiade] moaning *(U)*.

lamenter [3] [lamɑ̃te] ➤ **se lamenter** *vp* to complain ; **se ~ sur qqch** to bemoan sthg ; **se ~ d'avoir fait qqch** to complain about having done sthg.

laminage [laminaʒ] *nm* lamination.

laminer [3] [lamine] *vt* IND to laminate ; *fig* [personne, revenus] to eat away at.

laminoir [laminwar] *nm* rolling mill.

lampadaire [lɑ̃padɛr] *nm* [d'intérieur] standard lamp *Br*, floor lamp *Am* ; [de rue] street lamp *ou* light.

lampe [lɑ̃p] *nf* lamp, light ; **~ à bronzer** sunlamp ; **~ de chevet** bedside lamp ; **~ halogène** halogen light ; **~ à incandescence** incandescent lamp ; **~ à pétrole** oil lamp ; **~ de poche** torch *Br*, flashlight *Am* ; **~ à souder** blowtorch ; **~ témoin** pilot light ; **s'en mettre plein la ~** *fam fig* to stuff o.s.

lampée [lɑ̃pe] *nf fam* swig.

lampion [lɑ̃pjɔ̃] *nm* Chinese lantern.

lampiste [lɑ̃pist] *nm* [employé, subalterne] underling, dogsbody *Br*.

lance [lɑ̃s] *nf* - **1.** [arme] spear - **2.** [de tuyau] nozzle ; **~ d'incendie** fire hose.

lancée [lɑ̃se] *nf* : **continuer sur sa ~** to keep going.

lance-flammes [lɑ̃sflam] *nm inv* flamethrower.

lancement [lɑ̃smɑ̃] *nm* - **1.** [d'entreprise, produit, navire] launching - **2.** [de javelot, projectile] throwing.

lance-pierres [lɑ̃spjɛr] *nm inv* catapult.

lancer [16] [lɑ̃se] ⬦ *vt* - **1.** [pierre, javelot] to throw ; **~ qqch sur qqn** to throw sthg at sb - **2.** [fusée, produit, style] to launch - **3.** [émettre] to give off ; [cri] to let out ; [injures] to hurl ; [ultimatum] to issue - **4.** [moteur] to start up - **5.** [INFORM - programme] to start ; [- système] to boot (up) - **6.** *fig* [sur un sujet] : **~ qqn sur qqch** to get sb started on sthg ⬦ *nm* - **1.** PÊCHE casting - **2.** SPORT throwing ; **~ du poids** shotput.

➤ **se lancer** *vp* - **1.** [débuter] to make a name for o.s - **2.** [s'engager] : **se ~ dans** [dépenses, explication, lecture] to embark on.

lanceur, euse [lɑ̃sœr, øz] *nm, f* SPORT thrower.

➤ **lanceur** *nm* AÉRON launcher.

lancinant, e [lɑ̃sinɑ̃, ɑ̃t] *adj* - **1.** [douleur] shooting - **2.** *fig* [obsédant] haunting - **3.** [monotone] insistent.

lanciner [3] [lɑ̃sine] ⬦ *vi* to throb ⬦ *vt fig* to haunt.

landau [lɑ̃do] *nm* - **1.** [d'enfant] pram - **2.** [carrosse] landau.

lande [lɑ̃d] *nf* moor.

langage [lɑ̃gaʒ] *nm* language ; **~ machine** INFORM machine language.

lange [lɑ̃ʒ] *nm* nappy *Br*, diaper *Am*.

langer [17] [lɑ̃ʒe] *vt* to change.

langoureusement [lɑ̃gurøzmɑ̃] *adv* languorously.

langoureux, euse [lɑ̃gurø, øz] *adj* languorous.

langouste [lɑ̃gust] *nf* crayfish.

langoustine [lɑ̃gustin] *nf* langoustine.

langue [lɑ̃g] *nf* - **1.** ANAT & *fig* tongue ; **tirer la ~ à qqn** to stick out one's tongue at sb ; **~ de bœuf** CULIN ox tongue ; **mauvaise ~** *fig* gossip ; **avoir la ~ bien pendue** to be a chatterbox ; **donner sa ~ au chat** to give up ; **ne pas avoir sa ~ dans sa poche** never to be at a loss for words ; **tenir sa ~** *fig* to hold one's tongue - **2.** LING language ; **de ~ française** [livre] French ; [personne] French-speaking ; **les politiciens qui parlent la ~ de bois** politicians who mouth clichés ; **~ maternelle** mother tongue ; **~ morte/vivante** dead/modern language.

langue-de-chat [lɑ̃gdəʃa] *(pl* langues-de-chat*) nf* light finger-biscuit.

languette [lɑ̃gɛt] *nf* tongue.

langueur [lɑ̃gœr] *nf* - **1.** [dépérissement, mélancolie] languor - **2.** [apathie] apathy.

languir [32] [lɑ̃gir] *vi* - **1.** [dépérir] : **~ (de)** to languish (with) - **2.** *sout* [attendre] to wait ; **faire ~ qqn** to keep sb waiting - **3.** *littéraire* [désirer] : **~ après** to pine for.

lanière [lanjɛr] *nf* strip.

lanoline [lanɔlin] *nf* lanolin.

lanterne [lɑ̃tɛrn] *nf* - **1.** [éclairage] lantern - **2.** [phare] light - **3.** *loc* : **éclairer la ~ de qqn** *fig* to put sb in the know ; **être la ~ rouge** *fam fig* to bring up the rear.

lanterner [3] [lɑ̃tɛrne] *vi fam* to dawdle ; **faire ~ qqn** to keep sb hanging around.

Laos [laɔs] *nm* : **le ~** Laos ; **au ~** in Laos.

laotien, enne [laɔsjɛ̃, ɛn] *adj* Laotian.

➤ **laotien** *nm* [langue] Laotian.

➤ **Laotien, enne** *nm, f* Laotian.

lapalissade [lapalisad] *nf* statement of the obvious.

La Paz [lapaz] *n* La Paz.

laper [3] [lape] *vt* & *vi* to lap.

lapereau, x [lapro] *nm* baby rabbit.

lapidaire [lapidɛr] ◇ *nm* lapidary ◇ *adj* lapidary ; *fig* [style] terse.

lapider [3] [lapide] *vt* [tuer] to stone.

lapin, e [lapɛ̃, in] *nm, f* - **1.** CULIN & ZOOL rabbit ; ~ **de garenne** wild rabbit - **2.** *fam* [personne] : **mon** ~ my darling ; **chaud** ~ stud - **3.** *loc* : **poser un** ~ **à qqn** *fam* to stand sb up.
➤ **lapin** *nm* [fourrure] rabbit fur.

lapon, onne ou **one** [lapɔ̃, ɔn] *adj* Lapp.
➤ **lapon** *nm* [langue] Lapp.
➤ **Lapon, onne** ou **one** *nm, f* Lapp, Laplander.

Laponie [laponi] *nf* : **la** ~ Lapland.

laps [laps] *nm* : **(dans) un** ~ **de temps** (in) a while.

lapsus [lapsys] *nm* slip (of the tongue/pen) ; **faire un** ~ to make a slip (of the tongue/pen).

laquais [lakɛ] *nm* lackey.

laque [lak] *nf* - **1.** [vernis, peinture] lacquer - **2.** [pour cheveux] hair spray, lacquer.

laqué, e [lake] *adj* lacquered.

laquelle ⊳ lequel.

laquer [3] [lake] *vt* to lacquer.

larbin [larbɛ̃] *nm* - **1.** [domestique] servant - **2.** [personne servile] yes-man.

larcin [larsɛ̃] *nm* - **1.** [vol] larceny, theft - **2.** [butin] spoils *(pl)*.

lard [lar] *nm* - **1.** [graisse de porc] lard - **2.** [viande] bacon - **3.** *fam* [graisse d'homme] blubber.

larder [3] [larde] *vt* - **1.** CULIN to lard - **2.** *fig* [piquer] : ~ **qqn de coups/d'injures** to rain blows/insults on sb - **3.** *fig* [truffer] : ~ **qqch de** to cram sth with.

lardon [lardɔ̃] *nm* - **1.** CULIN cube or strip of bacon - **2.** *fam* [enfant] kid.

large [larʒ] ◇ *adj* - **1.** [étendu, grand] wide ; ~ **de 5 mètres** 5 metres wide ; **être** ~ **de hanches/d'épaules** to have broad hips/shoulders - **2.** [important, considérable] large, big - **3.** [esprit, sourire] broad - **4.** [généreux - personne] generous ◇ *adv* amply ; **voir** ~ to think big ; **ne pas en mener** ~ *fig* to be afraid ◇ *nm* - **1.** [largeur] : **5 mètres de** ~ 5 metres wide - **2.** [mer] : **le** ~ the open sea ; **au** ~ **de la côte française** off the French coast ; **prendre le** ~ [navire] to put to sea ; *fig* to be off.

largement [larʒəmɑ̃] *adv* - **1.** [diffuser, répandre] widely ; **la porte était** ~ **ouverte** the door was wide open - **2.** [donner, payer] generously ; [dépasser] considerably ; [récompenser] amply ; **avoir** ~ **le temps** to have plenty of time - **3.** [au moins] easily.

largesse [larʒɛs] *nf* - **1.** [générosité] generosity - **2.** *(gén pl)* [don] gift.

largeur [larʒœr] *nf* - **1.** [d'avenue, de cercle] width - **2.** *fig* [d'idées, d'esprit] breadth.

largué, e [large] *adj* : **être** ~ to be all at sea.

larguer [3] [large] *vt* - **1.** [voile] to unfurl - **2.** [bombe, parachutiste] to drop - **3.** *fam fig* [abandonner] to chuck ; **se faire** ~ to be chucked.

larme [larm] *nf* - **1.** [pleur] tear ; **être en** ~**s** to be in tears ; **fondre en** ~**s** to burst into tears ; **pleurer à chaudes** ~**s** to cry bitterly ; **ravaler ses** ~**s** to hold back one's tears ; **rire aux** ~**s** to laugh until one cries ; ~**s de crocodile** *fig* crocodile tears - **2.** *fam* [goutte] : **une** ~ **de** a drop of.

larmoyant, e [larmwajɑ̃, ɑ̃t] *adj* - **1.** [yeux, personne] tearful - **2.** *péj* [histoire] tearjerking.

larmoyer [13] [larmwaje] *vi* - **1.** [pleurer - personne] to weep ; [- yeux] to water - **2.** *péj* [se lamenter] to moan.

larron [larɔ̃] *nm vieilli* [voleur] thief.

larve [larv] *nf* - **1.** ZOOL larva - **2.** *péj* [personne] wimp.

larvé, e [larve] *adj* - **1.** MÉD larvate - **2.** [latent] latent.

laryngite [larɛ̃ʒit] *nf* laryngitis *(U)*.

larynx [larɛ̃ks] *nm* larynx.

las, lasse [la, las] *adj littéraire* - **1.** [fatigué] weary - **2.** [dégoûté, ennuyé] tired ; ~ **de faire qqch** tired of doing sth ; ~ **de qqn/qqch** tired of sb/sth.
➤ **las** *interj* alas!

lascar [laskar] *nm* - **1.** [homme louche] shady character ; [homme rusé] rogue - **2.** *fam* [enfant] rascal.

lascif, ive [lasif, iv] *adj* lascivious.

laser [lazer] ◇ *nm* laser ◇ *adj inv* laser *(avant n)*.

lassant, e [lasɑ̃, ɑ̃t] *adj* tiresome.

lasser [3] [lase] *vt sout* [personne] to weary ; [patience] to try.
➤ **se lasser** *vp* to weary ; **ne pas se** ~ **de qqch/de faire qqch** not to weary of sth/of doing sth.

lassitude [lasityd] *nf* lassitude.

lasso [laso] *nm* lasso.

lat. *(abr de* latitude*)* lat.

latent, e [latɑ̃, ɑ̃t] *adj* latent.

latéral, e, aux [lateral, o] *adj* lateral.

latex [latɛks] *nm inv* latex.
latin, e [latɛ̃, in] *adj* Latin.
→ **latin** *nm* [langue] Latin ; **y perdre son ~** *fig* to be at a loss.
latiniste [latinist] *nmf* [spécialiste] Latinist ; [étudiant] Latin student.
latino-américain, e [latinɔamerikɛ̃, ɛn] (*mpl* **latino-américains**, *fpl* **latino-américaines**) *adj* Latin-American, Hispanic.
latitude [latityd] *nf litt* & *fig* latitude.
latrines [latrin] *nfpl* latrines.
latte [lat] *nf* lath, slat.
lattis [lati] *nm* lathwork.
laudatif, ive [lodatif, iv] *adj* laudatory.
lauréat, e [lɔrea, at] ◇ *adj* prizewinning, winning ◇ *nm, f* prizewinner, winner.
laurier [lɔrje] *nm* BOT laurel.
→ **lauriers** *nmpl* [gloire] laurels ; **s'endormir** *OU* **se reposer sur ses ~s** to rest on one's laurels.
laurier-rose [lɔrjeroz] (*pl* **lauriers-roses**) *nm* oleander.
laurier-sauce [lɔrjesos] (*pl* **lauriers-sauce**) *nm* bay (tree).
Lausanne [lozan] *n* Lausanne.
lavable [lavabl] *adj* washable.
lavabo [lavabo] *nm* - **1.** [cuvette] basin - **2.** (*gén pl*) [local] toilet.
lavage [lavaʒ] *nm* washing ; **~ à la main/en machine** hand/machine washing ; **~ de cerveau** *fig* brainwashing ; **subir un ~ d'estomac** MÉD to have one's stomach pumped.
lavande [lavɑ̃d] ◇ *nf* - **1.** BOT lavender - **2.** [eau] lavender water ◇ *adj inv* lavender (*avant n*).
lavasse [lavas] *nf fam* dishwater (U).
lave [lav] *nf* lava.
lave-glace [lavglas] (*pl* **lave-glaces**) *nm* windscreen washer *Br*, windshield washer *Am*.
lave-linge [lavlɛ̃ʒ] *nm inv* washing machine.
lavement [lavmɑ̃] *nm* enema.
laver [3] [lave] *vt* - **1.** [nettoyer] to wash - **2.** *fig* [disculper] : **~ qqn de qqch** to clear sb of sthg.
→ **se laver** *vp* - **1.** [se nettoyer] to wash o.s., to have a wash ; **se ~ les mains/les cheveux** to wash one's hands/hair - **2.** [se disculper] : **se ~ (de)** to clear o.s. (of).
laverie [lavri] *nf* [commerce] laundry ; **~ automatique** launderette.
lavette [lavɛt] *nf* - **1.** [brosse] washing-up brush ; [en tissu] dishcloth - **2.** *fam* [homme] drip.

laveur, euse [lavœr, øz] *nm, f* washer ; **~ de carreaux** window cleaner (*person*).
lave-vaisselle [lavvesɛl] *nm inv* dishwasher.
lavis [lavi] *nm* [procédé] washing ; [dessin] wash (painting).
lavoir [lavwar] *nm* - **1.** [lieu] laundry - **2.** [bac] washtub.
laxatif, ive [laksatif, iv] *adj* laxative.
→ **laxatif** *nm* laxative.
laxisme [laksism] *nm* laxity.
laxiste [laksist] ◇ *nmf* over-lenient person ◇ *adj* lax.
layette [lɛjɛt] *nf* layette.
le [lə], **l'** (*devant voyelle ou h muet*) (*f* **la** [la], *pl* **les** [le]) ◇ *art déf* - **1.** [gén] the ; **~ lac** the lake ; **la fenêtre** the window ; **l'homme** the man ; **les enfants** the children - **2.** [devant les noms abstraits] : **l'amour** love ; **la liberté** freedom ; **la vieillesse** old age - **3.** [devant les noms géographiques] : **la France** France ; **les États-Unis** America, the United States (of America) ; **la Seine** the Seine ; **les Alpes** the Alps - **4.** [temps] : **~ 15 janvier 1993** 15th January 1993 ; **je suis arrivé ~ 15 janvier 1993** I arrived on the 15th of January 1993 ; **~ lundi** [habituellement] on Mondays ; [jour précis] on (the) Monday - **5.** [possession] : **se laver les mains** to wash one's hands ; **secouer la tête** to shake one's head ; **avoir les cheveux blonds** to have fair hair - **6.** [distributif] per, a ; **10 francs ~ mètre** 10 francs per metre *Br OU* meter *Am*, 10 francs a metre *Br OU* meter *Am* ◇ *pron pers* - **1.** [personne] him (*f* her), *pl* them ; [chose] it, *pl* them ; [animal] it, him (*f* her), *pl* them ; **je ~/la/les connais bien** I know him/her/them well ; **tu dois avoir la clé, donne-la moi** you must have the key, give it to me - **2.** [représente une proposition] : **je ~ sais bien** I know, I'm well aware (of it) ; **je te l'avais bien dit!** I told you so!
LEA (*abr de* **langues étrangères appliquées**) *nfpl* applied modern languages.
leader [lidœr] ◇ *nm* [de parti, course] leader ◇ *adj* leading.
leadership [lidœrʃip] *nm* leadership.
lèche [lɛʃ] *nf fam* bootlicking ; **faire de la ~ à qqn** to lick sb's boots.
léché, e [leʃe] *adj fam* [fignolé] polished.
lèchefrite [lɛʃfrit] *nf* dripping-pan.
lécher [18] [leʃe] *vt* - **1.** [passer la langue sur, effleurer] to lick ; [suj : vague] to wash against - **2.** *fam* [fignoler] to polish (up).
→ **se lécher** *vp* : **se ~ les doigts** *fam* to lick one's fingers.
lèche-vitrines [lɛʃvitrin] *nm inv* window-

shopping ; **faire du ~** to go window-shopping.

leçon [ləsɔ̃] *nf* - **1.** [gén] lesson ; **~s de conduite** driving lessons ; **~s particulières** private lessons *ou* classes - **2.** [conseil] advice *(U)* ; **faire la ~ à qqn** to lecture sb.

lecteur, trice [lɛktœr, tris] *nm, f* - **1.** [de livres] reader - **2.** UNIV foreign language assistant.
◆ **lecteur** *nm* - **1.** [gén] head ; **~ de cassettes/ CD** cassette/CD player ; **~ laser universel** audio-video CD player - **2.** INFORM reader ; **~ de disques** disk drive.

lecture [lɛktyr] *nf* reading.

LED (*abr de* **light emitting diode**) *nf* LED.

ledit, ladite [lədi, ladit] (*mpl* **lesdits** [ledi], *fpl* **lesdites** [ledit]) *adj* the said, the aforementioned.

légal, e, aux [legal, o] *adj* legal.

légalement [legalmɑ̃] *adv* legally.

légalisation [legalizasjɔ̃] *nf* - **1.** [légitimation] legalization - **2.** [authentification] authentication.

légaliser [3] [legalize] *vt* - **1.** [rendre légal] to legalize - **2.** [certifier authentique] to authenticate.

légalisme [legalism] *nm* legalism.

légalité [legalite] *nf* - **1.** [de contrat, d'acte] legality, lawfulness - **2.** [loi] law.

légataire [legatɛr] *nmf* legatee ; **~ universel** sole legatee.

légation [legasjɔ̃] *nf* legation.

légendaire [leʒɑ̃dɛr] *adj* legendary.

légende [leʒɑ̃d] *nf* - **1.** [fable] legend - **2.** péj [invention] story - **3.** [de carte, de schéma] key ; [de photo] caption.

léger, ère [leʒe, ɛr] *adj* - **1.** [objet, étoffe, repas] light - **2.** [bruit, différence, odeur] slight - **3.** [alcool, tabac] low-strength - **4.** [femme] flighty - **5.** [insouciant - ton] light-hearted ; [- conduite] thoughtless.
◆ **à la légère** *loc adv* lightly, thoughtlessly.

légèrement [leʒɛrmɑ̃] *adv* - **1.** [s'habiller, poser] lightly - **2.** [agir] thoughtlessly - **3.** [blesser, remuer] slightly.

légèreté [leʒɛrte] *nf* - **1.** [d'objet, de repas, de punition] lightness - **2.** [de style] gracefulness - **3.** [de conduite] thoughtlessness - **4.** [de personne] flightiness.

légiférer [18] [leʒifere] *vi* to legislate.

légion [leʒjɔ̃] *nf* - **1.** MIL legion ; **la Légion étrangère** the Foreign Legion - **2.** [grand nombre] : **une ~ de** a host of ; **être ~** fig to be legion.
◆ **Légion** *nf* : **la Légion d'honneur** the Legion of Honour.

légionnaire [leʒjɔnɛr] *nm* legionary.

législateur, trice [leʒislatœr, tris] *nm, f* legislator.

législatif, ive [leʒislatif, iv] *adj* legislative.
◆ **législatif** *nm* legislature.
◆ **législatives** *nfpl* : **les législatives** the legislative elections, ≃ the general election *(sg)* Br.

législation [leʒislasjɔ̃] *nf* legislation.

législature [leʒislatyr] *nf* - **1.** [période] term of office - **2.** [corps] legislature.

légiste [leʒist] *adj* - **1.** [juriste] jurist - **2.** ⊏> **médecin.**

légitimation [leʒitimasjɔ̃] *nf* - **1.** [d'enfant] legitimization - **2.** *littéraire* [justification] justification.

légitime [leʒitim] *adj* legitimate.

légitimement [leʒitimmɑ̃] *adv* - **1.** [légalement] legitimately - **2.** [justement] fairly.

légitimer [3] [leʒitime] *vt* - **1.** [reconnaître] to recognize ; [enfant] to legitimize - **2.** [justifier] to justify.

légitimité [leʒitimite] *nf* - **1.** [de pouvoir, d'enfant] legitimacy - **2.** [de récompense] fairness.

legs [lɛg] *nm* legacy.

léguer [18] [lege] *vt* : **~ qqch à qqn** JUR to bequeath sthg to sb ; *fig* to pass sthg on to sb.

légume [legym] ⬦ *nm* vegetable ⬦ *nf fam* : **une grosse ~** a bigwig.

leitmotiv [lajtmɔtif, lɛtmɔtif] *nm* leitmotif.

Léman [lemɑ̃] ⊏> **lac.**

lendemain [lɑ̃dmɛ̃] *nm* - **1.** [jour] day after ; **le ~ matin** the next morning ; **au ~ de** after, in the days following - **2.** [avenir] tomorrow ; **sans ~** short-lived.

lénifiant, e [lenifjɑ̃, ɑ̃t] *adj litt* & *fig* soothing.

léniniste [leninist] *nmf* & *adj* Leninist.

lent, e [lɑ̃, lɑ̃t] *adj* slow ; **~ à faire qqch** slow to do sthg.

lente [lɑ̃t] *nf* nit.

lentement [lɑ̃tmɑ̃] *adv* slowly.

lenteur [lɑ̃tœr] *nf* slowness *(U)*.

lentille [lɑ̃tij] *nf* - **1.** BOT & CULIN lentil - **2.** [d'optique] lens ; **~s de contact** contact lenses.

léonin, e [leɔnɛ̃, in] *adj* - **1.** [du lion] leonine - **2.** [injuste] one-sided.

léopard [leɔpar] *nm* leopard.

lèpre [lɛpr] *nf* - **1.** MÉD leprosy - **2.** *fig* [mal] disease.

lépreux, euse [leprø, øz] ⬦ *adj* - **1.** MÉD leprous - **2.** *fig* [mur, maison] peeling ⬦ *nm, f* leper.

lequel [ləkɛl] (f **laquelle** [lakɛl], mpl **lesquels** [lekɛl], fpl **lesquelles** [lekɛl]) (contraction de à + lequel = **auquel**, de + lequel = **duquel**, à + lesquels/lesquelles = **auxquels/auxquelles**, de + lesquels/lesquelles = **desquels/desquelles**) ◇ pron rel - **1.** [complément - personne] whom ; [- chose] which - **2.** [sujet - personne] who ; [- chose] which ◇ pron interr : **lequel?** which (one)?

les ▷ le.

lesbienne [lɛsbjɛn] nf lesbian.

lesdits, lesdites ▷ ledit.

lèse-majesté [lɛzmaʒɛste] nf inv lese-majesty.

léser [18] [leze] vt - **1.** [frustrer] to wrong - **2.** MÉD to injure, to damage.

lésiner [3] [lezine] vi to skimp ; **ne pas ~ sur** not to skimp on.

lésion [lezjɔ̃] nf lesion.

Lesotho [lesɔtɔ] nm : **le ~** Lesotho.

lesquels, lesquelles ▷ lequel.

lessive [lesiv] nf - **1.** [nettoyage, linge] washing - **2.** [produit] washing powder.

lessiver [3] [lesive] vt - **1.** [nettoyer] to wash - **2.** CHIM to leach - **3.** fam [épuiser] to wipe out.

lest [lɛst] nm ballast ; **lâcher du ~** to jettison ballast ; fig to make concessions.

leste [lɛst] adj - **1.** [agile] nimble, agile - **2.** [licencieux] crude.

lestement [lɛstəmɑl] adv - **1.** [agilement] nimbly, agilely - **2.** [grivoisement] crudely.

lester [3] [lɛste] vt - **1.** [garnir de lest] to ballast - **2.** fam [charger] to fill, to cram.

letchi = litchi.

léthargie [letaʒi] nf litt & fig lethargy ; **tomber en ~** to become lethargic.

léthargique [letaʒik] adj lethargic.

letton, onne [lɛtɔ̃, ɔn] adj Latvian.
◆ **letton** nm [langue] Latvian.
◆ **Letton, onne** nm, f Latvian.

Lettonie [lɛtɔni] nf : **la ~** Latvia.

lettre [lɛtr] nf - **1.** [gén] letter ; **en toutes ~s** in words, in full ; **~ d'amour** love letter ; **~ de couverture** cover note ; **~ ouverte** open letter ; **~ piégée** letter bomb ; **~ de rappel** reminder ; **~ de recommandation** (letter of) recommendation ; **passer comme une ~ à la poste** fam [entretien, examen] to go smoothly ; [personne] to get through easily - **2.** [sens des mots] : **à la ~** to the letter.
◆ **lettres** nfpl - **1.** [culture littéraire] letters - **2.** UNIV arts ; **~s classiques** classics ; **~s modernes** French language and literature

- 3. [titre] : **~s de noblesse** letters patent of nobility.
◆ **lettre de change** nf bill of exchange.

leucémie [løsemi] nf leukemia.

leucocyte [løkɔsit] nm leucocyte.

leucorrhée [løkɔre] nf leucorrhoea.

leur [lœr] pron pers inv (to) them ; **je voudrais ~ parler** I'd like to speak to them ; **je ~ ai donné la lettre** I gave them the letter, I gave the letter to them.
◆ **leur** (pl **leurs**) adj poss their ; **c'est ~ tour** it's their turn ; **~s enfants** their children.
◆ **le leur** (f **la leur**, pl **les leurs**) pron poss theirs ; **il faudra qu'ils y mettent du ~** they've got to pull their weight.

leurre [lœr] nm - **1.** [appât] lure - **2.** fig [illusion] illusion - **3.** fig [tromperie] deception, trap.

leurrer [5] [lœre] vt to deceive.
◆ **se leurrer** vp to deceive o.s.

levain [ləvɛ̃] nm - **1.** CULIN : **pain au ~/sans ~** leavened/unleavened bread - **2.** fig [germe] seeds (pl), germ.

levant [ləvɑ̃] ◇ nm east ◇ adj ▷ soleil.

levé, e [ləve] adj [debout] up.
◆ **levée** nf - **1.** [de scellés, difficulté] removal ; [de blocus, de siège, d'interdiction] lifting - **2.** [de séance] close, closing - **3.** [d'impôts, du courrier] collection - **4.** [d'armée] raising - **5.** [remblai] dyke - **6.** CARTES trick.
◆ **levée de boucliers** nf (general) outcry.

lever [19] [ləve] ◇ vt - **1.** [objet, blocus, interdiction] to lift - **2.** [main, tête, armée] to raise - **3.** [scellés, difficulté] to remove - **4.** [séance] to close, to end - **5.** [impôts, courrier] to collect - **6.** [plan, carte] to draw (up) - **7.** [enfant, malade] : **~ qqn** to get sb up ◇ vi - **1.** [plante] to come up - **2.** [pâte] to rise ◇ nm - **1.** [d'astre] rising ; **~ du jour** daybreak ; **~ du soleil** sunrise - **2.** [de personne] : **il est toujours de mauvaise humeur au ~** he's always in a bad mood when he gets up - **3.** THÉÂTRE : **~ de rideau** curtain, curtain-up ; fig curtain-raiser.
◆ **se lever** vp - **1.** [personne] to get up, to rise ; [vent] to get up - **2.** [soleil, lune] to rise ; [jour] to break - **3.** [temps] to clear.

lève-tard [lɛvtar] nmf inv late riser.

lève-tôt [lɛvto] nmf inv early riser.

levier [ləvje] nm litt & fig lever ; **~ de vitesses** gear lever Br, gear shift Am.

lévitation [levitasjɔ̃] nf levitation.

lèvre [lɛvr] nf - **1.** ANAT lip ; [de vulve] labium ; **être suspendu aux ~s de qqn** fig to hang on sb's every word ; **se mordre les ~s** fig to bite one's lip - **2.** [bord] edge.

lévrier, levrette [levrije, ləvrɛt] *nm, f* greyhound.

levure [ləvyr] *nf* yeast ; **~ chimique** baking powder.

lexical, e, aux [lɛksikal, o] *adj* lexical.

lexicographie [lɛksikɔgrafi] *nf* lexicography.

lexique [lɛksik] *nm* - **1.** [dictionnaire] glossary - **2.** [vocabulaire] vocabulary.

lézard [lezar] *nm* - **1.** [animal] lizard ; **faire le ~ fam fig** to bask in the sun - **2.** [peau] lizard (skin).

lézarde [lezard] *nf* crack.

lézarder [3] [lezarde] ◇ *vt* to crack ◇ *vi fam* [paresser] to bask.

◆ **se lézarder** *vp* to crack.

Lhassa [lasa] *n* Lhasa.

liaison [ljɛzɔ̃] *nf* - **1.** [jonction, enchaînement] connection - **2. CULIN & LING** liaison - **3.** [contact, relation] contact ; **avoir une ~** to have an affair ; **être/entrer en ~ avec** to be in/establish contact with ; **par ~ radio** by radio link - **4. TRANSPORT** link.

liane [ljan] *nf* creeper.

liant, e [ljã, ãt] *adj* sociable.

◆ **liant** *nm* - **1.** [substance] binder - **2.** [élasticité] elasticity.

liasse [ljas] *nf* bundle ; [de billets de banque] wad.

Liban [libã] *nm* : **le ~** Lebanon ; **au ~** in Lebanon.

libanais, e [libanɛ, ɛz] *adj* Lebanese.

◆ **Libanais, e** *nm, f* Lebanese (person) ; **les Libanais** the Lebanese.

Libé [libe] (*abr de* **Libération**) *nm French left-of-centre newspaper*.

libelle [libɛl] *nm* lampoon.

libellé [libele] *nm* wording.

libeller [4] [libele] *vt* - **1.** [chèque] to make out - **2.** [lettre] to word.

libellule [libelyl] *nf* dragonfly.

libéral, e, aux [liberal, o] ◇ *adj* [attitude, idée, parti] liberal ◇ *nm, f* POLIT liberal.

libéralement [liberalmã] *adv* liberally.

libéralisation [liberalizasjɔ̃] *nf* liberalization.

libéraliser [3] [liberalize] *vt* to liberalize.

libéralisme [liberalism] *nm* liberalism.

libéralité [liberalite] *nf* - **1.** [générosité] generosity - **2.** (*gén pl*) [don] generous gift.

libérateur, trice [liberatœr, tris] ◇ *adj* [rire] liberating ; **guerre libératrice** war of liberation ◇ *nm, f* liberator.

libération [liberasjɔ̃] *nf* - **1.** [de prisonnier] release, freeing - **2.** [de pays, de la femme] liberation ; **la Libération** HIST the Liberation - **3.** [d'énergie] release.

libéré, e [libere] *nm, f* freed prisoner.

libérer [18] [libere] *vt* - **1.** [prisonnier, fonds] to release, to free - **2.** [pays, la femme] to liberate ; **~ qqn de qqch** to free sb from sthg - **3.** [passage] to clear - **4.** [énergie] to release - **5.** [instincts, passions] to give free rein to.

◆ **se libérer** *vp* - **1.** [se rendre disponible] to get away - **2.** [se dégager] : **se ~ de** [lien] to free o.s. from ; [engagement] to get out of.

Liberia [liberja] *nm* : **le ~** Liberia ; **au ~** in Liberia.

libérien, enne [liberjɛ̃, ɛn] *adj* Liberian.

◆ **Libérien, enne** *nm, f* Liberian.

libertaire [libertɛr] *nmf & adj* libertarian.

liberté [liberte] *nf* - **1.** [gén] freedom ; **en ~** free ; **Liberté, Égalité, Fraternité** Liberty, Equality, Fraternity ; **parler en toute ~** to speak freely ; **vivre en ~** to live in freedom ; **~ d'expression** freedom of expression ; **~ d'opinion** freedom of thought - **2.** JUR release ; **~ conditionnelle** parole ; **~ provisoire** bail ; **~ surveillée** probation - **3.** [loisir] free time.

libertin, e [libertɛ̃, in] ◇ *adj* [dissolu] dissolute ; [propos, livre] lewd ◇ *nm, f* libertine.

libertinage [libertinaʒ] *nm* [débauche] dissoluteness ; [de propos, livre] lewdness.

libidineux, euse [libidinø, øz] *adj* lecherous.

libido [libido] *nf* libido.

libraire [librɛr] *nmf* bookseller.

librairie [libreri] *nf* - **1.** [magasin] bookshop *Br*, bookstore *Am* - **2.** [commerce, activité] book trade.

librairie-papeterie [libreri-papetri] (*pl* **librairies-papeteries**) *nf* bookseller's and stationer's.

libre [libr] *adj* - **1.** [gén] free ; **~ de qqch** free from sthg ; **être ~ de faire qqch** to be free to do sthg - **2.** [école, secteur] private - **3.** [passage] clear.

libre-échange [libreʃãʒ] (*pl* **libres-échanges**) *nm* free trade (*U*).

librement [libremã] *adv* freely.

libre-penseur, euse [librəpãsœr, øz] (*mpl* **libres-penseurs**, *fpl* **libres-penseuses**) *nm, f* free-thinker.

libre-service [librəsɛrvis] (*pl* **libres-services**) *nm* - **1.** [système] : **le ~** self-service - **2.** [magasin] self-service store *ou* shop ; [restaurant] self-service restaurant.

librettiste [librɛtist] *nmf* librettist.

Libreville [librəvil] *n* Libreville.

Libye [libi] *nf* : **la ~** Libya.

libyen, enne [libjɛ̃, ɛn] *adj* Libyan.
➤ **Libyen, enne** *nm, f* Libyan.

lice [lis] *nf* : **en ~** *fig* in the fray ; **entrer en ~** *fig* to join the fray.

licence [lisɑ̃s] *nf* - **1.** [permis] permit ; COMM licence - **2.** UNIV (first) degree ; **~ ès lettres/en droit** ≃ Bachelor of Arts/Law degree - **3.** *littéraire* [liberté] licence ; **~ poétique** poetic licence.

licencié, e [lisɑ̃sje] ◇ *adj* - **1.** UNIV graduate *(avant n)* - **2.** [autorisé] permit-holding *(avant n)* ; COMM licensed ◇ *nm, f* - **1.** UNIV graduate - **2.** [titulaire d'un permis] permit-holder ; COMM licence-holder.

licenciement [lisɑ̃simɑ̃] *nm* dismissal ; [économique] layoff, redundancy *Br*.

licencier [9] [lisɑ̃sje] *vt* to dismiss ; [pour cause économique] to lay off, to make redundant *Br*.

licencieux, euse [lisɑ̃sjø, øz] *adj* licentious.

lichen [likɛn] *nm* lichen.

licite [lisit] *adj* lawful, legal.

licol [likɔl], **licou** [liku] *nm* halter.

licorne [likɔrn] *nf* unicorn.

licou = licol.

lie [li] *nf* [dépôt] dregs *(pl)*, sediment ; **la ~ de la société** *fig* & *littéraire* the dregs *(pl)* of society.

lié, e [lje] *adj* - **1.** [mains] bound - **2.** [amis] : **être très ~ avec** to be great friends with.

Liechtenstein [liʃtənʃtajn] *nm* : **le ~** Liechtenstein ; **au ~** in Liechtenstein.

liechtensteinois, e [liʃtɒuɔnʃtajnwa, az] *adj* from Liechtenstein.
➤ **Liechtensteinois, e** *nm, f* Liechtensteiner.

lie-de-vin [lidəvɛ̃] *adj inv* burgundy, wine-coloured *Br*, wine-colored *Am*.

liège [ljɛʒ] *nm* cork ; **en** *ou* **de ~** cork *(avant n)*.

liégeois, e [ljeʒwa, az] *adj* - **1.** GÉOGR of/from Liège - **2.** CULIN : **café/chocolat ~** coffee or chocolate ice cream topped with whipped cream.

lien [ljɛ̃] *nm* - **1.** [sangle] bond - **2.** [relation, affinité] bond, tie ; **avoir des ~s de parenté avec** to be related to - **3.** *fig* [enchaînement] connection, link.

lier [9] [lje] *vt* - **1.** [attacher] to tie (up) ; **~ qqn/qqch à** to tie sb/sthg to - **2.** [suj : contrat, promesse] to bind ; **~ qqn/qqch par** to bind sb/sthg by - **3.** [relier par la logique] to link, to connect ; **~ qqch à** to link sthg to, to connect sthg with - **4.** [commencer] : **~ connaissance/conversation avec** to strike up an acquaintance/a conversation with - **5.** [suj : sentiment, intérêt] to unite - **6.** CULIN to thicken.
➤ **se lier** *vp* - **1.** [s'attacher] : **se ~ (d'amitié) avec qqn** to make friends with sb - **2.** [s'astreindre] : **se ~ par une promesse** to be bound by a promise.

lierre [ljɛr] *nm* ivy.

liesse [ljɛs] *nf* jubilation.

lieu, x [ljø] *nm* - **1.** [endroit] place ; **en ~ sûr** in a safe place ; **~ de naissance** birthplace ; **~ de perdition** den of vice ; **~ saint** holy place ; **haut ~ de qqch** *fig* centre *Br* ou center *Am* of sthg ; **en haut ~** *fig* in high places - **2.** *loc* : **avoir ~** to take place ; **avoir ~ de faire qqch** to have grounds for doing sthg ; **donner ~ à** to give rise to ; **tenir ~ de** to take the place of.
➤ **lieux** *nmpl* - **1.** [scène] scene *(sg)*, spot *(sg)* ; **sur les ~x (d'un crime/d'un accident)** at the scene (of a crime/an accident) - **2.** [domicile] premises.
➤ **lieu commun** *nm* commonplace.
➤ **au lieu de** *loc prép* : **au ~ de qqch/de faire qqch** instead of sthg/of doing sthg.
➤ **en dernier lieu** *loc adv* lastly.
➤ **en premier lieu** *loc adv* in the first place.
➤ **en second lieu** *loc adv* in the second place.

lieu-dit [ljødi] *(pl* lieux-dits) *nm* locality, place.

lieue [ljø] *nf* league ; **j'étais à cent ~s de penser cela** *fig* I never thought that for a moment.

lieutenant [ljøtnɑ̃] *nm* lieutenant.

lieutenant-colonel [ljøtnɑ̃kɔlɔnɛl] *(pl* lieutenants-colonels) *nm* lieutenant-colonel.

lièvre [ljɛvr] *nm* hare ; **courir deux ~s à la fois** *fig* to do more than one thing at a time ; **lever un ~** *fig* to ask an awkward question.

lifter [3] [lifte] *vt* TENNIS to spin, to put a spin on.

lifting [liftiŋ] *nm* face-lift.

ligament [ligamɑ̃] *nm* ligament.

ligature [ligatyr] *nf* [MÉD - lien] ligature ; [- opération] ligation, ligature ; **~ des trompes** MÉD tubal ligation.

ligaturer [3] [ligatyre] *vt* - **1.** MÉD to ligature, to ligate - **2.** [attacher] to bind.

lige [liʒ] *adj* : **homme ~** liege man.

ligne [liɲ] *nf* - **1.** [géh] line ; **à la ~** new line *ou* paragraph ; **en ~** [personnes] in a line ; INFORM on line ; **restez en ~!** TÉLÉCOM who's speaking *ou* calling? ; **en ~ droite** as the crow flies ; **li-**

re entre les ~s *fig* to read between the lines ; **dans sa ~ de mire** in one's line of sight ; **~ de départ/d'arrivée** starting/finishing line ; **~ aérienne** airline ; **~ de commande** INFORM command line ; **~ de conduite** line of conduct ; **~ de démarcation** demarcation line ; **~ directrice** guideline ; **~ de flottaison** water line ; **~s de la main** lines of the hand ; **les grandes ~s** TRANSPORT the main lines - **2.** [forme - de voiture, meuble] lines *(pl)* - **3.** [silhouette] : **avoir la ~** to have a good figure ; **garder la ~** to keep one's figure ; **surveiller sa ~** to watch one's waistline - **4.** [de pêche] fishing line ; **pêcher à la ~** to go angling - **5.** *loc* : **dans les grandes ~s** in outline ; **entrer en ~ de compte** to be taken into account.

lignée [liɲe] *nf* [famille] descendants *(pl)* ; **dans la ~ de** *fig* [d'écrivains, d'artistes] in the tradition of.

lignite [liɲit] *nm* lignite.

ligoter [3] [ligɔte] *vt* - **1.** [attacher] to tie up ; **~ qqn à qqch** to tie sb to sthg - **2.** *fig* [entraver] to bind.

ligue [lig] *nf* league.

liguer [3] [lige] ⮞ **se liguer** *vp* to form a league ; **se ~ contre** to conspire against.

lilas [lila] *nm* & *adj inv* lilac.

limace [limas] *nf* - **1.** ZOOL slug - **2.** *fig* [personne] slowcoach *Br*, slowpoke *Am*.

limaille [limaj] *nf* filings *(pl)*.

limande [limɑ̃d] *nf* dab.

limbes [lɛ̃b] *nmpl* RELIG limbo *(sg)* ; **être dans les ~** *fig* to be in limbo.

lime [lim] *nf* - **1.** [outil] file ; **~ à ongles** nail file - **2.** BOT lime.

limer [3] [lime] *vt* [ongles] to file ; [aspérités] to file down ; [barreau] to file through.

limier [limje] *nm* - **1.** [chien] bloodhound - **2.** [détective] sleuth ; **fin ~** first-rate detective.

liminaire [liminɛr] *adj* introductory.

limitatif, ive [limitatif, iv] *adj* restrictive.

limitation [limitasjɔ̃] *nf* limitation ; [de naissances] control ; **~ de vitesse** speed limit.

limite [limit] *nf* - **1.** [gén] limit ; **à la ~** [au pire] at worst ; **à la ~, j'accepterais de le voir** if pushed, I'd agree to see him - **2.** [terme, échéance] deadline ; **~ d'âge** age limit ⬦ *adj* [extrême] maximum *(avant n)* ; **cas ~** borderline case ; **date ~** deadline ; **date ~ de vente/consommation** sell-by/use-by date.

⮞ **limites** *nfpl* : **sans ~** limitless.

limité, e [limite] *adj* [peu important] limited.

limiter [3] [limite] *vt* - **1.** [borner] to border, to bound - **2.** [restreindre] to limit.

⮞ **se limiter** *vp* - **1.** [se restreindre] : **se ~ à**

qqch/à faire qqch to limit o.s. to sthg/to doing sthg - **2.** [se borner] : **se ~ à** to be limited to.

limitrophe [limitrɔf] *adj* - **1.** [frontalier] border *(avant n)* ; **être ~ de** to border on - **2.** [voisin] adjacent.

limogeage [limɔʒaʒ] *nm* dismissal.

limoger [17] [limɔʒe] *vt* to dismiss.

limon [limɔ̃] *nm* - **1.** GÉOL alluvium, silt - **2.** CONSTR stringboard.

limonade [limɔnad] *nf* lemonade.

limpide [lɛ̃pid] *adj* - **1.** [eau] limpid - **2.** [ciel, regard] clear - **3.** [explication, style] clear, lucid.

limpidité [lɛ̃pidite] *nf* - **1.** [d'eau] limpidity - **2.** [du ciel, de regard] clearness - **3.** [d'explication, de style] clarity, lucidity.

lin [lɛ̃] *nm* - **1.** BOT flax - **2.** [tissu] linen.

linceul [lɛ̃sœl] *nm* shroud.

linéaire [lineɛr] *adj* - **1.** [mesure, perspective] linear - **2.** *fig* [récit] one-dimensional.

linge [lɛ̃ʒ] *nm* - **1.** [lessive] washing - **2.** [de lit, de table] linen - **3.** [sous-vêtements] underwear ; **~ sale** dirty washing ; **laver son ~ sale en famille** not to wash one's dirty linen in public - **4.** [morceau de tissu] cloth - **5.** *loc* : **blanc** OU **pâle comme un ~** as white as a sheet.

lingerie [lɛ̃ʒri] *nf* - **1.** [local] linen room - **2.** [sous-vêtements] lingerie.

lingette [lɛ̃ʒɛt] *nf* wipe ; **~ démaquillante** eye makeup remover pad.

lingot [lɛ̃go] *nm* ingot ; **~ d'or** gold ingot.

linguiste [lɛ̃ɡɥist] *nmf* linguist.

linguistique [lɛ̃ɡɥistik] ⬦ *nf* linguistics *(U)* ⬦ *adj* linguistic.

linoléum [linɔleɔm] *nm* lino, linoleum.

linotte [linɔt] *nf* ZOOL linnet ; **tête de ~** *fig* featherbrain.

linteau, x [lɛ̃to] *nm* lintel.

lion, lionne [ljɔ̃, ljɔn] *nm, f* lion *(f* lioness).

⮞ **Lion** *nm* ASTROL Leo ; **être Lion** to be (a) Leo.

lionceau, x [ljɔ̃so] *nm* lion cub.

lipide [lipid] *nm* lipid.

lippu, e [lipy] *adj* thick-lipped.

liquéfier [9] [likefje] *vt* to liquefy.

⮞ **se liquéfier** *vp* - **1.** [matière] to liquefy - **2.** *fig* [personne] to turn to jelly.

liqueur [likœr] *nf* liqueur.

liquidation [likidasjɔ̃] *nf* - **1.** [de compte & BOURSE] settlement - **2.** [de société, stock] liquidation - **3.** *arg crime* [de témoin] liquidation, elimination - **4.** *fam fig* [de problème] elimination.

liquide [likid] ⬦ *nm* - **1.** [substance] liquid - **2.** [argent] cash ; **en ~** in cash ⬦ *nf* LING liquid

◇ adj - **1.** [corps & LING] liquid - **2.** [en argent] cash *(avant n)*.

liquider [3] [likide] vt - **1.** [compte & BOURSE] to settle - **2.** [société, stock] to liquidate - **3.** *fam* [importun] to get rid of - **4.** *arg crime* [témoin] to liquidate, to eliminate ; *fig* [problème] to eliminate, to get rid of.

liquidité [likidite] nf liquidity.
➠ **liquidités** nfpl liquid assets.

liquoreux, euse [likɔrø, øz] adj syrupy.

lire¹ [106] [lir] vt to read ; **lu et approuvé** read and approved.

lire² [lir] nf lira.

lis, lys [lis] nm lily.

lisais, lisions etc ⊳ **lire¹**.

Lisbonne [lizbɔn] n Lisbon.

lise, lises etc ⊳ **lire¹**.

liseré [lizre], **liséré** [lizere] nm - **1.** [ruban] binding - **2.** [bande] border, edging.

liseron [lizrɔ̃] nm bindweed.

liseuse [lizøz] nf - **1.** [couvre-livre] book cover - **2.** [signet] paper knife *(cum bookmark)* - **3.** [vêtement] bedjacket - **4.** [lampe] reading light.

lisible [lizibl] adj - **1.** [écriture] legible - **2.** [roman] readable.

lisiblement [liziblǝmɑ̃] adv legibly.

lisière [lizjer] nf - **1.** [limite] edge - **2.** COUTURE selvage.

lisse [lis] ◇ nf - **1.** [rambarde] handrail - **2.** NAVIG rib ◇ adj - **1.** [surface, peau] smooth - **2.** [cheveux] straight.

lisser [3] [lise] vt - **1.** [papier, vêtements] to smooth (out) - **2.** [moustache, cheveux] to smooth (down) - **3.** [plumes] to preen.

listage [listaʒ] nm listing.

liste [list] nf list ; **~ d'attente** waiting list ; **~ électorale** electoral roll ; **~ de mariage** wedding present list ; **~ noire** blacklist ; **être sur la ~ rouge** to be ex-directory.

lister [3] [liste] vt to list.

listing [listiŋ] nm listing.

lit [li] nm - **1.** [gén] bed ; **faire son ~** to make one's bed ; **garder le ~** to stay in bed ; **se mettre au ~** to go to bed ; **~ à baldaquin** four-poster bed ; **~ de camp** camp bed ; **~ d'enfant** cot *Br*, crib *Am* ; **~ gigogne** pull-out bed ; **~ nuptial** marriage bed ; **~s jumeaux/superposés** twin/bunk beds - **2.** JUR marriage ; **d'un premier ~** of a first marriage.

LIT *(abr de **lire italienne**)* L, Lit.

litanie [litani] nf litany.

litchi [litʃi], **letchi** [letʃi] nm lychee.

literie [litri] nf bedding.

lithographie [litɔgrafi] nf - **1.** [procédé] lithography - **2.** [image] lithograph.

litière [litjer] nf litter.

litige [litiʒ] nm - **1.** JUR lawsuit - **2.** [désaccord] dispute.

litigieux, euse [litiʒjø, øz] adj - **1.** JUR litigious - **2.** [douteux] disputed.

litote [litɔt] nf understatement, litotes.

litre [litr] nm - **1.** [mesure, quantité] litre *Br*, liter *Am* - **2.** [récipient] litre *Br* ou liter *Am* bottle.

litron [litrɔ̃] nm tfam litre *Br* ou liter *Am* of wine.

littéraire [literer] ◇ nmf person who is strong in arts subjects ◇ adj literary.

littéral, e, aux [literal, o] adj - **1.** [gén] literal - **2.** [écrit] written.

littéralement [literalmɑ̃] adv literally.

littérature [literatyr] nf - **1.** [gén] literature ; **~ comparée** comparative literature - **2.** [profession] writing.

littoral, e, aux [litɔral, o] adj coastal.
➠ **littoral** nm coast, coastline.

Lituanie [litɥani] nf : **la ~** Lithuania.

lituanien, enne [litɥanjɛ̃, ɛn] adj Lithuanian.
➠ **lituanien** nm [langue] Lithuanian.
➠ **Lituanien, enne** nm, f Lithuanian.

liturgie [lityrʒi] nf liturgy.

liturgique [lityrʒik] adj liturgical.

livide [livid] adj [blême] pallid.

livrable [livrabl] adj which can be delivered.

livraison [livrezɔ̃] nf [de marchandise] delivery ; **~ à domicile** home delivery.

livre [livr] ◇ nm - **1.** [gén] book ; **~ de bord** log, logbook ; **~ de cuisine** cookery book ; **~ électronique** e-book ; **~ d'images** picture book ; **~ de messe** missal ; **~ d'or** visitors' book ; **~ de poche** paperback ; **à ~ ouvert** *fig* at sight - **2.** [industrie] book trade ◇ nf pound ; **~ sterling** pound sterling.

livre-cassette [livrǝkaset] *(pl **livres-cassettes**)* nm spoken word cassette.

livrée [livre] nf [uniforme] livery.

livrer [3] [livre] vt - **1.** COMM to deliver ; **~ qqch à qqn** [achat] to deliver sthg to sb ; *fig* [secret] to reveal ou give away sthg to sb - **2.** [coupable, complice] : **~ qqn à qqn** to hand sb over to sb - **3.** [abandonner] : **~ qqch à qqch** to give sthg over to sthg ; **~ qqn à lui-même** to leave sb to his own devices ; **~ passage à qqn** *fig* to let sb pass.
➠ **se livrer** vp - **1.** [se rendre] : **se ~ à** [police, ennemi] to give o.s. up to ; [amant] to give o.s. to - **2.** [se confier] : **se ~ à** [ami] to open up to, to

confide in - **3.** [se consacrer] : **se ~ à** [occupation] to devote o.s. to ; [excès] to indulge in.

livresque [livrɛsk] *adj* bookish.

livret [livrɛ] *nm* - **1.** [carnet] booklet ; **~ de caisse d'épargne** passbook, bankbook ; **~ de famille** *official family record book, given by registrar to newlyweds* ; **~ scolaire** ≃ school report - **2.** [catalogue] catalogue *Br*, catalog *Am* - **3.** *MUS* book, libretto.

livreur, euse [livrœr, øz] *nm, f* delivery man (*f* woman).

Ljubljana [ljubljana] *n* Ljubljana.

LO (*abr de* **Lutte ouvrière**) *nf* left-wing political party.

lobby [lɔbi] (*pl* **lobbies**) *nm* lobby.

lobe [lɔb] *nm* - **1.** *ANAT & BOT* lobe - **2.** *ARCHIT* foil.

lober [3] [lɔbe] *vt* to lob.

local, e, aux [lɔkal, o] *adj* local ; [douleur] localized.

 local *nm* room, premises (*pl*).

 locaux *nmpl* premises, offices.

localement [lɔkalmã] *adv* locally.

localisation [lɔkalizasjɔ̃] *nf* - **1.** [d'un avion, d'un bruit] location - **2.** [d'une épidémie, d'un conflit, d'un produit multimédia] localization.

localiser [3] [lɔkalize] *vt* - **1.** [avion, bruit] to locate - **2.** [épidémie, conflit, produit multimédia] to localize.

 se localiser *vp* to be confined.

localité [lɔkalite] *nf* (small) town.

locataire [lɔkatɛr] *nmf* tenant.

locatif, ive [lɔkatif, iv] *adj* [relatif à la location] rental (*avant n*).

 locatif *nm* *GRAM* locative.

location [lɔkasjɔ̃] *nf* - **1.** [de propriété - par propriétaire] letting *Br*, renting *Am* ; [- par locataire] renting ; [de machine] leasing ; **~ de voitures/vélos** car/bicycle hire *Br*, car/bicycle rent *Am* - **2.** [bail] lease - **3.** [maison, appartement] rented property - **4.** [réservation] booking.

location-vente [lɔkasjɔ̃vãt] (*pl* **locations-ventes**) *nf* ≃ hire purchase *Br*, ≃ installment plan *Am*.

loc. cit. (*abr de* **loco citato**) loc. cit.

lock-out [lɔkaut] *nm inv* lockout.

locomoteur, trice [lɔkɔmɔtœr, tris] *adj* locomotive (*avant n*).

locomotion [lɔkɔmɔsjɔ̃] *nf* locomotion.

locomotive [lɔkɔmɔtiv] *nf* - **1.** [machine] locomotive - **2.** *fig* [leader] moving force.

locuteur, trice [lɔkytœr, tris] *nm, f* speaker.

locution [lɔkysjɔ̃] *nf* expression, phrase.

loden [lɔdɛn] *nm* [étoffe] loden ; [vêtement] loden overcoat.

loft [lɔft] *nm* (converted) loft.

logarithme [lɔgaritm] *nm* logarithm.

loge [lɔʒ] *nf* - **1.** [de concierge, de francs-maçons] lodge - **2.** [d'acteur] dressing room - **3.** [de spectacle] box ; **être aux premières ~s** *fig* to have a ringside seat - **4.** [d'écurie] loose box - **5.** *ARCHIT* loggia.

logement [lɔʒmã] *nm* - **1.** [hébergement] accommodation *Br*, accommodations (*pl*) *Am* - **2.** [appartement] flat *Br*, apartment *Am* ; **~ de fonction** company flat *Br ou* apartment *Am*.

loger [17] [lɔʒe] <> *vi* [habiter] to live <> *vt* - **1.** [amis, invités] to put up - **2.** [clé] to put - **3.** [suj : hôtel, maison] to accommodate, to take.

 se loger *vp* - **1.** [trouver un logement] to find accommodation *Br ou* accommodations *Am* - **2.** [se placer - ballon, balle] : **se ~ dans** to lodge in, to stick in ; **se ~ dans** *fig* [angoisse] to take hold of.

logeur, euse [lɔʒœr, øz] *nm, f* landlord (*f* landlady).

loggia [lɔdʒja] *nf* loggia.

logiciel [lɔʒisjɛl] *nm* software (*U*) ; **~ intégré** integrated software ; **~ de navigation** browser.

logique [lɔʒik] <> *nf* logic <> *adj* logical.

logiquement [lɔʒikmã] *adv* logically.

logis [lɔʒi] *nm* abode.

logistique [lɔʒistik] <> *nf* logistics (*pl*) <> *adj* logistic.

logo [lɔgo] *nm* logo.

logorrhée [lɔgɔre] *nf* logorrhoea.

loi [lwa] *nf* - **1.** [gén] law ; **faire la ~** to lay down the law ; **la ~ du plus fort** might is right ; **~ de l'offre et de la demande** law of supply and demand ; **la ~ du talion** an eye for an eye ; **la ~ de 1901** *law concerning the setting up of non-profit-making organizations* - **2.** [convention] rule.

loin [lwɛ̃] *adv* - **1.** [dans l'espace] far ; **plus ~** further - **2.** [dans le temps - passé] a long time ago ; [- futur] a long way off.

 au loin *loc adv* in the distance, far off.

 de loin *loc adv* - **1.** [depuis une grande distance] from a distance ; **de très ~** from a great distance ; **de plus ~** from further away - **2.** [assez peu] from a distance, from afar - **3.** [de beaucoup] by far.

 de loin en loin *loc adv* - **1.** [dans l'espace] here and there - **2.** [dans le temps] every now and then, from time to time.

 loin de *loc prép* - **1.** [gén] far from ; **~ de là !** *fig* far from it! - **2.** [dans le temps] : **il n'est pas**

~ **de 9 h** it's nearly 9 o'clock, it's not far off 9 o'clock.

lointain, e [lwɛ̃tɛ̃, ɛn] *adj* - **1.** [pays, avenir, parent] distant - **2.** [ressemblance] vague.

➤ **lointain** *nm* : **au** *ou* **dans le ~** in the distance.

loir [lwar] *nm* dormouse ; **dormir comme un ~** *fig* to sleep like a log.

loisible [lwazibl] *adj* : **il m'est ~ de participer** I am at liberty to take part.

loisir [lwazir] *nm* - **1.** [temps libre] leisure ; **avoir le ~ de faire qqch** *sout* to have the time to do sthg ; **à ~** [à satiété] as much as one likes ; [sans hâte] at leisure - **2.** *(gén pl)* [distractions] leisure activities *(pl)*.

lombago = lumbago.

lombaire [lɔ̃bɛr] ⬦ *nf* lumbar vertebra ⬦ *adj* lumbar.

lombes [lɔ̃b] *nfpl* loins.

Lomé [lɔme] *n* Lomé.

londonien, enne [lɔ̃dɔnjɛ̃, ɛn] *adj* London *(avant n).*

➤ **Londonien, enne** *nm, f* Londoner.

Londres [lɔ̃dr] *n* London.

long, longue [lɔ̃, lɔ̃g] *adj* - **1.** [gén] long - **2.** [lent] slow ; **être ~ à faire qqch** to take a long time doing sthg.

➤ **long** ⬦ *nm* - **1.** [longueur] : **4 mètres de ~** 4 metres long *ou* in length ; **de ~ en large** up and down, to and fro ; **en ~ et en large** in great detail ; **(tout) le ~ de** [espace] all along ; **tout le ~ du** [temps] the whole day long ; **tout au ~ de** [année, carrière] throughout ; **tomber de tout son ~** to go full length - **2.** [vêtement] : **le ~ long clothes** *(pl)* ⬦ *adv* - **1.** [beaucoup] : **en savoir ~ sur qqch** to know a lot about sthg - **2.** [s'habiller] : **elle est habillée trop ~** her clothes are too long.

➤ **longue** *nf* - **1.** LING long vowel - **2.** MUS long note - **3.** CARTES long suit.

➤ **à la longue** *loc adv* in the end.

long. *(abr de* **longitude)** long.

long-courrier [lɔ̃kurje] *adj* [navire] oceangoing ; [vol] long-haul.

longe [lɔ̃ʒ] *nf* - **1.** [courroie] halter - **2.** [viande] loin.

longer [17] [lɔ̃ʒe] *vt* - **1.** [border] to go along *ou* alongside - **2.** [marcher le long de] to walk along ; [raser] to stay close to, to hug.

longévité [lɔ̃ʒevite] *nf* longevity.

longiligne [lɔ̃ʒiliɲ] *adj* long-limbed.

longitude [lɔ̃ʒitydl] *nf* longitude.

longitudinal, e, aux [lɔ̃ʒitydinal, o] *adj* longitudinal.

longtemps [lɔ̃tɑ̃] *adv* (for) a long time ;

avant ~ before long ; **il ne reviendra pas avant ~** he won't be back for some time ; **depuis ~** (for) a long time ; **il y a ~ que** ... it's been a long time since ... ; **il y a ~ qu'il est là** he's been here a long time ; **mettre ~ à faire qqch** to take a long time to do sthg ; **je n'en ai pas pour ~** I won't be long.

longue ⬥ long.

longuement [lɔ̃gmɑ̃] *adv* - **1.** [longtemps] for a long time - **2.** [en détail] at length.

longuet, ette [lɔ̃gɛ, ɛt] *adj fam* longish, a bit long.

longueur [lɔ̃gœr] *nf* length ; **faire 5 mètres de ~** to be 5 metres long ; **disposer qqch en ~** to put sthg lengthways ; **à ~ de journée/temps** the entire day/time ; **à ~ d'année** all year long ; **~ d'onde** wavelength ; **être sur la même ~ d'onde** *fig* to be on the same wavelength.

➤ **longueurs** *nfpl* [de film, de livre] boring parts.

longue-vue [lɔ̃gvy] *(pl* **longues-vues)** *nf* telescope.

look [luk] *nm* look ; **avoir un ~** to have a style.

looping [lupiŋ] *nm* loop the loop.

lopin [lɔpɛ̃] *nm* : **~ (de terre)** patch *ou* plot of land.

loquace [lɔkas] *adj* loquacious.

loquacité [lɔkasite] *nf* loquacity.

loque [lɔk] *nf* - **1.** [lambeau] rag ; **en ~s** in rags - **2.** *fig* [personne] wreck.

loquet [lɔkɛ] *nm* latch.

lorgner [3] [lɔrɲe] *vt fam* - **1.** [observer] to eye - **2.** [guigner] to have one's eye on.

lorgnette [lɔrɲɛt] *nf* opera glasses *(pl)*.

lorgnon [lɔrɲɔ̃] *nm* lorgnette.

lors [lɔr] *adv* : **depuis ~** since that time ; **~ de** at the time of.

lorsque [lɔrsk(ə)] *conj* when.

losange [lɔzɑ̃ʒ] *nm* lozenge.

lot [lo] *nm* - **1.** [part] share ; [de terre] plot - **2.** [stock] batch - **3.** [prix] prize ; **le gros ~** the jackpot - **4.** *fig* [destin] fate, lot.

loterie [lɔtri] *nf* lottery ; **la Loterie nationale** the National Lottery.

loti, e [lɔti] *adj* : **être bien/mal ~** to be well/badly off.

lotion [lɔsjɔ̃] *nf* lotion ; **~ après-rasage** aftershave (lotion).

lotir [32] [lɔtir] *vt* to divide up ; **~ qqn de qqch** to allot sthg to sb.

lotissement [lɔtismɑ̃] *nm* - **1.** [terrain] plot - **2.** [division - de terrain] parcelling out.

loto [lɔto] *nm* - **1.** [jeu de société] lotto - **2.** [loterie] *popular national lottery.*

LOTO

Loto is a popular game of chance with large cash prizes. Printed grids ('bulletins') are available at tobacconists or special kiosks. Players mark seven numbers on the grid and pay a fee. The twice-weekly prize draw is broadcast on television. 'Loto sportif' is a version of Loto in which players bet on the football results.

lotte [lɔt] *nf* monkfish.

lotus [lɔtys] *nm* lotus.

louable [lwabl] *adj* - **1.** [méritoire] praiseworthy - **2.** [location] : facilement/difficilement ~ easy/difficult to let *Br*, easy/difficult to rent *Am*.

louage [lwaʒ] *nm* hire *Br*, rental *Am* ; voiture de ~ hire *Br ou* rental *Am* car.

louange [lwɑ̃ʒ] *nf* praise ; chanter les ~s de qqn *fig* to sing sb's praises.

loubar(d) [lubar] *nm fam* hooligan.

louche[1] [luʃ] *nf* ladle.

louche[2] [luʃ] *adj fam* [personne, histoire] suspicious.

loucher [3] [luʃe] *vi* - **1.** [être atteint de strabisme] to squint - **2.** *fam fig* [lorgner] : ~ sur to have one's eye on.

louer [6] [lwe] \vt - **1.** [glorifier] to praise ; ~ qqn de qqch to praise sb for sthg - **2.** [donner en location] to rent (out) ; à ~ for rent - **3.** [prendre en location] to rent - **4.** [réserver] to book.

se louer *vp* - **1.** *sout* [se féliciter] : se ~ de qqch/de faire qqch to be very pleased about sthg/about doing sthg - **2.** [appartement] to be to let *Br ou* for rent *Am* - **3.** *péj* [se vanter] to sing one's own praises.

loufoque [lufɔk] *fam* <> *nmf* nutter <> *adj* nuts, crazy.

loup [lu] *nm* - **1.** [carnassier] wolf - **2.** [poisson] bass - **3.** [masque] mask - **4.** *fig* [personne] : (vieux) ~ de mer (old) sea dog.

loupe [lup] *nf* - **1.** [optique] magnifying glass ; regarder qqch à la ~ *fig* to put sthg under the microscope - **2.** *BOT* burr.

louper [3] [lupe] *vt fam* [travail] to make a mess of ; [train] to miss.

loup-garou [lugaru] (*pl* loups-garous) *nm* werewolf.

loupiot, otte [lupjo, ɔt] *nm, f fam* kid.

lourd, e [lur, lurd] *adj* - **1.** [gén] heavy ; ~ de *fig* full of - **2.** [tâche] difficult ; [faute] serious - **3.** [maladroit] clumsy, heavy-handed - **4.** *MÉTÉOR* close - **5.** [esprit] slow.

lourd *adv* : peser ~ to be heavy, to weigh a lot ; il n'en fait pas ~ *fam* he doesn't do much.

lourdaud, e [lurdo, od] <> *adj* clumsy <> *nm, f* oaf.

lourdement [lurdəmɑ̃] *adv* - **1.** [pesamment] heavily - **2.** [maladroitement] heavily, clumsily ; [insister] strenuously.

lourdeur [lurdœr] *nf* - **1.** [gén] heaviness - **2.** *MÉTÉOR* closeness - **3.** [d'esprit] slowness.

loustic [lustik] *nm fam* - **1.** [enfant] kid - **2.** [farceur] joker - **3.** *péj* [type] guy.

loutre [lutr] *nf* otter.

louve [luv] *nf* she-wolf.

louveteau, x [luvto] *nm* - **1.** *ZOOL* wolf cub - **2.** [scout] cub.

louvoyer [13] [luvwaje] *vi* - **1.** *NAVIG* to tack - **2.** *fig* [tergiverser] to beat about the bush.

Louvre [luvr] *n* : le ~ the Louvre (museum) ; l'école du ~ art school in Paris.

LE LOUVRE

The Louvre houses one of the biggest museum collections in the world. It is divided into seven sections : Eastern antiquities, Greek and Roman antiquities, paintings, sculpture, objets d'art and graphic arts. The glass pyramid, added amid much controversy in 1989, provides access to the museum's underground entrances. The museum was refurbished in 1993 and extended by a wing that was previously home to the Ministry of Finance.

lover [3] [lɔve] **se lover** *vp* [serpent] to coil up.

loyal, e, aux [lwajal, o] *adj* - **1.** [fidèle] loyal - **2.** [honnête] fair.

loyalement [lwajalmɑ̃] *adv* - **1.** [fidèlement] loyally - **2.** [honnêtement] fairly.

loyauté [lwajote] *nf* - **1.** [fidélité] loyalty - **2.** [honnêteté] fairness.

loyer [lwaje] *nm* rent.

LP (*abr de* lycée professionnel) *nm secondary school for vocational training.*

LSD (*abr de* lysergic acid diethylamide) *nm* LSD.

lu, e [ly] *pp* ▷ lire[1].

Luanda [lɥɑ̃da] *n* Luanda.

lubie [lybi] *nf fam* whim.

lubricité [lybrisite] *nf* lechery.

lubrifiant, e [lybrifjɑ̃, ɑ̃t] *adj* lubricating. **lubrifiant** *nm* lubricant.

lubrification [lybrifikasjɔ̃] *nf* lubrication.

lubrifier [9] [lybrifje] *vt* to lubricate.

lubrique [lybrik] *adj* lewd.

lucarne [lykarn] *nf* - **1.** [fenêtre] skylight - **2.** *FOOTBALL* top corner of the net.

lucide [lysid] *adj* lucid.

lucidement [lysidmɑ̃] *adv* lucidly.

lucidité [lysidite] *nf* lucidity.

luciole [lysjɔl] *nf* firefly.

lucratif, ive [lykratif, iv] *adj* lucrative.

lucre [lykr] *nm péj* lucre.

ludique [lydik] *adj* play (avant n).

ludo-éducatif [lydoedykatif] *nm* edutainment.

ludothèque [lydɔtɛk] *nf* toy library.

luette [lɥɛt] *nf* uvula.

lueur [lɥœr] *nf* - **1.** [de bougie, d'étoile] light ; à la ~ de by the light of - **2.** *fig* [de colère] gleam ; [de raison] spark ; ~ **d'espoir** glimmer of hope.

luge [lyʒ] *nf* toboggan.

lugubre [lygybr] *adj* lugubrious.

lui¹ [lɥi] *pp inv* ▷ luire.

lui² [lɥi] *pron pers* - **1.** [complément d'objet indirect - homme] (to) him ; [- femme] (to) her ; [- animal, chose] (to) it ; **je ~ ai parlé** I've spoken to him/to her ; **il le ~ a présenté** he introduced him to her ; **il ~ a serré la main** he shook his/ her hand - **2.** [sujet, en renforcement de "il"] he ; **qui t'accompagnera? - ~** who will go with you? - he will ; **il sait de quoi je parle, ~** HE knows what I'm talking about - **3.** [objet, après préposition, comparatif - personne] him ; [- animal, chose] it ; **je n'ai vu que ~** I saw no one else but him ; **si j'étais ~ ...** if I were him ... ; **~, tout le monde le connaît** everyone knows HIM ; **sans ~** without him ; **je vais chez ~** I'm going to his place ; **elle est plus jeune que ~** she's younger than him OU than he is - **4.** [remplaçant 'soi' en fonction de pronom réfléchi - personne] himself ; [- animal, chose] itself ; **il est content de ~** he's pleased with himself.
➤ **lui-même** *pron pers* [personne] himself ; [animal, chose] itself.

luire [97] [lɥir] *vi* [soleil, métal] to shine ; *fig* [espoir] to glow, to glimmer.

luisais, luisions *etc* ▷ luire.

luisant, e [lɥizɑ̃, ɑ̃t] *adj* gleaming.
➤ **luisant** *nm* sheen.

lumbago [lœ̃bago], **lombago** [lɔ̃bago] *nm* lumbago.

lumière [lymjɛr] *nf* - **1.** [éclairage] *fig* light ; **~ tamisée** subdued light ; **à la ~ de** by the light of ; **faire toute la ~ sur qqch** to make sthg clear ; **mettre qqch en ~** to highlight sthg - **2.** [personne] leading light ; **ce n'est pas une ~** *fam* he's/she's not very bright.

luminaire [lyminɛr] *nm* light.

luminescent, e [lyminesɑ̃, ɑ̃t] *adj* luminescent.

lumineux, euse [lyminø, øz] *adj* - **1.** [couleur, cadran] luminous - **2.** *fig* [visage] radiant ; [idée] brilliant - **3.** [explication] clear.

luminosité [lyminozite] *nf* - **1.** [du regard, ciel] radiance - **2.** *SCIENCE* luminosity.

lump [lœp] *nm* : **œufs de ~** lumpfish roe.

lunaire [lynɛr] *adj* - **1.** *ASTRON* lunar - **2.** *fig* [visage] moon (avant n) ; [paysage] lunar.

lunatique [lynatik] ◇ *nmf* temperamental person ◇ *adj* temperamental.

lunch [lœ̃ʃ] *nm* buffet lunch.

lundi [lœ̃di] *nm* Monday ; **~ de Pâques/ Pentecôte** Easter/Whit Monday ; *voir aussi* samedi.

lune [lyn] *nf* - **1.** *ASTRON* moon ; **nouvelle ~** new moon ; **pleine ~** full moon ; **~ de miel** *fig* honeymoon ; **dans la ~** *fig* in the clouds ; **décrocher la ~** *fig* to move heaven and earth ; **promettre la ~** *fig* to promise the earth - **2.** *fam fig* [derrière] backside.

luné, e [lyne] *adj* : **être bien/mal ~** to be in a good/bad mood.

lunetier, ère [lyntje, ɛr] ◇ *adj* spectaclemaking (avant n) ◇ *nm, f* optician.

lunette [lynɛt] *nf* - **1.** [ouverture] : **la ~ des W.-C.** [cuvette] the toilet bowl ; **~ arrière** rear window - **2.** *ASTRON* telescope.
➤ **lunettes** *nfpl* glasses ; **~s noires** dark glasses ; **~s de soleil** sunglasses.

lunule [lynyl] *nf* [d'ongle] half-moon.

lupanar [lypanar] *nm sout* brothel.

lupin [lypɛ̃] *nm* lupin.

lurette [lyrɛt] *nf* : **il y a belle ~ que ...** *fam* it's been ages since ...

luron, onne [lyrɔ̃, ɔn] *nm, f fam* : **un joyeux ~** a bit of a lad.

Lusaka [lyzaka] *n* Lusaka.

lusophone [lyzɔfɔn] *adj* Portuguesespeaking.

lustre [lystr] *nm* - **1.** [luminaire] chandelier - **2.** [éclat] sheen, shine ; *fig* reputation - **3.** *littéraire* [cinq ans] period of five years ; **ça fait des ~s que ...** *fig* it's been ages since ...

lustrer [3] [lystre] *vt* - **1.** [faire briller] to make shine - **2.** [user] to wear.

luth [lyt] *nm* lute.

luthérien, enne [lyterjɛ̃, ɛn] *adj & nm, f* Lutheran.

luthier [lytje] *nm* maker of stringed instruments.

lutin, e [lytɛ̃, in] *adj* mischievous.
➤ **lutin** *nm* imp.

lutrin [lytrɛ̃] *nm* lectern.

lutte [lyt] *nf* - **1.** [combat] fight, struggle ; **de haute ~** with a hard-fought struggle ; **la ~ des classes** the class struggle ; **~ d'influence** power struggle - **2.** *SPORT* wrestling.

lutter [3] [lyte] *vi* to fight, to struggle ; **~ contre** to fight (against).

lutteur, euse [lytœr, øz] *nm, f SPORT* wrestler ; *fig* fighter.

luxation [lyksasjɔ̃] *nf* dislocation.

luxe [lyks] *nm* luxury ; **de ~** luxury ; **ce n'est pas un** *OU* **du ~** *fig* it is a necessity ; **s'offrir** *OU* **se payer le ~ de** *fig* to afford the luxury of.

Luxembourg [lyksãbur] *nm* - **1.** [pays] : **le ~** Luxembourg ; **au ~** in Luxembourg - **2.** [ville] Luxembourg ; **à ~** in (the city of) Luxembourg - **3.** [jardins] : **le ~** the Luxembourg Gardens.

luxembourgeois, e [lyksãburʒwa, az] *adj* of/from Luxembourg.

Luxembourgeois, e *nm, f* native *OU* inhabitant of Luxembourg.

luxer [3] [lykse] *vt* to dislocate.

se luxer *vp* : **se ~ l'épaule** to dislocate one's shoulder.

luxueux, euse [lyksɥø, øz] *adj* luxurious.

luxure [lyksyr] *nf* lust.

luxuriant, e [lyksyrjã, ãt] *adj* luxuriant.

luzerne [lyzɛrn] *nf* lucerne, alfalfa.

lx (*abr de* **lux**) lx.

lycée [lise] *nm* ≃ secondary school *Br*, ≃ high school *Am* ; **~ technique/professionnel** ≃ technical/training college ; **~ pilote** experimental school.

LYCÉE

State secondary school in France for pupils aged 15 to 18. The school years covered go from 'seconde' through 'première' to 'terminale', the final year when pupils take the 'baccalauréat'.

lycéen, enne [liseɛ̃, ɛn] *nm, f* secondary school pupil *Br*, high school pupil *Am*.

lymphatique [lɛ̃fatik] *adj* - **1.** *MÉD* lymphatic - **2.** *fig* [apathique] sluggish.

lymphe [lɛ̃f] *nf* lymph.

lyncher [3] [lɛ̃ʃe] *vt* to lynch.

lynx [lɛ̃ks] *nm* lynx.

Lyon [ljɔ̃] *n* Lyons.

lyonnais, e [ljɔnɛ, ɛz] *adj* of/from Lyons.

Lyonnais, e *nm, f* native *OU* inhabitant of Lyons.

lyre [lir] *nf* lyre.

lyrique [lirik] *adj* [poésie] *fig* lyrical ; [drame, chanteur, poète] lyric.

lyrisme [lirism] *nm* - **1.** [poésie] lyricism - **2.** [exaltation] enthusiasm.

lys = **lis**.

m¹, M [ɛm] ⬦ *nm inv* m, M ⬦ (*abr de* **mètre**) m.

M - **1.** (*abr de* **maxwell**) Mx - **2.** (*abr de* **mile (marin)**) nm - **3.** (*abr de* **méga**) M - **4.** (*abr de* **Major**) M - **5.** (*abr de* **Monsieur**) Mr - **6.** (*abr de million*) M - **7.** *abr de* **masculin**.

m² (*abr de* **milli**) m.

m' ⬅ **me**.

M6 *n private television channel broadcasting a high proportion of music and aimed at a younger audience.*

ma ⬅ **mon**.

MA (*abr de* **maître auxiliaire**) *nm teacher on short-term contract.*

Maastricht [mastriʃt] *n* Maastricht ; **le traité de ~** the Maastricht treaty.

maboul, e [mabul] *fam* ⬦ *adj* crazy ⬦ *nm, f* nutter.

macabre [makabr] *adj* macabre.

macadam [makadam] *nm* [revêtement] macadam ; [route] road.

Macao [makao] *n* Macao ; **à ~** in Macao.

macaque [makak] *nm* - **1.** *ZOOL* macaque - **2.** *fam* [personne] ape.

macareux [makarø] *nm* puffin.

macaron [makarɔ̃] *nm* - **1.** [pâtisserie] macaroon - **2.** [coiffure] coil - **3.** [autocollant] sticker.

macaronis [makarɔni] *nmpl* - **1.** *CULIN* macaroni (*U*) - **2.** *tfam* [Italiens] *offensive term used with reference to Italians*, ≃ Eyeties.

macchabée [makabe] *nm tfam* stiff.

macédoine [masedwan] *nf* - **1.** *CULIN* : **~ de fruits** fruit salad ; **~ de légumes** mixed vegetables - **2.** *fig* [mélange] jumble.

macérer [18] [masere] ⬦ *vt* to steep ⬦ *vi*

- **1.** [mariner] to steep ; **faire ~** to steep - **2.** *fig & péj* [personne] to wallow.

mâche [maʃ] *nf* lamb's lettuce.

mâcher [3] [maʃe] *vt* - **1.** [mastiquer] to chew - **2.** TECHNOL to chew up.

machiavélique [makjavelik] *adj* Machiavellian.

mâchicoulis [maʃikuli] *nm* machicolation.

machin [maʃɛ̃] *nm fam* [chose] thing, thingumajig.

Machin, e [maʃɛ̃, in] *nm, f fam* what's his name (*f* what's her name).

machinal, e, aux [maʃinal, o] *adj* mechanical.

machinalement [maʃinalmɑ̃] *adv* mechanically.

machination [maʃinasjɔ̃] *nf* machination.

machine [maʃin] *nf* - **1.** TECHNOL machine ; **~ à coudre** sewing machine ; **~ à écrire** typewriter ; **~ à laver** washing machine ; **~ à sous** fruit machine *Br*, one-armed bandit *Am* ; **~ à tricoter** knitting machine - **2.** [organisation] machinery *(U)* - **3.** NAVIG engine ; **faire ~ arrière** to reverse engines ; *fig* to backpedal - **4.** [locomotive] engine, locomotive.

machine-outil [maʃinuti] *(pl* **machines-outils)** *nf* machine tool.

machiner [3] [maʃine] *vt* to plot.

machiniste [maʃinist] *nm* - **1.** CIN & THÉÂTRE scene shifter - **2.** TRANSPORT driver.

machisme [matʃism] *nm* machismo.

macho [matʃo] *péj* ⟨⟩ *nm* macho man ⟨⟩ *adj inv* macho.

mâchoire [maʃwar] *nf* jaw ; **~ supérieure/inférieure** upper/lower jaw.

mâchonner [3] [maʃɔne] *vt* - **1.** [mâcher, mordiller] to chew - **2.** [marmonner] to mutter.

mâchouiller [3] [maʃuje] *vt fam* to chew.

maçon [masɔ̃] *nm* mason.

maçonner [3] [masɔne] *vt* [construire] to build ; [revêtir] to face ; [boucher] to brick up.

maçonnerie [masɔnri] *nf* [travaux] building ; [construction] masonry ; [franc-maçonnerie] freemasonry.

maçonnique [masɔnik] *adj* masonic.

macramé [makrame] *nm* macramé.

macrobiotique [makrɔbjɔtik] ⟨⟩ *nf* macrobiotics *(U)* ⟨⟩ *adj* macrobiotic.

macroéconomie [makrɔekɔnɔmi] *nf* macroeconomy.

maculer [3] [makyle] *vt* to stain.

Madagascar [madagaskar] *n* Madagascar ; **à ~** in Madagascar.

madame [madam] *(pl* **mesdames** [medam]) *nf*

- **1.** [titre] : **~ X** Mrs X ; **bonjour ~!** good morning! ; [dans hôtel, restaurant] good morning, madam! ; **bonjour mesdames!** good morning (ladies)! ; **Madame le Ministre n'est pas là** the Minister is out - **2.** HIST Madame *(title given to the wife of the brother of the King of France).*

madeleine [madlɛn] *nf* small sponge cake.
➡ **Madeleine** *nf* : **pleurer comme une Madeleine** to cry one's eyes out.

mademoiselle [madmwazɛl] *(pl* **mesdemoiselles** [medmwazɛl]) *nf* - **1.** [titre] : **~ X** Miss X ; **bonjour ~!** good morning! ; [à l'école, dans hôtel] good morning, miss! ; **bonjour mesdemoiselles!** good morning (ladies)! - **2.** HIST Mademoiselle *(title given to a Princess of France).*

madère [mader] *nm* Madeira (wine).

Madère [mader] *nf* Madeira ; **à ~** in Madeira.

madone [madɔn] *nf* ART & RELIG Madonna.

Madrid [madrid] *n* Madrid.

madrier [madrije] *nm* beam.

madrilène [madrilɛn] *adj* of/from Madrid.
➡ **Madrilène** *nmf* native *ou* inhabitant of Madrid.

maestria [maɛstrija] *nf* mastery ; **avec ~** brilliantly.

maf(f)ia [mafja] *nf* Mafia.

magasin [magazɛ̃] *nm* - **1.** [boutique] shop *Br*, store *Am* ; **en ~** in stock ; **grand ~** department store ; **faire les ~s** *fig* to go round the shops *Br ou* stores *Am* - **2.** [entrepôt] warehouse - **3.** [d'arme, d'appareil photo] magazine.

magasinage [magazinaʒ] *nm* warehousing, storing.

magasinier [magazinje] *nm* warehouseman, storeman.

magazine [magazin] *nm* magazine.

mage [maʒ] *nm* : **les Rois ~s** the Three Wise Men.

Maghreb [magrɛb] *nm* : **le ~** the Maghreb.

maghrébin, e [magrebɛ̃, in] *adj* North African.
➡ **Maghrébin, e** *nm, f* North African.

magicien, enne [maʒisjɛ̃, ɛn] *nm, f* magician.

magie [maʒi] *nf* magic ; **comme par ~** as if by magic ; **~ noire** black magic.

magique [maʒik] *adj* - **1.** [occulte] magic - **2.** [merveilleux] magical.

magistère [maʒistɛr] *nm* authority.

magistral, e, aux [maʒistral, o] *adj* - **1.** [œuvre, habileté] masterly - **2.** [dispute, fessée] enormous - **3.** [attitude, ton] authoritative.

magistralement [maʒistralmɑ̃] *adv* authoritatively, brilliantly.

magistrat [maʒistra] *nm* magistrate.

magistrature [maʒistratyr] *nf* magistracy, magistrature.

magma [magma] *nm* - **1.** GÉOL magma - **2.** *fig* [mélange] muddle.

magnanerie [maɲanri] *nf* - **1.** [bâtiment] silk farm - **2.** [sériciculture] silkworm breeding, sericulture.

magnanime [maɲanim] *adj* magnanimous.

magnanimité [maɲanimite] *nf* magnanimity.

magnat [maɲa] *nm* magnate, tycoon.

magner [3] [maɲe] ➡ **se magner** *vp fam* to get a move on.

magnésium [maɲezjɔm] *nm* magnesium.

magnétique [maɲetik] *adj* magnetic.

magnétiser [3] [maɲetize] *vt* - **1.** PHYS to magnetize - **2.** [hypnotiser, fasciner] to hypnotize.

magnétisme [maɲetism] *nm* - **1.** PHYS [fascination] magnetism - **2.** [hypnotisme] hypnotism.

magnéto(phone) [maɲeto(fɔn)] *nm* tape recorder.

magnétoscope [maɲetɔskɔp] *nm* videorecorder.

magnificence [maɲifisɑ̃s] *nf* magnificence.

magnifier [9] [maɲifje] *vt* to magnify.

magnifique [maɲifik] *adj* magnificent.

magnifiquement [maɲifikmɑ̃] *adv* magnificently.

magnitude [maɲityd] *nf* magnitude.

magnolia [maɲɔlja] *nm* magnolia.

magnum [magnɔm] *nm* magnum.

magot [mago] *nm fam* tidy sum, packet.

magouille [maguj] *nf fam* plot, scheme.

magouiller [3] [maguje] *vi fam* to plot, to scheme.

magret [magrɛ] *nm* fillet *Br*, filet *Am* ; **~ de canard** breast of duck.

magyar, e [magjar] *adj* Magyar.

mai [mɛ] *nm* May ; **le premier ~** May Day ; **(les événements de) ~ 1968** May 1968 ; *voir aussi* **septembre**.

MAI 68

The events of May 1968 came about when student protests, coupled with widespread industrial unrest, culminated in a general strike and rioting. De Gaulle's government survived the crisis, but the issues raised made the events a turning point in French social history.

maigre [mɛgr] ◇ *adj* - **1.** [très mince] thin - **2.** [aliment] low-fat ; [viande] lean - **3.** [peu important] meagre *Br*, meager *Am* ; [végétation] sparse ◇ *adv* : **faire ~** not to eat meat ◇ *nmf* thin person ◇ *nm* lean meat.

maigrelet, ette [mɛgrəlɛ, ɛt] *adj* scrawny.

maigreur [mɛgrœr] *nf* thinness.

maigrir [32] [megrir] ◇ *vi* to lose weight ◇ *vt* : **~ qqn** to make sb look thinner *ou* slimmer.

mailing [mɛliŋ] *nm* mailing, mailshot.

maille [maj] *nf* - **1.** [de tricot] stitch ; **~ à l'endroit/l'envers** plain/purl stitch - **2.** [de filet] mesh - **3.** *loc* : **avoir ~ à partir avec** to have a set-to with.

maillet [majɛ] *nm* mallet.

maillon [majɔ̃] *nm* link.

maillot [majo] *nm* [de sport] shirt, jersey ; **~ de bain** swimsuit ; **~ de corps** vest *Br*, undershirt *Am*.

main [mɛ̃] *nf* hand ; **à la ~** by hand ; **à pleines ~s** by the handful ; **de première ~** firsthand ; **de seconde ~** secondhand ; **à quatre ~s** four-handed, for four hands ; **de ~ de maître** in a masterly fashion ; **en sous ~** secretly ; **la ~ dans la ~** hand in hand ; **attaque à ~ armée** armed attack ; **~ courante** handrail, banister ; **avoir la ~ leste** to be quick with one's hands ; **avoir/prendre qqch en ~** to have/to take sthg in hand ; **avoir qqch sous la ~** to have sthg at hand ; **demander la ~ de qqn** to ask for sb's hand (in marriage) ; **donner la ~ à qqn** to take sb's hand ; **faire ~ basse sur qqch** to help oneself to sthg ; **forcer la ~ à qqn** to force sb's hand ; **se frotter les ~s** to rub one's hands ; **haut la ~** effortlessly, hands down ; **haut les ~s!** hands up! ; **se laver les ~s de** to wash one's hands of sthg ; **mettre la dernière ~ à** to put the finishing touches to ; **mettre la ~ à la pâte** to lend a helping hand ; **ne pas y aller de ~ morte** not to pull one's punches ; **passer la ~** CARTES to pass the deal ; **perdre la ~** *fig* to lose one's touch ; **remettre en ~(s) propre(s)** to hand over personally ; **en venir aux ~s** to come to blows.

main-d'œuvre [mɛ̃dœvr] *nf* labour *Br*, labor *Am*, workforce.

main-forte [mɛ̃fɔrt] *nf* : **prêter ~ à qqn** to come to sb's assistance.

mainmise [mɛ̃miz] *nf* seizure.

maint, e [mɛ̃, mɛ̃t] *adj littéraire* many a ; **~s** many ; **~es fois** time and time again.

maintenance [mɛ̃tnɑ̃s] *nf* maintenance.

maintenant [mɛ̃tnɑ̃] *adv* now.

➡ **maintenant que** *loc prép* now that.

maintenir [40] [mɛ̃tnir] *vt* - **1.** [soutenir] to

support ; **~ qqn à distance** to keep sb away
- **2.** [garder, conserver] to maintain - **3.** [affirmer] :
~ que to maintain (that).

▸ **se maintenir** *vp* - **1.** [durer] to last - **2.** [rester] to remain.

maintenu, e [mɛ̃tny] *pp* ⊳ maintenir.

maintien [mɛ̃tjɛ̃] *nm* - **1.** [conservation] maintenance ; [de tradition] upholding ; **le ~ de l'ordre** the maintenance of law and order
- **2.** [tenue] posture.

maintiendrai, maintiendras *etc* ⊳ maintenir.

maire [mɛr] *nm* mayor.

mairie [meri] *nf* - **1.** [bâtiment] town hall *Br*, city hall *Am* - **2.** [administration] town council *Br*, city hall *Am*.

mais [mɛ] ⬥ *conj* but ; **~ non!** of course not! ; **~ alors, tu l'as vu ou non?** so did you see him or not? ; **il a pleuré, ~ pleuré!** he cried, and how! ; **non ~ ça ne va pas!** that's just not on! ⬥ *adv* but ; **vous êtes prêts? - ~** bien sûr! are you ready? – but of course! ; **~ certainement** but of course ; **~ enfin** but after all ; [marquant l'impatience] really! ⬥ *nm* : **il y a un ~** there's a hitch *ou* a snag ; **il n'y a pas de ~** (there are) no buts.

maïs [mais] *nm* maize *Br*, corn *Am*.

maison [mɛzɔ̃] *nf* - **1.** [habitation, lignée & ASTROL] house ; **~ de campagne** house in the country ; **~ individuelle** detached house ; **~s mitoyennes** semidetached houses - **2.** [foyer] home ; [famille] family ; **à la ~** [au domicile] at home ; [dans la famille] in my/your *etc* family - **3.** COMM company ; **~ mère** parent company - **4.** [institut] : **~ d'arrêt** prison ; **~ de la culture** arts centre *Br ou* center *Am* ; **~ de quartier** ≃ community centre *Br ou* center *Am* ; **~ de retraite** old people's home - **5.** (*en apposition*) [artisanal] homemade ; [dans restaurant - vin] house (*avant n*).

Maison-Blanche [mɛzɔ̃blɑ̃ʃ] *nf* : **la ~** the White House.

maisonnée [mɛzɔne] *nf* household.

maisonnette [mɛzɔnɛt] *nf* small house.

maître, esse [mɛtr, mɛtrɛs] *nm, f* - **1.** [professeur] teacher ; **~ auxiliaire** supply teacher *Br*, substitute teacher *Am* ; **~ chanteur** blackmailer ; **~ de conférences** UNIV ≃ senior lecturer ; **~ d'école** schoolteacher ; **~ nageur** swimming instructor - **2.** [modèle, artiste] *fig* master ; **les grands ~s** the Old Masters ; **~ à penser** mentor ; **passer ~ dans l'art de faire qqch** to be a past master in the art of doing sthg - **3.** [dirigeant] ruler ; [d'animal] master (*f* mistress) ; **~ d'hôtel** head waiter ; **~ de maison** host ; **~ d'œuvre** CONSTR project manager ;

fig artisan, architect ; **être ~ de soi** to be in control of oneself, to have self-control
- **4.** (*en apposition*) [principal] main, principal.

▸ **Maître** *nm* form of address for lawyers.

▸ **maîtresse** *nf* [amie] mistress.

maître-assistant, e [mɛtrasistɑ̃, ɑ̃t] (*mpl* **maîtres-assistants**, *fpl* **maîtres-assistantes**) *nm, f* ≃ lecturer *Br*, ≃ assistant professor *Am*.

maître-autel [mɛtrotɛl] (*pl* **maîtres-autels**) *nm* high altar.

maîtresse ⊳ maître.

maîtrisable [metrizabl] *adj* controllable.

maîtrise [metriz] *nf* - **1.** [sang-froid, domination] control ; **~ de soi** self-control - **2.** [connaissance] mastery, command ; [habileté] skill - **3.** UNIV ≃ master's degree.

maîtriser [3] [metrize] *vt* - **1.** [animal, forcené] to subdue - **2.** [émotion, réaction] to control, to master - **3.** [incendie] to bring under control - **4.** [dépenses] to curb.

▸ **se maîtriser** *vp* to control o.s.

majesté [maʒɛste] *nf* majesty.

▸ **Majesté** *nf* : **Sa Majesté** His/Her Majesty.

majestueux, euse [maʒɛstɥø, øz] *adj* majestic.

majeur, e [maʒœr] *adj* - **1.** [gén] major
- **2.** [personne] of age.

▸ **majeur** *nm* middle finger.

Majeur [maʒœr] ⊳ lac.

major [maʒɔr] *nm* - **1.** MIL ≃ adjutant - **2.** SCOL : **~ (de promotion)** first in *ou* top of one's year group.

majoration [maʒɔrasjɔ̃] *nf* increase.

majordome [maʒɔrdɔm] *nm* majordomo.

majorer [3] [maʒɔre] *vt* to increase.

majorette [maʒɔrɛt] *nf* majorette.

majoritaire [maʒɔritɛr] ⬥ *nmf* member of majority group ⬥ *adj* majority (*avant n*) ; **être ~** to be in the majority.

majorité [maʒɔrite] *nf* majority ; **en (grande) ~** in the majority ; **~ absolue/relative** POLIT absolute/relative majority ; **~ civile** voting age.

Majorque [maʒɔrk] *n* Majorca ; **à ~** in Majorca.

majorquin, e *adj* Majorcan.

▸ **Majorquin, e** *nm, f* Majorcan.

majuscule [maʒyskyl] ⬥ *nf* capital (letter) ; **en ~s** in capitals, in capital letters ⬥ *adj* capital (*avant n*).

mal, maux [mal, mo] *nm* - **1.** [ce qui est contraire à la morale] evil ; **dire du ~ de qqn** to say bad things about sb - **2.** [souffrance physique] pain ; **avoir ~ au bras** to have a sore arm ; **avoir**

~ au cœur to feel sick ; avoir ~ au dos to have backache ; avoir ~ à la gorge to have a sore throat ; avoir le ~ de mer to be seasick ; avoir ~ aux dents/à la tête to have toothache/a headache ; avoir des maux de tête to get headaches ; avoir le ~ des transports to be travelsick ; avoir ~ au ventre to have (a) stomachache ; faire ~ à qqn to hurt sb ; ça fait ~ it hurts ; se faire ~ to hurt o.s. - 3. [difficulté] difficulty ; avoir du ~ à faire qqch to have difficulty doing sthg ; se donner du ~ (pour faire qqch) to take trouble (to do sthg) - 4. [douleur morale] pain, suffering (U) ; avoir le ~ du pays to be ou feel homesick ; être en ~ de qqch to long for sthg ; faire du ~ (à qqn) to hurt (sb) ; c'est un moindre ~ it's the lesser of two evils.

◆ mal adv - 1. [malade] ill ; aller ~ not to be well ; se sentir ~ to feel ill ; être au plus ~ to be extremely ill - 2. [respirer] with difficulty - 3. [informé, se conduire] badly ; être ~ reçu to get a poor welcome ; ~ prendre qqch to take sthg badly ; ~ tourner to go wrong - 4. loc : de ~ en pis from bad to worse ; ~ à propos inappropriate ; pas ~ not bad (adj), not badly (adv) ; pas ~ de quite a lot of.

malabar [malabar] nm fam big lad, well-built fellow.

malade [malad] <> nmf invalid, sick person ; ~ mental mentally ill person <> adj - 1. [souffrant - personne] ill, sick ; [- organe] bad ; tomber ~ to fall ill ou sick ; être ~ du cœur/des reins to have heart/kidney trouble ; être ~ d'inquiétude fig to be sick with worry - 2. fam [fou] crazy - 3. fig [en mauvais état] in bad shape, in a bad way.

maladie [maladi] nf - 1. MÉD illness ; ~ d'Alzheimer Alzheimer's disease ; ~ de Creutzfeldt-Jakob Creutzfeldt-Jakob disease ; ~ de Parkinson Parkinson's disease ; ~ de la vache folle mad cow disease ; il en fait une ~ he's really worked up about it - 2. [passion, manie] mania.

maladif, ive [maladif, iv] adj - 1. [enfant] sickly - 2. [pâleur] fig unhealthy.

maladresse [maladrɛs] nf - 1. [inhabileté] clumsiness - 2. [bévue] blunder.

maladroit, e [maladrwa, at] <> adj clumsy <> nm, f clumsy person.

maladroitement [maladrwatmɑ̃] adv clumsily.

mal-aimé, e [malɛme] (mpl mal-aimés, fpl mal-aimées) nm, f unloved person.

malais, e [malɛ, ɛz] adj Malay, Malaysian ; la presqu'île Malaise the Malay Peninsula.

◆ malais nm [langue] Malay.

◆ Malais, e nm, f Malay, Malaysian.

malaise [malɛz] nm - 1. [indisposition] discomfort ; avoir un ~ to feel faint - 2. [trouble] unease (U) - 3. [crise] discontent (U).

malaisé, e [malɛze] adj difficult.

Malaisie [malɛzi] nf : la ~ Malaya ; en ~ in Malaya.

malappris, e [malapri, iz] <> adj uncouth, ill-mannered <> nm, f lout.

malaria [malarja] nf malaria.

malavisé, e [malavize] adj littéraire ill-advised, unwise.

malaxer [3] [malakse] vt to knead.

Malaysia [malɛzja] nf : la ~ Malaysia ; la ~ occidentale Malaya.

malchance [malʃɑ̃s] nf bad luck (U) ; jouer de ~ to be dogged by bad luck.

malchanceux, euse [malʃɑ̃sø, øz] <> adj unlucky <> nm, f unlucky person.

malcommode [malkɔmɔd] adj inconvenient ; [meuble] impractical.

Maldives [maldiv] nfpl : les (îles) ~ the Maldives.

maldonne [maldɔn] nf misdeal ; il y a ~ the cards have been misdealt ; fig there's been a misunderstanding.

mâle [mal] <> adj - 1. [enfant, animal, hormone] male - 2. [voix, assurance] manly - 3. ÉLECTR male <> nm male.

malédiction [malediksjɔ̃] nf curse.

maléfice [malefis] nm sout evil spell.

maléfique [malefik] adj sout evil.

malencontreusement [malɑ̃kɔ̃trøzmɑ̃] adv inopportunely.

malencontreux, euse [malɑ̃kɔ̃trø, øz] adj [hasard, rencontre] unfortunate.

mal-en-point, mal en point [malɑ̃pwɛ̃] adj inv in a bad way ou sorry state.

malentendant, e [malɑ̃tɑ̃dɑ̃, ɑ̃t] <> adj hard of hearing <> nm, f person who is hard of hearing.

malentendu [malɑ̃tɑ̃dy] nm misunderstanding.

malfaçon [malfasɔ̃] nf defect.

malfaisant, e [malfəzɑ̃, ɑ̃t] adj harmful.

malfaiteur [malfɛtœr] nm criminal.

malfamé, e, mal famé, e [malfame] adj disreputable.

malformation [malfɔrmasjɔ̃] nf malformation.

malfrat [malfra] nm fam crook.

malgache [malgaʃ] adj Madagascan, Malagasy.

◆ malgache nm [langue] Malagasy.

➤ **Malgache** *nmf* Madagascan, Malagasy.

malgré [malgre] *prép* in spite of ; ~ **tout** [quoi qu'il arrive] in spite of everything ; [pourtant] even so, yet.

➤ **malgré que** *loc conj (+ subjonctif) fam* although, in spite of the fact that.

malhabile [malabil] *adj* clumsy.

malheur [malœr] *nm* misfortune ; **le ~** misfortune, bad luck ; **par ~** unfortunately ; **porter ~ à qqn** to bring sb bad luck ; **~ à toi!** woe betide you! ; **faire un ~** *fam fig* [faire un éclat] to do some damage ; [avoir du succès] to be a great hit.

malheureusement [malœrøzmã] *adv* unfortunately.

malheureux, euse [malœrø, øz] <> *adj* - **1.** [triste] unhappy - **2.** [désastreux, regrettable] unfortunate - **3.** [malchanceux] unlucky - **4.** *(avant n)* [sans valeur] pathetic, miserable <> *nm, f* - **1.** [infortuné] poor soul - **2.** [indigent] poor person.

malhonnête [malɔnɛt] <> *nmf* dishonest person <> *adj* - **1.** [personne, affaire] dishonest - **2.** *hum* [proposition, propos] indecent.

malhonnêteté [malɔnɛtte] *nf* - **1.** [de personne] dishonesty - **2.** [action] dishonest action.

Mali [mali] *nm* : **le ~** Mali ; **au ~** in Mali.

malice [malis] *nf* mischief ; **sans ~** without malice.

malicieux, euse [malisjø, øz] <> *adj* mischievous <> *nm, f* mischievous person.

malien, enne [maljɛ̃, ɛn] *adj* Malian.
➤ **Malien, enne** *nm, f* Malian.

malignité [maliɲite] *nf* - **1.** [méchanceté] malice, spite - **2.** *MÉD* malignancy.

malin, igne [malɛ̃, iɲ] <> *adj* - **1.** [rusé] crafty, cunning ; **ce n'est pas ~!** *fig* that's not very clever! ; [regard, sourire] knowing - **2.** [méchant] malicious, spiteful - **3.** *MÉD* malignant <> *nm, f* cunning *ou* crafty person ; **faire le ~** to show off.

malingre [malɛ̃gr] *adj* sickly.

malle [mal] *nf* [coffre] trunk ; [de voiture] boot *Br*, trunk *Am* ; **se faire la ~** *fam fig* to beat it.

malléable [maleabl] *adj* malleable.

mallette [malɛt] *nf* briefcase.

mal-logé, e [malɔʒe] *(mpl* **mal-logés,** *fpl* **mal-logées)** *nm, f person living in poor accommodation.*

malmener [19] [malmɔne] *vt* - **1.** [brutaliser] to handle roughly, to ill-treat - **2.** [dominer] to have the better of.

malnutrition [malnytrisjɔ̃] *nf* malnutrition.

malodorant, e [malɔdɔrã, ãt] *adj* smelly.

malotru, e [malɔtry] *nm, f* lout.

Malouines [malwin] *nfpl* : **les (îles) ~** the Falkland Islands, the Falklands.

malpoli, e [malpɔli] <> *adj* rude <> *nm, f* rude person.

malpropre [malprɔpr] *adj* [sale] dirty.

malpropreté [malprɔprəte] *nf* [saleté] dirtiness.

malsain, e [malsɛ̃, ɛn] *adj* unhealthy.

malséant, e [malseã, ãt] *adj* unbecoming.

malt [malt] *nm* - **1.** [céréale] malt - **2.** [whisky] malt (whisky).

maltais, e [maltɛ, ɛz] *adj* Maltese.
➤ **maltais** *nm* [langue] Maltese.
➤ **Maltais, e** *nm, f* Maltese (person) ; **les Maltais** the Maltese.

Malte [malt] *n* Malta ; **à ~** in Malta.

maltraiter [4] [maltrete] *vt* to ill-treat ; [en paroles] to attack, to run down.

malus [malys] *nm increase in car insurance charges, due to loss of no-claims bonus.*

malveillance [malvɛjãs] *nf* spite.

malveillant, e [malvɛjã, ãt] *adj* spiteful.

malvenu, e [malvəny] *adj* out of place ; **être ~ de faire qqch** *sout* to be wrong to do sthg.

malversation [malvɛrsasjɔ̃] *nf* embezzlement.

malvoyant, e [malvwajã, ãt] <> *adj* partially sighted <> *nm, f person who is partially sighted.*

maman [mamã] *nf* mummy.

mamelle [mamɛl] *nf* teat ; [de vache] udder.

mamelon [mamlɔ̃] *nm* - **1.** [du sein] nipple - **2.** [butte] hillock.

mamie, mamy [mami] *nf* granny, grandma.

mammifère [mamifɛr] *nm* mammal.

mammographie [mamɔgrafi] *nf* mammography.

mammouth [mamut] *nm* mammoth.

mamours [mamur] *nmpl fam* billing and cooing *(U)* ; **se faire des ~** to bill and coo.

mamy = **mamie**.

Man [man] ▷ **île**.

management [manadʒmɛnt] *nm* management.

manager¹ [manadʒɛr] *nm* manager.

manager² [17] [manadʒe] *vt* to manage.

Managua [managwa] *n* Managua.

manche [mãʃ] <> *nf* - **1.** [de vêtement] sleeve ; **sans ~s** sleeveless ; **~s courtes/longues** short/long sleeves ; **~s raglan** raglan sleeves ; **être en ~s de chemise** to be in one's shirtsleeves - **2.** [de jeu] round, game ; *TENNIS* set - **3.** *loc* : **faire la ~.** *fam* to pass the hat round ⬦ *nm* - **1.** [d'outil] handle ; ~ **à balai** broomstick ; [d'avion] joystick - **2.** MUS neck.

Manche [mɑ̃ʃ] *nf* - **1.** [Normandie] : **la ~** the Manche (region) - **2.** [mer] : **la ~** the English Channel - **3.** [en Espagne] : **la ~** La Mancha.

manchette [mɑ̃ʃɛt] *nf* - **1.** [de chemise] cuff - **2.** [de journal] headline - **3.** [coup] forearm blow.

manchon [mɑ̃ʃɔ̃] *nm* - **1.** [en fourrure] muff - **2.** TECHNOL casing, sleeve.

manchot, ote [mɑ̃ʃo, ɔt] ⬦ *adj* one-armed ⬦ *nm, f* one-armed person.

➠ **manchot** *nm* penguin.

mandarin [mɑ̃darɛ̃] *nm* - **1.** [en Chine] mandarin - **2.** *péj* [personnage important] mandarin - **3.** [langue] Mandarin.

mandarine [mɑ̃darin] *nf* mandarin (orange).

mandat [mɑ̃da] *nm* - **1.** [pouvoir, fonction] mandate - **2.** JUR warrant ; **~ d'amener** ≃ summons ; **~ d'arrêt** ≃ arrest warrant ; **~ de perquisition** search warrant - **3.** [titre postal] money order ; **~ postal** postal order *Br*, money order *Am*.

mandataire [mɑ̃datɛr] *nmf* proxy, representative.

mandat-carte [mɑ̃dakart] (*pl* **mandats-cartes**) *nm* postal order *Br*, money order *Am*.

mandater [3] [mɑ̃date] *vt* - **1.** [personne] to appoint - **2.** [somme] to pay by money order.

mandat-lettre [mɑ̃dalɛtr] (*pl* **mandats-lettres**) *nm* postal order *Br*, money order *Am*.

mander [3] [mɑ̃de] *vt littéraire* - **1.** [appeler] to summon - **2.** [faire savoir] : **~ qqch à qqn** to inform sb of sthg.

mandibule [mɑ̃dibyl] *nf* mandible.

mandoline [mɑ̃dɔlin] *nf* mandolin.

mandrill [mɑ̃dril] *nm* mandrill.

mandrin [mɑ̃drɛ̃] *nm* [de serrage] chuck ; [de perçage] punch.

manège [manɛʒ] *nm* - **1.** [attraction] merry-go-round, roundabout *Br*, carousel *Am* - **2.** [de chevaux - lieu] riding school - **3.** [manœuvre] scheme, game.

manette [manɛt] *nf* lever.

manganèse [mɑ̃ganɛz] *nm* manganese.

mangeable [mɑ̃ʒabl] *adj* edible.

mangeoire [mɑ̃ʒwar] *nf* manger.

manger [17] [mɑ̃ʒe] ⬦ *vt* - **1.** [nourriture] to eat - **2.** [étoffe, fer] to eat away - **3.** [fortune] to get through, to squander ⬦ *vi* to eat.

mange-tout [mɑ̃ʒtu] ⬦ *adj inv* : **haricots ~** runner beans *Br*, string beans *Am* ⬦ *nm inv*

[haricot] runner bean *Br*, string bean *Am* ; [pois] mangetout *Br*, snow pea *Am*.

mangeur, euse [mɑ̃ʒœr, øz] *nm, f* eater ; **gros ~** big eater.

mangue [mɑ̃g] *nf* mango.

maniable [manjabl] *adj* - **1.** [instrument] manageable - **2.** [personne] easily influenced.

maniaque [manjak] ⬦ *nmf* - **1.** [méticuleux] fusspot - **2.** [fou] maniac ⬦ *adj* - **1.** [méticuleux] fussy - **2.** [fou] maniacal.

maniaquerie [manjakri] *nf* fussiness.

manichéisme [manikeism] *nm* Manicheism.

manie [mani] *nf* - **1.** [habitude] funny habit ; **avoir la ~ de qqch/de faire qqch** to have a mania for sthg/for doing sthg - **2.** [obsession] mania.

maniement [manimɑ̃] *nm* handling.

manier [9] [manje] *vt* [manipuler, utiliser] to handle ; *fig* [ironie, mots] to handle skilfully.

manière [manjɛr] *nf* - **1.** [méthode] manner, way ; **recourir à la ~ forte** to resort to strong-arm tactics ; **de toute ~** at any rate ; **d'une ~ générale** generally speaking ; **c'est une ~ de parler** it's just my/his *etc* way of putting it - **2.** [style propre à un artiste] style ; **à la ~ de** in the style of.

➠ **manières** *nfpl* manners ; **les bonnes ~s** good manners ; **faire des ~s** *fig* to pussyfoot around.

➠ **de manière à** *loc conj* (in order) to ; **de ~ à ce que** (+ *subjonctif*) so that.

➠ **de manière que** *loc conj* (+ *subjonctif*) in such a way that.

maniéré, e [manjere] *adj* affected.

maniérisme [manjerism] *nm* mannerism.

manif [manif] *nf fam* demo.

manifestant, e [manifɛstɑ̃, ɑ̃t] *nm, f* demonstrator.

manifestation [manifɛstasjɔ̃] *nf* - **1.** [témoignage] expression - **2.** [mouvement collectif] demonstration - **3.** [apparition - de maladie] appearance.

manifeste [manifɛst] ⬦ *nm* [déclaration] manifesto ⬦ *adj* obvious.

manifestement [manifɛstəmɑ̃] *adv* obviously.

manifester [3] [manifɛste] ⬦ *vt* to show, to express ⬦ *vi* to demonstrate.

➠ **se manifester** *vp* - **1.** [apparaître] to show *ou* manifest itself - **2.** [se montrer] to turn up, to appear.

manigance [manigɑ̃s] *nf fam* scheme, intrigue.

manigancer [16] [manigɑ̃se] *vt fam* to plot.

Manille [manij] *n* Manila.

manioc [manjɔk] *nm* manioc.

manipulateur, trice [manipylatœr, tris] *nm, f* - **1.** [opérateur] technician - **2.** *fig* & *péj* [de personnes] manipulator.
➤ **manipulateur** *nm* TÉLÉCOM key.

manipulation [manipylasjɔ̃] *nf* - **1.** [de produits, d'explosifs] handling ; **~s génétiques** genetic engineering - **2.** *fig* & *péj* [manœuvre] manipulation (*U*).

manipuler [3] [manipyle] *vt* - **1.** [colis, appareil] to handle - **2.** [statistiques, résultats] to falsify, to rig - **3.** *péj* [personne] to manipulate.

manivelle [manivɛl] *nf* crank.

manne [man] *nf* RELIG manna ; *fig* & *littéraire* godsend.

mannequin [mankɛ̃] *nm* - **1.** [forme humaine] model, dummy - **2.** [personne] model, mannequin.

manœuvre [manœvr] ◇ *nf* - **1.** [d'appareil, de véhicule] driving, handling ; **fausse ~** driver error ; *fig* false move - **2.** MIL manoeuvre *Br*, maneuver *Am*, exercise - **3.** [machination] ploy, scheme ◇ *nm* labourer *Br*, laborer *Am*.

manœuvrer [5] [manœvre] ◇ *vi* to manoeuvre *Br*, to maneuver *Am* ◇ *vt* - **1.** [faire fonctionner] to operate, to work ; [voiture] to manoeuvre *Br*, to maneuver *Am* - **2.** [influencer] to manipulate.

manoir [manwar] *nm* manor, country house.

manomètre [manɔmɛtr] *nm* manometer.

manquant, e [mɑ̃kɑ̃, ɑ̃t] *adj* missing.

manque [mɑ̃k] *nm* - **1.** [pénurie] lack, shortage ; **par ~ de** for want of - **2.** [de toxicomane] withdrawal symptoms (*pl*) ; **être en (état de) ~** to have *ou* experience withdrawal symptoms - **3.** [lacune] gap ; **~ à gagner** COMM loss of earnings.
➤ **à la manque** *loc adj fam* second-rate.

manqué, e [mɑ̃ke] *adj* [raté] failed ; [rendez-vous] missed.

manquement [mɑ̃kmɑ̃] *nm* : **~ (à)** breach (of).

manquer [3] [mɑ̃ke] ◇ *vi* - **1.** [faire défaut] to be lacking, to be missing ; **l'argent/le temps me manque** I don't have enough money/time ; **tu me manques** I miss you - **2.** [être absent] : **~ (à)** to be absent (from), to be missing (from) - **3.** [échouer] to fail - **4.** [ne pas avoir assez] : **~ de qqch** to lack sthg, to be short of sthg - **5.** [faillir] : **il a manqué de se noyer** he nearly *ou* almost drowned ; **ne manquez pas de lui dire** don't forget to tell him ; **je n'y manquerai pas** I certainly will, I'll definitely do it - **6.** [ne pas respecter] : **~ à** [devoir] to fail in ; **~ à sa**

parole to break one's word ◇ *vt* - **1.** [gén] to miss - **2.** [échouer à] to bungle, to botch ◇ *v impers* : **il manque quelqu'un** somebody is missing ; **il me manque 20 francs** I'm 20 francs short ; **il ne manquait plus que ça** *fig* that's all I/you *etc* needed.

mansarde [mɑ̃sard] *nf* attic.

mansardé, e [mɑ̃sarde] *adj* attic (*avant n*).

mansuétude [mɑ̃sɥetyd] *nf* *littéraire* indulgence.

mante [mɑ̃t] *nf* HIST mantle.
➤ **mante religieuse** *nf* praying mantis.

manteau, x [mɑ̃to] *nm* - **1.** [vêtement] coat ; **sous le ~** *fig* secretly, clandestinely - **2.** *fig* [de neige] mantle, blanket.

manucure [manykyr] *nmf* manicurist.

manuel, elle [manɥɛl] ◇ *adj* manual ◇ *nm, f* manual worker.
➤ **manuel** *nm* manual.

manufacture [manyfaktyr] *nf* [fabrique] factory.

manuscrit, e [manyskri, it] *adj* handwritten.
➤ **manuscrit** *nm* manuscript.

manutention [manytɑ̃sjɔ̃] *nf* handling.

manutentionnaire [manytɑ̃sjɔnɛr] *nmf* packer.

MAP (*abr de* mise au point) *nf* focusing.

mappemonde [mapmɔ̃d] *nf* - **1.** [carte] map of the world - **2.** [sphère] globe.

Maputo [mapyto] *n* Maputo.

maquereau, elle, x [makro, ɛl, o] *nm, f fam* pimp (*f* madam).
➤ **maquereau** *nm* mackerel.

maquette [makɛt] *nf* - **1.** [ébauche] paste-up - **2.** [modèle réduit] model.

maquettiste [maketist] *nmf* model maker.

maquignon [makiɲɔ̃] *nm* - **1.** [marchand de chevaux] horse dealer - **2.** *péj* [homme d'affaires] crook.

maquillage [makijaʒ] *nm* - **1.** [action, produits] make-up - **2.** [falsification - gén] disguising ; [- de chiffres] doctoring ; [- de passeport] falsification.

maquiller [3] [makije] *vt* - **1.** [farder] to make up - **2.** [fausser - gén] to disguise ; [- passeport] to falsify ; [- chiffres] to doctor.
➤ **se maquiller** *vp* to make up, to put on one's make-up.

maquilleur, euse [makijœr, øz] *nm, f* make-up artist.

maquis [maki] *nm* - **1.** [végétation] scrub, brush - **2.** HIST Maquis ; **prendre le ~** to join the Maquis - **3.** *fig* [méli-mélo] maze.

maquisard [makizar] *nm* member of the Resistance.

marabout [marabu] *nm* - **1.** ZOOL marabou - **2.** [guérisseur] marabout.

maraîcher, ère [mareʃe, ɛr] ⬦ *adj* market garden *(avant n)* Br, truck farming *(avant n)* Am ⬦ *nm, f* market gardener Br, truck farmer Am.

marais [marɛ] *nm* [marécage] marsh, swamp ; **~ salant** saltpan ; **le Marais** *historic district in central Paris.*

LE MARAIS

The Marais includes the place des Vosges and the predominantly Jewish quarter around the rue des Rosiers. Typical flats in the Marais feature exposed beams and 'tomettes' (red hexagonal floor tiles).

marasme [marasm] *nm* - **1.** [récession] stagnation - **2.** [accablement] depression.

marathon [maratɔ̃] *nm* marathon.

marâtre [maratr] *nf vieilli* - **1.** [mauvaise mère] bad mother - **2.** [belle-mère] stepmother.

maraude [marod] *nf*, **maraudage** [marodaʒ] *nm* pilfering.

marbre [marbr] *nm* - **1.** [roche, objet] marble ; **en ou de ~ marble** *(avant n)* ; **rester de ~** *fig* to remain impassive - **2.** [dans imprimerie] stone - **3.** Can BASE-BALL home base *ou* plate.

marbré, e [marbre] *adj* - **1.** [gâteau] marble *(avant n)* - **2.** [peau, teint] mottled.

marbrier [marbrije] *nm* monumental mason.

marbrure [marbryr] *nf* - **1.** [imitation du marbre] marbling - **2.** [sur la peau] mottling.

marc [mar] *nm* - **1.** [eau-de-vie] *spirit distilled from grape residue* - **2.** [de fruits] residue ; [de thé] leaves ; **~ de café** grounds *(pl)*.

marcassin [markasɛ̃] *nm* young wild boar.

marchand, e [marʃɑ̃, ɑ̃d] ⬦ *adj* [valeur] market *(avant n)* ; [prix] trade *(avant n)* ⬦ *nm, f* [commerçant] merchant ; [détaillant] shopkeeper Br, storekeeper Am ; **~ de journaux** newsagent Br, newsdealer Am ; **~ des quatre-saisons** street trader *(selling fruit and vegetables)*.
➤ **marchand de sable** *nm fig* sandman.

marchandage [marʃɑ̃daʒ] *nm* bargaining.

marchander [3] [marʃɑ̃de] ⬦ *vt* - **1.** [prix] to haggle over - **2.** [appui] to begrudge ⬦ *vi* to bargain, to haggle.

marchandise [marʃɑ̃diz] *nf* merchandise *(U)*, goods *(pl)*.

marche [marʃ] *nf* - **1.** [d'escalier] step - **2.** [activité, sport] walking ; **être à deux heures de ~ (de)** to be two hours' walk *ou* a two-hour walk (from) ; **fermer la ~** to bring up the rear ; **ouvrir la ~** to lead the way ; **~ à pied** walking ; **~ à suivre** *fig* correct procedure - **3.** [promenade] walk - **4.** MUS march ; **~ funèbre/nuptiale** funeral/wedding march - **5.** [déplacement - du temps, d'astre] course ; **assis dans le sens de la ~** [en train] sitting facing the engine ; **en ~ arrière** in reverse ; **faire ~ arrière** to reverse ; *fig* to backpedal, to backtrack - **6.** [fonctionnement] running, working ; **en ~** running ; **se mettre en ~** to start (up) ; **mettre qqch en ~** to start sthg (up) ; **remettre qqch en ~** to restart sthg.

marché [marʃe] *nm* - **1.** [gén] market ; **faire son ~** to go shopping, to do one's shopping ; **le ~ du travail** the labour Br *ou* labor Am market ; **~ cible** target market ; **~ noir** black market ; **~ aux puces** flea market - **2.** [contrat] bargain, deal ; **(à) bon ~** cheap ; **meilleur ~** cheaper ; **par-dessus le ~** *fam fig* into the bargain.
➤ **Marché commun** *nm* : **le Marché commun** the Common Market.

marchepied [marʃəpje] *nm* [de train] step ; [escabeau] steps *(pl)* Br, stepladder ; *fig* stepping-stone.

marcher [3] [marʃe] *vi* - **1.** [aller à pied] to walk - **2.** [poser le pied] to step - **3.** [avancer] : **~ sur** [ville, ennemi] to march on *ou* upon - **4.** [fonctionner, tourner] to work ; **son affaire marche bien** his business is doing well - **5.** *fam* [accepter] to agree - **6.** *loc* : **faire ~ qqn** *fam* to take sb for a ride.

marcheur, euse [marʃœr, øz] *nm, f* walker.

marcottage [markɔtaʒ] *nm* layering.

mardi [mardi] *nm* Tuesday ; **~ gras** Shrove Tuesday ; *voir aussi* **samedi**.

mare [mar] *nf* pool.

marécage [marekaʒ] *nm* marsh, bog.

marécageux, euse [marekaʒø, øz] *adj* - **1.** [terrain] marshy, boggy - **2.** [plante] marsh *(avant n)*.

maréchal, aux [mareʃal, o] *nm* marshal.
➤ **maréchal des logis** *nm* sergeant.

maréchal-ferrant [mareʃalferɑ̃] *(pl* maréchaux-ferrants [mareʃoferɑ̃]) *nm* blacksmith.

maréchaussée [mareʃose] *nf vieilli* constabulary.

marée [mare] *nf* - **1.** [de la mer] tide ; **(à) ~ haute/basse** (at) high/low tide - **2.** *fig* [de personnes] wave, surge - **3.** [poissons] seafood.
➤ **marée noire** *nf* oil slick.

marelle [marɛl] *nf* hopscotch.

marémoteur, trice [maremɔtœr, tris] *adj*
[énergie] tidal ; [usine] tidal power *(avant n)*.

mareyeur, euse [marɛjœr, øz] *nm, f* wholesale fish merchant.

margarine [margarin] *nf* margarine.

marge [marʒ] *nf* - **1.** [espace] margin ; **vivre en
~ de la société** *fig* to live on the fringes of society - **2.** [latitude] leeway ; **~ d'erreur** margin
of error ; **~ de sécurité** safety margin
- **3.** *COMM* margin ; **~ bénéficiaire** profit margin ; **~ commerciale** gross margin.

margelle [marʒɛl] *nf* coping.

marginal, e, aux [marʒinal, o] ◇ *adj*
- **1.** [gén] marginal - **2.** [groupe] dropout *(avant
n)* ◇ *nm, f* dropout.

marginaliser [3] [marʒinalize] *vt* to margin-
alize.

marginalité [marʒinalite] *nf* living on the
fringes of society.

margoulin [margulɛ̃] *nm fam* shark, conman.

marguerite [margərit] *nf* - **1.** *BOT* daisy
- **2.** [d'imprimante] daisy wheel.

mari [mari] *nm* husband.

mariage [marjaʒ] *nm* - **1.** [union, institution]
marriage ; **donner qqn en ~** to give sb away ;
~ d'amour love match ; **~ blanc** unconsum-
mated marriage ; **~ consanguin** marriage
between blood relations ; **~ de raison** marriage of convenience - **2.** [cérémonie] wedding ; **~ civil/religieux** civil/church wedding
- **3.** *fig* [de choses] blend.

Marianne [marjan] *n personification of the
French Republic.*

marié, e [marje] ◇ *adj* married ◇ *nm, f*
groom, bridegroom *(f* bride*)* ; **jeunes ~s**
newlyweds.

marier [9] [marje] *vt* - **1.** [personne] to marry
- **2.** *fig* [couleurs] to blend.
◆ **se marier** *vp* - **1.** [personnes] to get married ; **se ~ avec qqn** to marry sb - **2.** *fig* [cou-
leurs] to blend.

marihuana [marirwana], **marijuana** [mari-
ʒɥana] *nf* marijuana.

marin, e [marɛ̃, in] *adj* - **1.** [de la mer] sea *(avant*

n) ; [faune, biologie] marine - **2.** *NAVIG* [carte, mille]
nautical.
◆ **marin** *nm* - **1.** [navigateur] seafarer - **2.** [mate-
lot] sailor ; **~ pêcheur** deep-sea fisherman.
◆ **marine** ◇ *nf* - **1.** [navigation] seamanship,
navigation - **2.** [navires] navy ; **~e marchande**
merchant navy *Br* ou marine *Am* ; **~e nationale** navy ◇ *nm* - **1.** *MIL* marine - **2.** [couleur]
navy (blue) ◇ *adj inv* navy.

marinade [marinad] *nf* marinade.

mariner [3] [marine] ◇ *vt* to marinate ◇ *vi*
- **1.** [aliment] to marinate ; **faire ~ qqch** to
marinate sthg - **2.** *fam fig* [attendre] to hang
around ; **faire ~ qqn** to let sb stew.

marinier [marinje] *nm* bargee *Br*, bargeman
Am.

marinière [marinjɛr] *nf* smock.

marionnette [marjɔnɛt] *nf* puppet.

marital, e, aux [marital, o] *adj* : **autorisation
~e** husband's permission.

maritalement [maritalmɑ̃] *adv* : **vivre ~** to
cohabit.

maritime [maritim] *adj* [navigation] maritime ;
[ville] coastal.

marivaudage [marivodaʒ] *nm littéraire* banter.

marjolaine [marʒɔlɛn] *nf* marjoram.

mark [mark] *nm* [monnaie] mark.

marketing [marketiŋ] *nm* marketing ;
~ téléphonique telemarketing.

marmaille [marmaj] *nf fam* brood (of kids).

marmelade [marməlad] *nf* stewed fruit ; **en
~ cooked** to a pulp ; *fam fig* [nez] smashed to
a pulp ; **~ d'oranges** marmalade.

marmite [marmit] *nf* [casserole] pot ; **faire
bouillir la ~** *fig* to be the breadwinner.

marmiton [marmitɔ̃] *nm* kitchen boy.

marmonner [3] [marmɔne] *vt & vi* to mutter, to mumble.

marmot [marmo] *nm fam* kid.

marmotte [marmɔt] *nf* marmot.

marmotter [3] [marmɔte] *vt* to mutter, to
mumble.

marner [3] [marne] *vi fam* to slog.

Maroc [marɔk] *nm* : **le ~** Morocco ; **au ~** in
Morocco.

marocain, e [marɔkɛ̃, ɛn] *adj* Moroccan.
◆ **Marocain, e** *nm, f* Moroccan.

maroquin [marɔkɛ̃] *nm* morocco (leather).

maroquinerie [marɔkinri] *nf* - **1.** [fabrication]
fine-leather production ; [commerce] fine-
leather trade - **2.** [magasin] leather-goods
shop *Br* ou store *Am.*

maroquinier [marɔkinje] *nm* - **1.** [artisan]

leatherworker - **2.** [commerçant] leather-goods dealer.

marotte [maʀɔt] *nf* [dada] craze.

marquant, e [maʀkɑ̃, ɑ̃t] *adj* outstanding.

marque [maʀk] *nf* - **1.** [signe, trace] mark ; *fig* stamp, mark - **2.** [label, fabricant] make, brand ; **de ~** designer *(avant n)* ; *fig* important ; **une grande ~** a well-known make *ou* brand ; **~ déposée** registered trademark ; **~ de fabrique** trademark - **3.** SPORT score ; **à vos ~s, prêts, partez!** on your marks, get set, go!, ready, steady, go! - **4.** [insigne] badge - **5.** [témoignage] sign, token ; **~ d'affection** sign *ou* token of affection.

marqué, e [maʀke] *adj* - **1.** [net] marked, pronounced - **2.** [personne, visage] marked.

marquer [3] [maʀke] ◇ *vt* - **1.** [gén] to mark - **2.** *fam* [écrire] to write down, to note down - **3.** [indiquer, manifester] to show - **4.** [SPORT - but, point] to score ; [- joueur] to mark ; **~ les points** to keep the score ◇ *vi* - **1.** [événement, expérience] to leave its mark - **2.** SPORT to score.

marqueterie [maʀkɛtʀi] *nf* marquetry.

marqueur [maʀkœʀ] *nm* - **1.** [crayon] marker (pen) - **2.** SPORT scorer.

marqueuse [maʀkøz] *nf* labelling machine.

marquis, e [maʀki, iz] *nm, f* marquis (*f* marchioness).

◆ **marquise** *nf* [auvent] canopy.

Marquises [maʀkiz] *nfpl* : **les ~** the Marquesas Islands.

marraine [maʀɛn] *nf* - **1.** [de filleul] godmother - **2.** [de navire] christener.

marrant, e [maʀɑ̃, ɑ̃t] *adj fam* funny.

marre [maʀ] *adv* : **en avoir ~ (de)** *fam* to be fed up (with).

marrer [3] [maʀe] ◆ **se marrer** *vp fam* to split one's sides.

marron, onne [maʀɔ̃, ɔn] *adj péj* [médecin] quack *(avant n)* ; [avocat] crooked.

◆ **marron** ◇ *nm* - **1.** [fruit] chestnut ; **~ glacé** candied chestnut ; **~ d'Inde** horse chestnut - **2.** [couleur] brown - **3.** *fam* [coup de poing] thump ◇ *adj inv* brown.

marronnier [maʀɔnje] *nm* chestnut tree.

mars [maʀs] *nm* March ; *voir aussi* **septembre**.

marseillais, e [maʀsɛje, ɛz] *adj* of/from Marseilles.

◆ **Marseillais, e** *nm, f* native *ou* inhabitant of Marseilles.

◆ **Marseillaise** *nf* : **la Marseillaise** French national anthem.

Marseille [maʀsɛj] *n* Marseilles.

marsouin [maʀswɛ̃] *nm* porpoise.

marsupial, e, aux [maʀsypjal, o] *adj* marsupial.

◆ **marsupial** *nm* marsupial.

marte = **martre**.

marteau, x [maʀto] ◇ *nm* - **1.** [gén] hammer ; **~ piqueur, ~ pneumatique** pneumatic drill - **2.** [heurtoir] knocker ◇ *adj fam* barmy.

marteau-pilon [maʀtopilɔ̃] (*pl* **marteaux-pilons**) *nm* power hammer.

martel [maʀtɛl] *nm* : **se mettre ~ en tête** to get worked up.

marteler [25] [maʀtəle] *vt* - **1.** [pieu] to hammer ; [table, porte] to hammer on, to pound - **2.** [phrase] to rap out.

martial, e, aux [maʀsjal, o] *adj* martial.

martien, enne [maʀsjɛ̃, ɛn] *adj & nm, f* Martian.

martinet [maʀtinɛ] *nm* - **1.** ZOOL swift - **2.** [fouet] whip.

martingale [maʀtɛ̃gal] *nf* - **1.** [de vêtement] half-belt - **2.** JEU winning system.

Martini® [maʀtini] *nm* Martini®.

martiniquais, e [maʀtinikɛ, ɛz] *adj* of/from Martinique.

◆ **Martiniquais, e** *nm, f* native *ou* inhabitant of Martinique.

Martinique [maʀtinik] *nf* : **la ~** Martinique ; **à la ~** in Martinique.

martin-pêcheur [maʀtɛ̃pɛʃœʀ] (*pl* **martins-pêcheurs**) *nm* kingfisher.

martre [maʀtʀ], **marte** [maʀt] *nf* marten.

martyr, e [maʀtiʀ] ◇ *adj* martyred ◇ *nm, f* martyr.

◆ **martyre** *nm* martyrdom ; **souffrir le ~e** to suffer agonies.

martyriser [3] [maʀtiʀize] *vt* to torment.

marxisme [maʀksism] *nm* Marxism.

marxiste [maʀksist] *nmf & adj* Marxist.

mas [mas] *nm* country house or farm in the South of France.

mascara [maskaʀa] *nm* mascara.

mascarade [maskaʀad] *nf* - **1.** [mise en scène] masquerade - **2.** [accoutrement] getup.

mascotte [maskɔt] *nf* mascot.

masculin, e [maskylɛ̃, in] *adj* [apparence & GRAM] masculine ; [métier, population, sexe] male.

◆ **masculin** *nm* GRAM masculine.

maso [mazo] *fam* ◇ *nm* masochist ◇ *adj* masochistic.

masochisme [mazɔʃism] *nm* masochism.

masochiste [mazɔʃist] ◇ *nmf* masochist ◇ *adj* masochistic.

masque [mask] *nm* - **1.** [gén] mask ; **~ à gaz** gas mask ; **~ de plongée** diving mask

- **2.** [crème] : ~ **(de beauté)** face pack - **3.** *fig* [façade] front, façade ; **lever le ~** *fig* to show one's true colours.

masqué, e [maske] *adj* masked.

masquer [3] [maske] *vt* - **1.** [vérité, crime, problème] to conceal - **2.** [maison, visage] to conceal, to hide.

massacrant, e [masakrɑ̃, ɑ̃t] *adj* : **être d'une humeur ~e** to be in a foul temper.

massacre [masakr] *nm litt* & *fig* massacre.

massacrer [3] [masakre] *vt* to massacre ; [voiture] to smash up.

massage [masaʒ] *nm* massage ; **faire un ~ à qqn** to give sb a massage.

masse [mas] *nf* - **1.** [de pierre] block ; [d'eau] volume ; **tomber comme une ~** *fig* to drop like a stone - **2.** [de gens] : **la ~** the majority ; **les ~s** the masses - **3.** [grande quantité] : **une ~ de masses** (*pl*) OU loads (*pl*) of - **4.** PHYS mass ; **~ molaire** molar weight ; **~ moléculaire** molecular weight - **5.** ÉLECTR earth *Br*, ground *Am* - **6.** [maillet] sledgehammer.
- ► **masse monétaire** *nf* FIN money supply.
- ► **masse salariale** *nf* payroll.
- ► **en masse** *loc adv* [venir] en masse, all together ; *fam* [acheter] in bulk.

massepain [maspɛ̃] *nm* marzipan.

masser [3] [mase] *vt* - **1.** [assembler] to assemble - **2.** [frotter] to massage.
- ► **se masser** *vp* - **1.** [s'assembler] to assemble, to gather - **2.** [se frotter] : **se ~ le bras** to massage one's arm.

masseur, euse [masœr, øz] *nm, f* [personne] masseur (*f* masseuse).
- ► **masseur** *nm* [appareil] massager.

massicot [masiko] *nm* guillotine.

massif, ive [masif, iv] *adj* - **1.** [monument, personne, dose] massive - **2.** [or, chêne] solid.
- ► **massif** *nm* - **1.** [de plantes] clump - **2.** [de montagnes] massif ; **le Massif central** the Massif Central.

massivement [masivmɑ̃] *adv* - **1.** [construit] massively - **2.** [répondre] en masse.

massue [masy] <> *adj inv* crushing <> *nf* club.

mastic [mastik] *nm* mastic, putty.

mastiquer [3] [mastike] *vt* - **1.** [mâcher] to chew - **2.** [coller] to putty.

mastoc [mastɔk] *adj inv péj* hulking.

mastodonte [mastɔdɔ̃t] *nm* - **1.** [mammifère] mastodon - **2.** *fam* [personne] hulk.

masturbation [mastyrbasjɔ̃] *nf* masturbation.

masturber [3] [mastyrbe] ► **se masturber** *vp* to masturbate.

m'as-tu-vu [matyvy] *nmf inv* show-off.

masure [mazyr] *nf* hovel.

mat, e [mat] *adj* - **1.** [peinture, surface] matt *Br*, matte *Am* - **2.** [peau, personne] dusky - **3.** [bruit, son] dull - **4.** [aux échecs] checkmated.
- ► **mat** *nm* checkmate.

mât [ma] *nm* - **1.** NAVIG mast - **2.** [poteau] pole, post ; **~ de cocagne** greasy pole.

match [matʃ] (*pl* **matches** OU **matchs**) *nm* match ; **(faire) ~ nul** (to) draw ; **~ aller/retour** first/second leg.

matelas [matla] *nm inv* [de lit] mattress ; **~ de crin** horsehair mattress ; **~ pneumatique** airbed.

matelassé, e [matlase] *adj* padded.

matelot [matlo] *nm* sailor.

mater [3] [mate] *vt* - **1.** [soumettre, neutraliser] to subdue - **2.** *fam* [regarder] to eye up.

matérialiser [3] [materjalize] ► **se matérialiser** *vp* [aspirations] to be realized.

matérialisme [materjalism] *nm* materialism.

matérialiste [materjalist] <> *nmf* materialist <> *adj* materialistic.

matériau, x [materjo] *nm* material.
- ► **matériaux** *nmpl* - **1.** CONSTR material (*U*), materials ; **~x de construction** building material OU materials - **2.** [documents] material (*U*).

matériel, elle [materjɛl] *adj* - **1.** [être, substance] material, physical ; [confort, avantage, aide] material - **2.** [considération] practical.
- ► **matériel** *nm* - **1.** [gén] equipment (*U*) ; **~ d'exploitation** plant (*U*) ; **~ roulant** rolling stock (*U*) - **2.** INFORM hardware (*U*).

matériellement [materjɛlmɑ̃] *adv* materially.

maternel, elle [matɛrnɛl] *adj* maternal ; [langue] mother (*avant n*) ; **lait ~** mother's milk.
- ► **maternelle** *nf* nursery school.

materner [3] [matɛrne] *vt* to mother.

maternité [matɛrnite] *nf* - **1.** [qualité] maternity, motherhood - **2.** [hôpital] maternity hospital.

mathématicien, enne [matematisjɛ̃, ɛn] *nm, f* mathematician.

mathématique [matematik] *adj* mathematical.
- ► **mathématiques** *nfpl* mathematics (*U*).

matheux, euse [matø, øz] *nm, f fam* mathematician.

maths [mat] *nfpl fam* maths *Br*, math *Am*.

matière [matjɛr] *nf* - **1.** [substance] matter ; **~s fécales** faeces *Br*, feces *Am* ; **~s grasses** fats ;

~ **grise** grey *Br* OU gray *Am* matter - **2.** [matériau] material ; ~ **plastique** plastic ; ~**s premières** raw materials - **3.** [discipline, sujet] subject ; **en ~ de sport/littérature** as far as sport/literature is concerned - **4.** *loc* : **donner ~ à** to give cause for.

MATIF, Matif [matif] (*abr de* **Marché à terme international de France**) *nm body regulating activities on the French stock exchange.*

Matignon [matiɲɔ̃] *n* : **(l'hôtel) ~** *building in Paris which houses the offices of the Prime Minister.*

MATIGNON

This term is often used to refer to the Prime Minister and his or her administrative staff : 'Matignon ne semble pas être d'accord'.

matin [matɛ̃] *nm* morning ; **le ~** in the morning ; **ce ~** this morning ; **à trois heures du ~** at 3 o'clock in the morning ; **de bon** OU **de grand ~** early in the morning ; **du ~ au soir** *fig* from dawn to dusk.

matinal, e, aux [matinal, o] *adj* - **1.** [gymnastique, émission] morning *(avant n)* - **2.** [personne] : **être ~** to be an early riser.

mâtiné, e [matine] *adj* : **~ de** [chien] crossed with ; *fig* [mélangé de] mixed with.

matinée [matine] *nf* - **1.** [matin] morning ; **faire la grasse ~** to have a lie in - **2.** [spectacle] matinée, afternoon performance.

matines [matin] *nfpl* matins.

matois, e [matwa, az] *littéraire* ⬦ *adj* wily ⬦ *nm, f* wily person.

maton, onne [matɔ̃, ɔn] *nm, f fam arg* crime screw.

matou [matu] *nm* tom, tomcat.

matraquage [matrakaʒ] *nm* - **1.** [bastonnade] beating, clubbing - **2.** *fig* [intoxication] bombardment ; **~ publicitaire** bombardment with adverts.

matraque [matrak] *nf* truncheon.

matraquer [3] [matrake] *vt* - **1.** [frapper] to beat, to club - **2.** *fig* [intoxiquer] to bombard.

matriarcal, e, aux [matrijarkal, o] *adj* matriarchal.

matriarcat [matrijarka] *nm* matriarchy.

matrice [matris] *nf* - **1.** [moule] mould - **2.** MATHS matrix - **3.** ANAT womb.

matricule [matrikyl] ⬦ *nm* : **(numéro) ~** number ⬦ *nf* register.

matrimonial, e, aux [matrimɔnjal, o] *adj* matrimonial.

matrone [matron] *nf péj* old bag.

maturation [matyrasjɔ̃] *nf* maturing.

mature [matyr] *adj* mature.

mâture [matyr] *nf* masts *(pl)*.

maturité [matyrite] *nf* maturity ; [de fruit] ripeness.

maudire [104] [modir] *vt* to curse.

maudit, e [modi, it] ⬦ *pp* ⬤ **maudire** ⬦ *adj* - **1.** [réprouvé] accursed - **2.** *(avant n)* [exécrable] damned ⬦ *nm, f* person who is damned.

maugréer [15] [mogree] ⬦ *vt* to mutter ⬦ *vi* : **~ (contre)** to grumble (about).

maure, more [mor] *adj* Moorish.
⬤ **Maure, More** *nmf* Moor.

mauresque, moresque [moresk] *adj* Moorish.
⬤ **Mauresque, Moresque** *nf* Moorish woman.

Maurice [moris] ⬤ **île.**

mauricien, enne [morisjɛ̃, ɛn] *adj* Mauritian.
⬤ **Mauricien, enne** *nm, f* Mauritian.

Mauritanie [moritani] *nf* : **la ~** Mauritania.

mauritanien, enne [moritanjɛ̃, ɛn] *adj* Mauritanian.
⬤ **Mauritanien, enne** *nm, f* Mauritanian.

mausolée [mozɔle] *nm* mausoleum.

maussade [mosad] *adj* - **1.** [personne, air] sullen - **2.** [temps] gloomy.

mauvais, e [mɔvɛ, ɛz] *adj* - **1.** [gén] bad - **2.** [moment, numéro, réponse] wrong - **3.** [mer] rough - **4.** [personne, regard] nasty.
⬤ **mauvais** *adv* : **il fait ~** the weather is bad ; **sentir ~** to smell bad.

mauve [mov] *nm & adj* mauve.

mauviette [movjɛt] *nf fam* - **1.** [physiquement] weakling - **2.** [moralement] coward, wimp.

maux ⬤ **mal.**

max [maks] (*abr de* **maximum**) *nm fam* : **un ~ de fric** loads of money ; **il en a rajouté un ~** he went completely overboard.

max. (*abr de* **maximum**) max.

maxillaire [maksilɛr] *nm* jawbone.

maximal, e, aux [maksimal, o] *adj* maximum ; [degré] highest.

maxime [maksim] *nf* maxim.

maximum [maksimɔm] (*pl* **maxima** [maksimal) ⬦ *nm* maximum ; **le ~ de vitesse/capacité** *etc* maximum speed/capacity *etc* ; **le ~ de personnes** the greatest (possible) number of people ; **au ~** at the most ⬦ *adj* maximum.

maya [maja] *adj* Mayan.
⬤ **Maya** *nmf* : **les Mayas** the Maya.

mayonnaise [majɔnɛz] *nf* mayonnaise.

Mazarine [mazarin] *n* : **la bibliothèque ~** *public library in Paris*.

LA BIBLIOTHÈQUE MAZARINE

This library opened to the public in 1643, and is the oldest in France. It specializes in French history, especially local history.

mazout [mazut] *nm* fuel oil.

mazouté, e [mazute] *adj* polluted with oil.

MDM *nmpl abr de* **Médecins du monde**.

me [mə], **m'** *(devant voyelle ou h muet) pron pers* **- 1.** [complément d'objet direct] me **- 2.** [complément d'objet indirect] (to) me **- 3.** [réfléchi] myself **- 4.** [avec un présentatif] : **~ voici** here I am.

Me *(abr de* **maître)** *title for barristers,* ≃ QC *Br*.

mea culpa [meakulpa] *nm inv* : **faire son ~** *fig* to admit one's mistake.

méandre [meɑ̃dr] *nm* [de rivière] meander, bend.

➤ **méandres** *nmpl* [détours sinueux] meanderings *(pl)*.

mec [mɛk] *nm fam* guy, bloke.

mécanicien, enne [mekanisjɛ̃, ɛn] ◇ *adj* mechanized ◇ *nm, f* **- 1.** [de garage] mechanic **- 2.** [conducteur de train] train driver *Br*, engineer *Am*.

mécanique [mekanik] ◇ *nf* **- 1.** TECHNOL mechanical engineering **- 2.** MATHS & PHYS mechanics *(U)* **- 3.** [mécanisme] mechanism ◇ *adj* mechanical.

mécaniquement [mekanikmɑ̃] *adv* mechanically.

mécanisation [mekanizasjɔ̃] *nf* mechanization.

mécaniser [3] [mekanize] *vt* to mechanize.

mécanisme [mekanism] *nm* mechanism.

mécano [mekano] *nm fam* mechanic.

mécénat [mesena] *nm* patronage.

mécène [mesɛn] *nm* patron.

méchamment [meʃamɑ̃] *adv* **- 1.** [cruellement] nastily **- 2.** *fam* [beaucoup] really, terribly.

méchanceté [meʃɑ̃ste] *nf* **- 1.** [attitude] nastiness **- 2.** *fam* [rosserie] nasty thing.

méchant, e [meʃɑ̃, ɑ̃t] ◇ *adj* **- 1.** [malveillant, cruel] nasty, wicked ; [animal] vicious **- 2.** [désobéissant] naughty ◇ *nm, f* **- 1.** [moralement] wicked person **- 2.** [en langage enfantin] baddy.

mèche [mɛʃ] *nf* **- 1.** [de bougie] wick **- 2.** [de cheveux] lock ; **~ rebelle** cowlick **- 3.** [de bombe] fuse **- 4.** [de perceuse] bit **- 5.** *loc* : **être de ~ avec qqn** to be hand in glove with sb ; **vendre la ~** to give the game away.

méchoui [meʃwi] *nm whole roast sheep*.

méconnaissable [mekɔnɛsabl] *adj* unrecognizable.

méconnaissance [mekɔnɛsɑ̃s] *nf* ignorance.

méconnu, e [mekɔny] *adj* unrecognized.

mécontent, e [mekɔ̃tɑ̃, ɑ̃t] ◇ *adj* unhappy ◇ *nm, f* malcontent.

mécontentement [mekɔ̃tɑ̃tmɑ̃] *nm* displeasure, annoyance.

mécontenter [3] [mekɔ̃tɑ̃te] *vt* to displease.

Mecque [mɛk] *n* : **La ~** Mecca.

mécréant, e [mekreɑ̃, ɑ̃t] *nm, f* nonbeliever.

méd. *abr de* **médecin**.

médaille [medaj] *nf* **- 1.** [pièce, décoration] medal **- 2.** [bijou] medallion **- 3.** [de chien] identification disc *Br ou* disk *Am*, tag.

médaillé, e [medaje] ◇ *adj* MIL decorated ; SPORT medal-winning *(avant n)* ◇ *nm, f* MIL holder of a medal ; SPORT medal-winner, medallist *Br*, medalist *Am*.

médaillon [medajɔ̃] *nm* **- 1.** [bijou] locket **- 2.** PRESSE : **en ~** inset **- 3.** ART & CULIN medallion.

médecin [medsɛ̃] *nm* doctor ; **~ conventionné** ≃ National Health doctor *Br* ; **~ de famille** family doctor, GP *Br* ; **~ de garde** doctor on duty, duty doctor ; **~ généraliste** general practitioner, GP *Br* ; **~ légiste** forensic scientist *Br*, medical examiner *Am* ; **votre ~ traitant** your (usual) doctor ; **Médecins du monde, Médecins sans frontières** *organizations providing medical aid to victims of war and disasters, especially in the Third World*.

MÉDECINS SANS FRONTIÈRES

MSF was created in 1971 as an international and non-political private association. It is made up of doctors and volunteer health workers and its mission is to assist war-torn populations and disaster victims.

médecine [medsin] *nf* medicine ; **~ générale** general medicine.

Medef [medɛf] *(abr de* **Mouvement des entreprises de France)** *nm national council of French employers,* ≃ CBI.

média [medja] *nm* : **les ~s** the (mass) media.

médian, e [medjɑ̃, an] *adj* median.

➤ **médiane** *nf* median.

médiateur, trice [medjatœr, tris] ◇ *adj* mediating *(avant n)* ◇ *nm, f* mediator ; [dans un conflit de travail] arbitrator.

➤ **médiateur** *nm* ADMIN ombudsman.

➤ **médiatrice** *nf* median.

médiathèque [medjatɛk] *nf* media library.

médiation [medjasjɔ̃] *nf* mediation ; [dans un conflit de travail] arbitration.

médiatique [medjatik] *adj* media *(avant n)*.

médiatisation [medjatizasjɔ̃] *nf* saturation media coverage.

médiatiser [3] [medjatize] *vt péj* to turn into a media event.

médical, e, aux [medikal, o] *adj* medical.

médicalisation [medikalizasjɔ̃] *nf* [d'établissement, de service] provision of medical equipment ; [de population] provision of medical care.

médicament [medikamɑ̃] *nm* medicine, drug.

médicamenteux, euse [medikamɑ̃tø, øz] *adj* medicinal.

médication [medikasjɔ̃] *nf* (course of) treatment.

médicinal, e, aux [medisinal, o] *adj* medicinal.

Médicis [medisis] *n* : **le prix ~** *French literary prize*.

médico-légal, e, aux [medikolegal, o] *adj* forensic.

médico-social, e, aux [medikososjal, o] *adj* public health *(avant n)*.

médiéval, e, aux [medjeval, o] *adj* medieval.

médiocre [medjɔkr] <> *nmf* mediocre person <> *adj* mediocre.

médiocrité [medjɔkrite] *nf* mediocrity.

médire [103] [medir] *vi* to gossip ; **~ de qqn** to speak ill of sb.

médisance [medizɑ̃s] *nf* - **1.** [calomnie] slander - **2.** [ragot] piece of gossip.

médisant, e [medizɑ̃, ɑ̃t] <> *adj* slanderous <> *nm, f* slanderer, scandalmonger.

médit [medi] *pp inv* ⊳ **médire.**

méditatif, ive [meditatif, iv] <> *adj* thoughtful, reflective <> *nm, f* thoughtful person.

méditation [meditasjɔ̃] *nf* meditation.

méditer [3] [medite] <> *vt* - **1.** [projeter] to plan ; **~ de faire qqch** to plan to do sthg - **2.** [approfondir] to meditate on <> *vi* : **~ (sur)** to meditate (on).

Méditerranée [mediterane] *nf* : **la ~** the Mediterranean (Sea).

méditerranéen, enne [mediteraneɛ̃, ɛn] *adj* Mediterranean.

➤ **Méditerranéen, enne** *nm, f* person from the Mediterranean.

médium [medjɔm] *nm* - **1.** [personne] medium - **2.** *MUS* middle register.

médius [medjys] *nm* middle finger.

méduse [medyz] *nf* jellyfish.

méduser [3] [medyze] *vt* to dumbfound.

meeting [mitiŋ] *nm* meeting ; **~ aérien** air show.

méfait [mefɛ] *nm* misdemeanour *Br*, misdemeanor *Am*, misdeed.

➤ **méfaits** *nmpl* [du temps] ravages.

méfiance [mefjɑ̃s] *nf* suspicion, distrust.

méfiant, e [mefjɑ̃, ɑ̃t] *adj* suspicious, distrustful.

méfier [9] [mefje] ➤ **se méfier** *vp* to be wary *ou* careful ; **se ~ de qqn/qqch** to distrust sb/sthg.

méga [mega] *adj* mega.

mégalo [megalo] *nmf* & *adj fam* megalomaniac ; **il est complètement ~** he thinks he's God.

mégalomane [megaloman] *nmf* & *adj* megalomaniac.

mégalomanie [megalomani] *nf* megalomania.

méga-octet [megaɔktɛ] *nm* megabyte.

mégaphone [megafɔn] *nm* megaphone, bullhorn *Am*.

mégapole [megapɔl] *nf* megalopolis, megacity.

mégarde [megard] ➤ **par mégarde** *loc adv* by mistake.

mégère [meʒɛr] *nf péj* shrew.

mégot [mego] *nm fam* fag-end *Br*, butt *Am*.

mégoter [3] [megɔte] *vi fam* : **~ sur qqch** to skimp on sthg.

meilleur, e [mɛjœr] <> *adj (compar)* better ; *(superl)* best <> *nm, f* best ; **c'est la ~e!** that takes the cake *ou* biscuit!

➤ **meilleur** <> *nm* : **le ~** the best <> *adv* better.

méjuger [17] [meʒyʒe] <> *vt* to misjudge <> *vi* : **~ de qqn/qqch** to underestimate sb/sthg.

➤ **se méjuger** *vp littéraire* to underestimate o.s.

mélancolie [melɑ̃kɔli] *nf* melancholy.

mélancolique [melɑ̃kɔlik] *adj* melancholy.

Mélanésie [melanezi] *nf* : **la ~** Melanesia.

mélanésien, enne [melanezjɛ̃, ɛn] *adj* Melanesian.

➤ **Mélanésien, enne** *nm, f* Melanesian.

mélange [melɑ̃ʒ] *nm* - **1.** [action] mixing ; **sans ~ fig** unadulterated - **2.** [mixture] mixture.

mélanger [17] [melɑ̃ʒe] *vt* - **1.** [mettre ensemble]

mélangeur 324

to mix - **2.** [déranger] to mix up, to muddle up.

➤ **se mélanger** *vp* - **1.** [se mêler] to mix - **2.** [se brouiller] to get mixed up.

mélangeur [melɑ̃ʒœr] *nm* - **1.** CIN mixer - **2.** : (robinet) ~ mixer tap *Br*, mixing tap *Am*.

mélasse [melas] *nf* - **1.** [liquide] treacle *Br*, molasses (U) *Am* - **2.** *fam* [mélange] mess ; **être dans la** ~ *fig* to be in a fix.

mêlée [mele] *nf* - **1.** [combat] fray - **2.** RUGBY scrum ; ~ **ouverte** ruck.

mêler [4] [mele] *vt* - **1.** [mélanger] to mix - **2.** [déranger] to muddle up, to mix up - **3.** [impliquer] : ~ **qqn à qqch** to involve sb in sthg - **4.** [joindre] : ~ **qqch à qqch** to mix *ou* combine sthg with sthg.

➤ **se mêler** *vp* - **1.** [se joindre] : **se** ~ **à** [groupe] to join - **2.** [s'ingérer] : **se** ~ **de qqch** to get mixed up in sthg ; **mêlez-vous de ce qui vous regarde!** mind your own business!

mélèze [melɛz] *nm* larch.

méli-mélo [melimelo] (*pl* **mélis-mélos**) *nm* muddle ; [d'objets] jumble.

mélo [melo] *nm fam* melodrama.

mélodie [melɔdi] *nf* melody.

mélodieux, euse [melɔdjø, øz] *adj* melodious, tuneful.

mélodique [melɔdik] *adj* melodic.

mélodramatique [melɔdramatik] *adj* melodramatic.

mélodrame [melɔdram] *nm* melodrama.

mélomane [melɔman] <> *nmf* music lover <> *adj* music-loving.

melon [məlɔ̃] *nm* - **1.** [fruit] melon - **2.** [chapeau] bowler (hat).

melting-pot [mɛltiŋpɔt] *nm* melting pot.

membrane [mɑ̃bran] *nf* membrane.

membre [mɑ̃br] <> *nm* - **1.** [du corps] limb ; ~**s supérieurs/inférieurs** upper/lower limbs ; ~**s antérieurs/postérieurs** front/back legs ; ~ **(viril)** male member - **2.** [personne, pays, partie] member ; ~ **fondateur** founder member <> *adj* member *(avant n)*.

mémé = mémère.

même [mɛm] <> *adj indéf* - **1.** [indique une identité ou une ressemblance] same ; **il a le** ~ **âge que moi** he's the same age as me - **2.** [sert à souligner] : **ce sont ses paroles** ~**s** those are his very words ; **elle est la bonté** ~ she's kindness itself <> *pron indéf* : **le/la** ~ the same one ; **ce sont toujours les** ~**s qui gagnent** it's always the same people who win ; **elle est toujours la** ~ she's always the same <> *adv* even ; **il n'est** ~ **pas diplômé** he isn't even

qualified ; **elle ne va** ~ **plus au cinéma** she doesn't even go to the cinema any more.

➤ **de même** *loc adv* similarly, likewise ; **il en va de** ~ **pour lui** the same goes for him.

➤ **de même que** *loc conj* just as.

➤ **tout de même** *loc adv* all the same.

➤ **à même** *loc prép* : **il boit à** ~ **la bouteille** he drinks (straight) from the bottle ; **s'asseoir à** ~ **le sol** to sit on the bare ground.

➤ **à même de** *loc prép* : **être à** ~ **de faire qqch** to be able to do sthg, to be in a position to do sthg.

➤ **même si** *loc conj* even if.

mémento [memɛ̃to] *nm* - **1.** [agenda] pocket diary - **2.** [ouvrage] notes *(title of school textbook)*.

mémère [memɛr], **mémé** [meme] *nf fam* - **1.** [grand-mère] granny - **2.** *péj* [vieille femme] old biddy.

mémoire [memwar] <> *nf* [gén & INFORM] memory ; **de** ~ from memory ; **avoir bonne/mauvaise** ~ to have a good/bad memory ; **avoir de la** ~ to have a good memory ; **avoir la** ~ **des chiffres/noms** to have a good memory for figures/names ; **perdre la** ~ to lose one's memory ; **se rafraîchir la** ~ to refresh one's memory ; **mettre en** ~ INFORM to store ; ~ **tampon** INFORM buffer ; ~ **virtuelle** INFORM virtual memory ; ~ **vive** INFORM random access memory ; **à la** ~ **de** in memory of ; **de** ~ **d'homme** in living memory ; **pour** ~ for the record <> *nm* - **1.** ADMIN memorandum, report - **2.** UNIV dissertation, paper.

➤ **mémoires** *nmpl* memoirs.

mémorable [memɔrabl] *adj* memorable.

mémorandum [memɔrɑ̃dɔm] *nm* - **1.** [note diplomatique] memorandum - **2.** [carnet] notebook.

mémorial, aux [memɔrjal, o] *nm* [monument] memorial.

mémorisable [memɔrizabl] *adj* INFORM storable.

mémoriser [3] [memɔrize] *vt* - **1.** [suj : personne] to memorize - **2.** INFORM to store.

menaçant, e [mənasɑ̃, ɑ̃t] *adj* threatening.

menace [mənas] *nf* : ~ **(pour)** threat (to).

menacer [16] [mənase] <> *vt* to threaten ; ~ **de faire qqch** to threaten to do sthg ; ~ **qqn de qqch** to threaten sb with sthg <> *vi* : **la pluie menace** it looks like rain.

ménage [menaʒ] *nm* - **1.** [nettoyage] housework (U) ; **faire le** ~ to do the housework ; **faire des** ~**s** to work as a cleaner - **2.** [couple] couple ; **se mettre en** ~ to set up house together ; ~ **à trois** ménage à trois - **3.** ÉCON household - **4.** *loc* : **faire bon ~ (avec)** to get on well (with).

ménagement [menaʒmɑ̃] *nm* [égards] consideration ; **sans ~** brutally.

ménager¹, ère [menaʒe, ɛr] *adj* household *(avant n)*, domestic.
➡ **ménagère** *nf* - **1.** [femme] housewife - **2.** [de couverts] canteen.

ménager² [17] [menaʒe] *vt* - **1.** [bien traiter] to treat gently - **2.** [économiser - réserves] to use sparingly ; [- argent, temps] to use carefully ; **~ ses forces** to conserve one's strength ; **~ sa santé** to take care of one's health - **3.** [préparer - surprise] to prepare.
➡ **se ménager** *vp* to take care of o.s., to look after o.s.

ménagerie [menaʒri] *nf* menagerie.

mendiant, e [mɑ̃djɑ̃, ɑ̃t] *nm, f* beggar.

mendicité [mɑ̃disite] *nf* begging.

mendier [9] [mɑ̃dje] ◇ *vt* - **1.** [argent] to beg for - **2.** [éloges] to seek ◇ *vi* to beg.

menées [mǝne] *nfpl* scheming (U).

mener [19] [mǝne] ◇ *vt* - **1.** [emmener] to take - **2.** [diriger - débat, enquête] to conduct ; [- affaires] to manage, to run ; **~ qqch à bonne fin** *ou* **à bien** to see sthg through, to bring sthg to a successful conclusion - **3.** [être en tête de] to lead ◇ *vi* to lead.

meneur, euse [mǝnœr, øz] *nm, f* [chef] ringleader ; **~ d'hommes** born leader ; **~ de jeu** host.

menhir [menir] *nm* standing stone.

méninge [menɛ̃ʒ] *nf* meninx.
➡ **méninges** *nfp fam* brains.

méningite [menɛ̃ʒit] *nf* meningitis (U).

ménisque [menisk] *nm* meniscus.

ménopause [menopoz] *nf* menopause.

menotte [mǝnɔt] *nf* [main] little hand.
➡ **menottes** *nfpl* handcuffs ; **passer les ~s à qqn** to handcuff sb.

mens ⇨ **mentir**.

mensonge [mɑ̃sɔ̃ʒ] *nm* - **1.** [propos] lie ; **un pieux ~** a white lie - **2.** [acte] lying.

mensonger, ère [mɑ̃sɔ̃ʒe, ɛr] *adj* false.

menstruation [mɑ̃stryasjɔ̃] *nf* menstruation.

menstruel, elle [mɑ̃stryɛl] *adj* menstrual.

mensualiser [3] [mɑ̃sɥalize] *vt* to pay monthly.

mensualité [mɑ̃sɥalite] *nf* - **1.** [traite] monthly instalment *Br ou* installment *Am* - **2.** [salaire] (monthly) salary.

mensuel, elle [mɑ̃sɥɛl] ◇ *adj* monthly ◇ *nm, f* salaried employee.
➡ **mensuel** *nm* monthly (magazine).

mensuellement [mɑ̃sɥɛlmɑ̃] *adv* monthly, every month.

mensuration [mɑ̃syrasjɔ̃] *nf* measuring.
➡ **mensurations** *nfpl* measurements.

ment ⇨ **mentir**.

mental, e, aux [mɑ̃tal, o] *adj* mental.

mentalement [mɑ̃talmɑ̃] *adv* mentally.

mentalité [mɑ̃talite] *nf* mentality.

menteur, euse [mɑ̃tœr, øz] ◇ *adj* false ◇ *nm, f* liar.

menthe [mɑ̃t] *nf* mint ; **~ à l'eau** peppermint cordial.

mentholé, e [mɑ̃tɔle] *adj* mentholated, menthol *(avant n)*.

menti [mɑ̃ti] *pp inv* ⇨ **mentir**.

mention [mɑ̃sjɔ̃] *nf* - **1.** [citation] mention ; **faire ~ de qqch** to mention sthg - **2.** [note] note ; **'rayer la ~ inutile'** 'delete as appropriate' - **3.** UNIV : **avec ~** with distinction ; **avec la ~ très bien/bien/passable** ≃ with First/Second/Third Class Honours.

mentionner [3] [mɑ̃sjɔne] *vt* to mention.

mentir [37] [mɑ̃tir] *vi* : **~ (à)** to lie (to) ; **sans ~** honestly.

menton [mɑ̃tɔ̃] *nm* chin ; **~ en galoche** prominent chin ; **double ~** double chin.

menu, e [mǝny] *adj* [très petit] tiny ; [mince] thin.
➡ **menu** ◇ *adv* : **hacher ~** to chop finely ◇ *nm* [gén & INFORM] menu ; [repas à prix fixe] set menu ; **~ déroulant** INFORM pull-down menu ; **~ gastronomique/touristique** gourmet/tourist menu.

menuiserie [mǝnɥizri] *nf* - **1.** [métier] joinery, carpentry - **2.** [atelier] joinery (workshop) - **3.** [ouvrages] joinery (U), carpentry (U).

menuisier [mǝnɥizje] *nm* joiner, carpenter.

méprenais, méprenions *etc* ⇨ **méprendre**.

méprendre [79] [meprɑ̃dr] ➡ **se méprendre** *vp littéraire* : **se ~ sur** to be mistaken about ; **se ressembler à s'y ~** to be as like as two peas in a pod.

mépris, e [mepri, iz] *pp* ⇨ **méprendre**.
➡ **mépris** *nm* - **1.** [dédain] : **~ (pour)** contempt (for), scorn (for) - **2.** [indifférence] : **~ de** disregard for.
➡ **au mépris de** *loc prép* regardless of.

méprisable [meprizabl] *adj* contemptible, despicable.

méprisant, e [meprizɑ̃, ɑ̃t] *adj* contemptuous, scornful.

méprise [mepriz] *nf* mistake, error.

mépriser [3] [meprize] *vt* to despise ; [danger, offre] to scorn.

mer [mɛr] *nf* sea ; **en ~** at sea ; **prendre la ~** to put to sea ; **haute** ou **pleine ~** open sea ; **ce n'est pas la ~ à boire** it's no big deal ; **la ~ Adriatique** the Adriatic ; **la ~ Baltique** the Baltic Sea ; **la ~ d'Irlande** the Irish Sea ; **la ~ Morte** the Dead Sea ; **la ~ Noire** the Black Sea ; **la ~ du Nord** the North Sea.

mercantile [mɛrkɑ̃til] adj péj mercenary.

mercenaire [mɛrsənɛr] nm & adj mercenary.

mercerie [mɛrsəri] nf - **1.** [articles] haberdashery Br, notions (pl) Am - **2.** [boutique] haberdasher's shop Br, notions store Am.

merci [mɛrsi] ◇ interj thank you!, thanks! ; **~ beaucoup!** thank you very much! ◇ nm : **~ (de** ou **pour)** thank you (for) ; **dire ~ à qqn** to thank sb, to say thank you to sb ◇ nf mercy ; **sans ~** merciless ; **être à la ~ de** to be at the mercy of.

mercier, ère [mɛrsje, ɛr] nm, f haberdasher Br, notions dealer Am.

mercredi [mɛrkrədi] nm Wednesday ; **~ des Cendres** Ash Wednesday ; voir aussi samedi.

mercure [mɛrkyr] nm mercury.

merde [mɛrd] tfam ◇ nf shit ◇ interj shit!

merdier [mɛrdje] nm tfam : **on est dans un ~** we're in the shit.

mère [mɛr] nf mother ; **~ célibataire** single ou unmarried mother ; **~ de famille** mother ; **~ indigne** unfit mother ; **~ poule** mother hen ; **~ supérieure** mother superior.

merguez [mɛrgɛz] nf inv North African spiced sausage.

méridien, enne [meridjɛ̃, ɛn] adj [ligne] meridian.

➡ **méridien** nm meridian.

méridional, e, aux [meridjɔnal, o] adj southern ; [du sud de la France] Southern (French).

➡ **Méridional, e aux** nm, f person from the Mediterranean ; [du sud de la France] person from the South (of France).

meringue [mərɛ̃g] nf meringue.

mérinos [merinos] nm merino.

merisier [mərizje] nm - **1.** [arbre] wild cherry (tree) - **2.** [bois] cherry.

méritant, e [meritɑ̃, ɑ̃t] adj deserving.

mérite [merit] nm merit ; **il a du ~ à y prendre part** it is to his credit that he is taking part.

mériter [3] [merite] vt - **1.** [être digne de, encourir] to deserve - **2.** [valoir] to be worth, to merit.

méritoire [meritwar] adj commendable.

merlan [mɛrlɑ̃] nm whiting.

merle [mɛrl] nm blackbird.

merveille [mɛrvɛj] nf marvel, wonder ; **à ~** marvellously Br, marvelously Am, wonder-

fully ; **la huitième ~ du monde** hum the eighth wonder of the world.

merveilleusement [mɛrvejøzmɑ̃] adv marvellously Br, marvelously Am, wonderfully.

merveilleux, euse [mɛrvejø, øz] adj - **1.** [remarquable, prodigieux] marvellous Br, marvelous Am, wonderful - **2.** [magique] magic, magical.

➡ **merveilleux** nm : **le ~** the supernatural.

mes ⟶ mon.

mésalliance [mezaljɑ̃s] nf unsuitable marriage, misalliance.

mésange [mezɑ̃ʒ] nf ZOOL tit ; **~ bleue/charbonnière** blue/coal tit.

mésaventure [mezavɑ̃tyr] nf misfortune.

mesdames ⟶ madame.

mesdemoiselles ⟶ mademoiselle.

mésentente [mezɑ̃tɑ̃t] nf disagreement.

mésestimer [3] [mezɛstime] vt littéraire to underestimate.

mesquin, e [mɛskɛ̃, in] adj mean, petty.

mesquinerie [mɛskinri] nf - **1.** [étroitesse d'esprit] meanness, pettiness - **2.** [action mesquine] petty act.

mess [mɛs] nm mess.

message [mesaʒ] nm message ; **laisser un ~ à qqn** to leave a message for sb ; **~ publicitaire** commercial, spot.

messager, ère [mesaʒe, ɛr] nm, f messenger.

messagerie [mesaʒri] nf - **1.** (gén pl) [transport de marchandises] freight (U) ; **les ~s aériennes** air freight company (sg) - **2.** INFORM : **~ électronique** electronic mail ; **~ rose** computerized dating service ; **~ vocale électronique** INFORM voice messaging.

messe [mɛs] nf mass ; **aller à la ~** to go to mass ; **~ de minuit** midnight mass ; **faire des ~s basses** fam to mutter.

messie [mesi] nm Messiah ; fig saviour Br, savior Am.

messieurs ⟶ monsieur.

mesure [məzyr] nf - **1.** [disposition, acte] measure, step ; **prendre des ~s** to take measures ou steps ; **~s d'austérité** austerity measures ; **~s de rétorsion** retaliatory measures - **2.** [évaluation, dimension] measurement ; **prendre les ~s de qqn/qqch** to measure sb/sthg - **3.** [étalon, récipient] measure - **4.** MUS time, tempo ; **battre la ~** to beat time - **5.** [modération] moderation - **6.** loc : **dans la ~ du possible** as far as possible ; **être en ~ de** to be in a position to ; **c'est sans commune ~** there's no possible comparison.

➡ **à la mesure de** loc prép worthy of.

➤ **à mesure que** *loc conj* as.

➤ **outre mesure** *loc adv* excessively.

➤ **sur mesure** *loc adj* custom-made ; [costume] made-to-measure.

mesuré, e [məzyre] *adj* [modéré] measured.

mesurer [3] [məzyre] *vt* - **1.** [gén] to measure ; **elle mesure 1,50 m** she's 5 feet tall ; **la table mesure 1,50 m** the table is 5 feet long - **2.** [risques, portée, ampleur] to weigh up ; **~ ses paroles** to weigh one's words - **3.** [limiter] to limit - **4.** [proportionner] : **~ qqch à qqch** to match sthg to sthg.

➤ **se mesurer** *vp* : **se ~ avec** *OU* **à qqn** to pit o.s. against sb.

métabolisme [metabɔlism] *nm* metabolism.

métairie [meteri] *nf* sharecropping farm.

métal, aux [metal, o] *nm* metal.

métallique [metalik] *adj* - **1.** [en métal] metal *(avant n)* - **2.** [éclat, son] metallic.

métallo [metalo] *nm fam* metalworker.

métallurgie [metalyrʒi] *nf* - **1.** [industrie] metallurgical industry - **2.** [technique] metallurgy.

métallurgique [metalyrʒik] *adj* metallurgical.

métallurgiste [metalyrʒist] *nm* - **1.** [ouvrier] metalworker - **2.** [industriel] metallurgist.

métamorphose [metamɔrfoz] *nf* metamorphosis.

métamorphoser [3] [metamɔrfoze] *vt* : **~ qqn/qqch (en)** to transform sb/sthg (into).

➤ **se métamorphoser** *vp* BIOL to metamorphose ; *fig* : **se ~ (en)** to be transformed (into).

métaphore [metafɔr] *nf* metaphor.

métaphorique [metafɔrik] *adj* metaphorical.

métaphysique [metafizik] ◇ *nf* metaphysics *(U)* ◇ *adj* metaphysical.

métayer, ère [meteje, metɛjɛr] *nm, f* tenant farmer.

météo [meteo] *nf* - **1.** [bulletin] weather forecast - **2.** [service] ≃ Met Office *Br*, ≃ National Weather Service *Am*.

météore [meteɔr] *nm* meteor.

météorite [meteɔrit] *nm OU nf* meteorite.

météorologie [meteɔrɔlɔʒi] *nf* - **1.** SCIENCE meteorology - **2.** [service] ≃ Meteorological Office *Br*, ≃ National Weather Service *Am*.

météorologique [meteɔrɔlɔʒik] *adj* meteorological, weather *(avant n)*.

métèque [metɛk] *nm vulg racist term used with reference to people from Mediterranean countries.*

méthane [metan] *nm* methane.

méthode [metɔd] *nf* - **1.** [gén] method - **2.** [ouvrage - gén] manual ; [- de lecture, de langue] primer.

méthodique [metɔdik] *adj* methodical.

méthodiquement [metɔdikmã] *adv* methodically.

méthodiste [metɔdist] *nmf* & *adj* Methodist.

méthodologie [metɔdɔlɔʒi] *nf* methodology.

méthylène [metilɛn] *nm* - **1.** [alcool] methanol - **2.** CHIM methylene.

méticuleusement [metikyløzmã] *adv* meticulously.

méticuleux, euse [metikylø, øz] *adj* meticulous.

métier [metje] *nm* - **1.** [profession - manuelle] occupation, trade ; [- intellectuelle] occupation, profession ; **de son ~** by trade ; **il est du ~** he's in the same trade *ou* same line of work ; **avoir du ~** to have experience - **2.** [machine] : **~ (à tisser)** loom.

métis, isse [metis] ◇ *adj* - **1.** [personne] half-caste, half-breed - **2.** [tissu] cotton and linen ◇ *nm, f* half-caste, half-breed.

➤ **métis** *nm* [tissu] cotton-linen mix.

métissage [metisaʒ] *nm* [de personnes] interbreeding.

métisser [3] [metise] *vt* to cross, to crossbreed.

métrage [metraʒ] *nm* - **1.** [mesure] measurement, measuring - **2.** [COUTURE - coupon] length - **3.** CIN footage ; **long ~** feature film ; **court ~** short (film).

mètre [mɛtr] *nm* - **1.** LITTÉRATURE & MATHS metre *Br*, meter *Am* ; **~ carré** square metre *Br ou* meter *Am* ; **~ cube** cubic metre *Br ou* meter *Am* - **2.** [instrument] rule.

métrer [18] [metre] *vt* [terrain] to survey ; [tissu] to measure out.

métreur, euse [metrœr, øz] *nm, f* surveyor.

métrique [metrik] ◇ *nf* LITTÉRATURE metrics *(U)* ◇ *adj* - **1.** MATHS metric - **2.** LITTÉRATURE metrical.

métro [metro] *nm* underground *Br*, subway *Am*.

métronome [metrɔnɔm] *nm* metronome.

métropole [metrɔpɔl] *nf* - **1.** [ville] metropolis - **2.** [pays] home country.

métropolitain, e [metrɔpɔlitɛ̃, ɛn] *adj* metropolitan ; **la France ~e** metropolitan *ou* mainland France.

mets [mɛ] ◇ ▷ **mettre** ◇ *nm* CULIN dish.

mettable [metabl] *adj* wearable.

mette ⊳ mettre.

metteur [metœr] *nm* : ~ **en ondes** RADIO producer ; ~ **en scène** THÉÂTRE producer ; CIN director.

mettre [84] [metr] *vt* - **1.** [placer] to put ; ~ de l'eau à bouillir to put some water on to boil - **2.** [revêtir] to put on ; **mets ta robe noire** put your black dress on ; **je ne mets plus ma robe noire** I don't wear my black dress any more - **3.** [consacrer - temps] to take ; [- argent] to spend ; ~ **longtemps à faire qqch** to take a long time to do sthg - **4.** [allumer - radio, chauffage] to put on, to switch on - **5.** [installer] to put in ; **faire ~ l'électricité** to have electricity put in ; **faire ~ de la moquette** to have a carpet put down *ou* fitted - **6.** [inscrire] to put (down) - **7.** *loc* : ~ **bas** [animal] to drop, to give birth ; **y ~ du sien** to do one's bit.
➤ **se mettre** *vp* - **1.** [se placer] : **où est-ce que ça se met?** where does this go? ; **se ~ au lit** to get into bed ; **se ~ à côté de qqn** to sit/stand near to sb - **2.** [devenir] : **se ~ en colère** to get angry - **3.** [commencer] : **se ~ à qqch/à faire qqch** to start sthg/doing sthg - **4.** [revêtir] to put on ; **je n'ai rien à me ~** I haven't got a thing to wear - **5.** *fam* [se donner des coups] : **qu'est-ce qu'ils se sont mis!** they really set about each other!

meuble [mœbl] ⟨⟩ *nm* piece of furniture ; ~s furniture *(U)* ; ~s de bureau/jardin office/garden furniture *(U)* ; **sauver les ~s** *fig* not to lose everything ⟨⟩ *adj* - **1.** [terre, sol] easily worked - **2.** JUR movable.

meublé, e [mœble] *adj* furnished.
➤ **meublé** *nm* furnished room/flat *Br*, furnished apartment *Am*.

meubler [5] [mœble] ⟨⟩ *vt* - **1.** [pièce, maison] to furnish - **2.** *fig* [occuper] : ~ **qqch (de)** to fill sthg (with) ⟨⟩ *vi* to be decorative.
➤ **se meubler** *vp* to furnish one's home.

meuf [mœf] *nf fam* woman.

meugler [5] [møgle] *vi* to moo.

meule [møl] *nf* - **1.** [à moudre] millstone - **2.** [à aiguiser] grindstone - **3.** [de fromage] round - **4.** AGRIC stack ; ~ **de foin** haystack.

meunier, ère [mønje, ɛr] ⟨⟩ *adj* - **1.** [industrie] milling *(avant n)* - **2.** CULIN coated in flour and fried ⟨⟩ *nm, f* miller (*f* miller's wife).

meurs, meurt *etc* ⊳ mourir.

meurtre [mœrtr] *nm* murder.

meurtrier, ère [mœrtrije, ɛr] ⟨⟩ *adj* [épidémie, arme] deadly ; [fureur] murderous ; [combat] bloody ⟨⟩ *nm, f* murderer.
➤ **meurtrière** *nf* ARCHIT loophole.

meurtrir [32] [mœrtrir] *vt* - **1.** [contusionner] to bruise - **2.** *fig* [blesser] to wound.

meurtrissure [mœrtrisyr] *nf* - **1.** [marque] bruise - **2.** *fig* [blessure] wound.

meute [møt] *nf* pack.

mévente [mevɑ̃t] *nf* poor sales *(pl)*.

mexicain, e [mɛksikɛ̃, ɛn] *adj* Mexican.
➤ **Mexicain, e** *nm, f* Mexican.

Mexico [mɛksiko] *n* Mexico City.

Mexique [mɛksik] *nm* : **le ~** Mexico ; **au ~** in Mexico.

mezzanine [mɛdzanin] *nf* mezzanine.

mezzo-soprano [mɛdzosoprano] *(pl* mezzo-sopranos) *nm* mezzo-soprano.

MF ⟨⟩ *nf* (abr de modulation de fréquence) FM ⟨⟩ - **1.** (abr de mark finlandais) Mk, Fmk - **2.** abr de million de francs.

Mgr (abr de Monseigneur) Mgr.

mi [mi] *nm inv* E ; [chanté] mi.

mi- [mi] ⟨⟩ *adj inv* half ; **à la ~juin** in mid-June ⟨⟩ *adv* half-.

miaou [mjau] *nm* miaow *Br*, meow *Am*.

miasme [mjasm] *nm (gén pl)* putrid *ou* foul smell.

miaulement [mjolmɑ̃] *nm* miaowing *Br*, meowing *Am*.

miauler [3] [mjole] *vi* to miaow *Br*, to meow *Am*.

mi-bas [miba] *nm inv* knee-sock.

mica [mika] *nm* mica.

mi-carême [mikarɛm] *nf* feast day on *third Thursday in Lent*.

miche [miʃ] *nf* [de pain] *large round loaf*.
➤ **miches** *nfpl fam* - **1.** [fesses] bum *(sg)* *Br*, butt *(sg)* *Am* - **2.** [seins] boobs.

mi-chemin [miʃmɛ̃] ➤ **à mi-chemin** *loc adv* halfway (there).

mi-clos, e [miklo, oz] *adj* half-closed.

micmac [mikmak] *nm fam* - **1.** [manigance] game, scheme - **2.** [embrouillamini] muddle, chaos.

mi-côte [mikot] ➤ **à mi-côte** *loc adv* halfway up/down the hill.

micro [mikro] ⟨⟩ *nm* - **1.** [microphone] mike - **2.** [micro-ordinateur] micro ⟨⟩ *nf* microcomputing.

microbe [mikrob] *nm* - **1.** MÉD microbe, germ - **2.** *péj* [avorton] (little) runt.

microbien, enne [mikrobjɛ̃, ɛn] *adj* bacterial.

microbiologie [mikrobjɔlɔʒi] *nf* microbiology.

microchirurgie [mikroʃiryrʒi] *nf* microsurgery.

microclimat [mikroklima] *nm* microclimate.

microcosme [mikrɔkɔsm] *nm* microcosm.

micro-édition [mikrɔedisjɔ̃] *nf* desktop publishing.

micro-électronique [mikrɔelɛktrɔnik] ◇ *nf* microelectronics *(U)* ◇ *adj* microelectronic.

microfiche [mikrɔfiʃ] *nf* microfiche.

microfilm [mikrɔfilm] *nm* microfilm.

micron [mikrɔ̃] *nm* micron.

Micronésie [mikronezi] *nf* : **la ~** Micronesia ; **les États fédérés de ~** Federated States of Micronesia.

micro-ondes [mikrɔɔ̃d] *nfpl* microwaves ; **four à ~** microwave (oven).

micro-ordinateur [mikrɔɔrdinatœr] (*pl* **micro-ordinateurs**) *nm* micro, microcomputer.

micro-organisme [mikrɔɔrganism] (*pl* **micro-organismes**) *nm* micro-organism.

microphone [mikrɔfɔn] *nm* microphone.

microprocesseur [mikrɔprɔsesœr] *nm* microprocessor.

microprogramme [mikrɔprɔgram] *nm* IN-FORM firmware.

microscope [mikrɔskɔp] *nm* microscope ; **~ électronique** electron microscope.

microscopique [mikrɔskɔpik] *adj* microscopic.

microsillon [mikrɔsijɔ̃] *nm* LP, long-playing record.

MIDEM, Midem [midɛm] (*abr de* Marché international du disque et de l'édition musicale) *nm* music industry trade fair.

midi [midi] *nm* - **1.** [période du déjeuner] lunch-time - **2.** [heure] midday, noon ; **chercher ~ à quatorze heures** to look for complications - **3.** [sud] south.
➤ **Midi** *nm* : **le Midi** the South of France.

midinette [midinɛt] *nf péj* empty-headed girl.

mie [mi] *nf* - **1.** [de pain] soft part, inside - **2.** *vieilli* [bien-aimée] : **ma ~** sweetheart.

miel [mjɛl] *nm* honey.

mielleux, euse [mjɛlø, øz] *adj* [personne] unctuous ; [paroles, air] honeyed.

mien [mjɛ̃] ➤ **le mien** (*f* **la mienne** [lamjɛn], *mpl* **les miens** [lemjɛ̃], *fpl* **les miennes** [lemjɛn]) *pron poss* mine ; **les ~s** my family ; **j'y mets du ~** I put in a lot of effort.

miette [mjɛt] *nf* - **1.** [de pain] crumb, breadcrumb - **2.** (*gén pl*) [débris] shreds (*pl*) ; **en ~s** in bits *ou* pieces.

mieux [mjø] ◇ *adv* - **1.** [comparatif] : **~ (que)** better (than) ; **il travaille ~** he's working

better ; **il pourrait ~ faire** he could do better ; **il va ~** he's better ; **faire ~ de faire qqch** to do better to do sthg ; **vous feriez ~ de vous taire** you would do better to keep quiet, you would be well-advised to keep quiet ; **~ je le comprends, plus/moins j'ai envie de le lire** the better I understand it, the more/less I want to read it - **2.** [superlatif] best ; **il est le ~ payé du service** he's the best *ou* highest paid member of the department ; **le ~ qu'il peut** as best he can ◇ *adj* better ◇ *nm* - **1.** (*sans déterminant*) : **j'espérais ~** I was hoping for something better ; **faute de ~** for lack of anything better - **2.** (*avec déterminant*) best ; **il y a un *ou* du ~** there's been an improvement ; **faire de son ~** to do one's best.
➤ **au mieux** *loc adv* at best.
➤ **des mieux** *loc adv* : **un appareil des ~** conçus one of the best-designed devices.
➤ **pour le mieux** *loc adv* for the best.
➤ **on ne peut mieux** *loc adv* : **c'est on ne peut ~** it couldn't be better.
➤ **de mieux en mieux** *loc adv* better and better.
➤ **à qui mieux mieux** *loc adv* : **on criait à qui ~ ~** it was a case of who could shout (the) loudest.

mieux-être [mjøzɛtr] *nm inv* improvement.

mièvre [mjɛvr] *adj* insipid.

mièvrerie [mjɛvrəri] *nf* insipidness.

mignon, onne [miɲɔ̃, ɔn] ◇ *adj* - **1.** [charmant] sweet, cute - **2.** [gentil] nice ◇ *nm, f* darling, sweetheart.
➤ **mignon** *nm vieilli* favourite *Br*, favorite *Am*.

migraine [migrɛn] *nf* headache ; MÉD migraine.

migrant, e [migrɑ̃, ɑ̃t] ◇ *adj* migrant (*avant n*) ◇ *nm, f* migrant.

migrateur, trice [migratœr, tris] *adj* migratory.
➤ **migrateur** *nm* migratory bird.

migration [migrasjɔ̃] *nf* migration.

mijaurée [miʒore] *nf* affected woman ; **faire la ~** to put on airs.

mijoter [3] [miʒɔte] ◇ *vt* - **1.** CULIN to simmer - **2.** *fam* [tramer] to cook up ◇ *vi* CULIN to simmer.

mi-journée [miʒurne] *nf* : **les informations de la ~** the lunchtime news.

mil¹ [mij] *nm* millet.

mil² *adj* = **mille.**

milan [milɑ̃] *nm* kite (*bird*).

mildiou [mildju] *nm* mildew.

milice [milis] *nf* militia.

milicien, enne [milisjɛ̃, ɛn] *nm, f* militia-man (*f* militiawoman).

milieu, x [miljø] *nm* - **1.** [centre] middle ; **au ~ de** [au centre de] in the middle of ; [parmi] among, surrounded by ; **au beau** ou **en plein ~ de qqch** right in the middle of sthg - **2.** [stade intermédiaire] middle course ; **juste ~** happy medium - **3.** BIOL & SOCIOL environment ; **~ fa-milial** family background ; **dans les ~x** auto-risés in official circles - **4.** [pègre] : **le ~** the underworld - **5.** FOOTBALL : **~ de terrain** mid-fielder, midfield player.

militaire [militɛr] ⟨⟩ *nm* soldier ; **~ de carriè-re** professional soldier ⟨⟩ *adj* military.

militant, e [militɑ̃, ɑ̃t] *adj* & *nm, f* militant.

militantisme [militɑ̃tism] *nm* militancy.

militarisation [militarizasjɔ̃] *nf* militariza-tion.

militariste [militarist] ⟨⟩ *nmf* militarist ⟨⟩ *adj* militaristic.

militer [3] [milite] *vi* to be active ; **~ pour** to militate in favour *Br* ou favor *Am* of ; **~ contre** to militate against.

milk-shake [milkʃɛk] (*pl* milk-shakes) *nm* milk shake.

mille, mil [mil] ⟨⟩ *nm inv* - **1.** [unité] a ou one thousand - **2.** [de cible] bull's-eye ; **dans le ~** on target - **3.** NAVIG : **~ marin** nautical mile - **4.** *Can* [distance] mile - **5.** *loc* : **des ~ et des cents** fam loads of money ⟨⟩ *adj inv* a ou one thousand ; **c'est ~ fois trop** it's far too much ; **je lui ai dit ~ fois** I've told him/her a thou-sand times ; *voir aussi* **six**.

mille-feuille [milfœj] (*pl* mille-feuilles) *nm* ≃ vanilla slice *Br*, ≃ napoleon *Am*.

millénaire [milenɛr] ⟨⟩ *nm* millennium, thousand years (*pl*) ⟨⟩ *adj* thousand-year-old (*avant n*).

mille-pattes [milpat] *nm inv* centipede, millipede.

millésime [milezim] *nm* - **1.** [de pièce] date - **2.** [de vin] vintage, year.

millésimé, e [milezime] *adj* [vin] vintage (*avant n*).

millet [mijɛ] *nm* millet.

milliard [miljar] *nm* thousand million *Br*, bil-lion *Am* ; **par ~s** fig in (their) millions.

milliardaire [miljardɛr] *nmf* multimillion-aire *Br*, billionaire *Am*.

millième [miljɛm] *adj, nm* ou *nmf* thou-sandth ; *voir aussi* **sixième**.

millier [milje] *nm* thousand ; **un ~ de francs/personnes** about a thousand francs/people ; **des ~s de** thousands of ; **par ~s** in (their) thousands.

milligramme [miligram] *nm* milligram, milligramme.

millilitre [mililitr] *nm* millilitre *Br*, milliliter *Am*.

millimètre [milimetr] *nm* millimetre *Br*, millimeter *Am*.

millimétrique [milimetrik] *adj* : **papier ~** graph paper.

million [miljɔ̃] *nm* million ; **un ~ de francs** a million francs.

millionième [miljɔnjɛm] *adj, nm* ou *nmf* mil-lionth.

millionnaire [miljɔnɛr] *nmf* millionaire.

mime [mim] ⟨⟩ *nm* mime ⟨⟩ *nmf* mime (art-ist).

mimer [3] [mime] *vt* - **1.** [exprimer sans parler] to mime - **2.** [imiter] to mimic.

mimétisme [mimetism] *nm* mimicry.

mimique [mimik] *nf* - **1.** [grimace] face - **2.** [ges-te] sign language (*U*).

mimosa [mimɔza] *nm* mimosa.

min (*abr de* minute) min.

min. (*abr de* minimum) min.

MIN (*abr de* marché d'intérêt national) *nm wholesale market for agricultural produce.*

minable [minabl] *adj fam* - **1.** [misérable] seedy, shabby - **2.** [médiocre] pathetic.

minaret [minarɛ] *nm* minaret.

minauder [3] [minode] *vi* to simper.

mince [mɛ̃s] ⟨⟩ *adj* - **1.** [maigre - gén] thin ; [- personne, taille] slender, slim - **2.** *fig* [faible] small, meagre *Br*, meager *Am* ⟨⟩ *interj fam* : **~ alors!** drat!

minceur [mɛ̃sœr] *nf* - **1.** [gén] thinness ; [de per-sonne] slenderness, slimness - **2.** *fig* [insuffisan-ce] meagreness *Br*, meagerness *Am*.

mincir [32] [mɛ̃sir] *vi* to get thinner ou slim-mer.

mine [min] *nf* - **1.** [expression] look ; **avoir bonne/mauvaise ~** to look well/ill ; **avoir une ~ de déterré** fam to look like death warmed up ; **faire grise ~** to look annoyed - **2.** [appa-rence] appearance ; **faire ~ de faire qqch** to make as if to do sthg ; [faire semblant] to pre-tend to do sthg ; **~ de rien, il est très costaud** fam he's very strong though he doesn't look it ; **ne pas payer de ~** to be not much to look at - **3.** [gisement] *fig* mine ; [exploitation] mining ; **~ de charbon** coalmine - **4.** [explosif] mine - **5.** [de crayon] lead.

miner [3] [mine] *vt* - **1.** MIL to mine - **2.** [ronger] to undermine, to wear away ; *fig* to wear down.

➤ **se miner** *vp* to worry o.s. sick.

minerai [minrɛ] *nm* ore.

minéral, e, aux [mineral, o] *adj* - **1.** CHIM inorganic - **2.** [eau, source] mineral *(avant n)*.
➤ **minéral** *nm* mineral.

minéralisé, e [mineralize] *adj* mineralized.

minéralogie [mineralɔʒi] *nf* mineralogy.

minéralogique [mineralɔʒik] *adj* - **1.** AUTOM : numéro ~ registration number *Br*, license number *Am* ; **plaque** ~ numberplate *Br*, license plate *Am* - **2.** GÉOL mineralogical.

minet, ette [mine, ɛt] *nm, f fam* - **1.** [chat] pussy cat, pussy - **2.** [personne] trendy.

mineur, e [minœr] <> *adj* minor <> *nm, f* JUR minor.
➤ **mineur** *nm* [ouvrier] miner ; ~ **de fond** face worker.

mini *abr de* minimum.

miniature [minjatyr] <> *nf* miniature ; **en** ~ in miniature <> *adj* miniature.

miniaturiser [3] [minjatyrize] *vt* to miniaturize.

minibus [minibys] *nm* minibus.

minichaîne [miniʃɛn] *nf* portable hi-fi.

MiniDisc® [minidisk] *nm* MiniDisc®.

minier, ère [minje, ɛr] *adj* mining *(avant n)*.

minijupe [miniʒyp] *nf* miniskirt.

minimal, e, aux [minimal, o] *adj* minimum.

minimalisme [minimalism] *nm* minimalism.

minime [minim] <> *nmf* SPORT ≃ junior <> *adj* minimal.

minimiser [3] [minimize] *vt* to minimize.

minimum [minimɔm] (*pl* **minimums** OU **minima** [minimal]) <> *nm* - **1.** [gén & MATHS] minimum ; **au** ~ at least ; **le strict** ~ the bare minimum ; **le** ~ **vital** a living wage - **2.** JUR minimum penalty <> *adj* minimum.

mini-ordinateur [miniɔrdinatœr] (*pl* mini-ordinateurs) *nm* minicomputer.

ministère [ministɛr] *nm* - **1.** [département] ministry *Br*, department - **2.** [cabinet] government - **3.** RELIG ministry.
➤ **ministère public** *nm* ≃ Crown Prosecution Service *Br*, ≃ District Attorney's office *Am*.

ministériel, elle [ministerjɛl] *adj* - **1.** [du ministère] departmental, ministerial *Br* - **2.** [prouvernemental] pro-government.

ministre [ministr] *nm* secretary, minister *Br* ; ~ **délégué à** secretary for, minister of *Br* ; ~ **des Affaires étrangères** ≃ Foreign Secretary *Br*, ≃ Secretary of State *Am* ; ~ **des Affaires sociales** ≃ Social Services Secretary ; ~ **de l'Éducation nationale** ≃ Education Secretary ; ~ **d'État** secretary of state, cabinet minister *Br* ; ~ **des Finances** ≃ Chancellor of the Exchequer *Br*, ≃ Secretary of the

Treasury *Am* ; ~ **de l'Intérieur** ≃ Home Secretary *Br*, ≃ Secretary of the Interior *Am* ; ~ **de la Santé** ≃ Health Secretary ; **premier** ~ prime minister.

Minitel® [minitɛl] *nm teletext system run by the French national telephone company, providing an information and communication network.*

MINITEL®

> The domestic viewdata service run by France Télécom has become a familiar part of French life. The basic monitor and keyboard are given free of charge, and the subscriber is charged for the services used on his or her ordinary telephone bill. The subscriber dials a four-figure number (typically 3615) ; a code word then gives access to the particular service required. Some Minitel® services are purely informative (the weather, road conditions, news etc) ; others are interactive (enabling users to carry out bank transactions, book tickets for travel or, on the 'Minitel Rose', to look for companionship, for example). The Minitel® also serves as an electronic telephone directory (for which the call number is 11). Minitel® is being replaced more and more by the Internet.

minitéliste [minitelist] *nmf* Minitel® user.

minois [minwa] *nm* sweet (little) face.

minorer [3] [minɔre] *vt* to reduce.

minoritaire [minɔritɛr] <> *nmf* member of a minority <> *adj* minority *(avant n)* ; **être** ~ to be in the minority.

minorité [minɔrite] *nf* minority ; ~ **en** ~ in the minority ; ~ **ethnique** ethnic minority.

Minorque [minɔrk] *n* Minorca ; **à** ~ in Minorca.

minorquin, e [minɔrkɛ̃, in] *adj* Minorcan.
➤ **Minorquin, e** *nm, f* Minorcan.

minoterie [minɔtri] *nf* - **1.** [moulin] flourmill - **2.** [industrie] (flour) milling industry.

minuit [minɥi] *nm* midnight.

minuscule [minyskyl] <> *nf* [lettre] small letter ; **en** ~s in small letters <> *adj* - **1.** [lettre] small - **2.** [très petit] tiny, minuscule.

minutage [minytaʒ] *nm* (precise) timing.

minute [minyt] <> *nf* minute ; **à la** ~ at once ; **dans une** ~ in a minute ; **d'une** ~ **à l'autre** in next to no time <> *interj fam* hang on (a minute)!

minuter [3] [minyte] *vt* - **1.** [chronométrer] to time (precisely) - **2.** JUR to draw up.

minuterie [minytri] *nf* [d'éclairage] time switch, timer.

minuteur [minytœr] *nm* timer.

minutie [minysi] *nf* [soin] meticulousness ; [précision] attention to detail ; **avec ~** [avec soin] meticulously ; [dans le détail] in minute detail.

minutieusement [minysjøzmɑ̃] *adv* [avec soin] meticulously ; [dans le détail] minutely, in minute detail.

minutieux, euse [minysjø, øz] *adj* [méticuleux] meticulous ; [détaillé] minutely detailed ; **un travail ~** a job requiring great attention to detail.

mioche [mjɔʃ] *nmf fam* kiddy.

mirabelle [mirabɛl] *nf* - **1.** [fruit] mirabelle (plum) - **2.** [alcool] plum brandy.

miracle [mirakl] *nm* miracle ; **par ~** by some *ou* a miracle, miraculously ; **croire aux ~s** to believe in miracles.

miraculé, e [mirakyle] ◇ *adj* lucky to be alive ◇ *nm, f* person who is lucky to be alive.

miraculeusement [mirakyløzmɑ̃] *adv* miraculously.

miraculeux, euse [mirakylø, øz] *adj* miraculous.

mirador [miradɔr] *nm* MIL watchtower.

mirage [miraʒ] *nm* mirage.

mire [mir] *nf* - **1.** TÉLÉ test card - **2.** [visée] : **ligne de ~** line of sight.

mirer [3] [mire] *vt* - **1.** [œuf] to candle - **2.** *littéraire* [refléter] to reflect.

➤ **se mirer** *vp littéraire* - **1.** [se regarder] to gaze at o.s. - **2.** [se refléter] to be reflected *ou* mirrored.

mirifique [mirifik] *adj* fabulous.

mirobolant, e [mirɔbɔlɑ̃, ɑ̃t] *adj* fabulous, fantastic.

miroir [mirwar] *nm* mirror ; **~ aux alouettes** *fig* lure ; **~ de poche** handbag mirror.

miroiter [3] [mirwate] *vi* to sparkle, to gleam ; **faire ~ qqch à qqn** to hold out the prospect of sthg to sb.

miroiterie [mirwatri] *nf* - **1.** [industrie] mirror manufacturing - **2.** [atelier] mirror workshop.

miroton [mirɔtɔ̃] *nm* boiled beef in an onion sauce.

mis, mise [mi, miz] *pp* ▷ **mettre**.

misaine [mizɛn] *nf* foresail.

misanthrope [mizɑ̃trɔp] ◇ *nmf* misanthropist, misanthrope ◇ *adj* misanthropic.

mise [miz] *nf* - **1.** [action] putting ; **~ en demeure** formal notice ; **~ à jour** updating ; **~ en liberté provisoire** JUR freeing on bail ; **~ en page** making up, composing ; **~ en plis** [coiffure] set ; **~ au point** PHOT focusing ; TECHNOL adjust-

ment ; *fig* clarification ; **~ en scène** production ; **~ en service** putting into operation - **2.** [d'argent] stake ; **sauver la ~ à qqn** *fig* to get sb out of a tight corner ; **~ de fonds** capital investment - **3.** [tenue] clothing - **4.** *loc* : **ne pas être de ~** to be unacceptable.

miser [3] [mize] ◇ *vt* to bet ◇ *vi* : **~ sur** to bet on ; *fig* to count on.

misérabilisme [mizerablism] *nm* realism.

misérable [mizerabl] ◇ *nmf* - **1.** [pauvre] poor person - **2.** [coquin] wretch ◇ *adj* - **1.** [pauvre] poor, wretched - **2.** [déplorable] pitiful - **3.** [sans valeur] paltry, miserable.

misérablement [mizerabləmɑ̃] *adv* - **1.** [pauvrement] in poverty, wretchedly - **2.** [pitoyablement] miserably.

misère [mizer] *nf* - **1.** [indigence] poverty ; **~ noire** utter destitution - **2.** [infortune] misery - **3.** *fig* [bagatelle] trifle.

➤ **misères** *nfpl* [ennuis] woes *(pl)*, miseries *(pl)* ; **faire des ~s à qqn** *fam* to put sb through it.

miséreux, euse [mizerø, øz] ◇ *adj* poverty-stricken ◇ *nm, f* down-and-out.

miséricorde [mizerikɔrd] ◇ *nf* [clémence] mercy ◇ *interj* mercy (me)!

miséricordieux, euse [mizerikɔrdjø, øz] *adj* merciful.

misogyne [mizɔʒin] ◇ *nmf* misogynist ◇ *adj* misogynous.

misogynie [mizɔʒini] *nf* misogyny.

missel [misɛl] *nm* missal.

missile [misil] *nm* missile ; **~ balistique** ballistic missile.

mission [misjɔ̃] *nf* mission ; **en ~** on a mission.

missionnaire [misjɔner] ◇ *nmf* missionary ◇ *adj* missionary *(avant n)*.

missive [misiv] *nf* letter.

mistral [mistral] *nm* strong cold wind that blows down the Rhône Valley and through Southern France.

mitaine [mitɛn] *nf* fingerless glove.

mite [mit] *nf* (clothes) moth.

mité, e [mite] *adj* moth-eaten.

mi-temps [mitɑ̃] ◇ *nf inv* [SPORT - période] half ; [- pause] half-time ; **à la ~** at half-time ; **première/seconde ~** first/second half ◇ *nm* part-time work.

➤ **à mi-temps** *loc adj* & *loc adv* part-time.

miteux, euse [mitø, øz] *fam* ◇ *adj* seedy, dingy ◇ *nm, f* shabby person.

mitigé, e [mitiʒe] *adj* - **1.** [tempéré] lukewarm - **2.** *fam* [mélangé] mixed.

mitonner [3] [mitɔne] ◇ *vt* - **1.** [faire cuire] to

simmer - **2.** [préparer avec soin] to prepare lovingly - **3.** *fig* [affaire] to plot, to cook up ⇔ *vi* *CULIN* to simmer.

➤ **se mitonner** *vp* : **se ~ qqch** to cook sthg up for o.s.

mitoyen, enne [mitwajɛ̃, ɛn] *adj* [commun] common ; [attenant] adjoining ; **mur ~** party wall.

mitrailler [3] [mitraje] *vt* - **1.** *MIL* to machinegun - **2.** *fam* [photographier] to click away at - **3.** *fig* [assaillir] : **~ qqn (de)** to bombard sb (with).

mitraillette [mitrajɛt] *nf* submachine gun.

mitrailleur [mitrajœr] *nm* machinegunner.

mitrailleuse [mitrajøz] *nf* machinegun.

mitre [mitr] *nf* - **1.** [d'évêque] mitre *Br*, miter *Am* - **2.** [de cheminée] cowl.

mi-voix [mivwa] ➤ **à mi-voix** *loc adv* in a low voice.

mixage [miksaʒ] *nm* *CIN* & *RADIO* (sound) mixing.

mixer[1], **mixeur** [miksœr] *nm* (food) mixer.

mixer[2] [3] [mikse] *vt* to mix.

mixité [miksite] *nf* coeducation.

mixte [mikst] *adj* mixed ; **mariage ~** mixed marriage.

mixture [mikstyr] *nf* - **1.** *CHIM* & *CULIN* mixture - **2.** *péj* [mélange] concoction.

MJC (*abr de* **maison des jeunes et de la culture**) *nf* youth and cultural centre.

ml (*abr de* **millilitre**) ml.

MLF (*abr de* **Mouvement de libération de la femme**) *nm* women's movement, ≃ NOW *Am*.

Mlle (*abr de* **Mademoiselle**) Miss.

mm (*abr de* **millimètre**) mm.

MM (*abr de* **Messieurs**) Messrs.

Mme (*abr de* **Madame**) Mrs.

mn (*abr de* **minute**) min.

mnémotechnique [mnemɔteknik] *adj* mnemonic.

MNS (*abr de* **maître nageur sauveteur**) *nm* lifeguard.

Mo (*abr de* **méga-octet**) MB.

mobile [mɔbil] ⇔ *nm* - **1.** [objet] mobile - **2.** [motivation] motive ⇔ *adj* - **1.** [gén] movable, mobile ; [partie, pièce] moving - **2.** [population, main-d'œuvre] mobile - **3.** [fête] movable ; [échelle] sliding.

mobilier, ère [mɔbilje, ɛr] *adj* *JUR* movable.
➤ **mobilier** *nm* furniture.

mobilisation [mɔbilizasjɔ̃] *nf* mobilization ; **~ générale** *MIL* general mobilization.

mobiliser [3] [mɔbilize] *vt* - **1.** [gén] to mobilize - **2.** [moralement] to rally.

➤ **se mobiliser** *vp* to mobilize, to rally.

mobilité [mɔbilite] *nf* mobility.

Mobylette® [mɔbilɛt] *nf* moped.

mocassin [mɔkasɛ̃] *nm* moccasin.

moche [mɔʃ] *adj fam* - **1.** [laid] ugly - **2.** [triste, méprisable] lousy, rotten.

modalité [mɔdalite] *nf* - **1.** [convention] form ; **~s de paiement** methods of payment - **2.** *JUR* clause.

mode [mɔd] ⇔ *nf* - **1.** [gén] fashion ; **à la ~** in fashion, fashionable ; **lancer une ~** to start a fashion ; **lancer la ~ de qqch** to start the fashion for sthg ; **passé de ~** out of fashion - **2.** [coutume] custom, style ; **à la ~ de** in the style of ⇔ *nm* - **1.** [manière] mode, form ; **~ de vie** way of life - **2.** [méthode] method ; **~ d'emploi** instructions (for use) - **3.** *GRAM* mood - **4.** *MUS* mode.

modelage [mɔdlaʒ] *nm* [action] modelling.

modelé [mɔdle] *nm* - **1.** [de visage] contours *(pl)* - **2.** *ART* & *GÉOGR* relief.

modèle [mɔdɛl] *nm* - **1.** [gén] model ; **sur le ~ de** on the model of ; **~ déposé** patented design ; **~ réduit** scale model - **2.** *(en apposition)* [exemplaire] model *(avant n)*.

modeler [25] [mɔdle] *vt* to shape ; **~ qqch sur qqch** *fig* to model sthg on sthg.

➤ **se modeler** *vp littéraire* : **se ~ sur** *fig* to model o.s. on.

modélisme [mɔdelism] *nm* modelling *(of scale models)*.

modem [mɔdɛm] *nm* modem ; **~ d'appel** dial-in modem ; **~ fax** fax modem.

modérateur, trice [mɔderatœr, tris] *adj* moderating.
➤ **modérateur** *nm* - **1.** [personne] moderator - **2.** [mécanisme] regulator.

modération [mɔderasjɔ̃] *nf* moderation.

modéré, e [mɔdere] *adj* & *nm, f* moderate.

modérément [mɔderemɑ̃] *adv* in moderation, moderately.

modérer [18] [mɔdere] *vt* to moderate.
➤ **se modérer** *vp* to restrain o.s., to control o.s.

moderne [mɔdɛrn] ⇔ *nm* : **le ~** modern things *(pl)*, (the) modern style ⇔ *adj* modern ; [mathématiques] new.

modernisation [mɔdɛrnizasjɔ̃] *nf* modernization.

moderniser [3] [mɔdɛrnize] *vt* to modernize.
➤ **se moderniser** *vp* to become (more) modern.

modernisme [mɔdɛrnism] *nm* [style] modernism.

modernité [mɔdɛrnite] *nf* modernity.

modeste [mɔdɛst] *adj* modest ; [origine] humble.

modestement [mɔdɛstəmɑ̃] *adv* modestly.

modestie [mɔdɛsti] *nf* modesty ; **fausse ~** false modesty.

modicité [mɔdisite] *nf* [de prix, salaire] lowness, moderateness.

modifiable [mɔdifjabl] *adj* modifiable, alterable.

modification [mɔdifikasjɔ̃] *nf* alteration, modification.

modifier [9] [mɔdifje] *vt* to alter, to modify.
➡ **se modifier** *vp* to alter.

modique [mɔdik] *adj* modest.

modiste [mɔdist] *nf* milliner.

modulation [mɔdylasjɔ̃] *nf* modulation.

module [mɔdyl] *nm* module.

moduler [3] [mɔdyle] *vt* **- 1.** [air] to warble **- 2.** [structure] to adjust **- 3.** RADIO to modulate.

modus vivendi [mɔdysvivɛ̃di] *nm inv* modus vivendi.

moelle [mwal] *nf* ANAT marrow ; **~ osseuse** bone marrow ; **jusqu'à la ~** *fig* to the core.
➡ **moelle épinière** *nf* spinal cord.

moelleux, euse [mwalø, øz] *adj* **- 1.** [canapé, tapis] soft **- 2.** [fromage, vin] mellow.

moellon [mwalɔ̃] *nm* rubble stone.

mœurs [mœr(s)] *nfpl* **- 1.** [morale] morals **- 2.** [coutumes] customs, habits **- 3.** ZOOL behaviour *(U) Br*, behavior *(U) Am*.

mohair [mɔɛr] *nm* mohair.

moi [mwa] ◇ *pron pers* **- 1.** [objet, après préposition, comparatif] me ; **aide-~** help me ; **il me l'a dit, à ~** he told ME ; **c'est pour ~** it's for me ; **plus âgé que ~** older than me *ou* than I (am) **- 2.** [sujet] I ; **~ non plus, je n'en sais rien** I don't know anything about it either ; **qui est là? – (c'est) ~** who's there? – it's me ; **je l'ai vu hier – ~ aussi** I saw him yesterday – me too ; **c'est ~ qui lui ai dit de venir** I was the one who told him to come ; **~, je n'ai rien dit!** I didn't say anything! ◇ *nm* : **le ~** the ego, the self.
➡ **moi-même** *pron pers* myself.

moignon [mwaɲɔ̃] *nm* stump.

moindre [mwɛ̃dr] ◇ *adj superl* : **le/la ~** the least ; *(avec négation)* the least *ou* slightest ; **les ~s détails** the smallest details ; **sans la ~ difficulté** without the slightest problem ; **c'est la ~ des choses** it's the least I/you *etc* could do ◇ *adj compar* less ; [prix] lower ; **à un ~ degré** to a lesser extent.

moine [mwan] *nm* monk.

moineau, x [mwano] *nm* sparrow.

moins [mwɛ̃] ◇ *adv* **- 1.** [quantité] less ; **~ de** less (than) ; **~ de lait** less milk ; **~ de gens** fewer people ; **~ de dix** less than ten ; **il est un peu ~ de 10 heures** it's nearly 10 o'clock **- 2.** [comparatif] : **~ (que)** less (than) ; **il est ~ vieux que ton frère** he's not as old as your brother, he's younger than your brother ; **il vient ~ souvent que Pierre** he doesn't come as often as Pierre, he comes less often than Pierre ; **bien ~ grand que** much smaller than ; **~ il mange, ~ il travaille** the less he eats, the less he works **- 3.** [superlatif] : **le ~** (the) least ; **le ~ riche des hommes** the poorest man ; **il est le ~ fort** he's the least strong, he's the weakest ; **c'est lui qui vient le ~ souvent** he comes (the) least often ; **c'est lui qui travaille le ~** he works (the) least ; **le ~ possible** as little as possible ; **pas le ~ du monde** not in the least ◇ *prép* **- 1.** [gén] minus ; **dix ~ huit font deux** ten minus eight is two, ten take away eight is two ; **il fait ~ vingt** it's twenty below, it's minus twenty **- 2.** [servant à indiquer l'heure] : **il est 3 heures ~ le quart** it's quarter to 3 ; **il est ~ dix** it's ten to ◇ *nm* **- 1.** [signe] minus (sign) **- 2.** *loc* : **le ~ qu'on puisse dire, c'est que ...** it's an understatement to say ...
➡ **à moins de** *loc prép* : **à ~ de battre le record** unless I/you *etc* beat the record.
➡ **à moins que** *loc conj* (+ *subjonctif*) unless.
➡ **au moins** *loc adv* at least.
➡ **de moins en moins** *loc adv* less and less.
➡ **du moins** *loc adv* at least.
➡ **en moins** *loc adv* : **il a une dent en ~** he's missing *ou* minus a tooth ; **c'était le paradis, les anges en ~** it was heaven, minus the angels.
➡ **en moins de** *loc prép* in less than ; **en ~ de rien** in less than no time.
➡ **on ne peut moins** *loc adv* far from.
➡ **pour le moins** *loc adv* at the (very) least.
➡ **tout au moins** *loc adv* at the (very) least.

moins-value [mwɛ̃valy] (*pl* **moins-values**) *nf* capital loss.

moire [mwar] *nf* [étoffe] moiré.

moiré, e [mware] *adj* **- 1.** [tissu] watered **- 2.** *littéraire* [reflet] shimmering.

mois [mwa] *nm* **- 1.** [laps de temps] month **- 2.** [salaire] (monthly) salary ; **le treizième ~** extra month's salary **- 3.** *fam* [loyer] month's rent.

moïse [mɔiz] *nm* wicker cradle.

moisi, e [mwazi] *adj* mouldy *Br*, moldy *Am*.
➡ **moisi** *nm* mould *Br*, mold *Am*.

moisir [32] [mwazir] *vi* **- 1.** [pourrir] to go mouldy *Br ou* moldy *Am* **- 2.** *fig* [personne] to rot.

moisissure [mwazisyr] *nf* mould *Br*, mold *Am*.

moisson [mwasɔ̃] nf - **1.** [récolte] harvest ; **faire la ~ OU les ~s** to harvest, to bring in the harvest - **2.** fig [d'idées, de projets] wealth.

moissonner [3] [mwasɔne] vt to harvest, to gather (in) ; fig to collect, to gather.

moissonneur, euse [mwasɔnœr, øz] nm, f [personne] harvester.

➥ **moissonneuse** nf [machine] harvester.

moissonneuse-batteuse [mwasɔnøzbatøz] (pl **moissonneuses-batteuses**) nf combine (harvester).

moite [mwat] adj [peau, mains] moist, sweaty ; [atmosphère] muggy.

moiteur [mwatœr] nf [de peau, mains] moistness ; [d'atmosphère] mugginess.

moitié [mwatje] nf - **1.** [gén] half ; **à ~ vide** half-empty ; **faire qqch à ~** to half-do sthg ; **la ~ du temps** half the time ; **à la ~ de qqch** halfway through sthg ; **faire ~-~** to go halves - **2.** [épouse, époux] : **ma/ta ~** fam hum my/your better half.

moka [mɔka] nm - **1.** [café] mocha (coffee) - **2.** [gâteau] coffee cake.

mol ⟳ **mou**.

molaire [mɔlɛr] nf molar.

Moldavie [mɔldavi] nf : **la ~** Moldavia.

mole [mɔl] nf CHIM mole.

môle [mol] nm [quai] jetty.

moléculaire [mɔlekylɛr] adj molecular.

molécule [mɔlekyl] nf molecule.

moleskine [mɔlɛskin] nf imitation leather.

molester [3] [mɔlɛste] vt to manhandle.

molette [mɔlɛt] nf - **1.** [de réglage] knurled wheel - **2.** [outil] glasscutter.

mollasse [mɔlas] adj fam - **1.** [mou] flabby - **2.** fig [personne] lethargic.

mollasson, onne [mɔlasɔ̃, ɔn] nm, f fam (lazy) lump.

molle ⟳ **mou**.

mollement [mɔlmɑ̃] adv - **1.** [faiblement] weakly, feebly - **2.** littéraire [paresseusement] sluggishly, lethargically.

mollesse [mɔlɛs] nf - **1.** [de chose] softness - **2.** [de personne] lethargy.

mollet [mɔlɛ] ⟳ nm calf ⟳ adj ⟳ **œuf**.

molletière [mɔltjɛr] adj : **bande ~** puttee.

molleton [mɔltɔ̃] nm flannelette ; [pour table] felt.

mollir [32] [mɔlir] vi - **1.** [physiquement, moralement] to give way - **2.** [matière] to soften, to go soft - **3.** [vent] to drop, to die down.

mollo [mɔlo] adv fam easy ; **y aller ~** to go easy, to take it easy.

mollusque [mɔlysk] nm - **1.** ZOOL mollusc - **2.** fam fig [personne] (lazy) lump.

molosse [mɔlɔs] nm - **1.** [chien] large ferocious dog - **2.** fig & péj [personne] hulking great brute ou fellow.

môme [mom] fam ⟳ nmf [enfant] kid, youngster ⟳ nf [jeune fille] bird Br, chick.

moment [mɔmɑ̃] nm - **1.** [gén] moment ; **au ~ de l'accident** at the time of the accident, when the accident happened ; **au ~ de partir** just as we/you etc were leaving ; **au ~ où** just as ; **dans un ~** in a moment ; **d'un ~ à l'autre, à tout ~** (at) any moment, any moment now ; **ne pas avoir un ~ à soi** not to have a moment to oneself ; **à un ~ donné** at a given moment ; **par ~s** at times, now and then ; **sur le ~** at the time ; **en ce ~** at the moment ; **pour le ~** for the moment - **2.** [durée] (short) time ; **avoir de bons ~s avec qqn** to have (some) good times with sb ; **passer un mauvais ~** to have a bad time - **3.** [occasion] time ; **ce n'est pas le ~ (de faire qqch)** this is not the time (to do sthg) ; **c'est le ~ ou jamais** it's now or never.

➥ **du moment que** loc prép since, as.

momentané, e [mɔmɑ̃tane] adj temporary.

momentanément [mɔmɑ̃tanemɑ̃] adv temporarily.

momie [mɔmi] nf mummy.

mon [mɔ̃] (f **ma** [ma], pl **mes** [me]) adj poss my.

monacal, e, aux [mɔnakal, o] adj monastic.

Monaco [mɔnako] n : **(la principauté de) ~** (the principality of) Monaco.

monarchie [mɔnarʃi] nf monarchy ; **~ absolue/constitutionnelle** absolute/constitutional monarchy.

monarchique [mɔnarʃik] adj monarchical.

monarchiste [mɔnarʃist] nmf & adj monarchist.

monarque [mɔnark] nm monarch.

monastère [mɔnastɛr] nm monastery.

monastique [mɔnastik] adj monastic.

monceau, x [mɔ̃so] nm - **1.** [tas] heap - **2.** fig [de fautes, de bêtises] mass.

mondain, e [mɔ̃dɛ̃, ɛn] ⟳ adj - **1.** [chronique, journaliste] society (avant n) - **2.** péj [futile] frivolous, superficial ⟳ nm, f socialite.

mondanités [mɔ̃danite] nfpl - **1.** [événements] society life (U) - **2.** [paroles] small talk (U) ; [comportements] formalities.

monde [mɔ̃d] nm - **1.** [gén] world ; **le/la plus ... au ~, le/la plus ... du ~** the most ... in the world ; **pour rien au ~** not for the world, not for all the tea in China ; **mettre un enfant au ~** to bring a child into the world ; **venir au ~**

to come into the world ; **en ce bas ~** RELIG in this world ; **l'autre ~** RELIG the other world ; **le quart ~** the Fourth World **- 2.** [gens] people *(pl)* ; **beaucoup/peu de ~** a lot of/not many people ; **tout le ~** everyone, everybody **- 3.** *loc* : **c'est un ~!** that's really the limit! ; **se faire un ~ de qqch** to make too much of sthg ; **se moquer du ~** to have a nerve ; **noir de ~** packed with people ; **tromper son ~** not to be what one seems.

◆ **Monde** *nm* : **le Nouveau Monde** the New World.

mondial, e, aux [mɔ̃djal, o] *adj* world *(avant n)*.

mondialement [mɔ̃djalmɑ̃] *adv* throughout *ou* all over the world.

mondialisation *nf* globalization.

monégasque [mɔnegask] *adj* of/from Monaco.

◆ **Monégasque** *nmf* native *ou* inhabitant of Monaco.

monétaire [mɔnetɛr] *adj* monetary.

monétarisme [mɔnetarism] *nm* monetarism.

mongol, e [mɔ̃gɔl] *adj* Mongolian.
◆ **mongol** *nm* [langue] Mongolian.
◆ **Mongol, e** *nm, f* Mongolian.

Mongolie [mɔ̃gɔli] *nf* : **la ~** Mongolia ; **la ~-Extérieure** Outer Mongolia ; **la ~-Intérieure** Inner Mongolia.

mongolien, enne [mɔ̃gɔljɛ̃, ɛn] ⬦ *adj* Mongol *(avant n)* ⬦ *nm, f* Mongol.

mongolisme [mɔ̃gɔlism] *nm* Mongolism.

mongoloïde [mɔ̃gɔlɔid] *adj* Mongol *(avant n)*.

moniteur, trice [mɔnitœr, tris] *nm, f* **- 1.** [enseignant] instructor, coach ; **~ d'auto-école** driving instructor ; **~ de ski** ski instructor **- 2.** [de colonie de vacances] supervisor, leader.
◆ **moniteur** *nm* [appareil & INFORM] monitor.

monnaie [mɔnɛ] *nf* **- 1.** [moyen de paiement] money ; **fausse ~** forged currency, counterfeit money ; **~ d'échange** *fig* currency ; **c'est ~ courante** *fig* it's commonplace, it's common practice **- 2.** [de pays] currency ; **~ unique** single currency **- 3.** [pièces] change ; **avoir de la ~** to have change ; **avoir la ~** to have the change ; **rendre la ~ à qqn** to give sb his/her change ; **avoir la ~ de 100 francs** to have change of *ou* for 100 francs ; **faire (de) la ~** to get (some) change ; **menue ~** small *ou* loose change.

monnayable [mɔnɛjabl] *adj* convertible (into cash) ; *fig* valuable.

monnayer [11] [mɔnɛje] *vt* **- 1.** [biens] to convert into cash **- 2.** *fig* [silence] to buy.

monochrome [mɔnɔkrom] *adj* monochrome, monochromatic.

monocle [mɔnɔkl] *nm* monocle.

monocoque [mɔnɔkɔk] *nm* & *adj* [bateau] monohull.

monocorde [mɔnɔkɔrd] *adj* **- 1.** MUS single-stringed **- 2.** [monotone] monotonous.

monoculture [mɔnɔkyltyr] *nf* monoculture.

monogame [mɔnɔgam] *adj* monogamous.

monogamie [mɔnɔgami] *nf* monogamy.

monogramme [mɔnɔgram] *nm* monogram.

monolingue [mɔnɔlɛ̃g] *adj* monolingual.

monolithique [mɔnɔlitik] *adj* monolithic.

monologue [mɔnɔlɔg] *nm* **- 1.** THÉÂTRE soliloquy **- 2.** [discours individuel] monologue ; **~ intérieur** stream of consciousness.

monologuer [3] [mɔnɔlɔge] *vi* **- 1.** THÉÂTRE to soliloquize **- 2.** *fig* & *péj* [parler] to talk away.

monôme [mɔnom] *nm* **- 1.** MATHS monomial **- 2.** *arg scol* [procession] ≃ rag day procession.

mononucléose [mɔnɔnykleoz] *nf* : **~ infectieuse** glandular fever.

monoparental, e, aux [mɔnɔparɑ̃tal, o] *adj* single-parent *(avant n)*.

monophasé, e [mɔnɔfaze] *adj* ÉLECTR single-phase.
◆ **monophasé** *nm* single-phase current.

monoplace [mɔnɔplas] ⬦ *nm* single-seater ⬦ *adj* single-seater *(avant n)*.

monopole [mɔnɔpɔl] *nm* monopoly ; **avoir le ~ de qqch** *litt* & *fig* to have a monopoly of *ou* on sthg ; **~ d'État** state monopoly.

monopoliser [3] [mɔnɔpɔlize] *vt* to monopolize.

monorail [mɔnɔraj] ⬦ *nm* monorail ⬦ *adj inv* monorail *(avant n)*.

monoski [mɔnɔski] *nm* **- 1.** [objet] monoski **- 2.** SPORT monoskiing.

monospace [mɔnɔspas] *nm* people carrier *Am*, minivan.

monosyllabe [mɔnɔsilab] ⬦ *nm* monosyllable ⬦ *adj* monosyllabic.

monosyllabique [mɔnɔsilabik] *adj* monosyllabic.

monothéisme [mɔnɔteism] *nm* monotheism.

monotone [mɔnɔtɔn] *adj* monotonous.

monotonie [mɔnɔtɔni] *nf* monotony ; **rompre la ~** to break the monotony.

Monrovia [mɔ̃rɔvja] *n* Monrovia.

monseigneur [mɔ̃sɛɲœr] *(pl* **messeigneurs** [mesɛɲœr]) *nm* **- 1.** [titre - d'évêque, de duc] His Grace ; [- de cardinal] His Eminence ; [- de prin ce] His (Royal) Highness **- 2.** [formule d'adresse - à évêque, à duc] Your Grace ; [- à cardinal] Your Eminence ; [- à prince] Your (Royal) Highness.

monsieur [məsjø] (*pl* **messieurs** [mesjø]) *nm* **- 1.** [titre] : **~ X** Mr X ; **bonjour ~** good morning ; [dans hôtel, restaurant] good morning, sir ; **bonjour messieurs** good morning (gentlemen) ; **messieurs dames** ladies and gentlemen ; **Monsieur le Ministre n'est pas là** the Minister is out **- 2.** [homme quelconque] gentleman.

monstre [mɔstr] *nm* **- 1.** [gén] monster ; **~ marin** sea monster ; **~ sacré** idol **- 2.** *(en apposition) fam* [énorme] colossal.

monstrueusement [mɔstryøzmɑ̃] *adv* [gros, laid] monstrously ; [intelligent] prodigiously.

monstrueux, euse [mɔstryø, øz] *adj* **- 1.** [gén] monstrous **- 2.** *fig* [erreur] terrible.

monstruosité [mɔstryozite] *nf* monstrosity.

mont [mɔ̃] *nm* **- 1.** *littéraire* [montagne] mountain ; **par ~s et par vaux** *fig* up hill and down dale ; **promettre ~s et merveilles** to promise the earth **- 2.** GÉOGR Mount ; **le ~ Blanc** Mont Blanc ; **le ~ Cervin** the Matterhorn **- 3.** ANAT : **~ de Vénus** mons veneris.

montage [mɔ̃taʒ] *nm* **- 1.** [assemblage] assembly ; [de bijou] setting **- 2.** PHOT photomontage **- 3.** CIN editing **- 4.** ÉLECTR wiring.

montagnard, e [mɔ̃taɲar, ard] ◇ *adj* mountain *(avant n)* ◇ *nm, f* mountain dweller.

montagne [mɔ̃taɲ] *nf* **- 1.** [gén] mountain ; **les ~s Rocheuses** the Rocky Mountains **- 2.** [région] : **la ~** the mountains *(pl)* ; **à la ~** in the mountains ; **en haute ~** at high altitudes ; **faire de la haute ~** to go mountain climbing **- 3.** *loc* : **se faire une ~ de qqch** to make a great song and dance about sthg.

montagnes russes *nfpl* big dipper *(sg)*, roller coaster *(sg)*.

montagneux, euse [mɔ̃taɲø, øz] *adj* mountainous.

montant, e [mɔ̃tɑ̃, ɑ̃t] *adj* **- 1.** [mouvement] rising **- 2.** [vêtement] high-necked.

montant *nm* **- 1.** [pièce verticale] upright **- 2.** [somme] total (amount).

mont-blanc [mɔ̃blɑ̃] (*pl* **monts-blancs**) *nm* pureed chestnuts with whipped cream.

mont-de-piété [mɔ̃dpjete] (*pl* **monts-de-piété**) *nm* pawnshop.

monté, e [mɔ̃te] *adj* : **être ~ en qqch** to be well off for sthg.

monte-charge [mɔ̃tʃarʒ] *nm inv* goods lift *Br*, service elevator *Am*.

montée [mɔ̃te] *nf* **- 1.** [de montagne] climb, ascent **- 2.** [de prix] rise **- 3.** [relief] slope, gradient.

Monténégro [mɔ̃tenegro] *nm* : **le ~** Montenegro.

monte-plats [mɔ̃tpla] *nm inv* dumbwaiter.

monter [3] [mɔ̃te] ◇ *vi (aux : être)* **- 1.** [personne] to come/go up ; [température, niveau] to rise ; [route, avion] to climb ; **~ sur qqch** to climb onto sthg **- 2.** [passager] to get on ; **~ dans un bus** to get on a bus ; **~ dans une voiture** to get into a car **- 3.** [cavalier] to ride ; **~ à cheval** to ride ; **~ à cheval sur qqch** *fig* to straddle sthg **- 4.** [marée] to go/come in ◇ *vt (aux : avoir)* **- 1.** [escalier, côte] to climb, to come/go up ; **~ la rue en courant** to run up the street **- 2.** [chauffage, son] to turn up **- 3.** [valise] to take/bring up **- 4.** [meuble] to assemble ; COUTURE to assemble, to put *ou* sew together ; [tente] to put up **- 5.** CIN to edit, to cut (together) **- 6.** [cheval] to mount **- 7.** [dispositif] to assemble **- 8.** THÉÂTRE to put on **- 9.** [société, club] to set up **- 10.** CULIN to beat, to whisk (up) **- 11.** *loc* : **~ qqn contre qqn** to set sb against sb.

se monter *vp* **- 1.** [s'assembler] : **se ~ facilement** to be easy to assemble **- 2.** [atteindre] : **se ~ à** to amount to, to add up to.

monteur, euse [mɔ̃tœr, øz] *nm, f* **- 1.** TECHNOL fitter **- 2.** CIN editor.

Montevideo [mɔ̃tevideo] *n* Montevideo.

monticule [mɔ̃tikyl] *nm* mound ; *Can* BASE-BALL pitcher's mound.

montre [mɔ̃tr] *nf* watch ; **~ à quartz** quartz watch ; **~ en main** to the minute, exactly ; **contre la ~** [sport] time-trialling ; [épreuve] time trial ; **une course contre la ~** *fig* a race against time.

Montréal [mɔ̃real] *n* Montreal.

montre-bracelet [mɔ̃trəbraslɛ] (*pl* **montres-bracelets**) *nf* wristwatch.

montrer [3] [mɔ̃tre] *vt* **- 1.** [gén] to show ; **~ qqch à qqn** to show sb sthg, to show sthg to sb **- 2.** [désigner] to show, to point out ; **~ qqch du doigt** to point at *ou* to sthg.

se montrer *vp* **- 1.** [se faire voir] to appear **- 2.** *fig* [se présenter] to show o.s. **- 3.** *fig* [se révéler] to prove (to be).

montreur, euse [mɔ̃trœr, øz] *nm, f* : **~ de marionnettes** puppeteer.

monture [mɔ̃tyr] *nf* **- 1.** [animal] mount **- 2.** [de lunettes] frame **- 3.** [de bijou] setting.

monument [mɔnymɑ̃] *nm* **- 1.** [gén] : **~ (à)** monument (to) ; **~ aux morts** war memorial **- 2.** *fig* & *hum* [chef-d'œuvre] masterpiece.

monumental, e, aux [mɔnymɑ̃tal, o] *adj*
monumental.

moquer [3] [mɔke] ◆ **se moquer** *vp* : se
~ de [plaisanter sur] to make fun of, to laugh at ;
[ne pas se soucier de] not to give a damn about ;
ne vous moquez pas! don't mock!, don't
laugh!

moquerie [mɔkri] *nf* mockery (U), jibe.

moquette [mɔkɛt] *nf* (fitted) carpet.

moqueur, euse [mɔkœr, øz] ◇ *adj* mocking
◇ *nm, f* mocker.

moraine [mɔrɛn] *nf* moraine.

moral, e, aux [mɔral, o] *adj* moral.
◆ **moral** *nm* - **1.** [mental] : **au ~ comme au physique** mentally as well as physically - **2.** [état
d'esprit] morale, spirits (pl) ; **avoir/ne pas avoir
le ~** to be in good/bad spirits ; **remonter le
~ à qqn** to cheer sb up ; **se remonter le ~** to
cheer (o.s.) up.
◆ **morale** *nf* - **1.** [science] moral philosophy,
morals (pl) - **2.** [règle] morality - **3.** [mœurs]
morals (pl) - **4.** [leçon] moral ; **faire la ~e à qqn**
to preach at *ou* lecture sb.

moralement [mɔralmɑ̃] *adv* morally.

moralisateur, trice [mɔralizatœr, tris]
◇ *adj* moralizing ◇ *nm, f* moralizer.

moralisme [mɔralism] *nm* morality.

moraliste [mɔralist] ◇ *nmf* moralist ◇ *adj*
moralistic.

moralité [mɔralite] *nf* - **1.** [gén] morality
- **2.** [enseignement] morals.

moratoire [mɔratwar] *nm* moratorium.

morbide [mɔrbid] *adj* morbid.

morbidité [mɔrbidite] *nf* morbidity.

morceau, x [mɔrso] *nm* - **1.** [gén] piece ; **manger un ~ fam** to have a bite to eat ; **mettre en
~x** to pull *ou* tear to pieces ; **cracher le ~ fam
fig** to spill the beans ; **emporter le ~ fam** to
carry it off - **2.** [de poème, de film] passage ; **un
~ de bravoure** a purple passage.

morceler [24] [mɔrsəle] *vt* to break up, to
split up.
◆ **se morceler** *vp* to break up.

morcellement [mɔrsɛlmɑ̃] *nm* breaking up,
splitting up.

mordant, e [mɔrdɑ̃, ɑ̃t] *adj* biting.
◆ **mordant** *nm* [vivacité] keenness, bite.

mordicus [mɔrdikys] *adv fam* stubbornly,
stoutly.

mordiller [3] [mɔrdije] *vt* to nibble.

mordoré, e [mɔrdɔre] *adj* bronze.

mordre [76] [mɔrdr] ◇ *vt* - **1.** [blesser] to bite
- **2.** [dépasser] to go over - **3.** *fig* [entamer, ronger]
to eat into *ou* away ◇ *vi* - **1.** [saisir avec les
dents] : **~ à** to bite - **2.** [croquer] : **~ dans qqch** to

bite into sthg - **3.** *SPORT* : **~ sur la ligne** to step
over the line.

mordu, e [mɔrdy] ◇ *pp* ▷ **mordre** ◇ *adj*
[amoureux] hooked ◇ *nm, f* : **~ de foot/ski etc**
football/ski *etc* addict.

more = **maure**.

moresque = **mauresque**.

morfondre [75] [mɔrfɔ̃dr] ◆ **se morfondre** *vp* to mope.

morgue [mɔrg] *nf* - **1.** [attitude] pride - **2.** [lieu]
morgue.

moribond, e [mɔribɔ̃, ɔ̃d] ◇ *adj* dying
◇ *nm, f* dying person.

morigéner [18] [mɔriʒene] *vt littéraire* to rebuke.

morille [mɔrij] *nf* morel.

mormon, e [mɔrmɔ̃, ɔn] *adj* & *nm, f* Mormon.

morne [mɔrn] *adj* [personne, visage] gloomy
[paysage, temps, ville] dismal, dreary.

Moroni [mɔrɔni] *n* Moroni.

morose [mɔroz] *adj* gloomy.

morosité [mɔrozite] *nf* gloominess.

morphine [mɔrfin] *nf* morphine.

morphologie [mɔrfɔlɔʒi] *nf* morphology.

morphologique [mɔrfɔlɔʒik] *adj* morpho-
logical.

morpion [mɔrpjɔ̃] *nm* - **1.** *fam MÉD* crab - **2.** *fam*
[enfant] brat - **3.** [jeu] ≃ noughts and crosses
Br, ≃ tick-tack-toe *Am*.

mors [mɔr] *nm* bit ; **prendre le ~ aux dents** to
get the bit between one's teeth.

morse [mɔrs] *nm* - **1.** *ZOOL* walrus - **2.** [code]
Morse (code).

morsure [mɔrsyr] *nf* bite.

mort, e [mɔr, mɔrt] ◇ *pp* ▷ **mourir** ◇ *adj*
dead ; **raide ~** stone dead ; **~ ou vif** dead or
alive ; **~ de fatigue** *fig* dead tired ; **~ de peur**
fig frightened to death ◇ *nm, f* - **1.** [cadavre]
corpse, dead body - **2.** [défunt] dead person.
◆ **mort** ◇ *nf* - **1.** [victime] fatality - **2.** *CARTES*
dummy ◇ *nf litt* & *fig* death ; **de ~** [silence]
deathly ; **condamner qqn à ~** *JUR* to sentence
sb to death ; **se donner la ~** to take one's
own life, to commit suicide ; **jusqu'à ce que la
~ s'ensuive** to death ; **en vouloir à ~ à qqn** to
hate sb's guts ; **~ naturelle/violente** natural/
violent death ; **la ~ dans l'âme** sick at heart,
with a heavy heart ; **pâle comme la ~** deathly pale.

mortadelle [mɔrtadɛl] *nf* mortadella.

mortalité [mɔrtalite] *nf* mortality, death
rate ; **~ infantile** infant mortality.

mort-aux-rats [mɔrora] *nf inv* rat poison.

Morte ▷ **mer**.

mortel, elle [mɔrtɛl] ◇ *adj* - **1.** [humain] mortal - **2.** [accident, maladie] fatal - **3.** *fig* [ennuyeux] deadly (dull) ◇ *nm, f* mortal.

mortellement [mɔrtɛlmɑ̃] *adv* - **1.** [à mort] fatally - **2.** [extrêmement] mortally, deeply ; **s'ennuyer ~** to be bored to death.

morte-saison [mɔrtsɛzɔ̃] (*pl* **mortes-saisons**) *nf* slack season, off-season.

mortier [mɔrtje] *nm* mortar.

mortification [mɔrtifikasjɔ̃] *nf* mortification.

mortifier [9] [mɔrtifje] *vt* to mortify.

mort-né, e [mɔrne] (*mpl* **mort-nés**, *fpl* **mort-nées**) ◇ *adj* [enfant] still-born ; *fig* [projet] abortive ◇ *nm, f* still-born child.

mortuaire [mɔrtɥɛr] *adj* funeral *(avant n)*.

morue [mɔry] *nf* - **1.** *ZOOL* cod - **2.** *injurieux* [prostituée] whore.

morve [mɔrv] *nf* snot.

morveux, euse [mɔrvø, øz] ◇ *adj* runny-nosed, snotty ◇ *nm, f* *fam* brat.

mosaïque [mɔzaik] *nf litt* & *fig* mosaic.

Moscou [mɔsku] *n* Moscow.

moscovite [mɔskɔvit] *adj* of/from Moscow.
◈ **Moscovite** *nmf* Muscovite.

mosquée [mɔske] *nf* mosque.

mot [mo] *nm* - **1.** [gén] word ; **avoir toujours le ~ pour rire** to be always able to raise a laugh ; **au bas ~** at the lowest estimate ; **à ~s couverts** in veiled terms ; **le fin ~ de l'histoire** the real story ; **~ d'esprit** witty remark ; **~ d'excuse** *SCOL* note from one's parents ; **gros ~** swearword ; **~ d'ordre** watchword ; **~ de passe** password ; **~s croisés** crossword (puzzle) *(sg)* ; **à ~ ~, ~ pour ~** word for word ; **en un ~** in a word ; **avoir son ~ à dire** to have one's say ; **avoir des ~s avec qqn** to have words with sb ; **avoir le dernier ~** to have the last word ; **avoir deux ~s à dire à qqn** *fam* to give sb a piece of one's mind ; **ne pas mâcher ses ~s** not to mince one's words ; **prendre qqn au ~** to take sb at his/her word ; **ne toucher un ~ à qqn** *fam* to have a word with sb - **2.** [message] note, message.

motard [mɔtar] *nm* - **1.** [motocycliste] motorcyclist - **2.** [policier] motorcycle policeman.

motel [mɔtɛl] *nm* motel.

moteur, trice [mɔtœr, tris] *adj* - **1.** [force, énergie] driving *(avant n)* ; **à quatre roues motrices** *AUTOM* with four-wheel drive - **2.** [muscles, nerfs] motor *(avant n)*.
◈ **moteur** *nm* *TECHNOL* motor, engine ; *fig* driving force ; **~ électrique** electric motor ; **~ à explosion** combustion engine ; **~ à injection** fuel-injection engine ; **~ à réaction** jet

engine ; **~ de recherche** *INFORM* search engine.
◈ **motrice** *nf* *RAIL* motor coach *Br*, motor car *Am*.

motif [mɔtif] *nm* - **1.** [raison] motive, grounds *(pl)* - **2.** [dessin, impression] motif.

motion [mɔsjɔ̃] *nf* *POLIT* motion ; **~ de censure** motion of censure.

motivant, e [mɔtivɑ̃, ɑ̃t] *adj* motivating.

motivation [mɔtivasjɔ̃] *nf* motivation.

motiver [3] [mɔtive] *vt* - **1.** [stimuler] to motivate - **2.** [justifier] to justify.

moto [mɔto] *nf* motorbike.

motocross [mɔtɔkrɔs] *nm* motocross.

motoculteur [mɔtɔkyltœr] *nm* ≃ Rotavator®.

motocyclette [mɔtɔsiklɛt] *nf* motorcycle, motorbike.

motocyclisme [mɔtɔsiklism] *nm* motorcycle racing.

motocycliste [mɔtɔsiklist] *nmf* motorcyclist.

motomarine [mɔtɔmarin] *nf* *Can* jet ski, aquaskooter *Am*.

motoneige [mɔtɔnɛʒ] *nf* *Can* snowmobile.

motorisé, e [mɔtɔrize] *adj* motorized ; **être ~** *fam* to have a car, to have wheels.

motrice ▷ **moteur**.

motricité [mɔtrisite] *nf* motor functions *(pl)*.

motte [mɔt] *nf* : **~ (de terre)** clod, lump of earth ; **~ de beurre** slab of butter.

motus [mɔtys] *interj* not a word ! ; **~ et bouche cousue !** mum's the word !

mou, molle [mu, mɔl] *adj* (**mol** *devant voyelle ou h muet*) - **1.** [gén] soft - **2.** [faible] weak - **3.** [résistance, protestation] half-hearted - **4.** *fam* [de caractère] wet, wimpy.
◈ **mou** *nm* - **1.** *fam* [personne] wimp - **2.** [de corde] : **avoir du ~** to be slack - **3.** [abats] lungs *(pl)*, lights *(pl)*.

mouchard, e [muʃar, ard] *nm, f* *fam* [personne] sneak.
◈ **mouchard** *nm* *fam* [dans camion, train] spy in the cab.

moucharder [3] [muʃarde] *vi* *fam* to sneak.

mouche [muʃ] *nf* - **1.** *ZOOL* fly ; **~ tsé-tsé** tsetse fly ; *fig* **~** shrewd individual - **2.** [accessoire féminin] beauty spot - **3.** *loc* : **faire ~** to hit the bull's eye.

moucher [3] [muʃe] *vt* - **1.** [nez] to wipe ; **~ un enfant** to wipe a child's nose - **2.** [chandelle] to snuff out - **3.** *fam fig* [personne] : **~ qqn** to put sb in his/her place.
◈ **se moucher** *vp* to blow *ou* wipe one's nose.

moucheron [muʃʀɔ̃] *nm* [insecte] gnat.

moucheté, e [muʃte] *adj* - **1.** [laine] flecked - **2.** [animal] spotted, speckled.

mouchoir [muʃwaʀ] *nm* handkerchief ; ~ en papier paper handkerchief, tissue ; grand comme un ~ de poche *fig* no bigger than a pocket handkerchief.

moudre [85] [mudʀ] *vt* to grind.

mouds ▷ moudre.

moue [mu] *nf* pout ; faire la ~ to pull a face.

mouette [mwɛt] *nf* seagull.

moufle [mufl] *nf* mitten.

mouflet, ette [muflɛ, ɛt] *nm, f fam* kid, brat.

mouflon [muflɔ̃] *nm* wild sheep.

mouillage [muja ʒ] *nm* - **1.** [coupage] watering (down) - **2.** [NAVIG - emplacement] anchorage, moorings *(pl)* ; [- manœuvre] anchoring, mooring.

mouillé, e [muje] *adj* wet.

mouiller [3] [muje] ⟨⟩ *vt* - **1.** [personne, objet] to wet ; se faire ~ to get wet *ou* soaked - **2.** [vin, lait] to water down ; *CULIN* to add liquid to - **3.** *NAVIG* : ~ l'ancre to drop anchor - **4.** *LING* to palatalize - **5.** *fam fig* [compromettre] to involve ⟨⟩ *vi NAVIG* to anchor.

➤ **se mouiller** *vp* - **1.** [se tremper] to get wet - **2.** *fam fig* [prendre des risques] to stick one's neck out.

mouillette [mujɛt] *nf* finger of bread, soldier.

mouise [mwiz] *nf* : être dans la ~ *fam* to be broke.

moulage [mula ʒ] *nm* - **1.** [action] moulding *Br*, molding *Am*, casting - **2.** [objet] cast.

moulant, e [mulã, ãt] *adj* close-fitting.

moule [mul] ⟨⟩ *nm* mould *Br*, mold *Am* ; ~ à gâteau cake tin *Br ou* pan *Am* ; ~ à gaufre waffle-iron ; ~ à tarte flan dish ⟨⟩ *nf ZOOL* mussel ; ~s marinières *CULIN mussels cooked in white wine*.

mouler [3] [mule] *vt* - **1.** [objet] to mould *Br* ou to mold *Am* - **2.** [forme] to make a cast of - **3.** [corps] to hug.

moulin [mulɛ̃] *nm* mill ; ~ à café coffee mill ; ~ à eau watermill ; ~ à paroles *fig* chatterbox ; ~ à poivre peppermill ; ~ à scie *Can* sawmill ; ~ à vent windmill.

mouliner [3] [muline] *vt* [aliments] to put through a food mill.

moulinet [mulinɛ] *nm* - **1.** *PÊCHE* reel - **2.** [mouvement] : faire des ~s to whirl one's arms around.

Moulinette® [mulinɛt] *nf* food mill ; passer qqn à la ~ *fam fig* to tear sb to pieces.

moult [mult] *adv vieilli* many.

moulu, e [muly] *adj* - **1.** [en poudre] ground - **2.** *fig* [brisé] : être ~ (de fatigue) to be worn out.

moulure [mulyʀ] *nf* moulding.

mourais, mourions *etc* ▷ mourir.

mourant, e [muʀã, ãt] ⟨⟩ *adj* - **1.** [moribond] dying - **2.** *fig* [voix] faint ⟨⟩ *nm, f* dying person.

mourir [42] [muʀiʀ] *vi* - **1.** [personne] to die ; ~ de froid/soif *fig* to be dying of cold/thirst ; s'ennuyer à ~ to be bored to death ; c'est à ~ de rire it's a scream - **2.** [civilisation] to die out - **3.** [feu] to die down.

mouroir [muʀwaʀ] *nm péj* old dears' home.

mouron [muʀɔ̃] *nm BOT* pimpernel ; se faire du ~ *fam fig* to worry o.s. sick.

mourrai, mourras *etc* ▷ mourir.

mousquetaire [muskətɛʀ] *nm* musketeer.

moussant, e [musã, ãt] *adj* foaming.

mousse [mus] ⟨⟩ *nf* - **1.** *BOT* moss - **2.** [substance] foam ; ~ carbonique foam *(for extinguishing fires)* ; ~ à raser shaving foam - **3.** *CULIN* mousse ; ~ au chocolat chocolate mousse - **4.** [matière plastique] foam rubber ⟨⟩ *nm NAVIG* cabin boy.

mousseline [muslin] ⟨⟩ *nf* muslin ⟨⟩ *adj inv lightened with cream or milk*.

mousser [3] [muse] *vi* to foam, to lather ; se faire ~ *fam fig* to blow one's own trumpet.

mousseux, euse [musø, øz] *adj* - **1.** [shampooing] foaming, frothy - **2.** [vin, cidre] sparkling.

➤ **mousseux** *nm* sparkling wine.

mousson [musɔ̃] *nf* monsoon.

moussu, e [musy] *adj* mossy, moss-covered.

moustache [mustaʃ] *nf* moustache *Br*, mustache *Am*.

➤ **moustaches** *nfpl* [d'animal] whiskers.

moustachu, e [mustaʃy] *adj* with a moustache *Br ou* mustache *Am*.

➤ **moustachu** *nm man with a moustache*.

moustiquaire [mustikɛʀ] *nf* mosquito net.

moustique [mustik] *nm* mosquito.

moutard [mutaʀ] *nm fam* kid.

moutarde [mutaʀd] ⟨⟩ *nf* mustard ; la ~ me monte au nez *fig* I'm losing my temper ⟨⟩ *adj inv* mustard *(avant n)*.

mouton [mutɔ̃] *nm* - **1.** *ZOOL* & *fig* sheep - **2.** [viande] mutton - **3.** *fam* [poussière] piece of fluff, fluff (U) - **4.** *loc* : revenons à nos ~s let's get back to the subject in hand.

➤ **moutons** *nmpl* [vagues] white horses.

mouture [mutyʀ] *nf* - **1.** [de céréales, de café] grinding - **2.** [de thème, d'œuvre] rehash.

mouvance [muvɑ̃s] *nf* [domaine] sphere of influence.

mouvant, e [muvɑ̃, ɑ̃t] *adj* - **1.** [terrain] unstable - **2.** [situation] uncertain.

mouvement [muvmɑ̃] *nm* - **1.** [gén] movement ; **en ~** on the move ; **faux ~** clumsy OU awkward movement ; **~ alternatif** TECHNOL reciprocating movement - **2.** [de colère, d'indignation] burst, fit ; **~ d'humeur** fit of bad temper.

mouvementé, e [muvmɑ̃te] *adj* - **1.** [terrain] rough - **2.** [réunion, soirée] eventful.

mouvoir [54] [muvwar] *vt* to move.
➤ **se mouvoir** *vp* to move.

moyen, enne [mwajɛ̃, ɛn] *adj* - **1.** [intermédiaire] medium - **2.** [médiocre, courant] average.
➤ **moyen** *nm* means (sg), way ; **par tous les ~s** by any means possible ; **y a-t-il ~ de ...?** is there any way of ...? ; **~ de communication** means of communication ; **~ d'expression** means of expression ; **~ de locomotion** OU **transport** means of transport ; **employer les grands ~s** to resort to extreme measures.
➤ **moyenne** *nf* average ; **en moyenne** on average ; **la moyenne** SCOL the passmark ; **la moyenne d'âge** the average age.
➤ **moyens** *nmpl* - **1.** [ressources] means ; **avoir les ~s** to be comfortably off ; **avoir les ~s de faire qqch** to have the means to do sthg ; **avec les ~s du bord** with the means at one's disposal - **2.** [capacités] powers, ability ; **faire qqch par ses propres ~s** to do sthg on one's own ; **perdre tous ses ~s** to panic.
➤ **au moyen de** *loc prép* by means of.

Moyen Âge [mwajɛnaʒ] *nm* : **le ~** the Middle Ages (pl).

moyenâgeux, euse [mwajɛnaʒø, øz] *adj* medieval.

moyen-courrier [mwajɛ̃kurje] (*pl* **moyens-courriers**) ⋄ *nm* medium-haul aircraft ⋄ *adj* medium-haul *(avant n)*.

moyennant [mwajɛnɑ̃] *prép* for, in return for.

moyennement [mwajɛnmɑ̃] *adv* moderately, fairly.

Moyen-Orient [mwajɛnɔrjɑ̃] *nm* : **le ~** the Middle East ; **au ~** in the Middle East.

moyen-oriental, e [mwayɛnɔrjɑ̃tal] *adj* Middle Eastern.

moyeu, x [mwajø] *nm* hub.

mozambicain, e [mɔzɑ̃bikɛ̃, ɛn] *adj* Mozambican.
➤ **Mozambicain, e** *nm, f* Mozambican.

Mozambique [mɔzɑ̃bik] *nm* : **le ~** Mozambique ; **au ~** in Mozambique.

MRAP [mrap] (*abr de* Mouvement contre le racisme, l'antisémitisme et pour la paix) *nm* pacifist anti-racist organization.

MRG (*abr de* Mouvement des radicaux de gauche) *nm* centre-left political party.

ms (*abr de* manuscrit) ms.

MSF (*abr de* Médecins sans frontières) *nmpl* medical association for aid to third-world countries.

MST *nf* - **1.** (*abr de* maladie sexuellement transmissible) STD - **2.** (*abr de* maîtrise de sciences et techniques) masters degree in science and technology.

MT (*abr de* moyenne tension) MT.

mû, mue [my] *pp* ⊳ mouvoir.

mucosité [mykozite] *nf* mucus (U).

mucus [mykys] *nm* mucus (U).

mue [my] *nf* - **1.** [de pelage] moulting - **2.** [de serpent] skin, slough - **3.** [de voix] breaking.

muer [7] [mɥe] *vi* - **1.** [mammifère] to moult - **2.** [serpent] to slough its skin - **3.** [voix] to break ; [jeune homme] : **il mue** his voice is breaking.
➤ **se muer** *vp littéraire* : **se ~ en** to turn into.

muesli [mysli] *nm* muesli.

muet, muette [mɥe, ɛt] ⋄ *adj* - **1.** MÉD dumb - **2.** [silencieux] silent ; **~ d'admiration/d'étonnement** speechless with admiration/surprise - **3.** LING silent, mute ⋄ *nm, f* mute, dumb person.
➤ **muet** *nm* : **le ~** CIN silent films (pl).

muezzin [mɥedzin] *nm* muezzin.

mufle [myfl] *nm* - **1.** [d'animal] muzzle, snout - **2.** *fig* [goujat] lout.

muflerie [myflǝri] *nf* loutishness.

mufti, muphti [myfti] *nm* mufti.

mugir [32] [myʒir] *vi* - **1.** [vache] to moo - **2.** [vent, sirène] to howl.

mugissement [myʒismɑ̃] *nm* - **1.** [de vache] mooing - **2.** [de vent, sirène] howling.

muguet [myɡe] *nm* - **1.** [fleur] lily of the valley - **2.** MÉD thrush.

MUGUET

> On May Day in France, bunches of lily of the valley are sold in the streets and given as presents. The flowers are supposed to bring good luck.

mulâtre, mulâtresse [mylatr, trɛs] *nm, f* mulatto.
➤ **mulâtre** *adj* mulatto.

mule [myl] *nf* mule.

mulet [mylɛ] *nm* - **1.** [âne] mule - **2.** [poisson] mullet.

muletier, ère [myltje, ɛr] *adj* mule *(avant n)*.

muletier *nm* muleteer.
mulot [mylɔl] *nm* field mouse.
multicolore [myltikɔlɔr] *adj* multicoloured.
multiculturel, elle [myltikyltyrɛl] *adj* multicultural.
multifonction [myltifɔ̃ksjɔ̃] *adj inv* multifunction.
multiforme [myltifɔrm] *adj* multiform.
multilatéral, e, aux [myltilateral, o] *adj* multilateral.
multi-media [myltimedja] *adj* INFORM multimedia.
multimillionnaire [myltimiljɔnɛr] *nmf* & *adj* multimillionaire.
multinational, e, aux [myltinasjɔnal, o] *adj* multinational.
◆ **multinationale** *nf* multinational (company).
multiple [myltipl] ◇ *nm* multiple ◇ *adj* - **1.** [nombreux] multiple, numerous - **2.** [divers] many, various.
multiplication [myltiplikasjɔ̃] *nf* multiplication.
multiplicité [myltiplisite] *nf* multiplicity.
multiplier [10] [myltiplije] *vt* - **1.** [accroître] to increase - **2.** MATHS to multiply ; X **multiplié par Y égale Z** X multiplied by *ou* times Y equals Z.
◆ **se multiplier** *vp* to multiply.
multipropriété [myltiprɔprijete] *nf* time-share.
multiracial, e, aux [myltirasjal, o] *adj* multiracial.
multirisque [myltirisk] *adj* comprehensive.
multitude [myltitydl] *nf* : **~ (de)** multitude (of).
municipal, e, aux [mynisipal, o] *adj* municipal.
◆ **municipales** *nfpl* : **les ~es** the local government elections.
municipalité [mynisipalite] *nf* - **1.** [commune] municipality - **2.** [conseil] town council.
munir [32] [mynir] *vt* : **~ qqn/qqch de** to equip sb/sthg with.
◆ **se munir** *vp* : **se ~ de** to equip o.s. with.
munitions [mynisjɔ̃] *nfpl* ammunition (U), munitions.
munster [mœ̃stɛr] *nm strong semi-hard cheese.*
muphti = mufti.
muqueuse [mykøz] *nf* mucous membrane.
mur [myr] *nm* - **1.** [gén] wall ; **~ antibruit** soundproof wall ; **~ mitoyen** party wall ; **raser les ~s** to hug the walls ; *fig* to tread warily - **2.** *fig* [obstacle] barrier, brick wall ; **~ du son** AÉRON sound barrier.
mûr, mûre [myr] *adj* ripe ; [personne] mature ; **après ~e réflexion** *fig* after careful consideration.
◆ **mûre** *nf* - **1.** [de mûrier] mulberry - **2.** [de ronce] blackberry, bramble.
muraille [myraj] *nf* wall.
mural, e, aux [myral, o] *adj* wall (avant n).
mûrement [myrmɑ̃] *adv* : **après avoir ~ réfléchi** after careful consideration.
murène [myrɛn] *nf* moray eel.
murer [3] [myre] *vt* - **1.** [boucher] to wall up, to block up - **2.** [enfermer] to wall in.
◆ **se murer** *vp* to shut o.s. up *ou* away ; **se ~ dans** *fig* to retreat into.
muret [myrɛ] *nm* low wall.
mûrier [myrje] *nm* - **1.** [arbre] mulberry tree - **2.** [ronce] blackberry bush, bramble bush.
mûrir [32] [myrir] *vi* - **1.** [fruits, légumes] to ripen - **2.** *fig* [idée, projet] to develop - **3.** [personne] to mature.
murmure [myrmyr] *nm* murmur.
murmurer [3] [myrmyre] *vt* & *vi* to murmur.
musaraigne [myzarɛɲ] *nf* shrew.
musarder [3] [myzarde] *vi fam* to dawdle.
musc [mysk] *nm* musk.
muscade [myskad] *nf* nutmeg.
muscadet [myskadɛ] *nm dry white wine.*
muscat [myska] *nm* - **1.** [raisin] muscat grape - **2.** [vin] *sweet wine.*
muscle [myskl] *nm* muscle ; **~ extenseur** extensor muscle.
musclé, e [myskle] *adj* - **1.** [personne] muscular - **2.** *fig* [mesure, décision] forceful.
muscler [3] [myskle] *vt* : **~ son corps** to build up one's muscles.
◆ **se muscler** *vp* to build up one's muscles.
musculaire [myskylɛr] *adj* muscular.
musculation [myskylasjɔ̃] *nf* : **faire de la ~** to do muscle-building exercises.
musculature [myskylatyr] *nf* musculature.
muse [myz] *nf* muse.
museau [myzo] *nm* - **1.** [d'animal] muzzle, snout - **2.** *fam* [de personne] face.
musée [myze] *nm* museum ; [d'art] art gallery.
museler [24] [myzle] *vt litt* & *fig* to muzzle.
muselière [myzəljɛr] *nf* muzzle.
musette [myzɛt] ◇ *nf* haversack ; [d'écolier] satchel ◇ *nm* : **le ~** *dance music played on the accordion.*
muséum [myzeɔm] *nm* museum.

musical, e, aux [myzikal, o] *adj* - **1.** [son] musical - **2.** [émission, critique] music *(avant n)*.

music-hall [myzikol] *(pl* **music-halls)** *nm* music-hall.

musicien, enne [myzisjɛ̃, ɛn] ◇ *adj* musical ◇ *nm, f* musician.

musicographie [myzikɔgrafi] *nf* musicography.

musicologue [myzikɔlɔg] *nmf* musicologist.

musique [myzik] *nf* music ; **~ de chambre** chamber music ; **~ de film** film *Br* OU movie *Am* score ; **connaître la ~** *fam fig* to know the score.

musqué, e [myske] *adj* - **1.** [parfum] musky - **2.** [animal] : **rat ~** muskrat.

must [mœst] *nm fam* must.

musulman, e [myzylmɑ̃, an] *adj* & *nm, f* Muslim.

mutant, e [mytɑ̃, ɑ̃t] *adj* & *nm, f* mutant.

mutation [mytasjɔ̃] *nf* - **1.** BIOL mutation - **2.** *fig* [changement] transformation ; **en pleine ~** undergoing a (complete) transformation - **3.** [de fonctionnaire] transfer.

muter [3] [myte] *vt* to transfer.

mutilation [mytilasjɔ̃] *nf* mutilation.

mutilé, e [mytile] *nm, f* disabled person.

mutiler [3] [mytile] *vt* to mutilate ; **il a été mutilé du bras droit** he lost his right arm.

mutin, e [mytɛ̃, in] *adj littéraire* impish.
➤ **mutin** *nm* rebel ; MIL & NAVIG mutineer.

mutiner [3] [mytine] ➤ **se mutiner** *vp* to rebel ; MIL & NAVIG to mutiny.

mutinerie [mytinri] *nf* rebellion ; MIL & NAVIG mutiny.

mutisme [mytism] *nm* silence.

mutualiste [mytɥalist] ◇ *nmf* mutualist ◇ *adj* : **société ~** mutual insurance company.

mutualité [mytɥalite] *nf* [assurance] mutual insurance.

mutuel, elle [mytɥɛl] *adj* mutual.
➤ **mutuelle** *nf* mutual insurance company.

mutuellement [mytɥɛlmɑ̃] *adv* mutually.

mycose [mikoz] *nf* mycosis, fungal infection.

myocarde [mjɔkard] *nm* myocardium.

myopathie [mjɔpati] *nf* myopathy.

myope [mjɔp] ◇ *nmf* shortsighted person ◇ *adj* shortsighted, myopic.

myopie [mjɔpi] *nf* shortsightedness, myopia.

myosotis [mjozɔtis] *nm* forget-me-not.

myriade [mirjad] *nf* : **une ~ de** a myriad of.

myrtille [mirtij] *nf* bilberry *Br*, blueberry *Am*.

mystère [mistɛr] *nm* - **1.** [gén] mystery - **2.** CULIN ice cream covered in meringue and flaked almonds.

mystérieusement [misterjøzmɑ̃] *adv* mysteriously.

mystérieux, euse [misterjø, øz] *adj* mysterious.

mysticisme [mistisism] *nm* mysticism.

mystification [mistifikasjɔ̃] *nf* [tromperie] hoax, practical joke.

mystifier [9] [mistifje] *vt* [duper] to take in.

mystique [mistik] ◇ *nmf* mystic ◇ *adj* mystic, mystical.

mythe [mit] *nm* myth.

mythifier [9] [mitifje] *vt* to mythicize.

mythique [mitik] *adj* mythical.

mytho [mito] *adj fam* : **il est complètement ~** you can't believe anything he says.

mythologie [mitɔlɔʒi] *nf* mythology.

mythologique [mitɔlɔʒik] *adj* mythological.

mythomane [mitɔman] *nmf* pathological liar.

n, N [ɛn] *nm inv* [lettre] n, N.
➤ **N** - **1.** *(abr de* **newton)** N - **2.** *(abr de* **nord)** N.

n' ▷ ne.

n° *(abr de* **numéro)** no.

nabot, e [nabo, ɔt] *nm, f péj* midget.

nac *(abr de* **nouvel animal de compagnie)** [nak] *nm* wild animal kept as a pet.

nacelle [nasɛl] *nf* [de montgolfière] basket.

nacre [nakr] *nf* mother-of-pearl.

nacré, e [nakre] *adj* pearly.

nage [naʒ] *nf* - **1.** [natation] swimming ; **~ indienne** side stroke ; **~ papillon** butterfly (stroke) ; **à la ~** CULIN *poached in wine and herbs* ; **traverser à la ~** to swim across **- 2.** *loc* : **en ~** bathed in sweat.

nageoire [naʒwar] *nf* fin.

nager [17] [naʒe] ⬦ *vi* **- 1.** [se baigner] to swim **- 2.** [flotter] to float **- 3.** *fig* [dans vêtement] : **~ dans** to be lost in ; **~ dans la joie** to be incredibly happy ⬦ *vt* to swim.

nageur, euse [naʒœr, øz] *nm, f* swimmer.

naguère [nagɛr] *adv littéraire* a short time ago.

naïade [najad] *nf* water nymph.

naïf, naïve [naif, iv] ⬦ *adj* **- 1.** [ingénu, art] naive **- 2.** *péj* [crédule] gullible ⬦ *nm, f* **- 1.** *péj* [niais] fool **- 2.** [peintre] naive painter.

nain, e [nɛ̃, nɛn] ⬦ *adj* dwarf *(avant n)* ⬦ *nm, f* dwarf.

Nairobi [nɛrɔbil] *n* Nairobi.

naissais, naissions *etc* ⊳ **naître.**

naissance [nɛsɑ̃s] *nf* **- 1.** [de personne] birth ; **donner ~ à** to give birth to ; **de ~** [aveugle] from birth ; **le contrôle des ~s** birth control **- 2.** [endroit] source ; [du cou] nape **- 3.** *fig* [de science, nation] birth ; **donner ~ à** to give rise to ; **prendre ~ dans** to originate in.

naissant, e [nɛsɑ̃, ɑ̃t] *adj* **- 1.** [brise] rising ; [jour] dawning **- 2.** [barbe] incipient.

naître [92] [nɛtr] *vi* **- 1.** [enfant] to be born ; **elle est née en 1965** she was born in 1965 **- 2.** [espoir] to spring up ; **~ de** to arise from ; **faire ~ qqch** to give rise to sthg.

naïvement [naivmɑ̃l] *adv* naively.

naïveté [naivte] *nf* **- 1.** [candeur] innocence **- 2.** *péj* [crédulité] gullibility.

naja [naʒa] *nm* cobra.

Namibie [namibi] *nf* : **la ~** Namibia.

namibien, enne [namibjɛ̃, ɛn] *adj* Namibian.

➤ **Namibien, enne** *nm, f* Namibian.

nana [nana] *nf fam* [jeune fille] girl.

nanti, e [nɑ̃ti] ⬦ *adj* wealthy ⬦ *nm, f* wealthy person ; **les ~s** the rich.

nantir [32] [nɑ̃tir] *vt littéraire* : **~ qqn de** to provide sb with.

➤ **se nantir** *vp littéraire* : **se ~ de** to provide o.s. with.

NAP [nap] (*abr de* **Neuilly Auteuil Passy**) ⬦ *adj* ≃ Sloany *Br*, ≃ preppie *Am* ⬦ *nf* ≃ Sloane *Br*, ≃ preppie type *Am*.

naphtaline [naftalin] *nf* mothballs *(pl)*.

nappage [napaʒ] *nm* CULIN coating.

nappe [nap] *nf* **- 1.** [de table] tablecloth, cloth **- 2.** *fig* [étendue - gén] sheet ; [- de brouillard] blanket **- 3.** [couche] layer ; **~ de mazout** OU **pétrole** oil slick.

napper [3] [nape] *vt* CULIN to coat.

napperon [naprɔ̃] *nm* tablemat.

naquis, naquit *etc* ⊳ **naître.**

narcisse [narsis] *nm* BOT narcissus.

narcissique [narsisik] ⬦ *nmf* narcissist ⬦ *adj* narcissistic.

narcissisme [narsisism] *nm* narcissism.

narcodollars [narkodɔlar] *nmpl* narcodollars.

narcotique [narkɔtik] *nm* & *adj* narcotic.

narguer [3] [narge] *vt* [danger] to flout ; [personne] to scorn, to scoff at.

narine [narin] *nf* nostril.

narquois, e [narkwa, az] *adj* sardonic.

narrateur, trice [naratœr, tris] *nm, f* narrator.

narratif, ive [naratif, iv] *adj* narrative.

narration [narasjɔ̃] *nf* **- 1.** [récit] narration **- 2.** SCOL essay.

narrer [3] [nare] *vt littéraire* to narrate.

NASA, Nasa [naza] (*abr de* **National Aeronautics and Space Administration**) *nf* NASA.

nasal, e, aux [nazal, o] *adj* nasal.

nasaliser [3] [nazalize] *vt* to nasalize.

naseau, x [nazo] *nm* nostril.

nasillard, e [nazijar, ard] *adj* nasal.

nasiller [3] [nazije] *vi* **- 1.** [personne] to speak through one's nose **- 2.** [machine] to whine.

nasse [nas] *nf* keep net.

natal, e, als [natal] *adj* [d'origine] native.

natalité [natalite] *nf* birth rate.

natation [natasjɔ̃] *nf* swimming ; **faire de la ~** to swim.

natif, ive [natif, iv] ⬦ *adj* **- 1.** [originaire] native *(avant n)* ; **~ de** native of **- 2.** [inné] innate ⬦ *nm, f* native.

nation [nasjɔ̃] *nf* nation.

➤ **Nations unies** *nfpl* : **les Nations unies** the United Nations.

national, e, aux [nasjɔnal, o] *adj* national.

➤ **nationale** *nf* : (route) **~e** ≃ A road *Br*, ≃ state highway *Am*.

nationalisation [nasjɔnalizasjɔ̃] *nf* nationalization.

nationaliser [3] [nasjɔnalize] *vt* to nationalize.

nationalisme [nasjɔnalism] *nm* nationalism.

nationaliste [nasjɔnalist] *nmf* & *adj* nationalist.

nationalité [nasjɔnalite] *nf* nationality ; **de ~ française** of French nationality ; **double ~** dual nationality.

nébuleux

nativité [nativite] *nf* nativity.

natte [nat] *nf* - **1.** [tresse] plait - **2.** [tapis] mat.

natter [3] [nate] *vt* to plait.

naturalisation [natyralizasjɔ̃] *nf* - **1.** [de personne, de plante] naturalization - **2.** [taxidermie] stuffing.

naturalisé, e [natyralize] <> *adj* - **1.** [personne, plante] naturalized - **2.** [empaillé] stuffed <> *nm, f* naturalized person.

naturaliser [3] [natyralize] *vt* - **1.** [personne, plante] to naturalize ; **se faire ~** to become naturalized - **2.** [empailler] to stuff.

naturaliste [natyralist] <> *nmf* - **1.** LITTÉRATURE & ZOOL naturalist - **2.** [empailleur] taxidermist <> *adj* naturalistic.

nature [natyr] <> *nf* nature ; **par ~** by nature ; **payer en ~** to pay in kind <> *adj inv* - **1.** [simple] plain - **2.** *fam* [spontané] natural.

◆ **nature morte** *nf* still life.

naturel, elle [natyrɛl] *adj* natural.

◆ **naturel** *nm* - **1.** [tempérament] nature ; **être d'un ~ affable/sensible** *etc* to be affable/sensitive *etc* by nature - **2.** [aisance, spontanéité] naturalness - **3.** CULIN : **thon au ~** tuna in brine.

naturellement [natyrɛlmɑ̃] *adv* - **1.** [gén] naturally - **2.** [logiquement] rationally.

naturisme [natyrism] *nm* naturism.

naturiste [natyrist] <> *nmf* naturist <> *adj* naturist (*avant n*), nudist (*avant n*).

naturopathie [natyrɔpati] *nf* naturopathy.

naufrage [nofraʒ] *nm* - **1.** [navire] shipwreck ; **faire ~** to be wrecked - **2.** *fig* [effondrement] collapse.

naufragé, e [nofraʒe] <> *adj* shipwrecked <> *nm, f* shipwrecked person.

nauséabond, e [nozeabɔ̃, ɔ̃d] *adj* nauseating.

nausée [noze] *nf* - **1.** MÉD nausea ; **avoir la ~** to feel nauseous *ou* sick ; **donner la ~ à qqn** *litt* & *fig* to make sb (feel) sick - **2.** [dégoût] disgust.

nautique [notik] *adj* nautical ; [ski, sport] water (*avant n*).

nautisme [notism] *nm* water sports (*pl*).

naval, e, als [naval] *adj* naval.

navarin [navarɛ̃] *nm* lamb stew.

navet [navɛ] *nm* - **1.** BOT turnip - **2.** *fam péj* [œuvre] load of rubbish.

navette [navɛt] *nf* shuttle ; **~ spatiale** AÉRON space shuttle ; **faire la ~** to shuttle.

navigable [navigabl] *adj* navigable.

navigant, e [navigɑ̃, ɑ̃t] <> *adj* navigation (*avant n*) <> *nm, f* : **les ~s** the flight crew.

navigateur, trice [navigatœr, tris] *nm, f* navigator.

◆ **navigateur** *nm* INFORM browser.

navigation [navigasjɔ̃] *nf* navigation ; COMM shipping ; **~ aérienne/spatiale** air/space travel.

naviguer [3] [navige] *vi* - **1.** [voguer] to sail - **2.** [piloter] to navigate - **3.** INFORM to browse.

navire [navir] *nm* ship ; **~ de guerre** warship ; **~ marchand** merchant ship.

navrant, e [navrɑ̃, ɑ̃t] *adj* - **1.** [triste] upsetting, distressing - **2.** [regrettable, mauvais] unfortunate.

navrer [3] [navre] *vt* to upset ; **être navré de qqch/de faire qqch** to be sorry about sthg/to do sthg.

nazi, e [nazi] <> *adj* Nazi (*avant n*) <> *nm, f* Nazi.

nazisme [nazism] *nm* Nazism.

NB (*abr de* Nota Bene) NB.

NBC (*abr de* nucléaire, bactériologique, chimique) *adj* NBC.

nbreuses *abr de* nombreuses.

nbrx *abr de* nombreux.

n.c. - **1.** (*abr de* non communiqué) n.a. - **2.** (*abr de* non connu) n.a.

n.d. - **1.** (*abr de* non daté) n.d - **2.** (*abr de* non disponible) n.a.

N-D (*abr de* Notre-Dame) OL.

NDA (*abr de* note de l'auteur) author's note.

N'Djamena [ndʒamena] *n* N'Djamena.

NDLR (*abr de* note de la rédaction) editor's note.

NDT (*abr de* note du traducteur) translator's note.

ne [nə], **n'** (*devant voyelle ou h muet*) *adv* - **1.** [négation] ▷ **pas²**, **plus**, **rien** *etc* - **2.** [négation implicite] : **il se porte mieux que je ~ (le) croyais** he's in better health than I thought (he would be) - **3.** [avec verbes ou expressions marquant le doute, la crainte etc] : **je crains qu'il n'oublie** I'm afraid he'll forget ; **j'ai peur qu'il n'en parle** I'm frightened he'll talk about it.

né, e [ne] *adj* born ; **~ en 1965** born in 1965 ; **~ le 17 juin** born on the 17th June ; **~ de** born to *ou* of ; **Mme X, ~e Y** Mrs X née Y ; **je ne suis pas ~ d'hier** I wasn't born yesterday.

néanmoins [neɑ̃mwɛ̃] *adv* nevertheless.

néant [neɑ̃] *nm* - **1.** [absence de valeur] worthlessness - **2.** [absence d'existence] nothingness ; **réduire à ~** to reduce to nothing.

nébuleux, euse [nebylø, øz] *adj* - **1.** [ciel] cloudy - **2.** [idée, projet] nebulous.

◆ **nébuleuse** *nf* - **1.** ASTRON nebula - **2.** *fig* [groupe] nebulous group.

nécessaire [nesesɛr] ⟨⟩ *adj* necessary ; ~ à necessary for ; **il est ~ de faire qqch** it is necessary to do sthg ; **il est ~ que** (+ *subjonctif*) : **il est ~ qu'elle vienne** she must come ⟨⟩ *nm* - **1.** [biens] necessities *(pl)* - **2.** [mesures] : **faire le ~** to do the necessary - **3.** [trousse] bag ; **~ de couture** sewing kit ; **~ de toilette** toilet bag.

nécessairement [nesesɛrmɑ̃] *adv* - **1.** [fatalement] necessarily, of necessity - **2.** [absolument] absolutely, positively.

nécessité [nesesite] *nf* - **1.** [obligation, situation] necessity ; **être dans la ~ de faire qqch** to have no choice *ou* alternative but to do sthg - **2.** [besoin] need.

➤ **nécessités** *nfpl* necessities.

nécessiter [3] [nesesite] *vt* to necessitate.

nec plus ultra [nɛkplyzyltra] *nm inv* : **le ~ de** the last word in.

nécrologie [nekrɔlɔʒi] *nf* [notice] obituary ; [rubrique] deaths *(pl)*.

nécrologique [nekrɔlɔʒik] *adj* obituary *(avant n)*.

nécromancien, enne [nekrɔmɑ̃sjɛ̃, ɛn] *nm, f* necromancer.

nécrose [nekroz] *nf* necrosis.

nectar [nɛktar] *nm* nectar ; **~ d'abricot/de pêche** apricot/peach nectar.

nectarine [nɛktarin] *nf* nectarine.

néerlandais, e [neɛrlɑ̃dɛ, ɛz] *adj* Dutch.

➤ **néerlandais** *nm* [langue] Dutch.

➤ **Néerlandais, e** *nm, f* Dutchman (f Dutchwoman) ; **les Néerlandais** the Dutch.

nef [nɛf] *nf* - **1.** [d'église] nave - **2.** *littéraire* [bateau] vessel.

néfaste [nefast] *adj* - **1.** [jour, événement] fateful - **2.** [influence] harmful.

nèfle [nɛfl] *nf* medlar.

néflier [neflije] *nm* medlar tree.

négatif, ive [negatif, iv] *adj* negative.

➤ **négatif** *nm* PHOT negative.

➤ **négative** *nf* : **répondre par la négative** to reply in the negative.

négation [negasjɔ̃] *nf* - **1.** [rejet] denial - **2.** GRAM negative.

négativement [negativmɑ̃] *adv* negatively.

négligé, e [negliʒe] *adj* - **1.** [travail, tenue] untidy - **2.** [ami, jardin] neglected.

➤ **négligé** *nm* - **1.** [laisser-aller] untidiness - **2.** [déshabillé] negligée.

négligeable [negliʒabl] *adj* negligible.

négligemment [negliʒamɑ̃] *adv* - **1.** [sans soin] carelessly - **2.** [avec indifférence] casually.

négligence [negliʒɑ̃s] *nf* - **1.** [laisser-aller] carelessness - **2.** [omission] negligence ; **par ~** out of negligence.

négligent, e [negliʒɑ̃, ɑ̃t] ⟨⟩ *adj* - **1.** [sans soin] careless - **2.** [indifférent] casual ⟨⟩ *nm, f* casual person.

négliger [17] [negliʒe] *vt* - **1.** [ami, jardin] to neglect ; **~ de faire qqch** to fail to do sthg - **2.** [avertissement] to ignore.

➤ **se négliger** *vp* to neglect o.s.

négoce [negɔs] *nm* business.

négociable [negɔsjabl] *adj* negotiable.

négociant, e [negɔsjɑ̃, ɑ̃t] *nm, f* dealer.

négociateur, trice [negɔsjatœr, tris] *nm, f* negotiator.

négociation [negɔsjasjɔ̃] *nf* negotiation ; **~s de paix** peace negotiations ; **~s au sommet** summit meeting *(sg)*.

négocier [9] [negɔsje] *vt* to negotiate.

nègre, négresse [nɛgr, negrɛs] *nm, f* negro (f negress) *(beware : the terms 'nègre' and 'négresse' are considered racist)*.

➤ **nègre** ⟨⟩ *nm fam* ghost writer ⟨⟩ *adj* negro *(avant n) (beware : the term 'nègre' is considered racist)*.

négrier [negrije] *nm* - **1.** [esclavagiste] slave trader - **2.** *fig* [exploiteur] slave driver.

négro [negro] *nm* racist term used with reference to black people.

neige [nɛʒ] *nf* - **1.** [flocons] snow ; **aller à la ~** ≃ to go skiing ; **blanc comme ~** as white as snow ; *fig* pure as the driven snow ; **~ fabriquée** *Can* artificial snow - **2.** *loc* : **battre en ~** CULIN to beat *ou* whip until stiff.

➤ **neige carbonique** *nf* dry ice.

neiger [23] [neʒe] *v impers* : **il neige** it is snowing.

neigeux, euse [nɛʒø, øz] *adj* snowy.

nénuphar [nenyfar] *nm* water-lily.

néo-calédonien, enne [neɔkaledɔnjɛ̃, ɛn] *(mpl* **néo-calédoniens,** *fpl* **néo-calédoniennes)** *adj* New Caledonian.

➤ **Néo-Calédonien, enne** *nm, f* New Caledonian.

néo-colonialiste [neɔkɔlɔnjalist] *(pl* **néo-colonialistes)** *nmf* & *adj* neo-colonialist.

néologisme [neɔlɔʒism] *nm* neologism.

néon [neɔ̃] *nm* - **1.** [gaz] neon - **2.** [enseigne] neon light.

néonatal, e, als [neɔnatal] *adj* neonatal.

néophyte [neɔfit] ⟨⟩ *nmf* novice ⟨⟩ *adj* novice *(avant n)*.

néo-zélandais, e [neɔzelɑ̃dɛ, ɛz] *(mpl inv, fpl* **néo-zélandaises)** *adj* New Zealand *(avant n)*.

➤ **Néo-Zélandais, e** *nm, f* New Zealander.

Népal [nepal] *nm* : **le ~** Nepal ; **au ~** in Nepal.

népalais, e [nepalɛ, ɛz] adj Nepalese.
◆ **népalais** nm [langue] Nepali, Nepalese.
◆ **Népalais, e** nm, f Nepalese (person) ; **les Népalais** the Nepalese.

néphrite [nefrit] nf nephritis.

népotisme [nepɔtism] nm nepotism.

nerf [nɛr] nm - **1.** ANAT nerve ; ~ **optique/rachidien** optic/spinal nerve - **2.** fig [vigueur] spirit.
◆ **nerfs** nmpl nerves ; **avoir les ~s solides/d'acier** to have strong nerves/nerves of steel ; **être à bout de ~s** to be at the end of one's tether ; **être sur les ~s** to be tense ; **taper sur les ~s de qqn** fam to get on sb's nerves.

nerveusement [nɛrvøzmɑ̃] adv nervously.

nerveux, euse [nɛrvø, øz] ◇ adj - **1.** [gén] nervous - **2.** [viande] stringy - **3.** [style] vigorous ; [voiture] nippy ◇ nm, f nervous person.

nervosité [nɛrvozite] nf nervousness.

nervure [nɛrvyr] nf - **1.** [de feuille, d'aile] vein - **2.** [de voûte] rib.

n'est-ce pas [nɛspa] adv : **vous me croyez, ~?** you believe me, don't you? ; **c'est délicieux, ~?** it's delicious, isn't it? ; ~ **que vous vous êtes bien amusés?** you enjoyed yourselves, didn't you?

net, nette [nɛt] adj - **1.** [écriture, image, idée] clear - **2.** [propre, rangé] clean, neat - **3.** COMM & FIN net ; ~ **d'impôt** tax-free Br, tax-exempt Am - **4.** [visible, manifeste] definite, distinct.
◆ **net** adv - **1.** [sur le coup] on the spot ; **s'arrêter** ~ to stop dead ; **se casser** ~ to break clean off - **2.** [franchement - parler] plainly.

Net [nɛt] nm fam : **le** ~ the Net, the net ; **surfer sur le** ~ to surf the Net.

nettement [nɛtmɑ̃] adv - **1.** [clairement] clearly - **2.** [incontestablement] definitely ; ~ **mieux** definitely better ; ~ **plus/moins** much more/less.

netteté [nɛtte] nf clearness.

nettoie, nettoies etc ▷ **nettoyer.**

nettoyage [netwajaʒ] nm [de vêtement] cleaning ; ~ **à sec** dry cleaning.

nettoyant [netwajɑ̃] nm cleaning fluid.

nettoyer [13] [netwaje] vt - **1.** [gén] to clean - **2.** [grenier] to clear out - **3.** [suj : police, soldats] to clean up.

neuf¹, neuve [nœf, nœv] adj new ; **flambant** ~ brand new.
◆ **neuf** nm : **vêtu de** ~ wearing new clothes ; **quoi de** ~? what's new? ; **rien de** ~ nothing new ; **refaire** OU **remettre à** ~ to make as good as new, to refurbish.

neuf² [nœf] adj num & nm nine ; voir aussi **six.**

neurasthénie [nørasteni] nf depression.

neurasthénique [nørastenik] nmf & adj depressive.

neurochirurgie [nørɔʃiryrʒi] nf neurosurgery.

neuroleptique [nørɔlɛptik] ◇ nm neuroleptic drug ◇ adj neuroleptic.

neurologie [nørɔlɔʒi] nf neurology.

neurologique [nørɔlɔʒik] adj neurological.

neurologue [nørɔlɔg] nmf neurologist.

neuropsychiatre [nøropsikjatr] nmf neuropsychiatrist.

neurovégétatif, ive [nørovegetatif, iv] adj : **système** ~ nervous system.

neutralisation [nøtralizasjɔ̃] nf neutralization.

neutraliser [3] [nøtralize] vt to neutralize.

neutralité [nøtralite] nf neutrality.

neutre [nøtr] ◇ nm LING neuter ◇ adj - **1.** [gén] neutral - **2.** LING neuter.

neutron [nøtrɔ̃] nm neutron.

neuve ▷ **neuf¹.**

neuvième [nœvjɛm] ◇ adj num, nm OU nmf ninth ; voir aussi **sixième** ◇ nf SCOL ≃ first year OU form (at junior school) Br, ≃ third grade Am.

névé [neve] nm snowbank.

neveu, x [nəvø] nm nephew.

névralgie [nevralʒi] nf - **1.** MÉD neuralgia - **2.** [mal de tête] headache.

névralgique [nevralʒik] adj - **1.** [douloureux] neuralgic - **2.** fig [sensible] sensitive.

névrite [nevrit] nf neuritis.

névrose [nevroz] nf neurosis.

névrosé, e [nevroze] adj & nm, f neurotic.

névrotique [nevrɔtik] adj neurotic.

New Delhi [njudeli] n New Delhi.

New York [njujɔrk] n - **1.** [ville] New York (City) ; **à** ~ in New York (City) - **2.** [état] New York State ; **dans l'État de** ~ in New York State.

new-yorkais, e [njujɔrkɛ, ɛz] (mpl inv, fpl new-yorkaises) adj from New York.
◆ **New-Yorkais, e** nm, f New Yorker.

nez [ne] nm nose ; **saigner du** ~ to have a nosebleed ; ~ **aquilin** aquiline nose ; ~ **busqué** hooked nose ; ~ **camus** pug nose ; ~ **retroussé** snub nose ; **avoir le** ~ **fin** to have a good sense of smell ; fig to have foresight ; ~ **à** ~ face to face ; **ça lui pend au** ~ fam he's got it coming to him ; **faire qqch au** ~ **et à la barbe de qqn** to do sthg (right) under sb's nose ; **mettre le** ~ **dehors** to put one's nose outside ; **mettre le** ~ **à la fenêtre** to show one's face at the window ; **raccrocher au ~ de qqn** to hang up on sb ; **rire au ~ de qqn** to laugh in sb's face.

NF (*abr de* **Norme française**) *French industrial standard*, ≃ BS *Br*.

ni [nil *conj* : **sans pull ~ écharpe** without a sweater or a scarf ; **je ne peux ~ ne veux venir** I neither can nor want to come.

➡ **ni ... ni** *loc corrélative* neither ... nor ; **~ lui ~ moi** neither of us ; **~ l'un ~ l'autre n'a parlé** neither of them spoke ; **je ne les aime ~ l'un ~ l'autre** I don't like either of them.

niable [njabl] *adj* deniable.

Niagara [njagara] *nm* : **les chutes du ~** Niagara Falls.

niais, e [njɛ, njɛz] ⬦ *adj* silly, foolish ⬦ *nm, f* fool.

niaisement [njɛzmã] *adv* foolishly.

niaiserie [njɛzri] *nf* foolishness (*U*) ; **dire des ~s** to talk rubbish.

Niamey [njamɛ] *n* Niamey.

Nicaragua [nikaragwa] *nm* : **le ~** Nicaragua ; **au ~** in Nicaragua.

nicaraguayen, enne [nikaragwajɛ̃, ɛn] *adj* Nicaraguan.

➡ **Nicaraguayen, enne** *nm, f* Nicaraguan.

niche [niʃ] *nf* - **1.** [de chien] kennel - **2.** [de statue] niche - **3.** *fam* [farce] trick.

nicher [3] [niʃe] *vi* - **1.** [oiseaux] to nest - **2.** *fam* [personne] to live.

➡ **se nicher** *vp* to hide.

nickel [nikɛl] ⬦ *nm* nickel ⬦ *adj inv fam* spotless, spick and span.

niçois, e [niswa, az] *adj* of/from Nice ; **salade ~e** *salad made out of lettuce, green peppers, tuna fish, tomatoes, anchovy and hard-boiled egg*.

➡ **Niçois, e** *nm, f* native *ou* inhabitant of Nice.

Nicosie [nikɔzi] *n* Nicosia.

nicotine [nikɔtin] *nf* nicotine.

nid [ni] *nm* nest ; **~-d'abeilles** [tissu] waffle cloth ; **~ à poussière** *fig* dust trap.

➡ **nid de poule** *nm* pothole.

nièce [njɛs] *nf* niece.

nier [9] [nje] *vt* to deny.

nigaud, e [nigo, od] ⬦ *adj* silly ⬦ *nm, f* simpleton.

Niger [niʒɛr] *nm* - **1.** [fleuve] : **le ~** the River Niger - **2.** [État] : **le ~** Niger ; **au ~** in Niger.

Nigeria [niʒerja] *nm* : **le ~** Nigeria ; **au ~** in Nigeria.

nigérian, e [niʒerjã, an] *adj* Nigerian.

➡ **Nigérian, e** *nm, f* Nigerian.

nigérien, enne [niʒerjɛ̃, ɛn] *adj* Nigerien.

➡ **Nigérien, enne** *nm, f* Nigerien.

night-club [najtklœb] (*pl* **night-clubs**) *nm* nightclub.

Nil [nil] *nm* : **le ~** the Nile ; **le ~ Blanc** the White Nile ; **le ~ Bleu** the Blue Nile.

n'importe ⊳ importer.

nippes [nip] *nfpl fam* gear (*U*).

nippon, one [nipɔ̃, ɔn] *adj* Japanese.

➡ **Nippon, one** *nm, f* Japanese (person) ; **les Nippons** the Japanese.

nirvana [nirvana] *nm* nirvana.

nitrate [nitrat] *nm* nitrate.

nitrique [nitrik] *adj* nitric.

nitroglycérine [nitrɔgliserin] *nf* nitroglycerine.

niveau, x [nivo] *nm* - **1.** [gén] level ; **de même ~** *fig* of the same standard ; **~ à bulle** spirit level ; **au-dessus du ~ de la mer** above sea level ; **~ scolaire** standard of education ; **~ de vie** standard of living ; **au ~ de** at the level of ; *fig* [en ce qui concerne] as regards - **2.** LING : **~ de langue** register.

niveler [24] [nivle] *vt* to level ; *fig* to level out.

nivellement [nivɛlmã] *nm* levelling ; *fig* levelling out ; **~ par le bas** levelling down.

NN (*abr de* **nouvelle norme**) *revised standard of hotel classification*.

noble [nɔbl] ⬦ *nmf* nobleman (*f* noblewoman) ⬦ *adj* noble.

noblement [nɔbləmã] *adv* nobly.

noblesse [nɔblɛs] *nf* nobility.

noce [nɔs] *nf* - **1.** [mariage] wedding - **2.** [invités] wedding party - **3.** *loc* : **faire la ~** *fam* to live it up.

➡ **noces** *nfpl* wedding (*sg*) ; **convoler en justes ~s** to be married ; **elle l'a épousé en secondes ~s** he is her second husband ; **~s d'or/d'argent** golden/silver wedding (anniversary).

nocif, ive [nɔsif, iv] *adj* - **1.** [produit, gaz] noxious - **2.** *fig* [théorie, doctrine] harmful.

nocivité [nɔsivite] *nf* - **1.** [de produit, gaz] noxiousness - **2.** *fig* [de théorie, doctrine] harmfulness.

noctambule [nɔktãbyl] *nmf* night bird.

nocturne [nɔktyrn] ⬦ *nm* - **1.** MUS nocturne - **2.** ZOOL night hunter ⬦ *nm ou nf* - **1.** [d'un magasin] late opening ; **ouvert en ~** open late - **2.** SPORT : **match en ~** evening game ⬦ *adj* - **1.** [émission, attaque] night (*avant n*) - **2.** [animal] nocturnal.

nodule [nɔdyl] *nm* nodule.

Noël [nɔɛl] *nm* Christmas ; **joyeux ~!** happy *ou* merry Christmas!

nœud [nø] *nm* - **1.** [de fil, de bois] knot ; **~ coulant**

slipknot ; **double ~** double knot - **2.** NAVIG knot ; **filer à X ~s** NAVIG to do X knots - **3.** *fig* & *littéraire* [attachement] bond - **4.** [de l'action, du problème] crux - **5.** [ornement] bow ; **~ de cravate** knot *(in one's tie)* ; **~ papillon** bow tie - **6.** ANAT, ASTRON, ÉLECTR & RAIL node.

noie, noies *etc* ⊳ noyer.

noierai, noieras *etc* ⊳ noyer.

noir, e [nwar] *adj* - **1.** [gén] black ; **~ de** [poussière, suie] black with - **2.** [pièce, couloir] dark - **3.** *fig* [pressentiment] sombre *Br*, somber *Am* - **4.** *fig* [ivre] drunk.
➤ **Noir, e** *nm, f* black.
➤ **noir** *nm* - **1.** [couleur] black ; **~ sur blanc** *fig* in black and white - **2.** [obscurité] dark - **3.** *loc* : **acheter qqch au ~** to buy sthg on the black market ; **broyer du ~** to be down in the dumps ; **travail au ~** moonlighting ; **travailler au ~** to moonlight ; **voir tout en ~** to see the dark side of everything.
➤ **noire** *nf* crotchet *Br*, quarter note *Am*.

noirâtre [nwaratr] *adj* blackish.

noiraud, e [nwaro, od] ⟨⟩ *adj* swarthy ⟨⟩ *nm, f* swarthy person.

noirceur [nwarsœr] *nf* - **1.** *littéraire* [couleur] blackness - **2.** *fig* [méchanceté] wickedness.

noircir [32] [nwarsir] ⟨⟩ *vi* to darken ⟨⟩ *vt litt* & *fig* to blacken.
➤ **se noircir** *vp* [devenir noir] to darken.

Noire ⊳ mer.

noise [nwaz] *nf littéraire* : **chercher ~ à qqn** to pick a quarrel with sb.

noisetier [nwaztje] *nm* hazel tree.

noisette [nwazɛt] ⟨⟩ *nf* - **1.** [fruit] hazelnut - **2.** [petite quantité] : **une ~ de beurre** a knob of butter ⟨⟩ *adj inv* hazel.

noix [nwa] *nf* - **1.** [fruit] walnut ; **~ de cajou** cashew (nut) ; **~ de coco** coconut ; **~ de muscade** nutmeg - **2.** [de viande] : **~ de veau** cushion of veal - **3.** *loc* : **à la ~** *fam* dreadful.

nom [nɔ̃] *nm* - **1.** [gén] name ; **au ~ de** in the name of ; **~ de Dieu!** *tfam* bloody hell! *Br*, God damn it! ; **~ d'un chien** *ou* **d'une pipe!** *fam* drat! ; **faux ~** false name ; **~ déposé** trade name ; **~ d'emprunt** assumed name ; **~ de famille** surname ; **~ de fichier** INFORM filename ; **~ de jeune fille** maiden name ; **traiter qqn de tous les ~s** to call sb all the names under the sun - **2.** [prénom] (first) name - **3.** GRAM noun ; **~ composé** compound noun ; **~ propre/commun** proper/common noun.

nomade [nɔmad] ⟨⟩ *nmf* nomad ⟨⟩ *adj* nomadic.

nombre [nɔ̃br] *nm* number ; **au ~ de** among ; **bon ~ de** a large number of, a good many ; **un bon ~ d'entre nous/eux** many of us/

them ; **venir en ~** to come in large numbers ; **~ pair/impair** even/odd number.

nombreux, euse [nɔ̃brø, øz] *adj* - **1.** [famille, foule] large - **2.** [erreurs, occasions] numerous ; **peu ~** few.

nombril [nɔ̃bril] *nm* navel ; **il se prend pour le ~ du monde** he thinks the world revolves around him.

nombrilisme [nɔ̃brilism] *nm fam péj* navel-gazing.

nomenclature [nɔmɑ̃klatyr] *nf* - **1.** [terminologie] nomenclature - **2.** [liste] word list.

nominal, e, aux [nɔminal, o] *adj* - **1.** [liste] of names - **2.** [valeur, autorité] nominal - **3.** GRAM noun *(avant n)*.

nominalement [nɔminalmɑ̃] *adv* - **1.** [désigner] by name - **2.** GRAM nominally.

nominatif, ive [nɔminatif, iv] *adj* [liste] of names.
➤ **nominatif** *nm* GRAM nominative.

nomination [nɔminasjɔ̃] *nf* nomination, appointment.

nommé, e [nɔme] ⟨⟩ *adj* - **1.** [désigné] named - **2.** [choisi] appointed ⟨⟩ *nm, f* aforementioned.

nommément [nɔmemɑ̃] *adv* [citer] by name.

nommer [3] [nɔme] *vt* - **1.** [appeler] to name, to call - **2.** [qualifier] to call - **3.** [promouvoir] to appoint, to nominate - **4.** [dénoncer, mentionner] to name.
➤ **se nommer** *vp* - **1.** [s'appeler] to be called - **2.** [se désigner] to give one's name.

non [nɔ̃] ⟨⟩ *adv* - **1.** [réponse négative] no - **2.** [se rapportant à une phrase précédente] not ; **moi ~** not me ; **moi ~ plus** (and) neither am/do *etc* I ; **elle ne travaille pas aujourd'hui, moi ~ plus** she's not working today and neither am I - **3.** [sert à demander une confirmation] : **c'est une bonne idée, ~?** it's a good idea, isn't it? - **4.** [modifie un adjectif ou un adverbe] not ; **~ loin d'ici** not far from here ; **une difficulté ~ négligeable** a not inconsiderable problem ⟨⟩ *nm inv* no.
➤ **non moins** *loc adv* no less.
➤ **non (pas) ... mais** *loc corrélative* not ... but ; **~ pas maigre, mais mince** not skinny but slim.
➤ **non plus ... mais** *loc corrélative* no longer ... but.
➤ **non (pas) que ... mais** *loc corrélative* not that ... but.

nonagénaire [nɔnaʒenɛr] *nmf* & *adj* nonagenarian.

non-agression [nɔnagresjɔ̃] *nf* non-aggression.

non-aligné, e [nɔnalinel] adj non-aligned ; **les pays ~s** the non-aligned countries.

nonante [nɔnɑ̃t] adj num Belg & Helv ninety.

non-assistance [nɔnasistɑ̃s] nf non-assistance ; **~ à personne en danger** failure to give assistance to a person in danger.

nonchalance [nɔ̃ʃalɑ̃s] nf nonchalance, casualness.

nonchalant, e [nɔ̃ʃalɑ̃, ɑ̃t] adj nonchalant, casual.

non-combattant, e [nɔ̃kɔ̃batɑ̃, ɑ̃t] <> adj noncombatant <> nm, f noncombatant.

non-conformiste [nɔ̃kɔ̃fɔrmist] <> nmf nonconformist <> adj unconventional.

non-conformité [nɔ̃kɔ̃fɔrmite] nf nonconformity.

non-dit [nɔ̃di] nm unvoiced feeling.

non-fumeur, euse [nɔ̃fymœr, øz] <> nm, f non-smoker <> adj non-smoking (avant n).

non-ingérence [nɔnɛ̃ʒerɑ̃s] nf noninterference.

non-inscrit, e [nɔnɛ̃skri, it] adj & nm, f POLIT independent.

non-intervention [nɔnɛ̃tɛrvɑ̃sjɔ̃] nf nonintervention.

non-lieu [nɔ̃ljø] (pl **non-lieux**) nm JUR dismissal through lack of evidence ; **rendre un ~** to dismiss a case for lack of evidence.

nonne [nɔn] nf nun.

nonobstant [nɔnɔpstɑ̃] sout <> prép notwithstanding <> adv nevertheless.

non-paiement [nɔ̃pɛmɑ̃] nm nonpayment.

non-recevoir [nɔ̃rəsəvwar] ◆ **fin de non-recevoir** nf JUR objection.

non-résident, e [nɔ̃rezidɑ̃] nm nonresident.

non-retour [nɔ̃rətur] ◆ **point de non-retour** nm point of no return.

non-sens [nɔ̃sɑ̃s] nm inv **- 1.** [absurdité] nonsense **- 2.** [contresens] meaningless word.

non-stop [nɔnstɔp] adj inv non-stop.

non-violence [nɔ̃vjɔlɑ̃s] nf non-violence.

non-voyant, e [nɔ̃vwajɑ̃, ɑ̃t] nm, f visually handicapped.

nord [nɔr] <> nm north ; **un vent du ~** a northerly wind ; **le vent du ~** the north wind ; **au ~** in the north ; **au ~ (de)** to the north (of) ; **le grand Nord** the frozen North ; **perdre le ~** fam fig to lose one's head <> adj inv north ; [province, région] northern.

nord-africain, e [nɔrafrikɛ̃, ɛn] (mpl **nord-africains**, fpl **nord-africaines**) adj North African.

◆ **Nord-Africain, e** nm, f North African.

nord-américain, e [nɔramerikɛ̃, ɛn] (mpl **nord-américains**, fpl **nord-américaines**) adj North American.

◆ **Nord-Américain, e** nm, f North American.

nord-coréen, enne [nɔrkɔreɛ̃, ɛn] (mpl **nord-coréens**, fpl **nord-coréennes**) adj North Korean.

◆ **Nord-Coréen, enne** nm, f North Korean.

nord-est [nɔrɛst] nm & adj inv north-east.

nordicité [nɔrdisite] nf Can northerliness.

nordique [nɔrdik] adj Nordic, Scandinavian.

◆ **Nordique** nmf **- 1.** [Scandinave] Scandinavian **- 2.** Can North Canadian.

nord-ouest [nɔrwɛst] nm & adj inv northwest.

normal, e, aux [nɔrmal, o] adj normal.

◆ **normale** nf **- 1.** [moyenne] : **la ~e** the norm **- 2.** Can GOLF par.

normalement [nɔrmalmɑ̃] adv normally, usually ; **~ il devrait déjà être arrivé** he should have arrived by now.

normalien, enne [nɔrmaljɛ̃, ɛn] nm, f **- 1.** [élève d'une école normale] student at teacher training college Br ou teachers college Am **- 2.** [ancien élève de l'École normale supérieure] graduate of the École normale supérieure.

normalisation [nɔrmalizasjɔ̃] nf **- 1.** [stabilisation] normalization **- 2.** [standardisation] standardization.

normaliser [3] [nɔrmalize] vt **- 1.** [situation] to normalize **- 2.** [produit] to standardize.

◆ **se normaliser** vp to return to normal.

normalité [nɔrmalite] nf normality.

normand, e [nɔrmɑ̃, ɑ̃d] adj Norman.

◆ **Normand, e** nm, f Norman.

Normandie [nɔrmɑ̃di] nf : **la ~** Normandy.

normatif, ive [nɔrmatif, iv] adj prescriptive.

norme [nɔrm] nf **- 1.** [gén] standard, norm ; **être dans la ~** to be within the norm ; **être hors ~s** to be non-standard **- 2.** [critère] criterion.

Norvège [nɔrvɛʒ] nf : **la ~** Norway.

norvégien, enne [nɔrveʒjɛ̃, ɛn] adj Norwegian.

◆ **norvégien** nm [langue] Norwegian.

◆ **Norvégien, enne** nm, f Norwegian.

nos ⊳ notre.

nostalgie [nɔstalʒi] nf nostalgia ; **avoir la ~ de** to feel nostalgia for.

nostalgique [nɔstalʒik] adj nostalgic.

nota bene [nɔtabene] nm inv nota bene, NB.

notable [nɔtabl] ◇ *adj* noteworthy, notable ◇ *nm* notable.

notablement [nɔtabləmɑ̃] *adv* notably.

notaire [nɔtɛr] *nm* ≃ solicitor *Br*, ≃ lawyer.

notamment [nɔtamɑ̃] *adv* in particular.

notarial, e, aux [nɔtarjal, o] *adj* notarial.

notarié, e [nɔtarje] *adj* ≃ drawn up by a solicitor *Br ou* lawyer.

notation [nɔtasjɔ̃] *nf* - **1.** [système] notation - **2.** [remarque] note - **3.** SCOL marking, grading *Am*.

note [nɔt] *nf* - **1.** [gén & MUS] note ; **prendre des ~s** to take notes ; **prendre qqch en ~** to make a note of sthg ; **fausse ~** MUS false note ; *fig* sour note ; **~ de bas de page** footnote ; **~ de service** memo - **2.** SCOL & UNIV mark, grade *Am* ; **avoir une bonne/mauvaise ~** to have a good/bad mark - **3.** [facture] bill ; **une ~ salée** *fam* a hefty *ou* steep bill.

noter [3] [nɔte] *vt* - **1.** [écrire] to note down - **2.** [constater] to note, to notice - **3.** SCOL & UNIV to mark, to grade *Am* - **4.** [marquer] to mark.

notice [nɔtis] *nf* instructions (*pl*) ; **~ explicative** directions for use.

notification [nɔtifikasjɔ̃] *nf* notification.

notifier [9] [nɔtifje] *vt* : **~ qqch à qqn** to notify sb of sthg.

notion [nɔsjɔ̃] *nf* - **1.** [conscience, concept] notion, concept - **2.** (*gén pl*) [rudiment] smattering (*U*).

notoire [nɔtwar] *adj* [fait] well-known ; [criminel] notorious.

notoirement [nɔtwarmɑ̃] *adv* notoriously.

notoriété [nɔtɔrjete] *nf* - **1.** [de fait] notoriety ; **être de ~ publique** to be common *ou* public knowledge - **2.** [célébrité] fame.

notre [nɔtr] (*pl* **nos** [no]) *adj poss* our.

nôtre [notr] ➤ **le nôtre** (*f* **la nôtre**, *pl* **les nôtres**) *pron poss* ours ; **les ~s** our family (*sg*) ; **serez-vous des ~s demain?** will you be joining us tomorrow? ; **il faut y mettre du ~** we'll all have to pull our weight.

Nouakchott [nuakʃɔt] *n* Nouakchott.

nouba [nuba] *nf* : **faire la ~** *fam* to paint the town red.

nouer [6] [nwe] *vt* - **1.** [corde, lacet] to tie ; [bouquet] to tie up - **2.** *fig* [gorge, estomac] to knot - **3.** *sout* [alliance, amitié] to make, to form.

➤ **se nouer** *vp* - **1.** [gorge] to tighten up - **2.** [alliance, amitié] to be formed - **3.** [intrigue] to start.

noueux, euse [nwø, øz] *adj* [bois] knotty ; [mains] gnarled.

nougat [nuga] *nm* nougat.

nouille [nuj] *nf fam péj* idiot.

➤ **nouilles** *nfpl* [pâtes] pasta (*U*), noodles (*pl*).

Nouméa [numea] *n* Nouméa.

nounou [nunu] *nf* nanny.

nourrice [nuris] *nf* - **1.** [garde d'enfants] nanny, child-minder ; [qui allaite] wet nurse - **2.** [réservoir] jerrycan *Br*, can *Am*.

nourrir [32] [nurir] *vt* - **1.** [gén] to feed ; **nourri-logé-blanchi** board, lodging and laundry - **2.** [sentiment, projet] to nurture - **3.** [style, esprit] to improve.

➤ **se nourrir** *vp* to eat ; **se ~ de qqch** *litt* & *fig* to live on sthg.

nourrissant, e [nurisɑ̃, ɑ̃t] *adj* nutritious, nourishing.

nourrisson [nurisɔ̃] *nm* infant.

nourriture [nurityr] *nf* food.

nous [nu] *pron pers* - **1.** [sujet] we - **2.** [objet] us.

➤ **nous-mêmes** *pron pers* ourselves.

nouveau, elle, x [nuvo, ɛl, o] (**nouvel** *devant voyelle et h muet*) ◇ *adj* new ; **~x mariés** newlyweds ◇ *nm, f* new boy (*f* new girl).

➤ **nouveau** *nm* : **il y a du ~** there's something new.

➤ **nouvelle** *nf* - **1.** [information] (piece of) news (*U*) - **2.** [court récit] short story.

➤ **nouvelles** *nfpl* news ; **les nouvelles** MÉDIA the news (*sg*) ; **il a donné de ses nouvelles** I/ we *etc* have heard from him ; **être sans nouvelles de qqn/qqch** to have no news of sb/ sthg ; **aux dernières nouvelles ...** the latest is ...

➤ **à nouveau** *loc adv* - **1.** [encore] again - **2.** [de manière différente] afresh, anew.

➤ **de nouveau** *loc adv* again.

nouveau-né, e [nuvone] (*mpl* **nouveau-nés**, *fpl* **nouveau-nées**) ◇ *adj* newborn ◇ *nm, f* newborn baby.

nouveauté [nuvote] *nf* - **1.** [actualité] novelty - **2.** [innovation] something new - **3.** [ouvrage] new book/film *etc*.

nouvel, nouvelle ➤ **nouveau.**

Nouvelle-Calédonie [nuvɛlkaledɔni] *nf* : **la ~** New Caledonia.

Nouvelle-Écosse [nuvɛlekɔs] *nf* : **la ~** Nova Scotia.

Nouvelle-Guinée [nuvɛlgine] *nf* : **la ~** New Guinea.

nouvellement [nuvɛlmɑ̃] *adv* recently.

Nouvelle-Orléans [nuvɛlɔrleɑ̃] *n* : **La ~** New Orleans.

Nouvelle-Zélande [nuvɛlzelɑ̃d] *nf* : **la ~** New Zealand.

novateur, trice [nɔvatœr, tris] ◇ *adj* innovative ◇ *nm, f* innovator.

novembre [nɔvɑ̃br] *nm* November ; *voir aussi* **septembre**.

novice [nɔvis] ◇ *nmf* novice ◇ *adj* inexperienced.

noyade [nwajad] *nf* drowning.

noyau, x [nwajo] *nm* - **1.** [de fruit] stone, pit - **2.** ASTRON, BIOL & PHYS nucleus - **3.** *fig* [d'amis] group, circle ; [d'opposants, de résistants] cell ; **~ dur** hard core - **4.** *fig* [centre] core.

noyauter [3] [nwajote] *vt* to infiltrate.

noyé, e [nwaje] ◇ *adj* - **1.** [personne] drowned - **2.** [inondé] flooded ; **yeux ~s de larmes** eyes swimming with tears ◇ *nm, f* drowned person.

noyer [13] [nwaje] *vt* - **1.** [animal, personne] to drown ; **~ son chagrin** to drown one's sorrows - **2.** [terre, moteur] to flood - **3.** [estomper, diluer] to swamp ; [contours] to blur.

➤ **se noyer** *vp* - **1.** [personne] to drown - **2.** *fig* [se perdre] : **se ~ dans** to become bogged down in - **3.** [s'estomper] to be swamped.

N/Réf (*abr de* **Notre référence**) O/Ref.

NRF (*abr de* **Nouvelle Revue Française**) *nf* - **1.** [revue] *literary review* - **2.** [mouvement] *literary movement.*

nu, e [ny] *adj* - **1.** [personne] naked - **2.** [paysage, fil électrique] bare - **3.** [style, vérité] plain.

➤ **nu** *nm* nude ; **à ~** stripped, bare ; **mettre à ~** to strip bare.

nuage [nɥaʒ] *nm* - **1.** [gén] cloud ; **être dans les ~s** *fig* to have one's head in the clouds - **2.** [petite quantité] : **un ~ de lait** a drop of milk - **3.** *Can* [foulard] scarf.

nuageux, euse [nɥaʒø, øz] *adj* - **1.** [temps, ciel] cloudy - **2.** *fig* [esprit] hazy.

nuance [nɥɑ̃s] *nf* - **1.** [de couleur] shade ; [de son, de sens] nuance ; **tout en ~s** extremely subtle - **2.** [touche] : **~ de** touch of, trace of.

nuancer [16] [nɥɑ̃se] *vt* - **1.** [couleurs] to shade - **2.** [pensée] to qualify.

nubile [nybil] *adj* nubile.

nucléaire [nykleɛr] ◇ *nm* nuclear energy ◇ *adj* nuclear.

nudisme [nydism] *nm* nudism, naturism.

nudiste [nydist] *nmf* & *adj* nudist.

nudité [nydite] *nf* - **1.** [de personne] nudity, nakedness - **2.** [de lieu, style] bareness.

nuée [nɥe] *nf* - **1.** [multitude] : **une ~ de** a horde of - **2.** *littéraire* [nuage] cloud.

nues [ny] *nfpl* : **tomber des ~** to be completely taken aback.

nui [nɥi] *pp inv* ▷ **nuire**.

nuire [97] [nɥir] *vi* : **~ à** to harm, to injure.

➤ **se nuire** *vp* to harm o.s.

nuisais, nuisions *etc* ▷ **nuire**.

nuisance [nɥizɑ̃s] *nf* nuisance *(U)*, harm *(U)* ; **~s sonores** noise pollution.

nuise, nuises *etc* ▷ **nuire**.

nuisette [nɥizɛt] *nf* short nightgown, baby-doll nightgown.

nuisible [nɥizibl] *adj* harmful.

nuit [nɥi] *nf* - **1.** [laps de temps] night ; **cette ~** [la nuit dernière] last night ; [la nuit prochaine] tonight ; **de ~** at night ; **bateau/vol de ~** night ferry/flight ; **passer la ~ à l'hôtel** to spend the night in a hotel ; **~ blanche** sleepless night - **2.** [obscurité] darkness, night ; **il fait ~** it's dark ; **perdu dans la ~ des temps** lost in the mists of time.

nuitamment [nɥitamɑ̃] *adv littéraire* by night.

nuitée [nɥite] *nf* overnight stay.

nul, nulle [nyl] ◇ *adj indéf (avant n) littéraire* no ◇ *adj (après n)* - **1.** [égal à zéro] nil - **2.** [sans valeur] useless, hopeless ; **c'est ~!** *fam* it's rubbish! ; **être ~ en maths** to be hopeless *ou* useless at maths - **3.** [sans résultat] : **match ~** draw - **4.** [caduc] : **~ et non avenu** JUR null and void ◇ *nm, f péj* nonentity ◇ *pron indéf* **sout** no one, nobody.

➤ **nulle part** *loc adv* nowhere *Br*, no-place *Am*.

nullement [nylmɑ̃] *adv* by no means.

nullité [nylite] *nf* - **1.** [médiocrité] incompetence - **2.** *péj* [personne] nonentity - **3.** JUR invalidity, nullity.

numéraire [nymerɛr] ◇ *nm* cash ◇ *adj* [espèces] legal.

numéral, e, aux [nymeral, o] *adj* numeral.

➤ **numéral, aux** *nm* numeral.

numérateur [nymeratœr] *nm* numerator.

numération [nymerasjɔ̃] *nf* - **1.** MATHS numeration - **2.** MÉD : **~ globulaire** blood count.

numérique [nymerik] *adj* - **1.** [gén] numerical - **2.** INFORM digital.

numériquement [nymerikmɑ̃] *adv* numerically.

numéro [nymero] *nm* - **1.** [gén] number ; **composer** *ou* **faire un ~** to dial a number ; **faire un faux ~** to dial a wrong number ; **~ minéralogique** *ou* **d'immatriculation** registration *Br ou* license *Am* number ; **~ azur** *telephone number for which calls are charged at the local rate irrespective of the actual distance covered* ; **~ de téléphone** telephone number ; **~ vert** ≃ freefone number ; **tirer le mauvais ~** *fig* to get a raw deal - **2.** [de spectacle] act, turn ; **faire son ~** *fig* to do one's little act - **3.** *fam* [personne] : **quel ~!** what a character!

numéroter [3] [nymerɔte] *vt* to number.

numerus clausus [nymerysklozys] *nm* restricted intake of students.

numismatique [nymismatik] <> *nf* numismatics (*U*) <> *adj* numismatic.

nu-pieds [nypje] *nm inv* [sandale] sandal.

nuptial, e, aux [nypsjal, o] *adj* nuptial.

nuque [nyk] *nf* nape.

nurse [nœrs] *nf* children's nurse, nanny.

nursery [nœrsəri] (*pl* nurseries) *nf* - **1.** [dans un hôpital] nursery - **2.** [dans un lieu public] parent-and-baby clinic.

nutritif, ive [nytritif, iv] *adj* nutritious.

nutritionniste [nytrisjɔnist] *nmf* nutritionist, dietician.

Nylon® [nilɔ̃] *nm* nylon.

nymphe [nɛ̃f] *nf* nymph.

nymphomane [nɛ̃fɔman] *nf* & *adj* nymphomaniac.

o, O [o] *nm inv* [lettre] o, O.
* **O** (*abr de* **Ouest**) W.

ô [o] *interj* oh!, O!

OACI (*abr de* **Organisation de l'aviation civile internationale**) *nf* ICAO.

OAS (*abr de* **Organisation de l'armée secrète**) *nf* organization opposed to independence in Algeria in the 1960s.

oasis [ɔazis] *nf* - **1.** [dans désert] oasis - **2.** *fig* [de calme] haven, oasis.

obédience [ɔbedjɑ̃s] *nf* - **1.** [appartenance] allegiance, persuasion ; **être d'~ marxiste/catholique** to be a Marxist/Catholic - **2.** [obéissance] obedience.

obéir [32] [ɔbeir] *vi* - **1.** [personne] : **~ à qqn/qqch** to obey sb/sthg - **2.** [freins] to respond.

obéissance [ɔbeisɑ̃s] *nf* obedience ; **devoir ~ à qqn** to owe sb allegiance.

obéissant, e [ɔbeisɑ̃, ɑ̃t] *adj* obedient.

obélisque [ɔbelisk] *nm* obelisk.

obèse [ɔbɛz] <> *nmf* obese person <> *adj* obese.

obésité [ɔbezite] *nf* obesity.

objecter [4] [ɔbʒɛkte] *vt* - **1.** [répliquer] to raise as an objection ; **~ que** to object that - **2.** [prétexter] : **~ qqch (à qqn)** to put forward sthg as an excuse (to sb).

objecteur [ɔbʒɛktœr] *nm* objector ; **~ de conscience** conscientious objector.

objectif, ive [ɔbʒɛktif, iv] *adj* objective.
* **objectif** *nm* - **1.** PHOT lens - **2.** [but, cible] objective, target.

objection [ɔbʒɛksjɔ̃] *nf* objection ; **faire ~** to object to.

objectivement [ɔbʒɛktivmɑ̃] *adv* objectively.

objectivité [ɔbʒɛktivite] *nf* objectivity.

objet [ɔbʒɛ] *nm* - **1.** [chose] object ; **~ d'art** object d'art ; **~ de valeur** valuable ; **~s trouvés** lost property office *Br*, lost and found (office) *Am* - **2.** [sujet] subject ; **être** ou **faire l'~ de** to be the subject of - **3.** [but] aim, object ; **cette réunion a pour ~ de ...** the aim of this meeting is to ... ; **sans ~** pointless.

objurgations [ɔbʒyrgasjɔ̃] *nfpl* - **1.** [remontrances] objurgations - **2.** [prières] pleas.

obligation [ɔbligasjɔ̃] *nf* - **1.** [gén] obligation ; **être dans l'~ de faire qqch** to be obliged to do sthg ; **sans ~ d'achat** COMM no obligation to buy ; **avoir une ~ envers qqn** to be under an obligation to sb - **2.** FIN bond, debenture.
* **obligations** *nfpl* obligations, duties ; **avoir des ~s** to have obligations, to have a duty ; **~s militaires** military duties.

obligatoire [ɔbligatwar] *adj* - **1.** [imposé] compulsory, obligatory - **2.** *fam* [inéluctable] inevitable.

obligeance [ɔbliʒɑ̃s] *nf sout* obligingness ; **avoir l'~ de faire qqch** to be good ou kind enough to do sthg.

obligeant, e [ɔbliʒɑ̃, ɑ̃t] *adj* helpful, obliging.

obliger [17] [ɔbliʒe] *vt* - **1.** [forcer] : **~ qqn à qqch** to impose sthg on sb ; **~ qqn à faire qqch** to force sb to do sthg ; **être obligé de faire qqch** to be obliged to do sthg - **2.** JUR to bind - **3.** [rendre service à] to oblige.
* **s'obliger** *vp* : **s'~ à qqch** to impose sthg on o.s. ; **s'~ à faire qqch** to force o.s. to do sthg.

oblique [ɔblik] <> *adj* oblique ; **en ~** diagonally <> *nf* oblique line.

obliquer [3] [ɔblike] *vi* to turn off.

oblitérer [18] [ɔblitere] *vt* - **1.** [tamponner] to

cancel - **2.** *MÉD* to obstruct - **3.** [effacer] to obliterate.

oblong, oblongue [ɔblɔ̃, ɔ̃g] *adj* oblong.

obnubiler [3] [ɔbnybile] *vt* to obsess ; **être obnubilé par** to be obsessed with *ou* by.

obole [ɔbɔl] *nf* small contribution.

obscène [ɔpsɛn] *adj* obscene.

obscénité [ɔpsenite] *nf* obscenity.

obscur, e [ɔpskyr] *adj* - **1.** [sombre] dark - **2.** [confus] vague - **3.** [inconnu, douteux] obscure.

obscurantisme [ɔpskyrɑ̃tism] *nm* obscurantism.

obscurcir [32] [ɔpskyrsir] *vt* - **1.** [assombrir] to darken - **2.** [embrouiller] to confuse.

➤ **s'obscurcir** *vp* - **1.** [s'assombrir] to grow dark - **2.** [s'embrouiller] to become confused.

obscurément [ɔpskyremɑ̃] *adv* obscurely.

obscurité [ɔpskyrite] *nf* - **1.** [nuit] darkness - **2.** [anonymat] obscurity - **3.** [hermétisme] abstruseness.

obsédant, e [ɔpsedɑ̃, ɑ̃t] *adj* haunting.

obsédé, e [ɔpsede] ⬦ *adj* obsessed ⬦ *nm, f* obsessive ; **~ sexuel** sex maniac.

obséder [18] [ɔpsede] *vt* to obsess, to haunt.

obsèques [ɔpsɛk] *nfpl* funeral *(sg)*.

obséquieux, euse [ɔpsekjø, øz] *adj* obsequious.

obséquiosité [ɔpsekjozite] *nf* obsequiousness.

observance [ɔpsɛrvɑ̃s] *nf* observance.

observateur, trice [ɔpsɛrvatœr, tris] ⬦ *adj* observant ⬦ *nm, f* observer.

observation [ɔpsɛrvasjɔ̃] *nf* - **1.** [gén] observation ; **être en ~** *MÉD* to be under observation - **2.** [critique] remark - **3.** [conformité] observance.

observatoire [ɔpsɛrvatwar] *nm* - **1.** *ASTRON* observatory - **2.** [lieu de surveillance] observation post.

observer [3] [ɔpsɛrve] *vt* - **1.** [regarder, remarquer, respecter] to observe - **2.** [épier] to watch - **3.** [constater] : **~ que** to note that ; **faire ~ qqch à qqn** to point sthg out to sb - **4.** *sout* [attitude] to keep, to maintain.

➤ **s'observer** *vp* - **1.** [se surveiller] to be careful of one's behaviour *Br ou* behavior *Am* - **2.** [s'épier] to watch each other.

obsession [ɔpsesjɔ̃] *nf* obsession.

obsessionnel, elle [ɔpsesjɔnɛl] *adj* obsessional.

obsolète [ɔpsɔlɛt] *adj* obsolete.

obstacle [ɔpstakl] *nm* - **1.** [entrave] obstacle - **2.** *fig* [difficulté] hindrance ; **faire ~ à qqch/**

qqn to hinder sthg/sb ; **rencontrer un ~** to meet an obstacle.

obstétricien, enne [ɔpstetrisjɛ̃, ɛn] *nm, f* obstetrician.

obstétrique [ɔpstetrik] *nf* obstetrics *(U)*.

obstination [ɔpstinasjɔ̃] *nf* stubbornness, obstinacy.

obstiné, e [ɔpstine] ⬦ *adj* - **1.** [entêté] stubborn, obstinate - **2.** [acharné] dogged ⬦ *nm, f* stubborn *ou* obstinate person.

obstinément [ɔpstinemɑ̃] *adv* - **1.** [refuser] obstinately - **2.** [travailler] doggedly.

obstiner [3] [ɔpstine] ➤ **s'obstiner** *vp* to insist ; **s'~ à faire qqch** to persist stubbornly in doing sthg ; **s'~ dans qqch** to cling stubbornly to sthg.

obstruction [ɔpstryksjɔ̃] *nf* - **1.** *MÉD* obstruction, blockage - **2.** *POLIT* & *SPORT* obstruction.

obstructionniste [ɔpstryksjɔnist] *nmf* & *adj POLIT* obstructionist.

obstruer [3] [ɔpstrye] *vt* to block, to obstruct.

➤ **s'obstruer** *vp* to become blocked.

obtempérer [18] [ɔptɑ̃pere] *vi* : **~ à** to comply with.

obtenir [40] [ɔptənir] *vt* to get, to obtain ; **~ qqch de qqn** to get sthg from sb ; **~ de faire qqch** to get permission to do sthg ; **~ qqch à *ou* pour qqn** to obtain sthg for sb.

obtention [ɔptɑ̃sjɔ̃] *nf* obtaining.

obtenu, e [ɔptəny] *pp* ➤ obtenir.

obtiendrai, obtiendras *etc* ▷ obtenir.

obtienne, obtiennes *etc* ▷ obtenir.

obturateur, trice [ɔptyratœr, tris] *adj* closing *(avant n)*.

➤ **obturateur** *nm* - **1.** [valve] stop valve - **2.** *PHOT* shutter.

obturation [ɔptyrasjɔ̃] *nf* closing, sealing.

obturer [3] [ɔptyre] *vt* to close, to seal ; [dent] to fill.

obtus, e [ɔpty, yz] *adj* obtuse.

obus [ɔby] *nm* shell.

OC *(abr de* ondes courtes*)* SW.

occasion [ɔkazjɔ̃] *nf* - **1.** [possibilité, chance] opportunity, chance ; **saisir l'~ (de faire qqch)** to seize *ou* grab the chance (to do sthg) ; **rater une ~ (de faire qqch)** to miss a chance (to do sthg) ; **être l'~ de** to give rise to ; **à l'~** some time ; [de temps en temps] sometimes, on occasion ; **à la première ~** at the first opportunity - **2.** [circonstance] occasion ; **à l'~ de** on the occasion of ; **dans les grandes ~s** on important occasions - **3.** [bonne affaire] bargain.

➤ **d'occasion** *loc adv* & *loc adj* secondhand.

occasionnel, elle [ɔkazjɔnɛl] *adj* [irrégulier - visite, problème] occasional ; [- travail] casual.

occasionner [3] [ɔkazjɔnel] *vt* to cause.

occident [ɔksidɑ̃] *nm* west.
➤ **Occident** *nm* : **l'Occident** the West.

occidental, e, aux [ɔksidɑ̃tal, o] *adj* western.
➤ **Occidental, e, aux** *nm, f* Westerner.

occiput [ɔksipyt] *nm* back of the head.

occitan, e [ɔksitɑ̃, an] *adj* Provençal French.
➤ **occitan** *nm* [langue] Provençal French.
➤ **Occitan, e** *nm, f* speaker of Provençal French.

occlusion [ɔklyzjɔ̃] *nf* - **1.** MÉD blockage, obstruction - **2.** LING & CHIM occlusion.

occulte [ɔkylt] *adj* occult.

occulter [3] [ɔkylte] *vt* [sentiments] to conceal.

occupant, e [ɔkypɑ̃, ɑ̃t] <> *adj* occupying <> *nm, f* occupant, occupier.
➤ **occupant** *nm* : **l'~** the occupying power *ou* forces (pl).

occupation [ɔkypasjɔ̃] *nf* - **1.** [activité] occupation, job ; **vaquer à ses ~s** to go about one's business - **2.** MIL occupation - **3.** JUR occupancy.
➤ **Occupation** *nf* : **l'Occupation** the Occupation (of France).

occupé, e [ɔkype] *adj* - **1.** [personne] busy ; **être ~ à qqch** to be busy with sthg - **2.** [appartement, zone] occupied - **3.** [place] taken ; [toilettes] engaged ; **c'est ~** [téléphone] it's engaged Br *ou* busy Am.

occuper [3] [ɔkype] *vt* - **1.** [gén] to occupy - **2.** [espace] to take up - **3.** [fonction, poste] to hold - **4.** [main-d'œuvre] to employ.
➤ **s'occuper** *vp* - **1.** [s'activer] to keep o.s. busy ; **s'~ à qqch/à faire qqch** to be busy with sthg/doing sthg - **2.** : **s'~ de qqch** [se charger de] to take care of sthg, to deal with sthg ; [s'intéresser à] to take an interest in, to be interested in ; **occupez-vous de vos affaires!** mind your own business! - **3.** [prendre soin] : **s'~ de qqn** to take care of sb, to look after sb.

occurrence [ɔkyrɑ̃s] *nf* - **1.** [circonstance] : **en l'~** in this case - **2.** LING occurrence.

OCDE (*abr de* **Organisation de coopération et de développement économique**) *nf* OECD.

océan [ɔseɑ̃] *nm* ocean ; **l'~ Antarctique** the Antarctic Ocean ; **l'~ Arctique** the Arctic Ocean ; **l'~ Atlantique** the Atlantic Ocean ; **l'~ Indien** the Indian Ocean ; **l'~ Pacifique** the Pacific Ocean.

Océanie [ɔseani] *nf* : **l'~** Oceania.

océanien, enne [ɔseanjɛ̃, ɛn] *adj* Oceanian.
➤ **Océanien, enne** *nm, f* Oceanian.

océanique [ɔseanik] *adj* ocean (avant n).

océanographie [ɔseanɔgrafi] *nf* oceanography.

ocelot [ɔslo] *nm* ocelot.

ocre [ɔkr] *adj inv* & *nf* ochre Br, ocher Am.

octante [ɔktɑ̃t] *adj num* Belg & Helv eighty.

octave [ɔktav] *nf* octave.

octet [ɔktɛ] *nm* INFORM byte.

octobre [ɔktɔbr] *nm* October ; *voir aussi* **septembre**.

octogénaire [ɔktɔʒenɛr] *nmf* & *adj* octogenarian.

octogone [ɔktɔgɔn] *nm* octagon.

octroie, octroies *etc* ▷ **octroyer**.

octroyer [13] [ɔktrwaje] *vt* : **~ qqch à qqn** to grant sb sthg, to grant sthg to sb.
➤ **s'octroyer** *vp* to grant o.s., to treat o.s. to.

oculaire [ɔkylɛr] <> *nm* eyepiece <> *adj* ocular, eye (avant n) ; **témoin ~** eyewitness.

oculiste [ɔkylist] *nmf* ophthalmologist.

ode [ɔd] *nf* ode.

odeur [ɔdœr] *nf* smell ; **ne pas être en ~ de sainteté (auprès de)** *fig* to be out of favour Br *ou* favor Am (with).

odieusement [ɔdjøzmɑ̃] *adv* abominably.

odieux, euse [ɔdjø, øz] *adj* - **1.** [crime] odious, abominable - **2.** [personne, attitude] unbearable, obnoxious.

odorant, e [ɔdɔrɑ̃, ɑ̃t] *adj* sweet-smelling, fragrant.

odorat [ɔdɔra] *nm* (sense of) smell.

odoriférant, e [ɔdɔriferɑ̃, ɑ̃t] *adj* sweet-smelling, fragrant.

odyssée [ɔdise] *nf* odyssey.

OEA (*abr de* **Organisation des États américains**) *nf* OAS.

œdème [edɛm] *nm* oedema.

œil [œj] (*pl* **yeux** [jø]) *nm* - **1.** [gén] eye ; **yeux bridés/exorbités/globuleux** slanting/bulging/protruding eyes ; **avoir les yeux cernés** to have bags under one's eyes ; **baisser/lever les yeux** to look down/up, to lower/raise one's eyes ; **du coin de l'~** out of the corner of one's eye ; **écarquiller les yeux** to stare wide-eyed ; **à l'~ nu** to the naked eye ; **sous mes/tes** *etc* **yeux** before my/your *etc* very eyes ; **à vue d'~** visibly - **2.** [bulle de graisse] blob of grease *ou* fat - **3.** *loc* : **avoir qqch/qqn à l'~** to have one's eye on sthg/sb ; **avoir un ~ au beurre noir** to have a black eye ; **n'avoir pas froid aux yeux** not to be afraid of anything, to have plenty of nerve ; **avoir des**

yeux de lynx to have eyes like a hawk ; **ne pas avoir les yeux dans sa poche** to be very observant ; **couver qqch/qqn des yeux** to look fondly at sthg/sb, to look lovingly at sthg/sb ; **ça crève les yeux** fam it's staring you in the face, it's as plain as the nose on your face ; **ne pas en croire ses yeux** not to believe one's eyes ; **dévorer qqn/qqch des yeux** [avec insistance] to eye sb/sthg intently ; [avec convoitise] to eye sb/sthg greedily ; **faire de l'~ à qqn** fam to give sb the eye, to eye sb up ; **faire les gros yeux à qqn** to glare at sb ; **fermer les yeux sur qqch** to close one's eyes to sthg ; **mon ~!** fam like hell! ; **ouvrir l'~** to keep one's eyes open ; **se rincer l'~** fam to get an eyeful ; **cela saute aux yeux** it's obvious ; **tourner de l'~** fam to pass out.

œil-de-bœuf [œjdəbœf] (pl **œils-de-bœuf**) nm bull's eye window.

œillade [œjad] nf wink ; **lancer une ~ à qqn** to wink at sb.

œillère [œjɛr] nf eyebath.

➤ **œillères** nfpl blinkers Br, blinders Am ; **avoir des ~s** fam fig to be blinkered.

œillet [œjɛ] nm - **1.** [fleur] carnation - **2.** [de chaussure] eyelet.

œnologie [enɔlɔʒi] nf wine appreciation.

œnologue [enɔlɔg] nmf wine expert.

œsophage [ezɔfaʒ] nm oesophagus Br, esophagus Am.

œstrogène [ɛstrɔʒɛn] nm oestrogen Br, estrogen Am.

œuf [œf] nm egg ; **~ à la coque/au plat/poché** boiled/fried/poached egg ; **~ mollet/dur** soft-boiled/hard-boiled egg ; **~ de Pâques** Easter egg ; **~s brouillés** scrambled eggs ; **~s en ou à la neige** whipped egg whites ; **dans l'~** fig in the bud.

œuvre [œvr] ◇ nf - **1.** [travail] work ; **être à l'~** to be working ou at work ; **se mettre à l'~** to get down to work ; **mettre qqch en ~** to make use of sthg ; [loi, accord, projet] to implement sthg - **2.** [artistique] work ; [ensemble de la production d'un artiste] works (pl) ; **~ d'art** work of art ; [organisation] charity ; **~ de bienfaisance** charity, charitable organization ◇ nm - **1.** [d'artiste] works (pl), work - **2.** [de bâtiment] : **le gros ~** the shell.

œuvrer [5] [œvre] vi littéraire : **~ (pour)** to work (for).

OFCE (abr de **Observatoire français des conjonctures économiques**) nm economic research institute.

off [ɔf] adj inv - **1.** CIN [voix, son] off - **2.** [festival] fringe (avant n).

offensant, e [ɔfɑ̃sɑ̃, ɑ̃t] adj offensive.

offense [ɔfɑ̃s] nf - **1.** [insulte] insult - **2.** RELIG trespass.

offenser [3] [ɔfɑ̃se] vt - **1.** [personne] to offend - **2.** [bon goût] to offend against.

➤ **s'offenser** vp : **s'~ de** to take offence Br ou offense Am at, to be offended by.

offenseur [ɔfɑ̃sœr] nm offender, offending party.

offensif, ive [ɔfɑ̃sif, iv] adj offensive.

➤ **offensive** nf - **1.** MIL offensive ; **passer à l'offensive** to go on the offensive ; **prendre l'offensive** to take the offensive - **2.** fig [du froid] (sudden) onset.

offert, e [ɔfɛr, ɛrt] pp ▷ **offrir**.

offertoire [ɔfɛrtwar] nm offertory.

office [ɔfis] nm - **1.** [bureau] office, agency ; **~ du tourisme** tourist office - **2.** [fonction] : **faire ~ de** to act as ; **remplir son ~** to do its job, to fulfil its function - **3.** RELIG service - **4.** loc : **recourir aux ~s de qqn** to turn to sb for help.

➤ **d'office** loc adv automatically, as a matter of course ; **commis d'~** officially appointed.

officialiser [3] [ɔfisjalize] vt to make official.

officiel, elle [ɔfisjɛl] adj & nm, f official.

officiellement [ɔfisjɛlmɑ̃] adv officially.

officier¹ [9] [ɔfisje] vi to officiate.

officier² [ɔfisje] nm officer ; **~ d'ordonnance** aide-de-camp.

officieusement [ɔfisjøzmɑ̃] adv unofficially.

officieux, euse [ɔfisjø, øz] adj unofficial.

officine [ɔfisin] nf - **1.** [pharmacie] pharmacy - **2.** péj [repaire] agency.

offrande [ɔfrɑ̃d] nf - **1.** [don] offering - **2.** RELIG offertory.

offrant [ɔfrɑ̃] nm : **au plus ~** to the highest bidder.

offre [ɔfr] nf - **1.** [proposition] offer ; [aux enchères] bid ; [pour contrat] tender ; **'~s d'emploi'** 'situations vacant', 'vacancies' ; **~ d'essai** trial offer ; **~ de lancement** introductory offer ; **~ publique d'achat** takeover bid - **2.** ÉCON supply ; **la loi de l'~ et de la demande** the law of supply and demand.

offrir [34] [ɔfrir] vt - **1.** [faire cadeau] : **~ qqch à qqn** to give sb sthg, to give sthg to sb - **2.** [proposer] : **~ qqch à qqn** to offer sb sthg ou sthg to sb ; **~ (à qqn) de faire qqch** to offer to do sthg (for sb) - **3.** [présenter] to offer, to present ; **son visage n'offrait rien d'accueillant** his/her face showed no sign of welcome.

➤ **s'offrir** vp - **1.** [croisière, livre] to treat o.s. to

- **2.** [se présenter] to present itself - **3.** [s'exposer] : **s'~ à qqch** to expose o.s. to sthg - **4.** [se proposer] to offer one's services, to offer o.s. ; **s'~ à faire qqch** to offer to do sthg.

offset [ɔfsɛt] ◇ *adj inv* offset ◇ *nm inv* offset (lithography) ◇ *nf inv* offset press.

offshore [ɔfʃɔr] ◇ *adj inv* - **1.** [exploitation] offshore - **2.** SPORT speedboat *(avant n)* ; **bateau ~** speedboat ◇ *nm* SPORT speedboat racing.

offusquer [3] [ɔfyske] *vt* to offend.
◆ **s'offusquer** *vp* : **s'~ (de)** to take offence *Br* OU offense *Am* (at).

ogive [ɔʒiv] *nf* - **1.** ARCHIT ogive ; **en ~** ribbed - **2.** MIL [d'obus] head ; [de fusée] nosecone ; **~ nucléaire** nuclear warhead.

OGM *(abr de* organisme génétiquement modifié*) nm* GMO.

ogre, ogresse [ɔgr, ɔgrɛs] *nm, f* ogre *(f* ogress).

oh [o] ◇ *interj* oh! ; **~ la la!** dear oh dear! ◇ *nm inv* : **pousser des ~ et des ah** to ooh and ah.

ohé [ɔe] *interj* hey!

OHQ *(abr de* ouvrier hautement qualifié*) nm* highly skilled worker.

oie [wa] *nf* goose ; **~ blanche** *fig* innocent young girl.

oignon [ɔɲɔ̃] *nm* - **1.** [plante] onion ; **mêle-toi de tes ~s** *fam fig* mind your own business ; **soigner qqn aux petits ~s** *fam fig* to take care of sb's every need - **2.** [bulbe] bulb - **3.** MÉD bunion.

oindre [82] [wɛ̃dr] *vt littéraire* - **1.** [corps] to (rub with) oil - **2.** RELIG to anoint.

oiseau, x [wazo] *nm* - **1.** ZOOL bird ; **~ de proie** bird of prey - **2.** *fam péj* [individu] character.

oiseau-mouche [wazomuʃ] *(pl* oiseaux-mouches*) nm* hummingbird.

oiseleur [wazlœr] *nm* bird-catcher.

oiseux, euse [wazø, øz] *adj* pointless.

oisif, ive [wazif, iv] ◇ *adj* idle ◇ *nm, f* man of leisure *(f* woman of leisure*)*.

oisillon [wazijɔ̃] *nm* fledgling.

oisiveté [wazivte] *nf* idleness.

oison [wazɔ̃] *nm* gosling.

OIT *(abr de* Organisation internationale du travail*) nf* ILO.

O.K. [ɔke] *interj fam* okay.

OL *(abr de* ondes longues*)* LW.

oléagineux, euse [ɔleaʒinø, øz] *adj* oleaginous.
◆ **oléagineux** *nm* oleaginous plant.

oléoduc [ɔleɔdyk] *nm* (oil) pipeline.

olfactif, ive [ɔlfaktif, iv] *adj* olfactory.

oligo-élément [ɔligɔelemɑ̃] *(pl* oligo-éléments*) nm* trace element.

olivâtre [ɔlivɑtr] *adj* [verdâtre] olive-coloured *Br*, olive-colored *Am* ; [teint] sallow.

olive [ɔliv] ◇ *nf* olive ◇ *adj inv* olive, olive-green.

oliveraie [ɔlivrɛ] *nf* olive grove.

olivier [ɔlivje] *nm* [arbre] olive tree ; [bois] olive wood.

OLP *(abr de* Organisation de libération de la Palestine*) nf* PLO.

Olympe [ɔlɛ̃p] *nm* : **l'~** Olympus.

olympiade [ɔlɛ̃pjad] *(gén pl) nf* olympiad *(sg).*

olympien, enne [ɔlɛ̃pjɛ̃, ɛn] *adj* Olympian.

olympique [ɔlɛ̃pik] *adj* Olympic *(avant n).*

OM ◇ *nm (abr de* Olympique de Marseille*) Marseilles football team* ◇ *(abr de* ondes moyennes*)* MW.

Oman [ɔman] *n* Oman ; **le sultanat d'~** the Sultanate of Oman.

ombilic [ɔ̃bilik] *nm* - **1.** [de personne] navel - **2.** BOT navelwort.

ombilical, e, aux [ɔ̃bilikal, o] *adj* umbilical.

ombrage [ɔ̃braʒ] *nm* shade ; **porter ~ à qqn** *fig* to offend sb ; **prendre ~ de qqch** *fig* to take offence *Br* OU offense *Am* at sthg, to take umbrage at sthg.

ombragé, e [ɔ̃braʒe] *adj* shady.

ombrageux, euse [ɔ̃braʒø, øz] *adj* - **1.** [personne] touchy, prickly - **2.** [cheval] nervous, skittish.

ombre [ɔ̃br] *nf* - **1.** [zone sombre] shade ; **faire de l'~ à qqn** to get in sb's light ; **à l'~ de** [arbre] in the shade of ; [personne] in the shadow of ; **rester dans l'~ de qqn** *fig* to live in sb's shadow ; **laisser qqch dans l'~** *fig* to deliberately ignore sthg ; **vivre dans l'~** *fig* to live in obscurity - **2.** [forme, fantôme] shadow ; **~s chinoises** [spectacle] shadow play OU pantomime *(sg)* ; [jeu] Chinese shadows - **3.** [trace] hint ; **ça ne fait pas l'~ d'un doute** there's not the shadow of a doubt - **4.** [cosmétique] : **~ à paupières** eye shadow.

ombrelle [ɔ̃brɛl] *nf* parasol.

ombrer [3] [ɔ̃bre] *vt* - **1.** [paupières] to put eye shadow on - **2.** [dessin] to shade (in).

OMC *(abr de* Organisation mondiale du commerce*) nf* WTO.

omelette [ɔmlɛt] *nf* omelette ; **~ norvégienne** baked Alaska.

omets ▷ omettre.

omettre [84] [ɔmɛtr] *vt* to omit ; **~ de faire qqch** to omit to do sthg.

OMI (abr de **Organisation maritime internationale**) nf IMO.

omis, e [ɔmi, iz] pp ⊳ omettre.

omission [ɔmisjɔ̃] nf omission ; **par ~** by omission.

OMM (abr de **Organisation météorologique mondiale**) nf WMO.

omnibus [ɔmnibys] ◇ nm stopping ou local train ◇ adj inv : **ce train est ~ pour ...** this train stops at all stations to ...

omnipotent, e [ɔmnipɔtɑ̃, ɑ̃t] adj omnipotent.

omniprésence [ɔmniprezɑ̃s] nf omnipresence.

omniprésent, e [ɔmniprezɑ̃, ɑ̃t] adj omnipresent.

omniscient, e [ɔmnisjɑ̃, ɑ̃t] adj omniscient.

omnisports [ɔmnispɔr] adj inv sports (avant n).

omnivore [ɔmnivɔr] ◇ nm omnivore ◇ adj omnivorous.

omoplate [ɔmɔplat] nf [os] shoulder blade ; [épaule] shoulder.

OMS (abr de **Organisation mondiale de la santé**) nf WHO.

on [ɔ̃] pron pers indéf - **1.** [indéterminé] you, one ; **~ n'a pas le droit de fumer ici** you're not allowed ou one isn't allowed to smoke here, smoking isn't allowed here - **2.** [les gens, l'espèce humaine] they, people ; **~ vit de plus en plus vieux en Europe** people in Europe are living longer and longer - **3.** [quelqu'un] someone ; **~ vous a appelé au téléphone ce matin** there was a telephone call for you this morning - **4.** fam [nous] we ; **~ s'en va** we're off, we're going.

onanisme [ɔnanism] nm onanism.

once [ɔ̃s] nf : **une ~ (de)** an ounce (of).

oncle [ɔ̃kl] nm uncle.

onction [ɔ̃ksjɔ̃] nf unction.

onctueux, euse [ɔ̃ktɥø, øz] adj smooth.

onctuosité [ɔ̃ktɥozite] nf smoothness.

onde [ɔ̃d] nf - **1.** PHYS wave - **2.** littéraire [eau] : **l'~** the waters (pl).
➤ **ondes** nfpl [radio] air (sg).

ondée [ɔ̃de] nf shower (of rain).

on-dit [ɔ̃di] nm inv rumour Br, rumor Am, hearsay (U).

ondoyant, e [ɔ̃dwajɑ̃, ɑ̃t] adj [ondulant] rippling ; [démarche] swaying.

ondoyer [13] [ɔ̃dwaje] vi to ripple.

ondulant, e [ɔ̃dylɑ̃, ɑ̃t] adj [ondoyant] undulating, wavy ; [démarche] swaying.

ondulation [ɔ̃dylasjɔ̃] nf - **1.** [mouvement] rippling ; [de sol, terrain] undulation - **2.** [de coiffure] wave.

ondulé, e [ɔ̃dyle] adj [surface] undulating ; [chevelure] wavy ; [tôle, carton] corrugated.

onduler [3] [ɔ̃dyle] vi [drapeau] to ripple, to wave ; [cheveux] to be wavy ; [route] to undulate.

one-man-show [wanmanʃo] nm inv one-man show.

onéreux, euse [ɔnerø, øz] adj costly.

ONF (abr de **Office national des forêts**) nm French national forestry agency, ≃ Forestry Commission Br, ≃ National Forestry Service Am.

ONG (abr de **organisation non gouvernementale**) nf NGO.

ongle [ɔ̃gl] nm - **1.** [de personne] fingernail, nail ; **se faire les ~s** to do one's nails ; **se ronger les ~s** to bite one's nails - **2.** [d'animal] claw.

onglée [ɔ̃gle] nf : **j'ai l'~** my fingers are numb with cold.

onglet [ɔ̃glɛ] nm - **1.** [de reliure] tab - **2.** [de lame] thumbnail groove - **3.** CULIN top skirt.

onguent [ɔ̃gɑ̃] nm ointment.

onirique [ɔnirik] adj [relatif au rêve] dream (avant n) ; [semblable au rêve] dreamlike.

onomastique [ɔnɔmastik] ◇ nf onomastics (sg) ◇ adj onomastic.

onomatopée [ɔnɔmatɔpe] nf onomatopoeia.

ont ⊳ avoir.

ONU, Onu [ɔny] (abr de **Organisation des Nations unies**) nf UN, UNO.

ONUDI, Onudi [ɔnydi] (abr de **Organisation des Nations unies pour le développement industriel**) nf UNIDO.

onyx [ɔniks] nm onyx.

onze [ɔ̃z] ◇ adj num eleven ◇ nm [chiffre & SPORT] eleven ; voir aussi **six**.

onzième [ɔ̃zjɛm] ◇ adj num, nm ou nm eleventh ; voir aussi **sixième** ◇ nf [classe] ≃ second year ou form (at primary school) Br ≃ first grade Am ; voir aussi **sixième**.

OP (abr de **ouvrier professionnel**) nm skilled worker.

OPA (abr de **offre publique d'achat**) nf takeover bid.

opacité [ɔpasite] nf opacity.

opale [ɔpal] nf & adj inv opal.

opaline [ɔpalin] nf opaline.

opaque [ɔpak] adj : **~ (à)** opaque (to).

op. cit. (abr de **opere citato**) op. cit.

OPE (abr de **offre publique d'échange**) n

take-over bid where bidder offers to exchange shares.

OPEP, Opep [ɔpɛp] (abr de **Organisation des pays exportateurs de pétrole**) nf OPEC.

opéra [ɔpeʀa] nm - **1.** MUS opera - **2.** [théâtre] opera house ; **l'Opéra Bastille** opera house built on the site of the Bastille ; **l'Opéra de Paris** the Paris Opera (House).

opérable [ɔpeʀabl] adj operable.

opéra-bouffe [ɔpeʀabuf] (pl **opéras-bouffes**) nm comic opera.

opéra-comique [ɔpeʀakɔmik] (pl **opéras-comiques**) nm light opera.

opérateur, trice [ɔpeʀatœʀ, tʀis] nm, f operator ; ~ **de saisie** keyboarder.

opération [ɔpeʀasjɔ̃] nf - **1.** [gén] operation - **2.** COMM deal, transaction.

opérationnel, elle [ɔpeʀasjɔnɛl] adj operational.

opératoire [ɔpeʀatwaʀ] adj MÉD operating (avant n) ; **choc ~** post-operative shock.

opérer [18] [ɔpeʀe] <> vt - **1.** MÉD to operate on - **2.** [exécuter] to carry out, to implement ; [choix, tri] to make <> vi [agir] to take effect ; [personne] to operate, to proceed.
➤ **s'opérer** vp to come about, to take place.

opérette [ɔpeʀɛt] nf operetta.

ophtalmique [ɔftalmik] adj ophthalmic.

ophtalmologiste [ɔftalmɔlɔʒist] nmf ophthalmologist.

Opinel® [ɔpinɛl] nm folding knife used especially for outdoor activities, scouting etc.

opiner [3] [ɔpine] vi **sout** : ~ **à qqch** to give one's consent to sthg.

opiniâtre [ɔpinjɑtʀ] adj - **1.** [caractère, personne] stubborn, obstinate - **2.** [effort] dogged ; [travail] unrelenting ; [fièvre, toux] persistent.

opiniâtreté [ɔpinjɑtʀəte] nf [de caractère, personne] stubbornness, obstinacy.

opinion [ɔpinjɔ̃] nf opinion ; **conforter** OU **renforcer qqn dans son ~** to confirm sb's opinion ; **avoir (une) bonne/mauvaise ~ de** to have a good/bad opinion of ; **l'~ publique** public opinion.

opium [ɔpjɔm] nm opium.

opportun, e [ɔpɔʀtœ̃, yn] adj opportune, timely.

opportunément [ɔpɔʀtynemɑ̃] adv opportunely.

opportunisme [ɔpɔʀtynism] nm opportunism.

opportuniste [ɔpɔʀtynist] <> nmf opportunist <> adj opportunistic.

opportunité [ɔpɔʀtynite] nf - **1.** [à-propos] opportuneness, timeliness - **2.** [occasion] opportunity.

opposant, e [ɔpozɑ̃, ɑ̃t] <> adj opposing <> nm, f : ~ (**à**) opponent (of).

opposé, e [ɔpoze] adj - **1.** [direction, côté, angle] opposite - **2.** [intérêts, opinions] conflicting ; [forces] opposing - **3.** [hostile] : ~ **à** opposed to.
➤ **opposé** nm : **l'~** the opposite ; **à l'~ de** in the opposite direction from ; fig unlike, contrary to.

opposer [3] [ɔpoze] vt - **1.** [mettre en opposition - choses, notions] : ~ **qqch (à)** to contrast sthg (with) - **2.** [mettre en présence - personnes, armées] to oppose ; ~ **deux équipes** to bring two teams together ; ~ **qqn à qqn** to pit OU set sb against sb - **3.** [refus, protestation, objection] to put forward ; ~ **une objection à qqn** to raise an objection with sb, to put forward an objection to sb - **4.** [diviser] to divide.
➤ **s'opposer** vp - **1.** [contraster] to contrast - **2.** [entrer en conflit] to clash - **3.** : **s'~ à** [se dresser contre] to oppose, to be opposed to ; **s'~ à ce que qqn fasse qqch** to be opposed to sb's doing sthg.

opposition [ɔpozisjɔ̃] nf - **1.** [gén] opposition ; **faire ~ à** [décision, mariage] to oppose ; [chèque] to stop ; **entrer en ~ avec** to come into conflict with - **2.** JUR : ~ (**à**) objection (to) - **3.** [contraste] contrast ; **par ~ à** in contrast with, as opposed to.

oppressant, e [ɔpʀesɑ̃, ɑ̃t] adj oppressive.

oppresser [4] [ɔpʀese] vt - **1.** [étouffer] to suffocate, to stifle - **2.** fig [tourmenter] to oppress.

oppresseur [ɔpʀesœʀ] <> nm oppressor <> adj oppressive.

oppressif, ive [ɔpʀesif, iv] adj oppressive.

oppression [ɔpʀesjɔ̃] nf - **1.** [asservissement] oppression - **2.** [malaise] tightness of the chest.

opprimé, e [ɔpʀime] <> adj oppressed <> nm, f oppressed person.

opprimer [3] [ɔpʀime] vt - **1.** [asservir] to oppress - **2.** [étouffer] to stifle.

opprobre [ɔpʀɔbʀ] nm : **jeter l'~ sur qqn** to cast opprobrium on sb.

opter [3] [ɔpte] vi : ~ **pour** to opt for.

opticien, enne [ɔptisjɛ̃, ɛn] nm, f optician.

optimal, e, aux [ɔptimal, o] adj optimal.

optimiser [ɔptimize], **optimaliser** [3] [ɔptimalize] vt to optimize.

optimisme [ɔptimism] nm optimism.

optimiste [ɔptimist] <> nmf optimist <> adj optimistic.

optimum [ɔptimɔm] (pl **optimums** OU **optima** [-ma]) nm & adj optimum.

option [ɔpsjɔ̃] nf - **1.** [gén] option ; **prendre**

une ~ sur FIN to take (out) an option on - **2.** [accessoire] optional extra.

optionnel, elle [ɔpsjɔnɛl] *adj* optional.

optique [ɔptik] ◇ *nf* - **1.** [science, technique] optics *(U)* - **2.** [perspective] viewpoint ; **dans l'~ de faire qqch** with a mind *ou* view to doing sthg ◇ *adj* [nerf] optic ; [verre] optical.

opulence [ɔpylɑ̃s] *nf* - **1.** [richesse] opulence ; **vivre** *ou* **nager dans l'~** to live a life of luxury - **2.** [ampleur] fullness, ampleness.

opulent, e [ɔpylɑ̃, ɑ̃t] *adj* - **1.** [riche] rich - **2.** [gros] ample.

OQ (*abr de* ouvrier qualifié) *nm* skilled worker.

or¹ [ɔr] *nm* - **1.** [métal, couleur] gold ; **en ~** [objet] gold *(avant n)* ; **une occasion en ~** a golden opportunity ; **une affaire en ~** [achat] an excellent bargain ; [commerce] a lucrative line of business ; **j'ai une femme en ~** I've a wonderful wife ; **~ blanc** white gold ; **~ massif** solid gold ; **~ noir** *fig* black gold ; **pour tout l'~ du monde** *fig* for all the tea in China ; **rouler sur l'~** *fig* to be rolling in it - **2.** [dorure] gilding.

or² [ɔr] *conj* [au début d'une phrase] now ; [pour introduire un contraste] well, but.

oracle [ɔrakl] *nm* oracle.

orage [ɔraʒ] *nm* - **1.** [tempête] storm ; **il y a de l'~ dans l'air** *fig* there's a storm brewing - **2.** *fig* [tumulte, revers] turmoil.

orageux, euse [ɔraʒø, øz] *adj* stormy.

oraison [ɔrɛzɔ̃] *nf* prayer ; **~ funèbre** funeral oration.

oral, e, aux [ɔral, o] *adj* oral.
➤ **oral** *nm* oral (examination) ; **~ de rattrapage** *oral examination taken after failing written exams.*

oralement [ɔralmɑ̃] *adv* orally.

orange [ɔrɑ̃ʒ] ◇ *nf* orange ; **~ pressée** freshly squeezed orange juice ◇ *nm & adj inv* [couleur] orange.

orangé, e [ɔrɑ̃ʒe] *adj* orangey.
➤ **orangé** *nm* orangey colour *Br ou* color *Am*.

orangeade [ɔrɑ̃ʒad] *nf* orange squash.

oranger [ɔrɑ̃ʒe] *nm* orange tree.

orangeraie [ɔrɑ̃ʒrɛ] *nf* orange grove.

orang-outan (*pl* orangs-outans), **orang-outang** (*pl* orangs-outangs) [ɔrɑ̃utɑ̃] *nm* orangutang.

orateur, trice [ɔratœr, tris] *nm, f* - **1.** [conférencier] speaker - **2.** [personne éloquente] orator.

orbital, e, aux [ɔrbital, o] *adj* [mouvement] orbital ; [station] orbiting.

orbite [ɔrbit] *nf* - **1.** ANAT (eye) socket - **2.** AS-

TRON & *fig* orbit ; **mettre sur ~** AÉRON to put into orbit ; *fig* to launch.

Orcades [ɔrkad] *nfpl* : **les ~** the Orkney Islands, the Orkneys.

orchestral, e, aux [ɔrkɛstral, o] *adj* orchestral.

orchestration [ɔrkɛstrasjɔ̃] *nf* orchestration.

orchestre [ɔrkɛstr] *nm* - **1.** MUS orchestra - **2.** CIN & THÉÂTRE stalls *(pl) Br*, orchestra *Am* ; **fauteuil d'~** seat in the stalls *Br*, orchestra seat *Am*.

orchestrer [3] [ɔrkɛstre] *vt litt & fig* to orchestrate.

orchidée [ɔrkide] *nf* orchid.

ordinaire [ɔrdinɛr] ◇ *adj* - **1.** [usuel, standard] ordinary, normal - **2.** *péj* [commun] ordinary, common ◇ *nm* - **1.** [moyenne] : **l'~** the ordinary - **2.** [alimentation] usual diet.
➤ **d'ordinaire** *loc adv* normally, usually.

ordinal, e, aux [ɔrdinal, o] *adj* ordinal.
➤ **ordinal, aux** *nm* ordinal (number).

ordinateur [ɔrdinatœr] *nm* computer ; **~ individuel** personal computer, PC ; **~ de poche** palmtop.

ordonnance [ɔrdɔnɑ̃s] ◇ *nf* - **1.** MÉD prescription - **2.** [de gouvernement, juge] order ◇ *nm ou nf* MIL orderly.

ordonnateur, trice [ɔrdɔnatœr, tris] *nm, f* organizer.

ordonné, e [ɔrdɔne] *adj* [maison, élève] tidy.

ordonner [3] [ɔrdɔne] *vt* - **1.** [ranger] to organize, to put in order - **2.** [enjoindre] to order, to tell ; **~ à qqn de faire qqch** to order sb to do sthg - **3.** MÉD : **~ qqch à qqn** to prescribe sb sthg - **4.** RELIG to ordain - **5.** MATHS to arrange in order.
➤ **s'ordonner** *vp* to be arranged *ou* put in order.

ordre [ɔrdr] *nm* - **1.** [gén, MIL & RELIG] order ; **par ~ alphabétique/chronologique/décroissant** in alphabetical / chronological / descending order ; **par ~ d'entrée en scène** in order of appearance ; **procéder par ~** to take one thing at a time ; **rétablir l'~** to restore order ; **rappeler qqn à l'~** to call sb to order ; **donner un ~ à qqn** to give sb an order ; **être aux ~s de qqn** to be at sb's disposal ; **intimer à qqn l'~ de faire qqch** to order sb to do sthg ; **jusqu'à nouvel ~** until further notice ; **entrer dans les ~s** RELIG to take holy orders ; **l'~ établi** the established order ; **~ de mission** MIL orders *(pl)* *(for a particular mission)* ; **l'~ public** law and order ; **troubler l'~ public** to disturb the peace - **2.** [bonne organisation] tidiness, orderliness ; **en ~** orderly, tidy ; **avoir de l'~** to

be orderly *ou* tidy ; **mettre en ~** to put in order, to tidy (up) ; **mettre bon ~ à** to sort out - **3.** [catégorie] : **de premier ~** first-rate ; **de second ~** second-rate ; **d'~ privé/pratique** of a private/practical nature ; **dans un tout autre ~ d'idées** in a quite different connection ; **pouvez-vous me donner un ~ de grandeur?** can you give me some idea of the size/amount *etc* ? - **4.** [corporation] professional association ; **l'Ordre des médecins** ≃ the British Medical Association *Br*, ≃ the American Medical Association *Am* - **5.** FIN : **à l'~ de** payable to.
➤ **ordre du jour** *nm* - **1.** [de réunion] agenda ; **à l'~ du jour** [de réunion] on the agenda ; *fig* topical - **2.** MIL order of the day.

ordure [ɔrdyr] *nf* - **1.** *fig* [grossièreté] filth (U) - **2.** *péj* [personne] scum (U), bastard.
➤ **ordures** *nfpl* [déchets] rubbish (U) *Br*, garbage (U) *Am*.

ordurier, ère [ɔrdyrje, εr] *adj* filthy, obscene.

orée [ɔre] *nf* edge.

oreille [ɔrεj] *nf* - **1.** ANAT ear - **2.** [ouïe] hearing ; **avoir de l'~** to have a good ear (for music) ; **être dur d'~** to be hard of hearing - **3.** [de fauteuil, écrou] wing ; [de marmite, tasse] handle - **4.** *loc* : **se boucher les ~s** to close one's ears ; **dormir sur ses deux ~s** to rest easy ; **dresser** *ou* **tendre l'~** to prick up one's ears ; **écorcher les ~s** to grate on the ear ; **écouter d'une ~ distraite, n'écouter que d'une ~** to only half-listen ; **il ne l'entend pas de cette ~** he's dead (set) against it ; **faire la sourde ~** to turn a deaf ear ; **se faire tirer l'~** to need talking round ; **prêter l'~ (à qqch)** to lend an ear (to sthg) ; **rebattre les ~s à qqn** *fam* to go on at sb.

oreiller [ɔreje] *nm* pillow.

oreillette [ɔrεjεt] *nf* - **1.** [du cœur] auricle - **2.** [de casquette] earflap.

oreillons [ɔrεjɔ̃] *nmpl* mumps (sg).

ores [ɔr] ➤ **d'ores et déjà** *loc adv* from now on.

orfèvre [ɔrfεvr] *nm* goldsmith ; [d'argent] silversmith ; **être ~ en la matière** *fig* to be (an) expert on the subject.

orfèvrerie [ɔrfεvrəri] *nf* - **1.** [art] goldsmith's art ; [d'argent] silversmith's art - **2.** [commerce] goldsmith's trade ; [d'argent] silversmith's trade.

orfraie [ɔrfrε] *nf* sea eagle.

organdi [ɔrgɑ̃di] *nm* organdie.

organe [ɔrgan] *nm* - **1.** ANAT organ - **2.** [institution] organ, body - **3.** [mécanisme] mechanism, system ; **~s de commande** controls - **4.** *litté-*

raire [voix] voice - **5.** *fig* [porte-parole] representative.

organigramme [ɔrganigram] *nm* - **1.** [hiérarchique] organization chart - **2.** INFORM flow chart.

organique [ɔrganik] *adj* organic.

organisateur, trice [ɔrganizatœr, tris] ◇ *adj* organizing (avant n) ◇ *nm, f* organizer.

organisation [ɔrganizasjɔ̃] *nf* organization ; **avoir le sens de l'~** to be well-organized ; **Organisation mondiale du commerce** World Trade Organization.

organisé, e [ɔrganize] *adj* organized ; **~ en qqch** organized in sthg.

organiser [3] [ɔrganize] *vt* to organize.
➤ **s'organiser** *vp* - **1.** [personne] to be *ou* get organized - **2.** [prendre forme] to take shape.

organiseur [ɔrganizœr] *nm* [agenda, ordinateur] (personal) organizer.

organisme [ɔrganism] *nm* - **1.** BIOL & ZOOL organism ; **~ génétiquement modifié** genetically modified organism - **2.** [institution] body, organization.

organiste [ɔrganist] *nmf* organist.

orgasme [ɔrgasm] *nm* orgasm.

orge [ɔrʒ] *nf* barley.

orgeat [ɔrʒa] *nm* : **sirop d'~** barley water.

orgelet [ɔrʒəlε] *nm* stye.

orgie [ɔrʒi] *nf* orgy.

orgue [ɔrg] *nm* organ.
➤ **orgues** *nfpl* - **1.** MUS organ (sg) - **2.** GÉOL columns.

orgueil [ɔrgœj] *nm* pride.

orgueilleux, euse [ɔrgœjø, øz] ◇ *adj* proud ◇ *nm, f* proud person.

orient [ɔrjɑ̃] *nm* east.
➤ **Orient** *nm* : **l'Orient** the Orient, the East.

orientable [ɔrjɑ̃tabl] *adj* adjustable.

oriental, e, aux [ɔrjɑ̃tal, o] *adj* [région, frontière] eastern ; [d'Extrême-Orient] oriental.
➤ **Oriental, e aux** *nm, f* Oriental.

orientation [ɔrjɑ̃tasjɔ̃] *nf* - **1.** [direction] orientation ; **avoir le sens de l'~** to have a good sense of direction - **2.** SCOL career ; **~ professionnelle** careers advice, vocational guidance - **3.** [de maison] aspect - **4.** *fig* [de politique, recherche] direction, trend.

orienté, e [ɔrjɑ̃te] *adj* [tendancieux] biased.

orienter [3] [ɔrjɑ̃te] *vt* - **1.** [disposer] to position - **2.** [voyageur, élève, recherches] to guide, to direct - **3.** [navire] to steer ; [voile] to trim.
➤ **s'orienter** *vp* - **1.** [se repérer] to find *ou* get

one's bearings - **2.** *fig* [se diriger] : **s'~ vers** to move towards *Br* OU toward *Am*.

orifice [ɔrifis] *nm* orifice.

oriflamme [ɔriflam] *nf* banner.

origan [ɔrigã] *nm* oregano.

originaire [ɔriʒinɛr] *adj* - **1.** [natif] : **être ~ de** to originate from ; [personne] to be a native of - **2.** [premier] original.

original, e, aux [ɔriʒinal, o] <> *adj* - **1.** [premier, inédit] original - **2.** [singulier] eccentric <> *nm, f* [personne] (outlandish) character.

➤ **original, aux** *nm* [œuvre, document] original.

originalité [ɔriʒinalite] *nf* - **1.** [nouveauté] originality ; [caractéristique] original feature - **2.** [excentricité] eccentricity.

origine [ɔriʒin] *nf* - **1.** [gén] origin ; **d'~** [originel] original ; [de départ] of origin ; **pays d'~** country of origin ; **d'~ anglaise** of English origin ; **à l'~** originally - **2.** [souche] origins (*pl*) - **3.** [provenance] source.

originel, elle [ɔriʒinɛl] *adj* original.

orignal, aux [ɔriɲal, o] *nm* moose.

oripeaux [ɔripo] *nmpl* rags.

ORL <> *nmf* (*abr de* oto-rhino-laryngologiste) ENT specialist <> *nf* (*abr de* oto-rhino-laryngologie) ENT.

orme [ɔrm] *nm* elm.

ormeau, x [ɔrmo] *nm* young elm.

ornement [ɔrnəmã] *nm* - **1.** [gén & MUS] ornament ; **d'~** [plante, arbre] ornamental - **2.** ARCHIT embellishment.

ornemental, e, aux [ɔrnəmãtal, o] *adj* ornamental.

ornementation [ɔrnəmãtasjɔ̃] *nf* ornamentation.

ornementer [3] [ɔrnəmãte] *vt* to ornament.

orner [ɔrne] *vt* - **1.** [décorer] : **~ (de)** to decorate (with) - **2.** [agrémenter] to adorn.

ornière [ɔrnjɛr] *nf* rut.

ornithologie [ɔrnitɔlɔʒi] *nf* ornithology.

orphelin, e [ɔrfəlɛ̃, in] <> *adj* orphan (*avant n*), orphaned ; **~ de père** fatherless ; **~ de mère** motherless <> *nm, f* orphan.

orphelinat [ɔrfəlina] *nm* orphanage.

Orsay [ɔrsɛ] *n* : **le musée d'~** *art museum in Paris.*

LE MUSÉE D'ORSAY

This museum, a converted railway station on the banks of the Seine, houses works of art from the second half of the 19th century and the early 20th century.

ORSEC, Orsec [ɔrsɛk] (*abr de* **Organisation**

des secours) *adj* : **le plan ~** *disaster contingency plan.*

LE PLAN ORSEC

This plan is set in motion whenever there is a major disaster in France, such as flooding or forest fires.

ORSECRAD, Orsecrad [ɔrsɛkrad] (*abr de* **Orsec en cas d'accident nucléaire**) *adj* : **plan ~** *disaster contingency plan in case of nuclear accident.*

orteil [ɔrtɛj] *nm* toe ; **gros ~** big toe.

orthodontiste [ɔrtɔdɔ̃tist] *nmf* orthodontist.

orthodoxe [ɔrtɔdɔks] <> *adj* - **1.** RELIG Orthodox - **2.** [conformiste] orthodox <> *nmf* - **1.** RELIG Orthodox Christian - **2.** POLIT conformist.

orthodoxie [ɔrtɔdɔksi] *nf* orthodoxy.

orthogonal, e, aux [ɔrtɔgɔnal, o] *adj* orthogonal.

orthographe [ɔrtɔgraf] *nf* spelling.

orthographier [9] [ɔrtɔgrafje] *vt* to spell ; **mal ~** to misspell.

orthographique [ɔrtɔgrafik] *adj* orthographic.

orthopédique [ɔrtɔpedik] *adj* orthopaedic.

orthopédiste [ɔrtɔpedist] *nmf* orthopaedist.

orthophoniste [ɔrtɔfɔnist] *nmf* speech therapist.

ortie [ɔrti] *nf* nettle.

ortolan [ɔrtɔlã] *nm* ortolan.

orvet [ɔrvɛ] *nm* slowworm.

os [ɔs, pl o] *nm* - **1.** [gén] bone ; **~ à moelle** marrowbone ; **~ de seiche** cuttlebone - **2.** *fam fig* [difficulté] snag, hitch.

OS (*abr de* ouvrier spécialisé) *nm* semi-skilled worker.

oscillation [ɔsilasjɔ̃] *nf* oscillation ; [de navire] rocking.

oscillatoire [ɔsilatwar] *adj* swinging, oscillatory.

osciller [3] [ɔsile] *vi* - **1.** [se balancer] to swing ; [navire] to rock - **2.** [vaciller, hésiter] to waver.

osé, e [oze] *adj* daring, audacious.

oseille [ozɛj] *nf* - **1.** BOT sorrel - **2.** *fam* [argent] bread.

oser [3] [oze] *vt* to dare ; **~ faire qqch** to dare (to) do sthg ; **si j'ose dire** if I may say so.

osier [ozje] *nm* - **1.** BOT osier - **2.** [fibre] wicker.

Oslo [ɔslo] *n* Oslo.

osmose [ɔsmoz] *nf* osmosis ; **en ~** by osmosis.

ossature [ɔsatyr] *nf* - **1.** ANAT skeleton - **2.** *fig* [structure] framework.

osselet [ɔslɛ] *nm* - **1.** ANAT ossicle - **2.** [élément de jeu] jack ; **jouer aux ~s** to play jacks.

ossements [ɔsmɑ̃] *nmpl* bones.

osseux, euse [ɔsø, øz] *adj* - **1.** ANAT & MÉD bone *(avant n)* - **2.** [maigre] bony.

ossification [ɔsifikasjɔ̃] *nf* ossification.

ossuaire [ɔsɥɛr] *nm* ossuary.

ostensible [ɔstɑ̃sibl] *adj* conspicuous.

ostensiblement [ɔstɑ̃sibləmɑ̃] *adv* conspicuously.

ostensoir [ɔstɑ̃swar] *nm* monstrance.

ostentation [ɔstɑ̃tasjɔ̃] *nf* ostentation.

ostentatoire [ɔstɑ̃tatwar] *adj* ostentatious.

ostéopathe [ɔsteɔpat] *nmf* osteopath.

ostéoporose [ɔsteɔpɔroz] *nf* MÉD osteoporosis.

ostracisme [ɔstrasism] *nm* ostracism.

otage [ɔtaʒ] *nm* hostage ; **prendre qqn en ~** to take sb hostage.

OTAN, Otan [ɔtɑ̃] *(abr de* Organisation du traité de l'Atlantique Nord) *nf* NATO.

otarie [ɔtari] *nf* sea lion.

OTASE [ɔtaz] *(abr de* Organisation du traité de l'Asie du sud-est) *nf* SEATO.

ôter [3] [ote] *vt* - **1.** [enlever] to take off - **2.** [soustraire] to take away - **3.** [retirer, prendre] : **~ qqch à qqn** to take sthg away from sb.
◆ **s'ôter** *vp fam* : **ôte-toi de là!** get out of the way!

otite [ɔtit] *nf* ear infection.

oto-rhino-laryngologie [ɔtɔrinɔlarɛ̃gɔlɔʒi] *nf* ear, nose and throat medicine, ENT.

Ottawa [ɔtawa] *n* Ottawa.

ou [u] *conj* - **1.** [indique une alternative, une approximation] or - **2.** [sinon] : **~ (bien)** or (else).
◆ **ou (bien) ... ou (bien)** *loc corrélative* either ... or ; **~ c'est elle, ~ c'est moi!** it's either her or me!

où [u] ◇ *pron rel* - **1.** [spatial] where ; **le village ~ j'habite** the village where I live, the village I live in ; **pose-le là ~ tu l'as trouvé** put it back where you found it ; **partout ~ vous irez** wherever you go - **2.** [temporel] that ; **le jour ~ je suis venu** the day (that) I came ◇ *adv* where ; **je vais ~ je veux** I go where I please ; **~ que vous alliez** wherever you go ◇ *adv interr* where? ; **~ vas-tu?** where are you going? ; **~ est la voiture?** where's the car? ; **dites-moi ~ il est allé** tell me where he's gone.
◆ **d'où** *loc adv* [conséquence] hence ; **d'~ on conclut que ...** from which it may be concluded that ...

OUA *(abr de* Organisation de l'unité africaine) *nf* OAU.

Ouagadougou [wagadugu] *n* Ouagadougou.

ouailles [waj] *nfpl* flock *(sg).*

ouais [wɛ] *interj fam* yeah!

ouananiche [wananiʃ] *nf* Can type of freshwater salmon.

ouaouaron [wawarɔ̃] *nm* Can bullfrog.

ouate [wat] *nf* - **1.** [pansement] cotton wool *Br*, cotton *Am* - **2.** [rembourrage] (cotton) wadding.

ouaté, e [wate] *adj* - **1.** [garni d'ouate] cotton wool *Br (avant n)*, cotton *Am (avant n)* ; [vêtement] quilted - **2.** *fig* [feutré] muffled.

oubli [ubli] *nm* - **1.** [acte d'oublier] forgetting - **2.** [négligence] omission ; [étourderie] oversight - **3.** [abnégation] : **~ de soi** self-effacement - **4.** [général] oblivion ; **tomber dans l'~** to sink into oblivion.

oublier [10] [ublije] *vt* to forget ; [laisser quelque part] to leave behind ; **~ de faire qqch** to forget to do sthg.
◆ **s'oublier** *vp* - **1.** [emploi passif] to be forgotten - **2.** [emploi réfléchi] to forget o.s. - **3.** *euphémisme* [chat, enfant] to have an accident.

oubliettes [ublijɛt] *nfpl* dungeon *(sg)* ; **jeter qqch aux ~** *fam fig* to shelve sthg.

oublieux, euse [ublijø, øz] *adj* forgetful.

ouest [wɛst] ◇ *nm* west ; **un vent d'~** a westerly wind ; **le vent d'~** the west wind ; **à l'~** in the west ; **à l'~ (de)** to the west (of) ◇ *adj inv* [gén] west ; [province, région] western.

ouest-allemand, e [wɛstalmɑ̃, ɑ̃d] *adj* West German.

ouf [uf] *interj* phew!

Ouganda [ugɑ̃da] *nm* : **l'~** Uganda.

ougandais, e [ugɑ̃dɛ, ɛz] *adj* Ugandan.
◆ **Ougandais, e** *nm, f* Ugandan.

oui [wi] ◇ *adv* yes ; **tu viens? - ~** are you coming? - yes (I am) ; **tu viens, ~ ou non?** are you coming or not?, are you coming or aren't you? ; **je crois que ~** I think so ; **faire signe que ~** to nod ; **mais ~, bien sûr que ~** yes, of course ◇ *nm inv* yes ; **pour un ~ pour un non** for no apparent reason.

ouï-dire [widir] *nm inv* : **par ~** by *ou* from hearsay.

ouïe [wi] *nf* hearing ; **avoir l'~ fine** to have excellent hearing.
◆ **ouïes** *nfpl* [de poisson] gills.

ouistiti [wistiti] *nm* - **1.** ZOOL marmoset - **2.** *fam* [type] bloke *Br*, guy.

Oulan-Bator [ulanbatɔr] *n* Ulan Bator.

ouragan [uragɑ̃] *nm* - **1.** MÉTÉOR hurricane - **2.** *fig* [tempête] storm.

ourdir [32] [urdir] *vt fig & littéraire* [complot] to hatch.

ourler [3] [urle] *vt* - **1.** COUTURE to hem - **2.** *littéraire* [border] to edge.

ourlet [urlɛ] *nm* - **1.** COUTURE hem ; **faire un ~ à** to hem - **2.** [de l'oreille] helix.

ours [urs] *nm* bear ; **~ (en peluche)** teddy (bear) ; **~ polaire** polar bear.

ourse [urs] *nf* she-bear.

Ourse *nf* : **la Grande/Petite Ourse** the Great/Little Bear.

oursin [ursɛ̃] *nm* sea urchin.

ourson [ursɔ̃] *nm* bear cub.

oust, ouste [ust] *interj fam* [dehors!] clear off! ; [vite!] get a move on!

outarde [utard] *nf* bustard.

outil [uti] *nm* tool.

outillage [utijaʒ] *nm* [équipement] tools (*pl*), equipment.

outrage [utraʒ] *nm* - **1.** *sout* [insulte] insult ; **faire subir les derniers ~s à qqn** *fig & littéraire* to ravish sb - **2.** JUR : **~ aux bonnes mœurs** affront to public decency ; **~ à magistrat** contempt of court ; **~ à la pudeur** indecent behaviour (*U*) *Br ou* behavior (*U*) *Am*.

outrageant, e [utraʒɑ̃, ɑ̃t] *adj* insulting, offensive.

outrager [17] [utraʒe] *vt* - **1.** [offenser] to insult - **2.** [contrevenir] to offend.

outrageusement [utraʒøzmɑ̃] *adv* outrageously.

outrance [utrɑ̃s] *nf* excess ; **à ~** excessively.

outrancier, ère [utrɑ̃sje, ɛr] *adj* extravagant.

outre¹ [utr] *nf* wineskin.

outre² [utr] <> *prép* besides, as well as <> *adv* : **passer ~** to go on, to proceed further ; **passer ~ à qqch** to disregard sthg.

en outre *loc adv* moreover, besides.

outre que *loc conj* apart from the fact that.

outre-Atlantique [utratlɑ̃tik] *loc adv* across the Atlantic.

outrecuidance [utrəkɥidɑ̃s] *nf littéraire* presumptuousness.

outrecuidant, e [utrəkɥidɑ̃, ɑ̃t] *adj littéraire* presumptuous.

outre-Manche [utrəmɑ̃ʃ] *loc adv* across the Channel.

outremer [utrəmer] <> *nm* [pierre] lapis lazuli ; [couleur] ultramarine <> *adj inv* ultramarine.

outre-mer [utrəmer] *loc adv* overseas ; **d'~** overseas.

outrepasser [3] [utrəpase] *vt* to exceed.

outrer [3] [utre] *vt* [personne] to outrage.

outre-Rhin [utrərɛ̃] *loc adv* across the Rhine.

outsider [awtsajdœr] *nm* outsider.

ouvert, e [uver, ɛrt] <> *pp* ⊳ **ouvrir** <> *adj* - **1.** [gén] open ; **grand ~** wide open - **2.** [robinet] on, running.

ouvertement [uvertəmɑ̃] *adv* openly.

ouverture [uvertyr] *nf* - **1.** [gén] opening ; [d'hostilités] outbreak ; **l'~ de la chasse** the start of the hunting season ; **~ d'esprit** open-mindedness - **2.** MUS overture - **3.** PHOT aperture.

ouvertures *nfpl* [propositions] overtures.

ouvrable [uvrabl] *adj* working ; **heures ~s** hours of business.

ouvrage [uvraʒ] *nm* - **1.** [travail] work (*U*), task ; **se mettre à l'~** to start work - **2.** [objet produit] (piece of) work ; COUTURE work (*U*) - **3.** [livre, écrit] work ; **~ de référence** reference work.

ouvragé, e [uvraʒe] *adj* elaborate.

ouvrant, e [uvrɑ̃, ɑ̃t] *adj* : **toit ~** sunroof.

ouvré, e [uvre] *adj* : **jour ~** working day.

ouvre-boîtes [uvrəbwat] *nm inv* tin opener *Br*, can opener.

ouvre-bouteilles [uvrəbutɛj] *nm inv* bottle opener.

ouvreuse [uvrøz] *nf* usherette.

ouvrier, ère [uvrije, ɛr] <> *adj* [quartier, enfance] working-class ; [conflit] industrial ; [questions, statut] labour (*avant n*) *Br*, labor (*avant n*) *Am* ; **classe ouvrière** working class <> *nm, f* worker ; **~ agricole** farm worker ; **~ qualifié** skilled worker ; **~ spécialisé** semi-skilled worker.

ouvrière *nf* ZOOL worker.

ouvrir [34] [uvrir] <> *vt* - **1.** [gén] to open ; **~ qqch à qqn** to open sthg to sb - **2.** [chemin, voie] to open up - **3.** [gaz] to turn on <> *vi* to open ; **~ par qqch** to open with sthg ; **~ sur qqch** to open onto sthg.

s'ouvrir *vp* - **1.** [porte, fleur] to open - **2.** [route, perspectives] to open up - **3.** [personne] : **s'~ (à qqn)** to confide (in sb), to open up (to sb) - **4.** [se blesser] : **s'~ le genou** to cut one's knee open ; **s'~ les veines** to slash *ou* cut one's wrists - **5.** [se sensibiliser] : **s'~ à qqch** to start to take an interest in sthg.

ovaire [ɔver] *nm* ovary.

ovale [ɔval] *adj & nm* oval.

ovation [ɔvasjɔ̃] *nf* ovation ; **faire une ~ à qqn** to give sb an ovation.

ovationner [3] [ɔvasjɔne] *vt* to give an ovation to.

overdose [ɔvœrdoz] *nf* overdose.

ovin, e [ɔvɛ̃, in] *adj* ovine.
→ **ovin** *nm* sheep.

OVNI, Ovni [ɔvni] (*abr de* **objet volant non identifié**) *nm* UFO.

ovoïde [ɔvɔid] *adj* egg-shaped.

ovuler [3] [ɔvyle] *vi* to ovulate.

oxydable [ɔksidabl] *adj* liable to rust.

oxydation [ɔksidasjɔ̃] *nf* oxidation, oxidization.

oxyde [ɔksid] *nm* oxide ; **~ de carbone** carbon monoxide.

oxyder [3] [ɔkside] *vt* to oxidize.
→ **s'oxyder** *vp* to become oxidized.

oxygène [ɔksiʒɛn] *nm* oxygen ; **ballon d'~** oxygen cylinder.

oxygéné, e [ɔksiʒene] *adj* - **1.** CHIM oxygenated ⊳ **eau** - **2.** [cheveux] peroxide-blond, bleached.

oxygéner [18] [ɔksiʒene] *vt* - **1.** CHIM to oxygenate - **2.** [cheveux] to bleach, to peroxide.
→ **s'oxygéner** *vp fam* to get some fresh air.

ozone [ozon] *nm* ozone.

P

p¹, P [pe] *nm inv* p, P.

p² - **1.** (*abr de* **pico**) p - **2.** (*abr de* **page**) p - **3.** (*abr de* **passable**) fair grade (*as assessment of schoolwork*), ≃ C - **4.** *abr de* **pièce**.

Pa (*abr de* **pascal**) Pa.

PA (*abr de* **petites annonces**) *nfpl* small ads.

PAC, Pac [pak] (*abr de* **politique agricole commune**) *nf* CAP.

pacage [pakaʒ] *nm* pasture.

pacemaker [pɛsmekœr] *nm* pacemaker.

pacha [paʃa] *nm* pasha ; **mener une vie de ~** *fam fig* to live a life of ease.

pachyderme [paʃidɛrm] *nm* elephant ; **les ~s** (the) pachyderms.

pacificateur, trice [pasifikatœr, tris] ⬦ *adj* pacifying ⬦ *nm, f* peacemaker.

pacification [pasifikasjɔ̃] *nf* pacification.

pacifier [9] [pasifje] *vt* to pacify.

pacifique [pasifik] *adj* peaceful.

Pacifique [pasifik] *nm* : **le ~** the Pacific (Ocean).

pacifiquement [pasifikmɑ̃] *adv* peacefully.

pacifiste [pasifist] *nmf & adj* pacifist.

pack [pak] *nm* pack.

package [pakadʒ] *nm* INFORM package.

packaging [pakadʒiŋ] *nm* packaging.

pacotille [pakɔtij] *nf* shoddy goods (*pl*), rubbish ; **de ~** cheap.

PACS [paks] (*abr de* **Pacte civil de solidarité**) *nm* Civil Solidarity Pact, *civil contract conferring marital rights on the contrating parties*.

pacte [pakt] *nm* pact.

pactiser [3] [paktize] *vi* : **~ avec** [faire un pacte avec] to make a pact with ; [transiger avec] to come to terms with.

pactole [paktɔl] *nm* gold mine *fig*.

paddock [padɔk] *nm* - **1.** [d'un hippodrome] paddock - **2.** *tfam* [lit] : **se mettre au ~** to hit the sack.

paddy [padi] *nm* paddy (rice).

paella [paela] *nf* paella.

paf [paf] ⬦ *interj* wham! ⬦ *adj inv fam* [ivre] plastered.

PAF [paf] ⬦ *nf* (*abr de* **Police de l'air et des frontières**) *police authority responsible for civil aviation etc* ⬦ *nm* (*abr de* **paysage audiovisuel français**) *French radio and television*.

pagaie [pagɛ] *nf* paddle.

pagaille, pagaye, pagaïe [pagaj] *nf fam* mess ; **en ~** [en désordre] in a mess ; **des fruits en ~** loads of fruit.

paganisme [paganism] *nm* paganism.

pagaye = **pagaille**.

pagayer [11] [pageje] *vi* to paddle.

pagayeur, euse [pagɛjœr, øz] *nm, f* paddler.

page [paʒ] ⬦ *nf* - **1.** [feuillet] page ; **~ blanche** blank page ; **mettre en ~s** TYPO to make up (into pages) ; **~ d'accueil** INFORM home page ; **~ de garde** flyleaf - **2.** *fig* [passage] passage ; [événement] episode, page - **3.** *loc* : **être à la ~** to be up-to-date ; **tourner la ~** to turn the page ⬦ *nm* page (boy).

pagination [paʒinasjɔ̃] *nf* pagination.

pagne [paɲ] *nm* loincloth.

pagode [pagɔd] *nf* pagoda.

paie¹, paies *etc* ⊳ **payer**.

paie², paye [pɛ] *nf* pay (U), wages (pl).

paiement, payement [pɛmɑ̃] *nm* payment ; ~ **anticipé** advance payment.

païen, ïenne [pajɛ̃, ɛn] *adj* & *nm, f* pagan, heathen.

paierai, paieras *etc* ⊳ **payer**.

paillard, e [pajar, ard] ◇ *adj* bawdy ◇ *nm, f* rake (*f* slut).

paillasse [pajas] ◇ *nf* - **1.** [matelas] straw mattress - **2.** [d'évier] draining board ◇ *nm* clown.

paillasson [pajasɔ̃] *nm* - **1.** [tapis] doormat - **2.** AGRIC (roll of) matting.

paille [paj] *nf* - **1.** BOT straw ; **être sur la ~** *fam fig* to be down and out - **2.** [pour boire] straw.
◆ **paille de fer** *nf* steel wool.

pailleté, e [pajte] *adj* sequined.

paillette [pajɛt] *nf* (*gén pl*) - **1.** [sur vêtements] sequin, spangle - **2.** [d'or] grain of gold dust - **3.** [de lessive, savon] flake ; **savon en ~s** soap flakes (*pl*).

pain [pɛ̃] *nm* - **1.** [aliment] bread ; **un ~** a loaf ; **petit ~** (bread) roll ; **~ azyme** unleavened bread ; **~ de campagne** ≃ farmhouse loaf ; **~ au chocolat** *sweet roll with chocolate filling* ; **~ complet** wholemeal bread ; **~ d'épice** ≃ gingerbread ; **~ au lait** sweet roll, bun ; **~ de mie** sandwich loaf ; **~ perdu** ≃ French toast ; **~ de seigle** rye bread ; **~ au son** wholemeal bread ; **avoir du ~ sur la planche** *fam fig* to have a lot on one's plate ; **ôter le ~ de la bouche de qqn** *fig* to take the bread out of sb's mouth - **2.** [de savon, cire] bar - **3.** *tfam* [coup] punch.

pair, e [pɛr] *adj* even.
◆ **pair** *nm* peer.
◆ **paire** *nf* pair ; **une ~e de** [lunettes, ciseaux, chaussures] a pair of ; **c'est une autre ~e de manches** *fig* that's another story.
◆ **au pair** *loc adv* for board and lodging, for one's keep ; **jeune fille au ~** au pair (girl).
◆ **de pair** *loc adv* : **aller de ~ avec** to go hand in hand with.
◆ **hors pair** *loc adj* unrivalled *Br*, unrivaled *Am*.

paisible [pezibl] *adj* peaceful.

paisiblement [peziblǝmɑ̃] *adv* peacefully.

paître [91] [pɛtr] ◇ *vi* to graze ◇ *vt* to feed on.

paix [pɛ] *nf* peace ; **en ~** [en harmonie] at peace ; [tranquillement] in peace ; **avoir la ~** to have peace and quiet ; **faire la ~ avec qqn** to make peace with sb ; **ficher la ~ à qqn** *fam* to stop hassling sb ; **laisser qqn en ~** to leave sb alone *ou* in peace.

Pakistan [pakistɑ̃] *nm* : **le ~** Pakistan ; **au ~** in Pakistan.

pakistanais, e [pakistanɛ, ɛz] *adj* Pakistani.
◆ **Pakistanais, e** *nm, f* Pakistani.

PAL, Pal [pal] (*abr de* **Phase Alternation Line**) *adj* PAL.

palabrer [3] [palabre] *vi* to have interminable discussions.

palabres [palabr] *nmpl* OU *nfpl* interminable discussions.

palace [palas] *nm* luxury hotel.

palais [palɛ] *nm* - **1.** [château] palace - **2.** [grand édifice] centre *Br*, center *Am* ; **~ des expositions** exhibition centre *Br* OU center *Am* ; **le ~ Garnier** *the (old) Paris opera house* ; **~ de justice** JUR law courts (*pl*) ; **le ~ du Luxembourg** *palace in Paris where the French Senate is situated* ; **~ omnisports** (multi-purpose) sports centre *Br* OU center *Am* ; **le ~ des Papes** *the Papal Palace in Avignon* ; **le Grand Palais** the Grand Palais ; **le Petit Palais** the Petit Palais - **3.** ANAT palate.

GRAND ET PETIT PALAIS

Both museums were built for the 'Exposition universelle' in 1900 on a wide tract of land between the Champs-Élysées and the Seine. The west wing of the 'Grand Palais' houses the 'Palais de la Découverte', an interactive science museum for children and adults. International art exhibitions are held in other parts of the museum. The 'Petit Palais' houses the 'Musée des Beaux-Arts' as well as other temporary art exhibitions.

palan [palɑ̃] *nm* block and tackle, hoist.

pale [pal] *nf* [de rame, d'hélice] blade.

pâle [pal] *adj* pale.

palefrenier [palfrǝnje] *nm* groom.

paléographie [paleografi] *nf* paleography.

paléolithique [paleolitik] ◇ *nm* : **le ~** the Paleolithic (age) ◇ *adj* paleolithic.

paléontologie [paleɔ̃tɔlɔʒi] *nf* paleontology.

Palerme [palɛrm] *n* Palermo.

Palestine [palɛstin] *nf* : **la ~** Palestine.

palestinien, enne [palɛstinjɛ̃, ɛn] *adj* Palestinian.
◆ **Palestinien, enne** *nm, f* Palestinian.

palet [palɛ] *nm* HOCKEY puck.

paletot [palto] *nm* (short) overcoat.

palette [palɛt] *nf* - **1.** [de peintre] palette - **2.** CULIN shoulder - **3.** [de chariot élévateur] pallet.

palétuvier [paletyvje] *nm* mangrove.

pâleur [palœr] *nf* [de visage] pallor.

pâlichon, onne [paliʃɔ̃, ɔn] *adj fam* pale, sickly-looking.

palier [palje] *nm* **- 1.** [d'escalier] landing **- 2.** [étape] level **- 3.** TECHNOL bearing.

pâlir [32] [palir] <> *vt* to turn pale <> *vi* [couleur, lumière] to fade ; [personne] to turn *ou* go pale ; **~ de** [angoisse] to turn *ou* go pale with ; [jalousie] to turn *ou* go green with.

palissade [palisad] *nf* [clôture] fence ; [de verdure] hedge.

palissandre [palisɑ̃dr] *nm* rosewood.

palliatif, ive [paljatif, iv] *adj* palliative.
◆ **palliatif** *nm* **- 1.** MÉD palliative **- 2.** *fig* stop-gap measure.

pallier [9] [palje] *vt* to make up for.

Palma [palma] *n* : **~ (de Majorque)** Palma (de Majorca).

palmarès [palmarɛs] *nm* **- 1.** [de lauréats] list of (medal) winners ; SCOL list of prizewinners **- 2.** [de succès] record (of achievements).

palme [palm] *nf* **- 1.** [de palmier] palm-leaf **- 2.** [de nageur] flipper **- 3.** [décoration, distinction] : **avec ~** MIL ≃ with bar ; **la ~ d'or** *award given to best film at the Cannes Film Festival* ; **~s académiques** *decoration awarded for services to education.*

palmé, e [palme] *adj* **- 1.** BOT palmate **- 2.** ZOOL web-footed ; [patte] webbed.

palmeraie [palmərɛ] *nf* palm grove.

palmier [palmje] *nm* **- 1.** BOT palm tree **- 2.** CULIN *sweet pastry shaped like a palm leaf.*

palmipède [palmipɛd] <> *nm* web-footed bird <> *adj* web-footed.

palombe [palɔ̃b] *nf* woodpigeon.

pâlot, otte [palo, ɔt] *adj* pale, sickly-looking.

palourde [palurd] *nf* clam.

palpable [palpabl] *adj* palpable, tangible.

palper [3] [palpe] *vt* **- 1.** [toucher] to feel, to finger ; MÉD to palpate **- 2.** *fam* [de l'argent] to get.

palpitant, e [palpitɑ̃, ɑ̃t] *adj* exciting, thrilling.

palpitation [palpitasjɔ̃] *nf* palpitation.

palpiter [3] [palpite] *vi* **- 1.** [paupières] to flutter ; [cœur] to pound **- 2.** [personne] : **~ de** to tremble *ou* quiver with **- 3.** *littéraire* [flamme] to tremble, to quiver.

palu [paly] *nm fam* malaria.

paludisme [palydism] *nm* malaria.

pâmer [3] [pame] ◆ **se pâmer** *vp* **- 1.** *littéraire* [s'évanouir] to swoon (away) **- 2.** *fig* : **se ~ de** to be overcome with.

pâmoison [pamwazɔ̃] *nf littéraire* swoon.

pampa [pɑ̃pa] *nf* pampas *(pl)*.

pamphlet [pɑ̃flɛ] *nm* satirical tract.

pamplemousse [pɑ̃pləmus] *nm* grapefruit.

pan [pɑ̃] <> *nm* **- 1.** [de vêtement] tail **- 2.** [d'affiche] piece, bit ; **~ de mur** section of wall **- 3.** [d'écrou] side <> *interj* bang!

panacée [panase] *nf* panacea.

panachage [panaʃaʒ] *nm* **- 1.** [mélange] mix **- 2.** POLIT splitting one's vote.

panache [panaʃ] *nm* **- 1.** [de plumes, fumée] plume **- 2.** [éclat] panache.

panaché, e [panaʃe] *adj* **- 1.** [de plusieurs couleurs] multicoloured Br, multicolored Am **- 2.** [mélangé] mixed.
◆ **panaché** *nm* shandy.

panacher [3] [panaʃe] *vt* **- 1.** [mélanger] to mix **- 2.** POLIT : **~ une liste électorale** to split one's vote among several candidates.

panafricanisme [panafrikanism] *nm* Pan-Africanism.

panama [panama] *nm* panama (hat).

Panama [panama] *nm* **- 1.** [pays] : **le ~** Panama ; **au ~** in Panama **- 2.** [ville] Panama City.

panaméen, enne [panameɛ̃, ɛn], **panamien, enne** [panamjɛ̃, ɛn] *adj* Panamanian.
◆ **Panaméen, enne, Panamien, enne** *nm, f* Panamanian.

panard [panar] *nm fam* foot.

panaris [panari] *nm* whitlow.

pancarte [pɑ̃kart] *nf* **- 1.** [de manifestant] placard **- 2.** [de signalisation] sign.

pancréas [pɑ̃kreas] *nm* pancreas.

panda [pɑ̃da] *nm* panda.

pané, e [pane] *adj* breaded, in breadcrumbs.

panégyrique [paneʒirik] *nm* panegyric.

panel [panɛl] *nm* [groupe] sample (group) ; [jury] panel.

paner [3] [pane] *vt* to coat with breadcrumbs.

panier [panje] *nm* basket ; **~ à provisions** shopping basket ; **c'est un ~ de crabes** *fig* they're always at each other's throats ; **~ à salade** CULIN salad shaker ; *fig* police van ; **mettre au ~** *fig* to throw out.

panier-repas [panjerəpa] *(pl* **paniers-repas***)* *nm* packed lunch.

panini [panini] *(pl* **paninis***)* *nm* panini.

panique [panik] <> *nf* panic <> *adj* panicky ; **être pris d'une peur ~** to be panic-stricken.

paniquer [3] [panike] *vt & vi* to panic.
◆ **se paniquer** *vp fam* to panic.

panne [pan] *nf* [arrêt] breakdown ; **tomber en ~** to break down ; **~ de courant** *ou* **d'électricité** power failure ; **tomber en ~ d'essence** *ou* **en ~ sèche** to run out of petrol *Br ou* gas *Am* ; **~ de secteur** *ELECTR* mains failure.

panneau, x [pano] *nm* **- 1.** [pancarte] sign ; **~ d'affichage** noticeboard *Br*, bulletin board *Am* ; [pour publicité] (advertising) hoarding *Br*, billboard *Am* ; **~ indicateur** signpost ; **~ publicitaire** (advertising) hoarding *Br*, billboard *Am* ; **~ de signalisation** road sign **- 2.** [élément] panel ; **~ de commande** *INFORM* control panel.

panonceau, x [panɔso] *nm* **- 1.** [plaque] plaque **- 2.** [enseigne] sign.

panoplie [panɔpli] *nf* **- 1.** [jouet] outfit **- 2.** [d'armes] display **- 3.** *fig* [de mesures] package.

panorama [panɔrama] *nm* [vue] view, panorama ; *fig* overview.

panoramique [panɔramik] ◇ *adj* panoramic ◇ *nm CIN* pan, panning shot.

panse [pɑ̃s] *nf* **- 1.** [d'estomac] first stomach, rumen **- 2.** *fam* [gros ventre] belly, paunch ; **se remplir** *ou* **s'en mettre plein la ~** to stuff o.s. **- 3.** [partie arrondie] bulge.

pansement [pɑ̃smɑ̃] *nm* dressing, bandage ; **~ (adhésif)** (sticking) plaster *Br*, Bandaid® *Am*.

panser [3] [pɑ̃se] *vt* **- 1.** [plaie] to dress, to bandage ; [jambe] to put a dressing on, to bandage ; [avec pansement adhésif] to put a plaster *Br ou* Bandaid® *Am* on **- 2.** [cheval] to groom.

pantagruélique [pɑ̃tagryelik] *adj* gargantuan.

pantalon [pɑ̃talɔ̃] *nm* trousers *(pl) Br*, pants *(pl) Am*, pair of trousers *Br ou* pants *Am*.

pantelant, e [pɑ̃tlɑ̃, ɑ̃t] *adj* panting, gasping.

panthéisme [pɑ̃teism] *nm* pantheism.

panthéiste [pɑ̃teist] ◇ *nmf* pantheist ◇ *adj* pantheistic.

panthéon [pɑ̃teɔ̃] *nm* : **le Panthéon** the Pantheon *(where famous Frenchmen and Frenchwomen are buried)*.

panthère [pɑ̃tɛr] *nf* panther ; **~ noire** black panther.

pantin [pɑ̃tɛ̃] *nm* **- 1.** [jouet] jumping jack **- 2.** *péj* [personne] puppet.

pantois, e [pɑ̃twa, az] *adj* astounded, dumbstruck ; **rester ~** to be astounded *ou* dumbstruck.

pantomime [pɑ̃tɔmim] *nf* **- 1.** [art, pièce] mime **- 2.** *fig* & *péj* [manège ridicule] : **qu'est-ce que c'est que cette ~?** what are you playing at?

pantouflard, e [pɑ̃tuflar, ard] *fam adj* & *nm,f* stay-at-home.

pantoufle [pɑ̃tufl] *nf* slipper.

panure [panyr] *nf* breadcrumbs *(pl)*, coating of breadcrumbs.

PAO (*abr de* **publication assistée par ordinateur**) *nf* DTP.

paon [pɑ̃] *nm* peacock ; **fier comme un ~** (as) proud as a peacock.

papa [papa] *nm* dad, daddy ; **~ gâteau** indulgent father.

papal, e, aux [papal, o] *adj* papal.

paparazzi [paparadzi] (*pl inv ou* **paparazzis**) *nm péjor* paparazzi ; **les ~s** the paparazzi.

papauté [papote] *nf* papacy.

papaye [papaj] *nf* papaya, pawpaw.

pape [pap] *nm* **- 1.** *RELIG* pope ; **sérieux comme un ~** deadly serious **- 2.** *fig* [de mouvement] leading light.

papelard [paplar] *nm fam* [papier] bit of paper.

paperasse [papras] *nf péj* **- 1.** [papier sans importance] bumf *(U) Br*, papers *(pl)* **- 2.** [papiers administratifs] paperwork *(U)*.

paperasserie [paprasri] *nf péj* paperwork.

papeterie [papɛtri] *nf* [magasin] stationer's ; [fabrique] paper mill.

papetier, ère [papətje, ɛr] *nm, f* [commerçant] stationer ; [fabricant] paper manufacturer.

papi, papy [papi] *nm* grandpa, grandad.

papier [papje] *nm* **- 1.** [matière, écrit] paper ; **noircir du ~** to scribble ; **~ alu** *ou* **aluminium** aluminium *Br ou* aluminum *Am* foil, tinfoil ; **~ carbone** carbon paper ; **~ continu** continuous stationery ; **~ crépon** crêpe paper ; **~ d'emballage** wrapping paper ; **~ à en-tête** headed notepaper ; **~ glacé** glazed paper ; **~ hygiénique** *ou* **toilette** toilet paper ; **~ journal** newsprint ; [vieux journaux] newspaper ; **~ à lettres** writing paper, notepaper ; **~ mâché** papier-mâché ; **~ machine** typing paper ; **~ millimétré** graph paper ; **~ peint** wallpaper ; **~ de soie** tissue paper ; **~ thermique** thermal paper ; **~ tue-mouches** fly paper ; **~ de verre** glasspaper, sandpaper **- 2.** [article de journal] article.

➤ **papiers** *nmpl* : **~s (d'identité)** (identity) papers.

papier-calque [papjekalk] (*pl* **papiers-calque**) *nm* tracing paper.

papier-filtre [papjefiltr] (*pl* **papiers-filtres**) *nm* filter paper.

papier-monnaie [papjemɔnɛ] (*pl* **papiers-monnaies**) *nm* paper money.

papille [papij] *nf* : **~s gustatives** taste buds.

papillon [papijɔ̃] *nm* **- 1.** *ZOOL* butterfly ; **~ de**

nuit moth - **2.** [contravention] (parking) ticket - **3.** [écrou] wing nut - **4.** [nage] butterfly (stroke).

papillonner [3] [papijɔne] *vi* to flit about *ou* around.

papillote [papijɔt] *nf* - **1.** [de bonbon] sweet paper *ou* wrapper *Br*, candy paper *Am* - **2.** [de cheveux] curl paper - **3.** *CULIN* : en ~s *baked in tinfoil or greaseproof paper.*

papilloter [3] [papijɔte] *vi* [lumière] to twinkle ; [yeux] to blink.

papoter [3] [papɔte] *vi fam* to chatter.

papou, e [papu] *adj* Papuan.
➤ **papou** *nm* [langue] Papuan.
➤ **Papou, e** *nm, f* Papuan.

Papouasie-Nouvelle-Guinée [papwazinyvɛlɡine] *nf* : la ~ Papua New Guinea.

paprika [paprika] *nm* paprika.

papy = papi.

papyrus [papirys] *nm* papyrus.

Pâque [pak] *nf* : la ~ Passover ; *voir aussi* Pâques.

paquebot [pakbo] *nm* liner.

pâquerette [pakrɛt] *nf* daisy.

Pâques [pak] *nfpl* Easter *(sg)* ; **joyeuses ~** Happy Easter ; **île de ~** Easter Island.

PÂQUES

In France, Easter is symbolized not only by eggs but also by bells ; according to legend, church bells fly to Rome at Easter.

---

paquet [pakɛ] *nm* - **1.** [colis] parcel - **2.** [emballage] packet ; **~-cadeau** gift-wrapped parcel - **3.** *loc* : **mettre le ~** *fam* to pull out all the stops, to give it all one's got.

paquetage [pakta3] *nm MIL* kit.

par [par] *prép* - **1.** [spatial] through, by (way of) ; **passer ~ la Suède et le Danemark** to go via Sweden and Denmark ; **regarder ~ la fenêtre** to look out of the window ; **~ endroits** in places ; **~ ici/là** this/that way ; **mon cousin habite ~ ici** my cousin lives round here - **2.** [temporel] on ; **~ un beau jour d'été** on a lovely summer's day ; **~ le passé** in the past - **3.** [moyen, manière, cause] by ; **~ bateau/train/avion** by boat/train/plane ; **~ pitié** out of *ou* from pity ; **~ accident** by accident, by chance - **4.** [introduit le complément d'agent] by ; **faire faire qqch ~ qqn** to have sthg done by sb - **5.** [sens distributif] per, a ; **une heure ~ jour** one hour a *ou* per day ; **deux ~ deux** two at a time ; **marcher deux ~ deux** to walk in twos.
➤ **par-ci par-là** *loc adv* here and there.

para [para] *(abr de parachutiste) nm* para.

parabole [parabɔl] *nf* - **1.** [récit] parable - **2.** *MATHS* parabola.

parabolique [parabɔlik] *adj* parabolic.

paracétamol [19] [parasetamɔl] *nm* paracetamol.

parachever [19] [paraʃve] *vt* to put the finishing touches to.

parachutage [paraʃyta3] *nm* parachuting, dropping by parachute.

parachute [paraʃyt] *nm* parachute ; **~ ascensionnel** parachute *(for parascending)* ; **faire du ~ ascensionnel** to go parascending.

parachuter [3] [paraʃyte] *vt* to parachute, to drop by parachute ; **ils l'ont parachuté directeur** *fig* he was unexpectedly given the job of manager.

parachutisme [paraʃytism] *nm* parachuting.

parachutiste [paraʃytist] *nmf* parachutist ; *MIL* paratrooper.

parade [parad] *nf* - **1.** [spectacle] parade - **2.** [défense] parry ; *fig* riposte - **3.** [étalage] show.

parader [3] [parade] *vi* to show off.

paradis [paradi] *nm* paradise ; **~ fiscal** tax haven ; **le Paradis terrestre** *BIBLE* the Garden of Eden ; *fig* heaven on earth.

paradisiaque [paradizjak] *adj* heavenly.

paradoxal, e, aux [paradɔksal, o] *adj* paradoxical.

paradoxalement [paradɔksalmã] *adv* paradoxically.

paradoxe [paradɔks] *nm* paradox.

parafe, paraphe [paraf] *nm* initials *(pl)*.

parafer, parapher [3] [parafe] *vt* to initial.

paraffine [parafin] *nf* paraffin *Br*, kerosene *Am* ; [solide] paraffin wax.

parages [para3] *nmpl* : **être** *ou* **se trouver dans les ~** *fig* to be in the area *ou* vicinity.

paragraphe [paragraf] *nm* paragraph.

Paraguay [paragwɛ] *nm* : **le ~** Paraguay ; **au ~** in Paraguay.

paraguayen, enne [paragwejɛ̃, ɛn] *adj* Paraguayan.
➤ **Paraguayen, enne** *nm, f* Paraguayan.

paraissais, paraissions *etc* ➲ paraître.

paraître [91] [parɛtr] ◇ *v attr* to look, to seem, to appear ◇ *vi* - **1.** [se montrer] to appear - **2.** [être publié] to come out, to be published - **3.** [se manifester] to show (through) ; **laisser ~** to show ; **ne rien laisser ~** to let nothing show - **4.** [briller] to be noticed ◇ *v impers* : **il paraît/paraîtrait que** it appears/would appear that ; **paraît-il** apparently, it seems.

parallèle [paralɛl] <> *nm* parallel ; **mettre en ~** *fig* to compare ; **établir un ~ entre** *fig* to draw a parallel between <> *nf* parallel (line) <> *adj* - **1.** [action, en maths] parallel - **2.** [marché] unofficial ; [médecine, énergie] alternative.

parallèlement [paralɛlmɑ̃] *adv* in parallel ; *fig* at the same time.

parallélépipède [paralelepipɛd] *nm* parallelepiped.

parallélisme [paralelism] *nm* parallelism ; [de roues] alignment.

parallélogramme [paralelɔgram] *nm* parallelogram.

paralysant, e [paralizɑ̃, ɑ̃t] *adj* paralysing.

paralyser [3] [paralize] *vt* to paralyse.

paralysie [paralizi] *nf* paralysis.

paralytique [paralitik] *adj* & *nmf* paralytic.

paramédical, e, aux [paramedikal, o] *adj* paramedical.

paramètre [parametr] *nm* parameter.

paramilitaire [paramilitɛr] *adj* paramilitary.

parangon [parɑ̃gɔ̃] *nm* *littéraire* paragon.

parano [parano] *adj* *fam* paranoid.

paranoïa [paranɔja] *nf* paranoia.

paranoïaque [paranɔjak] <> *adj* paranoid <> *nmf* paranoiac.

paranormal, e, aux [paranɔrmal, o] *adj* paranormal.

parapente [parapɑ̃t] *nm* paragliding ; **faire du ~** to go paragliding.

parapet [parapɛ] *nm* parapet.

paraphe = parafe.

parapher = parafer.

paraphrase [parafraz] *nf* paraphrase.

paraphraser [3] [parafraze] *vt* to paraphrase.

paraplégique [parapleʒik] *nmf* & *adj* paraplegic.

parapluie [paraplɥi] *nm* umbrella ; **~ atomique** *ou* **nucléaire** nuclear umbrella.

parapsychologie [parapsikɔlɔʒi] *nf* parapsychology.

parascolaire [paraskɔlɛr] *adj* extracurricular.

parasite [parazit] <> *nm* parasite <> *adj* parasitic ; **bruits ~s** *RADIO* & *TÉLÉ* interference (U).

→ **parasites** *nmpl* *RADIO* & *TÉLÉ* interference (U).

parasiter [3] [parazite] *vt* - **1.** [suj : ver, insecte] to live parasitically on, to parasitize - **2.** [suj : personne] to leech *ou* live off - **3.** *RADIO* & *TÉLÉ* to cause interference on.

parasol [parasɔl] *nm* parasol, sunshade.

paratonnerre [paratɔnɛr] *nm* lightning conductor *Br ou* rod *Am*.

paravent [paravɑ̃] *nm* screen.

parbleu [parblø] *interj* (but) of course!

parc [park] *nm* - **1.** [jardin] park ; [de château] grounds (pl) ; **~ d'attractions** amusement park ; **~ de loisirs** ≃ leisure park ; **~ national** national park ; **~ à thème** ≃ theme park - **2.** [pour l'élevage] pen ; **~ à huîtres** oyster bed - **3.** [de bébé] playpen - **4.** [de voitures] fleet ; **le ~ automobile** the number of cars on the roads.

parcelle [parsɛl] *nf* - **1.** [petite partie] fragment, particle - **2.** [terrain] parcel of land.

parce que [parsk(ə)] *loc conj* because.

parchemin [parʃəmɛ̃] *nm* parchment.

parcheminé, e [parʃəmine] *adj* wrinkled.

parcimonie [parsimɔni] *nf* parsimoniousness ; **avec ~** sparingly, parsimoniously.

parcimonieusement [parsimɔnjøzmɑ̃] *adv* parsimoniously.

parcimonieux, euse [parsimɔnjø, øz] *adj* parsimonious.

parcmètre [parkmɛtr] *nm* parking meter.

parcourir [45] [parkurir] *vt* - **1.** [région, route] to cover - **2.** [journal, dossier] to skim *ou* glance through, to scan.

parcourrai, parcourras *etc* ➤ parcourir.

parcours[1], **parcourt** *etc* ➤ parcourir.

parcours[2] [parkur] *nm* - **1.** [trajet, voyage] journey ; [itinéraire] route ; **~ du combattant** assault course ; **~ santé** *trail in the countryside where signs encourage people to do exercises for their health* - **2.** *GOLF* [terrain] course ; [trajet] round.

parcouru, e [parkury] *pp* ➤ parcourir.

par-delà [pardəla] *prép* beyond.

par-derrière [pardɛrjɛr] *adv* - **1.** [par le côté arrière] round the back - **2.** [en cachette] behind one's back.

par-dessous [pardəsu] *prép* & *adv* under, underneath.

pardessus [pardəsy] *nm inv* overcoat.

par-dessus [pardəsy] <> *prép* over, over the top of ; **~ tout** above all <> *adv* over, over the top.

par-devant [pardəvɑ̃] <> *prép* in front of <> *adv* in front.

pardi [pardi] *interj* *fam* of course!

pardon [pardɔ̃] <> *nm* forgiveness ; **demander ~** to say (one is) sorry <> *interj* [excuses] (I'm) sorry! ; [pour attirer l'attention] excuse me! ; **pardon?** (I beg your) pardon? *Br*, pardon me? *Am*.

pardonnable [pardɔnabl] *adj* forgiveable.

pardonner [3] [pardɔne] ⬦ *vt* to forgive ; **~ qqch à qqn** to forgive sb for sthg ; **~ à qqn d'avoir fait qqch** to forgive sb for doing sthg ⬦ *vi* : **ce genre d'erreur ne pardonne pas** this kind of mistake is fatal.

paré, e [pare] *adj* [prêt] ready.

pare-balles [parbal] ⬦ *nm inv* [gilet] bulletproof vest ; [plaque] bullet-proof shield ⬦ *adj inv* bullet-proof.

pare-brise [parbriz] *nm inv* windscreen *Br*, windshield *Am*.

pare-chocs [parʃɔk] *nm inv* bumper.

pare-feu [parfø] *nm inv* [dispositif] fireguard ; [en forêt] fire-break.

pareil, eille [parɛj] ⬦ *adj* - **1.** [semblable] : **~ (à)** similar (to) - **2.** [tel] such ; **un ~ film** such a film, a film like this ; **de ~s films** such films, films like these ⬦ *nm, f* : **mes ~s** my equals ; **sans ~** matchless ; **c'est du ~ au même** it comes to much the same thing ; **rendre la pareille à qqn** to pay sb back in his/her own coin, to give sb a taste of his/her own medicine.
 ⬦ **pareil** *adv fam* the same (way).

pareillement [parɛjmɑ̃] *adv* [de même] in the same way ; [également, aussi] likewise, also.

parement [parmɑ̃] *nm* facing.

parent, e [parɑ̃, ɑ̃t] ⬦ *adj* : **~ (de)** related (to) ⬦ *nm, f* relative, relation ; **~ éloigné** distant relation *ou* relative.
 ⬦ **parents** *nmpl* - **1.** [père et mère] parents, mother and father - **2.** *littéraire* [ancêtres] forefathers.

parental, e, aux [parɑ̃tal, o] *adj* parental.

parenté [parɑ̃te] *nf* - **1.** [lien, affinité] relationship - **2.** [famille] relatives *(pl)*, relations *(pl)*.

parenthèse [parɑ̃tɛz] *nf* - **1.** [digression] digression, parenthesis - **2.** *TYPO* bracket, parenthesis ; **entre ~s** in brackets ; *fig* incidentally, by the way ; **mettre entre ~s** to put in brackets, to bracket ; *fig* to put to one side ; **ouvrir/fermer la ~** to open/ close brackets.

paréo [pareo] *nm* pareo.

parer [3] [pare] ⬦ *vt* - **1.** *sout* [orner] to adorn - **2.** [vêtir] : **~ qqn de qqch** to dress sb up in sthg, to deck sb out in sthg ; *fig* to attribute sthg to sb - **3.** [contrer] to ward off, to parry ⬦ *vi* : **~ à** [faire face à] to deal with ; [pourvoir à] to prepare for ; **~ au plus pressé** to see to what is most urgent.
 ⬦ **se parer** *vp* to dress up, to put on all one's finery ; **se ~ de** to adorn o.s. with ; *fig* [titre] to assume.

pare-soleil [parsɔlɛj] *nm inv* sun visor.

paresse [parɛs] *nf* - **1.** [fainéantise] laziness, idleness - **2.** *MÉD* sluggishness.

paresser [4] [parɛse] *vi* to laze about *ou* around.

paresseusement [parɛsøzmɑ̃] *adv* lazily, idly.

paresseux, euse [parɛsø, øz] ⬦ *adj* - **1.** [fainéant] lazy - **2.** *MÉD* sluggish ⬦ *nm, f* [personne] lazy *ou* idle person.
 ⬦ **paresseux** *nm* [animal] sloth.

parfaire [109] [parfɛr] *vt* to complete, to perfect.

parfait, e [parfɛ, ɛt] *adj* perfect.
 ⬦ **parfait** *nm* - **1.** *CULIN* parfait - **2.** *GRAM* perfect (tense).

parfaitement [parfɛtmɑ̃] *adv* - **1.** [admirablement, très] perfectly - **2.** [marque l'assentiment] absolutely.

parfois [parfwa] *adv* sometimes.

parfum [parfœ̃] *nm* - **1.** [de fleur] scent, fragrance - **2.** [à base d'essences] perfume, scent - **3.** [de glace] flavour - **4.** *loc* : **être/mettre qqn au ~** to be/put sb in the know.

parfumé, e [parfyme] *adj* - **1.** [fleur] fragrant - **2.** [mouchoir] perfumed - **3.** [femme] : **elle est trop ~e** she's wearing too much perfume.

parfumer [3] [parfyme] *vt* - **1.** [suj : fleurs] to perfume - **2.** [mouchoir] to perfume, to scent - **3.** *CULIN* to flavour.
 ⬦ **se parfumer** *vp* to put perfume on.

parfumerie [parfymri] *nf* perfumery.

parfumeur, euse [parfymœr, øz] *nm, f* perfumer.

pari [pari] *nm* - **1.** [entre personnes] bet ; **faire un ~** to make *ou* lay a bet ; **gagner/perdre son ~** to win/lose one's bet - **2.** [jeu] betting *(U)*.

paria [parja] *nm* pariah.

parier [9] [parje] *vt* : **~ (sur)** to bet (on) ; **je l'aurais parié!** *fig* I thought as much!

parieur [parjœr] *nm* punter.

parigot, ote [parigo, ɔt] *adj fam* Parisian.
 ⬦ **Parigot, ote** *nm, f fam* Parisian.

Paris [pari] *n* Paris.

paris-brest [paribrɛst] *nm inv* choux pastry ring with cream and almonds.

parisianisme [parizjanism] *nm* [expression] Parisian idiom ; [habitude] Parisian custom.

parisien, enne [parizjɛ̃, ɛn] *adj* [vie, société] Parisian ; [métro, banlieue, région] Paris *(avant n)*.
◆ **Parisien, enne** *nm, f* Parisian.

paritaire [paritɛr] *adj* : **commission ~** joint commission *(with both sides equally represented)*.

parité [parite] *nf* parity.

parjure [parʒyr] ◇ *nmf* [personne] perjurer ◇ *nm* [faux serment] perjury.

parjurer [3] [parʒyre] ◆ **se parjurer** *vp* to perjure o.s.

parka [parka] *nm* ou *nf* parka.

parking [parkiŋ] *nm* [parc] car park *Br*, parking lot *Am*.

parlant, e [parlɑ̃, ɑ̃t] *adj* **- 1.** [qui parle] : **le cinéma ~** talking pictures ; **l'horloge ~e** TÉLÉCOM the speaking clock **- 2.** *fig* [chiffres, données] eloquent ; [portrait] vivid.

parlement [parləmɑ̃] *nm* parliament ; **le Parlement européen** the European Parliament.

parlementaire [parləmɑ̃tɛr] ◇ *nmf* [député] member of parliament ; [négociateur] negotiator ◇ *adj* parliamentary.

parlementarisme [parləmɑ̃tarism] *nm* (system of) parliamentary government.

parlementer [3] [parləmɑ̃te] *vi* **- 1.** [négocier] to negotiate, to parley **- 2.** [parler longtemps] to talk at length.

parler [3] [parle] ◇ *vi* **- 1.** [gén] to talk, to speak ; **les faits parlent d'eux-mêmes** the facts speak for themselves ; **~ à/avec qqn** to speak to/with sb, to talk to/with sb ; **~ de qqch à qqn** to speak ou talk to sb about sthg ; **~ de qqn/qqch** to talk about sb/sthg ; **~ de faire qqch** to talk about doing sthg ; **~ en français** to speak in French ; **~ tout seul** to talk to o.s. ; **sans ~ de** apart from, not to mention ; **à proprement ~** strictly speaking ; **~ pour ne rien dire** to talk for the sake of talking ; **tu parles!** *fam* you can say that again! ; **n'en parlons plus** we'll say no more about it **- 2.** [avouer] to talk ◇ *vt* [langue] to speak ; **~ (le) français** to speak French ; **~ politique/affaires** to talk politics/business ◇ *nm* **- 1.** [manière de parler] speech **- 2.** [patois] dialect.
◆ **se parler** *vp* : **ils ne se parlent pas** they're not on speaking terms.

parleur [parlœr] *nm* : **beau ~** *péj* fine talker.

parloir [parlwar] *nm* parlour *Br*, parlor *Am*.

parlo(t)te [parlɔt] *nf* chat.

parme [parm] *nm* & *adj inv* violet.

parmesan [parməzɑ̃] *nm* Parmesan (cheese).

parmi [parmi] *prép* among.

parodie [parɔdi] *nf* parody.

parodier [9] [parɔdje] *vt* to parody.

paroi [parwa] *nf* **- 1.** [mur] wall ; [cloison] partition ; **~ rocheuse** rock face **- 2.** [de récipient] inner side.

paroisse [parwas] *nf* parish.

paroissial, e, aux [parwasjal, o] *adj* parish *(avant n)*.

paroissien, enne [parwasjɛ̃, ɛn] *nm, f* parishioner.

parole [parɔl] *nf* **- 1.** [faculté de parler] : **la ~ speech - 2.** [propos, discours] : **adresser la ~ à qqn** to speak to sb ; **couper la ~ à qqn** to cut sb off ; **prendre la ~** to speak ; **donner** ou **passer la ~ à qqn** to hand over to sb **- 3.** [promesse, mot] word ; **tenir ~** to keep one's word ; **donner sa ~ d'honneur** to give one's word of honour *Br* ou honor *Am* ; **croire qqn sur ~** to take sb's word for it ; **libérer qqn sur ~** to free sb on parole.
◆ **paroles** *nfpl* MUS words, lyrics.

parolier, ère [parɔlje, ɛr] *nm, f* [de chanson] lyricist ; [d'opéra] librettist.

paroxysme [parɔksism] *nm* height.

parpaing [parpɛ̃] *nm* breeze block.

parquer [3] [parke] *vt* **- 1.** [animaux] to pen in ou up **- 2.** [prisonniers] to shut up ou in **- 3.** [voiture] to park.

parquet [parkɛ] *nm* **- 1.** [plancher] parquet floor **- 2.** JUR ≃ Crown Prosecution Service *Br*, ≃ District Attorney's office *Am*.

parqueter [27] [parkəte] *vt* to lay a parquet floor in.

parrain [parɛ̃] *nm* **- 1.** [d'enfant] godfather **- 2.** [de festival, sportif] sponsor.

parrainage [parɛnaʒ] *nm* sponsorship.

parrainer [4] [parɛne] *vt* to sponsor, to back.

parricide [parisid] ◇ *nm* [crime] parricide ◇ *adj* parricidal.

pars, part ⯈ **partir**.

parsemer [19] [parsəme] *vt* : **~ (de)** to strew (with).

part [par] *nf* **- 1.** [de gâteau] portion ; [de bonheur, d'héritage] share ; [partie] part ; **réclamer sa ~ to** claim one's share ; **~ de marché** ÉCON market share ; **se tailler la ~ du lion** *fig* to take the lion's share **- 2.** [participation] : **prendre ~ à qqch** to take part in sthg **- 3.** *loc* : **de la ~ de** from ; [appeler, remercier] on behalf of ; **c'est de**

la ~ de qui? [au téléphone] who's speaking *ou* calling? ; **dites-lui de ma ~ que ...** tell him from me that ... ; **ce serait bien aimable de votre ~** it would be very kind of you ; **pour ma ~** as far as I'm concerned ; **faire ~ à qqn de qqch** to inform sb of sthg ; **faire la ~ des choses** to make allowances.

➤ **à part** ◇ *loc adv* aside, separately ◇ *loc adj* exceptional ◇ *loc prép* apart from.

➤ **autre part** *loc adv* somewhere Br *ou* someplace Am else.

➤ **d'autre part** *loc adv* besides, moreover.

➤ **de part en part** *loc adv* right through.

➤ **de part et d'autre** *loc adv* on both sides.

➤ **d'une part ..., d'autre part** *loc corrélative* on the one hand ..., on the other hand.

➤ **quelque part** *loc adv* somewhere Br, someplace Am.

part. *abr de* particulier.

partage [partaʒ] *nm* - **1.** [action] sharing (out) - **2.** JUR distribution.

partager [17] [partaʒe] *vt* - **1.** [morceler] to divide (up) ; **être partagé** *fig* to be divided - **2.** [mettre en commun] : **~ qqch avec qqn** to share sthg with sb - **3.** [prendre part à] to share (in).

➤ **se partager** *vp* - **1.** [se diviser] to be divided - **2.** [partager son temps] to divide one's time - **3.** [se répartir] : **se ~ qqch** to share sthg between themselves/ourselves *etc.*

partance [partɑ̃s] *nf* : **en ~** outward bound ; **en ~ pour** bound for.

partant, e [partɑ̃, ɑ̃t] *adj* : **être ~ pour** to be ready for.

➤ **partant** *nm* starter.

partenaire [partənɛr] *nmf* partner ; **~s sociaux** labour Br *ou* labor Am and management.

partenariat [partənarja] *nm* partnership.

parterre [partɛr] *nm* - **1.** [de fleurs] (flower) bed - **2.** THÉÂTRE stalls (pl) Br, orchestra Am.

parti, e [parti] ◇ *pp* ▷ **partir** ◇ *adj fam* [ivre] tipsy.

➤ **parti** *nm* - **1.** POLIT party ; **~ d'opposition** opposition party - **2.** [choix, décision] course of action ; **prendre ~** to make one's mind up ; **prendre le ~ de faire qqch** to make one's mind to do sthg ; **en prendre son ~** to be resigned ; **être de ~ pris** to be prejudiced *ou* biased ; **tirer ~ de** to make (good) use of - **3.** [personne à marier] match ; **un beau ~** a good match.

➤ **partie** *nf* - **1.** [élément, portion] part ; **en grande ~e** largely ; **en majeure ~e** for the most part ; **faire ~e (intégrante) de qqch** to be (an integral) part of sthg - **2.** [domaine d'activité]

field, subject - **3.** SPORT game - **4.** JUR party ; **la ~e adverse** the opposing party - **5.** *loc* : **prendre qqn à ~e** to attack sb.

➤ **parties** *nfpl fam* private parts, privates.

➤ **en partie** *loc adv* partly, in part.

partial, e, aux [parsjal, o] *adj* biased.

partialement [parsjalmɑ̃] *adv* in a biased way, with bias.

partialité [parsjalite] *nf* partiality, bias.

participant, e [partisipɑ̃, ɑ̃t] ◇ *adj* participating ◇ *nm, f* - **1.** [à réunion] participant - **2.** SPORT competitor - **3.** [à concours] entrant.

participatif, ive [partisipatif, iv] *adj* : **prêt ~** participating capital loan.

participation [partisipasjɔ̃] *nf* - **1.** [collaboration] participation - **2.** ÉCON interest ; **~ aux frais** (financial) contribution ; **~ aux bénéfices** profit-sharing ; **~ majoritaire/minoritaire** majority/minority interest.

participe [partisip] *nm* participle ; **~ passé/présent** past/present participle.

participer [3] [partisipe] *vi* : **~ à** [réunion, concours] to take part in ; [frais] to contribute to ; [bénéfices] to share in ; **~ de** *littéraire* to have some of the characteristics of.

particularisme [partikylarism] *nm* (sense of) identity.

particularité [partikylarite] *nf* distinctive feature.

particule [partikyl] *nf* - **1.** [gén & LING] particle - **2.** [nobiliaire] nobiliary particle.

particulier, ère [partikylje, ɛr] *adj* - **1.** [personnel, privé] private - **2.** [spécial] particular, special ; [propre] peculiar, characteristic ; **~ à** peculiar to, characteristic of - **3.** [remarquable] unusual, exceptional ; **cas ~** special case - **4.** [assez bizarre] peculiar.

➤ **particulier** *nm* [personne] private individual.

➤ **en particulier** *loc adv* - **1.** [seul à seul] in private - **2.** [surtout] in particular, particularly - **3.** [à part] separately.

particulièrement [partikyljɛrmɑ̃] *adv* particularly ; **tout ~** especially.

partie ▷ **parti.**

partiel, elle [parsjɛl] *adj* partial.

➤ **partiel** *nm* UNIV ≃ end-of-term exam.

partiellement [parsjɛlmɑ̃] *adv* partially, partly.

partir [43] [partir] *vi* - **1.** [personne] to go, to leave ; **~ à** tó go to ; **~ pour** to leave for ; **~ de** [bureau] to leave ; [aéroport, gare] to leave from ; [hypothèse, route] to start from ; [date] to run from - **2.** [voiture] to start ; **c'est bien/mal parti** *fig* it got off on the right/wrong foot

- **3.** [coup de feu] to go off ; [bouchon] to pop
- **4.** [tache] to come out, to go.
➡ **à partir de** *loc prép* from.

partisan, e [partizã, an] *adj* [partial] partisan ; **être ~ de** to be in favour *Br* ou favor *Am* of.
➡ **partisan** *nm* - **1.** [adepte] supporter, advocate - **2.** MIL partisan.

partitif, ive [partitif, iv] *adj* partitive.
➡ **partitif** *nm* partitive.

partition [partisjɔ̃] *nf* - **1.** [séparation] partition - **2.** MUS score.

partout [partu] *adv* everywhere ; **~ ailleurs** everywhere else ; **un peu ~** all over, everywhere.

paru, e [pary] *pp* ⊳ **paraître**.

parure [paryr] *nf* (matching) set.

parution [parysjɔ̃] *nf* publication.

parvenir [40] [parvənir] *vi* : **~ à** [atteindre] to reach ; [obtenir] to achieve ; **~ à faire qqch** to manage to do sthg ; **faire ~ qqch à qqn** to send sthg to sb.

parvenu, e [parvəny] ◇ *pp* ⊳ **parvenir** ◇ *nm, f péj* parvenu, upstart.

parviendrai, parviendras *etc* ⊳ **parvenir**.

parvis [parvi] *nm* square (*in front of church*).

pas¹ [pa] *nm* - **1.** [gén] step ; **allonger le ~** to quicken one's pace ; **marquer le ~** to mark time ; **revenir sur ses ~** to retrace one's steps ; **~ à ~** step by step ; **au ~ cadencé** in quick time ; **à ~ de loup** *fig* stealthily ; **à ~ feutrés** *fig* with muffled footsteps - **2.** TECH-NOL thread - **3.** *loc* : **c'est à deux ~ (d'ici)** it's very near (here) ; **emboîter le ~ à qqn** to fall into step with sb ; **faire les cent ~** to pace up and down ; **faire un faux ~** to slip ; *fig* to make a faux pas ; **faire le premier ~** to make the first move ; **franchir** ou **sauter le ~** to take the plunge ; **(rouler) au ~** (to move) at a snail's pace ; **sur le ~ de la porte** on the doorstep ; **tirer qqn d'un mauvais ~** to get sb out of a tight spot.

pas² [pa] *adv* - **1.** [avec ne] not ; **elle ne vient ~** she's not ou she isn't coming ; **elle n'a ~ mangé** she hasn't eaten ; **je ne le connais ~** I don't know him ; **il n'y a ~ de vin** there's no wine, there isn't any wine ; **je préférerais ne ~ le rencontrer** I would prefer not to meet him, I would rather not meet him - **2.** [sans ne] not ; **l'as-tu vu ou ~?** have you seen him or not? ; **il est très satisfait, moi ~** he's very pleased, but I'm not ; **sincère ou ~** (whether) sincere or not ; **une histoire ~ drôle** a story which isn't funny ; **~ encore** not yet ; **~ du tout** not at all - **3.** [avec pron indéf] : **~ un** [aucun]

none, not one ; **~ un d'eux n'est venu** none of them ou not one of them came.

pascal, e [paskal] (*pl* **pascals** OU **pascaux** [pasko]) *adj* Easter (*avant n*).
➡ **pascal** *nm* - **1.** INFORM Pascal - **2.** PHYS pascal.

pas-de-porte [padpɔrt] *nm inv* key money.

passable [pasabl] *adj* passable, fair.

passablement [pasabləmɑ̃] *adv* - **1.** [assez bien] fairly well - **2.** [beaucoup] quite a bit.

passage [pasaʒ] *nm* - **1.** [action - de passer] going past ; [- de traverser] crossing ; **être de ~** to be passing through ; **au ~** [en passant] as he/she *etc* goes by ; *fig* in passing - **2.** [endroit] passage, way ; **se frayer un ~ à travers** ou **dans** to force a way through ; '**~ interdit**' 'no entry' ; **~ clouté** ou **pour piétons** pedestrian crossing ; **~ à niveau** level crossing *Br*, grade crossing *Am* ; **~ protégé** priority given to traffic on the main road ; **~ souterrain** underpass *Br*, subway *Am* - **3.** [changement d'état] : **~ de qqch à qqch** change ou transition from sthg to sthg ; **~ à vide** dizzy spell ; *fig* bad patch - **4.** [extrait] passage.

passager, ère [pasaʒe, ɛr] ◇ *adj* - **1.** [bonheur] fleeting, short-lived - **2.** [hôte] short-stay (*avant n*) ; **oiseau ~** bird of passage ◇ *nm, f* passenger ; **~ clandestin** stowaway.

passant, e [pasɑ̃, ɑ̃t] ◇ *adj* busy ◇ *nm, f* passer-by.
➡ **passant** *nm* [de ceinture] (belt) loop.

passation [pasasjɔ̃] *nf* - **1.** [conclusion] signing - **2.** [transmission] hand-over ; **~ des pouvoirs** transfer of power.

passe [pas] ◇ *nm* passkey ◇ *nf* - **1.** [au sport] pass - **2.** NAVIG channel - **3.** *fam* [prostitution] : **maison de ~** ≈ brothel - **4.** *loc* : **être en ~ de faire qqch** to be on the way to doing sthg ; **être dans une mauvaise ~** to be in a fix.

passé, e [pase] *adj* - **1.** [qui n'est plus] past ; [précédent] : **la semaine ~e** last week ; **au cours de la semaine ~e** in the last week ; **il est trois heures ~es** it's gone three *Br*, it's after three - **2.** [fané] faded.
➡ **passé** ◇ *nm* past ; **~ composé** perfect tense ; **~ simple** past historic ◇ *prép* after.

passe-droit [pasdrwa] (*pl* **passe-droits**) *nm* privilege.

passementerie [pasmɑ̃tri] *nf* haberdashery *Br*, notions (*pl*) *Am*.

passe-montagne [pasmɔ̃taɲ] (*pl* **passe-montagnes**) *nm* Balaclava (helmet).

passe-partout [paspartu] *nm inv* - **1.** [clé] passkey - **2.** (*en apposition*) [tenue] all-purpose ; [phrase] stock (*avant n*).

passe-passe [paspɑs] *nm inv* : **tour de ~** [presti-
digitation] conjuring trick ; *fig* [tromperie] trick.
passe-plat [pasplɑ] (*pl* **passe-plats**) *nm* serving hatch.
passeport [paspɔr] *nm* passport.
passer [3] [pɑse] ⬦ *vi (aux : être)* - **1.** [se frayer
un chemin] to pass, to get past - **2.** [défiler] to go
by *ou* past - **3.** [aller] to go ; **~ à** *ou* **au travers**
ou **par** to come *ou* pass through ; **~ chez qqn**
to call on sb, to drop in on sb ; **~ de qqch à
qqch** [changer d'état] to go from sthg to sthg ;
[changer d'activité] to change from sthg to
sthg ; **~ devant** [bâtiment] to pass ; [juge] to
come before ; [en passant] in passing ; **ne faire que ~** to stay only a short while - **4.** [ve-
nir - facteur] to come, to call - **5.** *SCOL* to pass, to
be admitted ; **~ dans la classe supérieure** to
move up, to be moved up (a class) - **6.** [être
accepté] to be accepted ; **qu'il soit toujours en
retard, passe encore, mais ...** it's one thing *ou*
it's all very well to be late all the time but ...
- **7.** [fermer les yeux] : **~ sur qqch** to pass over
sthg - **8.** [temps] to pass, to go by - **9.** [disparaî-
tre - souvenir, couleur] to fade ; [- douleur] to pass,
to go away - **10.** *CIN*, *TÉLÉ* & *THÉÂTRE* to be on ; **~ à
la radio/télévision** to be on the radio/
television - **11.** *CARTES* to pass - **12.** [devenir] :
~ président/directeur to become president/
director, to be appointed president/
director - **13.** *loc* : **~ inaperçu** to pass *ou* go
unnoticed ; **passons ...** let's move on ... ;
~ pour to be regarded as ; **se faire ~ pour qqn**
to pass o.s. off as sb ; **il y est passé** *fam* [mort]
he kicked the bucket ; **tout son argent y passe** *fam* all his money goes on that ⬦ *vt (aux :
avoir)* - **1.** [franchir - frontière, rivière] to cross ;
[- douane] to go through - **2.** [soirée, vacances] to
spend - **3.** [sauter - ligne, tour] to miss - **4.** [dé-
fauts] : **~ qqch à qqn** to overlook sthg in sb
- **5.** [faire aller - bras] to pass, to put - **6.** [peinture]
to lay on, to spread - **7.** [filtrer - huile] to
strain ; [- café] to filter - **8.** [film, disque] to put
on - **9.** [vêtement] to slip on - **10.** [vitesses] to
change ; **~ la** *ou* **en troisième** to change into
third (gear) - **11.** [donner] : **~ qqch à qqn** to
pass sb sthg ; *MÉD* to give sb sthg - **12.** [ac-
cord] : **~ un contrat avec qqn** to have an
agreement with sb - **13.** *SCOL* & *UNIV* [examen]
to sit, to take - **14.** [au téléphone] : **je vous passe
Mme Ledoux** [transmettre] I'll put you through
to Mme Ledoux ; [donner l'écouteur à] I'll hand
you Mme Ledoux.
◆ **se passer** *vp* - **1.** [événement] to happen, to
take place ; **comment ça s'est passé?** How did
it go? ; **ça ne se passera pas comme ça!** I'm not
putting up with that! - **2.** [s'enduire - crème] to
put on - **3.** [s'abstenir] : **se ~ de qqch/de faire
qqch** to do without sthg/doing sthg.

passereau [pasro] *nm* sparrow.
passerelle [pasrɛl] *nf* - **1.** [pont] footbridge
- **2.** [passage mobile] gangway.
passe-temps [pɑstɑ̃] *nm inv* pastime.
passe-thé [pɑste] *nm inv* tea strainer.
passible [pɑsibl] *adj* : **~ de** *JUR* liable to.
passif, ive [pɑsif, iv] *adj* passive.
◆ **passif** *nm* - **1.** *GRAM* passive - **2.** *FIN* liabilities (*pl*).
passion [pɑsjɔ̃] *nf* passion ; **avoir la ~ de qqch**
to have a passion for sthg.
◆ **Passion** *nf MUS* & *RELIG* Passion.
passionnant, e [pɑsjɔnɑ̃, ɑ̃t] *adj* exciting,
fascinating.
passionné, e [pɑsjɔne] ⬦ *adj* - **1.** [personne]
passionate - **2.** [récit, débat] impassioned
⬦ *nm, f* passionate person ; **~ de ski/
d'échecs** *etc* skiing/chess *etc* fanatic.
passionnel, elle [pɑsjɔnɛl] *adj* [crime] of passion.
passionnément [pɑsjɔnemɑ̃] *adv* passionately.
passionner [3] [pɑsjɔne] *vt* [personne] to grip,
to fascinate.
◆ **se passionner** *vp* : **se ~ pour** to have a
passion for.
passivement [pɑsivmɑ̃] *adv* passively.
passivité [pɑsivite] *nf* passivity.
passoire [pɑswar] *nf* [à liquide] sieve ; [à légumes]
colander.
pastel [pastɛl] ⬦ *nm* pastel ⬦ *adj inv* [couleur]
pastel (*avant n*).
pastèque [pastɛk] *nf* watermelon.
pasteur [pastœr] *nm* - **1.** *littéraire* [berger] shepherd - **2.** *RELIG* pastor, minister.
pasteurisation [pastœrizasjɔ̃] *nf* pasteur-
ization.
pasteuriser [3] [pastœrize] *vt* to pasteurize.
pastiche [pastiʃ] *nm* pastiche.
pastille [pastij] *nf* [bonbon] pastille, lozenge.
pastis [pastis] *nm* aniseed-flavoured aperitif.
pastoral, e, aux [pastɔral, o] *adj littéraire*
pastoral.
◆ **pastorale** *nf ART* & *LITTÉRATURE* pastoral ; *MUS*
pastorale.
patagon, one [patagɔ̃, ɔn] *adj* Patagonian.
◆ **Patagon, one** *nm, f* Patagonian.
Patagonie [patagɔni] *nf* : **la ~** Patagonia.
patapouf [patapuf] *nm fam* fatty.
patate [patat] *nf* - **1.** *fam* [pomme de terre] spud
- **2.** *fam* [imbécile] fathead.

patate douce nf sweet potato.

patati [patatil] interj : **et ~ et patata** fam and so on and so forth.

patatras [patatral] interj crash!

pataud, e [pato, od] <> adj clumsy <> nm, f clumsy person.

pataugeoire [patoʒwar] nf paddling pool.

patauger [17] [patoʒe] vi - **1.** [barboter] to splash about - **2.** fam fig [s'embrouiller] to flounder.

patch [patʃ] nm MÉD patch.

patchouli [patʃuli] nm patchouli.

patchwork [patʃwœrk] nm patchwork.

pâte [pat] nf - **1.** [à tarte] pastry ; [à pain] dough ; **~ brisée** shortcrust pastry ; **~ feuilletée** puff pastry ; **~ à frire** batter ; **~ à pain** bread dough ; **~ à tarte** pastry - **2.** [mélange] paste ; **~ d'amandes** almond paste ; **~ de fruits** jelly made from fruit paste ; **une ~ de fruits** a fruit jelly (sweet) ; **~ à modeler** modelling clay ; **~ à papier** paper pulp - **3.** loc : **être bonne ~** to be easy-going.

pâtes nfpl pasta (sg).

pâté [pate] nm - **1.** CULIN pâté ; **~ de campagne** farmhouse pâté ; **~ en croûte** pâté baked in a pastry case ; **~ de foie** liver pâté ; **~ impérial** spring roll - **2.** [tache] ink blot - **3.** [bloc] : **~ de maisons** block (of houses).

pâtée [pate] nf mash, feed.

patelin [patlɛ̃] nm fam village, place.

patène [patɛn] nf paten.

patente [patɑ̃t] nf licence fee (for traders and professionals).

patenté, e [patɑ̃te] adj - **1.** [commerçant] licensed - **2.** fam [voleur, menteur] habitual.

patère [patɛr] nf [portemanteau] coat hook.

paternalisme [patɛrnalism] nm paternalism.

paternaliste [patɛrnalist] <> nmf paternalist <> adj paternalistic.

paternel, elle [patɛrnɛl] adj [devoir, autorité] paternal ; [amour, ton] fatherly.

paternel nm fam old man.

paternité [patɛrnite] nf paternity, fatherhood ; fig authorship, paternity.

pâteux, euse [patø, øz] adj - **1.** [aliment] doughy ; [encre] thick - **2.** [style] leaden.

pathétique [patetik] <> nm littéraire pathos <> adj moving, pathetic.

pathologie [patɔlɔʒi] nf pathology.

pathologique [patɔlɔʒik] adj pathological.

pathos [patos] nm littéraire & péj pathos.

patibulaire [patibylɛr] adj péj sinister.

patiemment [pasjamɑ̃] adv patiently.

patience [pasjɑ̃s] nf - **1.** [gén] patience ; **s'armer de ~** to be patient, to have patience ; **perdre ~** to lose patience - **2.** [jeu de cartes] patience Br, solitaire Am.

patient, e [pasjɑ̃, ɑ̃t] <> adj patient <> nm, f - **1.** [qui a de la patience] patient person - **2.** MÉD patient.

patienter [3] [pasjɑ̃te] vi to wait ; **'veuillez patienter'** 'please wait'.

patin [patɛ̃] nm - **1.** SPORT skate ; **~ à glace/à roulettes** ice/roller skate ; **faire du ~ à glace/à roulettes** to go ice-/roller-skating - **2.** [de feutre] cloth pad used under shoes to protect wooden floor.

patinage [patinaʒ] nm SPORT skating ; **~ artistique/de vitesse** figure/speed skating.

patine [patin] nf patina.

patiner [3] [patine] <> vi - **1.** SPORT to skate - **2.** [véhicule] to skid <> vt [objet] to give a patina to ; [avec vernis] to varnish.

se patiner vp to take on a patina.

patineur, euse [patinœr, øz] nm, f skater.

patinoire [patinwar] nf ice OU skating rink.

patio [patjo, pasjo] nm patio.

pâtir [32] [patir] vi : **~ de** to suffer the consequences of.

pâtisserie [patisri] nf - **1.** [gâteau] pastry - **2.** [art, métier] pastry-making - **3.** [commerce] ≃ cake shop.

pâtissier, ère [patisje, ɛr] <> adj : **crème pâtissière** confectioner's custard <> nm, f pastrycook.

patois [patwa] nm patois.

patraque [patrak] adj fam [personne] out of sorts.

patriarcal, e, aux [patrijarkal, o] adj patriarchal.

patriarcat [patrijarka] nm - **1.** RELIG patriarchate - **2.** SOCIOL patriarchy.

patriarche [patrijarʃ] nm patriarch.

patrie [patri] nf country, homeland ; **~ d'adoption** country of adoption.

patrimoine [patrimwan] nm [familial] inheritance ; [collectif] heritage.

patriote [patrijɔt] <> nmf patriot <> adj patriotic.

patriotique [patrijɔtik] adj patriotic.

patriotisme [patrijɔtism] nm patriotism.

patron, onne [patrɔ̃, ɔn] nm, f - **1.** [d'entreprise] head - **2.** [chef] boss - **3.** RELIG patron saint.

patron nm [modèle] pattern.

patronage [patrɔnaʒ] nm - **1.** [protection] patronage ; [de saint] protection - **2.** [organisation] youth club.

patronal, e, aux [patrɔnal, o] *adj* [organisation, intérêts] employers' (avant n).

patronat [patrɔna] *nm* employers.

patronnesse [patrɔnɛs] *nf* : **(dame) ~** *iron* patroness.

patronyme [patrɔnim] *nm* patronymic.

patronymique [patrɔnimik] *adj* patronymic.

patrouille [patruj] *nf* patrol.

patrouiller [3] [patruje] *vi* to patrol.

patte [pat] *nf* - **1.** [d'animal] paw ; [d'oiseau] foot ; **montrer ~ blanche** *fig* to give the password ; **à quatre ~s** four-legged ; *fig* on all fours, on one's hands and knees ; **retomber sur ses ~s** *fig* to land on one's feet - **2.** *fam* [jambe] leg ; [pied] foot ; [main] hand, paw ; **graisser la ~ à qqn** to grease sb's palm - **3.** [favori] sideburn - **4.** [de poche, de portefeuille] fastening.

patte-d'oie [patdwa] (*pl* **pattes-d'oie**) *nf* crow's foot.

pattemouille [patmuj] *nf* damping cloth.

pâturage [patyraʒ] *nm* [lieu] pasture land.

pâture [patyr] *nf* [nourriture] food, fodder ; *fig* intellectual nourishment ; **donner qqn/qqch en ~ à, offrir qqn/qqch en ~ à** to feed sb/ sthg to.

paume [pom] *nf* - **1.** [de main] palm - **2.** *SPORT* real tennis.

paumé, e [pome] *fam* <> *adj* lost <> *nm, f* down and out.

paumer [3] [pome] *fam vt* to lose.
◆ **se paumer** *vp* to get lost.

paupérisation [poperizasjɔ̃] *nf* pauperization.

paupière [popjɛr] *nf* eyelid.

paupiette [popjɛt] *nf* thin slice of meat or fish stuffed and rolled ; **~s de veau** ≃ veal olives.

pause [poz] *nf* - **1.** [arrêt] break ; **~-café** coffeebreak - **2.** *MUS* pause.

pauvre [povr] <> *nmf* poor person ; **le/la ~!** the poor thing! <> *adj* poor ; **~ en** low in ; **~ d'esprit** feeble-minded.

pauvrement [povrəmã] *adv* poorly.

pauvreté [povrəte] *nf* poverty.

pavage [pavaʒ] *nm* paving.

pavaner [3] [pavane] ◆ **se pavaner** *vp* to strut.

pavé, e [pave] *adj* cobbled.
◆ **pavé** *nm* - **1.** [chaussée] : **être sur le ~** *fig* to be out on the streets ; **battre le ~** *fig* to walk the streets - **2.** [de pierre] cobblestone, paving

stone - **3.** *fam* [livre] tome - **4.** [de viande] slab - **5.** *INFORM* : **~ numérique** numeric keypad.

paver [3] [pave] *vt* to pave.

pavillon [pavijɔ̃] *nm* - **1.** [bâtiment] detached house ; **~ de banlieue** ≃ bungalow ; **~ de chasse** hunting lodge - **2.** [de trompette] bell - **3.** [d'oreille] pinna, auricle - **4.** [drapeau] flag.

pavoiser [3] [pavwaze] <> *vt* to decorate with flags <> *vi fam* to crow.

pavot [pavo] *nm* poppy.

payable [pejabl] *adj* payable.

payant, e [pejã, ãt] *adj* - **1.** [hôte] paying (avant n) - **2.** [spectacle] with an admission charge - **3.** *fam* [affaire] profitable.

paye = **paie**[2].

payement = **paiement**.

payer [11] [peje] <> *vt* - **1.** [gén] to pay ; [achat] to pay for ; **~ qqch à qqn** to buy sthg for sb, to buy sb sthg, to treat sb to sthg ; **~ qqn de qqch** *fig* [efforts, peine] to reward sb for sthg - **2.** [expier - crime, faute] to pay for ; **il me le paiera!** he'll pay for this! <> *vi* : **~ (pour)** to pay (for) ; **~ de sa poche** to pay out of one's own pocket ; **~ de sa personne** [s'exposer au danger] to put o.s. on the line ; [se donner du mal] to put in a lot of effort ; **~ d'audace** to risk one's all.
◆ **se payer** *vp* [s'offrir] : **se ~ qqch** to buy o.s. sthg, to treat o.s. to sthg.

payeur, euse [pejœr, øz] *adj* payments (avant n).
◆ **payeur** *nm* payer ; **mauvais ~** bad debtor.

pays [pei] *nm* - **1.** [gén] country ; **~ d'adoption** country of adoption ; **~ de cocagne** *fig* land of plenty ; **les ~ de l'Est** the Eastern bloc (countries) ; **~ natal** native land, native country ; **comme en ~ conquis** like the lord of the manor - **2.** [région, province] region ; **être du ~** to be a local - **3.** [village] village.
◆ **pays de Galles** *nm* : **le ~ de Galles** Wales ; **au ~ de Galles** in Wales.

paysage [peizaʒ] *nm* - **1.** [site, vue] landscape, scenery - **2.** [tableau] landscape - **3.** *fig* [contexte] scene.

paysager, ère [peizaʒe, ɛr] *adj* landscaped.

paysagiste [peizaʒist] <> *nmf* - **1.** [peintre] landscape artist - **2.** [concepteur de parcs] landscape gardener <> *adj* landscape (avant n).

paysan, anne [peizã, an] <> *adj* [vie, coutume] country (avant n), rural ; [organisation, revendication] farmers' (avant n) ; *péj* peasant (avant n) <> *nm, f* - **1.** [agriculteur] (small) farmer - **2.** *péj* [rustre] peasant.

paysannat [peizana] *nm* peasantry.

paysannerie [peizanri] *nf* peasantry, peasant class.

Pays-Bas [peibal *nmpl* : **les ~** the Netherlands ; **aux ~** in the Netherlands.

PC *nm* - **1.** (*abr de* **Parti communiste**) Communist Party - **2.** (*abr de* **personal computer**) PC - **3.** (*abr de* **prêt conventionné**) *special loan for house purchase* - **4.** (*abr de* **permis de construire**) planning permission - **5.** (*abr de* **poste de commandement**) HQ - **6.** (*abr de* **Petite Ceinture**) *bus following the inner ring road in Paris.*

pcc (*abr de* **pour copie conforme**) certified accurate.

PCF (*abr de* **Parti communiste français**) *nm French Communist Party.*

PCV (*abr de* **à percevoir**) *nm* reverse charge call.

P-DG (*abr de* **président-directeur général**) *nm* Chairman and Managing Director *Br*, Chairman and President *Am*.

p.-ê. *abr de* **peut-être**.

PEA (*abr de* **plan d'épargne en actions**) *nm savings scheme.*

péage [pea3] *nm* toll.

peau [po] *nf* - **1.** [gén] skin ; **~ de banane** banana skin ; **~ d'orange** orange peel ; *MÉD* ≃ cellulite ; **n'avoir que la ~ sur les os** to be just skin and bones ; **être bien/mal dans sa ~** [en général] to feel great/terrible ; [en situation] to feel at ease/ill at ease ; **risquer sa ~** to risk one's neck ; **sauver sa ~** to save one's skin - **2.** [cuir] hide, leather (U) ; **~ de vache** *fam fig* [homme] bastard ; [femme] bitch.

peaufiner [3] [pofine] *vt fig* [travail] to polish up.

peccadille [pekadij] *nf* peccadillo.

péché [pefe] *nm* sin ; **les sept ~s capitaux** the seven deadly sins ; **le ~ originel** original sin ; **un ~ mignon** a weakness.

pêche [pɛʃ] *nf* - **1.** [fruit] peach ; **~ Melba** peach Melba - **2.** [activité] fishing ; [poissons] catch ; **aller à la ~** to go fishing ; **~ à la dandinette** jigging ; **~ sous la glace** ice fishing ; **~ à la ligne** angling ; **~ sous-marine** underwater fishing - **3.** *loc* : **avoir la ~** *fam* to feel great.

pécher [18] [pefe] *vi* to sin ; **~ contre la bienséance** *fig* to break the rules of correct behaviour ; **~ par omission** *fig* to commit the sin of omission ; **cet exposé pèche par manque d'exemples** *fig* this report falls down because it lacks examples.

pêcher¹ [4] [peʃe] *vt* - **1.** [poisson] to catch - **2.** *fam* [trouver] to dig up.

pêcher² [pefe] *nm* peach tree.

pêcherie [peʃri] *nf* fishery, fishing ground.

pêcheur, eresse [peʃœr, peʃrɛs] <> *adj* sinful <> *nm, f* sinner.

pêcheur, euse [peʃœr, øz] *nm, f* fisherman (*f* fisherwoman).

pecnot = **péquenot**.

pectine [pɛktin] *nf* pectin.

pectoral, e, aux [pɛktɔral, o] *adj* - **1.** [muscle] pectoral - **2.** [sirop] cough *(avant n)*.
➡ **pectoraux** *nmpl* pectorals.

pécule [pekyl] *nm* [économies] savings *(pl)*.

pécuniaire [pekynjɛr] *adj* financial.

pédagogie [pedagɔʒi] *nf* - **1.** [science] education, pedagogy - **2.** [qualité] teaching ability.

pédagogique [pedagɔʒik] *adj* educational ; [méthode] teaching *(avant n)*.

pédagogue [pedagɔg] <> *nmf* teacher <> *adj* : **être ~** to be a good teacher.

pédale [pedal] *nf* - **1.** [gén] pedal ; **perdre les ~s** *fam fig* to lose one's head - **2.** *fam inj* [homosexuel] queer.

pédaler [3] [pedale] *vi* [à bicyclette] to pedal ; **~ dans la choucroute** *fam fig* to be all at sea.

pédalier [pedalje] *nm* - **1.** [de vélo] (bicycle) drive - **2.** [d'orgue] pedals *(pl)*.

Pédalo® [pedalo] *nm* pedal boat.

pédant, e [pedã, ãt] <> *adj* pedantic <> *nm, f* pedant.

pédé [pede] *nm* *tfam péj* queer.

pédéraste [pederast] *nm* homosexual, pederast.

pédérastie [pederasti] *nf* homosexuality.

pédestre [pedestr] *adj* : **randonnée ~** hike, ramble ; **chemin ~** footpath.

pédiatre [pedjatr] *nmf* pediatrician.

pédiatrie [pedjatri] *nf* pediatrics *(U)*.

pédicule [pedikyl] *nm BOT* peduncle.

pédicure [pedikyr] *nmf* chiropodist.

pedigree [pedigre] *nm* pedigree.

pédophile [pedɔfil] <> *nm* pedophile <> *adj* pedophiliac.

peeling [piliŋ] *nm* face scrub.

pègre [pɛgr] *nf* underworld.

peignais, peignions *etc* ➡ **peindre**.

peigne [pɛɲ] *nm* - **1.** [démêloir, barrette] comb ; **se donner un coup de ~** to run a comb through one's hair ; **passer qqch au ~ fin** *fig* to go through sthg with a fine-tooth comb ; **sale comme un ~** *fig* filthy dirty - **2.** [de tissage] card.

peigner [4] [peɲe] *vt* - **1.** [cheveux] to comb - **2.** [fibres] to card.
➡ **se peigner** *vp* to comb one's hair.

peignoir [pɛɲwar] nm dressing gown Br, robe Am, bathrobe Am ; ~ **de bain** bathrobe.

peinard, e, pénard, e [pɛnar, ard] adj fam [emploi] cushy ; [personne] comfortable.

peindre [81] [pɛ̃dr] vt to paint ; fig [décrire] to depict.

➤ **se peindre** vp [émotion] fig : **se ~ sur** to be written on.

peine [pɛn] nf - **1.** [châtiment] punishment, penalty ; JUR sentence ; **sous ~ de qqch** on pain of sthg ; **~ capitale** OU **de mort** capital punishment, death sentence ; **~ incompressible** sentence without remission - **2.** [chagrin] sorrow, sadness (U) ; **avoir de la ~** to be sad ; **faire de la ~ à qqn** to upset sb, to distress sb - **3.** [effort] trouble ; **se donner de la ~** to go to a lot of trouble ; **c'est ~ perdue** it's a waste of effort ; **prendre la ~ de faire qqch** to go to the trouble of doing sthg ; **ça ne vaut pas** OU **ce n'est pas la ~** it's not worth it - **4.** [difficulté] difficulty ; **avoir de la ~ à faire qqch** to have difficulty OU trouble doing sthg ; **à grand-~** with great difficulty ; **sans ~** without difficulty, easily.

➤ **à peine** loc adv scarcely, hardly ; **à ~ ... que** hardly ... than ; **c'est à ~ si on se parle** we hardly speak (to each other).

peiner [4] [pɛne] ◇ vt [affliger] to distress ; to sadden ◇ vi - **1.** [travailler] to work hard - **2.** [se fatiguer] to struggle, to labour Br, to labor Am.

peint, e [pɛ̃, pɛ̃t] pp ▷ **peindre**.

peintre [pɛ̃tr] nm painter ; **~ en bâtiment** painter and decorator.

peinture [pɛ̃tyr] nf - **1.** [gén] painting - **2.** [produit] paint ; **'~ fraîche'** 'wet paint'.

peinturlurer [3] [pɛ̃tyrlyre] vt péj to daub.

➤ **se peinturlurer** vp péj to plaster one's face with make-up.

péjoratif, ive [peʒɔratif, iv] adj pejorative.

Pékin [pekɛ̃] n Peking, Beijing.

pékinois, e [pekinwa, az] adj of/from Peking.

➤ **pékinois** nm - **1.** [langue] Mandarin - **2.** [chien] pekinese.

➤ **Pékinois, e** nm, f native OU inhabitant of Peking ; **les Pékinois** the people of Peking.

PEL, Pel [pɛl] (abr de **plan d'épargne logement**) nm savings scheme offering low-interest mortgages.

pelage [pəlaʒ] nm coat, fur.

pelé, e [pəle] adj - **1.** [crâne] bald - **2.** fig [colline, paysage] bare.

pêle-mêle [pɛlmɛl] adv pell-mell.

peler [25] [pəle] vt & vi to peel.

pèlerin [pɛlrɛ̃] nm pilgrim.

pèlerinage [pɛlrinaʒ] nm - **1.** [voyage] pilgrimage ; **en ~** on a pilgrimage - **2.** [lieu] place of pilgrimage.

pèlerine [pɛlrin] nf cape.

pélican [pelikɑ̃] nm pelican.

pelisse [pəlis] nf pelisse.

pelle [pɛl] nf - **1.** [instrument] shovel ; **~ à tarte** pie server ; **à la ~** fam fig by the bucketful - **2.** [machine] digger.

pelletée [pɛlte] nf shovelful.

pelleter [27] [pɛlte] vt to shovel.

pelleteuse [pɛltøz] nf mechanical digger.

pellicule [pelikyl] nf film.

➤ **pellicules** nfpl dandruff (U).

pelote [pəlɔt] nf - **1.** [de laine, ficelle] ball - **2.** COUTURE pin cushion.

➤ **pelote basque** nf pelota.

peloter [3] [pəlɔte] vt fam to paw.

peloton [pəlɔtɔ̃] nm - **1.** [de ficelle] small ball - **2.** [de soldats] squad ; **~ d'exécution** firing squad - **3.** [de concurrents] pack ; **le ~ de tête** SPORT the leading group ; fig the top few.

pelotonner [3] [pəlɔtɔne] ➤ **se pelotonner** vp to curl up ; **se ~ contre** to snuggle up to.

pelouse [pəluz] nf - **1.** [de jardin] lawn - **2.** [de champ de courses] public enclosure - **3.** FOOTBALL & RUGBY field.

peluche [pəlyʃ] nf - **1.** [jouet] soft toy, stuffed animal - **2.** [tissu] plush - **3.** [d'étoffe] piece of fluff.

pelucheux, euse [pəlyʃø, øz] adj fluffy.

pelure [pəlyr] nf - **1.** [fruit] peel - **2.** fam péj [habit] coat.

pénal, e, aux [penal, o] adj penal.

pénalisation [penalizasjɔ̃] nf penalty.

pénaliser [3] [penalize] vt to penalize.

pénalité [penalite] nf penalty.

penalty [penalti] (pl **penaltys** OU **penalties**) nm penalty.

pénard = **peinard**.

pénates [penat] nmpl : **regagner ses ~** fam to go home.

penaud, e [pəno, od] adj sheepish.

penchant [pɑ̃ʃɑ̃] nm - **1.** [inclination] tendency - **2.** [sympathie] : **~ pour** liking OU fondness for.

pencher [3] [pɑ̃ʃe] ◇ vi to lean ; **~ vers** fig to incline towards Br OU toward Am ; **~ pour** to incline in favour Br OU favor Am of ◇ vt to bend.

➤ **se pencher** vp [s'incliner] to lean over ; [se baisser] to bend down ; **se ~ sur qqn/qqch** to lean over sb/sthg ; **se ~ sur qqch** *fig* [problème, cas] to look into sthg.

pendable [pɑ̃dabl] *adj* : **tour ~** dirty trick ; **ce n'est pas un cas ~** it's not a hanging matter.

pendaison [pɑ̃dɛzɔ̃] *nf* hanging ; **~ de crémaillère** house-warming.

pendant¹, e [pɑ̃dɑ̃, ɑ̃t] *adj* - **1.** [bras] hanging, dangling - **2.** [question] pending.

▪ **pendant** *nm* - **1.** [bijou] : **~ d'oreilles** (drop) earring - **2.** [de paire] counterpart ; **se faire ~** *fig* to make a pair.

pendant² [pɑ̃dɑ̃] *prép* during.

▪ **pendant que** *loc conj* while, whilst ; **~ que j'y suis, ...** while I'm at it, ...

pendeloque [pɑ̃dlɔk] *nf* - **1.** [bijou] pendant - **2.** [de lustre] crystal.

pendentif [pɑ̃dɑ̃tif] *nm* pendant.

penderie [pɑ̃dri] *nf* wardrobe.

pendouiller [3] [pɑ̃duje] *vi fam* to dangle, to hang down.

pendre [73] [pɑ̃dr] ◇ *vi* - **1.** [être fixé en haut] : **~ (à)** to hang (from) - **2.** [descendre trop bas] to hang down ◇ *vt* - **1.** [rideaux, tableau] to hang (up), to put up - **2.** [personne] to hang.

▪ **se pendre** *vp* - **1.** [s'accrocher] : **se ~ à** to hang from - **2.** [se suicider] to hang o.s.

pendu, e [pɑ̃dy] ◇ *pp* ▷ **pendre** ◇ *adj* - **1.** [objet] hung up, hanging up ; *fig* : **il est toujours ~ au téléphone** he's never off the phone - **2.** [personne] hanged ◇ *nm, f* hanged person.

pendule [pɑ̃dyl] ◇ *nm* pendulum ◇ *nf* clock.

pendulette [pɑ̃dylɛt] *nf* small clock.

pêne [pɛn] *nm* bolt.

pénétrant, e [penetrɑ̃, ɑ̃t] *adj* penetrating ; [odeur] pervasive.

pénétration [penetrasjɔ̃] *nf* - **1.** [de projectile, d'idée] penetration - **2.** [sagacité] shrewdness.

pénétré, e [penetre] *adj* earnest ; **elle est ~e de son importance** she's full of her own importance.

pénétrer [18] [penetre] ◇ *vi* to enter ◇ *vt* - **1.** [mur, vêtement] to penetrate - **2.** *fig* [mystère, secret] to fathom out.

▪ **se pénétrer** *vp* [s'imprégner] : **se ~ d'une idée** to let an idea sink in.

pénible [penibl] *adj* - **1.** [travail] laborious - **2.** [nouvelle, maladie] painful - **3.** *fam* [personne] tiresome.

péniblement [peniblǝmɑ̃] *adv* - **1.** [avec difficulté] with difficulty, laboriously - **2.** [cruellement] painfully - **3.** [à peine] just about.

péniche [peniʃ] *nf* barge.

pénicilline [penisilin] *nf* penicillin.

péninsule [penɛ̃syl] *nf* peninsula ; **la ~ d'Arabie** the Arabian Peninsula ; **la ~ Ibérique** the Iberian peninsula.

pénis [penis] *nm* penis.

pénitence [penitɑ̃s] *nf* - **1.** [repentir] penitence - **2.** [peine, punition] penance.

pénitencier [penitɑ̃sje] *nm* prison, penitiary *Am*.

pénitent, e [penitɑ̃, ɑ̃t] ◇ *adj* penitent ◇ *nm, f* penitent.

pénitentiaire [penitɑ̃sjɛr] *adj* prison *(avant n)*.

penne [pɛn] *nf ZOOL* quill.

pénombre [penɔ̃br] *nf* half-light.

pensable [pɑ̃sabl] *adj* : **ce n'est pas ~** it's unthinkable.

pensant, e [pɑ̃sɑ̃, ɑ̃t] *adj* thinking.

pense-bête [pɑ̃sbɛt] *(pl* **pense-bêtes)** *nm* reminder.

pensée [pɑ̃se] *nf* - **1.** [idée, faculté] thought - **2.** [esprit] mind, thoughts *(pl)* ; **par la** *ou* **en ~** in one's mind *ou* thoughts - **3.** [opinion] thoughts *(pl)*, feelings *(pl)* - **4.** [doctrine] thought, thinking - **5.** *BOT* pansy.

penser [3] [pɑ̃se] ◇ *vi* to think ; **~ à qqn/qqch** [avoir à l'esprit] to think of sb/sthg, to think about sb/sthg ; [se rappeler] to remember sb/sthg ; **~ à faire qqch** [avoir à l'esprit] to think of doing sthg ; [se rappeler] to remember to do sthg ; **qu'est-ce que tu en penses?** what do you think (of it)? ; **faire ~ à qqn/qqch** to make one think of sb/sthg ; **faire ~ à qqn à faire qqch** to remind sb to do sthg ; **sans ~ à mal** without meaning any harm ; **n'y pensons plus!** let's forget it! ; **laisser** *ou* **donner à ~ (que)** to make one think (that) ; **même s'il ne dit rien, il n'en pense pas moins** even if he doesn't say anything, he's thinking it nonetheless ◇ *vt* to think ; **~ que ... ça** think (that) ... ; **je pense que oui** I think so ; **je pense que non** I don't think so ; **~ faire qqch** to be planning to do sthg ; **pensez-vous!** don't be silly!

penseur [pɑ̃sœr] *nm* thinker.

pensif, ive [pɑ̃sif, iv] *adj* pensive, thoughtful.

pension [pɑ̃sjɔ̃] *nf* - **1.** [allocation] pension ; **~ alimentaire** [dans un divorce] alimony - **2.** [hébergement] board and lodgings ; **~ complète** full board ; **demi-~** half board - **3.** [hôtel, guesthouse] ; **~ de famille** guesthouse boarding house - **4.** [prix de l'hébergement] rent, keep - **5.** [internat] boarding school être en ~ to be a boarder *ou* at boarding school.

pensionnaire [pɑ̃sjɔnɛr] *nmf* - **1.** [élève] boarder - **2.** [hôte payant] lodger.

pensionnat [pɑ̃sjɔna] *nm* - **1.** [internat] boarding school - **2.** [élèves] boarders *(pl)*.

pensivement [pɑ̃sivmɑ̃] *adv* pensively, thoughtfully.

pensum [pɛ̃sɔm] *nm* - **1.** [travail ennuyeux] chore - **2.** *vieilli* [punition] imposition.

pentagone [pɛ̃tagon] *nm* pentagon.

➤ **Pentagone** *nm* : **le Pentagone** the Pentagon.

pentathlon [pɛ̃tatlɔ̃] *nm* pentathlon.

pente [pɑ̃t] *nf* slope ; **en ~** sloping, inclined ; **être sur une mauvaise ~** *fig* to be on a downward path ; **remonter la ~** *fig* to claw one's way back again.

pentecôte [pɑ̃tkot] *nf* [juive] Pentecost ; [chrétienne] Whitsun.

pénurie [penyri] *nf* shortage.

PEP, Pep [pɛp] (*abr de* **plan d'épargne populaire**) *nm* personal pension plan.

pépé [pepe] *nm fam* - **1.** [grand-père] grandad, grandpa - **2.** [homme âgé] old man.

pépère [pepɛr] *fam* ◇ *nm* [grand-père] grandad, grandpa ◇ *adj* cushy.

pépier [9] [pepje] *vi* to chirp.

pépin [pepɛ̃] *nm* - **1.** [graine] pip - **2.** *fam* [ennui] hitch - **3.** *fam* [parapluie] umbrella, brolly *Br*.

pépinière [pepinjɛr] *nf* tree nursery ; *fig* [école, établissement] nursery.

pépiniériste [pepinjerist] *nmf* nursery man (*f* woman).

pépite [pepit] *nf* nugget.

péquenot, pecnot [pekno] *nm*, **péquenaud, e** *nm, f*, [pekno, od] *fam péj* country bumpkin.

percale [pɛrkal] *nf* percale.

perçant, e [pɛrsɑ̃, ɑ̃t] *adj* - **1.** [regard, son] piercing - **2.** [froid] bitter, biting.

percée [pɛrse] *nf* - **1.** [trouée] opening - **2.** MIL, SPORT & *fig* breakthrough.

percement [pɛrsəmɑ̃] *nm* opening (up) ; [d'oreilles] piercing.

perce-neige [pɛrsənɛʒ] *nm inv ou nf inv* snowdrop.

perce-oreille [pɛrsɔrɛj] (*pl* **perce-oreilles**) *nm* earwig.

percepteur [pɛrsɛptœr] *nm* tax collector.

perceptible [pɛrsɛptibl] *adj* perceptible.

perception [pɛrsɛpsjɔ̃] *nf* - **1.** [d'impôts] collection - **2.** [bureau] tax office - **3.** [sensation] perception.

percer [16] [pɛrse] ◇ *vt* - **1.** [mur, roche] to make a hole in ; [coffre-fort] to crack - **2.** [trou] to make ; [avec perceuse] to drill - **3.** [silence, oreille] to pierce - **4.** [foule] to make one's way through - **5.** *fig* [mystère] to penetrate ◇ *vi* - **1.** [soleil] to break through - **2.** [abcès] to burst ; **avoir une dent qui perce** to be cutting a tooth - **3.** [réussir] to make a name for o.s., to break through.

perceuse [pɛrsøz] *nf* drill.

percevoir [52] [pɛrsəvwar] *vt* - **1.** [intention, nuance] to perceive - **2.** [retraite, indemnité] to receive - **3.** [impôts] to collect.

perchaude [pɛrʃod] *nf Can* yellow *ou* lake perch.

perche [pɛrʃ] *nf* - **1.** [poisson] perch - **2.** [de bois, métal] pole ; **tendre la ~ à qqn** *fig* to throw sb a line.

percher [3] [pɛrʃe] ◇ *vi* - **1.** [oiseau] to perch - **2.** *fam* [personne] to live ◇ *vt* to perch.

➤ **se percher** *vp* to perch.

perchiste [pɛrʃist] *nmf* - **1.** SPORT pole vaulter - **2.** CIN & TÉLÉ boom operator.

perchoir [pɛrʃwar] *nm* perch.

perclus, e [pɛrkly, yz] *adj* : **~ de** [rhumatismes] crippled with ; *fig* [crainte] paralysed with.

perçois, perçoit *etc* ▷ **percevoir**.

percolateur [pɛrkɔlatœr] *nm* percolator.

perçu, e [pɛrsy] *pp* ▷ **percevoir**.

percussion [pɛrkysjɔ̃] *nf* percussion.

percussionniste [pɛrkysjɔnist] *nmf* percussionist.

percutant, e [pɛrkytɑ̃, ɑ̃t] *adj* - **1.** [obus] explosive - **2.** *fig* [argument] forceful.

percuter [3] [pɛrkyte] ◇ *vt* to strike, to smash into ◇ *vi* to explode.

perdant, e [pɛrdɑ̃, ɑ̃t] ◇ *adj* losing ◇ *nm, f* loser.

perdition [pɛrdisjɔ̃] *nf* - **1.** [ruine morale] perdition - **2.** [détresse] : **en ~** in distress.

perdre [77] [pɛrdr] ◇ *vt* - **1.** [gén] to lose - **2.** [temps] to waste ; [occasion] to miss, to waste - **3.** [suj : bonté, propos] to be the ruin of - **4.** *loc* : **vous ne perdez rien pour attendre!** just wait until I get my hands on you! ◇ *vi* to lose.

➤ **se perdre** *vp* - **1.** [coutume] to die out, to become lost - **2.** [personne] to get lost, to lose one's way ; **se ~ dans les détails** *fig* to get bogged down in details.

perdreau, x [pɛrdro] *nm* young partridge.

perdrix [pɛrdri] *nf* partridge.

perdu, e [pɛrdy] ◇ *pp* ▷ **perdre** ◇ *adj* - **1.** [égaré] lost - **2.** [endroit] out-of-the-way

- **3.** [balle] stray - **4.** [emballage] non-returnable - **5.** [temps, occasion] wasted - **6.** [malade] dying - **7.** [récolte, robe] spoilt, ruined.

perdurer [3] [pɛrdyre] *vi littéraire* to endure.

père [pɛr] *nm* - **1.** [gén] father ; **mon ~** RELIG Father ; **~ de famille** father ; **de ~ en fils** from father to son - **2.** [d'animal] sire - **3.** *fam* [homme mûr] : **le ~ Martin** old Martin.

➤ **pères** *nmpl* [ancêtres] forefathers, ancestors.

➤ **père Noël** *nm* : **le ~ Noël** Father Christmas, Santa Claus.

pérégrination [peregrinasjɔ̃] *nf (gén pl)* wanderings *(pl)*.

péremption [perɑ̃psjɔ̃] *nf* time limit ; **date de ~** best-before date.

péremptoire [perɑ̃ptwar] *adj* peremptory.

pérennité [perenite] *nf* durability.

péréquation [perekwasjɔ̃] *nf* equalization.

perfectible [pɛrfɛktibl] *adj* perfectible.

perfection [pɛrfɛksjɔ̃] *nf* - **1.** [qualité] perfection ; **à la ~** to perfection - **2.** [chose parfaite] jewel, gem.

perfectionnement [pɛrfɛksjɔnmɑ̃] *nm* improvement.

perfectionner [3] [pɛrfɛksjɔne] *vt* to perfect.

➤ **se perfectionner** *vp* to improve.

perfectionnisme [pɛrfɛksjɔnism] *nm* perfectionism.

perfectionniste [pɛrfɛksjɔnist] *nmf & adj* perfectionist.

perfide [pɛrfid] *adj* perfidious.

perfidement [pɛrfidmɑ̃] *adv* perfidiously.

perfidie [pɛrfidi] *nf* perfidy.

perforateur, trice [pɛrfɔratœr, tris] *adj* perforating.

➤ **perforateur** *nm* punch card operator.

➤ **perforatrice** *nf* [perceuse] drill ; [de bureau] hole punch.

perforation [pɛrfɔrasjɔ̃] *nf* perforation.

perforer [3] [pɛrfɔre] *vt* to perforate.

performance [pɛrfɔrmɑ̃s] *nf* performance ; **les ~s d'une voiture** a car's performance.

performant, e [pɛrfɔrmɑ̃, ɑ̃t] *adj* - **1.** [personne] efficient - **2.** [machine] high-performance *(avant n)*.

perfusion [pɛrfyzjɔ̃] *nf* perfusion.

pergola [pergɔla] *nf* pergola.

péricliter [3] [periklite] *vi* to collapse.

péridurale [peridyral] *nf* epidural.

péril [peril] *nm* peril ; **au ~ de ma vie** at the risk of my life.

périlleux, euse [perijø, øz] *adj* perilous, dangerous.

périmé, e [perime] *adj* out-of-date ; *fig* [idées] outdated.

périmètre [perimɛtr] *nm* - **1.** [contour] perimeter - **2.** [contenu] area.

périnatal, e, aux [perinatal, o] *adj* perinatal.

périnée [perine] *nm* perineum.

période [perjɔd] *nf* period.

périodique [perjɔdik] ⟨⟩ *nm* periodical ⟨⟩ *adj* periodic.

périodiquement [perjɔdikmɑ̃] *adv* periodically.

péripatéticienne [peripatetisjɛn] *nf* streetwalker.

péripétie [peripesi] *nf* event.

périphérie [periferi] *nf* - **1.** [de ville] outskirts *(pl)* - **2.** [bord] periphery ; [de cercle] circumference.

périphérique [periferik] ⟨⟩ *nm* - **1.** [route] ring road *Br*, beltway *Am* - **2.** INFORM peripheral device ⟨⟩ *adj* peripheral ; **boulevard ~** ring road *Br*, beltway *Am*.

périphrase [perifraz] *nf* periphrasis.

périple [peripl] *nm* - **1.** NAVIG voyage - **2.** [voyage] trip.

périr [32] [perir] *vi* to perish.

périscolaire [periskɔlɛr] *adj* extracurricular.

périscope [periskɔp] *nm* periscope.

périssable [perisabl] *adj* - **1.** [denrée] perishable - **2.** *littéraire* [sentiment] transient.

péristyle [peristil] *nm* peristyle.

péritonite [peritɔnit] *nf* peritonitis.

perle [pɛrl] *nf* - **1.** [de nacre] pearl - **2.** [de bois, verre] bead - **3.** [de sang, d'eau] drop - **4.** [personne] gem - **5.** *fam* [erreur] howler.

perlé, e [pɛrle] *adj* beaded ; **grève ~e** go-slow *Br*, slowdown *Am*.

perler [3] [pɛrle] *vi* to form beads.

perlimpinpin [pɛrlɛ̃pɛ̃pɛ̃] *nm* : **poudre de ~** miracle cure.

permanence [pɛrmanɑ̃s] *nf* - **1.** [continuité] permanence ; **en ~** constantly - **2.** [service] : **être de ~** to be on duty - **3.** SCOL : **(salle de) ~** study room.

permanent, e [pɛrmanɑ̃, ɑ̃t] ⟨⟩ *adj* permanent ; [cinéma] with continuous showings ; [comité] standing *(avant n)* ⟨⟩ *nm, f* official.

➤ **permanente** *nf* perm.

perméable [pɛrmeabl] *adj* : **~ (à)** permeable (to) ; *fig* open (to), receptive (to).

permets ▷ **permettre**.

permettais, permettions etc ▷ **per-mettre**.

permettre [84] [pɛrmɛtr] vt to permit, to allow ; **vous permettez?** may I? ; ~ **qqch à qqn** to allow sb sthg ; ~ **à qqn de faire qqch** to permit ou allow sb to do sthg.
➤ **se permettre** vp : **se ~ qqch** to allow o.s sthg ; [avoir les moyens de] to be able to afford sthg ; **se ~ de faire qqch** to take the liberty of doing sthg.

permis, e [pɛrmi, iz] pp ▷ **permettre**.
➤ **permis** nm licence Br, license Am, per-mit ; ~ **de conduire** driving licence Br, driver's license Am ; ~ **de construire** plan-ning permission Br, building permit Am ; ~ **de séjour** residence permit ; ~ **de travail** work permit.

permissif, ive [pɛrmisif, iv] adj permissive.

permission [pɛrmisjɔ̃] nf - **1.** [autorisation] per-mission - **2.** MIL leave.

permutable [pɛrmytabl] adj which can be changed round.

permutation [pɛrmytasjɔ̃] nf [de mots, figures] transposition ; MATHS permutation.

permuter [3] [pɛrmyte] ◇ vt to change round ; [mots, figures] to transpose ◇ vi to change, to switch.

pernicieux, euse [pɛrnisjø, øz] adj - **1.** MÉD pernicious - **2.** [conseil, habitude] harmful.

péroné [perɔne] nm fibula.

péroraison [perɔrɛzɔ̃] nf peroration.

pérorer [3] [perɔre] vi péj to hold forth.

Pérou [peru] nm : **le ~** Peru ; **au ~** in Peru.

perpendiculaire [pɛrpɑ̃dikylɛr] ◇ nf per-pendicular ◇ adj : ~ **(à)** perpendicular (to).

perpendiculairement [pɛrpɑ̃dikylɛrmɑ̃] adv perpendicularly ; ~ **à** perpendicular to.

perpète, perpette [pɛrpɛt] ➤ **à perpète** loc adv fam [loin] miles away ; [longtemps] for ever.

perpétrer [18] [pɛrpetre] vt to perpetrate.

perpette = **perpète**.

perpétuel, elle [pɛrpetɥɛl] adj - **1.** [fréquent, continu] perpetual - **2.** [rente] life (avant n) ; [secrétaire] permanent.

perpétuellement [pɛrpetɥɛlmɑ̃] adv per-petually.

perpétuer [7] [pɛrpetɥe] vt to perpetuate.
➤ **se perpétuer** vp to continue ; [espèce] to perpetuate itself.

perpétuité [pɛrpetɥite] nf perpetuity ; **à ~** for life ; **être condamné à ~** to be sentenced to life imprisonment.

perplexe [pɛrplɛks] adj perplexed.

perplexité [pɛrplɛksite] nf perplexity.

perquisition [pɛrkizisjɔ̃] nf search.

perquisitionner [3] [pɛrkizisjɔne] ◇ vi to make a search ◇ vt to search, to make a search of.

perron [pɛrɔ̃] nm steps (pl) (at entrance to building).

perroquet [pɛrɔkɛ] nm [animal] parrot.

perruche [pɛryʃ] nf budgerigar.

perruque [pɛryk] nf wig.

pers [pɛr(s)] adj littéraire blue-green.

persan, e [pɛrsɑ̃, an] adj Persian.
➤ **persan** nm - **1.** [langue] Persian - **2.** [chat] Persian (cat).
➤ **Persan, e** nm, f Persian.

persécuter [3] [pɛrsekyte] vt - **1.** [martyriser] to persecute - **2.** [harceler] to harass.

persécuteur, trice [pɛrsekytœr, tris] ◇ adj persecuting ◇ nm, f persecutor.

persécution [pɛrsekysjɔ̃] nf persecution.

persévérance [pɛrseverɑ̃s] nf persever-ance.

persévérant, e [pɛrseverɑ̃, ɑ̃t] adj perse-vering.

persévérer [18] [pɛrsevere] vi : ~ **(dans)** to persevere (in).

persienne [pɛrsjɛn] nf shutter.

persiflage [pɛrsiflaʒ] nm mockery.

persifler [3] [pɛrsifle] vt littéraire to mock.

persifleur, euse [pɛrsiflœr, øz] ◇ adj mocking ◇ nm, f mocker.

persil [pɛrsi] nm parsley.

persillé, e [pɛrsije] adj - **1.** [plat] with parsley - **2.** [viande] marbled ; [fromage] veined, blue-veined.

Persique [pɛrsik] ▷ **golfe**.

persistance [pɛrsistɑ̃s] nf persistence.

persistant, e [pɛrsistɑ̃, ɑ̃t] adj persistent ; **arbre à feuillage ~** evergreen (tree).

persister [3] [pɛrsiste] vi to persist ; ~ **à faire qqch** to persist in doing sthg ; ~ **dans qqch** to persist in sthg.

personnage [pɛrsɔnaʒ] nm - **1.** [dignitaire] fig-ure - **2.** THÉÂTRE character ; ART figure - **3.** [per-sonnalité] image - **4.** péj [individu] character, in-dividual.

personnaliser [3] [pɛrsɔnalize] vt to person-alize.

personnalité [pɛrsɔnalite] nf - **1.** [gén] per-sonality - **2.** JUR status.

personne [pɛrsɔn] ⬦ *nf* person ; **~s** people ; **en ~** in person, personally ; **~ âgée** elderly person ; **~ morale** legal entity ⬦ *pron indéf* **- 1.** [quelqu'un] anybody, anyone ; **je me demande si ~ arrivera un jour à le convaincre** I wonder if anyone will ever convince him **- 2.** [aucune personne] nobody, no one ; **~ ne viendra** nobody will come ; **il n'y a jamais ~** there's never anybody there, nobody is ever there ; **~ d'autre** nobody ou no one else.

personnel, elle [pɛrsɔnɛl] *adj* **- 1.** [gén] personal **- 2.** [égoïste] self-centred.

➤ **personnel** *nm* staff, personnel ; **~ navigant** flight crew.

personnellement [pɛrsɔnɛlmɑ̃] *adv* personally.

personnification [pɛrsɔnifikasjɔ̃] *nf* personification.

personnifier [9] [pɛrsɔnifje] *vt* to personify.

perspective [pɛrspɛktiv] *nf* **- 1.** ART [point de vue] perspective **- 2.** [panorama] view **- 3.** [éventualité] prospect.

perspicace [pɛrspikas] *adj* perspicacious.

perspicacité [pɛrspikasite] *nf* perspicacity.

persuader [3] [pɛrsɥade] *vt* : **~ qqn de qqch/de faire qqch** to persuade sb of sthg/to do sthg, to convince sb of sthg/to do sthg.

➤ **se persuader** *vp* : **se ~ que** to persuade ou convince o.s. (that) ; **se ~ de** to persuade ou convince o.s. of.

persuasif, ive [pɛrsɥazif, iv] *adj* persuasive.

persuasion [pɛrsɥazjɔ̃] *nf* persuasion.

perte [pɛrt] *nf* **- 1.** [gén] loss ; **à ~** COMM at a loss ; **~ sèche** dead loss **- 2.** [gaspillage - de temps] waste ; **en pure ~** for absolutely nothing **- 3.** [ruine, déchéance] ruin ; **courir/aller à sa ~** to be on the road to ruin.

➤ **pertes** *nfpl* [morts] losses.

➤ **à perte de vue** *loc adv* as far as the eye can see.

pertinemment [pɛrtinamɑ̃] *adv* pertinently.

pertinence [pɛrtinɑ̃s] *nf* pertinence, relevance.

pertinent, e [pɛrtinɑ̃, ɑ̃t] *adj* pertinent, relevant.

perturbateur, trice [pɛrtyrbatœr, tris] ⬦ *adj* disruptive ⬦ *nm, f* troublemaker.

perturbation [pɛrtyrbasjɔ̃] *nf* disruption ; ASTRON & MÉTÉOR disturbance.

perturber [3] [pɛrtyrbe] *vt* **- 1.** [gén] to disrupt ; **~ l'ordre public** to disturb the peace **- 2.** PSYCHOL to disturb.

péruvien, enne [peryvjɛ̃, ɛn] *adj* Peruvian.

➤ **Péruvien, enne** *nm, f* Peruvian.

pervenche [pɛrvɑ̃ʃ] ⬦ *nf* **- 1.** BOT periwinkle **- 2.** *fam* [contractuelle] traffic warden *Br*, meter maid *Am* ⬦ *adj inv* (periwinkle) blue.

pervers, e [pɛrvɛr, ɛrs] ⬦ *adj* **- 1.** [vicieux] perverted **- 2.** [effet] unwanted ⬦ *nm, f* pervert.

perversion [pɛrvɛrsjɔ̃] *nf* perversion.

perversité [pɛrvɛrsite] *nf* perversity.

pervertir [32] [pɛrvɛrtir] *vt* to pervert.

➤ **se pervertir** *vp* to become perverted.

pesage [pəzaʒ] *nm* **- 1.** [pesée] weighing **- 2.** [de jockey] weigh-in.

pesamment [pəzamɑ̃] *adv* heavily.

pesant, e [pəzɑ̃, ɑ̃t] *adj* **- 1.** [lourd] heavy **- 2.** [style, architecture] ponderous.

➤ **pesant** *nm* : **valoir son ~ d'or** *fig* to be worth its/one's weight in gold.

pesanteur [pəzɑ̃tœr] *nf* **- 1.** PHYS gravity **- 2.** [lourdeur] heaviness.

pesée [pəze] *nf* **- 1.** [opération] weighing **- 2.** [quantité] weight **- 3.** [pression] pressure, force.

pèse-lettre [pɛzlɛtr] (*pl inv* ou **pèse-lettres**) *nm* letter-scales.

pèse-personne [pɛzpɛrsɔn] (*pl inv* ou **pèse-personnes**) *nm* scales (*pl*).

peser [19] [pəze] ⬦ *vt* to weigh ; **tout bien pesé** *fig* all things considered ⬦ *vi* **- 1.** [avoir un certain poids] to weigh **- 2.** [être lourd] to be heavy ; **~ à qqn** *fig* to weigh on sb ; **~ sur** *fig* [accabler] to weigh heavy on ; *fig* [influer sur] to influence **- 3.** [appuyer] : **~ sur qqch** to press (down) on sthg.

➤ **se peser** *vp* to weigh o.s.

peseta [pezeta] *nf* peseta.

pessimisme [pesimism] *nm* pessimism.

pessimiste [pesimist] ⬦ *nmf* pessimist ⬦ *adj* pessimistic.

peste [pɛst] *nf* **- 1.** MÉD plague ; **craindre qqn/qqch comme la ~** *fig* to be terrified of sb/sthg ; **fuir qqn/qqch comme la ~** *fig* to avoid sb/sthg like the plague **- 2.** [personne] pest.

pester [3] [pɛste] *vi* : **~ (contre qqn/qqch)** to curse (sb/sthg).

pesticide [pɛstisid] ⬦ *nm* pesticide ⬦ *adj* pesticidal.

pestiféré, e [pɛstifere] ⬦ *adj* plague-stricken ⬦ *nm, f* plague victim.

pestilentiel, elle [pɛstilɑ̃sjɛl] *adj* pestilential.

pet [pɛ] *nm fam* fart.

pétale [petal] *nm* petal.

pétanque [petɑ̃k] *nf* ≃ bowls (*U*).

pétant, e [petɑ̃, ɑ̃t] *adj fam* on the dot.

pétarader [3] [petaradel] *vi* to backfire.

pétard [petar] *nm* - **1.** [petit explosif] banger *Br*, firecracker - **2.** *fam* [revolver] gun - **3.** *fam* [postérieur] bum *Br*, butt *Am* - **4.** *fam* [haschich] joint.

pet-de-nonne [pɛdnɔn] (*pl* pets-de-nonne) *nm very light fritter.*

péter [18] [pete] ◇ *vi* - **1.** *tfam* [personne] to fart - **2.** *fam* [câble, élastique] to snap ◇ *vt fam* to bust.

pète-sec [pɛtsɛk] *adj inv fam* bossy.

pétillant, e [petijɑ̃, ɑ̃t] *adj litt* & *fig* sparkling.

pétiller [3] [petije] *vi* - **1.** [vin, eau] to sparkle, to bubble - **2.** [feu] to crackle - **3.** *fig* [yeux] to sparkle ; **~ de** [personne] to bubble with ; [yeux] to sparkle with.

petiot, e [pətjo, ɔt] ◇ *adj* teeny ◇ *nm, f* little one.

petit, e [pəti, it] ◇ *adj* - **1.** [de taille, jeune] small, little ; **~ frère** little *ou* younger brother ; **~e sœur** little *ou* younger sister - **2.** [voyage, visite] short, little - **3.** [faible, infime - somme d'argent] small ; [- bruit] faint, slight ; **c'est une ~e nature** he/she is slightly built - **4.** [de peu d'importance, de peu de valeur] minor - **5.** [médiocre, mesquin] petty - **6.** [de rang modeste - commerçant, propriétaire, pays] small ; [- fonctionnaire] minor ; **les ~es gens** people of modest means ◇ *nm, f* - **1.** [personne de petite taille] small man (*f* woman) - **2.** [enfant] little one, child ; **bonjour, mon ~/ma ~e** good morning, my dear ; **pauvre ~!** poor little thing! ; **la classe des ~s** *SCOL* the infant class ◇ *nm* - **1.** [jeune animal] young (*U*) ; **faire des ~s** to have puppies/kittens *etc* - **2.** (*gén pl*) [personne modeste] little man.

➤ **petit à petit** *loc adv* little by little, gradually.

petit-beurre [p(ə)tibœr] (*pl* petits-beurre) *nm small biscuit.*

petit-bourgeois, petite-bourgeoise [p(ə)tiburʒwa, p(ə)titburʒwaz] (*mpl* petits-bourgeois, *fpl* petites-bourgeoises) *péj* ◇ *adj* lower middle-class ◇ *nm, f* lower middle-class person.

petit déjeuner [p(ə)tidezœne] (*pl* petits déjeuners) *nm* breakfast.

petit-déjeuner [5] [p(ə)tidezœne] *vi* to have breakfast, to breakfast.

petite-fille [p(ə)titfij] (*pl* petites-filles) *nf* granddaughter.

petitement [p(ə)titmɑ̃] *adv* - **1.** [être logé in] cramped conditions - **2.** [chichement - vivre] poorly - **3.** [mesquinement] pettily.

petitesse [p(ə)titɛs] *nf* - **1.** [de personne, de revenu] smallness - **2.** [d'esprit] pettiness.

petit-fils [p(ə)tifis] (*pl* petits-fils) *nm* grandson.

petit-four [p(ə)tifur] (*pl* petits-fours) *nm* petit-four.

pétition [petisjɔ̃] *nf* petition.

pétitionner [3] [petisjɔne] *vi* to petition.

petit-lait [p(ə)tilɛ] (*pl* petits-laits) *nm* whey.

petit-nègre [p(ə)tinɛgr] *nm inv fam* pidgin French.

petits-enfants [p(ə)tizɑ̃fɑ̃] *nmpl* grandchildren.

petit-suisse [p(ə)tisɥis] (*pl* petits-suisses) *nm fresh soft cheese, eaten with sugar.*

peton [pətɔ̃] *nm fam* foot.

pétrifier [9] [petrifje] *vt litt* & *fig* to petrify.
➤ **se pétrifier** *vp* to become petrified.

pétrin [petrɛ̃] *nm* - **1.** [de boulanger] kneading machine - **2.** *fam* [embarras] pickle ; **se fourrer/être dans le ~** to get into/to be in a pickle.

pétrir [32] [petrir] *vt* - **1.** [pâte, muscle] to knead - **2.** *fig* & *littéraire* [personne] to mould ; **pétri d'orgueil** filled with pride.

pétrochimie [petrɔʃimi] *nf* petrochemistry.

pétrochimique [petrɔʃimik] *adj* petrochemical.

pétrodollar [petrɔdɔlar] *nm* petrodollar.

pétrole [petrɔl] *nm* oil, petroleum ; **~ lampant** paraffin (oil) *Br*, kerosene *Am*.

pétrolier, ère [petrɔlje, ɛr] *adj* oil (*avant n*), petroleum (*avant n*).
➤ **pétrolier** *nm* - **1.** [navire] oil tanker - **2.** [personne] oil magnate.

pétrolifère [petrɔlifɛr] *adj* oil-bearing.

pétulant, e [petylɑ̃, ɑ̃t] *adj* exuberant.

pétunia [petynja] *nm* petunia.

peu [pø] ◇ *adv* - **1.** (*avec verbe, adjectif, adverbe*) : **il a ~ dormi** he didn't sleep much, he slept little ; **c'est un livre ~ intéressant** it's not a very interesting book ; **~ souvent** not very often, rarely ; **très ~** very little - **2.** : **~ de** (+ *nom sg*) little, not much ; (+ *nom pl*) few, not many ; **il a ~ de travail** he hasn't got much work, he has little work ; **c'est (bien) ~ de chose** it's not much ; **il reste ~ de jours** there aren't many days left ; **~ d'élèves l'ont compris** few *ou* not many students understood him ; **~ de gens le connaissent** few *ou* not many know him ◇ *nm* - **1.** [petite quantité] : **le ~ de** (+ *nom sg*) the little ; (+ *nom pl*) the few ; **avec mon ~ de moyens** with the little I possess - **2.** : **un ~** a little, a bit ; **je le connais un ~** I know him slightly *ou* a little ; **un (tout)**

petit ~ a little bit ; **elle est un ~ sotte** she's a bit stupid ; **tu parles un ~ fort** you're talking a little too loudly ; **un ~ de** a little ; **un ~ de vin/patience** a little wine/patience.

➤ **avant peu** *loc adv* soon, before long.

➤ **depuis peu** *loc adv* recently.

➤ **peu à peu** *loc adv* gradually, little by little.

➤ **pour peu que** (+ *subjonctif*) *loc conj* if ever, if only.

➤ **pour un peu** *loc adv* nearly, almost.

➤ **si peu que** (+ *subjonctif*) *loc conj* however little.

➤ **sous peu** *loc adv* soon, shortly.

peul, e [pøl] *adj* Fulani.

➤ **peul** *nm* [langue] Fulani.

➤ **Peul, e** *nm, f* Fulani.

peuplade [pœplad] *nf* tribe.

peuple [pœpl] *nm* - **1.** [gén] people ; **le ~ the** (common) people - **2.** *fam* [multitude] : **quel ~!** what a crowd!

peuplé, e [pœple] *adj* populated.

peuplement [pœpləmɑ̃] *nm* - **1.** [action] populating - **2.** [population] population.

peupler [5] [pœple] *vt* - **1.** [pourvoir d'habitants - région] to populate ; [- bois, étang] to stock - **2.** [habiter, occuper] to inhabit - **3.** *fig* [remplir] to fill.

➤ **se peupler** *vp* - **1.** [région] to become populated - **2.** [rue, salle] to be filled.

peuplier [pøplije] *nm* poplar.

peur [pœr] *nf* fear ; **avoir ~ de qqn/qqch** to be afraid of sb/sthg ; **avoir ~ de faire qqch** to be afraid of doing sthg ; **avoir ~ que** (+ *subjonctif*) to be afraid that ; **j'ai ~ qu'il ne vienne pas** I'm afraid he won't come ; **faire ~ à qqn** to frighten sb ; **par** OU **de ~ de qqch** for fear of sthg ; **par** OU **de ~ de faire qqch** for fear of doing sthg ; **il n'a pas ~ du ridicule** he doesn't mind making a fool of himself ; **avoir une ~ bleue** de to be scared stiff of ; **avoir plus de ~ que de mal** to be more frightened than hurt ; **laid à faire ~** horribly ugly ; **mourir de ~** to die of fright ; **prendre ~** to take fright.

peureux, euse [pœrø, øz] ◇ *adj* fearful, timid ◇ *nm, f* fearful OU timid person.

peut ▷ **pouvoir**.

peut-être [pøtɛtr] *adv* perhaps, maybe ; **~ qu'ils ne viendront pas, ils ne viendront ~ pas** perhaps OU maybe they won't come ; **~ pas** perhaps OU maybe not.

peux ▷ **pouvoir**.

p. ex. (*abr de* par exemple) e.g.

pH (*abr de* potential of hydrogen) *nm* pH.

phalange [falɑ̃ʒ] *nf* - **1.** ANAT phalanx - **2.** POLIT falange.

phallique [falik] *adj* phallic.

phallocrate [falɔkrat] ◇ *nm* male chauvinist ◇ *adj* male chauvinist (*avant n*) ; [milieu] male-dominated.

phallus [falys] *nm* phallus.

pharaon [faraɔ̃] *nm* pharaoh.

phare [far] ◇ *nm* - **1.** [tour] lighthouse - **2.** AUTOM headlight ; **~ antibrouillard** fog lamp ◇ *adj* landmark (*avant n*) ; **une industrie ~** a flagship OU pioneering industry.

pharmaceutique [farmasøtik] *adj* pharmaceutical.

pharmacie [farmasi] *nf* - **1.** [science] pharmacology - **2.** [magasin] chemist's *Br*, drugstore *Am* - **3.** [meuble] : **(armoire à) ~** medicine cupboard.

pharmacien, enne [farmasjɛ̃, ɛn] *nm, f* chemist *Br*, druggist *Am*.

pharmacologie [farmakɔlɔʒi] *nf* pharmacology.

pharyngite [farɛ̃ʒit] *nf* pharyngitis (*U*).

pharynx [farɛ̃ks] *nm* pharynx.

phase [faz] *nf* phase ; **être en ~ avec qqn** to be on the same wavelength as sb.

phénix [feniks] *nm* - **1.** MYTH phoenix - **2.** [personne] paragon.

phénoménal, e, aux [fenɔmenal, o] *adj* phenomenal.

phénomène [fenɔmɛn] *nm* - **1.** [fait] phenomenon - **2.** [être anormal] freak - **3.** *fam* [excentrique] character.

philanthropie [filɑ̃trɔpi] *nf* philanthropy.

philanthropique [filɑ̃trɔpik] *adj* philanthropic.

philatélie [filateli] *nf* philately, stamp-collecting.

philatéliste [filatelist] *nmf* philatelist, stamp-collector.

philharmonique [filarmɔnik] *adj* philharmonic.

philippin, e [filipɛ̃, in] *adj* Filipino.

➤ **Philippin, e** *nm, f* Filipino.

Philippines [filipin] *nfpl* : **les ~** the Philippines ; **aux ~** in the Philippines.

philistin [filistɛ̃] *nm* philistine.

philodendron [filɔdɛ̃drɔ̃] *nm* philodendron.

philologie [filɔlɔʒi] *nf* philology.

philosophe [filɔzɔf] ◇ *nmf* philosopher ◇ *adj* philosophical.

philosopher [3] [filɔzɔfe] *vi* to philosophize.

philosophie [filɔzɔfi] *nf* philosophy.

philosophique [filɔzɔfik] *adj* philosophical.

philosophiquement [filɔzɔfikmã] *adv* philosophically.

philtre [filtr] *nm* love potion.

phlébite [flebit] *nf* phlebitis.

Phnom Penh [pnɔmpɛn] *n* Phnom Penh.

phobie [fɔbi] *nf* phobia.

phobique [fɔbik] *nmf* & *adj* phobic.

phonème [fɔnɛm] *nm* phoneme.

phonétique [fɔnetik] ◇ *nf* phonetics *(U)* ◇ *adj* phonetic.

phonétiquement [fɔnetikmã] *adv* phonetically.

phono [fɔno] *nm fam vieilli* gramophone *Br*, phonograph *Am*.

phonographe [fɔnɔgraf] *nm vieilli* gramophone *Br*, phonograph *Am*.

phoque [fɔk] *nm* seal.

phosphate [fɔsfat] *nm* phosphate.

phosphaté, e [fɔsfate] *adj* : **engrais ~** phosphate fertilizer.

phosphore [fɔsfɔr] *nm* phosphorus.

phosphorescent, e [fɔsfɔresɑ̃, ɑ̃t] *adj* phosphorescent.

photo [fɔto] ◇ *nf* - **1.** [technique] photography - **2.** [image] photo, picture ; **prendre qqn en ~** to take a photo of sb ; **~ d'identité** passport photo ; **~ noir et blanc** black and white photo ; **~ couleur** colour *Br ou* color *Am* photo ; **y'a pas ~** *fam* there's no comparison ◇ *adj inv* : **appareil ~** camera.

photocomposition [fɔtokɔ̃pozisjɔ̃] *nf* filmsetting *Br*, photocomposition *Am*.

photocopie [fɔtokɔpi] *nf* - **1.** [procédé] photocopying - **2.** [document] photocopy.

photocopier [9] [fɔtokɔpje] *vt* to photocopy.

photocopieur [fɔtokɔpjœr] *nm*, **photocopieuse** [fɔtokɔpjøz] *nf* photocopier.

photoélectrique [fɔtoelɛktrik] *adj* photoelectric.

photogénique [fɔtoʒenik] *adj* photogenic.

photographe [fɔtograf] *nmf* - **1.** [artiste, technicien] photographer - **2.** [commerçant] camera dealer.

photographie [fɔtografi] *nf* - **1.** [technique] photography - **2.** [cliché] photograph.

photographier [9] [fɔtografje] *vt* to photograph.

photographique [fɔtografik] *adj* photographic.

Photomaton® [fɔtomatɔ̃] *nm* photo booth.

photomontage [fɔtomɔ̃taʒ] *nm* photomontage.

photoreportage [fɔtorəpɔrtaʒ] *nm* PRESSE report *(consisting mainly of photographs)*.

photosensible [fɔtosɑ̃sibl] *adj* photosensitive.

photothèque [fɔtotɛk] *nf* photograph library.

phrase [fraz] *nf* - **1.** LING sentence ; **~ toute faite** stock phrase - **2.** MUS phrase.

phraséologie [frazeɔlɔʒi] *nf* phraseology ; *péj* verbiage.

phraseur, euse [frazœr, øz] *nm, f péj* verbose person.

phréatique [freatik] *adj* : **nappe ~** water table.

phrygien, enne [friʒjɛ̃, ɛn] *adj* Phrygian.
➤ **Phrygien, enne** *nm, f* Phrygian.

phtisie [ftizi] *nf vieilli* consumption.

phylloxéra, phylloxera [filɔksera] *nm* phylloxera.

physicien, enne [fizisjɛ̃, ɛn] *nm, f* physicist.

physiologie [fizjɔlɔʒi] *nf* physiology.

physiologique [fizjɔlɔʒik] *adj* physiological.

physiologiquement [fizjɔlɔʒikmã] *adv* physiologically.

physionomie [fizjɔnɔmi] *nf* - **1.** [faciès] face - **2.** [apparence] physiognomy.

physionomiste [fizjɔnɔmist] ◇ *nmf* person with a good memory for faces ◇ *adj* : **être ~** to have a good memory for faces.

physiothérapie [fizjɔterapi] *nf natural medicine based on treatment using water, air, light etc.*

physique [fizik] ◇ *adj* physical ◇ *nf* SCIENCE physics *(U)* ◇ *nm* - **1.** [constitution] physical well-being - **2.** [apparence] physique.

physiquement [fizikmã] *adv* physically.

phytothérapie [fitɔterapi] *nf* herbal medicine.

p.i. *abr de* par intérim.

piaf [pjaf] *nm fam* sparrow.

piaffer [3] [pjafe] *vi* - **1.** [cheval] to paw the ground - **2.** [personne] to fidget.

piaillement [pjajmã] *nm* - **1.** [d'oiseau] cheeping - **2.** [d'enfant] squawking.

piailler [3] [pjaje] *vi* - **1.** [oiseaux] to cheep - **2.** [enfant] to squawk.

pianiste [pjanist] *nmf* pianist.

piano [pjano] ◇ *nm* piano ; **~ demi-queue**

baby grand (piano) ; ~ **droit** upright (piano) ; ~ **mécanique** player piano ; ~ **à queue** grand (piano) ◇ *adv* - **1.** *MUS* piano - **2.** [doucement] gently.

pianoter [3] [pjanɔte] *vi* - **1.** [jouer du piano] to plunk away (on the piano) - **2.** [sur table] to drum one's fingers.

piaule [pjol] *nf fam* [hébergement] place ; [chambre] room.

piauler [3] [pjole] *vi* - **1.** [oiseau] to cheep - **2.** [enfant] to whimper.

PIB (*abr de* produit intérieur brut) *nm* GDP.

pic [pik] *nm* - **1.** [outil] pick, pickaxe *Br*, pickax *Am* - **2.** [montagne] peak - **3.** [oiseau] woodpecker - **4.** : *fig* [maximum] ~ **d'audience** top (audience) ratings ; **on a observé des ~s de pollution** pollution levels reached a peak, pollution levels peaked.

▸ **à pic** *loc adv* - **1.** [verticalement] vertically ; **couler à ~** to sink like a stone - **2.** *fam* *fig* [à point nommé] just at the right moment.

pichenette [piʃnɛt] *nf* flick (of the finger).

pichet [piʃɛ] *nm* jug.

pickpocket [pikpɔkɛt] *nm* pickpocket.

pick-up [pikœp] *nm inv* - **1.** *vieilli* [tourne-disque] record player - **2.** [camionnette] pick-up (truck).

picoler [3] [pikɔle] *vi fam* to booze.

picorer [3] [pikɔre] *vi* & *vt* to peck.

picotement [pikɔtmɑ̃] *nm* prickling *(U)*, prickle.

picoter [3] [pikɔte] *vt* - **1.** [yeux] to make sting - **2.** [pain] to peck (at).

pictogramme [piktɔgram] *nm* pictogram.

pictural, e, aux [piktyral, o] *adj* pictorial.

pic-vert = pivert.

pie [pi] ◇ *nf* - **1.** [oiseau] magpie - **2.** *fig* & *péj* [bavard] chatterbox ◇ *adj inv* [cheval] piebald.

pièce [pjɛs] *nf* - **1.** [élément] piece ; [de moteur] part ; **mettre en ~s** [vêtement] to tear to pieces ; [assiette, tasse] to smash to pieces ; ~ **de collection** collector's item ; ~ **détachée** spare part ; **en ~s détachées** *fig* in little bits *ou* pieces ; ~ **de musée** museum piece ; **créer/inventer qqch de toutes ~s** to create/invent sthg from start to finish - **2.** [unité] : **quinze francs ~** fifteen francs each *ou* apiece ; **acheter/vendre qqch à la ~** to buy/sell sthg singly, to buy/sell sthg separately ; **travailler à la ~** to do piece work - **3.** [document] document, paper ; ~ **à conviction** object produced as evidence, exhibit ; ~ **d'identité** identification papers *(pl)* ; ~ **justificative** written proof *(U)*, supporting document - **4.** [œuvre littéraire ou musicale]

piece ; ~ **(de théâtre)** play - **5.** [argent] : ~ **(de monnaie)** coin - **6.** [de maison] room - **7.** *COUTURE* patch.

▸ **pièce d'eau** *nf* large pond, ornamental lake.

▸ **pièce montée** *nf* tiered cake.

piécette [pjesɛt] *nf* small coin.

pied [pje] *nm* - **1.** [gén] foot ; **à ~** on foot ; **avoir ~** to be able to touch the bottom ; **perdre ~** *litt* & *fig* to be out of one's depth ; **à ~s joints** with one's feet together ; **être/marcher ~s nus** *ou* **nu-~s** to be/to go barefoot ; ~ **bot** [handicap] clubfoot - **2.** *CULIN* : ~ **de porc** pig's trotter - **3.** [base - de montagne, table] foot ; [- de verre] stem ; [- de lampe] base - **4.** [plant - de tomate] stalk ; [- de vigne] stock - **5.** *loc* : **attendre qqch/qqn de ~ ferme** to be ready for sb/sthg ; **c'est le ~** *fam* it's great ; **casser les ~s à qqn** *fam* to get on sb's nerves ; **comme un ~** [chanter, conduire] *fam* terribly ; **être au ~ du mur** to have one's back to the wall ; **être sur ~** to be (back) on one's feet, to be up and about ; **être sur un ~ d'égalité (avec)** to be on an equal footing (with) ; **faire du ~ à** to play footsie with ; **faire le ~ de grue** to wait about ; **faire des ~s et des mains** to move heaven and earth, to do one's utmost ; **faire un ~ de nez à qqn** to thumb one's nose at sb ; **ça te fera les ~s!** *fam* it'll serve you right! ; **fouler qqch aux ~s** to ride roughshod over sthg ; **se lever du bon ~/du ~ gauche** to get out of bed on the right/wrong side ; **mettre qqch sur ~** to get sthg on its feet, to get sthg off the ground ; **mettre qqn au ~ du mur** to drive sb to the wall ; **mettre les ~s dans le plat** *fam* to put one's foot in it ; **je n'ai jamais mis les ~s chez lui** I've never set foot in his house ; **au ~ de la lettre** literally, to the letter ; **de ~ en cap** from head to toe ; **ne pas savoir sur quel ~ danser** not to know which way to turn ; **ne pas se laisser marcher sur les ~s** not to let anyone tread on one's toes ; **prendre son ~** *fam* [sexuellement] to come ; *fig* to be in seventh heaven ; **retomber sur ses ~s** to land on one's feet.

▸ **en pied** *loc adj* [portrait] full-length.

pied-à-terre [pjetatɛr] *nm inv* pied-à-terre.

pied-de-biche [pjedbiʃ] *(pl* **pieds-de-biche)** *nm* - **1.** [outil] nail claw - **2.** *COUTURE* presser foot.

pied-de-poule [pjedpul] *(pl* **pieds-de-poule)** ◇ *nm* houndstooth (material) ◇ *adj inv* houndstooth *(avant n)*.

piédestal, aux [pjedɛstal, o] *nm* pedestal.

piedmont = piémont.

pied-noir (*pl* **pieds-noirs**) [pjenwar] *nmf* French settler in Algeria.

piège [pjεʒ] *nm litt* & *fig* trap ; **être pris au ~** to be trapped ; **tendre un ~** to set a trap.

piéger [22] [pjeʒe] *vt* - **1.** [animal, personne] to trap - **2.** [colis, véhicule] to boobytrap.

piémont, piedmont [pjemɔ̃] *nm* piedmont glacier/plain.

piercing [piːrsiŋ] *nm* body piercing.

pierraille [pjεraj] *nf* loose stones (*pl*).

pierre [pjεr] *nf* stone ; **~ d'achoppement** *fig* stumbling block ; **~ précieuse** precious stone ; **poser la première ~** *CONSTR* to lay the foundation stone ; *fig* to lay the foundations ; **faire d'une ~ deux coups** *fig* to kill two birds with one stone.

pierreries [pjεrri] *nfpl* precious stones, jewels.

piété [pjete] *nf* piety.

piétiner [3] [pjetine] <> *vi* - **1.** [trépigner] to stamp (one's feet) - **2.** *fig* [ne pas avancer] to make no progress, to be at a standstill <> *vt* - **1.** [personne, parterre] to trample - **2.** *fig* [principes] to ride roughshod over.

piéton, onne [pjetɔ̃, ɔn] <> *nm, f* pedestrian <> *adj* pedestrian (*avant n*).

piétonnier, ère [pjetɔnje, εr] *adj* pedestrian (*avant n*).

piètre [pjεtr] *adj* poor.

pieu, x [pjø] *nm* - **1.** [poteau] post, stake - **2.** *fam* [lit] pit *Br*, sack *Am*.

pieusement [pjøzmɑ̃] *adv* - **1.** *RELIG* piously - **2.** *fig* [conserver] religiously.

pieuter [3] [pjøte] ◆ **se pieuter** *vp fam* to hit the hay.

pieuvre [pjœvr] *nf* octopus ; *fig* & *péj* leech.

pieux, pieuse [pjø, pjøz] *adj* - **1.** [personne, livre] pious - **2.** [soins] devoted - **3.** [silence] reverent.

pif [pif] *nm fam* conk, hooter *Br* ; **au ~** *fig* by guesswork.

pige [piʒ] *nf* - **1.** *PRESSE* : **travailler à la ~** to work freelance - **2.** *fam* [an] : **avoir 30 ~s** to be 30 (years old).

pigeon [piʒɔ̃] *nm* - **1.** [oiseau] pigeon ; **~ voyageur** carrier pigeon, homing pigeon - **2.** *fam péj* [personne] sucker.

pigeonnant, e [piʒɔnɑ̃, ɑ̃t] *adj* [soutien-gorge] uplift (*avant n*) ; [poitrine] prominent.

pigeonner [3] [piʒɔne] *vt fam* to cheat.

pigeonnier [piʒɔnje] *nm* - **1.** [pour pigeons] pigeon loft, dovecote - **2.** *fig* & *vieilli* [logement] garret.

piger [17] [piʒe] *fam* <> *vt* to understand <> *vi* to catch on, to get it.

pigiste [piʒist] *nmf* freelance.

pigment [pigmɑ̃] *nm* pigment.

pigmentation [pigmɑ̃tasjɔ̃] *nf* pigmentation.

pignon [piɲɔ̃] *nm* - **1.** [de mur] gable ; **avoir ~ sur rue** *fig* to be a person of substance - **2.** [d'engrenage] gearwheel - **3.** [de pomme de pin] pine kernel.

pilaf [pilaf] ▷ **riz**.

pile [pil] <> *nf* - **1.** [de livres, journaux] pile - **2.** *ÉLECTR* battery - **3.** [de pièce] : **~ ou face** heads or tails <> *adv fam* on the dot ; **tomber/arriver ~** to come/to arrive at just the right time.

piler [3] [pile] <> *vt* - **1.** [amandes] to crush, to grind - **2.** *fam fig* [adversaire] to thrash <> *vi fam AUTOM* to jam on the brakes.

pileux, euse [pilø, øz] *adj* hairy (*avant n*) ; **système ~** hair.

pilier [pilje] *nm* - **1.** [de construction] pillar - **2.** *fig* [soutien] mainstay, pillar - **3.** *fig* & *péj* [habitué] : **c'est un ~ de bar** he's always propping up the bar - **4.** *RUGBY* prop (forward).

pillage [pijaʒ] *nm* looting.

pillard, e [pijar, ard] <> *nm, f* looter <> *adj* looting (*avant n*).

piller [3] [pije] *vt* - **1.** [ville, biens] to loot - **2.** *fig* [ouvrage, auteur] to plagiarize.

pilon [pilɔ̃] *nm* - **1.** [instrument] pestle ; **mettre au ~** to pulp - **2.** [de poulet] drumstick - **3.** [jambe de bois] wooden leg.

pilonner [3] [pilɔne] *vt* to pound.

pilori [pilɔri] *nm* pillory ; **mettre OU clouer qqn au ~** *fig* to pillory sb.

pilotage [pilɔtaʒ] *nm* piloting ; **~ automatique** automatic piloting.

pilote [pilɔt] <> *nm* - **1.** [d'avion] pilot ; [de voiture] driver ; **~ automatique** autopilot ; **~ de chasse** fighter pilot ; **~ de course** racing *Br* OU race *Am* driver ; **~ d'essai** test pilot ; **~ de ligne** airline pilot - **2.** [poisson] pilot fish <> *adj* pilot (*avant n*), experimental.

piloter [3] [pilɔte] *vt* - **1.** [avion] to pilot ; [voiture] to drive - **2.** [personne] to show around.

pilotis [pilɔti] *nm* pile.

pilule [pilyl] *nf* pill ; **prendre la ~** to be on the pill ; **dorer la ~ à qqn** *fig* to sugar the pill for sb.

pimbêche [pɛ̃bεʃ] *péj* <> *nf* stuck-up woman, stuck-up girl <> *adj* stuck-up.

piment [pimɑ̃] *nm* - **1.** [plante] pepper, capsicum ; **~ rouge** chilli pepper, hot red pepper - **2.** *fig* [piquant] spice ; **donner du ~ à qqch** to spice sthg up.

pimenter [3] [pimɑ̃te] *vt* - **1.** [plat] to put chillis in - **2.** *fig* [récit] to spice up.

pimpant, e [pɛ̃pɑ̃, ɑ̃t] *adj* smart.

pin [pɛ̃] *nm* pine ; **~ parasol** umbrella pine ; **~ sylvestre** Scots pine.

pin's [pinz] *nm inv* badge.

pinacle [pinakl] *nm* ARCHIT pinnacle ; **porter qqn au ~** *fig* to praise sb to the skies.

pinailler [3] [pinaje] *vi fam* to split hairs ; **~ sur** to quibble about.

pinard [pinar] *nm fam* wine, *péj* plonk *Br*, jug wine *Am*.

pince [pɛ̃s] *nf* - **1.** [grande] pliers *(pl)* - **2.** [petite] : **~ (à épiler)** tweezers *(pl)* ; **~ à linge** clothes peg *Br*, clothespin *Am* - **3.** [de crabe] pincer - **4.** *fam* [main] mitt - **5.** *fam* [jambe] : **à ~s** on foot - **6.** COUTURE dart.

pincé, e [pɛ̃se] *adj* - **1.** [air, sourire] prim - **2.** [nez] pinched.

pinceau, x [pɛ̃so] *nm* - **1.** [pour peindre] brush - **2.** *fam* [pied] foot.

pincée [pɛ̃se] *nf* pinch.

pincement [pɛ̃smɑ̃] *nm* pinching ; **~ au cœur** *fig* pang of sorrow.

pince-monseigneur [pɛ̃smɔ̃sɛɲœr] *(pl* pinces-monseigneur) *nf* jemmy *Br*, jimmy *Am*.

pince-nez [pɛ̃sne] *nm inv* pince-nez.

pincer [16] [pɛ̃se] ◇ *vt* - **1.** [serrer] to pinch ; MUS to pluck ; [lèvres] to purse - **2.** *fam fig* [arrêter] to nick *Br*, to catch ; **se faire ~** to get nicked *Br*, to get caught - **3.** [suj : froid] to nip ◇ *vi fam* - **1.** [faire froid] : **ça pince!** it's a bit nippy! - **2.** *fig* [avoir le béguin] : **en ~ pour qqn** to be crazy about sb.

➠ **se pincer** *vp* : **se ~ le doigt** to jam *ou* catch one's finger ; **se ~ le nez** to hold one's nose.

pince-sans-rire [pɛ̃ssɑ̃rir] *nmf inv* person with a deadpan face.

pincettes [pɛ̃sɛt] *nfpl* [ustensile] tongs ; **il n'est pas à prendre avec des ~** *fig* he's like a bear with a sore head.

pinçon [pɛ̃sɔ̃] *nm* pinch mark.

pinède [pined], **pineraie** [pinrɛ], **pinière** [pinjɛr] *nf* pine wood.

pingouin [pɛ̃gwɛ̃] *nm* penguin.

ping-pong [piŋpɔ̃g] *(pl* ping-pongs) *nm* ping pong, table tennis.

pingre [pɛ̃gr] *péj* ◇ *nmf* skinflint ◇ *adj* stingy.

pingrerie [pɛ̃grəri] *nf péj* stinginess.

pinière = pinède.

pinson [pɛ̃sɔ̃] *nm* chaffinch ; **gai comme un ~** *fig* happy as a lark.

pintade [pɛ̃tad] *nf* guinea fowl.

pintadeau, x [pɛ̃tado] *nm* young guinea fowl.

pinte [pɛ̃t] *nf* - **1.** [mesure anglo-saxonne] pint - **2.** *vieilli* [mesure française] quart - **3.** *Helv* [débit de boissons] drinking establishment.

pin-up [pinœp] *nf inv* pinup (girl).

pioche [pjɔʃ] *nf* - **1.** [outil] pick - **2.** JEU pile.

piocher [3] [pjɔʃe] ◇ *vt* - **1.** [terre] to dig - **2.** JEU to take - **3.** *fig* [choisir] to pick at random ◇ *vi* - **1.** [creuser] to dig - **2.** JEU to pick up ; **~ dans** [tas] to delve into ; [économies] to dip into.

piolet [pjɔlɛ] *nm* ice axe *Br ou* ax *Am*.

pion, pionne [pjɔ̃, pjɔn] *nm, f fam* SCOL supervisor (*often a student who does this as a part-time job*).

➠ **pion** *nm* [aux échecs] pawn ; [aux dames] piece ; **damer le ~ à qqn** *fig* to get the better of sb ; **n'être qu'un ~** *fig* to be just a pawn in the game.

pionnier, ère [pjɔnje, ɛr] *nm, f* pioneer.

pipe [pip] *nf* pipe.

pipeau [pipo] *nm* MUS (reed) pipe ; **c'est du ~** that's nonsense.

pipeline, pipe-line [pajplajn, piplin] *(pl* pipe-lines) *nm* pipeline.

piper [3] [pipe] *vt* - **1.** [cartes] to mark ; [dés] to load - **2.** *loc* : **ne pas ~ mot** not to breathe a word.

piperade [piperad] *nf* eggs cooked with tomatoes, peppers and onions.

pipette [pipɛt] *nf* pipette.

pipi [pipi] *nm fam* wee ; **faire ~** to have a wee.

piquant, e [pikɑ̃, ɑ̃t] *adj* - **1.** [barbe, feuille] prickly - **2.** [sauce] spicy, hot - **3.** [froid] biting - **4.** *fig* [détail] spicy, juicy.

➠ **piquant** *nm* - **1.** [d'animal] spine ; [de végétal] thorn, prickle - **2.** *fig* [d'histoire] spice.

pique [pik] ◇ *nf* - **1.** [arme] pike - **2.** *fig* [mot blessant] barbed comment ◇ *nm* [aux cartes] spade.

piqué, e [pike] *adj* - **1.** [vin] sour, vinegary - **2.** [meuble] worm-eaten - **3.** [tissu] spotted, flecked - **4.** *fam* [personne] loony.

➠ **piqué** *nm* - **1.** [tissu] piqué - **2.** AÉRON dive.

pique-assiette [pikasjɛt] *(pl inv ou* pique-assiettes) *nmf péj* sponger.

pique-nique [piknik] *(pl* pique-niques) *nm* picnic.

pique-niquer [3] [piknike] *vi* to picnic.

piquer [3] [pike] ◇ *vt* - **1.** [suj : guêpe, méduse] to sting ; [suj : serpent, moustique] to bite - **2.** [avec pointe] to prick ; **~ qqch de** CULIN to stick sthg with - **3.** MÉD to give an injection to ; **se faire ~ contre** fam to have o.s. inoculated ou vaccinated against - **4.** [animal] to put down - **5.** [fleur] : **~ qqch dans** to stick sthg into - **6.** [suj : tissu, barbe] to prickle - **7.** [suj : fumée, froid] to sting - **8.** COUTURE to sew, to machine - **9.** fam [voler] to pinch - **10.** fig [curiosité] to excite, to arouse - **11.** fam [voleur, escroc] to nick Br, to catch ; **se faire ~** to get nicked Br, to get caught ◇ vi - **1.** [ronce] to prick ; [ortie] to sting - **2.** [guêpe, méduse] to sting ; [serpent, moustique] to bite - **3.** [épice] to burn - **4.** COUTURE to machine - **5.** fam [voler] : **~ (dans)** to pinch (from) - **6.** [avion] to dive.

➤ **se piquer** vp - **1.** [avec une épingle, des ronces] to prick o.s. - **2.** [avec des orties] to sting o.s. - **3.** fam [se droguer] to shoot up - **4.** littéraire [se vexer] to become irritated - **5.** littéraire & péj [avoir la prétention] : **se ~ de qqch/de faire qqch** to pride o.s. on one's knowledge of sthg/on one's ability to do sthg.

piquet [pikɛ] nm - **1.** [pieu] peg, stake - **2.** JEU piquet.

➤ **piquet de grève** nm picket.

piqueter [27] [pikte] vt to dot, to spot.

piquette [pikɛt] nf - **1.** [vin] cheap wine ou plonk Br - **2.** fam [défaite] : **prendre une** ou **la ~** fig to get a hammering ou a thrashing.

piqûre [pikyr] nf - **1.** [de guêpe, de méduse] sting ; [de serpent, de moustique] bite - **2.** [d'ortie] sting - **3.** [injection] jab Br, shot - **4.** COUTURE stitching (U).

piranha [pirajna], **piraya** [piraja] nm piranha.

piratage [pirataʒ] nm piracy ; INFORM hacking.

pirate [pirat] ◇ nm - **1.** [corsaire] pirate ; **~ de l'air** hijacker, skyjacker - **2.** fig [escroc] swindler ◇ adj pirate (avant n).

pirater [3] [pirate] vt to pirate.

piraterie [piratri] nf - **1.** [flibuste] piracy (U) - **2.** [acte] act of piracy - **3.** fig [escroquerie] swindling.

piraya = piranha.

pire [pir] ◇ adj - **1.** [comparatif relatif] worse - **2.** [superlatif] : **le/la ~** the worst ◇ nm : **le ~ (de)** the worst (of) ; **s'attendre au ~** to expect the worst.

Pirée [pire] nm : **Le ~** Piraeus.

pirogue [pirɔg] nf dugout canoe.

pirouette [pirwɛt] nf - **1.** [saut] pirouette - **2.** fig [faux-fuyant] prevarication, evasive answer ; **répondre par une ~** to answer evasively ; **s'en tirer par une ~** to evade the issue.

pis [pi] ◇ adj littéraire [pire] worse ◇ adv worse ; **de mal en ~** from bad to worse ; **de ~ en ~** worse and worse ◇ nm udder.

pis-aller [pizale] nm inv last resort.

pisciculture [pisikyltyr] nf fish farming.

piscine [pisin] nf swimming pool ; **~ couverte/découverte** indoor/open-air swimming pool.

Pise [piz] n Pisa ; **la tour de ~** the Leaning Tower of Pisa.

pisse [pis] nf tfam pee, piss.

pisse-froid [pisfrwa] nm inv fam péj wet blanket.

pissenlit [pisɑ̃li] nm dandelion ; **manger les ~s par la racine** fig to be pushing up daisies.

pisser [3] [pise] fam ◇ vt - **1.** [suj : personne] : **~ du sang** to pass blood - **2.** [suj : plaie] : **son genou pissait le sang** blood was gushing from his knee ◇ vi to pee, to piss.

pissotière [pisɔtjer] nf fam public urinal.

pistache [pistaʃ] ◇ nf [fruit] pistachio (nut) ◇ adj inv [couleur] pistachio (green).

piste [pist] nf - **1.** [trace] trail ; **suivre/perdre une ~** to follow/to lose a trail ; **brouiller les ~s** fig to cover one's tracks - **2.** [zone aménagée] : **~ d'atterrissage** runway ; **~ cyclable** cycle track ; **~ de danse** dance floor ; **~ de ski** ski run - **3.** [chemin] path, track - **4.** [d'enregistrement] track.

pister [3] [piste] vt [gibier] to track ; [suspect] to tail.

pisteur [pistœr] nm ski patrol member.

pistil [pistil] nm pistil.

pistolet [pistɔlɛ] nm - **1.** [arme] pistol, gun - **2.** [à peinture] spray gun.

pistolet-mitrailleur [pistɔlɛmitrajœr] (pl **pistolets-mitrailleurs**) nm submachine gun.

piston [pistɔ̃] nm - **1.** [de moteur] piston - **2.** MUS [d'instrument] valve - **3.** fig [appui] string-pulling ; **avoir du ~** to have friends in the right places.

pistonner [3] [pistɔne] vt to pull strings for ; **se faire ~** to have strings pulled for one.

pistou [pistu] nm dish of vegetables served with sauce made from basil.

pita [pita] nf pitta (bread).

pitance [pitɑ̃s] nf péj & vieilli sustenance.

pitbull, pit-bull [pitbul] (pl **pit-bulls**) nm pitbull (terrier).

piteux, euse [pitø, øz] adj piteous.

pitié [pitje] nf pity ; **avoir ~ de qqn** to have pity on sb, to pity sb ; **sans ~** pitiless, ruthless ; **par ~** for pity's sake.

piton [pitɔ̃] nm - **1.** [clou] piton - **2.** [pic] peak.

pitoyable [pitwajabl] adj pitiful.

pitre [pitr] nm clown ; **faire le ~** to fool about.

pitrerie [pitrəri] nf tomfoolery.

pittoresque [pitɔrɛsk] <> nm : **le ~** [de description] the vividness ; [d'histoire] the amusing part <> adj - **1.** [région] picturesque - **2.** [détail] colourful Br, colorful Am, vivid.

pivert, pic-vert (pl pic-verts) [pivɛr] nm green woodpecker.

pivoine [pivwan] nf peony.

pivot [pivo] nm - **1.** [de machine, au basket] pivot - **2.** [de dent] post - **3.** [centre] fig mainspring.

pivotant, e [pivɔtɑ̃, ɑ̃t] adj [fauteuil] swivel (avant n).

pivoter [3] [pivɔte] vi to pivot ; [porte] to revolve ; **faire ~ qqch** to swivel sthg around, to pivot sthg.

pizza [pidza] nf pizza.

pizzeria [pidzerja] nf pizzeria.

PJ <> nf (abr de **police judiciaire**) ≃ CID Br, ≃ FBI Am <> (abr de **pièces jointes**) Encl.

Pl., pl. abr de **place**.

PL (abr de **poids lourd**) HGV.

placage [plakaʒ] nm [de bois] veneer.

placard [plakar] nm - **1.** [armoire] cupboard ; **mettre qqn au ~** fam fig to elbow sb out ; **mettre qqch au ~** fam fig to shelve sthg - **2.** [affiche] poster, notice - **3.** TYPO galley (proof).

placarder [3] [plakarde] vt [affiche] to put up, to stick up ; [mur] to placard, to stick a notice on.

place [plas] nf - **1.** [espace] space, room ; **prendre de la ~** to take up (a lot of) space ; **faire ~ à** [amour, haine] to give way to - **2.** [emplacement, position] position ; **changer qqch de ~** to put sthg in a different place, to move sthg ; **prendre la ~ de qqn** to take sb's place ; **ne pas tenir** ou **rester en ~** to be unable to stay still ; **à la ~ de qqn** instead of sb, in sb's place ; **à ta ~** if I were you, in your place - **3.** [siège] seat ; **céder sa ~ à qqn** to give up one's seat to sb ; **prendre ~** to take a seat ; **~ assise** seat - **4.** [rang] place - **5.** [de ville] square - **6.** [emploi] position, job ; **perdre sa ~** to lose one's job - **7.** COMM market - **8.** MIL [de garnison] garrison (town) ; **~ forte** fortified town - **9.** loc : **se mettre à la ~ de qqn** to put o.s. in sb's place ou shoes ; **remettre qqn à sa ~** to put sb in his/her place.

placebo [plasebo] nm placebo.

placement [plasmɑ̃] nm - **1.** [d'argent] investment - **2.** [d'employé] placing.

placenta [plasɛ̃ta] nm ANAT placenta.

placer [16] [plase] vt - **1.** [gén] to put, to place ; [invités, spectateurs] to seat ; **être bien/mal placé**

to have a good/bad seat ; **être bien/mal placé pour faire qqch** fig to be in a position/in no position to do sthg ; **être haut placé** fig to be highly placed - **2.** [mot, anecdote] to put in, to get in - **3.** [argent] to invest.

➤ **se placer** vp - **1.** [prendre place - debout] to stand ; [- assis] to sit (down) - **2.** fig [dans une situation] to put o.s. - **3.** [se classer] to come, to be.

placide [plasid] adj placid.

placidité [plasidite] nf placidity.

plafond [plafɔ̃] nm litt & fig ceiling ; **faux ~** false ceiling.

plafonner [3] [plafɔne] <> vt to put a ceiling in <> vi [prix, élève] to peak ; [avion] to reach its ceiling.

plafonnier [plafɔnje] nm ceiling light.

plage [plaʒ] nf - **1.** [de sable] beach - **2.** [ville balnéaire] resort - **3.** [d'ombre, de prix] band ; fig [de temps] slot - **4.** [de disque] track - **5.** [dans une voiture] : **~ arrière** back shelf.

plagiaire [plaʒjɛr] nmf plagiarist.

plagiat [plaʒja] nm plagiarism.

plagier [9] [plaʒje] vt to plagiarize.

plagiste [plaʒist] nm beach attendant.

plaid [plɛd] nm car rug.

plaider [4] [plede] JUR <> vt to plead <> vi to plead ; **~ contre qqn** to plead against sb ; **~ pour qqn** JUR to plead for sb ; [justifier] to plead sb's cause.

plaideur, euse [plɛdœr, øz] nm, f litigant.

plaidoirie [plɛdwari] nf, **plaidoyer** [plɛdwaje] nm JUR speech for the defence Br ou defense Am ; fig plea.

plaie [plɛ] nf - **1.** litt & fig wound - **2.** fam [personne] pest.

plaignais, plaignions etc ➢ **plaindre**.

plaignant, e [plɛɲɑ̃, ɑ̃t] JUR <> adj litigant (avant n) <> nm, f plaintiff.

plaindre [80] [plɛ̃dr] vt to pity ; **ne pas être à ~** to be not to be pitied.

➤ **se plaindre** vp to complain ; **se ~ de** [souffrir de] to complain of ; [être mécontent de] to complain about.

plaine [plɛn] nf plain.

plain-pied [plɛ̃pje] ➤ **de plain-pied** loc adv - **1.** [pièce] on one floor ; **de ~ avec** litt & fig on a level with - **2.** fig [directement] straight.

plaint, e [plɛ̃, plɛ̃t] pp ➢ **plaindre**.

plainte [plɛ̃t] nf - **1.** [gémissement] moan, groan ; fig & litt [du vent] moan - **2.** [doléance & JUR] complaint ; **porter ~** to lodge a complaint ; **retirer sa ~** JUR to withdraw one's action ou suit ; **~ contre X** ≃ complaint against person or persons unknown.

plaintif, ive [plɛ̃tif, iv] *adj* plaintive.

plaire [110] [plɛr] *vi* to be liked ; **il me plaît** I like him ; **ça te plairait d'aller au cinéma?** would you like to go to the cinema? ; **s'il vous/te plaît** please.
◆ **se plaire** *vp* - **1.** [s'aimer] to get on well together - **2.** [prendre plaisir] : **se ~ à faire qqch** to take pleasure in doing sthg ; **se ~ avec qqn** to enjoy being with sb ; **se ~ à Paris** to enjoy being in Paris.

plaisance [plɛzãs] ◆ **de plaisance** *loc adj* pleasure *(avant n)* ; **navigation de ~** sailing ; **port de ~** marina.

plaisancier, ère [plɛzãsje, ɛr] *nm, f* (amateur) sailor.

plaisant, e [plɛzã, ãt] *adj* pleasant.
◆ **mauvais plaisant** *nm péj* hoaxer.

plaisanter [3] [plɛzãte] ⟺ *vi* to joke ; **~ avec qqch** to joke about sthg ; **ne pas ~ avec** OU **sur qqch** to take sthg seriously ; **tu plaisantes?** you must be joking! ⟺ *vt sout* [personne] to tease.

plaisanterie [plɛzãtri] *nf* joke ; **c'est une ~?** *iron* you must be joking! ; **c'était une ~** *fig* it was child's play.

plaisantin [plɛzãtɛ̃] *nm* joker.

plaise ▷ **plaire**.

plaisir [plezir] *nm* pleasure ; **les ~s de la vie** life's pleasures ; **avoir du/prendre ~ à faire qqch** to have to/take pleasure in doing sthg ; **faire ~ à qqn** to please sb ; **avec ~** with pleasure ; **j'ai le ~ de vous annoncer que ...** I have the (great) pleasure of announcing that ... ; **pour le** OU **son ~** for pleasure ; **prendre un malin ~ à faire qqch** to take a malicious pleasure in doing sthg ; **se faire un ~ de faire qqch** to be only too pleased to do sthg.

plan¹, e [plã, plan] *adj* level, flat.

plan² [plã] *nm* - **1.** [dessin - de ville] map ; [- de maison] plan - **2.** [projet] plan ; **faire des ~s** to make plans ; **avoir son ~** to have something in mind - **3.** [domaine] : **sur tous les ~s** in all respects ; **sur le ~ affectif** emotionally ; **sur le ~ familial** as far as the family is concerned - **4.** [surface] : **~ d'eau** lake ; **~ de travail** work surface, worktop - **5.** GÉOM plane - **6.** CINÉMA take ; **gros ~** close-up.
◆ **plan social** *nm* redundancy scheme OU plan.
◆ **à l'arrière-plan** *loc adv* in the background.
◆ **au premier plan** *loc adv* - **1.** [dans l'espace] in the foreground - **2.** [dans un ordre] : **c'est au premier ~ de nos préoccupations** it's our

chief concern, it's uppermost in our minds.
◆ **de tout premier plan** *loc adj* exceptional.
◆ **en plan** *loc adv* : **laisser qqn en ~** to leave sb stranded, to abandon sb ; **il a tout laissé en ~** he dropped everything.
◆ **sur le même plan** *loc adj* on the same level.

planche [plãʃ] *nf* - **1.** [en bois] plank ; **~ à dessin** drawing board ; **~ à neige** snowboard ; **~ à repasser** ironing board ; **~ de salut** *fig* mainstay ; **~ à voile** [planche] sailboard ; [sport] windsurfing ; **faire la ~** *fig* to float - **2.** [d'illustration] plate.
◆ **planches** *nfpl* - **1.** *fig* & THÉÂTRE boards ; **monter sur les ~s** to go on the stage - **2.** *fam* [skis] skis.

plancher¹ [plãʃe] *nm* - **1.** [de maison, de voiture] floor ; **débarrasser le ~** *fam fig* to clear off - **2.** *fig* [limite] floor, lower limit.

plancher² [3] [plãʃe] *vi* - **1.** *arg scol* to be given a test - **2.** *fam fig* [travailler] : **~ (sur)** to work hard (at).

planchiste [plãʃist] *nmf* windsurfer.

plancton [plãktɔ̃] *nm* plankton.

planer [3] [plane] *vi* - **1.** [avion, oiseau] to glide - **2.** [nuage, fumée, brouillard] to float - **3.** *fig* [danger] : **~ sur qqn** to hang over sb - **4.** *fam fig* [personne] to be out of touch with reality, to have one's head in the clouds ; **~ au-dessus de qqch** to be above sthg.

planétaire [planetɛr] *adj* - **1.** ASTRON planetary - **2.** [mondial] world *(avant n)*.

planétarium [planetarjɔm] *nm* planetarium.

planète [planɛt] *nf* planet.

planeur [planœr] *nm* glider.

planificateur, trice [planifikatœr, tris] ⟺ *adj* planning *(avant n)* ⟺ *nm, f* planner.

planification [planifikasjɔ̃] *nf* ÉCON planning.

planifier [9] [planifje] *vt* ÉCON to plan.

planisphère [planisfɛr] *nm* map of the world, planisphere.

planning [planiŋ] *nm* - **1.** [de fabrication] workflow schedule - **2.** [agenda personnel] schedule ; **~ familial** [contrôle] family planning ; [organisme] family planning clinic.

planque [plãk] *nf fam* - **1.** [cachette] hideout - **2.** *fig* [situation, travail] cushy number.

planquer [3] [plãke] *vt fam* to hide.
◆ **se planquer** *vp fam* to hide.

plant [plã] *nm* - **1.** [plante] seedling - **2.** [culture] bed, patch.

plantain [plãtɛ̃] *nm* plantain.

plantaire [plɑ̃tɛr] *adj* plantar.

plantation [plɑ̃tasjɔ̃] *nf* - **1.** [exploitation - d'arbres, de coton, de café] plantation ; [- de légumes] patch - **2.** [action] planting.

plante [plɑ̃t] *nf* - **1.** *BOT* plant ; **~s médicinales** medicinal herbs ; **~ verte** *OU* **d'appartement** *OU* **d'intérieur** house *OU* pot plant - **2.** *ANAT* sole.

planté, e [plɑ̃te] *adj fam* - **1.** [personne] : **rester ~** to be rooted to the spot - **2.** [machine] broken-down.

planter [3] [plɑ̃te] ⬥ *vt* - **1.** [arbre, terrain] to plant ; **~ qqch de qqch** to plant sthg with sthg - **2.** [clou] to hammer in, to drive in ; [pieu] to drive in ; [couteau, griffes] to stick in - **3.** [tente] to pitch - **4.** *fam fig* [laisser tomber] to dump ; **tout ~ là** to drop everything - **5.** *fig* [chapeau] to stick ; [baiser] to plant ; **~ son regard dans celui de qqn** to look sb right in the eyes ⬥ *vi INFORM fam* to crash.
◆ **se planter** *vp* - **1.** [se camper] to plant o.s. - **2.** *fam* [tomber] to go flying ; [en voiture] to have a prang - **3.** *fam* [se tromper] to be wrong.

planteur [plɑ̃tœr, øz] *nm* planter.

planton [plɑ̃tɔ̃] *nm* orderly.

plantureux, euse [plɑ̃tyrø, øz] *adj* - **1.** [repas] lavish - **2.** [femme] buxom - **3.** [terre] fertile.

plaque [plak] *nf* - **1.** [de métal, de verre, de verglas] sheet ; [de marbre] slab ; **~ chauffante** *OU* **de cuisson** hotplate ; **~ de chocolat** bar of chocolate - **2.** [gravée] plaque ; **~ d'immatriculation** *OU* **minéralogique** number plate *Br*, license plate *Am* - **3.** [insigne] badge - **4.** [sur la peau] patch - **5.** [dentaire] plaque - **6.** *loc* : **être à côté de la ~** to be wide of the mark.
◆ **plaque tournante** *nf RAIL* turntable ; *fig* hub.

plaqué, e [plake] *adj* - **1.** [métal] plated ; **~ or/ argent** gold-/silver-plated - **2.** [bois] veneered.
◆ **plaqué** *nm* - **1.** [métal] : **du ~ or/argent** gold/silver plate - **2.** [bois] veneered wood.

plaquer [3] [plake] *vt* - **1.** [métal] to plate - **2.** [bois] to veneer - **3.** [aplatir] to flatten ; **~ qqn contre qqch** to pin sb against sthg ; **~ qqch contre qqch** to stick sthg onto sthg - **4.** *RUGBY* to tackle - **5.** *MUS* [accord] to play - **6.** *fam* [travail, personne] to chuck.
◆ **se plaquer** *vp* : **se ~ contre qqch** to flatten o.s. against sthg ; **se ~ au sol** to lie flat on the ground ; **se ~ les cheveux** to flatten (down) one's hair.

plaquette [plakɛt] *nf* - **1.** [de métal] plaque ; [de marbre] tablet - **2.** [de chocolat] bar ; [de beurre] pat - **3.** [de comprimés] packet, strip - **4.** (*gén*

pl) *BIOL* platelet - **5.** [petit livre] slim volume - **6.** *AUTOM* : **~ de frein** brake pad.

plasma [plasma] *nm* plasma.

plastic [plastik] *nm* plastic explosive.

plasticage [plastikaʒ] *nm* [de coffre] blowing ; **un ~ de la banque** a bomb attack on the bank.

plastifier [9] [plastifje] *vt* to coat with plastic, to plastic-coat.

plastique [plastik] ⬥ *adj* & *nm* plastic ⬥ *nf* - **1.** [en sculpture] art of modelling - **2.** [beauté] form - **3.** [arts] plastic arts (*pl*).

plastiquer [3] [plastike] *vt* to blow up (*with plastic explosives*).

plastron [plastrɔ̃] *nm* [de chemise] shirt front.

plastronner [3] [plastrɔne] *vi* [parader] to swagger.

plat, e [pla, plat] *adj* - **1.** [gén] flat - **2.** [eau] still.
◆ **plat** *nm* - **1.** [partie plate] flat - **2.** [récipient] dish ; **mettre les petits ~s dans les grands** *fig* to go to town - **3.** [mets] course ; **~ cuisiné** ready-cooked meal *OU* dish ; **~ du jour** today's special ; **~ préparé** ready meal ; **~ de résistance** main course ; **en faire tout un ~** *fig* to make a song and dance about it - **4.** [plongeon] belly-flop.
◆ **à plat** *loc adv* - **1.** [horizontalement, dégonflé] flat - **2.** *fam* [épuisé] exhausted.

platane [platan] *nm* plane tree.

plateau, x [plato] *nm* - **1.** [de cuisine] tray ; **~ de/à fromages** cheese board - **2.** [de balance] pan - **3.** *GÉOGR* & *fig* plateau - **4.** *THÉÂTRE* stage ; *CIN* & *TÉLÉ* set - **5.** [de vélo] chain wheel.

plateau-repas [platorəpa] (*pl* **plateaux-repas**) *nm* tray (of food).

plate-bande [platbɑ̃d] (*pl* **plates-bandes**) *nf* flower bed.

platée [plate] *nf* dishful, plateful.

plate-forme [platfɔrm] (*pl* **plates-formes**) *nf* - **1.** [gén] platform ; **~ de forage** drilling platform - **2.** *GÉOGR* shelf.

platement [platmɑ̃] *adv* - **1.** [sans imagination] dully - **2.** [servilement] humbly.

platine [platin] ⬥ *adj inv* platinum ⬥ *nm* [métal] platinum ⬥ *nf* [de tourne-disque] deck ; **~ laser** compact disc player.

platiné, e [platine] *adj* platinum (*avant n*).

platitude [platityd] *nf* - **1.** [médiocrité] banality - **2.** [propos sans intérêt] platitude ; **débiter des ~s** to spout platitudes.

platonique [platɔnik] *adj* - **1.** [amour, amitié] platonic - **2.** *littéraire* [protestation] ineffective.

plâtras [platra] *nm* [gravats] rubble.

plâtre [platr] *nm* - **1.** *CONSTR* & *MÉD* plaster ; **es-**

suyer les ~s *fig* to be the first to suffer
- **2.** [sculpture] plaster cast - **3.** *péj* [fromage] :
c'est du vrai ~ it's like sawdust.

plâtrer [3] [platre] *vt* - **1.** [mur] to plaster
- **2.** *MÉD* to put in plaster.

plâtrier [platrije] <> *nm* plasterer <> *adj m* :
ouvrier ~ plasterer.

plausible [plozibl] *adj* plausible.

play-back [plɛbak] *nm inv* miming ; **chanter
en ~** to mime.

play-boy [plɛbɔj] (*pl* **play-boys**) *nm* playboy.

plèbe [plɛb] *nf* - **1.** *péj* [populace] : **la ~** the plebs
(*pl*) - **2.** *HIST* : **la ~** the plebeians (*pl*).

plébéien, enne [plebejɛ̃, ɛn] *adj* plebeian.

plébiscite [plebisit] *nm* plebiscite.

plébisciter [3] [plebisite] *vt* - **1.** *POLIT* to elect
by plebiscite - **2.** [approuver] to endorse overwhelmingly.

pléiade [plejad] *nf* pleiad.

plein, e [plɛ̃, plɛn] *adj* - **1.** [rempli, complet] full ;
c'est la ~e forme I am/they are *etc* in top
form ; **en ~e nuit** in the middle of the night ;
en ~ air in the open air ; **~ à craquer** *fig* full to
bursting - **3.** [non creux] solid - **3.** [femelle]
pregnant - **4.** *fam* [saoul] plastered.
◆ **plein** <> *adv fam* : **il a de l'encre ~ les doigts**
he has ink all over his fingers ; **~ de** lots of ;
en ~ dans/sur qqch right in/on sthg <> *nm*
- **1.** [de réservoir] full tank ; **le ~, s'il vous plaît** fill
her up please ; **faire le ~** to fill up - **2.** *loc* :
battre son ~ to be at its height.

pleinement [plɛnmɑ̃] *adv* fully, totally.

plein-temps [plɛ̃tɑ̃] (*pl* **pleins-temps**) *nm*
full-time job.

plénier, ère [plenje, ɛr] *adj* plenary.

plénipotentiaire [plenipɔtɑ̃sjɛr] *nm* & *adj*
plenipotentiary.

plénitude [plenityd] *nf* fullness.

pléonasme [pleɔnasm] *nm* pleonasm.

pléthorique [pletɔrik] *adj sout* [classe] over-
full.

pleurer [5] [plœre] <> *vi* - **1.** [larmoyer] to cry ;
~ de joie to weep for joy, to cry with joy
- **2.** *péj* [se plaindre] to whinge - **3.** [réclamer] :
~ après to cry for - **4.** [se lamenter] : **~ sur** to
lament <> *vt* to mourn.

pleurésie [plœrezi] *nf* pleurisy.

pleureur, euse [plœrœr, øz] <> *adj* whining
<> *nm, f* whinger.
◆ **pleureuse** *nf* professional mourner.

pleurnicher [3] [plœrniʃe] *vi* to whine, to
whinge.

pleurnicheur, euse [plœrniʃœr, øz] <> *adj*
whining, whingeing <> *nm, f* whinger.

pleurs [plœr] *nmpl* : **être en ~** to be in tears.

pleut ▷ **pleuvoir**.

pleutre [pløtr] *littéraire* <> *nm* coward <> *adj*
cowardly.

pleuvoir [68] [pløvwar] *v impers litt* & *fig* to
rain ; **il pleut** it is raining.

Plexiglas® [plɛksiglas] *nm* Plexiglas®.

plexus [plɛksys] *nm* plexus ; **~ solaire** solar
plexus.

pli [pli] *nm* - **1.** [de tissu] pleat ; [de pantalon]
crease ; **faux ~** crease - **2.** [forme] shape ;
prendre le ~ (de faire qqch) *fig* to get into the
habit (of doing sthg) - **3.** [du front] line ; [du cou]
fold - **4.** [lettre] letter ; [enveloppe] envelope ;
sous ~ séparé under separate cover - **5.** *CAR-
TES* trick - **6.** *GÉOL* fold.

pliable [plijabl] *adj* pliable.

pliant, e [plijɑ̃, ɑ̃t] *adj* folding (*avant n*).
◆ **pliant** *nm* folding chair.

plier [10] [plije] <> *vt* - **1.** [papier, tissu] to fold
- **2.** [vêtement, vélo] to fold (up) - **3.** [branche, bras]
to bend - **4.** *fig* [personne] : **~ qqn à sa volonté** to
bend sb to one's will ; **~ qqn à la discipline** to
impose discipline on sb <> *vi* - **1.** [se courber]
to bend - **2.** *fig* [céder] to bow.
◆ **se plier** *vp* - **1.** [être pliable] to fold (up) - **2.** *fig*
[se soumettre] : **se ~ à qqch** to bow to sthg.

plinthe [plɛ̃t] *nf* plinth.

plissé, e [plise] *adj* - **1.** [jupe] pleated - **2.** [peau]
wrinkled.
◆ **plissé** *nm* pleats (*pl*), pleating.

plissement [plismɑ̃] *nm* - **1.** [de front] creas-
ing ; [d'yeux] screwing up - **2.** *GÉOL* fold.

plisser [3] [plise] <> *vt* - **1.** *COUTURE* to pleat
- **2.** [front] to crease ; [lèvres] to pucker ; [yeux]
to screw up <> *vi* [étoffe] to crease.
◆ **se plisser** *vp* - **1.** [étoffe] to crease - **2.** [front]
to crease.

pliure [plijyr] *nf* - **1.** [de tissu, de papier] fold
- **2.** [d'articulation] crook.

plomb [plɔ̃] *nm* - **1.** [métal, de vitrail] lead - **2.** [de
chasse] shot ; **avoir du ~ dans l'aile** *fig* to be in a
bad way - **3.** *ÉLECTR* fuse ; **les ~s ont sauté** a
fuse has blown *ou* gone - **4.** [de pêche] sinker.

plombage [plɔ̃baʒ] *nm* - **1.** [de dent] filling
- **2.** [de ligne] weighting (with lead).

plombé, e [plɔ̃be] *adj* - **1.** [dent] filled - **2.** [li-
gne] weighted (with lead) - **3.** [teinte] leaden.

plomber [3] [plɔ̃be] *vt* - **1.** [ligne] to weight
(with lead) - **2.** [dent] to fill.
◆ **se plomber** *vp* [ciel] to become leaden.

plomberie [plɔ̃bri] *nf* plumbing.

plombier [plɔ̃bje] *nm* plumber.

plonge [plɔ̃ʒ] *nf fam* dishwashing ; **faire la ~** to wash dishes.

plongeant, e [plɔ̃ʒã, ãt] *adj* **- 1.** [vue] from above **- 2.** [décolleté] plunging.

plongée [plɔ̃ʒe] *nf* **- 1.** [immersion] diving ; **~ sous-marine** scuba diving **- 2.** CIN & PHOT high-angle shot.

plongeoir [plɔ̃ʒwar] *nm* diving board.

plongeon [plɔ̃ʒɔ̃] *nm* [dans l'eau, au football] dive ; **faire un ~** to plunge ; **faire le ~** *fig* to hit rock bottom.

plonger [17] [plɔ̃ʒe] ⬦ *vt* **- 1.** [immerger, enfoncer] to plunge ; **~ la tête sous l'eau** to put one's head under the water **- 2.** *fig* [précipiter] : **~ qqn dans qqch** to throw sb into sthg ; **~ une pièce dans l'obscurité** to plunge a room into darkness ⬦ *vi* **- 1.** [dans l'eau, gardien de but] to dive **- 2.** [avion, oiseau] : **~ sur** to dive (down) onto **- 3.** *fig* [se lancer] to dive OU jump in.

 se plonger *vp* **- 1.** [s'immerger] to submerge **- 2.** *fig* [s'absorber] : **se ~ dans qqch** to immerse o.s. in sthg.

plongeur, euse [plɔ̃ʒœr, øz] *nm, f* **- 1.** [dans l'eau] diver **- 2.** [dans restaurant] dishwasher.

plot [plo] *nm* ÉLECTR contact.

plouc [pluk] *nmf* & *adj fam péj* country bumpkin.

plouf [pluf] *interj* splash!

ployer [13] [plwaje] *vt* & *vi litt* & *fig* to bend.

plu [ply] ⬦ *pp inv* ➭ **plaire** ⬦ *pp inv* ➭ **pleuvoir**.

pluie [plɥi] *nf* **- 1.** [averse] rain (U) ; **sous la ~** in the rain ; **une ~ battante** driving rain ; **une ~ fine** drizzle ; **des ~s diluviennes** torrential rain ; **il fait la ~ et le beau temps** *fig* what he says goes ; **ne pas être né de la dernière ~** *fig* not to be born yesterday **- 2.** *fig* [grande quantité] : **une ~ de** a shower of.

plumage [plymaʒ] *nm* plumage.

plumard [plymar] *nm fam* bed, sack *Am*.

plume [plym] ⬦ *nf* **- 1.** [d'oiseau] feather ; **y laisser/perdre des ~s** *fig* to come off badly **- 2.** [pour écrire - d'oiseau] quill pen ; [- de stylo] nib ; **un homme de ~** *fig* a man of letters ⬦ *nm fam* [plumard] bed, sack *Am*.

plumeau, x [plymo] *nm* feather duster.

plumer [3] [plyme] *vt* **- 1.** [volaille] to pluck **- 2.** *fam fig* & *péj* [personne] to fleece.

plumier [plymje] *nm* pencil box.

plupart [plypar] *nf* : **la ~ de** most of, the majority of ; **la ~ du temps** most of the time, mostly ; **pour la ~** mostly, for the most part.

pluralisme [plyralism] *nm* pluralism.

pluralité [plyralite] *nf* plurality.

pluridimensionnel, elle [plyridimãsjɔnɛl] *adj* multidimensional.

pluridisciplinaire [plyridisipliner] *adj* multidisciplinary.

pluriel, elle [plyrjɛl] *adj* **- 1.** GRAM plural **- 2.** [société] pluralist.
 pluriel *nm* plural ; **au ~** in the plural.

plus [ply(s)] ⬦ *adv* **- 1.** [quantité] more ; **je peux vous en dire ~** I can't tell you anything more ; **il a ~ de travail cette année** he has more work this year ; **il en veut ~** he wants more (of it/them) ; **beaucoup ~ de** (+ nom sg) a lot more, much more ; (+ nom pl) a lot more, many more ; **un peu ~ de** (+ nom sg) a little more ; (+ nom pl) a few more ; **il y a (un peu) ~ de 15 ans** (a little) more than 15 years ago ; **~ j'y pense, ~ je me dis que ...** the more I think about it, the more I'm sure ... **- 2.** [comparaison] more ; **c'est ~ court par là** it's shorter that way ; **viens ~ souvent** come more often ; **c'est un peu ~ loin** it's a (little) bit further ; **~ jeune (que)** younger (than) ; **c'est ~ simple qu'on ne le croit** it's simpler than you think **- 3.** [superlatif] : **le ~** the most ; **c'est lui qui travaille le ~** he's the hardest worker, he's the one who works (the) hardest ; **un des ses tableaux les ~ connus** one of his best-known paintings ; **le ~ souvent** the most often ; **le ~ loin** the furthest ; **le ~ souvent possible** as often as possible ; **le ~ vite possible** as quickly as possible **- 4.** [négation] no more ; **~ un mot!** not another word! ; **ne ... ~** no more, no longer ; **il n'a ~ d'amis** he no longer has any friends, he has no friends any more ; **il ne vient ~ me voir** he doesn't come to see me any more, he no longer comes to see me ; **je n'y vais ~ du tout** I don't go there any more ⬦ *nm* **- 1.** [signe] plus (sign) **- 2.** *fig* [atout] plus ⬦ *prép* plus ; **trois ~ trois font six** three plus three is six, three and three are six.
 au plus *loc adv* at the most ; **tout au ~** at the very most.
 de plus *loc adv* **- 1.** [en supplément, en trop] more ; **elle a cinq ans de ~ que moi** she's five years older than me **- 2.** [en outre] furthermore, what's more.
 de plus en plus *loc adv* more and more.
 de plus en plus de *loc prép* more and more.
 en plus *loc adv* **- 1.** [en supplément] extra **- 2.** [d'ailleurs] moreover, what's more.
 en plus de *loc prép* in addition to.
 ni plus ni moins *loc adv* no more no less.
 on ne peut plus *loc adv* : **il est on ne peut ~ bête** he's as stupid as can be.
 plus ou moins *loc adv* more or less.

➤ **sans plus** *loc adv* : **elle est gentille, sans ~** she's nice, but no more than that.

plusieurs [plyzjœr] *adj indéf pl* & *pron indéf mfpl* several.

plus-que-parfait [plyskəparfɛ] *nm* GRAM pluperfect.

plus-value [plyvaly] (*pl* **plus-values**) *nf* - **1.** [d'investissement] appreciation - **2.** [excédent] surplus - **3.** [bénéfice] profit.

plutonium [plytɔnjɔm] *nm* plutonium.

plutôt [plyto] *adv* rather ; **~ que de faire qqch** instead of doing sthg, rather than doing *ou* do sthg.

pluvial, e, aux [plyvjal, o] *adj* : **eau ~e** rainwater.

pluvieux, euse [plyvjø, øz] *adj* rainy.

pluviométrie [plyvjɔmetri] *nf* rainfall measurement.

pluviosité [plyvjozite] *nf* rainfall.

p.m. (*abr de* **pour mémoire**) p.m.

PM *nf* - **1.** (*abr de* **préparation militaire**) *training before military service* - **2.** (*abr de* **police militaire**) MP.

PMA ⬦ *nf* (*abr de* **procréation médicalement assistée**) assisted reproduction ⬦ *nmpl* (*abr de* **pays les moins avancés**) LDCs.

PME (*abr de* **petite et moyenne entreprise**) *nf* SME.

PMI *nf* - **1.** (*abr de* **petite et moyenne industrie**) small industrial firm - **2.** (*abr de* **protection maternelle et infantile**) *social service concerned with child welfare*.

PMU (*abr de* **Pari mutuel urbain**) *nm system for betting on horses*.

PNB (*abr de* **produit national brut**) *nm* GNP.

pneu, x [pnø] *nm* - **1.** [de véhicule] tyre *Br*, tire *Am* ; **~ avant** front tyre *Br ou* tire *Am* ; **~ arrière** rear tyre *Br ou* tire *Am* ; **~ clouté** studded tyre *Br ou* tire *Am* ; **~-neige** winter tyre *Br ou* tire *Am* - **2.** vieilli [message] *letter sent by network of pneumatic tubes*.

pneumatique [pnømatik] ⬦ *nf* PHYS pneumatics (U) ⬦ *nm vieilli* - **1.** [de véhicule] tyre *Br*, tire *Am* - **2.** [message] *letter sent by network of pneumatic tubes* ⬦ *adj* - **1.** [fonctionnant à l'air] pneumatic - **2.** [gonflé à l'air] inflatable.

pneumonie [pnømɔni] *nf* pneumonia.

PNUD, Pnud [pnyd] (*abr de* **Programme des Nations unies pour le développement**) *nm* UNDP.

PNUE, Pnue [pny] (*abr de* **Programme des Nations unies pour l'environnement**) *nm* UNEP.

p.o. *abr de* **par ordre**.

PO (*abr de* **petites ondes**) MW.

poche [pɔʃ] *nf* - **1.** [de vêtement, de sac, d'air] pocket ; **de ~** pocket (avant n) ; **~ revolver** back *ou* hip pocket ; **c'est dans la ~** *fig* it's in the bag ; **faire les ~s de qqn** *fig* to go through sb's pockets ; **s'en mettre plein** *ou* **se remplir les ~s** *fig* to make a packet - **2.** [sac, sous les yeux] bag ; **faire des ~s** [vêtement] to bag.

pocher [3] [pɔʃe] *vt* - **1.** CULIN to poach - **2.** [blesser] : **~ l'œil à qqn** to give sb a black eye.

pochette [pɔʃɛt] *nf* - **1.** [enveloppe] envelope ; [d'allumettes] book ; [de photos] packet - **2.** [de disque] sleeve - **3.** [mouchoir] (pocket) handkerchief.

pochette-surprise [pɔʃɛtsyrpriz] (*pl* **pochettes-surprises**) *nf* lucky bag.

pochoir [pɔʃwar] *nm* stencil.

podium [pɔdjɔm] *nm* podium.

podologue [pɔdɔlɔg] *nmf* chiropodist, podiatrist *Am*.

poêle [pwal] ⬦ *nf* pan ; **~ à frire** frying pan ⬦ *nm* stove.

poêlée [pwale] *nf* panful.

poêlon [pwalɔ̃] *nm* casserole.

poème [pɔɛm] *nm* poem.

poésie [pɔezi] *nf* - **1.** [genre, émotion] poetry - **2.** [pièce écrite] poem.

poète [pɔɛt] ⬦ *adj* poetic ⬦ *nm* - **1.** [écrivain] poet - **2.** *fig* & *hum* [rêveur] dreamer.

poétique [pɔetik] *adj* poetic.

poétiquement [pɔetikmã] *adv* poetically.

pognon [pɔɲɔ̃] *nm* tfam dosh.

pogrom(e) [pɔgrɔm] *nm* pogrom.

poids [pwa] *nm* - **1.** [gén] weight ; **quel ~ fait-il?** how heavy is it/he? ; **perdre/prendre du ~** to lose/gain weight ; **vendre au ~** to sell by weight ; **avoir du ~** *fig* to carry a lot of weight ; **donner du ~ à** *fig* to lend weight to ; **~ lourd** BOXE heavyweight ; [camion] heavy goods vehicle ; **~ plume** BOXE featherweight ; **de ~** [argument] weighty ; **il ne fait pas le ~** *fig* he's not up to it - **2.** SPORT [lancer] shot.

poignant, e [pwaɲɑ̃, ɑ̃t] *adj* poignant.

poignard [pwaɲar] *nm* dagger.

poignarder [3] [pwaɲarde] *vt* to stab.

poigne [pwaɲ] *nf* grip ; *fig* authority ; **avoir de la ~** to have a strong grip ; *fig* to have authority.

poignée [pwaɲe] *nf* - **1.** [quantité, petit nombre] handful - **2.** [manche] handle.

➤ **poignée de main** *nf* handshake.

poignet [pwaɲɛ] *nm* - **1.** ANAT wrist - **2.** [de vêtement] cuff.

poil [pwal] *nm* - **1.** [du corps] hair ; **à ~** *fam* [tout nu] starkers - **2.** [d'animal] hair, coat ; **de tout ~** *fig* of all kinds - **3.** [de pinceau] bristle ; [de tapis] strand - **4.** *fam* [peu] : **il s'en est fallu d'un ~ que je réussisse** I came within a hair's breadth of succeeding - **5.** *loc* : **être de bon/ mauvais ~** *fam fig* to be in a good/bad mood ; **reprendre du ~ de la bête** *fig* to regain strength.

poil-de-carotte [pwaldəkarɔt] *adj inv fam* [personne] red-headed ; [cheveux] carroty.

poiler [3] [pwale] ➡ **se poiler** *vp fam* to kill o.s. (laughing).

poilu, e [pwaly] *adj* hairy.
➡ **poilu** *nm fam* French First World War soldier.

poinçon [pwɛ̃sɔ̃] *nm* - **1.** [outil] awl - **2.** [marque] hallmark.

poinçonner [3] [pwɛ̃sɔne] *vt* - **1.** [bijou] to hallmark - **2.** [billet, tôle] to punch.

poinçonneuse [pwɛ̃sɔnøz] *nf* punch.

poindre [82] [pwɛ̃dr] *vi littéraire* - **1.** [jour] to break - **2.** [plante] to come up - **3.** *fig* [sentiment] to break through.

poing [pwɛ̃] *nm* fist ; **dormir à ~s fermés** *fig* to sleep like a log.

point [pwɛ̃] ◇ *nm* - **1.** COUTURE & TRICOT stitch ; **~s de suture** MÉD stitches - **2.** [de ponctuation] : **~ (final)** full stop *Br*, period *Am* ; **~ d'interrogation/d'exclamation** question/exclamation mark ; **~s de suspension** suspension points ; **mettre les ~s sur les i** *fig* to get things straight - **3.** [petite tache] dot ; **~ noir** [sur la peau] blackhead ; *fig* [problème] problem - **4.** [endroit] spot, point ; *fig* point ; **~ d'appui** [support] something to lean on ; **~ chaud** POLIT key issue ; [zone dangereuse] trouble spot, hot spot ; **~ culminant** [en montagne] summit ; *fig* climax ; **~ d'eau** water supply point ; **~ de mire** *fig* focal point ; **~ névralgique** *fig* sensitive spot ; **~ de ralliement** rallying point ; **~ de repère** [temporel] reference point ; [spatial] landmark ; **~ de vente** point of sale, sale outlet ; **~ de vue** [panorama] viewpoint ; *fig* [opinion, aspect] point of view ; **avoir un ~ commun avec qqn** to have something in common with sb - **5.** [degré] point ; **au ~ que, à tel ~ que** to such an extent that ; **je ne pensais pas que cela le vexerait à ce ~** I didn't think it would make him so cross ; **être ... au ~ de faire qqch** to be so ... as to do sthg - **6.** *fig* [position] position ; **faire le ~** to take stock (of the situation) - **7.** [réglage] : **mettre au ~** [machine] to adjust ; [idée, projet] to finalize ; **à ~** [cuisson] just right ; **à ~ (nommé)** just in time - **8.** [question, détail] point, detail ; **~ faible** weak point - **9.** [score] point ; **marquer un ~** SPORT & *fig* to

score a point - **10.** [douleur] pain ; **~ de côté** stitch - **11.** [début] : **être sur le ~ de faire qqch** to be on the point of doing sthg, to be about to do sthg ; **au ~ du jour** *sout* at daybreak - **12.** AUTOM : **au ~ mort** in neutral - **13.** GÉOGR : **~s cardinaux** points of the compass ◇ *adv vieilli* : **ne ~** not (at all) ; **ne vous en faites ~** don't worry.

pointage [pwɛ̃taʒ] *nm* - **1.** [au travail - d'entrée] clocking in ; [- de sortie] clocking out - **2.** [d'arme] aiming.

pointe [pwɛ̃t] *nf* - **1.** [extrémité] point ; [de nez] tip ; **se hausser sur la ~ des pieds** to stand on tiptoe ; **en ~** pointed ; **tailler en ~** to taper ; **se terminer en ~** to taper ; **~ d'asperge** asparagus tip - **2.** [clou] tack - **3.** [sommet] peak, summit ; **à la ~ de** *fig* at the peak of ; **à la ~ de la technique** at the forefront *ou* leading edge of technology - **4.** [accélération] : **faire** *ou* **pousser une ~ (jusqu'à)** to put on a spurt (and reach) - **5.** *fig* [trait d'esprit] witticism - **6.** *fig* [petite quantité] : **une ~ de** a touch of.
➡ **pointes** *nfpl* DANSE points ; **faire des** *ou* **les ~s** to dance on one's points.
➡ **de pointe** *loc adj* - **1.** [vitesse] maximum, top - **2.** [industrie, secteur] leading ; [technique] latest.

pointer [3] [pwɛ̃te] ◇ *vt* - **1.** [cocher] to tick (off) - **2.** [employés - à l'entrée] to check in ; [- à la sortie] to check out - **3.** [diriger] : **~ qqch vers** to point sthg towards *Br* ou toward *Am* ; **~ qqch sur** to point sthg at ◇ *vi* - **1.** [à l'usine - à l'entrée] to clock in ; [- à la sortie] to clock out - **2.** [à la pétanque] to get as close to the jack as possible - **3.** [être en pointe] to stick up - **4.** [jour] to break - **5.** *fig* [sentiment] to show through.
➡ **se pointer** *vp fam* to turn up.

pointillé [pwɛ̃tije] *nm* - **1.** [ligne] dotted line ; **en ~** [ligne] dotted ; *fig* [par sous-entendus] obliquely - **2.** [perforations] perforations (*pl*).

pointilleux, euse [pwɛ̃tijø, øz] *adj* : **~ (sur)** particular (about).

pointu, e [pwɛ̃ty] *adj* - **1.** [objet] pointed - **2.** [voix, ton] sharp - **3.** [étude, formation] specialized.

pointure [pwɛ̃tyr] *nf* (shoe) size.

point-virgule [pwɛ̃virgyl] (*pl* **points-virgules**) *nm* semi-colon.

poire [pwar] ◇ *nf* - **1.** [fruit] pear ; **~ Belle-Hélène** pear *ou* poire Belle-Hélène ; **couper la ~ en deux** *fig* to compromise - **2.** MÉD : **~ à injections** syringe - **3.** *fam* [visage] face - **4.** *fam* [naïf] dope ◇ *adj fam* : **être ~** to be a sucker *ou* a mug *Br*.

poireau, x [pwarol] *nm* leek ; **~x vinaigrette** leeks with vinaigrette dressing.

poireauter, poiroter [3] [pwarote] *vi fam* to hang around.

poirier [pwarje] *nm* pear tree ; **faire le ~** *fig* to do a headstand.

poiroter = poireauter.

pois [pwa] *nm* - **1.** *BOT* pea ; **~ chiche** chickpea ; **petits ~** garden peas, petits pois ; **~ de senteur** sweet pea - **2.** *fig* [motif] dot, spot ; **à ~** spotted, polka-dot.

poison [pwazɔ̃] *nm* [substance] poison ⬦ *nmf fam fig* [personne] drag, pain ; [enfant] brat.

poisse [pwas] *nf fam* bad luck ; **porter la ~** to be bad luck.

poisseux, euse [pwasø, øz] *adj* sticky.

poisson [pwasɔ̃] *nm* fish ; **~ d'avril** [farce] April fool ; [en papier] *paper fish pinned to someone's back as a prank on April Fools' Day* ; **~-chat** catfish ; **~ rouge** goldfish ; **noyer le ~** *fig* to confuse the issue.

➨ **Poissons** *nmpl ASTROL* Pisces *(sg)* ; **être Poissons** to be (a) Pisces.

poissonnerie [pwasɔnri] *nf* - **1.** [boutique] fish shop, fishmonger's (shop) - **2.** [métier] fish trade.

poissonneux, euse [pwasɔnø, øz] *adj* full of fish.

poissonnier, ère [pwasɔnje, ɛr] *nm, f* fishmonger.

poitevin, e [pwatvɛ̃, in] *adj* [de Poitiers] of/from Poitiers ; [du Poitou] of/from Poitou.

➨ **Poitevin, e** *nm, f* [de Poitiers] person from Poitiers ; [du Poitou] person from Poitou.

poitrail [pwatraj] *nm* breast, chest.

poitrinaire [pwatrinɛr] *nmf & adj* consumptive.

poitrine [pwatrin] *nf* - **1.** [thorax] chest ; [de femme] chest, bust - **2.** [viande] breast.

poivre [pwavr] *nm* pepper ; **~ blanc** white pepper ; **~ gris, ~ noir** black pepper ; **~ et sel** *fig* pepper-and-salt.

poivrer [3] [pwavre] *vt* to put pepper on.
➨ **se poivrer** *vp fam* to get plastered.

poivrier [pwavrije] *nm*, **poivrière** [pwavrijer] *nf* pepper pot *Br*, pepperbox *Am*.

poivron [pwavrɔ̃] *nm* pepper, capsicum ; **~ rouge/vert** red/green pepper.

poivrot, e [pwavro, ɔt] *nm, f fam* boozer.

poix [pwa] *nf* pitch.

poker [pɔkɛr] *nm* poker.

polaire [pɔlɛr] *adj* polar.

polar [pɔlar] *nm fam* thriller, whodunnit.

polariser [3] [pɔlarize] *vt* - **1.** *TECHNOL* to polarize - **2.** *fig* [attention] to focus.

➨ **se polariser** *vp* : **se ~ sur** to be centred *ou* focussed on.

Polaroïd® [pɔlarɔid] *nm* Polaroid®.

polder [pɔldɛr] *nm* polder.

pôle [pol] *nm* pole ; **~ Nord/Sud** North/South Pole.

polémique [pɔlemik] ⬦ *nf* controversy ⬦ *adj* [style, ton] polemical.

polémiquer [3] [pɔlemike] *vi* to engage in controversy.

pole position [polpozisjɔ̃] (*pl* pole positions) *nf SPORT* pole position.

poli, e [pɔli] *adj* - **1.** [personne] polite - **2.** [surface] polished.
➨ **poli** *nm* polish.

police [pɔlis] *nf* - **1.** [force de l'ordre] police ; **être de** *ou* **dans la ~** to be in the police ; **~ judiciaire** *plain-clothes police force responsible for criminal investigation and arrests*, ≃ CID *Br*, ≃ FBI *Am* ; **~ secours** *emergency service provided by the police* ; **~ secrète** secret police - **2.** [contrat] policy ; **~ d'assurance** insurance policy - **3.** *TYPO* : **~ (de caractères)** font.

policé, e [pɔlise] *adj littéraire* civilized.

polichinelle [pɔliʃinɛl] *nm* - **1.** [personnage] Punch ; **secret de ~** *fig* open secret - **2.** *fam fig* [guignol] buffoon.

policier, ère [pɔlisje, ɛr] *adj* - **1.** [de la police] police *(avant n)* - **2.** [film, roman] detective *(avant n)*.
➨ **policier** *nm* police officer.

policlinique [pɔliklinik] *nf* [partie d'hôpital] ≃ outpatients department.

poliment [pɔlimɑ̃] *adv* politely.

polio [pɔljo] *nf* polio.

poliomyélite [pɔljɔmjelit] *nf* poliomyelitis.

polir [32] [pɔlir] *vt* to polish.

polissage [pɔlisaʒ] *nm* polishing.

polisson, onne [pɔlisɔ̃, ɔn] ⬦ *adj* - **1.** [chanson, propos] lewd, suggestive - **2.** [enfant] naughty ⬦ *nm, f* [enfant] naughty child.

politesse [pɔlites] *nf* - **1.** [courtoisie] politeness - **2.** [action] polite action ; **se faire des ~s** *iron* to exchange favours.

politicard, e [pɔlitikar, ard] *péj* ⬦ *adj* politicking ⬦ *nm, f* (political) schemer, politico.

politicien, enne [pɔlitisjɛ̃, ɛn] ⬦ *adj péj* politicking, politically unscrupulous ⬦ *nm, f* politician, politico.

politique [pɔlitik] ⬦ *nf* - **1.** [de gouvernement, de personne] policy ; **~ étrangère/intérieure** foreign/domestic policy ; **pratiquer la ~ de l'autruche** *fig* to bury one's head in the sand

- **2.** [affaires publiques] politics (U) ⬦ nm politician ⬦ adj - **1.** [pouvoir, théorie] political ; **homme ~** politician - **2.** littéraire [choix, réponse] politic.

politiquement [pɔlitikmã] adv politically ; **~ correct** politically correct, PC.

politisation [pɔlitizasjɔ̃] nf politicization.

politiser [3] [pɔlitize] vt to politicize.

politologue [pɔlitɔlɔg] nmf political expert ou analyst.

polka [pɔlka] nf polka.

pollen [pɔlɛn] nm pollen.

polluant [pɔlɥɑ̃] nm pollutant.

polluer [7] [pɔlɥe] vt to pollute.

pollution [pɔlysjɔ̃] nf pollution.

polo [pɔlo] nm - **1.** [sport] polo - **2.** [chemise] polo shirt.

polochon [pɔlɔʃɔ̃] nm fam bolster.

Pologne [pɔlɔɲ] nf : **la ~** Poland.

polonais, e [pɔlɔnɛ, ɛz] adj Polish.
➡ **polonais** nm [langue] Polish.
➡ **polonaise** nf - **1.** [danse] polonaise - **2.** [gâteau] brioche with an almond filling covered in meringue.
➡ **Polonais, e** nm, f Pole.

poltron, onne [pɔltrɔ̃, ɔn] ⬦ nm, f coward ⬦ adj cowardly.

polyamide [pɔliamid] nm polyamide.

polychrome [pɔlikrom] adj polychrome, polychromatic.

polyclinique [pɔliklinik] nf general hospital.

polycopie [pɔlikɔpi] nf duplicating.

polycopié, e [pɔlikɔpje] adj duplicate (avant n).
➡ **polycopié** nm duplicated lecture notes (pl).

polycopier [9] [pɔlikɔpje] vt to duplicate.

polyculture [pɔlikyltyr] nf mixed farming.

polyester [pɔliɛstɛr] nm polyester.

polygame [pɔligam] ⬦ nm polygamist ⬦ adj polygamous.

polygamie [pɔligami] nf polygamy.

polyglotte [pɔliglɔt] nmf & adj polyglot.

polygone [pɔligɔn] nm - **1.** MATHS polygon - **2.** MIL : **~ de tir** rifle range.

polymère [pɔlimɛr] ⬦ nm polymer ⬦ adj polymeric.

polymorphe [pɔlimɔrf] adj polymorphous.

Polynésie [pɔlinezi] nf : **la ~** Polynesia ; **la ~ française** French Polynesia.

polynésien, enne [pɔlinezjɛ̃, ɛn] adj Polynesian.

➡ **polynésien** nm [langue] Polynesian.
➡ **Polynésien, enne** nm, f Polynesian.

polype [pɔlip] nm polyp.

polyphonie [pɔlifɔni] nf polyphony.

polysémique [pɔlisemik] adj polysemous, polysemic.

polystyrène [pɔlistirɛn] nm polystyrene.

polytechnicien, enne [pɔliteknisjɛ̃, ɛn] nm, f student or ex-student of the École Polytechnique.

Polytechnique [pɔliteknik] n : **l'École ~** prestigious engineering college.

POLYTECHNIQUE

> This prestigious engineering school in Palaiseau near Paris has close connections with the Ministry of Defence. It is popularly known as 'l'X'.

polythéisme [pɔliteism] nm polytheism.

polythéiste [pɔliteist] ⬦ nmf polytheist ⬦ adj polytheistic.

polyvalent, e [pɔlivalɑ̃, ɑ̃t] adj - **1.** [salle] multi-purpose - **2.** [professeur] non-specialized - **3.** CHIM & MÉD polyvalent - **4.** [personne] versatile.
➡ **polyvalent** nm tax inspector specializing in company taxation.

pomelo [pɔmelo] nm grapefruit.

pommade [pɔmad] nf [médicament] ointment.

pommader [3] [pɔmade] vt to pomade.

pomme [pɔm] nf - **1.** [fruit] apple ; **~ de pin** pine ou fir cone - **2.** [pomme de terre] : **~s allumettes** very thin chips ; **~s frites** chips Br, (French) fries Am ; **~s vapeur** steamed potatoes - **3.** loc : **~ de discorde** bone of contention ; **tomber dans les ~s** fam to pass out, to faint.
➡ **pomme d'Adam** nf Adam's apple.

pommeau, x [pɔmo] nm - **1.** [de parapluie, de canne] knob - **2.** [de sabre] pommel.

pomme de terre [pɔmdətɛr] nf potato ; **~s de terre à l'eau** boiled potatoes ; **~s de terre au four** baked potatoes ; **~s de terre frites** chips Br, (French) fries Am ; **~s de terre en robe des champs** jacket potatoes ; **~s de terre sautées** sauté potatoes.

pommelé, e [pɔmle] adj dappled ; **gris ~** dapple grey Br ou gray Am.

pommette [pɔmɛt] nf cheekbone.

pommier [pɔmje] nm apple tree.

pompe [pɔ̃p] nf - **1.** [appareil] pump ; **~ à essence** petrol pump Br, gas pump Am ; **~ à incendie** fire engine Br, fire truck Am - **2.** [magnificence] pomp, ceremony ; **en grande ~** with great ceremony - **3.** *fam* [chaussure] shoe ; **être à côté de ses ~s** *fam fig* to be completely out of it.

➤ **pompes funèbres** *nfpl* undertaker's *(sg)*, funeral director's *(sg) Br*, mortician's *(sg) Am*.

Pompéi [pɔ̃pei] *n* Pompeii.

pomper [3] [pɔ̃pe] *vt* - **1.** [eau, air] to pump - **2.** [avec éponge] to soak up - **3.** *arg scol* [copier] : **~ qqch (sur qqn)** to crib sthg (from sb).

pompette [pɔ̃pɛt] *adj fam* merry, tipsy.

pompeusement [pɔ̃pøzmɑ̃] *adv* pompously.

pompeux, euse [pɔ̃pø, øz] *adj* pompous.

pompier, ère [pɔ̃pje, ɛr] *adj* pretentious.

pompier [pɔ̃pje] *nm* fireman *Br*, fire fighter *Am*.

pompiste [pɔ̃pist] *nmf* petrol *Br ou* gas *Am* pump attendant.

pompon [pɔ̃pɔ̃] *nm* pompom ; **décrocher le ~** *fam fig* to take the biscuit *Br ou* cake.

pomponner [3] [pɔ̃pɔne] ➤ **se pomponner** *vp* to get dressed up.

ponce [pɔ̃s] *adj* : **pierre ~** pumice (stone).

poncer [16] [pɔ̃se] *vt* [bois] to sand (down).

ponceuse [pɔ̃søz] *nf* sander, sanding machine.

poncif [pɔ̃sif] *nm* [banalité] commonplace, cliché.

ponction [pɔ̃ksjɔ̃] *nf* - **1.** [MÉD - lombaire] puncture ; [- pulmonaire] tapping - **2.** *fig* [prélèvement] withdrawal.

ponctionner [3] [pɔ̃ksjɔne] *vt* - **1.** [MÉD - région lombaire] to puncture ; [- poumon] to tap - **2.** *fig* [contribuable] to take money from ; [argent] to withdraw.

ponctualité [pɔ̃ktɥalite] *nf* punctuality.

ponctuation [pɔ̃ktɥasjɔ̃] *nf* punctuation.

ponctuel, elle [pɔ̃ktɥɛl] *adj* - **1.** [action] specific, selective - **2.** [personne] punctual.

ponctuellement [pɔ̃ktɥelmɑ̃] *adv* punctually.

ponctuer [7] [pɔ̃ktɥe] *vt* to punctuate ; **~ qqch de qqch** *fig* to punctuate sthg with sthg.

pondéral, e, aux [pɔ̃deral, o] *adj* weight *(avant n)*.

pondération [pɔ̃derasjɔ̃] *nf* - **1.** [de personne] level-headedness - **2.** *ÉCON* weighting.

pondéré, e [pɔ̃dere] *adj* - **1.** [personne] level-headed - **2.** *ÉCON* weighted.

Pondichéry [pɔ̃diʃeri] *n* Pondicherry.

pondre [75] [pɔ̃dr] *vt* - **1.** [œufs] to lay - **2.** *fam fig* [projet, texte] to produce.

pondu, e [pɔ̃dy] *pp* ➤ **pondre**.

poney [pɔnɛ] *nm* pony.

pongiste [pɔ̃ʒist] *nmf* table-tennis player.

pont [pɔ̃] *nm* - **1.** *CONSTR* bridge ; **~ et chaussées** *ADMIN* ≃ highways department - **2.** [lien] link, connection ; **~ aérien** airlift ; **couper les ~s avec qqn** *fig* to break with sb - **3.** [congé] day off granted by an employer to fill the gap between a national holiday and a weekend ; **faire le ~** to have a long weekend - **4.** [de navire] deck.

ponte [pɔ̃t] ⬦ *nf* [action] laying ; [œufs] clutch ⬦ *nm* - **1.** *JEU* punter - **2.** *fam* [autorité] big shot.

pontife [pɔ̃tif] *nm* pontiff.

pontifical, e, aux [pɔ̃tifikal, o] *adj* papal.

pontificat [pɔ̃tifika] *nm* pontificate.

pontifier [9] [pɔ̃tifje] *vi fam* to pontificate.

pont-levis [pɔ̃ləvi] *(pl* **ponts-levis)** *nm* drawbridge.

ponton [pɔ̃tɔ̃] *nm* - **1.** [plate-forme] pontoon - **2.** [chaland] lighter, barge.

pool [pul] *nm* pool.

pop [pɔp] ⬦ *nm* pop ⬦ *adj* pop *(avant n)*.

pop-corn [pɔpkɔrn] *nm inv* popcorn (U).

pope [pɔp] *nm* priest *(in the Orthodox church)*.

popeline [pɔplin] *nf* poplin.

popote [pɔpɔt] *fam* ⬦ *adj inv* homeloving ⬦ *nf* : **faire la ~** to do the cooking ; **préparer la ~** to prepare the meal.

populace [pɔpylas] *nf péj* mob.

populaire [pɔpylɛr] *adj* - **1.** [du peuple - volonté] popular, of the people ; [- quartier] working-class ; [- art, chanson] folk - **2.** [personne] popular.

populariser [3] [pɔpylarize] *vt* to popularize.

popularité [pɔpylarite] *nf* popularity.

population [pɔpylasjɔ̃] *nf* population ; **~ active** working population.

populiste [pɔpylist] *nmf & adj* populist.

populo [pɔpylo] *nm fam* - **1.** [peuple] hoi polloi - **2.** [foule] crowd.

porc [pɔr] *nm* - **1.** [animal] pig, hog *Am* - **2.** *fig & péj* [personne] pig, swine - **3.** [viande] pork - **4.** [peau] pigskin.

porcelaine [pɔrsəlɛn] *nf* - **1.** [matière] china, porcelain - **2.** [objet] piece of china *ou* porcelain - **3.** [mollusque] cowrie shell.

porcelet [pɔrsəlɛ] *nm* piglet.

porc-épic [pɔrkepik] *(pl* **porcs-épics)** *nm* porcupine.

402

porche [pɔrʃ] nm porch.

porcherie [pɔrʃəri] nf litt & fig pigsty.

porcin, e [pɔrsɛ̃, in] adj - **1.** [élevage] pig (avant n) - **2.** fig & péj [yeux] piggy.
➤ **porcin** nm pig.

pore [pɔr] nm pore.

poreux, euse [pɔrø, øz] adj porous.

pornographie [pɔrnɔgrafi] nf pornography.

pornographique [pɔrnɔgrafik] adj pornographic.

porridge [pɔridʒ] nm porridge.

port [pɔr] nm - **1.** [lieu] port ; **arriver à bon ~** [personne] to arrive safe and sound ; [chose] to arrive in good condition ; **~ d'attache** home port ; **~ de commerce/pêche** commercial/fishing port - **2.** [fait de porter sur soi - d'objet] carrying ; [- de vêtement, décoration] wearing ; **~ d'armes** carrying of weapons - **3.** [transport] carriage ; **franco de ~** carriage paid - **4.** [allure] bearing.

portable [pɔrtabl] ⬦ nm TV portable ; INFORM laptop, portable ; [téléphone] mobile ⬦ adj - **1.** [vêtement] wearable - **2.** [ordinateur, machine à écrire] portable, laptop.

portage [pɔrtaʒ] nm Can NAUT portage.

portail [pɔrtaj] nm portal.

portant, e [pɔrtɑ̃, ɑ̃t] adj : **être bien/mal ~** to be in good/poor health.
➤ **portant** nm upright.

portatif, ive [pɔrtatif, iv] adj portable.

Port-au-Prince [pɔroprɛ̃s] n Port-au-Prince.

porte [pɔrt] nf - **1.** [de maison, voiture] door ; **claquer la ~** to slam the door ; **claquer/fermer la ~ au nez de qqn** to slam/shut the door in sb's face ; **écouter aux ~s** to listen at keyholes ; **être à la ~** to be locked out ; **ficher** ou **foutre qqn à la ~** fam to throw ou chuck sb out ; **mettre qqn à la ~** to throw sb out ; **~ cochère** carriage entrance ; **~ de communication** communicating door ; **~ d'entrée** front door ; **~ de secours** emergency exit ; **~ vitrée** glass door - **2.** AÉRON & SKI [de ville] gate ; **la ~ de Versailles** site of a large exhibition complex in Paris where major trade fairs take place - **3.** fig [de région] gateway.

porte-à-faux [pɔrtafo] nm inv [roche] overhang ; CONSTR cantilever ; **en ~** overhanging ; CONSTR cantilevered ; fig in a delicate situation.

porte-à-porte [pɔrtapɔrt] nm inv : **faire du ~** to sell from door to door.

porte-avions [pɔrtavjɔ̃] nm inv aircraft carrier.

porte-bagages [pɔrtbagaʒ] nm inv luggage rack ; [de voiture] roof rack.

porte-bébé [pɔrtbebe] (pl **porte-bébés**) nm baby sling, papoose.

porte-bonheur [pɔrtbɔnœr] nm inv lucky charm.

porte-bouteilles [pɔrtbutɛj] nm inv [casier] wine rack.

porte-cartes, porte-carte [pɔrtəkart] nm inv card holder.

porte-cigarettes [pɔrtsigaret] nm inv cigarette case.

porte-clefs, porte-clés [pɔrtəkle] nm inv keyring.

porte-couteau [pɔrtkuto] (pl **porte-couteaux**) nm knife-rest.

porte-documents [pɔrtdɔkymɑ̃] nm inv attaché ou document case.

porte-drapeau [pɔrtdrapo] (pl **porte-drapeaux**) nm standard-bearer.

portée [pɔrte] nf - **1.** [de missile] range ; **à ~ de** within range of ; **à ~ de main** within reach ; **à ~ de voix** within earshot ; **à ~ de vue** in sight ; **à la ~ de qqn** fig within sb's reach ; **hors de la ~ de** out of reach of - **2.** [d'événement] impact, significance - **3.** MUS stave, staff - **4.** [de femelle] litter.

porte-fenêtre [pɔrtfənetr] (pl **portes-fenêtres**) nf French window ou door Am.

portefeuille [pɔrtəfœj] nm - **1.** [pour billets] wallet - **2.** FIN & POLIT portfolio.

porte-jarretelles [pɔrtʒartel] nm inv suspender belt Br, garter belt Am.

porte-malheur [pɔrtmalœr] nm inv jinx.

portemanteau, x [pɔrtmɑ̃to] nm [au mur] coat-rack ; [sur pied] coat stand.

portemine [pɔrtəmin] nm propelling pencil.

porte-monnaie [pɔrtmɔnɛ] nm inv purse.

porte-parapluies [pɔrtparaplyi] nm inv umbrella stand.

porte-parole [pɔrtparɔl] nm inv spokesman (f spokeswoman) ; **~ officiel du gouvernement** official government spokesman.

porte-plume [pɔrtəplym] nm inv penholder.

porter [3] [pɔrte] ⬦ vt - **1.** [gén] to carry - **2.** [vêtement, lunettes, montre] to wear ; [barbe] to have - **3.** [nom, date, inscription] to bear - **4.** [apporter] to take - **5.** [inciter] : **~ qqn à faire qqch** to lead sb to do sthg - **6.** [inscrire] to put down, to write down ; **porté disparu** reported missing ⬦ vi - **1.** [s'appuyer - balcon] : **~ sur** to be supported by - **2.** [traiter] : **~ sur qqn/qqch** to be about sb/sthg - **3**. [remarque] to strike home - **4**. [voix, tir] to carry.

➤ **se porter** ⬦ *vp* - **1**. [se sentir] : **se ~ bien/mal** to be well/unwell - **2**. [se diriger] : **se ~ sur** [choix, regard] to fall on ; [conversation] to turn to - **3**. [se livrer] : **se ~ à** [violences] to carry out ; **se ~ à des extrémités** to go to extremes ⬦ *v attr* : **se ~ garant de qqch** to guarantee sthg, to vouch for sthg ; **se ~ candidat à** to stand for election to *Br*, to run for *Am*.

porte-savon [pɔrtsavɔ̃] (*pl inv* OU **porte-savons**) *nm* soap dish.

porte-serviettes [pɔrtsɛrvjɛt] *nm inv* towel rail.

porteur, euse [pɔrtœr, øz] ⬦ *adj* : **marché ~** COMM growth market ; **mère porteuse** surrogate mother ; **mur ~** load-bearing wall ⬦ *nm, f* - **1**. [de message, nouvelle] bringer, bearer - **2**. [de bagages] porter - **3**. [détenteur - de papiers, d'actions] holder ; [- de chèque] bearer - **4**. [de maladie] carrier.

porte-voix [pɔrtəvwa] *nm inv* megaphone, loud-hailer, bullhorn *Am*.

portier [pɔrtje] *nm* commissionaire.

portière [pɔrtjɛr] *nf* [de voiture, train] door.

portillon [pɔrtijɔ̃] *nm* barrier, gate.

portion [pɔrsjɔ̃] *nf* - **1**. [de gâteau] portion, helping - **2**. [d'héritage] portion, part ; **être réduit à la ~ congrue** *fig* to get the smallest share.

portique [pɔrtik] *nm* - **1**. ARCHIT portico - **2**. SPORT crossbeam *(for hanging apparatus)*.

Port-Louis [pɔrlwi] *n* Port Louis.

porto [pɔrto] *nm* port.

Porto-Novo [pɔrtonovo] *n* Porto Novo.

portoricain, e [pɔrtɔrikɛ̃, ɛn] *adj* Puerto Rican.

➤ **Portoricain, e** *nm, f* Puerto Rican.

Porto Rico [pɔrtoriko], **Puerto Rico** [pwɛrtoriko] *n* Puerto Rico.

portrait [pɔrtrɛ] *nm* portrait ; PHOT photograph ; **être tout le ~ de qqn** *fig* to be the spitting OU very image of sb ; **faire le ~ de qqn** *fig* to describe sb.

portraitiste [pɔrtretist] *nmf* portrait painter.

portrait-robot [pɔrtrɛrɔbo] (*pl* **portraits-robots**) *nm* Photofit® picture, Identikit® picture.

portuaire [pɔrtɥɛr] *adj* port *(avant n)*, harbour *(avant n) Br*, harbor *(avant n) Am*.

portugais, e [pɔrtygɛ, ɛz] *adj* Portuguese.

➤ **portugais** *nm* [langue] Portuguese.

➤ **Portugais, e** *nm, f* Portuguese (person) ; **les Portugais** the Portuguese.

Portugal [pɔrtygal] *nm* : **le ~** Portugal ; **au ~** in Portugal.

POS, Pos [pɔs] (*abr de* plan d'occupation des sols) *nm land use scheme*.

pose [poz] *nf* - **1**. [de pierre, moquette] laying ; [de papier peint, rideaux] hanging - **2**. [position] pose ; **prendre la ~** to pose - **3**. PHOT exposure.

posé, e [poze] *adj* sober, steady.

posément [pozemã] *adv* calmly.

poser [3] [poze] ⬦ *vt* - **1**. [mettre] to put down ; **~ qqch sur qqch** to put sthg on sthg - **2**. [installer - rideaux, papier peint] to hang ; [- étagère] to put up ; [- moquette, carrelage] to lay - **3**. [affirmer] to lay down, to set out - **4**. [donner à résoudre - problème, difficulté] to pose ; **~ une question** to ask a question ; **~ sa candidature** to apply ; [- POLIT] to stand for election ⬦ *vi* to pose.

➤ **se poser** *vp* - **1**. [oiseau, avion] to land ; *fig* [choix, regard] : **se ~ sur** to fall on - **2**. [question, problème] to arise, to come up - **3**. [personne] : **se ~ en** to pose as.

poseur, euse [pozœr, øz] *nm, f vieilli* show-off, poser.

positif, ive [pozitif, iv] *adj* positive.

position [pozisjɔ̃] *nf* position ; **prendre ~** *fig* to take up a position, to take a stand.

positionnement [pozisjɔnmã] *nm* positioning.

positionner [3] [pozisjɔne] *vt* to position.

➤ **se positionner** *vp* to position o.s.

positivement [pozitivmã] *adv* positively.

posologie [pozɔlɔʒi] *nf* dosage.

possédant, e [pɔsedã, ãt] ⬦ *adj* property-owning *(avant n)* ⬦ *nm, f* person from the property-owning classes.

possédé, e [pɔsede] ⬦ *adj* possessed ⬦ *nm, f* person possessed.

posséder [18] [pɔsede] *vt* - **1**. [détenir - voiture, maison] to possess, to own ; [- diplôme] to have ; [- capacités, connaissances] to possess, to have - **2**. [langue, art] to have mastered - **3**. *fam* [personne] to have.

possesseur [pɔsesœr] *nm* - **1**. [de bien] possessor, owner - **2**. [de secret, diplôme] holder.

possessif, ive [pɔsesif, iv] *adj* possessive.

➤ **possessif** *nm* GRAM possessive.

possession [pɔsesjɔ̃] *nf* - **1**. [gén] possession ; **être en ma/ta** *etc* **~** to be in my/your *etc* possession ; **prendre ~ de** to take possession of ; **être en ~ de** to be in possession of ; **~ de soi** self-possession, composure - **2**. [de langue] knowledge, command.

possibilité [pɔsibilite] *nf* - **1**. [gén] possibility - **2**. [moyen] chance, opportunity.

possibilités *nfpl* [capacités] potential *(sg)*.

possible [pɔsibl] ⬥ *adj* possible ; **c'est/ce n'est pas ~** that's possible/impossible ; **dès que** OU **aussitôt que ~** as soon as possible ⬥ *nm* : **faire tout son ~** to do one's utmost, to do everything possible ; **dans la mesure du ~** as far as possible.

postal, e, aux [pɔstal, o] *adj* postal.

postdater [3] [pɔstdate] *vt* to postdate.

poste [pɔst] ⬥ *nf* - **1.** [service] post *Br*, mail *Am* ; **envoyer/recevoir qqch par la ~** to send/receive sthg by post ; **~ aérienne** airmail - **2.** [bureau] post office ; **~ centrale** central post office ; **~ restante** poste restante *Br*, general delivery *Am* ⬥ *nm* - **1.** [emplacement] post ; **~ de police** police station ; **~ de secours** first-aid post ; **être fidèle au ~** *fig* to stay at one's post - **2.** [emploi] position, post - **3.** [appareil] : **~ émetteur** transmitter ; **~ de radio** radio ; **~ de télévision** television (set) - **4.** TÉLÉCOM extension.

poster[1] [pɔstɛr] *nm* poster.

poster[2] [3] [pɔste] *vt* - **1.** [lettre] to post *Br*, to mail *Am* - **2.** [sentinelle] to post.

➤ **se poster** *vp* to position o.s., to station o.s.

postérieur, e [pɔsterjœr] *adj* - **1.** [date] later, subsequent - **2.** [membre] hind *(avant n)*, back *(avant n)*.

➤ **postérieur** *nm hum* posterior.

postérieurement [pɔsterjœrmɑ̃] *adv* subsequently.

posteriori [pɔsterjɔri] ➤ **a posteriori** *loc adv* a posteriori.

postérité [pɔsterite] *nf* - **1.** [générations à venir] posterity - **2.** *littéraire* [descendance] descendants *(pl)*.

postface [pɔstfas] *nf* postscript.

posthume [pɔstym] *adj* posthumous.

postiche [pɔstiʃ] ⬥ *nm* hairpiece ⬥ *adj* false.

postier, ère [pɔstje, ɛr] *nm, f* post-office worker.

postillon [pɔstijɔ̃] *nm* [salive] droplet of saliva.

postillonner [3] [pɔstijɔne] *vi* to splutter.

postindustriel, elle [pɔstɛ̃dystrijɛl] *adj* post-industrial.

Post-it® [pɔstit] *nm inv* Post-it®, Post-it® note.

postmoderne [pɔstmɔdɛrn] *adj* postmodern.

postnatal, e [pɔstnatal] *(pl* **postnatals** OU **postnataux** [pɔstnato]) *adj* postnatal.

postopératoire [pɔstɔperatwar] *adj* postoperative.

post-scriptum [pɔstskriptɔm] *nm inv* postscript.

postsynchronisation [pɔstsɛ̃krɔnizasjɔ̃] *nf* dubbing.

postulant, e [pɔstylɑ̃, ɑ̃t] *nm, f* - **1.** [pour emploi] applicant - **2.** RELIG postulant.

postuler [3] [pɔstyle] *vt* - **1.** [emploi] to apply for - **2.** PHILO to postulate.

posture [pɔstyr] *nf* posture ; **être** OU **se trouver en mauvaise ~** *fig* to be in a difficult position.

pot [po] *nm* - **1.** [récipient] pot, jar ; [à eau, à lait] jug ; **~ de chambre** chamber pot ; **~ de fleurs** flowerpot ; **découvrir le ~ aux roses** to get to the bottom of something ; **tourner autour du ~** *fam* to beat about the bush - **2.** AUTOM : **~ catalytique** catalytic convertor ; **~ d'échappement** exhaust (pipe) ; [silencieux] silencer *Br*, muffler *Am* - **3.** *fam* [boisson] drink ; **boire** OU **prendre un ~** to have a drink ; **faire un ~** to have a drinks party - **4.** *loc* **fam** : **avoir du/manquer de ~** to be lucky/unlucky ; **payer plein ~** to pay full fare OU full whack.

potable [pɔtabl] *adj* - **1.** [liquide] drinkable ; **eau ~** drinking water - **2.** *fam* [travail] acceptable.

potache [pɔtaʃ] *nm fam* schoolkid.

potage [pɔtaʒ] *nm* soup ; **~ aux légumes** vegetable soup.

potager, ère [pɔtaʒe, ɛr] *adj* : **jardin ~** vegetable garden ; **plante potagère** vegetable.

➤ **potager** *nm* kitchen OU vegetable garden.

potasse [pɔtas] *nf* potash.

potasser [3] [pɔtase] *vt fam* [cours] to swot up *Br*, to bone up on *Am* ; [examen] to swot up for *Br*, to bone up for *Am*.

potassium [pɔtasjɔm] *nm* potassium.

pot-au-feu [pɔtofø] *nm inv* - **1.** [plat] *boiled beef with vegetables* - **2.** [viande] ≃ piece of stewing steak *Br* OU stewbeef *Am*.

pot-de-vin [podvɛ̃] *(pl* **pots-de-vin**) *nm* bribe.

pote [pɔt] *nm fam* mate *Br*, buddy *Am*.

poteau, x [pɔto] *nm* post ; **~ de but** goalpost ; **~ indicateur** signpost ; **~ télégraphique** telegraph pole ; **coiffer qqn au ~** to pip sb at the post.

potée [pɔte] *nf pot-au-feu made with salt pork*.

potelé, e [pɔtle] *adj* plump, chubby.

potence [pɔtɑ̃s] *nf* - **1.** CONSTR bracket - **2.** [de pendaison] gallows *(sg)*.

potentat [pɔtɑ̃ta] nm potentate.

potentiel, elle [pɔtɑ̃sjɛl] adj potential.
➤ **potentiel** nm potential.

potentiellement [pɔtɑ̃sjɛlmɑ̃] adv potentially.

poterie [pɔtri] nf - 1. [art] pottery - 2. [objet] piece of pottery.

potiche [pɔtiʃ] nf - 1. [vase] vase - 2. fam [personne] figurehead.

potier, ère [pɔtje, ɛr] nm, f potter.

potin [pɔtɛ̃] nm fam [bruit] din.
➤ **potins** nmpl fam [ragots] gossip (U).

potion [posjɔ̃] nf potion.

potiron [pɔtirɔ̃] nm pumpkin.

pot-pourri [popuri] (pl **pots-pourris**) nm pot-pourri.

pou, x [pu] nm louse.

pouah [pwa] interj ugh!

poubelle [pubɛl] nf dustbin Br, trashcan Am.

pouce [pus] nm - 1. [de main] thumb ; [de pied] big toe ; **sucer son ~** to suck one's thumb ; **manger sur le ~** to grab something to eat - 2. [mesure] inch ; **ne pas bouger/céder d'un ~** not to move/give an inch.

poudre [pudr] nf powder ; **~ vermifuge** worming powder ; **prendre la ~ d'escampette** to make off.

poudrerie [pudrəri] nf Can snowdrift.

poudreux, euse [pudrø, øz] adj powdery.
➤ **poudreuse** nf powder (snow).

poudrier [pudrije] nm - 1. [boîte] powder compact - 2. [fabricant] explosives manufacturer.

poudrière [pudrijɛr] nf powder magazine ; fig powder keg.

poudroyer [13] [pudrwaje] vi littéraire to rise (up) in clouds.

pouf [puf] ◇ nm pouffe ◇ interj thud!

pouffer [3] [pufe] vi : **~ (de rire)** to snigger.

pouilleux, euse [pujø, øz] ◇ adj - 1. [personne, animal] flea-ridden - 2. [endroit] squalid ◇ nm, f - 1. [couvert de poux] person with fleas - 2. [misérable] down-and-out.

poulailler [pulaje] nm - 1. [de ferme] henhouse - 2. fam THÉÂTRE gods (sg).

poulain [pulɛ̃] nm foal ; fig protégé.

poulamon [pulamɔ̃] nm Can tomcod.

poularde [pulard] nf fattened chicken.

poule [pul] nf - 1. ZOOL hen ; **la ~ aux œufs d'or** the goose that lays the golden egg ; **~ mouillée** wimp, wet - 2. fam péj [femme] bird Br, broad Am - 3. SPORT [compétition] round robin ; RUGBY [groupe] pool.

poulet [pulɛ] nm - 1. ZOOL chicken ; **~ rôti** roast chicken ; **~ fermier** free-range chicken ; **~ de grain** corn-fed chicken - 2. fam [policier] cop.

poulette [pulɛt] nf - 1. ZOOL pullet - 2. fam péj [fille] bird Br, chick Am.

pouliche [puliʃ] nf filly.

poulie [puli] nf pulley.

poulpe [pulp] nm octopus.

pouls [pu] nm pulse.

poumon [pumɔ̃] nm lung ; **à pleins ~s** deeply.

poupe [pup] nf stern.

poupée [pupe] nf - 1. [jouet] doll - 2. [pansement] finger bandage.

poupin, e [pupɛ̃, in] adj chubby.

poupon [pupɔ̃] nm - 1. [bébé] little baby - 2. [jouet] baby doll.

pouponner [3] [pupɔne] vi to play mother.

pouponnière [pupɔnjɛr] nf nursery.

pour [pur] ◇ prép - 1. [gén] for - 2. (+ infinitif) : **~ faire** in order to do, (so as) to do ; **je suis venu ~ vous voir** I've come to see you ; **~ m'avoir aidé** for having helped me, for helping me - 3. [indique un rapport] for ; **avancé ~ son âge** advanced for his/her age ; **~ moi** for my part, as far as I'm concerned ; **~ ce qui est de** as regards, with regard to ◇ adv : **je suis ~** I'm (all) for it ◇ nm : **le ~ et le contre** the pros and cons (pl).
➤ **pour que** loc conj (+ subjonctif) so that, in order that.

pourboire [purbwar] nm tip.

pourceau, x [purso] nm littéraire swine.

pourcentage [pursɑ̃taʒ] nm percentage.

pourfendeur, euse [purfɑ̃dœr, øz] nm, f littéraire : **~ d'abus** righter of wrongs.

pourparlers [purparle] nmpl talks.

pourpre [purpr] ◇ nf - 1. [colorant] purple (dye) - 2. [couleur] purple ◇ nm & adj crimson.

pourquoi [purkwa] ◇ adv why ; **~ pas?** why not? ; **c'est ~ ...** that's why ... ◇ nm inv : **le ~ (de)** the reason (for) ; **les ~** the questions ; **le ~ et le comment** the whys and wherefores.

pourrai, pourras etc ▷ **pouvoir**.

pourri, e [puri] adj - 1. [fruit] rotten - 2. [personne, milieu] corrupt - 3. [enfant] spoiled rotten, ruined.
➤ **pourri** nm - 1. [de fruit] rotten part - 2. fam [personne] creep.

pourrir [32] [purir] ◇ vt - 1. [matière, aliment] to rot, to spoil - 2. [enfant] to ruin, to spoil rotten <> *vi* [matière] to rot ; [fruit, aliment] to go rotten *ou* bad.

pourriture [purityr] *nf* - **1.** [d'aliment] rot - **2.** *fig* [de personne, de milieu] corruption - **3.** *injurieux* [personne] bastard.

poursuis, poursuit *etc* ⊏ **poursuivre**.

poursuite [pursμit] *nf* - **1.** [de personne] chase ; **se lancer à la ~ de** to set off after - **2.** [d'argent, de vérité] pursuit - **3.** [de négociations] continuation.

➤ **poursuites** *nfpl* JUR (legal) proceedings ; **engager des ~s judiciaires** to take legal action.

poursuivant, e [pursμivã, ãt] *nm, f* pursuer.

poursuivi, e [pursμivi] *pp* ⊏ **poursuivre**.

poursuivre [89] [pursμivr] <> *vt* - **1.** [voleur] to pursue, to chase ; [gibier] to hunt - **2.** [rêve, vengeance] to pursue - **3.** [enquête, travail] to carry on with, to continue - **4.** JUR [criminel] to prosecute ; [voisin] to sue <> *vi* to go on, to carry on.

pourtant [purtã] *adv* nevertheless, even so.

pourtour [purtur] *nm* perimeter.

pourvoi [purvwa] *nm* JUR appeal ; **présenter un ~ en cassation** to take one's case to the Appeal Court.

pourvoir [64] [purvwar] <> *vt* : **~ qqn de** to provide sb with ; **~ qqch de** to equip *ou* fit sthg with <> *vi* : **~ à** to provide for.

➤ **se pourvoir** *vp* - **1.** [se munir] : **se ~ de** to provide o.s. with - **2.** JUR to appeal.

pourvoirie [purvwari] *nf Can* outfitter *(for hunting and fishing)*.

pourvoyeur, euse [purvwajœr, øz] *nm, f* supplier.

pourvu, e [purvy] *pp* ⊏ **pourvoir**.

➤ **pourvu que** *(+ subjonctif) loc conj* - **1.** [condition] providing, provided (that) - **2.** [souhait] let's hope (that).

pousse [pus] *nf* - **1.** [croissance] growth - **2.** [bourgeon] shoot ; **~s de bambou** bamboo shoots.

poussé, e [puse] *adj* - **1.** [travail] meticulous - **2.** [moteur] souped-up.

pousse-café [puskafe] *nm inv fam* liqueur.

poussée [puse] *nf* - **1.** [pression] pressure - **2.** [coup] push - **3.** [de fièvre, inflation] rise ; **~ démographique** population increase.

pousse-pousse [puspus] *nm inv* - **1.** [voiture] rickshaw - **2.** *Helv* [poussette] pushchair.

pousser [3] [puse] <> *vt* - **1.** [personne, objet] to push ; **~ qqn à bout** *fig* to push sb to breaking point - **2.** [moteur, voiture] to drive hard - **3.** [recherches, études] to carry on, to continue

- **4.** [cri, soupir] to give - **5.** [inciter] : **~ qqn à faire qqch** to urge sb to do sthg - **6.** [au crime, au suicide] : **~ qqn à** to drive sb to <> *vi* - **1.** [exercer une pression] to push - **2.** [croître] to grow - **3.** [poursuivre son chemin] to push on - **4.** *fam* [exagérer] to overdo it.

➤ **se pousser** *vp* to move up.

poussette [puset] *nf* pushchair *Br*, stroller *Am*.

poussière [pusjer] *nf* - **1.** [gén] dust ; **mordre la ~** to bite the dust ; **réduire en ~** to reduce to dust ; **et des ~s** *fam* and a bit - **2.** *littéraire* [de mort] ashes *(pl)*.

poussiéreux, euse [pusjerø, øz] *adj* - **1.** [meuble] dusty - **2.** [teint] dull - **3.** *fig* [organisation] old-fashioned.

poussif, ive [pusif, iv] *adj fam* wheezy.

poussin [pusɛ̃] *nm* - **1.** ZOOL chick - **2.** SPORT under-11.

poussoir [puswar] *nm* push button.

poutre [putr] *nf* beam.

poutrelle [putrɛl] *nf* girder.

pouvoir [58] [puvwar] <> *nm* - **1.** [gén] power ; **~ d'achat** purchasing power ; **les ~s publics** the authorities - **2.** JUR proxy, power of attorney <> *vt* - **1.** [avoir la possibilité de, parvenir à] : **~ faire qqch** to be able to do sthg ; **je ne peux pas venir ce soir** I can't come tonight ; **pouvez-vous ...?** can you ...?, could you ...? ; **je n'en peux plus** [exaspéré] I'm at the end of my tether ; [fatigué] I'm exhausted ; **je/tu n'y peux rien** there's nothing I/you can do about it ; **tu aurais pu me le dire!** you might have *ou* could have told me! ; **il est on ne peut plus bête/gentil** nobody could be stupider/kinder - **2.** [avoir la permission de] : **je peux prendre la voiture?** can I borrow the car? ; **aucun élève ne peut partir** no pupil may leave - **3.** [indiquant l'éventualité] : **il peut pleuvoir** it may rain ; **vous pourriez rater votre train** you could *ou* might miss your train.

➤ **se pouvoir** *v impers* : **il se peut que je me trompe** I may be mistaken ; **cela se peut/pourrait bien** that's quite possible.

pp *(abr de pages)* pp.

p.p. *(abr de par procuration)* pp.

PQ <> *nm (abr de papier-cul) fam* bog paper <> - **1.** *(abr de province de Québec)* PQ - **2.** *(abr de premier quartier [de lune])* first quarter.

Pr *(abr de professeur)* Prof.

PR <> *nm (abr de Parti républicain) French political party* <> *nf (abr de poste restante)* PR.

pragmatique [pragmatik] *adj* pragmatic.

pragois, e, praguois, e [pragwa, az] *adj* of/from Prague.

➤ **Pragois, e, Praguois, e** *nm, f* native *ou* inhabitant of Prague.

Prague [prag] *n* Prague.

praguois, e = pragois.

praire [prɛr] *nf* clam.

prairie [preri] *nf* meadow ; [aux États-Unis] prairie.

praline [pralin] *nf* - **1.** [amande] sugared almond - **2.** *Belg* [chocolat] chocolate.

praliné [praline] *nm* almond-flavoured sponge covered with praline.

praticable [pratikabl] ◇ *adj* - **1.** [route] passable - **2.** [plan] feasible, practicable ◇ *nm* [CIN & THÉÂTRE - plate-forme] (tray) dolly ; [- élément de décor] prop.

praticien, enne [pratisjɛ̃, ɛn] *nm, f* practitioner ; *MÉD* medical practitioner.

pratiquant, e [pratikɑ̃, ɑ̃t] ◇ *adj* practising ◇ *nm, f* practising Christian/Jew/Muslim etc.

pratique [pratik] ◇ *nf* - **1.** [expérience] practical experience - **2.** [usage] practice ; **mettre qqch en ~** to put sthg into practice ◇ *adj* practical ; [gadget, outil] handy.

pratiquement [pratikmɑ̃] *adv* - **1.** [en fait] in practice - **2.** [quasiment] practically.

pratiquer [3] [pratike] ◇ *vt* - **1.** [métier] to practise *Br*, to practice *Am* ; [sport] to do ; [jeu de ballon] to play ; [méthode] to apply ; **~ la pêche/le football** to be a keen fisherman/football player - **2.** [ouverture] to make ◇ *vi* *RELIG* to be a practising Christian/Jew/Muslim etc.

➤ **se pratiquer** *vp* - **1.** *SPORT* to be played - **2.** [politique, tradition] to be the practice ; [prix] to apply.

pré [pre] *nm* meadow.

préado [preado] *nmf fam* preadolescent.

préalable [prealabl] ◇ *adj* prior, previous ; **~ à** prior to, preceding ; **sans avis ~** without prior warning *ou* notice ◇ *nm* precondition.

➤ **au préalable** *loc adv* first, beforehand.

préalablement [prealabləmɑ̃] *adv* first, beforehand ; **~ à** prior to.

préambule [preɑ̃byl] *nm* - **1.** [introduction, propos] preamble ; **sans ~** immediately - **2.** [prélude] : **~ de** prelude to.

préau, x [preo] *nm* - **1.** [d'école] (covered) play area - **2.** [de prison] (covered) exercise yard.

préavis [preavi] *nm inv* advance notice *ou* warning.

précaire [prekɛr] *adj* [incertain] precarious.

précancéreux, euse [prekɑ̃serø, øz] *adj* precancerous.

précarité [prekarite] *nf* [instabilité] precariousness.

précaution [prekosjɔ̃] *nf* - **1.** [prévoyance] precaution ; **par ~** as a precaution ; **prendre des ~s** to take precautions - **2.** [prudence] caution.

précautionneux, euse [prekosjɔnø, øz] *adj* cautious.

précédemment [presedamɑ̃] *adv* previously, before.

précédent, e [presedɑ̃, ɑ̃t] *adj* previous.

➤ **précédent** *nm* precedent ; **sans ~** unprecedented.

précéder [18] [presede] *vt* - **1.** [dans le temps - gén] to precede ; [- suj : personne] to arrive before - **2.** [marcher devant] to go in front of - **3.** *fig* [devancer] to get ahead of.

précepte [presɛpt] *nm* precept.

précepteur, trice [preseptœr, tris] *nm, f* (private) tutor.

préchauffer [3] [preʃofe] *vt* to preheat.

prêche [prɛʃ] *nm* sermon ; *fig* lecture.

prêcher [4] [preʃe] *vt & vi* to preach.

prêcheur, euse [preʃœr, øz] ◇ *adj* preaching, moralizing ◇ *nm, f* - **1.** *RELIG* preacher - **2.** *fig* [moralisateur] moralizer.

prêchi-prêcha [preʃipreʃa] *nm inv* preachifying.

précieusement [presjøzmɑ̃] *adv* preciously.

précieux, euse [presjø, øz] *adj* - **1.** [pierre, métal] precious ; [objet] valuable ; [collaborateur] invaluable, valued - **2.** *péj* [style] precious, affected.

préciosité [presjozite] *nf péj* [affectation] preciosity, affectation.

précipice [presipis] *nm* precipice.

précipitamment [presipitamɑ̃] *adv* hastily.

précipitation [presipitasjɔ̃] *nf* - **1.** [hâte] haste - **2.** *CHIM* precipitation.

➤ **précipitations** *nfpl MÉTÉOR* precipitation (U).

précipiter [3] [presipite] *vt* - **1.** [objet, personne] to throw, to hurl ; **~ qqn/qqch du haut de** to throw sb/sthg off, to hurl sb/sthg off - **2.** [départ] to hasten.

➤ **se précipiter** *vp* - **1.** [se jeter] to throw o.s., to hurl o.s. - **2.** [s'élancer] : **se ~ (vers qqn)** to rush *ou* hurry (towards sb) - **3.** [s'accélérer - gén] to speed up ; [- choses, événements] to move faster.

précis, e [presi, iz] *adj* **- 1.** [exact] precise, accurate **- 2.** [fixé] definite, precise.
➤ **précis** *nm* handbook.

précisément [presizemã] *adv* precisely, exactly.

préciser [3] [presize] *vt* **- 1.** [heure, lieu] to specify **- 2.** [pensée] to clarify.
➤ **se préciser** *vp* to become clear.

précision [presizjɔ̃] *nf* **- 1.** [de style, d'explication] precision **- 2.** [détail] detail ; **apporter** *ou* **donner des ~s** to give further information.

précité, e [presite] *adj* above-mentioned.

précoce [prekɔs] *adj* **- 1.** [plante, fruit] early **- 2.** [enfant] precocious.

précocité [prekɔsite] *nf* **- 1.** [de plante, de saison] earliness **- 2.** [d'enfant] precociousness.

préconçu, e [prekɔ̃sy] *adj* preconceived.

préconiser [prekɔnize] *vt* to recommend ; **~ de faire qqch** to recommend doing sthg ; **~ que** (+ *subjonctif*) to recommend that.

précuit, e [prekɥi, it] *adj* precooked.

précurseur [prekyrsœr] ◇ *nm* precursor, forerunner ◇ *adj* precursory.

prédateur, trice [predatœr, tris] *adj* predatory.
➤ **prédateur** *nm* predator.

prédécesseur [predesesœr] *nm* predecessor.

prédécoupé, e [predekupe] *adj* pre-cut.

prédestination [predɛstinasjɔ̃] *nf* predestination.

prédestiner [3] [predɛstine] *vt* to predestine ; **être prédestiné à qqch/à faire qqch** to be predestined for sthg/to do sthg.

prédéterminer [3] [predetɛrmine] *vt* to predetermine.

prédicat [predika] *nm* predicate.

prédicateur, trice [predikatœr, tris] *nm, f* preacher.

prédication [predikasjɔ̃] *nf* preaching ; [discours] sermon.

prédiction [prediksjɔ̃] *nf* prediction.

prédilection [predilɛksjɔ̃] *nf* partiality, ; **avoir une ~ pour** to have a partiality *ou* liking for ; **de ~** favourite *(avant n)* Br, favorite *(avant n)* Am.

prédire [103] [predir] *vt* to predict.

prédisposer [3] [predispoze] *vt* : **~ qqn à qqch** to predispose sb to sthg.

prédisposition [predispozisjɔ̃] *nf* : **~ à** prédisposition to *ou* towards.

prédit, e [predi, it] *pp* ▷ **prédire**.

prédominant, e [predɔminã, ãt] *adj* predominant.

prédominer [3] [predɔmine] *vt* to predominate.

préélectoral, e, aux [preelɛktɔral, o] *adj* pre-election *(avant n)*.

préemballé, e [preɑ̃bale] *adj* prepacked.

prééminence [preeminãs] *nf* preeminence.

préemption [preɑ̃psjɔ̃] *nf* preemption.

préétabli, e [preetabli] *adj* pre-established.

préexistant, e [preɛgzistã, ãt] *adj* preexisting.

préfabriqué, e [prefabrike] *adj* **- 1.** [maison] prefabricated **- 2.** [accusation, sourire] false.
➤ **préfabriqué** *nm* prefabricated material.

préface [prefas] *nf* preface.

préfectoral, e, aux [prefɛktɔral, o] *adj* prefectorial.

préfecture [prefɛktyr] *nf* prefecture.

préférable [preferabl] *adj* preferable.

préféré, e [prefere] *adj* & *nm, f* favourite Br, favorite Am.

préférence [preferãs] *nf* preference ; **de ~** preferably.

préférentiel, elle [preferãsjɛl] *adj* preferential.

préférer [18] [prefere] *vt* : **~ qqn/qqch (à)** to prefer sb/sthg (to) ; **~ faire qqch** to prefer to do sthg ; **je préfère rentrer** I would rather go home, I would prefer to go home ; **je préfère ça!** I like that better!, I prefer that!

préfet [prefɛ] *nm* prefect.

préfigurer [3] [prefigyre] *vt* to prefigure.

préfixe [prefiks] *nm* prefix.

préhistoire [preistwar] *nf* prehistory.

préhistorique [preistɔrik] *adj* prehistoric.

préinscription [preɛ̃skripsjɔ̃] *nf* preregistration.

préjudice [preʒydis] *nm* harm *(U)*, detriment *(U)* ; **porter ~ à qqn** to harm sb.

préjudiciable [preʒydisjabl] *adj* : **~ (à)** harmful (to), detrimental (to).

préjugé [preʒyʒe] *nm* : **~ (contre)** prejudice (against).

prélasser [3] [prelase] ➤ **se prélasser** *vp* to lounge.

prélat [prela] *nm* prelate.

prélavage [prelavaʒ] *nm* pre-wash.

prélèvement [prelɛvmã] *nm* **- 1.** MÉD removal ; [de sang] sample **- 2.** FIN deduction ; **~ automatique** direct debit ; **~ mensuel**

monthly standing order ; **~s obligatoires** tax and social security contributions.

prélever [19] [prelve] *vt* - **1.** FIN : **~ de l'argent (sur)** to deduct money (from) - **2.** MÉD to remove ; **~ du sang** to take a blood sample.

préliminaire [preliminɛr] *adj* preliminary.
➤ **préliminaires** *nmpl* - **1.** [de paix] preliminary talks - **2.** [de discours] preliminaries.

prélude [prelyd] *nm* : **~ (à)** prelude (to).

préluder [3] [prelyde] *vi* - **1.** [marquer le début] : **~ à** to be a prelude to - **2.** MUS to warm up.

prématuré, e [prematyre] ◇ *adj* premature ◇ *nm, f* premature baby.

prématurément [prematyremɑ̃] *adv* prematurely.

préméditation [premeditasjɔ̃] *nf* premeditation ; **avec ~** [meurtre] premeditated ; [agir] with premeditation.

préméditer [3] [premedite] *vt* to premeditate ; **~ de faire qqch** to plan to do sthg.

prémices [premis] *nfpl* snout beginnings.

premier, ère [prəmje, ɛr] ◇ *adj* - **1.** [gén] first ; [étage] first *Br*, second *Am* - **2.** [qualité] top - **3.** [état] original ◇ *nm, f* first ; **être/sortir ~** to be/come first, to be/come top ; **jeune ~** CIN leading man.
➤ **premier** *nm* [étage] first floor *Br*, second floor *Am*.
➤ **première** *nf* - **1.** CIN première ; THÉÂTRE première, first night - **2.** [exploit] first - **3.** [première classe] first class - **4.** SCOL ≃ lower sixth year *ou* form *Br*, ≃ eleventh grade *Am* - **5.** AUTOM first (gear).
➤ **premier de l'an** *nm* : **le ~ de l'an** New Year's Day.
➤ **en premier** *loc adv* first, firstly.

premièrement [prəmjɛrmɑ̃] *adv* first, firstly.

premier-né, première-née [prəmjene, prəmjɛrne] (*mpl* **premiers-nés**, *fpl* **premières-nées**) *nm, f* first-born (child).

prémisse [premis] *nf* premise.

prémolaire [premɔlɛr] *nf* premolar.

prémonition [premɔnisjɔ̃] *nf* premonition.

prémonitoire [premɔnitwar] *adj* premonitory.

prémunir [32] [premynir] *vt* : **~ qqn (contre)** to protect sb (against).
➤ **se prémunir** *vp* to protect o.s. ; **se ~ contre qqch** to guard against sthg.

prenais, prenions *etc* ▷ **prendre**.

prenant, e [prənɑ̃, ɑ̃t] ◇ *vb* ▷ **prendre** ◇ *adj* - **1.** [film, histoire] absorbing - **2.** JUR : **partie ~e** payee.

prénatal, e [prenatal] (*pl* **prénatals** OU **prénataux** [prenatol]) *adj* antenatal ; [allocation] maternity (*avant n*).

prendre [79] [prɑ̃dr] ◇ *vt* - **1.** [gén] to take - **2.** [enlever] to take (away) ; **~ qqch à qqn** to take sthg from sb - **3.** [aller chercher - objet] to get, to fetch ; [- personne] to pick up - **4.** [repas, boisson] to have ; **vous prendrez quelque chose?** would you like something to eat/drink? - **5.** [voleur] to catch ; **se faire ~** to get caught - **6.** [responsabilité] to take (on) ; **~ sur soi de faire qqch** to take it upon o.s. to do sthg - **7.** [aborder - personne] to handle ; [- problème] to tackle ; **~ qqn par qqch** to win sb over by sthg ; **~ qqn par surprise** to take sb by surprise ; **à tout ~** on the whole, all things considered - **8.** [réserver] to book ; [louer] to rent, to take ; [acheter] to buy - **9.** [poids] to gain, to put on - **10.** [embaucher] to take on ◇ *vi* - **1.** [ciment, sauce] to set - **2.** [plante, greffe] to take ; [mode] to catch on - **3.** [feu] to catch - **4.** [se diriger] : **~ à droite** to turn right.
➤ **se prendre** *vp* - **1.** [vêtement] : **se ~ à** to catch on - **2.** [se considérer] : **pour qui se prend-il?** who does he think he is? - **3.** *loc* : **s'en ~ à qqn** [physiquement] to set about sb ; [verbalement] to take it out on sb ; **je sais comment m'y ~** I know how to do it *ou* go about it.

preneur, euse [prənœr, øz] *nm, f* [locataire] lessee ; [acheteur] purchaser.

prenne, prennes *etc* ▷ **prendre**.

prénom [prenɔ̃] *nm* first name.

prénommer [3] [prenɔme] *vt* to name, to call.
➤ **se prénommer** *vp* to be called.

prénuptial, e, aux [prenypsjal, o] *adj* premarital.

préoccupant, e [preɔkypɑ̃, ɑ̃t] *adj* preoccupying.

préoccupation [preɔkypasjɔ̃] *nf* preoccupation.

préoccupé, e [preɔkype] *adj* preoccupied.

préoccuper [3] [preɔkype] *vt* to preoccupy.
➤ **se préoccuper** *vp* : **se ~ de qqch** to be worried about sthg.

préparateur, trice [preparatœr, tris] *nm, f* lab *ou* laboratory assistant ; **~ en pharmacie** chemist's assistant *Br*, druggist's assistant *Am*.

préparatifs [preparatif] *nmpl* preparations.

préparation [preparasjɔ̃] *nf* preparation.

préparatoire [preparatwar] *adj* preparatory.

préparer [3] [prepare] *vt* - **1.** [gén] to prepare ; [plat, repas] to cook, to prepare ; **~ qqn**

à qqch to prepare sb for sthg **- 2.** [réserver] : ~ qqch à qqn to have sthg in store for sb **- 3.** [congrès] to organize.

➤ **se préparer** *vp* **- 1.** [personne] : **se ~ à qqch/à faire qqch** to prepare for sthg/to do sthg **- 2.** [tempête] to be brewing.

prépondérance [prepɔ̃derɑ̃s] *nf* : ~ **(sur)** dominance (over), supremacy (over).

prépondérant, e [prepɔ̃derɑ̃, ɑ̃t] *adj* dominating.

préposé, e [prepoze] *nm, f* (minor) official ; [de vestiaire] attendant ; [facteur] postman (*f* postwoman) *Br*, mailman (*f* mailwoman) *Am* ; ~ à qqch person in charge of sthg.

préposer [3] [prepoze] *vt* to put in charge ; **être préposé à qqch/à faire qqch** to be (put) in charge of sthg/of doing sthg.

préposition [prepozisjɔ̃] *nf* preposition.

prépuce [prepys] *nm* foreskin.

préréglé, e [preregle] *adj* preset, pre-programmed.

préretraite [preʀətʀɛt] *nf* early retirement ; [allocation] early retirement pension.

prérogative [prerɔgativ] *nf* prerogative.

près [prɛ] *adv* near, close.

➤ **de près** *loc adv* closely ; **regarder qqch de ~** to watch sthg closely ; **de plus/très ~** more/very closely.

➤ **près de** *loc prép* **- 1.** [dans l'espace] near, close to **- 2.** [dans le temps] close to ; **il est ~ de partir** he's about to leave **- 3.** [presque] nearly, almost.

➤ **à peu près** *loc adv* more or less, just about ; **il est à peu ~ cinq heures** it's about five o'clock.

➤ **à peu de chose(s) près** *loc adv* more or less, approximately.

➤ **à ceci près que, à cela près que** *loc conj* except that, apart from the fact that.

➤ **à ... près** *loc adv* : **à dix centimètres ~** to within ten centimetres ; **il n'en est pas à un ou deux jours ~** a day or two more or less won't make any difference.

présage [prezaʒ] *nm* omen.

présager [17] [prezaʒe] *vt* **- 1.** [annoncer] to portend **- 2.** [prévoir] to predict ; **laisser ~ de qqch** to hint at sthg.

pré-salé [presale] (*pl* **prés-salés**) *nm* lamb *reared on salt marshes*.

presbyte [prɛsbit] ⟨⟩ *nmf* longsighted person *Br*, farsighted person *Am* ⟨⟩ *adj* longsighted *Br*, farsighted *Am*.

presbytère [prɛsbiter] *nm* presbytery.

presbytérien, enne [prɛsbiterjɛ̃, ɛn] *nm, f* & *adj* Presbyterian.

presbytie [prɛsbisi] *nf* longsightedness *Br*, farsightedness *Am*.

prescience [presjɑ̃s] *nf littéraire* foresight.

préscolaire [preskɔler] *adj* preschool *(avant n)*.

prescription [preskripsjɔ̃] *nf* **- 1.** MÉD prescription **- 2.** JUR limitation.

prescrire [99] [preskrir] *vt* **- 1.** [mesures, conditions] to lay down, to stipulate **- 2.** MÉD to prescribe.

➤ **se prescrire** *vp* MÉD to be prescribed.

prescrit, e [preskri, it] *pp* ➪ **prescrire**.

prescrivais, prescrivions *etc* ➪ **prescrire**.

préséance [preseɑ̃s] *nf* precedence.

présélection [preselɛksjɔ̃] *nf* preselection ; [pour concours] making a list of finalists, short-listing *Br*.

présélectionner [3] [preselɛksjɔne] *vt* to preselect ; [candidats] to put on a list of finalists, to short-list *Br*.

présence [prezɑ̃s] *nf* **- 1.** [gén] presence ; **en ~** face to face ; **honorer qqn de sa ~** to honour sb with one's presence ; **en ~ de** in the presence of ; **en sa** *etc* ~ in his/her *etc* presence **- 2.** [compagnie] company (*U*) **- 3.** [assiduité] attendance ; **feuille de ~** attendance sheet.

➤ **présence d'esprit** *nf* presence of mind.

présent, e [prezɑ̃, ɑ̃t] *adj* **- 1.** [gén] present ; **le ~ ouvrage** this work ; **la ~e loi** this law ; **avoir qqch ~ à l'esprit** to remember sthg **- 2.** [actif] attentive, involved.

➤ **présent** *nm* **- 1.** [gén] present ; **faire ~ à qqn de qqch** *sout* to make sb a present of sthg ; **à ~** at present ; **à ~ que** now that ; **jusqu'à ~** up to now, so far ; **dès à ~** right away **- 2.** GRAM : **le ~** the present tense.

➤ **présente** *nf* : **je vous informe par la ~e que ...** I hereby inform you that ...

présentable [prezɑ̃tabl] *adj* **- 1.** [d'aspect] presentable **- 2.** [d'attitude] : **tu n'es pas ~** I can't take you anywhere.

présentateur, trice [prezɑ̃tatœr, tris] *nm, f* presenter.

présentation [prezɑ̃tasjɔ̃] *nf* **- 1.** [de personne] : **faire les ~s** to make the introductions **- 2.** [aspect extérieur] appearance ; **avoir une bonne/mauvaise ~** to be of a pleasing/disagreeable appearance **- 3.** [de papiers, de produit, de film] presentation ; **sur ~ de** on presentation of ; **~ de la marque** brand presentation **- 4.** [de magazine] layout.

présentement [prezɑ̃tmɑ̃] *adv* at the moment, at present.

présenter [3] [prezɑ̃te] ⟨⟩ *vt* **- 1.** [gén] to

present ; [projet] to present, to submit - **2.** [invité] to introduce - **3.** [condoléances, félicitations, avantages] to offer ; [hommages] to pay ; **~ qqch à qqn** to offer sb sthg ◇ *vi fam* : **~ bien/mal** to make a good/bad impression.

▶ **se présenter** *vp* - **1.** [se faire connaître] : **se ~ (à)** to introduce o.s. (to) - **2.** [être candidat] : **se ~ à** [élection] to stand in *Br*, to run in *Am* ; [examen] to sit *Br*, to take - **3.** [paraître] to appear - **4.** [occasion, situation] to arise, to present itself - **5.** [affaire, contrat] : **se ~ bien/mal** to look good/bad.

présentoir [prezɑ̃twar] *nm* display stand.

préservatif [prezervatif] *nm* condom.

préservation [prezervasjɔ̃] *nf* preservation.

préserver [3] [prezerve] *vt* to preserve.

▶ **se préserver** *vp* : **se ~ de** to protect o.s. from.

présidence [prezidɑ̃s] *nf* - **1.** [de groupe] chairmanship - **2.** [d'État] presidency - **3.** [lieu] presidential residence *ou* palace.

président, e [prezidɑ̃, ɑ̃t] *nm, f* - **1.** [d'assemblée] chairman (*f* chairwoman) ; **~ du conseil d'administration** chairman of the board - **2.** [d'État] president ; **Monsieur/Madame le Président** Mr/Madam President ; **~ de la République** President (of the Republic) of France - **3.** *JUR* [de tribunal] presiding judge ; [de jury] foreman (*f* forewoman).

▶ **présidente** *nf vieilli* president's wife.

▶ **président-directeur général** *nm* (chairman and) managing director.

présidentiel, elle [prezidɑ̃sjɛl] *adj* presidential ; **régime ~** presidential system.

présider [3] [prezide] ◇ *vt* - **1.** [réunion] to chair - **2.** [banquet, dîner] to preside over ◇ *vi* : **~ à** to be in charge of ; *fig* to govern, to preside at.

présomptif, ive [prezɔ̃ptif, iv] *adj* : **héritier ~** heir apparent.

présomption [prezɔ̃psjɔ̃] *nf* - **1.** [hypothèse] presumption - **2.** *JUR* presumption - **3.** *littéraire* [prétention] presumptuousness.

présomptueux, euse [prezɔ̃ptɥø, øz] ◇ *adj* presumptuous ◇ *nm, f littéraire* presumptuous person.

presque [prɛsk] *adv* almost, nearly ; **~ rien** next to nothing, scarcely anything ; **~ jamais** hardly ever.

presqu'île [prɛskil] *nf* peninsula.

pressant, e [presɑ̃, ɑ̃t] *adj* pressing.

press-book [presbuk] (*pl* **press-books**) *nm* portfolio.

presse [prɛs] *nf* press ; **avoir bonne/mauvaise ~** to have a good/bad press.

pressé, e [prese] *adj* - **1.** [travail] urgent ; **aller au plus ~** to do first things first - **2.** [personne] : **être ~** to be in a hurry - **3.** [citron, orange] freshly squeezed.

presse-citron [prɛssitrɔ̃] *nm inv* lemon squeezer.

pressentiment [presɑ̃timɑ̃] *nm* premonition.

pressentir [37] [presɑ̃tir] *vt* - **1.** [événement] to have a premonition of - **2.** *sout* [personne] to sound out.

presse-papiers [prɛspapje] *nm inv* paperweight.

presse-purée [prɛspyre] *nm inv* potato masher.

presser [4] [prese] *vt* - **1.** [écraser - olives] to press ; [- citron, orange] to squeeze - **2.** [disque] to press - **3.** [dans ses bras] to squeeze - **4.** [bouton] to press, to push - **5.** *sout* [harceler] : **~ qqn de faire qqch** to press sb to do sthg ; **~ qqn de questions** to bombard sb with questions - **6.** [accélérer] to speed up ; **~ le pas** to speed up, to walk faster.

▶ **se presser** *vp* - **1.** [se dépêcher] to hurry (up) ; **sans se ~** without hurrying *ou* rushing - **2.** [s'agglutiner] : **se ~ (autour de)** to crowd (around) - **3.** [se serrer] to huddle.

pressing [presiŋ] *nm* steam pressing ; [établissement] dry cleaner's.

pression [presjɔ̃] *nf* - **1.** [gén] pressure ; **exercer une ~ sur qqch** to exert pressure on sthg ; **exercer une ~ sur qqn, faire ~ sur qqn** to put pressure on sb ; **sous ~** [liquide] *fig* under pressure ; [cabine] pressurized ; **~ artérielle** blood pressure ; **~ atmosphérique** atmospheric pressure - **2.** [sur vêtement] press stud *Br*, popper *Br*, snap fastener *Am* - **3.** [bière] draught *Br ou* draft *Am* beer.

pressoir [preswar] *nm* - **1.** [machine] press - **2.** [lieu] press house.

pressurer [3] [presyre] *vt* - **1.** [objet] to press, to squeeze - **2.** *fig* [contribuable] to squeeze.

pressurisation [presyrizasjɔ̃] *nf* pressurization.

pressuriser [3] [presyrize] *vt* to pressurize.

prestance [prɛstɑ̃s] *nf* bearing ; **avoir de la ~** to have presence.

prestataire [prɛstater] *nmf* - **1.** [bénéficiaire] person in receipt of benefit, claimant - **2.** [fournisseur] provider ; **~ de service** service provider.

prestation [prɛstasjɔ̃] *nf* - **1.** [allocation] benefit ; **~ en nature** payment in kind ; **~s familia-**

les ≃ family allowance - **2.** [de comédien] performance - **3.** [de serment] taking.

preste [prɛst] adj littéraire nimble.

prestement [prɛstəmɑ̃] adv nimbly.

prestidigitateur, trice [prɛstidiʒitatœr, tris] nm, f conjurer.

prestidigitation [prɛstidiʒitasjɔ̃] nf conjuring.

prestige [prɛstiʒ] nm prestige.

prestigieux, euse [prɛstiʒjø, øz] adj - **1.** [magnifique] splendid - **2.** [réputé] prestigious.

présumé, e [prezyme] adj presumed.

présumer [3] [prezyme] <> vt to presume, to assume ; **~ que** to presume (that), to assume (that) ; **être présumé coupable/innocent** to be presumed guilty/innocent <> vi : **~ de qqch** to overestimate sthg.

présupposé [presypoze] nm presupposition.

présupposer [3] [presypoze] vt to presuppose.

présure [prezyr] nf rennet.

prêt, e [prɛ, prɛt] adj ready ; **~ à qqch/à faire qqch** ready for sthg/to do sthg ; **~ à tout** ready for anything ; **~s? partez!** SPORT get set, go!, ready, steady, go !
◆ **prêt** nm [action] lending (U) ; [somme] loan.

prêt-à-porter [prɛtaporte] (pl **prêts-à-porter**) nm ready-to-wear clothing (U).

prétendant [pretɑ̃dɑ̃] nm - **1.** [au trône] pretender - **2.** [amoureux] suitor.

prétendre [73] [pretɑ̃dr] <> vt - **1.** [affecter] : **~ faire qqch** to claim to do sthg - **2.** [affirmer] : **~ que** to claim (that), to maintain (that) - **3.** littéraire [exiger] : **~ faire qqch** to intend to do sthg <> vi [aspirer] : **~ à qqch** to aspire to sthg.
◆ **se prétendre** vp : **se ~ acteur/écrivain** to claim to be an actor/an author.

prétendu, e [pretɑ̃dy] <> pp ▷ prétendre <> adj (avant n) so-called.

prétendument [pretɑ̃dymɑ̃] adv supposedly.

prête-nom [prɛtnɔ̃] (pl **prête-noms**) nm front man.

prétentieux, euse [pretɑ̃sjø, øz] <> adj pretentious <> nm, f pretentious person.

prétention [pretɑ̃sjɔ̃] nf - **1.** [suffisance] pretentiousness - **2.** [ambition] pretension, ambition ; **avoir la ~ de faire qqch** to claim ou pretend to do sthg.

prêter [4] [prete] <> vt - **1.** [fournir] : **~ qqch (à qqn)** [objet, argent] to lend (sb) sthg ; fig [concours, appui] to lend (sb) sthg, to give (sb) sthg

- **2.** [attribuer] : **~ qqch à qqn** to attribute sthg to sb <> vi : **~ à** to lead to, to generate.
◆ **se prêter** vp : **se ~ à** [participer à] to go along with ; [convenir à] to fit, to suit.

prétérit [preterit] nm preterite.

prêteur, euse [prɛtœr, øz] <> adj generous <> nm, f : **~ sur gages** pawnbroker.

prétexte [pretɛkst] nm pretext, excuse ; **sous ~ de faire qqch/que** on the pretext of doing sthg/that, under the pretext of doing sthg/that ; **sous aucun ~** on no account.

prétexter [4] [pretɛkste] vt to give as an excuse.

Pretoria [pretɔrja] n Pretoria.

prêtre [prɛtr] nm priest.

prêtresse [prɛtrɛs] nf priestess.

preuve [prœv] nf - **1.** [gén] proof - **2.** JUR evidence - **3.** [témoignage] sign, token ; **faire ~ de qqch** to show sthg ; **faire ses ~s** to prove o.s./itself.

preux [prø] <> nm knight valiant <> adj m valiant.

prévaloir [61] [prevalwar] vi [dominer] : **~ (sur)** to prevail (over).
◆ **se prévaloir** vp : **se ~ de** to boast about.

prévalu [prevaly] pp inv ▷ prévaloir.

prévarication [prevarikasjɔ̃] nf sout breach of trust.

prévaut ▷ prévaloir.

prévenance [prevnɑ̃s] nf - **1.** [attitude] thoughtfulness, consideration - **2.** [action] considerate ou thoughtful act.

prévenant, e [prevnɑ̃, ɑ̃t] adj considerate, attentive.

prévenir [40] [prevnir] vt - **1.** [employé, élève] : **~ qqn (de)** to warn sb (about) - **2.** [police] to inform - **3.** [désirs] to anticipate - **4.** [maladie] to prevent - **5.** littéraire [prédisposer] : **~ qqn contre qqn** to prejudice sb against sb.

préventif, ive [prevɑ̃tif, iv] adj - **1.** [mesure, médecine] preventive - **2.** JUR : **être en détention préventive** to be on remand.

prévention [prevɑ̃sjɔ̃] nf - **1.** [protection] : **~ (contre)** prevention (of) ; **~ routière** road safety (measures) - **2.** JUR remand.

prévenu, e [prevny] <> pp ▷ prévenir <> nm, f accused, defendant.

préviendrai, préviendras etc ▷ prévenir.

prévisible [previzibl] adj foreseeable.

prévision [previzjɔ̃] nf forecast, prediction ; [de coûts] estimate ; ÉCON forecast ; **les ~s météorologiques** the weather forecast.

en prévision de *loc prép* in anticipation of.

prévisionnel, elle [previzjɔnɛl] *adj* anticipatory ; **budget ~** budget estimate.

prévoir [63] [prevwar] *vt* - **1.** [s'attendre à] to expect - **2.** [prédire] to predict - **3.** [anticiper] to foresee, to anticipate - **4.** [programmer] to plan ; **n'être pas prévu** to be unforeseen ; **comme prévu** as planned, according to plan.

prévoyais, prévoyions *etc* ▷ **prévoir**.

prévoyance [prevwajɑ̃s] *nf* [de personne] foresight ; *voir aussi* **caisse**.

prévoyant, e [prevwajɑ̃, ɑ̃t] *adj* provident.

prévu, e [prevy] *pp* ▷ **prévoir**.

prie-Dieu [pridjø] *nm inv* prie-dieu.

prier [10] [prije] ◇ *vt* - **1.** RELIG to pray to - **2.** [implorer] to beg ; **(ne pas) se faire ~ (pour faire qqch)** (not) to need to be persuaded (to do sthg) ; **je vous en prie** [de grâce] please, I beg you ; [de rien] don't mention it, not at all - **3.** *sout* [demander] : **~ qqn de faire qqch** to request sb to do sthg ; **~ instamment qqn de faire qqch** to insist that sb does sthg ; **vous êtes priés de** you are requested to - **4.** *littéraire* [convier] to invite ◇ *vi* RELIG to pray.

prière [prijɛr] *nf* - **1.** [RELIG - recueillement] prayer *(U)*, praying *(U)* ; [- formule] prayer ; [- office] prayers *(pl)* - **2.** *littéraire* [demande] entreaty ; **~ de frapper avant d'entrer** please knock before entering.

prieuré [prijœre] *nm* priory.

primaire [primɛr] *adj* - **1.** [premier] : **couleur ~** primary colour *Br ou* color *Am* ; **élection ~** primary (election) ; **ère ~** Palaeozoic era ; **études ~s** primary education *(U)* - **2.** *péj* [primitif] limited.

primate [primat] *nm* - **1.** ZOOL primate - **2.** *fam* [brute] gorilla.

primauté [primote] *nf* primacy.

prime [prim] ◇ *nf* - **1.** [d'employé] bonus ; **~ d'intéressement** profit-related bonus ; **~ d'objectif** incentive bonus - **2.** [allocation - de déménagement, de transport] allowance ; [- à l'exportation] incentive - **3.** [d'assurance] premium - **4.** [cadeau] free gift ; **en ~** as a free gift ; *fig* in addition ◇ *adj* - **1.** [premier] : **de ~ abord** at first glance ; **de ~ jeunesse** in the first flush of youth - **2.** MATHS prime.

primer [3] [prime] ◇ *vi* to take precedence, to come first ◇ *vt* - **1.** [être supérieur à] to take precedence over - **2.** [récompenser] to award a prize to ; **le film a été primé au festival** the film won an award at the festival.

primerose [primroz] *nf* hollyhock.

primesautier, ère [primsotje, ɛr] *adj* impulsive.

primeur [primœr] *nf* immediacy ; **avoir la ~ de qqch** to be the first to hear sthg.

primeurs *nfpl* early produce *(U)*.

primevère [primvɛr] *nf* primrose.

primitif, ive [primitif, iv] ◇ *adj* - **1.** [gén] primitive - **2.** [aspect] original ◇ *nm, f* primitive.

primo [primo] *adv* firstly.

primordial, e, aux [primɔrdjal, o] *adj* essential.

prince [prɛ̃s] *nm* prince ; **~ consort** prince consort.

prince-de-Galles [prɛ̃sdəɡal] *nm inv & adj inv* Prince of Wales check.

princesse [prɛ̃sɛs] *nf* princess.

princier, ère [prɛ̃sje, ɛr] *adj* princely.

principal, e, aux [prɛ̃sipal, o] ◇ *adj* - **1.** [gén] main, principal - **2.** GRAM main ◇ *nm, f* - **1.** [important] : **le ~** the main thing - **2.** SCOL headmaster (*f* headmistress) *Br*, principal *Am*.

principalement [prɛ̃sipalmɑ̃] *adv* mainly, principally.

principauté [prɛ̃sipote] *nf* principality.

principe [prɛ̃sip] *nm* principle ; **par ~** on principle.

en principe *loc adv* theoretically, in principle.

printanier, ère [prɛ̃tanje, ɛr] *adj* - **1.** [temps] spring-like - **2.** *fig* [humeur] bright and cheerful.

printemps [prɛ̃tɑ̃] *nm* - **1.** [saison] spring - **2.** *fig* [de la vie] springtime - **3.** *fam* [année] : **avoir 20 ~** to be 20.

priori [prijɔri] **a priori** ◇ *loc adv* in principle ◇ *nm inv* initial reaction ◇ *adj inv* a priori.

prioritaire [prijɔritɛr] *adj* - **1.** [industrie, mesure] priority *(avant n)* - **2.** AUTOM with right of way.

priorité [prijɔrite] *nf* - **1.** [importance primordiale] priority ; **en ~** first - **2.** AUTOM right of way ; **~ à droite** give way to the right.

pris, e [pri, priz] ◇ *pp* ▷ **prendre** ◇ *adj* - **1.** [place] taken ; [personne] busy ; [mains] full - **2.** [nez] blocked ; [gorge] sore - **3.** [envahi] : **~ de** seized with.

prise *nf* - **1.** [sur barre, sur branche] grip, hold ; **lâcher ~** to let go ; *fig* to give up ; **avoir ~ sur qqch** to have hold of sthg ; **avoir ~ sur qqn** *fig* to have a hold over sb ; **être aux ~s avec** *fig* to grapple with - **2.** [action de prendre - de ville] seizure, capture ; **~ en charge** [par Sécurité sociale] (guaranteed) reimbursement ; **~e**

d'otages hostage taking ; **~e de sang** blood test ; **~e de vue** shot ; **~e de vue** OU **vues** [action] filming, shooting **- 3.** [à la pêche] haul **- 4.** ÉLECTR : **~e (de courant)** [mâle] plug ; [femelle] socket **- 5.** [de judo] hold ; **faire une ~e à qqn** SPORT to get sb in a hold **- 6.** INFORM outlet.

priser [3] [prize] vt **- 1.** sout [apprécier] to appreciate, to value **- 2.** [aspirer] : **~ du tabac** to take snuff.

prisme [prism] nm prism.

prison [prizɔ̃] nf **- 1.** [établissement] prison **- 2.** [réclusion] imprisonment.

prisonnier, ère [prizɔnje, ɛr] ◇ nm, f prisoner ; **faire qqn ~** to take sb prisoner, to capture sb ◇ adj imprisoned ; fig trapped ; **être ~ de** to be the prisoner of ; fig to be a prisoner of OU a slave to.

privatif, ive [privatif, iv] adj **- 1.** JUR private **- 2.** GRAM privative.

privation [privasjɔ̃] nf deprivation.

◆ **privations** nfpl privations, hardships.

privatisation [privatizasjɔ̃] nf privatization.

privatiser [3] [privatize] vt to privatize.

privé, e [prive] adj private.

◆ **privé** nm **- 1.** ÉCON private sector **- 2.** [détective] private eye **- 3.** [intimité] : **en ~** in private ; **dans le ~** in private life.

priver [3] [prive] vt : **~ qqn (de)** to deprive sb (of).

◆ **se priver** vp **- 1.** [s'abstenir] : **se ~ de** to go OU do without, to deprive o.s. of ; **ne pas se ~ de faire qqch** not to hesitate to do sthg ; **ne pas se ~ de qqch** to indulge in sthg **- 2.** (emploi absolu) [économiser] to do OU go without.

privilège [privilɛʒ] nm privilege.

◆ **privilèges** nmpl : **les ~s** the privileges of the aristocracy, cities, corporations, guilds etc abolished in 1789.

privilégié, e [privileʒje] ◇ adj **- 1.** [personne] privileged **- 2.** [climat, site] favoured Br, favored Am ◇ nm, f privileged person.

privilégier [9] [privileʒje] vt to favour Br, to favor Am.

prix [pri] nm **- 1.** [coût] price ; **à** OU **au ~ coûtant** at cost (price) ; **~ d'achat** purchase price ; **à aucun ~** on no account ; **à ~ fixe** set-price (avant n) ; **au ~ fort** at a very high price ; **hors de ~** too expensive ; **à moitié ~** at half price ; **à tout ~** at all costs ; **~ d'ami** reduced price ; **~ net** net (price) ; **~ de revient** cost price ; **acheter** OU **payer qqch à ~ d'or** to pay through the nose for sthg ; **mettre la tête de qqn à ~** to put a price on sb's head ; **y mettre le ~** to pay a lot **- 2.** [importance] value **- 3.** [récompense] prize ; **~ Nobel** Nobel prize ; [lauréat] Nobel prizewinner.

◆ **Grand Prix** nm Grand Prix.

pro [pro] nmf & adj fam pro.

probabilité [prɔbabilite] nf **- 1.** [chance] probability **- 2.** [vraisemblance] probability, likelihood ; **selon toute ~** in all probability.

probable [prɔbabl] adj probable, likely ; **il est ~ que** it is likely OU probable that.

probablement [prɔbabləmã] adv probably.

probant, e [prɔbã, ãt] adj convincing, conclusive.

probatoire [prɔbatwar] adj [période] trial (avant n) ; [examen] qualifying.

probité [prɔbite] nf integrity.

problématique [prɔblematik] ◇ nf problems (pl) ◇ adj problematic.

problème [prɔblɛm] nm problem ; **poser un ~** to cause OU pose a problem ; **sans ~!, (il n'y a) pas de ~!** fam no problem! ; **faux ~** imaginary problem ; **ça ne lui pose aucun ~** hum that doesn't worry him/her.

procédé [prɔsede] nm **- 1.** [méthode] process **- 2.** [conduite] behaviour (U) Br, behavior (U) Am.

procéder [18] [prɔsede] vi **- 1.** [agir] to proceed **- 2.** [exécuter] : **~ à qqch** to set about sthg ; **il sera procédé au démantèlement de l'entreprise** the company will be dismantled **- 3.** sout [provenir] : **~ de** to come from, to originate in.

procédure [prɔsedyr] nf procedure ; [démarche] proceedings (pl).

procédurier, ère [prɔsedyrje, ɛr] ◇ adj quibbling ◇ nm, f quibbler.

procès [prɔsɛ] nm JUR trial ; **intenter un ~ à qqn** to sue sb ; **faire le ~ de** fig to make a case against.

processeur [prɔsesœr] nm processor.

procession [prɔsesjɔ̃] nf procession ; **en ~** in procession.

processus [prɔsesys] nm process.

procès-verbal [prɔsɛverbal] (pl **procès-verbaux** [prɔsɛverbo]) nm **- 1.** [contravention - gén] ticket ; [- pour stationnement interdit] parking ticket **- 2.** [compte-rendu] minutes.

prochain, e [prɔʃɛ̃, ɛn] adj **- 1.** [suivant] next ; **à la ~e!** fam see you! **- 2.** [imminent] impending.

◆ **prochain** nm littéraire [semblable] fellow man.

prochainement [prɔʃɛnmã] adv soon, shortly.

proche [prɔʃ] adj **- 1.** [dans l'espace] near ; **~ de** near, close to ; [semblable à] very similar to, closely related to ; **je me sens très ~ de ce qu'il dit** my feelings are very close *ou* similar to his - **2.** [dans le temps] imminent, near ; **dans un ~ avenir** in the immediate future - **3.** [ami, parent] close.

➤ **proches** *nmpl* : **les ~s** close friends and relatives *(sg)*.

➤ **de proche en proche** *loc adv sout* gradually.

Proche-Orient [prɔʃɔrjɑ̃] *nm* : **le ~** the Near East.

proclamation [prɔklamasjɔ̃] *nf* proclamation.

proclamer [3] [prɔklame] *vt* to proclaim, to declare.

procréation [prɔkreasjɔ̃] *nf* procreation ; **~ artificielle** artificial reproduction.

procréer [15] [prɔkree] *vt littéraire* to procreate.

procuration [prɔkyrasjɔ̃] *nf* proxy ; **par ~** by proxy.

procurer [3] [prɔkyre] *vt* : **~ qqch à qqn** [suj : personne] to obtain sthg for sb ; [suj : chose] to give *ou* bring sb sthg.

➤ **se procurer** *vp* : **se ~ qqch** to obtain sthg.

procureur [prɔkyrœr] *nm* : **~ général** chief prosecutor ; **Procureur de la République** ≃ Attorney General.

prodigalité [prɔdigalite] *nf* extravagance (U).

prodige [prɔdiʒ] *nm* - **1.** [miracle] miracle - **2.** [tour de force] marvel, wonder ; **c'est un ~ d'ingéniosité** it's incredibly ingenious - **3.** [génie] prodigy.

prodigieusement [prɔdiʒjøzmɑ̃] *adv* fantastically, incredibly.

prodigieux, euse [prɔdiʒjø, øz] *adj* fantastic, incredible.

prodigue [prɔdig] *adj* [dépensier] extravagant ; **~ de** *fig* lavish with.

prodiguer [3] [prɔdige] *vt littéraire* [soins, amitié] : **~ qqch (à)** to lavish sthg (on).

producteur, trice [prɔdyktœr, tris] ◇ *nm, f* - **1.** [gén] producer - **2.** AGRIC producer, grower ◇ *adj* : **~ de pétrole** oil-producing *(avant n)* ; **~ d'emplois** which creates jobs.

productif, ive [prɔdyktif, iv] *adj* productive.

production [prɔdyksjɔ̃] *nf* - **1.** [gén] production ; **coût de ~** production cost ; **la ~ littéraire d'un pays** the literature of a country - **2.** [producteurs] producers *(pl)*.

productivité [prɔdyktivite] *nf* productivity.

produire [98] [prɔdɥir] *vt* - **1.** [gén] to produce - **2.** [provoquer] to cause.

➤ **se produire** *vp* - **1.** [arriver] to occur, to take place - **2.** [acteur, chanteur] to appear.

produisais, produisions *etc* ▷ **produire**.

produit, e [prɔdɥi, it] *pp* ▷ **produire**.

➤ **produit** *nm* - **1.** [gén] product ; **~s alimentaires** foodstuffs, foods ; **~ de beauté** cosmetic, beauty product ; **~s chimiques** chemicals ; **~ de consommation** consumer product ; **~s d'entretien** cleaning products ; **~ financier** financial product ; **~ de grande consommation** mass consumption product - **2.** [d'investissement] profit, income.

proéminent, e [prɔeminɑ̃, ɑ̃t] *adj* prominent.

prof [prɔf] *nmf fam* teacher.

profanation [prɔfanasjɔ̃] *nf* desecration.

profane [prɔfan] ◇ *nmf* - **1.** [non religieux] non-believer - **2.** [novice] layman ◇ *adj* - **1.** [laïc] secular - **2.** [ignorant] ignorant.

profaner [3] [prɔfane] *vt* - **1.** [église] to desecrate - **2.** *fig* [mémoire] to defile.

proférer [18] [prɔfere] *vt* to utter.

professer [4] [prɔfese] *vt* to profess.

professeur [prɔfesœr] *nm* [gén] teacher ; [dans l'enseignement supérieur] lecturer ; [titulaire] professor.

profession [prɔfesjɔ̃] *nf* - **1.** [métier] occupation ; **de ~** by trade/profession ; **sans ~** unemployed ; **~ libérale** profession - **2.** [corps de métier - libéral] profession ; [- manuel] trade.

➤ **profession de foi** *nf* - **1.** RELIG profession of faith - **2.** [manifeste] manifesto.

professionnel, elle [prɔfesjɔnel] ◇ *adj* - **1.** [gén] professional - **2.** [école] technical ; [enseignement] vocational ◇ *nm, f* professional.

professionnellement [prɔfesjɔnelmɑ̃] *adv* professionally.

professoral, e, aux [prɔfesɔral, o] *adj* [ton, attitude] professorial ; [corps] teaching *(avant n)*.

professorat [prɔfesɔra] *nm* teaching.

profil [prɔfil] *nm* - **1.** [de personne, d'emploi] profile ; [de bâtiment] outline ; **de ~** [visage, corps] in profile ; [objet] from the side - **2.** [coupe] section.

profiler [3] [prɔfile] *vt* to shape.

➤ **se profiler** *vp* - **1.** [bâtiment, arbre] to stand out - **2.** [solution] to emerge.

profit [prɔfi] *nm* - **1.** [avantage] benefit ; **au ~ de** in aid of ; **tirer ~ de** to profit from, to benefit from - **2.** [gain] profit.

profitable [prɔfitabl] *adj* profitable ; **être ~ à qqn** to benefit sb, to be beneficial to sb.

profiter [3] [prɔfite] vi - **1.** [tirer avantage] : ~ de [vacances] to benefit from ; [personne] to take advantage of ; ~ de qqch pour faire qqch to take advantage of sthg to do sthg ; en ~ to make the most of it ; en ~ pour faire qqch to take the opportunity to do sthg - **2.** [servir] : ~ à qqn to be beneficial to sb.

profiteroles [prɔfitrɔl] nfpl : ~ au chocolat chocolate profiteroles.

profiteur, euse [prɔfitœr, øz] nm, f péj profiteer.

profond, e [prɔfɔ̃, ɔ̃d] adj - **1.** [gén] deep - **2.** [pensée] deep, profound - **3.** PSYCHOL : un débile ~ a profoundly subnormal person.
➤ **profond** ⬦ nm : au plus ~ de in the depths of ⬦ adv deep.

profondément [prɔfɔ̃demɑ̃] adv - **1.** [enfoui] deep - **2.** [intensément - aimer, intéresser] deeply ; [- dormir] soundly ; être ~ endormi to be fast asleep - **3.** [extrêmement - convaincu, ému] deeply, profoundly ; [- différent] profoundly.

profondeur [prɔfɔ̃dœr] nf depth ; en ~ in depth ; ~ de champ CIN & PHOT depth of field.
➤ **profondeurs** nfpl depths.

profusion [prɔfyzjɔ̃] nf : une ~ de a profusion of ; à ~ in abundance, in profusion.

progéniture [prɔʒenityr] nf offspring.

progiciel [prɔʒisjɛl] nm software package.

programmable [prɔgramabl] adj programmable.

programmateur, trice [prɔgramatœr, tris] nm, f programme Br OU program Am planner.
➤ **programmateur** nm automatic control unit.

programmation [prɔgramasjɔ̃] nf - **1.** INFORM programming ; faire de la ~ to program ; ~ linéaire linear programming - **2.** RADIO & TÉLÉ programme Br OU program Am planning.

programme [prɔgram] nm - **1.** [gén] programme Br, program Am ; le ~ des réjouissances hum the treats in store ; c'est tout un ~ it's quite an undertaking - **2.** INFORM program ; ~ d'application INFORM applications program - **3.** [planning] schedule - **4.** SCOL syllabus.

programmé, e [prɔgrame] adj programmed.

programmer [3] [prɔgrame] vt - **1.** [organiser] to plan - **2.** RADIO & TÉLÉ to schedule - **3.** INFORM to program.

programmeur, euse [prɔgramœr, øz] nm, f INFORM (computer) programmer.

progrès [prɔgrɛ] nm progress (U) ; être en ~ to be making (good) progress ; faire des ~ to make progress.

progresser [4] [prɔgrese] vi - **1.** [avancer] to progress, to advance - **2.** [maladie] to spread - **3.** [élève] to make progress.

progressif, ive [prɔgresif, iv] adj progressive ; [difficulté] increasing.

progression [prɔgresjɔ̃] nf - **1.** [avancée] advance - **2.** [de maladie, du nationalisme] spread.

progressiste [prɔgresist] nmf & adj progressive.

progressivement [prɔgresivmɑ̃] adv progressively.

prohiber [3] [prɔibe] vt to ban, to prohibit.

prohibitif, ive [prɔibitif, iv] adj - **1.** [dissuasif] prohibitive - **2.** JUR prohibitory.

prohibition [prɔibisjɔ̃] nf ban, prohibition.
➤ **Prohibition** nf : la Prohibition HIST Prohibition.

proie [prwal] nf prey ; être la ~ de qqn fig to be the prey OU victim of sb ; être la ~ de qqch fig to be the victim of sthg ; être en ~ à [sentiment] to be prey to.

projecteur [prɔʒɛktœr] nm - **1.** [de lumière] floodlight ; THÉÂTRE spotlight - **2.** [d'images] projector.

projectile [prɔʒɛktil] nm missile.

projection [prɔʒɛksjɔ̃] nf - **1.** [gén] projection - **2.** [jet] throwing.

projectionniste [prɔʒɛksjɔnist] nmf projectionist.

projet [prɔʒɛ] nm - **1.** [perspective] plan - **2.** [étude, ébauche] draft ; ~ de loi bill.

projeter [27] [prɔʃte] vt - **1.** [envisager] to plan ; ~ de faire qqch to plan to do sthg - **2.** [missile, pierre] to throw - **3.** [film, diapositives] to show - **4.** GÉOM & PSYCHOL to project.
➤ **se projeter** vp [ombre] to be cast.

prolétaire [prɔletɛr] nmf & adj proletarian.

prolétariat [prɔletarja] nm proletariat.

prolétarien, enne [prɔletarjɛ̃, ɛn] adj proletarian.

prolifération [prɔliferasjɔ̃] nf proliferation.

proliférer [18] [prɔlifere] vi to proliferate.

prolifique [prɔlifik] adj prolific.

prolixe [prɔliks] adj sout wordy, verbose.

prolo [prɔlo] nmf fam prole, pleb.

prologue [prɔlɔg] nm prologue.

prolongation [prɔlɔ̃gasjɔ̃] nf [extension] extension, prolongation.
➤ **prolongations** nfpl SPORT extra time (U) ; jouer les ~s to go into extra time.

prolongement [prɔlɔ̃ʒmɑ̃] nm [de mur, quai]

extension ; **être dans le ~ de** to be a continuation of.

prolongements *nmpl* [conséquences] repercussions.

prolonger [17] [prɔlɔ̃ʒe] *vt* - **1.** [dans le temps] : **~ qqch (de)** to prolong sthg (by) - **2.** [dans l'espace] : **~ qqch (de)** to extend sthg (by).

se prolonger *vp* - **1.** [événement] to go on, to last - **2.** [route] to go on, to continue.

promenade [prɔmnad] *nf* - **1.** [balade] walk, stroll ; *fig* trip, excursion ; **~ en voiture** drive ; **~ à vélo** (bike) ride ; **faire une ~** to go for a walk - **2.** [lieu] promenade.

promener [19] [prɔmne] *vt* - **1.** [personne] to take out (for a walk) ; [en voiture] to take for a drive - **2.** *littéraire* [chagrin] to carry (about) - **3.** *fig* [regard, doigts] : **~ qqch sur** to run sthg over.

se promener *vp* to go for a walk.

promeneur, euse [prɔmnœr, øz] *nm, f* walker, stroller.

promesse [prɔmɛs] *nf* - **1.** [serment] promise ; **manquer à sa ~** to break one's promise ; **tenir sa ~** to keep one's promise ; **~s en l'air** empty promises - **2.** [engagement] undertaking ; **~ d'achat/de vente** *JUR* agreement to purchase/to sell - **3.** *fig* [espérance] : **être plein de ~s** to be very promising.

promets ▷ **promettre**.

prometteur, euse [prɔmɛtœr, øz] *adj* promising.

promettre [84] [prɔmɛtr] ◇ *vt* to promise ; **~ qqch à qqn** to promise sb sthg ; **~ de faire qqch** to promise to do sthg ; **~ à qqn que** to promise sb that ◇ *vi* to be promising ; **ça promet!** *iron* that bodes well!

se promettre *vp* : **se ~ de faire qqch** to resolve to do sthg.

promis, e [prɔmi, iz] ◇ *pp* ▷ **promettre** ◇ *adj* promised ; **~ à qqch** destined for sthg ◇ *nm, f hum* intended.

promiscuité [prɔmiskɥite] *nf* overcrowding ; **~ sexuelle** (sexual) promiscuity.

promontoire [prɔmɔ̃twar] *nm* promontory.

promoteur, trice [prɔmɔtœr, tris] *nm, f* - **1.** [novateur] instigator - **2.** [constructeur] property developer.

promotion [prɔmɔsjɔ̃] *nf* - **1.** [gén] promotion ; **~ des ventes** sales promotion ; **en ~** [produit] on special offer - **2.** *MIL* & *SCOL* year.

promotionnel, elle [prɔmɔsjɔnɛl] *adj* promotional.

promouvoir [56] [prɔmuvwar] *vt* to promote.

prompt, e [prɔ̃, prɔ̃t] *adj sout* : **~ (à faire qqch)** swift (to do sthg).

promptitude [prɔ̃tityd] *nf sout* swiftness.

promu, e [prɔmy] *pp* ▷ **promouvoir**.

promulgation [prɔmylgasjɔ̃] *nf* promulgation.

promulguer [3] [prɔmylge] *vt* to promulgate.

prôner [3] [prone] *vt sout* to advocate.

pronom [prɔnɔ̃] *nm* pronoun ; **~ personnel/possessif/relatif** personal/possessive/relative pronoun.

pronominal, e, aux [prɔnɔminal, o] *adj* pronominal.

prononcé, e [prɔnɔ̃se] *adj* marked.

prononcé *nm* [d'arrêt] delivery ; [de sentence] passing.

prononcer [16] [prɔnɔ̃se] *vt* - **1.** *JUR* & *LING* to pronounce - **2.** [dire] to utter.

se prononcer *vp* - **1.** [se dire] to be pronounced ; **comme ça se prononce** as it is pronounced - **2.** [trancher - assemblée] to decide, to reach a decision ; [- magistrat] to deliver a verdict ; **se ~ sur** to give one's opinion on.

prononciation [prɔnɔ̃sjasjɔ̃] *nf* - **1.** *LING* pronunciation - **2.** *JUR* pronouncement.

pronostic [prɔnɔstik] *nm* - **1.** *(gén pl)* [prévision] forecast - **2.** *MÉD* prognosis.

pronostiquer [3] [prɔnɔstike] *vt* - **1.** [annoncer] to forecast - **2.** *MÉD* to make a prognosis of.

pronostiqueur, euse [prɔnɔstikœr, øz] *nm, f* forecaster.

propagande [prɔpagɑ̃d] *nf* - **1.** [endoctrinement] propaganda - **2.** *fig* & *hum* [publicité] : **faire de la ~ pour qqch** to plug sthg.

propagation [prɔpagasjɔ̃] *nf* - **1.** [de flammes, de maladie] *fig* spread, spreading - **2.** *BIOL* & *PHYS* propagation.

propager [17] [prɔpaʒe] *vt* to spread.

se propager *vp* to spread ; *BIOL* to be propagated ; *PHYS* to propagate.

propane [prɔpan] *nm* propane.

propension [prɔpɑ̃sjɔ̃] *nf* : **~ à qqch/à faire qqch** propensity for sthg/to do sthg.

prophète, prophétesse [prɔfɛt, prɔfetɛs] *nm, f* prophet (*f* prophetess).

Prophète *nm* : **le Prophète** the Prophet.

prophétie [prɔfesi] *nf* prophecy.

prophétique [prɔfetik] *adj* prophetic.

prophétiser [3] [prɔfetize] *vt* to prophesy.

prophylactique [prɔfilaktik] *adj* prophylactic.

prophylaxie [prɔfilaksi] *nf* prophylaxis.

propice [prɔpis] *adj* favourable *Br*, favorable *Am* ; ~ à [changement] conducive to ; [culture, élevage] good for.

proportion [prɔpɔrsjɔ̃] *nf* proportion ; **en** ~ **de** in proportion to ; **toutes ~s gardées** relatively speaking.

proportionné, e [prɔpɔrsjɔne] *adj* : **bien/ mal** ~ well-/badly-proportioned ; ~ à proportionate to.

proportionnel, elle [prɔpɔrsjɔnɛl] *adj* : ~ **(à)** proportional (to).
➭ **proportionnelle** *nf* : **la ~le** proportional representation.

proportionnellement [prɔpɔrsjɔnɛlmɑ̃] *adv* proportionally.

propos [prɔpo] ◇ *nm* - **1.** [discours] talk - **2.** [but] intention ; **c'est à quel ~?** what is it about? ; **de ~ délibéré** deliberately, on purpose ; **hors de ~** at the wrong time ◇ *nmpl* [paroles] talk *(U)*, words ; **tenir des ~ d'une extrême banalité** to say extremely banal things.
➭ **à propos** ◇ *loc adv* - **1.** [opportunément] at (just) the right time - **2.** [au fait] by the way ◇ *loc adj* [opportun] opportune.
➭ **à propos de** *loc prép* about.

proposer [3] [prɔpoze] *vt* - **1.** [offrir] to offer, to propose ; ~ **qqch à qqn** to offer sb sthg, to offer sthg to sb ; ~ **à qqn de faire qqch** to offer to do sthg for sb - **2.** [suggérer] to suggest, to propose ; ~ **de faire qqch** to suggest *ou* propose doing sthg - **3.** [loi, candidat] to propose.
➭ **se proposer** *vp* - **1.** [offrir ses services] to offer one's services - **2.** [décider] : **se ~ de faire qqch** to intend *ou* mean to do sthg.

proposition [prɔpozisjɔ̃] *nf* - **1.** [offre] offer, proposal ; ~ **malhonnête** improper suggestion ; **faire des ~s à qqn** to proposition sb - **2.** [suggestion] suggestion, proposal - **3.** GRAM clause.
➭ **proposition de loi** *nf* bill.

propre [prɔpr] ◇ *adj* - **1.** [nettoyé] clean - **2.** [soigné] neat, tidy - **3.** [éduqué - enfant] toilet-trained ; [- animal] house-trained *Br*, housebroken *Am* - **4.** [personnel] own - **5.** [particulier] : ~ **à** peculiar to - **6.** [approprié] : ~ **(à)** suitable (for), appropriate (for) - **7.** [de nature] : ~ **à faire qqch** capable of doing sthg - **8.** *fig* [honnête] respectable - **9.** *loc* : **nous voilà ~s!** *hum* we're in a fine mess! ◇ *nm* - **1.** [propreté] cleanness, cleanliness ; **recopier qqch au ~** to make a fair copy of sthg, to copy sthg up - **2.** [particularité] : **le ~ de** the characteristic feature of ; **avoir qqch en ~** JUR to be the sole owner of sthg.
➭ **au propre** *loc adv* LING literally.

propre-à-rien [prɔprarjɛ̃] *(pl* **propres-à-rien)** *nmf* good-for-nothing.

proprement [prɔprəmɑ̃] *adv* - **1.** [convenablement - habillé] neatly, tidily ; [- se tenir] correctly - **2.** [véritablement] completely ; **à ~ parler** strictly *ou* properly speaking ; **l'événement ~ dit** the event itself, the actual event - **3.** [exclusivement] peculiarly.

propret, ette [prɔprɛ, ɛt] *adj* neat and tidy.

propreté [prɔprəte] *nf* cleanness, cleanliness.

propriétaire [prɔprijetɛr] *nmf* - **1.** [possesseur] owner ; ~ **foncier** property owner ; ~ **terrien** landowner - **2.** [dans l'immobilier] landlord.

propriété [prɔprijete] *nf* - **1.** [gén] property ; ~ **industrielle** JUR patent rights *(pl)* ; ~ **privée** private property - **2.** [droit] ownership - **3.** [terres] property *(U)* - **4.** [convenance] suitability.

propulser [3] [prɔpylse] *vt litt* & *fig* to propel.
➭ **se propulser** *vp* to move forward, to propel o.s. forward *ou* along ; *fig* to shoot.

propulsion [prɔpylsjɔ̃] *nf* propulsion.

prorata [prɔrata] ➭ **au prorata de** *loc prép* in proportion to.

prorogation [prɔrɔgasjɔ̃] *nf* - **1.** JUR extension - **2.** POLIT adjournment.

proroger [17] [prɔrɔʒe] *vt* - **1.** JUR to extend - **2.** POLIT to adjourn.

prosaïque [prɔzaik] *adj* prosaic, mundane.

proscription [prɔskripsjɔ̃] *nf* [interdiction] banning, prohibition.

proscrire [99] [prɔskrir] *vt* - **1.** [interdire] to ban, to prohibit - **2.** *littéraire* [chasser] : ~ **qqn (de)** to exile sb (from), to banish sb (from).

proscrit, e [prɔskri, it] ◇ *pp* ▷ **proscrire** ◇ *adj* - **1.** [interdit] banned, prohibited - **2.** *littéraire* [chassé] exiled ◇ *nm, f littéraire* exile.

proscrivais, proscrivions *etc* ▷ **proscrire**.

prose [prɔz] *nf* prose ; **en ~** in prose.

prosélyte [prɔzelit] *nmf* convert.

prosélytisme [prɔzelitism] *nm* proselytizing.

prospecter [4] [prɔspɛkte] *vt* - **1.** [pays, région] to prospect - **2.** COMM to canvass.

prospecteur, trice [prɔspɛktœr, tris] *nm, f* - **1.** [de ressources] prospector - **2.** COMM canvasser.

prospectif, ive [prɔspɛktif, iv] *adj* : **analyse prospective** COMM forecast.
➭ **prospective** *nf* futurology.

prospection [prɔspɛksjɔ̃] *nf* - **1.** [de ressources] prospecting - **2.** COMM canvassing.

prospectus [prɔspɛktys] *nm* (advertising) leaflet.

prospère [prɔspɛr] *adj* - **1.** [commerce] prosperous - **2.** [santé] blooming.

prospérer [18] [prɔspere] *vi* to prosper, to thrive ; [plante, insecte] to thrive.

prospérité [prɔsperite] *nf* - **1.** [richesse] prosperity - **2.** [bien-être] well-being.

prostate [prɔstat] *nf* prostate (gland).

prosterner [3] [prɔstɛrne] **se prosterner** *vp* to bow down ; **se ~ devant qn** to bow down before ; *fig* to kowtow to.

prostitué [prɔstitɥe] *nm* male prostitute.

prostituée [prɔstitɥe] *nf* prostitute.

prostituer [7] [prɔstitɥe] **se prostituer** *vp* to prostitute o.s.

prostitution [prɔstitysjɔ̃] *nf* prostitution.

prostration [prɔstrasjɔ̃] *nf* prostration.

prostré, e [prɔstre] *adj* prostrate.

protagoniste [prɔtagɔnist] *nmf* protagonist, hero (*f* heroine).

protecteur, trice [prɔtɛktœr, tris] <> *adj* protective <> *nm, f* - **1.** [défenseur] protector - **2.** [des arts] patron - **3.** [souteneur] pimp - **4.** Can POLIT : **le Protecteur du citoyen** the ombudsman.

protection [prɔtɛksjɔ̃] *nf* - **1.** [défense] protection ; **~ contre** protection from *ou* against ; **se mettre sous la ~ de qqn** to put o.s. under sb's protection ; **prendre qqn sous sa ~** to take sb under one's wing - **2.** [des arts] patronage.

protectionnisme [prɔtɛksjɔnism] *nm* protectionism.

protectionniste [prɔtɛksjɔnist] *nmf* & *adj* protectionist.

protectorat [prɔtɛktɔra] *nm* protectorate.

protégé, e [prɔteʒe] <> *adj* protected <> *nm, f* protégé.

protège-cahier [prɔteʒkaje] (*pl* **protège-cahiers**) *nm* exercise book cover.

protéger [22] [prɔteʒe] *vt* - **1.** [gén] to protect - **2.** [arts] to be a patron of.
se protéger *vp* [se préserver] to protect o.s. ; [mettre un préservatif] to use a condom.

protéine [prɔtein] *nf* protein.

protestant, e [prɔtɛstɑ̃, ɑ̃t] *adj* & *nm, f* Protestant.

protestantisme [prɔtɛstɑ̃tism] *nm* Protestantism.

protestataire [prɔtɛstatɛr] <> *nmf* protest-

or <> *adj sout* [vote, écrits] protest *(avant n)* ; [cri] of protest.

protestation [prɔtɛstasjɔ̃] *nf* - **1.** [contestation] protest - **2.** *littéraire* [déclaration] protestation.

protester [3] [prɔtɛste] *vi* to protest ; **~ contre qqch** to protest against sthg, to protest sthg *Am* ; **~ de qqch** *littéraire* to protest sthg.

prothèse [prɔtɛz] *nf* prosthesis ; **~ dentaire** dentures *(pl)*, false teeth *(pl)*.

protide [prɔtid] *nm* protein.

protocolaire [prɔtɔkɔlɛr] *adj* [poli] conforming to etiquette.

protocole [prɔtɔkɔl] *nm* protocol.

proton [prɔtɔ̃] *nm* proton.

prototype [prɔtɔtip] *nm* prototype.

protubérance [prɔtyberɑ̃s] *nf* bulge, protuberance.

protubérant, e [prɔtyberɑ̃, ɑ̃t] *adj* bulging, protruding.

proue [pru] *nf* bows *(pl)*, prow.

prouesse [prues] *nf* feat.

prouver [3] [pruve] *vt* - **1.** [établir] to prove - **2.** [montrer] to demonstrate, to show.
se prouver *vp* to prove to o.s.

provenance [prɔvnɑ̃s] *nf* origin ; **en ~ de** from.

provençal, e, aux [prɔvɑ̃sal, o] *adj* - **1.** [de Provence] of/from Provence - **2.** CULIN *with tomatoes, garlic and onions.*
provençal *nm* [langue] Provençal.
Provençal, e, aux *nm, f* native *ou* inhabitant of Provence.
à la provençale *loc adv* CULIN *with tomatoes, garlic and onions.*

Provence [prɔvɑ̃s] *nf* : **la ~** Provence.

provenir [40] [prɔvnir] *vi* : **~ de** to come from ; *fig* to be due to, to be caused by.

provenu, e [prɔvny] *pp* ⊳ **provenir**.

proverbe [prɔvɛrb] *nm* proverb.

proverbial, e, aux [prɔvɛrbjal, o] *adj* proverbial.

providence [prɔvidɑ̃s] *nf* providence ; *fig* guardian angel.
Providence *nf* Providence.

providentiel, elle [prɔvidɑ̃sjɛl] *adj* providential.

proviendrai, proviendras etc ⊳ **provenir**.

proviens, provient etc ⊳ **provenir**.

province [prɔvɛ̃s] *nf* - **1.** [gén] province - **2.** [campagne] provinces *(pl)*.

provincial, e, aux [prɔvɛ̃sjal, o] *adj* & *nm, f* provincial.

proviseur [prɔvizœr] *nm* ≃ head *Br*, ≃ headteacher *Br*, ≃ headmaster (*f* headmistress) *Br*, ≃ principal *Am*.

provision [prɔvizjɔ̃] *nf* - **1**. [réserve] stock, supply ; faire ~ de qqch to stock up on *ou* with sthg - **2**. FIN retainer ▷ **chèque**.
➤ **provisions** *nfpl* provisions.

provisionnel, elle [prɔvizjɔnɛl] *adj* provisional.

provisoire [prɔvizwar] ◇ *adj* temporary ; JUR provisional ◇ *nm* : **ce n'est que du ~** it's only a temporary arrangement.

provisoirement [prɔvizwarmɑ̃] *adv* temporarily.

provocant, e [prɔvɔkɑ̃, ɑ̃t] *adj* provocative.

provocateur, trice [prɔvɔkatœr, tris] ◇ *adj* provocative ◇ *nm, f* agitator, troublemaker.

provocation [prɔvɔkasjɔ̃] *nf* provocation.

provoquer [3] [prɔvɔke] *vt* - **1**. [entraîner] to cause - **2**. [personne] to provoke.
➤ **se provoquer** *vp* to provoke each other.

proxénète [prɔksenɛt] *nm* pimp.

proxénétisme [prɔksenetism] *nm* pimping, procuring.

proximité [prɔksimite] *nf* - **1**. [de lieu] proximity, nearness ; **à ~ de** near - **2**. [d'événement] closeness.

prude [pryd] ◇ *nf* prude ◇ *adj* prudish.

prudemment [prydamɑ̃] *adv* cautiously.

prudence [prydɑ̃s] *nf* care, caution.

prudent, e [prydɑ̃, ɑ̃t] *adj* careful, cautious ; **sois ~!** be careful!

prud'homme [prydɔm] *nm* ≃ member of an industrial tribunal ; **Conseil de ~s** ≃ industrial tribunal.

prune [pryn] ◇ *nf* plum ; **compter pour des ~s** *fam* to count for nothing ◇ *adj inv* plum-coloured *Br*, plum-colored *Am*.

pruneau, x [pryno] *nm* - **1**. [fruit] prune - **2**. *fam* [balle] slug.

prunelle [prynɛl] *nf* ANAT pupil ; **j'y tiens comme à la ~ de mes yeux** it's the apple of my eye.

prunier [prynje] *nm* plum tree ; **secouer qqn comme un ~** *fam* to shake sb until his/her teeth rattle.

Prusse [prys] *nf* : **la ~** Prussia.

prussien, enne [prysjɛ̃, ɛn] *adj* Prussian.
➤ **Prussien, enne** *nm, f* Prussian.

PS¹ (*abr de* **Parti socialiste**) *nm* French socialist party.

PS², P-S (*abr de* **post-scriptum**) *nm* PS.

psalmodie [psalmɔdi] *nf* chanting.

psalmodier [9] [psalmɔdje] ◇ *vt* to chant ; *fig* & *péj* to drone ◇ *vi* to drone.

psaume [psom] *nm* psalm.

pseudonyme [psødɔnim] *nm* pseudonym.

PS-G (*abr de* **Paris St-Germain**) *nm* Paris football team.

PSIG (*abr de* **Peloton de surveillance et d'intervention de la gendarmerie**) *nm* gendarmerie commando squad.

PSU (*abr de* **Parti socialiste unifié**) *nm* socialist party.

psy [psi] *fam* ◇ *nmf* (*abr de* **psychiatre**) shrink ◇ *adj* : **elle est très ~** she's really into psychology.

psychanalyse [psikanaliz] *nf* psychoanalysis ; **faire la ~ de qqn** to psychoanalyse sb.

psychanalyser [3] [psikanalize] *vt* to psychoanalyse.

psychanalyste [psikanalist] *nmf* psychoanalyst, analyst.

psychanalytique [psikanalitik] *adj* psychoanalytic, psychoanalytical.

psyché [psiʃe] *nf* cheval mirror.

psychédélique [psikedelik] *adj* psychedelic.

psychiatre [psikjatr] *nmf* psychiatrist.

psychiatrie [psikjatri] *nf* psychiatry.

psychiatrique [psikjatrik] *adj* psychiatric.

psychique [psiʃik] *adj* psychic ; [maladie] psychosomatic.

psychisme [psiʃism] *nm* psyche, mind.

psychodrame [psikɔdram] *nm* psychodrama ; *fig* melodrama.

psychologie [psikɔlɔʒi] *nf* psychology.

psychologique [psikɔlɔʒik] *adj* psychological.

psychologiquement [psikɔlɔʒikmɑ̃] *adv* psychologically.

psychologue [psikɔlɔg] ◇ *nmf* psychologist ◇ *adj* psychological.

psychopathe [psikɔpat] *nmf* psychopath.

psychose [psikoz] *nf* - **1**. MÉD psychosis - **2**. [crainte] obsessive fear.

psychosomatique [psikɔsɔmatik] *adj* psychosomatic.

psychothérapeute [psikɔterapøt] *nmf* psychotherapist.

psychothérapie [psikɔterapi] *nf* psychotherapy.

PTA (*abr de* **peseta**) Pta, P.

Pte - **1**. *abr de* **porte** - **2**. *abr de* **pointe**.

PTT (*abr de* **Postes, télécommunications et**

télédiffusion) *nfpl former French post office and telecommunications network.*

pu [py] *pp* ⊳ **pouvoir.**

puant, e [pɥɑ̃, ɑ̃t] *adj* - **1.** [fétide] smelly, stinking - **2.** *fam fig* [personne] bumptious, full of oneself.

puanteur [pɥɑ̃tœr] *nf* stink, stench.

pub¹ [pyb] *nf fam* ad, advert *Br* ; [métier] advertising.

pub² [pœb] *nm* pub.

pubère [pybɛr] *adj* pubescent.

puberté [pybɛrte] *nf* puberty.

pubis [pybis] *nm* [zone] pubis.

public, ique [pyblik] *adj* public.
➠ **public** *nm* - **1.** [auditoire] audience ; **en ~** in public - **2.** [population] public ; **grand ~** general public.

publication [pyblikasjɔ̃] *nf* publication.

publicitaire [pyblisiter] ◇ *nmf* person in advertising ◇ *adj* [campagne] advertising *(avant n)* ; [vente, film] promotional.

publicité [pyblisite] *nf* - **1.** [domaine] advertising ; **~ comparative** comparative advertising ; **~ institutionnelle** corporate advertising ; **~ mensongère** misleading advertising, deceptive advertising ; **~ sur le lieu de vente** point-of-sale advertising, POS advertising - **2.** [réclame] advertisement, advert - **3.** [autour d'une affaire] publicity *(U)* - **4.** [caractère public] public nature.

publier [10] [pyblije] *vt* - **1.** [livre] to publish ; [communiqué] to issue, to release - **2.** [nouvelle] to make public.

publiquement [pyblikmɑ̃] *adv* publicly.

publireportage [pyblirəpɔrtaʒ] *nm* free write-up *Br*, reading notice *Am*.

puce [pys] *nf* - **1.** [insecte] flea - **2.** INFORM [silicon] chip - **3.** *fig* [terme affectueux] pet, love - **4.** *loc* : **mettre la ~ à l'oreille de qqn** to make sb suspicious ; **secouer les ~s à qqn** *fam* to tear sb off a strip.
➠ **puces** *nfpl* : **les ~s** flea market *(sg)*.

puceau, elle, x [pyso, ɛl, o] *nm, f* & *adj fam* virgin.

puceron [pysrɔ̃] *nm* aphid.

pudding [pudiŋ] *nm* plum *ou* Christmas pudding.

pudeur [pydœr] *nf* - **1.** [physique] modesty, decency - **2.** [morale] restraint.

pudibond, e [pydibɔ̃, ɔ̃d] *adj* prudish, prim and proper.

pudibonderie [pydibɔ̃dri] *nf littéraire* prudishness, primness.

pudique [pydik] *adj* - **1.** [physiquement] modest, decent - **2.** [moralement] restrained.

pudiquement [pydikmɑ̃] *adv* modestly.

puer [7] [pɥe] ◇ *vi* to stink ; **ça pue ici!** it stinks in here! ◇ *vt* to reek of, to stink of.

puéricultrice [pɥerikyltris] *nf* nursery nurse.

puériculture [pɥerikyltyr] *nf* childcare.

puéril, e [pɥeril] *adj* childish.

puérilité [pɥerilite] *nf* childishness.

Puerto Rico = **Porto Rico.**

PUF, Puf [pyf] *(abr de* Presses Universitaires de France) *nfpl French publishing house.*

pugilat [pyʒila] *nm* fight.

pugnace [pygnas] *adj littéraire* pugnacious.

pugnacité [pygnasite] *nf littéraire* pugnacity.

puis [pɥi] *adv* then ; **et ~** [d'ailleurs] and moreover *ou* besides ; **et ~ quoi** *ou* **après?** *fam* so what?

puisard [pɥizar] *nm* cesspool.

puiser [3] [pɥize] *vt* [liquide] to draw ; **~ qqch dans qqch** *fig* to draw *ou* take sthg from sthg.

puisque [pɥiskə] *conj* - **1.** [gén] since - **2.** [renforce une affirmation] : **mais puisqu'il m'attend!** but he's waiting for me!

puissamment [pɥisamɑ̃] *adv* powerfully.

puissance [pɥisɑ̃s] *nf* power ; **les grandes ~s** the great powers.
➠ **en puissance** *loc adj* potential.

puissant, e [pɥisɑ̃, ɑ̃t] *adj* powerful.
➠ **puissant** *nm* : **les ~s** the powerful.

puisse, puisses *etc* ⊳ **pouvoir.**

puits [pɥi] *nm* - **1.** [d'eau] well - **2.** [de gisement] shaft ; **~ de mine** mine shaft ; **~ de pétrole** oil well ; **~ de sciences** *fig* fount of all knowledge.

pull [pyl], **pull-over** [pylɔvɛr] *(pl* pull-overs) *nm* jumper *Br*, sweater.

pulluler [3] [pylyle] *vi* to swarm.

pulmonaire [pylmɔnɛr] *adj* lung *(avant n)*, pulmonary.

pulpe [pylp] *nf* pulp.

pulpeux, euse [pylpø, øz] *adj* - **1.** [fruit] pulpy ; [jus] containing pulp - **2.** *fig* [femme] curvaceous.

pulsation [pylsasjɔ̃] *nf* beat, beating *(U)*.

pulsion [pylsjɔ̃] *nf* impulse.

pulvérisateur [pylverizatœr] *nm* spray.

pulvérisation [pylverizasjɔ̃] *nf* - **1.** [d'insecticide] spraying - **2.** MÉD spray ; [traitement] spraying.

pulvériser [3] [pylverize] vt - **1.** [projeter] to spray - **2.** [détruire] to pulverize ; fig to smash.

puma [pyma] nm puma.

punaise [pynɛz] ⟨> nf - **1.** [insecte] bug - **2.** fig [femme] shrew - **3.** [clou] drawing pin Br, thumbtack Am ⟨> interj good grief!

punch [pɔʃ] nm punch.

punching-ball [pœnʃiŋbɔl] (pl punching-balls) nm punchball.

puni, e [pyni] adj punished.

punir [32] [pynir] vt : ~ qqn (de) to punish sb (with).

punitif, ive [pynitif, iv] adj punitive.

punition [pynisjɔ̃] nf punishment.

punk [pœnk] nmf & adj inv punk.

pupille [pypij] ⟨> nf ANAT pupil ⟨> nmf [orphelin] ward ; ~ de l'État = child in care ; ~ de la Nation war orphan (in care).

pupitre [pypitr] nm - **1.** [d'orateur] lectern ; MUS stand - **2.** TECHNOL console - **3.** [d'écolier] desk.

pur, e [pyr] adj - **1.** [gén] pure - **2.** fig [absolu] pure, sheer ; ~ et simple pure and simple - **3.** fig & littéraire [intention] honourable Br, honorable Am - **4.** [lignes] pure, clean.

purée [pyre] nf purée ; ~ de pois fig peasouper ; ~ de pommes de terre mashed potatoes (pl).

purement [pyrmã] adv purely ; ~ et simplement purely and simply.

pureté [pyrte] nf - **1.** [gén] purity - **2.** [de sculpture, de diamant] perfection - **3.** [d'intention] honourableness.

purgatif, ive [pyrgatif, iv] adj purgative.
◆ **purgatif** nm purgative.

purgatoire [pyrgatwar] nm purgatory.

purge [pyrʒ] nf - **1.** MÉD & POLIT purge - **2.** [de radiateur] bleeding.

purger [17] [pyrʒe] vt - **1.** MÉD & POLIT to purge - **2.** [radiateur] to bleed - **3.** [peine] to serve.
◆ **se purger** vp to take a purgative.

purificateur, trice [pyrifikatœr, tris] adj purifying, cleansing.
◆ **purificateur** nm purifier.

purification [pyrifikasjɔ̃] nf purification ; ~ ethnique ethnic cleansing.

purifier [9] [pyrifje] vt to purify.
◆ **se purifier** vp to become pure ou clean ; fig to purify ou cleanse o.s.

purin [pyrɛ̃] nm slurry.

puriste [pyrist] nmf & adj purist.

puritain, e [pyritɛ̃, ɛn] ⟨> adj - **1.** [pudibond] puritanical - **2.** RELIG Puritan (avant n) ⟨> nm, f - **1.** [prude] puritan - **2.** RELIG Puritan.

puritanisme [pyritanism] nm puritanism ; RELIG Puritanism.

pur-sang [pyrsã] nm inv thoroughbred.

purulent, e [pyrylã, ãt] adj purulent.

pus [py] nm pus.

pusillanime [pyzilanim] adj pusillanimous.

pusillanimité [pyzilanimite] nf pusillanimity.

pustule [pystyl] nf pustule.

putain [pytɛ̃] ⟨> nf vulg - **1.** péj [prostituée] whore - **2.** péj [femme facile] tart, slag - **3.** fig [pour exprimer le mécontentement] : (ce) ~ de ... this/that sodding ... Br, this/that goddam ... Am ⟨> interj sod it! Br, bugger! Br, goddam! Am ; [exprime l'étonnement] (well) bugger me! Br, goddam it! Am.

pute [pyt] nf vulg péj [prostituée] whore.

putois [pytwa] nm polecat.

putréfaction [pytrefaksjɔ̃] nf putrefaction ; en ~ rotting, putrefying.

putréfier [9] [pytrefje] ◆ **se putréfier** vp to putrefy, to rot.

putrescent, e [pytrɛsã, ãt] adj putrescent, rotting.

putride [pytrid] adj - **1.** [corps] putrid - **2.** [odeur, miasme] fetid, foul.

putsch [putʃ] nm uprising, coup.

putschiste [putʃist] ⟨> nmf rebel ⟨> adj rebel (avant n).

puzzle [pœzl] nm jigsaw (puzzle).

P-V nm abr de procès-verbal.

PVC (abr de polyvinyl chloride) nm PVC.

PVD (abr de pays en voie de développement) nm developing country.

px (abr de prix) : ~ à déb. offers.

pygmée [pigme] adj pygmy.
◆ **Pygmée** nmf Pygmy.

pyjama [piʒama] nm pyjamas (pl).

pylône [pilon] nm pylon.

Pyongyang [pjɔŋgjãg] n Pyongyang.

pyramide [piramid] nf pyramid.

pyrénéen, enne [pireneɛ̃, ɛn] adj Pyrenean.
◆ **Pyrénéen, enne** nm, f Pyrenean.

Pyrénées [pirene] nfpl : les ~ the Pyrenees.

Pyrex® [pirɛks] nm Pyrex®.

pyromane [piroman] nmf arsonist ; MÉD pyromaniac.

pyrotechnique [piroteknik] adj firework (avant n), pyrotechnic.

python [pitɔ̃] nm python.

Q

quai [kɛ] *nm* - **1.** [de gare] platform - **2.** [de port] quay, wharf - **3.** [de rivière] embankment.

QUAI

Note that the names 'Quai d'Orsay' and 'Quai des Orfèvres' are often used to refer to the government departments situated on the streets of the same name : the foreign office and the police department respectively. 'Le quai de Conti' is sometimes used to refer to the Académie française.

q¹, Q [ky] *nm inv* [lettre] q, Q.
q² *abr de* quintal.
Qatar, Katar [katar] *nm* : **le ~** Qatar.
QCM (*abr de* questionnaire à choix multiple) *nm* multiple choice questionnaire.
QG (*abr de* quartier général) *nm* HQ.
QHS (*abr de* quartier de haute sécurité) *nm* high-security wing.
QI (*abr de* quotient intellectuel) *nm* IQ.
Qom, Qum [kɔm] *n* Qom.
qqch (*abr de* quelque chose) sthg.
qqe *abr de* quelque.
qqes *abr de* quelques.
qqf *abr de* quelquefois.
qqn (*abr de* quelqu'un) s.o., sb.
qu' ⊳ que.
quadragénaire [kwadraʒenɛr] ◇ *nmf* forty year old ◇ *adj* : **être ~** to be in one's forties.
quadrangulaire [kwadrɑ̃gylɛr] *adj* quadrangular.
quadrature [kwadratyr] *nf* quadrature ; **c'est la ~ du cercle** it's like trying to square the circle.
quadrichromie [kwadrikrɔmi] *nf* four-colour *Br ou* four-color *Am* printing.
quadrilatère [kwadrilatɛr] *nm* quadrilateral.
quadrillage [kadrijaʒ] *nm* - **1.** [de papier, de tissu] criss-cross pattern - **2.** [policier] combing.
quadrille [kadrij] *nm* quadrille.
quadriller [3] [kadrije] *vt* - **1.** [papier] to mark with squares - **2.** [ville - *suj* : rues] to criss-cross ; [- *suj* : police] to comb.
quadrimoteur [kwadrimɔtœr] ◇ *nm* four-engined plane ◇ *adj* four-engined.
quadriphonie [kwadrifɔni] *nf* quadraphony.
quadrupède [k(w)adrypɛd] *nm* & *adj* quadruped.
quadruple [k(w)adrypl] *nm* & *adj* quadruple.
quadruplés, ées [k(w)adryple] *nm, f pl* quadruplets, quads.
quadrupler [3] [k(w)adryple] *vt* & *vi* to quadruple, to increase fourfold.

qualifiable [kalifjabl] *adj* [conduite, attitude] : **peu ~** indescribable.
qualificatif, ive [kalifikatif, iv] *adj* qualifying.
◆ **qualificatif** *nm* term.
qualification [kalifikasjɔ̃] *nf* - **1.** [gén] qualification - **2.** [désignation] designation.
qualifier [9] [kalifje] *vt* - **1.** [gén] to qualify ; **être qualifié pour qqch/pour faire qqch** to be qualified for sthg/to do sthg - **2.** [caractériser] : **~ qqn/qqch de qqch** to describe sb/sthg as sthg, to call sb/sthg sthg.
◆ **se qualifier** *vp* to qualify.
qualitatif, ive [kalitatif, iv] *adj* qualitative.
qualitativement [kalitativmɑ̃] *adv* qualitatively.
qualité [kalite] *nf* - **1.** [gén] quality ; **de bonne/mauvaise ~** of good/poor quality ; **~ de vie** quality of life - **2.** [condition] position, capacity ; **en ~ de** in my/his *etc* capacity as.
quand [kɑ̃] ◇ *conj* - **1.** [lorsque, alors que] when ; **~ tu le verras, demande-lui de me téléphoner** when you see him, ask him to phone me ; **pourquoi rester ici ~ on pourrait partir en week-end?** why stay here when we could go away for the weekend? - **2.** *sout* [introduit une hypothèse] even if ◇ *adv interr* when ; **~ arriveras-tu?** when will you arrive? ; **je ne sais pas encore ~ je pars** I don't know yet when I'm leaving ; **jusqu'à ~ restez-vous?** how long are you staying for?
◆ **quand même** ◇ *loc conj sout* even though, even if ◇ *loc adv* all the same ; **je pense qu'il ne viendra pas, mais je l'inviterai ~ même** I don't think he'll come but I'll invite him all the same ; **tu pourrais faire attention ~ même!** you might at least be careful! ◇ *interj* : **~ même, à son âge!** really, at his/her age!
◆ **quand bien même** *loc conj sout* even though, even if ; **j'irai, ~ bien même je devrais y aller à pied!** I'll go, even if I have to walk!
◆ **n'importe quand** *loc adv* any time.
quant [kɑ̃] ◆ **quant à** *loc prép* as for.
quant-à-soi [kɑ̃taswa] *nm inv* reserve ; **rester sur son ~** to remain aloof.

quantième [kɑ̃tjɛm] *nm* date.
quantifiable [kɑ̃tifjabl] *adj* quantifiable.
quantifier [9] [kɑ̃tifje] *vt* to quantify.
quantitatif, ive [kɑ̃titatif, iv] *adj* quantitative.
quantitativement [kɑ̃titativmɑ̃] *adv* quantitatively.
quantité [kɑ̃tite] *nf* - **1.** [mesure] quantity, amount - **2.** [abondance] : **(une) ~ de** a great many, a lot of ; **en ~** in large numbers ; **des exemplaires en ~** a large number of copies - **3.** LING & SCIENCE quantity.
quarantaine [karɑ̃tɛn] *nf* - **1.** [nombre] : **une ~ de** about forty - **2.** [âge] : **avoir la ~** to be in one's forties - **3.** [isolement] quarantine ; **mettre qqn en ~** *fig* to send sb to Coventry.
quarante [karɑ̃t] *adj num* & *nm* forty ; *voir aussi* **six.**
quarantième [karɑ̃tjɛm] *adj num, nm* OU *nmf* fortieth ; *voir aussi* **sixième.**
quart [kar] *nm* - **1.** [fraction] quarter ; **deux heures moins le ~** (a) quarter to two, (a) quarter of two Am ; **deux heures et ~** (a) quarter past two, (a) quarter after two Am ; **il est moins le ~** it's (a) quarter to ; **un ~ de** a quarter of ; **démarrer au ~ de tour** to start first time ; *fig* to fly off the handle ; **un ~ d'heure** a quarter of an hour ; **passer un mauvais ~ d'heure** to have a bad time of it - **2.** NAVIG watch - **3.** : **~ de finale** quarter final.
quart-arrière [kararjɛr] *nmf* Can SPORT quarterback.
quarté [karte] *nm* *system of betting involving the first four horses in a race.*
quartette [kwartɛt] *nm* jazz quartet.
quartier [kartje] *nm* - **1.** [de ville] area, district ; **les beaux ~s** the smart areas ; **le ~ latin** the Latin quarter ; **~ résidentiel** residential area - **2.** [de fruit] piece ; [de viande] quarter - **3.** [héraldique, de lune] quarter - **4.** *(gén pl)* MIL quarters *(pl)* ; **~ général** headquarters *(pl)* ; **avoir/donner ~ libre** to have/give permission to leave barracks ; *fig* to have/give permission to go out.

LE QUARTIER LATIN

> The Latin quarter is on the left bank of the Seine and includes both the 5th and 6th arrondissements. It has been the student quarter ever since the Middle Ages when the Sorbonne was first created. As well as many prestigious schools and libraries, there are bookshops, art-house cinemas and cafés.

quartier-maître [kartjemɛtr] *(pl* quartiers-maîtres) *nm* leading seaman.

quart-monde [karmɔ̃d] *(pl* quarts-mondes) *nm* : **le ~** the Fourth World.
quartz [kwarts] *nm* quartz ; **montre à ~** quartz watch.
quasi [kazi] *adv* almost, nearly.
quasi- [kazi] *préfixe* near ; **~collision** near collision.
quasiment [kazimɑ̃] *adv fam* almost, nearly.
quatorze [katɔrz] *adj num* & *nm* fourteen ; *voir aussi* **six.**
quatorzième [katɔrzjɛm] *adj num, nm* OU *nmf* fourteenth ; *voir aussi* **sixième.**
quatrain [katrɛ̃] *nm* quatrain.
quatre [katr] <> *adj num* four ; **monter l'escalier ~ à ~** to take the stairs four at a time ; **se mettre en ~ pour qqn** to bend over backwards for sb <> *nm* four ; *voir aussi* **six.**
quatre-quarts [katkar] *nm inv* pound cake.
quatre-vingt = quatre-vingts.
quatre-vingt-dix [katrəvɛ̃dis] *adj num* & *nm* ninety ; *voir aussi* **six.**
quatre-vingt-dixième [katrəvɛ̃dizjɛm] *adj num, nm* OU *nmf* ninetieth ; *voir aussi* **sixième.**
quatre-vingtième [katrəvɛ̃tjɛm] *adj num, nm* OU *nmf* eightieth ; *voir aussi* **sixième.**
quatre-vingts, quatre-vingt [katrəvɛ̃] *adj num* & *nm* eighty ; *voir aussi* **six.**
quatrième [katrijɛm] <> *adj num, nm* OU *nmf* fourth ; *voir aussi* **sixième** <> *nf* - **1.** SCOL ≃ third year OU form Br, ≃ eighth grade Am - **2.** [en danse] fourth position.
quatuor [kwatɥɔr] *nm* quartet ; Can GOLF foursome.
que [k(ə)] <> *conj* - **1.** [introduit une subordonnée] that ; **je sais ~ tu mens** I know (that) you're lying ; **il a dit qu'il viendrait** he said (that) he'd come ; **il veut ~ tu viennes** he wants you to come - **2.** [introduit une hypothèse] whether ; **~ vous le vouliez ou non** whether you like it or not - **3.** [reprend une autre conjonction] : **s'il fait beau et que nous avons le temps ...** if the weather is good and we have time ... - **4.** [indique un ordre, un souhait] : **qu'il entre!** let him come in! ; **~ tout le monde sorte!** everybody out! - **5.** [après un présentatif] : **voilà/voici ~ ça recommence!** here we go again! - **6.** [comparatif - après moins, plus] than ; [- après autant, aussi, même] as ; **plus jeune ~ moi** younger than I (am) ou than me ; **elle a la même robe ~ moi** she has the same dress as I do ou as me - **7.** [seulement] : **ne ... ~** only ; **je n'ai qu'une sœur** I've only got one sister <> *pron rel* [chose, animal] which, that ; [personne] whom, that ; **la femme ~ j'aime** the woman (whom ou that) I love ; **le livre qu'il m'a prêté** the book (which ou that) he lent me <> *pron interr* what ; **~ savez-vous au juste?** what exactly do you

know? ; **~ faire?** what can I/we/one do? ; **je me demande ~ faire** I wonder what I should do ⬦ *adv excl* : **qu'elle est belle!** how beautiful she is! ; **~ de monde!** what a lot of people!

⬤ **c'est que** *loc conj* it's because ; **si je vais me coucher, c'est ~ j'ai sommeil** if I'm going to bed, it's because I'm tired.

⬤ **qu'est-ce que** *pron interr* what ; **qu'est-ce ~ tu veux encore?** what else do you want?

⬤ **qu'est-ce qui** *pron interr* what ; **qu'est-ce qui se passe?** what's going on?

Québec [kebɛk] *nm* **- 1.** [province] : **le ~** Quebec ; **la province de** *ou* **du ~** Quebec State ; **au ~** in Quebec - **2.** [ville] Quebec ; **à ~** in (the city of) Quebec.

québécois, e [kebekwa, az] *adj* Quebec *(avant n).*

⬤ **québécois** *nm* [langue] Quebec French.

⬤ **Québécois, e** *nm, f* Quebecker, Québecois.

quel [kɛl] *(f* **quelle,** *mpl* **quels,** *fpl* **quelles)** ⬦ *adj interr* [personne] which ; [chose] what, which ; **~ homme?** which man? ; **~ est cet homme?** who is this man? ; **~ livre voulez-vous?** what *ou* which book do you want? ; **de ~ côté es-tu?** what *ou* which side are you on? ; **je ne sais ~s sont ses projets** I don't know what his plans are ; **quelle heure est-il?** what time is it?, what's the time? ⬦ *adj excl* : **~ idiot!** what an idiot! ; **quelle honte!** the shame of it! ; **~ beau temps!** what lovely weather! ⬦ *adj indéf* : **~ que** (+ *subjonctif*) [chose, animal] whatever ; [personne] whoever ; **il se baigne, ~ que soit le temps** he goes swimming whatever the weather ; **il refuse de voir les nouveaux arrivants, ~s qu'ils soient** he refuses to see new arrivals, whoever they may be ⬦ *pron interr* which (one) ; **de vous trois, ~ est le plus jeune?** which (one) of you three is the youngest?

quelconque [kɛlkɔ̃k] *adj* **- 1.** [n'importe lequel] any ; **donner un prétexte ~** to give any old excuse ; **si pour une raison ~ ...** if for any reason ... ; **une ~ observation** some remark or other - **2.** *(après n) péj* [banal] ordinary, mediocre.

quelque [kɛlk(ə)] ⬦ *adj indéf* some ; **à ~ distance de là** some way away (from there) ; **j'ai ~s lettres à écrire** I have some *ou* a few letters to write ; **vous n'avez pas ~s livres à me montrer?** don't you have any books to show me? ; **les ~s fois où j'étais absent** the few times I wasn't there ; **les ~s 200 francs qu'il m'a prêtés** the 200 francs or so (that) he lent me ; **~ route que je prenne** whatever route I take ; **~ peu** somewhat, rather ⬦ *adv* [environ]

ron] about ; **200 francs et ~** some *ou* about 200 francs ; **il est midi et ~** *fam* it's just after midday ; **~ volontaire qu'il se montrât** however willing he was.

quelque chose [kɛlkəʃoz] *pron indéf* something ; **~ de différent** something different ; **~ d'autre** something else ; **tu veux boire ~?** do you want something *ou* anything to drink? ; **apporter un petit ~ à qqn** to give sb a little something ; **c'est ~!** [ton admiratif] it's really something! ; **cela m'a fait ~** I really felt it.

quelquefois [kɛlkəfwa] *adv* sometimes, occasionally.

quelque part [kɛlkəpar] *adv* somewhere *Br*, someplace *Am* ; **l'as-tu vu ~?** did you see him anywhere *Br ou* anyplace *Am*?, have you seen him anywhere *Br ou* anyplace *Am*?

quelques-uns, quelques-unes [kɛlkəzœ̃, yn] *pron indéf* some, a few.

quelqu'un [kɛlkœ̃] *pron indéf m* someone, somebody ; **c'est ~ d'ouvert/d'intelligent** he's/she's a frank/an intelligent person.

quémander [3] [kemɑ̃de] *vt* to beg for ; **~ qqch à qqn** to beg sb for sthg.

qu'en-dira-t-on [kɑ̃diratɔ̃] *nm inv fam* tittle-tattle.

quenelle [kənɛl] *nf* very finely chopped mixture of fish or chicken cooked in stock.

quenotte [kənɔt] *nf fam* tooth.

querelle [kərɛl] *nf* quarrel ; **chercher ~ à qqn** to pick a quarrel with sb.

quereller [4] [kərele] ⬤ **se quereller** *vp* : **se ~ (avec)** to quarrel (with).

querelleur, euse [kərelœr, øz] ⬦ *adj* quarrelsome ⬦ *nm, f* quarrelsome person.

quérir [kerir] *vt littéraire* : **faire ~ qqn** to summon sb ; **aller ~ qqn** to go and fetch sb.

qu'est-ce que [kɛskə] ⮕ **que.**

qu'est-ce qui [kɛski] ⮕ **que.**

question [kɛstjɔ̃] *nf* question ; **y a-t-il des ~s?** (are there) any questions? ; **poser une ~ à qqn** to ask sb a question ; **il est ~ de faire qqch** it's a question *ou* matter of doing sthg ; **il n'en est pas ~** there is no question of it ; **remettre qqn/qqch en ~** to question sb/sthg, to challenge sb/sthg ; **~ subsidiaire** tiebreaker.

questionnaire [kɛstjɔnɛr] *nm* questionnaire.

questionner [3] [kɛstjɔne] *vt* to question.

quête [kɛt] *nf* **- 1.** *sout* [d'objet, de personne] quest ; **se mettre en ~ de** to go in search of - **2.** [d'aumône] : **faire la ~** to take a collection.

quêter [4] [kete] ◇ *vi* to collect ◇ *vt fig* to seek, to look for.

quetsche [kwɛtʃ] *nf* - **1.** [fruit] variety of plum - **2.** [eau-de-vie] *type of plum brandy*.

queue [kø] *nf* - **1.** [d'animal] tail ; **faire une ~ de poisson à qqn** *fig & AUTOM* to cut sb up ; **histoire sans ~ ni tête** *fig* cock-and-bull story - **2.** [de fruit] stalk - **3.** [de poêle] handle - **4.** [de liste, de classe] bottom ; [de file, peloton] rear - **5.** [file] queue *Br*, line *Am* ; **faire la ~** to queue *Br*, to stand in line *Am* ; **à la ~ leu leu** in single file - **6.** *vulg* [sexe masculin] dick.

queue-de-cheval [kødʃəval] (*pl* **queues-de-cheval**) *nf* ponytail.

queue-de-pie [kødpi] (*pl* **queues-de-pie**) *nf fam* tails (*pl*).

qui [ki] ◇ *pron rel* - **1.** *(sujet)* [personne] who ; [chose] which, that ; **l'homme ~ parle** the man who's talking ; **je l'ai vu ~ passait** I saw him pass ; **le chien ~ aboie** the barking dog, the dog which *ou* that is barking ; **~ plus est** (and) what's more ; **~ mieux est** even better, better still - **2.** *(complément d'objet direct)* who ; **tu vois ~ je veux dire** you see who I mean ; **invite ~ tu veux** invite whoever *ou* anyone you like - **3.** *(après une préposition)* who, whom ; **la personne à ~ je parle** the person I'm talking to, the person to whom I'm talking - **4.** *(indéfini)* : **~ que tu sois** whoever you are ; **~ que ce soit** whoever it may be ◇ *pron interr* - **1.** *(sujet)* who ; **~ es-tu?** who are you? ; **je voudrais savoir ~ est là** I would like to know who's there - **2.** *(complément d'objet, après une préposition)* who, whom ; **~ demandez-vous?** who do you want to see? ; **dites-moi ~ vous demandez** tell me who you want to see ; **à ~ vas-tu le donner?** who are you going to give it to?, to whom are you going to give it?

➤ **qui est-ce qui** *pron interr* who.
➤ **qui est-ce que** *pron interr* who, whom.

quiche [kiʃ] *nf* quiche.

quiconque [kikɔ̃k] ◇ *pron indéf* anyone, anybody ◇ *pron rel indéf sout* anyone who, whoever.

Quid [kwid] *n* : **le ~** *annually updated one-volume encyclopedia of facts and figures.*

quidam [kidam] *nm fam* chap *Br*, guy *Am*.

quiétude [kjetyd] *nf* tranquillity *Br*, tranquility *Am*.

quignon [kiɲɔ̃] *nm fam* hunk.

quille [kij] *nf* - **1.** [de bateau] keel - **2.** *arg mil* : **la ~** discharge, demob *Br*.
➤ **quilles** *nfpl* - **1.** [jeu] : **(jeu de) ~s** skittles (*U*) - **2.** *fam* [jambes] pins.

quincaillerie [kɛ̃kajri] *nf* - **1.** [ustensiles] iron-

mongery *Br*, hardware - **2.** [magasin] iron-monger's (shop) *Br*, hardware shop - **3.** *fam fig* [bijoux] jewellery.

quincaillier, ère [kɛ̃kaje, ɛr] *nm, f* iron-monger *Br*, hardware dealer.

quinconce [kɛ̃kɔ̃s] *nm* : **en ~** in a staggered arrangement.

quinine [kinin] *nf* quinine.

quinquagénaire [kɛ̃kaʒenɛr] ◇ *nmf* fifty year old ◇ *adj* : **être ~** to be in one's fifties.

quinquennal, e, aux [kɛ̃kenal, o] *adj* [plan] five-year *(avant n)* ; [élection] five-yearly.

quintal, aux [kɛ̃tal, o] *nm* quintal.

quinte [kɛ̃t] *nf MUS* fifth.
➤ **quinte de toux** *nf* coughing fit.

quintessence [kɛ̃tesɑ̃s] *nf* quintessence.

quintette [kɛ̃tɛt] *nm* quintet.

quintuple [kɛ̃typl] *nm & adj* quintuple.

quintupler [3] [kɛ̃typle] *vt & vi* to quintuple, to increase fivefold.

quinzaine [kɛ̃zɛn] *nf* - **1.** [nombre] fifteen (or so) ; **une ~ de** about fifteen - **2.** [deux semaines] fortnight *Br*, two weeks (*pl*) ; **~ publicitaire/commerciale** two-week advertising campaign/sale.

quinze [kɛ̃z] ◇ *adj num* fifteen ; **dans ~ jours** in a fortnight *Br*, in two weeks ◇ *nm* - **1.** [chiffre] fifteen ; *voir aussi* **six** - **2.** *RUGBY* : **le Quinze de France** the French fifteen.

quinzième [kɛ̃zjɛm] *adj num, nm* OU *nmf* fifteenth ; *voir aussi* **sixième**.

quiproquo [kiprɔko] *nm* misunderstanding.

Quito [kito] *n* Quito.

quittance [kitɑ̃s] *nf* receipt.

quitte [kit] *adj* quits ; **être ~ de qqch** to be clear of sthg ; **en être ~ pour qqch/pour faire qqch** to get off with sthg/doing sthg ; **~ à faire qqch** even if it means doing sthg ; **~ ou double** double or quits.

quitter [3] [kite] *vt* - **1.** [gén] to leave ; **ne quittez pas!** [au téléphone] hold the line, please! - **2.** [fonctions] to give up - **3.** [vêtement] to take off.
➤ **se quitter** *vp* to part.

quitus [kitys] *nm* discharge.

qui-vive [kiviv] ◇ *interj* who goes there? ◇ *nm inv* : **être sur le ~** to be on the alert.

quoi [kwa] ◇ *pron rel (après prép)* : **ce à ~ je me suis intéressé** what I was interested in ; **c'est en ~ vous avez tort** that's where you're wrong ; **après ~** after which ; **avoir de ~ vivre** to have enough to live on ; **avez-vous de ~ écrire?** have you got something to write with? ; **merci — il n'y a pas de ~** thank you

— don't mention it ◇ *pron interr* what ; **à ~ penses-tu?** what are you thinking about? ; **je ne sais pas ~ dire** I don't know what to say ; **à ~ bon?** what's the point *ou* use? ; **~ de neuf?** what's new? ; **~ de plus?** what else? ; **décide-toi, ~!** *fam* make your mind up, will you? ; **tu viens ou ~?** *fam* are you coming or what?

◆ **quoi que** *loc conj (+ subjonctif)* whatever ; **~ qu'il arrive** whatever happens ; **~ qu'il dise** whatever he says ; **~ qu'il en soit** be that as it may.

quoique [kwakə] *conj* although, though.

quolibet [kɔlibɛ] *nm sout* jeer, taunt.

quorum [k(w)ɔrɔm] *nm* quorum.

quota [k(w)ɔta] *nm* quota.

quote-part [kɔtpar] (*pl* **quotes-parts**) *nf* share.

quotidien, enne [kɔtidjɛ̃, ɛn] *adj* daily.

◆ **quotidien** *nm* - **1.** [routine] daily life ; **au ~** on a day-to-day basis - **2.** [journal] daily (newspaper).

quotidiennement [kɔtidjɛnmɑ̃] *adv* daily, every day.

quotient [kɔsjɑ̃] *nm* quotient ; **~ intellectuel** intelligence quotient.

R

r¹, R [ɛr] *nm inv* [lettre] r, R.
◆ **R** (*abr de* **rand**) R.

r² *abr de* **rue**.

rab [rab] *nm fam* [portion] seconds (*pl*) ; [travail] overtime.

rabâchage [rabaʃaʒ] *nm fam* constant harping on (*U*).

rabâcher [3] [rabaʃe] ◇ *vi fam* to harp on ◇ *vt* to go over (and over).

rabais [rabɛ] *nm* reduction, discount ; **au ~** *péj* [artiste] third-rate ; [travailler] for a pittance.

rabaisser [4] [rabese] *vt* - **1.** [réduire] to re-

duce ; [orgueil] to humble - **2.** [personne] to belittle.

◆ **se rabaisser** *vp* - **1.** [se déprécier] to belittle o.s. - **2.** [s'humilier] : **se ~ à faire qqch** to demean o.s. by doing sthg.

rabat [raba] *nm* - **1.** [partie rabattue] flap - **2.** [de robe d'avocat] bands (*pl*).

Rabat [raba] *n* Rabat.

rabat-joie [rabaʒwa] ◇ *nm inv* killjoy ◇ *adj inv* : **être ~** to be a killjoy.

rabatteur, euse [rabatœr, øz] *nm, f* - **1.** [de gibier] beater - **2.** *fig* & *péj* [de clientèle] tout.

rabattre [83] [rabatr] *vt* - **1.** [col] to turn down - **2.** [siège] to tilt back ; [couvercle] to shut - **3.** [somme] to deduct - **4.** [gibier] to drive - **5.** *fam* [clients] to tout for - **6.** *loc* : **en ~** to climb down.

◆ **se rabattre** *vp* - **1.** [siège] to tilt back ; [couvercle] to shut - **2.** [voiture, coureur] to cut in - **3.** [se contenter] : **se ~ sur** to fall back on.

rabattu, e [rabaty] *pp* ▷ **rabattre**.

rabbin [rabɛ̃] *nm* rabbi.

rabibocher [3] [rabiboʃe] *vt* - **1.** *fam* [époux] to reconcile, to get back together - **2.** *vieilli* [voiture] to patch up.

◆ **se rabibocher** *vp fam* to make (it) up.

rabiot [rabjo] *nm fam* [portion] seconds (*pl*), more ; [travail] overtime.

râble [rabl] *nm* [de lapin] back ; CULIN saddle.

râblé, e [rable] *adj* stocky.

rabot [rabo] *nm* plane.

raboter [3] [rabɔte] *vt* to plane.

raboteux, euse [rabɔtø, øz] *adj* uneven, rugged.

◆ **raboteuse** *nf* planing machine.

rabougri, e [rabugri] *adj* - **1.** [plante] stunted - **2.** [personne] shrivelled, wizened.

rabrouer [3] [rabrue] *vt* to snub.

racaille [rakaj] *nf péj* riffraff.

raccommodage [rakɔmɔdaʒ] *nm* mending.

raccommoder [3] [rakɔmɔde] *vt* - **1.** [vêtement] to mend - **2.** *fam fig* [personnes] to reconcile, to get back together.

◆ **se raccommoder** *vp fam* to make (it) up.

raccompagner [3] [rakɔ̃paɲe] *vt* to see home, to take home.

raccord [rakɔr] *nm* - **1.** [liaison] join - **2.** [pièce] connector, coupling - **3.** CIN link.

raccordement [rakɔrdəmɑ̃] *nm* connection, linking.

raccorder [3] [rakɔrde] *vt* : **~ qqch (à)** to connect sthg (to), to join sthg (to).

◆ **se raccorder** *vp* : **se ~ par** to be connected *ou* joined by ; **se ~ à** to be connected to ; *fig* [faits] to tie in with.

raccourci [rakursi] *nm* shortcut ; **en ~** in miniature.

raccourcir [32] [rakursir] ⬦ *vt* to shorten ⬦ *vi* to grow shorter.

raccroc [rakro] ➤ **par raccroc** *loc adv* by a fluke.

raccrocher [3] [rakrɔʃe] ⬦ *vt* to hang back up ⬦ *vi* - **1.** [au téléphone] : **~ (au nez de qqn)** to hang up (on sb), to put the phone down (on sb) - **2.** *fam* [coureur] to give up.

➤ **se raccrocher** *vp* : **se ~ à** to cling to, to hang on to.

race [ras] *nf* [humaine] race ; [animale] breed ; **de ~** pedigree ; [cheval] thoroughbred.

racé, e [rase] *adj* - **1.** [animal] purebred - **2.** [voiture] of distinction.

rachat [raʃa] *nm* - **1.** [transaction] repurchase - **2.** *fig* [de péchés] atonement.

racheter [28] [raʃte] *vt* - **1.** [acheter en plus - gén] to buy another ; [- pain, lait] to buy some more - **2.** [acheter d'occasion] to buy - **3.** [acheter après avoir vendu] to buy back - **4.** *fig* [péché, faute] to atone for ; [défaut, lapsus] to make up for - **5.** [prisonnier] to ransom - **6.** [honneur] to redeem - **7.** COMM [société] to buy out.

➤ **se racheter** *vp fig* to redeem o.s.

rachitique [raʃitik] *adj* suffering from rickets.

rachitisme [raʃitism] *nm* rickets *(U)*.

racial, e, aux [rasjal, o] *adj* racial.

racine [rasin] *nf* root ; [de nez] base ; **~ carrée/cubique** MATHS square/cube root.

racisme [rasism] *nm* racism.

raciste [rasist] *nmf & adj* racist.

racket [raket] *nm* racket.

racketter [4] [rakete] *vt* : **~ qqn** to subject sb to a protection racket.

racketteur [raketœr] *nm* racketeer.

raclée [rakle] *nf fam* hiding, thrashing.

racler [3] [rakle] *vt* to scrape ; **ce vin racle le gosier** this wine is a bit rough (on the throat).

➤ **se racler** *vp* : **se ~ la gorge** to clear one's throat.

raclette [raklet] *nf* - **1.** CULIN melted Swiss cheese served with jacket potatoes - **2.** [outil] scraper.

racloir [raklwar] *nm* scraper.

racolage [rakɔlaʒ] *nm fam péj* [par commerçant] touting ; [par prostituée] soliciting.

racoler [3] [rakɔle] *vt fam péj* [suj : commerçant] to tout for ; [suj : prostituée] to solicit.

racoleur, euse [rakɔlœr, øz] *adj fam péj* [air, sourire] come-hither ; [publicité] strident.

➤ **racoleur** *nm fam péj* tout.

➤ **racoleuse** *nf fam péj* streetwalker.

➤ **racontar** [rakɔ̃tar] *nm fam péj* piece of gossip.

➤ **racontars** *nmpl fam péj* tittle-tattle *(U)*.

➤ **raconter** [3] [rakɔ̃te] *vt* - **1.** [histoire] to tell, to relate ; [événement] to relate, to tell about ; **~ qqch à qqn** to tell sb sthg, to relate sthg to sb - **2.** [ragot, mensonge] to tell ; **qu'est-ce que tu racontes?** what are you on about?

racornir [32] [rakɔrnir] *vt* to harden.

➤ **se racornir** *vp* to become hard.

radar [radar] *nm* radar ; **marcher au ~** *fam* to be on automatic pilot.

rade [rad] *nf* (natural) harbour *Br* OU harbor *Am* ; **rester en ~** *fam fig* to be left stranded.

radeau, x [rado] *nm* - **1.** [embarcation] raft - **2.** [train de bois] timber raft.

radial, e, aux [radjal, o] *adj* radial.

radiateur [radjatœr] *nm* radiator.

radiation [radjasjɔ̃] *nf* - **1.** PHYS radiation - **2.** [de liste, du barreau] striking off.

radical, e, aux [radikal, o] *adj* radical.

➤ **radical** *nm* - **1.** [gén] radical - **2.** LING stem.

radicalement [radikalmɑ̃] *adv* radically.

radier [9] [radje] *vt* to strike off.

radiesthésiste [radjɛstezist] *nmf* diviner *(by radiation)*.

radieux, euse [radjø, øz] *adj* radiant ; [soleil] dazzling.

radin, e [radɛ̃, in] *fam péj* ⬦ *adj* stingy ⬦ *nm, f* skinflint.

radiner [3] [radine] ➤ **se radiner** *vp fam* to get one's skates on, to get a move on.

radio [radjo] ⬦ *nf* - **1.** [station, poste] radio ; **à la ~** on the radio ; **allumer** OU **mettre la ~** to switch on the radio ; **éteindre la ~** to switch off the radio ; **~ pirate** pirate radio - **2.** MÉD : **passer une ~** to have an X-ray, to be X-rayed ⬦ *nm* radio operator.

radioactif, ive [radjɔaktif, iv] *adj* radioactive.

radioactivité [radjɔaktivite] *nf* radioactivity.

radioamateur [radjɔamatœr] *nm* (radio) ham.

radiodiffuser [3] [radjɔdifyze] *vt* to broadcast.

radiodiffusion [radjɔdifyzjɔ̃] *nf* broadcasting.

radioélectrique [radjɔelɛktrik] *adj* radio *(avant n)*.

radiographie [radjɔgrafi] *nf* - **1.** [technique] radiography - **2.** [image] X-ray.

radiographier [9] [radjɔgrafje] *vt* to x-ray.

radiologie [radjɔlɔʒi] *nf* radiology.

radiologue [radjɔlɔg], **radiologiste** [radjɔlɔʒist] *nmf* radiologist.

radiophonique [radjɔfɔnik] *adj* radio *(avant n)*.

radioréveil (*pl* radioréveils), **radio-réveil** (*pl* radios-réveils) [radjɔrevɛj] *nm* radio alarm, clock radio.

radioscopie [radjɔskɔpi] *nf* radioscopy.

radio-taxi [radjɔtaksi] (*pl* radio-taxis) *nm* radio taxi, radio-cab.

radiotéléphone [radjɔtelefɔn] *nm* cordless telephone, portable telephone.

radiotélévisé, e [radjɔtelevize] *adj* broadcast on both radio and television.

radiothérapie [radjɔterapi] *nf* radiotherapy.

radis [radi] *nm* radish ; **n'avoir plus un ~** *fig* not to have a penny *Br* ou cent *Am* (to one's name).

radium [radjɔm] *nm* radium.

radius [radjys] *nm* radius.

radotage [radɔtaʒ] *nm* rambling.

radoter [3] [radɔte] *vi* to ramble.

radouber [3] [radube] *vt* to repair.

radoucir [32] [radusir] *vt* to soften.

➤ **se radoucir** *vp* [temps] to become milder ; [personne] to calm down.

radoucissement [radusismɑ̃] *nm* - **1.** [d'attitude] softening - **2.** [de température] rise ; **un ~ du temps** a spell of milder weather.

rafale [rafal] *nf* - **1.** [de vent] gust ; **en ~s** in gusts ou bursts - **2.** [de coups de feu, d'applaudissements] burst.

raffermir [32] [rafɛrmir] *vt* - **1.** [muscle] to firm up - **2.** *fig* [pouvoir] to strengthen.

➤ **se raffermir** *vp* - **1.** [muscle] to firm up - **2.** *fig* [prix, autorité] to strengthen.

raffinage [rafinaʒ] *nm* refining.

raffiné, e [rafine] *adj* refined.

raffinement [rafinmɑ̃] *nm* refinement.

raffiner [3] [rafine] ◇ *vt* to refine ◇ *vi* : **~ sur** to be meticulous about.

raffinerie [rafinri] *nf* refinery.

raffoler [3] [rafɔle] *vi* : **~ de qqn/qqch** to adore sb/sthg.

raffut [rafy] *nm fam* row, racket.

rafiot, rafiau [rafjo] *nm fam péj* tub *(boat)*.

rafistoler [3] [rafistɔle] *vt fam* to patch up.

rafle [rafl] *nf* raid.

rafler [3] [rafle] *vt* to swipe.

rafraîchir [32] [rafreʃir] ◇ *vt* - **1.** [nourriture, vin] to chill, to cool ; [air] to cool - **2.** [vêtement, appartement] to smarten up ; *fig* [mémoire, idées] to refresh ; [connaissances] to brush up ◇ *vi* to cool (down).

➤ **se rafraîchir** *vp* - **1.** [se refroidir] to cool (down) - **2.** [en buvant] to have a drink.

rafraîchissant, e [rafreʃisɑ̃, ɑ̃t] *adj* refreshing.

rafraîchissement [rafreʃismɑ̃] *nm* - **1.** [de climat] cooling - **2.** [boisson] cold drink ; **prendre un ~** to have a drink - **3.** [de vêtement, d'appartement] smartening up.

raft(ing) [raft(iŋ)] *nm* whitewater rafting.

ragaillardir [32] [ragajardir] *vt fam* to buck up, to perk up.

rage [raʒ] *nf* - **1.** [fureur] rage ; **être ivre** ou **fou de ~** to be mad with rage ; **la ~ au ventre** ou **cœur** seething with rage ; **faire ~** [tempête] to rage - **2.** [manie] : **~ de faire qqch** mania for doing sthg - **3.** [maladie] rabies *(U)*.

➤ **rage de dents** *nf* (raging) toothache.

rageant, e [raʒɑ̃, ɑ̃t] *adj fam* infuriating.

rager [17] [raʒe] *vi fam* to fume.

rageur, euse [raʒœr, øz] *adj* bad-tempered.

rageusement [raʒøzmɑ̃] *adv* furiously.

raglan [raglɑ̃] ◇ *nm inv* raglan coat ◇ *adj inv* raglan *(avant n)*.

ragot [rago] *nm* (*gén pl*) *fam* (malicious) rumour *Br* ou rumor *Am*, tittle-tattle *(U)*.

ragoût [ragu] *nm* stew.

ragoûtant, e [ragutɑ̃, ɑ̃t] *adj* : **peu** ou **pas très ~** *péj* [plat] not very appetizing ; *fig* [idée] not very inviting.

rai [rɛ] *nm littéraire* [de soleil] ray.

raid [rɛd] *nm* - **1.** AÉRON, BOURSE & MIL raid ; **~ aérien** air raid - **2.** SPORT long-distance rally.

raide [rɛd] ◇ *adj* - **1.** [cheveux] straight - **2.** [tendu - corde] taut ; [- membre, cou] stiff - **3.** [pente] steep - **4.** [personne - attitude physique] stiff, starchy ; [- caractère] inflexible - **5.** *fam* [histoire] hard to swallow, far-fetched - **6.** *fam* [chanson] rude, blue - **7.** *fam* [sans le sou] broke ◇ *adv* - **1.** [abruptement] steeply - **2.** *loc* : **tomber ~ mort** to fall down dead.

raideur [rɛdœr] *nf* - **1.** [de membre] stiffness - **2.** [de personne - attitude physique] stiffness, starchiness ; [- caractère] inflexibility.

raidillon [redijɔ̃] *nm* steep (section of) road.

raidir [32] [rɛdir] *vt* [muscle] to tense ; [corde] to tighten, to tauten.

➤ **se raidir** *vp* - **1.** [se contracter] to grow stiff, to stiffen - **2.** *fig* [résister] : **se ~ contre** to steel o.s. against.

raie [rɛ] *nf* - **1.** [rayure] stripe - **2.** [dans les cheveux] parting *Br*, part *Am* - **3.** [des fesses] crack - **4.** [poisson] skate.

raifort [rɛfɔr] *nm* horseradish.

rail [raj] *nm* rail ; **remettre qqn/qqch sur les ~s** to put sb/sthg back on the rails, to get sb/sthg back on the rails.

railler [3] [raje] *vt sout* to mock (at).
➤ **se railler** *vp* : **se ~ de** *sout* to mock (at).

raillerie [rajri] *nf sout* mockery (U).

railleur, euse [rajœr, øz] *sout* ◇ *adj* mocking ◇ *nm, f* scoffer.

rainette [rɛnɛt] *nf* tree frog.

rainure [renyr] *nf* [longue] groove, channel ; [courte] slot.

raisin [rɛzɛ̃] *nm* [fruit] grapes *(pl)* ; **~ blanc/noir** white/black grapes ; **~s de Corinthe** currants ; **~s secs** raisins.

raison [rɛzɔ̃] *nf* - **1.** [gén] reason ; **perdre la ~** not to be in one's right mind ; **recouvrer la ~** to come to one's senses ; **à plus forte ~** all the more (so) ; **se faire une ~** to resign o.s. ; **~ de plus pour faire qqch** all the more reason to do sthg - **2.** [justesse, équité] : **avoir ~** to be right ; **avoir ~ de faire qqch** to be right to do sthg ; **avoir ~ de qqn/qqch** to get the better of sb/sthg ; **donner ~ à qqn** to prove sb right.
➤ **à raison de** *loc prép* at (the rate of).
➤ **en raison de** *loc prép* owing to, because of.

raisonnable [rɛzɔnabl] *adj* reasonable.

raisonnablement [rɛzɔnabləmɑ̃] *adv* - **1.** [agir, parler] reasonably - **2.** [manger, boire] in moderation.

raisonnement [rɛzɔnmɑ̃] *nm* - **1.** [faculté] reason, power of reasoning - **2.** [argumentation] reasoning, argument.

raisonner [3] [rɛzɔne] ◇ *vt* [personne] to reason with ◇ *vi* - **1.** [penser] to reason - **2.** [discuter] : **~ avec** to reason with.
➤ **se raisonner** *vp* [personne] to be reasonable.

raisonneur, euse [rɛzɔnœr, øz] ◇ *adj* reasoning ; *péj* argumentative ◇ *nm, f* argumentative person.

rajeunir [32] [raʒœnir] ◇ *vt* - **1.** [suj : couleur, vêtement] : **~ qqn** to make sb look younger - **2.** [suj : personne] : **~ qqn de trois ans** to take three years off sb's age - **3.** [vêtement, canapé] to renovate, to do up ; [meubles] to modernize - **4.** *fig* [parti] to rejuvenate ◇ *vi* - **1.** [personne] to look younger ; [se sentir plus jeune] to feel younger *ou* rejuvenated - **2.** [faubourg] to be modernized.
➤ **se rajeunir** *vp* to lie about one's age.

rajeunissement [raʒœnismɑ̃] *nm* [de population] drop in age.

rajout [raʒu] *nm* addition.

rajouter [3] [raʒute] *vt* to add ; **en ~** *fam* to exaggerate.

rajuster [raʒyste], **réajuster** [3] [reaʒyste] *vt* to adjust ; [cravate] to straighten.
➤ **se rajuster** *vp* to straighten one's clothes.

râle [ral] *nm* moan ; [de mort] death rattle.

ralenti, e [ralɑ̃ti] *adj* slow.
➤ **ralenti** *nm* - **1.** AUTOM idling speed ; **tourner au ~** AUTOM to idle ; *fig* to tick over *Br* ; **vivre au ~** *fig* to take things easy - **2.** CIN slow motion.

ralentir [32] [ralɑ̃tir] ◇ *vt* - **1.** [allure, expansion] to slow (down) - **2.** [rythme] to slacken ◇ *vi* to slow down *ou* up.
➤ **se ralentir** *vp* to slow down *ou* up.

ralentissement [ralɑ̃tismɑ̃] *nm* - **1.** [d'allure, d'expansion] slowing (down) - **2.** [de rythme] slackening - **3.** [embouteillage] hold-up - **4.** PHYS deceleration.

râler [3] [rale] *vi* - **1.** [malade] to breathe with difficulty - **2.** *fam* [grogner] to moan.

râleur, euse [ralœr, øz] *fam* ◇ *adj* moaning *(avant n)* ◇ *nm, f* grumbler, moaner.

ralliement [ralimɑ̃] *nm* rallying.

rallier [9] [ralje] *vt* - **1.** [poste, parti] to join - **2.** [suffrages] to win - **3.** [troupes] to rally.
➤ **se rallier** *vp* to rally ; **se ~ à** [parti] to join ; [cause] to rally to ; [avis] to come round to.

rallonge [ralɔ̃ʒ] *nf* - **1.** [de table] leaf, extension - **2.** [électrique] extension (lead) - **3.** *fam* [de crédit] extension (of credit).

rallonger [17] [ralɔ̃ʒe] ◇ *vt* to lengthen ◇ *vi* to lengthen, to get longer.

rallumer [3] [ralyme] *vt* - **1.** [feu, cigarette] to relight ; *fig* [querelle] to revive - **2.** [appareil, lumière électrique] to switch (back) on again.
➤ **se rallumer** *vp* - **1.** [feu, guerre, colère] to flare up again - **2.** [lumière électrique] to come on again.

rallye [rali] *nm* rally.

RAM, Ram [ram] *(abr de Random access memory)* *nf* RAM.

ramadan [ramadɑ̃] *nm* Ramadan.

ramage [ramaʒ] *nm littéraire* [d'oiseau] song.
➤ **ramages** *nmpl* leafy design, foliage (U).

ramassage [ramasaʒ] *nm* collection ; **~ scolaire** [action] pick-up (of school children) ; [service] school bus.

ramasse-miettes [ramasmjɛt] *nm inv* crumb-brush and tray (set).

ramasser [3] [ramase] *vt* - **1.** [récolter, réunir] to gather, to collect ; *fig* [forces] to gather - **2.** [prendre] to pick up - **3.** *fig* [pensée] to sum up - **4.** *fam* [claque, rhume] to get.

se ramasser *vp* - **1.** [se replier] to crouch - **2.** *fam* [tomber, échouer] to come a cropper.

ramassis [ramasi] *nm péj* : **un ~ de** a collection of.

rambarde [rãbard] *nf* (guard) rail.

rame [ram] *nf* - **1.** [aviron] oar - **2.** RAIL train ; **~ de métro** underground *Br ou* subway *Am* train - **3.** [de papier] ream - **4.** [tuteur] stake, pole.

rameau, x [ramo] *nm* branch.

Rameaux *nmpl* : **les Rameaux** Palm Sunday.

ramener [19] [ramne] *vt* - **1.** [remmener] to take back - **2.** [rapporter, restaurer] to bring back - **3.** [remettre] to put back - **4.** [réduire] : **~ qqch à qqch** to reduce sthg to sthg, to bring sthg down to sthg - **5.** *loc* : **il ramène tout à lui** he sees things only in terms of how they affect him ; **la ~** *fam* to stick one's oar in.

se ramener *vp* - **1.** [problème] : **se ~ à** to come down to - **2.** *fam* [arriver] to turn up.

ramequin [ramkɛ̃] *nm* ramekin.

ramer [3] [rame] *vi* - **1.** [rameur] to row - **2.** *fam fig* [peiner] to slog.

rameur, euse [ramœr, øz] *nm, f* rower.

rameuter [3] [ramøte] *vt* to round up.

ramier [ramje] *nm* wood pigeon.

ramification [ramifikasjɔ̃] *nf* - **1.** [division] branch - **2.** *(gén pl) fig* [de complot] ramification.

ramifier [9] [ramifje] **se ramifier** *vp* to branch out.

ramolli, e [ramɔli] ⟨⟩ *adj* soft ; *fig* soft (in the head) ⟨⟩ *nm, f fam fig* thicko, half-wit.

ramollir [32] [ramɔlir] *vt* - **1.** [beurre] to soften - **2.** *fam fig* [ardeurs] to cool.

se ramollir *vp* - **1.** [beurre] to go soft, to soften - **2.** *fam fig* [courage] to weaken.

ramonage [ramɔnaʒ] *nm* chimney sweeping.

ramoner [3] [ramɔne] *vt* to sweep.

ramoneur [ramɔnœr] *nm* (chimney) sweep.

rampant, e [rɑ̃pɑ̃, ɑ̃t] *adj* - **1.** [animal] crawling - **2.** [plante] creeping - **3.** *fig* [attitude] grovelling.

rampants *nmpl arg aéron* ground staff (U).

rampe [rɑ̃p] *nf* - **1.** [d'escalier] banister, handrail ; **lâcher la ~** *fam fig* to kick the bucket - **2.** [d'accès] ramp ; **~ de lancement** launch pad - **3.** THÉÂTRE : **la ~** the footlights *(pl)*.

ramper [3] [rɑ̃pe] *vi* - **1.** [animal, soldat, enfant] to crawl - **2.** [plante] to creep - **3.** *fig* [personne] : **~ devant** to grovel to - **4.** *fig* [inquiétude] to creep.

rancard, rencard [rɑ̃kar] *nm fam* [rendez-vous] date, meeting.

rancart, rencart [rɑ̃kar] *nm* : **mettre au ~** to chuck out.

rance [rɑ̃s] ⟨⟩ *nm* : **sentir le ~** to smell rancid ⟨⟩ *adj* - **1.** [beurre] rancid - **2.** *fig* [idéologie] stale.

ranch [rɑ̃tʃ] *nm* ranch.

rancir [32] [rɑ̃sir] *vi* to go rancid.

rancœur [rɑ̃kœr] *nf* rancour *Br*, rancor *Am*, resentment.

rançon [rɑ̃sɔ̃] *nf* ransom ; *fig* price.

rancune [rɑ̃kyn] *nf* rancour *Br*, rancor *Am*, spite ; **garder *ou* tenir ~ à qqn de qqch** to hold a grudge against sb for sthg ; **sans ~!** no hard feelings!

rancunier, ère [rɑ̃kynje, ɛr] ⟨⟩ *adj* vindictive, spiteful ⟨⟩ *nm, f* vindictive *ou* spiteful person.

randonnée [rɑ̃dɔne] *nf* - **1.** [promenade - à pied] walk ; [- à cheval, à bicyclette] ride ; [- en voiture] drive - **2.** [activité] : **la ~** [à pied] walking ; [à cheval] riding.

randonneur, euse [rɑ̃dɔnœr, øz] *nm, f* walker, rambler.

rang [rɑ̃] *nm* - **1.** [d'objets, de personnes] row ; **se mettre en ~ par deux** to line up in twos ; **en ~ d'oignons** *fig* in a row *ou* line - **2.** MIL rank ; **de haut ~** high-ranking ; **se mettre sur les ~s** to be in the running ; **grossir les ~s de** to swell the ranks of - **3.** [position sociale] station - **4.** *Can* [peuplement rural] rural district - **5.** *Can* [chemin] country road.

rangé, e [rɑ̃ʒe] *adj* [sérieux] well-ordered, well-behaved.

rangée [rɑ̃ʒe] *nf* row.

rangement [rɑ̃ʒmɑ̃] *nm* tidying up.

ranger [17] [rɑ̃ʒe] *vt* - **1.** [élèves, soldats] to line up - **2.** [chambre] to tidy - **3.** [objets] to arrange - **4.** [voiture] to park - **5.** *fig* [livre, auteur] : **~ parmi** to rank among.

se ranger *vp* - **1.** [élèves, soldats] to line up - **2.** [voiture] to pull in - **3.** [piéton] to step aside - **4.** [s'assagir] to settle down - **5.** *fig* [se rallier] : **se ~ à** to go along with ; **se ~ à côté de** to side with.

Rangoon [rɑ̃gun] *n* Rangoon.

ranimer [3] [ranime] *vt* - **1.** [personne] to revive, to bring round - **2.** [feu] to rekindle - **3.** *fig* [sentiment] to rekindle, to reawaken.

se ranimer *vp* - **1.** [personne] to come round, to come to - **2.** *fig* [haine, ressentiment] to reawaken, to be renewed ; [volcan] to become active again.

rap [rap] *nm* rap (music).

rapace [rapas] ◇ *nm* bird of prey ◇ *adj* [cupide] rapacious, grasping.

rapacité [rapasite] *nf* rapaciousness.

rapatrié, e [rapatrije] ◇ *nm, f* repatriated settler ◇ *adj* repatriated.

rapatriement [rapatrimɑ̃] *nm* repatriation.

rapatrier [10] [rapatrije] *vt* to repatriate.

râpe [rɑp] *nf* - **1.** [de cuisine] grater ; ~ à fromage cheese grater - **2.** [de menuisier] rasp - **3.** *Helv fam* [avare] miser, skinflint.

râpé, e [rɑpe] *adj* - **1.** CULIN grated - **2.** [manteau] threadbare - **3.** *fam* [raté] : **c'est ~!** we've had it!

➤ **râpé** *nm* grated Gruyère cheese.

râper [3] [rɑpe] *vt* - **1.** CULIN to grate - **2.** [bois, métal] to rasp.

rapetasser [3] [raptase] *vt fam péj* to patch up.

râpeux, euse [rɑpø, øz] *adj* - **1.** [tissu] rough - **2.** [vin] harsh.

raphia [rafja] *nm* raffia.

rapide [rapid] ◇ *adj* - **1.** [gén] rapid - **2.** [train, coureur] fast - **3.** [pente] steep - **4.** [musique, intelligence] lively, quick ◇ *nm* - **1.** [train] express (train) - **2.** [de fleuve] rapid.

rapidement [rapidmɑ̃] *adv* rapidly.

rapidité [rapidite] *nf* rapidity.

rapiécer [20] [rapjese] *vt* to patch.

rapière [rapjɛr] *nf* rapier.

rappel [rapɛl] *nm* - **1.** [de réservistes, d'ambassadeur] recall - **2.** [souvenir] reminder ; ~ à l'ordre call to order - **3.** [de paiement] back pay - **4.** [de vaccination] booster - **5.** [au spectacle] curtain call, encore - **6.** SPORT abseiling ; **descendre en ~** to abseil (down) - **7.** TECHNOL : **ressort de ~** return spring.

rappeler [24] [raple] *vt* - **1.** [gén] to call back ; ~ **qqn à qqch** *fig* to bring sb back to sthg - **2.** [faire penser à] : ~ **qqch à qqn** to remind sb of sthg ; **ça me rappelle les vacances** it reminds me of my holidays.

➤ **se rappeler** *vp* to remember.

rappelle, rappelles *etc* ➭ **rappeler**.

rappliquer [3] [raplike] *vi fam* to turn up, to show up.

rapport [rapɔr] *nm* - **1.** [corrélation] link, connection ; ~ **de causalité** causal link ; **je ne vois pas le ~** I don't see the connection - **2.** [contact] : **se mettre en ~ avec qqn** to get in touch with sb - **3.** [compte-rendu] report - **4.** [profit] return, yield - **5.** MATHS ratio ; **un excellent ~ qualité-prix** excellent value for money.

➤ **rapports** *nmpl* - **1.** [relations] relations - **2.** [sexuels] : **~s (sexuels)** intercourse *(sg)* ;

avoir des **~s (sexuels) avec qqn** to have sex with sb.

➤ **par rapport à** *loc prép* in comparison to, compared with.

rapporter [3] [rapɔrte] *vt* to bring back.

➤ **se rapporter** *vp* : **se ~ à** to refer *ou* relate to.

rapporteur, euse [rapɔrtœr, øz] ◇ *adj* sneaky, telltale *(avant n)* ◇ *nm, f* sneak, telltale.

➤ **rapporteur** *nm* - **1.** [de commission] rapporteur - **2.** GÉOM protractor.

rapprochement [raprɔʃmɑ̃] *nm* - **1.** [d'objets, de personnes] bringing together - **2.** *fig* [entre événements] link, connection - **3.** *fig* [de pays, de parti] rapprochement, coming together.

rapprocher [3] [raprɔʃe] *vt* - **1.** [mettre plus près] : ~ **qqn/qqch de qqch** to bring sb/sthg nearer to sthg, to bring sb/sthg closer to sthg - **2.** *fig* [personnes] to bring together - **3.** *fig* [idée, texte] : ~ **qqch (de)** to compare sthg (with).

➤ **se rapprocher** *vp* - **1.** [approcher] : **se ~ (de qqn/qqch)** to approach (sb/sthg) - **2.** [se ressembler] : **se ~ de qqch** to be similar to sthg - **3.** [se réconcilier] : **se ~ de qqn** to become closer to sb.

rapsodie = rhapsodie.

rapt [rapt] *nm* abduction.

raquette [rakɛt] *nf* - **1.** [de tennis, de squash] racket ; [de ping-pong] bat - **2.** [à neige] snowshoe.

rare [rar] *adj* - **1.** [peu commun, peu fréquent] rare ; **ses ~s amis** his few friends - **2.** [peu dense] sparse - **3.** [surprenant] unusual, surprising.

raréfaction [rarefaksjɔ̃] *nf* scarcity ; [d'air] rarefaction.

raréfier [9] [rarefje] *vt* to rarefy.

➤ **se raréfier** *vp* to become rarefied.

rarement [rarmɑ̃] *adv* rarely.

rareté [rarte] *nf* - **1.** [de denrées, de nouvelles] scarcity - **2.** [de visites, de lettres] infrequency - **3.** [objet précieux] rarity.

rarissime [rarisim] *adj* extremely rare.

ras, e [ra, raz] *adj* - **1.** [herbe, poil] short - **2.** [mesure] full.

➤ **ras** *adv* short ; **à ~** short ; **à ~ de** level with ; **en avoir ~ le bol** *fam* to be fed up.

➤ **ras du cou, ras le cou** *loc adj* crew-neck, round-neck.

RAS *(abr de* **rien à signaler***)* nothing to report.

rasade [razad] *nf* glassful.

rasage [razaʒ] *nm* shaving.

rasant, e [razɑ̃, ɑ̃t] *adj* - **1.** [lumière] low-angled - **2.** *fam* [film, discours] boring.

rascasse [raskas] *nf* scorpion fish.

rase-mottes [razmɔt] *nm inv* hedge-hopping.

raser [3] [ʀaze] *vt* - **1.** [barbe, cheveux] to shave off - **2.** [mur, sol] to hug - **3.** [village] to raze - **4.** *fam* [personne] to bore.

➡ **se raser** *vp* - **1.** [avec rasoir] to shave - **2.** *fam* [s'ennuyer] to be bored.

raseur, euse [razœr, øz] ⟨⟩ *adj* boring ⟨⟩ *nm, f* bore.

ras-le-bol [ʀalbɔl] *nm inv fam* discontent ; **~!** *fam* that's enough!

rasoir [razwar] ⟨⟩ *nm* razor ; **~ électrique** electric shaver ; **~ mécanique** safety razor ⟨⟩ *adj inv fam* boring.

rassasier [9] [rasazje] *vt* to satisfy.

➡ **se rassasier** *vp* : **se ~ de** to tire of, to have one's fill of.

rassemblement [rasɑ̃bləmɑ̃] *nm* - **1.** [d'objets] collecting, gathering - **2.** [foule] crowd, gathering - **3.** [union, parti] union - **4.** MIL parade ; **rassemblement!** fall in!

rassembler [3] [rasɑ̃ble] *vt* - **1.** [personnes, documents] to collect, to gather - **2.** [courage] to summon up ; [idées] to collect.

➡ **se rassembler** *vp* - **1.** [manifestants] to assemble - **2.** [famille] to get together.

rasseoir [65] [raswar] ➡ **se rasseoir** *vp* to sit down again.

rasséréner [18] [raserene] *vt sout* to calm down.

➡ **se rasséréner** *vp sout* to recover one's serenity.

rassis, e [rasi, iz] *adj* - **1.** [pain] stale - **2.** *sout* [esprit] calm, sober.

rassurant, e [rasyrɑ̃, ɑ̃t] *adj* reassuring.

rassuré, e [rasyre] *adj* confident, at ease.

rassurer [3] [rasyre] *vt* to reassure.

➡ **se rassurer** *vp* to feel at ease *ou* reassured ; **rassurez-vous** don't worry.

rat [ra] ⟨⟩ *nm* rat ; **petit ~** *fig* young ballet pupil ; **être fait comme un ~** to be cornered ⟨⟩ *adj fam* [avare] mean, stingy.

ratage [rataʒ] *nm* bungling, messing up.

ratatiné, e [ratatine] *adj* - **1.** [fruit, personne] shrivelled - **2.** *fam fig* [vélo, bagnole] wrecked.

ratatiner [3] [ratatine] *vt* - **1.** [fruit, personne] to shrivel - **2.** *fam* [démolir] to wreck.

➡ **se ratatiner** *vp* to shrivel up, to become wrinkled.

ratatouille [ratatuj] *nf* ratatouille.

rate [rat] *nf* - **1.** [animal] female rat - **2.** [organe] spleen.

raté, e [rate] *nm, f* [personne] failure.

➡ **raté** *nm* - **1.** (gén pl) AUTOM misfiring (U) ; **faire des ~s** to misfire - **2.** *fig* [difficulté] problem.

râteau, x [rato] *nm* rake.

râtelier [ratəlje] *nm* - **1.** [à fourrage, à outils] rack ; **manger à tous les ~s** *fig* to have a finger in every pie - **2.** *fam* [dentier] false teeth (pl).

rater [3] [rate] ⟨⟩ *vt* - **1.** [train, occasion] to miss - **2.** [plat, affaire] to make a mess of ; [examen] to fail ⟨⟩ *vi* to go wrong.

ratification [ratifikasjɔ̃] *nf* ratification.

ratifier [9] [ratifje] *vt* to ratify.

ration [rasjɔ̃] *nf* [quantité] portion ; *fig* share ; **~ alimentaire** food intake.

rationalisation [rasjɔnalizasjɔ̃] *nf* rationalization.

rationaliser [3] [rasjɔnalize] *vt* to rationalize.

rationnel, elle [rasjɔnɛl] *adj* rational.

rationnellement [rasjɔnɛlmɑ̃] *adv* rationally.

rationnement [rasjɔnmɑ̃] *nm* rationing ; **carte de ~** ration card.

rationner [3] [rasjɔne] *vt* to ration.

➡ **se rationner** *vp* to ration o.s.

ratissage [ratisaʒ] *nm* - **1.** [de jardin] raking - **2.** [de quartier] search.

ratisser [3] [ratise] *vt* - **1.** [jardin] to rake - **2.** [quartier] to search, to comb ; **~ large** to cast one's net wide - **3.** *fam fig* [au jeu] to clean out - **4.** RUGBY to heel.

raton [ratɔ̃] *nm* - **1.** ZOOL young rat - **2.** *tfam* [Arabe] *racist term used with reference to North African Arabs.*

➡ **raton laveur** *nm* racoon.

raton(n)ade [ratɔnad] *nf tfam racist term used to describe an attack on North African Arab immigrants.*

RATP (abr de **Régie autonome des transports parisiens**) *nf Paris transport authority.*

rattachement [rataʃmɑ̃] *nm* uniting, joining.

rattacher [3] [rataʃe] *vt* - **1.** [attacher de nouveau] to do up, to fasten again - **2.** [relier] : **~ qqch à** to join sthg to ; *fig* to link sthg with - **3.** [unir] : **~ qqn à** to bind sb to.

➡ **se rattacher** *vp* : **se ~ à** to be linked to.

rattrapage [ratrapaʒ] *nm* - **1.** SCOL : **cours de ~** remedial class - **2.** [de salaires, prix] adjustment.

rattraper [3] [ratrape] *vt* - **1.** [animal, prisonnier] to recapture - **2.** [temps] : **~ le temps perdu** to make up for lost time - **3.** [rejoindre] to catch up with - **4.** [bus] to catch - **5.** [erreur] to correct - **6.** [personne qui tombe] to catch.

se rattraper *vp* - **1.** [se retenir] : **se ~ à qqn/ qqch** to catch hold of sb/sthg - **2.** [compenser] to catch up - **3.** [se faire pardonner] to make amends.

rature [ratyr] *nf* alteration.

raturer [3] [ratyre] *vt* to alter.

rauque [rok] *adj* hoarse, husky.

ravagé, e [ravaʒe] *adj fam* [fou] : **être ~** to be off one's head.

ravager [17] [ravaʒe] *vt* [gén] to devastate, to ravage.

ravages [ravaʒ] *nmpl* [de troupes] ravages, devastation *(sg)* ; [d'inondation] devastation *(sg)* ; [du temps] ravages ; **faire des ~** *fig* to break hearts.

ravalement [ravalmɑ̃] *nm* cleaning, restoration.

ravaler [3] [ravale] *vt* - **1.** [façade] to clean, to restore - **2.** [personne] : **~ qqn au rang de** to lower sb to the level of - **3.** [salive] to swallow - **4.** *fig* [larmes, colère] to stifle, to hold back.

se ravaler *vp* to debase o.s., to demean o.s.

ravaudage [ravodaʒ] *nm* mending, repairing.

ravauder [3] [ravode] *vt* to mend, to repair.

rave[1] [rav] *nf* BOT rape.

rave[2] [rɛv], **rave-party** [rɛvparti] *nf* rave (party).

ravi, e [ravi] *adj* : **~ (de)** delighted (with) ; **je suis ~ de l'avoir trouvé** I'm delighted that I found it, I'm delighted to have found it ; **je suis ~ qu'il soit venu** I'm delighted (that) he has come ; **~ de vous connaître** pleased to meet you.

ravier [ravje] *nm* small dish.

ravigotant, e [ravigɔtɑ̃, ɑ̃t] *adj fam* refreshing, stimulating.

ravigote [ravigɔt] *nf* sauce of mustard, gherkins and capers.

ravigoter [3] [ravigɔte] *vt fam* to perk up, to buck up.

ravin [ravɛ̃] *nm* ravine, gully.

raviné, e [ravine] *adj* [visage] furrowed.

raviner [3] [ravine] *vt* to gully.

raviolis [ravjɔli] *nmpl* ravioli *(U)*.

ravir [32] [ravir] *vt* - **1.** [charmer] to delight ; **à ~** beautifully - **2.** *littéraire* [arracher] : **~ qqch à qqn** to rob sb of sthg.

raviser [3] [ravize] se raviser *vp* to change one's mind.

ravissant, e [ravisɑ̃, ɑ̃t] *adj* delightful, beautiful.

ravissement [ravismɑ̃] *nm* - **1.** [enchantement] delight - **2.** *littéraire* [rapt] rape, ravishing.

ravisseur, euse [ravisœr, øz] *nm, f* abductor.

ravitaillement [ravitajmɑ̃] *nm* [en denrées] resupplying ; [en carburant] refuelling.

ravitailler [3] [ravitaje] *vt* [en denrées] to resupply ; [en carburant] to refuel.

se ravitailler *vp* [en denrées] to get fresh supplies ; [en carburant] to refuel.

raviver [3] [ravive] *vt* - **1.** [feu] to rekindle - **2.** [couleurs] to brighten up - **3.** *fig* [douleur] to revive - **4.** [plaie] to reopen.

ravoir [ravwar] *vt* - **1.** [jouet, livre] to get back - **2.** *fam* [linge] to get clean.

rayé, e [rɛje] *adj* - **1.** [tissu] striped - **2.** [disque, vitre] scratched - **3.** [canon] rifled.

rayer [11] [rɛje] *vt* - **1.** [disque, vitre] to scratch - **2.** [nom, mot] to cross out ; **~ qqn d'une liste** to cross sb's name off a list - **3.** [canon] to rifle.

rayon [rɛjɔ̃] *nm* - **1.** [de lumière] beam, ray ; *fig* [d'espoir] ray - **2.** *(gén pl)* [radiation] radiation *(U)* ; **~ laser** laser beam ; **~s X** X-rays - **3.** [de roue] spoke - **4.** GÉOM radius ; **dans un ~ de** *fig* within a radius of ; **~ d'action** range - **5.** [étagère] shelf - **6.** [dans un magasin] department.

rayonnage [rɛjɔnaʒ] *nm* shelving.

rayonnant, e [rɛjɔnɑ̃, ɑ̃t] *adj litt* & *fig* radiant.

rayonne [rɛjɔn] *nf* rayon.

rayonnement [rɛjɔnmɑ̃] *nm* - **1.** [gén] radiance ; [des arts] influence - **2.** PHYS radiation.

rayonner [3] [rɛjɔne] *vi* - **1.** [soleil] to shine ; **~ de joie** *fig* to radiate happiness - **2.** [culture] to be influential - **3.** [avenues, lignes, chaleur] to radiate - **4.** [touriste] to tour around *(from a base)*.

rayure [rɛjyr] *nf* - **1.** [sur étoffe] stripe - **2.** [sur disque, sur meuble] scratch - **3.** [de fusil] groove.

raz [ra] raz de marée *nm* tidal wave ; POLIT & *fig* landslide.

razzia [razja] *nf fam* raid ; **faire une ~ sur** to raid, to plunder.

razzier [9] [razje] *vt* to raid, to plunder.

RBE (*abr de* revenu brut d'exploitation) *nm* gross profit.

RBL (*abr de* rouble) R, Rub.

R-C *abr de* rez-de-chaussée.

r.d. (*abr de* rive droite) right (north) bank of the Seine.

R-D (*abr de* recherche-développement) *nf* R & D.

RDA (*abr de* République démocratique allemande) *nf* GDR.

RDB (*abr de* **revenu disponible brut**) *nm* gross disposable income.

RdC *abr de* **rez-de-chaussée.**

ré [re] *nm inv MUS* D ; [chanté] re.

ré- [re] *préfixe* re-.

réabonnement [reabɔnmã] *nm* subscription renewal.

réabonner [3] [reabɔne] *vt* : ~ **qqn à** to renew sb's subscription to.

◆ **se réabonner** *vp* : **se ~ à** to renew one's subscription to.

réac [reak] *nmf & adj péj* reactionary.

réaccoutumer [3] [reakutyme] *vt* to reaccustom.

◆ **se réaccoutumer** *vp* : **se ~ à** to reaccustom o.s. to.

réacteur [reaktœr] *nm* [d'avion] jet engine ; ~ **nucléaire** nuclear reactor.

réactif, ive [reaktif, iv] *adj* reactive.

◆ **réactif** *nm* reagent.

réaction [reaksjɔ̃] *nf* : ~ **(à/contre)** reaction (to/against) ; ~ **en chaîne** chain reaction.

réactionnaire [reaksjɔnɛr] *nmf & adj péj* reactionary.

réactiver [3] [reaktive] *vt* to reactivate.

réactualisation [reaktɥalizasjɔ̃] *nf* [modernisation] updating, bringing up to date.

réactualiser [3] [reaktɥalize] *vt* [moderniser] to update, to bring up to date.

réadaptation [readaptasjɔ̃] *nf* rehabilitation.

réadapter [3] [readapte] *vt* to readapt ; [accidenté] to rehabilitate.

◆ **se réadapter** *vp* : **se ~ à** to readapt to.

réaffirmer [3] [reafirme] *vt* to reaffirm.

réagir [32] [reaʒir] *vi* : ~ **(à/contre)** to react (to/against) ; ~ **sur** to affect.

réajustement [reaʒystəmã] *nm* adjustment.

réajuster = **rajuster.**

réalisable [realizabl] *adj* - **1.** [projet] feasible - **2.** *FIN* realizable.

réalisateur, trice [realizatœr, tris] *nm, f CIN & TÉLÉ* director.

réalisation [realizasjɔ̃] *nf* - **1.** [de projet] carrying out - **2.** *CIN & TÉLÉ* production.

réaliser [3] [realize] *vt* - **1.** [projet] to carry out ; [ambitions, rêves] to achieve, to realize - **2.** *CIN & TÉLÉ* to produce - **3.** [s'apercevoir de] to realize.

◆ **se réaliser** *vp* - **1.** [ambition] to be realized ; [rêve] to come true - **2.** [personne] to fulfil o.s.

réalisme [realism] *nm* realism.

réaliste [realist] ◇ *nmf* realist ◇ *adj*

- **1.** [personne, objectif] realistic - **2.** *ART & LITTÉRATURE* realist.

réalité [realite] *nf* reality ; **en ~** in reality.

reality-show, reality show [realitiʃo] (*pl* **reality(-) shows**) *nm talk show focussing on real-life drama.*

réaménagement [reamenaʒmã] *nm* - **1.** [de projet] restructuring - **2.** [de taux d'intérêt] re-adjustment.

réamorcer [16] [reamɔrse] *vt* to start up again.

réanimation [reanimasjɔ̃] *nf* resuscitation ; **en ~** in intensive care.

réanimer [3] [reanime] *vt* to resuscitate.

réapparaître [91] [reaparɛtr] *vi* to reappear.

réapparition [reaparisjɔ̃] *nf* reappearance.

réapprendre [79] [reaprɑ̃dr] *vt* to relearn.

réarmement [rearməmã] *nm* rearmament.

réassort [reasɔr] *nm* - **1.** [action] restocking - **2.** [result] fresh stock.

réassurance [reasyrɑ̃s] *nf* reinsurance.

rébarbatif, ive [rebarbatif, iv] *adj* - **1.** [personne, visage] forbidding - **2.** [travail] daunting.

rebâtir [32] [rəbatir] *vt* to rebuild.

rebattre [83] [rəbatr] *vt* [cartes] to reshuffle.

rebattu, e [rəbaty] ◇ *pp* ▷ **rebattre** ◇ *adj* overworked, hackneyed.

rebelle [rəbɛl] *adj* - **1.** [personne] rebellious ; [troupes] rebel (*avant n*) ; ~ **à** [discipline] unamenable to - **2.** [mèche, boucle] unruly.

rebeller [4] [rəbɛle] ◆ **se rebeller** *vp* : **se ~ (contre)** to rebel (against).

rébellion [rebɛljɔ̃] *nf* rebellion.

rebiffer [3] [rəbife] ◆ **se rebiffer** *vp fam* : **se ~ (contre)** to rebel (against).

reblochon [rəblɔʃɔ̃] *nm cow's-milk cheese from Haute-Savoie.*

reboiser [3] [rəbwaze] *vt* to reafforest.

rebond [rəbɔ̃] *nm* bounce.

rebondi, e [rəbɔ̃di] *adj* rounded.

rebondir [32] [rəbɔ̃dir] *vi* - **1.** [objet] to bounce ; [contre mur] to rebound - **2.** *fig* [affaire] to come to life (again).

rebondissement [rəbɔ̃dismã] *nm* [d'affaire] new development.

rebord [rəbɔr] *nm* [de table] edge ; [de fenêtre] sill, ledge.

reboucher [3] [rəbuʃe] *vt* [bouteille] to put the cork back in, to recork ; [trou] to fill in.

rebours [rəbur] ◆ **à rebours** *loc adv* the wrong way ; *fig* the wrong way round, back to front.

rebouteux, euse [rəbutø, øz], **rebou-**

teur, euse [rəbutœr, øz] *nm, f fam* bone-setter.

reboutonner [3] [rəbutɔne] *vt* to rebutton.

rebrousse-poil [rəbruspwal] ➤ **à re-brousse-poil** *loc adv* the wrong way ; **prendre qqn à ~** *fig* to rub sb up the wrong way.

rebrousser [3] [rəbruse] *vt* to brush back ; **~ chemin** *fig* to retrace one's steps.

rebuffade [rəbyfad] *nf* rebuff ; **essuyer une ~** to be rebuffed.

rébus [rebys] *nm* rebus.

rebut [rəby] *nm* scrap ; **mettre qqch au ~** to get rid of sthg, to scrap sthg.

rebutant, e [rəbytɑ̃, ɑ̃t] *adj* - **1.** [travail] disheartening - **2.** [manières] disgusting.

rebuter [3] [rəbyte] *vt* - **1.** [suj : travail] to dishearten - **2.** [suj : manières] to disgust.

récalcitrant, e [rekalsitrɑ̃, ɑ̃t] ◇ *adj* recalcitrant, stubborn ◇ *nm, f* recalcitrant.

recaler [3] [rəkale] *vt fam* to fail.

récapitulatif, ive [rekapitylatif, iv] *adj* summary *(avant n)*.
➤ **récapitulatif** *nm* summary.

récapitulation [rekapitylasjɔ̃] *nf* recapitulation, recap.

récapituler [3] [rekapityle] *vt* to recapitulate, to recap.

recel [rəsɛl] *nm* [action] receiving *ou* handling stolen goods ; [délit] possession of stolen goods.

receler [25] [rəsəle] *vt* - **1.** [objet volé] to receive, to handle - **2.** *fig* [secret, trésor] to contain.

receleur, euse [rəsəlœr, øz] *nm, f* receiver *(of stolen goods)*.

récemment [resamɑ̃] *adv* recently.

recensement [rəsɑ̃smɑ̃] *nm* - **1.** [de population] census - **2.** [d'objets] inventory.

recenser [3] [rəsɑ̃se] *vt* - **1.** [population] to take a census of - **2.** [objets] to take an inventory of.

récent, e [resɑ̃, ɑ̃t] *adj* recent.

recentrer [3] [rəsɑ̃tre] *vt* to refocus.

récépissé [resepise] *nm* receipt.

réceptacle [reseptakl] *nm* [lieu] gathering place.

récepteur, trice [reseptœr, tris] *adj* receiving.
➤ **récepteur** *nm* receiver.

réceptif, ive [reseptif, iv] *adj* receptive.

réception [resepsjɔ̃] *nf* - **1.** [gén] reception ; **donner une ~** to hold a reception - **2.** [de marchandises] receipt - **3.** [bureau] reception (desk) - **4.** *SPORT* [de sauteur, skieur] landing ; [du ballon, avec la main] catch ; **bonne ~ de X** [avec le pied] X traps the ball.

réceptionnaire [resepsjɔnɛr] *nmf* - **1.** [de marchandises] receiving clerk - **2.** [à l'hôtel] head of reception.

réceptionner [3] [resepsjɔne] *vt* - **1.** [marchandises] to take delivery of - **2.** [SPORT - avec la main] to catch ; [- avec le pied] to control.

réceptionniste [resepsjɔnist] *nmf* receptionist.

récessif, ive [resesif, iv] *adj* recessive.

récession [resesjɔ̃] *nf* recession.

recette [rəsɛt] *nf* - **1.** *COMM* takings *(pl)* ; **faire ~** *fig* to be a success - **2.** *CULIN* recipe ; *fig* [méthode] recipe, formula.

recevable [rəsəvabl] *adj* - **1.** [excuse, offre] acceptable - **2.** *JUR* admissible.

receveur, euse [rəsəvœr, øz] *nm, f* - **1.** *ADMIN* : **~ des impôts** tax collector ; **~ des postes** postmaster *(f* postmistress*)* - **2.** [de bus] conductor *(f* conductress*)* - **3.** [de greffe] recipient.

recevoir [52] [rəsəvwar] *vt* - **1.** [gén] to receive - **2.** [coup] to get, to receive - **3.** [invités] to entertain ; [client] to see ; **~ qqn à dîner** to have sb to dinner - **4.** *SCOL & UNIV* : **être reçu à un examen** to pass an exam.
➤ **se recevoir** *vp SPORT* to land.

rechange [rəʃɑ̃ʒ] ➤ **de rechange** *loc adj* spare ; *fig* alternative.

réchapper [3] [reʃape] *vi* : **~ de** to survive.

recharge [rəʃarʒ] *nf* - **1.** [cartouche] refill - **2.** [action - de batterie] recharging.

rechargeable [rəʃarʒabl] *adj* [batterie] rechargeable ; [briquet] refillable.

recharger [17] [rəʃarʒe] *vt* - **1.** [batterie] to recharge - **2.** [stylo, briquet] to refill - **3.** [arme, camion, appareil-photo] to reload.

réchaud [reʃo] *nm* (portable) stove.

réchauffé, e [reʃofe] *adj* [plat] reheated ; *fig* rehashed.

réchauffement [reʃofmɑ̃] *nm* warming (up).

réchauffer [3] [reʃofe] *vt* - **1.** [nourriture] to reheat - **2.** [personne] to warm up.
➤ **se réchauffer** *vp* to warm up.

rêche [rɛʃ] *adj* rough.

recherche [rəʃɛrʃ] *nf* - **1.** [quête & *INFORM*] search ; **être à la ~ de** to be in search of ; **se mettre *ou* partir à la ~ de** to go in search of ; **faire *ou* effectuer des ~s** to make inquiries - **2.** *SCIENCE* research ; **faire de la ~** to do research - **3.** [raffinement] elegance.

recherché, e [rəʃɛrʃe] *adj* - **1.** [ouvrage]

sought-after - **2.** [raffiné - vocabulaire] refined ; [- mets] exquisite.

rechercher [3] [rəʃɛrʃe] vt - **1.** [objet, personne] to search for, to hunt for - **2.** [compagnie] to seek out.

rechigner [3] [rəʃiɲe] vi : ~ à to balk at.

rechute [rəʃyt] nf relapse.

rechuter [3] [rəʃyte] vi to relapse.

récidive [residiv] nf - **1.** JUR repeat offence Br ou offense Am - **2.** MÉD recurrence.

récidiver [3] [residive] vi - **1.** JUR to commit another offence Br ou offense Am - **2.** MÉD to recur.

récidiviste [residivist] nmf repeat ou persistent offender.

récif [resif] nm reef ; ~ de corail coral reef.

récipiendaire [resipjɑ̃dɛr] nmf sout - **1.** [dans assemblée] newly elected member - **2.** [de diplôme] recipient.

récipient [resipjɑ̃] nm container.

réciproque [resiprɔk] <> adj reciprocal <> nf : la ~ the reverse.

réciproquement [resiprɔkmɑ̃] adv mutually ; et ~ and vice versa.

récit [resi] nm story.

récital, als [resital] nm recital.

récitatif [resitatif] nm recitative.

récitation [resitasjɔ̃] nf recitation.

réciter [3] [resite] vt to recite.

réclamation [reklamasjɔ̃] nf complaint ; faire/déposer une ~ to make/lodge a complaint.

réclame [reklam] nf - **1.** [annonce] advert, advertisement - **2.** [publicité] : la ~ advertising - **3.** [promotion] : en ~ on special offer.

réclamer [3] [reklame] vt - **1.** [demander] to ask for, to request ; [avec insistance] to demand - **2.** [nécessiter] to require, to demand.
  ◆ se réclamer vp : se ~ de [mouvement] to identify with.

reclasser [3] [rəklase] vt - **1.** [dossiers] to refile - **2.** [chômeur] to find a new job for - **3.** ADMIN to regrade.

reclus, e [rəkly, yz] <> adj sout reclusive <> nm, f recluse.

réclusion [reklyzjɔ̃] nf imprisonment ; ~ à perpétuité life imprisonment.

recoiffer [3] [rəkwafe] vt : ~ qqn to do sb's hair again.
  ◆ se recoiffer vp to do one's hair again.

recoin [rəkwɛ̃] nm nook.

reçois, reçoit etc ⊳ recevoir.

recoller [3] [rəkɔle] vt [objet brisé] to stick back together.

récolte [rekɔlt] nf - **1.** [AGRIC - action] harvesting (U), gathering (U) ; [- produit] harvest, crop - **2.** fig collection.

récolter [3] [rekɔlte] vt to harvest ; fig to collect.

recommandable [rəkɔmɑ̃dabl] adj commendable ; peu ~ undesirable.

recommandation [rəkɔmɑ̃dasjɔ̃] nf recommendation.

recommandé, e [rəkɔmɑ̃de] adj - **1.** [envoi] registered ; envoyer qqch en ~ to send sthg by registered post Br ou mail Am - **2.** [conseillé] advisable ; ce n'est pas très ~ it's not really a good idea, it's not very advisable.

recommander [3] [rəkɔmɑ̃de] vt to recommend ; ~ à qqn de faire qqch to advise sb to do sthg ; ~ qqn à qqn to recommend sb to sb.
  ◆ se recommander vp - **1.** [se réclamer] : se ~ de qqn to use sb as a referee - **2.** [invoquer la protection de] : se ~ à qqn to commend o.s. to sb - **3.** Helv [insister] to be persistent.

recommencement [rəkɔmɑ̃smɑ̃] nm new beginning.

recommencer [16] [rəkɔmɑ̃se] <> vt [travail] to start ou begin again ; [erreur] to make again ; ~ à faire qqch to start ou begin doing sthg again <> vi to start ou begin again ; ne recommence pas! don't do that again!

récompense [rekɔ̃pɑ̃s] nf reward ; en ~ de as a reward for.

récompenser [3] [rekɔ̃pɑ̃se] vt to reward.

recompter [3] [rəkɔ̃te] vt to recount.

réconciliation [rekɔ̃siljasjɔ̃] nf reconciliation.

réconcilier [9] [rekɔ̃silje] vt to reconcile.
  ◆ se réconcilier vp : se ~ avec to make it up with.

reconductible [rəkɔ̃dyktibl] adj renewable.

reconduction [rəkɔ̃dyksjɔ̃] nf renewal.

reconduire [98] [rəkɔ̃dɥir] vt - **1.** [personne] to accompany, to take - **2.** [politique, bail] to renew.

reconduit, e [rəkɔ̃dɥi, it] pp ⊳ reconduire.

réconfort [rekɔ̃fɔr] nm comfort ; chercher ~ dans to seek comfort ou solace in.

réconfortant, e [rekɔ̃fɔrtɑ̃, ɑ̃t] adj comforting.

réconforter [3] [rekɔ̃fɔrte] vt to comfort.

reconnaissable [rəkɔnɛsabl] adj recognizable.

reconnaissance [rəkɔnɛsɑ̃s] nf - **1.** [gén] recognition ; ~ de la parole/vocale INFORM speech/voice recognition - **2.** [aveu] acknowledgment, admission ; ~ de dette acknowledgment of a debt, IOU **- 3.** MIL reconnaissance ; **aller/partir en ~** to go out on reconnaissance **- 4.** [gratitude] gratitude ; **exprimer sa ~ à qqn** to show OU express one's gratitude to sb.

reconnaissant, e [rəkɔnɛsɑ̃, ɑ̃t] adj grateful ; **je vous en suis très ~** I am very grateful to you (for it) ; **je vous serais ~ de m'aider** I would be grateful if you would help me.

reconnaître [91] [rəkɔnɛtr] vt **- 1.** [gén] to recognize **- 2.** [erreur] to admit, to acknowledge **- 3.** MIL to reconnoitre.
• **se reconnaître** vp **- 1.** [s'identifier] to recognize o.s. ; **se ~ dans** OU **en qqn** to see o.s. in sb **- 2.** [s'orienter] to know where one is, to get one's bearings **- 3.** [s'avouer] : **se ~ coupable** to admit one's guilt.

reconnu, e [rəkɔny] ◇ pp ⊳ **reconnaître** ◇ adj well-known.

reconquérir [39] [rəkɔ̃kerir] vt to reconquer.

reconquête [rəkɔ̃kɛt] nf reconquest.

reconquis, e [rəkɔki, iz] pp ⊳ **reconquérir**.

reconquiers, reconquiert etc ⊳ **reconquérir**.

reconsidérer [18] [rəkɔ̃sidere] vt to reconsider.

reconstituant, e [rəkɔ̃stitɥɑ̃, ɑ̃t] adj invigorating.
• **reconstituant** nm tonic.

reconstituer [7] [rəkɔ̃stitɥe] vt **- 1.** [puzzle] to put together **- 2.** [crime, délit] to reconstruct.

reconstitution [rəkɔ̃stitysjɔ̃] nf **- 1.** [de puzzle] putting together **- 2.** [de crime, délit] reconstruction ; **~ historique** CIN & TÉLÉ dramatic reconstruction.

reconstruction [rəkɔ̃stryksjɔ̃] nf reconstruction, rebuilding.

reconstruire [98] [rəkɔ̃strɥir] vt to reconstruct, to rebuild.

reconstruit, e [rəkɔ̃strɥi, it] pp ⊳ **reconstruire**.

reconversion [rəkɔ̃vɛrsjɔ̃] nf **- 1.** [d'employé] redeployment **- 2.** [d'usine, de société] conversion ; **opérer une ~** to restructure ; **~ économique/technique** economic/technical restructuring.

reconvertir [32] [rəkɔ̃vɛrtir] vt **- 1.** [employé] to redeploy **- 2.** [économie] to restructure.
• **se reconvertir** vp : **se ~ dans** to move into.

recopier [9] [rəkɔpje] vt to copy out.

record [rəkɔr] ◇ nm record ; **détenir/améliorer/battre un ~** to hold/improve/beat a record ◇ adj inv record (avant n).

recordman [rəkɔrdman] (pl **recordmen** [-mɛn]) nm recordholder.

recoucher [3] [rəkuʃe] vt to put back to bed.
• **se recoucher** vp to go back to bed.

recoudre [86] [rəkudr] vt to sew (up) again.

recoupement [rəkupmɑ̃] nm cross-check ; **par ~** by cross-checking.

recouper [3] [rəkupe] vt **- 1.** [pain] to cut again **- 2.** COUTURE to recut **- 3.** fig [témoignages] to compare, to cross-check.
• **se recouper** vp **- 1.** [lignes] to intersect **- 2.** [témoignages] to match up.

recourber [3] [rəkurbe] vt to bend (over).

recourir [45] [rəkurir] vi : **~ à** [médecin, agence] to turn to ; [force, mensonge] to resort to.

recourrai, recourras etc ⊳ **recourir**.

recours[1], recourt etc ⊳ **recourir**.

recours[2] [rəkur] nm **- 1.** [emploi] : **~ à** a use of ; **avoir ~ à** [médecin, agence] to turn to ; [force, mensonge] to resort to, to have recourse to **- 2.** [solution] solution, way out ; **en dernier ~** as a last resort **- 3.** JUR action ; **~ en cassation** appeal ; **~ en justice** legal action ; **sans ~** without appeal ; fig final.

recouru [rəkury] pp inv ⊳ **recourir**.

recouvert, e [rəkuvɛr, ɛrt] pp ⊳ **recouvrir**.

recouvrable [rəkuvrabl] adj recoverable.

recouvrement [rəkuvrəmɑ̃] nm **- 1.** [de surface] covering **- 2.** [de dettes, d'impôts] collection.

recouvrer [3] [rəkuvre] vt **- 1.** [vue, liberté] to regain **- 2.** [dettes, impôts] to collect.

recouvrir [34] [rəkuvrir] vt **- 1.** [gén] to cover ; [fauteuil] to re-cover **- 2.** [personne] to cover (up).
• **se recouvrir** vp **- 1.** [tuiles] to overlap **- 2.** [surface] : **se ~ (de)** to be covered (with).

recracher [3] [rəkraʃe] vt to spit out.

récréatif, ive [rekreatif, iv] adj entertaining.

récréation [rekreasjɔ̃] nf **- 1.** [détente] relaxation, recreation **- 2.** SCOL break.

recréer [15] [rəkree] vt to recreate.

récrier [10] [rekrije] • **se récrier** vp sout : **se ~ (à)** to exclaim (at).

récrimination [rekriminasjɔ̃] nf complaint.

récriminer [3] [rekrimine] vi to complain.

récrire [rekrir], **réécrire** [99] [reekrir] vt to rewrite.

recroqueviller [3] [rəkrɔkvije] • **se recroqueviller** vp to curl up.

recru, e [rəkry] adj : **~ de fatigue** littéraire exhausted.
• **recrue** nf recruit.

recrudescence [rəkrydɛsɑ̃s] *nf* renewed outbreak.

recrutement [rəkrytmɑ̃] *nm* recruitment.

recruter [3] [rəkryte] *vt* to recruit.

rectal, e, aux [rɛktal, o] *adj* rectal.

rectangle [rɛktɑ̃gl] *nm* rectangle.

rectangulaire [rɛktɑ̃gylɛr] *adj* rectangular.

recteur [rɛktœr] *nm* SCOL *chief administrative officer of an education authority*, ≃ (Chief) Education Officer *Br*.

rectificatif, ive [rɛktifikatif, iv] *adj* correcting.
➡ **rectificatif** *nm* correction.

rectification [rɛktifikasjɔ̃] *nf* - **1.** [correction] correction - **2.** [de tir] adjustment.

rectifier [9] [rɛktifje] *vt* - **1.** [tir] to adjust - **2.** [erreur] to rectify, to correct ; [calcul] to correct.

rectiligne [rɛktiliɲ] *adj* rectilinear.

recto [rɛkto] *nm* right side ; **~ verso** on both sides.

rectorat [rɛktɔra] *nm* SCOL *offices of the education authority*, ≃ Education Offices *Br*.

rectum [rɛktɔm] *nm* rectum.

reçu, e [rəsy] *pp* ⊳ **recevoir**.
➡ **reçu** *nm* receipt.

recueil [rəkœj] *nm* collection.

recueillement [rəkœjmɑ̃] *nm* meditation.

recueillir [41] [rəkœjir] *vt* - **1.** [fonds] to collect - **2.** [suffrages] to win - **3.** [enfant] to take in.
➡ **se recueillir** *vp* to meditate.

recuire [98] [rəkɥir] *vt* & *vi* to recook.

recul [rəkyl] *nm* - **1.** [mouvement arrière] step backwards - **2.** MIL retreat - **3.** [d'arme à feu] recoil - **3.** [de civilisation] decline ; [d'inflation, de chômage] : **~ (de)** downturn (in) - **4.** *fig* [retrait] : **prendre du ~** to stand back ; **avec du ~** with hindsight.

reculade [rəkylad] *nf* retreat.

reculé, e [rəkyle] *adj* distant.

reculer [3] [rəkyle] ◇ *vt* - **1.** [voiture] to back up - **2.** [date] to put back, to postpone ◇ *vi* - **1.** [aller en arrière] to move backwards ; [voiture] to reverse ; **ne ~ devant rien** *fig* to stop at nothing - **2.** [maladie, pauvreté] to be brought under control.

reculons [rəkylɔ̃] ➡ **à reculons** *adv* backwards.

récupération [rekyperasjɔ̃] *nf* [de déchets] salvage.

récupérer [18] [rekypere] ◇ *vt* - **1.** [objet] to get back - **2.** [déchets] to salvage - **3.** [idée] to pick up - **4.** [journée] to make up ◇ *vi* to recover, to recuperate.

récurer [3] [rekyre] *vt* to scour.

récurrent, e [rekyrɑ̃, ɑ̃t] *adj* recurrent.

récuser [3] [rekyze] *vt* - **1.** JUR to challenge - **2.** *sout* [refuser] to reject.
➡ **se récuser** *vp sout* to decline to give an opinion.

recyclage [rəsiklaʒ] *nm* - **1.** [d'employé] retraining - **2.** [de déchets] recycling.

recycler [3] [rəsikle] *vt* - **1.** [employé] to retrain - **2.** [déchets] to recycle.
➡ **se recycler** *vp* [employé] to retrain.

rédacteur, trice [redaktœr, tris] *nm, f* [de journal] subeditor ; [d'ouvrage de référence] editor ; **~ en chef** editor-in-chief.

rédaction [redaksjɔ̃] *nf* - **1.** [de texte] editing - **2.** SCOL essay - **3.** [personnel] editorial staff.

rédactionnel, elle [redaksjɔnɛl] *adj* editorial.

reddition [redisjɔ̃] *nf* surrender.

redécouvrir [34] [rədekuvrir] *vt* to rediscover.

redéfinir [32] [rədefinir] *vt* to redefine.

redéfinition [rədefinisjɔ̃] *nf* redefinition.

redemander [3] [rədəmɑ̃de] *vt* to ask again for.

redémarrer [3] [rədemare] *vi* to start again ; *fig* to get going again.

rédempteur, trice [redɑ̃ptœr, tris] ◇ *adj* redeeming ◇ *nm, f* redeemer.

rédemption [redɑ̃psjɔ̃] *nf* redemption.

redéploiement [rədeplwamɑ̃] *nm* redeployment.

redescendre [73] [rədesɑ̃dr] ◇ *vt* (*aux : avoir*) - **1.** [escalier] to go/come down again - **2.** [objet - d'une étagère] to take down again ◇ *vi* (*aux : être*) to go/come down again.

redevable [rədəvabl] *adj* : **être ~ de 10 francs à qqn** to owe sb 10 francs ; **être ~ à qqn de qqch** [service] to be indebted to sb for sthg.

redevance [rədəvɑ̃s] *nf* [de radio, télévision] licence fee ; [téléphonique] rental (fee).

redevenir [40] [rədəvnir] *vi* to become again.

rédhibitoire [redibitwar] *adj* [défaut] crippling ; [prix] prohibitive.

rediffuser [3] [rədifyze] *vt* to broadcast again, to repeat.

rediffusion [rədifyzjɔ̃] *nf* repeat.

rédiger [17] [rediʒe] *vt* to write.

redingote [rədɛ̃gɔt] *nf* [de femme] coat ; HIST frock coat.

redire [102] [rədir] *vt* to repeat ; **avoir** OU **trouver à ~ à qqch** *fig* to find fault with sthg.

redistribuer [7] [rədistribɥe] *vt* to redistribute.

redistribution [rədistribysjɔ̃] *nf* redistribution.

redit, e [rədi, it] *pp* ▭ redire.

redite [rədit] *nf* repetition.

redondance [rədɔ̃dɑ̃s] *nf* redundancy.

redonner [3] [rədɔne] *vt* to give back ; [confiance, forces] to restore.

redoublant, e [rədublɑ̃, ɑ̃t] *nm, f* pupil who is repeating a year.

redoublé, e [rəduble] *adj* : **à coups ~s** twice as hard.

redoubler [3] [rəduble] ⬦ *vt* **- 1.** [syllabe] to reduplicate **- 2.** [efforts] to intensify **- 3.** *SCOL* to repeat ⬦ *vi* to intensify ; **~ d'efforts** to redouble one's efforts ; **le vent redoubla de fureur** the wind blew twice as hard.

redoutable [rədutabl] *adj* formidable.

redouter [3] [rədute] *vt* to fear.

redoux [rədu] *nm* thaw.

redressement [rədrɛsmɑ̃] *nm* **- 1.** [de pays, d'économie] recovery **- 2.** *JUR* : **~ fiscal** payment of back taxes.

redresser [4] [rədrɛse] ⬦ *vt* **- 1.** [poteau, arbre] to put *ou* set upright ; **~ la tête** to raise one's head ; *fig* to hold up one's head **- 2.** [situation] to set right ⬦ *vi* *AUTOM* to straighten up.
⬥ **se redresser** *vp* **- 1.** [personne] to stand *ou* sit straight **- 2.** [pays] to recover.

redresseur [rədrɛsœr] *nm* : **~ de torts** righter of wrongs.

réducteur, trice [redyktœr, tris] *adj* **- 1.** [de quantité] reducing **- 2.** [limitatif] simplistic.
⬥ **réducteur** *nm* *CHIM* reducing agent.

réduction [redyksjɔ̃] *nf* **- 1.** [gén] reduction ; **bénéficier d'une ~** to get a reduction **- 2.** *MÉD* setting.

réduire [98] [redɥir] ⬦ *vt* **- 1.** [gén] to reduce ; **~ en** to reduce to ; **~ qqn à qqch/à faire qqch** to reduce sb to sthg/to doing sthg ; **être réduit à faire qqch** to be reduced to doing sthg **- 2.** *MÉD* to set **- 3.** *Helv* [ranger] to put away ⬦ *vi* *CULIN* to reduce.
⬥ **se réduire** *vp* **- 1.** [se restreindre] to cut down **- 2.** [se ramener] : **se ~ à** to come *ou* boil down to **- 3.** [se transformer] : **se ~ en** to be reduced to.

réduisais, réduisions *etc* ▭ réduire.

réduit, e [redɥi, it] ⬦ *pp* ▭ réduire ⬦ *adj* reduced.
⬥ **réduit** *nm* **- 1.** [local] small room **- 2.** [renfoncement] recess.

rééchelonner [3] [reeʃlɔne] *vt* to reschedule.

réécrire = récrire.

rééditer [3] [reedite] *vt* **- 1.** [œuvre, auteur] to republish **- 2.** *fam* [méfaits] to give a repeat performance of.

réédition [reedisjɔ̃] *nf* new edition.

rééducation [reedykasjɔ̃] *nf* **- 1.** [de membre] re-education **- 2.** [de délinquant, malade] rehabilitation.

rééduquer [3] [reedyke] *vt* **- 1.** [membre] to re-educate **- 2.** [délinquant, malade] to rehabilitate.

réel, elle [reɛl] *adj* real.
⬥ **réel** *nm* : **le ~** reality.

réélection [reelɛksjɔ̃] *nf* re-election.

réélire [106] [reelir] *vt* to re-elect.

réellement [reɛlmɑ̃] *adv* really.

réembaucher [3] [reɑ̃boʃe] *vt* to take on again.

réemploi = remploi.

réemployer = remployer.

réengager = rengager.

rééquilibrer [3] [reekilibre] *vt* to balance (again).

réescompte [reeskɔ̃t] *nm* rediscount.

réessayer [reeseje], **ressayer** [rɛseje] [11] *vt* to try again.

réévaluer [7] [reevalɥe] *vt* to revalue.

réexaminer [3] [reɛgzamine] *vt* to re-examine.

réexpédier [9] [reɛkspedje] *vt* to send back.

réexporter [3] [reɛksporte] *vt* to re-export.

réf. (*abr de* **référence**) ref.

refaire [109] [rəfɛr] *vt* **- 1.** [faire de nouveau - travail, devoir] to do again ; [- voyage] to make again **- 2.** [mur, toit] to repair **- 3.** *fam* [personne] to take in.
⬥ **se refaire** *vp* **- 1.** [se rétablir] : **se ~ une santé** to recover (one's health) **- 2.** [se réhabituer] : **se ~ à qqch** to get used to sthg again **- 3.** *fam* [au jeu] to make up *ou* win back one's losses.

refaisais, refaisions *etc* ▭ refaire.

refait, e [rəfɛ, ɛt] *pp* ▭ refaire.

refasse, refasses *etc* ▭ refaire.

réfection [refɛksjɔ̃] *nf* repair.

réfectoire [refɛktwar] *nm* refectory.

référé [refere] *nm* [procédure] special hearing ; [arrêt] temporary ruling ; [ordonnance] temporary injunction.

référence [referɑ̃s] *nf* reference ; **faire ~ à** to refer to.
⬥ **références** *nfpl* references.

référendum [referɛ̃dɔm] *nm* referendum.

référer [18] [refere] *vi* : **en ~ à qqn** to refer the matter to sb.
➡ **se référer** *vp* : **se ~ à** to refer to.

refermer [3] [rəfɛrme] *vt* to close *ou* shut again.

refiler [3] [rəfile] *vt fam* : **~ qqch à qqn** [objet] to palm sthg off on sb ; [maladie] to give sthg to sb.

réfléchi, e [reflefi] *adj* - **1.** [action] considered ; **c'est tout ~** I've made up my mind, I've decided - **2.** [personne] thoughtful - **3.** GRAM reflexive.

réfléchir [32] [reflefir] ◇ *vt* - **1.** [refléter] to reflect - **2.** [penser] : **~ que** to think *ou* reflect that ◇ *vi* to think, to reflect ; **~ à** *ou* **sur qqch** to think about sthg.
➡ **se réfléchir** *vp* to be reflected.

réfléchissant, e [reflefisã, ãt] *adj* reflective.

réflecteur [reflɛktœr] *nm* reflector.

reflet [rəflɛ] *nm* - **1.** [image] reflection - **2.** [de lumière] glint.

refléter [18] [rəflete] *vt* to reflect.
➡ **se refléter** *vp* - **1.** [se réfléchir] to be reflected - **2.** [transparaître] to be mirrored.

refleurir [32] [rəflœrir] *vi* - **1.** [fleurir à nouveau] to flower again - **2.** *fig* [art] to flourish again.

reflex [reflɛks] ◇ *nm* reflex camera ◇ *adj* reflex *(avant n)*.

réflexe [reflɛks] ◇ *nm* reflex ◇ *adj* reflex *(avant n)*.

réflexion [reflɛksjɔ̃] *nf* - **1.** [de lumière, d'ondes] reflection - **2.** [pensée] reflection, thought ; **à la ~** on second thoughts ; **~ faite** on reflection - **3.** [remarque] remark.

refluer [3] [rəflye] *vi* - **1.** [liquide] to flow back - **2.** [foule] to flow back ; [avec violence] to surge back.

reflux [rəfly] *nm* - **1.** [d'eau] ebb - **2.** [de personnes] backward surge.

refondre [75] [rəfɔ̃dr] *vt* - **1.** [métal] to remelt - **2.** [ouvrage] to recast.

refonte [rəfɔ̃t] *nf* - **1.** [de métal] remelting - **2.** [d'ouvrage] recasting - **3.** [d'institution, de système] overhaul, reshaping.

reforestation [rəfɔrɛstasjɔ̃] *nf* reforestation.

réformateur, trice [reformatœr, tris] ◇ *adj* reforming ◇ *nm, f* - **1.** [personne] reformer - **2.** RELIG Reformer.

réforme [reform] *nf* reform.

réformé, e [reforme] *adj & nm, f* Protestant.
➡ **réformé** *nm* MIL *soldier who has been invalided out.*

reformer [3] [rəfɔrme] *vt* to re-form.
➡ **se reformer** *vp* to reform.

réformer [3] [reforme] *vt* - **1.** [améliorer] to reform, to improve - **2.** MIL to invalid out - **3.** [matériel] to scrap.

réformisme [reformism] *nm* reformism.

réformiste [reformist] *adj & nmf* reformist.

refoulé, e [rəfule] ◇ *adj* repressed, frustrated ◇ *nm, f* repressed person.

refoulement [rəfulmã] *nm* - **1.** [de personnes] repelling - **2.** PSYCHOL repression.

refouler [3] [rəfule] *vt* - **1.** [personnes] to repel, to repulse - **2.** PSYCHOL to repress.

réfractaire [refraktɛr] ◇ *adj* - **1.** [rebelle] insubordinate ; **~ à** resistant to ; **être ~ à la loi** to flout the law - **2.** HIST [prêtre] non-juring - **3.** [matière] refractory ◇ *nmf* insubordinate.

refrain [rəfrɛ̃] *nm* MUS refrain, chorus ; **c'est toujours le même ~** *fam fig* it's always the same old story.

refréner [18] [rəfrene] *vt* to check, to hold back.
➡ **se refréner** *vp* to control o.s.

réfrigérant, e [refriʒerã, ãt] *adj* - **1.** [liquide] refrigerating, refrigerant - **2.** *fam* [accueil] icy.

réfrigérateur [refriʒeratœr] *nm* refrigerator.

réfrigération [refriʒerasjɔ̃] *nf* refrigeration.

réfringent, e [refrɛ̃ʒã, ãt] *adj* refractive.

refroidir [32] [rəfrwadir] ◇ *vt* - **1.** [plat] to cool - **2.** [décourager] to discourage - **3.** *fam* [tuer] to rub out, to do in ◇ *vi* to cool.
➡ **se refroidir** *vp* - **1.** [temps] to get *ou* turn colder - **2.** [ardeur] to cool.

refroidissement [rəfrwadismã] *nm* - **1.** [de température] drop, cooling - **2.** [grippe] chill - **3.** *fig* [de sentiment] cooling off.

refuge [rəfyʒ] *nm* - **1.** [abri] refuge ; **chercher ~ auprès de qqn** to seek refuge with sb - **2.** [de montagne] hut - **3.** [sur chaussée] traffic island.

réfugié, e [refyʒje] ◇ *adj* refugee *(avant n)* ◇ *nm, f* refugee.

réfugier [9] [refyʒje] ➡ **se réfugier** *vp* to take refuge.

refus [rəfy] *nm inv* refusal ; **ce n'est pas de ~** *fam* I wouldn't say no ; **essuyer un ~** to meet with a refusal.

refuser [3] [rəfyze] *vt* - **1.** [repousser] to refuse ; **~ de faire qqch** to refuse to do sthg - **2.** [contester] : **~ qqch à qqn** to deny sb sthg

- **3.** [clients, spectateurs] to turn away - **4.** [candidat] : **être refusé** to fail.

➤ **se refuser** *vp* : **se ~ à faire qqch** to refuse to do sthg ; **se ~ à tout commentaire** to refuse to make any comment ; **ne rien se ~** not to stint o.s.

réfutation [refytasjɔ̃] *nf* refutation.

réfuter [3] [refyte] *vt* to refute.

regagner [3] [rəgaɲe] *vt* - **1.** [reprendre] to regain, to win back - **2.** [revenir à] to get back to.

regain [rəgɛ̃] *nm* - **1.** [herbe] second crop - **2.** [retour] : **un ~ de** a revival of, a renewal of ; **un ~ de vie** a new lease of life.

régal, als [regal] *nm* treat, delight.

régaler [3] [regale] *vt* to treat ; **c'est moi qui régale!** it's my treat!

➤ **se régaler** *vp* : **je me régale** [nourriture] I'm thoroughly enjoying it ; [activité] I'm having the time of my life.

regard [rəgar] *nm* look ; **soutenir le ~ de qqn** *fig* to be able to look sb straight in the eye ; **fusiller** *ou* **foudroyer qqn du ~** *fig* to glare at sb, to look daggers at sb.

➤ **au regard de** *loc prép* in relation to, with regard to.

➤ **en regard de** *loc prép* compared with.

regardant, e [rəgardɑ̃, ɑ̃t] *adj* - **1.** *fam* [économe] mean - **2.** [minutieux] : **être très/peu ~ sur qqch** to be very/not very particular about sthg.

regarder [3] [rəgarde] ⟨⟩ *vt* - **1.** [observer, examiner, consulter] to look at ; [télévision, spectacle] to watch ; **~ qqn faire qqch** to watch sb doing sthg ; **~ les trains passer** to watch the trains go by - **2.** [considérer] to consider, to regard ; **~ qqn/qqch comme** to regard sb/sthg as, to consider sb/sthg as - **3.** [concerner] to concern ; **cela ne te regarde pas** it's none of your business ⟨⟩ *vi* - **1.** [observer, examiner] to look - **2.** [faire attention] : **sans ~ à la dépense** regardless of the expense ; **y ~ à deux fois** to think twice about it.

➤ **se regarder** *vp* - **1.** [emploi réfléchi] to look at o.s. - **2.** [emploi réciproque] to look at one another.

regarnir [32] [rəgarnir] *vt* to refill, to restock.

régate [regat] *nf (gén pl)* regatta.

régence [reʒɑ̃s] *nf* regency.

➤ **Régence** *nf* HIST : **la Régence** the Regency.

régénérer [18] [reʒenere] *vt* to regenerate.

➤ **se régénérer** *vp* to regenerate.

régent, e [reʒɑ̃, ɑ̃t] *nm, f* regent.

régenter [3] [reʒɑ̃te] *vt* : **vouloir tout ~** *péj* to want to be the boss.

reggae [rege] *nm & adj inv* reggae.

régie [reʒi] *nf* - **1.** [entreprise] state-controlled company - **2.** RADIO & TÉLÉ [pièce] control room ; CIN, THÉÂTRE & TÉLÉ [équipe] production team.

regimber [3] [rəʒɛ̃be] *vi* to balk.

régime [reʒim] *nm* - **1.** [politique] regime ; **l'Ancien Régime** the Ancien Regime - **2.** [administratif] system ; **~ carcéral** prison regime ; **~ de Sécurité sociale** subdivision of the French social security system applying to certain professional groups - **3.** [alimentaire] diet ; **se mettre au/suivre un ~** to go on/to be on a diet ; **~ amincissant** slimming diet - **4.** [de moteur] speed - **5.** [de fleuve, des pluies] cycle - **6.** [de bananes, dattes] bunch.

régiment [reʒimɑ̃] *nm* - **1.** MIL regiment - **2.** *fam* [grande quantité] : **un ~ de** masses of, loads of.

région [reʒjɔ̃] *nf* region ; **~ parisienne** Paris area *ou* region.

régional, e, aux [reʒjɔnal, o] *adj* regional.

régionalisation [reʒjɔnalizasjɔ̃] *nf* regionalization.

régionalisme [reʒjɔnalism] *nm* regionalism.

régionaliste [reʒjɔnalist] *nmf & adj* regionalist.

régir [32] [reʒir] *vt* to govern.

régisseur [reʒisœr] *nm* - **1.** [intendant] steward - **2.** [de théâtre] stage manager.

registre [rəʒistr] *nm* [gén] register ; **~ du commerce** trade register ; **~ de comptabilité** ledger ; **~s publics d'état civil** register *(sg)* of births, marriages and deaths.

réglable [reglabl] *adj* - **1.** [adaptable] adjustable - **2.** [payable] payable.

réglage [reglaʒ] *nm* adjustment, setting.

règle [rɛgl] *nf* - **1.** [instrument] ruler ; **~ graduée** graduated ruler - **2.** [principe, loi] rule ; **je suis en ~** my papers are in order ; **mets-toi en ~** get your papers in order ; **être de ~** to be the rule.

➤ **en règle générale** *loc adv* as a general rule.

➤ **règles** *nfpl* [menstruation] period *(sg)*.

réglé, e [regle] *adj* - **1.** [organisé] regular, well-ordered - **2.** [papier] lined, ruled.

réglée [regle] *adj f* : **être ~** to have periods, to menstruate.

règlement [rɛgləmɑ̃] *nm* - **1.** [résolution] settling ; **~ de comptes** *fig* settling of scores ; **~ judiciaire** liquidation - **2.** [règle] regulation ; **observer le ~** to follow the rules *ou* regulations - **3.** [paiement] settlement.

réglementaire [reglɑmɑ̃tɛr] *adj* - **1.** [régulier] statutory - **2.** [imposé] regulation *(avant n)*.

réglementation [reglɑmɑ̃tasjɔ̃] *nf* - **1.** [action] regulation - **2.** [ensemble de règles] regulations *(pl)*, rules *(pl)* ; ~ **du travail/commerce** work/commercial regulations.

réglementer [3] [reglɑmɑ̃te] *vt* to control, to regulate.

régler [18] [regle] *vt* - **1.** [affaire, conflit] to settle, to sort out - **2.** [appareil] to adjust - **3.** [payer - note] to settle, to pay ; [- commerçant] to pay.
◈ **se régler** *vp* - **1.** [suivre] : **se ~ sur qqn** to model o.s. on sb - **2.** [affaire, conflit] to be sorted out, to be settled.

réglisse [reglis] *nf* liquorice.

réglo [reglo] *adj inv fam* straight.

régnant, e [reɲɑ̃, ɑ̃t] *adj* [monarque] reigning.

règne [rɛɲ] *nm* - **1.** [de souverain] reign ; **sous le ~ de** in the reign of - **2.** [pouvoir] rule - **3.** BIOL kingdom.

régner [18] [reɲe] *vi* - **1.** [souverain] to rule, to reign - **2.** [silence] to reign.

regonfler [3] [rəgɔ̃fle] *vt* - **1.** [pneu, ballon] to blow up again, to reinflate - **2.** *fam* [personne] to cheer up.

regorger [17] [rəgɔrʒe] *vi* : ~ **de** to be abundant in.

régresser [4] [regrese] *vi* - **1.** [sentiment, douleur] to diminish - **2.** [personne] to regress.

régressif, ive [regresif, iv] *adj* regressive, backward.

régression [regresjɔ̃] *nf* - **1.** [recul] decline - **2.** PSYCHOL regression.

regret [rəgrɛ] *nm* : ~ **(de)** regret (for) ; **tous mes ~s** I'm very sorry ; **à ~** with regret ; **sans ~** with no regrets ; **avoir le** *OU* **être au ~ d'informer qqn de** to be sorry *OU* to regret to inform sb of.

regrettable [rəgrɛtabl] *adj* regrettable.

regretter [4] [rəgrɛte] ◇ *vt* - **1.** [époque] to miss, to regret ; [personne] to miss - **2.** [faute] to regret ; ~ **d'avoir fait qqch** to regret having done sthg - **3.** [déplorer] : ~ **que** (+ *subjonctif*) to be sorry *OU* to regret that ◇ *vi* to be sorry.

regroupement [rəgrupmɑ̃] *nm* - **1.** [action] gathering together - **2.** [groupe] group, assembly.

regrouper [3] [rəgrupe] *vt* - **1.** [grouper à nouveau] to regroup, to reassemble - **2.** [réunir] to group together.
◈ **se regrouper** *vp* to gather, to assemble.

régulariser [3] [regylarize] *vt* - **1.** [documents] to sort out, to put in order ; [situation] to straighten out - **2.** [circulation, fonctionnement] to regulate.

régularité [regylarite] *nf* - **1.** [gén] regularity - **2.** [de travail, résultats] consistency.

régulateur, trice [regylatœr, tris] *adj* regulating.
◈ **régulateur** *nm* regulator.

régulation [regylasjɔ̃] *nf* [contrôle] control, regulation ; ~ **des naissances** birth control.

réguler [3] [regyle] *vt* to regulate.

régulier, ère [regylje, ɛr] *adj* - **1.** [gén] regular - **2.** [uniforme, constant] steady, regular - **3.** [travail, résultats] consistent - **4.** [légal] legal ; **être en situation régulière** to have all the legally required documents - **5.** *fam* [correct] straight, above board.

régulièrement [regyljɛrmɑ̃] *adv* - **1.** [gén] regularly - **2.** [uniformément] steadily, regularly ; [étalé, façonné] evenly.

réhabilitation [reabilitasjɔ̃] *nf* rehabilitation.

réhabiliter [3] [reabilite] *vt* - **1.** [accusé] to rehabilitate, to clear ; *fig* [racheter] to restore to favour *Br OU* favor *Am* - **2.** [rénover] to restore.
◈ **se réhabiliter** *vp* to redeem o.s.

réhabituer [7] [reabitɥe] *vt* to reaccustom.
◈ **se réhabituer** *vp* : **se ~ à qqch** to get used to sthg again.

rehausser [3] [rɑose] *vt* - **1.** [surélever] to heighten - **2.** *fig* [mettre en valeur] to enhance.

rehausseur [rɑosœr] *nm* booster seat.

réimporter [3] [reɛ̃pɔrte] *vt* to reimport.

réimposer [3] [reɛ̃poze] *vt* to retax.

réimpression [reɛ̃presjɔ̃] *nf* reprinting, reprint.

réimprimer [3] [reɛ̃prime] *vt* to reprint.

rein [rɛ̃] *nm* kidney ; ~ **artificiel** dialysis *OU* kidney machine.
◈ **reins** *nmpl* small of the back *(sg)* ; **avoir mal aux ~s** to have backache ; **avoir les ~s solides** *fam* [être résistant] to have a strong back ; [être riche] not to be short of money.

réincarnation [reɛ̃karnasjɔ̃] *nf* reincarnation.

reine [rɛn] *nf* queen.

reine-claude [rɛnklod] *(pl* **reines-claudes)** *nf* greengage.

reinette [rɛnɛt] *nf variety of apple similar to pippin*.

réinscrire [99] [reɛ̃skrir] *vt* : ~ **qqn à** to re-enrol sb for.
◈ **se réinscrire** *vp* : **se ~ à** to re-enrol for.

réinsérer [18] [reɛ̃sere] *vt* to reinsert.
◈ **se réinsérer** *vp* to become reintegrated.

réinsertion [reɛ̃sɛrsjɔ̃] *nf* [de délinquant] rehabilitation ; [dans la vie professionnelle] reintegration.

réintégrer [18] [reɛ̃tegre] vt - **1.** [rejoindre] to return to - **2.** JUR to reinstate.

réintroduire [98] [reɛ̃tʀɔdɥiʀ] vt to reintroduce.

réitérer [18] [reitere] vt [promesse, demande] to repeat, to reiterate ; [attaque] to repeat.

rejaillir [32] [ʀəʒajiʀ] vi to splash up ; ~ **sur qqn** fig to rebound on sb.

rejet [ʀəʒɛ] nm - **1.** [gén] rejection - **2.** [pousse] shoot.

rejeter [27] [ʀəʒte] vt - **1.** [relancer] to throw back - **2.** [expulser] to bring up, to vomit - **3.** [offre, personne] to reject - **4.** [partie du corps] : ~ **la tête/les bras en arrière** to throw back one's head/one's arms - **5.** [imputer] : ~ **la responsabilité de qqch sur qqn** to lay the responsibility for sthg at sb's door.

➤ **se rejeter** vp : **se ~ la faute l'un sur l'autre** to blame one another for sthg ; **se ~ la responsabilité (de qqch) l'un sur l'autre** to hold one another responsible (for sthg).

rejeton [ʀəʒtɔ̃] nm offspring (U).

rejette, rejettes etc ⊳ rejeter.

rejoindre [82] [ʀəʒwɛ̃dʀ] vt - **1.** [retrouver] to join - **2.** [regagner] to return to - **3.** [concorder avec] to agree with - **4.** [rattraper] to catch up with.

➤ **se rejoindre** vp - **1.** [personnes, routes] to meet - **2.** [opinions] to agree.

rejoignais, rejoignions etc ⊳ rejoindre.

rejoint, e [ʀəʒwɛ̃, ɛ̃t] pp ⊳ rejoindre.

réjoui, e [ʀeʒwi] adj joyful.

réjouir [32] [ʀeʒwiʀ] vt to delight.

➤ **se réjouir** vp to be delighted ; **se ~ de qqch** to be delighted at ou about sthg.

réjouissance [ʀeʒwisɑ̃s] nf rejoicing.

➤ **réjouissances** nfpl festivities.

réjouissant, e [ʀeʒwisɑ̃, ɑ̃t] adj joyful, cheerful.

relâche [ʀəlɑʃ] nf - **1.** [pause] : **sans ~** without respite ou a break - **2.** THÉÂTRE : **demain c'est le jour de ~** we're closed tomorrow ; **faire ~** to be closed.

relâché, e [ʀəlɑʃe] adj lax, loose.

relâchement [ʀəlɑʃmɑ̃] nm relaxation.

relâcher [3] [ʀəlɑʃe] vt - **1.** [étreinte, cordes] to loosen - **2.** [discipline, effort] to relax, to slacken - **3.** [prisonnier] to release.

➤ **se relâcher** vp - **1.** [se desserrer] to loosen - **2.** [faiblir - discipline] to become lax ; [- attention] to flag - **3.** [se laisser aller] to slacken off.

relaie, relaies etc ⊳ relayer.

relais [ʀəlɛ] nm - **1.** [auberge] post house ; ~ **routier** transport cafe - **2.** SPORT & TÉLÉ : **prendre/passer le ~** to take/hand over ; **(course de)** ~ relay.

relance [ʀəlɑ̃s] nf - **1.** [économique] revival, boost ; [de projet] relaunch - **2.** [au jeu] stake.

relancer [16] [ʀəlɑ̃se] vt - **1.** [renvoyer] to throw back - **2.** [faire reprendre - économie] to boost ; [- projet] to relaunch ; [- moteur, machine] to restart.

relater [3] [ʀəlate] vt littéraire to relate.

relatif, ive [ʀəlatif, iv] adj relative ; ~ **à** relating to ; **tout est ~** it's all relative.

➤ **relative** nf GRAM relative clause.

relation [ʀəlasjɔ̃] nf relationship ; **mettre qqn en ~ avec qqn** to put sb in touch with sb.

➤ **relations** nfpl - **1.** [rapport] relationship (sg) ; ~**s sexuelles** sexual relations, intercourse (U) - **2.** [connaissance] acquaintance ; **avoir des ~** to have connections - **3.** [communication] : ~**s internationales** international relations ; ~**s publiques** public relations.

relationnel, elle [ʀəlasjɔnɛl] adj [problèmes] relationship (avant n).

relative ⊳ relatif.

relativement [ʀəlativmɑ̃] adv relatively.

relativiser [3] [ʀəlativize] vt to relativize.

relativité [ʀəlativite] nf relativity.

relax, relaxe [ʀəlaks] adj fam relaxed.

relaxation [ʀəlaksasjɔ̃] nf relaxation.

relaxe = relax.

relaxer [3] [ʀəlakse] vt - **1.** [reposer] to relax - **2.** JUR to discharge.

➤ **se relaxer** vp to relax.

relayer [11] [ʀəleje] vt to relieve.

➤ **se relayer** vp to take over from one another.

relecture [ʀəlɛktyʀ] nf second reading, rereading.

reléguer [18] [ʀəlege] vt to relegate.

relent [ʀəlɑ̃] nm - **1.** [odeur] stink, stench - **2.** fig [trace] whiff.

relevé, e [ʀəlve] adj - **1.** [style] elevated - **2.** CULIN spicy.

➤ **relevé** nm reading ; **faire le ~ de qqch** to read sthg ; ~ **de compte** bank statement ; ~ **d'identité bancaire** bank account number.

relève [ʀəlɛv] nf relief ; **prendre la ~** to take over.

relèvement [ʀəlɛvmɑ̃] nm - **1.** [redressement] rebuilding - **2.** [hausse] raising - **3.** [majoration] increase.

relever [19] [ʀəlve] ◇ vt - **1.** [redresser - personne] to help up ; [- pays, économie] to rebuild ; [- moral, niveau] to raise - **2.** [ramasser] to collect

- **3.** [tête, col, store] to raise ; [manches] to push up - **4.** [CULIN - mettre en valeur] to bring out ; [- pimenter] to season - **5.** *fig* [récit] to liven up, to spice up - **6.** [noter] to note down ; [compteur] to read - **7.** [relayer] to take over from, to relieve - **8.** [erreur] to note ◇ *vi* - **1.** [se rétablir] : ~ de to recover from - **2.** [être du domaine] : ~ de to come under.

◆ **se relever** *vp* - **1.** [se mettre debout] to stand up ; [sortir du lit] to get up - **2.** [se rétablir] : **se ~ de qqch** to recover from sthg, to get over sthg - **3.** [se rehausser] to lift.

relief [rəljɛf] *nm* relief ; **sans aucun ~** completely flat ; **en ~** in relief, raised ; **une carte en ~** relief map ; **mettre en ~** *fig* to enhance, to bring out.

◆ **reliefs** *nmpl vieilli* remains.

relier [9] [rəlje] *vt* - **1.** [livre] to bind - **2.** [attacher] : ~ **qqch à qqch** to link sthg to sthg - **3.** [joindre] to connect - **4.** *fig* [associer] to link up.

relieur, euse [rəljœr, øz] *nm, f* binder.

religieuse ▭ **religieux**.

religieusement [rəliʒjøzmɑ̃] *adv* - **1.** [gén] religiously ; [solennellement] reverently - **2.** [se marier] in church.

religieux, euse [rəliʒjø, øz] *adj* - **1.** [vie, chant] religious ; [mariage] religious, church *(avant n)* - **2.** [respectueux] reverent.

◆ **religieux** *nm* monk.

◆ **religieuse** *nf* - **1.** RELIG nun - **2.** CULIN : **religieuse au café, religieuse au chocolat** *choux pastry filled with coffee or chocolate confectioner's custard.*

religion [rəliʒjɔ̃] *nf* - **1.** [culte] religion - **2.** [foi] faith - **3.** [croyance] religion, faith ; **entrer en ~** to take one's vows.

reliquaire [rəlikɛr] *nm* reliquary.

reliquat [rəlika] *nm* balance, remainder.

relique [rəlik] *nf* relic.

relire [106] [rəlir] *vt* - **1.** [lire] to reread - **2.** [vérifier] to read over.

◆ **se relire** *vp* to read what one has written.

reliure [rəljyr] *nf* binding.

relogement [rəlɔʒmɑ̃] *nm* rehousing.

reloger [17] [rəlɔʒe] *vt* to rehouse.

relu, e [rəly] *pp* ▭ **relire**.

reluire [97] [rəlɥir] *vi* to shine, to gleam ; **faire ~ qqch** to shine *ou* polish sthg.

reluisant, e [rəlɥizɑ̃, ɑ̃t] *adj* shining, gleaming ; **peu** *ou* **pas très ~** *fig* [avenir, situation] not all that brilliant ; [personne] shady.

remâcher [3] [rəmɑʃe] *vt fig* to brood over.

remailler [3] [rəmaje] *vt* [filet] to mend ; [tricot] to darn.

remake [rimɛjk] *nm* CIN remake.

rémanent, e [remanɑ̃, ɑ̃t] *adj* residual.

remaniement [rəmanimɑ̃] *nm* restructuring ; **~ ministériel** cabinet reshuffle.

remanier [9] [rəmanje] *vt* to restructure ; [ministère] to reshuffle.

remarier [9] [rəmarje] ◆ **se remarier** *vp* to remarry.

remarquable [rəmarkabl] *adj* remarkable.

remarquablement [rəmarkabləmɑ̃] *adv* remarkably.

remarque [rəmark] *nf* - **1.** [observation] remark ; [critique] critical remark - **2.** [annotation] note.

remarquer [3] [rəmarke] ◇ *vt* - **1.** [apercevoir] to notice ; **faire ~ qqch (à qqn)** to point sthg out (to sb) ; **se faire ~** *péj* to draw attention to o.s. - **2.** [noter] to remark, to comment ◇ *vi* : **ce n'est pas l'idéal, remarque!** it's not ideal, mind you!

◆ **se remarquer** *vp* to be noticeable.

remballer [3] [rɑ̃bale] *vt* [marchandise] to pack up.

rembarquer [3] [rɑ̃barke] *vt* to reembark.

◆ **se rembarquer** *vp* to reembark.

rembarrer [3] [rɑ̃bare] *vt fam* to snub.

remblai [rɑ̃blɛ] *nm* embankment.

remblayer [11] [rɑ̃bleje] *vt* [hausser] to bank up ; [combler] to fill in.

rembobiner [3] [rɑ̃bɔbine] *vt* to rewind.

rembourrage [rɑ̃buraʒ] *nm* stuffing, padding.

rembourrer [3] [rɑ̃bure] *vt* to stuff, to pad.

remboursable [rɑ̃bursabl] *adj* refundable.

remboursement [rɑ̃bursəmɑ̃] *nm* refund, repayment.

rembourser [3] [rɑ̃burse] *vt* - **1.** [dette] to pay back, to repay - **2.** [personne] to pay back ; **~ qqn de qqch** to reimburse sb for sthg.

rembrunir [32] [rɑ̃brynir] ◆ **se rembrunir** *vp* to cloud over, to become gloomy.

remède [rəmɛd] *nm litt* & *fig* remedy, cure.

remédier [9] [rəmedje] *vi* : ~ **à qqch** to put sthg right, to remedy sthg.

remembrement [rəmɑ̃brəmɑ̃] *nm* land regrouping.

remémorer [3] [rəmemɔre] ◆ **se remémorer** *vp* to recollect.

remerciement [rəmɛrsimɑ̃] *nm* thanks *(pl)* ; **une lettre de ~** a thank-you letter ; **avec tous mes ~s** with all my thanks, with many thanks.

remercier [9] [rəmɛrsje] *vt* - **1.** [dire merci à] to thank ; **~ qqn de** *ou* **pour qqch** to thank sb for sthg ; **non, je vous remercie** no, thank you - **2.** [congédier] to dismiss.

remets ⊳ remettre.

remettre [84] [rəmɛtr] vt - **1.** [replacer] to put back ; **~ en question** to call into question ; **~ qqn à sa place** to put sb in his place - **2.** [enfiler de nouveau] to put back on - **3.** [rétablir - lumière, son] to put back on ; **~ qqch en marche** to restart sthg ; **~ de l'ordre dans qqch** to tidy sthg up ; **~ une montre à l'heure** to put a watch right ; **~ qqch en état de marche** to put sthg back in working order - **4.** [donner] : **~ qqch à qqn** to hand sthg over to sb ; [médaille, prix] to present sthg to sb - **5.** [ajourner] : **~ qqch (à)** to put sthg off (until) - **6.** fig [reconnaître] to place - **7.** MÉD : **~ qqn** to put sb back on his feet.

➤ **se remettre** vp - **1.** [recommencer] : **se ~ à qqch** to take up sthg again ; **se ~ à fumer** to start smoking again - **2.** [se rétablir] to get better ; **se ~ de qqch** to get over sthg - **3.** [redevenir] : **se ~ debout** to stand up again ; **le temps s'est remis au beau** the weather has cleared up - **4.** loc : **je m'en remets à toi** it's up to you, I'll leave it up to you.

réminiscence [reminisɑ̃s] nf reminiscence.

remis, e [rəmi, iz] pp ⊳ remettre.

remise [rəmiz] nf - **1.** [action] : **~ en jeu** throwin ; **~ en marche** restarting ; **~ en place** putting back in place ; **~ en question** OU **cause** calling into question - **2.** [de message, colis] handing over ; [de médaille, prix] presentation - **3.** [réduction] discount ; **~ de peine** JUR remission - **4.** [hangar] shed.

remiser [3] [rəmize] vt to put away.

rémission [remisjɔ̃] nf remission ; **sans ~** [punir, juger] without mercy ; [pleuvoir] unremittingly.

remmener [19] [rɑ̃mne] vt to take OU bring back.

remodeler [25] [rəmɔdle] vt - **1.** [forme] to remodel - **2.** [remanier] to restructure.

rémois, e [remwa, az] adj of/from Rheims.
➤ **Rémois, e** nm, f native OU inhabitant of Rheims.

remontant, e [rəmɔ̃tɑ̃, ɑ̃t] adj [tonique] invigorating.
➤ **remontant** nm tonic.

remontée [rəmɔ̃te] nf - **1.** [des eaux] rising - **2.** [de pente, rivière] ascent - **3.** SPORT recovery - **4.** SKI : **~s mécaniques** ski-lifts - **5.** [des mineurs] bringing to the surface.

remonte-pente [rəmɔ̃tpɑ̃t] (pl remonte-pentes) nm ski-tow.

remonter [3] [rəmɔ̃te] ⟨⟩ vt (aux : avoir) - **1.** [escalier, pente] to go/come back up - **2.** [as-

sembler] to put together again - **3.** [manches] to turn up - **4.** [horloge, montre] to wind up - **5.** [ragaillardir] to put new life into, to cheer up ⟨⟩ vi (aux : être) - **1.** [monter à nouveau - personne] to go/come back up ; [- baromètre] to rise again ; [- prix, température] to go up again, to rise ; [- sur vélo] to get back on ; **~ dans une voiture** to get back into a car - **2.** [dater] : **~ à** to date OU go back to.

remontoir [rəmɔ̃twar] nm winder.

remontrance [rəmɔ̃trɑ̃s] nf (gén pl) remonstrance, reprimand.

remontrer [3] [rəmɔ̃tre] vt to show again ; **vouloir en ~ à qqn** to try to show sb up.

remords [rəmɔr] nm remorse ; **être bourrelé de ~** fam to be conscience-stricken.

remorque [rəmɔrk] nf trailer ; **être en ~** to be on tow ; **être à la ~** fig to drag behind.

remorquer [3] [rəmɔrke] vt - **1.** [voiture, bateau] to tow - **2.** fam [personne] to drag along.

remorqueur [rəmɔrkœr] nm tug, tugboat.

rémoulade [remulad] nf remoulade (sauce).

rémouleur [remulœr] nm knife grinder.

remous [rəmu] ⟨⟩ nm [de bateau] wash, backwash ; [de rivière] eddy ⟨⟩ nmpl fig stir, upheaval.

rempailler [3] [rɑ̃paje] vt to re-cane.

rempart [rɑ̃par] nm (gén pl) rampart.

rempiler [3] [rɑ̃pile] ⟨⟩ vt to pile up again ⟨⟩ vi fam MIL to sign on again.

remplaçable [rɑ̃plasabl] adj replaceable.

remplaçant, e [rɑ̃plasɑ̃, ɑ̃t] nm, f [suppléant] stand-in ; SPORT substitute.

remplacement [rɑ̃plasmɑ̃] nm - **1.** [changement] replacing, replacement - **2.** [intérim] substitution ; **faire des ~s** to stand in ; [docteur] to act as a locum.

remplacer [16] [rɑ̃plase] vt - **1.** [gén] to replace - **2.** [prendre la place de] to stand in for ; SPORT to substitute.

remplir [32] [rɑ̃plir] vt - **1.** [gén] to fill ; **~ de** to fill with ; **~ qqn de joie/d'orgueil** to fill sb with happiness/pride - **2.** [questionnaire] to fill in OU out - **3.** [mission, fonction] to complete to fulfil.
➤ **se remplir** vp to fill up.

remplissage [rɑ̃plisaʒ] nm - **1.** [de récipient] filling up - **2.** fig & péj [de texte] padding out.

remploi [rɑ̃plwa], **réemploi** [reɑ̃plwa] nm re-use.

remployer [rɑ̃plwaje], **réemployer** [13] [reɑ̃plwaje] vt to re-use.

remplumer [3] [rɑ̃plyme] ➤ **se remplu**

mer *vp fam* - **1.** [financièrement] to get o.s. back in funds - **2.** [se rétablir] to fill out again.

remporter [3] [ʀɑ̃pɔʀte] *vt* - **1.** [repartir avec] to take away again - **2.** [gagner] to win.

rempoter [3] [ʀɑ̃pɔte] *vt* to repot.

remuant, e [ʀəmɥɑ̃, ɑ̃t] *adj* restless, over-active.

remue-ménage [ʀəmymenaʒ] *nm inv* commotion, confusion.

remuer [7] [ʀəmɥe] <> *vt* - **1.** [bouger, émouvoir] to move - **2.** [café, thé] to stir ; [salade] to toss <> *vi* to move, to stir ; **arrête de ~ comme ça** stop being so restless.

➤ **se remuer** *vp* - **1.** [se mouvoir] to move - **2.** *fig* [réagir] to make an effort.

rémunérateur, trice [ʀemyneʀatœʀ, tʀis] *adj* profitable, lucrative.

rémunération [ʀemyneʀasjɔ̃] *nf* remuneration.

rémunérer [18] [ʀemyneʀe] *vt* - **1.** [personne] to remunerate, to pay - **2.** [activité] to pay for.

renâcler [3] [ʀənakle] *vi fam* to make a fuss ; **~ devant** *ou* **à qqch** to balk at sthg.

renaissance [ʀənɛsɑ̃s] *nf* rebirth.

➤ **Renaissance** *nf* : **la Renaissance** the Renaissance.

renaître [92] [ʀənɛtʀ] *vi* - **1.** [ressusciter] to come back to life, to come to life again ; **se sentir ~** to feel like a new person ; **faire ~** [passé, tradition] to revive ; **~ à la vie** to take on a new lease of life ; [revenir - sentiment, printemps] to return ; [- économie] to revive, to recover.

rénal, e, aux [ʀenal, o] *adj* renal, kidney *(avant n)*.

renard [ʀənaʀ] *nm* fox.

renardeau, x [ʀənaʀdo] *nm* fox cub.

rencard = rancard.

rencart = rancart.

renchérir [32] [ʀɑ̃ʃeʀiʀ] *vi* - **1.** [augmenter] to become more expensive ; [prix] to go up - **2.** [surenchérir] : **~ sur** to add to.

renchérissement [ʀɑ̃ʃeʀismɑ̃] *nm* increase in price ; **~ des prix** price increase.

rencontre [ʀɑ̃kɔ̃tʀ] *nf* - **1.** [gén] meeting ; **faire une bonne ~** to meet somebody interesting ; **faire une mauvaise ~** to meet an unpleasant person ; **aller/venir à la ~ de qqn** to go/come to meet sb - **2.** [choc, collision] collision.

rencontrer [3] [ʀɑ̃kɔ̃tʀe] *vt* - **1.** [gén] to meet - **2.** [heurter] to strike.

➤ **se rencontrer** *vp* - **1.** [gén] to meet - **2.** [opinions] to agree.

rendement [ʀɑ̃dmɑ̃] *nm* [de machine, travailleur] output ; [de terre, placement] yield.

rendez-vous [ʀɑ̃devu] *nm inv* - **1.** [rencontre] appointment ; [amoureux] date ; **on a tous ~ au café** we're all meeting at the café ; **lors de notre dernier ~** at our last meeting ; **prendre ~ avec qqn** to make an appointment with sb ; **donner ~ à qqn** to arrange to meet sb - **2.** [lieu] meeting place.

rendormir [36] [ʀɑ̃dɔʀmiʀ] ➤ **se rendormir** *vp* to go back to sleep.

rendre [73] [ʀɑ̃dʀ] <> *vt* - **1.** [restituer] : **~ qqch à qqn** to give sthg back to sb, to return sthg to sb - **2.** [donner en retour - invitation, coup] to return - **3.** [JUR - jugement] to pronounce - **4.** [produire - effet] to produce - **5.** [vomir] to vomit, to cough up - **6.** MIL [céder] to surrender ; **~ les armes** to lay down one's arms - **7.** (+ *adj*) [faire devenir] to make ; **~ qqn fou** to drive sb mad - **8.** [exprimer] to render <> *vi* - **1.** [produire - champ] to yield - **2.** [vomir] to vomit, to be sick.

➤ **se rendre** *vp* - **1.** [céder, capituler] to give in ; **j'ai dû me ~ à l'évidence** I had to face facts - **2.** [aller] : **se ~ à** to go to - **3.** (+ *adj*) [se faire tel] : **se ~ utile/malade** to make o.s. useful/ill.

rêne [ʀɛn] *nf* rein.

renégat, e [ʀənega, at] *nm, f sout* renegade.

renégocier [9] [ʀənegɔsje] *vt* to renegotiate.

reneiger [23] [ʀəneʒe] *vi* to snow again.

renfermé, e [ʀɑ̃fɛʀme] *adj* introverted, withdrawn.

➤ **renfermé** *nm* : **ça sent le ~** it smells stuffy in here.

renfermer [3] [ʀɑ̃fɛʀme] *vt* [contenir] to contain.

➤ **se renfermer** *vp* to withdraw.

renfiler [3] [ʀɑ̃file] *vt* - **1.** [perles] to restring - **2.** [aiguille] to rethread - **3.** [vêtement] to slip on again.

renflé, e [ʀɑ̃fle] *adj* bulging.

renflement [ʀɑ̃fləmɑ̃] *nm* bulge.

renflouer [3] [ʀɑ̃flue] *vt* - **1.** [bateau] to refloat - **2.** *fig* [entreprise, personne] to bail out.

➤ **se renflouer** *vp fam fig* to get back on one's feet (financially).

renfoncement [ʀɑ̃fɔ̃smɑ̃] *nm* recess.

renfoncer [16] [ʀɑ̃fɔ̃se] *vt* to push (further) down.

renforcer [16] [ʀɑ̃fɔʀse] *vt* to reinforce, to strengthen ; **cela me renforce dans mon opinion** that confirms my opinion.

renfort [ʀɑ̃fɔʀ] *nm* reinforcement ; **envoyer des ~s** to send reinforcements ; **venir en ~** to come as reinforcements ; **à grand ~ de** *fig* with the help of a lot of.

renfrogné, e [ʀɑ̃fʀɔɲe] *adj* scowling.

renfrogner [3] [rɑ̃frɔɲe] ◆ **se renfrogner** *vp* to scowl, to pull a face.

rengager [rɑ̃gaʒe], **réengager** [17] [reɑ̃gaʒe] ⟨⟩ *vt* [personnel] to take on again ⟨⟩ *vi* MIL to re-enlist, to join up again.

◆ **se rengager** *vp* MIL to re-enlist, to join up again.

rengaine [rɑ̃gɛn] *nf* - **1.** [formule répétée] (old) story - **2.** [chanson] (old) song.

rengainer [4] [rɑ̃gene] *vt* - **1.** [épée] to sheathe ; [pistolet] to put back in its holster - **2.** *fam fig* [compliment] to withold.

rengorger [17] [rɑ̃gɔrʒe] ◆ **se rengorger** *vp fig* to puff o.s. up.

reniement [rənimɑ̃] *nm* renunciation.

renier [9] [rənje] *vt* - **1.** [famille, ami] to disown - **2.** [foi, opinion] to renounce, to repudiate - **3.** [signature] to refuse to acknowledge.

renifler [3] [rənifle] ⟨⟩ *vi* to sniff ⟨⟩ *vt* to sniff ; **~ quelque chose de louche** to smell a rat.

renne [rɛn] *nm* reindeer *(inv)*.

renom [rənɔ̃] *nm* renown, fame ; **de grand ~** of great renown, famous.

renommé, e [rənɔme] *adj* renowned, famous.

◆ **renommée** *nf* renown, fame ; **de ~e internationale** world-famous, internationally renowned.

renoncement [rənɔ̃smɑ̃] *nm* : **~ (à)** renunciation (of).

renoncer [16] [rənɔ̃se] *vi* : **~ à** to give up ; **~ à comprendre qqch** to give up trying to understand sthg ; **~ à voir qqn** to give up *ou* abandon the idea of seeing sb.

renoncule [rənɔ̃kyl] *nf* buttercup.

renouer [6] [rənwe] ⟨⟩ *vt* - **1.** [lacet, corde] to re-tie, to tie up again - **2.** [contact, conversation] to resume ⟨⟩ *vi* : **~ avec qqn** to take up with sb again ; **~ avec sa famille** to make it up with one's family again.

renouveau, x [rənuvo] *nm* - **1.** [transformation] revival - **2.** [regain] : **un ~ de succès** renewed success.

renouvelable [rənuvlabl] *adj* renewable ; [expérience] repeatable.

renouveler [24] [rənuvle] *vt* - **1.** [gén] to renew - **2.** [rajeunir] to revive.

◆ **se renouveler** *vp* - **1.** [être remplacé] to be renewed - **2.** [changer, innover] to have new ideas - **3.** [se répéter] to be repeated, to recur.

renouvelle, renouvelles *etc* ▷ **renouveler**.

renouvellement [rənuvɛlmɑ̃] *nm* renewal.

rénovation [renɔvasjɔ̃] *nf* renovation, restoration.

rénover [3] [renɔve] *vt* - **1.** [immeuble] to renovate, to restore - **2.** [système, méthodes] to reform.

renseignement [rɑ̃sɛɲəmɑ̃] *nm* information *(U)* ; **un ~** a piece of information ; **prendre des ~s (sur)** to make enquiries (about).

◆ **renseignements** *nmpl* - **1.** [service d'information] enquiries, information ; **appeler les ~s** TÉLÉC to call directory enquiries - **2.** [sécurité] intelligence *(U)* ; **les ~s généraux** *police department responsible for political security*.

renseigner [4] [rɑ̃seɲe] *vt* : **~ qqn (sur)** to give sb information (about), to inform sb (about).

◆ **se renseigner** *vp* - **1.** [s'enquérir] to make enquiries, to ask for information - **2.** [s'informer] to find out.

rentabiliser [3] [rɑ̃tabilize] *vt* to make profitable.

rentabilité [rɑ̃tabilite] *nf* profitability ; **seuil de ~** break-even point.

rentable [rɑ̃tabl] *adj* - **1.** COMM profitable - **2.** *fam* [qui en vaut la peine] worthwhile.

rente [rɑ̃t] *nf* - **1.** [d'un capital] revenue, income ; **vivre de ses ~s** to have a private income - **2.** [pension] pension, annuity ; **~ viagère** life annuity - **3.** [emprunt d'État] government bond.

rentier, ère [rɑ̃tje, ɛr] *nm, f* person of independent means ; **mener une vie de ~** *fig* to lead a life of leisure.

rentrée [rɑ̃tre] *nf* - **1.** [fait de rentrer] return - **2.** [reprise des activités] : **la ~ parlementaire** the reopening of parliament ; **la ~ des classes** the start of the new school year - **3.** CIN & THÉÂTRE comeback ; **faire sa ~** to make one's comeback - **4.** [recette] income ; **avoir une ~ d'argent** to come into some money.

LA RENTRÉE

The time of the year when children go back to school has considerable cultural significance in France ; coming after the long summer break or 'grandes vacances', it is the time when academic, political, social and commercial activity begin again in earnest.

rentrer [3] [rɑ̃tre] ⟨⟩ *vi (aux : être)* - **1.** [entrer de nouveau] to go/come back in ; **tout a fini par ~ dans l'ordre** everything returned to normal - **2.** [entrer] to go/come in - **3.** [revenir chez soi] to go/come back, to go/come home - **4.** [recouvrer, récupérer] : **~ dans** to recover, to get back ; **~ dans ses frais** to cover one's

costs, to break even **- 5.** [se jeter avec violence] :
~ dans to crash into **- 6.** [s'emboîter] to go in, to
fit ; **~ les uns dans les autres** to fit together
- 7. [être compris] : **~ dans** to be included in
- 8. [être perçu - fonds] to come in ⬦ vt (aux :
avoir) **- 1.** [mettre ou remettre à l'intérieur] to bring
in ; [chemise] to tuck in **- 2.** [ventre] to pull in ;
[griffes] to retract, to draw in **- 3.** fig [rage, lar-
mes] to hold back.

renversant, e [rɑ̃vɛrsɑ̃, ɑ̃t] adj staggering,
astounding.

renverse [rɑ̃vɛrs] nf : **tomber à la ~** to fall
over backwards.

renversé, e [rɑ̃vɛrse] adj **- 1.** [à l'envers] upside
down **- 2.** [qu'on a fait tomber] overturned
- 3. [incliné en arrière] tilted back **- 4.** [stupéfait]
staggered.

renversement [rɑ̃vɛrsəmɑ̃] nm **- 1.** [inversion]
turning upside down **- 2.** [de situation] reversal **- 3.** [de régime] overthrow **- 4.** [de tête, buste]
tilting back.

renverser [3] [rɑ̃vɛrse] vt **- 1.** [mettre à l'envers]
to turn upside down **- 2.** [faire tomber - objet] to
knock over ; [- piéton] to run over ; [- liquide]
to spill **- 3.** fig [obstacle] to overcome ; [régime]
to overthrow ; [ministre] to throw out of office
- 4. [tête, buste] to tilt back **- 5.** [étonner] to bowl
over.
➤ **se renverser** vp **- 1.** [incliner le corps en arrière]
to lean back **- 2.** [tomber] to overturn.

renvoi [rɑ̃vwa] nm **- 1.** [licenciement] dismissal ;
notifier à qqn son ~ to give sb his/her notice
- 2. [de colis, lettre] return, sending back
- 3. [ajournement] postponement **- 4.** [référence]
cross-reference **- 5.** JUR referral **- 6.** [éructa-
tion] belch.

renvoie, renvoies etc ⬦ renvoyer.

renvoyer [30] [rɑ̃vwaje] vt **- 1.** [faire retourner]
to send back **- 2.** [congédier] to dismiss **- 3.** [co-
lis, lettre] to send back, to return **- 4.** [balle] to
throw back **- 5.** [réfléchir - lumière] to reflect ;
[- son] to echo **- 6.** [référer] : **~ qqn à** to refer sb
to **- 7.** [différer] to postpone, to put off.

réorganisation [reɔrɡanizasjɔ̃] nf reorganization.

réorganiser [3] [reɔrɡanize] vt to reorganize.

réorienter [3] [reɔrjɑ̃te] vt to reorient, to re-
orientate.

réouverture [reuvɛrtyr] nf reopening.

repaire [rəpɛr] nm den.

repaître [91] [rəpɛtr] vt : **~ ses yeux (de)** to
feast one's eyes (on).
➤ **se repaître** vp : **se ~ de** [se rassasier] to eat
one's fill of ; fig to revel in.

répandre [74] [repɑ̃dr] vt **- 1.** [verser, renverser]

to spill ; [larmes] to shed **- 2.** [diffuser, dégager] to
give off **- 3.** fig [bienfaits] to pour out ; [effroi, terreur, nouvelle] to spread.
➤ **se répandre** vp **- 1.** [gén] to spread **- 2.** [li-
quide] to spill **- 3.** [personne] : **se ~ en injures** to
let out a stream of insults ; **se ~ en remerciements** to give one's heartfelt thanks.

répandu, e [repɑ̃dy] ⬦ pp ⬦ répandre
⬦ adj [opinion, maladie] widespread.

réparable [reparabl] adj **- 1.** [objet] repairable
- 2. [erreur] that can be put right.

reparaître [91] [rəparɛtr] vi to reappear.

réparateur, trice [reparatœr, tris] ⬦ adj
[sommeil] refreshing ⬦ nm, f repairer.

réparation [reparasjɔ̃] nf **- 1.** [d'objet - action]
repairing ; [- résultat] repair ; **en ~** under repair **- 2.** [de faute] : **~ (de)** atonement (for)
- 3. [indemnité] reparation, compensation.

réparer [3] [repare] vt **- 1.** [objet] to repair
- 2. [faute, oubli] to make up for ; **~ ses torts** to
make amends.

reparler [3] [rəparle] vi : **~ de qqn/qqch** to talk
about sb/sthg again ; **~ à qqn** to speak to sb
again.
➤ **se reparler** vp to speak to each other
again.

repartie [rəparti] nf retort ; **avoir de la ~** to be
good at repartee.

repartir [43] [rəpartir] ⬦ vt littéraire to reply
⬦ vi **- 1.** [retourner] to go back, to return
- 2. [partir de nouveau] to set off again **- 3.** [recom-
mencer] to start again.

répartir [32] [repartir] vt **- 1.** [partager] to share
out, to divide up **- 2.** [dans l'espace] to spread
out, to distribute **- 3.** [échelonner] to spread
out **- 4.** [classer] to divide ou split up.
➤ **se répartir** vp to divide up.

répartition [repartisjɔ̃] nf **- 1.** [partage] sharing out ; [de tâches] allocation **- 2.** [dans l'espace]
distribution.

reparu [rəpary] pp ⬦ reparaître.

repas [rəpɑ] nm meal ; **prendre son ~** to eat ;
~ d'affaires business meal, working lunch/
dinner.

repassage [rəpɑsaʒ] nm ironing.

repasser [3] [rəpɑse] ⬦ vi (aux : être) [passer à
nouveau] to go/come back ; [film] to be on
again ⬦ vt (aux : avoir) **- 1.** [frontière, montagne]
to cross again, to recross **- 2.** [examen] to
resit **- 3.** [film] to show again **- 4.** fam [transmet-
tre] to pass on **- 5.** [linge] to iron **- 6.** [leçon] to go
over.

repasseuse [rəpɑsøz] nf **- 1.** [ouvrière] ironer
- 2. [machine] ironing machine.

repayer [11] [rəpeje] vt to pay again.

repêchage [rəpɛʃaʒ] *nm* [de noyé, voiture] recovery.

repêcher [4] [rəpeʃe] *vt* - 1. [noyé, voiture] to fish out - 2. *fam* [candidat] to let through.

repeindre [81] [rəpɛ̃dr] *vt* to repaint.

repeint, e [rəpɛ̃, ɛ̃t] *pp* ⊳ repeindre.

repenser [3] [rəpɑ̃se] *vt* to rethink.

repentir [37] [rəpɑ̃tir] *nm* repentance.
➥ **se repentir** *vp* to repent ; **se ~ de qqch/ d'avoir fait qqch** to be sorry for sthg/for having done sthg.

repérable [rəperabl] *adj* : **difficilement ~** difficult to spot.

repérage [rəperaʒ] *nm* location.

répercussion [reperkysjɔ̃] *nf* repercussion.

répercuter [3] [reperkyte] *vt* - 1. [lumière] to reflect ; [son] to throw back - 2. [ordre, augmentation] to pass on.
➥ **se répercuter** *vp* - 1. [lumière] to be reflected ; [son] to echo - 2. [influer] : **se ~ sur** to have repercussions on.

repère [rəper] *nm* [marque] mark ; [objet concret] landmark ; **point de ~** point of reference.

repérer [18] [rəpere] *vt* - 1. [situer] to locate, to pinpoint - 2. *fam* [remarquer] to spot ; **se faire ~** to be spotted.
➥ **se repérer** *vp fam* to find one's way around.

répertoire [repertwar] *nm* - 1. [agenda] thumb-indexed notebook - 2. [inventaire] catalogue *Br*, catalog *Am*, list - 3. [de théâtre, d'artiste] repertoire - 4. INFORM directory.

répertorier [9] [repertɔrje] *vt* to make a list of.

répéter [18] [repete] ⬦ *vt* - 1. [gén] to repeat ; **ne pas se le faire ~ deux fois** not to have to be told twice - 2. [leçon] to go over, to learn ; [rôle] to rehearse ⬦ *vi* to rehearse.
➥ **se répéter** *vp* - 1. [radoter] to repeat o.s. - 2. [se reproduire] to be repeated ; **que cela ne se répète pas!** don't let it happen again!

répétitif, ive [repetitif, iv] *adj* repetitive.

répétition [repetisjɔ̃] *nf* - 1. [réitération] repetition - 2. MUS & THÉÂTRE rehearsal.

repeupler [5] [rəpœple] *vt* - 1. [région, ville] to repopulate - 2. [forêt] to replant ; [étang] to restock.

repiquage [rəpikaʒ] *nm* - 1. [plantation] planting out - 2. [enregistrement] re-recording.

repiquer [3] [rəpike] ⬦ *vt* - 1. [replanter] to plant out - 2. [disque, cassette] to tape ⬦ *vi fam* : **~ à qqch** to take sthg up again ; **~ au plat** to have a second helping.

répit [repi] *nm* respite ; **sans ~** without respite.

replacer [16] [rəplase] *vt* - 1. [remettre] to replace, to put back - 2. [situer] to place, to put.
➥ **se replacer** *vp* to find new employment.

replanter [3] [rəplɑ̃te] *vt* to replant.

replat [rəpla] *nm* ledge.

replâtrer [3] [rəplɑtre] *vt* - 1. [mur, fissure] to replaster - 2. *fam fig* to patch up.

replet, ète [rəplɛ, ɛt] *adj* chubby.

repli [rəpli] *nm* - 1. [de tissu] fold ; [de rivière] bend - 2. [de troupes] withdrawal.

replier [10] [rəplije] *vt* - 1. [plier de nouveau] to fold up again - 2. [ramener en pliant] to fold back - 3. [armée] to withdraw.
➥ **se replier** *vp* - 1. [armée] to withdraw - 2. [personne] : **se ~ sur soi-même** to withdraw into o.s. - 3. [journal, carte] to fold.

réplique [replik] *nf* - 1. [riposte] reply ; **sans ~** [argument] irrefutable - 2. [d'acteur] line ; **donner la ~ à qqn** to play opposite sb - 3. [copie] replica ; [sosie] double.

répliquer [3] [replike] ⬦ *vt* : **~ à qqn que** to reply to sb that ⬦ *vi* - 1. [répondre] to reply ; [avec impertinence] to answer back - 2. *fig* [riposter] to retaliate.

replonger [17] [rəplɔ̃ʒe] ⬦ *vt* to plunge back ⬦ *vi* to dive back.
➥ **se replonger** *vp* : **se ~ dans qqch** to immerse o.s. in sthg again.

répondant, e [repɔ̃dɑ̃, ɑ̃t] *nm, f* guarantor.
➥ **répondant** *nm fam* : **avoir du ~** to have money behind one.

répondeur [repɔ̃dœr] *nm* : **~ (téléphonique OU automatique OU -enregistreur)** answering machine.

répondre [75] [repɔ̃dr] ⬦ *vi* : **~ à qqn** [faire connaître sa pensée] to answer sb, to reply to sb ; [riposter] to answer sb back ; **~ à qqch** [faire une réponse] to reply to sthg, to answer sthg ; [en se défendant] to respond to sthg ; **~ au téléphone** to answer the telephone ⬦ *vt* to answer, to reply ; **~ que** to reply that, to answer that.
➥ **répondre à** *vt* - 1. [correspondre à - besoin] to answer ; [- conditions] to meet - 2. [ressembler à - description] to match.
➥ **répondre de** *vt* to answer for.

répondu, e [repɔ̃dy] *pp* ⊳ répondre.

réponse [repɔ̃s] *nf* - 1. [action de répondre] answer, reply ; **en ~ à votre lettre ...** in reply OU in answer OU in response to your letter .. - 2. [solution] answer - 3. [réaction] response.

report [rəpɔr] *nm* - 1. [de réunion, rendez-vous] postponement - 2. COMM [d'écritures] carrying forward - 3. POLIT [de voix] transfer.

reportage [rəpɔrtaʒ] *nm* - **1.** [article, enquête] report - **2.** [métier] reporting.

reporter[1] [rəpɔrtɛr] *nm* reporter.

reporter[2] [3] [rəpɔrte] *vt* - **1.** [rapporter] to take back - **2.** [différer] : ~ **qqch à** to postpone sthg till, to put sthg off till - **3.** [somme] : ~ **(sur)** to carry forward (to) - **4.** [transférer] : ~ **sur** to transfer to.

➤ **se reporter** *vp* : **se ~ à** [se référer à] to refer to ; [se transporter en pensée à] to cast one's mind back to.

repos [rəpo] *nm* - **1.** [gén] rest ; **prendre un jour de ~** to take a day off - **2.** [tranquillité] peace and quiet ; **ce n'est pas de tout ~** it's not exactly restful - **3.** MIL : **repos!** at ease!

reposant, e [rəpozɑ̃, ɑ̃t] *adj* restful.

reposé, e [rəpoze] *adj* rested ; **à tête ~e** with a clear head.

reposer [3] [rəpoze] <> *vt* - **1.** [poser à nouveau] to put down again, to put back down - **2.** [remettre] to put back - **3.** [poser de nouveau - question] to ask again - **4.** [appuyer] to rest - **5.** [délasser] to rest, to relax <> *vi* - **1.** [pâte] to sit, to stand ; [vin] to stand - **2.** [mort] : **ici repose ...** here lies ... - **3.** [théorie] : ~ **sur** to rest on.

➤ **se reposer** *vp* - **1.** [se délasser] to rest - **2.** [faire confiance] : **se ~ sur qqn** to rely on sb.

repositionner [3] [rəpozisjɔne] *vt* to reposition.

➤ **se repositionner** *vp* to reposition o.s.

repoussant, e [rəpusɑ̃, ɑ̃t] *adj* repulsive.

repousser [3] [rəpuse] <> *vi* to grow again, to grow back <> *vt* - **1.** [écarter] to push away, to push back ; [l'ennemi] to repel, to drive back - **2.** [éconduire] to reject - **3.** [proposition] to reject, to turn down - **4.** [différer] to put back, to postpone.

➤ **se repousser** *vp* [aimants] to repel one another.

repoussoir [rəpuswar] *nm* : **servir de ~ à qqn** to be a foil to sb.

répréhensible [repreɑ̃sibl] *adj* reprehensible.

reprenais, reprenions *etc* ▷ **reprendre**.

reprendre [79] [rəprɑ̃dr] <> *vt* - **1.** [prendre de nouveau] to take again ; **je passe te ~ dans une heure** I'll come by and pick you up again in an hour ; ~ **la route** to take to the road again ; ~ **haleine** to get one's breath back - **2.** [récupérer - objet prêté] to take back ; [- prisonnier, ville] to recapture - **3.** COMM [entreprise, affaire] to take over ; **ni repris ni échangé** goods may not be returned or exchanged - **4.** [se resservir] : ~ **un gâteau/de la viande** to take another cake/some more meat - **5.** [recommencer] to resume ; **'et ainsi' reprit-il ...** 'and so',

he continued ... - **6.** [retoucher] to repair ; [jupe] to alter - **7.** [corriger] to correct <> *vi* - **1.** [affaires, plante] to pick up - **2.** [recommencer] to start again.

➤ **se reprendre** *vp* - **1.** [rectifier ce qu'on a dit] to correct o.s. - **2.** [recommencer] : **se ~ à espérer** to find new hope ; **s'y ~ à plusieurs fois** to make several attempts - **3.** [se ressaisir] to pull o.s. together.

repreneur [rəprənœr] *nm person who takes over a company with the aim of revitalizing it.*

représailles [rəprezaj] *nfpl* reprisals ; **par ~** as a reprisal, in reprisal.

représentant, e [rəprezɑ̃tɑ̃, ɑ̃t] *nm, f* representative.

représentatif, ive [rəprezɑ̃tatif, iv] *adj* representative.

représentation [rəprezɑ̃tasjɔ̃] *nf* - **1.** [gén] representation - **2.** [spectacle] performance - **3.** [métier] commercial travelling *Br* OU traveling *Am*.

représentativité [rəprezɑ̃tativite] *nf* representativeness.

représenter [3] [rəprezɑ̃te] *vt* to represent.

➤ **se représenter** *vp* - **1.** [s'imaginer] : **se ~ qqch** to visualize sthg - **2.** [se présenter à nouveau] : **se ~ à** [aux élections] to stand again at ; [à un examen] to resit, to represent.

répressif, ive [represif, iv] *adj* repressive.

répression [represjɔ̃] *nf* - **1.** [de révolte] repression - **2.** [de criminalité, d'injustices] suppression.

réprimande [reprimɑ̃d] *nf* reprimand.

réprimander [3] [reprimɑ̃de] *vt* to reprimand.

réprimer [3] [reprime] *vt* - **1.** [émotion, rire] to repress, to check - **2.** [révolte, crimes] to put down, to suppress.

repris, e [rəpri, iz] *pp* ▷ **reprendre**.

➤ **repris** *nm* : ~ **de justice** habitual criminal.

reprisage [rəprizaʒ] *nm* mending.

reprise [rəpriz] *nf* - **1.** [recommencement - des hostilités] resumption, renewal ; [- des affaires] revival, recovery ; [- de pièce] revival ; **à plusieurs ~s** on several occasions, several times - **2.** BOXE round - **3.** [accélération] acceleration - **4.** [raccommodage] mending - **5.** COMM trade-in, part exchange ; [somme payée à un locataire] *sum paid for fixtures and fittings left by outgoing tenant.*

repriser [3] [rəprize] *vt* to mend.

réprobateur, trice [reprɔbatœr, tris] *adj* reproachful.

réprobation [reprɔbasjɔ̃] *nf* disapproval.

reproche [rəprɔʃ] *nm* reproach ; **faire des ~s**

à qqn to reproach sb ; **avec ~** reproachfully ; **sans ~** blameless.

reprocher [3] [rəprɔʃe] *vt* : **~ qqch à qqn** to reproach sb for sthg ; **je ne vous reproche rien** I don't reproach *ou* blame you for anything.

➤ **se reprocher** *vp* : **se ~ (qqch)** to blame o.s. (for sthg) ; **ne rien avoir à se ~** to have nothing to reproach o.s. for.

reproducteur, trice [rəprɔdyktœr, tris] *adj* reproductive.

reproduction [rəprɔdyksjɔ̃] *nf* reproduction ; **~ interdite** all rights (of reproduction) reserved.

reproduire [98] [rəprɔdɥir] *vt* to reproduce.

➤ **se reproduire** *vp* - **1.** *BIOL* to reproduce, to breed - **2.** [se répéter] to recur.

reproduisais, reproduisions *etc* ▷ **reproduire**.

reproduit, e [rəprɔdɥi, it] *pp* ▷ **reproduire**.

reprogrammer [3] [rəprɔgrame] *vt* to reprogram.

reprographie [rəprɔgrafi] *nf* reproduction.

réprouvé, e [repruve] ◇ *adj* rejected ◇ *nm, f* outcast.

réprouver [3] [repruve] *vt* [blâmer] to reprove.

reptation [rɛptasjɔ̃] *nf* creeping.

reptile [rɛptil] *nm* reptile.

repu, e [rəpy] ◇ *pp* ▷ **repaître** ◇ *adj* full, sated.

républicain, e [repyblikɛ̃, ɛn] *adj & nm, f* republican.

république [repyblik] *nf* republic ; **la République centrafricaine** Central African Republic ; **la République française** the French Republic ; **la République populaire de Chine** the People's Republic of China ; **la République tchèque** the Czech Republic.

répudiation [repydjasjɔ̃] *nf* repudiation.

répudier [9] [repydje] *vt* - **1.** [femme] to repudiate - **2.** [principes, engagements] to renounce.

répugnance [repyɲɑ̃s] *nf* - **1.** [horreur] repugnance - **2.** [réticence] reluctance ; **avoir** *ou* **éprouver de la ~ à faire qqch** to be reluctant to do sthg ; **avec ~** reluctantly.

répugnant, e [repyɲɑ̃, ɑ̃t] *adj* repugnant.

répugner [3] [repyɲe] *vi* : **~ à qqn** to disgust sb, to fill sb with repugnance ; **~ à faire qqch** to be reluctant to do sthg, to be loath to do sthg.

répulsion [repylsjɔ̃] *nf* repulsion.

réputation [repytasjɔ̃] *nf* reputation ; **avoir une ~ de** to have a reputation for ; **avoir la ~ d'être généreux** to have a reputation for

being generous ; **connaître qqn/qqch de ~** to know sb/sthg by reputation ; **avoir bonne/mauvaise ~** to be famous *ou* well-known for.

réputé, e [repyte] *adj* famous, well-known ; **être ~ pour** to be famous *ou* well-known for.

requérir [39] [rəkerir] *vt* - **1.** [nécessiter] to require, to call for - **2.** [solliciter] to solicit - **3.** *JUR* [réclamer au nom de la loi] to demand.

requête [rəkɛt] *nf* - **1.** [prière] petition ; **à** *ou* **sur la ~ de** at the request of - **2.** *JUR* appeal - **3.** *INFORM* query.

requiem [rekɥijɛm] *nm inv* requiem.

requiers, requiert *etc* ▷ **requérir**.

requin [rəkɛ̃] *nm* shark.

requinquer [3] [rəkɛ̃ke] *vt fam* to perk up, to buck up.

➤ **se requinquer** *vp fam* to perk up, to buck up.

requis, e [rəki, iz] ◇ *pp* ▷ **requérir** ◇ *adj* required, requisite.

réquisition [rekizisjɔ̃] *nf* - **1.** *MIL* requisition - **2.** *JUR* closing speech for the prosecution.

réquisitionner [3] [rekizisjɔne] *vt* to requisition.

réquisitoire [rekizitwar] *nm* *JUR* closing speech for the prosecution ; **~ (contre)** *fig* indictment (of).

RER (*abr de* **réseau express régional**) *nm* train service linking central Paris with its suburbs and airports.

rescapé, e [rɛskape] ◇ *adj* rescued ◇ *nm, f* survivor.

rescousse [rɛskus] ➤ **à la rescousse** *loc adv* : **venir à la ~ de** to come to sb's rescue ; **appeler qqn à la ~** to call on sb for help.

réseau, x [rezo] *nm* network ; **~ ferroviaire/routier** rail/road network.

réséda [rezeda] *nm* mignonette.

réservation [rezɛrvasjɔ̃] *nf* reservation.

réserve [rezɛrv] *nf* - **1.** [gén] reserve ; **en ~** in reserve ; **officier de ~** *MIL* reserve officer - **2.** [restriction] reservation ; **faire des ~s (sur)** to have reservations (about) ; **sous toute ~** *ou* **toutes ~s** subject to confirmation ; **sous ~ de** subject to ; **sans ~** unreservedly ; **éloges sans ~** unreserved praise - **3.** [d'animaux, de plantes] reserve ; [d'Indiens] reservation ; **~ faunique** *Can* wildlife reserve ; **~ naturelle** nature reserve - **4.** [local] storeroom.

réservé, e [rezɛrve] *adj* reserved.

réserver [3] [rezɛrve] *vt* - **1.** [destiner] : **~ qqch (à qqn)** [chambre, place] to reserve *ou* book sthg (for sb) ; *fig* [surprise, désagrément] to have sthg in store (for sb) - **2.** [mettre de côté, garder] : **~ qqch (pour)** to put sthg on one side (for), to keep sthg (for).

se réserver *vp* - **1.** [s'accorder] : **se ~ qqch** to keep sthg for o.s. ; **se ~ de faire qqch** to wait to do sthg ; **se ~ le droit de faire qqch** to reserve the right to do sthg - **2.** [se ménager] to save o.s.

réserviste [rezɛrvist] *nm* reservist.

réservoir [rezɛrvwar] *nm* - **1.** [cuve] tank - **2.** [bassin] reservoir - **3.** *fig* [de main-d'œuvre] reserve, pool ; [d'idées] source.

résidant, e [rezidã, ãt] *adj* resident.

résidence [rezidãs] *nf* - **1.** [habitation] residence ; **~ principale** main residence *ou* home ; **~ secondaire** second home ; **~ universitaire** hall of residence - **2.** [immeuble] block of luxury flats *Br*, luxury apartment block *Am*.

➤ **résidence surveillée** *nf* : **en ~ surveillée** under house arrest.

résident, e [rezidã, ãt] *nm, f* - **1.** [de pays] : **les ~s français en Écosse** French nationals resident in Scotland - **2.** [habitant d'une résidence] resident.

résidentiel, elle [rezidãsjɛl] *adj* residential.

résider [3] [rezide] *vi* - **1.** [habiter] : **~ à/dans/en** to reside in - **2.** [consister] : **~ dans** to lie in.

résidu [rezidy] *nm* [reste] residue ; [déchet] waste.

résiduel, elle [reziduɛl] *adj* residual.

résignation [reziɲasjɔ̃] *nf* resignation.

résigné, e [reziɲe] ◇ *adj* resigned ◇ *nm, f* resigned person.

résigner [3] [reziɲe] ➤ **se résigner** *vp* : **se ~ (à)** to resign o.s. (to).

résiliation [reziljasjɔ̃] *nf* cancellation, termination.

résilier [9] [rezilje] *vt* to cancel, to terminate.

résille [rezij] *nf* - **1.** [pour cheveux] hairnet - **2.** : **bas ~** fishnet stockings.

résine [rezin] *nf* resin.

résiné, e [rezine] *adj* flavoured with resin.
➤ **résiné** *nm* retsina.

résineux, euse [rezinø, øz] *adj* resinous.
➤ **résineux** *nm* conifer.

résistance [rezistãs] *nf* - **1.** [gén, ÉLECTR & PHYS] resistance ; **manquer de ~** to lack stamina ; **opposer une ~** to put up resistance ; **~ passive** passive resistance - **2.** [de radiateur, chaudière] element.
➤ **Résistance** *nf* : **la Résistance** HIST the Resistance.

résistant, e [rezistã, ãt] ◇ *adj* [personne] tough ; [tissu] hard-wearing, tough ; **être ~ au froid/aux infections** to be resistant to the cold/to infection ◇ *nm, f* [gén] resistance fighter ; [de la Résistance] member of the Resistance.

résister [3] [reziste] *vi* to resist ; **~ à** [attaque, désir] to resist ; [tempête, fatigue] to withstand ; [personne] to stand up to, to oppose.

résolu, e [rezɔly] ◇ *pp* ▷ **résoudre** ◇ *adj* resolute ; **être bien ~ à faire qqch** to be determined to do sthg.

résolument [rezɔlymã] *adv* resolutely.

résolution [rezɔlysjɔ̃] *nf* - **1.** [décision] resolution ; **prendre la ~ de faire qqch** to make a resolution to do sthg - **2.** [détermination] resolve, determination - **3.** [solution] solving.

résolvais, résolvions *etc* ▷ **résoudre**.

résonance [rezɔnãs] *nf* - **1.** ÉLECTR & PHYS resonance - **2.** *fig* [écho] echo.

résonner [3] [rezɔne] *vi* [retentir] to resound ; [renvoyer le son] to echo ; **~ de** to resound with.

résorber [3] [rezɔrbe] *vt* - **1.** [déficit] to absorb - **2.** MÉD to resorb.
➤ **se résorber** *vp* - **1.** [déficit] to be absorbed - **2.** MÉD to be resorbed.

résoudre [88] [rezudr] *vt* - **1.** [problème] to solve, to resolve - **2.** [décider] : **~ qqn à faire qqch** to get sb to make up his/her mind to do sthg - **3.** [décomposer] : **~ en** to break up *ou* resolve into.
➤ **se résoudre** *vp* : **se ~ à faire qqch** to make up one's mind to do sthg, to decide *ou* resolve to do sthg.

respect [rɛspɛ] *nm* respect ; **manquer de ~ à qqn** to be disrespectful to sb, to show disrespect for sb ; **sauf votre ~** with all (due) respect ; **avec tout le ~ que je vous dois** with all (due) respect, with the greatest of respect ; **tenir qqn en ~** *fig* to keep sb at bay.
➤ **respects** *nmpl* respects, regards.

respectabilité [rɛspɛktabilite] *nf* respectability.

respectable [rɛspɛktabl] *adj* respectable.

respecter [4] [rɛspɛkte] *vt* to respect ; **faire ~ la loi** to enforce the law.
➤ **se respecter** *vp* : **un professeur qui se respecte ne ferait pas cela** no self-respecting teacher would do that.

respectif, ive [rɛspɛktif, iv] *adj* respective.

respectivement [rɛspɛktivmã] *adv* respectively.

respectueusement [rɛspɛktyøzmã] *adv* respectfully.

respectueux, euse [rɛspɛktyø, øz] *adj* respectful ; **être ~ de** to have respect for.

respirable [rɛspirabl] *adj* : **l'air n'est plus ~** the air is no longer breathable.

respiration [rɛspirasjɔ̃] *nf* breathing *(U)* ; retenir sa ~ to hold one's breath ; ~ **artificielle** artificial respiration.

respiratoire [rɛspiratwar] *adj* respiratory.

respirer [3] [rɛspire] ◇ *vi* - **1.** [inspirer-expirer] to breathe - **2.** *fig* [se reposer] to get one's breath ; [être soulagé] to be able to breathe again ◇ *vt* - **1.** [aspirer] to breathe in - **2.** *fig* [exprimer] to exude.

resplendir [32] [rɛsplɑ̃dir] *vi* - **1.** [lune] to shine - **2.** *fig* [personne] : ~ **de joie/santé** to be radiant with joy/health.

resplendissant, e [rɛsplɑ̃disɑ̃, ɑ̃t] *adj* radiant.

responsabilisation [rɛspɔ̃sabilizasjɔ̃] *nf* making sb aware of his/her responsibilities.

responsabiliser [3] [rɛspɔ̃sabilize] *vt* : ~ **qqn** to make sb aware of his/her responsibilities.

responsabilité [rɛspɔ̃sabilite] *nf* - **1.** [morale] responsibility ; **décliner toute ~** to disclaim all responsibility ; **avoir la ~ de** to be responsible for, to have the responsibility of - **2.** *JUR* liability ; ~ **civile** civil liability ; ~ **collective/pénale** collective/criminal responsibility.

responsable [rɛspɔ̃sabl] ◇ *adj* - **1.** [gén] : ~ **(de)** responsible (for) ; [légalement] liable (for) ; [chargé de] in charge (of), responsible (for) - **2.** [sérieux] responsible ◇ *nmf* - **1.** [auteur, coupable] person responsible - **2.** [dirigeant] official - **3.** [personne compétente] person in charge.

resquille [rɛskij] *nf,* **resquillage** [rɛskijaʒ] *nm* - **1.** [au théâtre etc] sneaking in without paying - **2.** [dans autobus etc] fare-dodging.

resquiller [3] [rɛskije] *vi* - **1.** [au théâtre etc] to sneak in without paying - **2.** [dans autobus etc] to dodge paying the fare.

resquilleur, euse [rɛskijœr, øz] *nm, f* - **1.** [au théâtre etc] person who sneaks in without paying - **2.** [dans autobus etc] fare-dodger.

ressac [rəsak] *nm* undertow.

ressaisir [32] [rəsezir] ◈ **se ressaisir** *vp* to pull o.s. together.

ressasser [3] [rəsase] *vt* - **1.** [répéter] to keep churning out - **2.** *fig* [mécontentement] to dwell on.

ressayer = réessayer.

ressemblance [rəsɑ̃blɑ̃s] *nf* [gén] resemblance, likeness ; [trait] resemblance.

ressemblant, e [rəsɑ̃blɑ̃, ɑ̃t] *adj* life-like.

ressembler [3] [rəsɑ̃ble] *vi* : ~ **à** [physiquement] to resemble, to look like ; [moralement] to be like, to resemble ; **cela ne lui ressemble pas** that's not like him.

◈ **se ressembler** *vp* to look alike, to resemble each other ; **qui se ressemble s'assemble** *proverbe* birds of a feather flock together *proverb*.

ressemeler [24] [rəsəmle] *vt* to resole.

ressentiment [rəsɑ̃timɑ̃] *nm* resentment.

ressentir [37] [rəsɑ̃tir] *vt* to feel.

◈ **se ressentir** *vp* : **se ~ de** [suj : travail] to show the effects of ; [suj : personne, pays] to feel the effects of.

resserre [rəsɛr] *nf* storeroom.

resserrer [4] [rəsɛre] *vt* - **1.** [ceinture, boulon] to tighten - **2.** *fig* [lien] to strengthen.

◈ **se resserrer** *vp* - **1.** [route] to (become) narrow - **2.** [nœud, étreinte] to tighten - **3.** *fig* [relations] to grow stronger, to strengthen.

resservir [38] [rəsɛrvir] ◇ *vt* - **1.** [plat] to serve again ; *fig* [histoire] to trot out - **2.** [personne] to give another helping to ◇ *vi* to be used again.

◈ **se resservir** *vp* : **se ~ de** [ustensile] to use sthg again ; [plat] to take another helping of sthg.

ressort [rəsɔr] *nm* - **1.** [mécanisme] spring - **2.** *fig* [énergie] spirit - **3.** *fig* [force] force - **4.** *fig* [compétence] : **être du ~ de qqn** to be sb's area of responsibility, to come under sb's jurisdiction.

◈ **en dernier ressort** *loc adv* in the last resort, as a last resort.

ressortir¹ [43] [rəsɔrtir] ◇ *vi (aux : être)* - **1.** [personne] to go out again - **2.** *fig* [couleur] : ~ **(sur)** to stand out (against) ; **faire ~** to highlight - **3.** *fig* [résulter de] : ~ **de** to emerge from ◇ *vt (aux : avoir)* to take *ou* get *ou* bring out again.

ressortir² [32] [rəsɔrtir] *vi* [relever] : ~ **à** *JUR* to be in the province of ; *sout* [domaine] to pertain to.

ressortissant, e [rəsɔrtisɑ̃, ɑ̃t] *nm, f* national.

ressouder [3] [rəsude] *vt* to resolder ; *fig* to cement.

ressource [rəsurs] *nf* resort ; **votre seule ~ est de ...** the only course open to you is to ... ; **avoir de la ~** to be resourceful.

◈ **ressources** *nfpl* - **1.** [financières] means ; **être sans ~s** to be without means - **2.** [énergétiques, de langue] resources ; **~s naturelles** natural resources - **3.** [de personne] resourcefulness *(U)*.

ressourcer [16] [rəsurse] ◈ **se ressourcer** *vp* to recharge one's batteries.

ressouvenir [40] [rəsuvnir] ◈ **se ressou-**

venir *vp littéraire* : **se ~ de qqn/qqch** to remember sb/sthg.

ressurgir [32] [rəsyrʒir] *vi* to reappear.

ressusciter [3] [resysite] ◇ *vi* to rise (from the dead) ; *fig* to revive ◇ *vt* to bring back to life, to raise ; *fig* to revive.

restant, e [rɛstɑ̃, ɑ̃t] *adj* remaining, left.
➡ **restant** *nm* rest, remainder.

restaurant [rɛstɔrɑ̃] *nm* restaurant ; **manger au ~** to eat out ; **~ d'entreprise** staff canteen.

restaurateur, trice [rɛstɔratœr, tris] *nm, f* - **1.** CULIN restaurant owner - **2.** ART restorer.

restauration [rɛstɔrasjɔ̃] *nf* - **1.** CULIN restaurant business ; **~ rapide** fast food - **2.** ART & POLIT restoration.
➡ **Restauration** *nf* : **la Restauration** the Restoration.

restaurer [3] [rɛstɔre] *vt* to restore.
➡ **se restaurer** *vp* to have something to eat.

reste [rɛst] *nm* - **1.** [de lait, temps] : **le ~ (de)** the rest (of) - **2.** MATHS remainder ; **ne pas être en ~ (avec)** not to be outdone (by).
➡ **restes** *nmpl* - **1.** [de repas] leftovers - **2.** [de mort] remains.
➡ **au reste, du reste** *loc adv* besides.
➡ **pour le reste** *loc adv* as for the rest.

rester [3] [rɛste] ◇ *vi* - **1.** [dans lieu, état] to stay, to remain ; **restez calme!** stay *ou* keep calm! ; **~ sur** to retain - **2.** [se perpétuer] to endure - **3.** [subsister] to remain, to be left ; **le seul bien qui me reste** the only thing I have left - **4.** [s'arrêter] : **en ~ à qqch** to stop at sthg ; **en ~ là** to finish there - **5.** *loc* : **y ~** *fam* [mourir] tò pop one's clogs ◇ *v impers* : **il en reste un peu** there's still a little left ; **il te reste de l'argent?** do you still have some money left? ; **il reste beaucoup à faire** there is still a lot to be done ; **il reste que ...**, **il n'en reste pas moins que ...** the fact remains that ... ; **reste à savoir si ...** it remains to be seen whether ...

restituer [7] [rɛstitɥe] *vt* - **1.** [objet volé] to return, to restore ; [argent] to refund, to return - **2.** [archives, texte] to reconstruct - **3.** [énergie] to release - **4.** [son] to reproduce.

restitution [rɛstitysjɔ̃] *nf* - **1.** [d'argent, objet volé] return - **2.** [d'archives, de texte] reconstruction - **3.** [d'énergie] release - **4.** [de son] reproduction.

resto [rɛsto] *nm fam* restaurant ; **les ~s du cœur** *charity food distribution centres* ; **~-U** UNIV university refectory, cafeteria.

Restoroute® [rɛstorut] *nm* motorway cafe *Br*, highway restaurant *Am*.

restreignais, restreignions *etc* ▷ restreindre.

restreindre [81] [rɛstrɛ̃dr] *vt* to restrict.
➡ **se restreindre** *vp* - **1.** [domaine, champ] to narrow - **2.** [personne] to cut back ; **se ~ dans qqch** to restrict sthg.

restreint, e [rɛstrɛ̃, ɛt] *pp* ▷ restreindre.

restrictif, ive [rɛstriktif, iv] *adj* restrictive.

restriction [rɛstriksjɔ̃] *nf* - **1.** [condition] condition ; **sans ~** unconditionally - **2.** [limitation] restriction.
➡ **restrictions** *nfpl* [alimentaires] rationing *(U)*.

restructurer [3] [rəstryktyre] *vt* to restructure.

résultant, e [rezyltɑ̃, ɑ̃t] *adj* resulting.
➡ **résultante** *nf* - **1.** SCIENCE resultant - **2.** [conséquence] consequence, outcome.

résultat [rezylta] *nm* result ; [d'action] outcome.
➡ **résultats** *nmpl* results.

résulter [3] [rezylte] ◇ *vi* : **~ de** to be the result of, to result from ◇ *v impers* : **il en résulte que ...** as a result, ...

résumé [rezyme] *nm* summary, résumé ; **en ~** [pour conclure] to sum up ; [en bref] in brief, summarized.

résumer [3] [rezyme] *vt* to summarize.
➡ **se résumer** *vp* - **1.** [suj : personne] to sum up - **2.** [se réduire] : **se ~ à qqch/à faire qqch** to come down to sthg/to doing sthg.

résurgence [rezyrʒɑ̃s] *nf* resurgence.

résurrection [rezyrɛksjɔ̃] *nf* resurrection.

rétablir [32] [retablir] *vt* - **1.** [gén] to restore ; [malade] to restore (to health) - **2.** [communications, contact] to re-establish - **3.** [dans emploi] : **~ qqn (dans)** to reinstate sb (in).
➡ **se rétablir** *vp* - **1.** [silence] to return, to be restored - **2.** [malade] to recover - **3.** GYM to pull o.s. up.

rétablissement [retablismɑ̃] *nm* - **1.** [d'ordre] restoration - **2.** [de communications] re-establishment - **3.** [de malade] recovery - **4.** [dans emploi] reinstatement - **5.** GYM pull-up.

retaper [3] [rətape] *vt* - **1.** [maison, canapé] to do up - **2.** [lettre] to retype - **3.** *fam* [personne] to set up.
➡ **se retaper** *vp fam* [personne] to get back on one's feet.

retard [rətar] *nm* - **1.** [délai] delay ; **être en ~** [sur heure] to be late ; [sur échéance] to be behind ; **avoir du ~** to be late *ou* delayed ; **se mettre en ~** to make o.s. late ; **rattraper son ~** to make up lost time ; **après bien des ~s** after much delay - **2.** [de pays, peuple, personne] backwardness.

retardataire [ʀətaʀdatɛʀ] <> nmf - **1.** [en retard] latecomer - **2.** [enfant] backward ou retarded person <> adj - **1.** [sur heure] late - **2.** [idée, enfant] backward.

retardement [ʀətaʀdəmɑ̃] nm : à ~ belatedly ; voir aussi **bombe**.

retarder [3] [ʀətaʀde] <> vt - **1.** [personne, train] to delay ; [sur échéance] to put back ; ~ **qqn dans qqch** to delay sb in sthg - **2.** [ajourner - rendez-vous] to put back ou off ; [- départ] to put back ou off, to delay - **3.** [montre] to put back <> vi - **1.** [horloge] to be slow - **2.** fam [ne pas être au courant] to be behind the times - **3.** [être en décalage] : ~ **sur** to be out of step ou tune with.

retendre [73] [ʀətɑ̃dʀ] vt to retighten.

retenir [40] [ʀətniʀ] vt - **1.** [physiquement - objet, personne, cri] to hold back ; [- souffle] to hold ; ~ **qqn de faire qqch** to stop ou restrain sb from doing sthg - **2.** [retarder] to keep, to detain ; ~ **qqn à dîner** to have sb stay for dinner - **3.** [montant, impôt] to keep back, to withhold - **4.** [chambre] to reserve - **5.** [leçon, cours] to remember - **6.** [projet] to accept, to adopt - **7.** [eau, chaleur] to retain - **8.** MATHS to carry - **9.** [intérêt, attention] to hold.

➤ **se retenir** vp - **1.** [s'accrocher] : **se ~ à** to hold onto - **2.** [se contenir] to hold on ; **se ~ de faire qqch** to refrain from doing sthg.

rétention [ʀetɑ̃sjɔ̃] nf MÉD retention.

retentir [32] [ʀətɑ̃tiʀ] vi - **1.** [son] to ring (out) - **2.** [pièce, rue] : ~ **de** to resound with - **3.** fig [fatigue, blessure] : ~ **sur** to have an effect on.

retentissant, e [ʀətɑ̃tisɑ̃, ɑ̃t] adj resounding.

retentissement [ʀətɑ̃tismɑ̃] nm - **1.** [de mesure] repercussions (pl) - **2.** [de spectacle] effect.

retenu, e [ʀətny] pp ▷ **retenir**.

retenue [ʀətny] nf - **1.** [prélèvement] deduction ; ~ **à la source** deduction at source - **2.** MATHS amount carried - **3.** SCOL detention - **4.** fig [de personne - dans relations] reticence ; [- dans comportement] restraint ; **sans ~** without restraint.

réticence [ʀetisɑ̃s] nf [hésitation] hesitation, reluctance ; **avec ~** hesitantly ; **sans ~** without hesitation.

réticent, e [ʀetisɑ̃, ɑ̃t] adj hesitant, reluctant.

retiendrai, retiendras etc ▷ **retenir**.

retienne, retiennes etc ▷ **retenir**.

rétif, ive [ʀetif, iv] adj restive.

rétine [ʀetin] nf retina.

retiré, e [ʀətiʀe] adj - **1.** [lieu] remote, isolated ; [vie] quiet - **2.** [personne] retired.

retirer [3] [ʀətiʀe] vt - **1.** [vêtement, emballage] to take off, to remove ; [permis, jouet] to take away ; ~ **qqch à qqn** to take sthg away from sb - **2.** [plainte] to withdraw, to take back - **3.** [sortir - personne] to remove, to extricate ; [- casserole] to remove - **4.** [métal] to extract - **5.** [avantages, bénéfices] : ~ **qqch de qqch** to get ou derive sthg from sthg - **6.** [bagages, billet] to collect ; [argent] to withdraw.

➤ **se retirer** vp - **1.** [s'isoler] to withdraw, to retreat - **2.** [des affaires] : **se ~ (de)** to retire (from) - **3.** [refluer] to recede.

retombées [ʀətɔ̃be] nfpl repercussions, fallout (sg) ; ~**s radioactives** radioactive fallout.

retomber [3] [ʀətɔ̃be] vi - **1.** [gymnaste, chat] to land - **2.** [redevenir] : ~ **malade** to relapse - **3.** [pluie] to fall again - **4.** fig [colère] to die away - **5.** [cheveux] to hang down - **6.** fig [responsabilité] : ~ **sur** to fall on.

retordre [76] [ʀətɔʀdʀ] vt [linge] to wring (out) again.

rétorquer [3] [ʀetɔʀke] vt to retort ; ~ **à qqn que ...** to retort to sb that ...

retors, e [ʀətɔʀ, ɔʀs] adj wily.

rétorsion [ʀetɔʀsjɔ̃] nf retaliation ; **mesures de ~** reprisals.

retouche [ʀətuʃ] nf - **1.** [de texte, vêtement] alteration - **2.** ART & PHOT touching up.

retoucher [3] [ʀətuʃe] vt - **1.** [texte, vêtement] to alter - **2.** ART & PHOT to touch up.

retour [ʀətuʀ] nm - **1.** [gén] return ; **à mon/ton ~** when I/you get back, on my/your return ; **au ~ de** [étant arrivé] on my/his etc return from ; [en cours de route] on the way back ; **être de ~ (de)** to be back (from) ; '~ **à l'expéditeur** ou **l'envoyeur**' 'return to sender' ; ~ **en arrière** flashback ; ~ **de chariot** carriage return ; ~ **de flamme** backfire ; ~ **de manivelle** ou **de bâton** fam fig kickback ; **en ~** in return ; **sans ~** for ever ; **(être) sur le ~** fig (to be) over the hill - **2.** [trajet] journey back, return journey.

retournement [ʀətuʀnəmɑ̃] nm turnaround, turnabout ; ~ **de situation** reversal.

retourner [3] [ʀətuʀne] <> vt (aux : avoir) - **1.** [carte, matelas] to turn over ; [terre] to turn (over) - **2.** [pull, poche] to turn inside out - **3.** [compliment, objet prêté] : ~ **qqch (à qqn)** to return sthg (to sb) - **4.** [lettre, colis] to send back, to return - **5.** fam fig [personne] to shake up ; **en être tout retourné** to be shaken up <> vi (aux : être) to come/go back ; ~ **à** [personne] to go back ou return to ; [objet] to be returned to ; ~ **en arrière** ou **sur ses pas** to retrace one's steps.

➤ **se retourner** vp - **1.** [basculer] to turn over

- 2. [pivoter] to turn round **- 3.** *fam fig* [s'adapter] to sort o.s. out **- 4.** [rentrer] : **s'en ~** to go back (home) **- 5.** *fig* [s'opposer] : **se ~ contre** to turn against.

retracer [16] [rətrase] *vt* **- 1.** [ligne] to redraw **- 2.** [événement] to relate.

rétracter [3] [retrakte] *vt* to retract.

➤ **se rétracter** *vp* **- 1.** [se contracter] to retract **- 2.** [se dédire] to back down.

retraduire [98] [rətradɥir] *vt* to translate again.

retrait [rətrɛ] *nm* **- 1.** [gén] withdrawal ; **~ du permis** disqualification from driving **- 2.** [de bagages] collection **- 3.** [des eaux] ebbing.

➤ **en retrait** *loc adj* & *loc adv* **- 1.** [maison] set back from the road ; **rester en ~** *fig* to hang back **- 2.** [texte] indented.

retraite [rətrɛt] *nf* **- 1.** [gén] retreat ; **battre en ~** to beat a retreat **- 2.** [cessation d'activité] retirement ; **être à la ~** to be retired ; **prendre sa ~** to retire ; **~ anticipée** early retirement **- 3.** [revenu] (retirement) pension.

retraité, e [rətrete] <> *adj* **- 1.** [personne] retired **- 2.** TECHNOL reprocessed <> *nm, f* retired person, pensioner.

retranchement [rətrɑ̃ʃmɑ̃] *nm* entrenchment ; **poursuivre** *OU* **forcer qqn dans ses derniers ~s** *fig* to drive sb into a corner.

retrancher [3] [rətrɑ̃ʃe] *vt* **- 1.** [passage] : **~ qqch (de)** to cut sthg out (from), to remove sthg (from) **- 2.** [montant] : **~ qqch (de)** to take sthg away (from), to deduct sthg (from).

➤ **se retrancher** *vp* to entrench o.s. ; **se ~ derrière/dans** *fig* to take refuge behind/in.

retransmettre [84] [rətrɑ̃smɛtr] *vt* to broadcast.

retransmis, e [rətrɑ̃smi, iz] *pp* ▷ **retransmettre**.

retransmission [rətrɑ̃smisjɔ̃] *nf* broadcast.

retravailler [3] [rətravaje] <> *vt* : **~ qqch** to work on sthg again <> *vi* to start work again.

rétrécir [32] [retresir] <> *vt* [tissu] to take in <> *vi* [tissu] to shrink.

➤ **se rétrécir** *vp* [tissu] to shrink.

rétrécissement [retresismɑ̃] *nm* **- 1.** [de vêtement] shrinkage **- 2.** MÉD stricture.

retremper [3] [rətrɑ̃pe] *vt* **- 1.** [linge] to resoak **- 2.** [acier] to requench.

➤ **se retremper** *vp* to go back into the water ; *fig* to reimmerse o.s.

rétribuer [7] [retribɥe] *vt* **- 1.** [employé] to pay **- 2.** [travail] to pay for.

rétribution [retribysjɔ̃] *nf* remuneration.

rétro [retro] <> *nm* **- 1.** [style] old style *OU* fash-

ion **- 2.** *fam* [rétroviseur] rear-view mirror <> *adj inv* old-style.

rétroactif, ive [retrɔaktif, iv] *adj* retrospective.

rétroactivement [retrɔaktivmɑ̃] *adv* retrospectively.

rétrocéder [18] [retrɔsede] *vt* to retrocede.

rétrocession [retrɔsesjɔ̃] *nf* retrocession.

rétrograde [retrɔgrad] *adj péj* reactionary.

rétrograder [3] [retrɔgrade] <> *vt* to demote <> *vi* **- 1.** AUTOM to change down **- 2.** [dans une hiérarchie] to move down.

rétroprojecteur [retrɔprɔʒɛktœr] *nm* overhead projector.

rétrospectif, ive [retrɔspɛktif, iv] *adj* retrospective.

➤ **rétrospective** *nf* retrospective.

rétrospectivement [retrɔspɛktivmɑ̃] *adv* retrospectively.

retroussé, e [rətruse] *adj* **- 1.** [manches, pantalon] rolled up **- 2.** [nez] turned up.

retrousser [3] [rətruse] *vt* **- 1.** [manches, pantalon] to roll up **- 2.** [lèvres] to curl.

retrouvailles [rətruvaj] *nfpl* reunion *(sg)*.

retrouver [3] [rətruve] *vt* **- 1.** [gén] to find ; [appétit] to recover, to regain **- 2.** [reconnaître] to recognize **- 3.** [ami] to meet, to see.

➤ **se retrouver** *vp* **- 1.** [entre amis] to meet (up) again ; **on se retrouve au café?** shall we meet up *OU* see each other at the cafe? **- 2.** [être de nouveau] to find o.s. again **- 3.** [s'orienter] to find one's way ; **ne pas s'y ~** [dans ses papiers] to be completely lost **- 4.** [erreur, style] to be found, to crop up **- 5.** [financièrement] : **s'y ~** *fam* to break even.

rétroviseur [retrɔvizœr] *nm* rear-view mirror.

réunification [reynifikasjɔ̃] *nf* reunification.

réunifier [9] [reynifje] *vt* to reunify.

réunion [reynjɔ̃] *nf* **- 1.** [séance] meeting **- 2.** [jonction] union, merging **- 3.** [d'amis, de famille] reunion **- 4.** [collection] collection.

Réunion [reynjɔ̃] *nf* : **(l'île de) la ~** Réunion ; **à la ~** in Réunion.

réunionnais, e [reynjɔnɛ, ɛz] *adj* of/from Réunion Island.

➤ **Réunionnais, e** *nm, f* native *OU* inhabitant of Réunion.

réunir [32] [reynir] *vt* **- 1.** [fonds] to collect **- 2.** [extrémités] to put together, to bring together **- 3.** [qualités] to combine **- 4.** [personnes] to bring together - après séparation] to reunite

➤ **se réunir** *vp* **- 1.** [personnes] to meet **- 2.** [entreprises] to combine ; [états] to unite - **3.** [fleuves, rues] to converge.

réussi, e [reysi] *adj* successful ; **c'est ~!** *fig* & *iron* congratulations!, well done!

réussir [32] [reysir] <> *vi* - **1.** [personne, affaire] to succeed, to be a success ; **~ à faire qqch** to succeed in doing sthg ; **~ un coup fumant** to pull off a master stroke - **2.** [climat] : **~ à** to agree with <> *vt* - **1.** [portrait, plat] to make a success of - **2.** [examen] to pass.

réussite [reysit] *nf* - **1.** [succès] success - **2.** [jeu de cartes] patience *Br*, solitaire *Am*.

réutiliser [3] [reytilize] *vt* to reuse.

revaloir [60] [rəvalwar] *vt* : **~ qqch à qqn** [avec reconnaissance] to repay sb for sthg ; [avec hostilité] to get even with sb for sthg.

revalorisation [rəvalɔrizasjɔ̃] *nf* [de monnaie] revaluation ; [de salaires] raising ; *fig* [d'idée] rehabilitation.

revaloriser [3] [rəvalɔrize] *vt* [monnaie] to revalue ; [salaires] to raise ; *fig* [idée, doctrine] to rehabilitate.

revanchard, e [rəvɑ̃ʃar, ard] *péj* <> *adj* of revenge <> *nm, f* advocate of revenge.

revanche [rəvɑ̃ʃ] *nf* - **1.** [vengeance] revenge ; **prendre sa ~** to take one's revenge - **2.** *SPORT* return (match).

⬥ **en revanche** *loc adv* - **1.** [par contre] on the other hand - **2.** [en contrepartie] in return.

rêvasser [3] [revase] *vi* to daydream.

revaudrai, revaudras *etc* ▷ revaloir.

rêve [rev] *nm* dream ; **de ~** *fig* dream (avant n).

rêvé, e [reve] *adj* ideal.

revêche [rəvɛʃ] *adj* surly.

réveil [revej] *nm* - **1.** [de personne] waking (up) ; *fig* awakening ; **au ~** on waking (up) - **2.** [pendule] alarm clock - **3.** [de volcan] reawakening.

réveiller [4] [reveje] *vt* - **1.** [personne] to wake up - **2.** [courage] to revive.

⬥ **se réveiller** *vp* - **1.** [personne] to wake (up) - **2.** [ambitions] to reawaken.

réveillon [revejɔ̃] *nm* - **1.** [jour - de Noël] Christmas Eve ; [- de nouvel an] New Year's Eve - **2.** [repas - de Noël] Christmas Eve meal ; [- de nouvel an] New Year's Eve meal.

réveillonner [3] [revejɔne] *vi* to have a Christmas Eve/New Year's Eve meal.

révélateur, trice [revelatœr, tris] *adj* revealing.

⬥ **révélateur** *nm PHOT* developer ; *fig* [ce qui révèle] indication.

révélation [revelasjɔ̃] *nf* - **1.** [gén] revelation - **2.** [artiste] discovery.

révéler [18] [revele] *vt* - **1.** [gén] to reveal - **2.** [artiste] to discover.

⬥ **se révéler** *vp* - **1.** [apparaître] to be revealed - **2.** [s'avérer] to prove to be.

revenant [rəvnɑ̃] *nm* - **1.** [fantôme] spirit, ghost - **2.** *fam* [personne] stranger.

revendeur, euse [rəvɑ̃dœr, øz] *nm, f* retailer.

revendication [rəvɑ̃dikasjɔ̃] *nf* claim, demand.

revendiquer [3] [rəvɑ̃dike] *vt* [dû, responsabilité] to claim ; [avec force] to demand.

revendre [73] [rəvɑ̃dr] *vt* - **1.** [après utilisation] to resell - **2.** [vendre plus de] to sell more of.

revendu, e [rəvɑ̃dy] *pp* ▷ revendre.

revenir [40] [rəvnir] *vi* - **1.** [gén] to come back, to return ; **~ de** to come back from, to return from ; **~ à** to come back to, to return to ; **~ sur** [sujet] to go over again ; [décision] to go back on ; **~ à soi** to come to - **2.** [mot, sujet] to crop up - **3.** [à l'esprit] : **~ à** to come back to - **4.** [impliquer] : **cela revient au même/à dire que** ... it amounts to the same thing/to saying (that) ... - **5.** [coûter] : **~ à** to come to, to amount to ; **~ cher** to be expensive - **6.** [honneur, tâche] : **~ à** to fall to ; **c'est à lui qu'il revient de** ... it is up to him to ... - **7.** *CULIN* : **faire ~** to brown - **8.** *loc* : **sa tête ne me revient pas** I don't like the look of him/her ; **il n'en revenait pas** he couldn't get over it ; **~ de loin** to have been at death's door.

revente [rəvɑ̃t] *nf* resale.

revenu, e [rəvny] *pp* ▷ revenir.

⬥ **revenu** *nm* [de pays] revenue ; [de personne] income.

rêver [4] [reve] <> *vi* to dream ; [rêvasser] to daydream ; **~ de/à** to dream of/about <> *vt* to dream ; **~ que** to dream (that).

réverbération [reverberasjɔ̃] *nf* reverberation.

réverbère [reverber] *nm* street lamp *OU* light.

réverbérer [18] [reverbere] *vt* to reverberate.

reverdir [32] [rəverdir] *vi* to become green again.

révérence [reverɑ̃s] *nf* - **1.** [salut] bow - **2.** *littéraire* [déférence] reverence.

révérencieux, euse [reverɑ̃sjø, øz] *adj* reverent.

révérend, e [reverɑ̃, ɑ̃d] *adj* reverend.

⬥ **révérend** *nm* reverend.

révérer [18] [revere] *vt* to revere.

rêverie [revri] *nf* reverie.

revers [rəver] *nm* - **1.** [de main] back ; [de pièce] reverse ; **prendre à ~** to capture from the rear ou from behind ; **le ~ de la médaille** fig the other side of the coin - **2.** [de veste] lapel ; [de pantalon] turn-up Br, cuff Am - **3.** TENNIS backhand - **4.** fig [de fortune] reversal.

reverser [3] [rəvɛrse] vt - **1.** [liquide] to pour out more of - **2.** FIN : **~ qqch sur** to pay sthg into ; **~ qqch dans** to invest sthg in.

réversible [reversibl] adj reversible.

revêtement [rəvɛtmã] nm surface.

revêtir [44] [rəvetir] vt - **1.** [mur, surface] : **~ (de)** to cover (with) - **2.** [aspect] to take on, to assume - **3.** [vêtement] to put on ; [personne] to dress - **4.** sout [de dignité, de pouvoir] : **~ qqn de** to invest sb with.

revêts ⊳ **revêtir**.

revêtu, e [rəvɛty] pp ⊳ **revêtir**.

rêveur, euse [rɛvœr, øz] ◇ adj dreamy ◇ nm, f dreamer.

reviendrai, reviendras etc ⊳ **revenir**.

revient [rəvjɛ̃] ⊳ **prix**.

revigorer [3] [rəvigɔre] vt to invigorate.

revirement [rəvirmã] nm change.

révisable [revizabl] adj subject to review.

réviser [3] [revize] vt - **1.** [réexaminer, modifier] to revise, to review - **2.** SCOL to revise - **3.** [machine] to check.

révision [revizjɔ̃] nf - **1.** [réexamen, modification] revision, review - **2.** SCOL revision - **3.** [de machine] checkup.

révisionnisme [revizjɔnism] nm revisionism.

révisionniste [revizjɔnist] nmf & adj revisionist.

revisser [3] [rəvise] vt to screw back again.

revitaliser [3] [rəvitalize] vt to revitalize.

revivre [90] [rəvivr] ◇ vi [personne] to come back to life, to revive ; fig [espoir] to be revived, to revive ; **faire ~** to revive ◇ vt to relive ; **faire ~ qqch à qqn** to bring sthg back to sb.

révocation [revɔkasjɔ̃] nf - **1.** [de loi] revocation - **2.** [de fonctionnaire] dismissal.

revoici [rəvwasi] prép : **me ~!** it's me again!, I'm back!

revoir [62] [rəvwar] vt - **1.** [renouer avec] to see again - **2.** [corriger, étudier] to revise Br, to review Am.

➤ **se revoir** vp [amis] to see each other again ; [professionnellement] to meet.

➤ **au revoir** interj & nm goodbye.

révoltant, e [revɔltã, ãt] adj revolting.

révolte [revɔlt] nf revolt ; **inciter** ou **pousser qqn à la ~** to incite sb to revolt ; **être en ~ contre** to be in revolt against.

révolter [3] [revɔlte] vt to disgust.

➤ **se révolter** vp : **se ~ (contre)** to revolt (against).

révolu, e [revɔly] adj past ; **avoir 15 ans ~s** ADMIN to be over 15.

révolution [revɔlysjɔ̃] nf - **1.** [gén] revolution ; **la Révolution française** the French Revolution - **2.** fam [effervescence] uproar ; **en ~** in an uproar.

LA RÉVOLUTION FRANÇAISE

The French Revolution, which was precipitated by the abuses of the 'Ancien Régime' was a major turning point in French history. It was a turbulent period lasting from the storming of the Bastille in 1789 to Bonaparte's coup in 1799. The Declaration of Human Rights, the execution of Louis XVI (1792), the Terror (1793-94) and war against the other European powers were events that marked this period.

révolutionnaire [revɔlysjɔner] nmf & adj revolutionary.

révolutionner [3] [revɔlysjɔne] vt - **1.** [transformer] to revolutionize - **2.** [mettre en émoi] to stir up.

revolver [revɔlver] nm revolver.

révoquer [3] [revɔke] vt - **1.** [fonctionnaire] to dismiss - **2.** [loi] to revoke.

revue [rəvy] nf - **1.** [gén] review ; **~ de presse** press review ; **passer en ~** fig to review - **2.** [défilé] march-past - **3.** [magazine] magazine - **4.** [spectacle] revue.

révulser [3] [revylse] vt to disgust.

➤ **se révulser** vp to contort.

rewriting [rərajtiŋ] nm rewriting.

Reykjavik [rɛkjavik] n Reykjavik.

rez-de-chaussée [redʃose] nm inv ground floor Br, first floor Am.

rez-de-jardin [redʒardɛ̃] nm inv garden level.

RF abr de **République française**.

RFA (abr de **République fédérale d'Allemagne**) nf FRG.

RFI (abr de **Radio France Internationale**) nf French world service radio station.

RFO (abr de **Radio-télévision française d'outre-mer**) nf French overseas broadcasting service.

r.g. (abr de **rive gauche**) left (south) bank of the Seine.

RG (abr de **Renseignements généraux**) nmpl police department responsible for political security, ≃ Special Branch Br.

Rh (abr de **Rhésus**) Rh.

rhabiller [3] [ʀabije] vt to dress again.

◆ **se rhabiller** vp to get dressed again ; **aller se ~** fam fig to throw in the towel.

rhapsodie, rapsodie [ʀapsɔdi] nf rhapsody.

rhénan, e [ʀenɑ̃, an] adj of/from the Rhine, Rhine (avant n).

rhéostat [ʀeɔsta] nm rheostat.

rhésus [ʀezys] nm rhesus (factor) ; **~ positif/négatif** rhesus positive/negative.

rhétorique [ʀetɔʀik] nf rhetoric.

Rhin [ʀɛ̃] nm : **le ~** the Rhine.

rhinite [ʀinit] nf rhinitis (U).

rhinocéros [ʀinɔseʀɔs] nm rhinoceros.

rhino-pharyngite [ʀinɔfaʀɛ̃ʒit] (pl rhino-pharyngites) nf throat infection.

Rhodes [ʀɔd] n Rhodes ; **le colosse de ~** the Colossus of Rhodes.

rhododendron [ʀɔdɔdɛ̃dʀɔ̃] nm rhododendron.

Rhône [ʀon] nm : **le ~** the (River) Rhone.

rhubarbe [ʀybaʀb] nf rhubarb.

rhum [ʀɔm] nm rum.

rhumatisant, e [ʀymatizɑ̃, ɑ̃t] adj & nm, f rheumatic.

rhumatismal, e, aux [ʀymatismal, o] adj rheumatic.

rhumatisme [ʀymatism] nm rheumatism.

rhumatologue [ʀymatɔlɔg] nmf rheumatologist.

rhume [ʀym] nm cold ; **attraper un ~** to catch a cold ; **~ des foins** hay fever.

ri [ʀi] pp inv ▷ **rire**.

RI ◇ nm (abr de **régiment d'infanterie**) infantry regiment ◇ nmpl (abr de **Républicains indépendants**) right-wing French political party.

Riad = Riyad.

riant, e [ʀijɑ̃, ɑ̃t] adj smiling ; fig cheerful.

RIB, Rib [ʀib] (abr de **relevé d'identité bancaire**) nm bank account identification slip.

ribambelle [ʀibɑ̃bɛl] nf : **~ de** string of.

ricanement [ʀikanmɑ̃] nm snigger.

ricaner [3] [ʀikane] vi to snigger.

RICE, Rice [ʀis] (abr de **relevé d'identité de caisse d'épargne**) nm savings bank account identification slip.

richard, e [ʀiʃaʀ, aʀd] nm, f fam péj moneybags (sg).

riche [ʀiʃ] ◇ adj - **1.** [gén] rich ; [personne, pays] rich, wealthy ; **~ en** ou **de** rich in - **2.** [habit] expensive - **3.** [idée] great ◇ nmf rich person ; **les ~s** the rich ; **nouveau ~** nouveau riche.

richement [ʀiʃmɑ̃] adv richly.

richesse [ʀiʃɛs] nf - **1.** [de personne, pays] wealth (U) - **2.** [d'appartement] sumptuousness (U) - **3.** [de faune, flore] abundance ; **~ en vitamines** high vitamin content.

◆ **richesses** nfpl - **1.** [gén] wealth (U) - **2.** [de musée] riches.

richissime [ʀiʃisim] adj super-rich.

ricin [ʀisɛ̃] nm castor-oil plant ; **huile de ~** castor oil.

ricocher [3] [ʀikɔʃe] vi litt & fig to rebound ; [balle d'arme] to ricochet.

ricochet [ʀikɔʃe] nm litt & fig rebound ; [de balle d'arme] ricochet ; **par ~** in an indirect way.

rictus [ʀiktys] nm rictus.

ride [ʀid] nf wrinkle ; [de surface d'eau] ripple.

ridé, e [ʀide] adj wrinkled.

rideau, x [ʀido] nm curtain ; **~ de fer** [frontière] Iron Curtain.

rider [3] [ʀide] vt - **1.** [peau] to wrinkle - **2.** [surface] to ruffle.

◆ **se rider** vp to become wrinkled.

ridicule [ʀidikyl] ◇ adj ridiculous ◇ nm : **le ~** ridicule ; **se couvrir de ~** to make o.s. look ridiculous ; **tourner qqn/qqch en ~** to ridicule sb/sthg.

ridiculement [ʀidikylmɑ̃] adv ridiculously.

ridiculiser [3] [ʀidikylize] vt to ridicule.

◆ **se ridiculiser** vp to make o.s. look ridiculous.

ridule [ʀidyl] nf little wrinkle.

rien [ʀjɛ̃] ◇ pron indéf - **1.** [en contexte négatif] : **ne ... rien** nothing, not ... anything ; **je n'ai ~ fait** I've done nothing, I haven't done anything ; **je n'en sais ~** I don't know (anything about it), I know nothing about it ; **~ ne m'intéresse** nothing interests me ; **il n'y a plus ~ dans le réfrigérateur** there's nothing left in the fridge - **2.** [aucune chose] nothing ; **que fais-tu? — ~** what are you doing? — nothing ; **~ de nouveau** nothing new ; **~ d'autre** nothing else ; **~ du tout** nothing at all ; **~ à faire** it's no good ; **de ~ !** don't mention it!, not at all! ; **pour ~** for nothing - **3.** [quelque chose] anything ; **sans ~ dire** without saying anything ◇ nm : **pour un ~** [se fâcher, pleurer] for nothing, at the slightest thing ; **perdre son temps à des ~s** to waste one's time with trivia ; **en un ~ de temps** in no time at all.

◆ **rien que** loc adv only, just ; **la vérité, ~ que la vérité** the truth and nothing but the truth ; **~ que l'idée des vacances la comblait** just thinking about the holiday filled her with joy.

➤ **un rien** *loc adv* a bit, a shade ; **sa robe est un ~ trop étroite** her dress is a bit too tight.

rieur, rieuse [rijœr, rijøz] *adj* cheerful.

Riga [riga] *n* Riga.

rigide [riʒid] *adj* rigid ; [muscle] tense.

rigidité [riʒidite] *nf* rigidity ; [de muscle] tenseness ; [de principes, mœurs] strictness.

rigolade [rigolad] *nf fam* fun (U) ; **c'est de la ~** *fig* it's a walkover.

rigolard, e [rigolar, ard] *adj fam* jokey, joking.

rigole [rigol] *nf* channel.

rigoler [3] [rigole] *vi fam* **- 1.** [rire] to laugh **- 2.** [plaisanter] : **~ (de)** to joke (about).

rigolo, ote [rigolo, ɔt] *fam* ◇ *adj* funny ◇ *nm, f péj* phoney *Br*, phony *Am*.

rigoriste [rigorist] ◇ *nmf* puritan ◇ *adj* austere, puritanical.

rigoureusement [rigurøzmã] *adv* **- 1.** [punir] harshly **- 2.** [vrai, ponctuel] absolutely ; **c'est ~ exact** it's the honest truth.

rigoureux, euse [rigurø, øz] *adj* **- 1.** [discipline, hiver] harsh **- 2.** [analyse] rigorous.

rigueur [rigœr] *nf* **- 1.** [de punition] severity, harshness **- 2.** [de climat] harshness **- 3.** [d'analyse] rigour *Br*, rigor *Am*, exactness **- 4.** *loc* : **être de ~** to be obligatory ; **tenir ~ de qqch à qqn** to hold sthg against sb.

➤ **à la rigueur** *loc adv* if necessary, if need be.

rillettes [rijɛt] *nfpl* potted pork, duck or goose.

rime [rim] *nf* rhyme ; **sans ~ ni raison** *fig* without rhyme or reason.

rimer [3] [rime] *vi* : **~ (avec)** to rhyme (with) ; **ça ne rime à rien** *fig* that doesn't make sense.

Rimmel® [rimɛl] *nm* mascara.

rinçage [rɛ̃saʒ] *nm* rinsing.

rince-doigts [rɛ̃sdwa] *nm inv* finger bowl.

rincer [16] [rɛ̃se] *vt* [bouteille] to rinse out ; [cheveux, linge] to rinse ; **se faire ~** *fam fig* to get a soaking.

➤ **se rincer** *vp* to rinse o.s. ; **se ~ la bouche** to rinse one's mouth.

ring [riŋ] *nm* **- 1.** *BOXE* ring **- 2.** *Belg* [route] bypass.

ringard, e [rɛ̃gar, ard] *fam* ◇ *adj* **- 1.** [chanson] corny **- 2.** [décor] naff **- 3.** [acteur] second-rate **- 4.** [personne] nerdy ◇ *nm, f* nerd.

ringuette [rɛ̃gɛt] *nf* ringette (women's sport similar to ice hockey).

Rio de Janeiro [rjodedʒanɛro] *n* Rio de Janeiro.

ripaille [ripaj] *nf* : **faire ~** *fam vieilli* to have a feast.

riposte [ripɔst] *nf* **- 1.** [réponse] retort, riposte **- 2.** [contre-attaque] counterattack.

riposter [3] [ripɔste] ◇ *vt* : **~ que** to retort ou riposte that ◇ *vi* **- 1.** [répondre] to riposte ; **~ à** [personne] to answer back ; [insulte] to reply to **- 2.** [contre-attaquer] to counter, to retaliate.

rire [95] [rir] ◇ *nm* laugh ; **avoir un fou ~** to giggle ; **éclater de ~** to burst out laughing ◇ *vi* **- 1.** [gén] to laugh ; **~ de** to laugh at **- 2.** [plaisanter] : **tu veux/vous voulez ~?** you must be joking! ; **pour ~** *fam* as a joke, for a laugh.

➤ **se rire** *vp sout* : **se ~ de** to laugh at.

ris [ri] *nm* **- 1.** (gén pl) *CULIN* : **~ de veau** sweetbread **- 2.** *NAVIG* reef.

risée [rize] *nf* ridicule ; **être la ~ de** to be the laughing stock of.

risette [rizɛt] *nf* : **faire (une) ~ à qqn** [enfant] to give sb a nice ou sweet smile ; [sourire de commande] to smile politely at sb.

risible [rizibl] *adj* [ridicule] ridiculous.

risotto [rizoto] *nm* risotto.

risque [risk] *nm* risk ; **courir un ~** to run a risk ; **prendre des ~s** to take risks ; **à tes/vos ~s et périls** at your own risk.

risqué, e [riske] *adj* **- 1.** [entreprise] risky, dangerous **- 2.** [plaisanterie] risqué, daring.

risquer [3] [riske] *vt* **- 1.** [vie, prison] to risk ; **~ de faire qqch** to be likely to do sthg ; **je risque de perdre tout ce que j'ai** I'm running the risk of losing everything I have ; **~ que** (+ *subjonctif*) to take a risk that ; **cela ne risque rien** it will be all right ; **~ gros** to take a big risk ; **~ le tout pour le tout** *fig* to put everything on the line **- 2.** [tenter] to venture.

➤ **se risquer** *vp* to venture ; **se ~ à faire qqch** to dare to do sthg.

risque-tout [riskətu] *nmf inv* daredevil.

rissoler [3] [risole] ◇ *vt* to brown ◇ *vi* to brown ; **faire ~** to brown.

ristourne [risturn] *nf* discount ; **faire une ~ à qqn** to give sb a discount.

rite [rit] *nm* **- 1.** *RELIG* rite **- 2.** [cérémonial] *fig* ritual.

ritournelle [riturnɛl] *nf* **- 1.** *fam fig* [rabâchage] old story, old song **- 2.** *MUS* ritornello.

rituel, elle [rituɛl] *adj* ritual.
➤ **rituel** *nm* ritual.

rituellement [rituɛlmã] *adv* **- 1.** [selon un rite] ritually, religiously **- 2.** *fig* [immuablement] unfailingly.

rivage [rivaʒ] *nm* shore.

rival, e, aux [rival, o] ◇ *adj* rival (avant n) ◇ *nm, f* rival.

rivaliser [3] [rivalize] *vi* : ~ **avec** to compete with ; ~ **de** to vie in.

rivalité [rivalite] *nf* rivalry.

rive [riv] *nf* [de rivière] bank ; **la ~ droite** [à Paris] the north bank of the Seine *(generally considered more affluent than the south bank)* ; **la ~ gauche** [à Paris] the south bank of the Seine *(generally associated with students and artists)*.

RIVE DROITE, RIVE GAUCHE

The Right (North) Bank of the Seine is traditionally associated with business and trade, and has a reputation for being more conservative than the Left Bank. The Left (South) Bank includes districts traditionally favoured by artists, students and intellectuals, and has a reputation for being bohemian and unconventional.

river [3] [rive] *vt* - **1.** [fixer] : ~ **qqch à qqch** to rivet sthg to sthg - **2.** [clou] to clinch ; **être rivé à** *fig* to be riveted *ou* glued to.

riverain, e [rivrɛ̃, ɛn] <> *adj* riverside *(avant n)* ; [de rue] roadside *(avant n)* <> *nm, f* resident.

rivet [rivɛ] *nm* rivet.

rivière [rivjɛr] *nf* river.

➤ **rivière de diamants** *nf* diamond necklace *(with largest stone in the middle)*.

rixe [riks] *nf* fight, brawl.

Riyad, Riad [rijad] *n* Riyadh.

riz [ri] *nm* rice ; ~ **au lait** rice pudding ; ~ **pilaf** pilau rice.

riziculture [rizikyltyr] *nf* rice-growing.

rizière [rizjɛr] *nf* paddy (field).

RMC *(abr de* **Radio Monte-Carlo)** *nf* independent radio station.

RMI *(abr de* **revenu minimum d'insertion)** *nm* minimum guaranteed income *(for people with no other source of income)*.

RMiste [ɛremist] *nmf* person receiving the 'RMI'.

RN *(abr de* **route nationale)** *nf* ≃ A road *Br*, ≃ State highway *Am*.

RNIS *(abr de* **réseau numérique à intégration de services)** *nm* ISDN.

ro *abr de* **recto**.

robe [rɔb] *nf* - **1.** [de femme] dress ; ~ **chasuble** pinafore dress ; ~ **de grossesse** maternity dress ; ~ **de mariée** wedding dress - **2.** [peignoir] : ~ **de chambre** dressing gown - **3.** [de magistrat] robe - **4.** [de cheval] coat - **5.** [de vin] colour *Br*, color *Am*.

robinet [rɔbinɛ] *nm* tap *Br*, faucet *Am*.

robinetterie [rɔbinɛtri] *nf* [installations] taps *(pl) Br*, faucets *(pl) Am*.

roboratif, ive [rɔbɔratif, iv] *adj* *sout* bracing, invigorating.

robot [rɔbo] *nm* - **1.** [gén] robot - **2.** [ménager] food processor.

robotique [rɔbɔtik] *nf* robotics *(U)*.

robotisation [rɔbɔtizasjɔ̃] *nf* automation.

robotiser [3] [rɔbɔtize] *vt* to automate.

robuste [rɔbyst] *adj* - **1.** [personne, santé] robust - **2.** [plante] hardy - **3.** [voiture] sturdy.

robustesse [rɔbystɛs] *nf* - **1.** [de personne] robustness - **2.** [de plante] hardiness - **3.** [de voiture] sturdiness.

roc [rɔk] *nm* rock.

rocade [rɔkad] *nf* bypass.

rocaille [rɔkaj] <> *nf* - **1.** [cailloux] loose stones *(pl)* - **2.** [dans un jardin] rock garden, rockery <> *adj inv* rocaille.

rocailleux, euse [rɔkajø, øz] *adj* - **1.** [terrain] rocky - **2.** *fig* [voix] harsh.

rocambolesque [rɔkɑ̃bɔlɛsk] *adj* fantastic.

roche [rɔʃ] *nf* rock.

rocher [rɔʃe] *nm* rock ; **le Rocher** the town of Monaco ; **le ~ de Gibraltar** the Rock of Gibraltar.

➤ **rocher au chocolat** *nm* nut chocolate.

rocheux, euse [rɔʃø, øz] *adj* rocky.

➤ **Rocheuses** *nfpl* : **les Rocheuses** the Rockies.

rock [rɔk] <> *nm* rock ('n' roll) <> *adj inv* rock.

rockeur, euse [rɔkœr, øz] *nm, f* - **1.** [chanteur] rock singer - **2.** [fan] rock fan.

rocking-chair [rɔkiɲtʃɛr] *(pl* **rocking-chairs)** *nm* rocking chair.

rodage [rɔdaʒ] *nm* - **1.** [de véhicule] running-in ; **'en ~'** 'running in' - **2.** *fig* [de méthode] running-in *ou* debugging period.

rodéo [rɔdeo] *nm* rodeo ; *fig* & *iron* free-for-all.

roder [3] [rɔde] *vt* - **1.** [véhicule] to run in - **2.** *fam* [méthode] to run in, to debug ; [personne] to break in.

rôder [3] [rode] *vi* to prowl, to wander about.

rôdeur, euse [rodœr, øz] *nm, f* prowler.

rodomontade [rɔdɔmɔ̃tad] *nf littéraire* boasting *(U)*.

rogations [rɔgasjɔ̃] *nfpl* Rogations.

rogne [rɔɲ] *nf* *fam* bad temper ; **être/se mettre en ~** to be in/to get into a bad mood, to be in/to get into a temper.

rogner [3] [rɔɲe] <> *vt* - **1.** [ongles] to trim

- 2. [revenus] to eat into ◇ *vi* : **~ sur qqch** to cut down on sthg.

rognon [rɔɲɔ̃] *nm* kidney.

rognures [rɔɲyr] *nfpl* clippings, trimmings.

rogue [rɔg] *adj littéraire* arrogant.

roi [rwa] *nm* king ; **être plus royaliste que le ~** *fig* to be more Catholic than the Pope ; **tirer les ~s** to celebrate Epiphany.

➤ **Rois mages** *nmpl* : **les Rois mages** RELIG the Three Wise Men.

TIRER LES ROIS

The French traditionally celebrate Epiphany with a round, almond-flavoured pastry ('la galette des rois') containing a small porcelain figurine ('la fève', originally a dried bean). The pastry is shared out and the person who finds the 'fève' is appointed 'king' or 'queen' and given a cardboard crown to wear.

roitelet [rwatlɛ] *nm* **- 1.** [oiseau] wren **- 2.** *péj* & *vieilli* [petit roi] kinglet.

Roland-Garros [rɔlɑ̃garos] *n tennis stadium in Paris where the French Open is held.*

rôle [roll] *nm* role, part ; **jouer un ~** to play a role *ou* part ; **avoir le beau ~** *fig* to come off best.

rôle-titre [roltitr] *nm* title role.

roller [rɔl ˈlœr] *nm* [sport] rollerblading ; **les ~s** [patins] Rollerblades® ; **faire du ~** to go rollerblading, to rollerblade.

rollmops [rɔlmɔps] *nm* rollmop.

ROM, Rom [rɔm] (*abr de* **read only memory**) *nf* ROM.

romain, e [rɔmɛ̃, ɛn] *adj* Roman.

➤ **romain** *nm* TYPO roman.

➤ **romaine** *nf* [salade] cos (lettuce) *Br*, romaine (lettuce) *Am*.

➤ **Romain, e** *nm, f* Roman.

roman, e [rɔmɑ̃, an] *adj* **- 1.** [langue] Romance **- 2.** ARCHIT Romanesque.

➤ **roman** *nm* **- 1.** LITTÉRATURE novel ; **~ d'action** adventure novel ; **~ d'anticipation** *ou* de **science fiction** science fiction novel ; **~ noir** thriller **- 2.** *fig* & *iron* [exagération] story ; [aventure] saga **- 3.** ARCHIT : **le ~** the Romanesque.

romance [rɔmɑ̃s] *nf* [chanson] love song.

romancer [16] [rɔmɑ̃se] *vt* to romanticize.

romanche [rɔmɑ̃ʃ] *nm* & *adj* Romansh.

romancier, ère [rɔmɑ̃sje, ɛr] *nm, f* novelist.

romand, e [rɔmɑ̃, ɑ̃d] *adj* of/from French-speaking Switzerland.

➤ **Romand, e** *nm, f* French-speaking Swiss.

romanesque [rɔmanɛsk] *adj* **- 1.** LITTÉRATURE

novelistic **- 2.** [aventure] fabulous, storybook *(avant n)*.

roman-feuilleton [rɔmɑ̃fœjtɔ̃] (*pl* **romans-feuilletons**) *nm* serial ; *fig* soap opera.

roman-fleuve [rɔmɑ̃flœv] (*pl* **romans-fleuves**) *nm* saga.

romanichel, elle [rɔmaniʃɛl] *nm, f* gipsy.

romaniste [rɔmanist] *nmf* Romanist. .

roman-photo [rɔmɑ̃fɔto] (*pl* **romans-photos**) *nm* story told in photographs.

romantique [rɔmɑ̃tik] *nmf* & *adj* romantic.

romantisme [rɔmɑ̃tism] *nm* **- 1.** ART Romantic movement **- 2.** [sensibilité] romanticism.

romarin [rɔmarɛ̃] *nm* rosemary.

rombière [rɔ̃bjɛr] *nf fam péj* old biddy.

Rome [rɔm] *n* Rome.

rompre [78] [rɔ̃pr] ◇ *vt* **- 1.** *sout* [objet] to break **- 2.** [charme, marché] to break ; [fiançailles, relations] to break off **- 3.** *sout* [exercer] : **~ qqn à** to break sb into ◇ *vi* to break ; **~ avec qqn** *fig* to break up with sb ; **~ avec qqch** *fig* to break with sthg.

➤ **se rompre** *vp* to break ; **se ~ le cou/les reins** to break one's neck/back.

rompu, e [rɔ̃py] ◇ *pp* ▷ **rompre** ◇ *adj* **- 1.** [exténué] exhausted ; **~ de** exhausted by ; **~ de fatigue** exhausted **- 2.** [expérimenté] : **~ à** experienced in.

romsteck = **rumsteck**.

ronce [rɔ̃s] *nf* [arbuste] bramble.

ronchon, onne [rɔ̃ʃɔ̃, ɔn] *fam* ◇ *adj* grumpy ◇ *nm, f* grumbler.

ronchonner [3] [rɔ̃ʃɔne] *vi fam* : **~ (après)** to grumble (at).

rond, e [rɔ̃, rɔ̃d] *adj* **- 1.** [forme, chiffre] round **- 2.** [joue, ventre] chubby, plump **- 3.** *fam* [ivre] tight.

➤ **rond** ◇ *nm* **- 1.** [cercle] circle ; **en ~** in a circle *ou* ring ; **tourner en ~** *fig* to go round in circles **- 2.** [anneau] ring ; **~ de serviette** napkin ring **- 3.** *fam* [argent] : **je n'ai pas un ~** I haven't got a penny *ou* bean ◇ *adv* : **ça ne tourne pas ~** *fig* there's something up *ou* fishy.

rond-de-cuir [rɔ̃dkɥir] (*pl* **ronds-de-cuir**) *nm péj* & *vieilli* pen pusher.

ronde [rɔ̃d] *nf* **- 1.** [de surveillance] rounds *(pl)* ; [de policier] beat **- 2.** [danse] round **- 3.** MUS semibreve *Br*, whole note *Am*.

➤ **à la ronde** *loc adv* : **à des kilomètres à la ~** for miles around.

rondelet, ette [rɔ̃dlɛ, ɛt] *adj* **- 1.** [grassouillet] plump **- 2.** *fig* [somme] goodish, tidy.

rondelle [rɔ̃dɛl] *nf* **- 1.** [de saucisson] slice **- 2.** [de métal] washer **- 3.** *Can* HOCKEY puck.

rondement [rɔ̃dmɑ̃] *adv* [efficacement] efficiently, briskly.

rondeur [rɔ̃dœr] *nf* - **1.** [forme] roundness - **2.** [partie charnue] curve - **3.** [de caractère] openness.

rondin [rɔ̃dɛ̃] *nm* log.

rondouillard, e [rɔ̃dujar, ard] *adj fam* tubby.

rond-point [rɔ̃pwɛ̃] (*pl* **ronds-points**) *nm* roundabout *Br*, traffic circle *Am*.

ronflant, e [rɔ̃flɑ̃, ɑ̃t] *adj péj* grandiose.

ronflement [rɔ̃fləmɑ̃] *nm* - **1.** [de dormeur] snore - **2.** [de poêle, moteur] hum, purr.

ronfler [3] [rɔ̃fle] *vi* - **1.** [dormeur] to snore - **2.** [poêle, moteur] to hum, to purr - **3.** *fam* [dormir] to be in a deep sleep.

ronger [17] [rɔ̃ʒe] *vt* [bois, os] to gnaw ; [métal, falaise] to eat away at ; *fig* to gnaw at, to eat away at.

➤ **se ronger** *vp* - **1.** [grignoter] : **se ~ les ongles** to bite one's nails - **2.** *fig* [se tourmenter] to worry, to torture o.s.

rongeur, euse [rɔ̃ʒœr, øz] *adj* gnawing, rodent (*avant n*).

➤ **rongeur** *nm* rodent.

ronron [rɔ̃rɔ̃] *nm* - **1.** [de chat] purr ; [de moteur] purr, hum - **2.** *fig* & *péj* [routine] humdrum existence.

ronronnement [rɔ̃rɔnmɑ̃] *nm* [de chat] purring ; [de moteur] purring, humming.

ronronner [3] [rɔ̃rɔne] *vi* [chat] to purr ; [moteur] to purr, to hum.

roquefort [rɔkfɔr] *nm* Roquefort (*French blue-veined cheese*).

roquer [3] [rɔke] *vi* ÉCHECS to castle.

roquet [rɔkɛ] *nm péj* - **1.** [chien] nasty little dog - **2.** *fig* [personne] nasty little squirt.

roquette [rɔkɛt] *nf* rocket.

rosace [rozas] *nf* - **1.** [ornement] rose - **2.** [vitrail] rose window - **3.** [figure géométrique] rosette.

rosaire [rozɛr] *nm* rosary.

rosâtre [rozatr] *adj* pinkish.

rosbif [rɔsbif] *nm* - **1.** [viande] roast beef - **2.** [Anglais] *pejorative term for a British person*.

rose [roz] ◇ *nf* rose ; **~ trémière** hollyhock ; **frais comme une ~** fresh as a daisy ; **envoyer qqn sur les ~s** *fam fig* to send sb packing ◇ *nm* pink ◇ *adj* pink ; **~ bonbon** bright pink.

➤ **rose des vents** *nf* compass card.

rosé, e [roze] *adj* - **1.** [vin] rosé - **2.** [teinte] rosy.

➤ **rosé** *nm* rosé.

➤ **rosée** *nf* dew.

roseau, x [rozo] *nm* reed.

roseraie [rozrɛ] *nf* rose garden.

rosette [rozɛt] *nf* - **1.** [nœud] bow - **2.** [insigne] rosette.

➤ **rosette de Lyon** *nf dry pork sausage*.

rosier [rozje] *nm* rose bush.

rosir [32] [rozir] *vt* & *vi* to turn pink.

rosse [rɔs] *péj* ◇ *nf* - **1.** *vieilli* [cheval] nag - **2.** *fig* [femme] bitch, cow ; [homme] bastard ◇ *adj* nasty.

rosser [3] [rɔse] *vt* to thrash.

rosserie [rɔsri] *nf fam* nasty remark.

rossignol [rɔsiɲɔl] *nm* - **1.** [oiseau] nightingale - **2.** *fam fig* [article invendable] piece of rubbish - **3.** [passe-partout] picklock.

rot [ro] *nm* burp.

rotatif, ive [rɔtatif, iv] *adj* rotary.

➤ **rotative** *nf* rotary press.

rotation [rɔtasjɔ̃] *nf* rotation.

roter [3] [rɔte] *vi fam* to burp.

rôti, e [roti] *adj* roast.

➤ **rôti** *nm* roast, joint ; **~ de veau/porc** roast veal/pork.

rotin [rɔtɛ̃] *nm* rattan.

rôtir [32] [rotir] ◇ *vt* to roast ◇ *vi* - **1.** CULIN to roast ; **faire ~** to roast - **2.** *fam fig* [avoir chaud] to be roasting.

➤ **se rôtir** *vp* : **se ~ au soleil** *fig* to bask in the sunshine.

rôtisserie [rotisri] *nf* - **1.** [restaurant] ≃ steakhouse - **2.** [magasin] *shop selling roast meat*.

rôtissoire [rotiswar] *nf* spit.

rotonde [rɔtɔ̃d] *nf* - **1.** [bâtiment] rotunda - **2.** [d'autobus] back seat.

rotor [rɔtɔr] *nm* rotor.

rotule [rɔtyl] *nf* kneecap.

roturier, ère [rɔtyrje, ɛr] ◇ *adj* - **1.** [non noble] common - **2.** *péj* [commun] plebeian ◇ *nm, f vieilli* commoner.

rouage [rwaʒ] *nm* cog, gearwheel ; **les ~s de l'État** *fig* the wheels of State.

roublard, e [rublar, ard] *fam* ◇ *adj* cunning, crafty ◇ *nm, f* cunning ou crafty devil.

roublardise [rublardiz] *nf* - **1.** [caractère] cunning, craftiness - **2.** *vieilli* [acte] cunning ou crafty trick.

rouble [rubl] *nm* rouble.

roucoulement [rukulmɑ̃] *nm* cooing ; *fig* billing and cooing.

roucouler [3] [rukule] ◇ *vt* to warble ; *fig* to coo ◇ *vi* to coo ; *fig* to bill and coo.

roue [ru] *nf* - **1.** [gén] wheel ; **descendre en ~ libre** to freewheel downhill ; **~ arrière/avant** back/front wheel ; **~ dentée** cogwheel ; **~ de secours** spare wheel ; **un deux ~s** a two wheeled vehicle - **2.** [de paon] : **faire la ~** to display - **3.** GYM cartwheel.

rouer [6] [rwe] vt : ~ **qqn de coups** to thrash sb, to beat sb.

rouerie [ruri] nf littéraire - **1.** [caractère] cunning - **2.** vieilli [action] cunning trick.

rouet [rwe] nm [à filer] spinning wheel.

rouge [ruʒ] <> nm - **1.** [couleur] red - **2.** fam [vin] red (wine) ; **gros ~** fam cheap red wine, plonk - **3.** [fard] rouge, blusher ; **~ à lèvres** lipstick - **4.** AUTOM : **passer au ~** to turn red ; [conducteur] to go through a red light <> nmf POLIT & péj Red <> adj - **1.** [gén] red ; **~ de** red with - **2.** [fer, tison] red-hot - **3.** POLIT & péj Red <> adv : **voir ~** fig to see red.

rougeâtre [ruʒɑtr] adj reddish.

rougeaud, e [ruʒo, od] <> adj red-faced <> nm, f red-faced person.

rouge-gorge [ruʒgɔrʒ] (pl **rouges-gorges**) nm robin.

rougeoiement [ruʒwamɑ̃] nm reddening.

rougeole [ruʒɔl] nf measles (sg).

rougeoyer [13] [ruʒwaje] vi to turn red.

rouget [ruʒe] nm mullet.

rougeur [ruʒœr] nf - **1.** [teinte] redness - **2.** [de visage, de chaleur, d'effort] flush ; [de gêne] blush - **3.** [sur peau] red spot ou blotch.

rougir [32] [ruʒir] <> vt - **1.** [colorer] to turn red - **2.** [chauffer] to make red-hot <> vi - **1.** [devenir rouge] to turn red - **2.** [d'émotion] : **~ (de)** [de plaisir, colère] to flush (with) ; [de gêne] to blush (with) - **3.** fig [avoir honte] : **~ de qqch** to be ashamed of sthg.

rougissant, e [ruʒisɑ̃, ɑ̃t] adj [ciel] reddening ; [jeune fille] blushing.

rouille [ruj] <> nf - **1.** [oxyde] rust - **2.** CULIN spicy garlic sauce for fish soup <> adj inv rust.

rouiller [3] [ruje] <> vt to rust, to make rusty <> vi to rust.
➤ **se rouiller** vp to rust ; fig to get rusty.

roulade [rulad] nf - **1.** [galipette] roll - **2.** CULIN rolled meat.

roulant, e [rulɑ̃, ɑ̃t] adj - **1.** [meuble] on wheels, on castors - **2.** RAIL : **personnel ~** train crew.

roulé, e [rule] adj rolled ; **bien ~e** fam fig curvy, shapely.
➤ **roulé** nm CULIN ≃ swiss roll.

rouleau, x [rulo] nm - **1.** [gén & TECHNOL] roller ; **~ compresseur** steamroller ; **~ encreur** ink roller - **2.** [de papier] roll - **3.** [à pâtisserie] rolling pin - **4.** CULIN : **~ de printemps** spring roll.

roulé-boulé [rulebule] (pl **roulés-boulés**) nm roll.

roulement [rulmɑ̃] nm - **1.** [gén] rolling - **2.** [de hanches] swaying - **3.** [de personnel] rotation ; **travailler par ~** to work to a rota - **4.** [de tambour, tonnerre] roll - **5.** TECHNOL rolling bearing ; **~ à billes** ball bearing - **6.** FIN circulation.

rouler [3] [rule] <> vt - **1.** [déplacer] to wheel - **2.** [enrouler - tapis] to roll up ; [- cigarette] to roll - **3.** fam [balancer] to sway - **4.** LING to roll - **5.** [faire tourner sur soi] to roll - **6.** fam fig [duper] to swindle, to do <> vi - **1.** [ballon, bateau] to roll - **2.** [véhicule] to go, to run ; [suj : personne] to drive - **3.** [tonnerre] to rumble - **4.** [suj : conversation] : **~ sur** to turn on - **5.** fam [aller bien] : **ça roule** everything's OK ou going well.
➤ **se rouler** vp to roll about ; **se ~ par terre** to roll on the ground ; **se ~ en boule** to roll o.s. into a ball.

roulette [rulɛt] nf - **1.** [petite roue] castor ; **comme sur des ~s** fam fig like clockwork - **2.** [de dentiste] drill - **3.** JEU roulette ; **~ russe** Russian roulette.

roulis [ruli] nm roll.

roulotte [rulɔt] nf [de gitan] caravan ; [de tourisme] caravan Br, trailer Am.

roulure [rulyr] nf fam péj tart, whore.

roumain, e [rumɛ̃, ɛn] adj Romanian.
➤ **roumain** nm [langue] Romanian.
➤ **Roumain, e** nm, f Romanian.

Roumanie [rumani] nf : **la ~** Romania.

round [rawnd] nm round.

roupiller [3] [rupije] vi fam to snooze.

roupillon [rupijɔ̃] nm fam snooze.

rouquin, e [rukɛ̃, in] fam <> adj redheaded <> nm, f redhead.

rouspéter [18] [ruspete] vi fam to grumble, to moan.

rousse ➤ roux.

rousseur [rusœr] nf redness.
➤ **taches de rousseur** nfpl freckles.

roussi [rusi] nm burning ; **ça sent le ~** fam fig trouble's on its way.

roussir [32] [rusir] <> vt - **1.** [rendre roux] to turn brown ; CULIN to brown - **2.** [brûler légèrement] to singe <> vi to turn brown ; CULIN to brown.

routage [rutaʒ] nm sorting and mailing.

routard, e [rutar, ard] nm, f fam (hippie) traveller Br ou traveler Am.

route [rut] nf - **1.** [gén] road ; **~ à grande circulation** busy road ; **faire de la ~** to do a lot of mileage ; **en ~** on the way ; **en ~!** let's go! ; **mettre en ~** [démarrer] to start up ; fig to get under way ; **~ nationale** ≃ A road Br, ≃ highway Am ; **tenir la ~** AUTOM to hold the road ; fig to hold water - **2.** [itinéraire] route ; **montrer la ~ à qqn** to show sb the way ; **faire fausse ~** to go the wrong way ; *fig* to be on the wrong track - **3.** *fig* [voie] path.

routier, ère [rutje, ɛr] *adj* road *(avant n)*.
➡ **routier** *nm* - **1.** [chauffeur] long-distance lorry driver *Br ou* trucker *Am* - **2.** [restaurant] ≃ transport cafe *Br*, ≃ truck stop *Am*.

routine [rutin] *nf* routine.

routinier, ère [rutinje, ɛr] *adj* routine.

rouvert, e [ruvɛr, ɛrt] *pp* ⊳ **rouvrir**.

rouvrir [34] [ruvrir] *vt* to reopen, to open again.
➡ **se rouvrir** *vp* to reopen, to open again.

roux, rousse [ru, rus] ◇ *adj* - **1.** [cheveux] red - **2.** [feuilles] russet, red-brown - **3.** [sucre] brown ◇ *nm, f* [personne] redhead.
➡ **roux** *nm* - **1.** [couleur] red, russet - **2.** CULIN roux.

royal, e, aux [rwajal, o] *adj* - **1.** [de roi] royal - **2.** [magnifique] princely.

royalement [rwajalmã] *adv* - **1.** [recevoir] royally ; [vivre] like royalty - **2.** *fig* [complètement] : **elle s'en moque** = she couldn't care less.

royaliste [rwajalist] *nmf* & *adj* royalist.

royalties [rwajalti(z)] *nfpl* royalties.

royaume [rwajom] *nm* kingdom.

Royaume-Uni [rwajomyni] *nm* : **le ~** the United Kingdom.

royauté [rwajote] *nf* - **1.** [fonction] kingship - **2.** [régime] monarchy.

RP ◇ *nfpl* (*abr de* **relations publiques**) PR *(sg)* ◇ *nf* - **1.** (*abr de* **recette principale**) main post office - **2.** *abr de* **région parisienne**.

R.P. (*abr de* **révérend père**) Holy Father.

RPR (*abr de* **Rassemblement pour la République**) *nm French political party to the right of the political spectrum.*

RSVP (*abr de* **répondez s'il vous plaît**) RSVP.

RTB (*abr de* **Radio-télévision belge**) *nf Belgian broadcasting company.*

rte *abr de* **route**.

RTL (*abr de* **Radio-télévision Luxembourg**) *nf Luxembourg broadcasting company.*

RU (*abr de* **restaurant universitaire**) *nm* refectory.

ruade [ryad] *nf* kick.

Ruanda, Rwanda [ryɑ̃da] *nm* : **le ~** Rwanda ; **au ~** in Rwanda.

ruandais, e [ryɑ̃dɛ, ɛz] *adj* Rwandan.
➡ **ruandais** *nm* [langue] Rwandan.
➡ **Ruandais, e** *nm, f* Rwandan.

ruban [rybɑ̃] *nm* ribbon ; **~ adhésif** adhesive tape.

rubéole [rybeɔl] *nf* German measles *(sg)*, rubella.

rubicond, e [rybikɔ̃, ɔ̃d] *adj* rubicund.

rubis [rybi] ◇ *nm* - **1.** [pierre précieuse] ruby - **2.** [de montre] jewel - **3.** *loc* : **payer ~ sur l'ongle** to pay cash on the nail ◇ *adj inv* [couleur] ruby.

rubrique [rybrik] *nf* - **1.** [chronique] column - **2.** [dans classement] heading.

ruche [ryʃ] *nf* - **1.** [abeilles] hive - **2.** [abri] hive, beehive ; *fig* hive of activity.

rucher [ryʃe] *nm* apiary.

rude [ryd] *adj* - **1.** [surface] rough - **2.** [voix] harsh - **3.** [personne, manières] rough, uncouth - **4.** [hiver, épreuve] harsh, severe ; [tâche, adversaire] tough - **5.** [appétit] hearty.

rudement [rydmɑ̃] *adv* - **1.** [brutalement - tomber] hard ; [- répondre] harshly - **2.** *fam* [très] damn.

rudesse [rydɛs] *nf* harshness, severity.

rudimentaire [rydimɑ̃tɛr] *adj* rudimentary.

rudiments [rydimɑ̃] *nmpl* rudiments.

rudoie, rudoies *etc* ⊳ **rudoyer**.

rudoyer [13] [rydwaje] *vt* to treat harshly.

rue [ry] *nf* street ; **descendre dans la ~** to take to the streets ; **jeter/mettre/être à la ~** *fig* to throw/to put/to be out on the streets ; **ne pas courir les ~s** *fig* not to grow on trees, to be thin on the ground.

ruée [rye] *nf* rush.

ruelle [ryɛl] *nf* [rue] alley, lane.

ruer [7] [rye] *vi* to kick.
➡ **se ruer** *vp* : **se ~ sur** to pounce on.

rugby [rygbi] *nm* rugby ; **~ à treize/quinze** Rugby League/Union.

rugir [32] [ryʒir] ◇ *vt* to roar, to bellow ◇ *vi* to roar ; [vent] to howl ; [personne] : **~ de** to roar with.

rugissement [ryʒismɑ̃] *nm* roar, roaring *(U)* ; [de vent] howling.

rugosité [rygozite] *nf* - **1.** [de surface] roughness - **2.** [aspérité] rough patch.

rugueux, euse [rygø, øz] *adj* rough.

ruine [ryin] *nf* - **1.** [gén] ruin ; **tomber en ~s** to fall into ruins - **2.** [effondrement] ruin, downfall - **3.** [humaine] wreck - **4.** [acquisition] : **c'est une vraie ~** it costs me/you *etc* an arm and a leg.

ruiner [3] [ryine] *vt* to ruin.
➡ **se ruiner** *vp* to ruin o.s., to bankrupt o.s.

ruineux, euse [ryinø, øz] *adj* ruinous.

ruisseau, x [ryiso] *nm* - **1.** [cours d'eau] stream ; **des ~x de larmes** floods of tears - **2.** *fig* & *péj* [caniveau] gutter.

ruisseler [24] [rɥisle] *vi* : ~ **(de)** to stream (with).

ruissellement [rɥisɛlmɑ̃] *nm* streaming.

rumba [rumba] *nf* rumba.

rumeur [rymœr] *nf* - **1.** [bruit] murmur - **2.** [nouvelle] rumour *Br*, rumor *Am*.

ruminant [ryminɑ̃] *nm* ruminant.

ruminer [3] [rymine] *vt* to ruminate ; *fig* to mull over.

rumsteck, romsteck [rɔmstɛk] *nm* rump steak.

rupestre [rypɛstr] *adj* - **1.** ART cave *(avant n)*, rock *(avant n)* - **2.** BOT rock *(avant n)*.

rupin, e [rypɛ̃, in] *fam* ◇ *adj* plush ◇ *nm, f* moneybags *(sg)*.

rupture [ryptyr] *nf* - **1.** [cassure] breaking - **2.** *fig* [changement] abrupt change ; **en ~ de ban avec** *fig* at odds with - **3.** [manque] : **être en ~ de stock** to be out of stock - **4.** [de négociations, fiançailles] breaking off ; [de contrat] breach - **5.** [amoureuse] breakup, split.

rural, e, aux [ryral, o] ◇ *adj* country *(avant n)*, rural ◇ *nm, f* country-dweller.

ruse [ryz] *nf* - **1.** [habileté] cunning, craftiness - **2.** [subterfuge] ruse.

rusé, e [ryze] ◇ *adj* cunning, crafty ◇ *nm, f* cunning *ou* crafty person.

ruser [3] [ryze] *vi* to use trickery.

rush [rœʃ] *(pl* **rushs** *ou* **rushes)** *nm* rush.

russe [rys] ◇ *adj* Russian ◇ *nm* [langue] Russian.

➤ **Russe** *nmf* Russian.

Russie [rysi] *nf* : **la ~** Russia.

rustine [rystin] *nf small rubber patch for repairing bicycle tyres.*

rustique [rystik] ◇ *nm* [style] rustic style ◇ *adj* rustic.

rustre [rystr] *péj* ◇ *nmf* lout ◇ *adj* loutish.

rut [ryt] *nm* : **être en ~** [mâle] to be rutting ; [femelle] to be on heat.

rutabaga [rytabaga] *nm* swede, rutabaga *Am*.

rutilant, e [rytilɑ̃, ɑ̃t] *adj* [brillant] gleaming.

rutiler [3] [rytile] *vi* to gleam.

R-V *abr de* **rendez-vous**.

Rwanda = **Ruanda**.

rythme [ritm] *nm* - **1.** MUS rhythm ; **en ~** in rhythm - **2.** [de travail, production] pace, rate ; **au ~ de** at the rate of ; **~ cardiaque** heart rate.

rythmer [3] [ritme] *vt* to give rhythm to.

rythmique [ritmik] ◇ *nf* rhythmics *(U)* ◇ *adj* rhythmical.

S

s¹, S [ɛs] *nm inv* - **1.** [lettre] s, S - **2.** [forme] zigzag.

➤ **S** *(abr de* **Sud)** S.

s² *(abr de* **seconde)** s.

s' ▷ **se, si.**

s/ *abr de* **sur.**

sa ▷ **son².**

SA *(abr de* **société anonyme)** *nf* ≃ Ltd *Br*, ≃ Inc. *Am*.

S.A. *(abr de* **Son Altesse)** H.H.

sabayon [sabajɔ̃] *nm* zabaglione.

sabbat [saba] *nm* - **1.** RELIG Sabbath - **2.** [de sorciers] sabbath.

sabbatique [sabatik] *adj* - **1.** RELIG Sabbath *(avant n)* - **2.** [congé] sabbatical.

sable [sabl] ◇ *nm* sand ; **de ~** [plage] sandy ; [tempête] sand *(avant n)* ; **~s mouvants** quicksand *(sg)*, quicksands ◇ *adj inv* [couleur] sandy.

sablé, e [sable] *adj* - **1.** [route] sandy - **2.** CULIN : **gâteau ~** ≃ shortbread *(U)*.

➤ **sablé** *nm* ≃ shortbread *(U)*.

sabler [3] [sable] *vt* - **1.** [route] to sand - **2.** [façade] to sandblast - **3.** [boire] : **~ le champagne** to crack a bottle of champagne.

sableux, euse [sablø, øz] *adj* sandy.

➤ **sableuse** *nf* sandblaster.

sablier [sablije] *nm* hourglass.

sablière [sablijer] *nf* - **1.** [carrière] sand quarry - **2.** [poutre] stringer.

sablonneux, euse [sablɔnø, øz] *adj* sandy.

saborder [3] [sabɔrde] *vt* [navire] to scuttle ; *fig* [entreprise] to wind up ; *fig* [projet] to scupper.

➤ **se saborder** *vp* - **1.** [navire] to be scuttled - **2.** *fig* [entreprise] to wind up.

sabot [sabo] *nm* - **1.** [chaussure] clog - **2.** [de cheval] hoof - **3.** AUTOM : **~ de Denver** wheel clamp, Denver boot ; **~ de frein** brake shoe.

sabotage [sabɔtaʒ] *nm* - **1.** [volontaire] sabotage - **2.** [bâclage] bungling.

saboter [3] [sabɔte] *vt* - **1.** [volontairement] to sabotage - **2.** [bâcler] to bungle.

saboteur, euse [sabɔtœr, øz] *nm, f* MIL & POLIT saboteur.

sabre [sabr] *nm* sabre Br, saber Am.

sabrer [3] [sabre] *vt* - **1.** *vieilli* [avec sabre] to cut down - **2.** *fam* [biffer] to slash - **3.** *fam* [critiquer] to slam - **4.** *fam* [candidat] to fail.

sac [sak] *nm* - **1.** [gén] bag ; [pour grains] sack ; [contenu] bag, bagful, sack, sackful ; **~ de couchage** sleeping bag ; **~ à dos** rucksack ; **~ à main** handbag ; **~ de voyage** travelling Br OU traveling Am bag ; **vider son ~** *fig* to get it off one's chest - **2.** *fam* [10 francs] 10 francs - **3.** *littéraire* [pillage] sack ; **mettre à ~** [ville] to sack ; [maison] to ransack.

saccade [sakad] *nf* jerk.

saccadé, e [sakade] *adj* jerky.

saccage [sakaʒ] *nm* havoc.

saccager [17] [sakaʒe] *vt* - **1.** [piller] to sack - **2.** [dévaster] to destroy.

saccharine [sakarin] *nf* saccharin.

SACEM, Sacem [sasɛm] (*abr de* **Société des auteurs, compositeurs et éditeurs de musique**) *nf society that safeguards the rights of French writers and musicians.*

sacerdoce [sasɛrdɔs] *nm* priesthood ; *fig* vocation.

sacerdotal, e, aux [sasɛrdɔtal, o] *adj* priestly.

sachant *ppr* ⊳ savoir.

sache, saches *etc* ⊳ savoir.

sachet [saʃɛ] *nm* [de bonbons] bag ; [de shampooing] sachet ; **~ de thé** teabag.

sacoche [sakɔʃ] *nf* - **1.** [de médecin, d'écolier] bag - **2.** [de cycliste] pannier.

sac-poubelle [sakpubɛl] (*pl* **sacs-poubelle**) *nm* [petit] dustbin liner ; [grand] rubbish bag Br, garbage bag Am.

sacquer, saquer [3] [sake] *vt fam* - **1.** [renvoyer] to sack Br, to fire - **2.** [élève] to fail - **3.** *loc* : **je ne peux pas le ~** I can't stand OU stomach him.

sacraliser [3] [sakralize] *vt* to hold as sacred.

sacre [sakr] *nm* [de roi] coronation ; [d'évêque] consecration.

sacré, e [sakre] *adj* - **1.** [gén] sacred - **2.** RELIG [ordres, écritures] holy - **3.** *(avant n)* *fam* [maudit] bloody Br *(avant n)*, goddam Am *(avant n)* - **4.** *(avant n)* [considérable] : **un ~ ...** a hell of a ...

sacrement [sakrəmɑ̃] *nm* sacrament ; **les derniers ~s** the last rites.

sacrément [sakremɑ̃] *adv fam vieilli* dashed.

sacrer [3] [sakre] *vt* - **1.** [roi] to crown ; [évêque] to consecrate - **2.** *fig* [déclarer] to hail.

sacrifice [sakrifis] *nm* sacrifice ; **faire un ~/des ~s** *fig* to make a sacrifice/sacrifices.

sacrifié, e [sakrifje] *adj* - **1.** [personne] sacrificed - **2.** [prix] giveaway *(avant n)*.

sacrifier [9] [sakrifje] ⊳ *vt* [gén] to sacrifice ; **~ qqch pour qqn/qqch** to sacrifice sthg for sb/sthg ; **~ qqch pour faire qqch** to sacrifice sthg to do sthg ; **~ qqn/qqch à** to sacrifice sb/sthg to ⊳ *vi littéraire* [se conformer] : **~ à** to conform to.

➤ **se sacrifier** *vp* : **se ~ à/pour** to sacrifice o.s. to/for.

sacrilège [sakrilɛʒ] ⊳ *nm* sacrilege ⊳ *nmf* sacrilegious person ⊳ *adj* sacrilegious.

sacristain [sakristɛ̃] *nm* sacristan.

sacristie [sakristi] *nf* sacristy.

sacro-saint, e [sakrosɛ̃, ɛ̃t] *adj hum* sacrosanct.

sadique [sadik] ⊳ *nmf* sadist ⊳ *adj* sadistic.

sadisme [sadism] *nm* sadism.

sadomasochiste [sadɔmazɔʃist] ⊳ *nmf* sadomasochist ⊳ *adj* sadomasochistic.

safari [safari] *nm* safari ; **~-photo** photographic safari.

SAFER, Safer [safɛr] (*abr de* **Société d'aménagement foncier et d'établissement régional**) *nf agency entitled to buy land and earmark it for agricultural use.*

safran [safrɑ̃] ⊳ *nm* - **1.** [épice] saffron - **2.** NAVIG rudder blade ⊳ *adj inv* [couleur] saffron.

saga [saga] *nf* saga.

sagace [sagas] *adj* sagacious.

sagacité [sagasite] *nf* sagacity.

sagaie [sage] *nf* assegai.

sage [saʒ] ⊳ *adj* - **1.** [personne, conseil] wise, sensible - **2.** [enfant, chien] good - **3.** [goûts] modest ; [propos, vêtement] sober ⊳ *nm* wise man, sage.

sage-femme [saʒfam] (*pl* **sages-femmes**) *nf* midwife.

sagement [saʒmɑ̃] *adv* - **1.** [avec bon sens] wisely, sensibly - **2.** [docilement] like a good girl/boy.

sagesse [saʒɛs] *nf* - **1.** [bon sens] wisdom, good sense - **2.** [docilité] good behaviour Br OU behavior Am.

Sagittaire [saʒitɛr] *nm* ASTROL Sagittarius ; **être ~** to be (a) Sagittarius.

sagouin, e [sagwɛ̃, in] *nm, f fam* slob.
➤ **sagouin** *nm* ZOOL squirrel monkey.

Sahara [saara] *nm* : **le ~** the Sahara ; **au ~** in the Sahara ; **le ~ occidental** the Western Sahara.

salaire

saharien, enne [saarjɛ̃, ɛn] *adj* Saharan.
➤ **saharienne** *nf* safari jacket.
➤ **Saharien, enne** *nm, f* Saharan.

saignant, e [sɛɲɑ̃, ɑ̃t] *adj* - **1.** [blessure] bleeding - **2.** [viande] rare, underdone - **3.** *fam fig* [critique] hurtful.

saignée [seɲe] *nf* - **1.** *vieilli* & MÉD bloodletting, bleeding - **2.** [pli du bras] crook of the arm - **3.** [sillon - dans un sol] ditch ; [- dans un mur] groove.

saignement [sɛɲmɑ̃] *nm* bleeding.

saigner [4] [seɲe] ⬦ *vt* - **1.** [malade, animal] to bleed - **2.** [financièrement] : **~ qqn (à blanc)** to bleed sb (white) ⬦ *vi* to bleed ; **je saigne du nez** my nose is bleeding, I've got a nosebleed.
➤ **se saigner** *vp* : **se ~ pour qqn** *fig* to bleed o.s. white for sb.

saillant, e [sajɑ̃, ɑ̃t] *adj* - **1.** [proéminent] projecting, protruding ; [muscles] bulging ; [pommettes] prominent - **2.** *fig* [événement] salient, outstanding.

sailli, e [saji] *pp* ⬦ **saillir¹, saillir²**.

saillie [saji] *nf* - **1.** [avancée] projection ; **en ~** projecting - **2.** ZOOL covering.

saillir¹ [50] [sajir] *vi* [balcon] to project, to protrude ; [muscles] to bulge.

saillir² [32] [sajir] *vt* ZOOL to cover.

sain, e [sɛ̃, sɛn] *adj* - **1.** [gén] healthy ; **~ et sauf** safe and sound - **2.** [lecture] wholesome - **3.** [fruit] fit to eat ; [mur, gestion] sound.

saindoux [sɛ̃du] *nm* lard.

sainement [sɛnmɑ̃] *adv* - **1.** [vivre] healthily - **2.** [raisonner] soundly.

saint, e [sɛ̃, sɛ̃t] ⬦ *adj* - **1.** [sacré] holy ; **le Saint-Esprit** the Holy Spirit ; **la Saint-Sylvestre** New Year's Eve ; **la Sainte Vierge** the Blessed Virgin - **2.** [pieux] saintly - **3.** [extrême] : **avoir une ~e horreur de qqch** to detest sthg ⬦ *nm, f* saint ; **le ~ des ~s** *fig* the holy of holies.

saint-bernard [sɛ̃bɛrnar] *nm inv* - **1.** [chien] St Bernard - **2.** *fig* [personne] good Samaritan.

saintement [sɛ̃tmɑ̃] *adv* : **vivre ~** to lead a saintly life.

saint-émilion [sɛ̃temiljɔ̃] *nm inv* red wine from the Bordeaux region.

sainte-nitouche [sɛ̃tnituʃ] (*pl* **saintes-nitouches**) *nf péj* : **c'est une ~** butter wouldn't melt in her mouth.

sainteté [sɛ̃te] *nf* holiness.
➤ **Sainteté** *nf* : **Sa Sainteté** His Holiness.

saint-glinglin [sɛ̃glɛ̃glɛ̃] ➤ **à la saint-glinglin** *loc adv fam* till Doomsday.

saint-honoré [sɛ̃tɔnɔre] *nm inv* choux pastry ring filled with confectioner's custard.

Saint-Marin [sɛ̃marɛ̃] *n* San Marino ; **à ~** in San Marino.

saint-marinais, e [sɛ̃marinɛ, ɛz] *adj* of/from San Marino.
➤ **Saint-Marinais, e** *nm, f* native *ou* inhabitant of San Marino.

Saint-Père [sɛ̃pɛr] *nm* Holy Father.

Saint-Pétersbourg [sɛ̃petɛrsbur] *n* Saint Petersburg.

saint-pierre [sɛ̃pjɛr] *nm inv* [poisson] John Dory.

Saint-Pierre [sɛ̃pjɛr] *n* : **la basilique ~** Saint Peter's Basilica.

Saint-Siège [sɛ̃sjɛʒ] *nm* : **le ~** the Holy See.

sais, sait etc ⬦ **savoir**.

saisie [sezi] *nf* - **1.** FISC & JUR distraint, seizure - **2.** INFORM input ; **erreur de ~** input error ; **~ de données** data capture.

saisir [32] [sezir] *vt* - **1.** [empoigner] to take hold of ; [avec force] to seize ; **~ qqn à la gorge** to seize *ou* grab sb by the throat - **2.** FIN & JUR to seize, to distrain - **3.** INFORM to capture - **4.** [comprendre] to grasp - **5.** [suj : sensation, émotion] to grip, to seize - **6.** [surprendre] : **être saisi par** to be struck by - **7.** CULIN to seal.
➤ **se saisir** *vp* : **se ~ de qqn/qqch** to seize sb/sthg, to grab sb/sthg.

saisissant, e [sezisɑ̃, ɑ̃t] *adj* - **1.** [spectacle] gripping ; [ressemblance] striking - **2.** [froid] biting.

saisissement [sezismɑ̃] *nm* [émotion] emotion.

saison [sezɔ̃] *nf* season ; **la belle ~** the summer months (*pl*) ; **c'est la bonne/mauvaise ~ pour** it's the right/wrong time of year for ; **la ~ des amours** the mating season ; **en/hors ~** in/out of season ; **la haute/basse/morte ~** the high/low/off season.

saisonnalité [sezɔnalite] *nf* seasonal nature.

saisonnier, ère [sezɔnje, ɛr] ⬦ *adj* seasonal ⬦ *nm, f* seasonal worker.

saké [sake] *nm* sake.

salace [salas] *adj* salacious.

salade [salad] *nf* - **1.** [plante] lettuce - **2.** [plat] (green) salad ; **~ de fruits** fruit salad ; **~ niçoise** *salad containing anchovies and tuna* - **3.** *fam fig* [méli-mélo] mess - **4.** *fam fig* [baratin] story ; **raconter des ~s** to tell stories ; **vendre sa ~** to lay it on thick.

saladier [saladje] *nm* salad bowl.

salaire [salɛr] *nm* - **1.** [rémunération] salary, wage ; **~ brut/net/de base** gross/net/basic salary, gross/net/basic wage - **2.** *fig* [récompense] reward.

salaison [salɛzɔ̃] *nf* - **1.** [procédé] salting - **2.** [aliment] salted food.

salamalecs [salamalɛk] *nmpl fam péj* bowing and scraping (U).

salamandre [salamɑ̃dr] *nf* [animal] salamander.

salami [salami] *nm* salami.

salant [salɑ̃] ⊳ **marais**.

salarial, e, aux [salarjal, o] *adj* wage *(avant n)*.

salariat [salarja] *nm* - **1.** [système] paid employment - **2.** [salariés] wage-earners (pl).

salarié, e [salarje] ⟨⟩ *adj* - **1.** [personne] wage-earning - **2.** [travail] paid ⟨⟩ *nm, f* salaried employee.

salaud [salo] *vulg* ⟨⟩ *nm* bastard ⟨⟩ *adj m* shitty.

sale [sal] *adj* - **1.** [linge, mains] dirty ; [couleur] dirty, dingy - **2.** *(avant n)* [type, gueule, coup] nasty ; [tour, histoire] dirty ; [bête, temps] filthy.

salé, e [sale] *adj* - **1.** [eau, saveur] salty ; [beurre] salted ; [viande, poisson] salt *(avant n)*, salted - **2.** *fig* [histoire] spicy - **3.** *fam fig* [addition, facture] steep.
➡ **salé** *nm* - **1.** [aliment salé] savoury *Br* ou savory *Am* food - **2.** [porc] salt pork.

salement [salmɑ̃] *adv* - **1.** [malproprement] dirtily, disgustingly - **2.** *fam* [très] bloody *Br*, damn.

saler [3] [sale] *vt* - **1.** [gén] to salt - **2.** *fam fig* [note] to bump up.

saleté [salte] *nf* - **1.** [malpropreté] dirtiness, filthiness - **2.** [crasse] dirt *(U)*, filth *(U)* ; **faire des ~s** to make a mess - **3.** *fam* [pacotille] junk *(U)*, rubbish *(U)* - **4.** *fam* [maladie] bug - **5.** [obscénité] dirty thing, obscenity ; **il m'a dit des ~s** he used obscenities to me - **6.** [action] disgusting thing ; **faire une ~ à qqn** to play a dirty trick on sb - **7.** *fam péj* [personne] nasty piece of work.

salière [saljɛr] *nf* saltcellar ; **~-poivrière** cruet.

salin, e [salɛ̃, in] *adj* saline ; [eau] salt *(avant n)*.

salir [32] [salir] *vt* - **1.** [linge, mains] to (make) dirty, to soil - **2.** *fig* [réputation, personne] to sully.
➡ **se salir** *vp* to get dirty.

salissant, e [salisɑ̃, ɑ̃t] *adj* - **1.** [tissu] easily soiled - **2.** [travail] dirty, messy.

salissure [salisyr] *nf* stain.

salivaire [salivɛr] *adj* salivary.

salive [saliv] *nf* saliva ; **dépenser beaucoup de ~** *fig* to talk nineteen to the dozen ; **perdre sa ~** *fig* to waste one's breath.

saliver [3] [salive] *vi* to salivate.

salle [sal] *nf* - **1.** [pièce] room ; **en ~** [dans un café] inside ; **~ d'attente** waiting room ; **~ de bains** bathroom ; **~ de cinéma** cinema ; **~ de classe** classroom ; **~ d'eau**, **~ de douches** shower room ; **~ d'embarquement** gate lounge ; **~ des machines** engine room ; **~ à manger** dining room ; **~ non-fumeur** ≃ no smoking area ; **~ d'opération** operating theatre *Br* ou room *Am* ; **~ de séjour** living room ; **~ de spectacle** theatre *Br*, theater *Am* ; **~ des ventes** saleroom *Br*, salesroom *Am* - **2.** [de spectacle] auditorium - **3.** [public] audience, house ; **jouer à ~ pleine** to play to a full house ; **faire ~ comble** to have a full house.

salmigondis [salmigɔ̃di] *nm* hotchpotch *Br*, hodgepodge *Am*.

salmis [salmi] *nm* half-roasted game or poultry finished in wine sauce.

salmonellose [salmɔneloz] *nf* salmonella poisoning.

salon [salɔ̃] *nm* - **1.** [de maison] lounge *Br*, living room - **2.** [commerce] : **~ de coiffure** hairdressing salon, hairdresser's ; **~ de thé** tearoom - **3.** [foire-exposition] show.

salopard [salɔpar] *nm* *tfam* bastard.

salope [salɔp] *nf* *vulg* bitch.

saloper [3] [salɔpe] *vt* *fam* to mess up, to make a mess of.

saloperie [salɔpri] *nf* *fam* - **1.** [pacotille] rubbish *(U)* - **2.** [maladie] bug - **3.** [saleté] junk *(U)*, rubbish *(U)* ; **faire des ~s** to make a mess - **4.** [action] dirty trick ; **faire des ~s à qqn** to play dirty tricks on sb - **5.** [propos] dirty comment.

salopette [salɔpɛt] *nf* [d'ouvrier] overalls (pl) ; [à bretelles] dungarees (pl) *Br*, overalls *Am*.

salpêtre [salpɛtr] *nm* saltpetre *Br*, saltpeter *Am*.

salsa [salsa] *nf* salsa.

salsifis [salsifi] *nm* salsify.

SALT [salt] (*abr de* **Strategic Arms Limitation Talks**) SALT.

saltimbanque [saltɛ̃bɑ̃k] *nmf* acrobat.

salubre [salybr] *adj* healthy.

salubrité [salybrite] *nf* healthiness ; **la ~ publique** public health.

saluer [7] [salɥe] *vt* - **1.** [accueillir] to greet - **2.** [dire au revoir à] to take one's leave of - **3.** MIL & *fig* to salute.
➡ **se saluer** *vp* to say hello/goodbye (to one another).

salut [saly] ◇ *nm* - **1.** [de la main] wave ; [de la tête] nod ; [propos] greeting - **2.** MIL salute - **3.** [d'acteur] bow - **4.** [sauvegarde] safety - **5.** RELIG salvation ◇ *interj fam* [bonjour] hi! ; [au revoir] bye!, see you!

salutaire [salytɛr] *adj* - **1.** [conseil, expérience] salutary - **2.** [remède, repos] beneficial.

salutation [salytasjɔ̃] *nf littéraire* salutation, greeting.

➡ **salutations** *nfpl* : **veuillez agréer, Monsieur, mes ~s distinguées** OU **mes sincères ~s** sout yours faithfully, yours sincerely.

salutiste [salytist] *nmf* & *adj* Salvationist.

Salvador [salvadɔr] *nm* : **le ~** El Salvador ; **au ~** in El Salvador.

salvadorien, enne [salvadɔrjɛ̃, ɛn] *adj* Salvadorian.

➡ **Salvadorien, enne** *nm, f* Salvadorian.

salve [salv] *nf* salvo.

Salzbourg [salzbur] *n* Salzburg.

samaritain, e [samaritɛ̃, ɛn] *adj* Samaritan.

➡ **samaritain** *nm* Helv first-aid worker.

samba [sɑ̃ba] *nf* samba.

samedi [samdi] *nm* Saturday ; **nous sommes partis ~** we left on Saturday ; **~ 13 septembre** Saturday 13th September ; **~ dernier/prochain** last/next Saturday ; **~ matin/midi/après-midi/soir** Saturday morning/lunchtime/afternoon/evening ; **de/du ~** Saturday (avant n) ; **le ~ d'avant** the Saturday before ; **le ~** on Saturdays ; **~ en huit** a week on Saturday, Saturday week ; **~ en quinze** two weeks on Saturday ; **un ~ sur deux** every other Saturday ; **nous sommes** OU **c'est ~** it's Saturday (today) ; **tous les ~s** every Saturday.

Samoa [samɔa] *n* Samoa ; **à ~** in Samoa.

samoan, e [samɔã, an] *adj* Samoan.

➡ **Samoan, e** *nm, f* Samoan.

samouraï, samuraï [samuraj] *nm* samurai.

samovar [samɔvar] *nm* samovar.

SAMU, Samu [samy] (abr de **Service d'aide médicale d'urgence**) *nm* French ambulance and emergency service, ≃ Ambulance Brigade Br, ≃ Paramedics Am.

samuraï = **samouraï**.

sanatorium [sanatɔrjɔm] *nm* sanatorium.

sanctifier [9] [sɑ̃ktifje] *vt* - **1.** [rendre saint] to sanctify - **2.** [révérer] to hallow.

sanction [sɑ̃ksjɔ̃] *nf* sanction ; fig [conséquence] penalty, price ; **prendre des ~s contre** to impose sanctions on.

sanctionner [3] [sɑ̃ksjɔne] *vt* to sanction.

sanctuaire [sɑ̃ktɥɛr] *nm* - **1.** [d'église] sanctuary - **2.** [lieu saint] shrine.

sandale [sɑ̃dal] *nf* sandal.

sandalette [sɑ̃dalɛt] *nf* sandal.

Sandow® [sɑ̃do] *nm* - **1.** [attache] elastic cable (for securing luggage etc) - **2.** AÉRON catapult.

sandwich [sɑ̃dwitʃ] (pl sandwiches OU sandwichs) *nm* sandwich ; **être pris en ~ entre** fam to be sandwiched between.

sang [sɑ̃] *nm* blood ; **en ~** bleeding ; **pur-~** thoroughbred ; **dans le ~** fig in the blood ; **se faire du mauvais ~** OU **un ~ d'encre** fig to get really worried OU upset ; **suer ~ et eau** fig to sweat blood.

sang-froid [sɑ̃frwa] *nm inv* calm ; **de ~** in cold blood ; **perdre/garder son ~** to lose/to keep one's head.

sanglant, e [sɑ̃glɑ̃, ɑ̃t] *adj* bloody ; fig cruel.

sangle [sɑ̃gl] *nf* strap ; [de selle] girth.

➡ **sangles** *nfpl* webbing (U).

sangler [3] [sɑ̃gle] *vt* [attacher] to strap ; [cheval] to girth.

sanglier [sɑ̃glije] *nm* boar.

sanglot [sɑ̃glo] *nm* sob ; **éclater en ~s** to burst into sobs.

sangloter [3] [sɑ̃glɔte] *vi* to sob.

sangria [sɑ̃grija] *nf* sangria.

sangsue [sɑ̃sy] *nf* leech ; fig [personne] bloodsucker.

sanguin, e [sɑ̃gɛ̃, in] *adj* - **1.** ANAT blood (avant n) - **2.** [rouge - visage] ruddy ; [- orange] blood (avant n) - **3.** [emporté] quick-tempered.

➡ **sanguine** *nf* - **1.** [dessin] red chalk drawing - **2.** [fruit] blood orange.

sanguinaire [sɑ̃giner] *adj* - **1.** [tyran] bloodthirsty - **2.** [lutte] bloody.

sanguinolent, e [sɑ̃ginɔlɑ̃, ɑ̃t] *adj* stained with blood.

Sanisette® [sanizɛt] *nf* automatic public toilet, superloo Br.

sanitaire [saniter] ◇ *nm* bathroom fittings and plumbing ◇ *adj* - **1.** [service, mesure] health (avant n) - **2.** [installation, appareil] bathroom (avant n).

➡ **sanitaires** *nmpl* toilets and showers.

sans [sɑ̃] ◇ *prép* without ; **~ argent** without any money ; **~ faire un effort** without making an effort ◇ *adv* : **passe-moi mon manteau, je ne veux pas sortir ~** pass me my coat, I don't want to go out without it.

➡ **sans que** *loc conj* : **~ que vous le sachiez** without your knowing.

sans-abri [sɑ̃zabri] *nmf inv* homeless person.

San Salvador [sɑ̃salvadɔr] *n* San Salvador.

sanscrit [sɑ̃skri] *nm* Sanskrit.

sans-emploi [sɑ̃zɑ̃plwa] *nmf inv* unemployed person.

sans-gêne [sɑ̃ʒɛn] <> *nm inv* [qualité] rudeness, lack of consideration <> *nmf inv* [personne] rude *ou* inconsiderate person <> *adj inv* rude, inconsiderate.

sans-le-sou [sɑ̃lsu] *nmf inv fam* person who is broke *ou* hard up.

sans-logis [sɑ̃lɔʒi] *nmf inv* homeless person.

sansonnet [sɑ̃sɔnɛ] *nm* starling.

sans-papiers [sɑ̃papje] *nmf immigrant without proper identity or working papers.*

sans-plomb [sɑ̃plɔ̃] *nm inv* unleaded (petrol *Br ou* gas *Am*), lead-free petrol *Br ou* gas *Am*.

santal [sɑ̃tal] *nm* sandalwood.

santé [sɑ̃te] *nf* health ; **recouvrer la ~** to get one's health back ; **~ de fer** strong *ou* iron constitution ; **à ta/votre ~!** cheers!, good health! ; **boire à la ~ de qqn** to drink sb's health, to toast sb.

santiag [sɑ̃tjag] *nf* cowboy boot.

Santiago [sɑ̃tjago] *n* Santiago.

santon [sɑ̃tɔ̃] *nm figure placed in Christmas crib.*

Santorin [sɑ̃tɔrɛ̃] *n* Santorini.

São Paulo [saopolo] *n* - **1.** [ville] São Paulo - **2.** [État] : **l'État de ~** São Paulo (State).

saoudien, enne [saudjɛ̃, ɛn] *adj* Saudi (Arabian).
◆ **Saoudien, enne** *nm, f* Saudi (Arabian).

saoul = soûl.

saouler = soûler.

saper [3] [sape] *vt* to undermine.
◆ **se saper** *vp fam* to dress o.s. up.

sapeur [sapœr] *nm* sapper.

sapeur-pompier [sapœrpɔ̃pje] (*pl* **sapeurs-pompiers**) *nm* fireman, fire fighter.

saphir [safir] *nm* sapphire.

sapin [sapɛ̃] *nm* - **1.** [arbre] fir, firtree ; **~ de Noël** Christmas tree - **2.** [bois] fir, deal *Br*.

sapinière [sapinjɛr] *nf* fir forest.

sapristi [sapristi] *interj fam* goodness me!, my goodness!

saquer = sacquer.

S.A.R. (*abr de* son altesse royale) H.R.H.

sarabande [sarabɑ̃d] *nf* - **1.** [danse] saraband - **2.** *fam* [vacarme] din, racket.

Sarajevo [saraʒevo] *n* Sarajevo.

sarbacane [sarbakan] *nf* [arme] blowpipe *Br*, blowgun *Am* ; [jouet] peashooter.

sarcasme [sarkasm] *nm* sarcasm.

sarcastique [sarkastik] *adj* sarcastic.

sarcler [3] [sarkle] *vt* to weed.

sarcloir [sarklwar] *nm* hoe.

sarcophage [sarkɔfaʒ] *nm* sarcophagus.

Sardaigne [sardɛɲ] *nf* : **la ~** Sardinia.

sarde [sard] *adj* Sardinian.
◆ **Sarde** *nmf* Sardinian.

sardine [sardin] *nf* sardine ; **~s à l'huile** sardines in oil ; **être serrés comme des ~s** *fam fig* to be packed like sardines.

sardinerie [sardinri] *nf* sardine cannery.

sardonique [sardɔnik] *adj* sardonic.

SARL, Sarl (*abr de* société à responsabilité limitée) *nf* limited liability company ; **Leduc, ~** ≃ Leduc Ltd.

sarment [sarmɑ̃] *nm* - **1.** [de vigne] shoot - **2.** [tige] stem.

sarrasin, e [sarazɛ̃, in] *adj* Saracen.
◆ **sarrasin** *nm* buckwheat.
◆ **Sarrasin, e** *nm, f* Saracen.

sarrau [saro] *nm* smock.

sarriette [sarjɛt] *nf* savory.

sas [sas] *nm* - **1.** AÉRON & NAVIG airlock - **2.** [d'écluse] lock - **3.** [tamis] sieve.

S.A.S. (*abr de* son altesse sérénissime) H.S.H.

satané, e [satane] *adj (avant n) fam* damned.

satanique [satanik] *adj* satanic.

satellisation [satelizasjɔ̃] *nf* - **1.** [de fusée] putting into orbit - **2.** [de pays] becoming a satellite.

satelliser [3] [satelize] *vt* - **1.** [fusée] to put into orbit - **2.** [pays] to make a satellite.

satellite [satelit] <> *nm* satellite ; **par ~** by satellite ; **~-relais** telecommunications satellite <> *adj* satellite *(avant n)*.

satiété [sasjete] *nf* : **à ~** [boire, manger] one's fill ; [répéter] ad nauseam.

satin [satɛ̃] *nm* satin.

satiné, e [satine] *adj* satin *(avant n)* ; [peau] satiny-smooth.
◆ **satiné** *nm* satin-like quality.

satinette [satinɛt] *nf* - **1.** [coton et soie] satinet - **2.** [coton seul] sateen.

satire [satir] *nf* satire.

satirique [satirik] *adj* satirical.

satisfaction [satisfaksjɔ̃] *nf* satisfaction.

satisfaire [109] [satisfɛr] *vt* to satisfy ; **~ à** [condition, revendication] to meet, to satisfy ; [engagement] to fulfil.

➤ **se satisfaire** *vp* : **se ~ de** to be satisfied with.

satisfaisait, satisfaisions *etc* ▷ satisfaire.

satisfaisant, e [satisfəzɑ̃, ɑ̃t] *adj* - **1.** [travail] satisfactory - **2.** [expérience] satisfying.

satisfait, e [satisfɛ, ɛt] ◇ *pp* ▷ satisfaire ◇ *adj* satisfied ; **être ~ de** to be satisfied with ; '**~ ou remboursé** 'satisfaction guaranteed or your money back'.

satisfasse, satisfasses *etc* ▷ satisfaire.

saturation [satyrasjɔ̃] *nf* saturation.

saturé, e [satyre] *adj* : **~ (de)** saturated (with).

saturer [3] [satyre] *vt* : **~ qqch (de)** to saturate sthg (with).

saturne [satyrn] *nm vieilli* lead.

➤ **Saturne** *nf* ASTRON Saturn.

satyre [satir] *nm* satyr ; *fig* sex maniac.

sauce [sos] *nf* - **1.** CULIN sauce ; **en ~** in a sauce ; **~ hollandaise** hollandaise sauce ; **~ tartare** tartare sauce ; **~ tomate/blanche/ piquante** tomato/white/spicy sauce - **2.** *fig* [accompagnement] presentation ; **mettre qqn à toutes les ~s** to use sb as a dogsbody.

saucer [16] [sose] *vt* - **1.** [assiette] to wipe - **2.** *fam* [personne] : **se faire ~** to get soaked.

saucière [sosjɛr] *nf* sauceboat.

saucisse [sosis] *nf* - **1.** CULIN sausage ; **~ de Francfort** frankfurter ; **~ sèche** dried sausage - **2.** *fam vieilli* & AÉRON barrage balloon.

saucisson [sosisɔ̃] *nm* slicing sausage.

saucissonner [3] [sosisone] ◇ *vi fam* to have a picnic ◇ *vt* - **1.** [colis] to truss up - **2.** [baguette] slice up.

sauf¹, sauve [sof, sov] *adj* [personne] safe, unharmed ; *fig* [honneur] saved, intact.

sauf² [sof] *prép* - **1.** [à l'exclusion de] except, apart from - **2.** [sous réserve de] barring ; **~ que** except (that).

sauf-conduit [sofkɔ̃dɥi] (*pl* **sauf-conduits**) *nm* safe-conduct.

sauge [soʒ] *nf* - **1.** CULIN sage - **2.** [plante ornementale] salvia.

saugrenu, e [sogrəny] *adj* ridiculous, nonsensical.

saule [sol] *nm* willow ; **~ pleureur** weeping willow.

saumâtre [somatr] *adj* - **1.** [eau] brackish - **2.** *fig* [plaisanterie] distasteful.

saumon [somɔ̃] ◇ *nm* salmon ◇ *adj inv* salmon pink.

saumoné, e [somɔne] *adj* salmon (*avant n*).

saumure [somyr] *nf* brine.

sauna [sona] *nm* sauna.

saupoudrer [3] [sopudre] *vt* : **~ qqch de** to sprinkle sthg with.

saupoudreuse [sopudrøz] *nf* dredger.

saur [sɔr] ▷ hareng.

saurai, sauras *etc* ▷ savoir.

saurien [sɔrjɛ̃] *nm* saurian.

saut [so] *nm* - **1.** [bond] leap, jump - **2.** SPORT : **~ en hauteur** high jump ; **~ en longueur** long jump, broad jump *Am* ; **~ à l'élastique** bungee-jumping ; **faire du ~ à l'élastique** to go bungee-jumping - **3.** [visite] : **faire un ~ chez qqn** *fig* to pop in and see sb - **4.** INFORM : **~ de page** page break.

saute [sot] *nf* sudden change ; **avoir des ~s d'humeur** to have mood swings, to be temperamental.

sauté, e [sote] *adj* sautéed.

➤ **sauté** *nm* : **~ de veau** sautéed veal.

saute-mouton [sotmutɔ̃] *nm inv* : **jouer à ~** to play leapfrog.

sauter [3] [sote] ◇ *vi* - **1.** [bondir] to jump, to leap ; **~ à la corde** to skip ; **~ d'un sujet à l'autre** *fig* to jump from one subject to another ; **~ de joie** *fig* to jump for joy ; **~ au cou de qqn** *fig* to throw one's arms around sb - **2.** [exploser] to blow up ; [fusible] to blow - **3.** [être projeté - bouchon] to fly out ; [- serrure] to burst off ; [- bouton] to fly off ; [- chaîne de vélo] to come off - **4.** *fam* [employé] to get the sack - **5.** [être annulé] to be cancelled - **6.** CULIN : **faire ~ qqch** to sauté sthg - **7.** *loc* : **et que ça saute!** *fam* and get a move on! ◇ *vt* - **1.** [fossé, obstacle] to jump *ou* leap over - **2.** *fig* [page, repas] to skip - **3.** *vulg* [personne] : **~ qqn** to have it off with sb.

sauterelle [sotrɛl] *nf* - **1.** ZOOL grasshopper - **2.** *fam fig* [personne] beanpole.

sauterie [sotri] *nf vieilli* do, party.

sauternes [sotern] *nm* sweet dessert wine.

sauteur, euse [sotœr, øz] ◇ *adj* [insecte] jumping (*avant n*) ◇ *nm, f* [athlète] jumper.

➤ **sauteur** *nm* [cheval] jumper.

➤ **sauteuse** *nf* CULIN frying pan.

sautiller [3] [sotije] *vi* to hop.

sautoir [sotwar] *nm* - **1.** [bijou] chain ; **~ de perles** string of pearls ; **porter qqch en ~** to wear sthg on a chain round one's neck - **2.** SPORT jumping area.

sauvage [sovaʒ] ◇ *adj* - **1.** [plante, animal] wild - **2.** [farouche - animal familier] shy, timid ; [- personne] unsociable - **3.** [conduite, haine] savage ◇ *nmf* - **1.** [solitaire] recluse - **2.** *péj* [brute, indigène] savage.

sauvagement [sovaʒmɑ̃] *adv* savagely.

sauvageon, onne [sovaʒɔ̃, ɔn] *nm, f* little savage.

sauvagerie [sovaʒri] *nf* - **1.** [férocité] brutality, savagery - **2.** [insociabilité] unsociableness.

sauvagine [sovaʒin] *nf littéraire* wildfowl.

sauve ⊳ sauf[1].

sauvegarde [sovgard] *nf* - **1.** [protection] safeguard - **2.** INFORM saving ; [copie] backup.

sauvegarder [3] [sovgarde] *vt* - **1.** [protéger] to safeguard - **2.** INFORM to save ; [copier] to back up.

sauve-qui-peut [sovkipø] ◇ *nm inv* [débandade] stampede ◇ *interj* every man for himself!

sauver [3] [sove] *vt* - **1.** [gén] to save ; ~ qqn/qqch de to save sb/sthg from, to rescue sb/sthg from ; ~ qqn de MÉD to cure sb of - **2.** [navire, biens] to salvage.
➤ **se sauver** *vp* : se ~ (de) to run away (from) ; [prisonnier] to escape (from).

sauvetage [sovtaʒ] *nm* - **1.** [de personne] rescue - **2.** [de navire, biens] salvage.

sauveteur [sovtœr] *nm* rescuer.

sauvette [sovɛt] ➤ à la sauvette *loc adv* hurriedly, at great speed.

sauveur [sovœr] *nm* saviour *Br*, savior *Am*.

SAV [sav] (*abr de* service après-vente) *nm* after-sales service.

savamment [savamɑ̃] *adv* - **1.** [avec érudition] learnedly - **2.** [avec habileté] skilfully, cleverly.

savane [savan] *nf* savanna.

savant, e [savɑ̃, ɑ̃t] *adj* - **1.** [érudit] scholarly - **2.** [habile] skilful, clever - **3.** [animal] performing (avant n).
➤ **savant** *nm* scientist.

savarin [savarɛ̃] *nm ring-shaped cake containing rum.*

savate [savat] *nf* - **1.** [pantoufle] worn-out slipper ; [soulier] worn-out shoe - **2.** SPORT kick boxing - **3.** *fam fig* [personne] clumsy oaf.

saveur [savœr] *nf* flavour *Br*, flavor *Am* ; *fig* savour *Br*, savor *Am*.

savoir [59] [savwar] ◇ *vt* - **1.** [gén] to know ; faire ~ qqch à qqn to tell sb sthg, to inform sb of sthg ; si j'avais su ... had I but known ..., if I had only known ... ; sans le ~ unconsciously, without being aware of it ; en ~ long sur qqn/qqch to know a lot about sb/sthg ; tu (ne) peux pas ~ *fam* you have no idea ; pas que je sache not as far as I know ; (ne pas) ~ de quoi il retourne (not) to know what it's all about - **2.** [être capable de] to know how to ; sais-tu conduire? can you drive? ◇ *nm* learning.

➤ à savoir *loc conj* namely, that is.

savoir-faire [savwarfɛr] *nm inv* know-how, expertise.

savoir-vivre [savwarvivr] *nm inv* good manners (pl).

savon [savɔ̃] *nm* - **1.** [matière] soap ; [pain] cake *ou* bar of soap - **2.** *fam* [réprimande] telling-off ; passer un ~ à qqn to give sb a telling-off.

savonner [3] [savone] *vt* - **1.** [linge] to soap - **2.** *fam* [enfant] to tell off.
➤ **se savonner** *vp* to soap o.s.

savonnette [savonɛt] *nf* guest soap.

savonneux, euse [savonø, øz] *adj* soapy.

savourer [3] [savure] *vt* to savour *Br*, to savor *Am*.

savoureux, euse [savurø, øz] *adj* - **1.** [mets] tasty - **2.** *fig* [anecdote] juicy.

savoyard, e [savwajar, ard] *adj* of/from Savoy.
➤ **Savoyard, e** *nm, f* native *ou* inhabitant of Savoy.

saxophone [saksɔfɔn] *nm* saxophone.

saxophoniste [saksɔfɔnist] *nmf* saxophonist, saxophone player.

saynète [sɛnɛt] *nf* playlet.

SBB (*abr de* Schweizerische Bundesbahn) *Swiss federal railways.*

sbire [sbir] *nm péj* henchman.

sc. (*abr de* scène) sc.

s/c (*abr de* sous couvert de) c/o.

scabreux, euse [skabrø, øz] *adj* - **1.** [propos] shocking, indecent - **2.** [entreprise] risky.

scalp [skalp] *nm* - **1.** [action] scalping - **2.** [trophée] scalp.

scalpel [skalpɛl] *nm* scalpel.

scalper [3] [skalpe] *vt* to scalp.

scampi [skɑ̃pi] *nmpl* scampi (U).

scandale [skɑ̃dal] *nm* - **1.** [fait choquant] scandal - **2.** [indignation] uproar - **3.** [tapage] scene ; faire du *ou* un ~ to make a scene.

scandaleusement [skɑ̃dalœzmɑ̃] *adj* scandalously, outrageously.

scandaleux, euse [skɑ̃dalø, øz] *adj* scandalous, outrageous.

scandaliser [3] [skɑ̃dalize] *vt* to shock, to scandalize.
➤ **se scandaliser** *vp* to be shocked, to be scandalized.

scander [3] [skɑ̃de] *vt* - **1.** [vers] to scan - **2.** [slogan] to chant.

scandinave [skɑ̃dinav] *adj* Scandinavian.
➤ **Scandinave** *nmf* Scandinavian.

Scandinavie [skãdinavi] *nf* : la ~ Scandinavia.

scanner[1] [4] [skane] *vt* to scan.

scanner[2] [skaner] *nm* scanner.

scaphandre [skafãdr] *nm* - **1.** [de plongeur] diving suit ; ~ **autonome** aqualung - **2.** [d'astronaute] spacesuit.

scaphandrier [skafãdrije] *nm* deep-sea diver.

scarabée [skarabe] *nm* beetle, scarab.

scarlatine [skarlatin] *nf* scarlet fever.

scarole [skarɔl] *nf* endive.

scatologique [skatɔlɔʒik] *adj* scatological.

sceau, x [so] *nm* seal ; *fig* stamp, hallmark ; **sous le ~ du secret** *fig* under the seal of secrecy.

scélérat, e [selera, at] *littéraire* ◇ *adj* wicked ◇ *nm, f* villain ; *péj* rogue, rascal.

sceller [4] [sele] *vt* - **1.** [gén] to seal - **2.** CONSTR [fixer] to embed.

scellés [sele] *nmpl* seals ; **sous ~** sealed.

scénario [senarjo] *nm* - **1.** CIN, LITTÉRATURE & THÉÂTRE [canevas] scenario - **2.** CIN & TÉLÉ [découpage, synopsis] screenplay, script - **3.** *fig* [rituel] pattern.

scénariste [senarist] *nmf* scriptwriter.

scène [sɛn] *nf* - **1.** [gén] scene ; ~ **de ménage** domestic row *ou* scene - **2.** [estrade] stage ; **entrée en ~** THÉÂTRE entrance ; *fig* appearance ; **mettre en ~** THÉÂTRE to stage ; CIN to direct.

scénique [senik] *adj* theatrical.

scepticisme [sɛptisism] *nm* scepticism *Br*, skepticism *Am*.

sceptique [sɛptik] ◇ *nmf* sceptic *Br*, skeptic *Am* ◇ *adj* - **1.** [incrédule] sceptical *Br*, skeptical *Am* - **2.** PHILO sceptic *Br*, skeptic *Am*.

sceptre [sɛptr] *nm* sceptre *Br*, scepter *Am*.

SCH (*abr de* schilling) S, Sch.

schah, shah [ʃa] *nm* shah.

schéma [ʃema] *nm* - **1.** [diagramme] diagram - **2.** [résumé] outline.

schématique [ʃematik] *adj* - **1.** [dessin] diagrammatic - **2.** [interprétation, exposé] simplified.

schématiquement [ʃematikmã] *adv* - **1.** [par dessin] diagrammatically - **2.** [en résumé] briefly.

schématisation [ʃematizasjɔ̃] *nf* - **1.** [présentation graphique] diagrammatic representation - **2.** *péj* [généralisation] oversimplification.

schématiser [3] [ʃematize] *vt* - **1.** [présenter en schéma] to represent diagrammatically - **2.** *péj* [généraliser] to oversimplify.

schisme [ʃism] *nm* - **1.** RELIG schism - **2.** [d'opinion] split.

schiste [ʃist] *nm* shale.

schizo [skizo] *adj fam* schizophrenic.

schizoïde [skizɔid] *adj* schizoid.

schizophrène [skizɔfrɛn] *nmf & adj* schizophrenic.

schizophrénie [skizɔfreni] *nf* schizophrenia.

schizophrénique [skizɔfrenik] *adj* schizophrenic.

schlinguer, chlinguer [3] [ʃlɛ̃ge] *vi tfam* to stink.

schnock, chnoque [ʃnɔk] *nm fam* : **du ~!** dummy!, dimwit!

schuss [ʃus] ◇ *nm* schuss ◇ *adv* : **descendre (tout) ~** to schuss down.

sciatique [sjatik] ◇ *nf* sciatica ◇ *adj* sciatic.

scie [si] *nf* - **1.** [outil] saw ; ~ **à métaux** hacksaw ; ~ **sauteuse** jigsaw - **2.** [rengaine] catchphrase - **3.** *fam* [personne] bore.

sciemment [sjamã] *adv* knowingly.

science [sjãs] *nf* - **1.** [connaissances scientifiques] science ; ~**s humaines** *ou* **sociales** UNIV social sciences ; ~**s naturelles** SCOL biology *(sg)* - **2.** [érudition] knowledge ; **avoir la ~ infuse** *fig* to know a lot - **3.** [art] art.

science-fiction [sjãsfiksjɔ̃] *nf* science fiction.

sciences-po [sjãspo] *nfpl* UNIV political science *(sg)*.

➤ **Sciences-Po** *n grande école for political science.*

scientifique [sjãtifik] ◇ *nmf* scientist ◇ *adj* scientific.

scientifiquement [sjãtifikmã] *adv* scientifically.

scientisme [sjãtism] *nm* Christian Science.

scier [9] [sje] *vt* - **1.** [branche] to saw - **2.** *fam* [personne] to stagger.

scierie [siri] *nf* sawmill.

scinder [3] [sɛ̃de] *vt* : ~ **(en)** to split (into), to divide (into).

➤ **se scinder** *vp* : **se ~ (en)** to split (into), to divide (into).

scintillant, e [sɛ̃tijã, ãt] *adj* sparkling.

scintillement [sɛ̃tijmã] *nm* sparkle.

scintiller [3] [sɛ̃tije] *vi* to sparkle.

scission [sisjɔ̃] *nf* split.

sciure [sjyr] *nf* sawdust.

sclérose [skleroz] *nf* sclerosis ; *fig* ossification ; ~ **en plaques** multiple sclerosis.

sclérosé, e [skleroze] <> *adj* sclerotic ; *fig* ossified <> *nm, f* person suffering from sclerosis ; *fig* person set in his/her ways.

scléroser [3] [skleroze] ⮞ **se scléroser** *vp* to become sclerotic ; *fig* to become ossified.

scolaire [skɔlɛr] *adj* school *(avant n)* ; *péj* bookish.

scolarisable [skɔlarizabl] *adj* of school age.

scolarisation [skɔlarizasjɔ̃] *nf* schooling.

scolariser [3] [skɔlarize] *vt* to provide with schooling.

scolarité [skɔlarite] *nf* schooling ; **prolonger la ~** to raise the school-leaving age ; **frais de ~** *SCOL* school fees ; *UNIV* tuition fees.

scolastique [skɔlastik] <> *nf* scholasticism <> *adj* scholastic.

scoliose [skɔljoz] *nf* curvature of the spine.

scoop [skup] *nm* scoop.

scooter [skutœr] *nm* scooter ; **~ des mers** jet ski ; **~ des neiges** snowmobile.

scorbut [skɔrbyt] *nm* scurvy.

score [skɔr] *nm* - **1.** *SPORT* score - **2.** *POLIT* result.

scorie [skɔri] *nf* - **1.** *(gén pl)* *GÉOL* scoria - **2.** *IND* slag *(U)* ; *fig* dregs *(pl)*.

scorpion [skɔrpjɔ̃] *nm* scorpion.
⮞ **Scorpion** *nm ASTROL* Scorpio ; **être Scorpion** to be (a) Scorpio.

scotch [skɔtʃ] *nm* [alcool] whisky, Scotch.

Scotch® [skɔtʃ] *nm* [adhésif] ≃ Sellotape® *Br*, ≃ Scotch tape® *Am*.

scotcher [3] [skɔtʃe] *vt* to sellotape *Br*, to scotch-tape *Am*.

scout, e [skut] *adj* scout *(avant n)*.
⮞ **scout** *nm* scout.

scoutisme [skutism] *nm* scouting.

Scrabble® [skrabl] *nm* Scrabble®.

scratcher (se) [skratʃe] *vpr fam* to crash ; **se ~ contre un arbre** to crash into a tree.

scribe [skrib] *nm HIST* scribe.

scribouillard, e [skribujar, ard] *nm, f péj* pen pusher.

script [skript] *nm* - **1.** *TYPO* printing, print - **2.** *CIN & TÉLÉ* script.

scripte [skript] *nmf CIN & TÉLÉ* continuity person.

scriptural, e, aux [skriptyral, o] *adj* : **monnaie ~e** substitute money.

scrotum [skrɔtɔm] *nm* scrotum.

scrupule [skrypyl] *nm* scruple ; **avec ~** scrupulously ; **sans ~s** [être] unscrupulous ; [agir] unscrupulously.

scrupuleusement [skrypyløzmɑ̃] *adv* scrupulously.

scrupuleux, euse [skrypylø, øz] *adj* scrupulous.

scrutateur, trice [skrytatœr, tris] *adj* searching.
⮞ **scrutateur** *nm POLIT* ≃ scrutineer *Br*, ≃ teller *Am*.

scruter [3] [skryte] *vt* to scrutinize.

scrutin [skrytɛ̃] *nm* - **1.** [vote] ballot ; **dépouiller un ~** to count the votes - **2.** [système] voting system ; **~ majoritaire** first-past-the-post system ; **~ proportionnel** proportional representation system.

sculpter [3] [skylte] *vt* to sculpt.

sculpteur [skyltœr] *nm* sculptor.

sculptural, e, aux [skyltyral, o] *adj* sculptural ; *fig* statuesque.

sculpture [skyltyr] *nf* sculpture.

sdb *abr de* **salle de bains**.

SDF *(abr de* **sans domicile fixe)** *nmf* : **les ~** the homeless.

SDN *(abr de* **Société des Nations)** *nf* League of Nations.

se [sə], **s'** *(devant voyelle ou h muet)* *pron pers* - **1.** *(réfléchi)* [personne] oneself, himself *(f* herself*)*, *(pl)* themselves ; [chose, animal] itself, *(pl)* themselves ; **elle ~ regarde dans le miroir** she looks at herself in the mirror - **2.** *(réciproque)* each other, one another ; **elles ~ sont parlé** they spoke to each other *ou* to one another ; **ils ~ sont rencontrés hier** they met yesterday - **3.** *(passif)* : **ce produit ~ vend bien/partout** this product is selling well/is sold everywhere - **4.** [remplace l'adjectif possessif] : **~ laver les mains** to wash one's hands ; **~ couper le doigt** to cut one's finger.

S.E. *(abr de* **son excellence)** H.E.

séance [seɑ̃s] *nf* - **1.** [réunion] meeting, sitting, session ; **lever la ~** *fig* to adjourn the meeting *ou* session ; **~ extraordinaire** special session, extraordinary meeting - **2.** [période] session ; [de pose] sitting - **3.** *CIN & THÉÂTRE* performance - **4.** *fam* [scène] performance - **5.** *loc* : **~ tenante** right away, forthwith.

séant, e [seɑ̃, ɑ̃t] *adj* fitting, seemly.
⮞ **séant** *nm* : **se dresser** *OU* **se mettre sur son ~** *littéraire* to sit up.

seau, x [so] *nm* - **1.** [récipient] bucket ; **~ à glace** ice bucket - **2.** [contenu] bucketful.

sébile [sebil] *nf* (begging) bowl.

sébum [sebɔm] *nm* sebum.

sec, sèche [sɛk, sɛʃ] *adj* - **1.** [gén] dry - **2.** [fruits] dried - **3.** [alcool] neat - **4.** [personne - maigre] lean ; [- austère] austere - **5.** *fi* [cœur] hard ; [voix, ton] sharp - **6.** [sans autre prestation] : **vol** ~ flight only - **7.** fam : **être** ~ **sur un sujet** to have nothing to say on a subject.

➤ **sec** ⟨⟩ adv - **1.** [beaucoup] : **boire** ~ to drink heavily - **2.** [frapper] hard - **3.** [démarrer] sharply - **4.** loc : **aussi** ~ fam right away ; **être à** ~ [puits] to be dry ou dried up ; fam [personne] to be broke ⟨⟩ nm : **tenir au** ~ to keep in a dry place.

sécable [sekabl] adj divisible.

SECAM, Secam [sekam] (abr de **procédé séquentiel à mémoire**) nm & adj French TV broadcasting system.

sécateur [sekatœr] nm secateurs (pl).

sécession [sesesjɔ̃] nf secession ; **faire** ~ **(de)** to secede (from).

séchage [seʃaʒ] nm drying.

sèche [sɛʃ] nf fam cigarette, fag Br.

sèche-cheveux [sɛʃʃəvø] nm inv hairdryer.

sèche-linge [sɛʃlɛ̃ʒ] nm inv tumble-dryer.

sécher [18] [seʃe] ⟨⟩ vt - **1.** [linge] to dry - **2.** arg scol [cours] to skip, to skive off Br ⟨⟩ vi - **1.** [linge] to dry - **2.** [peau] to dry out ; [rivière] to dry up - **3.** arg scol [ne pas savoir répondre] to dry up.

sécheresse [seʃrɛs] nf - **1.** [de terre, climat, style] dryness - **2.** [absence de pluie] drought - **3.** [de réponse] curtness.

séchoir [seʃwar] nm - **1.** [local] drying shed - **2.** [tringle] airer, clotheshorse - **3.** [électrique] dryer ; ~ **à cheveux** hairdryer.

second, e [səgɔ̃, ɔ̃d] ⟨⟩ adj num second ; **dans un état** ~ dazed ⟨⟩ nm, f second ; voir aussi **sixième**.

➤ **second** nm [assistant] assistant.

➤ **seconde** nf - **1.** [unité de temps & MUS] second ; **une** ~**e!** just a second! - **2.** SCOL ≃ fifth year ou form Br, ≃ tenth grade Am - **3.** TRANSPORT second class.

secondaire [səgɔ̃dɛr] ⟨⟩ nm : **le** ~ GÉOL the Mesozoic ; SCOL secondary education ; ÉCON the secondary sector ⟨⟩ adj - **1.** [gén & SCOL] secondary ; **effets** ~**s** MÉD side effects - **2.** GÉOL Mesozoic.

seconder [3] [səgɔ̃de] vt to assist.

secouer [6] [səkwe] vt - **1.** [gén] to shake - **2.** fam [réprimander] to shake up.

➤ **se secouer** vp fam to snap out of it.

secourable [səkurabl] adj helpful ; **main** ~ helping hand.

secourir [45] [səkurir] vt [blessé, miséreux] to help ; [personne en danger] to rescue.

secourisme [səkurism] nm first aid.

secouriste [səkurist] nmf first-aid worker.

secourrai, secourras etc ⊳ **secourir**.

secours¹, secourt etc ⊳ **secourir**.

secours² [səkur] nm - **1.** [aide] help ; **appeler au** ~ to call for help ; **les** ~ emergency services ; **au** ~**!** help! ; **porter** ~ **à qqn** to help sb ; **voler au** ~ **de qqn** fig to rush to sb's aid - **2.** [dons] aid, relief - **3.** [renfort] relief, reinforcements (pl) - **4.** [soins] aid ; **les premiers** ~ first aid (U).

➤ **de secours** loc adj - **1.** [trousse, poste] first-aid (avant n) - **2.** [éclairage, issue] emergency (avant n) - **3.** [roue] spare.

secouru, e [səkury] pp ⊳ **secourir**.

secousse [səkus] nf - **1.** [mouvement] jerk, jolt - **2.** fig [bouleversement] upheaval ; [psychologique] shock - **3.** [tremblement de terre] tremor.

secret, ète [səkrɛ, ɛt] adj - **1.** [gén] secret - **2.** [personne] reticent.

➤ **secret** nm - **1.** [gén] secret ; **être/mettre qqn dans le** ~ **de** to be/let sb in on the secret of ; ... **dont il a le** ~ ... which he alone knows ; ~ **d'alcôve** pillow talk (U) ; ~ **d'État** official secret, state secret ; ~ **professionnel** confidentiality - **2.** [discrétion] secrecy ; **dans le plus grand** ~ in the utmost secrecy.

➤ **au secret** loc adv JUR in solitary confinement.

secrétaire [səkretɛr] ⟨⟩ nmf [personne] secretary ; ~ **de direction** executive secretary ; ~ **d'État** minister of state ; ~ **général** COMM company secretary ; ~ **de rédaction** subeditor ⟨⟩ nm [meuble] writing desk, secretaire.

secrétariat [səkretarja] nm - **1.** [bureau] secretary's office ; [d'organisation internationale] secretariat - **2.** [personnel] secretarial staff ; **assurer le** ~ **de qqn** to act as sb's secretary - **3.** [métier] secretarial work.

secrètement [səkrɛtmɑ̃] adv secretly.

sécréter [18] [sekrete] vt to secrete ; fig to exude.

sécrétion [sekresjɔ̃] nf secretion.

sectaire [sɛktɛr] nmf & adj sectarian.

sectarisme [sɛktarism] nm sectarianism.

secte [sɛkt] nf sect.

secteur [sɛktœr] nm - **1.** [zone] area ; **se trouver dans le** ~ fam to be somewhere Br ou someplace Am around - **2.** ADMIN district - **3.** ÉCON, GÉOM & MIL sector ; ~ **privé/public** private/public sector ; ~ **primaire/secondaire/tertiaire** primary/secondary/tertiary sector - **4.** ÉLECTR mains ; **sur** ~ off ou from the mains.

section [sɛksjɔ̃] nf - **1.** [gén] section ; [de parti] branch - **2.** [action] cutting - **3.** MIL platoon.

sectionnement [sɛksjɔnmɑ̃] nm - **1.** fig [division] division into sections - **2.** [coupure] severing.

sectionner [3] [sɛksjɔne] *vt* - **1.** *fig* [diviser] to divide into sections - **2.** [trancher] to sever.
◆ **se sectionner** *vp* to split, to be severed.

sectoriel, elle [sɛktɔrjɛl] *adj* sector *(avant n)*, sector-based.

sectorisation [sɛktɔrizasjɔ̃] *nf* division into sectors.

sectoriser [3] [sɛktɔrize] *vt* to divide into sectors.

Sécu [seky] *fam abr de* Sécurité sociale.

séculaire [sekylɛr] *adj* [ancien] age-old.

séculariser [3] [sekylarize] *vt* to secularize.

séculier, ère [sekylje, ɛr] *adj* secular.

secundo [səgɔ̃do] *adv* in the second place, secondly.

sécurisant, e [sekyrizɑ̃, ɑ̃t] *adj* [milieu] secure ; [attitude] reassuring.

sécuriser [3] [sekyrize] *vt* : ~ **qqn** to make sb feel secure.

sécurité [sekyrite] *nf* - **1.** [d'esprit] security - **2.** [absence de danger] safety ; **la ~ routière** road safety ; **en toute ~** safe and sound - **3.** [dispositif] safety catch - **4.** [organisme] : **la Sécurité sociale** ≃ the DSS *Br*, ≃ the Social Security *Am*.

sédatif, ive [sedatif, iv] *adj* sedative.
◆ **sédatif** *nm* sedative.

sédentaire [sedɑ̃tɛr] <> *nmf* sedentary person ; [casanier] stay-at-home <> *adj* [personne, métier] sedentary ; [casanier] stay-at-home.

sédentarisation [sedɑ̃tarizasjɔ̃] *nf* settlement (process).

sédentariser [3] [sedɑ̃tarize] ◆ **se sédentariser** *vp* [tribu] to settle, to become settled.

sédentarité [sedɑ̃tarite] *nf* settled state.

sédiment [sedimɑ̃] *nm* sediment.

sédimentaire [sedimɑ̃tɛr] *adj* sedimentary.

sédimentation [sedimɑ̃tasjɔ̃] *nf* sedimentation.

séditieux, euse [sedisjø, øz] *littéraire* <> *adj* seditious <> *nm, f* rebel.

sédition [sedisjɔ̃] *nf* sedition.

séducteur, trice [sedyktœr, tris] <> *adj* seductive <> *nm, f* seducer (*f* seductress).

séduction [sedyksjɔ̃] *nf* - **1.** [action] seduction - **2.** [attrait] seductive power.

séduire [98] [seduir] *vt* - **1.** [plaire à] to attract, to appeal to - **2.** [abuser de] to seduce.

séduisais, séduisions *etc* ▷ séduire.

séduisant, e [seduizɑ̃, ɑ̃t] *adj* attractive.

séduit, e [sedui, it] *pp* ▷ séduire.

séfarade [sefarad] <> *nmf* Sephardi <> *adj* Sephardic.

segment [sɛgmɑ̃] *nm* - **1.** GÉOM segment - **2.** TECHNOL : ~ **de frein** brake shoe ; ~ **de piston** piston ring - **3.** COMM : ~ **de marché** market segment.

segmentation [sɛgmɑ̃tasjɔ̃] *nf* segmentation.

segmenter [3] [sɛgmɑ̃te] *vt* to segment.

ségrégation [segregasjɔ̃] *nf* segregation.

ségrégationniste [segregasjɔnist] *nmf* & *adj* segregationist.

seiche [sɛʃ] *nf* cuttlefish.

seigle [sɛgl] *nm* rye.

seigneur [sɛɲœr] *nm* lord ; **faire le grand ~** *fig* to throw money about ; **vivre en grand ~** *fig* to live like a lord.
◆ **Seigneur** *nm* : **le Seigneur** the Lord.

seigneurial, e, aux [sɛɲœrjal, o] *adj* lordly ; HIST seigneurial.

sein [sɛ̃] *nm* breast ; *fig* bosom ; **donner le ~ (à un bébé)** to breast-feed (a baby).
◆ **au sein de** *loc prép* within.

Seine [sɛn] *nf* : **la ~** the (River) Seine.

séisme [seism] *nm* earthquake.

SEITA, Seita [sejta] (*abr de* Société nationale d'exploitation industrielle des tabacs et allumettes) *nf French tobacco and match manufacturer.*

seize [sɛz] *adj num* & *nm* sixteen ; *voir aussi* **six**.

seizième [sɛzjɛm] *adj num, nm* ou *nmf* sixteenth ; **le ~** wealthy district of Paris ; *voir aussi* **sixième**.

séjour [seʒur] *nm* - **1.** [durée] stay ; **interdit de ~**

≈ banned ; **~ linguistique** stay abroad *(to develop language skills)* **- 2.** [pièce] living room.

séjourner [3] [seʒurne] *vi* to stay.

sel [sɛl] *nm* salt ; *fig* piquancy ; **gros ~** coarse salt.

➤ **sels** *nmpl* smelling salts ; **~s de bain** bath salts.

sélect, e [selɛkt] *adj fam* select.

sélecteur [selɛktœr] *nm* **- 1.** [dispositif] selector ; **~ de température** thermostat **- 2.** [de moto] gear-change lever.

sélectif, ive [selɛktif, iv] *adj* selective.

sélection [selɛksjɔ̃] *nf* selection.

sélectionné, e [selɛksjɔne] *adj* selected.

sélectionner [3] [selɛksjɔne] *vt* to select, to pick.

sélectionneur, euse [selɛksjɔnœr, øz] *nm, f* selector.

sélectivement [selɛktivmɑ̃l] *adv* selectively.

self [sɛlf] *nm fam* self-service (cafeteria).

self-control [sɛlfkɔ̃trɔll] *nm inv* self-control.

self-made-man [sɛlfmɛdman] *(pl* **self-made-men** [sɛlfmɛdmɛn]*) nm* self-made man.

self-service [sɛlfsɛrvis] *(pl* **self-services***) nm* self-service cafeteria.

selle [sɛl] *nf* **- 1.** [gén] saddle ; **se mettre en ~** to mount **- 2.** [toilettes] : **aller à la ~** to open one's bowels.

seller [4] [sele] *vt* to saddle.

sellerie [sɛlri] *nf* **- 1.** [commerce] saddlery **- 2.** [lieu] tack room.

sellette [sɛlɛt] *nf* hot seat ; **mettre qqn/être sur la ~** *fig* to put sb/be in the hot seat.

sellier [selje] *nm* saddler.

selon [səlɔ̃] *prép* **- 1.** [conformément à] in accordance with **- 2.** [d'après] according to ; **c'est ~** *fam fig* that (all) depends.

➤ **selon que** *loc conj* depending on whether.

S.Em *(abr de* **son éminence***)* H.E.

semailles [səmaj] *nfpl* **- 1.** [action] sowing (U) **- 2.** [période] sowing season *(sg)*.

semaine [səmɛn] *nf* **- 1.** [période] week ; **à la ~** [être payé] by the week ; **en ~** during the week ; **la ~ sainte** Holy Week ; **faire qqch à la petite ~** *fig* to do sthg on a short-term basis **- 2.** [salaire] weekly wage.

semainier, ère [səmenje, ɛr] *nm, f* person on duty for the week.

➤ **semainier** *nm* **- 1.** [bijou] seven-band bracelet **- 2.** [meuble] *small chest of drawers* **- 3.** [calendrier] desk diary.

sémantique [semɑ̃tik] ⬦ *nf* semantics *(U)* ⬦ *adj* semantic.

sémaphore [semafɔr] *nm* **- 1.** NAVIG semaphore **- 2.** RAIL semaphore, semaphore signals *(pl)*.

semblable [sɑ̃blabl] ⬦ *nm* [prochain] fellow man ; **il n'a pas son ~** there's nobody like him ⬦ *adj* **- 1.** [analogue] similar ; **~ à** like, similar to **- 2.** *(avant n)* [tel] such.

semblant [sɑ̃blɑ̃] *nm* : **un ~ de** a semblance of ; **faire ~ (de faire qqch)** to pretend (to do sthg).

sembler [3] [sɑ̃ble] ⬦ *vi* to seem ⬦ *v impers* : **il (me/te) semble que** it seems (to me/you) that.

semelle [səmɛl] *nf* **- 1.** [de chaussure - dessous] sole ; [- à l'intérieur] insole ; **~s compensées** platform soles **- 2.** [de ski] underside **- 3.** CONSTR foundation ; [de poutre] flange **- 4.** *loc* : **battre la ~** to stamp one's feet to keep warm ; **ne pas quitter qqn d'une ~** to stick to sb like glue.

semence [səmɑ̃s] *nf* **- 1.** [graine] seed **- 2.** [sperme] semen *(U)*.

semer [19] [səme] *vt* **- 1.** [planter] *fig* to sow **- 2.** [répandre] to scatter ; **~ qqch de** to scatter sthg with, to strew sthg with **- 3.** *fam* [se débarrasser de] to shake off **- 4.** *fam* [perdre] to lose.

semestre [səmɛstr] *nm* half year, six-month period ; SCOL semester.

semestriel, elle [səmɛstrijɛl] *adj* **- 1.** [qui a lieu tous les six mois] half-yearly, six-monthly **- 2.** [qui dure six mois] six months', six-month.

semeur, euse [səmœr, øz] *nm, f* sower ; *fig* disseminator.

semi-automatique [səmiotomatik] *adj* semiautomatic.

semi-fini, e [səmifini] *adj* semi-finished.

semi-liberté [səmilibɛrte] *(pl* **semi-libertés***) nf* temporary release from prison.

sémillant, e [semijɑ̃, ɑ̃t] *adj* vivacious.

séminaire [seminɛr] *nm* **- 1.** RELIG seminary **- 2.** UNIV [colloque] seminar.

séminal, e, aux [seminal, o] *adj* seminal.

séminariste [seminarist] *nm* seminarist.

sémiologie [semjɔlɔʒi] *nf* semiology.

semi-public, ique [səmipyblik] *adj* semi-public.

semi-remorque [səmirəmɔrk] *(pl* **semi-remorques***) nm* articulated lorry *Br*, semi-trailer *Am*.

semis [səmi] *nm* **- 1.** [méthode] sowing broadcast **- 2.** [terrain] seedbed **- 3.** [plant] seedling.

sémite [semit] *adj* Semitic.

Sémite *nmf* Semite.

sémitique [semitik] *adj* Semitic.

semoir [səmwar] *nm* - **1.** [machine] drill - **2.** [sac] seedbag.

semonce [səmɔ̃s] *nf* - **1.** [réprimande] reprimand - **2.** MIL : **coup de ~** warning shot.

semoule [səmul] *nf* semolina.

sempiternel, elle [sɑ̃piternɛl] *adj* eternal.

sénat [sena] *nm* senate ; **le Sénat** *upper house of the French parliament.*

LE SÉNAT

The Senate is the upper house of the French parliament. Its members are elected for a nine-year mandate by the Deputies of the Assemblée nationale and certain other government officials. The President of the Senate may deputize for the President of the Republic. The powers of the Senate are almost as extensive as those of the Assemblée nationale, although the latter is empowered to override the decisions of the Senate in cases where the two houses disagree.

sénateur [senatœr] *nm* senator.

Sénégal [senegal] *nm* : **le ~** Senegal ; **au ~** in Senegal.

sénégalais, e [senegalɛ, ɛz] *adj* Senegalese.

Sénégalais, e *nm, f* Senegalese person.

sénile [senil] *adj* senile.

sénilité [senilite] *nf* senility.

senior [senjɔr] SPORT ⬦ *nmf* senior ⬦ *adj* senior.

sens¹, sent *etc* ▷ **sentir**.

sens² [sɑ̃s] ⬦ *nm* - **1.** [fonction, instinct, raison] sense ; **avoir un sixième ~** to have sixth sense ; **avoir le ~ de l'humour** to have a sense of humour Br OU humor Am ; **avoir le ~ de l'orientation** to have a (good) sense of direction ; **bon ~** good sense ; **tomber sous le ~** *fig* to be perfectly obvious - **2.** [opinion, avis] : **abonder dans le ~ de qqn** to agree completely with sb ; **à mon ~** to my way of thinking, to my mind - **3.** [direction] direction ; **dans le ~ de la longueur** lengthways ; **dans le ~ de la marche** in the direction of travel ; **dans le ~ des aiguilles d'une montre** clockwise ; **dans le ~ contraire des aiguilles d'une montre** anticlockwise Br, counterclockwise Am ; **en ~ inverse** in the opposite direction ; **~ dessus dessous** upside down ; **~ giratoire** roundabout Br, traffic circle Am ; **~ interdit** OU **unique** one-way street - **4.** [signification] meaning ; **cela n'a pas de ~!** it's nonsense! ; **dans** OU **en un ~** in one sense ; **à double**

~ with a double meaning ; au ~ strict du terme strictly speaking ; **vide de ~** meaningless ; **en ce ~ que** in the sense that ; **~ propre/figuré** literal/figurative sense ⬦ *nmpl* senses.

sensation [sɑ̃sasjɔ̃] *nf* - **1.** [perception] sensation, feeling ; **à ~** sensational ; **faire ~** to cause á sensation - **2.** [impression] feeling.

sensationnel, elle [sɑ̃sasjɔnɛl] *adj* sensational.

sensé, e [sɑ̃se] *adj* sensible.

sensément [sɑ̃semɑ̃] *adv* sensibly.

sensibilisation [sɑ̃sibilizasjɔ̃] *nf* - **1.** MÉD & PHOT sensitization - **2.** *fig* [du public] consciousness raising.

sensibiliser [3] [sɑ̃sibilize] *vt* - **1.** MÉD & PHOT to sensitize - **2.** *fig* [public] : **~ (à)** to make aware (of).

sensibilité [sɑ̃sibilite] *nf* : **~ (à)** sensitivity (to).

sensible [sɑ̃sibl] *adj* - **1.** [gén] : **~ (à)** sensitive (to) ; **~ à la vue** visible ; **~ à l'ouïe** audible - **2.** [notable] considerable, appreciable.

sensiblement [sɑ̃sibləmɑ̃] *adv* - **1.** [à peu près] more or less - **2.** [notablement] appreciably, considerably.

sensiblerie [sɑ̃sibləri] *nf péj* [morale] sentimentality ; [physique] squeamishness.

sensoriel, elle [sɑ̃sɔrjɛl] *adj* sensory.

sensualité [sɑ̃syalite] *nf* [lascivité] sensuousness ; [charnelle] sensuality.

sensuel, elle [sɑ̃syɛl] *adj* - **1.** [charnel] sensual - **2.** [lascif] sensuous.

sentence [sɑ̃tɑ̃s] *nf* - **1.** [jugement] sentence - **2.** [maxime] adage.

sentencieux, euse [sɑ̃tɑ̃sjø, øz] *adj péj* sententious.

senteur [sɑ̃tœr] *nf littéraire* perfume.

senti, e [sɑ̃ti] ⬦ *pp* ▷ **sentir** ⬦ *adj* : **bien ~** [mots] well-chosen.

sentier [sɑ̃tje] *nm* path ; **sortir des ~s battus** *fig* to go off the beaten track.

sentiment [sɑ̃timɑ̃] *nm* feeling ; **j'ai le ~ de l'avoir déjà vu** I have the feeling that I've seen him before ; **plein de bons ~s** full of good intentions ; **veuillez agréer, Monsieur, l'expression de mes ~s distingués/cordiaux/ les meilleurs** yours faithfully/sincerely/ truly.

sentimental, e, aux [sɑ̃timɑ̃tal, o] ⬦ *adj* - **1.** [amoureux] love *(avant n)* - **2.** [sensible, romanesque] sentimental ⬦ *nm, f* sentimentalist.

sentimentalisme [sɑ̃timɑ̃talism] *nm* sentimentalism.

sentinelle [sɑ̃tinɛl] *nf* sentry.

sentir [37] [sɑ̃tir] ◇ *vt* - **1.** [percevoir - par l'odo- rat] to smell ; [- par le goût] to taste ; [- par le tou- cher] to feel - **2.** [exhaler - odeur] to smell of - **3.** [colère, tendresse] to feel - **4.** [affectation, pla- giat] to smack of - **5.** [danger] to sense, to be aware of ; **~ que** to feel (that) - **6.** [beauté] to feel, to appreciate - **7.** *loc* : **je ne peux pas le ~ fam** I can't stand him ; **le/la ~ passer fam** to really feel it ◇ *vi* : **~ bon/mauvais** to smell good/bad.

◆ **se sentir** ◇ *v attr* : **se ~ bien/fatigué** to feel well/tired ; **se ~ la force de faire qqch** to feel strong enough to do sthg ◇ *vp* [être per- ceptible] : **ça se sent!** you can really tell!

seoir [67] [swar] ◇ *vi sout* [aller bien] : **~ à qqn** to become sb ◇ *v impers* : **comme il sied** as is fitting.

Séoul [seul] *n* Seoul.

séparable [separabl] *adj* separable.

séparation [separasjɔ̃] *nf* separation.

séparatisme [separatism] *nm* separatism.

séparatiste [separatist] *nmf* separatist.

séparé, e [separe] *adj* - **1.** [intérêts] separate - **2.** [couple] separated.

séparément [separemɑ̃] *adv* separately.

séparer [3] [separe] *vt* - **1.** [gén] : **~ (de)** to sep- arate (from) - **2.** [suj : divergence] to divide - **3.** [maison] : **~ (en)** to divide (into).

◆ **se séparer** *vp* - **1.** [se défaire] : **se ~ de** to part with - **2.** [conjoints] to separate, to split up ; **se ~ de** to separate from, to split up with - **3.** [participants] to disperse - **4.** [route] : **se ~ (en)** to split (into), to divide (into).

sépia [sepja] ◇ *nf* - **1.** [matière] sepia - **2.** [des- sin] sepia (drawing) ◇ *adj inv* sepia.

sept [sɛt] *adj num & nm* seven ; *voir aussi* **six**.

septante [sɛptɑ̃t] *adj num inv* **Belg & Helv** seventy.

septembre [sɛptɑ̃br] *nm* September ; **de ~** September *(avant n)* ; **en ~, au mois de ~** in September ; **début ~, au début du mois de ~** at the beginning of September ; **fin ~, à la fin du mois de ~** at the end of September ; **d'ici ~** by September ; **(à la) mi-~** (in) mid- September ; **le premier/deux/dix ~** the first/ second/tenth of September.

septennat [sɛptena] *nm* seven-year term (of office).

septentrional, e, aux [sɛptɑ̃trijɔnal, o] *adj* northern.

septicémie [sɛptisemi] *nf* septicaemia **Br**, septicemia **Am**, blood poisoning.

septième [sɛtjɛm] ◇ *adj num, nm ou nmf* seventh ; *voir aussi* **sixième** ◇ *nf* **SCOL** ≃ third

year *ou* form *(at junior school)* **Br**, ≃ fifth grade **Am**.

septièmement [sɛtjɛmmɑ̃] *adv* seventhly, in (the) seventh place.

septique [sɛptik] *adj* [infecté] septic.

septuagénaire [sɛptɥaʒenɛr] ◇ *nmf* 70- year-old ◇ *adj* : **être ~** to be in one's seven- ties.

sépulcral, e, aux [sepylkral, o] *adj* sepul- chral.

sépulcre [sepylkr] *nm* sepulchre **Br**, sep- ulcher **Am**.

sépulture [sepyltyr] *nf* - **1.** [lieu] burial place - **2.** [inhumation] burial.

séquelle [sekɛl] *nf (gén pl)* aftermath ; **MÉD** aftereffect.

séquence [sekɑ̃s] *nf* sequence ; **CARTES** run, sequence.

séquentiel, elle [sekɑ̃sjɛl] *adj* sequential.

séquestration [sekɛstrasjɔ̃] *nf* - **1.** [de person- ne] confinement - **2.** [de biens] impoundment.

séquestre [sekɛstr] *nm* **JUR** pound ; **mettre ou placer sous ~** to impound.

séquestrer [3] [sekɛstre] *vt* - **1.** [personne] to confine - **2.** [biens] to impound.

serai, seras *etc* ▷ **être**.

sérail [seraj] *nm* seraglio.

serbe [sɛrb] *adj* Serbian.

◆ **Serbe** *nmf* Serb.

Serbie [sɛrbi] *nf* : **la ~** Serbia.

serbo-croate [sɛrbɔkrɔat] *(pl* **serbo-croates***)* ◇ *nm* [langue] Serbo-Croat ◇ *adj* Serbo- Croat, Serbo-Croatian.

◆ **Serbo-Croate** *nmf* Serbo-Croat speak- er.

serein, e [sərɛ̃, ɛn] *adj* - **1.** [calme] serene - **2.** [impartial] calm, dispassionate.

sereinement [sərɛnmɑ̃] *adv* serenely, calmly.

sérénade [serenad] *nf* - **1.** **MUS** serenade - **2.** *fam* [tapage] hullabaloo.

sérénité [serenite] *nf* serenity.

serf, serve [sɛrf, sɛrv] *nm, f* serf.

serge [sɛrʒ] *nf* serge.

sergent [sɛrʒɑ̃] *nm* sergeant.

sergent-chef [sɛrʒɑ̃ʃɛf] *(pl* **sergents-chefs***)* *nm* staff sergeant.

sériciculture [serisikyltyr] *nf* silkworm farming.

série [seri] *nf* - **1.** [gén] series *(sg)* ; **~ B CIN & TÉLÉ** B movie - **2.** **SPORT** rank ; [au tennis] seeding - **3.** **COMM & IND** : **produire qqch en ~** to mass- produce sthg ; **de ~** standard ; **hors ~**

custom-made ; *fig* outstanding, extraordinary.

> **série noire** *nf* **- 1.** [roman] : **un roman de**
~ **noire** a detective novel ; **c'est un vrai per-**
sonnage de ~ **noire** he's like something out
of a detective novel **- 2.** [catastrophes] chapter
of accidents.

sérier [9] [serje] *vt* to classify.

sérieusement [sèrjøzmã] *adv* seriously.

sérieux, euse [serjø, øz] *adj* **- 1.** [grave] serious **- 2.** [digne de confiance] reliable ; [client, offre]
genuine **- 3.** [consciencieux] responsible ; **ce**
n'est pas ~ it's irresponsible **- 4.** [considérable]
considerable.

> **sérieux** *nm* **- 1.** [application] sense of re-
sponsibility **- 2.** [gravité] seriousness ; **garder**
son ~ to keep a straight face ; **prendre qqn/**
qqch au ~ to take sb/sthg seriously ; **se**
prendre au ~ to take o.s. (too) seriously.

sérigraphie [serigrafi] *nf* silk-screen
printing.

serin, e [sərẽ, in] *nm, f* **- 1.** [oiseau] canary
- 2. *fam* [niais] idiot, twit *Br*.

seriner [3] [sərine] *vt fam* [rabâcher] : ~ **qqch à**
qqn to drum sthg into sb.

seringue [sərẽg] *nf* syringe.

serment [sermã] *nm* **- 1.** [affirmation solennelle]
oath ; **prêter** ~ to take an oath ; **sous** ~ on *ou*
under oath ; ~ **d'Hippocrate** Hippocratic
oath **- 2.** [promesse] vow, pledge.

sermon [sermõ] *nm litt* & *fig* sermon.

sermonner [3] [sermɔne] *vt* to lecture.

SERNAM, Sernam [sernam] *(abr de* **Service**
national de messageries) *nm rail delivery*
service, ≃ Red Star® *Br.*

séronégatif, ive [serɔnegatif, iv] *adj* HIV-
negative.

séropositif, ive [serɔpozitif, iv] *adj* HIV-
positive.

séropositivité [serɔpozitivite] *nf* HIV infection.

serpe [serp] *nf* billhook.

serpent [serpã] *nm* ZOOL snake ; ~ **à sonnette**
ou **sonnettes** rattlesnake.

> **serpent monétaire** *nm* (currency)
snake.

serpenter [3] [serpãte] *vi* to wind.

serpentin [serpãtẽ] *nm* **- 1.** [de papier] streamer **- 2.** [tuyau] coil.

serpillière [serpijer] *nf* floor cloth.

serpolet [serpɔle] *nm* wild thyme.

serre [ser] *nf* [bâtiment] greenhouse, glasshouse.

> **serres** *nfpl* ZOOL talons, claws.

serré, e [sere] *adj* **- 1.** [écriture] cramped ; [tissu]
closely-woven ; [rangs] serried **- 2.** [style]
dense, concise **- 3.** [vêtement, chaussure] tight
- 4. [discussion] closely argued ; [match] close-
fought **- 5.** [poing, dents] clenched ; **la gorge** ~ **e**
with a lump in one's throat ; **j'en avais le**
cœur ~ *fig* it was heartbreaking **- 6.** [café]
strong.

> **serré** *adv* : **jouer** ~ to be cautious.

serrement [sermã] *nm* **- 1.** [de main] handshake **- 2.** [de cœur] anguish **- 3.** [de gorge]
tightening.

serrer [4] [sere] ⬦ *vt* **- 1.** [saisir] to grip, to
hold tight ; ~ **la main à qqn** to shake sb's
hand ; ~ **qqn dans ses bras** to hug sb **- 2.** *fig*
[rapprocher] to bring together ; ~ **les rangs** to
close ranks **- 3.** [poing, dents] to clench ; [lèvres]
to purse ; *fig* [cœur] to wring **- 4.** [suj : vêtement,
chaussure] to be too tight for **- 5.** [vis, ceinture] to
tighten **- 6.** [trottoir, bordure] to hug ⬦ *vi* AUTOM :
~ **à droite/gauche** to keep right/left.

> **se serrer** *vp* **- 1.** [se blottir] : **se** ~ **contre** to
huddle up to *ou* against ; **se** ~ **autour de** to
crowd *ou* press around **- 2.** [se rapprocher] to
squeeze up **- 3.** [poing] to tighten.

serre-tête [sertet] *nm inv* headband.

serrure [seryr] *nf* lock.

serrurerie [seryrri] *nf* **- 1.** [métier] locksmith's
trade **- 2.** [ouvrage] metalwork.

serrurier [seryrje] *nm* locksmith.

sers, sert *etc* ⬦ servir.

sertir [32] [sertir] *vt* **- 1.** [pierre précieuse] to set
- 2. TECHNOL [assujettir] to crimp.

sérum [serɔm] *nm* serum.

servage [servaʒ] *nm* serfdom ; *fig* bondage.

servante [servãt] *nf* **- 1.** [domestique] maid-
servant **- 2.** TECHNOL tool rest.

serve ⬦ serf.

serveur, euse [servœr, øz] *nm, f* **- 1.** [de restau-
rant] waiter (*f* waitress) ; [de bar] barman (*f*
barmaid) **- 2.** CARTES dealer **- 3.** TENNIS server.

> **serveur** *nm* INFORM server.

servi, e [servi] *pp* ⬦ servir.

serviable [servjabl] *adj* helpful, obliging.

service [servis] *nm* **- 1.** [gén] service ; **être en** ~
to be in use, to be set up ; **mettre en** ~ to set
up ; **hors** ~ out of order **- 2.** [travail] duty ; **pen-**
dant le ~ while on duty ; **être de** ~ to be on
duty **- 3.** [département] department ; ~ **de réa-**
nimation intensive care (unit) ; ~ **de rensei-**
gnements intelligence service ; ~ **d'ordre**
police and stewards *(at a demonstration)*
- 4. MIL : ~ **(militaire)** military *ou* national
service **- 5.** [aide, assistance] favour *Br*, favor
Am ; **rendre un** ~ **à qqn** to do sb a favour *Br ou*

favor *Am* ; **rendre** ~ to be helpful ; ~ **après-vente** after-sales service - **6.** [à table] : **premier/deuxième** ~ first/second sitting - **7.** [pourboire] service (charge) ; ~ **compris/ non compris** service included/not included - **8.** [assortiment - de porcelaine] service, set ; [- de linge] set.

serviette [sɛrvjɛt] *nf* - **1.** [de table] serviette, napkin - **2.** [de toilette] towel ; ~ **de bain** bath towel - **3.** [porte-documents] briefcase.

➤ **serviette hygiénique** *nf* sanitary towel *Br ou* napkin *Am*.

serviette-éponge [sɛrvjɛtepɔ̃ʒ] (*pl* **serviettes-éponges**) *nf* terry towel.

servile [sɛrvil] *adj* - **1.** [gén] servile - **2.** [traduction, imitation] slavish.

servir [38] [sɛrvir] ⬦ *vt* - **1.** [gén] to serve ; ~ **qqch à qqn** to serve sb sthg, to help sb to sthg ; **qu'est-ce que je vous sers?** what can I get you? - **2.** [avantager] to serve (well), to help ⬦ *vi* - **1.** [avoir un usage] to be useful *ou* of use ; **ça peut toujours/encore** ~ it may/may still come in useful - **2.** [être utile] : ~ **à qqch/à faire qqch** to be used for sthg/for doing sthg ; **ça ne sert à rien** it's pointless - **3.** [tenir lieu] : ~ **de** [personne] to act as ; [chose] to serve as - **4.** [domestique] to be in service - **5.** MIL & SPORT to serve - **6.** CARTES to deal.

➤ **se servir** *vp* - **1.** [prendre] : **se** ~ **(de)** to help o.s. (to) ; **servez-vous!** help yourself! - **2.** [utiliser] : **se** ~ **de qqn/qqch** to use sb/sthg.

serviteur [sɛrvitœr] *nm* servant.

servitude [sɛrvityd] *nf* - **1.** [esclavage] servitude - **2.** (*gén pl*) [contrainte] constraint - **3.** JUR easement.

ses ⬦ **son²**.

sésame [sezam] *nm* - **1.** BOT sesame - **2.** *fig* [formule magique] : ~ **ouvre-toi** open sesame.

session [sesjɔ̃] *nf* - **1.** [d'assemblée] session, sitting - **2.** UNIV exam session - **3.** INFORM : **ouvrir une** ~ to log in *ou* on ; **fermer** *ou* **clore une** ~ to log out *ou* off.

set [sɛt] *nm* - **1.** TENNIS set - **2.** [napperon] : ~ **(de table)** set of table *ou* place mats.

setter [setɛr] *nm* setter.

seuil [sœj] *nm litt* & *fig* threshold ; ~ **de rentabilité** COMM breakeven point.

seul, e [sœl] ⬦ *adj* - **1.** [isolé] alone ; ~ **à** ~ alone (together), privately - **2.** [sans compagnie] alone, by o.s. ; **parler tout** ~ to talk to o.s. - **3.** [sans aide] on one's own, by o.s. - **4.** [unique] : **le** ~ ... the only ... ; **un** ~ ... a single ... ; **pas un** ~ ... not one ..., not a single ... - **5.** [esseulé] lonely ⬦ *nm, f* : **le** ~ the only one ; **un** ~ a single one, only one.

seulement [sœlmɑ̃] *adv* - **1.** [gén] only ; [exclusivement] only, solely - **2.** [même] even.

➤ **non seulement ... mais (encore)** *loc corrélative* not only ... but (also).

sève [sɛv] *nf* - **1.** BOT sap - **2.** *fig* [vigueur] vigour *Br*, vigor *Am*.

sévère [sevɛr] *adj* severe.

sévèrement [sevɛrmɑ̃] *adv* severely.

sévérité [severite] *nf* severity.

sévices [sevis] *nmpl sout* ill treatment (U).

Séville [sevij] *n* Seville.

sévir [32] [sevir] *vi* - **1.** [gouvernement] to act ruthlessly *ou* severely - **2.** [épidémie, guerre] to rage - **3.** [punir] to give out a punishment.

sevrage [səvraʒ] *nm* - **1.** [d'enfant] weaning - **2.** [de toxicomane] withdrawal.

sevrer [19] [səvre] *vt* to wean ; ~ **qqn de** *fig* to deprive sb of.

sexagénaire [sɛksaʒenɛr] ⬦ *nmf* sixty-year-old ⬦ *adj* : **être** ~ to be in one's sixties.

sex-appeal [sɛksapil] *nm* sex appeal.

S.Exc (*abr de* son excellence) H.E.

sexe [sɛks] *nm* - **1.** [gén] sex ; **le** ~ **fort/faible** *fam fig* the stronger/weaker sex - **2.** [organe] genitals (pl).

sexisme [sɛksism] *nm* sexism.

sexiste [sɛksist] *nmf* & *adj* sexist.

sexologie [sɛksɔlɔʒi] *nf* sexology.

sexologue [sɛksɔlɔg] *nmf* sexologist.

sex-shop [sɛksʃɔp] (*pl* **sex-shops**) *nm* sex shop.

sextant [sɛkstɑ̃] *nm* sextant.

sextuple [sɛkstypl] ⬦ *nm* : **le** ~ **de 3** 6 times 3 ⬦ *adj* sixfold.

sexualité [sɛksɥalite] *nf* sexuality.

sexuel, elle [sɛksɥɛl] *adj* sexual.

sexuellement [sɛksɥɛlmɑ̃] *adv* sexually.

sexy [sɛksi] *adj inv fam* sexy.

seyais, seyait *etc* ⬦ seoir.

seyant, e [sɛjɑ̃, ɑ̃t] *adj* becoming.

Seychelles [seʃɛl] *nfpl* : **les** ~ the Seychelles ; **aux** ~ in the Seychelles.

SFIO (*abr de* Section française de l'internationale ouvrière) *nf* former name of the French socialist party.

SG *abr de* secrétaire général.

SGEN (*abr de* Syndicat général de l'éducation nationale) *nm* teachers' trade union.

shah = schah.

shaker [ʃekœr] *nm* cocktail shaker.

shampoing = shampooing.

shampooiner = shampouiner.

shampooineur = shampouineur.

shampooing [ʃɑ̃pwɛ̃] nm shampoo.

shampouiner, shampooiner [3] [ʃɑ̃pwi- ne] vt to shampoo.

shampouineur, euse, shampooi- neur, euse [ʃɑ̃pwinœr, øz] nm, f shampoo- er.

Shanghai [ʃɑ̃gaj] n Shanghai.

shérif [ʃerif] nm sheriff.

sherry [ʃeri] nm sherry.

shetland [ʃetlɑ̃d] nm - **1.** [laine] Shetland wool - **2.** [cheval] Shetland pony.

Shetland [ʃetlɑ̃d] nfpl : **les ~** the Shetlands.

shooter [3] [ʃute] vi to shoot ; **~ dans qqch** fam to kick sthg.

➡ **se shooter** vp fam arg drogue to shoot up.

shopping [ʃɔpiŋ] nm shopping ; **faire du ~** to go (out) shopping.

short [ʃɔrt] nm shorts (pl), pair of shorts.

show [ʃo] nm show.

show-business [ʃobiznɛs] nm inv show business.

si[1] [si] nm inv MUS B ; [chanté] ti.

si[2] [si] ◇ adv - **1.** [tellement] so ; **elle est ~ belle** she is so beautiful ; **il roulait ~ vite qu'il a eu un accident** he was driving so fast (that) he had an accident ; **ce n'est pas ~ facile que ça** it's not as easy as that ; **~ vieux qu'il soit** however old he may be, old as he is - **2.** [oui] yes ; **tu n'aimes pas le café? — ~** don't you like coffee? — yes, I do ◇ conj - **1.** [gén] if ; **~ tu veux, on y va** we'll go if you want ; **~ tu faisais cela, je te détesterais** I would hate you if you did that ; **~ seulement** if only - **2.** [dans une question indirecte] if, whether ; **dites-moi ~ vous venez** tell me if ou whether you're coming ◇ nm inv : **il y a toujours des ~ et des mais** there are always ifs and buts.

➡ **si bien que** loc conj so that, with the re- sult that.

➡ **si tant est que** loc conj (+ subjonctif) pro- viding, provided (that).

SI nm - **1.** (abr de **syndicat d'initiative**) tourist office - **2.** (abr de **système international**) SI.

siamois, e [sjamwa, az] adj Siamese ; **frères ~, sœurs ~es** MÉD Siamese twins ; fig insep- arable companions.

➡ **Siamois, e** nm, f vieilli Siamese person.

Sibérie [siberi] nf : **la ~** Siberia.

sibérien, enne [siberjɛ̃, ɛn] adj Siberian.

➡ **Sibérien, enne** nm, f Siberian.

sibyllin, e [sibilɛ̃, in] adj enigmatic.

sic [sik] adv sic.

SICAV, Sicav [sikav] (abr de **société d'inves- tissement à capital variable**) nf - **1.** [société] unit trust, mutual fund - **2.** [action] share in a unit trust.

Sicile [sisil] nf : **la ~** Sicily.

sicilien, enne [sisiljɛ̃, ɛn] adj Sicilian.

➡ **Sicilien, enne** nm, f Sicilian.

Sicob [sikɔb] (abr de **Salon des industries, du commerce et de l'organisation du bureau**) nm : **le ~** annual information technology fair in Paris.

SIDA, Sida [sida] (abr de **syndrome immuno- déficitaire acquis**) nm AIDS.

side-car [sidkar] (pl **side-cars**) nm sidecar.

sidéen, enne [sideɛ̃, ɛn] nm, f person with AIDS.

sidéral, e, aux [sideral, o] adj sidereal.

sidérant, e [siderɑ̃, ɑ̃t] adj fam staggering.

sidérer [18] [sidere] vt fam to stagger.

sidérurgie [sideryrʒi] nf - **1.** [industrie] iron and steel industry - **2.** [technique] iron and steel metallurgy.

sidérurgique [sideryrʒik] adj steel (avant n).

sidérurgiste [sideryrʒist] nmf steelworker.

sidologue [sidɔlɔg] nmf AIDS specialist.

siècle [sjɛkl] nm - **1.** [cent ans] century ; **l'affai- re du ~** the bargain of the century - **2.** [épo- que, âge] age ; **le ~ des lumières** the (Age of) Enlightenment ; **le ~ de l'atome** the atomic age - **3.** (gén pl) fam [longue durée] ages (pl) ; **ça fait des ~s que ...** it's ages since ...

sied, siéra etc ➣ seoir.

siège [sjɛʒ] nm - **1.** [meuble & POLIT] seat ; **~ avant/arrière** front/back seat ; **~ éjectable** ejector seat - **2.** MIL siege ; **lever le ~** to lift the siege - **3.** [d'organisme] headquarters, head office ; **~ social** registered office - **4.** MÉD : **se présenter par le ~** to be in the breech position - **5.** JUR bench.

siéger [22] [sjeʒe] vi - **1.** [juge, assemblée] to sit - **2.** littéraire [mal] to have its seat ; [maladie] to be located.

sien [sjɛ̃] ➡ **le sien** (f **la sienne** [lasjɛn], mpl **les siens** [lesjɛ̃], fpl **les siennes** [lesjɛn]) pron poss [d'homme] his ; [de femme] hers ; [de chose, d'animal] its ; **les ~s** his/her family ; **faire des siennes** to be up to one's usual tricks.

sierra [sjera] nf sierra.

sieste [sjɛst] nf siesta.

sifflant, e [siflɑ̃, ɑ̃t] adj [son] whistling ; [voix] hissing ; LING sibilant.

sifflement [sifləmɑ̃] nm [son] whistling ; [de serpent] hissing.

siffler [3] [sifle] ◇ vi to whistle ; [serpent] to

hiss ◇ *vt* - **1.** [air de musique] to whistle - **2.** [femme] to whistle at - **3.** [chien] to whistle (for) - **4.** [acteur] to boo, to hiss - **5.** *fam* [verre] to knock back.

sifflet [siflɛ] *nm* whistle.

➤ **sifflets** *nmpl* hissing (U), boos.

sifflotement [siflɔtmɑ̃] *nm* whistling.

siffloter [3] [siflɔte] *vi* & *vt* to whistle.

sigle [sigl] *nm* acronym, (set of) initials.

signal, aux [siɲal, o] *nm* - **1.** [geste, son] signal ; ~ d'alarme alarm (signal) ; ~ de détresse distress signal ; donner le ~ (de) to give the signal (for) - **2.** [panneau] sign.

signalement [siɲalmɑ̃] *nm* description.

signaler [3] [siɲale] ◇ *vt* - **1.** [fait] to point out ; rien à ~ nothing to report - **2.** [à la police] to denounce ◇ *vi* [à train, navire] : ~ à to signal to.

➤ **se signaler** *vp* : se ~ par to become known for, to distinguish o.s. by.

signalétique [siɲaletik] *adj* identifying.

signalisation [siɲalizasjɔ̃] *nf* - **1.** [action] signposting - **2.** [panneaux] signs (pl) ; [au sol] (road) markings (pl) ; NAVIG signals (pl).

signataire [siɲatɛr] *nmf* signatory.

signature [siɲatyr] *nf* - **1.** [nom, marque] signature - **2.** [acte] signing.

signe [siɲ] *nm* - **1.** [gén] sign ; être ~ de to be a sign of ; en ~ de as a sign of ; être né sous le ~ de ASTROL to be born under the sign of ; être placé sous le ~ de *fig* [conférence, transaction] to be marked by ; ~ avant-coureur advance indication ; ~ de ralliement rallying symbol ; ~ de reconnaissance means of recognition ; ~s extérieurs de richesse outward signs of wealth ; c'est bon/mauvais ~ it's a good/bad sign ; donner ~ de vie to get in touch - **2.** [trait] mark ; ~ distinctif characteristic ; ~ particulier distinguishing mark.

signer [3] [siɲe] *vt* to sign.

➤ **se signer** *vp* to cross o.s.

signet [siɲɛ] *nm* bookmark *(attached to spine of book)*.

significatif, ive [siɲifikatif, iv] *adj* significant.

signification [siɲifikasjɔ̃] *nf* - **1.** [sens] meaning - **2.** JUR service (of documents).

signifier [9] [siɲifje] *vt* - **1.** [vouloir dire] to mean - **2.** [faire connaître] to make known - **3.** JUR to serve notice of.

silence [silɑ̃s] *nm* - **1.** [gén] silence ; garder le ~ (sur) to remain silent (about) ; ~ de glace stony silence ; ~ de mort deathly hush ; passer qqch sous ~ *fig* to avoid mentioning sthg - **2.** MUS rest.

silencieusement [silɑ̃sjøzmɑ̃] *adv* in silence, silently.

silencieux, euse [silɑ̃sjø, øz] *adj* - **1.** [lieu, appareil] quiet - **2.** [personne - taciturne] quiet ; [- muet] silent.

➤ **silencieux** *nm* silencer.

silex [silɛks] *nm* flint.

silhouette [silwɛt] *nf* - **1.** [de personne] silhouette ; [de femme] figure ; [d'objet] outline - **2.** ART silhouette.

silice [silis] *nf* silica.

siliceux, euse [silisø, øz] *adj* silicious, siliceous.

silicium [silisjɔm] *nm* silicon.

silicone [silikɔn] *nf* silicone.

sillage [sijaʒ] *nm* wake.

sillon [sijɔ̃] *nm* - **1.** [tranchée, ride] furrow - **2.** [de disque] groove.

sillonner [3] [sijɔne] *vt* - **1.** [champ] to furrow - **2.** [ciel] to crisscross.

silo [silo] *nm* silo.

simagrées [simagre] *nfpl péj* : faire des ~ to make a fuss.

simiesque [simjɛsk] *adj* simian.

similaire [similɛr] *adj* similar.

similarité [similarite] *nf* similarity.

simili [simili] ◇ *nm* - **1.** *fam* [imitation] imitation ; en ~ imitation *(avant n)* - **2.** [de photogravure] halftone plate *ou* block ◇ *nf fam* halftone illustration.

similicuir [similikɥir] *nm* imitation leather.

similitude [similityd] *nf* similarity.

simple [sɛ̃pl] ◇ *adj* - **1.** [gén] simple ; ~ d'esprit simple-minded - **2.** [ordinaire] ordinary - **3.** [billet] : un aller ~ a single ticket ◇ *nm* TENNIS singles *(sg)*.

➤ **simples** *nmpl* medicinal plants *ou* herbs.

simplement [sɛ̃pləmɑ̃] *adv* simply ; tout ~ quite simply, just.

simplet, ette [sɛ̃plɛ, ɛt] *adj* - **1.** [personne] simple - **2.** *péj* [raisonnement] simplistic.

simplicité [sɛ̃plisite] *nf* simplicity ; d'une ~ enfantine childishly simple.

simplificateur, trice [sɛ̃plifikatœr, tris] *adj* simplifying.

simplification [sɛ̃plifikasjɔ̃] *nf* simplification.

simplifier [9] [sɛ̃plifje] *vt* to simplify.

simplisme [sɛ̃plism] *nm péj* oversimplification.

simpliste [sɛ̃plist] *adj péj* simplistic.

simulacre [simylakr] *nm* - **1.** [semblant] : un ~ de a pretence of, a sham - **2.** [action simulée] enactment.

simulateur, trice [simylatœr, tris] *nm, f* pretender ; [de maladie] malingerer.
➤ **simulateur** *nm* TECHNOL simulator.

simulation [simylasjɔ̃] *nf* - **1.** [gén] simulation - **2.** [comédie] shamming, feigning ; [de maladie] malingering.

simuler [3] [simyle] *vt* - **1.** [gén] to simulate - **2.** [feindre] to feign, to sham.

simultané, e [simyltane] *adj* simultaneous.

simultanéité [simyltaneite] *nf* simultaneousness.

simultanément [simyltanemɑ̃] *adv* simultaneously.

Sinaï [sinaj] *n* : **le ~** Sinai ; **le mont ~** Mount Sinai.

sincère [sɛ̃sɛr] *adj* sincere.

sincèrement [sɛ̃sɛrmɑ̃] *adv* - **1.** [franchement] honestly, sincerely ; **~ vôtre** yours sincerely - **2.** [vraiment] really, truly.

sincérité [sɛ̃serite] *nf* sincerity ; **en toute ~** in all sincerity.

sinécure [sinekyr] *nf* sinecure ; **ce n'est pas une ~** *fam fig* it's not exactly a cushy job.

sine qua non [sinekwanɔn] *adj* : **condition ~** prerequisite.

Singapour [sɛ̃gapur] *n* Singapore ; **à ~** in Singapore.

singe [sɛ̃ʒ] *nm* ZOOL monkey ; [de grande taille] ape.

singer [17] [sɛ̃ʒe] *vt* - **1.** [personne] to mimic, to ape - **2.** [sentiment] to feign.

singerie [sɛ̃ʒri] *nf* - **1.** [grimace] face - **2.** [manières] fuss (U).

singulariser [3] [sɛ̃gylarize] *vt* to draw OU call attention to.
➤ **se singulariser** *vp* to draw OU call attention to o.s.

singularité [sɛ̃gylarite] *nf* - **1.** *littéraire* [bizarrerie] strangeness - **2.** [particularité] peculiarity.

singulier, ère [sɛ̃gylje, ɛr] *adj* - **1.** *sout* [bizarre] strange ; [spécial] uncommon - **2.** GRAM singular - **3.** [d'homme à homme] : **combat ~** single combat.
➤ **singulier** *nm* GRAM singular.

singulièrement [sɛ̃gyljɛrmɑ̃] *adv* - **1.** *littéraire* [bizarrement] strangely - **2.** [beaucoup, très] particularly.

sinistre [sinistr] ◇ *nm* - **1.** [catastrophe] disaster - **2.** JUR damage (U) ◇ *adj* - **1.** [personne, regard] sinister ; [maison, ambiance] gloomy - **2.** *(avant n)* *péj* [crétin, imbécile] dreadful, terrible.

sinistré, e [sinistre] ◇ *adj* [région] disaster *(avant n)*, disaster-stricken ; [famille] disaster-stricken ◇ *nm, f* disaster victim.

sinistrose [sinistroz] *nf* pessimism.

sinologue [sinɔlɔg] *nmf* Sinologist, China-watcher.

sinon [sinɔ̃] *conj* - **1.** [autrement] or else, otherwise - **2.** [sauf] except, apart from - **3.** [si ce n'est] if not.

sinueux, euse [sinɥø, øz] *adj* winding ; *fig* tortuous.

sinuosité [sinɥozite] *nf* bend, twist.

sinus [sinys] *nm* - **1.** ANAT sinus - **2.** MATHS sine.

sinusite [sinyzit] *nf* sinusitis (U).

sionisme [sjɔnism] *nm* Zionism.

sioniste [sjɔnist] *nmf* & *adj* Zionist.

siphon [sifɔ̃] *nm* - **1.** [tube] siphon - **2.** [bouteille] soda siphon.

siphonné, e [sifɔne] *adj* *fam* [fou] batty, crackers.

siphonner [3] [sifɔne] *vt* to siphon.

sire [sir] *nm* - **1.** HIST lord - **2.** *loc* : **un triste ~** a sad character.
➤ **Sire** *nm* Sire.

sirène [sirɛn] *nf* siren.

sirocco [sirɔko] *nm* sirocco.

sirop [siro] *nm* syrup ; **~ d'érable** maple syrup ; **~ de grenadine** (syrup of) grenadine ; **~ de menthe** mint cordial ; **~ d'orgeat** barley water ; **~ contre la toux** cough mixture OU syrup.

siroter [3] [sirɔte] *vt* *fam* to sip.

SIRPA, Sirpa [sirpa] *(abr de Service d'information et de renseignement du public de l'armée) nm French army public information service.*

sirupeux, euse [sirypø, øz] *adj* syrupy.

sis, e [si, siz] *adj* JUR located.

sismique [sismik] *adj* seismic.

sismographe [sismɔgraf] *nm* seismograph.

sismologie [sismɔlɔʒi] *nf* seismology.

site [sit] *nm* - **1.** [emplacement] site ; **~ archéologique/historique** archaeological/historic site ; **~ naturel** unspoiled site - **2.** [paysage] beauty spot - **3.** INFORM : **~ Web** web site, Web site.

sitôt [sito] *adv* : **~ après** immediately after ; **pas de ~** not for some time, not for a while ; **~ arrivé, ...** as soon as I/he *etc* arrived, ... ; **~ dit, ~ fait** no sooner said than done.
➤ **sitôt que** *loc conj* as soon as.

situation [sitɥasjɔ̃] *nf* - **1.** [position, emplacement] position, location - **2.** [contexte, circonstance] situation ; **~ de famille** marital status ; **être en ~ de faire qqch** to be in a position to do sthg - **3.** [emploi] job, position - **4.** FIN financial statement.

situer [7] [sitɥe] *vt* - **1.** [maison] to site, to situate ; **bien/mal situé** well/badly situated - **2.** [sur carte] to locate - **3.** *fam* [personne] to size up.

➤ **se situer** *vp* [scène] to be set ; [dans classement] to be.

SIVOM, Sivom [sivɔm] (*abr de* **Syndicat intercommunal à vocation multiple**) *nm* group of local authorities pooling public services.

six [sis *en fin de phrase, si devant consonne ou h aspiré,* siz *devant voyelle ou h muet*] ⟨⟩ *adj num* six ; **il a ~ ans** he is six (years old) ; **il est ~ heures** it's six (o'clock) ; **le ~ janvier** (on) the sixth of January ; **daté du ~ septembre** dated the sixth of September ; **Charles Six** Charles the Sixth ; **page ~** page six ⟨⟩ *nm inv* - **1.** [gén] six ; **~ de pique** six of spades - **2.** [adresse] (number) six - **3.** SPORT : **le ~** number six ⟨⟩ *pron* six ; **ils étaient ~** there were six of them ; **ils sont venus à ~** six (of them) came ; **couper/partager en ~** to cut/divide into six ; **~ par ~** six at a time ; **~ d'entre eux/nous/vous** six of them/us/you ; **cinq sur ~** five out of six.

sixième [sizjɛm] ⟨⟩ *adj num* sixth ⟨⟩ *nmf* sixth ; **arriver/se classer ~** to come (in)/to be placed sixth ⟨⟩ *nf* SCOL ≃ first year *ou* form *Br,* ≃ sixth grade *Am* ; **être en ~** to be in the first year *ou* form *Br,* to be in sixth grade *Am* ; **entrer en ~** to go to secondary school ⟨⟩ *nm* - **1.** [part] : **le/un ~ de** one/a sixth of ; **cinq ~s** five sixths - **2.** [arrondissement] sixth arrondissement - **3.** [étage] sixth floor *Br,* seventh floor *Am.*

sixièmement [sizjɛmmã] *adv* sixthly, in (the) sixth place.

six-quatre-deux [siskatdø] ➤ **à la six-quatre-deux** *loc adv fam* in a slapdash way.

Skaï® [skaj] *nm inv* leatherette.

skateboard [skɛtbɔrd] *nm* skateboard.

sketch [skɛtʃ] (*pl* **sketches**) *nm* sketch (in a revue etc).

ski [ski] *nm* - **1.** [objet] ski - **2.** [sport] skiing ; **faire du ~** to ski ; **~ acrobatique/alpin/de fond** freestyle/alpine/cross-country skiing ; **~ nautique** water-skiing.

skier [10] [skje] *vi* to ski.

skieur, euse [skjœr, øz] *nm, f* skier.

skipper [skipœr] *nm* - **1.** [capitaine] skipper - **2.** [barreur] helmsman.

slalom [slalɔm] *nm* - **1.** SKI slalom ; **~ géant/spécial** giant/special slalom - **2.** [zigzags] : **faire du ~** to zigzag.

slalomer [3] [slalɔme] *vi* - **1.** SKI to slalom - **2.** [zigzaguer] to zigzag.

slave [slav] *adj* Slavonic.

➤ **Slave** *nmf* Slav.

slip [slip] *nm* briefs *(pl)* ; **~ de bain** [d'homme] swimming trunks *(pl)* ; [de femme] bikini bottoms *(pl).*

s.l.n.d. (*abr de* **sans lieu ni date**) date and origin unknown.

sloche [slɔʃ] *nf Can* slush.

slogan [slɔgã] *nm* slogan.

slovaque [slɔvak] ⟨⟩ *adj* Slovak ⟨⟩ *nm* [langue] Slovak.

➤ **Slovaque** *nmf* Slovak.

Slovaquie [slɔvaki] *nf* : **la ~** Slovakia.

slovène [slɔvɛn] ⟨⟩ *adj* Slovenian ⟨⟩ *nm* [langue] Slovenian.

➤ **Slovène** *nmf* Slovenian.

Slovénie [slɔveni] *nf* : **la ~** Slovenia.

slow [slo] *nm* slow dance.

SM, S-M (*abr de* **sado-masochisme**) *nm* S & M.

SM (*abr de* **sa majesté**) HM.

SMAG, Smag [smag] (*abr de* **salaire minimum agricole garanti**) *nm* guaranteed minimum wage for agricultural workers.

smala(h) [smala] *nf* - **1.** [de chef arabe] retinue - **2.** *fam* [famille] brood.

smasher [3] [sma(t)ʃe] *vi* TENNIS to smash (the ball).

SME (*abr de* **Système monétaire européen**) *nm* EMS.

SMIC, Smic [smik] (*abr de* **salaire minimum interprofessionnel de croissance**) *nm* index-linked guaranteed minimum wage.

smicard, e [smikar, ard] ⟨⟩ *adj* minimum-wage-earning ⟨⟩ *nm, f* minimum-wage earner.

smiley [smajli] *nm* smiley.

smocks [smɔk] *nmpl* smocking *(U).*

smoking [smɔkiŋ] *nm* dinner jacket, tuxedo *Am.*

SMUR, Smur [smyr] (*abr de* **Service médical d'urgence et de réanimation**) *nm French ambulance and emergency unit.*

SNC (*abr de* **service non compris**) service not included.

SNCB (*abr de* **Société nationale des chemins de fer belges**) *nf Belgian railways board,* ≃ BR *Br.*

SNCF (*abr de* **Société nationale des chemins de fer français**) *nf French railways board,* ≃ BR *Br.*

SNES, Snes [snɛs] (*abr de* **Syndicat national de l'enseignement secondaire**) *nm secondary school teachers' union.*

Sne-sup [snɛsyp] (*abr de* Syndicat national de l'enseignement supérieur) *nm university teachers' union.*

SNI (*abr de* Syndicat national des instituteurs) *nm primary school teachers' union.*

SNJ (*abr de* Syndicat national des journalistes) *nm national union of journalists.*

snob [snɔb] ⟨⟩ *nmf* snob ⟨⟩ *adj* snobbish.

snober [3] [snɔbe] *vt* to snub, to cold-shoulder.

snobinard, e [snɔbinar, ard] *fam péj* ⟨⟩ *adj* rather snobbish ⟨⟩ *nm, f* a bit of a snob.

snobisme [snɔbism] *nm* snobbery, snobbishness.

SNSM (*abr de* Société nationale de sauvetage en mer) *nf national sea-rescue association.*

soap opera [sopɔpera] (*pl* soap operas), **soap** [sop] (*pl* soaps) *nm* soap (opera).

sobre [sɔbr] *adj* - **1.** [personne] temperate - **2.** [style] sober ; [décor, repas] simple.

sobrement [sɔbrəmɑ̃] *adv* - **1.** [boire] in moderation - **2.** [se vêtir] soberly.

sobriété [sɔbrijete] *nf* sobriety.

sobriquet [sɔbrikɛ] *nm* nickname.

soc [sɔk] *nm* ploughshare *Br*, plowshare *Am*.

sociabilité [sɔsjabilite] *nf* sociability.

sociable [sɔsjabl] *adj* sociable.

social, e, aux [sɔsjal, o] *adj* - **1.** [rapports, classe, service] social - **2.** COMM : capital ~ share capital ; raison ~e company name.
◆ **social** *nm* : le ~ social affairs (*pl*).

social-démocrate, sociale-démocrate [sɔsjaldemɔkrat] (*mpl* sociaux-démocrates [sɔsjodemɔkrat], *fpl* sociales-démocrates) ⟨⟩ *nmf* social democrat ⟨⟩ *adj* social democratic.

socialement [sɔsjalmɑ̃] *adv* socially.

socialisation [sɔsjalizasjɔ̃] *nf* - **1.** [développement social] socialization - **2.** POLIT nationalization.

socialiser [3] [sɔsjalize] *vt* - **1.** [enfant] to socialize - **2.** POLIT to nationalize.

socialisme [sɔsjalism] *nm* socialism.

socialiste [sɔsjalist] *nmf & adj* socialist.

sociétaire [sɔsjetɛr] *nmf* member.

société [sɔsjete] *nf* - **1.** [communauté, classe sociale, groupe] society ; **en** ~ in society ; **la haute** ~ high society ; ~ **secrète** secret society - **2.** SPORT club - **3.** [présence] company, society - **4.** COMM company, firm ; ~ **de bourse** securities house, brokerage firm ; ~ **mère** parent company ; ~ **en participation** joint-venture

company ; ~ **de personnes** partnership, joint-stock company *Am*.

socioculturel, elle [sɔsjɔkyltyrɛl] *adj* social and cultural.

socio-économique [sɔsjoekɔnɔmik] *adj* socioeconomic.

sociologie [sɔsjɔlɔʒi] *nf* sociology.

sociologique [sɔsjɔlɔʒik] *adj* sociological.

sociologue [sɔsjɔlɔg] *nmf* sociologist.

socioprofessionnel, elle [sɔsjɔprɔfesjɔnɛl] *adj* socioprofessional.

socle [sɔkl] *nm* - **1.** [de statue] plinth, pedestal - **2.** [de lampe] base - **3.** GÉOGR : ~ **continental** continental shelf.

socquette [sɔkɛt] *nf* ankle *ou* short sock.

soda [sɔda] *nm* fizzy drink.

sodium [sɔdjɔm] *nm* sodium.

sodomie [sɔdɔmi] *nf* buggery, sodomy.

sodomiser [3] [sɔdɔmize] *vt* to sodomize.

sœur [sœr] *nf* - **1.** [gén] sister ; **grande/petite** ~ big/little sister ; ~ **de lait** foster sister - **2.** RELIG nun, sister.

sofa [sɔfa] *nm* sofa.

Sofia [sɔfja] *n* Sofia.

SOFRES, Sofres [sɔfrɛs] (*abr de* Société française d'enquête par sondages) *nf French opinion poll company.*

software [sɔftwɛr] *nm* software.

soi [swa] *pron pers* oneself ; **chacun pour** ~ every man for himself ; **en** ~ in itself, per se ; **cela va de** ~ that goes without saying ; **il va de** ~ **que** it goes without saying that.
◆ **chez soi** *loc adv* at home ; **se sentir chez** ~ to feel at home.
◆ **soi-même** *pron pers* oneself.

soi-disant [swadizɑ̃] ⟨⟩ *adj inv (avant n)* so-called ⟨⟩ *adv fam* supposedly.

soie [swa] *nf* - **1.** [textile] silk ; **en** ~ silk ; ~ **grège** raw silk ; ~ **sauvage** wild silk - **2.** [poil] bristle.

soierie [swari] *nf* - **1.** [gén pl] [textile] silk - **2.** [industrie] silk trade.

soif [swaf] *nf* thirst ; ~ **(de)** *fig* thirst (for) craving (for) ; **avoir** ~ to be thirsty ; **étancher sa** ~ to quench one's thirst ; **jusqu'à plus** ~ to excess ; *fig* until one has had one's fill.

soigné, e [swaɲe] *adj* - **1.** [travail] meticulous - **2.** [personne] well-groomed ; [jardin, mains] well-cared-for - **3.** *fam fig* [cuite, raclée] awful massive.

soigner [3] [swaɲe] *vt* - **1.** [suj : médecin] to treat ; [suj : infirmière, parent] to nurse - **2.** [invités jardin, mains] to look after - **3.** [travail, présentation] to take care over.

◆ **se soigner** *vp* to take care of o.s., to look after o.s.

soigneur [swaɲœr] *nm SPORT* trainer ; *BOXE* second.

soigneusement [swaɲøzmɑ̃] *adv* carefully.

soigneux, euse [swaɲø, øz] *adj* - **1.** [personne] tidy, neat - **2.** [travail] careful ; **~ de** careful with.

soin [swɛ̃] *nm* - **1.** [attention] care ; **avoir** *OU* **prendre ~ de** to take care of, to look after ; **avoir** *OU* **prendre ~ de faire qqch** to be sure to do sthg ; **aux bons ~s de** in the care of, in the hands of ; **avec ~** carefully ; **sans ~** [procéder] carelessly ; [travail] careless ; **être aux petits ~s pour qqn** *fig* to wait on sb hand and foot - **2.** [souci] concern.

◆ **soins** *nmpl* care *(U)* ; **les premiers ~s** first aid *(sg)*.

soir [swar] *nm* evening ; **demain ~** tomorrow evening *OU* night ; **le ~** in the evening ; **à ce ~!** see you tonight!

soirée [sware] *nf* - **1.** [soir] evening ; **en ~** *CIN* & *THÉÂTRE* evening *(avant n)* - **2.** [réception] party ; **de ~** evening *(avant n)* ; **charmante ~!** *iron* wonderful evening!

sois ▷ être.

soit¹ [swat] *adv* so be it.

soit² [swa] ◇ *vb* ▷ être ◇ *conj* - **1.** [c'est-à-dire] in other words, that is to say - **2.** *MATHS* [étant donné] : **~ une droite AB** given a straight line AB.

◆ **soit ... soit** *loc corrélative* either ... or.

◆ **soit que ... soit que** *loc corrélative* (+ subjonctif) whether ... or (whether).

soixantaine [swasɑ̃tɛn] *nf* - **1.** [nombre] : **une ~ (de)** about sixty, sixty-odd - **2.** [âge] : **avoir la ~** to be in one's sixties.

soixante [swasɑ̃t] ◇ *adj num* sixty ; **les années ~** the Sixties ▷ *nm* sixty ; *voir aussi* **six.**

soixante-dix [swasɑ̃tdis] ◇ *adj num* seventy ; **les années ~** the Seventies ▷ *nm* seventy ; *voir aussi* **six.**

soixante-dixième [swasɑ̃tdizjɛm] *adj num, nm* *OU* *nmf* seventieth ; *voir aussi* **sixième.**

soixante-huitard, e [swasɑ̃tɥitar, ard] ◇ *adj* of May 1968 ◇ *nm, f* *person who participated in the events of May 1968.*

soixantième [swasɑ̃tjɛm] *adj num, nm* *OU* *nmf* sixtieth ; *voir aussi* **sixième.**

soja [sɔʒa] *nm* soya.

sol [sɔl] *nm* - **1.** [terre] ground - **2.** [de maison] floor - **3.** [territoire] soil - **4.** *MUS* G ; [chanté] so.

solaire [sɔlɛr] *adj* - **1.** [énergie, four] solar - **2.** [crème] sun *(avant n)*.

solarium [sɔlarjɔm] *nm* solarium.

soldat [sɔlda] *nm* - **1.** *MIL* soldier ; [grade] private ; **le ~ inconnu** the Unknown Soldier - **2.** [jouet] (toy) soldier ; **~ de plomb** tin soldier, toy soldier.

solde [sɔld] ◇ *nm* - **1.** [de compte, facture] balance ; **~ créditeur/débiteur** credit/debit balance - **2.** [rabais] : **en ~** [acheter] in a sale ◇ *nf* *MIL* pay ; **à la ~ de qqn** *fig* in the pay of sb.

◆ **soldes** *nmpl* sales.

solder [3] [sɔlde] *vt* - **1.** [compte] to close - **2.** [marchandises] to sell off.

◆ **se solder** *vp* : **se ~ par** *FIN* to show ; *fig* [aboutir] to end in.

soldeur, euse [sɔldœr, øz] *nm, f buyer and seller of discount goods.*

sole [sɔl] *nf* sole ; **~ meunière** sole coated with flour and fried in butter.

solécisme [sɔlesism] *nm* solecism.

soleil [sɔlɛj] *nm* - **1.** [astre, motif] sun ; **~ couchant/levant** setting/rising sun ; **sous un ~ de plomb** *fig* in the blazing sun - **2.** [lumière, chaleur] sun, sunlight ; **au ~** in the sun ; **en plein ~** right in the sun ; **il fait (du) ~** it's sunny ; **prendre le ~** to sunbathe - **3.** [tournesol] sunflower.

solennel, elle [sɔlanɛl] *adj* - **1.** [cérémonieux] ceremonial - **2.** [grave] solemn - **3.** *péj* [pompeux] pompous.

solennellement [sɔlanɛlmɑ̃] *adv* - **1.** [avec importance] ceremonially - **2.** [avec sérieux] solemnly.

solennité [sɔlanite] *nf* - **1.** [gravité] solemnity - **2.** [raideur] stiffness, formality - **3.** [fête] special occasion.

Solex® [sɔlɛks] *nm* ≃ moped.

solfège [sɔlfɛʒ] *nm* : **apprendre le ~** to learn the rudiments of music.

solfier [9] [sɔlfje] *vt* to sol-fa.

solidaire [sɔlidɛr] *adj* - **1.** [lié] : **être ~ de qqn** to be behind sb, to show solidarity with sb - **2.** [relié] interdependent, integral.

solidariser [3] [sɔlidarize] ◆ **se solidariser** *vp* : **se ~ (avec)** to show solidarity (with).

solidarité [sɔlidarite] *nf* [entraide] solidarity ; **par ~** [se mettre en grève] in sympathy.

solide [sɔlid] ◇ *adj* - **1.** [état, corps] solid - **2.** [construction] solid, sturdy - **3.** [personne] sturdy, robust ; **~ sur ses jambes** steady on one's feet - **4.** [argument] solid, sound - **5.** [relation] stable, strong ◇ *nm* solid ; **il nous faut du ~** *fig* we need something solid *OU* concrete.

solidement [sɔlidmɑ̃] *adv* - **1.** [gén] firmly - **2.** [attaché] firmly, securely.

solidifier [9] [sɔlidifje] vt - **1.** [ciment, eau] to solidify - **2.** [structure] to reinforce.
➤ **se solidifier** vp to solidify.

solidité [sɔlidite] nf - **1.** [de matière, construction] solidity - **2.** [de mariage] stability, strength - **3.** [de raisonnement, d'argument] soundness.

soliloque [sɔlilɔk] nm sout soliloquy.

soliste [sɔlist] nmf soloist.

solitaire [sɔliter] ◇ adj - **1.** [de caractère] solitary - **2.** [esseulé, retiré] lonely ◇ nmf [personne] loner, recluse ◇ nm [jeu, diamant] solitaire.

solitude [sɔlityd] nf - **1.** [isolement] loneliness - **2.** [retraite] solitude.

solive [sɔliv] nf joist.

sollicitation [sɔlisitasjɔ̃] nf (gén pl) entreaty.

solliciter [3] [sɔlisite] vt - **1.** [demander - entretien, audience] to request ; [- attention, intérêt] to seek ; **~ qqch de qqn** to ask sb for sthg, to seek sthg from sb - **2.** [s'intéresser à] : **être sollicité** to be in demand - **3.** [faire appel à] : **~ qqn pour faire qqch** to appeal to sb to do sthg.

sollicitude [sɔlisityd] nf solicitude, concern.

solo [sɔlo] ◇ nm solo ; **en ~** solo ◇ adj solo (avant n).

solstice [sɔlstis] nm : **~ d'été/d'hiver** summer/winter solstice.

solubilité [sɔlybilite] nf solubility.

soluble [sɔlybl] adj - **1.** [matière] soluble ; [café] instant - **2.** fig [problème] solvable.

soluté [sɔlyte] nm solution.

solution [sɔlysjɔ̃] nf - **1.** [résolution] solution, answer ; **chercher/trouver la ~** to seek/to find the solution, to seek/to find the answer ; **~ de facilité** easy answer, easy way out - **2.** [liquide] solution.
➤ **solution de continuité** nf break ; **sans ~ de continuité** without a break.

solutionner [3] [sɔlysjɔne] vt to solve.

solvabilité [sɔlvabilite] nf solvency.

solvable [sɔlvabl] adj solvent, creditworthy.

solvant [sɔlvɑ̃] nm solvent.

somali = somalien.

Somalie [sɔmali] nf : **la ~** Somalia.

somalien, enne [sɔmaljɛ̃, ɛn], **somali, e** [sɔmali] adj Somali.
➤ **Somalien, enne, Somali, e** nm, f Somali.

sombre [sɔ̃br] adj - **1.** [couleur, costume, pièce] dark - **2.** fig [pensées, avenir] dark, gloomy - **3.** fig [complot] murky - **4.** (avant n) fam [profond] : **c'est un ~ crétin** he's a prize idiot.

sombrer [3] [sɔ̃bre] vi to sink ; **~ dans** fig to sink into.

sommaire [sɔmɛr] ◇ adj - **1.** [explication] brief - **2.** [exécution] summary - **3.** [installation] basic ◇ nm summary.

sommairement [sɔmɛrmɑ̃] adv - **1.** [expliquer] briefly - **2.** [délibérer] summarily - **3.** [peu - vêtu] scantily ; [- meublé] basically.

sommation [sɔmasjɔ̃] nf - **1.** [assignation] summons (sg) - **2.** [ordre - de payer] demand ; [- de se rendre] warning.

somme [sɔm] ◇ nf - **1.** [addition] total, sum ; **faire la ~ de plusieurs choses** to add up several things - **2.** [d'argent] sum, amount - **3.** [ouvrage] overview ◇ nm nap.
➤ **en somme** loc adv in short.
➤ **somme toute** loc adv when all's said and done.

sommeil [sɔmɛj] nm sleep ; **avoir ~** to be sleepy ; **tomber de ~** to be asleep on one's feet ; **dormir d'un ~ de plomb** fig to be in a deep sleep.

sommeiller [4] [sɔmeje] vi - **1.** [personne] to doze - **2.** fig [qualité] to be dormant.

sommelier, ère [sɔmalje, ɛr] nm, f wine waiter (f wine waitress).

sommer [3] [sɔme] vt : **~ qqn de faire qqch** sout to order sb to do sthg.

sommes ➤ être.

sommet [sɔmɛ] nm - **1.** [de montagne] summit, top - **2.** fig [de hiérarchie] top ; [de perfection] height ; **conférence au ~** summit (meeting ou conference) - **3.** GÉOM apex.

sommier [sɔmje] nm base, bed base.

sommité [sɔmite] nf - **1.** [personne] leading light - **2.** BOT head.

somnambule [sɔmnɑ̃byl] ◇ nmf sleepwalker ◇ adj : **être ~** to be a sleepwalker.

somnifère [sɔmnifer] nm sleeping pill.

somnolence [sɔmnɔlɑ̃s] nf sleepiness, drowsiness.

somnolent, e [sɔmnɔlɑ̃, ɑ̃t] adj [personne] sleepy, drowsy ; fig [vie] dull ; fig [économie] sluggish.

somnoler [3] [sɔmnɔle] vi to doze.

somptueusement [sɔ̃ptɥøzmɑ̃] adv sumptuously, lavishly.

somptueux, euse [sɔ̃ptɥø, øz] adj sumptuous, lavish.

somptuosité [sɔ̃ptɥozite] nf lavishness (U).

son[1] [sɔ̃] nm - **1.** [bruit] sound ; **au ~ de** to the sound of ; **~ et lumière** son et lumière - **2.** [céréale] bran.

son[2] [sɔ̃] (f **sa** [sa], pl **ses** [se]) adj poss - **1.** [pos sesseur défini - homme] his ; [- femme] her ; [- chose, animal] its ; **il aime ~ père** he loves his father ; **elle aime ses parents** she loves her parents ; **la ville a perdu ~ charme** the town has lost its charm - **2.** [possesseur indéfini] one's ; [après «chacun», «tout le monde» etc] his/her, their.

sonar [sɔnar] nm sonar.

sonate [sɔnat] nf sonata.

sondage [sɔ̃daʒ] nm - **1.** [enquête] poll, survey ; **~ d'opinion** opinion poll - **2.** TECHNOL drilling - **3.** MÉD probing.

sonde [sɔ̃d] nf - **1.** MÉTÉOR sonde ; [spatiale] probe - **2.** MÉD probe - **3.** NAVIG sounding line - **4.** TECHNOL drill.

sondé, e [sɔ̃de] nm, f poll respondent.

sonder [3] [sɔ̃de] vt - **1.** MÉD & NAVIG to sound - **2.** [terrain] to drill - **3.** fig [opinion, personne] to sound out.

sondeur, euse [sɔ̃dœr, øz] nm, f pollster.

➡ **sondeur** nm TECHNOL sounder.

songe [sɔ̃ʒ] nm littéraire dream ; **en ~** in a dream.

songer [17] [sɔ̃ʒe] ◇ vt : **~ que** to consider that ◇ vi : **~ à** to think about.

songeur, euse [sɔ̃ʒœr, øz] adj pensive, thoughtful.

sonnant, e [sɔnɑ̃, ɑ̃t] adj : **à six heures ~es** at six o'clock sharp.

sonné, e [sɔne] adj - **1.** [passé] : **il est trois heures ~es** it's gone three o'clock ; **il a quarante ans bien ~s** fam fig he's the wrong side of forty - **2.** fig [étourdi] groggy - **3.** fam fig [fou] cracked.

sonner [3] [sɔne] ◇ vt - **1.** [cloche] to ring - **2.** [retraite, alarme] to sound - **3.** [domestique] to ring for - **4.** fam fig [siffler] : **je ne t'ai pas sonné!** who asked you! ◇ vi - **1.** [gén] to ring ; **~ chez qqn** to ring sb's bell ; **~ faux** to ring out of tune ; fig to ring false - **2.** [jouer] : **~ de** to sound.

sonnerie [sɔnri] nf - **1.** [bruit] ringing - **2.** [mécanisme] striking mechanism - **3.** [signal] call.

sonnet [sɔne] nm sonnet.

sonnette [sɔnet] nf bell.

sono [sɔno] nf fam [de salle] P.A. (system) ; [de discothèque] sound system.

sonore [sɔnɔr] adj - **1.** CIN & PHYS sound (avant n) - **2.** [voix, rire] ringing, resonant - **3.** [salle] resonant.

sonorisation [sɔnɔrizasjɔ̃] nf - **1.** [action - de film] addition of the soundtrack ; [- de salle] wiring for sound - **2.** [matériel - de salle] public address system, P.A. (system) ; [- de discothèque] sound system.

sonoriser [3] [sɔnɔrize] vt - **1.** [film] to add the soundtrack to - **2.** [salle] to wire for sound.

sonorité [sɔnɔrite] nf - **1.** [de piano, voix] tone - **2.** [de salle] acoustics (pl).

sont ➪ être.

sophisme [sɔfism] nm sophism.

sophistication [sɔfistikasjɔ̃] nf sophistication.

sophistiqué, e [sɔfistike] adj sophisticated.

soporifique [sɔpɔrifik] ◇ adj soporific ◇ nm sleeping drug, soporific.

soprano [sɔprano] (pl **sopranos** OU **soprani** [sɔprani]) nm OU nmf soprano.

sorbet [sɔrbe] nm sorbet.

sorbetière [sɔrbətjer] nf ice-cream maker.

sorbier [sɔrbje] nm sorb, service tree.

Sorbonne [sɔrbɔn] nf : **la ~** the Sorbonne (highly respected Paris university).

LA SORBONNE

The Sorbonne is the oldest university in Paris. It includes the arts and law faculties. It is also known as 'Paris IV'. The term 'la Sorbonne nouvelle' refers to the arts faculty at Censier, also known as 'Paris III'.

sorcellerie [sɔrselri] nf witchcraft, sorcery.

sorcier, ère [sɔrsje, er] ◇ nm, f sorcerer (f witch) ◇ adj : **ce n'est pas ~** fig there's no magic involved.

sordide [sɔrdid] adj squalid ; fig sordid.

Sorlingues [sɔrlɛ̃g] nfpl : **les (îles) ~** the Scilly Isles.

sornettes [sɔrnet] nfpl nonsense (U).

sors ➪ sortir.

sort [sɔr] nm - **1.** [maléfice] spell ; **jeter un ~ (à qqn)** to cast a spell (on sb) - **2.** [destinée] fate ; **faire un ~ à qqch** fam fig to polish sthg off - **3.** [condition] lot - **4.** [hasard] : **le ~** fate ; **tirer au ~** to draw lots.

sortable [sɔrtabl] adj presentable ; **tu n'es pas ~!** I can't take you anywhere!

sortant, e [sɔrtɑ̃, ɑ̃t] adj - **1.** [numéro] winning - **2.** [président, directeur] outgoing (avant n).

sorte [sɔrt] ◇ nf sort, kind ; **une ~ de** a sort of, a kind of ; **toutes ~s de** all kinds of, all sorts of ; **de la ~** in that way, in that manner ; **de telle ~ que** so that, in such a way that ; **en quelque ~** in a way, as it were ; **faire en ~ que** to see to it that ◇ vb ➪ sortir.

sortie [sɔrti] nf - **1.** [issue] exit, way out ; [d'eau, d'air] outlet ; **~ d'autoroute** motorway junction OU exit ; **~ de secours** emergency exit - **2.** [départ] : **c'est la ~ de l'école** it's hometime ; **à la ~ du travail** when work finishes, after work **- 3.** [de produit] launch, launching ; [de disque] release ; [de livre] publication **- 4.** (gén pl) [dépense] outgoings (pl), expenditure (U) **- 5.** [excursion] outing ; [au cinéma, au restaurant] evening ou night out ; **faire une ~** to go out **- 6.** MIL sortie **- 7.** [écoulement - de liquide, gaz] escape **- 8.** INFORM : **~ imprimante** printout ; **~ papier** hard copy.

sortie-de-bain [sɔrtidbɛ̃] (pl **sorties-de-bain**) nf bathrobe.

sortilège [sɔrtilɛʒ] nm spell.

sortir [43] [sɔrtir] ◇ vi (aux : être) **- 1.** [de la maison, du bureau etc] to leave, to go/come out ; **~ de** to go/come out of, to leave **- 3.** fig [quitter] : **~ de** [réserve, préjugés] to shed **- 4.** fig [de maladie] : **~ de** to get over, to recover from ; [coma] to come out of **- 5.** [film, livre, produit] to come out ; [disque] to be released **- 6.** [au jeu - carte, numéro] to come up **- 7.** [s'écarter de] : **~ de** [sujet] to get away from ; [légalité, compétence] to be outside **- 8.** loc : **~ de l'ordinaire** to be out of the ordinary ; **ça m'est complètement sorti de la tête** it went clean out of my mind ; **d'où il sort, celui-là?** where did HE spring from? ◇ vt (aux : avoir) **- 1.** [gén] : **~ qqch (de)** to take sthg out (of) **- 2.** [de situation difficile] to get out, to extract **- 3.** [produit] to launch ; [disque] to bring out, to release ; [livre] to bring out, to publish **- 4.** fam [bêtise] to come out with.
➤ **se sortir** vp fig [de pétrin] to get out ; **s'en ~** [en réchapper] to come out of it ; [y arriver] to get through it.

SOS nm SOS ; **lancer un ~** to send out an SOS.

sosie [sozi] nm double.

sot, sotte [so, sɔt] ◇ adj silly, foolish ◇ nm, f fool.

sottement [sɔtmɑ̃] adv stupidly, foolishly.

sottise [sɔtiz] nf stupidity (U), foolishness (U) ; **dire/faire une ~** to say/do something stupid.

sottisier [sɔtizje] nm collection of howlers.

sou [su] nm : **être sans le ~** to be penniless ; **je n'ai pas le premier ~ pour acheter une voiture** I really can't afford a car.
➤ **sous** nmpl fam money (U) ; **être près de ses ~s** to be tightfisted ; **parler gros ~s** to talk big money.

souahéli = swahili.

soubassement [subasmɑ̃] nm base.

soubresaut [subrəso] nm **- 1.** [de voiture] jolt **- 2.** [de personne] start.

soubrette [subrɛt] nf maid.

souche [suʃ] nf **- 1.** [d'arbre] stump ; **dormir comme une ~** fig to sleep like a log **- 2.** [de carnet] counterfoil, stub **- 3.** [de famille] founder ; **de vieille ~** of old stock **- 4.** LING root.

souci [susi] nm **- 1.** [tracas] worry ; **se faire du ~** to worry **- 2.** [préoccupation] concern ; **c'est le dernier** ou **le cadet de mes ~s** that's the least of my worries **- 3.** [fleur] marigold.

soucier [9] [susje] ➤ **se soucier** vp : **se ~ de** to care about.

soucieux, euse [susjø, øz] adj **- 1.** [préoccupé] worried, concerned **- 2.** [concerné] : **être ~ de qqch/de faire qqch** to be concerned about sthg/about doing sthg.

soucoupe [sukup] nf **- 1.** [assiette] saucer **- 2.** [vaisseau] : **~ volante** flying saucer.

soudain, e [sudɛ̃, ɛn] adj sudden.
➤ **soudain** adv suddenly, all of a sudden.

soudainement [sudɛnmɑ̃] adv suddenly.

Soudan [sudɑ̃] nm : **le ~** the Sudan ; **au ~** in the Sudan.

soudanais, e [sudanɛ, ɛz] adj Sudanese.
➤ **Soudanais, e** nm, f Sudanese person.

soude [sud] nf soda ; **~ caustique** caustic soda.

souder [3] [sude] vt **- 1.** TECHNOL to weld, to solder **- 2.** MÉD to knit **- 3.** fig [unir] to bind together.

soudeur, euse [sudœr, øz] nm, f [personne] welder, solderer.
➤ **soudeuse** nf [machine] welding machine.

soudoyer [13] [sudwaje] vt to bribe.

soudure [sudyr] nf **- 1.** TECHNOL welding ; [résultat] weld ; **faire la ~** fig to bridge the gap **- 2.** MÉD knitting.

souffert, e [sufɛr, ɛrt] pp ▷ **souffrir**.

souffle [sufl] nm **- 1.** [respiration] breathing ; [expiration] puff, breath ; **un ~ d'air** fig a breath of air, a puff of wind **- 2.** fig [inspiration] inspiration **- 3.** [d'explosion] blast **- 4.** MÉD : **au cœur** heart murmur **- 5.** loc : **avoir le ~ coupé** to have one's breath taken away ; **couper le ~ à qqn** to take sb's breath away ; **retenir son ~** to hold one's breath.

soufflé, e [sufle] adj **- 1.** CULIN soufflé (avant n) **- 2.** fam fig [étonné] flabbergasted.
➤ **soufflé** nm soufflé ; **~ au fromage** cheese soufflé.

souffler [3] [sufle] ◇ vt **- 1.** [bougie] to blow out **- 2.** [verre] to blow **- 3.** [vitre] to blow out, to shatter **- 4.** [chuchoter] : **~ qqch à qqn** to whisper sthg to sb **- 5.** fam [prendre] : **~ qqch à qqn** to pinch sthg from sb ◇ vi **- 1.** [gén] to blow **- 2.** [respirer] to puff, to pant.

soufflerie [suflǝri] nf - **1.** [d'orgue] bellows
(sg) - **2.** AÉRON wind tunnel.

soufflet [suflɛ] nm - **1.** [instrument] bellows (sg)
- **2.** [de train] connecting corridor, concertina vestibule - **3.** COUTURE gusset - **4.** littéraire
[claque] slap.

souffleur, euse [suflœr, øz] nm, f THÉÂTRE
prompt.
➤ **souffleur** nm [de verre] blower.
➤ **souffleuse** nf : **souffleuse (à neige)** snowblower.

souffrance [sufrɑ̃s] nf suffering.

souffrant, e [sufrɑ̃, ɑ̃t] adj poorly.

souffre-douleur [sufrǝdulœr] nm inv whip-
ping boy.

souffreteux, euse [sufrǝtø, øz] adj sickly.

souffrir [34] [sufrir] ⬦ vi to suffer ; **~ de** to
suffer from ; **~ du dos/cœur** to have back/
heart problems ⬦ vt - **1.** [ressentir] to suffer
- **2.** littéraire [supporter] to stand, to bear.

soufi [sufi] adj inv Sufic.
➤ **Soufi** nm Sufi.

soufisme [sufism] nm Sufism.

soufre [sufr] nm sulphur Br, sulfur Am ; **sentir
le ~ fig** to smack of heresy.

souhait [swɛ] nm wish ; **tous nos ~s de** our
best wishes for ; **à ~** to perfection ; **à tes/vos
~s!** bless you!

souhaitable [swɛtabl] adj desirable ; **il est
~ que** (+ subjonctif) it is desirable that ...

souhaiter [4] [swete] vt : **~ qqch** to wish for
sthg ; **~ faire qqch** to hope to do sthg ; **~ qqch
à qqn** to wish sb sthg ; **~ à qqn de faire qqch**
to hope that sb does sthg ; **souhaiter que ...**
(+ subjonctif) to hope that ...

souiller [3] [suje] vt littéraire [salir] to soil ; fig &
sout to sully.

souillon [suj5] nf péj slut.

souillure [sujyr] nf littéraire - **1.** (gén pl) [dé-
chet] waste (U) - **2.** fig [morale] stain.

souk [suk] nm souk ; fam fig chaos.

soul [sul] nf inv & adj inv MUS soul.

soûl, e, saoul, e [su, sul] adj drunk ; **être
~ de fig** to be drunk on.
➤ **soûl** nm : **tout mon/son ~ fig** to my/his/her
heart's content.

soulagement [sulaʒmɑ̃] nm relief.

soulager [17] [sulaʒe] vt - **1.** [gén] to relieve
- **2.** [véhicule] to lighten.
➤ **se soulager** vp - **1.** [se libérer] to find relief
- **2.** [satisfaire un besoin naturel] to relieve o.s.

soûler, saouler [3] [sule] vt - **1.** fam [enivrer] :
~ qqn to get sb drunk ; fig to intoxicate sb

- **2.** fig & péj [de plaintes] : **~ qqn** to bore sb
silly.
➤ **se soûler** vp fam to get drunk.

soûlerie [sulri] nf drinking spree.

soulèvement [sulɛvmɑ̃] nm uprising.

soulever [19] [sulve] vt - **1.** [fardeau, poids] to
lift ; [rideau] to raise - **2.** fig [question] to raise,
to bring up - **3.** fig [enthousiasme] to generate,
to arouse ; [tollé] to stir up ; **~ qqn contre** to
stir sb up against - **4.** [foule] to stir.
➤ **se soulever** vp - **1.** [s'élever] to raise o.s., to
lift o.s. - **2.** [se révolter] to rise up.

soulier [sulje] nm shoe ; **être dans ses petits
~s fig** to feel awkward.

souligner [3] [suliɲe] vt - **1.** [par un trait] to
underline - **2.** fig [insister sur] to underline, to
emphasize - **3.** [mettre en valeur] to emphasize.

soumets ⬭ soumettre.

soumettre [84] [sumɛtr] vt - **1.** [astreindre] :
~ qqn à to subject sb to - **2.** [ennemi, peuple] to
subjugate - **3.** [projet, problème] : **~ qqch (à)** to
submit sthg (to).
➤ **se soumettre** vp : **se ~ (à)** to submit (to).

soumis, e [sumi, iz] ⬦ pp ⬭ soumettre
⬦ adj submissive.

soumission [sumisj5] nf submission.

soupape [supap] nf valve ; **~ de sûreté** safety
valve.

soupçon [sups5] nm - **1.** [suspicion, intuition] suspicion ; **être au-dessus/à l'abri de tout ~** to be
above/free from all suspicion - **2.** fig [quanti-
té] : **un ~ de** a hint of.

soupçonner [3] [sùpsone] vt [suspecter] to suspect ; **~ qqn de qqch/de faire qqch** to suspect
sb of sthg/of doing sthg ; **~ que** (+ subjonctif)
to suspect that.

soupçonneux, euse [supsone, øz] adj suspicious.

soupe [sup] nf - **1.** CULIN soup ; **~ à l'oignon**
onion soup ; **~ populaire** soup kitchen ; **être
~ au lait fig** to have a quick temper ; **cracher
dans la ~ fig** to bite the hand that feeds
- **2.** fam fig [neige] slush.

soupente [supɑ̃t] nf cupboard under the
stairs.

souper [3] [supe] ⬦ nm supper ⬦ vi to have
supper ; **en avoir soupé de qqch/de faire qqch**
fam fig to be sick and tired of sthg/of doing
sthg.

soupeser [19] [supǝze] vt - **1.** [poids] to feel
the weight of - **2.** fig [évaluer] to weigh up.

soupière [supjer] nf tureen.

soupir [supir] nm - **1.** [souffle] sigh ; **pousser un
~** to let out ou give a sigh ; **rendre le dernier**

~ **to breathe one's last - 2.** *MUS* crotchet rest
Br, quarter-note rest *Am*.

soupirail, aux [supiraj, o] *nm* barred basement window *(for ventilation purposes)*.

soupirant [supirã] *nm* suitor.

soupirer [3] [supire] ◇ *vt* to sigh ◇ *vi*
- 1. [souffler] to sigh **- 2.** *fig* & *littéraire* [recher-
cher] : ~ **après qqch** to sigh for sthg, to yearn
after sthg.

souple [supl] *adj* **- 1.** [gymnaste] supple **- 2.** [pas]
lithe **- 3.** [paquet, col] soft **- 4.** [tissu, cheveux]
flowing **- 5.** [tuyau, horaire, caractère] flexible.

souplesse [suplɛs] *nf* **- 1.** [de gymnaste] suppleness **- 2.** [flexibilité - de tuyau] pliability, flexibility ; [- de matière] suppleness **- 3.** [de personne]
flexibility.

sourate = surate.

source [surs] *nf* **- 1.** [gén] source ; **tenir de bonne ~** *ou* **de ~ sûre** to have sthg on good authority *ou* from a reliable source ; **puiser à
la ~** *fig* to go to the source ; **ça coule de ~** *fig*
it's obvious **- 2.** [d'eau] spring ; **prendre sa ~ à**
to rise in.

sourcier, ère [sursje, ɛr] *nm, f* water diviner.

sourcil [sursi] *nm* eyebrow ; **froncer les ~s** to
frown.

sourcilière [sursiljɛr] ▷ **arcade**.

sourciller [3] [sursije] *vi* : **sans ~** without bat-
ting an eyelid.

sourcilleux, euse [sursijø, øz] *adj* fussy,
finicky.

sourd¹, e [sur, surd] ◇ *adj* **- 1.** [personne]
deaf ; **être/rester ~ à qqch** *fig* to be/to remain
deaf to sthg **- 2.** [bruit, voix] muffled **- 3.** [dou-
leur] dull **- 4.** [lutte, hostilité] silent ◇ *nm, f* deaf
person.

sourd², sourdait *etc* ▷ **sourdre**.

sourdement [surdəmɑ̃] *adv* **- 1.** [avec un bruit
sourd] dully **- 2.** *fig* [secrètement] silently.

sourdine [surdin] *nf* mute ; **en ~** [sans bruit]
softly ; [secrètement] in secret ; **mettre une ~ à
qqch** to tone sthg down.

sourd-muet, sourde-muette [surmɥɛ,
surdmɥɛt] (*mpl* **sourds-muets**, *fpl* **sourdes-
muettes**) ◇ *adj* deaf-mute, deaf and dumb
◇ *nm, f* deaf-mute, deaf and dumb person.

sourdre [73] [surdr] *vi* to well up.

souriant, e [surjã, ãt] *adj* smiling, cheerful.

souriceau [suriso] *nm* baby mouse.

souricière [surisjɛr] *nf* mousetrap ; *fig* trap.

sourire [95] [surir] ◇ *vi* to smile ; ~ **à qqn** to
smile at sb ; *fig* [campagne] to appeal to sb ;

~ **de qqn/qqch** [être amusé par] to smile at sb/sthg ◇ *nm*
smile ; **garder le ~** to keep smiling.

souris [suri] *nf* **- 1.** *INFORM* & *ZOOL* mouse
- 2. [viande] knuckle **- 3.** *fam fig* [fille] bird *Br*,
chick *Am*.

sournois, e [surnwa, az] ◇ *adj* **- 1.** [personne]
underhand **- 2.** *fig* [maladie, phénomène] unpredictable ◇ *nm, f* underhanded person.

sournoisement [surnwazmɑ̃] *adv* in an
underhand way.

sous [su] *prép* **- 1.** [gén] under ; **nager ~ l'eau** to
swim underwater ; ~ **la pluie** in the rain ;
~ **cet aspect** *ou* **angle** from that point of view
- 2. [dans un délai de] within ; ~ **huit jours** within
a week.

sous-alimentation [suzalimɑ̃tasjɔ̃] *nf* malnutrition, undernourishment.

sous-alimenté, e [suzalimɑ̃te] *adj* malnourished, underfed.

sous-bois [subwa] *nm inv* undergrowth.

sous-chef [suʃɛf] (*pl* **sous-chefs**) *nm* second-
in-command.

souscripteur, trice [suskriptœr, tris] *nm, f*
subscriber.

souscription [suskripsjɔ̃] *nf* subscription.

souscrire [99] [suskrir] ◇ *vt* to sign ◇ *vi* :
~ **à** to subscribe to.

sous-cutané, e [sukytane] *adj* *MÉD* subcuta-
neous.

sous-développé, e [sudevlɔpe] *adj* *ÉCON*
underdeveloped ; *fig* & *péj* backward.

sous-directeur, trice [sudirɛktœr, tris] (*mpl*
sous-directeurs, *fpl* **sous-directrices**) *nm, f*
assistant manager (*f* assistant manager-
ess).

sous-employé, e [suzɑ̃plwaje] *adj* under-
employed.

sous-ensemble [suzɑ̃sɑ̃bl] (*pl* **sous-
ensembles**) *nm* subset.

sous-entendre [73] [suzɑ̃tɑ̃dr] *vt* to imply.

sous-entendu [suzɑ̃tɑ̃dy] (*pl* **sous-
entendus**) *nm* insinuation.

sous-équipé, e [suzekipe] *adj* under-
equipped.

sous-estimer [3] [suzɛstime] *vt* to underestimate, to underrate.

➤ **se sous-estimer** *vp* to underrate o.s.

sous-évaluer [7] [suzevalɥe] *vt* to underestimate.

sous-exploiter [3] [suzɛksplwate] *vt* to
underexploit.

sous-exposer [3] [suzɛkspoze] *vt* to under-
expose.

sous-fifre [sufifr] (pl **sous-fifres**) nm fam underling.

sous-jacent, e [suʒasɑ̃, ɑ̃t] adj underlying.

sous-lieutenant [suljøtnɑ̃] (pl **sous-lieu-tenants**) nm MIL sub-lieutenant.

sous-location [sulɔkasjɔ̃] (pl **sous-locations**) nf subletting.

sous-louer [6] [sulwe] vt to sublet.

sous-main [sumɛ̃] nm inv desk blotter.

sous-marin, e [sumarɛ̃, in] adj underwater (avant n).

◆ **sous-marin** (pl **sous-marins**) nm submarine.

sous-œuvre [suzœvr] ◆ **en sous-œuvre** loc adv : reprise en ~ underpinning.

sous-officier [suzɔfisje] (pl **sous-officiers**) nm non-commissioned officer.

sous-ordre [suzɔrdr] (pl **sous-ordres**) nm - **1.** [personne] subordinate - **2.** [espèce] sub-order.

sous-payer [11] [supeje] vt to underpay.

sous-peuplé, e [supœple] adj underpopulated.

sous-préfecture [suprefɛktyr] (pl **sous-préfectures**) nf sub-prefecture.

sous-préfet [suprefɛ] (pl **sous-préfets**) nm sub-prefect.

sous-produit [suprɔdɥi] (pl **sous-produits**) nm - **1.** [objet] by-product - **2.** fig [imitation] pale imitation.

sous-secrétaire [susəkretɛr] (pl **sous-secrétaires**) nm : ~ d'État Under-Secretary of State.

soussigné, e [susiɲe] ⬦ adj : je ~ I the undersigned ; nous ~s we the undersigned ⬦ nm, f undersigned.

sous-sol [susɔl] (pl **sous-sols**) nm - **1.** [de bâtiment] basement - **2.** [naturel] subsoil.

sous-tasse [sutas] (pl **sous-tasses**) nf saucer.

sous-tendre [73] [sutɑ̃dr] vt to underpin.

sous-titre [sutitr] (pl **sous-titres**) nm subtitle.

sous-titrer [3] [sutitre] vt to subtitle.

soustraction [sustraksjɔ̃] nf MATHS subtraction.

soustraire [112] [sustrer] vt - **1.** [retrancher] : ~ qqch de to subtract sthg from - **2.** sout [voler] : ~ qqch de qqch to remove sthg from sthg ; ~ qqch à qqn to take sthg away from sb - **3.** [faire échapper] : ~ qqn à qqch to shield sb from sthg.

◆ **se soustraire** vp : se ~ à to escape from.

sous-traitance [sutretɑ̃s] (pl **sous-trai-**

tances) nf subcontracting ; donner qqch en ~ to subcontract sthg.

sous-traitant, e [sutretɑ̃, ɑ̃t] adj subcontracting.

◆ **sous-traitant** (pl **sous-traitants**) nm subcontractor.

sous-traiter [4] [sutrete] vt to subcontract.

soustrayais, soustrayions etc ⤳ **soustraire**.

sous-verre [suver] nm inv picture or document framed between a sheet of glass and a rigid backing.

sous-vêtement [suvɛtmɑ̃] (pl **sous-vête-ments**) nm undergarment ; ~s underwear (U), underclothes.

soutane [sutan] nf cassock.

soute [sut] nf hold.

soutenable [sutnabl] adj - **1.** [défendable] tenable - **2.** [supportable] bearable.

soutenance [sutnɑ̃s] nf viva.

souteneur [sutnœr] nm procurer.

soutenir [40] [sutnir] vt - **1.** [immeuble, personne] to support, to hold up - **2.** [effort, intérêt] to sustain - **3.** [encourager] to support ; POLIT to back, to support - **4.** [affirmer] : ~ que to maintain (that) - **5.** [résister à] to withstand ; [regard, comparaison] to bear.

◆ **se soutenir** vp - **1.** [se maintenir] to hold o.s. up, to support o.s. - **2.** [s'aider] to support each other, to back each other (up).

soutenu, e [sutny] adj - **1.** [style, langage] elevated - **2.** [attention, rythme] sustained - **3.** [couleur] vivid.

souterrain, e [suterɛ̃, ɛn] adj underground.

◆ **souterrain** nm underground passage.

soutien [sutjɛ̃] nm support ; apporter son ~ à to give one's support to ; ~ de famille breadwinner.

soutien-gorge [sutjɛ̃gɔrʒ] (pl **soutiens-gorge**) nm bra.

soutirer [3] [sutire] vt - **1.** [liquide] to decant - **2.** fig [tirer] : ~ qqch à qqn to extract sthg from sb.

souvenance [suvnɑ̃s] nf littéraire recollection.

souvenir [40] [suvnir] nm - **1.** [réminiscence, mémoire] memory ; en ~ de in memory of ; rappeler qqn au bon ~ de qqn to remember sb to sb ; avec mes meilleurs ~s with kind regards - **2.** [objet] souvenir.

◆ **se souvenir** vp [ne pas oublier] : se ~ de qqch/ de qqn to remember sthg/sb ; se ~ que to remember (that).

souvent [suvɑ̃] *adv* often ; **le plus ~** more often than not.

souvenu, e [suvny] *pp* ⊳ **souvenir**.

souverain, e [suvʀɛ̃, ɛn] ◇ *adj* - **1.** [remède, état] sovereign - **2.** [indifférence] supreme ◇ *nm, f* [monarque] sovereign, monarch.

souverainement [suvʀɛnmɑ̃] *adv* - **1.** [extrêmement] intensely - **2.** [avec autorité] regally - **3.** [absolument - bon] supremely ; [- parfait] absolutely.

souveraineté [suvʀɛnte] *nf* sovereignty.

souviendrai, souviendras *etc* ⊳ **souvenir**.

souvienne, souviennes *etc* ⊳ **souvenir**.

souviens, souvient *etc* ⊳ **souvenir**.

soviet [sɔvjɛt] *nm* soviet ; **Soviet suprême** Supreme Soviet.

soviétique [sɔvjetik] *adj* Soviet.
➡ **Soviétique** *nmf* Soviet (citizen).

soviétologue [sɔvjetɔlɔg] *nmf* Kremlinologist.

soyeux, euse [swajø, øz] *adj* silky.

soyez ⊳ **être**.

SPA (*abr de* **Société protectrice des animaux**) *nf* French society for the protection of animals, ≃ RSPCA *Br*, ≃ SPCA *Am*.

spacieux, euse [spasjø, øz] *adj* spacious.

spaghettis [spagɛti] *nmpl* spaghetti (U).

sparadrap [sparadra] *nm* sticking plaster.

spartiate [sparsjat] *adj* [austère] Spartan ; **à la ~ fig** in a Spartan fashion.
➡ **spartiates** *nfpl* [sandales] Roman sandals.

spasme [spasm] *nm* spasm.

spasmodique [spasmɔdik] *adj* spasmodic.

spasmophilie [spasmɔfili] *nf* spasmophilia.

spatial, e, aux [spasjal, o] *adj* space (*avant n*).

spatio-temporel, elle [spasjɔtɑ̃pɔʀɛl] *adj* spatio-temporal.

spatule [spatyl] *nf* - **1.** [ustensile] spatula - **2.** [de ski] tip.

speaker, speakerine [spikœr, spikrin] *nm, f* announcer.

spécial, e, aux [spesjal, o] *adj* - **1.** [particulier] special ; **~ à** special to - **2.** *fam* [bizarre] peculiar.

spécialement [spesjalmɑ̃] *adv* - **1.** [exprès] specially - **2.** [particulièrement] particularly, especially ; **pas ~ fam** not particularly, not specially.

spécialisation [spesjalizasjɔ̃] *nf* specialization.

spécialiser [3] [spesjalize] *vt* to specialize.
➡ **se spécialiser** *vp* : **se ~ (dans)** to specialize (in).

spécialiste [spesjalist] *nmf* specialist.

spécialité [spesjalite] *nf* speciality.

spécieux, euse [spesjø, øz] *adj littéraire* specious.

spécification [spesifikasjɔ̃] *nf* specification.

spécificité [spesifisite] *nf* specificity.

spécifier [9] [spesifje] *vt* to specify.

spécifique [spesifik] *adj* specific.

spécifiquement [spesifikmɑ̃] *adv* specifically.

spécimen [spesimɛn] *nm* - **1.** [représentant] specimen - **2.** [exemplaire] sample.

spectacle [spɛktakl] *nm* - **1.** [représentation] show - **2.** [domaine] show business, entertainment - **3.** [tableau] spectacle, sight ; **se donner en ~ fig** to make a spectacle *ou* an exhibition of o.s.

spectaculaire [spɛktakylɛʀ] *adj* spectacular.

spectateur, trice [spɛktatœʀ, tʀis] *nm, f* - **1.** [témoin] witness - **2.** [de spectacle] spectator.

spectre [spɛktʀ] *nm* - **1.** [fantôme] spectre *Br*, specter *Am* ≃ *de* **fig** the spectre *Br ou* specter *Am* of - **2.** *PHYS* spectrum.

spéculateur, trice [spekylatœʀ, tʀis] *nm, f* speculator.

spéculatif, ive [spekylatif, iv] *adj* speculative.

spéculation [spekylasjɔ̃] *nf* speculation.

spéculer [3] [spekyle] *vi* : **~ sur FIN** to speculate in ; **fig** [miser] to count on.

speech [spitʃ] (*pl* **speeches**) *nm* speech.

speed [spid] *adj* hyper ; **il est très ~** he's really hyper.

speeder [spide] *vi fam* to hurry.

spéléologie [speleɔlɔʒi] *nf* [exploration] potholing ; [science] speleology.

spéléologue [speleɔlɔg] *nmf* [explorateur] potholer ; [scientifique] speleologist.

spencer [spensɛʀ] *nm* short fitted jacket *or* coat.

spermatozoïde [spɛrmatɔzɔid] *nm* sperm, spermatozoon.

sperme [spɛrm] *nm* sperm, semen.

sphère [sfɛʀ] *nf* sphere ; **les hautes ~s de** the higher reaches of ; **~ d'influence** sphere of influence.

sphérique [sferik] *adj* spherical.

sphincter [sfɛ̃ktɛr] *nm* sphincter.

sphinx [sfɛ̃ks] *nm inv* - **1.** MYTH & *fig* sphinx - **2.** ZOOL hawk moth.

spirale [spiral] *nf* spiral ; **en ~** spiral.

spiritisme [spiritism] *nm* spiritualism.

spiritualité [spiritɥalite] *nf* spirituality.

spirituel, elle [spiritɥɛl] *adj* - **1.** [de l'âme, moral] spiritual - **2.** [vivant, drôle] witty.

spirituellement [spiritɥɛlmɑ̃] *adv* - **1.** [moralement] spiritually - **2.** [avec humour] wittily.

spiritueux [spiritɥø] *nm* spirit.

spleen [splin] *nm littéraire* spleen.

splendeur [splɑ̃dœr] *nf* - **1.** [beauté, prospérité] splendour *Br*, splendor *Am* - **2.** [merveille] : **c'est une ~!** it's magnificent!

splendide [splɑ̃did] *adj* magnificent, splendid.

spolier [9] [spɔlje] *vt* to despoil.

spongieux, euse [spɔ̃ʒjø, øz] *adj* spongy.

sponsor [spɔ̃sɔr] *nm* sponsor.

sponsoring [spɔ̃sɔriŋ] *nm* sponsoring.

sponsorisation [spɔ̃sɔrizasjɔ̃] *nf* sponsoring, sponsorship.

sponsoriser [3] [spɔ̃sɔrize] *vt* to sponsor.

spontané, e [spɔ̃tane] *adj* spontaneous.

spontanéité [spɔ̃taneite] *nf* spontaneity.

spontanément [spɔ̃tanemɑ̃] *adv* spontaneously.

sporadique [spɔradik] *adj* sporadic.

sporadiquement [spɔradikmɑ̃] *adv* sporadically.

sport [spɔr] <> *nm* sport ; **de ~** sports *(avant n)* ; **~ d'équipe/de combat** team/combat sport ; **~s d'hiver** winter sports ; **aller aux ~s d'hiver** to go on a skiing holiday <> *adj inv* - **1.** [vêtement] sports *(avant n)* - **2.** [fair play] sporting.

sportif, ive [spɔrtif, iv] <> *adj* - **1.** [association, résultats] sports *(avant n)* - **2.** [personne, physique] sporty, athletic - **3.** [fair play] sportsmanlike, sporting <> *nm, f* sportsman *(f* sportswoman).

spot [spɔt] *nm* - **1.** [lampe] spot, spotlight - **2.** [publicité] : **~ (publicitaire)** commercial, advert.

SPOT, Spot [spɔt] *(abr de* satellite pour l'observation de la terre) *nm* earth observation satellite.

sprint [sprint] *nm* [SPORT - accélération] spurt ; [- course] sprint ; **piquer un ~** *fam* to put on a spurt.

sprinter¹ [3] [sprinte] *vi* to sprint.

sprinter² [sprintœr] *nm* sprinter.

squale [skwal] *nm* dogfish.

square [skwar] *nm* small public garden.

squash [skwaʃ] *nm* squash.

squat [skwat] *nm* squat.

squatter¹ [skwatœr] *nm* squatter.

squatter² [3] [skwate] <> *vt* to squat in <> *vi* to squat.

squelette [skəlɛt] *nm* skeleton.

squelettique [skəletik] *adj* - **1.** [corps] emaciated - **2.** [exposé] sketchy, skeletal.

Sri Lanka [ʃrilɑ̃ka] *nm* : **le ~** Sri Lanka ; **au ~** in Sri Lanka.

sri lankais, e [ʃrilɑ̃kɛ, ɛz] *adj* Sri Lankan.
➡ **Sri Lankais, e** *nm, f* Sri Lankan.

SS <> *nf* - **1.** *(abr de* Sécurité sociale) ≃ DSS *Br*, ≃ SSA *Am* - **2.** *(abr de* SchutzStaffel) SS ; **un ~** a member of the SS <> *(abr de* steamship) SS.

S.S. *(abr de* Sa Sainteté) H.H.

SSR *(abr de* Société suisse romande) *nf* French-language Swiss broadcasting company.

St *(abr de* saint) St.

stabilisateur, trice [stabilizatœr, tris] *adj* stabilizing.

stabilisation [stabilizasjɔ̃] *nf* stabilization.

stabiliser [3] [stabilize] *vt* - **1.** [gén] to stabilize ; [meuble] to steady - **2.** [terrain] to make firm.
➡ **se stabiliser** *vp* - **1.** [véhicule, prix, situation] to stabilize - **2.** [personne] to settle down.

stabilité [stabilite] *nf* stability.

stable [stabl] *adj* - **1.** [gén] stable - **2.** [meuble] steady, stable.

stade [stad] *nm* - **1.** [terrain] stadium - **2.** [étape & MÉD] stage ; **en être au ~ de/où** to reach the stage of/at which.

Stade de France *nm* Stade de France, *stadium built for the 1998 World Cup in the north of Paris.*

staff [staf] *nm* staff.

stage [staʒ] *nm* SCOL work placement ; [sur le temps de travail] in-service training ; **faire un ~** [cours] to go on a training course ; [expérience professionnelle] to go on a work placement.

stagiaire [staʒjɛr] <> *nmf* trainee <> *adj* trainee *(avant n).*

stagnant, e [stagnɑ̃, ɑ̃t] *adj* stagnant.

stagnation [stagnasjɔ̃] *nf* stagnation.

stagner [3] [stagne] *vi* to stagnate.

stakhanoviste [stakanɔvist] *nmf* & *adj* Stakhanovite, hard worker.

stalactite [stalaktit] *nf* stalactite.

stalagmite [stalagmit] nf stalagmite.

stalle [stal] nf stall.

stand [stɑ̃d] nm - **1.** [d'exposition] stand - **2.** [de fête] stall ; **~ de tir** shooting range, firing range.

standard [stɑ̃dar] ⬦ adj inv standard ⬦ nm - **1.** [norme] standard - **2.** [téléphonique] switchboard.

standardisation [stɑ̃dardizasjɔ̃] nf standardization.

standardiser [3] [stɑ̃dardize] vt to standardize.

standardiste [stɑ̃dardist] nmf switchboard operator.

standing [stɑ̃diŋ] nm standing ; **immeuble de grand ~** prestigious block of flats ; **quartier de grand ~** select district.

staphylocoque [stafilɔkɔk] nm staphylococcus.

star [star] nf CIN star.

starlette [starlɛt] nf starlet.

starter [starter] nm AUTOM choke ; **mettre le ~** to pull the choke out.

starting-block [startiŋblɔk] (pl **starting-blocks**) nm starting-block.

start up [startɔp] nf start up.

station [stasjɔ̃] nf - **1.** [arrêt - de bus] stop ; [- de métro] station ; **à quelle ~ dois-je descendre?** which stop do I get off at? ; **~ de taxis** taxi stand - **2.** [installations] station ; **~ d'épuration** sewage treatment plant ; **~ spatiale** space station - **3.** [ville] resort ; **~ balnéaire** seaside resort ; **~ de ski/de sports d'hiver** ski/winter sports resort ; **~ thermale** spa (town) - **4.** [position] position ; **~ debout** standing position - **5.** INFORM : **~ de travail** work station.

stationnaire [stasjɔnɛr] adj stationary.

stationnement [stasjɔnmɑ̃] nm parking ; '**~ interdit**' 'no parking' ; **~ en épi** angle OU angled parking.

stationner [3] [stasjɔne] vi to park.

station-service [stasjɔ̃sɛrvis] (pl **stations-service**) nf service station, petrol station Br, gas station Am.

statique [statik] adj static.

statisticien, enne [statistisjɛ̃, ɛn] nm, f statistician.

statistique [statistik] ⬦ adj statistical ⬦ nf - **1.** [science] statistics (U) - **2.** [donnée] statistic.

statistiquement [statistikmɑ̃] adv statistically.

statuaire [statɥɛr] nf & adj statuary.

statue [staty] nf statue.

statuer [7] [statɥe] vi : **~ sur** to give a decision on.

statuette [statɥɛt] nf statuette.

statu quo [statykwo] nm inv status quo.

stature [statyr] nf stature.

statut [staty] nm status.
➡ **statuts** nmpl statutes.

statutaire [statytɛr] adj statutory.

Ste (abr de sainte) St.

Sté (abr de société) Co.

steak [stɛk] nm steak ; **~ frites** steak and chips ; **~ haché** mince ; **~ tartare** steak tartare.

stèle [stɛl] nf stele.

stellaire [stelɛr] adj stellar.

stencil [stɛnsil] nm stencil.

sténo [steno] ⬦ nmf stenographer ⬦ nf shorthand.

sténodactylo [stenɔdaktilo] nmf shorthand typist.

sténodactylographie [stenɔdaktilɔgrafi] nf shorthand typing.

sténographe [stenɔgraf] nmf stenographer.

sténographie [stenɔgrafi] nf shorthand ; **en ~** in shorthand.

sténographier [9] [stenɔgrafje] vt to take down in shorthand.

sténographique [stenɔgrafik] adj shorthand (avant n).

sténotypiste [stenɔtipist] nmf stenotypist.

stentor [stɑ̃tɔr] ⊏▷ **voix**.

steppe [stɛp] nf steppe.

stéréo [stereo] ⬦ adj inv stereo ⬦ nf stereo ; **en ~** in stereo.

stéréotype [stereɔtip] nm stereotype.

stéréotypé, e [stereɔtipe] adj stereotyped.

stérile [steril] adj - **1.** [personne] sterile, infertile ; [terre] barren - **2.** fig [inutile - discussion] sterile ; [- efforts] futile - **3.** MÉD sterile.

stérilet [sterilɛ] nm IUD, intra-uterine device.

stérilisateur [sterilizatœr] nm sterilizer.

stérilisation [sterilizasjɔ̃] nf sterilization.

stériliser [3] [sterilize] vt to sterilize.

stérilité [sterilite] nf litt & fig sterility ; [d'efforts] futility.

sterling [sterliŋ] adj inv & nm inv sterling.

sternum [stɛrnɔm] nm breastbone, sternum.

stéthoscope [stetɔskɔp] nm stethoscope.

steward [stiwart] nm steward.

stick [stik] *nm* [tube] stick ; **de la colle en ~** a stick of glue ; **un déodorant en ~** a stick deodorant.

stigmate [stigmat] *nm (gén pl)* mark, scar.
➤ **stigmates** *nmpl* RELIG stigmata.

stigmatiser [3] [stigmatize] *vt littéraire* [dénoncer] to denounce.

stimulant, e [stimylã, ãt] *adj* stimulating.
➤ **stimulant** *nm* - **1.** [remontant] stimulant - **2.** [motivation] incentive, stimulus.

stimulateur [stimylatœr] *nm* : **~ cardiaque** pacemaker.

stimulation [stimylasjɔ̃] *nf* stimulation.

stimuler [3] [stimyle] *vt* to stimulate.

stipuler [3] [stipyle] *vt* : **~ que** to stipulate (that).

stock [stɔk] *nm* stock ; **en ~** in stock ; **tout un ~ de** *fig* & *iron* a whole stock of, plenty of.

stockage [stɔkaʒ] *nm* - **1.** [de marchandises] stocking - **2.** INFORM storage.

stocker [3] [stɔke] *vt* - **1.** [marchandises] to stock - **2.** INFORM to store.

Stockholm [stɔkɔlm] *n* Stockholm.

stoïcisme [stɔisism] *nm* - **1.** PHILO Stoicism - **2.** *fig* [courage] stoicism.

stoïque [stɔik] ⋄ *nmf* Stoic ⋄ *adj* stoical.

stoïquement [stɔikmã] *adv* stoically.

stomacal, e, aux [stɔmakal, o] *adj* stomach (avant n).

stomatologie [stɔmatɔlɔʒi] *nf* stomatology.

stomatologiste [stɔmatɔlɔʒist], **stomatologue** [stɔmatɔlɔg] *nmf* stomatologist.

stop [stɔp] ⋄ *interj* stop! ; **dis-moi ~!** say when! ⋄ *nm* - **1.** [feu] brake-light - **2.** [panneau] stop sign - **3.** [auto-stop] hitch-hiking, hitching ; **faire du ~** to hitch, to hitch-hike ; **on y est allé en ~** we hitch-hiked *ou* hitched there.

stopper [3] [stɔpe] ⋄ *vt* - **1.** [arrêter] to stop, to halt - **2.** COUTURE to repair by invisible mending ⋄ *vi* to stop.

store [stɔr] *nm* - **1.** [de fenêtre] blind - **2.** [de magasin] awning.

strabisme [strabism] *nm* squint ; **être atteint de ~** to (have a) squint.

strangulation [strãgylasjɔ̃] *nf* strangulation.

strapontin [strapɔ̃tɛ̃] *nm* - **1.** [siège] pull-down seat - **2.** *fig* [position] minor role.

strass [stras] *nm* paste.

stratagème [strataʒɛm] *nm* stratagem.

strate [strat] *nf* stratum.

stratège [strateʒ] *nm* strategist.

stratégie [strateʒi] *nf* strategy.

stratégique [strateʒik] *adj* strategic.

stratifié, e [stratifje] *adj* - **1.** GÉOL stratified - **2.** TECHNOL laminated.

stratosphère [stratɔsfɛr] *nf* stratosphere.

stress [strɛs] *nm* stress.

stressant, e [strɛsã, ãt] *adj* stressful.

stressé, e [strɛse] *adj* stressed.

stresser [4] [strɛse] ⋄ *vt* : **~ qqn** to cause sb stress, to put sb under stress ⋄ *vi* to be stressed.

Stretch® [strɛtʃ] *nm inv stretch material*.

stretching [strɛtʃiŋ] *nm* SPORT stretching, stretching exercises (pl).

strict, e [strikt] *adj* - **1.** [personne, règlement] strict - **2.** [sobre] plain - **3.** [absolu - minimum] bare, absolute ; [- vérité] absolute ; **dans la plus ~e intimité** strictly in private ; **au sens ~ du terme** in the strict sense of the word.

strictement [striktəmã] *adv* - **1.** [rigoureusement] strictly - **2.** [sobrement] plainly, soberly.

strident, e [stridã, ãt] *adj* strident, shrill.

stridulation [stridylasjɔ̃] *nf* chirping.

strie [stri] *(gén pl)* *nf* - **1.** [sillon] groove ; [en relief] ridge - **2.** [rayure] streak.

strié, e [strije] *adj* - **1.** [rayé] striped - **2.** GÉOL striated.

strier [10] [strije] *vt* to streak.

string [striŋ] *nm* G-string.

strip-tease [striptiz] *(pl* **strip-teases***)* *nm* striptease.

strip-teaseuse [striptizøz] *(pl* **strip-teaseuses***)* *nf* stripper.

striure [strijyr] *nf* - **1.** [sillons] grooves (pl) ; [en relief] ridges (pl) - **2.** [rayures] streaks (pl).

strophe [strɔf] *nf* verse.

structural, e, aux [stryktyral, o] *adj* structural.

structuralisme [stryktyralism] *nm* structuralism.

structure [stryktyr] *nf* structure ; **~ ou ~s d'accueil** reception facilities.

structurel, elle [stryktyrɛl] *adj* structural.

structurer [3] [stryktyre] *vt* to structure.
➤ **se structurer** *vp* to be/become structured.

strychnine [striknin] *nf* strychnine.

stuc [styk] *nm* stucco.

studieusement [stydjøzmã] *adv* studiously.

studieux, euse [stydjø, øz] *adj* - **1.** [personne] studious - **2.** [vacances] study (avant n).

studio [stydjo] *nm* - **1.** CIN, PHOT & TÉLÉ studio

- 2. [appartement] studio flat *Br*, studio apartment *Am*.

stupéfaction [stypefaksjɔ̃] *nf* astonishment, stupefaction.

stupéfait, e [stypefɛ, ɛt] *adj* astounded, stupefied.

stupéfiant, e [stypefjɑ̃, ɑ̃t] *adj* astounding, stunning.
➡ **stupéfiant** *nm* narcotic, drug.

stupéfier [9] [stypefje] *vt* to astonish, to stupefy.

stupeur [stypœr] *nf* **- 1.** [stupéfaction] astonishment **- 2.** *MÉD* stupor.

stupide [stypid] *adj* **- 1.** *péj* [abruti] stupid **- 2.** [insensé - mort] senseless ; [- accident] stupid **- 3.** *littéraire* [interdit] stunned.

stupidement [stypidmɑ̃] *adv* stupidly.

stupidité [stypidite] *nf* stupidity ; **faire/dire des ~s** to do/say something stupid.

style [stil] *nm* **- 1.** [gén] style ; **de ~** period *(avant n)* ; **~ Empire/Louis XIII** Empire/Louis XIII Style ; **~ de vie** lifestyle **- 2.** *GRAM* : **~ direct/indirect** direct/indirect speech.

styliser [3] [stilize] *vt* to stylize.

stylisme [stilism] *nm* *COUTURE* design, designing.

styliste [stilist] *nmf* *COUTURE* designer.

stylistique [stilistik] ◇ *adj* stylistic ◇ *nf* stylistics *(U)*.

stylo [stilo] *nm* pen ; **~ bille** ballpoint (pen) ; **~ plume** fountain pen.

stylo-feutre [stiloføtr] *(pl* **stylos-feutres)** *nm* felt-tip pen.

su, e [sy] *pp* ▷ **savoir**.
➡ **au su et au vu de** *loc prép* under the eyes of.

suave [sɥav] *adj* [voix] smooth ; [parfum] sweet.

suavité [sɥavite] *nf* pleasantness.

subalpin, e [sybalpɛ̃, in] *adj* subalpine.

subalterne [sybaltɛrn] ◇ *nmf* subordinate, junior ◇ *adj* [rôle] subordinate ; [employé] junior.

subaquatique [sybakwatik] *adj* underwater.

subconscient, e [sybkɔ̃sjɑ̃, ɑ̃t] *adj* subconscious.
➡ **subconscient** *nm* subconscious.

subdiviser [3] [sybdivize] *vt* to subdivide.
➡ **se subdiviser** *vp* to be subdivided.

subdivision [sybdivizjɔ̃] *nf* subdivision.

subir [32] [sybir] *vt* **- 1.** [conséquences, colère] to suffer ; [personne] to put up with **- 2.** [opération, épreuve, examen] to undergo **- 3.** [dommages, per-

tes] to sustain, to suffer ; **~ une hausse** to be increased.

subit, e [sybit, it] *adj* sudden.

subitement [sybitmɑ̃] *adv* suddenly.

subjectif, ive [sybʒɛktif, iv] *adj* **- 1.** [personnel, partial] subjective **- 2.** *MÉD* : **troubles ~s** symptoms.

subjectivité [sybʒɛktivite] *nf* subjectivity.

subjonctif [sybʒɔ̃ktif] *nm* subjunctive.

subjuguer [3] [sybʒyge] *vt* to captivate.

sublimation [syblimasjɔ̃] *nf* sublimation.

sublime [syblim] *adj* sublime.

sublimer [3] [syblime] *vt* to sublimate.

submerger [17] [sybmɛrʒe] *vt* **- 1.** [inonder] to flood **- 2.** [envahir] to overcome, to overwhelm **- 3.** [déborder] to overwhelm ; **être submergé de travail** to be swamped with work.

submersible [sybmɛrsibl] *nm* & *adj* submersible.

subodorer [3] [sybɔdɔre] *vt* *fam* to smell, to scent.

subordination [sybɔrdinasjɔ̃] *nf* subordination.

subordonné, e [sybɔrdɔne] ◇ *adj* *GRAM* subordinate, dependent ◇ *nm, f* subordinate.
➡ **subordonnée** *nf* *GRAM* subordinate clause.

subordonner [3] [sybɔrdɔne] *vt* **- 1.** [chose] : **~ qqch à qqch** to make sthg dependent on sthg **- 2.** [personne] : **~ qqn à qqn** to subordinate sb to sb.

subornation [sybɔrnasjɔ̃] *nf* bribing, subornation.

suborner [3] [sybɔrne] *vt* **- 1.** *littéraire* [séduire] to lead astray **- 2.** *JUR* to bribe, to suborn.

subreptice [sybrɛptis] *adj* surreptitious.

subrepticement [sybrɛptismɑ̃] *adv* surreptitiously.

subroger [17] [sybrɔʒe] *vt* *JUR* to substitute.

subséquent, e [sypsekɑ̃, ɑ̃t] *adj* *sout* subsequent.

subside [sypsid] *nm* (gén pl) grant, subsidy.

subsidiaire [sybzidjɛr] *adj* subsidiary.

subsistance [sybzistɑ̃s] *nf* subsistence ; **pourvoir à la ~ de sa famille** to support one's family.

subsister [3] [sybziste] *vi* **- 1.** [chose] to remain **- 2.** [personne] to live, to subsist.

subsonique [sypsɔnik] *adj* subsonic.

substance [sypstɑ̃s] *nf* **- 1.** [matière] substance **- 2.** [essence] gist ; **en ~** in substance.

substantiel, elle [sypstɑ̃sjɛl] *adj* substantial.

substantif [sypstɑ̃tif] *nm* noun.

substituer [7] [sypstitɥe] *vt* : ~ qqch à qqch to substitute sthg for sthg.

➤ **se substituer** *vp* : **se ~ à** [personne] to stand in for, to substitute for ; [chose] to take the place of.

substitut [sypstity] *nm* - **1.** [remplacement] substitute - **2.** JUR deputy public prosecutor.

substitution [sypstitysjɔ̃] *nf* substitution.

substrat [sypstra] *nm* - **1.** [de récit, réflexion] basis - **2.** GÉOL & LING substratum - **3.** CHIM substrate.

subterfuge [sypterfyʒ] *nm* subterfuge.

subtil, e [syptil] *adj* subtle.

subtilement [syptilmɑ̃] *adv* subtly.

subtiliser [3] [syptilize] *vt* to steal.

subtilité [syptilite] *nf* subtlety.

subtropical, e, aux [syptrɔpikal, o] *adj* subtropical.

suburbain, e [sybyrbɛ̃, ɛn] *adj* suburban.

subvenir [40] [sybvənir] *vi* : ~ à to meet, to cover ; ~ aux besoins de qqn to meet sb's needs.

subvention [sybvɑ̃sjɔ̃] *nf* grant, subsidy.

subventionner [3] [sybvɑ̃sjɔne] *vt* to give a grant to, to subsidize.

subvenu, e [sybvəny] *pp* ▷ **subvenir.**

subversif, ive [sybversif, iv] *adj* subversive.

subversion [sybversjɔ̃] *nf* subversion.

subviendrai, subviendras *etc* ▷ **subvenir.**

subviens, subvient *etc* ▷ **subvenir.**

suc [syk] *nm* - **1.** [d'arbre] sap ; [de fruit, viande] juice ; ~ **gastrique** gastric juices *(pl)* - **2.** *litté-raire* [quintessence] essence.

succédané [syksedane] *nm* substitute.

succéder [18] [syksede] *vt* : ~ à [suivre] to follow ; [remplacer] to succeed, to take over from.

➤ **se succéder** *vp* to follow one another.

succès [syksɛ] *nm* - **1.** [gén] success ; **avoir du ~** to be very successful ; **avoir un ~ fou (auprès de)** to be very successful (with) ; **à ~** hit *(avant n)* ; **sans ~** [essai] unsuccessful ; [essayer] unsuccessfully ; **avec ~** [essai] successful ; [essayer] successfully ; **se tailler un franc ~** *fig* to be a great *ou* huge success - **2.** [chanson, pièce] hit - **3.** [conquête] conquest.

successeur [syksesœr] *nm* - **1.** [gén] successor - **2.** JUR successor, heir.

successif, ive [syksesif, iv] *adj* successive.

succession [syksesjɔ̃] *nf* - **1.** [gén] succession ; **une ~ de** a succession of ; **prendre la ~ de qqn** to take over from sb, to succeed sb

- **2.** JUR succession, inheritance ; **droits de ~** death duties.

successivement [syksesivmɑ̃] *adv* successively.

succinct, e [syksɛ̃, ɛ̃t] *adj* - **1.** [résumé] succinct - **2.** [repas] frugal.

succinctement [syksɛ̃tmɑ̃] *adv* - **1.** [résumer] succinctly - **2.** [manger] frugally.

succion [syksjɔ̃, sysjɔ̃] *nf* suction, sucking.

succomber [3] [sykɔ̃be] *vi* : ~ (à) to succumb (to).

succulent, e [sykylɑ̃, ɑ̃t] *adj* delicious.

succursale [sykyrsal] *nf* branch.

sucer [16] [syse] *vt* to suck.

sucette [sysɛt] *nf* [friandise] lolly *Br*, lollipop ; ~ **au caramel** caramel lollipop.

suçon [sysɔ̃] *nm* lovebite, hickey *Am*.

sucre [sykr] *nm* sugar ; ~ **cristallisé** granulated sugar ; ~ **glace** icing sugar *Br*, confectioner's sugar *Am* ; ~ **en morceaux** lump sugar ; ~ **d'orge** barley sugar ; ~ **en poudre**, ~ **semoule** caster sugar ; **casser du ~ sur le dos de qqn** *fam fig* to talk about sb behind his/her back.

sucré, e [sykre] *adj* [goût] sweet.

sucrer [3] [sykre] *vt* - **1.** [café, thé] to sweeten, to sugar - **2.** *fam* [permission] to withdraw ; [passage, réplique] to cut ; ~ **qqch à qqn** to take sthg away from sb.

➤ **se sucrer** *vp fam* - **1.** [se servir en sucre] to take some sugar - **2.** [s'octroyer une part] to line one's pockets.

sucrerie [sykrəri] *nf* - **1.** [usine] sugar refinery - **2.** [friandise] sweet *Br*, candy *Am*.

sucrette [sykrɛt] *nf* sweetener.

sucrier [sykrije] *nm* sugar bowl.

sucrier, ère [sykrije, ɛr] *adj* sugar *(avant n)*.

sud [syd] ◇ *nm* south ; **un vent du ~** a southerly wind ; **le vent du ~** the south wind ; **au ~** in the south ; **au ~ (de)** to the south (of) ◇ *adj inv* [gén] south ; [province, région] southern.

sud-africain, e [sydafrikɛ̃, ɛn] *(mpl* sud-africains, *fpl* sud-africaines) *adj* South African.

➤ **Sud-Africain, e** *nm, f* South African.

sud-américain, e [sydamerikɛ̃, ɛn] *(mpl* sud-américains, *fpl* sud-américaines) *adj* South American.

➤ **Sud-Américain, e** *nm, f* South American.

sudation [sydasjɔ̃] *nf* sweating.

sud-coréen, enne [sydkɔreɛ̃, ɛn] *(mpl* sud-coréens, *fpl* sud-coréennes) *adj* South Korean.

Sud-Coréen, enne *nm, f* South Korean.

sud-est [sydɛst] *nm* & *adj inv* southeast.

sud-ouest [sydwɛst] *nm* & *adj inv* southwest.

Suède [sɥɛd] *nf* : la ~ Sweden.

suédois, e [sɥedwa, az] *adj* Swedish.
◆ **suédois** *nm* [langue] Swedish.
◆ **Suédois, e** *nm, f* Swede.

suée [sɥe] *nf fam* sweat.

suer [7] [sɥe] ◇ *vi* [personne] to sweat ; **faire ~ qqn** *fam fig* to give sb a hard time ; **se faire ~** *fam fig* to be bored to tears ◇ *vt* to exude.

sueur [sɥœr] *nf* sweat ; **être en ~** to be sweating ; **avoir des ~s froides** *fig* to be in a cold sweat.

Suez [sɥɛz] *n* : **le canal de ~** the Suez Canal.

suffi [syfi] *pp inv* ▷ **suffire**.

suffire [100] [syfir] ◇ *vi* **- 1.** [être assez] : **~ pour qqch/pour faire qqch** to be enough for sthg/ to do sthg, to be sufficient for sthg/to do sthg ; **ça suffit!** that's enough! **- 2.** [satisfaire] : **~ à** to be enough for ◇ *v impers* : **il suffit de ...** all that is necessary is ..., all that you have to do is ... ; **il suffit d'un moment d'inattention pour que ...** it only takes a moment of carelessness for ... ; **il lui suffit de donner sa démission** all he has to do is resign ; **il suffit que** (+ *subjonctif*) : **il suffit que vous lui écriviez** all (that) you need do is write to him.
◆ **se suffire** *vp* : **se ~ à soi-même** to be self-sufficient.

suffisais ▷ **suffire**.

suffisamment [syfizamɑ̃] *adv* sufficiently.

suffisance [syfizɑ̃s] *nf* [vanité] self-importance.

suffisant, e [syfizɑ̃, ɑ̃t] *adj* **- 1.** [satisfaisant] sufficient **- 2.** [vaniteux] self-important.

suffise ▷ **suffire**.

suffixe [syfiks] *nm* suffix.

suffocant, e [syfɔkɑ̃, ɑ̃t] *adj* **- 1.** [chaleur, fumée] suffocating **- 2.** *fig* [nouvelle, révélation] astonishing, incredible.

suffocation [syfɔkasjɔ̃] *nf* suffocation.

suffoquer [3] [syfɔke] ◇ *vt* **- 1.** [suj : chaleur, fumée] to suffocate **- 2.** *fig* [suj : colère] to choke ; [suj : nouvelle, révélation] to astonish, to stun ◇ *vi* to choke ; **~ de** *fig* to choke with.

suffrage [syfraʒ] *nm* vote ; **rallier tous les ~s** to win all the votes ; **recueillir des ~s** to win votes ; **~ indirect/restreint/universel** indirect/restricted/universal suffrage.

suffragette [syfraʒɛt] *nf* suffragette.

suggérer [18] [sygʒere] *vt* **- 1.** [proposer] to suggest ; **~ qqch à qqn** to suggest sthg to sb ;

~ à qqn de faire qqch to suggest that sb (should) do sthg **- 2.** [faire penser à] to evoke.

suggestif, ive [sygʒɛstif, iv] *adj* **- 1.** [musique] evocative **- 2.** [pose, photo] suggestive.

suggestion [sygʒɛstjɔ̃] *nf* suggestion.

suicidaire [sɥisider] *adj* suicidal.

suicide [sɥisid] ◇ *nm* suicide ◇ *adj* suicide (avant n).

suicider [3] [sɥiside] ◆ **se suicider** *vp* to commit suicide, to kill o.s.

suie [sɥi] *nf* soot.

suif [sɥif] *nm* tallow.

suintant, e [sɥɛ̃tɑ̃, ɑ̃t] *adj* [mur] sweating ; [plaie] weeping.

suintement [sɥɛ̃tmɑ̃] *nm* **- 1.** [de mur] sweating ; [de plaie] weeping **- 2.** [d'eau] seeping, oozing.

suinter [3] [sɥɛ̃te] *vi* **- 1.** [eau, sang] to ooze, to seep **- 2.** [surface, mur] to sweat ; [plaie] to weep.

suis[1] ▷ **être**.

suis[2], **suit** *etc* ▷ **suivre**.

suisse [sɥis] ◇ *adj* Swiss ◇ *nm* RELIG verger.
◆ **Suisse** ◇ *nf* [pays] : **la ~** Switzerland ; **la ~ allemande/italienne/romande** German-/Italian-/French- speaking Switzerland ◇ *nmf* [personne] Swiss (person) ; **les Suisses** the Swiss.
◆ **en suisse** *loc adv fam* alone, on one's own.

Suissesse [sɥisɛs] *nf* Swiss woman.

suite [sɥit] *nf* **- 1.** [de liste, feuilleton] continuation **- 2.** [série - de maisons, de succès] series ; [- d'événements] sequence **- 3.** [succession] : **prendre la ~ de** [personne] to succeed, to take over from ; [affaire] to take over ; **à la ~** one after the other ; **à la ~ de** *fig* following **- 4.** [escorte] retinue **- 5.** MUS suite **- 6.** [appartement] suite.
◆ **suites** *nfpl* consequences.
◆ **de suite** *loc adv* **- 1.** [l'un après l'autre] in succession **- 2.** [immédiatement] immediately.
◆ **par la suite** *loc adv* afterwards.
◆ **par suite de** *loc prép* owing to, because of.

suivais, suivions *etc* ▷ **suivre**.

suivant, e [sɥivɑ̃, ɑ̃t] ◇ *adj* next, following ◇ *nm, f* next *ou* following one ; **au ~!** next!
◆ **suivant** *prép* according to ; **~ que** according to whether.

suiveur [sɥivœr] *nm* follower.

suivi, e [sɥivi] ◇ *pp* ▷ **suivre** ◇ *adj* **- 1.** [visites] regular ; [travail] sustained ; [qualité] consistent **- 2.** [raisonnement] coherent.
◆ **suivi** *nm* follow-up.

suivre [89] [sɥivr] ◇ *vt* **- 1.** [gén] to follow ; '**faire ~**' 'please forward' ; **à ~** to be con-

tinued - **2.** [suj : médecin] to treat ◇ *vi* - **1.** SCOL
to keep up - **2.** [venir après] to follow.

➤ **se suivre** *vp* to follow one another.

sujet, ette [syʒɛ, ɛt] ◇ *adj* : être ~ à qqch to
be subject *ou* prone to sthg ; être ~ à faire
qqch to be apt *ou* liable to do sthg ; être ~ à
caution *fig* to be unconfirmed ◇ *nm, f* [de
souverain] subject.

➤ **sujet** *nm* - **1.** [gén] subject ; **c'est à quel ~?**
what is it about? ; ~ **de conversation** topic of
conversation ; **au ~ de** about, concerning
- **2.** [motif] : ~ **de cause** for, reason for.

sulfate [sylfat] *nm* sulphate *Br*, sulfate *Am*.

sulfure [sylfyr] *nm* sulphide *Br*, sulfide *Am*.

sulfureux, euse [sylfyrø, øz] *adj* sulphur-
ous *Br*, sulfurous *Am*.

sulfurique [sylfyrik] *adj* sulphuric *Br*, sulfuric *Am*.

sulfurisé, e [sylfyrize] *adj* : **papier ~** greaseproof paper.

sultan, e [syltã, an] *nm, f* sultan (*f* sultana).

sultanat [syltana] *nm* sultanate.

Sumatra [symatra] *n* Sumatra ; **à ~** in Sumatra.

summum [sɔmɔm] *nm* summit, height.

super [sypɛr] *fam* ◇ *adj inv* super, great
◇ *nm* four star (petrol) *Br*, premium *Am*.

superbe [sypɛrb] ◇ *adj* superb ; [enfant, fem-
me] beautiful ◇ *nf littéraire* pride, arrogance.

superbement [sypɛrbəmã] *adv* superbly.

supercarburant [sypɛrkarbyrã] *nm* high-
octane petrol *Br ou* gasoline *Am*.

supercherie [sypɛrʃəri] *nf* deception, trickery.

superfétatoire [sypɛrfetatwar] *adj littéraire*
superfluous.

superficie [sypɛrfisi] *nf* - **1.** [surface] area
- **2.** *fig* [aspect superficiel] surface.

superficiel, elle [sypɛrfisjɛl] *adj* superficial.

superficiellement [sypɛrfisjɛlmã] *adv*
superficially.

superflu, e [sypɛrfly] *adj* superfluous.

➤ **superflu** *nm* superfluity.

superforme [sypɛrfɔrm] *nf fam* top form,
top shape.

super-huit [sypɛrɥit] *nm inv* super-eight.

supérieur, e [sypɛrjœr] ◇ *adj* - **1.** [étage]
upper - **2.** [intelligence, qualité] superior ; ~ **à**
superior to ; [température] higher than, above
- **3.** [dominant - équipe] superior ; [- cadre] senior
- **4.** [SCOL - classe] upper, senior ; [- enseignement]
higher - **5.** *péj* [air] superior ◇ *nm, f* superior.

supériorité [sypɛrjɔrite] *nf* superiority.

superlatif [sypɛrlatif] *nm* superlative.

supermarché [sypɛrmarʃe] *nm* supermarket.

superposable [sypɛrpozabl] *adj* stacking
(*avant n*).

superposer [3] [sypɛrpoze] *vt* to stack.

➤ **se superposer** *vp* to be stacked ; GÉOL to
be superposed.

superposition [sypɛrpozisjɔ̃] *nf* - **1.** [action
- d'objets] stacking - **2.** [état] superposition
- **3.** *fig* [d'influences] combination.

superproduction [sypɛrprɔdyksjɔ̃] *nf* spectacular.

superpuissance [sypɛrpɥisãs] *nf* superpower.

supersonique [sypɛrsɔnik] *adj* supersonic.

superstar [sypɛrstar] *nf fam* superstar.

superstitieux, euse [sypɛrstisjø, øz] ◇ *adj*
superstitious ◇ *nm, f* superstitious person.

superstition [sypɛrstisjɔ̃] *nf* - **1.** [croyance]
superstition - **2.** [obsession] obsessive attachment.

superviser [3] [sypɛrvize] *vt* to supervise.

supervision [sypɛrvizjɔ̃] *nf* supervision.

supplanter [3] [syplɑ̃te] *vt* to supplant.

suppléance [sypleãs] *nf* supply post *Br*, substitute post *Am*.

suppléant, e [sypleã, ãt] ◇ *adj* acting
(*avant n*), temporary ◇ *nm, f* substitute,
deputy.

suppléer [15] [syplee] ◇ *vt* - **1.** *littéraire* [caren-
ce] to compensate for - **2.** [personne] to stand
in for ◇ *vi* : ~ **à** to compensate for, to make
up for.

supplément [syplemã] *nm* - **1.** [surplus] : **un
~ de détails** additional details, extra details
- **2.** PRESSE supplement - **3.** [de billet] extra
charge ; **en ~** extra.

supplémentaire [syplemɑ̃tɛr] *adj* extra,
additional.

supplication [syplikasjɔ̃] *nf* plea.

supplice [syplis] *nm* torture ; *fig* [souffrance]
torture, agony ; **être un ~** to be agony ; **être
au ~** to be in agony *ou* torment ; **mettre qqn
au ~** to torture sb ; ~ **de Tantale** torture.

supplicié, e [syplisje] *nm, f* victim of torture.

supplier [10] [syplije] *vt* : ~ **qqn de faire qqch**
to beg *ou* implore sb to do sthg ; **je t'en** *ou*
vous en supplie I beg *ou* implore you.

supplique [syplik] *nf* petition.

support [sypɔr] *nm* - **1.** [socle] support, base

- 2. *fig* [de communication] medium ; ~**s audiovisuels** audiovisual aids ; ~ **pédagogique** teaching aid ; ~ **publicitaire** advertising medium.

supportable [sypɔrtabl] *adj* **- 1.** [douleur] bearable **- 2.** [conduite] tolerable, acceptable.

supporter[1] [sypɔrte] *vt* **- 1.** [soutenir, encourager] to support **- 2.** [endurer] to bear, to stand ; ~ **que** (+ *subjonctif*) : **il ne supporte pas qu'on le contredise** he cannot bear being contradicted **- 3.** [résister à] to withstand.

➤ **se supporter** *vp* [se tolérer] to bear *ou* stand each other.

supporter[2] [sypɔrtɛr] *nm* supporter.

supposé, e [sypoze] *adj* [montant] estimated ; [criminel] alleged.

supposer [3] [sypoze] *vt* **- 1.** [imaginer] to suppose, to assure ; **en supposant que** (+ *subjonctif*), **à** ~ **que** (+ *subjonctif*) supposing (that) **- 2.** [impliquer] to imply, to presuppose.

supposition [sypozisjɔ̃] *nf* supposition, assumption.

suppositoire [sypozitwar] *nm* suppository.

suppôt [sypo] *nm littéraire* henchman ; ~ **du diable** *ou* **de satan** fiend.

suppression [sypresjɔ̃] *nf* **- 1.** [de permis de conduire] withdrawal ; [de document] suppression **- 2.** [de mot, passage] deletion **- 3.** [de loi, poste] abolition.

supprimer [3] [syprime] *vt* **- 1.** [document] to suppress ; [obstacle, difficulté] to remove **- 2.** [mot, passage] to delete **- 3.** [loi, poste] to abolish **- 4.** [témoin] to do away with, to eliminate **- 5.** [permis de conduire, revenus] : ~ **qqch à qqn** to take sthg away from sb **- 6.** [douleur] to take away, to suppress.

suppurer [3] [sypyre] *vi* to suppurate.

supputation [sypytasjɔ̃] *nf* calculation, computation.

supputer [3] [sypyte] *vt littéraire* to calculate, to compute.

supranational, e, aux [sypranasjɔnal, o] *adj* supranational.

suprématie [sypremasi] *nf* supremacy.

suprême [syprɛm] <> *adj* **- 1.** [gén] supreme **- 2.** *sout* [dernier - moment, pensée] last <> *nm fillets in a cream sauce.*

suprêmement [sypremmɑ̃] *adv* supremely.

sur [syr] *prép* **- 1.** [position - dessus] on ; [- au-dessus de] above, over ; ~ **la table** on the table **- 2.** [direction] towards *Br*, toward *Am* ; ~ **la droite/gauche** on the right/left, to the right/left **- 3.** [distance] : **travaux** ~ **10 kilomètres** roadworks for 10 kilometres *Br ou* kilo-

meters *Am* **- 4.** [d'après] by ; **juger qqn** ~ **sa mine** to judge sb by his/her appearance **- 5.** [grâce à] on ; **il vit** ~ **les revenus de ses parents** he lives on *ou* off his parents' income **- 6.** [au sujet de] on, about **- 7.** [proportion] out of ; [mesure] by ; **9** ~ **10** 9 out of 10 ; **un mètre** ~ **deux** one metre *Br ou* meter *Am* by two ; **un jour** ~ **deux** every other day ; **une fois** ~ **deux** every other time.

➤ **sur ce** *loc adv* whereupon.

sûr, e [syr] *adj* **- 1.** [sans danger] safe **- 2.** [digne de confiance - personne] reliable, trustworthy ; [- goût] reliable, sound ; [- investissement] sound **- 3.** [certain] sure, certain ; ~ **de** sure of ; ~ **et certain** absolutely certain ; ~ **de soi** self-confident.

surabondance [syrabɔ̃dɑ̃s] *nf* overabundance.

surabondant, e [syrabɔ̃dɑ̃, ɑ̃t] *adj* overabundant.

surabonder [3] [syrabɔ̃de] *vi littéraire* to overabound.

suractivité [syraktivite] *nf* hyperactivity.

suraigu, ë [syregy] *adj* high-pitched, shrill.

surajouter [3] [syraʒute] *vt* to add (on top).

➤ **se surajouter** *vp* to be added (on top).

suralimenter [3] [syralimɑ̃te] *vt* **- 1.** [personne] to overfeed **- 2.** [moteur] to supercharge.

suranné, e [syrane] *adj littéraire* oldfashioned, outdated.

surate [syrat], **sourate** [surat] *nf* sura.

surcharge [syrʃarʒ] *nf* **- 1.** [de poids] excess load ; [de bagages] excess weight **- 2.** *fig* [surcroît] : **une** ~ **de travail** extra work **- 3.** [surabondance] surfeit **- 4.** [de document] alteration **- 5.** [de timbre] surcharge.

surcharger [17] [syrʃarʒe] *vt* **- 1.** [véhicule, personne] : ~ **(de)** to overload (with) **- 2.** [texte] to alter extensively **- 3.** [timbre] to surcharge.

surchauffe [syrʃof] *nf* overheating.

surchauffer [3] [syrʃofe] *vt* to overheat.

surclasser [3] [syrklase] *vt* to outclass.

surconsommation [syrkɔ̃sɔmasjɔ̃] *nf* overconsumption.

surcroît [syrkrwa] *nm* : **un** ~ **de travail/d'inquiétude** additional work/anxiety ; **de** *ou* **par** ~ moreover, what is more.

surdimensionné, e [syrdimɑ̃sjɔne] *adj* oversize(d).

surdi-mutité [syrdimytite] *nf* deaf-muteness.

surdité [syrdite] *nf* deafness.

surdose [syrdoz] *nf* overdose.

surdoué, e [syrdwe] *adj* exceptionally *ou* highly gifted.

sureau, x [syro] *nm* elder.

sureffectif [syrefɛktif] *nm* overmanning, overstaffing.

surélever [19] [syrɛlve] *vt* to raise, to heighten.

sûrement [syrmɑ̃] *adv* - **1.** [certainement] certainly ; **~ pas!** *fam* no way!, definitely not! - **2.** [sans doute] certainly, surely - **3.** [sans risque] surely, safely.

surenchère [syrɑ̃ʃɛr] *nf* higher bid ; *fig* overstatement, exaggeration ; **faire de la ~** *fig* to try to go one better.

surenchérir [32] [syrɑ̃ʃerir] *vi* to bid higher ; *fig* to try to go one better.

surendetté, e [syrɑ̃dete] *adj* overindebted.

surendettement [syrɑ̃dɛtmɑ̃] *nm* overindebtedness.

surestimer [3] [syrɛstime] *vt* - **1.** [exagérer] to overestimate - **2.** [surévaluer] to overvalue.
  ➤ **se surestimer** *vp* to overestimate o.s.

sûreté [syrte] *nf* - **1.** [sécurité] safety ; **en ~** safe ; **de ~** safety *(avant n)* - **2.** [fiabilité] reliability - **3.** JUR surety.
  ➤ **Sûreté** *nf* : **la Sûreté (nationale)** ≃ C.I.D. *Br*, ≃ F.B.I. *Am*.

surexcitation [syrɛksitasjɔ̃] *nf* overexcitement.

surexciter [3] [syrɛksite] *vt* to overexcite.

surexposer [3] [syrɛkspoze] *vt* to overexpose.

surf [sœrf] *nm* surfing ; **~ des neiges** snowboarding.

surface [syrfas] *nf* - **1.** [extérieur, apparence] surface ; **faire ~** *litt* & *fig* to surface ; **en ~** superficially - **2.** [superficie] surface area.
  ➤ **grande surface** *nf* hypermarket.
  ➤ **moyenne surface** *nf* high-street store.

surfait, e [syrfɛ, ɛt] *adj* overrated.

surfer [3] [sœrfe] *vi* - **1.** SPORT to go surfing - **2.** INFORM to surf.

surfeur, euse [sœrfœr, øz] *nm, f* surfer.

surfiler [3] [syrfile] *vt* to oversew.

surfin, e [syrfɛ̃, in] *adj* superfine, extra fine.

surgelé, e [syrʒəle] *adj* frozen.
  ➤ **surgelé** *nm* frozen food.

surgeler [25] [syrʒəle] *vt* to freeze.

surgir [32] [syrʒir] *vi* to appear suddenly ; *fig* [difficulté] to arise, to come up.

surhomme [syrɔm] *nm* superman.

surhumain, e [syrymɛ̃, ɛn] *adj* superhuman.

surimposer [3] [syrɛ̃poze] *vt* to overtax (financially).

surimpression [syrɛ̃presjɔ̃] *nf* double exposure.

Surinam(e) [syrinam] *nm* : **le ~** Surinam ; **au ~** in Surinam.

surinfection [syrɛ̃fɛksjɔ̃] *nf* secondary infection.

surjet [syrʒɛ] *nm* overcasting stitch.

sur-le-champ [syrləʃɑ̃] *loc adv* immediately, straightaway.

surlendemain [syrlɑ̃dmɛ̃] *nm* : **le ~** two days later ; **le ~ de mon départ** two days after I left.

surligner [3] [syrliɲe] *vt* to highlight.

surligneur [syrliɲœr] *nm* highlighter (pen).

surmenage [syrmənaʒ] *nm* overwork.

surmener [19] [syrməne] *vt* to overwork.
  ➤ **se surmener** *vp* to overwork.

surmontable [syrmɔ̃tabl] *adj* surmountable.

surmonter [3] [syrmɔ̃te] *vt* - **1.** [obstacle, peur] to overcome, to surmount - **2.** [suj : statue, croix] to surmount, to top.

surnager [17] [syrnaʒe] *vi* - **1.** [flotter] to float (on the surface) - **2.** *fig* [subsister] to remain, to survive.

surnaturel, elle [syrnatyrɛl] *adj* supernatural.
  ➤ **surnaturel** *nm* : **le ~** the supernatural.

surnom [syrnɔ̃] *nm* nickname.

surnombre [syrnɔ̃br] ➤ **en surnombre** *loc adv* too many.

surnommer [3] [syrnɔme] *vt* to nickname.

surpasser [3] [syrpase] *vt* to surpass, to outdo.
  ➤ **se surpasser** *vp* to surpass *ou* excel o.s.

surpayer [11] [syrpeje] *vt* [personne] to overpay ; [article] to pay too much for.

surpeuplé, e [syrpœple] *adj* overpopulated.

surpeuplement [syrpœpləmɑ̃] *nm* overpopulation.

surplace [syrplas] *nm* : **faire du ~** [voiture] to be stuck (in traffic).

surplis [syrpli] *nm* surplice.

surplomb [syrplɔ̃] ➤ **en surplomb** *loc adj* overhanging.

surplomber [3] [syrplɔ̃be] ◇ *vt* to overhang ◇ *vi* to be out of plumb.

surplus [syrply] *nm* - **1.** [excédent] surplus - **2.** [magasin] army surplus store.
  ➤ **au surplus** *loc adv* besides, what is more.

surpopulation [syrpɔpylasjɔ̃] *nf* overpopulation.

surprenant, e [syrprənɑ̃, ɑ̃t] *adj* surprising, amazing.

surprendrai, surprendras *etc* ⊳ surprendre.

surprendre [79] [syrprɑ̃dr] *vt* - **1.** [voleur] to
catch (in the act) - **2.** [secret] to overhear
- **3.** [prendre à l'improviste] to surprise, to catch
unawares - **4.** [étonner] to surprise, to
amaze.
➧ **se surprendre** *vp* : **se ~ à faire qqch** to
catch o.s. doing sthg.

surpris, e [syrpri, iz] *pp* ⊳ surprendre.

surprise [syrpriz] ⬦ *nf* surprise ; **par ~** by
surprise ; **faire une ~ à qqn** to give sb a surprise ⬦ *adj* [inattendu] surprise *(avant n)* ; **grève ~** lightning strike.

surproduction [syrprɔdyksjɔ̃] *nf* overproduction.

surréalisme [syrrealism] *nm* surrealism.

surréel, elle [syrreɛl] *adj littéraire* surreal.

sursaut [syrso] *nm* - **1.** [de personne] jump,
start ; **en ~** with a start - **2.** [d'énergie] burst,
surge.

sursauter [3] [syrsote] *vi* to start, to give a
start.

surseoir [66] [syrswar] *vi* : **~ à qqch** to postpone *ou* defer sthg.

sursis [syrsi] *nm* JUR & *fig* reprieve ; **six mois
avec ~** six months' suspended sentence ;
en ~ in remission.

sursitaire [syrsiter] *nmf* MIL *person whose
call-up has been deferred.*

surtaxe [syrtaks] *nf* surcharge.

surtension [syrtɑ̃sjɔ̃] *nf* INFORM power surge.

surtout [syrtu] *adv* - **1.** [avant tout] above all
- **2.** [spécialement] especially, particularly ;
~ pas certainly not.
➧ **surtout que** *loc conj fam* especially as.

survécu [syrveky] *pp* ⊳ survivre.

surveillance [syrvɛjɑ̃s] *nf* supervision ; [de
la police, de militaire] surveillance ; **être sous ~** to
be under surveillance ; **Direction de la ~ du
territoire** counterespionage section.

surveillant, e [syrvejɑ̃, ɑ̃t] *nm, f* supervisor ; [de prison] guard, warder Br.

surveiller [4] [syrveje] *vt* - **1.** [enfant] to
watch, to keep an eye on ; [suspect] to keep a
watch on - **2.** [travaux] to supervise ; [examen]
to invigilate - **3.** [ligne, langage] to watch.
➧ **se surveiller** *vp* to watch o.s.

survenir [40] [syrvənir] *vi* - **1.** [personne] to arrive unexpectedly - **2.** [incident] to occur.

survenu, e [syrvəny] *pp* ⊳ survenir.

survêtement [syrvɛtmɑ̃] *nm* tracksuit.

survie [syrvi] *nf* [de personne] survival.

surviendrai, surviendras *etc* ⊳ survenir.

survient ⊳ survenir.

survivant, e [syrvivɑ̃, ɑ̃t] ⬦ *nm, f* survivor
⬦ *adj* surviving.

survivre [90] [syrvivr] *vi* to survive ; **~ à** [per-
sonne] to outlive, to survive ; [accident, malheur]
to survive.

survol [syrvɔl] *nm* - **1.** [de territoire] flying over
- **2.** [de texte] skimming through.

survoler [3] [syrvɔle] *vt* - **1.** [territoire] to fly
over - **2.** [texte] to skim (through).

sus [sy(s)] *interj* : **~ à l'ennemi!** at the enemy!
➧ **en sus** *loc adv* moreover, in addition ; **en
~ de** over and above, in addition to.

susceptibilité [syseptibilite] *nf* touchiness,
sensitivity.

susceptible [syseptibl] *adj* - **1.** [ombrageux]
touchy, sensitive - **2.** [en mesure de] : **~ de faire
qqch** liable *ou* likely to do sthg ; **~ d'amélioration, ~ d'être amélioré** open to improvement.

susciter [3] [sysite] *vt* - **1.** [admiration, curiosité] to
arouse - **2.** [ennuis, problèmes] to create ;
~ qqch à qqn *sout* to make *ou* cause sthg for
sb.

susdit, e [sysdi, it] ⬦ *adj* above-mentioned
⬦ *nm, f* above-mentioned (person).

susnommé, e [sysnɔme] ⬦ *adj* above-
named ⬦ *nm, f* above-named (person).

suspect, e [syspɛ, ɛkt] ⬦ *adj* - **1.** [personne]
suspicious ; **~ de qqch** suspected of sthg
- **2.** [douteux] suspect ⬦ *nm, f* suspect.

suspecter [4] [syspɛkte] *vt* to suspect, to
have one's suspicions about ; **~ qqn de
qqch/de faire qqch** to suspect sb of sthg/of
doing sthg.

suspendre [73] [syspɑ̃dr] *vt* - **1.** [lustre, tableau]
to hang (up) ; **~ au plafond/au mur** to hang
from the ceiling/on the wall - **2.** [pourparlers]
to suspend ; [séance] to adjourn ; [journal] to
suspend publication of - **3.** [fonctionnaire, cons-
titution] to suspend - **4.** [jugement] to postpone,
to defer.
➧ **se suspendre** *vp* : **se ~ à** to hang from.

suspendu, e [syspɑ̃dy] ⬦ *pp* ⊳ suspendre
⬦ *adj* - **1.** [fonctionnaire] suspended - **2.** [séan-
ce] adjourned - **3.** [lustre, tableau] : **~ au
plafond/au mur** hanging from the ceiling/
on the wall - **4.** [véhicule] : **bien/mal ~** with
good/bad suspension.

suspens [syspɑ̃] ➧ **en suspens** *loc adv* in
abeyance.

suspense [syspɑ̃s, syspɛns] *nm* suspense.

suspension [syspɑ̃sjɔ̃] *nf* - **1.** [gén] suspension ; **en ~** in suspension, suspended - **2.** [de
combat] halt ; [d'audience] adjournment - **3.** [lus-
tre] light fitting.

suspicieux, euse [syspisjø, øz] *adj* suspicious.

suspicion [syspisjɔ̃] *nf* suspicion.

sustentation [systɑ̃tasjɔ̃] *nf* AÉRON lift.

sustenter [3] [systɑ̃te] ➤ **se sustenter** *vp* **hum** & **sout** to take sustenance.

susurrer [3] [sysyre] *vt* & *vi* to murmur.

suture [sytyr] *nf* suture.

suzeraineté [syzʀɛnte] *nf* suzerainty.

svastika, swastika [zvastika] *nm* swastika.

svelte [zvɛlt] *adj* slender.

sveltesse [zvɛltɛs] *nf* slenderness.

SVP *abr de* **s'il vous plaît.**

swahili, e [swaili], **souahéli, e** [swaeli] *adj* Swahili.

➤ **swahili, souahéli** *nm* [langue] Swahili.

swastika = **svastika.**

Swaziland [swazilɑ̃d] *nm* : **le ~** Swaziland.

sweat-shirt [switʃœrt] (*pl* **sweat-shirts**) *nm* sweatshirt.

Sydney [sidnɛ] *n* Sydney.

syllabe [silab] *nf* syllable.

sylphide [silfid] *nf* sylph.

sylvestre [silvɛstr] *adj littéraire* forest *(avant n)* ▷ **pin.**

sylviculture [silvikyltyr] *nf* forestry.

symbiose [sɛ̃bjoz] *nf* symbiosis.

symbole [sɛ̃bɔl] *nm* symbol.

symbolique [sɛ̃bɔlik] ◇ *adj* **- 1.** [figure] symbolic **- 2.** [geste, contribution] token *(avant n)* **- 3.** [rémunération] nominal ◇ *nf* **- 1.** [système] system of symbols **- 2.** [interprétation] interpretation.

symboliquement [sɛ̃bɔlikmɑ̃] *adv* symbolically.

symboliser [3] [sɛ̃bɔlize] *vt* to symbolize.

symbolisme [sɛ̃bɔlism] *nm* symbolism.

symétrie [simetri] *nf* symmetry.

symétrique [simetrik] *adj* symmetrical.

symétriquement [simetrikmɑ̃] *adv* symmetrically.

sympa [sɛ̃pa] *adj fam* [personne] likeable, nice ; [soirée, maison] pleasant, nice ; [ambiance] friendly.

sympathie [sɛ̃pati] *nf* **- 1.** [pour personne, projet] liking ; **avoir de la ~ pour qqn** to have a liking for sb, to be fond of sb ; **accueillir un projet avec ~** to look sympathetically *ou* favourably on a project **- 2.** [condoléances] sympathy.

sympathique [sɛ̃patik] *adj* **- 1.** [personne] likeable, nice ; [soirée, maison] pleasant, nice ;

[ambiance] friendly **- 2.** ANAT & MÉD sympathetic.

sympathisant, e [sɛ̃patizɑ̃, ɑ̃t] ◇ *adj* sympathizing ◇ *nm, f* sympathizer.

sympathiser [3] [sɛ̃patize] *vi* to get on well ; **~ avec qqn** to get on well with sb.

symphonie [sɛ̃fɔni] *nf* symphony.

symphonique [sɛ̃fɔnik] *adj* [musique] symphonic ; [concert, orchestre] symphony *(avant n)*.

symposium [sɛ̃pozjɔm] *nm* symposium.

symptomatique [sɛ̃ptɔmatik] *adj* symptomatic.

symptôme [sɛ̃ptom] *nm* symptom.

synagogue [sinagɔg] *nf* synagogue.

synchrone [sɛ̃krɔn] *adj* synchronous.

synchronique [sɛ̃krɔnik] *adj* synchronic.

synchronisation [sɛ̃krɔnizasjɔ̃] *nf* synchronization.

synchroniser [3] [sɛ̃krɔnize] *vt* to synchronize.

syncope [sɛ̃kɔp] *nf* **- 1.** [évanouissement] blackout ; **tomber en ~** to faint **- 2.** MUS syncopation.

syncopé, e [sɛ̃kɔpe] *adj* syncopated.

syndic [sɛ̃dik] *nm* [de copropriété] representative.

syndical, e, aux [sɛ̃dikal, o] *adj* **- 1.** [délégué, revendication] (trade) union *(avant n)* **- 2.** [patronal] : **chambre ~e** employers' association.

syndicalisme [sɛ̃dikalism] *nm* **- 1.** [mouvement] trade unionism **- 2.** [activité] (trade) union activity.

syndicaliste [sɛ̃dikalist] ◇ *nmf* trade unionist ◇ *adj* (trade) union *(avant n)*.

syndicat [sɛ̃dika] *nm* [d'employés, d'agriculteurs] (trade) union ; [d'employeurs, de propriétaires] association.

➤ **syndicat d'initiative** *nm* tourist office.

syndiqué, e [sɛ̃dike] ◇ *adj* unionized ◇ *nm, f* (trade) union member, trade unionist.

syndiquer [3] [sɛ̃dike] *vt* to unionize.

➤ **se syndiquer** *vp* **- 1.** [personne] to join a (trade) union **- 2.** [groupe] to form a (trade) union.

syndrome [sɛ̃drom] *nm* syndrome.

synergie [sinɛrʒi] *nf* synergy, synergism.

synode [sinɔd] *nm* synod ; **le saint-~** the holy synod.

synonyme [sinɔnim] ◇ *nm* synonym ◇ *adj* synonymous.

synoptique [sinɔptik] *adj* synoptic.

synovie [sinɔvi] ▷ **épanchement.**

syntagme [sɛ̃tagm] *nm* phrase.

syntaxe [sɛ̃taks] *nf* syntax.
synthé [sɛ̃te] *nm fam* synth.
synthèse [sɛ̃tɛz] *nf* - **1.** [opération & CHIM] synthesis - **2.** [exposé] overview.
synthétique [sɛ̃tetik] *adj* - **1.** [vue] overall - **2.** [produit] synthetic - **3.** [personne] : **avoir l'esprit ~** to have a gift for summing things up.
synthétiser [3] [sɛ̃tetize] *vt* to synthesize.
synthétiseur [sɛ̃tetizœr] *nm* synthesizer.
syphilis [sifilis] *nf* syphilis.
Syrie [siri] *nf* : **la ~** Syria.
syrien, enne [sirjɛ̃, ɛn] *adj* Syrian.
◆ **Syrien, enne** *nm, f* Syrian.
systématique [sistematik] *adj* systematic.
systématiquement [sistematikmɑ̃] *adv* systematically.
systématiser [3] [sistematize] *vt* to systematize.
◆ **se systématiser** *vp* to be/become systematic.
système [sistɛm] *nm* system ; **~ bureautique** INFORM office automation system ; **~ expert** INFORM expert system ; **~ d'exploitation** INFORM operating system ; **le ~ D** resourcefulness ; **~ nerveux** nervous system ; **~ solaire** solar system.

t, T [te] *nm inv* t, T.
t' ▷ te.
ta ▷ ton².
TAA (*abr de* **train autos accompagnées**) *nm* car-sleeper train, ≈ Motorail® *Br.*
tabac [taba] *nm* - **1.** [plante, produit] tobacco ; **~ blond** mild *ou* Virginia tobacco ; **~ brun** dark tobacco ; **~ gris** shag ; **~ à priser** snuff - **2.** [magasin] tobacconist's - **3.** *loc* : **faire un ~** to be a huge hit ; **passer à ~** *fam* to beat up, to do over.
tabagie [tabaʒi] *nf* - **1.** [pièce] smoke-filled room - **2.** *Can* [bureau de tabac] tobacconist's.

tabagisme [tabaʒism] *nm* - **1.** [intoxication] nicotine addiction - **2.** [habitude] smoking.
tabasser [3] [tabase] *vt fam* to beat up, to do over.
tabatière [tabatjɛr] *nf* snuffbox.
tabernacle [tabɛrnakl] *nm* tabernacle.
table [tabl] *nf* - **1.** [meuble] table ; **à ~!** lunch/dinner *etc* is ready! ; **être à ~** to be at table, to be having a meal ; **se mettre à ~** to sit down to eat ; *fig* to come clean ; **dresser** *ou* **mettre la ~** to lay the table ; **quitter la ~** to leave the table ; **~ de chevet** *ou* **de nuit** bedside table ; **~ basse** coffee table ; **~ gigogne** nest of tables ; **~ de jeu** *ou* **à jouer** gaming table ; **~ d'opération** operating table ; **~ roulante** trolley ; **~ de travail** desk - **2.** [nourriture] : **les plaisirs de la ~** good food.
◆ **table des matières** *nf* contents (*pl*), table of contents.
◆ **table de multiplication** *nf* (multiplication) table.
◆ **table ronde** *nf* [conférence] round table.
tableau, x [tablo] *nm* - **1.** [peinture] painting, picture ; *fig* [description] picture ; **~ de maître** old master ; **noircir le ~** *fig* to paint a gloomy picture - **2.** THÉÂTRE scene - **3.** [panneau] board ; **~ d'affichage** notice board *Br*, bulletin board *Am* ; **~ de bord** AÉRON instrument panel ; AUTOM dashboard ; **~ noir** blackboard - **4.** [liste] register ; **~ de chasse** bag ; **~ d'honneur** honours board - **5.** [de données] table.
tablée [table] *nf* table.
tabler [3] [table] *vi* : **~ sur** to count *ou* bank on.
tablette [tablɛt] *nf* - **1.** [planchette] shelf - **2.** [de chewing-gum] stick ; [de chocolat] bar.
tableur [tablœr] *nm* INFORM spreadsheet.
tablier [tablije] *nm* - **1.** [de cuisinière] apron ; [d'écolier] smock - **2.** [de magasin] shutter ; [de cheminée] flue-shutter - **3.** [de pont] roadway, deck.
tabloïd(e) [tabloid] *nm* tabloid.
tabou, e [tabu] *adj* taboo.
◆ **tabou** *nm* taboo.
taboulé [tabule] *nm* Lebanese dish of bulgur wheat, onions, tomatoes and herbs.
tabouret [taburɛ] *nm* stool ; **~ de bar/de cuisine/de piano** bar/kitchen/piano stool.
tabulateur [tabylatœr] *nm* tabulator, tab.
tac [tak] *nm* : **du ~ au ~** tit for tat.
TAC (*abr de* **train auto-couchettes**) *nm* car sleeper train, ≈ Motorail® *Br.*
tache [taʃ] *nf* - **1.** [de pelage] marking ; [de peau] mark ; **~ de rousseur** *ou* **de son** freckle - **2.** [de couleur, lumière] spot, patch - **3.** [sur nap]

pe, vêtement] stain ; **faire ~ d'huile** *fig* to gain ground - **4.** *littéraire* [morale] blemish.

tâche [taʃ] *nf* task ; **travailler à la ~** to do piecework ; **faciliter la ~ de qqn** to make sb's task easier ; **se tuer à la ~** *fig* to work o.s. to death.

tacher [3] [taʃe] *vt* - **1.** [nappe, vêtement] to stain, to mark - **2.** *fig* [réputation] to tarnish.

➤ **se tacher** *vp* - **1.** [enfant] to get one's clothes dirty - **2.** [nappe] to stain, to mark.

tâcher [3] [taʃe] <> *vt* : **tâche que ça soit parfait** try to make sure it's perfect <> *vi* : **~ de faire qqch** to try to do sthg.

tâcheron [3] [taʃʀɔ̃] *nm péj* drudge.

tacheter [27] [taʃte] *vt* to spot, to speckle.

tachycardie [takikardi] *nf* tachycardia.

tacite [tasit] *adj* tacit.

tacitement [tasitmã] *adv* tacitly.

taciturne [tasityrn] *adj* taciturn.

tacot [tako] *nm* [délicatesse] jalopy, heap.

tact [takt] *nm* [délicatesse] tact ; **avoir du ~** to be tactful ; **manquer de ~** to be tactless.

tacticien, enne [taktisjɛ̃, ɛn] *nm, f* tactician.

tactile [taktil] *adj* tactile.

tactique [taktik] <> *adj* tactical <> *nf* tactics (pl).

tænia = **ténia**.

taf [taf] *nm fam* work.

taffe [taf] *nf fam* drag, puff.

taffetas [tafta] *nm* - **1.** [tissu] taffeta - **2.** [sparadrap] plaster.

tag [tag] *nm* identifying name written with a spray can on walls, the sides of trains etc.

tagine = **tajine**.

tagliatelles [taljatɛl] *nfpl* tagliatelle (U).

tagueur, euse [tagœr, øz] *nm, f person who sprays their 'tag' on walls, the sides of trains etc.

Tahiti [taiti] *n* Tahiti ; **à ~** in Tahiti.

tahitien, enne [taisjɛ̃, ɛn] *adj* Tahitian.
➤ **tahitien** *nm* [langue] Tahitian.
➤ **Tahitien, enne** *nm, f* Tahitian.

taïaut, tayaut [tajo] *interj* tally-ho.

Taibei [tajbe], **T'ai-pei** [tajpe] *n* Taipei.

taie [tɛ] *nf* - **1.** [enveloppe] : **~ (d'oreiller)** pillowcase, pillow slip - **2.** [sur œil] leucoma, opaque spot.

taïga [tajga] *nf* taiga.

taillader [3] [tajade] *vt* to gash.

taille [taj] *nf* - **1.** [action - de pierre, diamant] cutting ; [- d'arbre, de haie] pruning - **2.** [stature] height ; **être de ~ à faire qqch** *fig* to be cap-

able of doing sthg - **3.** [mesure, dimensions] size ; **vous faites quelle ~?** what size are you?, what size do you take? ; **ce n'est pas à ma ~** it doesn't fit me ; **de ~** sizeable, considerable - **4.** [milieu du corps] waist ; **avoir une ~ de guêpe** *fig* to be wasp-waisted.

taille-crayon [tajkrɛjɔ̃] (*pl* **taille-crayons**) *nm* pencil sharpener.

tailler [3] [taje] *vt* - **1.** [couper - chair, pierre, diamant] to cut ; [- arbre, haie] to prune ; [- crayon] to sharpen ; [- bois] to carve - **2.** [vêtement] to cut out.

➤ **se tailler** *vp* - **1.** [obtenir] to achieve - **2.** *fam* [se sauver] to beat it, to clear off.

tailleur [tajœr] *nm* - **1.** [couturier] tailor - **2.** [vêtement] (lady's) suit - **3.** [de diamants, pierre] cutter - **4.** *loc* : **s'asseoir en ~** to sit cross-legged.

tailleur-pantalon [tajœrpãtalɔ̃] (*pl* **tailleurs-pantalons**) *nm* trouser suit *Br*, pantsuit *Am*.

taillis [taji] *nm* coppice, copse.

tain [tɛ̃] *nm* silvering ; **miroir sans ~** two-way mirror.

taire [111] [tɛr] *vt* to conceal.

➤ **se taire** *vp* - **1.** [rester silencieux] to be silent *ou* quiet - **2.** [cesser de s'exprimer] to fall silent ; **faire se ~ qqn** to make sb be quiet ; **tais-toi!** shut up! - **3.** [orchestre] to fall silent ; [cris] to cease.

taisais, taisions *etc* ▷ **taire**.

taise, taises *etc* ▷ **taire**.

Taiwan [tajwan] *n* Taiwan ; **à ~** in Taiwan.

taiwanais, e [tajwanɛ, ɛz] *adj* Taiwanese.
➤ **Taiwanais, e** *nm, f* Taiwanese.

tajine, tagine [taʒin] *nm North African stew of mutton steamed with a variety of vegetables.

talc [talk] *nm* talcum powder.

talent [talã] *nm* talent ; **avoir du ~** to be talented, to have talent ; **les jeunes ~s** young talent (U).

talentueux, euse [talãtɥø, øz] *adj* talented.

talion [taljɔ̃] *nm* : **la loi du ~** an eye for an eye (and a tooth for a tooth).

talisman [talismã] *nm* talisman.

talkie-walkie [tɔkiwɔki] (*pl* **talkies-walkies**) *nm* walkie-talkie.

taloche [talɔʃ] *nf fam* [gifle] slap.

talon [talɔ̃] *nm* - **1.** [gén] heel ; **~s aiguilles/ hauts** stiletto/high heels ; **~s plats** low *ou* flat heels ; **~ d'Achille** Achilles' heel ; **être/ marcher sur les ~s de qqn** *fig* to be/to follow hard on sb's heels ; **tourner les ~s** *fig* to turn on one's heel - **2.** [de chèque] counterfoil, stub - **3.** CARTES stock.

talonner [3] [talɔne] vt - **1.** [suj : poursuivant] to be hard on the heels of - **2.** [suj : créancier] to harry, to hound.

talonnette [talɔnɛt] nf - **1.** [de chaussure] heel cushion, heel-pad - **2.** [de pantalon] binding *(to reinforce trouser bottoms)*.

talquer [3] [talke] vt to put talcum powder on.

talus [taly] nm embankment.

tamarin [tamarɛ̃] nm [fruit] tamarind.

tamarinier [tamarinje] nm tamarind tree.

tamaris [tamaris], **tamarix** [tamariks] nm tamarisk.

tambouille [tɑ̃buj] nf fam - **1.** [plat] grub - **2.** [cuisine] cooking.

tambour [tɑ̃bur] nm - **1.** [instrument, cylindre] drum ; sans ~ ni trompette *fig* without any fuss ; ~ battant *fig* briskly - **2.** [musicien] drummer - **3.** [porte à tourniquet] revolving door - **4.** [à broder] embroidery hoop.

tambourin [tɑ̃burɛ̃] nm - **1.** [à grelots] tambourine - **2.** [tambour] tambourin.

tambouriner [3] [tɑ̃burine] <> vt to drum <> vi : ~ sur OU à to drum on ; ~ contre to drum against.

tamis [tami] nm - **1.** [crible] sieve - **2.** [de raquette] strings *(pl)*.

Tamise [tamiz] nf : la ~ the Thames.

tamisé, e [tamize] adj [éclairage] subdued.

tamiser [3] [tamize] vt - **1.** [farine] to sieve - **2.** [lumière] to filter.

tampon [tɑ̃pɔ̃] nm - **1.** [bouchon] stopper, plug - **2.** [éponge] pad ; ~ à récurer scourer - **3.** [de coton, d'ouate] pad ; ~ hygiénique OU périodique tampon - **4.** [cachet] stamp ; ~ encreur inking pad - **5.** *litt* & *fig* [amortisseur] buffer.

tamponner [3] [tɑ̃pɔne] vt - **1.** [document] to stamp - **2.** [plaie] to dab.

se tamponner vp to crash into each other.

tamponneuse [tɑ̃pɔnøz] ▷ auto.

tam-tam [tamtam] *(pl* tam-tams*)* nm tom-tom.

tancer [16] [tɑ̃se] vt littéraire to rebuke.

tanche [tɑ̃ʃ] nf tench.

tandem [tɑ̃dɛm] nm - **1.** [vélo] tandem - **2.** [duo] pair ; en ~ together, in tandem.

tandis [tɑ̃di] ► tandis que loc conj - **1.** [pendant que] while - **2.** [alors que] while, whereas.

tangage [tɑ̃gaʒ] nm pitching, pitch.

tangent, e [tɑ̃ʒɑ̃, ɑ̃t] adj : ~ à MATHS tangent

to, tangential to ; c'était ~ *fig* it was close, it was touch and go.

tangente nf tangent.

tangible [tɑ̃ʒibl] adj tangible.

tango [tɑ̃go] nm tango.

tanguer [3] [tɑ̃ge] vi to pitch.

tanière [tanjɛr] nf den, lair.

tanin, tannin [tanɛ̃] nm tannin.

tank [tɑ̃k] nm tank.

tannage [tanaʒ] nm tanning.

tannant, e [tanɑ̃, ɑ̃t] adj fam [assommant] irritating, maddening.

tanner [3] [tane] vt - **1.** [peau] to tan - **2.** fam [personne] to pester, to annoy.

tannerie [tanri] nf - **1.** [usine] tannery - **2.** [opération] tanning.

tanneur [tanœr] nm - **1.** [ouvrier] tanner - **2.** [commerçant] leather merchant.

tannin = tanin.

tant [tɑ̃] adv - **1.** [quantité] : ~ de so much ; ~ de travail so much work - **2.** [nombre] : ~ de so many ; ~ de livres/d'élèves so many books/pupils - **3.** [tellement] such a lot, so much ; il l'aime ~ he loves her so much - **4.** [quantité indéfinie] so much ; ça coûte ~ it costs so much ; à ~ pour cent at so many per cent - **5.** [un jour indéfini] : votre lettre du ~ your letter of such-and-such a date - **6.** [comparatif] : ~ que as much as - **7.** [valeur temporelle] : ~ que [aussi longtemps que] as long as ; [pendant que] while.

en tant que loc conj as ; en ~ que tel as such.

tant bien que mal loc adv after a fashion, somehow or other.

tant mieux loc adv so much the better ; ~ mieux pour lui good for him.

tant pis loc adv too bad ; ~ pis pour lui too bad for him.

(un) tant soit peu loc adv the slightest bit.

Tantale [tɑ̃tal] ▷ supplice.

tante [tɑ̃t] nf - **1.** [parente] aunt - **2.** tfam péj [homosexuel] poof Br, fairy.

tantinet [tɑ̃tinɛ] nm : un ~ exagéré/trop long a bit exaggerated/too long.

tantôt [tɑ̃to] adv - **1.** [parfois] sometimes - **2.** vieilli [après-midi] this afternoon.

Tanzanie [tɑ̃zani] nf : la ~ Tanzania.

tanzanien, enne [tɑ̃zanjɛ̃, ɛn] adj Tanzanian.

Tanzanien, enne nm, f Tanzanian.

TAO *(abr de traduction assistée par ordinateur)* nf CAT.

taoïsme [taɔism] nm Taoism.

taon [tɑ̃] *nm* horsefly.

tapage [tapaʒ] *nm* - **1.** [bruit] row ; **~ nocturne** ≃ disturbance of the peace - **2.** *fig* [battage] fuss *(U)*.

tapageur, euse [tapaʒœr, øz] *adj* - **1.** [hôte, enfant] rowdy - **2.** [style] flashy - **3.** [liaison, publicité] blatant.

tapant, e [tapɑ̃, ɑ̃t] *adj* : **à six heures ~** *ou* **~es** at six sharp *ou* on the dot.

tape [tap] *nf* slap.

tape-à-l'œil [tapalœj] ◇ *adj inv* flashy ◇ *nm inv* show.

tapenade [tapənad] *nf pounded anchovies with capers, olives and tuna fish.*

taper [3] [tape] ◇ *vt* - **1.** [personne, cuisse] to slap ; **~ (un coup) à la porte** to knock at the door - **2.** [à la machine] to type - **3.** *fam* [demander de l'argent à] : **~ qqn de** to touch sb for ◇ *vi* - **1.** [frapper] to hit ; **~ du poing sur** to bang one's fist on ; **~ dans ses mains** to clap - **2.** [à la machine] to type - **3.** [soleil] to beat down - **4.** *fig* [critiquer] : **~ sur qqn** to knock sb - **5.** *fam* [puiser] : **~ dans** to dip into.

se taper *vp fam* - **1.** [chocolat, vin] to put away - **2.** [corvée] to be landed with.

tapette [tapɛt] *nf* - **1.** [à tapis] carpet beater - **2.** [à mouches] flyswatter - **3.** *tfam péj* [homosexuel] poof *Br*, fairy.

tapinois [tapinwa] **en tapinois** *loc adv* furtively.

tapioca [tapjɔka] *nm* tapioca.

tapir[1] [tapir] *nm* ZOOL tapir.

tapir[2] [32] [tapir] **se tapir** *vp* - **1.** [se blottir] to crouch ; *fig* [sentiment] to be hidden ; **une maison tapie au creux de la vallée** *fig* a house hidden away in the valley - **2.** [se cacher] to retreat.

tapis [tapi] *nm* - **1.** [gén] carpet ; [de gymnase] mat ; **~ roulant** [pour bagages] conveyor belt ; [pour personnes] travolator ; **~ de sol** groundsheet ; **dérouler le ~ rouge** *fig* to roll out the red carpet ; **mettre un sujet sur le ~** *fig* to bring up a subject - **2.** INFORM : **~ de souris** mouse mat.

tapis-brosse [tapibrɔs] (*pl* **tapis-brosses**) *nm* doormat.

tapisser [3] [tapise] *vt* : **~ (de)** to cover (with).

tapisserie [tapisri] *nf* [de laine] tapestry ; [papier peint] wallpaper ; **faire ~** *fig* to be a wallflower.

tapissier, ère [tapisje, ɛr] *nm, f* - **1.** [artisan] tapestry maker - **2.** [décorateur] (interior) decorator - **3.** [commerçant] upholsterer.

tapotement [tapɔtmɑ̃] *nm* tapping.

tapoter [3] [tapɔte] ◇ *vt* to tap ; [joue] to pat ◇ *vi* : **~ sur** to tap on.

tapuscrit [tapyskri] *nm* typescript.

taquet [takɛ] *nm* - **1.** [butée] stop, catch - **2.** [loquet] latch.

taquin, e [takɛ̃, in] ◇ *adj* teasing ◇ *nm, f* tease.

taquiner [3] [takine] *vt* - **1.** [suj : personne] to tease - **2.** [suj : douleur] to worry.

taquinerie [takinri] *nf* teasing.

tarabiscoté, e [tarabiskɔte] *adj* elaborate.

tarabuster [3] [tarabyste] *vt* - **1.** [suj : personne] to badger - **2.** [suj : idée] to niggle at.

tarama [tarama] *nm* taramasalata.

tarauder [3] [tarode] *vt* to tap ; *fig* to torment.

tard [tar] *adv* late ; **plus ~** later ; **au plus ~** at the latest ; **sur le ~** [en fin de journée] late in the day ; [dans la vie] late in life.

tarder [3] [tarde] ◇ *vi* : **à faire qqch** [attendre pour] to delay *ou* put off doing sthg ; [être lent à] to take a long time to do sthg ; **ne pas ~ à faire qqch** not to take long to do sthg ; **le feu ne va pas ~ à s'éteindre** it won't be long before the fire goes out ; **elle ne devrait plus ~ maintenant** she should be here any time now ◇ *v impers* : **il me tarde de te revoir/qu'il vienne** I am longing to see you again/for him to come.

tardif, ive [tardif, iv] *adj* - **1.** [heure] late - **2.** [excuse] belated.

tardivement [tardivmɑ̃] *adv* [arriver] late ; [s'excuser] belatedly.

tare [tar] *nf* - **1.** [défaut] defect - **2.** [de balance] tare - **3.** *fam péj* [personne] cretin.

taré, e [tare] ◇ *adj* - **1.** [héréditairement] tainted ; *fig* flawed - **2.** *fam péj* [idiot] cracked ◇ *nm, f* - **1.** [héréditaire] degenerate - **2.** *fam péj* [idiot] cretin.

tarentule [tarɑ̃tyl] *nf* tarantula.

targette [tarʒɛt] *nf* bolt.

targuer [3] [targe] **se targuer** *vp sout* : **se ~ de qqch/de faire qqch** to boast about sthg/about doing sthg.

tarif [tarif] *nm* - **1.** [prix - de restaurant, café] price ; [- de service] rate, price ; [douanier] tariff ; **~s postaux** postage rates ; **demi-~** half rate *ou* price ; **plein ~** full rate *ou* price ; **~ dégressif** decreasing rate ; **~ préférentiel** preferential rate ; **~ réduit** reduced price ; [au cinéma, théâtre] concession - **2.** [tableau] price list.

tarifaire [tarifɛr] *adj* tariff *(avant n)*.

tarifer [3] [tarife] *vt* to fix the price *ou* rate for.

tarification [taʀifikasjɔ̃] *nf* fixing of the price *ou* rate.

tarir [32] [taʀiʀ] ◇ *vt* to dry up ◇ *vi* to dry up ; **elle ne tarit pas d'éloges sur son professeur** she never stops praising her teacher.
➡ **se tarir** *vp* to dry up.

tarot [taʀo] *nm* tarot.
➡ **tarots** *nmpl* tarot cards.

tartare [taʀtaʀ] *adj* Tartar ; **sauce ~** tartare sauce ; **steak ~** steak tartare.
➡ **Tartare** *nmf* Tartar.

tarte [taʀt] ◇ *nf* - **1.** [gâteau] tart ; **~ aux pommes** apple tart ; **~ tatin** ≃ upside-down apple cake - **2.** *fam fig* [gifle] slap - **3.** *loc* : **c'est pas de la ~!** *fam* it's no joke *ou* picnic! ; **~ à la crème** CIN custard pie ; [sujet, propos] hackneyed ◇ *adj* (avec ou sans accord) *fam* [idiot] stupid.

tartelette [taʀtəlɛt] *nf* tartlet.

tartine [taʀtin] *nf* - **1.** [de pain] piece of bread and butter ; **~ de confiture** piece of bread and jam ; **~ grillée** piece of toast - **2.** *fam fig* [laïus] : **en mettre une ~** *ou* **des ~s** to write reams.

tartiner [3] [taʀtine] *vt* - **1.** [pain] to spread ; **chocolat/fromage à ~** chocolate/cheese spread - **2.** *fam fig* [pages] to cover.

tartre [taʀtʀ] *nm* - **1.** [de dents, vin] tartar - **2.** [de chaudière] fur, scale.

tartuf(f)e [taʀtyf] *nm* hypocrite.

tas [ta] *nm* heap ; **un ~ de** a lot of ; **apprendre sur le ~** *fig* to learn on the job.

tasse [tas] *nf* cup ; **~ à café/à thé** coffee/tea cup ; **~ de café/de thé** cup of coffee/tea ; **boire la ~** *fig* to get a mouthful of water.

tasseau, x [taso] *nm* bracket.

tassement [tasmɑ̃] *nm* - **1.** [de neige] compression ; [de fondations] settling - **2.** *fig* [diminution] decline.

tasser [3] [tase] *vt* - **1.** [neige] to compress, to pack down - **2.** [vêtements, personnes] : **~ qqn/qqch dans** to stuff sb/sthg into.
➡ **se tasser** *vp* - **1.** [fondations] to settle - **2.** *fig* [vieillard] to shrink - **3.** [personnes] to squeeze up - **4.** *fam fig* [situation] to settle down.

taste-vin [tastəvɛ̃], **tâte-vin** [tatvɛ̃] *nm inv* tasting cup.

tata [tata] *nf* auntie.

tâter [3] [tate] ◇ *vt* to feel ; *fig* to sound out ◇ *vi* : **~ de** to have a taste of.
➡ **se tâter** *vp fam fig* [hésiter] to be in two minds.

tâte-vin = taste-vin.

tatillon, onne [tatijɔ̃, ɔn] ◇ *adj* finicky ◇ *nm, f* finicky person.

tâtonnement [tatɔnmɑ̃] *nm* - **1.** [action] groping - **2.** *(gén pl)* [tentative] trial and error *(U)*.

tâtonner [3] [tatɔne] *vi* to grope around.

tâtons [tatɔ̃] ➡ **à tâtons** *loc adv* : **marcher/procéder à ~** to feel one's way.

tatou [tatu] *nm* armadillo.

tatouage [tatwaʒ] *nm* - **1.** [action] tattooing - **2.** [dessin] tattoo.

tatouer [6] [tatwe] *vt* to tattoo.

taudis [todi] *nm* slum.

taulard = tôlard.

taule = tôle.

taulier = tôlier.

taupe [top] *nf litt* & *fig* mole ; **être myope comme une ~** *fig* to be as blind as a bat.

taupinière [topinjɛʀ] *nf* molehill.

taureau, x [tɔʀo] *nm* [animal] bull ; **prendre le ~ par les cornes** to take the bull by the horns.
➡ **Taureau** *nm* ASTROL Taurus ; **être Taureau** to be (a) Taurus.

tauromachie [tɔʀɔmaʃi] *nf* bullfighting.

taux [to] *nm* rate ; [de cholestérol, d'alcool] level ; **~ de change** exchange rate ; **~ d'escompte** rate of discount ; **~ d'intérêt** interest rate ; **~ de natalité** birth rate.

taverne [tavɛʀn] *nf* tavern.

taxation [taksasjɔ̃] *nf* taxation.

taxe [taks] *nf* tax ; **hors ~** COMM exclusive of tax, before tax ; [boutique, achat] duty-free ; **toutes ~s comprises** inclusive of tax ; **~ sur la valeur ajoutée** value added tax.

taxer [3] [takse] *vt* - **1.** [imposer] to tax - **2.** [fixer] : **~ le prix de qqch à** to fix the price of sthg at - **3.** *fam* [traiter] : **~ qqn de qqch** to call sb sthg - **4.** [accuser] : **~ qqn de qqch** to accuse sb of sthg - **5.** *fam* [prendre] : **~ qqch à qqn** to cadge sthg off *ou* from sb.

taxi [taksi] *nm* - **1.** [voiture] taxi - **2.** [chauffeur] taxi driver.

taxidermiste [taksidɛʀmist] *nmf* taxidermist.

taximètre [taksimɛtʀ] *nm* meter.

taxinomie [taksinɔmi] *nf* taxonomy.

Taxiphone® [taksifɔn] *nm* pay phone.

tayaut = taïaut.

TB, tb (*abr de* très bien) VG.

TBE, tbe (*abr de* très bon état) vgc.

TCA (*abr de* taxe sur le chiffre d'affaires) *n* tax on turnover.

TCF (*abr de* Touring Club de France) *nm* French motorists' club, ≃ AA *Br*, ≃ AAA *Am*.

Tchad [tʃad] *nm* : **le ~** Chad ; **au ~** in Chad.

tchadien, enne [tʃadjɛ̃, ɛn] *adj* of/from Chad.

➤ **tchadien** *nm* [langue] Chadic.

➤ **Tchadien, enne** *nm, f* person from Chad.

tchador [tʃadɔr] *nm* chador.

tchatche [tʃatʃ] *nf fam* : **avoir la ~** to have the gift of the gab.

tchatcher [tʃatʃe] *vi fam* to chat (away).

tchécoslovaque [tʃekɔslɔvak] *adj* Czechoslovakian.

➤ **Tchécoslovaque** *nmf* Czechoslovak.

Tchécoslovaquie [tʃekɔslɔvaki] *nf* : **la ~** Czechoslovakia.

tchèque [tʃɛk] <> *adj* Czech <> *nm* [langue] Czech.

➤ **Tchèque** *nmf* Czech.

tchétchène [tʃetʃɛn] *adj* Chechen.

➤ **Tchétchène** *nmf* Chechen.

Tchétchénie [tʃetʃeni] *nf* : **la ~** Chechnya.

TCS (*abr de* **Touring Club de Suisse**) *nm* Swiss motorists' club, ≃ AA **Br**, ≃ AAA **Am**.

TD (*abr de* **travaux dirigés**) *nmpl* supervised practical work.

TdF (*abr de* **Télévision de France**) *nf* French broadcasting authority.

te [tə], **t'** *pron pers* - **1.** [complément d'objet direct] you - **2.** [complément d'objet indirect] (to) you - **3.** [réfléchi] yourself - **4.** [avec un présentatif] : **~ voici!** here you are!

té [te] *nm* T-square.

technicien, enne [tɛknisjɛ̃, ɛn] *nm, f* - **1.** [professionnel] technician - **2.** [spécialiste] : **~ (de)** expert (in).

technicité [tɛknisite] *nf* - **1.** [de produit] technical nature - **2.** [avance technologique] technological sophistication - **3.** [savoir-faire] skill.

technico-commercial, e [tɛknikokɔmɛrsjal] (*mpl* **technico-commerciaux**, *fpl* **technico-commerciales**) <> *adj* sales engineer (*avant n*) <> *nm, f* sales engineer.

Technicolor® [tɛknikɔlɔr] *nm* Technicolor®.

technique [tɛknik] <> *adj* technical <> *nf* technique.

techniquement [tɛknikmɑ̃] *adv* technically.

techno [tɛkno] *adj & nf* techno.

technocrate [tɛknɔkrat] *nmf* technocrat.

technologie [tɛknɔlɔʒi] *nf* technology ; **de haute ~** high-tech.

technologique [tɛknɔlɔʒik] *adj* technological.

technologue [tɛknɔlɔg], **technologiste** [tɛknɔlɔʒist] *nmf* technologist.

teck, tek [tɛk] *nm* teak.

teckel [tekɛl] *nm* dachshund.

tectonique [tɛktɔnik] <> *adj* tectonic <> *nf* tectonics (*U*) ; **la ~ des plaques** plate tectonics.

TEE (*abr de* **Trans-Europ-Express**) *nm* TEE.

teen-ager [tinedʒœr] (*pl* **teen-agers**) *nmf* teenager.

tee-shirt (*pl* **tee-shirts**), **T-shirt** (*pl* **T-shirts**) [tiʃœrt] *nm* T-shirt.

Téflon® [teflɔ̃] *nm* Teflon®.

TEG (*abr de* **taux effectif garanti**) *nm* APR.

Téhéran [teerɑ̃] *n* Tehran.

teignais, teignions *etc* ▷ teindre.

teigne [tɛɲ] *nf* - **1.** [mite] moth - **2.** MÉD ringworm - **3.** *fam fig & péj* [femme] cow ; [homme] bastard.

teigneux, euse [tɛɲø, øz] *fam fig & péj* <> *adj* : **être teigneuse** [femme] to be a cow ; **être ~** [homme] to be a bastard <> *nm, f* [femme] cow ; [homme] bastard.

teindre [81] [tɛ̃dr] *vt* to dye.

➤ **se teindre** *vp* : **se ~ les cheveux** to dye one's hair.

teint, e [tɛ̃, tɛ̃t] <> *pp* ▷ teindre <> *adj* dyed.

➤ **teint** *nm* - **1.** [carnation] complexion - **2.** [couleur] : **tissu bon** *ou* **grand ~** colourfast **Br** *ou* colorfast **Am** material ; **bon ~** *fig* staunch, dyed-in-the-wool.

➤ **teinte** *nf* colour **Br**, color **Am** ; **une ~e de** *fig* a hint of.

teinté, e [tɛ̃te] *adj* tinted ; **~ de** *fig* tinged with.

teinter [3] [tɛ̃te] *vt* to stain.

➤ **se teinter** *vp* : **se ~ de** to become tinged with.

teinture [tɛ̃tyr] *nf* - **1.** [action] dyeing - **2.** [produit] dye.

➤ **teinture d'iode** *nf* tincture of iodine.

teinturerie [tɛ̃tyrri] *nf* - **1.** [pressing] dry cleaner's - **2.** [métier] dyeing.

teinturier, ère [tɛ̃tyrje, ɛr] *nm, f* - **1.** [de pressing] dry cleaner - **2.** [technicien] dyer.

tek = teck.

tel [tɛl] (*f* **telle**, *mpl* **tels**, *fpl* **telles**) <> *adj* - **1.** [valeur indéterminée] such-and-such a ; **~ et ~** such-and-such a - **2.** [semblable] such ; **un ~ homme** such a man ; **une telle générosité** such generosity ; **de telles gens** such people ; **je n'ai rien dit de ~** I never said anything of the sort - **3.** [valeur emphatique ou intensive] such ; **un ~ génie** such a genius ; **un ~ bonheur** such happiness **- 4.** [introduit un exemple ou une énumération] : **~ (que)** such as, like **- 5.** [introduit une comparaison] like ; **il est ~ que je l'avais toujours rêvé** he's just like I always dreamt he would be ; **~ quel** as it is/was *etc* <> *pron indéf* : **~ veut marcher, tandis que ~ autre veut courir** one will want to walk, while another will want to run ; **une telle m'a dit qu'il était parti** someone or other told me he'd left.

➤ **à tel point que** *loc conj* to such an extent that.

➤ **de telle manière que** *loc conj* in such a way that.

➤ **de telle sorte que** *loc conj* with the result that, so that.

tél. (*abr de* **téléphone**) tel.

télé [tele] *nf fam* TV, telly *Br*.

téléachat [teleaʃa] *nm* teleshopping.

téléacteur, trice [teleaktœr, tris] *nm, f* telesalesperson.

télébenne [telebɛn], **télécabine** [telekabin] *nf* cable car.

Télécarte® [telekart] *nf* phonecard.

télécharger [17] [teleʃarʒe] *vt* to download.

télécommande [telekɔmɑ̃d] *nf* remote control.

télécommander [3] [telekɔmɑ̃de] *vt* to operate by remote control ; *fig* to mastermind.

télécommunication [telekɔmynikasjɔ̃] *nf* telecommunications (*pl*).

téléconférence [telekɔ̃ferɑ̃s] *nf* teleconference.

télécopie [telekɔpi] *nf* fax.

télécopieur [telekɔpjœr] *nm* fax (machine).

télédiffuser [3] [teledifyze] *vt* to televise.

télédiffusion [teledifyzjɔ̃] *nf* televising.

télédistribution [teledistribysjɔ̃] *nf* cable television.

télé-enseignement [teleɑ̃sɛɲmɑ̃] (*pl* **télé-enseignements**) *nm* distance learning.

téléfilm [telefilm] *nm* film made for television.

télégramme [telegram] *nm* telegram.

télégraphe [telegraf] *nm* telegraph.

télégraphie [telegrafi] *nf* telegraphy.

télégraphier [9] [telegrafje] *vt* to telegraph.

télégraphique [telegrafik] *adj* [fil, poteau] telegraph (*avant n*) ; **en style ~** in telegraphic style, in telegraphese.

télégraphiste [telegrafist] *nmf* **- 1.** [technicien]

telegraphist **- 2.** [employé] telegraph boy (*f* telegraph girl).

téléguidage [telegidaʒ] *nm* remote control.

téléguider [3] [telegide] *vt* to operate by remote control ; *fig* to mastermind.

téléinformatique [teleɛ̃fɔrmatik] *nf* INFORM data communication.

télématique [telematik] <> *nf* telematics (*U*) <> *adj* telematic.

téléobjectif [teleɔbʒɛktif] *nm* telephoto lens (*sg*).

télépathie [telepati] *nf* telepathy.

télépathique [telepatik] *adj* telepathic.

téléphérique [teleferik] *nm* cableway.

téléphone [telefɔn] *nm* telephone ; **~ à carte** cardphone ; **~ cellulaire** cellular telephone ; **~ sans fil** cordless telephone ; **~ rouge** hotline ; **~ de voiture** carphone.

téléphoner [3] [telefɔne] <> *vt* to telephone, to phone <> *vi* to telephone, to phone ; **~ à qqn** to telephone sb, to phone sb (up).

téléphonique [telefɔnik] *adj* telephone (*avant n*), phone (*avant n*).

téléphoniste [telefɔnist] *nmf* (telephone) operator, telephonist *Br*.

téléprospection [teleprɔspɛksjɔ̃] *nf* telemarketing.

télescopage [teleskɔpaʒ] *nm* **- 1.** [de véhicules] concertinaing **- 2.** *fig* [d'idées] cross-fertilization.

télescope [teleskɔp] *nm* telescope.

télescoper [3] [teleskɔpe] *vt* [véhicule] to crash into.

➤ **se télescoper** *vp* **- 1.** [véhicules] to concertina **- 2.** *fig* [idées] to influence each other.

télescopique [teleskɔpik] *adj* **- 1.** [antenne] telescopic **- 2.** [planète] visible only by telescope.

téléscripteur [teleskriptœr] *nm* teleprinter *Br*, teletypewriter *Am*.

télésiège [telesjɛʒ] *nm* chairlift.

téléski [teleski] *nm* ski tow.

téléspectateur, trice [telespɛktatœr, tris] *nm, f* (television) viewer.

télésurveillance [telesyrvejɑ̃s] *nf* remote surveillance.

Télétex® [teletɛks] *nm* teletex.

télétravail, aux [teletravaj, o] *nm* teleworking.

télétravailleur, euse [teletravajœr, øz] *nm, f* teleworker.

Télétype® [teletip] *nm* Teletype®.

téléviser [3] [televize] *vt* to televise.

téléviseur [televizœr] *nm* television (set).

télévision [televizjɔ̃] *nf* television ; **à la ~** on television ; **~ câblée** cable television ; **~ numérique** digital television.

télévisuel, elle [televizɥɛl] *adj* television *(avant n)*.

télex [telɛks] *nm inv* telex.

télexer [4] [telɛkse] *vt* to telex.

tellement [tɛlmɑ̃] *adv* - **1.** [si, à ce point] so ; *(+ comparatif)* so much ; **~ plus jeune que** so much younger than ; **pas ~** not especially, not particularly ; **ce n'est plus ~ frais/populaire** it's no longer all that fresh/popular - **2.** [autant] : **~ de** [personnes, objets] so many ; [gentillesse, travail] so much - **3.** [tant] so much ; **elle a ~ changé** she's changed so much ; **je ne comprends rien ~ il parle vite** he talks so quickly that I can't understand a word.

téloche [telɔʃ] *nf fam* telly.

téméraire [temerɛr] ◇ *adj* - **1.** [audacieux] bold - **2.** [imprudent] rash ◇ *nmf* hothead.

témérité [temerite] *nf* - **1.** [audace] boldness - **2.** [imprudence] rashness.

témoignage [temwaɲaʒ] *nm* - **1.** JUR testimony, evidence *(U)* ; **faux ~** perjury - **2.** [gage] token, expression ; **en ~ de** as a token of - **3.** [récit] account.

témoigner [3] [temwaɲe] ◇ *vt* - **1.** [manifester] to show, to display - **2.** JUR : **~ que** to testify that ◇ *vi* - **1.** JUR to testify ; **~ contre** to testify against ; **~ en faveur de qqn** to testify in sb's favour Br *ou* favor Am - **2.** : **~ de** [être le signe de] to show ; [certifier] to testify (as) to.

témoin [temwɛ̃] ◇ *nm* - **1.** [gén] witness ; **être ~ de qqch** to be a witness to sthg, to witness sthg ; **prendre qqn à ~ (de)** to call on sb as a witness (of) ; **~ à charge** JUR witness for the prosecution ; **~ oculaire** eyewitness - **2.** INFORM indicator - **3.** *littéraire* [marque] : **~ de** evidence *(U)* of - **4.** SPORT baton ◇ *adj* [appartement] show *(avant n)*.

tempe [tɑ̃p] *nf* temple.

tempérament [tɑ̃peramɑ̃] *nm* temperament ; **avoir du ~** to be hot-blooded.

tempérance [tɑ̃perɑ̃s] *nf* temperance, moderation.

tempérant, e [tɑ̃perɑ̃, ɑ̃t] *adj* temperate.

température [tɑ̃peratyr] *nf* temperature ; **avoir de la ~** to have a temperature ; **prendre sa ~** to take one's temperature.

tempéré, e [tɑ̃pere] *adj* - **1.** [climat] temperate - **2.** [personne] even-tempered.

tempérer [18] [tɑ̃pere] *vt* - **1.** [adoucir] to temper ; *fig* [enthousiasme, ardeur] to moderate

- **2.** *fig* & *littéraire* [douleur, peine] to attenuate, to soothe.

tempête [tɑ̃pɛt] *nf* storm ; **une ~ de** *fig* a storm of ; **~ de sable** sandstorm.

tempêter [4] [tɑ̃pɛte] *vi* to rage.

tempétueux, euse [tɑ̃petɥø, øz] *adj littéraire* stormy ; *fig* tempestuous.

temple [tɑ̃pl] *nm* - **1.** HIST temple - **2.** [protestant] church.

tempo [tɛmpo] *nm* tempo.

temporaire [tɑ̃pɔrɛr] *adj* temporary.

temporairement [tɑ̃pɔrɛrmɑ̃] *adv* temporarily.

temporel, elle [tɑ̃pɔrɛl] *adj* - **1.** [défini dans le temps] time *(avant n)* - **2.** [terrestre] temporal.

temporisateur, trice [tɑ̃pɔrizatœr, tris] ◇ *adj* - **1.** [stratégie] delaying *(avant n)* - **2.** [personne] who stalls *ou* delays ◇ *nm, f* person who stalls *ou* delays.

temporiser [3] [tɑ̃pɔrize] *vi* to play for time, to stall.

temps [tɑ̃] *nm* - **1.** [gén] time ; **à plein ~** full-time ; **à mi-~** half-time ; **à ~ partiel** part-time ; **en un ~ record** in record time ; **au *ou* du ~ où** (in the days) when ; **de mon ~** in my day ; **ça prend un certain ~** it takes some time ; **ces ~-ci, ces derniers ~** these days ; **pendant ce ~** meanwhile ; **les premiers ~** at the beginning ; **en ~ utile** in due course ; **en ~ de guerre/paix** in wartime/peacetime ; **il est grand ~ de partir** it is high time that we left ; **il était ~!** *iron* and about time too! ; **avoir le ~ de faire qqch** to have time to do sthg ; **gagner du ~** to save time ; **passer le ~** to pass the time ; **~ libre** free time ; **~ mort** SPORT stoppage time, injury time ; *fig* break, pause ; **à ~** in time ; **de ~ à autre** now and then *ou* again ; **de ~ en ~** from time to time ; **en même ~** at the same time ; **tout le ~** all the time, the whole time ; **tuer le ~** to kill time ; **avoir tout son ~** to have all the time in the world ; **ne pas laisser à qqn le ~ de se retourner** not to give sb the time to catch his/her breath ; **rattraper le ~ perdu** to catch up on *ou* make up for lost time ; **par les ~ qui courent** in this day and age - **2.** MUS beat - **3.** GRAM tense - **4.** MÉTÉOR weather ; **gros ~** rough weather *ou* conditions ; **un ~ de chien** foul weather.

tenable [tənabl] *adj* bearable.

tenace [tənas] *adj* - **1.** [gén] stubborn - **2.** *fig* [odeur, rhume] lingering - **3.** [colle] strong.

ténacité [tenasite] *nf* - **1.** [d'odeur] lingering nature - **2.** [de préjugé, personne] stubbornness.

tenailler [3] [tənaje] *vt* to torment.

tenailles [tənaj] *nfpl* pincers.

tenancier, ère [tənãsje, ɛr] *nm, f* manager (*f* manageress).

tenant, e [tənã,ãt] *nm, f* : ~ **du titre** title holder.

➤ **tenant** *nm* - **1.** *(gén pl)* [d'une opinion] supporter - **2.** *loc* : **d'un seul** ~ in one piece, intact ; **les ~s et les aboutissants** [d'une affaire] the ins and outs, the full details.

tendance [tãdãs] *nf* - **1.** [disposition] tendency ; **avoir** ~ **à qqch/à faire qqch** to have a tendency to sthg/to do sthg, to be inclined to sthg/to do sthg - **2.** [économique, de mode] trend.

tendancieusement [tãdãsjøzmã] *adv* tendentiously.

tendancieux, euse [tãdãsjø, øz] *adj* tendentious.

tendeur [tãdœr] *nm* - **1.** [sangle] elastic strap *(for fastening luggage etc)* - **2.** [appareil] wire-strainer - **3.** [de bicyclette] chain adjuster - **4.** [de tente] runner.

tendinite [tãdinit] *nf* tendinitis.

tendon [tãdɔ̃] *nm* tendon ; ~ **d'Achille** Achilles' tendon.

tendre[1] [tãdr] <> *adj* - **1.** [gén] tender - **2.** [matériau] soft - **3.** [couleur] delicate <> *nmf* tender-hearted person.

tendre[2] [73] [tãdr] <> *vt* - **1.** [corde] to tighten - **2.** [muscle] to tense - **3.** [objet, main] : ~ **qqch à qqn** to hold out sthg to sb - **4.** [bâche] to hang - **5.** [piège] to set (up) <> *vi* : ~ **à/vers** [évoluer vers] to tend to/towards ; [viser à] to aim at.

➤ **se tendre** *vp* to tighten ; *fig* [relations] to become strained.

tendrement [tãdrəmã] *adv* tenderly.

tendresse [tãdrɛs] *nf* - **1.** [affection] tenderness - **2.** [indulgence] sympathy.

➤ **tendresses** *nfpl* : **se faire des ~s** to be loving with each other.

tendron [tãdrɔ̃] *nm* part of veal rib.

tendu, e [tãdy] <> *pp* ⊳ **tendre**[2] <> *adj* - **1.** [fil, corde] taut - **2.** [pièce] : ~ **de** [velours] hung with ; [papier peint] covered with - **3.** [personne] tense - **4.** [atmosphère, rapports] strained - **5.** [main] outstretched.

ténèbres [tenɛbr] *nfpl* darkness *(sg)*, shadows ; *fig* depths.

ténébreux, euse [tenebrø, øz] *adj* - **1.** *littéraire* [forêt] dark, shadowy - **2.** *fig* [dessein, affaire] mysterious - **3.** [personne] serious, solemn.

teneur [tənœr] *nf* content ; [de traité] terms *(pl)* ; ~ **en alcool/cuivre** alcohol/copper content.

ténia, tænia [tenja] *nm* tapeworm.

tenir [40] [tənir] <> *vt* - **1.** [objet, personne, solution] to hold - **2.** [garder, conserver, respecter] to keep - **3.** [gérer - boutique] to keep, to run - **4.** [apprendre] : ~ **qqch de qqn** to have sthg from sb - **5.** [considérer] : ~ **qqn pour** to regard sb as <> *vi* - **1.** [être solide] to stay up, to hold together - **2.** [durer] to last - **3.** [pouvoir être contenu] to fit - **4.** [être attaché] : ~ **à** [personne] to care about ; [privilèges] to value - **5.** [vouloir absolument] : ~ **à faire qqch** to insist on doing sthg - **6.** [ressembler] : ~ **de** to take after - **7.** [relever de] : ~ **de** to have something of - **8.** [dépendre de] : **il ne tient qu'à toi de ...** it's entirely up to you to ... - **9.** *loc* : ~ **bon** to stand firm ; **qu'à cela ne tienne** it *ou* that doesn't matter ; **tiens!** [en donnant] here! ; [surprise] well, well! ; [pour attirer attention] look!

➤ **se tenir** *vp* - **1.** [réunion] to be held - **2.** [personnes] to hold one another ; **se ~ par la main** to hold hands - **3.** [être présent] to be - **4.** [être cohérent] to make sense - **5.** [se conduire] to behave (o.s.) - **6.** [se retenir] : **se ~ (à)** to hold on (to) - **7.** [se borner] : **s'en ~ à** to stick to.

tennis [tenis] <> *nm* - **1.** [sport] tennis - **2.** [terrain] tennis court <> *nmpl* tennis shoes.

tennisman [tenisman] *(pl* **tennismen** [tenismɛn]) *nm* tennis player.

ténor [tenɔr] <> *adj* [instrument de musique] tenor *(avant n)* <> *nm* - **1.** [chanteur] tenor - **2.** *fig* [vedette] : **un ~ de la politique** a political star performer.

tensioactif, ive [tãsjɔaktif, iv] *adj* surface-active.

tension [tãsjɔ̃] *nf* - **1.** [contraction, désaccord] tension - **2.** MÉD pressure ; **avoir de la ~** to have high blood pressure ; ~ **artérielle** blood pressure - **3.** ÉLECTR voltage ; **haute/basse ~** high/low voltage.

tentaculaire [tãtakylɛr] *adj fig* sprawling.

tentacule [tãtakyl] *nm* tentacle.

tentant, e [tãtã, ãt] *adj* tempting.

tentateur, trice [tãtatœr, tris] <> *adj* tempting <> *nm, f* tempter (*f* temptress).

tentation [tãtasjɔ̃] *nf* temptation.

tentative [tãtativ] *nf* attempt ; ~ **d'homicide** attempted murder ; ~ **de suicide** suicide attempt.

tente [tãt] *nf* tent.

➤ **tente à oxygène** *nf* oxygen tent.

tenter [3] [tãte] *vt* - **1.** [entreprendre] : ~ **qqch/de faire qqch** to attempt sthg/to do sthg - **2.** [plaire] to tempt ; **être tenté par qqch/de faire qqch** to be tempted by sthg/to do sthg.

tenture [tãtyr] *nf* hanging.

tenu, e [təny] <> *pp* ⊳ **tenir** <> *adj* - **1.** [obligé] : **être ~ à qqch** to be bound by sthg ; **être**

~ **de faire qqch** to be required *ou* obliged to do sthg **- 2.** [en ordre] : **bien/mal ~** [maison] well/badly kept.

ténu, e [teny] *adj* **- 1.** [fil] fine ; *fig* [distinction] tenuous **- 2.** [voix] thin.

tenue [təny] *nf* **- 1.** [entretien] running ; **~ de la comptabilité** bookkeeping **- 2.** [manières] good manners *(pl)* **- 3.** [maintien du corps] posture **- 4.** [costume] dress ; **~ réglementaire** regulation uniform ; **~ de soirée** evening dress ; **être en petite ~** to be scantily dressed.

► **tenue de route** *nf* roadholding.

tequila [tekila] *nf* tequila.

ter [tɛr] ◇ *adv* MUS three times ◇ *adj* : **12 ~ 12B.**

térébenthine [terebɑ̃tin] *nf* turpentine.

Tergal® [tɛrgal] *nm* ≃ Terylene®.

tergiversation [tɛrʒiversasjɔ̃] *nf* shilly-shallying *(U)*.

tergiverser [3] [tɛrʒiverse] *vi* to shillyshally.

terme [tɛrm] *nm* **- 1.** [fin] end ; **mettre un ~ à** to put an end *ou* a stop to **- 2.** [de grossesse] term ; **mener une grossesse à ~** to go full term ; **avant ~** prematurely **- 3.** [échéance] time limit ; [de loyer] rent day ; **à ~** FIN forward *(avant n)* ; **à court/moyen/long ~** [calculer] in the short/medium/long term ; [projet] short-/medium-/long-term **- 4.** [mot, élément] term.

► **termes** *nmpl* **- 1.** [expressions] words ; **en d'autres ~s** in other words **- 2.** [de contrat] terms **- 3.** [relations] : **être en bons/mauvais ~s avec qqn** to be on good/bad terms with sb.

terminaison [tɛrminɛzɔ̃] *nf* GRAM ending.

► **terminaison nerveuse** *nf* nerve ending.

terminal, e, aux [tɛrminal, o] *adj* **- 1.** [au bout] final **- 2.** MÉD [phase] terminal.

► **terminal, aux** *nm* terminal.

► **terminale** *nf* SCOL ≃ upper sixth year *ou* form *Br*, ≃ twelfth grade *Am*.

terminer [3] [tɛrmine] *vt* to end, to finish ; [travail, repas] to finish ; **~ qqch par** to finish sthg with.

► **se terminer** *vp* to end, to finish ; **se ~ par** to end *ou* finish with ; **se ~ en** to end in.

terminologie [tɛrminɔlɔʒi] *nf* terminology.

terminus [tɛrminys] *nm* terminus.

termite [tɛrmit] *nm* termite.

termitière [tɛrmitjɛr] *nf* termite nest.

ternaire [tɛrnɛr] *adj* CHIM & MATHS ternary ; LITTÉRATURE & MUS triple.

terne [tɛrn] *adj* dull.

ternir [32] [tɛrnir] *vt* to dirty ; [métal, réputation] to tarnish.

► **se ternir** *vp* to get dirty ; [métal, réputation] to tarnish.

terrain [tɛrɛ̃] *nm* **- 1.** [sol] soil ; **tout ~** all-terrain ; **vélo tout ~** mountain bike **- 2.** [surface] piece of land ; **~ vague** waste ground *(U) ou* land *(U)* **- 3.** [emplacement - de football, rugby] pitch ; [- de golf] course ; **~ d'aviation** airfield ; **~ de camping** campsite **- 4.** MIL terrain **- 5.** *fig* [domaine] ground ; **en ~ glissant** *fig* on shaky ground **- 6.** *loc* : **céder du ~ à qqn** to give ground to sb ; **déblayer le ~** *fig* to clear the ground ; **gagner du ~** to gain ground ; **gagner du ~ sur qqn** to gain on sb ; **sur le ~** in the field.

terrasse [tɛras] *nf* terrace.

terrassement [tɛrasmɑ̃] *nm* [action] excavation.

terrasser [3] [tɛrase] *vt* [suj : personne] to bring down ; [suj : émotion] to overwhelm ; [suj : maladie] to conquer.

terrassier [tɛrasje] *nm* labourer *Br*, laborer *Am*.

terre [tɛr] *nf* **- 1.** [monde] world **- 2.** [sol] ground ; **par ~** on the ground ; **sous ~** underground ; **~ à ~** *fig* down-to-earth **- 3.** [matière] earth, soil ; **~ cuite** terracotta ; **~ glaise** clay **- 4.** [propriété] land *(U)* **- 5.** [territoire, continent] land ; **sur la ~ ferme** on dry land ; **~ natale** native land **- 6.** ÉLECTR earth *Br*, ground *Am*.

► **Terre** *nf* : **la Terre** Earth ; **la Terre promise** the Promised Land ; **la Terre Sainte** the Holy Land.

terreau [tɛro] *nm* compost.

terre-neuve [tɛrnœv] *nm inv* Newfoundland (dog).

Terre-Neuve [tɛrnœv] *nf* Newfoundland ; **à ~** in Newfoundland.

terre-plein [tɛrplɛ̃] *(pl* **terre-pleins)** *nm* platform.

terrer [4] [tɛre] ► **se terrer** *vp* to go to earth.

terrestre [tɛrɛstr] *adj* **- 1.** [croûte, atmosphère] of the earth **- 2.** [animal, transport] land *(avant n)* **- 3.** [plaisir, paradis] earthly **- 4.** [considérations] worldly.

terreur [tɛrœr] *nf* terror.

terreux, euse [tɛrø, øz] *adj* **- 1.** [substance, goût] earthy **- 2.** [mains, teint] muddy.

terri = **terril**.

terrible [tɛribl] *adj* **- 1.** [gén] terrible **- 2.** [appétit, soif] terrific, enormous ; **avoir un travail ~** to have a terrific *ou* an enormous amount of work **- 3.** *fam* [excellent] brilliant.

terriblement [tɛriblǝmɑ̃] *adv* terribly.

terrien, enne [tɛrjɛ̃, ɛn] ⟨⟩ *adj* - **1.** [foncier] : **propriétaire ~** landowner - **2.** [vertu] rural ⟨⟩ *nm, f* [habitant de la Terre] earthling.

terrier [tɛrje] *nm* - **1.** [tanière] burrow - **2.** [chien] terrier.

terrifier [9] [tɛrifje] *vt* to terrify.

terril [tɛril], **terri** [tɛri] *nm* slag heap.

terrine [tɛrin] *nf* terrine.

territoire [tɛritwar] *nm* - **1.** [pays, zone] territory - **2.** ADMIN area.

➤ **territoire d'outre-mer** *nm* (French) overseas territory.

territorial, e, aux [tɛritɔrjal, o] *adj* territorial.

terroir [tɛrwar] *nm* - **1.** [sol] soil - **2.** [région rurale] country ; **du ~** rural.

terroriser [3] [tɛrɔrize] *vt* to terrorize.

terrorisme [tɛrɔrism] *nm* terrorism.

terroriste [tɛrɔrist] ⟨⟩ *nmf* terrorist ⟨⟩ *adj* terrorist (avant n).

tertiaire [tɛrsjɛr] ⟨⟩ *nm* tertiary sector ⟨⟩ *adj* tertiary.

tertio [tɛrsjo] *adv* third, thirdly.

tes ⟼ **ton²**.

tesson [tɛsɔ̃] *nm* piece of broken glass.

test [tɛst] *nm* test ; **~ de grossesse** pregnancy test.

testament [tɛstamɑ̃] *nm* will ; *fig* legacy.

➤ **Testament** *nm* : **Ancien/Nouveau Testament** Old/New Testament.

testamentaire [tɛstamɑ̃tɛr] *adj* of a will.

tester [3] [tɛste] ⟨⟩ *vt* to test ⟨⟩ *vi* to make a will.

testicule [tɛstikyl] *nm* testicle.

tétaniser [3] [tetanize] *vt* to cause to go into spasm ; *fig* to paralyse *Br*, to paralyze *Am*.

tétanos [tetanos] *nm* tetanus.

têtard [tɛtar] *nm* tadpole.

tête [tɛt] *nf* - **1.** [gén] head ; **de la ~ aux pieds** from head to foot *ou* toe ; **la ~ en bas** head down ; **la ~ la première** head first ; **calculer qqch de ~** to calculate sthg in one's head ; **50 francs par ~** 50 francs a head *ou* each ; **~ chercheuse** homing head ; **~ d'écriture** INFORM write head ; **~ de lecture** INFORM read head ; **~ de liste** POLIT main candidate ; **~ de mort** death's head ; **piquer une ~** *fam* to have *ou* go for a dip ; **se casser la ~** *fam* *fig* to kill o.s. doing sthg ; **se laver la ~** to wash one's hair ; **se payer la ~ de qqn** *fam* to make fun of sb, to take the mickey out of sb ; **avoir la grosse ~** *fam* to be big-headed ; **être ~ en l'air** to have one's head in the clouds ; **avoir la ~ sur les épaules** to have a good head on one's shoulders ; **faire la ~** to sulk ; **garder la ~ froide** to keep a cool head ; **perdre la ~** to lose one's head ; **tenir ~ à qqn** to stand up to sb - **2.** [visage] face - **3.** [devant - de cortège, peloton] head, front ; **de ~** [voiture] front (avant n) ; *fig* [personne] high-powered ; **en ~** [- SPORT] in the lead.

tête-à-queue [tɛtakø] *nm inv* spin.

tête-à-tête [tɛtatɛt] *nm inv* tête-à-tête ; **en ~** alone.

tête-bêche [tɛtbɛʃ] *loc adv* head to tail.

tête-de-nègre [tɛtdǝnɛgr] *adj inv* dark brown.

tétée [tete] *nf* feed.

tétine [tetin] *nf* - **1.** [de biberon, mamelle] nipple, teat - **2.** [sucette] dummy *Br*, pacifier *Am*.

téton [tetɔ̃] *nm* - **1.** *fam* [sein] breast - **2.** TECHNOL nipple.

Tétrabrick® [tetrabrik] *nm* carton.

tétralogie [tetralɔʒi] *nf* tetralogy.

tétraplégique [tetrapleʒik] *adj* quadriplegic.

têtu, e [tety] *adj* stubborn.

teuf-teuf [tœftœf] *nm inv* old banger.

teuton, onne [tøtɔ̃, ɔn] *péj* ⟨⟩ *adj* Teutonic ⟨⟩ *nm, f* Teuton.

tex mex [tɛksmɛks] ⟨⟩ *adj* Tex Mex ⟨⟩ *nm* Tex Mex food.

texte [tɛkst] *nm* - **1.** [écrit] wording ; **dans le ~** in the original ; **~ intégral** unabridged text ; **~ de loi** legal text - **2.** [imprimé] text - **3.** [extrait] passage.

textile [tɛkstil] ⟨⟩ *adj* textile (avant n) ⟨⟩ *nm* - **1.** [matière] textile - **2.** [industrie] : **le ~ textiles** (pl), the textile industry.

texto [tɛksto] *adv fam* word for word.

textuel, elle [tɛkstɥɛl] *adj* - **1.** [analyse] textual ; [citation] exact ; **il a dit ça, ~** those were his very *ou* exact words - **2.** [traduction] literal.

textuellement [tɛkstɥɛlmɑ̃] *adv* verbatim.

texture [tɛkstyr] *nf* texture.

TF1 (abr de **Télévision Française 1**) *nf French independent television company.*

TG (abr de **Trésorerie générale**) *nf local finance office.*

TGI abr de **tribunal de grande instance**.

TGV (abr de **train à grande vitesse**) *nm French high-speed train.*

thaï [taj] *nm* & *adj inv* Thai.
➤ **Thaï** *nm, f* Thai.

thaïlandais, e [tajlɑ̃dɛ, ɛz] *adj* Thai.
➤ **Thaïlandais, e** *nm, f* Thai.

Thaïlande [tajlɑ̃d] *nf* : **la ~** Thailand.

thalasso(thérapie) [talasɔ(terapi)l] *nf* seawater therapy.

thaumaturge [tomatyrʒ] *nm littéraire* miracle worker.

thé [te] *nm* tea ; ~ **au citron/lait** tea with lemon/milk ; ~ **nature** tea without milk, black tea.

théâtral, e, aux [teatral, o] *adj* - **1.** [saison] theatre *(avant n)* - **2.** [ton] theatrical.

théâtralement [teatralmãl] *adv* theatrically.

théâtre [teatr] *nm* - **1.** [bâtiment, représentation] theatre - **2.** [troupe] theatre company - **3.** [art] : **faire du** ~ to be on the stage ; **adapté pour le** ~ adapted for the stage - **4.** [œuvre] plays *(pl)* - **5.** [lieu] scene ; ~ **d'opérations** MIL theatre of operations.

théière [tejer] *nf* teapot.

théine [tein] *nf* caffeine.

thématique [tematik] <> *adj* thematic <> *nf* themes *(pl)*.

thème [tem] *nm* - **1.** [sujet & MUS] theme - **2.** SCOL prose.
➤ **thème astral** *nm* birth chart.

théocratie [teɔkrasi] *nf* theocracy.

théologie [teɔlɔʒi] *nf* theology.

théologien, enne [teɔlɔʒjɛ̃, ɛn] *nm, f* theologian.

théologique [teɔlɔʒik] *adj* theological.

théorème [teɔrɛm] *nm* theorem.

théoricien, enne [teɔrisjɛ̃, ɛn] *nm, f* theoretician.

théorie [teɔri] *nf* theory ; **en** ~ in theory.

théorique [teɔrik] *adj* theoretical.

théoriquement [teɔrikmã] *adv* theoretically.

théoriser [3] [teɔrize] <> *vt* to theorize about <> *vi* : ~ **(sur)** to theorize (about).

thérapeute [terapøt] *nmf* therapist.

thérapeutique [terapøtik] <> *adj* therapeutic <> *nf* therapy.

thérapie [terapi] *nf* therapy.

thermal, e, aux [termal, o] *adj* thermal.

thermalisme [termalism] *nm* ≃ hydrotherapy.

thermes [term] *nmpl* thermal baths.

thermique [termik] *adj* thermal.

thermodynamique [termɔdinamik] <> *adj* thermodynamic <> *nf* thermodynamics *(U)*.

thermomètre [termɔmetr] *nm* [instrument] thermometer.

thermonucléaire [termɔnykleer] *adj* thermonuclear.

Thermos® [termos] *nm* OU *nf* Thermos® (flask).

thermostat [termɔsta] *nm* thermostat.

thésard, e [tezar, ard] *nm, f fam* PhD student.

thésauriser [3] [tezɔrize] <> *vt* to hoard <> *vi* to hoard money.

thésaurus, thesaurus [tezɔrys] *nm inv* thesaurus.

thèse [tɛz] *nf* - **1.** [opinion] argument ; **pièce/roman à** ~ drama/novel of ideas - **2.** PHILO & UNIV thesis ; ~ **de doctorat** doctorate - **3.** [théorie] theory.

thon [tɔ̃] *nm* tuna.

thoracique [tɔrasik] *adj* thoracic ⊳ **cage.**

thorax [tɔraks] *nm* thorax.

thriller [srilœr, trilœr] *nm* thriller.

thrombose [trɔ̃boz] *nf* thrombosis.

thune, tune [tyn] *nf fam* cash *(U)*, dough *(U)*.

thym [tɛ̃] *nm* thyme.

thyroïde [tirɔid] *nf* thyroid (gland).

TI *abr de* **tribunal d'instance.**

Tibet [tibe] *nm* : **le** ~ Tibet ; **au** ~ in Tibet.

tibétain, e [tibetɛ̃, ɛn] *adj* Tibetan.
➤ **Tibétain, e** *nm, f* Tibetan.

tibia [tibja] *nm* tibia.

tic [tik] *nm* tic.

ticket [tikɛ] *nm* ticket ; ~ **de caisse** (till) receipt ; ~ **modérateur** *proportion of medical expenses payable by the patient* ; ~ **de rationnement** ration coupon ; ~**-repas** ≃ luncheon voucher ; **avoir un** ~ **avec qqn** *fam fig* to have made a hit with sb.

tic-tac [tiktak] <> *interj* tick-tock! <> *nm inv* tick-tock.

tiédasse [tjedas] *adj péj* tepid.

tiède [tjed] <> *adj* - **1.** [boisson, eau] tepid, lukewarm - **2.** [vent] mild - **3.** *fig* [accueil] lukewarm <> *adv* : **à boire** ~ serve lukewarm.

tièdement [tjedmã] *adv* half-heartedly.

tiédeur [tjedœr] *nf* - **1.** [chaleur modérée] tepidness - **2.** *fig* [de climat] mildness - **3.** *fig* [indifférence] half-heartedness.

tiédir [32] [tjedir] <> *vt* to warm <> *vi* to become warm ; **faire** ~ **qqch** to warm sthg.

tien [tjɛ̃] ➤ **le tien** *(f* **la tienne** [latjɛn], *mpl* **les tiens** [letjɛ̃], *fpl* **les tiennes** [letjɛn]) *pron poss* yours ; **les** ~**s** your family ; **mets-y du** ~! make an effort! ; **à la tienne!** cheers! ; **tu as encore fais des tiennes!** you've been up to your tricks again!

tiendrai, tiendras *etc* ⊳ tenir.

tienne ◇ *vb* ⊳ tenir ◇ *pron poss* ⊳ tien.

tiens, tient *etc* ⊳ tenir.

tierce [tjɛrs] ◇ *nf* - **1.** MUS third - **2.** CARTES & ESCRIME tierce - **3.** TYPO final proof ◇ *adj* ⊳ tiers.

tiercé [tjɛrse] *nm* system of betting involving the first three horses in a race.

tiers, tierce [tjɛr, tjɛrs] *adj* : **une tierce personne** a third party.

→ **tiers** *nm* - **1.** [étranger] outsider, stranger - **2.** [tierce personne] third party ; **assurance au ~** third-party insurance - **3.** [de fraction] : **le ~ de** one-third of ; **~ provisionnel** thrice-yearly income tax payment based on estimated tax due for the previous year.

tiers-monde [tjɛrmɔ̃d] *nm* : **le ~** the Third World.

tiers-mondisation [tjɛrmɔ̃dizasjɔ̃] *nf* : **la ~ de ce pays** this country's economic degeneration to Third World levels.

tiers-mondiste [tjɛrmɔ̃dist] ◇ *adj* favouring the Third World ◇ *nmf* champion of the Third World.

tiers-payant [tjɛrpejɑ̃] *nm* system by which a proportion of the fee for medical treatment is paid directly to the hospital, doctor or pharmacist by the patient's insurer.

tifs [tif] *nmpl fam* hair (U).

TIG (*abr de* **travail d'intérêt général**) *nm* community service.

tige [tiʒ] *nf* - **1.** [de plante] stem, stalk - **2.** [de bois, métal] rod.

tignasse [tiɲas] *nf fam* mop (of hair).

tigre [tigr] *nm* tiger ; **jaloux comme un ~** *fig* fiercely jealous.

tigré, e [tigre] *adj* - **1.** [rayé] striped ; [chat] tabby (*avant n*) - **2.** [tacheté] spotted ; [cheval] piebald.

tigresse [tigrɛs] *nf* tigress.

tilleul [tijœl] *nm* lime (tree).

tilt [tilt] *nm* : **faire ~** *fam fig* to ring a bell.

timbale [tɛ̃bal] *nf* - **1.** [gobelet] (metal) cup ; **décrocher la ~** *fig* to hit the jackpot - **2.** CULIN timbale - **3.** MUS kettledrum.

timbrage [tɛ̃braʒ] *nm* postmarking.

timbre [tɛ̃br] *nm* - **1.** [gén] stamp - **2.** [de voix] timbre - **3.** [de bicyclette] bell.

timbré, e [tɛ̃bre] ◇ *adj* - **1.** [papier, enveloppe] stamped - **2.** [voix] resonant - **3.** *fam* [fou] barmy, doolally ◇ *nm, f fam* loony.

timbrer [tɛ̃bre] *vt* to stamp.

timide [timid] ◇ *adj* - **1.** [personne] shy

- **2.** [protestation, essai] timid - **3.** [soleil] uncertain ◇ *nmf* shy person.

timidement [timidmɑ̃] *adv* shyly ; [protester] timidly.

timidité [timidite] *nf* - **1.** [de personne] shyness - **2.** [de protestation] timidness.

timing [tajmiŋ] *nm* - **1.** [emploi du temps] schedule - **2.** [organisation] timing.

timonier [timɔnje] *nm* helmsman.

timoré, e [timɔre] *adj* fearful, timorous.

tintamarre [tɛ̃tamar] *nm fam* racket.

tintement [tɛ̃tmɑ̃] *nm* [de cloche, d'horloge] chiming ; [de pièces] jingling.

tinter [tɛ̃te] *vi* - **1.** [cloche, horloge] to chime - **2.** [pièces] to jingle.

tintin [tɛ̃tɛ̃] *interj fam* no way!, not a chance!

tintouin [tɛ̃twɛ̃] *nm fam* - **1.** [vacarme] racket - **2.** [souci] worry.

TIP [tip] (*abr de* **titre interbancaire de paiement**) *nm* payment slip for bills, ≃ bank giro payment slip Br.

tique [tik] *nf* tick.

tiquer [3] [tike] *vi fam* : **~ (sur)** to wince (at).

tir [tir] *nm* - **1.** [SPORT - activité] shooting ; [- lieu] : **(centre de) ~** shooting range ; **~ à l'arc** archery ; **~ au but** penalty shoot-out ; **~ au pigeon** clay pigeon shooting - **2.** [trajectoire] shot - **3.** [salve] fire (U) - **4.** [manière, action de tirer] firing.

TIR (*abr de* **transports internationaux routiers**) *international road transport agreement allowing lorries to avoid customs until they reach their destination.*

tirade [tirad] *nf* - **1.** THÉÂTRE soliloquy - **2.** [laïus] tirade.

tirage [tiraʒ] *nm* - **1.** [de journal] circulation ; [de livre] print run ; **à grand ~** mass circulation ; **~ limité** limited edition - **2.** [du loto] draw ; **~ au sort** drawing lots - **3.** [de cheminée] draught Br, draft Am - **4.** [de vin] drawing of. - **5.** *loc* : **il y a du tirage** *fam fig* there is some friction.

tiraillement [tirajmɑ̃] *nm* (*gén pl*) - **1.** [crampe] cramp - **2.** *fig* [conflit] conflict.

tirailler [3] [tiraje] ◇ *vt* - **1.** [tirer sur] to tug (at) - **2.** *fig* [écarteler] : **être tiraillé par/entre qqch** to be torn by/between sthg ◇ *vi* to fire wildly.

tirailleur [tirajœr] *nm* skirmisher.

Tirana [tirana] *n* Tirane.

tire [tir] *nf* - **1.** *fam* [voiture] wheels (*pl*) - **2.** *loc* : **vol à la ~** *fam* pickpocketing ; **voleur à la ~** *fam* pickpocket.

tiré, e [tire] *adj* [fatigué] : **avoir les traits ~s** OU **le visage ~** to look drawn.

tire-au-flanc [tiroflɑ̃] *nm inv fam* shirker, skiver *Br*.

tire-botte [tirbɔt] (*pl* **tire-bottes**) *nm* bootjack.

tire-bouchon [tirbuʃɔ̃] (*pl* **tire-bouchons**) *nm* corkscrew.
➤ **en tire-bouchon** *loc adv* corkscrew (*avant n*).

tire-bouchonner [3] [tirbuʃɔne] ◇ *vt* to twiddle ◇ *vi* to get OU become twisted.

tire-d'aile [tirdɛl] ➤ **à tire d'aile** *loc adv* as quickly as possible.

tire-fesses [tirfɛs] *nm inv fam* ski-tow.

tire-lait [tirlɛ] *nm inv* breast pump.

tire-larigot [tirlarigo] ➤ **à tire-larigot** *loc adv fam* to one's heart's content.

tirelire [tirlir] *nf* moneybox.

tirer [3] [tire] ◇ *vt* - **1.** [gén] to pull ; [rideaux] to draw ; [tiroir] to pull open - **2.** [tracer - trait] to draw ; [- plan] to draw up - **3.** [revue, livre] to print - **4.** [avec arme] to fire - **5.** [faire sortir - vin] to draw off ; **~ qqn de** *litt* & *fig* to help OU get sb out of ; **~ un revolver/un mouchoir de sa poche** to pull a gun/a handkerchief out of one's pocket ; **~ la langue** to stick out one's tongue - **6.** [aux cartes, au loto] to draw - **7.** [plaisir, profit] to derive - **8.** [déduire - conclusion] to draw ; [- leçon] to learn - **9.** *loc* : **~ qqch au clair** to shed light on sthg ◇ *vi* - **1.** [tendre] : **~ sur** to pull on OU at - **2.** [aspirer] : **~ sur** [pipe] to draw OU pull on - **3.** [couleur] : **bleu tirant sur le vert** greenish blue - **4.** [cheminée] to draw - **5.** [avec arme] to fire, to shoot - **6.** *SPORT* to shoot.
➤ **se tirer** *vp* - **1.** *fam* [s'en aller] to push off - **2.** [se sortir] : **se ~ de** to get o.s. out of ; **s'en ~** *fam* to escape.

tiret [tire] *nm* dash.

tirette [tiret] *nf* - **1.** [planchette] leaf - **2.** *Belg* [fermeture] zip *Br*, zipper *Am* - **3.** [commande] lever.

tireur, euse [tirœr, øz] *nm, f* [avec arme] gunman ; **~ d'élite** marksman (*f* markswoman).
➤ **tireur** *nm* [de chèque] drawer.
➤ **tireuse** *nf* : **tireuse de cartes** fortune teller.

tiroir [tirwar] *nm* drawer.

tiroir-caisse [tirwarkɛs] (*pl* **tiroirs-caisses**) *nm* till.

tisane [tizan] *nf* herb tea.

tison [tizɔ̃] *nm* ember.

tisonnier [tizɔnje] *nm* poker.

tissage [tisaʒ] *nm* weaving.

tisser [3] [tise] *vt litt* & *fig* to weave ; [suj : araignée] to spin.

tisserand, e [tisrɑ̃, ɑ̃d] *nm, f* weaver.

tissu [tisy] *nm* - **1.** [étoffe] cloth, material - **2.** *BIOL* tissue ; **~ adipeux** adipose tissue ; **~ conjonctif** connective tissue.

tissu-éponge [tisyepɔ̃ʒ] (*pl* **tissus-éponges**) *nm* towelling (*U*) *Br*, toweling (*U*) *Am*.

titan [titɑ̃] *nm* Titan ; **de ~** *fig* titanic.

titiller [3] [titije] *vt* to titillate.

titrage [titraʒ] *nm* - **1.** [d'œuvre, de film] titling - **2.** [de liquide] titration.

titre [titr] *nm* - **1.** [gén] title - **2.** [de presse] headline ; **gros ~** headline - **3.** [universitaire] diploma, qualification - **4.** *JUR* title ; **~ de propriété** title deed - **5.** *FIN* security - **6.** [de monnaie] fineness - **7.** *loc* : **~ gracieux** OU **gratuit** free of charge ; **à ~ indicatif** for information ; **à aucun ~** on any account, in any way ; **à juste ~** with just cause, justifiably so.
➤ **titre de transport** *nm* ticket.
➤ **à titre de** *loc prép* : **à ~ d'exemple** by way of example ; **à ~ d'information** for information.
➤ **au même titre que** *loc prép* in the same way that.
➤ **en titre** *loc adj* - **1.** [titulaire] titular - **2.** [attitré] official.

titrer [3] [titre] *vt* - **1.** [œuvre] to title - **2.** [liquide] to titrate.

tituber [3] [titybe] *vi* to totter.

titulaire [tityler] ◇ *adj* [employé] permanent ; *UNIV* with tenure ◇ *nmf* [de passeport, permis] holder ; [de poste, chaire] occupant.

titulariser [3] [titylarize] *vt* to give tenure to.

TNP (*abr de* **traité de non-prolifération**) *nm* NPT.

TNT (*abr de* **trinitrotoluène**) *nm* TNT.

toast [tost] *nm* - **1.** [pain grillé] toast (*U*) - **2.** [discours] toast ; **porter un ~ à** to drink a toast to.

toasteur [tostœr] *nm* toaster.

toboggan [tɔbɔgɑ̃] *nm* - **1.** [traîneau] toboggan - **2.** [de terrain de jeu] slide ; [de piscine] chute - **3.** *AUTOM* flyover *Br*, overpass *Am*.

toc [tɔk] ◇ *interj* : **et ~!** so there! ◇ *nm fam* : **c'est du ~** it's fake ; **en ~** fake (*avant n*) ◇ *adj inv* rubbishy.

tocsin [tɔksɛ̃] *nm* alarm bell.

Togo [tɔgo] *nm* : **le ~** Togo ; **au ~** in Togo.

togolais, e [tɔgɔlɛ, ɛz] *adj* Togolese.
➤ **Togolais, e** *nm, f* Togolese person ; **les Togolais** the Togolese.

tohu-bohu [tɔybɔy] *nm* commotion.

toi [twa] *pron pers* you.
> **toi-même** *pron pers* yourself.

toile [twal] *nf* - **1.** [étoffe] cloth ; [de lin] linen ; **~ cirée** oilcloth - **2.** [tableau] canvas, picture - **3.** NAVIG [voilure] sails *(pl)*.
> **toile d'araignée** *nf* spider's web.
> **toile de fond** *nf* backdrop.
> **Toile** *nf* : **la Toile** INFORM the Web, the web.

toilettage [twalɛtaʒ] *nm* grooming.

toilette [twalɛt] *nf* - **1.** [de personne, d'animal] washing ; **faire sa ~** to (have a) wash - **2.** [parure, vêtements] outfit, clothes *(pl)* - **3.** [de monument, voiture] cleaning - **4.** [de texte] tidying up.
> **toilettes** *nfpl* toilet *(sg)*, toilets.

toise [twaz] *nf* height gauge.

toiser [3] [twaze] *vt* to eye (up and down).
> **se toiser** *vp* to eye each other up and down.

toison [twazɔ̃] *nf* - **1.** [pelage] fleece - **2.** [chevelure] mop (of hair).

toit [twa] *nm* roof ; **~ ouvrant** sunroof.

toiture [twatyr] *nf* roof, roofing.

Tokyo [tɔkjo] *n* Tokyo.

tôlard, e, taulard, e [tolar, ard] *nm, f* tfam jailbird, con.

tôle [tol] *nf* - **1.** [de métal] sheet metal ; **~ ondulée** corrugated iron - **2.** tfam [prison] nick Br, clink.

tolérable [tɔlerabl] *adj* - **1.** [comportement] excusable - **2.** [douleur] bearable, tolerable.

tolérance [tɔlerɑ̃s] *nf* - **1.** [gén] tolerance - **2.** [liberté] concession.

tolérant, e [tɔlerɑ̃, ɑ̃t] *adj* - **1.** [large d'esprit] tolerant - **2.** [indulgent] liberal.

tolérer [18] [tɔlere] *vt* to tolerate.
> **se tolérer** *vp* to put up with *ou* tolerate each other.

tôlier, ère, taulier, ère [tolje, ɛr] *nm, f* tfam [propriétaire] hotel owner.

tollé [tɔle] *nm* protest ; **soulever un ~ général** fig to cause a general outcry.

tomate [tɔmat] *nf* tomato ; **~s à la provençale** baked or fried tomatoes with herbs, breadcrumbs and garlic.

tombal, e, aux [tɔ̃bal, o] *adj* : **pierre ~e** gravestone.

tombant, e [tɔ̃bɑ̃, ɑ̃t] *adj* [moustaches] drooping ; [épaules] sloping.

tombe [tɔ̃b] *nf* - **1.** [fosse] grave, tomb - **2.** [pierre] gravestone, tombstone.

tombeau, x [tɔ̃bo] *nm* tomb ; **rouler à ~ ouvert** fig to drive at breakneck speed.

tombée [tɔ̃be] *nf* fall ; **à la ~ du jour** *ou* de la nuit at nightfall.

tomber [3] [tɔ̃be] <> *vi (aux : être)* - **1.** [gén] to fall ; **faire ~ qqn** to knock sb over *ou* down ; **~ raide mort** to drop down dead ; **je suis tombé de haut** fig you could have knocked me down with a feather ; **~ bien** [robe] to hang well ; fig [visite, personne] to come at a good time - **2.** [cheveux] to fall out - **3.** [nouvelle] to break - **4.** [diminuer - prix] to drop, to fall ; [- fièvre, vent] to drop ; [- jour] to come to an end ; [- colère] to die down - **5.** [devenir brusquement] : **~ malade** to fall ill ; **~ amoureux** to fall in love ; **être bien/mal tombé** to be lucky/unlucky - **6.** [trouver] : **~ sur** to come across - **7.** [attaquer] : **~ sur** to set about - **8.** [se placer] : **~ sous** [loi, juridiction] to come *ou* fall under ; **~ sous la main** to come to hand - **9.** [date, événement] to fall on <> *vt (aux : avoir)* fam [séduire] to lay.

tombeur [tɔ̃bœr] *nm* fam fig womanizer, Casanova.

tombola [tɔ̃bɔla] *nf* raffle.

tome [tɔm] *nm* volume.

tomme [tɔm] *nf* : **~ (de Savoie)** semi-hard cow's milk cheese from Savoy.

tommette [tɔmɛt] *nf* terracotta floor tile.

ton¹ [tɔ̃] *nm* - **1.** [de voix] tone ; **hausser/baisser le ~** to raise/lower one's voice - **2.** MUS key ; **donner le ~** to give the chord ; fig to set the tone.

ton² [tɔ̃] *(f ta* [ta], *pl tes* [te]) *adj poss* your.

tonalité [tɔnalite] *nf* - **1.** MUS tonality - **2.** fig [impression] tone - **3.** [au téléphone] dialling tone.

tondeuse [tɔ̃døz] *nf* [à cheveux] clippers *(pl)* ; **~ (à gazon)** mower, lawnmower.

tondre [75] [tɔ̃dr] *vt* [gazon] to mow ; [mouton] to shear ; [caniche, cheveux] to clip ; **se laisser** *ou* **se faire ~ par qqn** fig to be fleeced by sb.

tondu, e [tɔ̃dy] *adj* [caniche, cheveux] clipped ; [pelouse] mown.

tonicité [tɔnisite] *nf* [des muscles] tone.

tonifiant, e [tɔnifjɑ̃, ɑ̃t] *adj* [climat] invigorating, bracing ; [lecture] stimulating.

tonifier [9] [tɔnifje] *vt* [peau] to tone ; [esprit] to stimulate.

tonique [tɔnik] <> *adj* - **1.** [boisson] tonic *(avant n)* ; [froid] bracing ; [lotion] toning - **2.** LING & MUS tonic <> *nm* MÉD tonic <> *nf* MUS tonic, keynote.

tonitruant, e [tɔnitryɑ̃, ɑ̃t] *adj* booming.

tonnage [tɔnaʒ] *nm* tonnage.

tonnant, e [tɔnɑ̃, ɑ̃t] *adj* thundering, thunderous.

tonne [tɔn] *nf* - **1.** [1000 kg] tonne - **2.** [grande quantité] : **des ~s de** tons *ou* loads of - **3.** [tonneau] tun.

tonneau, x [tɔno] *nm* - **1.** [baril] barrel, cask - **2.** [de voiture] roll - **3.** NAVIG ton.

tonnelet [tɔnlɛ] *nm* keg, small cask.

tonnelle [tɔnɛl] *nf* bower, arbour.

tonner [3] [tɔne] *vi* to thunder.

tonnerre [tɔnɛr] *nm* thunder ; **coup de ~** thunderclap ; *fig* bombshell ; **du ~** *fam fig* terrific, great.

tonsure [tɔ̃syr] *nf* tonsure.

tonte [tɔ̃t] *nf* [de mouton] shearing ; [de gazon] mowing ; [de caniche, cheveux] clipping.

tonton [tɔ̃tɔ̃] *nm* uncle.

tonus [tɔnys] *nm* - **1.** [dynamisme] energy - **2.** [de muscle] tone.

top [tɔp] <> *nm* [signal] beep <> *adj* : **être au ~ niveau** to be at the top (level).

<> **top secret** *adj inv* top secret.

topaze [tɔpaz] *nf* topaz.

toper [3] [tɔpe] *vi* : **tope-là!** right, you're on!

topinambour [tɔpinɑ̃bur] *nm* Jerusalem artichoke.

topique [tɔpik] <> *adj* pertinent <> *nm* topical *ou* local remedy.

topo [tɔpo] *nm fam* spiel ; **c'est toujours le même ~** *fig* it's always the same old story.

topographie [tɔpɔgrafi] *nf* topography.

topographique [tɔpɔgrafik] *adj* topographical.

toponymie [tɔpɔnimi] *nf* toponymy.

toquade [tɔkad] *nf* : **~ (pour)** [personne] crush (on) ; [style, mode] craze (for).

toque [tɔk] *nf* [de juge, de jockey] cap ; [de cuisinier] hat.

toqué, e [tɔke] *fam* <> *adj* : **~ (de)** crazy (about), nuts (about) <> *nm, f* nutter, nutcase.

torche [tɔrʃ] *nf* torch ; **~ électrique** (electric) torch Br, flashlight Am.

torcher [3] [tɔrʃe] *vt fam* - **1.** [assiette, fesses] to wipe - **2.** [travail] to dash off - **3.** [bouteille] to polish off.

<> **se torcher** *vp tfam* to wipe one's bottom.

torchis [tɔrʃi] *nm* daub *(building material)*.

torchon [tɔrʃɔ̃] *nm* - **1.** [serviette] cloth - **2.** *fam* [travail] mess - **3.** *fam* [journal] rag.

tordant, e [tɔrdɑ̃, ɑ̃t] *adj fam* hilarious.

tord-boyaux [tɔrbwajo] *nm inv fam* gutrot.

tordre [76] [tɔrdr] *vt* - **1.** [gén] to twist - **2.** [linge] to wring (out).

<> **se tordre** *vp* : **se ~ la cheville** to twist one's ankle ; **se ~ de douleur** *fig* to be racked with pain ; **se ~ de rire** *fam fig* to double up with laughter.

tordu, e [tɔrdy] <> *pp* ⊳ **tordre** <> *adj fam* [bizarre, fou] crazy ; [esprit] warped <> *nm, f fam* nutcase.

toréador [tɔreadɔr], **torero** [tɔrero] *nm* bullfighter.

tornade [tɔrnad] *nf* tornado.

torpeur [tɔrpœr] *nf* torpor.

torpille [tɔrpij] *nf* - **1.** MIL torpedo - **2.** [poisson] torpedo, electric ray.

torpiller [3] [tɔrpije] *vt* to torpedo.

torpilleur [tɔrpijœr] *nm* torpedo boat.

torréfaction [tɔrefaksjɔ̃] *nf* roasting.

torréfier [9] [tɔrefje] *vt* to roast.

torrent [tɔrɑ̃] *nm* torrent ; **pleuvoir à ~s** *fig* to pour down ; **un ~ de** *fig* [injures] a stream of ; [lumière, larmes] a flood of.

torrentiel, elle [tɔrɑ̃sjɛl] *adj* torrential.

torride [tɔrid] *adj* torrid.

tors, e [tɔr, tɔrs] *adj* twisted.

torse [tɔrs] *nm* chest ; **bomber le ~** to puff *ou* throw out one's chest ; *fig* to puff up (with pride).

torsade [tɔrsad] *nf* - **1.** [de cheveux] twist, coil - **2.** [de pull] cable.

torsader [3] [tɔrsade] *vt* to twist.

torsion [tɔrsjɔ̃] *nf* twisting ; PHYS torsion.

tort [tɔr] *nm* - **1.** [erreur] fault ; **avoir ~** to be wrong ; **avoir ~ de faire qqch** to be wrong to do sthg ; **parler à ~ et à travers** to talk nonsense ; **être dans son** *ou* **en ~** to be in the wrong ; **reconnaître ses ~s** to acknowledge one's faults ; **à ~** wrongly ; **à ~ ou à raison** rightly or wrongly - **2.** [préjudice] wrong ; **causer** *ou* **faire du ~ à qqn** to wrong sb.

torticolis [tɔrtikɔli] *nm* stiff neck.

tortillement [tɔrtijmɑ̃] *nm* wriggling, writhing.

tortiller [3] [tɔrtije] <> *vt* [enrouler] to twist ; [moustache] to twirl <> *vi* : **~ des hanches** to swing one's hips ; **il n'y a pas à ~** *fig* there's no getting out of it.

<> **se tortiller** *vp* to writhe, to wriggle.

tortionnaire [tɔrsjɔnɛr] <> *nmf* torturer <> *adj* given to torture.

tortue [tɔrty] *nf* tortoise ; *fig* slowcoach Br, slowpoke Am.

tortueux, euse [tɔrtɥø, øz] *adj* winding, twisting ; *fig* tortuous.

torture [tɔrtyr] *nf* torture ; **sous la ~** under torture.

torturer [3] [tɔrtyre] *vt* to torture.

<> **se torturer** *vp* to torment o.s. ; **se ~ pour** to agonize over.

torve [tɔrv] *adj* : œil OU regard ~ threatening look.

tôt [to] *adv* - **1.** [de bonne heure] early - **2.** [vite] soon, early ; **ce n'est pas trop ~!** *fam* and about time too! ; **~ ou tard** sooner or later.
➤ **au plus tôt** *loc adv* at the earliest.

total, e, aux [tɔtal, o] *adj* total.
➤ **total** *nm* total ; **au ~** in total ; *fig* on the whole, all in all.

totalement [tɔtalmã] *adv* totally.

totaliser [3] [tɔtalize] *vt* - **1.** [additionner] to add up, to total - **2.** [réunir] to have a total of.

totalitaire [tɔtaliter] *adj* totalitarian.

totalitarisme [tɔtalitarism] *nm* totalitarianism.

totalité [tɔtalite] *nf* whole ; **la ~ de** [inscrits] all (of) ; [classe] the whole of, the entire ; **en ~** entirely.

totem [tɔtɛm] *nm* totem.

touareg, ègue [twarɛg] *adj* Tuareg.
➤ **touareg** *nm* [langue] Tuareg.
➤ **Touareg, ègue** *nm, f* Tuareg.

toubib [tubib] *nmf fam* doc.

toucan [tukã] *nm* toucan.

touchant, e [tuʃã, ãt] *adj* touching.

touche [tuʃ] *nf* - **1.** [de clavier] key ; **~ alphanumérique** alphanumeric key ; **~ de fonction** function key - **2.** [de peinture] stroke - **3.** *fig* [note] : **une ~ de** a touch of - **4.** *fam* [allure] appearance, look - **5.** PÊCHE bite ; **faire une ~** *fig* to make a hit - **6.** [FOOTBALL - ligne] touch line ; [- remise en jeu] throw-in ; [RUGBY - ligne] touch (line) ; [- remise en jeu] line-out ; **être mis/rester sur la ~** *fig* to be left/to stay on the sidelines - **7.** ESCRIME hit.

touche-à-tout [tuʃatu] *nmf inv* [adulte] dabbler ; [enfant] : **c'est un petit ~** he's into everything.

toucher [3] [tuʃe] ⬦ *nm* : **le ~** the (sense of) touch ; **au ~** to the touch ⬦ *vt* - **1.** [palper, émouvoir] to touch - **2.** [rivage, correspondant] to reach ; [cible] to hit - **3.** [salaire] to get, to be paid ; [chèque] to cash ; [gros lot] to win - **4.** [concerner] to affect, to concern ⬦ *vi* : **~ à** to touch ; [problème] to touch on ; [inconscience, folie] to border OU verge on ; [maison] to adjoin ; **~ à sa fin** to draw to a close.
➤ **se toucher** *vp* [maisons] to be adjacent (to each other), to adjoin (each other).

touffe [tuf] *nf* tuft.

touffu, e [tufy] *adj* [forêt] dense ; [barbe] bushy.

touiller [3] [tuje] *vt fam* [mélanger] to stir ; [salade] to toss.

toujours [tuʒur] *adv* - **1.** [continuité, répétition] always ; **ils s'aimeront ~** they will always love one another, they will love one another forever ; **~ plus** more and more ; **~ moins** less and less - **2.** [encore] still - **3.** [de toute façon] anyway, anyhow.
➤ **de toujours** *loc adj* : **ce sont des amis de ~** they are lifelong friends.
➤ **pour toujours** *loc adv* forever, for good.
➤ **toujours est-il que** *loc conj* the fact remains that.

toundra [tundra] *nf* tundra.

toupet [tupɛ] *nm* - **1.** [de cheveux] quiff *Br*, tuft of hair - **2.** *fam fig* [aplomb] cheek ; **avoir du ~, ne pas manquer de ~** *fam* to have a cheek.

toupie [tupi] *nf* (spinning) top.

tour [tur] ⬦ *nm* - **1.** [périmètre] circumference ; **faire le ~ de** to go round ; **faire un ~** to go for a walk/drive *etc* ; **faire le ~ du propriétaire** to go on a tour of inspection ; **~ d'horizon** survey ; **~ de piste** SPORT lap ; **~ de taille** waist measurement - **2.** [rotation] turn ; **fermer à double ~** to double-lock ; **à ~ de bras** *fig* non-stop ; **en un ~ de main** *fig* in the twinkling of an eye - **3.** [plaisanterie] trick ; **jouer un bon/mauvais ~ à qqn** to play a joke/dirty trick on sb ; **~ de force** amazing feat - **4.** [succession] turn ; **c'est à mon ~** it's my turn ; **j'ai fait la cuisine/la vaisselle** *etc* **plus souvent qu'à mon ~** I've done more than my fair share of cooking/washing-up *etc* ; **~ de scrutin** ballot, round of voting ; **à ~ de rôle** in turn ; **~ à ~** alternately, in turn - **5.** [d'événements] turn - **6.** [de potier] wheel ⬦ *nf* - **1.** [monument, de château] tower ; [immeuble] tower-block *Br*, high-rise *Am* - **2.** ÉCHECS rook, castle.
➤ **tour de contrôle** *nf* control tower.

tourbe [turb] *nf* peat.

tourbière [turbjer] *nf* peat bog.

tourbillon [turbijɔ̃] *nm* - **1.** [de vent] whirlwind ; **un ~ de** a whirl of - **2.** [de poussière, fumée] swirl - **3.** [d'eau] whirlpool - **4.** *fig* [agitation] hurly-burly.

tourbillonnant, e [turbijɔnã, ãt] *adj* swirling, whirling.

tourbillonner [3] [turbijɔne] *vi* to whirl, to swirl ; *fig* to whirl (round).

tourelle [turɛl] *nf* turret.

tourisme [turism] *nm* tourism.

tourista [turista] *nf* traveller's *Br* OU traveler's *Am* tummy.

touriste [turist] ⬦ *nmf* tourist ; **en ~** as a tourist ⬦ *adj* tourist *(avant n)*.

touristique [turistik] *adj* tourist *(avant n)*.

tourment [turmã] *nm sout* torment.

tourmente [turmɑ̃t] *nf* - **1.** *littéraire* [tempête] storm, tempest - **2.** *fig* turmoil.

tourmenter [3] [turmɑ̃te] *vt* to torment.

se tourmenter *vp* to worry o.s., to fret.

tournage [turnaʒ] *nm* CIN shooting.

tournailler [3] [turnaje] *vi fam* to prowl about ; **~ autour de qqn/qqch** to hover around sb/sthg.

tournant, e [turnɑ̃, ɑ̃t] *adj* [porte] revolving ; [fauteuil] swivel *(avant n)* ; [pont] swing *(avant n)*.

tournant *nm* bend ; *fig* turning point ; **je l'attends au ~** *fam fig* I'll get even with him/her.

tourné, e [turne] *adj* - **1.** [lait] sour, off - **2.** *loc* : **bien ~** [lettre] well-worded ; [personne] shapely ; **mal ~** [lettre] badly-worded ; [personne] unattractive ; [esprit] warped.

tournebroche [turnəbrɔʃ] *nm* spit.

tourne-disque [turnədisk] *(pl* **tournedisques)** *nm* record player.

tournedos [turnədo] *nm steak taken from the thickest part of the fillet.*

tournée [turne] *nf* - **1.** [voyage] tour - **2.** *fam* [consommations] round - **3.** *fam* [correction] thrashing, hiding.

tourner [3] [turne] <> *vt* - **1.** [gén] to turn - **2.** [pas, pensées] to turn, to direct - **3.** [obstacle, loi] to get round - **4.** CIN to shoot - **5.** *fig* [formuler] : **bien ~ qqch** to put sthg well <> *vi* - **1.** [gén] to turn ; [moteur] to turn over ; [planète] to revolve ; **~ autour de qqn** *fig* to hang around sb ; **~ autour du pot** OU **du sujet** *fig* to beat about the bush ; **'tournez s'il vous plaît'** 'please turn over' - **2.** *fam* [entreprise] to tick over - **3.** [lait] to go off.

se tourner *vp* to turn (right) round ; **se ~ vers** to turn towards *Br* OU toward *Am*.

tournesol [turnəsɔl] *nm* - **1.** [plante] sunflower - **2.** [colorant] litmus.

tourneur, euse [turnœr, øz] *nm, f* turner, lathe operator.

tournevis [turnəvis] *nm* screwdriver.

tournicoter [3] [turnikɔte] *vi fam* to wander up and down.

tourniquet [turnikɛ] *nm* - **1.** [entrée] turnstile - **2.** MÉD tourniquet.

tournis [turni] *nm fam* : **avoir le ~** to feel dizzy OU giddy ; **donner le ~ à qqn** to make sb dizzy OU giddy.

tournoi [turnwa] *nm* tournament.

tournoiement [turnwamɑ̃] *nm* wheeling, whirling.

tournoyer [13] [turnwaje] *vi* to wheel, to whirl.

tournure [turnyr] *nf* - **1.** [apparence] turn ; **prendre ~** to take shape - **2.** [formulation] form ; **~ de phrase** turn of phrase.

tour-opérateur [turɔperatœr] *(pl* **touropérateurs)** *nm* tour operator.

tourte [turt] *nf* pie.

tourteau, x [turto] *nm* - **1.** [crabe] crab - **2.** [pour bétail] oil cake.

tourtereau [turtəro] *nm* young turtledove.

tourtereaux *nmpl fam fig* [amoureux] lovebirds.

tourterelle [turtərɛl] *nf* turtledove.

tourtière [turtjɛr] *nf* pie-dish.

tous ⊳ tout.

Toussaint [tusɛ̃] *nf* : **la ~** All Saints' Day.

tousser [3] [tuse] *vi* to cough.

toussotement [tusɔtmɑ̃] *nm* coughing.

toussoter [3] [tusɔte] *vi* to cough.

tout [tu] *(f* **toute** [tut], *mpl* **tous** [tus], *fpl* **toutes** [tut]) <> *adj qualificatif* - **1.** *(avec substantif singulier déterminé)* all ; **~ le vin** all the wine ; **~ un gâteau** a whole cake ; **toute la journée/la nuit** all day/night, the whole day/night ; **toute sa famille** all his family, his whole family - **2.** *(avec pronom démonstratif)* : **~ ceci/cela** all this/that ; **~ ce que je sais** all I know <> *adj indéf* - **1.** [exprime la totalité] all ; **tous les gâteaux** all the cakes ; **toutes les femmes** all the women ; **tous les deux** both of us/them *etc* ; **tous les trois** all three of us/them *etc* - **2.** [chaque] every ; **tous les jours** every day ; **tous les deux ans** every two years ; **tous le combien?** how often? - **3.** [n'importe quel] any ; **à toute heure** at any time <> *pron indéf* everything, all ; **je t'ai ~ dit** I've told you everything ; **ils voulaient tous la voir** they all wanted to see her ; **ce sera ~?** will that be all ; **c'est ~** that's all.

tout <> *adv* - **1.** [entièrement, tout à fait] very, quite ; **~ jeune/près** very young/near ; **ils étaient ~ seuls** they were all alone ; **~ en haut** right at the top ; **~ à côté de moi** right next to me - **2.** [avec un gérondif] : **~ en marchant** while walking <> *nm* : **un ~** a whole ; **le ~ est de ...** the main thing is to ... ; **risquer le ~ pour le ~** to risk everything.

du tout au tout *loc adv* completely, entirely.

pas du tout *loc adv* not at all.

tout à fait *loc adv* - **1.** [complètement] quite, entirely - **2.** [exactement] exactly.

tout à l'heure *loc adv* - **1.** [futur] in a little while, shortly ; **à ~ à l'heure!** see you later! - **2.** [passé] a little while ago.

tout de suite *loc adv* immediately, at once.

tout-à-l'égout [tutalegu] *nm inv* mains drainage.

toutefois [tutfwa] *adv* however.

toutou [tutu] *nm fam* doggie.

tout-petit [tup(ə)ti] (*pl* **tout-petits**) *nm* toddler, tot.

tout-puissant, toute-puissante [tupɥisã, tutpɥisãt] (*mpl* **tout-puissants**, *fpl* **toutes-puissantes**) *adj* omnipotent, all-powerful.
➤ **Tout-Puissant** *nm* : **le Tout-Puissant** the Almighty.

tout-venant [tuvnã] *nm inv* : **le ~** ordinary people (*pl*).

toux [tu] *nf* cough.

toxicité [tɔksisite] *nf* toxicity.

toxicologie [tɔksikɔlɔʒi] *nf* toxicology.

toxicomane [tɔksikɔman] *nmf* drug addict.

toxicomanie [tɔksikɔmani] *nf* drug addiction.

toxine [tɔksin] *nf* toxin.

toxique [tɔksik] *adj* toxic.

TP <> *nmpl* (*abr de* **travaux publics**) civil engineering <> *nm* (*abr de* **Trésor public**) public revenue office.

TPG (*abr de* **trésorier payeur général**) *nm* paymaster.

tps *abr de* **temps**.

trac [trak] *nm* nerves (*pl*) ; THÉÂTRE stage fright ; **avoir le ~** to get nervous ; THÉÂTRE to get stage fright.

tracas [traka] *nm* worry.

tracasser [3] [trakase] *vt* to worry, to bother.
➤ **se tracasser** *vp* to worry.

tracasserie [trakasri] *nf* annoyance.

tracassier, ère [trakasje, ɛr] *adj* irksome.

trace [tras] *nf* - **1.** [d'animal] track - **2.** [de brûlure, fatigue] mark - **3.** (*gén pl*) [vestige] trace - **4.** [très petite quantité] : **une ~ de** a trace of - **5.** SKI trail ; **~ directe** direct descent.

tracé [trase] *nm* [lignes] plan, drawing ; [de parcours] line.

tracer [16] [trase] <> *vt* - **1.** [dessiner, dépeindre] to draw - **2.** [route, piste] to mark out ; **~ la voie/le chemin à qqn** *fig* to show sb the way <> *vi fam* to belt along.

traceur [trasœr] *nm* INFORM plotter.

trachée-artère [traʃeartɛr] (*pl* **trachées-artères**) *nf* windpipe, trachea.

trachéite [trakeit] *nf* throat infection.

tract [trakt] *nm* leaflet.

tractations [traktasjɔ̃] *nfpl* negotiations, dealings.

tracter [3] [trakte] *vt* to tow.

tracteur [traktœr] *nm* tractor.

traction [traksjɔ̃] *nf* - **1.** [action de tirer] towing, pulling ; **~ avant/arrière** front-/rear-wheel drive - **2.** TECHNOL tensile stress - **3.** [SPORT - au sol] press-up *Br*, push-up *Am* ; [- à la barre] pull-up.

tradition [tradisjɔ̃] *nf* tradition ; **renouer avec la ~** to revive a tradition.

traditionaliste [tradisjɔnalist] *nmf & adj* traditionalist.

traditionnel, elle [tradisjɔnɛl] *adj* - **1.** [de tradition] traditional - **2.** [habituel] usual.

traditionnellement [tradisjɔnɛlmã] *adv* traditionally.

traducteur, trice [tradyktœr, tris] *nm, f* translator.
➤ **traducteur** *nm* INFORM translator.

traduction [tradyksjɔ̃] *nf* - **1.** [gén] translation - **2.** [littéraire [expression] rendering.

traduire [98] [tradɥir] *vt* - **1.** [texte] to translate ; **~ qqch en français/anglais** to translate sthg into French/English - **2.** [révéler - crise] to reveal, to betray ; [- sentiments, pensée] to render, to express - **3.** JUR : **~ qqn en justice** to bring sb before the courts.

traduisible [tradɥizibl] *adj* translatable.

trafic [trafik] *nm* - **1.** [de marchandises] traffic, trafficking - **2.** [circulation] traffic.
➤ **trafic d'influence** *nm* corruption, taking bribes.

trafiquant, e [trafikã, ãt] *nm, f* trafficker, dealer.

trafiquer [3] [trafike] <> *vt* - **1.** [falsifier] to tamper with - **2.** *fam* [manigancer] : **qu'est-ce que tu trafiques?** what are you up to? <> *vi* to be involved in trafficking ; **~ de qqch** to traffic in sthg.

tragédie [traʒedi] *nf* tragedy.

tragédien, enne [traʒedjɛ̃, ɛn] *nm, f* tragedian (*f* tragedienne), tragic actor (*f* actress).

tragi-comédie [traʒikɔmedi] (*pl* **tragi-comédies**) *nf* tragicomedy.

tragi-comique [traʒikɔmik] *adj* tragicomic, tragicomical.

tragique [traʒik] <> *adj* tragic <> *nm* - **1.** [auteur] tragedian - **2.** [caractère] : **le ~** tragedy ; **prendre qqch au ~** to act as if sthg were a tragedy ; **tourner au ~** to take a tragic turn.

tragiquement [traʒikmã] *adv* tragically.

trahir [32] [trair] *vt* - **1.** [gén] to betray - **2.** [suj : moteur] to let down ; [suj : forces] to fail - **3.** [pensée] to misrepresent.
➤ **se trahir** *vp* to give o.s. away.

trahison [traizɔ̃] nf - **1.** [gén] betrayal - **2.** JUR treason.

train [trɛ̃] nm - **1.** TRANSPORT traín ; **~ corail** express ; **~ (à) grande vitesse** high-speed train - **2.** AÉRON : **~ d'atterrissage** landing gear - **3.** [allure] pace - **4.** [série] : **un ~ de** a series of - **5.** fam [postérieur] backside, butt Am - **6.** loc : **être en ~** fig to be on form.
➤ **train de vie** nm lifestyle.
➤ **en train de** loc prép : **être en ~ de lire/travailler** to be reading/working.

traînailler [trɛnaje], **traînasser** [3] [trɛnase] vi fam - **1.** [vagabonder] to loaf about - **2.** [être lent] to dawdle.

traînant, e [trɛnɑ̃, ɑ̃t] adj - **1.** [robe] trailing - **2.** [voix] drawling ; [démarche] dragging.

traînard, e [trɛnar, ard] nm, f fam straggler ; fig slowcoach Br, slowpoke Am.

traînasser = traînailler.

traîne [trɛn] nf - **1.** [de robe] train - **2.** PÊCHE dragnet - **3.** Can : **~ sauvage** toboggan - **4.** loc : **être à la ~** to lag behind.

traîneau, x [trɛno] nm sleigh, sledge.

traînée [trɛne] nf - **1.** [trace] trail ; **se répandre comme une ~ de poudre** fig to spread like wildfire - **2.** tfam péj [prostituée] tart, whore.

traîner [4] [trɛne] ◇ vt - **1.** [tirer, emmener] to drag - **2.** [trimbaler] to lug around, to cart around - **3.** [maladie] to be unable to shake off ◇ vi - **1.** [personne] to dawdle - **2.** [maladie, affaire] to drag on ; **~ en longueur** to drag - **3.** [robe] to trail - **4.** [vêtements, livres] to lie around ou about.
➤ **se traîner** vp - **1.** [personne] to drag o.s. along - **2.** [jour, semaine] to drag.

training [trɛniŋ] nm - **1.** [entraînement] training - **2.** [survêtement] tracksuit top.

train-train [trɛ̃trɛ̃] nm fam routine, daily grind.

traire [112] [trɛr] vt - **1.** [vache] to milk - **2.** [lait] to draw.

trait [trɛ] nm - **1.** [ligne] line, stroke ; **~ d'union** hyphen ; **tirer un ~ sur qqch** fig to put sthg behind one - **2.** (gén pl) [de visage] feature ; **ressembler à qqn ~ pour ~** to be the spitting image of sb, to be exactly like sb - **3.** [caractéristique] trait, feature ; **~ de caractère** character trait - **4.** [acte] act ; **~ de génie** brainwave - **5.** loc : **avoir ~ à** to be to do with, to concern.
➤ **d'un trait** loc adv [boire, lire] in one go.

traitant, e [trɛtɑ̃, ɑ̃t] adj [shampooing, crème] medicated ▷ **médecin**.

traite [trɛt] nf - **1.** [de vache] milking - **2.** COMM bill, draft - **3.** [d'esclaves] : **la ~ des noirs** the slave trade ; **la ~ des blanches** the white slave trade.
➤ **d'une seule traite** loc adv without stopping, in one go.

traité [trɛte] nm - **1.** [ouvrage] treatise - **2.** POLIT treaty ; **~ de non-prolifération** non-proliferation treaty.

traitement [trɛtmɑ̃] nm - **1.** [gén & MÉD] treatment ; **mauvais ~** ill-treatment ; **~ de faveur** special treatment - **2.** [rémunération] wage - **3.** IND & INFORM processing ; **~ anti-rouille** rustproofing ; **~ de texte** word processing ; **~ de la parole** speech processing - **4.** [de problème] handling.

traiter [4] [trɛte] ◇ vt - **1.** [gén & MÉD] to treat ; **se faire ~** MÉD to be treated ; **bien/mal ~ qqn** to treat sb well/badly - **2.** [qualifier] : **~ qqn d'imbécile/de lâche** etc to call sb an imbecile/a coward etc - **3.** [question, thème] to deal with - **4.** IND & INFORM to process ◇ vi - **1.** [négocier] to negotiate - **2.** [livre] : **~ de** to deal with.

traiteur [trɛtœr] nm caterer.

traître, esse [trɛtr, ɛs] ◇ adj treacherous ◇ nm, f traitor.

traîtreusement [trɛtrøzmɑ̃] adv treacherously.

traîtrise [trɛtriz] nf - **1.** [déloyauté] treachery - **2.** [acte] act of treachery.

trajectoire [traʒɛktwar] nf trajectory, path ; fig path.

trajet [traʒɛ] nm - **1.** [distance] distance - **2.** [itinéraire] route - **3.** [voyage] journey.

trame [tram] nf weft ; fig framework.

tramer [3] [trame] vt sout to plot.
➤ **se tramer** ◇ vp to be plotted ◇ v impers : **il se trame quelque chose** there's something afoot.

tramontane [tramɔ̃tan] nf strong cold wind that blows through Languedoc-Roussillon in southwest France.

trampoline [trɑ̃pɔlin] nm trampoline.

tram(way) [tram(wɛ)] nm tram Br, streetcar Am.

tranchant, e [trɑ̃ʃɑ̃, ɑ̃t] adj - **1.** [instrument] sharp - **2.** [personne] assertive - **3.** [ton] curt.
➤ **tranchant** nm edge ; **à double ~** fig two-edged.

tranche [trɑ̃ʃ] nf - **1.** [de gâteau, jambon] slice ; **~ d'âge** fig age bracket ; **~ de vie** fig slice of life - **2.** [de livre, pièce] edge - **3.** [période] part, section ; **~ horaire** time-slot - **4.** [de revenus] portion ; [de paiement] instalment Br, installment Am ; [fiscale] bracket.

tranchée [trɑ̃ʃe] nf MIL trench.

trancher [3] [trɑ̃ʃe] ◇ vt [couper] to cut ; [pain, jambon] to slice ; ~ **la question** fig to settle the question ◇ vi - **1.** fig [décider] to decide - **2.** [contraster] : ~ **avec** ou **sur** to contrast with.

tranchoir [trɑ̃ʃwar] nm - **1.** [couteau] chopper - **2.** [planche] chopping board.

tranquille [trɑ̃kil] adj - **1.** [endroit, vie] quiet ; **laisser qqn/qqch** ~ to leave sb/sthg alone ; **se tenir/rester** ~ to keep/remain quiet - **2.** [rassuré] at ease, easy ; **soyez** ~ don't worry.

tranquillement [trɑ̃kilmɑ̃] adv - **1.** [sans s'agiter] quietly - **2.** [sans s'inquiéter] calmly.

tranquillisant, e [trɑ̃kilizɑ̃, ɑ̃t] adj - **1.** [nouvelle] reassuring - **2.** [médicament] tranquillizing.

➤ **tranquillisant** nm tranquillizer Br, tranquilizer Am.

tranquilliser [3] [trɑ̃kilize] vt to reassure.

➤ **se tranquilliser** vp to set one's mind at rest.

tranquillité [trɑ̃kilite] nf - **1.** [calme] peacefulness, quietness - **2.** [sérénité] peace, tranquillity Br, tranquility Am ; ~ **d'esprit** peace of mind.

transaction [trɑ̃zaksjɔ̃] nf transaction.

transactionnel, elle [trɑ̃zaksjɔnɛl] adj - **1.** PSYCHOL transactional - **2.** JUR compromise (avant n).

transalpin, e [trɑ̃zalpɛ̃, in] adj transalpine.

transat [trɑ̃zat] ◇ nm deckchair ◇ nf transatlantic race.

transatlantique [trɑ̃zatlɑ̃tik] ◇ adj transatlantic ◇ nm transatlantic liner ◇ nf transatlantic race.

transbahuter [3] [trɑ̃sbayte] vt fam to hump ou lug along.

transbordement [trɑ̃sbɔrdəmɑ̃] nm transfer.

transcendant, e [trɑ̃sɑ̃dɑ̃, ɑ̃t] adj fam [extraordinaire] special, great.

transcender [3] [trɑ̃sɑ̃de] vt to transcend.

➤ **se transcender** vp to surpass o.s.

transcoder [3] [trɑ̃skɔde] vt to transcribe.

transcription [trɑ̃skripsjɔ̃] nf [de document & MUS] transcription ; [dans un autre alphabet] transliteration ; ~ **phonétique** phonetic transcription.

transcrire [99] [trɑ̃skrir] vt [document & MUS] to transcribe ; [dans un autre alphabet] to transliterate.

transcrit, e [trɑ̃skri, it] pp ▷ **transcrire**.

transe [trɑ̃s] nf : **être en** ~ fig to be beside o.s.

➤ **transes** nfpl sout agony (U).

transférer [18] [trɑ̃sfere] vt to transfer.

transfert [trɑ̃sfɛr] nm transfer.

transfigurer [3] [trɑ̃sfigyre] vt to transfigure.

transformable [trɑ̃sfɔrmabl] adj convertible.

transformateur, trice [trɑ̃sfɔrmatœr, tris] adj - **1.** IND processing (avant n) - **2.** fig [pouvoir, action] for change.

➤ **transformateur** nm transformer.

transformation [trɑ̃sfɔrmasjɔ̃] nf - **1.** [de pays, personne] transformation - **2.** IND processing - **3.** RUGBY conversion.

transformer [3] [trɑ̃sfɔrme] vt - **1.** [gén] to transform ; [magasin] to convert ; ~ **qqch en** to turn sthg into - **2.** IND & RUGBY to convert.

➤ **se transformer** vp : **se** ~ **en monstre/ papillon** to turn into a monster/butterfly.

transfuge [trɑ̃sfyʒ] nmf renegade.

transfuser [3] [trɑ̃sfyze] vt [sang] to transfuse.

transfusion [trɑ̃sfyzjɔ̃] nf : ~ **(sanguine)** (blood) transfusion.

transgénique [trɑ̃sʒenik] adj transgenic.

transgresser [4] [trɑ̃sgrese] vt [loi] to infringe ; [ordre] to disobey.

transgression [trɑ̃sgresjɔ̃] nf infringement, transgression.

transhumance [trɑ̃zymɑ̃s] nf transhumance.

transi, e [trɑ̃zi] adj : **être** ~ **de** to be paralysed Br ou paralyzed Am, to be transfixed with ; **être** ~ **de froid** to be chilled to the bone.

transiger [17] [trɑ̃ziʒe] vi : ~ **(sur)** to compromise (on).

transistor [3] [trɑ̃zistɔr] nm transistor.

transit [trɑ̃zit] nm transit ; **en** ~ in transit.

transitaire [trɑ̃zitɛr] nm forwarding agent.

transiter [3] [trɑ̃zite] ◇ vt to forward ◇ vi to pass in transit ; ~ **par** to pass through.

transitif, ive [trɑ̃zitif, iv] adj transitive.

transition [trɑ̃zisjɔ̃] nf transition ; **sans** ~ with no transition, abruptly.

transitivité [trɑ̃zitivite] nf transitivity.

transitoire [trɑ̃zitwar] adj [passager] transitory.

translucide [trɑ̃slysid] adj translucent.

transmettre [84] [trɑ̃smɛtr] vt - **1.** [message, salutations] : ~ **qqch (à)** to pass sthg on (to) - **2.** [tradition, propriété] : ~ **qqch (à)** to hand sthg down (to) - **3.** [fonction, pouvoir] : ~ **qqch (à)** to hand sthg over (to) - **4.** [maladie] : ~ **qqch (à)** to transmit sthg (to), to pass sthg on (to) - **5.** [concert, émission] to broadcast.

se transmettre *vp* - **1.** [maladie] to be passed on, to be transmitted - **2.** [nouvelle] to be passed on - **3.** [courant, onde] to be transmitted - **4.** [tradition] to be handed down.

transmis, e [trɑ̃smi, iz] *pp* ⊳ **transmettre**.

transmissible [trɑ̃smisibl] *adj* - **1.** [patrimoine] transferable - **2.** [maladie] transmissible.

transmission [trɑ̃smisjɔ̃] *nf* - **1.** [de biens] transfer - **2.** [de maladie] transmission - **3.** [de message] passing on - **4.** [de tradition] handing down.

transocéanique [trɑ̃zɔseanik] *adj* transoceanic.

transparaître [91] [trɑ̃sparɛtr] *vi* to show.

transparence [trɑ̃sparɑ̃s] *nf* transparency ; **par ~** against the light.

transparent, e [trɑ̃sparɑ̃, ɑ̃t] *adj* transparent.

transparent *nm* transparency.

transpercer [16] [trɑ̃spɛrse] *vt* to pierce ; *fig* [suj : froid, pluie] to go right through.

transpiration [trɑ̃spirasjɔ̃] *nf* [sueur] perspiration.

transpirer [3] [trɑ̃spire] *vi* - **1.** [suer] to perspire - **2.** *fig* [se divulguer] to leak out.

transplant [trɑ̃splɑ̃] *nm* MÉD transplant.

transplantation [trɑ̃splɑ̃tasjɔ̃] *nf* - **1.** [d'arbre, de population] transplanting - **2.** MÉD transplant.

transplanter [3] [trɑ̃splɑ̃te] *vt* to transplant.

transport [trɑ̃spɔr] *nm* transport *(U)* ; **~ aérien** air transport ; **~ ferroviaire** rail transport ; **~ maritime** sea transport ; **~s en commun** public transport *(sg)*.

transportable [trɑ̃spɔrtabl] *adj* [marchandise] transportable ; [blessé] fit to be moved.

transporter [3] [trɑ̃spɔrte] *vt* - **1.** [marchandises, personnes] to transport - **2.** *fig* [enthousiasmer] to delight ; **être transporté de joie/bonheur** to be beside o.s. with joy/happiness.

transporteur [trɑ̃spɔrtœr] *nm* - **1.** [personne] carrier ; **~ routier** road haulier *Br ou* hauler *Am* - **2.** [machine] conveyor.

transposer [3] [trɑ̃spoze] *vt* - **1.** [déplacer] to transpose - **2.** [adapter] : **~ qqch (à)** to adapt sthg (for).

transposition [trɑ̃spozisjɔ̃] *nf* - **1.** [déplacement] transposition - **2.** [adaptation] : **~ (à)** adaptation (for).

transsexuel, elle [trɑ̃sseksɥɛl] *adj & nm, f* transsexual.

transvaser [3] [trɑ̃svaze] *vt* to decant.

transversal, e, aux [trɑ̃sversal, o] *adj* - **1.** [coupe] cross *(avant n)* - **2.** [chemin] running at right angles, cross *(avant n)* *Am* - **3.** [vallée] transverse.

transversalité [trɑ̃sversalite] *nf* transversality.

trapèze [trapɛz] *nm* - **1.** GÉOM trapezium - **2.** GYM trapeze - **3.** ANAT trapezius.

trapéziste [trapezist] *nmf* trapeze artist.

trappage [trapaʒ] *nm Can* trapping.

trappe [trap] *nf* - **1.** [ouverture] trapdoor - **2.** [piège] trap.

trappeur [trapœr] *nm* trapper.

trapu, e [trapy] *adj* - **1.** [personne] stocky, solidly built - **2.** [édifice] squat.

traquenard [traknar] *nm* trap ; *fig* trap, pitfall.

traquer [3] [trake] *vt* [animal] to track ; [personne, faute] to track *ou* hunt down.

traumatisant, e [tromatizɑ̃, ɑ̃t] *adj* traumatizing.

traumatiser [3] [tromatize] *vt* to traumatize.

traumatisme [tromatism] *nm* traumatism.

traumatologie [tromatɔlɔʒi] *nf* ≃ casualty department.

travail [travaj] *nm* - **1.** [gén] work *(U)* ; **se mettre au ~** to get down to work ; **demander du ~** [projet] to require some work ; **abattre du ~** *fig* to get through a lot of work ; **mâcher le ~ à qqn** *fig* to spoon-feed sb - **2.** [tâche, emploi] job ; **~ intérimaire** temporary work ; **~ au noir** moonlighting ; **~ précaire** casual labour *Br ou* labor *Am* - **3.** [du métal, du bois] working - **4.** [de la mémoire] workings *(pl)* - **5.** [phénomène - du bois] warping ; [- du temps, fermentation] action - **6.** MÉD : **être en ~** to be in labour *Br ou* labor *Am* ; **entrer en ~** to go into labour *Br ou* labor *Am*.

travaux *nmpl* - **1.** [d'aménagement] work *(U)* ; [routiers] roadworks ; **travaux publics** civil engineering *(sg)* - **2.** SCOL : **travaux dirigés** class work ; **travaux manuels** arts and crafts ; **travaux pratiques** practical work *(U)*.

travaux d'approche *nmpl* preliminary work *(U)*.

travaillé, e [travaje] *adj* - **1.** [matériau] wrought, worked - **2.** [style] laboured *Br*, labored *Am* - **3.** [tourmenté] : **être ~ par** to be tormented by.

travailler [3] [travaje] ⋄ *vi* - **1.** [gén] to work ; **~ chez/dans** to work at/in ; **~ à qqch** to work on sthg ; **~ à temps partiel** to work part-time - **2.** [métal, bois] to warp ⋄ *vt* - **1.** [étudier] to work at *ou* on ; [piano] to practise - **2.** [essayer de convaincre] to work on

- **3.** [suj : idée, remords] to torment - **4.** [matière] to work, to fashion.

travailleur, euse [travajœr, øz] ◇ *adj* hard-working ◇ *nm, f* worker ; ~ **à domicile** homeworker ; ~ **émigré** migrant worker ; ~ **indépendant** self-employed person.

travailliste [travajist] ◇ *nmf* member of the Labour Party ◇ *adj* Labour *(avant n)*.

travée [trave] *nf* - **1.** [de bâtiment] bay - **2.** [de sièges] row.

traveller [travlœr] *nm inv* traveller's cheque *Br*, traveler's check *Am*.

travelling [travliŋ] *nm* [mouvement] travelling *Br ou* traveling *Am* shot.

travelo [travlo] *nm* tfam drag queen.

travers [traver] *nm* failing, fault.
  - **à travers** *loc adv* & *loc prép* through.
  - **au travers** *loc adv* through ; **passer au ~** *fig* to escape.
  - **au travers de** *loc prép* through.
  - **de travers** *loc adv* - **1.** [irrégulièrement - écrire] unevenly ; **marcher de ~** to stagger - **2.** [nez, escalier] crooked - **3.** [obliquement] sideways ; **regarder qqn de ~** *fig* to look askance at sb - **4.** [mal] wrong ; **aller de ~** to go wrong ; **comprendre qqch de ~** to misunderstand sthg ; **prendre qqch de ~** to take sthg the wrong way.
  - **en travers** *loc adv* crosswise.
  - **en travers de** *loc prép* across.

traverse [travers] *nf* - **1.** [de chemin de fer] sleeper, tie *Am* - **2.** [chemin] short cut.

traversée [traverse] *nf* crossing.

traverser [3] [traverse] *vt* - **1.** [rue, mer, montagne] to cross ; [ville] to go through - **2.** [peau, mur] to go through, to pierce - **3.** [crise, période] to go through.

traversin [traversɛ̃] *nm* bolster.

travestir [32] [travestir] *vt* - **1.** [déguiser] to dress up - **2.** *fig* [vérité, idée] to distort.
  - **se travestir** *vp* - **1.** [pour bal] to wear fancy dress - **2.** [en femme] to put on drag.

travestissement [travestismɑ̃] *nm* - **1.** [pour bal] wearing fancy dress - **2.** [en femme] putting on drag - **3.** *fig* [de vérité] distortion.

trayeuse [trejøz] *nf* milking machine.

trébucher [3] [trebyʃe] *vi* : ~ **(sur/contre)** to stumble (over/against).

trèfle [trefl] *nm* - **1.** [plante] clover ; ~ **à quatre feuilles** four-leaved clover - **2.** [carte] club ; [famille] clubs *(pl)*.

tréfonds [trefɔ̃] *nm littéraire* depths *(pl)*.

treillage [trejaʒ] *nm* [clôture] trellis (fencing).

treille [trej] *nf* - **1.** [vigne] climbing vine - **2.** [tonnelle] trellised vines *(pl)*, vine arbour.

treillis [treji] *nm* - **1.** [clôture] trellis (fencing) - **2.** [toile] canvas - **3.** *MIL* combat uniform.

treize [trez] *adj num* & *nm* thirteen ; *voir aussi* **six**.

treizième [trezjɛm] *adj num, nm ou nmf* thirteenth ; ~ **mois** *bonus corresponding to an extra month's salary which is paid annually* ; *voir aussi* **sixième**.

trekking [trekiŋ] *nm* trek.

tréma [trema] *nm* diaeresis *Br*, dieresis *Am*.

tremblant, e [trɑ̃blɑ̃, ɑ̃t] *adj* - **1.** [personne - de froid] shivering ; [- d'émotion] trembling, shaking ; **être tout ~** to be trembling *ou* shaking - **2.** [voix] quavering - **3.** [lumière] flickering.

tremble [trɑ̃bl] *nm* aspen.

tremblement [trɑ̃bləmɑ̃] *nm* - **1.** [de corps] trembling - **2.** [de voix] quavering - **3.** [de feuilles] fluttering.
  - **tremblement de terre** *nm* earthquake.

trembler [3] [trɑ̃ble] *vi* - **1.** [personne - de froid] to shiver ; [- d'émotion] to tremble, to shake - **2.** *fig* & *sout* [avoir peur] to fear ; ~ **que** *(+ subjonctif)* to fear (that) ; ~ **de faire qqch** to be scared to do sthg - **3.** [voix] to quaver - **4.** [lumière] to flicker - **5.** [terre] to shake.

tremblotant, e [trɑ̃blɔtɑ̃, ɑ̃t] *adj* - **1.** [personne] trembling - **2.** [voix] quavering - **3.** [lumière] flickering.

trembloter [3] [trɑ̃blɔte] *vi* - **1.** [personne] to tremble - **2.** [voix] to quaver - **3.** [lumière] to flicker.

trémière [tremjɛr] ⊳ **rose**.

trémolo [tremɔlo] *nm* tremolo ; **avoir des ~s dans la voix** *hum* to have a quaver in one's voice.

trémousser [3] [tremuse] ⇒ **se trémousser** *vp* to jig up and down.

trempe [trɑ̃p] *nf* - **1.** [envergure] calibre ; **de sa ~** of his/her calibre - **2.** *fam* [coups] thrashing.

tremper [3] [trɑ̃pe] ◇ *vt* - **1.** [mouiller] to soak ; **faire ~** to soak - **2.** [plonger] : ~ **qqch dans** to dip sthg into - **3.** [métal] to harden, to quench ◇ *vi* - **1.** [linge] to soak - **2.** [se compromettre] : ~ **dans** to be involved in.
  - **se tremper** *vp* - **1.** [se mouiller] to get soaking wet - **2.** [se plonger] to have a quick dip.

trempette [trɑ̃pɛt] *nf* : **faire ~** [se baigner] to go for a dip ; [avec biscuit] to dunk.

tremplin [trɑ̃plɛ̃] *nm litt* & *fig* springboard *SKI* ski jump.

trench-coat [trenʃkot] *(pl* **trench-coats)** *nm* trench coat.

trentaine [trɑ̃tɛn] *nf* - **1.** [nombre] : **une ~ de**

about thirty - **2.** [âge] : **avoir la ~** to be in one's thirties.

trente [trãt] <> *adj num* thirty ; **~-trois tours** LP, long-playing record <> *nm* thirty ; **être/ se mettre sur son ~ et un** *fig* to be in/to put on one's Sunday best ; *voir aussi* **six.**

trentième [trãtjɛm] *adj num, nm* ou *nmf* thirtieth ; *voir aussi* **sixième.**

trépaner [3] [trepane] *vt* MÉD to trepan.

trépas [trepa] *nm littéraire* demise.

trépasser [3] [trepase] *vi littéraire* to pass away.

trépidant, e [trepidã, ãt] *adj* [vie] hectic.

trépidation [trepidasjõ] *nf* [vibration] vibration.

trépied [trepje] *nm* - **1.** [support] tripod - **2.** [meuble] three-legged stool/table.

trépignement [trepiɲmã] *nm* stamping.

trépigner [3] [trepiɲe] *vi* to stamp one's feet.

très [trɛ] *adv* very ; **~ malade** very ill ; **~ bien** very well ; **être ~ aimé** to be much ou greatly liked ; **avoir ~ peur/faim** to be very frightened/hungry ; **j'ai ~ envie de ...** I'd very much like to ...

trésor [trezɔr] *nm* treasure ; **mon ~** *fig* my precious.

➤ **Trésor** *nm* : **le Trésor public** the public revenue department.

➤ **trésors** *nmpl* riches, treasures ; **des ~s de** *fig* a wealth *(sg)* of.

trésorerie [trezɔrri] *nf* - **1.** [service] accounts department - **2.** [gestion] accounts *(pl)* - **3.** [fonds] finances *(pl)*, funds *(pl)*.

trésorier, ère [trezɔrje, ɛr] *nm, f* treasurer.

tressaillement [tresajmã] *nm* [de joie] thrill ; [de douleur] wince.

tressaillir [47] [tresajir] *vi* - **1.** [de joie] to thrill ; [de douleur] to wince - **2.** [sursauter] to start, to jump.

tressauter [3] [tresote] *vi* [sursauter] to jump, to start ; [dans véhicule] to be tossed about ; **faire ~** to toss ou jolt about.

tresse [trɛs] *nf* - **1.** [de cheveux] plait - **2.** [de rubans] braid.

tresser [4] [trese] *vt* - **1.** [cheveux] to plait - **2.** [osier] to braid - **3.** [panier, guirlande] to weave.

tréteau, x [treto] *nm* trestle.

treuil [trœj] *nm* winch, windlass.

trêve [trɛv] *nf* - **1.** [cessez-le-feu] truce - **2.** *fig* [répit] rest, respite ; **~ de plaisanteries/de sottises** that's enough joking/nonsense.

➤ **sans trêve** *loc adv* relentlessly, unceasingly.

tri [tri] *nm* [de lettres] sorting ; [de candidats] selection ; **faire le ~ dans qqch** *fig* to sort sthg out.

triage [trijaʒ] *nm* [de lettres] sorting ; [de candidats] selection.

triangle [trijãgl] *nm* triangle ; **~ isocèle** isosceles triangle ; **~ rectangle** right-angled triangle.

triangulaire [trijãgylɛr] *adj* triangular.

triathlon [trijatlõ] *nm* triathlon.

tribal, e, aux [tribal, o] *adj* tribal.

tribord [tribɔr] *nm* starboard ; **à ~** on the starboard side, to starboard.

tribu [triby] *nf* tribe.

tribulations [tribylasjõ] *nfpl* tribulations, trials.

tribun [tribœ̃] *nm* - **1.** HIST tribune - **2.** [orateur] popular orator.

tribunal, aux [tribynal, o] *nm* - **1.** JUR court ; **~ correctionnel** ≃ Magistrates' Court *Br*, ≃ County Court *Am* ; **~ pour enfants** juvenile court ; **~ d'exception** special court ; **~ de grande instance** ≃ Crown Court *Br*, ≃ Circuit Court *Am* ; **~ d'instance** ≃ Magistrates' Court *Br*, ≃ County Court *Am* ; **~ de police** police court - **2.** *fig* & *littéraire* [jugement] judgment.

tribune [tribyn] *nf* - **1.** [d'orateur] platform - **2.** *(gén pl)* [de stade] stand - **3.** *fig* [lieu d'expression] forum ; **~ libre** PRESSE opinion column.

tribut [triby] *nm littéraire* tribute.

tributaire [tribytɛr] *adj* : **être ~ de** to depend ou be dependent on.

tricentenaire [trisãtnɛr] <> *adj* three-hundred-year-old <> *nm* tricentennial.

triceps [trisɛps] *nm* triceps.

triche [triʃ] *nf fam* cheating.

tricher [3] [triʃe] *vi* - **1.** [au jeu, à un examen] to cheat - **2.** [mentir] : **~ sur** to lie about.

tricherie [triʃri] *nf* cheating.

tricheur, euse [triʃœr, øz] *nm, f* cheat.

tricolore [trikɔlɔr] *adj* - **1.** [à trois couleurs] three-coloured *Br*, three-colored *Am* - **2.** [français] French.

tricot [triko] *nm* - **1.** [vêtement] jumper *Br*, sweater ; **~ de corps** vest *Br*, undershirt *Am* - **2.** [ouvrage] knitting ; **faire du ~** to knit - **3.** [étoffe] knitted fabric, jersey.

tricoter [3] [trikɔte] *vi* & *vt* to knit.

tricycle [trisikl] *nm* tricycle.

trident [tridã] *nm* - **1.** MYTH trident - **2.** [fourche] pitchfork.

tridimensionnel, elle [tridimɑ̃sjɔnɛl] *adj* three-dimensional.

triennal, e, aux [trienal, o] *adj* **- 1.** [mandat] three-year **- 2.** [élection] three-yearly.

trier [10] [trije] *vt* **- 1.** [classer] to sort out **- 2.** [sélectionner] to select ; **~ sur le volet** to handpick.

trifouiller [3] [trifuje] *vi fam* to rummage around.

trigonométrie [trigɔnɔmetri] *nf* trigonometry.

trilingue [trilɛ̃g] <> *nmf* person who is trilingual <> *adj* trilingual.

trille [trij] *nm* trill.

trilogie [trilɔʒi] *nf* trilogy.

trim. - 1. (*abr de* trimestre) quarter **- 2.** (*abr de* trimestriel) quarterly.

trimaran [trimarɑ̃] *nm* trimaran.

trimbaler [3] [trɛ̃bale] *vt fam* [personne] to trail around ; [chose] to cart around.
➤ **se trimbaler** *vp fam* to trail around.

trimer [3] [trime] *vi fam* to slave away.

trimestre [trimɛstr] *nm* **- 1.** [période] term **- 2.** [loyer] quarter's rent ; [rente] quarter's income.

trimestriel, elle [trimɛstrijɛl] *adj* [loyer, magazine] quarterly ; *scol* end-of-term *(avant n)*.

trimoteur [trimɔtœr] <> *nm* three-engined plane <> *adj* three-engined.

tringle [trɛ̃gl] *nf* rod ; **~ à rideaux** curtain rod.

trinité [trinite] *nf littéraire* trinity.
➤ **Trinité** *nf* : **la Trinité** the Trinity.

trinquer [3] [trɛ̃ke] *vi* **- 1.** [boire] to toast, to clink glasses ; **~ à** to drink to **- 2.** *fam* [personne] to get the worst of it ; [voiture] to be damaged.

trio [trijo] *nm* trio.

triomphal, e, aux [trijɔ̃fal, o] *adj* [succès] triumphal ; [accueil] triumphant.

triomphalement [trijɔ̃falmɑ̃] *adv* **- 1.** [en triomphe] in triumph **- 2.** [fièrement] triumphantly.

triomphalisme [trijɔ̃falism] *nm* triumphalism.

triomphant, e [trijɔ̃fɑ̃, ɑ̃t] *adj* [équipe] winning ; [air] triumphant.

triomphateur, trice [trijɔ̃fatœr, tris] <> *adj* triumphant <> *nm, f* victor.

triomphe [trijɔ̃f] *nm* triumph.

triompher [3] [trijɔ̃fe] *vi* **- 1.** [gén] to triumph ; **~ de** to triumph over ; **faire ~ qqch** to ensure the success of sthg **- 2.** [crier victoire] to rejoice.

trip [trip] *nm arg drogue* trip.

triparti, e [triparti], **tripartite** [tripartit] *adj* tripartite.

tripatouiller [3] [tripatuje] *vt fam* **- 1.** [fruits] to paw **- 2.** [texte, compte] to fiddle with.

tripes [trip] *nfpl* **- 1.** [d'animal, de personne] guts ; **prendre qqn aux ~** *fam fig* to get sb in the guts **- 2.** *culin* tripe *(sg)*.

triperie [tripri] *nf* **- 1.** [commerce] tripe trade **- 2.** [boutique] tripe shop **- 3.** [aliments] tripe.

tripier, ère [tripje, ɛr] *nm, f* tripe butcher.

triple [tripl] <> *adj* triple <> *nm* : **le ~ (de)** three times as much (as):

triplé, ées [triple] *nm* **- 1.** [au turf] bet on three horses winning in three different races **- 2.** *sport* [trois victoires] hat-trick of victories.
➤ **triplés** *nm, f pl* triplets.

triplement [triplǝmɑ̃] <> *adv* trebly <> *nm* threefold increase, tripling.

tripler [3] [triple] *vt & vi* to triple.

triporteur [tripɔrtœr] *nm* tricycle *(used for deliveries)*.

tripot [tripo] *nm péj* gambling-den.

tripotage [tripɔtaʒ] *nm (gén pl) fam* [manigances] fiddling *(U)*.

tripoter [3] [tripɔte] <> *vt* **- 1.** *fam* [stylo, montre] to play with **- 2.** *vulg* [femme] to feel up <> *vi fam* : **~ dans** [fouiller dans] to rummage about in ; [trafiquer] to dabble in.

tripous, tripoux [tripu] *nmpl* stuffed tripe.

triptyque [triptik] *nm* triptych.

trique [trik] *nf* cudgel.

triste [trist] *adj* **- 1.** [personne, nouvelle] sad ; **être ~ de qqch/de faire qqch** to be sad about sthg/about doing sthg **- 2.** [paysage, temps] gloomy ; [couleur] dull **- 3.** *(avant n)* [lamentable] sorry.

tristement [tristǝmɑ̃] *adv* **- 1.** [d'un air triste] sadly **- 2.** [lugubrement] gloomily **- 3.** [de façon regrettable] sadly, regrettably ; **~ célèbre** notorious.

tristesse [tristes] *nf* **- 1.** [de personne, nouvelle] sadness **- 2.** [de paysage, temps] gloominess.

tristounet, ette [tristunɛ, ɛt] *adj fam* **- 1.** [personne] sad **- 2.** *péj* [humeur] gloomy.

trithérapie [triterapi] *nf* combination therapy.

triton [tritɔ̃] *nm* triton.

triturer [3] [trityre] *vt* **- 1.** [sel] to grind **- 2.** *fam* [mouchoir] to knead.
➤ **se triturer** *vp fam* : **se ~ l'esprit** *ou* **les méninges** to rack one's brains.

trivial, e, aux [trivjal, o] *adj* **- 1.** [banal] trivial **- 2.** *péj* [vulgaire] crude, coarse.

trivialité [trivjalite] nf - **1.** [banalité] triviality - **2.** péj [vulgarité] vulgar ou coarse expression.

tr/mn, tr/min (abr de **tour par minute**) r/min, rpm.

troc [trɔk] nm - **1.** [échange] exchange - **2.** [système économique] barter.

troène [trɔɛn] nm privet.

troglodyte [trɔglɔdit] nm cave dweller, troglodyte.

trogne [trɔɲ] nf fam [visage] mug.

trognon [trɔɲɔ̃] <> nm [de fruit] core <> adj inv fam [mignon] sweet, cute.

troïka [trɔika] nf troika.

trois [trwa] <> nm three <> adj num three ; voir aussi **six** ; **les ~-huit** shift work ; **~ fois rien** fig nothing at all ; **les ~ jours** MIL induction course preceding military service (now lasting one day).

trois étoiles [trwazetwal] <> adj three-star (avant n) <> nm three-star hotel/restaurant.

troisième [trwazjɛm] <> adj num & nmf third <> nm third ; [étage] third floor Br, fourth floor Am <> nf - **1.** SCOL ≃ fourth year ou form Br, ≃ ninth grade Am - **2.** [vitesse] third (gear) ; voir aussi **sixième**.

troisièmement [trwazjɛmmɑ̃] adv thirdly.

trois-mâts [trwama] nm inv three-master.

trois-quarts [trwakar] nm inv RUGBY three-quarter.

trolley(bus) [trɔlɛ(bys)] nm trolleybus.

trombe [trɔ̃b] nf water spout ; **passer en ~** fig to zoom past, to speed past ; **des ~s d'eau** torrential rain (U).

trombone [trɔ̃bɔn] nm - **1.** [agrafe] paper clip - **2.** [instrument] trombone ; **à coulisse** slide trombone - **3.** [joueur] trombone player, trombonist.

trompe [trɔ̃p] nf - **1.** [instrument] trumpet - **2.** [d'éléphant] trunk - **3.** [d'insecte] proboscis - **4.** ANAT tube.

trompe-l'œil [trɔ̃plœj] nm inv - **1.** [peinture] trompe-l'oeil ; **en ~** done in trompe-l'oeil - **2.** [apparence] deception.

tromper [3] [trɔ̃pe] vt - **1.** [personne] to deceive ; [époux] to be unfaithful to, to deceive - **2.** [vigilance] to elude - **3.** littéraire [espoirs] to fall short of - **4.** [faim] to stave off.

se tromper vp to make a mistake, to be mistaken ; **se ~ de jour/maison** to get the wrong day/house.

tromperie [trɔ̃pri] nf deception.

trompette [trɔ̃pɛt] nf trumpet.

trompettiste [trɔ̃petist] nmf trumpeter.

trompeur, euse [trɔ̃pœr, øz] <> adj - **1.** [personne] deceitful - **2.** [calme, apparence] deceptive <> nm, f deceitful person.

trompeusement [trɔ̃pøzmɑ̃] adv - **1.** [hypocritement] deceitfully - **2.** [apparemment] deceptively.

tronc [trɔ̃] nm - **1.** [d'arbre, de personne] trunk - **2.** [d'église] collection box - **3.** [de veine, nerf] stem.

tronc commun nm [de programmes] common element ou feature ; SCOL core syllabus.

tronche [trɔ̃ʃ] nf fam péj [visage] mug.

tronçon [trɔ̃sɔ̃] nm - **1.** [morceau] piece, length - **2.** [de route, de chemin de fer] section.

tronçonner [3] [trɔ̃sɔne] vt to cut into pieces.

tronçonneuse [trɔ̃sɔnøz] nf chain saw.

trône [tron] nm throne.

trôner [3] [trone] vi - **1.** [personne] to sit enthroned ; [objet] to have pride of place - **2.** hum [faire l'important] to lord it.

tronquer [3] [trɔ̃ke] vt to truncate.

trop [tro] adv - **1.** (devant adj, adv) too ; **~ vieux/loin** too old/far ; **nous étions ~ nombreux** there were too many of us ; **avoir ~ chaud/froid/peur** to be too hot/cold/frightened - **2.** (avec verbe) too much ; **il mange ~** he eats too much ; **nous étions ~** there were too many of us ; **je n'aime pas ~ le chocolat** I don't like chocolate very much ; **on ne se voit plus ~** we don't really see each other any more ; **sans ~ savoir pourquoi** without really knowing why - **3.** (avec complément) : **~ de** [quantité] too much ; [nombre] too many.

en trop, de trop loc adv too much/many ; **10 francs de** ou **en ~** 10 francs too much ; **une personne de** ou **en ~** one person too many ; **être de ~** [personne] to be in the way, to be unwelcome.

trophée [trɔfe] nm trophy.

tropical, e, aux [trɔpikal, o] adj tropical.

tropique [trɔpik] nm tropic ; **~ du Cancer/du Capricorne** Tropic of Cancer/Capricorn.

tropiques nmpl tropics.

trop-perçu [trɔpersy] (pl **trop-perçus**) nm excess payment.

trop-plein [trɔplɛ̃] (pl **trop-pleins**) nm - **1.** [excès] excess ; fig excess, surplus - **2.** [déversoir] overflow.

troquer [3] [trɔke] vt : **~ qqch (contre)** to barter sthg (for) ; fig to swap sthg (for).

troquet [trɔkɛ] nm fam (small) café.

trot [tʀo] *nm* trot ; **au ~** at a trot ; **au ~!** *fam fig* at the double!

trotter [3] [tʀɔte] *vi* - **1.** [cheval] to trot - **2.** [personne] to run around.

trotteur, euse [tʀɔtœʀ, øz] *nm, f* trotter.

➤ **trotteuse** *nf* second hand.

trottiner [3] [tʀɔtine] *vi* to trot.

trottinette [tʀɔtinɛt] *nf* child's scooter.

trottoir [tʀɔtwaʀ] *nm* pavement *Br*, sidewalk *Am* ; **faire le ~** *fam fig* to walk the streets.

trou [tʀu] *nm* - **1.** [gén] hole ; **~ d'aération** air vent ; **~ d'air** air pocket ; **~ de serrure** keyhole - **2.** [manque, espace vide] gap ; **~ de mémoire** memory lapse - **3.** *fam* [prison] nick *Br*, clink.

troublant, e [tʀublɑ̃, ɑ̃t] *adj* disturbing.

trouble [tʀubl] ◇ *adj* - **1.** [eau] cloudy - **2.** [image, vue] blurred - **3.** [affaire] shady ◇ *nm* - **1.** [désordre] trouble, discord - **2.** [gêne] confusion ; [émoi] agitation - **3.** *(gén pl)* [dérèglement] disorder ; **~s moteurs** motor disorders ; **~s respiratoires** respiratory disorders.

➤ **troubles** *nmpl* [sociaux] unrest *(U)*.

trouble-fête [tʀubləfɛt] *nmf inv* spoilsport.

troubler [3] [tʀuble] *vt* - **1.** [eau] to cloud, to make cloudy - **2.** [image, vue] to blur - **3.** [sommeil, événement] to disrupt, to disturb - **4.** [esprit, raison] to cloud - **5.** [inquiéter, émouvoir] to disturb - **6.** [rendre perplexe] to trouble.

➤ **se troubler** *vp* - **1.** [eau] to become cloudy - **2.** [personne] to become flustered.

trouée [tʀue] *nf* gap ; *MIL* breach.

trouer [3] [tʀue] *vt* - **1.** [chaussette] to make a hole in - **2.** *fig* [silence] to disturb.

troufion [tʀufjɔ̃] *nm fam* soldier.

trouillard, e [tʀujaʀ, aʀd] *fam* ◇ *adj* yellow, chicken ◇ *nm, f* chicken.

trouille [tʀuj] *nf fam* fear, terror.

troupe [tʀup] *nf* - **1.** *MIL* troop - **2.** [d'amis] group, band ; [de singes] troop - **3.** *THÉÂTRE* theatre group.

troupeau, x [tʀupo] *nm* [de vaches, d'éléphants] herd ; [de moutons, d'oies] flock ; *péj* [de personnes] herd.

trousse [tʀus] *nf* case, bag ; **~ de secours** first-aid kit ; **~ de toilette** toilet bag.

➤ **trousses** *nfpl* : **avoir qqn à ses ~s** *fig* to have sb hot on one's heels ; **être aux ~s de qqn** *fig* to be hot on the heels of sb.

trousseau, x [tʀuso] *nm* - **1.** [de mariée] trousseau - **2.** [de clefs] bunch.

trousser [3] [tʀuse] *vt* - **1.** [manches] to roll up ; [jupe] to hitch up - **2.** *CULIN* to truss.

trouvaille [tʀuvaj] *nf* - **1.** [découverte] find, discovery - **2.** [invention] new idea.

trouver [3] [tʀuve] ◇ *vt* to find ; **~ que** to feel (that) ; **~ qqch à qqn** to think sb has sthg ; **~ bon/mauvais que ...** to think (that) it is right/wrong that ... ; **~ qqch à faire/à dire** *etc* to find sthg to do/say *etc* ; **à s'occuper** to find something to do ◇ *v impers* : **il se trouve que ...** the fact is that ...

➤ **se trouver** *vp* - **1.** [dans un endroit] to be - **2.** [dans un état] to find o.s. - **3.** [se sentir] to feel ; **se ~ mal** [s'évanouir] to faint.

truand [tʀyɑ̃] *nm* crook.

truander [3] [tʀyɑ̃de] *vt fam* to rip off.

trublion [tʀyblijɔ̃] *nm* troublemaker.

truc [tʀyk] *nm* - **1.** [combine] trick - **2.** *fam* [chose] thing, thingamajig ; **ce n'est pas son ~** it's not his thing.

trucage = **truquage**.

truchement [tʀyʃmɑ̃] *nm* : **par le ~ de qqn** through sb.

trucider [3] [tʀyside] *vt fam hum* to bump off.

truculence [tʀykylɑ̃s] *nf* vividness, colourfulness *Br*, colorfulness *Am*.

truculent, e [tʀykylɑ̃, ɑ̃t] *adj* colourful *Br*, colorful *Am*.

truelle [tʀyɛl] *nf* trowel.

truffe [tʀyf] *nf* - **1.** [champignon] truffle ; **~ en chocolat** chocolate truffle - **2.** [museau] muzzle.

truffer [3] [tʀyfe] *vt* - **1.** [volaille] to garnish with truffles - **2.** *fig* [discours] : **~ de** to stuff with.

truie [tʀɥi] *nf* sow.

truite [tʀɥit] *nf* trout.

truquage, trucage [tʀykaʒ] *nm* - **1.** [d'élections] rigging - **2.** *CIN* (special) effect.

truquer [3] [tʀyke] *vt* - **1.** [élections] to rig - **2.** *CIN* to use special effects in.

trust [tʀœst] *nm* - **1.** [groupement] trust - **2.** [entreprise] corporation.

ts *abr de* **tous.**

tsar [tsaʀ], **tzar** [dzaʀ] *nm* tsar.

tsé-tsé [tsetse] ▷ **mouche.**

tsigane = **tzigane.**

TSVP (*abr de* **tournez s'il vous plaît**) PTO.

tt *abr de* **tout.**

TT, TTA (*abr de* **transit temporaire** [autorisé] *registration for vehicles bought in France for tax-free export by non-residents.*

tt conf. *abr de* **tout confort.**

ttes *abr de* **toutes.**

TTX (*abr de* **traitement de texte**) WP.

tu¹, e [ty] *pp* ▷ taire.

tu² [ty] *pron pers* you ; **dire ~ à qqn** to use the "tu" form to sb.

TU (*abr de* temps universel) *nm* UT, GMT.

tuant, e [tɥɑ̃, ɑ̃t] *adj* - **1.** [épuisant] exhausting - **2.** [énervant] tiresome.

tuba [tyba] *nm* - **1.** MUS tuba - **2.** [de plongée] snorkel.

tube [tyb] *nm* - **1.** [gén] tube ; **~ cathodique** cathode ray tube ; **à pleins ~s** *fig* [chanter, crier] at the top of one's voice ; [mettre la musique] at full blast - **2.** *fam* [chanson] hit.
➤ **tube digestif** *nm* digestive tract.

tubercule [tybɛrkyl] *nm* - **1.** BOT tuber - **2.** ANAT tubercle.

tuberculeux, euse [tybɛrkylø, øz] ◇ *adj* tubercular ◇ *nm, f* tuberculosis sufferer.

tuberculose [tybɛrkyloz] *nf* tuberculosis.

tubulaire [tybylɛr] *adj* tubular.

tue-mouches [tymuʃ] ▷ papier.

tuer [7] [tɥe] *vt* to kill.
➤ **se tuer** *vp* - **1.** [se suicider] to kill o.s. - **2.** [par accident] to die - **3.** *fig* [s'épuiser] : **se ~ à faire qqch** to wear o.s. out doing sthg.

tuerie [tyri] *nf* slaughter.

tue-tête [tytɛt] ➤ **à tue-tête** *loc adv* at the top of one's voice.

tueur, euse [tɥœr, øz] *nm, f* - **1.** [meurtrier] killer ; **~ à gages** hit man ; **~ en série** serial killer - **2.** [dans abattoir] slaughterer.

tuile [tɥil] *nf* - **1.** [de toit] tile - **2.** *fam* [désagrément] blow.

tulipe [tylip] *nf* tulip.

tulle [tyl] *nm* tulle.

tuméfié, e [tymefje] *adj* swollen.

tumeur [tymœr] *nf* tumour *Br*, tumor *Am*.

tumoral, e, aux [tymɔral, o] *adj* tumorous.

tumulte [tymylt] *nm* - **1.** [désordre] hubbub - **2.** *littéraire* [trouble] tumult.

tumultueux, euse [tymyltɥø, øz] *adj* stormy.

tune = thune.

tuner [tynɛr] *nm* tuner.

tungstène [tœ̃kstɛn] *nm* tungsten.

tunique [tynik] *nf* tunic.

Tunis [tynis] *n* Tunis.

Tunisie [tynizi] *nf* : **la ~** Tunisia.

tunisien, enne [tynizjɛ̃, ɛn] *adj* Tunisian.
➤ **Tunisien, enne** *nm, f* Tunisian.

tunnel [tynɛl] *nm* tunnel.

TUP [typ] (*abr de* titre universel de paiement) *nm* payment slip formerly used to settle bills.

tuque [tyk] *nf Can* wool hat, tuque *Can*.

turban [tyrbɑ̃] *nm* turban.

turbin [tyrbɛ̃] *nm* *fam* : **aller au ~** to go to work.

turbine [tyrbin] *nf* turbine.

turbo [tyrbo] *nm* OU *nf* turbo.

turboréacteur [tyrbɔreaktœr] *nm* turbojet.

turbot [tyrbo] *nm* turbot.

turbotrain [tyrbɔtrɛ̃] *nm* turbotrain.

turbulence [tyrbylɑ̃s] *nf* - **1.** [de personne] boisterousness - **2.** MÉTÉOR turbulence.

turbulent, e [tyrbylɑ̃, ɑ̃t] *adj* boisterous.

turc, turque [tyrk] *adj* Turkish.
➤ **turc** *nm* [langue] Turkish.
➤ **Turc, Turque** *nm, f* Turk.

turf [tœrf] *nm* [activité] : **le ~** racing.

turfiste [tœrfist] *nmf* racegoer.

turkmène [tyrkmɛn] ◇ *adj* Turkmen ◇ *nm* [langue] Turkmen.
➤ **Turkmène** *nmf* Turkoman.

turlupiner [3] [tyrlypine] *vt fam* to nag.

turnover [tœrnɔvœr] *nm* turnover.

turpitude [tyrpityd] *nf* [littéraire] turpitude.

turque ▷ turc.

Turquie [tyrki] *nf* : **la ~** Turkey.

turquoise [tyrkwaz] *nf* & *adj inv* turquoise.

tutelle [tytɛl] *nf* - **1.** JUR guardianship - **2.** [dépendance] supervision ; **sous la ~ des Nations unies** under United Nations supervision - **3.** [protection] protection.

tuteur, trice [tytœr, tris] *nm, f* guardian.
➤ **tuteur** *nm* [pour plante] stake.

tutoiement [tytwamɑ̃] *nm* use of "tu".

tutoyer [13] [tytwaje] *vt* : **~ qqn** to use the "tu" form to sb.

tutu [tyty] *nm* tutu.

tuyau, x [tɥijo] *nm* - **1.** [conduit] pipe ; **~ d'arrosage** hosepipe - **2.** *fam* [renseignement] tip.

tuyauter [3] [tɥijote] *vt fam* to give a tip to.

tuyauterie [tɥijotri] *nf* piping (U), pipes (pl).

TV (*abr de* télévision) *nf* TV.

TVA (*abr de* taxe à la valeur ajoutée) *nf* ≃ VAT.

TVHD (*abr de* télévision haute définition) *nf* HDTV.

tweed [twid] *nm* tweed.

twin-set [twinsɛt] (*pl* twin-sets) *nm* twin set *Br*, sweater set *Am*.

tympan [tɛ̃pɑ̃] *nm* - **1.** ANAT eardrum - **2.** ARCHIT tympanum.

type [tip] ◇ *nm* - **1.** [exemple caractéristique] perfect example ; **il est le ~ parfait du professeur** he's the classic example of a teacher - **2.** [genre] type ; **avoir le ~ nordique/médi-**

terranéen to have Nordic/Mediterranean features - **3.** *fam* [individu] guy, bloke ◇ *adj inv* [caractéristique] typical.

typé, e [tipe] *adj* : **il est bien** *ou* **très ~** he has all the characteristic features.

typhoïde [tifɔid] ◇ *nf* typhoid ◇ *adj* : **fièvre ~** typhoid fever.

typhon [tifɔ̃] *nm* typhoon.

typhus [tifys] *nm* typhus.

typique [tipik] *adj* typical.

typiquement [tipikmɑ̃] *adv* typically.

typographe [tipɔgraf] *nmf* typographer.

typographie [tipɔgrafi] *nf* typography.

typographique [tipɔgrafik] *adj* typographical.

typologie [tipɔlɔʒi] *nf* typology.

tyran [tirɑ̃] *nm* tyrant.

tyrannie [tirani] *nf* tyranny.

tyrannique [tiranik] *adj* tyrannical.

tyranniser [3] [tiranize] *vt* to tyrannize.

tyrolien, enne [tirɔljɛ̃, ɛn] *adj* Tyrolean.
- **tyrolienne** *nf* [air] Tyrolienne.
- **Tyrolien, enne** *nm, f* Tyrolean.

tzar = tsar.

tzigane [dzigan], **tsigane** [tsigan] ◇ *nmf* gipsy ◇ *adj* gipsy (*avant n*).

u, U [y] *nm inv* u, U.

ubiquité [ybikɥite] *nf* ubiquity ; **je n'ai pas le don d'~** I can't be everywhere (at once).

UDF (*abr de* **Union pour la démocratie française**) *nf* French political party to the right of the political spectrum.

UE (*abr de* **Union européenne**) *nf* EU.

UEFA (*abr de* **Union of European Football Associations**) *nf* UEFA.

UEO (*abr de* **Union de l'Europe occidentale**) *nf* WEU.

UER *nf* - **1.** (*abr de* **unité d'enseignement et de recherche**) *former name for a university department* - **2.** (*abr de* **Union européenne de radiodiffusion**) EBU.

UFC (*abr de* **Union fédérale des consommateurs**) *nf* French consumers' association.

UFR (*abr de* **unité de formation et de recherche**) *nf* university department.

UHF (*abr de* **ultra-haute fréquence**) *nf* UHF.

UHT (*abr de* **ultra-haute température**) *nf* UHT.

Ukraine [ykrɛn] *nf* : **l'~** the Ukraine.

ukrainien, enne [ykrɛnjɛ̃, ɛn] *adj* Ukrainian.
- **ukrainien** *nm* [langue] Ukrainian.
- **Ukrainien, enne** *nm, f* Ukrainian.

ulcère [ylsɛr] *nm* ulcer.

ulcérer [18] [ylsere] *vt* - **1.** *MÉD* to ulcerate - **2.** *sout* [mettre en colère] to enrage.
- **s'ulcérer** *vp* to ulcerate, to fester.

ulcéreux, euse [ylserø, øz] *adj* [plaie] ulcerous ; [organe] ulcerated.

ULM (*abr de* **ultra léger motorisé**) *nm* microlight.

Ulster [ylstɛr] *nm* : **l'~** Ulster.

ultérieur, e [ylterjœr] *adj* later, subsequent.

ultérieurement [ylterjœrmɑ̃] *adv* later, subsequently.

ultimatum [yltimatɔm] *nm* ultimatum.

ultime [yltim] *adj* ultimate, final.

ultramoderne [yltramɔdɛrn] *adj* ultramodern.

ultrasensible [yltrasɑ̃sibl] *adj* [personne] ultra-sensitive ; [pellicule] high-speed.

ultrason [yltrasɔ̃] *nm* ultrasound (*U*).

ultraviolet, ette [yltravjɔlɛ, ɛt] *adj* ultraviolet.
- **ultraviolet** *nm* ultraviolet.

ululement, hululement [ylylmɑ̃] *nm* hoot, hooting (*U*).

ululer, hululer [3] [ylyle] *vi* to hoot.

un [œ̃] (*f* **une** [yn]) ◇ *art indéf* a, an (*devant voyelle*) ; **~ homme** a man ; **~ livre** a book ; **une femme** a woman ; **une pomme** an apple ◇ *pron indéf* one ; **l'~ de mes amis** one of my friends ; **l'~ l'autre** each other ; **les ~s les autres** one another ; **l'~ ..., l'autre** one ..., the other ; **les ~s ..., les autres** some ..., others ; **l'~ et l'autre** both (of them) ; **l'~ ou l'autre** either (of them) ; **ni l'~ ni l'autre** neither one nor the other, neither (of them) ◇ *adj num* one ; **une personne à la fois** one person at a time ◇ *nm* one ; *voir aussi* **six**.

➤ **une** *nf* : **faire la/être à la une** PRESSE to make the/to be on the front page ; **ne faire ni une ni deux** not to think twice.

unanime [ynanim] *adj* unanimous.

unanimement [ynanimmã] *adv* unanimously.

unanimité [ynanimite] *nf* unanimity ; **faire l'~** to be unanimously approved ; **à l'~** unanimously.

underground [œndœrgraɔnd] <> *nm inv* underground <> *adj inv* underground *(avant n)*.

UNEF, Unef [ynɛf] (*abr de* **Union nationale des étudiants de France**) *nf students' union*, ≃ NUS *Br*.

UNESCO, Unesco [ynɛsko] (*abr de* **United Nations Educational, Scientific and Cultural Organization**) *nf* UNESCO.

uni, e [yni] *adj* - **1.** [joint, réuni] united - **2.** [famille, couple] close - **3.** [surface, mer] smooth ; [route] even - **4.** [étoffe, robe] plain, self-coloured *Br*, self-colored *Am*.

UNICEF, Unicef [ynisɛf] (*abr de* **United Nations International Children's Emergency Fund**) *nm* UNICEF.

unicité [ynisite] *nf littéraire* uniqueness.

unième [ynjɛm] *adj num* : **cinquante et ~** fifty-first.

unificateur, trice [ynifikatœr, tris] *adj* unifying.

unification [ynifikasjɔ̃] *nf* unification.

unifier [9] [ynifje] *vt* - **1.** [régions, parti] to unify - **2.** [programmes] to standardize.
➤ **s'unifier** *vp* to unite, to unify.

uniforme [ynifɔrm] <> *adj* uniform ; [régulier] regular <> *nm* uniform.

uniformément [ynifɔrmemã] *adv* uniformly.

uniformisation [ynifɔrmizasjɔ̃] *nf* standardization.

uniformiser [3] [ynifɔrmize] *vt* - **1.** [couleur] to make uniform - **2.** [programmes, lois] to standardize.

uniformité [ynifɔrmite] *nf* - **1.** [gén] uniformity ; [de mouvement] regularity - **2.** [monotonie] monotony.

unijambiste [yniʒãbist] <> *adj* one-legged <> *nmf* one-legged person.

unilatéral, e, aux [ynilateral, o] *adj* unilateral ; **stationnement ~** parking on only one side of the street.

unilatéralement [ynilateralmã] *adv* unilaterally.

union [ynjɔ̃] *nf* - **1.** [de couleurs] blending - **2.** [mariage] union ; **~ conjugale** marriage ; **~ libre** cohabitation - **3.** [de pays] union ; [de syndicats] confederation ; **~ douanière** customs union - **4.** [entente] unity.
➤ **Union européenne** *nf* European Union.
➤ **Union soviétique** *nf* : **l'(ex-)Union soviétique** the (former) Soviet Union.

unique [ynik] *adj* - **1.** [seul - enfant, veston] only ; [- préoccupation] sole - **2.** [principe, prix] single - **3.** [exceptionnel] unique ; **tu es vraiment ~!** *iron* you're priceless!

uniquement [ynikmã] *adv* - **1.** [exclusivement] only, solely - **2.** [seulement] only, just.

unir [32] [ynir] *vt* - **1.** [assembler - mots, qualités] to put together, to combine ; [- pays] to unite ; **~ qqch à** [pays] to unite sthg with ; [mot, qualité] to combine sthg with - **2.** [réunir - partis, familles] to unite - **3.** [marier] to unite, to join in marriage.
➤ **s'unir** *vp* - **1.** [s'associer] to unite, to join together - **2.** [se joindre - rivières] to merge ; [- couleurs] to go together - **3.** [se marier] to be joined in marriage.

unisexe [ynisɛks] *adj* unisex.

unisson [ynisɔ̃] *nm* unison ; **à l'~** in unison.

unitaire [yniter] *adj* - **1.** [à l'unité] : **prix ~** unit price - **2.** [manifestation, politique] joint *(avant n)*.

unité [ynite] *nf* - **1.** [cohésion] unity - **2.** COMM, MATHS & MIL unit ; **à l'~** COMM unit *(avant n)*.
➤ **unité centrale** *nf* INFORM central processing unit.
➤ **unité de valeur** *nf university course unit*, ≃ credit.

univers [yniver] *nm* universe ; *fig* world.

universaliser [3] [yniversalize] *vt* to universalize, to make universal.
➤ **s'universaliser** *vp* to become universal.

universalité [yniversalite] *nf* universality.

universel, elle [yniversɛl] *adj* universal.

universellement [yniversɛlmã] *adv* universally.

universitaire [yniversiter] <> *adj* university *(avant n)* <> *nmf* academic.

université [yniversite] *nf* university.

univoque [ynivɔk] *adj* - **1.** [mot, tournure] unambiguous - **2.** [relation] one-to-one *Br*, one-on-one *Am*.

uppercut [ypɛrkyt] *nm* uppercut.

uranium [yranjɔm] *nm* uranium.

urbain, e [yrbɛ̃, ɛn] *adj* - **1.** [de la ville] urban - **2.** *littéraire* [affable] urbane.

urbanisation [yrbanizasjɔ̃] *nf* urbanization.

urbaniser [3] [yrbanize] *vt* to urbanize.
➤ **s'urbaniser** *vp* to become urbanized *ou* built up.

urbanisme [yrbanism] *nm* town planning.

urbanité [yrbanite] *nf* urbanity.

urée [yre] *nf* urea.

urémie [yremi] *nf* uraemia.

urgence [yrʒɑ̃s] *nf* - **1.** [de mission] urgency - **2.** MÉD emergency ; **les ~s** the casualty department *(sg)*.
➤ **d'urgence** *loc adv* immediately.

urgent, e [yrʒɑ̃, ɑ̃t] *adj* urgent.

urinaire [yriner] *adj* urinary.

urine [yrin] *nf* urine.

uriner [3] [yrine] *vi* to urinate.

urinoir [yrinwar] *nm* urinal.

urne [yrn] *nf* - **1.** [vase] urn - **2.** [de vote] ballot box ; **aller aux ~s** to go to the polls.

urologie [yrɔlɔʒi] *nf* urology.

URSS (*abr de* **Union des républiques socialistes soviétiques**) *nf* : **l'(ex-)~** the (former) USSR.

URSSAF, Urssaf [yrsaf] (*abr de* **Union pour le recouvrement des Cotisations de la sécurité sociale et des allocations familiales**) *nf* *administrative body responsible for collecting social security funds*.

urticaire [yrtiker] *nf* urticaria, hives *(pl)*.

Uruguay [yrygwe] *nm* : **l'~** Uruguay.

uruguayen, enne [yrygwejɛ̃, ɛn] *adj* Uruguayan.
➤ **Uruguayen, enne** *nm, f* Uruguayan.

us [ys] *nmpl* : **les ~ et coutumes** the ways and customs.

USA (*abr de* **United States of America**) *nmpl* USA.

usage [yzaʒ] *nm* - **1.** [gén] use ; **faire ~ de qqch** to use sthg ; **en ~** in use ; **à l'~** [à l'emploi] with use ; [vêtement] with wear ; **à l'~ de qqn** for (the use of) sb ; **à ~ externe/interne** for external/internal use ; **hors d'~** out of action - **2.** [coutume] custom ; **d'~** customary - **3.** LING usage.

usagé, e [yzaʒe] *adj* worn, old.

usager [yzaʒe] *nm* user ; **les ~s de la route** road-users.

usé, e [yze] *adj* - **1.** [détérioré] worn ; **eaux ~es** waste water *(sg)* - **2.** [personne] worn-out - **3.** [plaisanterie] hackneyed, well-worn.

user [3] [yze] <> *vt* - **1.** [consommer] to use - **2.** [vêtement] to wear out - **3.** [forces] to use up ; [santé] to ruin ; [personne] to wear out <> *vi* - **1.** [se servir] : **~ de** [charme] to use ; [droit, privilège]

to exercise - **2.** [traiter] : **en ~ bien avec qqn** *littéraire* to treat sb well.
➤ **s'user** *vp* - **1.** [chaussure] to wear out - **2.** [personne] to wear o.s. out - **3.** [amour] to burn itself out.

usinage [yzinaʒ] *nm* - **1.** [façonnage] machining - **2.** [fabrication] manufacturing.

usine [yzin] *nf* factory.

usiner [3] [yzine] *vt* - **1.** [façonner] to machine - **2.** [fabriquer] to manufacture.

usité, e [yzite] *adj* in common use ; **très/peu ~** commonly/rarely used.

ustensile [ystɑ̃sil] *nm* implement, tool ; **~s de cuisine** kitchen utensils.

usuel, elle [yzɥɛl] *adj* common, usual.

usuellement [yzɥɛlmɑ̃] *adv* usually, ordinarily.

usufruit [yzyfrɥi] *nm* usufruct.

usuraire [yzyrer] *adj* usurious.

usure [yzyr] *nf* - **1.** [de vêtement, meuble] wear ; [de forces] wearing down ; **avoir qqn à l'~ fam** to wear sb down ; **obtenir qqch à l'~** to get sthg through sheer persistence - **2.** [intérêt] usury.

usurier, ère [yzyrje, ɛr] *nm, f* usurer.

usurpateur, trice [yzyrpatœr, tris] <> *adj* usurping *(avant n)* <> *nm, f* usurper.

usurpation [3] [yzyrpasjɔ̃] *nf* usurpation.

usurper [3] [yzyrpe] *vt* to usurp.

ut [yt] *nm inv* C.

UTA (*abr de* **Union des transporteurs aériens**) *nf* *French airline company*.

utérin, ine [yterɛ̃, in] *adj* uterine.

utérus [yterys] *nm* uterus, womb.

utile [ytil] *adj* useful ; **être ~ à qqn** to be useful *ou* of help to sb, to help sb.

utilement [ytilmɑ̃] *adv* usefully, profitably.

utilisable [ytilizabl] *adj* usable.

utilisateur, trice [ytilizatœr, tris] *nm, f* user ; **~ étranger** INFORM unauthorized user.

utilisation [ytilizasjɔ̃] *nf* use.

utiliser [3] [ytilize] *vt* to use.

utilitaire [ytiliter] <> *adj* - **1.** [pratique] utilitarian ; [véhicule] commercial - **2.** *péj* [préoccupations] material ; [caractère] materialistic <> *nm* INFORM utility (program).

utilité [ytilite] *nf* - **1.** [usage] usefulness - **2.** JUR : **entreprise d'~ publique** public utility ; **organisme d'~ publique** registered charity - **3.** *loc* : **jouer les ~s** THÉÂTRE to play bit parts ; *fig* to play second fiddle.

utopie [ytɔpi] *nf* - **1.** [idéal] utopia - **2.** [projet irréalisable] unrealistic idea.

utopique [ytɔpik] *adj* utopian.

utopiste [ytɔpist] *nmf* utopian.

UV ◇ *nf* (abr de **unité de valeur**) *university course unit*, ≈ credit ◇ (abr de **ultraviolet**) UV.

v, V [ve] *nm inv* v, V ; **pull en v** V-neck sweater.

v.¹ - **1.** (abr de **vers**) LITTÉRATURE v. - **2.** (abr de **verset**) v. - **3.** (abr de **vers**) [environ] approx.

v.², **V.** abr de **voir**.

va [va] ◇ ▷ **aller** ◇ *interj* : **courage, ~!** come on, cheer up! ; **~ donc!** come on! ; **~ pour 50 francs/demain** OK, let's say 50 francs/tomorrow.

VA (abr de **voltampère**) VA.

vacance [vakɑ̃s] *nf* vacancy ; **~ du pouvoir** power vacuum.

➡ **vacances** *nfpl* holiday *Br (sg)*, vacation *Am (sg)* ; **bonnes ~s!** have a good holiday! ; **être/partir en ~s** to be/go on holiday ; **les grandes ~s** the summer holidays.

vacancier, ère [vakɑ̃sje, ɛr] *nm, f* holidaymaker *Br*, vacationer *Am*.

vacant, e [vakɑ̃, ɑ̃t] *adj* [poste] vacant ; [logement] vacant, unoccupied.

vacarme [vakarm] *nm* racket, din.

vacataire [vakatɛr] ◇ *adj* [employé] temporary ◇ *nmf* temporary worker.

vacation [vakasjɔ̃] *nf* [d'expert] session.

vaccin [vaksɛ̃] *nm* vaccine.

vaccination [vaksinasjɔ̃] *nf* vaccination.

vacciner [3] [vaksine] *vt* : **~ qqn (contre)** MÉD to vaccinate sb (against) ; *fam fig* to make sb immune (to).

vache [vaʃ] ◇ *nf* - **1.** ZOOL cow - **2.** [cuir] cowhide - **3.** *fam péj* [femme] cow ; [homme] pig - **4.** *loc* : **la ~!** hell! ◇ *adj fam* rotten.

vachement [vaʃmɑ̃] *adv fam* bloody *Br*, dead *Br*, real *Am*.

vacherie [vaʃri] *nf fam* nastiness ; **faire/dire une ~** to do/say something nasty.

vacherin [vaʃrɛ̃] *nm* [dessert] *meringue filled with ice-cream and fruit*.

vachette [vaʃɛt] *nf* - **1.** [jeune vache] calf - **2.** [cuir] calfskin.

vacillant, e [vasijɑ̃, ɑ̃t] *adj* - **1.** [jambes, fondations] unsteady ; [lumière] flickering - **2.** [mémoire, santé] failing ; [caractère] wavering, indecisive.

vaciller [3] [vasije] *vi* - **1.** [jambes, fondations] to shake ; [lumière] to flicker ; **~ sur ses jambes** to be unsteady on one's legs - **2.** [mémoire, santé] to fail.

vacuité [vakɥite] *nf sout* [de propos] emptiness, vacuousness.

vade-mecum [vademekɔm] *nm inv* vade mecum.

vadrouille [vadruj] *nf fam* : **être/partir en ~** to be/to go off gallivanting.

va-et-vient [vaevjɛ̃] *nm inv* - **1.** [de personnes] comings and goings (pl), toing and froing - **2.** [de balancier] to-and-fro movement - **3.** : **(porte) ~** swing door - **4.** ÉLECTR two-way switch.

vagabond, e [vagabɔ̃, ɔ̃d] ◇ *adj* - **1.** [chien] stray ; [vie] vagabond *(avant n)* - **2.** [humeur] restless ◇ *nm, f* [rôdeur] vagrant, tramp ; *littéraire* [voyageur] wanderer.

vagabondage [vagabɔ̃daʒ] *nm* [délit] vagrancy ; [errance] wandering, roaming.

vagabonder [3] [vagabɔ̃de] *vi* - **1.** [personne] to wander, to roam - **2.** [esprit, imagination] to wander.

vagin [vaʒɛ̃] *nm* vagina.

vaginal, e, aux [vaʒinal, o] *adj* vaginal.

vaginite [vaʒinit] *nf* vaginitis.

vagir [32] [vaʒir] *vi* to cry, to wail.

vagissement [vaʒismɑ̃] *nm* cry, wail.

vague [vag] ◇ *adj* - **1.** [idée, promesse] vague - **2.** [vêtement] loose-fitting - **3.** *(avant n)* [quelconque] : **il a un ~ travail dans un bureau** he has some job or other in an office - **4.** *(avant n)* [cousin] distant ◇ *nf* wave ; **une ~ de** [touristes, immigrants] a wave of ; [d'enthousiasme] a surge of ; **une ~ de froid** a cold spell ; **la nouvelle ~** the new wave ; **~ de chaleur** heatwave ◇ *nm* : **rester dans le ~** *fig* to remain vague ; **avoir du ~ à l'âme** *fig* to be wistful.

vaguelette [vaglɛt] *nf* ripple, wave.

vaguement [vagmɑ̃] *adv* vaguely.

vahiné [vaine] nf Tahitian woman.

vaillamment [vajamã] adv bravely, valiantly.

vaillance [vajãs] nf littéraire bravery, courage ; MIL valour Br, valor Am.

vaillant, e [vajã, ãt] adj - **1.** [enfant, vieillard] hale and hearty - **2.** littéraire [héros] valiant.

vain, e [vẽ, vɛn] adj - **1.** [inutile] vain, useless ; **en ~** in vain, to no avail - **2.** littéraire [vaniteux] vain.

vaincre [114] [vẽkr] vt - **1.** [ennemi] to defeat - **2.** [obstacle, peur] to overcome.

vaincu, e [vẽky] <> pp ⊳ **vaincre** <> adj defeated ; **s'avouer ~** to admit defeat <> nm, f defeated person.

vainement [vɛnmã] adv vainly.

vainqueur [vẽkœr] <> nm - **1.** [de combat] conqueror, victor - **2.** SPORT winner <> adj m victorious, conquering.

vairon [vɛrõ] <> adj m - **1.** [yeux] of different colours - **2.** [cheval] wall-eyed <> nm minnow.

vais ⊳ aller.

vaisseau, x [vɛso] nm - **1.** NAVIG vessel, ship ; **~ spatial** AÉRON spaceship - **2.** ANAT vessel - **3.** ARCHIT nave.

vaisselier [vɛsəlje] nm dresser.

vaisselle [vɛsɛl] nf crockery ; **faire** OU **laver la ~** to do the dishes, to wash up.

val [val] (pl **vals** OU **vaux** [vo]) nm valley.

valable [valabl] adj - **1.** [passeport] valid - **2.** [raison, excuse] valid, legitimate - **3.** [œuvre] good, worthwhile.

valériane [valerjan] nf valerian.

valet [valɛ] nm - **1.** [serviteur] servant ; **~ de chambre** manservant, valet ; **~ de pied** footman - **2.** fig & péj [homme servile] lackey - **3.** CARTES jack, knave.

valeur [valœr] nf - **1.** [gén & MUS] value ; **avoir de la ~** to be valuable ; **prendre de la ~** to increase in value ; **perdre de sa ~** to lose its value ; **mettre en ~** [talents] to bring out ; [terre] to exploit ; **~ absolue** absolute value ; **~ ajoutée** ÉCON added value ; **de (grande) ~** [chose] (very) valuable ; [personne] of (great) worth OU merit - **2.** (gén pl) BOURSE stocks and shares (pl), securities (pl) - **3.** [mérite] worth, merit - **4.** fig [importance] value, importance - **5.** [équivalent] : **la ~ de** the equivalent of. ➡ **valeurs** nfpl [critères de référence] values.

valeureusement [valœrøzmã] adv valorously.

valeureux, euse [valœrø, øz] adj valorous.

validation [validasjõ] nf validation, authentication.

valide [valid] adj - **1.** [personne] spry - **2.** [contrat] valid.

valider [3] [valide] vt to validate, to authenticate.

validité [validite] nf validity.

valise [valiz] nf case, suitcase ; **faire sa ~/ses ~s** to pack one's case/cases ; fam fig [partir] to pack one's bags ; **~ diplomatique** diplomatic bag.

vallée [vale] nf valley.

vallon [valõ] nm small valley.

vallonné, e [valɔne] adj undulating.

valoir [60] [valwar] <> vi - **1.** [gén] to be worth ; **ça vaut combien?** how much is it? ; **que vaut ce film?** is this film any good? ; **ne rien ~** not to be any good, to be worthless ; **ça vaut mieux** fam that's best ; **ça ne vaut pas la peine** it's not worth it ; **faire ~** [vues] to assert ; [talent] to show - **2.** [règle] : **~ pour** to apply to, to hold good for <> vt [médaille, gloire] to bring, to earn <> v impers : **il vaudrait mieux que nous partions** it would be better if we left, we'd better leave. ➡ **se valoir** vp to be equally good/bad.

valorisant, e [valɔrizã, ãt] adj good for one's image.

valorisation [valɔrizasjõ] nf [d'immeuble, de région] development ; **~ de soi** good self-image.

valoriser [3] [valɔrize] vt [immeuble, région] to develop ; [individu, société] to improve the image of.

valse [vals] nf waltz ; fam fig [de personnel] reshuffle.

valser [3] [valse] vi to waltz ; **envoyer ~ qqch** fam fig to send sthg flying ; **envoyer ~ qqn** fam fig [employé] to give sb the elbow.

valseur, euse [valsœr, øz, dansœr] nm, f waltzer.

valu [valy] pp inv ⊳ **valoir**.

valve [valv] nf valve.

vamp [vãp] nf vamp.

vamper [3] [vãpe] vt fam to vamp.

vampire [vãpir] nm - **1.** [fantôme] vampire - **2.** fig [personne avide] vulture - **3.** ZOOL vampire bat.

vampiriser [3] [vãpirize] vt fig to control.

van [vã] nm [fourgon] horsebox Br, horsecar Am.

vandale [vãdal] nmf vandal.

vandalisme [vãdalism] nm vandalism.

vanille [vanij] *nf* vanilla.

vanillé, e [vanije] *adj* vanilla *(avant n)*.

vanité [vanite] *nf* vanity.

vaniteux, euse [vanitø, øz] <> *adj* vain, conceited <> *nm, f* vain *ou* conceited person.

vanity-case [vanitikez] *(pl* vanity-cases) *nm* vanity case.

vanne [van] *nf* - 1. [d'écluse] lockgate - 2. *fam* [remarque] gibe.

vanné, e [vane] *adj fam* [personne] dead beat.

vanner [3] [vane] *vt* - 1. [grain] to winnow - 2. *fam* [fatiguer] to wear out - 3. *fam* [se moquer de] to make gibes at, to have a go at.

vannerie [vanri] *nf* basketwork, wickerwork.

vannier [vanje] *nm* basket maker.

vantail, aux [vãtaj, o] *nm* [de porte] leaf ; [d'armoire] door.

vantard, e [vãtar, ard] <> *adj* bragging, boastful <> *nm, f* boaster.

vantardise [vãtardiz] *nf* boasting *(U)*, bragging *(U)*.

vanter [3] [vãte] *vt* to vaunt.
➡ **se vanter** *vp* to boast, to brag ; **se ~ de qqch** to boast *ou* brag about sthg ; **se ~ de faire qqch** to boast *ou* brag about doing sthg.

Vanuatu [vanwaty] *nm* Vanuatu.

va-nu-pieds [vanypje] *nmf inv fam* beggar.

vapes [vap] *nfpl fam* : **être dans les ~** to have one's head in the clouds ; **tomber dans les ~** to pass out.

vapeur [vapœr] <> *nf* - 1. [d'eau] steam ; **à la ~** steamed ; **bateau à ~** steamboat, steamer ; **locomotive à ~** steam engine ; **renverser la ~** NAVIG to reverse engines ; *fig* to backpedal - 2. [émanation] vapour *Br*, vapor *Am* <> *nm* steamer.
➡ **vapeurs** *nfpl* - 1. [émanations] fumes - 2. *loc vieilli* : **avoir ses ~s** to have the vapours *Br ou* vapors *Am*.

vapocuiseur [vapɔkɥizœr] *nm* pressure cooker.

vaporeux, euse [vapɔrø, øz] *adj* - 1. *littéraire* [ciel, lumière] hazy - 2. [tissu] filmy.

vaporisateur [vapɔrizatœr] *nm* - 1. [atomiseur] spray, atomizer - 2. IND vaporizer.

vaporisation [vapɔrizasjɔ̃] *nf* - 1. [de parfum, déodorant] spraying - 2. PHYS vaporization.

vaporiser [3] [vapɔrize] *vt* - 1. [parfum, déodorant] to spray - 2. PHYS to vaporize.
➡ **se vaporiser** *vp* to vaporize.

vaquer [3] [vake] *vi* : **~ à** to see to, to attend to.

varappe [varap] *nf* rock climbing.

varappeur, euse [varapœr, øz] *nm, f* (rock) climber.

varech [varɛk] *nm* kelp.

vareuse [varøz] *nf* - 1. [veste] loose-fitting jacket - 2. [de marin] pea jacket - 3. [d'uniforme] tunic.

variable [varjabl] <> *adj* - 1. [temps] changeable - 2. [distance, résultats] varied, varying - 3. [température] variable <> *nf* variable.

variante [varjɑ̃t] *nf* variant.

variateur [varjatœr] *nm* ÉLECTR dimmer switch.

variation [varjasjɔ̃] *nf* variation.

varice [varis] *nf* varicose vein.

varicelle [varisɛl] *nf* chickenpox.

varié, e [varje] *adj* - 1. [divers] various - 2. [non monotone] varied, varying.

varier [9] [varje] *vt & vi* to vary.

variété [varjete] *nf* variety.
➡ **variétés** *nfpl* variety show *(sg)*.

variole [varjɔl] *nf* smallpox.

variqueux, euse [varikø, øz] *adj* varicose.

Varsovie [varsɔvi] *n* Warsaw ; **le pacte de ~** the Warsaw Pact.

vas ▷ **aller**.

vasculaire [vaskylɛr] *adj* vascular.

vase [vaz] <> *nm* vase ; **en ~ clos** *fig* in a vacuum <> *nf* mud, silt.

vasectomie [vazɛktɔmi] *nf* vasectomy.

vaseline [vazlin] *nf* Vaseline®, petroleum jelly.

vaseux, euse [vazø, øz] *adj* - 1. [fond] muddy, silty - 2. *fam* [personne] under the weather - 3. *fam* [raisonnement, article] woolly.

vasistas [vazistas] *nm* fanlight.

vasque [vask] *nf* - 1. [de fontaine] basin - 2. [coupe] bowl.

vassal, e, aux [vasal, o] *nm, f* vassal.

vaste [vast] *adj* vast, immense.

Vatican [vatikã] *nm* : **le ~** the Vatican ; **l'État de la cité du ~** Vatican City ; **au ~** in Vatican City.

va-tout [vatu] *nm inv* : **jouer son ~** *fig* to stake one's all.

vaudeville [vodvil] *nm* vaudeville.

vaudevillesque [vodvilɛsk] *adj* ludicrous.

vaudou [vodu] *nm* voodoo.

vaudrait ▷ **valoir**.

vau-l'eau [volo] ➥ **à vau-l'eau** *loc adv littéraire* with the flow ; **aller à ~** *fig* to go down the drain.

vaurien, enne [vorjɛ̃, ɛn] *nm, f* good-for-nothing.

vaut ▷ **valoir**.

vautour [votur] *nm* vulture.

vautrer [3] [votre] ➥ **se vautrer** *vp* [dans la boue, dans la débauche] to wallow ; [sur l'herbe, dans un fauteuil] to sprawl.

va-vite [vavit] ➥ **à la va-vite** *loc adv fam* in a rush.

vd *abr de* **vend**.

VDQS (*abr de* **vin délimité de qualité supérieure**) *nm label indicating quality of wine*.

vds *abr de* **vends**.

veau, x [vo] *nm* - **1.** [animal] calf ; **le Veau d'or** the golden calf - **2.** [viande] veal - **3.** [peau] calfskin - **4.** *péj* [personne] lump.

vecteur [vɛktœr] *nm* - **1.** *GÉOM* vector - **2.** [intermédiaire] vehicle ; *MÉD* carrier.

vécu, e [veky] ▷ *pp* ▷ **vivre** ▷ *adj* real.

vedettariat [vədɛtarja] *nm* stardom.

vedette [vədɛt] *nf* - **1.** *NAVIG* patrol boat - **2.** [star] star ; **mettre en ~** *fig* to turn the spotlight on.

végétal, e, aux [veʒetal, o] *adj* [huile] vegetable *(avant n)* ; [cellule, fibre] plant *(avant n)*.

végétalien, enne [veʒetaljɛ̃, ɛn] *adj & nm, f* vegan.

végétarien, enne [veʒetarjɛ̃, ɛn] *adj & nm, f* vegetarian.

végétarisme [veʒetarism] *nm* vegetarianism.

végétatif, tive [veʒetatif, iv] *adj* vegetative ; *fig & péj* vegetable-like.

végétation [veʒetasjɔ̃] *nf* vegetation. ➥ **végétations** *nfpl* adenoids.

végéter [18] [veʒete] *vi* to vegetate.

véhémence [veemɑ̃s] *nf* vehemence.

véhément, e [veemɑ̃, ɑ̃t] *adj* vehement.

véhicule [veikyl] *nm* vehicle ; **~ banalisé** unmarked vehicle.

véhiculer [3] [veikyle] *vt* to transport ; *fig* to convey.

veille [vɛj] *nf* - **1.** [jour précédent] day before, eve ; **la ~ au soir** the previous evening, the evening before ; **la ~ de mon anniversaire** the day before my birthday ; **la ~ de Noël** Christmas Eve ; **à la ~ de** *fig* on the eve of - **2.** [éveil] wakefulness ; [privation de sommeil] sleeplessness - **3.** [garde] : **être de ~** to be on night duty.

veillée [veje] *nf* - **1.** [soirée] evening - **2.** [de mort] watch.

veiller [4] [veje] *vi* - **1.** [rester éveillé] to stay up - **2.** [rester vigilant] : **~ à qqch** to look after sthg ; **~ à faire qqch** to see that sthg is done ; **~ sur** to watch over ▷ *vt* to sit up with.

veilleur [vejœr] *nm* : **~ de nuit** night watchman.

veilleuse [vejøz] *nf* - **1.** [lampe] nightlight - **2.** *AUTOM* sidelight - **3.** [de chauffe-eau] pilot light.

veinard, e [venar, ard] *fam* ▷ *adj* lucky ▷ *nm, f* lucky devil.

veine [vɛn] *nf* - **1.** [gén] vein ; **en ~ de** in the mood for ; **s'ouvrir les ~s** to slash one's wrists ; **se saigner aux quatre ~s** *fig* to bleed o.s. white - **2.** [de marbre] vein ; [de bois] grain - **3.** [filon] seam, vein - **4.** *fam* [chance] luck ; **avoir de la ~** to be lucky ; **avoir une ~ de cocu** *fig* to have the luck of the devil.

veiné, e [vene] *adj* [marbre] veined ; [bois] grained.

veineux, euse [venø, øz] *adj* - **1.** *ANAT* venous - **2.** [marbre] veined ; [bois] grainy.

veinule [venyl] *nf* venule.

Velcro® [vɛlkro] *nm* Velcro®.

vêler [4] [vele] *vi* to calve.

vélin [velɛ̃] *nm* vellum.

véliplanchiste [veliplɑ̃ʃist] *nmf* windsurfer.

velléitaire [veleiter] ▷ *nmf* indecisive person ▷ *adj* indecisive.

velléité [veleite] *nf* whim.

vélo [velo] *nm fam* bike ; **faire du ~** to go cycling.

véloce [velɔs] *adj* swift.

vélocité [velɔsite] *nf* swiftness, speed.

vélodrome [velɔdrom] *nm* velodrome.

vélomoteur [velɔmɔtœr] *nm* light motorcycle.

velours [vəlur] *nm* velvet.

velouté, e [vəlute] *adj* velvety. ➥ **velouté** *nm* - **1.** [de peau] velvetiness - **2.** [potage] cream soup ; **~ d'asperges** cream of asparagus soup.

velu, e [vəly] *adj* hairy.

venaison [vənezɔ̃] *nf* venison.

vénal, e, aux [venal, o] *adj* venal.

vénalité [venalite] *nf* venality.

venant [vənɑ̃] ➥ **à tout venant** *loc adv* to all comers.

vendange [vɑ̃dɑ̃ʒ] *nf* - **1.** [récolte] grape har

vest, wine harvest - **2.** [raisins] grape crop - **3.** [période] : **les ~s** (grape) harvest time (sg).

vendanger [17] [vɑ̃dɑ̃ʒe] <> vt to harvest grapes from <> vi to harvest the grapes.

vendangeur, euse [vɑ̃dɑ̃ʒœr, øz] nm, f grape-picker.

vendetta [vɑ̃deta] nf vendetta.

vendeur, euse [vɑ̃dœr, øz] nm, f salesman (f saleswoman).

vendre [73] [vɑ̃dr] vt to sell ; **'à ~'** 'for sale'.
➤ **se vendre** vp - **1.** [maison, produit] to be sold - **2.** péj [se laisser corrompre] to sell o.s. - **3.** [se trahir] to give o.s. away.

vendredi [vɑ̃drədi] nm Friday ; **Vendredi Saint** Good Friday ; voir aussi **samedi**.

vends ⊳ vendre.

vendu, e [vɑ̃dy] <> pp ⊳ vendre <> adj - **1.** [cédé] sold - **2.** [corrompu] corrupt <> nm, f traitor.

venelle [vənɛl] nf alley.

vénéneux, euse [venenø, øz] adj poisonous.

vénérable [venerabl] adj venerable.

vénération [venerasjɔ̃] nf veneration, reverence.

vénérer [18] [venere] vt to venerate, to revere.

vénerie [venri] nf hunting.

vénérien, enne [venerjɛ̃, ɛn] adj venereal.

Venezuela [venezɥela] nm : **le ~** Venezuela ; **au ~** in Venezuela.

vénézuélien, enne [venezɥeljɛ̃, ɛn] adj Venezuelan.
➤ **Vénézuélien, enne** nm, f Venezuelan.

vengeance [vɑ̃ʒɑ̃s] nf vengeance.

venger [17] [vɑ̃ʒe] vt to avenge.
➤ **se venger** vp to get one's revenge ; **se ~ de qqn** to take revenge on sb ; **se ~ de qqch** to take revenge for sthg ; **se ~ sur** to take it out on.

vengeur, vengeresse [vɑ̃ʒœr, vɑ̃ʒrɛs] <> adj vengeful <> nm, f avenger.

véniel, elle [venjɛl] adj venial.

venimeux, euse [vənimø, øz] adj venomous.

venin [vənɛ̃] nm venom.

venir [40] [vənir] vi to come ; [plante, arbre] to come on ; **~ de** [personne, mot] to come from ; [échec] to be due to ; **~ à** [maturité] to reach ; [question, sujet] to come to ; **il lui vient à l'épaule** he comes up to his/her shoulder ; **~ de faire qqch** to have just done sthg ; **je viens de la voir** I've just seen her ; **s'il venait à mourir ...**

if he was to die ... ; **où veux-tu en ~?** what are you getting at?
➤ **s'en venir** vp littéraire to come (along).

Venise [vəniz] n Venice.

vénitien, enne [venisjɛ̃, ɛn] adj Venetian.
➤ **Vénitien, enne** nm, f Venetian.

vent [vɑ̃] nm wind ; **il fait** ou **il y a du ~** headwind ; **~ contraire** headwind ; **dans le ~** trendy ; **avoir ~ de** fig to get wind of ; **bon ~!** fig good riddance! ; **contre ~s et marées** fig come hell or high water.

vente [vɑ̃t] nf - **1.** [cession, transaction] sale ; **en ~** on sale ; **en ~ libre** available over the counter ; **~ de charité** (charity) bazaar ; **~ par correspondance** mail order ; **~ à la criée** sale by auction ; **~ en demi-gros** cash-and-carry ; **~ au détail** retail sales ; **~ directe** direct selling ; **~ aux enchères** auction ; **~ en gros** wholesale sales - **2.** [service] sales (department) - **3.** [technique] selling.

venteux, euse [vɑ̃tø, øz] adj windy.

ventilateur [vɑ̃tilatœr] nm fan.

ventilation [vɑ̃tilasjɔ̃] nf - **1.** [de pièce] ventilation - **2.** FIN breakdown.

ventiler [3] [vɑ̃tile] vt - **1.** [pièce] to ventilate - **2.** FIN to break down.

ventouse [vɑ̃tuz] nf - **1.** [de caoutchouc] suction pad ; [d'animal] sucker - **2.** MÉD cupping glass - **3.** TECHNOL air vent.

ventral, e, aux [vɑ̃tral, o] adj ventral.

ventre [vɑ̃tr] nm [de personne] stomach ; **avoir/ prendre du ~** to have/be getting (a bit of) a paunch ; **avoir le ~ ballonné** to have a bloated stomach ; **à plat ~** flat on one's stomach ; **~ à terre** fig flat out ; **avoir quelque chose dans le ~** fig to have guts.

ventricule [vɑ̃trikyl] nm ventricle.

ventriloque [vɑ̃trilɔk] nmf ventriloquist.

ventripotent, e [vɑ̃tripotɑ̃, ɑ̃t] adj fam potbellied.

ventru, e [vɑ̃try] adj - **1.** fam [personne] potbellied - **2.** [cruche] round ; [commode] bowfronted.

venu, e [vəny] <> pp ⊳ venir <> adj : **bien ~** welcome ; **mal ~** unwelcome ; **il serait mal ~ de faire cela** it would be improper to do that <> nm, f : **nouveau ~** newcomer.
➤ **venue** nf coming, arrival.

vêpres [vɛpr] nfpl vespers.

ver [vɛr] nm worm ; **~ luisant** glow-worm ; **~ à soie** silkworm ; **~ solitaire** tapeworm ; **~ de terre** earthworm ; **nu comme un ~** fig stark naked ; **tirer les ~s du nez à qqn** fig to worm information out of sb.

véracité [verasite] nf truthfulness.

véranda [verãda] nf veranda.

verbal, e, aux [verbal, o] adj - **1.** [promesse, violence] verbal - **2.** GRAM verb (avant n).

verbalement [verbalmã] adv verbally.

verbaliser [3] [verbalize] ◇ vt to verbalize ◇ vi to make out a report.

verbe [verb] nm - **1.** GRAM verb ; ~ **impersonnel** impersonal verb - **2.** littéraire [langage] words (pl), language.

verbeux, euse [verbø, øz] adj wordy, verbose.

verbiage [verbjaʒ] nm verbiage.

verdâtre [verdatr] adj greenish.

verdeur [verdœr] nf - **1.** [de personne] vigour Br, vigor Am, vitality - **2.** [de langage] crudeness - **3.** [de fruit] tartness ; [de vin] acidity - **4.** [de bois] greenness.

verdict [verdikt] nm verdict.

verdir [32] [verdir] vt & vi to turn green.

verdoyant, e [verdwajã, ãt] adj green.

verdoyer [13] [verdwaje] vi to turn green.

verdure [verdyr] nf - **1.** [végétation] greenery - **2.** [couleur] greenness - **3.** [légumes verts] green vegetables (pl), greens (pl).

véreux, euse [verø, øz] adj worm-eaten, maggoty ; fig shady.

verge [verʒ] nf - **1.** ANAT penis - **2.** littéraire [baguette] rod, stick.

verger [verʒe] nm orchard.

vergeture [verʒətyr] nf stretchmark.

verglacé, e [verglase] adj icy.

verglas [vergla] nm (black) ice.

vergogne [vergɔɲ] ➡ **sans vergogne** loc adv shamelessly.

vergue [verg] nf yard.

véridique [veridik] adj truthful.

vérifiable [verifjabl] adj verifiable.

vérificateur, trice [verifikatœr, tris] ◇ adj : comptable ~ auditor ◇ nm, f inspector.

vérification [verifikasjɔ̃] nf - **1.** [contrôle] check, checking - **2.** [confirmation] proof, confirmation.

vérifier [9] [verifje] vt - **1.** [contrôler] to check - **2.** [confirmer] to prove, to confirm. ➡ **se vérifier** vp to prove accurate.

vérin [verɛ̃] nm jack.

véritable [veritabl] adj real ; [ami] true ; **du cuir/de l'or** ~ real leather/gold.

véritablement [veritabləmã] adv really.

vérité [verite] nf - **1.** [chose vraie, réalité, principe] truth (U) ; **dire ses quatre ~s à qqn** fam to tell sb a few home truths - **2.** [sincérité] sincerity - **3.** [ressemblance - de reproduction] accuracy ; [- de personnage, portrait] trueness to life. ➡ **en vérité** loc adv actually, really.

verlan [verlã] nm back slang.

VERLAN

This popular form of slang, in which syllables are reversed, is widely used by young people in France. The term 'verlan' comes from 'à l'envers' (back to front). Common examples include 'meuf' for 'femme', 'keuf' for 'flic', 'beur' for 'arabe' meaning a second-generation Mahgreban, 'ripou' for 'pourri', 'ripa' for 'Paris' and 'laisse béton' for 'laisse tomber'.

vermeil, eille [vermɛj] adj scarlet. ➡ **vermeil** nm silver-gilt.

vermicelle [vermisɛl] nm vermicelli (U).

vermifuge [vermifyʒ] nm [pour chat, chien] worm tablet.

vermillon [vermijɔ̃] nm & adj inv vermilion.

vermine [vermin] nf - **1.** [parasites] vermin - **2.** fig [canaille] rat.

vermisseau, x [vermiso] nm - **1.** [ver] small worm - **2.** fig [être chétif] runt.

vermoulu, e [vermuly] adj riddled with woodworm ; fig moth-eaten.

vermouth [vermut] nm vermouth.

vernaculaire [vernakyler] adj vernacular.

verni, e [verni] adj - **1.** [bois] varnished - **2.** [souliers] : **chaussures ~es** patent-leather shoes - **3.** fam [chanceux] lucky.

vernir [32] [vernir] vt to varnish.

vernis [verni] nm varnish ; fig veneer ; ~ **à ongles** nail polish ou varnish.

vernissage [vernisaʒ] nm - **1.** [de meuble] varnishing - **2.** [d'exposition] private viewing.

vérole [verɔl] nf MÉD : **petite** ~ smallpox.

verrat [vera] nm boar.

verre [ver] nm - **1.** [matière, récipient] glass ; [quantité] glassful, glass ; ~ **dépoli** frosted glass ; ~ **ballon** brandy glass ; ~ **à dents** tooth mug ou glass ; ~ **à moutarde** mustard jar ; ~ **à pied** long-stemmed glass ; ~ **à vin** wine glass - **2.** [optique] lens ; **porter des ~s** to wear glasses ; ~**s antireflet** anti-glare coated lenses ; ~**s de contact** contact lenses ; ~ **grossissant** magnifying glass ; ~**s progressifs** progressive lenses, progressives - **3.** [boisson] drink ; **boire un** ~ to have a drink.

verrerie [vɛrri] *nf* **- 1.** [fabrication] glass-making **- 2.** [usine] glassworks *(sg)* **- 3.** [objets] glassware.

verrier [vɛrje] *nm* glass-maker.

verrière [vɛrjɛr] *nf* **- 1.** [pièce] conservatory **- 2.** [toit] glass roof.

verroterie [vɛrɔtri] *nf* coloured Br ou colored Am glass beads *(pl)*.

verrou [vɛru] *nm* bolt ; **mettre qqn/être sous les ~s** to put sb/to be behind bars.

verrouillage [vɛruja3] *nm* AUTOM : **~ central** central locking.

verrouiller [3] [vɛruje] *vt* **- 1.** [porte] to bolt **- 2.** [personne] to lock up.

➡ **se verrouiller** *vp* to lock o.s. in.

verrue [vɛry] *nf* wart ; **~ plantaire** verruca.

vers[1] [vɛr] ◇ *nm* line ◇ *nmpl* : **en ~** in verse ; **faire des ~** to write poetry.

vers[2] [vɛr] *prép* **- 1.** [dans la direction de] towards Br, toward Am **- 2.** [aux environs de - temporel] around, about ; [- spatial] near ; **~ la fin du mois** towards Br ou toward Am the end of the month.

Versailles [vɛrsaj] *n* Versailles ; **le château de ~** (the Palace of) Versailles.

versant [vɛrsɑ̃] *nm* side.

versatile [vɛrsatil] *adj* changeable, fickle.

verse [vɛrs] ➡ **à verse** *loc adv* : **pleuvoir à ~** to pour down.

versé, e [vɛrse] *adj* : **être ~ dans** to be versed ou well-versed in.

Verseau [vɛrso] *nm* ASTROL Aquarius ; **être ~** to be (an) Aquarius.

versement [vɛrsəmɑ̃] *nm* payment.

verser [3] [vɛrse] ◇ *vt* **- 1.** [eau] to pour ; [larmes, sang] to shed **- 2.** [argent] to pay ◇ *vi* to overturn, to tip over ; **~ dans** *fig* to lapse into.

verset [vɛrse] *nm* verse.

verseur, euse [vɛrsœr, øz] *adj* pouring *(avant n)*.

➡ **verseur** *nm* pourer.

➡ **verseuse** *nf* pot, jug *(for coffee maker)*.

versification [vɛrsifikasjɔ̃] *nf* versification.

version [vɛrsjɔ̃] *nf* **- 1.** [gén] version ; **~ française/originale** French/original version **- 2.** [traduction] translation *(into mother tongue)*.

verso [vɛrso] *nm* back.

versus [vɛrsys] *prép* versus.

vert, e [vɛr, vɛrt] *adj* **- 1.** [couleur, fruit, légume, bois] green **- 2.** *fig* [vieillard] spry, sprightly **- 3.** [réprimande] sharp **- 4.** [à la campagne] : **le tou-**

risme **~** country holidays *(pl)* **- 5.** *fam* [histoire] smutty ; **(en entendre) des ~es et des pas mûres** (to hear) all sorts of awful things.

➡ **vert** *nm* **- 1.** [couleur] green ; **~ bouteille/d'eau/pomme/tendre** bottle/sea/apple/soft green **- 2.** [verdure] : **se mettre au ~** to take a break in the country.

➡ **Verts** *nmpl* : **les Verts** POLIT the Greens.

vert-de-gris [vɛrdəgri] ◇ *nm* verdigris ◇ *adj* grey-green Br, gray-green Am.

vertébral, e, aux [vɛrtebral, o] *adj* vertebral.

vertèbre [vɛrtɛbr] *nf* vertebra.

vertébré, e [vɛrtebre] *adj* vertebrate.

➡ **vertébré** *nm* vertebrate.

vertement [vɛrtəmɑ̃] *adv* sharply.

vertical, e, aux [vɛrtikal, o] *adj* vertical.

➡ **verticale** *nf* vertical ; **à la ~e** [descente] vertical ; [descendre] vertically.

verticalement [vɛrtikalmɑ̃] *adv* vertically.

vertige [vɛrti3] *nm* **- 1.** [peur du vide] vertigo ; **donner le ~ à qqn** to make sb dizzy **- 2.** [étourdissement] dizziness ; *fig* intoxication ; **avoir des ~s** to suffer from ou have dizzy spells.

vertigineux, euse [vɛrti3inø, øz] *adj* **- 1.** *fig* [vue, vitesse] breathtaking **- 2.** [hauteur] dizzy.

vertu [vɛrty] *nf* **- 1.** [morale, chasteté] virtue ; **de petite ~** of easy virtue **- 2.** [pouvoir] properties *(pl)*, power.

➡ **en vertu de** *loc prép* in accordance with.

vertueusement [vɛrtɥøzmɑ̃] *adv* virtuously.

vertueux, euse [vɛrtɥø, øz] *adj* virtuous.

verve [vɛrv] *nf* eloquence ; **être en ~** to be particularly eloquent.

verveine [vɛrvɛn] *nf* **- 1.** [plante] verbena **- 2.** [infusion] verbena tea.

vésicule [vezikyl] *nf* vesicle ; **~ biliaire** gall bladder.

Vespa® [vɛspa] *nf* scooter.

vespasienne [vɛspazjɛn] *nf* public urinal.

vespéral, e, aux [vɛsperal, o] *adj* *littéraire* evening *(avant n)*.

vessie [vesi] *nf* bladder.

veste [vɛst] *nf* **- 1.** [vêtement] jacket ; **~ croisée/droite** double-/single-breasted jacket ; **retourner sa ~** *fam fig* to change one's colours **- 2.** *fam* [échec] : **ramasser** ou **prendre une ~** to come a cropper.

vestiaire [vɛstjɛr] *nm* **- 1.** [au théâtre] cloakroom **- 2.** *(gén pl)* SPORT changing-room, locker-room.

vestibule [vɛstibyl] *nm* [pièce] hall, vestibule.

vestige [vɛstiʒ] *nm* (*gén pl*) [de ville] remains (*pl*) ; *fig* [de civilisation, grandeur] vestiges (*pl*), relic.

vestimentaire [vɛstimɑ̃tɛr] *adj* [industrie] clothing (*avant n*) ; [dépense] on clothes ; **détail ~** accessory.

veston [vɛstɔ̃] *nm* jacket.

vêtement [vɛtmɑ̃] *nm* garment, article of clothing ; **~s** clothing (*U*), clothes.

vétéran [veterɑ̃] *nm* veteran.

vétérinaire [veterinɛr] <> *adj* veterinary (*avant n*) <> *nmf* vet, veterinary surgeon.

vétille [vetij] *nf* triviality.

vêtir [44] [vetir] *vt* to dress.
➡ **se vêtir** *vp* to dress, to get dressed.

vétiver [vetivɛr] *nm* vetiver.

veto [veto] *nm inv* veto ; **mettre son ~ à qqch** to veto sthg.

véto [veto] *nmf fam* vet.

vêtu, e [vety] <> *pp* ⊏ **vêtir** <> *adj* : **~ (de)** dressed (in) ; **à demi-~** half-dressed.

vétuste [vetyst] *adj* dilapidated.

vétusté [vetyste] *nf* dilapidation.

veuf, veuve [vœf, vœv] <> *adj* widowed <> *nm, f* widower (*f* widow).

veuille *etc* ⊏ **vouloir**.

veule [vøl] *adj* spineless.

veulerie [vølri] *nf* spinelessness.

veut ⊏ **vouloir**.

veuvage [vœvaʒ] *nm* [de femme] widowhood ; [d'homme] widowerhood.

veuve ⊏ **veuf**.

veux ⊏ **vouloir**.

vexant, e [vɛksɑ̃, ɑ̃t] *adj* **- 1.** [contrariant] annoying, vexing **- 2.** [blessant] hurtful.

vexation [vɛksasjɔ̃] *nf* [humiliation] insult.

vexatoire [vɛksatwar] *adj* offensive.

vexer [4] [vɛkse] *vt* to offend.
➡ **se vexer** *vp* to take offence *Br* ou offense *Am*.

VF (*abr de* **version française**) *nf* indicates that a film has been dubbed into French.

VHF (*abr de* **very high frequency**) *nf* VHF.

via [vja] *prép* via.

viabiliser [3] [vjabilize] *vt* to service.

viabilité [vjabilite] *nf* **- 1.** [de route] passable state **- 2.** [d'entreprise, organisme] viability.

viable [vjabl] *adj* viable.

viaduc [vjadyk] *nm* viaduct.

viager, ère [vjaʒe, ɛr] *adj* life (*avant n*).

➡ **viager** *nm* life annuity ; **mettre qqch en ~** to sell sthg in return for a life annuity.

viande [vjɑ̃d] *nf* meat ; **~ blanche** white meat ; **~ froide** cold meat ; **~ rouge** red meat.

viatique [vjatik] *nm* **- 1.** RELIG : **recevoir le ~** to receive the last rites (*pl*) **- 2.** *littéraire* [soutien] lifeline.

vibrant, e [vibrɑ̃, ɑ̃t] *adj* **- 1.** [corde] vibrating **- 2.** *fig* [discours] stirring.

vibraphone [vibrafɔn] *nm* vibraphone.

vibration [vibrasjɔ̃] *nf* vibration.

vibratoire [vibratwar] *adj* vibratory.

vibrer [3] [vibre] *vi* **- 1.** [trembler] to vibrate **- 2.** *fig* [être ému] : **~ (de)** to be stirred (with).

vibromasseur [vibromasœr] *nm* vibrator.

vicaire [vikɛr] *nm* curate.

vice [vis] *nm* **- 1.** [de personne] vice **- 2.** [d'objet] fault, defect ; **~ caché** hidden flaw ; **~ de forme** JUR flaw.

vice-consul [viskɔ̃syl] (*pl* **vice-consuls**) *nm* vice-consul.

vice-présidence [visprezidɑ̃s] (*pl* **vice-présidences**) *nf* POLIT vice-presidency ; [de société] vice-chairmanship.

vice-président, e [visprezidɑ̃, ɑ̃t] (*mpl* **vice-présidents**, *fpl* **vice-présidentes**) *nm, f* POLIT vice-president ; [de société] vice-chairman (*f* vice-chairwoman).

vice versa [vis(e)vɛrsa] *loc adv* vice versa.

vichy [viʃi] *nm* **- 1.** [étoffe] gingham **- 2.** [eau] vichy (water).

vicié, e [visje] *adj* [air] polluted, tainted.

vicier [9] [visje] *vt* **- 1.** [air] to pollute, to taint **- 2.** JUR to invalidate.

vicieux, euse [visjø, øz] *adj* **- 1.** [personne, conduite] perverted, depraved **- 2.** [animal] restive **- 3.** [attaque] underhand **- 4.** *sout* [prononciation, locution] incorrect.

vicinal, e, aux [visinal, o] ⊏ **chemin**.

vicissitudes [visisityd] *nfpl* vicissitudes.

vicomte, vicomtesse [vikɔ̃t, vikɔ̃tɛs] *nm, f* viscount (*f* viscountess).

victime [viktim] *nf* victim ; [blessé] casualty.

victoire [viktwar] *nf* MIL victory ; POLIT & SPORT win, victory ; **chanter** ou **crier ~** to boast of one's success.

victorieux, euse [viktɔrjø, øz] *adj* **- 1.** MIL victorious ; POLIT & SPORT winning (*avant n*) victorious **- 2.** [air] triumphant.

victuailles [viktɥaj] *nfpl* provisions.

vidange [vidɑ̃ʒ] *nf* **- 1.** [action] emptying

draining - **2.** AUTOM oil change - **3.** [mécanisme] waste outlet.

➧ **vidanges** *nfpl* sewage *(U)*.

vidanger [17] [vidãʒe] *vt* to empty, to drain.

vide [vid] ◇ *nm* - **1.** [espace] void ; *fig* [néant, manque] emptiness - **2.** [absence d'air] vacuum ; **conditionné sous ~** vacuum-packed - **3.** [ouverture] gap, space - **4.** *loc* : **faire le ~** [se détendre] to have some time on one's own ; **parler dans le ~** [sans objet] to talk aimlessly ; [sans auditeur] to talk to a brick wall OU to o.s. ; **regarder dans le ~** to stare into space ◇ *adj* empty ; **~ de** *fig* devoid of.

➧ **à vide** *loc adj* & *loc adv* empty.

vidéo [video] ◇ *nf* video ◇ *adj inv* video *(avant n)*.

vidéocassette [videokasɛt] *nf* video cassette.

vidéoconférence [videokɔ̃ferãs] = **visioconférence**.

vidéodisque [videodisk] *nm* videodisc.

vide-ordures [vidɔrdyr] *nm inv* rubbish chute.

vidéosurveillance [videosyrvɛjãs] *nf* video surveillance.

vidéothèque [videotɛk] *nf* video library.

vidéotransmission [videotrãsmisjɔ̃] *nf* video transmission.

vide-poches [vidpɔʃ] *nm inv* - **1.** [chez soi] tidy - **2.** [de voiture] glove compartment.

vide-pomme [vidpɔm] *(pl inv* OU **vide-pommes)** *nm* apple corer.

vider [3] [vide] *vt* - **1.** [rendre vide] to empty - **2.** [évacuer] : **~ les lieux** to vacate the premises - **3.** [poulet] to clean - **4.** *fam* [personne - épuiser] to drain ; [- expulser] to chuck out.

➧ **se vider** *vp* - **1.** [eaux] : **se ~ dans** to empty into, to drain into - **2.** [baignoire, salle] to empty.

videur [vidœr] *nm* bouncer.

vie [vi] *nf* - **1.** [gén] life ; **attenter à la ~ de qqn** to make an attempt on sb's life ; **coûter la ~ à qqn** to cost sb his/her life ; **sauver la ~ à qqn** to save sb's life ; **être en ~** to be alive ; **être entre la ~ et la mort** to be at death's door ; **sa ~ durant** for one's entire life ; **à ~** for life ; **une ~ de chien** *fam* a dog's life ; **mener la ~ dure à qqn** to make sb's life hell ; **prendre la ~ du bon côté** to look on the bright side of life ; **voir la ~ en rose** to see life through rose-coloured Br OU rose-colored Am spectacles ; **enterrer sa ~ de garçon** to have a stag party OU night - **2.** [subsistance] cost of living ; **gagner sa ~** to earn one's living.

vieil ⊳ **vieux**.

vieillard [vjɛjar] *nm* old man.

vieille ⊳ **vieux**.

vieillerie [vjɛjri] *nf* [objet] old thing.

vieillesse [vjɛjɛs] *nf* - **1.** [fin de la vie] old age - **2.** [vieillards] : **la ~** old people *(pl)*.

vieilli, e [vjɛji] *adj* [mode, attitude] dated.

vieillir [32] [vjɛjir] ◇ *vi* - **1.** [personne] to grow old, to age ; **~ bien/mal** to age well/badly - **2.** CULIN to mature, to age - **3.** [tradition, idée] to become dated OU outdated ◇ *vt* - **1.** [suj : coiffure, vêtement] : **~ qqn** to make sb look older - **2.** [suj : personne] : **ils m'ont vieilli de cinq ans** they said I was five years older than I actually am.

➧ **se vieillir** *vp* [d'apparence] to make o.s. look older ; [dans les propos] to say one is older than one really is.

vieillissement [vjɛjismã] *nm* - **1.** [de personne] ageing - **2.** [de mot, d'idée] obsolescence - **3.** [de vin, fromage] maturing, ageing.

vieillot, otte [vjɛjo, ɔt] *adj* old-fashioned.

vielle [vjɛl] *nf* hurdy-gurdy.

Vienne [vjɛn] *n* - **1.** [en France] Vienne - **2.** [en Autriche] Vienna.

viennois, e [vjɛnwa, az] *adj* Viennese ; **pain ~** Vienna loaf.

➧ **Viennois, e** *nm, f* Viennese.

vierge [vjɛrʒ] ◇ *nf* virgin ; **la (Sainte) Vierge** the Virgin (Mary) ◇ *adj* - **1.** [personne] virgin - **2.** [terre] virgin ; [page] blank ; [casier judiciaire] clean ; **~ de** unsullied by.

➧ **Vierge** *nf* ASTROL Virgo ; **être Vierge** to be (a) Virgo.

Viêt Nam [vjɛtnam] *nm* : **le ~** Vietnam ; **au ~** in Vietnam ; **le Nord ~** North Vietnam ; **le Sud ~** South Vietnam.

vietnamien, enne [vjɛtnamjɛ̃, ɛn] *adj* Vietnamese.

➧ **vietnamien** *nm* [langue] Vietnamese.

➧ **Vietnamien, enne** *nm, f* Vietnamese person.

vieux, vieille [vjø, vjɛj] ◇ *adj (vieil devant voyelle ou h muet)* old ; **se faire ~** to get old ; **~ jeu** old-fashioned ◇ *nm, f* - **1.** [personne âgée] old man *(f* woman) ; **les ~** the old ; **un petit ~** a little old man - **2.** *fam* [ami] : **mon ~** old chap OU boy Br, old buddy Am ; **ma vieille** old girl - **3.** *tfam* [parent] old man *(f* woman) ; **ses ~** his folks ◇ *nm* [meubles] antique furniture.

vif, vive [vif, viv] *adj* - **1.** [preste - enfant] lively ; [- imagination] vivid - **2.** [couleur, œil] bright ; **rouge/jaune ~** bright red/yellow - **3.** [reproche] sharp ; [discussion] bitter - **4.** *sout* [vivant] alive **- 5.** [douleur, déception] acute ; [intérêt] keen ; [amour, haine] intense, deep.

➤ **vif** nm **- 1.** JUR living person **- 2.** PÊCHE live bait **- 3.** loc : **entrer dans le ~ du sujet** to get to the heart of the matter ; **piquer au ~** to touch a raw nerve ; **prendre qqn sur le ~** to catch sb red-handed ; **une photo prise sur le ~** an action photograph.

➤ **à vif** loc adj [plaie] open ; **j'ai les nerfs à ~** fig my nerves are frayed.

vif-argent [vifaʀʒɑ̃] nm inv quicksilver ; fig [personne] live wire.

vigie [viʒi] nf **- 1.** [NAVIG - personne] look-out ; [- poste] crow's nest **- 2.** RAIL observation box.

vigilance [viʒilɑ̃s] nf vigilance.

vigilant, e [viʒilɑ̃, ɑ̃t] adj vigilant, watchful.

vigile [viʒil] nm watchman.

vigne [viɲ] nf **- 1.** [plante] vine, grapevine **- 2.** [plantation] vineyard.

➤ **vigne vierge** nf Virginia creeper.

vigneron, onne [viɲəʀɔ̃, ɔn] nm, f wine grower.

vignette [viɲɛt] nf **- 1.** [timbre] label ; [de médicament] price sticker (for reimbursement by the social security services) ; AUTOM tax disc Br, license sticker Am **- 2.** [motif] vignette.

vignoble [viɲɔbl] nm **- 1.** [plantation] vineyard **- 2.** [vignes] vineyards (pl).

vigoureusement [viguʀøzmɑ̃] adv vigorously.

vigoureux, euse [viguʀø, øz] adj [corps, personne] vigorous ; [bras, sentiment] strong.

vigueur [vigœʀ] nf vigour Br, vigor Am.

➤ **en vigueur** loc adj in force.

vil, e [vil] adj vile, base.

vilain, e [vilɛ̃, ɛn] adj **- 1.** [gén] nasty **- 2.** [laid] ugly.

➤ **vilain** nm **- 1.** HIST villein **- 2.** fam [grabuge] : **il y aura du ~** there's going to be trouble.

vilebrequin [vilbʀəkɛ̃] nm **- 1.** [outil] brace and bit **- 2.** AUTOM crankshaft.

vilenie [vileni] nf **- 1.** [caractère] vileness, baseness **- 2.** [action] vile deed ; [parole] vile comment.

vilipender [3] [vilipɑ̃de] vt littéraire to vilify.

villa [vila] nf villa.

village [vilaʒ] nm village ; **~ de vacances** holiday village Br, vacation village Am.

villageois, e [vilaʒwa, az] ◇ adj rustic ◇ nm, f villager.

ville [vil] nf [petite, moyenne] town ; [importante] city ; **aller en ~** to go into town ; **habiter en ~** to live in town ; **~ champignon** town which

has mushroomed ; **~ dortoir/nouvelle** dormitory/new town ; **~ d'eau** spa (town).

villégiature [vileʒjatyʀ] nf holiday.

Villette [vilɛt] n : **la ~** cultural complex in north Paris (including a science museum, theatre and park).

PARC DE LA VILLETTE

> This park contains the 'Cité de la musique', which includes a concert hall and a music museum and is also seat of the national conservatory of music and dance, and the 'Cité des sciences et de l'industrie'. The latter, which opened its doors in 1986, houses a permanent exhibition on matter, space, life and communication, a planetarium, a media library and a Geode cinema. Near the 'Grande Halle', a 19th century steel and glass building used for temporary exhibitions and events, is the 'Zénith', a large concert hall.

Vilnious [vilnjus] n Vilnius.

vin [vɛ̃] nm wine ; **~ blanc/rosé/rouge** white/rosé/red wine. ; **~ champagnisé** champagne-style wine ; **~ résiné** retsina ; **~ de table** table wine.

➤ **vin d'honneur** nm reception.

vinaigre [vinɛgʀ] nm vinegar ; **~ de framboise/de vin** raspberry/wine vinegar ; **~ balsamique** balsamic vinegar ; **tourner au ~** fig to turn sour.

vinaigrer [4] [vinegʀe] vt to put vinegar on.

vinaigrette [vinɛgʀɛt] nf oil and vinegar dressing.

vinasse [vinas] nf péj plonk.

vindicatif, ive [vɛ̃dikatif, iv] adj vindictive.

vindicte [vɛ̃dikt] nf : **~ publique** JUR justice.

vingt [vɛ̃] adj num & nm twenty ; voir aussi **six**.

vingtaine [vɛ̃tɛn] nf : **une ~ de** about twenty.

vingtième [vɛ̃tjɛm] adj num, nm ou nmf twentieth ; voir aussi **sixième**.

vinicole [vinikɔl] adj wine-growing, wine-producing.

vinification [vinifikasjɔ̃] nf wine-making.

viol [vjɔl] nm **- 1.** [de femme] rape ; **au ~ !** rape! **- 2.** [de sépulture] desecration ; [de sanctuaire] violation.

violacé, e [vjɔlase] adj purplish.

violation [vjɔlasjɔ̃] nf violation, breach ; **~ de domicile** unauthorized entry.

viole [vjɔl] nf viol.

violemment [vjɔlamɑ̃] adv **- 1.** [frapper] violently **- 2.** [rétorquer] sharply.

violence [vjɔlɑ̃s] *nf* violence ; **se faire ~** to force o.s.

violent, e [vjɔlɑ̃, ɑ̃t] *adj* - **1.** [personne, tempête] violent - **2.** *fig* [douleur, angoisse, chagrin] acute ; [haine, passion] violent - **3.** *fam* [excessif] annoying.

violenter [3] [vjɔlɑ̃te] *vt* to assault sexually.

violer [3] [vjɔle] *vt* - **1.** [femme] to rape - **2.** [loi, traité] to break - **3.** [sépulture] to desecrate ; [sanctuaire] to violate.

violet, ette [vjɔle, ɛt] *adj* purple ; [pâle] violet.
➤ **violet** *nm* purple ; [pâle] violet.

violette [vjɔlɛt] *nf* violet.

violeur [vjɔlœr] *nm* rapist.

violon [vjɔlɔ̃] *nm* - **1.** [instrument] violin ; **accorder ses ~s** *fig* to come to an agreement - **2.** [musicien] violin (player) - **3.** *fam* [prison] nick *Br*, clink.
➤ **violon d'Ingres** *nm* hobby.

violoncelle [vjɔlɔ̃sɛl] *nm* - **1.** [instrument] cello - **2.** [musicien] cello (player).

violoncelliste [vjɔlɔ̃selist] *nmf* cellist.

violoneux [vjɔlɔnø] *nm* fiddler.

violoniste [vjɔlɔnist] *nmf* violinist.

VIP (*abr de* very important person) *nm* VIP.

vipère [viper] *nf* viper.

virage [viraʒ] *nm* - **1.** [sur route] bend ; **négocier un ~** to negotiate a bend ; **prendre un ~** to take a bend ; **~ sans visibilité** blind corner ; **~ en épingle à cheveux** hairpin bend - **2.** [changement] turn - **3.** CHIM colour *Br ou* color *Am* change - **4.** MÉD positive reaction.

viral, e, aux [viral, o] *adj* viral.

virée [vire] *nf fam* : **faire une ~** [en voiture] to go for a spin ; [dans bars] ≃ to go on a pub crawl.

virement [virmɑ̃] *nm* - **1.** FIN transfer ; **~ bancaire/postal** bank/giro transfer ; **~ automatique** automatic transfer - **2.** NAVIG : **~ (de bord)** tacking.

virer [3] [vire] ◇ *vi* - **1.** [tourner] : **~ à droite/à gauche** to turn right/left - **2.** [étoffe] to change colour *Br ou* color *Am* ; **~ au blanc/jaune** to go white/yellow - **3.** PHOT to tone - **4.** MÉD to react positively ◇ *vt* - **1.** FIN to transfer - **2.** *fam* [renvoyer] to kick out.

virevolte [virvɔlt] *nf* - **1.** [mouvement] twirl - **2.** *fig* [volte-face] about-turn, U-turn.

virevolter [3] [virvɔlte] *vi* - **1.** [tourner] to twirl *ou* spin round - **2.** *fig* [changer de sujet] to flit from one subject to another.

virginal, e, aux [virʒinal, o] *adj* virginal.

virginité [virʒinite] *nf* - **1.** [de personne] virginity - **2.** [de sentiment] purity.

virgule [virgyl] *nf* [entre mots] comma ; [entre chiffres] (decimal) point.

viril, e [viril] *adj* virile.

virilité [virilite] *nf* virility.

virologie [virɔlɔʒi] *nf* virology.

virtualité [virtɥalite] *nf* potentiality, possibility.

virtuel, elle [virtɥɛl] *adj* potential ; **animal ~** cyberpet.

virtuellement [virtɥɛlmɑ̃] *adv* - **1.** [potentiellement] potentially - **2.** [pratiquement] virtually.

virtuose [virtɥoz] *nmf* virtuoso.

virtuosité [virtɥozite] *nf* virtuosity.

virulence [virylɑ̃s] *nf* virulence.

virulent, e [virylɑ̃, ɑ̃t] *adj* virulent.

virus [virys] *nm* INFORM & MÉD virus ; *fig* bug.

vis [vis] *nf* screw ; **serrer la ~ à qqn** *fig* to put the screws on sb.

visa [viza] *nm* visa ; **~ de censure** censor's certificate.

visage [vizaʒ] *nm* face ; **à ~ découvert** *fig* openly.

visagiste [vizaʒist] *nmf* beautician.

vis-à-vis [vizavi] *nm* - **1.** [personne] person sitting opposite - **2.** [tête-à-tête] encounter - **3.** [immeuble] : **avoir un ~** to have a building opposite.
➤ **vis-à-vis de** *loc prép* - **1.** [en face de] opposite - **2.** [en comparaison de] beside, compared with - **3.** [à l'égard de] towards *Br*, toward *Am*.

viscéral, e, aux [viseral, o] *adj* - **1.** ANAT visceral - **2.** *fam* [réaction] gut (*avant n*) ; [haine, peur] deep-seated.

viscère [viser] *nm* (*gén pl*) innards (*pl*).

viscose [viskoz] *nf* viscose.

viscosité [viskozite] *nf* - **1.** [de liquide] viscosity - **2.** [de surface] stickiness.

visé, e [vize] *adj* - **1.** [concerné] concerned - **2.** [vérifié] stamped.

visée [vize] *nf* - **1.** [avec arme] aiming - **2.** (*gén pl*) *fig* [intention, dessein] aim.

viser [3] [vize] ◇ *vt* - **1.** [cible] to aim at - **2.** *fig* [poste] to aspire to, to aim for ; [personne] to be directed *ou* aimed at - **3.** *fam* [fille, voiture] to get a load of - **4.** [document] to check, to stamp ◇ *vi* to aim, to take aim ; **~ à** to aim at ; **~ à faire qqch** to aim to do sthg, to be intended to do sthg ; **~ haut** *fig* to aim high ; **ne pas ~ juste** not to aim accurately, to aim wide.

viseur [vizœr] *nm* **- 1.** [d'arme] sights *(pl)* **- 2.** PHOT viewfinder.

visibilité [vizibilite] *nf* visibility.

visible [vizibl] *adj* **- 1.** [gén] visible **- 2.** [personne] : **il n'est pas ~** he's not seeing visitors.

visiblement [vizibləmɑ̃] *adv* visibly.

visière [vizjɛr] *nf* **- 1.** [de casque] visor **- 2.** [de casquette] peak **- 3.** [de protection] eyeshade.

visioconférence [vizjokɔ̃ferɑ̃s], **vidéoconférence** [videokɔ̃ferɑ̃s] *nf* videoconference.

vision [vizjɔ̃] *nf* **- 1.** [faculté] eyesight, vision **- 2.** [représentation] view, vision **- 3.** [mirage] vision.

visionnaire [vizjɔnɛr] *nmf* & *adj* visionary.

visionner [3] [vizjɔne] *vt* to view.

visionneuse [vizjɔnøz] *nf* viewer.

visite [vizit] *nf* **- 1.** [chez un ami, officielle] visit ; **avoir de la ~** *OU* **une ~** to have visitors ; **rendre ~ à qqn** to pay sb a visit **- 2.** [MÉD - à l'extérieur] call, visit ; [- à l'hôpital] rounds *(pl)* ; **passer une ~ médicale** to have a medical **- 3.** [de monument] tour **- 4.** [d'expert] inspection.

visiter [3] [vizite] *vt* **- 1.** [en touriste] to tour **- 2.** [malade, prisonnier] to visit.

visiteur, euse [vizitœr, øz] *nm, f* visitor.

vison [vizɔ̃] *nm* mink.

visqueux, euse [viskø, øz] *adj* **- 1.** [liquide] viscous **- 2.** [surface] sticky **- 3.** *péj* [personne, manières] slimy, smarmy.

visser [3] [vise] *vt* **- 1.** [planches] to screw together **- 2.** [couvercle] to screw down **- 3.** [bouchon] to screw in ; [écrou] to screw on **- 4.** *fam fig* [enfant] to keep a tight rein on.

visualisation [vizɥalizasjɔ̃] *nf* INFORM display mode.

visualiser [3] [vizɥalize] *vt* **- 1.** [gén] to visualize **- 2.** INFORM to display ; TECHNOL to make visible.

visuel, elle [vizɥɛl] *adj* visual.
➥ **visuel** *nm* INFORM visual display unit ; **~ graphique** graphical display unit.

visuellement [vizɥɛlmɑ̃] *adv* visually.

vital, e, aux [vital, o] *adj* vital.

vitalité [vitalite] *nf* vitality.

vitamine [vitamin] *nf* vitamin.

vitaminé, e [vitamine] *adj* with added vitamins, vitamin-enriched.

vite [vit] *adv* **- 1.** [rapidement] quickly, fast ; **fais ~!** hurry up! ; **avoir ~ fait de faire qqch** to have been quick to do sthg **- 2.** [tôt] soon.

vitesse [vites] *nf* **- 1.** [gén] speed ; **prendre de la ~** to pick up *OU* gather speed ; **prendre qqn de ~** *fig* to outstrip sb ; **à toute ~** at top speed ; **~ de croisière** cruising speed **- 2.** AUTOM gear ; **changer de ~** to change gear ; **en quatrième ~** *fam fig* at the double.

viticole [vitikɔl] *adj* wine-growing.

viticulteur, trice [vitikyltœr, tris] *nm, f* wine-grower.

viticulture [vitikyltyr] *nf* wine-growing.

vitrage [vitraʒ] *nm* **- 1.** [vitres] windows *(pl)* **- 2.** [toit] glass roof.

vitrail, aux [vitraj, o] *nm* stained-glass window.

vitre [vitr] *nf* **- 1.** [de fenêtre] pane of glass, windowpane **- 2.** [de voiture, train] window.

vitré, e [vitre] *adj* glass *(avant n)*.

vitrer [3] [vitre] *vt* to glaze.

vitreux, euse [vitrø, øz] *adj* **- 1.** [roche] vitreous **- 2.** [œil, regard] glassy, glazed.

vitrier [vitrije] *nm* glazier.

vitrification [vitrifikasjɔ̃] *nf* **- 1.** [de parquet] sealing and varnishing **- 2.** [d'émail] vitrification.

vitrifier [9] [vitrifje] *vt* **- 1.** [parquet] to seal and varnish **- 2.** [émail] to vitrify.

vitrine [vitrin] *nf* **- 1.** [de boutique] (shop) window ; *fig* showcase ; **lécher les ~s** to go window-shopping **- 2.** [meuble] display cabinet.

vitriol [vitrijɔl] *nm* vitriol.

vitupération [vityperasjɔ̃] *nf* vituperation.

vitupérer [18] [vitypere] *vt* to rail against.

vivable [vivabl] *adj* [appartement] livable-in ; [situation] bearable, tolerable ; [personne] : **il n'est pas ~** he's impossible to live with.

vivace [vivas] *adj* **- 1.** [plante] perennial ; [arbre] hardy **- 2.** *fig* [haine, ressentiment] deep-rooted, entrenched ; [souvenir] enduring.

vivacité [vivasite] *nf* **- 1.** [promptitude - de personne] liveliness, vivacity ; **~ d'esprit** quick-wittedness **- 2.** [de coloris, teint] intensity, brightness **- 3.** [de propos] sharpness.

vivant, e [vivɑ̃, ɑ̃t] *adj* **- 1.** [en vie] alive, living **- 2.** [enfant, quartier] lively **- 3.** [souvenir] still fresh **- 4.** *fig* [preuve] living.
➥ **vivant** *nm* **- 1.** [vie] : **du ~ de qqn** in sb's lifetime **- 2.** [personne] : **les ~s** the living ; **un bon ~** *fig* a person who enjoys (the good things in) life.

vivarium [vivarjɔm] *nm* vivarium.

vivats [viva] *nmpl* cheers, cheering *(sg)*.

vive¹ [viv] *nf* [poisson] weever.

vive² [viv] *interj* three cheers for ; **~ le roi!** long live the King!

vivement [vivmɑ̃] ◇ adv - **1.** [agir] quickly - **2.** [répondre] sharply - **3.** [affecter] deeply ◇ interj : ~ **les vacances!** roll on the holidays! ; ~ **que l'été arrive** I'll be glad when summer comes, summer can't come quick enough.

vivier [vivje] nm - **1.** [de poissons] fish pond ; [dans un restaurant] fish tank - **2.** fig [concentration] breeding-ground.

vivifiant, e [vivifjɑ̃, ɑ̃t] adj invigorating, bracing.

vivifier [9] [vivifje] vt to invigorate.

vivipare [vivipar] adj viviparous.

vivisection [viviseksjɔ̃] nf vivisection.

vivoter [3] [vivɔte] vi - **1.** [personne] to live from hand to mouth - **2.** [affaire, commerce] to struggle to survive.

vivre [90] [vivr] ◇ vi to live ; [être en vie] to be alive ; ~ **de** to live on ; **faire ~ sa famille** to support one's family ; **être difficile/facile à ~** to be hard/easy to get on with ; **avoir vécu** to have seen life ◇ vt - **1.** [passer] to spend - **2.** [éprouver] to experience ◇ nm : **le ~ et le couvert** board and lodging.

◆ **vivres** nmpl provisions ; **couper les ~s à qqn** fig to cut off sb's livelihood.

vivrier, ère [vivrije, ɛr] adj : **culture vivrière** food crops (pl).

vizir [vizir] nm vizier.

VL (abr de **véhicule lourd**) nm HGV.

vlan [vlɑ̃] interj wham!, bang!

vo abr de **verso**.

VO (abr de **version originale**) nf indicates that a film has not been dubbed.

vocable [vɔkabl] nm term.

vocabulaire [vɔkabylɛr] nm - **1.** [gén] vocabulary - **2.** [livre] lexicon, glossary.

vocal, e, aux [vɔkal, o] adj : **ensemble ~** choir ; ▷ **corde**.

vocalise [vɔkaliz] nf : **faire des ~s** to do singing exercises.

vocaliser [3] [vɔkalize] vi to do singing exercises.

vocatif [vɔkatif] nm vocative (case).

vocation [vɔkasjɔ̃] nf - **1.** [gén] vocation - **2.** [d'organisation] mission.

vocifération [vɔsiferasjɔ̃] nf shout, scream.

vociférer [18] [vɔsifere] vt to shout, to scream.

vodka [vɔdka] nf vodka.

vœu, x [vø] nm - **1.** RELIG [résolution] vow ; **faire le ~ de faire qqch** to vow to do sthg ; **faire ~ de**

silence to take a vow of silence - **2.** [souhait, requête] wish.

◆ **vœux** nmpl greetings ; **meilleurs ~x** best wishes ; **tous nos ~x de bonheur** our best wishes for your future happiness.

vogue [vɔg] nf vogue, fashion ; **en ~** fashionable, in vogue.

voguer [3] [vɔge] vi littéraire to sail.

voici [vwasi] prép - **1.** [pour désigner, introduire] here is/are ; **le ~** here he/it is ; **les ~** here they are ; **vous cherchiez des allumettes? — en ~** were you looking for matches? — there are some here ; **l'homme que ~** this man (here) ; ~ **ce qui s'est passé** this is what happened - **2.** [il y a] : ~ **trois mois** three months ago ; ~ **quelques années que je ne l'ai pas vu** I haven't seen him for some years (now), it's been some years since I last saw him.

voie [vwa] nf - **1.** [route] road ; **route à deux ~s** two-lane road ; ~ **navigable** waterway ; **la ~ publique** the public highway ; ~ **sans issue** no through road ; ~ **privée** private road - **2.** [rails] track, line ; [quai] platform ; ~ **ferrée** railway line Br, railroad line Am ; ~ **de garage** siding ; fig dead-end line - **3.** [mode de transport] route ; **par la ~ maritime/aérienne** by sea/air ; ~ **4.** ANAT passage, tract ; **par ~ buccale** ou **orale** orally, by mouth ; **par ~ rectale** by rectum ; ~ **respiratoire** respiratory tract - **5.** fig [chemin] way ; **être en bonne ~** to be going well ; **être sur la bonne/mauvaise ~** to be on the right/wrong track ; **mettre qqn sur la ~** to put sb on the right track ; **ouvrir la ~** to pave the way ; **la ~ royale** fig the high road (to success) ; **trouver sa ~** to find one's feet - **6.** [filière, moyen] means (pl) ; **suivre la ~ hiérarchique** to go through the official channels (pl).

◆ **voie de fait** nf assault.

◆ **Voie lactée** nf : **la Voie lactée** the Milky Way.

◆ **en voie de** loc prép on the way ou road to ; **en ~ de développement** developing.

voilà [vwala] prép - **1.** [pour désigner] there is/are ; **le ~** there he/it is ; **les ~** there they are ; **me ~** that's me, there I am ; **le ~ qui arrive** (look) he's here ; **vous cherchiez de l'encre? — en ~** you were looking for ink? — there is some (over) there ; **la maison que ~** that house (there) ; **nous ~ arrivés** we've arrived - **2.** [reprend ce dont on a parlé] that is ; [introduit ce dont on va parler] this is ; ~ **ce que j'en pense** this is/that is what I think ; ~ **tout** that's all ; **et ~!** there we are! - **3.** [il y a] : ~ **dix jours** ten days ago ; ~ **dix ans que je le connais** I've known him for ten years (now).

voilage [vwalaʒ] *nm* - **1.** [rideau] net curtain - **2.** [garniture] veil.

voile [vwal] ◇ *nf* - **1.** [de bateau] sail ; **mettre les ~s** *fam fig* to do a bunk, to scarper - **2.** [activité] sailing ◇ *nm* - **1.** [textile] voile - **2.** [coiffure] veil ; **lever le ~ sur** *fig* to lift the veil on - **3.** [de brume] mist - **4.** *PHOT* fogging (*U*) - **5.** *MÉD* shadow.

voilé, e [vwale] *adj* - **1.** [visage, allusion] veiled - **2.** [ciel, regard] dull - **3.** [roue] buckled - **4.** *PHOT* fogged - **5.** [son, voix] muffled.

voiler [3] [vwale] *vt* - **1.** [visage] to veil - **2.** [vérité, sentiment] to hide - **3.** [suj : brouillard, nuages] to cover - **4.** [roue] to buckle.

➡ **se voiler** *vp* - **1.** [femme] to wear a veil - **2.** [ciel] to cloud over ; [yeux] to mist over - **3.** [roue] to buckle.

voilette [vwalɛt] *nf* veil.

voilier [vwalje] *nm* [bateau] sailing boat, sailboat *Am*.

voilure [vwalyr] *nf* - **1.** [de bateau] sails (*pl*) - **2.** [d'avion] wings (*pl*) - **3.** [de parachute] canopy.

voir [62] [vwar] ◇ *vt* - **1.** [gén] to see ; **je l'ai vu tomber** I saw him fall ; **faire ~ qqch à qqn** to show sb sthg ; **avoir assez vu qqn** *fam* to be fed up with sb ; **ne rien avoir à ~ avec** *fig* to have nothing to do with ; **je te vois bien papa!** I can just see you as a father! ; **essaie un peu, pour ~!** go on, just try it! ; **voyons, ...** [en réfléchissant] let's see, ... ; **ni vu ni connu** *fam* without anyone being any the wiser - **2.** [dossier, affaire] to look at *ou* into, to go over ◇ *vi* to see.

➡ **se voir** *vp* - **1.** [se regarder] to see o.s., to watch o.s. - **2.** [se rencontrer] to see one another *ou* each other - **3.** [se remarquer] to be obvious, to show ; **ça se voit!** you can tell!

voire [vwar] *adv* even.

voirie [vwari] *nf* - **1.** *ADMIN* ≃ Department of Transport - **2.** [décharge] rubbish dump *Br*, garbage dump *Am*.

voisin, e [vwazɛ̃, in] ◇ *adj* - **1,** [pays, ville] neighbouring *Br*, neighboring *Am* ; [maison] next-door - **2.** [idée] similar ◇ *nm, f* neighbour *Br*, neighbor *Am* ; **~ de palier** next-door neighbour *Br* *ou* neighbor *Am (in a flat)*.

voisinage [vwazinaʒ] *nm* - **1.** [quartier] neighbourhood *Br*, neighborhood *Am* - **2.** [environs] vicinity - **3.** [relations] : **rapports de bon ~** (good) neighbourliness *Br* *ou* neighborliness *Am*.

voisiner [3] [vwazine] *vi* : **~ avec** to be next to.

voiture [vwatyr] *nf* - **1.** [automobile] car ; **~ de fonction** company car ; **~ de location** hire car ; **~ d'occasion/de sport** second-hand/sports car - **2.** [de train] carriage.

➡ **voiture d'enfant** *nf* pram *Br*, baby carriage *Am*.

voix [vwa] *nf* - **1.** [gén] voice ; **~ caverneuse** hollow voice ; **~ de fausset** falsetto voice ; **~ de stentor** stentorian voice ; **~ de ténor** tenor voice ; **~ off** voice-over ; **à mi-~** in an undertone ; **à ~ basse** in a low voice, quietly ; **à ~ haute** [parler] in a loud voice ; [lire] aloud ; **de vive ~** in person ; **avoir ~ au chapitre** *fig* to have a say in the matter - **2.** [suffrage] vote ; **recueillir des ~** to win *ou* get votes.

Vojvodine [vojvodin] *nf* : **la ~** Vojvodina.

vol [vɔl] *nm* - **1.** [d'oiseau, avion] flight ; **attraper qqch au ~** to catch sthg in mid-air ; **~ à voile** gliding ; **à ~ d'oiseau** as the crow flies ; **en plein ~** in flight - **2.** [groupe d'oiseaux] flight, flock - **3.** [délit] theft ; **~ avec effraction** breaking and entering ; **~ à l'étalage** shoplifting.

vol. (*abr de* **volume**) vol.

volage [vɔlaʒ] *adj littéraire* fickle.

volaille [vɔlaj] *nf* : **la ~** poultry, (domestic) fowl.

volant, e [vɔlɑ̃, ɑ̃t] *adj* - **1.** [qui vole] flying ; **personnel ~** aircrew - **2.** [mobile] : **feuille ~e** loose sheet.

➡ **volant** *nm* - **1.** [de voiture] steering wheel - **2.** [de robe] flounce - **3.** [de badminton] shuttlecock.

volatil, e [vɔlatil] *adj* volatile.

➡ **volatile** *nm* (domestic) fowl.

volatiliser [3] [vɔlatilize] ➡ **se volatiliser** *vp* to volatilize ; *fig* to vanish into thin air.

vol-au-vent [vɔlovɑ̃] *nm inv* vol-au-vent.

volcan [vɔlkɑ̃] *nm* volcano ; *fig* spitfire ; **être assis sur un ~** *fig* to be sitting on the edge of a volcano.

volcanique [vɔlkanik] *adj* volcanic ; *fig* [tempérament] fiery.

volcanologue = **vulcanologue**.

volée [vɔle] *nf* - **1.** [d'oiseau] flight - **2.** [de flèches] volley ; **une ~ de coups** a hail of blows - **3.** *FOOTBALL* & *TENNIS* volley - **4.** *fam* [gifle] thrashing, hiding.

voler [3] [vɔle] ◇ *vi* to fly ◇ *vt* [personne] to rob ; [chose] to steal ; **~ qqch à qqn** to steal sthg from sb.

volet [vɔlɛ] *nm* - **1.** [de maison] shutter - **2.** [de dépliant] leaf ; [d'émission] part - **3.** *INFORM* drive door.

voleter [27] [vɔlte] *vi* - **1.** [papillon] to flit *ou* flutter about - **2.** [robe] to flutter.

voleur, euse [vɔlœr, øz] ◇ *adj* thieving ◇ *nm, f* thief ; **au ~!** stop thief!

volière [vɔljɛr] *nf* aviary.

volley-ball [vɔlɛbol] (*pl* **volley-balls**) *nm* volleyball.

volleyeur, euse [vɔlɛjœr, øz] *nm, f* volleyball player.

volontaire [vɔlɔ̃tɛr] ⋄ *nmf* volunteer ⋄ *adj* - **1.** [omission] deliberate ; [activité] voluntary - **2.** [enfant] strong-willed.

volontairement [vɔlɔ̃tɛrmã] *adv* deliberately ; [offrir] voluntarily.

volontariat [vɔlɔ̃tarja] *nm* voluntary service *(in armed forces)*.

volontariste [vɔlɔ̃tarist] *nmf* & *adj* volontarist.

volonté [vɔlɔ̃te] *nf* - **1.** [vouloir] will ; **à ~** unlimited, as much as you like ; **les dernières ~s** last wishes ; **faire les quatre ~s de qqn** *fam fig* to obey sb's every whim - **2.** [disposition] : **bonne ~** willingness, good will ; **mauvaise ~** unwillingness - **3.** [détermination] willpower.

volontiers [vɔlɔ̃tje] *adv* - **1.** [avec plaisir] with pleasure, gladly, willingly - **2.** [affable, bavard] naturally.

volt [vɔlt] *nm* volt.

voltage [vɔltaʒ] *nm* voltage.

volte [vɔlt] *nf* - **1.** [de cheval] volt, volte - **2.** *littéraire* [pirouette] pirouette.

volte-face [vɔltəfas] *nf inv* about-turn *Br*, about-face *Am* ; *fig* U-turn, about-turn *Br*, about-face *Am*.

voltige [vɔltiʒ] *nf* - **1.** [au trapèze] trapeze work ; **haute ~** flying trapeze act ; *fam fig* mental gymnastics (*U*) - **2.** [à cheval] circus riding - **3.** [en avion] aerobatics (*U*).

voltiger [vɔltiʒe] *vi* - **1.** [acrobate] to perform on a flying trapeze - **2.** [insecte, oiseau] to flit *ou* flutter about - **3.** [feuilles] to flutter about.

voltigeur [vɔltiʒœr] *nm* - **1.** [acrobate] trapeze artist - **2.** MIL light infantryman - **3.** *Can* BASEBALL : **~ gauche/droit** left/right fielder ; **~ du centre** centre fielder.

volubile [vɔlybil] *adj* voluble.

volubilis [vɔlybilis] *nm* morning glory.

volubilité [vɔlybilite] *nf* volubility.

volume [vɔlym] *nm* volume.

volumineux, euse [vɔluminø, øz] *adj* voluminous, bulky.

volupté [vɔlypte] *nf* [sensuelle] sensual *ou* voluptuous pleasure ; [morale, esthétique] delight.

voluptueusement [vɔlyptɥøzmã] *adv* voluptuously.

voluptueux, euse [vɔlyptɥø, øz] *adj* voluptuous.

volute [vɔlyt] *nf* - **1.** [de fumée] wreath - **2.** ARCHIT volute, helix.

vomi [vɔmi] *nm fam* vomit.

vomir [32] [vɔmir] *vt* - **1.** [aliments] to bring up - **2.** [fumées] to belch, to spew (out) ; [injures] to spit out.

vomissement [vɔmismã] *nm* - **1.** [action] vomiting - **2.** [vomissure] vomit.

vomitif, ive [vɔmitif, iv] *adj* emetic ; *fam fig* revolting, sickening.
➡ **vomitif** *nm* emetic.

vont ➾ aller.

vorace [vɔras] *adj* voracious.

voracement [vɔrasmã] *adv* voraciously.

voracité [vɔrasite] *nf* voracity.

vos ➾ votre.

votant, e [vɔtã, ãt] *nm, f* voter.

vote [vɔt] *nm* vote ; **~ à main levée** (ballot by) show of hands ; **~ secret, ~ à bulletins secrets** secret ballot.

voter [3] [vɔte] ⋄ *vi* to vote ⋄ *vt* POLIT to vote for ; [crédits] to vote ; [loi] to pass.

votre [vɔtr] (*pl* **vos** [vo]) *adj poss* your.

vôtre [votr] ➡ **le vôtre** (*f* **la vôtre**, *pl* **les vôtres**) *pron poss* yours ; **les ~s** your family ; **vous et les ~s** people like you ; **je suis des ~s** I'm on your side ; **vous devriez y mettre du ~** you ought to pull your weight ; **à la ~!** your good health!

vouer [6] [vwe] *vt* - **1.** [promettre, jurer] : **~ qqch à qqn** to swear *ou* vow sthg to sb - **2.** [consacrer] to devote - **3.** [condamner] : **être voué à** to be doomed to.
➡ **se vouer** *vp* : **se ~ à** to dedicate *ou* devote o.s. to.

vouloir [57] [vulwar] ⋄ *vt* - **1.** [gén] to want ; **voulez-vous boire quelque chose?** would you like something to drink? ; **veux-tu te taire!** will you be quiet! ; **je voudrais savoir** I would like to know ; **~ que** (+ subjonctif) : **je veux qu'il parte** I want him to leave ; **~ qqch de qqn/qqch** to want sthg from sb/sthg ; **combien voulez-vous de votre maison?** how much do you want for your house? ; **ne pas ~ de qqn/qqch** not to want sb/sthg ; **je veux bien** I don't mind ; **si tu veux** if you like, if you want ; **comme tu veux!** as you like! ; **veuillez vous asseoir** please take a seat ; **sans le ~** without meaning *ou* wishing to, unintentionally - **2.** [suj : coutume] to demand - **3.** [s'attendre à] to expect ; **que voulez-vous que j'y fasse?** what do you want me to do about it? - **4.** *loc* : **~ dire** to mean ; **si on veut** more or less, if you like ; **en ~** to be a real go-getter ; **en ~ à qqn** to have a grudge against sb ; **tu l'auras voulu!** on your own head (be it)! ⬦ *nm* : **le bon ~ de qqn** sb's good will.

◆ **se vouloir** *vp* : **elle se veut différente** she thinks she's different ; **s'en ~ de faire qqch** to be cross with o.s. for doing sthg.

voulu, e [vuly] ⬦ *pp* ➡ **vouloir** ⬦ *adj* - **1.** [requis] requisite - **2.** [délibéré] intentional.

vous [vu] *pron pers* - **1.** [sujet, objet direct] you ; **dire ~ à qqn** to use the "vous" form to sb - **2.** [objet indirect] (to) you - **3.** [après préposition, comparatif] you - **4.** [réfléchi] yourself, (pl) yourselves.

◆ **vous-même** *pron pers* yourself.

◆ **vous-mêmes** *pron pers* yourselves.

voûte [vut] *nf* - **1.** ARCHIT vault ; *fig* arch ; **la ~ céleste** the sky - **2.** ANAT : **~ du palais** roof of the mouth ; **~ plantaire** arch (of the foot).

voûter [3] [vute] *vt* to arch over, to vault.

◆ **se voûter** *vp* to arch *ou* become stooped.

vouvoiement [vuvwamɑ̃] *nm* use of the "vous" form.

vouvoyer [13] [vuvwaje] *vt* : **~ qqn** to use the 'vous' form to sb.

voyage [vwajaʒ] *nm* journey, trip ; **les ~s** travel (sg), travelling (U) Br, traveling (U) Am ; **bon ~!** bon voyage!, have a good *ou* safe journey! ; **partir en ~** to go away, to go on a trip ; **~ d'affaires** business trip ; **~ organisé** package tour ; **~ de noces** honeymoon.

voyager [17] [vwajaʒe] *vi* to travel.

voyageur, euse [vwajaʒœr, øz] *nm, f* traveller Br, traveler Am ; **~ de commerce** commercial traveller Br *ou* traveler Am.

voyagiste [vwajaʒist] *nm* tour operator.

voyance [vwajɑ̃s] *nf* clairvoyance.

voyant, e [vwajɑ̃, ɑ̃t] ⬦ *adj* loud, gaudy ⬦ *nm, f* [devin] seer ; **~e extralucide** clairvoyant.

◆ **voyant** *nm* [lampe] light ; AUTOM indicator (light) ; **~ d'essence/d'huile** petrol/oil warning light.

voyelle [vwajɛl] *nf* vowel.

voyeur, euse [vwajœr, øz] *nm, f* voyeur, Peeping Tom.

voyeurisme [vwajœrism] *nm* voyeurism.

voyou [vwaju] *nm* - **1.** [garnement] urchin - **2.** [loubard] lout.

VPC (*abr de* **vente par correspondance**) *nf* mail order sales.

vrac [vrak] ◆ **en vrac** *loc adv* - **1.** [sans emballage] loose - **2.** [en désordre] higgledy-piggledy - **3.** [au poids] in bulk.

vrai, e [vrɛ] *adj* - **1.** [histoire] true ; **c'est** *ou* **il est ~ que ...** it's true that ... ; **c'est pas ~!** *fam* never!, I don't believe it! - **2.** [or, perle, nom] real - **3.** [personne] natural - **4.** [ami, raison] real, true.

◆ **vrai** *nm* : **le ~** truth ; **être dans le ~** to be right ; **à ~ dire, à dire ~** to tell the truth.

vraiment [vrɛmɑ̃] *adv* really.

vraisemblable [vrɛsɑ̃blabl] *adj* likely, probable ; [excuse] plausible.

vraisemblablement [vrɛsɑ̃blabləmɑ̃] *adv* probably, in all probability.

vraisemblance [vrɛsɑ̃blɑ̃s] *nf* likelihood, probability ; [d'excuse] plausibility ; **contre toute ~** implausibly ; **selon toute ~** in all probability.

V/Réf (*abr de* **Votre référence**) your ref.

vrille [vrij] *nf* - **1.** BOT tendril - **2.** [outil] gimlet - **3.** [spirale] spiral.

vriller [3] [vrije] ⬦ *vi* - **1.** [avion] to spin - **2.** [parachute] to twist ⬦ *vt* to bore into.

vrombir [32] [vrɔ̃bir] *vi* to hum.

vrombissement [vrɔ̃bismɑ̃] *nm* humming (U).

VRP (*abr de* **voyageur, représentant, placier**) *nm* rep.

VTT (*abr de* **vélo tout terrain**) *nm* mountain bike.

vu, e [vy] ⬦ *pp* ➡ **voir** ⬦ *adj* - **1.** [perçu] : **être bien/mal ~** to be acceptable/unacceptable - **2.** [compris] clear.

◆ **vu** *prép* given, in view of.

◆ **vue** *nf* - **1.** [sens, vision] sight, eyesight - **2.** [regard] gaze ; **à première ~e** at first sight ; **à ~e** on sight ; **de ~e** by sight ; **en ~e** [vedette] in the public eye ; **à ~e de nez** at a rough guess ; **à ~e d'œil** visibly ; **en mettre plein la ~e à qqn** *fam fig* to dazzle sb ; **perdre qqn de ~e** to lose touch with sb - **3.** [panorama, idée] view ; **~e d'ensemble** *fig* overview ; **avoir qqn/qqch en ~e** to have sb/sthg in mind ; **~e panoramique** panoramic view - **4.** CIN ➡ **prise**.

◆ **vues** *nfpl* plans ; **avoir des ~es sur** to have designs on, to have one's eye on.

◆ **en vue de** *loc prép* with a view to.

◆ **vu que** *loc conj* given that, seeing that.

vulcaniser [3] [vylkanize] *vt* to vulcanize.

vulcanologue [vylkanɔlɔg], **volcanologue** [vɔlkanɔlɔg] *nmf* vulcanologist, volcanologist.

vulgaire [vylgɛr] *adj* - **1.** [grossier] vulgar, coarse - **2.** (*avant n*) *péj* [quelconque] common - **3.** [courant] common, popular.

vulgairement [vylgɛrmɑ̃] *adv* - **1.** [grossière

ment] vulgarly, coarsely **- 2.** [couramment] commonly, popularly.

vulgarisation [vylgarizasjɔ̃] *nf* popularization.

vulgariser [3] [vylgarize] *vt* to popularize.

vulgarité [vylgarite] *nf* vulgarity, coarseness.

vulnérabilité [vylnerabilite] *nf* vulnerability.

vulnérable [vylnerabl] *adj* vulnerable.

vulve [vylv] *nf* vulva.

VVF (*abr de* village vacances famille) *nm state-subsidized holiday village.*

vx *abr de* vieux.

w, W [dubləve] *nm inv* w, W.

wagon [vagɔ̃] *nm* carriage ; ~ **fumeurs** smoking carriage ; ~ **de marchandises** goods wagon *ou* truck ; ~ **non-fumeurs** nonsmoking carriage ; ~**de première/seconde classe** first-class/second-class carriage.

wagon-citerne [vagɔ̃sitɛrn] (*pl* **wagons-citernes**) *nm* tank wagon.

wagon-lit [vagɔ̃li] (*pl* **wagons-lits**) *nm* sleeping car, sleeper.

wagonnet [vagɔnɛ] *nm* small truck.

wagon-restaurant [vagɔ̃rɛstɔrɑ̃] (*pl* **wagons-restaurants**) *nm* restaurant *ou* dining car.

Walkman® [wɔkman] *nm* personal stereo, Walkman®.

wallon, onne [walɔ̃, ɔn] *adj* Walloon.
➡ **wallon** *nm* [langue] Walloon.
➡ **Wallon, onne** *nm, f* Walloon.

Wallonie [walɔni] *nf* : **la ~** Southern Belgium (*where French and Walloon are spoken*).

wapiti [wapiti] *nm* wapiti.

Washington [waʃiŋtɔn] *n* **- 1.** [ville] Washington DC **- 2.** [État] Washington State.

water-polo [watɛrpɔlo] *nm* water polo.

waterproof [watɛrpruːf] *adj inv* waterproof.

watt [wat] *nm* watt.

Wb (*abr de* weber) Wb.

W.-C. [vese] (*abr de* water closet) *nmpl* WC (*sg*), toilets.

Web [wɛb] *nm* : **le ~** the Web, the web.

webmestre [wɛbmɛstr], **webmaster** [wɛbmastœr] *nm* webmaster.

week-end [wikɛnd] (*pl* **week-ends**) *nm* weekend ; **bon ~!** have a good *ou* nice weekend! ; **partir en ~** to go away for the weekend.

Wellington [wɛliŋtɔn] *n* Wellington.

western [wɛstɛrn] *nm* western.

Wh (*abr de* wattheure) Wh.

whisky [wiski] (*pl* **whiskies**) *nm* whisky ; **~ sec** straight *ou* neat whisky.

whist [wist] *nm* whist.

white-spirit [wajtspirit] (*pl* **white-spirits**) *nm* white spirit.

wok [wɔk] *nm* wok.

WWW (*abr de* World Wide Web) *nf* WWW.

WYSIWYG [wiziwig] (*abr de* what you see is what you get) WYSIWYG.

x, X [iks] *nm inv* x, X ; **l'X** *prestigious engineering college in Paris.*

xénophobe [gzenɔfɔb] ◇ *nmf* xenophobe ◇ *adj* xenophobic.

xénophobie [gzenɔfɔbi] *nf* xenophobia.

xérès [gzerɛs, xerɛs] *nm* sherry.

xylophone [ksilɔfɔn] *nm* xylophone.

y¹, Y [igrɛk] *nm inv* y, Y.

y² [il] ⬦ *adv* [lieu] there ; **j'y vais demain** I'm going there tomorrow ; **mets-y du sel** put some salt in it ; **va voir sur la table si les clefs y sont** go and see if the keys are on the table ; **on ne peut pas couper cet arbre, des oiseaux y ont fait leur nid** you can't cut down that tree, some birds have built their nest there *ou* in it ; **ils ont ramené des vases anciens et y ont fait pousser des fleurs exotiques** they brought back some antique vases and grew exotic flowers in them ⬦ *pron (la traduction varie selon la préposition utilisée avec le verbe)* : **pensez-y** think about it ; **n'y comptez pas** don't count on it ; **j'y suis!** I've got it! ; *voir aussi* **aller, avoir** *etc.*

yacht [jot] *nm* yacht.

yacht-club [jotklœb] (*pl* **yacht-clubs**) *nm* yacht club.

Yaoundé [jaunde] *n* Yaoundé.

yaourt [jaurt], **yogourt, yoghourt** [jɔgurt] *nm* yoghurt ; **~ aux fruits/nature** fruit/plain yoghurt.

yaourtière [jaurtjɛr] *nf* yoghurt maker.

Yémen [jemɛn] *nm* : **le ~** Yemen ; **au ~** in Yemen.

yéménite [jemenit] *adj* Yemeni.
➠ **Yéménite** *nmf* Yemeni.

yen [jɛn] *nm* yen.

yeux ⬦ œil.

yé-yé [jeje] *vieilli* ⬦ *nmf inv* pop fan ⬦ *adj inv* pop (*avant n*).

yiddish [jidiʃ] *nm inv* & *adj inv* Yiddish.

yoga [jɔga] *nm* yoga.

yoghourt = **yaourt.**

yogi [jɔgi] *nm* yogi.

yogourt = **yaourt.**

yougoslave [jugɔslav] *adj* Yugoslav, Yugoslavian.
➠ **Yougoslave** *nmf* Yugoslav, Yugoslavian.

Yougoslavie [jugɔslavi] *nf* : **la ~** Yugoslavia ; **l'ex-~** the former Yugoslavia.

youpi [jupi] *interj* yippee!

youyou [juju] *nm* dinghy.

Yo-yo® [jɔjɔ] *nm inv* yo-yo.

yucca [juka] *nm* yucca.

---

z, Z [zɛd] *nm inv* z, Z.

ZAC, Zac [zak] (*abr de* **zone d'aménagement concerté**) *nf* area earmarked for local government planning project.

ZAD, Zad [zad] (*abr de* **zone d'aménagement différé**) *nf* area earmarked for future development.

Zagreb [zagrɛb] *n* Zagreb.

Zaïre [zair] *nm* : **le ~** Zaïre ; **au ~** in Zaïre.

zaïrois, e [zairwa, az] *adj* Zairian.
➠ **Zaïrois, e** *nm, f* Zairian.

zakouski [zakuski] *nmpl* zakuski, zakouski.

Zambie [zãbi] *nf* : **la ~** Zambia.

zambien, enne [zãbjɛ̃, ɛn] *adj* Zambian.
➠ **Zambien, enne** *nm, f* Zambian.

zapper [3] [zape] *vi* to zap, to channel-hop.

zappeur, euse [zapœr, øz] *nm, f* channel hopper, zapper.

zapping [zapiŋ] *nm* zapping, channel-hopping.

zèbre [zɛbr] *nm* zebra ; **un drôle de ~** *fam fig* an oddball.

zébrer [18] [zebre] *vt* to streak, to stripe.

zébrure [zebryr] *nf* - **1.** [de pelage] stripe - **2.** [marque] weal.

zébu [zeby] *nm* zebu.

ZEC [zɛk] (*abr de* **zone d'exploitation contrôlée**) *nf* Can controlled harvesting zone.

zélateur, trice [zelatœr, tris] *nm, f* zealot.

zèle [zɛl] *nm* zeal ; **faire du ~** *péj* to be over-zealous.

zélé, e [zele] *adj* zealous.

zen [zɛn] ⬦ *nm* Zen ⬦ *adj inv* Zen ; **rester ~** to keep cool.

zénith [zenit] nm zenith ; **être au ~ de** fig to be at the height ou peak of.

ZEP, Zep [zɛp] (abr de **zone d'éducation prioritaire**) nf designated area with special educational needs.

zéro [zero] ◇ nm - **1.** [chiffre] zero, nought ; [énoncé dans un numéro de téléphone] O Br, zero Am - **2.** [nombre] nought, nothing ; **deux buts à ~** two goals to nil - **3.** [de graduation] freezing point, zero ; **à ~** at zero ; **au-dessus/au-dessous de ~** above/below (zero) ; **avoir le moral à ~** fig to be ou feel down ; **repartir à** ou **de ~** to start again from scratch - **4.** fam [personne] dead loss ◇ adj : **~ faute** no mistakes.

zeste [zɛst] nm peel, zest ; **~ de citron** lemon peel ou zest.

zézaiement [zezɛmɑ̃] nm lisp.

zézayer [11] [zezeje] vi to lisp.

ZI abr de **zone industrielle**.

zibeline [ziblin] nf sable.

zieuter, zyeuter [3] [zjøte] vt fam to get an eyeful of.

ZIF, Zif [zif] (abr de **zone d'intervention foncière**) nf area earmarked for local government planning project.

zigoto [zigɔto] nm fam : **un drôle de ~** an odd-ball.

zigouiller [3] [ziguje] vt fam to bump off.

zigzag [zigzag] nm zigzag ; **en ~** winding.

zigzaguer [3] [zigzage] vi to zigzag (along).

Zimbabwe [zimbabwe] nm : **le ~** Zimbabwe ; **au ~** in Zimbabwe.

zimbabwéen, enne [zimbabweɛ̃, ɛn] adj Zimbabwean.

⬧ **Zimbabwéen, enne** nm, f Zimbabwean.

zinc [zɛ̃g] nm - **1.** [matière] zinc - **2.** fam [comptoir] bar - **3.** fam [avion] crate.

zinzin [zɛ̃zɛ̃] adj fam cracked.

Zip® [zip] nm zip Br, zipper Am.

zipper [3] [zipe] vt to zip up.

zizanie [zizani] nf : **semer la ~** fig to sow discord.

zizi [zizi] nm fam willy Br, peter Am.

zodiacal, e, aux [zɔdjakal, o] adj [signe] of the zodiac ; [position] in the zodiac.

zodiaque [zɔdjak] nm zodiac.

zombi [zɔ̃bi] nm fam zombie.

zona [zona] nm shingles (U).

zone [zon] nf - **1.** [région] zone, area ; **~ d'action** area of operations ; **~ bleue** restricted parking zone ; **~ érogène** erogenous zone ; **~ franche** free zone ; **~ industrielle** industrial estate Br ou park Am ; **~ piétonne** ou **piétonnière** pedestrian precinct Br ou zone Am - **2.** fam [faubourg] : **la ~** the slum belt.

zoner [3] [zone] vi to hang about, to hang around.

zoo [zo(o)] nm zoo.

zoologie [zɔɔlɔʒi] nf zoology.

zoologiste [zɔɔlɔʒist] nmf zoologist.

zoom [zum] nm - **1.** [objectif] zoom (lens) - **2.** [gros plan] zoom.

zoophile [zɔɔfil] ◇ nmf person who practises bestiality ◇ adj of ou relating to bestiality.

zoulou, e [zulu] adj Zulu.

⬧ **Zoulou, e** nm, f : **les Zoulous** the Zulus.

zozo [zozo] nm fam mug.

zozoter [3] [zozɔte] vi to lisp.

ZUP, Zup [zyp] (abr de **zone à urbaniser en priorité**) nf area earmarked for urgent urban development.

Zurich [zyrik] n Zörich.

zut [zyt] interj fam damn!

zyeuter [zjøte] = zieuter.

zygomatique [zigɔmatik] adj zygomatic.

Vivre au Royaume-Uni et aux États-Unis

SOMMAIRE

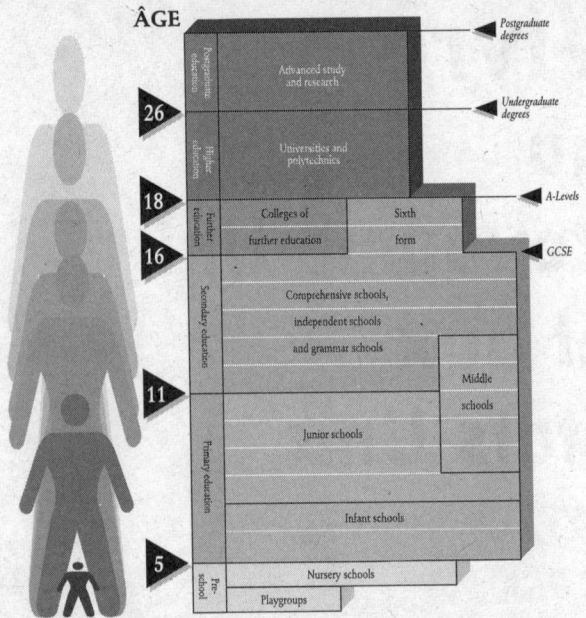

ÂGE

Postgraduate education	Advanced study and research	Postgraduate degrees
26		Undergraduate degrees
Higher education	Universities and polytechnics	
18		A-Levels
Further education	Colleges of further education	Sixth form
16		GCSE
Secondary education	Comprehensive schools, independent schools and grammar schools	
11		Middle schools
Primary education	Junior schools	
	Infant schools	
5	Nursery schools	
Pre-school	Playgroups	

Au Royaume-Uni, l'enseignement est obligatoire pour les enfants âgés de 5 à 16 ans. Le système éducatif est très décentralisé et pris en charge en grande partie par l'administration régionale. Il s'organise de la façon suivante :

Enseignement préscolaire (jusqu'à 5 ans) Cette première étape n'est pas obligatoire, mais il est possible d'inscrire les enfants, à partir de 2 ans, dans une *nursery school* publique ou privée. Beaucoup d'enfants vont aussi dans des *playgroups* (garderies) animés par les parents eux-mêmes.

Enseignement primaire (5-11 ans) Il est dispensé dans les *primary schools,* qui se divisent normalement en *infant schools* (5-7 ans) et *junior schools* (7-11 ans), souvent dans les mêmes locaux. Dans certaines régions, il existe des *middle schools* pour les enfants de 8 à 13 ans, qui vont ensuite dans une *upper secondary school*. Certaines écoles primaires privées reçoivent le nom de *prep schools* ou *preparatory schools*.

Enseignement secondaire (11-16/18 ans) Il se fait dans des établissements publics ou privés de plusieurs types :

▶ **comprehensive schools** Il s'agit d'écoles financées par l'État et générale-ment mixtes. La majorité des jeunes Britanniques sont inscrits dans ces *comprehensive schools*.

▶ **independent schools** Ces établissements privés, financés par des droits de scolarité, sont communément appelés *private schools* ou *public schools*. Ils accueillent une petite proportion du nombre total d'élèves (environ 6 %) ; on trouve parmi eux des écoles prestigieuses telles qu' Eton ou Harrow.

▶ **grammar schools** Ce sont des écoles secondaires recevant une aide de l'État mais pouvant être privées, réputées dispenser un enseignement de qualité. L'admission se fait sur concours ou sur dossier. Moins de 5% des élèves fréquentent ce type d'école.

Programmes Pendant les cinq premières années du secondaire, la plupart des élèves suivent un programme national *(national curriculum)* prescrit par le gouvernement. Vers l'âge de 16 ans, la majorité des élèves passent l'examen du *General Certificate of Secondary Education (GCSE)*, à l'issue duquel, qu'ils l'aient réussi ou pas, la moitié d'entre eux environ arrêtent leurs études.

▶ **A-levels** Ceux qui souhaitent entrer dans l'enseignement supérieur doivent faire encore deux ans d'études et préparer l'examen du *GCE Advanced Level* (ou *A-levels*) en Angleterre, au pays de Galles et en Irlande du Nord, le plus souvent dans trois matières de leur choix. En Écosse, où le système éducatif est différent, on passe un examen appelé *Highers*.

Further education (16-18 ans)
Ce terme désigne les années d'études postérieures à la fin de l'enseignement obligatoire. Ceux qui préparent les *A-levels* peuvent rester dans le même établissement, dans une classe appelée *sixth form,* ou bien s'inscrire dans un autre établissement. Ces études sont très souvent à caractère professionnel ; elles se font dans des *colleges of further education,* des écoles des beaux-arts, des établissements agricoles, etc.

Oxbridge

Les universités d'Oxford et de Cambridge (connues sous le nom collectif d'*Oxbridge*), fondées toutes deux au XIIᵉ siècle, se distinguent en cela des autres universités britanniques, issues de l'expansion de l'enseignement supérieur dans les années 1960 –ce sont ce que l'on appelle les *redbrick universities*– ou de la promotion au statut d'université au début des années 1990, des ex-*polytechnics,* spécialisées dans les filières techniques. Bien qu'aujourd'hui la moitié environ des étudiants d'Oxford et de Cambridge viennent de lycées publics, les diplômés de ces deux établissements sont toujours considérés comme des privilégiés, en raison de leur surreprésentation dans certains milieux professionnels influents tels que la finance, la politique, les médias et les professions juridiques.

Enseignement supérieur (18-26 ans)
Les universités délivrent des *undergraduate degrees* (licence ou maîtrise) en lettres, sciences, sciences humaines, droit et médecine. Pour entrer à l'université, il faut avoir obtenu à l'examen des *A-levels* de bonne notes dans un nombre minimal de matières. Le nombre total de places dans les universités étant limité, la concurrence est féroce. Il existe un système de bourses accordées par les autorités régionales jusqu'au niveau licence, mais elles sont parfois insuffisantes et doivent être complétées par une contribution des parents ou un emprunt étudiant à taux réduit. Les *undergraduate degrees* durent en moyenne trois ans. Les étudiants ayant réussi leurs examens finals reçoivent leur diplôme lors de la cérémonie de *graduation.* Ceux qui souhaitent faire un troisième cycle deviennent des *postgraduates* et entreprennent un cursus de recherche conduisant à l'obtention d'un *higher degree* ou d'un *doctorate* (doctorat).

Cours pour adultes Ils sont dispensés par les *colleges of further education* et les départements de formation continue des universités. Les adultes peuvent également s'inscrire aux cours par correspondance de l'*Open University,* fondée en 1969, et obtenir un diplôme d'*undergraduate* ou de *postgraduate,* même sans qualification préalable.

Le terme «Royaume-Uni» est en fait l'abréviation de «Royaume-Uni de Grande-Bretagne et d'Irlande du Nord» *(United Kingdom of Great Britain and Northern Ireland)*. La Grande-Bretagne se compose

Région	Superficie (kilomètres carrés)	Population
■ Angleterre	130 400	46 161 000
■ Pays de Galles	20 800	2 798 000
■ Écosse	78 800	4 957 000
■ Irlande du Nord	14 000	1 583 000

de l'Angleterre, du pays de Galles et de l'Écosse. Quant à l'expression «îles Britanniques», elle désigne le groupe d'îles composé de la Grande-Bretagne, de l'Irlande et de dépendances telles que les îles Anglo-Normandes et l'île de Man. Les quatre régions qui forment le Royaume-Uni ont un gouvernement commun, bien qu'il existe un Parlement écossais et une Assemblée galloise qui gèrent les affaires intérieures dans ces deux régions. Chacune de ces nations a une identité culturelle à part. Le pays de Galles possède sa propre langue, le gallois, d'origine celte, même si l'anglais reste la langue dominante. L'Écosse jouit d'une plus grande autonomie que le pays de Galles, avec un système éducatif et un système judiciaire indépendants. Le gaélique, langue écossaise elle aussi d'origine celte, est moins répandu que le gallois. L'Irlande est coupée en deux politiquement, et la population d'Irlande du Nord est majoritairement protestante, alors que celle de la république d'Irlande, ou *Éire* en gaélique, est majoritairement catholique.

Géographie Le Royaume-Uni est environ deux fois plus petit que la France. Il y a à peu près 1 000 km entre la côte sud de l'Angleterre et l'extrémité nord de l'Écosse (hors îles), et moins de 500 km d'est en ouest au point le plus large. En Angleterre, l'intérieur des terres est plat et de faible altitude, alors que le relief est nettement plus élevé en Écosse et au pays de Galles. L'Irlande du Nord et l'Écosse ne sont éloignées l'une de l'autre, en leur point le plus proche, que d'une vingtaine de kilomètres. Les paysages d'Irlande du Nord se caractérisent par des montagnes peu élevées et des champs vallonnés. Quatre-vingt-dix pour cent de la population britannique sont concentrés dans les agglomérations urbaines comprises entre Londres et Manchester.

Administration régionale Le Royaume-Uni se divise en unités administratives appelées *counties* (ou *regions* en Écosse), elles-mêmes divisées en *districts* :

❏ L'Angleterre et le pays de Galles possèdent 6 *metropolitan counties* qui couvrent les principales agglomérations urbaines (Greater Manchester, Merseyside, South Yorkshire, Tyne and Wear, West Midlands et West Yorkshire) et sont eux-mêmes découpés en 36 *metropolitan districts*. Il existe également 39 *non-metropolitan counties* (zones rurales) divisés en 296 *non-metropolitan districts*.

❏ Greater London (Londres et banlieue) est composé de 32 *boroughs* plus la *Corporation of the City of London*, qui correspond au quartier d'affaires de Londres.

❏ L'Écosse a un système de *unitary authorities*, au nombre de 29, plus 3 *island councils* (Orcades, Shetland et îles de l'Ouest).

❏ L'Irlande du Nord possède 26 *district councils*, sans autre subdivision administrative.

La plupart des *counties, regions, districts* et *boroughs* disposent d'un conseil de représentants élu au niveau local, renouvelé tous les quatre ans.

La plupart des Britanniques citent, parmi leurs activités favorites, les soirées passées chez soi avec des amis, les sorties au restaurant, au cinéma ou au pub. Le théâtre et les boîtes de nuit sont également très appréciés. Depuis quelques années, l'aérobic et la gymnastique connaissent un énorme succès. Pour bien des gens, la sortie traditionnelle du dimanche, en voiture et en famille, reste la conclusion idéale du week-end.

Jours fériés Ils sont parfois appelés *bank holidays,* car les banques sont fermées ces jours-là.

▶ **Noël** est la période de vacances la plus importante. Les cadeaux sont échangés le jour de Noël, autour de l'arbre ; le dîner typique se compose d'une dinde farcie, de pommes de terre au four et de légumes. Le 26 décembre, ou *Boxing Day,* est une journée que l'on passe à regarder la télévision ou à rendre visite aux parents et amis.

▶ le **Nouvel An** est célébré de façon systématique. À minuit, il est de rigueur de chanter *Auld Lang Syne.*

▶ les **pantomimes**, ou *pantos,* sont des spectacles comiques inspirés de contes traditionnels (*Cendrillon, Jack et le haricot magique,* etc.) qui attirent petits et grands durant la période des fêtes. Il est fréquent que des vedettes du petit écran s'y produisent.

▶ **Pâques** est, avec Noël, la seule fête religieuse célébrée au Royaume-Uni mais est avant tout synonyme de jour férié. Le dimanche de Pâques, les enfants reçoivent des œufs en chocolat.

Jours fériés	
1ᵉʳ janvier	New Year's Day
2 janvier	New Year Bank Holiday (Écosse)
17 mars	St Patrick's Day (Irlande du Nord)
mars/avril	Good Friday (Vendredi saint ; sauf Écosse)
1ᵉʳ lundi de mai	May Day
dernier lundi de mai	Spring Bank Holiday (sauf Écosse)
12 juillet	Battle of the Boyne (Irlande du Nord)
1ᵉʳ lundi d'août	Summer Bank Holiday (Écosse)
dernier lundi d'août	Summer Bank Holiday (sauf Écosse)
25 décembre	Christmas Day
26 décembre	Boxing Day

Pubs Le pub *(public house)* est une composante essentielle de la vie sociale. Les pubs traditionnels sont souvent divisés en *public bar* (où les places assises sont rares) et *lounge bar,* plus confortables. En général, on commande les consommations au comptoir et on règle tout de suite. On ne donne pas de pourboire aux serveurs. De nombreux établissements proposent des divertissements tels que fléchettes, billard, karaoké ou musique en direct.

Off-licences Ce terme désigne les magasins de vins et spiritueux, dont la plupart sont ouverts de 10 h à 22 h, du lundi au samedi.

Restaurants On trouve au Royaume-Uni de nombreux restaurants et cafés où la cuisine, qu'elle soit britannique ou étrangère, est de qualité. Quant aux plats à emporter, la préférence de bien des gens va toujours au traditionnel *fish and chips* (poisson et frites). Les repas proposés dans les pubs sont généralement d'un bon rapport qualité-prix. L'addition comporte parfois une majoration d'environ 10 % pour le service ; dans le cas contraire, on laisse un pourboire compris entre 10 et 15 %.

La télévision est de loin le loisir le plus populaire au Royaume-Uni, et la plupart des foyers possèdent au moins un téléviseur couleur. La télévision et la radio britanniques sont renommées pour leur neutralité politique.

Chaînes de télévision
Il existe cinq chaînes de télévision à diffusion nationale.

▶ la **BBC** *(British Broadcasting Corporation)* émet sur deux canaux nationaux, *BBC1* et *BBC2*. *BBC1* produit des émissions grand public de qualité, avec des dramatiques, du sport, de l'actualité, des films et des émissions comiques. *BBC2* est orientée vers une production plus culturelle et plus thématique ; elle diffuse par exemple des émissions éducatives, dont celles de l'*Open University*.

▶ **ITV** *(Independent Television,* également appelée *Channel 3)* chapeaute 15 chaînes régionales privées. La programmation d'*ITV* est plus ou moins semblable à celle de *BBC1*.

▶ **Channel 4** est une chaîne privée nationale (sauf au pays de Galles) dont la vocation est de produire des émissions à contenu spécialisé, pour des groupes plus restreints. Son équivalent au pays de Galles est la chaîne *S4C Welsh Fourth Channel* qui émet en gallois.

▶ **Channel 5** est une chaîne privée dont l'image est plus jeune et plus dynamique que celle de ses rivales.

Satellite et câble
La télévision par satellite est dominée par *British Sky Broadcasting (BskyB),* qui retransmet des manifestations sportives, des films, des émissions d'actualité, de téléachat et des jeux. D'autres sociétés proposent une programmation du même type, sur des chaînes gratuites ou à péage, ainsi que des services plus pointus tels que films à la carte, télévision interactive et accès à Internet. La télévision hertzienne continue d'attirer la grande majorité des spectateurs, mais les sociétés de satellite et de câble cherchent à augmenter leur part de marché en introduisant progressivement la diffusion numérique.

Télétexte
Ce système d'information électronique sur écran de télévision permet, par l'intermédiaire de la télécommande, de visualiser des bulletins d'information ainsi que des nouvelles sportives, des informations sur l'état des routes, la météo et les programmes télévisés. Le système de la *BBC* s'appelle *Ceefax*® et celui d'*ITV Teletext*®.

Radio
Il existe cinq stations de radio à diffusion nationale qui dépendent de la *BBC,* parallèlement à des services propres à l'Écosse, au pays de Galles et à l'Irlande du Nord. Il existe aussi deux stations nationales privées : *Classic FM* et *Virgin Radio 1215 AM.* La *BBC* possède 39 antennes régionales en Angleterre et dans les îles Anglo-Normandes, et on compte plus de 100 stations régionales privées.

Stations nationales du réseau BBC

■ **Radio 1** (1053/1089 kHz OM; 97.6–99.8 MHz FM) Musique pop et rock ; actualité et état des routes. Tous les jours de 5 h à 2 h

■ **Radio 2** (88–90.2 MHz FM) Variétés, divertissements, émissions humoristiques et art. Bulletins d'information. 24 heures sur 24.

■ **Radio 3** (1215 kHz OM; 90.2–92.4 MHz FM) Musique classique, dramatiques, reportages, cricket. De 7 h à 2 h 30.

■ **Radio 4** (198 kHz GO; 92.4–94.6 MHz FM) Principale station non musicale. Actualité, reportages, dramatiques et divertissements. De 6 h à 0 h 30.

■ **Radio 5 Live** (693/909 kHz OM) Actualité et sport 24 heures sur 24.

Presse Quelque 56 % des Britanniques achètent un quotidien. Outre les quotidiens et journaux du dimanche nationaux, certaines villes ont un journal du soir, et il existe de nombreux quotidiens régionaux tels que *The Scotsman* (Édimbourg), le *South Wales Echo* (Cardiff) ou *The Belfast Telegraph*. Aux divers quotidiens viennent s'ajouter des centaines de publications hebdomadaires ou bimensuelles. Il est courant de se faire livrer un quotidien tôt le matin par son vendeur de journaux habituel.

Presse nationale et tirages

Quotidiens – presse populaire				Jounaux du dimanche – presse populaire			
The Sun (1964)	D	3 952 000	T	News of the World (1843)	D	4 550 000	T
Daily Mirror (1903)	G	2 432 000	T	The Sunday Mirror (1963)	D	2 440 000	T
Daily Mail (1896)	D	1 802 000	T	The People (1881)	D	1 996 000	T
Daily Express (1900)	D	1 245 000	T	The Mail on Sunday (1982)	D	1 963 000	T
Daily Record (1895)	C/G	742 000	T	The Sunday Express (1918)	D	1 343 000	GF
Daily Star (1978)	D	656 000	T	Sunday Sport (1988)	D	301 000	T
Quotidiens – presse de qualité				**Jounaux du dimanche – presse de qualité**			
Daily Telegraph (1855)	D	1 024 000	GF	The Sunday Times (1822)	D	1 134 000	GF
The Times (1785)	D	629 000	GF	Sunday Telegraph (1961)	D	651 000	GF
The Guardian (1821)	G	365 000	GF	The Observer (1791)	G	427 000	GF
The Independent (1986)	C/G	275 000	GF	The Independent on Sunday			
Financial Times (1888)	C	168 000	GF	(1990)	C/G	297 000	GF

entre parenthèses = date de fondation •Tendance politique : D = droite G = gauche
C = centre •T = tabloïd GF = grand format

▶ la presse britannique se divise en deux catégories : tabloïds et journaux grand format. Les journaux dits «de qualité» *(quality)* sont publiés en grand format *(broadsheet)*, bien que certains d'entre eux, *The Times* par exemple, comportent des cahiers au format tabloïd, en général consacrés à des sujets autres que l'actualité. Ces quotidiens traitent de l'actualité nationale et internationale, des nouvelles financières, des arts, de la culture et du sport. Les journaux populaires portent le nom de *tabloids* en raison de leur format plus réduit. Les articles de fond y sont remplacés par des faits divers abondamment illustrés, où la vie privée des personnalités côtoie les crimes les plus sordides. Les tabloïds ont des ventes beaucoup plus importantes que la presse grand format.

▶ la **politique** est un sujet qui n'apparaît pas du tout dans les colonnes des journaux les plus populaires, mais on peut dire que la majorité des journaux britanniques sont de droite. La relation entre les tendances politiques des lecteurs et celles de leur journal favori n'est pourtant pas systématique.

▶ les **journaux du dimanche** sont d'un format plus imposant que les quotidiens, car ils comportent souvent deux ou trois cahiers différents ainsi qu'un magazine sur papier glacé couleur appelé *colour supplement*.

Magazines
Il en existe un large éventail, du très sérieux magazine d'actualité *The Economist* à l'album de bandes dessinées *Viz*. Les magazines les plus vendus sont les programmes télé, *Reader's Digest*, *Computer Shopper*, *What Car* et *National Geographic*. Les revues féminines bon marché telles que *Woman's Own*, *Best* ou *Prima* se vendent aussi à des millions d'exemplaires.

Dans les industries de transformation, la semaine de travail officielle est de 38 à 40 heures, et dans les bureaux, de 35 à 38 heures. Pour désigner la semaine de 35 heures on parle souvent de *9 to 5*. Toutefois, dans certains secteurs tels que les hôpitaux, l'industrie hôtelière ou la restauration, la moyenne hebdomadaire peut atteindre 50 à 60 heures.

▶ **horaires flexibles** Ce système est utilisé notamment dans les bureaux. Les employés sont tenus d'être présents pendant certaines plages fixes *(core time)*, par exemple de 9 h à 11 h 30 et de 13 h 30 à 16 h. Pour compléter leur emploi du temps, ils peuvent commencer plus tôt leur journée, travailler pendant l'heure du déjeuner ou finir plus tard.

▶ **heures supplémentaires** Le tarif normal est en général majoré de 25 % pour les jours de semaine et les samedis, et de 50 % pour les dimanches.

Congés La plupart des Britanniques ont 4 à 6 semaines de congés payés par an. Aux congés annuels viennent s'ajouter les jours fériés.

Salaires Les salariés reçoivent un salaire mensuel et se voient remettre un bulletin de salaire *(wage slip)* portant le détail de la somme brute et des prélèvements, par exemple, impôt sur le revenu, sécurité sociale et parfois caisse de retraite de l'entreprise. Les travailleurs manuels et les travailleurs temporaires reçoivent souvent une paie hebdomadaire en liquide, qui leur est généralement remise le vendredi, dans un *pay packet* qui comprend le détail de la rémunération et des prélèvements.

Impôt sur le revenu Le fisc britannique *(Inland Revenue)* recouvre l'impôt sur l'ensemble des revenus annuels du contribuable. L'année fiscale va du 6 avril au 5 avril de l'année suivante. La plupart des contribuables n'ont pas à remplir de déclaration, l'impôt étant prélevé à la source par l'employeur selon le système du *Pay-As-You-Earn (PAYE)*. Les travailleurs indépendants, en revanche, paient l'impôt rétroactivement sur la base des informations fournies dans leur déclaration de revenus et étayées par des relevés de comptes.

National Insurance Le système public de prestations sociales est financé en partie par les cotisations dites *National Insurance (NI) contributions,* qui donnent droit à une retraite, et généralement aux allocations chômage et autres prestations. Les cotisations sont obligatoires pour la plupart des personnes résidant au Royaume-Uni et sont le plus souvent prélevées à la source.

Chômage Pour percevoir les allocations, il faut avoir payé les cotisations de sécurité sociale en entier pendant un certain temps. Les personnes n'ayant pas droit aux allocations chômage peuvent demander à percevoir d'autres prestations telles que l'*Income Support*. Les *Jobcentres* affichent quelques offres d'emploi, conseillent les demandeurs dans leurs recherches, les aident à remplir les formulaires de demande de prestations et à se préparer pour les entretiens d'embauche.

Les États-Unis d'Amérique couvrent 9 364 000 km² (avec l'Alaska et Hawaii), ce qui en fait le quatrième plus grand pays du monde. Avec 252 177 000 habitants, sa population est la troisième du monde après celles de la Chine et de l'Inde. L'Alaska et les îles Hawaii dépendent des États-Unis, tout comme certaines îles ou groupes d'îles du Pacifique et de la mer des Antilles, telles que Porto Rico, Guam, les îles Vierges et les Samoa.

Les 10 agglomérations les plus importantes		
Ville	Population	État
■ Los Angeles	8 863 000	Californie
■ New York	8 547 000	New York
■ Chicago	6 070 000	Illinois
■ Philadelphia	4 857 000	Pennsylvanie
■ Detroit	4 382 000	Michigan
■ Washington DC	3 923 000	
■ Houston	3 302 000	Texas
■ Atlanta	2 834 000	Géorgie
■ Riverside-San Bernadino	2 589 000	Californie
■ Dallas	2 553 000	Texas

Régions
On en distingue quatre:

- ❏ *le Nord-Est* – Delaware, Nouvelle-Angleterre (Connecticut, New Hampshire, Maine, Massachusetts, Rhode Island et Vermont), New Jersey, New York, Pennsylvanie, Maryland et Washington DC.

- ❏ *le Midwest* – Dakota du Nord, Dakota du Sud, Illinois, Indiana, Iowa, Kansas, Michigan, Minnesota, Missouri, Nebraska, Ohio et Wisconsin.

- ❏ *le Sud* – Alabama, Arkansas, Caroline du Nord, Caroline du Sud, Floride, Géorgie, Kentucky, Louisiane, Mississippi, Oklahoma, Tennessee, Texas, Virginie et Virginie-Occidentale.

- ❏ *l'Ouest* – Alaska, Arizona, Californie, Colorado, Hawaii, Idaho, Montana, Nevada, Nouveau-Mexique, Oregon, Utah, Washington et Wyoming.

Gouvernement fédéral et gouvernement de l'État
Les États-Unis sont une république fédérale composée de 50 États plus le *District of Columbia,* zone située à l'intérieur de l'État du Maryland mais devenue le territoire de la capitale, Washington DC.

- ❏ *Le gouvernement fédéral* se compose du président d'un Parlement bicaméral, le Congrès (*Congress* comprenant la *House of Representatives* et le *Senate*) et de la Cour suprême *(Supreme Court)*. Il est responsable des questions de défense, des affaires étrangères, de l'émission de monnaie et de la réglementation du commerce entre les États.

- ❏ *Les gouvernements des États* sont semblables au gouvernement fédéral. Ils ont à leur tête un gouverneur *(Governor)* et un Congrès *(State Congress)* bicaméral. Ils sont compétents en matière de fiscalité, de santé, d'éducation et de législation civile et criminelle.

- ❏ *Les États* sont découpés administrativement en *counties,* eux-mêmes divisés en *municipalities* (p. ex. villes, *boroughs*). La plupart des villes sont gérées par un maire élu et un conseil municipal *(city council)*.

ÂGE

Postdoctoral	Advanced study and research
Postgraduate	Doctor's degree study
	Master's degree study

22

Higher education	Colleges and universities
	Junior and community colleges / Vocational and technical colleges

Master of arts or sciences
Bachelor of arts or sciences
Associate in arts or sciences
High-school diploma

18

	XII	Regular high school programs	Technical and vocational high schools
	XI		
	X	Traditional high schools / Combined junior and senior high schools	Senior high schools
	IX		

14

	VIII		Junior high schools
	VII		
	VI		
	V		
	IV	Elementary schools
	III	
	II	
	I	

6

	Kindergartens
Pre-school	Nursery schools

L e gouvernement fédéral américain n'exerce qu'un contrôle très réduit sur le système éducatif, dont la structure diffère selon les régions. En règle générale, la plupart des établissements primaires, secondaires et de niveau universitaire sont mixtes et publics, mais 25 % environ des écoles et 45 % environ des *colleges* sont aux mains de groupes privés ou d'institutions religieuses. Dans la plupart des États, l'enseignement est gratuit pendant douze ans à partir du *kindergarten* (c'est-à-dire à partir de l'âge de 4 ou 5 ans). L'enseignement est le plus souvent obligatoire, de l'âge de 5 ou 6 ans jusqu'à 16 ou 18 ans. Les grandes lignes du système éducatif américain sont les suivantes :

Enseignement préscolaire (jusqu'à 5 ans)
Environ 35 % des enfants de 3 et 4 ans vont à la *nursery school,* et pratiquement tous ceux de 4 et 5 ans vont au *kindergarten.*

Enseignement primaire (6-13 ans) et secondaire (jusqu'à 18 ans)
Le nombre d'années passées dans chacun de ces cycles varie d'un État à l'autre. Les cas de figure les plus courants sont les suivants :

❑ six ans d'*elementary school,* puis trois ans de *junior high school* et trois ans de *senior high school.*

❑ huit ans d'*elementary school* puis quatre ans de *high school.*

❑ quatre ou cinq ans d'*elementary school* puis quatre ans de *middle school* et quatre ans de *high school.*

Programmes Il n'y a pas de programme national officiel. La plupart des élèves de *high school* suivent un tronc commun auquel ils peuvent, dans les années supérieures, ajouter des options *(electives)* dans des matières classiques ou plus techniques, selon l'orientation choisie.

Examens Les deux dernières années de *high school* sont sanctionnées par des examens, mais ceux-ci n'ont pas autant d'importance que dans certains autres pays, car les élèves sont soumis à un contrôle continu durant toute leur scolarité, portant sur le travail de l'année, les débats et les devoirs sur table ; une moyenne appelée *Grades Point Average (GPA)* est ainsi obtenue. Ceux qui désirent faire des études universitaires peuvent passer des examens nationaux tels que l'*American College Test (ACT)* ou le *Scholastic Aptitude Test (SAT)*, organisés par des institutions privées comme le *College Entrance Examination Board* et l'*Educational Testing Service*. Les résultats de ces examens plus le *GPA* servent à sélectionner les étudiants pour l'entrée dans les *colleges*, les *graduate schools* et les écoles professionnelles.

Écoles privées Environ 12 % des enfants américains vont dans une école primaire ou secondaire privée et payante. Les années sont structurées de la même façon que dans le système public, mais les programmes sont établis de telle sorte que le plus grand nombre possible d'étudiants soient admis dans les universités et les *colleges* les plus prestigieux,

Terminologie			
	High School		**College**
	âge	année	âge
■ freshman	14–15	9e	18
■ sophomore	15–16	10e	19
■ junior	16–17	11e	20
■ senior	17–18	12e	21

comme ceux de l'*Ivy League* ou des *Seven Sisters*.

Graduation La douzième année d'études se termine par une cérémonie de remise des diplômes (*graduation* ou *commencement*), pour laquelle les étudiants portent une toque et une toge.

Enseignement supérieur (18-26 ans) Plus de la moitié des diplômés des *high schools* entrent dans l'enseignement supérieur. Il existe trois niveaux d'études : *undergraduate* (licence), *graduate* (maîtrise) et *postgraduate* (troisième cycle). De nombreux établissements publics et privés proposent ces formations : *colleges* publics, *community* ou *junior colleges* (deux années d'études), *undergraduate colleges* (quatre années), instituts techniques, ainsi que les prestigieuses universités et *graduate schools*.

Établissements les plus prestigieux	
Universités	**Colleges**
Ivy League	*Seven Sisters*
Brown	Barnard
Columbia	Bryn Mawr
Cornell	Mount
Holyoke	
Dartmouth	Radcliffe
Harvard	Smith
Univ. of Pennsylvania	Vassar
Princeton	Wellesley
Yale	

Cours pour adultes Ce terme désigne aussi bien les cours d'alphabétisation que les études universitaires ou professionnelles. Des millions d'adultes suivent des cours, à temps partiel ou à temps plein, dans des universités ou des *colleges* (où 40 % des étudiants ont plus de 25 ans), des écoles techniques, professionnelles, etc.

Les États-Unis détiennent le record du nombre de téléviseurs par habitant. Pratiquement chaque foyer possède au moins un poste, et 70 % en possèdent au moins deux. La famille moyenne regarde la télévision sept heures par jour. Le prime time, de 19 h à 23 h, attire quelque 85 millions de téléspectateurs.

Chaînes de télévision
Il existe quatre réseaux nationaux commerciaux :

❏ *American Broadcasting Company (ABC)*
❏ *Columbia Broadcasting Service (CBS)*
❏ *National Broadcasting Company (NBC)*
❏ *Fox TV*

Ces réseaux récoltent environ 70 % des chiffres d'audience en prime time. Le nombre total de chaînes commerciales est de 1 300, et il existe aussi 400 chaînes non commerciales, dont certaines à caractère éducatif. La plus grande partie des chaînes commerciales dépendent d'un réseau national et diffusent ses émissions. Ce n'est pas le cas des quelque 400 chaînes indépendantes, souvent thématiques. La plupart des chaînes américaines émettent 24 heures sur 24.

Programmation des réseaux
Il s'agit avant tout de jeux, de talk-shows, de sitcoms, de téléfilms et de classiques du cinéma. Les seules retransmissions en direct sont les bulletins d'information locaux et les grands événements sportifs tels que la finale du Super Bowl (football américain).

Publicité et chiffres d'audience
Le système des réseaux se fonde avant tout sur la publicité (jusqu'à 15 minutes par heure). Le facteur déterminant de leur fonctionnement est l'audience, mesurée chaque jour. En effet, toute chute des chiffres d'audience effraie les annonceurs et entraîne une chute des revenus de la publicité.

Câble et satellite
Environ 60 % des foyers américains sont câblés. Dans chaque grande ville, il existe en moyenne 35 chaînes câblées en plus des réseaux nationaux et de *PBS*. Contrairement aux réseaux, la télévision par câble n'est pas soumise à la réglementation fédérale, ce qui fait que le contenu des émissions est parfois dérangeant, notamment sur les chaînes «à accès public». Les chaînes câblées sont généralement thématiques (sport, films, religion, actualité – p. ex. *CNN* –, téléachat, musique – p. ex. *MTV*). Le territoire américain est couvert par une vingtaine de satellites, chacun pouvant transmettre jusqu'à 24 chaînes (le plus souvent câblées). Les hôtels, bars et boîtes de nuit sont souvent équipés d'une antenne parabolique pour la retransmission d'événements sportifs en direct.

Public Broadcasting Service
PBS est un réseau non commercial financé par le gouvernement fédéral et des sociétés privées. Les émissions de *PBS* sont de meilleure qualité que celles des chaînes commerciales, notamment les dramatiques et les émissions pour enfants.

Radio
Il existe aux États-Unis plus de 10 000 stations de radio. Dans les grandes villes, on compte parfois jusqu'à 100 stations différentes. Beaucoup de stations dépendent de réseaux nationaux tels qu'*ABC, NBC* ou *CBS*. Ce système existe également au niveau régional, avec plus de 100 réseaux, souvent très spécialisés, qui émettent par exemple en langue étrangère. Les

réseaux non commerciaux *National Public Radio* (*NPR,* consacré à l'actualité) et *American Public Radio* (*APR,* consacré aux divertissements) diffusent des émissions «sérieuses». Comme *PBS,* ces deux réseaux sont financés par des subventions et des participations privées.

Presse. Il se publie aux États-Unis environ 1 700 quotidiens et 850 journaux du dimanche, dont le tirage cumulé dépasse 68 millions d'exemplaires ; s'y ajoutent quelque 7 500 hebdomadaires et bimensuels. Les minorités ethniques ont également leurs propres journaux. La plupart des Américains achètent les journaux pour les bandes dessinées *(funnies),* le sport, la mode, les faits divers et les nouvelles locales.

> **Sigles radio**
>
> Les stations de radio sont désignées par un sigle de quatre lettres, p. ex. **KLMN** ou **SBNS**. Les noms de stations de l'est du Mississippi et des Rocheuses commencent par un W, et celles de l'ouest par un K. Le sigle est généralement suivi de **AM** ou **FM** selon le cas, p. ex. **WBNS FM**.

▶ **y a-t-il une presse nationale ?** La plus grande partie de la presse américaine est de type régional, à l'exception du *Christian Science Monitor, USA Today* et du *Wall Street Journal,* de certains quotidiens régionaux tels que le *New York Times,* le *Washington Post* ou le *Los Angeles Times,* qui ont des éditions nationales. *USA Today* est le principal quotidien grand public, avec ses photos en couleurs et sa couverture exhaustive des événements sportifs ; il est vendu chaque jour à plus de 5 millions d'exemplaires. Le *Wall Street Journal* publie quatre éditions régionales ; principal journal financier, il a le plus gros tirage de toute la presse américaine. Parmi les journaux régionaux de qualité, on peut citer également le *Boston Globe,* le *Chicago Tribune* ou le *San Francisco Herald.*

> **Où acheter son journal**
>
> Un tiers des Américains se font livrer leur journal à domicile. Les journaux sont également vendus dans les kiosques et dans les distributeurs, les galeries marchandes, les gares ferroviaires et routières. C'est un système basé sur la confiance, l'acheteur étant censé n'emporter qu'un exemplaire après avoir inséré le montant requis.

▶ **tabloïds et journaux grand format** Les lecteurs ont le choix entre grand format «sérieux» et tabloïds très illustrés. La plupart des villes américaines ont leur tabloïd : Boston a son *Herald,* Chicago son *Sun Times,* New York son *Daily News.* Les deux hebdomadaires les plus pittoresques sont le *National Enquirer* et le *National Examiner* ; ils ont une prédilection pour la vie privée des célébrités, les régimes alimentaires fantaisistes, etc.

▶ **les journaux du dimanche** coûtent jusqu'à trois fois plus cher que les éditions de la semaine. La plupart des quotidiens ont une édition dominicale avec de nombreux suppléments.

Magazines Les newsmagazines hebdomadaires tels que *Newsweek, Time* ou *US News and World Report,* qui traitent en profondeur l'actualité nationale et internationale, se vendent très bien.

Newsletters Ces bulletins, disponibles sur abonnement, s'adressent à un lectorat ciblé. Les sujets traités vont des informations boursières aux bonnes affaires, en passant par les potins du monde de l'industrie, l'astrologie, les voyages, etc. Ce sont probablement les publications les plus lues.

La plupart des employés travaillent 40 à 45 heures par semaine et jusqu'à 53 heures dans les industries de transformation. Habituellement, les horaires vont de 8 h à 17 h, avec une heure de pause-déjeuner.

▶ **horaires flexibles** Ce système est moins fréquent qu'au Royaume-Uni.

▶ **heures supplémentaires** Le tarif horaire est majoré de 50 % lorsqu'il y a dépassement des 40 heures hebdomadaires normales. Pour beaucoup d'employés de bureau, il n'existe aucune législation en la matière.

Congés La norme est une ou deux semaines de congés payés par an. Le total annuel augmente avec l'ancienneté.

Impôt sur le revenu Il en existe en fait deux : l'impôt fédéral et l'impôt au niveau de chaque État. Ils sont recouvrés par l'*Internal Revenue Service (IRS)*. La fraude fiscale est considérée comme un délit grave. L'employeur déduit l'impôt directement sur le salaire de l'employé ; c'est le *withholding*. La somme retenue est ensuite déduite du total réellement dû, calculé à la remise de la déclaration d'impôts. Les contribuables bénéficient également de certains dégrèvements *(tax breaks)*. Le montant de l'impôt varie selon les États, certains n'en prélevant pas du tout. Il est en général plus bas que l'impôt fédéral.

Sécurité sociale La *Social Security* couvre la retraite, le veuvage, l'invalidité et les soins médicaux Une carte de Sécurité sociale avec un numéro d'immatriculation à neuf chiffres est délivrée à chaque citoyen américain et à chaque résident étranger. Pour avoir droit aux prestations, il faut avoir eu un emploi pendant une certaine durée. Les contributions sont payées par l'employeur et l'employé à raison d'un certain pourcentage du salaire brut ; elles sont le plus souvent déduites à la source par l'employeur. Les travailleurs indépendants paient leurs cotisations une fois par an, en même temps que leurs impôts sur le revenu.

Chômage Une caisse d'assurance administrée par le gouvernement fédéral et les États verse aux demandeurs d'emploi des allocations hebdomadaires pendant une période limitée, en général 26 semaines. Le montant des allocations dépend des revenus obtenus précédemment.

Permis de séjour

Tous les étrangers ne résidant pas aux États-Unis et désirant entrer dans le pays doivent demander un visa. Il en existe deux catégories : *immigrant visa* (de résidence permanente) et *non-immigrant visa* (de résidence temporaire). Les détenteurs d'un *immigrant visa* se voient délivrer une *Alien Registration Receipt Card,* communément appelée *Green Card.* On peut obtenir celle-ci par mariage, parce que l'on est parent proche d'un citoyen américain, ou par son travail. Son détenteur a le droit de vivre et de travailler de façon permanente aux États-Unis et il peut demander la citoyenneté américaine au bout de cinq ans. Les résidents permanents n'ont pas le droit de vote, n'ont pas accès au haut fonctionnariat, ni à certaines professions.

Jours fériés Outre ceux de la fédération tout entière, de nombreux États ont leurs propres jours fériés.

▶ **Noël et le Nouvel An** Il est fréquent d'organiser des soirées pour Noël, et durant toute la période des fêtes beaucoup d'Américains reçoivent parents et amis.

▶ **Pâques**, pour les enfants, est associé à l'*Easter bunny* (petit lapin de Pâques), qui dépose chez eux, le matin de Pâques, des paniers plein de friandises et d'œufs en chocolat.

▶ **Thanksgiving** commémore la première récolte des colons de Plymouth, en 1621, après un hiver d'épreuves et de famine. C'est l'occasion, pour les familles américaines, de se retrouver pour le traditionnel dîner composé de dinde farcie accompagnée de patates douces, de sauce aux airelles et de courges, suivi d'une tarte au potiron et aux pommes.

Jours fériés nationaux	
1er janvier	New Year's Day
3e lundi de janvier	Martin Luther King Day
3e lundi de février	Presidents' Day (anniversaires de Lincoln, 12 février, et de Washington, 22 février)
Dernier lundi de mai	Memorial Day (victimes de la guerre)
4 juillet	Indépendence Day
1er lundi de septembre	Labour Day
2e lundi d'octobre	Columbus Day
11 novembre	Veterans' Day
4e jeudi de novembre	Thanksgiving
25 décembre	Christmas Day

Clubs et associations

Ils sont nombreux et constituent, avec les activités à caractère confessionnel, l'essentiel de la vie sociale et de la vie de l'entreprise. On trouve parmi eux l'*American Legion* (anciens combattants), les *country clubs* (complexes sportifs et de loisirs), les francs-maçons, les *Shriners* (hauts responsables francs-maçons), les *Jaycees* (de «JC», *Junior Chamber of Commerce*, ou chambre de commerce des jeunes).

Bars

Il en existe de nombreux types, selon le style et la clientèle. Les Américains aiment, en règle générale, la musique à fort volume et le karaoké. Les endroits où se produisent des groupes font parfois payer un droit d'entrée. Il est d'usage de laisser un pourboire d'environ 15 à 20 % du montant de l'addition.

Restaurants

On trouve de multiples restaurants, du prestigieux établissement gastronomique à l'humble relais routier en passant par toutes sortes de restaurants ethniques et exotiques. La famille moyenne y laisse 40 % de son budget annuel. Les portions sont très généreuses. En règle générale, le service n'est pas compris dans l'addition et il est d'usage de laisser un pourboire d'environ 15 à 20 % du montant hors taxes.

Sport

Les Américains sont de grands amateurs de sport, qu'ils en pratiquent un eux-mêmes ou qu'ils soient simples spectateurs. Les activités les plus répandues sont la natation, le cyclisme, le ski, la pêche, le jogging, la randonnée et l'aérobic. Les sports qui attirent le plus de spectateurs sont le base-ball, sport national, le football américain et le basket-ball.

CONVERTISSEUR

Living in France, Belgium, Switzerland, and Quebec

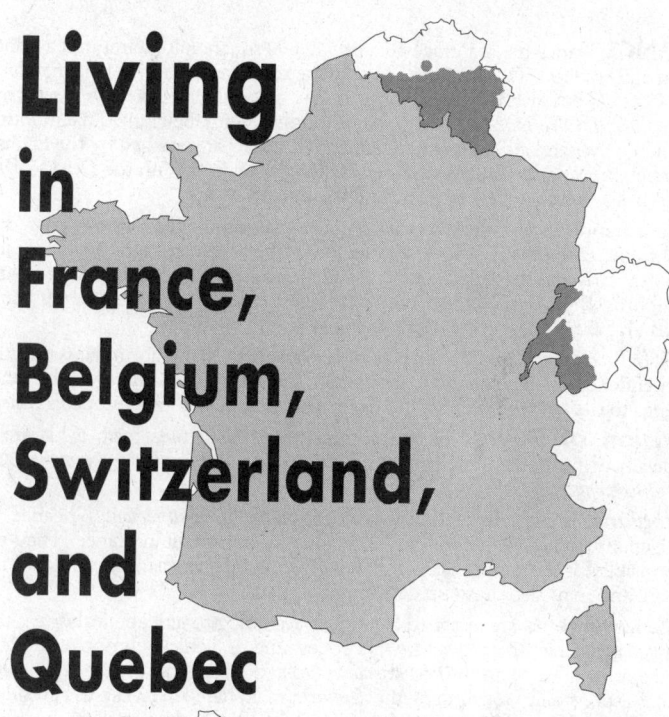

CONTENTS

FRANCE France has a surface area of 549 000 square kilometres and a population of 59 million. This includes not only metropolitan France, i.e. the mainland plus Corsica, but also the overseas territories called the *départements et territoires d'outre-mer (DOM-TOM)*. France shares borders with Belgium, Luxembourg, Germany, Switzerland, Italy and Spain and its coasts are washed by the English Channel, the Atlantic Ocean and the Mediterranean Sea. With the *DOM-TOM* it also has a presence in the Pacific and the Indian Oceans.

Administration is centralized in the capital, Paris. Although a law was passed in 1983 to increase power at local and regional level, there remains a clear divide between Paris and the rest of France. With 11 million people living in Paris and its suburbs, the capital dwarfs the next-largest cities, Marseilles (801 000) and Lyons (415 000).

In 1958 the current Constitution established the Fifth Republic, under which the independence of the executive, legislature and judiciary is guaranteed. France belongs to the United Nations, the Council of Europe and the European Union.

Division of Power French administrative structures form a hierarchy made up of (in descending order of size) *régions, départements, communes* and *arrondissements*.

▶ **Régions** are administered by a regional council *(conseil régional),* headed by a president *(président)*. There are 22 regions in metropolitan France. They are responsible for the economic, social, health, cultural and scientific affairs of the region, and may also draw up development plans.

▶ **Départements** are assigned a number according to alphabetical order; this number is used in postcodes *(Am:* zip codes) and on vehicle numberplates *(Am:* license plates). There are 100 *départements* (96 in metropolitan France and 4 overseas). Responsibility for running the *département* is shared between the President of the General Council *(président du conseil général),* the body managing the *département*'s affairs, and the Prefect *(préfet),* who is appointed by the Cabinet to be the Government's representative within the *département*. The town where administrative power is centred is known as the *chef-lieu*. The mandate of the *conseil général* ranges from the upkeep of museums and monuments, managing schools, keeping up the artistic life of the *département* and providing social security, to maintaining the road network.

▶ **Communes** form the basic administrative unit. There are 36 000 in all, and they vary greatly in size. Each is administered by a mayor, his or her staff and town councillors elected by local residents for a period of six years. They are responsible for the upkeep of the museums and monuments of the *commune*, issue building permits and oversee nursery and primary schools. Paris, Lyons and Marseilles, which are *communes* in their own right, are subdivided into *arrondissements*.

The Executive

▶ **The President of the Republic (président de la République)** is the French head of state and is elected by the people for a period of seven years. He appoints the Prime Minister *(Premier ministre)* and chairs cabinet meetings every Wednesday in the Élysée Palace. He is head of the armed forces and has the power to call a referendum and dissolve the National Assembly *(see below)*.

▶ **The French Government** *(Am:* Cabinet) is made up of the Prime Minister, with his or her ministers and Secretaries of State. The Prime Minister may give certain members of the Government the title of *ministre d'État,* which means that they take precedence over the other ministers, even though they are not in charge of any specific department.

▶ **The Prime Minister** is appointed by the President of the Republic and is always a member of the majority party in the National Assembly. As well as having overall responsibility for government affairs, he is in charge of defence and has the power to propose new laws.

French Institutions and their Locations	
■ residence of the President of the Republic	palais de l'Élysée
■ residence of the Prime Minister	hôtel Matignon
■ Ministry of the Interior	place Beauvau
■ Ministry of Foreign Affairs	quai d'Orsay
■ Justice Ministry	place Vendôme
■ National Assembly	palais Bourbon
■ Senate	palais du Luxembourg

The Legislature The French Parliament is made up of a lower house, the National Assembly *(Assemblée nationale),* and an upper house, the Senate *(Sénat).*

▶ **The National Assembly** has 577 members, known as *députés,* who are elected by universal suffrage for a period of five years. They sit every Wednesday during the parliamentary session, which runs from October to June.

▶ **The Senate** has 319 members, known as *sénateurs,* who are elected by an electoral college of *députés* and members of the *conseil général* of each *département.* They are elected for a period of nine years; every three years, however, one-third of the *sénateurs* come up for re-election. The President of the Senate *(président du Sénat)* stands in for the President of the Republic if he is unable to fulfil his duties.

▶ **The role of Parliament** is to pass laws and vote on the national budget. Members debate the performance of the Government and, like the Prime Minister, may propose new laws.

▶ **The Constitutional Council (Conseil constitutionnel)** consists of nine members who serve for a period of nine years. It is responsible for ensuring that the Constitution is respected.

Main Political Parties	
■ *Parti communiste* (Communist party)	PC
■ *Parti socialiste* (left of centre)	PS
■ *Génération écologie* (green party)	
■ *Les Verts* (green party)	
■ *Union pour la démocratie française* (right of centre)	UDF
■ *Rassemblement pour la République* (right of centre)	RPR
■ *Front national* (far right)	FN

Elections To be eligible to vote in France, and thus receive a voter's card *(carte d'électeur),* you must be a French national, be over 18 years of age, and not have a criminal record.

▶ **The first-past-the-post system** usually involves two rounds of voting. If a candidate does not achieve an absolute majority in the first round, i.e. more than 50% of the votes, then a second round is held. In this second round, the candidate who gains the most votes wins. This form of ballot is used in presidential and general elections.

▶ **Proportional representation** means that seats are allocated in proportion to the number of votes obtained. This form of ballot is used in particular in regional and European elections.

▶ **Local elections** use different systems depending on the size of the commune: first-past-the-post in small *communes*, and proportional representation in larger ones.

The Judiciary
The Justice Minister *(ministre de la Justice)* also has the title Guardian of the Seals *(garde des Sceaux)*. The French Constitution guarantees the independence of a public and free legal system in which every defendant has the right to a lawyer, irrespective of his or her means. Any case can go to appeal and be retried in the Appeal Court *(Cour d'appel)*.

▶ **Civil courts** hear disputes between private individuals. Cases are dealt with by a *tribunal d'instance* or, if they are more complicated, by a *tribunal de grande instance*. There are also special courts such as the *tribunaux de commerce* which deal with industrial disputes, *tribunaux des baux ruraux* which rule on agricultural disputes, *tribunaux des affaires de la Sécurité sociale* for social security matters, and *conseils de prud'hommes*, which are local industrial tribunals.

▶ **Criminal courts** differ according to the offence being tried. The legal system distinguishes between *crimes* (crimes such as treason, murder, manslaughter and robbery with violence) and *délits* (offences such as fraud, resisting arrest and forgery). *Délits* are ruled on by *tribunaux de police* or *tribunaux correctionnels*, which can impose fines and prison sentences. *Crimes* are dealt with by *Cours d'assises*, which sit in the main town of each *département*. They can acquit defendants or impose punishments ranging from fines to life imprisonment.

▶ **The High Court (Haute cour de justice)** sits in cases where the President or members of the Government *(Am*: Cabinet) are impeached.

▶ *Tribunaux administratifs* are bodies to which individuals may appeal if they feel aggrieved by a decision of the French civil service, or if they believe the law has been violated. There are 30 of these courts. Appeals against rulings made here may be taken to the *Conseil d'État*.

▶ **A criminal record (casier judiciaire)** disqualifies you from working in the civil service, banking or insurance, and from voting.

BELGIUM
Belgium has a surface area of 30 518 square kilometres and a population of approximately 10 million. Its capital, Brussels, houses the headquarters of the European Parliament. The Belgian Constitution states that the country is made up of three linguistic and cultural communities (French, Flemish and German) and three regions (Flanders in the north, Wallonia in the south, and the area around Brussels). Belgium has a complex institutional structure in which the Government devolves a lot of power to federal bodies. It is a constitutional and parliamentary monarchy.

The Executive
The executive consists of the King and the Government *(Am*: Cabinet), headed by a Prime Minister appointed by the monarch. The Government must have majority support in both chambers of the Belgian Parliament. To ensure equality, there are equal numbers of French-speaking and Dutch-speaking ministers.

The Legislature
The Belgian Parliament consists of an upper and a lower chamber, the Senate *(Sénat)* and the House of Representatives *(Chambre des*

représentants), which together with the King have the power to pass laws.

The Judiciary The Belgian legal system is quite similar to that of France. Magistrates are appointed by the King.

SWITZERLAND

The Swiss Confederation has a surface area of 41 293 square kilometres and a population of 7 million. It can be divided into a German-speaking part including the capital Bern; a French-speaking part; and the canton of Ticino, where Italian is spoken. Romansch is the official language in the canton of Graubünden (Grisons). Switzerland is a parliamentary republic divided into 23 self-governing districts known as *cantons*, three of which are themselves divided into *demi-cantons*.

The Executive Executive power is exercised by the Federal Council *(Conseil fédéral),* made up of seven members elected by the representatives of the two chambers of the Swiss Parliament. From within its ranks a President is elected for a period of one year to represent Switzerland at home and abroad.

The Legislature The Swiss Parliament, the Federal Assembly *(Assemblée fédérale),* consists of two chambers: the *Conseil des États* and the *Conseil national.*

Referenda In Switzerland referenda are widely used to amend laws and even the Constitution itself.

QUEBEC

Quebec is the largest of the ten Canadian provinces, occupying 1 540 680 square kilometres. The population is just under 7 million but only 2.5% of the land is inhabited. The official language is French. Although the capital, Quebec City, is the administrative centre, the business and cultural heart of the province beats in Montreal. In 1995 the pro-independence movement lost a referendum on independence from Canada by a tiny margin.

National Administration The head of state is the British Queen, represented by the Governor-General, a Canadian appointed by the monarch on the advice of the Canadian Prime Minister. Parliament consists of the Queen, the Senate *(Sénat)* and the House of Commons *(Chambre des communes).*

▶ **The Senate** has 104 members, 24 from Quebec. Senators are appointed by the Prime Minister and the Cabinet. The Senate can introduce, amend or reject a law as long as it does not relate to the budget.

▶ **The House of Commons** has 282 members, 75 from Quebec. They are elected by universal suffrage in a one-round first-past-the-post system *(see p4).*

▶ **The Prime Minister** chooses his or her ministers and has the power to dismiss them. Usually an MP, he is the leader of the party with the most seats and, together with his Cabinet, is responsible for drawing up laws. His Government *(Am:* administration) is responsible to the House of Commons and must resign if a vote of no confidence is passed or if his party loses its majority.

Provincial Administration Quebec is ruled by a Legislative Assembly and has its own Constitution. All bills receive sanction by the Lieutenant Governor, who represents the Queen, before becoming law. The Assembly devolves power to city, town, village and district authorities. Executive power lies with the *Conseil exécutif,* or Council of Ministers, presided over by the Prime Minister of Quebec.

The Legal System The Canadian legal system is independent. Almost all the courts are administered by the individual provinces, but judges are appointed by the national Government.

FRANCE France has a centralized education system, controlled by the *ministère de l'Éducation nationale* (Ministry for National Education), which has the highest budget of all the ministries. A department of the Ministry called the *secrétariat d'État aux Universités* is responsible for higher education. Five different levels of education can be identified: *école maternelle* (nursery school), *école primaire* or *élémentaire* (primary school), *collège* (between the ages of 11 and 15), *lycée* (between 15 and 18), and *le supérieur* (higher education).

Centralization The curriculum is drawn up by the Government and is handed down to schools in an official publication called *le Bulletin officiel de l'Éducation nationale*. The country is divided into 28 educational areas known as *académies*, each presided over by a *recteur*. The dates of school terms are set by the Ministry. Christmas holidays (*Am*: vacations) and the two months of summer holidays are the same throughout the country. There are also breaks in February, in spring and around 1 November (*la Toussaint* or All Saints' Day). The exact dates of these holidays depend on which part of France you live in: for these purposes the country is split into three zones, and the order in which each zone takes its holidays changes every year.

School Year	
■ term one	September to December
■ term two	January to March
■ term three	April to June

Public and Private Education Education in France is public, non-denominational and free from *maternelle* to *lycée*. Attendance is obligatory between the ages of 6 and 16. Nursery and primary schools are run by a head teacher known as a *maître-directeur*, and are managed by the local town councils. The head teacher of a *collège* is known as a *principal* and his or her school is the responsibility of the *département*. In *lycées* the head teacher is called a *proviseur* and these schools receive their funding from the region. All teachers and administrative staff are civil servants paid by the State.

Running in parallel to the state system there are private schools, which are said to be *sous contrat* ('under contract'). This means that the teachers are paid by the State and teach the national curriculum. Some private schools are denominational and are owned by religious orders. A small number of private schools are *hors contrat*. These establishments own their premises, recruit and pay staff themselves and are not obliged to teach the national curriculum.

▶ **The *carte scolaire*** is a list of state schools divided by region. Students are assigned a school depending on where they live.

▶ **Grants** are awarded to students for all types of school if their parents have low incomes.

The Recruitment of Teachers Teachers are recruited after graduating from university (three years' study) and studying for two years at a teacher training college called an *IUFM* (*institut universitaire de formation des maîtres*). All prospective teachers follow a core curriculum and then sit an exam depending on their intended career. The different types of teacher are:

❏ *professeurs d'écoles* (at nursery and primary school level)

❏ *professeurs de collège* and *professeurs de lycée* (at secondary school level), who have to pass the *CAPES* teaching diploma or hold an *agrégation*, the highest qualification of all, and specialize in one subject

❑ *maîtres auxiliaires* (supply (*Am*: substitute) teachers), who are not government employees and have less strict training requirements.

From Nursery to *Lycée*

▶ **Nursery school (2–6)** is optional, but almost all children attend.

▶ **Primary school (6–11)** is structured in five levels: *le cours préparatoire* (*CP*), *cours élémentaires 1* and *2* (*CE1* and *CE2*), and *cours moyens 1* and *2* (*CM1* and *CM2*). Here pupils acquire reading, writing and arithmetic skills.

▶ *Collège* **(11–15)** involves four years' study culminating in the first national exam taken by students, the *brevet national des collèges*. After the exam, students choose which subject area they want to specialize in and hence which type of *lycée* they attend.

▶ *Lycée* **(15–18)** leads after three years' study to the school-leaving certificate (*Am*: high-school diploma), the *baccalauréat* (or *bac*, as it is commonly known), whatever type of *lycée* students opt for. A *lycée professionnel* prepares students for specific vocational

Grades at *Baccalauréat*	
■ *mention passable*	10–12 out of 20
■ *mention assez bien*	12–14 out of 20
■ *mention bien*	14–16 out of 20
■ *mention très bien*	more than 16 out of 20

bac courses, a *lycée général* offers general and vocational courses, and a *lycée technologique* specializes in technical subjects. There are two parts to the exam: the first, which consists of written and oral French tests, is taken at the end of the second year of *lycée*; and in the second part, taken at the end of the final year (called *la terminale*), students take oral and written exams in their other subjects. Successful completion of the *bac* qualifies students to enter university. There are 12 types of *bac*: three general (literature, *série L;* science, *série S;* and economics and social studies, *série ES*) and nine technical. *Lycées professionnels* offer other courses leading to vocational diplomas called the *CAP (certificat d'aptitude professionnelle)* and the *BEP (brevet d'études professionnelles),* which are completed earlier than the *bac*.

Higher Education

▶ **BTS (brevets de technicien supérieur)** are vocational diplomas awarded after two years' study at a *lycée* or a private school.

▶ **Universities and IUTs (instituts universitaires de technologie)** are open to all holders of a general or technical *baccalauréat*. Students pay no course fees (*Am*: tuition), and degrees are nationally recognized. After two years students take an exam, and if they pass they receive the *DEUG (diplôme d'études universitaires générales)* and may go on to take a *licence* (one year's study) or a *maîtrise* (two years' study). Those students who are interested in going on to do research, and possibly a doctorate, may then take one of two courses, the *DEA (diplôme d'études approfondies)* or the *DESS (diplôme d'études supérieures spécialisées)*. The final qualification from an *IUT* is known as the *DUT (diplôme universitaire de technologie)*. Establishments called *IUPs (instituts universitaires professionnels)* have been set up in an attempt to forge closer links between higher education and local businesses. The most illustrious French university remains the Sorbonne in Paris.

▶ *Classes préparatoires* are two years of study available in some lycées after the *bac* which prepare students to take entrance exams for the *grandes écoles (see below).* The first year of the literature course is known as the *lettres supérieures,* or more colloquially the *hypokhâgne,* and the second as the *première supérieure* or *khâgne.* There are also science classes and mathematics courses, *mathématiques supérieures* and *mathématiques spéciales.*

▶ **The *grandes écoles*** are prestigious establishments whose students are selected by competitive examination after the *classes préparatoires.* Graduates

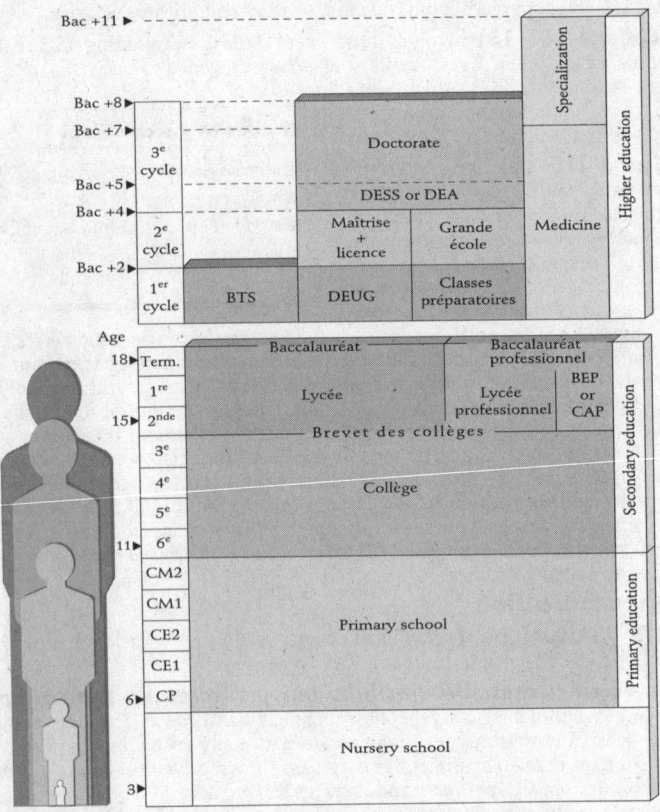

become senior civil servants, politicians, directors of large companies, engineers and academics. The most famous schools are the *Polytechnique,* the *Centrale,* the *Mines* and the *Arts et Métiers,* which all specialize in engineering; the *ENA (École nationale d'administration),* which trains senior civil servants; and the *ENS (École normale supérieure),* which trains high-ranking teachers and researchers. They are public and free, and students are in some cases paid a salary.

▶ **The *CNED (Centre national d'enseignement à distance)*** administers distance-learning, running correspondence courses at all levels.

BELGIUM Each linguistic community organizes and funds its own education system.

Full-time and Part-time Learning School attendance is obligatory between the ages of 6 and 18. During the last two years of this period students can study part-time while they complete an apprenticeship. Those students who want to go on to higher education, however, must study full-time in an *athénée*, the Belgian equivalent of a *lycée*, from the ages of 16 to 18 and take the university entrance exam, the *DAES (diplôme d'aptitude à accéder à l'enseignement supérieur)*.

Higher Education There are three universities in the French-speaking part of Belgium, plus one with courses in a limited number of subjects. In addition to the universities, there are seven other types of establishment running specialized vocational courses, e.g. in agriculture, nursing etc.

SWITZERLAND Each Swiss *canton* is responsible for its own education system.

Compulsory Schooling This lasts for nine years. The length of time spent in primary schools varies from four to six years depending on the *canton*. Students then go on to enter the *degré secondaire I*. German classes are compulsory from primary school.

Further Education Depending on their ability, students may choose either to follow a vocational course or to enter the *degré secondaire II*. The latter option is more popular in the French-speaking part of the country. Vocational courses all involve work placements in addition to studies at college. The *degré secondaire II* is followed either at secondary schools called *gymnases*, which prepare students to take the *maturité*, the Swiss equivalent of the *baccalauréat*, or at *écoles de degré diplôme (EDD)* where students follow a two- or three-year vocational course.

Higher Education As well as the universities, *écoles supérieures* offer courses in technical subjects, tourism or art, and *hautes écoles* run courses with a high research component.

QUEBEC In Canada each province is responsible for its own education system. As 80% of the population of Quebec is French-speaking, most classes are in French.

Compulsory Schooling At primary level school is compulsory for six years, and at secondary level for five years.

Pre-university Education After these 11 years, students may leave school or enter a *collège d'enseignement général et professionnel (cégep)* where they take either a two-year general course leading to university entrance, or a three-year vocational course leading to the job market.

Universities In Quebec universities enjoy a high degree of independence and award their own degrees. There are four French-speaking universities and three English-speaking ones. Successful students receive a qualification called a *baccalauréat* after three years. They may then study for a further two years, leading to a specialized master's degree *(maîtrise)*, and continue for three years more to gain a doctorate.

FRANCE France is the fourth largest economic power in the world and belongs to the G7 (the group of the seven most industrialized countries). Its annual gross national product (GNP) is approximately $18 000 per person.

The System in Action The working population of France represents 43% of all inhabitants.

▶ **The primary sector** consists mostly of agriculture, and employs only 6% of the working population. Cereals are grown mostly in the Paris Basin and Picardy, and the biggest wine-producing areas are the region around Bordeaux, the Rhône valley and Burgundy.

▶ **The secondary sector**, which includes industry and construction, employs about 30% of the labour force. Nuclear power now accounts for 74% of electricity production. Most successful are the telecommunications, railway rolling stock and aerospace industries.

▶ **The tertiary sector** is continually expanding and covers banks, commerce, transport, administration and service industries.

▶ **International trade** is mainly with the European Union, Japan and the USA. France is the fourth largest exporter in the world; its main exports are machinery, cars, foodstuffs, clothing and luxury goods. Its main imports are oil, gas, machinery, cars, motorcycles, hi-fi equipment and optical instruments.

The World of Work Employment law in France is determined by the Constitution, the *code du travail* and international agreements and treaties.

▶ **Working hours** are fixed by law at 39 hours per week, with a daily maximum of 10 hours. Employees may work an extra 130 hours per year, paid at a higher rate. Paid annual holiday is 30 working days.

▶ **Salaries** are paid monthly. Many companies offer an annual bonus, known as the *treizième mois* as it is equal to an extra month's salary, and a holiday (*Am:* vacation) bonus. There is a minimum wage, the *SMIC (salaire minimum interprofessionnel de croissance),* which is adjusted annually on 1 July.

▶ **Workers who are made redundant** (*Am:* laid off) are entitled to claim benefit (*Am:* unemployment) for six months; this is provided jointly by the employer, the Government and the *ASSEDIC (Association pour l'emploi dans l'industrie et le commerce* – an association

Public Holidays	
■ 1 January	
■ Easter Monday	
■ 1 May	Labour Day
■ 8 May	Armistice Day 1945
■ Ascension Day	
■ Whit Monday	
■ 14 July	Bastille Day
■ 15 August	the Assumption
■ 1 November	All Saints' Day
■ 11 November	Armistice Day 1918
■ 25 December	Christmas

providing insurance against unemployment). People no longer able to claim unemployment benefit from the *ASSEDIC* are entitled to the *RMI (revenu minimum d'insertion),* an allowance from the State providing claimants with a guaranteed minimum income.

▶ **Strikes** are legal in France for all employees, including civil servants. However, 'lockouts' (temporary closure of a company by an employer to impose certain working conditions or salary levels) are illegal.

Banking Banks in France are as a rule open from 9 a.m. to 5 p.m., with a break from noon to 2 p.m. They close during long weekends.

Currency The French unit of currency is the franc (F). One franc equals 100 centimes (c). There are coins to the value of 5c, 10c, 20c, 50c, 1F, 2F, 5F, 10F and 20F, and notes to the value of 20F, 50F, 100F, 200F and 500F.

BELGIUM

Although a small country with a small population, Belgium is rich. Its annual GNP is $15 000 per person.

Agriculture In Belgium agriculture consists mainly of pig- and cattle-breeding. Belgian farmers are making a net loss.

Industry The once dominant coal industry in Belgium is in decline. A total of 63% of the country's energy comes from nuclear power. The automobile industry is flourishing, as many multinationals have set up in the country.

Banking Banks are as a rule open between 9 a.m. and 3 or 3.30 p.m., Monday to Friday, although some branches also open on Saturday mornings. Paying by cheque is still the most common means of payment.

Currency The unit of currency is the Belgian franc (FB). One Belgian franc equals 100 centimes (c).

SWITZERLAND

With an annual GNP of $36 000 per person, this tiny country is one of the richest in the world. Its wealth comes from industry and, in particular, the many banks established there.

Agriculture Four times more land is used for cattle-breeding than for crops, with dairy farming predominating, but Swiss farmers still make a net loss.

Industry This consists mainly of chemicals, precision instruments and watchmaking. Switzerland exports mostly to Germany, France and Italy.

Banking Zürich, in the German-speaking part of Switzerland, is considered one of the biggest financial centres in the world. Switzerland owes its wealth to its stable currency, its highly developed banking infrastructure and the discretion for which its banks are famous.

Currency The unit of currency is the Swiss franc (FS). One Swiss franc equals 100 centimes (c).

QUEBEC

Quebec is twentieth in the list of world economies, and eleventh in terms of standard of living. Although it has 63.5% of its population in employment, this is still lower than the national average.

Agriculture Just 4% of the working population is employed in agriculture, but farming is very productive and technologically advanced. Quebec meets 65% of its food requirements and also exports a lot, in particular cereals.

Industry Industry accounts for 19.3% of the working population. The most dynamic sectors are electrical and electronic goods, timber, papermaking, metal processing and plastics.

Banking The province's financial centre and stock market are based in Montreal. Banks are open from 10 a.m. to 3 p.m., Monday to Wednesday; from 10 a.m. to 6 p.m., Thursdays and Fridays; and are closed at weekends.

Currency The unit of currency is the Canadian dollar ($). One Canadian dollar equals 100 cents (c).

FRANCE The French enjoy freedom of the press. Most of the news which appears in the French media is gathered by the news agency *Agence France-Presse (AF-P)*.

The Press Newspapers are sold in kiosks, newsagents' (both *tabacs* and *maisons de la presse*) and some bookshops. It is also possible to subscribe.

▶ **The national press** is distributed throughout the country. Some newspapers like *Le Monde* appear in the evening, and others like *Le Figaro* or *Libération* in the morning. *Le Monde* also publishes monthly supplements on specific subject areas such as education, music and diplomacy.

▶ **The regional press** devotes many of its pages to local news, as well as covering national and international events.

▶ **Magazines** covering current affairs, such as the weeklies *Le Point*, *L'Express* and *Le Nouvel Observateur*, are particularly favoured by the French. Other well-known magazines such as *Paris Match* specialize in stories about celebrities. On Saturdays *Le Figaro* publishes three colour supplements (a current affairs magazine, a women's magazine and a TV magazine). Women's magazines, such as *Elle* and *Marie-Claire*, also have large circulations. There is a growing number of specialist magazines on a wide range of subjects such as cars (e.g. *L'Action automoto*), sport (e.g. *France-Football*, *Tennis Magazine*), food (e.g. *Gault-Millau Magazine*) and interior decoration (e.g. *Art et Décoration*, *Maisons Côté Sud*).

▶ **Press consortiums** now own many French newspapers. Some of the biggest groups are *Hachette–Filipacchi*, *Hersant*, *Prisma Presse* and *Bayard Presse*.

Radio and Television French radio and television are financed by a licence fee, advertising revenue and a sponsorship system. Although radio and TV are state monopolies, there are many independent channels existing alongside the publicly owned ones.

▶ **State-owned radio stations** are part of *Radio France*. The national station with the most listeners is *France-Inter*, which broadcasts a mix of light entertainment and news. Other stations include *France Info*, a round-the-clock news station; *France-Culture*, which specializes in documentaries and arts programmes; and

Frequencies (Long Wave) of Main Radio Stations	
▪ *France-Inter*	162 kHz
▪ *Europe 1*	183 kHz
▪ *RTL*	216 kHz
▪ *RMC*	234 kHz

FIP, which broadcasts uninterrupted music and short news bulletins from its 47 regional studios. *Radio France Internationale (RFI),* which broadcasts worldwide in French and foreign languages, and *RFO*, which serves the *DOM-TOM*, are both state-owned but independent from *Radio France*.

▶ *Radios périphériques* are independent stations broadcasting programmes in French from outside the country, e.g. from Germany or Luxembourg. The most popular are *Europe 1*, *RTL* and *Radio Monte-Carlo (RMC)*.

▶ **Independent radio stations** include *Europe 2* and *NRJ*, which are targeted at teenagers, and stations catering for specific communities such as *Radio Beur* (for North Africans living in France).

▶ **Public television** is run by two channels in France: *France 2* and *France 3*.

France 2 broadcasts mostly news and drama, while *France 3* specializes in arts programmes relayed from regional studios.

▶ **Arte and La Cinquième** share a television frequency. *Arte* is a Franco-German arts channel. Its programmes start at 7 p.m, and when *Arte* is off the air, an educational channel called *La Cinquième* broadcasts instead.

▶ **Independent channels** are headed in popularity by *TF1*, which broadcasts news, sport, films and light entertainment. Other channels include *M6*, which shows American series, soap operas and music videos, and *Canal +*. In order to receive *Canal +*, viewers must pay a subscription, in return for which they are given a decoder which unscrambles the signal.

> **French Television Channels**
>
> - *TF1*
> - *France 2*
> - *France 3*
> - *M6*
> - *Canal +*
> - *La Cinquième/Arte*

▶ **The Conseil supérieur de l'audiovisuel (CSA)** is an independent body whose function is to guarantee the independence of the public sector, to encourage competition and to ensure programme quality.

BELGIUM There are about 20 French-language daily newspapers in Belgium, including *Le Soir*, *La Lanterne* and *La Gazette de Liège*, plus a large number of weeklies and magazines.

The public French-language broadcasting body is *Radio Télévision belge francophone (RTBF)*, which gets 80% of its funding from the State but also receives advertising revenue. It has two channels. Belgians may subscribe to the Belgian version of *Canal +*, *Canal + Belgique*, and there are also cable television networks.

SWITZERLAND The multilingual nature of Switzerland is reflected in its media. Of the 103 daily newspapers available in the country, 80 are in German, 18 in French and 5 in Italian. The most widely read papers in Geneva are *La Suisse*, *La Tribune de Genève* and *Le Journal de Genève*, while in Lausanne *Le Matin* is the most popular.

The Swiss national broadcasting company has three German channels, three French and one Italian.

QUEBEC

The Press Of the 559 magazines and newspapers available in Quebec, 72.6% are in French, 13.4% are in English and 10.3% are bilingual. The most popular French-language daily papers in Montreal are *La Presse*, *Le Devoir* and *Le Journal de Montréal*, and in Quebec City *Le Soleil* and *Le Journal de Québec*.

Radio There are 116 radio stations in Quebec, 104 of which broadcast in French. Most of them are privately owned.

Television Of the 35 channels in Quebec, 17 are private companies and 18 are state-owned. *Radio Québec*, the main French-language network, has three channels, *les Téléviseurs Associés (TVA)* has ten, and Radio Canada nine. Montreal and much of Quebec City have a cable network, via which viewers have access to a number of foreign programmes, as well as round-the-clock information services (on, for example, traffic conditions and the weather).

FRANCE The French spend about 10.5% of their income on entertainment.

Sport Just 10% of French people play sport on a regular basis, although this percentage is higher among teenagers, who enjoy football (*Am*: soccer), tennis and judo.

▶ **Motor racing** is watched by a large number of French people, both on television and live at circuits like Le Mans.

▶ **Cycling** too is popular. The best-known cycle race, perhaps in the world, is the Tour de France, which takes place every year in July.

▶ **Football** (*Am*: soccer) enjoys a high standing in France, where almost every town and village have their own team. The national league has two divisions. The best-supported French teams are *Paris-Saint-Germain,* also known as *PSG,* Nantes, Monaco and *Olympique de Marseille,* usually referred to as *OM.*

▶ **Horse racing** and betting on horse races are very popular in France. The most famous race courses are at Saint-Cloud, Maisons-Laffitte, Longchamp and Chantilly.

▶ **Rugby**'s heartland is the southwest, where Toulouse, Agen and Lourdes all have successful teams. The highlight of the international season is the Five Nations Championship, which France contests with England, Scotland, Wales and Ireland.

▶ **Skiing** is enjoyed by 9.5% of French people, who make use of the excellent opportunities for winter sports offered in the Alps and the Pyrenees.

▶ **Tennis** is a well-established sport in France, with over 10 000 clubs. The French Open, *les Internationaux de France*, is held every year in June at the Roland Garros stadium in Paris and is one of the major world tournaments.

▶ **Yachting** has been made popular by famous French sailors such as Éric Tabarly, Olivier de Kersauson and Florence Arthaud. There is now a lot of interest in transatlantic and single-handed round-the-world races.

▶ **Regional sports** like *pétanque*, which originated in the South of France, and pelota *(pelote basque)* from the Basque Country are minority sports, but have become a part of French culture. *Pétanque* is played with metal bowls and a small wooden ball called a *cochonnet* (the jack); the object is to throw the bowls as close to the jack as possible. The most common version of pelota is played with a ball called a *pelote* which is thrown against a wall.

Arts

▶ **Music** is particularly enjoyed by French teenagers, 50% of whom play a musical instrument, the piano and guitar being the most popular. Paris is home to large concert halls such as Pleyel and Gaveau, and music hall theatres such as Olympia. Jazz festivals are usually held in the South of France in places like Antibes and Juan-les-Pins. Most French cities have an opera house; indeed, Paris has two, the Palais Garnier and the Bastille. During the *fête de la Musique*, which takes place every year on 21 June, both amateur and professional musicians take to the streets to give free concerts.

▶ **The largest ballet school in France** is also housed in the Palais Garnier. Students of this school are commonly referred to as *les petits rats de l'Opéra*. Ballets from the repertory are performed every year.

▶ **Theatre** companies like the independent *Comédie-Française* (the national theatre company), *Théâtre de l'Europe* (also known as *l'Odéon*), *Chaillot* and *TEP (Théâtre de l'Est parisien)* are based in Paris. Strasbourg, however, is also home to a national theatre company, the *TNS (Théâtre national de Strasbourg)*. Members of the *Comédie-Française* are often former students of the Paris music school, the *Conservatoire de Paris*. Two of the highlights of the theatrical year are the *Festival d'Avignon* in July and the *Festival d'automne* held in Paris. There is an annual awards ceremony, *les Molières*, at which the best plays and actors of the year are rewarded.

▶ **Cinema** is highly regarded in France. The most famous film festival takes place every year in Cannes, where the *palme d'or* (golden palm) is given to the best film. The *festival d'Avoriaz*, held in a ski resort in the Alps, is dedicated to science fiction; the *festival de Cognac* to detective films; and the *festival de Deauville* to American films. The French equivalent of the American Oscars ceremony is called *les Césars*.

▶ **Architecture** was a particular concern of the late President Mitterrand. A major programme was initiated 20 years ago to erect modern public buildings in Paris and the rest of France. The most notable results include the futuristic office block *l'Arche de la Défense*, the opera house *l'Opéra de la Bastille*, the pyramid outside the *Louvre* and the *Institut du monde arabe*.

▶ **Museums** number 1400, 34 of which are national. As well as permanent collections, they also house temporary exhibitions. Some museums, like the Grand Palais, are devoted entirely to special exhibitions.

▶ **The price of books** in France is regulated by the Government in an attempt to encourage people to buy them. The most prestigious annual literary prize is the *prix Goncourt*, judged by a jury of ten authors. The *Académie française* is the body responsible for setting models for use of the French language and for producing the definitive reference work, *le Dictionnaire de l'Académie française*.

Tourism

▶ **Annual holidays** (*Am*: vacations) are taken by two-thirds of French people, usually in summer, although there is a growing trend towards taking a skiing holiday.

Most Popular Tourist Attractions
■ Pompidou Centre
■ Eiffel Tower
■ Louvre
■ Cité des sciences de la Villette
■ Versailles

▶ **The theme parks** *Euro Disneyland* and *Parc Astérix* outside Paris have had huge amounts of money poured into them, but investment has not paid off as well as had been hoped. *Futuroscope* near Poitiers draws large numbers to its more educationally orientated attractions.

▶ **Hotels** in France are assessed by the Ministry of Tourism (*ministère du Tourisme*) and awarded a number of stars from 1 to 4, depending on the level of comfort they afford. The best hotels are classified as four-star *luxe*. Times are hard for small, traditional, family-run hotels which are facing stiff competition from inexpensive alternatives like *chambres d'hôtes* (bed and breakfast accommodation in someone's house) and *gîtes ruraux* (converted farmhouses or outbuildings which can be rented).

▶ **Restaurants** must display their menu and prices always include a service charge. Different systems (stars, forks, chefs' hats) are used to categorize restaurants by different specialist guides, the most illustrious and authoritative of which is the *Guide Michelin*.

BELGIUM Cycling is the biggest sport in Belgium. The use of bicycles is encouraged by the large number of cycle lanes and paths. Hiking on the 4500 kilometres of waymarked (*Am*: marked) paths throughout the country, and skiing in winter in the Ardennes are also popular. Many of the cartoons (*bandes dessinées*) enjoyed around the world are of Belgian origin, e.g. Tintin, Lucky Luke and Gaston Lagaffe. Tourist attractions in Belgium include carnivals, and the many traditional celebrations, often with a historical or religious theme, that take place between March and September. Belgium is renowned throughout the world for its chocolates but it also exports beer, notably that brewed by Trappist monks and *gueuze* (a strong beer that has been brewed twice), Spa mineral water and fruit cordials. The archetypal Belgian dish is *moules-frites* (mussels and chips, *Am*: fries).

SWITZERLAND The most popular sports in Switzerland are mountaineering and winter sports. The big ski resorts are in the German-speaking part of the country. Lakeland regions have, however, done much to develop water sports and have succeeded in attracting a large number of tourists. In the arts, one of the highlights of the year is the jazz festival in Montreux which draws top musicians from all over the world. The most famous Swiss foods are cheeses such as *Emmental* and *Vacherin*, and chocolate.

QUEBEC

Sport Most sports clubs in Quebec belong to the *Regroupement Loisir Québec*. Winter sports predominate, and include Alpine skiing (there are 1170 runs in the province); cross-country skiing in the national parks or at special centres; and snowmobiling, which is particularly popular and accessible as there are 30 000 kilometres of marked tracks. In summer, water sports like canoeing, whitewater rafting, sailing and jet-skiing are widely practised on the many lakes and rivers. Cycling is gaining in popularity year by year, helped by a network of 1600 kilometres of cycle lanes and paths.

Parks and Nature Reserves There are 19 nature reserves (three of which are managed by the Canadian Government) where hunting is banned, and 18 wildlife reserves where fishing is permitted and hunting is regulated. Camping is allowed and there are chalets which can be rented.

Arts Many music and drama festivals are held in the province, such as the classical music festival in Lanaudière and the famous *Festival du Théâtre des Amériques*. 'Barn theater' (plays put on in villages) is also popular. Montreal has an internationally renowned symphony orchestra, and mention should also be made of the many singer-songwriters who sing in French. Quebec has a lively film industry but suffers from small audiences and is in constant need of government aid. Film dubbing is a growth sector.

Tourism Hotels in Quebec are classified according to a star system by a national body called Canada Select. Staying in a *gîte du passant* (bed and breakfast accommodation at somebody's house) is also popular.

Cuisine The Québécois use different words from the French to talk about mealtimes: *déjeuner* for breakfast, *dîner* for lunch and *souper* for dinner. Maple syrup is probably the most typical food product and is widely used.

ENGLISH - FRENCH

ANGLAIS - FRANÇAIS

ENGLISH-FRENCH
ANGLAIS-FRANÇAIS

a¹ (*pl* as OR **a's**), **A** (*pl* **As** OR **A's**) [eɪ] *n* [letter] a *m inv*, A *m inv*; **to get from A to B** aller d'un point à un autre ; **from A to Z** de A à Z, depuis A jusqu'à Z.

➤ **A** *n* - **1.** MUS la *m inv* - **2.** SCH [mark] A *m inv.*

a² [stressed eɪ, unstressed ə] (*before vowel or silent 'h'* **an** [stressed æn, unstressed ən]) *indef art* - **1.** [gen] un (une) ; **a boy** un garçon ; **a table** une table ; **an orange** une orange - **2.** [referring to occupation] : **to be a doctor/lawyer/plumber** être médecin/avocat/plombier - **3.** [instead of the number one] un (une) ; **a hundred/thousand pounds** cent/mille livres - **4.** [to express prices, ratios etc] : **20p a kilo** 20p le kilo ; **£10 a person** 10 livres par personne ; **twice a week/month** deux fois par semaine/mois ; **50 km an hour** 50 km à l'heure - **5.** [preceding person's name] un certain (une certaine) ; **a Mr Jones** un certain M. Jones.

a. *abbr of* **acre.**

A-1 *adj* inf excellent(e).

A4 *n* Br format *m* A4.

AA ◇ *adj abbr of* **antiaircraft** ◇ *n* - **1.** (*abbr of* **Automobile Association**) *automobile club britannique,* ≃ ACF *m,* ≃ TCF *m* - **2.** (*abbr of* **Associate in Arts**) *diplôme universitaire américain de lettres* - **3.** (*abbr of* **Alcoholics Anonymous**) *Alcooliques Anonymes mpl.*

AAA *n* - **1.** (*abbr of* **Amateur Athletics Association**) *fédération britannique d'athlétisme* - **2.** (*abbr of* **American Automobile Association**) *automobile club américain,* ≃ ACF *m,* ≃ TCF *m.*

AAUP (*abbr of* **American Association of University Professors**) *n syndicat universitaire américain des professeurs d'université.*

AB ◇ *n* Am *abbr of* **Bachelor of Arts** ◇ *abbr of* **Alberta.**

aback [ə'bæk] *adv* : **to be taken ~** être décontenancé(e).

abacus ['æbəkəs] (*pl* **-cuses** [-kəsiːz] OR **-ci** [-saɪ]) *n* boulier *m,* abaque *m.*

abandon [ə'bændən] ◇ *vt* abandonner ◇ *n* : **with ~** avec abandon.

abandoned [ə'bændənd] *adj* abandonné(e).

abashed [ə'bæʃt] *adj* confus(e).

abate [ə'beɪt] *vi* [storm, fear] se calmer ; [noise] faiblir.

abattoir ['æbətwɑːʳ] *n* abattoir *m.*

abbess ['æbes] *n* abbesse *f.*

abbey ['æbɪ] *n* abbaye *f.*

abbot ['æbət] *n* abbé *m.*

abbreviate [ə'briːvɪeɪt] *vt* abréger.

abbreviation [ə,briːvɪ'eɪʃn] *n* abréviation *f.*

ABC *n* - **1.** [alphabet] alphabet *m* - **2.** fig [basics] B.A.-Ba *m,* abc *m* - **3.** (*abbr of* **American Broadcasting Company**) *chaîne de télévision américaine.*

abdicate ['æbdɪkeɪt] *vt* & *vi* abdiquer.

abdication [,æbdɪ'keɪʃn] *n* abdication *f.*

abdomen ['æbdəmən] *n* abdomen *m.*

abdominal [æb'dɒmɪnl] *adj* abdominal(e).

abduct [əb'dʌkt] *vt* enlever.

abduction [æb'dʌkʃn] *n* enlèvement *m.*

aberration [,æbə'reɪʃn] *n* aberration *f.*

abet [ə'bet] (*pt* & *pp* **-ted** ; *cont* **-ting**) *vt* ➭ **aid.**

abeyance [ə'beɪəns] *n* : **in ~** en attente.

abhor [əb'hɔːʳ] (*pt* & *pp* **-red** ; *cont* **-ring**) *vt* exécrer, abhorrer.

abhorrent [əb'hɒrənt] *adj* répugnant(e).

abide [ə'baɪd] *vt* supporter, souffrir.

➤ **abide by** *vt fus* respecter, se soumettre à.

abiding [ə'baɪdɪŋ] *adj* [lasting - feeling, interest] constant(e) ; [- memory] éternel(elle), impérissable.

ability [ə'bɪlətɪ] (*pl* -ies) *n* - **1.** [capacity, capability] aptitude *f* ; **to do sthg to the best of one's ~** faire qqch de son mieux - **2.** [skill] talent *m*.

abject ['æbdʒekt] *adj* - **1.** [poverty] noir(e) - **2.** [person] pitoyable ; [apology] servile.

ablaze [ə'bleɪz] *adj* - **1.** [on fire] en feu - **2.** fig [bright] : **to be ~ with** être resplendissant(e) de.

able ['eɪbl] *adj* - **1.** [capable] : **to be ~ to do sthg** pouvoir faire qqch - **2.** [accomplished] compétent(e).

able-bodied [-,bɒdɪd] *adj* en bonne santé, valide.

ablutions [ə'blu:ʃnz] *npl fml* ablutions *fpl*.

ably ['eɪblɪ] *adv* avec compétence, habilement.

ABM (*abbr of* **anti-ballistic missile**) *n* ABM *m*.

abnormal [æb'nɔ:ml] *adj* anormal(e).

abnormality [,æbnɔ:'mælətɪ] (*pl* -ies) *n* - **1.** [gen] anomalie *f* - **2.** MED malformation *f*.

abnormally [æb'nɔ:məlɪ] *adv* anormalement.

aboard [ə'bɔ:d] <> *adv* à bord <> *prep* [ship, plane] à bord ; [bus, train] dans.

abode [ə'bəʊd] *n fml* : **of no fixed ~** sans domicile fixe.

abolish [ə'bɒlɪʃ] *vt* abolir.

abolition [,æbə'lɪʃn] *n* abolition *f*.

A-bomb (*abbr of* **atom bomb**) *n* bombe *f* atomique.

abominable [ə'bɒmɪnəbl] *adj* abominable.

abominable snowman *n* : **the ~** l'abominable homme *m* des neiges.

abominably [ə'bɒmɪnəblɪ] *adv* abominablement.

aborigine [,æbə'rɪdʒənɪ] *n* aborigène *mf* d'Australie.

abort [ə'bɔ:t] <> *vt* - **1.** [pregnancy] interrompre - **2.** fig [plan, project] abandonner, faire avorter - **3.** COMPUT abandonner <> *vi* COMPUT abandonner.

abortion [ə'bɔ:ʃn] *n* avortement *m*, interruption *f* (volontaire) de grossesse ; **to have an ~** se faire avorter.

abortive [ə'bɔ:tɪv] *adj* manqué(e).

abound [ə'baʊnd] *vi* - **1.** [be plentiful] abonder - **2.** [be full] : **to ~ with** OR **in** abonder en.

about [ə'baʊt] <> *adv* - **1.** [approximately] environ, à peu près ; **~ fifty/a hundred/a thousand** environ cinquante/cent/mille ; **at ~ five o'clock** vers cinq heures ; **I'm just ~ ready** je suis presque prêt - **2.** [referring to place] : **to run ~** courir çà et là ; **to leave things lying ~** laisser traîner des affaires ; **to walk ~** aller et venir, se promener - **3.** [on the point of] : **to be ~ to do sthg** être sur le point de faire qqch <> *prep* - **1.** [relating to, concerning] au sujet de ; **a film ~ Paris** un film sur Paris ; **what is it ~?** de quoi s'agit-il ? ; **to talk ~ sthg** parler de qqch - **2.** [referring to place] : **his belongings were scattered ~ the room** ses affaires étaient éparpillées dans toute la pièce ; **to wander ~ the streets** errer de par les rues.

about-turn Br, **about-face** Am *n* MIL demi-tour *m* ; fig volte-face *f inv*.

above [ə'bʌv] <> *adv* - **1.** [on top, higher up] au-dessus - **2.** [in text] ci-dessus, plus haut - **3.** [more, over] plus ; **children aged 5 and ~** les enfants âgés de 5 ans et plus OR de plus de 5 ans <> *prep* - **1.** [on top of, higher up than] au-dessus de - **2.** [more than] plus de - **3.** [too good for] : **to be ~ doing sthg** ne pas s'abaisser à faire qqch.

➤ **above all** *adv* avant tout.

aboveboard [ə,bʌv'bɔ:d] *adj* honnête.

abracadabra [,æbrəkə'dæbrə] *excl* abracadabra!

abrasion [ə'breɪʒn] *n fml* [on skin] écorchure *f*, égratignure *f*.

abrasive [ə'breɪsɪv] <> *adj* [substance] abrasif(ive) ; fig caustique, acerbe <> *n* abrasif *m*.

abreast [ə'brest] *adv* de front, côte à côte.

➤ **abreast of** *prep* : **to keep ~ of** se tenir au courant de.

abridged [ə'brɪdʒd] *adj* abrégé(e).

abroad [ə'brɔ:d] *adv* à l'étranger.

abrupt [ə'brʌpt] *adj* - **1.** [sudden] soudain(e) brusque - **2.** [brusque] abrupt(e).

abruptly [ə'brʌptlɪ] *adv* - **1.** [suddenly] brusquement - **2.** [brusquely] abruptement.

ABS (*abbr of* **Antiblockiersystem**) *n* ABS *m*.

abscess ['æbsɪs] *n* abcès *m*.

abscond [əb'skɒnd] *vi* s'enfuir.

abseil ['æbseɪl] *vi* descendre en rappel.

absence ['æbsəns] *n* absence *f* ; **in the ~ o** [thing] faute de.

absent ['æbsənt] *adj* : **~ (from)** absent(e) (de) **to be ~ without leave** MIL être en absence ir régulière.

absentee [,æbsən'ti:] *n* absent *m*, -e *f*.

absenteeism [ˌæbsən'tiːɪzm] *n* absentéisme *m*.

absent-minded [-'maɪndɪd] *adj* distrait(e).

absent-mindedly [-'maɪndɪdlɪ] *adv* distraitement.

absinth(e) ['æbsɪnθ] *n* absinthe *f*.

absolute ['æbsəluːt] *adj* - **1.** [complete - fool, disgrace] complet(ète) - **2.** [totalitarian - ruler, power] absolu(e).

absolutely ['æbsə'luːtlɪ] *adv* absolument.

absolute majority *n* majorité *f* absolue.

absolution [ˌæbsə'luːʃn] *n* absolution *f*.

absolve [əb'zɒlv] *vt* : **to ~ sb (from)** absoudre qqn (de).

absorb [əb'zɔːb] *vt* absorber ; [information] retenir, assimiler ; **to be ~ed in sthg** être absorbé(e) dans qqch.

absorbent [əb'zɔːbənt] *adj* absorbant(e).

absorbing [əb'zɔːbɪŋ] *adj* captivant(e).

absorption [əb'zɔːpʃn] *n* absorption *f*.

abstain [əb'steɪn] *vi* : **to ~ (from)** s'abstenir (de).

abstemious [æb'stiːmjəs] *adj* fml frugal(e), sobre.

abstention [əb'stenʃn] *n* abstention *f*.

abstinence ['æbstɪnəns] *n* abstinence *f*.

abstract [*adj* & *n* 'æbstrækt , *vb* æb'strækt] ◇ *adj* abstrait(e) ◇ *n* [summary] résumé *m*, abrégé *m* ◇ *vt* [summarize] résumer.

abstraction [æb'strækʃn] *n* - **1.** [distractedness] distraction *f* - **2.** [abstract idea] abstraction *f*.

abstruse [æb'struːs] *adj* abstrus(e).

absurd [əb'sɜːd] *adj* absurde.

absurdity [əb'sɜːdɪtɪ] (*pl* -ies) *n* absurdité *f*.

absurdly [əb'sɜːdlɪ] *adv* absurdement.

ABTA ['æbtə] (*abbr of* Association of British Travel Agents) *n* association des agences de voyage britanniques.

Abu Dhabi [ˌæbuː'dɑːbɪ] *n* Abou Dhabi.

abundance [ə'bʌndəns] *n* abondance *f* ; **in ~** en abondance.

abundant [ə'bʌndənt] *adj* abondant(e).

abundantly [ə'bʌndəntlɪ] *adv* - **1.** [clear, obvious] parfaitement, tout à fait - **2.** [exist, grow] en abondance.

abuse [*n* ə'bjuːs, *vb* ə'bjuːz] ◇ *n* (U) - **1.** [offensive remarks] insultes *fpl*, injures *fpl* - **2.** [maltreatment] mauvais traitement *m* ; **child ~** mauvais traitements infligés aux enfants ; **physical ~** sévices *mpl* corporels ; **sexual ~** abus *mpl* sexuels - **3.** [of power, drugs etc] abus *m* ◇ *vt* - **1.** [insult] insulter, injurier - **2.** [maltreat] maltraiter - **3.** [power, drugs etc] abuser de.

abusive [ə'bjuːsɪv] *adj* grossier(ère), injurieux(euse).

abut [ə'bʌt] (*pt* & *pp* -ted ; *cont* -ting) *vi* [adjoin] : **to ~ on to** être contigu(ë) à.

abysmal [ə'bɪzml] *adj* épouvantable, abominable.

abysmally [ə'bɪzməlɪ] *adv* abominablement.

abyss [ə'bɪs] *n* abîme *m*, gouffre *m*.

Abyssinia [ˌæbɪ'sɪnjə] *n* Abyssinie *f* ; **in ~** en Abyssinie.

Abyssinian [ˌæbɪ'sɪnɪən] ◇ *adj* abyssinien(enne) ◇ *n* Abyssinien *m*, -enne *f*.

a/c (*abbr of* account (current)) CC.

AC *n* - **1.** (*abbr of* athletics club) *club britannique d'athlétisme* - **2.** (*abbr of* alternating current) courant *m* alternatif.

acacia [ə'keɪʃə] *n* acacia *m*.

academic [ˌækə'demɪk] ◇ *adj* - **1.** [of college, university] universitaire - **2.** [person] intellectuel(elle) - **3.** [question, discussion] théorique ◇ *n* universitaire *mf*.

academic year *n* année *f* scolaire OR universitaire.

academy [ə'kædəmɪ] (*pl* -ies) *n* - **1.** [school, college] école *f* ; **~ of music** conservatoire *m* - **2.** [institution, society] académie *f*.

ACAS ['eɪkæs] (*abbr of* Advisory Conciliation and Arbitration Service) *n organisme britannique de conciliation des conflits du travail*.

accede [æk'siːd] *vi* - **1.** [agree] : **to ~ to** agréer, donner suite à - **2.** [monarch] : **to ~ to the throne** monter sur le trône.

accelerate [ək'seləreɪt] *vi* - **1.** [car, driver] accélérer - **2.** [inflation, growth] s'accélérer.

acceleration [əkˌselə'reɪʃn] *n* accélération *f*.

accelerator [ək'seləreɪtər] *n* accélérateur *m*.

accelerator board, accelerator card *n* COMPUT carte *f* accélérateur OR accélératrice.

accent ['æksent] *n* accent *m*.

accentuate [æk'sentjʊeɪt] *vt* accentuer.

accept [ək'sept] *vt* - **1.** [gen] accepter ; [for job, as member of club] recevoir, admettre - **2.** [agree] : **to ~ that ...** admettre que ...

acceptable [ək'septəbl] *adj* acceptable.

acceptably [ək'septəblɪ] *adv* convenablement.

acceptance [ək'septəns] *n* - **1.** [gen] acceptation *f* - **2.** [for job, as member of club] admission *f*.

accepted [ək'septɪd] *adj* [ideas, fact] reconnu(e).

access ['ækses] ◇ *n* - **1.** [entry, way in] accès *m* ;

to gain ~ to avoir accès à - **2.** [opportunity to use, see] : **to have ~ to sthg** avoir qqch à sa disposition, disposer de qqch ⬦ vt COMPUT avoir accès à.

accessibility [ək‚sesə'bɪlətɪ] n - **1.** [of place] accessibilité f - **2.** [availability] accès m.

accessible [ək'sesəbl] adj - **1.** [reachable - place] accessible - **2.** [available] disponible.

accession [æk'seʃn] n [of monarch] accession f.

accessory [ək'sesərɪ] (pl -ies) n - **1.** [of car, vacuum cleaner] accessoire m - **2.** JUR complice mf.

➤ **accessories** npl accessoires mpl.

access road n Br [to motorway] bretelle f de raccordement OR d'accès.

access time n COMPUT temps m d'accès.

accident ['æksɪdənt] n accident m ; **~ and emergency department** Br (service m des) urgences fpl ; **by ~** par hasard, par accident.

accidental [‚æksɪ'dentl] adj accidentel(elle).

accidentally [‚æksɪ'dentəlɪ] adv - **1.** [drop, break] par mégarde - **2.** [meet] par hasard.

accident-prone adj prédisposé(e) aux accidents.

acclaim [ə'kleɪm] ⬦ n (U) éloges mpl ⬦ vt louer.

acclamation [‚æklə'meɪʃn] (U) n acclamation f.

acclimatize, -ise [ə'klaɪmətaɪz], **acclimate** Am ['ækləmeɪt] vi : **to ~ (to)** s'acclimater (à).

accolade ['ækəleɪd] n accolade f ; **the ultimate ~** la consécration suprême.

accommodate [ə'kɒmədeɪt] vt - **1.** [provide room for] loger - **2.** [oblige - person, wishes] satisfaire.

accommodating [ə'kɒmədeɪtɪŋ] adj obligeant(e).

accommodation Br [ə‚kɒmə'deɪʃn] n, **accommodations** Am [ə‚kɒmə'deɪʃnz] npl logement m ; **office ~** bureaux mpl.

accompaniment [ə'kʌmpənɪmənt] n MUS accompagnement m.

accompanist [ə'kʌmpənɪst] n MUS accompagnateur m, -trice f.

accompany [ə'kʌmpənɪ] (pt & pp -ied) vt - **1.** [gen] accompagner - **2.** MUS : **to ~ sb (on)** accompagner qqn (à).

accomplice [ə'kʌmplɪs] n complice mf.

accomplish [ə'kʌmplɪʃ] vt accomplir.

accomplished [ə'kʌmplɪʃt] adj accompli(e).

accomplishment [ə'kʌmplɪʃmənt] n - **1.** [action] accomplissement m - **2.** [achievement] réussite f.

➤ **accomplishments** npl talents mpl.

accord [ə'kɔːd] n : **to do sthg of one's own ~** faire qqch de son propre chef OR de soi-même ; **to be in ~ with** être d'accord avec ; **with one ~** d'un commun accord.

accordance [ə'kɔːdəns] n : **in ~ with** conformément à.

according [ə'kɔːdɪŋ] ➤ **according to** prep - **1.** [as stated or shown by] d'après ; **to go ~ to plan** se passer comme prévu - **2.** [with regard to] suivant, en fonction de.

accordingly [ə'kɔːdɪŋlɪ] adv - **1.** [appropriately] en conséquence - **2.** [consequently] par conséquent.

accordion [ə'kɔːdjən] n accordéon m.

accordionist [ə'kɔːdjənɪst] n accordéoniste mf.

accost [ə'kɒst] vt accoster.

account [ə'kaʊnt] n - **1.** [with bank, shop, company] compte m - **2.** [report] compte-rendu m - **3.** phr : **to call sb to ~** demander des comptes à qqn ; **to give a good ~ of o.s.** faire bonne impression ; **to take ~ of sthg, to take sthg into ~** prendre qqch en compte ; **to be of no ~** n'avoir aucune importance ; **on no ~** sous aucun prétexte, en aucun cas.

➤ **accounts** npl [of business] comptabilité f, comptes mpl ; **to do the ~s** faire les comptes.

➤ **by all accounts** adv d'après ce que l'on dit, au dire de tous.

➤ **on account of** prep à cause de.

➤ **account for** vt fus - **1.** [explain] justifier, expliquer ; **has everyone been ~ed for?** personne n'a été oublié ? - **2.** [represent] représenter.

accountability [ə‚kaʊntə'bɪlətɪ] (U) n responsabilité f.

accountable [ə'kaʊntəbl] adj - **1.** [responsible] **~ (for)** responsable (de) - **2.** [answerable] : **to be ~ to** rendre compte à, rendre des comptes à.

accountancy [ə'kaʊntənsɪ] n comptabilité f.

accountant [ə'kaʊntənt] n comptable mf.

accounting [ə'kaʊntɪŋ] n comptabilité f.

accoutrements Br [ə'kuːtrəmənts], **accouterments** Am [ə'kuːtərmənts] npl fml attirail m.

accredited [ə'kredɪtɪd] adj attitré(e).

accrue [ə'kruː] vi [money] fructifier ; [interest] courir.

accumulate [ə'kjuːmjʊleɪt] ⬦ vt accumuler, amasser ⬦ vi s'accumuler.

accumulation [ə‚kjuːmjʊ'leɪʃn] n - **1.** (U) [act of accumulating] accumulation f - **2.** [things accumulated] amas m.

accuracy ['ækjʊrəsɪ] *n* - **1.** [of description, report] exactitude *f* - **2.** [of weapon, typist, figures] précision *f*.

accurate ['ækjʊrət] *adj* - **1.** [description, report] exact(e) - **2.** [weapon, typist, figures] précis(e).

accurately ['ækjʊrətlɪ] *adv* - **1.** [truthfully - describe, report] fidèlement - **2.** [precisely - aim] avec précision ; [- type] sans faute.

accusation [ˌækjuː'zeɪʃn] *n* accusation *f*.

accuse [ə'kjuːz] *vt* : **to ~ sb of sthg/of doing sthg** accuser qqn de qqch/de faire qqch.

accused [ə'kjuːzd] (*pl inv*) *n* JUR : **the ~** l'accusé *m*, -e *f*.

accusing [ə'kjuːzɪŋ] *adj* accusateur(trice).

accusingly [ə'kjuːzɪŋlɪ] *adv* d'une manière accusatrice.

accustomed [ə'kʌstəmd] *adj* : **to be ~ to sthg/to doing sthg** avoir l'habitude de qqch/de faire qqch.

ace [eɪs] ◇ *n* as *m* ; **to be within an ~ of** fig être à deux doigts de ◇ *adj* [top-class] de haut niveau.

acerbic [ə'sɜːbɪk] *adj* acerbe.

acetate ['æsɪteɪt] *n* acétate *m*.

acetic acid [ə'siːtɪk-] *n* acide *m* acétique.

acetone ['æsɪtəʊn] *n* acétone *f*.

acetylene [ə'setɪliːn] *n* acétylène *m*.

ACGB (*abbr of* **Arts Council of Great Britain**) *n organisme public britannique d'aide à la création artistique.*

ache [eɪk] ◇ *n* douleur *f* ◇ *vi* - **1.** [back, limb] faire mal ; **my head ~s** j'ai mal à la tête - **2.** fig [want] : **to be aching for sthg/to do sthg** mourir d'envie de qqch/de faire qqch.

achieve [ə'tʃiːv] *vt* [success, victory] obtenir, remporter ; [goal] atteindre ; [ambition] réaliser ; [fame] parvenir à.

achievement [ə'tʃiːvmənt] *n* - **1.** [success] réussite *f* - **2.** [of goal, objective] réalisation *f*.

Achilles' heel [ə'kɪliːz-] *n* talon *m* d'Achille.

Achilles' tendon *n* tendon *m* d'Achille.

acid ['æsɪd] ◇ *adj* lit & fig acide ◇ *n* acide *m*.

acid house *n* MUS house *f* (music).

acidic [ə'sɪdɪk] *adj* acide.

acidity [ə'sɪdətɪ] *n* acidité *f*.

acid jazz *n* MUS acid jazz *m*.

acid rain (*U*) *n* pluies *fpl* acides.

acid test *n* fig épreuve *f* décisive.

acknowledge [ək'nɒlɪdʒ] *vt* - **1.** [fact, situation, person] reconnaître - **2.** [letter] : **to ~ (receipt of)** accuser réception de - **3.** [greet] saluer.

acknowledg(e)ment [ək'nɒlɪdʒmənt] *n* - **1.** [gen] reconnaissance *f* - **2.** [letter] accusé *m* de réception.

◆ **acknowledg(e)ments** *npl* [in book] remerciements *mpl*.

ACLU (*abbr of* **American Civil Liberties Union**) *n* ligue américaine des droits du citoyen.

acme ['ækmɪ] *n* apogée *m*.

acne ['æknɪ] *n* acné *f*.

acorn ['eɪkɔːn] *n* gland *m*.

acoustic [ə'kuːstɪk] *adj* acoustique.

◆ **acoustics** *npl* [of room] acoustique *f*.

acoustic guitar *n* guitare *f* sèche.

ACPO (*abbr of* **Association of Chief Police Officers**) *n syndicat d'officiers supérieurs de la police britannique.*

acquaint [ə'kweɪnt] *vt* : **to ~ sb with sthg** mettre qqn au courant de qqch ; **to be ~ed with sb** connaître qqn.

acquaintance [ə'kweɪntəns] *n* - **1.** [person] connaissance *f* - **2.** [with person] : **to make sb's ~** faire la connaissance de qqn.

acquiesce [ˌækwɪ'es] *vi* : **to ~ (to** OR **in sthg)** donner son accord (à qqch).

acquiescence [ˌækwɪ'esns] *n* consentement *m*.

acquire [ə'kwaɪəʳ] *vt* acquérir.

acquired taste [ə'kwaɪəd-] *n* : **it's an ~** on finit par aimer ça.

acquisition [ˌækwɪ'zɪʃn] *n* acquisition *f*.

acquisitive [ə'kwɪzɪtɪv] *adj* avide de possessions.

acquit [ə'kwɪt] (*pt* & *pp* **-ted** ; *cont* **-ting**) *vt* - **1.** JUR acquitter - **2.** [perform] : **to ~ o.s. well/badly** bien/mal se comporter.

acquittal [ə'kwɪtl] *n* acquittement *m*.

acre ['eɪkəʳ] *n* ≃ demi-hectare *m* (= 4046,9 m^2).

acreage ['eɪkərɪdʒ] *n* superficie *f*, aire *f*.

acrid ['ækrɪd] *adj* [taste, smell] âcre ; fig acerbe.

acrimonious [ˌækrɪ'məʊnjəs] *adj* acrimonieux(euse).

acrobat ['ækrəbæt] *n* acrobate *mf*.

acrobatic [ˌækrə'bætɪk] *adj* acrobatique.

◆ **acrobatics** *npl* acrobatie *f*.

acronym ['ækrənɪm] *n* acronyme *m*.

across [ə'krɒs] ◇ *adv* - **1.** [from one side to the other] en travers ; **to run ~** traverser en courant - **2.** [in measurements] : **the river is 2 km ~** la rivière mesure 2 km de large - **3.** [in crossword] : **21 ~ 21** horizontalement - **4.** phr : **to get sthg ~ (to sb)** faire comprendre qqch (à qqn) ◇ *prep* - **1.** [from one side to the other] d'un côté à l'autre de, en travers de ; **to walk ~ the road** traverser la route ; **to run ~ the road** traverser la route en courant ; **there's a bridge ~ the river** il y a un pont sur la rivière - **2.** [on the other side of] de l'autre côté de ; **the house ~ the road** la maison d'en face.

➤ **across from** prep en face de.

across-the-board adj général(e).

acrylic [ə'krılık] ⬦ adj acrylique ⬦ n acrylique m.

act [ækt] ⬦ n - **1.** [action, deed] acte m ; **to catch sb in the ~** prendre qqn sur le fait ; **to catch sb in the ~ of doing sthg** surprendre qqn en train de faire qqch - **2.** JUR loi f - **3.** [of play, opera] acte m ; [in cabaret etc] numéro m ; fig [pretence] : **to put on an ~** jouer la comédie - **4.** phr : **to get in on the ~** s'y mettre ; **to get one's ~ together** se reprendre en main ⬦ vi - **1.** [gen] agir - **2.** [behave] se comporter ; **to ~ as if** se conduire comme si, se comporter comme si ; **to ~ like** se conduire comme, se comporter comme - **3.** [in play, film] jouer ; fig [pretend] jouer la comédie - **4.** [function] : **to ~ as** [person] être ; [object] servir de ; **to ~ for sb, to ~ on behalf of sb** représenter qqn ⬦ vt [part] jouer ; **to ~ the fool** faire l'imbécile ; **~ your age!** ce n'est plus de ton âge!

➤ **act out** vt sep - **1.** [feelings, thoughts] exprimer - **2.** [event] mimer.

➤ **act up** vi faire des siennes.

ACT (abbr of **American College Test**) n examen américain de fin d'études secondaires.

acting ['æktıŋ] ⬦ adj par intérim, provisoire ⬦ n [in play, film] interprétation f.

action ['ækʃn] n - **1.** [gen] action f ; **to take ~** agir, prendre des mesures ; **to put sthg into ~** mettre qqch à exécution ; **in ~** [person] en action ; [machine] en marche ; **out of ~** [person] hors de combat ; [machine] hors service, hors d'usage ; **to be killed in ~** mourir au combat - **2.** JUR procès m, action f ; **to bring an ~ against sb** intenter un procès à OR contre qqn, intenter une action contre qqn.

action group n groupe m de pression.

action movie n film m d'action.

action replay n répétition f immédiate (au ralenti).

activate ['æktıveıt] vt mettre en marche.

active ['æktıv] adj - **1.** [gen] actif(ive) ; [encouragement] vif (vive) - **2.** [volcano] en activité.

actively ['æktıvlı] adv activement.

active service n : **to be killed on ~** mourir au champ d'honneur.

activist ['æktıvıst] n activiste mf.

activity [æk'tıvətı] (pl **-ies**) n activité f.

act of God n catastrophe f naturelle.

actor ['æktə'] n acteur m.

actress ['æktrıs] n actrice f.

actual ['æktʃuəl] adj réel(elle) ; **the ~ ceremo-**

ny starts at ten a.m. la cérémonie proprement dite commence à dix heures.

actuality [,æktʃu'ælətı] n : **in ~** en fait.

actually ['æktʃuəlı] adv - **1.** [really, in truth] vraiment - **2.** [by the way] au fait.

actuary ['æktjuərı] (pl **-ies**) n actuaire mf.

actuate ['æktʃueıt] vt mettre en marche.

acuity [ə'kju:ətı] n acuité f.

acumen ['ækjumen] n flair m ; **business ~** le sens des affaires.

acupuncture ['ækjupʌŋktʃə'] n acupuncture f, acuponcture f.

acute [ə'kju:t] adj - **1.** [severe - pain, illness] aigu(ë) ; [- danger] sérieux(euse), grave - **2.** [perceptive - person, mind] perspicace - **3.** [keen - eyesight] perçant(e) ; [- hearing] fin(e) ; [- sense of smell] développé(e) - **4.** MATH : **~ angle** angle m aigu - **5.** LING : **e ~** e accent aigu.

acute accent n accent m aigu.

acutely [ə'kju:tlı] adv [extremely] extrêmement.

ad [æd] (abbr of **advertisement**) n inf [in newspaper] annonce f ; [on TV] pub f.

AD (abbr of **Anno Domini**) ap. J.-C.

adage ['ædıdʒ] n adage m.

adamant ['ædəmənt] adj : **to be ~** être inflexible.

Adam's apple ['ædəmz-] n pomme f d'Adam.

adapt [ə'dæpt] ⬦ vt adapter ⬦ vi : **to ~ (to)** s'adapter (à)

adaptability [ə,dæptə'bılətı] n souplesse f.

adaptable [ə'dæptəbl] adj [person] souple.

adaptation [,ædæp'teıʃn] n [of book, play] adaptation f.

adapter, adaptor [ə'dæptə'] n [ELEC - for several devices] prise f multiple ; [- for foreign plug] adaptateur m.

ADC n - **1.** abbr of **aide-de-camp** - **2.** (abbr of **Aid to Dependent Children**) aux États-Unis aide pour enfants assistés - **3.** (abbr of **analogue-digital converter**) CAN m.

add [æd] vt - **1.** [gen] : **to ~ sthg (to)** ajouter qqch (à) - **2.** [numbers] additionner.

➤ **add in** vt sep ajouter.

➤ **add on** vt sep : **to ~ sthg on (to)** ajouter qqch (à) ; [charge, tax] rajouter qqch (à).

➤ **add to** vt fus ajouter à, augmenter.

➤ **add up** ⬦ vt sep additionner ⬦ vi [make sense] : **it doesn't ~ up** c'est pas logique.

➤ **add up to** vt fus se monter à, s'élever à.

addendum [ə'dendəm] (pl **-da** [-də]) n addendum m inv.

adder ['ædə'] n vipère f.

addict ['ædɪkt] *n* lit & fig drogué *m*, -e *f*; drug ~ drogué.

addicted [ə'dɪktɪd] *adj*: ~ (to) drogué(e)(à); fig passionné(e)(de).

addiction [ə'dɪkʃn] *n*: ~ (to) dépendance *f* (à); fig penchant *m* (pour).

addictive [ə'dɪktɪv] *adj* qui rend dépendant(e).

Addis Ababa ['ædɪs'æbəbə] *n* Addis-Ababa, Addis-Abeba.

addition [ə'dɪʃn] *n* addition *f*; in ~ (to) en plus (de).

additional [ə'dɪʃənl] *adj* supplémentaire.

additive ['ædɪtɪv] *n* additif *m*.

addled ['ædld] *adj* - 1. [egg] pourri(e) - 2. [brain] embrouillé(e).

add-on COMPUT <> *adj* supplémentaire <> *n* dispositif *m* supplémentaire.

address [ə'dres] <> *n* - 1. [place] adresse *f* - 2. [speech] discours *m* <> *vt* - 1. [gen] adresser - 2. [meeting, conference] prendre la parole à - 3. [problem, issue] aborder, examiner; to ~ o.s. to s'attaquer à.

address book *n* carnet *m* d'adresses.

addressee [,ædre'si:] *n* destinataire *mf*.

Aden ['eɪdn] *n* Aden.

adenoids ['ædɪnɔɪdz] *npl* végétations *fpl*.

adept ['ædept] *adj*: ~ (at) doué(e)(pour).

adequacy ['ædɪkwəsɪ] *n* - 1. [of amount] quantité *f* nécessaire - 2. [of person] compétence *f*.

adequate ['ædɪkwət] *adj* adéquat(e).

adequately ['ædɪkwətlɪ] *adv* - 1. [sufficiently] suffisamment - 2. [well enough] de façon satisfaisante OR adéquate.

adhere [əd'hɪər] *vi* - 1. [stick]: to ~ (to) adhérer (à) - 2. [observe]: to ~ to obéir à - 3. [keep]: to ~ to adhérer à.

adherence [əd'hɪərəns] *n*: ~ to adhésion *f* à.

adhesive [əd'hi:sɪv] <> *adj* adhésif(ive) <> *n* adhésif *m*.

adhesive tape *n* ruban *m* adhésif.

ad hoc [,æd'hɒk] *adj* ad hoc.

ad infinitum [,ædɪnfɪ'naɪtəm] *adv* à l'infini.

adjacent [ə'dʒeɪsənt] *adj*: ~ (to) adjacent(e)(à), contigu(ë)(à).

adjective ['ædʒɪktɪv] *n* adjectif *m*.

adjoin [ə'dʒɔɪn] *vt* être contigu(ë) à, toucher.

adjoining [ə'dʒɔɪnɪŋ] <> *adj* voisin(e) <> *prep* attenant à.

adjourn [ə'dʒɜ:n] <> *vt* ajourner <> *vi* suspendre la séance.

adjournment [ə'dʒɜ:nmənt] *n* ajournement *m*.

Adjt. (*abbr of* **adjutant**) adjt.

adjudge [ə'dʒʌdʒ] *vt* déclarer.

adjudicate [ə'dʒu:dɪkeɪt] <> *vt* juger, décider <> *vi*: to ~ (on OR upon) se prononcer (sur).

adjudication [ə,dʒu:dɪ'keɪʃn] *n* jugement *m*.

adjunct ['ædʒʌŋkt] *n* complément *m*.

adjust [ə'dʒʌst] <> *vt* ajuster, régler <> *vi*: to ~ (to) s'adapter (à).

adjustable [ə'dʒʌstəbl] *adj* réglable.

adjustable spanner *n* clé *f* universelle.

adjusted [ə'dʒʌstɪd] *adj*: to be well ~ être (bien) équilibré(e).

adjustment [ə'dʒʌstmənt] *n* - 1. [modification] ajustement *m*; TECH réglage *m*; to make an ~ to apporter une modification à - 2. [change in attitude]: ~ (to) adaptation *f* (à).

adjutant ['ædʒutənt] *n* adjudant *m*.

ad lib [,æd'lɪb] (*pt* & *pp* **ad-libbed**; *cont* **ad-libbing**) <> *adj* improvisé(e) <> *adv* à volonté <> *n* improvisation *f*.
→ **ad-lib** *vi* improviser.

adman ['ædmæn] (*pl* **-men** [-men]) *n* publicitaire *m*.

admin ['ædmɪn] (*abbr of* **administration**) *n* Br inf administration *f*.

administer [əd'mɪnɪstər] *vt* - 1. [company, business] administrer, gérer - 2. [justice, punishment] dispenser - 3. [drug, medication] administrer.

administration [əd,mɪnɪ'streɪʃn] *n* administration *f*.
→ **Administration** *n* Am: the Administration le gouvernement.

administrative [əd'mɪnɪstrətɪv] *adj* administratif(ive).

administrator [əd'mɪnɪstreɪtər] *n* administrateur *m*, -trice *f*.

admirable ['ædmərəbl] *adj* admirable.

admirably ['ædmərəblɪ] *adv* admirablement.

admiral ['ædmərəl] *n* amiral *m*.

Admiralty ['ædmərəltɪ] *n* Br: the ~ le ministère de la Marine.

admiration [,ædmə'reɪʃn] *n* admiration *f*.

admire [əd'maɪər] *vt* admirer.

admirer [əd'maɪərər] *n* admirateur *m*, -trice *f*.

admiring [əd'maɪərɪŋ] *adj* admiratif(ive).

admiringly [əd'maɪərɪŋlɪ] *adv* avec admiration.

admissible [əd'mɪsəbl] *adj* JUR recevable.

admission [əd'mɪʃn] *n* - 1. [permission to enter]

admission *f* - **2.** [to museum etc] entrée *f*
- **3.** [confession] confession *f*, aveu *m* ; **by his/
her** *etc* **own ~** de son propre aveu.

admit [əd'mɪt] (*pt & pp* -ted ; *cont* -ting) ⬦ *vt*
- **1.** [confess] reconnaître ; **to ~** (that) ... reconnaître que ... ; **to ~ doing sthg** reconnaître
avoir fait qqch ; **to ~ defeat** fig s'avouer
vaincu(e) - **2.** [allow to enter, join] admettre ; ~**s
two** [on ticket] valable pour deux personnes ;
to be admitted to hospital Br OR **to the hospital**
Am être admis(e) à l'hôpital ⬦ *vi* : **to ~ to**
admettre, reconnaître.

admittance [əd'mɪtəns] *n* admission *f* ; **to
gain ~** parvenir à, entrer dans ; 'no ~'
'entrée interdite'.

admittedly [əd'mɪtɪdlɪ] *adv* de l'aveu général.

admixture [æd'mɪkstʃəʳ] *n* mélange *m*.

admonish [əd'mɒnɪʃ] *vt* réprimander.

ad nauseam [ˌæd'nɔːzɪæm] *adv* [talk] à n'en
plus finir.

ado [ə'duː] *n* : **without further** OR **more ~** sans
plus de cérémonie.

adolescence [ˌædə'lesns] *n* adolescence *f*.

adolescent [ˌædə'lesnt] ⬦ *adj* adoles-
cent(e) ; *pej* puéril(e) ⬦ *n* adolescent *m*, -e
f.

adopt [ə'dɒpt] *vt* adopter.

adoption [ə'dɒpʃn] *n* adoption *f*.

adoptive [ə'dɒptɪv] *adj* adoptif(ive).

adorable [ə'dɔːrəbl] *adj* adorable.

adoration [ˌædə'reɪʃn] *n* adoration *f*.

adore [ə'dɔːʳ] *vt* adorer.

adoring [ə'dɔːrɪŋ] *adj* [person] adorateur(trice) ; [look] d'adoration.

adorn [ə'dɔːn] *vt* orner.

adornment [ə'dɔːnmənt] *n* décoration *f*.

ADP (*abbr* of **automatic data processing**) *n*
traitement automatique de données.

adrenalin [ə'drenəlɪn] *n* adrénaline *f*.

Adriatic [ˌeɪdrɪ'ætɪk] *n* : **the ~ (Sea)** l'Adriatique *f*, la mer Adriatique.

adrift [ə'drɪft] ⬦ *adj* à la dérive ⬦ *adv* : **to
go ~** fig aller à la dérive.

adroit [ə'drɔɪt] *adj* adroit(e).

ADT (*abbr of* **Atlantic Daylight Time**) *n heure
d'été de la côte est des États-Unis.*

adulation [ˌædjʊ'leɪʃn] *n* adulation *f*.

adult ['ædʌlt] ⬦ *adj* - **1.** [gen] adulte - **2.** [films,
literature] pour adultes ⬦ *n* adulte *mf*.

adult education *n* enseignement *m* pour
adultes.

adulterate [ə'dʌltəreɪt] *vt* frelater.

adulteration [əˌdʌltə'reɪʃn] *n* frelatage *m*.

adulterer [ə'dʌltərəʳ] *n* personne *f* adultère.

adultery [ə'dʌltərɪ] *n* adultère *m*.

adulthood ['ædʌlthʊd] *n* âge *m* adulte.

advance [əd'vɑːns] ⬦ *n* - **1.** [gen] avance *f*
- **2.** [progress] progrès *m* ⬦ *comp* à l'avance
⬦ *vt* - **1.** [gen] avancer - **2.** [improve] faire progresser OR avancer ⬦ *vi* - **1.** [gen] avancer
- **2.** [improve] progresser.

➡ **advances** *npl* : **to make ~s to sb** [sexual] faire des avances à qqn ; [business] faire des
propositions à qqn.

➡ **in advance** *adv* à l'avance.

➡ **in advance of** *prep* - **1.** [in front of] en avance sur - **2.** [prior to] en avance de, avant.

advanced [əd'vɑːnst] *adj* avancé(e) ; **~ in
years** euphemism d'un âge avancé.

advancement [əd'vɑːnsmənt] *n* - **1.** [promo-
tion] avancement *m* - **2.** [progress] progrès *m*.

advantage [əd'vɑːntɪdʒ] *n* : **~ (over)** avantage *m* (sur) ; **to be to one's ~** être à son avantage ; **to take ~ of sthg** profiter de qqch ; **to
take ~ of sb** exploiter qqn.

advantageous [ˌædvən'teɪdʒəs] *adj* avanta-
geux(euse).

advent ['ædvənt] *n* avènement *m*.

➡ **Advent** *n* RELIG Avent *m*.

Advent calendar *n* calendrier *m* de
l'Avent.

adventure [əd'ventʃəʳ] *n* aventure *f*.

adventure holiday *n* circuit *m* aventure.

adventure playground *n* terrain *m*
d'aventures.

adventurer [əd'ventʃərəʳ] *n* aventurier *m*,
-ère *f*.

adventurous [əd'ventʃərəs] *adj* aventu-
reux(euse).

adverb ['ædvɜːb] *n* adverbe *m*.

adversary ['ædvəsərɪ] (*pl* -ies) *n* adversaire
mf.

adverse ['ædvɜːs] *adj* défavorable.

adversely ['ædvɜːslɪ] *adv* de façon défavorable.

adversity [əd'vɜːsətɪ] *n* adversité *f*.

advert ['ædvɜːt] Br = **advertisement**.

advertise ['ædvətaɪz] ⬦ *vt* COMM faire de la
publicité pour ; [event] annoncer ⬦ *vi* faire
de la publicité ; **to ~ for sb/sthg** cherche[r]
qqn/qqch par voie d'annonce.

advertisement [əd'vɜːtɪsmənt] *n* [in newspa-
per] annonce *f* ; COMM & fig publicité *f*.

advertiser ['ædvətaɪzəʳ] *n* annonceur *m*.

advertising ['ædvətaɪzɪŋ] *n* (U) publicité *f*.

advertising agency *n* agence *f* de publicité.

advertising campaign n campagne f de publicité.

advice [əd'vaɪs] n (U) conseils mpl ; **a piece of ~** un conseil ; **to give sb ~** donner des conseils à qqn ; **to take sb's ~** suivre les conseils de qqn.

advice note n avis m.

advisability [əd,vaɪzə'bɪlətɪ] n bien-fondé m.

advisable [əd'vaɪzəbl] adj conseillé(e), recommandé(e).

advise [əd'vaɪz] <> vt **- 1.** [give advice to] : **to ~ sb to do sth** conseiller à qqn de faire qqch ; **to ~ sb against sth** déconseiller qqch à qqn ; **to ~ sb against doing sth** déconseiller à qqn de faire qqch - **2.** [professionally] : **to ~ sb on sth** conseiller qqn sur qqch - **3.** [inform] : **to ~ sb (of sth)** aviser qqn (de qqch) <> vi **- 1.** [give advice] : **to ~ against sth/against doing sth** déconseiller qqch/de faire qqch - **2.** [professionally] : **to ~ on sth** conseiller sur qqch.

advisedly [əd'vaɪzɪdlɪ] adv en connaissance de cause, délibérément.

adviser Br, **advisor** Am [əd'vaɪzəʳ] n conseiller m, -ère f.

advisory [əd'vaɪzərɪ] adj consultatif(ive) ; **in an ~ capacity** OR **role** à titre consultatif.

advocacy ['ædvəkəsɪ] n plaidoyer m.

advocate [n 'ædvəkət, vb 'ædvəkeɪt] <> n **- 1.** JUR avocat m, -e f - **2.** [supporter] partisan m <> vt préconiser, recommander.

advt. abbr of **advertisement.**

AEA (abbr of **Atomic Energy Authority**) n commission britannique à l'énergie nucléaire, ≃ CEA f.

AEC (abbr of **Atomic Energy Commission**) n commission américaine à l'énergie nucléaire, ≃ CEA f.

AEEU (abbr of **Amalgamated Engineering and Electrical Union**) n syndicat britannique d'ingénieurs et d'électriciens.

Aegean [iː'dʒiːən] n : **the ~ (Sea)** la mer Égée.

aegis ['iːdʒɪs] n : **under the ~ of** sous l'égide de.

Aeolian Islands npl : **the ~** les îles fpl Éoliennes.

aeon Br, **eon** Am ['iːən] n fig éternité f.

aerial ['eərɪəl] <> adj aérien(enne) <> n Br antenne f.

aerobatics [,eərəʊ'bætɪks] n (U) acrobatie f aérienne.

aerobics [eə'rəʊbɪks] n (U) aérobic m.

aerodrome ['eərədrəʊm] n aérodrome m.

aerodynamic [,eərəʊdaɪ'næmɪk] adj aérodynamique.

aerodynamics <> n (U) aérodynamique f <> npl [aerodynamic qualities] aérodynamisme m.

aerogramme ['eərəgræm] n aérogramme m.

aeronautics [,eərə'nɔːtɪks] n (U) aéronautique f.

aeroplane ['eərəpleɪn] n Br avion m.

aerosol ['eərəsɒl] n aérosol m.

aerospace ['eərəʊspeɪs] n : **the ~ industry** l'industrie f aérospatiale.

aesthete, esthete Am ['iːsθiːt] n esthète mf.

aesthetic, esthetic Am [iːs'θetɪk] adj esthétique.

aesthetically, esthetically Am [iːs'θetɪklɪ] adv esthétiquement.

aesthetics, esthetics Am [iːs'θetɪks] n (U) esthétique f.

afar [ə'fɑːʳ] adv : **from ~** de loin.

AFB (abbr of **Air Force Base**) n aux États-Unis, base de l'armée de l'air.

AFDC (abbr of **Aid to Families with Dependent Children**) n aux États-Unis, aide pour les familles d'enfants assistés.

affable ['æfəbl] adj affable.

affair [ə'feəʳ] n **- 1.** [gen] affaire f - **2.** [extra-marital relationship] liaison f.

affairs npl affaires fpl.

affect [ə'fekt] vt **- 1.** [influence] avoir un effet OR des conséquences sur **- 2.** [emotionally] affecter, émouvoir **- 3.** [put on] affecter.

affectation [,æfek'teɪʃn] n affectation f.

affected [ə'fektɪd] adj affecté(e).

affection [ə'fekʃn] n affection f.

affectionate [ə'fekʃnət] adj affectueux(euse).

affectionately [ə'fekʃnətlɪ] adv affectueusement.

affidavit [,æfɪ'deɪvɪt] n déclaration écrite sous serment.

affiliate [n & comp ə'fɪliət, vb ə'fɪliət] <> n affilié m, -e f <> vt : **to be ~d to** OR **with** être affilié(e) à.

affiliation [ə,fɪlɪ'eɪʃn] n affiliation f.

affinity [ə'fɪnətɪ] (pl **-ies**) n affinité f ; **to have an ~ with sb** avoir des affinités avec qqn.

affirm [ə'fɜːm] vt **- 1.** [declare] affirmer **- 2.** [confirm] confirmer.

affirmation [,æfə'meɪʃn] n **- 1.** [declaration] affirmation f **- 2.** [confirmation] confirmation f.

affirmative [əˈfɜːmətɪv] ⬦ adj affirmatif(ive) ⬦ n : in the ~ par l'affirmative.

affix [əˈfɪks] vt [stamp] coller.

afflict [əˈflɪkt] vt affliger ; to be ~ed with souffrir de.

affliction [əˈflɪkʃn] n affliction f.

affluence [ˈæfluəns] n prospérité f.

affluent [ˈæfluənt] adj riche.

affluent society n société f d'abondance.

afford [əˈfɔːd] vt - **1.** [buy, pay for] : to be able to ~ sthg avoir les moyens d'acheter qqch - **2.** [spare] : to be able to ~ the time (to do sthg) avoir le temps (de faire qqch) - **3.** [harmful, embarrassing thing] : to be able to ~ sthg pouvoir se permettre qqch - **4.** [provide, give] procurer.

affordable [əˈfɔːdəbl] adj que l'on peut se permettre.

afforestation [æˌfɒrɪˈsteɪʃn] n boisement m.

affray [əˈfreɪ] n Br bagarre f.

affront [əˈfrʌnt] ⬦ n affront m, insulte f ⬦ vt insulter, faire un affront à.

Afghan [ˈæfgæn], **Afghani** [æfˈgænɪ] ⬦ adj afghan(e) ⬦ n Afghan m, -e f.

Afghan hound n lévrier m afghan.

Afghani = Afghan.

Afghanistan [æfˈgænɪstæn] n Afghanistan m ; in ~ en Afghanistan.

afield [əˈfiːld] adv : far ~ loin.

AFL-CIO (abbr of American Federation of Labor and Congress of Industrial Organizations) n confédération syndicale américaine.

afloat [əˈfləʊt] adj lit & fig à flot.

afoot [əˈfʊt] adj en préparation.

aforementioned [əˈfɔːˌmenʃənd], **aforesaid** [əˈfɔːsed] adj susmentionné(e).

afraid [əˈfreɪd] adj - **1.** [frightened] : to be ~ (of) avoir peur (de) ; to be ~ of doing OR to do sthg avoir peur de faire qqch - **2.** [reluctant, apprehensive] : to be ~ of craindre - **3.** [in apologies] : to be ~ (that) ... regretter que ... ; I'm ~ so/not j'ai bien peur que oui/non.

afresh [əˈfreʃ] adv de nouveau.

Africa [ˈæfrɪkə] n Afrique f ; in ~ en Afrique.

African [ˈæfrɪkən] ⬦ adj africain(e) ⬦ n Africain m, -e f.

African American n Noir américain m, Noire américaine f.

Afrikaans [ˌæfrɪˈkɑːns] n afrikaans m.

Afrikaner [ˌæfrɪˈkɑːnəʳ] n Afrikaner mf.

aft [ɑːft] adv sur OR à l'arrière.

AFT (abbr of American Federation of Teachers) n syndicat américain d'enseignants.

after [ˈɑːftəʳ] ⬦ prep - **1.** [gen] après ; ~ you! après vous! ; to shout ~ sb crier après OR contre qqn ; to be ~ sb/sthg inf [in search of] chercher qqn/qqch ; to name sb ~ sb Br donner à qqn le nom de qqn - **2.** Am [telling the time] : it's twenty ~ three il est trois heures vingt ⬦ adv après ⬦ conj après que.
➣ **afters** npl Br inf dessert m.
➣ **after all** adv après tout.

afterbirth [ˈɑːftəbɜːθ] n placenta m.

aftercare [ˈɑːftəkeəʳ] n postcure f.

aftereffects [ˈɑːftərɪˌfekts] npl suites fpl, répercussions fpl.

afterlife [ˈɑːftəlaɪf] (pl -lives [-laɪvz]) n vie f future.

aftermath [ˈɑːftəmæθ] n conséquences fpl, suites fpl.

afternoon [ˌɑːftəˈnuːn] n après-midi m inv ; in the ~ l'après-midi ; good ~ bonjour.
➣ **afternoons** adv l'après-midi.

aftershave [ˈɑːftəʃeɪv] n après-rasage m.

aftershock [ˈɑːftəʃɒk] n réplique f.

aftertaste [ˈɑːftəteɪst] n lit & fig arrière-goût m.

afterthought [ˈɑːftəθɔːt] n pensée f OR réflexion f après coup.

afterward(s) [ˈɑːftəwəd(z)] adv après.

again [əˈgen] adv encore une fois, de nouveau ; to do ~ refaire ; to say ~ répéter ; to start ~ recommencer ; ~ and ~ à plusieurs reprises ; all over ~ une fois de plus ; time and ~ maintes et maintes fois ; half as much ~ à moitié autant ; (twice) as much ~ deux fois autant ; come ~? inf comment?, pardon? ; then OR there ~ d'autre part.

against [əˈgenst] prep & adv contre ; (as) ~ contre.

age [eɪdʒ] (cont ageing OR aging) ⬦ n - **1.** [gen] âge m ; she's 20 years of ~ elle a 20 ans ; what ~ are you? quel âge avez-vous? ; to be of ~ Am avoir l'âge légal pour consommer de l'alcool dans un lieu public ; to be under ~ être mineur(e) ; to come of ~ atteindre sa majorité - **2.** [old age] vieillesse f - **3.** [in history] époque f ⬦ vt & vi vieillir.
➣ **ages** npl : ~s ago il y a une éternité ; I haven't seen him for ~s je ne l'ai pas vu depuis une éternité.

aged [adj sense 1 eɪdʒd, adj sense 2 & npl ˈeɪdʒɪd] ⬦ adj - **1.** [of stated age] : ~ 15 âgé(e) de 15 ans - **2.** [very old] âgé(e), vieux (vieille) ⬦ npl : the ~ les personnes fpl âgées.

age group n tranche f d'âge.

ageing [ˈeɪdʒɪŋ] ⬦ adj vieillissant(e) ⬦ n vieillissement m.

ageless ['eɪdʒlɪs] *adj* sans âge.

agency ['eɪdʒənsɪ] (*pl* **-ies**) *n* - **1.** [business] agence *f ;* **employment** ~ agence OR bureau *m* de placement ; **travel** ~ agence de voyages - **2.** [organization] organisme *m*.

agenda [ə'dʒendə] (*pl* **-s**) *n* ordre *m* du jour.

agent ['eɪdʒənt] *n* agent *m*.

age-old *adj* antique.

aggravate ['ægrəveɪt] *vt* - **1.** [make worse] aggraver - **2.** [annoy] agacer.

aggravating ['ægrəveɪtɪŋ] *adj* [annoying] agaçant(e).

aggravation [ˌægrə'veɪʃn] *n* - **1.** (U) [trouble] agacements *mpl* - **2.** [annoying thing] agacement *m*.

aggregate ['ægrɪgət] <> *adj* total(e) <> *n* - **1.** [total] total *m* - **2.** [material] agrégat *m*.

aggression [ə'greʃn] *n* agression *f*.

aggressive [ə'gresɪv] *adj* agressif(ive).

aggressively [ə'gresɪvlɪ] *adv* d'une manière agressive.

aggressor [ə'gresər] *n* agresseur *m*.

aggrieved [ə'griːvd] *adj* blessé(e), froissé(e).

aggro ['ægrəʊ] *n* Br inf enquiquinement *m*.

aghast [ə'gɑːst] *adj :* ~ **(at sthg)** atterré(e)(par qqch).

agile [Br 'ædʒaɪl, Am 'ædʒəl] *adj* agile.

agility [ə'dʒɪlətɪ] *n* agilité *f*.

aging = ageing.

agitate ['ædʒɪteɪt] <> *vt* - **1.** [disturb] inquiéter - **2.** [shake] agiter <> *vi :* **to** ~ **for/against** faire campagne pour/contre.

agitated ['ædʒɪteɪtɪd] *adj* agité(e)

agitation [ˌædʒɪ'teɪʃn] *n* - **1.** [anxiety] agitation *f* - **2.** POL campagne *f*.

agitator ['ædʒɪteɪtər] *n* agitateur *m*, -trice *f*.

AGM (*abbr of* **annual general meeting**) *n* Br AGA *f*.

agnostic [æg'nɒstɪk] <> *adj* agnostique <> *n* agnostique *mf*.

ago [ə'gəʊ] *adv :* **a long time** ~ il y a longtemps ; **three days** ~ il y a trois jours.

agog [ə'gɒg] *adj :* **to be** ~ **(with)** être en ébullition (à propos de).

agonize, -ise ['ægənaɪz] *vi :* **to** ~ **over** OR **about sthg** se tourmenter au sujet de qqch.

agonized ['ægənaɪzd] *adj* atroce.

agonizing ['ægənaɪzɪŋ] *adj* déchirant(e).

agonizingly ['ægənaɪzɪŋlɪ] *adv* [difficult etc] extrêmement.

agony ['ægənɪ] (*pl* **-ies**) *n* - **1.** [physical pain] douleur *f* atroce ; **to be in** ~ souffrir le martyre

- **2.** [mental pain] angoisse *f ;* **to be in** ~ être angoissé(e), être torturé(e) par l'angoisse.

agony aunt *n* Br inf *personne qui tient la rubrique du courrier du cœur.*

agony column *n* Br inf courrier *m* du cœur.

agoraphobia [ˌægərə'fəʊbjə] *n* agoraphobie *f*.

agree [ə'griː] <> *vi* - **1.** [concur] : **to** ~ **(with/ about)** être d'accord (avec/au sujet de) ; **to** ~ **on** [price, terms] convenir de - **2.** [consent] : **to** ~ **(to sthg)** donner son consentement (à qqch) - **3.** [be consistent] concorder - **4.** [food] : **to** ~ **with** réussir à - **5.** GRAMM : **to** ~ **(with)** s'accorder (avec) <> *vt* - **1.** [price, conditions] accepter, convenir de - **2.** [concur, concede] : **to** ~ **(that)** ... admettre que ... - **3.** [arrange] : **to** ~ **to do sthg** se mettre d'accord pour faire qqch.

agreeable [ə'grɪəbl] *adj* - **1.** [pleasant] agréable - **2.** [willing] : **to be** ~ consentir à.

agreeably [ə'grɪəblɪ] *adv* agréablement.

agreed [ə'griːd] *adj :* **to be** ~ **(on sthg)** être d'accord (à propos de qqch).

agreement [ə'griːmənt] *n* - **1.** [gen] accord *m ;* **to be in** ~ **(with)** être d'accord (avec) ; **to reach an** ~ parvenir à un accord - **2.** [consistency] concordance *f*.

agricultural [ˌægrɪ'kʌltʃərəl] *adj* agricole.

agriculture ['ægrɪkʌltʃər] *n* agriculture *f*.

aground [ə'graʊnd] *adv :* **to run** ~ s'échouer.

ah [ɑː] *excl* ah!

aha [ɑː'hɑː] *excl* ah, ah!

ahead [ə'hed] *adv* - **1.** [in front] devant, en avant ; **to go/be sent on** ~ partir/être envoyé (envoyé) e) en avant ; **right** ~, **straight** ~ droit devant - **2.** [in better position] en avance ; **Scotland are** ~ **by two goals to one** l'Écosse mène par deux à un ; **to get** ~ [be successful] réussir - **3.** [in time] à l'avance ; **the months** ~ les mois à venir.

◆ **ahead of** *prep* - **1.** [in front of] devant - **2.** [in time] avant ; ~ **of schedule** [work] en avance sur le planning ; ~ **of time** en avance.

ahoy [ə'hɔɪ] *excl* NAUT ohé! ; **ship** ~! ohé, du bateau!

AI *n* - **1.** (*abbr of* **Amnesty International**) AI *m* - **2.** (*abbr of* **artificial intelligence**) IA *f* - **3.** *abbr of* **artificial insemination**.

AIB (*abbr of* **Accident Investigation Bureau**) *n commission d'enquête sur les accidents en Grande-Bretagne.*

aid [eɪd] <> *n* aide *f ;* **with the** ~ **of** [person] avec l'aide de ; [thing] à l'aide de ; **to go to the** ~ **of sb** OR **to sb's** ~ aller à l'aide de qqn ; **in** ~ **of** au profit de <> *vt* - **1.** [help] aider - **2.** JUR : **to** ~ **and abet** être complice de.

AID n - **1.** (abbr of artificial insemination by donor) IAD f - **2.** (abbr of Agency for International Development) AID f.

aide [eɪd] n POL aide mf.

aide-de-camp [eɪddə'kɑ̃:] (pl aides-de-camp [,eɪdz-]) n aide m de camp.

AIDS, Aids [eɪdz] (abbr of acquired immune deficiency syndrome) ◇ n SIDA m, sida m ◇ comp : ~ specialist sidologue mf ; ~ patient sidéen m, -enne f.

AIH (abbr of artificial insemination by husband) n IAC f.

ail [eɪl] vi souffrir.

ailing ['eɪlɪŋ] adj - **1.** [ill] souffrant(e) - **2.** fig [economy, industry] dans une mauvaise passe.

ailment ['eɪlmənt] n maladie f.

aim [eɪm] ◇ n - **1.** [objective] but m, objectif m - **2.** [in firing gun, arrow] : **to take** ~ **at** viser ◇ vt - **1.** [gun, camera] : **to** ~ **sthg at** braquer qqch sur - **2.** fig : **to be ~ed at** [plan, campaign etc] être destiné(e) à, viser ; [criticism] être dirigé(e) contre ◇ vi : **to** ~ **(at)** viser ; **to** ~ **at** OR **for** fig viser ; **to** ~ **to do sthg** viser à faire qqch.

aimless ['eɪmlɪs] adj [person] désœuvré(e) ; [life] sans but.

aimlessly ['eɪmlɪslɪ] adv sans but.

ain't [eɪnt] inf = am not, are not, is not, have not, has not.

air [eəʳ] ◇ n - **1.** [gen] air m ; **to throw sthg into the** ~ jeter qqch en l'air ; **by** ~ [travel] par avion ; **to be (up) in the** ~ fig [plans] être vague ; **to clear the** ~ fig dissiper les malentendus - **2.** RADIO & TV : **on the** ~ à l'antenne ◇ comp [transport] aérien(enne) ◇ vt - **1.** [gen] aérer - **2.** [make publicly known] faire connaître OR communiquer - **3.** [broadcast] diffuser ◇ vi sécher.

➡ **airs** npl : **~s and graces** manières fpl ; **to give o.s. ~s, to put on ~s** prendre de grands airs.

airbag ['eabæg] n AUT Airbag® m.

airbase ['eəbeɪs] n base f aérienne.

airbed ['eəbed] n Br matelas m pneumatique.

airborne ['eəbɔːn] adj - **1.** [troops etc] aéroporté(e) ; [seeds] emporté(e) par le vent - **2.** [plane] qui a décollé.

airbrake ['eəbreɪk] n frein m à air comprimé.

airbus ['eəbʌs] n airbus m.

air-conditioned [-kən'dɪʃnd] adj climatisé(e), à air conditionné.

air-conditioning [-kən'dɪʃnɪŋ] n climatisation f.

aircraft ['eəkrɑːft] (pl inv) n avion m.

aircraft carrier n porte-avions m inv.

air cushion n coussin m pneumatique OR gonflable.

airfield ['eəfiːld] n terrain m d'aviation.

airforce ['eəfɔːs] ◇ n armée f de l'air ◇ comp aérien(enne).

air freight n fret m aérien.

airgun ['eəgʌn] n carabine f OR fusil m à air comprimé.

airhostess ['eə,həʊstɪs] n hôtesse f de l'air.

airily ['eərɪlɪ] adv à la légère.

airing ['eərɪŋ] n : **to give sthg an** ~ aérer qqch ; fig [opinions] exposer qqch.

airing cupboard n Br placard m séchoir.

airlane ['eəleɪn] n couloir m aérien.

airless ['eəlɪs] adj [room] qui sent le renfermé.

airletter ['eəletəʳ] n lettre f par avion.

airlift ['eəlɪft] ◇ n pont m aérien ◇ vt transporter par pont aérien.

airline ['eəlaɪn] n compagnie f aérienne.

airliner ['eəlaɪnəʳ] n [short-distance] (avion m) moyen-courrier m ; [long-distance] (avion) long-courrier m.

airlock ['eəlɒk] n - **1.** [in tube, pipe] poche f d'air - **2.** [airtight chamber] sas m.

airmail ['eəmeɪl] n poste f aérienne ; **by** ~ par avion.

airman ['eəmən] (pl -men [-mən]) n [aviator] aviateur m.

air mattress n matelas m pneumatique.

airplane ['eəpleɪn] n Am avion m.

airplay ['eəpleɪ] n RADIO : **to get a lot of** ~ passer beaucoup à la radio.

air pocket n trou m d'air.

airport ['eəpɔːt] ◇ n aéroport m ◇ comp de l'aéroport.

air raid n raid m aérien, attaque f aérienne.

air-raid shelter n abri m antiaérien.

air rifle n carabine f à air comprimé.

airship ['eəʃɪp] n (ballon m) dirigeable m.

airsick ['eəsɪk] adj : **to be** ~ avoir le mal de l'air.

airspace ['eəspeɪs] n espace m aérien.

airspeed ['eəspiːd] n vitesse f vraie (d'un avion).

air steward n steward m.

air stewardess n hôtesse f de l'air.

airstrip ['eəstrɪp] n piste f (d'atterrissage).

air terminal n aérogare f.

airtight ['eətaɪt] adj hermétique.

airtime ['eətaɪm] n RADIO temps m d'antenne.

air-to-air adj [missile, rocket] air-air (inv).

air-traffic control n contrôle m du trafic (aérien).

air-traffic controller n aiguilleur m (du ciel).

air travel n déplacement m OR voyage m par avion.

airwaves ['eəweɪvz] npl ondes fpl (hertziennes).

airy ['eərɪ] (compar **-ier**; superl **-iest**) adj - **1.** [room] aéré(e) - **2.** [notions, promises] chimérique, vain(e) - **3.** [nonchalant] nonchalant(e).

aisle [aɪl] n allée f ; [in plane] couloir m.

ajar [ə'dʒɑːʳ] adj entrouvert(e).

AK abbr of Alaska.

aka (abbr of also known as) alias.

akin [ə'kɪn] adj : to be ~ to être semblable à.

AL abbr of Alabama.

Alabama [ˌælə'bæmə] n Alabama m ; in ~ dans l'Alabama.

alabaster [ˌælə'bɑːstəʳ] n albâtre m.

alacrity [ə'lækrətɪ] n empressement m.

alarm [ə'lɑːm] ◇ n - **1.** [fear] alarme f, inquiétude f - **2.** [device] alarme f ; fire ~ sirène f d'incendie ; to raise OR sound the ~ donner OR sonner l'alarme ◇ vt alarmer, alerter.

alarm clock n réveil m, réveille-matin m inv.

alarming [ə'lɑːmɪŋ] adj alarmant(e), inquiétant(e).

alarmingly [ə'lɑːmɪŋlɪ] adv d'une manière alarmante OR inquiétante.

alarmist [ə'lɑːmɪst] adj alarmiste.

alas [ə'læs] excl hélas!

Alaska [ə'læskə] n Alaska m ; in ~ en Alaska.

Albania [æl'beɪnjə] n Albanie f ; in ~ en Albanie.

Albanian [æl'beɪnjən] ◇ adj albanais(e) ◇ n - **1.** [person] Albanais m, -e f - **2.** [language] albanais m.

albatross ['ælbətrɒs] (pl inv OR **-es** [-iːz]) n albatros m.

albeit [ɔːl'biːɪt] conj bien que (+ subjunctive).

Alberta [æl'bɜːtə] n Alberta f.

Albert Hall ['ælbət-] n : the ~ salle de concert à Londres.

Ibino [æl'biːnəʊ] (pl **-s**) ◇ n albinos mf ◇ comp albinos (inv).

album ['ælbəm] n album m.

albumen ['ælbjʊmɪn] n [of egg] albumen m.

alchemy ['ælkəmɪ] n alchimie f.

alcohol ['ælkəhɒl] n alcool m.

alcoholic [ˌælkə'hɒlɪk] ◇ adj [person] alcoolique ; [drink] alcoolisé(e) ◇ n alcoolique mf.

alcoholism ['ælkəhɒlɪzm] n alcoolisme m.

alcopop ['ælkəʊpɒp] n boisson gazeuse faiblement alcoolisée.

alcove ['ælkəʊv] n alcôve f.

alderman ['ɔːldəmən] (pl **-men** [-mən]) n conseiller m municipal.

ale [eɪl] n bière f.

alert [ə'lɜːt] ◇ adj - **1.** [vigilant] vigilant(e) - **2.** [perceptive] vif (vive), éveillé(e) - **3.** [aware] : to be ~ to être conscient(e) de ◇ n [warning] alerte f ; on the ~ [watchful] sur le qui-vive ; MIL en état d'alerte ◇ vt alerter ; to ~ sb to sthg avertir qqn de qqch.

Aleutian Islands [ə'luːʃən-] npl : the ~ les îles fpl Aléoutiennes.

A level (abbr of Advanced level) n ≃ baccalauréat m.

Alexandria [ˌælɪg'zɑːndrɪə] n Alexandrie.

alfalfa [æl'fælfə] n luzerne f.

alfresco [æl'freskəʊ] adj & adv en plein air.

algae ['ældʒiː] npl algues fpl.

algebra ['ældʒɪbrə] n algèbre f.

Algeria [æl'dʒɪərɪə] n Algérie f ; in ~ en Algérie.

Algerian [æl'dʒɪərɪən] ◇ adj algérien(enne) ◇ n Algérien m, -enne f.

Algiers [æl'dʒɪəz] n Alger.

algorithm ['ælgərɪðm] n algorithme m.

alias ['eɪlɪəs] (pl **-es** [-iːz]) ◇ adv alias ◇ n faux nom m, nom m d'emprunt.

alibi ['ælɪbaɪ] n alibi m.

alien ['eɪljən] ◇ adj - **1.** [gen] étranger(ère) - **2.** [from outer space] extraterrestre ◇ n

- 1. [from outer space] extraterrestre *mf* - **2.** JUR [foreigner] étranger *m*, -ère *f*.

alienate ['eɪljəneɪt] *vt* aliéner.

alienation [,eɪljə'neɪʃn] *n* PSYCH aliénation *f*.

alight [ə'laɪt] ◇ *adj* allumé(e), en feu ◇ *vi* - **1.** [bird etc] se poser - **2.** [from bus, train] : **to ~ from** descendre de.

align [ə'laɪn] *vt* - **1.** [line up] aligner - **2.** [ally] : **to ~ o.s. with sb** s'aligner sur qqn.

alignment [ə'laɪnmənt] *n* alignement *m*.

alike [ə'laɪk] ◇ *adj* semblable ◇ *adv* de la même façon ; **to look ~** se ressembler.

alimentary canal [,ælɪmentərɪ-] *n* tube *m* digestif.

alimony ['ælɪmənɪ] *n* pension *f* alimentaire.

A-line *adj* trapèze *(inv)*.

alive [ə'laɪv] *adj* - **1.** [living] vivant(e), en vie - **2.** [practice, tradition] vivace ; **to keep ~** préserver - **3.** [lively] plein(e) de vitalité ; **to come ~** [story, description] prendre vie ; [person, place] s'animer - **4.** [aware] : **to be ~ to sthg** être conscient(e) de qqch - **5.** [full of] : **to be ~ with sthg** grouiller de, pulluler de.

alkali ['ælkəlaɪ] *(pl* **-s** OR **-es)** *n* alcali *m*.

alkaline ['ælkəlaɪn] *adj* alcalin(e).

all [ɔːl] ◇ *adj* - **1.** *(with sg noun)* tout (toute) ; **~ day/night/evening** toute la journée/la nuit/la soirée ; **~ the drink** toute la boisson ; **~ the time** tout le temps - **2.** *(with pl noun)* tous (toutes) ; **~ the boxes** toutes les boîtes ; **~ men** tous les hommes ; **~ three died** ils sont morts tous les trois, tous les trois sont morts ◇ *pron* - **1.** *(sg)* [the whole amount] tout *m* ; **she drank it ~, she drank ~ of it** elle a tout bu - **2.** *(pl)* [everybody, everything] tous (toutes) ; **~ of them came, they ~ came** ils sont tous venus - **3.** *(with superl)* :... **of ~** ... de tous (toutes) ; **I like this one best of ~** je préfère celui-ci entre tous ; **hers was the best/worst essay of ~** sa dissertation était la meilleure/la pire de toutes - **4.** : **above ~** ▷ above ; **after ~** ▷ after ; **at ~** ▷ at ◇ *adv* - **1.** [entirely] complètement ; **I'd forgotten ~ about that** j'avais complètement oublié cela ; **~ alone** tout seul (toute seule) ; **that's ~ very well, but ...** tout cela est bien beau, mais ... - **2.** [in sport, competitions] : **the score is five ~** le score est cinq partout - **3.** *(with compar)* : **to run ~ the faster** courir d'autant plus vite ; **~ the better** d'autant mieux.
  ◆ **all but** *adv* presque, pratiquement.
  ◆ **all in all** *adv* dans l'ensemble.
  ◆ **all that** *adv* si ... que ça ; **it's not ~ that interesting** ce n'est pas si intéressant que ça.
  ◆ **in all** *adv* en tout.

Allah ['ælə] *n* Allah *m*.

all-around Am = **all-round**.

allay [ə'leɪ] *vt* [fears, anger] apaiser, calmer ; [doubts] dissiper.

all clear *n* signal *m* de fin d'alerte ; fig feu *m* vert.

allegation [,ælɪ'geɪʃn] *n* allégation *f* ; **to make ~s (about)** faire des allégations (sur).

allege [ə'ledʒ] *vt* prétendre, alléguer ; **to ~ (that)** prétendre que ..., alléguer que ... ; **she is ~d to have done it** on prétend qu'elle l'a fait.

alleged [ə'ledʒd] *adj* prétendu(e).

allegedly [ə'ledʒɪdlɪ] *adv* prétendument.

allegiance [ə'liːdʒəns] *n* allégeance *f*.

allegorical [,ælɪ'gɒrɪkl] *adj* allégorique.

allegory ['ælɪgərɪ] *(pl* **-ies)** *n* allégorie *f*.

alleluia [,ælɪ'luːjə] *excl* alléluia!

allergic [ə'lɜːdʒɪk] *adj* : **~ (to)** allergique (à) ; **to be ~ to hard work** hum être allergique au travail.

allergy ['ælədʒɪ] *(pl* **-ies)** *n* allergie *f* ; **to have an ~ to sthg** être allergique à qqch.

alleviate [ə'liːvɪeɪt] *vt* apaiser, soulager.

alley(way) ['ælɪ(weɪ)] *n* [street] ruelle *f* ; [in garden] allée *f*.

alliance [ə'laɪəns] *n* alliance *f*.

allied ['ælaɪd] *adj* - **1.** MIL allié(e) - **2.** [related] connexe.

alligator ['ælɪgeɪtə'] *(pl inv* OR **-s)** *n* alligator *m*.

all-important *adj* capital(e), crucial(e).

all-in *adj* Br [price] global(e).
  ◆ **all in** ◇ *adv* [inclusive] tout compris ◇ *ad...* inf [tired] crevé(e).

all-in wrestling *n* lutte *f* libre.

alliteration [ə,lɪtə'reɪʃn] *n* allitération *f*.

all-night *adj* [party etc] qui dure toute la nuit [bar etc] ouvert(e) toute la nuit.

allocate ['æləkeɪt] *vt* [money, resources] : **t~ sthg (to sb)** attribuer qqch (à qqn).

allocation [,ælə'keɪʃn] *n* - **1.** [gen] attribution *f* - **2.** [share of money] somme *f* allouée.

allot [ə'lɒt] *(pt & pp* **-ted** ; *cont* **-ting)** *vt* [job] assigner ; [money, resources] attribuer ; [time] allouer.

allotment [ə'lɒtmənt] *n* - **1.** Br [garden] jardin *m* ouvrier *(loué par la commune)* - **2.** [sharing out] attribution *f* - **3.** [share] part *f*.

all-out *adj* [effort] maximum *(inv)* ; [war] to tal(e).

allow [ə'laʊ] *vt* - **1.** [permit - activity, behaviour] au toriser, permettre ; **to ~ sb to do sthg** per mettre à qqn de faire qqch, autoriser qqn faire qqch ; **~ me** permettez-moi - **2.** [se...

aside - money, time] prévoir - **3.** [officially accept] accepter - **4.** [concede] : **to ~ that ...** admettre que ...

▸ allow for *vt fus* tenir compte de.

allowable [ə'lauəbl] *adj* admissible.

allowance [ə'lauəns] *n* - **1.** [money received] indemnité *f*; **maternity ~** allocation *f* de maternité - **2. Am** [pocket money] argent *m* de poche - **3. FIN: tax ~** ≃ abattement *m* fiscal - **4.** [excuse] : **to make ~s for sb** faire preuve d'indulgence envers qqn; **to make ~s for sthg** prendre qqch en considération.

alloy ['ælɔɪ] *n* alliage *m*.

all-powerful *adj* tout-puissant (toute-puissante).

all right ◇ *adv* bien; [in answer - yes] d'accord; **~, let's go!** bon, on y va? ◇ *adj* - **1.** [healthy] en bonne santé; [unharmed] sain et sauf (saine et sauve) - **2. inf** [acceptable, satisfactory] : **it was ~** c'était pas mal; **that's ~** [never mind] ce n'est pas grave - **3.** [allowable] : **is it ~ if ...?** ça ne vous dérange pas si ...?

all-round Br, all-around Am *adj* - **1.** [multi-skilled] doué(e) dans tous les domaines - **2.** [comprehensive] complet(ète).

all-rounder [-'raundə'] *n* - **1.** [versatile person] : **to be an ~** être bon (bonne) en tout - **2. SPORT** sportif complet *m*, sportive complète *f*.

all-time *adj* [record] sans précédent.

allude [ə'luːd] *vi* : **to ~ to** faire allusion à.

allure [ə'ljuə'] *n* charme *m*.

alluring [ə'ljuərɪŋ] *adj* séduisant(e).

allusion [ə'luːʒn] *n* allusion *f*.

ally [*n* 'ælaɪ, *vb* ə'laɪ] (*pl* **-ies** ; *pt* & *pp* **-ied**) ◇ *n* allié *m*, -e *f* ◇ *vt* : **to ~ o.s. with** s'allier à.

almanac ['ɔːlmənæk] *n* almanach *m*.

almighty [ɔːl'maɪtɪ] *adj* **inf** [noise] terrible.

▸ Almighty *n* : **the Almighty** le Tout-Puissant.

almond ['ɑːmənd] *n* [nut] amande *f*; **~ (tree)** amandier *m*.

almond paste *n* pâte *f* d'amande.

almost ['ɔːlməust] *adv* presque; **I ~ missed the bus** j'ai failli rater le bus.

alms [ɑːmz] *npl* **dated** aumône *f*.

aloft [ə'lɒft] *adv* - **1.** [in the air] en l'air - **2. NAUT** dans la mâture.

alone [ə'ləun] ◇ *adj* seul(e); **all ~** tout seul (toute seule) ◇ *adv* seul; **to leave sthg ~** ne pas toucher à qqch; **leave me ~!** laisse-moi tranquille!; **to go it ~** faire cavalier seul.

along [ə'lɒŋ] ◇ *adv* : **to walk ~** se promener; **to move ~** avancer; **can I come ~ (with you)?** est-ce que je peux venir (avec vous)?

◇ *prep* le long de; **to run/walk ~ the street** courir/marcher le long de la rue.

▸ all along *adv* depuis le début.

▸ along with *prep* ainsi que.

alongside [ə,lɒŋ'saɪd] ◇ *prep* le long de, à côté de; [person] à côté de ◇ *adv* bord à bord.

aloof [ə'luːf] ◇ *adj* distant(e) ◇ *adv* : **to remain ~ (from)** garder ses distances (vis-à-vis de).

aloud [ə'laud] *adv* à voix haute, tout haut.

alpaca [æl'pækə] *n* alpaga *m*.

alphabet ['ælfəbet] *n* alphabet *m*.

alphabetical [,ælfə'betɪkl] *adj* alphabétique; **in ~ order** par ordre alphabétique.

alphabetically [,ælfə'betɪklɪ] *adv* par ordre alphabétique.

alphabetize, -ise ['ælfəbətaɪz] *vt* classer par ordre alphabétique.

alphanumeric [,ælfənjuː'merɪk] *adj* alphanumérique.

alphanumeric key *n* **COMPUT** touche *f* alphanumérique.

alpine ['ælpaɪn] *adj* alpin(e).

Alps [ælps] *npl* : **the ~** les Alpes *fpl*.

already [ɔːl'redɪ] *adv* déjà.

alright [,ɔːl'raɪt] = **all right**.

Alsace [æl'sæs] *n* Alsace *f*; **in ~** en Alsace.

Alsatian [æl'seɪʃn] ◇ *adj* alsacien(enne) ◇ *n* - **1.** [person] Alsacien *m*, -enne *f* - **2.** [dog] berger *m* allemand.

also ['ɔːlsəu] *adv* aussi.

also-ran *n* [person] perdant *m*, -e *f*.

Alta. *abbr of* **Alberta**.

altar ['ɔːltə'] *n* autel *m*.

alter ['ɔːltə'] ◇ *vt* changer, modifier; **to have a dress/suit ~ed** faire retoucher une robe/un costume ◇ *vi* changer.

alteration [,ɔːltə'reɪʃn] *n* modification *f*, changement *m*; **to make an ~ OR ~s to sthg** changer OR modifier qqch

altercation [,ɔːltə'keɪʃn] *n* altercation *f*.

alter ego ['ɔːltə'-] (*pl* **-s**) *n* alter ego *m*.

alternate [*adj* **Br** ɔːl'tɜːnət, **Am** 'ɔːltərnət, *vb* 'ɔːltərneɪt] ◇ *adj* alterné(e), alternatif(ive); **~ days** tous les deux jours, un jour sur deux ◇ *vt* faire alterner ◇ *vi* : **to ~ (with)** alterner (avec); **to ~ between sthg and sthg** passer de qqch à qqch.

alternately [ɔːl'tɜːnətlɪ] *adv* alternativement.

alternating current ['ɔːltəneɪtɪŋ-] *n* courant *m* alternatif.

alternation [,ɔːltə'neɪʃn] *n* alternance *f*.

alternative [ɔːlˈtɜːnətɪv] ◇ *adj* - **1.** [different] autre - **2.** [non-traditional - society] parallèle ; [- art, energy] alternatif(ive) ◇ *n* - **1.** [between two solutions] alternative *f* - **2.** [other possibility] : ~ (to) solution *f* de remplacement (à) ; to have no ~ ne pas avoir le choix ; to have no ~ but to do sthg ne pas avoir d'autre choix que de faire qqch.

alternatively [ɔːlˈtɜːnətɪvlɪ] *adv* ou bien.

alternative medicine *n* médecine *f* parallèle OR douce.

alternator [ˈɔːltəneɪtəʳ] *n* ELEC alternateur *m*.

although [ɔːlˈðəʊ] *conj* bien que (+ subjunctive).

altitude [ˈæltɪtjuːd] *n* altitude *f*.

alto [ˈæltəʊ] (*pl* -s) ◇ *n* - **1.** [male voice] haute-contre *f* - **2.** [female voice] contralto *m* ◇ *comp* alto.

altogether [ˌɔːltəˈgeðəʳ] *adv* - **1.** [completely] entièrement, tout à fait - **2.** [considering all things] tout compte fait - **3.** [in all] en tout.

altruism [ˈæltruɪzm] *n* altruisme *m*.

altruistic [ˌæltruˈɪstɪk] *adj* altruiste.

aluminium Br [ˌæljʊˈmɪnɪəm], **aluminum** Am [əˈluːmɪnəm] ◇ *n* aluminium *m* ◇ *comp* en aluminium ; ~ foil papier *m* aluminium.

alumnus [əˈlʌmnəs] (*pl* -ni [-naɪ]) *n* ancien étudiant *m*, ancienne étudiante *f* (*d'une université*).

always [ˈɔːlweɪz] *adv* toujours.

Alzheimer's disease [ˈælts,haɪməz -] *n* maladie *f* d'Alzheimer.

am [æm] ⊳ be.

a.m. (*abbr of* ante meridiem) : at 3 ~ à 3h (du matin).

AM (*abbr of* amplitude modulation) *n* AM *f*.

AMA (*abbr of* American Medical Association) *n* ordre américain des médecins.

amalgam [əˈmælgəm] *n* amalgame *m*.

amalgamate [əˈmælgəmeɪt] *vt* & *vi* [unite] fusionner.

amalgamation [ə,mælgəˈmeɪʃn] *n* [of companies] fusion *f*.

amass [əˈmæs] *vt* amasser.

amateur [ˈæmətəʳ] ◇ *adj* amateur (inv) ; pej d'amateur ◇ *n* amateur *m*.

amateurish [ˌæmətəˈrɪʃ] *adj* d'amateur.

amaze [əˈmeɪz] *vt* étonner, stupéfier.

amazed [əˈmeɪzd] *adj* stupéfait(e).

amazement [əˈmeɪzmənt] *n* stupéfaction *f*.

amazing [əˈmeɪzɪŋ] *adj* - **1.** [surprising] étonnant(e), ahurissant(e) - **2.** [wonderful] excellent(e).

amazingly [əˈmeɪzɪŋlɪ] *adv* étonnamment.

Amazon [ˈæməzn] *n* - **1.** [river] : the ~ l'Amazone *f* - **2.** [region] : the ~ (Basin) l'Amazonie *f* ; in the ~ en Amazonie ; the ~ rainforest la forêt amazonienne.

Amazonian [ˌæməˈzəʊnjən] *adj* amazonien(enne).

ambassador [æmˈbæsədəʳ] *n* ambassadeur *m*, -drice *f*.

amber [ˈæmbəʳ] ◇ *adj* - **1.** [amber-coloured] ambré(e) - **2.** Br [traffic light] orange (inv) ◇ *n* - **1.** [substance] ambre *m* - **2.** [colour - of traffic light] orange *m* ◇ *comp* [made of amber] d'ambre.

ambiance [ˈæmbɪəns] = ambience.

ambidextrous [ˌæmbɪˈdekstrəs] *adj* ambidextre.

ambience [ˈæmbɪəns] *n* ambiance *f*.

ambiguity [ˌæmbɪˈgjuːətɪ] (*pl* -ies) *n* ambiguïté *f*.

ambiguous [æmˈbɪgjuəs] *adj* ambigu(ë).

ambiguously [æmˈbɪgjuəslɪ] *adv* de façon ambiguë.

ambition [æmˈbɪʃn] *n* ambition *f*.

ambitious [æmˈbɪʃəs] *adj* ambitieux(euse).

ambivalence [æmˈbɪvələns] *n* ambivalence *f*.

ambivalent [æmˈbɪvələnt] *adj* ambivalent(e).

amble [ˈæmbl] *vi* déambuler.

ambulance [ˈæmbjʊləns] ◇ *n* ambulance *f* ◇ *comp* : ~ man ambulancier *m* ; ~ woman ambulancière *f*.

ambush [ˈæmbʊʃ] ◇ *n* embuscade *f* ◇ *vt* tendre une embuscade à.

ameba [əˈmiːbə] Am *n* = amoeba.

ameliorate [əˈmiːljəreɪt] fml ◇ *vt* améliorer ◇ *vi* s'améliorer.

amen [ˌɑːˈmen] *excl* amen!

amenable [əˈmiːnəbl] *adj* : ~ (to) ouvert(e)(à).

amend [əˈmend] *vt* modifier ; [law] amender.
➤ **amends** *npl* : to make ~s (for) se racheter (pour).

amendment [əˈmendmənt] *n* modification *f* ; [to law] amendement *m*.

amenities [əˈmiːnətɪz] *npl* aménagements *mpl*, équipements *mpl*.

America [əˈmerɪkə] *n* Amérique *f*; in ~ en Amérique.
➤ **Americas** *npl* : the ~s les Amériques.

American [əˈmerɪkn] ◇ *adj* américain(e) ◇ *n* Américain *m*, -e *f*.

American Indian *n* Indien *m*, -enne *f* d'Amérique, Amérindien *m*, -enne *f*.

Americanism [ə'merɪkənɪzm] *n* américanisme *m*.

americanize, -ise [ə'merɪkənaɪz] *vt* américaniser.

amethyst ['æmɪθɪst] *n* améthyste *f*.

Amex ['æmeks] *n* (*abbr of* **American Stock Exchange**) *deuxième place boursière des États-Unis*.

amiable ['eɪmjəbl] *adj* aimable.

amiably ['eɪmjəblɪ] *adv* aimablement.

amicable ['æmɪkəbl] *adj* amical(e).

amicably ['æmɪkəblɪ] *adv* amicalement.

amid(st) [ə'mɪd(st)] *prep* au milieu de, parmi.

amino acid [ə'miːnəʊ-] *n* acide *m* aminé.

amiss [ə'mɪs] ◇ *adj* : **is there anything ~?** y a-t-il quelque chose qui ne va pas? ◇ *adv* : **to take sthg ~** prendre qqch de travers.

Amman [ə'mɑːn] *n* Amman.

ammo ['æməʊ] *n* (*U*) *inf* munitions *fpl*.

ammonia [ə'məʊnjə] *n* [liquid] ammoniaque *f*.

ammunition [ˌæmjʊ'nɪʃn] (*U*) *n* - **1.** MIL munitions *fpl* - **2.** *fig* [argument] argument *m*.

ammunition dump *n* dépôt *m* de munitions.

amnesia [æm'niːzjə] *n* amnésie *f*.

amnesty ['æmnəstɪ] (*pl* -**ies**) *n* amnistie *f*.

Amnesty International *n* Amnesty International *f*.

amniocentesis [ˌæmnɪəʊsen'tiːsɪs] *n* amniocentèse *f*.

amoeba, ameba Am [ə'miːbə] *n* amibe *f*.

amok [ə'mɒk] *adv* : **to run ~** être pris(e) d'une crise de folie furieuse.

among(st) [ə'mʌŋ(st)] *prep* parmi, entre ; **~ other things** entre autres (choses).

amoral [ˌeɪ'mɒrəl] *adj* amoral(e).

amorous ['æmərəs] *adj* amoureux(euse).

amorphous [ə'mɔːfəs] *adj* informe.

amortize [ə'mɔːtaɪz] *vt* FIN amortir.

amount [ə'maʊnt] *n* - **1.** [quantity] quantité *f* ; **a great ~ of** beaucoup de - **2.** [sum of money] somme *f*, montant *m*.

◆ **amount to** *vt fus* - **1.** [total] s'élever à - **2.** [be equivalent to] revenir à, équivaloir à.

amp [æmp] *n* - **1.** *abbr of* **ampere** - **2.** *inf* (*abbr of* **amplifier**) ampli *m*.

amperage ['æmpərɪdʒ] *n* intensité *f* de courant.

ampere ['æmpeəʳ] *n* ampère *m*.

ampersand ['æmpəsænd] *n* esperluette *f*.

amphetamine [æm'fetəmiːn] *n* amphétamine *f*.

amphibian [æm'fɪbɪən] *n* batracien *m*.

amphibious [æm'fɪbɪəs] *adj* amphibie.

amphitheatre Br, **amphitheater** Am ['æmfɪˌθɪətəʳ] *n* amphithéâtre *m*.

ample ['æmpl] *adj* - **1.** [enough] suffisamment de, assez de - **2.** [large] ample.

amplification [ˌæmplɪfɪ'keɪʃn] *n* - **1.** [of sound] amplification *f* - **2.** [of idea, statement] développement *m*.

amplifier ['æmplɪfaɪəʳ] *n* amplificateur *m*.

amplify ['æmplɪfaɪ] (*pt & pp* -**ied**) ◇ *vt* - **1.** [sound] amplifier - **2.** [idea, statement] développer ◇ *vi* : **to ~ on sthg** développer qqch.

amply ['æmplɪ] *adv* - **1.** [sufficiently] amplement - **2.** [considerably] largement.

ampoule Br, **ampule** Am ['æmpuːl] *n* ampoule *f*.

amputate ['æmpjʊteɪt] *vt & vi* amputer.

amputation [ˌæmpjʊ'teɪʃn] *n* amputation *f*.

Amsterdam [ˌæmstə'dæm] *n* Amsterdam.

amt *abbr of* **amount**.

Amtrak ['æmtræk] *n* *société nationale de chemins de fer aux États-Unis*.

amuck [ə'mʌk] = **amok**.

amulet ['æmjʊlɪt] *n* amulette *f*.

amuse [ə'mjuːz] *vt* - **1.** [make laugh] amuser, faire rire - **2.** [entertain] divertir, distraire ; **to ~ o.s. (by doing sthg)** s'occuper (à faire qqch).

amused [ə'mjuːzd] *adj* - **1.** [laughing] amusé(e) ; **to be ~ at** OR **by sthg** trouver qqch amusant - **2.** [entertained] : **to keep o.s. ~** s'occuper.

amusement [ə'mjuːzmənt] *n* - **1.** [laughter] amusement *m* - **2.** [diversion, game] distraction *f*.

amusement arcade *n* galerie *f* de jeux.

amusement park *n* parc *m* d'attractions.

amusing [ə'mjuːzɪŋ] *adj* amusant(e).

an [*stressed* æn, *unstressed* ən] ▷ **a**.

ANA *n* - **1.** (*abbr of* **American Newspaper Association**) *syndicat américain de la presse écrite* - **2.** (*abbr of* **American Nurses Association**) *syndicat américain d'infirmiers*.

anabolic steroid [ˌænə'bɒlɪk-] *n* (stéroïde *m*) anabolisant *m*.

anachronism [ə'nækrənɪzm] *n* anachronisme *m*.

anachronistic [əˌnækrə'nɪstɪk] *adj* anachronique.

anaemia Br, **anemia** Am [ə'niːmjə] *n* anémie *f*.

anaemic Br, **anemic** Am [ə'ni:mɪk] adj anémique ; fig & pej fade, plat(e).

anaesthesia Br, **anesthesia** Am [,ænɪs'θi:zjə] n anesthésie f.

anaesthetic Br, **anesthetic** Am [,ænɪs'θe-tɪk] n anesthésie m ; **under** ~ sous anesthésie ; **local/general** ~ anesthésie f locale/générale.

anaesthetist Br, **anesthetist** Am [æ'ni:sθətɪst] n anesthésiste mf.

anaesthetize, -ise Br, **anesthetize** Am [æ'ni:sθətaɪz] vt anesthésier.

anagram ['ænəgræm] n anagramme f.

anal ['eɪnl] adj anal(e).

analgesic [,ænæl'dʒi:sɪk] <> adj analgésique <> n analgésique m.

analog Am = analogue.

analogous [ə'næləgəs] adj : ~ (to) analogue (à).

analogue Br, **analog** Am ['ænəlɒg] <> adj [watch, clock] analogique <> n analogue m.

analogy [ə'nælədʒɪ] (pl -ies) n analogie f ; **to draw an** ~ **with/between** une comparaison avec/entre ; **by** ~ par analogie.

analyse Br, **-yze** Am ['ænəlaɪz] vt analyser.

analysis [ə'næləsɪs] (pl -ses [-si:z]) n analyse f ; **in the final** OR **last** ~ en dernière analyse.

analyst ['ænəlɪst] n analyste mf.

analytic(al) [,ænə'lɪtɪk(l)] adj analytique.

analyze Am = analyse.

anarchic [æ'nɑ:kɪk] adj anarchique.

anarchist ['ænəkɪst] n anarchiste mf.

anarchy ['ænəkɪ] n anarchie f.

anathema [ə'næθəmə] n anathème m.

anatomical [,ænə'tɒmɪkl] adj anatomique.

anatomy [ə'nætəmɪ] (pl -ies) n anatomie f.

ANC (abbr of African National Congress) n ANC m.

ancestor ['ænsestə'] n lit & fig ancêtre m.

ancestral home [æn'sestrəl-] n demeure f ancestrale.

ancestry ['ænsestrɪ] (pl -ies) n - **1.** [past] ascendance f - **2.** (U) [ancestors] ancêtres mpl.

anchor ['æŋkə'] <> n ancre f ; **to drop/weigh** ~ jeter/lever l'ancre <> vt - **1.** [secure] ancrer - **2.** TV présenter <> vi NAUT jeter l'ancre.

anchorage ['æŋkərɪdʒ] n - **1.** NAUT mouillage m - **2.** [means of securing] ancrage m.

anchorman ['æŋkəmæn] (pl -men [-men]) n TV présentateur m.

anchorwoman ['æŋkə,wʊmən] (pl -women [-,wɪmɪn]) n TV présentatrice f.

anchovy ['æntʃəvɪ] (pl inv OR -ies) n anchois m.

ancient ['eɪnʃənt] adj - **1.** [monument etc] historique ; [custom] ancien(enne) - **2.** hum [car etc] antique ; [person] vieux (vieille).

ancillary [æn'sɪlərɪ] adj auxiliaire.

and [stressed ænd, unstressed ənd, ən] conj - **1.** [as well as, plus] et - **2.** [in numbers] : **one hundred** ~ **eighty** cent quatre-vingts ; **six** ~ **a half** six et demi - **3.** [to] : **come** ~ **see!** venez voir! ; **try** ~ **come** essayez de venir ; **wait** ~ **see** vous verrez bien.

➭ **and so on, and so forth** adv et ainsi de suite.

Andes ['ændi:z] npl : **the** ~ les Andes fpl.

Andorra [æn'dɔ:rə] n Andorre f ; **in** ~ en Andorre.

androgynous [æn'drɒdʒɪnəs] adj androgyne.

android ['ændrɔɪd] n androïde m.

anecdote ['ænɪkdəʊt] n anecdote f.

anemia Am = anaemia.

anemic Am = anaemic.

anemone [ə'nemənɪ] n anémone f.

anesthetic etc Am = anaesthetic etc.

anew [ə'nju:] adv : **to start** ~ recommencer (à zéro).

angel ['eɪndʒəl] n ange m.

Angeleno [,ændʒə'li:nəʊ] n habitant de Los Angeles.

angelic [æn'dʒelɪk] adj angélique.

anger ['æŋgə'] <> n colère f <> vt fâcher, irriter.

angina [æn'dʒaɪnə] n angine f de poitrine.

angle ['æŋgl] <> n - **1.** [gen] angle m ; **at an** ~ de travers, en biais - **2.** [point of view] point m de vue, angle m <> vi pêcher (à la ligne) ; **to** ~ **for** fig [invitation, compliments] chercher à obtenir, quêter.

angler ['æŋglə'] n pêcheur m (à la ligne).

Anglican ['æŋglɪkən] <> adj anglican(e) <> n anglican m, -e f.

anglicism ['æŋglɪsɪzm] n anglicisme m.

angling ['æŋglɪŋ] n pêche f à la ligne.

Anglo- ['æŋgləʊ] prefix anglo-.

Anglo-Saxon <> adj anglo-saxon(onne) <> n - **1.** [person] Anglo-Saxon m, -onne f - **2.** [language] anglo-saxon m.

Angola [æŋ'gəʊlə] n Angola m ; **in** ~ en Angola.

Angolan [æŋ'gəʊlən] <> adj angolais(e) <> n Angolais m, -e f.

angora [æŋ'gɔ:rə] n angora m.

angrily ['æŋgrəlɪ] adv avec colère.

angry ['æŋgrɪ] (compar **-ier** ; superl **-iest**) adj [person] en colère, fâché(e) ; [words, quarrel] violent(e) ; **to be ~ with** OR **at sb** être en colère OR fâché contre qqn ; **to get ~** se mettre en colère, se fâcher.

angst [æŋst] n anxiété f.

anguish ['æŋgwɪʃ] n angoisse f.

anguished ['æŋgwɪʃt] adj angoissé(e).

angular ['æŋgjʊlə'] adj anguleux(euse).

animal ['ænɪml] ◇ n animal m ; **pej** brute f ◇ adj animal(e).

animate ['ænɪmət] adj animé(e), vivant(e).

animated ['ænɪmeɪtɪd] adj animé(e).

animated cartoon n dessin m animé.

animation [,ænɪ'meɪʃn] n animation f.

animatronics [,ænɪmə'trɒnɪks] n (U) CIN animatronique f.

animosity [,ænɪ'mɒsətɪ] (pl **-ies**) n animosité f.

aniseed ['ænɪsiːd] n anis m.

ankle ['æŋkl] ◇ n cheville f ◇ comp : **~ socks** socquettes fpl ; **~ boots** bottines fpl.

annals ['ænlz] npl annales fpl.

annex(e) ['æneks] ◇ n [building] annexe f ◇ vt annexer.

annexation [,ænek'seɪʃn] n annexion f.

annihilate [ə'naɪəleɪt] vt anéantir, annihiler.

annihilation [ə,naɪə'leɪʃn] n anéantissement m.

anniversary [,ænɪ'vɜːsərɪ] (pl **-ies**) n anniversaire m.

annotate ['ænəteɪt] vt annoter.

announce [ə'naʊns] vt annoncer.

announcement [ə'naʊnsmənt] n **- 1.** [statement] déclaration f ; [in newspaper] avis m **- 2.** (U) [act of stating] annonce f.

announcer [ə'naʊnsə'] n RADIO & TV speaker m, speakerine f.

annoy [ə'nɔɪ] vt agacer, contrarier.

annoyance [ə'nɔɪəns] n contrariété f.

annoyed [ə'nɔɪd] adj mécontent(e), agacé(e) ; **to get ~** se fâcher ; **to be ~ at sthg** être contrarié(e) par qqch ; **to be ~ with sb** être fâché(e) contre qqn.

annoying [ə'nɔɪɪŋ] adj agaçant(e), énervant(e).

annual ['ænjʊəl] ◇ adj annuel(elle) ◇ n **- 1.** [plant] plante f annuelle **- 2.** [book - gen] publication f annuelle ; [- for children] album m.

annual general meeting n assemblée f générale annuelle.

annually ['ænjʊəlɪ] adv annuellement.

annuity [ə'njuːɪtɪ] (pl **-ies**) n rente f.

annul [ə'nʌl] (pt & pp **-led** ; cont **-ling**) vt annuler ; [law] abroger.

annulment [ə'nʌlmənt] n annulation f ; [of law] abrogation f.

annum ['ænəm] n : **per ~** par an.

Annunciation [ə,nʌnsɪ'eɪʃn] n : **the ~** l'Annonciation f.

anode ['ænəʊd] n anode f.

anoint [ə'nɔɪnt] vt oindre.

anomalous [ə'nɒmələs] adj anormal(e).

anomaly [ə'nɒməlɪ] (pl **-ies**) n anomalie f.

anon. [ə'nɒn] (abbr of **anonymous**) anon.

anonymity [,ænə'nɪmətɪ] n anonymat m.

anonymous [ə'nɒnɪməs] adj anonyme.

anonymously [ə'nɒnɪməslɪ] adv anonymement.

anorak ['ænəræk] n anorak m.

anorexia (nervosa) [,ænə'reksɪə(nɜː'vəʊsə)] n anorexie f mentale.

anorexic [,ænə'reksɪk] ◇ adj anorexique ◇ n anorexique mf.

another [ə'nʌðə'] ◇ adj **- 1.** [additional] : **~ apple** encore une pomme, une pomme de plus, une autre pomme ; **in ~ few minutes** dans quelques minutes ; **(would you like) ~ drink?** (voulez-vous) encore un verre? **- 2.** [different] : **~ job** un autre travail ◇ pron **- 1.** [additional one] un autre (une autre), encore un (encore une) ; **one after ~** l'un après l'autre (l'une après l'autre) **- 2.** [different one] un autre (une autre) ; **one ~** l'un l'autre (l'une l'autre).

ANSI (abbr of **American National Standards Institute**) n association américaine de normalisation.

answer ['ɑːnsə'] ◇ n **- 1.** [gen] réponse f ; **in ~ to** en réponse à **- 2.** [to problem] solution f ◇ vt répondre à ; **to ~ the door** aller ouvrir la porte ; **to ~ the phone** répondre au téléphone ◇ vi [reply] répondre.

◆ **answer back** ◇ vt sep répondre à ◇ vi répondre.

◆ **answer for** vt fus être responsable de, répondre de.

answerable ['ɑːnsərəbl] adj : **~ to sb/for sthg** responsable devant qqn/de qqch.

answering machine ['ɑːnsərɪŋ-] n répondeur m.

ant [ænt] n fourmi f.

antacid [,ænt'æsɪd] n (médicament m) alcalin m.

antagonism [æn'tægənızm] n antagonisme m, hostilité f.

antagonist [æn'tægənıst] n antagoniste mf, adversaire mf.

antagonistic [æn,tægə'nıstık] adj [hostile] hostile.

antagonize, -ise [æn'tægənaız] vt éveiller l'hostilité de.

Antarctic [æn'tɑ:ktık] ◇ n : the ~ l'Antarctique m ; in the ~ dans l'Antarctique ◇ adj antarctique.

Antarctica [æn'tɑ:ktıkə] n Antarctique m, le continent m antarctique.

Antarctic Circle n : the ~ le cercle polaire antarctique.

Antarctic Ocean n : the ~ l'océan m Antarctique, l'océan Austral.

ante ['æntı] n inf fig : to up OR raise the ~ faire monter les enchères.

anteater ['ænt,i:tə'] n tamanoir m, fourmilier m.

antecedent [,æntı'si:dənt] n antécédent m.

antediluvian [,æntıdı'lu:vjən] adj antédiluvien(enne).

antelope ['æntıləʊp] (pl inv OR **-s**) n antilope f.

antenatal [,æntı'neıtl] adj prénatal(e).

antenatal clinic n service m de consultation prénatale.

antenna [æn'tenə] (pl sense 1 **-nae** [-ni:], pl sense 2 **-s**) n **- 1.** [of insect] antenne f **- 2.** Am [for TV, radio] antenne f.

anteroom ['æntırʊm] n antichambre f.

anthem ['ænθəm] n hymne m.

anthill ['ænthıl] n fourmilière f.

anthology [æn'θɒlədʒı] (pl **-ies**) n anthologie f.

anthrax ['ænθræks] n charbon m.

anthropologist [,ænθrə'pɒlədʒıst] n anthropologue mf.

anthropology [,ænθrə'pɒlədʒı] n anthropologie f.

anti- ['æntı] prefix anti-.

antiaircraft [,æntı'eəkrɑ:ft] adj antiaérien(enne).

antiapartheid [,æntıə'pɑ:theıt] adj anti-apartheid (inv).

antiballistic missile [,æntıbə'lıstık-] n missile m antibalistique.

antibiotic [,æntıbaı'ɒtık] n antibiotique m.

antibody ['æntı,bɒdı] (pl **-ies**) n anticorps m.

anticipate [æn'tısıpeıt] vt **- 1.** [expect] s'attendre à, prévoir **- 2.** [request, movement] antici-

per ; [competitor] prendre de l'avance sur **- 3.** [look forward to] savourer à l'avance.

anticipation [æn,tısı'peıʃn] n [expectation] attente f ; [eagerness] impatience f ; in ~ avec impatience ; in ~ of en prévision de ; **thanking you in ~** en vous remerciant d'avance.

anticlimax [,æntı'klaımæks] n déception f.

anticlockwise [,æntı'klɒkwaız] adj & adv Br dans le sens inverse des aiguilles d'une montre.

antics ['æntıks] npl **- 1.** [of children, animals] gambades fpl **- 2.** pej [of politicians etc] bouffonneries fpl.

anticyclone [,æntı'saıkləʊn] n anticyclone m.

antidepressant [,æntıdı'presnt] n antidépresseur m.

antidote ['æntıdəʊt] n lit & fig : ~ **(to)** antidote m (contre).

antifreeze ['æntıfri:z] n antigel m.

Antigua [æn'ti:gə] n Antigua.

antihero ['æntı,hıərəʊ] (pl **-es**) n antihéros m.

antihistamine [,æntı'hıstəmın] n antihistaminique m.

antinuclear [,æntı'nju:klıə'] adj antinucléaire.

antipathy [æn'tıpəθı] n : ~ **(to** OR **towards)** antipathie f (pour).

antipersonnel ['æntı,pɜ:sə'nel] adj MIL antipersonnel (inv).

antiperspirant [,æntı'pɜ:spərənt] n déodorant m antiperspirant.

Antipodes [æn'tıpədi:z] npl : the ~ l'Australie f et la Nouvelle-Zélande.

antiquarian [,æntı'kweərıən] ◇ adj : ~ **bookshop** librairie f spécialisée dans les éditions anciennes ◇ n amateur m d'antiquités.

antiquated ['æntıkweıtıd] adj dépassé(e).

antique [æn'ti:k] ◇ adj ancien(enne) ◇ n [object] objet m ancien ; [piece of furniture] meuble m ancien.

antique dealer n antiquaire mf.

antique shop n magasin m d'antiquités.

antiquity [æn'tıkwətı] (pl **-ies**) n antiquité f.

anti-Semitic [-sı'mıtık] adj antisémite.

anti-Semitism [-semıtızəm] n antisémitisme m.

antiseptic [,æntı'septık] ◇ adj antiseptique ◇ n désinfectant m.

antisocial [,æntı'səʊʃl] adj **- 1.** [against society] antisocial(e) **- 2.** [unsociable] peu sociable, sauvage.

antistatic [,æntı'stætık] adj antistatique.

antitank [ˌæntɪ'tæŋk] *adj* antichar *(inv)*.

antithesis [æn'tɪθɪsɪs] *(pl* **-ses** [-siːz]*) n* opposé *m*, antithèse *f*.

antlers [ˌæntləz] *npl* bois *mpl (de cervidés)*.

antonym [ˈæntənɪm] *n* antonyme *m*.

Antwerp [ˈæntwɜːp] *n* Anvers.

anus [ˈeɪnəs] *n* anus *m*.

anvil [ˈænvɪl] *n* enclume *f*.

anxiety [æŋ'zaɪətɪ] *(pl* **-ies**) *n* **- 1.** [worry] anxiété *f* **- 2.** [cause of worry] souci *m* **- 3.** [keenness] désir *m* farouche.

anxious [ˈæŋkʃəs] *adj* **- 1.** [worried] anxieux(euse), très inquiet(ète) ; **to be ~ about** se faire du souci au sujet de **- 2.** [keen] : **to be ~ to do sthg** tenir à faire qqch ; **to be ~ that** tenir à ce que *(+ subjunctive)*.

anxiously [ˈæŋkʃəslɪ] *adv* avec anxiété.

any [ˈenɪ] ⬦ *adj* **- 1.** (with negative) de, d' ; I **haven't got ~ money/tickets** je n'ai pas d'argent/de billets ; **he never does ~ work** il ne travaille jamais **- 2.** [some - with sg noun] du, de l', de la ; [- with pl noun] des ; **have you got ~ money/milk/cousins?** est-ce que vous avez de l'argent/du lait/des cousins? **- 3.** [no matter which] n'importe quel (n'importe quelle) ; **~ box will do** n'importe quelle boîte fera l'affaire ; *see also* **case** ; *see also* **day** ; *see also* **moment** ; *see also* **rate** ⬦ *pron* **- 1.** (with negative) en ; **I didn't buy ~ (of them)** je n'en ai pas acheté ; **I didn't know ~ of the guests** je ne connaissais aucun des invités **- 2.** [some] en ; **do you have ~?** est-ce que vous en avez? ; **can ~ of you change a tyre?** est-ce que l'un d'entre vous sait changer un pneu? ; **if ~** si tant est qu'il y en ait ; **few, if ~, are likely to be successful** il y en a très peu, si tant est qu'il y en ait, qui ont une chance de réussir **- 3.** [no matter which one or ones] n'importe lequel (n'importe laquelle) ; **take ~ you like** prenez n'importe lequel/laquelle, prenez celui/celle que vous voulez ⬦ *adv* **- 1.** (with negative) : **I can't see it ~ more** je ne le vois plus ; **I can't stand it ~ longer** je n'en peux plus le supporter **- 2.** [some, a little] un peu ; **do you want ~ more potatoes?** voulez-vous encore des pommes de terre? ; **are you finding the course ~ easier now?** est-ce que tu trouves le cours un peu plus facile maintenant? ; **is that ~ better/different?** est-ce que c'est mieux/différent comme ça?

anybody [ˈenɪˌbɒdɪ] = **anyone**.

anyhow [ˈenɪhaʊ] *adv* **- 1.** [in spite of that] quand même, néanmoins **- 2.** [carelessly] n'importe comment **- 3.** [in any case] de toute façon.

anyone [ˈenɪwʌn] *pron* **- 1.** (in negative sentences) : **I didn't see ~** je n'ai vu personne **- 2.** (in questions) quelqu'un **- 3.** [any person] n'importe qui.

anyplace [ˈenɪpleɪs] Am = **anywhere**.

anything [ˈenɪθɪŋ] *pron* **- 1.** (in negative sentences) : **I didn't see ~** je n'ai rien vu **- 2.** (in questions) quelque chose ; **~ else?** [in shop] et avec ceci? **- 3.** [any object, event] n'importe quoi ; **if ~ happens ...** s'il arrive quoi que ce soit ...

➡ **anything but** *adv* pas du tout.

anyway [ˈenɪweɪ] *adv* [in any case] de toute façon.

anywhere [ˈenɪweəʳ], **anyplace** Am [ˈenɪpleɪs] *adv* **- 1.** (in negative sentences) : **I haven't seen him ~** je ne l'ai vu nulle part **- 2.** (in questions) quelque part **- 3.** [any place] n'importe où **- 4.** [any amount, number] : **~ between 5,000 and 10,000** quelque chose entre 5000 et 10000.

Anzac [ˈænzæk] (abbr of **Australia-New Zealand Army Corps**) *n* soldat australien ou néozélandais.

AOB, a.o.b. (abbr of **any other business**) divers.

Apache [ə'pætʃɪ] *n* Apache *mf*.

apart [ə'pɑːt] *adv* **- 1.** [separated] séparé(e), éloigné(e) ; **to keep ~** séparer ; **we're living ~** nous sommes séparés **- 2.** [to one side] à l'écart **- 3.** [in several parts] : **to take sthg ~** démonter qqch ; **to fall ~** tomber en morceaux **- 4.** [aside] : **joking ~** sans plaisanter, plaisanterie à part.

➡ **apart from** *prep* **- 1.** [except for] à part, sauf **- 2.** [as well as] en plus de, outre.

apartheid [ə'pɑːtheɪt] *n* apartheid *m*.

apartment [ə'pɑːtmənt] *n* appartement *m*.

apartment building *n* Am immeuble *m (d'habitation)*.

apathetic [ˌæpə'θetɪk] *adj* apathique.

apathy [ˈæpəθɪ] *n* apathie *f*.

APB (abbr of **all points bulletin**) *n* message radiodiffusé par la police concernant une personne recherchée.

ape [eɪp] ⬦ *n* singe *m* ⬦ *vt* singer.

Apennines [ˈæpɪnaɪnz] *npl* : **the ~** l'Apennin *m*, les Apennins *mpl*.

aperitif [əperə'tiːf] *n* apéritif *m*.

aperture [ˈæpəˌtjʊəʳ] *n* **- 1.** [hole, opening] orifice *m*, ouverture *f* **- 2.** PHOT ouverture *f*.

apex [ˈeɪpeks] *(pl* **-es** [-iːz] OR **apices** [ˈeɪpɪsiːz]*) n* sommet *m*.

APEX [ˈeɪpeks] (abbr of **advance purchase excursion**) *n* Br : **~ ticket** billet *m* APEX.

aphid ['eɪfɪd] n puceron m

aphorism ['æfərɪzm] n aphorisme m.

aphrodisiac [,æfrə'dɪzɪæk] n aphrodisiaque m.

apices ['eɪpɪsiːz] pl ⊳ apex.

apiece [ə'piːs] adv [for each person] chacun(e), par personne ; [for each thing] chacun(e), pièce (inv).

aplomb [ə'plɒm] n aplomb m, assurance f.

APO (abbr of Army Post Office) n service postal de l'armée.

apocalypse [ə'pɒkəlɪps] n apocalypse f.

apocalyptic [ə,pɒkə'lɪptɪk] adj apocalyptique.

apogee ['æpədʒiː] n apogée m.

apolitical [,eɪpə'lɪtɪkəl] adj apolitique.

apologetic [ə,pɒlə'dʒetɪk] adj [letter etc] d'excuse ; to be ~ about sthg s'excuser de qqch.

apologetically [ə,pɒlə'dʒetɪklɪ] adv en s'excusant, pour s'excuser.

apologize, -ise [ə'pɒlədʒaɪz] vi s'excuser ; to ~ to sb (for sthg) faire des excuses à qqn (pour qqch).

apology [ə'pɒlədʒɪ] (pl -ies) n excuses fpl.

apoplectic [,æpə'plektɪk] adj - **1.** MED apoplectique - **2.** inf [very angry] hors de soi.

apoplexy ['æpəpleksɪ] n apoplexie f.

apostle [ə'pɒsl] n RELIG apôtre m.

apostrophe [ə'pɒstrəfɪ] n apostrophe f.

appal Br (pt & pp -led ; cont -ling), **appall** Am [ə'pɔːl] vt horrifier.

Appalachian [,æpə'leɪtʃjən] n : the ~s, the ~ Mountains les (monts mpl) Appalaches mpl.

appall Am = appal.

appalled [ə'pɔːld] adj horrifié(e).

appalling [ə'pɔːlɪŋ] adj épouvantable.

appallingly [ə'pɔːlɪŋlɪ] adv épouvantablement.

apparatus [,æpə'reɪtəs] (pl inv OR -es [-iːzl] n - **1.** [device] appareil m, dispositif m - **2.** (U) [in gym] agrès mpl - **3.** [system, organization] appareil m.

apparel [ə'pærəl] n Am habillement m.

apparent [ə'pærənt] adj - **1.** [evident] évident(e) ; for no ~ reason sans raison particulière - **2.** [seeming] apparent(e).

apparently [ə'pærəntlɪ] adv - **1.** [it seems] à ce qu'il paraît - **2.** [seemingly] apparemment, en apparence.

apparition [,æpə'rɪʃn] n apparition f.

appeal [ə'piːl] ⟨⟩ vi - **1.** [request] : to ~ (to sb for sthg) lancer un appel (à qqn pour obtenir qqch) - **2.** [make a plea] : to ~ to faire appel à - **3.** JUR : to ~ (against) faire appel (de) - **4.** [attract, interest] : to ~ to sb plaire à qqn ; it ~s to me ça me plaît ⟨⟩ n - **1.** [request] appel m - **2.** JUR appel m - **3.** [charm, interest] intérêt m, attrait m.

appealing [ə'piːlɪŋ] adj - **1.** [attractive] attirant(e), sympathique - **2.** [pleading] suppliant(e).

appear [ə'pɪə'] vi - **1.** [gen] apparaître ; [book] sortir, paraître - **2.** [seem] sembler, paraître ; to ~ to be/do sembler être/faire ; it would ~ (that) ... il semblerait que ... - **3.** [in play, film etc] jouer - **4.** JUR comparaître.

appearance [ə'pɪərəns] n - **1.** [gen] apparition f ; to make an ~ se montrer ; to put in an ~ faire acte de présence - **2.** [look] apparence f, aspect m ; by OR to all ~s selon toute apparence ; to keep up ~s sauver les apparences.

appease [ə'piːz] vt apaiser.

appeasement [ə'piːzmənt] n apaisement m.

append [ə'pend] vt ajouter ; [signature] apposer.

appendage [ə'pendɪdʒ] n appendice m.

appendices [ə'pendɪsiːz] pl ⊳ appendix.

appendicitis [ə,pendɪ'saɪtɪs] n (U) appendicite f.

appendix [ə'pendɪks] (pl -dixes [-dɪksiːz] OR -dices [-dɪsiːz]) n appendice m ; to have one's ~ out OR removed se faire opérer de l'appendicite.

appertain [,æpə'teɪn] vi fml : to ~ to se rapporter à.

appetite ['æpɪtaɪt] n - **1.** [for food] : ~ (for) appétit m (pour) - **2.** fig [enthusiasm] : ~ (for) goût m (de OR pour).

appetizer, -iser ['æpɪtaɪzə'] n [food] amuse-gueule m inv ; [drink] apéritif m.

appetizing, -ising ['æpɪtaɪzɪŋ] adj [food] appétissant(e).

applaud [ə'plɔːd] ⟨⟩ vt - **1.** [clap] applaudir - **2.** [approve] approuver, applaudir à ⟨⟩ vi applaudir.

applause [ə'plɔːz] n (U) applaudissements mpl.

apple ['æpl] n pomme f ; she's the ~ of her father's eye inf son père tient à elle comme à la prunelle de ses yeux.

apple pie n tourte f aux pommes.

apple tree n pommier m.

appliance [ə'plaɪəns] n [device] appareil m ; domestic ~ appareil ménager.

applicable [ə'plɪkəbl] *adj* : ~ **(to)** applicable (à).

applicant ['æplɪkənt] *n* : ~ **(for)** [job] candidat *m*, -e *f*(à) ; [state benefit] demandeur *m*, -euse *f*(de).

application [,æplɪ'keɪʃn] *n* - **1.** [gen] application *f* - **2.** [for job etc] : ~ **(for)** demande *f*(de).

application form *n* [for post] dossier *m* de candidature, UNIV dossier *m* d'inscription.

applications program [,æplɪ'keɪʃns -] *n* COMPUT programme *m* d'application.

applicator ['æplɪkeɪtə^r] *n* [for lotion, glue etc] applicateur *m*.

applied [ə'plaɪd] *adj* [science] appliqué(e).

appliqué [ə'pliːkeɪ] *n* application *f*.

apply [ə'plaɪ] (*pt* & *pp* **-ied**) <> *vt* appliquer ; **to ~ o.s. (to sthg)** s'appliquer (à qqch) ; **to ~ one's mind (to sthg)** s'appliquer (à qqch) ; **to ~ the brakes** freiner <> *vi* - **1.** [for work, grant] : **to ~ (for)** faire une demande (de) ; **to ~ for a job** faire une demande d'emploi ; **to ~ to sb (for sthg)** s'adresser à qqn (pour obtenir qqch) - **2.** [be relevant] : **to ~ (to)** s'appliquer (à), concerner.

appoint [ə'pɔɪnt] *vt* - **1.** [to job, position] : **to ~ sb (as sthg)** nommer qqn (qqch) ; **to ~ sb to sthg** nommer qqn à qqch - **2.** [time, place] fixer.

appointment [ə'pɔɪntmənt] *n* - **1.** [to job, position] nomination *f*, désignation *f* ; 'by ~ to Her Majesty the Queen' 'fournisseur de sa Majesté la Reine' - **2.** [job, position] poste *m*, emploi *m* - **3.** [arrangement to meet] rendez-vous *m* ; **to make an ~** prendre un rendez-vous ; **by ~** sur rendez-vous.

apportion [ə'pɔːʃn] *vt* répartir.

apposite ['æpəzɪt] *adj* pertinent(e), approprié(e).

appraisal [ə'preɪzl] *n* évaluation *f*.

appraise [ə'preɪz] *vt* évaluer.

appreciable [ə'priːʃəbl] *adj* [difference] sensible ; [amount] appréciable.

appreciably [ə'priːʃəblɪ] *adv* sensiblement.

appreciate [ə'priːʃɪeɪt] <> *vt* - **1.** [value, like] apprécier, aimer - **2.** [recognize, understand] comprendre, se rendre compte de - **3.** [be grateful for] être reconnaissant(e) de <> *vi* FIN prendre de la valeur.

appreciation [ə,priːʃɪ'eɪʃn] *n* - **1.** [liking] contentement *m* - **2.** [understanding] compréhension *f* - **3.** [gratitude] reconnaissance *f* - **4.** FIN augmentation *f* de valeur - **5.** [of novel, play etc] critique *f*.

appreciative [ə'priːʃətɪv] *adj* [person] reconnaissant(e) ; [remark] élogieux(euse).

apprehend [,æprɪ'hend] *vt* fml [arrest] appréhender, arrêter.

apprehension [,æprɪ'henʃn] *n* [anxiety] appréhension *f*, crainte *f*.

apprehensive [,æprɪ'hensɪv] *adj* inquiet(ète) ; **to be ~ about sthg** appréhender OR craindre qqch.

apprehensively [,æprɪ'hensɪvlɪ] *adv* avec appréhension.

apprentice [ə'prentɪs] <> *n* apprenti *m*, -e *f* <> *vt* : **to be ~d to sb** être apprenti(e) chez qqn.

apprenticeship [ə'prentɪsʃɪp] *n* apprentissage *m*.

appro. ['æprəʊ] (*abbr of* **approval**) *n* inf : **on ~** à condition, à l'essai.

approach [ə'prəʊtʃ] <> *n* - **1.** [gen] approche *f* - **2.** [method] démarche *f*, approche *f* - **3.** [to person] : **to make an ~ to sb** faire une proposition à qqn <> *vt* - **1.** [come near to - place, person, thing] s'approcher de - **2.** [ask] : **to ~ sb about sthg** aborder qqch avec qqn ; COMM entrer en contact avec qqn au sujet de qqch - **3.** [tackle - problem] aborder <> *vi* s'approcher.

approachable [ə'prəʊtʃəbl] *adj* accessible.

approaching [ə'prəʊtʃɪŋ] *adj* qui approche.

approbation [,æprə'beɪʃn] *n* approbation *f*.

appropriate [*adj* ə'prəʊprɪət, *vb* ə'prəʊprɪeɪt] <> *adj* [clothing] convenable ; [action] approprié(e) ; [moment] opportun(e) <> *vt* - **1.** JUR s'approprier - **2.** [allocate] affecter.

appropriately [ə'prəʊprɪətlɪ] *adv* [dress] convenablement ; [behave] de manière appropriée.

appropriation [ə,prəʊprɪ'eɪʃn] *n* - **1.** [taking] appropriation *f* - **2.** [allocation] affectation *f*.

approval [ə'pruːvl] *n* approbation *f* ; **on ~** COMM à condition, à l'essai.

approve [ə'pruːv] <> *vi* : **to ~ (of sthg)** approuver (qqch) ; **I don't ~ of him** il me déplaît <> *vt* [ratify] approuver, ratifier.

approved [ə'pruːvd] *adj* approuvé(e), agréé(e).

approving [ə'pruːvɪŋ] *adj* approbateur(trice).

approx. [ə'prɒks] (*abbr of* **approximately**) approx., env.

approximate [*adj* ə'prɒksɪmət, *vb* ə'prɒksɪmeɪt] <> *adj* approximatif(ive) <> *vi* : **to ~ to** se rapprocher de.

approximately [ə'prɒksɪmətlɪ] *adv* à peu près, environ.

approximation [ə,prɒksɪ'meɪʃn] *n* : ~ **(to)** approximation *f*(de).

Apr. (*abbr of* **April**) avr.

APR *n* - **1.** (*abbr of* **annualized percentage rate**) TEG *m* - **2.** (*abbr of* **annual purchase rate**) taux *m* annuel.

après-ski [ˌæpreɪˈskiː] *n (U)* activités *fpl* après-ski.

apricot [ˈeɪprɪkɒt] ◇ *n* abricot *m* ◇ *comp* à l'abricot.

April [ˈeɪprəl] *n* avril *m* ; *see also* **September**.

April Fools' Day *n* le 1er avril.

APRIL FOOLS' DAY

En Grande-Bretagne, le 1er avril est l'occasion de canulars en tous genres ; par contre, la tradition du poisson en papier n'existe pas.

apron [ˈeɪprən] *n* - **1.** [clothing] tablier *m* ; **to be tied to sb's ~ strings** *inf* être toujours dans les jupes de qqn - **2.** AERON aire *f* de stationnement.

apropos [ˈæprəpəʊ] ◇ *adj* pertinent(e), à propos ◇ *prep* : **~ (of)** à propos (de).

apt [æpt] *adj* - **1.** [pertinent] pertinent(e), approprié(e) - **2.** [likely] : **to be ~ to do sthg** avoir tendance à faire qqch.

Apt. (*abbr of* **apartment**) appt.

APT (*abbr of* **advanced passenger train**) *n* ≃ TGV *m*.

aptitude [ˈæptɪtjuːd] *n* aptitude *f*, disposition *f* ; **to have an ~ for** avoir des dispositions pour.

aptitude test *n* test *m* d'aptitude.

aptly [ˈæptlɪ] *adv* avec justesse, à propos.

aqualung [ˈækwəlʌŋ] *n* scaphandre *m* autonome.

aquamarine [ˌækwəməˈriːn] *n* [colour] bleu vert *m inv*.

aquaplane [ˈækwəpleɪn] *vi* Br AUT faire de l'aquaplaning.

aquarium [əˈkweərɪəm] (*pl* **-riums** OR **-ria** [-rɪə]) *n* aquarium *m*.

Aquarius [əˈkweərɪəs] *n* Verseau *m* ; **to be (an) ~** être Verseau.

aquarobics [ˌækwəˈrəʊbɪks] *n* aquagym *f*.

aquatic [əˈkwætɪk] *adj* - **1.** [animal, plant] aquatique - **2.** [sport] nautique.

aqueduct [ˈækwɪdʌkt] *n* aqueduc *m*.

AR *abbr of* **Arkansas.**

ARA (*abbr of* **Associate of the Royal Academy**) *n* membre associé de la RA.

Arab [ˈærəb] ◇ *adj* arabe ◇ *n* - **1.** [person] Arabe *mf* - **2.** [horse] pur-sang *m* arabe.

Arabia [əˈreɪbjə] *n* Arabie *f*.

Arabian [əˈreɪbjən] *adj* d'Arabie, arabe.

Arabian desert *n* : **the ~** le désert d'Arabie.

Arabian Peninsula *n* : **the ~** la péninsule d'Arabie.

Arabian Sea *n* : **the ~** la mer d'Arabie, la mer d'Oman.

Arabic [ˈærəbɪk] ◇ *adj* arabe ◇ *n* arabe *m*.

Arabic numeral *n* chiffre *m* arabe.

arable [ˈærəbl] *adj* arable.

ARAM (*abbr of* **Associate of the Royal Academy of Music**) *n* membre associé de l'académie britannique de musique.

arbiter [ˈɑːbɪtəʳ] *n fml* arbitre *m*.

arbitrary [ˈɑːbɪtrərɪ] *adj* arbitraire.

arbitrate [ˈɑːbɪtreɪt] *vi* arbitrer.

arbitration [ˌɑːbɪˈtreɪʃn] *n* arbitrage *m* ; **to go to ~** recourir à l'arbitrage.

arc [ɑːk] *n* arc *m*.

ARC (*abbr of* **AIDS-related complex**) *n* ARC *m*.

arcade [ɑːˈkeɪd] *n* - **1.** [for shopping] galerie *f* marchande - **2.** [covered passage] arcades *fpl*.

arch [ɑːtʃ] ◇ *adj* malicieux(euse), espiègle ◇ *n* - **1.** ARCHIT arc *m*, voûte *f* - **2.** [of foot] voûte *f* plantaire, cambrure *f* ◇ *vt* cambrer, arquer ◇ *vi* former une voûte.

arch- [ɑːtʃ] *prefix* grand(e), principal(e).

archaeological [ˌɑːkɪəˈlɒdʒɪkl] *adj* archéologique.

archaeologist [ˌɑːkɪˈɒlədʒɪst] *n* archéologue *mf*.

archaeology [ˌɑːkɪˈɒlədʒɪ] *n* archéologie *f*.

archaic [ɑːˈkeɪɪk] *adj* archaïque.

archangel [ˈɑːkˌeɪndʒəl] *n* archange *m*.

archbishop [ˌɑːtʃˈbɪʃəp] *n* archevêque *m*.

archduchess [ˌɑːtʃˈdʌtʃɪs] *n* archiduchesse *f*.

archduke [ˌɑːtʃˈdjuːk] *n* archiduc *m*.

arched [ɑːtʃt] *adj* - **1.** ARCHIT cintré(e), courbé(e) - **2.** [curved] arqué(e), cambré(e).

archenemy [ˌɑːtʃˈenɪmɪ] (*pl* **-ies**) *n* ennemi *m* numéro un.

archeology *etc* [ˌɑːkɪˈɒlədʒɪ] = **archaeology** *etc*.

archer [ˈɑːtʃəʳ] *n* archer *m*.

archery [ˈɑːtʃərɪ] *n* tir *m* à l'arc.

archetypal [ˌɑːkɪˈtaɪpl] *adj* typique.

archetype [ˈɑːkɪtaɪp] *n* archétype *m*.

archipelago [ˌɑːkɪˈpelɪɡəʊ] (*pl* **-es** OR **-s**) *n* archipel *m*.

architect [ˈɑːkɪtekt] *n* lit & fig architecte *m*.

architectural [ˌɑːkɪˈtektʃərəl] *adj* architectural(e).

architecture [ˈɑːkɪtektʃəʳ] n [gen & COMPUT] architecture f.

archive file [ˈɑːkaɪv-] n COMPUT fichier m archives.

archives [ˈɑːkaɪvz] npl archives fpl.

archivist [ˈɑːkɪvɪst] n archiviste mf.

archway [ˈɑːtʃweɪ] n passage m voûté.

ARCM (abbr of Associate of the Royal College of Music) n membre associé du conservatoire de musique britannique.

Arctic [ˈɑːktɪk] <> adj - **1.** GEOGR arctique - **2.** inf [very cold] glacial(e) <> n : the ~ l'Arctique m ; in the ~ dans l'Arctique.

Arctic Circle n : the ~ le cercle arctique.

Arctic Ocean n : the ~ l'océan m Arctique.

ardent [ˈɑːdənt] adj fervent(e), passionné(e).

ardour Br, **ardor** Am [ˈɑːdəʳ] n ardeur f, ferveur f.

arduous [ˈɑːdjʊəs] adj ardu(e).

are [weak form əʳ, strong form ɑːʳ] ▷ be.

area [ˈeərɪə] n - **1.** [region] région f ; landing ~ aire f d'atterrissage ; parking ~ aire f de stationnement ; in the ~ dans la région ; in the ~ of [approximately] environ, à peu près - **2.** [surface size] aire f, superficie f - **3.** [of knowledge, interest etc] domaine m.

area code n indicatif m de zone.

arena [əˈriːnə] n lit & fig arène f.

aren't [ɑːnt] = are not.

Argentina [ˌɑːdʒənˈtiːnə] n Argentine f ; in ~ en Argentine.

Argentine [ˈɑːdʒəntaɪn], **Argentinian** [ˌɑːdʒənˈtɪnɪən] <> adj argentin(e) <> n Argentin m, -e f.

arguable [ˈɑːgjʊəbl] adj discutable, contestable.

arguably [ˈɑːgjʊəblɪ] adv : she's ~ the best on peut soutenir qu'elle est la meilleure.

argue [ˈɑːgjuː] <> vi - **1.** [quarrel] : to ~ (with sb about sthg) se disputer (avec qqn à propos de qqch) - **2.** [reason] : to ~ (for/against) argumenter (pour/contre) <> vt débattre de, discuter de ; to ~ that soutenir OR maintenir que.

argument [ˈɑːgjʊmənt] n - **1.** [quarrel] dispute f ; to have an ~ (with sb) se disputer (avec qqn) - **2.** [reason] argument m - **3.** (U) [reasoning] discussion f, débat m.

argumentative [ˌɑːgjʊˈmentətɪv] adj querelleur(euse), batailleur(euse).

aria [ˈɑːrɪə] n aria f.

arid [ˈærɪd] adj lit & fig aride.

Aries [ˈeəriːz] n Bélier m ; to be (an) ~ être Bélier.

arise [əˈraɪz] (pt **arose** ; pp **arisen** [əˈrɪzn]) vi [appear] surgir, survenir ; to ~ from résulter de, provenir de ; if the need ~s si le besoin se fait sentir.

aristocracy [ˌærɪˈstɒkrəsɪ] (pl -ies) n aristocratie f.

aristocrat [Br ˈærɪstəkræt, Am əˈrɪstəkræt] n aristocrate mf.

aristocratic [Br ˌærɪstəˈkrætɪk, Am əˌrɪstəˈkrætɪk] adj aristocratique.

arithmetic [əˈrɪθmətɪk] n arithmétique f.

Arizona [ˌærɪˈzəʊnə] n Arizona m ; in ~ dans l'Arizona.

ark [ɑːk] n arche f.

Arkansas [ˈɑːkənsɔː] n Arkansas m ; in ~ dans l'Arkansas.

arm [ɑːm] <> n - **1.** [of person, chair] bras m ; ~ in ~ bras dessus bras dessous ; to chance one's ~ fig tenter le coup ; to keep sb at ~'s length fig tenir qqn à distance ; to twist sb's ~ fig forcer la main à qqn - **2.** [of garment] manche f - **3.** [of organization] section f, aile f <> vt armer.

▸ **arms** npl armes fpl ; to take up ~s prendre les armes ; to be up in ~s about sthg s'élever contre qqch.

armada [ɑːˈmɑːdə] n armada f.

armadillo [ˌɑːməˈdɪləʊ] (pl -s) n tatou m.

Armageddon [ˌɑːməˈgedn] n Armageddon m.

armaments [ˈɑːməmənts] npl [weapons] matériel m de guerre, armements mpl.

armchair [ˈɑːmtʃeəʳ] n fauteuil m.

armed [ɑːmd] adj lit & fig : ~ (with) armé(e)(de).

armed forces npl forces fpl armées.

Armenia [ɑːˈmiːnjə] n Arménie f ; in ~ en Arménie.

Armenian [ɑːˈmiːnjən] <> adj arménien(enne) <> n - **1.** [person] Arménien m, -enne f - **2.** [language] arménien m.

armhole [ˈɑːmhəʊl] n emmanchure f.

armistice [ˈɑːmɪstɪs] n armistice m.

armour Br, **armor** Am [ˈɑːməʳ] n - **1.** [for person] armure f - **2.** [for military vehicle] blindage m.

armoured Br, **armored** Am [ˈɑːməd] adj MIL blindé(e).

armoured car [ˌɑːməd-] n voiture f blindée.

armour-plated [-pleɪtɪd] adj blindé(e).

armoury Br, **armory** Am [ˈɑːmərɪ] (pl -ies) n arsenal m.

armpit [ˈɑːmpɪt] n aisselle f.

armrest [ˈɑːmrest] n accoudoir m.

arms control [ˈɑːmz-] n contrôle m des armements.

army [ˈɑːmɪ] (pl -ies) n lit & fig armée f.

A road n Br route f nationale.

aroma [əˈrəʊmə] n arôme m.

aromatherapy [ə,rəʊməˈθerəpɪ] n aromathérapie f.

aromatic [,ærəˈmætɪk] adj aromatique.

arose [əˈrəʊz] pt ⊳ arise.

around [əˈraʊnd] ⬦ adv - **1.** [about, round] : to walk ~ se promener ; **to lie ~** [clothes etc] traîner - **2.** [on all sides] (tout) autour - **3.** [near] dans les parages - **4.** [in circular movement] : to turn ~ se retourner - **5.** phr : he has been ~ inf il n'est pas né d'hier, il a de l'expérience ⬦ prep - **1.** [gen] autour de ; to walk ~ a garden/town faire le tour d'un jardin/d'une ville ; all ~ the country dans tout le pays - **2.** [near] : ~ here par ici - **3.** [approximately] environ, à peu près.

arousal [əˈraʊzl] n éveil m.

arouse [əˈraʊz] vt - **1.** [excite - feeling] éveiller, susciter ; [- person] exciter - **2.** [wake] réveiller.

arrange [əˈreɪndʒ] vt - **1.** [flowers, books, furniture] arranger, disposer - **2.** [event, meeting etc] organiser, fixer ; **to ~ to do sthg** convenir de faire qqch ; **she ~d for him to come to Edinburgh** elle a fait le nécessaire pour qu'il vienne à Édimbourg - **3.** MUS arranger.

arranged marriage [əˈreɪndʒd-] n mariage m arrangé.

arrangement [əˈreɪndʒmənt] n - **1.** [agreement] accord m, arrangement m ; **to come to an ~** s'entendre, s'arranger - **2.** [of furniture, books] arrangement m ; **flower ~** composition f florale - **3.** MUS arrangement m.

➡ **arrangements** npl dispositions fpl, préparatifs mpl ; **to make ~s** prendre des mesures OR dispositions.

array [əˈreɪ] ⬦ n - **1.** [of objects] étalage m - **2.** COMPUT tableau m ⬦ vt [ornaments etc] disposer.

arrears [əˈrɪəz] npl [money owed] arriéré m ; **to be in ~** [late] être en retard ; [owing money] avoir des arriérés.

arrest [əˈrest] ⬦ n [by police] arrestation f ; **under ~** en état d'arrestation ⬦ vt - **1.** [gen] arrêter - **2.** fml [sb's attention] attirer, retenir.

arresting [əˈrestɪŋ] adj [striking] frappant(e), saisissant(e).

arrival [əˈraɪvl] n - **1.** [gen] arrivée f ; **late ~** [of train etc] retard m - **2.** [person - at airport, hotel] arrivant m, -e f ; **new ~** [person] nouveau venu

m, nouvelle venue f ; [baby] nouveau-né m, nouveau-née f.

arrive [əˈraɪv] vi arriver ; [baby] être né(e) ; **to ~ at** [conclusion, decision] arriver à.

arrogance [ˈærəgəns] n arrogance f.

arrogant [ˈærəgənt] adj arrogant(e).

arrogantly [ˈærəgəntlɪ] adv avec arrogance.

arrow [ˈærəʊ] n flèche f.

arrowroot [ˈærəʊruːt] n arrow-root m.

arse Br [ɑːs], **ass** Am [æs] n v inf cul m.

arsenic [ˈɑːsnɪk] n arsenic m.

arsenal [ˈɑːsənl] n arsenal m.

arson [ˈɑːsn] n incendie m criminel OR volontaire.

arsonist [ˈɑːsənɪst] n incendiaire mf.

art [ɑːt] ⬦ n art m ⬦ comp [exhibition] d'art ; [college] des beaux-arts ; ~ **student** étudiant m, -e f d'une école des beaux-arts.

➡ **arts** ⬦ npl - **1.** SCH & UNIV lettres fpl - **2.** [fine arts] : **the ~s** les arts mpl ⬦ comp SCH & UNIV de lettres ; ~**s student** étudiant m, -e f en lettres.

art deco [-ˈdekəʊ] n art m déco.

artefact [ˈɑːtɪfækt] = **artifact.**

arterial [ɑːˈtɪərɪəl] adj - **1.** [blood] artériel(elle) - **2.** [road] à grande circulation.

arteriosclerosis [ɑː,tɪərɪəʊsklɪəˈrəʊsɪs] n artériosclérose f.

artery [ˈɑːtərɪ] (pl -ies) n artère f.

artful [ˈɑːtfʊl] adj rusé(e), malin(igne).

art gallery n [public] musée m d'art ; [for selling paintings] galerie f d'art.

art house n cinéma m d'art et d'essai.

art-house adj [cinema, film] d'art et d'essai.

arthritic [ɑːˈθrɪtɪk] adj arthritique.

arthritis [ɑːˈθraɪtɪs] n arthrite f.

artic [ɑːˈtɪk] (abbr of **articulated lorry**) n Br inf semi-remorque m.

artichoke [ˈɑːtɪtʃəʊk] n artichaut m.

article [ˈɑːtɪkl] n article m ; ~ **of clothing** vêtement m.

articled clerk [ˈɑːtɪkld-] n Br avocat m stagiaire.

articles of association [ˈɑːtɪklz-] npl statuts mpl d'une société.

articulate [adj ɑːˈtɪkjʊlət, vb ɑːˈtɪkjʊleɪt] ⬦ adj [person] qui sait s'exprimer ; [speech] net (nette), distinct(e) ⬦ vt [thought, wish] formuler.

articulated lorry [ɑːˈtɪkjʊleɪtɪd-] n Br semi remorque m.

articulation [ɑː,tɪkjʊˈleɪʃn] n articulation f

artifact [ˈɑːtɪfækt] n objet m fabriqué.

artifice ['ɑːtɪfɪs] *n* - **1.** [trick] artifice *m*, ruse *f* - **2.** [trickery] ingéniosité *f*, habileté *f*.

artificial [ˌɑːtɪ'fɪʃl] *adj* - **1.** [not natural] artificiel(elle) - **2.** [insincere] affecté(e).

artificial insemination *n* insémination *f* artificielle.

artificial intelligence *n* intelligence *f* artificielle.

artificially [ˌɑːtɪ'fɪʃəlɪ] *adv* artificiellement.

artificial respiration *n* respiration *f* artificielle.

artillery [ɑː'tɪlərɪ] *n* artillerie *f*.

artisan [ˌɑːtɪ'zæn] *n* artisan *m*.

artist ['ɑːtɪst] *n* artiste *mf*.

artiste [ɑː'tiːst] *n* artiste *mf*.

artistic [ɑː'tɪstɪk] *adj* [person] artiste ; [style etc] artistique.

artistically [ɑː'tɪstɪklɪ] *adv* avec art, de façon artistique.

artistry ['ɑːtɪstrɪ] *n* art *m*, talent *m* artistique.

artless ['ɑːtlɪs] *adj* naturel(elle), ingénu(e).

art nouveau [ˌɑːnuː'vəʊ] *n* art *m* nouveau.

ARV (*abbr of* **American Revised Version**) *n* traduction américaine de la Bible.

as [unstressed əz, stressed æz] <> *conj* - **1.** [referring to time] comme, alors que ; **she rang (just) ~ I was leaving** elle m'a téléphoné au moment même où *or* juste comme je partais ; **~ time goes by** à mesure que le temps passe, avec le temps - **2.** [referring to manner, way] comme ; **do ~ I say** fais ce que je (te) dis ; **~ it is** déjà ; **she's working too hard ~ it is** elle travaille déjà assez dur comme ça ; **~ it turns out** finalement, en fin de compte ; **~ things stand** les choses étant ce qu'elles sont - **3.** [introducing a statement] comme ; **~ you see,...** comme tu le vois,... ; **~ you know,...** comme tu le sais,... - **4.** [because] comme <> *prep* - **1.** [referring to function, characteristic] en, comme, en tant que ; **I'm speaking ~ your friend** je te parle en ami ; **he made a name ~ an actor** il s'est fait un nom comme acteur ; **she works ~ a nurse** elle est infirmière - **2.** [referring to attitude, reaction] : **it came ~ a shock** cela nous a fait un choc ; **she treats it ~ a game** elle prend ça à la rigolade <> *adv* (*in comparisons*) : **~ rich ~** aussi riche que ; **~ red ~ a tomato** rouge comme une tomate ; **he's ~ tall ~ I am** il est aussi grand que moi ; **twice ~ big ~** deux fois plus gros que ; **~ much/many ~** autant que ; **~ much wine/many chocolates ~** autant de vin/de chocolats que.

➤ **as it were** *adv* pour ainsi dire.

➤ **as for** *prep* quant à.

➤ **as from, as of** *prep* dès, à partir de.

➤ **as if, as though** *conj* comme si ; **it looks ~ if** *or* **~ though it will rain** on dirait qu'il va pleuvoir.

➤ **as to** *prep* - **1.** [concerning] en ce qui concerne, au sujet de - **2.** = **as for.**

AS <> *n* (*abbr of* **Associate in/of Science**) diplôme en sciences <> *abbr of* **American Samoa.**

ASA (*abbr of* **American Standards Association**) *n association américaine de normalisation,* ≃ AFNOR *f*.

a.s.a.p. (*abbr of* **as soon as possible**) d'urgence, dans les meilleurs délais.

asbestos [æs'bestəs] *n* asbeste *m*, amiante *m*.

asbestosis [ˌæsbes'təʊsɪs] *n* asbestose *f*.

ascend [ə'send] *vt* & *vi* monter ; **to ~ the throne** monter sur le trône.

ascendancy [ə'sendənsɪ] *n* ascendant *m*.

ascendant [ə'sendənt] *n* : **to be in the ~** avoir le dessus.

ascendency [ə'sendənsɪ] = **ascendancy.**

ascending [ə'sendɪŋ] *adj* croissant(e) ; **in ~ order** en ordre croissant.

ascension [ə'senʃn] *n* ascension *f*.

➤ **Ascension** *n* RELIG l'Ascension *f*.

Ascension Island *n* île *f* de l'Ascension.

ascent [ə'sent] *n* lit & fig ascension *f*.

ascertain [ˌæsə'teɪn] *vt* établir.

ascetic [ə'setɪk] <> *adj* ascétique <> *n* ascète *mf*.

ASCII ['æskɪ] (*abbr of* **American Standard Code for Information**) *n* ASCII *m*.

ascorbic acid [ə'skɔːbɪk-] *n* acide *m* ascorbique.

ascribe [ə'skraɪb] *vt* : **to ~ sthg to** attribuer qqch à ; [blame] imputer qqch à.

ASCU (*abbr of* **Association of State Colleges and Universities**) *n association des établissements universitaires d'État aux États-Unis.*

ASE (*abbr of* **American Stock Exchange**) *n la Bourse américaine.*

aseptic [ˌeɪ'septɪk] *adj* aseptique.

asexual [ˌeɪ'sekʃʊəl] *adj* asexué(e).

ash [æʃ] *n* - **1.** [from cigarette, fire] cendre *f* - **2.** [tree] frêne *m*.

➤ **ashes** *npl* cendres *fpl*.

ASH [æʃ] (*abbr of* **Action on Smoking and Health**) *n ligue antitabac britannique.*

ashamed [ə'ʃeɪmd] *adj* honteux(euse), confus(e) ; **to be ~ of** avoir honte de ; **to be ~ to do sthg** avoir honte de faire qqch.

ashcan ['æʃkæn] n Am poubelle f.

ashen-faced ['æʃn̩feɪst] adj blême.

ashore [ə'ʃɔːr] adv à terre.

ashtray ['æʃtreɪ] n cendrier m.

Ash Wednesday n le mercredi des Cendres.

Asia [Br 'eɪʃə, Am 'eɪʒə] n Asie f ; in ~ en Asie.

Asia Minor n Asie f Mineure.

Asian [Br 'eɪʃn, Am 'eɪʒn] ◇ adj asiatique ◇ n [person] Asiatique mf.

Asiatic [ˌeɪʒɪ'ætɪk] adj asiatique.

aside [ə'saɪd] ◇ adv - 1. [to one side] de côté ; to move ~ s'écarter ; to take sb ~ prendre qqn à part ; to brush OR sweep sthg ~ balayer OR repousser qqch - 2. [apart] à part ; ~ from à l'exception de ◇ n - 1. [in play] aparté m - 2. [remark] réflexion f, commentaire m.

ask [ɑːsk] ◇ vt - 1. [gen] demander ; to ~ sb sthg demander qqch à qqn ; he ~ed me my name il m'a demandé mon nom ; to ~ sb for sthg demander qqch à qqn ; to ~ sb to do sthg demander à qqn de faire qqch ; if you ~ me ... si tu veux mon avis ... - 2. [put - question] poser - 3. [invite] inviter ◇ vi demander.

➤ **ask after** vt fus demander des nouvelles de.

➤ **ask for** vt fus - 1. [person] demander à voir - 2. [thing] demander

askance [ə'skæns] adv : to look ~ at sb regarder qqn d'un air désapprobateur.

askew [ə'skjuː] adj [not straight] de travers.

asking price ['ɑːskɪŋ-] n prix m demandé.

asleep [ə'sliːp] adj endormi(e) ; to fall ~ s'endormir ; to be fast OR sound ~ dormir profondément OR à poings fermés.

ASLEF ['æzlef] (abbr of Associated Society of Locomotive Engineers and Firemen) n syndicat des cheminots en Grande-Bretagne.

AS level (abbr of Advanced Supplementary level) n [in UK] examen facultatif complétant les A levels.

ASM (abbr of air-to-surface missile) n ASM m.

asparagus [ə'spærəgəs] n (U) asperges fpl.

aspartame ['æspərteɪm] n aspartame m.

ASPCA (abbr of American Society for the Prevention of Cruelty to Animals) n société américaine protectrice des animaux.

aspect ['æspekt] n - 1. [gen] aspect m - 2. [of building] orientation f.

aspen ['æspən] n tremble m.

aspersions [ə'spɜːʃnz] npl : to cast ~ on jeter le discrédit sur.

asphalt ['æsfælt] n asphalte m.

asphyxiate [əs'fɪksɪeɪt] vt asphyxier.

aspic ['æspɪk] n aspic m.

aspirate ['æspərət] adj LING aspiré(e).

aspiration [ˌæspə'reɪʃn] n aspiration f.

aspire [ə'spaɪər] vi : to ~ to sthg/to do sthg aspirer à qqch/à faire qqch.

aspirin ['æsprɪn] n aspirine f.

aspiring [ə'spaɪərɪŋ] adj : she was an ~ writer elle avait pour ambition de devenir écrivain.

ass [æs] n - 1. [donkey] âne m - 2. Br inf [idiot] imbécile mf, idiot m, -e f - 3. Am v inf = arse.

assail [ə'seɪl] vt assaillir.

assailant [ə'seɪlənt] n assaillant m, -e f.

assassin [ə'sæsɪn] n assassin m.

assassinate [ə'sæsɪneɪt] vt assassiner.

assassination [əˌsæsɪ'neɪʃn] n assassinat m.

assault [ə'sɔːlt] ◇ n - 1. MIL : ~ (on) assaut m (de), attaque f (de) - 2. [physical attack] : ~ (on sb) agression f (contre qqn) ; ~ and battery JUR coups mpl et blessures ◇ vt [attack - physically] agresser ; [- sexually] violenter.

assault course n parcours m du combattant.

assemble [ə'sembl] ◇ vt - 1. [gather] réunir - 2. [fit together] assembler, monter ◇ vi se réunir, s'assembler.

assembly [ə'semblɪ] (pl -ies) n - 1. [gen] assemblée f - 2. [fitting together] assemblage m.

assembly language n COMPUT langage m d'assemblage.

assembly line n chaîne f de montage.

assent [ə'sent] ◇ n consentement m, assentiment m ◇ vi : to ~ (to) donner son consentement OR assentiment (à).

assert [ə'sɜːt] vt - 1. [fact, belief] affirmer, soutenir - 2. [authority] imposer ; to ~ o.s. s'imposer.

assertion [ə'sɜːʃn] n [claim] assertion f, affirmation f.

assertive [ə'sɜːtɪv] adj assuré(e).

assess [ə'ses] vt évaluer, estimer.

assessment [ə'sesmənt] n - 1. [opinion] opinion f - 2. [calculation] évaluation f, estimation f.

assessor [ə'sesər] n [of tax] contrôleur m (de impôts).

asset ['æset] n avantage m, atout m ; she wi be an ~ to the company sa compétence ser un atout pour la société.

➤ **assets** npl COMM actif m.

asset-stripping [-ˌstrɪpɪŋ] n rachat d'un société pour en récupérer l'actif.

assiduous [ə'sɪdjʊəs] adj assidu(e).

assiduously [ə'sɪdjʊəslɪ] *adv* assidûment.

assign [ə'saɪn] *vt* - **1.** [allot] : **to ~ sthg (to)** assigner qqch (à) - **2.** [give task to] : **to ~ sb (to sthg/ to do sthg)** nommer qqn (à qqch/pour faire qqch).

assignation [ˌæsɪg'neɪʃn] *n* rendez-vous *m* (amoureux).

assignment [ə'saɪnmənt] *n* - **1.** [task] mission *f ;* SCH devoir *m* - **2.** [act of assigning] attribution *f.*

assimilate [ə'sɪmɪleɪt] *vt* assimiler.

assimilation [ə,sɪmɪ'leɪʃn] *n* assimilation *f.*

assist [ə'sɪst] *vt* : **to ~ sb (with sthg/in doing sthg)** aider qqn (dans qqch/à faire qqch) ; [professionally] assister qqn (dans qqch/pour faire qqch).

assistance [ə'sɪstəns] *n* aide *f ;* **to be of ~ (to)** être utile (à).

assistant [ə'sɪstənt] ⟨ *n* assistant *m*, -e *f ;* (shop) **~** vendeur *m*, -euse *f* ⟨ *comp* : **~ editor** rédacteur en chef adjoint *m*, rédactrice en chef adjointe *f ;* **~ manager** sous-directeur *m*, -trice *f.*

associate [*adj* & *n* ə'səʊʃɪət, *vb* ə'səʊʃɪeɪt] ⟨ *adj* associé(e) ⟨ *n* associé *m*, -e *f* ⟨ *vt* : **to ~ sb/sthg (with)** associer qqn/qqch (à) ; **to be ~d with** être associé(e) à ⟨ *vi* : **to ~ with sb** fréquenter qqn.

association [ə,səʊsɪ'eɪʃn] *n* association *f ;* **in ~ with** avec la collaboration de.

assonance ['æsənəns] *n* assonance *f.*

assorted [ə'sɔːtɪd] *adj* varié(e).

assortment [ə'sɔːtmənt] *n* mélange *m.*

Asst. *abbr of* **assistant**.

assuage [ə'sweɪdʒ] *vt* [thirst, hunger] assouvir ; [grief] soulager.

assume [ə'sjuːm] *vt* - **1.** [suppose] supposer, présumer - **2.** [power, responsibility] assumer - **3.** [appearance, attitude] adopter.

assumed name [ə'sjuːmd-] *n* nom *m* d'emprunt.

assuming [ə'sjuːmɪŋ] *conj* en supposant que.

assumption [ə'sʌmpʃn] *n* - **1.** [supposition] supposition *f* - **2.** [of power] prise *f.*
 Assumption *n* RELIG : **the Assumption** l'Assomption *f.*

assurance [ə'ʃʊərəns] *n* - **1.** [gen] assurance *f* - **2.** [promise] garantie *f*, promesse *f.*

assure [ə'ʃʊəʳ] *vt* : **to ~ sb (of)** assurer qqn (de).

assured [ə'ʃʊəd] *adj* assuré(e).

AST (*abbr of* **Atlantic Standard Time**) *n heure d'hiver de la côte est des États-Unis.*

asterisk ['æstərɪsk] *n* astérisque *m.*

astern [ə'stɜːn] *adv* NAUT en poupe.

asteroid ['æstərɔɪd] *n* astéroïde *m.*

asthma ['æsmə] *n* asthme *m.*

asthmatic [æs'mætɪk] ⟨ *adj* asthmatique ⟨ *n* asthmatique *mf.*

astigmatism [æ'stɪgmətɪzm] *n* astigmatisme *m.*

astonish [ə'stɒnɪʃ] *vt* étonner.

astonishing [ə'stɒnɪʃɪŋ] *adj* étonnant(e).

astonishment [ə'stɒnɪʃmənt] *n* étonnement *m.*

astound [ə'staʊnd] *vt* stupéfier.

astounding [ə'staʊndɪŋ] *adj* stupéfiant(e).

astrakhan *n* astrakan *m.*

astray [ə'streɪ] *adv* : **to go ~** [become lost] s'égarer ; **to lead sb ~** détourner qqn du droit chemin.

astride [ə'straɪd] ⟨ *adv* à cheval, à califourchon ⟨ *prep* à cheval OR califourchon sur.

astringent [ə'strɪndʒənt] ⟨ *adj* astringent(e) ⟨ *n* astringent *m.*

astrologer [ə'strɒlədʒəʳ] *n* astrologue *mf.*

astrological [ˌæstrə'lɒdʒɪkl] *adj* astrologique.

astrologist [ə'strɒlədʒɪst] = **astrologer**.

astrology [ə'strɒlədʒɪ] *n* astrologie *f.*

astronaut ['æstrənɔːt] *n* astronaute *mf.*

astronomer [ə'strɒnəməʳ] *n* astronome *mf.*

astronomical [ˌæstrə'nɒmɪkl] *adj* astronomique.

astronomy [ə'strɒnəmɪ] *n* astronomie *f.*

astrophysics [ˌæstrəʊ'fɪzɪks] *n* astrophysique *f.*

astute [ə'stjuːt] *adj* malin(igne).

asunder [ə'sʌndəʳ] *adv* literary : **to tear ~** déchirer en deux.

ASV (*abbr of* **American Standard Version**) *n traduction américaine de la Bible.*

asylum [ə'saɪləm] *n* asile *m.*

asymmetrical [ˌeɪsɪ'metrɪkl] *adj* asymétrique.

at [*unstressed* ət, *stressed* æt] *prep* - **1.** [indicating place, position] à ; **they arrived ~ the airport** ils sont arrivés à l'aéroport ; **~ my father's** chez mon père ; **~ home** à la maison, chez soi ; **~ school** à l'école ; **~ work** au travail - **2.** [indicating direction] vers ; **to look ~ sb** regarder qqn ; **to smile ~ sb** sourire à qqn ; **to shoot ~ sb** tirer sur qqn - **3.** [indicating a particular time] à ; **~ midnight/noon/eleven o'clock** à minuit/midi/onze heures ; **~ night** la nuit ; **~ Christmas/Easter** à Noël/Pâques - **4.** [indicating age, speed, rate] à ; **~ 52 (years of age)** à 52 ans ; ~ **100 mph** à 160 km/h - **5.** [indicating price] : ~ **£50 a pair** 50 livres la paire - **6.** [indicating particular state, condition] en ; ~ **peace/war** en paix/guerre ; **to be ~ lunch/dinner** être en train de déjeuner/dîner - **7.** [indicating tentativeness, noncompletion] : **to snatch ~ sthg** essayer de saisir qqch ; **to nibble ~ sthg** grignoter qqch - **8.** *(after adjectives)* : **amused/appalled/puzzled ~ sthg** diverti(e)/effaré(e)/intrigué(e) par qqch ; **delighted ~ sthg** ravi(e) de qqch ; **to be bad/good ~ sthg** être mauvais(e)/bon (bonne) en qqch.

➡ **at all** *adv* - **1.** *(with negative)* : **not ~ all** [when thanked] je vous en prie ; [when answering a question] pas du tout ; **she's not ~ all happy** elle n'est pas du tout contente - **2.** [in the slightest] : **anything ~ all will do** n'importe quoi fera l'affaire ; **do you know her ~ all?** est-ce que vous la connaissez?

ATC *(abbr of Air Training Corps) n unité de formation de l'armée de l'air britannique.*

ate [Br et, Am eɪt] *pt* ⇨ **eat.**

atheism ['eɪθɪɪzml] *n* athéisme *m*.

atheist ['eɪθɪɪst] *n* athée *mf*.

Athenian [ə'θi:njən] ⬦ *adj* athénien(enne) ⬦ *n* Athénien *m*, -enne *f*.

Athens ['æθɪnz] *n* Athènes.

athlete ['æθliːt] *n* athlète *mf*.

athlete's foot *n (U)* mycose *f*.

athletic [æθ'letɪk] *adj* athlétique.
➡ **athletics** *npl* athlétisme *m*.

Atlantic [ət'læntɪk] ⬦ *adj* atlantique ⬦ *n* : **the ~ (Ocean)** l'océan *m* Atlantique, l'Atlantique *m*.

Atlantis [ət'læntɪs] *n* Atlantide *f*.

atlas ['ætləs] *n* atlas *m*.

Atlas ['ætləs] *n* : **the ~ Mountains** l'Atlas *m*.

atm. *(abbr of* **atmosphere)** atm.

ATM *(abbr of* **automatic teller machine)** *n* DAB *m*.

atmosphere ['ætmə͵sfɪər] *n* atmosphère *f*.

atmospheric [͵ætməs'ferɪk] *adj* - **1.** [pressure, pollution etc] atmosphérique - **2.** [film, music etc] d'ambiance.

atoll ['ætɒl] *n* atoll *m*.

atom ['ætəm] *n* - **1.** TECH atome *m* - **2.** fig [tiny amount] grain *m*, parcelle *f*.

atom bomb *n* bombe *f* atomique.

atomic [ə'tɒmɪk] *adj* atomique.

atomic bomb = **atom bomb.**

atomic energy *n* énergie *f* atomique.

atomic number *n* nombre *m* OR numéro *m* atomique.

atomizer, -iser ['ætəmaɪzəʳ] *n* atomiseur *m*, vaporisateur *m*.

atone [ə'təʊn] *vi* : **to ~ for** racheter.

atonement [ə'təʊnmənt] *n* : ~ **(for)** réparation *f* (de).

A to Z *n* plan *m* de ville.

ATP *(abbr of* **Association of Tennis Professionals)** *n* ATP *f*.

atrocious [ə'trəʊʃəs] *adj* [very bad] atroce, affreux(euse).

atrocity [ə'trɒsətɪ] *(pl* **-ies)** *n* [terrible act] atrocité *f*.

attach [ə'tætʃ] *vt* - **1.** [gen] : **to ~ sthg (to)** attacher qqch (à) - **2.** [letter etc] joindre.

attaché [ə'tæʃeɪ] *n* attaché *m*, -e *f*.

attaché case *n* attaché-case *m*.

attached [ə'tætʃt] *adj* - **1.** [fastened on] attaché(e) - **2.** [letter etc] joint(e) - **3.** [for work, job] : ~ **to** rattaché(e) à - **4.** [fond] : ~ **to** attaché(e) à.

attachment [ə'tætʃmənt] *n* - **1.** [device] accessoire *m* - **2.** [fondness] : ~ **(to)** attachement *m* (à).

attack [ə'tæk] ⬦ *n* - **1.** [physical, verbal] : ~ **(on)** attaque *f* (contre) - **2.** [of illness] crise *f* ⬦ *vt* - **1.** [gen] attaquer - **2.** [job, problem] s'attaquer à ⬦ *vi* attaquer.

attacker [ə'tækəʳ] *n* - **1.** [assailant] agresseur *m* - **2.** SPORT attaquant *m*, -e *f*.

attain [ə'teɪn] *vt* atteindre, parvenir à.

attainment [ə'teɪnmənt] *n* - **1.** [of success, aims etc] réalisation *f* - **2.** [skill] talent *m*.

attempt [ə'tempt] ⬦ *n* : ~ **(at)** tentative ⫌ (de) ; ~ **on sb's life** tentative d'assassinat ⬦ *vt* tenter, essayer ; **to ~ to do sthg** essayer OR tenter de faire qqch.

attend [ə'tend] ⬦ *vt* - **1.** [meeting, party] assister à - **2.** [school, church] aller à ⬦ *vi* - **1.** [be present] être présent(e) - **2.** [pay attention] : **to ~ (to)** prêter attention (à).
➡ **attend to** *vt fus* - **1.** [deal with] s'occuper de, régler - **2.** [look after - customer] s'occuper de ; [- patient] soigner.

attendance [ə'tendəns] *n* - **1.** [number present] assistance *f*, public *m* - **2.** [presence] présence *f*.

attendant [ə'tendənt] ⬦ *adj* [problems] qui en découle ⬦ *n* [at museum, car park] gardien *m*, -enne *f* ; [at petrol station] pompiste *mf* ; **swimming-pool ~** maître *m* nageur.

attention [ə'tenʃn] ⬦ *n (U)* - **1.** [gen] attention *f* ; **to bring sthg to sb's ~, to draw sb's ~ to sthg** attirer l'attention de qqn sur qqch ; **to attract** OR **catch sb's ~** attirer l'attention de qqn ; **to pay ~** to prêter attention à ; **for th**

~ of COMM à l'attention de - **2.** [care] soins *mpl*, attentions *fpl* - **3.** MIL : **to stand to ~** se mettre au garde-à-vous <> *excl* MIL garde-à-vous!

attentive [ə'tentɪv] *adj* attentif(ive).

attentively [ə'tentɪvlɪ] *adv* attentivement.

attenuate [ə'tenjʊeɪt] <> *vt* atténuer <> *vi* s'atténuer.

attest [ə'test] <> *vt* attester, certifier <> *vi* : **to ~ to** témoigner de.

attic ['ætɪk] *n* grenier *m*.

attire [ə'taɪəʳ] *n (U) fml* tenue *f*.

attitude ['ætɪtjuːd] *n* - **1.** [gen] : **~ (to** OR **towards)** attitude *f* (envers) - **2.** [posture] pose *f*.

attn. (*abbr of* **for the attention of**) à l'attention de.

attorney [ə'tɜːnɪ] *n* Am avocat *m*, -e *f*.

attorney general (*pl* **attorneys general**) *n* ministre *m* de la Justice.

attract [ə'trækt] *vt* attirer ; **to be ~ed to** être attiré(e) par.

attraction [ə'trækʃn] *n* - **1.** [gen] attraction *f* ; **~ to sb** attirance *f* envers qqn - **2.** [of thing] attrait *m*.

attractive [ə'træktɪv] *adj* [person] attirant(e), séduisant(e) ; [thing, idea] attrayant(e), séduisant(e) ; [investment] intéressant(e).

attractively [ə'træktɪvlɪ] *adv* [decorated, arranged] de manière attrayante ; [smile, dressed] de manière séduisante.

attributable [ə'trɪbjʊtəbl] *adj* : **~ to** dû (due) à, attribuable à.

attribute [*vb* ə'trɪbjuːt, *n* 'ætrɪbjuːt] <> *vt* : **to ~ sthg to** attribuer qqch à <> *n* attribut *m*.

attribution [ˌætrɪ'bjuːʃn] *n* : **~ (to)** attribution *f* (à).

attrition [ə'trɪʃn] *n* usure *f* ; **war of ~** guerre *f* d'usure.

attuned [ə'tjuːnd] *adj* : **~ to** accoutumé(e) à ; [ears] habitué(e) à.

Atty. Gen. *abbr of* **Attorney General.**

ATV *n* - **1.** (*abbr of* **Associated Television**) *société britannique de télévision* - **2.** (*abbr of* **all terrain vehicle**) *véhicule tout-terrain*.

atypical [ˌeɪ'tɪpɪkl] *adj* atypique.

atypically [ˌeɪ'tɪpɪklɪ] *adv* pas typiquement.

aubergine ['əʊbəʒiːn] *n* Br aubergine *f*.

auburn ['ɔːbən] *adj* auburn (*inv*).

auction ['ɔːkʃn] <> *n* vente *f* aux enchères ; **at** OR **by ~** aux enchères ; **to put sthg up for ~** mettre qqch (dans une vente) aux enchères <> *vt* vendre aux enchères.

➡ **auction off** *vt sep* vendre aux enchères.

auctioneer [ˌɔːkʃə'nɪəʳ] *n* commissaire-priseur *m*.

audacious [ɔː'deɪʃəs] *adj* audacieux(euse).

audacity [ɔː'dæsətɪ] *n* audace *f*.

audible ['ɔːdəbl] *adj* audible.

audience ['ɔːdjəns] *n* - **1.** [of play, film] public *m*, spectateurs *mpl* ; [of TV programme] téléspectateurs *mpl* - **2.** [formal meeting] audience *f*.

audio ['ɔːdɪəʊ] *adj* audio (*inv*).

audio frequency *n* audiofréquence *f*.

audiotyping ['ɔːdɪəʊˌtaɪpɪŋ] *n* audiotypie *f*.

audiotypist ['ɔːdɪəʊˌtaɪpɪst] *n* audiotypiste *mf*.

audiovisual [ˌɔːdɪəʊvɪzjʊəl] *adj* audiovisuel(elle).

audit ['ɔːdɪt] <> *n* audit *m*, vérification *f* des comptes <> *vt* vérifier, apurer.

audition [ɔː'dɪʃn] <> *n* THEATRE audition *f* ; CINEMA bout *m* d'essai <> *vi* : **to ~ for** passer une audition pour.

auditor ['ɔːdɪtəʳ] *n* auditeur *m*, -trice *f*.

auditorium [ˌɔːdɪ'tɔːrɪəm] (*pl* **-riums** OR **-ria** [-rɪə]) *n* salle *f*.

au fait [ˌəʊ'feɪ] *adj* : **to be ~ with sthg** être au fait de qqch, connaître qqch.

Aug. *abbr of* **August.**

augment [ɔːg'ment] *vt* augmenter, accroître.

augur ['ɔːgəʳ] *vi* : **to ~ well/badly** être de bon/mauvais augure.

august [ɔː'gʌst] *adj* auguste, noble.

August ['ɔːgəst] *n* août *m* ; *see also* **September.**

Auld Lang Syne [ˌɔːldlæŋ'saɪn] *n chant traditionnel britannique correspondant à « ce n'est qu'un au revoir, mes frères ».*

aunt [ɑːnt] *n* tante *f*.

auntie, aunty ['ɑːntɪ] (*pl* **-ies**) *n inf* tata *f*, tantine *f*.

au pair [ˌəʊ'peəʳ] *n* jeune fille *f* au pair.

aura ['ɔːrə] *n* atmosphère *f*.

aural ['ɔːrəl] *adj* auditif(ive).

aurally ['ɔːrəlɪ] *adv* : **~ handicapped** mal entendant(e).

auspices ['ɔːspɪsɪz] *npl* : **under the ~ of** sous les auspices de.

auspicious [ɔː'spɪʃəs] *adj* prometteur(euse).

Aussie ['ɒzɪ] *inf* <> *adj* australien(enne) <> *n* Australien *m*, -enne *f*.

austere [ɒ'stɪəʳ] *adj* austère.

austerity [ɒ'sterətɪ] *n* austérité *f*.

austerity measures *npl* restrictions *fpl*.

Australasia [ˌɒstrə'leɪʒə] *n* Australasie *f*.

Australia [ɒˈstreɪljə] *n* Australie *f*; **in ~** en Australie.

Australian [ɒˈstreɪljən] <> *adj* australien(enne) <> *n* Australien *m*, -enne *f*.

Austria [ˈɒstrɪə] *n* Autriche *f*; **in ~** en Autriche.

Austrian [ˈɒstrɪən] <> *adj* autrichien(enne) <> *n* Autrichien *m*, -enne *f*.

AUT (*abbr of* **Association of University Teachers**) *n syndicat britannique d'enseignants universitaires.*

authentic [ɔːˈθentɪk] *adj* authentique.

authenticate [ɔːˈθentɪkeɪt] *vt* établir l'authenticité de.

authentication [ɔːˌθentɪˈkeɪʃn] *n* authentification *f*.

authenticity [ˌɔːθenˈtɪsətɪ] *n* authenticité *f*.

author [ˈɔːθəʳ] *n* auteur *m*.

authoritarian [ɔːˌθɒrɪˈteərɪən] *adj* autoritaire.

authoritative [ɔːˈθɒrɪtətɪv] *adj* - **1.** [person, voice] autoritaire - **2.** [study] qui fait autorité.

authority [ɔːˈθɒrətɪ] (*pl* -**ies**) *n* - **1.** [organization, power] autorité *f*; **to be in ~** être le/la responsable - **2.** [permission] autorisation *f* - **3.** [expert] : **~ (on sthg)** expert *m*, -e *f* (en qqch) - **4.** *phr* : **to have it on good ~** le tenir de bonne source OR de source sûre.

➤ **authorities** *npl* : **the authorities** les autorités *fpl*.

authorize, -ise [ˈɔːθəraɪz] *vt* : **to ~ sb (to do sthg)** autoriser qqn (à faire qqch).

Authorized Version *n* : **the ~** la Bible de 1611.

authorship [ˈɔːθəʃɪp] *n* paternité *f*.

autistic [ɔːˈtɪstɪk] *adj* [child] autiste ; [behaviour] autistique.

auto [ˈɔːtəʊ] (*pl* -**s**) *n* Am auto *f*, voiture *f*.

autobiographical [ˈɔːtəˌbaɪəˈɡræfɪkl] *adj* autobiographique.

autobiography [ˌɔːtəbaɪˈɒɡrəfɪ] (*pl* -**ies**) *n* autobiographie *f*.

autocrat [ˈɔːtəkræt] *n* autocrate *m*.

autocratic [ˌɔːtəˈkrætɪk] *adj* autocratique.

autocross [ˈɔːtəʊkrɒs] *n* Br auto-cross *m*.

Autocue® [ˈɔːtəʊkjuː] *n* Br téléprompteur *m*.

autograph [ˈɔːtəɡrɑːf] <> *n* autographe *m* <> *vt* signer.

Automat® [ˈɔːtəmæt] *n* Am *restaurant où les plats sont vendus dans des distributeurs automatiques.*

automata [ɔːˈtɒmətəl] *pl* ▷ **automaton**.

automate [ˈɔːtəmeɪt] *vt* automatiser.

automatic [ˌɔːtəˈmætɪk] <> *adj* - **1.** [gen] automatique - **2.** [gesture] machinal(e) <> *n* - **1.** [car] voiture *f* à transmission automatique - **2.** [gun] automatique *m* - **3.** [washing machine] lave-linge *m* automatique.

automatically [ˌɔːtəˈmætɪklɪ] *adv* - **1.** [gen] automatiquement - **2.** [move, reply] machinalement.

automatic pilot *n* lit & fig pilote *m* automatique.

automation [ˌɔːtəˈmeɪʃn] *n* automatisation *f*, automation *f*.

automaton [ɔːˈtɒmətən] (*pl* -**tons** OR -**ta** [-tə]) *n* lit & fig automate *m*.

automobile [ˈɔːtəməbiːl] *n* Am automobile *f*.

automotive [ˌɔːtəˈməʊtɪv] *adj* automobile.

autonomous [ɔːˈtɒnəməs] *adj* autonome.

autonomy [ɔːˈtɒnəmɪ] *n* autonomie *f*.

autopilot [ˌɔːtəʊˈpaɪlət] = **automatic pilot**.

autopsy [ˈɔːtɒpsɪ] (*pl* -**ies**) *n* autopsie *f*.

autumn [ˈɔːtəm] <> *n* automne *m*; **in ~** en automne <> *comp* d'automne.

autumnal [ɔːˈtʌmnəl] *adj* automnal(e).

auxiliary [ɔːɡˈzɪljərɪ] (*pl* -**ies**) <> *adj* auxiliaire <> *n* auxiliaire *mf*.

Av. (*abbr of* **avenue**) av.

AV <> *n abbr of* **Authorized Version** <> *abbr of* **audiovisual.**

avail [əˈveɪl] <> *n* : **to no ~** en vain, sans résultat <> *vt* : **to ~ o.s. of** profiter de.

availability [əˌveɪləˈbɪlətɪ] *n* disponibilité *f*.

available [əˈveɪləbl] *adj* disponible.

avalanche [ˈævəlɑːnʃ] *n* lit & fig avalanche *f*.

avant-garde [ˌævɒŋˈɡɑːd] *adj* d'avant-garde.

avarice [ˈævərɪs] *n* avarice *f*.

avaricious [ˌævəˈrɪʃəs] *adj* avare.

avdp. (*abbr of* **avoirdupois**) *système avoirdupois.*

Ave. (*abbr of* **avenue**) av.

avenge [əˈvendʒ] *vt* venger.

avenue [ˈævənjuː] *n* avenue *f*.

average [ˈævərɪdʒ] <> *adj* moyen(enne) <> *n* moyenne *f*; **on ~** en moyenne <> *vt* : **the cars were averaging 90 mph** les voitures roulaient en moyenne à 150 km/h.

➤ **average out** <> *vt sep* établir la moyenne de <> *vi* : **to ~ out at** donner la moyenne de.

averse [əˈvɜːs] *adj* : **I'm not ~ to the occasional drink** hum je ne dis pas non à un verre de temps en temps.

aversion [əˈvɜːʃn] *n* : **~ (to)** aversion *f* (pour).

avert [əˈvɜːt] *vt* - **1.** [avoid] écarter ; [accident] empêcher - **2.** [eyes, glance] détourner.

aviary ['eɪvjərɪ] (*pl* -ies) *n* volière *f.*

aviation [ˌeɪvɪ'eɪʃn] *n* aviation *f.*

aviator ['eɪvɪeɪtə'] *n* dated aviateur *m*, -trice *f.*

avid ['ævɪd] *adj :* ~ (for) avide (de).

avocado [ˌævə'kɑːdəʊ] (*pl* -s OR -es) *n :* ~ (pear) avocat *m.*

avoid [ə'vɔɪd] *vt* éviter ; to ~ doing sthg éviter de faire qqch.

avoidable [ə'vɔɪdəbl] *adj* qui peut être évité(e).

avoidance [ə'vɔɪdəns] *n* ⊳ tax avoidance.

avowed [ə'vaʊd] *adj* - **1.** [supporter, opponent] déclaré(e) - **2.** [aim, belief] avoué(e).

AVP (*abbr of* **assistant vice-president**) *n* vice-président adjoint.

AWACS ['eɪwæks] (*abbr of* **airborne warning and control system**) *n* AWACS *m.*

await [ə'weɪt] *vt* attendre.

awake [ə'weɪk] (*pt* awoke OR awaked ; *pp* awoken) ⊳ *adj* - **1.** [not sleeping] réveillé(e) ; are you ~? tu dors? ; to be wide ~ être complètement réveillé(e) - **2.** fig [aware] : ~ to conscient(e) de ⊳ *vt* - **1.** [wake up] réveiller - **2.** fig [feeling] éveiller ⊳ *vi* - **1.** [wake up] se réveiller - **2.** fig [feeling] s'éveiller.

awakening [ə'weɪknɪŋ] *n* - **1.** [from sleep] réveil *m* ; a rude ~ un réveil brutal - **2.** fig [of feeling] éveil *m.*

award [ə'wɔːd] ⊳ *n* - **1.** [prize] prix *m* - **2.** [compensation] dommages-intérêts *mpl* ⊳ *vt* : to ~ sb sthg, to ~ sthg to sb [prize] décerner qqch à qqn ; [compensation, free kick] accorder qqch à qqn.

aware [ə'weə'] *adj :* to be ~ of sthg se rendre compte de qqch, être conscient(e) de qqch ; to be ~ that se rendre compte que, être conscient que ; politically ~ politisé(e).

awareness [ə'weənɪs] *n* (U) conscience *f.*

awash [ə'wɒʃ] *adj* lit & fig : ~ (with) inondé(e) (de).

away [ə'weɪ] ⊳ *adv* - **1.** [in opposite direction] : to move OR walk ~ (from) s'éloigner (de) ; to look ~ détourner le regard ; to turn ~ se détourner - **2.** [in distance] : we live 4 miles ~ (from here) nous habitons à 6 kilomètres (d'ici) ; to keep sb ~ empêcher qqn de s'approcher - **3.** [in time] : the elections are a month ~ les élections se dérouleront dans un mois - **4.** [absent] absent(e) ; she's ~ on holiday elle est partie en vacances - **5.** [in safe place] : to put sthg ~ ranger qqch - **6.** [so as to be gone or used up] : to fade ~ disparaître ; to give sthg ~ donner qqch, faire don de qqch ; to take sthg ~ emporter qqch - **7.** [continuously] : to be

working ~ travailler sans arrêt ⊳ *adj* SPORT [team, fans] de l'équipe des visiteurs ; ~ game match *m* à l'extérieur.

awe [ɔː] *n* respect *m* mêlé de crainte ; to be in ~ of sb être impressionné(e) par qqn.

awesome ['ɔːsəm] *adj* impressionnant(e).

awestruck ['ɔːstrʌk] *adj* impressionné(e).

awful ['ɔːfʊl] *adj* - **1.** [terrible] affreux(euse) - **2.** inf [very great] : an ~ lot (of) énormément (de).

awfully ['ɔːflɪ] *adv* inf [bad, difficult] affreusement ; [nice, good] extrêmement.

awhile [ə'waɪl] *adv* un moment.

awkward ['ɔːkwəd] *adj* - **1.** [clumsy] gauche, maladroit(e) - **2.** [embarrassed] mal à l'aise, gêné(e) - **3.** [difficult - person, problem, task] difficile - **4.** [inconvenient] incommode - **5.** [embarrassing] embarrassant(e), gênant(e).

awkwardly ['ɔːkwədlɪ] *adv* - **1.** [move etc] gauchement, maladroitement - **2.** [with embarrassment] avec gêne OR embarras.

awkwardness ['ɔːkwədnɪs] *n* - **1.** [of person, movement] gaucherie *f*, maladresse *f* - **2.** [embarrassment] gêne *f*, embarras *m.*

awl [ɔːl] *n* poinçon *m*, alêne *f.*

awning ['ɔːnɪŋ] *n* - **1.** [of tent] auvent *m* - **2.** [of shop] banne *f*

awoke [ə'wəʊk] *pt* ⊳ awake.

awoken [ə'wəʊkn] *pp* ⊳ awake.

AWOL ['eɪw gt'l] (*abbr of* **absent without leave**) : to be/go ~ MIL être/partir en absence irrégulière.

awry [ə'raɪ] ⊳ *adj* de travers ⊳ *adv* : to go ~ aller de travers, mal tourner.

axe Br, **ax** Am [æks] ⊳ *n* hache *f ;* to have an ~ to grind prêcher pour sa paroisse ⊳ *vt* [project] abandonner ; [jobs] supprimer.

axes ['æksiːz] *pl* ⊳ axis.

axiom ['æksɪəm] *n* axiome *m.*

axis ['æksɪs] (*pl* axes ['æksiːz]) *n* axe *m.*

axle ['æksl] *n* essieu *m.*

ayatollah [ˌaɪə'tɒlə] *n* ayatollah *m.*

aye [aɪ] ⊳ *adv* oui ⊳ *n* oui *m*, [in voting] voix *f* pour.

AYH (*abbr of* **American Youth Hostels**) *n association américaine des auberges de jeunesse.*

AZ *abbr of* **Arizona.**

azalea [ə'zeɪljə] *n* azalée *f.*

Azerbaijan [ˌæzəbaɪ'dʒɑːn] *n* Azerbaïdjan *m.*

Azerbaijani [ˌæzəbaɪ'dʒɑːnɪ] ⊳ *adj* azerbaïdjanais(e) ⊳ *n* Azerbaïdjanais *m*, -e *f.*

Azeri [ə'zerɪ] ⊳ *adj* azeri(e) ⊳ *n* Azeri *mf.*

Azores [ə'zɔ:z] *npl* : **the ~** les Açores *fpl* ; **in the ~** aux Açores.

AZT (*abbr of* azidothymidine) *n* AZT *f*.

Aztec ['æztek] ◇ *adj* aztèque ◇ *n* Aztèque *mf*.

azure ['æʒəʳ] *adj* azuré(e), bleu(e) d'azur.

B

b (*pl* **b's** OR **bs**), **B** (*pl* **B's** OR **Bs**) [bi:] *n* [letter] b *m inv*, B *m inv*.
◆ **B** *n* - **1.** MUS si *m* - **2.** SCH [mark] B *m inv*.

b. *abbr of* born.

BA *n* - **1.** *abbr of* Bachelor of Arts - **2.** (*abbr of* British Academy) *organisme public d'aide à la recherche dans le domaine des lettres* - **3.** (*abbr of* British Airways) *compagnie aérienne britannique.*

BAA (*abbr of* British Airports' Authority) *n organisme autonome responsable des aéroports en Grande-Bretagne.*

babble ['bæbl] ◇ *n* [of voices] murmure *m*, rumeur *f* ◇ *vi* [person] babiller.

babe [beɪb] *n* - **1.** literary [baby] bébé *m* - **2.** Am inf [term of affection] chéri *m*, -e *f*.

baboon [bə'bu:n] *n* babouin *m*.

baby ['beɪbɪ] (*pl* -ies) *n* - **1.** [child] bébé *m* - **2.** inf [darling] chéri *m*, -e *f*.

baby boomer [-,bu:məʳ] *n* Am *personne née pendant le baby-boom d'après-guerre.*

baby buggy *n* - **1.** Br [foldable pushchair] poussette *f* - **2.** Am = baby carriage.

baby carriage *n* Am landau *m*.

babyish ['beɪbɪɪʃ] *adj* puéril(e), enfantin(e).

baby-minder *n* Br nourrice *f*.

baby-sit *vi* faire du baby-sitting.

baby-sitter [-,sɪtəʳ] *n* baby-sitter *mf*.

bachelor ['bætʃələʳ] *n* célibataire *m*.

Bachelor of Arts *n* [degree] ≃ licence *f* en OR ès lettres ; [person] ≃ licencié *m*, -e *f* en OR ès lettres.

Bachelor of Science *n* [degree] ≃ licence *f* en OR ès sciences ; [person] ≃ licencié *m*, -e *f* en OR ès science.

bachelor's degree *n* ≃ licence *f*.

back [bæk] ◇ *adv* - **1.** [backwards] en arrière ; **to step/move ~** reculer ; **to push ~** repousser ; **to tie one's hair ~** attacher ses cheveux en arrière - **2.** [to former position or state] : **I'll be ~ at five** je rentrerai OR serai de retour à dix-sept heures ; **I'd like my money ~** [in shop] je voudrais me faire rembourser ; **to go ~** retourner ; **to come ~** revenir, rentrer ; **to drive ~** rentrer en voiture ; **to go ~ to sleep** se rendormir ; **to go ~ and forth** [person] faire des allées et venues ; **to be ~ (in fashion)** revenir à la mode - **3.** [in time] : **to think ~ (to)** se souvenir (de) - **4.** [in return] : **to phone** OR **call ~** rappeler ; **to write ~** répondre ; **to pay sb ~** rembourser qqn ◇ *n* - **1.** [of person, animal] dos *m* ; **to break the ~ of a job** faire le plus gros d'un travail ; **behind sb's ~** fig derrière le dos de qqn ; **to stab sb in the ~** fig poignarder qqn dans le dos ; **to put sb's ~ up** casser les pieds de qqn ; **to turn one's ~ on sb/sthg** ignorer qqn/qqch - **2.** [of door, book, hand] dos *m* ; [of head] derrière *m* ; [of envelope, cheque] revers *m* ; [of page] verso *m* ; [of chair] dossier *m* ; **to know somewhere like the ~ of one's hand** connaître un endroit comme sa poche - **3.** [of room, fridge] fond *m* ; [of car] arrière *m* ; **it's the ~ of beyond** Br c'est un trou perdu - **4.** SPORT arrière *m* ◇ *adj* (in compounds) - **1.** [at the back] de derrière ; [seat, wheel] arrière (inv) ; [page] dernier(ère) - **2.** [overdue] : **~ rent** arriéré *m* de loyer ◇ *vt* - **1.** [reverse] reculer - **2.** [support] appuyer, soutenir - **3.** [bet on] parier sur, miser sur ◇ *vi* reculer.
◆ **back to back** *adv* - **1.** [stand] dos à dos - **2.** [happen] l'un après l'autre.
◆ **back to front** *adv* à l'envers.
◆ **back away** *vi* reculer.
◆ **back down** *vi* céder.
◆ **back off** *vi* reculer.
◆ **back onto** *vt* Br : **the house ~s onto the park** l'arrière de la maison donne sur le parc.
◆ **back out** *vi* [of promise etc] se dédire.
◆ **back up** ◇ *vt sep* - **1.** [support - claim] appuyer, soutenir ; [- person] épauler, soutenir - **2.** [reverse] reculer - **3.** COMPUT sauvegarder faire une copie de sauvegarde de ◇ *vi* [reverse] reculer.

backache ['bækeɪk] *n* : **to have ~** avoir mal aux reins OR au dos.

backbencher [,bæk'bentʃəʳ] *n* Br POL *député qui n'a aucune position officielle au gouvernement ni dans aucun parti.*

backbenches [ˌbækˈbentʃɪz] *npl* Br POL bancs *mpl* des députés sans portefeuille.

backbiting [ˈbækbaɪtɪŋ] *n* médisance *f*.

backbone [ˈbækbəʊn] *n* épine *f* dorsale, colonne *f* vertébrale ; fig [main support] pivot *m*.

backbreaking [ˈbækˌbreɪkɪŋ] *adj* éreintant(e).

back burner *n :* to put sthg on the ~ mettre qqch en veilleuse.

backchat Br [ˈbæktʃæt], **backtalk** Am [ˈbæktɔːk] *n* inf insolence *f*.

backcloth [ˈbækklɒθ] Br = backdrop.

backcomb [ˈbækkəʊm] *vt* Br crêper.

back copy *n* vieux numéro *m* (d'un journal).

backdate [ˌbækˈdeɪt] *vt* antidater.

back door *n* porte *f* de derrière ; to get a job through OR by the ~ fig obtenir un emploi par relations.

backdrop [ˈbækdrɒp] *n* lit & fig toile *f* de fond.

backer [ˈbækəʳ] *n* commanditaire *m*, bailleur *m* de fonds.

backfire [ˌbækˈfaɪəʳ] *vi* - **1.** AUT pétarader - **2.** [plan] : to ~ (on sb) se retourner (contre qqn).

backgammon [ˈbækˌgæmən] *n* backgammon *m*, ≈ jacquet *m*.

background [ˈbækgraʊnd] ⟨⟩ *n* - **1.** [in picture, view] arrière-plan *m* ; in the ~ dans le fond, à l'arrière-plan ; fig au second plan - **2.** [of event, situation] contexte *m* - **3.** [upbringing] milieu *m* ⟨⟩ *comp* [music, noise] de fond ; ~ reading/information lectures/informations générales (pour un certain sujet).

backhand [ˈbækhænd] *n* revers *m*.

backhanded [ˈbækhændɪd] *adj* fig ambigu(ë), équivoque.

backhander [ˈbækhændəʳ] *n* Br inf pot-de-vin *m*.

backing [ˈbækɪŋ] *n* - **1.** [support] soutien *m* - **2.** [lining] doublage *m* - **3.** MUS accompagnement *m*.

back issue = back number.

backlash [ˈbæklæʃ] *n* contrecoup *m*, choc *m* en retour.

backless [ˈbæklɪs] *adj* [dress etc] décolleté(e) dans le dos.

backlog [ˈbæklɒg] *n :* ~ (of work) arriéré *m* de travail, travail *m* en retard.

back number *n* vieux numéro *m*.

backpack [ˈbækpæk] *n* sac *m* à dos.

backpacker [ˈbækpækəʳ] *n* randonneur *m*, -euse *f (avec sac à dos).*

backpacking [ˈbækpækɪŋ] *n :* to go ~ faire de la randonnée *(avec sac à dos).*

back passage *n* euphemism rectum *m*.

back pay *n* rappel *m* de salaire.

backpedal [ˌbækˈpedl] (Br *pt* & *pp* -led ; cont -ling, Am *pt* & *pp* -ed ; cont -ing) *vi* fig : to ~ (on) faire marche OR machine arrière (sur).

back seat *n* [in car] siège *m* OR banquette *f* arrière ; to take a ~ fig jouer un rôle secondaire.

back-seat driver *n* personne qui n'arrête pas de donner des conseils au conducteur.

backside [ˌbækˈsaɪd] *n* inf postérieur *m*, derrière *m*.

backslash [ˈbækslæʃ] *n* COMPUT barre *f* oblique inversée.

backslide [ˌbækˈslaɪd] (*pt* & *pp* -slid) *vi* rechuter, récidiver.

backspace [ˈbækspeɪs] ⟨⟩ *n* [key] touche *f* de retour en arrière ⟨⟩ *vi* [in typing] reculer d'un espace.

backstage [ˌbækˈsteɪdʒ] *adv* dans les coulisses.

back street *n* petite rue *f*.

back-street abortion *n* avortement *m* clandestin.

backstroke [ˈbækstrəʊk] *n* dos *m* crawlé.

backtalk Am = backchat.

backtrack [ˈbæktræk] = backpedal.

backup [ˈbækʌp] ⟨⟩ *adj* - **1.** [plan, team] de secours, de remplacement - **2.** COMPUT de sauvegarde ⟨⟩ *n* - **1.** [gen] aide *f*, soutien *m* - **2.** COMPUT [copie *f* de] sauvegarde *f*.

backward [ˈbækwəd] ⟨⟩ *adj* - **1.** [movement, look] en arrière - **2.** [country] arriéré(e) ; [person] arriéré, attardé(e) ⟨⟩ *adv* Am = backwards.

backward-looking [-ˌlʊkɪŋ] *adj* pej rétrograde.

backwards [ˈbækwədz], **backward** Am [ˈbækwəd] *adv* [move, go] en arrière, à reculons ; [read list] à rebours, à l'envers ; ~ and forwards [movement] de va-et-vient, d'avant en arrière et d'arrière en avant ; to walk ~ and forwards aller et venir.

backwash [ˈbækwɒʃ] *n* remous *m*.

backwater [ˈbækˌwɔːtəʳ] *n* fig désert *m*.

backwoods [ˈbækwʊdz] *npl* fig : to live in the ~ of France habiter la France profonde.

backyard [ˌbækˈjɑːd] *n* - **1.** Br [yard] arrière-cour *f* - **2.** Am [garden] jardin *m* de derrière.

bacon [ˈbeɪkən] *n* bacon *m*.

bacteria [bækˈtɪərɪə] *npl* bactéries *fpl*.

bacteriology [bæk͵tɪərɪˈɒlədʒɪ] n bactério-
logie f.

bad [bæd] (compar **worse** ; superl **worst**) ⟨⟩ adj
- **1.** [not good] mauvais(e) ; **to be ~ at sthg** être
mauvais en qqch ; **to go from ~ to worse** aller de mal en pis, empirer ; **too ~!** dommage! ; **not ~** pas mal - **2.** [unhealthy] malade ;
smoking is ~ for you fumer est mauvais
pour la santé ; **I'm feeling ~** je ne suis pas
dans mon assiette - **3.** [serious] : **a ~ cold** un
gros rhume - **4.** [rotten] pourri(e), gâté(e) ; **to
go ~** se gâter, s'avarier - **5.** [guilty] : **to feel
~ about sthg** se sentir coupable de qqch
- **6.** [naughty] méchant(e) ⟨⟩ adv Am = **badly**.

bad blood n ressentiment m, rancune f.

bad cheque n chèque m sans provision.

bad debt n créance f irrécouvrable.

bade [bæd] pt ⊳ **bid**.

bad feeling n (U) rancœur f.

badge [bædʒ] n - **1.** [metal, plastic] badge m
- **2.** [sewn-on] écusson m.

badger [ˈbædʒəʳ] ⟨⟩ n blaireau m ⟨⟩ vt : **to
~ sb (to do sthg)** harceler qqn (pour qu'il
fasse qqch).

badly [ˈbædlɪ] (compar **worse** ; superl **worst**)
adv - **1.** [not well] mal ; **to think ~ of sb** penser
du mal de qqn - **2.** [seriously - wounded] grièvement ; [- affected] gravement, sérieusement ; **to be ~ in need of sthg** avoir vraiment
OR absolument besoin de qqch.

badly-off adj - **1.** [poor] pauvre, dans le besoin - **2.** [lacking] : **to be ~ for sthg** manquer de
qqch.

bad-mannered [-ˈmænəd] adj [child] mal éle-
vé(e) ; [shop assistant] impoli(e).

badminton [ˈbædmɪntən] n badminton m.

bad-mouth vt inf casser du sucre sur le
dos de.

badness [ˈbædnɪs] n [of behaviour] méchanceté
f.

bad-tempered [-ˈtempəd] adj - **1.** [by nature]
qui a mauvais caractère - **2.** [in a bad mood] de
mauvaise humeur.

baffle [ˈbæfl] vt déconcerter, confondre.

baffling [ˈbæflɪŋ] adj déconcertant(e).

bag [bæg] (pt & pp **-ged** ; cont **-ging**) ⟨⟩ n
- **1.** [gen] sac m ; **she's a ~ of bones** elle n'a que
la peau sur les os ; **it's in the ~** inf c'est dans
la poche, l'affaire est dans le sac ; **to pack
one's ~s** fig plier bagage - **2.** [handbag] sac m à
main ⟨⟩ vt - **1.** [put into bags] mettre en sac,
ensacher - **2.** Br inf [reserve] garder.

➡ **bags** npl - **1.** [under eyes] poches fpl - **2.** inf
[lots] : **~s of** plein OR beaucoup de.

bagel [ˈbeɪgəl] n petit pain en couronne.

baggage [ˈbægɪdʒ] n (U) bagages mpl.

baggage car n Am fourgon m (d'un train).

baggage reclaim n retrait m des bagages.

baggage room n Am consigne f.

baggy [ˈbægɪ] (compar **-ier** ; superl **-iest**) adj
ample.

Baghdad [bæg'dæd] n Bagdad.

bag lady n inf clocharde f.

bagpipes [ˈbægpaɪps] npl cornemuse f.

bagsnatcher [ˈbægsnætʃəʳ] n voleur m, -eu-
se f à la tire.

bah [bɑ] excl bah!

Bahamas [bəˈhɑːməz] npl : **the ~** les Bahamas fpl ; **in the ~** aux Bahamas.

Bahrain, Bahrein [bɑˈreɪn] n Bahreïn m,
Bahrayn m ; **in ~** au Bahreïn.

Bahraini, Bahreini [bɑˈreɪnɪ] ⟨⟩ adj bah-
reïni(e) ⟨⟩ n Bahreïni m, -e f.

Bahrein [bɑˈreɪn] = **Bahrain**.

bail [beɪl] n (U) caution f ; **on ~** sous caution.

➡ **bail out** ⟨⟩ vt sep - **1.** [pay bail for] se porter
garant(e) de - **2.** fig [rescue] tirer d'affaire
⟨⟩ vi [from plane] sauter (en parachute).

bailiff [ˈbeɪlɪf] n huissier m.

bait [beɪt] ⟨⟩ n appât m ; **to rise to** OR **take the
~** fig mordre à l'hameçon ⟨⟩ vt - **1.** [put bait
on] appâter - **2.** [tease] tourmenter.

baize [beɪz] n feutrine f.

bake [beɪk] ⟨⟩ vt - **1.** CULIN faire cuire au four
- **2.** [clay, bricks] cuire ⟨⟩ vi [food] cuire au four.

baked beans [beɪkt-] npl haricots mpl
blancs à la tomate.

baked potato [beɪkt-] n pomme f de terre
en robe des champs OR de chambre.

Bakelite® [ˈbeɪkəlaɪt] n Bakélite® f.

baker [ˈbeɪkəʳ] n boulanger m, -ère f ; **~'s
(shop)** boulangerie f.

bakery [ˈbeɪkərɪ] (pl **-ies**) n boulangerie f.

baking [ˈbeɪkɪŋ] ⟨⟩ adj inf : **it's a ~ hot day!** on
cuit aujourd'hui! ⟨⟩ n cuisson f.

baking powder n levure f (chimique).

baking tin n [for cakes] moule m à gâteau ; [for
meat] plat m à rôtir.

balaclava (helmet) [͵bæləˈklɑːvə-] n Br
passe-montagne m.

balance [ˈbæləns] ⟨⟩ n - **1.** [equilibrium] équilibre m ; **to keep/lose one's ~** garder/perdre
l'équilibre ; **off ~** déséquilibré(e) - **2.** fig
[counterweight] contrepoids m ; [of evidence]
poids m, force f - **3.** [scales] balance f ; **to be** OR
hang in the ~ fig être en balance - **4.** FIN solde
m ⟨⟩ vt - **1.** [keep in balance] maintenir en équilibre - **2.** [compare] : **to ~ sthg against sthg**

mettre qqch et qqch en balance **- 3.** [in accounting] : **to ~ a budget** équilibrer un budget ; **to ~ the books** clôturer les comptes, dresser le bilan ◇ vi **- 1.** [maintain equilibrium] se tenir en équilibre **- 2.** [budget, accounts] s'équilibrer.

➥ **on balance** adv tout bien considéré.

balanced ['bælənst] adj [fair] juste, impartial(e).

balanced diet [ˌbælənst-] n alimentation f équilibrée.

balance of payments n balance f des paiements.

balance of power n équilibre m OR balance f des forces.

balance of trade n balance f commerciale.

balance sheet n bilan m.

balancing act n fig acrobaties fpl.

balcony ['bælkənɪ] (pl -ies) n balcon m.

bald [bɔːld] adj **- 1.** [head, man] chauve **- 2.** [tyre] lisse **- 3.** fig [blunt] direct(e).

bald eagle n aigle m à tête blanche (cet oiseau est le symbole des États-Unis et figure sur le sceau officiel).

balding ['bɔːldɪŋ] adj qui devient chauve.

baldness ['bɔːldnɪs] n calvitie f.

bale [beɪl] n balle f.

➥ **bale out** Br ◇ vt sep [boat] écoper, vider ◇ vi [from plane] sauter en parachute.

Balearic Islands [ˌbælɪˈærɪk-], **Balearics** [ˌbælɪˈærɪks] npl : **the ~** les Baléares fpl ; **in the ~** aux Baléares.

baleful ['beɪlfʊl] adj sinistre.

Bali ['bɑːlɪ] n Bali m ; **in ~** à Bali.

balk [bɔːk] vi : **to ~ (at)** hésiter OR reculer (devant).

Balkan ['bɔːlkən] adj balkanique.

Balkans ['bɔːlkənz], **Balkan States** ['bɔːlkən-] npl : **the ~** les Balkans mpl, les États mpl balkaniques ; **in the ~** dans les Balkans.

ball [bɔːl] n **- 1.** [round shape] boule f ; [in game] balle f ; [football] ballon m ; **to be on the ~** fig connaître son affaire, s'y connaître ; **to play ~ with sb** fig coopérer avec qqn ; **to start the ~ rolling** fig lancer la discussion **- 2.** [of foot] plante f **- 3.** [dance] bal m ; **to have a ~** fig bien s'amuser.

➥ **balls** vulg ◇ npl [testicles] couilles fpl ◇ n (U) [nonsense] conneries fpl.

ballad ['bæləd] n ballade f.

ball-and-socket joint n TECH rotule f.

ballast ['bæləst] n lest m.

ball bearing n roulement m à billes.

ball boy n ramasseur m de balles.

ballcock ['bɔːlkɒk] n (robinet m à) flotteur m.

ballerina [ˌbæləˈriːnə] n ballerine f.

ballet ['bæleɪ] n **- 1.** (U) [art of dance] danse f **- 2.** [work] ballet m.

ballet dancer n danseur m, -euse f de ballet.

ball game n **- 1.** Am [baseball match] match m de base-ball **- 2.** inf [situation] : **it's a whole new ~** c'est une autre paire de manches.

ball girl n ramasseuse f de balles.

ballistic missile [bəˈlɪstɪk-] n missile m balistique.

ballistics [bəˈlɪstɪks] n (U) balistique f.

ballocks ['bɒˌ gt ˈləks] = **bollocks**.

balloon [bəˈluːn] ◇ n **- 1.** [gen] ballon m **- 2.** [in cartoon] bulle f ◇ vi [swell] gonfler.

ballooning [bəˈluːnɪŋ] n : **to go ~** faire une ascension en ballon.

ballot ['bælət] ◇ n **- 1.** [voting paper] bulletin m de vote **- 2.** [voting process] scrutin m ◇ vt appeler à voter ◇ vi : **to ~ for sthg** voter pour qqch.

ballot box n **- 1.** [container] urne f **- 2.** [voting process] scrutin m.

ballot paper n bulletin m de vote.

ball park n Am terrain m de base-ball.

ball-park figure n inf chiffre m approximatif.

ballpoint (pen) ['bɔːlpɔɪnt-] n stylo m à bille.

ballroom ['bɔːlrʊm] n salle f de bal.

ballroom dancing n (U) danse f de salon.

balls-up Br, **ball-up** Am n v inf : **to make a ~ of sthg** saloper qqch.

balm [bɑːm] n baume m.

balmy ['bɑːmɪ] (compar -ier ; superl -iest) adj doux (douce).

baloney [bəˈləʊnɪ] n (U) inf foutaises fpl, bêtises fpl.

BALPA ['bælpə] (abbr of **British Airline Pilots' Association**) n syndicat britannique des pilotes de ligne.

balsa(wood) ['bɒlsə(wʊd)] n balsa m.

balsam ['bɔːlsəm] n baume m.

balsamic vinegar [bɔːlˈsæmɪk] n vinaigre m balsamique.

balti ['bɔːltɪ] n [pan] récipient métallique utilisé dans la cuisine indienne ; [food] plat épicé préparé dans un 'balti'.

Baltic ['bɔːltɪk] ◇ adj [port, coast] de la Baltique ◇ n : **the ~ (Sea)** la Baltique.

Baltic Republic n : **the ~s** les républiques fpl baltes.

Baltic State n : the ~s les pays mpl baltes.
balustrade [ˌbæləs'treɪd] n balustrade f.
bamboo [bæm'buːl] n bambou m.
bamboozle [bæm'buːzl] vt inf embobiner.
ban [bæn] (pt & pp -ned ; cont -ning) ⟨⟩ n interdiction f ; there is a ~ on smoking il est interdit de fumer ⟨⟩ vt interdire ; to ~ sb from doing sthg interdire à qqn de faire qqch.
banal [bə'nɑːl] adj pej banal(e), ordinaire.
banana [bə'nɑːnə] n banane f.
banana republic n république f bananière.
banana split n banana split m.
band [bænd] n - **1.** [MUS - rock] groupe m ; [- military] fanfare f ; [- jazz] orchestre m - **2.** [group, strip] bande f - **3.** [stripe] rayure f - **4.** [range] tranche f.
➤ **band together** vi se grouper, s'unir.
bandage ['bændɪdʒ] ⟨⟩ n bandage m, bande f ⟨⟩ vt mettre un pansement OR un bandage sur.
Band-Aid® n pansement m adhésif.
bandan(n)a [bæn'dænə] n bandana m.
b and b, B and B n abbr of bed and breakfast.
bandeau ['bændəʊ] (pl -x [-z]) n bandeau m.
bandit ['bændɪt] n bandit m.
bandmaster ['bændˌmɑːstər] n chef m d'orchestre.
band saw n scie f à ruban.
bandsman ['bændzmən] (pl -men [-mən]) n musicien m (d'orchestre).
bandstand ['bændstænd] n kiosque m à musique.
bandwagon ['bændwægən] n : to jump on the ~ suivre le mouvement.
bandy ['bændɪ] (compar -ier ; superl -iest ; pt & pp -ied) adj qui a les jambes arquées.
➤ **bandy about, bandy around** vt sep répandre, faire circuler.
bandy-legged [-ˌlegd] adj = bandy.
bane [beɪn] n : he's the ~ of my life c'est le fléau de ma vie.
bang [bæŋ] ⟨⟩ adv - **1.** [exactly] : ~ in the middle en plein milieu ; to be ~ on time être pile à l'heure - **2.** inf [away] : ~ goes my holiday! mes vacances sont tombées à l'eau! OR dans le lac ⟨⟩ n - **1.** [blow] coup m violent - **2.** [of gun etc] détonation f ; [of door] claquement m ; to go with a ~ inf fig être du tonnerre ⟨⟩ vt frapper violemment ; [door] claquer ; to ~ one's head/knee se cogner la tête/le genou ⟨⟩ vi - **1.** [knock] : to ~ on frapper à - **2.** [make a loud noise - gun etc] détoner ; [- door]

claquer - **3.** [crash] : to ~ into se cogner contre ⟨⟩ excl boum!
➤ **bangs** npl Am frange f.
➤ **bang down** vt sep poser violemment.
banger ['bæŋər] n Br - **1.** inf [sausage] saucisse f - **2.** inf [old car] vieille guimbarde f, vieux tacot m - **3.** [firework] pétard m.
Bangkok [ˌbæŋ'kɒk] n Bangkok.
Bangladesh [ˌbæŋglə'deʃ] n Bangladesh m ; in ~ au Bangladesh.
Bangladeshi [ˌbæŋglə'deʃɪ] ⟨⟩ adj bangladais(e), bangladeshi ⟨⟩ n Bangladais m, -e f, Bangladeshi mf.
bangle ['bæŋgl] n bracelet m.
banish ['bænɪʃ] vt bannir.
banister ['bænɪstər] n, **banisters** ['bænɪstəz] npl rampe f.
banjo ['bændʒəʊ] (pl -s OR -es) n banjo m.
bank [bæŋk] ⟨⟩ n - **1.** FIN & fig banque f - **2.** [of river, lake] rive f, bord m - **3.** [of earth] talus m - **4.** [of clouds] masse f ; [of fog] nappe f ⟨⟩ vt FIN mettre OR déposer à la banque ⟨⟩ vi - **1.** FIN : to ~ with avoir un compte à - **2.** [plane] tourner.
➤ **bank on** vt fus compter sur.
bank account n compte m en banque.
bank balance n solde m bancaire.
bankbook ['bæŋkbʊk] n livret m de banque.
bank card = banker's card.
bank charges npl frais mpl bancaires.
bank draft n traite f bancaire.
banker ['bæŋkər] n banquier m.
banker's card n Br carte f d'identité bancaire.
banker's order n Br prélèvement m automatique.
bank holiday n Br jour m férié.
banking ['bæŋkɪŋ] n : to go into ~ travailler dans la banque.
banking house n banque f, établissement m bancaire.
bank loan n emprunt m (bancaire).
bank manager n directeur m, -trice f de banque.
bank note n billet m de banque.
bank rate n taux m d'escompte.
bankrupt ['bæŋkrʌpt] ⟨⟩ adj failli(e) ; to go ~ faire faillite ⟨⟩ n failli m, -e f ⟨⟩ vt mettre en faillite.
bankruptcy ['bæŋkrəptsɪ] (pl -ies) n - **1.** [gen] faillite f - **2.** fig [lack] : moral ~ manque m de crédibilité.
bank statement n relevé m de compte.
banner ['bænər] n banderole f.

bannister(s) ['bænɪstə(z)] = banister(s).

banns [bænz] *npl* : **to publish the ~** publier les bans.

banquet ['bæŋkwɪt] *n* banquet *m*.

bantam ['bæntəm] *n* poule *f* naine.

bantamweight ['bæntəmweɪt] *n* poids *m* coq.

banter ['bæntə'] <> *n* (U) plaisanterie *f*, badinage *m* <> *vi* plaisanter, badiner.

BAOR (*abbr of* **British Army of the Rhine**) *n* forces britanniques en Allemagne.

bap [bæp] *n* Br petit pain *m*.

baptism ['bæptɪzm] *n* baptême *m* ; **~ of fire** baptême du feu.

Baptist ['bæptɪst] *n* baptiste *mf*.

baptize, -ise [Br bæp'taɪz, Am 'bæptaɪz] *vt* baptiser.

bar [baː'] (*pt* & *pp* **-red** ; *cont* **-ring**) <> *n* - **1.** [piece - of gold] lingot *m* ; [- of chocolate] tablette *f* ; **a ~ of soap** une savonnette - **2.** [length of wood, metal] barre *f* ; **to be behind ~s** être derrière les barreaux OR sous les verrous - **3.** *fig* [obstacle] obstacle *m* - **4.** [pub] bar *m* - **5.** [counter of pub] comptoir *m*, zinc *m* - **6.** MUS mesure *f* <> *vt* - **1.** [door, road] barrer ; [window] mettre des barreaux à ; **to ~ sb's way** barrer la route OR le passage à qqn - **2.** [ban] interdire, défendre ; **to ~ sb (from)** interdire à qqn (de) <> *prep* sauf, excepté ; **~ none** sans exception.

➤ **Bar** *n* JUR : **the Bar** Br le barreau ; Am les avocats *mpl*.

Barbados [baː'beɪdɒs] *n* Barbade *f* ; **in ~** à la Barbade.

barbarian [baː'beərɪən] *n* barbare *mf*.

barbaric [baː'bærɪk] *adj* barbare.

barbarous ['baːbərəs] *adj* barbare.

barbecue ['baːbɪkjuː] <> *n* barbecue *m* <> *vt* griller sur un barbecue.

barbed ['baːbd] *adj* barbelé(e) ; **fig** [comment] acerbe, acide.

barbed wire [baːbd-] *n* (U) fil *m* de fer barbelé.

barber ['baːbə'] *n* coiffeur *m* (pour hommes) ; **~'s (shop)** salon *m* de coiffure (pour hommes) ; **to go to the ~'s** aller chez le coiffeur.

barbiturate [baː'bɪtjʊrət] *n* barbiturique *m*.

Barcelona [ˌbaːsɪ'leʊnə] *n* Barcelone *f*.

bar chart, bar graph Am *n* diagramme *m* en bâtons.

bar code *n* code *m* à barres, code-barres *m*.

bare [beə'] <> *adj* - **1.** [feet, arms etc] nu(e) ; [trees, hills etc] dénudé(e) - **2.** [absolute, minimum] : **the**

~ facts les simples faits ; **the ~ minimum** le strict minimum ; **the ~ essentials** le strict nécessaire - **3.** [empty] vide - **4.** [mere] : **it cost us a ~ £10** cela nous a coûté simplement 10 livres <> *vt* découvrir ; **to ~ one's teeth** montrer les dents.

bareback ['beəbæk] <> *adj* qui monte à cru OR à nu <> *adv* à cru, à nu.

barefaced ['beəfeɪst] *adj* éhonté(e).

barefoot(ed) [ˌbeə'fʊt(ɪd)] <> *adj* aux pieds nus <> *adv* nu-pieds, pieds nus.

bareheaded [ˌbeə'hedɪd] <> *adj* nu-tête (*inv*) <> *adv* nu-tête.

barelegged [ˌbeə'legd] <> *adj* aux jambes nues <> *adv* les jambes nues.

barely ['beəlɪ] *adv* [scarcely] à peine, tout juste.

bargain ['baːgɪn] <> *n* - **1.** [agreement] marché *m* ; **into the ~** en plus, par-dessus le marché - **2.** [good buy] affaire *f*, occasion *f* <> *vi* négocier ; **to ~ with sb for sthg** négocier qqch avec qqn.

➤ **bargain for, bargain on** *vt fus* compter sur, prévoir.

bargaining ['baːgɪnɪŋ] *n* (U) [haggling] marchandage *m*, [negotiating] négociations *fpl*.

bargaining power *n* influence *f* sur les négociations.

barge [baːdʒ] <> *n* péniche *f* <> *vi* inf : **to ~ past sb** bousculer qqn ; **to ~ into sb** rentrer dans qqn.

➤ **barge in** *vi* inf : **to ~ in (on)** interrompre.

barge pole *n* : **I wouldn't touch it with a ~** inf je ne m'y frotterais pas.

bar graph Am = bar chart.

baritone ['bærɪtəʊn] *n* baryton *m*.

barium meal *n* Br baryte *f*.

bark [baːk] <> *n* - **1.** [of dog] aboiement *m* ; **his ~ is worse than his bite** il n'est pas si terrible qu'il en a l'air - **2.** [on tree] écorce *f* <> *vt* [subj : person] aboyer <> *vi* [dog] : **to ~ (at)** aboyer (après).

barking ['baːkɪŋ] *n* (U) aboiement *m*.

barley ['baːlɪ] *n* orge *f*.

barley sugar *n* Br sucre *m* d'orge.

barley water *n* Br orgeat *m*.

barmaid ['baːmeɪd] *n* barmaid *f*, serveuse *f* de bar.

barman ['baːmən] (*pl* **-men** [-mən]) *n* barman *m*, serveur *m* de bar.

barmy ['baːmɪ] (*compar* **-ier** ; *superl* **-iest**) *adj* Br inf toqué(e), timbré(e).

barn [baːn] *n* grange *f*.

barnacle ['baːnəkl] *n* anatife *m*, bernache *f*.

barn dance *n* - **1.** [occasion] soirée *f* de danse

campagnarde **- 2. Br** [type of dance] danse *f* campagnarde.

barn owl *n* chouette *f*.

barometer [bə'rɒmɪtəʳ] *n* lit & fig baromètre *m*.

baron ['bærən] *n* baron *m* ; **press/oil** ~ fig baron *m* de la presse/du pétrole, magnat *m* de la presse/du pétrole.

baroness ['bærənɪs] *n* baronne *f*.

baronet ['bærənɪt] *n* baronnet *m*.

baroque [bə'rɒk] *adj* baroque.

barrack ['bærək] *vt* **Br** huer, conspuer.
➤ **barracks** *npl* caserne *f*.

barracking ['bærəkɪŋ] *n* **Br** chahut *m*, huée *f*.

barracuda [,bærə'ku:də] *n* barracuda *m*.

barrage ['bæra:ʒ] *n* **- 1.** [of firing] barrage *m* **- 2.** [of questions etc] avalanche *f*, déluge *m* **- 3. Br** [dam] barrage *m*

barred [ba:d] *adj* [window] à barreaux.

barrel ['bærəl] *n* **- 1.** [for beer, wine] tonneau *m*, fût *m* **- 2.** [for oil] baril *m* **- 3.** [of gun] canon *m*.

barrel organ *n* orgue *m* de Barbarie.

barren ['bærən] *adj* stérile.

barrette [bə'ret] *n* **Am** barrette *f*.

barricade [,bærɪ'keɪd] <> *n* barricade *f* <> *vt* barricader ; **to** ~ **o.s. in** se barricader.

barrier ['bærɪəʳ] *n* lit & fig barrière *f*.

barrier cream *n* **Br** crème *f* protectrice.

barring ['ba:rɪŋ] *prep* sauf.

barrister ['bærɪstəʳ] *n* **Br** avocat *m*, -e *f*.

barroom ['ba:rum] *n* **Am** bar *m*.

barrow ['bærəu] *n* brouette *f*.

bar stool *n* tabouret *m* de bar.

Bart. *abbr of* **baronet.**

bartender ['ba:tendəʳ] *n* **Am** barman *m*.

barter ['ba:təʳ] <> *n* troc *m* <> *vt* : **to** ~ **sthg (for)** troquer OR échanger qqch (contre) <> *vi* faire du troc.

base [beɪs] <> *n* base *f* <> *vt* baser ; **to** ~ **sthg on** OR **upon** baser OR fonder qqch sur <> *adj* indigne, ignoble.

baseball ['beɪsbɔ:l] *n* base-ball *m*.

baseball cap *n* casquette *f* de base-ball.

base camp *n* camp *m* de base.

Basel ['ba:zl] *n* Bâle.

baseless ['beɪslɪs] *adj* sans fondement.

baseline ['beɪslaɪn] *n* ligne *f* de fond.

basement ['beɪsmənt] *n* sous-sol *m*.

base metal *n* dated métal *m* vil.

base rate *n* taux *m* de base.

bases ['beɪsi:z] *pl* ▷ **basis.**

bash [bæʃ] *inf* <> *n* **- 1.** [painful blow] coup *m* **- 2.** [attempt] : **to have a** ~ tenter le coup

- 3. [party] fête *f*, boum *f* <> *vt* **- 1.** [hit - gen] frapper, cogner ; [- car] percuter **- 2.** [criticize] critiquer, attaquer.

bashful ['bæʃfʊl] *adj* timide.

basic ['beɪsɪk] *adj* fondamental(e) ; [vocabulary, salary] de base.
➤ **basics** *npl* **- 1.** [rudiments] éléments *mpl*, bases *fpl* **- 2.** [essential foodstuffs] aliments *mpl* de première nécessité.

BASIC ['beɪsɪk] (*abbr of* **Beginner's All-purpose Symbolic Instruction Code**) *n* basic *m*.

basically ['beɪsɪklɪ] *adv* **- 1.** [essentially] au fond, fondamentalement **- 2.** [really] en fait.

basic rate *n* **Br** taux *m* de base.

basic wage *n* salaire *m* de base.

basil ['bæzl] *n* basilic *m*.

basin ['beɪsn] *n* **- 1.** [bowl - for cooking] terrine *f* ; [- for washing] cuvette *f* **- 2.** [in bathroom] lavabo *m* **- 3.** GEOGR bassin *m*.

basis ['beɪsɪs] (*pl* **-ses** [-si:z]) *n* base *f* ; **on the** ~ **of** sur la base de ; **on a regular** ~ de façon régulière ; **to be paid on a weekly/monthly** ~ toucher un salaire hebdomadaire/ mensuel.

bask [ba:sk] *vi* : **to** ~ **in the sun** se chauffer au soleil ; **to** ~ **in sb's approval** fig jouir de la faveur de qqn.

basket ['ba:skɪt] *n* corbeille *f* ; [with handle] panier *m*.

basketball ['ba:skɪtbɔ:l] <> *n* basket-ball *m*, basket *m* <> *comp* de basket.

basketwork ['ba:skɪtwɜ:k] *n* vannerie *f*.

basking shark ['ba:skɪŋ-] *n* requin *m* pèlerin.

Basle [ba:l] = **Basel.**

basmati (rice) [,bæz'mætɪ (-)] *n* [riz *m*] basmati *m*.

Basque [ba:sk] <> *adj* basque <> *n* **- 1.** [person] Basque *mf* **- 2.** [language] basque *m*.

bass[1] [beɪs] <> *adj* bas (basse) <> *n* **- 1.** [singer] basse *f* **- 2.** [double bass] contrebasse **- 3.** = **bass guitar.**

bass[2] [bæs] (*pl inv* OR **-es** [-ɪz]) *n* [fish] perche *f*

bass clef [beɪs-] *n* clef *f* de fa.

bass drum [beɪs-] *n* grosse caisse *f*.

basset (hound) ['bæsɪt-] *n* basset *m*.

bass guitar [beɪs-] *n* basse *f*.

bassoon [bə'su:n] *n* basson *m*.

bastard ['ba:stəd] *n* **- 1.** [illegitimate child] bâtard *m*, -e *f*, enfant naturel *m*, enfant naturelle **- 2.** v inf [unpleasant person] salaud *m*, saligaud *m*.

baste [beɪst] *vt* arroser.

bastion ['bæstɪən] *n* bastion *m*.

BASW (*abbr of* **British Association of Social Workers**) *n* syndicat britannique des travailleurs sociaux.

bat [bæt] (*pt* & *pp* **-ted**; *cont* **-ting**) ◇ *n* - **1.** [animal] chauve-souris *f* - **2.** [for cricket, baseball] batte *f* ; [for table-tennis] raquette *f* - **3. phr** : **to do sthg off one's own ~** faire qqch de son propre chef ◇ *vt* [ball] frapper (avec la batte) ◇ *vi* manier la batte.

batch [bætʃ] *n* - **1.** [of papers] tas *m*, liasse *f* ; [of letters, applicants] série *f* - **2.** [of products] lot *m*.

batch file *n* COMPUT fichier *m* de commandes.

batch processing *n* COMPUT traitement *m* par lots.

bated ['beɪtɪd] *adj* : **with ~ breath** en retenant son souffle.

bath [bɑːθ] ◇ *n* - **1.** [bathtub] baignoire *f* - **2.** [act of washing] bain *m* ; **to have** OR **take a bath** prendre un bain ◇ *vt* baigner, donner un bain à.

➤ **baths** *npl* Br piscine *f*.

bath chair *n* fauteuil *m* roulant.

bath cube *n* sels *mpl* de bain (en forme de cube).

bathe [beɪð] ◇ *vt* - **1.** [wound] laver - **2.** [subj : light, sunshine] : **to be ~d in** OR **with** être baigné(e) de ◇ *vi* - **1.** [swim] se baigner - **2.** Am [take a bath] prendre un bain.

bather ['beɪðər] *n* baigneur *m*, -euse *f*.

bathing ['beɪðɪŋ] *n* (U) baignade *f*.

bathing cap *n* bonnet *m* de bain.

bathing costume, bathing suit *n* maillot *m* de bain.

bathing trunks *npl* slip *m* OR caleçon *m* de bain.

bath mat *n* tapis *m* de bain.

bath oil *n* huile *f* de bain.

bathrobe ['bɑːθrəʊb] *n* [made of towelling] sortie *f* de bain ; [dressing gown] peignoir *m*.

bathroom ['bɑːθrʊm] *n* - **1.** Br [room with bath] salle *f* de bains - **2.** Am [toilet] toilettes *fpl*.

bath salts *npl* sels *mpl* de bain.

bath towel *n* serviette *f* de bain.

bathtub ['bɑːθtʌb] *n* baignoire *f*.

batik [bə'tiːk] *n* batik *m*.

baton ['bætən] *n* - **1.** [of conductor] baguette *f* - **2.** [in relay race] témoin *m* - **3.** Br [of policeman] bâton *m*, matraque *f*.

baton charge *n* Br [by police] charge *f* à la matraque.

batsman ['bætsmən] (*pl* **-men** [-mən]) *n* batteur *m*.

battalion [bə'tæljən] *n* bataillon *m*.

batten ['bætn] *n* planche *f*, latte *f*.

➤ **batten down** *vt fus* : **to ~ down the hatches** fermer les écoutilles.

batter ['bætər] ◇ *n* (U) pâte *f* ◇ *vt* battre.

➤ **batter down** *vt sep* [door] abattre.

battered ['bætəd] *adj* - **1.** [child, woman] battu(e) - **2.** [car, hat] cabossé(e).

battering ['bætərɪŋ] *n* : **to take a ~** fig être ébranlé(e).

battering ram *n* bélier *m*.

battery ['bætərɪ] (*pl* **-ies**) *n* batterie *f* ; [of calculator, toy] pile *f*.

battery charger *n* chargeur *m*.

battery hen *n* poulet *m* de batterie.

battle ['bætl] ◇ *n* - **1.** [in war] bataille *f* - **2.** [struggle] : **~ (for/against/with)** lutte *f* (pour/contre/avec), combat *m* (pour/contre/avec) ; **~ of wits** joute *f* d'esprit ; **that's half the ~** le plus dur est fait ; **to be fighting a losing ~** mener un combat perdu d'avance ◇ *vi* : **to ~ (for/against/with)** se battre (pour/contre/avec), lutter (pour/contre/avec).

battledress ['bætldres] *n* Br tenue *f* de combat.

battlefield ['bætlfiːld], **battleground** ['bætlgraʊnd] *n* - **1.** MIL champ *m* de bataille - **2.** fig [controversial subject] polémique *f*.

battlements ['bætlmənts] *npl* remparts *mpl*.

battleship ['bætlʃɪp] *n* cuirassé *m*.

bauble ['bɔːbl] *n* babiole *f*, colifichet *m*.

baud [bɔːd] *n* COMPUT baud *m*.

baud rate *n* COMPUT vitesse *f* de transmission.

baulk [bɔːk] = **balk**.

Bavaria [bə'veərɪə] *n* Bavière *f* ; **in ~** en Bavière.

Bavarian [bə'veərɪən] ◇ *adj* bavarois(e) ◇ *n* Bavarois *m*, -e *f*.

bawdy ['bɔːdɪ] (*compar* **-ier** ; *superl* **-iest**) *adj* grivois(e), salé(e).

bawl [bɔːl] *vt* & *vi* brailler.

bay [beɪ] ◇ *n* - **1.** GEOGR baie *f* - **2.** [for loading] aire *f* (de chargement) - **3.** [for parking] place *f* (de stationnement) - **4.** [horse] cheval *m* bai - **5. phr** : **to keep sb/sthg at ~** tenir qqn/qqch à distance, tenir qqn/qqch en échec ◇ *vi* hurler.

bay leaf *n* feuille *f* de laurier.

bayonet ['beɪənɪt] *n* baïonnette *f*.

bay tree *n* laurier *m*.

bay window *n* fenêtre *f* en saillie.

bazaar [bə'zɑːʳ] n - **1.** [market] bazar m - **2.** Br [charity sale] vente f de charité.

bazooka [bə'zuːkə] n bazooka m.

BB (abbr of **Boys' Brigade**) n mouvement chrétien de la jeunesse en Grande-Bretagne.

B & B n abbr of **bed and breakfast**.

BBC (abbr of **British Broadcasting Corporation**) n office national britannique de radiodiffusion.

BC - **1.** (abbr of **before Christ**) av. J.-C. - **2.** abbr of **British Columbia**.

BCG (abbr of **Bacillus Calmette-Guérin**) n BCG m.

BD (abbr of **Bachelor of Divinity**) n [degree] ≃ licence f de théologie ; [person] ≃ licencié(e) en théologie.

BDS (abbr of **Bachelor of Dental Science**) n [degree] ≃ licence f de chirurgie dentaire ; [person] ≃ licencié-e, -e f en chirurgie dentaire.

be [biː] (pt **was** OR **were** ; pp **been**) ◇ aux vb - **1.** (in combination with ppr : to form cont tense) : **what is he doing?** qu'est-ce qu'il fait? ; **it's snowing** il neige ; **they've been promising reform for years** ça fait des années qu'ils nous promettent des réformes - **2.** (in combination with pp : to form passive) être ; **to ~ loved** être aimé(e) ; **there was no one to ~ seen** il n'y avait personne - **3.** (in question tags) : **she's pretty, isn't she?** elle est jolie, n'est-ce pas? ; **the meal was delicious, wasn't it?** le repas était délicieux, non? OR vous n'avez pas trouvé? - **4.** (followed by 'to' + infin) : **the firm is to ~ sold** on va vendre la société ; **I'm to ~ promoted** je vais avoir de l'avancement ; **you're not to tell anyone** je ne le dis à personne ◇ copulative vb - **1.** (with adj, n) être ; **to ~ a doctor/lawyer/plumber** être médecin/avocat/plombier ; **she's intelligent/attractive** elle est intelligente/jolie ; **I'm hot/cold** j'ai chaud/froid ; **~ quiet!** tais-toi! ; **1 and 1 are 2** 1 et 1 font 2 - **2.** (referring to health) aller, se porter ; **to ~ seriously ill** être gravement malade ; **she's better now** elle va mieux maintenant ; **how are you?** comment allez-vous? - **3.** (referring to age) : **how old are you?** quel âge avez-vous? ; **I'm 20 (years old)** j'ai 20 ans - **4.** (cost) coûter, faire ; **how much was it?** combien cela a-t-il coûté?, combien ça faisait? ; **that will ~ £10, please** cela fait 10 livres, s'il vous plaît ◇ vi - **1.** (exist) être, exister ; **~ that as it may** quoi qu'il en soit - **2.** (referring to place) être ; **Toulouse is in France** Toulouse se trouve OR est en France ; **he will ~ here tomorrow** il sera là demain - **3.** (referring to movement) aller, être ; **I've been to the cinema** j'ai été OR je suis allé au cinéma ◇ v impers - **1.** (referring to time, dates, distance) être ; **it's two o'clock** il est deux heures ; **it's 3 km to the next town** la ville voisine est à 3 km - **2.** (referring to the weather) faire ; **it's hot/cold** il fait chaud/froid ; **it's windy** il y a du vent - **3.** (for emphasis) : **it's me/Paul/the milkman** c'est moi/Paul/le laitier.

B/E abbr of **bill of exchange**.

beach [biːtʃ] ◇ n plage f ◇ vt échouer.

beach ball n ballon m de plage.

beach buggy n buggy m.

beachcomber ['biːtʃ,kəuməʳ] n ramasseur d'objets trouvés sur la plage.

beachhead ['biːtʃhed] n MIL tête f de pont.

beachwear ['biːtʃweəʳ] n (U) tenue f de plage.

beacon ['biːkən] n - **1.** [warning fire] feu m, fanal m - **2.** [lighthouse] phare m - **3.** [radio beacon] radiophare m.

bead [biːd] n - **1.** [of wood, glass] perle f - **2.** [of sweat] goutte f.

beaded ['biːdɪd] adj orné(e) de perles.

beading ['biːdɪŋ] n (U) baguette f de recouvrement.

beady ['biːdɪ] (compar -**ier** ; superl -**iest**) adj : **~ eyes** petits yeux perçants.

beagle ['biːgl] n beagle m.

beak [biːk] n bec m.

beaker ['biːkəʳ] n gobelet m.

be-all n : **the ~ and end-all** la seule chose qui compte.

beam [biːm] ◇ n - **1.** [of wood, concrete] poutre f - **2.** [of light] rayon m ◇ vt [signal, news] transmettre ◇ vi - **1.** [smile] faire un sourire radieux - **2.** [shine] rayonner.

beaming ['biːmɪŋ] adj - **1.** [smiling] radieux(euse) - **2.** [shining] rayonnant(e).

bean [biːn] n [gen] haricot m ; [of coffee] grain m ; **to be full of ~s** inf péter le feu ; **to spill the ~s** inf manger le morceau.

beanbag ['biːnbæg] n [chair] sacco m.

beanshoot ['biːnʃuːt], **beansprout** ['biːnspraut] n germe m OR pousse f de soja.

bear [beəʳ] (pt **bore** ; pp **borne**) ◇ n - **1.** [animal] ours m - **2.** ST EX baissier m ◇ vt - **1.** [carry] porter - **2.** [support, tolerate] supporter ; **to ~ Christmas** je n'aime pas Noël ; **to ~ responsibility (for)** assumer OR prendre la responsabilité (de) - **3.** [child] donner naissance à - **4.** [feeling] : **to ~ sb a grudge** garder rancune à qqn - **5.** FIN [interest] rapporter ◇ vi : **to ~ left/right** se diriger vers la gauche/la droite ; **to bring pressure/influence to ~ on sb** exercer une pression/une influence sur qqn.

◆ **bear down** vi : **to ~ down on sb/sthg** s'ap

procher de qqn/qqch de façon menaçante.

→ **bear out** *vt sep* confirmer, corroborer.

→ **bear up** *vi* tenir le coup.

→ **bear with** *vt fus* être patient(e) avec.

bearable ['beərəbl] *adj* [tolerable] supportable.

beard [bɪəd] *n* barbe *f*.

bearded ['bɪədɪd] *adj* barbu(e).

bearer ['beərər] *n* - **1.** [gen] porteur *m*, -euse *f* - **2.** [of passport] titulaire *mf*.

bear hug *n inf* : **to give sb a ~** serrer qqn très fort.

bearing ['beərɪŋ] *n* - **1.** [connection] : **~ (on)** rapport *m* (avec) - **2.** [deportment] allure *f*, maintien *m* - **3.** TECH [for shaft] palier *m* ; **rolling ~** roulement *m* - **4.** [on compass] orientation *f* ; **to get one's ~s** s'orienter, se repérer.

bear market *n* ST EX marché *m* à la baisse.

bearskin ['beəskɪn] *n* - **1.** [fur] peau *f* d'ours - **2.** [hat] bonnet *m* à poil.

beast [biːst] *n* - **1.** [animal] bête *f* - **2.** *inf pej* [person] brute *f*.

beastly ['biːstlɪ] (*compar* -ier ; *superl* -iest) *adj dated* [person] malveillant(e), cruel(elle) ; [headache, weather] épouvantable.

beat [biːt] (*pt* beat ; *pp* beaten) ⋄ *n* - **1.** [of heart, drum, wings] battement *m* - **2.** MUS [rhythm] mesure *f*, temps *m* - **3.** [of policeman] ronde *f* ⋄ *adj inf* crevé(e) ⋄ *vt* - **1.** [gen] battre ; **it ~s me** *inf* ça me dépasse - **2.** [reach ahead of] : **they ~ us to it** ils nous ont devancés, ils sont arrivés avant nous - **3.** [be better than] être bien mieux que, valoir mieux que - **4.** *phr* : **~ it!** *inf* décampe!, fiche le camp! ⋄ *vi* battre.

→ **beat down** ⋄ *vi* - **1.** [sun] taper, cogner - **2.** [rain] s'abattre ⋄ *vt sep* [seller] faire baisser son prix à.

→ **beat off** *vt sep* [resist] repousser.

→ **beat up** *vt sep inf* tabasser, passer à tabac.

beaten ['biːtn] *adj* battu(e).

beater ['biːtər] *n* - **1.** [for eggs] batteur *m*, fouet *m* - **2.** [for carpet] tapette *f* - **3.** [of wife, child] bourreau *m*.

beating ['biːtɪŋ] *n* - **1.** [blows] raclée *f*, rossée *f* - **2.** [defeat] défaite *f* ; **that will take some ~!** *inf* on ne pourra sans doute jamais faire mieux.

beating up (*pl* beatings up) *n inf* passage *m* à tabac.

beatnik ['biːtnɪk] *n* beatnik *mf*.

beat-up *adj inf* déglingué(e).

beautician [bjuː'tɪʃn] *n* esthéticien *m*, -enne *f*.

beautiful ['bjuːtɪfʊl] *adj* - **1.** [gen] beau (belle) - **2.** *inf* [very good] joli(e).

beautifully ['bjuːtɪflɪ] *adv* - **1.** [attractively - dressed] élégamment ; [- decorated] avec goût - **2.** *inf* [very well] parfaitement, à la perfection.

beauty ['bjuːtɪ] (*pl* -ies) ⋄ *n* - **1.** [gen] beauté *f* - **2.** *inf* [very good thing] merveille *f* ⋄ *comp* [products etc] de beauté.

beauty contest *n* concours *m* de beauté.

beauty parlour *n* institut *m* de beauté.

beauty queen *n* reine *f* de beauté.

beauty salon = beauty parlour.

beauty spot *n* - **1.** [picturesque place] site *m* pittoresque - **2.** [on skin] grain *m* de beauté.

beaver ['biːvər] *n* castor *m*.

→ **beaver away** *vi* travailler d'arrache-pied.

becalmed [bɪ'kɑːmd] *adj* [ship] encalminé(e).

became [bɪ'keɪm] *pt* ➣ become.

because [bɪ'kɒz] *conj* parce que.

→ **because of** *prep* à cause de.

béchamel sauce [ˌbeɪʃə'mel-] *n* sauce *f* béchamel, béchamel *f*.

beck [bek] *n* : **to be at sb's ~ and call** être aux ordres OR à la disposition de qqn.

beckon ['bekən] ⋄ *vt* - **1.** [signal to] faire signe à - **2.** *fig* [draw, attract] séduire ⋄ *vi* [signal] : **to ~ to sb** faire signe à qqn.

become [bɪ'kʌm] (*pt* became ; *pp* become) *vi* devenir ; **to ~ quieter** se calmer ; **to ~ irritated** s'énerver ; **what has ~ of them?** que sont-ils devenus?

becoming [bɪ'kʌmɪŋ] *adj* - **1.** [attractive] seyant(e), qui va bien - **2.** [appropriate] convenable.

BECTU ['bektuː] (*abbr of* Broadcasting, Entertainment, Cinematograph and Theatre Union) *n* syndicat britannique des techniciens des médias audiovisuels.

bed [bed] (*pt & pp* -ded ; *cont* -ding) *n* - **1.** [to sleep on] lit *m* ; **to go to ~** se coucher ; **to go to ~ with sb** *euphemism* coucher avec qqn ; **to make the ~** faire le lit - **2.** [flowerbed] parterre *m* ; **it's not a ~ of roses** *fig* ce n'est pas tout rose - **3.** [of sea, river] lit *m*, fond *m*.

→ **bed down** *vi* coucher, se coucher.

BEd [ˌbiː'ed] (*abbr of* Bachelor of Education) *n* [degree] ≃ licence *f* de sciences de l'éducation ; [person] ≃ licencié *m*, -e *f* en sciences de l'éducation.

bed and breakfast *n* ≃ chambre *f* d'hôte.

bed-bath *n* toilette *f* d'un malade.

bedbug ['bedbʌg] *n* punaise *f*.

bedclothes ['bedkləʊðz] *npl* draps *mpl* et couvertures *fpl*.

bedcover ['bed,kʌvəʳ] *n* couvre-lit *m*, dessus-de-lit *m inv*.

bedding ['bedɪŋ] *n* (U) = bedclothes.

bedding plant *n* plant *m* à repiquer.

bedeck [bɪ'dek] *vt* : to ~ sthg with parer OR orner qqch de.

bedevil [bɪ'devl] (Br *pt* & *pp* -led ; *cont* -ling, Am *pt* & *pp* -ed ; *cont* -ing) *vt* : to be bedevilled with être surchargé(e) de.

bedfellow ['bed,feləʊ] *n fig* partenaire *mf*.

bedlam ['bedləm] *n* pagaille *f*.

bed linen *n* (U) draps *mpl* et taies *fpl*.

Bedouin, Beduin ['beduɪn] <> *adj* bédouin(e) <> *n* Bédouin *m*, -e *f*.

bedpan ['bedpæn] *n* bassin *m*.

bedraggled [bɪ'drægld] *adj* [person] débraillé(e) ; [hair] embroussaillé(e).

bedridden ['bed,rɪdn] *adj* grabataire.

bedrock ['bedrok] *n* (U) - **1.** GEOL soubassement *m* - **2.** *fig* [basis] base *f*, fondement *m*.

bedroom ['bedrʊm] *n* chambre *f* (à coucher).

Beds [bedz] (*abbr of* Bedfordshire) *comté anglais*.

bedside ['bedsaɪd] *n* chevet *m*.

bedside manner *n* [of doctor] comportement *m* envers les malades.

bed-sit(ter) *n* Br chambre *f* meublée.

bedsore ['bedsɔːʳ] *n* escarre *f*.

bedspread ['bedspred] *n* couvre-lit *m*, dessus-de-lit *m inv*.

bedtime ['bedtaɪm] *n* heure *f* du coucher.

Beduin ['bedʊɪn] = Bedouin.

bed-wetting [,wetɪŋ] *n* énurésie *f*, incontinence *f* nocturne.

bee [biː] *n* abeille *f* ; to have a ~ in one's bonnet (about) avoir une idée fixe (à propos de).

Beeb [biːb] *n* Br inf : the ~ la BBC.

beech [biːtʃ] *n* hêtre *m*.

beef [biːf] *n* bœuf *m*.

➥ **beef up** *vt sep inf* [strengthen] renforcer ; [story] corser.

beefburger ['biːf,bɜːgəʳ] *n* hamburger *m*.

Beefeater ['biːf,iːtəʳ] *n* hallebardier *m* (de la Tour de Londres).

beefsteak ['biːf,steɪk] *n* bifteck *m*.

beehive ['biːhaɪv] *n* - **1.** [for bees] ruche *f* - **2.** [hairstyle] coiffure *f* en forme de dôme.

beekeeper ['biː,kiːpəʳ] *n* apiculteur *m*, -trice *f*.

beeline ['biːlaɪn] *n* : to make a ~ for inf aller tout droit OR directement vers.

been [biːn] *pp* ▷ be.

beep [biːp] inf <> *n* bip *m* ; [on answering machine] bip sonore <> *vi* faire bip.

beer [bɪəʳ] *n* bière *f*.

beer garden *n* terrasse *f*, jardin attenant à un pub.

beeswax ['biːzwæks] *n* cire *f* d'abeille.

beet [biːt] *n* betterave *f*.

beetle ['biːtl] *n* scarabée *m*.

beetroot ['biːtruːt] *n* betterave *f*.

befall [bɪ'fɔːl] (*pt* befell [-'fell, *pp* befallen [-'fɔːlən]) *literary* <> *vt* advenir à <> *vi* arriver, survenir.

befit [bɪ'fɪt] (*pt* & *pp* -ted ; *cont* -ting) *vt* seoir à.

before [bɪ'fɔːʳ] <> *adv* auparavant, avant ; I've never been there ~ je n'y suis jamais allé(e) ; I've seen it ~ je l'ai déjà vu ; the year ~ l'année d'avant OR précédente <> *prep* - **1.** [in time] avant - **2.** [in space] devant <> *conj* avant de (+ *infin*), avant que (+ *subjunctive*) ; ~ leaving avant de partir ; ~ you leave avant que vous ne partiez.

beforehand [bɪ'fɔːhænd] *adv* à l'avance.

befriend [bɪ'frend] *vt* prendre en amitié.

befuddled [bɪ'fʌdld] *adj* [confused] embrouillé(e).

beg [beg] (*pt* & *pp* -ged ; *cont* -ging) <> *vt* - **1.** [money, food] mendier - **2.** [favour] solliciter, quémander ; [forgiveness] demander ; to ~ sb to do sthg prier OR supplier qqn de faire qqch ; to ~ sb for sthg implorer qqch de qqn <> *vi* - **1.** [for money, food] : to ~ (for sthg) mendier (qqch) - **2.** [plead] supplier ; to ~ for [forgiveness etc] demander.

began [bɪ'gæn] *pt* ▷ begin.

beggar ['begəʳ] *n* mendiant *m*, -e *f*.

begin [bɪ'gɪn] (*pt* began ; *pp* begun ; *cont* -ning) <> *vt* commencer ; to ~ doing OR to do sthg commencer OR se mettre à faire qqch <> *vi* commencer ; to ~ with pour commencer, premièrement.

beginner [bɪ'gɪnəʳ] *n* débutant *m*, -e *f*.

beginning [bɪ'gɪnɪŋ] *n* début *m*, commencement *m*.

begonia [bɪ'gəʊnjə] *n* bégonia *m*.

begrudge [bɪ'grʌdʒ] *vt* - **1.** [envy] : to ~ sb sthg envier qqch à qqn - **2.** [do unwillingly] : to ~ doing sthg rechigner à faire qqch.

beguile [bɪ'gaɪl] *vt* [charm] séduire.

beguiling [bɪ'gaɪlɪŋ] *adj* [charming] séduisant(e).

begun [bɪˈgʌn] *pp* ▷ begin.

behalf [bɪˈhɑːf] *n* : **on ~ of** Br, **in ~ of** Am de la part de, au nom de.

behave [bɪˈheɪv] ◇ *vt* : **to ~ o.s.** bien se conduire OR se comporter ◇ *vi* **- 1.** [in a particular way] se conduire, se comporter **- 2.** [acceptably] bien se tenir.

behaviour Br, **behavior** Am [bɪˈheɪvjəʳ] *n* conduite *f*, comportement *m*.

behaviourism Br, **behaviorism** Am [bɪˈheɪvjərɪzm] *n* béhaviorisme *m*.

behead [bɪˈhed] *vt* décapiter.

beheld [bɪˈheld] *pt & pp* ▷ behold.

behind [bɪˈhaɪnd] ◇ *prep* **- 1.** [gen] derrière **- 2.** [in time] en retard sur ; **they arrived two hours ~ us** ils sont arrivés deux heures après nous ◇ *adv* **- 1.** [gen] derrière **- 2.** [in time] en retard ; **to leave sthg ~** oublier qqch ; **to stay ~** rester ; **to be ~ with sthg** être en retard dans qqch ◇ *n* inf derrière *m*, postérieur *m*.

behold [bɪˈhəʊld] (*pt & pp* beheld) *vt* literary voir, regarder.

beige [beɪʒ] ◇ *adj* beige ◇ *n* beige *m* ; **in ~** en beige.

Beijing [ˌbeɪˈdʒɪŋ] *n* Beijing.

being [ˈbiːɪŋ] *n* **- 1.** [creature] être *m* **- 2.** [existence] : **in ~** existant(e) ; **to come into ~** voir le jour, prendre naissance.

Beirut [ˌbeɪˈruːt] *n* Beyrouth ; **East ~** Beyrouth-Est ; **West ~** Beyrouth-Ouest.

belated [bɪˈleɪtɪd] *adj* tardif(ive).

belatedly [bɪˈleɪtɪdlɪ] *adv* tardivement.

belch [beltʃ] ◇ *n* renvoi *m*, rot *m* ◇ *vt* [smoke, fire] vomir, cracher ◇ *vi* **- 1.** [person] éructer, roter **- 2.** [smoke, fire] cracher, vomir.

beleaguered [bɪˈliːɡəd] *adj* assiégé(e) ; fig harcelé(e), tracassé(e).

belfry [ˈbelfrɪ] (*pl* -ies) *n* beffroi *m*, clocher *m*.

Belgian [ˈbeldʒən] ◇ *adj* belge ◇ *n* Belge *mf*.

Belgium [ˈbeldʒəm] *n* Belgique *f* ; **in ~** en Belgique.

Belgrade [ˌbelˈɡreɪd] *n* Belgrade.

belie [bɪˈlaɪ] (*cont* belying) *vt* **- 1.** [disprove] démentir **- 2.** [give false idea of] donner une fausse idée de.

belief [bɪˈliːf] *n* **- 1.** [faith, certainty] : **~ (in)** croyance *f* (en) ; **beyond ~** incroyable **- 2.** [principle, opinion] opinion *f*, conviction *f* ; **in the ~ that** persuadé(e) OR convaincu(e) que.

believable [bɪˈliːvəbl] *adj* croyable.

believe [bɪˈliːv] ◇ *vt* croire ; **~ it or not** tu ne me croiras peut-être pas ◇ *vi* croire ; **to**

~ in sb croire en qqn ; **to ~ in sthg** croire à qqch.

believer [bɪˈliːvəʳ] *n* **- 1.** RELIG croyant *m*, -e *f* **- 2.** [in idea, action] : **~ in** partisan *m*, -e *f* de.

Belisha beacon [bɪˈliːʃə-] *n* Br globe lumineux indiquant un passage clouté.

belittle [bɪˈlɪtl] *vt* dénigrer, rabaisser.

Belize [beˈliːz] *n* Belize *m* ; **in ~** au Belize.

bell [bel] *n* [of church] cloche *f* ; [handbell] clochette *f* ; [on door] sonnette *f* ; [on bike] timbre *m* ; **the name rings a ~** ce nom me dit quelque chose.

bell-bottoms *npl* pantalon *m* à pattes d'éléphant.

bellhop [ˈbelhɒp] *n* Am groom *m*, chasseur *m*.

belligerence [bɪˈlɪdʒərəns] *n* belligérance *f*.

belligerent [bɪˈlɪdʒərənt] *adj* **- 1.** [at war] belligérant(e) **- 2.** [aggressive] belliqueux(euse).

bellow [ˈbeləʊ] ◇ *vt* [order] hurler, brailler ◇ *vi* **- 1.** [person] brailler, beugler **- 2.** [bull] beugler.

bellows [ˈbeləʊz] *npl* soufflet *m*.

bell push *n* Br bouton *m* de sonnette.

bell-ringer *n* carillonneur *m*, -euse *f*.

belly [ˈbelɪ] (*pl* -ies) *n* [of person] ventre *m* ; [of animal] panse *f*.

bellyache [ˈbelɪeɪk] ◇ *n* mal *m* de ventre ◇ *vi* inf râler, rouspéter.

belly button *n* inf nombril *m*.

belly dancer *n* danseuse *f* orientale.

belong [bɪˈlɒŋ] *vi* **- 1.** [be property] : **to ~ to sb** appartenir OR être à qqn **- 2.** [be member] : **to ~ to sthg** être membre de qqch **- 3.** [be in right place] être à sa place ; **that chair ~s here** ce fauteuil va là.

belongings [bɪˈlɒŋɪŋz] *npl* affaires *fpl*.

Belorussia [ˌbeləʊˈrʌʃə] *n* Biélorussie *f* ; **in ~** en Biélorussie.

beloved [bɪˈlʌvd] ◇ *adj* bien-aimé(e) ◇ *n* bien-aimé *m*, -e *f*.

below [bɪˈləʊ] ◇ *adv* **- 1.** [lower] en dessous, en bas **- 2.** [in text] ci-dessous **- 3.** NAUT en bas ◇ *prep* sous, au-dessous de ; **to be ~ sb in rank** occuper un rang inférieur à qqn.

belt [belt] ◇ *n* **- 1.** [for clothing] ceinture *f* ; **that was below the ~** inf c'était un coup bas ; **to tighten one's ~** fig se serrer la ceinture ; **under one's ~** fig à son actif **- 2.** TECH courroie *f* **- 3.** [of land, sea] région *f* ◇ *vt* inf flanquer une raclée à ◇ *vi* Br inf [car] rouler à toute blinde OR à pleins gaz ; [person] foncer.

◆ **belt out** *vt sep* inf [song] beugler.

◆ **belt up** *vi* Br inf la fermer, la boucler.

beltway ['belt,weɪ] n **Am** route f périphérique.

bemused [bɪ'mju:zd] adj perplexe.

bench [bentʃ] n - **1.** [gen & POL] banc m - **2.** [in lab, workshop] établi m.

bend [bend] (pt & pp **bent**) ◇ n - **1.** [in road] courbe f, virage m - **2.** [in pipe, river] coude m - **3.** phr : **round the ~ inf** dingue, fou (folle) ◇ vt - **1.** [arm, leg] plier - **2.** [wire, fork etc] tordre, courber ◇ vi [person] se baisser, se courber ; [tree, rod] plier ; **to ~ over backwards for sb** se mettre en quatre pour qqn.

➥ **bends** npl : **the ~s** la maladie des caissons.

bendy ['bendɪ] (compar **-ier** ; superl **-iest**) adj **Br** flexible.

beneath [bɪ'ni:θ] ◇ adv dessous, en bas ◇ prep - **1.** [under] sous - **2.** [unworthy of] indigne de.

benediction [,benɪ'dɪkʃn] n bénédiction f.

benefactor ['benɪfæktəʳ] n bienfaiteur m.

benefactress ['benɪfæktrɪs] n bienfaitrice f.

beneficial [,benɪ'fɪʃl] adj : **~ (to sb)** salutaire (à qqn) ; **~ (to sthg)** utile (à qqch).

beneficiary [,benɪ'fɪʃərɪ] (pl **-ies**) n bénéficiaire mf.

benefit ['benɪfɪt] ◇ n - **1.** [advantage] avantage m ; **for the ~ of** dans l'intérêt de ; **to be to sb's ~, to be of ~ to sb** être dans l'intérêt de qqn - **2.** ADMIN [allowance of money] allocation f, prestation f ◇ comp : **~ performance** représentation f de bienfaisance ◇ vt profiter à, être avantageux pour ◇ vi : **to ~ from** tirer avantage de, profiter de.

Benelux ['benɪlʌks] n Bénélux m ; **the ~ countries** les pays du Bénélux.

benevolent [bɪ'nevələnt] adj bienveillant(e).

BEng [,bi:'endʒ] (abbr of **Bachelor of Engineering**) n [degree] ≃ licence f de mécanique ; [person] ≃ licencié(e) en mécanique.

Bengal [,beŋ'gɔ:l] n Bengale m ; **in ~** au Bengale ; **the Bay of ~** le golfe du Bengale.

benign [bɪ'naɪn] adj - **1.** [person] gentil(ille), bienveillant(e) - **2.** MED bénin(igne).

Benin [be'ni:n] n Bénin m ; **in ~** au Bénin.

bent [bent] ◇ pt & pp ▷ **bend** ◇ adj - **1.** [wire, bar] tordu(e) - **2.** [person, body] courbé(e), voûté(e) - **3.** **Br inf** [dishonest] véreux(euse) - **4.** [determined] : **to be ~ on doing sthg** vouloir absolument faire qqch, être décidé(e) à faire qqch ◇ n : **~ (for)** penchant m (pour).

bequeath [bɪ'kwi:ð] vt lit & fig léguer.

bequest [bɪ'kwest] n legs m.

berate [bɪ'reɪt] vt réprimander.

Berber ['bɜ:bəʳ] ◇ adj berbère ◇ n - **1.** [person] Berbère mf - **2.** [language] berbère m.

bereaved [bɪ'ri:vd] (pl inv) ◇ adj endeuillé(e), affligé(e) ◇ n : **the ~** la famille du défunt.

bereavement [bɪ'ri:vmənt] n deuil m.

bereft [bɪ'reft] adj literary : **~ of** privé(e) de.

beret ['bereɪ] n béret m.

Bering Sea ['berɪŋ-] n : **the ~** la mer de Béring.

Bering Strait ['berɪŋ-] n : **the ~** le détroit de Béring.

berk [bɜ:k] n **Br inf** idiot m, -e f, andouille f.

Berks [bɑ:ks] (abbr of **Berkshire**) comté anglais.

Berlin [bɜ:'lɪn] n Berlin ; **East ~** Berlin-Est ; **West ~** Berlin-Ouest ; **the ~ Wall** le mur de Berlin.

Berliner [bɜ:'lɪnə] n Berlinois m, -e f.

berm [bɜ:m] n **Am** bas-côté m.

Bermuda [bə'mju:də] n Bermudes fpl ; **in ~** aux Bermudes.

Bermuda shorts npl bermuda m.

Bern [bɜ:n] n Berne.

berry ['berɪ] (pl **-ies**) n baie f.

berserk [bə'zɜ:k] adj : **to go ~** devenir fou furieux (folle furieuse).

berth [bɜ:θ] ◇ n - **1.** [in harbour] poste m d'amarrage, mouillage m - **2.** [in ship, train] couchette f - **3.** phr : **to give sb a wide ~** éviter qqn ◇ vt [ship] amener à quai ◇ vi [ship] accoster, se ranger à quai.

beseech [bɪ'si:tʃ] (pt & pp **besought** OR **beseeched**) vt literary : **to ~ sb (to do sthg)** implorer OR supplier qqn (de faire qqch).

beset [bɪ'set] (pt & pp **beset** ; cont **-ting**) ◇ adj : **~ with** OR **by** [doubts etc] assailli(e) de ; **the plan is ~ with risks** le plan comporte une multitude de risques ◇ vt assaillir.

beside [bɪ'saɪd] prep - **1.** [next to] à côté de, auprès de - **2.** [compared with] comparé(e) à, à côté de - **3.** phr : **to be ~ o.s. with anger** être hors de soi ; **to be ~ o.s. with joy** être fou (folle) de joie.

besides [bɪ'saɪdz] ◇ adv en outre, en plus ◇ prep en plus de.

besiege [bɪ'si:dʒ] vt - **1.** [town, fortress] assiéger - **2.** fig [trouble, annoy] assaillir, harceler ; **to be ~d with** être assailli(e) OR harcelé(e) de.

besotted [bɪ'sɒtɪd] adj : **~ (with sb)** entiché(e) (de qqn).

besought [bɪ'sɔ:t] pt & pp ▷ **beseech**.

bespectacled [bɪ'spektəkld] *adj* qui porte des lunettes, à lunettes.

bespoke [bɪ'spəʊk] *adj* Br [clothes] fait(e) sur mesure ; [tailor] à façon.

best [best] ◇ *adj* le meilleur (la meilleure) ◇ *adv* le mieux ◇ *n* le mieux ; **to do one's ~** faire de son mieux ; **all the ~!** meilleurs souhaits! ; **to be for the ~** être pour le mieux ; **to make the ~ of sthg** s'accommoder de qqch, prendre son parti de qqch ; **he wants the ~ of both worlds** il veut le beurre et l'argent du beurre.
➤ **at best** *adv* au mieux.

bestial ['bestjəl] *adj* bestial(e).

best man *n* garçon *m* d'honneur.

> **BEST MAN**
>
> Dans les pays anglo-saxons, le garçon d'honneur présente l'alliance au marié et prononce un discours lors de la réception de mariage.

bestow [bɪ'stəʊ] *vt fml* : **to ~ sthg on sb** conférer qqch à qqn.

best-seller *n* [book] best-seller *m*.

best-selling *adj* à succès.

bet [bet] (*pt & pp* bet OR -ted ; *cont* -ting) ◇ *n* pari *m* ; **it's a safe ~ that ...** *fig* il est certain que ... ; **to hedge one's ~s** se couvrir ◇ *vt* parier ◇ *vi* parier ; **I wouldn't ~ on it** *fig* je n'en suis pas si sûr(e) ; **you ~!** *inf* un peu!, et comment!

beta-blocker ['biːtə,blɒkəʳ] *n* bêtabloquant *m*.

Bethlehem ['beθlɪhem] *n* Bethléem.

betray [bɪ'treɪ] *vt* trahir.

betrayal [bɪ'treɪəl] *n* - **1.** [of person] trahison *f* - **2.** : **~ of trust** abus *m* de confiance - **3.** [of secret] révélation *f*.

betrothed [bɪ'trəʊðd] *adj dated* : **~ (to)** fiancé(e) (à).

better ['betəʳ] ◇ *adj* (*compar of* good) meilleur(e) ; **to get ~** s'améliorer ; [after illness] se remettre, se rétablir ◇ *adv* (*compar of* well) mieux ; **I'd ~ leave** il faut que je parte, je dois partir ; **you'd ~ let your mother know** tu ferais mieux de le dire à ta mère ◇ *n* meilleur *m*, -e *f* ; **to get the ~ of sb** avoir raison de qqn ◇ *vt* améliorer ; **to ~ o.s.** s'élever.

better half *n inf* moitié *f*.

better off *adj* - **1.** [financially] plus à son aise - **2.** [in better situation] mieux.
➤ **better-off** *npl* : **the better-off** les gens riches OR aisés.

betting ['betɪŋ] *n (U)* paris *mpl*.

betting shop *n* Br ≃ bureau *m* de P.M.U.

between [bɪ'twiːn] ◇ *prep* entre ; **he sat (in) ~ Paul and Anne** il s'est assis entre Paul et Anne ◇ *adv* : **(in) ~** [in space] au milieu ; [in time] dans l'intervalle.

bevelled Br, **beveled** Am ['bevld] *adj* biseauté(e).

beverage ['bevərɪdʒ] *n fml* boisson *f*.

bevy ['bevɪ] (*pl* -ies) *n* bande *f*, troupe *f*.

beware [bɪ'weəʳ] *vi* : **to ~ (of)** prendre garde (à), se méfier (de) ; **~ of ...** attention à ...

bewildered [bɪ'wɪldəd] *adj* déconcerté(e), perplexe.

bewildering [bɪ'wɪldərɪŋ] *adj* déconcertant(e), déroutant(e).

bewitched [bɪ'wɪtʃt] *adj* ensorcelé(e), enchanté(e).

bewitching [bɪ'wɪtʃɪŋ] *adj* charmeur(euse), ensorcelant(e).

beyond [bɪ'jɒnd] ◇ *prep* - **1.** [in space] au-delà de - **2.** [in time] après, plus tard que - **3.** [exceeding] au-dessus de ; **it's ~ my control** je n'y peux rien ; **it's ~ my responsibility** cela n'entre pas dans le cadre de mes responsabilités ◇ *adv* au-delà.

b/f *abbr of* brought forward.

bhp *abbr of* brake horsepower.

bi- [baɪ] *prefix* bi-.

biannual [baɪ'ænjʊəl] *adj* semestriel(elle).

bias ['baɪəs] *n* - **1.** [prejudice] préjugé *m*, parti *m* pris - **2.** [tendency] tendance *f*.

biased ['baɪəst] *adj* partial(e) ; **to be ~ towards sb/sthg** favoriser qqn/qqch ; **to be ~ against sb/sthg** défavoriser qqn/qqch.

bib [bɪb] *n* [for baby] bavoir *m*, bavette *f*.

Bible ['baɪbl] *n* : **the ~** la Bible.
➤ **bible** *n* bible *f*.

biblical ['bɪblɪkl] *adj* biblique.

bibliography [,bɪblɪ'ɒgrəfɪ] (*pl* -ies) *n* bibliographie *f*.

bicarbonate of soda [baɪ'kɑːbənət-] *n* bicarbonate *m* de soude.

bicentenary Br [,baɪsen'tiːnərɪ] (*pl* -ies), **bicentennial** Am [,baɪsen'tenjəl] *n* bicentenaire *m*.

biceps ['baɪseps] (*pl inv*) *n* biceps *m*.

bicker ['bɪkəʳ] *vi* se chamailler.

bickering ['bɪkərɪŋ] *n (U)* chamailleries *fpl*.

bicycle ['baɪsɪkl] ◇ *n* bicyclette *f*, vélo *m* ◇ *vi* aller à bicyclette OR vélo.

bicycle path *n* piste *f* cyclable.

bicycle pump *n* pompe *f* à vélo.

bid [bɪd] (*pt & pp vt sense 1 & vi* bid ; *cont* bidding ; *pt vt senses 2 & 3* bid OR bade ; *pp vt*

senses 2 & 3 **bid** OR **bidden ;** cont **bidding)**
◇ n - **1.** [attempt] tentative f - **2.** [at auction] enchère f - **3.** COMM offre f ◇ vt - **1.** [at auction]
faire une enchère de - **2.** literary [request] : **to
~ sb do sthg** prier qqn de faire qqch - **3.** fml
[say] : **to ~ sb good morning** souhaiter le bonjour à qqn ◇ vi - **1.** [at auction] : **to ~ (for)** faire
une enchère (pour) - **2.** [attempt] : **to ~ for
sthg** briguer qqch.

bidder ['bɪdə'] n enchérisseur m, -euse f.

bidding ['bɪdɪŋ] n (U) enchères fpl.

bide [baɪd] vt : **to ~ one's time** attendre son
heure OR le bon moment.

bidet ['biːdeɪ] n bidet m.

biennial [baɪ'enɪəl] ◇ adj biennal(e) ◇ n
plante f bisannuelle.

bier [bɪə'] n bière f.

bifidus ['bɪfɪdəs] n bifidus m.

bifocals [,baɪ'fəʊklz] npl lunettes fpl bifoca-
les.

BIFU ['bɪfuː] (abbr of **The Banking, Insurance
and Finance Union**) n syndicat britannique
des employés du secteur financier.

big [bɪg] (compar **-ger** ; superl **-gest**) adj
- **1.** [gen] grand(e) - **2.** [in amount, bulk - box, problem, book] gros (grosse) - **3.** phr : **to do things in
a ~ way** faire les choses en grand.

bigamist ['bɪgəmɪst] n bigame mf.

bigamy ['bɪgəmɪ] n bigamie f.

Big Apple n : **the ~** surnom de New York.

Big Ben [-'ben] n Big Ben.

big business n (U) les grandes entreprises
fpl.

big cat n fauve m.

big deal inf ◇ n : **it's no ~** ce n'est pas dramatique ; **what's the ~?** où est le problème?
◇ excl tu parles!, et alors?

Big Dipper [-'dɪpə'] n - **1.** Br [rollercoaster] montagnes fpl russes - **2.** Am ASTRON : **the ~** la
Grande Ourse.

big end n tête f de bielle.

big fish n inf fig huile f, gros bonnet m.

big game n gros gibier m.

big hand n - **1.** [on clock] grande aiguille f
- **2.** inf [applause] : **let's give him a ~**
applaudissons-le bien fort.

bighead ['bɪghed] n inf crâneur m, -euse f.

bigheaded [,bɪg'hedɪd] adj inf crâneur(euse).

big-hearted [-'hɑːtɪd] adj qui a du cœur.

big money n inf : **to make ~** se faire du pognon.

big mouth n inf grande gueule f ; **she's got
a ~** elle ne sait pas tenir sa langue.

big name n inf personne f connue, célébrité f.

bigot ['bɪgət] n sectaire mf.

bigoted ['bɪgətɪd] adj sectaire.

bigotry ['bɪgətrɪ] n sectarisme m.

big shot n inf huile f, grosse légume f.

big time n inf : **to make the ~** réussir, arriver
en haut de l'échelle.

big toe n gros orteil m.

big top n chapiteau m.

big wheel n - **1.** Br [at fairground] grande roue
f - **2.** inf [big shot] huile f, grosse légume f.

bigwig ['bɪgwɪg] n inf huile f, gros bonnet m.

bike [baɪk] n inf - **1.** [bicycle] vélo m, bécane f
- **2.** [motorcycle] bécane f, moto f.

bikeway ['baɪkweɪ] n Am piste f cyclable.

bikini [bɪ'kiːnɪ] n Bikini® m.

bilateral [,baɪ'lætərəl] adj bilatéral(e).

bilberry ['bɪlbərɪ] (pl **-ies**) n myrtille f.

bile [baɪl] n - **1.** [fluid] bile f - **2.** [anger] mauvaise humeur f.

bilingual [baɪ'lɪŋgwəl] adj bilingue.

bilious ['bɪljəs] adj - **1.** [sickening] écœurant(e)
- **2.** [nauseous] qui a envie de vomir.

bill [bɪl] ◇ n - **1.** [statement of cost] : **~ (for)** note
f OR facture f (de) ; [in restaurant] addition f
(de) - **2.** [in parliament] projet m de loi - **3.** [of
show, concert] programme m - **4.** Am [banknote]
billet m de banque - **5.** [poster] : '**post** OR **stick
no ~s**' 'défense d'afficher' - **6.** [beak] bec m
- **7.** phr : **to be given a clean ~ of health** être
déclaré(e) en parfait état de santé ◇ vt [in-
voice] : **to ~ sb (for)** envoyer une facture à
qqn (pour).

billboard ['bɪlbɔːd] n panneau m d'affichage.

billet ['bɪlɪt] ◇ n logement m (chez l'habitant) ◇ vt loger, cantonner.

billfold ['bɪlfəʊld] n Am portefeuille m.

billiards ['bɪljədz] n billard m.

billion ['bɪljən] num - **1.** Am [thousand million]
milliard m - **2.** Br [million million] billion m.

billionaire [,bɪljə'neə'] n milliardaire mf.

bill of exchange n effet m OR lettre f de
change.

bill of lading n connaissement m.

Bill of Rights n : **the ~** les dix premiers
amendements à la Constitution américaine.

▌ **BILL OF RIGHTS** ▌

Ces amendements garantissent, entre autres droits, la liberté d'expression, de religion et de réunion.

bill of sale n acte m de vente.

billow ['bɪləʊ] <> n nuage m, volute f <> vi [smoke, steam] tournoyer ; [skirt, sail] se gonfler.

billycan ['bɪlɪkæn] n gamelle f.

billy goat ['bɪlɪ-] n bouc m.

bimbo ['bɪmbəʊ] (pl **-s** OR **-es**) n inf pej : **she's a bit of a** ~ c'est le genre 'pin-up'.

bimonthly [,baɪ'mʌnθlɪ] <> adj - **1.** [every two months] bimestriel(elle) - **2.** [twice a month] bimensuel(elle) <> adv - **1.** [every two months] tous les deux mois - **2.** [twice a month] deux fois par mois.

bin [bɪn] <> n - **1.** Br [for rubbish] poubelle f - **2.** [for grain, coal] coffre m - **3.** [for bread] huche f, boîte f <> vt inf balancer.

binary ['baɪnərɪ] adj binaire.

bind [baɪnd] (pt & pp **bound**) <> vt - **1.** [tie up] attacher, lier - **2.** [unite - people] lier - **3.** [bandage] panser - **4.** [book] relier - **5.** [constrain] contraindre, forcer <> n inf - **1.** Br [nuisance] corvée f - **2.** [difficult situation] : **to be in a bit of a** ~ être dans le pétrin.

➤ **bind over** vt sep : **to be bound over** être sommé(e) d'observer une bonne conduite.

binder ['baɪndər] n - **1.** [machine] lieuse f - **2.** [person] relieur m, -euse f - **3.** [cover] classeur m.

binding ['baɪndɪŋ] <> adj qui lie OR engage ; [agreement] irrévocable <> n - **1.** [on book] reliure f - **2.** [on dress, tablecloth] liséré m.

binge [bɪndʒ] inf <> n : **to go on a** ~ prendre une cuite <> vi : **to** ~ **on sthg** se gaver OR se bourrer de qqch.

bingo ['bɪŋɡəʊ] n bingo m, ≃ loto m.

BINGO

Ce jeu d'argent, très populaire en Grande-Bretagne, consiste à cocher des chiffres sur une carte jusqu'à ce qu'elle soit remplie ; il est souvent pratiqué dans d'anciens cinémas ou des salles municipales.

bin-liner n Br sac-poubelle m.

binoculars [bɪ'nɒkjʊləz] npl jumelles fpl.

biochemistry [,baɪəʊ'kemɪstrɪ] n biochimie f.

biodegradable [,baɪəʊdɪ'ɡreɪdəbl] adj biodégradable.

biodiversity [,baɪəʊdaɪ'vɜːsətɪ] n biodiversité f.

biographer [baɪ'ɒɡrəfər] n biographe mf.

biographic(al) [,baɪə'ɡræfɪk(l)] adj biographique.

biography [baɪ'ɒɡrəfɪ] (pl **-ies**) n biographie f.

biological [,baɪə'lɒdʒɪkl] adj biologique ; [washing powder] aux enzymes.

biological weapon n arme f biologique.

biologist [baɪ'ɒlədʒɪst] n biologiste mf.

biology [baɪ'ɒlədʒɪ] n biologie f.

bionic [baɪ'ɒnɪk] adj bionique.

bionics [baɪ'ɒnɪks] n bionique f.

biopic ['baɪəʊpɪk] n inf film m biographique.

biopsy ['baɪɒpsɪ] (pl **-ies**) n biopsie f.

biotechnology [,baɪəʊtek'nɒlədʒɪ] n biotechnologie f.

bipartite [,baɪ'pɑːtaɪt] adj bipartite.

biplane ['baɪpleɪn] n biplan m.

birch [bɜːtʃ] n - **1.** [tree] bouleau m - **2.** [stick] : **the** ~ la verge, le fouet.

bird [bɜːd] n - **1.** [creature] oiseau m ; **to kill two** ~**s with one stone** faire d'une pierre deux coups - **2.** inf [woman] gonzesse f.

birdcage ['bɜːdkeɪdʒ] n cage f à oiseaux.

birdie ['bɜːdɪ] n - **1.** [bird] petit oiseau m - **2.** GOLF birdie m.

bird of paradise n oiseau m de paradis, paradisier m.

bird of prey n oiseau m de proie.

birdseed ['bɜːdsiːd] n graine f pour oiseaux.

bird's-eye view n vue f aérienne.

bird-watcher [-,wɒtʃər] n observateur m, -trice f d'oiseaux.

Biro® ['baɪərəʊ] n stylo m à bille.

birth [bɜːθ] n lit & fig naissance f ; **to give** ~ **(to)** donner naissance (à).

birth certificate n acte m OR extrait m de naissance.

birth control n (U) régulation f OR contrôle m des naissances.

birthday ['bɜːθdeɪ] <> n anniversaire m <> comp [party, present etc] d'anniversaire.

birthmark ['bɜːθmɑːk] n tache f de vin.

birthplace ['bɜːθpleɪs] n lieu m de naissance.

birthrate ['bɜːθreɪt] n (taux m de) natalité f.

birthright ['bɜːθraɪt] n droit m de naissance OR du sang.

Biscay ['bɪskeɪ] n : **the Bay of** ~ le golfe de Gascogne.

biscuit ['bɪskɪt] n Br gâteau m sec, biscuit m ; Am scone m.

bisect [baɪ'sekt] vt couper OR diviser en deux.

bisexual [,baɪ'sekʃʊəl] <> adj bisexuel(elle) <> n bisexuel m, -elle f.

bishop ['bɪʃəp] n - **1.** RELIG évêque m - **2.** [in chess] fou m.

bison ['baɪsn] (*pl inv* OR **-s**) *n* bison *m*.

bistro ['biːstrəʊ] (*pl* **-s**) *n* bistro *m*.

bit [bɪt] ◇ *pt* ⊳ **bite** ◇ *n* - **1.** [small piece - of paper, cheese etc] morceau *m*, bout *m* ; [- of book, film] passage *m* ; **I just want a ~** je n'en veux qu'un petit peu ; **~s and pieces** Br petites affaires *fpl* OR choses *fpl* ; **to fall to ~s** tomber en morceaux ; **to take sthg to ~s** démonter qqch - **2.** [amount] : **a ~ of** un peu de ; **a ~ of shopping** quelques courses ; **it's a ~ of a nuisance** c'est un peu embêtant ; **a ~ of trouble** un petit problème ; **quite a ~ of** pas mal de, beaucoup de - **3.** [short time] : **for a ~** pendant quelque temps - **4.** [of drill] mèche *f* - **5.** [of bridle] mors *m* - **6.** COMPUT bit *m* - **7.** *phr* : **to do one's ~** Br faire sa part ; **every ~ as ... as** tout aussi ... que ; **it's all a ~ much** [overwhelming] c'en est trop ; **it's a ~ much** c'est un peu fort ; **not a ~** [not at all] pas du tout.

◆ **a bit** *adv* un peu ; **I'm a ~ tired** je suis un peu fatigué(e).

◆ **bit by bit** *adv* petit à petit, peu à peu.

bitch [bɪtʃ] ◇ *n* - **1.** [female dog] chienne *f* - **2.** *v inf pej* [woman] salope *f*, garce *f* ◇ *vi inf* rouspéter, râler ; **to ~ about sb** casser du sucre sur le dos de qqn.

bitchy [bɪtʃɪ] (*compar* **-ier** ; *superl* **-iest**) *adj inf* vache, rosse.

bite [baɪt] (*pt* bit ; *pp* bitten) ◇ *n* - **1.** [act of biting] morsure *f*, coup *m* de dent - **2.** *inf* [food] : **to have a ~ (to eat)** manger un morceau - **3.** [wound] piqûre *f* - **4.** Br [sharp flavour] piquant *m* ◇ *vt* - **1.** [subj : person, animal] mordre - **2.** [subj : insect, snake] piquer, mordre ◇ *vi* - **1.** [animal, person] : **to ~ (into)** mordre (dans) ; **to ~ off sthg** arracher qqch d'un coup de dents ; **to ~ off more than one can chew** *fig* avoir les yeux plus gros que le ventre - **2.** [insect, snake] mordre, piquer - **3.** [grip] adhérer, mordre - **4.** *fig* [take effect] se faire sentir.

biting ['baɪtɪŋ] *adj* - **1.** [very cold] cinglant(e), piquant(e) - **2.** [humour, comment] mordant(e), caustique.

bit part *n* petit rôle *m*, utilités *fpl*.

bitten ['bɪtn] *pp* ⊳ **bite**.

bitter ['bɪtər] ◇ *adj* - **1.** [gen] amer(ère) ; **to the ~ end** jusqu'au bout - **2.** [icy] glacial(e) - **3.** [argument] violent(e) ◇ *n* Br bière relativement amère, à forte teneur en houblon.

bitter lemon *n* Schweppes® *m* au citron.

bitterly ['bɪtəlɪ] *adv* - **1.** [of weather] : **it's ~ cold** il fait un froid de canard - **2.** [disappointed] cruellement ; [cry, complain] amèrement ; [criticize] âprement, violemment.

bitterness ['bɪtənɪs] *n* - **1.** [gen] amertume *f* - **2.** [of wind, weather] âpreté *f*.

bittersweet ['bɪtəswiːt] *adj* [taste] aigre-doux(-douce) ; [memory] doux-amer(-amère).

bitty ['bɪtɪ] (*compar* **-ier** ; *superl* **-iest**) *adj* Br *inf* décousu(e).

bitumen ['bɪtjʊmɪn] *n* bitume *m*.

bivouac ['bɪvʊæk] (*pt* & *pp* **-ked** ; *cont* **-king**) ◇ *n* bivouac *m* ◇ *vi* bivouaquer.

biweekly [,baɪ'wiːklɪ] ◇ *adj* - **1.** [every two weeks] bimensuel(elle) - **2.** [twice a week] bi-hebdomadaire ◇ *adv* - **1.** [every two weeks] tous les quinze jours - **2.** [twice a week] deux fois par semaine.

bizarre [bɪ'zɑːr] *adj* bizarre.

bk - **1.** *abbr of* **bank** - **2.** *abbr of* **book**.

bl *abbr of* **bill of lading**.

BL *n* - **1.** (*abbr of* **Bachelor of Law(s)**) [degree] ≃ licence *f* de droit, ≃ [person] licencié *m*, -e *f* en OR ès droit - **2.** (*abbr of* **Bachelor of Letters**) [degree] ≃ licence *f* de lettres, ≃ [person] licencié *m*, -e *f* en OR ès lettres - **3.** (*abbr of* **Bachelor of Literature**) [degree] ≃ licence *f* de littérature, ≃ [person] licencié *m*, -e *f* en OR ès littérature.

blab [blæb] (*pt* & *pp* **-bed** ; *cont* **-bing**) *vi inf* lâcher le morceau.

black [blæk] ◇ *adj* noir(e) ; **~ and blue** [person, body] couvert(e) de bleus ; **~ and white** [films, photos] noir et blanc ; [colour] noir *m* - **2.** [person] noir *m*, -e *f* - **3.** *phr* : **in ~ and white** [in writing] noir sur blanc, par écrit ; **in the ~** [financially solvent] solvable, sans dettes ◇ *vt* Br [boycott] boycotter.

◆ **black out** ◇ *vt sep* - **1.** [city etc] faire le black-out dans - **2.** [TV programme] faire le black-out sur ◇ *vi* [faint] s'évanouir.

blackball ['blækbɔːl] *vt* blackbouler.

black belt *n* ceinture *f* noire.

blackberry ['blækbərɪ] (*pl* **-ies**) *n* mûre *f*.

blackbird ['blækbɜːd] *n* merle *m*.

blackboard ['blækbɔːd] *n* tableau *m* (noir).

black box *n* [flight recorder] boîte *f* noire.

black comedy *n* comédie *f* d'humour noir.

blackcurrant [,blæk'kʌrənt] *n* cassis *m*.

black economy *n* économie *f* parallèle.

blacken ['blækn] *vt* - **1.** [make dark] noircir - **2.** *fig* [reputation] ternir ◇ *vi* s'assombrir.

black eye *n* œil *m* poché OR au beurre noir.

blackhead ['blækhed] *n* point *m* noir.

black hole *n* trou *m* noir.

black ice *n* verglas *m*.

blackjack [ˈblækdʒæk] *n* - **1.** [card game] vingt-et-un *m* - **2.** Am [weapon] matraque *f*.

blackleg [ˈblækleg] *n* pej jaune *m*.

blacklist [ˈblæklɪst] ⇔ *n* liste *f* noire ⇔ *vt* mettre sur la liste noire.

black magic *n* magie *f* noire.

blackmail [ˈblækmeɪl] ⇔ *n* lit & fig chantage *m* ⇔ *vt* - **1.** [for money] faire chanter - **2.** fig [emotionally] faire du chantage à.

blackmailer [ˈblækmeɪləʳ] *n* maître-chanteur *m*.

Black Maria *n* inf panier *m* à salade.

black mark *n* fig mauvais point *m*.

black market *n* marché *m* noir.

blackout [ˈblækaʊt] *n* - **1.** MIL & PRESS black-out *m* - **2.** [power cut] panne *f* d'électricité - **3.** [fainting fit] évanouissement *m*.

Black Power *n* mouvement séparatiste noir né dans les années 60 aux États-Unis.

black pudding *n* Br boudin *m*.

Black Sea *n* : the ~ la mer Noire.

black sheep *n* brebis *f* galeuse.

blacksmith [ˈblæksmɪθ] *n* forgeron *m* ; [for horses] maréchal-ferrant *m*.

black spot *n* AUT point *m* noir.

black-tie *adj* [dinner] habillé, en smoking.

bladder [ˈblædəʳ] *n* vessie *f*.

blade [bleɪd] *n* - **1.** [of knife, saw] lame *f* - **2.** [of propeller] pale *f* - **3.** [of grass] brin *m*.

Blairism [ˈbleərɪzm] *n* politique du Premier ministre britannique socialiste Tony Blair.

blame [bleɪm] ⇔ *n* responsabilité *f*, faute *f* ; **to take the ~ for sthg** endosser la responsabilité de qqch ⇔ *vt* blâmer, condamner ; **to ~ sthg on** rejeter la responsabilité de qqch sur, imputer qqch à ; **to ~ sb/sthg for sthg** reprocher qqch à qqn/qqch ; **to be to ~ for sthg** être responsable de qqch.

blameless [ˈbleɪmlɪs] *adj* [person] innocent(e) ; [life] irréprochable.

blanch [blɑːntʃ] ⇔ *vt* blanchir ⇔ *vi* blêmir, pâlir.

blancmange [bləˈmɒndʒ] *n* blanc-manger *m*.

bland [blænd] *adj* - **1.** [person] terne - **2.** [food] fade, insipide - **3.** [music, style] insipide.

blank [blæŋk] ⇔ *adj* - **1.** [sheet of paper] blanc (blanche) ; [wall] nu(e) - **2.** fig [look] vide, sans expression ⇔ *n* - **1.** [empty space] blanc *m* - **2.** [cartridge] cartouche *f* à blanc - **3.** phr : **to draw a ~** faire chou blanc.

blank cheque *n* chèque *m* en blanc ; fig carte *f* blanche.

blanket [ˈblæŋkɪt] ⇔ *adj* global(e), géné-ral(e) ⇔ *n* - **1.** [for bed] couverture *f* - **2.** [of snow] couche *f*, manteau *m* ; [of fog] nappe *f* ⇔ *vt* recouvrir.

blanket bath *n* Br toilette *f* d'un malade.

blankly [ˈblæŋklɪ] *adv* [stare] avec les yeux vides.

blank verse *n* (U) vers *mpl* blancs OR non rimés.

blare [bleəʳ] *vi* hurler ; [radio] beugler.
➤ **blare out** *vi* hurler, beugler.

blasé [Br ˈblɑːzeɪ, Am ˌblɑːˈzeɪ] *adj* blasé(e).

blasphemous [ˈblæsfəməs] *adj* [words] blasphématoire ; [person] blasphémateur(trice).

blasphemy [ˈblæsfəmɪ] (*pl* -ies) *n* blasphème *m*.

blast [blɑːst] ⇔ *n* - **1.** [explosion] explosion *f* - **2.** [of air, from bomb] souffle *m* ⇔ *vt* [hole, tunnel] creuser à la dynamite ⇔ *excl* Br inf zut!, mince!
➤ **(at) full blast** *adv* [play music etc] à pleins gaz OR tubes ; [work] d'arrache-pied.
➤ **blast off** *vi* SPACE être mis à feu, décoller.

blasted [ˈblɑːstɪd] *adj* inf fichu(e), maudit(e).

blast furnace *n* haut fourneau *m*.

blast-off *n* SPACE mise *f* à feu, lancement *m*.

blatant [ˈbleɪtənt] *adj* criant(e), flagrant(e).

blatantly [ˈbleɪtəntlɪ] *adv* d'une manière flagrante.

blaze [bleɪz] ⇔ *n* - **1.** [fire] incendie *m* - **2.** fig [of colour, light] éclat *m*, flamboiement *m* ; **in a ~ of publicity** à grand renfort de publicité ⇔ *vi* - **1.** [fire] flamber - **2.** fig [with colour] flamboyer.

blazer [ˈbleɪzəʳ] *n* blazer *m*.

blazing [ˈbleɪzɪŋ] *adj* - **1.** [sun, heat] ardent(e) ; **~ hot** torride, brûlant(e) - **2.** [row] violent(e).

bleach [bliːtʃ] ⇔ *n* eau *f* de Javel ⇔ *vt* [hair] décolorer ; [clothes] blanchir.

bleached [bliːtʃt] *adj* décoloré(e).

bleachers [ˈbliːtʃəz] *npl* Am SPORT gradins *mpl*.

bleak [bliːk] *adj* - **1.** [future] sombre - **2.** [place, weather, face] lugubre, triste.

bleary [ˈblɪərɪ] (*compar* -ier ; *superl* -iest) *adj* [eyes] trouble, voilé(e).

bleary-eyed [ˌblɪərɪˈaɪd] *adj* aux yeux troubles.

bleat [bliːt] ⇔ *n* bêlement *m* ⇔ *vi* bêler ; fig [person] se plaindre, geindre.

bleed [bliːd] (*pt* & *pp* bled [bled]) ⇔ *vi* saigner ⇔ *vt* [radiator etc] purger.

bleep [bliːp] ⇔ *n* bip *m*, bip-bip *m* ⇔ *vt* appeler avec un bip, biper ⇔ *vi* faire bip-bip.

bleeper [ˈbliːpəʳ] *n* bip *m*, biper *m*.

blemish ['blemɪʃ] ⬦ n lit & fig défaut m ⬦ vt [reputation] souiller, tacher.

blend [blend] ⬦ n mélange m ⬦ vt : to ~ sthg (with) mélanger qqch (avec OR à) ⬦ vi : to ~ (with) se mêler (à OR avec).

➤ **blend in** vi se fondre.

➤ **blend into** vt fus se fondre dans.

blender ['blendəʳ] n mixer m.

bless [bles] (pt & pp -ed OR blest) vt bénir ; to be ~ed with [talent etc] être doué(e) de ; [children] avoir la chance OR le bonheur d'avoir ; ~ you! [after sneezing] à vos souhaits! ; [thank you] merci mille fois!

blessed ['blesɪd] adj - **1.** RELIG saint(e), béni(e) - **2.** [relief, silence] merveilleux(euse) - **3.** inf [blasted] fichu(e), maudit(e).

blessing ['blesɪŋ] n lit & fig bénédiction f ; a ~ in disguise une bonne chose en fin de compte ; to count one's ~s s'estimer heureux(euse) de ce que l'on a ; a mixed ~ quelque chose qui a du bon et du mauvais.

blest [blest] pt & pp ⊳ **bless.**

blew [bluː] pt ⊳ **blow.**

blight [blaɪt] ⬦ n - **1.** [plant disease] rouille f, charbon m - **2.** fig [scourge] fléau m, calamité f ⬦ vt gâcher, briser.

blimey ['blaɪmɪ] excl Br inf zut alors!, mince alors!

blind [blaɪnd] ⬦ adj - **1.** lit & fig aveugle ; to be ~ to sthg ne pas voir qqch - **2.** Br inf [for emphasis] : it doesn't make a ~ bit of difference to me cela m'est complètement égal ⬦ adv : ~ drunk complètement rond(e), bourré(e) ⬦ n [for window] store m ⬦ npl : the ~ les aveugles mpl ⬦ vt aveugler ; to ~ sb to sthg fig cacher qqch à qqn.

blind alley n lit & fig impasse f.

blind corner n virage m sans visibilité.

blind date n rendez-vous avec quelqu'un qu'on ne connaît pas.

blinders ['blaɪndəz] npl Am œillères fpl.

blindfold ['blaɪndfəʊld] ⬦ adv les yeux bandés ⬦ n bandeau m ⬦ vt bander les yeux à.

blinding ['blaɪndɪŋ] adj - **1.** [light] aveuglant(e) - **2.** [obvious] évident(e), manifeste.

blindly ['blaɪndlɪ] adv [unseeingly] à l'aveuglette, [without thinking] aveuglément.

blindness ['blaɪndnɪs] n cécité f ; ~ (to sthg) fig aveuglement m (devant qqch).

blind spot n - **1.** AUT angle m mort - **2.** fig [inability to understand] blocage m.

blinis ['blɪniːz] npl blinis mpl.

blink [blɪŋk] ⬦ n - **1.** [of eyes] clignement m - **2.** [of light] clignotement m - **3.** phr : on the ~ [machine] détraqué(e) ⬦ vt - **1.** [eyes] cligner - **2.** Am AUT : to ~ one's lights faire un appel de phares ⬦ vi - **1.** [person] cligner des yeux - **2.** [light] clignoter

blinkered ['blɪŋkəd] adj : to be ~ lit & fig avoir des œillères.

blinkers ['blɪŋkəz] npl Br œillères fpl.

blinking ['blɪŋkɪŋ] adj Br inf sacré(e), fichu(e).

blip [blɪp] n - **1.** [sound] bip m - **2.** [on radar] spot m - **3.** fig [temporary problem] problème m passager.

bliss [blɪs] n bonheur m suprême, félicité f.

blissful ['blɪsfʊl] adj [day, silence] merveilleux(euse), divin(e) ; [ignorance] total(e).

blissfully ['blɪsfʊlɪ] adv [smile] d'un air heureux ; [happy, unaware] parfaitement.

blister ['blɪstəʳ] ⬦ n [on skin] ampoule f, cloque f ⬦ vi - **1.** [skin] se couvrir d'ampoules - **2.** [paint] cloquer, se boursoufler.

blistering ['blɪstərɪŋ] adj [sun] brûlant(e), ardent(e) ; [attack] caustique, cinglant(e).

blister pack n blister m.

blithe [blaɪð] adj - **1.** [unworried] insouciant(e) - **2.** dated [cheerful] joyeux(euse), gai(e).

blithely ['blaɪðlɪ] adv gaiement, joyeusement.

blitz [blɪts] n - **1.** MIL bombardement m aérien - **2.** Br fig : to have a ~ on sthg s'attaquer à qqch.

blizzard ['blɪzəd] n tempête f de neige.

BLM (abbr of **Bureau of Land Management**) n service de l'aménagement du territoire aux États-Unis.

bloated ['bləʊtɪd] adj - **1.** [face] bouffi(e), boursouflé(e) - **2.** [with food] ballonné(e).

blob [blɒb] n - **1.** [drop] goutte f - **2.** [indistinct shape] forme f ; a ~ of colour une tache de couleur.

bloc [blɒk] n bloc m.

block [blɒk] ⬦ n - **1.** [building] : office ~ immeuble m de bureaux ; ~ of flats Br immeuble m - **2.** Am [of buildings] pâté m de maisons ; it's five ~s from here c'est cinq rues plus loin - **3.** [of stone, ice] bloc m - **4.** [obstruction] blocage m - **5.** : ~ and tackle palan m, moufle f ⬦ vt - **1.** [road, pipe, view] boucher - **2.** [prevent] bloquer, empêcher.

➤ **block off** vt sep [road] barrer ; [pipe, entrance] boucher.

➤ **block out** vt sep - **1.** [from mind] chasser - **2.** [light] empêcher d'entrer.

➤ **block up** ⬦ vt sep boucher ⬦ vi se boucher.

blockade [blɒˈkeɪd] ◇ n blocus m ◇ vt faire le blocus de.

blockage [ˈblɒkɪdʒ] n obstruction f.

block booking n location f en bloc.

blockbuster [ˈblɒkbʌstəʳ] n inf [book] best-seller m ; [film] film m à succès, superproduction f.

block capitals npl majuscules fpl d'imprimerie.

blockhead [ˈblɒkhed] n inf crétin m, -e f, imbécile mf.

block letters npl majuscules fpl d'imprimerie.

block release n Br stage de formation de plusieurs semaines.

block vote n Br vote m groupé.

bloke [bləʊk] n Br inf type m.

blond [blɒnd] adj blond(e).

blonde [blɒnd] ◇ adj blond(e) ◇ n [woman] blonde f.

blood [blʌd] n sang m ; **in cold** ~ de sang-froid ; **it made my** ~ **boil** cela m'a mis(e) dans une colère noire ; **it made my** ~ **run cold** cela m'a glacé le sang ; **it's in his** ~ fig il a cela dans le sang ; **new** OR **fresh** ~ fig sang frais.

blood bank n banque f de sang.

bloodbath [ˈblʌdbɑːθ, pl -bɑːðz] n bain m de sang, massacre m.

blood brother n frère m de sang.

blood cell n globule m.

blood count n numération f globulaire.

bloodcurdling [ˈblʌdˌkɜːdlɪŋ] adj à vous glacer le sang.

blood donor n donneur m, -euse f de sang.

blood group n groupe m sanguin.

bloodhound [ˈblʌdhaʊnd] n limier m.

bloodless [ˈblʌdlɪs] adj - **1.** [face, lips] exsangue, pâle - **2.** [coup, victory] sans effusion de sang.

bloodletting [ˈblʌdˌletɪŋ] n [killing] tuerie f.

blood money n prix m du sang.

blood orange n orange f sanguine.

blood poisoning n septicémie f.

blood pressure n tension f artérielle ; **to have high** ~ faire de l'hypertension.

blood relation, blood relative n parent m, -e f par le sang.

bloodshed [ˈblʌdʃed] n carnage m.

bloodshot [ˈblʌdʃɒt] adj [eyes] injecté(e) de sang.

blood sports npl la chasse.

bloodstained [ˈblʌdsteɪnd] adj taché(e) de sang, ensanglanté(e).

bloodstream [ˈblʌdstriːm] n sang m.

blood test n prise f de sang, examen m du sang.

bloodthirsty [ˈblʌdˌθɜːstɪ] adj sanguinaire.

blood transfusion n transfusion f sanguine.

blood type n groupe m sanguin.

blood vessel n vaisseau m sanguin.

bloody [ˈblʌdɪ] (compar -**ier** ; superl -**iest**) ◇ adj - **1.** [gen] sanglant(e) - **2.** Br v inf foutu(e) ; **you** ~ **idiot!** espèce de con! ◇ adv Br v inf vachement.

bloody-minded [-ˈmaɪndɪd] adj Br inf contrariant(e).

bloom [bluːm] ◇ n fleur f ◇ vi fleurir.

blooming [ˈbluːmɪŋ] ◇ adj - **1.** Br inf [to show annoyance] sacré(e), fichu(e) - **2.** [person] éclatant(e), resplendissant(e) ◇ adv Br inf sacrément.

blossom [ˈblɒsəm] ◇ n [of tree] fleurs fpl ; **in** ~ en fleur(s) ◇ vi - **1.** [tree] fleurir - **2.** fig [person] s'épanouir.

blot [blɒt] (pt & pp -**ted** ; cont -**ting**) ◇ n lit & fig tache f ◇ vt - **1.** [paper] faire des pâtés sur - **2.** [ink] sécher.
◆ **blot out** vt sep voiler, cacher ; [memories] effacer.

blotchy [ˈblɒtʃɪ] (compar -**ier** ; superl -**iest**) adj couvert(e) de marbrures OR taches.

blotting paper [ˈblɒtɪŋ-] n (U) (papier m) buvard m.

blouse [blaʊz] n chemisier m.

blouson [ˈbluːz ɡt'n] n Br chemisier m.

blow [bləʊ] (pt **blew** ; pp **blown**) ◇ vi - **1.** [gen] souffler - **2.** [in wind] : **to** ~ **off** s'envoler ; **the door blew open** la porte s'ouvrit à la volée ; **the door blew shut** la porte a claqué - **3.** [fuse] sauter ◇ vt - **1.** [subj : wind] faire voler, chasser - **2.** [clear] : **to** ~ **one's nose** se moucher - **3.** [trumpet] jouer de, souffler dans ; **to** ~ **a whistle** donner un coup de sifflet, siffler - **4.** [bubbles] faire - **5.** inf [money] claquer ◇ n [hit] coup m ; **to come to** ~**s** en venir aux mains ; **to soften the** ~ fig adoucir le coup ; **to strike a** ~ **for** fig servir la cause de.
◆ **blow out** ◇ vt sep souffler ◇ vi - **1.** [candle] s'éteindre - **2.** [tyre] éclater.
◆ **blow over** vi se calmer.
◆ **blow up** ◇ vt sep - **1.** [inflate] gonfler - **2.** [with bomb] faire sauter - **3.** [photograph] agrandir ◇ vi exploser.

blow-by-blow adj fig détaillé(e).

blow-dry ◇ n Brushing® m ◇ vt faire un Brushing® à.

blowfly ['bləʊflaɪ] (pl -flies) n mouche f bleue, mouche de la viande.

blowgun ['bləʊgʌn] Am = **blowpipe**.

blowlamp Br ['bləʊlæmp], **blowtorch** ['bləʊtɔ:tʃ] n chalumeau m, lampe f à souder.

blown [bləʊn] pp ⊳ **blow**.

blowout ['bləʊaʊt] n - **1**. [of tyre] éclatement m - **2**. inf [big meal] grande bouffe f, gueuleton m.

blowpipe Br ['bləʊpaɪp], **blowgun** Am ['bləʊgʌn] n sarbacane f.

blowtorch = **blowlamp**.

blowzy ['blaʊzɪ] adj Br négligé(e).

BLS (abbr of **Bureau of Labor Statistics**) n institut de statistiques du travail aux États-Unis.

blubber ['blʌbəʳ] ◇ n graisse f de baleine ◇ vi pej chialer, pleurer comme un veau.

bludgeon ['blʌdʒən] vt matraquer.

blue [blu:] ◇ adj - **1**. [colour] bleu(e) - **2**. inf [sad] triste, cafardeux(euse) - **3**. [pornographic] porno (inv) ◇ n bleu m ; **in** ~ en bleu ; **out of the** ~ [happen] subitement ; [arrive] à l'improviste.

➤ **blues** npl : **the** ~**s** MUS le blues ; inf [sad feeling] le blues, le cafard.

blue baby n enfant m bleu.

bluebell ['blu:bel] n jacinthe f des bois.

blueberry ['blu:bərɪ] n myrtille f.

bluebird ['blu:bɜ:d] n oiseau m bleu.

blue-black adj bleu noir (inv).

blue-blooded [-'blʌdɪd] adj de sang noble, qui a du sang bleu.

bluebottle ['blu:,bɒtl] n mouche f bleue, mouche de la viande.

blue cheese n (fromage m) bleu m.

blue chip n ST EX valeur f sûre, titre m de premier ordre.

➤ **blue-chip** comp de premier ordre.

blue-collar adj manuel(elle).

blue-eyed boy [-aɪd-] n inf chouchou m.

blue jeans npl Am blue-jean m, jean m.

blue moon n : **once in a** ~ tous les trente-six du mois.

blueprint ['blu:prɪnt] n photocalque m ; fig plan m, projet m.

bluestocking ['blu:,stɒkɪŋ] n pej bas-bleu m.

blue tit n Br mésange f bleue.

bluff [blʌf] ◇ adj franc (franche) ◇ n - **1**. [deception] bluff m ; **to call sb's** ~ prendre qqn au mot - **2**. [cliff] falaise f à pic ◇ vt bluffer, donner le change à ◇ vi faire du bluff, bluffer.

blunder ['blʌndəʳ] ◇ n gaffe f, bévue f ◇ vi - **1**. [make mistake] faire une gaffe, commettre une bévue - **2**. [move clumsily] avancer d'un pas maladroit.

blundering ['blʌndərɪŋ] adj maladroit(e).

blunt [blʌnt] ◇ adj - **1**. [knife] émoussé(e) ; [pencil] épointé(e) ; [object, instrument] contondant(e) - **2**. [person, manner] direct(e), carré(e) ◇ vt lit & fig émousser.

bluntly ['blʌntlɪ] adv carrément, brutalement.

bluntness ['blʌntnɪs] n brusquerie f.

blur [blɜ:ʳ] (pt & pp -red ; cont -ring) ◇ n forme f confuse, tache f floue ◇ vt - **1**. [vision] troubler, brouiller - **2**. [distinction] rendre moins net (nette).

blurb [blɜ:b] n texte m publicitaire.

blurred [blɜ:d] adj - **1**. [photograph] flou(e) - **2**. [vision] trouble - **3**. [distinction] peu net (nette), vague.

blurt [blɜ:t] ➤ **blurt out** vt sep laisser échapper.

blush [blʌʃ] ◇ n rougeur f ◇ vi rougir.

blusher ['blʌʃəʳ] n fard m à joues, blush m.

bluster ['blʌstəʳ] ◇ n (U) propos mpl coléreux ◇ vi tempêter.

blustery ['blʌstərɪ] adj venteux(euse).

Blvd (abbr of **Boulevard**) bd, boul.

BM n - **1**. (abbr of **Bachelor of Medicine**) [degree] ≃ licence f de médecine, ≃ [person] licencié m, -e f en médecine - **2**. (abbr of **British Museum**) grand musée et bibliothèque célèbre, situés à Londres.

BMA (abbr of **British Medical Association**) n ordre britannique des médecins.

BMJ (abbr of **British Medical Journal**) n organe de la BMA.

B-movie n film m de série B.

BMus ['bi:'mʌz] (abbr of **Bachelor of Music**) n [degree] ≃ licence f de musique, ≃ [person] licencié m, -e f en musique.

BMX (abbr of **bicycle motorcross**) n bicross m.

BO abbr of **body odour**.

boa constrictor ['bəʊəkən'strɪktəʳ] n boa m constricteur.

boar [bɔ:ʳ] n - **1**. [male pig] verrat m - **2**. [wild pig] sanglier m.

board [bɔ:d] ◇ n - **1**. [plank] planche f - **2**. [for notices] panneau m d'affichage - **3**. [for games - gen] tableau m ; [- for chess] échiquier m - **4**. [blackboard] tableau m (noir) - **5**. [of company] : ~ **(of directors)** conseil m d'administration - **6**. [committee] comité m, conseil m - **7**. B.

[at hotel, guesthouse] pension *f ;* ~ **and lodging** pension ; **full** ~ pension complète ; **half** ~ demi-pension *f -* **8. : on** ~ [on ship, plane, bus, train] à bord **- 9. phr : to take sthg on** ~ [knowledge] assimiler qqch ; [advice] accepter qqch ; **above** ~ régulier(ère), dans les règles ; **across the** ~ [agreement etc] général(e) ; [apply] de façon générale ; **to go by the** ~ aller à vau-l'eau, être abandonné(e) ; **to sweep the** ~ tout rafler *OR* gagner ⬦ *vt* [ship, aeroplane] monter à bord de ; [train, bus] monter dans.

boarder ['bɔ:dəʳ] *n -* **1.** [lodger] pensionnaire *mf -* **2.** [at school] interne *mf,* pensionnaire *mf.*

board game *n* jeu *m* de société.

boarding card ['bɔ:dɪŋ-] *n* carte *f* d'embarquement.

boardinghouse ['bɔ:dɪŋhaʊs, *pl* -haʊzɪz] *n* pension *f* de famille.

boarding school ['bɔ:dɪŋ-] *n* pensionnat *m,* internat *m.*

board meeting *n* réunion *f* du conseil d'administration.

Board of Trade *n Br :* **the** ~ ≃ le ministère *m* du Commerce.

boardroom ['bɔ:drʊm] *n* salle *f* du conseil (d'administration).

boardwalk ['bɔ:dwɔ:k] *n Am* trottoir *m* en planches.

boast [bəʊst] ⬦ *n* vantardise *f,* fanfaronnade *f* ⬦ *vt* [special feature] s'enorgueillir de ⬦ *vi :* **to** ~ **(about)** se vanter (de).

boastful ['bəʊstfʊl] *adj* vantard(e), fanfaron(onne).

boat [bəʊt] *n* [large] bateau *m ;* [small] canot *m,* embarcation *f ;* **by** ~ en bateau ; **to rock the** ~ semer le trouble ; **to be in the same** ~ être logé(e) à la même enseigne.

boater ['bəʊtəʳ] *n* [hat] canotier *m.*

boating ['bəʊtɪŋ] *n* canotage *m.*

boatswain ['bəʊsn] *n* maître *m* d'équipage.

boat train *n* train qui assure la correspondance avec le bateau.

bob [bɒb] (*pt* & *pp* -**bed** ; *cont* -**bing**) ⬦ *n* **- 1.** [hairstyle] coupe *f* au carré **- 2. Br** *inf dated* [shilling] shilling *m -* **3.** = **bobsleigh** ⬦ *vi* [boat, ship] tanguer.

bobbin ['bɒbɪn] *n* bobine *f.*

bobble [bɒbl] *n* pompon *m.*

bobby ['bɒbɪ] (*pl* -**ies**) *n Br inf* agent *m* de police.

bobby pin *n Am* pince *f* à cheveux.

bobby socks, bobby sox *npl Am* socquettes *fpl (de fille).*

bobsleigh ['bɒbsleɪ] *n* bobsleigh *m.*

bode [bəʊd] *vi literary :* **to** ~ **ill/well (for)** être de mauvais/bon augure (pour).

bodice ['bɒdɪs] *n* corsage *m.*

bodily ['bɒdɪlɪ] ⬦ *adj* [needs] matériel(elle) ; [pain] physique ⬦ *adv* [lift, move] à bras-le-corps.

body ['bɒdɪ] (*pl* -**ies**) *n -* **1.** [of person] corps *m ;* **to keep** ~ **and soul together** subsister **- 2.** [corpse] corps *m,* cadavre *m ;* **over my dead** ~! il faudra d'abord me passer sur le corps! **- 3.** [organization] organisme *m,* organisation *f -* **4.** [of car] carrosserie *f ;* [of plane] fuselage *m -* **5.** *(U)* [of wine] corps *m -* **6.** *(U)* [of hair] volume *m -* **7.** [garment] body *m.*

body building *n* culturisme *m.*

bodyguard ['bɒdɪgɑːd] *n* garde *m* du corps.

body odour *n* odeur *f* corporelle.

body piercing *n* piercing *m.*

body search *n* fouille *f* corporelle.

body shop *n -* **1.** [garage] atelier *m -* **2. Am** *inf* [gym] club *m* de gym.

body stocking *n* justaucorps *m.*

bodywork ['bɒdɪwɜ:k] *n* carrosserie *f.*

boffin ['bɒfɪn] *n Br inf* savant *m.*

bog [bɒg] *n -* **1.** [marsh] marécage *m -* **2. Br** *v inf* [toilet] chiottes *fpl.*

bogey ['bəʊgɪ] *n* GOLF bogey *m.*

bogged down [,bɒgd-] *adj -* **1.** fig [in work] : ~ **(in)** submergé(e) (de) **- 2.** [car etc] : ~ **(in)** enlisé(e) (dans).

boggle ['bɒgl] *vi :* **the mind** ~**s!** ce n'est pas croyable!, on croit rêver!

boggy ['bɒgɪ] *adj* marécageux(euse).

bogie ['bəʊgɪ] *n* RAIL bogie *m.*

Bogotá [,bəʊgə'tɑ:] *n* Bogota.

bogus ['bəʊgəs] *adj* faux (fausse), bidon *(inv).*

Bohemia [bəʊ'hi:mjə] *n* Bohême *f ;* **in** ~ en Bohême.

bohemian [bəʊ'hi:mjən] ⬦ *adj* [person] bohème ; [lifestyle] de bohème ⬦ *n* bohème *mf.*
Bohemian ⬦ *adj* bohémien(enne) ⬦ *n* Bohémien *m,* -enne *f.*

boil [bɔɪl] ⬦ *n -* **1.** MED furoncle *m -* **2.** [boiling point] : **to bring sthg to the** ~ porter qqch à ébullition ; **to come to the** ~ venir à ébullition ⬦ *vt -* **1.** [water, food] faire bouillir **- 2.** [kettle] mettre sur le feu ⬦ *vi* [water] bouillir.
➡ **boil away** *vi* [evaporate] s'évaporer.
➡ **boil down to** *vt fus* fig revenir à, se résumer à.
➡ **boil over** *vi -* **1.** [liquid] déborder **- 2.** fig [feelings] exploser.

boiled ['bɔɪld] *adj* bouilli(e) ; ~ **egg** œuf *m* à la coque ; ~ **sweet** *Br* bonbon *m* (à sucer).

boiler ['bɔɪlə'] n chaudière f.

boiler suit n Br bleu m de travail.

boiling ['bɔɪlɪŋ] adj - **1.** [liquid] bouillant(e) - **2.** inf [weather] très chaud(e), torride ; [person] : **I'm ~ (hot)!** je crève de chaleur! - **3.** [angry] : **~ with rage** en rage, écumant(e) de rage.

boiling point n point m d'ébullition.

boisterous ['bɔɪstərəs] adj turbulent(e), remuant(e).

bold [bəʊld] adj - **1.** [confident] hardi(e), audacieux(euse) - **2.** [lines, design] hardi(e) ; [colour] vif (vive), éclatant(e) - **3.** TYPO : **~ type** OR **print** caractères mpl gras.

boldly ['bəʊldlɪ] adv hardiment, avec audace.

Bolivia [bə'lɪvɪə] n Bolivie f ; **in ~** en Bolivie.

Bolivian [bə'lɪvɪən] ⋄ adj bolivien(enne) ⋄ n Bolivien m, -enne f.

bollard ['bɒlɑːd] n [on road] borne f.

bollocks ['bɒləks] Br vinf ⋄ npl couilles fpl ⋄ excl quelles conneries!

Bolshevik ['bɒlʃɪvɪk] ⋄ adj bolchevique ⋄ n bolchevique mf.

bolster ['bəʊlstə'] ⋄ n [pillow] traversin m ⋄ vt renforcer, affirmer.

➤ **bolster up** vt sep soutenir, appuyer.

bolt [bəʊlt] ⋄ n - **1.** [on door, window] verrou m - **2.** [type of screw] boulon m ⋄ adv : **~ upright** droit(e) comme un piquet ⋄ vt - **1.** [fasten together] boulonner - **2.** [close - door, window] verrouiller, fermer au verrou - **3.** [food] engouffrer, engloutir ⋄ vi [run] détaler.

bomb [bɒm] ⋄ n bombe f ⋄ vt bombarder.

bombard [bɒm'bɑːd] vt MIL & fig : **to ~ (with)** bombarder (de).

bombardment [bɒm'bɑːdmənt] n bombardement m.

bombastic [bɒm'bæstɪk] adj pompeux(euse).

bomb disposal squad n équipe f de déminage.

bomber ['bɒmə'] n - **1.** [plane] bombardier m - **2.** [person] plastiqueur m.

bomber jacket n blouson m d'aviateur.

bombing ['bɒmɪŋ] n bombardement m.

bombproof ['bɒmpruːf] adj à l'épreuve des bombes.

bombshell ['bɒmʃel] n fig bombe f.

bombsite ['bɒmsaɪt] n lieu m bombardé.

bona fide [ˌbəʊnə'faɪdɪ] adj véritable, authentique ; [offer] sérieux(euse).

bonanza [bə'nænzə] n aubaine f, filon m.

bond [bɒnd] ⋄ n - **1.** [between people] lien m - **2.** [promise] engagement m - **3.** FIN bon m, titre m ⋄ vt - **1.** [glue] : **to ~ sthg to sthg** coller qqch sur qqch - **2.** fig [people] unir ⋄ vi - **1.** [stick together] : **to ~ (together)** être collé(e) (ensemble) - **2.** fig [people] établir des liens.

bondage ['bɒndɪdʒ] n servitude f, esclavage m.

bonded warehouse ['bɒgt'ndɪd-] n entrepôt m de douane.

bone [bəʊn] ⋄ n os m ; [of fish] arête f ; **~ of contention** pomme f de discorde ; **to feel** OR **know sthg in one's ~s** avoir le pressentiment de qqch ; **to make no ~s about sthg** ne pas cacher qqch ⋄ vt [meat] désosser ; [fish] enlever les arêtes de.

bone china n porcelaine f tendre.

bone-dry adj tout à fait sec (sèche).

bone-idle adj paresseux(euse) comme une couleuvre OR un lézard.

boneless ['bəʊnlɪs] adj [meat] sans os ; [fish] sans arêtes.

bone marrow n moelle f osseuse.

bonfire ['bɒn,faɪə'] n [for fun] feu m de joie ; [to burn rubbish] feu.

bonfire night n Br le 5 novembre (commémoration de la tentative de Guy Fawkes de faire sauter le Parlement en 1605).

bongo ['bɒŋgəʊ] (pl -s OR -es) n : **~ (drum)** bongo m.

Bonn [bɒn] n Bonn.

bonnet ['bɒnɪt] n - **1.** Br [of car] capot m - **2.** [hat] bonnet m.

bonny ['bɒnɪ] (compar -ier ; superl -iest) adj Scot beau (belle), joli(e).

bonus ['bəʊnəs] (pl -es [-iːz]) n - **1.** [extra money] prime f, gratification f - **2.** fig [added advantage] plus m.

bonus issue n Br FIN émission f d'actions gratuites.

bony ['bəʊnɪ] (compar -ier ; superl -iest) adj - **1.** [person, hand, face] maigre, osseux(euse) - **2.** [meat] plein(e) d'os ; [fish] plein(e) d'arêtes.

boo [buː] (pl -s) ⋄ excl hou! ⋄ n huée f ⋄ vt & vi huer.

boob [buːb] n inf [mistake] gaffe f, bourde f.

➤ **boobs** npl Br v inf nichons mpl.

boob tube n - **1.** Br [garment] bustier m - **2.** Am inf télé f.

booby prize ['buːbɪ-] n prix m de consolation.

booby trap ['buːbɪ-] n - **1.** [bomb] objet m piégé - **2.** [practical joke] farce f.

➤ **booby-trap** *vt* piéger.

boogie ['buːgɪ] *inf* ◇ *n :* **to have a ~** danser ◇ *vi* danser.

book [bʊk] ◇ *n* - **1.** [for reading] livre *m ;* **to do sthg by the ~** faire qqch selon les règles ; **to throw the ~ at sb** passer un savon à qqn - **2.** [of stamps, tickets, cheques] carnet *m ;* [of matches] pochette *f* ◇ *vt* - **1.** [reserve - gen] réserver ; [- performer] engager ; **to be fully ~ed** être complet(ète) - **2.** *inf* [subj : police] coller un PV à - **3.** *Br* FTBL prendre le nom de ◇ *vi* réserver.

➤ **books** *npl* COMM livres *mpl* de comptes ; **to do the ~s** tenir les livres ; **to be in sb's bad ~s** être mal vu(e) de qqn ; **to be in sb's good ~s** être dans les petits papiers de qqn.

➤ **book in** ◇ *vt sep* réserver une chambre à ◇ *vi* [at hotel] prendre une chambre.

➤ **book up** *vt sep* réserver, retenir.

bookable ['bʊkəbl] *adj Br* [seats, tickets] qu'on peut réserver OR louer.

bookbinding ['bʊkˌbaɪndɪŋ] *n* reliure *f*.

bookcase ['bʊkkeɪs] *n* bibliothèque *f*.

book club *n* club *m* de livres.

bookends ['bʊkendz] *npl* serre-livres *m inv*, presse-livres *m inv*.

Booker Prize ['bʊkə-] *n :* **the ~** prix littéraire britannique.

BOOKER PRIZE

> Le « Booker Prize » est le prix littéraire britannique le plus connu ; créé en 1969, il est accordé chaque année au meilleur roman d'expression anglaise découvert par un éditeur britannique.

bookie ['bʊkɪ] *n inf* bookmaker *m*, book *m*.

booking ['bʊkɪŋ] *n* - **1.** [reservation] réservation *f* - **2.** *Br* FTBL **: to get a ~** recevoir un carton jaune.

booking clerk *n* préposé *m*, -e *f* à la location OR la vente des billets.

booking office *n* bureau *m* de réservation OR location.

bookish ['bʊkɪʃ] *adj* [person] studieux(euse), qui aime la lecture.

bookkeeper ['bʊkˌkiːpər] *n* comptable *mf*.

bookkeeping ['bʊkˌkiːpɪŋ] *n* comptabilité *f*.

booklet ['bʊklɪt] *n* brochure *f*.

bookmaker ['bʊkˌmeɪkər] *n* bookmaker *m*.

bookmark ['bʊkmɑːk] *n* signet *m*.

bookseller ['bʊkˌselər] *n* libraire *mf*.

bookshelf ['bʊkʃelf] (*pl* **-shelves** [-ʃelvz]) *n* rayon *m* OR étagère *f* à livres.

bookshop *Br* ['bʊkʃɒp], **bookstore** *Am* ['bʊkstɔːr] *n* librairie *f*.

bookstall ['bʊkstɔːl] *n Br* kiosque *m* (à journaux).

bookstore ['bʊkstɔːr] = **bookshop**.

book token *n* chèque-livre *m*.

bookworm ['bʊkwɜːm] *n* rat *m* de bibliothèque.

boom [buːm] ◇ *n* - **1.** [loud noise] grondement *m* - **2.** [in business, trade] boom *m* - **3.** NAUT bôme *f* - **4.** [for TV camera, microphone] girafe *f*, perche *f* ◇ *vi* - **1.** [make noise] gronder - **2.** [business, trade] être en plein essor OR en hausse.

boomerang ['buːməræŋ] *n* boomerang *m*.

boon [buːn] *n* avantage *m*, bénédiction *f*.

boor [bʊər] *n* butor *m*, rustre *m*.

boorish ['bʊərɪʃ] *adj* rustre, grossier(ère).

boost [buːst] ◇ *n* [to production, sales] augmentation *f* ; [to economy] croissance *f* ; **to give a ~ to** stimuler ◇ *vt* - **1.** [production, sales] accroître, stimuler - **2.** [popularity] accroître, renforcer ; **to ~ sb's spirits** OR **morale** remonter le moral à qqn.

booster ['buːstər] *n* MED rappel *m*.

booster seat *n* AUT (siège *m*) rehausseur *m*.

boot [buːt] ◇ *n* - **1.** [for walking, sport] chaussure *f* - **2.** [fashion item] botte *f* - **3.** *Br* [of car] coffre *m* ◇ *vt inf* flanquer des coups de pied à.

➤ **to boot** *adv* par-dessus le marché, en plus.

➤ **boot out** *vt sep inf* flanquer à la porte.

booth [buːð] *n* - **1.** [at fair] baraque *f* foraine - **2.** [telephone booth] cabine *f* - **3.** [voting booth] isoloir *m*.

bootleg ['buːtleg] *adj inf* [recording] pirate ; [whisky etc] de contrebande.

bootlegger ['buːtˌlegər] *n inf* contrebandier *m* d'alcool.

booty ['buːtɪ] *n* butin *m*.

booze [buːz] *inf* ◇ *n* (U) alcool *m*, boisson *f* alcoolisée ◇ *vi* picoler, lever le coude.

boozer ['buːzər] *n inf* - **1.** [person] picoleur *m*, -euse *f* - **2.** *Br* [pub] pub *m*.

bop [bɒp] (*pt* & *pp* **-ped** ; *cont* **-ping**) *inf* ◇ *n* - **1.** [hit] coup *m* - **2.** [disco, dance] boum *f* ◇ *vt* [hit] taper, donner un coup à ◇ *vi* [dance] danser.

border ['bɔːdər] ◇ *n* - **1.** [between countries] frontière *f* - **2.** [edge] bord *m* - **3.** [in garden] bordure *f* ◇ *vt* - **1.** [country] toucher à, être limitrophe de - **2.** [edge] border.

➤ **border on** *vt fus* friser, être voisin(e) de.

borderline ['bɔːdəlaɪn] ◇ *adj :* **~ case** cas *m*

limite ◇ *n* fig limite *f*, ligne *f* de démarcation.

bore [bɔːʳ] ◇ *pt* ▭ **bear** ◇ *n* - **1.** [person] raseur *m*, -euse *f* ; [situation, event] corvée *f* - **2.** [of gun] calibre *m* ◇ *vt* - **1.** [not interest] ennuyer, raser ; **to ~ sb stiff** OR **to tears** OR **to death** ennuyer qqn à mourir - **2.** [drill] forer, percer.

bored [bɔːd] *adj* [person] qui s'ennuie ; [look] d'ennui ; **to be ~ with** en avoir assez de ; **I'm ~ with this book** ce livre m'ennuie.

boredom ['bɔːdəm] *n (U)* ennui *m*.

boring ['bɔːrɪŋ] *adj* ennuyeux(euse), assommant(e).

born [bɔːn] *adj* né(e) ; **to be ~** naître ; **I was ~ in 1965** je suis né(e) en 1965 ; **when were you ~?** quelle est ta date de naissance? ; **~ and bred** né(e) et élevé(e).

born-again Christian *adj* [Christian] évangéliste *mf*.

borne [bɔːn] *pp* ▭ **bear**.

Borneo ['bɔːnɪəʊ] *n* Bornéo *m* ; **in ~** à Bornéo.

borough ['bʌrə] *n* municipalité *f*.

borrow ['bɒrəʊ] *vt* emprunter ; **to ~ sthg (from sb)** emprunter qqch (à qqn).

borrower ['bɒrəʊəʳ] *n* emprunteur *m*, -euse *f*.

borrowing ['bɒrəʊɪŋ] *n (U)* emprunt *m*.

borstal ['bɔːstl] *n* Br maison *f* de redressement.

Bosnia ['bɒznɪə] *n* Bosnie *f* ; **in ~** en Bosnie.

Bosnia-Herzegovina [-ˌhɜːtsəgəˈviːnə] *n* Bosnie-Herzégovine *f*.

Bosnian ['bɒznɪən] ◇ *adj* bosniaque ◇ *n* Bosniaque *mf*.

bosom ['buzəm] *n* poitrine *f*, seins *mpl* ; fig sein *m* ; **~ friend** ami *m* intime.

Bosporus ['bɒspərəs], **Bosphorus** ['bɒsfərəs] *n* : **the ~** le Bosphore.

boss [bɒs] ◇ *n* patron *m*, -onne *f*, chef *m* ; **to be one's own ~** travailler à son compte ◇ *vt* pej donner des ordres à, régenter.
◆ **boss about, boss around** *vt sep* pej donner des ordres à, régenter.

bossy ['bɒsɪ] *(compar* -ier ; *superl* -iest) *adj* autoritaire.

bosun ['bəʊsn] = **boatswain**.

botanic(al) [bəˈtænɪk(l)] *adj* botanique.

botanical garden *n* jardin *m* botanique.

botanist ['bɒtənɪst] *n* botaniste *mf*.

botany ['bɒtənɪ] *n* botanique *f*.

botch [bɒtʃ] ◆ **botch up** *vt sep* inf bousiller, saboter.

both [bəʊθ] ◇ *adj* les deux ◇ *pron* : **~ (of them)** (tous) les deux ((toutes) les deux) ;

~ of us are coming on vient tous les deux ◇ *adv* : **she is ~ intelligent and amusing** elle est à la fois intelligente et drôle.

bother ['bɒðəʳ] ◇ *vt* - **1.** [worry] ennuyer, inquiéter ; **to ~ o.s. (about)** se tracasser (au sujet de) ; **I can't be ~ed to do it** je n'ai vraiment pas envie de le faire - **2.** [pester, annoy] embêter ; **I'm sorry to ~ you** excusez-moi de vous déranger ◇ *vi* : **to ~ about sthg** s'inquiéter de qqch ; **don't ~ (to do it)** ce n'est pas la peine (de le faire) ; **don't ~ getting up** ne vous donnez pas la peine de vous lever ◇ *n (U)* embêtement *m* ; **I hope I'm not putting you to any ~** j'espère que je ne vous cause pas trop de dérangement ; **it's no ~ at all** cela ne me dérange OR m'ennuie pas du tout.

bothered ['bɒðəd] *adj* inquiet(ète).

Botswana [bɒˈtswɑːnə] *n* Botswana *m* ; **in ~** au Botswana.

bottle ['bɒtl] ◇ *n* - **1.** [gen] bouteille *f* ; [for medicine, perfume] flacon *m* ; [for baby] biberon *m* - **2.** *(U)* Br inf [courage] cran *m*, culot *m* ◇ *vt* [wine etc] mettre en bouteilles ; [fruit] mettre en bocal.
◆ **bottle out** *vi* Br inf se dégonfler.
◆ **bottle up** *vt sep* [feelings] refouler, contenir.

bottle bank *n* container *m* pour verre usagé.

bottled ['bɒtld] *adj* en bouteille.

bottle-feed *vt* nourrir au biberon.

bottleneck ['bɒtlnek] *n* - **1.** [in traffic] bouchon *m*, embouteillage *m* - **2.** [in production] goulet *m* d'étranglement.

bottle-opener *n* ouvre-bouteilles *m inv*, décapsuleur *m*.

bottle party *n* soirée *f* (où chacun apporte quelque chose à boire).

bottom ['bɒtəm] ◇ *adj* - **1.** [lowest] du bas - **2.** [in class] dernier(ère) ◇ *n* - **1.** [of bottle, lake, garden] fond *m* ; [of page, ladder, street] bas *m* ; [of hill] pied *m* - **2.** [of scale] bas *m* ; [of class] dernier *m*, -ère *f* - **3.** [buttocks] derrière *m* - **4.** [cause] : **what's at the ~ of it?** qu'est-ce qu'en est la cause? ; **to get to the ~ of sthg** aller au fond de qqch, découvrir la cause de qqch.
◆ **bottom out** *vi* atteindre son niveau le plus bas.

bottomless ['bɒtəmlɪs] *adj* - **1.** [very deep] sans fond - **2.** [endless] inépuisable.

bottom line *n* fig : **the ~** l'essentiel *m*.

botulism ['bɒtjʊlɪzm] *n* botulisme *m*.

bough [baʊ] *n* branche *f*.

bought [bɔːt] *pt* & *pp* ⊳ buy.

boulder ['bəʊldər] *n* rocher *m*.

boulevard ['buːləvɑːd] *n* boulevard *m*.

bounce [baʊns] ⬥ *vi* - **1.** [ball] rebondir ; [person] sauter - **2.** [light] être réfléchi(e) ; [sound] être renvoyé(e) - **3.** *inf* [chèque] être sans provision ⬥ *vt* [ball] faire rebondir ⬥ *n* rebond *m*.

➡ **bounce back** *vi* *fig* se remettre vite.

bouncer ['baʊnsər] *n* *inf* videur *m*.

bouncy ['baʊnsɪ] (*compar* -**ier** ; *superl* -**iest**) *adj* - **1.** [lively] dynamique - **2.** [ball] qui rebondit ; [bed] élastique, souple.

bound [baʊnd] ⬥ *pt* & *pp* ⊳ bind ⬥ *adj* - **1.** [certain] : **he's ~ to win** il va sûrement gagner.; **she's ~ to see it** elle ne peut pas manquer de le voir - **2.** [obliged] : **to be ~ to do sthg** être obligé(e) *OR* tenu(e) de faire qqch ; **I'm ~ to say/admit** je dois dire/reconnaître - **3.** [for place] : **to be ~ for** [subj : person] être en route pour ; [subj : plane, train] être à destination de ⬥ *n* [leap] bond *m*, saut *m* ⬥ *vt* : **to be ~ed by** [subj : field] être limité(e) *OR* délimité(e) par ; [subj : country] être limitrophe de ⬥ *vi* [leap] bondir, sauter.

➡ **bounds** *npl* limites *fpl* ; **out of ~s** interdit, défendu.

boundary ['baʊndərɪ] (*pl* -**ies**) *n* [gen] frontière *f* ; [of property] limite *f*, borne *f*.

boundless ['baʊndlɪs] *adj* illimité(e), sans bornes.

bountiful ['baʊntɪfʊl] *adj* *literary* [ample] abondant(e).

bounty ['baʊntɪ] *n* *literary* [generosity] générosité *f*, libéralité *f*.

bouquet [bʊ'keɪ] *n* bouquet *m*.

bourbon ['bɜːbən] *n* bourbon *m*.

bourgeois ['bɔːʒwɑː] *adj* *pej* bourgeois(e).

bout [baʊt] *n* - **1.** [of illness] accès *m* ; **a ~ of flu** une grippe - **2.** [session] période *f* ; **a ~ of drinking** une beuverie - **3.** [boxing match] combat *m*.

boutique [buː'tiːk] *n* boutique *f*.

bow¹ [baʊ] ⬥ *n* - **1.** [in greeting] révérence *f* - **2.** [of ship] proue *f*, avant *m* ⬥ *vt* [head] baisser, incliner ⬥ *vi* - **1.** [make a bow] saluer - **2.** [defer] : **to ~ to** s'incliner devant.

➡ **bow down** *vi* s'incliner.

➡ **bow out** *vi* tirer sa révérence.

bow² [bəʊ] *n* - **1.** [weapon] arc *m* - **2.** *MUS* archet *m* - **3.** [knot] nœud *m*.

bowels ['baʊəlz] *npl* intestins *mpl* ; *fig* entrailles *fpl*.

bowl [bəʊl] ⬥ *n* - **1.** [container - gen] jatte *f*, saladier *m* ; [- small] bol *m* ; [- for washing up] cuvette *f* ; **sugar ~** sucrier *m* - **2.** [of toilet, sink] cuvette *f* ; [of pipe] fourneau *m* ⬥ *vt* CRICKET lancer ⬥ *vi* CRICKET lancer la balle.

➡ **bowls** *n* (*U*) boules *fpl* (*sur herbe*).

➡ **bowl over** *vt sep* *lit* & *fig* renverser.

bow-legged [,bəʊ'legɪd] *adj* aux jambes arquées.

bowler ['bəʊlər] *n* - **1.** CRICKET lanceur *m* - **2.** : **~ (hat)** chapeau *m* melon.

bowling ['bəʊlɪŋ] *n* (*U*) bowling *m*.

bowling alley *n* [building] bowling *m* ; [alley] piste *f* de bowling.

bowling green *n* terrain *m* de boules (*sur herbe*).

bow tie [bəʊ-] *n* nœud *m* papillon.

bow window [bəʊ-] *n* fenêtre *f* en saillie.

box [bɒks] ⬥ *n* - **1.** [gen] boîte *f* - **2.** THEATRE loge *f* - **3.** *Br* *inf* [television] : **the ~** la télé ⬥ *vi* boxer, faire de la boxe.

➡ **box in** *vt sep* - **1.** [trap] coincer - **2.** [enclose - pipes etc] encastrer.

boxed [bɒkst] *adj* en boîte, en coffret.

boxer ['bɒksər] *n* - **1.** [fighter] boxeur *m* - **2.** [dog] boxer *m*:

boxer shorts *npl* boxer-short *m*.

boxing ['bɒksɪŋ] *n* boxe *f*.

Boxing Day *n* jour des étrennes en Grande-Bretagne (*le 26 décembre*).

boxing glove *n* gant *m* de boxe.

boxing ring *n* ring *m*.

box junction *n* *Br* carrefour *m* à l'accès réglementé.

box number *n* numéro *m* d'annonce, référence *f*.

box office *n* bureau *m* de location.

boxroom ['bɒksrʊm] *n* *Br* débarras *m*.

boy [bɔɪ] ⬥ *n* - **1.** [male child] garçon *m* - **2.** *inf* [male friend] : **I'm going out with the ~s tonight** je sors avec mes potes ce soir ⬥ *excl* *inf* : **(oh) ~!** ben, mon vieux!, ben, dis-donc!

boycott ['bɔɪkɒt] ⬥ *n* boycott *m*, boycottage *m* ⬥ *vt* boycotter.

boyfriend ['bɔɪfrend] *n* copain *m*, petit ami *m*.

boyish ['bɔɪɪʃ] *adj* - **1.** [appearance - of man] gamin(e) ; [- of woman] de garçon - **2.** [behaviour] garçonnier(ère).

boy scout *n* scout *m*, éclaireur *m*.

Bp (*abbr of Bishop*) Mgr.

Br (*abbr of brother*) RELIG F.

BR (*abbr of British Rail*) *n* ≃ SNCF *f*.

bra [brɑː] *n* soutien-gorge *m*.

brace [breɪs] ⬥ *n* - **1.** [on teeth] appareil *m*

(dentaire) **- 2.** [on leg] appareil *m* orthopédique **- 3.** [pair] paire *f*, couple *m* ⟷ *vt* **- 1.** [steady] soutenir, consolider ; **to ~ o.s.** s'accrocher, se cramponner **- 2.** fig [prepare] : **to ~ o.s. (for sthg)** se préparer (à qqch).

◆ **braces** *npl* Br bretelles *fpl*.

bracelet ['breɪslɪt] *n* bracelet *m*.

bracing ['breɪsɪŋ] *adj* vivifiant(e).

bracken ['brækn] *n* fougère *f*.

bracket ['brækɪt] ⟷ *n* **- 1.** [support] support *m* **- 2.** [parenthesis - round] parenthèse *f* ; [- square] crochet *m* ; **in ~s** entre parenthèses/crochets **- 3.** [group] : **age/income ~** tranche *f* d'âge/de revenus ⟷ *vt* **- 1.** [enclose in brackets] mettre entre parenthèses/crochets **- 2.** [group] : **to ~ sb/sthg (together) with** mettre qqn/qqch dans le même groupe que.

brackish ['brækɪʃ] *adj* saumâtre.

brag [bræg] (*pt* & *pp* **-ged** ; *cont* **-ging**) *vi* se vanter.

braid [breɪd] ⟷ *n* **- 1.** [on uniform] galon *m* **- 2.** [of hair] tresse *f*, natte *f* ⟷ *vt* [hair] tresser, natter.

braille [breɪl] *n* braille *m*.

brain [breɪn] *n* cerveau *m* ; **he's got money on the ~** il ne pense qu'à l'argent.

◆ **brains** *npl* [intelligence] intelligence *f* ; **to pick sb's ~s** faire appel aux lumières de qqn ; **to rack** Br OR **cudgel** Am **one's ~s** se creuser la tête OR la cervelle.

brainchild ['breɪntʃaɪld] *n* inf idée *f* personnelle, invention *f* personnelle.

brain death *n* mort *f* cérébrale, coma *m* dépassé.

brain drain *n* fuite *f* OR exode *m* des cerveaux.

brainless ['breɪnlɪs] *adj* stupide.

brainstorm ['breɪnstɔːm] *n* **- 1.** Br [mental aberration] moment *m* d'aberration **- 2.** Am [brilliant idea] idée *f* géniale OR de génie.

brainstorming ['breɪnstɔːmɪŋ] *n* brainstorming *m*.

brainteaser ['breɪnˌtiːzəʳ] *n* colle *f*.

brainwash ['breɪnwɒʃ] *vt* faire un lavage de cerveau à.

brainwave ['breɪnweɪv] *n* idée *f* géniale OR de génie.

brainy ['breɪnɪ] (*compar* **-ier** ; *superl* **-iest**) *adj* inf intelligent(e).

braise [breɪz] *vt* braiser.

brake [breɪk] ⟷ *n* lit & fig frein *m* ⟷ *vi* freiner.

brake horsepower *n* puissance *f* de freinage.

brake light *n* stop *m*, feu *m* arrière.

brake lining *n* garniture *f* de frein.

brake pedal *n* (pédale *f* de) frein *m*.

brake shoe *n* sabot *m* OR patin *m* de frein.

bramble ['bræmbl] *n* [bush] ronce *f* ; [fruit] mûre *f*.

bran [bræn] *n* son *m*.

branch [brɑːntʃ] ⟷ *n* **- 1.** [of tree, subject] branche *f* **- 2.** [of railway] bifurcation *f*, embranchement *m* **- 3.** [of company] filiale *f*, succursale *f* ; [of bank] agence *f* ⟷ *vi* bifurquer.

◆ **branch off** *vi* bifurquer.

◆ **branch out** *vi* [person, company] étendre ses activités, se diversifier.

branch line *n* RAIL ligne *f* secondaire.

brand [brænd] ⟷ *n* **- 1.** COMM marque *f* **- 2.** fig [type, style] type *m*, genre *m* ⟷ *vt* **- 1.** [cattle] marquer au fer rouge **- 2.** fig [classify] : **to ~ sb (as) sthg** étiqueter qqn comme qqch, coller à qqn l'étiquette de qqch.

brandish ['brændɪʃ] *vt* brandir.

brand leader *n* marque *f* dominante.

brand name *n* marque *f*.

brand-new *adj* flambant neuf (flambant neuve), tout neuf (toute neuve).

brandy ['brændɪ] (*pl* **-ies**) *n* cognac *m*.

brash [bræʃ] *adj* effronté(e).

Brasilia [brəˈzɪljə] *n* Brasilia.

brass [brɑːs] *n* **- 1.** [metal] laiton *m*, cuivre *m* jaune **- 2.** MUS : **the ~** les cuivres *mpl*.

brass band *n* fanfare *f*.

brasserie ['bræsərɪ] *n* brasserie *f*.

brassiere [Br 'bræsɪəʳ, Am brəˈzɪr] *n* soutien-gorge *m*.

brass knuckles *npl* Am coup-de-poing *m* américain.

brass tacks *npl* inf : **to get down to ~** en venir aux choses sérieuses.

brat [bræt] *n* inf pej sale gosse *m*.

bravado [brəˈvɑːdəʊ] *n* bravade *f*.

brave [breɪv] ⟷ *adj* courageux(euse), brave ⟷ *n* guerrier *m* indien, brave *m* ⟷ *vt* braver, affronter.

bravely ['breɪvlɪ] *adv* courageusement, vaillamment.

bravery ['breɪvərɪ] *n* courage *m*, bravoure *f*.

bravo [ˌbrɑːˈvəʊ] *excl* bravo!

brawl [brɔːl] *n* bagarre *f*, rixe *f*.

brawn [brɔːn] *n* (U) **- 1.** [muscle] muscle *m* **- 2.** Br [meat] fromage *m* de tête.

brawny ['brɔːnɪ] (*compar* -ier ; *superl* -iest) *adj* musclé(e).

bray [breɪ] *vi* [donkey] braire.

brazen ['breɪzn] *adj* [person] effronté(e), impudent(e) ; [lie] éhonté(e).

➤ **brazen out** *vt sep* : **to ~ it out** crâner.

brazier ['breɪzjəʳ] *n* brasero *m*.

Brazil [brə'zɪl] *n* Brésil *m* ; **in ~** au Brésil.

Brazilian [brə'zɪljən] <> *adj* brésilien(enne) <> *n* Brésilien *m*, -enne *f*.

brazil nut *n* noix *f* du Brésil.

breach [briːtʃ] <> *n* **- 1.** [of law, agreement] infraction *f*, violation *f* ; [of promise] rupture *f* ; **to be in ~ of sthg** enfreindre OR violer qqch ; **~ of confidence** abus *m* de confiance ; **~ of contract** rupture *f* de contrat **- 2.** [opening, gap] trou *m*, brèche *f* ; **to step into the ~** remplacer quelqu'un au pied levé **- 3.** [in friendship, marriage] brouille *f* <> *vt* **- 1.** [agreement, contract] rompre **- 2.** [make hole in] faire une brèche dans.

breach of the peace *n* atteinte *f* à l'ordre public.

bread [bred] *n* pain *m* ; **~ and butter** tartine *f* beurrée, pain beurré ; *fig* gagne-pain *m*.

bread bin Br, **bread box** Am *n* boîte *f* à pain.

breadboard ['bredbɔːd] *n* planche *f* à pain.

bread box Am = bread bin.

breadcrumbs ['bredkrʌmz] *npl* chapelure *f*.

breaded ['bredɪd] *adj* pané(e).

breadline ['bredlaɪn] *n* : **to be on the ~** être sans ressources OR sans le sou.

breadth [bretθ] *n* **- 1.** [width] largeur *f* **- 2.** *fig* [scope] ampleur *f*, étendue *f*.

breadwinner ['bred,wɪnəʳ] *n* soutien *m* de famille.

break [breɪk] (*pt* broke ; *pp* broken) <> *n* **- 1.** [gap] : **~ (in)** trouée *f* (dans) **- 2.** [fracture] fracture *f* **- 3.** [change] : **a ~ with tradition** une rupture d'avec les traditions **- 4.** [pause - gen] pause *f* ; [- at school] récréation *f* ; **to take a ~** [short] faire une pause ; [longer] prendre des jours de congé ; **without a ~** sans interruption ; **to have a ~ from doing sthg** arrêter de faire qqch **- 5.** *inf* [luck] : **(lucky) ~** chance *f*, veine *f* **- 6.** *literary* [of day] : **at ~ of day** au point du jour, à l'aube **- 7.** COMPUT [key] break *m* <> *vt* **- 1.** [gen] casser, briser ; **to ~ one's arm/leg** se casser le bras/la jambe ; **the river broke its banks** la rivière est sortie de son lit ; **to ~ a habit** se défaire d'une (mauvaise) habitude ; **to ~ sb's hold** se dégager de l'étreinte de qqn ; **to ~ a record** battre un record ; **to ~ a strike** briser une grève **- 2.** [inter-

rupt - journey] interrompre ; [- contact, silence] rompre **- 3.** [not keep - law, rule] enfreindre, violer ; [- promise] manquer à **- 4.** [tell] : **to ~ the news of sthg to sb** annoncer la nouvelle (de qqch à qqn) **- 5.** TENNIS : **to ~ sb's serve** prendre le service de qqn <> *vi* **- 1.** [gen] se casser, se briser ; **to ~ loose** OR **free** se dégager, s'échapper **- 2.** [pause] s'arrêter, faire une pause **- 3.** [day] poindre, se lever **- 4.** [weather] se gâter **- 5.** [wave] se briser **- 6.** [voice - with emotion] se briser ; [- at puberty] muer **- 7.** [news] se répandre, éclater **- 8.** *phr* : **to ~ even** rentrer dans ses frais.

➤ **break away** *vi* **- 1.** [escape] s'échapper **- 2.** [end relationship] : **to ~ away (from sb)** abandonner (qqn), quitter (qqn).

➤ **break down** <> *vt sep* **- 1.** [destroy - barrier] démolir ; [- door] enfoncer **- 2.** [analyse] analyser **- 3.** [substance] décomposer <> *vi* **- 1.** [car, machine] tomber en panne ; [resistance] céder ; [negotiations] échouer **- 2.** [emotionally] fondre en larmes, éclater en sanglots **- 3.** [decompose] se décomposer.

➤ **break in** <> *vi* **- 1.** [burglar] entrer par effraction **- 2.** [interrupt] : **to ~ in (on sb/sthg)** interrompre (qqn/qqch) <> *vt sep* **- 1.** [horse] dresser ; [person] rompre, accoutumer **- 2.** [shoes] faire.

➤ **break into** *vt fus* **- 1.** [subj : burglar] entrer par effraction dans **- 2.** [begin] : **to ~ into song/applause** se mettre à chanter/ applaudir **- 3.** [become involved in] : **to ~ into a market** pénétrer un marché ; **to ~ into the music business** percer dans la chanson.

➤ **break off** <> *vt sep* **- 1.** [detach] détacher **- 2.** [talks, relationship] rompre ; [holiday] interrompre <> *vi* **- 1.** [become detached] se casser, se détacher **- 2.** [stop talking] s'interrompre, se taire **- 3.** [stop working] faire une pause, s'arrêter de travailler.

➤ **break out** *vi* **- 1.** [begin - fire] se déclarer ; [- fighting] éclater **- 2.** [skin, person] : **to ~ out in spots** se couvrir de boutons **- 3.** [escape] : **to ~ out (of)** s'échapper (de), s'évader (de).

➤ **break through** <> *vt fus* [subj : sun] percer ; **she broke through the crowd** elle se fraya un chemin à travers la foule <> *vi* [sun] percer.

➤ **break up** <> *vt sep* **- 1.** [into smaller pieces] mettre en morceaux **- 2.** [end - marriage, relationship] détruire ; [- fight, party] mettre fin à <> *vi* **- 1.** [into smaller pieces - gen] se casser en morceaux ; [- ship] se briser **- 2.** [end - marriage, relationship] se briser ; [- talks, party] prendre fin ; [- school] finir, fermer ; **to ~ up (with sb)** rompre (avec qqn) **- 3.** [crowd] se disperser.

➤ **break with** *vt fus* rompre avec.

breakable ['breɪkəbl] *adj* cassable, fragile.

breakage ['breɪkɪdʒ] *n* bris *m*.

breakaway ['breɪkəweɪ] *adj* [faction etc] dissident(e).

break dancing *n* smurf *m*.

breakdown ['breɪkdaʊn] *n* - **1.** [of vehicle, machine] panne *f* ; [of negotiations] échec *m* ; [in communications] rupture *f* ; **nervous ~** dépression *f* nerveuse - **2.** [analysis] détail *m*.

breaker ['breɪkər] *n* [wave] brisant *m*.

breakeven [,breɪk'iːvn] *n* seuil *m* de rentabilité.

breakfast ['brekfəst] ⬦ *n* petit déjeuner *m* ⬦ *vi* : **to ~ (on)** déjeuner (de).

breakfast cereal *n* céréales *fpl*.

breakfast television *n* Br télévision *f* du matin.

break-in *n* cambriolage *m*.

breaking ['breɪkɪŋ] *n* : **~ and entering** JUR entrée *f* par effraction.

breaking point *n* limite *f*.

breakneck ['breɪknek] *adj* : **at ~ speed** à fond de train.

breakthrough ['breɪkθruː] *n* percée *f*.

breakup ['breɪkʌp] *n* [of marriage, relationship] rupture *f*.

breakup value *n* COMM valeur *f* liquidative.

bream [briːm] (*pl inv* OR **-s**) *n* brème *f*.

breast [brest] *n* - **1.** [of woman] sein *m* ; [of man] poitrine *f* - **2.** [meat of bird] blanc *m* - **3. phr** : **to make a clean ~ of it** tout avouer.

breast-feed *vt* & *vi* allaiter.

breast pocket *n* poche *f* de poitrine.

breaststroke ['breststrəʊk] *n* brasse *f*.

breath [breθ] *n* souffle *m*, haleine *f* ; **to take a deep ~** inspirer profondément ; **to go out for a ~ of (fresh) air** sortir prendre l'air ; **she/it was a ~ of fresh air** elle représentait/ c'était une véritable bouffée d'oxygène ; **out of ~** hors d'haleine, à bout de souffle ; **to get one's ~ back** reprendre haleine OR son souffle ; **to hold one's ~** lit & fig retenir son souffle ; **it took my ~ away** cela m'a coupé le souffle.

breathable ['briːðəbl] *adj* respirable.

breathalyse Br, **-yze** Am ['breθəlaɪz] *vt* ≈ faire subir l'Alcootest® à.

Breathalyser® Br, **-yzer**® Am *n* Alcootest® *m*.

breathe [briːð] ⬦ *vi* respirer ; **I can ~ more easily now** fig je respire maintenant ⬦ *vt* - **1.** [inhale] respirer - **2.** [exhale - smell] souffler des relents de.

➤ **breathe in** ⬦ *vi* inspirer ⬦ *vt sep* aspirer.

➤ **breathe out** *vi* expirer.

breather ['briːðər] *n* inf moment *m* de repos OR répit.

breathing ['briːðɪŋ] *n* respiration *f*, souffle *m*.

breathing space *n* fig répit *m*.

breathless ['breθlɪs] *adj* - **1.** [out of breath] hors d'haleine, essoufflé(e) - **2.** [with excitement] fébrile, fiévreux(euse).

breathtaking ['breθ,teɪkɪŋ] *adj* à vous couper le souffle.

breath test *n* Alcootest® *m*.

breed [briːd] (*pt* & *pp* **bred** [bred]) ⬦ *n* lit & fig race *f*, espèce *f* ⬦ *vt* - **1.** [animals, plants] élever - **2.** fig [suspicion, contempt] faire naître, engendrer ⬦ *vi* se reproduire.

breeder ['briːdər] *n* éleveur *m*, -euse *f*.

breeder reactor *n* surgénérateur *m*.

breeding ['briːdɪŋ] *n* (*U*) - **1.** [of animals, plants] élevage *m* - **2.** [manners] bonnes manières *fpl*, savoir-vivre *m*.

breeding-ground *n* fig terrain *m* propice.

breeze [briːz] ⬦ *n* brise *f* ⬦ *vi* : **to ~ in/out** [quickly] entrer/sortir en coup de vent ; [casually] entrer/sortir d'un air désinvolte.

breezeblock ['briːzblɒk] *n* Br parpaing *m*.

breezy ['briːzɪ] (*compar* **-ier** ; *superl* **-iest**) *adj* - **1.** [windy] venteux(euse) - **2.** [cheerful] jovial(e), enjoué(e).

Breton ['bretn] ⬦ *adj* breton(onne) ⬦ *n* - **1.** [person] Breton *m*, -onne *f* - **2.** [language] breton *m*.

brevity ['brevɪtɪ] *n* brièveté *f*.

brew [bruː] ⬦ *vt* [beer] brasser ; [tea] faire infuser ; [coffee] préparer, faire ⬦ *vi* - **1.** [tea] infuser ; [coffee] se faire - **2.** fig [trouble, storm] se préparer, couver.

brewer ['bruːər] *n* brasseur *m*.

brewery ['bruːərɪ] (*pl* **-ies**) *n* brasserie *f*.

briar ['braɪər] *n* églantier *m*.

bribe [braɪb] ⬦ *n* pot-de-vin *m* ⬦ *vt* : **to ~ sb (to do sthg)** soudoyer qqn (pour qu'il fasse qqch).

bribery ['braɪbərɪ] *n* corruption *f*.

bric-a-brac ['brɪkəbræk] *n* bric-à-brac *m*.

brick [brɪk] *n* brique *f*.

➤ **brick up** *vt sep* murer.

bricklayer ['brɪk,leɪər] *n* maçon *m*.

brickwork ['brɪkwɜːk] *n* briquetage *m*.

bridal ['braɪdl] *adj* [dress] de mariée ; [suite etc] nuptial(e).

bride [braɪd] n mariée f.

bridegroom ['braɪdgrʊm] n marié m.

bridesmaid ['braɪdzmeɪd] n demoiselle f d'honneur.

bridge [brɪdʒ] ◇ n - **1.** [gen] pont m ; **I'll cross that ~ when I come to it** chaque chose en son temps - **2.** [on ship] passerelle f - **3.** [of nose] arête f - **4.** [card game, for teeth] bridge m ◇ vt fig [gap] réduire.

bridging loan ['brɪdʒɪŋ-] n Br crédit-relais m.

bridle ['braɪdl] ◇ n bride f ◇ vt mettre la bride à, brider ◇ vi : **to ~ (at sthg)** se rebiffer (contre qqch).

bridle path n piste f cavalière.

brief [briːf] ◇ adj - **1.** [short] bref (brève), court(e) ; **in ~** en bref, en deux mots - **2.** [revealing] très court(e) ◇ n - **1.** JUR affaire f, dossier m - **2.** Br [instructions] instructions fpl ◇ vt : **to ~ sb (on)** [bring up to date] mettre qqn au courant (de) ; [instruct] briefer qqn (sur).
➡ **briefs** npl slip m.

briefcase ['briːfkeɪs] n serviette f.

briefing ['briːfɪŋ] n instructions fpl, briefing m.

briefly ['briːflɪ] adv - **1.** [for a short time] un instant - **2.** [concisely] brièvement.

Brig. abbr of **brigadier.**

brigade [brɪ'geɪd] n brigade f ; **fire ~** pompiers mpl.

brigadier [,brɪgə'dɪər] n général m de brigade.

bright [braɪt] adj - **1.** [room] clair(e) ; [light, colour] vif (vive) ; [sunlight] éclatant(e) ; [eyes, future] brillant(e) - **2.** [intelligent] intelligent(e).
➡ **brights** npl Am inf feux mpl de route, phares mpl.
➡ **bright and early** adv de bon matin.

brighten ['braɪtn] vi - **1.** [become lighter] s'éclaircir - **2.** [face, mood] s'éclairer.
➡ **brighten up** ◇ vt sep égayer ◇ vi - **1.** [person] s'égayer, s'animer - **2.** [weather] se dégager, s'éclaircir.

brightly ['braɪtlɪ] adv - **1.** [shine] avec éclat - **2.** [coloured] vivement - **3.** [cheerfully] gaiement.

brightness ['braɪtnɪs] n [of light, colour] éclat m ; [of TV] intensité f.

brilliance ['brɪljəns] n - **1.** [cleverness] intelligence f - **2.** [of colour, light] éclat m.

brilliant ['brɪljənt] adj - **1.** [gen] brillant(e) - **2.** [colour] éclatant(e) - **3.** inf [wonderful] super (inv), génial(e).

brilliantly ['brɪljəntlɪ] adv - **1.** [cleverly] brillamment - **2.** [coloured] vivement - **3.** [shine] avec éclat.

Brillo pad® ['brɪləʊ-] n ≃ tampon m Jex®.

brim [brɪm] (pt & pp -med ; cont -ming) ◇ n bord m ◇ vi : **to ~ with** lit & fig être plein(e) de.
➡ **brim over** vi : **to ~ over (with)** lit & fig déborder (de).

brine [braɪn] n saumure f.

bring [brɪŋ] (pt & pp brought) vt - **1.** [person] amener ; [object] apporter - **2.** [cause - happiness, shame] entraîner, causer ; **to ~ sthg to an end** mettre fin à qqch - **3.** JUR : **to ~ charges against sb** porter plainte contre qqn ; **to be brought to trial** comparaître en justice - **4.** phr : **I couldn't ~ myself to do it** je ne pouvais me résoudre à le faire.
➡ **bring about** vt sep causer, provoquer.
➡ **bring along** vt sep [person] amener ; [object] apporter.
➡ **bring around** vt sep [make conscious] ranimer.
➡ **bring back** vt sep - **1.** [object] rapporter ; [person] ramener - **2.** [memories] rappeler - **3.** [reinstate] rétablir.
➡ **bring down** vt sep - **1.** [plane] abattre ; [government] renverser - **2.** [prices] faire baisser.
➡ **bring forward** vt sep - **1.** [gen] avancer - **2.** [in bookkeeping] reporter.
➡ **bring in** vt sep - **1.** [law] introduire - **2.** [money - subj : person] gagner ; [- subj : deal] rapporter - **3.** JUR [verdict] rendre.
➡ **bring off** vt sep [plan] réaliser, réussir ; [deal] conclure, mener à bien.
➡ **bring on** vt sep [cause] provoquer, causer ; **you've brought it on yourself** tu l'as cherché.
➡ **bring out** vt sep - **1.** [product] lancer ; [book] publier, faire paraître - **2.** [cause to appear] faire ressortir.
➡ **bring round, bring to** = **bring around.**
➡ **bring up** vt sep - **1.** [raise - children] élever - **2.** [mention] mentionner - **3.** [vomit] rendre, vomir.

brink [brɪŋk] n : **on the ~ of** au bord de, à la veille de.

brisk [brɪsk] adj - **1.** [quick] vif (vive), rapide - **2.** [busy] : **business is ~** les affaires marchent bien - **3.** [manner, tone] déterminé(e) - **4.** [wind] frais (fraîche).

brisket ['brɪskɪt] n poitrine f de bœuf.

briskly ['brɪsklɪ] adv - **1.** [quickly] d'un bon pas - **2.** [efficiently, confidently] avec détermination.

bristle ['brɪsl] ◇ n poil m ◇ vi lit & fig se hérisser.
➡ **bristle with** vt fus grouiller de.

bristly ['brɪslɪ] (*compar* -ier ; *superl* -iest) *adj* aux poils raides.

Brit [brɪt] (*abbr of* **Briton**) *n inf* Britannique *mf*.

Britain ['brɪtn] *n* Grande-Bretagne *f*; **in ~** en Grande-Bretagne.

British ['brɪtɪʃ] <> *adj* britannique <> *npl* : **the ~** les Britanniques *mpl*.

British Columbia [kə'lʌmbɪə] *n* Colombie-Britannique *f*; **in ~** en Colombie-Britannique.

British Council *n* : **the ~** *organisme culturel public.*

Britisher ['brɪtɪʃəʳ] *n* **Am** Anglais *m*, -e *f*, Britannique *mf*.

British Isles *npl* : **the ~** les îles *fpl* Britanniques.

British Rail *n société des chemins de fer britanniques*, ≃ SNCF *f*.

British Summer Time *n* heure *f* d'été (*en Grande-Bretagne*).

British Telecom [-'telɪkɒm] *n société britannique de télécommunications.*

Briton ['brɪtn] *n* Britannique *mf*.

Britpop ['brɪtpɒp] *n tendance musicale des années 1990 en Grande-Bretagne.*

Brittany ['brɪtənɪ] *n* Bretagne *f*; **in ~** en Bretagne.

brittle ['brɪtl] *adj* fragile.

Bro [brəʊ] = **Br.**

broach [brəʊtʃ] *vt* [subject] aborder.

broad [brɔːd] *adj* - **1.** [wide - gen] large ; [- range, interests] divers(e), varié(e) - **2.** [description] général(e) - **3.** [hint] transparent(e) ; [accent] prononcé(e).

➡ **in broad daylight** *adv* en plein jour.

B road *n* **Br** route *f* départementale.

broad bean *n* fève *f*, gourgane *f* Can.

broadcast ['brɔːdkɑːst] (*pt* & *pp* broadcast) <> *n* RADIO & TV émission *f* <> *vt* RADIO radiodiffuser, diffuser ; TV téléviser.

broadcaster ['brɔːdkɑːstəʳ] *n* personnalité *f* de la télévision/de la radio.

broadcasting ['brɔːdkɑːstɪŋ] *n* (U) RADIO radiodiffusion *f*; TV télévision *f*.

broaden ['brɔːdn] <> *vt* élargir <> *vi* s'élargir.

➡ **broaden out** <> *vt sep* élargir <> *vi* s'élargir, s'étendre.

broadly ['brɔːdlɪ] *adv* - **1.** [generally] générale-ment ; **~ speaking** parlant généralement - **2.** [smile] jusqu'aux oreilles.

broadly-based [-'beɪst] *adj* varié(e), divers(e).

broadminded [ˌbrɔːd'maɪndɪd] *adj* large d'esprit.

broadsheet ['brɔːdʃiːt] *n* journal *m* de qualité.

brocade [brə'keɪd] *n* brocart *m*.

broccoli ['brɒkəlɪ] *n* brocoli *m*.

brochure ['brəʊʃəʳ] *n* brochure *f*, prospectus *m*.

brogues [brəʊgz] *npl* chaussures lourdes souvent ornées de petits trous.

broil [brɔɪl] *vt* **Am** griller, faire cuire au gril.

broiler ['brɔɪləʳ] *n* - **1.** [young chicken] poulet *m* (à rôtir) - **2. Am** [pan] gril *m*.

broke [brəʊk] <> *pt* ▷ **break** <> *adj inf* fauché(e) ; **to go ~** [company] faire faillite ; **to go for ~** risquer le tout pour le tout.

broken ['brəʊkn] <> *pp* ▷ **break** <> *adj* - **1.** [gen] cassé(e) ; **to have a ~ leg** avoir la jambe cassée - **2.** [interrupted - journey, sleep] interrompu(e) ; [- line] brisé(e) - **3.** [promise] non respecté(e) - **4.** [marriage] brisé(e), dé-truit(e) ; [home] désuni(e) - **5.** [hesitant] : **to speak in ~ English** parler un anglais hési-tant.

broken-down *adj* - **1.** [not working] en panne - **2.** [dilapidated] délabré(e).

broker ['brəʊkəʳ] *n* courtier *m* ; **(insurance) ~** assureur *m*, courtier *m* d'assurances.

brokerage ['brəʊkərɪdʒ] *n* courtage *m*.

brolly ['brɒlɪ] (*pl* -ies) *n* **Br** *inf* pépin *m*.

bronchitis [brɒŋ'kaɪtɪs] *n* (U) bronchite *f*.

bronze [brɒnz] <> *adj* [colour] (couleur) bron-ze (inv) <> *n* - **1.** [gen] bronze *m* - **2.** = **bronze medal** <> *comp* en bronze.

bronzed [brɒgnzd] *adj* bronzé(e).

bronze medal *n* médaille *f* de bronze.

brooch [brəʊtʃ] *n* broche *f*.

brood [bruːd] <> *n* - **1.** [of animals] couvée *f* - **2. fig** [of children] nichée *f*, marmaille *f* <> *vi* to ~ (over OR about sthg) ressasser (qqch), remâcher (qqch).

broody ['bruːdɪ] (compar **-ier** ; superl **-iest**) adj **- 1.** [sad] triste, cafardeux(euse) **- 2.** [hen] couveuse.

brook [brʊk] ⬥ n ruisseau m ⬥ vt fml tolérer, souffrir.

broom [bruːm] n balai m.

broomstick ['bruːmstɪk] n manche m à balai.

Bros, bros (abbr of **brothers**) Frères.

broth [brɒθ] n bouillon m.

brothel ['brɒθl] n bordel m.

brother ['brʌðər] ⬥ n frère m ⬥ excl Am inf ben, dis-donc !

brotherhood ['brʌðəhʊd] n **- 1.** [companionship] fraternité f **- 2.** [organization] confrérie f, société f.

brother-in-law (pl **brothers-in-law**) n beau-frère m.

brotherly ['brʌðəlɪ] adj fraternel(elle).

brought [brɔːt] pt & pp ⬅ **bring**.

brow [braʊ] n **- 1.** [forehead] front m **- 2.** [eyebrow] sourcil m ; **to knit one's ~s** froncer les sourcils **- 3.** [of hill] sommet m.

browbeat ['braʊbiːt] (pt **browbeat** ; pp **-en**) vt rudoyer, brutaliser.

browbeaten ['braʊbiːtn] adj opprimé(e), tyrannisé(e).

brown [braʊn] ⬥ adj **- 1.** [colour] brun(e), marron (inv) ; **~ bread** pain m bis **- 2.** [tanned] bronzé(e), hâlé(e) ⬥ n [colour] marron m, brun m ; **in ~** en marron ⬥ vt [food] faire dorer.

Brownie (Guide) ['braʊnɪ-] n ≃ jeannette f

Brownie point ['braʊnɪ-] n bon point m.

brown paper n papier m d'emballage, papier kraft.

brown rice n riz m complet.

brown sugar n sucre m roux.

browse [braʊz] ⬥ vi **- 1.** [look] : **I'm just browsing** [in shop] je ne fais que regarder ; **to ~ through** [magazines etc] feuilleter **- 2.** [animal] brouter **- 3.** COMPUT naviguer ⬥ vt [file, document] parcourir ; **to ~ a site** COMPUT naviguer sur un site.

browser ['braʊzər] n navigateur m, browser m.

bruise [bruːz] ⬥ n bleu m ⬥ vt **- 1.** [skin, arm] se faire un bleu à ; [fruit] taler **- 2.** fig [pride] meurtrir, blesser ⬥ vi [person] se faire un bleu ; [fruit] se taler.

bruised [bruːzd] adj **- 1.** [skin, arm] qui a des bleus ; [fruit] talé(e) **- 2.** fig [pride] meurtri(e), blessé(e).

Brum [brʌm] n Br inf surnom donné à la ville de Birmingham.

Brummie, Brummy ['brʌmɪ] n Br inf habitant de Birmingham.

brunch [brʌntʃ] n brunch m.

Brunei ['bruːnaɪ] n Brunei m ; **in ~** au Brunei.

brunette [bruːˈnet] n brunette f.

brunt [brʌnt] n : **to bear** OR **take the ~ of** subir le plus gros de.

brush [brʌʃ] ⬥ n **- 1.** [gen] brosse f ; [of painter] pinceau m **- 2.** [encounter] : **to have a ~ with the police** avoir des ennuis avec la police ⬥ vt **- 1.** [clean with brush] brosser **- 2.** [move with hand] : **he ~ed away some crumbs** il a enlevé quelques miettes (avec sa main) **- 3.** [touch lightly] effleurer.

➤ **brush aside** vt sep fig écarter, repousser.

➤ **brush off** vt sep [dismiss] envoyer promener.

➤ **brush up** ⬥ vt sep [revise] réviser ⬥ vi : **to ~ up on sthg** réviser qqch.

brushed [brʌʃt] adj [metal] poli(e) ; [cotton, nylon] peigné(e).

brush-off n inf : **to give sb the ~** envoyer promener qqn.

brush-up n inf : **to have a wash and ~** se donner un coup de peigne.

brushwood ['brʌʃwʊd] n (U) brindilles fpl.

brushwork ['brʌʃwɜːk] n [of painter] touche f.

brusque [bruːsk] adj brusque.

Brussels ['brʌslz] n Bruxelles.

brussels sprout n chou m de Bruxelles.

brutal ['bruːtl] adj brutal(e).

brutality [bruːˈtælətɪ] (pl **-ies**) n brutalité f.

brutalize, -ise ['bruːtəlaɪz] vt brutaliser.

brute [bruːt] ⬥ adj [force] brutal(e) ⬥ n brute f.

bs abbr of **bill of sale**.

BS (abbr of **Bachelor of Science**) n (titulaire d'une) licence de sciences.

BSA (abbr of **Boy Scouts of America**) n association américaine de scouts.

BSc (abbr of **Bachelor of Science**) n (titulaire d'une) licence de sciences.

BSE (abbr of **bovine spongiform encephalopathy**) n EBS f.

BSI (abbr of **British Standards Institution**) n association britannique de normalisation, ≃ AFNOR f.

B-side n face f B.

BST - 1. (abbr of **British Summer Time**) heure d'été britannique **- 2.** (abbr of **British Standard Time**) heure officielle britannique.

Bt. *abbr of* baronet.

BT (*abbr of* **British Telecom**) *n* société britannique de télécommunications.

btu (*abbr of* **British thermal unit**) *n* unité de chaleur (1055 joules).

bubble ['bʌbl] ◇ *n* bulle *f* ◇ *vi* - **1.** [liquid] faire des bulles, bouillonner - **2.** fig [person] : **to ~ with** déborder de.

bubble bath *n* bain *m* moussant.

bubble gum *n* bubble-gum *m*.

bubblejet printer ['bʌbldʒet-] *n* imprimante *f* à jet d'encre.

bubbly ['bʌblɪ] (*compar* -ier ; *superl* -iest) ◇ *adj* - **1.** [water] pétillant(e) - **2.** fig [lively] plein(e) de vie ◇ *n* inf champagne *m*.

Bucharest [,bjuːkəˈrest] *n* Bucarest.

buck [bʌk] ◇ *n* - **1.** [male animal] mâle *m* - **2.** inf [dollar] dollar *m* ; **to make a fast ~** gagner facilement du fric - **3.** inf [responsibility] : **the ~ stops here** maintenant, j'en prends la responsabilité ; **to pass the ~** refiler la responsabilité ◇ *vt* - **1.** [subj : horse] désarçonner d'une ruade - **2.** inf [trend] : **to ~ the trend** aller à contre-courant ◇ *vi* [horse] ruer.

◆ **buck up** inf ◇ *vt sep* - **1.** [improve] : **~ your ideas up!** reprenez-vous! - **2.** [cheer up] : **to ~ sb up** remonter le moral à qqn ◇ *vi* - **1.** [hurry up] se remuer, se dépêcher - **2.** [cheer up] ne pas se laisser abattre.

bucket ['bʌkɪt] *n* - **1.** [gen] seau *m* - **2.** inf fig [lots] : **~s of rain** des trombes d'eau ; **he has ~s of charm** il a énormément de charme ; **she has ~s of money** elle est pleine aux as.

Buckingham Palace ['bʌkɪŋəm-] *n* le palais de Buckingham (*résidence officielle du souverain britannique*).

buckle ['bʌkl] ◇ *n* boucle *f* ◇ *vt* - **1.** [fasten] boucler - **2.** [bend] voiler ◇ *vi* [wheel] se voiler ; [knees, legs] se plier.

◆ **buckle down** *vi* : **to ~ down (to)** s'atteler (à).

Bucks [bʌks] (*abbr of* **Buckinghamshire**) comté anglais.

buckshot ['bʌkʃɒt] *n* chevrotine *f*.

buckskin ['bʌkskɪn] *n* (U) peau *f* de daim.

buckteeth [,bʌk'tiːθ] *npl* dents *fpl* en avant.

buckwheat ['bʌkwiːt] *n* blé *m* noir.

bud [bʌd] (*pt & pp* -ded ; *cont* -ding) ◇ *n* bourgeon *m* ; **to nip sthg in the ~** fig écraser OR étouffer qqch dans l'œuf ◇ *vi* bourgeonner.

Budapest [,bjuːdə'pest] *n* Budapest.

Buddha ['bʊdə] *n* Bouddha *m*.

Buddhism ['bʊdɪzm] *n* bouddhisme *m*.

Buddhist ['bʊdɪst] ◇ *adj* bouddhiste ◇ *n* bouddhiste *mf*.

budding ['bʌdɪŋ] *adj* [writer, artist] en herbe.

buddy ['bʌdɪ] (*pl* -ies) *n* inf pote *m*.

budge [bʌdʒ] ◇ *vt* faire bouger ◇ *vi* bouger.

budgerigar ['bʌdʒərɪgɑːr] *n* perruche *f*.

budget ['bʌdʒɪt] ◇ *adj* [holiday, price] pour petits budgets ◇ *n* budget *m* ; **the Budget** Br le budget ◇ *vt* budgétiser ◇ *vi* préparer un budget.

◆ **budget for** *vt fus* prévoir.

budget account *n* Br compte-crédit *m*.

budgetary ['bʌdʒɪtrɪ] *adj* budgétaire.

budgie ['bʌdʒɪ] *n* inf perruche *f*.

Buenos Aires [,bwenəs'aɪrɪz] *n* Buenos Aires.

buff [bʌf] ◇ *adj* [brown] chamois (*inv*) ◇ *n* inf [expert] mordu *m*, -e *f*.

buffalo ['bʌfələʊ] (*pl inv* OR -es OR -s) *n* buffle *m*.

buffer ['bʌfər] *n* - **1.** [gen] tampon *m* - **2.** COMPUT mémoire *f* tampon.

buffer state *n* État *m* tampon.

buffet¹ [Br 'bʊfeɪ, Am bə'feɪ] *n* [food, cafeteria] buffet *m*.

buffet² ['bʌfɪt] *vt* [physically] frapper.

buffet car ['bʊfeɪ-] *n* wagon-restaurant *m*.

buffoon [bə'fuːn] *n* bouffon *m*.

bug [bʌg] (*pt & pp* -ged ; *cont* -ging) ◇ *n* - **1.** [insect] punaise *f* - **2.** inf [germ] microbe *m* - **3.** inf [listening device] micro *m* - **4.** COMPUT bogue *m*, bug *m* - **5.** [enthusiasm] : **the travel ~** le virus des voyages ◇ *vt* - **1.** inf [telephone] mettre sur table d'écoute ; [room] cacher des micros dans - **2.** inf [annoy] embêter.

bugbear ['bʌgbeər] *n* cauchemar *m*.

bugger ['bʌgər] Br v inf ◇ *n* - **1.** [person] con *m*, conne *f* - **2.** [job] : **this job's a real ~!** ce travail est vraiment chiant! ◇ *excl* merde! ◇ *vt* : **~ it!** merde alors!

◆ **bugger off** *vi* : **~ off!** fous le camp!

buggy ['bʌgɪ] (*pl* -ies) *n* - **1.** [carriage] boghei *m* - **2.** [pushchair] poussette *f* ; Am [pram] landau *m*.

bugle ['bjuːgl] *n* clairon *m*.

build [bɪld] (*pt & pp* built) ◇ *vt* lit & fig construire, bâtir ◇ *n* carrure *f*.

◆ **build into** *vt sep* - **1.** CONSTR encastrer - **2.** [include in] inclure dans.

◆ **build on, build upon** ◇ *vt fus* [success] tirer avantage de ◇ *vt sep* [base on] baser sur.

◆ **build up** ◇ *vt sep* [business] développer ; [reputation] bâtir ; **to ~ up one's strength** reprendre des forces ⬦ *vi* [clouds] s'amonceler ; [traffic] augmenter.

builder ['bɪldə'] *n* entrepreneur *m*.

building ['bɪldɪŋ] *n* bâtiment *m*.

building and loan association *n* Am société d'épargne et de financement immobilier.

building block *n* - **1.** [toy] cube *m* - **2.** fig [element] élément *m*, composante *f*.

building contractor *n* entrepreneur *m*.

building site *n* chantier *m*.

building society *n* Br ≃ société *f* d'épargne et de financement immobilier.

> **BUILDING SOCIETY**
>
> Les « building societies » fonctionnent comme des banques, mais n'ont pas de système de compensation. Établissements consentant des prêts immobiliers aux particuliers, elles jouent un rôle important dans la vie en Grande-Bretagne.

buildup ['bɪldʌp] *n* [increase] accroissement *m*.

built [bɪlt] ⬦ *pt* & *pp* ⊳ **build** ⬦ *adj* [person] bâti(e).

built-in *adj* - **1.** CONSTR encastré(e) - **2.** [inherent] inné(e).

built-up *adj* : ~ **area** agglomération *f*.

bulb [bʌlb] *n* - **1.** ELEC ampoule *f* - **2.** BOT oignon *m* - **3.** [of thermometer] cuvette *f*.

bulbous ['bʌlbəs] *adj* bulbeux(euse).

Bulgaria [bʌl'geəriə] *n* Bulgarie *f ;* **in ~** en Bulgarie.

Bulgarian [bʌl'geəriən] ⬦ *adj* bulgare ⬦ *n* - **1.** [person] Bulgare *mf* - **2.** [language] bulgare *m*.

bulge [bʌldʒ] ⬦ *n* - **1.** [lump] bosse *f* - **2.** [in sales etc] croissance *f* soudaine ⬦ *vi :* **to ~ (with)** être gonflé (de).

bulging ['bʌldʒɪŋ] *adj* [pocket, bag] bourré(e), plein(e) à craquer ; [muscles] gonflé(e).

bulimia (nervosa) [bjʊ'lɪmɪə-] *n* boulimie *f*.

bulk [bʌlk] ⬦ *n* - **1.** [mass] volume *m* - **2.** [of person] corpulence *f* - **3.** COMM : **in ~** en gros - **4.** [majority] : **the ~ of** le plus gros de ⬦ *adj* en gros.

bulk buying *n* (*U*) achat *m* en gros.

bulkhead ['bʌlkhed] *n* cloison *f*.

bulky ['bʌlkɪ] (*compar* **-ier** ; *superl* **-iest**) *adj* volumineux(euse).

bull [bʊl] *n* - **1.** [male cow] taureau *m ;* [male elephant, seal] mâle *m* - **2.** ST EX haussier *m* - **3.** (*U*) esp Am v inf [nonsense] conneries *fpl*.

bulldog ['bʊldɒg] *n* bouledogue *m*.

bulldog clip *n* pince *f* à dessin.

bulldoze ['bʊldəʊz] *vt* - **1.** CONSTR passer au bulldozer - **2.** fig [force] : **to ~ one's way** forcer son chemin ; **to ~ sb into doing sthg** contraindre OR forcer qqn à faire qqch.

bulldozer ['bʊldəʊzə'] *n* bulldozer *m*.

bullet ['bʊlɪt] *n* [for gun] balle *f*.

bulletin ['bʊlətɪn] *n* bulletin *m*.

bulletin board *n* esp Am tableau *m* d'affichage.

bullet-proof *adj* pare-balles (*inv*).

bullfight ['bʊlfaɪt] *n* corrida *f*.

bullfighter ['bʊl,faɪtə'] *n* toréador *m*.

bullfighting ['bʊl,faɪtɪŋ] *n* (*U*) courses *fpl* de taureaux ; [art] tauromachie *f*.

bullfinch ['bʊlfɪntʃ] *n* bouvreuil *m*.

bullion ['bʊljən] *n* (*U*) : **gold ~** or *m* en barres.

bullish ['bʊlɪʃ] *adj* ST EX à la hausse.

bull market *n* ST EX marché *m* à la hausse.

bullock ['bʊlək] *n* bœuf *m*.

bullring ['bʊlrɪŋ] *n* arène *f*.

bullrush ['bʊlrʌʃ] = **bulrush**.

bull's-eye *n* centre *m*.

bullshit ['bʊlʃɪt] (*pt* & *pp* **-ted** ; *cont* **-ting**) vulg ⬦ *n* (*U*) conneries *fpl* ⬦ *vi* dire des conneries.

bull terrier *n* bull-terrier *m*.

bully ['bʊlɪ] (*pl* **-ies**, *pt* & *pp* **-ied**) ⬦ *n* tyran *m* ⬦ *vt* tyranniser, brutaliser ; **to ~ sb into doing sthg** forcer OR obliger qqn à faire qqch.

bullying ['bʊlɪŋ] *n* (*U*) brimades *fpl*.

bulrush ['bʊlrʌʃ] *n* jonc *m*.

bum [bʌm] (*pt* & *pp* **-med** ; *cont* **-ming**) *n* - **1.** inf [bottom] derrière *m* - **2.** inf pej [tramp] clochard *m* - **3.** inf [idler] bon à rien *m*.

◆ **bum around** *vi* inf - **1.** [waste time] perdre son temps - **2.** [travel aimlessly] se balader.

bumblebee ['bʌmblbi:] *n* bourdon *m*.

bumbling ['bʌmblɪŋ] *adj* inf empoté(e).

bumf [bʌmf] (*U*) Br *n* inf paperasses *fpl*.

bump [bʌmp] ⬦ *n* - **1.** [lump] bosse *f* - **2.** [knock, blow] choc *m* - **3.** [noise] bruit *m* sourd ⬦ *vt* [head etc] cogner ; [car] heurter ⬦ *vi* [car] : **to ~ along** cahoter.

◆ **bump into** *vt fus* [meet by chance] rencontrer par hasard.

◆ **bump off** *vt sep* inf liquider.

◆ **bump up** *vt sep* inf faire grimper.

bumper ['bʌmpə'] ⬦ *adj* [harvest, edition] exceptionnel(elle) ⬦ *n* - **1.** AUT pare-chocs *m inv* - **2.** Am RAIL tampon *m*.

bumper-to-bumper *adj* pare-chocs contre pare-chocs.

bumph [bʌmf] = bumf.

bumptious ['bʌmpʃəs] adj suffisant(e).

bumpy ['bʌmpɪ] (compar -ier ; superl -iest) adj - **1.** [surface] défoncé(e) - **2.** [ride] cahoteux(euse) ; [sea crossing] agité(e).

bun [bʌn] n - **1.** [cake] petit pain m aux raisins ; [bread roll] petit pain au lait - **2.** [hairstyle] chignon m.

bunch [bʌntʃ] ⬦ n [of people] groupe m ; [of flowers] bouquet m ; [of grapes] grappe f ; [of bananas] régime m ; [of keys] trousseau m ⬦ vt grouper ⬦ vi se grouper.

➥ **bunches** npl [hairstyle] couettes fpl.

bundle ['bʌndl] ⬦ n [of clothes] paquet m ; [of notes, newspapers] liasse f ; [of wood] fagot m ⬦ vt [put roughly - person] entasser ; [- clothes] fourrer, entasser.

➥ **bundle off** vt sep [person] envoyer en hâte.

➥ **bundle up** vt sep [clothes] mettre en tas ; [newspapers] mettre en liasse ; [wood] mettre en fagot.

bundled software n (U) COMPUT logiciel m inclus à l'achat d'un ordinateur.

bung [bʌŋ] ⬦ n bonde f ⬦ vt Br inf envoyer.

bungalow ['bʌŋgələʊ] n bungalow m.

bunged up [bʌŋd-] adj bouché(e).

bungee-jumping ['bʌndʒɪ-] n saut m à l'élastique.

bungle ['bʌŋgl] vt gâcher, bâcler.

bunion ['bʌnjən] n oignon m.

bunk [bʌŋk] n - **1.** [bed] couchette f - **2.** (U) inf [nonsense] foutaises fpl - **3.** phr : to do a ~ inf mettre les voiles.

bunk bed n lit m superposé.

bunker ['bʌŋkə'] n - **1.** GOLF & MIL bunker m - **2.** [for coal] coffre m.

bunkhouse ['bʌŋkhaʊs, pl -haʊzɪz] n dortoir m.

bunny ['bʌnɪ] (pl -ies) n : ~ (rabbit) lapin m.

bunny hill n Am SKI piste f pour débutants.

Bunsen burner n bec m Bunsen.

bunting ['bʌntɪŋ] n (U) guirlandes fpl (de drapeaux).

buoy [Br bɔɪ, Am 'buːɪ] n bouée f.

➥ **buoy up** vt sep [encourage] soutenir.

buoyancy ['bɔɪənsɪ] n - **1.** [ability to float] flottabilité f - **2.** fig [optimism] entrain m.

buoyant ['bɔɪənt] adj - **1.** [able to float] qui flotte - **2.** fig [person] enjoué(e) ; [economy] florissant(e) ; [market] ferme.

burden ['bɜːdn] ⬦ n lit & fig : ~ (on) charge f (pour), fardeau m (pour) ⬦ vt : to ~ sb with [responsibilities, worries] accabler qqn de.

bureau ['bjʊərəʊ] (pl -x [-z]) n - **1.** Br [desk] bureau m ; Am [chest of drawers] commode f - **2.** [office] bureau m - **3.** Am POL service m (gouvernemental).

bureaucracy [bjʊə'rɒkrəsɪ] (pl -ies) n bureaucratie f.

bureaucrat ['bjʊərəkræt] n bureaucrate mf.

bureaucratic [ˌbjʊərə'krætɪk] adj bureaucratique.

bureaux ['bjʊərəʊz] pl ➪ bureau.

burger ['bɜːgə'] n hamburger m.

burglar ['bɜːglə'] n cambrioleur m, -euse f.

burglar alarm n système m d'alarme.

burglarize Am = burgle.

burglary ['bɜːglərɪ] (pl -ies) n cambriolage m.

burgle ['bɜːgl], **burglarize** Am ['bɜːgləraɪz] vt cambrioler.

Burgundy ['bɜːgəndɪ] n Bourgogne f ; in ~ en Bourgogne.

burial ['berɪəl] n enterrement m.

burial ground n cimetière m.

burk [bɜːk] n Br inf idiot m, -e f.

Burkina Faso [bɜːˌkiːnə'fæsəʊ] n Burkina m ; in ~ au Burkina.

burly ['bɜːlɪ] (compar -ier ; superl -iest) adj bien charpenté(e).

Burma ['bɜːmə] n Birmanie f.

Burmese [ˌbɜː'miːz] ⬦ adj birman(e) ⬦ n - **1.** [person] Birman m, -e f - **2.** [language] birman m.

burn [bɜːn] (pt & pp burnt OR -ed) ⬦ vt brûler ; to ~ o.s. se brûler ; I've ~ed my hand me suis brûlé la main ⬦ vi brûler ; my skin ~s easily j'attrape facilement des coups de soleil ; to ~ with fig brûler de ⬦ n brûlure f.

➥ **burn down** ⬦ vt sep [building, town] incendier ⬦ vi - **1.** [building] brûler complètement - **2.** [fire] baisser d'intensité.

➥ **burn out** ⬦ vt sep [exhaust] : to ~ o.s. out s'user ⬦ vi [fire] s'éteindre.

➥ **burn up** ⬦ vt sep [fuel] brûler ⬦ vi [satellite] se désintégrer (sous l'effet de la chaleur).

burner ['bɜːnə'] n brûleur m.

burning ['bɜːnɪŋ] adj - **1.** [on fire] en flammes - **2.** [very hot] brûlant(e) ; [cheeks, face] en feu - **3.** [passion, desire] ardent(e) ; [interest] passionné(e) ; ~ question question f brûlante.

burnish ['bɜːnɪʃ] vt astiquer, polir.

Burns' Night [bɜːnz-] n fête célébrée en l'honneur du poète écossais Robert Burns, le 25 janvier.

burnt [bɜːnt] pt & pp ➪ burn.

burnt-out *adj* - **1.** [building, car etc] détruit(e) (par le feu) - **2.** fig [person] usé(e).

burp [bɜːp] *inf* ◇ *n* rot *m* ◇ *vi* roter.

burrow ['bʌrəʊ] ◇ *n* terrier *m* ◇ *vi* - **1.** [dig] creuser un terrier - **2.** fig [search] fouiller.

bursar ['bɜːsəʳ] *n* intendant *m*, -e *f*.

bursary ['bɜːsərɪ] (*pl* **-ies**) *n* Br [scholarship, grant] bourse *f*.

burst [bɜːst] (*pt* & *pp* burst) ◇ *vi* - **1.** [gen] éclater - **2.** [door, lid] : **to ~ open** ouvrir violemment ◇ *vt* faire éclater ◇ *n* [of gunfire] rafale *f*; [of enthusiasm] élan *m*; **a ~ of applause** un tonnerre d'applaudissements.

→ **burst into** *vt fus* - **1.** [room] faire irruption dans - **2.** [begin suddenly] : **to ~ into tears** fondre en larmes ; **to ~ into song** se mettre tout d'un coup à chanter ; **to ~ into flames** prendre feu.

→ **burst out** *vt fus* [say suddenly] s'exclamer ; **to ~ out laughing** éclater de rire ; **to ~ out crying** fondre en larmes.

bursting ['bɜːstɪŋ] *adj* - **1.** [full] plein(e), bourré(e) - **2.** [with emotion] : **~ with** débordé(e) de - **3.** [eager] : **to be ~ to do sthg** mourir d'envie de faire qqch.

Burundi [bʊ'rʊndɪ] *n* Burundi *m* ; **in ~** au Burundi.

bury ['berɪ] (*pt* & *pp* **-ied**) *vt* - **1.** [in ground] enterrer ; **to ~ o.s. in sthg** fig se plonger dans qqch - **2.** [hide] cacher, enfouir.

bus [bʌs] *n* autobus *m*, bus *m* ; [long-distance] car *m* ; **by ~** en autobus/car.

bus conductor *n* receveur *m*, -euse *f* d'autobus.

bus driver *n* conducteur *m*, -trice *f* d'autobus.

bush [bʊʃ] *n* - **1.** [plant] buisson *m* - **2.** [open country] : **the ~** la brousse - **3.** phr : **she doesn't beat about the ~** elle n'y va pas par quatre chemins.

bushel ['bʊʃl] *n* boisseau *m*.

bushy ['bʊʃɪ] (*compar* **-ier** ; *superl* **-iest**) *adj* touffu(e).

business ['bɪznɪs] ◇ *n* - **1.** (U) [commerce] affaires *fpl* ; **we do a lot of ~ with them** nous travaillons beaucoup avec eux ; **she's in the publishing ~** elle est dans l'édition ; **on ~** pour affaires ; **to mean ~** inf ne pas plaisanter ; **to go out of ~** fermer, faire faillite - **2.** [company, duty] affaire *f* ; **he had no ~ to tell you that** ce n'était pas à lui de vous le dire ; **mind your own ~!** inf occupe-toi de tes oignons ! - **3.** [affair, matter] histoire *f*, affaire *f* ◇ *comp* [meeting] d'affaires ; **~ hours** heures *fpl* ouvrables.

business address *n* adresse *f* de travail.

business card *n* carte *f* de visite.

business class *n* classe *f* affaires.

businesslike ['bɪznɪslaɪk] *adj* efficace.

businessman ['bɪznɪsmæn] (*pl* **-men** [-men]) *n* homme *m* d'affaires.

business school *n* école *f* de commerce.

business trip *n* voyage *m* d'affaires.

businesswoman ['bɪznɪsˌwʊmən] (*pl* **-women** [-ˌwɪmɪn]) *n* femme *f* d'affaires.

busker ['bʌskəʳ] *n* Br chanteur *m*, -euse *f* des rues.

bus lane *n* voie *f* des bus.

bus shelter *n* Abribus® *m*.

bus station *n* gare *f* routière.

bus stop *n* arrêt *m* de bus.

bust [bʌst] (*pt* & *pp* bust OR **-ed**) ◇ *adj* inf - **1.** [broken] foutu(e) - **2.** [bankrupt] : **to go ~** faire faillite ◇ *n* - **1.** [bosom] poitrine *f* - **2.** [statue] buste *m* - **3.** police sl [raid] descente *f* ◇ *vt* - **1.** inf [break] péter - **2.** police sl [arrest] arrêter ; [raid] faire une descente à.

bustle ['bʌsl] ◇ *n* (U) [activity] remue-ménage *m* ◇ *vi* s'affairer.

bustling ['bʌslɪŋ] *adj* [place] qui bourdonne d'activité.

bust-up *n* inf - **1.** [quarrel] engueulade *f* - **2.** [of marriage, relationship] rupture *f*.

busy ['bɪzɪ] (*compar* **-ier** ; *superl* **-iest**) ◇ *adj* - **1.** [gen] occupé(e) ; **to be ~ doing sthg** être occupé à faire qqch - **2.** [life, week] chargé(e) ; [town, office] animé(e) - **3.** esp Am TELEC [engaged] occupé(e) ◇ *vt* : **to ~ o.s. (doing sthg)** s'occuper (à faire qqch).

busybody ['bɪzɪˌbɒdɪ] (*pl* **-ies**) *n* pej mouche *f* du coche.

busy signal *n* Am TELEC tonalité *f* « occupé ».

but [bʌt] ◇ *conj* mais ; **I'm sorry, ~ I don't agree** je suis désolé, mais je ne suis pas d'accord ; **~ now let's talk about you** mais parlons plutôt de toi ◇ *prep* sauf, excepté ; **everyone was at the party ~ Jane** tout le monde était à la soirée sauf Jane ; **he has no one ~ himself to blame** il ne peut s'en prendre qu'à lui-même ◇ *adv* fml seulement, ne ... que ; **had I ~ known!** si j'avais su ! ; **we can ~ try** on peut toujours essayer ; **she has ~ recently joined the firm** elle n'est entrée dans la société que depuis peu.

→ **but for** *prep* sans ; **~ for her** sans elle.

→ **but then** *adv* mais ; **... ~ then I've known him for years** ... mais il faut dire OR il est vrai que je le connais depuis des années.

butane ['bjuːteɪn] *n* butane *m*.

butch [bʊtʃ] *adj* inf [woman] hommasse.

butcher ['bʊtʃəʳ] ◇ *n* boucher *m* ; **~'s (shop)**

boucherie f ⬦ vt - **1.** [animal] abattre - **2.** fig [massacre] massacrer.

butchery ['bʊtʃərɪ] n lit & fig boucherie f.

butler ['bʌtləʳ] n maître m d'hôtel (chez un particulier).

butt [bʌt] ⬦ n - **1.** [of cigarette, cigar] mégot m - **2.** [of rifle] crosse f - **3.** [for water] tonneau m - **4.** [of joke, criticism] cible f ⬦ vt donner un coup de tête à.

➡ **butt in** vi [interrupt] : **to ~ in on sb** interrompre qqn ; **to ~ in on sthg** s'immiscer OR s'imposer dans qqch.

butter ['bʌtəʳ] ⬦ n beurre m ; **~ wouldn't melt in her mouth** inf on lui donnerait le bon Dieu sans confession ⬦ vt beurrer.

➡ **butter up** vt sep inf passer de la pommade à.

butter bean n haricot m beurre.

buttercup ['bʌtəkʌp] n bouton m d'or.

butter dish n beurrier m.

buttered ['bʌtəd] adj [bread] beurré(e).

butterfingers ['bʌtə,fɪŋgəz] (pl inv) n inf maladroit m, -e f.

butterfly ['bʌtəflaɪ] (pl -ies) n SWIMMING & ZOOL papillon m ; **to have butterflies in one's stomach** avoir le trac.

buttermilk ['bʌtəmɪlk] n babeurre m.

butterscotch ['bʌtəskɒtʃ] n caramel m dur.

buttocks ['bʌtəks] npl fesses fpl.

button ['bʌtn] ⬦ n - **1.** [gen] bouton m - **2.** Am [badge] badge m ⬦ vt = **button up**.

➡ **button up** vt sep boutonner.

buttonhole ['bʌtnhəʊl] ⬦ n - **1.** [hole] boutonnière f - **2.** Br [flower] fleur f à la boutonnière ⬦ vt inf coincer.

button mushroom n champignon m de Paris.

buttress ['bʌtrɪs] ⬦ n contrefort m ⬦ vt [wall] soutenir, étayer.

buxom ['bʌksəm] adj bien en chair.

buy [baɪ] (pt & pp bought) ⬦ vt acheter ; **to ~ sthg from sb** acheter qqch à qqn ⬦ n : **a good ~** une bonne affaire.

➡ **buy in** vt sep Br stocker.

➡ **buy into** vt fus acquérir des parts dans.

➡ **buy off** vt sep : **to ~ sb off** acheter le silence de qqn.

➡ **buy out** vt sep - **1.** COMM racheter la part de - **2.** [from army] : **to ~ o.s. out** se racheter.

➡ **buy up** vt sep acheter en masse.

buyer ['baɪəʳ] n acheteur m, -euse f.

buyer's market n marché m acheteur.

buyout ['baɪaʊt] n rachat m.

buzz [bʌz] ⬦ n - **1.** [of insect] bourdonnement m - **2.** inf [telephone call] : **to give sb a ~** passer

un coup de fil à qqn ⬦ vi : **to ~ (with)** bourdonner (de) ⬦ vt [on intercom] appeler.

➡ **buzz off** vi Br inf : **~ off!** file!, fous le camp!

buzzard ['bʌzəd] n - **1.** Br [hawk] buse f - **2.** Am [vulture] urubu m.

buzzer ['bʌzəʳ] n sonnerie f.

buzzing ['bʌzɪŋ] n [of insect] bourdonnement m ; [of machine] ronronnement m.

buzzword ['bʌzwɜːd] n inf mot m à la mode.

by [baɪ] ⬦ prep - **1.** [indicating cause, agent] par ; **caused/written/killed ~** causé/écrit/tué par - **2.** [indicating means, method, manner] : **to dine ~ candlelight** dîner aux chandelles ; **to pay ~ cheque** payer par chèque ; **to travel ~ bus/train/plane/ship** voyager en bus/par le train/en avion/en bateau ; **he's a lawyer ~ profession** il est avocat de son métier ; **~ doing sthg** en faisant qqch ; **~ nature** de nature, de tempérament - **3.** [to explain a word or expression] par ; **what do you mean ~ "all right"?** qu'est-ce que tu veux dire par « très bien »? - **4.** [beside, close to] près de ; **~ the sea** au bord de la mer ; **I sat ~ her bed** j'étais assis à son chevet - **5.** [past] : **to pass ~ sb/sthg** passer devant qqn/qqch ; **to drive ~ sb/sthg** passer en voiture devant qqn/qqch - **6.** [via, through] par ; **come in ~ the back door** entrez par la porte de derrière - **7.** [at or before a particular time] avant, pas plus tard que ; **I'll be there ~ eight** j'y serai avant huit heures ; **~ 1914 it was all over** en 1914 c'était fini ; **~ now** déjà - **8.** [during] : **~ day** OR de jour ; **~ night** la OR de nuit - **9.** [according to] selon, suivant ; **~ law** conformément à la loi - **10.** [in arithmetic] par ; **divide/multiply 20 ~ 2** divisez/multipliez 20 par 2 - **11.** [in measurements] : **2 metres ~ 4** 2 mètres sur 4 - **12.** [in quantities, amounts] à ; **~ the yard** au mètre ; **~ the thousands** par milliers ; **paid ~ the day/week/month** payé à la journée/à la semaine/au mois ; **to cut prices ~ 50%** réduire les prix de 50% - **13.** [indicating gradual change] : **week ~ week** de semaine en semaine ; **day ~ day** jour après jour, de jour en jour ; **one ~ one** un à un, un par un - **14.** phr **(all) ~ oneself** (tout) seul ((toute) seule) ; **I'm all ~ myself today** je suis tout seul aujourd'hui ⬦ adv ➪ **go, pass** etc.

bye(-bye) [baɪ(baɪ)] excl inf au revoir!, salut!

bye-election = **by-election**.

byelaw ['baɪlɔː] = **bylaw**.

by-election n élection f partielle.

Byelorussia [bɪ,eləʊ'rʌʃə] = **Belorussia**.

bygone ['baɪgɒn] adj d'autrefois.

➡ **bygones** npl : **to let ~s be ~s** oublier le passé.

bylaw ['baɪlɔː] *n* arrêté *m*.

by-line *n* PRESS signature *f*.

bypass ['baɪpɑːs] ⬦ *n* - **1.** [road] route *f* de contournement - **2.** MED : ~ **(operation)** pontage *m* ⬦ *vt* [town, difficulty] contourner ; [subject] éviter.

by-product *n* - **1.** [product] dérivé *m* - **2.** fig [consequence] conséquence *f*.

bystander ['baɪˌstændər] *n* spectateur *m*, -trice *f*.

byte [baɪt] *n* COMPUT octet *m*.

byword ['baɪwɜːd] *n* [symbol] : **to be a ~ for** être synonyme de.

C

c¹ (*pl* c's OR cs), **C** (*pl* C's OR Cs) [siː] *n* [letter] c *m* inv, C *m* inv.
◆ **C** *n* - **1.** MUS do *m* - **2.** SCH [mark] C *m* inv - **3.** (*abbr of* Celsius, centigrade) C.

c² [siː] - **1.** (*abbr of* century) s. - **2.** (*abbr of* cent(s)) ct.

c., ca. *abbr of* circa.

c/a - **1.** *abbr of* credit account - **2.** *abbr of* current account.

CA ⬦ *n* - **1.** *abbr of* chartered accountant - **2.** (*abbr of* Consumers' Association) union de défense des consommateurs ⬦ - **1.** *abbr of* Central America - **2.** *abbr of* California.

CAA *n* - **1.** (*abbr of* Civil Aviation Authority) direction britannique de l'aviation civile - **2.** (*abbr of* Civil Aeronautics Authority) direction américaine de l'aviation civile.

cab [kæb] *n* - **1.** [taxi] taxi *m* - **2.** [of lorry] cabine *f*.

CAB (*abbr of* Citizens' Advice Bureau) *n* service britannique d'information et d'aide au consommateur.

cabaret ['kæbəreɪ] *n* cabaret *m*.

cabbage ['kæbɪdʒ] *n* [vegetable] chou *m*.

cabbie, cabby ['kæbɪ] *n* inf chauffeur *m* de taxi.

caber ['keɪbər] *n* Scot : **tossing the ~** *lancement*

d'un tronc d'arbre (épreuve des 'Highland Games').

cabin ['kæbɪn] *n* - **1.** [on ship, plane] cabine *f* - **2.** [house] cabane *f*.

cabin class *n* seconde classe *f*.

cabin cruiser *n* bateau *m* de croisière.

cabinet ['kæbɪnɪt] *n* - **1.** [cupboard] meuble *m* - **2.** POL cabinet *m*.

cabinet-maker *n* ébéniste *m*.

cabinet minister *n* ministre *m*.

cable ['keɪbl] ⬦ *n* câble *m* ⬦ *vt* [news] câbler ; [person] câbler à.

cable car *n* téléphérique *m*.

cablegram ['keɪblgræm] *n* câblogramme *m*.

cable railway *n* funiculaire *m*.

cable television, cable TV *n* télévision *f* par câble.

caboodle [kə'buːdl] *n* inf : **the whole ~** et tout le tremblement.

cache [kæʃ] ⬦ *n* - **1.** [store] cache *f* - **2.** COMPUT mémoire-cache *f*, antémémoire *f* ⬦ *vt* COMPUT stocker dans la mémoire-cache.

cachet ['kæʃeɪ] *n* cachet *m*.

cackle ['kækl] ⬦ *n* - **1.** [of hen] caquet *m* - **2.** [of person] jacassement *m* ⬦ *vi* - **1.** [hen] caqueter - **2.** [person] jacasser.

cacophony [kæ'kɒfənɪ] *n* cacophonie *f*.

cactus ['kæktəs] (*pl* -tuses [-təsiːz] OR -ti [-taɪ]) *n* cactus *m*.

CAD (*abbr of* computer-aided design) *n* CAO *f*.

caddie ['kædɪ] ⬦ *n* caddie *m* ⬦ *vi* : **to ~ for sb** servir de caddie à qqn.

caddy ['kædɪ] (*pl* -ies) *n* boîte *f* à thé.

cadence ['keɪdəns] *n* [of voice] intonation *f*.

cadet [kə'det] *n* élève *m* officier.

cadge [kædʒ] Br inf ⬦ *vt* : **to ~ sthg off** OR **from sb** taper qqn de qqch ⬦ *vi* : **to ~ off** OR **from sb** taper qqn.

Cadiz [kə'dɪz] *n* Cadix.

Caesar ['siːzər] *n* César *m*.

caesarean (section) [sɪ'zeərɪən-] Br, **cesarean (section)** Am *n* césarienne *f*.

CAF (*abbr of* cost and freight) C et F.

cafe, café ['kæfeɪ] *n* café *m*.

cafeteria [ˌkæfɪ'tɪərɪə] *n* cafétéria *f*.

cafetière [kæfə'tjeər] *n* cafetière *f* à piston.

caffeine ['kæfiːn] *n* caféine *f*.

cage [keɪdʒ] *n* [for animal] cage *f*.

caged [keɪdʒd] *adj* en cage.

cagey ['keɪdʒɪ] (*compar* -ier ; *superl* -iest) *adj* inf discret(ète).

cagoule [kə'guːl] *n* Br K-way® *m* inv.

cahoots [kə'huːts] *n* inf : **to be in ~ (with)** être de mèche (avec).

CAI (*abbr of* **computer-aided instruction**) *n* EAO *m*.

cairn [keən] *n* [pile of rocks] cairn *m*.

Cairo ['kaɪərəu] *n* Le Caire.

cajole [kə'dʒəul] *vt* : **to ~ sb (into doing sthg)** enjôler qqn (pour qu'il fasse qqch)

cake [keɪk] *n* - **1.** CULIN gâteau *m* ; [of fish, potato] croquette *f* ; **it's a piece of ~** inf fig c'est du gâteau ; **to sell like hot ~s** se vendre comme des petits pains ; **you can't have your ~ and eat it** on ne peut pas avoir le beurre et l'argent du beurre - **2.** [of soap] pain *m*.

caked [keɪkt] *adj* : **~ with mud** recouvert(e) de boue séchée.

cake tin Br, **cake pan** Am *n* moule *m* à gâteau.

cal [kæl] (*abbr of* **calorie**) *n* cal.

calamine lotion [ˌkæləmaɪn-] *n* (U) lotion *f* à la calamine.

calamitous [kə'læmɪtəs] *adj* catastrophique.

calamity [kə'læmətɪ] (*pl* **-ies**) *n* calamité *f*.

calcium ['kælsɪəm] *n* calcium *m*.

calculate ['kælkjuleɪt] *vt* - **1.** [result, number] calculer ; [consequences] évaluer - **2.** [plan] : **to be ~d to do sthg** être calculé(e) pour faire qqch.

◆ **calculate on** *vi* : **to ~ on sthg** compter sur qqch ; **to ~ on doing sthg** compter faire qqch.

calculated ['kælkjuleɪtɪd] *adj* calculé(e).

calculating ['kælkjuleɪtɪŋ] *adj* pej calculateur(trice).

calculation [ˌkælkjʊ'leɪʃn] *n* calcul *m*.

calculator ['kælkjuleɪtə'] *n* calculatrice *f*.

calculus ['kælkjuləs] *n* calcul *m*.

calendar ['kælɪndə'] *n* calendrier *m*.

calendar month *n* mois *m* (de calendrier).

calendar year *n* année *f* civile.

calf [kaːf] (*pl* **calves** [kaːvz]) *n* - **1.** [of cow, leather] veau *m* ; [of elephant] éléphanteau *m* ; [of seal] bébé *m* phoque - **2.** ANAT mollet *m*.

caliber ['kælɪbə'] Am = **calibre**.

calibrate ['kælɪbreɪt] *vt* [scale] étalonner ; [gun] calibrer.

calibre, caliber Am ['kælɪbə'] *n* calibre *m*.

calico ['kælɪkəu] *n* calicot *m*.

California [ˌkælɪ'fɔːnjə] *n* Californie *f* ; **in ~** en Californie.

Californian [ˌkælɪ'fɔːnjən] ◇ *adj* californien(enne) ◇ *n* Californien *m*, -enne *f*.

calipers Am = **callipers**.

call [kɔːl] ◇ *n* - **1.** [cry] appel *m*, cri *m* - **2.** TELEC appel *m* (téléphonique) ; **I'll give you a ~** je t'appellerai - **3.** [summons, invitation] appel *m* ; **to be on ~** [doctor etc] être de garde - **4.** [visit] visite *f* ; **to pay a ~ on sb** rendre visite à qqn - **5.** [demand] : **~ (for)** demande *f* (de) ◇ *vt* - **1.** [name, summon, phone] appeler ; **what's this thing ~ed?** comment ça s'appelle ce truc? ; **she's ~ed Joan** elle s'appelle Joan ; **let's ~ it £10** disons 10 livres - **2.** [label] : **he ~ed me a liar** il m'a traité de menteur - **3.** [shout] appeler, crier - **4.** [announce - meeting] convoquer ; [- strike] lancer ; [- flight] appeler ; [- election] annoncer ◇ *vi* - **1.** [shout - person] crier ; [- animal, bird] pousser un cri/des cris - **2.** TELEC appeler ; **who's ~ing?** qui est à l'appareil? - **3.** [visit] passer.

◆ **call back** ◇ *vt sep* rappeler ◇ *vi* - **1.** TELEC rappeler - **2.** [visit again] repasser.

◆ **call by** *vi* inf passer.

◆ **call for** *vt fus* - **1.** [collect - person] passer prendre ; [- package, goods] passer chercher - **2.** [demand] demander.

◆ **call in** ◇ *vt sep* - **1.** [expert, police etc] faire venir - **2.** COMM [goods] rappeler ; FIN [loan] exiger le remboursement de ◇ *vi* passer.

◆ **call off** *vt sep* - **1.** [cancel] annuler ; **to ~ off a strike** rapporter un ordre de grève - **2.** [dog] rappeler.

◆ **call on** *vt fus* - **1.** [visit] passer voir - **2.** [ask] : **to ~ on sb to do sthg** demander à qqn de faire qqch.

◆ **call out** ◇ *vt sep* - **1.** [police, doctor] appeler - **2.** [order to strike] : **they ~ed the workers out** ils ont donné la consigne de grève aux ouvriers - **3.** [cry out] crier ◇ *vi* [cry out] crier.

◆ **call round** *vi* passer.

◆ **call up** *vt sep* - **1.** MIL & TELEC appeler - **2.** COMPUT rappeler.

call box *n* Br cabine *f* (téléphonique).

caller ['kɔːlə'] *n* - **1.** [visitor] visiteur *m*, -euse *f* - **2.** TELEC demandeur *m*.

call girl *n* call-girl *f*.

calligraphy [kə'lɪgrəfɪ] *n* calligraphie *f*.

call-in *n* Am RADIO & TV programme *m* à ligne ouverte.

calling ['kɔːlɪŋ] *n* - **1.** [profession] métier *m* - **2.** [vocation] vocation *f*.

calling card *n* Am carte *f* de visite.

callipers Br, **calipers** Am ['kælɪpəz] *npl* - **1.** MATH compas *m* - **2.** MED appareil *m* orthopédique.

callous ['kæləs] *adj* dur(e).

callously ['kæləslɪ] *adv* durement.

callousness ['kæləsnɪs] *n* dureté *f*.

call-up n Br ordre m de mobilisation.

callus ['kæləs] (pl -es [-iːz]) n cal m, durillon m.

calm [kɑːm] ◇ adj calme ◇ n calme m ◇ vt calmer.

➤ **calm down** ◇ vt sep calmer ◇ vi se calmer.

calmly ['kɑːmlɪ] adv calmement.

calmness ['kɑːmnɪs] n calme m.

Calor gas® ['kælər-] n Br butane m.

calorie ['kælərɪ] n calorie f.

calorific [ˌkælə'rɪfɪk] adj calorifique.

calve [kɑːv] vi vêler.

calves [kɑːvz] pl ⊏ calf.

cam [kæm] n came f.

CAM (abbr of **computer-aided manufacturing**) n FAO f.

camaraderie [ˌkæmə'rɑːdərɪ] n camaraderie f.

camber ['kæmbər] n [of road] bombement m.

Cambodia [kæm'bəʊdjə] n Cambodge m; **in ~** au Cambodge.

Cambodian [kæm'bəʊdjən] ◇ adj cambodgien(enne) ◇ n Cambodgien m, -enne f.

Cambs (abbr of **Cambridgeshire**) comté anglais.

camcorder ['kæmˌkɔːdər] n Caméscope® m.

came [keɪm] pt ⊏ come.

camel ['kæml] ◇ adj ocre (inv) ◇ n chameau m.

camellia [kə'miːljə] n camélia m.

cameo ['kæmɪəʊ] (pl -s) n - **1.** [jewellery] camée m - **2.** CINEMA & THEATRE courte apparition f (d'une grande vedette).

camera ['kæmərə] n PHOT appareil-photo m; CINEMA & TV caméra f; **video ~** caméra vidéo.

➤ **in camera** adv à huis clos.

cameraman ['kæmərəmæn] (pl **-men** [-men]) n cameraman m.

Cameroon [ˌkæmə'ruːn] n Cameroun m; **~** au Cameroun.

Cameroonian [ˌkæmə'ruːnɪən] ◇ adj camerounais(e) ◇ n Camerounais m, -e f.

camisole ['kæmɪsəʊl] n camisole f.

camomile ['kæməmaɪl] ◇ n camomille f ◇ comp: **~ tea** infusion f de camomille.

camouflage ['kæməflɑːʒ] ◇ n camouflage m ◇ vt camoufler.

camp [kæmp] ◇ n camp m ◇ vi camper.

➤ **camp out** vi camper.

campaign [kæm'peɪn] ◇ n campagne f ◇ vi: **to ~ (for/against)** mener une campagne (pour/contre).

campaigner [kæm'peɪnər] n militant m, -e f.

camp bed n lit m de camp.

camper ['kæmpər] n - **1.** [person] campeur m, -euse f - **2.** [vehicle]: **~ (van)** camping-car m.

campground ['kæmpgraʊnd] n Am terrain m de camping.

camphor ['kæmfər] n camphre m.

camping ['kæmpɪŋ] n camping m; **to go ~** faire du camping.

camping site, campsite ['kæmpsaɪt] n (terrain m de) camping m.

campus ['kæmpəs] (pl -es [-iːz]) n campus m.

camshaft ['kæmʃɑːft] n arbre m à cames.

can¹ [kæn] (pt & pp **-ned**; cont **-ning**) ◇ n [of drink, food] boîte f; [of oil] bidon m; [of paint] pot m ◇ vt mettre en boîte.

can² [weak form kən, strong form kæn] (pt & conditional **could**; negative **cannot** OR **can't**) modal vb - **1.** [be able to] pouvoir; **~ you come to lunch?** tu peux venir déjeuner?; **she couldn't come** elle n'a pas pu venir; **I ~'t** OR **cannot afford it** je ne peux pas me le payer; **~ you see/hear/smell something?** tu vois/ entends/sens quelque chose? - **2.** [know how to] savoir; **I ~ play the piano** je sais jouer du piano; **~ you drive/cook?** tu sais conduire/ cuisiner?; **I ~ speak French** je parle le français - **3.** [indicating permission, in polite requests] pouvoir; **you ~ use my car if you like** tu peux prendre ma voiture si tu veux; **we ~'t wear jeans to work** on ne peut pas aller au travail en jeans; **~ I speak to John, please?** est-ce que je pourrais parler à John, s'il vous plaît? - **4.** [indicating disbelief, puzzlement] pouvoir; **what ~ she have done with it?** qu'est-ce qu'elle a bien pu en faire?; **we ~'t just leave him here** on ne peut tout de même pas le laisser ici; **you ~'t be serious!** tu ne parles pas sérieusement! - **5.** [indicating possibility]: **I could see you tomorrow** je pourrais vous voir demain; **the train could have been cancelled** peut-être que le train a été annulé - **6.** [indicating usual state or behaviour]: **she ~ be a bit difficult sometimes** elle peut parfois être (un peu) difficile; **Edinburgh ~ be very chilly** il peut faire très froid à Édimbourg, il arrive qu'il fasse très froid à Édimbourg.

Canada ['kænədə] n Canada m; **in ~** au Canada.

Canadian [kə'neɪdjən] ◇ adj canadien(enne) ◇ n Canadien m, -enne f.

canal [kə'næl] n canal m.

Canaries [kə'neərɪz] npl: **the ~** les Canaries fpl.

canary [kə'neərɪ] (pl -ies) n canari m.

Canary Islands *npl :* the ~ les îles *fpl* Canaries ; in the ~ aux Canaries.

cancan [ˈkænkæn] *n* cancan *m*.

cancel [ˈkænsl] (Br *pt* & *pp* **-led** ; *cont* **-ling**, Am *pt* & *pp* **-ed** ; *cont* **-ing**) *vt* **- 1.** [gen] annuler ; [appointment, delivery] décommander **- 2.** [stamp] oblitérer ; [cheque] faire opposition à.

➡ **cancel out** *vt sep* annuler ; to ~ each other out s'annuler.

cancellation [ˌkænsəˈleɪʃn] *n* annulation *f*.

cancer [ˈkænsər] ◇ *n* cancer *m* ◇ *comp :* ~ patient cancéreux *m*, -euse *f* ; ~ research lutte *f* contre le cancer ; ~ ward service *m* de cancérologie.

➡ **Cancer** *n* Cancer *m* ; to be (a) Cancer être Cancer.

cancerous [ˈkænsərəs] *adj* cancéreux(euse).

candelabra [ˌkændɪˈlɑːbrə] *n* candélabre *m*.

C and F, C & F (*abbr of* cost and freight) C et F.

candid [ˈkændɪd] *adj* franc (franche).

candidacy [ˈkændɪdəsɪ] *n* candidature *f*.

candidate [ˈkændɪdət] *n :* ~ (for) candidat *m*, -e *f* (pour).

candidature [ˈkændɪdətʃər] *n* candidature *f*.

candidly [ˈkændɪdlɪ] *adv* franchement.

candidness [ˈkændɪdnɪs] *n* = candour.

candied [ˈkændɪd] *adj* confit(e).

candle [ˈkændl] *n* bougie *f*, chandelle *f ;* to burn the ~ at both ends *inf* brûler la chandelle par les deux bouts.

candlelight [ˈkændllaɪt] *n* lueur *f* d'une bougie *or* d'une chandelle.

candlelit [ˈkændllɪt] *adj* aux chandelles.

candlestick [ˈkændlstɪk] *n* bougeoir *m*.

candour Br, **candor** Am [ˈkændər] *n* franchise *f*.

candy [ˈkændɪ] (*pl* **-ies**) *n* **- 1.** (U) [confectionery] confiserie *f* **- 2.** [sweet] bonbon *m*.

candyfloss [ˈkændɪflɒs] *n* Br barbe *f* à papa.

cane [keɪn] ◇ *n* **- 1.** (U) [for furniture] rotin *m* **- 2.** [walking stick] canne *f* **- 3.** [for punishment] : the ~ la verge **- 4.** [for supporting plant] tuteur *m* ◇ *comp* en rotin ◇ *vt* fouetter.

cane sugar *n* sucre *m* de canne.

canine [ˈkeɪnaɪn] ◇ *adj* canin(e) ◇ *n :* ~ (tooth) canine *f*.

canister [ˈkænɪstər] *n* [for film, tea] boîte *f ;* [for gas, smoke] bombe *f*.

cannabis [ˈkænəbɪs] *n* cannabis *m*.

canned [kænd] *adj* **- 1.** [food, drink] en boîte **- 2.** *inf fig* [music] enregistré(e) ; [laughter] préenregistré(e).

cannelloni [ˌkænɪˈləʊnɪ] *n* cannelloni *m*.

cannery [ˈkænərɪ] (*pl* **-ies**) *n* conserverie *f*.

cannibal [ˈkænɪbl] *n* cannibale *mf*.

cannibalize, -ise [ˈkænɪbəlaɪz] *vt* cannibaliser.

cannon [ˈkænən] (*pl inv OR* **-s**) *n* canon *m*.

➡ **cannon into** *vt fus* Br percuter.

cannonball [ˈkænənbɔːl] *n* boulet *m* de canon.

cannot [ˈkænɒt] *fml* ▷ can².

canny [ˈkænɪ] (*compar* **-ier** ; *superl* **-iest**) *adj* [shrewd] adroit(e).

canoe [kəˈnuː] (*pt* & *pp* **-d** ; *cont* canoeing) ◇ *n* canoë *m*, kayak *m* ◇ *vi* faire du canoë.

canoeing [kəˈnuːɪŋ] *n* (U) canoë-kayak *m*.

canon [ˈkænən] *n* canon *m*.

canonize, -ise [ˈkænənaɪz] *vt* canoniser.

canoodle [kəˈnuːdl] *vi* Br *inf* se faire des mamours.

can opener *n* ouvre-boîtes *m inv*.

canopy [ˈkænəpɪ] (*pl* **-ies**) *n* **- 1.** [over bed] ciel *m* de lit, baldaquin *m ;* [over seat] dais *m* **- 2.** [of trees, branches] voûte *f*.

cant [kænt] *n* (U) paroles *fpl* hypocrites.

can't [kɑːnt] = cannot.

Cantab. (*abbr of* cantabrigiensis) *de l'université de Cambridge.*

Cantabrian Mountains [kænˈteɪbrɪən-] *npl :* the ~ les monts *mpl* Cantabriques.

cantaloup Br, **cantaloupe** Am [ˈkæntəluːp] *n* cantaloup *m*.

cantankerous [kænˈtæŋkərəs] *adj* hargneux(euse).

canteen [kænˈtiːn] *n* **- 1.** [restaurant] cantine *f* **- 2.** [box of cutlery] ménagère *f*.

canter [ˈkæntər] ◇ *n* petit galop *m* ◇ *vi* aller au petit galop.

Canterbury [ˈkæntəbrɪ] *n* Cantorbéry.

cantilever [ˈkæntɪliːvər] *n* cantilever *m*.

Canton [kænˈtɒn] *n* Canton.

Cantonese [ˌkæntəˈniːz] ◇ *adj* cantonais(e) ◇ *n* [language] cantonais *m*.

canvas [ˈkænvəs] *n* toile *f ;* under ~ [in a tent] sous la tente.

canvass [ˈkænvəs] ◇ *vt* **- 1.** POL [person] solliciter la voix de **- 2.** [opinion] sonder ◇ *vi* POL solliciter des voix.

canvasser [ˈkænvəsər] *n* **- 1.** POL agent *m* électoral **- 2.** [for opinion poll] sondeur *m*, -euse *f*.

canvassing [ˈkænvəsɪŋ] *n* **- 1.** POL démarchage *m* électoral **- 2.** [for opinion poll] sondage *m*.

canyon [ˈkænjən] *n* canyon *m*, cañon *m*.

canyoning [ˈkænjənɪŋ] *n* canyoning *m*.

cap [kæp] (*pt* & *pp* **-ped** ; *cont* **-ping**) ◇

- 1. [hat - gen] casquette *f*; **swimming ~** bonnet *m* de bain ; **to go ~ in hand to sb** se présenter humblement devant qqn **- 2.** [of pen] capuchon *m*; [of bottle] capsule *f*; [of lipstick] bouchon *m* **- 3.** Br [contraceptive device] diaphragme *m* ◇ *vt* **- 1.** [top] : **to be capped with** être coiffé(e) de **- 2.** [outdo] : **to ~ it all** pour couronner le tout.

CAP (*abbr of* **Common Agricultural Policy**) *n* PAC *f*.

capability [ˌkeɪpə'bɪlətɪ] (*pl* **-ies**) *n* capacité *f*.

capable ['keɪpəbl] *adj* : **~ (of)** capable (de).

capably ['keɪpəblɪ] *adv* avec compétence.

capacious [kə'peɪʃəs] *adj fml* vaste.

capacitor [kə'pæsɪtər] *n* condensateur *m*.

capacity [kə'pæsɪtɪ] (*pl* **-ies**) ◇ *n* **- 1.** (U) [limit] capacité *f*, contenance *f*; **full to ~** plein, comble ; **to work at full ~** [factory] travailler à plein rendement ; **seating ~** nombre *m* de places (assises) **- 2.** [ability] : **~ (for)** aptitude *f* (à) **- 3.** [role] qualité *f*; **in my ~ as ...** en ma qualité de ... ; **in an advisory ~** en tant que conseiller ◇ *comp* : **~ audience** salle *f* comble. ·

cape [keɪp] *n* **- 1.** GEOGR cap *m* **- 2.** [cloak] cape *f*.

Cape Canaveral [-kə'nævərəl] *n* le cap Canaveral.

Cape Cod *n* le cap Cod.

Cape Horn *n* le cap Horn.

Cape of Good Hope *n* : **the ~** le cap de Bonne-Espérance.

caper ['keɪpər] ◇ *n* **- 1.** CULIN câpre *f* **- 2.** inf [dishonest activity] coup *m*, combine *f* ◇ *vi* gambader.

Cape Town *n* Le Cap.

Cape Verde [-vɜːd] *n* : **the ~ Islands** les îles *fpl* du Cap-Vert ; **in ~** au Cap-Vert.

capillary [kə'pɪlərɪ] (*pl* **-ies**) *n* capillaire *m*.

capita ▷ **per capita**.

capital ['kæpɪtl] ◇ *adj* **- 1.** [letter] majuscule **- 2.** [offence] capital(e) ◇ *n* **- 1.** [of country] : **~ (city)** capitale *f* **- 2.** TYPO : **~ (letter)** majuscule *f*; **in ~s** en lettres majuscules **- 3.** (U) [money] capital *m*; **to make ~ (out) of** fig tirer profit de.

capital allowance *n* amortissement *m* fiscal pour investissement.

capital assets *npl* actif *m* immobilisé, immobilisations *fpl*.

capital expenditure *n* (U) dépenses *fpl* d'investissement.

capital gains tax *n* impôt *m* sur les plus-values.

capital goods *npl* biens *mpl* d'équipement.

capital-intensive *adj* à fort coefficient de capitaux.

capitalism ['kæpɪtəlɪzm] *n* capitalisme *m*.

capitalist ['kæpɪtəlɪst] ◇ *adj* capitaliste ◇ *n* capitaliste *mf*.

capitalize, -ise ['kæpɪtəlaɪz] *vi* : **to ~ on** tirer parti de.

capital punishment *n* peine *f* capitale OR de mort.

capital stock *n* capital *m* social.

capital transfer tax *n* droits *mpl* de mutation.

Capitol ['kæpɪtl] *n* : **the ~** le Capitole.

Capitol Hill ['kæpɪtl-] *n* siège du Congrès à Washington.

capitulate [kə'pɪtjʊleɪt] *vi* capituler.

capitulation [kəˌpɪtjʊ'leɪʃn] *n* capitulation *f*.

cappuccino [ˌkæpʊ'tʃiːnəʊ] (*pl* **-s**) *n* cappuccino *m*.

capricious [kə'prɪʃəs] *adj* capricieux(euse).

Capricorn ['kæprɪkɔːn] *n* Capricorne *m*; **to be (a) ~** être Capricorne.

caps [kæps] (*abbr of* **capital letters**) *npl* cap.

capsicum ['kæpsɪkəm] *n* poivron *m*.

capsize [kæp'saɪz] ◇ *vt* faire chavirer ◇ *vi* chavirer.

capsule ['kæpsjuːl] *n* **- 1.** [gen] capsule *f* **- 2.** MED gélule *f*.

Capt. (*abbr of* **captain**) cap.

captain ['kæptɪn] ◇ *n* capitaine *m* ◇ *vt* **- 1.** [ship] commander **- 2.** [sports team] être le capitaine de.

caption ['kæpʃn] *n* légende *f*.

captivate ['kæptɪveɪt] *vt* captiver.

captivating ['kæptɪveɪtɪŋ] *adj* captivant(e).

captive ['kæptɪv] ◇ *adj* captif(ive) ◇ *n* captif *m*, -ive *f*.

captivity [kæp'tɪvətɪ] *n* (U) : **in ~** en captivité *f*.

captor ['kæptər] *n* ravisseur *m*, -euse *f*.

capture ['kæptʃər] ◇ *vt* **- 1.** [person, animal] capturer ; [city] prendre ; [market] conquérir **- 2.** [attention, imagination] captiver **- 3.** [subj : painting, photo] rendre **- 4.** COMPUT saisir ◇ *n* [of person, animal] capture *f*; [of city] prise *f*.

car [kɑːr] ◇ *n* **- 1.** AUT voiture *f* **- 2.** RAIL wagon *m*, voiture *f* ◇ *comp* [door, accident] de voiture ; [industry] automobile.

Caracas [kə'rækəs] *n* Caracas.

carafe [kə'ræf] *n* carafe *f*.

caramel ['kærəmel] n caramel m.

caramelize, -ise ['kærəmələız] vi se caraméliser.

carat ['kærət] n Br carat m ; **24-~ gold** or à 24 carats.

caravan ['kærəvæn] ⋄ n [gen] caravane f ; [towed by horse] roulotte f ⋄ comp [holiday] en caravane.

caravanning ['kærəvænıŋ] n Br caravaning m.

caravan site n Br camping m pour caravanes.

caraway seed ['kærəweı-] n graine f de carvi.

carbohydrate [ˌkɑːbəʊ'haıdreıt] n CHEM hydrate m de carbone.

carbohydrates npl [in food] glucides mpl.

carbon ['kɑːbən] n **- 1.** [element] carbone m **- 2.** = carbon copy **- 3.** = carbon paper.

carbonated ['kɑːbəneıtıd] adj [mineral water] gazeux(euse).

carbon copy n **- 1.** [document] carbone m **- 2.** fig [exact copy] réplique f.

carbon dating [-'deıtıŋ] n datation f au carbone 14.

carbon dioxide [-daı'ɒksaıd] n gaz m carbonique.

carbon fibre n fibre f de carbone.

carbon monoxide n oxyde m de carbone.

carbon paper n (U) (papier m) carbone m.

car-boot sale n Br brocante en plein air où les coffres des voitures servent d'étal.

carburettor Br, **carburetor** Am [ˌkɑːbə'retəʳ] n carburateur m.

carcass ['kɑːkəs] n [of animal] carcasse f.

carcinogenic [ˌkɑːsınə'dʒenık] adj carcinogène.

card [kɑːd] n **- 1.** [gen] carte f ; **to play one's ~s right** fig bien jouer son jeu ; **to put** OR **lay one's ~s on the table** fig jouer cartes sur table **- 2.** (U) [cardboard] carton m.

cards npl : **to play ~s** jouer aux cartes.

on the cards Br, **in the cards** Am adv inf : it's on the ~s that ... il y a de grandes chances pour que ...

cardamom ['kɑːdəməm] n cardamome f.

cardboard ['kɑːdbɔːd] ⋄ n (U) carton m ⋄ comp en carton.

cardboard box n boîte f en carton.

card-carrying adj : **~ member** membre m.

card catalog n Am fichier m.

cardiac ['kɑːdıæk] adj cardiaque.

cardiac arrest n arrêt m du cœur.

cardigan ['kɑːdıgən] n cardigan m.

cardinal ['kɑːdınl] ⋄ adj cardinal(e) ⋄ n RELIG cardinal m.

cardinal number, cardinal numeral n nombre m cardinal.

card index n Br fichier m.

cardiograph ['kɑːdıəgrɑːf] n cardiographe m.

cardiology [ˌkɑːdı'ɒlədʒı] n cardiologie f.

cardiovascular [ˌkɑːdıəʊ'væskjʊləʳ] adj cardiovasculaire.

cardphone ['kɑːdfəʊn] n Br téléphone m à carte.

cardsharp ['kɑːdˌʃɑːp] n tricheur professionnel m, tricheuse professionnelle f.

card table n table f de jeu.

card vote n Br vote m par carte (chaque carte comptant pour le nombre de voix d'adhérents représentés).

care [keəʳ] ⋄ n **- 1.** (U) [protection, attention] soin m, attention f ; **to be in ~** Br être à l'Assistance publique ; **to take ~ of** [look after] s'occuper de ; **to take ~ (to do sthg)** prendre soin (de faire qqch) ; **take ~!** faites bien attention à vous ! **- 2.** [cause of worry] souci m ⋄ vi **- 1.** [be concerned] se sentir concerné(e) ; **to ~ about** se soucier de **- 2.** [mind] : **I don't ~** ça m'est égal ; **who ~s?** qu'est-ce que ça peut faire ? ; **I couldn't ~ less** inf je m'en moque pas mal.

care of prep chez.

care for vt fus dated [like] aimer.

CARE [keəʳ] n (abbr of **Cooperative for American Relief Everywhere**) n organisation humanitaire américaine.

career [kə'rıəʳ] ⋄ n carrière f ⋄ comp de carrière ⋄ vi aller à toute vitesse.

careerist [kə'rıərıst] n pej carriériste mf.

careers [kə'rıəz] comp [office, teacher] d'orientation.

careers adviser n conseiller m, -ère f d'orientation.

career woman n femme f qui privilégie sa carrière.

carefree ['keəfriː] adj insouciant(e).

careful ['keəfʊl] adj **- 1.** [cautious] prudent(e) ; **to be ~ to do sthg** prendre soin de faire qqch, faire attention à faire qqch ; **be ~!** fais attention ! ; **to be ~ with one's money** regarder à la dépense **- 2.** [work] soigné(e) ; [worker] consciencieux(euse).

carefully ['keəflı] adv **- 1.** [cautiously] prudemment **- 2.** [thoroughly] soigneusement.

careless ['keəlıs] adj **- 1.** [work] peu soigné(e) ; [driver] négligent(e) **- 2.** [unconcerned] insouciant(e).

carelessly ['keəlıslı] *adv* **- 1.** [inattentively] sans faire attention **- 2.** [unconcernedly] avec insouciance.

carelessness ['keəlısnıs] *n* **- 1.** [inattention] manque *m* d'attention **- 2.** [lack of concern] insouciance *f*.

carer ['keərə'] *n* personne qui s'occupe d'un parent malade ou handicapé.

caress [kə'res] ⇔ *n* caresse *f* ⇔ *vt* caresser.

caretaker ['keə,teıkə'] *n* Br gardien *m*, -enne *f*.

caretaker government *n* gouvernement *m* intérimaire.

car ferry *n* ferry *m*.

cargo ['ka:gəʊ] (*pl* -es OR -s) ⇔ *n* cargaison *f* ⇔ *comp* : ~ **ship** cargo *m*.

car hire *n* Br location *f* de voitures.

Carib ['kærıb] *n* Caraïbe *mf*.

Caribbean [Br kærı'bi:ən, Am kə'rıbıən] ⇔ *adj* caraïbe ⇔ *n* : **the ~ (Sea)** la mer des Caraïbes OR des Antilles ; **in the ~** dans les Caraïbes.

caribou ['kærıbu:] (*pl inv* OR -s) *n* caribou *m*.

caricature ['kærıkə,tjʊə'] ⇔ *n* **- 1.** [cartoon] caricature *f* **- 2.** [travesty] parodie *f* ⇔ *vt* caricaturer.

caries ['keəri:z] *n* carie *f*.

caring ['keərıŋ] *adj* bienveillant(e).

caring professions *npl* : **the ~** les professions *fpl* de santé.

carnage ['ka:nıdʒ] *n* carnage *m*.

carnal ['ka:nl] *adj* literary charnel(elle).

carnation [ka:'neıʃn] *n* œillet *m*.

carnival ['ka:nıvl] *n* carnaval *m*.

carnivore ['ka:nıvɔ:'] *n* carnivore *mf*.

carnivorous [ka:'nıvərəs] *adj* carnivore.

carol ['kærəl] *n* : **(Christmas) ~** chant *m* de Noël.

carouse [kə'raʊz] *vi* faire la fête.

carousel [,kærə'sel] *n* **- 1.** [at fair] manège *m* **- 2.** [at airport] carrousel *m*.

carp [ka:p] (*pl inv* OR -s) ⇔ *n* carpe *f* ⇔ *vi* : **to ~ (about sthg)** critiquer (qqch).

car park *n* Br parking *m*.

Carpathians [ka:'peıθıənz] *npl* : **the ~** les Carpates *fpl* ; **the ~** dans les Carpates.

carpenter ['ka:pəntə'] *n* [on building site, in shipyard] charpentier *m* ; [furniture-maker] menuisier *m*.

carpentry ['ka:pəntrı] *n* [on building site, in ship-

yard] charpenterie *f* ; [furniture-making] menuiserie *f*.

carpet ['ka:pıt] ⇔ *n* lit & fig tapis *m* ; **(fitted)** ~ moquette *f* ; **to sweep sthg under the ~** fig tirer le rideau sur qqch ⇔ *vt* [floor] recouvrir d'un tapis ; [with fitted carpet] recouvrir de moquette, moquetter ; **~ed with snow** fig recouvert d'un tapis de neige.

carpet slipper *n* pantoufle *f*.

carpet sweeper [-,swi:pə'] *n* balai *m* mécanique.

car phone *n* téléphone *m* pour automobile.

car pool *n* Br [fleet of cars] parc *m* de voitures.

carport ['ka:,pɔ:t] *n* appentis *m* (pour voitures).

car rental *n* Am location *f* de voitures.

carriage ['kærıdʒ] *n* **- 1.** [of train, horsedrawn] voiture *f* **- 2.** (U) [transport of goods] transport *m* ; ~ **paid** OR **free** Br franco de port ; ~ **forward** Br en port dû **- 3.** [on typewriter] chariot *m* **- 4.** (U) literary [bearing] port *m*.

carriage clock *n* pendule *f* de voyage (*décorative*).

carriage return *n* retour *m* chariot.

carriageway ['kærıdʒweı] *n* Br chaussée *f*.

carrier ['kærıə'] *n* **- 1.** COMM transporteur *m* **- 2.** [of disease] porteur *m*, -euse *f* **- 3.** MIL : **(air-craft) ~** porte-avions *m inv* **- 4.** [on bicycle] porte-bagages *m inv* **- 5.** = **carrier bag**.

carrier bag *n* sac *m* (en plastique).

carrier pigeon *n* pigeon *m* voyageur.

carrion ['kærıən] *n* (U) charogne *f*.

carrot ['kærət] *n* carotte *f*.

carry ['kærı] (*pt* & *pp* -ied) ⇔ *vt* **- 1.** [subj : person, wind, water] porter ; [subj : vehicle] transporter **- 2.** [disease] transmettre **- 3.** [responsibility] impliquer ; [consequences] entraîner ; **this offence carries a fine of £50** ce délit entraînera une amende de 50 livres **- 4.** [motion, proposal] voter **- 5.** [baby] attendre **- 6.** MATH retenir ⇔ *vi* [sound] porter.

◆ **carry away** *vt fus* : **to get carried away** s'enthousiasmer.

◆ **carry forward** *vt sep* FIN reporter.

◆ **carry off** *vt sep* **- 1.** [plan] mener à bien **- 2.** [prize] remporter.

◆ **carry on** ⇔ *vt fus* continuer ; **to ~ on doing sthg** continuer à OR de faire qqch ⇔ *vi* **- 1.** [continue] continuer ; **to ~ on with sthg** continuer qqch **- 2.** inf [make a fuss] faire des histoires **- 3.** inf [have a love affair] : **to ~ on with sb** avoir une liaison avec qqn.

◆ **carry out** *vt fus* [task] remplir ; [plan, order]

exécuter ; [experiment] effectuer ; [investigation] mener.

carry through *vt sep* [accomplish] réaliser.

carryall ['kærɪɔːll] *n* Am fourre-tout *m inv*.

carrycot ['kærɪkɒt] *n* couffin *m*.

carry-on *n* Br inf : what a ~! quelle histoire!

carry-out *n* plat *m* à emporter.

carsick ['kɑːˌsɪk] *adj* : **to be ~** être malade en voiture.

cart [kɑːt] ◇ *n* charrette *f* ◇ *vt* inf traîner.

carte blanche *n* carte *f* blanche.

cartel [kɑːˈtel] *n* cartel *m*.

cartilage ['kɑːtɪlɪdʒ] *n* cartilage *m*.

carton ['kɑːtn] *n* - **1.** [box] boîte *f* en carton - **2.** [of cream, yoghurt] pot *m ;* [of milk] carton *m*.

cartoon [kɑːˈtuːn] *n* - **1.** [satirical drawing] dessin *m* humoristique - **2.** [comic strip] bande *f* dessinée - **3.** [film] dessin *m* animé.

cartoonist [kɑːˈtuːnɪst] *n* - **1.** [of satirical drawings] dessinateur *m*, -trice *f* humoristique - **2.** [of comic strips] dessinateur *m*, -trice *f* de bandes dessinées.

cartridge ['kɑːtrɪdʒ] *n* - **1.** [for gun, pen] cartouche *f* - **2.** [for camera] chargeur *m* - **3.** [for record player] tête *f* de lecture

cartridge paper *n* papier-cartouche *m*.

cartwheel ['kɑːtwiːl] *n* [movement] roue *f*.

carve [kɑːv] ◇ *vt* - **1.** [wood, stone] sculpter ; [design, name] graver - **2.** [slice - meat] découper ◇ *vi* découper.

carve out *vt sep* fig se tailler.

carve up *vt sep* fig diviser.

carving ['kɑːvɪŋ] *n* [of wood] sculpture *f ;* [of stone] ciselure *f*.

carving knife *n* couteau *m* à découper.

car wash *n* [process] lavage *m* de voitures ; [place] station *f* de lavage de voitures.

Casablanca [ˌkæsəˈblæŋkə] *n* Casablanca.

cascade [kæˈskeɪd] ◇ *n* [waterfall] cascade *f* ◇ *vi* [water] tomber en cascade.

case [keɪs] *n* - **1.** [gen] cas *m ;* **to be the ~** être le cas ; **in ~ of** en cas de ; **in that ~** dans ce cas ; **in which ~** auquel cas ; **as** OR **whatever the ~ may be** selon le cas ; **a ~ in point** un bon exemple - **2.** [argument] : **~ (for/against)** arguments *mpl* (pour/contre) - **3.** JUR affaire *f*, procès *m* - **4.** [container - gen] caisse *f ;* [- for glasses etc] étui *m* - **5.** Br [suitcase] valise *f*.

in any case *adv* quoi qu'il en soit, de toute façon.

in case ◇ *conj* au cas où ◇ *adv* : **(just) in ~** à tout hasard.

case-hardened [-ˈhɑːdnd] *adj* [person] endurci(e).

case history *n* MED antécédents *mpl*.

case study *n* étude *f* de cas.

cash [kæʃ] ◇ *n (U)* - **1.** [notes and coins] liquide *m ;* **to pay (in) ~** payer comptant OR en espèces - **2.** inf [money] sous *mpl*, fric *m* - **3.** [payment] : **~ in advance** paiement *m* à l'avance ; **~ on delivery** paiement à la livraison ◇ *vt* encaisser.

cash in *vi* inf : **to ~ in on** tirer profit de.

cash and carry *n* libre-service *m* de gros, cash-and-carry *m*.

cashbook ['kæʃbʊk] *n* livre *m* de caisse.

cash box *n* caisse *f*.

cash card *n* carte *f* de retrait.

cash crop *n* culture *f* de rapport.

cash desk *n* Br caisse *f*.

cash discount *n* remise *f* OR rabais *m* au comptant.

cash dispenser [-dɪˌspensəʳ] *n* distributeur *m* automatique de billets.

cashew (nut) ['kæʃuː-] *n* noix *f* de cajou.

cash flow *n* marge *f* d'auto-financement, cash-flow *m*.

cashier [kæˈʃɪəʳ] *n* caissier *m*, -ère *f*.

cashless ['kæʃlɪs] *adj* : **~ pay system** système *m* de paiement électronique ; **~ society** société *f* de l'argent virtuel.

cash machine *n* distributeur *m* de billets.

cashmere [kæʃˈmɪəʳ] ◇ *n* cachemire *m* ◇ *comp* en OR de cachemire.

cash payment *n* paiement *m* comptant, versement *m* en espèces.

cash point, cashpoint *n* - **1.** [cash dispenser] distributeur *m* (automatique de billets), DAB *m* - **2.** [shop counter] caisse *f*.

cash price *n* prix *m* comptant.

cash register *n* caisse *f* enregistreuse.

cash sale *n* vente *f* au comptant.

casing ['keɪsɪŋ] *n* revêtement *m* ; TECH boîtier *m*.

casino [kəˈsiːnəʊ] (*pl* -s) *n* casino *m*.

cask [kɑːsk] *n* tonneau *m*.

casket ['kɑːskɪt] *n* - **1.** [for jewels] coffret *m* - **2.** Am [coffin] cercueil *m*.

Caspian Sea ['kæspɪən-] *n* : **the ~** la (mer) Caspienne.

casserole ['kæsərəʊl] *n* - **1.** [stew] ragoût *m* - **2.** [pan] cocotte *f*.

cassette [kæˈset] *n* [of magnetic tape] cassette *f* PHOT recharge *f*.

cassette deck *n* platine *f* à cassettes.

cassette player *n* lecteur *m* de cassettes

cassette recorder *n* magnétophone *m* à cassettes.

cassock ['kæsək] *n* soutane *f*.

cast [kɑːst] (*pt* & *pp* **cast**) ◇ *n* [CINEMA & THEATRE - actors] acteurs *mpl* ; [- list of actors] distribution *f* ◇ *vt* - **1.** [throw] jeter ; **to ~ doubt on** sthg jeter le doute sur qqch ; **to ~ a spell (on)** jeter un sort (à) - **2.** CINEMA & THEATRE donner un rôle à - **3.** [vote] : **to ~ one's vote** voter - **4.** [metal] couler ; [statue] mouler.

➡ **cast about, cast around** *vi* : **to ~ about for sthg** chercher qqch.

➡ **cast aside** *vt sep* fig écarter, rejeter.

➡ **cast off** ◇ *vt sep* [old practices] se défaire de ◇ *vi* NAUT larguer les amarres.

castanets [ˌkæstə'nets] *npl* castagnettes *fpl*.

castaway ['kɑːstəweɪ] *n* naufragé *m*, -e *f*.

caste [kɑːst] *n* caste *f*.

caster ['kɑːstər] *n* [wheel] roulette *f*.

caster sugar *n* Br sucre *m* en poudre.

castigate ['kæstɪgeɪt] *vt* fml châtier, punir.

casting ['kɑːstɪŋ] *n* [for film, play] distribution *f*.

casting vote *n* voix *f* prépondérante.

cast iron *n* fonte *f*.

➡ **cast-iron** *adj* - **1.** [made of cast iron] en OR de fonte - **2.** [will] de fer ; [alibi] en béton.

castle ['kɑːsl] *n* - **1.** [building] château *m* - **2.** CHESS tour *f*.

castoffs ['kɑːst ɒfs] *npl* vieilles frusques *fpl*.

castor ['kɑːstər] = **caster**.

castor oil *n* huile *f* de ricin.

castor sugar = **caster sugar**.

castrate [kæ'streɪt] *vt* châtrer.

castration [kæ'streɪʃn] *n* castration *f*.

casual ['kæʒʊəl] *adj* - **1.** [relaxed, indifferent] désinvolte - **2.** [offhand] sans-gêne - **3.** [chance] fortuit(e) - **4.** [clothes] décontracté(e), sport (*inv*) - **5.** [work, worker] temporaire.

casually ['kæʒʊəlɪ] *adv* [in a relaxed manner] avec désinvolture ; **~ dressed** habillé simplement.

casualty ['kæʒjʊəltɪ] (*pl* **-ies**) *n* - **1.** [dead person] mort *m*, -e *f*, victime *f* ; [injured person] blessé *m*, -e *f* ; [of road accident] accidenté *m*, -e *f* - **2.** = **casualty department**.

casualty department *n* service *m* des urgences.

cat [kæt] *n* - **1.** [domestic] chat *m* ; **to be like a ~ on hot bricks** Br OR **on a hot tin roof** Am être sur des charbons ardents ; **to let the ~ out of the bag** vendre la mèche ; **to put the ~ among the pigeons** Br jeter un pavé dans la mare ; **to rain ~s and dogs** pleuvoir des cordes ; **the ~'s whiskers** Br le nombril du monde - **2.** [wild] fauve *m*.

cataclysmic [ˌkætə'klɪzmɪk] *adj* catastrophique.

catacombs ['kætəkuːmz] *npl* catacombes *fpl*.

Catalan ['kætəˌlæn] ◇ *adj* catalan(e) ◇ *n* - **1.** [person] Catalan *m*, -e *f* - **2.** [language] catalan *m*.

catalogue Br, **catalog** Am ['kætəlɒg] ◇ *n* [gen] catalogue *m* ; [in library] fichier *m* ◇ *vt* cataloguer.

Catalonia [ˌkætə'ləʊnɪə] *n* Catalogne *f* ; **in ~** en Catalogne.

Catalonian [ˌkætə'ləʊnɪən] ◇ *adj* catalan(e) ◇ *n* [person] Catalan *m*, -e *f*.

catalyst ['kætəlɪst] *n* lit & fig catalyseur *m*.

catalytic convertor [ˌkætə'lɪtɪkkən'vɜːtər] *n* pot *m* catalytique.

catamaran [ˌkætəmə'ræn] *n* catamaran *m*.

catapult ['kætəpʌlt] Br ◇ *n* - **1.** [hand-held] lance-pierres *m inv* - **2.** HISTORY [machine] catapulte *f* ◇ *vt* lit & fig catapulter.

cataract ['kætərækt] *n* cataracte *f*.

catarrh [kə'tɑːr] *n* catarrhe *m*.

catastrophe [kə'tæstrəfɪ] *n* catastrophe *f*.

catastrophic [ˌkætə'strɒfɪk] *adj* catastrophique.

cat burglar *n* Br monte-en-l'air *m inv*.

catcall ['kætkɔːl] *n* sifflet *m*.

catch [kætʃ] (*pt* & *pp* **caught**) ◇ *vt* - **1.** [gen] attraper ; **to ~ sight** OR **a glimpse of** apercevoir ; **to ~ sb's attention** attirer l'attention de qqn ; **to ~ sb's imagination** séduire qqn ; **to ~ the post** Br arriver à temps pour la levée - **2.** [discover, surprise] prendre, surprendre ; **to ~ sb doing sthg** surprendre qqn à faire qqch - **3.** [hear clearly] saisir, comprendre - **4.** [trap] : **I caught my finger in the door** je me suis pris le doigt dans la porte - **5.** [strike] frapper ◇ *vi* - **1.** [become hooked, get stuck] se prendre - **2.** [fire] prendre, partir ◇ *n* - **1.** [of ball, thing caught] prise *f* - **2.** [fastener - of box] fermoir *m* ; [- of window] loqueteau *m* ; [- of door] loquet *m* - **3.** [snag] hic *m*, entourloupette *f*.

➡ **catch at** *vt fus* attraper, essayer d'attraper.

➡ **catch on** *vi* - **1.** [become popular] prendre - **2.** inf [understand] : **to ~ on (to sthg)** piger (qqch).

➡ **catch out** *vt sep* [trick] prendre en défaut, coincer.

➡ **catch up** ◇ *vt sep* rattraper ◇ *vi* : **to ~ up on sthg** rattraper qqch.

➡ **catch up with** *vt fus* rattraper.

catch-22 [-twentɪ'tuːl] n : **it's a ~ situation** on ne peut pas s'en sortir.

catch-all adj fourre-tout (inv).

catching ['kætʃɪŋ] adj contagieux(euse).

catchment area ['kætʃmənt-] n Br [of school] secteur m de recrutement scolaire ; [of hospital] circonscription f hospitalière.

catchphrase ['kætʃfreɪz] n rengaine f.

catchword ['kætʃwɜːd] n slogan m.

catchy ['kætʃɪ] (compar -ier ; superl -iest) adj facile à retenir, entraînant(e).

catechism ['kætəkɪzml] n catéchisme m.

categorical [,kætɪ'gɒrɪkl] adj catégorique.

categorically [,kætɪ'gɒrɪklɪ] adv catégoriquement.

categorize, -ise ['kætəgəraɪz] vt [classify] : **to ~ sb (as sthg)** cataloguer qqn (en tant que OR comme).

category ['kætəgərɪ] (pl -ies) n catégorie f.

cater ['keɪtəʳ] vi [provide food] s'occuper de la nourriture, prévoir les repas.

➡ **cater for** vt fus Br - **1.** [tastes, needs] pourvoir à, satisfaire ; [customers] s'adresser à - **2.** [anticipate] prévoir.

➡ **cater to** vt fus satisfaire.

caterer ['keɪtərəʳ] n traiteur m.

catering ['keɪtərɪŋ] n [trade] restauration f.

caterpillar ['kætəpɪləʳ] n chenille f.

caterpillar tracks npl chenille f.

cat flap n Br chatière f.

catharsis [kə'θɑːsɪs] (pl -ses [-siːzl]) n catharsis f.

cathedral [kə'θiːdrəl] n cathédrale f.

catheter ['kæθɪtəʳ] n cathéter m.

cathode ray tube n tube m cathodique.

Catholic ['kæθlɪk] <> adj catholique <> n catholique mf.

➡ **catholic** adj [tastes] éclectique.

Catholicism [kə'θɒlɪsɪzml] n catholicisme m.

catkin ['kætkɪn] n chaton m.

Catseyes® ['kætsaɪz] npl Br catadioptres mpl.

catsuit ['kætsuːt] n Br combinaison-pantalon f.

catsup ['kætsəp] n Am ketchup m.

cattle ['kætl] npl bétail m.

cattle grid n Br grille incluse dans le sol empêchant le bétail mais non les véhicules de passer.

catty ['kætɪ] (compar -ier ; superl -iest) adj inf pej [spiteful] rosse, vache.

catwalk ['kætwɔːk] n passerelle f.

Caucasian [kɔː'keɪzjən] <> adj caucasien(enne) <> n - **1.** GEOGR Caucasien m, -enne f - **2.** [white person] Blanc m, Blanche f.

Caucasus ['kɔːkəsəs] n : **the ~** le Caucase.

caucus ['kɔːkəs] n - **1.** Am POL comité m électoral (d'un parti) - **2.** Br POL comité m (d'un parti). .

CAUCUS

Les « Caucuses » aux États-Unis sont d'immenses rassemblements politiques, au cours desquels les deux partis nationaux américains choisissent leurs candidats et définissent leurs objectifs.

---

caught [kɔːt] pt & pp ▷ catch.

cauliflower ['kɒlɪ,flaʊəʳ] n chou-fleur m.

causal ['kɔːzl] adj causal(e).

cause [kɔːz] <> n cause f ; **I have no ~ for complaint** je n'ai pas à me plaindre, je n'ai pas lieu de me plaindre ; **to have ~ to do sthg** avoir lieu OR des raisons de faire qqch ; **to ~ a sensation** faire sensation <> vt causer ; **to ~ sb to do sthg** faire faire qqch à qqn ; **to ~ sthg to be done** faire faire qqch.

causeway ['kɔːzweɪ] n chaussée f.

caustic ['kɔːstɪk] adj caustique.

caustic soda n soude f caustique.

cauterize, -ise ['kɔːtəraɪz] vt MED cautériser.

caution ['kɔːʃn] <> n - **1.** (U) [care] précaution f, prudence f - **2.** [warning] avertissement m - **3.** Br JUR réprimande f <> vt - **1.** [warn] : **to ~ sb against doing sthg** déconseiller à qqn de faire qqch - **2.** Br [subj : policeman] informer un suspect que tout ce qu'il dira peut être retenu contre lui ; **to ~ sb for sthg** réprimander qqn pour qqch.

cautionary ['kɔːʃənərɪ] adj [tale] édifiant(e).

cautious ['kɔːʃəs] adj prudent(e).

cautiously ['kɔːʃəslɪ] adv avec prudence prudemment.

cautiousness ['kɔːʃəsnɪs] n prudence f, circonspection f.

cavalier [,kævə'lɪəʳ] adj [offhand] cavalier(ère).

cavalry ['kævlrɪ] n cavalerie f.

cave [keɪv] n caverne f, grotte f.

➡ **cave in** vi - **1.** [roof, ceiling] s'affaisser - **2.** [yield] : **to ~ in (to sthg)** capituler OR céder (devant qqch).

caveman ['keɪvmæn] (pl -men [-menl]) n homme m des cavernes.

cavern ['kævən] n caverne f.

cavernous ['kævənəs] adj [room, building] immense.

caviar(e) ['kævɪɑ:ʳ] *n* caviar *m*.

caving ['keɪvɪŋ] *n* Br spéléologie *f*; **to go ~** faire de la spéléologie.

cavity ['kævətɪ] (*pl* **-ies**) *n* cavité *f*.

cavity wall insulation *n* Br isolation *f* des murs creux.

cavort [kə'vɔ:t] *vi* gambader.

cayenne (pepper) [keɪ'en-] *n* poivre *m* de cayenne.

CB *n* - **1.** (*abbr of* **citizens' band**) CB *f* - **2.** (*abbr of* **Companion of (the Order of) the Bath**) *distinction honorifique britannique*.

CBC (*abbr of* **Canadian Broadcasting Corporation**) *n office national canadien de radiodiffusion.*

CBE (*abbr of* **Companion of (the Order of) the British Empire**) *n distinction honorifique britannique.*

CBI *n abbr of* **Confederation of British Industry.**

CBS (*abbr of* **Columbia Broadcasting System**) *n chaîne de télévision américaine.*

cc ⬦ *n* (*abbr of* **cubic centimetre**) cm³ ⬦ (*abbr of* **carbon copy**) pcc.

CC *n abbr of* **county council.**

CCTV *n abbr of* **closed circuit television.**

CD ⬦ *n* (*abbr of* **compact disc**) CD *m* ⬦ - **1.** *abbr of* **civil defence** - **2.** (*abbr of* **Corps Diplomatique**) CD.

CDI (*abbr of* **compact disc interactive**) *n* CDI *m*.

CD player *n* lecteur *m* de CD.

Cdr. *abbr of* **commander.**

CD-ROM [,si:di:'rɒm] (*abbr of* **compact disc read only memory**) *n* CD-ROM *m*, CD-Rom *m*.

CDT (*abbr of* **Central Daylight Time**) *n heure d'été du centre des États-Unis.*

CDV (*abbr of* **compact disc video**) *n* CD vidéo *m*.

CDW *abbr of* **collision damage waiver.**

CE *abbr of* **Church of England.**

cease [si:s] *fml* ⬦ *vt* cesser; **to ~ doing** OR **to do sthg** cesser de faire qqch ⬦ *vi* cesser.

cease-fire *n* cessez-le-feu *m inv*.

ceaseless ['si:slɪs] *adj fml* incessant(e), continuel(elle).

ceaselessly ['si:slɪslɪ] *adv fml* sans arrêt OR cesse, continuellement.

cedar (tree) ['si:dəʳ-] *n* cèdre *m*.

cede [si:d] *vt* céder.

cedilla [sɪ'dɪlə] *n* cédille *f*.

CEEB (*abbr of* **College Entry Examination Board**) *n commission d'admission dans l'enseignement supérieur aux États-Unis.*

Ceefax® ['si:fæks] *n* Br télétexte *m* de la BBC.

ceilidh ['keɪlɪ] *n manifestations informelles avec chants, contes et danses en Écosse et en Irlande.*

ceiling ['si:lɪŋ] *n* lit & fig plafond *m*.

celebrate ['selɪbreɪt] ⬦ *vt* - **1.** [gen] célébrer, fêter - **2.** RELIG célébrer ⬦ *vi* faire la fête.

celebrated ['selɪbreɪtɪd] *adj* célèbre.

celebration [,selɪ'breɪʃn] *n* - **1.** (U) [activity, feeling] fête *f*, festivités *fpl* - **2.** [event] festivités *fpl*.

celebrity [sɪ'lebrətɪ] (*pl* **-ies**) *n* célébrité *f*.

celeriac [sɪ'lerɪæk] *n* céleri-rave *m*.

celery ['selərɪ] *n* céleri *m* (en branches).

celestial [sɪ'lestjəl] *adj* céleste.

celibacy ['selɪbəsɪ] *n* célibat *m*.

celibate ['selɪbət] *adj* célibataire.

cell [sel] *n* [gen & COMPUT] cellule *f*.

cellar ['seləʳ] *n* cave *f*.

cellist ['tʃelɪst] *n* violoncelliste *mf*.

cello ['tʃeləʊ] (*pl* **-s**) *n* violoncelle *m*.

Cellophane® ['seləfeɪn] *n* Cellophane® *f*.

cellphone, cellular phone ['selfəʊn], ['seljʊləʳ-] *n* téléphone *m* cellulaire.

cellulite ['seljʊlaɪt] *n* cellulite *f*.

Celluloid® ['seljʊlɔɪd] *n* celluloïd® *m*.

cellulose ['seljʊləʊs] *n* cellulose *f*.

Celsius ['selsɪəs] *adj* Celsius (*inv*).

Celt [kelt] *n* Celte *mf*.

Celtic ['keltɪk] ⬦ *adj* celte ⬦ *n* [language] celte *m*.

cement [sɪ'ment] ⬦ *n* ciment *m* ⬦ *vt* lit & fig cimenter.

cement mixer *n* bétonnière *f*.

cemetery ['semɪtrɪ] (*pl* **-ies**) *n* cimetière *m*.

cenotaph ['senətɑ:f] *n* cénotaphe *m*.

censor ['sensəʳ] ⬦ *n* censeur *m* ⬦ *vt* censurer.

censorship ['sensəʃɪp] *n* censure *f*.

censure ['senʃəʳ] ⬦ *n* blâme *m*, critique *f* ⬦ *vt* blâmer, critiquer.

census ['sensəs] (*pl* **-es** [-i:z]) *n* recensement *m*.

cent [sent] *n* cent *m*.

centenary Br [sen'ti:nərɪ] (*pl* **-ies**), **centennial** Am [sen'tenjəl] *n* centenaire *m*.

center Am = **centre.**

centigrade ['sentɪgreɪd] *adj* centigrade.

centigram(me) ['sentɪgræm] n centigramme m.

centilitre Br, **centiliter** Am ['sentɪˌliːtəʳ] n centilitre m.

centimetre Br, **centimeter** Am ['sentɪˌmiːtəʳ] n centimètre m.

centipede ['sentɪpiːd] n mille-pattes m inv.

central ['sentrəl] adj central(e) ; **~ to** essentiel(elle) à ; **Central Europe** Europe f centrale.

Central African ◇ adj centrafricain(e) ◇ n Centrafricain m, -e f.

Central African Republic n : the **~** la République centrafricaine ; **in the ~** en République centrafricaine.

Central America n Amérique f centrale ; **in ~** en Amérique centrale.

Central American ◇ adj centraméricain(e) ◇ n Centraméricain m, -e f.

Central Asia n Asie f centrale ; **in ~** en Asie centrale.

central government n l'État m (par opposition aux pouvoirs régionaux).

central heating n chauffage m central.

centralization [ˌsentrəlaɪ'zeɪʃn] n centralisation f.

centralize, -ise ['sentrəlaɪz] vt centraliser.

centralized ['sentrəlaɪzd] adj centralisé(e).

central locking [-'lɒkɪŋ] n AUT verrouillage m centralisé.

centrally ['sentrəlɪ] adv centralement.

centrally heated adj équipé(e) du chauffage central.

central nervous system n système m nerveux central.

central processing unit n COMPUT unité f centrale (de traitement).

central reservation n Br AUT terre-plein m central.

centre Br, **center** Am ['sentəʳ] ◇ n centre m ; **~ of attention** centre d'attraction, point m de mire ; **~ of gravity** centre de gravité ◇ adj - **1.** [middle] central(e) ; **a ~ parting** une raie au milieu - **2.** POL du centre, centriste ◇ vt centrer.

➤ **centre around, centre on** vt fus se concentrer sur.

centre back n FTBL arrière m central.

centre-fold n [poster] photo f de pin-up.

centre forward n FTBL avant-centre m inv.

centre half n FTBL arrière m central.

centrepiece Br, **centerpiece** Am ['sentəpiːs] n - **1.** [decoration] milieu m de table - **2.** fig [principal element] élément m principal.

centre-spread n double page f centrale.

centrifugal force [sentrɪ'fjuːgl-] n force f centrifuge.

century ['sentʃərɪ] (pl -**ies**) n siècle m.

CEO (abbr of chief executive officer) n Am président-directeur général m.

ceramic [sɪ'ræmɪk] adj en céramique.

➤ **ceramics** npl [objects] objets mpl en céramique.

cereal ['sɪərɪəl] n céréale f.

cerebral ['serɪbrəl] adj cérébral(e).

cerebral palsy n paralysie f cérébrale.

ceremonial [ˌserɪ'məʊnjəl] ◇ adj [dress] de cérémonie ; [duties] honorifique ◇ n cérémonial m.

ceremonious [ˌserɪ'məʊnjəs] adj solennel(elle).

ceremony ['serɪmənɪ] (pl -**ies**) n - **1.** [event] cérémonie f - **2.** (U) [pomp, formality] cérémonies fpl ; **without ~** sans cérémonie ; **to stand on ~** faire des cérémonies.

cert [sɜːt] n Br inf : **it's a (dead) ~** c'est tout ce qu'il y a de sûr, c'est couru.

cert. abbr of certificate.

certain ['sɜːtn] adj - **1.** [gen] certain(e) ; **he is ~ to be late** il est certain qu'il sera en retard, il sera certainement en retard ; **to be ~ of sthg/of doing sthg** être assuré de qqch/de faire qqch, être sûr de qqch/de faire qqch ; **to make ~** vérifier ; **to make ~ of** s'assurer de ; **I know for ~ that ...** je suis sûr or certain que ... ; **to a ~ extent** jusqu'à un certain point, dans une certaine mesure - **2.** [named person] : **a ~ ...** un certain (une certaine) ...

certainly ['sɜːtnlɪ] adv certainement.

certainty ['sɜːtntɪ] (pl -**ies**) n certitude f.

CertEd [sɜːt'ed] (abbr of Certificate in Education) n diplôme universitaire en sciences de l'éducation.

certifiable [ˌsɜːtɪ'faɪəbl] adj [mad] bon (bonne) à enfermer.

certificate [sə'tɪfɪkət] n certificat m.

certification [ˌsɜːtɪfɪ'keɪʃn] n certification f.

certified ['sɜːtɪfaɪd] adj [teacher] diplômé(e) ; [document] certifié(e).

certified mail n Am envoi m recommandé.

certified public accountant n Am expert-comptable m.

certify ['sɜːtɪfaɪ] (pt & pp -**ied**) vt - **1.** [declare true] : **to ~ (that)** certifier or attester que - **2.** [give certificate to] diplômer - **3.** [declare insane] déclarer mentalement aliéné(e) ; **you should be certified!** on devrait t'enfermer !

cervical [sə'vaɪkl] *adj* [cancer] du col de l'utérus.

cervical smear *n* frottis *m* vaginal.

cervix ['sɜːvɪks] (*pl* **-ices** [-ɪsiːz]) *n* col *m* de l'utérus.

cesarean (section) [sɪ'zeərɪən-] = **caesarean (section)**.

cessation [se'seɪʃn] *n* cessation *f*.

cesspit ['sespɪt], **cesspool** ['sespuːl] *n* fosse *f* d'aisance.

CET (*abbr of* **Central European Time**) *n* heure d'Europe centrale.

cf. (*abbr of* **confer**) cf.

c/f *abbr of* **carried forward**.

CFC (*abbr of* **chlorofluorocarbon**) *n* CFC *m*.

cg (*abbr of* **centigram**) cg.

CG *n abbr of* **coastguard**.

C & G (*abbr of* **City and Guilds**) *n* diplôme britannique d'enseignement technique.

CGA (*abbr of* **colour graphics adapter**) *n* adapteur *m* graphique couleur CGA.

CGT *n abbr of* **capital gains tax**.

ch (*abbr of* **central heating**) ch. cent.

ch. (*abbr of* **chapter**) chap.

CH (*abbr of* **Companion of Honour**) *n* distinction honorifique britannique.

Chad [tʃæd] *n* Tchad *m* ; **in ~** au Tchad.

chafe [tʃeɪf] <> *vt* [rub] irriter <> *vi* - **1.** [skin] être irrité(e) - **2.** [person] : **to ~ at** s'irriter *OR* s'énerver de.

chaff [tʃɑːf] *(U) n* balle *f*.

chaffinch ['tʃæfɪntʃ] *n* pinson *m*.

chain [tʃeɪn] <> *n* chaîne *f* ; **~ of events** suite *f OR* série *f* d'événements ; **~ of office** chaîne *f* (*insigne de la fonction de maire*) <> *vt* [person, animal] enchaîner ; [object] attacher avec une chaîne.

chain letter *n* chaîne *f*.

chain reaction *n* réaction *f* en chaîne.

chain saw *n* tronçonneuse *f*.

chain-smoke *vi* fumer cigarette sur cigarette.

chain-smoker *n* grand fumeur *m*, grande fumeuse *f*.

chain store *n* grand magasin *m* (*à succursales multiples*).

chair [tʃeəʳ] <> *n* - **1.** [gen] chaise *f* ; [armchair] fauteuil *m* - **2.** [university post] chaire *f* - **3.** [of meeting] présidence *f* ; **to take the ~** présider <> *vt* [meeting] présider ; [discussion] diriger.

chair lift *n* télésiège *m*.

chairman ['tʃeəmən] (*pl* **-men** [-mən]) *n* président *m*.

chairmanship ['tʃeəmənʃɪp] *n* présidence *f*.

chairperson ['tʃeə,pɜːsn] (*pl* **-s**) *n* président *m*, -e *f*.

chairwoman ['tʃeə,wʊmən] (*pl* **-women** [-,wɪmɪn]) *n* présidente *f*.

chaise longue [ʃeɪz'lɒŋ] (*pl* **chaises longues** [ʃeɪz'lɒŋ]) *n* méridienne *f*.

chalet ['ʃæleɪ] *n* chalet *m*.

chalice ['tʃælɪs] *n* calice *m*.

chalk [tʃɔːk] *n* craie *f*.
➤ **by a long chalk** *adv* de loin.
➤ **not by a long chalk** *adv* loin s'en faut, loin de là.
➤ **chalk up** *vt sep* [victory, success] remporter.

chalkboard ['tʃɔːkbɔːd] *n* Am tableau *m* (noir).

challenge ['tʃælɪndʒ] <> *n* défi *m* <> *vt* - **1.** [to fight, competition] : **she ~d me to a race/a game of chess** elle m'a défié à la course/aux échecs ; **to ~ sb to do sthg** défier qqn de faire qqch - **2.** [question] mettre en question *OR* en doute.

challenger ['tʃælɪndʒəʳ] *n* challenger *m*.

challenging ['tʃælɪndʒɪŋ] *adj* - **1.** [task, job] stimulant(e) - **2.** [look, tone of voice] provocateur(trice).

chamber ['tʃeɪmbəʳ] *n* [gen] chambre *f*.
➤ **chambers** *npl* [of barrister, judge] cabinet *m*.

chambermaid ['tʃeɪmbəmeɪd] *n* femme *f* de chambre.

chamber music *n* musique *f* de chambre.

chamber of commerce *n* chambre *f* de commerce.

chamber orchestra *n* orchestre *m* de chambre.

chameleon [kə'miːljən] *n* caméléon *m*.

chamois[1] ['ʃæmwɑː] (*pl inv*) *n* [animal] chamois *m*.

chamois[2] ['ʃæmɪ] *n* : **~ (leather)** peau *f* de chamois.

champ [tʃæmp] <> *n inf* champion *m*, -onne *f* <> *vi* [horse] ronger, mâchonner.

champagne [,ʃæm'peɪn] *n* champagne *m*.

champion ['tʃæmpjən] *n* champion *m*, -onne *f*.

championship ['tʃæmpjənʃɪp] *n* championnat *m*.

chance [tʃɑːns] <> *n* - **1.** (*U*) [luck] hasard *m* ; **by ~** par hasard ; **if by any ~** si par hasard - **2.** [likelihood] chance *f* ; **she didn't stand a ~ (of doing sthg)** elle n'avait aucune chance (de faire qqch) ; **on the off ~** à tout hasard - **3.** [opportunity] occasion *f* - **4.** [risk] risque *m* ; **to take a ~** risquer le coup ; **to take a ~ on** do-

ing sthg se risquer à faire qqch ◇ *adj* fortuit(e), accidentel(elle) ◇ *vt* - **1.** [risk] risquer ; **to ~ it** tenter sa chance - **2.** literary [happen] : **to ~ to do sthg** faire qqch par hasard.

chancellor ['tʃɑːnsələʳ] *n* - **1.** [chief minister] chancelier *m* - **2.** UNIV président *m*, -e *f* honoraire.

Chancellor of the Exchequer *n* Br Chancelier *m* de l'Échiquier, ≃ ministre *m* des Finances.

chancy ['tʃɑːnsɪ] (*compar* -**ier** ; *superl* -**iest**) *adj* inf [risky] risqué(e).

chandelier [ˌʃændə'lɪəʳ] *n* lustre *m*.

change [tʃeɪndʒ] ◇ *n* - **1.** [gen] : **~ (in sb/in sthg)** changement *m* (en qqn/de qqch) ; **~ of clothes** vêtements *mpl* de rechange ; **to make a ~** changer un peu ; **for a ~** pour changer (un peu) - **2.** [money] monnaie *f* ◇ *vt* - **1.** [gen] changer ; **to ~ sthg into sthg** changer OR transformer qqch en qqch ; **to ~ one's mind** changer d'avis - **2.** [jobs, trains, sides] changer de ; **to ~ hands** COMM changer de main - **3.** [money - into smaller units] faire la monnaie de ; [- into different currency] changer ◇ *vi* - **1.** [gen] changer - **2.** [change clothes] se changer ; **to ~ into another pair of trousers** changer de pantalon - **3.** [be transformed] : **to ~ into** se changer en.

◆ **change over** *vi* [convert] : **to ~ over from/to** passer de/à

changeable ['tʃeɪndʒəbl] *adj* [mood] changeable ; [weather] variable.

changed [tʃeɪndʒd] *adj* changé(e).

change machine *n* distributeur *m* de monnaie.

change of life *n* : **the ~** le retour *m* d'âge.

changeover ['tʃeɪndʒ,əʊvəʳ] *n* : **~ (to)** passage *m* (à), changement *m* (pour).

change purse *n* Am porte-monnaie *m inv*.

changing ['tʃeɪndʒɪŋ] *adj* changeant(e).

changing room *n* SPORT vestiaire *m* ; [in shop] cabine *f* d'essayage.

channel ['tʃænl] (Br *pt* & *pp* -**led** ; *cont* -**ling**, Am *pt* & *pp* -**ed** ; *cont* -**ing**) ◇ *n* - **1.** TV chaîne *f* ; RADIO station *f* - **2.** [for irrigation] canal *m* ; [duct] conduit *m* - **3.** [on river, sea] chenal *m* ◇ *vt* lit & fig canaliser.

◆ **Channel** *n* : **the (English) Channel** la Manche.

◆ **channels** *npl* : **to go through the proper ~s** suivre OR passer la filière.

Channel Islands *npl* : **the ~** les îles *fpl* Anglo-Normandes ; **in the ~** dans les îles Anglo-Normandes.

Channel tunnel *n* : **the ~** le tunnel sous la Manche.

chant [tʃɑːnt] ◇ *n* chant *m* ◇ *vt* - **1.** RELIG chanter - **2.** [words, slogan] scander ◇ *vi* - **1.** RELIG chanter - **2.** [repeat words] scander des mots/des slogans.

chaos ['keɪɒs] *n* chaos *m*.

chaotic [keɪ'ɒtɪk] *adj* chaotique.

chap [tʃæp] *n* Br inf [man] type *m*.

chapat(t)i [tʃə'pætɪ] *n* galette *f* de pain indienne.

chapel ['tʃæpl] *n* chapelle *f*.

chaperon(e) ['ʃæpərəʊn] ◇ *n* chaperon *m* ◇ *vt* chaperonner.

chaplain ['tʃæplɪn] *n* aumônier *m*.

chapped [tʃæpt] *adj* [skin, lips] gercé(e).

chapter ['tʃæptəʳ] *n* chapitre *m*.

char [tʃɑːʳ] (*pt* & *pp* -**red** ; *cont* -**ring**) ◇ *n* Br [cleaner] femme *f* de ménage ◇ *vt* [burn] calciner ◇ *vi* [work as cleaner] faire des ménages.

character ['kærəktəʳ] *n* - **1.** [gen] caractère *m* ; **her behaviour is out of ~** ce comportement ne lui ressemble pas - **2.** [in film, book, play] personnage *m* - **3.** inf [eccentric] phénomène *m*, original *m*.

character code *n* COMPUT code *m* de caractère.

characteristic [ˌkærəktə'rɪstɪk] ◇ *adj* caractéristique ◇ *n* caractéristique *f*.

characteristically [ˌkærəktə'rɪstɪklɪ] *adv* de façon caractéristique.

characterization [ˌkærəktəraɪ'zeɪʃn] *n* caractérisation *f*.

characterize, -ise ['kærəktəraɪz] *vt* caractériser.

charade [ʃə'rɑːd] *n* farce *f*.

◆ **charades** *n* (U) charades *fpl*.

charcoal ['tʃɑːkəʊl] *n* [for drawing] charbon *m* ; [for burning] charbon de bois.

chard [tʃɑːd] *n* bette *f*, blette *f*.

charge [tʃɑːdʒ] ◇ *n* - **1.** [cost] prix *m* ; **free of ~** gratuit ; **admission ~** prix d'entrée ; **delivery ~** frais *mpl* de port - **2.** JUR accusation *f*, inculpation *f* - **3.** [responsibility] : **to take ~ of** se charger de ; **to be in ~ of, to have ~ of** être responsable de, s'occuper de ; **in ~** responsable - **4.** ELEC & MIL charge *f* ◇ *vt* - **1.** [customer, sum] faire payer ; **they ~ £5 for admission** le prix d'entrée est 5 livres ; **how much do you ~?** vous prenez combien? ; **to ~ sthg to sb** mettre qqch sur le compte de qqn - **2.** [suspect, criminal] : **to ~ sb (with)** accuser qqn (de) - **3.** ELEC & MIL charger ◇ *vi* - **1.** [ask in payment] they don't ~ for **delivery** ils livrent gratuitement - **2.** [rush] se précipiter, foncer.

chargeable ['tʃɑːdʒəbl] adj - **1.** [costs] : ~ **to** à la charge de - **2.** [offence] qui entraîne une inculpation.

charge account n compte m crédit.

charge card n carte f de compte crédit (auprès d'un magasin).

charged [tʃɑːdʒd] adj [emotional] chargé(e).

charge hand n Br chef m d'équipe.

charge nurse n Br infirmier m, -ère f en chef.

charger ['tʃɑːdʒəʳ] n - **1.** [for batteries] chargeur m - **2.** literary [soldier's horse] cheval m de bataille.

charge sheet n Br procès-verbal m.

chariot ['tʃærɪət] n char m.

charisma [kə'rɪzmə] n charisme m.

charismatic [ˌkærɪz'mætɪk] adj charismatique.

charitable ['tʃærətəbl] adj - **1.** [person, remark] charitable - **2.** [organization] de charité.

charity ['tʃærətɪ] (pl -ies) n charité f.

charlatan ['ʃɑːlətən] n charlatan m.

charm [tʃɑːm] <> n charme m <> vt charmer.

charm bracelet n bracelet m à breloques.

charmer ['tʃɑːməʳ] n charmeur m, -euse f.

charming ['tʃɑːmɪŋ] adj charmant(e).

charmingly ['tʃɑːmɪŋlɪ] adv [attractive etc] de façon charmante ; [smile, dressed] avec charme.

charred [tʃɑːd] adj calciné(e).

chart [tʃɑːt] <> n - **1.** [diagram] graphique m, diagramme m - **2.** [map] carte f ; **weather ~** carte f météorologique <> vt - **1.** [plot, map] porter sur une carte - **2.** fig [record] retracer.

➤ **charts** npl : **the ~s** le hit-parade.

charter ['tʃɑːtəʳ] <> n [document] charte f <> vt [plane, boat] affréter.

chartered accountant [ˌtʃɑːtəd-] n Br expert-comptable m.

charter flight n vol m charter.

chart-topping adj Br qui est en tête du hit-parade.

chary ['tʃeərɪ] (compar -ier ; superl -iest) adj : **to be ~ of doing sthg** hésiter à faire qqch.

chase [tʃeɪs] <> n [pursuit] poursuite f, chasse f ; **to give ~** poursuivre <> vt - **1.** [pursue] poursuivre - **2.** [drive away] chasser - **3.** fig [money, jobs] faire la chasse à <> vi : **to ~ after sb/sthg** courir après qqn/qqch.

➤ **chase up** vt sep Br [person, information] rechercher, faire la chasse à.

chaser ['tʃeɪsəʳ] n [drink] verre d'alcool qu'on prend après une bière.

chasm ['kæzm] n lit & fig abîme m.

chassis ['ʃæsɪ] (pl inv) n châssis m.

chaste [tʃeɪst] adj chaste.

chasten ['tʃeɪsn] vt châtier.

chastise [tʃæ'staɪz] vt fml [scold] punir, châtier.

chastity ['tʃæstətɪ] n chasteté f.

chat [tʃæt] (pt & pp -ted ; cont -ting) <> n causerie f, bavardage m ; **to have a ~** causer, bavarder <> vi causer, bavarder.

➤ **chat up** vt sep Br inf baratiner.

chatline ['tʃætlaɪn] n [gen] réseau m téléphonique (payant) ; [for sexual encounters] téléphone m rose.

chat room n COMPUT forum m de discussion.

chat show n Br talk-show m.

chatter ['tʃætəʳ] <> n - **1.** [of person] bavardage m - **2.** [of animal, bird] caquetage m <> vi - **1.** [person] bavarder - **2.** [animal, bird] jacasser, caqueter - **3.** [teeth] : **his teeth were ~ing** il claquait des dents.

chatterbox ['tʃætəbɒks] n inf moulin m à paroles.

chatty ['tʃætɪ] (compar -ier ; superl -iest) adj [person] bavard(e) ; [letter] plein(e) de bavardages.

chauffeur ['ʃəʊfəʳ] <> n chauffeur m <> vt conduire.

chauvinist ['ʃəʊvɪnɪst] n - **1.** [sexist] macho m - **2.** [nationalist] chauvin m, -e f.

chauvinistic ['ʃəʊvɪ'nɪstɪk] adj - **1.** [sexist] macho, machiste - **2.** [nationalistic] chauvin(e).

cheap [tʃiːp] <> adj - **1.** [inexpensive] pas cher (chère), bon marché (inv) - **2.** [at a reduced price - fare, rate] réduit(e) ; [- ticket] à prix réduit - **3.** [low-quality] de mauvaise qualité - **4.** [joke, comment] facile <> adv (à) bon marché <> n : **on the ~** pour pas cher.

cheapen ['tʃiːpn] vt [degrade] rabaisser.

cheaply ['tʃiːplɪ] adv à bon marché, pour pas cher.

cheapness ['tʃiːpnɪs] n - **1.** [low cost] bas prix m - **2.** [low quality] mauvaise qualité f - **3.** [of joke, comment] facilité f.

cheapskate ['tʃiːpskeɪt] n inf grigou m.

cheat [tʃiːt] <> n tricheur m, -euse f <> vt tromper ; **to ~ sb out of sthg** escroquer qqch à qqn ; **to feel ~ed** se sentir lésé OR frustré <> vi - **1.** [in game, exam] tricher - **2.** inf [be unfaithful] : **to ~ on sb** tromper qqn.

cheating ['tʃiːtɪŋ] n tricherie f.

Chechnya ['tʃetʃnɪə] n Tchétchénie f.

check [tʃek] ◇ *n* **- 1.** [inspection, test] : **~ (on)** contrôle *m* (de) **- 2.** [restraint] : **~ (on)** frein *m* (à), restriction *f* (sur) ; **to put a ~ on sthg** freiner qqch ; **to keep** OR **hold sthg in ~** [emotions] maîtriser qqch **- 3.** Am [bill] note *f* **- 4.** [pattern] carreaux *mpl* **- 5.** Am **= cheque** ◇ *vt* **- 1.** [test, verify] vérifier ; [passport, ticket] contrôler **- 2.** [restrain, stop] enrayer, arrêter ◇ *vi* : **to ~ (for sthg)** vérifier (qqch) ; **to ~ on sthg** vérifier OR contrôler qqch.

◆ **check in** ◇ *vt sep* [luggage, coat] enregistrer ◇ *vi* **- 1.** [at hotel] signer le registre **- 2.** [at airport] se présenter à l'enregistrement.

◆ **check off** *vt sep* pointer, cocher.

◆ **check out** ◇ *vt sep* **- 1.** [luggage, coat] retirer **- 2.** [investigate] vérifier ◇ *vi* [from hotel] régler sa note.

◆ **check up** *vi* : **to ~ up on sb** prendre des renseignements sur qqn ; **to ~ up (on sthg)** vérifier (qqch).

checkbook Am **= chequebook.**

checked [tʃekt] *adj* à carreaux.

checkered Am **= chequered.**

checkers [ˈtʃekəz] *n (U)* Am jeu *m* de dames.

check guarantee card *n* Am carte *f* bancaire.

check-in *n* enregistrement *m*.

checking account [ˈtʃekɪŋ-] *n* Am compte *m* courant.

checklist [ˈtʃeklɪst] *n* liste *f* de contrôle.

checkmate [ˈtʃekmeɪt] *n* échec et mat *m*.

checkout [ˈtʃekaʊt] *n* [in supermarket] caisse *f*.

checkpoint [ˈtʃekpɔɪnt] *n* [place] (poste *m* de) contrôle *m*.

checkup [ˈtʃekʌp] *n* MED bilan *m* de santé, check-up *m*.

Cheddar (cheese) [ˈtʃedə‍-] *n* (fromage *m* de) cheddar *m*.

cheek [tʃiːk] ◇ *n* **- 1.** [of face] joue *f* **- 2.** inf [impudence] culot *m* ◇ *vt* inf être insolent(e) avec.

cheekbone [ˈtʃiːkbəʊn] *n* pommette *f*.

cheekily [ˈtʃiːkɪlɪ] *adv* avec insolence.

cheekiness [ˈtʃiːkɪnɪs] *n* insolence *f*.

cheeky [ˈtʃiːkɪ] (*compar* **-ier** ; *superl* **-iest**) *adj* insolent(e), effronté(e).

cheer [tʃɪə‍r] ◇ *n* [shout] acclamation *f* ◇ *vt* **- 1.** [shout for] acclamer **- 2.** [gladden] réjouir ◇ *vi* applaudir.

◆ **cheers** *excl* **- 1.** [said before drinking] santé! **- 2.** inf [goodbye] salut!, ciao!, tchao! **- 3.** inf [thank you] merci.

◆ **cheer on** *vt sep* encourager.

◆ **cheer up** ◇ *vt sep* remonter le moral à ◇ *vi* s'égayer.

cheerful [ˈtʃɪəfʊl] *adj* joyeux(euse), gai(e).

cheerfully [ˈtʃɪəfʊlɪ] *adv* **- 1.** [joyfully] joyeusement, gaiement **- 2.** [willingly] de bon gré OR cœur.

cheerfulness [ˈtʃɪəfʊlnɪs] *n* gaieté *f*.

cheering [ˈtʃɪərɪŋ] ◇ *adj* [news, story] réconfortant(e) ◇ *n (U)* acclamations *fpl*.

cheerio [ˌtʃɪərɪˈəʊ] *excl* inf au revoir!, salut!

cheerleader [ˈtʃɪəˌliːdə‍r] *n* meneur *m*, -euse *f*.

cheerless [ˈtʃɪəlɪs] *adj* morne, triste.

cheery [ˈtʃɪərɪ] (*compar* **-ier** ; *superl* **-iest**) *adj* joyeux(euse).

cheese [tʃiːz] *n* fromage *m*.

cheeseboard [ˈtʃiːzbɔːd] *n* plateau *m* à fromage.

cheeseburger [ˈtʃiːzˌbɜːgə‍r] *n* cheeseburger *m*, hamburger *m* au fromage.

cheesecake [ˈtʃiːzkeɪk] *n* CULIN gâteau *m* au fromage blanc, cheesecake *m*.

cheesy [ˈtʃiːzɪ] (*compar* **-ier** ; *superl* **-iest**) *adj* [tasting of cheese] au goût de fromage.

cheetah [ˈtʃiːtə] *n* guépard *m*.

chef [ʃef] *n* chef *m*.

chemical [ˈkemɪkl] ◇ *adj* chimique ◇ *n* produit *m* chimique.

chemically [ˈkemɪklɪ] *adv* chimiquement.

chemical weapons *npl* armes *fpl* chimiques.

chemist [ˈkemɪst] *n* **- 1.** Br [pharmacist] pharmacien *m*, -enne *f* ; **~'s (shop)** pharmacie *f* **- 2.** [scientist] chimiste *mf*.

chemistry [ˈkemɪstrɪ] *n* chimie *f*.

chemotherapy [ˌkiːməʊˈθerəpɪ] *n* chimiothérapie *f*.

cheque Br, **check** Am [tʃek] *n* chèque *m* ; **to pay by ~** payer par chèque.

cheque account *n* compte *m* chèques.

chequebook Br, **checkbook** Am [ˈtʃekbʊk] *n* chéquier *m*, carnet *m* de chèques.

cheque card *n* Br carte *f* bancaire.

chequered Br [ˈtʃekəd], **checkered** Am [ˈtʃekərd] *adj* **- 1.** [patterned] à carreaux **- 2.** fig [career, life] mouvementé(e).

Chequers [ˈtʃekəz] *n* résidence secondaire officielle du Premier ministre britannique.

cherish [ˈtʃerɪʃ] *vt* chérir ; [hope] nourrir, caresser.

cherished [ˈtʃerɪʃt] *adj* cher (chère).

cherry [ˈtʃerɪ] (*pl* **-ies**) *n* [fruit] cerise *f* ; **~ (tree)** cerisier *m*.

cherub ['tʃerəb] (*pl* -s OR -im [-ɪm]) *n* chérubin *m*.

chervil ['tʃɜːvɪl] *n* cerfeuil *m*.

Ches. (*abbr of* **Cheshire**) comté anglais.

chess [tʃes] *n* échecs *mpl*.

chessboard ['tʃesbɔːd] *n* échiquier *m*.

chessman ['tʃesmæn] (*pl* -men [-men]) *n* pièce *f*.

chest [tʃest] *n* - **1.** ANAT poitrine *f* ; **to get sthg off one's ~** *inf* déballer ce qu'on a sur le cœur - **2.** [box] coffre *m*.

chesterfield ['tʃestəfiːld] *n* canapé *m*.

chestnut ['tʃesnʌt] <> *adj* [colour] châtain (*inv*) <> *n* [nut] châtaigne *f* ; **~ (tree)** châtaignier *m*.

chest of drawers (*pl* chests of drawers) *n* commode *f*.

chesty ['tʃestɪ] (*compar* -ier ; *superl* -iest) *adj* [cough] de poitrine.

chevron ['ʃevrən] *n* chevron *m*.

chew [tʃuː] <> *n* [sweet] bonbon *m* (à mâcher) <> *vt* mâcher.

➤ **chew over** *vt sep* fig [think over] ruminer, remâcher.

➤ **chew up** *vt sep* mâchouiller.

chewing gum ['tʃuːɪŋ-] *n* chewing-gum *m*.

chewy ['tʃuːɪ] (*compar* -ier ; *superl* -iest) *adj* [food] difficile à mâcher.

chic [ʃiːk] <> *adj* chic (*inv*) <> *n* chic *m*.

chicanery [ʃɪ'keɪnərɪ] *n* (*U*) chicane *f*.

chick [tʃɪk] *n* [baby bird] oisillon *m*.

chicken ['tʃɪkɪn] <> *adj* inf [cowardly] froussard(e) <> *n* - **1.** [bird, food] poulet *m* ; **it's a ~ and egg situation** c'est l'histoire de la poule et de l'œuf - **2.** inf [coward] froussard *m*, -e *f*.

➤ **chicken out** *vi* inf se dégonfler.

chickenfeed ['tʃɪkɪnfiːd] *n* (*U*) fig bagatelle *f*.

chickenpox ['tʃɪkɪnpɒks] *n* (*U*) varicelle *f*.

chicken wire *n* grillage *m*.

chickpea ['tʃɪkpiː] *n* pois *m* chiche.

chicory ['tʃɪkərɪ] *n* [vegetable] endive *f*.

chide [tʃaɪd] (*pt* chided OR chid [tʃɪd], *pp* chid OR chidden ['tʃɪdn]) *vt* literary : **to ~ sb (for sthg)** réprimander qqn (à propos de qqch).

chief [tʃiːf] <> *adj* - **1.** [main - aim, problem] principal(e) - **2.** [head] en chef <> *n* chef *m*.

chief constable *n* Br commissaire *m* de police divisionnaire.

chief executive *n* directeur général *m*, directrice générale *f*.

➤ **Chief Executive** *n* Am : **the Chief Executive** le président des États-Unis.

chief justice *n* président *m* de la Cour Suprême (des États-Unis).

chiefly ['tʃiːflɪ] *adv* - **1.** [mainly] principalement - **2.** [above all] surtout.

chief of staff *n* chef *m* d'état-major.

chief superintendent *n* Br commissaire *m* de police principal.

chieftain ['tʃiːftən] *n* chef *m*.

chiffon ['ʃɪfɒn] *n* mousseline *f*.

chihuahua [tʃɪ'wɑːwə] *n* chihuahua *m*.

chilblain ['tʃɪlbleɪn] *n* engelure *f*.

child [tʃaɪld] (*pl* children ['tʃɪldrən]) *n* enfant *mf*.

childbearing ['tʃaɪld,beərɪŋ] *n* maternité *f*.

child benefit *n* (*U*) Br ≃ allocations *fpl* familiales.

childbirth ['tʃaɪldbɜːθ] *n* (*U*) accouchement *m*.

childhood ['tʃaɪldhʊd] *n* enfance *f*.

childish ['tʃaɪldɪʃ] *adj* pej puéril(e), enfantin(e).

childishly ['tʃaɪldɪʃlɪ] *adv* pej de façon puérile.

childless ['tʃaɪldlɪs] *adj* sans enfants.

childlike ['tʃaɪldlaɪk] *adj* enfantin(e), d'enfant.

childminder ['tʃaɪld,maɪndəʳ] *n* Br gardienne *f* d'enfants, nourrice *f*.

child prodigy *n* enfant *mf* prodige.

childproof ['tʃaɪldpruːf] *adj* [container] qui ne peut pas être ouvert par les enfants ; **~ lock** verrouillage *m* de sécurité pour enfants.

children ['tʃɪldrən] *pl* ⊏> **child**.

children's home *n* maison *f* d'enfants.

Chile ['tʃɪlɪ] *n* Chili *m* ; **in ~** au Chili.

Chilean ['tʃɪlɪən] <> *adj* chilien(enne) <> *n* Chilien *m*, -enne *f*.

chili ['tʃɪlɪ] = **chilli**.

chill [tʃɪl] <> *adj* frais (fraîche) <> *n* - **1.** [illness] coup *m* de froid - **2.** [in temperature] : **there's a ~ in the air** le fond de l'air est frais - **3.** [feeling of fear] frisson *m* <> *vt* - **1.** [drink, food] mettre au frais - **2.** [person] faire frissonner <> *vi* [drink, food] rafraîchir.

chilli ['tʃɪlɪ] (*pl* -es) *n* [vegetable] piment *m*.

chilling ['tʃɪlɪŋ] *adj* - **1.** [very cold] glacial(e) - **2.** [frightening] qui glace le sang.

chilli powder *n* poudre *f* de piment.

chilly ['tʃɪlɪ] (*compar* -ier ; *superl* -iest) *adj* froid(e) ; **to feel ~** avoir froid ; **it's ~** il fait froid.

chime [tʃaɪm] <> *n* [of bell, clock] carillon *m*

◇ *vt* [time] sonner ◇ *vi* [bell, clock] carillonner.

chimney ['tʃɪmnɪ] *n* cheminée *f*.

chimneypot ['tʃɪmnɪpɒt] *n* mitre *f* de cheminée.

chimneysweep ['tʃɪmnɪswiːp] *n* ramoneur *m*.

chimp(anzee) [tʃɪmp(ən'ziː)] *n* chimpanzé *m*.

chin [tʃɪn] *n* menton *m*.

china ['tʃaɪnə] ◇ *n* porcelaine *f* ◇ *comp* en porcelaine.

China ['tʃaɪnə] *n* Chine *f* ; **in ~** en Chine ; **the People's Republic of ~** la République populaire de Chine.

china clay *n* kaolin *m*.

China Sea *n* : **the ~** la mer de Chine.

Chinatown ['tʃaɪnətaʊn] *n* quartier *m* chinois.

chinchilla [tʃɪn'tʃɪlə] *n* chinchilla *m*.

Chinese [,tʃaɪ'niːz] ◇ *adj* chinois(e) ◇ *n* [language] chinois *m* ◇ *npl* : **the ~** les Chinois *mpl*.

Chinese cabbage *n* chou *m* chinois.

Chinese lantern *n* lanterne *f* vénitienne.

Chinese leaves *npl* Br = **Chinese cabbage**.

chink [tʃɪŋk] ◇ *n* - **1.** [narrow opening] fente *f* - **2.** [sound] tintement *m* ◇ *vi* tinter.

chinos ['tʃiːnəʊz] *npl* pantalon de grosse toile beige porté à l'origine par les militaires de l'armée de l'air américaine.

chintz [tʃɪnts] ◇ *n* chintz *m* ◇ *comp* de chintz.

chinwag ['tʃɪnwæg] *n* inf : **to have a ~** tailler une bavette.

chip [tʃɪp] (*pt* & *pp* -**ped** ; *cont* -**ping**) ◇ *n* - **1.** Br [fried potato] frite *f* ; Am [potato crisp] chip *m* - **2.** [of glass, metal] éclat *m* ; [of wood] copeau *m* - **3.** [flaw] ébréchure *f* - **4.** [microchip] puce *f* - **5.** [for gambling] jeton *m* - **6.** phr : **when the ~s are down** en cas de coup dur ; **to have a ~ on one's shoulder** en avoir gros sur le cœur ◇ *vt* [cup, glass] ébrécher.

◆ **chip in** inf ◇ *vt fus* [contribute] contribuer ◇ *vi* - **1.** [contribute] contribuer - **2.** [interrupt] mettre son grain de sel.

◆ **chip off** *vt sep* enlever petit morceau par petit morceau.

chip-based [-beɪst] *adj* COMPUT à puce.

chipboard ['tʃɪpbɔːd] *n* aggloméré *m*.

chipmunk ['tʃɪpmʌŋk] *n* tamia *m*.

chipolata [,tʃɪpə'lɑːtə] *n* chipolata *f*.

chipped [tʃɪpt] *adj* [flawed] ébréché(e).

chippings ['tʃɪpɪŋz] *npl* [on road] gravillons

mpl ; [of wood] copeaux *mpl* ; '**loose ~**' 'attention gravillons'.

chip shop *n* Br friterie *f*.

chiropodist [kɪ'rɒpədɪst] *n* pédicure *mf*.

chiropody [kɪ'rɒpədɪ] *n* podologie *f*.

chirp [tʃɜːp] *vi* [bird] pépier ; [cricket] chanter.

chirpy ['tʃɜːpɪ] (*compar* -**ier** ; *superl* -**iest**) *adj* gai(e).

chisel ['tʃɪzl] (Br *pt* & *pp* -**led** ; *cont* -**ling**, Am *pt* & *pp* -**ed** ; *cont* -**ing**) ◇ *n* [for wood] ciseau *m* ; [for metal, rock] burin *m* ◇ *vt* ciseler.

chit [tʃɪt] *n* [note] note *f*, reçu *m*.

chitchat ['tʃɪttʃæt] *n* (*U*) inf bavardage *m*.

chivalrous ['ʃɪvlrəs] *adj* chevaleresque.

chivalry ['ʃɪvlrɪ] *n* (*U*) - **1.** literary [of knights] chevalerie *f* - **2.** [good manners] galanterie *f*.

chives [tʃaɪvz] *npl* ciboulette *f*.

chivy, chivvy ['tʃɪvɪ] (*pt* & *pp* -**ied**) *vt* inf harceler ; **to ~ sb along** faire se dépêcher qqn.

chloride ['klɔːraɪd] *n* chlorure *m*.

chlorinated ['klɔːrɪneɪtɪd] *adj* chloré(e).

chlorine ['klɔːriːn] *n* chlore *m*.

chlorofluorocarbon ['klɔːrəʊ,flɔːrəʊ-'kɑːbən] *n* chlorofluorocarbone *m*.

chloroform ['klɒrəfɔːm] *n* chloroforme *m*.

chlorophyll ['klɒrəfɪl] *n* chlorophylle *f*.

choc-ice ['tʃɒkaɪs] *n* Br Esquimau® *m*.

chock [tʃɒk] *n* cale *f*.

chock-a-block, chock-full *adj* inf : **~ (with)** plein(e) à craquer (de).

chocolate ['tʃɒkələt] ◇ *n* chocolat *m* ◇ *comp* au chocolat.

choice [tʃɔɪs] ◇ *n* choix *m* ; **we had no ~ but to accept** nous ne pouvions pas faire autrement que d'accepter ; **by** OR **from ~** par choix ◇ *adj* de choix.

choir ['kwaɪə'] *n* chœur *m*.

choirboy ['kwaɪəbɔɪ] *n* jeune choriste *m*.

choke [tʃəʊk] ◇ *n* AUT starter *m* ◇ *vt* - **1.** [strangle] étrangler, étouffer - **2.** [block] obstruer, boucher ◇ *vi* s'étrangler.

◆ **choke back** *vt fus* [anger] étouffer ; [tears] refouler.

cholera ['kɒlərə] *n* choléra *m*.

cholesterol [kə'lestərɒl] *n* cholestérol *m*.

choose [tʃuːz] (*pt* **chose**, *pp* **chosen**) ◇ *v* - **1.** [select] choisir ; **there's little** OR **not much to ~ between them** ils se valent - **2.** [decide] **to ~ to do sthg** décider OR choisir de faire qqch ◇ *vi* [select] : **to ~ (from)** choisir (parmi OR entre).

choos(e)y ['tʃuːzɪ] (*compar* -ier ; *superl* -iest) *adj* difficile.

chop [tʃɒp] (*pt* & *pp* -ped ; *cont* -ping) ◇ *n*
- **1.** CULIN côtelette *f* - **2.** [blow] coup *m* (de hache *etc*) ; **he's for the ~** fig il va sûrement se faire saquer ◇ *vt* - **1.** [wood] couper ; [vegetables] hacher - **2.** inf fig [funding, budget] réduire - **3.** phr : **to ~ and change** changer sans cesse d'avis.
- ◆ **chops** *npl* inf babines *fpl*.
- ◆ **chop down** *vt sep* [tree] abattre.
- ◆ **chop up** *vt sep* couper en morceaux.

chopper ['tʃɒpə'] *n* - **1.** [axe] couperet *m* - **2.** inf [helicopter] hélico *m*.

chopping board ['tʃɒgt·pɪŋ-] *n* hachoir *m*.

choppy ['tʃɒpɪ] (*compar* -ier ; *superl* -iest) *adj* [sea] agité(e).

chopsticks ['tʃɒpstɪks] *npl* baguettes *fpl*.

choral ['kɔːrəl] *adj* choral(e).

chord [kɔːd] *n* MUS accord *m ;* **to strike a ~ with sb** toucher qqn.

chore [tʃɔːʳ] *n* corvée *f ;* **household ~s** travaux *mpl* ménagers.

choreographer [ˌkɒrɪ'ɒɡrəfəʳ] *n* chorégraphe *mf*.

choreography [ˌkɒrɪ'ɒɡrəfɪ] *n* chorégraphie *f*.

chortle ['tʃɔːtl] *vi* glousser.

chorus ['kɔːrəs] ◇ *n* - **1.** [part of song] refrain *m* - **2.** [singers] chœur *m* - **3.** fig [of praise, complaints] concert *m* ◇ *vt* répondre en chœur.

chose [tʃəʊz] *pt* ▷ **choose.**

chosen ['tʃəʊzn] *pp* ▷ **choose.**

choux pastry [ʃuː-] *n* pâte *f* à choux.

chow [tʃaʊ] *n* [dog] chow-chow *m*.

chowder ['tʃaʊdəʳ] *n* [of fish] soupe *f* de poisson ; [of seafood] soupe aux fruits de mer.

Christ [kraɪst] ◇ *n* Christ *m* ◇ *excl* Seigneur!, bon Dieu!

christen ['krɪsn] *vt* - **1.** [baby] baptiser - **2.** [name] nommer.

christening ['krɪsnɪŋ] ◇ *n* baptême *m* ◇ *comp* de baptême.

Christian ['krɪstʃən] ◇ *adj* - **1.** RELIG chrétien(enne) - **2.** [kind] charitable ◇ *n* chrétien *m*, -enne *f*.

Christianity [ˌkrɪstɪ'ænətɪ] *n* christianisme *m*.

Christian name *n* prénom *m*.

Christmas ['krɪsməs] ◇ *n* Noël *m ;* **happy** OR **merry ~!** joyeux Noël! ◇ *comp* de Noël.

Christmas cake *n* Br gâteau *m* de Noël.

Christmas card *n* carte *f* de Noël.

Christmas cracker *n* Br diablotin *m*.

Christmas Day *n* jour *m* de Noël.

Christmas Eve *n* veille *f* de Noël.

Christmas Island *n* l'île *f* Christmas ; **on ~** à l'île Christmas.

Christmas pudding *n* Br pudding *m* (de Noël).

Christmas stocking *n* ≃ soulier *m* de Noël.

Christmastime ['krɪsməstaɪm] *n :* **at ~** à Noël.

Christmas tree *n* arbre *m* de Noël.

chrome [krəʊm], **chromium** ['krəʊmɪəm] ◇ *n* chrome *m* ◇ *comp* chromé(e).

chromosome ['krəʊməsəʊm] *n* chromosome *m*.

chronic ['krɒnɪk] *adj* [illness, unemployment] chronique ; [liar, alcoholic] invétéré(e).

chronically ['krɒnɪklɪ] *adv* de façon chronique.

chronicle ['krɒnɪkl] ◇ *n* chronique *f* ◇ *vt* faire la chronique de.

chronological [ˌkrɒnə'lɒdʒɪkl] *adj* chronologique.

chronologically [ˌkrɒnə'lɒdʒɪklɪ] *adv* chronologiquement.

chronology [krə'nɒlədʒɪ] *n* chronologie *f*.

chrysalis ['krɪsəlɪs] (*pl* -lises [-lɪsiːz]) *n* chrysalide *f*.

chrysanthemum [krɪ'sænθəməm] (*pl* -s) *n* chrysanthème *m*.

chubbiness ['tʃʌbɪnɪs] *n* rondeur *f*

chubby ['tʃʌbɪ] (*compar* -bier ; *superl* -biest) *adj* [cheeks, face] joufflu(e) ; [person, hands] potelé(e).

chuck [tʃʌk] *vt* inf - **1.** [throw] lancer, envoyer - **2.** [job, boyfriend] laisser tomber.
- ◆ **chuck away, chuck out** *vt sep* inf jeter, balancer.

chuckle ['tʃʌkl] ◇ *n* petit rire *m* ◇ *vi* glousser.

chuffed [tʃʌft] *adj* Br inf : **~ (with sthg/to do sthg)** ravi(e) (de qqch/de faire qqch).

chug [tʃʌg] (*pt* & *pp* -ged ; *cont* -ging) *vi* [train] faire teuf-teuf.

chum [tʃʌm] *n* inf copain *m*, copine *f*.

chummy ['tʃʌmɪ] (*compar* -mier ; *superl* -miest) *adj* inf : **to be ~ with sb** être copain (copine) avec qqn.

chump [tʃʌmp] *n* inf imbécile *mf*.

chunk [tʃʌŋk] *n* gros morceau *m*.

chunky ['tʃʌŋkɪ] (*compar* -ier ; *superl* -iest) *adj*

[person, furniture] trapu(e) ; [sweater, jewellery] gros (grosse).

church [tʃɜːtʃ] n - **1.** [building] église f ; **to go to ~** aller à l'église ; [Catholics] aller à la messe - **2.** [organization] Église f.

churchgoer ['tʃɜːtʃ,gəʊəʳ] n pratiquant m, -e f.

churchman ['tʃɜːtʃmən] (pl -men [-mən]) n membre m du clergé, ecclésiastique m.

Church of England n : **the ~** l'Église d'Angleterre.

THE CHURCH OF ENGLAND

L'Église d'Angleterre (de confession anglicane) est l'Église officielle de la Grande-Bretagne ; son chef laïc est le souverain, son chef spirituel l'archevêque de Cantorbéry.

Church of Scotland n : **the ~** l'Église f d'Écosse.

churchyard ['tʃɜːtʃjɑːd] n cimetière m.

churlish ['tʃɜːlɪʃ] adj grossier(ère).

churn [tʃɜːn] ◇ n - **1.** [for making butter] baratte f - **2.** [for milk] bidon m ◇ vt [stir up] battre ◇ vi : **my stomach was ~ing** j'avais l'estomac tout retourné.

◆ **churn out** vt sep inf produire en série.

◆ **churn up** vt sep battre.

chute [ʃuːt] n glissière f ; **rubbish ~** vide-ordures m inv.

chutney ['tʃʌtnɪ] n chutney m.

CI abbr of Channel Islands.

CIA (abbr of Central Intelligence Agency) n CIA f.

CIB (abbr of Criminal Investigation Branch) n la police judiciaire américaine.

cicada [sɪ'kɑːdə] n cigale f.

CID (abbr of Criminal Investigation Department) n la police judiciaire britannique.

cider ['saɪdəʳ] n cidre m.

CIF (abbr of cost, insurance and freight) CAF, caf.

cigar [sɪ'gɑːʳ] n cigare m.

cigarette [,sɪgə'ret] n cigarette f.

cigarette butt n mégot m.

cigarette end Br = cigarette butt.

cigarette holder n fume-cigarette m inv.

cigarette lighter n briquet m.

cigarette paper n papier m à cigarettes.

C-in-C n abbr of commander-in-chief.

cinch [sɪntʃ] n inf : **it's a ~** c'est un jeu d'enfants.

cinder ['sɪndəʳ] n cendre f.

cinderblock ['sɪndəblɡtk] n Am parpaing m.

Cinderella [,sɪndə'relə] n Cendrillon f.

cine-camera ['sɪnɪ-] n caméra f.

cine-film ['sɪnɪ-] n film m.

cinema ['sɪnəmə] n cinéma m.

cinematic [,sɪnɪ'mætɪk] adj cinématographique.

cinnamon ['sɪnəmən] n cannelle f.

cipher ['saɪfəʳ] n [secret writing] code m.

circa ['sɜːkə] prep environ.

circle ['sɜːkl] ◇ n - **1.** [gen] cercle m ; **to come full ~** revenir à son point de départ ; **to go round in ~s** fig tourner en rond - **2.** [in theatre, cinema] balcon m ◇ vt - **1.** [draw a circle round] entourer (d'un cercle) - **2.** [move round] faire le tour de ◇ vi [plane] tourner en rond.

circuit ['sɜːkɪt] n - **1.** [gen & ELEC] circuit m - **2.** [lap] tour m ; [movement round] révolution f.

circuit board n plaquette f (de circuits imprimés).

circuit breaker n disjoncteur m.

circuitous [sə'kjuːɪtəs] adj indirect(e).

circular ['sɜːkjʊləʳ] ◇ adj - **1.** [gen] circulaire - **2.** [argument] qui tourne en rond ◇ n [letter] circulaire f ; [advertisement] prospectus m.

circulate ['sɜːkjʊleɪt] ◇ vi - **1.** [gen] circuler - **2.** [socialize] se mêler aux invités ◇ vt [rumour] propager ; [document] faire circuler.

circulation [,sɜːkjʊ'leɪʃn] n - **1.** [gen] circulation f - **2.** PRESS tirage m.

circumcise ['sɜːkəmsaɪz] vt circoncire.

circumcision [,sɜːkəm'sɪʒn] n circoncision f.

circumference [sə'kʌmfərəns] n circonférence f.

circumflex ['sɜːkəmfleks] n : **~ (accent)** accent m circonflexe.

circumnavigate [,sɜːkəm'nævɪgeɪt] vt : **to ~ the world** faire le tour du monde en bateau.

circumscribe ['sɜːkəmskraɪb] vt fml [restrict] limiter.

circumspect ['sɜːkəmspekt] adj circonspect(e).

circumstances ['sɜːkəmstənsɪz] npl circonstances fpl ; **under OR in no ~** en aucun cas ; **under OR in the ~** en de telles circonstances.

circumstantial [,sɜːkəm'stænʃl] adj fml : **~ evidence** preuve f indirecte.

circumvent [,sɜːkəm'vent] vt fml [law, rule] tourner.

circus ['sɜːkəs] n cirque m.

cirrhosis [sɪ'rəʊsɪs] n cirrhose f.

CIS (abbr of Commonwealth of Independent States) n CEI f.

cissy ['sɪsɪ] (pl -ies) n Br inf femmelette f.

cistern ['sɪstən] n - 1. Br [inside roof] réservoir m d'eau - 2. [in toilet] réservoir m de chasse d'eau.

citation [saɪ'teɪʃn] n citation f.

cite [saɪt] vt citer.

citizen ['sɪtɪzn] n - 1. [of country] citoyen m, -enne f - 2. [of town] habitant m, -e f.

Citizens' Advice Bureau n service britannique d'information et d'aide au consommateur.

Citizens' Band n fréquence radio réservée au public, citizen band f.

citizenship ['sɪtɪznʃɪp] n citoyenneté f.

citric acid ['sɪtrɪk-] n acide m citrique.

citrus fruit ['sɪtrəs-] n agrume m.

city ['sɪtɪ] (pl -ies) n ville f, cité f.

➤ **City** n Br : **the City** la City (quartier financier de Londres).

THE CITY

> La City, quartier financier de la capitale, est une circonscription administrative autonome de Londres ayant sa propre police. Le terme « the City » est souvent employé pour désigner le monde britannique de la finance.

city centre n centre-ville m.

city hall n Am ≃ mairie f, ≃ hôtel m de ville.

city technology college n Br établissement d'enseignement technique du secondaire subventionné par les entreprises.

civic ['sɪvɪk] adj [leader, event] municipal(e) ; [duty, pride] civique.

civic centre n Br centre m administratif municipal.

civics ['sɪvɪks] n (U) instruction f civique.

civil ['sɪvl] adj - 1. [public] civil(e) - 2. [polite] courtois(e), poli(e).

civil defence n protection f civile.

civil disobedience n résistance f passive à la loi.

civil engineer n ingénieur m des travaux publics.

civil engineering n génie m civil.

civilian [sɪ'vɪljən] ⬦ n civil m, -e f ⬦ comp civil(e).

civility [sɪ'vɪlətɪ] n politesse f.

civilization [,sɪvəlaɪ'zeɪʃn] n civilisation f.

civilize, -ise ['sɪvɪlaɪz] vt civiliser.

civilized ['sɪvəlaɪzd] adj civilisé(e).

civil law n droit m civil.

civil liberties npl libertés fpl civiques.

civil list n Br liste f civile (allouée à la famille royale par le Parlement britannique).

civil rights npl droits mpl civils.

civil servant n fonctionnaire mf.

civil service n fonction f publique.

civil war n guerre f civile.

CJD n abbr of Creutzfeldt-Jakob disease.

cl (abbr of centilitre) cl.

clad [klæd] adj literary [dressed] : ~ **in** vêtu(e) de.

cladding ['klædɪŋ] n Br revêtement m.

claim [kleɪm] ⬦ n - 1. [for pay etc] revendication f ; [for expenses, insurance] demande f - 2. [right] droit m ; **to lay** ~ **to sthg** revendiquer qqch - 3. [assertion] affirmation f ⬦ vt - 1. [ask for] réclamer - 2. [responsibility, credit] revendiquer - 3. [maintain] prétendre ⬦ vi : **to** ~ **for sthg** faire une demande d'indemnité pour qqch ; **to** ~ **(on one's insurance)** faire une déclaration de sinistre.

claimant ['kleɪmənt] n [to throne] prétendant m, -e f ; [of state benefit] demandeur m, -eresse f, requérant m, -e f.

claim form n [for expenses] note f de frais ; [for insurance] formulaire m de déclaration de sinistre.

clairvoyant [kleə'vɔɪənt] ⬦ adj [person] qui a des dons de double vue ⬦ n voyant m, -e f.

clam [klæm] (pt & pp -med ; cont -ming) n palourde f.

➤ **clam up** vi inf la boucler.

clamber ['klæmbə'] vi grimper.

clammy ['klæmɪ] (compar -mier ; superl -miest) adj [skin] moite ; [weather] lourd et humide.

clamor ['klæmə'] Am = **clamour**.

clamorous ['klæmərəs] adj bruyant(e).

clamour Br, **clamor** Am ['klæmə'] ⬦ n (U) - 1. [noise] cris mpl - 2. [demand] revendication f bruyante ⬦ vi : **to** ~ **for sthg** demander qqch à cor et à cri.

clamp [klæmp] ⬦ n [gen] pince f, agrafe f ; [for carpentry] serre-joint m ; MED clamp m ⬦ vt - 1. [gen] serrer - 2. AUT poser un sabot de Denver à.

➤ **clamp down** vi : **to** ~ **down (on)** sévir (contre).

clampdown ['klæmpdaʊn] n : ~ **(on)** répression f (contre).

clan [klæn] n clan m.

clandestine [klæn'destɪn] adj clandestin(e).

clang [klæŋ] ⬦ n bruit m métallique ⬦ vi émettre un bruit métallique.

clanger ['klæŋə'] n Br inf gaffe f.

clank [klæŋk] ⬦ n cliquetis m ⬦ vi cliqueter.

clap [klæp] (pt & pp **-ped** ; cont **-ping**) ⬦ n - **1.** [of hands] applaudissement m, battement m (de main) - **2.** [of thunder] coup m ⬦ vt - **1.** [hands] : **to ~ one's hands** applaudir, taper des mains - **2.** inf [place] mettre ; **to ~ eyes on sb** apercevoir qqn ⬦ vi applaudir, taper des mains.

clapboard ['klæpbɔːd] n Am bardeau m.

clapped-out [klæpt-] adj Br inf déglingué(e).

clapperboard ['klæpəbɔːd] n claquette f.

clapping ['klæpɪŋ] n (U) applaudissements mpl.

claptrap ['klæptræp] n (U) inf sottises fpl.

claret ['klærət] n - **1.** [wine] bordeaux m rouge - **2.** [colour] bordeaux m inv.

clarification [ˌklærɪfɪ'keɪʃn] n [explanation] éclaircissement m, clarification f.

clarify ['klærɪfaɪ] (pt & pp **-ied**) vt [explain] éclaircir, clarifier.

clarinet [ˌklærə'net] n clarinette f.

clarity ['klærətɪ] n clarté f.

clash [klæʃ] ⬦ n - **1.** [of interests, personalities] conflit m - **2.** [fight, disagreement] heurt m, affrontement m - **3.** [noise] fracas m ⬦ vi - **1.** [fight, disagree] se heurter - **2.** [differ, conflict] entrer en conflit - **3.** [coincide] : **to ~ (with sthg)** tomber en même temps (que qqch) - **4.** [colours] jurer - **5.** [cymbals etc] résonner.

clasp [klɑːsp] ⬦ n [on necklace etc] fermoir m ; [on belt] boucle f ⬦ vt [hold tight] serrer ; **to ~ hands** se serrer la main.

class [klɑːs] ⬦ n - **1.** [gen] classe f - **2.** [lesson] cours m, classe f - **3.** [category] catégorie f ; **to be in a ~ of one's own** être d'une tout autre classe ⬦ comp de classe ⬦ vt classer.

class-conscious adj pej snob (inv).

classic ['klæsɪk] ⬦ adj classique ⬦ n classique m.

➤ **classics** npl humanités fpl.

classical ['klæsɪkl] adj classique.

classical music n musique f classique.

classification [ˌklæsɪfɪ'keɪʃn] n classification f.

classified ['klæsɪfaɪd] adj [information, document] classé secret (classée secrète).

classified ad n petite annonce f.

classify ['klæsɪfaɪ] (pt & pp **-ied**) vt classifier, classer.

classless ['klɑːslɪs] adj sans distinctions sociales.

classmate ['klɑːsmeɪt] n camarade mf de classe.

classroom ['klɑːsrʊm] n (salle f de) classe f.

classy ['klɑːsɪ] (compar **-ier** ; superl **-iest**) adj inf chic (inv).

clatter ['klætə'] ⬦ n cliquetis m ; [louder] fracas m ⬦ vi [metal object] cliqueter.

clause [klɔːz] n - **1.** [in document] clause f - **2.** GRAMM proposition f.

claustrophobia [ˌklɔːstrə'fəʊbjə] n claustrophobie f.

claustrophobic [ˌklɔːstrə'fəʊbɪk] adj - **1.** [atmosphere] qui rend claustrophobe - **2.** [person] claustrophobe.

claw [klɔː] ⬦ n - **1.** [of cat, bird] griffe f - **2.** [of crab, lobster] pince f ⬦ vt griffer ⬦ vi [person] : **to ~ at** s'agripper à.

➤ **claw back** vt sep Br [money] récupérer.

clay [kleɪ] n argile f.

clay pigeon shooting n ball-trap m.

clean [kliːn] ⬦ adj - **1.** [not dirty] propre - **2.** [sheet of paper, driving licence] vierge ; [reputation] sans tache ; **to come ~ about sthg** inf confesser qqch - **3.** [joke] de bon goût - **4.** [smooth] net (nette) ⬦ adv : **I ~ forgot** j'ai complètement oublié ⬦ vt nettoyer ; **to ~ one's teeth** se brosser OR laver les dents ⬦ vi faire le ménage ⬦ n : **to give sthg a ~** nettoyer qqch.

➤ **clean out** vt sep - **1.** [room, drawer] nettoyer à fond - **2.** inf fig [person] nettoyer.

➤ **clean up** ⬦ vt sep [clear up] nettoyer ⬦ vi inf [make a profit] ramasser de l'argent.

cleaner ['kliːnə'] n - **1.** [person] personne f qui fait le ménage ; **window ~** laveur m, -euse f de vitres - **2.** [substance] produit m d'entretien - **3.** [machine] appareil m de nettoyage - **4.** [shop] : **~'s** pressing m.

cleaning ['kliːnɪŋ] n nettoyage m.

cleaning lady n femme f de ménage.

cleanliness ['klenlɪnɪs] n propreté f.

cleanly ['kliːnlɪ] adv [cut] nettement.

cleanness ['kliːnnɪs] n propreté f.

cleanse [klenz] vt - **1.** [skin, wound] nettoyer - **2.** fig [make pure] purifier ; **to ~ sb/sthg of** délivrer qqn/qqch de.

cleanser ['klenzə'] n [detergent] détergent m [for skin] démaquillant m.

clean-shaven [-'ʃeɪvn] adj rasé(e) de près.

cleanup ['kliːnʌp] n nettoyage m.

clear [klɪə'] ⬦ adj - **1.** [gen] clair(e) ; [glass, plastic] transparent(e) ; [difference] net (nette) ; **to make sthg ~ (to sb)** expliquer qqch clairement (à qqn) ; **to make it ~ that** préciser que ; **to make o.s. ~** bien se faire comprendre - **2.** [voice, sound] qui s'entend nettement - **3.** [road, space] libre, dégagé(e) ; **we have two ~ days to get there** on a deux jours entiers pour y aller **- 4.** [not guilty] : **to have a ~ conscience** avoir la conscience tranquille ◇ *adv* : **to stand ~** s'écarter ; **to stay ~ of sb/sthg, to steer ~ of sb/sthg** éviter qqn/qqch ◇ *n* : **in the ~** [out of danger] hors de danger ; [free from suspicion] au-dessus de tout soupçon ◇ *vt* **- 1.** [road, path] dégager ; [table] débarrasser ; **to ~ one's throat** s'éclaircir la voix **- 2.** [obstacle, fallen tree] enlever **- 3.** [jump] sauter, franchir **- 4.** [debt] s'acquitter de **- 5.** [authorize] donner le feu vert à **- 6.** JUR innocenter **- 7.** [cheque] compenser ◇ *vi* [fog, smoke] se dissiper ; [weather, sky] s'éclaircir.

◆ **clear away** *vt sep* [plates] débarrasser ; [books] enlever.

◆ **clear off** *vi* Br inf dégager.

◆ **clear out** ◇ *vt sep* [cupboard] vider ; [room] ranger ◇ *vi* inf [leave] dégager.

◆ **clear up** ◇ *vt sep* **- 1.** [tidy] ranger **- 2.** [mystery, misunderstanding] éclaircir ◇ *vi* **- 1.** [weather] s'éclaircir **- 2.** [tidy up] tout ranger.

clearance ['klɪərəns] *n* **- 1.** [of rubbish] enlèvement *m* ; [of land] déblaiement *m* **- 2.** [permission] autorisation *f* **- 3.** [free space] dégagement *m*.

clearance sale *n* soldes *mpl*.

clear-cut *adj* net (nette).

clear-headed [-'hedɪd] *adj* lucide.

clearing ['klɪərɪŋ] *n* [in wood] clairière *f*.

clearing bank *n* Br banque *f* de clearing.

clearing house *n* **- 1.** [organization] bureau *m* central **- 2.** [bank] chambre *f* de compensation.

clearing up *n* rangement *m*.

clearly ['klɪəlɪ] *adv* **- 1.** [distinctly, lucidly] clairement **- 2.** [obviously] manifestement.

clearout ['klɪəraut] *n* esp Br inf (grand) nettoyage *m*.

clear-sighted *adj* qui voit juste.

clearway ['klɪəweɪ] *n* Br route où le stationnement n'est autorisé qu'en cas d'urgence.

cleavage ['kliːvɪdʒ] *n* **- 1.** [between breasts] décolleté *m* **- 2.** [division] division *f*.

cleaver ['kliːvər] *n* couperet *m*.

clef [klef] *n* clef *f*.

cleft [kleft] *n* fente *f*.

cleft palate *n* fente *f* de la voûte du palais.

clematis ['klemətɪs] *n* clématite *f*.

clemency ['klemənsɪ] *n* clémence *f*.

clementine ['kleməntaɪn] *n* clémentine *f*.

clench [klentʃ] *vt* serrer.

clergy ['klɜːdʒɪ] *npl* : **the ~** le clergé.

clergyman ['klɜːdʒɪmən] (*pl* -**men** [-mən]) *n* membre *m* du clergé.

cleric ['klerɪk] *n* membre *m* du clergé.

clerical ['klerɪkl] *adj* **- 1.** ADMIN de bureau **- 2.** RELIG clérical(e).

clerk [Br klɑːk, Am klɜːrk] *n* **- 1.** [in office] employé *m*, -e *f* de bureau **- 2.** JUR clerc *m* **- 3.** Am [shop assistant] vendeur *m*, -euse *f*.

clever ['klevər] *adj* **- 1.** [intelligent - person] intelligent(e) ; [- idea] ingénieux (euse) **- 2.** [skilful] habile, adroit(e).

cleverly ['klevəlɪ] *adv* **- 1.** [intelligently] intelligemment **- 2.** [skilfully] habilement.

cleverness ['klevənɪs] *n* **- 1.** [intelligence] intelligence *f* **- 2.** [skill] habileté *f*.

cliché ['kliːʃeɪ] *n* cliché *m*.

click [klɪk] ◇ *n* [of lock] déclic *m* ; [of tongue, heels] claquement *m* ◇ *vt* faire claquer ◇ *vi* **- 1.** [heels] claquer ; [camera] faire un déclic **- 2.** inf fig [become clear] : **it ~ed** cela a fait tilt **- 3.** COMPUT cliquer.

client ['klaɪənt] *n* client *m*, -e *f*.

clientele [ˌkliːən'tel] *n* clientèle *f*.

cliff [klɪf] *n* falaise *f*.

cliffhanger ['klɪfˌhæŋər] *n* inf épisode *m* à suspense.

climactic [klaɪ'mæktɪk] *adj* [point] culminant(e).

climate ['klaɪmɪt] *n* climat *m*.

climatic [klaɪ'mætɪk] *adj* climatique.

climax ['klaɪmæks] *n* [culmination] apogée *m*.

climb [klaɪm] ◇ *n* ascension *f*, montée *f* ◇ *vt* [tree, rope] monter à ; [stairs] monter ; [wall, hill] escalader ◇ *vi* **- 1.** [person] monter, grimper ; **they ~ed over the fence** ils passèrent par-dessus la barrière **- 2.** [plant] grimper ; [road] monter ; [plane] prendre de l'altitude **- 3.** [increase] augmenter.

◆ **climb down** *vi* fig reconnaître qu'on a tort.

climb-down *n* reculade *f*.

climber ['klaɪmər] *n* **- 1.** [person] alpiniste *mf*, grimpeur *m*, -euse *f* **- 2.** [plant] plante *f* grimpante.

climbing ['klaɪmɪŋ] *n* [rock climbing] escalade *f* ; [mountain climbing] alpinisme *m*.

climbing frame *n* Br cage *f* à poules.

climes [klaɪmz] *npl* : **in sunnier ~** sous des cieux plus cléments.

clinch [klɪntʃ] *vt* [deal] conclure.

cling [klɪŋ] (*pt* & *pp* **clung**) *vi* **- 1.** [hold tightly] : **to ~ (to)** s'accrocher (à), se cramponner (à) **- 2.** [clothes] : **to ~ (to)** coller (à).

clingfilm ['klɪŋfɪlm] *n* Br film *m* alimentaire transparent.

clinging ['klɪŋɪŋ] *adj* lit & fig collant(e).

clinic [ˈklɪnɪk] n [building] centre m médical, clinique f.

clinical [ˈklɪnɪkl] adj - **1.** MED clinique - **2.** fig [attitude] froid(e).

clinically [ˈklɪnɪklɪ] adv MED cliniquement.

clink [klɪŋk] ◇ n cliquetis m ◇ vi tinter.

clip [klɪp] (pt & pp -ped ; cont -ping) ◇ n - **1.** [for paper] trombone m ; [for hair] pince f ; [of earring] clip m ; TECH collier m - **2.** [excerpt] extrait m ◇ vt - **1.** [fasten] attacher - **2.** [nails] couper ; [hedge] tailler ; [newspaper cutting] découper - **3.** inf [hit] : to ~ sb round the ear flanquer une gifle à qqn.

clipboard [ˈklɪpbɔːd] n écritoire f à pince, clipboard m.

clip-on adj [badge etc] à pince ; ~ earrings clips mpl.

clipped [klɪpt] adj [voice] saccadé(e).

clippers [ˈklɪpəz] npl [for hair] tondeuse f ; [for nails] pince f à ongles ; [for hedge] cisaille f à haie ; [for pruning] sécateur m.

clipping [ˈklɪpɪŋ] n [from newspaper] coupure f.

clique [kliːk] n clique f.

cloak [kləʊk] ◇ n - **1.** [garment] cape f - **2.** fig [for secret] couverture f ◇ vt : to be ~ed in être entouré(e) de.

cloak-and-dagger adj : a ~ story un roman d'espionnage.

cloakroom [ˈkləʊkrʊm] n - **1.** [for clothes] vestiaire m - **2.** Br [toilets] toilettes fpl.

clobber [ˈklɒbəʳ] inf ◇ n (U) Br - **1.** [belongings] affaires fpl - **2.** [clothes] vêtements mpl ◇ vt [hit] frapper, tabasser.

clock [klɒk] n - **1.** [large] horloge f ; [small] pendule f ; round the ~ [work, be open] 24 heures sur 24 ; to put the ~ back retarder l'horloge ; fig revenir en arrière ; to put the ~ forward avancer l'horloge - **2.** AUT [mileometer] compteur m.

◆ **clock in, clock on** vi Br [at work] pointer (à l'arrivée).

◆ **clock off, clock out** vi Br [at work] pointer (à la sortie).

◆ **clock up** vt fus [miles] faire, avaler.

clockwise [ˈklɒkwaɪz] adj & adv dans le sens des aiguilles d'une montre.

clockwork [ˈklɒkwɜːk] ◇ n : to go like ~ fig aller OR marcher comme sur des roulettes ◇ comp [toy] mécanique.

clod [klɒd] n [of earth] motte f.

clog [klɒg] (pt & pp -ged ; cont -ging) vt boucher.

◆ **clogs** npl sabots mpl.

◆ **clog up** ◇ vt sep boucher ◇ vi se boucher.

clogged [klɒgd] adj bouché(e).

cloister [ˈklɔɪstəʳ] n [passage] cloître m.

cloistered [ˈklɔɪstəd] adj cloîtré(e).

clone [kləʊn] ◇ n [gen & COMPUT] clone m ◇ vt cloner.

close[1] [kləʊs] ◇ adj - **1.** [near] : ~ (to) proche (de), près (de) ; a ~ friend un ami intime (une amie intime) ; ~ up, ~ to de près ; ~ by, ~ at hand tout près ; that was a ~ shave OR thing OR call on l'a échappé belle - **2.** [link, resemblance] fort(e) ; [cooperation, connection] étroit(e) - **3.** [questioning] serré(e) ; [examination] minutieux(euse) ; to keep a ~ watch on sb/sthg surveiller qqn/qqch de près ; to pay ~ attention faire très attention ; to have a ~ look at sb/sthg regarder qqn/qqch de près - **4.** [weather] lourd(e) ; [air in room] renfermé(e) - **5.** [result, contest, race] serré(e) ◇ adv : ~ (to) près (de) ; to come ~r (together) se rapprocher ◇ n [street] cul-de-sac m.

◆ **close on, close to** prep [almost] près de.

close[2] [kləʊz] ◇ vt - **1.** [gen] fermer ; to ~ one's eyes fermer les yeux - **2.** [end] clore ◇ vi - **1.** [shop, bank] fermer ; [door, lid] (se) fermer - **2.** [end] se terminer, finir ◇ n fin f ; to bring sthg to a ~ mettre fin à qqch.

◆ **close down** vt sep & vi fermer.

◆ **close in** vi [night, fog] descendre ; [person] : to ~ in (on) approcher OR se rapprocher (de).

◆ **close off** vt fus [road] barrer.

close-cropped [ˌkləʊs-] adj ras(e).

closed [kləʊzd] adj fermé(e).

closed circuit television n télévision f en circuit fermé.

closedown [ˈkləʊzdaʊn] n - **1.** Br RADIO & TV fin f (des émissions) - **2.** [of factory] fermeture f.

closed shop n atelier qui n'embauche que du personnel syndiqué.

close-fitting [ˌkləʊs-] adj près du corps.

close-knit [ˌkləʊs-] adj (très) uni(e).

closely [ˈkləʊslɪ] adv [listen, examine, watch] de près ; [resemble] beaucoup ; to be ~ related to OR with être proche parent de ; to work ~ with sb travailler en étroite collaboration avec qqn.

closeness [ˈkləʊsnɪs] n - **1.** [nearness] proximité f - **2.** [intimacy] intimité f.

closeout [ˈkləʊzaʊt] n Am liquidation f.

close quarters [ˌkləʊs-] npl : at ~ de près.

close season [ˌkləʊs-] n Br fermeture f de la chasse OR de la pêche.

closet [ˈklɒzɪt] ◇ n Am [cupboard] placard m ◇ adj inf non avoué(e) ◇ vt : to be ~ed with sb être enfermé(e) avec qqn.

close-up ['kləus-] n gros plan m.

closing ['kləuzɪŋ] adj [stages, remarks] final(e) ; [speech] de clôture.

closing price n prix m de clôture.

closing time ['kləuzɪŋ-] n heure f de ferme- ture.

closure ['kləuʒəʳ] n fermeture f.

clot [klɒt] (pt & pp **-ted** ; cont **-ting**) ⬦ n - **1.** [of blood, milk] caillot m - **2.** Br inf [fool] em- poté m, -e f ⬦ vi [blood] coaguler.

cloth [klɒθ] n - **1.** (U) [fabric] tissu m - **2.** [duster] chiffon m ; [for drying] torchon m.

clothe [kləuð] vt fml [dress] habiller ; ~**d in** ha- billé(e) de.

clothes [kləuðz] npl vêtements mpl, habits mpl ; **to put one's ~ on** s'habiller ; **to take one's ~ off** se déshabiller.

clothes basket n panier m à linge.

clothes brush n brosse f à habits.

clotheshorse ['kləuðhɔːs] n séchoir m à linge.

clothesline ['kləuðzlaɪn] n corde f à linge.

clothes peg Br, **clothespin** Am ['kləuðzpɪn] n pince f à linge.

clothing ['kləuðɪŋ] n (U) vêtements mpl, ha- bits mpl.

clotted cream ['klɒtɪd-] n Br crème épais- se, spécialité de la Cornouailles.

cloud [klaud] ⬦ n nuage m ; **to be under a ~** être mal vu ⬦ vt - **1.** [mirror] embuer - **2.** fig [memory, happiness] gâcher ; **to ~ the issue** brouiller les cartes.

➥ cloud over vi - **1.** [sky] se couvrir - **2.** [face] s'assombrir.

cloudburst ['klaudbɜːst] n trombe f d'eau.

cloudless ['klaudlɪs] adj sans nuages.

cloudy ['klaudɪ] (compar **-ier** ; superl **-iest**) adj - **1.** [sky, day] nuageux(euse) - **2.** [liquid] trou- ble.

clout [klaut] inf ⬦ n - **1.** [blow] coup m - **2.** (U) [influence] poids m, influence f ⬦ vt donner un coup à.

clove [kləuv] n : **a ~ of garlic** une gousse d'ail.

➥ cloves npl [spice] clous mpl de girofle.

clover ['kləuvəʳ] n trèfle m.

cloverleaf ['kləuvəliːf] (pl **-leaves** [-liːvz]) n [plant] feuille f de trèfle.

clown [klaun] ⬦ n - **1.** [performer] clown m - **2.** [fool] pitre m ⬦ vi faire le pitre.

cloying ['klɔɪɪŋ] adj - **1.** [smell] écœurant(e) - **2.** [sentimentality] à l'eau de rose.

club [klʌb] (pt & pp **-bed** ; cont **-bing**) ⬦ n - **1.** [organization, place] club m - **2.** [weapon] mas-

sue f - **3.** : **(golf) ~ club** m - **4.** [playing card] trè- fle m ⬦ comp [member, fees] du club ⬦ vt ma- traquer.

➥ clubs npl CARDS trèfle m ; **the six of ~s** le six de trèfle.

➥ club together vi se cotiser.

club car n Am RAIL wagon-restaurant m.

club class n classe f club.

clubhouse ['klʌbhaus, pl -hauzɪz] n club m, pavillon m.

cluck [klʌk] vi glousser.

clue [kluː] n - **1.** [in crime] indice m ; **I haven't (got) a ~ (about)** je n'ai aucune idée (sur) - **2.** [answer] : **the ~ to sthg** la solution de qqch - **3.** [in crossword] définition f.

clued-up [kluːd-] adj Br inf calé(e).

clueless ['kluːlɪs] adj Br inf qui n'a aucune idée.

clump [klʌmp] ⬦ n - **1.** [of trees, bushes] massif m, bouquet m - **2.** [sound] bruit m sourd ⬦ vi : **to ~ about** marcher d'un pas lourd.

clumsily ['klʌmzɪlɪ] adv - **1.** [ungracefully] gau- chement, maladroitement - **2.** [tactlessly] sans tact.

clumsy ['klʌmzɪ] (compar **-ier** ; superl **-iest**) adj - **1.** [ungraceful] gauche, maladroit(e) - **2.** [tool, object] peu pratique - **3.** [tactless] sans tact.

clung [klʌŋ] pt & pp ⬐ **cling**.

cluster ['klʌstəʳ] ⬦ n [group] groupe m ⬦ vi [people] se rassembler ; [buildings etc] être re- groupé(e).

clutch [klʌtʃ] ⬦ n AUT embrayage m ⬦ vt agripper ⬦ vi : **to ~ at** s'agripper à.

➥ clutches npl : **in the ~es of** dans les griffes de.

clutch bag n pochette f.

clutter ['klʌtəʳ] ⬦ n désordre m ; **in a ~** en désordre ⬦ vt mettre en désordre.

cm (abbr of **centimetre**) n cm.

CNAA (abbr of **Council for National Academic Awards**) n organisme non universitaire déli- vrant des diplômes en Grande-Bretagne.

CND (abbr of **Campaign for Nuclear Disarma- ment**) n mouvement pour le désarmement nucléaire.

c/o (abbr of **care of**) a/s.

co- [kəu] prefix co-.

Co. - **1.** (abbr of **Company**) Cie - **2.** abbr of **County**.

CO ⬦ n - **1.** abbr of **commanding officer** - **2.** (abbr of **Commonwealth Office**) secréta- riat d'État au Commonwealth - **3.** abbr of **conscientious objector** ⬦ abbr of **Colorado**

coach [kəutʃ] ⬦ n - **1.** [bus] car m, autocar m - **2.** RAIL voiture f - **3.** [horsedrawn] carrosse m

- **4.** SPORT entraîneur *m* - **5.** [tutor] répétiteur *m*, -trice *f* ⬦ *vt* - **1.** SPORT entraîner - **2.** [tutor] donner des leçons (particulières) à.

coaching [ˈkəʊtʃɪŋ] *n (U)* - **1.** SPORT entraînement *m* - **2.** [tutoring] leçons *fpl* particulières.

coach trip *n* Br excursion *f* en autocar.

coagulate [kəʊˈægjʊleɪt] *vi* coaguler.

coal [kəʊl] *n* charbon *m*.

coalesce [ˌkəʊəˈles] *vi* s'unir.

coalface [ˈkəʊlfeɪs] *n* front *m* de taille.

coalfield [ˈkəʊlfiːld] *n* bassin *m* houiller.

coal gas *n* gaz *m*.

coalition [ˌkəʊəˈlɪʃn] *n* coalition *f*.

coalman [ˈkəʊlmæn] (*pl* -men [-men]) *n* Br charbonnier *m*.

coalmine [ˈkəʊlmaɪn] *n* mine *f* de charbon.

coalminer [ˈkəʊlˌmaɪnər] *n* mineur *m*.

coalmining [ˈkəʊlˌmaɪnɪŋ] *n* charbonnage *m*.

coarse [kɔːs] *adj* - **1.** [rough - cloth] grossier(ère) ; [- hair] épais(aisse) ; [- skin] granuleux(euse) - **2.** [vulgar] grossier(ère).

coarse fishing *n* Br pêche *f* en eau douce (*à l'exclusion du saumon*).

coarsen [ˈkɔːsn] ⬦ *vt* rendre grossier(ère) ⬦ *vi* devenir grossier(ère).

coast [kəʊst] ⬦ *n* côte *f* ⬦ *vi* [in car, on bike] avancer en roue libre.

coastal [ˈkəʊstl] *adj* côtier(ère).

coaster [ˈkəʊstər] *n* [small mat] dessous *m* de verre.

coastguard [ˈkəʊstgɑːd] *n* - **1.** [person] garde-côte *m* - **2.** [organization] : **the ~** là gendarmerie maritime.

coastline [ˈkəʊstlaɪn] *n* côte *f*.

coat [kəʊt] ⬦ *n* - **1.** [garment] manteau *m* - **2.** [of animal] pelage *m* - **3.** [layer] couche *f* ⬦ *vt* : **to ~ sthg (with)** recouvrir qqch (de) ; [with paint etc] enduire qqch (de).

coat hanger *n* cintre *m*.

coating [ˈkəʊtɪŋ] *n* couche *f* ; CULIN glaçage *m*.

coat of arms (*pl* coats of arms) *n* blason *m*.

coauthor [kəʊˈɔːθər] *n* co-auteur *m*.

coax [kəʊks] *vt* : **to ~ sb (to do OR into doing sthg)** persuader qqn (de faire qqch) à force de cajoleries.

coaxial cable [ˌkəʊˈæksɪəl-] *n* COMPUT câble *m* co-axial.

cob [kɒb] *n* ⬅ corn.

cobalt [ˈkəʊbɔːlt] *n* cobalt *m*.

cobble [ˈkɒbl] ➡ **cobble together** *vt sep* [agreement, book] bricoler ; [speech] improviser.

cobbled [ˈkɒbld] *adj* pavé(e).

cobbler [ˈkɒblər] *n* cordonnier *m*.

cobbles [ˈkɒblz], **cobblestones** [ˈkɒblstəʊnz] *npl* pavés *mpl*.

Cobol [ˈkəʊbgɪl] (*abbr of* Common Business Oriented Language) *n* COBOL *m*.

cobra [ˈkəʊbrə] *n* cobra *m*.

cobweb [ˈkɒbweb] *n* toile *f* d'araignée.

Coca-Cola® [ˌkəʊkəˈkəʊlə] *n* Coca-Cola® *m inv*.

cocaine [kəʊˈkeɪn] *n* cocaïne *f*.

cock [kɒk] ⬦ *n* - **1.** [male chicken] coq *m* - **2.** [male bird] mâle *m* ⬦ *vt* - **1.** [gun] armer - **2.** [head] incliner.
➡ **cock up** *vt sep* Br vinf faire merder.

cock-a-hoop *adj* inf ravi(e).

cockatoo [ˌkɒkəˈtuː] (*pl* -s) *n* cacatoès *m*.

cockerel [ˈkɒkrəl] *n* jeune coq *m*.

cocker spaniel *n* cocker *m*.

cockeyed [ˈkɒkaɪd] *adj* inf - **1.** [lopsided] de travers - **2.** [foolish] complètement fou (folle).

cockfight [ˈkɒkfaɪt] *n* combat *m* de coqs.

cockle [ˈkɒkl] *n* [shellfish] coque *f*.

Cockney [ˈkɒknɪ] (*pl* Cockneys) ⬦ *n* - **1.** [person] Cockney *mf* [personne issue des quartiers populaires de l'est de Londres] - **2.** [dialect, accent] cockney *m* ⬦ *comp* cockney (*inv*).

cockpit [ˈkɒkpɪt] *n* [in plane] cockpit *m*.

cockroach [ˈkɒkrəʊtʃ] *n* cafard *m*.

cocksure [ˌkɒkˈʃɔːr] *adj* trop sûr(e) de soi.

cocktail [ˈkɒkteɪl] *n* cocktail *m*.

cocktail dress *n* robe *f* de soirée.

cocktail shaker [-ˌʃeɪkər] *n* shaker *m*.

cocktail stick *n* bâtonnet *m* à apéritif.

cock-up *n* vinf : **to make a ~** se planter.

cocky [ˈkɒkɪ] (*compar* -ier ; *superl* -iest) *adj* inf suffisant(e).

cocoa [ˈkəʊkəʊ] *n* cacao *m*.

coconut [ˈkəʊkənʌt] *n* noix *f* de coco.

cocoon [kəˈkuːn] ⬦ *n* lit & fig cocon *m* ⬦ *vt* fig [person] couver.

cod [kɒd] (*pl* inv) *n* morue *f*.

COD - **1.** *abbr of* cash on delivery - **2.** *abbr of* collect on delivery.

code [kəʊd] ⬦ *n* code *m* ⬦ *vt* coder.

coded [ˈkəʊdɪd] *adj* codé(e).

codeine [ˈkəʊdiːn] *n* codéine *f*.

code name *n* nom *m* de code.

code of practice *n* déontologie *f*.

cod-liver oil *n* huile *f* de foie de morue.

codswallop [ˈkɒdzˌwɒləp] *n (U)* Br inf bêtises *fpl*.

co-ed [kəʊˈed] ⬦ *adj abbr of* coeducationa ⬦ *n* - **1.** (*abbr of* coeducational student) étu *diante d'une université mixte américaine* - **2.** (*abbr of* **coeducational school**) *école mixte britannique.*

coeducational [ˌkəʊedjuːˈkeɪʃənl] *adj* mixte.

coefficient [ˌkəʊɪˈfɪʃnt] *n* coefficient *m*.

coerce [kəʊˈɜːs] *vt*: **to ~ sb (into doing sthg)** contraindre qqn (à faire qqch).

coercion [kəʊˈɜːʃn] *n* coercition *f*.

coexist [ˌkəʊɪgˈzɪst] *vi* coexister.

coexistence [ˌkəʊɪgˈzɪstəns] *n* coexistence *f*.

C. of C. (*abbr of* **chamber of commerce**) *n* CC *f*.

C of E *abbr of* **Church of England**.

coffee [ˈkɒfɪ] *n* café *m*.

coffee bar *n* Br café *m*.

coffee beans *npl* grains *mpl* de café.

coffee break *n* pause-café *f*.

coffee cup *n* tasse *f* à café.

coffee mill *n* moulin *m* à café.

coffee morning *n* Br *réunion matinale pour prendre le café.*

coffeepot [ˈkɒfɪpɒt] *n* cafetière *f*.

coffee shop *n* - **1.** Br [shop] café *m* - **2.** Am [restaurant] ≃ café-restaurant *m*.

coffee table *n* table *f* basse.

coffee-table book *n* beau livre *m*.

coffers [ˈkɒgˌtəz] *npl* coffres *mpl*.

coffin [ˈkɒfɪn] *n* cercueil *m*.

cog [kɒg] *n* [tooth on wheel] dent *f*; [wheel] roue *f* dentée ; **a ~ in the machine** fig un simple rouage.

cogent [ˈkəʊdʒənt] *adj* convaincant(e).

cogitate [ˈkɒdʒɪteɪt] *vi* fml réfléchir.

cognac [ˈkɒnjæk] *n* cognac *m*.

cognitive [ˈkɒgnɪtɪv] *adj* cognitif(ive).

cogwheel [ˈkɒgwiːl] *n* roue *f* dentée.

cohabit [ˌkəʊˈhæbɪt] *vi* fml cohabiter.

coherent [kəʊˈhɪərənt] *adj* cohérent(e).

coherently [kəʊˈhɪərəntlɪ] *adv* de façon cohérente.

cohesion [kəʊˈhiːʒn] *n* cohésion *f*.

cohesive [kəʊˈhiːsɪv] *adj* cohésif(ive).

cohort [ˈkəʊhɔːt] *n* cohorte *f*.

COHSE [ˈkəʊzɪ] (*abbr of* **Confederation of Health Service Employees**) *n ancien syndicat britannique des employés des services de santé.*

COI (*abbr of* **Central Office of Information**) *n service public britannique d'information en Grande-Bretagne.*

coil [kɔɪl] ◇ *n* - **1.** [of rope etc] rouleau *m* ; [one loop] boucle *f* - **2.** ELEC bobine *f* - **3.** Br [contracep-

tive device] stérilet *m* ◇ *vt* enrouler ◇ *vi* s'enrouler.

◆ **coil up** *vt sep* enrouler.

coiled [kɔɪld] *adj* enroulé(e).

coin [kɔɪn] ◇ *n* pièce *f* (de monnaie) ◇ *vt* [word] inventer ; **to ~ a phrase** pour employer un lieu commun.

coinage [ˈkɔɪnɪdʒ] *n* - **1.** (U) [currency] monnaie *f* - **2.** [new word] néologisme *m*.

coin-box *n* Br cabine *f* (publique) à pièces.

coincide [ˌkəʊɪnˈsaɪd] *vi* coïncider.

coincidence [kəʊˈɪnsɪdəns] *n* coïncidence *f*.

coincidental [kəʊˌɪnsɪˈdentl] *adj* de coïncidence.

coincidentally [kəʊˌɪnsɪˈdentəlɪ] *adv* par hasard.

coin-operated [-ˈɒpəˌreɪtɪd] *adj* automatique.

coitus [ˈkəʊɪtəs] *n* coït *m*.

coke [kəʊk] *n* - **1.** [fuel] coke *m* - **2.** drugs sl coco *f*, coke *f*.

Coke® [kəʊk] *n* Coca® *m*.

Col. (*abbr of* **colonel**) Col.

cola [ˈkəʊlə] *n* cola *m*.

COLA [ˈkəʊlə] (*abbr of* **cost-of-living adjustment**) *n* actualisation des salaires, indemnités etc en fonction du coût de la vie.

colander [ˈkʌləndə'] *n* passoire *f*.

cold [kəʊld] ◇ *adj* froid(e) ; **it's ~** il fait froid ; **to be ~** avoir froid ; **to get ~** [person] avoir froid ; [hot food] refroidir ; **une boisson fraîche~** [person] avoir froid ◇ *n* - **1.** [illness] rhume *m* ; **to catch (a) ~** attraper un rhume, s'enrhumer - **2.** [low temperature] froid *m*.

cold-blooded [-ˈblʌdɪd] *adj* - **1.** [animal] à sang-froid - **2.** fig [killer] sans pitié ; [murder] de sang-froid.

cold cream *n* cold-cream *m*.

cold cuts *npl* esp Am assiette *f* anglaise.

cold feet *npl* : **to have** OR **get ~** inf avoir la trouille.

cold-hearted [-ˈhɑːtɪd] *adj* insensible.

coldly [ˈkəʊldlɪ] *adv* froidement.

coldness [ˈkəʊldnɪs] *n* froideur *f*.

cold shoulder *n* : **to give sb the ~** inf être froid(e) avec qqn.

cold sore *n* bouton *m* de fièvre.

cold storage *n* : **to put sthg into ~** [food] mettre qqch en chambre froide.

cold sweat *n* sueur *f* froide.

cold war *n* : **the ~** la guerre froide.

coleslaw [ˈkəʊlslɔː] *n* chou *m* cru mayonnaise.

colic [ˈkɒlɪk] *n* colique *f*.

collaborate [kə'læbəreɪt] *vi* collaborer.

collaboration [kə,læbə'reɪʃn] *n* collaboration *f*.

collaborative [kə'læbərətɪv] *adj* fait(e) en collaboration OR en commun.

collaborator [kə'læbəreɪtə'] *n* collaborateur *m*, -trice *f*.

collage ['kɒlɑːʒ] *n* collage *m*.

collagen ['kɒlədʒən] *n* collagène *m*.

collapse [kə'læps] ⟨⟩ *n* [gen] écroulement *m*, effondrement *m* ; [of marriage] échec *m* ⟨⟩ *vi* - **1.** [building, person] s'effondrer, s'écrouler ; [marriage] échouer - **2.** [fold up] être pliant(e).

collapsible [kə'læpsəbl] *adj* pliant(e).

collar ['kɒlə'] ⟨⟩ *n* - **1.** [on clothes] col *m* - **2.** [for dog] collier *m* - **3.** TECH collier *m*, bague *f* ⟨⟩ *vt* *inf* [detain] coincer.

collarbone ['kɒləbəʊn] *n* clavicule *f*.

collate [kə'leɪt] *vt* collationner.

collateral [kɒ'lætərəl] *n (U)* nantissement *m*.

collation [kə'leɪʃn] *n* collation *f*.

colleague ['kɒliːg] *n* collègue *mf*.

collect [kə'lekt] ⟨⟩ *vt* - **1.** [gather together - gen] rassembler, recueillir ; [- wood etc] ramasser ; **to ~ o.s.** se reprendre - **2.** [as a hobby] collectionner - **3.** [go to get] aller chercher, passer prendre - **4.** [money] recueillir ; [taxes] percevoir ; **~ on delivery** Am paiement à la livraison ⟨⟩ *vi* - **1.** [crowd, people] se rassembler - **2.** [dust, leaves, dirt] s'amasser, s'accumuler - **3.** [for charity, gift] faire la quête ⟨⟩ *adv* Am TELEC : **to call (sb) ~** téléphoner (à qqn) en PCV.

◆ **collect up** *vt sep* ramasser.

collectable [kə'lektəbl] ⟨⟩ *adj* prisé(e) (par les collectionneurs) ⟨⟩ *n* objet *m* prisé par les collectionneurs.

collected [kə'lektɪd] *adj* - **1.** [calm] posé(e), maître de soi - **2.** LITERATURE : **~ works** œuvres *fpl* complètes.

collecting [kə'lektɪŋ] *n (U)* [hobby] fait *m* de collectionner.

collection [kə'lekʃn] *n* - **1.** [of objects] collection *f* - **2.** LITERATURE recueil *m* - **3.** [of rubbish] ramassage *m* ; [of taxes] perception *f* - **4.** [of money] quête *f* - **5.** [of mail] levée *f*.

collective [kə'lektɪv] ⟨⟩ *adj* collectif(ive) ⟨⟩ *n* coopérative *f*.

collective bargaining *n (U)* négociations *fpl* de convention collective.

collectively [kə'lektɪvlɪ] *adv* collectivement.

collective ownership *n* propriété *f* collective.

collector [kə'lektə'] *n* - **1.** [as a hobby] collectionneur *m*, -euse *f* - **2.** [of debts, rent] encaisseur *m* ; **~ of taxes** percepteur *m*.

collector's item *n* pièce *f* de collection.

college ['kɒlɪdʒ] *n* - **1.** [gen] ≃ école *f* d'enseignement (technique) supérieur - **2.** [of university] *maison communautaire d'étudiants sur un campus universitaire*.

college of education *n* ≃ institut *m* de formation de maîtres.

collide [kə'laɪd] *vi* : **to ~ (with)** entrer en collision (avec).

collie ['kɒlɪ] *n* colley *m*.

colliery ['kɒljərɪ] *(pl* -ies) *n* mine *f*.

collision [kə'lɪʒn] *n* - **1.** [crash] : **~ (with/between)** collision *f* (avec/entre) ; **to be on a ~ course (with)** *fig* aller au-devant de l'affrontement (avec) - **2.** *fig* [conflict] conflit *m*.

collision damage waiver *n* rachat *m* de franchise.

colloquial [kə'ləʊkwɪəl] *adj* familier(ère).

collude [kə'luːd] *vi* : **to ~ with sb** comploter avec qqn.

collusion [kə'luːʒn] *n* : **in ~ with** de connivence avec.

cologne [kə'ləʊn] *n* eau *f* de cologne.

Colombia [kə'lɒmbɪə] *n* Colombie *f* ; **in ~** en Colombie.

Colombian [kə'lɒmbɪən] ⟨⟩ *adj* colombien(enne) ⟨⟩ *n* Colombien *m*, -enne *f*.

Colombo [kə'lʌmbəʊ] *n* Colombo.

colon ['kəʊlən] *n* - **1.** ANAT côlon *m* - **2.** [punctuation mark] deux-points *m inv*.

colonel ['kɜːnl] *n* colonel *m*.

colonial [kə'ləʊnjəl] *adj* colonial(e).

colonialism [kə'ləʊnjəlɪzm] *n* colonialisme *m*.

colonist ['kɒlənɪst] *n* colon *m*.

colonize, -ise ['kɒlənaɪz] *vt* coloniser.

colonnade [,kɒlə'neɪd] *n* colonnade *f*.

colony ['kɒlənɪ] *(pl* -ies) *n* colonie *f*.

color *etc* Am = **colour** *etc*.

Colorado [,kɒlə'rɑːdəʊ] *n* Colorado *m* ; **in ~** dans le Colorado.

colorado beetle *n* doryphore *m*.

colossal [kə'lɒsl] *adj* colossal(e).

colostomy [kə'lɒstəmɪ] *(pl* -ies) *n* colostomie *f*.

colour Br, **color** Am ['kʌlə'] ⟨⟩ *n* couleur *f* ; **in ~** en couleur ⟨⟩ *adj* en couleur ⟨⟩ *vt* - **1.** [food, liquid etc] colorer ; [with pen, crayon] colorier - **2.** [dye] teindre - **3.** *fig* [judgment] fausser ⟨⟩ *vi* rougir.

◆ **colours** *npl* [flag, of team] couleurs *fpl*.

◆ **colour in** *vt sep* colorier.

colour bar *n* discrimination *f* raciale.

colour-blind *adj* daltonien(enne).

colour-coded *adj* codé(e) par couleur.

coloured Br, **colored** Am ['kʌləd] *adj* de couleur ; **brightly ~** de couleur vive.

colourfast Br, **colorfast** Am ['kʌləfɑːst] *adj* grand teint *(inv)*.

colourful Br, **colorful** Am ['kʌləfʊl] *adj* - **1.** [gen] coloré(e) - **2.** [person, area] haut(e) en couleur.

colouring Br, **coloring** Am ['kʌlərɪŋ] *n* - **1.** [dye] colorant *m* - **2.** *(U)* [complexion] teint *m*.

colourless Br, **colorless** Am ['kʌləlɪs] *adj* - **1.** [not coloured] sans couleur, incolore - **2.** fig [uninteresting] terne.

colour scheme *n* combinaison *f* de couleurs.

colour supplement *n* Br supplément *m* illustré.

colt [kəʊlt] *n* [young horse] poulain *m*.

column ['kɒləm] *n* - **1.** [gen] colonne *f* - **2.** PRESS [article] rubrique *f*.

columnist ['kɒləmnɪst] *n* chroniqueur *m*.

coma ['kəʊmə] *n* coma *m*.

comatose ['kəʊmətəʊs] *adj* comateux(euse).

comb [kəʊm] ◇ *n* [for hair] peigne *m* ◇ *vt* - **1.** [hair] peigner - **2.** [search] ratisser.

combat ['kɒmbæt] ◇ *n* combat *m* ◇ *vt* combattre.

combative ['kɒmbətɪv] *adj* combatif(ive).

combination [ˌkɒmbɪ'neɪʃn] *n* combinaison *f*.

combination lock *n* serrure *f* à combinaison.

combination therapy *n* trithérapie *f*.

combine [*vb* kəm'baɪn, *n* 'kɒmbaɪn] ◇ *vt* [gen] rassembler ; [pieces] combiner ; **to ~ sthg with sthg** [two substances] mélanger qqch avec OR à qqch ; fig allier qqch à qqch ◇ *vi* COMM & POL : **to ~ (with)** fusionner (avec) ◇ *n* - **1.** [group] cartel *m* - **2.** = **combine harvester**.

combine harvester [-'hɑːvɪstəʳ] *n* moissonneuse-batteuse *f*.

combustible [kəm'bʌstəbl] *adj* combustible.

combustion [kəm'bʌstʃn] *n* combustion *f*.

come [kʌm] (*pt* came ; *pp* come) *vi* - **1.** [move] venir ; [arrive] arriver, venir ; **the news came as a shock** la nouvelle m'a/lui a *etc* fait un choc ; **coming!** j'arrive! ; **the time has ~** le moment est venu ; **he doesn't know whether he's coming or going** fig il ne sait plus où il en est - **2.** [reach] : **to ~ up to** arriver à, monter jusqu'à ; **the water came up to my knees** l'eau m'arrivait aux genoux ; **to ~ down to** des-

cendre OR tomber jusqu'à - **3.** [happen] arriver, se produire ; **~ what may** quoi qu'il arrive ; **how did you ~ to fail your exam?** comment as-tu fait pour échouer à ton examen? - **4.** [become] : **to ~ true** se réaliser ; **to ~ undone** se défaire ; **to ~ unstuck** se décoller - **5.** [begin gradually] : **to ~ to do sthg** en arriver à OR en venir à faire qqch - **6.** [be placed in order] venir, être placé(e) ; **P ~s before Q** P vient avant Q, P précède Q ; **who came first?** qui a été placé premier? ; **she came second in the exam** elle était deuxième à l'examen - **7.** *v inf* [sexually] jouir - **8.** phr : **to ~ to think of it** maintenant que j'y pense, réflexion faite.

➡ **to come** *adv* à venir ; **in (the) days/years to ~** dans les jours/années à venir.

➡ **come about** *vi* [happen] arriver, se produire.

➡ **come across** ◇ *vt fus* tomber sur, trouver par hasard ◇ *vi* [speaker, message] faire de l'effet ; **you don't ~ across very well** tu présentes mal ; **to ~ across as being sincere** donner l'impression d'être sincère.

➡ **come along** *vi* - **1.** [arrive by chance] arriver - **2.** [improve - work] avancer ; [- student] faire des progrès ; **the project is coming along nicely** le projet avance bien - **3.** phr : **~ along!** [expressing encouragement] allez! ; [hurry up] allez, dépêche-toi!

➡ **come apart** *vi* - **1.** [fall to pieces] tomber en morceaux - **2.** [come off] se détacher.

➡ **come at** *vt fus* [attack] attaquer.

➡ **come back** *vi* - **1.** [in talk, writing] : **to ~ back to sthg** revenir à qqch - **2.** [memory] : **to ~ back (to sb)** revenir (à qqn) - **3.** [become fashionable again] redevenir à la mode.

➡ **come by** *vt fus* - **1.** [get, obtain] trouver, dénicher - **2.** Am [visit, drop in on] : **they came by the house** ils sont passés à la maison.

➡ **come down** *vi* - **1.** [decrease] baisser - **2.** [descend] descendre.

➡ **come down to** *vt fus* se résumer à, se réduire à.

➡ **come down with** *vt fus* [cold, flu] attraper.

➡ **come forward** *vi* se présenter.

➡ **come from** *vt fus* venir de.

➡ **come in** *vi* - **1.** [enter] entrer - **2.** [arrive, be received] arriver - **3.** [be involved] jouer un rôle ; **I don't see where I ~ in** je ne vois pas quel rôle je vais jouer.

➡ **come in for** *vt fus* [criticism] être l'objet de.

➡ **come into** *vt fus* - **1.** [inherit] hériter de - **2.** [begin to be] : **to ~ into being** prendre naissance, voir le jour ; **to ~ into sight** apparaître.

➡ **come of** *vt fus* [result from] résulter de.

come off *vi* - **1.** [button, label] se détacher ; [stain] s'enlever - **2.** [joke, attempt] réussir - **3.** [person] : **to ~ off well/badly** bien/mal s'en tirer - **4.** *phr* : **~ off it!** *inf* et puis quoi encore!, non mais sans blague!

come on *vi* - **1.** [start] commencer, apparaître - **2.** [start working - light, heating] s'allumer - **3.** [progress, improve] avancer, faire des progrès - **4.** *phr* : **~ on!** [expressing encouragement] allez! ; [hurry up] allez, dépêche-toi! ; [expressing disbelief] allons donc!

come out *vi* - **1.** [become known] être découvert(e) - **2.** [appear - product, book, film] sortir, paraître ; [- sun, moon, stars] paraître - **3.** [in exam, race etc] finir, se classer - **4.** [go on strike] faire grève - **5.** [declare publicly] : **to ~ out for/against sthg** se déclarer pour/contre qqch - **6.** [photograph] réussir.

come out in *vt fus* : **to ~ out in spots** avoir une éruption.

come over *vt fus* [subj : sensation, emotion] envahir ; **I don't know what's ~ over her** je ne sais pas ce qui lui a pris.

come round *vi* - **1.** [change opinion] changer d'avis - **2.** [regain consciousness] reprendre connaissance, revenir à soi - **3.** [happen] venir, revenir.

come through ◇ *vt fus* survivre à ◇ *vi* - **1.** [arrive] arriver - **2.** [survive] s'en tirer.

come to ◇ *vt fus* - **1.** [reach] : **to ~ to an end** se terminer, prendre fin ; **to ~ to power** arriver au pouvoir ; **to ~ to a decision** arriver à OR prendre une décision - **2.** [amount to] s'élever à ◇ *vi* [regain consciousness] revenir à soi, reprendre connaissance.

come under *vt fus* - **1.** [be governed by] être soumis(e) à - **2.** [heading] se trouver sous - **3.** [suffer] : **to ~ under attack (from)** être en butte aux attaques (de).

come up *vi* - **1.** [be mentioned] survenir - **2.** [be imminent] approcher - **3.** [happen unexpectedly] se présenter - **4.** [sun] se lever.

come up against *vt fus* se heurter à.

come upon *vt fus* [find] tomber sur.

come up to *vt fus* - **1.** [approach - in space] s'approcher de ; [- in time] : **we're coming up to Christmas** Noël approche - **2.** [equal] répondre à.

come up with *vt fus* [answer, idea] proposer.

comeback ['kʌmbæk] *n* come-back *m* ; **to make a ~** [fashion] revenir à la mode ; [actor etc] revenir à la scène.

Comecon ['kɒmɪkɒn] (*abbr of* **Council for Mutual Economic Aid**) *n* Comecon *m*.

comedian [kə'miːdjən] *n* [comic] comique *m* ; THEATRE comédien *m*.

comedienne [kə,miːdɪ'en] *n* [comic] actrice *f* comique ; THEATRE comédienne *f*.

comedown ['kʌmdaʊn] *n inf* : **it was a ~ for her** elle est tombée bien bas pour faire ça.

comedy ['kɒmədɪ] (*pl* **-ies**) *n* comédie *f*.

comely ['kʌmlɪ] *adj literary* attrayant(e).

come-on *n* : **to give sb the ~** *inf* essayer d'aguicher qqn.

comet ['kɒmɪt] *n* comète *f*.

come-uppance [,kʌm'ʌpəns] *n* : **to get one's ~** *inf* recevoir ce qu'on mérite.

comfort ['kʌmfət] ◇ *n* - **1.** (U) [ease] confort *m* ; **that was too close for ~** c'était moins cinq - **2.** [luxury] commodité *f* - **3.** [solace] réconfort *m*, consolation *f* ◇ *vt* réconforter, consoler.

comfortable ['kʌmftəbl] *adj* - **1.** [gen] confortable - **2.** *fig* [person - at ease, financially] à l'aise - **3.** [after operation, accident] : **he's ~** son état est stationnaire.

comfortably ['kʌmftəblɪ] *adv* - **1.** [sit, sleep] confortablement - **2.** [without financial difficulty] à l'aise ; **~ off** à l'aise - **3.** [win] aisément.

comforter ['kʌmfətə'] *n* - **1.** [person] soutien *m* moral - **2.** *Am* [quilt] édredon *m*.

comforting ['kʌmfətɪŋ] *adj* [thought, words] réconfortant(e).

comfort station *n Am* toilettes *fpl* publiques.

comfy ['kʌmfɪ] (*compar* **-ier** ; *superl* **-iest**) *adj inf* confortable.

comic ['kɒmɪk] ◇ *adj* comique, amusant(e) ◇ *n* - **1.** [comedian] comique *m*, actrice *f* comique - **2.** [magazine] bande *f* dessinée.

comics *npl Am* [in newspaper] bandes *fpl* dessinées.

comical ['kɒmɪkl] *adj* comique, drôle.

comic strip *n* bande *f* dessinée.

coming ['kʌmɪŋ] ◇ *adj* [future] à venir, futur(e) ◇ *n* : **~s and goings** allées et venues *fpl*.

comma ['kɒmə] *n* virgule *f*.

command [kə'mɑːnd] ◇ *n* - **1.** [order] ordre *m* - **2.** (U) [control] commandement *m* ; **in ~ of** MIL à la tête de ; *fig* en possession de - **3.** [of language, subject] maîtrise *f* ; **to have at one's ~** [language] maîtriser ; [resources] avoir à sa disposition - **4.** COMPUT commande *f* ◇ *vt* - **1.** [order] : **to ~ sb to do sthg** ordonner OR commander à qqn de faire qqch - **2.** MIL [control] commander - **3.** [deserve - respect] inspirer ; [- attention, high price] mériter.

commandant [,kɒmən'dænt] *n* commandant *m*.

commandeer [,kɒmən'dɪə'] *vt* réquisitionner.

commander [kə'mɑːndəʳ] n - **1.** [in army] commandant m - **2.** [in navy] capitaine m de frégate.

commander-in-chief (pl **commanders-in-chief**) n commandant m en chef.

commanding [kə'mɑːndɪŋ] adj - **1.** [lead, position] dominant(e) - **2.** [voice, manner] impérieux(euse).

commanding officer n commandant m.

commandment [kə'mɑːndmənt] n RELIG commandement m.

command module n module m de commande.

commando [kə'mɑːndəʊ] (pl **-s** OR **-es**) n commando m.

command performance n représentation de gala organisée à la demande d'un chef d'État.

commemorate [kə'meməreɪt] vt commémorer.

commemoration [kə,memə'reɪʃn] n commémoration f.

commemorative [kə'memərətɪv] adj commémoratif(ive).

commence [kə'mens] fml ◇ vt commencer, entamer ; **to ~ doing sthg** commencer à faire qqch ◇ vi commencer.

commencement [kə'mensmənt] n fml commencement m, début m.

commend [kə'mend] vt - **1.** [praise] : **to ~ sb (on** OR **for)** féliciter qqn (de) - **2.** [recommend] : **to ~ sthg (to sb)** recommander qqch (à qqn).

commendable [kə'mendəbl] adj louable.

commendation [,kɒmen'deɪʃn] n : **to get a ~ for sthg** être récompensé(e) pour qqch.

commensurate [kə'menʃərət] adj fml : **~ with** correspondant(e) à.

comment ['kɒment] ◇ n commentaire m, remarque f; **no ~!** sans commentaire! ◇ vt : **to ~ that** remarquer que ◇ vi : **to ~ (on)** faire des commentaires OR remarques (sur).

commentary ['kɒməntrɪ] (pl **-ies**) n commentaire m.

commentate ['kɒmənteɪt] vi RADIO & TV : **to ~ (on)** faire un reportage (sur).

commentator ['kɒmənteɪtəʳ] n commentateur m, -trice f.

commerce ['kɒmɜːs] n (U) commerce m, affaires fpl.

commercial [kə'mɜːʃl] ◇ adj commercial(e) ◇ n publicité f, spot m publicitaire.

commercial bank n banque f commerciale OR de commerce.

commercial break n publicités fpl.

commercial college n école f de secrétariat.

commercialism [kə'mɜːʃəlɪzm] n mercantilisme m.

commercialize, -ise [kə'mɜːʃəlaɪz] vt commercialiser.

commercialized [kə'mɜːʃəlaɪzd] adj commercial(e).

commercially [kə'mɜːʃəlɪ] adv commercialement.

commercial television n Br chaînes fpl (de télévision) privées OR commerciales.

commercial traveller n Br dated voyageur m OR représentant m de commerce.

commercial vehicle n Br véhicule m utilitaire.

commie ['kɒmɪ] inf pej ◇ adj coco ◇ n coco mf.

commiserate [kə'mɪzəreɪt] vi : **to ~ with sb** témoigner de la compassion pour qqn.

commiseration [kə,mɪzə'reɪʃn] n compassion f.

commission [kə'mɪʃn] ◇ n - **1.** [money, investigative body] commission f - **2.** [order for work] commande f ◇ vt [work] commander ; **to ~ sb to do sthg** charger qqn de faire qqch.

commissionaire [kə,mɪʃə'neəʳ] n Br chasseur m.

commissioned officer [kə'mɪʃənd-] n officier m.

commissioner [kə'mɪʃnəʳ] n - **1.** [in police] commissaire m - **2.** [commission member] membre m d'une commission

commit [kə'mɪt] (pt & pp **-ted** ; cont **-ting**) vt - **1.** [crime, sin etc] commettre ; **to ~ suicide** se suicider - **2.** [promise - money, resources] allouer ; **to ~ o.s. (to sthg/to doing sthg)** s'engager (à qqch/à faire qqch) - **3.** [consign] : **to ~ sb to prison** faire incarcérer qqn ; **to ~ sthg to memory** apprendre qqch par cœur.

commitment [kə'mɪtmənt] n - **1.** (U) [dedication] engagement m - **2.** [responsibility] obligation f.

committed [kə'mɪtɪd] adj [writer, politician] engagé(e) ; [Christian] convaincu(e) ; **he's ~ to his work** il fait preuve d'engagement dans son travail.

committee [kə'mɪtɪ] n commission f, comité m.

commode [kə'məʊd] n [with chamber pot] chaise f percée.

commodity [kə'mɒdətɪ] (pl **-ies**) n marchandise f.

commodity exchange n bourse f des matières premières.

common ['kɒmən] ⬥ adj - **1.** [frequent] courant(e) - **2.** [shared] : ~ (to) commun(e) (à) - **3.** [ordinary] banal(e) ; the ~ man Monsieur m tout-le-monde - **4.** Br pej [vulgar] vulgaire ⬥ n [land] terrain m communal.
➤ **in common** adv en commun.

commoner ['kɒmənə'] n roturier m, -ère f.

common good n : for the ~ dans l'intérêt général.

common ground n fig terrain m d'entente.

common knowledge n : it is ~ that ... il est de notoriété publique que ...

common land n (U) terrain m communal.

common law n droit m coutumier.
➤ **common-law** adj : common-law wife concubine f.

commonly ['kɒmənlɪ] adv [generally] d'une manière générale, généralement.

Common Market n : the ~ le Marché commun.

commonplace ['kɒmənpleɪs] adj banal(e), ordinaire.

common room n [staffroom] salle f des professeurs ; [for students] salle commune.

Commons ['kɒmənz] npl Br : the ~ les Communes fpl, la Chambre des Communes.

common sense n (U) bon sens m.

Commonwealth ['kɒmənwelθ] n : the ~ le Commonwealth.

THE COMMONWEALTH

Le « British Commonwealth of Nations », fondé en 1931 et connu depuis 1949 sous le nom de Commonwealth, regroupe 53 États indépendants ainsi que plusieurs territoires britanniques tels que les Bermudes, les Malouines et Gibraltar. La plupart des États membres du Commonwealth sont d'anciennes possessions de l'Empire britannique.

Commonwealth of Independent States n : the ~ la Communauté des États Indépendants.

commotion [kə'məʊʃn] n remue-ménage m.

communal ['kɒmjʊnl] adj [kitchen, garden] commun(e) ; [life etc] communautaire, collectif(ive).

commune [n 'kɒmjuːn vb kə'mjuːn] ⬥ n communauté f ⬥ vi : to ~ with communier avec.

communicate [kə'mjuːnɪkeɪt] vt & vi communiquer.

communicating [kə'mjuːnɪkeɪtɪŋ] adj [rooms]

communicant(e) ; ~ **door** porte f de communication.

communication [kə,mjuːnɪ'keɪʃn] n contact m ; TELEC communication f.
➤ **communications** npl moyens mpl de communication.

communication cord n Br sonnette f d'alarme.

communications satellite n satellite m de communication.

communicative [kə'mjuːnɪkətɪv] adj [talkative] communicatif(ive).

communicator [kə'mjuːnɪkeɪtə'] n : to be a good ~ avoir le don de la communication ; to be a bad ~ avoir des difficultés de communication.

communion [kə'mjuːnjən] n communion f.
➤ **Communion** n (U) RELIG communion f.

communiqué [kə'mjuːnɪkeɪ] n communiqué m.

Communism ['kɒmjʊnɪzm] n communisme m.

Communist ['kɒmjʊnɪst] ⬥ adj communiste ⬥ n communiste mf.

community [kə'mjuːnətɪ] (pl -ies) n communauté f.

community centre n foyer m municipal.

community charge n Br ≃ impôts mpl locaux.

community home n Br centre m d'éducation surveillée.

community policing n ≃ îlotage m.

community service n (U) travail m d'intérêt général.

community spirit n esprit m de communauté.

commutable [kə'mjuːtəbl] adj JUR commuable.

commutation ticket [,kɒmjuː'teɪʃn] n Am carte f de transport.

commute [kə'mjuːt] ⬥ vt JUR commuer ⬥ v [to work] faire la navette pour se rendre à son travail.

commuter [kə'mjuːtə'] n personne qui fai tous les jours la navette de banlieue en vill pour se rendre à son travail.

commy ['kɒmɪ] (pl -ies) = commie.

Comoro Islands npl : the ~ les îles fpl Co mores ; in the ~ aux îles Comores.

compact [adj & vb kəm'pækt, n 'kɒmpækt ⬥ adj compact(e) ⬥ n - **1.** [for face powde poudrier m - **2.** Am AUT : ~ (car) petite voitur f ⬥ vt tasser, rendre compact.

compact disc n compact m (disc m), dis que m compact.

compact disc player n lecteur m de disques compacts.

companion [kəm'pænjən] n [person] camarade mf ; **travelling ~** compagnon m, compagne f de voyage.

companionable [kəm'pænjənəbl] adj sociable.

companionship [kəm'pænjənʃɪp] n compagnie f.

company ['kʌmpənɪ] (pl -ies) n - 1. [COMM - gen] société f ; [- insurance, airline, shipping company] compagnie f - 2. [companionship] compagnie f ; **to keep sb ~** tenir compagnie à qqn ; **to part ~ (with)** se séparer (de) - 3. [of actors] troupe f.

company car n voiture f de fonction.

company director n directeur m, -trice f.

company secretary n secrétaire général m, secrétaire générale f.

comparable ['kɒmprəbl] adj : **~ (to OR with)** comparable (à).

comparative [kəm'pærətɪv] adj - 1. [relative] relatif(ive) - 2. [study, in grammar] comparatif(ive).

comparatively [kəm'pærətɪvlɪ] adv [relatively] relativement.

compare [kəm'peəʳ] ⋄ vt : **to ~ sb/sthg (with), to ~ sb/sthg (to)** comparer qqn/qqch (avec), comparer qqn/qqch (à) ; **~d with OR to** par rapport à ⋄ vi : **to ~ (with)** être comparable (à) ; **to ~ favourably/unfavourably with** supporter/ne pas supporter la comparaison avec.

comparison [kəm'pærɪsnl] n comparaison f ; **in ~ with OR to** en comparaison de, par rapport à.

compartment [kəm'pɑːtmənt] n compartiment m.

compartmentalize, -ise [ˌkɒmpɑːt'mentəlaɪz] vt compartimenter.

compass ['kʌmpəs] n [magnetic] boussole f.
➡ compasses npl : **(a pair of) ~es** un compas.

compassion [kəm'pæʃn] n compassion f.

compassionate [kəm'pæʃənət] adj compatissant(e).

compatibility [kəmˌpætə'bɪlətɪ] n [gen & COMPUT] : **~ (with)** compatibilité f (avec).

compatible [kəm'pætəbl] adj [gen & COMPUT] : **~ (with)** compatible (avec).

compatriot [kəm'pætrɪət] n compatriote mf.

compel [kəm'pel] (pt & pp -led ; cont -ling) vt - 1. [force] : **to ~ sb (to do sthg)** contraindre OR obliger qqn (à faire qqch) - 2. [cause - sympathy, attention etc] susciter.

compelling [kəm'pelɪŋ] adj [forceful] irrésistible.

compendium [kəm'pendɪəm] (pl -diums OR -dia [-dɪəl) n [book] abrégé m.

compensate ['kɒmpenseɪt] ⋄ vt : **to ~ sb for sthg** [financially] dédommager OR indemniser qqn de qqch ⋄ vi : **to ~ for sthg** compenser qqch.

compensation [ˌkɒmpen'seɪʃn] n - 1. [money] : **~ (for)** dédommagement m (pour) - 2. [way of compensating] : **~ (for)** compensation f (pour).

compere ['kɒmpeəʳ] Br ⋄ n animateur m, -trice f ⋄ vt présenter, animer.

compete [kəm'piːt] vi - 1. [vie - people] : **~ with sb for sthg** disputer qqch à qqn ; **to ~ for sthg** se disputer qqch - 2. COMM : **to ~ (with)** être en concurrence (avec) ; **~ for sthg** se faire concurrence pour qqch - 3. [take part] être en compétition.

competence ['kɒmpɪtəns] n (U) [proficiency] compétence f, capacité f.

competent ['kɒmpɪtənt] adj compétent(e).

competently ['kɒmpɪtəntlɪ] adv avec compétence.

competing [kəm'piːtɪŋ] adj [theories etc] opposé(e).

competition [ˌkɒmpɪ'tɪʃn] n - 1. (U) [rivalry] rivalité f, concurrence f - 2. (U) COMM concurrence f - 3. [race, contest] concours m, compétition f.

competitive [kəm'petətɪv] adj - 1. [person] qui a l'esprit de compétition ; [match, sport] de compétition ; **~ examination** concours m - 2. [COMM - goods] compétitif(ive) ; [- manufacturer] concurrentiel(elle).

competitively [kəm'petətɪvlɪ] adv - 1. [play] dans un esprit de compétition - 2. COMM : **~ priced** à un prix compétitif.

competitor [kəm'petɪtəʳ] n concurrent m, -e f.

compilation [ˌkɒmpɪ'leɪʃn] n compilation f.

compile [kəm'paɪl] vt rédiger.

complacency [kəm'pleɪsnsɪ] n autosatisfaction f.

complacent [kəm'pleɪsnt] adj content(e) de soi.

complacently [kəm'pleɪsntlɪ] adv d'une manière hautaine ; [say] d'un ton hautain.

complain [kəm'pleɪn] vi - 1. [moan] : **to ~ (about)** se plaindre (de) - 2. MED : **to ~ of** se plaindre de.

complaining [kəm'pleɪnɪŋ] adj [customer] mécontent(e).

complaint [kəm'pleɪnt] n - 1. [gen] plainte f ;

[in shop] réclamation *f* - **2.** MED affection *f*, maladie *f*.

complement [*n* 'kɒmplɪmənt, *vb* 'kɒmplɪˌment] ⬦ *n* - **1.** [accompaniment] accompagnement *m* - **2.** [number] effectif *m ;* **full ~** effectif complet - **3.** GRAMM complément *m* ⬦ *vt* aller bien avec.

complementary [ˌkɒmplɪ'mentərɪ] *adj* complémentaire.

complete [kəm'pliːt] ⬦ *adj* - **1.** [gen] complet(ète) ; **~ with** doté(e) de, muni(e) de - **2.** [finished] achevé(e) ⬦ *vt* - **1.** [make whole] compléter - **2.** [finish] achever, terminer - **3.** [questionnaire, form] remplir.

completely [kəm'pliːtlɪ] *adv* complètement.

completion [kəm'pliːʃn] *n* achèvement *m*.

complex ['kɒmpleks] ⬦ *adj* complexe ⬦ *n* [mental, of buildings] complexe *m*.

complexion [kəm'plekʃn] *n* teint *m ;* **of all ~s** fig de tous bords.

complexity [kəm'pleksətɪ] (*pl* -**ies**) *n* complexité *f*.

compliance [kəm'plaɪəns] *n :* **~ (with)** conformité *f* (à).

compliant [kəm'plaɪənt] *adj* docile.

complicate ['kɒmplɪkeɪt] *vt* compliquer.

complicated ['kɒmplɪkeɪtɪd] *adj* compliqué(e).

complication [ˌkɒmplɪ'keɪʃn] *n* complication *f*.

complicity [kəm'plɪsətɪ] *n :* **~ (in)** complicité *f* (dans).

compliment [*n* 'kɒmplɪmənt, *vb* 'kɒmplɪˌment] ⬦ *n* compliment *m* ⬦ *vt :* **to ~ sb (on)** féliciter qqn (de).
⬦ **compliments** *npl* fml compliments *mpl*.

complimentary [ˌkɒmplɪ'mentərɪ] *adj* - **1.** [admiring] flatteur(euse) - **2.** [free] gratuit(e).

complimentary ticket *n* billet *m* de faveur.

compliments slip *n* papillon *m (joint à un envoi etc)*.

comply [kəm'plaɪ] (*pt* & *pp* -**ied**) *vi :* **to ~ with** se conformer à.

component [kəm'pəʊnənt] *n* composant *m*.

compose [kəm'pəʊz] *vt* - **1.** [gen] composer ; **to be ~d of** se composer de, être composé de - **2.** [calm] : **to ~ o.s.** se calmer.

composed [kəm'pəʊzd] *adj* [calm] calme.

composer [kəm'pəʊzər] *n* compositeur *m*, -trice *f*.

composite ['kɒmpəzɪt] ⬦ *adj* composite ⬦ *n* composite *m*.

composition [ˌkɒmpə'zɪʃn] *n* composition *f*.

compost [*Br* 'kɒmpɒst, *Am* 'kɒmpəʊst] *n* compost *m*.

composure [kəm'pəʊʒər] *n* sang-froid *m*, calme *m*.

compound [*adj* & *n* 'kɒmpaʊnd, *vb* kəm'paʊnd] ⬦ *adj* composé(e) ⬦ *n* - **1.** CHEM & LING composé *m* - **2.** [enclosed area] enceinte *f* ⬦ *vt* - **1.** [mixture, substance] : **to be ~ed of** se composer de, être composé(e) de - **2.** [difficulties] aggraver.

compound fracture *n* fracture *f* multiple.

compound interest *n* intérêt *m* composé.

comprehend [ˌkɒmprɪ'hend] *vt* [understand] comprendre.

comprehension [ˌkɒmprɪ'henʃn] *n* compréhension *f*.

comprehensive [ˌkɒmprɪ'hensɪv] ⬦ *adj* - **1.** [account, report] exhaustif(ive), détaillé(e) - **2.** [insurance] tous-risques (*inv*) ⬦ *n* = **comprehensive school**.

comprehensively [ˌkɒmprɪ'hensɪvlɪ] *adv* [study, cover] exhaustivement.

comprehensive school *n* établissement secondaire britannique d'enseignement général.

compress [kəm'pres] *vt* - **1.** [squeeze, press] comprimer - **2.** [shorten - text] condenser.

compression [kəm'preʃn] *n* - **1.** [of air] compression *f* - **2.** [of text] condensation *f*.

comprise [kəm'praɪz] *vt* comprendre ; **to be ~d of** consister en, comprendre.

compromise ['kɒmprəmaɪz] ⬦ *n* compromis *m* ⬦ *vt* compromettre ; **to ~ o.s.** se compromettre ⬦ *vi* transiger.

compromising ['kɒmprəmaɪzɪŋ] *adj* compromettant(e).

compulsion [kəm'pʌlʃn] *n* - **1.** [strong desire] **to have a ~ to do sthg** ne pas pouvoir s'empêcher de faire qqch - **2.** (*U*) [obligation] obligation *f*.

compulsive [kəm'pʌlsɪv] *adj* - **1.** [smoker, liar etc] invétéré(e) - **2.** [book, TV programme] captivant(e).

compulsory [kəm'pʌlsərɪ] *adj* obligatoire.

compulsory purchase *n* Br expropriation *f (pour cause d'utilité publique)*.

compunction [kəm'pʌŋkʃn] *n* (*U*) scrupule *m*, remords *m*.

computation [ˌkɒmpjuː'teɪʃn] *n* calcul *m*.

compute [kəm'pjuːt] *vt* calculer.

computer [kəm'pjuːtər] ⬦ *n* ordinateur

◇ *comp :* ~ **graphics** Infographie® *f ;* ~ **program** programme *m* informatique ; ~ **scientist** programme *m* informatique.

computer dating *n (U)* ≃ rencontres *fpl* par Minitel®.

computer game *n* jeu *m* électronique.

computer-generated [- 'dʒenəreɪtɪd] *adj* créé(e) par ordinateur ; **a** ~ **image** une image de synthèse.

computerization [kəm,pjuːtəraɪ'zeɪʃn] *n* informatisation *f.*

computerize, -ise [kəm'pjuːtəraɪz] *vt* informatiser.

computerized [kəm'pjuːtəraɪzd] *adj* informatisé(e).

computer language *n* langage *m* de programmation.

computer-literate *adj* qui a des connaissances en informatique.

computer science *n* informatique *f.*

computer scientist *n* informaticien *m,* -enne *f.*

computing [kəm'pjuːtɪŋ] *n* informatique *f.*

comrade ['kɒmreɪd] *n* camarade *mf.*

comradeship ['kɒmreɪdʃɪp] *n* camaraderie *f.*

comsat ['kɒmsæt] *abbr of* **communications satellite.**

con [kɒn] *(pt & pp* **-ned ;** *cont* **-ning)** *inf* ◇ *n* **- 1.** [trick] escroquerie *f* **- 2.** **prison** sl taulard *m* ◇ *vt* [trick] : **to** ~ **sb (out of)** escroquer qqn (de) ; **to** ~ **sb into doing sthg** persuader qqn de faire qqch (en lui mentant).

concave [,kɒn'keɪv] *adj* concave.

conceal [kən'siːl] *vt* cacher, dissimuler ; **to** ~ **sthg from sb** cacher qqch à qqn.

concede [kən'siːd] ◇ *vt* concéder ◇ *vi* céder.

conceit [kən'siːt] *n* [arrogance] vanité *f.*

conceited [kən'siːtɪd] *adj* vaniteux(euse).

conceivable [kən'siːvəbl] *adj* concevable.

conceivably [kən'siːvəblɪ] *adv :* **they might** ~ **win** il se peut qu'ils gagnent ; **I can't** ~ **do that** il n'est pas question que je fasse ça.

conceive [kən'siːv] ◇ *vt* concevoir ◇ *vi* **- 1.** MED concevoir **- 2.** [imagine] : **to** ~ **of** concevoir.

concentrate ['kɒnsəntreɪt] ◇ *vt* concentrer ◇ *vi :* **to** ~ **(on)** se concentrer (sur).

concentrated ['kɒnsəntreɪtɪd] *adj* concentré(e) ; [effort] intense.

concentration [,kɒnsən'treɪʃn] *n* concentration *f.*

concentration camp *n* camp *m* de concentration.

concentric [kən'sentrɪk] *adj* concentrique.

concept ['kɒnsept] *n* concept *m.*

conception [kən'sepʃn] *n* [gen & MED] conception *f.*

concern [kən'sɜːn] ◇ *n* **- 1.** [worry, anxiety] souci *m,* inquiétude *f ;* **to show** ~ **for** s'inquiéter de **- 2.** [matter of interest] : **it's no** ~ **of mine** cela ne me regarde pas **- 3.** COMM [company] affaire *f* ◇ *vt* **- 1.** [worry] inquiéter ; **to be ~ed (about)** s'inquiéter (de) **- 2.** [involve] concerner, intéresser ; **as far as I'm ~ed** en ce qui me concerne ; **to be ~ed with** [subj : person] s'intéresser à ; **to** ~ **o.s. with sthg** s'intéresser à, s'occuper de **- 3.** [subj : book, film] traiter de.

concerning [kən'sɜːnɪŋ] *prep* en ce qui concerne.

concert ['kɒnsət] *n* concert *m.*

➧ **in concert** *adv* **- 1.** MUS à l'unisson **- 2.** fml [acting as one] de concert.

concerted [kən'sɜːtɪd] *adj* [effort] concerté(e).

concertgoer ['kɒnsət,ɡəʊəʳ] *n* amateur *m* de concerts.

concert hall *n* salle *f* de concert.

concertina [,kɒnsə'tiːnə] *(pt & pp* **-ed ;** *cont* **-ing)** ◇ *n* concertina *m* ◇ *vi* [cars] s'écraser en accordéon.

concerto [kən'tʃɜːtəʊ] *(pl* **-s)** *n* concerto *m.*

concession [kən'seʃn] *n* **- 1.** [gen] concession *f* **- 2.** [special price] réduction *f.*

concessionaire [kən,seʃə'neəʳ] *n* concessionnaire *mf.*

concessionary [kən'seʃnərɪ] *adj* [fare] à prix réduit.

conciliation [kən,sɪlɪ'eɪʃn] *n* conciliation *f.*

conciliatory [kən'sɪlɪətrɪ] *adj* conciliant(e).

concise [kən'saɪs] *adj* concis(e).

concisely [kən'saɪslɪ] *adv* de façon concise, avec concision.

conclave ['kɒŋkleɪv] *n* conclave *m.*

conclude [kən'kluːd] ◇ *vt* conclure ◇ *vi* [meeting] prendre fin ; [speaker] conclure.

conclusion [kən'kluːʒn] *n* conclusion *f ;* **it was a foregone** ~ c'était à prévoir ; **to jump to the wrong** ~ tirer des conclusions trop hâtives.

conclusive [kən'kluːsɪv] *adj* concluant(e).

concoct [kən'kɒkt] *vt* préparer ; fig concocter.

concoction [kən'kɒkʃn] *n* préparation *f.*

concord ['kɒŋkɔːd] *n* [harmony] concorde *f.*

concourse ['kɒŋkɔːs] n [hall] hall m.

concrete ['kɒŋkriːt] ◇ adj [definite] concret(ète) ◇ n (U) béton m ◇ comp [made of concrete] en béton ◇ vt bétonner.

concrete mixer n bétonnière f.

concubine ['kɒŋkjʊbaɪn] n maîtresse f.

concur [kən'kɜːr] (pt & pp -red ; cont -ring) vi [agree] : to ~ (with) être d'accord (avec).

concurrently [kən'kʌrəntlɪ] adv simultanément.

concussed [kən'kʌst] adj commotionné(e).

concussion [kən'kʌʃn] n commotion f.

condemn [kən'dem] vt condamner.

condemnation [,kɒndem'neɪʃn] n condamnation f.

condemned [kən'demd] adj condamné(e).

condensation [,kɒnden'seɪʃn] n condensation f.

condense [kən'dens] ◇ vt condenser ◇ vi se condenser.

condensed milk [kən'denst-] n lait m concentré.

condescend [,kɒndɪ'send] vi - 1. [talk down] : to ~ to sb se montrer condescendant(e) envers qqn - 2. [deign] : to ~ to do sthg daigner faire qqch, condescendre à faire qqch.

condescending [,kɒndɪ'sendɪŋ] adj condescendant(e).

condiment ['kɒndɪmənt] n condiment m.

condition [kən'dɪʃn] ◇ n - 1. [gen] condition f ; in (a) good/bad ~ en bon/mauvais état ; out of ~ pas en forme - 2. MED maladie f ◇ vt - 1. [gen] conditionner - 2. [hair] : to ~ one's hair mettre de l'après-shampooing.
➧ **conditions** npl conditions fpl.

conditional [kən'dɪʃənl] adj conditionnel(elle) ; to be ~ on OR upon dépendre de.

conditionally [kən'dɪʃnəlɪ] adv conditionnellement.

conditioner [kən'dɪʃnər] n - 1. [for hair] après-shampooing m - 2. [for clothes] assouplissant m.

conditioning [kən'dɪʃnɪŋ] n PSYCH conditionnement m.

condo ['kɒndəʊ] n inf abbr of condominium.

condolences [kən'dəʊlənsɪz] npl condoléances fpl.

condom ['kɒndəm] n préservatif m.

condominium [,kɒndə'mɪnɪəm] n Am - 1. [apartment] appartement m dans un immeuble en copropriété - 2. [apartment block] immeuble m en copropriété.

condone [kən'dəʊn] vt excuser.

condor ['kɒndɔːr] n condor m.

conducive [kən'djuːsɪv] adj : to be ~ to sthg/to doing sthg inciter à qqch/à faire qqch.

conduct [n 'kɒndʌkt, vb kən'dʌkt] ◇ n conduite f ◇ vt - 1. [carry out, transmit] conduire - 2. [behave] : to ~ o.s. well/badly se conduire bien/mal - 3. MUS diriger ◇ vi MUS diriger.

conducted tour [kən'dʌktɪd-] n visite f guidée.

conductor [kən'dʌktər] n - 1. MUS chef m d'orchestre - 2. [on bus] receveur m - 3. Am [on train] chef m de train.

conductress [kən'dʌktrɪs] n [on bus] receveuse f.

conduit ['kɒndɪt] n conduit m.

cone [kəʊn] n - 1. [shape] cône m - 2. [for ice cream] cornet m - 3. [from tree] pomme f de pin.
➧ **cone off** vt sep Br [road, lane] fermer à la circulation.

confectioner [kən'fekʃnər] n confiseur m ; ~'s (shop) confiserie f.

confectionery [kən'fekʃnərɪ] n confiserie f.

confederation [kən,fedə'reɪʃn] n confédération f.

Confederation of British Industry n : the ~ = le conseil du patronat.

confer [kən'fɜːr] (pt & pp -red ; cont -ring) ◇ vt : to ~ sthg (on sb) conférer qqch (à qqn) ◇ vi : to ~ (with sb on OR about sthg) s'entretenir (avec qqn de qqch).

conference ['kɒnfərəns] n conférence f ; in ~ en conférence.

conference call n audioconférence f.

conference centre n centre m de conférences.

conference hall n salle f de conférence.

conferencing ['kɒnfərənsɪŋ] n (U) audioconférence f.

confess [kən'fes] ◇ vt - 1. [admit] avouer, confesser - 2. RELIG confesser ◇ vi : to ~ (to sthg) avouer (qqch).

confession [kən'feʃn] n confession f ; I've a ~ to make j'ai un aveu à vous faire.

confessional [kən'feʃənl] n confessionnal m.

confetti [kən'fetɪ] n (U) confettis mpl.

confidant [,kɒnfɪ'dænt] n confident m.

confidante [,kɒnfɪ'dænt] n confidente f.

confide [kən'faɪd] ◇ vt confier ◇ vi : to ~ in sb se confier à qqn.

confidence ['kɒnfɪdəns] n - 1. [self-assurance] confiance f en soi, assurance f - 2. [trust] confiance f ; to have ~ in avoir confiance en

- 3. [secrecy] : **in ~** en confidence **- 4.** [secret] confidence *f*.

confidence trick *n* abus *m* de confiance.

confident ['kɒnfɪdənt] *adj* **- 1.** [self-assured] : **to be ~** avoir confiance en soi **- 2.** [sure] sûr(e).

confidential [ˌkɒnfɪ'denʃl] *adj* confidentiel(elle).

confidentiality ['kɒnfɪˌdenʃɪ'ælətɪ] *n* confidentialité *f*.

confidentially [ˌkɒnfɪ'denʃəlɪ] *adv* confidentiellement.

confidently ['kɒnfɪdəntlɪ] *adv* [speak, predict] avec assurance.

configuration [kənˌfɪgə'reɪʃn] *n* [gen & COMPUT] configuration *f*.

confine [*vb* kən'faɪn, *npl* 'kɒnfaɪnz] *vt* **- 1.** [limit] limiter ; **to ~ o.s.** to se limiter à **- 2.** [shut up] enfermer, confiner.

confined [kən'faɪnd] *adj* [space, area] restreint(e).

confinement [kən'faɪnmənt] *n* **- 1.** [imprisonment] emprisonnement *m* **- 2.** dated & MED couches *fpl*.

confines ['kɒnfaɪnz] *npl* confins *mpl*.

confirm [kən'fɜːm] *vt* confirmer.

confirmation [ˌkɒnfə'meɪʃn] *n* confirmation *f*.

confirmed [kən'fɜːmd] *adj* [habitual] invétéré(e) ; [bachelor, spinster] endurci(e).

confiscate ['kɒnfɪskeɪt] *vt* confisquer.

confiscation [ˌkɒnfɪ'skeɪʃn] *n* confiscation *f*.

conflagration [ˌkɒnflə'greɪʃn] *n* conflagration *f*.

conflict [*n* 'kɒnflɪkt, *vb* kən'flɪkt] ◇ *n* conflit *m* ◇ *vi* : **to ~ (with)** s'opposer (à), être en conflit (avec).

conflicting [kən'flɪktɪŋ] *adj* contradictoire.

conform [kən'fɔːm] *vi* : **to ~ (to** OR **with)** se conformer (à).

conformist [kən'fɔːmɪst] ◇ *adj* conformiste ◇ *n* conformiste *mf*.

conformity [kən'fɔːmətɪ] *n* : **~ (to** OR **with)** conformité *f* (à).

confound [kən'faʊnd] *vt* [confuse, defeat] déconcerter.

confounded [kən'faʊndɪd] *adj* inf sacré(e).

confront [kən'frʌnt] *vt* **- 1.** [problem, enemy] affronter **- 2.** [challenge] : **to ~ sb (with)** confronter qqn (avec).

confrontation [ˌkɒnfrʌn'teɪʃn] *n* affrontement *m*.

confuse [kən'fjuːz] *vt* **- 1.** [disconcert] troubler ;

to ~ the issue brouiller les cartes **- 2.** [mix up] confondre.

confused [kən'fjuːzd] *adj* **- 1.** [not clear] compliqué(e) **- 2.** [disconcerted] troublé(e), désorienté(e) ; **I'm ~** je n'y comprends rien.

confusing [kən'fjuːzɪŋ] *adj* pas clair(e).

confusion [kən'fjuːʒn] *n* confusion *f*.

conga ['kɒŋgə] *n* : **the ~** la conga.

congeal [kən'dʒiːl] *vi* [blood] se coaguler.

congenial [kən'dʒiːnjəl] *adj* sympathique, agréable.

congenital [kən'dʒenɪtl] *adj* MED congénital(e).

conger eel ['kɒŋgə*r*-] *n* congre *m*.

congested [kən'dʒestɪd] *adj* **- 1.** [street, area] encombré(e) **- 2.** MED congestionné(e).

congestion [kən'dʒestʃn] *n* **- 1.** [of traffic] encombrement *m* **- 2.** MED congestion *f*.

conglomerate [ˌkən'glɒmərət] *n* COMM conglomérat *m*.

conglomeration [kənˌglɒmə'reɪʃn] *n* conglomération *f*.

Congo ['kɒŋgəʊ] *n* **- 1.** [country] : **the ~** le Congo ; **in the ~** au Congo **- 2.** [former Zaire] : **the Democratic Republic of ~** la République démocratique du Congo **- 3.** [river] : **the ~** le fleuve Zaïre.

Congolese [ˌkɒŋgə'liːz] ◇ *adj* congolais(e) ◇ *n* Congolais *m*, -e *f*.

congratulate [kən'grætʃʊleɪt] *vt* : **to ~ sb (on sthg/on doing sthg)** féliciter qqn (de qqch/d'avoir fait qqch).

congratulations [kənˌgrætʃʊ'leɪʃənz] *npl* félicitations *fpl*.

congratulatory [kən'grætʃʊlətrɪ] *adj* de félicitations.

congregate ['kɒŋgrɪgeɪt] *vi* se rassembler.

congregation [ˌkɒŋgrɪ'geɪʃn] *n* assemblée *f* des fidèles.

congress ['kɒŋgres] *n* [meeting] congrès *m*.

➤ **Congress** *n* Am POL le Congrès.

CONGRESS

Le Congrès, organe législatif américain, est constitué du Sénat et de la Chambre des représentants ; une proposition de loi doit obligatoirement être approuvée séparément par ces deux chambres.

congressional [kəŋ'greʃənl] *adj* Am POL du Congrès.

congressman ['kɒŋgresmən] (*pl* -men [-mən]) *n* Am POL membre *m* du Congrès.

congresswoman ['kɒŋgresˌwʊmən] (*pl*

-women [-,wɪmɪn] *n* Am POL membre *m* (féminin) du Congrès.

conical ['kɒnɪkl] *adj* conique.

conifer ['kɒnɪfər] *n* conifère *m*.

coniferous [kə'nɪfərəs] *adj* [tree] conifère ; [forest] de conifères.

conjecture [kən'dʒektʃər] <> *n* conjecture *f* <> *vt* & *vi* conjecturer.

conjugal ['kɒndʒʊgl] *adj* conjugal(e).

conjugation [,kɒndʒʊ'geɪʃn] *n* GRAMM conjugaison *f*

conjunction [kən'dʒʌŋkʃn] *n* **- 1.** GRAMM conjonction *f* **- 2.** [combination] combinaison *f*, mélange *m* ; **in ~ with** conjointement avec.

conjunctivitis [kən,dʒʌŋktɪ'vaɪtɪs] *n* conjonctivite *f*.

conjure [*vi* 'kʌndʒər, *vt sense 2* kən'dʒʊər] <> *vt* *fml* supplier <> *vi* [by magic] faire des tours de prestidigitation.

➡ **conjure up** *vt sep* évoquer.

conjurer ['kʌndʒərər] *n* prestidigitateur *m*, -trice *f*.

conjuring trick ['kʌndʒərɪŋ-] *n* tour *m* de prestidigitation.

conjuror ['kʌndʒərər] = conjurer.

conk [kɒŋk] *n* inf pif *m*.

➡ **conk out** *vi* inf tomber en panne.

conker ['kɒŋkər] *n* Br marron *m*.

conman ['kɒnmæn] (*pl* **-men** [-men]) *n* escroc *m*.

connect [kə'nekt] <> *vt* **- 1.** [join] : **to ~ sthg (to)** relier qqch (à) **- 2.** [on telephone] mettre en communication **- 3.** [associate] associer ; **to ~ sb/sthg to, to ~ sb/sthg with** associer qqn/qqch à **- 4.** ELEC [to power supply] : **to ~ sthg to** brancher qqch à <> *vi* [train, plane, bus] : **to ~ (with)** assurer la correspondance (avec).

connected [kə'nektɪd] *adj* [related] : **to be ~ with** avoir un rapport avec ; **they are not ~** il n'y a aucun rapport entre eux.

Connecticut [kə'netɪkət] *n* Connecticut *m* ; **in ~** dans le Connecticut.

connecting [kə'nektɪŋ] *adj* : **~ flight/train** correspondance *f*.

connection [kə'nekʃn] *n* **- 1.** [relationship] : **~ (between/with)** rapport *m* (entre/avec) ; **in ~ with** à propos de **- 2.** ELEC branchement *m*, connexion *f* **- 3.** [on telephone] communication *f* ; **it's a bad ~** la ligne est mauvaise **- 4.** [plane, train, bus] correspondance *f* **- 5.** [professional acquaintance] relation *f*.

connective tissue [kə'nektɪv-] *n* tissu *m* conjonctif.

connexion [kə'nekʃn] Br = connection.

connive [kə'naɪv] *vi* **- 1.** [plot] comploter ; **to ~ with sb** être de connivence avec qqn **- 2.** [allow to happen] : **to ~ at sthg** fermer les yeux sur qqch.

conniving [kə'naɪvɪŋ] *adj* : **you ~ wretch!** espèce de sale comploteur!

connoisseur [,kɒnə'sɜːr] *n* connaisseur *m*, -euse *f*.

connotation [,kɒnə'teɪʃn] *n* connotation *f*.

conquer ['kɒŋkər] *vt* **- 1.** [country etc] conquérir **- 2.** [fears, inflation etc] vaincre.

conqueror ['kɒŋkərər] *n* conquérant *m*, -e *f*.

conquest ['kɒŋkwest] *n* conquête *f*.

cons [kɒnz] *npl* **- 1.** Br inf : **all mod ~** tout confort **- 2.** ▷ **pro**.

Cons. *abbr of* Conservative.

conscience ['kɒnʃəns] *n* conscience *f* ; **to have a guilty ~** avoir mauvaise conscience ; **in all ~** en mon/votre *etc* âme et conscience.

conscientious [,kɒnʃɪ'enʃəs] *adj* consciencieux(euse).

conscientiously [,kɒnʃɪ'enʃəslɪ] *adv* consciencieusement.

conscientiousness [,kɒnʃɪ'enʃəsnɪs] *n* conscience *f*.

conscientious objector *n* objecteur *m* de conscience.

conscious ['kɒnʃəs] *adj* **- 1.** [not unconscious] conscient(e) **- 2.** [aware] : **~ of sthg** conscient(e) de qqch ; **fashion-~** qui suit la mode ; **money-~** qui fait attention à ses dépenses **- 3.** [intentional - insult] délibéré(e), intentionnel(elle) ; [- effort] conscient(e).

consciously ['kɒnʃəslɪ] *adv* intentionnellement.

consciousness ['kɒnʃəsnɪs] *n* conscience *f*.

conscript [*n* 'kɒnskrɪpt, *vb* kən'skrɪpt] MIL <> *n* conscrit *m* <> *vt* appeler sous les drapeaux.

conscription [kən'skrɪpʃn] *n* conscription *f*

consecrate ['kɒnsɪkreɪt] *vt* consacrer.

consecration [,kɒnsɪ'kreɪʃn] *n* consécration *f*.

consecutive [kən'sekjʊtɪv] *adj* consécutif(ive).

consecutively [kən'sekjʊtɪvlɪ] *adv* consécutivement.

consensus [kən'sensəs] *n* consensus *m*.

consent [kən'sent] <> *n* (U) **- 1.** [permission] consentement *m* **- 2.** [agreement] accord *m* <> *vi* : **to ~ (to)** consentir (à).

consenting [kən'sentɪŋ] *adj* : **~ adults** adultes consentants.

consequence ['kɒnsɪkwəns] *n* **- 1.** [result] con

séquence *f* ; **in ~** par conséquent - **2.** [importance] importance *f*.

consequent [ˈkɒnsɪkwənt] *adj fml* consécutif(ive) ; [resulting] résultant(e).

consequently [ˈkɒnsɪkwəntlɪ] *adv* par conséquent.

conservation [ˌkɒnsəˈveɪʃn] *n* [of nature] protection *f* ; [of buildings] conservation *f* ; [of energy, water] économie *f*.

conservation area *n* secteur *m* sauvegardé.

conservationist [ˌkɒnsəˈveɪʃənɪst] *n* écologiste *mf*.

conservatism [kənˈsɜːvətɪzm] *n* conservatisme *m*.

➤ **Conservatism** *n* POL conservatisme *m*.

conservative [kənˈsɜːvətɪv] ⇔ *adj* - **1.** [not modern] traditionnel(elle) - **2.** [cautious] prudent(e) ⇔ *n* traditionaliste *mf*.

➤ **Conservative** POL ⇔ *adj* conservateur(trice) ⇔ *n* conservateur *m*, -trice *f*.

Conservative Party *n* : **the ~** le parti conservateur.

conservatory [kənˈsɜːvətrɪ] (*pl* **-ies**) *n* [of house] véranda *f*.

conserve [*n* ˈkɒnsɜːv, *vb* kənˈsɜːv] ⇔ *n* confiture *f* ⇔ *vt* [energy, supplies] économiser ; [nature, wildlife] protéger.

consider [kənˈsɪdəʳ] *vt* - **1.** [think about] examiner - **2.** [take into account] prendre en compte ; **all things ~ed** tout compte fait - **3.** [judge] considérer.

considerable [kənˈsɪdrəbl] *adj* considérable.

considerably [kənˈsɪdrəblɪ] *adv* considérablement.

considerate [kənˈsɪdərət] *adj* prévenant(e) ; **that's very ~ of you** c'est très gentil à vous *OR* de votre part.

consideration [kənˌsɪdəˈreɪʃn] *n* - **1.** (U) [careful thought] réflexion *f* ; **to take sthg into ~** tenir compte de qqch, prendre qqch en considération ; **under ~** à l'étude - **2.** (U) [care] attention *f* - **3.** [factor] facteur *m*.

considered [kənˈsɪdəd] *adj* : **it's my ~ opinion that ...** après mûre réflexion je pense que ...

considering [kənˈsɪdərɪŋ] ⇔ *prep* étant donné ⇔ *conj* étant donné que.

consign [kənˈsaɪn] *vt* : **to ~ sb/sthg to** reléguer qqn/qqch à.

consignee [ˌkɒnsaɪˈniː] *n* destinataire *mf*.

consignment [kənˈsaɪnmənt] *n* [load] expédition *f*.

consignment note *n* bordereau *m* d'expédition.

consignor [kənˈsaɪnəʳ] *n* expéditeur *m*, -trice *f*.

consist [kənˈsɪst] ➤ **consist in** *vt fus* : **to ~ in sthg** consister dans qqch ; **to ~ in doing sthg** consister à faire qqch.

➤ **consist of** *vt fus* consister en.

consistency [kənˈsɪstənsɪ] (*pl* **-ies**) *n* - **1.** [coherence] cohérence *f* - **2.** [texture] consistance *f*.

consistent [kənˈsɪstənt] *adj* - **1.** [regular - behaviour] conséquent(e) ; [- improvement] régulier(ère) ; [- supporter] constant(e) - **2.** [coherent] cohérent(e) ; **to be ~ with** [with one's position] être compatible avec ; [with the facts] correspondre avec.

consistently [kənˈsɪstəntlɪ] *adv* - **1.** [without exception] invariablement - **2.** [argue, reason] de manière cohérente.

consolation [ˌkɒnsəˈleɪʃn] *n* réconfort *m*.

consolation prize *n* prix *m* de consolation.

console [*n* ˈkɒnsəʊl, *vt* kənˈsəʊl] ⇔ *n* tableau *m* de commande ; COMPUT & MUS console *f* ⇔ *vt* consoler ; **he had to ~ himself with second place** il a dû se contenter de la deuxième place.

consolidate [kənˈsɒlɪdeɪt] ⇔ *vt* - **1.** [strengthen] consolider - **2.** [merge] fusionner ⇔ *vi* fusionner.

consolidation [kənˌsɒlɪˈdeɪʃn] (U) *n* - **1.** [strengthening] affermissement *m* - **2.** [merging] fusion *f*.

consols [ˈkɒnsɒlz] *npl* Br fonds *mpl* consolidés.

consommé [Br kənˈsɒmeɪ, Am ˌkɒnsəˈmeɪ] *n* consommé *m*.

consonant [ˈkɒnsənənt] *n* consonne *f*.

consort [*vb* kənˈsɔːt, *n* ˈkɒnsɔːt] ⇔ *vi fml* : **to ~ with sb** fréquenter qqn ⇔ *n* : **prince ~** prince *m* consort.

consortium [kənˈsɔːtjəm] (*pl* **-tiums** OR **-tia** [-tjə]) *n* consortium *m*.

conspicuous [kənˈspɪkjʊəs] *adj* voyant(e), qui se remarque.

conspicuously [kənˈspɪkjʊəslɪ] *adv* [dressed] de manière voyante ; [wealthy] ostensiblement.

conspiracy [kənˈspɪrəsɪ] (*pl* **-ies**) *n* conspiration *f*, complot *m*.

conspirator [kənˈspɪrətəʳ] *n* conspirateur *m*, -trice *f*.

conspiratorial [kənˌspɪrəˈtɔːrɪəl] *adj* de conspirateur.

conspire [kən'spaɪəʳ] ◇ *vt* : **to ~ to do sthg** comploter de faire qqch ; [subj : events] contribuer à faire qqch ◇ *vi* : **to ~ against/with sb** conspirer contre/avec qqn.

constable ['kʌnstəbl] *n* Br [policeman] agent *m* de police.

constabulary [kən'stæbjʊlərɪ] (*pl* -ies) *n* police *f*.

constancy ['kɒnstənsɪ] *n* constance *f*.

constant ['kɒnstənt] *adj* - **1.** [unvarying] constant(e) - **2.** [recurring] continuel(elle) - **3.** literary [faithful] fidèle.

constantly ['kɒnstəntlɪ] *adv* constamment.

constellation [ˌkɒnstə'leɪʃn] *n* constellation *f*.

consternation [ˌkɒnstə'neɪʃn] *n* consternation *f*.

constipated ['kɒnstɪpeɪtɪd] *adj* constipé(e).

constipation [ˌkɒnstɪ'peɪʃn] *n* constipation *f*.

constituency [kən'stɪtjʊənsɪ] (*pl* -ies) *n* [area] circonscription *f* électorale.

constituency party *n* Br section *f* locale du parti.

constituent [kən'stɪtjʊənt] ◇ *adj* constituant(e) ◇ *n* - **1.** [voter] électeur *m*, -trice *f* - **2.** [element] composant *m*.

constitute ['kɒnstɪtjuːt] *vt* - **1.** [form, represent] représenter, constituer - **2.** [establish, set up] constituer.

constitution [ˌkɒnstɪ'tjuːʃn] *n* constitution *f*.

➤ **Constitution** *n* : **the (United States) Constitution** la Constitution américaine.

constitutional [ˌkɒnstɪ'tjuːʃənl] *adj* constitutionnel(elle).

constrain [kən'streɪn] *vt* - **1.** [coerce] forcer, contraindre ; **to ~ sb to do sthg** forcer qqn à faire qqch - **2.** [restrict] limiter.

constrained [kən'streɪnd] *adj* [inhibited] contraint(e).

constraint [kən'streɪnt] *n* - **1.** [restriction] : **~ (on)** limitation *f* (à) - **2.** (U) [self-control] retenue *f*, réserve *f* - **3.** [coercion] contrainte *f*.

constrict [kən'strɪkt] *vt* - **1.** [compress] serrer - **2.** [limit] limiter.

constricting [kən'strɪktɪŋ] *adj* - **1.** [clothes] qui entrave les mouvements - **2.** [circumstances, lifestyle] contraignant(e).

construct [*vb* kən'strʌkt , *n* 'kɒnstrʌkt] ◇ *vt* construire ◇ *n* fml [concept] concept *m*.

construction [kən'strʌkʃn] ◇ *n* construction *f*; **under ~** en construction ◇ *comp* [worker] du bâtiment ; **~ site** chantier *m*.

construction industry *n* industrie *f* du bâtiment.

constructive [kən'strʌktɪv] *adj* constructif(ive).

constructively [kən'strʌktɪvlɪ] *adv* d'une manière constructive.

construe [kən'struː] *vt* fml [interpret] : **to ~ sthg as** interpréter qqch comme.

consul ['kɒnsəl] *n* consul *m*.

consular ['kɒnsjʊləʳ] *adj* consulaire.

consulate ['kɒnsjʊlət] *n* consulat *m*.

consult [kən'sʌlt] ◇ *vt* consulter ◇ *vi* : **to ~ with sb** s'entretenir avec qqn.

consultancy [kən'sʌltənsɪ] (*pl* -ies) *n* [company] cabinet *m* d'expert-conseil.

consultancy fee *n* honoraires *mpl* d'expert.

consultant [kən'sʌltənt] *n* - **1.** [expert] expert-conseil *m* - **2.** Br [hospital doctor] spécialiste *mf*.

consultation [ˌkɒnsəl'teɪʃn] *n* - **1.** [meeting, discussion] entretien *m* - **2.** [reference] consultation *f*.

consulting room [kən'sʌltɪŋ-] *n* cabinet *m* de consultation.

consume [kən'sjuːm] *vt* - **1.** [food, fuel etc] consommer - **2.** literary [fill] : **to be ~d by hatred/passion** être consumé(e) par la haine/la passion.

consumer [kən'sjuːməʳ] ◇ *n* consommateur *m*, -trice *f* ◇ *comp* du consommateur.

consumer credit *n* (U) crédit *m* à la consommation.

consumer durables *npl* biens *mpl* de consommation durables.

consumer goods *npl* biens *mpl* de consommation.

consumerism [kən'sjuːmərɪzm] *n* (U) - **1.** [buying] (règne *m* de la) société *f* de consommation - **2.** [protection of rights] consumérisme *m*.

consumer society *n* société *f* de consommation.

consumer spending *n* (U) dépenses *fpl* de consommation.

consummate [*adj* kən'sʌmət , *vb* 'kɒnsəmeɪt

◇ *adj* consommé(e) ; [liar] fieffé(e) ◇ *vt* consommer.

consummation [ˌkɒnsə'meɪʃn] *n* - **1.** [of marriage] consommation *f* - **2.** [culmination] apogée *m*.

consumption [kən'sʌmpʃn] *n* - **1.** [use] consommation *f* - **2.** dated [tuberculosis] phtisie *f*.

cont. *abbr of* continued.

contact ['kɒntækt] ◇ *n* - **1.** (U) [touch, communication] contact *m* ; **in ~ (with sb)** en rapport OR contact (avec qqn) ; **to lose ~ with sb** perdre le contact avec qqn ; **to make ~ with sb** prendre contact OR entrer en contact avec qqn - **2.** [person] relation *f*, contact *m* ◇ *vt* contacter, prendre contact avec ; [by phone] joindre, contacter.

contact lens *n* verre *m* de contact, lentille *f* (cornéenne).

contact number *n* : **do you have a ~?** tu as un numéro où on peut te joindre?

contagious [kən'teɪdʒəs] *adj* contagieux(euse).

contain [kən'teɪn] *vt* - **1.** [hold, include] contenir, renfermer - **2.** fml [control] contenir ; [epidemic] circonscrire.

contained [kən'teɪnd] *adj* [person] maître (maîtresse) de soi.

container [kən'teɪnər] *n* - **1.** [box, bottle etc] récipient *m* - **2.** [for transporting goods] conteneur *m*, container *m*.

containerize, -ise [kən'teɪnəraɪz] *vt* COMM [goods] conteneuriser ; [port] convertir à la conteneurisation.

container ship *n* porte-conteneurs *m inv*.

containment [kən'teɪnmənt] *n* (U) - **1.** [limitation] : **our efforts at the ~ of this violence** nos efforts pour contenir cette violence - **2.** POL : **policy of ~** politique *f* d'endiguement.

contaminate [kən'tæmɪneɪt] *vt* contaminer.

contaminated [kən'tæmɪneɪtɪd] *adj* contaminé(e).

contamination [kən,tæmɪ'neɪʃn] *n* contamination *f*.

cont'd *abbr of* continued.

contemplate ['kɒntempleɪt] ◇ *vt* - **1.** [consider] envisager ; **to ~ doing sthg** envisager de faire qqch - **2.** fml [look at] contempler ◇ *vi* [consider] méditer.

contemplation [ˌkɒntem'pleɪʃn] *n* contemplation *f*.

contemplative [kən'templətɪv] *adj* contemplatif(ive).

contemporary [kən'tempərərɪ] (*pl* -ies)

◇ *adj* contemporain(e) ◇ *n* contemporain *m*, -e *f*.

contempt [kən'tempt] *n* - **1.** [scorn] : **~ (for)** mépris *m* (pour) ; **to hold sb in ~** mépriser qqn - **2.** JUR : **~ (of court)** outrage *m* à la cour.

contemptible [kən'temptəbl] *adj* méprisable.

contemptuous [kən'temptʃuəs] *adj* méprisant(e) ; **~ of sthg** dédaigneux(euse) de qqch.

contend [kən'tend] ◇ *vi* - **1.** [deal] : **to ~ with sthg** faire face à qqch ; **I've got enough to ~ with** j'ai assez de problèmes comme çà - **2.** [compete] : **to ~ for** [subj : several people] se disputer ; [subj : one person] se battre pour ; **to ~ against** lutter contre ◇ *vt* fml [claim] : **to ~ that ...** soutenir OR prétendre que ...

contender [kən'tendər] *n* [in election] candidat *m*, -e *f* ; [in competition] concurrent *m*, -e *f* ; [in boxing etc] prétendant *m*, -e *f*.

content [*n* 'kɒntent, *adj* & *vb* kən'tent] ◇ *adj* : **~ (with)** satisfait(e) (de), content(e) (de) ; **to be ~ to do sthg** ne pas demander mieux que de faire qqch ◇ *n* - **1.** [amount] teneur *f* ; **it has a high fibre ~** c'est riche en fibres - **2.** [subject matter] contenu *m* ◇ *vt* : **to ~ o.s. with sthg/with doing sthg** se contenter de qqch/de faire qqch.

↞ **contents** *npl* - **1.** [of container, document] contenu *m* - **2.** [at front of book] table *f* des matières.

contented [kən'tentɪd] *adj* satisfait(e).

contentedly [kən'tentɪdlɪ] *adv* avec contentement.

contention [kən'tenʃn] *n* fml - **1.** [argument, assertion] assertion *f*, affirmation *f* - **2.** (U) [disagreement] dispute *f*, contestation *f* - **3.** [competition] : **to be in ~** être en lice.

contentious [kən'tenʃəs] *adj* contentieux(euse), contesté(e).

contentment [kən'tentmənt] *n* contentement *m*.

contest [*n* 'kɒntest, *vb* kən'test] ◇ *n* - **1.** [competition] concours *m* - **2.** [for power, control] combat *m*, lutte *f* ◇ *vt* - **1.** [compete for] disputer - **2.** [dispute] contester.

contestant [kən'testənt] *n* concurrent *m*, -e *f*.

context ['kɒntekst] *n* contexte *m* ; **out of ~** [word] hors contexte ; [remark] hors de son contexte.

continent ['kɒntɪnənt] *n* continent *m*.

↞ **Continent** *n* Br : **the Continent** l'Europe *f* continentale.

continental [ˌkɒntɪ'nentl] ◇ *adj* - **1.** GEOGR continental(e) - **2.** Br [European - food] d'Europe continentale ; [- holidays] en Europe continentale ⬦ *n* Br Européen continental *m*, Européenne continentale *f*.

continental breakfast *n* petit déjeuner *m* (par opposition à 'English breakfast').

CONTINENTAL BREAKFAST

Ce terme désigne un petit déjeuner léger, par opposition à un « English breakfast », beaucoup plus copieux et comportant parfois un plat chaud.

continental climate *n* climat *m* continental.

continental quilt *n* Br couette *f*.

contingency [kən'tɪndʒənsɪ] (*pl* -ies) *n* éventualité *f*.

contingency plan *n* plan *m* d'urgence.

contingent [kən'tɪndʒənt] ⬦ *adj fml* : to be ~ on OR upon dépendre de ⬦ *n* contingent *m*.

continual [kən'tɪnjʊəl] *adj* continuel(elle).

continually [kən'tɪnjʊəlɪ] *adv* continuellement.

continuation [kən,tɪnjʊ'eɪʃn] *n* - **1.** (U) [act] continuation *f* - **2.** [sequel] suite *f*.

continue [kən'tɪnjuː] ⬦ *vt* - **1.** [carry on] continuer, poursuivre ; to ~ doing OR to do sthg continuer à OR de faire qqch - **2.** [after an interruption] reprendre ⬦ *vi* - **1.** [carry on] continuer ; to ~ with sthg poursuivre qqch, continuer qqch - **2.** [after an interruption] reprendre, se poursuivre.

continuity [,kɒntɪ'njuːətɪ] *n* continuité *f*.

continuous [kən'tɪnjʊəs] *adj* continu(e).

continuous assessment *n* contrôle *m* continu des connaissances.

continuously [kən'tɪnjʊəslɪ] *adv* sans arrêt, continuellement.

contort [kən'tɔːt] ⬦ *vt* tordre ⬦ *vi* se tordre.

contortion [kən'tɔːʃn] *n* - **1.** (U) [twisting] torsion *f* - **2.** [position] contorsion *f*.

contour ['kɒn,tʊəʳ] ⬦ *n* - **1.** [outline] contour *m* - **2.** [on map] courbe *f* de niveau ⬦ *comp* [map] avec courbes de niveau ; ~ line courbe *f* de niveau.

contraband ['kɒntrəbænd] ⬦ *adj* de contrebande ⬦ *n* contrebande *f*.

contraception [,kɒntrə'sepʃn] *n* contraception *f*.

contraceptive [,kɒntrə'septɪv] ⬦ *adj* [method, device] anticonceptionnel(elle), contraceptif(ive) ; [advice] sur la contraception ⬦ *n* contraceptif *m*.

contraceptive pill *n* pilule *f* anticonceptionnelle OR contraceptive.

contract [*n* 'kɒntrækt, *vb* kən'trækt] ⬦ *n* contrat *m* ⬦ *vt* - **1.** [gen] contracter - **2.** COMM : to ~ sb (to do sthg) passer un contrat avec qqn (pour faire qqch) ; to ~ to do sthg s'engager par contrat à faire qqch ⬦ *vi* [decrease in size, length] se contracter.
➡ **contract in** *vi esp* Br s'engager par contrat.
➡ **contract out** ⬦ *vt sep* donner en sous-traitance à ⬦ *vi* : to ~ out (of) se dégager (de).

contraction [kən'trækʃn] *n* contraction *f*.

contractor [kən'træktəʳ] *n* entrepreneur *m*.

contractual [kən'træktʃʊəl] *adj* contractuel(elle).

contradict [,kɒntrə'dɪkt] *vt* contredire.

contradiction [,kɒntrə'dɪkʃn] *n* contradiction *f* ; ~ in terms contradiction dans les termes.

contradictory [,kɒntrə'dɪktərɪ] *adj* contradictoire ; [behaviour] incohérent(e).

contraflow ['kɒntrəfləʊ] *n* circulation *f* à contre-sens.

contralto [kən'træltəʊ] (*pl* -s) *n* contralto *m*.

contraption [kən'træpʃn] *n* machin *m*, truc *m*.

contrary ['kɒntrərɪ, *adj sense 2* kən'treərɪ] ⬦ *adj* - **1.** [opposite] : ~ (to) contraire (à), opposé(e) (à) - **2.** [awkward] contrariant(e) ⬦ *n* contraire *m* ; on the ~ au contraire ; evidence to the ~ preuves tendant à démontrer le contraire ; his statements to the ~ ses propos soutenant le contraire.
➡ **contrary to** *prep* contrairement à.

contrast [*n* 'kɒntrɑːst, *vb* kən'trɑːst] ⬦ *n* contraste *m* ; by OR in ~ par contraste ; in ~ with OR to sthg par contraste avec qqch ⬦ *vt* contraster ⬦ *vi* : to ~ (with) faire contraste (avec).

contrasting [kən'trɑːstɪŋ] *adj* [colours] contrasté(e) ; [personalities, views] opposé(e), contraire.

contravene [,kɒntrə'viːn] *vt* enfreindre, transgresser.

contravention [,kɒntrə'venʃn] *n* infraction *f*, contravention *f*.

contribute [kən'trɪbjuːt] ⬦ *vt* - **1.** [money] apporter ; [help, advice, ideas] donner, apporter - **2.** [write] : to ~ an article to a magazine écrire un article pour un magazine ⬦ *vi* - **1.** [gen] : to ~ (to) contribuer (à) - **2.** [write material] : to ~ to collaborer à.

contributing [kən'trɪbjuːtɪŋ] *adj :* **to be a ~ factor in** contribuer à.

contribution [ˌkɒntrɪ'bjuːʃn] *n* - **1.** [of money] : **~ (to)** cotisation *f* (à), contribution *f* (à) - **2.** [to debate] : **his ~ to the discussion** ce qu'il a apporté à la discussion - **3.** [article] article *m*.

contributor [kən'trɪbjutər] *n* - **1.** [of money] donateur *m*, -trice *f* - **2.** [to magazine, newspaper] collaborateur *m*, -trice *f*.

contributory [kən'trɪbjutərɪ] *adj :* **to be a ~ factor in** contribuer à.

contributory pension scheme *n* système *m* de retraite par répartition.

contrite ['kɒntraɪt] *adj* literary contrit(e), pénitent(e).

contrition [kən'trɪʃn] *n* literary contrition *f*, pénitence *f*.

contrivance [kən'traɪvns] *n* [contraption] machine *f*, appareil *m*.

contrive [kən'traɪv] *vt* fml - **1.** [engineer] combiner - **2.** [manage] : **to ~ to do sthg** se débrouiller pour faire qqch, trouver moyen de faire qqch.

contrived [kən'traɪvd] *adj* tiré(e) par les cheveux.

control [kən'trəʊl] (*pt* & *pp* **-led ;** *cont* **-ling**) ◇ *n* - **1.** [gen] contrôle *m ;* [of traffic] régulation *f ;* **to gain** OR **take ~ (of)** prendre le contrôle (de) ; **beyond** OR **outside sb's ~** indépendant de la volonté de qqn ; **to get sb/sthg under ~** maîtriser qqn/qqch ; **to be in ~ of sthg** [subj : boss, government] diriger qqch ; [subj : army] avoir le contrôle de qqch ; [of emotions, situation] maîtriser qqch ; **to get out of ~** [subj : crowd] devenir impossible à contrôler ; **his car went out of ~** il a perdu le contrôle de sa voiture ; **to lose ~** [of emotions] perdre le contrôle - **2.** [in experiment] témoin *m* ◇ *vt* - **1.** [company, country] être à la tête de, diriger - **2.** [operate] commander, faire fonctionner - **3.** [restrict, restrain - disease] enrayer, juguler ; [- inflation] mettre un frein à, contenir ; [- children] tenir ; [- crowd] contenir ; [- traffic] régler ; [- emotions] maîtriser, contenir ; **to ~ o.s.** se maîtriser, se contrôler ◇ *comp* de commande.

◆ controls *npl* [of machine, vehicle] commandes *fpl*.

control code *n* COMPUT code *m* de commande.

control group *n* groupe *m* témoin.

control key *n* COMPUT touche *f* « control ».

controlled [kən'trəʊld] *adj* - **1.** [person] maître (maîtresse) de soi - **2.** ECON dirigé(e).

controller [kən'trəʊlər] *n* [person] contrôleur *m*.

controlling [kən'trəʊlɪŋ] *adj* [factor] déterminant(e).

controlling interest *n* participation *f* majoritaire.

control panel *n* tableau *m* de bord.

control tower *n* tour *f* de contrôle.

controversial [ˌkɒntrə'vɜːʃl] *adj* [writer, theory etc] controversé(e) ; **to be ~** donner matière à controverse.

controversy ['kɒntrəvɜːsɪ, Br kən'trɒvəsɪ] (*pl* **-ies**) *n* controverse *f*, polémique *f*.

conundrum [kə'nʌndrəm] (*pl* **-s**) *n* énigme *f*.

conurbation [ˌkɒnɜː'beɪʃn] *n* conurbation *f*.

convalesce [ˌkɒnvə'les] *vi* se remettre d'une maladie, relever de maladie.

convalescence [ˌkɒnvə'lesns] *n* convalescence *f*.

convalescent [ˌkɒnvə'lesnt] ◇ *adj* de convalescence ◇ *n* convalescent *m*, -e *f*.

convection [kən'vekʃn] *n* convection *f*.

convector [kən'vektər] *n* radiateur *m* à convection.

convene [kən'viːn] ◇ *vt* convoquer, réunir ◇ *vi* se réunir, s'assembler.

convener [kən'viːnər] *n* Br président *m*, -e *f* (*d'une commission*).

convenience [kən'viːnjəns] *n* - **1.** [usefulness] commodité *f* - **2.** [personal comfort, advantage] agrément *m*, confort *m ;* **at your earliest ~** fml dès que possible - **3.** [facility] confort *m*.

convenience food *n* aliment *m* tout préparé.

convenience store *n* Am petit supermarché de quartier.

convenient [kən'viːnjənt] *adj* - **1.** [suitable] qui convient - **2.** [handy] pratique, commode.

conveniently [kən'viːnjəntlɪ] *adv* d'une manière commode ; **~ situated** bien situé.

convent ['kɒnvənt] *n* couvent *m*.

convention [kən'venʃn] *n* - **1.** [agreement, assembly] convention *f* - **2.** [practice] usage *m*, convention *f*.

conventional [kən'venʃənl] *adj* conventionnel(elle) ; **it's ~ to ...** l'usage veut que ...

conventionally [kən'venʃnəlɪ] *adv* d'une manière conventionnelle.

convent school *n* couvent *m*.

converge [kən'vɜːdʒ] *vi :* **to ~ (on)** converger (sur).

conversant [kən'vɜːsənt] *adj* fml : **~ with sthg** familiarisé(e) avec qqch, qui connaît bien qqch.

conversation [ˌkɒnvə'seɪʃn] *n* conversation *f ;* **to make ~** faire la conversation.

conversational [ˌkɒnvəˈseɪʃənl] *adj* de la conversation.

conversationalist [ˌkɒnvəˈseɪʃnəlɪst] *n* causeur *m*, -euse *f*.

converse [*n* & *adj* ˈkɒnvɜːs, *vb* kənˈvɜːs] ◇ *adj* fml opposé(e), contraire ◇ *n* [opposite] : **the ~** le contraire, l'inverse *m* ◇ *vi* fml converser.

conversely [kənˈvɜːslɪ] *adv* fml inversement.

conversion [kənˈvɜːʃn] *n* - **1.** [changing, in religious beliefs] conversion *f* - **2.** [in building] aménagement *m*, transformation *f* - **3.** RUGBY transformation *f*.

conversion table *n* table *f* de conversion.

convert [*vb* kənˈvɜːt, *n* ˈkɒnvɜːt] ◇ *vt* - **1.** [change] : **to ~ sthg to** OR **into** convertir qqch en ; **to ~ sb (to)** RELIG convertir qqn (à) - **2.** [building, ship] : **to ~ sthg to** OR **into** transformer qqch en, aménager qqch en - **3.** RUGBY transformer ◇ *vi* : **to ~ from sthg to sthg** passer de qqch à qqch ◇ *n* converti *m*, -e *f*.

converted [kənˈvɜːtɪd] *adj* - **1.** [building, ship] aménagé(e) - **2.** RELIG converti(e).

convertible [kənˈvɜːtəbl] ◇ *adj* - **1.** [bed, sofa] transformable, convertible - **2.** [currency] convertible - **3.** [car] décapotable ◇ *n* (voiture *f*) décapotable *f*.

convex [kɒnˈveks] *adj* convexe.

convey [kənˈveɪ] *vt* - **1.** fml [transport] transporter - **2.** [express] : **to ~ sthg (to sb)** communiquer qqch (à qqn).

conveyancing [kənˈveɪənsɪŋ] *n* (U) procédure *f* translative de propriété.

conveyer belt [kənˈveɪəʳ-] *n* convoyeur *m*, tapis *m* roulant.

convict [*n* ˈkɒnvɪkt, *vb* kənˈvɪkt] ◇ *n* détenu *m* ◇ *vt* : **to ~ sb of sthg** reconnaître qqn coupable de qqch.

convicted [kənˈvɪktɪd] *adj* : **he's a ~ murderer** il a été reconnu coupable d'un meurtre.

conviction [kənˈvɪkʃn] *n* - **1.** [belief, fervour] conviction *f* - **2.** JUR [of criminal] condamnation *f*.

convince [kənˈvɪns] *vt* convaincre, persuader ; **to ~ sb of sthg/to do sthg** convaincre qqn de qqch/de faire qqch, persuader qqn de qqch/de faire qqch.

convinced [kənˈvɪnst] *adj* : **~ (of)** persuadé(e) (de), convaincu(e) (de).

convincing [kənˈvɪnsɪŋ] *adj* - **1.** [persuasive] convaincant(e) - **2.** [resounding - victory] retentissant(e), éclatant(e).

convivial [kənˈvɪvɪəl] *adj* convivial(e), joyeux(euse).

convoluted [ˈkɒnvəluːtɪd] *adj* [tortuous] compliqué(e).

convoy [ˈkɒnvɔɪ] *n* convoi *m* ; **in ~** en convoi.

convulse [kənˈvʌls] *vt* [person] : **to be ~d with** se tordre de.

convulsion [kənˈvʌlʃn] *n* MED convulsion *f*.

convulsive [kənˈvʌlsɪv] *adj* convulsif(ive).

coo [kuː] *vi* roucouler.

cook [kʊk] ◇ *n* cuisinier *m*, -ère *f* ; **she's a good ~** elle fait bien la cuisine ◇ *vt* - **1.** [food] faire cuire ; [meal] préparer - **2.** inf [falsify] maquiller ◇ *vi* [person] cuisiner, faire la cuisine ; [food] cuire.
➥ **cook up** *vt sep* [plan] combiner ; [excuse] inventer.

cookbook [ˈkʊkˌbʊk] = **cookery book**.

cooked [kʊkt] *adj* cuit(e).

cooker [ˈkʊkəʳ] *n* [stove] cuisinière *f*.

cookery [ˈkʊkərɪ] *n* cuisine *f*.

cookery book *n* livre *m* de cuisine.

cookie [ˈkʊkɪ] *n* Am [biscuit] biscuit *m*, gâteau *m* sec.

cooking [ˈkʊkɪŋ] ◇ *n* cuisine *f* ; **do you like ~?** tu aimes faire la cuisine? ◇ *comp* de cuisine ; [chocolate] à cuire ; **~ oil** huile *f* de friture.

cooking apple *n* pomme *f* à cuire.

cookout [ˈkʊkaʊt] *n* Am barbecue *m*.

cool [kuːl] ◇ *adj* - **1.** [not warm] frais (fraîche) ; [dress] léger(ère) - **2.** [calm] calme - **3.** [unfriendly] froid(e) - **4.** inf [excellent] génial(e) ; [trendy] branché(e) ◇ *vt* faire refroidir ◇ *vi* - **1.** [become less warm] refroidir - **2.** [abate] se calmer ◇ *n* [calm] : **to keep/lose one's ~** garder/perdre son sang-froid, garder/perdre son calme.
➥ **cool down** ◇ *vt sep* - **1.** [make less warm - food etc] faire refroidir ; [- person] rafraîchir - **2.** [make less angry] calmer, apaiser ◇ *vi* - **1.** [become less warm - food, engine] refroidir ; [- person] se rafraîchir - **2.** [become less angry] se calmer.
➥ **cool off** *vi* - **1.** [become less warm] refroidir [person] se rafraîchir - **2.** [become less angry] se calmer.

coolant [ˈkuːlənt] *n* agent *m* de refroidissement.

cool box *n* glacière *f*.

cool-headed [-ˈhedɪd] *adj* calme.

cooling-off period [ˈkuːlɪŋ-] *n* délai *m* de réflexion.

cooling tower [ˈkuːlɪŋ-] *n* refroidisseur *m*.

coolly [ˈkuːlɪ] *adv* - **1.** [calmly] calmement - **2.** [in unfriendly way] froidement.

coolness ['kuːlnɪs] *n* - **1.** [in temperature] fraîcheur *f* - **2.** [unfriendliness] froideur *f*.

coop [kuːp] *n* poulailler *m*.

◆ **coop up** *vt sep* inf confiner.

Co-op ['kəʊˌɒp] (*abbr of* **co-operative society**) *n* Coop *f*.

cooperate [kəʊ'ɒpəreɪt] *vi :* **to ~ (with sb/sthg)** coopérer (avec qqn/à qqch), collaborer (avec qqn/à qqch).

cooperation [kəʊˌɒpə'reɪʃn] *n* (*U*) - **1.** [collaboration] coopération *f*, collaboration *f* - **2.** [assistance] aide *f*, concours *m*.

cooperative [kəʊ'ɒpərətɪv] ◇ *adj* coopératif(ive) ◇ *n* coopérative *f*.

co-opt *vt :* **to ~ sb (into OR onto)** coopter qqn (à).

coordinate [*n* kəʊ'ɔːdɪnət, *vt* kəʊ'ɔːdɪneɪt] ◇ *n* [on map, graph] coordonnée *f* ◇ *vt* coordonner.

◆ **coordinates** *npl* [clothes] coordonnés *mpl*

coordination [kəʊˌɔːdɪ'neɪʃn] *n* coordination *f*.

co-ownership *n* copropriété *f*.

cop [kɒp] (*pt & pp* **-ped** ; *cont* **-ping**) *n* inf flic *m*.

◆ **cop out** *vi* inf : **to ~ out (of sthg)** se défiler OR se dérober (à qqch).

cope [kəʊp] *vi* se débrouiller ; **to ~ with** faire face à.

Copenhagen [ˌkəʊpən'heɪgən] *n* Copenhague.

copier ['kɒpɪə'] *n* copieur *m*, photocopieur *m*.

copilot ['kəʊˌpaɪlət] *n* copilote *mf*.

copious ['kəʊpjəs] *adj* [notes] copieux(euse) ; [supply] abondant(e).

cop-out *n* inf dérobade *f*, échappatoire *f*.

copper ['kɒpə'] *n* - **1.** [metal] cuivre *m* - **2.** Br inf [policeman] flic *m*.

coppice ['kɒpɪs], **copse** [kɒps] *n* taillis *m*, hallier *m*.

copulate ['kɒpjʊleɪt] *vi :* **to ~ (with)** s'accoupler (à OR avec).

copulation [ˌkɒpjʊ'leɪʃn] *n* copulation *f*.

copy ['kɒpɪ] (*pt & pp* **-ied**) ◇ *n* - **1.** [imitation] copie *f*, reproduction *f* - **2.** [duplicate] copie *f* - **3.** [of book] exemplaire *m* ; [of magazine] numéro *m* ◇ *vt* - **1.** [imitate] copier, imiter - **2.** [photocopy] photocopier ◇ *vi* copier.

◆ **copy down** *vt sep* prendre des notes de.

◆ **copy out** *vt sep* recopier.

copycat ['kɒpɪkæt] ◇ *n* inf copieur *m*, -euse *f* ◇ *comp* inspiré(e) par un autre (une autre).

copy protect *vt* protéger contre la copie.

copyright ['kɒpɪraɪt] *n* copyright *m*, droit *m* d'auteur.

copy typist *n* Br dactylo *f*, dactylographe.

copywriter ['kɒpɪˌraɪtə'] *n* concepteur-rédacteur publicitaire *m*, conceptrice-rédactrice publicitaire *f*.

coral ['kɒrəl] ◇ *n* corail *m* ◇ *comp* de corail.

coral reef *n* récif *m* de corail.

Coral Sea *n :* **the ~** la mer de Corail.

cord [kɔːd] ◇ *n* - **1.** [string] ficelle *f ;* [rope] corde *f* - **2.** [electric] fil *m*, cordon *m* - **3.** [fabric] velours *m* côtelé ◇ *comp* en velours côtelé.

◆ **cords** *npl* pantalon *m* en velours côtelé.

cordial ['kɔːdjəl] ◇ *adj* cordial(e), chaleureux(euse) ◇ *n* cordial *m*.

cordially ['kɔːdɪəlɪ] *adv* cordialement.

cordless ['kɔːdlɪs] *adj* [telephone] sans fil ; [shaver] à piles.

Cordoba ['kɔːdəbə] *n* Cordoue.

cordon ['kɔːdn] *n* cordon *m*.

◆ **cordon off** *vt sep* barrer (par un cordon de police).

cordon bleu [-blɜː] *adj* cordon bleu.

corduroy ['kɔːdərɔɪ] ◇ *n* velours *m* côtelé ◇ *comp* en velours côtelé.

core [kɔː'] ◇ *n* - **1.** [of apple etc] trognon *m*, cœur *m* - **2.** [of cable, Earth] noyau *m ;* [of nuclear reactor] cœur *m* - **3.** fig [of people] noyau *m ;* [of problem, policy] essentiel *m* ◇ *vt* enlever le cœur de.

CORE [kɔː'] (*abbr of* **Congress on Racial Equality**) *n* ligue américaine contre le racisme.

corer ['kɔːrə'] *n* vide-pomme *m inv*.

corespondent [ˌkəʊrɪ'spɒndənt] *n* JUR codéfendeur *m*, -eresse *f*.

core time *n* Br plage *f* fixe.

Corfu [kɔː'fuː] *n* Corfou ; **in ~** à Corfou.

corgi ['kɔːgɪ] (*pl* **-s**) *n* corgi *m*.

coriander [ˌkɒrɪ'ændə'] *n* coriandre *f*.

cork [kɔːk] *n* - **1.** [material] liège *m* - **2.** [stopper] bouchon *m*.

corkage ['kɔːkɪdʒ] *n* droit de débouchage sur un vin apporté par le consommateur.

corked [kɔːkt] *adj* [wine] qui a le goût de bouchon.

corkscrew ['kɔːkskruː] *n* tire-bouchon *m*.

cormorant ['kɔːmərənt] *n* cormoran *m*.

corn [kɔːn] ◇ *n* - **1.** Br [wheat] grain *m ;* Am [maize] maïs *m* ; **on the cob** épi *m* de maïs cuit - **2.** [on foot] cor *m* ◇ *comp :* **~ bread** pain *m* de farine de maïs ; **~ oil** huile *f* de maïs.

Corn (*abbr of* **Cornwall**) *comté m anglais*.

cornea ['kɔːnɪəl (*pl* **-s**) *n* cornée *f*.

corned beef [kɔːnd-l *n* corned-beef *m inv*.

corner ['kɔːnəʳ] <> *n* - **1.** [angle] coin *m*, angle *m* ; **to cut ~s** fig brûler les étapes - **2.** [bend in road] virage *m*, tournant *m* - **3.** FTBL corner *m* <> *vt* - **1.** [person, animal] acculer - **2.** [market] accaparer.

corner flag *n* piquet *m* de coin.

corner kick *n* FTBL = **corner**.

corner shop *n* magasin *m* du coin OR du quartier.

cornerstone ['kɔːnəstəʊn] *n* fig pierre *f* angulaire.

cornet ['kɔːnɪt] *n* - **1.** [instrument] cornet *m* à pistons - **2.** Br [ice-cream cone] cornet *m* de glace.

cornfield ['kɔːnfiːld] *n* - **1.** Br [of wheat] champ *m* de blé - **2.** Am [of maize] champ *m* de maïs.

cornflakes ['kɔːnfleɪks] *npl* corn-flakes *mpl*.

cornflour Br ['kɔːnflaʊəʳ], **cornstarch** Am ['kɔːnstɑːtʃ] *n* ≃ Maïzena® *f*, fécule *f* de maïs.

cornice ['kɔːnɪs] *n* corniche *f*.

Cornish ['kɔːnɪʃ] <> *adj* de Cornouailles, cornouaillais(e) <> *npl* : **the ~** les Cornouaillais *mpl*.

Cornishman ['kɔːnɪʃmən] (*pl* **-men** [-mən]) *n* Cornouaillais *m*.

Cornishwoman ['kɔːnɪʃ,wʊmən] (*pl* **-women** [-,wɪmɪn]) *n* Cornouaillaise *f*.

cornstarch ['kɔːnstɑːtʃ] Am = **cornflour**.

cornucopia [,kɔːnjʊ'kəʊpjəl *n* literary corne *f* d'abondance.

Cornwall ['kɔːnwɔːl] *n* Cornouailles *f* ; **in ~** en Cornouailles.

corny ['kɔːnɪ] (*compar* **-ier** ; *superl* **-iest**) *adj* inf [joke] peu original(e) ; [story, film] à l'eau de rose.

corollary [kə'rɒlərɪ] (*pl* **-ies**) *n* corollaire *m*.

coronary ['kɒrənrɪ] (*pl* **-ies**), **coronary thrombosis** [-θrɒm'bəʊsɪs] (*pl* **-ses** [-siːz]) *n* infarctus *m* du myocarde.

coronation [,kɒrə'neɪʃn] *n* couronnement *m*.

coroner ['kɒrənəʳ] *n* coroner *m*.

Corp. (*abbr of* **corporation**) Cie.

corpora ['kɔːpərə] *pl* ⊏ **corpus**.

corporal ['kɔːpərəl] *n* [gen] caporal *m* ; [in artillery] brigadier *m*.

corporal punishment *n* châtiment *m* corporel.

corporate ['kɔːpərət] *adj* - **1.** [business] corporatif(ive), de société - **2.** [collective] collectif(ive).

corporate hospitality *n (U)* réceptions données par une société pour ses clients.

corporate identity, corporate image *n* image *f* de marque de la société.

corporation [,kɔːpə'reɪʃn] *n* - **1.** [town council] conseil *m* municipal - **2.** [large company] compagnie *f*, société *f* enregistrée.

corporation tax *n* Br impôt *m* sur les sociétés.

corps [kɔːʳ] (*pl inv*) *n* corps *m* ; **the press ~** la presse.

corpse [kɔːps] *n* cadavre *m*.

corpulent ['kɔːpjʊlənt] *adj* corpulent(e).

corpus ['kɔːpəs] (*pl* **-pora** [-pərə] OR **-puses** [-pəsiːz]) *n* corpus *m*, recueil *m*.

corpuscle ['kɔːpʌsl] *n* globule *m*.

corral [kɒ'rɑːl] *n* corral *m*.

correct [kə'rekt] <> *adj* - **1.** [accurate] correct(e), exact(e) ; **you're quite ~** tu as parfaitement raison - **2.** [proper, socially acceptable] correct(e), convenable <> *vt* corriger.

correction [kə'rekʃn] *n* correction *f*.

correctly [kə'rektlɪ] *adv* - **1.** [accurately] correctement, exactement - **2.** [properly, acceptably] correctement, comme il faut.

correlate ['kɒrəleɪt] <> *vt* mettre en corrélation, corréler <> *vi* : **to ~ (with)** correspondre (à), être en corrélation (avec).

correlation [,kɒrə'leɪʃn] *n* corrélation *f*.

correspond [,kɒrɪ'spɒnd] *vi* - **1.** [gen] : **to ~ (with** OR **to)** correspondre (à) - **2.** [write letters] : **to ~ (with sb)** correspondre (avec qqn).

correspondence [,kɒrɪ'spɒndəns] *n* : **~ (with)** correspondance *f* (avec).

correspondence course *n* cours *m* par correspondance.

correspondent [,kɒrɪ'spɒndənt] *n* correspondant *m*, -e *f*.

corresponding [,kɒrɪ'spɒndɪŋ] *adj* correspondant(e).

corridor ['kɒrɪdɔːʳ] *n* [in building] couloir *m*, corridor *m*.

corroborate [kə'rɒbəreɪt] *vt* corroborer, confirmer.

corroboration [kə,rɒbə'reɪʃən] *n* corroboration *f*, confirmation *f*.

corrode [kə'rəud] <> *vt* corroder, attaquer <> *vi* se corroder.

corrosion [kə'rəʊʒn] *n* corrosion *f*.

corrosive [kə'rəʊsɪv] *adj* corrosif(ive).

corrugated ['kɒrəgeɪtɪd] *adj* ondulé(e).

corrugated iron *n* tôle *f* ondulée.

corrupt [kə'rʌpt] <> *adj* [gen & COMPUT] corrompu(e) <> *vt* corrompre, dépraver.

corruption [kə'rʌpʃn] *n* corruption *f*.

corsage [kɔː'sɑːʒ] *n* petit bouquet *m* de fleurs *(porté au corsage)*.

corset ['kɔːsɪt] *n* corset *m*.

Corsica ['kɔːsɪkə] *n* Corse *f*; **in ~** en Corse.

Corsican ['kɔːsɪkən] <> *adj* corse <> *n* - **1.** [person] Corse *mf* - **2.** [language] corse *m*.

cortege, cortège [kɔː'teɪʒ] *n* cortège *m*.

cortisone ['kɔːtɪzəʊn] *n* cortisone *f*.

cos[1] [kɒz] Br inf = because.

cos[2] [kɒz] = cos lettuce.

c.o.s. *(abbr of* cash on shipment*)* paiement à l'expédition.

cosh [kɒʃ] <> *n* matraque *f*, gourdin *m* <> *vt* frapper, matraquer.

cosignatory [,kəʊ'sɪgnətrɪ] *(pl* -ies*)* *n* cosignataire *mf*.

cosine ['kəʊsaɪn] *n* cosinus *m*.

cos lettuce [k gt's-] *n* Br romaine *f*.

cosmetic [kɒz'metɪk] <> *n* cosmétique *m*, produit *m* de beauté <> *adj* fig superficiel(elle).

cosmetic surgery *n* chirurgie *f* plastique OR esthétique.

cosmic ['kɒzmɪk] *adj* cosmique.

cosmonaut ['kɒzmənɔːt] *n* cosmonaute *mf*.

cosmopolitan [kɒzmə'pɒlɪtn] *adj* cosmopolite.

cosmos ['kɒzmɒs] *n* : **the ~** le cosmos.

Cossack ['kɒsæk] *n* cosaque *m*.

cosset ['kɒsɪt] *vt* dorloter, choyer.

cost [kɒst] *(pt & pp* cost OR -ed*)* <> *n* lit & fig coût *m*; **at all ~s** à tout prix, coûte que coûte <> *vt* - **1.** lit & fig coûter ; **it ~ me £10** ça m'a coûté 10 livres ; **it ~ us a lot of time and effort** ça nous a demandé beaucoup de temps et de travail - **2.** COMM [estimate] évaluer le coût de <> *vi* coûter ; **how much does it ~?** combien ça coûte?, combien cela coûte-t-il?

➤ **costs** *npl* JUR dépens *mpl*, frais *mpl* judiciaires.

cost accountant *n* responsable *m* de la comptabilité analytique.

co-star ['kəʊ-] <> *n* partenaire *mf* <> *vt* [subj : film] avoir comme vedettes <> *vi* : **to ~ with** partager la vedette avec.

Costa Rica [,kɒstə'riːkə] *n* Costa Rica *m*; **in ~** au Costa Rica.

Costa Rican [,kɒstə'riːkən] <> *adj* costaricien(enne) <> *n* Costaricien *m*, -enne *f*.

cost-benefit analysis *n* analyse *f* coûts-bénéfices.

cost-effective *adj* rentable.

cost-effectiveness *n* rentabilité *f*.

costing ['kɒstɪŋ] *n* évaluation *f* du coût.

costly ['kɒstlɪ] *(compar* -ier ; *superl* -iest*)* *adj* lit & fig coûteux(euse).

cost of living *n* : **the ~** le coût de la vie.

cost-of-living index *n* indice *m* du coût de la vie.

cost price *n* prix *m* coûtant.

costume ['kɒstjuːm] *n* - **1.** [gen] costume *m* - **2.** [swimming costume] maillot *m* (de bain).

costume jewellery *n* (U) bijoux *mpl* fantaisie.

cosy Br *(compar* -ier ; *superl* -iest ; *pl* -ies*)*, **cozy** Am *(compar* -ier ; *superl* -iest ; *pl* -ies*)* ['kəʊzɪ] <> *adj* - **1.** [house, room] douillet(ette) ; [atmosphere] chaleureux(euse) ; **to feel ~** se sentir bien au chaud - **2.** [intimate] intime <> *n* cosy *m*.

cot [kɒt] *n* - **1.** Br [for child] lit *m* d'enfant, petit lit - **2.** Am [folding bed] lit *m* de camp.

cot death *n* mort *f* subite du nourrisson.

cottage ['kɒtɪdʒ] *n* cottage *m*, petite maison *f* (de campagne).

cottage cheese *n* fromage *m* blanc.

cottage hospital *n* Br petit hôpital *m* (en zone rurale).

cottage industry *n* industrie *f* artisanale.

cottage pie *n* Br ≃ hachis *m* Parmentier.

cotton ['kɒtn] <> *n* - **1.** [gen] coton *m* - **2.** [thread] fil *m* de coton <> *comp* de coton.

➤ **cotton on** *vi* inf : **to ~ on (to sthg)** piger (qqch), comprendre (qqch).

cotton bud Br, **cotton swab** Am *n* coton-tige *m*.

cotton candy *n* Am barbe *f* à papa.

cotton swab Am = cotton bud.

cotton wool *n* ouate *f*, coton *m* hydrophile.

couch [kaʊtʃ] <> *n* - **1.** [sofa] canapé *m* - **2.** [in doctor's surgery] lit *m* <> *vt* exprimer, formuler.

couchette [kuː'ʃet] *n* Br couchette *f*.

couch potato *n* inf flemmard *m*, -e *f* (qui passe son temps devant la télé).

cougar ['kuːgə] *(pl inv* OR -s*)* *n* cougouar *m*, couguar *m*.

cough [kɒf] <> *n* toux *f*; **I've got a ~** je tousse <> *vi* tousser <> *vt* [blood] cracher (en toussant).

➤ **cough up** *vt sep* - **1.** [bring up] cracher (en toussant) - **2.** *v inf* [pay up] casquer, cracher.

coughing ['kɒfɪŋ] *n* (U) toux *f*.

cough mixture *n* Br sirop *m* pour la toux.

cough sweet *n* Br pastille *f* pour la toux.

cough syrup = cough mixture.

could [kʊd] *pt* ▷ can².

couldn't [ˈkʊdnt] = could not.

could've [ˈkʊdəv] = could have.

council [ˈkaʊnsl] ◇ *n* conseil *m* municipal ◇ *comp* du conseil.

council estate *n* quartier *m* de logements sociaux.

council house *n* Br maison *f* qui appartient à la municipalité, ≃ H.L.M. *m* or *f*.

councillor [ˈkaʊnsələr] *n* conseiller municipal *m*, conseillère municipale *f*.

Council of Europe *n* conseil *m* de l'Europe.

council of war *n* conseil *m* de guerre.

council tax *n* Br ≃ impôts *mpl* locaux.

counsel [ˈkaʊnsəl] (Br *pt* & *pp* -led ; *cont* -ling, Am *pt* & *pp* -ed ; *cont* -ing) ◇ *n* - **1.** (U) fml [advice] conseil *m* - **2.** [lawyer] avocat *m*, -e *f* ◇ *vt* : to ~ sb to do sthg fml conseiller à qqn de faire qqch.

counselling Br, **counseling** Am [ˈkaʊnsəlɪŋ] *n* (U) conseils *mpl*.

counsellor Br, **counselor** Am [ˈkaʊnsələr] *n* - **1.** [gen] conseiller *m*, -ère *f* - **2.** Am [lawyer] avocat *m*.

count [kaʊnt] ◇ *n* - **1.** [total] total *m* ; to keep ~ of tenir le compte de ; to lose ~ of sthg ne plus savoir qqch, ne pas se rappeler qqch - **2.** [point] : I disagree with him on two ~s je ne suis pas d'accord avec lui sur deux points - **3.** JUR [charge] chef *m* d'accusation - **4.** [aristocrat] comte *m* ◇ *vt* - **1.** [gen] compter ; there are five people, not ~ing me sans moi, on est cinq - **2.** [consider] : to ~ sb as sthg considérer qqn comme qqch ◇ *vi* - **1.** [gen] compter ; to ~ (up) to compter jusqu'à - **2.** [be considered] : to ~ as être considéré(e) comme.

▶ **count against** *vt fus* jouer contre.

▶ **count in** *vt sep* inf : ~ me in! je suis de la partie!

▶ **count (up)on** *vt fus* - **1.** [rely on] compter sur - **2.** [expect] s'attendre à, prévoir.

▶ **count out** *vt sep* - **1.** [money] compter - **2.** inf [leave out] : ~ me out! ne comptez pas sur moi!

▶ **count up** *vt fus* compter.

countdown [ˈkaʊntdaʊn] *n* compte *m* à rebours.

countenance [ˈkaʊntənəns] ◇ *n* literary [face] visage *m* ◇ *vt* approuver, admettre.

counter [ˈkaʊntər] ◇ *n* - **1.** [in shop, bank] comptoir *m* - **2.** [in board game] pion *m* ◇ *vt* : to ~ sthg (with) [criticism etc] riposter à qqch (par) ; to ~ sthg by doing sthg s'opposer à qqch en faisant qqch ◇ *vi* : to ~ with sthg/ by doing sthg riposter par qqch/en faisant qqch.

▶ **counter to** *adv* contrairement à ; to run ~ to aller à l'encontre de.

counteract [ˌkaʊntəˈrækt] *vt* contrebalancer, compenser.

counterattack [ˈkaʊntərəˌtæk] ◇ *n* contre-attaque *f* ◇ *vt* & *vi* contre-attaquer.

counterbalance [ˌkaʊntəˈbæləns] *vt* fig contrebalancer, compenser.

counterclaim [ˈkaʊntəkleɪm] *n* demande *f* reconventionnelle.

counterclockwise [ˌkaʊntəˈklɒkwaɪz] *adj* & *adv* Am dans le sens inverse des aiguilles d'une montre.

counterespionage [ˌkaʊntərˈespɪənɑːʒ] *n* contre-espionnage *m*.

counterfeit [ˈkaʊntəfɪt] ◇ *adj* faux (fausse) ◇ *vt* contrefaire.

counterfoil [ˈkaʊntəfɔɪl] *n* talon *m*, souche *f*.

counterintelligence [ˌkaʊntərɪnˈtelɪdʒəns] *n* contre-espionnage *m*.

countermand [ˌkaʊntəˈmɑːnd] *vt* annuler.

countermeasure [ˈkaʊntəˌmeʒər] *n* contre-mesure *f*.

counteroffensive [ˌkaʊntərəˈfensɪv] *n* contre-offensive *f*.

counterpane [ˈkaʊntəpeɪn] *n* couvre-lit *m*, dessus-de-lit *m* inv.

counterpart [ˈkaʊntəpɑːt] *n* [person] homologue *mf* ; [thing] équivalent *m*, -e *f*.

counterpoint [ˈkaʊntəpɔɪnt] *n* MUS contre-point *m*.

counterproductive [ˌkaʊntəprəˈdʌktɪv] *adj* qui a l'effet inverse.

counter-revolution *n* contre-révolution *f*.

countersank [ˈkaʊntəsæŋk] *pt* ▷ countersink.

countersign [ˈkaʊntəsaɪn] *vt* contresigner.

countersink [ˈkaʊntəsɪŋk] (*pt* -sank, *pp* -sunk) *vt* [hole] fraiser ; [screw] noyer.

countess [ˈkaʊntɪs] *n* comtesse *f*.

countless [ˈkaʊntlɪs] *adj* innombrable.

countrified [ˈkʌntrɪfaɪd] *adj* pej campagnard(e), rustique.

country [ˈkʌntrɪ] (*pl* -ies) ◇ *n* - **1.** [nation] pays *m* - **2.** [countryside] : the ~ la campagne ; in the ~ à la campagne - **3.** [region] région *f* ; [terrain] terrain *m* ◇ *comp* de la campagne, campagnard(e).

country and western ◇ *n* country *m* ◇ *comp* country (inv).

country club n club m de loisirs (à la campagne).

country dancing n (U) danse f folklorique.

country house n manoir m.

countryman ['kʌntrɪmən] (pl -men [-mən]) n [from same country] compatriote m.

country music n = country and western.

country park n Br parc m naturel.

countryside ['kʌntrɪsaɪd] n campagne f.

countrywoman ['kʌntrɪˌwʊmən] (pl -women [-ˌwɪmɪn]) n [from same country] compatriote f.

county ['kaʊntɪ] (pl -ies) n comté m.

county council n Br conseil m général.

county court n Br ≃ tribunal m de grande instance.

county town Br, **county seat** Am n chef-lieu m.

coup [kuː] n - **1.** [rebellion] : **~ (d'état)** coup m d'État - **2.** [success] coup m (de maître), beau coup m.

coupé ['kuːpeɪ] n coupé m.

couple ['kʌpl] ◇ n - **1.** [in relationship] couple m - **2.** [small number] : **a ~ (of)** [two] deux ; [a few] quelques, deux ou trois ◇ vt - **1.** [join] : **to ~ sthg (to)** atteler qqch (à) - **2.** fig [associate] : **to ~ sthg with** associer qqch à ; **~d with** ajouté OR joint à.

couplet ['kʌplɪt] n couplet m.

coupling ['kʌplɪŋ] n RAIL attelage m.

coupon ['kuːpɒn] n - **1.** [voucher] bon m - **2.** [form] coupon m.

courage ['kʌrɪdʒ] n courage m ; **to take ~ (from sthg)** être encouragé (par qqch) ; **to have the ~ of one's convictions** avoir le courage de ses opinions.

courageous [kə'reɪdʒəs] adj courageux(euse).

courageously [kə'reɪdʒəslɪ] adv courageusement, avec courage.

courgette [kɔː'ʒet] n Br courgette f.

courier ['kʊrɪəʳ] n - **1.** [on holiday] guide m, accompagnateur m, -trice f - **2.** [to deliver letters, packages] courrier m, messager m.

course [kɔːs] ◇ n - **1.** [gen & SCH] cours m ; **to take a ~ (in)** suivre un cours (de) ; **~ of action** ligne f de conduite ; **in the ~ of** au cours de ; **to run** OR **take its ~** [illness, event] suivre son cours - **2.** MED [of injections] série f ; **~ of treatment** traitement m - **3.** [of ship, plane] route f ; **to be on ~** suivre le cap fixé ; fig [on target] être dans la bonne voie ; **to be off ~** faire fausse route - **4.** [of meal] plat m - **5.** SPORT terrain m ◇ vi literary [flow] couler.

➥ **of course** adv - **1.** [inevitably, not surprisingly] évidemment, naturellement - **2.** [certainly] bien sûr ; **of ~ not** bien sûr que non.

coursebook ['kɔːsbʊk] n livre m de cours.

coursework ['kɔːswɜːk] n (U) travail m personnel.

court [kɔːt] ◇ n - **1.** [JUR - building, room] cour f, tribunal m ; [- judge, jury etc] : **the ~** la justice ; **to appear in ~** comparaître devant un tribunal ; **to go to ~** aller en justice ; **to take sb to ~** faire un procès à qqn - **2.** [SPORT - gen] court m ; [- for basketball, volleyball] terrain m ; **on ~** sur le court - **3.** [courtyard, of monarch] cour f ◇ vt [danger, disaster] braver, aller au-devant de ; [favour] rechercher ◇ vi dated sortir ensemble, se fréquenter.

court circular n Br bulletin m quotidien de la cour.

courteous ['kɜːtjəs] adj courtois(e), poli(e).

courtesan [ˌkɔːtɪ'zæn] n courtisane f.

courtesy ['kɜːtɪsɪ] n courtoisie f, politesse f.

➥ **(by) courtesy of** prep avec la permission de.

courtesy car n voiture f mise gratuitement à la disposition du client.

courtesy coach n car m servant au transport des clients.

courthouse ['kɔːthaʊs, pl -haʊzɪz] n Am palais m de justice, tribunal m.

courtier ['kɔːtjəʳ] n courtisan m.

court-martial (pl court-martials OR courts-martial, Br pt & pp -led ; cont -ling, Am pt & pp -ed ; cont -ing) ◇ n cour f martiale ◇ vt traduire en cour f martiale.

court of appeal Br, **court of appeals** Am n cour f d'appel.

court of inquiry n commission f d'enquête.

court of law n tribunal m, cour f de justice.

courtroom ['kɔːtrʊm] n salle f de tribunal.

courtship ['kɔːtʃɪp] n - **1.** [of people] cour f - **2.** [of animals] parade f.

court shoe n escarpin m.

courtyard ['kɔːtjɑːd] n cour f.

cousin ['kʌzn] n cousin m, -e f.

couture [kuː'tʊəʳ] n haute couture f.

cove [kəʊv] n [bay] crique f.

coven ['kʌvn] n réunion f de sorcières.

covenant ['kʌvənənt] n - **1.** [of money] engagement m contractuel - **2.** [agreement] convention f, contrat m.

Covent Garden [ˌkɒvənt-] n ancien marché de Londres, aujourd'hui importante galerie marchande.

COVENT GARDEN

« Covent Garden », jadis le marché aux fruits, légumes et fleurs du centre de Londres, est aujourd'hui une importante galerie marchande ; ce nom désigne également la « Royal Opera House », située près de l'ancien marché.

Coventry [ˈkɒvəntrɪ] n : **to send sb to ~** mettre qqn en quarantaine.

cover [ˈkʌvəʳ] ◇ n - **1.** [covering - of furniture] housse f ; [- of pan] couvercle m ; [- of book, magazine] couverture f - **2.** [blanket] couverture f ; bed ~ couvre-lit m - **3.** [protection, shelter] abri m ; **to take ~** s'abriter, se mettre à l'abri ; **under ~** à l'abri, à couvert ; **under ~ of darkness** à la faveur de la nuit ; **to break ~** [person] sortir à découvert OR de sa cachette - **4.** [concealment] couverture f - **5.** [insurance] couverture f, garantie f ◇ vt - **1.** [gen] : **to ~ sthg (with)** couvrir qqch (de) - **2.** [insure] : **to ~ sb against** couvrir qqn en cas de - **3.** [include] englober, comprendre.

➥ **cover up** vt sep - **1.** [person, object, face] couvrir - **2.** fig [scandal etc] dissimuler, cacher.

coverage [ˈkʌvərɪdʒ] n [of news] reportage m.

coveralls [ˈkʌvərɔːlz] npl Am bleu m de travail.

cover charge n couvert m.

cover girl n cover-girl f.

covering [ˈkʌvərɪŋ] n [of floor etc] revêtement m ; [of snow, dust] couche f.

covering letter Br, **cover letter** Am n lettre f explicative OR d'accompagnement.

cover note n Br lettre f de couverture, attestation f provisoire d'assurance.

cover price n [of magazine etc] prix m.

covert [ˈkʌvət] adj [activity] clandestin(e) ; [look, glance] furtif(ive).

cover-up n étouffement m, dissimulation f.

cover version n reprise f.

covet [ˈkʌvɪt] vt convoiter.

cow [kaʊ] ◇ n - **1.** [female type of cattle] vache f - **2.** [female elephant etc] femelle f - **3.** Br inf pej [woman] vache f, chameau m ◇ vt intimider, effrayer.

coward [ˈkaʊəd] n lâche mf, poltron m, -onne f.

cowardice [ˈkaʊədɪs] n lâcheté f.

cowardly [ˈkaʊədlɪ] adj lâche.

cowboy [ˈkaʊbɔɪ] ◇ n - **1.** [cattlehand] cowboy m - **2.** Br inf [dishonest workman] fumiste m ◇ comp de cow-boys.

cower [ˈkaʊəʳ] vi se recroqueviller.

cowhide [ˈkaʊhaɪd] n peau f de vache.

cowl neck [kaʊl-] n col m capuche.

cowpat [ˈkaʊpæt] n bouse f de vache.

cowshed [ˈkaʊʃed] n étable f.

cox [kɒks], **coxswain** [ˈkɒksən] n barreur m.

coy [kɔɪ] adj qui fait le/la timide.

coyly [ˈkɔɪlɪ] adv en faisant le/la timide.

coyote [kɔɪˈəʊtɪ] n coyote m.

cozy Am = cosy.

cp. (abbr of compare) cf.

c/p (abbr of carriage paid) pp.

CP (abbr of Communist Party) n PC m.

CPA n abbr of certified public accountant.

CPI (abbr of Consumer Price Index) n IPC m.

Cpl. (abbr of corporal) C.

CP/M (abbr of control program for microcomputers) n CP/M m.

c.p.s. (abbr of characters per second) cps.

CPS (abbr of Crown Prosecution Service) n ≃ ministère m public.

CPSA (abbr of Civil and Public Services Association) n syndicat britannique de la fonction publique.

CPU n abbr of central processing unit.

cr. - 1. abbr of credit - **2.** abbr of creditor.

crab [kræb] n crabe m.

crab apple n pomme f sauvage.

crack [kræk] ◇ n - **1.** [in glass, pottery] fêlure f ; [in wall, wood, ground] fissure f ; [in skin] gerçure f - **2.** [gap - in door] entrebâillement m ; [- in curtains] interstice m ; **at the ~ of dawn** au point du jour - **3.** [noise - of whip] claquement m ; [- of twigs] craquement m - **4.** [joke] plaisanterie f - **5.** inf [attempt] : **to have a ~ at sthg** tenter qqch, essayer de faire qqch - **6.** drugs sl crack m ◇ adj [troops etc] de première classe ; ~ **shot** tireur m, -euse f d'élite ◇ vt - **1.** [glass, plate] fêler ; [wood, wall] fissurer - **2.** [egg, nut] casser - **3.** [whip] faire claquer - **4.** [bang, hit sharply] : **to ~ one's head** se cogner la tête - **5.** inf [bottle] : **to ~ (open) a bottle** ouvrir une bouteille - **6.** [solve - problem] résoudre ; [- code] déchiffrer - **7.** inf [make - joke] faire ◇ vi - **1.** [glass, pottery] se fêler ; [ground, wood, wall] se fissurer ; [skin] se crevasser, se gercer - **2.** [whip] claquer ; [twigs] craquer - **3.** [break down - person] craquer, s'effondrer ; [- system, empire] s'écrouler ; [- resistance] se briser - **4.** Br inf [act quickly] : **to get ~ing** s'y mettre.

crack down *vi* : to ~ **down (on)** sévir (contre).

crack up *vi* craquer.

crackdown ['krækdaʊn] *n* : ~ **(on)** mesures *fpl* énergiques (contre).

cracked ['krækt] *adj* - **1.** [vase, glass] fêlé(e) ; [wall] fissuré(e) ; [paint, varnish] craquelé(e) - **2.** [voice] fêlé(e) - **3.** inf [mad] cinglé(e), toqué(e).

cracker ['krækə'] *n* - **1.** [biscuit] cracker *m*, craquelin *m* - **2.** Br [for Christmas] diablotin *m*.

crackers ['krækəz] *adj* Br inf dingue, cinglé(e).

cracking ['krækɪŋ] *adj* inf : **to walk at a ~ pace** marcher à toute allure.

crackle ['krækl] <> *n* [of fire] crépitement *m* ; [of cooking] grésillement *m* ; [on phone, radio] friture *f* <> *vi* [frying food] grésiller ; [fire] crépiter ; [radio etc] crachoter.

crackling ['kræklɪŋ] *n (U)* - **1.** [on phone, radio] friture *f* ; [of fire] crépitement *m* ; [of cooking] grésillement *m* - **2.** [pork skin] couenne *f* rissolée.

crackpot ['krækpɒt] inf <> *adj* fou (folle) <> *n* cinglé *m*, -e *f*, tordu *m*, -e *f*.

Cracow *n* Cracovie.

cradle ['kreɪdl] <> *n* berceau *m* ; TECH nacelle *f* <> *vt* [baby] bercer ; [object] tenir délicatement.

craft [krɑːft] (*pl sense 2 inv*) *n* - **1.** [trade, skill] métier *m* - **2.** [boat] embarcation *f*.

craftsman ['krɑːftsmən] (*pl* -men [-mən]) *n* artisan *m*, homme *m* de métier.

craftsmanship ['krɑːftsmənʃɪp] *n (U)* - **1.** [skill] dextérité *f*, art *m* - **2.** [skilled work] travail *m*, exécution *f*.

craftsmen *pl* ⊏▷ craftsman.

crafty ['krɑːftɪ] (*compar* -ier ; *superl* -iest) *adj* rusé(e).

crag [kræg] *n* rocher *m* escarpé

craggy ['krægɪ] (*compar* -ier ; *superl* -iest) *adj* - **1.** [rock] escarpé(e) - **2.** [face] anguleux(euse).

Crakow ['krækaʊl] *n* Cracovie.

cram [kræm] (*pt & pp* -med ; *cont* -ming) <> *vt* - **1.** [stuff] fourrer - **2.** [overfill] : **to ~ sthg with** bourrer qqch de <> *vi* bachoter.

cramming ['kræmɪŋ] *n* bachotage *m*.

cramp [kræmp] <> *n* crampe *f* <> *vt* gêner, entraver.

cramped [kræmpt] *adj* [room] exigu(ë) ; **it's a bit ~ in here** on est un peu à l'étroit ici.

crampon ['kræmpən] *n* crampon *m*.

cranberry ['krænbərɪ] (*pl* -ies) *n* canneberge *f*.

crane [kreɪn] <> *n* grue *f* <> *vt* : **to ~ one's neck** tendre le cou <> *vi* tendre le cou.

crane fly *n* tipule *f*.

cranium ['kreɪnjəm] (*pl* -niums OR -nia [-njə]) *n* crâne *m*.

crank [kræŋk] <> *n* - **1.** TECH manivelle *f* - **2.** inf [person] excentrique *mf* <> *vt* - **1.** [wind - handle] tourner ; [- mechanism] remonter (à la manivelle) - **2.** AUT faire démarrer à la manivelle.

crankshaft ['kræŋkʃɑːft] *n* vilebrequin *m*.

cranky ['kræŋkɪ] (*compar* -ier ; *superl* -iest) *adj* inf - **1.** [odd] excentrique - **2.** Am [bad-tempered] grognon(onne).

cranny ['krænɪ] (*pl* -ies) *n* ⊏▷ nook.

crap [kræp] *n (U)* vinf merde *f* ; **it's a load of ~** tout ça, c'est des conneries.

crappy ['kræpɪ] (*compar* -ier ; *superl* -iest) *adj* v inf merdique.

crash [kræʃ] <> *n* - **1.** [accident] accident *m* - **2.** [noise] fracas *m* - **3.** FIN krach *m* <> *vt* : **I ~ed the car** j'ai eu un accident avec la voiture <> *vi* - **1.** [cars, trains] se percuter, se rentrer dedans ; [car, train] avoir un accident ; [plane] s'écraser ; **to ~ into** [wall] rentrer dans, emboutir - **2.** [plate] se fracasser - **3.** [FIN - business, company] faire faillite ; [- stock market] s'effondrer - **4.** COMPUT tomber en panne.

crash barrier *n* glissière *f* de sécurité.

crash course *n* cours *m* intensif.

crash diet *n* régime *m* intensif.

crash-dive *vi* faire une plongée rapide.

crash helmet *n* casque *m* de protection.

crash-land <> *vt* faire atterrir en catastrophe <> *vi* atterrir en catastrophe.

crash landing *n* atterrissage *m* en catastrophe.

crass [kræs] *adj* grossier(ère).

crate [kreɪt] *n* cageot *m*, caisse *f*.

crater ['kreɪtə'] *n* cratère *m*.

cravat [krə'væt] *n* cravate *f*.

crave [kreɪv] <> *vt* [affection, luxury] avoir soif de ; [cigarette, chocolate] avoir un besoin fou OR maladif de <> *vi* : **to ~ for** [affection, luxury] avoir soif de ; [cigarette, chocolate] avoir un besoin fou OR maladif de.

craving ['kreɪvɪŋ] *n* : ~ **for** [affection, luxury] soif *f* de ; [cigarette, chocolate] besoin *m* fou OR maladif de.

crawl [krɔːl] <> *vi* - **1.** [baby] marcher à quatre pattes ; [person] se traîner - **2.** [insect] ramper - **3.** [vehicle, traffic] avancer au pas - **4.** inf [place, floor] : **to be ~ing with** grouiller de - **5.** inf [grovel] : **to ~ (to sb)** ramper (devant qqn) ◇ n - **1.** [slow pace] : **at a ~** au pas, au ralenti - **2.** [swimming stroke] : **the ~** le crawl.

crawler lane n Br voie f pour véhicules lents.

crayfish ['kreɪfɪʃ] (pl inv OR -es) n écrevisse f.

crayon ['kreɪɒn] n crayon m de couleur.

craze [kreɪz] n engouement m.

crazed [kreɪzd] adj : **~ (with)** rendu fou (rendue folle) (de).

crazy ['kreɪzɪ] (compar -ier ; superl -iest) adj inf - **1.** [mad] fou (folle) - **2.** [enthusiastic] : **to be ~ about sb/sthg** être fou (folle) de qqn/qqch.

crazy paving n Br dallage m irrégulier.

creak [kriːk] ◇ n [of door, handle] craquement m ◇ vi [door, handle] craquer ; [floorboard, bed] grincer.

creaky ['kriːkɪ] (compar -ier ; superl -iest) adj [door, handle] qui craque ; [floorboard, bed] qui grince.

cream [kriːm] ◇ adj [in colour] crème (inv) ◇ n - **1.** [gen] crème f - **2.** [colour] crème m ◇ vt [potatoes] mettre en purée.

➤ **cream off** vt sep fig écrémer.

cream cake n Br gâteau m à la crème.

cream cheese n fromage m frais.

cream cracker n Br biscuit m salé (souvent mangé avec du fromage).

cream of tartar n crème f de tartre.

cream tea n Br goûter se composant de thé et de scones servis avec de la crème et de la confiture.

creamy ['kriːmɪ] (compar -ier ; superl -iest) adj - **1.** [taste, texture] crémeux(euse) - **2.** [colour] crème (inv).

crease [kriːs] ◇ n [in fabric - deliberate] pli m ; [- accidental] (faux) pli ◇ vt froisser ◇ vi - **1.** [fabric] se froisser - **2.** [face, forehead] se plisser.

creased [kriːst] adj - **1.** [fabric] froissé(e) - **2.** [face] plissé(e).

crease-resistant adj infroissable.

create [kriː'eɪt] vt créer.

creation [kriː'eɪʃn] n création f.

creative [kriː'eɪtɪv] adj créatif(ive).

creativity [ˌkriːeɪ'tɪvətɪ] n créativité f.

creator [kriː'eɪtəʳ] n créateur m, -trice f.

creature ['kriːtʃəʳ] n créature f.

crèche [kreʃ] n Br crèche f.

credence ['kriːdns] n : **to give** OR **lend ~ to sthg** ajouter foi à qqch.

credentials [krɪ'denʃlz] npl - **1.** [papers] pièce

f d'identité ; fig [qualifications] capacités fpl - **2.** [references] références fpl.

credibility [ˌkredə'bɪlətɪ] n crédibilité f.

credible ['kredəbl] adj crédible.

credit ['kredɪt] ◇ n - **1.** FIN crédit m ; **to be in ~** [person] avoir un compte approvisionné ; [account] être approvisionné ; **on ~** à crédit - **2.** (U) [praise] honneur m, mérite m ; **to be to sb's ~** [successfully completed] être à l'actif de qqn ; [in sb's favour] être à l'honneur de qqn ; **to do sb ~** faire honneur à qqn ; **to give sb ~ for sthg** reconnaître que qqn a fait qqch - **3.** UNIV unité f de valeur ◇ vt - **1.** FIN : **to ~ £10 to an account, to ~ an account with £10** créditer un compte de 10 livres - **2.** inf [believe] croire - **3.** [give the credit to] : **to ~ sb with sthg** accorder OR attribuer qqch à qqn ; **he's ~ed with inventing ...** il a, dit-on, inventé ...

➤ **credits** npl CINEMA générique m.

creditable ['kredɪtəbl] adj honorable.

credit account n Br compte m créditeur.

credit broker n courtier m en crédits OR en prêts.

credit card n carte f de crédit.

credit control n [on spending] encadrement m du crédit ; [debt recovery] recouvrement m de créances.

credit facilities npl facilités fpl de paiement OR de crédit.

credit limit Br, **credit line** Am n limite f de crédit.

credit note n avoir m ; FIN note f de crédit.

creditor ['kredɪtəʳ] n créancier m, -ère f.

credit rating n degré m de solvabilité.

credit squeeze n restriction f de crédit.

credit transfer n virement m de crédits.

creditworthy ['kredɪtˌwɜːðɪ] adj solvable.

credulity [krɪ'djuːlətɪ] n crédulité f.

credulous ['kredjʊləs] adj crédule.

creed [kriːd] n - **1.** [belief] principes mp - **2.** RELIG croyance f.

creek [kriːk] n - **1.** [inlet] crique f - **2.** Am [stream] ruisseau m.

creep [kriːp] (pt & pp crept) ◇ vi - **1.** [insect] ramper ; [traffic] avancer au pas - **2.** [move stealthily] se glisser - **3.** inf [grovel] : **to ~ (to sb)** ramper (devant qqn) ◇ n inf [nasty person] sale type m.

➤ **creeps** npl : **to give sb the ~s** inf donner la chair de poule à qqn.

➤ **creep in** vi [appear] apparaître.

➤ **creep up on** vt surprendre.

creeper ['kriːpəʳ] n [plant] plante f grimpante.

creepers *npl* chaussures *fpl* à semelles de crêpe.

creepy ['kri:pɪ] (*compar* **-ier** ; *superl* **-iest**) *adj* inf qui donne la chair de poule.

creepy-crawly [-'krɔ:lɪ] (*pl* **creepy-crawlies**) *n* inf bestiole *f* qui rampe.

cremate [krɪ'meɪt] *vt* incinérer.

cremation [krɪ'meɪʃn] *n* incinération *f*.

crematorium Br [ˌkremə'tɔ:rɪəm] (*pl* **-riums** OR **-ria** [-rɪə]), **crematory** Am ['kremətrɪ] (*pl* **-ies**) *n* crématorium *m*.

creosote ['krɪəsəut] ⬦ *n* créosote *f* ⬦ *vt* créosoter.

crepe [kreɪp] *n* - **1.** [cloth, rubber] crêpe *m* - **2.** [pancake] crêpe *f*.

crepe bandage *n* Br bande *f* Velpeau®.

crepe paper *n* (U) papier *m* crépon.

crepe-soled shoes *npl* Br chaussures *fpl* à semelles de crêpe.

crept [krept] *pt* & *pp* ⊳ **creep.**

Cres. *abbr of* **Crescent.**

crescendo [krɪ'ʃendəu] (*pl* **-s**) *n* crescendo *m*.

crescent ['kresnt] ⬦ *adj* en forme de croissant ; **~ moon** croissant *m* de lune ⬦ *n* - **1.** [shape] croissant - **2.** [street] rue *f* en demi-cercle.

cress [kres] *n* cresson *m*.

crest [krest] *n* - **1.** [of bird, hill] crête *f* - **2.** [on coat of arms] timbre *m*.

crestfallen ['krest,fɔ:ln] *adj* découragé(e).

Crete [kri:t] *n* Crète *f* ; **in ~** en Crète.

cretin ['kretɪn] *n* inf [idiot] crétin *m*, -e *f*.

Creutzfeldt-Jakob disease [ˌkrɔɪtsfelt-'jækɒb-] *n* maladie *f* de Creutzfeldt-Jakob.

crevasse [krɪ'væs] *n* crevasse *f*.

crevice ['krevɪs] *n* fissure *f*.

crew [kru:] *n* - **1.** [of ship, plane] équipage *m* - **2.** [team] équipe *f* ; **ambulance ~** ambulanciers *mpl*.

crew cut *n* coupe *f* en brosse.

crewman ['kru:mæn] (*pl* **-men** [-men]) *n* membre *m* d'équipage.

crew-neck(ed) [-nek(t)] *adj* ras du cou.

crib [krɪb] (*pt* & *pp* **-bed** ; *cont* **-bing**) ⬦ *n* [cot] lit *m* d'enfant ⬦ *vt* inf [copy] : **to ~ sthg off** OR **from sb** copier qqch sur qqn.

cribbage ['krɪbɪdʒ] *n* jeu de cartes dans lequel les points sont comptabilisés sur une tablette.

crick [krɪk] *n* [in neck] torticolis *m* ⬦ *vt* : **to ~ one's neck** attraper un torticolis ; **to ~ one's back** se faire un tour de reins.

cricket ['krɪkɪt] ⬦ *n* - **1.** [game] cricket *m* - **2.** [insect] grillon *m* ⬦ *comp* de cricket.

cricketer ['krɪkɪtər] *n* joueur *m* de cricket.

crikey ['kraɪkɪ] *excl* Br inf dated zut alors!

crime [kraɪm] ⬦ *n* crime *m* ; **~s against humanity** crimes *mpl* contre l'humanité ⬦ *comp* : **~ novel** roman *m* policier ; **~ prevention** lutte *f* contre le crime.

Crimea [kraɪ'mɪə] *n* : **the ~** la Crimée ; **in the ~** en Crimée.

crime wave *n* vague *f* de criminalité.

criminal ['krɪmɪnl] ⬦ *adj* criminel(elle) ; **~ lawyer** avocat *m* pénaliste ⬦ *n* criminel *m*, -elle *f*.

criminalize, -ise ['krɪmɪnəlaɪz] *vt* criminaliser.

criminal law *n* droit *m* pénal.

criminology [ˌkrɪmɪ'nɒlədʒɪ] *n* criminologie *f*.

crimp [krɪmp] *vt* [hair] crêper.

crimson ['krɪmzn] ⬦ *adj* [in colour] rouge foncé *(inv)* ; [with embarrassment] cramoisi(e) ⬦ *n* cramoisi *m*.

cringe [krɪndʒ] *vi* - **1.** [in fear] avoir un mouvement de recul (par peur) - **2.** inf [with embarrassment] : **to ~ (at sthg)** ne plus savoir où se mettre (devant qqch).

crinkle ['krɪŋkl] ⬦ *n* [in paper] pli *m* ; [in cloth] (faux) pli ⬦ *vt* [clothes] froisser ⬦ *vi* [clothes] se froisser.

cripple ['krɪpl] ⬦ *n* dated & offensive infirme *mf* ⬦ *vt* - **1.** MED [disable] estropier - **2.** [country] paralyser ; [ship, plane] endommager.

crippling ['krɪplɪŋ] *adj* - **1.** MED [disease] qui rend infirme - **2.** [taxes, debts] écrasant(e).

crisis ['kraɪsɪs] (*pl* **crises** ['kraɪsi:z]) *n* crise *f*.

crisp [krɪsp] *adj* - **1.** [pastry] croustillant(e) ; [apple, vegetables] croquant(e) ; [snow] craquant(e) - **2.** [weather, manner] vif (vive).

crisps *npl* Br chips *fpl*.

crispbread ['krɪspbred] *n* pain *m* suédois.

crispy ['krɪspɪ] (*compar* **-ier** ; *superl* **-iest**) *adj* [pastry] croustillant(e) ; [apple, vegetables] croquant(e).

crisscross ['krɪskrɒs] ⬦ *adj* entrecroisé(e) ⬦ *vt* entrecroiser ⬦ *vi* s'entrecroiser.

criterion [kraɪ'tɪərɪən] (*pl* **-rions** OR **-ria** [-rɪə]) *n* critère *m*.

critic ['krɪtɪk] *n* - **1.** [reviewer] critique *m* - **2.** [detractor] détracteur *m*, -trice *f*.

critical ['krɪtɪkl] *adj* critique ; **to be ~ of sb/sthg** critiquer qqn/qqch.

critically ['krɪtɪklɪ] *adv* - **1.** [ill] gravement ; **~ important** d'une importance capitale - **2.** [analytically] de façon critique.

criticism ['krɪtɪsɪzm] *n* critique *f*.

criticize, -ise ['krɪtɪsaɪz] vt & vi critiquer.

critique [krɪ'tiːk] n critique f.

croak [krəʊk] ⟨⟩ n - **1.** [of frog] coassement m ; [of raven] croassement m - **2.** [hoarse voice] voix f rauque ⟨⟩ vi - **1.** [frog] coasser ; [raven] croasser - **2.** [person] parler d'une voix rauque.

Croat ['krəʊæt], **Croatian** [krəʊ'eɪʃn] ⟨⟩ adj croate ⟨⟩ n - **1.** [person] Croate mf - **2.** [language] croate m.

Croatia [krəʊ'eɪʃə] n Croatie f ; **in ~** en Croatie.

Croatian = Croat.

crochet ['krəʊʃeɪ] ⟨⟩ n crochet m ⟨⟩ vt faire au crochet.

crockery ['krɒkərɪ] n vaisselle f.

crocodile ['krɒkədaɪl] (pl inv OR -s) n crocodile m.

crocus ['krəʊkəs] (pl -es [-iːz]) n crocus m.

croft [krɒft] n Br petite ferme f (particulièrement en Écosse).

croissant n croissant m.

crony ['krəʊnɪ] (pl -ies) n inf copain m, copine f.

crook [krʊk] ⟨⟩ n - **1.** [criminal] escroc m - **2.** [of arm, elbow] pliure f - **3.** [shepherd's staff] houlette f ⟨⟩ vt [finger, arm] plier.

crooked ['krʊkɪd] adj - **1.** [bent] courbé(e) - **2.** [teeth, tie] de travers - **3.** inf [dishonest] malhonnête.

croon [kruːn] vt & vi chantonner.

crop [krɒp] (pt & pp -ped ; cont -ping) ⟨⟩ n - **1.** [kind of plant] culture f - **2.** [harvested produce] récolte f - **3.** [whip] cravache f ⟨⟩ vt - **1.** [hair] couper très court - **2.** [subj : cows, sheep] brouter.

➡ **crop up** vi survenir.

cropper ['krɒpər] n inf : **to come a ~** [fall over] se casser la figure ; [make mistake] se planter.

crop spraying n pulvérisation f des cultures.

croquet ['krəʊkeɪ] n croquet m.

croquette [krɒ'ket] n croquette f.

cross [krɒs] ⟨⟩ adj [person] fâché(e) ; [look] méchant(e) ; **to get ~ (with sb)** se fâcher (contre qqn) ⟨⟩ n - **1.** [gen] croix f - **2.** [hybrid] croisement m ⟨⟩ vt - **1.** [gen] traverser - **2.** [arms, legs] croiser - **3.** RELIG : **to ~ o.s.** faire le signe de croix, se signer - **4.** Br [cheque] barrer ⟨⟩ vi - **1.** [intersect] se croiser - **2.** [traverse - boat] faire la traversée.

➡ **cross off, cross out** vt sep rayer.

crossbar ['krɒsbɑːr] n - **1.** SPORT barre f transversale - **2.** [on bicycle] barre f.

crossbow ['krɒsbəʊ] n arbalète f.

crossbreed ['krɒsbriːd] n hybride m.

cross-Channel adj transManche.

cross-check n contre-vérification f.

➡ **crosscheck** vt faire une contre-vérification de.

cross-country ⟨⟩ adj : **~ running** cross m ; **~ skiing** ski m de fond ⟨⟩ adv à travers champs ⟨⟩ n cross-country m, cross m.

cross-cultural adj interculturel(elle).

cross-dressing n travestisme m.

crossed line n TELEC : **we've got a ~** il y a des interférences.

cross-examination n JUR contre-interrogatoire m.

cross-examine vt JUR faire subir un contre-interrogatoire à ; fig questionner de près.

cross-eyed [-aɪd] adj qui louche.

cross-fertilize vt [plants] croiser.

crossfire ['krɒsˌfaɪər] n (U) feu m croisé.

crosshead ['krɒsˌhed] adj : **~ screw** vis m cruciforme ; **~ screwdriver** tournevis m cruciforme.

crossing ['krɒsɪŋ] n - **1.** [on road] passage m clouté ; [on railway line] passage à niveau - **2.** [sea journey] traversée f.

cross-legged [-legd] adv en tailleur.

crossly ['krɒslɪ] adv [say] d'un air fâché.

crossply ['krɒsplaɪ] (pl -ies) ⟨⟩ adj [tyre] à carcasse diagonale ⟨⟩ n pneu m à carcasse diagonale.

cross-purposes npl : **to talk at ~** ne pas parler de la même chose ; **to be at ~** ne pas être sur la même longueur d'ondes.

cross-question vt faire subir un contre-interrogatoire à.

cross-refer vt & vi renvoyer.

cross-reference n renvoi m.

crossroads ['krɒsrəʊdz] (pl inv) n croisement m ; **to be at a ~** fig se trouver à un point critique.

cross-section n - **1.** [drawing] coupe f transversale - **2.** [sample] échantillon m.

crosswalk ['krɒswɔːk] n Am passage m clouté, passage pour piétons.

crossways ['krɒsweɪz] = crosswise.

crosswind ['krɒswɪnd] n vent m de travers.

crosswise ['krɒswaɪz] adv en travers.

crossword (puzzle) ['krɒswɜːd-] n mot croisés mpl.

crotch [krɒtʃ] n entrejambe m.

crotchet ['krɒtʃɪt] n noire f.

crotchety ['krɒtʃɪtɪ] *adj* **Br** *inf* grognon(onne).

crouch [kraʊtʃ] *vi* s'accroupir.

croup [kru:p] *n* - **1.** [illness] croup *m* - **2.** [of horse] croupe *f*.

croupier ['kru:pɪə'] *n* croupier *m*.

crouton ['kru:tɒn] *n* croûton *m*.

crow [krəʊ] ◇ *n* corbeau *m ;* **as the ~ flies** à vol d'oiseau ◇ *vi* - **1.** [cock] chanter - **2.** *inf* [person] frimer.

crowbar ['krəʊbɑː'] *n* pied-de-biche *m*.

crowd [kraʊd] ◇ *n* - **1.** [mass of people] foule *f* - **2.** [particular group] bande *f*, groupe *m* ◇ *vi* s'amasser ◇ *vt* - **1.** [streets, town] remplir - **2.** [force into small space] entasser.

crowded ['kraʊdɪd] *adj :* **~ (with)** bondé(e) (de), plein(e) (de).

crown [kraʊn] ◇ *n* - **1.** [of king, on tooth] couronne *f* - **2.** [of head, hill] sommet *m ;* [of hat] fond *m* ◇ *vt* couronner.

➤ **Crown** ◇ *n :* **the Crown** [monarchy] la Couronne ◇ *comp* de la Couronne.

crown court *n* tribunal *m* de grande instance.

crowning ['kraʊnɪŋ] *adj* *fig* suprême ; **the ~ glory of her career** le couronnement de sa carrière.

crown jewels *npl* joyaux *mpl* de la Couronne.

crown prince *n* prince *m* héritier.

crow's feet *npl* pattes *fpl* d'oie.

crow's nest *n* nid *m* de pie.

crucial ['kru:ʃl] *adj* crucial(e).

crucially ['kru:ʃlɪ] *adv* de façon cruciale ; **~ important** d'une importance cruciale.

crucible ['kru:sɪbl] *n* creuset *m*.

crucifix ['kru:sɪfɪks] *n* crucifix *m*.

Crucifixion [,kru:sɪ'fɪkʃn] *n :* **the ~** la Crucifixion.

crucify ['kru:sɪfaɪ] (*pt & pp* **-ied**) *vt* crucifier.

crude [kru:d] ◇ *adj* - **1.** [material] brut(e) - **2.** [joke, drawing] grossier(ère) ◇ *n (U):* **~ (oil)** brut *m*.

crudely ['kru:dlɪ] *adv* - **1.** [joke, remark] grossièrement, crûment - **2.** [draw, sketch] grossièrement, sommairement.

crude oil *n (U)* brut *m*.

cruel [krʊəl] (*compar* **-ler ;** *superl* **-lest**) *adj* cruel(elle).

cruelly ['krʊəlɪ] *adv* cruellement.

cruelty ['krʊəltɪ] *n (U)* cruauté *f*.

cruet ['kru:ɪt] *n* service *m* à condiments.

cruise [kru:z] ◇ *n* croisière *f* ◇ *vi* - **1.** [sail] croiser - **2.** [car] rouler ; [plane] voler.

cruise missile *n* missile *m* de croisière.

cruiser ['kru:zə'] *n* - **1.** [warship] croiseur *m* - **2.** [cabin cruiser] yacht *m* de croisière.

crumb [krʌm] *n* - **1.** [of food] miette *f* - **2.** *fig* [of information] bribe *f*.

crumble ['krʌmbl] ◇ *n* crumble *m* (aux fruits) ◇ *vt* émietter ◇ *vi* - **1.** [bread, cheese] s'émietter ; [building, wall] s'écrouler ; [cliff] s'ébouler ; [plaster] s'effriter - **2.** *fig* [society, relationship] s'effondrer.

crumbly ['krʌmblɪ] (*compar* **-ier ;** *superl* **-iest**) *adj* friable.

crummy ['krʌmɪ] (*compar* **-mier ;** *superl* **-miest**) *adj* *inf* minable.

crumpet ['krʌmpɪt] *n* CULIN petite crêpe *f* épaisse.

crumple ['krʌmpl] ◇ *vt* [crease] froisser ◇ *vi* [clothes] se froisser ; [car, bodywork] se mettre en accordéon.

➤ **crumple up** *vt sep* chiffonner.

crunch [krʌntʃ] ◇ *n* crissement *m ;* **when it comes to the ~** *inf* au moment crucial *OR* décisif ; **if it comes to the ~** *inf* s'il le faut ◇ *vt* - **1.** [with teeth] croquer - **2.** [underfoot] crisser ◇ *vi* [feet, tyres] crisser.

crunchy ['krʌntʃɪ] (*compar* **-ier ;** *superl* **-iest**) *adj* - **1.** [food] croquant(e) - **2.** [snow, gravel] qui crisse.

crusade [kru:'seɪd] ◇ *n* *lit & fig* croisade *f* ◇ *vi :* **to ~ for/against** faire campagne pour/contre.

crusader [kru:'seɪdə'] *n* - **1.** HISTORY croisé *m* - **2.** [campaigner] militant *m*, -e *f*.

crush [krʌʃ] ◇ *n* - **1.** [crowd] foule *f* - **2.** *inf* [infatuation]: **to have a ~ on sb** avoir le béguin pour qqn - **3.** **Br** [drink]: **orange ~** orange *f* pressée ◇ *vt* - **1.** [gen] écraser ; [seeds, grain] broyer ; [ice] piler - **2.** *fig* [hopes] anéantir.

crush barrier *n* **Br** barrière *f* de sécurité.

crushing ['krʌʃɪŋ] *adj* - **1.** [defeat, blow] écrasant(e) - **2.** [remark] humiliant(e).

crust [krʌst] *n* croûte *f*.

crustacean [krʌ'steɪʃn] *n* crustacé *m*.

crusty ['krʌstɪ] (*compar* **-ier ;** *superl* **-iest**) *adj* - **1.** [food] croustillant(e) - **2.** [person] grincheux(euse).

crutch [krʌtʃ] *n* - **1.** [stick] béquille *f ; fig* soutien *m* - **2.** [crotch] entrejambe *m*.

crux [krʌks] *n* nœud *m*.

cry [kraɪ] (*pt & pp* **cried**, *pl* **cries**) ◇ *n* - **1.** [weep]: **to have a good ~** pleurer un bon coup - **2.** [of person, bird] cri *m ;* **a far ~ from** loin de ◇ *vt* [tears] pleurer ; **to ~ o.s. to sleep** s'endormir à force de pleurer ◇ *vi* - **1.** [weep] pleurer - **2.** [shout] crier.

cry off *vi* se dédire.

cry out ◇ *vt* crier ◇ *vi* crier ; [in pain, dismay] pousser un cri.

cry out for *vt fus* [demand] réclamer à grands cris ; **the room is crying out for ...** la pièce a bien besoin de ...

crybaby ['kraɪˌbeɪbɪ] (*pl* **-ies**) *n* inf pej pleurnicheur *m*, -euse *f*.

crying ['kraɪɪŋ] ◇ *adj* inf : **it's a ~ shame** c'est scandaleux ; **a ~ need for sthg** un grand besoin de qqch, un besoin urgent de qqch ◇ *n (U)* pleurs *mpl*.

cryogenics [ˌkraɪə'dʒenɪks] *n (U)* cryogénie *f*.

cryonics [kraɪ'ɒnɪks] *n (U)* cryogénisation *f*.

cryopreservation [ˌkraɪəprezə'veɪʃn] *n (U)* cryoconservation *f*.

crypt [krɪpt] *n* crypte *f*.

cryptic ['krɪptɪk] *adj* mystérieux(euse), énigmatique.

crypto- [krɪptəʊl] *prefix* crypto-.

crystal ['krɪstl] ◇ *n* cristal *m* ◇ *comp* en cristal.

crystal ball *n* boule *f* de cristal.

crystal clear *adj* **- 1.** [transparent] de cristal **- 2.** [obvious] clair(e) comme de l'eau de roche.

crystallize, -ise ['krɪstəlaɪz] ◇ *vi* lit & fig se cristalliser ◇ *vt* **- 1.** [make clear] cristalliser, concrétiser **- 2.** [preserve in sugar] : **~d fruit** fruits *mpl* confits.

CSC (*abbr of* **Civil Service Commission**) *n* commission de recrutement des fonctionnaires.

CSE (*abbr of* **Certificate of Secondary Education**) *n* ancien brevet de l'enseignement secondaire en Grande-Bretagne.

CS gas *n (U)* gaz *m* lacrymogène.

CST (*abbr of* **Central Standard Time**) *n* heure du centre des États-Unis.

CSU (*abbr of* **Civil Service Union**) *n* syndicat de la fonction publique.

ct *abbr of* **carat.**

CT *abbr of* **Connecticut.**

CTC *abbr of* **city technology college.**

cu. *abbr of* **cubic.**

cub [kʌb] *n* **- 1.** [young animal] petit *m* **- 2.** [boy scout] louveteau *m*.

Cuba ['kju:bə] *n* Cuba ; **in ~** à Cuba.

Cuban ['kju:bən] ◇ *adj* cubain(e) ◇ *n* Cubain *m*, -e *f*.

cubbyhole ['kʌbɪhəʊl] *n* cagibi *m*.

cube [kju:b] ◇ *n* cube *m* ◇ *vt* MATH élever au cube.

cube root *n* racine *f* cubique.

cubic ['kju:bɪk] *adj* cubique.

cubicle ['kju:bɪkl] *n* cabine *f*.

cubism ['kju:bɪzm] *n* cubisme *m*.

cubist ['kju:bɪst] *n* cubiste *mf*.

cub reporter *n* jeune reporter *m*.

Cub Scout *n* louveteau *m*.

cuckoo ['kʊku:] *n* coucou *m*.

cuckoo clock *n* coucou *m*.

cucumber ['kju:kʌmbəʳ] *n* concombre *m*.

cud [kʌd] *n* : **to chew the ~** lit & fig ruminer.

cuddle ['kʌdl] ◇ *n* caresse *f*, câlin *m* ◇ *vt* caresser, câliner ◇ *vi* s'enlacer.

cuddle up *vi* : **to ~ up (to sb)** se pelotonner (contre qqn).

cuddly ['kʌdlɪ] (*compar* **-ier** ; *superl* **-iest**) *adj* [person] câlin(e).

cuddly toy *n* jouet *m* en peluche.

cudgel ['kʌdʒəl] (Br *pt* & *pp* **-led** ; *cont* **-ling**, Am *pt* & *pp* **-ed** ; *cont* **-ing**) ◇ *n* trique *f* ; **to take up the ~s for sb/sthg** prendre fait et cause pour qqn/qqch ◇ *vt* frapper à coups de trique.

cue [kju:] *n* **- 1.** RADIO, THEATRE & TV signal *m* ; **on ~** au bon moment ; **to take one's ~ from sb** emboîter le pas à qqn **- 2.** fig [stimulus] signe *m* ; **this could be the ~ for a recovery** cela pourrait marquer le début d'une amélioration **- 3.** [in snooker, pool] queue *f* (de billard).

cuff [kʌf] ◇ *n* **- 1.** [of sleeve] poignet *m* ; **off the ~** au pied levé **- 2.** Am [of trouser] revers *m inv* **- 3.** [blow] gifle *f* ◇ *vt* gifler.

cuff link *n* bouton *m* de manchette.

cu. in. *abbr of* **cubic inch(es).**

cuisine [kwɪ'zi:n] *n* cuisine *f*.

cul-de-sac ['kʌldəsæk] *n* cul-de-sac *m*.

culinary ['kʌlɪnərɪ] *adj* culinaire.

cull [kʌl] ◇ *n* massacre *m* ◇ *vt* **- 1.** [kill] massacrer **- 2.** [gather] recueillir.

culminate ['kʌlmɪneɪt] *vi* : **to ~ in sthg** se terminer par qqch, aboutir à qqch.

culmination [ˌkʌlmɪ'neɪʃn] *n* apogée *m*.

culottes [kju:'lɒts] *npl* jupe-culotte *f*.

culpable ['kʌlpəbl] *adj* coupable.

culprit ['kʌlprɪt] *n* coupable *mf*.

cult [kʌlt] ◇ *n* culte *m* ◇ *comp* culte.

cultivate ['kʌltɪveɪt] *vt* cultiver.

cultivated ['kʌltɪveɪtɪd] *adj* cultivé(e).

cultivation [ˌkʌltɪ'veɪʃn] *n (U)* [farming] culture *f*.

cultural ['kʌltʃərəl] *adj* culturel(elle).

culture ['kʌltʃəʳ] *n* culture *f*.

cultured ['kʌltʃəd] *adj* [educated] cultivé(e).

cultured pearl *n* perle *f* de culture.

culture shock *n* choc *m* culturel.

culture vulture n inf hum fana mf de culture.

culvert ['kʌlvət] n conduit m.

cumbersome ['kʌmbəsəm] adj - **1.** [object] encombrant(e) - **2.** [system] lourd(e).

cumin ['kʌmɪn] n cumin m.

cumulative ['kju:mjʊlətɪv] adj cumulatif(ive).

cunning ['kʌnɪŋ] ⬦ adj [person] rusé(e) ; [plan, method, device] astucieux(euse) ⬦ n (U) [of person] ruse f ; [of plan, method, device] astuce f.

cup [kʌp] (pt & pp -ped ; cont -ping) ⬦ n - **1.** [container, unit of measurement] tasse f - **2.** [prize, competition] coupe f - **3.** [of bra] bonnet m ⬦ vt [hands] mettre en coupe.

cupboard ['kʌbəd] n placard m.

Cup Final n : the ~ la finale de la coupe

cup holder n SPORT détenteur m de la coupe.

cupid ['kju:pɪd] n [figure] amour m.

cupola ['kju:pələ] (pl -s) n coupole f.

cup tie n Br match m de coupe.

curable ['kjʊərəbl] adj curable, guérissable.

curate ['kjʊərət] n vicaire m.

curator [ˌkjʊə'reɪtə'] n conservateur m.

curb [kɜ:b] ⬦ n - **1.** [control] : ~ (on) frein m (à) - **2.** Am [of road] bord m du trottoir ⬦ vt mettre un frein à.

curd cheese n Br ≃ fromage m blanc.

curdle ['kɜ:dl] vi cailler.

cure [kjʊə'] ⬦ n : ~ (for) MED remède m (contre) ; fig remède (à) ⬦ vt - **1.** MED guérir - **2.** [solve - problem] éliminer - **3.** [rid] : to ~ sb of sthg guérir qqn de qqch, faire perdre l'habitude de qqch à qqn - **4.** [preserve - by smoking] fumer ; [- by salting] saler ; [- tobacco, hide] sécher.

cure-all n panacée f.

curfew ['kɜ:fju:] n couvre-feu m.

curio ['kjʊərɪəʊ] (pl -s) n bibelot m.

curiosity [ˌkjʊərɪ'ɒsətɪ] n curiosité f.

curious ['kjʊərɪəs] adj : ~ (about) curieux(euse) (à propos de).

curiously ['kjʊərɪəslɪ] adv - **1.** [inquisitively] avec curiosité - **2.** [strangely] curieusement ; ~ enough curieusement, chose curieuse.

curl [kɜ:l] ⬦ n - **1.** [of hair] boucle f - **2.** [of smoke] volute f ⬦ vt - **1.** [hair] boucler - **2.** [roll up] enrouler ⬦ vi - **1.** [hair] boucler - **2.** [roll up] s'enrouler ; to ~ into a ball se mettre en boule.

➠ **curl up** vi [person, animal] se mettre en boule, se pelotonner.

curler ['kɜ:lə'] n bigoudi m.

curling ['kɜ:lɪŋ] n curling m.

curling tongs npl fer m à friser.

curly ['kɜ:lɪ] (compar -ier ; superl -iest) adj [hair] bouclé(e).

currant ['kʌrənt] n [dried grape] raisin m de Corinthe, raisin sec.

currency ['kʌrənsɪ] (pl -ies) n - **1.** [type of money] monnaie f - **2.** (U) [money] devise f - **3.** fml [acceptability] : to gain ~ s'accréditer.

current ['kʌrənt] ⬦ adj [price, method] actuel(elle) ; [year, week] en cours ; [boyfriend, girlfriend] du moment ; ~ issue dernier numéro ⬦ n - **1.** [of water, air, electricity] courant m - **2.** [trend] tendance f.

current account n Br compte m courant.

current affairs npl actualité f, questions fpl d'actualité.

current assets npl actif m circulant.

current liabilities npl passif m exigible à court terme.

currently ['kʌrəntlɪ] adv actuellement.

curricular [kə'rɪkjələ'] adj au programme.

curriculum [kə'rɪkjələm] (pl -lums OR -la [-lə]) n programme m d'études.

curriculum vitae [-'vi:taɪ] (pl curricula vitae) n curriculum vitae m.

curried ['kʌrɪd] adj au curry.

curry ['kʌrɪ] (pl -ies) n curry m.

curry powder n poudre f de curry.

curse [kɜ:s] ⬦ n - **1.** [evil spell] malédiction f ; fig fléau m - **2.** [swearword] juron m ⬦ vt maudire ⬦ vi jurer.

cursor ['kɜ:sə'] n COMPUT curseur m.

cursory ['kɜ:sərɪ] adj superficiel(elle).

curt [kɜ:t] adj brusque.

curtail [kɜ:'teɪl] vt - **1.** [visit] écourter - **2.** [rights, expenditure] réduire.

curtailment [kɜ:'teɪlmənt] n [of rights, expenditure] réduction f.

curtain ['kɜ:tn] n rideau m.

➠ **curtain off** vt sep [bed] cacher derrière un rideau ; [room] diviser par un rideau.

curtain call n rappel m.

curtain raiser n fig lever m de rideau.

curts(e)y ['kɜ:tsɪ] (pt & pp curtsied) ⬦ n révérence f ⬦ vi faire une révérence.

curvaceous [kɜ:'veɪʃəs] adj inf bien roulé(e).

curvature ['kɜ:vətʃə'] n courbure f ; MED [of spine] déviation f.

curve [kɜ:v] ⬦ n courbe f ⬦ vi faire une courbe.

curved [kɜ:vd] adj courbe.

curvy ['kɜ:vɪ] (compar -ier ; superl -iest) adj [line] courbé(e) ; [woman] bien roulée.

cushion ['kuʃn] ◇ n coussin m ◇ vt [fall, blow, effects] amortir ; **to be ~ed against** [inflation, reality] être paré contre.

cushy ['kuʃɪ] (compar -ier ; superl -iest) adj inf pépère, peinard(e).

custard ['kʌstəd] n crème f anglaise.

custard pie n tarte f à la crème.

custard powder n crème f anglaise instantanée en poudre.

custodian [kʌ'stəʊdjən] n [of building] gardien m, -enne f ; [of museum] conservateur m.

custody ['kʌstədɪ] n - **1.** [of child] garde f - **2.** JUR : **in ~** en garde à vue.

custom ['kʌstəm] n - **1.** [tradition, habit] coutume f - **2.** COMM clientèle f ; **thank you for your ~** merci de nous avoir honorés de votre commande.

◆ **customs** n [place] douane f ; **to go through ~s** passer (à) la douane.

customary ['kʌstəmrɪ] adj [behaviour] coutumier(ère) ; [way, time] habituel(elle).

custom-built adj fait(e) sur commande OR mesure.

customer ['kʌstəməʳ] n - **1.** [client] client m, -e f - **2.** inf [person] type m.

customer services npl service m (à la) clientèle.

customize, -ise ['kʌstəmaɪz] vt [make] fabriquer OR assembler sur commande ; [modify] modifier sur commande.

custom-made adj fait(e) sur mesure.

Customs and Excise n Br ≃ service m des contributions indirectes.

customs duty n droit m de douane.

customs officer n douanier m, -ère f.

cut [kʌt] (pt & pp cut ; cont -ting) ◇ n - **1.** [in wood etc] entaille f ; [in skin] coupure f - **2.** [of meat] morceau m - **3.** [reduction] : **~ (in)** [taxes, salary, personnel] réduction f (de) ; [film, article] coupure f (dans) - **4.** inf [share] part f - **5.** [of suit, hair] coupe f - **6.** phr : **a ~ above (the rest)** inf supérieur(e) aux autres ◇ vt - **1.** [gen] couper ; [taxes, costs, workforce] réduire ; **to ~ one's finger** se couper le doigt - **2.** [subj : baby] : **he's cutting a tooth** il fait ses dents - **3.** inf [lecture, class] sécher ◇ vi - **1.** [gen] couper - **2.** [intersect] se couper.

◆ **cut across** vt fus - **1.** [as short cut] couper à travers - **2.** [transcend] ne pas tenir compte de.

◆ **cut back** ◇ vt sep - **1.** [prune] tailler - **2.** [reduce] réduire ◇ vi : **to ~ back on** réduire, diminuer.

◆ **cut down** ◇ vt sep - **1.** [chop down] couper - **2.** [reduce] réduire, diminuer ◇ vi : **to**

~ down on smoking/eating/spending fumer/manger/dépenser moins.

◆ **cut in** vi - **1.** [interrupt] : **to ~ in (on sb)** interrompre (qqn) - **2.** AUT & SPORT se rabattre.

◆ **cut off** vt sep - **1.** [piece, crust] couper - **2.** [finger, leg - subj : surgeon] amputer - **3.** [power, telephone, funding] couper - **4.** [separate] : **to be ~ off (from)** [person] être coupé(e) (de) ; [village] être isolé(e) (de).

◆ **cut out** ◇ vt sep - **1.** [photo, article] découper ; [sewing pattern] couper ; [dress] tailler ; **to be ~ out for sthg** fig [person] être fait pour qqch - **2.** [stop] : **to ~ out smoking/chocolates** arrêter de fumer/de manger des chocolats ; **~ it out!** inf ça suffit! - **3.** [exclude] exclure ◇ vi [stall] caler.

◆ **cut up** vt sep [chop up] couper, hacher.

cut-and-dried adj tout fait (toute faite).

cut and paste vt & vi COMPUT couper-coller.

cutback ['kʌtbæk] n : **~ (in)** réduction f (de).

cute [kjuːt] adj [appealing] mignon(onne).

cut glass ◇ n cristal m taillé ◇ comp en cristal taillé.

cuticle ['kjuːtɪkl] n envie f.

cutlery ['kʌtlərɪ] n (U) couverts mpl.

cutlet ['kʌtlɪt] n côtelette f.

cutoff (point) ['kʌt gt·f-] n [limit] point m de limite.

cutout ['kʌtaʊt] n - **1.** [on machine] disjoncteur m - **2.** [shape] découpage m.

cut-price, cut-rate Am adj à prix réduit.

cutter ['kʌtəʳ] n [tool] coupoir m.

cutthroat ['kʌtθrəʊt] adj [ruthless] acharné(e).

cutting ['kʌtɪŋ] ◇ adj [sarcastic - remark] cinglant(e) ; [- wit] acerbe ◇ n - **1.** [of plant] bouture f - **2.** [from newspaper] coupure f - **3.** Br [for road, railway] tranchée f.

cuttlefish ['kʌtlfɪʃ] (pl inv) n seiche f.

cut up adj Br inf [upset] affligé(e).

CV (abbr of curriculum vitae) n CV m.

C & W abbr of country and western.

cwo (abbr of cash with order) payable à la commande.

cwt. abbr of hundredweight.

cyanide ['saɪənaɪd] n cyanure m.

cybercafe ['saɪbə,kæfeɪ] n cybercafé m.

cybercrime ['saɪbə,kraɪm] n délinquance informatique.

cybernaut ['saɪbə,nɔːt] n cybernaute mf.

cybernetics [,saɪbə'netɪks] n (U) cybernétique f.

cyberpet ['saɪbə,pet] n animal m virtuel.

cyberspace ['saɪbəspeɪs] n cyberespace m.

cybersurfer ['saɪbə,sɜːfəʳ] n cybernaute mf

cyclamen ['sıkləmən] (*pl inv*) *n* cyclamen *m*.

cycle ['saıkl] ⬦ *n* - **1.** [of events, songs] cycle *m* - **2.** [bicycle] bicyclette *f* ⬦ *comp* [path, track] cyclable ; [race] cycliste ; [shop] de cycles ⬦ *vi* faire de la bicyclette.

cyclic(al) ['saıklık(l)] *adj* cyclique.

cycling ['saıklıŋ] *n* cyclisme *m*.

cyclist ['saıklıst] *n* cycliste *mf*.

cyclone ['saıkləun] *n* cyclone *m*.

cygnet ['sıgnıt] *n* jeune cygne *m*.

cylinder ['sılındə'] *n* cylindre *m*.

cylinder block *n* bloc-cylindres *m*.

cylinder head *n* culasse *f*.

cylinder-head gasket *n* joint *m* de culasse.

cylindrical [sı'lındrıkl] *adj* cylindrique.

cymbals ['sımblz] *npl* cymbales *fpl*.

cynic ['sınık] *n* cynique *mf*.

cynical ['sınıkl] *adj* cynique.

cynically ['sınıklı] *adv* cyniquement.

cynicism ['sınısızm] *n* cynisme *m*.

CYO (*abbr of* **Catholic Youth Association**) *n* aux États-Unis, association de jeunes catholiques.

cypher ['saıfə'] = **cipher**.

cypress ['saıprəs] *n* cyprès *m*.

Cypriot ['sıprıət] ⬦ *adj* chypriote ⬦ *n* Chypriote *mf* ; **Greek/Turkish ~** Chypriote grec (grecque)/turc (turque).

Cyprus ['saıprəs] *n* Chypre *f* ; **in ~** à Chypre.

cyst [sıst] *n* kyste *m*.

cystic fibrosis [ˌsıstıkfaı'brəusıs] *n* mucoviscidose *f*.

cystitis [sıs'taıtıs] *n* cystite *f*.

cytology [saı'tɒlədʒı] *n* cytologie *f*.

CZ (*abbr of* **canal zone**) *zone du canal de Panama*.

czar [zɑ:'] *n* tsar *m*.

Czech [tʃek] ⬦ *adj* tchèque ⬦ *n* - **1.** [person] Tchèque *mf* - **2.** [language] tchèque *m*.

Czechoslovak [ˌtʃekə'sləuvæk] = **Czechoslovakian**.

Czechoslovakia [ˌtʃekəslə'vækıə] *n* Tchécoslovaquie *f* ; **in ~** en Tchécoslovaquie.

Czechoslovakian [ˌtʃekəslə'vækıən] ⬦ *adj* tchécoslovaque ⬦ *n* Tchécoslovaque *mf*.

Czech Republic *n* République *f* tchèque.

d¹ (*pl* **d's** OR **ds**), **D** (*pl* **D's** OR **Ds**) [di:] *n* [letter] d *m inv*, D *m inv*.

◆ **D** ⬦ *n* - **1.** MUS ré *m* - **2.** SCH [mark] D *m inv* ⬦ Am *abbr of* **Democrat, Democratic**.

d² [di:] (*abbr of* **penny**) *symbole du penny anglais jusqu'en 1971*.

d. (*abbr of* **died**) : **~** 1913 mort en 1913.

DA *abbr of* **district attorney**.

dab [dæb] (*pt* & *pp* **-bed** ; *cont* **-bing**) ⬦ *n* [of cream, powder, ointment] petit peu *m* ; [of paint] touche *f* ⬦ *vt* - **1.** [skin, wound] tamponner - **2.** [apply - cream, ointment] : **to ~ sthg on** OR **onto** appliquer qqch sur ⬦ *vi* : **to ~ at sthg** tamponner qqch.

dabble ['dæbl] ⬦ *vt* tremper dans l'eau ⬦ *vi* : **to ~ in** toucher un peu à.

dab hand *n* Br : **to be a ~ (at sthg)** être doué(e) (pour qqch).

Dacca ['dækə] *n* Dacca.

dachshund ['dækshʊnd] *n* teckel *m*.

dad [dæd], **daddy** ['dædı] (*pl* **-ies**) *n* inf papa *m*.

daddy longlegs [-'lɒŋlegz] (*pl inv*) *n* faucheur *m*.

daffodil ['dæfədıl] *n* jonquille *f*.

daft [dɑ:ft] *adj* inf stupide, idiot(e).

dagger ['dægə'] *n* poignard *m*.

dahlia ['deıljə] *n* dahlia *m*.

daily ['deılı] (*pl* **-ies**) ⬦ *adj* - **1.** [newspaper, occurrence] quotidien(enne) - **2.** [rate, output] journalier(ère) ⬦ *adv* [happen, write] quotidiennement ; **twice ~** deux fois par jour ⬦ *n* - **1.** [newspaper] quotidien *m* - **2.** esp Br [cleaning woman] femme *f* de ménage.

daintily ['deıntılı] *adv* [made, eat, walk] délicatement ; [dressed] coquettement.

dainty ['deıntı] (*compar* **-ier** ; *superl* **-iest**) *adj* délicat(e).

dairy ['deərı] (*pl* **-ies**) *n* - **1.** [on farm] laiterie *f* - **2.** [shop] crémerie *f*.

dairy cattle *npl* vaches *fpl* laitières.

dairy farm *n* ferme *f* laitière.

dairy products *npl* produits *mpl* laitiers.

dais ['deɪɪs] *n* estrade *f*.

daisy ['deɪzɪ] (*pl* **-ies**) *n* [weed] pâquerette *f*; [cultivated] marguerite *f*.

daisy wheel *n* marguerite *f*.

daisy-wheel printer *n* imprimante *f* à marguerite.

Dakar ['dækɑː] *n* Dakar.

Dakota [də'kəʊtə] *n* Dakota *m*; **in ~** dans le Dakota.

dal [dɑːl] = **dhal**.

dale [deɪl] *n* vallée *f*.

dalmatian [dæl'meɪʃn] *n* [dog] dalmatien *m*.

dam [dæm] (*pt* & *pp* **-med**; *cont* **-ming**) ⬦ *n* [across river] barrage *m* ⬦ *vt* construire un barrage sur.
◆ **dam up** *vt sep* endiguer.

damage ['dæmɪdʒ] ⬦ *n* **- 1.** [physical harm] dommage *m*, dégât *m* **- 2.** [harmful effect] tort *m* ⬦ *vt* **- 1.** [harm physically] endommager, abîmer **- 2.** [have harmful effect on] nuire à.
◆ **damages** *npl* JUR dommages et intérêts *mpl*.

damaging ['dæmɪdʒɪŋ] *adj*: **~ (to)** préjudiciable (à).

Damascus [də'mæskəs] *n* Damas.

Dame [deɪm] *n* Br *titre accordé aux femmes titulaires de certaines décorations*.

damn [dæm] ⬦ *adj* inf fichu(e), sacré(e) ⬦ *adv* inf sacrément ⬦ *n* inf: **not to give** OR **care a ~ (about sthg)** se ficher pas mal (de qqch) ⬦ *vt* **- 1.** RELIG [condemn] damner **- 2.** inf [curse]: **~ you!** va au diable!; **~ it!** zut! ⬦ *excl* inf zut!

damnable ['dæmnəbl] *adj* dated [appalling] détestable.

damnation [dæm'neɪʃn] *n* RELIG damnation *f*.

damned [dæmd] inf ⬦ *adj* fichu(e), sacré(e); **I'm ~ if** ... si tu crois que ...; **well I'll be** OR **I'm ~!** c'est trop fort!, elle est bien bonne celle-là! ⬦ *adv* sacrément.

damning ['dæmɪŋ] *adj* accablant(e).

damp [dæmp] ⬦ *adj* humide ⬦ *n* humidité *f* ⬦ *vt* [make wet] humecter.
◆ **damp down** *vt sep* [restrain - unrest, violence] contenir, maîtriser; [- enthusiasm] refroidir.

damp course *n* Br couche *f* d'isolation.

dampen ['dæmpən] *vt* **- 1.** [make wet] humecter **- 2.** fig [emotion] abattre.

damper ['dæmpə'] *n* **- 1.** MUS étouffoir *m* **- 2.** [for fire] registre *m* **- 3.** phr: **to put a ~ on sthg** jeter un froid sur qqch.

dampness ['dæmpnɪs] *n* humidité *f*.

damson ['dæmzn] *n* prune *f* de Damas.

dance [dɑːns] ⬦ *n* **- 1.** [gen] danse *f* **- 2.** [social event] bal *m* ⬦ *vi* danser.

dance floor *n* piste *f* de danse.

dancer ['dɑːnsə'] *n* danseur *m*, -euse *f*.

dancing ['dɑːnsɪŋ] *n* (U) danse *f*.

D and C (*abbr of* **dilation and curettage**) *n* dilatation et curetage.

dandelion ['dændɪlaɪən] *n* pissenlit *m*.

dandruff ['dændrʌf] *n* (U) pellicules *fpl*.

dandy ['dændɪ] (*pl* **-ies**) *n* dandy *m*.

Dane [deɪn] *n* Danois *m*, -e *f*.

danger ['deɪndʒə'] *n* **- 1.** (U) [possibility of harm] danger *m*; **in ~** en danger; **out of ~** hors de danger **- 2.** [hazard, risk]: **~ (to)** risque *m* (pour); **to be in ~ of doing sthg** risquer de faire qqch.

danger list *n* Br: **to be on the ~** être dans un état critique.

danger money *n* (U) Br prime *f* de risque.

dangerous ['deɪndʒərəs] *adj* dangereux(euse).

dangerous driving *n* JUR conduite *f* dangereuse.

dangerously ['deɪndʒərəslɪ] *adv* dangereusement; **~ ill** gravement malade.

danger zone *n* zone *f* dangereuse.

dangle ['dæŋgl] ⬦ *vt* laisser pendre ⬦ *vi* pendre.

Danish ['deɪnɪʃ] ⬦ *adj* danois(e) ⬦ *n* **- 1.** [language] danois *m* **- 2.** Am = **Danish pastry** ⬦ *npl*: **the ~** les Danois *mpl*.

Danish blue *n* bleu *m* danois.

Danish pastry *n* gâteau feuilleté fourré aux fruits.

dank [dæŋk] *adj* humide et froid(e).

Danube ['dænjuːb] *n*: **the ~** le Danube.

dapper ['dæpə'] *adj* pimpant(e).

dappled ['dæpld] *adj* **- 1.** [light] tacheté(e) **- 2.** [horse] pommelé(e).

Dardanelles [ˌdɑːdə'nelz] *npl*: **the ~** les Dardanelles *fpl*.

dare [deə'] ⬦ *vt* **- 1.** [be brave enough]: **to ~ to do sthg** oser faire qqch **- 2.** [challenge]: **to ~ sb to do sthg** défier qqn de faire qqch **- 3.** phr: **~ say** je suppose, sans doute ⬦ *vi* oser; **how ~ you!** comment osez-vous! ⬦ *n* défi *m*; **to do sthg for a ~** faire qqch par défi.

daredevil ['deə,devil] *n* casse-cou *m* inv.

daren't [deənt] = **dare not.**

Dar es-Salaam [ˌdɑːressə'lɑːm] *n* Dar es Salaam.

daring ['deərɪŋ] ⬦ *adj* audacieux(euse) ⬦ *n* audace *f*.

dark [dɑːk] ⬦ adj - **1.** [room, night] sombre ; **it's getting ~** il commence à faire nuit - **2.** [in colour] foncé(e) - **3.** [dark-haired] brun(e) ; [dark-skinned] basané(e) - **4.** fig [days, thoughts] sombre, triste ; [look] noir(e) ⬦ n - **1.** [darkness] : **the ~** l'obscurité f ; **to be afraid of the ~** avoir peur du noir ; **to be in the ~ about sthg** ignorer tout de qqch - **2.** [night] : **before/after ~** avant/après la tombée de la nuit.

Dark Ages npl : **the ~** le haut Moyen Âge.

darken ['dɑːkn] ⬦ vt assombrir ⬦ vi s'assombrir.

dark glasses npl lunettes fpl noires.

dark horse n fig quantité f inconnue.

darkness ['dɑːknɪs] n obscurité f.

darkroom ['dɑːkrʊm] n chambre f noire.

darling ['dɑːlɪŋ] ⬦ adj - **1.** [dear] chéri(e) - **2.** inf [cute] adorable ⬦ n - **1.** [loved person, term of address] chéri m, -e f - **2.** [idol] chouchou m, idole f.

darn [dɑːn] ⬦ n reprise f ⬦ vt repriser ⬦ adj inf sacré(e), satané(e) ⬦ adv inf sacrément ⬦ excl inf zut!

darning ['dɑːnɪŋ] n [work] reprisage m.

darning needle n aiguille f à repriser.

dart [dɑːt] ⬦ n - **1.** [arrow] fléchette f - **2.** SEWING pince f ⬦ vt darder ⬦ vi se précipiter.
➤ **darts** n [game] jeu m de fléchettes.

dartboard ['dɑːtbɔːd] n cible f de jeu de fléchettes.

dash [dæʃ] ⬦ n - **1.** [of milk, wine] goutte f ; [of cream] soupçon m ; [of salt] pincée f ; [of colour, paint] touche f ; [in punctuation] tiret m - **3.** AUT tableau m de bord - **4.** [rush] : **to make a ~ for** se ruer vers ⬦ vt - **1.** [throw] jeter avec violence - **2.** [hopes] anéantir ⬦ vi se précipiter. **I must ~!** je dois me sauver!
➤ **dash off** vt sep [write quickly] écrire en vitesse.

dashboard ['dæʃbɔːd] n tableau m de bord.

dashing ['dæʃɪŋ] adj fringant(e).

dastardly ['dæstədlɪ] adj dated lâche.

DAT [dæt] (abbr of **digital audio tape**) n DAT m.

data ['deɪtə] n (U) données fpl.

databank ['deɪtəbæŋk] n banque f de données.

database ['deɪtəbeɪs] n base f de données.

data capture n saisie f de données.

dataglove ['deɪtəglʌv] n gant m numérique.

data processing n traitement m de données.

data protection n COMPUT protection f de l'information.

data transmission n transmission f de données.

date [deɪt] ⬦ n - **1.** [in time] date f ; **to ~** à ce jour - **2.** [appointment] rendez-vous m - **3.** [person] petit ami m, petite amie f - **4.** [fruit] datte f ⬦ vt - **1.** [gen] dater - **2.** [go out with] sortir avec ⬦ vi [go out of fashion] dater.
➤ **date back to, date from** vt fus dater de.

dated ['deɪtɪd] adj qui date.

date line n ligne f de changement de date.

date of birth n date f de naissance.

date stamp n cachet m.

daub [dɔːb] vt : **to ~ sthg with sthg** barbouiller qqch de qqch.

daughter ['dɔːtə'] n fille f.

daughter-in-law (pl **daughters-in-law**) n belle-fille f.

daunt [dɔːnt] vt intimider.

daunting ['dɔːntɪŋ] adj intimidant(e).

dawdle ['dɔːdl] vi flâner.

dawn [dɔːn] ⬦ n lit & fig aube f ; **at ~** à l'aube ; **from ~ to dusk** du matin au soir ⬦ vi - **1.** [day] poindre - **2.** [era, period] naître.
➤ **dawn (up)on** vt fus venir à l'esprit de.

dawn chorus n concert m des oiseaux à l'aube.

day [deɪ] n jour m ; [duration] journée f ; **the ~ before** la veille ; **the ~ after** le lendemain ; **the ~ before yesterday** avant-hier ; **the ~ after tomorrow** après-demain ; **any ~ now** d'un jour à l'autre ; **one ~, some ~, one of these ~s** un jour (ou l'autre), un de ces jours ; **~ and night** jour et nuit ; **in my ~** de mon temps ; **in this ~ and age** de nos jours ; **to call it a ~** laisser tomber ; **his ~s are numbered** ses jours sont comptés ; **to save sthg for a rainy ~** garder qqch pour les longues soirées d'hiver ; **to save money for a rainy ~** mettre de l'argent de côté en cas de besoin ; **it's early ~s yet** ce n'est que le début.
➤ **days** adv le jour.

dayboy ['deɪbɔɪ] n Br SCH externe m.

daybreak ['deɪbreɪk] n aube f ; **at ~** à l'aube.

day-care centre n garderie f.

daycentre ['deɪsentə'] n Br [for children] garderie f ; [for elderly people] centre de jour pour les personnes du troisième âge.

daydream ['deɪdriːm] ⬦ n rêverie f ⬦ vi rêvasser.

daygirl ['deɪgɜːl] n Br SCH externe f.

Day-Glo® ['deɪgləʊ] adj fluorescent(e).

daylight ['deɪlaɪt] n - **1.** [light] lumière f du jour - **2.** [dawn] aube f - **3.** phr : **to scare the (liv-**

ing) ~s out of sb inf faire une peur bleue à qqn.

daylight robbery n : that's ~ inf c'est du vol manifeste.

daylight saving time n heure f d'été.

day nursery n garderie f, crèche f.

day off (pl days off) n jour m de congé.

day pupil n Br SCH externe mf.

day release n Br jour de formation.

day return n Br billet aller et retour valable pour une journée.

dayroom ['deɪruːm] n salle f de détente.

day school n externat m.

day shift n équipe f de jour.

daytime ['deɪtaɪm] ◇ n jour m, journée f ◇ comp [television] pendant la journée ; [job, flight] de jour.

day-to-day adj [routine, life] journalier(ère) ; on a ~ basis au jour le jour.

day trip n excursion f d'une journée.

day-tripper n Br excursionniste mf.

daze [deɪz] ◇ n : in a ~ hébété(e), ahuri(e) ◇ vt - 1. [subj : blow] étourdir - 2. fig [subj : shock, event] abasourdir, sidérer.

dazed [deɪzd] adj - 1. [by blow] étourdi(e) - 2. fig [by shock, event] abasourdi(e), sidéré(e).

dazzle ['dæzl] ◇ n (U) éblouissement m ◇ vt éblouir.

dazzling ['dæzlɪŋ] adj éblouissant(e).

DBE (abbr of Dame Commander of the Order of the British Empire) n distinction honorifique britannique pour les femmes.

DBS (abbr of direct broadcasting by satellite) n télédiffusion directe par satellite.

DC ◇ n (abbr of direct current) courant m continu ◇ abbr of District of Columbia.

dd. abbr of delivered.

DD (abbr of Doctor of Divinity) n docteur en théologie.

D/D abbr of direct debit.

D-day ['diːdeɪ] n le jour J.

DDS (abbr of Doctor of Dental Science) n docteur en dentisterie.

DDT (abbr of dichlorodiphenyltrichloroethane) n DDT m.

DE abbr of Delaware.

DEA (abbr of Drug Enforcement Administration) n agence américaine de lutte contre la drogue.

deacon ['diːkn] n diacre m.

deaconess [,diːkə'nes] n diaconesse f.

deactivate [,diː'æktɪveɪt] vt désamorcer.

dead [ded] ◇ adj - 1. [not alive, not lively]

mort(e) ; **to shoot sb ~** abattre qqn ; **he wouldn't be seen ~ doing that** il ne ferait cela pour rien au monde - 2. [numb] engourdi(e) - 3. [not operating - battery] à plat ; **the telephone's** ~ il n'y a pas de tonalité - 4. [complete - silence] de mort ; **to come to a ~ stop** s'arrêter pile ◇ adv - 1. [directly, precisely] : ~ **ahead** droit devant soi ; ~ **on time** pile à l'heure - 2. inf [completely] tout à fait ; **to be ~ set against sthg** être tout à fait opposé à qqch ; **to be ~ set on sthg** vouloir faire qqch à tout prix - 3. [suddenly] : **to stop ~** s'arrêter net ◇ n : **in the ~ of night/winter** au cœur de la nuit/de l'hiver ◇ npl : **the ~** les morts mpl.

deadbeat ['dedbiːt] n Am inf flemmard m, -e f.

dead centre n plein milieu m.

dead duck n : it's a ~ inf c'est foutu, c'est fichu.

deaden ['dedn] vt [sound] assourdir ; [pain] calmer.

dead end n impasse f.

dead-end job n travail m sans débouchés.

deadhead ['dedhed] vt enlever les fleurs fanées de.

dead heat n arrivée f ex-aequo.

dead letter n fig [rule, law] lettre f morte.

deadline ['dedlaɪn] n dernière limite f.

deadlock ['dedlɒk] n impasse f.

deadlocked ['dedlɒkt] adj dans une impasse.

dead loss n inf : **to be a ~** [person] être bon (bonne) à rien ; [object] ne rien valoir.

deadly ['dedlɪ] (compar -ier ; superl -iest) ◇ adj - 1. [poison, enemy] mortel(elle) - 2. [accuracy] imparable ◇ adv [boring, serious] tout à fait ; ~ **pale** d'une pâleur mortelle.

deadly nightshade n belladone f.

deadpan ['dedpæn] ◇ adj pince-sans-rire (inv) ◇ adv impassiblement.

Dead Sea n : **the ~** la mer Morte.

dead wood Br, **deadwood** Am ['dedwʊd] n (U) fig [people] personnes fpl improductives ; [things, material] choses fpl inutiles.

deaf [def] ◇ adj sourd(e) ; **to be ~ to sthg** être sourd à qqch ◇ npl : **the ~** les sourds mpl.

deaf-aid n Br appareil m acoustique.

deaf-and-dumb adj sourd-muet (sourde-muette).

deafen ['defn] vt assourdir.

deafening ['defnɪŋ] adj assourdissant(e).

deaf-mute ◇ adj sourd-muet (sourde-muette) ◇ *n* sourd-muet *m*, sourde-muette *f*.

deafness ['defnɪs] *n* surdité *f*.

deal [diːl] (*pt* & *pp* **dealt**) ◇ *n* - **1.** [quantity] : **a good** OR **great ~** beaucoup ; **a good** OR **great ~ of** beaucoup de, bien de/des - **2.** [business agreement] marché *m*, affaire *f* ; **to do** OR **strike a ~ with sb** conclure un marché avec qqn - **3.** inf [treatment] : **to get a bad ~** ne pas faire une affaire ; **big ~!** et alors!, tu parles! ◇ *vt* - **1.** [strike] : **to ~ sb/sthg a blow, to ~ a blow to sb/sthg** porter un coup à qqn/qqch - **2.** [cards] donner, distribuer ◇ *vi* - **1.** [at cards] donner, distribuer - **2.** [in drugs] faire le trafic (de drogues).

◆ **deal in** *vt fus* COMM faire le commerce de.

◆ **deal out** *vt sep* distribuer.

◆ **deal with** *vt fus* - **1.** [handle] s'occuper de - **2.** [be about] traiter de - **3.** [be faced with] avoir affaire à.

dealer ['diːləʳ] *n* - **1.** [trader] négociant *m* ; [in drugs] trafiquant *m* - **2.** [cards] donneur *m*.

dealership ['diːləʃɪp] *n* concession *f*

dealing ['diːlɪŋ] *n* commerce *m*.

◆ **dealings** *npl* relations *fpl*, rapports *mpl*.

dealt [delt] *pt* & *pp* ▷ **deal**.

dean [diːn] *n* doyen *m*.

dear [dɪəʳ] ◇ *adj* : **~ (to)** cher (chère) (à) ; **Dear Sir** [in letter] Cher Monsieur ; **Dear Madam** Chère Madame ◇ *n* chéri *m*, -e *f* ◇ *excl* : **oh ~!** mon Dieu!

dearly ['dɪəlɪ] *adv* [love, wish] de tout son cœur.

dearth [dɜːθ] *n* pénurie *f*.

death [deθ] *n* mort *f* ; **to be put to ~** être mis à mort, être exécuté ; **to frighten sb to ~** faire une peur bleue à qqn ; **to worry sb to ~** rendre qqn fou d'inquiétude ; **to be sick to ~ of sthg/of doing sthg** en avoir marre de qqch/de faire qqch ; **to be at ~'s door** être à l'article de la mort.

deathbed ['deθbed] *n* lit *m* de mort.

death certificate *n* acte *m* de décès.

death duty Br, **death tax** Am *n* droits *mpl* de succession.

death knell *n* glas *m*.

deathly ['deθlɪ] (*compar* **-ier** ; *superl* **-iest**) ◇ *adj* de mort ◇ *adv* comme la mort.

death penalty *n* peine *f* de mort.

death rate *n* taux *m* de mortalité.

death row *n* Am quartier *m* des condamnés à mort.

death sentence *n* condamnation *f* à mort.

death squad *n* escadron *m* de la mort.

death tax Am = **death duty**.

death toll *n* nombre *m* de morts.

death trap *n* inf véhicule *m*/bâtiment *m* dangereux.

Death Valley *n* la Vallée de la Mort.

deathwatch beetle *n* vrillette *f*.

death wish *n* désir *m* de mort.

deb [deb] *n* Br inf débutante *f*.

débâcle [deˈbɑːkl] *n* débâcle *f*.

debar [diːˈbɑːʳ] (*pt* & *pp* **-red** ; *cont* **-ring**) *vt* : **to ~ sb (from)** [place] exclure qqn (de) ; **to ~ sb from doing sthg** interdire à qqn de faire qqch.

debase [dɪˈbeɪs] *vt* dégrader ; **to ~ o.s.** s'avilir.

debasement [dɪˈbeɪsmənt] *n* dégradation *f* ; [of person] avilissement *m*.

debatable [dɪˈbeɪtəbl] *adj* discutable, contestable.

debate [dɪˈbeɪt] ◇ *n* débat *m* ; **open to ~** discutable ◇ *vt* débattre, discuter ; **to ~ whether** s'interroger pour savoir si ◇ *vi* débattre.

debating society [dɪˈbeɪtɪŋ-] *n* club *m* de débats.

debauched [dɪˈbɔːtʃt] *adj* débauché(e).

debauchery [dɪˈbɔːtʃərɪ] *n* débauche *f*.

debenture [dɪˈbentʃəʳ] *n* obligation *f* (sans garantie).

debenture stock *n* Br capital *m* obligations.

debilitate [dɪˈbɪlɪteɪt] *vt* débiliter, affaiblir.

debilitating [dɪˈbɪlɪteɪtɪŋ] *adj* débilitant(e).

debility [dɪˈbɪlətɪ] *n* débilité *f*, faiblesse *f*.

debit ['debɪt] ◇ *n* débit *m* ◇ *vt* débiter.

debit card *n* carte *f* de paiement à débit immédiat.

debit note *n* note *f* de débit.

debonair [ˌdebəˈneəʳ] *adj* fringant(e).

debrief [ˌdiːˈbriːf] *vt* faire faire un compte-rendu de mission à.

debriefing [ˌdiːˈbriːfɪŋ] *n* compte-rendu *m* (de mission).

debris ['deɪbriː] *n* (U) débris *mpl*.

debt [det] *n* dette *f* ; **to be in ~** avoir des dettes, être endetté(e) ; **to be in sb's ~** être redevable à qqn.

debt collector *n* agent *m* de recouvrements.

debtor ['detəʳ] *n* débiteur *m*, -trice *f*.

debug [ˌdiːˈbʌg] (*pt* & *pp* **-ged** ; *cont* **-ging**) *vt* - **1.** [room] enlever les micros cachés dans - **2.** COMPUT [program] mettre au point, déboguer.

debunk [ˌdiː'bʌŋk] vt démentir.

debut ['deɪbjuː] n débuts mpl.

debutante ['debjutɑ:nt] n débutante f.

Dec. (abbr of December) déc.

decade ['dekeɪd] n décennie f.

decadence ['dekədəns] n décadence f.

decadent ['dekədənt] adj décadent(e).

decaff ['diːkæf] n inf déca m.

decaffeinated [dɪ'kæfɪneɪtɪd] adj décaféiné(e).

decal ['diːkæl] n Am décalcomanie f.

decamp [dɪ'kæmp] vi inf décamper, filer.

decant [dɪ'kænt] vt décanter.

decanter [dɪ'kæntə'] n carafe f.

decapitate [dɪ'kæpɪteɪt] vt décapiter.

decathlete [dɪ'kæθliːt] n décathlonien m.

decathlon [dɪ'kæθlɒn] n décathlon m.

decay [dɪ'keɪ] ◇ n - 1. [of body, plant] pourriture f, putréfaction f; [of tooth] carie f - 2. fig [of building] délabrement m ; [of society] décadence f ◇ vi - 1. [rot] pourrir ; [tooth] se carier - 2. fig [building] se délabrer, tomber en ruines ; [society] tomber en décadence.

deceased [dɪ'siːst] (pl inv) ◇ adj décédé(e) ◇ n : the ~ le défunt, la défunte.

deceit [dɪ'siːt] n tromperie f, supercherie f.

deceitful [dɪ'siːtfʊl] adj trompeur(euse), fourbe.

deceive [dɪ'siːv] vt [person] tromper, duper ; [subj : memory, eyes] jouer des tours à ; **to ~ o.s.** se leurrer, s'abuser.

decelerate [ˌdiː'seləreɪt] vi ralentir.

December [dɪ'sembə'] n décembre m ; see also September.

decency ['diːsnsɪ] n décence f, bienséance f; **to have the ~ to do sthg** avoir la décence de faire qqch.

decent ['diːsnt] adj - 1. [behaviour, dress] décent(e) - 2. [wage, meal] correct(e), décent(e) - 3. [person] gentil(ille), brave.

decently ['diːsntlɪ] adv - 1. [properly] décemment, convenablement - 2. [adequately] correctement.

decentralization [diːˌsentrəlaɪ'zeɪʃn] n décentralisation f.

decentralize, -ise [ˌdiː'sentrəlaɪz] vt décentraliser.

deception [dɪ'sepʃn] n - 1. [lie, pretence] tromperie f, duperie f - 2. (U) [act of lying] supercherie f.

deceptive [dɪ'septɪv] adj trompeur(euse).

deceptively [dɪ'septɪvlɪ] adv en apparence.

decibel ['desɪbel] n décibel m.

decide [dɪ'saɪd] ◇ vt décider ; **to ~ to do sthg** décider de faire qqch ◇ vi se décider.

◆ **decide (up)on** vt fus se décider pour, choisir.

decided [dɪ'saɪdɪd] adj - 1. [definite] certain(e), incontestable - 2. [resolute] décidé(e), résolu(e).

decidedly [dɪ'saɪdɪdlɪ] adv - 1. [clearly] manifestement, incontestablement - 2. [resolutely] résolument.

deciding [dɪ'saɪdɪŋ] adj : ~ **vote** vote m décisif.

deciduous [dɪ'sɪdjʊəs] adj à feuilles caduques.

decimal ['desɪml] ◇ adj décimal(e) ◇ n décimale f.

decimal currency n monnaie f décimale.

decimalize, -ise ['desɪmələɪz] vt Br décimaliser.

decimal place n décimale f.

decimal point n virgule f.

decimate ['desɪmeɪt] vt décimer.

decimation [ˌdesɪ'meɪʃn] n décimation f.

decipher [dɪ'saɪfə'] vt déchiffrer.

decision [dɪ'sɪʒn] n décision f; **to make a ~** prendre une décision.

decision-making n prise f de décisions.

decisive [dɪ'saɪsɪv] adj - 1. [person] déterminé(e), résolu(e) - 2. [factor, event] décisif(ive).

decisively [dɪ'saɪsɪvlɪ] adv - 1. [speak] d'un ton décidé ; [act] avec décision - 2. [considerably, definitely] nettement, bien.

decisiveness [dɪ'saɪsɪvnɪs] n fermeté f, résolution f.

deck [dek] ◇ n - 1. [of ship] pont m - 2. [of bus] impériale f - 3. [of cards] jeu m - 4. Am [of house] véranda f ◇ vt [decorate] : **to ~ sthg with** parer OR orner qqch de.

◆ **deck out** vt sep agrémenter, parer.

deckchair ['dektʃeə'] n chaise longue f, transat m.

deckhand ['dekhænd] n matelot m.

declaration [ˌdeklə'reɪʃn] n déclaration f.

Declaration of Independence n : the ~ la Déclaration d'Indépendance des États-Unis d'Amérique (1776).

declare [dɪ'kleə'] vt déclarer.

declared [dɪ'kleəd] adj [intention, supporter] avoué(e), déclaré(e).

declassify [ˌdiː'klæsɪfaɪ] (pt & pp -ied) vt rayer de la liste des documents secrets.

decline [dɪ'klaɪn] ◇ n déclin m ; **to be in ~** être en déclin ; **on the ~** en baisse ◇ vt décliner ; **to ~ to do sthg** refuser de faire qqch

⟷ *vi* - **1.** [deteriorate] décliner - **2.** [refuse] refuser.

declutch [,di:'klʌtʃ] *vi* débrayer.

decode [,di:'kəʊd] *vt* décoder.

decoder [,di:'kəʊdə^r] *n* décodeur *m*.

decommission [,di:kə'mɪʃn] *vt* mettre hors service.

decompose [,di:kəm'pəʊz] *vi* se décomposer.

decomposition [,di:kɒmpə'zɪʃn] *n* décomposition *f*.

decompression chamber [,di:kəm'preʃn-] *n* caisson *m* de décompression.

decompression sickness [,di:kəm'preʃn-] *n* maladie *f* des caissons.

decongestant [,di:kən'dʒestənt] *n* décongestionnant *m*.

decontaminate [,di:kən'tæmɪneɪt] *vt* décontaminer.

décor ['deɪkɔː^r] *n* décor *m*.

decorate ['dekəreɪt] *vt* décorer.

decoration [,dekə'reɪʃn] *n* décoration *f*.

decorative ['dekərətɪv] *adj* décoratif(ive).

decorator ['dekəreɪtə^r] *n* décorateur *m*, -trice *f*.

decorous ['dekərəs] *adj* bienséant(e), convenable.

decorum [dɪ'kɔːrəm] *n* décorum *m*.

decoy [*n* 'di:kɔɪ, *vt* dɪ'kɔɪ] ⟷ *n* [for hunting] appât *m*, leurre *m* ; [person] compère *m* ⟷ *vt* attirer dans un piège.

decrease [*n* 'di:kri:s, *vb* dɪ'kri:s] ⟷ *n* : ~ (in) diminution *f* (de), baisse *f* (de) ⟷ *vt* diminuer, réduire ⟷ *vi* diminuer, décroître.

decreasing [di:'kri:sɪŋ] *adj* qui diminue, décroissant(e).

decree [dɪ'kri:] ⟷ *n* - **1.** [order, decision] décret *m* - **2.** Am JUR arrêt *m*, jugement *m* ⟷ *vt* décréter, ordonner.

decree absolute (*pl* **decrees absolute**) *n* Br jugement *m* définitif.

decree nisi [-'naɪsaɪ] (*pl* **decrees nisi**) *n* Br jugement *m* provisoire.

decrepit [dɪ'krepɪt] *adj* [person] décrépit(e) ; [house] délabré(e).

decry [dɪ'kraɪ] (*pt* & *pp* **-ied**) *vt* décrier, dénigrer.

dedicate ['dedɪkeɪt] *vt* - **1.** [book etc] dédier - **2.** [life, career] consacrer ; **to ~ o.s. to sthg** se consacrer à qqch.

dedicated ['dedɪkeɪtɪd] *adj* - **1.** [person] dévoué(e) - **2.** COMPUT spécialisé(e).

dedication [,dedɪ'keɪʃn] *n* - **1.** [commitment] dévouement *m* - **2.** [in book] dédicace *f*.

deduce [dɪ'dju:s] *vt* déduire, conclure.

deduct [dɪ'dʌkt] *vt* déduire, retrancher.

deduction [dɪ'dʌkʃn] *n* déduction *f*.

deed [di:d] *n* - **1.** [action] action *f*, acte *m* - **2.** JUR acte *m* notarié.

deed poll (*pl* **deed polls** OR **deeds poll**) *n* Br : **to change one's name by ~** changer de nom légalement OR officiellement.

deem [di:m] *vt* juger, considérer ; **to ~ it wise to do sthg** juger prudent de faire qqch.

deep [di:p] ⟷ *adj* profond(e) ; **to be thrown in at the ~ end** fig recevoir le baptême du feu ⟷ *adv* profondément ; **feelings were running ~** les sentiments se sont exacerbés ; **~ down** [fundamentally] au fond ; **to be ~ in thought** être perdu(e) dans ses pensées.

deepen ['di:pn] ⟷ *vt* [hole, channel] creuser ⟷ *vi* - **1.** [river, sea] devenir profond(e) - **2.** [crisis, recession, feeling] s'aggraver - **3.** [darkness] augmenter.

deepening ['di:pnɪŋ] *adj* [crisis, recession] qui s'aggrave.

deep freeze *n* congélateur *m*.
⟷ **deep-freeze** *vt* congeler.

deep fry *vt* faire frire.

deeply ['di:plɪ] *adv* profondément.

deep-rooted *adj* [prejudice] ancré(e), enraciné(e) ; [hatred] vivace, tenace ; [affection] profond(e).

deep-sea *adj* : **~ diving** plongée *f* sous-marine ; **~ fishing** pêche *f* hauturière.

deep-seated ['si:tɪd] *adj* [belief, fear] profond(e), enraciné(e).

deep-set *adj* [eyes] enfoncé(e).

deer [dɪə^r] (*pl inv*) *n* cerf *m*.

deerstalker ['dɪə,stɔːkə^r] *n* [hat] casquette *f* de chasse.

de-escalate [,di:'eskəleɪt] ⟷ *vt* faire diminuer ⟷ *vi* diminuer.

deface [dɪ'feɪs] *vt* barbouiller.

defamation [,defə'meɪʃn] *n* diffamation *f*.

defamatory [dɪ'fæmətrɪ] *adj* diffamatoire, diffamant(e).

default [dɪ'fɔːlt] ⟷ *n* - **1.** [failure] défaillance *f* ; **by ~** par défaut - **2.** COMPUT valeur *f* par défaut ⟷ *comp* COMPUT implicite, par défaut ⟷ *vi* manquer à ses engagements ; **to ~ on** manquer à.

defaulter [dɪ'fɔːltə^r] *n* partie *f* défaillante.

default value *n* COMPUT valeur *f* par défaut.

defeat [dɪ'fi:t] ⟷ *n* défaite *f* ; **to admit ~** s'avouer battu(e) OR vaincu(e) ⟷ *vt*

- 1. [team, opponent] vaincre, battre **- 2.** [motion, proposal] rejeter **- 3.** [plans] faire échouer.

defeatism [dɪˈfiːtɪzm] n défaitisme m.

defeatist [dɪˈfiːtɪst] <> adj défaitiste <> n défaitiste mf.

defecate [ˈdefəkeɪt] vi déféquer.

defect [n ˈdiːfekt, vi dɪˈfekt] <> n défaut m <> vi : **to ~** to passer à.

defection [dɪˈfekʃn] n défection f.

defective [dɪˈfektɪv] adj défectueux(euse).

defector [dɪˈfektəʳ] n transfuge mf.

defence Br, **defense** Am [dɪˈfens] n **- 1.** [gen] défense f **- 2.** [protective device, system] protection f **- 3.** JUR : **the ~** la défense ; **he said in ~ that ...** il a répondu pour sa défense que ...

➡ **defences** npl [of country] moyens mpl de défense.

defenceless Br, **defenseless** Am [dɪˈfenslɪs] adj sans défense.

defend [dɪˈfend] <> vt défendre ; **to ~ o.s.** se défendre <> vi SPORT défendre.

defendant [dɪˈfendənt] n défendeur m, -eresse f ; [in trial] accusé m, -e f.

defender [dɪˈfendəʳ] n défenseur m.

defense Am = **defence**.

defenseless Am = **defenceless**.

defensive [dɪˈfensɪv] <> adj défensif(ive) <> n : **on the ~** sur la défensive.

defer [dɪˈfɜːʳ] (pt & pp **-red** ; cont **-ring**) <> vt différer <> vi : **to ~ to sb** s'en remettre à (l'opinion de) qqn.

deference [ˈdefərəns] n déférence f.

deferential [ˌdefəˈrenʃl] adj respectueux(euse).

defiance [dɪˈfaɪəns] n défi m ; **in ~ of** au mépris de.

defiant [dɪˈfaɪənt] adj [person] intraitable, intransigeant(e) ; [action] de défi.

defiantly [dɪˈfaɪəntlɪ] adv [say] d'un ton de défi.

deficiency [dɪˈfɪʃnsɪ] (pl **-ies**) n **- 1.** [lack] manque m ; [of vitamins etc] carence f **- 2.** [inadequacy] imperfection f, défaut m.

deficient [dɪˈfɪʃnt] adj **- 1.** [lacking] : **to be ~ in** manquer de **- 2.** [inadequate] insuffisant(e), médiocre.

deficit [ˈdefɪsɪt] n déficit m.

defile [dɪˈfaɪl] vt souiller, salir.

define [dɪˈfaɪn] vt définir.

definite [ˈdefɪnɪt] adj **- 1.** [plan] bien déterminé(e) ; [date] certain(e) **- 2.** [improvement, difference] net (nette), marqué(e) **- 3.** [answer] pré-

cis(e), catégorique **- 4.** [confident - person] assuré(e).

definitely [ˈdefɪnɪtlɪ] adv **- 1.** [without doubt] sans aucun doute, certainement **- 2.** [for emphasis] catégoriquement.

definition [ˌdefɪˈnɪʃn] n **- 1.** [gen] définition f **- 2.** [clarity] clarté f, précision f.

definitive [dɪˈfɪnɪtɪv] adj définitif(ive).

deflate [dɪˈfleɪt] <> vt **- 1.** [balloon, tyre] dégonfler **- 2.** fig [person] rabaisser, humilier **- 3.** ECON provoquer la déflation de <> vi [balloon, tyre] se dégonfler.

deflation [dɪˈfleɪʃn] n ECON déflation f.

deflationary [dɪˈfleɪʃnərɪ] adj [policy] de déflation ; [measure] déflationniste.

deflect [dɪˈflekt] vt [ball, bullet] dévier ; [stream] détourner, dériver ; [criticism] détourner.

deflection [dɪˈflekʃn] n [of ball, bullet] déviation f ; [of stream] dérivation f, détournement m.

defog [ˌdiːˈfɒɡ] vt Am AUT désembuer.

defogger [ˌdiːˈfɒɡəʳ] n Am AUT dispositif m antibuée.

deforest [ˌdiːˈfɒrɪst] vt déboiser.

deforestation [ˌdiːfɒrɪˈsteɪʃn] n déforestation f, déboisement m.

deform [dɪˈfɔːm] vt déformer.

deformed [dɪˈfɔːmd] adj difforme.

deformity [dɪˈfɔːmətɪ] (pl **-ies**) n difformité f, malformation f.

defraud [dɪˈfrɔːd] vt [person] escroquer ; [Inland Revenue etc] frauder.

defray [dɪˈfreɪ] vt [costs] couvrir ; [expenses] rembourser.

defrost [ˌdiːˈfrɒst] <> vt **- 1.** [fridge] dégivrer ; [frozen food] décongeler **- 2.** Am [AUT - de-ice] dégivrer ; [- demist] désembuer <> vi [fridge] dégivrer ; [frozen food] se décongeler.

deft [deft] adj adroit(e).

deftly [ˈdeftlɪ] adv adroitement.

defunct [dɪˈfʌŋkt] adj qui n'existe plus ; [person] défunt(e).

defuse [ˌdiːˈfjuːz] vt Br désamorcer.

defy [dɪˈfaɪ] (pt & pp **-ied**) vt **- 1.** [gen] défier ; **to ~ sb to do sthg** mettre qqn au défi de faire qqch **- 2.** [efforts] résister à, faire échouer.

degenerate [adj & n dɪˈdʒenərət, vt dɪˈdʒenəreɪt] <> adj dégénéré(e) <> n dégénéré m, -e f <> vi : **to ~ (into)** dégénérer (en).

degradation [ˌdeɡrəˈdeɪʃn] n [of person] déchéance f ; [of place] dégradation f.

degrade [dɪˈɡreɪd] vt [person] avilir.

degrading [dɪˈɡreɪdɪŋ] adj dégradant(e), avilissant(e).

degree [dɪ'griː] *n* - **1.** [measurement] degré *m* - **2.** UNIV diplôme *m* universitaire ; **to have/take a ~ (in)** avoir/faire une licence (de) - **3.** [amount] : **to a certain ~** jusqu'à un certain point, dans une certaine mesure ; **a ~ of** risk un certain risque ; **a ~ of truth** une certaine part de vérité ; **by ~s** progressivement, petit à petit.

dehumanize [diː'hjuːmənaɪz], **-ise** *vt* déshumaniser.

dehydrated [ˌdiːhaɪ'dreɪtɪd] *adj* déshydraté(e).

dehydration [ˌdiːhaɪ'dreɪʃn] *n* déshydratation *f*.

de-ice [diː'aɪs] *vt* dégivrer.

de-icer [diː'aɪsə'] *n* dégivreur *m*.

deign [deɪn] *vt* : **to ~ to do sthg** daigner faire qqch.

deity [ˈdiːɪtɪ] (*pl* **-ies**) *n* dieu *m*, déesse *f*, divinité *f*.

déjà vu [ˌdeʒɑː'vjuː] *n* déjà vu *m*.

dejected [dɪ'dʒektɪd] *adj* abattu(e), découragé(e).

dejection [dɪ'dʒekʃn] *n* abattement *m*, découragement *m*.

del. (*abbr of* **delete**) [on keyboard] suppr.

Del. *abbr of* **Delaware**.

Delaware [ˈdeləweə'] *n* Delaware *m* ; **in ~** dans le Delaware.

delay [dɪ'leɪ] <> *n* retard *m*, délai *m* ; **without ~** sans délai <> *vt* - **1.** [cause to be late] retarder - **2.** [defer] différer ; **to ~ doing sthg** tarder à faire qqch <> *vi* : **to ~ (in doing sthg)** tarder (à faire qqch).

delayed [dɪ'leɪd] *adj* : **to be ~** [person, train] être retardé(e).

delayed-action [dɪ'leɪd-] *adj* [response] après coup ; **~ shutter** PHOT dispositif *m* à retardement.

delectable [dɪ'lektəbl] *adj* délicieux(euse).

delegate [*n* 'delɪgət, *vb* 'delɪgeɪt] <> *n* délégué *m*, -e *f* <> *vt* déléguer ; **to ~ sb to do sthg** déléguer qqn pour faire qqch ; **to ~ sthg to sb** déléguer qqch à qqn <> *vi* déléguer.

delegation [ˌdelɪ'geɪʃn] *n* délégation *f*.

delete [dɪ'liːt] *vt* supprimer, effacer.

deletion [dɪ'liːʃn] *n* suppression *f*, effacement *m*.

Delhi [ˈdelɪ] *n* Delhi.

deli [ˈdelɪ] *n inf abbr of* **delicatessen**.

deliberate [*adj* dɪ'lɪbərət, *vb* dɪ'lɪbəreɪt] <> *adj* - **1.** [intentional] voulu(e), délibéré(e) - **2.** [slow] lent(e), sans hâte <> *vi* délibérer.

deliberately [dɪ'lɪbərətlɪ] *adv* - **1.** [on purpose] exprès, à dessein - **2.** [slowly] posément, sans se presser.

deliberation [dɪˌlɪbə'reɪʃn] *n* - **1.** [consideration] délibération *f* - **2.** [slowness] mesure *f*.
◆ **deliberations** *npl* délibérations *fpl*, discussions *fpl*.

delicacy [ˈdelɪkəsɪ] (*pl* **-ies**) *n* - **1.** [gen] délicatesse *f* - **2.** [food] mets *m* délicat.

delicate [ˈdelɪkət] *adj* délicat(e) ; [movement] gracieux(euse).

delicately [ˈdelɪkətlɪ] *adv* - **1.** [gen] délicatement ; [move] gracieusement, avec grâce - **2.** [tactfully] avec délicatesse, subtilement.

delicatessen [ˌdelɪkə'tesn] *n* épicerie *f* fine.

delicious [dɪ'lɪʃəs] *adj* délicieux(euse).

delight [dɪ'laɪt] <> *n* - **1.** [great pleasure] délice *m* ; **to take ~ in doing sthg** prendre grand plaisir à faire qqch - **2.** [wonderful thing, person] : **she's a ~ to work with** c'est un plaisir de travailler avec elle ; **a ~ to the eyes** un régal pour les yeux <> *vt* enchanter, charmer <> *vi* : **to ~ in sthg/in doing sthg** prendre grand plaisir à qqch/à faire qqch.

delighted [dɪ'laɪtɪd] *adj* : **~ (by** OR **with)** enchanté(e) (de), ravi(e) (de) ; **to be ~ that** être enchanté OR ravi que ; **to be ~ to do sthg** être enchanté OR ravi de faire qqch.

delightful [dɪ'laɪtfʊl] *adj* ravissant(e), charmant(e) ; [meal] délicieux(euse).

delightfully [dɪ'laɪtfʊlɪ] *adv* d'une façon charmante.

delimit [diː'lɪmɪt] *vt* délimiter.

delineate [dɪ'lɪnɪeɪt] *vt* exposer, énoncer.

delinquency [dɪ'lɪŋkwənsɪ] *n* délinquance *f*.

delinquent [dɪ'lɪŋkwənt] <> *adj* délinquant(e) <> *n* délinquant *m*, -e *f*.

delirious [dɪ'lɪrɪəs] *adj lit* & *fig* délirant(e).

delirium [dɪ'lɪrɪəm] *n* délire *m*.

deliver [dɪ'lɪvə'] <> *vt* - **1.** [distribute] : **to ~ sthg (to sb)** [mail, newspaper] distribuer qqch (à qqn) ; COMM livrer qqch (à qqn) - **2.** [speech] faire ; [warning] donner ; [message] remettre ; [blow, kick] donner, porter - **3.** [baby] mettre au monde - **4.** [free] délivrer - **5.** Am POL [votes] obtenir <> *vi* - **1.** COMM livrer - **2.** [fulfil promise] tenir sa promesse.

deliverance [dɪ'lɪvərəns] *n* délivrance *f*.

delivery [dɪ'lɪvərɪ] (*pl* **-ies**) *n* - **1.** COMM livraison *f* - **2.** [way of speaking] élocution *f* - **3.** [birth] accouchement *m*.

delivery note *n* bulletin *m* de livraison.

delivery van Br, **delivery truck** Am *n* camionnette *f* de livraison.

delphinium [del'fɪnɪəm] (*pl* **-s**) *n* delphinium *m*, pied-d'alouette *m*.

delta ['deltə] (*pl* **-s**) *n* delta *m*.

delude [dɪ'lu:d] *vt* tromper, induire en erreur ; **to ~ o.s.** se faire des illusions.

deluge ['delju:dʒ] ⇔ *n* déluge *m* ; *fig* avalanche *f* ⇔ *vt* : **to be ~d with** être débordé(e) OR submergé(e) de.

delusion [dɪ'lu:ʒn] *n* illusion *f* ; **~s of grandeur** folie *f* des grandeurs.

de luxe [də'lʌks] *adj* de luxe.

delve [delv] *vi* : **to ~ into** [past] fouiller ; [bag etc] fouiller dans.

Dem. *abbr of* Democrat, Democratic.

demagogue ['deməgɒg] *n* démagogue *m*.

demand [dɪ'mɑ:nd] ⇔ *n* - **1.** [claim, firm request] revendication *f*, exigence *f* ; **wage ~** revendication salariale ; **on ~** sur demande - **2.** [need] : **~ (for)** demande *f* (de) ; **in ~** demandé(e), recherché(e) ⇔ *vt* - **1.** [ask for - justice, money] réclamer ; [- explanation, apology] exiger ; **to ~ to do sthg** exiger de faire qqch - **2.** [require] demander, exiger.

demanding [dɪ'mɑ:ndɪŋ] *adj* - **1.** [exhausting] astreignant(e) - **2.** [not easily satisfied] exigeant(e).

demarcation [,di:mɑ:'keɪʃn] *n* démarcation *f*.

demarcation dispute *n* conflit *m* de compétence.

dematerialize, -ise [di:mə'tɪərɪəlaɪz] *vi* se volatiliser.

demean [dɪ'mi:n] *vt* avilir, déshonorer ; **to ~ o.s.** s'abaisser.

demeaning [dɪ'mi:nɪŋ] *adj* avilissant(e), dégradant(e).

demeanour Br, **demeanor** Am [dɪ'mi:nəʳ] *n* (U) *fml* comportement *m*.

demented [dɪ'mentɪd] *adj* fou (folle), dément(e).

dementia [dɪ'menʃəl] *n* démence *f*.

demerara sugar [,demə'reərə-] *n* Br cassonade *f*.

demigod ['demɪgɒd] *n* demi-dieu *m*.

demijohn ['demɪdʒ gt'nl] *n* dame-jeanne *f*, bonbonne *f*.

demilitarized zone, demilitarised zone [,di:'mɪlɪtəraɪzd-] *n* zone *f* démilitarisée.

demise [dɪ'maɪz] *n* (U) décès *m* ; *fig* mort *f*, fin *f*.

demist [,di:'mɪst] *vt* Br désembuer.

demister [,di:'mɪstəʳ] *n* Br dispositif *m* antibuée.

demo ['deməʊ] (*abbr of* **demonstration**) *n* inf manif *f*.

demobilize, -ise [,di:'məʊbɪlaɪz] *vt* démobiliser.

democracy [dɪ'mɒkrəsɪ] (*pl* **-ies**) *n* démocratie *f*.

democrat ['deməkræt] *n* démocrate *mf*.

➤ **Democrat** *n* Am démocrate *mf*.

democratic [,demə'krætɪk] *adj* démocratique.

➤ **Democratic** *adj* Am démocrate.

democratically [,demə'krætɪklɪ] *adv* démocratiquement.

Democratic Party *n* Am : **the ~** le Parti démocrate.

democratize, -ise [dɪ'mɒkrətaɪz] *vt* démocratiser.

demographic [,demə'græfɪk] *adj* démographique.

demolish [dɪ'mɒlɪʃ] *vt* - **1.** [destroy] démolir - **2.** *inf* [eat] engloutir, engouffrer.

demolition [,demə'lɪʃn] *n* démolition *f*.

demon ['di:mən] ⇔ *n* [evil spirit] démon *m* ⇔ *comp* *inf* : **~ driver/chess player** as du volant/des échecs.

demonstrable [dɪ'mɒnstrəbl] *adj* démontrable.

demonstrably [dɪ'mɒnstrəblɪ] *adv* manifestement.

demonstrate ['demənstreɪt] ⇔ *vt* - **1.** [prove] démontrer, prouver - **2.** [machine, computer] faire une démonstration de ⇔ *vi* : **to ~ (for/against)** manifester (pour/contre).

demonstration [demən'streɪʃn] *n* - **1.** [of machine, emotions] démonstration *f* - **2.** [public meeting] manifestation *f*.

demonstrative [dɪ'mɒnstrətɪv] *adj* expansif(ive), démonstratif(ive).

demonstrator ['demənstreɪtəʳ] *n* - **1.** [in march] manifestant *m*, -e *f* - **2.** [of machine, product] démonstrateur *m*, -trice *f*.

demoralize, -ise [dɪ'mɒrəlaɪz] *vt* démoraliser.

demoralized [dɪ'mɒrəlaɪzd] *adj* démoralisé(e).

demote [,di:'məʊt] *vt* rétrograder.

demotion [,di:'məʊʃn] *n* rétrogradation *f*.

demotivate [,di:'məʊtɪveɪt] *vt* démotiver.

demure [dɪ'mjʊəʳ] *adj* modeste, réservé(e).

demystify [,di:'mɪstɪfaɪ] (*pt* & *pp* **-ied**) *vt* démystifier.

den [den] *n* [of animal] antre *m*, tanière *f*.

denationalization ['di:,næʃnəlaɪ'zeɪʃn] *n* dénationalisation *f*.

denationalize, -ise [,di:'næʃnəlaɪz] *vt* dénationaliser.

denial [dɪ'naɪəl] *n* [of rights, facts, truth] dénégation *f* ; [of accusation] démenti *m*.

denier ['denɪəʳ] *n* denier *m*.

denigrate ['denɪɡreɪt] *vt* dénigrer.

denim ['denɪm] *n* jean *m*.
➤ **denims** *npl* : **a pair of ~s** un jean.

denim jacket *n* veste *f* en jean.

denizen ['denɪzn] *n* literary OR hum habitant *m*, -e *f*.

Denmark ['denmɑːk] *n* Danemark *m* ; **in ~** au Danemark.

denomination [dɪ,nɒmɪ'neɪʃn] *n* - **1.** RELIG confession *f* - **2.** [money] valeur *f*.

denominator [dɪ'nɒmɪneɪtəʳ] *n* dénominateur *m*.

denote [dɪ'nəʊt] *vt* dénoter.

denounce [dɪ'naʊns] *vt* dénoncer.

dense [dens] *adj* - **1.** [crowd, forest] dense ; [fog] dense, épais(aisse) - **2.** inf [stupid] bouché(e).

densely ['densli] *adv* : **~ packed** [hall etc] complètement bondé(e) ; **~ populated** très peuplé(e) ;. **~ wooded** couvert(e) de forêts épaisses.

density ['densəti] (*pl* -ies) *n* densité *f*.

dent [dent] <> *n* bosse *f* <> *vt* cabosser.

dental ['dentl] *adj* dentaire ; **~ appointment** rendez-vous *m* chez le dentiste.

dental floss *n* fil *m* dentaire.

dental plate *n* prothèse *f* dentaire.

dental surgeon *n* chirurgien-dentiste *m*.

dental treatment *n* traitement *m* dentaire.

dented ['dentɪd] *adj* cabossé(e).

dentist ['dentɪst] *n* dentiste *mf*.

dentistry ['dentɪstrɪ] *n* dentisterie *f*.

dentures ['dentʃəz] *npl* dentier *m*.

denude [dɪ'njuːd] *vt* fml : **to ~ sthg (of)** dépouiller qqch (de).

denunciation [dɪ,nʌnsɪ'eɪʃn] *n* dénonciation *f*.

deny [dɪ'naɪ] (*pt* & *pp* -ied) *vt* - **1.** [refute] nier - **2.** fml [refuse] nier, refuser ; **to ~ sb sthg** refuser qqch à qqn.

deodorant [diː'əʊdərənt] *n* déodorant *m*.

depart [dɪ'pɑːt] *vi* fml - **1.** [leave] : **to ~ (from)** partir de - **2.** [differ] : **to ~ from sthg** s'écarter de qqch.

department [dɪ'pɑːtmənt] *n* - **1.** [in organization] service *m* - **2.** [in shop] rayon *m* - **3.** SCH & UNIV département *m* - **4.** [in government] département *m*, ministère *m*.

departmental [,diːpɑːt'mentl] *adj* de service.

department store *n* grand magasin *m*.

departure [dɪ'pɑːtʃəʳ] *n* - **1.** [leaving] départ *m* - **2.** [change] nouveau départ *m* ; **a ~ from tradition** un écart par rapport à la tradition.

departure lounge *n* salle *f* d'embarquement.

depend [dɪ'pend] *vi* : **to ~ on** [be dependent on] dépendre de ; [rely on] compter sur ; [emotionally] se reposer sur ; **it ~s on you/the weather** cela dépend de vous/du temps ; **it ~s** cela dépend ; **~ing on** selon.

dependable [dɪ'pendəbl] *adj* [person] sur qui on peut compter ; [source of income] sûr(e) ; [car] fiable.

dependant [dɪ'pendənt] *n* personne *f* à charge.

dependence [dɪ'pendəns] *n* : **~ (on)** dépendance *f* (de).

dependent [dɪ'pendənt] *adj* - **1.** [reliant] : **~ (on)** dépendant(e) (de) ; **to be ~ on sb/sthg** dépendre de qqn/qqch ; **the economy is ~ on oil** l'économie repose sur le pétrole - **2.** [addicted] dépendant(e), accro - **3.** [contingent] : **to be ~ on** dépendre de.

depict [dɪ'pɪkt] *vt* - **1.** [show in picture] représenter - **2.** [describe] : **to ~ sb/sthg as** dépeindre qqn/qqch comme.

depilatory [dɪ'pɪlətrɪ] *adj* dépilatoire.

deplete [dɪ'pliːt] *vt* épuiser.

depletion [dɪ'pliːʃn] *n* épuisement *m*.

deplorable [dɪ'plɔːrəbl] *adj* déplorable.

deplore [dɪ'plɔːʳ] *vt* déplorer.

deploy [dɪ'plɔɪ] *vt* déployer.

deployment [dɪ'plɔɪmənt] *n* déploiement *m*.

depopulated [,diː'pɒpjʊleɪtɪd] *adj* dépeuplé(e).

depopulation [diː,pɒpjʊ'leɪʃn] *n* dépeuplement *m*.

deport [dɪ'pɔːt] *vt* expulser.

deportation [,diːpɔː'teɪʃn] *n* expulsion *f*.

deportation order *n* arrêt *m* d'expulsion.

depose [dɪ'pəʊz] *vt* déposer.

deposit [dɪ'pɒzɪt] <> *n* - **1.** [gen] dépôt *m* ; **to make a ~** [into bank account] déposer de l'argent - **2.** [payment - as guarantee] caution *f* ; [- as instalment] acompte *m* ; [- on bottle] consigne *f* <> *vt* déposer.

deposit account *n* Br compte *m* sur livret.

depositor [də'pɒzɪtəʳ] *n* déposant *m*, -e *f*.

depot ['depəʊ] *n* - **1.** [gen] dépôt *m* - **2.** Am [station] gare *f*.

depraved [dɪ'preɪvd] *adj* dépravé(e).

depravity [dɪˈprævətɪ] n dépravation f.

deprecate [ˈdeprɪkeɪt] vt fml désapprouver.

deprecating [ˈdeprɪkeɪtɪŋ] adj désapprobateur(trice).

depreciate [dɪˈpriːʃɪeɪt] vi se déprécier.

depreciation [dɪˌpriːʃɪˈeɪʃn] n dépréciation f.

depress [dɪˈpres] vt - **1.** [sadden, discourage] déprimer - **2.** [weaken - economy] affaiblir ; [- prices] faire baisser.

depressant [dɪˈpresənt] n dépresseur m.

depressed [dɪˈprest] adj - **1.** [sad] déprimé(e) - **2.** [run-down - area] en déclin.

depressing [dɪˈpresɪŋ] adj déprimant(e).

depression [dɪˈpreʃn] n - **1.** [gen] dépression f - **2.** [sadness] tristesse f.

➡ **Depression** n ECON : the (Great) Depression la crise (économique) de 1929.

depressive [dɪˈpresɪv] adj dépressif(ive).

deprivation [ˌdeprɪˈveɪʃn] n privation f.

deprive [dɪˈpraɪv] vt : to ~ sb of sthg priver qqn de qqch.

deprived [dɪˈpraɪvd] adj défavorisé(e).

dept. abbr of **department**.

depth [depθ] n profondeur f ; in ~ [study, analyse] en profondeur ; to be out of one's ~ [in water] ne pas avoir pied ; fig avoir perdu pied, être dépassé.

➡ **depths** npl : the ~s [of seas] les profondeurs fpl ; [of memory, archives] le fin fond ; in the ~s of winter au cœur de l'hiver ; to be in the ~s of despair toucher le fond du désespoir.

depth charge n grenade f sous-marine.

deputation [ˌdepjʊˈteɪʃn] n délégation f.

deputize, -ise [ˈdepjʊtaɪz] vi : to ~ for sb assurer les fonctions de qqn, remplacer qqn.

deputy [ˈdepjʊtɪ] (pl -ies) <> adj adjoint(e) ; ~ chairman vice-président m ; ~ head SCH directeur m adjoint ; ~ leader POL vice-président m <> n - **1.** [second-in-command] adjoint m, -e f - **2.** Am [deputy sheriff] shérif m adjoint.

derail [dɪˈreɪl] vt [train] faire dérailler.

derailment [dɪˈreɪlmənt] n déraillement m.

deranged [dɪˈreɪndʒd] adj dérangé(e).

derby [Br ˈdɑːbɪ, Am ˈdɜːbɪ] (pl -ies) n - **1.** SPORT derby m - **2.** Am [hat] chapeau m melon.

deregulate [ˌdiːˈregjʊleɪt] vt déréglementer.

deregulation [ˌdiːregjʊˈleɪʃn] n déréglementation f.

derelict [ˈderəlɪkt] adj en ruines.

deride [dɪˈraɪd] vt railler.

derision [dɪˈrɪʒn] n dérision f.

derisive [dɪˈraɪsɪv] adj moqueur(euse).

derisory [dəˈraɪzərɪ] adj - **1.** [puny, trivial] dérisoire - **2.** [derisive] moqueur(euse).

derivation [ˌderɪˈveɪʃn] n [of word] dérivation f.

derivative [dɪˈrɪvətɪv] <> adj pej pas original(e) <> n dérivé m.

derive [dɪˈraɪv] <> vt - **1.** [draw, gain] : to ~ sthg from sthg tirer qqch de qqch - **2.** [originate] : to be ~d from venir de <> vi : to ~ from venir de.

dermatitis [ˌdɜːməˈtaɪtɪs] n dermatite f.

dermatologist [ˌdɜːməˈtɒlədʒɪst] n dermatologue mf.

dermatology [ˌdɜːməˈtɒlədʒɪ] n dermatologie f.

derogatory [dɪˈrɒgətrɪ] adj désobligeant(e).

derrick [ˈderɪk] n - **1.** [crane] mât m de charge - **2.** [over oil well] derrick m.

derv [dɜːv] n Br gas-oil m.

desalination [diːˌsælɪˈneɪʃn] n dessalement m, dessalaison f.

descant [ˈdeskænt] n [tune] déchant m.

descend [dɪˈsend] <> vt fml [go down] descendre <> vi - **1.** fml [go down] descendre - **2.** [fall] : to ~ (on) [enemy] s'abattre (sur) ; [subj: silence, gloom] tomber (sur) - **3.** [arrive] : to ~ on [a town] arriver en nombre dans, envahir ; [subj: in-laws etc] arriver à l'improviste chez - **4.** [stoop] : to ~ to sthg/to doing sthg s'abaisser à qqch/à faire qqch.

descendant [dɪˈsendənt] n descendant m, -e f.

descended [dɪˈsendɪd] adj : to be ~ from sb descendre de qqn.

descending [dɪˈsendɪŋ] adj : in ~ order en ordre décroissant.

descent [dɪˈsent] n - **1.** [downwards movement] descente f - **2.** (U) [origin] origine f.

describe [dɪˈskraɪb] vt décrire.

description [dɪˈskrɪpʃn] n - **1.** [account] description f - **2.** [type] sorte f, genre m.

descriptive [dɪˈskrɪptɪv] adj descriptif(ive).

desecrate [ˈdesɪkreɪt] vt profaner.

desecration [ˌdesɪˈkreɪʃn] n profanation f.

desegregate [ˌdiːˈsegrɪgeɪt] vt pratiquer la déségrégation dans.

deselect [ˌdiːsɪˈlekt] vt Br ne pas resélectionner pour une réélection.

desert [n ˈdezət, vb & npl dɪˈzɜːt] <> n désert m <> vt - **1.** [place] déserter - **2.** [person, group] déserter, abandonner <> vi MIL déserter.

deserts npl : **to get one's just ~s** recevoir ce que l'on mérite.

deserted [dɪ'zɜːtɪd] adj désert(e).

deserter [dɪ'zɜːtəʳ] n déserteur m.

desertion [dɪ'zɜːʃn] n - **1.** MIL désertion f - **2.** [of person] abandon m.

desert island ['dezət-] n île f déserte.

deserve [dɪ'zɜːv] vt mériter ; **to ~ to do sthg** mériter de faire qqch.

deserved [dɪ'zɜːvd] adj mérité(e).

deservedly [dɪ'zɜːvɪdlɪ] adv à juste titre.

deserving [dɪ'zɜːvɪŋ] adj [person] méritant(e) ; [cause, charity] méritoire ; **to be ~ of** sthg fml mériter qqch.

desiccated ['desɪkeɪtɪd] adj séché(e).

design [dɪ'zaɪn] ⬦ n - **1.** [plan; drawing] plan m, étude f - **2.** (U) [art] design m - **3.** [pattern] motif m, dessin m - **4.** [shape] ligne f ; [of dress] style m - **5.** fml [intention] dessein m ; **by ~** à dessein ; **to have ~s on sb/sthg** avoir des desseins sur qqn/qqch ⬦ vt - **1.** [draw plans for - building, car] faire les plans de, dessiner ; [- dress] créer - **2.** [plan] concevoir, mettre au point ; **to be ~ed for sthg/to do sthg** être conçu pour qqch/pour faire qqch.

designate [adj 'dezɪgnət, vb 'dezɪgneɪt] ⬦ adj désigné(e) ⬦ vt désigner ; **to ~ sb as sthg/to do sthg** désigner qqn à qqch/pour faire qqch.

designation [,dezɪg'neɪʃn] n fml [name] appellation f.

designer [dɪ'zaɪnəʳ] ⬦ adj de marque ⬦ n INDUSTRY concepteur m, -trice f ; ARCHIT dessinateur m, -trice f ; [of dresses etc] styliste mf ; THEATRE décorateur m, -trice f.

desirable [dɪ'zaɪərəbl] adj - **1.** [enviable, attractive] désirable - **2.** fml [appropriate] désirable, souhaitable.

desire [dɪ'zaɪəʳ] ⬦ n désir m ; **~ for sthg/to do sthg** désir de qqch/de faire qqch ⬦ vt désirer ; **it leaves a lot to be ~d** ça laisse beaucoup à désirer.

desirous [dɪ'zaɪərəs] adj fml : **~ of sthg/of doing sthg** désireux(euse) de qqch/de faire qqch.

desist [dɪ'zɪst] vi fml : **to ~ (from doing sthg)** cesser (de faire qqch).

desk [desk] n bureau m ; **reception ~** réception f ; **information ~** bureau m de renseignements.

desk clerk n Am réceptionniste mf.

desk lamp n lampe f de bureau.

desktop ['desktɒp] adj [computer] de bureau.

desktop publishing n publication f assistée par ordinateur, PAO f.

desolate ['desələt] adj - **1.** [place] abandonné(e) - **2.** [person] désespéré(e), désolé(e).

desolation [,desə'leɪʃn] n désolation f.

despair [dɪ'speəʳ] ⬦ n (U) désespoir m ; **to be in ~** être au désespoir ⬦ vi désespérer ; **to ~ of** désespérer de ; **to ~ of doing sthg** désespérer de faire qqch.

despairing [dɪ'speərɪŋ] adj de désespoir.

despairingly [dɪ'speərɪŋlɪ] adv avec désespoir.

despatch [dɪ'spætʃ] = dispatch.

desperate ['despərət] adj désespéré(e) ; **to be ~ for sthg** avoir absolument besoin de qqch.

desperately ['despərətlɪ] adv désespérément ; **~ ill** gravement malade.

desperation [,despə'reɪʃn] n désespoir m ; **in ~** de désespoir.

despicable [dɪ'spɪkəbl] adj ignoble.

despise [dɪ'spaɪz] vt [person] mépriser ; [racism] exécrer.

despite [dɪ'spaɪt] prep malgré.

despondent [dɪ'spɒndənt] adj découragé(e).

despot ['despɒt] n despote m.

despotic [de'spɒtɪk] adj despotique.

dessert [dɪ'zɜːt] n dessert m.

dessertspoon [dɪ'zɜːtspuːn] n - **1.** [spoon] cuillère f à dessert - **2.** [spoonful] cuillerée f à dessert.

dessert wine n vin m doux.

destabilize, -ise [,diː'steɪbɪlaɪz] vt déstabiliser.

destination [,destɪ'neɪʃn] n destination f.

destined ['destɪnd] adj - **1.** [intended] : **~ for** destiné(e) à ; **~ to do sthg** destiné à faire qqch - **2.** [bound] : **~ for** à destination de.

destiny ['destɪnɪ] (pl -ies) n destinée f.

destitute ['destɪtjuːt] adj indigent(e).

destroy [dɪ'strɔɪ] vt - **1.** [ruin] détruire - **2.** [put down - animal] faire piquer.

destroyer [dɪ'strɔɪəʳ] n - **1.** [ship] destroyer m - **2.** [person, thing] destructeur m, -trice f.

destruction [dɪ'strʌkʃn] n destruction f.

destructive [dɪ'strʌktɪv] adj [harmful] destructeur(trice).

destructively [dɪ'strʌktɪvlɪ] adv de façon destructrice.

desultory ['desəltrɪ] adj fml [conversation] décousu(e) ; [attempt] peu enthousiaste.

Det. abbr of Detective.

detach [dɪ'tætʃ] vt - **1.** [pull off] détacher ; **to ~ sthg from sthg** détacher qqch de qqch - **2.** [dissociate] : **to ~ o.s. from sthg** [from reality] se

détacher de qqch ; [from proceedings, discussions] **s'écarter de** qqch.

detachable [dɪ'tætʃəbl] *adj* détachable, amovible.

detached [dɪ'tætʃt] *adj* [unemotional] détaché(e).

detached house *n* maison *f* individuelle.

detachment [dɪ'tætʃmənt] *n* détachement *m*.

detail ['diːteɪl] ⟐ *n* - **1.** [small point] détail *m* ; **to go into ~** entrer dans les détails ; **in ~** en détail - **2.** MIL détachement *m* ⟐ *vt* [list] détailler.

➤ **details** *npl* [personal information] coordonnées *fpl*.

detailed ['diːteɪld] *adj* détaillé(e).

detain [dɪ'teɪn] *vt* - **1.** [in police station] détenir ; [in hospital] garder - **2.** [delay] retenir.

detainee [ˌdiːteɪ'niː] *n* détenu *m*, -e *f*.

detect [dɪ'tekt] *vt* - **1.** [subj : person] déceler - **2.** [subj : machine] détecter.

detection [dɪ'tekʃn] *n* (U) - **1.** [of crime] dépistage *m* - **2.** [of aircraft, submarine] détection *f*.

detective [dɪ'tektɪv] *n* détective *m*.

detective novel *n* roman *m* policier.

detector [dɪ'tektər] *n* détecteur *m*.

détente [deɪ'tɒnt] *n* POL détente *f*.

detention [dɪ'tenʃn] *n* - **1.** [of suspect, criminal] détention *f* ; **in ~** en détention - **2.** SCH retenue *f* ; **in ~** en retenue.

detention centre *n* Br centre *m* de détention.

deter [dɪ'tɜːr] (*pt & pp* **-red** ; *cont* **-ring**) *vt* dissuader ; **to ~ sb from doing sthg** dissuader qqn de faire qqch.

detergent [dɪ'tɜːdʒənt] *n* détergent *m*.

deteriorate [dɪ'tɪəriəreit] *vi* se détériorer.

deterioration [dɪˌtɪərɪə'reɪʃn] *n* détérioration *f*.

determination [dɪˌtɜːmɪ'neɪʃn] *n* détermination *f*.

determine [dɪ'tɜːmɪn] *vt* - **1.** [establish, control] déterminer - **2.** fml [decide] : **to ~ to do sthg** décider de faire qqch.

determined [dɪ'tɜːmɪnd] *adj* - **1.** [person] déterminé(e) ; **~ to do sthg** déterminé à faire qqch - **2.** [effort] obstiné(e).

deterrent [dɪ'terənt] ⟐ *adj* de dissuasion, dissuasif(ive) ⟐ *n* moyen *m* de dissuasion.

detest [dɪ'test] *vt* détester.

detestable [dɪ'testəbl] *adj* détestable.

dethrone [dɪ'θrəʊn] *vt* détrôner.

detonate ['detəneit] ⟐ *vt* faire détoner ⟐ *vi* détoner.

detonator ['detəneitər] *n* détonateur *m*.

detour ['diːˌtʊər] *n* détour *m*.

detract [dɪ'trækt] *vi* : **to ~ from** diminuer.

detractor [dɪ'træktər] *n* détracteur *m*, -trice *f*.

detriment ['detrɪmənt] *n* : **to the ~ of** au détriment de.

detrimental [ˌdetrɪ'mentl] *adj* préjudiciable.

detritus [dɪ'traɪtəs] *n* (U) détritus *m*.

deuce [djuːs] *n* TENNIS égalité *f*.

Deutschmark ['dɔɪtʃˌmaːk] *n* mark *m* allemand.

devaluation [ˌdiːvæljʊ'eɪʃn] *n* dévaluation *f*.

devalue [ˌdiː'væljuː] *vt* dévaluer.

devastate ['devəsteit] *vt* - **1.** [destroy - area, city] dévaster - **2.** fig [person] anéantir.

devastated ['devəsteitid] *adj* - **1.** [area, city] dévasté(e) - **2.** fig [person] accablé(e).

devastating ['devəsteitiŋ] *adj* - **1.** [hurricane, remark] dévastateur(trice) - **2.** [upsetting] accablant(e) - **3.** [attractive] irrésistible.

devastation [ˌdevə'steiʃn] *n* dévastation *f*.

develop [dɪ'veləp] ⟐ *vt* - **1.** [gen] développer - **2.** [land, area] aménager, développer - **3.** [illness, fault, habit] contracter - **4.** [resources] développer, exploiter ⟐ *vi* - **1.** [grow, advance] se développer - **2.** [appear - problem, trouble] se déclarer.

developer [dɪ'veləpər] *n* - **1.** [of land] promoteur *m* immobilier - **2.** [person] : **to be an early/a late ~** être en avance/en retard sur son âge - **3.** PHOT [chemical] développateur *m*, révélateur *m*.

developing country [dɪ'veləpiŋ-] *n* pays *m* en voie de développement.

development [dɪ'veləpmənt] *n* - **1.** [gen] développement *m* - **2.** (U) [of land, area] exploitation *f* - **3.** [land being developed] zone *f* d'aménagement ; [developed area] zone aménagée - **4.** (U) [of illness, fault] évolution *f*.

development area *n* Br zone *f* d'aménagement.

deviant ['diːvjənt] ⟐ *adj* déviant(e) ⟐ *n* déviant *m*, -e *f*.

deviate ['diːvieit] *vi* : **to ~ (from)** dévier (de), s'écarter (de).

deviation [ˌdiːvɪ'eɪʃn] *n* - **1.** [abnormality] déviance *f* - **2.** [departure - from rule, plan] écart *m*, pej déviation *f*.

device [dɪ'vaɪs] *n* - **1.** [apparatus] appareil *m*, dispositif *m* - **2.** [plan, method] moyen *m* ; to leave sb to their own ~s laisser qqn se débrouiller tout seul.

devil ['devl] n - **1.** [evil spirit] diable m - **2.** inf [person] type m ; **poor ~!** pauvre diable! - **3.** [for emphasis] : **who/where/why the ~ ...?** qui/où/pourquoi diable ...?
➤ **Devil** n [Satan] : **the Devil** le Diable.

devilish ['devlıʃ] adj diabolique.

devil-may-care adj insouciant(e).

devil's advocate n avocat m du diable.

devious ['di:vjəs] adj - **1.** [dishonest - person] retors(e), à l'esprit tortueux ; [- scheme, means] détourné(e) - **2.** [tortuous] tortueux(euse).

deviousness ['di:vjəsnıs] n [dishonesty] sournoiserie f.

devise [dı'vaız] vt concevoir.

devoid [dı'vɔıd] adj fml : ~ of dépourvu(e) de, dénué(e) de.

devolution [ˌdi:və'lu:ʃn] n POL décentralisation f.

devolve [dı'vɒlv] vi fml : **to ~ on** OR **upon sb** incomber à qqn.

devote [dı'vəut] vt : **to ~ sthg to sthg** consacrer qqch à qqch ; **to ~ o.s. to sthg** se vouer OR se consacrer à qqch.

devoted [dı'vəutıd] adj dévoué(e) ; **a ~ mother** une mère dévouée à ses enfants.

devotee [ˌdevə'ti:] n [fan] passionné m, -e f.

devotion [dı'vəuʃn] n - **1.** [commitment] : **~ (to)** dévouement m (à) - **2.** RELIG dévotion f.

devour [dı'vauə'] vt lit & fig dévorer.

devout [dı'vaut] adj dévot(e).

dew [dju:] n rosée f.

dexterity [dek'sterətı] n dextérité f.

dextrose ['dekstrəus] n dextrose m.

dext(e)rous ['dekstrəs] adj habile.

DFE (abbr of **Department for Education**) n ministère britannique de l'éducation nationale.

dhal [dɑ:l] n dal m.

DHSS (abbr of **Department of Health and So-**

cial Security) n ancien nom du ministère britannique de la santé et de la sécurité sociale.

diabetes [ˌdaıə'bi:ti:z] n diabète m.

diabetic [ˌdaıə'betık] ⬦ adj - **1.** [person] diabétique - **2.** [jam, chocolate] pour diabétiques ⬦ n diabétique mf.

diabolic(al) [ˌdaıə'bɒlık(l)] adj - **1.** [evil] diabolique - **2.** inf [very bad] atroce.

diaeresis Br, **dieresis** Am [daı'erısıs] (pl -ses [-si:z]) n tréma m.

diagnose ['daıəgnəuz] vt diagnostiquer.

diagnosis [ˌdaıəg'nəusıs] (pl -ses [-si:z]) n diagnostic m.

diagnostic [ˌdaıəg'nɒstık] adj diagnostique.

diagonal [daı'ægənl] ⬦ adj [line] diagonal(e) ⬦ n diagonale f.

diagonally [daı'ægənəlı] adv en diagonale.

diagram ['daıəgræm] n diagramme m.

diagrammatic [ˌdaıəgrə'mætık] adj en forme de diagramme.

dial ['daıəl] (Br pt & pp -led ; cont -ling, Am pt & pp -ed ; cont -ing) ⬦ n cadran m ; [of radio] cadran de fréquences ⬦ vt [number] composer.

dialect ['daıəlekt] n dialecte m.

dialling code ['daıəlıŋ-] n Br indicatif m.

dialling tone Br ['daıəlıŋ-], **dial tone** Am n tonalité f.

dialogue Br, **dialog** Am ['daıəlɒg] n dialogue m.

dial tone Am = **dialling tone**.

dialysis [daı'ælısıs] n dialyse f.

diamanté [dıə'mɑ:nteı] adj diamanté(e).

diameter [daı'æmıtə'] n diamètre m.

diametrically [ˌdaıə'metrıklı] adv : **~ opposed** diamétralement opposé(e).

diamond ['daıəmənd] n - **1.** [gem] diamant m - **2.** [shape] losange m - **3.** [playing card] carreau m.
➤ **diamonds** npl carreau m ; **the six of ~s** le six de carreau.

diamond wedding n noces fpl de diamant.

diaper ['daıəpə'] n Am couche f.

diaphanous [daı'æfənəs] adj diaphane.

diaphragm ['daıəfræm] n diaphragme m.

diarrh(o)ea [ˌdaıə'rıə] n diarrhée f.

diary ['daıərı] (pl -ies) n - **1.** [appointment book] agenda m - **2.** [journal] journal m.

diatribe ['daıətraıb] n diatribe f.

dice [daıs] (pl inv) ⬦ n [for games] dé m ; **no ~** Am inf pas question ⬦ vt couper en dés.

dicey ['daɪsɪ] (*compar* -ier ; *superl* -iest) *adj* esp Br inf risqué(e).

dichotomy [daɪ'kɒtəmɪ] (*pl* -ies) *n* dichotomie *f*.

dickens ['dɪkɪnz] *n* Br inf dated : who/what/where the ~ ...? qui/que/où diable ...?

Dictaphone® ['dɪktəfəʊn] *n* Dictaphone® *m*.

dictate [*vb* dɪk'teɪt, *n* 'dɪkteɪt] ◇ *vt* dicter ; to ~ sthg to sb dicter qqch à qqn ◇ *vi* - **1.** [read aloud] : to ~ to sb dicter à qqn - **2.** [give orders] : to ~ to sb commander à qqn, donner des ordres à qqn ◇ *n* ordre *m*.

dictation [dɪk'teɪʃn] *n* dictée *f*.

dictator [dɪk'teɪtər] *n* dictateur *m*.

dictatorship [dɪk'teɪtəʃɪp] *n* dictature *f*.

diction ['dɪkʃn] *n* diction *f*.

dictionary ['dɪkʃənrɪ] (*pl* -ies) *n* dictionnaire *m*.

did [dɪd] *pt* ▷ do.

didactic [dɪ'dæktɪk] *adj* didactique.

diddle ['dɪdl] *vt* inf escroquer, rouler.

didn't ['dɪdnt] = did not.

die [daɪ] (*pl* sense 2 only **dice** [daɪs], *pt* & *pp* **died** ; *cont* **dying**) ◇ *vi* mourir ; to be dying se mourir ; to be dying to do sthg mourir d'envie de faire qqch ; to be dying for a drink/cigarette mourir d'envie de boire un verre/de fumer une cigarette ◇ *n* - **1.** [for shaping metal] matrice *f* - **2.** [dice] dé *m*.
◆ **die away** *vi* [sound] s'éteindre ; [wind] tomber.
◆ **die down** *vi* [sound] s'affaiblir ; [wind] tomber ; [fire] baisser.
◆ **die out** *vi* s'éteindre, disparaître.

diehard ['daɪhɑːd] *n* : to be a ~ être coriace ; [reactionary] être réactionnaire.

dieresis [daɪ'erɪsɪs] Am = diaeresis.

diesel ['diːzl] *n* diesel *m*.

diesel engine *n* AUT moteur *m* diesel ; RAIL locomotive *f* diesel.

diesel fuel, diesel oil *n* diesel *m*.

diet ['daɪət] ◇ *n* - **1.** [eating pattern] alimentation *f* - **2.** [to lose weight] régime *m* ; to be on a ~ être au régime, faire un régime ◇ *comp* [low-calorie] de régime ◇ *vi* suivre un régime.

dietary ['daɪətrɪ] *adj* diététique.

dietary fibre *n* (U) fibres *fpl* alimentaires.

dieter ['daɪətər] *n* personne *f* qui suit un régime.

dietician [daɪə'tɪʃn] *n* diététicien *m*, -enne *f*.

differ ['dɪfər] *vi* - **1.** [be different] être différent(e), différer ; [people] être différent ; to

~ from être différent de - **2.** [disagree] : to ~ with sb (about sthg) ne pas être d'accord avec qqn (à propos de qqch).

difference ['dɪfrəns] *n* différence *f* ; it doesn't make any ~ cela ne change rien ; to make all the ~ faire toute la différence.

different ['dɪfrənt] *adj* : ~ (from) différent(e) (de).

differential [,dɪfə'renʃl] ◇ *adj* différentiel(elle) ◇ *n* - **1.** [between pay scales] écart *m* - **2.** TECH différentielle *f*.

differentiate [,dɪfə'renʃɪeɪt] ◇ *vt* : to ~ sthg from sthg différencier qqch de qqch, faire la différence entre qqch et qqch ◇ *vi* : to ~ (between) faire la différence (entre).

differently ['dɪfrəntlɪ] *adv* différemment, autrement ; to think ~ ne pas être d'accord.

difficult ['dɪfɪkəlt] *adj* difficile.

difficulty ['dɪfɪkəltɪ] (*pl* -ies) *n* difficulté *f* ; to have ~ in doing sthg avoir de la difficulté OR du mal à faire qqch.

diffidence ['dɪfɪdəns] *n* manque *m* d'assurance.

diffident ['dɪfɪdənt] *adj* [person] qui manque d'assurance ; [manner, voice, approach] hésitant(e).

diffuse [*adj* dɪ'fjuːs, *vb* dɪ'fjuːz] ◇ *adj* - **1.** [vague] diffus(e) - **2.** [spread out - city] étendu(e) ; [- company] éparpillé(e) ◇ *vt* diffuser, répandre ◇ *vi* - **1.** [light] se diffuser, se répandre - **2.** [information] se répandre.

diffusion [dɪ'fjuːʒn] *n* diffusion *f*

dig [dɪg] (*pt* & *pp* **dug** ; *cont* **digging**) ◇ *vi* - **1.** [in ground] creuser - **2.** [subj : belt, strap] : his elbow was digging into my side son coude me rentrait dans les côtes ; to ~ into sb couper qqn ◇ *n* - **1.** fig [unkind remark] pique *f* - **2.** ARCHEOL fouilles *fpl* ◇ *vt* - **1.** [hole] creuser - **2.** [garden] bêcher - **3.** [press] : to ~ sthg into sthg enfoncer qqch dans qqch.
◆ **dig out** *vt sep* - **1.** [rescue] dégager - **2.** inf [find] dénicher.
◆ **dig up** *vt sep* - **1.** [from ground] déterrer ; [potatoes] arracher - **2.** inf [information] dénicher.

digest [*n* 'daɪdʒest, *vb* dɪ'dʒest] ◇ *n* résumé *m*, digest *m* ◇ *vt* lit & fig digérer.

digestible [dɪ'dʒestəbl] *adj* digeste.

digestion [dɪ'dʒestʃn] *n* digestion *f*.

digestive [dɪ'dʒestɪv] *adj* digestif(ive).

digestive biscuit [dɪ'dʒestɪv-] *n* Br ≃ sablé *m* (à la farine complète).

digit ['dɪdʒɪt] *n* - **1.** [figure] chiffre *m* - **2.** [finger] doigt *m* ; [toe] orteil *m*.

digital ['dɪdʒɪtl] *adj* numérique, digital(e).

digital camera n appareil photo m numérique.

digital recording n enregistrement m numérique.

digital television n télévision f numérique.

digital watch n montre f à affichage digital.

digitize, -ise ['dɪdʒɪtaɪz] vt digitaliser.

dignified ['dɪgnɪfaɪd] adj digne, plein(e) de dignité.

dignify ['dɪgnɪfaɪ] (pt & pp -ied) vt [place, appearance] donner de la grandeur à.

dignitary ['dɪgnɪtrɪ] (pl -ies) n dignitaire m.

dignity ['dɪgnətɪ] n dignité f.

digress [daɪ'gres] vi : to ~ (from) s'écarter (de).

digression [daɪ'greʃn] n digression f.

digs [dɪgz] npl Br inf piaule f.

dike [daɪk] n - 1. [wall, bank] digue f - 2. inf pej [lesbian] gouine f.

diktat ['dɪktɑːt] n diktat m.

dilapidated [dɪ'læpɪdeɪtɪd] adj délabré(e).

dilate [daɪ'leɪt] <> vt dilater <> vi se dilater.

dilated [daɪ'leɪtɪd] adj dilaté(e).

dilemma [dɪ'lemə] n dilemme m.

dilettante [,dɪlɪ'tæntɪ] (pl -tes OR -ti [-tɪ]) n dilettante mf.

diligence ['dɪlɪdʒəns] n application f.

diligent ['dɪlɪdʒənt] adj appliqué(e).

dill [dɪl] n aneth m.

dillydally ['dɪlɪdælɪ] (pt & pp -ied) vi inf lambiner.

dilute [daɪ'luːt] <> adj dilué(e) <> vt : to ~ sthg (with) diluer qqch (avec).

dilution [daɪ'luːʃn] n dilution f.

dim [dɪm] (compar -mer ; superl -mest, pt & pp -med ; cont -ming) <> adj - 1. [dark - light] faible ; [- room] sombre - 2. [indistinct - memory, outline] vague - 3. [weak - eyesight] faible - 4. inf [stupid] borné(e) <> vt & vi baisser.

dime [daɪm] n Am (pièce f de) dix cents mpl ; they're a ~ a dozen [common] il y en a à la pelle.

dimension [dɪ'menʃn] n dimension f.

-dimensional [dɪ'menʃənl] suffix -dimensionnel(elle).

diminish [dɪ'mɪnɪʃ] vt & vi diminuer.

diminished [dɪ'mɪnɪʃt] adj réduit(e).

diminished responsibility n JUR responsabilité f atténuée.

diminishing returns npl rendements mpl décroissants.

diminutive [dɪ'mɪnjʊtɪv] fml <> adj minuscule <> n GRAMM diminutif m.

dimly ['dɪmlɪ] adv [lit] faiblement ; [remember] vaguement.

dimmers ['dɪmərz] npl Am [dipped headlights] phares mpl code (inv) ; [parking lights] feux mpl de position.

dimmer (switch) ['dɪmər-] n variateur m de lumière.

dimple ['dɪmpl] n fossette f.

dimwit ['dɪmwɪt] n inf crétin m, -e f.

dim-witted [-'wɪtɪd] adj inf crétin(e).

din [dɪn] n inf barouf m.

dine [daɪn] vi fml dîner.

➡ **dine out** vi dîner dehors.

diner ['daɪnər] n - 1. [person] dîneur m, -euse f - 2. Am [café] ≃ resto m routier.

dingdong [,dɪŋ'dɒŋ] <> adj inf [battle, argument] acharné(e) <> n [of bell] ding dong m.

dinghy ['dɪŋgɪ] (pl -ies) n [for sailing] dériveur m ; [for rowing] (petit) canot m.

dingo ['dɪŋgəʊ] (pl -es) n dingo m, chien m sauvage.

dingy ['dɪndʒɪ] (compar -ier ; superl -iest) adj miteux(euse), crasseux(euse).

dining car ['daɪnɪŋ-] n wagon-restaurant m.

dining room ['daɪnɪŋ-] n - 1. [in house] salle f à manger - 2. [in hotel] restaurant m.

dining table ['daɪnɪŋ-] n table f (de salle à manger).

dinner ['dɪnər] n dîner m.

dinner dance n dîner m dansant.

dinner jacket n smoking m.

dinner party n dîner m (sur invitation).

dinner service n service m de table.

dinner table n table f (de salle à manger).

dinnertime ['dɪnətaɪm] n heure f du dîner.

dinosaur ['daɪnəsɔːr] n dinosaure m.

dint [dɪnt] n fml : by ~ of à force de.

diocese ['daɪəsɪs] n diocèse m.

diode ['daɪəʊd] n diode f.

dioxin [daɪ'ɒksɪn] n dioxine f.

dip [dɪp] (pt & pp -ped ; cont -ping) <> n - 1. [in road, ground] déclivité f - 2. [sauce] sauce f, dip m - 3. [swim] baignade f (rapide) ; to go for a ~ aller se baigner en vitesse, aller faire trempette <> vt - 1. [into liquid] : to ~ sthg in OR into tremper OR plonger qqch dans - 2. Br AUT : to ~ one's headlights se mettre en code <> vi - 1. [sun] baisser, descendre à l'horizon ; [wing] plonger - 2. [road, ground] descendre.

Dip. Br abbr of diploma.

diphtheria [dɪf'θɪərɪə] n diphtérie f.

diphthong ['dɪfθɒŋ] n diphtongue f.

diploma [dɪ'pləʊmə] (pl -s) n diplôme m.

diplomacy [dɪ'pləʊməsɪ] n diplomatie f.

diplomat ['dɪpləmæt] n diplomate m.

diplomatic [,dɪplə'mætɪk] adj - 1. [service, corps] diplomatique - 2. [tactful] diplomate.

diplomatic bag n valise f diplomatique.

diplomatic corps n corps m diplomatique.

diplomatic immunity n immunité f diplomatique.

diplomatic relations npl relations fpl diplomatiques.

dipsomaniac [,dɪpsə'meɪnɪæk] n dipsomane mf.

dipstick ['dɪpstɪk] n AUT jauge f (de niveau d'huile).

dipswitch ['dɪpswɪtʃ] n Br AUT manette f des codes.

dire ['daɪər] adj [need, consequences] extrême ; [warning] funeste.

direct [dɪ'rekt] <> adj direct(e) ; [challenge] manifeste <> vt - 1. [gen] diriger - 2. [aim] : to ~ sthg at sb [question, remark] adresser qqch à qqn ; the campaign is ~ed at teenagers cette campagne vise les adolescents - 3. [order] : to ~ sb to do sthg ordonner à qqn de faire qqch <> adv directement.

direct action n action f directe.

direct current n courant m continu.

direct debit n Br prélèvement m automatique.

direct dialling n automatique m.

direct hit n coup m au but OR de plein fouet.

direction [dɪ'rekʃn] n direction f; **under the ~ of** sous la direction de.

directions npl - 1. [to find a place] indications fpl - 2. [for use] instructions fpl.

directive [dɪ'rektɪv] n directive f.

directly [dɪ'rektlɪ] adv - 1. [in straight line] directement - 2. [honestly, clearly] sans détours - 3. [exactly - behind, above] exactement - 4. [immediately] immédiatement - 5. [very soon] tout de suite.

direct mail n publipostage m.

director [dɪ'rektər] n - 1. [of company] directeur m, -trice f - 2. THEATRE metteur m en scène ; CINEMA & TV réalisateur m, -trice f.

directorate [dɪ'rektərət] n conseil m d'administration.

director-general (pl directors-general OR director-generals) n directeur général m.

Director of Public Prosecutions n Br ≃ procureur m général.

directorship [dɪ'rektəʃɪp] n - 1. [position] poste m de directeur - 2. [period] direction f.

directory [dɪ'rektərɪ] (pl -ies) n - 1. [annual publication] annuaire m - 2. COMPUT répertoire m.

directory enquiries n Br renseignements mpl (téléphoniques).

direct rule n centralisation f de pouvoir.

direct selling n (U) vente f directe.

direct speech n discours m direct.

direct taxation n imposition f directe.

dire straits npl : **in ~** dans une situation désespérée.

dirge [dɜːdʒ] n chant m funèbre.

dirt [dɜːt] n (U) - 1. [mud, dust] saleté f - 2. [earth] terre f.

dirt cheap inf <> adj très bon marché, donné(e) <> adv pour trois fois rien.

dirt track n chemin m de terre.

dirty ['dɜːtɪ] (compar -ier ; superl -iest, pt & pp -ied) <> adj - 1. [not clean, not fair] sale - 2. [smutty - language, person] grossier(ère) ; [- book, joke] cochon(onne) <> vt salir.

disability [,dɪsə'bɪlətɪ] (pl -ies) n infirmité f.

disable [dɪs'eɪbl] vt - 1. [injure] rendre infirme - 2. [put out of action - guns, vehicle] mettre hors d'action.

disabled [dɪs'eɪbld] <> adj [person] handicapé(e), infirme <> npl : **the ~** les handicapés, les infirmes.

disablement [dɪs'eɪblmənt] n invalidité f.

disabuse [,dɪsə'bjuːz] vt fml : **to ~ sb (of)** détromper qqn (sur).

disadvantage [,dɪsəd'vɑːntɪdʒ] n désavantage m, inconvénient m ; **to be at a ~** être désavantagé ; **to be to sb's ~** être au désavantage de qqn.

disadvantaged [,dɪsəd'vɑːntɪdʒd] adj défavorisé(e).

disadvantageous [,dɪsædvɑːn'teɪdʒəs] adj désavantageux(euse).

disaffected [,dɪsə'fektɪd] adj mécontent(e).

disaffection [,dɪsə'fekʃn] n mécontentement m.

disagree [,dɪsə'griː] vi - 1. [have different opinions] : **to ~ (with)** ne pas être d'accord (avec) - 2. [differ] ne pas concorder - 3. [subj : food, drink] : **to ~ with sb** ne pas réussir à qqn.

disagreeable [,dɪsə'griːəbl] adj désagréable.

disagreement [,dɪsə'griːmənt] n - 1. [in opinion] désaccord m - 2. [argument] différend m - 3. [dissimilarity] différence f.

disallow [ˌdɪsə'laʊ] *vt* **- 1.** fml [appeal, claim] rejeter **- 2.** [goal] refuser.

disappear [ˌdɪsə'pɪəʳ] *vi* disparaître.

disappearance [ˌdɪsə'pɪərəns] *n* disparition *f*.

disappoint [ˌdɪsə'pɔɪnt] *vt* décevoir.

disappointed [ˌdɪsə'pɔɪntɪd] *adj* : ~ (in OR with) déçu(e) (par).

disappointing [ˌdɪsə'pɔɪntɪŋ] *adj* décevant(e).

disappointment [ˌdɪsə'pɔɪntmənt] *n* déception *f*.

disapproval [ˌdɪsə'pruːvl] *n* désapprobation *f*.

disapprove [ˌdɪsə'pruːv] *vi* : to ~ of sb/sthg désapprouver qqn/qqch ; do you ~? est-ce que tu as quelque chose contre?

disapproving [ˌdɪsə'pruːvɪŋ] *adj* désapprobateur(trice).

disarm [dɪs'ɑːm] *vt* & *vi* lit & fig désarmer.

disarmament [dɪs'ɑːməmənt] *n* désarmement *m*.

disarming [dɪs'ɑːmɪŋ] *adj* désarmant(e).

disarray [ˌdɪsə'reɪ] *n* : in ~ en désordre ; [government] en pleine confusion.

disassociate [ˌdɪsə'səʊʃɪeɪt] *vt* : to ~ o.s. from se dissocier de.

disaster [dɪ'zɑːstəʳ] *n* **- 1.** [damaging event] catastrophe *f* **- 2.** (U) [misfortune] échec *m*, désastre *m* **- 3.** inf [failure] désastre *m*.

disaster area *n* [after natural disaster] zone *f* sinistrée.

disastrous [dɪ'zɑːstrəs] *adj* désastreux(euse).

disastrously [dɪ'zɑːstrəslɪ] *adv* de façon désastreuse.

disband [dɪs'bænd] *vt* dissoudre *vi* se dissoudre.

disbelief [ˌdɪsbɪ'liːf] *n* : in OR with ~ avec incrédulité.

disbelieve [ˌdɪsbɪ'liːv] *vt* ne pas croire.

disc Br, **disk** Am [dɪsk] *n* disque *m*.

disc. *abbr of* discount.

discard [dɪ'skɑːd] *vt* mettre au rebut.

discarded [dɪ'skɑːdɪd] *adj* mis(e) au rebut.

disc brake *n* frein *m* à disque.

discern [dɪ'sɜːn] *vt* discerner, distinguer.

discernible [dɪ'sɜːnəbl] *adj* **- 1.** [visible] visible **- 2.** [noticeable] sensible.

discerning [dɪ'sɜːnɪŋ] *adj* judicieux(euse).

discharge [*n* 'dɪstʃɑːdʒ, *vt* dɪs'tʃɑːdʒ] *n* **- 1.** [of patient] autorisation *f* de sortie, décharge *f* ; JUR relaxe *f* ; to get one's ~ MIL être rendu à la vie civile **- 2.** fml [fulfilment - of duties] accomplissement *m* **- 3.** [emission - of smoke] émission *f* ; [- of sewage] déversement *m* ; [- MED] écoulement *m* **- 4.** [payment] acquittement *m* *vt* **- 1.** [allow to leave - patient] signer la décharge de ; [- prisoner, defendant] relaxer ; [- soldier] rendre à la vie civile **- 2.** fml [fulfil] assumer **- 3.** [emit - smoke] émettre ; [- sewage, chemicals] déverser **- 4.** [pay] acquitter, régler.

discharged bankrupt *n* failli *m* réhabilité.

disciple [dɪ'saɪpl] *n* disciple *m*.

disciplinarian [ˌdɪsɪplɪ'neərɪən] *n* personne *impitoyable en matière de discipline.*

disciplinary ['dɪsɪplɪnərɪ] *adj* disciplinaire ; to take ~ action against sb prendre des mesures disciplinaires contre qqn.

discipline ['dɪsɪplɪn] *n* discipline *f* *vt* **- 1.** [control] discipliner **- 2.** [punish] punir.

disciplined ['dɪsɪplɪnd] *adj* discipliné(e).

disc jockey *n* disc-jockey *m*.

disclaim [dɪs'kleɪm] *vt* fml nier.

disclaimer [dɪs'kleɪməʳ] *n* dénégation *f*, désaveu *m*.

disclose [dɪs'kləʊz] *vt* révéler, divulguer.

disclosure [dɪs'kləʊʒəʳ] *n* révélation *f*, divulgation *f*.

disco ['dɪskəʊ] (*pl* -s) (*abbr of* discotheque) *n* discothèque *f*.

discoloration [dɪsˌkʌlə'reɪʃn] *n* décoloration *f*.

discolour Br, **discolor** Am *vt* décolorer ; [teeth] jaunir *vi* se décolorer ; [teeth] jaunir.

discoloured Br, **discolored** Am *adj* décoloré(e) ; [teeth] jauni(e).

discomfort [dɪs'kʌmfət] *n* **- 1.** (U) [physical pain] douleur *f* ; to be in some ~ ne pas se sentir très bien ; to cause sb ~ gêner qqn **- 2.** (U) [anxiety, embarrassment] malaise *m* **- 3.** [uncomfortable condition] inconfort *m*.

disconcert [ˌdɪskən'sɜːt] *vt* déconcerter.

disconcerting [ˌdɪskən'sɜːtɪŋ] *adj* déconcertant(e).

disconnect [ˌdɪskə'nekt] *vt* **- 1.** [detach] détacher **- 2.** [from gas, electricity - appliance] débrancher ; [- house] couper **- 3.** TELEC couper.

disconnected [ˌdɪskə'nektɪd] *adj* [thoughts] sans suite ; [events] sans rapport.

disconsolate [dɪs'kɒnsələt] *adj* inconsolable.

discontent [ˌdɪskən'tent] *n* : ~ (with) mécontentement *m* (à propos de).

discontented [ˌdɪskən'tentɪd] *adj* mécontent(e).

discontentment [ˌdɪskən'tentmənt] *n :* ~ **(with)** mécontentement *m* (à propos de).

discontinue [ˌdɪskən'tɪnjuː] *vt* cesser, interrompre.

discontinued line [ˌdɪskən'tɪnjuːd-] *n* COMM fin *f* de série.

discord ['dɪskɔːd] *n* - **1.** *(U)* [disagreement] discorde *f*, désaccord *m* - **2.** MUS dissonance *f*.

discordant [dɪ'skɔːdənt] *adj* - **1.** [conflicting] discordant(e) ; [relationship] plein(e) de discordance - **2.** MUS dissonant(e).

discotheque ['dɪskəʊtek] *n* discothèque *f*.

discount [*n* 'dɪskaʊnt, *vb* Br dɪs'kaʊnt, Am 'dɪskaʊnt] ⬦ *n* remise *f* ⬦ *vt* [report, claim] ne pas tenir compte de.

discount house *n* - **1.** FIN maison *f* d'escompte - **2.** [store] magasin *m* de vente au rabais.

discount rate *n* taux *m* d'escompte.

discount store *n* COMM magasin *m* de vente au rabais.

discourage [dɪs'kʌrɪdʒ] *vt* décourager ; to ~ **sb from doing sthg** dissuader qqn de faire qqch.

discouraging [dɪ'skʌrɪdʒɪŋ] *adj* décourageant(e).

discourse ['dɪskɔːs] *n fml :* ~ **(on)** discours *m* (sur).

discourteous [dɪs'kɜːtjəs] *adj* discourtois(e).

discourtesy [dɪs'kɜːtɪsɪ] *n* manque *m* de courtoisie.

discover [dɪ'skʌvəʳ] *vt* découvrir.

discoverer [dɪ'skʌvərəʳ] *n :* **the ~ of sthg** la personne qui a découvert qqch.

discovery [dɪ'skʌvərɪ] *(pl -ies) n* découverte *f*.

discredit [dɪs'kredɪt] ⬦ *n* discrédit *m* ⬦ *vt* discréditer.

discredited [dɪs'kredɪtɪd] *adj* discrédité(e).

discreet [dɪ'skriːt] *adj* discret(ète).

discreetly [dɪ'skriːtlɪ] *adv* discrètement.

discrepancy [dɪ'skrepənsɪ] *(pl -ies) n :* ~ **(in/between)** divergence *f* (entre).

discrete [dɪ'skriːt] *adj* fml séparé(e), bien distinct(e).

discretion [dɪ'skreʃn] *n (U)* - **1.** [tact] discrétion *f* - **2.** [judgment] jugement *m*, discernement *m* ; **use your own ~** à vous de juger ; **at the ~ of** avec l'autorisation de.

discretionary [dɪ'skreʃənrɪ] *adj* discrétionnaire.

discriminate [dɪ'skrɪmɪneɪt] *vi* - **1.** [distinguish] différencier, distinguer ; **to ~ between** faire la distinction entre - **2.** [be prejudiced] : **to ~ against sb** faire de la discrimination envers qqn.

discriminating [dɪ'skrɪmɪneɪtɪŋ] *adj* avisé(e).

discrimination [dɪˌskrɪmɪ'neɪʃn] *n* - **1.** [prejudice] discrimination *f* - **2.** [judgment] discernement *m*, jugement *m*.

discus ['dɪskəs] *(pl -es* [-iːz]*) n* disque *m*.

discuss [dɪ'skʌs] *vt* discuter (de) ; **to ~ sthg with sb** discuter de qqch avec qqn.

discussion [dɪ'skʌʃn] *n* discussion *f ;* **under ~** en discussion.

disdain [dɪs'deɪn] ⬦ *n :* ~ **(for)** dédain *m* (pour) ⬦ *vt* dédaigner ; **to ~ to do sthg** dédaigner de faire qqch.

disdainful [dɪs'deɪnfʊl] *adj* dédaigneux(euse).

disease [dɪ'ziːz] *n* - **1.** [illness] maladie *f* - **2.** fig [unhealthy attitude, habit] mal *m*.

diseased [dɪ'ziːzd] *adj* [plant, body] malade.

disembark [ˌdɪsɪm'bɑːk] *vi* débarquer.

disembarkation [ˌdɪsembɑː'keɪʃn] *n* débarquement *m*.

disembodied [ˌdɪsɪm'bɒdɪd] *adj* désincarné(e).

disembowel [ˌdɪsɪm'baʊəl] (Br *pt* & *pp* -led ; *cont* -ling, Am *pt* & *pp* -ed ; *cont* -ing) *vt* éviscérer.

disenchanted [ˌdɪsɪn'tʃɑːntɪd] *adj :* ~ **(with)** désenchanté(e) (de).

disenchantment [ˌdɪsɪn'tʃɑːntmənt] *n* désillusion *f*, désenchantement *m*.

disenfranchise [ˌdɪsɪn'fræntʃaɪz] = **disfranchise**.

disengage [ˌdɪsɪn'geɪdʒ] *vt* - **1.** [release] : **to ~ sthg (from)** libérer OR dégager qqch (de) **to ~ o.s. from** se libérer OR se dégager de - **2.** TECH déclencher ; **to ~ the gears** débrayer.

disengagement [ˌdɪsɪn'geɪdʒmənt] *n* désengagement *m*.

disentangle [ˌdɪsɪn'tæŋgl] *vt :* **to ~ sthg from** enlever qqch de ; **to ~ o.s. from** se dégager de.

disfavour Br, **disfavor** Am [dɪs'feɪvəʳ] - **1.** [dislike, disapproval] désapprobation - **2.** [state of disapproval] : **to be in ~ with sb** être mal vu de qqn.

disfigure [dɪs'fɪgəʳ] *vt* défigurer.

disfranchise [ˌdɪs'fræntʃaɪz] *vt* priver du droit électoral.

disgorge [dɪs'gɔːdʒ] *vt* - **1.** [from stomach] vomir - **2.** [emit] déverser.

disgrace [dɪs'greɪs] ⟨⟩ *n* - **1.** [shame] honte *f*; **to bring ~ on sb** jeter la honte sur qqn ; **in ~** en défaveur - **2.** [cause of shame - thing] honte *f*, scandale *m*; [- person] honte *f* ⟨⟩ *vt* faire honte à ; **to ~ o.s.** se couvrir de honte.

disgraceful [dɪs'greɪsfʊl] *adj* honteux(euse), scandaleux(euse).

disgruntled [dɪs'grʌntld] *adj* mécontent(e).

disguise [dɪs'gaɪz] ⟨⟩ *n* déguisement *m*; **in ~** déguisé(e) ⟨⟩ *vt* - **1.** [person, voice] déguiser ; **to ~ o.s. as** se déguiser en - **2.** [hide - fact, feelings] dissimuler.

disgust [dɪs'gʌst] ⟨⟩ *n* : **~ (at)** [behaviour, violence etc] dégoût *m* (pour) ; [decision] dégoût (devant) ; **in ~** dégoûté(e), écœuré(e) ⟨⟩ *vt* dégoûter, écœurer.

disgusting [dɪs'gʌstɪŋ] *adj* dégoûtant(e).

dish [dɪʃ] *n* plat *m*; Am [plate] assiette *f*.
➤ **dishes** *npl* vaisselle *f*; **to do** OR **wash the ~es** faire la vaisselle.
➤ **dish out** *vt sep inf* distribuer.
➤ **dish up** *vt sep inf* servir.

dish aerial Br, **dish antenna** Am *n* antenne *f* parabolique.

disharmony [ˌdɪs'hɑːmənɪ] *n* désaccord *m*, mésentente *f*.

dishcloth ['dɪʃklɒθ] *n* lavette *f*.

disheartened [dɪs'hɑːtnd] *adj* découragé(e).

disheartening [dɪs'hɑːtnɪŋ] *adj* décourageant(e).

dishevelled Br, **disheveled** Am [dɪ'ʃevəld] *adj* [person] échevelé(e) ; [hair] en désordre.

dishonest [dɪs'ɒnɪst] *adj* malhonnête.

dishonesty [dɪs'ɒnɪstɪ] *n* malhonnêteté *f*.

dishonor *etc* Am = **dishonour** *etc*.

dishonour Br, **dishonor** Am [dɪs'ɒnəʳ] ⟨⟩ *n* déshonneur *m* ⟨⟩ *vt* déshonorer.

dishonourable Br, **dishonorable** Am [dɪs'ɒnərəbl] *adj* [person] peu honorable ; [behaviour] déshonorant(e).

dish soap *n* Am liquide *m* pour la vaisselle.

dish towel *n* Am torchon *m*.

dishwasher ['dɪʃˌwɒʃəʳ] *n* [machine] lave-vaisselle *m inv*.

dishy ['dɪʃɪ] (*compar* **-ier** ; *superl* **-iest**) *adj* Br inf mignon(onne), sexy (*inv*).

disillusioned [ˌdɪsɪ'luːʒnd] *adj* désillusionné(e), désenchanté(e) ; **to become ~** perdre ses illusions ; **to be ~ with** ne plus avoir d'illusions sur.

disillusionment [ˌdɪsɪ'luːʒnmənt] *n* :

~ **(with)** désillusion *f* OR désenchantement *m* (en ce qui concerne).

disincentive [ˌdɪsɪn'sentɪv] *n* : **to be a ~** avoir un effet dissuasif ; [in work context] être démotivant(e).

disinclined [ˌdɪsɪn'klaɪnd] *adj* : **to be ~ to do sthg** être peu disposé(e) à faire qqch.

disinfect [ˌdɪsɪn'fekt] *vt* désinfecter.

disinfectant [ˌdɪsɪn'fektənt] *n* désinfectant *m*.

disinformation [ˌdɪsɪnfə'meɪʃn] *n* désinformation *f*.

disingenuous [ˌdɪsɪn'dʒenjʊəs] *adj* peu sincère.

disinherit [ˌdɪsɪn'herɪt] *vt* déshériter.

disintegrate [dɪs'ɪntɪgreɪt] *vi* - **1.** [object] se désintégrer, se désagréger - **2.** fig [project] s'écrouler ; [marriage] se désagréger.

disintegration [dɪsˌɪntɪ'greɪʃn] *n* - **1.** [of object] désintégration *f*, désagrégation *f* - **2.** fig [of project, marriage] effondrement *m*.

disinterested [ˌdɪs'ɪntrəstɪd] *adj* - **1.** [objective] désintéressé(e) - **2.** inf [uninterested] : **~ (in)** indifférent(e) (à).

disinvestment [ˌdɪsɪn'vestmənt] *n* désinvestissement *m*.

disjointed [dɪs'dʒɔɪntɪd] *adj* décousu(e).

disk [dɪsk] *n* - **1.** COMPUT disque *m*, disquette *f* - **2.** Am = disc.

disk drive Br, **diskette drive** Am *n* COMPUT lecteur *m* de disques OR de disquettes.

diskette [dɪs'ket] *n* COMPUT disquette *f*.

diskette drive *n* Am = disk drive.

disk operating system *n* COMPUT système *m* d'exploitation (à disques).

dislike [dɪs'laɪk] ⟨⟩ *n* : **~ (of)** aversion *f* (pour) ; **her likes and ~s** ce qu'elle aime et ce qu'elle n'aime pas ; **to take a ~ to sb/sthg** prendre qqn/qqch en grippe ⟨⟩ *vt* ne pas aimer.

dislocate ['dɪsləkeɪt] *vt* - **1.** MED se démettre - **2.** [disrupt] désorganiser.

dislodge [dɪs'lɒdʒ] *vt* : **to ~ sthg (from)** déplacer qqch (de) ; [free] décoincer qqch (de) ; **to ~ sb from a position** déloger qqn d'un poste.

disloyal [ˌdɪs'lɔɪəl] *adj* : **~ (to)** déloyal(e) (envers).

dismal ['dɪzml] *adj* - **1.** [gloomy, depressing] lugubre - **2.** [unsuccessful - attempt] infructueux(euse) ; [- failure] lamentable.

dismantle [dɪs'mæntl] *vt* démanteler.

dismay [dɪs'meɪ] ⟨⟩ *n* consternation *f*; **to sb's ~** à la consternation de qqn ⟨⟩ *vt* consterner.

dismember [dɪs'membə'] vt démembrer.

dismiss [dɪs'mɪs] vt - **1.** [from job] : **to ~ sb (from)** congédier qqn (de) - **2.** [refuse to take seriously - idea, person] écarter ; [- plan, challenge] rejeter - **3.** [allow to leave - class] laisser sortir ; [- troops] faire rompre les rangs à.

dismissal [dɪs'mɪsl] n - **1.** [from job] licenciement m, renvoi m - **2.** [refusal to take seriously] rejet m.

dismissive [dɪs'mɪsɪv] adj méprisant(e) ; **to be ~ of** ne faire aucun cas de.

dismount [ˌdɪs'maunt] vi : **to ~ (from)** descendre (de).

disobedience [ˌdɪsə'biːdjəns] n désobéissance f.

disobedient [ˌdɪsə'biːdjənt] adj désobéissant(e).

disobey [ˌdɪsə'beɪ] ◇ vt désobéir à ◇ vi désobéir.

disorder [dɪs'ɔːdə'] n - **1.** [disarray] : **in ~** en désordre - **2.** (U) [rioting] troubles mpl - **3.** MED trouble m.

disordered [dɪs'ɔːdəd] adj - **1.** [in disarray] en désordre - **2.** MED : **mentally ~** déséquilibré(e).

disorderly [dɪs'ɔːdəlɪ] adj - **1.** [untidy - room] en désordre ; [- appearance] désordonné(e) - **2.** [unruly] indiscipliné(e).

disorderly conduct n JUR trouble m de l'ordre public.

disorganized, -ised [dɪs'ɔːgənaɪzd] adj [person] désordonné(e), brouillon(onne) ; [system] mal conçu(e).

disorientated Br [dɪs'ɔːrɪənteɪtɪd], **disoriented** Am [dɪs'ɔːrɪəntɪd] adj désorienté(e).

disown [dɪs'əun] vt désavouer.

disparage [dɪ'spærɪdʒ] vt dénigrer.

disparaging [dɪ'spærɪdʒɪŋ] adj désobligeant(e).

disparate ['dɪspərət] adj disparate.

disparity [dɪ'spærətɪ] (pl -ies) n : **~ (between** OR **in)** disparité f (entre).

dispassionate [dɪ'spæʃnət] adj impartial(e).

dispatch [dɪ'spætʃ] ◇ n [message] dépêche f ◇ vt [send] envoyer, expédier.

dispatch box n Br POL [box] valise f officielle ; [in House of Commons] tribune d'où parlent les membres du gouvernement et leurs homologues du cabinet fantôme.

dispatch rider n MIL estafette f ; [courier] coursier m.

dispel [dɪ'spel] (pt & pp -led ; cont -ling) vt [feeling] dissiper, chasser.

dispensable [dɪ'spensəbl] adj [person] dont on peut se passer ; [expenses, luxury] superflu(e).

dispensary [dɪ'spensərɪ] (pl -ies) n officine f.

dispensation [ˌdɪspen'seɪʃn] n [permission] dispense f.

dispense [dɪ'spens] vt [justice, medicine] administrer.

➡ **dispense with** vt fus - **1.** [do without] se passer de - **2.** [make unnecessary] rendre superflu(e) ; **to ~ with the need for sthg** rendre qqch superflu.

dispenser [dɪ'spensə'] n distributeur m.

dispensing chemist Br, **dispensing pharmacist** Am [dɪ'spensɪŋ-] n pharmacien m, -enne f.

dispersal [dɪ'spɜːsl] n dispersion f.

disperse [dɪ'spɜːs] ◇ vt - **1.** [crowd] disperser - **2.** [knowledge, news] répandre, propager ◇ vi se disperser.

dispirited [dɪ'spɪrɪtɪd] adj découragé(e), abattu(e).

dispiriting [dɪ'spɪrɪtɪŋ] adj décourageant(e).

displace [dɪs'pleɪs] vt - **1.** [cause to move] déplacer - **2.** [supplant] supplanter.

displaced person [dɪs'pleɪst-] n personne f déplacée.

displacement [dɪs'pleɪsmənt] n déplacement m.

display [dɪ'spleɪ] ◇ n - **1.** [arrangement] exposition f ; **on ~** exposé - **2.** [demonstration] manifestation f - **3.** [public event] spectacle m - **4.** [COMPUT - device] écran m ; [- information displayed] affichage m, visualisation f ◇ vt - **1.** [arrange] exposer - **2.** [show] faire preuve de, montrer.

display advertising n (U) placards mpl publicitaires.

displease [dɪs'pliːz] vt déplaire à, mécontenter ; **to be ~d with** être mécontent(e) de.

displeasure [dɪs'pleʒə'] n mécontentement m.

disposable [dɪ'spəuzəbl] adj - **1.** [throw away] jetable - **2.** [income] disponible.

disposal [dɪ'spəuzl] n - **1.** [removal] enlèvement m - **2.** [availability] : **at sb's ~** à la disposition de qqn.

dispose [dɪ'spəuz] ➡ **dispose of** vt fus [get rid of] se débarrasser de ; [problem] résoudre.

disposed [dɪ'spəuzd] adj - **1.** [willing] : **to be ~ to do sthg** être disposé(e) à faire qqch - **2.** [friendly] : **to be well ~ to** OR **towards sb** être bien disposé(e) envers qqn.

disposition [ˌdɪspə'zɪʃn] n - **1.** [temperament]

caractère *m*, tempérament *m* - **2.** [tendency] : ~ **to do sthg** tendance *f* à faire qqch.

dispossess [,dɪspə'zes] *vt* fml : **to ~ sb of sthg** déposséder qqn de qqch.

disproportion [,dɪsprə'pɔ:ʃn] *n* disproportion *f*.

disproportionate [,dɪsprə'pɔ:ʃnət] *adj :* ~ **(to)** disproportionné(e) (à)

disprove [,dɪs'pru:v] *vt* réfuter.

dispute [dɪ'spju:t] <> *n* - **1.** [quarrel] dispute *f* - **2.** *(U)* [disagreement] désaccord *m ;* **in ~** [people] en désaccord ; [matter] en discussion - **3.** INDUSTRY conflit *m* <> *vt* contester.

disqualification [dɪs,kwɒlɪfɪ'keɪʃn] *n* disqualification *f*.

disqualify [,dɪs'kwɒlɪfaɪ] *(pt & pp* **-ied)** *vt* - **1.** [subj : authority] : **to ~ sb (from doing sthg)** interdire à qqn (de faire qqch) ; **to ~ sb from driving** Br retirer le permis de conduire à qqn - **2.** [subj : illness, criminal record] : **to ~ sb (from doing sthg)** rendre qqn incapable (de faire qqch) - **3.** SPORT disqualifier.

disquiet [dɪs'kwaɪət] *n* inquiétude *f*.

disregard [,dɪsrɪ'gɑːd] <> *n (U) :* ~ **(for)** [money, danger] mépris *m* (pour) ; [feelings] indifférence *f* (à) <> *vt* [fact] ignorer ; [danger] mépriser ; [warning] ne pas tenir compte de.

disrepair [,dɪsrɪ'peə'] *n* délabrement *m ;* **to fall into ~** tomber en ruines.

disreputable [dɪs'repjʊtəbl] *adj* peu respectable.

disrepute [,dɪsrɪ'pju:t] *n :* **to bring sthg into ~** discréditer qqch ; **to fall into ~** acquérir une mauvaise réputation.

disrespectful [,dɪsrɪ'spektfʊl] *adj* irrespectueux(euse).

disrupt [dɪs'rʌpt] *vt* perturber.

disruption [dɪs'rʌpʃn] *n* perturbation *f*.

disruptive [dɪs'rʌptɪv] *adj* perturbateur(trice).

dissatisfaction ['dɪs,sætɪs'fækʃn] *n* mécontentement *m*.

dissatisfied [,dɪs'sætɪsfaɪd] *adj :* ~ **(with)** mécontent(e) (de), pas satisfait(e) (de).

dissect [dɪ'sekt] *vt* lit & fig disséquer.

dissection [dɪ'sekʃn] *n* lit & fig dissection *f*.

disseminate [dɪ'semɪneɪt] *vt* disséminer.

dissemination [dɪ,semɪ'neɪʃn] *n* dissémination *f*.

dissension [dɪ'senʃn] *n* discorde *f*, dissension *f*.

dissent [dɪ'sent] <> *n* dissentiment *m* <> *vi :* **to ~ (from)** être en désaccord (avec).

dissenter [dɪ'sentə'] *n* dissident *m*, -e *f*.

dissenting [dɪ'sentɪŋ] *adj :* ~ **voice** opinion *f* contraire.

dissertation [,dɪsə'teɪʃn] *n* dissertation *f*.

disservice [,dɪs'sɜ:vɪs] *n :* **to do sb a ~** rendre un mauvais service à qqn.

dissident ['dɪsɪdənt] *n* dissident *m*, -e *f*.

dissimilar [,dɪ'sɪmɪlə'] *adj :* ~ **(to)** différent(e) (de).

dissipate ['dɪsɪpeɪt] <> *vt* - **1.** [heat] dissiper - **2.** [efforts, money] gaspiller <> *vi* se dissiper.

dissipated ['dɪsɪpeɪtɪd] *adj* [person, life] dissolu(e).

dissociate [dɪ'səʊʃɪeɪt] *vt* dissocier ; **to ~ o.s. from** se désolidariser de.

dissolute ['dɪsəlu:t] *adj* dissolu(e).

dissolution [,dɪsə'lu:ʃn] *n* dissolution *f*.

dissolve [dɪ'zɒlv] <> *vt* dissoudre <> *vi* - **1.** [substance] se dissoudre - **2.** fig [disappear] disparaître.

➡ **dissolve in(to)** *vt fus :* **to ~ into tears** fondre en larmes.

dissuade [dɪ'sweɪd] *vt :* **to ~ sb (from)** dissuader qqn (de).

distance ['dɪstəns] <> *n* distance *f* ; **at a ~** assez loin ; **from a ~** de loin ; **in the ~** au loin <> *vt :* **to ~ o.s. from** se distancier de.

distant ['dɪstənt] *adj* - **1.** [gen] : ~ **(from)** éloigné(e) (de) - **2.** [reserved - person, manner] distant(e).

distaste [dɪs'teɪst] *n :* ~ **(for)** dégoût *m* (pour).

distasteful [dɪs'teɪstfʊl] *adj* répugnant(e), déplaisant(e).

Dist. Atty *abbr of* **district attorney.**

distemper [dɪs'stempə'] *n (U)* - **1.** [paint] détrempe *f* - **2.** [disease] maladie *f* de Carré.

distended [dɪ'stendɪd] *adj* [stomach] distendu(e).

distil Br *(pt & pp* **-led ;** *cont* **-ling)**, **distill** Am [dɪ'stɪl] *vt* - **1.** [liquid] distiller - **2.** fig [information] tirer.

distiller [dɪ'stɪlə'] *n* distillateur *m*.

distillery [dɪ'stɪlərɪ] *(pl* **-ies)** *n* distillerie *f*.

distinct [dɪ'stɪŋkt] *adj* - **1.** [different] : ~ **(from)** distinct(e) (de), différent(e) (de) ; **as ~ from** par opposition à - **2.** [definite - improvement] net (nette) ; **a ~ possibility** une forte chance.

distinction [dɪ'stɪŋkʃn] *n* - **1.** [difference] distinction *f*, différence *f ;* **to draw** OR **make a ~ between** faire une distinction entre - **2.** *(U)* [excellence] distinction *f* - **3.** [exam result] mention *f* très bien.

distinctive [dɪ'stɪŋktɪv] *adj* caractéristique.

distinctly [dɪ'stɪŋktlɪ] adv [see, remember] clairement.

distinguish [dɪ'stɪŋgwɪʃ] vt - **1.** [tell apart] : to ~ sthg from sthg distinguer qqch de qqch, faire la différence entre qqch et qqch - **2.** [perceive] distinguer - **3.** [characterize] caractériser - **4.** [excel] : to ~ o.s. se distinguer.

distinguished [dɪ'stɪŋgwɪʃt] adj distingué(e).

distinguishing [dɪ'stɪŋgwɪʃɪŋ] adj [feature, mark] caractéristique.

distort [dɪ'stɔːt] vt déformer.

distorted [dɪ'stɔːtɪd] adj déformé(e).

distortion [dɪ'stɔːʃn] n déformation f.

distract [dɪ'strækt] vt : to ~ sb (from) distraire qqn (de).

distracted [dɪ'stræktɪd] adj [preoccupied] soucieux(euse).

distraction [dɪ'strækʃn] n - **1.** [interruption, diversion] distraction f - **2.** [state of mind] confusion f ; to drive sb to ~ rendre qqn fou.

distraught [dɪ'strɔːt] adj éperdu(e).

distress [dɪ'stres] <> n [anxiety] détresse f ; [pain] douleur f, souffrance f <> vt affliger.

distressed [dɪ'strest] adj [anxious, upset] affligé(e).

distressing [dɪ'stresɪŋ] adj [news, image] pénible.

distress signal n signal m de détresse.

distribute [dɪ'strɪbjuːt] vt - **1.** [gen] distribuer - **2.** [spread out] répartir.

distribution [,dɪstrɪ'bjuːʃn] n - **1.** [gen] distribution f - **2.** [spreading out] répartition f.

distributor [dɪ'strɪbjutəʳ] n AUT & COMM distributeur m.

district ['dɪstrɪkt] n - **1.** [area - of country] région f ; [- of town] quartier m - **2.** ADMIN district m.

district attorney n Am ≃ procureur m de la République.

district council n Br ≃ conseil m général.

district nurse n Br infirmière f visiteuse OR à domicile.

District of Columbia n district m de Columbia ; in the ~ dans le district de Columbia.

distrust [dɪs'trʌst] <> n méfiance f <> vt se méfier de.

distrustful [dɪs'trʌstfʊl] adj méfiant(e).

disturb [dɪ'stɜːb] vt - **1.** [interrupt] déranger - **2.** [upset, worry] inquiéter - **3.** [sleep, surface] troubler.

disturbance [dɪ'stɜːbəns] n - **1.** POL troubles mpl ; [fight] tapage m ; ~ of the peace JUR trou-

ble m de l'ordre public - **2.** [interruption] dérangement m - **3.** [of mind, emotions] trouble m.

disturbed [dɪ'stɜːbd] adj - **1.** [emotionally, mentally] perturbé(e) - **2.** [worried] inquiet(ète).

disturbing [dɪ'stɜːbɪŋ] adj [image] bouleversant(e) ; [news] inquiétant(e).

disunity [,dɪs'juːnətɪ] n désunion f.

disuse [,dɪs'juːs] n : to fall into ~ [factory] être à l'abandon ; [regulation] tomber en désuétude.

disused [,dɪs'juːzd] adj désaffecté(e).

ditch [dɪtʃ] <> n fossé m <> vt inf [boyfriend, girlfriend] plaquer ; [old car, clothes] se débarrasser de ; [plan] abandonner.

dither ['dɪðəʳ] vi hésiter.

ditto ['dɪtəʊ] adv idem.

diuretic [,daɪjʊ'retɪk] n diurétique m.

diva ['diːvə] (pl -s) n diva f.

divan [dɪ'væn] n divan m.

divan bed n divan-lit m.

dive [daɪv] (Br pt & pp -d, Am pt & pp -d OR dove) <> vi plonger ; [bird, plane] piquer ; she ~d into the crowd elle se jeta dans la foule <> n - **1.** [gen] plongeon m - **2.** [of plane] piqué m - **3.** inf pej [bar, restaurant] bouge m.

dive-bomb vt bombarder en piqué.

diver ['daɪvəʳ] n plongeur m, -euse f.

diverge [daɪ'vɜːdʒ] vi : to ~ (from) diverger (de).

divergence [daɪ'vɜːdʒəns] n divergence f.

divergent [daɪ'vɜːdʒənt] adj divergent(e).

diverse [daɪ'vɜːs] adj divers(e).

diversification [daɪ,vɜːsɪfɪ'keɪʃn] n diversification f.

diversify [daɪ'vɜːsɪfaɪ] (pt & pp -ied) <> vt diversifier <> vi se diversifier.

diversion [daɪ'vɜːʃn] n - **1.** [amusement] distraction f ; [tactical] diversion f - **2.** [of traffic] déviation f - **3.** [of river, funds] détournement m.

diversionary [daɪ'vɜːʃnrɪ] adj [tactics] de diversion.

diversity [daɪ'vɜːsətɪ] n diversité f.

divert [daɪ'vɜːt] vt - **1.** [traffic] dévier - **2.** [river, funds] détourner - **3.** [person - amuse] distraire [- tactically] détourner.

divest [daɪ'vest] vt fml : to ~ sb of dépouiller qqn de ; to ~ o.s. of se défaire de.

divide [dɪ'vaɪd] <> vt - **1.** [separate] séparer - **2.** [share out] diviser, partager ; to ~ sthg between OR among partager qqch entre - **3.** [split up] : to ~ sthg (into) diviser qqch (en) - **4.** MATH : 89 ~d by 3 89 divisé par 3 - **5.** [people - in disagreement] diviser ◇ *vi* se diviser ◇ *n* [difference] division *f*.

➤ **divide up** *vt sep* - **1.** [split up] diviser - **2.** [share out] partager.

divided [dɪ'vaɪdɪd] *adj* [nation] divisé(e) ; [opinions, loyalties] partagé(e).

dividend ['dɪvɪdend] *n* dividende *m ;* **to pay ~s** *fig* porter ses fruits.

dividers [dɪ'vaɪdəz] *npl* compas *m* à pointes sèches.

dividing line [dɪ'vaɪdɪŋ-] *n* ligne *f* de démarcation.

divine [dɪ'vaɪn] ◇ *adj* divin(e) ◇ *vt* - **1.** [truth, meaning] deviner ; [future] prédire - **2.** [water] découvrir, détecter.

diving ['daɪvɪŋ] *n (U)* plongeon *m ;* [with breathing apparatus] plongée *f* (sous-marine).

divingboard ['daɪvɪŋbɔːd] *n* plongeoir *m*.

diving suit *n* combinaison *f* de plongée.

divinity [dɪ'vɪnətɪ] *(pl* **-ies)** *n* - **1.** [godliness, god] divinité *f* - **2.** [study] théologie *f*.

divisible [dɪ'vɪzəbl] *adj* : **~ (by)** divisible (par).

division [dɪ'vɪʒn] *n* - **1.** [gen] division *f* - **2.** [separation] séparation *f*.

division sign *n* signe *m* de division.

divisive [dɪ'vaɪsɪv] *adj* qui sème la division OR la discorde.

divorce [dɪ'vɔːs] ◇ *n* divorce *m* ◇ *vt* - **1.** [husband, wife] divorcer - **2.** [separate] : **to ~ sthg from** séparer qqch de.

divorced [dɪ'vɔːst] *adj* divorcé(e).

divorcee [dɪvɔː'siː] *n* divorcé *m*, -e *f*.

divulge [daɪ'vʌldʒ] *vt* divulguer.

DIY *(abbr of* **do-it-yourself)** *n* Br bricolage *m*.

dizziness ['dɪzɪnɪs] *n* vertige *m*.

dizzy ['dɪzɪ] *(compar* **-ier** *; superl* **-iest)** *adj* - **1.** [giddy] : **to feel ~** avoir la tête qui tourne - **2.** *fig* [height] vertigineux(euse).

DJ *n* - **1.** *(abbr of* **disc jockey)** disc-jockey *m* - **2.** *(abbr of* **dinner jacket)** smoking *m*.

Djakarta [dʒə'kɑːtə] = **Jakarta**.

DJIA *(abbr of* **Dow Jones Industrial Average)** *n* Am indice *Dow Jones*.

Djibouti [dʒɪ'buːtɪ] *n* Djibouti ; **in ~** à Djibouti.

dl *(abbr of* **decilitre)** dl.

DLit(t) [,diː'lɪt] *(abbr of* **Doctor of Letters)** *n* docteur ès lettres.

DLO *(abbr of* **dead-letter office)** *n* centre de recherche du courrier.

dm *(abbr of* **decimetre)** dm.

DM *(abbr of* **Deutsche Mark)** DM.

DMA *(abbr of* **direct memory access)** *n* accès direct à la mémoire.

DMus ['diː'mjuːz] *(abbr of* **Doctor of Music)** *n* docteur en musique.

DMZ *(abbr of* **demilitarized zone)** *n* zone démilitarisée.

DNA *(abbr of* **deoxyribonucleic acid)** *n* ADN *m*.

D-notice *n* Br censure imposée à la presse pour sécurité d'État.

do¹ [duː] *(pt* **did** *; pp* **done** *, pl* **dos** OR **do's)** ◇ *aux vb* - **1.** *(in negatives)* : **don't leave it there** ne le laisse pas là ; **I didn't want to see him** je ne voulais pas le voir - **2.** *(in questions)* : **what did he want?** qu'est-ce qu'il voulait? ; **~ you think she'll come?** tu crois qu'elle viendra? - **3.** *(referring back to previous verb)* : **she reads more than I ~** elle lit plus que moi ; **I like reading — so ~ I** j'aime lire — moi aussi - **4.** *(in question tags)* : **you know her, don't you?** tu la connais, n'est-ce pas? ; **I upset you, didn't I?** je t'ai fait de la peine, n'est-ce pas? ; **so you think you can dance, ~ you?** alors tu t'imagines que tu sais danser, c'est ça? - **5.** [for emphasis] : **I did tell you but you've forgotten** je te l'avais bien dit, mais tu l'as oublié ; **~ come in** entrez donc ◇ *vt* - **1.** [perform an activity, a service] faire ; **to ~ aerobics/gymnastics** faire de l'aérobic/de la gymnastique ; **they ~ gourmet dinners** ils font OR préparent des repas gastronomiques ; **to ~ the cooking/housework** faire la cuisine/le ménage ; **to ~ one's hair** se coiffer ; **to ~ one's teeth** se laver OR se brosser les dents - **2.** [take action] faire ; **to ~ something about sthg** trouver une solution pour qqch ; **I don't know what to ~ with him!** je ne sais vraiment pas que faire de lui! - **3.** [have particular effect] faire ; **to ~ more harm than good** faire plus de mal que de bien - **4.** [referring to job] : **what do you ~?** qu'est-ce que vous faites dans la vie? - **5.** [study] faire ; **I did physics at school** j'ai fait de la physique à l'école - **6.** [travel at a particular speed] faire, rouler ; **the car can ~ 110 mph** ≈ la voiture peut faire du 180 à l'heure - **7.** [be good enough for] : **that'll ~ me nicely** cela m'ira très bien, cela fera très bien mon affaire ◇ *vi* - **1.** [act] faire ; **~ as I tell you** fais comme je te dis ; **you would ~ well to reconsider** tu ferais bien de reconsidérer une question - **2.** [perform in a particular way] : **they're ~ing really well** leurs affaires marchent bien ; **he could ~ better** il pourrait mieux faire ; **how did you ~ in the exam?** comment ça a marché à l'examen? - **3.** [be good enough, be sufficient] suffire, aller ; **will £6 ~?** est-ce que 6 livres suffiront?, 6 livres, ça ira? ; **that will ~** ça suffit ◇ *n* [party] fête *f*, soirée *f*.

➤ **dos** *npl* : **~s and don'ts** ce qu'il faut faire et ne pas faire.

➤ **do away with** *vt fus* supprimer.

➤ **do down** *vt sep* *inf* dire du mal de.

➤ **do for** *vt fus* *inf* : **these kids will ~ for me** ces gosses vont me tuer ; **I'm done for** je suis fichu OR foutu.

➤ **do in** *vt sep* *inf* supprimer, assassiner.

➤ **do out of** *vt sep* *inf* : **to ~ sb out of sthg** escroquer OR carotter qqch à qqn.

➤ **do up** *vt sep* - **1.** [fasten - shoelaces, shoes] attacher ; [- buttons, coat] boutonner ; **your shirt's not done up** ta chemise est déboutonnée - **2.** [decorate - room, house] refaire - **3.** [wrap up] emballer.

➤ **do with** *vt fus* - **1.** [need] avoir besoin de - **2.** [have connection with] : **that has nothing to ~ with it** ça n'a rien à voir, ça n'a aucun rapport ; **what's that got to ~ with it?** et alors, quel rapport?, qu'est-ce que ça a à voir? ; **I had nothing to ~ with it** je n'y étais pour rien.

➤ **do without** ◇ *vt fus* se passer de ◇ *vi* s'en passer.

do² (*abbr of* ditto) do.

DOA (*abbr of* dead on arrival) *adj* mort(e) pendant son transport à l'hôpital.

doable ['du:əbl] *adj* *inf* faisable.

dob *abbr of* date of birth.

Doberman ['dəʊbəmən] (*pl* -s) *n* : **~ (pinscher)** doberman *m*.

docile [Br 'dəʊsaɪl, Am 'dɒsəl] *adj* docile.

dock [dɒk] ◇ *n* - **1.** [in harbour] docks *mpl* - **2.** JUR banc *m* des accusés ◇ *vt* [wages] faire une retenue sur ◇ *vi* [ship] arriver à quai.

docker ['dɒkə'] *n* docker *m*.

docket ['dɒkɪt] *n* Br fiche *f* (descriptive).

docklands ['dɒkləndz] *npl* Br docks *mpl*.

dockworker ['dɒkwɜːkə'] = docker.

dockyard ['dɒkjɑːd] *n* chantier *m* naval.

doctor ['dɒktə'] ◇ *n* - **1.** MED docteur *m*, médecin *m* ; **to go to the ~'s** aller chez le docteur - **2.** UNIV docteur *m* ◇ *vt* - **1.** [results, report] falsifier ; [text, food] altérer - **2.** Br [cat] châtrer.

doctorate ['dɒktərət], **doctor's degree** *n* doctorat *m*.

doctrinaire [,dɒktrɪ'neə'] *adj* doctrinaire.

doctrine ['dɒktrɪn] *n* doctrine *f*.

docudrama [,dɒkju'drɑːmə] (*pl* -s) *n* docudrame *m*.

document [*n* 'dɒkjumənt, *vt* 'dɒkjument] ◇ *n* document *m* ◇ *vt* documenter.

documentary [,dɒkju'mentərɪ] (*pl* -ies) ◇ *adj* documentaire ◇ *n* documentaire *m*.

documentation [,dɒkjumen'teɪʃn] *n* documentation *f*.

DOD (*abbr of* Department of Defense) *n* ministère américain de la défense.

doddering ['dɒdərɪŋ], **doddery** ['dɒdərɪ] *adj* *inf* branlant(e).

doddle ['dɒdl] *n* Br *inf* : **it was a ~** c'était du gâteau.

Dodecanese [,dəʊdɪkə'niːz] *npl* : **the ~** le Dodécanèse ; **in the ~** dans le Dodécanèse.

dodge [dɒdʒ] ◇ *n* *inf* combine *f* ◇ *vt* éviter, esquiver ◇ *vi* s'esquiver.

Dodgems® ['dɒdʒəmz] *npl* Br autos *fpl* tamponneuses.

dodgy ['dɒdʒɪ] *adj* Br *inf* [plan, deal] douteux(euse).

doe [dəʊ] *n* - **1.** [deer] biche *f* - **2.** [rabbit] lapine *f*.

DOE *n* - **1.** (*abbr of* Department of the Environment) ministère britannique de l'environnement - **2.** (*abbr of* Department of Energy) ministère américain de l'énergie.

doer ['duːə'] *n* *inf* personne *f* dynamique.

does [weak form dəz, strong form dʌz] ⊳ **do**.

doesn't ['dʌznt] = does not.

dog [dɒg] (*pt* & *pp* -ged ; *cont* -ging) ◇ *n* - **1.** [animal] chien *m*, chienne *f* ; **it's a ~'s life** c'est une vie de chien ; **this country is going to the ~s** *inf* ce pays va à vau-l'eau - **2.** Am [hot dog] hot dog *m* ◇ *vt* - **1.** [subj : person - follow] suivre de près - **2.** [subj : problems, bad luck] poursuivre.

dog biscuit *n* biscuit *m* pour chien.

dog collar *n* - **1.** [of dog] collier *m* de chien - **2.** [of priest] col *m* d'ecclésiastique.

dog-eared [-ɪəd] *adj* écorné(e).

dog-eat-dog *adj* : **it's ~** c'est la loi de la jungle.

dog-end *n* *inf* [of cigarette] mégot *m*.

dogfight ['dɒgfaɪt] *n* - **1.** [between dogs] combat *m* de chiens - **2.** [between aircraft] combat *m* aérien.

dog food *n* nourriture *f* pour chiens.

dogged ['dɒgɪd] *adj* opiniâtre.

doggone ['dɒgɒn], **doggoned** ['dɒgɒnd] *adj* Am *inf* fichu(e).

doggy ['dɒgɪ] (*pl* -ies) *n* toutou *m*.

doggy bag *n* sac en plastique pour emporter les restes d'un repas.

dogma ['dɒgmə] *n* dogme *m*.

dogmatic [dɒg'mætɪk] *adj* dogmatique.

do-gooder [-'gudǝ^r] *n* pej bonne âme *f*.

dog paddle *n* nage *f* du chien.

dogsbody ['dɒgz,bɒdɪ] (*pl* -ies) *n* Br inf [woman] bonne *f* à tout faire ; [man] factotum *m*.

dog tag *n* MIL plaque *f* d'identification.

doing ['du:ɪŋ] *n* : is this your ~? c'est toi qui est cause de tout cela ?
➤ **doings** *npl* actions *fpl*.

do-it-yourself *n* (U) bricolage *m*.

doldrums ['dɒldrǝmz] *npl* : to be in the ~ fig être dans le marasme.

dole [dǝʊl] *n* Br [unemployment benefit] allocation *f* de chômage ; to be on the ~ être au chômage.
➤ **dole out** *vt sep* [food, money] distribuer au compte-gouttes.

doleful ['dǝʊlfʊl] *adj* morne.

doll [dɒl] *n* poupée *f*.

dollar ['dɒlǝ^r] *n* dollar *m*.

dolled up [dɒld-] *adj* inf pomponné(e).

dollhouse Am = doll's house.

dollop ['dɒlǝp] *n* inf bonne cuillerée *f*.

doll's house Br, **dollhouse** [dɒlhaʊs] Am *n* maison *f* de poupée.

dolly ['dɒlɪ] (*pl* -ies) *n* - **1.** [doll] poupée *f* - **2.** [for TV or film camera] travelling *m*.

dolly bird *n* Br inf dated poupée *f*.

Dolomites ['dɒlǝmaɪts] *npl* : the ~ les Dolomites *fpl*.

dolphin ['dɒlfɪn] *n* dauphin *m*.

domain [dǝ'meɪn] *n* lit & fig domaine *m*.

dome [dǝʊm] *n* dôme *m*.

domestic [dǝ'mestɪk] <> *adj* - **1.** [policy, politics, flight] intérieur(e) - **2.** [chores, animal] domestique - **3.** [home-loving] casanier(ère) <> *n* domestique *mf*.

domestic appliance *n* appareil *m* ménager.

domesticated [dǝ'mestɪkeɪtɪd] *adj* - **1.** [animal] domestiqué(e) - **2.** hum [person] popote (*inv*).

domesticity [,dǝʊme'stɪsǝtɪ] *n* (U) vie *f* de famille.

domicile ['dɒmɪsaɪl] *n* domicile *m*.

dominance ['dɒmɪnǝns] *n* prédominance *f* ; [of person] supériorité *f*.

dominant ['dɒmɪnǝnt] *adj* dominant(e) ; [personality, group] dominateur(trice).

dominate ['dɒmɪneɪt] *vt* dominer.

dominating ['dɒmɪneɪtɪŋ] *adj* [person] dominateur(trice).

domination [,dɒmɪ'neɪʃn] *n* domination *f*.

domineering [,dɒmɪ'nɪǝrɪŋ] *adj* autoritaire.

Dominica [dǝ'mɪnɪkǝ] *n* la Dominique ; in ~ à la Dominique.

Dominican Republic [dǝ'mɪnɪkǝn-] *n* : the ~ la République Dominicaine ; in the ~ en République Dominicaine.

dominion [dǝ'mɪnjǝn] *n* - **1.** (U) [power] domination *f* - **2.** [land] territoire *m*.

domino ['dɒmɪnǝʊ] (*pl* -es) *n* domino *m*.
➤ **dominoes** *npl* dominos *mpl*.

domino effect *n* réaction *f* en chaîne.

don [dɒn] (*pt* & *pp* -ned ; *cont* -ning) <> *n* Br UNIV professeur *m* d'université <> *vt* [clothing] revêtir.

donate [dǝ'neɪt] *vt* faire don de.

donation [dǝ'neɪʃn] *n* don *m*.

done [dʌn] <> *pp* ▷ **do** <> *adj* - **1.** [job, work] achevé(e) ; I'm nearly ~ j'ai presque fini - **2.** [cooked] cuit(e) - **3.** [socially acceptable] : that's not the ~ thing ça ne se fait pas <> *excl* [to conclude deal] topé!

donkey ['dɒŋkɪ] (*pl* -s) *n* âne *m*, ânesse *f*.

donkey jacket *n* Br grosse veste *f*.

donkeywork ['dɒŋkɪwɜ:k] *n* Br inf : to do the ~ faire le sale boulot.

donor ['dǝʊnǝ^r] *n* - **1.** MED donneur *m*, -euse *f* - **2.** [to charity] donateur *m*, -trice *f*.

donor card *n* carte *f* de donneur.

don't [dǝʊnt] = do not.

doodle ['du:dl] <> *n* griffonnage *m* <> *vi* griffonner.

doom [du:m] *n* [fate] destin *m*.

doomed [du:md] *adj* condamné(e) ; they were ~ to die ils étaient condamnés à mourir ; the plan was ~ to failure le plan était voué à l'échec.

door [dɔ:^r] *n* porte *f* ; [of vehicle] portière *f* ; to open the ~ to sthg fig ouvrir la voie à qqch.

doorbell ['dɔ:bel] *n* sonnette *f*.

doorhandle ['dɔ:hændl] *n* poignée *f* de porte.

doorknob ['dɔ:nɒb] *n* bouton *m* de porte.

doorknocker ['dɔ:,nɒkǝ^r] *n* heurtoir *m*.

doorman ['dɔ:mǝn] (*pl* -men [-mǝn]) *n* portier *m*.

doormat ['dɔ:mæt] *n* lit & fig paillasson *m*.

doorstep ['dɔ:step] *n* pas *m* de la porte.

doorstop ['dɔ:stɒp] *n* butoir *m* de porte.

door-to-door *adj* [salesman, selling] à domicile.

doorway ['dɔ:weɪ] *n* embrasure *f* de la porte.

dope [dǝʊp] <> *n* inf - **1.** [drugs sl] dope *f* - **2.** [for athlete, horse] dopant *m* - **3.** inf [fool] imbécile *mf* <> *vt* [horse] doper.

dope test n contrôle m anti-dopage.

dopey ['dəʊpɪ] (compar -ier ; superl -iest) adj inf abruti(e).

dormant ['dɔ:mənt] adj - 1. [volcano] endormi(e) - 2. [law] inappliqué(e).

dormer (window) ['dɔ:mər-] n lucarne f.

dormice ['dɔ:maɪs] pl ⊏━ dormouse.

dormitory ['dɔ:mətrɪ] (pl -ies) n - 1. [gen] dortoir m - 2. Am [in university] ≃ cité f universitaire.

Dormobile® ['dɔ:mə,bi:l] n Br camping-car m.

dormouse ['dɔ:maʊs] (pl -mice [-maɪs]) n loir m.

Dors (abbr of Dorset) comté anglais.

DOS [dɒs] (abbr of disk operating system) n DOS m.

dosage ['dəʊsɪdʒ] n dosage m.

dose [dəʊs] ⟷ n - 1. MED dose f - 2. fig [amount] : a ~ of the measles la rougeole ⟷ vt : to ~ sb with sthg administrer qqch à qqn.

doss [dɒs] ⟜ **doss down** vi Br inf crécher.

dosser ['dɒsər] n Br inf clochard m, -e f.

dosshouse ['dɒshaʊs, pl -haʊzɪz] n Br inf asile m de nuit.

dossier ['dɒsɪeɪ] n dossier m.

dot [dɒt] (pt & pp -ted ; cont -ting) ⟷ n point m ; on the ~ à l'heure pile ⟷ vt : dotted with parsemé(e) de.

DOT (abbr of Department of Transportation) n ministère américain du transport.

dotage ['dəʊtɪdʒ] n : to be in one's ~ être gâteux(euse).

dote [dəʊt] ⟜ **dote (up)on** vt fus adorer.

doting ['dəʊtɪŋ] adj : she has a ~ grandfather elle a un grand-père qui l'adore.

dot-matrix printer n imprimante f matricielle.

dotted line ['dɒtɪd-] n ligne f pointillée ; to sign on the ~ fig donner formellement son accord.

dotty ['dɒtɪ] (compar -ier ; superl -iest) adj inf toqué(e).

double ['dʌbl] ⟷ adj double ; ~ **doors** porte f à deux battants ; "ally" is spelt "a", "l", "y" « ally » s'écrit « a », deux « l », « y » ⟷ adv - 1. [twice] : **the amount** deux fois plus ; to see ~ voir double - 2. [in two] en deux ; to bend ~ se plier en deux ⟷ n - 1. [twice as much] : **I earn ~ what I used to** je gagne le double de ce que je gagnais auparavant - 2. [drink, look-alike] double m - 3. CINEMA doublure f ⟷ vt doubler ⟷ vi - 1. [increase twofold]

doubler - 2. [have second purpose] : **to ~ as** faire office de.

⟜ **doubles** npl TENNIS double m.

⟜ **double up** ⟷ vt sep : **to be ~d up** être plié(e) en deux ⟷ vi [bend over] se plier en deux.

double act n duo m.

double agent n agent m double.

double-barrelled Br, **double-barreled** Am [-'bærəld] adj - 1. [shotgun] à deux coups - 2. [name] à rallonge.

double bass [-beɪs] n contrebasse f.

double bed n lit m pour deux personnes, grand lit.

double-breasted [-'brestɪd] adj [jacket] croisé(e).

double-check vt & vi revérifier.

double chin n double menton m.

double cream n Br crème f fraîche épaisse.

double-cross vt trahir.

double-dealer n : **to be a ~** jouer double jeu.

double-decker [-'dekər] n [bus] autobus m à impériale.

double-declutch [-di:'klʌtʃ] vi Br AUT faire un double débrayage.

double-density adj COMPUT [disk] double-densité (inv).

double-dutch n Br charabia m.

double-edged [-'edʒd] adj lit & fig à double tranchant.

double entendre [,du:blã'tãdr] n allusion f grivoise.

double figures npl : **to be in ~** être au-dessus de dix.

double-glazing [-'gleɪzɪŋ] n double vitrage m.

double-jointed [-'dʒɔɪntɪd] adj désarticulé(e).

double-park vi se garer en double file.

double-quick adj & adv inf en deux temps trois mouvements.

double room n chambre f pour deux personnes.

double-sided adj COMPUT [disk] double-face.

double standards npl : **to have ~** avoir deux poids, deux mesures.

double take n : **to do a ~** marquer un temps d'arrêt.

double-talk n (U) propos mpl ambigus.

double time n tarif m double.

double vision n vue f double.

double whammy [-'wæmɪ] *n* double malédiction *f*.

doubly ['dʌblɪ] *adv* doublement.

doubt [daʊt] ⬦ *n* doute *m* ; **there is no ~ that** il n'y a aucun doute que ; **without (a) ~** sans aucun doute ; **beyond all ~** indubitablement ; **to be in ~** [person] ne pas être sûr(e) ; [outcome] être incertain(e) ; **to cast ~ on sthg** mettre qqch en doute ; **no ~** sans aucun doute ⬦ *vt* douter ; **to ~ whether** OR **if** douter que.

doubtful ['daʊtfʊl] *adj* - **1.** [decision, future] incertain(e) - **2.** [unsure] : **to be ~ about** OR **of** douter de - **3.** [person, value] douteux(euse).

doubtless ['daʊtlɪs] *adv* sans aucun doute.

dough [dəʊ] *n* (U) - **1.** CULIN pâte *f* - **2.** v inf [money] fric *m*.

doughnut ['dəʊnʌt] *n* beignet *m*.

dour [dʊəʳ] *adj* austère.

douse [daʊs] *vt* - **1.** [fire, flames] éteindre - **2.** [drench] tremper.

dove[1] [dʌv] *n* [bird] colombe *f*.

dove[2] [dəʊv] Am *pt* ⊳ **dive**.

dovecot(e) ['dʌvkɒt] *n* colombier *m*.

Dover ['dəʊvəʳ] *n* Douvres.

dovetail ['dʌvteɪl] fig ⬦ *vt* faire coïncider ⬦ *vi* coïncider.

dovetail joint *n* assemblage *m* à queue d'aronde.

dowager ['daʊədʒəʳ] *n* douairière *f*.

dowdy ['daʊdɪ] (*compar* -**ier** ; *superl* -**iest**) *adj* sans chic.

Dow-Jones average [,daʊ'dʒəʊnz-] *n* : **the ~** le Dow-Jones, l'indice *m* Dow-Jones.

down [daʊn] ⬦ *adv* - **1.** [downwards] en bas, vers le bas ; **to bend ~** se pencher ; **to climb ~** descendre ; **to fall ~** tomber (par terre) ; **to pull ~** tirer vers le bas - **2.** [along] : **we went ~ to have a look** on est allé jeter un coup d'œil ; **I'm going ~ to the shop** je vais au magasin - **3.** [southwards] : **we travelled ~ to London** on est descendu à Londres - **4.** [lower in amount] : **prices are coming ~** les prix baissent ; **~ to the last detail** jusqu'au moindre détail - **5.** [in written form] : **to write sthg ~** noter qqch ⬦ *prep* - **1.** [downwards] : **they ran ~ the hill/stairs** ils ont descendu la colline/l'escalier en courant - **2.** [along] : **to walk ~ the street** descendre la rue ⬦ *adj* - **1.** inf [depressed] : **to feel ~** avoir le cafard - **2.** [behind] : **they're two goals ~** ils perdent de deux buts - **3.** [lower in amount] : **prices are ~ again** les prix ont encore baissé - **4.** [computer, telephones] en panne ⬦ *n* (U) duvet *m*

⬦ *vt* - **1.** [knock over] abattre - **2.** [drink] avaler d'un trait.

➡ **downs** *npl* Br collines *fpl*.

down-and-out ⬦ *adj* indigent(e) ⬦ *n* personne *f* dans le besoin.

down-at-heel *adj* déguenillé(e).

downbeat ['daʊnbiːt] *adj* inf pessimiste.

downcast ['daʊnkɑːst] *adj* - **1.** [sad] démoralisé(e) - **2.** [eyes] baissé(e).

downer ['daʊnəʳ] *n* inf - **1.** [drug] tranquillisant *m* - **2.** [depressing event or person] : **he's/it's a real ~** il est/c'est flippant.

downfall ['daʊnfɔːl] *n* (U) ruine *f*.

downgrade ['daʊngreɪd] *vt* [job] déclasser ; [employee] rétrograder.

downhearted [,daʊn'hɑːtɪd] *adj* découragé(e).

downhill [,daʊn'hɪl] ⬦ *adj* - **1.** [downward] en pente ; **it's ~ all the way now** fig ça va être du gâteau maintenant - **2.** SKIING : **~ skier** descendeur *m*, -euse *f* ⬦ *n* SKIING [race] descente *f* ⬦ *adv* : **to walk ~** descendre la côte ; **her career is going ~** fig sa carrière est sur le déclin.

Downing Street ['daʊnɪŋ-] *n* rue du centre de Londres où réside le premier ministre.

DOWNING STREET

C'est à Downing Street que se trouvent les résidences officielles du Premier ministre, au n° 10, et du ministre des Finances, au n° 11. Le terme « Downing Street » est souvent employé pour désigner le gouvernement.

download [,daʊn'ləʊd] *vt* COMPUT transférer.

down-market *adj* [area] populaire, pas très chic *(inv)* ; [product] bas de gamme *(inv)*.

down payment *n* acompte *m*.

downplay ['daʊnpleɪ] *vt* minimiser.

downpour ['daʊnpɔːʳ] *n* pluie *f* torrentielle.

downright ['daʊnraɪt] ⬦ *adj* franc (franche) ; [lie] effronté(e) ⬦ *adv* franchement.

downside ['daʊnsaɪd] *n* désavantage *m*.

Down's syndrome *n* trisomie *f* 21.

downstairs [,daʊn'steəz] ⬦ *adj* du bas ; [on floor below] à l'étage en-dessous ⬦ *adv* en bas ; [on floor below] à l'étage en-dessous ; **to come** OR **go ~** descendre.

downstream [,daʊn'striːm] *adv* en aval.

downtime ['daʊntaɪm] *n* temps *m* improductif.

down-to-earth *adj* pragmatique, terre-à-terre *(inv)*.

downtown [,daʊn'taʊn] esp Am ⬦ *adj* :

~ **New York** le centre de New York ⬥ *adv* en ville.

downtrodden [ˈdaʊnˌtrɒdn] *adj* opprimé(e).

downturn [ˈdaʊntɜːn] *n* : ~ **(in)** baisse *f* (de).

down under *adv* en Australie/Nouvelle-Zélande.

downward [ˈdaʊnwəd] ⬥ *adj* - **1.** [towards ground] vers le bas - **2.** [trend] à la baisse ⬥ *adv* Am = **downwards**.

downwards [ˈdaʊnwədz] *adv* - **1.** [look, move] vers le bas - **2.** [in hierarchy] : **from the president** ~ du président jusqu'au bas de la hiérarchie.

downwind [ˌdaʊnˈwɪnd] *adv* dans le sens du vent.

dowry [ˈdaʊərɪ] (*pl* -**ies**) *n* dot *f*.

doz. (*abbr of* **dozen**) douz.

doze [dəʊz] ⬥ *n* somme *m* ⬥ *vi* sommeiller.

➤ **doze off** *vi* s'assoupir.

dozen [ˈdʌzn] ⬥ *num adj* : **a ~ eggs** une douzaine d'œufs ⬥ *n* douzaine *f* ; **50p a ~** 50p la douzaine ; **~s of** inf des centaines de.

dozy [ˈdəʊzɪ] (*compar* -**ier** ; *superl* -**iest**) *adj* - **1.** [sleepy] somnolent(e) - **2.** Br inf [stupid] lent(e).

DP (*abbr of* **data processing**) *n* informatique *f*.

DPh, DPhil [ˌdiːˈfɪl] (*abbr of* **Doctor of Philosophy**) *n docteur en philosophie*.

DPP *abbr of* **Director of Public Prosecutions**.

DPT (*abbr of* **diphtheria, pertussis, tetanus**) *n* DCT *m*.

DPW (*abbr of* **Department of Public Works**) *n ministère de l'équipement*.

dr *abbr of* **debtor**.

Dr. - **1.** (*abbr of* **Drive**) av - **2.** (*abbr of* **Doctor**) Dr.

drab [dræb] (*compar* -**ber** ; *superl* -**best**) *adj* terne.

draconian [drəˈkəʊnjən] *adj* draconien(enne).

draft [drɑːft] ⬥ *n* - **1.** [early version] premier jet *m*, ébauche *f* ; [of letter] brouillon *m* - **2.** [money order] traite *f* - **3.** Am MIL : **the ~** la conscription *f* - **4.** Am = **draught** ⬥ *vt* - **1.** [speech] ébaucher, faire le plan de ; [letter] faire le brouillon de - **2.** Am MIL appeler - **3.** [staff] muter.

draft dodger [-dɒdʒəʳ] *n* Am insoumis *m*.

draftee [ˌdrɑːfˈtiː] *n* Am appelé *m*.

draftsman Am = **draughtsman**.

draftsmanship Am = **draughtsmanship**.

drafty Am = **draughty**.

drag [dræg] (*pt* & *pp* -**ged** ; *cont* -**ging**) ⬥ *vt*
- **1.** [gen] traîner - **2.** [lake, river] draguer ⬥ *vi*
- **1.** [dress, coat] traîner - **2.** fig [time, action] traîner en longueur ⬥ *n* - **1.** inf [bore] plaie *f*
- **2.** inf [on cigarette] bouffée *f* - **3.** [wind resistance] coefficient *m* de pénétration (dans l'air)
- **4.** [cross-dressing] : **in ~** en travesti.

➤ **drag down** *vt sep* fig : **they dragged him down with them** ils l'ont entraîné dans leur chute.

➤ **drag in** *vt sep* [include - person] mêler ; [- subject] faire allusion à.

➤ **drag on** *vi* [meeting, time] s'éterniser, traîner en longueur.

➤ **drag out** *vt sep* - **1.** [protract] prolonger, faire traîner - **2.** [facts] tirer, arracher ; **to ~ sthg out of sb** soutirer qqch à qqn.

dragnet [ˈdrægnet] *n* - **1.** [net] drège *f* - **2.** fig [to catch criminal] piège *m*.

dragon [ˈdrægən] *n* lit & fig dragon *m*.

dragonfly [ˈdrægnflaɪ] (*pl* -**ies**) *n* libellule *f*.

dragoon [drəˈguːn] ⬥ *n* dragon *m* ⬥ *vt* : **to ~ sb into doing sthg** contraindre qqn à faire qqch.

drag racing *n* course *f* de dragster.

dragster [ˈdrægstəʳ] *n* dragster *m*.

drain [dreɪn] ⬥ *n* - **1.** [pipe] égout *m* ; **down the ~** [money] jeté par les fenêtres - **2.** [depletion - of resources, funds] : **~ on** épuisement *m* de ⬥ *vt* - **1.** [vegetables] égoutter ; [land] assécher, drainer - **2.** [strength, resources] épuiser ; **to feel ~ed** être vidé(e) - **3.** [drink, glass] boire ⬥ *vi* [dishes] égoutter ; **the blood ~ed from his face** il blêmit.

drainage [ˈdreɪnɪdʒ] *n* - **1.** [pipes, ditches] (système *m* du) tout-à-l'égout *m* - **2.** [draining - of land] drainage *m*.

draining board Br [ˈdreɪnɪŋ-], **drainboard** Am [ˈdreɪnbɔːrd] *n* égouttoir *m*.

drainpipe [ˈdreɪnpaɪp] *n* tuyau *m* d'écoulement.

drainpipes, drainpipe trousers *npl* Br pantalon-cigarette *m*.

drake [dreɪk] *n* canard *m*.

dram [dræm] *n* goutte *f* (de whisky).

drama [ˈdrɑːmə] ⬥ *n* - **1.** [play, excitement] drame *m* - **2.** (U) [art] théâtre *m* ⬥ *comp* [school] d'art dramatique ; [critic] dramatique.

dramatic [drəˈmætɪk] *adj* - **1.** [gen] dramatique - **2.** [sudden, noticeable] spectaculaire.

dramatically [drəˈmætɪklɪ] *adv* - **1.** [noticeably] de façon spectaculaire - **2.** [theatrically] de façon théâtrale.

dramatist [ˈdræmətɪst] *n* dramaturge *mf*.

dramatization [ˌdræmətaɪˈzeɪʃn] *n* adaptation *f* pour la télévision/la scène/l'écran.

dramatize, -ise ['dræmətaɪz] *vt* - **1.** [rewrite as play, film] adapter pour la télévision/la scène/l'écran - **2.** *pej* [make exciting] dramatiser.

drank [dræŋk] *pt* ⊳ drink.

drape [dreɪp] *vt* draper ; **to be ~d with** OR **in** être drapé(e) de.
⇒ **drapes** *npl* Am rideaux *mpl*.

draper ['dreɪpə^r] *n* marchand *m*, -e *f* de tissus.

drastic ['dræstɪk] *adj* - **1.** [measures] drastique, radical(e) - **2.** [improvement, decline] spectaculaire.

drastically ['dræstɪklɪ] *adv* [change, decline] de façon spectaculaire.

draught Br, **draft** Am [drɑːft] *n* - **1.** [air current] courant *m* d'air - **2.** *literary* [gulp] gorgée *f* - **3.** [from barrel] : **on ~** [beer] à la pression.
⇒ **draughts** *n* Br jeu *m* de dames.

draught beer *n* Br bière *f* à la pression.

draughtboard ['drɑːftbɔːd] *n* Br damier *m*.

draughtsman Br (*pl* **-men** [-mən]), **draftsman** Am (*pl* **-men** [-mən]) ['drɑːftsmən] *n* dessinateur *m*, -trice *f*.

draughtsmanship Br, **draftsmanship** Am ['drɑːftsmənʃɪp] *n* [skill] talent *m* de dessinateur.

draughty Br (*compar* **-ier** ; *superl* **-iest**), **drafty** Am (*compar* **-ier** ; *superl* **-iest**) ['drɑːftɪ] *adj* plein(e) de courants d'air.

draw [drɔː] (*pt* **drew** ; *pp* **drawn**) ⇔ *vt* - **1.** [gen] tirer ; **to ~ breath** fig souffler - **2.** [sketch] dessiner - **3.** [comparison, distinction] établir, faire - **4.** [attract] attirer, entraîner ; **to ~ sb's attention to** attirer l'attention de qqn sur ; **to be** OR **feel drawn to** être OR se sentir attiré(e) par ⇔ *vi* - **1.** [sketch] dessiner - **2.** [move] : **to ~ near** [person] s'approcher ; [time] approcher ; **to ~ away** reculer ; **to ~ to an end** OR **a close** tirer à sa fin - **3.** SPORT faire match nul ; **to be ~ing** être à égalité ⇔ *n* - **1.** SPORT [result] match *m* nul - **2.** [lottery] tirage *m* - **3.** [attraction] attraction *f*.
⇒ **draw in** *vi* [days] raccourcir.
⇒ **draw into** *vt sep* : **to ~ sb into sthg** mêler qqn à qqch.
⇒ **draw on** *vt fus* - **1.** = draw upon - **2.** [cigarette] tirer sur.
⇒ **draw out** *vt sep* - **1.** [encourage - person] faire sortir de sa coquille - **2.** [prolong] prolonger - **3.** [money] faire un retrait de, retirer.
⇒ **draw up** ⇔ *vt sep* [contract, plan] établir, dresser ⇔ *vi* [vehicle] s'arrêter.
⇒ **draw upon** *vt fus* [information] utiliser, se servir de ; [reserves, resources] puiser dans.

drawback ['drɔːbæk] *n* inconvénient *m*, désavantage *m*.

drawbridge ['drɔːbrɪdʒ] *n* pont-levis *m*.

drawer [drɔː^r] *n* [in desk, chest] tiroir *m*.

drawing ['drɔːɪŋ] *n* dessin *m*.

drawing board *n* planche *f* à dessin ; **back to the ~** *inf* retour à la case départ.

drawing pin *n* Br punaise *f*.

drawing room *n* salon *m*.

drawl [drɔːl] ⇔ *n* voix *f* traînante ⇔ *vt* dire d'une voix traînante.

drawn [drɔːn] ⇔ *pp* ⊳ draw ⇔ *adj* - **1.** [curtains] tiré(e) - **2.** [face] fatigué(e), tiré(e).

drawn-out *adj* prolongé(e).

drawstring ['drɔːstrɪŋ] *n* cordon *m*.

dread [dred] ⇔ *n (U)* épouvante *f* ⇔ *vt* appréhender ; **to ~ doing sthg** appréhender de faire qqch ; **I ~ to think** je n'ose pas imaginer.

dreaded ['dredɪd] *adj* redouté(e).

dreadful ['dredful] *adj* affreux(euse), épouvantable.

dreadfully ['dredfulɪ] *adv* - **1.** [badly] terriblement - **2.** [extremely] extrêmement ; **I'm ~ sorry** je regrette infiniment.

dreadlocks ['dredlɒks] *npl* coiffure *f* rasta.

dream [driːm] (*pt & pp* **-ed** OR **dreamt**) ⇔ *n* rêve *m* ⇔ *adj* de rêve ⇔ *vt* : **to ~ (that)** ... rêver que ... ; **I never ~ed this would happen** je n'aurais jamais pensé que cela puisse arriver ⇔ *vi* : **to ~ (of** OR **about)** rêver (de) ; **I wouldn't ~ of it** cela ne me viendrait même pas à l'idée.
⇒ **dream up** *vt sep* inventer.

dreamer ['driːmə^r] *n* [unrealistic person] utopiste *mf*.

dreamily ['driːmɪlɪ] *adv* rêveusement.

dreamlike ['driːmlaɪk] *adj* comme dans un rêve.

dreamt [dremt] *pt & pp* ⊳ dream.

dream world *n* monde *m* imaginaire.

dreamy ['driːmɪ] (*compar* **-ier** ; *superl* **-iest**) *adj* - **1.** [distracted] rêveur(euse) - **2.** [dreamlike] de rêve.

dreary ['drɪərɪ] (*compar* **-ier** ; *superl* **-iest**) *adj* - **1.** [weather] morne - **2.** [dull, boring] ennuyeux(euse).

dredge [dredʒ] *vt* draguer.
⇒ **dredge up** *vt sep* - **1.** [with dredger] draguer - **2.** fig [from past] déterrer.

dredger ['dredʒə^r] *n* [ship] dragueur *m* ; [machine] drague *f*.

dregs [dregz] *npl* lit & fig lie *f*.

drench [drentʃ] vt tremper ; **to be ~ed in** OR **with** être inondé(e) de.

Dresden ['drezdən] n Dresde.

dress [dres] ◇ n - **1.** [woman's garment] robe f - **2.** (U) [clothing] costume m, tenue f ◇ vt - **1.** [clothe] habiller ; **to be ~ed** être habillé(e) ; **to be ~ed in** être vêtu(e) de ; **to get ~ed** s'habiller - **2.** [bandage] panser - **3.** CULIN [salad] assaisonner ◇ vi s'habiller.

➤ **dress up** ◇ vt sep [facts] maquiller ◇ vi - **1.** [in costume] se déguiser - **2.** [in best clothes] s'habiller (élégamment).

dressage ['dresɑ:ʒ] n dressage m.

dress circle n premier balcon m.

dresser ['dresər] n - **1.** [for dishes] vaisselier m - **2.** Am [chest of drawers] commode f - **3.** [person] : **a smart ~** une personne qui s'habille avec chic.

dressing ['dresɪŋ] n - **1.** [bandage] pansement m - **2.** [for salad] assaisonnement m - **3.** Am [for turkey etc] farce f.

dressing gown n robe f de chambre.

dressing room n - **1.** THEATRE loge f - **2.** SPORT vestiaire m.

dressing table n coiffeuse f.

dressmaker ['dres,meɪkər] n couturier m, -ère f.

dressmaking ['dres,meɪkɪŋ] n couture f.

dress rehearsal n générale f.

dress shirt n chemise f de soirée.

dressy ['dresɪ] (compar -ier ; superl -iest) adj habillé(e).

drew [dru:] pt ▷ draw.

dribble ['drɪbl] ◇ n - **1.** [saliva] bave f - **2.** [trickle] traînée f ◇ vt SPORT dribbler ◇ vi - **1.** [drool] baver - **2.** [liquid] tomber goutte à goutte, couler.

dribs [drɪbz] npl : **in ~ and drabs** peu à peu, petit à petit.

dried [draɪd] ◇ pp ▷ dry ◇ adj [milk, eggs] en poudre ; [fruit] sec (sèche) ; [flowers] séché(e).

dried fruit n (U) fruits mpl secs.

dried-up adj asséché(e).

drier ['draɪər] = dryer.

drift [drɪft] ◇ n - **1.** [movement] mouvement m ; [direction] direction f, sens m - **2.** [meaning] sens m général ; **I get your ~** je vois ce que vous voulez dire - **3.** [of snow] congère f ; [of sand, leaves] amoncellement m, entassement m ◇ vi - **1.** [boat] dériver - **2.** [snow, sand, leaves] s'amasser, s'amonceler - **3.** [person] errer ; **to ~ into sthg** se retrouver dans qqch ; **to ~ apart** se détacher l'un de l'autre.

➤ **drift off** vi [person] s'assoupir.

drifter ['drɪftər] n [person] personne f sans but dans la vie.

driftwood ['drɪftwʊd] n bois m flottant.

drill [drɪl] ◇ n - **1.** [tool] perceuse f ; [dentist's] fraise f ; [in mine etc] perforatrice f - **2.** [exercise, training] exercice m ◇ vt - **1.** [wood, hole] percer ; [tooth] fraiser - **2.** [soldiers] entraîner ; **to ~ sthg into sb** faire rentrer qqch dans la tête de qqn ◇ vi - **1.** [bore] : **to ~ into** [wood] percer dans ; [tooth] fraiser dans - **2.** [excavate] : **to ~ for oil** forer à la recherche de pétrole.

drilling platform ['drɪlɪŋ-] n plate-forme f pétrolière OR de forage.

drily ['draɪlɪ] = dryly.

drink [drɪŋk] (pt drank ; pp drunk) ◇ n - **1.** [gen] boisson f ; **to have a ~** boire un verre - **2.** (U) [alcohol] alcool m ◇ vt boire ◇ vi boire ; **to ~ to sb/to sb's success** boire à qqn/à la réussite de qqn.

drinkable ['drɪŋkəbl] adj - **1.** [water] potable - **2.** [palatable] buvable.

drink-driving Br, **drunk-driving** Am n conduite f en état d'ivresse.

drinker ['drɪŋkər] n buveur m, -euse f.

drinking ['drɪŋkɪŋ] ◇ adj : **I'm not a ~ man** je ne bois pas ◇ n (U) boisson f.

drinking fountain n fontaine f d'eau potable.

drinking-up time n Br période pendant laquelle les clients d'un pub doivent terminer leur verre avant la fermeture.

drinking water n eau f potable.

drip [drɪp] (pt & pp -ped ; cont -ping) ◇ n - **1.** [drop] goutte f - **2.** MED goutte-à-goutte m inv - **3.** inf [wimp] femmelette f ◇ vt laisser tomber goutte à goutte ◇ vi - **1.** [gen] goutter, tomber goutte à goutte - **2.** [person] : **to be dripping with** lit & fig être ruisselant(e) de.

drip-dry adj qui ne se repasse pas.

drip-feed ◇ n goutte-à-goutte m inv ◇ vt alimenter par perfusion.

dripping ['drɪpɪŋ] ◇ adj : **~ (wet)** dégoulinant(e) ◇ n (U) graisse f.

drive [draɪv] (pt drove ; pp driven) ◇ n - **1.** [in car] trajet m (en voiture) ; **to go for a ~** faire une promenade (en voiture) - **2.** [urge] désir m, besoin m - **3.** [campaign] campagne f - **4.** (U) [energy] dynamisme m, énergie f - **5.** [road to house] allée f - **6.** SPORT drive m ◇ vt - **1.** [vehicle, passenger] conduire - **2.** TECH entraîner, actionner - **3.** [animals, people] pousser - **4.** [motivate] pousser - **5.** [force] : **to ~ sb to sthg/to do**

sth pousser qqn à qqch/à faire qqch, conduire qqn à qqch/à faire qqch ; **to ~ sb mad** OR **crazy** rendre qqn fou - **6.** [nail, stake] enfoncer - **7.** SPORT driver ⬦ vi [driver] conduire ; [travel by car] aller en voiture.

⬥ **drive at** vt fus : **what are you driving at?** où voulez-vous en venir?

drive-in esp Am ⬦ n drive-in m ⬦ adj drive-in (inv).

drivel ['drɪvl] n (U) inf foutaises fpl, idioties fpl.

driven ['drɪvn] pp ▷ **drive.**

driver ['draɪvəʳ] n - **1.** [of vehicle - gen] conducteur m, -trice f ; [- of taxi] chauffeur m - **2.** COMPUT logiciel m de commande de périphérique.

driver's license Am = **driving licence.**

drive shaft n arbre m de transmission.

driveway ['draɪvweɪ] n allée f.

driving ['draɪvɪŋ] ⬦ adj [rain] battant(e) ; [wind] cinglant(e) ⬦ n (U) conduite f.

driving force n force f motrice.

driving instructor n moniteur m, -trice f d'auto-école.

driving lesson n leçon f de conduite.

driving licence Br, **driver's license** Am n permis m de conduire.

driving mirror n rétroviseur m.

driving school n auto-école f.

driving test n (examen m du) permis m de conduire.

drizzle ['drɪzl] ⬦ n bruine f ⬦ v impers bruiner.

drizzly ['drɪzlɪ] (compar **-ier** ; superl **-iest**) adj bruineux(euse).

droll [drəʊl] adj drôle.

dromedary ['drɒmədrɪ] (pl **-ies**) n dromadaire m.

drone [drəʊn] ⬦ n - **1.** [of traffic, voices] ronronnement m ; [of insect] bourdonnement m - **2.** [male bee] abeille f mâle, faux-bourdon m ⬦ vi [engine] ronronner ; [insect] bourdonner.

⬥ **drone on** vi parler d'une voix monotone ; **to ~ on about sthg** rabâcher qqch.

drool [druːl] vi baver ; **to ~ over** fig baver (d'admiration) devant.

droop [druːp] vi - **1.** [head] pencher ; [shoulders, eyelids] tomber - **2.** fig [spirits] faiblir.

drop [drɒp] (pt & pp **-ped** ; cont **-ping**) ⬦ n - **1.** [of liquid] goutte f - **2.** [sweet] pastille f - **3.** [decrease] : **~ (in)** baisse f (de) - **4.** [distance down] dénivellation f ; **sheer ~** à-pic m inv ⬦ vt - **1.** [let fall] laisser tomber - **2.** [voice,

speed, price] baisser - **3.** [abandon] abandonner ; [player] exclure - **4.** [let out of car] déposer - **5.** [utter] : **to ~ a hint that** laisser entendre que - **6.** TENNIS [game, set] perdre - **7.** [write] : **to ~ sb a note** OR **line** écrire un petit mot à qqn ⬦ vi - **1.** [fall] tomber - **2.** [temperature, demand] baisser ; [voice, wind] tomber.

⬥ **drops** npl MED gouttes fpl.

⬥ **drop by** vi inf passer.

⬥ **drop in** vi inf : **to ~ in (on sb)** passer (chez qqn).

⬥ **drop off** ⬦ vt sep déposer ⬦ vi - **1.** [fall asleep] s'endormir - **2.** [interest, sales] baisser.

⬥ **drop out** vi : **to ~ out (of** OR **from sthg)** abandonner (qqch) ; **to ~ out of society** vivre en marge de la société.

drop-in centre n centre d'assistance sociale permanente.

droplet ['drɒplɪt] n gouttelette f.

dropout ['drɒpaʊt] n [from society] marginal m, -e f ; [from college] étudiant m, -e f qui abandonne ses études.

dropper ['drɒpəʳ] n compte-gouttes m inv.

droppings ['drɒpɪŋz] npl [of bird] fiente f ; [of animal] crottes fpl.

drop shot n amorti m.

dross [drɒs] n (U) déchets mpl ; fig rebut m.

drought [draʊt] n sécheresse f.

drove [drəʊv] ⬦ pt ▷ **drive** ⬦ n [of people] foule f.

drown [draʊn] ⬦ vt - **1.** [in water] noyer - **2.** [sound] : **to ~ (out)** couvrir ⬦ vi se noyer.

drowsy ['draʊzɪ] (compar **-ier** ; superl **-iest**) adj assoupi(e), somnolent(e).

drudge [drʌdʒ] n homme m de peine, femme f de peine.

drudgery ['drʌdʒərɪ] n (U) corvée f.

drug [drʌg] (pt & pp **-ged** ; cont **-ging**) ⬦ n - **1.** [medicine] médicament m - **2.** [narcotic] drogue f ⬦ vt droguer.

drug abuse n usage m de stupéfiants.

drug addict n drogué m, -e f.

drug addiction n toxicomanie f.

druggist ['drʌgɪst] n Am pharmacien m, -enne f.

drug pedlar n revendeur m, -euse f de drogue.

drugstore ['drʌgstɔːʳ] n Am drugstore m.

drug test n [of athlete, horse] contrôle m antidopage.

druid ['druːɪd] n druide m.

drum [drʌm] (pt & pp **-med** ; cont **-ming**) ⬦ n - **1.** MUS tambour m - **2.** [container] bidon m ⬦ vt & vi tambouriner.

drums *npl* batterie *f.*

drum into *vt sep* : **to ~ sthg into sb** enfoncer qqch dans la tête de qqn.

drum up *vt sep* [support, business] rechercher, solliciter.

drumbeat ['drʌmbiːt] *n* roulement *m* de tambour.

drum brake *n* frein *m* à tambour.

drummer ['drʌmə'] *n* [gen] (joueur *m*, -euse *f* de) tambour *m* ; [in pop group] batteur *m*, -euse *f.*

drumming ['drʌmɪŋ] *n* [of rain, fingers] tambourinage *m.*

drum roll *n* roulement *m* de tambour.

drumstick ['drʌmstɪk] *n* - **1.** [for drum] baguette *f* de tambour - **2.** [of chicken] pilon *m.*

drunk [drʌŋk] ⬦ *pp* ⬧ **drink** ⬦ *adj* - **1.** [on alcohol] ivre, soûl(e) ; **to get ~** se soûler, s'enivrer ; **~ and disorderly** en état d'ivresse sur la voie publique - **2.** fig [excited, carried away] : **to be ~ with** OR **on** être enivré(e) OR grisé(e) par ⬦ *n* soûlard *m*, -e *f.*

drunkard ['drʌŋkəd] *n* alcoolique *mf.*

drunk-driving Am = drink-driving.

drunken ['drʌŋkn] *adj* [person] ivre ; [quarrel] d'ivrognes.

drunken driving = drink-driving.

drunkenness ['drʌŋkənɪs] *n* ivresse *f.*

dry [draɪ] (*compar* -ier ; *superl* -iest, *pt* & *pp* dried) ⬦ *adj* - **1.** [gen] sec (sèche) ; [day] sans pluie - **2.** [river, earth] asséché(e) - **3.** [wry] pince-sans-rire *(inv)* - **4.** [dull] aride ⬦ *vt* [gen] sécher ; [with cloth] essuyer ⬦ *vi* sécher.

dry out *vt sep* & *vi* sécher.

dry up *vt sep* [dishes] essuyer ⬦ *vi* - **1.** [river, lake] s'assécher - **2.** [supply] se tarir - **3.** [actor, speaker] avoir un trou, sécher - **4.** [dry dishes] essuyer.

dry battery *n* batterie *f* sèche.

dry-clean *vt* nettoyer à sec.

dry cleaner *n* : **~'s** pressing *m.*

dry-cleaning *n* nettoyage *m* à sec.

dry dock *n* cale *f* sèche.

dryer ['draɪə'] *n* [for clothes] séchoir *m.*

dry ginger *n* boisson gazeuse au gingembre.

dry goods *npl* mercerie *f.*

dry ice *n* neige *f* carbonique.

dry land *n* terre *f* ferme.

dryly ['draɪlɪ] *adv* [wryly] sèchement.

dryness ['draɪnɪs] *n* (U) - **1.** [of ground] sécheresse *f* ; [of humour] causticité *f* - **2.** [dullness] aridité *f.*

dry rot *n* pourriture *f* sèche.

dry run *n* répétition *f.*

dry ski slope *n* piste *f* de ski artificielle.

dry-stone wall *n* mur *m* de pierres sèches.

DSc (*abbr of* **Doctor of Science**) *n* docteur ès sciences.

DSS (*abbr of* **Department of Social Security**) *n* ministère britannique de la sécurité sociale.

DST (*abbr of* **daylight saving time**) heure d'été aux États-Unis.

DT *abbr of* **data transmission.**

DTI (*abbr of* **Department of Trade and Industry**) *n* ministère britannique du commerce et de l'industrie.

DTP (*abbr of* **desktop publishing**) *n* PAO *f.*

DT's [ˌdiː'tiːz] (*abbr of* **delirium tremens**) *npl* inf : **to have the ~** avoir une crise de délirium tremens.

dual ['djuːəl] *adj* double.

dual carriageway *n* Br route *f* à quatre voies.

dual control *n* double commande *f.*

dual nationality *n* double nationalité *f.*

dual-purpose *adj* à double emploi.

Dubai [ˌduː'baɪ] *n* Dubayy.

dubbed [dʌbd] *adj* - **1.** CINEMA doublé(e) - **2.** [nicknamed] surnommé(e).

dubious ['djuːbjəs] *adj* - **1.** [suspect] douteux(euse) - **2.** [uncertain] hésitant(e), incertain(e) ; **to be ~ about doing sthg** hésiter à faire qqch.

Dublin ['dʌblɪn] *n* Dublin.

Dubliner ['dʌblɪnə'] *n* Dublinois *m*, -e *f.*

duchess ['dʌtʃɪs] *n* duchesse *f.*

duchy ['dʌtʃɪ] (*pl* -ies) *n* duché *m.*

duck [dʌk] ⬦ *n* canard *m* ; **she took to it like a ~ to water** elle était comme un poisson dans l'eau ⬦ *vt* - **1.** [head] baisser - **2.** [responsibility] esquiver, se dérober à - **3.** [submerge] : **to ~ sb** mettre la tête de qqn sous l'eau ⬦ *vi* - **1.** [lower head] se baisser - **2.** [dive] : **he ~ed behind the wall** il se cacha derrière le mur.

duck out *vi* : **to ~ out (of sthg)** se soustraire (à qqch).

duckling ['dʌklɪŋ] *n* caneton *m.*

duct [dʌkt] *n* - **1.** [pipe] canalisation *f* - **2.** ANAT canal *m.*

dud [dʌd] ⬦ *adj* [bomb] non éclaté(e) ; [cheque] sans provision, en bois ⬦ *n* obus *m* non éclaté.

dude [djuːd] *n* Am inf [man] gars *m*, type *m.*

dude ranch *n* aux États-Unis, ranch qui propose des activités touristiques.

due [dju:] ◇ *adj* - **1.** [expected] : **the book is ~ out in May** le livre doit sortir en mai ; **she's ~ back shortly** elle devrait rentrer sous peu ; **when is the train ~?** à quelle heure le train doit-il arriver? - **2.** [appropriate] dû (due), qui convient ; **in ~ course** [at the appropriate time] en temps voulu ; [eventually] à la longue - **3.** [owed, owing] dû (due) ; **she's ~ a pay rise** elle devrait recevoir une augmentation ◇ *adv* : **~ west** droit vers l'ouest ◇ *n* dû *m* ; **to give him his ~** il faut lui rendre cette justice.

➡ **dues** *npl* cotisation *f*.

➡ **due to** *prep* [owing to] dû à ; [because of] provoqué par, à cause de.

due date *n* jour *m* de l'échéance.

duel ['dju:əl] (Br *pt* & *pp* **-led** ; *cont* **-ling**, Am *pt* & *pp* **-ed** ; *cont* **-ing**) ◇ *n* duel *m* ◇ *vi* se battre en duel.

duet [dju:'et] *n* duo *m*.

duff [dʌf] *adj* Br inf [useless] nul (nulle).

➡ **duff up** *vt sep* Br inf tabasser.

duffel bag ['dʌfl-] *n* sac *m* marin.

duffel coat ['dʌfl-] *n* duffel-coat *m*.

duffle bag ['dʌfl-] = **duffel bag**.

duffle coat ['dʌfl-] = **duffel coat**.

dug [dʌg] *pt* & *pp* ⊳ **dig**.

dugout ['dʌgaut] *n* - **1.** [canoe] pirogue *f* - **2.** SPORT abri *m* de touche.

duke [dju:k] *n* duc *m*.

dull [dʌl] ◇ *adj* - **1.** [boring - book, conversation] ennuyeux(euse) ; [- person] terne - **2.** [colour, light] terne - **3.** [weather] maussade - **4.** [sound, ache] sourd(e) ◇ *vt* - **1.** [pain] atténuer ; [senses] émousser - **2.** [make less bright] ternir.

duly ['dju:lı] *adv* - **1.** [properly] dûment - **2.** [as expected] comme prévu.

dumb [dʌm] *adj* - **1.** [unable to speak] muet(ette) - **2.** inf [stupid] idiot(e).

dumbbell ['dʌmbell *n* [weight] haltère *m*.

dumbfound [dʌm'faund] *vt* stupéfier, abasourdir ; **to be ~ed** ne pas en revenir.

dumbstruck ['dʌmstrʌk] *adj* muet(ette) de stupeur.

dumbwaiter [dʌm'weɪtər] *n* [lift] monte-plats *m inv*.

dumdum (bullet) ['dʌmdʌm-] *n* dum-dum *f*.

dummy ['dʌmɪ] (*pl* **-ies**) ◇ *adj* faux (fausse) ◇ *n* - **1.** [of tailor] mannequin *m* - **2.** [copy] maquette *f* - **3.** Br [for baby] sucette *f*, tétine *f* - **4.** SPORT feinte *f* ◇ *vt* & *vi* SPORT feinter.

dummy run *n* essai *m*.

dump [dʌmp] ◇ *n* - **1.** [for rubbish] décharge *f* - **2.** MIL dépôt *m* - **3.** inf [ugly place] taudis *m* ◇ *vt* - **1.** [put down] déposer - **2.** [dispose of] jeter - **3.** COMPUT vider - **4.** inf [boyfriend, girlfriend] laisser tomber, plaquer.

➡ **dumps** *npl* : **to be (down) in the ~s** avoir le cafard.

dumper (truck) ['dʌmpər-] Br, **dump truck** Am *n* tombereau *m*, dumper *m*.

dumping ['dʌmpɪŋ] *n* décharge *f* ; **'no ~'** 'décharge interdite'.

dumping ground *n* décharge *f*.

dumpling ['dʌmplɪŋ] *n* boulette *f* de pâte.

dump truck Am = **dumper (truck)**.

dumpy ['dʌmpɪ] (*compar* **-ier** ; *superl* **-iest**) *adj* inf boulot(otte).

dunce [dʌns] *n* cancre *m*.

dune [dju:n] *n* dune *f*.

dung [dʌŋ] *n* fumier *m*.

dungarees [,dʌŋgə'ri:z] *npl* - **1.** Br [for work] bleu *m* de travail ; [fashion garment] salopette *f* - **2.** Am [heavy jeans] jean *m* épais.

dungeon ['dʌndʒən] *n* cachot *m*.

dunk [dʌŋk] *vt* inf tremper.

Dunkirk [dʌn'kɜ:k] *n* Dunkerque.

duo ['dju:əu] *n* duo *m*.

duodenal ulcer [,dju:əu'di:nl-] *n* ulcère *m* duodénal.

dupe [dju:p] ◇ *n* dupe *f* ◇ *vt* [trick] duper ; **to ~ sb into doing sthg** amener qqn à faire qqch en le dupant.

duplex ['dju:pleks] *n* Am - **1.** [apartment] duplex *m* - **2.** [house] maison *f* jumelée.

duplicate [*adj* & *n* 'dju:plıkət, *vb* 'dju:plıkeıt] ◇ *adj* [key, document] en double ◇ *n* double *m* ; **in ~** en double ◇ *vt* - **1.** [copy - gen] faire un double de ; [- on photocopier] photocopier - **2.** [repeat] : **to ~ work** faire double emploi.

duplication [,dju:plı'keıʃn] (*U*) *n* - **1.** [copying] copie *f* - **2.** [repetition] répétition *f*.

duplicity [dju:'plısətı] *n* duplicité *f*.

Dur (*abbr of* **Durham**) comté anglais.

durability [,djuərə'bılətı] *n* [of product] solidité *f*.

durable ['djuərəbl] *adj* solide, résistant(e).

duration [dju'reıʃn] *n* durée *f* ; **for the ~ of** jusqu'à la fin de.

duress [dju'res] *n* : **under ~** sous la contrainte.

Durex® ['djuəreks] *n* préservatif *m*.

during ['djuərıŋ] *prep* pendant, au cours de.

dusk [dʌsk] *n* crépuscule *m*.

dusky ['dʌskɪ] (*compar* **-ier** ; *superl* **-iest**) *adj* literary mordoré(e).

dust [dʌst] ◇ *n* (U) poussière *f* ; **to gather ~** [get dusty] se couvrir de poussière ; fig tomber dans l'oubli ◇ *vt* - **1.** [clean] épousseter - **2.** [cover with powder] : **to ~ sthg (with)** saupoudrer qqch (de) ◇ *vi* faire la poussière.

◆ **dust off** *vt sep* épousseter ; fig dépoussiérer.

dustbin ['dʌstbɪn] *n* Br poubelle *f*.

dustbowl ['dʌstbəʊl] *n* désert *m* de poussière.

dustcart ['dʌstkɑːt] *n* Br camion *m* des boueux.

dust cover *n* [on book] jaquette *f*.

duster ['dʌstər] *n* - **1.** [cloth] chiffon *m* (à poussière) - **2.** Am [overall] blouse *f*, tablier *m*.

dust jacket *n* [on book] jaquette *f*.

dustman ['dʌstmən] (*pl* **-men** [-mən]) *n* Br éboueur *m*.

dustpan ['dʌstpæn] *n* pelle *f* à poussière.

dustsheet ['dʌstʃiːt] *n* Br housse *f*.

dust storm *n* tempête *f* de poussière.

dustup ['dʌstʌp] *n* inf bagarre *f*.

dusty ['dʌstɪ] (*compar* **-ier** ; *superl* **-iest**) *adj* poussiéreux(euse).

Dutch [dʌtʃ] ◇ *adj* néerlandais(e), hollandais(e) ◇ *n* [language] néerlandais *m*, hollandais *m* ◇ *npl* : **the ~** les Néerlandais, les Hollandais ◇ *adv* : **to go ~** partager les frais.

Dutch auction *n* Br enchères *fpl* au rabais.

Dutch barn *n* Br hangar *m* à récoltes.

Dutch cap *n* Br diaphragme *m*.

Dutch courage *n* : **he had a drink to give himself some ~** il but un verre pour se donner du courage.

Dutch elm disease *n* maladie *f* des ormes.

Dutchman ['dʌtʃmən] (*pl* **-men** [-mən]) *n* Néerlandais *m*, Hollandais *m*.

Dutchwoman ['dʌtʃ,wʊmən] (*pl* **-women** [-,wɪmɪn]) *n* Néerlandaise *f*, Hollandaise *f*.

dutiable ['djuːtjəbl] *adj* [goods] taxable.

dutiful ['djuːtɪfʊl] *adj* obéissant(e)

duty ['djuːtɪ] (*pl* **-ies**) *n* - **1.** (U) [responsibility] devoir *m* ; **to do one's ~** faire son devoir - **2.** [work] : **to be on/off ~** être/ne pas être de service - **3.** [tax] droit *m*.

◆ **duties** *npl* fonctions *fpl*.

duty bound *adj* : **to be ~ (to do sthg)** être tenu(e) (de faire qqch).

duty-free *adj* hors taxe.

duty-free shop *n* boutique *f* hors taxe.

duty officer *n* préposé *m*, -e *f* de service.

duvet ['duːveɪ] *n* Br couette *f*.

duvet cover *n* Br housse *f* de couette.

DVD (*abbr of* **Digital Video** or **Versatile Disc**) *n* DVD *m*.

DVD-ROM (*abbr of* **Digital Video** or **Versatile Disc read only memory**) *n* DVD-ROM *m*.

DVLC (*abbr of* **Driver and Vehicle Licensing Centre**) *n service des immatriculations et des permis de conduire en Grande-Bretagne.*

DVM (*abbr of* **Doctor of Veterinary Medicine**) *n docteur vétérinaire.*

dwarf [dwɔːf] (*pl* **-s** or **dwarves** [dwɔːvz]) ◇ *adj* [plant, animal] nain(e) ◇ *n* nain *m*, -e *f* ◇ *vt* [tower over] écraser.

dwell [dwel] (*pt* & *pp* **dwelt** or **-ed**) *vi* literary habiter.

◆ **dwell on** *vt fus* s'étendre sur.

-dweller ['dwelər] *suffix* : **city~** habitant *m*, -e *f* de la ville.

dwelling ['dwelɪŋ] *n* literary habitation *f*.

dwelt [dwelt] *pt* & *pp* ▷ **dwell**.

dwindle ['dwɪndl] *vi* diminuer.

dwindling ['dwɪndlɪŋ] *adj* en diminution.

dye [daɪ] ◇ *n* teinture *f* ◇ *vt* teindre.

dyed [daɪd] *adj* teint(e).

dying ['daɪɪŋ] ◇ *cont* ▷ **die** ◇ *adj* [person] mourant(e), moribond(e) ; [plant, language, industry] moribond ◇ *npl* : **the ~** les mourants *mpl*.

dyke [daɪk] = **dike**.

dynamic [daɪ'næmɪk] *adj* dynamique.
◆ **dynamics** *npl* dynamique *f*.

dynamism ['daɪnəmɪzm] *n* dynamisme *m*.

dynamite ['daɪnəmaɪt] ◇ *n* (U) lit & fig dynamite *f* ◇ *vt* dynamiter, faire sauter.

dynamo ['daɪnəməʊ] (*pl* **-s**) *n* dynamo *f*.

dynasty [Br 'dɪnəstɪ, Am 'daɪnəstɪ] (*pl* **-ies**) *n* dynastie *f*.

dysentery ['dɪsntrɪ] *n* dysenterie *f*.

dyslexia [dɪs'leksɪə] *n* dyslexie *f*.

dyslexic [dɪs'leksɪk] *adj* dyslexique.

dyspepsia [dɪs'pepsɪə] *n* dyspepsie *f*.

dystrophy ['dɪstrəfɪ] *n* ▷ **muscular dystrophy**.

e (*pl* **e's** OR **es**), **E** (*pl* **E's** OR **Es**) [iː] *n* [letter] e *m inv*, E *m inv*.

➤ **E** *n* - **1.** MUS mi *m* - **2.** (*abbr of* **east**) E.

ea. (*abbr of* **each**) : £3.00 ~ 3 livres pièce.

e-account *n* compte *m* bancaire électronique.

each [iːtʃ] ◇ *adj* chaque ◇ *pron* chacun(e) ; **the books cost £10.99 ~** les livres coûtent 10,99 livres (la) pièce ; **~ other** l'un l'autre (l'une l'autre), les uns les autres (les unes les autres) ; **they love ~ other** ils s'aiment ; **we've known ~ other for years** nous nous connaissons depuis des années.

eager [ˈiːgəʳ] *adj* passionné(e), avide ; **to be ~ for** être avide de ; **to be ~ to do sthg** être impatient de faire qqch.

eagerly [ˈiːgəlɪ] *adv* [talk, plan] avec passion, avidement ; [wait] avec impatience.

eagle [ˈiːgl] *n* [bird] aigle *m*.

eagle-eyed [-aɪd] *adj* qui a des yeux d'aigle.

eaglet [ˈiːglɪt] *n* aiglon *m*, -onne *f*.

E and OE (*abbr of* **errors and omissions excepted**) s. e & o.

ear [ɪəʳ] *n* - **1.** [gen] oreille *f* ; **by ~** MUS à l'oreille ; **to have an ~ for** [music, languages] avoir (de) l'oreille pour ; **to go in one ~ and out the other** *inf* entrer par une oreille et ressortir par l'autre ; **to have** OR **keep one's ~ to the ground** *inf* être aux écoutes ; **to play it by ~** *fig* improviser, voir sur le moment - **2.** [of corn] épi *m*.

earache [ˈɪəreɪk] *n* : **to have ~** avoir mal à l'oreille.

eardrum [ˈɪədrʌm] *n* tympan *m*.

earl [ɜːl] *n* comte *m*.

earlier [ˈɜːlɪəʳ] ◇ *adj* [previous] précédent(e) ; [more early] plus tôt ◇ *adv* plus tôt ; **as I mentioned ~** comme je l'ai signalé tout à l'heure ; **~ on** plus tôt.

earliest [ˈɜːlɪəst] ◇ *adj* [first] premier(ère) ; [most early] le plus tôt ◇ *n* : **at the ~** au plus tôt.

earlobe [ˈɪələub] *n* lobe *m* de l'oreille.

early [ˈɜːlɪ] (*compar* **-ier** ; *superl* **-iest**) ◇ *adj* - **1.** [before expected time] en avance - **2.** [in day] de bonne heure ; **the ~ train** le premier train ; **to make an ~ start** partir de bonne heure - **3.** [at beginning] : **in the ~ sixties** au début des années soixante ; **the ~ chapters** les premiers chapitres ◇ *adv* - **1.** [before expected time] en avance ; **I was ten minutes ~** j'étais en avance de dix minutes - **2.** [in day] tôt, de bonne heure ; **as ~ as** dès ; **~ on** tôt - **3.** [at beginning] : **~ in her life** dans sa jeunesse.

early retirement *n* retraite *f* anticipée.

early warning system *n* système *m* de première alerte.

earmark [ˈɪəmɑːk] *vt* : **to be ~ed for** être réservé(e) à.

earmuffs [ˈɪəmʌfs] *npl* cache-oreilles *m inv*.

earn [ɜːn] *vt* - **1.** [as salary] gagner - **2.** COMM rapporter - **3.** *fig* [respect, praise] gagner, mériter.

earned income [ɜːnd-] *n* revenus *mpl* salariaux.

earner [ˈɜːnəʳ] *n* - **1.** [person] salarié *m*, -e *f* - **2.** Br *inf* [deal] : **a nice little ~** une affaire juteuse.

earnest [ˈɜːnɪst] *adj* sérieux(euse).

➤ **in earnest** ◇ *adj* sérieux(euse) ◇ *adv* pour de bon, sérieusement.

earnestly [ˈɜːnɪstlɪ] *adv* sérieusement.

earnings [ˈɜːnɪŋz] *npl* [of person] salaire *m*, gains *mpl* ; [of company] bénéfices *mpl*.

earnings-related *adj* [pension, payment] proportionnel(elle) au salaire.

ear, nose and throat specialist *n* otorhino-laryngologiste *mf*, oto-rhino *mf*.

earphones [ˈɪəfəunz] *npl* casque *m*.

earplugs [ˈɪəplʌgz] *npl* boules *fpl* Quiès®.

earring [ˈɪərɪŋ] *n* boucle *f* d'oreille.

earshot [ˈɪəʃɒt] *n* : **within ~** à portée de voix ; **out of ~** hors de portée de voix.

ear-splitting *adj* assourdissant(e).

earth [ɜːθ] ◇ *n* [gen & ELEC] terre *f* ; **how/ what/where/why on ~ ...?** mais comment/ que/où/pourquoi donc ...? ; **to cost the ~** Br coûter les yeux de la tête ◇ *vt* Br : **to be ~ed** être à la masse.

earthenware [ˈɜːθnweəʳ] ◇ *adj* en terre cuite ◇ *n* (*U*) poteries *fpl*.

earthling [ˈɜːθlɪŋ] *n* terrien *m*, -enne *f*.

earthly [ˈɜːθlɪ] *adj* terrestre ; **what ~ reason could she have for doing that?** *inf* pourquoi diable a-t-elle fait ça?

earthquake [ˈɜːθkweɪk] *n* tremblement *m* de terre.

earthshattering [ˈɜːˌʃætərɪŋ] adj Br inf [news] renversant(e).

earth tremor n secousse f sismique.

earthward(s) [ˈɜːθwəd(z)] adv vers la terre.

earthworks [ˈɜːθwɜːks] npl ARCHEOL fortifications fpl en terre.

earthworm [ˈɜːθwɜːm] n ver m de terre.

earthy [ˈɜːθɪ] (compar -ier ; superl -iest) adj - 1. fig [humour, person] truculent(e) - 2. [taste, smell] de terre, terreux(euse).

earwax [ˈɪəwæks] n cérumen m.

earwig [ˈɪəwɪg] n perce-oreille m.

ease [iːz] ◇ n (U) - 1. [lack of difficulty] facilité f ; **to do sthg with ~** faire qqch sans difficulté OR facilement - 2. [comfort] : **a life of ~** une vie facile ; **at ~** à l'aise ; **ill at ~** mal à l'aise ◇ vt - 1. [pain] calmer ; [restrictions] modérer - 2. [move carefully] : **to ~ sthg in/out** faire entrer/sortir qqch délicatement ◇ vi [problem] s'arranger ; [pain] s'atténuer ; [rain] diminuer.

➤ **ease off** vi [pain] s'atténuer ; [rain] diminuer.

➤ **ease up** vi - 1. [rain] diminuer - 2. [relax] se détendre.

easel [ˈiːzl] n chevalet m.

easily [ˈiːzɪlɪ] adv - 1. [without difficulty] facilement - 2. [without doubt] de loin - 3. [in a relaxed manner] tranquillement.

easiness [ˈiːzɪnɪs] n [lack of difficulty] facilité f.

east [iːst] ◇ n - 1. [direction] est m - 2. [region] : **the ~** l'est m ◇ adj est (inv) ; [wind] d'est ◇ adv à l'est, vers l'est ; **~ of** à l'est de.

➤ **East** n : **the East** [gen & POL] l'Est m ; [Asia] l'Orient m.

eastbound [ˈiːstbaʊnd] adj en direction de l'est.

East End n : **the ~** les quartiers est de Londres.

Easter [ˈiːstər] n Pâques m.

Easter egg n œuf m de Pâques.

Easter Island n l'île f de Pâques ; **in** OR **on ~** à l'île de Pâques.

easterly [ˈiːstəlɪ] adj à l'est, de l'est ; [wind] de l'est ; **in an ~ direction** vers l'est.

eastern [ˈiːstən] adj de l'est.

➤ **Eastern** adj [gen & POL] de l'Est ; [from Asia] oriental(e).

Eastern bloc [-blɒk] n : **the ~** le bloc de l'Est.

Easterner [ˈiːstənər] n personne qui vient de l'est.

Easter Sunday n dimanche m de Pâques.

East German ◇ adj d'Allemagne de l'Est ◇ n Allemand m, -e f de l'Est.

East Germany n : **(former) ~** (l'ex-) Allemagne f de l'Est ; **in ~** en Allemagne de l'Est.

eastward [ˈiːstwəd] ◇ adj à l'est, vers l'est ◇ adv = eastwards.

eastwards [ˈiːstwədz] adv vers l'est.

easy [ˈiːzɪ] (compar -ier ; superl -iest) ◇ adj - 1. [not difficult, comfortable] facile - 2. [relaxed - manner] naturel(elle) ◇ adv : **to go ~ on** inf y aller doucement avec ; **to take it** OR **things ~** inf ne pas se fatiguer.

easy-care adj Br [garment] d'entretien facile.

easy chair n fauteuil m.

easygoing [ˌiːzɪˈgəʊɪŋ] adj [person] facile à vivre ; [manner] complaisant(e).

eat [iːt] (pt ate, pp eaten) vt & vi manger.

➤ **eat away, eat into** vt fus - 1. [subj : acid, rust] ronger - 2. [deplete] grignoter.

➤ **eat out** vi manger au restaurant.

➤ **eat up** vt sep - 1. [food] manger - 2. fig [use up] : **to ~ up money** revenir très cher ; **to ~ up time** demander beaucoup de temps.

eatable [ˈiːtəbl] adj [palatable] mangeable.

eaten [ˈiːtn] pp ▷ eat.

eater [ˈiːtər] n mangeur m, -euse f.

eatery [ˈiːtərɪ] n Am restaurant m.

eating apple [ˈiːtɪŋ-] n pomme f à couteau.

eau de cologne [ˌəʊdəkəˈləʊn] n eau f de Cologne.

eaves [ˈiːvz] npl avant-toit m.

eavesdrop [ˈiːvzdrɒp] (pt & pp -ped ; cont -ping) vi : **to ~ (on sb)** écouter (qqn) de façon indiscrète.

e-banking n cyberbanque f.

ebb [eb] ◇ n reflux m ; **the ~ and flow** fig les hauts et les bas ; **to be at a low ~** fig aller mal ◇ vi - 1. [tide, sea] se retirer, refluer - 2. literary [strength] : **to ~ (away)** décliner.

ebb tide n marée f descendante.

ebony [ˈebənɪ] ◇ adj [colour] noir(e) d'ébène ◇ n ébène f.

e-book n livre m électronique.

ebullient [ɪˈbʊljənt] adj exubérant(e).

e-business n - 1. [company] cyberentreprise f - 2. (U) [trade] cybercommerce m, commerce m électronique.

EC (abbr of European Community) n CE f.

e-cash n argent m virtuel OR électronique.

ECB (abbr of European Central bank) n BCE f.

eccentric [ɪkˈsentrɪk] ◇ adj [odd] excentrique, bizarre ◇ n [person] excentrique mf.

eccentricity [ˌeksenˈtrɪsətɪ] (pl -ies) n [oddity] excentricité f, bizarrerie f.

ecclesiastic(al) [ɪˌkliːzɪˈæstɪk(l)] *adj* ecclésiastique.

ECG *n* - **1.** (*abbr of* **electrocardiogram**) ECG *m* - **2.** (*abbr of* **electrocardiograph**) ECG *m*.

ECGD (*abbr of* **Export Credits Guarantee Department**) *n organisme d'assurance pour le commerce extérieur*, ≃ COFACE *f*.

ECH Br (*abbr of* **electric central heating**) *chauffage central électrique*.

echelon [ˈeʃəlɒn] *n* échelon *m*.

echo [ˈekəʊ] (*pl* **-es**, *pt* & *pp* **-ed** ; *cont* **-ing**) ⬦ *n* lit & fig écho *m* ⬦ *vt* [words] répéter ; [opinion] faire écho à ⬦ *vi* retentir, résonner.

éclair [eɪˈkleəʳ] *n* éclair *m*.

eclectic [eˈklektɪk] *adj* éclectique.

eclipse [ɪˈklɪps] ⬦ *n* lit & fig éclipse *f* ⬦ *vt* fig éclipser.

ECM Am (*abbr of* **European Common Market**) *n Marché commun européen.*

eco- [ˌiːkəʊ-] *prefix* éco-.

eco-friendly *adj* qui respecte l'environnement.

eco-label *n* écolabel *m*.

E-coli [ˌiːˈkəʊlaɪ] *n* E-coli *m*, bactérie *f* Escherischia coli.

ecological [ˌiːkəˈlɒdʒɪkl] *adj* écologique.

ecologically [ˌiːkəˈlɒdʒɪklɪ] *adv* du point de vue écologique.

ecologist [ɪˈkɒlədʒɪst] *n* écologiste *mf*.

ecology [ɪˈkɒlədʒɪ] *n* écologie *f*.

e-commerce *n* (U) commerce *m* électronique, cybercommerce *m*.

economic [ˌiːkəˈnɒmɪk] *adj* - **1.** ECON économique - **2.** [profitable] rentable.

economical [ˌiːkəˈnɒmɪkl] *adj* - **1.** [cheap] économique - **2.** [person] économe.

Economic and Monetary Union *n* Union *f* économique européenne.

economics [ˌiːkəˈnɒmɪks] ⬦ *n* (U) économie *f* (politique), sciences *fpl* économiques ⬦ *npl* [of plan, business] aspect *m* financier.

economist [ɪˈkɒnəmɪst] *n* économiste *mf*.

economize, -ise [ɪˈkɒnəmaɪz] *vi* économiser.

economy [ɪˈkɒnəmɪ] (*pl* **-ies**) *n* économie *f* ; **economies of scale** économies d'échelle.

economy class *n* classe *f* touriste.

economy drive *n* campagne *f* de restrictions.

economy-size(d) *adj* [pack, jar] taille économique (*inv*).

ecorefill [ˌiːkəʊˈriːfɪl] *n* écorecharge *f*.

ecosystem [ˈiːkəʊˌsɪstəm] *n* écosystème *m*.

ecotourism [ˈiːkəʊˌtʊərɪzm] *n* écotourisme *m*.

ECSC (*abbr of* **European Coal & Steel Community**) *n* CECA *f*.

ecstasy [ˈekstəsɪ] (*pl* **-ies**) *n* - **1.** [pleasure] extase *f*, ravissement *m* ; **to go into ecstasies about sthg** s'extasier sur qqch - **2.** [drug] ecstasy *m* OR *f*.

ecstatic [ekˈstætɪk] *adj* [person] en extase ; [feeling] extatique.

ecstatically [ekˈstætɪklɪ] *adv* [say, shout] d'un air extasié ; **to be ~ happy** être au comble du bonheur.

ECT (*abbr of* **electroconvulsive therapy**) *n* électrochocs *mpl*.

ectoplasm [ˈektəplæzm] *n* ectoplasme *m*.

ECU, Ecu [ˈekjuː] (*abbr of* **European Currency Unit**) *n* ECU *m*, écu *m*.

Ecuador [ˈekwədɔːʳ] *n* Équateur *m* ; **in ~** en Équateur.

Ecuadoran [ˌekwəˈdɔːrən], **Ecuadorian** [ˌekwəˈdɔːrɪən] ⬦ *adj* équatorien(enne) ⬦ *n* Équatorien *m*, -enne *f*.

ecumenical [ˌiːkjuˈmenɪkl] *adj* œcuménique.

eczema [ˈeksɪmə] *n* eczéma *m*.

ed. - **1.** (*abbr of* **edited**) sous la dir. de, coll. - **2.** *abbr of* **edition** - **3.** *abbr of* **editor**.

eddy [ˈedɪ] (*pl* **-ies**, *pt* & *pp* **-ied**) ⬦ *n* tourbillon *m* ⬦ *vi* tourbillonner.

Eden [ˈiːdn] *n* : (**the Garden of) ~** le jardin *m* d'Éden, l'Éden *m*.

edge [edʒ] ⬦ *n* - **1.** [gen] bord *m* ; [of coin, book] tranche *f* ; [of knife] tranchant *m* ; **to be on the ~ of** fig être à deux doigts de - **2.** [advantage] : **to have an ~ over** OR **the ~ on** avoir un léger avantage sur - **3.** fig [in voice] note *f* tranchante ⬦ *vi* : **to ~ forward** avancer tout doucement.

⬦ **on edge** *adj* contracté(e), tendu(e).

edged [edʒd] *adj* : **~ with** bordé(e) de.

edgeways [ˈedʒweɪz], **edgewise** [ˈedʒwaɪz] *adv* latéralement, de côté.

edging [ˈedʒɪŋ] *n* [of cloth] liseré *m* ; [of paper] bordure *f*.

edgy [ˈedʒɪ] (*compar* **-ier** ; *superl* **-iest**) *adj* contracté(e), tendu(e).

edible [ˈedɪbl] *adj* [safe to eat] comestible.

edict [ˈiːdɪkt] *n* décret *m*.

edifice [ˈedɪfɪs] *n* édifice *m*.

edify [ˈedɪfaɪ] (*pt* & *pp* **-ied**) *vt* édifier (intellectuellement).

edifying [ˈedɪfaɪɪŋ] *adj* édifiant(e).

Edinburgh [ˈedɪnbrə] *n* Édimbourg.

Edinburgh Festival n : the ~ le Festival d'Édimbourg.

EDINBURGH FESTIVAL

Le Festival international d'Édimbourg, créé en 1947, est aujourd'hui un des plus grands festivals de théâtre, de musique et de cinéma au monde ; il se tient chaque année en août et en septembre. Le festival « off » (the Fringe) est une grande rencontre de théâtre expérimental.

edit ['edɪt] vt - **1.** [correct - text] corriger - **2.** CINEMA monter ; RADIO & TV réaliser - **3.** [magazine] diriger ; [newspaper] être le rédacteur en chef de.
➤ **edit out** vt sep couper.

edition [ɪ'dɪʃn] n édition f.

editor ['edɪtə'] n - **1.** [of magazine] directeur m, -trice f ; [of newspaper] rédacteur m, -trice f en chef - **2.** [of text] correcteur m, -trice f - **3.** CINEMA monteur m, -euse f ; RADIO & TV réalisateur m, -trice f.

editorial [,edɪ'tɔːrɪəl] <> adj [department, staff] de la rédaction ; [style, policy] éditorial(e) <> n éditorial m.

EDP (abbr of electronic data processing) n traitement électronique de données.

EDT (abbr of Eastern Daylight Time) n heure d'été de l'Est des États-Unis.

educate ['edʒʊkeɪt] vt - **1.** SCH & UNIV instruire - **2.** [inform] informer, éduquer.

educated ['edʒʊkeɪtɪd] adj [cultured] cultivé(e).

education [,edʒʊ'keɪʃn] n - **1.** [gen] éducation f - **2.** [teaching] enseignement m, instruction f.

educational [,edʒʊ'keɪʃənl] adj - **1.** [establishment, policy] pédagogique - **2.** [toy, experience] éducatif(ive).

educationalist [,edʒʊ'keɪʃnəlɪst] n pédagogue mf.

educative ['edʒʊkətɪv] adj éducatif(ive).

educator ['edʒʊkeɪtə'] n éducateur m, -trice f.

edutainment [edʒʊ'teɪnmənt] n ludo-éducatif m.

Edwardian [ed'wɔːdɪən] adj de l'époque 1900.

EEC (abbr of European Economic Community) n ancien nom de la Communauté Européenne.

EEG n - **1.** (abbr of electroencephalogram) EEG m - **2.** (abbr of electroencephalograph) EEG m.

eel [iːl] n anguille f.

EENT (abbr of eye, ear, nose and throat) n ophtalmologie f et ORL f.

eerie ['ɪərɪ] adj inquiétant(e), sinistre.

EET (abbr of Eastern European Time) n heure d'Europe orientale.

efface [ɪ'feɪs] vt effacer.

effect [ɪ'fekt] <> n - **1.** [gen] effet m ; to have an ~ on avoir OR produire un effet sur ; for ~ pour attirer l'attention, pour se faire remarquer ; to take ~ [law] prendre effet, entrer en vigueur ; to put sthg into ~ [policy, law] mettre qqch en application - **2.** [meaning] : a statement to the ~ that ... une déclaration selon laquelle ... ; or words to that ~ ou quelque chose de ce genre <> vt [repairs, change] effectuer ; [reconciliation] amener.
➤ **effects** npl : (special) ~s effets mpl spéciaux.

effective [ɪ'fektɪv] adj - **1.** [successful] efficace - **2.** [actual, real] effectif(ive).

effectively [ɪ'fektɪvlɪ] adv - **1.** [successfully] efficacement - **2.** [in fact] effectivement.

effectiveness [ɪ'fektɪvnɪs] n efficacité f.

effeminate [ɪ'femɪnət] adj efféminé(e).

effervesce [,efə'ves] vi pétiller.

effervescent [,efə'vesnt] adj [liquid] effervescent(e) ; [drink] gazeux(euse).

effete [ɪ'fiːt] adj [person, gesture] veule.

efficacious [efɪ'keɪʃəs] adj fml efficace.

efficacy ['efɪkəsɪ] n efficacité f.

efficiency [ɪ'fɪʃənsɪ] n [of person, method] efficacité f ; [of factory, system] rendement m.

efficient [ɪ'fɪʃənt] adj efficace.

efficiently [ɪ'fɪʃəntlɪ] adv efficacement.

effigy ['efɪdʒɪ] (pl -ies) n effigie f.

effluent ['efluənt] n effluent m.

effort ['efət] n effort m ; to be worth the ~ valoir la peine ; with ~ avec peine ; to make the ~ to do sthg s'efforcer de faire qqch ; to make an/no ~ to do sthg faire un effort/ne faire aucun effort pour faire qqch.

effortless ['efətlɪs] adj [easy] facile ; [natural] aisé(e).

effortlessly ['efətlɪslɪ] adv sans effort, facilement.

effrontery [ɪ'frʌntərɪ] n effronterie f.

effusive [ɪ'fjuːsɪv] adj [person] démonstratif(ive) ; [welcome] plein(e) d'effusions.

effusively [ɪ'fjuːsɪvlɪ] adv avec effusion.

EFL ['efəl] (abbr of English as a foreign language) n anglais langue étrangère.

EFTA ['eftə] (abbr of European Free Trade Association) n AELE f, AEL-E f.

EFTPOS ['eftpɒs] (abbr of electronic fund

transfer at point of sale) n transfert électronique de fonds au point de vente.

EFTS [efts] (abbr of **electronic funds transfer system**) n système électronique de transferts de fonds.

e.g. (abbr of **exempli gratia**) adv par exemple.

EGA (abbr of **enhanced graphics adapter**) n adaptateur m graphique couleur EGA.

egalitarian [ɪ,gælɪ'teərɪən] adj égalitaire.

egg [eg] n œuf m.
➤ **egg on** vt sep pousser, inciter.

eggcup ['egkʌp] n coquetier m.

eggplant ['egplɑːnt] n Am aubergine f.

eggshell ['egʃel] n coquille f d'œuf.

egg timer n [with sand] sablier m ; [mechanical] minuteur m.

egg whisk n fouet m.

egg white n blanc m d'œuf.

egg yolk n jaune m d'œuf.

ego ['iːgəʊ] (pl -s) n moi m.

egocentric [,iːgəʊ'sentrɪk] adj égocentrique.

egoism ['iːgəʊɪzm] n égoïsme m.

egoist ['iːgəʊɪst] n égoïste mf.

egoistic [,iːgəʊ'ɪstɪk] adj égoïste.

egotism ['iːgətɪzm] n égotisme m.

egotist ['iːgətɪst] n égotiste mf.

egotistic(al) [,iːgə'tɪstɪk(l)] adj égotiste.

ego trip n inf : she's just on an ~ c'est par vanité qu'elle le fait.

Egypt ['iːdʒɪpt] n Égypte f ; in ~ en Égypte.

Egyptian [ɪ'dʒɪpʃn] <> adj égyptien(enne) <> n Égyptien m, -enne f.

eh [eɪ] excl Br inf hein?

eiderdown ['aɪdədaʊn] n esp Br [bed cover] édredon m.

eight [eɪt] num huit ; see also **six**.

eighteen [,eɪ'tiːn] num dix-huit ; see also **six**.

eighteenth [,eɪ'tiːnθ] num dix-huitième ; see also **sixth**.

eighth [eɪtθ] num huitième ; see also **sixth**.

eightieth ['eɪtiɪθ] num quatre-vingtième ; see also **sixth**.

eighty ['eɪtɪ] (pl -ies) num quatre-vingts ; see also **sixty**.

Eire ['eərə] n République f d'Irlande.

EIS (abbr of **Educational Institute of Scotland**) n syndicat écossais d'enseignants.

either ['aɪðər, 'iːðər] <> adj - **1.** [one or the other] l'un ou l'autre (l'une ou l'autre) (des deux) ; she couldn't find ~ jumper elle ne trouva ni l'un ni l'autre des pulls ; ~ way de toute façon - **2.** [each] chaque ; on ~ side de

chaque côté <> pron : ~ (of them) l'un ou l'autre m, l'une ou l'autre f ; I don't like ~ (of them) je n'aime aucun des deux, je n'aime ni l'un ni l'autre <> adv (in negatives) non plus ; I don't ~ moi non plus <> conj : ~ ... or soit ... soit, ou ... ou ; I'm not fond of ~ him or his wife je ne les aime ni lui ni sa femme.

ejaculate [ɪ'dʒækjʊleɪt] <> vt [exclaim] s'écrier <> vi [have orgasm] éjaculer.

eject [ɪ'dʒekt] vt - **1.** [object] éjecter, émettre - **2.** [person] éjecter, expulser.

ejector seat Br [ɪ'dʒektər-], **ejection seat** Am [ɪ'dʒekʃn-] n siège m éjectable.

eke [iːk] ➤ **eke out** <> vt sep [money, food] économiser, faire durer <> vt fus : **to ~ out a living** subsister.

EKG (abbr of **electrocardiogram**) n Am ECG m.

el [el] (abbr of **elevated railroad**) n Am inf chemin m de fer aérien.

elaborate [adj ɪ'læbrət, vb ɪ'læbəreɪt] <> adj [ceremony, procedure] complexe ; [explanation, plan] détaillé(e), minutieux(euse) <> vi : to ~ (on) donner des précisions (sur).

elaborately [ɪ'læbərətlɪ] adv [planned] minutieusement ; [decorated] avec recherche.

elapse [ɪ'læps] vi s'écouler.

elastic [ɪ'læstɪk] <> adj lit & fig élastique <> n (U) élastique m.

elasticated [ɪ'læstɪkeɪtɪd] adj élastique.

elastic band n Br élastique m, caoutchouc m.

elasticity [,elæ'stɪsətɪ] n élasticité f.

elated [ɪ'leɪtɪd] adj transporté(e) (de joie).

elation [ɪ'leɪʃn] n exultation f, joie f.

elbow ['elbəʊ] <> n coude m <> vt : to ~ sb aside écarter qqn du coude.

elbow grease n inf huile f de coude.

elbowroom ['elbəʊrʊm] n inf : to have some ~ avoir ses coudées franches.

elder ['eldər] <> adj aîné(e) <> n - **1.** [older person] aîné m, -e f - **2.** [of tribe, church] ancien m - **3.** : ~ (tree) sureau m.

elderberry ['eldə,berɪ] (pl -ies) n [fruit] baie f de sureau ; [tree] sureau m.

elderly ['eldəlɪ] <> adj âgé(e) <> npl : the ~ les personnes fpl âgées.

elder statesman n vétéran m de la politique.

eldest ['eldɪst] adj aîné(e).

Eldorado [,eldɔ'rɑːdəʊ] n Eldorado m.

elect [ɪ'lekt] <> adj élu(e) <> vt - **1.** [by voting] élire - **2.** fml [choose] : to ~ to do sthg choisir de faire qqch.

elected [ɪ'lektɪd] adj élu(e).

election [ɪ'lekʃn] n élection f; **to have** OR **hold an ~** procéder à une élection ; **local ~s** élections locales.

election campaign n campagne f électorale.

electioneering [ɪ,lekʃə'nɪərɪŋ] n (U) usu pej propagande f électorale.

elective [ɪ'lektɪv] n Am SCH cours m facultatif.

elector [ɪ'lektər] n électeur m, -trice f.

electoral [ɪ'lektərəl] adj électoral(e).

electoral college n collège m électoral.

electoral register, electoral roll n : **the ~** la liste électorale.

electorate [ɪ'lektərət] n : **the ~** l'électorat m.

electric [ɪ'lektrɪk] adj lit & fig électrique.
◆ **electrics** npl Br inf [in car, machine] installation f électrique.

electrical [ɪ'lektrɪkl] adj électrique.

electrical engineer n ingénieur m électricien.

electrical engineering n électrotechnique f.

electrically [ɪ'lektrɪklɪ] adv [heated] à l'électricité ; [charged, powered] électriquement.

electrical shock Am = electric shock.

electric blanket n couverture f chauffante.

electric chair n : **the ~** la chaise électrique.

electric cooker n cuisinière f électrique.

electric current n courant m électrique.

electric fire n radiateur m électrique.

electric guitar n guitare f électrique.

electrician [ɪ,lek'trɪʃn] n électricien m, -enne f.

electricity [ɪ,lek'trɪsətɪ] n électricité f.

electric light n lumière f électrique.

electric shock Br, **electrical shock** Am n décharge f électrique.

electric shock therapy n (U) électrochocs mpl.

electric storm n orage m magnétique.

electrify [ɪ'lektrɪfaɪ] (pt & pp **-ied**) vt - **1.** TECH électrifier - **2.** fig [excite] galvaniser, électriser.

electrifying [ɪ'lektrɪfaɪŋ] adj [exciting] galvanisant(e), électrisant(e).

electro- [ɪ'lektrəʊ] prefix électro-.

electrocardiograph [ɪ,lektrəʊ'kɑːdɪəgrɑːf] n électrocardiographe m.

electrocute [ɪ'lektrəkjuːt] vt électrocuter.

electrode [ɪ'lektrəʊd] n électrode f.

electroencephalograph [ɪ,lektrəʊen'sefələgrɑːf] n électroencéphalographie f.

electrolysis [,ɪlek'trɒləsɪs] n électrolyse f.

electromagnet [ɪ,lektrəʊ'mægnɪt] n électro-aimant m.

electromagnetic [ɪ,lektrəʊmæg'netɪk] adj électromagnétique.

electron [ɪ'lektrɒn] n électron m.

electronic [,ɪlek'trɒnɪk] adj électronique.
◆ **electronics** ⬦ n (U) [technology, science] électronique f ⬦ npl [equipment] (équipement m) électronique f.

electronic data processing n traitement m électronique de données.

electronic mail n courrier m électronique.

electronic mailbox n boîte f aux lettres (électronique).

electronic publishing n (U) édition f électronique.

electron microscope n microscope m électronique.

electroplated [ɪ'lektrəʊpleɪtɪd] adj métallisé(e) par galvanoplastie.

elegance ['elɪgəns] n élégance f.

elegant ['elɪgənt] adj élégant(e).

elegantly ['elɪgəntlɪ] adv élégamment.

elegy ['elɪdʒɪ] (pl **-ies**) n élégie f.

element ['elɪmənt] n - **1.** [gen] élément m ; **an ~ of truth** une part de vérité - **2.** [in heater, kettle] résistance f - **3.** phr : **to be in one's ~** être dans son élément.
◆ **elements** npl - **1.** [basics] rudiments mpl - **2.** [weather] : **the ~s** les éléments mpl.

elementary [,elɪ'mentərɪ] adj élémentaire.

elementary school n Am école f primaire.

elephant ['elɪfənt] (pl inv OR **-s**) n éléphant m

elevate ['elɪveɪt] vt - **1.** [give importance to] : **to ~ sb/sthg (to)** élever qqn/qqch (à) - **2.** [raise] soulever.

elevated ['elɪveɪtɪd] adj - **1.** [important] important(e) - **2.** [lofty] élevé(e) - **3.** [raised] surélevé(e).

elevation [,elɪ'veɪʃn] n - **1.** [promotion] élévation f - **2.** [height] hauteur f.

elevator ['elɪveɪtər] n Am ascenseur m.

eleven [ɪ'levn] num onze ; see also **six**.

elevenses [ɪ'levnzɪz] n (U) Br ≃ pause-café f

eleventh [ɪ'levnθ] num onzième ; see also **sixth**.

eleventh hour n fig : **the ~** la onzième heure, la dernière minute.

elf [elf] (pl **elves** [elvz]) n elfe m, lutin m.

elicit [ɪ'lɪsɪt] *vt* fml : **to ~ sthg (from sb)** arracher qqch (à qqn).

eligibility [ˌelɪdʒə'bɪlətɪ] *n* - **1.** [suitability] admissibilité *f* - **2.** dated [of bachelor] acceptabilité *f*.

eligible ['elɪdʒəbl] *adj* - **1.** [suitable, qualified] admissible ; **to be ~ for sthg** avoir droit à qqch ; **to be ~ to do sthg** avoir le droit de faire qqch - **2.** dated [bachelor] : **to be ~** être un bon parti.

eliminate [ɪ'lɪmɪneɪt] *vt* : **to ~ sb/sthg (from)** éliminer qqn/qqch (de).

elimination [ɪˌlɪmɪ'neɪʃn] *n* élimination *f*.

elite [ɪ'liːt] <> *adj* d'élite <> *n* élite *f*.

elitism [ɪ'liːtɪzm] *n* élitisme *m*.

elitist [ɪ'liːtɪst] <> *adj* élitiste <> *n* élitiste *mf*.

elixir [ɪ'lɪksəʳ] *n* - **1.** [magic drink] élixir *m* - **2.** fig [magic cure] panacée *f*.

Elizabethan [ɪˌlɪzə'biːθn] <> *adj* élisabéthain(e) <> *n* Élisabéthain *m*, -e *f*.

elk [elk] (*pl inv* OR **-s**) *n* élan *m*.

ellipse [ɪ'lɪps] *n* ellipse *f*.

elliptical [ɪ'lɪptɪkl] *adj* - **1.** [in shape] en ellipse - **2.** fml [indirect, cryptic] elliptique.

elm [elm] *n* : **~ (tree)** orme *m*.

elocution [ˌelə'kjuːʃn] *n* élocution *f*, diction *f*.

elongated ['iːlɒŋgeɪtɪd] *adj* allongé(e) ; [fingers] long (longue).

elope [ɪ'ləʊp] *vi* : **to ~ (with)** s'enfuir (avec).

elopement [ɪ'ləʊpmənt] *n* fugue *f* (amoureuse).

eloquence ['eləkwəns] *n* éloquence *f*.

eloquent ['eləkwənt] *adj* éloquent(e).

eloquently ['eləkwəntlɪ] *adv* avec éloquence.

El Salvador [ˌel'sælvədɔːʳ] *n* Salvador *m* ; **in ~** au Salvador.

else [els] *adv* : **anything ~** n'importe quoi d'autre ; **anything ~?** [in shop] et avec ça?, ce sera tout? ; **he doesn't need anything ~** il n'a besoin de rien d'autre ; **everyone ~** tous les autres ; **nothing ~** rien d'autre ; **someone ~** quelqu'un d'autre ; **something ~** quelque chose d'autre ; **somewhere ~** autre part ; **who/what ~?** qui/quoi d'autre? ; **where ~?** (à) quel autre endroit?

or else *conj* - **1.** [or if not] sinon, sans quoi - **2.** [as threat] ou alors ...!, sinon ...!

elsewhere [els'weəʳ] *adv* ailleurs, autre part.

ELT (*abbr of* English language teaching) *n* enseignement de l'anglais.

elucidate [ɪ'luːsɪdeɪt] fml <> *vt* élucider <> *vi* s'éclaircir.

elude [ɪ'luːd] *vt* échapper à.

elusive [ɪ'luːsɪv] *adj* insaisissable ; [success] qui échappe.

elves [elvz] *pl* ⊳ elf.

'em [əm] *pron* inf = them.

emaciated [ɪ'meɪʃɪeɪtɪd] *adj* [face] émacié(e) ; [person, limb] décharné(e).

e-mail, email (*abbr of* electronic mail) *n* e-mail *m*, courrier *m* électronique *f*.

emanate ['eməneɪt] fml <> *vt* dégager <> *vi* : **to ~ from** émaner de.

emancipate [ɪ'mænsɪpeɪt] *vt* : **to ~ sb (from)** affranchir OR émanciper qqn (de).

emancipation [ɪˌmænsɪ'peɪʃn] *n* : **~ (from)** affranchissement *m* (de), émancipation *f* (de).

emasculate [ɪ'mæskjʊleɪt] *vt* [weaken] émasculer.

emasculation [ɪˌmæskjʊ'leɪʃn] *n* [weakening] émasculation *f*.

embalm [ɪm'bɑːm] *vt* embaumer.

embankment [ɪm'bæŋkmənt] *n* [of river] berge *f* ; [of railway] remblai *m* ; [of road] banquette *f*.

embargo [em'bɑːgəʊ] (*pl* **-es**, *pt* & *pp* **-ed** ; *cont* **-ing**) <> *n* : **~ (on)** embargo *m* (sur) <> *vt* mettre l'embargo sur.

embark [ɪm'bɑːk] *vi* - **1.** [board ship] : **to ~ (on)** embarquer (sur) - **2.** [start] : **to ~ on** OR **upon sthg** s'embarquer dans qqch.

embarkation [ˌembɑː'keɪʃn] *n* embarquement *m*.

embarkation card *n* Br carte *f* d'embarquement.

embarrass [ɪm'bærəs] *vt* embarrasser.

embarrassed [ɪm'bærəst] *adj* embarrassé(e).

embarrassing [ɪm'bærəsɪŋ] *adj* embarrassant(e).

embarrassment [ɪm'bærəsmənt] *n* embarras *m* ; **to be an ~** [person] causer de l'embarras ; [thing] être embarrassant.

embassy ['embəsɪ] (*pl* **-ies**) *n* ambassade *f*.

embattled [ɪm'bætld] *adj* [troubled] en difficulté.

embedded [ɪm'bedɪd] *adj* - **1.** [buried] : **~ in** [in rock, wood] incrusté(e) dans ; [in mud] noyé(e) dans - **2.** [ingrained] enraciné(e).

embellish [ɪm'belɪʃ] *vt* - **1.** [decorate] : **to ~ sthg (with)** [room, house] décorer qqch (de) ; [dress] orner qqch (de) - **2.** [story] enjoliver.

embers ['embəz] *npl* braises *fpl*.

embezzle [ɪm'bezl] *vt* détourner.

embezzlement [ɪm'bezlmənt] *n* détournement *m* de fonds.

embezzler [ɪm'bezlə'] *n* escroc *m*.

embittered [ɪm'bɪtəd] *adj* aigri(e).

emblazoned [ɪm'bleɪznd] *adj* - **1.** [design, emblem] : ~ **(on)** blasonné(e) (sur) - **2.** [flag, garment] : ~ **with** arborant l'insigne OR le blason de.

emblem ['embləm] *n* emblème *m*.

embodiment [ɪm'bɒdɪmənt] *n* incarnation *f*.

embody [ɪm'bɒdɪ] (*pt* & *pp* **-ied**) *vt* incarner ; **to be embodied in sthg** être exprimé dans qqch.

embolism ['embəlɪzm] *n* embolie *f*.

embossed [ɪm'bɒst] *adj* - **1.** [heading, design] : ~ **(on)** inscrit(e) (sur), gravé(e) en relief (sur) - **2.** [wallpaper] gaufré(e) ; [leather] frappé(e).

embrace [ɪm'breɪs] <> *n* étreinte *f* <> *vt* embrasser <> *vi* s'embrasser, s'étreindre.

embrocation [,embrə'keɪʃn] *n* embrocation *f*.

embroider [ɪm'brɔɪdə'] <> *vt* - **1.** SEWING broder - **2.** *pej* [embellish] enjoliver <> *vi* SEWING broder.

embroidered [ɪm'brɔɪdəd] *adj* SEWING brodé(e).

embroidery [ɪm'brɔɪdərɪ] *n* (U) broderie *f*.

embroil [ɪm'brɔɪl] *vt* : **to be ~ed (in)** être mêlé(e) (à).

embryo ['embrɪəʊ] (*pl* **-s**) *n* embryon *m* ; **in** ~ **fig** à l'état embryonnaire.

embryonic [,embrɪ'ɒnɪk] *adj* embryonnaire.

emcee [,em'siː] *Am abbr of* **master of ceremonies.**

emend [ɪ'mend] *vt* corriger.

emerald ['emərəld] <> *adj* [colour] émeraude (*inv*) <> *n* [stone] émeraude *f*.

emerge [ɪ'mɜːdʒ] <> *vi* - **1.** [come out] : **to** ~ **(from)** émerger (de) - **2.** [from experience, situation] : **to** ~ **from** sortir de - **3.** [become known] apparaître - **4.** [come into existence - poet, artist] percer ; [- movement, organization] émerger <> *vt* : **it** ~**s that ...** il ressort OR il apparaît que ...

emergence [ɪ'mɜːdʒəns] *n* émergence *f*.

emergency [ɪ'mɜːdʒənsɪ] (*pl* **-ies**) <> *adj* d'urgence <> *n* urgence *f* ; **in an** ~, **in emergencies** en cas d'urgence.

emergency exit *n* sortie *f* de secours.

emergency landing *n* atterrissage *m* forcé.

emergency services *npl* ≃ police-secours *f*.

emergency stop *n* arrêt *m* d'urgence.

emergent [ɪ'mɜːdʒənt] *adj* qui émerge.

emery board ['emərɪ-] *n* lime *f* à ongles.

emetic [ɪ'metɪk] <> *adj* émétique <> *n* émétique *m*.

emigrant ['emɪɡrənt] *n* émigré *m*, -e *f*.

emigrate ['emɪɡreɪt] *vi* : **to** ~ **(to)** émigrer (en/à).

emigration [,emɪ'ɡreɪʃn] *n* émigration *f*.

émigré ['emɪɡreɪ] *n* émigré *m*, -e *f*.

eminence ['emɪnəns] *n* (U) [prominence] renom *m*.

eminent ['emɪnənt] *adj* éminent(e).

eminently ['emɪnəntlɪ] *adv fml* éminemment.

emir [e'mɪə'] *n* émir *m*.

emirate ['emərət] *n* émirat *m*.

emissary ['emɪsərɪ] (*pl* **-ies**) *n* émissaire *m*.

emission [ɪ'mɪʃn] *n* émission *f*.

emit [ɪ'mɪt] (*pt* & *pp* **-ted** ; *cont* **-ting**) *vt* émettre.

emollient [ɪ'mɒlɪənt] *n fml* émollient *m*.

emolument [ɪ'mɒljumənt] *n fml* émoluments *mpl*.

emotion [ɪ'məʊʃn] *n* - **1.** (U) [strength of feeling] émotion *f* - **2.** [particular feeling] sentiment *m*.

emotional [ɪ'məʊʃənl] *adj* - **1.** [sensitive, demonstrative] émotif(ive) - **2.** [moving] émouvant(e) - **3.** [psychological] émotionnel(elle).

emotionally [ɪ'məʊʃnəlɪ] *adv* - **1.** [with strong feeling] avec émotion - **2.** [psychologically] émotionnellement.

emotionless [ɪ'məʊʃnlɪs] *adj* impassible.

emotive [ɪ'məʊtɪv] *adj* qui enflamme l'esprit.

empathy ['empəθɪ] *n* (U) : ~ **(with)** empathie *f* (envers), communion *f* de sentiments (avec).

emperor ['empərə'] *n* empereur *m*.

emphasis ['emfəsɪs] (*pl* **-ses** [-siːz]) *n* : ~ **(on**

accent *m* (sur) ; **with great ~** avec insistance ; **to lay** OR **place ~ on sthg** insister sur OR souligner qqch.

emphasize, -ise ['emfəsaız] *vt* insister sur.

emphatic [ım'fætık] *adj* [forceful] catégorique.

emphatically [ım'fætıklı] *adv* - **1.** [with emphasis] catégoriquement - **2.** [certainly] absolument.

emphysema [‚emfı'si:mə] *n* emphysème *m*.

empire ['empaıə'] *n* empire *m*.

empire building *n* édification *f* d'empires.

empirical [ım'pırıkl] *adj* empirique.

empiricism [ım'pırısızm] *n* empirisme *m*.

employ [ım'plɔı] *vt* employer ; **to be ~ed as** être employé comme ; **to ~ sthg as sthg/to do sthg** employer qqch comme qqch/pour faire qqch.

employable [ım'plɔıəbl] *adj* qui peut être employé(e).

employee [ım'plɔıi:] *n* employé *m*, -e *f*.

employer [ım'plɔıə'] *n* employeur *m*, -euse *f*.

employment [ım'plɔımənt] *n* emploi *m*, travail *m*.

employment agency *n* bureau *m* OR agence *f* de placement.

employment office *n* ≃ Agence *f* Nationale pour l'Emploi.

emporium [em'pɔ:rıəm] *n* [shop] grand magasin *m*.

empower [ım'pauə'] *vt fml* : **to be ~ed to do sthg** être habilité(e) à faire qqch.

empress ['emprıs] *n* impératrice *f*.

emptiness ['emptınıs] *(U) n* vide *m*.

empty ['emptı] *(compar* **-ier** *; superl* **-iest**, *pt* & *pp* **-ied**, *pl* **-ies**) <> *adj* - **1.** [containing nothing] vide - **2.** *pej* [meaningless] vain(e) - **3.** *literary* [tedious] morne <> *vt* vider ; **to ~ sthg into/out of** vider qqch dans/de <> *vi* se vider <> *n inf* bouteille *f* vide.

empty-handed [-'hændıd] *adj* les mains vides.

empty-headed [-'hedıd] *adj* sans cervelle.

EMS (*abbr of* European Monetary System) *n* SME *m*.

EMT (*abbr of* emergency medical technician) *n* technicien médical des services d'urgence.

emu ['i:mju:] (*pl inv* OR **-s**) *n* émeu *m*.

EMU (*abbr of* Economic and Monetary Union) *n* UEM *f*.

emulate ['emjʊleıt] *vt* imiter.

emulsion [ı'mʌlʃn] <> *n* - **1.** : **~ (paint)** pein-ture *f* mate OR à émulsion - **2.** PHOT émulsion *f* <> *vt Br* peindre.

enable [ı'neıbl] *vt* : **to ~ sb to do sthg** permettre à qqn de faire qqch.

enact [ı'nækt] *vt* - **1.** JUR promulguer - **2.** THEATRE jouer.

enactment [ı'næktmənt] *n* JUR promulgation *f*.

enamel [ı'næml] *n* - **1.** [material] émail *m* - **2.** [paint] peinture *f* laquée.

enamelled *Br*, **enameled** *Am* [ı'næmld] *adj* en émail.

enamel paint *n* peinture *f* laquée.

enamoured *Br*, **enamored** *Am* [ı'næməd] *adj* : **~ of** amoureux(euse) de.

en bloc [ɒn'blɒk] *adv* en bloc.

enc. - **1.** *abbr of* enclosure - **2.** *abbr of* enclosed.

encamp [ın'kæmp] *vi* camper.

encampment [ın'kæmpmənt] *n* campement *m*.

encapsulate [ın'kæpsjʊleıt] *vt* : **to ~ sthg (in)** résumer qqch (en).

encase [ın'keıs] *vt* : **to be ~d in** [armour] être enfermé(e) dans ; [leather] être bardé(e) de.

encash [ın'kæʃ] *vt Br* encaisser.

enchanted [ın'tʃɑ:ntıd] *adj* : **~ (by/with)** enchanté(e) (par/de).

enchanting [ın'tʃɑ:ntıŋ] *adj* enchanteur(eresse).

encircle [ın'sɜ:kl] *vt* entourer ; [subj : troops] encercler.

enclave ['enkleıv] *n* enclave *f*.

enclose [ın'kləuz] *vt* - **1.** [surround, contain] entourer - **2.** [put in envelope] joindre ; **please find ~d** ... veuillez trouver ci-joint ...

enclosure [ın'kləuʒə'] *n* - **1.** [place] enceinte *f* - **2.** [in letter] pièce *f* jointe.

encompass [ın'kʌmpəs] *vt fml* - **1.** [include] contenir - **2.** [surround] entourer ; [subj : troops] encercler.

encore ['ɒŋkɔ:'] <> *n* rappel *m* <> *excl* bis!

encounter [ın'kauntə'] <> *n* rencontre *f* <> *vt fml* rencontrer.

encourage [ın'kʌrıdʒ] *vt* - **1.** [give confidence to] : **to ~ sb (to do sthg)** encourager qqn (à faire qqch) - **2.** [promote] encourager, favoriser.

encouragement [ın'kʌrıdʒmənt] *n* encouragement *m*.

encouraging [ın'kʌrıdʒıŋ] *adj* encourageant(e).

encroach [ın'krəutʃ] *vi* : **to ~ on** OR **upon** empiéter sur.

encrusted [ɪnˈkrʌstɪd] *adj* : ~ **with** incrusté(e) de ; [with mud] encroûté(e) de.

encrypt [enˈkrɪpt] *vt* - **1.** COMPUT crypter - **2.** TV coder.

encryption [enˈkrɪpʃn] *n (U)* - **1.** COMPUT cryptage *m* - **2.** TV codage *m*, encodage *m*.

encumber [ɪnˈkʌmbəʳ] *vt fml* : **to be ~ed with** être encombré(e) de ; [with debts] être grevé(e) de.

encyclop(a)edia [ɪnˌsaɪkləˈpiːdjə] *n* encyclopédie *f*.

encyclop(a)edic [ɪnˌsaɪkləʊˈpiːdɪk] *adj* encyclopédique.

end [end] ◇ *n* - **1.** [gen] fin *f* ; **at an ~** terminé, fini ; **to come to an ~** se terminer, s'arrêter ; **to put an ~ to sthg** mettre fin à qqch ; **at the ~ of the day** fig en fin de compte ; **in the ~** [finally] finalement ; **an ~ in itself** une fin en soi - **2.** [of rope, path, garden, table etc] bout *m*, extrémité *f* ; [of box] côté *m* ; **~ to ~** bout à bout - **3.** [leftover part - of cigarette] mégot *m* ; [- of pencil] bout *m* ◇ *vt* mettre fin à ; [day] finir ; **to ~ sthg with** terminer OR finir qqch par ◇ *vi* se terminer ; **to ~ in** se terminer par ; **to ~ with** se terminer par OR avec.

➤ **on end** *adv* - **1.** [upright] debout - **2.** [continuously] d'affilée.

➤ **no end** *adv inf* [pleased, worried] vachement.

➤ **no end of** *prep inf* énormément de.

➤ **end up** *vi* finir ; **to ~ up doing sthg** finir par faire qqch.

endanger [ɪnˈdeɪndʒəʳ] *vt* mettre en danger.

endangered species [ɪnˈdeɪndʒəd-] *n* espèce *f* en voie de disparition.

endear [ɪnˈdɪəʳ] *vt* : **to ~ sb to sb** faire aimer OR apprécier qqn de qqn ; **to ~ o.s. to sb** se faire aimer de qqn, plaire à qqn.

endearing [ɪnˈdɪərɪŋ] *adj* engageant(e).

endearment [ɪnˈdɪəmənt] *n* paroles *fpl* affectueuses.

endeavour Br, **endeavor** Am [ɪnˈdevəʳ] *fml* ◇ *n* effort *m*, tentative *f* ◇ *vt* : **to ~ to do sthg** s'efforcer OR tenter de faire qqch.

endemic [enˈdemɪk] *adj* endémique.

ending [ˈendɪŋ] *n* fin *f*, dénouement *m*.

endive [ˈendaɪv] *n* - **1.** [salad vegetable] endive *f* - **2.** [chicory] chicorée *f*.

endless [ˈendlɪs] *adj* - **1.** [unending] interminable ; [patience, possibilities] infini(e) ; [resources] inépuisable - **2.** [vast] infini(e).

endlessly [ˈendlɪslɪ] *adv* sans arrêt, continuellement ; [stretch] à perte de vue ; **~ patient/kind** d'une patience/gentillesse infinie.

endorse [ɪnˈdɔːs] *vt* - **1.** [approve] approuver - **2.** [cheque] endosser - **3.** Br [driving licence] porter une contravention à.

endorsement [ɪnˈdɔːsmənt] *n* - **1.** [approval] approbation *f* - **2.** [of cheque] endossement *m* - **3.** Br [on driving licence] contravention portée au permis de conduire.

endow [ɪnˈdaʊ] *vt* - **1.** [equip] : **to be ~ed with sthg** être doté(e) de qqch - **2.** [donate money to] faire des dons à.

endowment [ɪnˈdaʊmənt] *n* - **1.** fml [ability] capacité *f*, qualité *f* - **2.** [donation] don *m*.

endowment insurance *n* assurance *f* à capital différé.

endowment mortgage *n* prêt-logement lié à une assurance-vie.

end product *n* produit *m* fini.

end result *n* résultat *m* final.

endurable [ɪnˈdjʊərəbl] *adj* supportable.

endurance [ɪnˈdjʊərəns] *n* endurance *f*.

endurance test *n* épreuve *f* d'endurance.

endure [ɪnˈdjʊəʳ] ◇ *vt* supporter, endurer ◇ *vi* perdurer.

enduring [ɪnˈdjʊərɪŋ] *adj* durable.

end user *n* utilisateur final *m*, utilisatrice finale *f*.

endways Br [ˈendweɪz], **endwise** Am [ˈendwaɪz] *adv* - **1.** [not sideways] en long - **2.** [with ends touching] bout à bout.

enema [ˈenɪmə] *n* lavement *m*.

enemy [ˈenɪmɪ] (*pl* -**ies**) ◇ *n* ennemi *m*, -e *f* ◇ *comp* ennemi(e).

energetic [ˌenəˈdʒetɪk] *adj* énergique ; [person] plein(e) d'entrain.

energy [ˈenədʒɪ] (*pl* -**ies**) *n* énergie *f*.

energy-saving *adj* d'économie d'énergie.

enervate [ˈenəveɪt] *vt fml* affaiblir.

enervating [ˈenəveɪtɪŋ] *adj fml* débilitant(e).

enfold [ɪnˈfəʊld] *vt literary* - **1.** [embrace] : **to ~ sb/sthg (in)** envelopper qqn/qqch (dans) ; **to ~ sb in one's arms** étreindre qqn - **2.** [engulf] envelopper.

enforce [ɪnˈfɔːs] *vt* appliquer, faire respecter.

enforceable [ɪnˈfɔːsəbl] *adj* applicable.

enforced [ɪnˈfɔːst] *adj* forcé(e).

enforcement [ɪnˈfɔːsmənt] *n* application *f*.

enfranchise [ɪnˈfræntʃaɪz] *vt* - **1.** [give vote to] accorder le droit de vote à - **2.** [set free] affranchir.

engage [ɪnˈgeɪdʒ] ◇ *vt* - **1.** [attention, interest] susciter, éveiller ; **to ~ sb in conversation** engager la conversation avec qqn - **2.** TECH engager - **3.** fml [employ] engager ; **to be ~d i**

OR **on** sthg prendre part à qqch ⬦ *vi* [be involved] : **to ~ in** s'occuper de.

engaged [ɪn'geɪdʒd] *adj* - **1.** [to be married] : **~ (to sb)** fiancé(e) (à qqn) ; **to get ~** se fiancer - **2.** [busy] occupé(e) ; **~ in** sthg engagé dans qqch - **3.** [telephone, toilet] occupé(e).

engaged tone *n* Br tonalité *f* 'occupé'.

engagement [ɪn'geɪdʒmənt] *n* - **1.** [to be married] fiançailles *fpl* - **2.** [appointment] rendez-vous *m inv*.

engagement ring *n* bague *f* de fiançailles.

engaging [ɪn'geɪdʒɪŋ] *adj* engageant(e) ; [personality] attirant(e).

engender [ɪn'dʒendə^r] *vt* fml engendrer, susciter.

engine ['endʒɪn] *n* - **1.** [of vehicle] moteur *m* - **2.** RAIL locomotive *f*.

engine driver *n* Br mécanicien *m*.

engineer [ˌendʒɪ'nɪə^r] ⬦ *n* - **1.** [of roads] ingénieur *m* ; [of machinery, on ship] mécanicien *m* ; [of electrical equipment] technicien *m* - **2.** Am [engine driver] mécanicien *m* ⬦ *vt* - **1.** [construct] construire - **2.** [contrive] manigancer.

engineering [ˌendʒɪ'nɪərɪŋ] *n* ingénierie *f*.

England ['ɪŋglənd] *n* Angleterre *f* ; **in ~** en Angleterre.

English ['ɪŋglɪʃ] ⬦ *adj* anglais(e) ⬦ *n* [language] anglais *m* ⬦ *npl* : **the ~** les Anglais.

English breakfast *n* petit déjeuner *m* anglais traditionnel.

ENGLISH BREAKFAST

Le petit déjeuner anglais traditionnel se compose d'un plat chaud (des œufs au bacon, par exemple), de céréales ou de porridge, et de toasts à la marmelade d'oranges, le tout accompagné de café ou de thé ; aujourd'hui il est généralement remplacé par une collation plus légère.

English Channel *n* : **the ~** la Manche.

Englishman ['ɪŋglɪʃmən] (*pl* -**men** [-mən]) *n* Anglais *m*.

English muffin *n* Am muffin *m*.

Englishwoman ['ɪŋglɪʃˌwumən] (*pl* -**women** [-wɪmɪn]) *n* Anglaise *f*.

engrave [ɪn'greɪv] *vt* : **to ~** sthg (**on** stone/in one's memory) graver qqch (sur la pierre/ dans sa mémoire).

engraver [ɪn'greɪvə^r] *n* graveur *m*.

engraving [ɪn'greɪvɪŋ] *n* gravure *f*.

engrossed [ɪn'grəust] *adj* : **to be ~ (in** sthg**)** être absorbé(e) (par qqch).

engrossing [ɪn'grəusɪŋ] *adj* captivant(e).

engulf [ɪn'gʌlf] *vt* engloutir.

enhance [ɪn'hɑːns] *vt* accroître.

enhancement [ɪn'hɑːnsmənt] *n* amélioration *f*.

enigma [ɪ'nɪgmə] *n* énigme *f*.

enigmatic [ˌenɪg'mætɪk] *adj* énigmatique.

enjoy [ɪn'dʒɔɪ] ⬦ *vt* - **1.** [like] aimer ; **to ~ do-ing** sthg avoir plaisir à *OR* aimer faire qqch ; **to ~ o.s.** s'amuser - **2.** fml [possess] jouir de ⬦ *vi* Am : **~** ! [enjoy yourself] amuse-toi bien! ; [before meal] bon appétit!

enjoyable [ɪn'dʒɔɪəbl] *adj* agréable.

enjoyment [ɪn'dʒɔɪmənt] *n* - **1.** [gen] plaisir *m* - **2.** fml [possession] jouissance *f*.

enlarge [ɪn'lɑːdʒ] *vt* agrandir.

⬦ **enlarge (up)on** *vt fus* développer.

enlargement [ɪn'lɑːdʒmənt] *n* - **1.** [expansion] extension *f* - **2.** PHOT agrandissement *m*.

enlighten [ɪn'laɪtn] *vt* éclairer.

enlightened [ɪn'laɪtnd] *adj* éclairé(e).

enlightening [ɪn'laɪtnɪŋ] *adj* édifiant(e).

enlightenment [ɪn'laɪtnmənt] *n* (*U*) éclaircissement *m*.

⬦ **Enlightenment** *n* : **the Enlightenment** le siècle des Lumières.

enlist [ɪn'lɪst] ⬦ *vt* - **1.** MIL enrôler - **2.** [recruit] recruter - **3.** [obtain] s'assurer ⬦ *vi* MIL : **to ~ (in)** s'enrôler (dans).

enlisted man [ɪn'lɪstɪd-] *n* Am simple soldat *m*.

enliven [ɪn'laɪvn] *vt* animer ; [book, film] égayer.

en masse [ɒn'mæs] *adv* en masse, massivement.

enmeshed [ɪn'meʃt] *adj* : **~ in** empêtré(e) dans.

enmity ['enmətɪ] (*pl* -**ies**) *n* hostilité *f*.

ennoble [ɪ'nəubl] *vt* - **1.** [elevate to nobility] anoblir - **2.** [dignify] ennoblir.

enormity [ɪ'nɔːmətɪ] *n* [extent] étendue *f*.

enormous [ɪ'nɔːməs] *adj* énorme ; [patience, success] immense.

enormously [ɪ'nɔːməslɪ] *adv* énormément ; [long, pleased] immensément.

enough [ɪ'nʌf] ⬦ *adj* assez de ; **~ money/ time** assez d'argent/de temps ⬦ *pron* assez ; **more than ~** largement, bien assez ; **~ is ~** trop c'est trop ; **that's ~ (of that)!** ça suffit maintenant! ; **to have had ~ (of** sthg**)** en avoir assez (de qqch) ⬦ *adv* - **1.** [sufficiently] assez ; **big ~ for** sthg**/to do** sthg assez grand pour qqch/pour faire qqch ; **to be good ~ to do** sthg fml être assez gentil pour *OR* de faire qqch, être assez aimable pour *OR* de faire qqch - **2.** [rather] plutôt ; **strangely ~** bizarrement, c'est bizarre.

enquire [ɪnˈkwaɪəʳ] ◇ *vt :* **to ~ when/ whether/how …** demander quand/si/ comment … ◇ *vi :* **to ~ (about)** se rensei- gner (sur).

enquiry [ɪnˈkwaɪərɪ] (*pl* -ies) *n* - **1.** [question] de- mande *f* de renseignements ; '**Enquiries**' 'renseignements' - **2.** [investigation] enquête *f*.

enraged [ɪnˈreɪdʒd] *adj* déchaîné(e) ; [animal] enragé(e).

enrich [ɪnˈrɪtʃ] *vt* enrichir.

enrol (*pt & pp* -led ; *cont* -ling), **enroll** Am [ɪnˈrəʊl] ◇ *vt* inscrire ◇ *vi :* **to ~ (in)** s'ins- crire (à).

enrolment Br, **enrollment** Am [ɪnˈrəʊlmənt] *n* - **1.** (*U*) [registration] inscription *f* - **2.** [person enrolled] inscrit *m*.

en route [ɒnˈruːt] *adv :* **~ (to)** en route (vers) ; **~ from** en provenance de.

ensconced [ɪnˈskɒnst] *adj hum :* **~ (in)** bien installé(e) (dans).

enshrine [ɪnˈʃraɪn] *vt :* **to be ~d in** être garan- ti(e) par.

ensign [ˈensaɪn] *n* - **1.** [flag] pavillon *m* - **2.** Am [sailor] enseigne *m*.

enslave [ɪnˈsleɪv] *vt* asservir.

ensue [ɪnˈsjuː] *vi* s'ensuivre.

ensuing [ɪnˈsjuːɪŋ] *adj* qui s'ensuit.

ensure [ɪnˈʃʊəʳ] *vt* assurer ; **to ~ (that) …** s'as- surer que …

ENT (*abbr of* **Ear, Nose & Throat**) *n* ORL *f*.

entail [ɪnˈteɪl] *vt* entraîner ; **what does the work ~?** en quoi consiste le travail ?

entangled [ɪnˈtæŋgld] *adj* - **1.** [caught] : **to be ~ in** être emmêlé(e) OR enchevêtré(e) dans - **2.** [in problem, difficult situation] : **to be ~ in** être empêtré(e) dans - **3.** *fig* [with person] : **to be ~ with** avoir une liaison avec.

entanglement [ɪnˈtæŋglmənt] *n* liaison *f* (amoureuse).

enter [ˈentəʳ] ◇ *vt* - **1.** [room, vehicle] entrer dans - **2.** [university, army] entrer à ; [school] s'inscrire à, s'inscrire dans - **3.** [competition, race] s'inscrire à ; [politics] se lancer dans - **4.** [register] : **to ~ sb/sthg for sthg** inscrire qqn/qqch à qqch - **5.** [write down] inscrire - **6.** COMPUT entrer ◇ *vi* - **1.** [come or go in] en- trer - **2.** [register] : **to ~ (for)** s'inscrire (à).

➡ **enter into** *vt fus* [negotiations, correspondence] entamer.

enteritis [ˌentəˈraɪtɪs] *n* entérite *f*.

enter key *n* COMPUT (touche *f*) entrée *f*.

enterprise [ˈentəpraɪz] *n* entreprise *f*.

enterprise culture *n* culture *f* d'entre- prise.

enterprise zone *n* Br zone dans une région défavorisée qui bénéficie de subsides de l'État.

enterprising [ˈentəpraɪzɪŋ] *adj* qui fait preu- ve d'initiative.

entertain [ˌentəˈteɪn] ◇ *vt* - **1.** [amuse] diver- tir - **2.** [invite - guests] recevoir - **3.** fml [thought, proposal] considérer - **4.** fml [hopes] nourrir ◇ *vi* - **1.** [amuse] se divertir - **2.** [have guests] re- cevoir.

entertainer [ˌentəˈteɪnəʳ] *n* fantaisiste *mf*.

entertaining [ˌentəˈteɪnɪŋ] ◇ *adj* divertis- sant(e) ◇ *n :* **to do a lot of ~** recevoir beau- coup.

entertainment [ˌentəˈteɪnmənt] ◇ *n* - **1.** (*U*) [amusement] divertissement *m* - **2.** [show] spec- tacle *m* ◇ *comp* du spectacle.

entertainment allowance *n* frais *mpl* de représentation.

enthral (*pt & pp* -led ; *cont* -ling), **enthrall** Am [ɪnˈθrɔːl] *vt* captiver.

enthralling [ɪnˈθrɔːlɪŋ] *adj* captivant(e).

enthrone [ɪnˈθrəʊn] *vt* introniser.

enthuse [ɪnˈθjuːz] *vi :* **to ~ (about)** s'enthou- siasmer (pour).

enthusiasm [ɪnˈθjuːzɪæzm] *n* - **1.** [passion, ea- gerness] : **~ (for)** enthousiasme *m* (pour) - **2.** [interest] passion *f*.

enthusiast [ɪnˈθjuːzɪæst] *n* amateur *m*, -tri- ce *f*.

enthusiastic [ɪnˌθjuːzɪˈæstɪk] *adj* enthou- siaste.

enthusiastically [ɪnˌθjuːzɪˈæstɪklɪ] *adv* avec enthousiasme.

entice [ɪnˈtaɪs] *vt* entraîner.

enticing [ɪnˈtaɪsɪŋ] *adj* alléchant(e) ; [smile] séduisant(e).

entire [ɪnˈtaɪəʳ] *adj* entier(ère).

entirely [ɪnˈtaɪəlɪ] *adv* totalement.

entirety [ɪnˈtaɪrətɪ] *n :* **in its ~** en entier.

entitle [ɪnˈtaɪtl] *vt* [allow] : **to ~ sb to sthg** don- ner droit à qqch à qqn ; **to ~ sb to do sthg** au- toriser qqn à faire qqch.

entitled [ɪnˈtaɪtld] *adj* - **1.** [allowed] autori- sé(e) ; **to be ~ to sthg** avoir droit à qqch ; **to be ~ to do sthg** avoir le droit de faire qqch - **2.** [called] intitulé(e).

entitlement [ɪnˈtaɪtlmənt] *n* droit *m*.

entity [ˈentətɪ] (*pl* -ies) *n* entité *f*.

entomology [ˌentəˈmɒlədʒɪ] *n* entomologie *f*.

entourage [ˌɒntʊˈrɑːʒ] *n* entourage *m*.

entrails [ˈentreɪlz] *npl* entrailles *fpl*.

entrance [*n* ˈentrəns, *vt* ɪnˈtrɑːns] ◇ *n* - **1.** [way in] : **~ (to)** entrée f (de) **- 2.** [arrival] entrée f **- 3.** [entry] : **to gain ~ to** [building] obtenir l'accès à ; [society, university] être admis(e) dans ⟷ vt ravir, enivrer.

entrance examination n examen m d'entrée.

entrance fee n - **1.** [to cinema, museum] droit m d'entrée - **2.** [for club] droit m d'inscription.

entrancing [ɪn'trɑːnsɪŋ] adj épatant(e).

entrant ['entrənt] n [in race, competition] concurrent m, -e f.

entreat [ɪn'triːt] vt : **to ~ sb (to do sthg)** supplier qqn (de faire qqch)

entreaty [ɪn'triːtɪ] (pl -ies) n prière f, supplication f.

entrenched [ɪn'trentʃt] adj ancré(e).

entrepreneur [,ɒntrəprə'nɜːʳ] n entrepreneur m.

entrepreneurial [,ɒntrəprə'nɜːrɪəl] adj [person] qui a l'esprit d'entreprise ; [skill] d'entrepreneur.

entrust [ɪn'trʌst] vt : **to ~ sthg to sb, to ~ sb with sthg** confier qqch à qqn.

entry ['entrɪ] (pl -ies) n - **1.** [gen] entrée f ; **to gain ~ to** avoir accès à ; **'no ~'** 'défense d'entrer' ; AUT 'sens interdit' - **2.** [in competition] inscription f - **3.** [in dictionary] entrée f ; [in diary, ledger] inscription f.

entry fee n entrée f.

entry form n formulaire m OR feuille f d'inscription.

entry phone n portier m électronique.

entryway ['entrɪ,weɪ] n Am entrée f.

entwine [ɪn'twaɪn] ⟷ vt entrelacer ⟷ vi s'entrelacer.

E number n additif m E.

enumerate [ɪ'njuːməreɪt] vt énumérer.

enunciate [ɪ'nʌnsɪeɪt] ⟷ vt - **1.** [word] articuler - **2.** [idea, plan] énoncer, exposer ⟷ vi articuler.

envelop [ɪn'veləp] vt envelopper.

envelope ['envələup] n enveloppe f.

enviable ['envɪəbl] adj enviable.

envious ['envɪəs] adj envieux(euse).

enviously ['envɪəslɪ] adv avec envie.

environment [ɪn'vaɪərənmənt] n - **1.** [surroundings] milieu m, cadre m - **2.** [natural world] : **the ~** l'environnement m ; **Department of the Environment** Br ≃ ministère m de l'Environnement - **3.** COMPUT environnement m.

environment agency n agence f pour la protection de l'environnement.

environmental [ɪn,vaɪərən'mentl] adj [pollu-tion, awareness] de l'environnement ; [impact] sur l'environnement.

environmentalist [ɪn,vaɪərən'mentəlɪst] n écologiste mf, environnementaliste mf.

environmentally [ɪn,vaɪərən'mentəlɪ] adv [damaging] pour l'environnement ; **to be ~ aware** être sensible aux problèmes de l'environnement ; **~ friendly** qui préserve l'environnement.

Environmental Protection Agency n Am ≃ ministère m de l'Environnement.

environs [ɪn'vaɪərənz] npl environs mpl.

envisage [ɪn'vɪzɪdʒ], **envision** Am [ɪn'vɪʒn] vt envisager.

envoy ['envɔɪ] n émissaire m.

envy ['envɪ] (pt & pp -ied) ⟷ n envie f, jalousie f ; **to be the ~ of** faire envie à ; **to be green with ~** être malade de jalousie ⟷ vt envier ; **to ~ sb sthg** envier qqch à qqn.

enzyme ['enzaɪm] n enzyme f.

EOC abbr of **Equal Opportunities Commission**.

eon Am = **aeon**.

EPA abbr of **Environmental Protection Agency**.

epaulet(te) ['epəlet] n épaulette f.

ephemeral [ɪ'femərəl] adj éphémère.

epic ['epɪk] ⟷ adj épique ⟷ n épopée f.

epicentre Br, **epicenter** Am ['epɪsentəʳ] n épicentre m.

epidemic [,epɪ'demɪk] n épidémie f.

epidural [,epɪ'djʊərəl] n péridurale f.

epigram ['epɪgræm] n épigramme f.

epilepsy ['epɪlepsɪ] n épilepsie f.

epileptic [,epɪ'leptɪk] ⟷ adj épileptique ⟷ n épileptique mf.

epilogue Br, **epilog** Am ['epɪlɒg] n épilogue m.

Epiphany [ɪ'pɪfənɪ] n Épiphanie f.

episcopal [ɪ'pɪskəpl] adj épiscopal(e).

episode ['epɪsəud] n épisode m.

episodic [,epɪ'sɒdɪk] adj [story, play] en épisodes.

epistle [ɪ'pɪsl] n épître f.

epitaph ['epɪtɑːf] n épitaphe f.

epithet ['epɪθet] n épithète f.

epitome [ɪ'pɪtəmɪ] n : **the ~ of** le modèle de.

epitomize, -ise [ɪ'pɪtəmaɪz] vt incarner.

epoch ['iːpɒk] n époque f.

epoch-making [-'meɪkɪŋ] adj qui fait date.

eponymous [ɪ'pɒnɪməs] adj éponyme.

EPOS ['iːpɒs] (abbr of **electronic point of sale**) n point de vente électronique.

equable ['ekwəbl] *adj* égal(e), constant(e).

equal ['i:kwəl] (Br *pt* & *pp* **-led** ; *cont* **-ling**, Am *pt* & *pp* **-ed** ; *cont* **-ing**) ◇ *adj* - **1.** [gen] : **~** (to) égal(e) (à) ; **on ~ terms** d'égal à égal - **2.** [capable] : **~ to sthg** à la hauteur de qqch ◇ *n* égal *m*, -e *f* ◇ *vt* égaler.

equality [i:'kwɒlətɪ] *n* égalité *f*.

equalize, -ise ['i:kwəlaɪz] ◇ *vt* niveler ◇ *vi* SPORT égaliser.

equalizer ['i:kwəlaɪzə'] *n* SPORT but *m* égalisateur.

equally ['i:kwəlɪ] *adv* - **1.** [important, stupid etc] tout aussi ; **I like them ~** je les apprécie de la même façon - **2.** [in amount] en parts égales - **3.** [also] en même temps.

equal opportunities *npl* égalité *f* des chances.

Equal Opportunities Commission *n* commission britannique pour l'égalité des chances dans le travail.

equal(s) sign *n* le signe *m* d'égalité.

equanimity [,ekwə'nɪmətɪ] *n* sérénité *f*, égalité *f* d'âme.

equate [ɪ'kweɪt] *vt* : **to ~ sthg with** assimiler qqch à.

equation [ɪ'kweɪʒn] *n* équation *f*.

equator [ɪ'kweɪtə'] *n* : **the ~** l'équateur *m*.

equatorial [,ekwə'tɔ:rɪəl] *adj* équatorial(e).

Equatorial Guinea *n* Guinée *f* équatoriale.

equestrian [ɪ'kwestrɪən] *adj* équestre.

equidistant [,i:kwɪ'dɪstənt] *adj* : **~ (from)** équidistant(e) (de).

equilateral triangle [,i:kwɪ'lætərəl-] *n* triangle *m* équilatéral.

equilibrium [,i:kwɪ'lɪbrɪəm] *n* équilibre *m*.

equine ['ekwaɪn] *adj* chevalin(e).

equinox ['i:kwɪnɒks] *n* équinoxe *m*.

equip [ɪ'kwɪp] (*pt* & *pp* **-ped** ; *cont* **-ping**) *vt* équiper ; **to ~ sb/sthg with** équiper qqn/qqch de, munir qqn/qqch de ; **he's well equipped for the job** il est bien préparé pour ce travail.

equipment [ɪ'kwɪpmənt] *n (U)* équipement *m*, matériel *m*.

equitable ['ekwɪtəbl] *adj* équitable.

equities ['ekwətɪz] *npl* ST EX actions *fpl* ordinaires.

equivalent [ɪ'kwɪvələnt] ◇ *adj* équivalent(e) ; **to be ~ to** être équivalent à, équivaloir à ◇ *n* équivalent *m*.

equivocal [ɪ'kwɪvəkl] *adj* équivoque.

equivocate [ɪ'kwɪvəkeɪt] *vi* parler de façon équivoque.

er [ɜ:'] *excl* euh!

ER (*abbr of* **Elizabeth Regina**) emblème de la reine Elizabeth.

era ['ɪərə] (*pl* **-s**) *n* ère *f*, période *f*.

ERA ['ɪərə] (*abbr of* **Equal Rights Amendment**) *n* loi américaine sur l'égalité des droits des femmes.

eradicate [ɪ'rædɪkeɪt] *vt* éradiquer.

eradication [ɪ,rædɪ'keɪʃn] *n* éradication *f*.

erase [ɪ'reɪz] *vt* - **1.** [rub out] gommer - **2.** fig [memory] effacer ; [hunger, poverty] éliminer.

eraser [ɪ'reɪzə'] *n* gomme *f*.

erect [ɪ'rekt] ◇ *adj* - **1.** [person, posture] droit(e) - **2.** [penis] en érection ◇ *vt* - **1.** [statue] ériger ; [building] construire - **2.** [tent] dresser.

erection [ɪ'rekʃn] *n* - **1.** *(U)* [of statue] érection *f* ; [of building] construction *f* - **2.** [erect penis] érection *f*.

ergonomics [,ɜ:gə'nɒmɪks] *n* ergonomie *f*.

ERISA [ə'ri:sə] (*abbr of* **Employee Retirement Income Security Act**) *n* loi américaine sur les pensions de retraite.

Eritrea [,erɪ'treɪə] *n* Érythrée *f* ; **in ~** en Érythrée.

Eritrean [,erɪ'treɪən] ◇ *adj* érythréen(enne) ◇ *n* Érythréen *m*, -enne *f*.

ERM (*abbr of* **Exchange Rate Mechanism**) *n* mécanisme *m* des changes (du SME).

ermine ['ɜ:mɪn] *n* [fur] hermine *f*.

ERNIE ['ɜ:nɪ] (*abbr of* **Electronic Random Number Indicator Equipment**) *n* dispositif de tirage des numéros gagnants des 'Premium Bonds'.

erode [ɪ'rəʊd] ◇ *vt* - **1.** [rock, soil] éroder - **2.** fig [confidence, rights] réduire ◇ *vi* - **1.** [rock, soil] s'éroder - **2.** fig [confidence] diminuer ; [rights] se réduire.

erogenous zone [ɪ'rɒdʒɪnəs-] *n* zone *f* érogène.

erosion [ɪ'rəʊʒn] *n* - **1.** [of rock, soil] érosion *f* - **2.** fig [of confidence] baisse *f* ; [of rights] diminution *f*.

erotic [ɪ'rɒtɪk] *adj* érotique.

eroticism [ɪ'rɒtɪsɪzml] *n* érotisme *m*.

err [ɜ:'] *vi* se tromper ; **to ~ is human** l'erreur est humaine ; **to ~ on the side of** pécher par excès de.

errand ['erənd] *n* course *f*, commission *f* ; **to go on** OR **run an ~** faire une course.

errand boy *n* garçon *m* de courses.

erratic [ɪ'rætɪk] *adj* irrégulier(ère).

erroneous [ɪ'rəʊnjəs] *adj* fml erroné(e).

error ['erə'] *n* erreur *f* ; **a spelling/typing ~** une faute d'orthographe/de frappe ; **an**

~ **of judgment** une erreur de jugement ; **in ~** par erreur.

error message n COMPUT message m d'erreur.

erstwhile ['ɜːstwaɪl] adj literary d'autrefois.

erudite ['eruːdaɪt] adj savant(e).

erupt [ɪ'rʌpt] vi - **1.** [volcano] entrer en éruption - **2.** fig [violence, war] éclater.

eruption [ɪ'rʌpʃn] n - **1.** [of volcano] éruption f - **2.** [of violence] explosion f ; [of war] déclenchement m.

ESA (abbr of **European Space Agency**) n ESA f, ASE f.

escalate ['eskəleɪt] vi - **1.** [conflict] s'intensifier - **2.** [costs] monter en flèche.

escalation [,eskə'leɪʃn] n - **1.** [of conflict, violence] intensification f - **2.** [of costs] montée f en flèche.

escalator ['eskəleɪtə'] n escalier m roulant.

escalator clause n clause f d'indexation.

escapade [,eskə'peɪd] n aventure f, exploit m.

escape [ɪ'skeɪp] <> n - **1.** [gen] fuite f, évasion f ; **to make one's ~** s'échapper ; **to have a lucky ~** l'échapper belle - **2.** [leakage - of gas, water] fuite f <> vt échapper à ; **to ~ notice** échapper à l'attention <> vi - **1.** [gen] s'échapper, fuir ; [from prison] s'évader ; **to ~ from** [place] s'échapper de ; [danger, person] échapper à - **2.** [survive] s'en tirer.

escape clause n clause f échappatoire.

escape key n COMPUT touche f d'échappement.

escape route n - **1.** [from prison] moyen m d'évasion - **2.** [from fire] itinéraire d'évacuation en cas d'incendie.

escapism [ɪ'skeɪpɪzm] n (U) évasion f (de la réalité).

escapist [ɪ'skeɪpɪst] adj [literature, film] d'évasion.

escapologist [,eskə'pɒlədʒɪst] n virtuose mf de l'évasion.

escarpment [ɪ'skɑːpmənt] n escarpement m.

eschew [ɪs'tʃuː] vt fml s'abstenir de.

escort [n 'eskɔːt, vb ɪ'skɔːt] <> n - **1.** [guard] escorte f ; **under ~** sous escorte - **2.** [companion - male] cavalier m ; [- female] hôtesse f <> vt escorter, accompagner.

escort agency n agence f d'hôtesses.

e-shopping n (U) cyberachat m.

Eskimo ['eskɪməʊ] (pl -s) <> adj esquimau(aude) <> n - **1.** [person] Esquimau m, -aude f (attention : le terme 'Eskimo', comme son équivalent français, est souvent considé-

ré comme injurieux en Amérique du Nord. On préférera le terme 'Inuit') - **2.** [language] esquimau m.

ESL (abbr of **English as a Second Language**) n anglais deuxième langue.

esophagus Am = oesophagus.

esoteric [,esə'terɪk] adj ésotérique.

esp. abbr of **especially**.

ESP n - **1.** (abbr of **extrasensory perception**) perception f extrasensorielle - **2.** (abbr of **English for special purposes**) anglais à usage professionnel.

espadrille [,espə'drɪl] n espadrille f.

especial [ɪ'speʃl] adj spécial(e), particulier(ère).

especially [ɪ'speʃəlɪ] adv - **1.** [in particular] surtout - **2.** [more than usually] particulièrement - **3.** [specifically] spécialement.

Esperanto [,espə'ræntəʊ] n espéranto m.

espionage ['espɪə,nɑːʒ] n espionnage m.

esplanade [,esplə'neɪd] n esplanade f.

espouse [ɪ'spaʊz] vt épouser.

espresso [e'spresəʊ] (pl -s) n express m inv.

Esq. abbr of **Esquire**.

Esquire [ɪ'skwaɪə'] n : G. Curry ~ Monsieur G. Curry.

essay ['eseɪ] n - **1.** SCH & UNIV dissertation f - **2.** LITERATURE essai m.

essayist ['eseɪɪst] n essayiste mf.

essence ['esns] n - **1.** [nature] essence f, nature f ; **in ~** par essence - **2.** CULIN extrait m.

essential [ɪ'senʃl] adj - **1.** [absolutely necessary] : **~ (to OR for)** indispensable (à) - **2.** [basic] essentiel(elle), de base.

➤ **essentials** npl - **1.** [basic commodities] produits mpl de première nécessité - **2.** [most important elements] essentiel m.

essentially [ɪ'senʃəlɪ] adv fondamentalement, avant tout.

est. - **1.** abbr of **established** - **2.** abbr of **estimated**.

EST (abbr of **Eastern Standard Time**) n heure d'été de la côte est des États-Unis.

establish [ɪ'stæblɪʃ] vt - **1.** [gen] établir ; **to ~ contact with** établir le contact avec - **2.** [organization, business] fonder, créer.

established [ɪ'stæblɪʃt] adj - **1.** [custom] établi(e) - **2.** [business, company] fondé(e).

establishment [ɪ'stæblɪʃmənt] n - **1.** [gen] établissement m - **2.** [of organization, business] fondation f, création f.

➤ **Establishment** n [status quo] : **the Establishment** l'ordre m établi, l'Establishment m.

estate [ɪ'steɪt] n - **1.** [land, property] propriété f, domaine m - **2.** : **(housing) ~** lotissement m

- 3. : (industrial) ~ zone *f* industrielle **- 4.** JUR [inheritance] biens *mpl*.

estate agency *n* Br agence *f* immobilière.

estate agent *n* Br agent *m* immobilier.

estate car *n* Br break *m*.

estd., est'd. *abbr of* established.

esteem [ɪˈstiːm] ⟨> *n* estime *f* ; **to hold sb/ sthg in high** ~ tenir qqn/qqch en haute estime ⟨> *vt* estimer.

esthetic *etc* Am = aesthetic *etc*.

estimate [*n* ˈestɪmət, *vb* ˈestɪmeɪt] ⟨> *n* **- 1.** [calculation, judgment] estimation *f*, évaluation *f* **- 2.** COMM devis *m* ⟨> *vt* estimer, évaluer ⟨> *vi* COMM : **to** ~ **for** faire OR établir un devis pour.

estimated [ˈestɪmeɪtɪd] *adj* estimé(e).

estimation [ˌestɪˈmeɪʃn] *n* **- 1.** [opinion] opinion *f* **- 2.** [calculation] estimation *f*, évaluation *f*.

Estonia [eˈstəʊnɪə] *n* Estonie *f* ; **in** ~ en Estonie.

Estonian [eˈstəʊnɪən] ⟨> *adj* estonien(enne) ⟨> *n* **- 1.** [person] Estonien *m*, -enne *f* **- 2.** [language] estonien *m*.

estranged [ɪˈstreɪndʒd] *adj* [couple] séparé(e) ; [husband, wife] dont on s'est séparé.

estrogen Am = oestrogen.

estuary [ˈestjʊərɪ] (*pl* -ies) *n* estuaire *m*.

ETA (*abbr of* estimated time of arrival) *n* HPA *f*.

et al. [ˈetæl] (*abbr of* et alii) et coll., et al.

etc. (*abbr of* et cetera) etc.

etcetera [ɪtˈsetərə] *adv* et cetera.

etch [etʃ] *vt* graver à l'eau forte ; **to be ~ed on sb's memory** être gravé dans la mémoire de qqn.

etching [ˈetʃɪŋ] *n* gravure *f* à l'eau forte.

ETD (*abbr of* estimated time of departure) *n* HPD *f*.

eternal [ɪˈtɜːnl] *adj* **- 1.** [life] éternel(elle) **- 2.** fig [complaints, whining] sempiternel(elle) **- 3.** [truth, value] immuable.

eternally [ɪˈtɜːnəlɪ] *adv* éternellement.

eternity [ɪˈtɜːnətɪ] *n* éternité *f*.

eternity ring *n* Br bague *f* de fidélité.

ether [ˈiːθəʳ] *n* éther *m*.

ethereal [iːˈθɪərɪəl] *adj* éthéré(e).

ethic [ˈeθɪk] *n* éthique *f*, morale *f*.
➡ **ethics** ⟨> *n* (U) [study] éthique *f*, morale *f* ⟨> *npl* [morals] morale *f*.

ethical [ˈeθɪkl] *adj* moral(e).

Ethiopia [ˌiːθɪˈəʊpɪə] *n* Éthiopie *f* ; **in** ~ en Éthiopie.

Ethiopian [ˌiːθɪˈəʊpɪən] ⟨> *adj* éthiopien(enne) ⟨> *n* Éthiopien *m*, -enne *f*.

ethnic [ˈeθnɪk] *adj* **- 1.** [traditions, groups] ethnique **- 2.** [clothes] folklorique.

ethnic cleansing [-ˈklenzɪŋ] *n* purification *f* ethnique.

ethnic minority *n* minorité *f* ethnique.

ethnology [eθˈnɒlədʒɪ] *n* ethnologie *f*.

ethos [ˈiːθɒs] *n* génie *m* (d'un peuple/d'une civilisation).

etiquette [ˈetɪket] *n* convenances *fpl*, étiquette *f*.

e-trade *n* (U) cybercommerce *m*, commerce *m* électronique.

ETU (*abbr of* Electrical Trades Union) *n* syndicat d'électriciens.

ETV (*abbr of* educational television) *n* télévision scolaire.

etymology [ˌetɪˈmɒlədʒɪ] (*pl* -ies) *n* étymologie *f*.

EU (*abbr of* European Union) *n* UE *f* ; ~ **policy** la politique de l'Union Européenne, la politique communautaire.

eucalyptus [ˌjuːkəˈlɪptəs] *n* eucalyptus *m*.

eulogize, -ise [ˈjuːlədʒaɪz] *vt* faire le panégyrique de.

eulogy [ˈjuːlədʒɪ] (*pl* -ies) *n* panégyrique *m*.

eunuch [ˈjuːnək] *n* eunuque *m*.

euphemism [ˈjuːfəmɪzm] *n* euphémisme *m*.

euphemistic [ˌjuːfəˈmɪstɪk] *adj* euphémique.

euphoria [juːˈfɔːrɪə] *n* euphorie *f*.

euphoric [juːˈfɒrɪk] *adj* euphorique.

Eurasia [jʊəˈreɪʒə] *n* Eurasie *f*.

Eurasian [jʊəˈreɪʒən] ⟨> *adj* eurasien(enne) ⟨> *n* Eurasien *m*, -enne *f*.

eureka [jʊəˈriːkə] *excl* eurêka!

euro [ˈjʊərəʊ] *n* euro *m*.

Euro- *prefix* euro-.

euro area *n* zone *f* euro.

Eurocheque [ˈjʊərəʊˌtʃek] *n* eurochèque *m*.

Eurocrat [ˈjʊərəˌkræt] *n* eurocrate *mf*.

Eurocurrency [ˈjʊːrəʊˌkʌrənsɪ] (*pl* -ies) *n* eurodevise *f*.

Eurodollar [ˈjʊərəʊˌdɒləʳ] *n* eurodollar *m*.

Euro MP *n* député *m* européen.

Europe [ˈjʊərəp] *n* Europe *f*.

European [ˌjʊərəˈpiːən] ⟨> *adj* européen(enne) ⟨> *n* Européen *m*, -enne *f*.

European Central Bank *n* Banque *f* centrale européenne.

European Commission *n* Commission des communautés européennes.

European Community n : the ~ la Communauté européenne.

European Court of Human Rights n : the ~ la Cour européenne des droits de l'homme.

European Court of Justice n : the ~ la Cour européenne de justice.

European Currency Unit n unité f monétaire européenne.

Europeanism [ˌjʊərəˈpiːənɪzm] n européanisme m.

Europeanize, -ise [ˌjʊərəˈpiːənaɪz] vt européaniser.

European Monetary System n : the ~ le Système monétaire européen.

European Parliament n : the ~ le Parlement européen.

European Union n Union f européenne.

Eurosceptic [ˈjʊərəʊˌskeptɪk] n eurosceptique mf.

Eurostar® [ˈjʊərəʊstɑːʳ] n Eurostar® m.

euro zone n zone f euro.

euthanasia [ˌjuːθəˈneɪzjə] n euthanasie f.

evacuate [ɪˈvækjʊeɪt] vt évacuer.

evacuation [ɪˌvækjuˈeɪʃn] n évacuation f.

evacuee [ɪˌvækjuˈiː] n évacué m, -e f.

evade [ɪˈveɪd] vt - **1.** [gen] échapper à - **2.** [issue, question] esquiver, éluder.

evaluate [ɪˈvæljʊeɪt] vt évaluer.

evaluation [ɪˌvæljuˈeɪʃn] n évaluation f.

evangelical [ˌiːvænˈdʒelɪkl] adj évangélique.

evangelism [ɪˈvændʒəlɪzm] n évangélisation f.

evangelist [ɪˈvændʒəlɪst] n évangéliste mf.

evangelize, -ise [ɪˈvændʒəlaɪz] vt évangéliser.

evaporate [ɪˈvæpəreɪt] vi - **1.** [liquid] s'évaporer - **2.** fig [hopes, fears] s'envoler ; [confidence] disparaître.

evaporated milk [ɪˈvæpəreɪtɪd-] n lait m condensé (non sucré).

evaporation [ɪˌvæpəˈreɪʃn] n évaporation f.

evasion [ɪˈveɪʒn] n - **1.** [of responsibility] dérobade f ; **tax ~** évasion f fiscale - **2.** [lie] faux-fuyant m.

evasive [ɪˈveɪsɪv] adj évasif(ive) ; **to take ~ action** faire une manœuvre d'évitement.

evasiveness [ɪˈveɪsɪvnɪs] n caractère m évasif.

eve [iːv] n veille f.

even [ˈiːvn] <> adj - **1.** [speed, rate] régulier(ère) ; [temperature, temperament] égal(e) - **2.** [flat, level] plat(e), régulier(ère)

- **3.** [equal - contest] équilibré(e) ; [- teams, players] de la même force ; [- scores] à égalité ; **to get ~ with sb** se venger de qqn - **4.** [not odd - number] pair(e) <> adv - **1.** [gén] même ; **~ now** encore maintenant ; **~ then** même alors - **2.** [in comparisons] : **~ bigger/better/more stupid** encore plus grand/mieux/plus bête.

➤ **even as** conj au moment même où.

➤ **even if** conj même si.

➤ **even so** adv quand même.

➤ **even though** conj bien que (+ subjunctive).

➤ **even out** <> vt sep égaliser <> vi s'égaliser.

even-handed [-ˈhændɪd] adj impartial(e).

evening [ˈiːvnɪŋ] n soir m ; [duration, entertainment] soirée f ; **in the ~** le soir.

➤ **evenings** adv Am le soir.

evening class n cours m du soir.

evening dress n [worn by man] habit m de soirée ; [worn by woman] robe f du soir.

evening star n : the ~ l'étoile f du berger.

evenly [ˈiːvnlɪ] adv - **1.** [breathe, distributed] régulièrement - **2.** [equally - divided] également ; **to be ~ matched** être de la même force - **3.** [calmly] calmement, sur un ton égal.

evenness [ˈiːvnnɪs] n - **1.** [of breathing] régularité f - **2.** [equality] bon équilibre m.

evensong [ˈiːvnsɒŋ] n vêpres fpl.

event [ɪˈvent] n - **1.** [happening] événement m - **2.** SPORT épreuve f - **3.** [case] : **in the ~ of** en cas de ; **in the ~ that** au cas où.

➤ **in any event** adv en tout cas, de toute façon.

➤ **in the event** adv Br en l'occurrence, en réalité.

even-tempered [-ˈtempəd] adj d'humeur égale.

eventful [ɪˈventfʊl] adj mouvementé(e).

eventide home [ˈiːvntaɪd-] n Br euphemism hospice m de vieillards.

eventing [ɪˈventɪŋ] n Br SPORT : **(three-day) ~** concours m complet.

eventual [ɪˈventʃʊəl] adj final(e) ; **the ~ winner was X** finalement, le vainqueur a été X.

eventuality [ɪˌventʃʊˈælətɪ] (pl -ies) n éventualité f.

eventually [ɪˈventʃʊəlɪ] adv finalement, en fin de compte.

ever [ˈevəʳ] adv - **1.** [at any time] jamais ; **have you ~ been to Paris?** êtes-vous déjà allé à Paris? ; **I hardly ~ see him** je ne le vois presque jamais ; **~ since** comme toujours - **2.** [all the time] toujours ; **as ~** comme toujours ; **for ~** pour toujours - **3.** [for emphasis] : **~ so** tellement ;

~ **such** vraiment ; **why/how ~?** pourquoi/ comment donc?

ever since ◇ *adv* depuis (ce moment-là) ◇ *conj* depuis que ◇ *prep* depuis.

Everest ['evərɪst] *n* l'Everest *m*.

Everglades ['evə,gleɪdz] *npl* : **the ~** les Everglades *mpl*.

evergreen ['evəgriːn] ◇ *adj* à feuilles persistantes ◇ *n* arbre *m* à feuilles persistantes.

everlasting [,evə'lɑːstɪŋ] *adj* éternel(elle).

every ['evrɪ] *adj* chaque ; **~ morning** chaque matin, tous les matins ; **there's ~ chance she'll pass the exam** elle a toutes les chances de réussir à son examen.

every now and then, every so often *adv* de temps en temps, de temps à autre.

every other *adj :* **~ day** tous les deux jours, un jour sur deux ; **~ other street** une rue sur deux.

every which way *adv* Am partout, de tous côtés.

everybody ['evrɪ,bɒdɪ] = **everyone**.

everyday ['evrɪdeɪ] *adj* quotidien(enne).

everyone ['evrɪwʌn] *pron* chacun, tout le monde.

everyplace Am = **everywhere**.

everything ['evrɪθɪŋ] *pron* tout.

everywhere ['evrɪweə'], **everyplace** Am ['evrɪ,pleɪs] *adv* partout.

evict [ɪ'vɪkt] *vt* expulser.

eviction [ɪ'vɪkʃn] *n* expulsion *f*.

eviction notice *n* avis *m* d'expulsion.

evidence ['evɪdəns] *n* (U) - **1.** [proof] preuve *f* - **2.** JUR [of witness] témoignage *m* ; **to give ~** témoigner.

in evidence *adj* [noticeable] en évidence.

evident ['evɪdənt] *adj* évident(e), manifeste.

evidently ['evɪdəntlɪ] *adv* - **1.** [seemingly] apparemment - **2.** [obviously] de toute évidence, manifestement.

evil ['iːvl] ◇ *adj* [person] mauvais(e), malveillant(e) ◇ *n* mal *m*.

evil-minded [-'maɪndɪd] *adj* malveillant(e), malintentionné(e).

evince [ɪ'vɪns] *vt* fml faire montre de.

evocation [,evə'keɪʃn] *n* évocation *f*.

evocative [ɪ'vɒkətɪv] *adj* évocateur(trice).

evoke [ɪ'vəʊk] *vt* [memory] évoquer ; [emotion, response] susciter.

evolution [,iːvə'luːʃn] *n* évolution *f*.

evolve [ɪ'vɒlv] ◇ *vt* développer ◇ *vi :* **to ~ (into/from)** se développer (en/à partir de).

ewe [juː] *n* brebis *f*.

ex- [eks] *prefix* ex-.

exacerbate [ɪg'zæsəbeɪt] *vt* [feeling] exacerber ; [problems] aggraver.

exact [ɪg'zækt] ◇ *adj* exact(e), précis(e) ; **to be ~** pour être exact OR précis, exactement ◇ *vt :* **to ~ sthg (from)** exiger qqch (de).

exacting [ɪg'zæktɪŋ] *adj* [job, standards] astreignant(e) ; [person] exigeant(e).

exactitude [ɪg'zæktɪtjuːd] *n* exactitude *f*.

exactly [ɪg'zæktlɪ] ◇ *adv* exactement ; **it's not ~ what I expected** ce n'est pas tout à fait ce que j'attendais ◇ *excl* exactement!, parfaitement!

exaggerate [ɪg'zædʒəreɪt] *vt* & *vi* exagérer.

exaggerated [ɪg'zædʒəreɪtɪd] *adj* [sigh, smile] forcé(e).

exaggeration [ɪg,zædʒə'reɪʃn] *n* exagération *f*.

exalted [ɪg'zɔːltɪd] *adj* haut placé(e).

exam [ɪg'zæm] *n* examen *m* ; **to take** OR **sit an ~** passer un examen.

examination [ɪg,zæmɪ'neɪʃn] *n* examen *m*.

examination board *n* comité *m* d'examen.

examination paper *n* Br [test] sujet *m* (d'examen) ; [answers] copie *f*.

examine [ɪg'zæmɪn] *vt* - **1.** [gen] examiner ; [passport] contrôler - **2.** JUR, SCH & UNIV interroger.

examiner [ɪg'zæmɪnə'] *n* examinateur *m*, -trice *f* ; **internal/external ~** UNIV examinateur *m* de l'établissement/de l'extérieur.

example [ɪg'zɑːmpl] *n* exemple *m* ; **for ~** par exemple ; **to follow sb's ~** suivre l'exemple de qqn ; **to make an ~ of sb** punir qqn pour l'exemple.

exasperate [ɪg'zæspəreɪt] *vt* exaspérer.

exasperating [ɪg'zæspəreɪtɪŋ] *adj* énervant(e), exaspérant(e).

exasperation [ɪg,zæspə'reɪʃn] *n* exaspération *f*.

excavate ['ekskəveɪt] *vt* - **1.** [land] creuser - **2.** [object] déterrer.

excavation [,ekskə'veɪʃn] *n* - **1.** [gen] excavation *f* - **2.** ARCHEOL fouilles *fpl*.

excavator ['ekskə,veɪtə'] *n* Br [machine] pelleteuse *f*.

exceed [ɪk'siːd] *vt* - **1.** [amount, number] excéder - **2.** [limit, expectations] dépasser.

exceedingly [ɪk'siːdɪŋlɪ] *adv* extrêmement.

excel [ɪk'sel] (*pt* & *pp* **-led** ; *cont* **-ling**) *vi :* **to ~ (in** OR **at)** exceller (dans) ; **to ~ o.s.** Br se surpasser.

excellence ['eksələns] n excellence f, supériorité f.

Excellency ['eksələnsɪ] (pl -ies) n Excellence f.

excellent ['eksələnt] adj excellent(e).

except [ɪk'sept] <> prep & conj : ~ (for) à part, sauf <> vt : to ~ sb (from) exclure qqn (de).

excepted [ɪk'septɪd] adj à part, excepté(e).

excepting [ɪk'septɪŋ] prep & conj = except.

exception [ɪk'sepʃn] n - 1. [exclusion] : ~ (to) exception f (à) ; with the ~ of à l'exception de ; without ~ sans exception - 2. [offence] : to take ~ to s'offenser de, se froisser de

exceptional [ɪk'sepʃənl] adj exceptionnel(elle).

exceptionally [ɪk'sepʃnəlɪ] adv exceptionnellement.

excerpt ['eksɜːpt] n : ~ (from) extrait m (de), passage m (de).

excess [ɪk'ses, before nouns 'ekses] <> adj excédentaire <> n excès m ; to be in ~ of dépasser ; to ~ à l'excès.

excess baggage n excédent m de bagages.

excess fare n Br supplément m.

excessive [ɪk'sesɪv] adj excessif(ive).

excess luggage = excess baggage.

exchange [ɪks'tʃeɪndʒ] <> n - 1. [gen] échange m ; in ~ (for) en échange (de) - 2. TELEC : (telephone) ~ central m (téléphonique) <> vt [swap] échanger ; to ~ sthg for sthg échanger qqch contre qqch ; to ~ sthg with sb échanger qqch avec qqn.

exchange rate n FIN taux m de change.

Exchequer [ɪks'tʃekəʳ] n Br : the ~ ≃ le ministère des Finances.

excise ['eksaɪz] <> n (U) contributions fpl indirectes <> vt fml [tumour] exciser ; [passage from book] supprimer.

excise duties npl droits mpl de régie.

excitable [ɪk'saɪtəbl] adj excitable.

excite [ɪk'saɪt] vt exciter.

excited [ɪk'saɪtɪd] adj excité(e).

excitement [ɪk'saɪtmənt] n - 1. [state] excitation f - 2. [exciting thing] sensation f, émotion f.

exciting [ɪk'saɪtɪŋ] adj passionnant(e) ; [prospect] excitant(e).

excl. (abbr of excluding) : ~ taxes HT.

exclaim [ɪk'skleɪm] <> vt s'écrier <> vi s'exclamer.

exclamation [ˌeksklə'meɪʃn] n exclamation f.

exclamation mark Br, **exclamation point** Am n point m d'exclamation.

exclude [ɪk'skluːd] vt : to ~ sb/sthg (from) exclure qqn/qqch (de).

excluding [ɪk'skluːdɪŋ] prep sans compter, à l'exclusion de.

exclusion [ɪk'skluːʒn] n : ~ (from) exclusion f (de) ; to the ~ of à l'exclusion de.

exclusion clause n clause f d'exclusion.

exclusive [ɪk'skluːsɪv] <> adj - 1. [high-class] fermé(e) - 2. [unique - use, news story] exclusif(ive) <> n PRESS exclusivité f.

➦ **exclusive of** prep : ~ of interest intérêts non compris.

exclusively [ɪk'skluːsɪvlɪ] adv exclusivement.

excommunicate [ˌekskə'mjuːnɪkeɪt] vt excommunier.

excommunication ['ekskəˌmjuːnɪ'keɪʃn] n excommunication f.

excrement ['ekskrɪmənt] n excrément m.

excrete [ɪk'skriːt] vt excréter.

excruciating [ɪk'skruːʃɪeɪtɪŋ] adj atroce.

excursion [ɪk'skɜːʃn] n [trip] excursion f.

excusable [ɪk'skjuːzəbl] adj excusable.

excuse [n ɪk'skjuːs, vb ɪk'skjuːz] <> n excuse f <> vt - 1. [gen] excuser ; to ~ sb for sthg/for doing sthg excuser qqn de qqch/de faire qqch ; to ~ o.s. (for doing sthg) s'excuser (de faire qqch) ; **me** [to attract attention] excusez-moi ; [forgive me] pardon, excusez-moi ; Am [sorry] pardon - 2. [let off] : to ~ sb (from) dispenser qqn (de).

ex-directory adj Br qui est sur la liste rouge.

exec [ɪg'zek] abbr of executive.

execrable ['eksɪkrəbl] adj exécrable.

execute ['eksɪkjuːt] vt exécuter.

execution [ˌeksɪ'kjuːʃn] n exécution f.

executioner [ˌeksɪ'kjuːʃnəʳ] n bourreau m.

executive [ɪg'zekjutɪv] <> adj - 1. [power, board] exécutif(ive) - 2. [desk, chair] de cadre, spécial(e) cadre ; [washroom] de la direction <> n - 1. COMM cadre m - 2. [of government] exécutif m ; [of political party] comité m central, bureau m.

executive director n cadre m supérieur.

executive toy n gadget m pour cadres.

executor [ɪg'zekjutəʳ] n exécuteur m testamentaire.

exemplary [ɪg'zemplərɪ] adj exemplaire.

exemplify [ɪg'zemplɪfaɪ] (pt & pp -ied) vt - 1. [typify] exemplifier - 2. [give example of] exemplifier, illustrer.

exempt [ɪg'zempt] ⬦ *adj :* ~ **(from)** exempt(e) (de) ⬦ *vt :* **to** ~ **sb (from)** exempter qqn (de).

exemption [ɪg'zempʃn] *n* exemption *f.*

exercise ['eksəsaɪz] ⬦ *n* exercice *m ;* **to take** ~ prendre de l'exercice ⬦ *vt -* **1.** [gen] exercer - **2.** [trouble] : **to** ~ **sb's mind** préoccuper qqn ⬦ *vi* prendre de l'exercice.

exercise bike *n* vélo *m* d'appartement.

exercise book *n* [notebook] cahier *m* d'exercices ; [published book] livre *m* d'exercices.

exert [ɪg'zɜːt] *vt* exercer ; [strength] employer ; **to** ~ **o.s.** se donner du mal.

exertion [ɪg'zɜːʃn] *n* effort *m.*

ex gratia [eks'greɪʃə] *adj* Br [payment] à titre gracieux.

exhale [eks'heɪl] ⬦ *vt* exhaler ⬦ *vi* expirer.

exhaust [ɪg'zɔːst] ⬦ *n -* **1.** (U) [fumes] gaz *mpl* d'échappement - **2.** : ~ **(pipe)** pot *m* d'échappement ⬦ *vt* épuiser.

exhausted [ɪg'zɔːstɪd] *adj* épuisé(e).

exhausting [ɪg'zɔːstɪŋ] *adj* épuisant(e).

exhaustion [ɪg'zɔːstʃn] *n* épuisement *m.*

exhaustive [ɪg'zɔːstɪv] *adj* complet(ète), exhaustif(ive).

exhibit [ɪg'zɪbɪt] ⬦ *n -* **1.** ART objet *m* exposé - **2.** JUR pièce *f* à conviction ⬦ *vt -* **1.** [demonstrate - feeling] montrer ; [- skill] faire preuve de - **2.** ART exposer ⬦ *vi* ART exposer.

exhibition [ˌeksɪ'bɪʃn] *n -* **1.** ART exposition *f* - **2.** [of feeling] démonstration *f -* **3.** phr : **to make an** ~ **of o.s.** Br se donner en spectacle.

exhibitionist [ˌeksɪ'bɪʃnɪst] *n* exhibitionniste *mf.*

exhibitor [ɪg'zɪbɪtəʳ] *n* exposant *m,* -e *f.*

exhilarating [ɪg'zɪləreɪtɪŋ] *adj* [experience] grisant(e) ; [walk] vivifiant(e).

exhort [ɪg'zɔːt] *vt :* **to** ~ **sb to do sthg** exhorter qqn à faire qqch.

exhume [eks'hjuːml] *vt* exhumer.

exile ['eksaɪl] ⬦ *n -* **1.** [condition] exil *m ;* **in** ~ en exil - **2.** [person] exilé *m,* -e *f* ⬦ *vt :* **to** ~ **sb (from/to)** exiler qqn (de/vers).

exiled ['eksaɪld] *adj* exilé(e).

exist [ɪg'zɪst] *vi* exister.

existence [ɪg'zɪstəns] *n* existence *f ;* **in** ~ qui existe, existant(e) ; **to come into** ~ naître.

existentialism [ˌegzɪ'stenʃəlɪzm] *n* existentialisme *m.*

existentialist [ˌegzɪ'stenʃəlɪst] ⬦ *adj* existentialiste ⬦ *n* existentialiste *mf.*

existing [ɪg'zɪstɪŋ] *adj* existant(e).

exit ['eksɪt] ⬦ *n* sortie *f ;* **to make one's** ~ sortir ; THEATRE faire sa sortie ⬦ *vi* sortir.

exit poll *n* Br *sondage effectué à la sortie des bureaux de vote.*

exit visa *n* visa *m* de sortie.

exodus ['eksədəs] *n* exode *m.*

ex officio [eksə'fɪʃɪəʊ] *adj* & *adv* ex officio.

exonerate [ɪg'zɒnəreɪt] *vt :* **to** ~ **sb (from)** disculper qqn (de).

exorbitant [ɪg'zɔːbɪtənt] *adj* exorbitant(e).

exorcist ['eksɔːsɪst] *n* exorciste *mf.*

exorcize, -ise ['eksɔːsaɪz] *vt* exorciser.

exotic [ɪg'zɒtɪk] *adj* exotique.

expand [ɪk'spænd] ⬦ *vt* [production, influence] accroître ; [business, department, area] développer ⬦ *vi* [population, influence] s'accroître ; [business, department, market] se développer ; [metal] se dilater.

➡ **expand (up)on** *vt fus* développer.

expanse [ɪk'spæns] *n* étendue *f.*

expansion [ɪk'spænʃn] *n* [of production, population] accroissement *m ;* [of business, department, area] développement *m ;* [of metal] dilatation *f.*

expansion card *n* COMPUT carte *f* d'extension.

expansionism [ɪk'spænʃənɪzm] *n* expansionnisme *m.*

expansionist [ɪk'spænʃənɪst] *adj* expansionniste.

expansion slot *n* COMPUT créneau *m* pour carte d'extension.

expansive [ɪk'spænsɪv] *adj* expansif(ive).

expatriate [eks'pætrɪət] ⬦ *adj* expatrié(e) ⬦ *n* expatrié *m,* -e *f.*

expect [ɪk'spekt] ⬦ *vt -* **1.** [anticipate] s'attendre à ; [event, letter, baby] attendre ; **when do you** ~ **it to be ready?** quand pensez-vous que cela sera prêt ? ; **to** ~ **sb to do sthg** s'attendre à ce que qqn fasse qqch - **2.** [count on] compter sur - **3.** [demand] exiger, demander ; **to** ~ **sb to do sthg** attendre de qqn qu'il fasse qqch ; **to** ~ **sthg from sb** exiger qqch de qqn - **4.** [suppose] supposer ; **I** ~ **so** je crois que oui ⬦ *vi -* **1.** [anticipate] : **to** ~ **to do sthg** compter faire qqch - **2.** [be pregnant] : **to be** ~ing être enceinte, attendre un bébé.

expectancy ⬅ **life expectancy.**

expectant [ɪk'spektənt] *adj* qui est dans l'expectative.

expectantly [ɪk'spektəntlɪ] *adv* dans l'expectative.

expectant mother *n* femme *f* enceinte.

expectation [ˌekspek'teɪʃn] *n -* **1.** [hope] espoir *m,* attente *f -* **2.** [belief] : **it's my** ~ **that ... à** mon avis,... ; **against all** ~ OR ~s, **contrary to all** ~ OR ~s contre toute attente.

expectorant [ɪk'spektərənt] *n* expectorant *m*.

expedient [ɪk'spiːdjənt] **fml** ◇ *adj* indiqué(e) ◇ *n* expédient *m*.

expedite ['ekspɪdaɪt] *vt* **fml** accélérer ; [arrival, departure] hâter.

expedition [,ekspɪ'dɪʃn] *n* expédition *f*.

expeditionary force ['ekspɪ'dɪʃnərɪ-] *n* corps *m* expéditionnaire.

expel [ɪk'spel] (*pt* & *pp* -**led** ; *cont* -**ling**) *vt* - **1.** [gen] expulser - **2.** SCH renvoyer.

expend [ɪk'spend] *vt* : **to ~ time/money (on)** consacrer du temps/de l'argent (à).

expendable [ɪk'spendəbl] *adj* dont on peut se passer, qui n'est pas indispensable.

expenditure [ɪk'spendɪtʃəʳ] *n* (*U*) dépense *f*.

expense [ɪk'spens] *n* - **1.** [amount spent] dépense *f* - **2.** (*U*) [cost] frais *mpl* ; **to go to great ~ (to do sthg)** faire beaucoup de frais (pour faire qqch) ; **at the ~ of** au prix de ; **at sb's ~** [financial] aux frais de qqn ; *fig* aux dépens de qqn.

◆ **expenses** *npl* COMM frais *mpl* ; **on ~s** sur la note de frais.

expense account *n* frais *mpl* de représentation.

expensive [ɪk'spensɪv] *adj* - **1.** [financially - gen] cher (chère), coûteux(euse) ; [- tastes] dispendieux(euse) - **2.** [mistake] qui coûte cher.

experience [ɪk'spɪərɪəns] ◇ *n* expérience *f* ◇ *vt* [difficulty] connaître ; [disappointment] éprouver, ressentir ; [loss, change] subir.

experienced [ɪk'spɪərɪənst] *adj* expérimenté(e) ; **to be ~ at** OR **in sthg** avoir de l'expérience en OR en matière de qqch.

experiment [ɪk'sperɪmənt] ◇ *n* expérience *f* ; **to carry out an ~** faire une expérience ◇ *vi* : **to ~ (with sthg)** expérimenter (qqch) ; **to ~ on** faire une expérience sur.

experimental [ɪk,sperɪ'mentl] *adj* expérimental(e).

expert ['ekspɜːt] ◇ *adj* expert(e) ; [advice] d'expert ; **~ at sthg/at doing sthg** expert en qqch/à faire qqch ◇ *n* expert *m*, -e *f*.

expertise [,ekspɜː'tiːz] *n* (*U*) compétence *f*.

expert system *n* COMPUT système *m* expert.

expiate ['ekspɪeɪt] *vt* expier.

expire [ɪk'spaɪəʳ] *vi* expirer.

expiry [ɪk'spaɪərɪ] *n* expiration *f*.

expiry date *n* date *f* de péremption.

explain [ɪk'spleɪn] ◇ *vt* expliquer ; **to ~ sthg to sb** expliquer qqch à qqn ◇ *vi* s'expliquer ; **to ~ to sb (about sthg)** expliquer (qqch) à qqn.

◆ **explain away** *vt sep* justifier.

explanation [,eksplə'neɪʃn] *n* : **~ (for)** explication *f* (de).

explanatory [ɪk'splænətrɪ] *adj* explicatif(ive).

expletive [ɪk'spliːtɪv] *n* **fml** juron *m*.

explicit [ɪk'splɪsɪt] *adj* explicite ; **sexually ~** à teneur sexuelle explicite.

explode [ɪk'spləʊd] ◇ *vt* - **1.** [bomb] faire exploser - **2.** *fig* [theory] discréditer ◇ *vi* *lit* & *fig* exploser.

exploit [*n* 'eksplɔɪt, *vb* ɪk'splɔɪt] ◇ *n* exploit *m* ◇ *vt* exploiter.

exploitation [,eksplɔɪ'teɪʃn] *n* (*U*) exploitation *f*.

exploration [,eksplə'reɪʃn] *n* exploration *f*.

exploratory [ɪk'splɒrətrɪ] *adj* exploratoire.

explore [ɪk'splɔːʳ] *vt* & *vi* explorer.

explorer [ɪk'splɔːrəʳ] *n* explorateur *m*, -trice *f*.

explosion [ɪk'spləʊʒn] *n* explosion *f* ; [of interest] débordement *m*.

explosive [ɪk'spləʊsɪv] ◇ *adj* *lit* & *fig* explosif(ive) ◇ *n* explosif *m*.

explosive device *n* engin *m* explosif.

exponent [ɪk'spəʊnənt] *n* [of theory] défenseur *m*.

exponential [,ekspə'nenʃl] *adj* exponentiel(elle).

export [*n* & *comp* 'ekspɔːt, *vb* ɪk'spɔːt] ◇ *n* exportation *f* ◇ *comp* d'exportation ◇ *vt* exporter.

◆ **exports** *npl* exportations *fpl*.

exportable [ɪk'spɔːtəbl] *adj* exportable.

exportation [,ekspɔː'teɪʃn] *n* exportation *f*.

exporter [ek'spɔːtəʳ] *n* exportateur *m*, -trice *f*.

export licence *n* **Br** permis *m* d'exportation.

expose [ɪk'spəʊz] *vt* - **1.** [uncover] exposer, découvrir ; **to be ~d to sthg** être exposé à qqch - **2.** [unmask - corruption] révéler ; [- person] démasquer.

exposé [eks'pəʊzeɪ] *n* exposé *m*.

exposed [ɪk'spəʊzd] *adj* [land, house, position] exposé(e).

exposition [,ekspə'zɪʃn] *n* - **1.** **fml** [explanation] exposé *m* - **2.** [exhibition] exposition *f*.

exposure [ɪk'spəʊʒəʳ] *n* - **1.** [to light, radiation] exposition *f* - **2.** MED : **to die of ~** mourir de froid - **3.** [unmasking - of corruption] révélation *f* ; [- of person] dénonciation *f* - **4.** [PHOT - time] temps *m* de pose ; [- photograph] pose *f* - **5.** (*U*) [publicity] publicité *f* ; [coverage] couverture *f*.

exposure meter *n* posemètre *m*.

expound [ɪk'spaʊnd] *fml* ⟨⟩ *vt* exposer ⟨⟩ *vi* : to ~ on faire un exposé sur.

express [ɪk'spres] ⟨⟩ *adj* - **1.** Br [letter, delivery] exprès *(inv)* - **2.** [train, coach] express *(inv)* - **3.** *fml* [specific] exprès(esse) ⟨⟩ *adv* exprès ⟨⟩ *n* [train] rapide *m*, express *m* ⟨⟩ *vt* exprimer ; **to ~ o.s.** s'exprimer.

expression [ɪk'spreʃn] *n* expression *f*.

expressionism [ɪk'spreʃənɪzml] *n* expressionnisme *m*.

expressionist [ɪk'spreʃənɪst] ⟨⟩ *adj* expressionniste ⟨⟩ *n* expressionniste *mf*.

expressionless [ɪk'spreʃənlɪs] *adj* [voice] sans expression ; [face] impassible.

expressive [ɪk'spresɪv] *adj* expressif(ive).

expressively [ɪk'spresɪvlɪ] *adv* de façon expressive.

expressly [ɪk'spreslɪ] *adv* expressément.

expressway [ɪk'spresweɪ] *n* Am voie *f* express.

expropriate [eks'prəʊprɪeɪt] *vt* exproprier.

expropriation [eks,prəʊprɪ'eɪʃn] *n* expropriation *f*.

expulsion [ɪk'spʌlʃn] *n* - **1.** [gen] expulsion *f* - **2.** SCH renvoi *m*.

exquisite [ɪk'skwɪzɪt] *adj* exquis(e).

exquisitely [ɪk'skwɪzɪtlɪ] *adv* de façon exquise.

ex-serviceman *n* Br ancien combattant *m*.

ex-servicewoman *n* Br ancienne combattante *f*.

ext., extn. (*abbr of* extension) : ~ 4174 p. 4174.

extant [ek'stænt] *adj* qui existe encore.

extemporize, -ise [ɪk'stempəraɪz] *vi fml* improviser.

extend [ɪk'stend] ⟨⟩ *vt* - **1.** [enlarge - building] agrandir - **2.** [make longer - gen] prolonger ; [- visa] proroger ; [- deadline] repousser - **3.** [expand - rules, law] étendre (la portée de) ; [- power] accroître - **4.** [stretch out - arm, hand] étendre - **5.** [offer - help] apporter, offrir ; [- credit] accorder ; **to ~ a welcome to sb** souhaiter la bienvenue à qqn ⟨⟩ *vi* - **1.** [stretch - in space] s'étendre ; [- in time] continuer - **2.** [rule, law] : **to ~ to sb/sthg** inclure qqn/qqch.

extendable [ɪk'stendəbl] *adj* [contract] qui peut être prolongé(e).

extended-play [ɪk'stendɪd-] *adj* [record] double-durée.

extension [ɪk'stenʃn] *n* - **1.** [to building] agrandissement *m* - **2.** [lengthening - gen] prolongement *m* ; [- of visit] prolongation *f* ; [- of visa] prorogation *f* ; [- of deadline] report *m* - **3.** [of power] accroissement *m* ; [of law] élargisse-

ment *m* - **4.** TELEC poste *m* - **5.** ELEC prolongateur *m* - **6.** COMPUT : **filename ~** extension *m* de nom de fichier.

extension cable *n* rallonge *f*.

extensive [ɪk'stensɪv] *adj* - **1.** [in amount] considérable - **2.** [in area] vaste - **3.** [in range - discussions] approfondi(e) ; [- changes, use] considérable.

extensively [ɪk'stensɪvlɪ] *adv* - **1.** [in amount] considérablement - **2.** [in range] abondamment, largement.

extent [ɪk'stent] *n* - **1.** [of land, area] étendue *f*, superficie *f* ; [of problem, damage] étendue - **2.** [degree] : **to what ~ ...?** dans quelle mesure ...? ; **to the ~ that** [in so far as] dans la mesure où ; [to the point where] au point que ; **to a certain ~** jusqu'à un certain point ; **to a large** OR **great ~** en grande partie ; **to some ~** en partie.

extenuating circumstances [ɪk'stenjʊeɪtɪŋ-] *npl* circonstances *fpl* atténuantes.

exterior [ɪk'stɪərɪər] ⟨⟩ *adj* extérieur(e) ⟨⟩ *n* - **1.** [of house, car] extérieur *m* - **2.** [of person] dehors *m*, extérieur *m*.

exterminate [ɪk'stɜːmɪneɪt] *vt* exterminer.

extermination [ɪk,stɜːmɪ'neɪʃn] *n* extermination *f*.

external [ɪk'stɜːnl] *adj* externe.

➤ **externals** *npl* apparences *fpl*.

externally [ɪk'stɜːnəlɪ] *adv* extérieurement.

extinct [ɪk'stɪŋkt] *adj* - **1.** [species] disparu(e) - **2.** [volcano] éteint(e).

extinction [ɪk'stɪŋkʃn] *n* [of species] extinction *f*, disparition *f*.

extinguish [ɪk'stɪŋgwɪʃ] *vt* - **1.** [fire, cigarette] éteindre - **2.** fig [memory, feeling] anéantir.

extinguisher [ɪk'stɪŋgwɪʃər] *n* extincteur *m*.

extn. = ext.

extol (*pt* & *pp* **-led** ; *cont* **-ling**), **extoll** Am [ɪk'stəʊl] *vt* louer.

extort [ɪk'stɔːt] *vt* : **to ~ sthg from sb** extorquer qqch à qqn.

extortion [ɪk'stɔːʃn] *n* extorsion *f*.

extortionate [ɪk'stɔːʃnət] *adj* exorbitant(e).

extra ['ekstrə] ⟨⟩ *adj* supplémentaire ⟨⟩ *n* - **1.** [addition] supplément *m* ; **optional ~** option *f* - **2.** CINEMA & THEATRE figurant *m*, -e *f* ⟨⟩ *adv* [hard, big etc] extra ; [pay, charge etc] en plus.

extra- ['ekstrə] *prefix* extra-.

extract [*n* 'ekstrækt, *vb* ɪk'strækt] ⟨⟩ *n* extrait *m* ⟨⟩ *vt* - **1.** [take out - tooth] arracher ; **to ~ sthg from** tirer qqch de - **2.** [confession, information] : **to ~ sthg (from sb)** arracher qqch (à qqn), tirer qqch (de qqn) - **3.** [coal, oil] extraire.

extraction [ɪk'strækʃn] (U) n - **1.** [origin] origine f - **2.** [of coal, tooth] extraction f.

extractor (fan) [ɪk'stræktəʳ-] n Br ventilateur m.

extracurricular [ˌekstrəkə'rɪkjʊləʳ] adj en dehors du programme.

extradite ['ekstrədaɪt] vt : to ~ sb (from/to) extrader qqn (de/vers).

extradition [ˌekstrə'dɪʃn] ⬦ n extradition f ⬦ comp d'extradition.

extramarital [ˌekstrə'mærɪtl] adj extraconjugal(e).

extramural [ˌekstrə'mjʊərəl] adj UNIV hors faculté.

extraneous [ɪk'streɪnjəs] adj - **1.** [irrelevant] superflu(e) - **2.** [outside] extérieur(e).

extraordinary [ɪk'strɔːdnrɪ] adj extraordinaire.

extraordinary general meeting n assemblée f générale extraordinaire.

extrapolate [ɪk'stræpəleɪt] vt & vi extrapoler.

extrasensory perception [ˌekstrə'sensərɪ-] n perception f extrasensorielle.

extraterrestrial [ˌekstrətə'restrɪəl] adj extraterrestre.

extra time n Br SPORT prolongation f.

extravagance [ɪk'strævəgəns] n - **1.** (U) [excessive spending] gaspillage m, prodigalités fpl - **2.** [luxury] extravagance f, folie f.

extravagant [ɪk'strævəgənt] adj - **1.** [wasteful - person] dépensier(ère) ; [- use, tastes] dispendieux(euse) - **2.** [elaborate, exaggerated] extravagant(e).

extravaganza [ɪkˌstrævə'gænzə] n folie f, fantaisie f.

extreme [ɪk'striːm] ⬦ adj extrême ⬦ n extrême m ; to ~ à l'extrême ; to take sthg to ~s mener qqch à l'extrême ; in the ~ à l'extrême.

extremely [ɪk'striːmlɪ] adv extrêmement.

extremism [ɪk'striːmɪzm] n extrémisme m.

extremist [ɪk'striːmɪst] ⬦ adj extrémiste ⬦ n extrémiste mf.

extremity [ɪk'stremətɪ] (pl -ies) n extrémité f.

extricate ['ekstrɪkeɪt] vt : to ~ sthg (from) dégager qqch (de) ; to ~ o.s. (from) [from seat belt etc] s'extirper (de) ; [from difficult situation] se tirer (de).

extrovert ['ekstrəvɜːt] ⬦ adj extraverti(e) ⬦ n extraverti m, -e f.

extruded [ɪk'struːdɪd] adj extrudé(e).

exuberance [ɪg'zjuːbərəns] n exubérance f.

exuberant [ɪg'zjuːbərənt] adj exubérant(e).

exude [ɪg'zjuːd] vt - **1.** [liquid, smell] exsuder - **2.** fig [confidence] respirer ; [charm] déborder de.

exult [ɪg'zʌlt] vi exulter ; to ~ at OR in se réjouir de.

exultant [ɪg'zʌltənt] adj triomphant(e).

eye [aɪ] (cont eyeing OR eying) ⬦ n - **1.** [gen] œil m ; before my etc (very) ~s juste sous mes etc yeux ; to cast OR run one's ~ over sthg jeter un coup d'œil sur qqch ; to catch one's ~ attirer le regard ; to catch sb's ~ attirer l'attention de qqn ; to clap OR lay OR set ~s on sb poser les yeux sur qqn ; to cry one's ~s out pleurer toutes les larmes de son corps ; to feast one's ~s on sthg se délecter à regarder qqch ; to have an ~ for sthg avoir le coup d'œil pour qqch, s'y connaître en qqch ; to have one's ~s on sb avoir qqn à l'œil ; to have one's ~ on sthg avoir repéré qqch ; in my etc ~s à mes etc yeux ; to keep one's ~s open avoir l'œil ; to keep one's ~s open for sthg [try to find] essayer de repérer qqch ; to keep an ~ on sthg surveiller qqch, garder l'œil sur qqch ; there is more to this than meets the ~ ce n'est pas aussi simple que cela OR qu'il y paraît ; to open sb's ~s (to sthg) ouvrir les yeux de qqn (sur qqch) ; not to see ~ to ~ with sb ne pas partager la même opinion que qqn ; to close OR shut one's ~s to sthg fermer les yeux sur qqch ; to turn a blind ~ to sthg ignorer qqch ; I'm up to my ~s in work Br j'ai du travail jusque par-dessus la tête - **2.** [of needle] chas m ⬦ vt regarder, reluquer.

➡ **eye up** vt sep Br reluquer.

eyeball ['aɪbɔːl] ⬦ n globe m oculaire ⬦ vt Am inf fixer.

eyebath ['aɪbɑːθ] n œillère f (pour bains d'œil).

eyebrow ['aɪbraʊ] n sourcil m ; to raise one's ~s tiquer, sourciller.

eyebrow pencil n crayon m à sourcils.

eye-catching adj voyant(e).

eye contact n : to make ~ with sb regarder qqn dans les yeux ; to avoid ~ with sb éviter le regard de qqn.

eyedrops ['aɪdrɒps] npl gouttes fpl pour les yeux.

eyelash ['aɪlæʃ] n cil m.

eyelet ['aɪlɪt] n œillet m.

eye-level adj qui est au niveau OR à la hauteur de l'œil.

eyelid ['aɪlɪd] n paupière f ; she didn't bat an ~ inf elle n'a pas sourcillé OR bronché.

eyeliner ['aɪˌlaɪnəʳ] n eye-liner m.

eye-opener *n* inf révélation *f*.

eyepatch ['aɪpætʃ] *n* cache *m*.

eye shadow *n* fard *m* à paupières.

eyesight ['aɪsaɪt] *n* vue *f*.

eyesore ['aɪsɔːr] *n* horreur *f*.

eyestrain ['aɪstreɪn] *n* fatigue *f* des yeux.

eyetooth ['aɪtuːθ] (*pl* **-teeth** [-tiːθ]) *n* : **to give one's eyeteeth for sthg/to do sthg** donner n'importe quoi pour qqch/pour faire qqch.

eyewash ['aɪwɒʃ] *n (U)* inf [nonsense] fadaises *fpl*.

eyewitness [,aɪ'wɪtnɪs] *n* témoin *m* oculaire.

eyrie ['aɪərɪ] *n* aire *f (d'un aigle)*.

e-zine ['iːziːn] *n* magazine *m* électronique.

f (*pl* **f's** OR **fs**), **F** (*pl* **F's** OR **Fs**) [ef] *n* [letter] f *m inv*, F *m inv*.
➤ **F** *n* - **1.** MUS fa *m* - **2.** (*abbr of* **Fahrenheit**) F.

FA (*abbr of* **Football Association**) *n* fédération britannique de football.

FAA (*abbr of* **Federal Aviation Administration**) *n* direction fédérale de l'aviation civile américaine.

fable ['feɪbl] *n* fable *f*.

fabled ['feɪbld] *adj* fabuleux(euse), légendaire.

fabric ['fæbrɪk] *n* - **1.** [cloth] tissu *m* - **2.** [of building, society] structure *f*.

fabricate ['fæbrɪkeɪt] *vt* fabriquer.

fabrication [,fæbrɪ'keɪʃn] *n* - **1.** [lie, lying] fabrication *f*, invention *f* - **2.** [manufacture] fabrication *f*.

fabulous ['fæbjʊləs] *adj* - **1.** [gen] fabuleux(euse) - **2.** inf [excellent] sensationnel(elle), fabuleux(euse).

fabulously ['fæbjʊləslɪ] *adv* fabuleusement.

facade [fə'sɑːd] *n* façade *f*.

face [feɪs] ◇ *n* - **1.** [of person] visage *m*, figure *f* ; **~ to ~** face à face ; **to look sb in the ~** re-garder qqn dans les yeux ; **to say sthg to sb's ~** dire qqch à qqn en face ; **to show one's ~** se montrer - **2.** [expression] visage *m*, mine *f* ; **to make** OR **pull a ~** faire la grimace ; **her ~ fell** son visage s'est assombri - **3.** [of cliff, mountain] face *f*, paroi *f* ; [of building] façade *f* ; [of clock, watch] cadran *m* ; [of coin, shape] face *f* - **4.** [surface - of planet] surface *f* ; **on the ~ of it** à première vue - **5.** [respect] : **to save/lose ~** sauver/perdre la face - **6.** phr : **to fly in the ~ of sthg** être en contradiction avec qqch ; **it flies in the ~ of logic** ce n'est pas logique ◇ *vt* - **1.** [look towards - subj : person] faire face à ; **the house ~s the sea/south** la maison donne sur la mer/est orientée vers le sud - **2.** [decision, crisis] être confronté(e) à ; [problem, danger] faire face à - **3.** [facts, truth] faire face à, admettre - **4.** inf [cope with] affronter.
➤ **face down** *adv* [person] face contre terre ; [object] à l'envers ; [card] face en dessous.
➤ **face up** *adv* [person] sur le dos ; [object] à l'endroit ; [card] face en dessus.
➤ **in the face of** *prep* devant.
➤ **face up to** *vt fus* faire face à.

facecloth ['feɪsklɒθ] *n* Br gant *m* de toilette.

face cream *n* crème *f* pour le visage.

faceless ['feɪslɪs] *adj* anonyme.

face-lift *n* lifting *m* ; fig restauration *f*, rénovation *f*.

face pack *n* masque *m* de beauté.

face powder *n* poudre *f* de riz, poudre pour le visage.

face-saving [-,seɪvɪŋ] *adj* qui sauve la face.

facet ['fæsɪt] *n* facette *f*.

facetious [fə'siːʃəs] *adj* facétieux(euse).

facetiously [fə'siːʃəslɪ] *adv* facétieusement.

face-to-face *adj* face à face.

face value *n* [of coin, stamp] valeur *f* nominale ; **to take sthg at ~** prendre qqch au pied de la lettre.

facial ['feɪʃl] ◇ *adj* facial(e) ◇ *n* nettoyage *m* de peau.

facile [Br 'fæsaɪl, Am fæsl] *adj* pej facile.

facilitate [fə'sɪlɪteɪt] *vt* faciliter.

facility [fə'sɪlətɪ] (*pl* **-ies**) *n* - **1.** [ability] : **to have a ~ for sthg** avoir de la facilité OR de l'aptitude pour qqch - **2.** [feature] fonction *f*.
➤ **facilities** *npl* [amenities] équipement *m*, aménagement *m*.

facing ['feɪsɪŋ] *adj* d'en face ; [sides] opposé(e).

facsimile [fæk'sɪmɪlɪ] *n* - **1.** [fax] télécopie *f*, fax *m* - **2.** [copy] fac-similé *m*.

facsimile machine fml = **fax machine**.

fact [fækt] *n* - **1.** [true piece of information] fait *m* the ~ **is** le fait est ; **the ~ remains that ...** toujours est-il que ... ; **to know sthg for a ~** savoir pertinemment qqch - **2.** *(U)* [truth] faits *mpl*, réalité *f.*

➣ **in fact** $\diamond$ *adv* de fait, effectivement $\diamond$ *conj* en fait.

fact-finding [-'faɪndɪŋ] *adj* d'enquête.

faction ['fækʃn] *n* faction *f.*

factional ['fækʃənl] *adj* [dispute] de factions.

fact of life *n* fait *m*, réalité *f* ; **the facts of life** euphemism *fpl* de la vie.

factor ['fæktə'] *n* facteur *m.*

factory ['fæktərɪ] (*pl* -**ies**) *n* fabrique *f*, usine *f.*

factory farming *n* élevage *m* industriel.

factory ship *n* navire-usine *m.*

factotum [fæk'təutəm] (*pl* -**s**) *n* factotum *m*, intendant *m*, -e *f.*

fact sheet *n* Br résumé *m*, brochure *f.*

factual ['fæktʃʊəl] *adj* factuel(elle), basé(e) sur les faits.

faculty ['fækltɪ] (*pl* -**ies**) *n* - **1.** [gen] faculté *f* - **2.** Am [in college] : **the ~** le corps enseignant.

FA Cup *n* en Angleterre, championnat de football dont la finale se joue à Wembley.

fad [fæd] *n* engouement *m*, mode *f ;* [personal] marotte *f.*

faddy ['fædɪ] (*compar* -**ier** ; *superl* -**iest**) *adj* inf pej capricieux(euse).

fade [feɪd] $\diamond$ *vt* [jeans, curtains, paint] décolorer $\diamond$ *vi* - **1.** [jeans, curtains, paint] se décolorer ; [colour] passer ; [flower] se flétrir, faner - **2.** [light] baisser, diminuer - **3.** [sound] diminuer, s'affaiblir - **4.** [memory] s'effacer ; [feeling, interest] diminuer - **5.** [smile] s'effacer, s'évanouir.

➣ **fade away, fade out** *vi* [sound, anger] diminuer ; [image] s'effacer.

faded ['feɪdɪd] *adj* passé(e).

faeces Br, **feces** Am ['fiːsiːz] *npl* fèces *fpl.*

Faeroe, Faroe ['feərəu] *n* : **the ~ Islands, the ~s** les îles *fpl* Féroé ; **in the ~ Islands** aux îles Féroé.

faff [fæf] ➣ **faff about, faff around** *vi* Br inf glander.

fag [fæg] *n* inf - **1.** Br [cigarette] clope *m* - **2.** Br [chore] corvée *f* - **3.** Am pej [homosexual] pédé *m.*

fag end *n* Br inf mégot *m.*

fagged out [fægd-] *adj* Br inf crevé(e).

faggot, fagot Am ['fægət] *n* - **1.** Br CULIN crépinette *f* - **2.** Am inf pej [homosexual] pédé *m.*

Fahrenheit ['færənhaɪt] *adj* Fahrenheit *(inv).*

fail [feɪl] $\diamond$ *vt* - **1.** [exam, test] rater, échouer à - **2.** [not succeed] : **to ~ to do sthg** ne pas arriver

à faire qqch - **3.** [neglect] : **to ~ to do sthg** manquer OR omettre de faire qqch - **4.** [candidate] refuser - **5.** [subj : courage] manquer à ; [subj : friend, memory] lâcher $\diamond$ *vi* - **1.** [not succeed] ne pas réussir OR y arriver - **2.** [not pass exam] échouer - **3.** [stop functioning] lâcher - **4.** [weaken - health, daylight] décliner ; [- eyesight] baisser.

failed [feɪld] *adj* [singer, writer etc] raté(e).

failing ['feɪlɪŋ] $\diamond$ *n* [weakness] défaut *m*, point *m* faible $\diamond$ *prep* à moins de ; **~ that** à défaut.

fail-safe *adj* [device etc] à sûreté intégrée.

failure ['feɪljə'] *n* - **1.** [lack of success, unsuccessful thing] échec *m ;* **her ~ to attend** le fait qu'elle ne soit pas venue - **2.** [person] raté *m*, -e *f* - **3.** [of engine, brake etc] défaillance *f ;* [of crop] perte *f ;* **heart ~** arrêt *m* cardiaque.

faint [feɪnt] $\diamond$ *adj* - **1.** [smell] léger(ère) ; [memory] vague ; [sound, hope] faible - **2.** [slight - chance] petit(e), faible - **3.** [dizzy] : **I'm feeling a bit ~** je ne me sens pas bien $\diamond$ *vi* s'évanouir.

faint-hearted [-'hɑːtɪd] *adj* timoré(e), timide.

faintly ['feɪntlɪ] *adv* - **1.** [recall] vaguement ; [shine] faiblement ; [smile - indifferently] vaguement ; [- sadly] faiblement - **2.** [rather, slightly] légèrement.

faintness ['feɪntnɪs] *n* - **1.** [dizziness] étourdissement *m*, étourdissements *mpl* - **2.** [of image] flou *m* - **3.** [of smell, sound, hope] faiblesse *f ;* [of memory] imprécision *f.*

fair [feə'] $\diamond$ *adj* - **1.** [just] juste, équitable ; **it's not ~!** ce n'est pas juste! ; **to be ~ ...** il faut dire que ... - **2.** [quite large] grand(e), important(e) - **3.** [quite good] assez bon (assez bonne) ; **to have a ~ idea of sthg** avoir sa petite idée sur qqch - **4.** [hair] blond(e) - **5.** [skin, complexion] clair(e) - **6.** [weather] beau (belle) $\diamond$ *n* - **1.** Br [funfair] fête *f* foraine - **2.** [trade fair] foire *f* $\diamond$ *adv* [fairly] loyalement.

➣ **fair enough** *adv* Br inf OK, d'accord.

fair copy *n* copie *f* au propre.

fair game *n* proie *f* rêvée.

fairground ['feəgraund] *n* champ *m* de foire.

fair-haired [-'heəd] *adj* [person] blond(e).

fairly ['feəlɪ] *adv* - **1.** [rather] assez ; **~ certain** presque sûr - **2.** [justly] équitablement ; [describe] avec impartialité ; [fight, play] loyalement.

fair-minded [-'maɪndɪd] *adj* impartial(e), équitable.

fairness ['feənɪs] *n* [justness] équité *f* ; **in ~ (to sb)** pour être juste (envers qqn).

fair play n fair-play m inv.

fairway ['feəweɪ] n fairway m, allée f Can.

fairy ['feərɪ] (pl -ies) n [imaginary creature] fée f.

fairy lights npl Br guirlande f électrique.

fairy tale n conte m de fées.´

fait accompli [,feɪtə'kɒmpliː] (pl faits accomplis [,feɪzə'kɒmpliː]) n fait m accompli.

faith [feɪθ] n - 1. [belief] foi f, confiance f ; ~ in sb/sthg confiance en qqn/qqch ; in bad ~ de mauvaise foi ; in good ~ en toute bonne foi - 2. RELIG foi f.

faithful ['feɪθfʊl] ◇ adj fidèle ◇ npl RELIG : the ~ les fidèles mpl.

faithfully ['feɪθfʊlɪ] adv [loyally] fidèlement ; to promise ~ that ... donner sa parole que ... ; Yours ~ Br [in letter] je vous prie d'agréer mes salutations distinguées.

faithfulness ['feɪθfʊlnɪs] n - 1. [loyalty] fidélité f - 2. [truth - of account, translation] exactitude f.

faith healer n guérisseur m, -euse f.

faithless ['feɪθlɪs] adj déloyal(e).

fake [feɪk] ◇ adj faux (fausse) ◇ n - 1. [object, painting] faux m - 2. [person] imposteur m ◇ vt - 1. [results] falsifier ; [signature] imiter - 2. [illness, emotions] simuler ◇ vi [pretend] simuler, faire semblant.

falcon ['fɔːlkən] n faucon m.

Falkland Islands ['fɔːklənd-], **Falklands** ['fɔːkləndz] npl : the ~ les îles fpl Falkland, les Malouines fpl ; in the ~ aux îles Falkland, aux Malouines.

fall [fɔːl] (pt fell, pp fallen) ◇ vi - 1. [gen] tomber ; to ~ flat [joke] tomber à plat - 2. [decrease] baisser - 3. [become] : to ~ asleep s'endormir ; to ~ ill tomber malade ; to ~ in love tomber amoureux(euse) ; to ~ open s'ouvrir ; to ~ silent se taire ; to ~ vacant se libérer - 4. [belong, be classed] : to ~ into two groups se diviser en deux groupes ; the matter ~s under our jurisdiction cette question relève de notre juridiction - 5. [disintegrate] : to ~ to bits OR pieces tomber en morceaux - 6. [be captured - city] : to ~ (to sb) tomber (aux mains de qqn) - 7. Br POL [constituency] : to ~ to sb passer à qqn ◇ n - 1. [gen] : ~ (in) chute (de) - 2. Am [autumn] automne m.

➤ **falls** npl chutes fpl.

➤ **fall about** vi Br inf : to ~ about (laughing) se tordre (de rire).

➤ **fall apart** vi - 1. [disintegrate - book, chair] tomber en morceaux - 2. fig [country] tomber en ruine ; [person] s'effondrer.

➤ **fall away** vi [land] descendre, s'abaisser.

➤ **fall back** vi [person, crowd] reculer.

➤ **fall back on** vt fus [resort to] se rabattre sur.

➤ **fall behind** vi - 1. [in race] se faire distancer - 2. [with rent] être en retard ; to ~ behind with one's work avoir du retard dans son travail.

➤ **fall down** vi [fail] échouer ; the plan ~s down on three points ce plan pèche sur trois points.

➤ **fall for** vt fus - 1. inf [fall in love with] tomber amoureux(euse) de - 2. [trick, lie] se laisser prendre à ; to ~ for it tomber dans le panneau.

➤ **fall in** vi - 1. [roof, ceiling] s'écrouler, s'affaisser - 2. MIL former les rangs.

➤ **fall in with** vt fus [go along with] accepter.

➤ **fall off** vi - 1. [branch, handle] se détacher, tomber - 2. [demand, numbers] baisser, diminuer.

➤ **fall on** vt fus - 1. [subj : eyes, gaze] tomber sur - 2. [attack] se jeter sur.

➤ **fall out** vi - 1. [hair, tooth] tomber - 2. [friends] se brouiller - 3. MIL rompre les rangs.

➤ **fall over** ◇ vt fus : to ~ over sthg trébucher sur qqch et tomber ; to be ~ing over o.s. to do sthg inf se mettre en quatre pour faire qqch ◇ vi [person, chair etc] tomber.

➤ **fall through** vi [plan, deal] échouer.

➤ **fall to** vt fus [subj : duty] incomber à, revenir à ; it ~s to me to ... c'est à moi de ...

fallacious [fə'leɪʃəs] adj fml fallacieux(euse).

fallacy ['fæləsɪ] (pl -ies) n erreur f, idée fausse.

fallen ['fɔːln] pp ▷ fall.

fall guy n Am inf [scapegoat] bouc m émissaire.

fallible ['fæləbl] adj faillible.

falling ['fɔːlɪŋ] adj [decreasing] en baisse.

fallopian tube [fə'ləʊpɪən-] n trompe f de Fallope.

fallout ['fɔːlaʊt] n (U) [radiation] retombées fpl.

fallout shelter n abri m antiatomique.

fallow ['fæləʊ] adj : to lie ~ être en jachère.

false [fɔːls] adj faux (fausse).

false alarm n fausse alerte f.

falsehood ['fɔːlshʊd] n fml - 1. [lie] mensonge m - 2. (U) [lack of truth] fausseté f.

falsely ['fɔːlslɪ] adv à tort ; [smile, laugh] faussement.

false start n lit & fig faux départ m.

false teeth npl dentier m.

falsetto [fɔːl'setəʊ] (pl -s) ◇ n [singer] fausset m ◇ adv [sing] en fausset.

falsify ['fɔːlsɪfaɪ] (pt & pp -ied) vt falsifier.

falter ['fɔːltər] vi - 1. [move unsteadily] chanceler

- **2.** [steps, voice] devenir hésitant(e) - **3.** [hesitate, lose confidence] hésiter.

faltering [ˈfɔːltərɪŋ] *adj* [steps, voice] hésitant(e).

fame [feɪm] *n* gloire *f*, renommée *f*.

familiar [fəˈmɪljəʳ] *adj* familier(ère) ; **~ to sb** connu de qqn ; **~ with sthg** familiarisé(e) avec qqch ; **to be on ~ terms with sb** être en termes familiers avec qqn.

familiarity [fə‚mɪlɪˈærətɪ] *n* (U) - **1.** [knowledge] : **~ with sthg** connaissance *f* de qqch, familiarité *f* avec qqch - **2.** [normality] caractère *m* familier - **3.** pej [excessive informality] familiarité *f*.

familiarize, -ise [fəˈmɪljəraɪz] *vt* : **to ~ o.s. with sthg** se familiariser avec qqch ; **to ~ sb with sthg** familiariser qqn avec qqch.

family [ˈfæmlɪ] (*pl* **-ies**) ⬦ *n* famille *f* ⬦ *comp* - **1.** [belonging to family] de famille - **2.** [suitable for all ages] familial(e).

family business *n* entreprise *f* familiale.

family credit *n* (U) Br ≃ complément *m* familial.

family doctor *n* médecin *m* de famille.

family life *n* vie *f* de famille.

family planning *n* planning *m* familial ; **~ clinic** centre *m* de planning familial.

family tree *n* arbre *m* généalogique.

famine [ˈfæmɪn] *n* famine *f*.

famished [ˈfæmɪʃt] *adj* inf [very hungry] affamé(e) ; **I'm ~!** je meurs de faim!

famous [ˈfeɪməs] *adj* : **~ (for)** célèbre (pour).

famously [ˈfeɪməslɪ] *adv* dated : **to get on** OR **along ~** s'entendre comme larrons en foire.

fan [fæn] (*pt* & *pp* **-ned** ; *cont* **-ning**) ⬦ *n* - **1.** [of paper, silk] éventail *m* - **2.** [electric or mechanical] ventilateur *m* - **3.** [enthusiast] fan *mf* ⬦ *vt* - **1.** [face] éventer ; **to ~ o.s.** s'éventer - **2.** [fire, feelings] attiser.

➥ **fan out** *vi* se déployer.

fanatic [fəˈnætɪk] *n* fanatique *mf*.

fanatical [fəˈnætɪkl] *adj* fanatique.

fanaticism [fəˈnætɪsɪzm] *n* fanatisme *m*.

fan belt *n* courroie *f* de ventilateur.

fanciful [ˈfænsɪfʊl] *adj* - **1.** [odd] bizarre, fantasque - **2.** [elaborate] extravagant(e).

fan club *n* fan-club *m*.

fancy [ˈfænsɪ] (*compar* **-ier** ; *superl* **-iest**, *pl* **-ies**, *pt* & *pp* **-ied**) ⬦ *adj* - **1.** [elaborate - hat, clothes] extravagant(e) ; [- food, cakes] raffiné(e) - **2.** [expensive - restaurant, hotel] de luxe ; [- prices] fantaisiste ⬦ *n* - **1.** [desire, liking] envie *f*, lubie *f* ; **to take a ~ to sb** se prendre d'affec-

tion pour qqn ; **to take a ~ to sthg** se mettre à aimer qqch ; **to take sb's ~** faire envie à qqn, plaire à qqn - **2.** [fantasy] rêve *m* ⬦ *vt* - **1.** inf [want] avoir envie de ; **to ~ doing sthg** avoir envie de faire qqch - **2.** inf [like] : **I ~ her** elle me plaît ; **to ~ o.s.** ne pas se prendre pour rien OR n'importe qui ; **to ~ o.s. as sthg** se prendre pour qqch - **3.** [imagine] : **~ meeting you here!** tiens, c'est toi! Je n'aurais jamais pensé te rencontrer ici! ; **~ that!** ça alors! - **4.** dated [think] penser.

fancy dress *n* (U) déguisement *m*.

fancy-dress party *n* bal *m* costumé.

fancy goods *npl* articles *mpl* fantaisie.

fanfare [ˈfænfeəʳ] *n* fanfare *f*.

fang [fæŋ] *n* [of wolf] croc *m* ; [of snake] crochet *m*.

fan heater *n* radiateur *m* soufflant.

fanlight [ˈfænlaɪt] *n* Br imposte *f*.

fan mail *n* courrier *m* de fans.

fanny [ˈfænɪ] *n* Am inf [buttocks] fesses *fpl*.

fanny pack *n* Am banane *f* (sac).

fantasize, -ise [ˈfæntəsaɪz] *vi* : **to ~ (about sthg/about doing sthg)** fantasmer (sur qqch/sur le fait de faire qqch).

fantastic [fænˈtæstɪk] *adj* - **1.** inf [wonderful] fantastique, formidable - **2.** [incredible] extraordinaire, incroyable - **3.** [exotic] fabuleux(euse).

fantastically [fænˈtæstɪklɪ] *adv* - **1.** [extremely] extrêmement - **2.** [exotically] fabuleusement, extraordinairement.

fantasy [ˈfæntəsɪ] (*pl* **-ies**) ⬦ *n* - **1.** [dream, imaginary event] rêve *m*, fantasme *m* - **2.** (U) [fiction] fiction *f* - **3.** [imagination] fantaisie *f* ⬦ *comp* imaginaire.

fantasy football *n* jeu où chaque participant se constitue une équipe virtuelle avec les noms de footballeurs réels, chaque but marqué par ceux-ci dans la réalité valant un point dans le jeu.

fanzine [ˈfænziːn] *n* fanzine *m*.

fao (abbr of **for the attention of**) à l'attention de.

FAO (abbr of **Food and Agriculture Organization**) *n* FAO *f*.

FAQ [fak, ‚efeɪˈkjuː] (abbr of **frequently asked questions**) *n* COMPUT foire *f* aux questions, FAQ *f*.

far [fɑːʳ] (*compar* **farther** OR **further** ; *superl* **farthest** OR **furthest**) ⬦ *adv* - **1.** [in distance] loin ; **how ~ is it?** c'est à quelle distance?, (est-ce que) c'est loin? ; **have you come ~?** vous venez de loin? ; **~ away** OR **off** loin ; **~ and wide** partout ; **as ~ as** jusqu'à - **2.** [in time] ; **~ away** OR **off** loin ; **as ~ back as** [be founded etc] dès ; [remember, go etc] jusqu'à ; **so ~** jusqu'à maintenant, jusqu'ici - **3.** [in degree or extent] bien ; **I wouldn't trust him very ~** je ne lui ferais pas tellement confiance ; **he's not ~ wrong** OR **off** il n'est pas loin ; **as ~ as** autant que ; **as ~ as I'm concerned** en ce qui me concerne ; **as ~ as possible** autant que possible, dans la mesure du possible ; **it's all right as ~ as it goes** pour ce qui est de ça, pas de problème ; **~ and away, by ~** de loin ; **~ from it** loin de là, au contraire ; **so ~ so good** jusqu'ici tout va bien ; **to go so ~ as to do sthg** aller jusqu'à faire qqch ; **to go too ~** aller trop loin <> adj - **1.** [extreme] : **the ~ end of the street** l'autre bout de la rue ; **the ~ right of the party** l'extrême droite du parti ; **the door on the ~ left** la porte la plus à gauche - **2.** literary [remote] lointain(e).

faraway ['fɑːrəweɪ] adj lointain(e).

farce [fɑːs] n - **1.** THEATRE farce f - **2.** fig [disaster] pagaille f, vaste rigolade f.

farcical ['fɑːsɪkl] adj grotesque.

fare [feəʳ] <> n - **1.** [payment] prix m, tarif m - **2.** dated [food] nourriture f <> vi [manage] : **to ~ well/badly** bien/mal se débrouiller.

Far East n : **the ~** l'Extrême-Orient m.

fare stage n Br section f.

farewell [ˌfeə'wel] <> n adieu m <> excl literary adieu!

farfetched [ˌfɑː'fetʃt] adj tiré(e) par les cheveux.

farm [fɑːm] <> n ferme f <> vt cultiver <> vi être cultivateur.

➤ **farm out** vt sep confier en sous-traitance.

farmer ['fɑːməʳ] n fermier m.

farmhand ['fɑːmhænd] n ouvrier m, -ère f agricole.

farmhouse ['fɑːmhaʊs, pl -haʊzɪz] n ferme f.

farming ['fɑːmɪŋ] n (U) agriculture f ; [of animals] élevage m.

farm labourer = farmhand.

farmland ['fɑːmlænd] n (U) terres fpl cultivées OR arables.

farmstead ['fɑːmsted] n Am ferme f.

farm worker = farmhand.

farmyard ['fɑːmjɑːd] n cour f de ferme.

Faroe = Faeroe.

far-off adj - **1.** [days] lointain(e) ; [time] reculé(e) - **2.** [in distance] lointain(e).

far-reaching [-'riːtʃɪŋ] adj d'une grande portée.

farrier ['færɪəʳ] n maréchal m ferrant.

farsighted [ˌfɑː'saɪtɪd] adj - **1.** [person] prévoyant(e) ; [plan] élaboré(e) avec clairvoyance - **2.** Am [longsighted] hypermétrope.

fart [fɑːt] vinf <> n - **1.** [air] pet m - **2.** [person] con m, conne f <> vi péter.

farther ['fɑːðəʳ] compar ▷ far.

farthest ['fɑːðəst] superl ▷ far.

FAS (abbr of free alongside ship) FLB.

fascia ['feɪʃə] n [on shop] enseigne f ; [in car] tableau m de bord.

fascinate ['fæsɪneɪt] vt fasciner.

fascinating ['fæsɪneɪtɪŋ] adj [person, country] fascinant(e) ; [job] passionnant(e) ; [idea, thought] très intéressant(e).

fascination [ˌfæsɪ'neɪʃn] n fascination f.

fascism ['fæʃɪzm] n fascisme m.

fascist ['fæʃɪst] <> adj fasciste <> n fasciste mf.

fashion ['fæʃn] <> n - **1.** [clothing, style] mode f ; **to be in/out of ~** être/ne plus être à la mode ; **~ model** mannequin m (de mode) - **2.** [manner] manière f <> vt fml façonner, fabriquer.

fashionable ['fæʃnəbl] adj à la mode.

fashion-conscious adj qui suit la mode.

fashion designer n styliste mf.

fashion show n défilé m de mode.

fast [fɑːst] <> adj - **1.** [rapid] rapide - **2.** [clock, watch] qui avance <> adv - **1.** [rapidly] vite ; **how ~ does this car go?** à quelle vitesse va cette voiture? - **2.** [firmly] solidement ; **to hold ~ to sthg** lit & fig s'accrocher à qqch ; **~ asleep** profondément endormi <> n jeûne m <> vi jeûner.

fast breeder reactor n surrégénérateur m.

fasten ['fɑːsn] <> vt [jacket, bag] fermer ; [seat belt] attacher ; **to ~ sthg to sthg** attacher qqch à qqch <> vi : **to ~ on to sb/sthg** se cramponner à qqn/qqch.

fastener ['fɑːsnəʳ] n [of bag, necklace] fermoir m ; [of dress] fermeture f.

fastening ['fɑːsnɪŋ] n fermeture f.

fast food n fast food m.

fast-forward <> n avance f rapide <> v mettre en avance rapide <> vi mettre la bande en avance rapide.

fastidious [fə'stɪdɪəs] adj [fussy] méticuleux(euse).

fast lane n [on motorway] voie f rapide ; **life in the ~** fig la vie à cent à l'heure.

fat [fæt] (compar **-ter** ; superl **-test**) <> ad - **1.** [overweight] gros (grosse), gras (grasse) **to get ~** grossir - **2.** [not lean - meat] gras (gras se) - **3.** [thick - file, wallet] gros (grosse), épais(aisse) - **4.** [large - profit, cheque] gros (grosse) - **5.** iro [small]. **a ~ lot of good that did you!** ça t'a bien avancé! <> *n* - **1.** [flesh, on meat, in food] graisse *f* - **2.** (U) [for cooking] matière *f* grasse ; **pork ~** saindoux *m*.

fatal ['feɪtl] *adj* - **1.** [serious - mistake] fatal(e) ; [- decision, words] fatidique - **2.** [accident, illness] mortel(elle).

fatalism ['feɪtəlɪzml] *n* fatalisme *m*.

fatalistic [,feɪtə'lɪstɪk] *adj* fataliste.

fatality [fə'tælətɪ] (*pl* -ies) *n* - **1.** [accident victim] mort *m* - **2.** = fatalism.

fatally ['feɪtəlɪ] *adv* - **1.** [seriously] sérieusement, gravement - **2.** [wounded] mortellement ; **~ ill** dans un état désespéré.

fat cat *n* inf richard *m*, huile *f*.

fate [feɪt] *n* - **1.** [destiny] destin *m* ; **to tempt ~** tenter le diable - **2.** [result, end] sort *m*.

fated ['feɪtɪd] *adj* fatal(e), marqué(e) par le destin ; **to be ~ to do sthg** être voué OR destiné à faire qqch.

fateful ['feɪtfʊl] *adj* fatidique.

fat-free *adj* sans matières grasses.

fathead ['fæthed] *n* inf imbécile *mf*, patate *f*.

father ['fɑːðə^r] <> *n* père *m* <> *vt* engendrer.

➻ **Father** *n* - **1.** [priest] Père *m* - **2.** [God] Dieu le Père *m* ; **Our Father** notre Père.

Father Christmas *n* Br le Père Noël.

fatherhood ['fɑːðəhʊd] *n* (U) paternité *f*.

father-in-law (*pl* fathers-in-law) *n* beau-père *m*.

fatherly ['fɑːðəlɪ] *adj* paternel(elle).

Father's Day *n* fête *f* des Pères.

fathom ['fæðəm] <> *n* brasse *f* <> *vt* : **to ~ sb/ sthg (out)** comprendre qqn/qqch.

fatigue [fə'tiːg] <> *n* - **1.** [exhaustion] épuisement *m* - **2.** [in metal] fatigue *f* <> *vt* épuiser.

➻ **fatigues** *npl* tenue *f* de corvée, treillis *m*.

fatless ['fætlɪs] *adj* sans matières grasses.

fatness ['fætnɪs] *n* [of person] embonpoint *m*.

fatten ['fætn] *vt* engraisser.

➻ **fatten up** *vt sep* engraisser.

fattening ['fætnɪŋ] *adj* qui fait grossir.

fatty ['fætɪ] (*compar* -ier ; *superl* -iest, *pl* -ies) <> *adj* gras (grasse) <> *n* inf pej gros *m*, grosse *f*.

fatuous ['fætjʊəs] *adj* stupide, niais(e).

fatuously ['fætjʊəslɪ] *adv* stupidement, niaisement.

faucet ['fɔːsɪt] *n* Am robinet *m*.

fault ['fɔːlt] <> *n* - **1.** [responsibility, in tennis] faute *f* ; **it's my ~** c'est de ma faute - **2.** [mistake, imperfection] défaut *m* ; **to find ~ with sb/sthg** critiquer qqn/qqch ; **at ~** fautif(ive) - **3.** GEOL faille *f* <> *vt* : **to ~ sb (on sthg)** prendre qqn en défaut (sur qqch).

faultless ['fɔːltlɪs] *adj* impeccable.

faulty ['fɔːltɪ] (*compar* -ier ; *superl* -iest) *adj* défectueux(euse).

fauna ['fɔːnə] *n* faune *f*.

faux pas [,fəʊ'pɑː] (*pl inv*) *n* faux-pas *m*.

favour Br, **favor** Am ['feɪvə^r] <> *n* - **1.** [approval] faveur *f*, approbation *f* ; **to look with ~ on sb** considérer qqn favorablement ; **in sb's ~** en faveur de qqn ; **to be in/out of ~ with sb** avoir/ne pas avoir les faveurs de qqn, avoir/ne pas avoir la cote avec qqn ; **to curry ~ with sb** chercher à gagner la faveur de qqn - **2.** [kind act] service *m* ; **to do sb a ~** rendre (un) service à qqn - **3.** [favouritism] favoritisme *m* - **4.** [advantage] : **to rule in sb's ~** décider OR statuer en faveur de qqn <> *vt* - **1.** [prefer] préférer, privilégier - **2.** [treat better, help] favoriser - **3.** iro [honour] : **to ~ sb with sthg** faire à qqn l'honneur de qqch.

➻ **in favour** *adv* [in agreement] pour, d'accord.

➻ **in favour of** *prep* - **1.** [in preference to] au profit de - **2.** [in agreement with] : **to be in ~ of sthg/of doing sthg** être partisan(e) de qqch/de faire qqch.

favourable Br, **favorable** Am ['feɪvrəbl] *adj* [positive] favorable.

favourably Br, **favorably** Am ['feɪvrəblɪ] *adv* favorablement ; [placed] bien.

favoured Br, **favored** Am ['feɪvəd] *adj* favorisé(e).

favourite Br, **favorite** Am ['feɪvrɪt] <> *adj* favori(ite) <> *n* favori *m*, -ite *f*.

favouritism Br, **favoritism** Am ['feɪvrɪtɪzm] *n* favoritisme *m*.

fawn [fɔːn] <> *adj* fauve (*inv*) <> *n* [animal] faon *m* <> *vi* : **to ~ on sb** flatter qqn servilement.

fax [fæks] <> *n* fax *m*, télécopie *f* <> *vt* - **1.** [person] envoyer un fax à - **2.** [document] envoyer en fax.

fax machine *n* fax *m*, télécopieur *m*.

fax modem *n* modem *m* fax.

fax number *n* numéro *m* de fax.

faze [feɪz] *vt* inf démonter, déconcerter.

FBI (*abbr of* Federal Bureau of Investigation) *n* FBI *m*.

FCC (*abbr of* Federal Communications Commission) *n conseil fédéral de l'audiovisuel aux États-Unis*, ≃ CSA *m*.

FCO (*abbr of* Foreign and Commonwealth

Office) *n* ministère britannique des affaires étrangères et du Commonwealth.

FD (*abbr of* **Fire Department**) *n* sapeurs-pompiers.

FDA *n* - **1.** (*abbr of* **Food and Drug Administration**) administration délivrant l'autorisation de mise sur le marché des médicaments et des produits alimentaires aux États-Unis - **2.** (*abbr of* **Association of First Division Civil Servants**) syndicat britannique des hauts fonctionnaires.

FE *n abbr of* **Further Education.**

fear [fɪə^r] ⬦ *n* - **1.** (*U*) [feeling] peur *f* - **2.** [object of fear] crainte *f* - **3.** [risk] risque *m* ; **for ~ of** de peur de (+ *infin*), de peur que (+ *subjunctive*) ⬦ *vt* - **1.** [be afraid of] craindre, avoir peur de - **2.** [anticipate] craindre ; **to ~ (that)** ... craindre que ..., avoir peur que ... ⬦ *vi* [be afraid] : **to ~ for sb/sthg** avoir peur pour qqn/qqch, craindre pour qqn/qqch.

fearful ['fɪəfʊl] *adj* - **1.** *fml* [frightened] peureux(euse) ; **to be ~ of sthg** avoir peur de qqch - **2.** [frightening] effrayant(e).

fearless ['fɪəlɪs] *adj* intrépide.

fearlessly ['fɪəlɪslɪ] *adv* courageusement.

fearsome ['fɪəsəm] *adj* [temper] effroyable.

feasibility [ˌfiːzə'bɪlətɪ] *n* (*U*) possibilité *f*.

feasibility study *n* étude *f* de faisabilité.

feasible ['fiːzəbl] *adj* faisable, possible.

feast [fiːst] ⬦ *n* [meal] festin *m*, banquet *m* ⬦ *vi* : **to ~ on** *OR* **off sthg** se régaler de qqch.

feat [fiːt] *n* exploit *m*, prouesse *f*.

feather ['feðə^r] *n* plume *f*.

feather bed *n* lit *m* de plume.

featherbrained ['feðəbreɪnd] *adj* [person] écervelé(e) ; [idea, scheme] inconsidéré(e).

featherweight ['feðəweɪt] *n* [boxer] poids *m* plume.

feature ['fiːtʃə^r] ⬦ *n* - **1.** [characteristic] caractéristique *f* - **2.** GEOGR particularité *f* - **3.** [article] article *m* de fond - **4.** RADIO & TV émission *f* spéciale, spécial *m* - **5.** CINEMA long métrage *m* ⬦ *vt* - **1.** [subj : film, exhibition] mettre en vedette ; **featuring James Dean** avec, dans le rôle principal, James Dean - **2.** [comprise] présenter, comporter ⬦ *vi* : **to ~ (in)** figurer en vedette (dans).

➤ **features** *npl* [of face] traits *mpl*.

feature film *n* long métrage *m*.

featureless ['fiːtʃəlɪs] *adj* sans trait distinctif.

Feb. [feb] (*abbr of* **February**) févr.

February ['febrʊərɪ] *n* février *m* ; *see also* **September.**

feces Am = **faeces.**

feckless ['feklɪs] *adj* inepte.

fed [fed] *pt* & *pp* ⬦ **feed.**

Fed [fed] ⬦ *n inf* (*abbr of* **Federal Reserve Board**) organe de contrôle de la Banque centrale américaine ⬦ - **1.** *abbr of* **federal** - **2.** *abbr of* **federation.**

federal ['fedrəl] *adj* fédéral(e).

Federal Bureau of Investigation *n* FBI *m*, ≃ police *f* judiciaire.

federalism ['fedrəlɪzm] *n* fédéralisme *m*.

federation [ˌfedə'reɪʃn] *n* fédération *f*.

fed up *adj* : **to be ~ (with)** en avoir marre (de).

fee [fiː] *n* [of school] frais *mpl* ; [of doctor] honoraires *mpl* ; [for membership] cotisation *f* ; [for entrance] tarif *m*, prix *m*.

feeble ['fiːbl] *adj* faible.

feebleminded [ˌfiːbl'maɪndɪd] *adj* débile.

feebleness ['fiːblnɪs] *n* faiblesse *f*.

feebly ['fiːblɪ] *adv* faiblement.

feed [fiːd] (*pt* & *pp* **fed**) ⬦ *vt* - **1.** [give food to] nourrir - **2.** [fire, fears etc] alimenter - **3.** [put, insert] : **to ~ sthg into sthg** mettre *OR* insérer qqch dans qqch ⬦ *vi* - **1.** [take food] : **to ~ (on** *OR* **off)** se nourrir (de) - **2.** [be strengthened] : **to ~ on** *OR* **off** s'appuyer sur ⬦ *n* - **1.** [for baby] repas *m* - **2.** [animal food] nourriture *f*.

feedback ['fiːdbæk] *n* (*U*) - **1.** [reaction] réactions *fpl* - **2.** ELEC réaction *f*, rétroaction *f*.

feedbag ['fiːdbæg] *n* Am musette *f* (mangeoire).

feeder ['fiːdə^r] ⬦ *n* [eater] mangeur *m*, -euse *f* ⬦ *comp* [road, railway line] secondaire.

feeding bottle ['fiːdɪŋ-] *n* Br biberon *m*.

feel [fiːl] (*pt* & *pp* **felt**) ⬦ *vt* - **1.** [touch] toucher - **2.** [sense, experience, notice] sentir ; [emotion] ressentir ; **to ~ o.s. doing sthg** se sentir faire qqch - **3.** [believe] : **to ~ (that)** ... croire que ..., penser que ... - **4.** *phr* : **I'm not ~ing myself today** je ne suis pas dans mon assiette aujourd'hui ⬦ *vi* - **1.** [have sensation] : **to ~ cold/hot/sleepy** avoir froid/chaud/sommeil ; **to ~ safe** se sentir en sécurité ; **to ~ like sthg/like doing sthg** [be in mood for] avoir envie de qqch/de faire qqch - **2.** [have emotion] se sentir ; **to ~ angry** être en colère - **3.** [seem] sembler ; **it ~s strange** ça fait drôle ; **it ~s like leather** on dirait du cuir - **4.** [by touch] : **to ~ for sthg** chercher qqch ⬦ *n* - **1.** [sensation, touch] toucher *m*, sensation *f* - **2.** [atmosphere] atmosphère *f* - **3.** *phr* : **to have a ~ for sthg** avoir l'instinct pour qqch.

feeler ['fiːlə^r] *n* antenne *f*.

feelgood ['fiːlgʊd] adj inf qui donne la pêche ; the ~ **factor** l'optimisme m ambiant.

feeling ['fiːlɪŋ] n - **1.** [emotion] sentiment m ; **I know the ~** je sais ce que c'est ; **bad ~** animosité f, hostilité f - **2.** [physical sensation] sensation f - **3.** [intuition, sense] sentiment m, impression f - **4.** [understanding] sensibilité f ; **to have a ~ for sthg** comprendre OR apprécier qqch.
➡ **feelings** npl sentiments mpl ; **to hurt sb's ~s** blesser (la sensibilité de) qqn ; **no hard ~s!** sans rancune!

fee-paying [-'peɪɪŋ] adj Br [pupil] d'un établissement privé ; [school] privé(e).

feet [fiːt] pl ⮕ **foot**.

feign [feɪn] vt fml feindre.

feint [feɪnt] ⬦ n feinte f ⬦ vi feinter.

feisty ['faɪstɪ] (compar -ier ; superl -iest) adj inf [lively] plein(e) d'entrain ; [combative] qui a du cran.

felicitous [fɪ'lɪsɪtəs] adj fml heureux(euse).

feline ['fiːlaɪn] ⬦ adj félin(e) ⬦ n félin m.

fell [fel] ⬦ pt ⮕ **fall** ⬦ vt [tree, person] abattre.
➡ **fells** npl GEOGR lande f.

fellow ['feləʊ] ⬦ n - **1.** dated [man] homme m - **2.** [comrade, peer] camarade m, compagnon m - **3.** [of society, college] membre m, associé.m ⬦ adj : **one's ~ men** ses semblables ; **~ feeling** sympathie f ; **~ passenger** compagnon m, compagne f (de voyage) ; **~ student** camarade mf (d'études).

fellowship ['feləʊʃɪp] n - **1.** [comradeship] amitié f, camaraderie f - **2.** [society] association f, corporation f - **3.** [of society, college] titre m de membre OR d'associé.

felony ['felənɪ] (pl -ies) n JUR crime m, forfait m.

felt [felt] ⬦ pt & pp ⮕ **feel** ⬦ n (U) feutre m.

felt-tip pen n stylo-feutre m.

female ['fiːmeɪl] ⬦ adj [person] de sexe féminin ; [animal, plant] femelle ; [sex, figure] féminin(e) ; **~ student** étudiante f ; **~ worker** travailleuse f, ouvrière f ⬦ n femelle f.

feminine ['femɪnɪn] ⬦ adj féminin(e) ⬦ n GRAMM féminin m.

femininity [femɪ'nɪnətɪ] n (U) féminité f.

feminism ['femɪnɪzm] n féminisme m.

feminist ['femɪnɪst] n féministe mf.

fence [fens] ⬦ n [barrier] clôture f ; **to sit on the ~** fig ménager la chèvre et le chou ⬦ vt clôturer, entourer d'une clôture.
➡ **fence off** vt sep séparer par une clôture

fencing ['fensɪŋ] n - **1.** SPORT escrime f - **2.** [material] clôture f.

fend [fend] vi : **to ~ for o.s.** se débrouiller tout seul.
➡ **fend off** vt sep [blows] parer ; [questions, reporters] écarter.

fender ['fendər] n - **1.** [round fireplace] pare-feu m inv - **2.** [on boat] défense f - **3.** Am [on car] aile f.

fennel ['fenl] n fenouil m.

fens [fenz] npl Br marais mpl.

feral ['fɪərəl] adj sauvage.

ferment [n 'fɜːment, vb fə'ment] ⬦ n (U) [unrest] agitation f, effervescence f ; **in ~** en effervescence ⬦ vi [wine, beer] fermenter.

fermentation [ˌfɜːmən'teɪʃn] n fermentation f.

fermented [fə'mentɪd] adj fermenté(e).

fern [fɜːn] n fougère f.

ferocious [fə'rəʊʃəs] adj féroce.

ferociously [fə'rəʊʃəslɪ] adv férocement, avec férocité.

ferocity [fə'rɒsətɪ] n férocité f.

ferret ['ferɪt] n furet m.
➡ **ferret about, ferret around** vi inf fureter un peu partout.
➡ **ferret out** vt sep inf dénicher.

ferris wheel ['ferɪs-] n esp Am grande roue f.

ferry ['ferɪ] ⬦ n ferry m, ferry-boat m ; [smaller] bac m ⬦ vt transporter.

ferryboat ['ferɪbəʊt] n = **ferry**.

ferryman ['ferɪmən] (pl -men [-mən]) n passeur m.

fertile ['fɜːtaɪl] adj - **1.** [land, imagination] fertile, fécond(e) - **2.** [woman] féconde.

fertility [fɜː'tɪlətɪ] n - **1.** [of land, imagination] fertilité f - **2.** [of woman] fécondité f.

fertility drug n traitement m contre la stérilité.

fertilization [ˌfɜːtɪlaɪ'zeɪʃn] n - **1.** [of soil] fertilisation f - **2.** [of egg] fécondation f.

fertilize, -ise ['fɜːtɪlaɪz] vt - **1.** [soil] fertiliser, amender - **2.** [egg] féconder.

fertilizer ['fɜːtɪlaɪzər] n engrais m.

fervent ['fɜːvənt] adj fervent(e).

fervour Br, **fervor** Am ['fɜːvər] n ferveur f.

fester ['festər] vi - **1.** [wound, sore] suppurer - **2.** [emotion, quarrel] s'aigrir.

festival ['festəvl] n - **1.** [event, celebration] festival m - **2.** [holiday] fête f.

festive ['festɪv] adj de fête.

festive season n : **the ~** la période des fêtes.

festivities [fes'tɪvətɪz] *npl* réjouissances *fpl*.

festoon [fe'stuːn] *vt* décorer de guirlandes ; **to be ~ed with** être décoré de.

fetal ['fiːtl] = **foetal**.

fetch [fetʃ] *vt* - **1.** [go and get] aller chercher - **2.** [raise - money] rapporter.

fetching ['fetʃɪŋ] *adj* séduisant(e).

fete [feɪt] ◇ *n* fête *f*, kermesse *f* ◇ *vt* fêter, faire fête à.

> **FETE**
>
> Les « village fêtes » en Grande-Bretagne, où l'on vend en plein air des produits faits maison et où l'on organise des manifestations sportives et des jeux pour enfants, sont généralement destinées à réunir des fonds pour une œuvre de charité.

fetid ['fetɪd] *adj* fétide.

fetish ['fetɪʃ] *n* - **1.** [sexual obsession] objet *m* de fétichisme - **2.** [mania] manie *f*, obsession *f*.

fetishism ['fetɪʃɪzm] *n* fétichisme *m*.

fetlock ['fetlɒk] *n* boulet *m*.

fetter ['fetəʳ] *vt* [person] enchaîner ; [movements] entraver.

➡ **fetters** *npl* fers *mpl*, chaînes *fpl*.

fettle ['fetl] *n* : **in fine ~** en pleine forme.

fetus ['fiːtəs] = **foetus**.

feud [fjuːd] ◇ *n* querelle *f* ◇ *vi* se quereller.

feudal ['fjuːdl] *adj* féodal(e).

fever ['fiːvəʳ] *n* fièvre *f*.

fevered ['fiːvəd] *adj* fiévreux(euse).

feverish ['fiːvərɪʃ] *adj* fiévreux(euse).

fever pitch *n* comble *m*.

few [fjuː] ◇ *adj* peu de ; **the first ~ pages** les toutes premières pages ; **quite a ~, a good ~** pas mal de, un bon nombre de ; **~ and far between** rares ◇ *pron* peu ; **a ~** quelques-uns *mpl*, quelques-unes *fpl*.

fewer ['fjuːəʳ] ◇ *adj* moins (de) ; **no ~ than** pas moins de ◇ *pron* moins.

fewest ['fjuːəst] *adj* le moins (de).

FH Br *abbr of* **fire hydrant**.

FHA (*abbr of* **Federal Housing Administration**) *n* organisme de gestion des logements sociaux aux États-Unis.

fiancé [fɪ'ɒnseɪ] *n* fiancé *m*.

fiancée [fɪ'ɒnseɪ] *n* fiancée *f*.

fiasco [fɪ'æskəʊ] (Br *pl* **-s**, Am *pl* **-es**) *n* fiasco *m*.

fib [fɪb] (*pt* & *pp* **-bed** ; *cont* **-bing**) inf ◇ *n* bobard *m*, blague *f* ◇ *vi* raconter des bobards OR des blagues.

fibber ['fɪbəʳ] *n* inf menteur *m*, -euse *f*.

fibre Br, **fiber** Am ['faɪbəʳ] *n* fibre *f*.

fibreboard Br, **fiberboard** Am ['faɪbəbɔːd] *n* (U) panneau *m* de fibres.

fibreglass Br, **fiberglass** Am ['faɪbəglɑːs] ◇ *n* (U) fibre *f* de verre ◇ *comp* en fibre de verre.

fibre optics *n* (U) fibre *f* optique.

fibroid ['faɪbrɔɪd] *n* fibrome *m*.

fibrositis [ˌfaɪbrə'saɪtɪs] *n* fibrosite *f*.

FICA (*abbr of* **Federal Insurance Contributions Act**) *n* loi américaine régissant les cotisations sociales.

fickle ['fɪkl] *adj* versatile.

fiction ['fɪkʃn] *n* fiction *f*.

fictional ['fɪkʃənl] *adj* fictif(ive).

fictionalize, -ise ['fɪkʃənəlaɪz] *vt* romancer.

fictitious [fɪk'tɪʃəs] *adj* [false] fictif(ive).

fiddle ['fɪdl] ◇ *vi* [play around] : **to ~ with sthg** tripoter qqch ◇ *vt* Br inf truquer ◇ *n* - **1.** [violin] violon *m* ; **to be (as) fit as a ~** se porter comme un charme ; **to play second ~ (to sb)** jouer un rôle secondaire (auprès de qqn), passer au second plan (auprès de qqn) - **2.** Br inf [fraud] combine *f*, escroquerie *f*.

➡ **fiddle about, fiddle around** *vi* - **1.** [fidget] ne pas se tenir tranquille, s'agiter ; **to ~ about with sthg** tripoter qqch - **2.** [waste time] perdre son temps.

fiddler ['fɪdləʳ] *n* joueur *m*, -euse *f* de violon.

fiddly ['fɪdlɪ] (*compar* **-ier** ; *superl* **-iest**) *adj* Br inf délicat(e).

fidelity [fɪ'delətɪ] *n* - **1.** [loyalty] fidélité *f* - **2.** [accuracy - of report] fidélité *f*.

fidget ['fɪdʒɪt] *vi* remuer.

fidgety ['fɪdʒɪtɪ] *adj* inf remuant(e).

fiduciary [fɪ'djuːʃɪərɪ] (*pl* **-ies**) ◇ *adj* fiduciaire ◇ *n* fiduciaire *mf*.

field [fiːld] ◇ *n* - **1.** [gen & COMPUT] champ *m* ; **~ of vision** champ de vision - **2.** [for sports] terrain *m* - **3.** [of knowledge] domaine *m* - **4.** [real environment] : **in the ~** sur le terrain ◇ *vi* tenir le champ.

field day *n* : **to have a ~** s'en donner à cœur joie.

fielder ['fiːldəʳ] *n* joueur *m* qui tient le champ.

field event *n* compétition *f* d'athlétisme (hormis la course).

field glasses *npl* jumelles *fpl*.

field marshal *n* ≃ maréchal *m* (de France).

field mouse *n* mulot *m*.

field trip n voyage m d'étude.

fieldwork ['fiːldwɜːk] n (U) recherches fpl sur le terrain.

fieldworker ['fiːldwɜːkəʳ] n chercheur m, -euse f OR enquêteur m, -trice f sur le terrain.

fiend [fiːnd] n - **1.** [cruel person] monstre m - **2.** inf [fanatic] fou m, folle f, mordu m, -e f.

fiendish ['fiːndɪʃ] adj - **1.** [evil] abominable - **2.** inf [very difficult, complex] compliqué(e), complexe.

fierce [fɪəs] adj féroce ; [heat] torride ; [storm, temper] violent(e).

fiercely ['fɪəslɪ] adv férocement ; [attack] violemment ; [defend] avec acharnement.

fiery ['faɪərɪ] (compar -ier ; superl -iest) adj - **1.** [burning] ardent(e) - **2.** [spicy] très piquant(e) - **3.** [volatile - speech] enflammé(e) ; [- temper, person] fougueux(euse) - **4.** [bright red] flamboyant(e).

FIFA ['fiːfə] (abbr of **Fédération Internationale de Football Association**) n FIFA f.

fifteen [fɪf'tiːn] num quinze ; see also **six**.

fifteenth [ˌfɪf'tiːnθ] num quinzième ; see also **sixth**.

fifth [fɪfθ] num cinquième ; see also **sixth**.

Fifth Amendment n : the ~ le Cinquième Amendement (qui garantit les droits des inculpés, aux États-Unis).

fifth column n cinquième colonne f.

fiftieth ['fɪftɪəθ] num cinquantième ; see also **sixth**.

fifty ['fɪftɪ] num cinquante ; see also **sixty**.

fifty-fifty ⬦ adj moitié-moitié, fifty-fifty ; to have a ~ **chance** avoir cinquante pour cent de chances ⬦ adv moitié-moitié, fifty-fifty.

fig [fɪg] n figue f.

fight [faɪt] (pt & pp **fought**) ⬦ n - **1.** [physical] bagarre f ; to have a ~ (with sb) se battre (avec qqn), se bagarrer (avec qqn) ; to put up a ~ se battre, se défendre - **2.** fig [battle, struggle] lutte f, combat m - **3.** [argument] dispute f ; to have a ~ (with sb) se disputer (avec qqn) ⬦ vt - **1.** [physically] se battre contre OR avec - **2.** [conduct - war] mener - **3.** [enemy, racism] combattre ⬦ vi - **1.** [in war, punch-up] se battre - **2.** fig [struggle] : to ~ **for/against** sthg lutter pour/contre qqch - **3.** [argue] : to ~ **(about** OR **over)** se battre OR se disputer (à propos de).
◈ **fight back** ⬦ vt fus refouler ⬦ vi riposter.
◈ **fight off** vt sep - **1.** [attacker] repousser - **2.** [illness, desire] venir à bout de.
◈ **fight out** vt sep : leave them to ~ it out laisse-les se bagarrer et régler cela entre eux.

fighter ['faɪtəʳ] n - **1.** [plane] avion m de chasse, chasseur m - **2.** [soldier] combattant m - **3.** [combative person] battant m, -e f.

fighting ['faɪtɪŋ] n (U) [punch-up] bagarres fpl ; [in war] conflits mpl.

fighting chance n : to have a ~ avoir une petite chance.

figment ['fɪgmənt] n : a ~ of sb's imagination le fruit de l'imagination de qqn.

figurative ['fɪgərətɪv] adj - **1.** [meaning] figuré(e) - **2.** ART figuratif(ive).

figuratively ['fɪgərətɪvlɪ] adv au figuré.

figure [Br 'fɪgəʳ, Am 'fɪgjər] ⬦ n - **1.** [statistic, number] chiffre m ; to put a ~ on sthg chiffrer qqch - **2.** [human shape, outline] silhouette f, forme f - **3.** [personality, diagram] figure f - **4.** [shape of body] ligne f ⬦ vt esp Am [suppose] penser, supposer ⬦ vi [feature] figurer, apparaître.
◈ **figure out** vt sep [understand] comprendre ; [find] trouver.

figurehead ['fɪgəhed] n - **1.** [on ship] figure f de proue - **2.** fig & pej [leader] homme m de paille.

figure of eight Br, **figure eight** Am n huit m inv.

figure of speech n figure f de rhétorique.

figure skating n patinage m artistique.

figurine [Br 'fɪgəriːn, Am ˌfɪgjə'riːn] n figurine f.

Fiji ['fiːdʒiː] n Fidji fpl ; **in** ~ à Fidji.

Fijian [ˌfiː'dʒiːən] ⬦ adj fidjien(enne) ⬦ n Fidjien m, -enne f.

filament ['fɪləmənt] n [in light bulb] filament m.

filch [fɪltʃ] vt inf chiper.

file [faɪl] ⬦ n - **1.** [folder, report] dossier m ; **on** ~, **on the** ~s répertorié dans les dossiers - **2.** COMPUT fichier m - **3.** [tool] lime f - **4.** [line] : **in single** ~ en file indienne ⬦ vt - **1.** [document] classer - **2.** JUR [accusation, complaint] porter, déposer ; [- lawsuit] intenter - **3.** [fingernails, wood] limer ⬦ vi - **1.** [walk in single file] marcher en file indienne - **2.** JUR : to ~ **for divorce** demander le divorce.

file clerk Am = **filing clerk**.

filename ['faɪlˌneɪm] n COMPUT nom m de fichier.

filet Am = **fillet**.

filibuster ['fɪlɪbʌstəʳ] vi esp Am POL faire de l'obstruction parlementaire.

filigree ['fɪlɪgriː] ⬦ adj en filigrane ⬦ n filigrane m.

filing cabinet [ˈfaɪlɪŋ-] *n* classeur *m*, fichier *m*.

filing clerk [ˈfaɪlɪŋ-] *n* Br documentaliste *mf*.

Filipino [ˌfɪlɪˈpiːnəʊ] (*pl* -s) ◇ *adj* philippin(e) ◇ *n* Philippin *m*, -e *f*.

fill [fɪl] ◇ *vt* - **1.** [gen] remplir ; **to ~ sthg with sthg** remplir qqch de qqch - **2.** [gap, hole] boucher - **3.** [vacancy - subj : employer] pourvoir à ; [- subj : employee] prendre ◇ *n* : **to eat one's ~ manger à sa faim** ; **to have had one's ~ of sthg** en avoir assez de qqch.
◆ **fill in** ◇ *vt sep* - **1.** [form] remplir - **2.** [inform] : **to ~ sb in (on)** mettre qqn au courant (de) ◇ *vt fus* : **I'm just ~ing in time** je fais ça en attendant ◇ *vi* [substitute] : **to ~ in for sb** remplacer qqn.
◆ **fill out** ◇ *vt sep* [form] remplir ◇ *vi* [get fatter] prendre de l'embonpoint.
◆ **fill up** ◇ *vt sep* remplir ◇ *vi* se remplir.

filled [fɪld] *adj* - **1.** [roll] garni(e) - **2.** [with emotion] : **~ (with)** plein(e) (de).

filler [ˈfɪlər] *n* [for cracks] mastic *m*.

filler cap *n* Br bouchon *m* du réservoir d'essence.

fillet Br, **filet** Am [ˈfɪlɪt] *n* filet *m*.

fillet steak *n* filet *m* de bœuf.

fill-in *n* inf pis-aller *m inv*.

filling [ˈfɪlɪŋ] ◇ *adj* très nourrissant(e) ◇ *n* - **1.** [in tooth] plombage *m* - **2.** [in cake, sandwich] garniture *f*.

filling station *n* station-service *f*.

fillip [ˈfɪlɪp] *n* coup *m* de fouet.

filly [ˈfɪlɪ] (*pl* -ies) *n* pouliche *f*.

film [fɪlm] ◇ *n* - **1.** [movie] film *m* - **2.** [layer, for camera] pellicule *f* - **3.** [footage] images *fpl* ◇ *vt* & *vi* filmer.

filming [ˈfɪlmɪŋ] *n* (U) tournage *m*.

film star *n* vedette *f* de cinéma.

filmstrip [ˈfɪlmstrɪp] *n* film *m* fixe.

film studio *n* studio *m* (de cinéma).

Filofax® [ˈfaɪləʊfæks] *n* Filofax® *m*.

filter [ˈfɪltər] ◇ *n* filtre *m* ◇ *vt* [coffee] passer ; [water, oil, air] filtrer ◇ *vi* [people] : **to ~ in** entrer par petits groupes.
◆ **filter out** *vt sep* filtrer.
◆ **filter through** *vi* filtrer.

filter coffee *n* café *m* filtre.

filter lane *n* Br ≃ voie *f* de droite.

filter paper *n* papier *m* filtre.

filter-tipped [-ˈtɪpt] *adj* à bout filtre.

filth [fɪlθ] *n* (U) - **1.** [dirt] saleté *f*, crasse *f* - **2.** [obscenity] obscénités *fpl*.

filthy [ˈfɪlθɪ] (*compar* -ier ; *superl* -iest) *adj* - **1.** [very dirty] dégoûtant(e), répugnant(e) - **2.** [obscene] obscène.

filtration plant [fɪlˈtreɪʃn-] *n* station *f* d'épuration.

Fimbra [ˈfɪmbrə] (*abbr of* **Financial Intermediaries, Managers and Brokers Regulatory Association**) *n* organisme britannique contrôlant les activités des courtiers d'assurances.

fin [fɪn] *n* - **1.** [of fish] nageoire *f* - **2.** Am [for swimmer] palme *f*.

final [ˈfaɪnl] ◇ *adj* - **1.** [last] dernier(ère) - **2.** [at end] final(e) - **3.** [definitive] définitif(ive) ◇ *n* finale *f*.
◆ **finals** *npl* UNIV examens *mpl* de dernière année.

final demand *n* dernier avertissement *m*.

finale [fɪˈnɑːlɪ] *n* finale *m*.

finalist [ˈfaɪnəlɪst] *n* finaliste *mf*.

finalize, -ise [ˈfaɪnəlaɪz] *vt* mettre au point.

finally [ˈfaɪnəlɪ] *adv* enfin.

finance [*n* ˈfaɪnæns, *vb* faɪˈnæns] ◇ *n* (U) finance *f* ◇ *vt* financer.
◆ **finances** *npl* finances *fpl*.

financial [fɪˈnænʃl] *adj* financier(ère).

financial adviser *n* conseiller financier *m*, conseillère financière *f*.

financially [fɪˈnænʃəlɪ] *adv* financièrement.

financial services *npl* services *mpl* financiers.

financial year Br, **fiscal year** Am *n* exercice *m*.

financier [fɪˈnænsɪər] *n* Br financier *m*.

finch [fɪntʃ] *n* fringillidé *m*.

find [faɪnd] (*pt* & *pp* **found**) ◇ *vt* - **1.** [gen] trouver ; **to ~ one's way** trouver son chemin - **2.** [realize] : **to ~ (that) ...** s'apercevoir que ... - **3.** JUR : **to be found guilty/not guilty (of)** être déclaré(e) coupable/non coupable (de) ◇ *n* trouvaille *f*.
◆ **find out** ◇ *vi* se renseigner ◇ *vt fus* - **1.** [information] se renseigner sur - **2.** [truth] découvrir, apprendre ◇ *vt sep* démasquer.

findings [ˈfaɪndɪŋz] *npl* conclusions *fpl*.

fine [faɪn] ◇ *adj* - **1.** [good - work] excellent(e) ; [- building, weather] beau (belle) - **2.** [perfectly satisfactory] très bien ; **I'm ~** ça va bien - **3.** [thin smooth] fin(e) - **4.** [minute - detail, distinction] subtil(e) ; [- adjustment, tuning] délicat(e) ◇ *adv* [very well] très bien ◇ *n* amende *f* ◇ *vt* condamner à une amende.

fine arts *npl* beaux-arts *mpl*.

finely ['faɪnlɪ] *adv* - **1.** [chopped, ground] fin - **2.** [tuned, balanced] délicatement.

fineness ['faɪnnɪs] *n* finesse *f*.

finery ['faɪnərɪ] *n (U)* parure *f*.

finesse [fɪ'nes] *n* finesse *f*.

fine-tooth comb *n* : **to go over sthg with a ~** passer qqch au peigne fin.

fine-tune *vt* [mechanism] régler au quart de tour ; *fig* régler minutieusement.

finger ['fɪŋgəʳ] <> *n* doigt *m* ; **to keep one's ~s crossed** croiser les doigts ; **she didn't lay a ~ on him** elle n'a pas touché un cheveu de sa tête ; **he didn't lift a ~ to help** il n'a pas levé le petit doigt ; **to point a ~ at sb** [accuse] accuser qqn ; **to put one's ~ on sthg** mettre le doigt sur qqch ; **to twist sb round one's little ~** faire ce qu'on veut de qqn <> *vt* [feel] palper.

fingermark ['fɪŋgəmɑːk] *n* trace *f* de doigt.

fingernail ['fɪŋgəneɪl] *n* ongle *m* *(de la main)*.

fingerprint ['fɪŋgəprɪnt] *n* empreinte *f* (digitale) ; **to take sb's ~s** prendre les empreintes de qqn.

fingertip ['fɪŋgətɪp] *n* bout *m* du doigt ; **at one's ~s** sur le bout des doigts.

finicky ['fɪnɪkɪ] *adj pej* [eater, task] difficile ; [person] tatillon(onne).

finish ['fɪnɪʃ] <> *n* - **1.** [end] fin *f* ; [of race] arrivée *f* - **2.** [texture] finition *f* <> *vt* finir, terminer ; **to ~ doing sthg** finir *OR* terminer de faire qqch <> *vi* finir, terminer ; [school, film] se terminer.

 finish off *vt sep* finir, terminer.

 finish up *vi* finir.

 finish with *vt fus* [friend] en finir avec ; [boyfriend, girlfriend] rompre avec.

finished ['fɪnɪʃt] *adj* - **1.** [ready, done, over] fini(e), terminé(e) - **2.** [no longer interested] : **to be ~ with sthg** en avoir fini avec qqch - **3.** *inf* [done for] fichu(e).

finishing line ['fɪnɪʃɪŋ-] *n* ligne *f* d'arrivée.

finishing school ['fɪnɪʃɪŋ-] *n* école privée pour jeunes filles surtout axée sur l'enseignement des bonnes manières.

finite ['faɪnaɪt] *adj* fini(e).

Finland ['fɪnlənd] *n* Finlande *f* ; **in ~** en Finlande.

Finn [fɪn] *n* Finlandais *m*, -e *f*.

Finnish ['fɪnɪʃ] <> *adj* finlandais(e), finnois(e) <> *n* [language] finnois *m*.

fiord [fjɔːd] = **fjord**.

fir [fɜːʳ] *n* sapin *m*.

fire ['faɪəʳ] <> *n* - **1.** [gen] feu *m* ; **on ~** en feu ; **to catch ~** prendre feu ; **to set ~ to sthg** mettre le feu à qqch - **2.** [out of control] incendie *m* - **3.** Br [heater] appareil *m* de chauffage - **4.** *(U)* [shooting] coups *mpl* de feu ; **to open ~ (on)** ouvrir le feu (sur) <> *vt* - **1.** [shoot] tirer - **2.** *fig* [questions, accusations] lancer - **3.** *esp Am* [dismiss] renvoyer <> *vi* : **to ~ (on OR at)** faire feu (sur), tirer (sur).

fire alarm *n* avertisseur *m* d'incendie.

firearm ['faɪərɑːm] *n* arme *f* à feu.

fireball ['faɪəbɔːl] *n* boule *f* de feu.

firebomb ['faɪəbɒm] <> *n* bombe *f* incendiaire <> *vt* lancer des bombes incendiaires à.

firebreak ['faɪəbreɪk] *n* pare-feu *m* inv.

fire brigade Br, **fire department** Am *n* sapeurs-pompiers *mpl*.

fire chief Am = **fire master**.

firecracker ['faɪə,krækəʳ] *n* pétard *m*.

fire-damaged *adj* endommagé(e) par le feu.

fire department Am = **fire brigade**.

fire door *n* porte *f* coupe-feu.

fire drill *n* exercice *m* d'évacuation en cas d'incendie.

fire-eater *n* [performer] avaleur *m* de feu.

fire engine *n* voiture *f* de pompiers.

fire escape *n* escalier *m* de secours.

fire extinguisher *n* extincteur *m* d'incendie.

fire fighter *n* pompier *m*.

fireguard ['faɪəgɑːd] *n* garde-feu *m* inv.

fire hazard *n* : **to be a ~** présenter un risque d'incendie.

fire hydrant [-'haɪdrənt], **fireplug** Am ['faɪəplʌg] *n* bouche *f* d'incendie.

firelight ['faɪəlaɪt] *n (U)* lueur *f* du feu.

firelighter ['faɪəlaɪtəʳ] *n* allume-feu *m* inv.

fireman ['faɪəmən] *(pl* **-men** [-mən]*)* *n* pompier *m*.

fire master Br, **fire chief** Am *n* capitaine *m* des pompiers.

fireplace ['faɪəpleɪs] *n* cheminée *f*.

fireplug Am = **fire hydrant**.

firepower ['faɪə,paʊəʳ] *n* puissance *f* de feu.

fireproof ['faɪəpruːf] *adj* ignifugé(e).

fire-raiser [-,reɪzəʳ] *n* Br pyromane *mf*.

fire regulations *npl* consignes *fpl* en cas d'incendie.

fire service *n* Br sapeurs-pompiers *mpl*.

fireside ['faɪəsaɪd] *n* : **by the ~** au coin du feu.

fire station *n* caserne *f* des pompiers.

firewood ['faɪəwʊd] n bois m de chauffage.

firework ['faɪəwɜːk] n fusée f de feu d'artifice.

➤ **fireworks** npl [outburst of anger] étincelles fpl.

firework display n feu m d'artifice.

firing ['faɪərɪŋ] n (U) MIL tir m, fusillade f.

firing squad n peloton m d'exécution.

firm [fɜːm] ◇ adj - **1.** [gen] ferme ; **to stand ~** tenir bon - **2.** [support, structure] solide - **3.** [evidence, news] certain(e) ◇ n firme f, société f.

➤ **firm up** ◇ vt sep - **1.** [prices, trade] renforcer - **2.** [agreement] rendre définitif(ive) ◇ vi [prices, trade] se renforcer.

firmly ['fɜːmlɪ] adv fermement.

firmness ['fɜːmnɪs] n - **1.** [gen] fermeté f - **2.** [discipline] rigueur f - **3.** [of beliefs] force f.

first [fɜːst] ◇ adj premier(ère) ; **for the ~ time** pour la première fois ; **~ thing in the morning** tôt le matin ; **~ things ~** commençons par le plus important ; **I don't know the ~ thing about it** je ne sais absolument rien là-dessus, je n'y connais rien du tout ◇ adv - **1.** [before anyone else] en premier - **2.** [before anything else] d'abord ; **~ of all** tout d'abord - **3.** [for the first time] (pour) la première fois ◇ n - **1.** [person] premier m, -ère f - **2.** [unprecedented event] première f - **3.** Br UNIV diplôme universitaire avec mention très bien.

➤ **at first** adv d'abord.

➤ **at first hand** adv de première main.

first aid n (U) premiers secours mpl.

first-aider [-'eɪdə'] n secouriste mf.

first-aid kit n trousse f de premiers secours.

first-class adj - **1.** [excellent] excellent(e) - **2.** Br UNIV avec mention très bien - **3.** [ticket, compartment] de première classe ; [stamp, letter] tarif normal.

first-class mail n courrier m tarif normal.

first cousin n cousin germain m, cousine germaine f.

first day cover n émission f du premier jour.

first-degree adj - **1.** MED : **~ burn** brûlure f au premier degré - **2.** Am JUR : **~ murder** ≃ homicide m volontaire.

first floor n Br premier étage m ; Am rez-de-chaussée m inv.

firsthand [fɜːst'hænd] adj & adv de première main.

first lady n première dame f du pays, femme f du Président.

first language n langue f maternelle.

first lieutenant n lieutenant m.

firstly ['fɜːstlɪ] adv premièrement.

first mate n second m.

First Minister n [in Scottish Parliament] président m du Parlement écossais.

first name n prénom m.

➤ **first-name** adj : **to be on first-name terms with sb** appeler qqn par son prénom.

first night n première f.

first offender n délinquant m primaire.

first officer = first mate.

first-past-the-post system n Br système m majoritaire simple.

first-rate adj excellent(e).

first refusal n priorité f.

First Secretary n [in Welsh Assembly] président m de l'Assemblée galloise.

First World War n : **the ~** la Première Guerre Mondiale.

firtree ['fɜːtriː] = fir.

FIS (abbr of Family Income Supplement) n complément familial en Grande-Bretagne.

fiscal ['fɪskl] adj fiscal(e).

fiscal year Am = financial year.

fish [fɪʃ] (pl inv) ◇ n poisson m ◇ vt [river, sea] pêcher dans ◇ vi - **1.** [fisherman] : **to ~** (for sthg) pêcher (qqch) - **2.** [try to obtain] : **to ~ for** [compliments] essayer de s'attirer ; [information] essayer d'obtenir.

➤ **fish out** vt sep inf sortir, extirper.

fish and chips npl Br poisson m frit avec frites.

fish and chip shop n Br endroit où l'on vend du poisson frit et des frites.

fishbowl ['fɪʃbəʊl] n bocal m (à poissons).

fishcake ['fɪʃkeɪk] n croquette f de poisson.

fisherman ['fɪʃəmən] (pl -men [-mən]) n pêcheur m.

fishery ['fɪʃərɪ] (pl -ies) n pêcherie f.

fish-eye lens n objectif m ultra-grand angle.

fish factory n usine f piscicole.

fish farm n centre m de pisciculture.

fish fingers Br, **fish sticks** Am npl bâtonnets mpl de poisson panés.

fishhook ['fɪʃhʊk] n hameçon m.

fishing ['fɪʃɪŋ] n pêche f ; **to go ~** aller à la pêche.

fishing boat n bateau m de pêche.

fishing line n ligne f.

fishing rod n canne f à pêche.

fishmonger ['fɪʃˌmʌŋgə'] n esp Br poissonnier m, -ère f ; **~'s (shop)** poissonnerie f.

fishnet ['fɪʃnet] n - **1.** [for fishing] filet m - **2.** [material] : ~ **stockings/tights** bas mpl/collant m résille.

fish slice n Br pelle f à poisson.

fish sticks Am = **fish fingers.**

fishwife ['fɪʃwaɪf] (pl **-wives** [-waɪvz]) n pej mégère f.

fishy ['fɪʃɪ] (compar **-ier** ; superl **-iest**) adj - **1.** [smell, taste] de poisson - **2.** [suspicious] louche.

fission ['fɪʃn] n fission f.

fissure ['fɪʃə'] n fissure f.

fist [fɪst] n poing m.

fit [fɪt] (pt & pp **-ted** ; cont **-ting**) ◇ adj - **1.** [suitable] convenable ; **to be ~ for** sthg être bon (bonne) à qqch ; **to be ~ to do** sthg être apte à faire qqch ; **to see** OR **think ~ (to do** sthg) juger bon (de faire qqch) - **2.** [healthy] en forme ; **to keep ~** se maintenir en forme ◇ n - **1.** [of clothes, shoes etc] ajustement m ; **it's a tight ~** c'est un peu juste ; **it's a good ~** c'est la bonne taille - **2.** [epileptic seizure] crise f ; **to have a ~** avoir une crise ; fig piquer une crise - **3.** [bout - of crying] crise f ; [- of rage] accès m ; [- of sneezing] suite f ; **in ~s and starts** par à-coups ◇ vt - **1.** [be correct size for] aller à - **2.** [place] : **to ~** sthg **into** sthg insérer qqch dans qqch - **3.** [provide] : **to ~** sthg **with** sthg équiper OR munir qqch de qqch - **4.** [be suitable for] correspondre à - **5.** [for clothes] : **to be fitted for** essayer ◇ vi [be correct size, go] aller ; [into container] entrer.

➡ **fit in** ◇ vt sep [accommodate] prendre ◇ vi s'intégrer ; **to ~ in with** sthg correspondre à qqch ; **to ~ in with** sb s'accorder à qqn.

fitful ['fɪtful] adj [sleep] agité(e) ; [wind, showers] intermittent(e)

fitment ['fɪtmənt] n meuble m encastré.

fitness ['fɪtnɪs] n (U) - **1.** [health] forme f - **2.** [suitability] : ~ **(for)** aptitude f (pour).

fitted ['fɪtəd] adj - **1.** [suited] : ~ **for** OR **to** apte à ; **to be ~ to do** sthg être apte à faire qqch - **2.** [tailored - shirt, jacket] ajusté(e) ; ~ **sheet** drap-housse m - **3.** Br [built-in] encastré(e).

fitted carpet [,fɪtəd-] n moquette f.

fitted kitchen [,fɪtəd-] n Br cuisine f intégrée OR équipée.

fitter ['fɪtə'] n [mechanic] monteur m.

fitting ['fɪtɪŋ] ◇ adj fml approprié(e) ◇ n - **1.** [part] appareil m - **2.** [for clothing] essayage m.

➡ **fittings** npl installations fpl.

fitting room n cabine f d'essayage.

five [faɪv] num cinq ; see also **six.**

five-day week n semaine f de cinq jours.

fiver ['faɪvə'] n inf - **1.** Br [amount] cinq livres fpl ; [note] billet m de cinq livres - **2.** Am [amount] cinq dollars mpl ; [note] billet m de cinq dollars.

five-star adj [hotel] cinq étoiles ; [treatment] exceptionnel(elle).

fix [fɪks] ◇ vt - **1.** [gen] fixer ; **to ~** sthg **to** sthg fixer qqch à qqch - **2.** [in memory] graver - **3.** [repair] réparer - **4.** inf [rig] truquer - **5.** [food, drink] préparer ◇ n - **1.** inf [difficult situation] : **to be in a ~** être dans le pétrin - **2.** drugs sl piqûre f.

➡ **fix up** vt sep - **1.** [provide] : **to ~** sb **up with** sthg obtenir qqch pour qqn - **2.** [arrange] arranger.

fixation [fɪk'seɪʃn] n : ~ **(on** OR **about)** obsession f (de).

fixed [fɪkst] adj - **1.** [attached] fixé(e) - **2.** [set, unchanging] fixe ; [smile] figé(e).

fixed assets npl immobilisations fpl.

fixture ['fɪkstʃə'] n - **1.** [furniture] installation f - **2.** [permanent feature] tradition f bien établie - **3.** SPORT rencontre f (sportive).

fizz [fɪz] ◇ vi [lemonade, champagne] pétiller ; [fireworks] crépiter ◇ n [sound] pétillement m.

fizzle ['fɪzl] ➡ **fizzle out** vi [fire] s'éteindre ; [firework] se terminer ; [interest, enthusiasm] se dissiper.

fizzy ['fɪzɪ] (compar **-ier** ; superl **-iest**) adj pétillant(e).

fjord [fjɔːd] n fjord m.

FL abbr of **Florida.**

flab [flæb] n graisse f.

flabbergasted ['flæbəgɑːstɪd] adj sidéré(e).

flabby ['flæbɪ] (compar **-ier** ; superl **-iest**) adj mou (molle).

flaccid ['flæsɪd] adj flasque.

flag [flæg] (pt & pp **-ged** ; cont **-ging**) ◇ n drapeau m ◇ vi [person, enthusiasm, energy] faiblir ; [conversation] traîner.

➡ **flag down** vt sep [taxi] héler ; **to ~** sb **down** faire signe à qqn de s'arrêter.

Flag Day n [in US] le 14 juin, jour férié qui commémore la création du drapeau américain.

flag of convenience n pavillon m de complaisance.

flagon ['flægən] n - **1.** [bottle] bonbonne f - **2.** [jug] cruche f.

flagpole ['flægpəʊl] n mât m.

flagrant ['fleɪgrənt] adj flagrant(e).

flagship ['flægʃɪp] n - **1.** [ship] vaisseau m amiral - **2.** fig [product] produit m vedette ; [company] fleuron m.

flagstone ['flægstəʊn] n dalle f.

flail [fleɪl] *vi* battre l'air.

flair [fleəʳ] *n* - **1.** [talent] don *m* ; **to have a ~ for** sthg avoir un don pour qqch - **2.** (U) [stylishness] style *m*.

flak [flæk] *n* (U) - **1.** [gunfire] tir *m* antiaérien - **2.** inf [criticism] critiques *fpl* sévères.

flake [fleɪk] ⬦ *n* [of paint, plaster] écaille *f* ; [of snow] flocon *m* ; [of skin] petit lambeau *m* ⬦ *vi* [paint, plaster] s'écailler ; [skin] peler.

➤ **flake out** *vi* inf s'écrouler de fatigue.

flaky [ˈfleɪkɪ] (*compar* -ier ; *superl* -iest) *adj* - **1.** [flaking - skin] qui pèle ; [- paintwork] écaillé(e) ; [- texture] floconneux(euse) - **2.** Am inf [person] barjo.

flaky pastry *n* (U) pâte *f* feuilletée.

flambé [ˈflɑːmbeɪ] (*pt* & *pp* -ed ; *cont* -ing) ⬦ *adj* flambé(e) ⬦ *vt* flamber.

flamboyant [flæmˈbɔɪənt] *adj* - **1.** [showy, confident] extravagant(e) - **2.** [brightly coloured] flamboyant(e).

flame [fleɪm] ⬦ *n* flamme *f* ; **in ~s** en flammes ; **to burst into ~s** s'enflammer ; **old ~** ancien béguin *m* ⬦ *vi* - **1.** [be on fire] flamber - **2.** [redden] s'empourprer.

flameproof [ˈfleɪmpruːf] *adj* [dish] allant au feu.

flame-retardant [-rɪˈtɑːdənt] *adj* qui ralentit la propagation des flammes.

flame-thrower [-ˌθrəʊəʳ] *n* lance-flammes *m inv*.

flaming [ˈfleɪmɪŋ] *adj* - **1.** [fire-coloured] flamboyant(e) - **2.** Br [very angry] furibond(e) - **3.** Br inf [expressing annoyance] foutu(e), fichu(e).

flamingo [fləˈmɪŋɡəʊ] (*pl* -s OR -es) *n* flamant *m* rose.

flammable [ˈflæməbl] *adj* inflammable.

flan [flæn] *n* tarte *f*.

Flanders [ˈflɑːndəz] *n* Flandre *f*, Flandres *fpl*.

flange [flændʒ] *n* bride *f*.

flank [flæŋk] ⬦ *n* flanc *m* ⬦ *vt* : **to be ~ed by** être flanqué(e) de.

flannel [ˈflænl] *n* - **1.** [fabric] flanelle *f* - **2.** Br [facecloth] gant *m* de toilette.

➤ **flannels** *npl* pantalon *m* de flanelle.

flannelette [ˌflænəˈlet] *n* pilou *m*.

flap [flæp] (*pt* & *pp* -ped ; *cont* -ping) ⬦ *n* - **1.** [of envelope, pocket] rabat *m* ; [of skin] lambeau *m* - **2.** inf [panic] : **in a ~** paniqué(e) ⬦ *vt* & *vi* battre.

flapjack [ˈflæpdʒæk] *n* - **1.** Br [biscuit] biscuit *m* à l'avoine - **2.** Am [pancake] crêpe *f* épaisse.

flare [fleəʳ] ⬦ *n* [distress signal] fusée *f* éclairante ⬦ *vi* - **1.** [burn brightly] : **to ~ (up)** s'em-

braser - **2.** [intensify] : **to ~ (up)** [war, revolution] s'intensifier soudainement ; [person] s'emporter - **3.** [widen - trousers, skirt] s'évaser ; [- nostrils] se dilater.

➤ **flares** *npl* Br pantalon *m* à pattes d'éléphant.

flared [fleəd] *adj* [trousers] à pattes d'éléphant ; [skirt] évasé(e).

flash [flæʃ] ⬦ *adj* - **1.** PHOT au flash - **2.** inf [expensive-looking] tape-à-l'œil (*inv*) ⬦ *n* - **1.** [of light, colour] éclat *m* ; [of lightning] éclair *m* - **2.** PHOT flash *m* - **3.** [sudden moment] éclair *m* ; **in a ~** en un rien de temps ; **quick as a ~** rapide comme l'éclair ⬦ *vt* - **1.** [shine] projeter ; **to ~ one's headlights** faire un appel de phares - **2.** [send out - signal, smile] envoyer ; [- look] jeter - **3.** [show] montrer ⬦ *vi* - **1.** [torch] briller - **2.** [light - on and off] clignoter ; [eyes] jeter des éclairs - **3.** [rush] : **to ~ by** OR **past** passer comme un éclair - **4.** [thought] : **to ~ into one's mind** venir soudainement à l'esprit - **5.** [appear] surgir.

flashback [ˈflæʃbæk] *n* flash-back *m*, retour *m* en arrière.

flashbulb [ˈflæʃbʌlb] *n* ampoule *f* de flash.

flash card *n* carte portant un mot, une image etc utilisée comme aide à l'apprentissage.

flashcube [ˈflæʃkjuːb] *n* flash *m* en forme de cube.

flasher [ˈflæʃəʳ] *n* - **1.** Br [light] clignotant *m* - **2.** Br inf [man] exhibitionniste *m*.

flash flood *n* crue *f* subite.

flashgun [ˈflæʃɡʌn] *n* flash *m*.

flashlight [ˈflæʃlaɪt] *n* [torch] lampe *f* électrique.

flash point *n* - **1.** [moment] moment *m* critique - **2.** [place] point *m* chaud.

flashy [ˈflæʃɪ] (*compar* -ier ; *superl* -iest) *adj* inf tape-à-l'œil (*inv*).

flask [flɑːsk] *n* - **1.** [thermos flask] Thermos® *m* or *f* - **2.** CHEM ballon *m* - **3.** [hip flask] flasque *f*.

flat [flæt] (*compar* -ter ; *superl* -test) ⬦ *adj* - **1.** [gen] plat(e) - **2.** [tyre] crevé(e) - **3.** [refusal, denial] catégorique - **4.** [business, trade] calme - **5.** [dull - voice, tone] monotone ; [- performance, writing] terne - **6.** [MUS - person] qui chante trop grave ; [- note] bémol - **7.** [fare, price] fixe - **8.** [beer, lemonade] éventé(e) - **9.** [battery] à plat ⬦ *adv* - **1.** [level] à plat - **2.** [absolutely] : **~ broke** complètement fauché(e) - **3.** [exactly] : **two hours ~** deux heures pile - **4.** MUS faux ⬦ *n* - **1.** Br [apartment] appartement *m* - **2.** MUS bémol *m*.

➤ **flat out** *adv* [work] d'arrache-pied ; [travel - subj : vehicle] le plus vite possible.

flat cap *n* Br casquette *f*.

flat-chested [-'tʃestɪd] *adj* plate comme une limande.

flatfish ['flætfɪʃ] (*pl inv*) *n* poisson *m* plat.

flat-footed [-'futɪd] *adj* aux pieds plats.

flatlet ['flætlɪt] *n* Br studio *m*.

flatly ['flætlɪ] *adv* - **1.** [absolutely] catégoriquement - **2.** [dully - say] avec monotonie ; [- perform] de façon terne.

flatmate ['flætmeɪt] *n* Br *personne avec laquelle on partage un appartement*.

flat racing *n* (U) courses *fpl* de plat.

flat rate *n* tarif *m* forfaitaire.

flatten ['flætn] *vt* - **1.** [make flat - steel, paper] aplatir ; [- wrinkles, bumps] aplanir ; **to ~ o.s. against sthg** s'aplatir contre qqch - **2.** [destroy] raser - **3.** inf [knock out] assommer.

◆ **flatten out** ◇ *vi* s'aplanir ◇ *vt sep* aplanir.

flatter ['flætər] *vt* flatter ; **to ~ o.s. (that)** se flatter (*de* + *infin*).

flatterer ['flætərər] *n* flatteur *m*, -euse *f*.

flattering ['flætərɪŋ] *adj* - **1.** [complimentary] flatteur(euse) - **2.** [clothes] seyant(e).

flattery ['flætərɪ] *n* flatterie *f*.

flatulence ['flætjuləns] *n* flatulence *f*.

flatware ['flætweər] *n* (U) Am couverts *mpl*.

flaunt [flɔːnt] *vt* faire étalage de.

flautist Br ['flɔːtɪst], **flutist** Am ['fluːtɪst] *n* flûtiste *mf*.

flavour Br, **flavor** Am ['fleɪvər] ◇ *n* - **1.** [of food] goût *m* ; [of ice cream, yoghurt] parfum *m* - **2.** fig [atmosphere] atmosphère *f* ◇ *vt* parfumer.

flavouring Br, **flavoring** Am ['fleɪvərɪŋ] *n* (U) parfum *m*.

flaw [flɔː] *n* [in material, character] défaut *m* ; [in plan, argument] faille *f*.

flawed [flɔːd] *adj* [material, character] qui présente des défauts ; [plan, argument] qui présente des failles.

flawless ['flɔːlɪs] *adj* parfait(e).

flax [flæks] *n* lin *m*.

flay [fleɪ] *vt* [skin] écorcher.

flea [fliː] *n* puce *f* ; **to send sb away with a ~ in his/her ear** envoyer promener qqn.

flea market *n* marché *m* aux puces.

fleck [flek] ◇ *n* moucheture *f*, petite tache *f* ◇ *vt* : **~ed with** moucheté(e) de.

fled [fled] *pt* & *pp* ▷ **flee**.

fledg(e)ling ['fledʒlɪŋ] ◇ *adj* [industry] nouveau(elle) ; [doctor, democracy] jeune ◇ *n* oisillon *m*.

flee [fliː] (*pt* & *pp* **fled**) *vt* & *vi* fuir.

fleece [fliːs] ◇ *n* toison *f* ◇ *vt* inf escroquer.

fleet [fliːt] *n* - **1.** [of ships] flotte *f* - **2.** [of cars, buses] parc *m*.

fleeting ['fliːtɪŋ] *adj* [moment] bref (brève) ; [look] fugitif(ive) ; [visit] éclair (*inv*).

Fleet Street *n* rue de Londres dont le nom est utilisé pour désigner la presse britannique.

FLEET STREET

Cette rue de la City est traditionnellement celle des journaux. Aujourd'hui, beaucoup de journaux ont établi leur siège dans d'autres quartiers, notamment les Docklands. Cependant, le terme « Fleet Street » est encore employé pour désigner la presse et le monde du journalisme.

Fleming ['flemɪŋ] *n* Flamand *m*, -e *f*.

Flemish ['flemɪʃ] ◇ *adj* flamand(e) ◇ *n* [language] flamand *m* ◇ *npl* : **the ~** les Flamands *mpl*.

flesh [fleʃ] *n* chair *f* ; **his/her ~ and blood** [family] les siens ; **in the ~** en chair et en os.

◆ **flesh out** *vt sep* étoffer.

flesh wound *n* blessure *f* superficielle.

fleshy ['fleʃɪ] (*compar* **-ier** ; *superl* **-iest**) *adj* [arms] charnu(e) ; [person] bien en chair ; [cheeks] joufflu(e).

flew [fluː] *pt* ▷ **fly**.

flex [fleks] ◇ *n* ELEC fil *m* ◇ *vt* [bend] fléchir.

flexibility ['fleksə'bɪlətɪ] *n* flexibilité *f*.

flexible ['fleksəbl] *adj* flexible.

flexitime ['fleksɪtaɪm] *n* (U) horaire *m* à la carte OR flexible.

flick [flɪk] ◇ *n* - **1.** [of whip, towel] petit coup *m* - **2.** [with finger] chiquenaude *f* ◇ *vt* - **1.** [whip, towel] donner un petit coup de - **2.** [with finger - remove] enlever d'une chiquenaude ; [- throw] envoyer d'une chiquenaude - **3.** [switch] appuyer sur.

◆ **flicks** *npl* inf : **the ~s** le ciné.

◆ **flick through** *vt fus* feuilleter.

flicker ['flɪkər] ◇ *n* - **1.** [of light, candle] vacillement - **2.** [of hope, interest] lueur *f* ◇ *vi* - **1.** [candle, light] vaciller - **2.** [shadow] trembler ; [eyelids] ciller.

flick knife *n* Br couteau *m* à cran d'arrêt.

flier ['flaɪər] *n* - **1.** [pilot] aviateur *m*, -trice *f* - **2.** esp Am [advertising leaflet] prospectus *m*.

flight [flaɪt] *n* - **1.** [gen] vol *m* ; **~ of fancy** OR **of the imagination** envolée *f* de l'imagination - **2.** [of steps, stairs] volée *f* - **3.** [escape] fuite *f*.

flight attendant n steward m, hôtesse f de l'air.

flight crew n équipage m.

flight deck n - **1.** [of aircraft carrier] pont m d'envol - **2.** [of plane] cabine f de pilotage.

flight path n trajectoire f.

flight recorder n enregistreur m de vol.

flighty ['flaɪtɪ] (compar -ier ; superl -iest) adj frivole.

flimsy ['flɪmzɪ] (compar -ier ; superl -iest) adj [dress, material] léger(ère) ; [building, bookcase] peu solide ; [excuse] piètre.

flinch [flɪntʃ] vi tressaillir ; **to ~ from sthg/from doing sthg** reculer devant qqch/à l'idée de faire qqch.

fling [flɪŋ] (pt & pp **flung**) ◇ n [affair] aventure f, affaire f ◇ vt lancer ; **to ~ o.s. into an armchair/onto the ground** se jeter dans un fauteuil/par terre.

flint [flɪnt] n - **1.** [rock] silex m - **2.** [in lighter] pierre f.

flip [flɪp] (pt & pp **-ped** ; cont **-ping**) ◇ vt - **1.** [turn - pancake] faire sauter ; [- record] tourner - **2.** [switch] appuyer sur - **3.** [flick] envoyer d'une chiquenaude ; **to ~ a coin** jouer à pile ou face ◇ vi [lose control] flipper ; inf [become angry] piquer une colère ◇ n - **1.** [flick] chiquenaude f - **2.** [somersault] saut m périlleux.

➤ **flip through** vt fus feuilleter.

flip-flop n [shoe] tong f.

flippant ['flɪpənt] adj désinvolte.

flippantly ['flɪpəntlɪ] adv avec désinvolture.

flipper ['flɪpəʳ] n - **1.** [of animal] nageoire f - **2.** [for swimmer, diver] palme f.

flipping ['flɪpɪŋ] Br inf ◇ adj fichu(e) ◇ adv sacrément.

flip side n [of record] face f B.

flirt [flɜːt] ◇ n flirt m ◇ vi - **1.** [with person] : **to ~ (with sb)** flirter (avec qqn) - **2.** [with idea] : **to ~ with sthg** caresser qqch.

flirtation [flɜːˈteɪʃn] n - **1.** [gen] flirt m - **2.** [brief interest] : **to have a ~ with sthg** caresser qqch.

flirtatious [flɜːˈteɪʃəs] adj flirteur(euse).

flit [flɪt] (pt & pp **-ted** ; cont **-ting**) vi - **1.** [bird] voleter - **2.** [expression, idea] : **to ~ across** traverser.

float [fləʊt] ◇ n - **1.** [for buoyancy] flotteur m - **2.** [in procession] char m - **3.** [money] petite caisse f ◇ vt - **1.** [on water] faire flotter - **2.** [idea, project] lancer ◇ vi [on water] flotter ; [through air] glisser.

floating ['fləʊtɪŋ] adj - **1.** [on water] flottant(e) - **2.** [transitory] instable.

floating voter n Br électeur indécis m, électrice indécise f.

flock [flɒk] ◇ n - **1.** [of birds] vol m ; [of sheep] troupeau m - **2.** fig [of people] foule f ◇ vi : **to ~ to aller en masse à**.

floe [fləʊ] n banquise f.

flog [flɒg] (pt & pp **-ged** ; cont **-ging**) vt - **1.** [whip] flageller - **2.** Br inf [sell] refiler.

flood [flʌd] ◇ n - **1.** [of water] inondation f - **2.** [great amount] déluge m, avalanche f ◇ vt - **1.** [with water, light] inonder - **2.** [overwhelm] : **to ~ sthg (with)** inonder qqch (de) ; **to ~ the market** inonder le marché ◇ vi - **1.** [river] déborder - **2.** [street, land] être inondé(e) - **3.** [arrive in great amounts] : **applications have ~ed in** on a été inondé de demandes ; **to ~ back** revenir en foule.

➤ **floods** npl - **1.** [of water] inondations fpl - **2.** fig [of tears] torrents mpl.

floodgates ['flʌdgeɪts] npl : **to open the ~** ouvrir les vannes.

flooding ['flʌdɪŋ] n (U) inondations fpl.

floodlight ['flʌdlaɪt] n projecteur m.

floodlit ['flʌdlɪt] adj [match, ground] éclairé(e) (avec des projecteurs) ; [building] illuminé(e).

flood tide n marée f haute.

floor [flɔːʳ] ◇ n - **1.** [of room] sol m ; [of club, disco] piste f - **2.** [of valley, sea, forest] fond m - **3.** [storey] étage m - **4.** [at meeting, debate] auditoire m - **5.** ST EX corbeille f ◇ vt - **1.** [knock down] terrasser - **2.** [baffle] dérouter.

floorboard ['flɔːbɔːd] n plancher m.

floor cloth n Br serpillière f.

flooring ['flɔːrɪŋ] n planchéiage m.

floor lamp n Am lampadaire m.

floor show n spectacle m de cabaret.

floorwalker ['flɔːˌwɔːkəʳ] n surveillant m, -e f de magasin.

floozy ['fluːzɪ] (pl **-ies**) n dated & pej pouffiasse f.

flop [flɒp] (pt & pp **-ped** ; cont **-ping**) inf ◇ n [failure] fiasco m ◇ vi - **1.** [fail] être un fiasco - **2.** [fall - subj : person] s'affaler.

floppy ['flɒpɪ] (compar -ier ; superl -iest) adj [flower] flasque ; [collar] lâche.

floppy (disk) n disquette f, disque m souple.

flora ['flɔːrə] n flore f ; **~ and fauna** la flore et la faune.

floral ['flɔːrəl] adj floral(e) ; [pattern, dress] à fleurs.

Florence ['flɒrəns] n Florence.

floret ['flɒrɪt] *n* [of cauliflower, broccoli] bouquet *m*.

florid ['flɒrɪd] *adj* - **1.** [red] rougeaud(e) - **2.** [extravagant] fleuri(e).

Florida ['flɒrɪdə] *n* Floride *f* ; **in** ~ en Floride.

florist ['flɒrɪst] *n* fleuriste *mf* ; ~**'s (shop)** magasin *m* de fleuriste.

floss [flɒs] ◇ *n (U)* - **1.** [silk] bourre *f* de soie - **2.** [dental floss] fil *m* dentaire ◇ *vt* : **to** ~ **one's teeth** se nettoyer les dents au fil dentaire.

flotation [fləʊ'teɪʃn] *n* COMM lancement *m*.

flotilla [flə'tɪlə] *n* flottille *f*.

flotsam ['flɒtsəm] *n (U)* : ~ **and jetsam** débris *mpl ;* fig épaves *fpl*.

flounce [flaʊns] ◇ *n* volant *m* ◇ *vi* : **to** ~ **out/off** sortir/partir dans un mouvement d'humeur.

flounder ['flaʊndə'] (*pl inv* OR **-s**) ◇ *n* flet *m* ◇ *vi* - **1.** [in water, mud, snow] patauger - **2.** [in conversation] bredouiller.

flour ['flaʊə'] *n* farine *f*.

flourish ['flʌrɪʃ] ◇ *vi* [plant, flower] bien pousser ; [children] être en pleine santé ; [company, business] prospérer ; [arts] s'épanouir ◇ *vt* brandir ◇ *n* grand geste *m*.

flourishing ['flʌrɪʃɪŋ] *adj* [plant, garden] florissant(e) ; [children] resplendissant(e) de santé ; [company, arts] prospère.

flout [flaʊt] *vt* bafouer.

flow [fləʊ] ◇ *n* - **1.** [movement - of water, information] circulation *f ;* [- of funds] mouvement *m ;* [- of words] flot *m* - **2.** [of tide] flux *m* ◇ *vi* - **1.** [gen] couler - **2.** [traffic, days, weeks] s'écouler - **3.** [tide] monter - **4.** [hair, clothes] flotter - **5.** [result] : **to** ~ **from** découler de.

flow chart, flow diagram *n* organigramme *m*.

flower ['flaʊə'] ◇ *n* fleur *f* ◇ *comp* [arrangement, pattern] floral(e) ◇ *vi* - **1.** [bloom] fleurir - **2.** fig [flourish] s'épanouir.

flowerbed ['flaʊəbed] *n* parterre *m*.

flowered ['flaʊəd] *adj* à fleurs.

flowering ['flaʊərɪŋ] ◇ *adj* à fleurs ◇ *n* épanouissement *m*.

flowerpot ['flaʊəpɒt] *n* pot *m* de fleurs.

flowery ['flaʊərɪ] (*compar* **-ier** ; *superl* **-iest**) *adj* - **1.** [dress, material] à fleurs - **2.** pej [style] fleuri(e).

flowing ['fləʊɪŋ] *adj* [water, writing] coulant(e) ; [hair, robes] flottant(e).

flown [fləʊn] *pp* ⊳ **fly**.

fl. oz. *abbr of* **fluid ounce**.

flu [fluː] *n (U)* grippe *f ;* **to have** ~ avoir la grippe.

fluctuate ['flʌktʃʊeɪt] *vi* fluctuer.

fluctuation [ˌflʌktʃʊ'eɪʃn] *n* fluctuation *f*.

flue [fluː] *n* conduit *m*, tuyau *m*.

fluency ['fluːənsɪ] *n* aisance *f ;* ~ **in French** aisance à s'exprimer en français.

fluent ['fluːənt] *adj* - **1.** [in foreign language] : **to speak** ~ **French** parler couramment le français ; **to be** ~ **(in French)** parler couramment (le français) - **2.** [writing, style] coulant(e), aisé(e).

fluently ['fluːəntlɪ] *adv* - **1.** [speak - in foreign language] couramment - **2.** [read, speak, write] avec aisance.

fluff [flʌf] ◇ *n (U)* - **1.** [down] duvet *m* - **2.** [dust] moutons *mpl* ◇ *vt* - **1.** [puff up] faire bouffer - **2.** inf [do badly] rater.

fluffy ['flʌfɪ] (*compar* **-ier** ; *superl* **-iest**) *adj* duveteux(euse) ; [toy] en peluche.

fluid ['fluːɪd] ◇ *n* fluide *m* ; [in diet, for cleaning] liquide *m* ◇ *adj* - **1.** [flowing] fluide - **2.** [unfixed] changeant(e).

fluid ounce *n* = 0,03 litre.

fluke [fluːk] *n* inf [chance] coup *m* de bol.

flummox ['flʌməks] *vt* inf désarçonner.

flung [flʌŋ] *pt* & *pp* ⊳ **fling**.

flunk [flʌŋk] esp Am inf ◇ *vt* - **1.** [exam, test] rater - **2.** [student] recaler ◇ *vi* se faire recaler.

fluorescent [fluə'resənt] *adj* fluorescent(e).

fluorescent light *n* lumière *f* fluorescente.

fluoridate ['fluərɪdeɪt] *vt* fluorurer.

fluoride ['fluəraɪd] *n* fluorure *m*.

fluorine ['fluəriːn] *n* fluor *m*.

flurry ['flʌrɪ] (*pl* **-ies**) *n* - **1.** [of snow] rafale *f*, averse *f* - **2.** fig [of objections] concert *m ;* [of activity, excitement] débordement *m*.

flush [flʌʃ] ◇ *adj* - **1.** [level] : ~ **with** de niveau avec - **2.** inf [rich] plein(e) aux as ◇ *n* - **1.** [in lavatory] chasse *f* d'eau - **2.** [blush] rougeur *f* - **3.** [sudden feeling] accès *m ;* **in the first** ~ **of sthg** literary dans la première ivresse de qqch ◇ *vt* - **1.** [toilet] : **to** ~ **the toilet** tirer la chasse d'eau ; **to** ~ **sthg down the toilet** faire partir qqch en tirant la chasse d'eau - **2.** [force out of hiding] : **to** ~ **sb out** déloger qqn ◇ *vi* [blush] rougir.

flushed [flʌʃt] *adj* - **1.** [red-faced] rouge - **2.** [excited] : ~ **with** exalté(e) par.

fluster ['flʌstə'] ◇ *n* trouble *m* ◇ *vt* troubler.

flustered ['flʌstəd] *adj* troublé(e).

flute [fluːt] *n* MUS flûte *f*.

fluted ['fluːtɪd] *adj* cannelé(e).

flutist Am = flautist.

flutter ['flʌtə'] ⟨› n - 1.** [of wings] battement m
- **2.** [of heart] palpitation f - **3. inf** [of excitement]
émoi m ⟨› vt battre ⟨› vi - **1.** [bird, insect] voleter ; [wings] battre - **2.** [flag, dress] flotter
- **3.** [heart] palpiter.

flux [flʌks] n [change] **: to be in a state of ~** être
en proie à des changements permanents.

fly [flaɪ] (pl **flies,** pt **flew,** pp **flown**) ⟨› n - 1.** [in-
sect] mouche f ; **a ~ in the ointment** fig un en-
nui, un hic - **2.** [of trousers] braguette f ⟨› vt
- **1.** [kite, plane] faire voler - **2.** [passengers, sup-
plies] transporter par avion - **3.** [flag] faire
flotter ⟨› vi - **1.** [bird, insect, plane] voler - **2.** [pi-
lot] faire voler un avion - **3.** [passenger] voyager en avion - **4.** [move fast, pass quickly] filer ;
time flies comme le temps passe - **5.** [ru-
mours, stories] se répandre comme une traînée de poudre - **6.** [attack] **. to ~ at sb** sauter
sur qqn - **7.** [flag] flotter.

▸ **fly away** vi s'envoler.

▸ **fly in** ⟨› vt sep envoyer par avion ⟨› vi
[plane] arriver ; [person] arriver par avion.

▸ **fly into** vt fus **: to ~ into a rage/temper**
s'emporter.

▸ **fly out** ⟨› vt sep envoyer par avion
⟨› vi [plane] partir ; [person] partir en avion.

flyby ['flaɪ,baɪ] Am = flypast.

fly-fishing n pêche f à la mouche.

fly half n Br demi m d'ouverture.

flying ['flaɪɪŋ] ⟨› adj volant(e) ⟨› n aviation
f ; **to like ~** aimer prendre l'avion.

flying colours npl **: to pass (sthg) with ~**
réussir (qqch) haut la main.

flying doctor n médecin m volant.

flying officer n Br lieutenant m de l'armée
de l'air.

flying picket n piquet m de grève volant.

flying saucer n soucoupe f volante.

flying squad n Br force d'intervention rapide de la police.

flying start n **: to get off to a ~** prendre un
départ sur les chapeaux de roue.

flying visit n visite f éclair.

flyleaf ['flaɪliːf] (pl **-leaves** [-liːvz]) n page f de
garde.

flyover ['flaɪ,əʊvə'] n Br autopont m.

flypast ['flaɪ,pɑːst] n Br défilé m aérien.

flysheet ['flaɪʃiːt] n auvent m.

fly spray n insecticide m.

flyweight ['flaɪweɪt] n poids m mouche.

flywheel ['flaɪwiːl] n volant m.

FM n - **1.** (abbr of **frequency modulation**) FM f
- **2.** abbr of **field marshal.**

FMB (abbr of **Federal Maritime Board**) n conseil supérieur de la marine marchande américaine.

FMCS (abbr of **Federal Mediation and Conciliation Services**) n organisme américain de
conciliation des conflits du travail.

FO (abbr of **Foreign Office**) n ministère britannique des affaires étrangères.

foal [fəʊl] n poulain m.

foam [fəʊm] ⟨› n (U) - 1.** [bubbles] mousse f
- **2. : ~ (rubber)** caoutchouc m Mousse®
⟨› vi [water, champagne] mousser.

foamy ['fəʊmɪ] (compar **-ier** ; superl **-iest**) adj
[with bubbles] mousseux(euse).

fob [fɒb] (pt & pp **-bed** ; cont **-bing**) ▸ **fob
off** vt sep repousser ; **to ~ sthg off on sb** refiler qqch à qqn ; **to ~ sb off with sthg** se débarrasser de qqn à l'aide de qqch.

FOB, f.o.b. (abbr of **free on board**) FOB,
F.o.b.

fob watch n montre f de gousset.

foc (abbr of **free of charge**) Fco.

focal ['fəʊkl] adj lit & fig focal(e).

focal point n foyer m ; fig point m central.

focus ['fəʊkəs] (pl **-cuses** [-kəsiːz] OR **-ci** [-kaɪ])
⟨› n - **1.** PHOT mise f au point ; **in ~** net ; **out of
~** flou - **2.** [centre - of rays] foyer m ; [- of earth-
quake] centre m ; **~ of attention** centre d'attention ⟨› vt [lens, camera] mettre au point ;
to ~ sthg on [lens, camera, eyes] ajuster qqch
sur ; [attention] concentrer qqch sur ⟨› vi
- **1.** [with camera, lens] se fixer ; [eyes] accommoder ; **to ~ on sthg** [with camera, lens] se fixer sur
qqch ; [with eyes] fixer qqch - **2.** [attention] **: to
~ on sthg** se concentrer sur qqch.

fodder ['fɒdə'] n (U) fourrage m.

foe [fəʊ] n literary ennemi m.

FOE n - **1.** (abbr of **Friends of the Earth**) AT
mpl - **2.** (abbr of **Fraternal Order of Eagles**) organisation caritative américaine.

foetal ['fiːtl] adj [position] fœtal(e) ; [death] du
fœtus.

foetus ['fiːtəs] n fœtus m.

fog [fɒg] n (U) brouillard m.

fogbound ['fɒgbaʊnd] adj bloqué(e) par le
brouillard.

fogey ['fəʊgɪ] = fogy.

foggiest ['fɒgɪəst] n inf **: I haven't the ~** je
n'en ai pas la moindre idée.

foggy ['fɒgɪ] (compar **-ier** ; superl **-iest**) adj [mis-
ty] brumeux(euse).

foghorn ['fɒghɔːn] n sirène f de brume.

fog lamp n feu m de brouillard.

fogy ['fəʊgɪ] (pl **-ies**) n inf : **old ~** vieux machin m.

foible ['fɔɪbl] n marotte f.

foil [fɔɪl] ⬦ n - **1.** (U) [metal sheet - of tin, silver] feuille f ; [- CULIN] papier m d'aluminium - **2.** [contrast] : **to be a ~ to** OR **for** servir de repoussoir m à ⬦ vt déjouer.

foist [fɔɪst] vt : **to ~ sthg on sb** imposer qqch à qqn.

fold [fəʊld] ⬦ vt - **1.** [bend, close up] plier ; **to ~ one's arms** croiser les bras - **2.** [wrap] envelopper ⬦ vi - **1.** [close up - table, chair] se plier ; [- petals, leaves] se refermer - **2.** inf [company, project] échouer ; THEATRE quitter l'affiche ⬦ n - **1.** [in material, paper] pli m - **2.** [for animals] parc m - **3.** fig [spiritual home] : **the ~** le bercail.

➡ **fold up** ⬦ vt sep plier ⬦ vi - **1.** [close up - table, map] se plier ; [- petals, leaves] se refermer - **2.** [company, project] échouer.

foldaway ['fəʊldə,weɪ] adj pliant(e).

folder ['fəʊldəʳ] n - **1.** [for papers - wallet] chemise f ; [- binder] classeur m - **2.** COMPUT classeur m.

folding ['fəʊldɪŋ] adj [table, umbrella] pliant(e) ; [doors] en accordéon.

foliage ['fəʊlɪɪdʒ] n feuillage m.

folk [fəʊk] ⬦ adj [art, dancing] folklorique ; [medicine] populaire ⬦ npl [people] gens mpl ⬦ n [music] musique f folk.

➡ **folks** npl inf - **1.** [relatives] famille f - **2.** [everyone] : **hi there ~s!** bonjour tout le monde!

folklore ['fəʊklɔːʳ] n folklore m.

folk music n musique f folk.

folk singer n chanteur m, -euse f folk.

folk song n chanson f folk.

folksy ['fəʊksɪ] (compar **-ier** ; superl **-iest**) adj Am inf sympa (inv), décontract (inv).

follicle ['fɒlɪkl] n follicule m.

follow ['fɒləʊ] ⬦ vt suivre ; **(to be) ~ed by sthg** (être) suivi de qqch ⬦ vi - **1.** [gen] suivre ; **as ~s** comme suit - **2.** [be logical] tenir debout ; **it ~s that ...** il s'ensuit que ...

➡ **follow up** vt sep - **1.** [pursue - idea, suggestion] prendre en considération ; [- advertisement] donner suite à - **2.** [complete] : **to ~ sthg up with** faire suivre qqch de.

follower ['fɒləʊəʳ] n [believer] disciple mf.

following ['fɒləʊɪŋ] ⬦ adj suivant(e) ⬦ n groupe m d'admirateurs ⬦ prep après.

follow-up ⬦ adj complémentaire ⬦ n suite f.

folly ['fɒlɪ] n (U) [foolishness] folie f.

foment [fəʊ'ment] vt fml fomenter.

fond [fɒnd] adj - **1.** [affectionate] affectueux(eu-se) ; **to be ~ of** aimer beaucoup - **2.** literary [hope, wish] naïf (naïve).

fondle ['fɒndl] vt caresser.

fondly ['fɒndlɪ] adv - **1.** [affectionately - gaze, smile] affectueusement ; [- remember] avec tendresse - **2.** literary [believe, wish] naïvement.

fondness ['fɒndnɪs] n [for person] affection f ; [for thing] penchant m.

fondue ['fɒndjuː] n fondue f.

font [fɒnt] n - **1.** [in church] fonts mpl baptismaux - **2.** COMPUT & TYPO police f (de caractères).

food [fuːd] n nourriture f ; **that's ~ for thought** cela donne à réfléchir.

food chain n chaîne f alimentaire.

food mixer n mixer m.

food poisoning [-,pɔɪznɪŋ] n intoxication f alimentaire.

food processor [-,prəʊsesəʳ] n robot m ménager.

food stamp n Am bon m alimentaire (accordé aux personnes sans ressources).

foodstuffs ['fuːdstʌfs] npl denrées fpl alimentaires.

fool [fuːl] ⬦ n - **1.** [idiot] idiot m, -e f ; **to make a ~ of sb** tourner qqn en ridicule ; **to make a ~ of o.s.** se rendre ridicule ; **to act** OR **play the ~** faire l'imbécile - **2.** Br [dessert] ≃ mousse f ⬦ vt duper ; **to ~ sb into doing sthg** amener qqn à faire qqch en le dupant ⬦ vi faire l'imbécile.

➡ **fool about, fool around** vi - **1.** [behave foolishly] faire l'imbécile - **2.** [be unfaithful] être infidèle

foolhardy ['fuːl,hɑːdɪ] adj téméraire.

foolish ['fuːlɪʃ] adj idiot(e), stupide.

foolishly ['fuːlɪʃlɪ] adv stupidement, bêtement.

foolishness ['fuːlɪʃnɪs] n (U) bêtise f.

foolproof ['fuːlpruːf] adj infaillible.

foolscap ['fuːlzkæp] n (U) papier m ministre.

foot [fʊt] (pl sense 1 **feet** [fiːt], pl sense 2 inv OR **feet**) ⬦ n - **1.** [gen] pied m ; [of animal] patte f ; [of page, stairs] bas m ; **to be on one's feet** être debout ; **to get to one's feet** se mettre debout, se lever ; **on ~** à pied ; **to be back on one's feet** être remis (d'une maladie) ; **to have itchy feet** avoir la bougeotte ; **to put one's ~ down** mettre le holà ; **to put one's ~ in it** mettre les pieds dans le plat ; **to put one's feet up** se reposer ; **to be rushed off one's feet** ne pas avoir le temps de souffler ; **to set ~ in** mettre le pied en ; **to stand on one's own two feet** se débrouiller (par soi-même) **- 2.** [unit of measurement] = *30,48 cm*, ≃ pied *m* ◇ **to ~ the bill** payer la note.

footage ['fʊtɪdʒ] *n* (U) séquences *fpl*.

foot-and-mouth disease *n* fièvre *f* aphteuse.

football ['fʊtbɔːl] *n* **- 1.** [game - soccer] football *m*, foot *m* ; [- American football] football américain **- 2.** [ball] ballon *m* de football OR foot.

football club *n* Br club *m* de football.

footballer ['fʊtbɔːlər] *n* Br joueur *m*, -euse *f* de football, footballeur *m*, -euse *f*.

football field *n* Am terrain *m* de football américain.

football game *n* Am match *m* de football américain.

football ground *n* Br terrain *m* de football.

football match *n* Br match *m* de football.

football player = **footballer**.

football pools *npl* Br ≃ loto *m* sportif.

football supporter *n* supporter *m* (de football).

footbrake ['fʊtbreɪk] *n* frein *m* (à pied).

footbridge ['fʊtbrɪdʒ] *n* passerelle *f*.

foot fault *n* faute *f* de pied.

foothills ['fʊthɪlz] *npl* contreforts *mpl*.

foothold ['fʊthəʊld] *n* prise *f* (de pied) ; **to get a ~** trouver une prise (de pied) ; fig prendre pied, s'imposer.

footing ['fʊtɪŋ] *n* **- 1.** [foothold] prise *f* ; **to lose one's ~** trébucher **- 2.** fig [basis] position *f* ; **on an equal ~ (with)** sur un pied d'égalité (avec).

footlights ['fʊtlaɪts] *npl* rampe *f*.

footling ['fuːtlɪŋ] *adj* dated & pej futile.

footman ['fʊtmən] (*pl* -men [-mən]) *n* valet *m* de pied.

footmark ['fʊtmɑːk] = **footprint**.

footnote ['fʊtnəʊt] *n* note *f* en bas de page.

footpath ['fʊtpɑːθ, *pl* -pɑːðz] *n* sentier *m*.

footprint ['fʊtprɪnt] *n* empreinte *f* (de pied), trace *f* (de pas).

footsore ['fʊtsɔːr] *adj* : **to be ~** avoir mal aux pieds.

footstep ['fʊtstep] *n* **- 1.** [sound] bruit *m* de pas **- 2.** [footprint] empreinte *f* (de pied) ; **to follow in sb's ~s** marcher sur OR suivre les traces de qqn.

footwear ['fʊtweər] *n* (U) chaussures *fpl*.

footwork ['fʊtwɜːk] *n* (U) SPORT jeu *m* de jambes.

for [fɔːr] ◇ *prep* **- 1.** [referring to intention, destination, purpose] pour ; **this is ~ you** c'est pour vous ; **the plane ~ Paris** l'avion à destination de Paris ; **I'm going ~ the papers** je vais prendre OR acheter les journaux ; **let's meet ~ a drink** retrouvons-nous pour prendre un verre ; **we did it ~ a laugh** OR **~ fun** on l'a fait pour rire ; **what's it ~?** ça sert à quoi? **- 2.** [representing, on behalf of] pour ; **the MP ~ Barnsley** le député de Barnsley ; **let me do that ~ you** laissez-moi faire, je vais vous le faire **- 3.** [because of] pour, en raison de ; **~ various reasons** pour plusieurs raisons ; **the town is famous ~ its cathedral** la ville est célèbre pour sa cathédrale ; **a prize ~ swimming** un prix de natation ; **~ fear of being ridiculed** de OR par peur d'être ridiculisé **- 4.** [with regard to] pour ; **to be ready ~ sthg** être prêt à OR pour qqch ; **it's not ~ me to say** ce n'est pas à moi à le dire ; **to be young ~ one's age** être jeune pour son âge ; **to feel sorry ~ sb** plaindre qqn **- 5.** [indicating amount of time, space] **there's no time ~ that now** on n'a pas le temps de faire cela OR de s'occuper de cela maintenant ; **there's room ~ another person** il y a de la place pour encore une personne **- 6.** [indicating period of time] : **she'll be away ~ a month** elle sera absente (pendant) un mois ; **we talked ~ hours** on a parlé pendant des heures ; **I've lived here ~ 3 years** j'habite ici depuis 3 ans, cela fait 3 ans que j'habite ici ; **I can do it for you ~ tomorrow** je peux vous le faire pour demain **- 7.** [indicating distance] pendant, sur ; **~ 50 kilometres** pendant OR sur 50 kilomètres ; **I walked ~ miles** j'ai marché (pendant) des kilomètres **- 8.** [indicating particular occasion] pour ; **~ Christmas** pour Noël ; **the meeting scheduled ~ the 30th** la réunion prévue pour le 30 **- 9.** [indicating amount of money, price] : **they're 50p ~ ten** cela coûte 50p les dix ; **I bought/sold it ~ £10** je l'ai acheté/vendu 10 livres **- 10.** [in favour of, in support of] pour ; **to vote ~ sthg** voter pour qqch ; **to be all ~ sthg** être tout à fait pour OR en faveur de qqch **- 11.** [in ratios] pour **- 12.** [indicating meaning] : **P ~ Peter** P comme Peter ; **what's the Greek ~ 'mother'?** comment dit-on 'mère' en grec? ◇ *conj* fml [as, since] car.

◆ **for all** ◇ *prep* malgré ; **~ all his money ...** malgré tout son argent ... ◇ *conj* : **~ all I know** pour autant que je sache ; **~ all I care** pour ce que cela me fait.

FOR (*abbr of* free on rail) franco wagon.

forage ['fɒrɪdʒ] *vi* : **to ~ (for)** fouiller (pour trouver).

foray ['fɒreɪ] *n* : **~ (into)** lit & fig incursion *f* (dans).

forbad [fə'bæd], **forbade** [fə'beɪd] pt ▷ forbid.

forbearing [fɔː'beərɪŋ] adj tolérant(e).

forbid [fə'bɪd] (pt -bade OR -bad, pp forbid OR -bidden, cont -bidding) vt interdire, défendre ; **to ~ sb to do sthg** interdire OR défendre à qqn de faire qqch ; **God** OR **Heaven ~!** pourvu que non !

forbidden [fə'bɪdn] ▷ pp ▷ forbid ▷ adj interdit(e), défendu(e).

forbidding [fə'bɪdɪŋ] adj [severe, unfriendly] austère ; [threatening] sinistre.

force [fɔːs] ▷ n - **1.** [gen] force f ; **~ of habit** force de l'habitude ; **by ~** de force - **2.** [group] : **sales ~** représentants mpl de commerce ; **security ~s** forces fpl de sécurité ; **in ~** en force - **3.** [effect] : **to be in/to come into ~** être/entrer en vigueur ▷ vt - **1.** [gen] forcer ; **to ~ sb to do sthg** forcer qqn à faire qqch ; **to ~ sthg open** forcer qqch (pour l'ouvrir) ; **to ~ one's way through** se frayer un chemin à travers ; **to ~ one's way into** entrer de force dans - **2.** [press] : **to ~ sthg on sb** imposer qqch à qqn.

➤ **forces** npl : **the ~s** les forces fpl armées ; **to join ~s** joindre ses efforts.

➤ **by force of** prep à force de.

➤ **force back** vt sep [crowd etc] repousser ; [emotion, tears] refouler.

➤ **force down** vt sep - **1.** [food] se forcer à manger - **2.** [aeroplane] forcer à atterrir.

forced [fɔːst] adj forcé(e).

forced landing n atterrissage m forcé.

force-feed vt nourrir de force.

forceful [fɔːsfʊl] adj [person] énergique ; [speech] vigoureux(euse).

forcefully [fɔːsfʊlɪ] adv avec force.

forcemeat [fɔːsmiːt] n esp Br farce f.

forceps [fɔːseps] npl forceps m.

forcible [fɔːsəbl] adj - **1.** [using physical force] par (la) force - **2.** [powerful] fort(e).

forcibly [fɔːsəblɪ] adv - **1.** [using physical force] de force - **2.** [powerfully] avec vigueur.

ford [fɔːd] ▷ n gué m ▷ vt traverser à gué.

fore [fɔːr] ▷ adj NAUT à l'avant ▷ n : **to come to the ~** s'imposer.

forearm [fɔːrɑːm] n avant-bras m inv.

forebears [fɔːbeəz] npl aïeux mpl.

foreboding [fɔː'bəʊdɪŋ] n pressentiment m.

forecast [fɔːkɑːst] (pt & pp forecast OR -ed) ▷ n prévision f ; (weather) ~ prévisions météorologiques ▷ vt prévoir.

forecaster [fɔːkɑːstər] n - **1.** [analyst] prévi-

sionniste mf - **2.** [of weather] présentateur m, -trice f de la météo.

foreclose [fɔː'kləʊz] ▷ vt saisir ▷ vi : **to ~ on sb** saisir qqn.

foreclosure [fɔː'kləʊʒər] n saisie f.

forecourt [fɔːkɔːt] n [of petrol station] devant m ; [of building] avant-cour f.

forefathers [fɔːˌfɑːðəz] = forebears.

forefinger [fɔːˌfɪŋgər] n index m.

forefront [fɔːfrʌnt] n : **in** OR **at the ~ of** au premier plan de.

forego [fɔː'gəʊ] = forgo.

foregoing [fɔː'gəʊɪŋ] ▷ adj précédent(e) ▷ n fml : **the ~** ce qui précède.

foregone conclusion [fɔːgɒn-] n : **it's a ~** c'est couru.

foreground [fɔːgraʊnd] n premier plan m ; **in the ~** au premier plan.

forehand [fɔːhænd] n TENNIS coup m droit.

forehead [fɔːhed] n front m.

foreign [fɒrən] adj - **1.** [gen] étranger(ère) ; [correspondent] à l'étranger - **2.** [policy, trade] extérieur(e).

foreign affairs npl affaires fpl étrangères.

foreign aid n aide f extérieure.

foreign body n corps m étranger.

foreign competition n concurrence f étrangère.

foreign currency n (U) devises fpl étrangères.

foreigner [fɒrənər] n étranger m, -ère f.

foreign exchange n change m ; **~ markets** marchés mpl des devises ; **~ rates** taux mpl de change.

foreign investment n (U) investissement m étranger.

foreign minister n ministre m des Affaires étrangères.

Foreign Office n Br : **the ~** ≃ le ministère des Affaires étrangères.

Foreign Secretary n Br ≃ ministre m des Affaires étrangères.

foreleg [fɔːleg] n [of horse] membre m antérieur ; [of other animals] patte f de devant.

foreman [fɔːmən] (pl -men [-mən]) n - **1.** [of workers] contremaître m - **2.** JUR président m du jury.

foremost [fɔːməʊst] ▷ adj principal(e) ▷ adv : **first and ~** tout d'abord.

forename [fɔːneɪm] n prénom m.

forensic [fə'rensɪk] adj [department, investigation] médico-légal(e).

forensic medicine, forensic science n médecine f légale.

forerunner ['fɔː,rʌnəʳ] n précurseur m.

foresee [fɔː'siː] (pt **-saw** [-'sɔː], pp **-seen**) vt prévoir.

foreseeable [fɔː'siːəbl] adj prévisible ; **for the ~ future** pour tous les jours/mois à venir ; **in the ~ future** dans un futur proche.

foreseen [fɔː'siːn] pp ⊳ foresee.

foreshadow [fɔː'ʃædəʊ] vt présager.

foreshortened [fɔː'ʃɔːtnd] adj raccourci(e).

foresight ['fɔːsaɪt] n (U) prévoyance f.

foreskin ['fɔːskɪn] n prépuce m.

forest ['fɒrɪst] n forêt f.

forestall [fɔː'stɔːl] vt [attempt, discussion] prévenir ; [person] devancer.

forestry ['fɒrɪstrɪ] n sylviculture f.

Forestry Commission n Br : **the ~** les Eaux fpl et Forêts.

foretaste ['fɔːteɪst] n avant-goût m.

foretell [fɔː'tel] (pt & pp **-told**) vt prédire.

forethought ['fɔːθɔːt] n prévoyance f.

foretold [fɔː'təʊld] pt & pp ⊳ foretell.

forever [fə'revəʳ] adv **- 1.** [eternally] (pour) toujours **- 2.** inf [long time] : **don't take ~ about it!** et ne mets pas des heures!

forewarn [fɔː'wɔːn] vt avertir.

foreword ['fɔːwɜːd] n avant-propos m inv.

forfeit ['fɔːfɪt] <> n amende f ; [in game] gage m <> vt perdre.

forgave [fə'geɪv] pt ⊳ forgive.

forge [fɔːdʒ] <> n forge f <> vt **- 1.** INDUSTRY & fig forger **- 2.** [signature, money] contrefaire ; [passport] falsifier.

➡ **forge ahead** vi prendre de l'avance.

forger ['fɔːdʒəʳ] n faussaire mf.

forgery ['fɔːdʒərɪ] (pl **-ies**) n **- 1.** (U) [crime] contrefaçon f **- 2.** [forged article] faux m.

forget [fə'get] (pt **-got**, pp **-gotten**, cont **-getting**) <> vt oublier ; **let's ~ the whole business** n'en parlons plus ; **to ~ to do sthg** oublier de faire qqch ; **~ it!** laisse tomber! ; **to ~ o.s.** perdre le contrôle de soi <> vi : **to ~ (about sthg)** oublier (qqch).

forgetful [fə'getfʊl] adj distrait(e), étourdi(e).

forgetfulness [fə'getfʊlnɪs] n étourderie f.

forget-me-not n myosotis m.

forgive [fə'gɪv] (pt **-gave**, pp **-given** [-'gɪvən]) vt pardonner ; **to ~ sb for sthg/for doing sthg** pardonner qqch à qqn/à qqn d'avoir fait qqch.

forgiveness [fə'gɪvnɪs] n (U) pardon m.

forgiving [fə'gɪvɪŋ] adj indulgent(e).

forgo [fɔː'gəʊ] (pt **-went**, pp **-gone** [-'gɒn]) vt renoncer à.

forgot [fə'gɒt] pt ⊳ forget.

forgotten [fə'gɒtn] pp ⊳ forget.

fork [fɔːk] <> n **- 1.** [for. eating] fourchette f **- 2.** [for gardening] fourche f **- 3.** [in road] bifurcation f ; [of river] embranchement m <> vi bifurquer.

➡ **fork out** inf <> vt fus allonger, débourser ; **to ~ out money on** OR **for** allonger OR débourser de l'argent pour <> vi : **to ~ out (for)** casquer (pour).

forklift truck ['fɔːklɪft-] n chariot m élévateur.

forlorn [fə'lɔːn] adj **- 1.** [person, face] malheureux(euse), triste **- 2.** [place, landscape] désolé(e) **- 3.** [hope, attempt] désespéré(e).

form [fɔːm] <> n **- 1.** [shape, fitness, type] forme f ; **on ~** Br, **in ~** Am en forme ; **off ~** pas en forme ; **in the ~ of** sous forme de ; **to take the ~ of** prendre la forme de **- 2.** [questionnaire] formulaire m **- 3.** Br SCH classe f **- 4.** [usual behaviour] : **true to ~** typiquement <> vt former <> vi se former.

formal ['fɔːml] adj **- 1.** [person] formaliste ; [language] soutenu(e) **- 2.** [dinner party, announcement] officiel(elle) ; [dress] de cérémonie.

formality [fɔː'mælətɪ] (pl **-ies**) n formalité f.

formalize, -ise ['fɔːməlaɪz] vt organiser de façon formelle.

formally ['fɔːməlɪ] adv **- 1.** [correctly, seriously] de façon correcte **- 2.** [not casually] : **to be ~ dressed** être en tenue de cérémonie **- 3.** [officially] officiellement.

format ['fɔːmæt] (pt & pp **-ted** ; cont **-ting**) <> n [gen & COMPUT] format m <> vt COMPUT formater.

formation [fɔː'meɪʃn] n **- 1.** [gen] formation ƒ **- 2.** [of idea, plan] élaboration f.

formative ['fɔːmətɪv] adj formateur(trice).

former ['fɔːməʳ] <> adj **- 1.** [previous] ancien(enne) ; **~ husband** ex-mari m ; **~ pupi** ancien élève m, ancienne élève f **- 2.** [first of two] premier(ère) <> n : **the ~** le premier (la première), celui-là (celle-là).

formerly ['fɔːməlɪ] adv autrefois.

form feed n changement m de page.

Formica® [fɔː'maɪkəl] n Formica® m.

formidable ['fɔːmɪdəbl] adj impression nant(e).

formless ['fɔːmlɪs] adj informe.

Formosa [fɔːˈməʊsə] n Formose ; **in ~** à Formose.

formula [ˈfɔːmjʊlə] (pl **-as** OR **-ae** [-iː]) n formule f.

formulate [ˈfɔːmjʊleɪt] vt formuler.

formulation [ˌfɔːmjʊˈleɪʃn] n formulation f.

fornicate [ˈfɔːnɪkeɪt] vi fml forniquer.

forsake [fəˈseɪk] (pt **forsook**, pp **forsaken**) vt literary [person] abandonner ; [habit] renoncer à.

forsaken [fəˈseɪkn] adj abandonné(e).

forsook [fəˈsʊk] pt ➡ **forsake**.

forsythia [fɔːˈsaɪθjə] n forsythia m.

fort [fɔːt] n fort m ; **to hold the ~** [at office, shop] garder la boutique.

forte [ˈfɔːtɪ] n point m fort.

forth [fɔːθ] adv literary en avant ; **from that day ~** dorénavant.

forthcoming [fɔːθˈkʌmɪŋ] adj **- 1.** [imminent] à venir **- 2.** [available] : **no answer was ~** on n'a pas eu de réponse **- 3.** [helpful] communicatif(ive).

forthright [ˈfɔːθraɪt] adj franc (franche), direct(e).

forthwith [ˌfɔːθˈwɪθ] adv fml aussitôt.

fortieth [ˈfɔːtɪɪθ] num quarantième ; see also **sixth**.

fortification [ˌfɔːtɪfɪˈkeɪʃn] n fortification f.

fortified wine [ˈfɔːtɪfaɪd-] n vin m de liqueur.

fortify [ˈfɔːtɪfaɪ] (pt & pp **-ied**) vt **- 1.** MIL fortifier **- 2.** fig [resolve etc] renforcer.

fortitude [ˈfɔːtɪtjuːd] n courage m.

fortnight [ˈfɔːtnaɪt] n quinze jours mpl, quinzaine f.

fortnightly [ˈfɔːtˌnaɪtlɪ] ⬦ adj bimensuel(elle) ⬦ adv tous les quinze jours.

fortress [ˈfɔːtrɪs] n forteresse f.

fortuitous [fɔːˈtjuːɪtəs] adj fortuit(e).

fortunate [ˈfɔːtʃnət] adj heureux(euse) ; **to be ~** avoir de la chance.

fortunately [ˈfɔːtʃnətlɪ] adv heureusement.

fortune [ˈfɔːtʃuːn] n **- 1.** [wealth] fortune f **- 2.** [luck] fortune f, chance f **- 3.** [future] : **to tell sb's ~** dire la bonne aventure à qqn.

➡ **fortunes** npl fortune f.

fortune-teller [-ˌtelə] n diseuse f de bonne aventure.

forty [ˈfɔːtɪ] num quarante ; see also **sixty**.

forum [ˈfɔːrəm] (pl **-s**) n **- 1.** [gén] forum m, tribune f **- 2.** COMPUT forum m.

forward [ˈfɔːwəd] ⬦ adj **- 1.** [movement] en avant **- 2.** [planning] à long terme **- 3.** [impu-dent] effronté(e) ⬦ adv **- 1.** [ahead] en avant ; **to go** OR **move ~** avancer **- 2.** [in time] : **to bring a meeting ~** avancer la date d'une réunion ; **to put a watch ~** avancer une montre ⬦ n SPORT avant m ⬦ vt **- 1.** [letter] faire suivre ; [goods] expédier **- 2.** [career] faire avancer.

forwarding address [ˈfɔːwədɪŋ-] n adresse f où faire suivre le courrier.

forward-looking [-ˈlʊkɪŋ] adj tourné(e) vers le futur.

forwardness [ˈfɔːwədnɪs] n [boldness] effronterie f.

forwards [ˈfɔːwədz] adv = **forward**.

forwent [fɔːˈwent] pt ➡ **forgo**.

fossil [ˈfɒsl] n fossile m.

fossil fuel n combustible m fossile.

fossilized, -ised [ˈfɒsɪlaɪzd] adj fossilisé(e).

foster [ˈfɒstə] ⬦ adj [family] d'accueil ⬦ vt **- 1.** [child] accueillir **- 2.** fig [nurture] nourrir, entretenir.

foster child n enfant m placé en famille d'accueil.

foster parent n parent m nourricier.

fought [fɔːt] pt & pp ➡ **fight**.

foul [faʊl] ⬦ adj **- 1.** [gen] infect(e) ; [water] croupi(e) ; **to fall ~ of sb** se mettre qqn à dos **- 2.** [language] ordurier(ère) ⬦ n SPORT faute f ⬦ vt **- 1.** [make dirty] souiller, salir **- 2.** SPORT commettre une faute contre **- 3.** [mechanism, propeller] entraver.

➡ **foul up** vt sep inf gâcher.

foul-mouthed [-ˈmaʊðd] adj au langage grossier.

foul play n (U) **- 1.** SPORT antijeu m **- 2.** [crime] acte m malveillant.

found [faʊnd] ⬦ pt & pp ➡ **find** ⬦ vt **- 1.** [hospital, town] fonder **- 2.** [base] : **to ~ sthg on** fonder OR baser qqch sur.

foundation [faʊnˈdeɪʃn] n **- 1.** [creation, organization] fondation f **- 2.** [basis] fondement m, base f **- 3.** : **~ (cream)** fond m de teint.

➡ **foundations** npl CONSTR fondations fpl.

foundation stone n première pierre f.

founder [ˈfaʊndə] ⬦ n fondateur m, -trice f ⬦ vi **- 1.** [ship] sombrer **- 2.** fig [plan, hopes] s'effondrer, s'écrouler.

founder member n membre m fondateur.

founding [ˈfaʊndɪŋ] n [of hospital etc] fondation f, création f.

founding father n père m fondateur.

foundry [ˈfaʊndrɪ] (pl **-ies**) n fonderie f.

fount [faʊnt] n [origin] source f.

fountain [ˈfaʊntɪn] n fontaine f.

fountain pen *n* stylo *m* à encre.

four [fɔ:r] *num* quatre ; **on all ~s** à quatre pattes ; *see also* **six**.

four-leaved clover [-li:vd-] *n* trèfle *m* à quatre feuilles.

four-letter word *n* mot *m* grossier.

four-poster (bed) *n* lit *m* à baldaquin.

foursome ['fɔ:səm] *n* groupe *m* de quatre.

four-star *adj* [hotel] quatre étoiles.

fourteen [,fɔ:'ti:n] *num* quatorze ; *see also* **six**.

fourteenth [,fɔ:'ti:nθ] *num* quatorzième ; *see also* **sixth**.

fourth [fɔ:θ] *num* quatrième ; *see also* **sixth**.

Fourth of July *n* : **the ~** Fête de l'Indépendance américaine, célébrée le 4 juillet.

Fourth World *n* : **the ~** le quart-monde.

four-way stop *n* Am carrefour *m* à quatre stops.

four-wheel drive *n* : **with ~** à quatre roues motrices.

fowl [faʊl] *(pl inv OR -s)* *n* volaille *f*.

fox [fɒks] ⬦ *n* renard *m* ⬦ *vt* laisser perplexe.

foxglove ['fɒksglʌv] *n* digitale *f*.

foxhole ['fɒkshəʊl] *n* terrier *m* de renard.

foxhound ['fɒkshaʊnd] *n* fox-hound *m*.

foxhunt ['fɒkshʌnt] *n* chasse *f* au renard.

foxhunting ['fɒks,hʌntɪŋ] *n* (U) chasse *f* au renard.

foxy ['fɒksɪ] *adj* inf [sexy] sexy *(inv)*.

foyer ['fɔɪeɪ] *n* - **1.** [of hotel, theatre] foyer *m* - **2.** Am [of house] hall *m* d'entrée.

FP *n* - **1.** abbr of **former pupil** - **2.** abbr of **fireplug**.

FPA *(abbr of Family Planning Association)* *n* association britannique pour le planning familial.

fr. *(abbr of franc)* F.

Fr. *(abbr of father)* P.

fracas ['frækɑ:, Am 'freɪkəs] *(Br pl inv, Am pl -ses* [-si:z]) *n* bagarre *f*.

fraction ['frækʃn] *n* fraction *f* ; **a ~ too big** légèrement OR un petit peu trop grand.

fractionally ['frækʃnəlɪ] *adv* un tout petit peu.

fractious ['frækʃəs] *adj* grincheux(euse).

fracture ['fræktʃər] ⬦ *n* fracture *f* ⬦ *vt* fracturer.

fragile ['frædʒaɪl] *adj* fragile.

fragility [frə'dʒɪlətɪ] *n* fragilité *f*.

fragment [*n* 'frægmənt , *vb* fræg'ment] ⬦ *n* fragment *m* ⬦ *vi* se fragmenter.

fragmentary ['frægməntrɪ] *adj* fragmentaire.

fragmented [fræg'mentɪd] *adj* fragmenté(e).

fragrance ['freɪgrəns] *n* parfum *m*.

fragrant ['freɪgrənt] *adj* parfumé(e).

frail [freɪl] *adj* fragile.

frailty ['freɪltɪ] *(pl -ies)* *n* - **1.** [gen] fragilité *f* - **2.** [moral weakness] faiblesse *f*.

frame [freɪm] ⬦ *n* - **1.** [gen] cadre *m* ; [of glasses] monture *f* ; [of door, window] encadrement *m* ; [of boat] carcasse *f* - **2.** [physique] charpente *f* ⬦ *vt* - **1.** [gen] encadrer - **2.** [express] formuler - **3.** inf [set up] monter un coup contre.

frame of mind *n* état *m* d'esprit.

framework ['freɪmwɜ:k] *n* - **1.** [structure] armature *f*, carcasse *f* - **2.** fig [basis] structure *f*, cadre *m*.

France [frɑ:ns] *n* France *f* ; **in ~** en France.

franchise ['fræntʃaɪz] *n* - **1.** POL droit *m* de vote - **2.** COMM franchise *f*.

franchisee [,fræntʃaɪ'zi:] *n* franchisé *m*.

franchisor ['fræntʃaɪzər] *n* franchiseur *m*.

frank [fræŋk] ⬦ *adj* franc (franche) ⬦ *vt* affranchir.

Frankfurt ['fræŋkfət] *n* : **~ (am Main)** Francfort(-sur-le-Main).

frankfurter ['fræŋkfɜ:tər] *n* saucisse *f* de Francfort.

frankincense ['fræŋkɪnsens] *n* encens *m*.

franking machine ['fræŋkɪŋ-] *n* machine *f* à affranchir.

frankly ['fræŋklɪ] *adv* franchement.

frankness ['fræŋknɪs] *n* franchise *f*.

frantic ['fræntɪk] *adj* frénétique ; **to be ~ (with worry)** être fou (folle) d'inquiétude.

frantically ['fræntɪklɪ] *adv* frénétiquement, avec frénésie.

fraternal [frə'tɜ:nl] *adj* fraternel(elle).

fraternity [frə'tɜ:nətɪ] *(pl -ies)* *n* - **1.** [community] confrérie *f* - **2.** (U) [friendship] fraternité *f* - **3.** Am [of students] club *m* d'étudiants.

fraternize, -ise ['frætənaɪz] *vi* fraterniser.

fraud [frɔ:d] *n* - **1.** (U) [crime] fraude *f* - **2.** pej [impostor] imposteur *m*.

fraudulent ['frɔ:djʊlənt] *adj* frauduleux(euse).

fraught [frɔ:t] *adj* - **1.** [full] : **~ with** plein(e) de - **2.** Br [person] tendu(e) ; [time, situation] difficile

fray [freɪ] ⬦ *vt* fig : **my nerves were ~e**

j'étais extrêmement tendu(e), j'étais à bout de nerfs ⬦ vi [material, sleeves] s'user ; **tempers ~ed** fig l'atmosphère était tendue OR électrique ⬦ n literary bagarre f.

frayed [freɪd] adj [jeans, collar] élimé(e).

frazzled ['fræzld] adj inf éreinté(e).

FRB (abbr of **Federal Reserve Board**) n organe de contrôle de la Banque centrale américaine.

FRCP (abbr of **Fellow of the Royal College of Physicians**) membre de l'académie de médecine britannique.

FRCS (abbr of **Fellow of the Royal College of Surgeons**) membre de l'académie de chirurgie britannique.

freak [fri:k] ⬦ adj bizarre, insolite ⬦ n - **1.** [strange creature] monstre m, phénomène m - **2.** [unusual event] accident m bizarre - **3.** inf [fanatic] fana mf.

➤ **freak out** inf ⬦ vi [get angry] exploser (de colère) ; [panic] paniquer ⬦ vt sep : **to ~ sb out** faire sauter qqn au plafond.

freakish ['fri:kɪʃ] adj bizarre, insolite.

freckle ['frekl] n tache f de rousseur.

free [fri:] (compar **freer** ; superl **freest**, pt & pp **freed**) ⬦ adj - **1.** [gen] libre ; **to be ~ to do sthg** être libre de faire qqch ; **feel ~!** je t'en prie! ; **to set ~** libérer ; **~ from** OR **of worry** sans souci - **2.** [not paid for] gratuit(e) ; **~ of charge** gratuitement - **3.** [generous] : **to be ~ with money** dépenser sans compter ⬦ adv - **1.** [without payment] gratuitement ; **for ~** gratuitement - **2.** [run, live] librement ⬦ vt - **1.** [gen] libérer - **2.** [trapped person, object] dégager.

-free [fri:] suffix sans.

freebie ['fri:bɪ] n inf faveur f.

freedom ['fri:dəm] n - **1.** [gen] liberté f ; **~ of speech** liberté d'expression - **2.** [exception] : **~ (from)** exemption f (de).

freedom fighter n partisan m, -e f.

free enterprise n (U) libre entreprise f.

free-fall n (U) chute f libre.

Freefone® ['fri:fəʊn] n Br (U) ≃ numéro m vert.

free-for-all n mêlée f générale.

free gift n prime f.

freehand ['fri:hænd] adj & adv à main levée.

freehold ['fri:həʊld] ⬦ adv en propriété inaliénable ⬦ n propriété f foncière inaliénable.

freeholder ['fri:həʊldəʳ] n propriétaire foncier m, propriétaire foncière f.

free house n pub m en gérance libre.

free kick n coup m franc.

freelance ['fri:lɑːns] ⬦ adj indépendant(e), free-lance (inv) ⬦ n indépendant m, -e f, free-lance mf ⬦ vi travailler en indépendant OR en free-lance.

freeloader ['fri:ləʊdəʳ] n inf parasite m.

freely ['fri:lɪ] adv - **1.** [gen] librement - **2.** [generously] sans compter.

freeman ['fri:mən] (pl **-men** [-mən]) n citoyen m, -enne f d'honneur.

free-market economy n économie f de marché.

Freemason ['fri:ˌmeɪsn] n franc-maçon m.

Freemasonry ['fri:ˌmeɪsnrɪ] n franc-maçonnerie f.

freemen ['fri:mən] pl ⊳ **freeman**.

Freephone® ['fri:fəʊn] = **Freefone**®.

Freepost® ['fri:pəʊst] n port m payé.

free-range adj de ferme.

free sample n échantillon m gratuit.

freesia ['fri:zjə] n freesia m.

free speech n liberté f d'expression.

freestanding [ˌfri:'stændɪŋ] adj [furniture] non-encastré(e).

freestyle ['fri:staɪl] n SWIMMING nage f libre.

freethinker [fri:'θɪŋkəʳ] n libre-penseur m, -euse f.

Freetown ['fri:taʊn] n Freetown.

free trade n (U) libre-échange m.

freeway ['fri:weɪ] n Am autoroute f.

freewheel [ˌfri:'wi:l] vi [on bicycle] rouler en roue libre ; [in car] rouler au point mort.

freewheeling [ˌfri:'wi:lɪŋ] adj inf sans contrainte.

free will n (U) libre arbitre m ; **to do sthg of one's own ~** faire qqch de son propre gré

free world n : **the ~** les pays mpl non-communistes.

freeze [fri:z] (pt **froze**, pp **frozen**) ⬦ vt - **1.** [gen] geler ; [food] congeler - **2.** [wages, prices] bloquer ⬦ vi - **1.** [gen] geler - **2.** [stop moving] s'arrêter ⬦ n - **1.** [cold weather] gel m - **2.** [of wages, prices] blocage m.

➤ **freeze over** vi geler.

➤ **freeze up** vi geler.

freeze-dried [-'draɪd] adj lyophilisé(e).

freeze frame n [on video] arrêt m sur image.

freezer ['fri:zəʳ] n congélateur m.

freezing ['fri:zɪŋ] ⬦ adj glacé(e) ; **I'm ~** je gèle ⬦ n = **freezing point**.

freezing point n point m de congélation.

freight [freɪt] n [goods] fret m.

freight train n train m de marchandises.

French [frentʃ] ⟨> adj français(e) ⟨> n [language] français m ⟨> npl : **the ~** les Français mpl.

French bean n haricot m vert.

French bread n (U) baguette f.

French Canadian ⟨> adj canadien français (canadienne française) ⟨> n Canadien français m, Canadienne française f.

French chalk n (U) craie f de tailleur.

French doors = French windows.

French dressing n [in UK] vinaigrette f ; [in US] sauce-salade à base de mayonnaise et de ketchup.

French fries npl frites fpl.

Frenchman ['frentʃmən] (pl -men [-mən]) n Français m.

French polish n (U) vernis m à l'alcool.

French Riviera n : **the ~** la Côte d'Azur.

French stick n Br baguette f.

French toast n esp Am pain m perdu.

French windows npl porte-fenêtre f.

Frenchwoman ['frentʃ,wumən] (pl -women [-,wimin]) n Française f.

frenetic [frə'netik] adj frénétique.

frenzied ['frenzid] adj [haste, activity] frénétique ; [attack] déchaîné(e) ; [mob] en délire.

frenzy ['frenzi] (pl -ies) n frénésie f.

frequency ['fri:kwənsi] (pl -ies) n fréquence f.

frequency modulation n modulation f de fréquence.

frequent [adj 'fri:kwənt, vb fri'kwent] ⟨> adj fréquent(e) ⟨> vt fréquenter.

frequently ['fri:kwəntli] adv fréquemment.

fresco ['freskəu] (pl -es OR -s) n fresque f.

fresh [freʃ] ⟨> adj - **1.** [gen] frais (fraîche) ; **~ from** [the oven] qui sort de ; [university] frais émoulu (fraîche émoulue) de - **2.** [not salty] doux (douce) - **3.** [new - drink, piece of paper] autre ; [- look, approach] nouveau(elle) ; **to make a ~ start** repartir à zéro - **4.** inf dated [cheeky] familier(ère) ; **to get ~ with sb** se montrer osé avec qqn ⟨> adv : **~-ground/made** qui vient juste d'être moulu/fait ; **to be ~ out of sthg** inf ne plus avoir de qqch.

freshen ['freʃn] ⟨> vt rafraîchir ⟨> vi [wind] devenir plus fort.

◆ **freshen up** ⟨> vt sep - **1.** [wash] : **to ~ o.s. up** faire un brin de toilette - **2.** [smarten up] rafraîchir ⟨> vi faire un brin de toilette.

fresher ['freʃəʳ] n Br inf bleu m, -e f.

freshly ['freʃli] adv [squeezed, ironed] fraîchement.

freshman ['freʃmən] (pl -men [-mən]) n étudiant m, -e f de première année.

freshness ['freʃnis] n (U) - **1.** [gen] fraîcheur f - **2.** [originality] nouveauté f.

freshwater ['freʃ,wɔ:təʳ] adj d'eau douce.

fret [fret] (pt & pp -ted ; cont -ting) vi [worry] s'inquiéter.

fretful ['fretful] adj [baby] grognon(onne) ; [night, sleep] agité(e).

fretsaw ['fretsɔ:] n scie f à découper.

Freudian slip ['frɔidiən-] n lapsus m.

FRG (abbr of Federal Republic of Germany) n RFA f.

Fri. (abbr of Friday) ven.

friar ['fraiəʳ] n frère m.

friction ['frikʃn] n (U) friction f.

Friday ['fraidi] n vendredi m ; see also **Saturday**.

fridge [fridʒ] n esp Br frigo m.

fridge-freezer n Br réfrigérateur-congélateur m.

fried [fraid] ⟨> pt & pp ⟫ **fry** ⟨> adj frit(e) ; **~ egg** œuf m au plat.

friend [frend] n ami m, -e f ; **to be ~s** être amis ; **to be ~s with sb** être ami avec qqn ; **to make ~s (with sb)** se lier d'amitié (avec qqn).

friendless ['frendlis] adj sans amis.

friendly ['frendli] (compar -ier ; superl -iest, pl -ies) ⟨> adj [person, manner, match] amical(e) ; [nation] ami(e) ; [argument] sans conséquence ; **to be ~ with sb** être ami avec qqn ⟨> n esp Br match m amical.

friendly society n Br mutuelle f.

friendship ['frendʃip] n amitié f.

fries [fraiz] = French fries.

Friesian (cow) ['fri:zjən-] n (vache f) frisonne f.

frieze [fri:z] n frise f.

frigate ['frigət] n frégate f.

fright [frait] n peur f ; **to give sb a ~** faire peur à qqn ; **to take ~** prendre peur.

frighten ['fraitn] vt faire peur à, effrayer to ~ sb into doing sthg forcer qqn à faire qqch sous la menace.

◆ **frighten away** vt sep chasser en faisan peur à.

◆ **frighten off** vt sep chasser en faisan peur à.

frightened ['fraitnd] adj apeuré(e) ; **to b ~ of sthg/of doing sthg** avoir peur de qqch de faire qqch.

frightening ['fraitniŋ] adj effrayant(e).

frightful ['fraitful] adj dated effroyable.

frigid ['frɪdʒɪd] adj [sexually] frigide.

frill [frɪl] n - 1. [decoration] volant m - 2. inf [extra] supplément m.

frilly ['frɪlɪ] (compar -ier ; superl -iest) adj à fanfreluches.

fringe [frɪndʒ] ◇ n - 1. [gen] frange f - 2. [edge - of village] bordure f ; [- of wood, forest] lisière f ◇ vt [edge] border.

fringe benefit n avantage m extrasalarial.

fringe group n groupe m marginal.

fringe theatre n Br théâtre m d'avant-garde.

Frisbee® ['frɪzbɪ] n Frisbee m inv.

Frisian Islands ['frɪʒən-] npl : the ~ l'archipel m frison.

frisk [frɪsk] ◇ vt fouiller ◇ vi gambader.

frisky ['frɪskɪ] (compar -ier ; superl -iest) adj inf vif (vive).

fritter ['frɪtəʳ] n beignet m.

➡ **fritter away** vt sep gaspiller ; **to ~ money/time away on sthg** gaspiller son argent/son temps en qqch.

frivolity [frɪ'vɒlətɪ] (pl -ies) n frivolité f.

frivolous ['frɪvələs] adj frivole.

frizzy ['frɪzɪ] (compar -ier ; superl -iest) adj crépu(e).

fro [frəʊ] ➡ to.

frock [frɒk] n dated robe f.

frog [frɒg] n [animal] grenouille f ; **to have a ~ in one's throat** avoir un chat dans la gorge.

frogman ['frɒgmən] (pl -men [-mən]) n homme-grenouille m.

frogmarch ['frɒgmɑːtʃ] vt emmener quelqu'un de force en lui tenant les bras dans le dos.

frogmen ['frɒgmən] pl ➡ frogman.

frogspawn ['frɒgspɔːn] n (U) œufs mpl de grenouille.

frolic ['frɒlɪk] (pt & pp -ked ; cont -king) ◇ n ébats mpl ◇ vi folâtrer.

from [weak form frəm, strong form frɒm] prep - 1. [indicating source, origin, removal] de ; **where are you ~?** d'où venez-vous?, d'où êtes-vous? ; **I got a letter ~ her today** j'ai reçu une lettre d'elle aujourd'hui ; **a flight ~ Paris** un vol en provenance de Paris ; **to translate ~ Spanish into English** traduire d'espagnol en anglais ; **to drink ~ a glass** boire dans un verre ; **he's not back ~ work yet** il n'est pas encore rentré de son travail ; **he took a notebook ~ his pocket** il a sorti un carnet de sa poche ; **to take sthg (away) ~ sb** prendre qqch à qqn - 2. [indicating a deduction] de ; **to deduct sthg ~ sthg** retrancher qqch de qqch - 3. [indicating escape, separation] de ; **he ran away ~ home** il a fait une fugue, il s'est sauvé de chez lui - 4. [indicating position] de ; **seen ~ above/below** vu d'en haut/d'en bas - 5. [indicating distance] de ; **it's 60 km ~ here** c'est à 60 km d'ici ; **how far is it ~ Paris to Lyons?** combien y a-t-il de Paris à Lyon? - 6. [indicating material object is made out of] en ; **it's made ~ wood/plastic** c'est en bois/plastique - 7. [starting at a particular time] de ; **~ 2 pm to till 6 pm** de 14 h à 18 h ; **~ birth** de naissance ; **~ the moment I saw him** dès que OR dès l'instant où je l'ai vu - 8. [indicating difference] de ; **to be different ~ sb/sthg** être différent de qqn/qqch - 9. [indicating change] : **~ ... to** de ... à ; **the price went up ~ £100 to £150** le prix est passé OR monté de 100 livres à 150 livres - 10. [because of, as a result of] de ; **to suffer ~ cold/hunger** souffrir du froid/de la faim - 11. [on the evidence of] d'après, à ; **to speak ~ personal experience** parler par expérience OR d'après son expérience personnelle ; **~ what you're saying ...** d'après ce que vous dites ... - 12. [indicating lowest amount] depuis, à partir de ; **prices start ~ £50** le premier prix est de 50 livres.

frond [frɒnd] n fronde f.

front [frʌnt] ◇ n - 1. [most forward part - gen] avant m ; [- of dress, envelope, house] devant m ; [- of class] premier rang m - 2. METEOR & MIL front m - 3. [issue, area] plan m ; **on the domestic/employment ~** sur le plan intérieur/du travail - 4. : (sea) ~ front m de mer - 5. [outward appearance - of person] contenance f ; [- of business] pej façade f ◇ adj [tooth, garden] de devant ; [row, page] premier(ère) ; **~ cover** couverture f ◇ vt - 1. [be opposite] être en face de - 2. [TV programme] présenter ◇ vi : **to ~ onto sthg** donner sur qqch.

➡ **in front** adv - 1. [further forward - walk, push] devant ; [- people] à l'avant - 2. [winning] : **to be in ~** mener.

➡ **in front of** prep devant.

frontage ['frʌntɪdʒ] n [of house] façade f ; [of shop] devanture f.

frontal ['frʌntl] adj - 1. [attack] de front - 2. [view] de face.

frontbench [‚frʌnt'bentʃ] n à la chambre des Communes, bancs occupés respectivement par les ministres du gouvernement en exercice et ceux du gouvernement fantôme.

front desk n réception f.

front door n porte f d'entrée.

frontier ['frʌn‚tɪəʳ, Am frʌn'tɪər] n [border] frontière f ; fig limite f.

frontispiece ['frʌntɪspiːs] n frontispice m.

front line n : the ~ le front.

front man n - 1. [of company, organization] porte-parole m inv - 2. TV présentateur m.

front-page adj [article] de première page.

front room n salon m.

front-runner n favori m, -ite f.

front-wheel drive n traction f avant.

frost [frɒst] ◇ n gel m ◇ vi : to ~ over OR up geler.

frostbite ['frɒstbaɪt] n (U) gelure f.

frostbitten ['frɒst,bɪtn] adj [toe, finger] gelé(e).

frosted ['frɒstɪd] adj - 1. [glass] dépoli(e) - 2. Am CULIN glacé(e).

frosting ['frɒstɪŋ] n Am (U) glaçage m.

frosty ['frɒstɪ] (compar -ier ; superl -iest) adj - 1. [weather, welcome] glacial(e) - 2. [field, window] gelé(e).

froth [frɒθ] ◇ n [on beer] mousse f ; [on sea] écume f ◇ vi [beer] mousser ; [sea] écumer.

frothy ['frɒθɪ] (compar -ier ; superl -iest) adj [beer] mousseux(euse) ; [sea] écumeux(euse).

frown [fraʊn] ◇ n froncement m de sourcils ◇ vi froncer les sourcils.

➤ **frown (up)on** vt fus désapprouver.

froze [frəʊz] pt ▷ **freeze**.

frozen [frəʊzn] ◇ pp ▷ **freeze** ◇ adj gelé(e) ; [food] congelé(e) ; ~ **with fear** fig mort(e) de peur.

FRS n - 1. (abbr of Fellow of the Royal Society) membre de l'académie des sciences britannique - 2. (abbr of Federal Reserve System) banque centrale américaine.

frugal ['fruːgl] adj - 1. [meal] frugal(e) - 2. [person, life] économe.

fruit [fruːt] (pl inv OR -s) ◇ n fruit m ; to bear ~ fig porter ses fruits ◇ comp [flan] aux fruits ; ~ **tree** arbre m fruitier ◇ vi donner des fruits.

fruitcake ['fruːtkeɪk] n cake m.

fruiterer ['fruːtərəʳ] n Br fruitier m.

fruitful ['fruːtfʊl] adj [successful] fructueux(euse).

fruition [fruːˈɪʃn] n : to come to ~ se réaliser.

fruit juice n jus m de fruits.

fruitless ['fruːtlɪs] adj vain(e).

fruit machine n Br machine f à sous.

fruit salad n salade f de fruits.

frumpy ['frʌmpɪ] (compar -ier ; superl -iest) adj mal attifé(e), mal fagoté(e).

frustrate [frʌˈstreɪt] vt - 1. [annoy, disappoint] frustrer - 2. [prevent] faire échouer.

frustrated [frʌˈstreɪtɪd] adj - 1. [person, artist] frustré(e) - 2. [effort, love] vain(e).

frustrating [frʌˈstreɪtɪŋ] adj frustrant(e).

frustration [frʌˈstreɪʃn] n frustration f.

fry [fraɪ] (pt & pp fried) vt & vi frire.

frying pan ['fraɪŋ-] n poêle f à frire ; to jump out of the ~ into the fire tomber de Charybde en Scylla.

ft. abbr of foot, feet.

FT (abbr of Financial Times) n quotidien britannique d'information financière ; the ~ index l'indice m boursier du FT, ≃ le Cac 40.

FTC (abbr of Federal Trade Commission) n organisme américain chargé de faire respecter les lois anti-trust.

fuchsia ['fjuːʃə] n fuchsia m.

fuck [fʌk] vulg ◇ vt & vi baiser ◇ excl putain de merde!

➤ **fuck off** vi vulg foutre le camp ; ~ **off!** fous le camp!

fucking ['fʌkɪŋ] adj vulg putain de.

fuddled ['fʌdld] adj confus(e).

fuddy-duddy ['fʌdɪ,dʌdɪ] (pl -ies) n inf personne f vieux jeu.

fudge [fʌdʒ] ◇ n (U) [sweet] caramel m (mou) ◇ vt inf [figures] truquer ; [issue] esquiver.

fuel [fjʊəl] (Br pt & pp -led ; cont -ling, Am pt & pp -ed ; cont -ing) ◇ n combustible m ; [for engine] carburant m ; to add ~ to fig alimenter ◇ vt - 1. [supply with fuel] alimenter (en combustible/carburant) - 2. fig [speculation] nourrir.

fuel pump n pompe f d'alimentation.

fuel tank n réservoir m à carburant.

fugitive ['fjuːdʒətɪv] n fugitif m, -ive f.

fugue [fjuːg] n fugue f.

fulcrum ['fʊlkrəm] (pl -crums OR -cra [-krə]) n pivot m.

fulfil (pt & pp -led ; cont -ling), **fulfill** Am [fʊlˈfɪl] vt - 1. [duty, role] remplir ; [hope] répondre à ; [ambition, prophecy] réaliser - 2. [satisfy - need] satisfaire ; to ~ o.s. s'épanouir.

fulfilling [fʊlˈfɪlɪŋ] adj épanouissant(e).

fulfilment, fulfillment Am [fʊlˈfɪlmənt] n (U) - 1. [satisfaction] grande satisfaction ▸ - 2. [of ambition, dream] réalisation f ; [of role promise] exécution f ; [of need] satisfaction f.

full [fʊl] ◇ adj - 1. [gen] plein(e) ; [bus, car park] complet(ète) ; [with food] gavé(e), repu(e) - 2. [complete - recovery, control] total(e) ; [- explanation, day] entier(ère) ; [- volume] maximum - 3. [busy - life] rempli(e) ; [- timetable, day] chargé(e) - 4. [flavour] riche - 5. [plump - figure] rondelet(ette) ; [- mouth] charnu(e) - 6. [skir...

sleeve] ample ◇ adv - **1.** [directly] : **~ in the face** en plein (dans le) visage - **2.** [very] : **you know ~ well that ...** tu sais très bien que ... - **3.** [at maximum] au maximum ◇ n : **in ~** complètement, entièrement ; **to the ~** pleinement.

fullback ['fulbæk] n arrière m.

full-blooded [-'blʌdɪd] adj - **1.** [pure-blooded] de race pure - **2.** [strong, complete] robuste.

full-blown [-'bləʊn] adj général(e) ; **to have ~ AIDS** avoir le Sida avéré.

full board n pension f complète.

full-bodied [-'bɒdɪd] adj qui a du corps.

full dress n (U) tenue f de cérémonie.

full-face adj de face.

full-fashioned Am = fully-fashioned.

full-fledged Am = fully-fledged.

full-frontal adj de face.

full-grown [-'grəʊn] adj adulte.

full house n [at show, event] représentation f à bureaux fermés.

full-length ◇ adj - **1.** [portrait, mirror] en pied - **2.** [dress, novel] long (longue) ; **~ film** long métrage ◇ adv de tout son long.

full monty [-'mɒntɪ] n inf : **the ~** la totale.

full moon n pleine lune f.

fullness ['fulnɪs] n [of voice] ampleur f ; [of life] richesse f ; **in the ~ of time** avec le temps.

full-page adj sur toute une page.

full-scale adj - **1.** [life-size] grandeur nature (inv) - **2.** [complete] de grande envergure.

full-size(d) adj - **1.** [life-size] grandeur nature (inv) - **2.** [adult] adulte - **3.** Am AUT : **~ car** grande berline.

full stop ◇ n point m ◇ adv Br un point c'est tout.

full time n Br SPORT fin f de match.

➡ **full-time** adj & adv [work, worker] à temps plein.

full up adj [bus, train] complet(ète) ; [with food] gavé(e), repu(e).

fully ['fulɪ] adv [understand, satisfy] tout à fait ; [trained, describe] entièrement.

fully-fashioned Br, **full-fashioned** Am [-'fæʃnd] adj moulant(e).

fully-fledged Br, **full-fledged** Am [-'fledʒd] adj diplômé(e).

fulness ['fulnɪs] = fullness.

fulsome ['fulsəm] adj excessif(ive).

fumble ['fʌmbl] ◇ vt [catch] mal attraper ◇ vi fouiller, tâtonner ; **to ~ for** fouiller pour trouver.

fume [fju:m] vi [with anger] rager.

➡ **fumes** npl [from paint] émanations fpl ; [from smoke] fumées fpl ; [from car] gaz mpl d'échappement.

fumigate ['fju:mɪgeɪt] vt fumiger.

fun [fʌn] ◇ n (U) - **1.** [pleasure, amusement] : **the game is great ~** ce jeu est très amusant ; **to have ~** s'amuser ; **for ~, for the ~ of it** pour s'amuser - **2.** [playfulness] : **to be full of ~** être plein(e) d'entrain - **3.** [ridicule] : **to make ~ of** OR **poke ~ at sb** se moquer de qqn ◇ adj amusant(e).

function ['fʌŋkʃn] ◇ n - **1.** [gen] fonction f - **2.** [formal social event] réception f officielle ◇ vi fonctionner ; **to ~ as** servir de.

functional ['fʌŋkʃnəl] adj - **1.** [practical] fonctionnel(elle) - **2.** [operational] en état de marche.

functionary ['fʌŋkʃnərɪ] (pl -ies) n fonctionnaire mf.

function key n COMPUT touche f de fonction.

fund [fʌnd] ◇ n fonds m ; fig [of knowledge] puits m ◇ vt financer.

➡ **funds** npl fonds mpl.

fundamental [,fʌndə'mentl] adj : **~ (to)** fondamental(e) (à).

➡ **fundamentals** npl principes mpl de base.

fundamentalism [,fʌndə'mentəlɪzm] n fondamentalisme m.

fundamentally [,fʌndə'mentəlɪ] adv fondamentalement.

funding ['fʌndɪŋ] n (U) financement m.

fund-raising [-,reɪzɪŋ] ◇ n (U) collecte f de fonds ◇ comp [event, campaign] organisé(e) pour collecter des fonds.

funeral ['fju:nərəl] n obsèques fpl.

funeral director n entrepreneur m de pompes funèbres.

funeral parlour n entreprise f de pompes funèbres.

funeral service n service m funèbre.

funereal [fju:'nɪərɪəl] adj funèbre.

funfair ['fʌnfeəʳ] n fête f foraine.

fungus ['fʌŋgəs] (pl -gi [-gaɪ] OR -guses [-gəsɪz]) n champignon m.

funk [fʌŋk] n (U) - **1.** MUS funk m - **2.** dated [fear] frayeur f.

funky ['fʌŋkɪ] (compar -ier ; superl -iest) adj MUS funky (inv).

funnel ['fʌnl] (Br pt & pp -led ; cont -ling, Am pt & pp -ed ; cont -ing) ◇ n - **1.** [tube] entonnoir m - **2.** [of ship] cheminée f ◇ vt [crowd] canaliser ; [money, food] diriger ◇ vi se diriger.

funnily ['fʌnɪlɪ] adv [strangely] bizarrement ; **~ enough** chose curieuse.

funny ['fʌnɪ] (*compar* **-ier** ; *superl* **-iest**) *adj* - **1.** [amusing, odd] drôle - **2.** [ill] tout drôle (toute drôle).

funny bone *n* petit juif *m*.

funny farm *n inf hum* maison *f* de fous.

fun run *n* course *à pied* organisée pour collecter des fonds.

fur [fɜːʳ] *n* fourrure *f*.

fur coat *n* (manteau *m* de) fourrure *f*.

furious ['fjʊərɪəs] *adj* - **1.** [very angry] furieux(euse) - **2.** [wild - effort, battle] acharné(e) ; [- temper] déchaîné(e).

furiously ['fjʊərɪəslɪ] *adv* - **1.** [angrily] furieusement - **2.** [wildly - fight, try] avec acharnement ; [- run] à une allure folle.

furled [fɜːld] *adj* [umbrella, flag] roulé(e) ; [sail] serré(e).

furlong ['fɜːlɒŋ] *n* = 201,17 *mètres*.

furnace ['fɜːnɪs] *n* [fire] fournaise *f*.

furnish ['fɜːnɪʃ] *vt* - **1.** [fit out] meubler - **2.** *fml* [provide] fournir ; **to ~ sb with sthg** fournir qqch à qqn.

furnished ['fɜːnɪʃt] *adj* meublé(e).

furnishings ['fɜːnɪʃɪŋz] *npl* mobilier *m*.

furniture ['fɜːnɪtʃəʳ] *n* (U) meubles *mpl* ; **a piece of ~** un meuble.

furniture polish *n* encaustique *m*, produit *m* d'entretien des meubles.

furore Br ['fjʊərɔːrɪ], **furor** Am ['fjʊrɔːr] *n* scandale *m*.

furrier ['fʌrɪəʳ] *n* fourreur *m*.

furrow ['fʌrəʊ] *n* - **1.** [in field] sillon *m* - **2.** [on forehead] ride *f*.

furrowed ['fʌrəʊd] *adj* - **1.** [field, land] labouré(e) - **2.** [brow] ridé(e).

furry ['fɜːrɪ] (*compar* **-ier** ; *superl* **-iest**) *adj* - **1.** [animal] à fourrure - **2.** [material] recouvert(e) de fourrure.

further ['fɜːðəʳ] *compar* ⊳ **far** *adv* - **1.** [gen] plus loin ; **how much ~ is it?** combien de kilomètres y a-t-il? ; **~ on** plus loin ; **this mustn't go any ~** ceci doit rester entre nous - **2.** [more - complicate, develop] davantage ; [- enquire] plus avant - **3.** [in addition] de plus *adj* nouveau(elle), supplémentaire ; **until ~ notice** jusqu'à nouvel ordre *vt* [career, aims] faire avancer ; [cause] encourager.

➣ **further to** *prep fml* suite à.

further education *n* Br éducation *f* postscolaire.

furthermore [,fɜːðə'mɔːʳ] *adv* de plus.

furthermost ['fɜːðəməʊst] *adj* le plus éloigné (la plus éloignée).

furthest ['fɜːðɪst] *superl* ⊳ **far** *adj* le plus éloigné (la plus éloignée) *adv* le plus loin.

furtive ['fɜːtɪv] *adj* [person] sournois(e) ; [glance] furtif(ive).

furtively ['fɜːtɪvlɪ] *adv* furtivement.

fury ['fjʊərɪ] *n* fureur *f* ; **in a ~** en fureur.

fuse *esp* Br, **fuze** Am [fjuːz] *n* - **1.** ELEC fusible *m*, plomb *m* - **2.** [of bomb] détonateur *m* ; [of firework] amorce *f* *vt* - **1.** [join by heat] réunir par la fusion - **2.** [combine] fusionner *vi* - **1.** ELEC : **the lights have ~d** les plombs ont sauté - **2.** [join by heat] fondre - **3.** [combine] fusionner.

fuse-box *n* boîte *f* à fusibles.

fused [fjuːzd] *adj* [plug] avec fusible incorporé.

fuselage ['fjuːzəlɑːʒ] *n* fuselage *m*.

fuse wire *n* fusible *m*.

fusillade [,fjuːzə'leɪd] *n* fusillade *f*.

fusion ['fjuːʒn] *n* fusion *f*.

fuss [fʌs] *n* - **1.** [excitement, anxiety] agitation *f* ; **to make a ~** faire des histoires - **2.** (U) [complaints] protestations *fpl* - **3.** *phr* : **to make a ~ of sb** Br être aux petits soins pour qqn *vi* faire des histoires.

➣ **fuss over** *vt fus* être aux petits soins pour.

fusspot ['fʌspɒt] *n inf* tatillon *m*, -onne *f*.

fussy ['fʌsɪ] (*compar* **-ier** ; *superl* **-iest**) *adj* - **1.** [fastidious - person] tatillon(onne) ; [- eater] difficile - **2.** [over-decorated] tarabiscoté(e).

fusty ['fʌstɪ] (*compar* **-ier** ; *superl* **-iest**) *adj* - **1.** [not fresh] qui sent le renfermé - **2.** [old-fashioned] vieillot(otte).

futile ['fjuːtaɪl] *adj* vain(e).

futility [fjuː'tɪlətɪ] *n* futilité *f*.

futon ['fuːtɒn] *n* futon *m*.

future ['fjuːtʃəʳ] *n* - **1.** [gen] avenir *m* ; **in ~** à l'avenir ; **in the ~** dans le futur, à l'avenir - **2.** GRAMM : **~ (tense)** futur *m* *adj* futur(e).

➣ **futures** *npl* FIN transactions *fpl* à terme.

futuristic [,fjuːtʃə'rɪstɪk] *adj* futuriste.

fuze Am = **fuse**.

fuzz [fʌz] *n* - **1.** [hair] cheveux *mpl* crépu- - **2.** *inf* [police] : **the ~** les flics *mpl*.

fuzzy ['fʌzɪ] (*compar* **-ier** ; *superl* **-iest**) *ad* - **1.** [hair] crépu(e) - **2.** [photo, image] flou(e - **3.** [thoughts, mind] confus(e).

fwd. *abbr of* **forward**.

fwy *abbr of* **freeway**.

FY *n abbr of* **fiscal year**.

FYI *abbr of* **for your information**.

G

g[1] (pl **g's** OR **gs**), **G** (pl **G's** OR **Gs**) [dʒiː] n [letter] g m inv, G m inv.

◆ **G** ◇ n MUS sol m ◇ **- 1.** (abbr of **good**) B **- 2.** (abbr of **general (audience)**) tous publics.

g[2] **- 1.** (abbr of **gram**) g **- 2.** (abbr of **gravity**) g.

GA abbr of **Georgia**.

gab [gæb] ▷ **gift**.

gabardine [ˌgæbəˈdiːn] n gabardine f.

gabble [ˈgæbl] ◇ vt & vi baragouiner ◇ n charabia m.

gable [ˈgeɪbl] n pignon m.

Gabon [gæˈbɒn] n Gabon m ; **in ~** au Gabon.

Gabonese [ˌgæbɒˈniːz] ◇ adj gabonais(e) ◇ npl : **the ~** les Gabonais.

gad [gæd] (pt & pp **-ded** ; cont **-ding**) ◆ **gad about** vi inf partir en vadrouille.

gadget [ˈgædʒɪt] n gadget m.

gadgetry [ˈgædʒɪtrɪ] n (U) gadgets mpl.

Gaelic [ˈgeɪlɪk] ◇ adj gaélique ◇ n gaélique m.

gaffe [gæf] n gaffe f.

gaffer [ˈgæfəʳ] n Br inf [boss] patron m.

gag [gæg] (pt & pp **-ged** ; cont **-ging**) ◇ n **- 1.** [for mouth] bâillon m **- 2.** inf [joke] blague f, gag m ◇ vt [put gag on] bâillonner ◇ vi [choke] s'étrangler.

gage Am = **gauge**.

gaiety [ˈgeɪətɪ] n gaieté f.

gaily [ˈgeɪlɪ] adv **- 1.** [cheerfully] gaiement **- 2.** [thoughtlessly] allègrement.

gain [geɪn] ◇ n **- 1.** [gen] profit m **- 2.** [improvement] augmentation f ◇ vt **- 1.** [acquire] gagner **- 2.** [increase in - speed, weight] prendre ; [- confidence] gagner en **- 3.** [subj : watch, clock] : **to ~ 10 minutes** avancer de 10 minutes ◇ vi **- 1.** [advance] : **to ~ in sthg** gagner en qqch **- 2.** [benefit] : **to ~ from** OR **by sthg** tirer un avantage de qqch **- 3.** [watch, clock] avancer.

◆ **gain on** vt fus rattraper.

gainful [ˈgeɪnful] adj fml lucratif(ive).

gainfully [ˈgeɪnfulɪ] adv fml lucrativement.

gainsay [ˌgeɪnˈseɪ] (pt & pp **-said**) vt fml contredire.

gait [geɪt] n démarche f.

gaiters [ˈgeɪtəz] npl guêtres fpl.

gal. abbr of **gallon**.

gala [ˈgɑːlə] ◇ n [celebration] gala m ◇ comp de gala.

Galapagos Islands [gəˈlæpəgəs-] npl : **the ~** les (îles fpl) Galapagos ; **in the ~** aux (îles) Galapagos.

galaxy [ˈgæləksɪ] (pl **-ies**) n galaxie f.

gale [geɪl] n [wind] grand vent m.

Galicia [gəˈlɪʃɪə] n **- 1.** [in Central Europe] Galicie f ; **in ~** en Galicie **- 2.** [in Spain] Galice f ; **in ~** en Galice.

gall [gɔːl] ◇ n [nerve] : **to have the ~ to do sthg** avoir le toupet de faire qqch ◇ vt contrarier.

gall. abbr of **gallon**.

gallant [sense 1 ˈgælənt, sense 2 gəˈlænt, ˈgælənt] adj **- 1.** [courageous] courageux(euse) **- 2.** [polite to women] galant.

gallantry [ˈgæləntrɪ] n **- 1.** [courage] bravoure f **- 2.** [politeness to women] galanterie f.

gall bladder n vésicule f biliaire.

galleon [ˈgælɪən] n galion m.

gallery [ˈgælərɪ] (pl **-ies**) n **- 1.** [gen] galerie f **- 2.** [for displaying art] musée m **- 3.** [in theatre] paradis m.

galley [ˈgælɪ] (pl **-s**) n **- 1.** [ship] galère f **- 2.** [kitchen] coquerie f.

Gallic [ˈgælɪk] adj français(e).

galling [ˈgɔːlɪŋ] adj humiliant(e).

gallivant [ˌgælɪˈvænt] vi inf mener une vie de patachon.

gallon [ˈgælən] n = 4,546 litres, gallon m.

gallop [ˈgæləp] ◇ n galop m ◇ vi galoper.

galloping [ˈgæləpɪŋ] adj [inflation] galopant(e).

gallows [ˈgæləuz] (pl inv) n gibet m.

gallstone [ˈgɔːlstəun] n calcul m biliaire.

Gallup poll [ˈgæləp-] n Br sondage m d'opinion.

galore [gəˈlɔːʳ] adj en abondance.

galoshes [gəˈlɒʃɪz] npl caoutchoucs mpl, claques fpl Can.

galvanize, -ise [ˈgælvənaɪz] vt **- 1.** TECH galvaniser **- 2.** [impel] : **to ~ sb into action** pousser qqn à agir.

Gambia [ˈgæmbɪə] n : **(the) ~** Gambie f ; **in (the) ~** en Gambie.

Gambian [ˈgæmbɪən] ◇ adj gambien(enne) ◇ n Gambien m, -enne f.

gambit [ˈgæmbɪt] n entrée f en matière.

gamble [ˈgæmbl] ◇ n [calculated risk] risque m ;

to take a ~ prendre un risque ◇ *vi* - **1.** [bet] jouer ; **to ~ on** jouer de l'argent sur - **2.** [take risk] : **to ~ on** miser sur.

gambler ['gæmbləʳ] *n* joueur *m*, -euse *f*.

gambling ['gæmblɪŋ] *n* (U) jeu *m*.

gambol ['gæmbl] (Br *pt & pp* -led ; *cont* -ling, Am *pt & pp* -ed ; *cont* -ing) *vi* gambader.

game [geɪm] ◇ *n* - **1.** [gen] jeu *m* ; **what's your ~?** inf à quoi joues-tu? - **2.** [match] match *m* - **3.** (U) [hunted animals] gibier *m* - **4.** *phr* : **to beat sb at their own ~** battre qqn sur son propre terrain ; **the ~'s up** tout est perdu ; **to give the ~ away** vendre la mèche ◇ *adj* - **1.** [brave] courageux(euse) - **2.** [willing] : **~ (for sthg/to do sthg)** partant(e) (pour qqch/pour faire qqch).

◆ **games** ◇ *n* SCH éducation *f* physique ◇ *npl* [sporting contest] jeux *mpl*.

gamekeeper ['geɪm,ki:pəʳ] *n* garde-chasse *m*.

gamely ['geɪmlɪ] *adv* - **1.** [bravely] courageusement - **2.** [willingly] volontairement.

game plan *n* stratégie *f*, plan *m* d'attaque.

game reserve *n* réserve *f* (de chasse)

games console [geɪmz -] *n* COMPUT console *f* de jeux.

game show *n* jeu *m* télévisé.

gamesmanship ['geɪmzmənʃɪp] *n* art de gagner habilement.

gamma rays ['gæmə-] *npl* rayons *mpl* gamma.

gammon ['gæmən] *n* jambon *m* fumé.

gammy ['gæmɪ] (*compar* -ier ; *superl* -iest) *adj* Br *inf* boiteux(euse).

gamut ['gæmət] *n* gamme *f* ; **to run the ~ of** passer par toute la gamme de.

gander ['gændəʳ] *n* [male goose] jars *m*.

gang [gæŋ] *n* - **1.** [of criminals] gang *m* - **2.** [of young people] bande *f*.

◆ **gang up** *vi inf* : **to ~ up (on)** se liguer (contre).

Ganges ['gændʒi:z] *n* : **the (River) ~** le Gange.

gangland ['gæŋlænd] *n* (U) milieu *m*.

gangling ['gæŋglɪŋ], **gangly** ['gæŋglɪ] (*compar* -ier ; *superl* -iest) *adj* dégingandé(e).

gangplank ['gæŋplæŋk] *n* passerelle *f*.

gangrene ['gæŋgri:n] *n* gangrène *f*.

gangrenous ['gæŋgrɪnəs] *adj* gangreneux(euse).

gangster ['gæŋstəʳ] *n* gangster *m*.

gangway ['gæŋweɪ] *n* - **1.** Br [aisle] allée *f* - **2.** [gangplank] passerelle *f*.

gannet ['gænɪt] (*pl inv* OR -s) *n* [bird] fou *m* (de Bassan).

gantry ['gæntrɪ] (*pl* -ies) *n* portique *m*.

GAO (*abbr of* General Accounting Office) *n* Cour des comptes américaine.

gaol [dʒeɪl] Br = jail.

gap [gæp] *n* - **1.** [empty space] trou *m* ; [in text] blanc *m* ; *fig* [in knowledge, report] lacune *f* - **2.** [interval of time] période *f* - **3.** *fig* [great difference] fossé *m*.

gape [geɪp] *vi* - **1.** [person] rester bouche bée - **2.** [hole, shirt] bâiller.

gaping ['geɪpɪŋ] *adj* - **1.** [open-mouthed] bouche bée (*inv*) - **2.** [wide-open] béant(e) ; [shirt] grand ouvert (grande ouverte).

gap year *n* année d'interruption volontaire des études, avant l'entrée à l'université.

garage [Br 'gæra:ʒ, 'gærɪdʒ, Am gə'ra:ʒ] *n* - **1.** [gen] garage *m* - **2.** Br [for fuel] station-service *f*.

garb [ga:b] *n* (U) *fml* tenue *f*.

garbage ['ga:bɪdʒ] *n* (U) - **1.** [refuse] détritus *mpl* - **2.** *inf* [nonsense] idioties *fpl*.

garbage can *n* Am poubelle *f*.

garbage collector *n* Am éboueur *m*.

garbage truck *n* Am camion-poubelle *m*.

garbled ['ga:bld] *adj* confus(e).

garden ['ga:dn] ◇ *n* jardin *m* ◇ *comp* de jardin ◇ *vi* jardiner.

◆ **gardens** *npl* jardins *mpl* (publics).

garden centre *n* jardinerie *f*, garden centre *m*.

garden city *n* Br cité-jardin *f*.

gardener ['ga:dnəʳ] *n* [professional] jardinier *m*, -ère *f* ; [amateur] personne *f* qui aime jardiner, amateur *m* de jardinage.

gardenia [ga:'di:njə] *n* gardénia *m*.

gardening ['ga:dnɪŋ] ◇ *n* jardinage *m* ◇ *comp* [gloves, equipment, book] de jardinage ; [expert] en jardinage.

garden party *n* garden-party *f*.

garden shed *n* abri *m* de jardin.

gargantuan [ga:'gæntjuən] *adj* gargantuesque.

gargle ['ga:gl] *vi* se gargariser.

gargoyle ['ga:gɔɪl] *n* gargouille *f*.

garish ['geərɪʃ] *adj* criard(e).

garland ['ga:lənd] *n* guirlande *f* de fleurs.

garlic ['ga:lɪk] *n* ail *m*.

garlic bread *n* pain *m* à l'ail.

garlicky ['ga:lɪkɪ] *adj inf* qui sent l'ail.

garment ['ga:mənt] *n* vêtement *m*.

garner ['ga:nəʳ] *vt fml* recueillir.

garnet ['ga:nɪt] *n* [red stone] grenat *m*.

garnish ['gɑːnɪʃ] ⬦ n garniture f ⬦ vt garnir.

garret ['gærət] n mansarde f.

garrison ['gærɪsn] ⬦ n [soldiers] garnison f ⬦ vt tenir en garnison.

garrulous ['gærələs] adj volubile.

garter ['gɑːtəʳ] n - 1. [for socks] support-chaussette m ; [for stockings] jarretière f - 2. Am [suspender] jarretelle f.

gas [gæs] (pl gases OR gasses [gæsiːz], pt & pp -sed ; cont -sing) ⬦ n - 1. [gen] gaz m inv - 2. Am [for vehicle] essence f ⬦ vt gazer.

gas chamber n chambre f à gaz.

Gascony ['gæskənɪ] n Gascogne f ; in ~ en Gascogne.

gas cooker n Br cuisinière f à gaz.

gas cylinder n bouteille f de gaz.

gaseous ['gæsɪəs] adj gazeux(euse).

gas fire n Br appareil m de chauffage à gaz.

gas fitter n ajusteur m gazier.

gas gauge n Am jauge f d'essence.

gash [gæʃ] ⬦ n entaille f ⬦ vt entailler.

gasket ['gæskɪt] n joint m d'étanchéité.

gasman ['gæsmæn] (pl -men [-men]) n [who reads meter] employé m du gaz ; [for repairs] installateur m de gaz.

gas mask n masque m à gaz.

gas meter n compteur m à gaz.

gasoline ['gæsəliːn] n Am essence f.

gasometer [gæ'sɒmɪtəʳ] n réservoir m collecteur de gaz.

gas oven n - 1. [for cooking] four m à gaz - 2. [gas chamber] chambre f à gaz.

gasp [gɑːsp] ⬦ n halètement m ⬦ vi - 1. [breathe quickly] haleter - 2. [in shock, surprise] avoir le souffle coupé.

gas pedal n Am accélérateur m.

gasping ['gɑːspɪŋ] adj Br inf mort(e) de soif.

gas station n Am station-service f.

gas stove = gas cooker.

gassy ['gæsɪ] (compar -ier ; superl -iest) adj pej gazeux(euse).

gas tank n Am réservoir m.

gas tap n [for mains supply] robinet m de gaz ; [on gas fire] prise f de gaz.

gastric ['gæstrɪk] adj gastrique.

gastric ulcer n ulcère m gastrique.

gastritis [gæs'traɪtɪs] n gastrite f.

gastroenteritis ['gæstrəʊˌentə'raɪtɪs] n gastro-entérite f.

gastronomic [ˌgæstrə'nɒmɪk] adj gastronomique.

gastronomy [gæs'trɒnəmɪ] n gastronomie f.

gasworks ['gæswɜːks] (pl inv) n usine f à gaz.

gate [geɪt] n [of garden, farm] barrière f ; [of town, at airport] porte f ; [of park] grille f.

gâteau ['gætəʊ] (pl -x [-z]) n Br gâteau m.

gatecrash ['geɪtkræʃ] inf vt & vi prendre part à une réunion, une réception sans y avoir été convié.

gatecrasher ['geɪtˌkræʃəʳ] n inf intrus m, -e f.

gatehouse ['geɪthaʊs] n loge f du gardien.

gatekeeper ['geɪtˌkiːpəʳ] n gardien m, -enne f.

gatepost ['geɪtpəʊst] n montant m de barrière.

gateway ['geɪtweɪ] n - 1. [entrance] entrée f - 2. [means of access] : ~ to porte f de ; fig clé f de.

gather ['gæðəʳ] ⬦ vt - 1. [collect] ramasser ; [flowers] cueillir ; [information] recueillir ; [courage, strength] rassembler ; to ~ together rassembler - 2. [increase - speed, force] prendre - 3. [understand] : to ~ (that) ... croire comprendre que ... - 4. [cloth - into folds] plisser ⬦ vi [come together] se rassembler ; [clouds] s'amonceler.

➤ **gather up** vt sep rassembler.

gathering ['gæðərɪŋ] n [meeting] rassemblement m.

GATT [gæt] (abbr of General Agreement on Tariffs and Trade) n GATT m.

gauche [gəʊʃ] adj gauche.

gaudy ['gɔːdɪ] (compar -ier ; superl -iest) adj voyant(e).

gauge, gage Am [geɪdʒ] ⬦ n - 1. [for rain] pluviomètre m ; [for fuel] jauge f d'essence) ; [for tyre pressure] manomètre m - 2. [of gun, wire] calibre m - 3. RAIL écartement m ⬦ vt - 1. [measure] mesurer - 2. [evaluate] jauger.

Gaul [gɔːl] n - 1. [country] Gaule f - 2. [person] Gaulois m, -e f.

gaunt [gɔːnt] adj - 1. [thin] hâve - 2. [bare, grim] désolé(e).

gauntlet ['gɔːntlɪt] n gant m (de protection) ; to run the ~ of sthg endurer qqch ; to throw down the ~ (to sb) jeter le gant (à qqn).

gauze [gɔːz] n gaze f.

gave [geɪv] pt ⊳ give.

gawky ['gɔːkɪ] (compar -ier ; superl -iest) adj [person] dégingandé(e) ; [movement] désordonné(e).

gawp [gɔːp] vi : to ~ (at) rester bouche bée (devant).

gay [geɪ] ◇ adj - **1.** [gen] gai(e) - **2.** [homosexual] homo (inv), gay (inv) ◇ n homo mf, gay mf.

Gaza Strip ['gɑːzə-] n : the ~ la bande de Gaza.

gaze [geɪz] ◇ n regard m (fixe) ◇ vi : **to ~ at sb/sthg** regarder qqn/qqch (fixement).

gazebo [gə'ziːbəʊ] (pl inv OR **-s**) n belvédère m.

gazelle [gə'zel] (pl inv OR **-s**) n gazelle f.

gazette [gə'zet] n [newspaper] gazette f.

gazetteer [ˌgæzɪ'tɪər] n index m géographique.

gazump [gə'zʌmp] vt Br inf : **to be ~ed** être victime d'une suroffre.

GB (abbr of Great Britain) n G-B f.

GBH (abbr of grievous bodily harm) n coups mpl et blessures.

GC (abbr of George Cross) n distinction honorifique britannique.

GCE (abbr of General Certificate of Education) n certificat de fin d'études secondaires en Grande-Bretagne.

GCH Br (abbr of gas central heating) chauffage central à gaz.

GCHQ (abbr of Government Communications Headquarters) n en Grande-Bretagne, centre d'interception des télécommunications étrangères.

GCSE (abbr of General Certificate of Secondary Education) n examen de fin d'études secondaires en Grande-Bretagne.

Gdns abbr of Gardens.

GDP (abbr of gross domestic product) n PIB m.

GDR (abbr of German Democratic Republic) n RDA f.

gear [gɪər] ◇ n - **1.** TECH [mechanism] embrayage m - **2.** [speed - of car, bicycle] vitesse f ; **to be in/out of ~** être en prise/au point mort - **3.** (U) [equipment, clothes] équipement m ◇ vt : **to ~ sthg to sb/sthg** destiner qqch à qqn/qqch.
◆ **gear up** vi : **to ~ up for sthg/to do sthg** se préparer pour qqch/à faire qqch.

gearbox ['gɪəbɒks] n boîte f de vitesses.

gearing ['gɪərɪŋ] n TECH engrenage m.

gear lever, gear stick Br, **gear shift** Am n levier m de changement de vitesse.

gear wheel n pignon m, roue f d'engrenage.

gee [dʒiː] excl - **1.** [to horse] : **~ up!** hue! - **2.** Am inf [expressing surprise, excitement] : **~ (whiz)!** ça alors!

geek ['giːk] n inf débile mf ; **a movie/computer ~** un dingue de cinéma/d'informatique.

geese [giːs] pl ⊳ **goose.**

Geiger counter ['gaɪgər-] n compteur m Geiger.

geisha (girl) ['geɪʃə-] n geisha f.

gel [dʒel] (pt & pp **-led** ; cont **-ling**) ◇ n [for hair] gel m ◇ vi - **1.** [thicken] prendre - **2.** fig [take shape] prendre tournure.

gelatin ['dʒelətɪn], **gelatine** [ˌdʒelə'tiːn] n gélatine f.

gelding ['geldɪŋ] n hongre m.

gelignite ['dʒelɪgnaɪt] n gélignite f.

gem [dʒem] n - **1.** [jewel] pierre f précieuse, gemme f - **2.** fig [person, thing] perle f.

Gemini ['dʒemɪnaɪ] n Gémeaux mpl ; **to be (a) ~** être Gémeaux.

gemstone ['dʒemstəʊn] n pierre f précieuse.

gen [dʒen] (pt & pp **-ned** ; cont **-ning**) n (U) Br inf info f.
◆ **gen up** vi : **to ~ up (on sthg)** se rancarder (sur qqch).

gen. (abbr of general, generally) gén.

Gen. (abbr of General) Gal.

gender ['dʒendər] n - **1.** [sex] sexe m - **2.** GRAMM genre m.

gene [dʒiːn] n gène m.

genealogist [ˌdʒiːnɪ'ælədʒɪst] n généalogiste m f.

genealogy [ˌdʒiːnɪ'ælədʒɪ] (pl **-ies**) n généalogie f.

genera ['dʒenərə] pl ⊳ **genus.**

general ['dʒenərəl] ◇ adj général(e) ◇ n général m.
◆ **in general** adv en général.

general anaesthetic n anesthésie f générale.

general delivery n Am poste f restante.

general election n élection f générale.

generality [ˌdʒenə'rælətɪ] (pl **-ies**) n généralité f.

generalization [ˌdʒenərəlaɪ'zeɪʃn] n généralisation f.

generalize, -ise ['dʒenərəlaɪz] vi : **to ~ (about)** généraliser (au sujet de OR sur).

general knowledge n culture f générale.

generally ['dʒenərəlɪ] adv - **1.** [usually, in most cases] généralement - **2.** [unspecifically] en général ; [describe] en gros.

general manager n directeur général m, directrice générale f.

general practice n - **1.** [work] médecine f générale - **2.** [place] cabinet m de généraliste.

general practitioner n (médecin m) généraliste m.

general public n : the ~ le grand public.

general-purpose adj polyvalent(e).

general strike n grève f générale.

generate ['dʒenəreɪt] vt [energy, jobs] générer ; [electricity, heat] produire ; [interest, excitement] susciter.

generation [,dʒenə'reɪʃn] n - **1.** [gen] génération f ; first/second ~ première/deuxième génération - **2.** [creation - of jobs] création f ; [- of interest, excitement] induction f ; [- of electricity] production f.

generation gap n fossé m des générations.

generator ['dʒenəreɪtəʳ] n générateur m ; ELEC génératrice f, générateur.

generic [dʒɪ'nerɪk] adj générique.

generosity [,dʒenə'rɒsətɪ] n générosité f.

generous ['dʒenərəs] adj généreux(euse).

generously ['dʒenərəslɪ] adv généreusement.

genesis ['dʒenəsɪs] (pl -ses [-siːz]) n [origin] genèse f.

genetic [dʒɪ'netɪk] adj génétique.
➧ **genetics** n (U) génétique f.

genetically [dʒɪ'netɪklɪ] adv génétiquement ; ~ **modified** génétiquement modifié(e) ; ~ **modified organism** organisme m génétiquement modifié.

genetic code n code m génétique.

genetic engineering (U) n manipulation f génétique.

genetic fingerprinting [-'fɪŋɡəprɪntɪŋ] n empreinte f génétique.

Geneva [dʒɪ'niːvə] n Genève.

Geneva convention [dʒɪ'niːvə] n : the ~ la Convention de Genève.

genial ['dʒiːnjəl] adj affable.

genie ['dʒiːnɪ] (pl **genies** OR **genii** ['dʒiːnɪaɪ]) n génie m.

genitals ['dʒenɪtlz] npl organes mpl génitaux.

genius ['dʒiːnjəs] (pl **-es** [-iːz]) n génie m ; ~ **for sthg/for doing sthg** génie de qqch/pour faire qqch.

Genoa ['dʒenəʊə] n Gênes.

genocide ['dʒenəsaɪd] n génocide m.

genome ['dʒiːnəʊm] n génome m.

genre ['ʒɑ̃rə] n genre m.

gent [dʒent] n Br inf gentleman m.
➧ **gents** n Br [toilets] toilettes fpl pour hommes ; [sign on door] messieurs.

genteel [dʒen'tiːl] adj raffiné(e).

gentile ['dʒentaɪl] <> adj gentil(ille) <> n gentil m, -ille f.

gentle ['dʒentl] adj doux (douce) ; [hint] discret(ète) ; [telling-off] léger(ère).

gentleman ['dʒentlmən] (pl **-men** [-mən]) n - **1.** [well-behaved man] gentleman m ; ~'s agreement accord m qui repose sur l'honneur - **2.** [man] monsieur m.

gentlemanly ['dʒentlmənlɪ] adj courtois(e).

gentleness ['dʒentlnɪs] n douceur f.

gently ['dʒentlɪ] adv [gen] doucement ; [speak, smile] avec douceur.

gentry ['dʒentrɪ] n petite noblesse f.

genuflect ['dʒenjuːflekt] vi fml faire une génuflexion.

genuine ['dʒenjuɪn] adj authentique ; [interest, customer] sérieux(euse) ; [person, concern] sincère.

genuinely ['dʒenjuɪnlɪ] adv réellement.

genus ['dʒiːnəs] (pl **genera** ['dʒenərə]) n genre m.

geographer [dʒɪ'ɒɡrəfəʳ] n géographe mf.

geographical [dʒɪə'ɡræfɪkl] adj géographique.

geography [dʒɪ'ɒɡrəfɪ] n géographie f.

geological [,dʒɪə'lɒdʒɪkl] adj géologique.

geologist [dʒɪ'ɒlədʒɪst] n géologue mf.

geology [dʒɪ'ɒlədʒɪ] n géologie f.

geometric(al) [,dʒɪə'metrɪk(l)] adj géométrique.

geometry [dʒɪ'ɒmətrɪ] n géométrie f.

geophysics [,dʒiː:əʊ'fɪzɪks] n géophysique f.

Geordie ['dʒɔːdɪ] n personne originaire de Tyneside.

George Cross ['dʒɔːdʒ-] n Br décoration décernée pour actes de bravoure.

Georgia ['dʒɔːdʒjə] n [in US, in CIS] Géorgie f ; in ~ en Géorgie.

Georgian ['dʒɔːdʒjən] <> adj - **1.** Br [house, furniture] ≃ style XVIIIᵉ (siècle) - **2.** GEOGR géorgien(enne) <> n Géorgien m, -enne f.

geranium [dʒɪ'reɪnjəm] (pl **-s**) n géranium m.

gerbil ['dʒɜːbɪl] n gerbille f.

geriatric [,dʒerɪ'ætrɪk] adj - **1.** MED gériatrique - **2.** pej [person] décrépit(e) ; [object] vétuste.

germ [dʒɜːm] n - **1.** [bacterium] germe m - **2.** fig [of idea, plan] embryon m.

German ['dʒɜːmən] <> adj allemand(e) <> n - **1.** [person] Allemand m, -e f - **2.** [language] allemand m.

Germanic [dʒɜː'mænɪk] adj germanique.

German measles n (U) rubéole f.

German shepherd (dog) n berger m allemand.

Germany ['dʒɜːmənɪ] (pl -ies) n Allemagne f ; in ~ en Allemagne.

germicide ['dʒɜːmɪsaɪd] n germicide m.

germinate ['dʒɜːmɪneɪt] ◇ vt - **1.** [seed] faire germer - **2.** fig [idea, feeling] faire naître ◇ vi lit & fig germer.

germination [,dʒɜːmɪ'neɪʃn] n - **1.** [of seed] germination f - **2.** fig [of idea, feeling] développement m.

germ warfare n (U) guerre f bactériologique.

gerrymandering ['dʒerɪmændərɪŋ] (U) n charcutage m électoral.

gerund ['dʒerənd] n gérondif m.

gestation [dʒe'steɪʃn] n gestation f.

gestation period n lit & fig période f de gestation.

gesticulate [dʒes'tɪkjʊleɪt] vi gesticuler.

gesticulation [dʒe,stɪkjʊ'leɪʃn] n gesticulation f.

gesture ['dʒestʃər] ◇ n geste m ◇ vi : **to ~ to** OR **towards sb** faire signe à qqn.

get [get] (Br pt & pp got ; cont -ting, Am pt got ; pp gotten ; cont -ting) ◇ vt - **1.** [cause to do] : to ~ **sb to do sthg** faire faire qqch à qqn ; **I'll ~ my sister to help** je vais demander à ma sœur de nous aider - **2.** [cause to be done] : **to ~ sthg done** faire faire qqch ; **I got the car fixed** j'ai fait réparer la voiture - **3.** [cause to become] : **to ~ sb pregnant** rendre qqn enceinte ; **I can't ~ the car started** je n'arrive pas à mettre la voiture en marche ; **to ~ things going** faire avancer les choses - **4.** [cause to move] : **to ~ sb/sthg through sthg** faire passer qqn/qqch par qqch ; **to ~ sb/ sthg out of sthg** faire sortir qqn/qqch de qqch - **5.** [bring, fetch] aller chercher ; **can I ~ you something to eat/drink?** est-ce que je peux vous offrir quelque chose à manger/ boire? ; **I'll ~ my coat** je vais chercher mon manteau - **6.** [obtain - gen] obtenir ; [- job, house] trouver - **7.** [receive] recevoir, avoir ; **what did you ~ for your birthday?** qu'est-ce que tu as eu pour ton anniversaire? ; **she ~s a good salary** elle touche un bon traitement ; **when did you ~ the news?** quand as-tu reçu la nouvelle? - **8.** [experience a sensation] avoir ; **do you ~ the feeling he doesn't like us?** tu n'as pas l'impression qu'il ne nous aime pas? ; **I ~ a real thrill out of driving fast** cela me donne des sensations fortes de conduire vite - **9.** [be infected with, suffer from] avoir, attraper ; **to ~ a cold** attraper un rhume - **10.** [under-

stand] comprendre, saisir ; **I don't ~ it** inf je ne comprends pas, je ne saisis pas ; **he didn't seem to ~ the point** il ne semblait pas comprendre OR piger - **11.** [catch - bus, train, plane] prendre - **12.** [capture] prendre, attraper - **13.** inf [annoy] : **what really ~s me is his smugness** c'est sa suffisance qui m'agace OR qui m'énerve - **14.** [find] : **you ~ a lot of artists here** on trouve OR il y a beaucoup d'artistes ici ; see also **have** ◇ vi - **1.** [become] devenir ; **to ~ suspicious** devenir méfiant ; **I'm getting cold/bored** je commence à avoir froid/à m'ennuyer ; **it's getting late** il se fait tard - **2.** [arrive] arriver ; **he never got there** il n'est jamais arrivé ; **I only got back yesterday** je suis rentré hier seulement - **3.** [eventually succeed in] : **to ~ to do sthg** parvenir à OR finir par faire qqch ; **did you ~ to see him?** est-ce que tu as réussi à le voir? ; **she got to enjoy the classes** elle a fini par aimer les cours ; **I never got to visit Beijing** je n'ai jamais pu aller à Beijing - **4.** [progress] : **how far have you got?** où en es-tu? ; **we got as far as buying the paint** on est allé jusqu'à acheter la peinture ; **I got to the point where I didn't care any more** j'en suis arrivé à m'en ficher complètement ; **now we're getting somewhere** enfin on avance ; **we're getting nowhere** on n'arrive à rien ◇ aux vb : **to ~ excited** s'exciter ; **to ~ hurt** se faire mal ; **to ~ beaten up** se faire tabasser ; **let's ~ going** OR **moving** allons-y ; see also **have**.

◆ **get about, get around** vi - **1.** [move from place to place] se déplacer - **2.** [circulate - news, rumour] circuler, se répandre ; see also **get around, get round**.

◆ **get across** vt sep [idea, policy] communiquer ; **to ~ one's message across** se faire comprendre.

◆ **get ahead** vi avancer.

◆ **get along** vi - **1.** [manage] se débrouiller - **2.** [progress] avancer, faire des progrès - **3.** [have a good relationship] s'entendre.

◆ **get around, get round** ◇ vt fus [overcome] venir à bout de, surmonter ◇ vi - **1.** [circulate] circuler, se répandre - **2.** [eventually do] : **to ~ around to (doing) sthg** trouver le temps de faire qqch ; see also **get about**.

◆ **get at** vt fus - **1.** [reach] parvenir à - **2.** [imply] vouloir dire ; **what are you getting at?** où veux-tu en venir? - **3.** inf [criticize] critiquer, dénigrer.

◆ **get away** vi - **1.** [leave] partir, s'en aller - **2.** [go on holiday] partir en vacances ; **to ~ away from it all** partir se détendre loin de tout - **3.** [escape] s'échapper, s'évader.

◆ **get away with** vt fus : **to let sb ~ away with sthg** passer qqch à qqn ; **she just let**

him ~ away with it elle le laisse tout faire, elle lui passe tout.

➡ **get back** ⬦ *vt sep* [recover, regain] retrouver, récupérer ⬦ *vi* - **1.** [return] rentrer - **2.** [move away] s'écarter.

➡ **get back to** *vt fus* - **1.** [return to previous state, activity] revenir à ; **to ~ back to sleep** se rendormir ; **things are getting back to normal** la situation redevient normale ; **to ~ back to work** [after pause] se remettre au travail ; [after illness] reprendre son travail - **2.** *inf* [phone back] rappeler ; **I'll ~ back to you on that** je te reparlerai de ça plus tard.

➡ **get by** *vi* se débrouiller, s'en sortir.

➡ **get down** *vt sep* - **1.** [depress] déprimer - **2.** [fetch from higher level] descendre.

➡ **get down to** *vt fus* s'attaquer à ; **to ~ down to doing sthg** se mettre à faire qqch ; **to ~ down to work** se mettre au travail.

➡ **get in** ⬦ *vi* - **1.** [enter - gen] entrer ; [- referring to vehicle] monter - **2.** [arrive] arriver ; [arrive home] rentrer - **3.** [be elected] être élu(e) ⬦ *vt sep* - **1.** [bring in] rentrer - **2.** [interject] : **to ~ a word in** placer un mot.

➡ **get in on** *vt fus* se mêler de, participer à.

➡ **get into** *vt fus* - **1.** [car] monter dans - **2.** [become involved in] se lancer dans ; **to ~ into an argument with sb** se disputer avec qqn - **3.** [enter into a particular situation, state] : **to ~ into a panic** s'affoler ; **to ~ into trouble** s'attirer des ennuis ; **to ~ into the habit of doing sthg** prendre l'habitude de faire qqch - **4.** [be accepted as a student at] être admis(e) *OR* accepté(e) à - **5.** *inf* [affect] : **what's got into you?** qu'est-ce qui te prend ?

➡ **get off** ⬦ *vt sep* [remove] enlever ⬦ *vt fus* - **1.** [go away from] partir de - **2.** [train, bus etc] descendre de ⬦ *vi* - **1.** [leave bus, train] descendre - **2.** [escape punishment] s'en tirer ; **he got off lightly** il s'en est tiré à bon compte - **3.** [depart] partir.

➡ **get off with** *vt fus* **Br** *inf* avoir une touche avec.

➡ **get on** ⬦ *vt sep* [put on] mettre ⬦ *vt fus* - **1.** [bus, train, plane] monter dans - **2.** [horse] monter sur ⬦ *vi* - **1.** [enter bus, train] monter - **2.** [have good relationship] s'entendre, s'accorder - **3.** [progress] avancer, progresser ; **how are you getting on?** comment ça va? - **4.** [proceed] : **to ~ on (with sthg)** continuer (qqch), poursuivre (qqch) - **5.** [be successful professionally] réussir - **6.** [grow old] : **to be getting on** se faire vieux (vieille).

➡ **get on for** *vt fus inf* [be approximately] : **to be getting on for** approcher de ; **there were getting on for 5,000 people at the concert** il y avait près de 5 000 personnes au concert.

➡ **get on to** *vt fus* - **1.** [talk about] se mettre à parler de - **2.** [contact] contacter.

➡ **get out** ⬦ *vt sep* - **1.** [take out] sortir - **2.** [remove] enlever ⬦ *vi* - **1.** [from car, bus, train] descendre - **2.** [news] s'ébruiter.

➡ **get out of** ⬦ *vt fus* - **1.** [car etc] descendre de - **2.** [escape from] s'évader de, s'échapper de - **3.** [avoid] éviter, se dérober à ; **to ~ out of doing sthg** se dispenser de faire qqch ⬦ *vt sep* [cause to escape from] : **to ~ sb out of jail** faire sortir qqn de prison.

➡ **get over** *vt fus* - **1.** [recover from] se remettre de - **2.** [overcome] surmonter, venir à bout de - **3.** [communicate] communiquer.

➡ **get over with** *vt sep* : **to ~ sthg over with** en finir avec qqch.

➡ **get round** = **get around.**

➡ **get through** ⬦ *vt fus* - **1.** [job, task] arriver au bout de - **2.** [exam] réussir à - **3.** [food, drink] consommer - **4.** [unpleasant situation] endurer, supporter ⬦ *vi* - **1.** [make o.s. understood] : **to ~ through (to sb)** se faire comprendre (de qqn) - **2.** **TELEC** obtenir la communication.

➡ **get to** *vt fus inf* [annoy] taper sur les nerfs à.

➡ **get together** ⬦ *vt sep* [organize - team, belongings] rassembler ; [- project, report] préparer ⬦ *vi* se réunir.

➡ **get up** ⬦ *vi* se lever ⬦ *vt fus* [petition, demonstration] organiser.

➡ **get up to** *vt fus inf* faire ; **I wonder what they're getting up to** je me demande ce qu'ils fabriquent *OR* ce qu'ils sont en train de faire encore.

getaway ['getəweɪ] *n* fuite *f*.

getaway car *n* voiture qui sert à la fuite des gangsters.

get-together *n inf* réunion *f*.

getup ['getʌp] *n inf* accoutrement *m*.

get-up-and-go *n* (U) *inf* tonus *m*.

get-well card *n* carte *f* de vœux de prompt rétablissement.

geyser ['giːzəʳ] *n* - **1.** [hot spring] geyser *m* - **2.** **Br** [water heater] chauffe-eau *m inv*.

Ghana ['gɑːnə] *n* Ghana *m* ; **in ~** au Ghana.

Ghan(a)ian [gɑː'neɪən] ⬦ *adj* ghanéen(enne) ⬦ *n* Ghanéen *m*, -enne *f*.

ghastly ['gɑːstlɪ] (*compar* **-ier** ; *superl* **-iest**) *adj* - **1.** *inf* [very bad, unpleasant] épouvantable ; **to feel/look ~** être dans un état/avoir une mine épouvantable - **2.** [horrifying, macabre] effroyable.

gherkin ['gɜːkɪn] *n* cornichon *m*.

ghetto ['getəʊ] (*pl* **-s** *OR* **-es**) *n* ghetto *m*.

ghetto blaster [-ˌblɑːstəʳ] *n inf* grand radiocassette *m* portatif.

ghost [gəʊst] ⬦ *n* [spirit] spectre *m* ; **he doesn't have a ~ of a chance** il n'a pas l'ombre d'une chance ⬦ *vt* = **ghostwrite**.

ghostly ['gəʊstlɪ] (*compar* **-ier** ; *superl* **-iest**) *adj* spectral(e).

ghost town *n* ville *f* fantôme.

ghostwrite ['gəʊstraɪt] (*pt* **-wrote**, *pp* **-written**) *vt* écrire à la place de l'auteur.

ghostwriter ['gəʊst,raɪtəʳ] *n* nègre *m*.

ghostwritten ['gəʊst,rɪtn] *pp* ⬦ **ghostwrite**.

ghostwrote ['gəʊstrəʊt] *pt* ⬦ **ghostwrite**.

ghoul [guːl] *n* - **1**. [spirit] goule *f* - **2**. pej [ghoulish person] personne *f* macabre.

ghoulish ['guːlɪʃ] *adj* macabre.

GHQ (*abbr of* **general headquarters**) *n* GQG *m*.

GI (*abbr of* **government issue**) *n* GI *m*.

giant ['dʒaɪənt] ⬦ *adj* géant(e) ⬦ *n* géant *m*.

giant-size(d) *adj* géant(e).

gibber ['dʒɪbəʳ] *vi* bredouiller.

gibberish ['dʒɪbərɪʃ] *n* (U) charabia *m*, inepties *fpl*.

gibbon ['gɪbən] *n* gibbon *m*.

gibe [dʒaɪb] ⬦ *n* insulte *f* ⬦ *vi* : **to ~ at sb/ sthg** insulter qqn/qqch.

giblets ['dʒɪblɪts] *npl* abats *mpl*.

Gibraltar [dʒɪ'brɔːltəʳ] *n* Gibraltar *m* ; **in ~** à Gibraltar ; **the Rock of ~** le rocher de Gibraltar.

giddy ['gɪdɪ] (*compar* **-ier** ; *superl* **-iest**) *adj* [dizzy] : **to feel ~** avoir la tête qui tourne.

gift [gɪft] *n* - **1**. [present] cadeau *m* - **2**. [talent] don *m* ; **to have a ~ for sthg/for doing sthg** avoir un don pour qqch/pour faire qqch ; **the ~ of the gab** le bagou.

GIFT [gɪft] (*abbr of* **gamete in fallopian transfer**) *n* fivete *f*.

gift certificate Am = **gift token**.

gifted ['gɪftɪd] *adj* doué(e).

gift token, gift voucher *n* Br chèque-cadeau *m*.

gift-wrapped [-ræpt] *adj* sous emballage-cadeau.

gig [gɪg] *n* inf [concert] concert *m*.

gigabyte ['gaɪgəbaɪt] *n* COMPUT giga-octet *m*.

gigantic [dʒaɪ'gæntɪk] *adj* énorme, gigantesque.

giggle ['gɪgl] ⬦ *n* - **1**. [laugh] gloussement *m* - **2**. Br inf [fun] : **to be a ~** être marrant(e) OR tordant(e) ; **to have a ~** bien s'amuser ⬦ *vi* [laugh] glousser.

giggly ['gɪglɪ] (*compar* **-ier** ; *superl* **-iest**) *adj* qui pouffe.

GIGO ['gaɪgəʊ] (*abbr of* **garbage in, garbage out**) COMPUT qualité à l'entrée = qualité à la sortie.

gigolo ['ʒɪgələʊ] (*pl* **-s**) *n* pej gigolo *m*.

gigot ['ʒiːgəʊ] *n* gigot *m*.

gilded ['gɪldɪd] *adj* = **gilt**.

gill [dʒɪl] *n* [unit of measurement] = 0,142 litre, quart *m* de pinte.

gills [gɪlz] *npl* [of fish] branchies *fpl*.

gilt [gɪlt] ⬦ *adj* [covered in gold] doré(e) ⬦ *n* (U) [gold layer] dorure *f*.

➤ **gilts** *npl* FIN valeurs *fpl* de père de famille.

gilt-edged [-edʒd] *adj* FIN de père de famille.

gimme ['gɪmɪ] *inf* = **give me**.

gimmick ['gɪmɪk] *n* pej artifice *m*.

gin [dʒɪn] *n* gin *m* ; **~ and tonic** gin tonic.

ginger ['dʒɪndʒəʳ] ⬦ *n* - **1**. [root] gingembre *m* - **2**. [powder] gingembre *m* en poudre ⬦ *adj* Br [colour] roux (rousse).

ginger ale *n* boisson gazeuse au gingembre.

ginger beer *n* boisson non-alcoolisée au gingembre.

gingerbread ['dʒɪndʒəbred] *n* pain *m* d'épice.

ginger group *n* Br groupe *m* de pression.

ginger-haired [-'heəd] *adj* roux (rousse).

gingerly ['dʒɪndʒəlɪ] *adv* avec précaution.

gingham ['gɪŋəm] *n* [cloth] vichy *m*.

gingivitis [,dʒɪndʒɪ'vaɪtɪs] *n* gingivite *f*.

ginseng ['dʒɪnseŋ] *n* ginseng *m*

gipsy ['dʒɪpsɪ] (*pl* **-ies**) ⬦ *adj* gitan(e) ⬦ *n* gitan *m*, -e *f* ; Br pej bohémien *m*, -enne *f*.

giraffe [dʒɪ'rɑːf] (*pl inv* OR **-s**) *n* girafe *f*.

gird [gɜːd] (*pt* & *pp* **-ed** OR **girt**) *vt* ⬦ **loin**.

girder ['gɜːdəʳ] *n* poutrelle *f*.

girdle ['gɜːdl] *n* [corset] gaine *f*.

girl [gɜːl] *n* - **1**. [gen] fille *f* - **2**. [girlfriend] petite amie *f*.

girl Friday *n* aide *f*.

girlfriend ['gɜːlfrend] *n* - **1**. [female lover] petite amie *f* - **2**. [female friend] amie *f*.

girl guide Br, **girl scout** Am *n* éclaireuse *f*, guide *f*.

➤ **Girl Guides** *n* : **the Girl Guides** les Guides *fpl*.

girlie magazine ['gɜːlɪ] *n* inf magazine *m* érotique OR déshabillé.

girlish ['gɜːlɪʃ] *adj* de petite fille.

girl scout Am = **girl guide**.

giro ['dʒaɪrəʊ] (*pl* **-s**) *n* Br - **1**. (U) [system] virement *m* postal - **2**. : **~ (cheque)** chèque *m* d'indemnisation *f* (chômage OR maladie).

girt [gɜːt] *pt* & *pp* ⬦ **gird**.

girth [gɜːθ] *n* - **1.** [circumference - of tree] circonférence *f* ; [- of person] tour *m* de taille - **2.** [of horse] sangle *f*.

gist [dʒɪst] *n* substance *f* ; **to get the ~ of sthg** comprendre OR saisir l'essentiel de qqch.

give [ɡɪv] (*pt* gave, *pp* given) ⬦ *vt* - **1.** [gen] donner ; [message] transmettre ; [attention, time] consacrer ; **to ~ sb/sthg sthg** donner qqch à qqn/qqch ; **to ~ sb pleasure/a fright/a smile** faire plaisir/peur/un sourire à qqn ; **to ~ sb a look** jeter un regard à qqn ; **to ~ a shrug** hausser les épaules ; **to ~ a sigh** pousser un soupir ; **to ~ a speech** faire un discours - **2.** [as present] : **to ~ sb sthg, to ~ sthg to sb** donner qqch à qqn, offrir qqch à qqn - **3.** [pay] : **how much did you ~ for it?** combien l'avez-vous payé? - **4.** phr : **I was given to believe** OR **understand that ...** fml on m'a fait comprendre que ... ; **I'd ~ anything** OR **my right arm to do that** je donnerais n'importe quoi OR très cher pour faire ça ⬦ *vi* [collapse, break] céder, s'affaisser ⬦ *n* [elasticity] élasticité *f*, souplesse *f*.

➤ **give or take** *prep* : **~ or take a day/£10** à un jour/10 livres près.

➤ **give away** *vt sep* - **1.** [get rid of] donner - **2.** [reveal] révéler.

➤ **give back** *vt sep* [return] rendre.

➤ **give in** *vi* - **1.** [admit defeat] abandonner, se rendre - **2.** [agree unwillingly] : **to ~ in to sthg** céder à qqch.

➤ **give off** *vt fus* [smell] exhaler ; [smoke] faire ; [heat] produire.

➤ **give out** ⬦ *vt sep* [distribute] distribuer ⬦ *vi* [supplies] s'épuiser ; [car] lâcher.

➤ **give over** ⬦ *vt sep* [dedicate] : **to be given over to** [subj : time] être consacré(e) à ; [subj : building] être réservé(e) à ⬦ *vi* Br inf [stop] : **~ over!** arrête!

➤ **give up** ⬦ *vt sep* - **1.** [stop] renoncer à ; **to ~ up drinking/smoking** arrêter de boire/de fumer - **2.** [surrender] : **to ~ o.s. up (to sb)** se rendre (à qqn) ⬦ *vi* abandonner, se rendre.

➤ **give up on** *vt fus* [abandon] laisser tomber.

give-and-take *n* (*U*) [compromise] concessions *fpl* de part et d'autre.

giveaway [ˈɡɪvə,weɪ] ⬦ *adj* - **1.** [tell-tale] révélateur(trice) - **2.** [very cheap] dérisoire ⬦ *n* [tell-tale sign] signe *m* révélateur.

given [ˈɡɪvn] ⬦ *pp* ▷ **give** ⬦ *adj* - **1.** [set, fixed] convenu(e), fixé(e) ; **at any ~ time** à un moment donné - **2.** [prone] : **to be ~ to sthg/to doing sthg** être enclin(e) à qqch/à faire qqch ⬦ *prep* étant donné ; **~ that** étant donné que.

given name *n* Am prénom *m*.

giver [ˈɡɪvəʳ] *n* donneur *m*, -euse *f*.

glacé cherry [ˈɡlæseɪ-] *n* cerise *f* confite.

glacial [ˈɡleɪsjəl] *adj* - **1.** [of glacier] glaciaire - **2.** [unfriendly] glacial(e).

glacier [ˈɡlæsjəʳ] *n* glacier *m*.

glad [ɡlæd] (*compar* -der ; *superl* -dest) *adj* - **1.** [happy, pleased] content(e) ; **to be ~ about sthg** être content de qqch ; **to be ~ that** être content que - **2.** [willing] : **to be ~ to do sthg** faire qqch volontiers OR avec plaisir - **3.** [grateful] : **to be ~ of sthg** être content(e) de qqch.

gladden [ˈɡlædn] *vt* literary réjouir.

glade [ɡleɪd] *n* literary clairière *f*.

gladiator [ˈɡlædieɪtəʳ] *n* gladiateur *m*.

gladioli [ˌɡlædɪˈəʊlaɪ] *npl* glaïeuls *mpl*.

gladly [ˈɡlædlɪ] *adv* - **1.** [happily, eagerly] avec joie - **2.** [willingly] avec plaisir.

glamor Am = glamour.

glamorize, -ise [ˈɡlæməraɪz] *vt* faire apparaître sous un jour séduisant.

glamorous [ˈɡlæmərəs] *adj* [person] séduisant(e) ; [appearance] élégant(e) ; [job, place] prestigieux(euse).

glamour Br, **glamor** Am [ˈɡlæməʳ] *n* [of person] charme *m* ; [of appearance] élégance *f*, chic *m* ; [of job, place] prestige *m*.

glance [ɡlɑːns] ⬦ *n* [quick look] regard *m*, coup d'œil *m* ; **to cast** OR **take a ~ at sthg** jeter un coup d'œil à qqch ; **at a ~** d'un coup d'œil ; **at first ~** au premier coup d'œil ⬦ *vi* [look quickly] : **to ~ at sb/sthg** jeter un coup d'œil à qqn/qqch ; **to ~ at** OR **through sthg** jeter un coup d'œil à OR sur qqch.

➤ **glance off** *vt fus* [subj : ball, bullet] ricocher sur.

glancing [ˈɡlɑːnsɪŋ] *adj* de côté, oblique.

gland [ɡlænd] *n* glande *f*.

glandular fever [ˌɡlændjʊləʳ-] *n* mononucléose *f* infectieuse.

glare [ɡleəʳ] ⬦ *n* - **1.** [scowl] regard *m* mauvais - **2.** (*U*) [of headlights, publicity] lumière *f* aveuglante ⬦ *vi* - **1.** [scowl] jeter un regard mauvais ; **to ~ at sb/sthg** regarder qqn/qqch d'un œil mauvais - **2.** [sun, lamp] briller d'une lumière éblouissante.

glaring [ˈɡleərɪŋ] *adj* - **1.** [very obvious] flagrant(e) - **2.** [blazing, dazzling] aveuglant(e).

glasnost [ˈɡlæznɒst] *n* glasnost *f*, transparence *f*.

glass [ɡlɑːs] ⬦ *n* - **1.** [gen] verre *m* - **2.** (*U*) [glassware] verrerie *f* ⬦ *comp* [bottle, jar] en OR de verre ; [door, partition] vitré(e).

➤ **glasses** *npl* [spectacles] lunettes *fpl*.

glassblowing [ˈglɑːsˌbləʊɪŋ] n soufflage m du verre.

glass fibre n (U) Br fibre f de verre.

glasshouse [ˈglɑːshaʊs, pl -haʊzɪz] n Br serre f.

glassware [ˈglɑːsweəʳ] n (U) verrerie f.

glassy [ˈglɑːsɪ] (compar -ier ; superl -iest) adj - **1.** [smooth, shiny] lisse comme un miroir - **2.** [blank, lifeless] vitreux(euse).

Glaswegian [glæzˈwiːdʒən] <> adj de Glasgow <> n - **1.** habitant m, -e f de Glasgow - **2.** [dialect] dialecte m de Glasgow.

glaucoma [glɔːˈkəʊmə] n glaucome m.

glaze [gleɪz] <> n [on pottery] vernis m ; [on pastry, flan] glaçage m <> vt [pottery, tiles, bricks] vernisser ; [pastry, flan] glacer.

➤ **glaze over** vi devenir terne OR vitreux(euse).

glazed [gleɪzd] adj - **1.** [dull, bored] terne, vitreux(euse) - **2.** [covered with shiny layer - pottery] vernissé(e) ; [- pastry, flan] glacé(e) - **3.** [with glass] vitré(e).

glazier [ˈgleɪzjəʳ] n vitrier m.

GLC (abbr of **Greater London Council**) n ancien organe administratif du grand Londres.

gleam [gliːm] <> n [of gold] reflet m ; [of fire, sunset, disapproval] lueur f <> vi - **1.** [surface, object] luire - **2.** [light, eyes] briller.

gleaming [ˈgliːmɪŋ] adj brillant(e).

glean [gliːn] vt [gather] glaner.

glee [gliː] n (U) [joy] joie f, jubilation f.

gleeful [ˈgliːfʊl] adj joyeux(euse).

glen [glen] n Scot vallée f.

glib [glɪb] (compar -ber ; superl -best) adj pej [salesman, politician] qui a du bagout ; [promise, excuse] facile.

glibly [ˈglɪblɪ] adv pej trop facilement.

glide [glaɪd] vi - **1.** [move smoothly - dancer, boat] glisser sans effort ; [- person] se mouvoir sans effort - **2.** [fly] planer.

glider [ˈglaɪdəʳ] n [plane] planeur m.

gliding [ˈglaɪdɪŋ] n [sport] vol m à voile.

glimmer [ˈglɪməʳ] <> n [faint light] faible lueur f ; fig signe m, lueur f ; a ~ of hope une lueur d'espoir <> vi luire OR briller faiblement.

glimpse [glɪmps] <> n - **1.** [look, sight] aperçu m ; to catch a ~ of sb/sthg apercevoir qqn/qqch, entrevoir qqn/qqch - **2.** [idea, perception] idée f <> vt - **1.** [catch sight of] apercevoir, entrevoir - **2.** [perceive] pressentir.

glint [glɪnt] <> n - **1.** [flash] reflet m - **2.** [in eyes] éclair m <> vi étinceler.

glisten [ˈglɪsn] vi briller.

glitch [glɪtʃ] n Am inf [in plan] pépin m.

glitter [ˈglɪtəʳ] <> n (U) scintillement m <> vi - **1.** [object, light] scintiller - **2.** [eyes] briller.

glittering [ˈglɪtərɪŋ] adj brillant(e).

glitzy [ˈglɪtsɪ] (compar -ier ; superl -iest) adj inf [glamorous] chic.

gloat [gləʊt] vi : to ~ (over sthg) se réjouir (de qqch).

global [ˈgləʊbl] adj [worldwide] mondial(e).

globalization [ˌgləʊbəlaɪˈzeɪʃn] n mondialisation f.

globally [ˈgləʊbəlɪ] adv à l'échelle mondiale, mondialement.

global village n village m planétaire.

global warming [-ˈwɔːmɪŋ] n réchauffement m de la planète.

globe [gləʊb] n - **1.** [Earth] : **the ~** la terre - **2.** [spherical map] globe m terrestre - **3.** [spherical object] globe m.

globetrotter [ˈgləʊbˌtrɒtəʳ] n inf globetrotter m.

globule [ˈglɒbjuːl] n gouttelette f.

gloom [gluːm] n (U) - **1.** [darkness] obscurité f - **2.** [unhappiness] tristesse f.

gloomy [ˈgluːmɪ] (compar -ier ; superl -iest) adj - **1.** [room, sky, prospects] sombre - **2.** [person, atmosphere, mood] triste, lugubre.

glorification [ˌglɔːrɪfɪˈkeɪʃn] n glorification f.

glorified [ˈglɔːrɪfaɪd] adj pej : **it's just a ~ swimming pool** il ne s'agit que d'une vulgaire piscine.

glorify [ˈglɔːrɪfaɪ] (pt & pp -ied) vt exalter.

glorious [ˈglɔːrɪəs] adj - **1.** [beautiful, splendid] splendide - **2.** [very enjoyable] formidable - **3.** [successful, impressive] magnifique.

glory [ˈglɔːrɪ] (pl -ies) n - **1.** (U) [fame, admiration] gloire f - **2.** (U) [beauty] splendeur f - **3.** [best feature] merveille f.

➤ **glories** npl [triumphs] triomphes mpl.

➤ **glory in** vt fus [relish] savourer.

Glos (abbr of **Gloucestershire**) comté anglais.

gloss [glɒs] n - **1.** (U) [shine] brillant m, lustre m - **2.** : **~ (paint)** peinture f brillante.

➤ **gloss over** vt fus passer sur.

glossary [ˈglɒsərɪ] (pl -ies) n glossaire m.

glossy [ˈglɒsɪ] (compar -ier ; superl -iest) adj - **1.** [hair, surface] brillant(e) - **2.** [book, photo] sur papier glacé.

glossy magazine n magazine m de luxe.

glove [glʌv] n gant m.

glove compartment n boîte f à gants.

glove puppet n Br marionnette f (à gaine).

glow [gləʊ] <> n (U) - **1.** [of fire, light, sunset] lueur f - **2.** [of skin - because of heat, exercise] rou geur *f* ; [- because of health] teint *m* rose et frais **- 3.** [feeling - of pride] sensation *f* ; [- of anger] élan *m* ; [- of shame, pleasure] sentiment *m* ◇ *vi* **- 1.** [shine out - fire] rougeoyer ; [light, stars, eyes] flamboyer **- 2.** [shine in light] briller **- 3.** [with colour] flamboyer **- 4.** [flush] : **to ~ (with)** [heat] être rouge (de) ; [pleasure, health] rayonner (de).

glower ['glaʊəʳ] *vi* : **to ~ (at)** lancer des regards noirs (à).

glowing ['gləʊɪŋ] *adj* [very favourable] dithyrambique.

glow-worm *n* ver *m* luisant.

glucose ['glu:kəʊs] *n* glucose *m*.

glue [glu:] (*cont* glueing OR gluing) ◇ *n* (U) colle *f* ◇ *vt* [stick with glue] coller ; **to ~ sthg to sthg** coller qqch à OR avec qqch ; **to be ~d to the TV** fig être rivé à la télé.

glue-sniffing [-ˌsnɪfɪŋ] *n* intoxication *f* à la colle.

glum [glʌm] (*compar* **-mer** ; *superl* **-mest**) *adj* [unhappy] morne.

glut [glʌt] *n* surplus *m*.

gluten ['glu:tən] *n* gluten *m*.

glutinous ['glu:tɪnəs] *adj* glutineux(euse).

glutton ['glʌtn] *n* [greedy person] glouton *m*, -onne *f* ; **to be a ~ for punishment** être maso, être masochiste.

gluttony ['glʌtənɪ] *n* gloutonnerie *f*.

glycerin ['glɪsərɪn], **glycerine** ['glɪsəri:n] *n* glycérine *f*.

gm (*abbr of* gram) g.

GM (*abbr of* genetically modified) *adj* génétiquement modifié(e).

GMAT (*abbr of* Graduate Management Admissions Test) *n* test d'admission aux programmes de MBA.

GMB *n* important syndicat ouvrier britannique.

GMO (*abbr of* genetically modified organism) *n* OGM *m*.

GMT (*abbr of* Greenwich Mean Time) *n* GMT *m*.

gnarled [nɑ:ld] *adj* [tree, hands] noueux(euse).

gnash [næʃ] *vt* : **to ~ one's teeth** grincer des dents.

gnat [næt] *n* moucheron *m*.

gnaw [nɔ:] ◇ *vt* [chew] ronger ◇ *vi* [worry] : **to ~ (away) at sb** ronger qqn.

gnome [nəʊm] *n* gnome *m*, lutin *m*.

GNP (*abbr of* gross national product) *n* PNB *m*.

gnu [nu:] (*pl inv* OR **-s**) *n* gnou *m*.

GNVQ Br (*abbr of* general national vocational qualification) *n* diplôme sanctionnant deux années d'études professionnelles à la fin du secondaire, ≃ baccalauréat *m* professionnel.

go [gəʊ] (*pt* went, *pp* gone ; *pl* goes) ◇ *vi* **- 1.** [move, travel] aller ; **where are you ~ing?** où vas-tu? ; **he's gone to Portugal** il est allé au Portugal ; **we went by bus/train** nous sommes allés en bus/par le train ; **where does this path ~?** où mène ce chemin? ; **to ~ and do sthg** aller faire qqch ; **to ~ swimming/shopping/jogging** aller nager/faire les courses/faire du jogging ; **to ~ for a walk** aller se promener, faire une promenade ; **to ~ to church/school/university** aller à l'église/l'école/l'université ; **to ~ to work** aller travailler OR à son travail ; **where do we ~ from here?** fig qu'est-ce qu'on fait maintenant? **- 2.** [depart] partir, s'en aller ; **I must ~, I have to ~** il faut que je m'en aille ; **what time does the bus ~?** à quelle heure part le bus? ; **let's ~!** allons-y! **- 3.** [be or remain in a particular state] : **to ~ hungry** souffrir de la faim ; **we went in fear of our lives** nous craignions pour notre vie ; **to ~ unpunished** rester impuni **- 4.** [become] devenir ; **to ~ grey** grisonner, devenir gris ; **to ~ mad** devenir fou **- 5.** [pass - time] passer ; **the time went slowly/quickly** le temps a passé lentement/a vite passé **- 6.** [progress] marcher, se dérouler ; **the conference went very smoothly** la conférence s'est déroulée sans problème OR s'est très bien passée ; **to ~ well/badly** aller bien/mal ; **how's it ~ing?** inf comment ça va? **- 7.** [function, work] marcher ; **the clock's stopped ~ing** la pendule s'est arrêtée ; **the car won't ~** la voiture ne veut pas démarrer **- 8.** [indicating intention, expectation] : **to be ~ing to do sthg** aller faire qqch ; **what are you ~ing to do now?** qu'est-ce que tu vas faire maintenant? ; **he said he was ~ing to be late** il a prévenu qu'il allait arriver en retard ; **we're ~ing to America in June** on va (aller) en Amérique en juin ; **it's ~ing to rain/snow** il va pleuvoir/neiger ; **she's ~ing to have a baby** elle attend un bébé ; **it's not ~ing to be easy** cela ne va pas être facile **- 9.** [bell, alarm] sonner **- 10.** [be spent] passer, partir ; **all my money goes on food and rent** tout mon argent est passé OR parti en nourriture et en loyer **- 11.** [be given] : **to ~ to** aller à, être donné(e) à **- 12.** [be disposed of] : **he'll have to ~** il va falloir le congédier OR le mettre à la porte ; **everything must ~** tout doit disparaître **- 13.** [stop working, break - light bulb, fuse] sauter ; [- rope] céder **- 14.** [deteriorate - hearing, sight etc] baisser **- 15.** [match, be compatible] : **to ~ (with)** aller (avec) ; **this blouse goes well with the skirt** ce chemisier va bien avec la jupe ; **those colours don't really ~** ces couleurs ne vont pas bien ensemble ; **red wine goes well with meat** le vin rouge se marie bien avec la viande - **16.** [fit] aller ; **that goes at the bottom** ça va au fond - **17.** [belong] aller, se mettre ; **the plates ~ in the cupboard** les assiettes vont OR se mettent dans le placard - **18.** [in division] : **three into two won't ~** deux divisé par trois n'y va pas - **19.** [when referring to saying, story or song] : **how does that tune/song ~?** c'est quoi déjà l'air/la chanson? ; **as the saying goes** comme on dit, comme dit le proverbe - **20.** inf [with negative - in giving advice] : **now, don't ~ catching cold** ne va pas attraper froid surtout - **21.** inf [expressing irritation, surprise] : **now what's he gone and done?** qu'est-ce qu'il a fait encore? ; **she's gone and bought a new car!** elle a été s'acheter une nouvelle voiture! ; **you've gone and done it now!** eh bien cette fois-ci, on peut dire que tu en as fait une belle! - **22.** phr : **it just goes to show** c'est bien vrai, vous voyez bien ; **it just goes to show that none of us is perfect** cela prouve bien que personne n'est parfait ◇ *vt* [make noise of] faire ; **the dog went "woof"** le chien a fait « oua-oua » ◇ *n* - **1.** [turn] tour *m* ; **it's my ~** c'est à moi (de jouer) - **2.** inf [attempt] : **to have a ~ (at sthg)** essayer (de faire qqch) ; **have a ~!** tente le coup!, vas-y! - **3.** inf [success] : **to make a ~ of sthg** réussir qqch - **4.** phr : **to have a ~ at sb** inf s'en prendre à qqn, engueuler qqn ; **to be on the ~** inf être sur la brèche.

➤ **to go** *adv* - **1.** [remaining] : **there are only three days to ~** il ne reste que trois jours - **2.** Am [to take away] à emporter.

➤ **go about** ◇ *vt fus* - **1.** [perform] : **to ~ about one's business** vaquer à ses occupations - **2.** [tackle] : **how do you intend ~ing about it?** comment comptes-tu faire OR t'y prendre? ◇ *vi* = **go around**.

➤ **go after** *vt fus* [person] courir après ; [prize] viser ; [job] essayer d'obtenir.

➤ **go against** *vt fus* - **1.** [conflict with] heurter, aller à l'encontre de - **2.** [act contrary to] contrarier, s'opposer à - **3.** [decision, public opinion] être défavorable à.

➤ **go ahead** *vi* - **1.** [proceed] : **to ~ ahead with sthg** mettre qqch à exécution ; **~ ahead!** allez-y! - **2.** [take place] avoir lieu.

➤ **go along** *vi* [proceed] avancer ; **as you ~ along** au fur et à mesure ; **he makes it up as he goes along** il invente au fur et à mesure.

➤ **go along with** *vt fus* [suggestion, idea] appuyer, soutenir ; [person] suivre.

➤ **go around** *vi* - **1.** [behave in a certain way] : **she goes around putting everyone's back up** elle n'arrête pas de prendre les gens à rebrousse-poil ; **there's no need to ~ around telling everyone** tu n'as pas besoin d'aller le crier sur les toits - **2.** [frequent] : **to ~ around with sb** fréquenter qqn - **3.** [spread] circuler, courir ; **there's a rumour ~ing around about her** il court un bruit sur elle.

➤ **go back on** *vt fus* [one's word, promise] revenir sur.

➤ **go back to** *vt fus* - **1.** [return to activity] reprendre, se remettre à ; **to ~ back to sleep** se rendormir - **2.** [return to previous topic] revenir à - **3.** [date from] remonter à, dater de.

➤ **go before** *vi* : **her new paintings were unlike anything that had gone before** ses nouveaux tableaux étaient complètement différents de ses précédents ; **we wanted to forget what had gone before** nous voulions oublier ce qui s'était passé avant.

➤ **go by** ◇ *vi* [time] s'écouler, passer ◇ *vt fus* - **1.** [be guided by] suivre - **2.** [judge from] juger d'après.

➤ **go down** ◇ *vi* - **1.** [get lower - prices etc] baisser - **2.** [be accepted] être accepté(e) ; **to ~ down well/badly** être bien/mal accueilli - **3.** [sun] se coucher - **4.** [tyre, balloon] se dégonfler ◇ *vt fus* descendre.

➤ **go down with** *vt fus* [illness] attraper.

➤ **go for** *vt fus* - **1.** [choose] choisir - **2.** [be attracted to] être attiré(e) par - **3.** [attack] tomber sur, attaquer - **4.** [try to obtain - job, record] essayer d'obtenir - **5.** [be valid] s'appliquer à ; **does that ~ for me too?** est-ce que cela vaut pour OR s'applique à moi aussi?

➤ **go in** *vi* entrer.

➤ **go in for** *vt fus* - **1.** [competition] prendre part à ; [exam] se présenter à - **2.** [take up as a profession] entrer dans - **3.** [activity - enjoy] aimer ; [- participate in] faire, s'adonner à.

➤ **go into** *vt fus* - **1.** [discuss, describe in detail] : **I'd rather not ~ into that now** je préférerais ne pas en parler pour le moment ; **to ~ into detail** OR **details** entrer dans le détail OR les détails - **2.** [investigate] étudier, examiner - **3.** [take up as a profession] entrer dans - **4.** [be put into] : **a lot of hard work went into that book** ce livre a demandé OR nécessité beaucoup de travail - **5.** [begin] : **to ~ into a rage** se mettre en rage ; **to ~ into a spin** [plane] tomber en vrille.

➤ **go off** ◇ *vi* - **1.** [explode] exploser - **2.** [alarm] sonner - **3.** [go bad - food] se gâter - **4.** [lights, heating] s'éteindre - **5.** [happen] se passer, se dérouler ◇ *vt fus* [lose interest in] ne plus aimer.

➤ **go off with** *vt fus* prendre.

go on ◇ *vi* - **1.** [take place, happen] se passer - **2.** [heating etc] se mettre en marche - **3.** [continue] : **to ~ on (doing)** continuer (à faire) ; **I can't ~ on!** je n'en peux plus ! ; **~ on** [continue talking] allez-y - **4.** [proceed to further activity] : **to ~ on to sthg** passer à qqch ; **to ~ on to do sthg** faire qqch après - **5.** [proceed to another place] : **are you ~ing on to Richard's?** vous allez chez Richard après? - **6.** [go in advance] partir devant - **7.** [talk for too long] parler à n'en plus finir ; **to ~ on about sthg** ne pas arrêter de parler de qqch - **8.** [pass - time] passer ◇ *vt fus* [be guided by] se fonder sur ◇ *excl* allez ; **~ on, treat yourself** allez, fais-toi plaisir.

go on at *vt fus* [nag] harceler.

go out *vi* - **1.** [leave] sortir - **2.** [for amusement] : **to ~ out (with sb)** sortir (avec qqn) - **3.** [light, fire, cigarette] s'éteindre - **4.** [stop being fashionable] passer de mode.

go over *vt fus* - **1.** [examine] examiner, vérifier - **2.** [repeat, review] repasser.

go over to *vt fus* - **1.** [change to] adopter, passer à - **2.** [change sides to] passer à ; **to ~ over to the other side** changer de parti - **3.** RADIO & TV passer l'antenne à.

go round *vi* - **1.** [be enough for everyone] suffire ; **there's just enough to ~ round** il y en a juste assez pour tout le monde - **2.** [revolve] tourner ; *see also* **go around**.

go through ◇ *vt fus* - **1.** [experience] subir, souffrir - **2.** [spend] dépenser - **3.** [study, search through] examiner ; **she went through his pockets** elle lui a fait les poches, elle a fouillé dans ses poches - **4.** [a list - reading] lire ; [- speaking] lire à haute voix ◇ *vi* [be approved] passer, être accepté(e).

go through with *vt fus* [action, threat] aller jusqu'au bout de.

go towards *vt fus* contribuer à.

go under *vi* lit & fig couler.

go up ◇ *vi* - **1.** [gen] monter - **2.** [prices] augmenter - **3.** [be built] se construire - **4.** [explode] exploser, sauter - **5.** [burst into flames] : **to ~ up (in flames)** prendre feu, s'enflammer - **6.** [be uttered] : **a cheer went up** on a applaudi ◇ *vt fus* monter.

go with *vt fus* aller avec.

go without ◇ *vt fus* se passer de ◇ *vi* s'en passer.

goad [gəʊd] *vt* [provoke] talonner ; **to ~ sb into doing sthg** talonner qqn jusqu'à ce qu'il fasse qqch.

go-ahead ◇ *adj* [dynamic] dynamique ◇ *n* (U) [permission] feu *m* vert ; **to give sb the ~ (for sthg)** donner à qqn le feu vert (pour qqch).

goal [gəʊl] *n* but *m* ; **to score a ~** SPORT marquer un but.

goalie ['gəʊlɪ] *n* inf gardien *m* (de but).

goalkeeper ['gəʊl,kiːpər] *n* gardien *m* de but.

goalless ['gəʊllɪs] *adj* : **~ draw** match *m* sans but marqué.

goalmouth ['gəʊlmaʊθ, *pl* -maʊðz] *n* but *m*.

goalpost ['gəʊlpəʊst] *n* poteau *m* de but.

goat [gəʊt] *n* chèvre *f* ; **to act the ~** Br inf faire l'imbécile.

gob [gɒb] (*pt* & *pp* -bed ; *cont* -bing) v inf ◇ *n* Br [mouth] gueule *f* ◇ *vi* [spit] mollarder.

gobble ['gɒbl] *vt* engloutir.

gobble down, gobble up *vt sep* engloutir.

gobbledygook ['gɒbldɪguːk] *n* - **1.** [pompous official language] jargon *m* - **2.** inf [nonsense] charabia *m*.

go-between *n* intermédiaire *mf*.

Gobi ['gəʊbɪ] *n* : **the ~ Desert** le désert de Gobi.

goblet ['gɒblɪt] *n* verre *m* à pied.

goblin ['gɒblɪn] *n* lutin *m*, farfadet *m*.

gobsmacked ['gɒbsmækt] *adj* Br inf bouche bée *(inv)*.

go-cart = **go-kart**.

god [gɒd] *n* dieu *m*, divinité *f*.

God ◇ *n* Dieu *m* ; **God knows** Dieu seul le sait ; **for God's sake** pour l'amour de Dieu ; **thank God** Dieu merci ◇ *excl* : **(my) God!** mon Dieu!

gods *npl* Br inf [in theatre] : **the ~s** le poulailler.

godchild ['gɒdtʃaɪld] (*pl* -children [-,tʃɪldrən]) *n* filleul *m*, -e *f*.

goddam(n) ['gɒdæm] esp Am inf ◇ *adj* foutu(e) ◇ *excl* bordel!

goddaughter ['gɒd,dɔːtər] *n* filleule *f*.

goddess ['gɒdɪs] *n* déesse *f*.

godfather ['gɒd,fɑːðər] *n* parrain *m*.

godforsaken ['gɒdfə,seɪkn] *adj* morne, désolé(e).

godmother ['gɒd,mʌðər] *n* marraine *f*.

godparents ['gɒd,peərənts] *npl* parrain et marraine *mpl*.

godsend ['gɒdsend] *n* aubaine *f*.

godson ['gɒdsʌn] *n* filleul *m*.

goes [gəʊz] ▷ **go**.

gofer ['gəʊfər] *n* Am inf larbin *m*.

go-getter [-'getər] *n* battant *m*, -e *f*.

goggle ['gɒgl] *vi* : **to ~ (at sb/sthg)** regarder (qqn/qqch) avec des yeux ronds.

goggles ['gɒglz] *npl* lunettes *fpl*.

go-go dancer *n* danseuse *f* de cabaret.

going ['gəʊɪŋ] ◇ n (U) - **1.** [rate of advance] allure f ; **that was good ~** ça a été vite - **2.** [travel conditions] conditions fpl ◇ adj - **1.** Br [available] disponible ; **you've got a lot ~ for you** vous avez beaucoup d'atouts - **2.** [rate, salary] en vigueur.

going concern n affaire f qui marche.

goings-on npl événements mpl, histoires fpl.

go-kart [-kɑːt] n kart m.

Golan Heights ['gəʊˌlæn-] npl : **the ~** le plateau du Golan.

gold [gəʊld] ◇ n - **1.** (U) [metal, jewellery] or m ; **to be as good as ~** être sage comme une image, être mignon tout plein - **2.** [medal] médaille f d'or ◇ comp [made of gold] en or ◇ adj [gold-coloured] doré(e).

golden ['gəʊldən] adj - **1.** [made of gold] en or - **2.** [gold-coloured] doré(e).

golden age n âge m d'or.

golden eagle n aigle m royal.

golden handshake n prime f de départ.

golden opportunity n occasion f en or.

golden retriever n (golden) retriever m.

golden rule n règle f d'or.

golden wedding n noces fpl d'or.

goldfish ['gəʊldfɪʃ] (pl inv) n poisson m rouge.

goldfish bowl n bocal m (à poissons).

gold leaf n (U) feuille f d'or.

gold medal n médaille f d'or.

goldmine ['gəʊldmaɪn] n lit & fig mine f d'or.

gold-plated [-'pleɪtɪd] adj plaqué(e) or.

goldsmith ['gəʊldsmɪθ] n orfèvre m.

gold standard n : **the ~** l'étalon-or m.

golf [gɒlf] n golf m.

golf ball n - **1.** [for golf] balle f de golf - **2.** [for typewriter] boule f.

golf club n [stick, place] club m de golf.

golf course n terrain m de golf.

golfer ['gɒlfər] n golfeur m, -euse f.

golly ['gɒlɪ] excl inf dated mince!

gondola ['gɒndələ] n [boat] gondole f.

gondolier [ˌgɒndə'lɪər] n gondolier m.

gone [gɒn] ◇ pp ▷ go ◇ adj [no longer here] parti(e) ◇ prep : **it's ~ ten (o'clock)** il est dix heures passées.

gong [gɒŋ] n gong m.

gonna ['gɒnə] inf = going to.

gonorrh(o)ea [ˌgɒnə'rɪə] n blennorragie f.

goo [guː] n (U) inf truc m poisseux.

good [gʊd] (compar better ; superl best) ◇ adj - **1.** [gen] bon (bonne) ; **it's ~ to see you again** ça fait plaisir de te revoir ; **it feels ~ to be outside** ça fait du bien d'être dehors ; **to be ~ at sthg** être bon en qqch ; **to be ~ with** [animals, children] savoir y faire avec ; [one's hands] être habile de ; **it's ~ for you** c'est bon pour toi OR pour la santé ; **to feel ~** [person] se sentir bien ; **it's ~ that ...** c'est bien que ... ; **good!** très bien! - **2.** [kind - person] gentil(ille) ; **to be ~ to sb** être très attentionné envers qqn ; **to be ~ enough to do sthg** avoir l'amabilité de faire qqch - **3.** [well-behaved - child] sage ; [- behaviour] correct(e) ; **be ~!** sois sage!, tiens-toi tranquille! - **4.** [attractive - legs, figure] joli(e) - **5.** phr : **it's a ~ job** OR **thing (that) ...** c'est très bien que ..., c'est une bonne chose que ... ; **~ for you!** très bien! ; **to give as ~ as one gets** rendre la pareille ; **to make sthg ~** réparer qqch ◇ n - **1.** (U) [benefit] bien m ; **for the ~ of** pour le bien de ; **for your own ~** pour ton/votre bien ; **it will do him ~** ça lui fera du bien - **2.** [use] utilité f ; **what's the ~ of doing that?** à quoi bon faire ça? ; **it's no ~** ça ne sert à rien ; **it's no ~ crying/worrying** ça ne sert à rien de pleurer/de s'en faire ; **will this be any ~?** cela peut-il faire l'affaire? - **3.** (U) [morally correct behaviour] bien m ; **to be up to no ~** préparer un sale coup.

goods npl [merchandise] marchandises fpl, articles mpl ; **to come up with** OR **deliver the ~s** Br inf tenir ses promesses.

as good as adv pratiquement, pour ainsi dire.

for good adv [forever] pour de bon, définitivement.

good afternoon excl bonjour!

good day excl bonjour!

good evening excl bonsoir!

good morning excl bonjour!

good night excl bonsoir! ; [at bedtime] bonne nuit!

goodbye [ˌgʊd'baɪ] ◇ excl au revoir! ◇ n au revoir m.

good-for-nothing ◇ adj bon (bonne) à rien ◇ n bon m, bonne f à rien.

Good Friday n Vendredi m saint.

good-humoured [-'hjuːməd] adj [person] de bonne humeur ; [smile, remark, rivalry] bon enfant.

good-looking [-'lʊkɪŋ] adj [person] beau (belle).

good-natured [-'neɪtʃəd] adj [person] d'un naturel aimable ; [rivalry, argument] bon enfant.

goodness ['gʊdnɪs] ◇ n (U) - **1.** [kindness] bonté f - **2.** [nutritive quality] valeur f nutritive ◇ excl : **(my) ~!** mon Dieu!, Seigneur! ; fo

~' sake! par pitié!, pour l'amour de Dieu! ; **thank ~!** grâce à Dieu!

goods train *n* Br train *m* de marchandises.

good-tempered [-'tempəd] *adj* [meeting, discussion] agréable ; [person] qui a bon caractère.

good turn *n* : **to do sb a ~** rendre un service à qqn.

goodwill [,gʊd'wɪl] *n* bienveillance *f*.

goody ['gʊdɪ] (*pl* **-ies**) inf ⟨⟩ *n* [person] bon *m* ⟨⟩ *excl* chouette!

◆ **goodies** *npl* inf **- 1.** [delicious food] friandises *fpl* **- 2.** [desirable objects] merveilles *fpl*, trésors *mpl*.

gooey ['guːɪ] (*compar* **gooier** ; *superl* **gooiest**) *adj* inf [sticky] qui colle ; pej poisseux(euse).

goof [guːf] Am inf ⟨⟩ *n* [mistake] gaffe *f* ⟨⟩ *vi* faire une gaffe.

◆ **goof off** *vi* Am inf tirer au flanc.

goofy ['guːfɪ] (*compar* **-ier** ; *superl* **-iest**) *adj* inf [silly] dingue.

goose [guːs] (*pl* **geese** [giːzl]) *n* [bird] oie *f*.

gooseberry ['gʊzbərɪ] (*pl* **-ies**) *n* **- 1.** [fruit] groseille *f* à maquereau **- 2.** Br inf [third person] : **to play ~** tenir la chandelle.

gooseflesh ['guːsfleʃ], **goose pimples** Br *n*, **goosebumps** Am ['guːsbʌmps] *npl* chair *f* de poule.

goosestep ['guːs,step] (*pt* & *pp* **-ped** ; *cont* **-ping**) ⟨⟩ *n* pas *m* de l'oie ⟨⟩ *vi* faire le pas de l'oie.

GOP (*abbr of* **Grand Old Party**) *n* le parti républicain aux États-Unis.

gopher ['gəʊfəʳ] *n* geomys *m*.

gore [gɔːʳ] ⟨⟩ *n* (U) literary [blood] sang *m* ⟨⟩ *vt* encorner.

gorge [gɔːdʒ] ⟨⟩ *n* gorge *f*, défilé *m* ⟨⟩ *vt* : **to ~ o.s. on** OR **with sthg** se bourrer OR se goinfrer de qqch ⟨⟩ *vi* se goinfrer.

gorgeous ['gɔːdʒəs] *adj* divin(e) ; inf [good-looking] magnifique, splendide.

gorilla [gə'rɪlə] *n* gorille *m*.

gormless ['gɔːmlɪs] *adj* Br inf bêta (bêtasse).

gorse [gɔːs] *n* (U) ajonc *m*.

gory ['gɔːrɪ] (*compar* **-ier** ; *superl* **-iest**) *adj* sanglant(e).

gosh [gɒʃ] *excl* inf ça alors!

go-slow *n* Br grève *f* du zèle.

gospel ['gɒspl] ⟨⟩ *n* [doctrine] évangile *m* ; **~ (truth)** parole *f* d'évangile ⟨⟩ *comp* [singer] de gospel ; **~ songs** OR **music** gospel *m*.

◆ **Gospel** *n* Évangile *m*.

gossamer ['gɒsəməʳ] *n* (U) **- 1.** [spider's thread]

fils *mpl* de la Vierge **- 2.** [material] étoffe *f* légère.

gossip ['gɒsɪp] ⟨⟩ *n* **- 1.** [conversation] bavardage *m* ; pej commérage *m* **- 2.** [person] commère *f* ⟨⟩ *vi* [talk] bavarder, papoter ; pej cancaner.

gossip column *n* échos *mpl*.

got [gɒt] *pt* & *pp* ⊳ **get**.

Gothic ['gɒθɪk] *adj* gothique.

gotta ['gɒtə] inf = **got to**.

gotten ['gɒtn] Am *pp* ⊳ **get**.

gouge [gaʊdʒ] ◆ **gouge out** *vt sep* [hole] creuser ; [eyes] arracher.

goulash ['guːlæʃ] *n* goulache *m*.

gourd [gʊəd] *n* gourde *f*.

gourmet ['gʊəmeɪ] ⟨⟩ *n* gourmet *m* ⟨⟩ *comp* [food, restaurant] gastronomique ; [cook] gastronome.

gout [gaʊt] *n* (U) goutte *f*.

govern ['gʌvən] ⟨⟩ *vt* **- 1.** [gen] gouverner **- 2.** [control] régir ⟨⟩ *vi* POL gouverner.

governable ['gʌvnəbl] *adj* gouvernable.

governess ['gʌvənɪs] *n* gouvernante *f*.

governing ['gʌvənɪŋ] *adj* gouvernant(e).

governing body *n* conseil *m* d'administration.

government ['gʌvnmənt] ⟨⟩ *n* gouvernement *m* ; **the art of ~** l'art de gouverner ⟨⟩ *comp* du gouvernement.

governmental [,gʌvn'mentl] *adj* gouvernemental(e).

government stock (U) *n* fonds *mpl* publics OR d'État.

governor ['gʌvənəʳ] *n* **- 1.** POL gouverneur *m* **- 2.** [of school] ≃ membre *m* du conseil d'établissement ; [of bank] gouverneur *m* **- 3.** [of prison] directeur *m*.

governor-general (*pl* **governor-generals** OR **governors-general**) *n* gouverneur *m* général.

govt (*abbr of* **government**) gvt.

gown [gaʊn] *n* **- 1.** [for woman] robe *f* **- 2.** [for surgeon] blouse *f* ; [for judge, academic] robe *f*, toge *f*.

GP *n abbr of* **general practitioner**.

GPMU (*abbr of* **Graphical, Paper and Media Union**) *n* syndicat britannique des ouvriers du livre.

GPO (*abbr of* **General Post Office**) *n* **- 1.** [in UK] ancien nom des services postaux britanniques **- 2.** [in US] les services postaux américains.

gr. *abbr of* **gross**.

grab [græb] (*pt* & *pp* **-bed** ; *cont* **-bing**) ⟨⟩ *vt*

- **1.** [seize] saisir - **2.** inf [sandwich] avaler en vitesse ; **to ~ a few hours' sleep** dormir quelques heures - **3.** inf [appeal to] emballer ⬦ vi : **to ~ at sthg** faire un geste pour attraper qqch ⬦ n : **to make a ~ at** OR **for sthg** faire un geste pour attraper qqch.

grace [greɪs] ⬦ n - **1.** [elegance] grâce f - **2.** [graciousness] : **to do sthg with good ~** faire qqch de bonne grâce ; **to have the ~ to do sthg** avoir la bonne grâce de faire qqch - **3.** (U) [extra time] répit m - **4.** [prayer] grâces fpl ⬦ vt fml - **1.** [honour] honorer de sa présence - **2.** [decorate] orner, décorer.

graceful ['greɪsfʊl] adj gracieux(euse), élégant(e).

graceless ['greɪslɪs] adj - **1.** [ugly] sans attrait - **2.** [ill-mannered] grossier(ère), peu élégant(e).

gracious ['greɪʃəs] ⬦ adj - **1.** [polite] courtois(e) - **2.** [elegant] élégant(e) ⬦ excl : **(good) ~!** juste ciel !

graciously ['greɪʃəslɪ] adv [politely] poliment.

gradation [grə'deɪʃn] n gradation f.

grade [greɪd] ⬦ n - **1.** [quality - of worker] catégorie f ; [- of wool, paper] qualité f ; [- of petrol] type m ; [- of eggs] calibre m ; **to make the ~** y arriver, être à la hauteur - **2.** Am [class] classe f - **3.** [mark] note f ⬦ vt - **1.** [classify] classer - **2.** [mark, assess] noter.

grade crossing n Am passage m à niveau

grade school n Am école f primaire.

gradient ['greɪdjənt] n pente f, inclinaison f.

gradual ['grædʒʊəl] adj graduel(elle), progressif(ive).

gradually ['grædʒʊəlɪ] adv graduellement, petit à petit.

graduate [n 'grædʒʊət, vb 'grædʒʊeɪt] ⬦ n - **1.** [from university] diplômé m, -e f - **2.** Am [of high school] ≃ titulaire mf du baccalauréat ⬦ comp Am [postgraduate] de troisième cycle ⬦ vi - **1.** [from university] : **to ~ (from)** ≃ obtenir son diplôme (à) - **2.** Am [from high school] : **to ~ (from)** ≃ obtenir son baccalauréat (à) - **3.** [progress] : **to ~ from sthg (to sthg)** passer de qqch (à qqch).

graduated ['grædʒʊeɪtɪd] adj [ruler etc] gradué(e) ; [tax] progressif(ive) ; **~ pension scheme** régime m de retraite proportionnelle.

graduate school n Am troisième cycle m d'université.

graduation [,grædʒʊ'eɪʃn] n (U) - **1.** [ceremony] remise f des diplômes - **2.** [completion of course] obtention f de son diplôme.

graffiti [grə'fiːtɪ] n (U) graffiti mpl.

graft [grɑːft] ⬦ n - **1.** [from plant] greffe f, greffon m - **2.** MED greffe f - **3.** Br [hard work] boulot m - **4.** Am inf [corruption] graissage m de patte ⬦ vt - **1.** [plant, skin] greffer ; **to ~ sthg onto sthg** greffer qqch sur qqch - **2.** fig [idea, system] incorporer, intégrer ; **to ~ sthg onto sthg** incorporer qqch à qqch, intégrer qqch dans qqch.

grain [greɪn] n - **1.** [gen] grain m - **2.** (U) [crops] céréales fpl - **3.** (U) [pattern - in wood] fil m ; [- in material] grain m ; [- in stone, marble] veines fpl ; **it goes against the ~ (for me)** cela va à l'encontre de mes principes.

gram [græm] n gramme m.

grammar ['græmə'] n grammaire f.

grammar school n [in UK] ≃ lycée m ; [in US] école f primaire.

GRAMMAR SCHOOL

En Grande-Bretagne, le terme « grammar school » désigne une école secondaire recevant une aide de l'État mais pouvant être privée, réputée dispenser un enseignement de qualité de type traditionnel et préparant aux études supérieures. L'admission se fait sur concours ou sur dossier. Moins de cinq pour cent des élèves du pays fréquentent ce type d'école.

grammatical [grə'mætɪkl] adj grammatical(e).

gramme [græm] Br = **gram.**

gramophone ['græməfəʊn] n dated gramophone m, phonographe m.

gran [græn] n Br inf mamie f, mémé f.

Granada [grə'nɑːdə] n Grenade.

granary ['grænərɪ] (pl -ies) n grenier m (à grain).

grand [grænd] ⬦ adj - **1.** [impressive] grandiose, imposant(e) - **2.** [ambitious] grand(e) - **3.** [important] important(e) ; [socially] distingué(e) - **4.** inf dated [excellent] sensationnel(elle), formidable ⬦ n inf [thousand pounds] mille livres fpl ; [thousand dollars] mille dollars mpl.

grand(d)ad ['grændæd] n inf papi m, pépé m

Grand Canyon n : **the ~** le Grand Canyon

grandchild ['græntʃaɪld] (pl -children [-,tʃɪldrən]) n [boy] petit-fils m ; [girl] petite-fille f.

➤ **grandchildren** npl petits-enfants mpl.

granddaughter ['græn,dɔːtə'] n petite-fille f.

grand duke n grand duc m.

grandeur ['grændʒə'] n - **1.** [splendour] splendeur f, magnificence f - **2.** [status] éminence f.

grandfather ['grænd,fɑːðəʳ] *n* grand-père *m*.

grandfather clock *n* horloge *f*, pendule *f* de parquet.

grandiose ['grændɪəuz] *adj pej* [building] prétentieux(euse) ; [plan] extravagant(e).

grand jury *n* Am tribunal *m* d'accusation.

grandma ['grænmɑː] *n inf* mamie *f*, mémé *f*.

grand master *n* grand maître *m*.

grandmother ['græn,mʌðəʳ] *n* grand-mère *f*.

Grand National *n* : the ~ *la plus importante course d'obstacles de Grande-Bretagne, se déroulant à Aintree dans la banlieue de Liverpool.*

grandpa ['grænpɑː] *n inf* papi *m*, pépé *m*.

grandparents ['græn,peərənts] *npl* grands-parents *mpl*.

grand piano *n* piano *m* à queue.

grand prix [,grɒn'priː] (*pl* **grands prix** [,grɒn'priː]) *n* grand prix *m*.

grand slam *n* SPORT grand chelem *m*.

grandson ['grænsʌn] *n* petit-fils *m*.

grandstand ['grændstænd] *n* tribune *f*.

grand total *n* somme *f* globale, total *m* général.

granite ['grænɪt] *n* granit *m*.

granny ['grænɪ] (*pl* -ies) *n inf* mamie *f*, mémé *f*.

granny flat *n* Br *appartement indépendant dans une maison, pour y loger un parent âgé.*

granola [grə'nəulə] *n* Am muesli *m*.

grant [grɑːnt] ◇ *n* subvention *f* ; [for study] bourse *f* ◇ *vt* **- 1.** [wish, appeal] accorder ; [request] accéder à **- 2.** [admit] admettre, reconnaître ; **I ~ (that)** ... je reconnais OR j'admets que ... **- 3.** [give] accorder ; **to take sb for ~ed** [not appreciate sb's help] penser que tout ce que qqn fait va de soi ; [not value sb's presence] penser que qqn fait partie des meubles ; **to take sthg for ~ed** [result, sb's agreement] considérer qqch comme acquis ; **it is taken for ~ed that** ... cela semble aller de soi que ..., cela paraît normal OR tout naturel que ...

grant-maintained [- meɪn'teɪnd] *adj* SCH subventionné(e) (*par l'État*).

granulated sugar ['grænjuleɪtɪd-] *n* sucre *m* cristallisé.

granule ['grænjuːl] *n* granule *m* ; [of sugar] grain *m*.

grape [greɪp] *n* (grain *m* de) raisin *m* ; **some ~s** du raisin ; **a bunch of ~s** une grappe de raisin.

grapefruit ['greɪpfruːt] (*pl inv* OR -s) *n* pamplemousse *m*.

grape picking [-'pɪkɪŋ] *n (U)* vendange *f*, vendanges *fpl*.

grapevine ['greɪpvaɪn] *n* vigne *f* ; **on the ~** *fig* par le téléphone arabe.

graph [grɑːf] *n* graphique *m*.

graphic ['græfɪk] *adj* **- 1.** [vivid] vivant(e) **- 2.** ART graphique.
➥ **graphics** *npl* graphique *f* ; **computer ~s** infographie *f*.

graphic design *n* design *m* graphique.

graphic designer *n* graphiste *mf*.

graphic equalizer *n* égaliseur *m* graphique.

graphics card *n* COMPUT carte *f* graphique.

graphite ['græfaɪt] *n (U)* graphite *m*, mine *f* de plomb.

graphology [græ'fɒlədʒɪ] *n* graphologie *f*.

graph paper *n (U)* papier *m* millimétré.

grapple ['græpl] ➥ **grapple with** *vt fus* **- 1.** [person, animal] lutter avec **- 2.** [problem] se débattre avec, se colleter avec.

grappling iron ['græplɪŋ-] *n* grappin *m*.

grasp [grɑːsp] ◇ *n* **- 1.** [grip] prise *f* ; **in OR within one's ~** *fig* à portée de la main **- 2.** [understanding] compréhension *f* ; **to have a good ~ of sthg** avoir une bonne connaissance de qqch ◇ *vt* **- 1.** [grip, seize] saisir, empoigner **- 2.** [understand] saisir, comprendre **- 3.** [opportunity] saisir.

grasping ['grɑːspɪŋ] *adj pej* avide, cupide.

grass [grɑːs] ◇ *n* BOT & *drugs sl* herbe *f* ◇ *vi* Br *crime sl* moucharder ; **to ~ on sb** dénoncer qqn.

grasshopper ['grɑːs,hɒpəʳ] *n* sauterelle *f*.

grassland ['grɑːslænd] *n* prairie *f*.

grass roots ◇ *npl* *fig* base *f* ◇ *comp* du peuple.

grass snake *n* couleuvre *f*.

grassy ['grɑːsɪ] (*compar* -ier ; *superl* -iest) *adj* herbeux(euse), herbu(e).

grate [greɪt] ◇ *n* grille *f* de foyer ◇ *vt* râper ◇ *vi* grincer, crisser ; **to ~ on sb's nerves** taper sur les nerfs de qqn.

grateful ['greɪtful] *adj* : **to be ~ to sb (for sthg)** être reconnaissant(e) à qqn (de qqch).

gratefully ['greɪtfulɪ] *adv* avec reconnaissance.

grater ['greɪtəʳ] *n* râpe *f*.

gratification [,grætɪfɪ'keɪʃn] *n* **- 1.** [pleasure] plaisir *m*, satisfaction *f* **- 2.** [satisfaction - of wish] assouvissement *m*, satisfaction *f*.

gratify ['grætɪfaɪ] (*pt* & *pp* -ied) *vt*

- **1.** [please - person] : **to be gratified** être content(e), être satisfait(e) - **2.** [satisfy - wish] satisfaire, assouvir.

gratifying ['grætɪfaɪɪŋ] *adj* gratifiant(e).

grating ['greɪtɪŋ] ⟨> *adj* grinçant(e) ; [voix] de crécelle ⟨> *n* [grille] grille *f*.

gratitude ['grætɪtjuːd] *n (U)* : **~ (to sb for sthg)** gratitude *f OR* reconnaissance *f* (envers qqn de qqch).

gratuitous [grə'tjuːɪtəs] *adj fml* gratuit(e).

gratuity [grə'tjuːɪtɪ] (*pl* **-ies**) *n fml* [tip] pourboire *m*, gratification *f*.

grave[1] [greɪv] ⟨> *adj* grave ; [concern] sérieux(euse) ⟨> *n* tombe *f* ; **to turn in one's ~** se retourner dans sa tombe.

grave[2] [grɑːv] *adj* LING : **e ~** e *m* accent grave.

grave accent [grɑːv-] *n* accent *m* grave.

gravedigger ['greɪv,dɪgə[r]] *n* fossoyeur *m*.

gravel ['grævl] ⟨> *n (U)* gravier *m* ⟨> *comp* de gravier.

gravelled Br, **graveled** Am ['grævld] *adj* couvert(e) de gravier.

gravestone ['greɪvstəʊn] *n* pierre *f* tombale.

graveyard ['greɪvjɑːd] *n* cimetière *m*.

gravitate ['grævɪteɪt] *vi* : **to ~ towards** être attiré(e) par.

gravity ['grævətɪ] *n* - **1.** [force] gravité *f*, pesanteur *f* - **2.** [seriousness] gravité *f*.

gravy ['greɪvɪ] *n* - **1.** *(U)* [meat juice] jus *m* de viande - **2.** Am v inf [easy money] bénef *m*.

gravy boat *n* saucière *f*.

gravy train *n inf* : **the ~** le fromage, l'assiette *f* au beurre.

gray Am = **grey**.

grayscale Am = **greyscale**.

graze [greɪz] ⟨> *vt* - **1.** [subj : cows, sheep] brouter, paître - **2.** [subj : farmer] faire paître - **3.** [skin] écorcher, égratigner - **4.** [touch lightly] frôler, effleurer ⟨> *vi* brouter, paître ⟨> *n* écorchure *f*, égratignure *f*.

grease [griːs] ⟨> *n* graisse *f* ; **~ stains** des traces de gras ⟨> *vt* graisser.

grease gun *n* pistolet *m* graisseur.

greasepaint ['griːspeɪnt] *n* fard *m* gras.

greaseproof paper [,griːspruːf-] *n (U)* Br papier *m* sulfurisé.

greasy ['griːzɪ] (*compar* **-ier** ; *superl* **-iest**) *adj* - **1.** [covered in grease] graisseux(euse) ; [clothes] taché(e) de graisse - **2.** [food, skin, hair] gras (grasse).

great [greɪt] ⟨> *adj* - **1.** [gen] grand(e) ; **~ big** énorme ; **a ~ big coward/layabout** un gros lâche/fainéant - **2.** inf [splendid] génial(e),

formidable ; **to feel ~** se sentir en pleine forme ; **great!** super!, génial! ⟨> *n* grand *m*, -e *f*.

Great Barrier Reef *n* : **the ~** la Grande Barrière.

Great Bear *n* : **the ~** la Grande Ourse.

Great Britain *n* Grande-Bretagne *f* ; **in ~** en Grande-Bretagne.

GREAT BRITAIN

Le terme « Great Britain », ou simplement « Britain », au sens strictement géographique, désigne l'île composée de l'Angleterre, de l'Écosse et du pays de Galles. Les « British Isles », elles, incluent la Grande-Bretagne, l'Irlande du Nord et la République d'Irlande, ainsi que l'île de Man, les Orcades, les Shetlands, les îles anglo-normandes et les îles Sorlingues. « The United Kingdom » (Royaume-Uni) désigne l'État créé en 1801 qui comprend l'Angleterre, l'Écosse, le pays de Galles et l'Irlande du Nord.

greatcoat ['greɪtkəʊt] *n* pardessus *m*.

Great Dane *n* danois *m*.

Greater ['greɪtə[r]] *adj* : **~ Manchester/New York** l'agglomération *f* de Manchester/New York.

great-grandchild *n* [boy] arrière-petit-fils *m* ; [girl] arrière-petite-fille *f*.

➤ **great-grandchildren** *npl* arrière-petits-enfants *mpl*.

great-grandfather *n* arrière-grand-père *m*.

great-grandmother *n* arrière-grand-mère *f*.

Great Lakes *npl* : **the ~** les Grands Lacs *mpl*.

greatly ['greɪtlɪ] *adv* beaucoup ; [different] très.

greatness ['greɪtnɪs] *n* grandeur *f*.

Great Wall of China *n* : **the ~** la Grande Muraille (de Chine).

Great War *n* : **the ~** la Grande Guerre, la guerre de 1914-18.

Grecian ['griːʃn] *adj* grec (grecque).

Greece [griːs] *n* Grèce *f* ; **in ~** en Grèce.

greed [griːd] *n (U)* - **1.** [for food] gloutonnerie - **2.** *fig* [for money, power] : **~ (for)** avidité *f* (de).

greedily ['griːdɪlɪ] *adv* gloutonnement ; [look at food] avec gourmandise.

greedy ['griːdɪ] (*compar* **-ier** ; *superl* **-iest**) *adj* - **1.** [for food] glouton(onne) - **2.** [for money, power] : **~ for sthg** avide de qqch.

Greek [griːk] ⟨> *adj* grec (grecque) ; **the ~ Is**

lands les îles *fpl* grecques ◇ *n* - **1.** [person]
Grec *m*, Grecque *f* - **2.** [language] grec *m*.

green [griːn] ◇ *adj* - **1.** [in colour, unripe] vert(e)
- **2.** [ecological - issue, politics] écologique ; [- per-
son] vert(e) - **3. inf** [inexperienced] inexpéri-
menté(e), jeune - **4. inf** [jealous] : **~** (with envy)
malade de jalousie ◇ *n* - **1.** [colour] vert *m* ;
in ~ en vert - **2. GOLF** green *m* - **3.** : **village ~**
pelouse *f* communale.
◆ **Green** *n* **POL** vert *m*, -e *f*, écologiste *mf* ; **the
Greens** les Verts, les Écologistes.
◆ **greens** *npl* [vegetables] légumes *mpl* verts.

greenback ['griːnbæk] *n* **Am inf** billet *m* vert.

green bean *n* haricot *m* vert.

green belt *n* **Br** ceinture *f* verte.

Green Beret *n* **Am inf** : **the ~s** les bérets *mpl*
verts.

green card *n* - **1. Br** [for vehicle] carte *f* verte
- **2. Am** [residence permit] carte *f* de séjour.

Green Cross Code *n* **Br** *code de sécurité
routière destiné aux enfants.*

greenery ['griːnəri] *n* verdure *f*.

greenfinch ['griːnfɪntʃ] *n* verdier *m*.

green fingers *npl* **Br** : **to have ~** avoir la
main verte.

greenfly ['griːnflaɪ] (*pl inv* OR **-ies**) *n* puceron
m.

greengage ['griːngeɪdʒ] *n* reine-claude *f*.

greengrocer ['griːn,grəʊsəʳ] *n* marchand *m*,
-e *f* de légumes ; **~'s (shop)** magasin *m* de
fruits et légumes.

greenhorn ['griːnhɔːn] *n* **Am** - **1.** [newcomer]
immigrant *m*, -e *f* - **2.** [novice] novice *mf*.

greenhouse ['griːnhaʊs, *pl* -haʊzɪz] *n* serre *f*.

greenhouse effect *n* : **the ~** l'effet *m* de
serre.

greening ['griːnɪŋ] *n* prise *f* de conscience
écologique.

greenish ['griːnɪʃ] *adj* verdâtre, qui tire sur
le vert.

greenkeeper ['griːn,kiːpəʳ] *n* personne chargée de l'entretien d'un terrain de golf ou de
bowling.

Greenland ['griːnlənd] *n* Groenland *m* ; **in ~**
au Groenland.

Greenlander ['griːnləndəʳ] *n* Groenlandais
m, -e *f*.

green light *n* **fig** : **to give sb/sthg the ~** donner le feu vert à qqn/qqch.

green paper *n* **POL** ≃ livre *m* blanc.

Green Party *n* : **the ~** le Parti écologiste.

green salad *n* salade *f* verte.

green thumb *n* **Am** : **to have a ~** avoir la
main verte.

greet [griːt] *vt* - **1.** [say hello to] saluer - **2.** [re-
ceive] accueillir - **3.** [subj : sight, smell] s'offrir à.

greeting ['griːtɪŋ] *n* salutation *f*, salut *m*.
◆ **greetings** *npl* : **Christmas/birthday ~s**
vœux *mpl* de Noël/d'anniversaire.

greetings card **Br**, **greeting card** **Am** *n*
carte *f* de vœux.

gregarious [grɪˈgeərɪəs] *adj* sociable.

gremlin ['gremlɪn] *n* **inf** lutin *m*.

Grenada [grəˈneɪdə] *n* Grenade *f* ; **in ~** à la
Grenade.

grenade [grəˈneɪd] *n* : **(hand) ~** grenade *f* (à
main).

Grenadian [grəˈneɪdɪən] ◇ *adj* grenadin(e)
◇ *n* Grenadin *m*, -e *f*.

grenadier [,grenəˈdɪəʳ] *n* grenadier *m*.

grenadine ['grenədiːn] *n* grenadine *f*.

grew [gruː] *pt* ▷ **grow**.

grey **Br**, **gray** **Am** [greɪ] ◇ *adj* - **1.** [in colour]
gris(e) - **2.** [grey-haired] : **to go ~** grisonner
- **3.** [unhealthily pale] blême - **4.** [dull, gloomy]
morne, triste ◇ *n* gris *m* ; **in ~** en gris.

grey area *n* zone *f* d'ombre.

grey-haired [-'heəd] *adj* aux cheveux gris.

greyhound ['greɪhaʊnd] *n* lévrier *m*.

greying **Br**, **graying** **Am** ['greɪɪŋ] *adj* grison-
nant(e).

grey matter *n* matière *f* grise.

greyscale **Br**, **grayscale** **Am** ['greɪskeɪl] *n*
COMPUT échelle *f* de gris.

grey squirrel *n* écureuil *m* gris.

grid [grɪd] *n* - **1.** [grating] grille *f* - **2.** [system of
squares] quadrillage *m*.

griddle ['grɪdl] *n* plaque *f* à cuire.

gridiron ['grɪd,aɪən] *n* - **1.** [in cooking] gril *m*
- **2. Am** [game] football *m* américain ; [field]
terrain *m* de football américain.

gridlock ['grɪdlɒk] *n* **Am** embouteillage *m*.

grief [griːf] *n* (*U*) - **1.** [sorrow] chagrin *m*, peine
f - **2. inf** [trouble] ennuis *mpl* - **3. phr** : **to come to
~** [person] avoir de gros problèmes ; [project]
échouer, tomber à l'eau ; **good ~!** Dieu du
ciel!, mon Dieu!

grief-stricken *adj* accablé(e) de douleur.

grievance ['griːvns] *n* grief *m*, doléance *f*.

grieve [griːv] ◇ *vt* **fml** : **it ~s me to ...** cela me
peine OR me consterne de ... ◇ *vi* [at death]
être en deuil ; **to ~ for sb/sthg** pleurer qqn/
qqch.

grieving ['griːvɪŋ] *n* deuil *m*.

grievous ['griːvəs] *adj* **fml** grave ; [shock]
cruel(elle).

grievous bodily harm *n* (*U*) coups *mpl* et
blessures *fpl*.

grievously ['gri:vəslɪ] *adv* fml gravement ; [wounded] grièvement.

grill [grɪl] ◇ *n* - **1.** [on cooker, fire] gril *m* - **2.** [food] grillade *f* ◇ *vt* - **1.** [cook on grill] griller, faire griller - **2.** inf [interrogate] cuisiner.

grille [grɪl] *n* grille *f*.

grim [grɪm] (*compar* -**mer** ; *superl* -**mest**) *adj* - **1.** [stern - face, expression] sévère ; [- determination] inflexible - **2.** [cheerless - truth, news] sinistre ; [- room, walls] lugubre ; [- day] morne, triste.

grimace [grɪ'meɪs] ◇ *n* grimace *f* ◇ *vi* grimacer, faire la grimace.

grime [graɪm] *n* (*U*) crasse *f*, saleté *f*.

grimly ['grɪmlɪ] *adv* sévèrement.

grimy ['graɪmɪ] (*compar* -**ier** ; *superl* -**iest**) *adj* sale, encrassé(e).

grin [grɪn] (*pt* & *pp* -**ned** ; *cont* -**ning**) ◇ *n* (large) sourire *m* ◇ *vi* : to ~ (at sb/sthg) adresser un large sourire (à qqn/qqch) ; **to ~ and bear it** en prendre son parti.

grind [graɪnd] (*pt* & *pp* **ground**) ◇ *vt* - **1.** [crush] moudre - **2.** [press] : **to ~ sthg into sthg** enfoncer qqch dans qqch ; [ash, cigarette] écraser qqch dans qqch ◇ *vi* [scrape] grincer ◇ *n* - **1.** [hard, boring work] corvée *f* ; **the daily ~** le train-train quotidien - **2.** Am inf [hard worker] bûcheur *m*, -euse *f*, bosseur *m*, -euse *f*.

➤ **grind down** *vt sep* [oppress] opprimer.

➤ **grind up** *vt sep* pulvériser.

grinder ['graɪndər] *n* moulin *m*.

grinding ['graɪndɪŋ] *adj* écrasant(e) ; ~ **poverty** misère *f* noire.

grinning ['grɪnɪŋ] *adj* souriant(e).

grip [grɪp] (*pt* & *pp* -**ped** ; *cont* -**ping**) ◇ *n* - **1.** [grasp, hold] prise *f* ; **to release one's ~ on** sb/sthg lâcher qqn/qqch ; **to have a good ~ on** sb/sthg bien tenir qqn/qqch - **2.** [control] contrôle *m* ; **he's got a good ~ on the situation** il a la situation bien en main ; **in the ~ of sthg** en proie à qqch ; **to get to ~s with sthg** s'attaquer à qqch ; **to get a ~ on o.s.** se ressaisir ; **to lose one's ~** fig perdre les pédales - **3.** [adhesion] adhérence *f* - **4.** [handle] poignée *f* - **5.** [bag] sac *m* (de voyage) ◇ *vt* - **1.** [grasp] saisir ; [subj: tyres] adhérer à - **2.** fig [imagination, country] captiver.

gripe [graɪp] inf ◇ *n* [complaint] plainte *f* ◇ *vi* : **to ~ (about sthg)** râler OR rouspéter (contre qqch).

gripping ['grɪpɪŋ] *adj* passionnant(e).

grisly ['grɪzlɪ] (*compar* -**ier** ; *superl* -**iest**) *adj* [horrible, macabre] macabre.

grist [grɪst] *n* : **it's all ~ to the mill for him** cela apporte de l'eau à son moulin.

gristle ['grɪsl] *n* (*U*) nerfs *mpl*.

gristly ['grɪslɪ] (*compar* -**ier** ; *superl* -**iest**) *adj* nerveux(euse).

grit [grɪt] (*pt* & *pp* -**ted** ; *cont* -**ting**) ◇ *n* - **1.** [stones] gravillon *m* ; [in eye] poussière *f* - **2.** inf [courage] cran *m* ◇ *vt* sabler.

➤ **grits** *npl* Am gruau *m* de maïs.

gritter ['grɪtər] *n* camion *m* de sablage.

gritty ['grɪtɪ] (*compar* -**ier** ; *superl* -**iest**) *adj* - **1.** [stony] couvert(e) de gravillon - **2.** inf [brave - person] qui a du cran ; [- performance, determination] courageux(euse).

grizzled ['grɪzld] *adj* grisonnant(e).

grizzly ['grɪzlɪ] (*pl* -**ies**) *n* : ~ (**bear**) ours *m* gris, grizzli *m*.

groan [grəʊn] ◇ *n* gémissement *m* ◇ *vi* - **1.** [moan] gémir - **2.** [creak] grincer, gémir.

grocer ['grəʊsər] *n* épicier *m*, -ère *f* ; ~'s (**shop**) épicerie *f*.

groceries ['grəʊsərɪz] *npl* [foods] provisions *fpl*.

grocery ['grəʊsərɪ] (*pl* -**ies**) *n* [shop] épicerie *f*.

groggy ['grɒgɪ] (*compar* -**ier** ; *superl* -**iest**) *adj* groggy (*inv*).

groin [grɔɪn] *n* aine *f*.

groom [gru:m] ◇ *n* - **1.** [of horses] palefrenier *m*, garçon *m* d'écurie - **2.** [bridegroom] marié *m* ◇ *vt* - **1.** [brush] panser - **2.** fig [prepare] : **to ~ sb (for sthg)** préparer OR former qqn (pour qqch).

groove [gru:v] *n* [in metal, wood] rainure *f* ; [in record] sillon *m*.

groovy ['gru:vɪ] *adj* inf - **1.** [excellent] super, génial(e) - **2.** [fashionable] branché(e).

grope [grəʊp] ◇ *vt* - **1.** [woman] peloter - **2.** [try to find] : **to ~ one's way** avancer à tâtons ◇ *vi* : **to ~ (about) for sthg** chercher qqch à tâtons.

gross [grəʊs] (*pl inv* OR -**es** [-i:z]) ◇ *adj* - **1.** [total] brut(e) - **2.** fml [serious - negligence] coupable ; [- misconduct] choquant(e) ; [- inequality] flagrant(e) - **3.** [coarse, vulgar] grossier(ère) - **4.** inf [obese] obèse, énorme ◇ *n* grosse *f* douze douzaines *fpl* ◇ *vt* gagner brut, faire une recette brute de.

gross domestic product *n* produit *m* intérieur brut.

grossly ['grəʊslɪ] *adv* [seriously] extrêmement énormément ; ~ **overweight** obèse ; ~ **unjust** d'une injustice criante.

gross national product *n* produit *m* national brut.

gross profit n bénéfice m brut.

grotesque [grəʊˈtesk] adj grotesque.

grotto [ˈgrɒtəʊ] (pl -es OR -s) n grotte f.

grotty [ˈgrɒtɪ] (compar -ier ; superl -iest) adj Br inf minable.

grouchy [ˈgraʊtʃɪ] (compar -ier ; superl -iest) adj inf grognon(onne), maussade.

ground [graʊnd] ◇ pt & pp ⊢ **grind** ◇ n - **1.** (U) [surface of earth] sol m, terre f ; **above ~** en surface ; **below ~** sous terre ; **on the ~** par terre, au sol ; **to be thin on the ~** être rare ; **to get sthg off the ~** fig faire démarrer qqch ; **to break fresh** OR **new ~** fig innover, faire œuvre de pionnier - **2.** (U) [area of land] terrain m - **3.** [for sport etc] terrain m - **4.** [advantage] : **to gain/lose ~** gagner/perdre du terrain - **5.** phr : **to cut the ~ from under sb's feet** couper l'herbe sous les pieds de qqn ; **to go to ~** se terrer ; **to run sb/sthg to ~** traquer qqn/qqch ; **to stand one's ~** tenir bon, rester sur ses positions ◇ vt - **1.** [base] : **to be ~ed on** OR **in sthg** être fondé(e) sur qqch - **2.** [aircraft, pilot] interdire de vol - **3.** esp Am inf [child] priver de sortie - **4.** Am ELEC : **to be ~ed** être à la masse.

◆ **grounds** npl - **1.** [reason] motif m, raison f ; **on the ~s of** pour raison de ; **on the ~s that** en raison du fait que ; **~s for sthg** motifs de qqch ; **~s for doing sthg** raisons de faire qqch - **2.** [land round building] parc m - **3.** [of coffee] marc m - **4.** [area] : **hunting ~s** terrain m de chasse ; **fishing ~s** lieux mpl de pêche.

ground control n contrôle m au sol.

ground cover n (U) sous-bois mpl.

ground crew n personnel m au sol.

ground floor n rez-de-chaussée m inv.

ground-in adj [dirt] incrusté(e).

grounding [ˈgraʊndɪŋ] n : **~ (in)** connaissances fpl de base (en).

groundless [ˈgraʊndlɪs] adj sans fondement.

ground level n : **at ~** au rez-de-chaussée, au niveau du sol.

groundnut [ˈgraʊndnʌt] n arachide f.

ground plan n [of building] plan m horizontal.

ground rent n redevance f foncière.

ground rules npl règles fpl de base.

groundsheet [ˈgraʊndʃiːt] n tapis m de sol.

groundsman [ˈgraʊndzmən] (pl -men [-mən]) n Br personne chargée de l'entretien d'un terrain de sport.

ground staff n - **1.** [at sports ground] personnel m d'entretien (d'un terrain de sport) - **2.** Br = **ground crew.**

groundswell [ˈgraʊndswel] n vague f de fond.

groundwork [ˈgraʊndwɜːk] n (U) travail m préparatoire.

group [gruːp] ◇ n groupe m ◇ vt grouper, réunir ◇ vi : **to ~ (together)** se grouper.

group captain n Br colonel m de l'armée de l'air.

groupie [ˈgruːpɪ] n inf groupie f.

group practice n cabinet m de groupe.

group therapy n thérapie f de groupe.

grouse [graʊs] (pl inv OR -s) ◇ n - **1.** [bird] grouse f, coq m de bruyère - **2.** inf [complaint] plainte f ◇ vi inf râler, rouspéter.

grove [grəʊv] n [group of trees] bosquet m ; **orange ~** orangerie f.

grovel [ˈgrɒvl] (Br pt & pp -led ; cont -ling, Am pt & pp -ed ; cont -ing) vi : **to ~ (to sb)** ramper (devant qqn).

grow [grəʊ] (pt grew ; pp grown) ◇ vi - **1.** [gen] pousser ; [person, animal] grandir ; [company, city] s'agrandir ; [fears, influence, traffic] augmenter, s'accroître ; [problem, idea, plan] prendre de l'ampleur ; [economy] se développer - **2.** [become] devenir ; **to ~ old** vieillir ; **to ~ tired of sthg** se fatiguer de qqch - **3.** [do eventually] : **to ~ to like sb/sthg** finir par aimer qqn/qqch ; **to ~ to hate sb/sthg** finir par détester qqn/qqch ◇ vt - **1.** [plants] faire pousser ; [hair, beard] laisser pousser.

◆ **grow apart** vi [friends] s'éloigner ; [family] se défaire.

◆ **grow into** vt fus [clothes, shoes] devenir assez grand pour mettre.

◆ **grow on** vt fus inf plaire de plus en plus à ; **it'll ~ on you** cela finira par te plaire.

◆ **grow out** vi [perm, dye] disparaître.

◆ **grow out of** vt fus - **1.** [clothes, shoes] devenir trop grand pour - **2.** [habit] perdre.

◆ **grow up** vi - **1.** [become adult] grandir, devenir adulte ; **~ up!** ne fais pas l'enfant! - **2.** [develop] se développer.

grower [ˈgrəʊəʳ] n cultivateur m, -trice f.

growl [graʊl] ◇ n [of animal, engine] grondement m ; [of person] grognement m ◇ vi [animal] grogner, gronder ; [engine] vrombir, gronder ; [person] grogner.

grown [grəʊn] ◇ pp ⊢ **grow** ◇ adj adulte.

grown-up ◇ adj - **1.** [fully grown] adulte, grand(e) - **2.** [mature] mûr(e) ◇ n adulte mf, grande personne f.

growth [grəʊθ] n - **1.** [increase - gen] croissance f ; [- of opposition, company] développement m ; [- of population] augmentation f, accroissement *m* - **2.** MED [lump] tumeur *f*, excroissance *f*.

growth rate *n* taux *m* de croissance.

GRSM (*abbr of* Graduate of the Royal Schools of Music) *n* diplômé du conservatoire de musique britannique.

grub [grʌb] *n* - **1.** [insect] larve *f* - **2.** inf [food] bouffe *f*.

grubby ['grʌbɪ] (*compar* -ier ; *superl* -iest) *adj* sale, malpropre.

grudge [grʌdʒ] ⬦ *n* rancune *f*; **to bear sb a ~**, **to bear a ~ against sb** garder rancune à qqn ⬦ *vt*: **to ~ sb sthg** donner qqch à qqn à contrecœur ; [success] en vouloir à qqn à cause de qqch ; **to ~ doing sthg** faire qqch à contrecœur.

grudging ['grʌdʒɪŋ] *adj* peu enthousiaste.

grudgingly ['grʌdʒɪŋlɪ] *adv* à contrecœur, de mauvaise grâce.

gruelling Br, **grueling** Am ['gruəlɪŋ] *adj* épuisant(e), exténuant(e).

gruesome ['gru:səm] *adj* horrible, effroyable.

gruff [grʌf] *adj* - **1.** [hoarse] gros (grosse) - **2.** [rough, unfriendly] brusque, bourru(e).

grumble ['grʌmbl] ⬦ *n* - **1.** [complaint] ronchonnement *m*, grognement *m* - **2.** [rumble - of thunder, train] grondement *m* ; [- of stomach] gargouillement *m* ⬦ *vi* - **1.** [complain] : **to ~ about sthg** rouspéter OR grommeler contre qqch - **2.** [rumble - thunder, train] gronder ; [- stomach] gargouiller.

grumbling ['grʌmblɪŋ] *n* - **1.** [complaining] rouspétance *f* - **2.** [rumbling] grondement *m*.

grumpy ['grʌmpɪ] (*compar* -ier ; *superl* -iest) *adj* inf renfrogné(e).

grunge [grʌndʒ] *n* - **1.** inf [dirt] crasse *f* - **2.** [music, fashion] grunge *m*.

grunt [grʌnt] ⬦ *n* grognement *m* ⬦ *vi* grogner.

G-string *n* cache-sexe *m inv*.

GU *abbr of* Guam.

Guadeloupe [ˌgwɑːdəˈluːp] *n* la Guadeloupe *f*; **in ~** à la Guadeloupe.

Guam [gwɑːm] *n* Guam *f*.

guarantee [ˌgærənˈtiː] ⬦ *n* garantie *f*; **there's no ~ that he'll arrive on time** ce n'est pas sûr OR certain qu'il arrivera à l'heure ; **under ~** sous garantie ⬦ *vt* garantir.

guarantor [ˌgærənˈtɔːr] *n* garant *m*, -e *f*, caution *f*.

guard [gɑːd] ⬦ *n* - **1.** [person] garde *m* ; [in prison] gardien *m* - **2.** [group of guards] garde *f* - **3.** [defensive operation] garde *f*; **to stand ~** monter la garde ; **to be on ~** être de garde

OR de faction ; **to be on (one's) ~ (against)** se tenir OR être sur ses gardes (contre) ; **to catch sb off ~** prendre qqn au dépourvu - **4.** Br RAIL chef *m* de train - **5.** [protective device - for body] protection *f* ; [- for fire] garde-feu *m inv* ⬦ *vt* - **1.** [protect - building] protéger, garder ; [- person] protéger - **2.** [prisoner] garder, surveiller - **3.** [hide - secret] garder.

➤ **guard against** *vt fus* se protéger contre.

guard dog *n* chien *m* de garde.

guarded ['gɑːdɪd] *adj* prudent(e) ; **he's always very ~** il surveille toujours ses paroles.

guardian ['gɑːdjən] *n* - **1.** [of child] tuteur *m*, -trice *f* - **2.** [protector] gardien *m*, -enne *f*, protecteur *m*, -trice *f*.

guardian angel *n* ange *m* gardien.

guardianship ['gɑːdjənʃɪp] *n* tutelle *f*.

guardrail ['gɑːdreɪl] *n* Am [on road] barrière *f* de sécurité.

guardsman ['gɑːdzmən] (*pl* -men [-mən]) *n* soldat *m* de la garde royale.

guard's van *n* Br wagon *m* du chef de train.

Guatemala [ˌgwɑːtəˈmɑːlə] *n* Guatemala *m*; **in ~** au Guatemala.

Guatemalan [ˌgwɑːtəˈmɑːlən] ⬦ *adj* guatémaltèque ⬦ *n* Guatémaltèque *mf*.

guava ['gwɑːvə] [fruit] goyave *f*; [tree] goyavier *m*.

guerilla [gəˈrɪlə] = **guerrilla**.

Guernsey ['gɜːnzɪ] *n* - **1.** [place] Guernesey *f*; **in ~** à Guernesey - **2.** [sweater] jersey *m* - **3.** [cow] vache *f* de Guernesey.

guerrilla [gəˈrɪlə] *n* guérillero *m*; **urban ~** guérillero *m* des villes.

guerrilla warfare *n* (U) guérilla *f*.

guess [ges] ⬦ *n* conjecture *f*; **to take a ~** essayer de deviner ; **it's anybody's ~** Dieu seul le sait, qui sait? ⬦ *vt* deviner ; **~ what?** tu sais quoi? ⬦ *vi* - **1.** [conjecture] deviner ; **to ~ at sthg** deviner qqch ; **to keep sb ~ing** laisser qqn dans l'ignorance - **2.** [suppose] : **~ (so)** je suppose (que oui).

guesstimate ['gestɪmət] *n* inf calcul *m* au pif.

guesswork ['geswɜːk] *n* (U) conjectures *fpl*, hypothèses *fpl*.

guest [gest] *n* - **1.** [gen] invité *m*, -e *f* - **2.** [at hotel] client *m*, -e *f* - **3.** phr : **be my ~!** je t'en prie.

guesthouse ['gesthaʊs, *pl* -haʊzɪz] *n* pension *f* de famille.

guest of honour *n* invité *m*, -e *f* d'honneur.

guestroom ['gestrʊm] *n* chambre *f* d'amis.

guest star *n* invité-vedette *m*, invitée-vedette *f*.

guffaw [gʌˈfɔː] ◇ *n* gros rire *m* ◇ *vi* rire bruyamment.

Guiana [gaɪˈænə] *n* Guyane *f*.

guidance [ˈgaɪdəns] *n* (U) - **1.** [help] conseils *mpl* - **2.** [leadership] direction *f* ; **under the ~ of** sous la houlette de.

guide [gaɪd] ◇ *n* - **1.** [person, book] guide *m* - **2.** [indication] indication *f* ◇ *vt* - **1.** [show by leading] guider - **2.** [control] diriger - **3.** [influence] : **to be ~d by sb/sthg** se laisser guider par qqn/qqch.
◆ **Guide** *n* = **Girl Guide**.

guide book *n* guide *m*.

guided missile [ˈgaɪdɪd-] *n* missile *m* guidé.

guide dog *n* chien *m* d'aveugle.

guidelines [ˈgaɪdlaɪnz] *npl* directives *fpl*, lignes *fpl* directrices.

guiding [ˈgaɪdɪŋ] *adj* qui sert de guide ; [principle] directeur(trice).

guild [gɪld] *n* - **1.** HISTORY corporation *f*, guilde *f* - **2.** [association] association *f*

guildhall [ˈgɪldhɔːl] *n* salle *f* de réunion d'une corporation.

guile [gaɪl] *n* (U) literary ruse *f*, astuce *f*.

guileless [ˈgaɪllɪs] *adj* literary franc (franche).

guillemot [ˈgɪlɪmɒt] *n* guillemot *m*.

guillotine [ˈgɪləˌtiːn] ◇ *n* - **1.** [for executions] guillotine *f* - **2.** [for paper] massicot *m* - **3.** Br POL *limite de temps fixée pour le vote d'une loi au Parlement* ◇ *vt* [execute] guillotiner.

guilt [gɪlt] *n* culpabilité *f*.

guiltily [ˈgɪltɪlɪ] *adv* d'un air coupable ; [behave] d'une façon coupable.

guilty [ˈgɪltɪ] (*compar* **-ier** ; *superl* **-iest**) *adj* coupable ; **to be ~ of sthg** être coupable de qqch ; **to be found ~/not ~** être reconnu coupable/non coupable ; **to have a ~ conscience** avoir mauvaise conscience.

guinea [ˈgɪnɪ] *n* guinée *f*.

Guinea [ˈgɪnɪ] *n* Guinée *f* ; **in ~** en Guinée.

Guinea-Bissau [-bɪˈsaʊ] *n* Guinée-Bissau *f*.

guinea fowl *n* pintade *f*.

guinea pig [ˈgɪnɪ-] *n* cobaye *m*.

guise [gaɪz] *n* fml apparence *f*.

guitar [gɪˈtɑːr] *n* guitare *f*.

guitarist [gɪˈtɑːrɪst] *n* guitariste *mf*.

gulch [gʌltʃ] *n* Am ravin *m*.

gulf [gʌlf] *n* - **1.** [sea] golfe *m* - **2.** [breach, chasm] : **~ (between)** abîme *m* (entre).
◆ **Gulf** *n* : **the Gulf** le Golfe.

Gulf States *npl* : **the ~** [in US] les États du gol-

fe du Mexique ; [around Persian Gulf] les États du Golfe.

Gulf Stream *n* : **the ~** le Gulf Stream.

gull [gʌl] *n* mouette *f*.

gullet [ˈgʌlɪt] *n* œsophage *m* ; [of bird] gosier *m*.

gullible [ˈgʌləbl] *adj* crédule.

gully [ˈgʌlɪ] (*pl* **-ies**) *n* - **1.** [valley] ravine *f* - **2.** [ditch] rigole *f*.

gulp [gʌlp] ◇ *n* [of drink] grande gorgée *f* ; [of food] grosse bouchée *f* ◇ *vt* avaler ◇ *vi* avoir la gorge nouée.
◆ **gulp down** *vt sep* avaler.

gum [gʌm] (*pt* & *pp* **-med** ; *cont* **-ming**) ◇ *n* - **1.** [chewing gum] chewing-gum *m* - **2.** [adhesive] colle *f*, gomme *f* - **3.** ANAT gencive *f* ◇ *vt* coller.

gumboil [ˈgʌmbɔɪl] *n* abcès *m* à la gencive.

gumboots [ˈgʌmbuːts] *npl* Br bottes *fpl* de caoutchouc.

gumption [ˈgʌmpʃn] *n* inf - **1.** [common sense] jugeote *f* - **2.** [determination] cran *m*.

gumshoe [ˈgʌmʃuː] *n* Am crime sl privé *m*.

gun [gʌn] (*pt* & *pp* **-ned** ; *cont* **-ning**) *n* - **1.** [weapon - small] revolver *m* ; [- rifle] fusil *m* ; [- large] canon *m* ; **to stick to one's ~s** tenir bon, ne pas en démordre - **2.** [starting pistol] pistolet *m* ; **to jump the ~** agir prématurément - **3.** [tool] pistolet *m* ; [for staples] agrafeuse *f*.
◆ **gun down** *vt sep* abattre.

gunboat [ˈgʌnbəʊt] *n* canonnière *f*.

gundog [ˈgʌndɒg] *n* chien *m* de chasse.

gunfire [ˈgʌnfaɪər] *n* (U) coups *mpl* de feu.

gunge [gʌndʒ] *n* (U) Br inf matière *f* poisseuse.

gung-ho [ˌgʌŋˈhəʊ] *adj* inf trop enthousiaste.

gunk [gʌŋk] *n* inf matière *f* poisseuse.

gunman [ˈgʌnmən] (*pl* **-men** [-mən]) *n* personne *f* armée.

gunner [ˈgʌnər] *n* artilleur *m*.

gunpoint [ˈgʌnpɔɪnt] *n* : **at ~** sous la menace d'un fusil OR pistolet.

gunpowder [ˈgʌnˌpaʊdər] *n* poudre *f* à canon.

gunrunning [ˈgʌnˌrʌnɪŋ] *n* trafic *m* d'armes.

gunshot [ˈgʌnʃɒt] *n* [firing of gun] coup *m* de feu.

gunsmith [ˈgʌnsmɪθ] *n* armurier *m*.

gurgle [ˈgɜːgl] ◇ *vi* - **1.** [water] glouglouter - **2.** [baby] gazouiller ◇ *n* - **1.** [of water] glouglou *m* - **2.** [of baby] gazouillis *m*.

guru [ˈgʊruː] *n* gourou *m*, guru *m*.

gush [gʌʃ] ◇ n jaillissement m ◇ vt [blood] répandre ; [oil] cracher ◇ vi - **1.** [flow out] jaillir - **2.** pej [enthuse] s'exprimer de façon exubérante.

gushing ['gʌʃɪŋ] adj pej trop exubérant(e).

gusset ['gʌsɪt] n gousset m.

gust [gʌst] ◇ n rafale f, coup m de vent ◇ vi souffler par rafales.

gusto ['gʌstəʊ] n : with ~ avec enthousiasme.

gusty ['gʌstɪ] (compar -ier ; superl -iest) adj venteux(euse), de grand vent ; [wind] qui souffle par rafales.

gut [gʌt] (pt & pp -ted ; cont -ting) ◇ n MED intestin m ◇ vt - **1.** [remove organs from] vider - **2.** [destroy] éventrer.

➡ **guts** npl inf - **1.** [intestines] intestins mpl ; to hate sb's ~s ne pas pouvoir piffer qqn, ne pas pouvoir voir qqn en peinture - **2.** [courage] cran m ; to have ~s avoir du cran.

gut reaction n réaction f viscérale.

gutter ['gʌtə'] n - **1.** [ditch] rigole f - **2.** [on roof] gouttière f.

guttering ['gʌtərɪŋ] n (U) gouttières fpl.

gutter press n presse f à sensation.

guttural ['gʌtərəl] adj guttural(e).

guv [gʌv] n Br inf chef m.

guy [gaɪ] n - **1.** inf [man] type m - **2.** [person] copain m, copine f - **3.** Br [dummy] effigie de Guy Fawkes.

Guyana [gaɪ'ænə] n Guyana m ; in ~ au Guyana.

Guy Fawkes' Night [-'fɔːks-] n fête célébrée le 5 novembre en Grande-Bretagne.

> **GUY FAWKES' NIGHT**
>
> Cette fête familiale se déroule en plein air autour d'un grand feu de joie sur lequel on brûle une effigie (« the Guy ») censée représenter Guy Fawkes, l'instigateur de la Conspiration des Poudres. C'est également l'occasion d'un feu d'artifice.

guy rope n corde f de tente.

guzzle ['gʌzl] ◇ vt bâfrer ; [drink] lamper ◇ vi s'empiffrer.

gym [dʒɪm] n inf - **1.** [gymnasium] gymnase m - **2.** [exercises] gym f.

gymkhana [dʒɪm'kɑːnə] n gymkhana m.

gymnasium [dʒɪm'neɪzjəm] (pl -iums OR -ia [-jə]) n gymnase m.

gymnast ['dʒɪmnæst] n gymnaste mf.

gymnastics [dʒɪm'næstɪks] n (U) gymnastique f.

gym shoes npl (chaussures fpl de) tennis mpl.

gymslip ['dʒɪm,slɪp] n Br tunique f.

gynaecological Br, **gynecological** Am [ˌgaɪnəkə'lɒdʒɪkl] adj gynécologique.

gynaecologist Br, **gynecologist** Am [ˌgaɪnə'kɒlədʒɪst] n gynécologue mf.

gynaecology Br, **gynecology** Am [ˌgaɪnə'kɒlədʒɪ] n gynécologie f.

gyp [dʒɪp] Am ◇ vt escroquer ◇ n escroc.

gypsy ['dʒɪpsɪ] (pl -ies) = gipsy.

gyrate [dʒaɪ'reɪt] vi tournoyer.

gyration [dʒaɪ'reɪʃn] n mouvement m giratoire.

gyroscope ['dʒaɪrəskəʊp] n gyroscope m.

h (pl h's OR hs), **H** (pl H's OR Hs) [eɪtʃ] n [letter] h m inv, H m inv.

ha [hɑː] excl ha!

habeas corpus [ˌheɪbjəs'kɔːpəs] n habeas corpus m.

haberdashery ['hæbədæʃərɪ] (pl -ies) n mercerie f.

habit ['hæbɪt] n - **1.** [customary practice] habitude f ; out of ~ par habitude ; to be in/get into the ~ of doing sth avoir/prendre l'habitude de faire qqch ; to make a ~ of doing sth avoir l'habitude de faire qqch - **2.** [garment] habit m.

habitable ['hæbɪtəbl] adj habitable.

habitat ['hæbɪtæt] n habitat m.

habitation [hæbɪ'teɪʃn] n habitation f.

habit-forming [-ˌfɔːmɪŋ] adj qui crée une accoutumance.

habitual [hə'bɪtʃʊəl] adj - **1.** [usual, characteristic] habituel(elle) - **2.** [regular] invétéré(e).

habitually [hə'bɪtʃʊəlɪ] adv habituellement.

hack [hæk] ◇ n - **1.** [writer] écrivailleur m -euse f - **2.** Am inf [taxi] taxi m ◇ vt - **1.** [cut] tailler - **2.** COMPUT pirater ◇ vi [cut] taillader.

➤ **hack into** *vt fus* COMPUT pirater.

➤ **hack through** *vt fus :* **to ~ through sthg** se frayer un chemin dans qqch à coups de hache.

hacker ['hækə'] *n :* (computer) **~** pirate *m* informatique.

hackie ['hækɪ] *n Am inf* chauffeur *m* de taxi.

hacking ['hækɪŋ] *n* COMPUT piratage *f* informatique.

hacking cough *n* toux *f* sèche et douloureuse.

hackles ['hæklz] *npl* [on animal] plumes *fpl* du cou ; **to make sb's ~ rise** hérisser qqn.

hackney cab, hackney carriage ['hæknɪ-] *n fml* [taxi] taxi *m*.

hackneyed ['hæknɪd] *adj* rebattu(e).

hacksaw ['hæksɔː] *n* scie *f* à métaux.

had [weak form həd, strong form hæd] *pt & pp* ➤ have.

haddock ['hædək] (*pl inv*) *n* églefin *m*, aiglefin *m*.

hadn't ['hædnt] = had not.

haematology [ˌhiːmə'tɒlədʒɪ] = hematology.

haemoglobin [ˌhiːmə'gləʊbɪn] = hemoglobin.

haemophilia [ˌhiːmə'fɪlɪə] = hemophilia.

haemophiliac [ˌhiːmə'fɪlɪæk] = hemophiliac.

haemorrhage ['hemərɪdʒ] = hemorrhage.

haemorrhoids ['hemərɔɪdz] = hemorrhoids.

hag [hæg] *n* vieille sorcière *f*.

haggard ['hægəd] *adj* [face] défait(e) ; [person] abattu(e).

haggis ['hægɪs] *n* plat typique écossais fait d'une panse de brebis farcie, le plus souvent servie avec des navets et des pommes de terre.

haggle ['hægl] *vi* marchander ; **to ~ over** OR **about sthg** marchander qqch ; **to ~ with sb** marchander avec qqn.

haggling ['hæglɪŋ] *n* marchandage *m*.

Hague [heɪg] *n :* **The ~** La Haye.

hail [heɪl] *n* grêle *f* ; *fig* pluie *f* ➤ *vt -* **1.** [call] héler **- 2.** [acclaim] : **to ~ sb/sthg as sthg** acclamer qqn/qqch comme qqch ➤ *v impers* grêler.

hailstone ['heɪlstəʊn] *n* grêlon *m*.

hair [heə'] *n* **- 1.** (U) [on human head] cheveux *mpl* ; **to do one's ~** se coiffer ; **to let one's ~ down** se défouler ; **to make sb's ~ stand on end** faire dresser les cheveux sur la tête à qqn. (U) [on animal, human skin] poils *mpl* **- 3.** [individual hair - on head] cheveu *m* ; [- on skin] poil *m* ; **to split ~s** couper les cheveux en quatre.

hairbrush ['heəbrʌʃ] *n* brosse *f* à cheveux.

haircut ['heəkʌt] *n* coupe *f* de cheveux.

hairdo ['heəduː] (*pl -s*) *n inf* coiffure *f*.

hairdresser ['heəˌdresə'] *n* coiffeur *m*, -euse *f* ; **~'s (salon)** salon *m* de coiffure.

hairdressing ['heəˌdresɪŋ] ➤ *n* coiffure *f* ➤ *comp* de coiffure.

hairdryer ['heəˌdraɪə'] *n* [handheld] sèche-cheveux *m inv* ; [with hood] casque *m*.

hair gel *n* gel *m* coiffant.

hairgrip ['heəgrɪp] *n Br* pince *f* à cheveux.

hairline ['heəlaɪn] *n* naissance *f* des cheveux.

hairline fracture *n* fêlure *f*.

hairnet ['heənet] *n* filet *m* à cheveux.

hairpiece ['heəpiːs] *n* postiche *m*.

hairpin ['heəpɪn] *n* épingle *f* à cheveux.

hairpin bend *n* virage *m* en épingle à cheveux.

hair-raising [-ˌreɪzɪŋ] *adj* à faire dresser les cheveux sur la tête ; [journey] effrayant(e).

hair remover [-rɪˌmuːvə'] *n* (crème *f*) dépilatoire *m*.

hair-restorer *n* lotion *f* capillaire régénératrice.

hair's breadth *n :* **by a ~** d'un cheveu, de justesse.

hair slide *n Br* barrette *f*.

hair-splitting *n* ergotage *m*.

hairspray ['heəspreɪ] *n* laque *f*.

hairstyle ['heəstaɪl] *n* coiffure *f*.

hairstylist ['heəˌstaɪlɪst] *n* coiffeur *m*, -euse *f*.

hairy ['heərɪ] (*compar -ier ; superl -iest*) *adj* **- 1.** [covered in hair] velu(e), poilu(e) **- 2.** *inf* [frightening] à faire dresser les cheveux sur la tête.

Haiti ['heɪtɪ] *n* Haïti *m* ; **in ~** à Haïti.

Haitian ['heɪʃn] ➤ *adj* haïtien(enne) ➤ *n* Haïtien *m*, -enne *f*.

hake [heɪk] (*pl inv* OR **-s**) *n* colin *m*, merluche *f*.

halal [hə'lɑːl] ➤ *adj* hallal (*inv*) ➤ *n* viande *f* hallal.

halcyon ['hælsɪən] *adj* paradisiaque.

hale [heɪl] *adj :* **~ and hearty** en pleine forme.

half [Br hɑːf, Am hæf] (*pl senses 1 and 2* **halves** [Br hɑːvz, Am hævz], *pl senses 3, 4 and 5* **halves** OR **halfs**) ➤ *adj* demi(e) ; **~ a dozen** une demi-douzaine ; **~ an hour** une demi-heure ; **~ a pound** une demi-livre ; **~ English** à moitié anglais ; **~ my life** la moitié de ma vie ➤ *adv* **- 1.** [gen] à moitié ; **~-and-~** moitié-moitié ; **not ~!** *Br inf* tu parles! **- 2.** [by half] de moitié - **3.** [in telling the time] : **~ past ten** Br, **~ after ten** Am dix heures et demie ; **it's ~ past** il est la demie ⬦ n - **1.** [gen] moitié f ; **by ~** de moitié ; **in ~** en deux ; **to be too clever by ~** être un peu trop malin ; **he doesn't do things by halves** il ne fait pas les choses à moitié ; **to go halves (with sb)** partager (avec qqn) - **2.** SPORT [of match] mi-temps f - **3.** SPORT [halfback] demi m - **4.** [of beer] demi m - **5.** [child's ticket] demi-tarif m, tarif m enfant ⬦ pron la moitié ; **~ of them** la moitié d'entre eux ; **I wrote ~ of it** j'en ai écrit la moitié.

halfback ['hɑːfbæk] n demi m.

half-baked [-'beɪkt] adj à la noix.

half board n esp Br demi-pension f.

half-breed ⬦ adj métis(isse) ⬦ n métis m, -isse f (attention : le terme 'half-breed' est considéré comme raciste).

half-brother n demi-frère m.

half-caste [-kɑːst] ⬦ adj métis(isse) ⬦ n métis m, -isse f (attention : le terme 'half-caste' est considéré comme raciste).

half cock n : **to go off (at) ~** mal partir.

half-day n demi-journée f.

half-hearted [-'hɑːtɪd] adj sans enthousiasme.

half-heartedly [-'hɑːtɪdlɪ] adv sans enthousiasme.

half hour n demi-heure f.

➤ **half-hour** adj = half-hourly.

half-hourly adj (de) toutes les demi-heures.

half-length adj [coat, jacket] court(e).

half-light n pénombre f.

half-mast n : **at ~** [flag] en berne.

half measure n demi-mesure f.

half moon n demi-lune f.

half note n Am MUS blanche f.

halfpenny ['heɪpnɪ] (pl **-pennies** OR **-pence** [-pəns]) n demi-penny m.

half-price adj à moitié prix.

➤ **half price** adv moitié prix.

half-sister n demi-sœur f.

half step n Am MUS demi-ton m.

half term n Br congé m de mi-trimestre.

half time n (U) mi-temps f.

half tone n Am MUS demi-ton m.

half-truth n demi-vérité f.

halfway [hɑːf'weɪ] ⬦ adj à mi-chemin ⬦ adv - **1.** [in space] à mi-chemin - **2.** [in time] à la moitié - **3.** phr : **to meet sb ~** arriver à un compromis avec qqn.

half-wit n faible mf d'esprit.

half-yearly adj semestriel(elle).

➤ **half yearly** adv tous les six mois.

halibut ['hælɪbət] (pl inv OR **-s**) n flétan m.

halitosis [,hælɪ'təʊsɪs] n mauvaise haleine f.

hall [hɔːl] n - **1.** [in house] vestibule m, entrée f - **2.** [meeting room, building] salle f - **3.** Br UNIV [hall of residence] résidence f universitaire ; **to live in ~** loger en cité universitaire - **4.** [country house] manoir m.

halleluja [,hælɪ'luːjə] excl alléluia!

hallmark ['hɔːlmɑːk] n - **1.** [typical feature] marque f - **2.** [on metal] poinçon m.

hallo [hə'ləʊ] = hello.

hall of residence (pl **halls of residence**) n Br UNIV résidence f universitaire.

hallowed ['hæləʊd] adj [respected] consacré(e).

Hallowe'en [,hæləʊ'iːn] n Halloween f (fête des sorcières et des fantômes).

┌─────────────────────────────────
HALLOWE'EN

Fête célébrée le 31 octobre au cours de laquelle les enfants déguisés en sorcières et en fantômes présentent des paniers pour qu'on y dépose des friandises.
─────────────────────────────────┘

hallucinate [hə'luːsɪneɪt] vi avoir des hallucinations.

hallucination [,həluːsɪ'neɪʃn] n hallucination f.

hallucinogenic [hə,luːsɪnə'dʒenɪk] adj hallucinogène.

hallway ['hɔːlweɪ] n vestibule m.

halo ['heɪləʊ] (pl **-es** OR **-s**) n nimbe m ; ASTRON halo m.

halogen ['hælədʒen] ⬦ n halogène m ⬦ comp halogène.

halt [hɔːlt] ⬦ n [stop] : **to come to a ~** [vehicle] s'arrêter, s'immobiliser ; [activity] s'interrompre ; **to grind to a ~** [stop moving] s'arrêter ; [stop working] péricliter ; **to call a ~ to sthg** mettre fin à qqch ⬦ vt arrêter ⬦ vi s'arrêter.

halter ['hɔːltər] n [for horse] licou m.

halterneck ['hɔːltənek] adj dos nu (inv).

halting ['hɔːltɪŋ] adj hésitant(e).

halve [Br hɑːv, Am hæv] vt - **1.** [reduce by half] réduire de moitié - **2.** [divide] couper en deux.

halves [Br hɑːvz, Am hævz] pl ⬅ half.

ham [hæm] (pt & pp **-med** ; cont **-ming**) ⬦ n - **1.** [meat] jambon m - **2.** pej [actor] cabotin m - **3.** [radio fanatic] : **(radio) ~** radioamateur m ⬦ comp au jambon ⬦ vt : **to ~ it up** cabotiner.

Hamburg ['hæmbɜːg] n Hambourg.

hamburger [ˈhæmbɜːgəʳ] n - **1.** [burger] hamburger m - **2.** (U) Am [mince] viande f hachée.

ham-fisted [-ˈfɪstɪd] adj maladroit(e).

hamlet [ˈhæmlɪt] n hameau m.

hammer [ˈhæməʳ] ◇ n marteau m ◇ vt - **1.** [with tool] marteler ; [nail] enfoncer à coups de marteau - **2.** [with fist] marteler du poing - **3.** fig : to ~ sthg into sb faire entrer qqch dans la tête de qqn - **4.** inf [defeat] battre à plates coutures ◇ vi - **1.** [with tool] frapper au marteau - **2.** [with fist] : to ~ (on) cogner du poing (à) - **3.** fig : to ~ away at [task] s'acharner à.

➤ **hammer into** vt sep : to ~ sthg into sb faire entrer qqch dans la tête de qqn.

➤ **hammer out** ◇ vt fus [agreement, solution] parvenir finalement à ◇ vt sep [dent] enlever à coups de marteau.

hammock [ˈhæmək] n hamac m.

hammy [ˈhæmɪ] (compar -ier ; superl -iest) adj inf cabotin(e).

hamper [ˈhæmpəʳ] ◇ n - **1.** [for food] panier m d'osier - **2.** Am [for laundry] coffre m à linge ◇ vt gêner.

hamster [ˈhæmstəʳ] n hamster m.

hamstring [ˈhæmstrɪŋ] ◇ n tendon m du jarret ◇ vt paralyser.

hand [hænd] ◇ n - **1.** [part of body] main f ; to hold ~s se tenir la main ; ~ in ~ [people] main dans la main ; ~s up! haut les mains! ; by ~ à la main ; at the ~s of aux mains de ; with one's bare ~s à mains nues ; to change ~s [car, house etc] changer de propriétaire ; to force sb's ~ forcer la main à qqn ; to get or lay one's ~s on mettre la main sur ; to get out of ~ échapper à tout contrôle ; to give sb a free ~ donner carte blanche à qqn ; to go ~ in ~ [things] aller de pair ; to have a ~ in sthg être impliqué dans qqch ; to have a ~ in doing sthg contribuer à faire qqch ; to have a situation in ~ avoir une situation en main ; to have one's ~s full avoir du pain sur la planche ; to have time in ~ avoir du temps libre ; to take sb in ~ prendre qqn en main ; to try one's ~ at sthg s'essayer à qqch ; to wait on sb ~ and foot être aux petits soins pour qqn ; to wash one's ~s of sthg se laver les mains de qqch - **2.** [help] coup m de main ; to give or lend sb a ~ (with sthg) donner un coup de main à qqn (pour faire qqch) - **3.** [worker] ouvrier m, -ère f - **4.** [of clock, watch] aiguille f - **5.** [handwriting] écriture f - **6.** [of cards] jeu m, main f ; to overplay one's ~ fig trop présumer de ses capacités ◇ vt : to ~ sthg to sb, to ~ sb sthg passer qqch à qqn.

➤ **(close) at hand** adv proche.

➤ **on hand** adv disponible.

➤ **on the other hand** conj d'autre part.

➤ **out of hand** adv [completely] d'emblée.

➤ **to hand** adv à portée de la main, sous la main.

➤ **hand down** vt sep transmettre.

➤ **hand in** vt sep remettre.

➤ **hand on** vt sep transmettre.

➤ **hand out** vt sep distribuer.

➤ **hand over** ◇ vt sep - **1.** [baton, money] remettre - **2.** [responsibility, power] transmettre ◇ vi : to ~ over (to) passer le relais (à).

handbag [ˈhændbæg] n sac m à main.

handball [ˈhændbɔːl] n [game] handball m.

handbill [ˈhændbɪl] n prospectus m.

handbook [ˈhændbʊk] n manuel m ; [for tourist] guide m.

handbrake [ˈhændbreɪk] n frein m à main.

handclap [ˈhændklæp] n : to give the slow ~ taper des mains lentement pour manifester sa désapprobation.

handcrafted [ˈhændkrɑːftɪd] adj fait(e) (à la) main.

handcuff [ˈhændkʌf] vt mettre or passer les menottes à.

handcuffs [ˈhændkʌfs] npl menottes fpl.

handful [ˈhændfʊl] n - **1.** [of sand, grass, people] poignée f - **2.** inf [person] : to be a ~ être difficile.

handgun [ˈhændgʌn] n revolver m, pistolet m.

handicap [ˈhændɪkæp] (pt & pp -ped ; cont -ping) ◇ n handicap m ◇ vt handicaper ; [progress, work] entraver.

handicapped [ˈhændɪkæpt] ◇ adj handicapé(e) ◇ npl : the ~ les handicapés mpl.

handicraft [ˈhændɪkrɑːft] n activité f artisanale.

handiwork [ˈhændɪwɜːk] n (U) ouvrage m.

handkerchief [ˈhæŋkətʃɪf] (pl -chiefs or -chieves [-tʃiːvz]) n mouchoir m.

handle [ˈhændl] ◇ n poignée f ; [of jug, cup] anse f ; [of knife, pan] manche m ; to fly off the ~ sortir de ses gonds ◇ vt - **1.** [with hands] manipuler ; [without permission] toucher à - **2.** [deal with, be responsible for] s'occuper de ; [difficult situation] faire face à - **3.** [treat] traiter, s'y prendre avec ◇ vi [car] : to ~ well/badly être maniable/peu maniable.

handlebars [ˈhændlbɑːz] npl guidon m.

handler [ˈhændləʳ] n - **1.** [of dog] maître-chien m - **2.** [at airport] : (baggage) ~ bagagiste m.

handling charges [ˈhændlɪŋ-] npl [at bank] frais mpl de gestion.

hand lotion n lotion f pour les mains.

hand luggage n (U) Br bagages mpl à main.

handmade [ˌhænd'meɪd] adj fait(e) (à la) main.

hand-me-down n inf vêtement m usagé.

handout ['hændaut] n - **1.** [gift] don m - **2.** [leaflet] prospectus m.

handover ['hændəʊvəʳ] n remise f ; [of power] passation f ; [in relay race] passage m.

handpicked [ˌhænd'pɪkt] adj trié(e) sur le volet.

handrail ['hændreɪl] n rampe f.

handset ['hændset] n combiné m.

handshake ['hændʃeɪk] n serrement m OR poignée f de main.

hands-off adj non-interventionniste.

handsome ['hænsəm] adj - **1.** [good-looking] beau (belle) - **2.** [reward, profit] beau (belle) ; [gift] généreux(euse).

handsomely ['hænsəmlɪ] adv généreusement.

hands-on adj [training] pratique ; [manager] qui s'implique.

handstand ['hændstænd] n équilibre m (sur les mains).

hand-to-mouth adj précaire.
➤ **hand to mouth** adv au jour le jour.

handwriting ['hændˌraɪtɪŋ] n écriture f.

handwritten ['hændˌrɪtn] adj écrit(e) à la main, manuscrit(e).

handy ['hændɪ] (compar -ier ; superl -iest) adj inf - **1.** [useful] pratique ; **to come in** ~ être utile - **2.** [skilful] adroit(e) - **3.** [near] tout près, à deux pas ; **to keep sthg** ~ garder qqch à portée de la main.

handyman ['hændɪmæn] (pl -men [-men]) n bricoleur m.

hang [hæŋ] (pt & pp sense 1 hung ; pt & pp sense 2 hung OR hanged) ⬦ vt - **1.** [fasten] suspendre - **2.** [execute] pendre ⬦ vi - **1.** [be fastened] pendre, être accroché(e) - **2.** [be executed] être pendu(e) ⬦ n : **to get the** ~ **of sthg** inf saisir le truc OR attraper le coup pour faire qqch.
➤ **hang about, hang around** vi traîner.
➤ **hang on** ⬦ vt fus [depend on] dépendre de ⬦ vi - **1.** [keep hold] : **to** ~ **on (to)** s'accrocher OR se cramponner (à) - **2.** inf [continue waiting] attendre - **3.** [persevere] tenir bon.
➤ **hang onto** vt fus - **1.** [keep hold of] se cramponner à, s'accrocher à - **2.** [keep] garder.
➤ **hang out** ⬦ vt sep [washing] étendre ⬦ vi inf [spend time] traîner.
➤ **hang round** = hang about.
➤ **hang together** vi [alibi, argument] se tenir.
➤ **hang up** ⬦ vt sep pendre ⬦ vi - **1.** [on tele-

phone] raccrocher - **2.** [hang] être accroché(e), pendre.
➤ **hang up on** vt fus TELEC raccrocher au nez de.

hangar ['hæŋəʳ] n hangar m.

hangdog ['hæŋdɒg] adj de chien battu.

hanger ['hæŋəʳ] n cintre m.

hanger-on (pl hangers-on) n parasite m.

hang glider n [apparatus] deltaplane m.

hang gliding n deltaplane m, vol m libre.

hanging ['hæŋɪŋ] n - **1.** [execution] pendaison f - **2.** [drapery] tenture f.

hangman ['hæŋmən] (pl -men [-mən]) n bourreau m.

hangover ['hæŋˌəʊvəʳ] n - **1.** [from drinking] gueule f de bois - **2.** [from past] : ~ **(from)** reliquat m (de).

hang-up n inf complexe m.

hank [hæŋk] n écheveau m.

hanker ['hæŋkəʳ] ➤ **hanker after, hanker for** vt fus convoiter

hankering ['hæŋkərɪŋ] n : ~ **after** OR **for** envie f de.

hankie, hanky ['hæŋkɪ] (pl -ies) (abbr of handkerchief) n inf mouchoir m.

Hanoi [hæ'nɔɪ] n Hanoi.

Hansard ['hænsɑːd] n compte-rendu officiel des débats parlementaires en Grande-Bretagne.

Hants [hænts] (abbr of Hampshire) comté anglais.

haphazard [ˌhæp'hæzəd] adj fait(e) au hasard.

haphazardly [ˌhæp'hæzədlɪ] adv au hasard.

hapless ['hæplɪs] adj literary infortuné(e).

happen ['hæpən] vi - **1.** [occur] arriver, se passer ; **to** ~ **to sb** arriver à qqn - **2.** [chance] : **I just** ~**ed to meet him** je l'ai rencontré par hasard ; **it** ~**s to be right** il se trouve que c'est juste ; **as it** ~**s** en fait.

happening ['hæpənɪŋ] n événement m.

happily ['hæpɪlɪ] adv - **1.** [with pleasure] de bon cœur - **2.** [contentedly] : **to be** ~ **doing sthg** être bien tranquillement en train de faire qqch - **3.** [fortunately] heureusement.

happiness ['hæpɪnɪs] n bonheur m.

happy ['hæpɪ] (compar -ier ; superl -iest) adj - **1.** [gen] heureux(euse) ; **to be** ~ **to do sthg** être heureux de faire qqch ; ~ **Christmas/birthday!** joyeux Noël/anniversaire! ~ **New Year!** bonne année! - **2.** [satisfied] heureux(euse), content(e) ; **to be** ~ **with** OR **about sthg** être heureux de qqch.

happy event n heureux événement m.

happy-go-lucky *adj* décontracté(e).

happy hour *n* inf *moment dans la journée où les boissons sont vendues moins cher dans les bars.*

happy medium *n* juste milieu *m*.

harangue [hə'ræŋ] ◇ *n* harangue *f* ◇ *vt* haranguer.

Harare [hə'rɑːrɪ] *n* Harare.

harass ['hærəs] *vt* harceler.

harassed ['hærəst] *adj* harcelé(e), tourmenté(e).

harassment ['hærəsmənt] *n* harcèlement *m*.

harbinger ['hɑːbɪndʒəʳ] *n* literary signe *m* avant-coureur.

harbour Br, **harbor** Am ['hɑːbəʳ] ◇ *n* port *m* ◇ *vt* - **1.** [feeling] entretenir ; [doubt, grudge] garder - **2.** [person] héberger.

harbour master *n* capitaine *m* de port.

hard [hɑːd] ◇ *adj* - **1.** [gen] dur(e) ; **to be ~ on sb/sthg** être dur avec qqn/pour qqch - **2.** [winter, frost] rude - **3.** [water] calcaire - **4.** [fact] concret(ète) ; [news] sûr(e), vérifié(e) - **5.** Br POL : **~ left/right** extrême gauche/droite ◇ *adv* - **1.** [strenuously - work] dur ; [- listen, concentrate] avec effort ; **to try ~ (to do sthg)** faire de son mieux (pour faire qqch) - **2.** [forcefully] fort - **3.** [heavily - rain] à verse ; [- snow] dru - **4.** phr : **to be ~ pushed** OR **put** OR **pressed to do sthg** avoir bien de la peine à faire qqch ; **to feel ~ done by** avoir l'impression d'avoir été traité injustement.

hard-and-fast *adj* [rule] absolu(e).

hardback ['hɑːdbæk] ◇ *adj* relié(e) ◇ *n* livre *m* relié.

hard-bitten *adj* dur(e) à cuire.

hardboard ['hɑːdbɔːd] *n* panneau *m* de fibres.

hard-boiled *adj* - **1.** CULIN : **~ egg** œuf *m* dur - **2.** [person] dur(e) à cuire.

hard cash *n* (U) espèces *fpl*.

hard cider *n* Am cidre *m*.

hard copy *n* COMPUT sortie *f* papier.

hard-core *adj* - **1.** [criminal] endurci(e) - **2.** [pornography] hard (inv).
➤ **hard core** *n* [of group] noyau *m* (dur).

hard court *n* court *m* en dur.

hard currency *n* devise *f* forte.

hard disk *n* COMPUT disque *m* dur.

hard drugs *npl* drogues *fpl* dures.

harden ['hɑːdn] ◇ *vt* durcir ; [steel] tremper ◇ *vi* - **1.** [glue, concrete] durcir - **2.** [person] s'endurcir - **3.** [attitude, opposition] se durcir.

hardened ['hɑːdnd] *adj* [criminal] endurci(e).

hardening ['hɑːdnɪŋ] *n* durcissement *m*.

hard hat *n* casque *m*.

hard-headed [-'hedɪd] *adj* [decision] pragmatique ; **to be ~** [person] avoir la tête froide.

hard-hearted [-'hɑːtɪd] *adj* insensible, impitoyable.

hard-hitting [-'hɪtɪŋ] *adj* [report] sans indulgence.

hard labour *n* (U) travaux *mpl* forcés.

hard line *n* : **to take a ~ on sthg** adopter une position ferme vis-à-vis de qqch.
➤ **hard-line** *adj* convaincu(e).
➤ **hard lines** *npl* Br inf : **~s!** pas de chance !

hard-liner *n* partisan *m* de la manière forte.

hardly ['hɑːdlɪ] *adv* - **1.** [scarcely] à peine, ne ... guère ; **this is ~ the time for complaints** ce n'est guère le moment de se plaindre ; **~ ever/anything** presque jamais/rien ; **I can ~ move/wait** je peux à peine bouger/attendre - **2.** [only just] à peine.

hardness ['hɑːdnɪs] *n* - **1.** [firmness] dureté *f* - **2.** [difficulty] difficulté *f*.

hard-nosed [-nəʊzd] *adj* [businessman] à la tête froide ; [approach] pragmatique.

hard sell *n* vente *f* agressive ; **to give sb the ~** y aller à la vente agressive avec qqn.

hardship ['hɑːdʃɪp] *n* - **1.** (U) [difficult conditions] épreuves *fpl* - **2.** [difficult circumstance] épreuve *f*.

hard shoulder *n* Br AUT bande *f* d'arrêt d'urgence.

hard up *adj* inf fauché(e) ; **~ for sthg** à court de qqch.

hardware ['hɑːdweəʳ] *n* (U) - **1.** [tools, equipment] quincaillerie *f* - **2.** COMPUT hardware *m*, matériel *m*.

hardware shop *n* quincaillerie *f*.

hardwearing [ˌhɑːd'weərɪŋ] *adj* Br résistant(e).

hardwood ['hɑːdwʊd] *n* bois *m* dur.

hardworking [ˌhɑːd'wɜːkɪŋ] *adj* travailleur(euse).

hardy ['hɑːdɪ] (compar **-ier** ; superl **-iest**) *adj* - **1.** [person, animal] vigoureux(euse), robuste - **2.** [plant] résistant(e), vivace.

hare [heəʳ] ◇ *n* lièvre *m* ◇ *vi* Br inf : **to ~ off** partir à fond de train.

harebrained ['heəˌbreɪnd] *adj* inf [person] écervelé(e) ; [scheme, idea] insensé(e).

harelip [ˌheə'lɪp] *n* bec-de-lièvre *m*.

harem [Br hɑː'riːm, Am 'hærəm] *n* harem *m*.

haricot (bean) ['hærɪkəʊ-] *n* haricot *m* blanc.

hark [hɑːk] ➡ **hark back** *vi :* **to ~ back to** revenir à.

harlequin ['hɑːrləkwɪn] *n* arlequin *m*.

Harley Street ['hɑːlɪ-] *n* rue du centre de Londres célèbre pour ses spécialistes en médecine.

harm [hɑːm] ◇ *n* **- 1.** [injury] mal *m* **- 2.** [damage - to clothes, plant] dommage *m ;* [- to reputation] tort *m ;* **to do ~ to sb, to do sb ~** faire du tort à qqn ; **to do ~ to sthg, to do sthg ~** endommager qqch ; **to mean no ~ by sthg** ne pas faire qqch méchamment ; **there's no ~ in it** il n'y a pas de mal à cela ; **to be out of ~'s way** [person] être en sûreté OR lieu sûr ; [thing] être en lieu sûr ; **she/it came to no ~** il ne lui est rien arrivé ◇ *vt* **- 1.** [injure] faire du mal à **- 2.** [damage - clothes, plant] endommager ; [- reputation] faire du tort à.

harmful ['hɑːmfʊl] *adj* nuisible, nocif(ive).

harmless ['hɑːmlɪs] *adj* **- 1.** [not dangerous] inoffensif(ive) **- 2.** [inoffensive] innocent(e).

harmlessly ['hɑːmlɪslɪ] *adv* sans faire de mal ; [explode] sans faire de dégâts.

harmonic [hɑː'mɒnɪk] *adj* harmonique.

harmonica [hɑː'mɒnɪkə] *n* harmonica *m*.

harmonious [hɑː'məʊnjəs] *adj* harmonieux(euse).

harmonium [hɑː'məʊnjəm] (*pl* **-s**) *n* harmonium *m*.

harmonize, -ise ['hɑːmənaɪz] ◇ *vt* harmoniser ◇ *vi* s'harmoniser.

harmony ['hɑːmənɪ] (*pl* **-ies**) *n* harmonie *f ;* **in ~ with** [in agreement] en harmonie OR en accord avec.

harness ['hɑːnɪs] ◇ *n* [for horse, child] harnais *m* ◇ *vt* **- 1.** [horse] harnacher **- 2.** [energy, resources] exploiter.

harp [hɑːp] *n* harpe *f*.
➡ **harp on** *vi :* **to ~ on (about sthg)** rabâcher (qqch).

harpist ['hɑːpɪst] *n* harpiste *mf*.

harpoon [hɑː'puːn] ◇ *n* harpon *m* ◇ *vt* harponner.

harpsichord ['hɑːpsɪkɔːd] *n* clavecin *m*.

harrowing ['hærəʊɪŋ] *adj* [experience] éprouvant(e) ; [report, film] déchirant(e).

harry ['hærɪ] (*pt* & *pp* **-ied**) *vt :* **to ~ sb (for sthg)** harceler qqn (pour obtenir qqch).

harsh [hɑːʃ] *adj* **- 1.** [life, conditions] rude ; [criticism, treatment] sévère **- 2.** [to senses - sound] discordant(e) ; [- light, voice] criard(e) ; [- surface] rugueux(euse), rêche ; [- taste] âpre.

harshly ['hɑːʃlɪ] *adv* **- 1.** [punish, treat, criticize] sévèrement ; [speak] durement **- 2.** [to senses - shine] de façon criarde.

harshness ['hɑːʃnɪs] *n* **- 1.** [of life, conditions] rigueur *f ;* [of criticism, treatment] sévérité *f*, dureté *f* **- 2.** [to senses - of sound] discordance *f ;* [- of texture] rugosité *f*, dureté *f ;* [- of light, colour] aspect *m* criard.

harvest ['hɑːvɪst] ◇ *n* [of cereal crops] moisson *f ;* [of fruit] récolte *f ;* [of grapes] vendange *f*, vendanges *fpl* ◇ *vt* [cereals] moissonner ; [fruit] récolter ; [grapes] vendanger.

harvest festival *n* fête *f* de la moisson.

has [weak form həz, strong form hæz] ➡ **have**.

has-been *n* inf pej ringard *m*, -e *f*.

hash [hæʃ] *n* **- 1.** [meat] hachis *m* **- 2.** inf [mess] : **to make a ~ of sthg** faire un beau gâchis de qqch **- 3.** drugs sl hasch *m*.
➡ **hash up** *vt sep* Br inf faire un beau gâchis de.

hash browns *npl* Am pommes de terre *fpl* sautées.

hashish ['hæʃiːʃ] *n* haschich *m*.

hasn't ['hæznt] = **has not**.

hassle ['hæsl] inf ◇ *n* [annoyance] tracas *m*, embêtement *m ;* **it can be a real ~** ça peut être vraiment l'horreur ◇ *vt* tracasser.

haste [heɪst] *n* hâte *f ;* **to do sthg in ~** faire qqch à la hâte ; **to make ~** dated se hâter.

hasten ['heɪsn] fml ◇ *vt* hâter, accélérer ◇ *vi* se hâter, se dépêcher ; **to ~ to do sthg** s'empresser de faire qqch.

hastily ['heɪstɪlɪ] *adv* **- 1.** [quickly] à la hâte **- 2.** [rashly] sans réfléchir.

hasty ['heɪstɪ] (*compar* **-ier** ; *superl* **-iest**) *adj* **- 1.** [quick] hâtif(ive) **- 2.** [rash] irréfléchi(e).

hat [hæt] *n* chapeau *m ;* **keep it under your ~** gardez-le pour vous ; **to be talking through one's ~** dire n'importe quoi ; **old ~** vieux jeu, dépassé.

hatbox ['hætbɒks] *n* carton *m* à chapeau.

hatch [hætʃ] ◇ *vt* **- 1.** [chick] faire éclore ; [egg] couver **- 2.** fig [scheme, plot] tramer ◇ *vi* [chick, egg] éclore ◇ *n* [for serving food] passe-plats *m inv*.

hatchback ['hætʃ,bæk] *n* voiture *f* avec hayon.

hatchet ['hætʃɪt] *n* hachette *f ;* **to bury the ~** enterrer la hache de guerre.

hatchet job *n* inf : **to do a ~ on sb** démolir qqn.

hatchway ['hætʃ,weɪ] *n* passe-plats *m inv*, guichet *m*.

hate [heɪt] ◇ *n* (U) haine *f* ◇ *vt* **- 1.** [detest] haïr **- 2.** [dislike] détester ; **I ~ to bother you, but ...** je suis désolé de vous déranger, mais ... ; **to ~ doing sthg** avoir horreur de faire qqch.

hateful ['heɪtfʊl] adj odieux(euse).

hatred ['heɪtrɪd] n (U) haine f.

hat trick n SPORT : **to score a ~** marquer trois buts.

haughty ['hɔ:tɪ] (compar -ier ; superl -iest) adj hautain(e).

haul [hɔ:l] ◇ n - **1.** [of drugs, stolen goods] prise f, butin m - **2.** [distance] : **long ~** long voyage m OR trajet m ◇ vt - **1.** [pull] traîner, tirer - **2.** [transport by lorry] camionner.

haulage ['hɔ:lɪdʒ] n transport m routier, camionnage m.

haulage contractor n entrepreneur m de transports routiers.

haulier Br ['hɔ:lɪər], **hauler** Am ['hɔ:lər] n entrepreneur m de transports routiers.

haunch [hɔ:ntʃ] n [of person] hanche f ; [of animal] derrière m, arrière-train m ; **a ~ of venison** un cuissot de chevreuil.

haunt [hɔ:nt] ◇ n repaire m ◇ vt hanter.

haunted ['hɔ:ntɪd] adj - **1.** [house, castle] hanté(e) - **2.** [look] égaré(e).

haunting ['hɔ:ntɪŋ] adj obsédant(e).

Havana [hə'vænə] n La Havane.

have [hæv] (pt & pp had) ◇ aux vb (to form perfect tenses - gen) avoir ; (- with many intransitive verbs) être ; **to ~ eaten** avoir mangé ; **to ~ left** être parti(e) ; **I've been on holiday** j'étais en vacances ; **she hasn't gone yet, has she?** elle n'est pas encore partie, si ? ; **no, she hasn't** non ; **yes, she has** oui ; **I was out of breath, having run all the way** j'étais essoufflé d'avoir couru tout le long du chemin ◇ vt - **1.** [possess, receive] : **to ~ (got)** avoir ; **I ~ no money, I haven't got any money** je n'ai pas d'argent ; **she's got loads of imagination** elle a plein d'imagination ; **I've got things to do** j'ai (des choses) à faire - **2.** [experience illness] avoir ; **to ~ flu** avoir la grippe - **3.** (referring to an action, instead of another verb) : **to ~ a read** lire ; **to ~ a swim** nager ; **to ~ a bath/shower** prendre un bain/une douche ; **to ~ a cigarette** fumer une cigarette ; **to ~ a meeting** tenir une réunion ; **to ~ a bad day** passer une mauvaise journée - **4.** [give birth to] avoir ; **to ~ a baby** avoir un bébé - **5.** [cause to be done] : **to ~ sb do sthg** faire faire qqch à qqn ; **to ~ sthg done** faire faire qqch ; **I'm having the house decorated** je fais décorer la maison ; **to ~ one's hair cut** se faire couper les cheveux - **6.** [be treated in a certain way] : **I had my car stolen** je me suis fait voler ma voiture, on m'a volé ma voiture - **7.** inf [cheat] : **to be had** se faire avoir - **8.** phr : **to ~ it in for sb** en avoir après qqn, en vouloir à qqn ; **to ~ had it** [car, machine, clothes] avoir fait son temps ; **I've had it!** je n'en peux plus! ◇ modal vb [be obliged] : **to ~ (got) to do sthg** devoir faire qqch, être obligé(e) de faire qqch ; **do you ~ to go?, ~ you got to go?** est-ce que tu dois partir?, est-ce que tu es obligé de partir? ; **I've got to go to work** il faut que j'aille travailler.

➤ **haves** npl : **the ~s and the ~ nots** les riches et les pauvres.

➤ **have on** vt sep - **1.** [be wearing] porter ; **to ~ nothing on** être tout nu - **2.** [tease] faire marcher - **3.** [have to do] : **to ~ (got) a lot on** être très pris(e).

➤ **have out** vt sep - **1.** [have removed] : **to ~ one's appendix/tonsils out** se faire opérer de l'appendicite/des amygdales ; **to ~ a tooth out** se faire arracher une dent - **2.** [discuss frankly] : **to ~ it out with sb** s'expliquer avec qqn.

➤ **have up** vt sep Br inf : **to ~ sb up for sthg** traduire qqn en justice pour qqch.

haven ['heɪvn] n havre m.

haven't ['hævnt] = have not.

haversack ['hævəsæk] n sac m à dos.

havoc ['hævək] n (U) dégâts mpl ; **to play ~ with** [gen] abîmer ; [with health] détraquer ; [with plans] ruiner.

Hawaii [hə'waɪi:] n Hawaii m ; **in ~** à Hawaii.

Hawaiian [hə'waɪjən] ◇ adj hawaiien(enne) ◇ n Hawaiien m, -enne f.

hawk [hɔ:k] ◇ n faucon m ; **to watch sb like a ~** ne pas lâcher qqn des yeux ◇ vt colporter.

hawker ['hɔ:kər] n colporteur m.

hawthorn ['hɔ:θɔ:n] n aubépine f.

hay [heɪ] n foin m.

hay fever n (U) rhume m des foins.

haymaking ['heɪ,meɪkɪŋ] n fenaison f.

haystack ['heɪ,stæk] n meule f de foin.

haywire ['heɪ,waɪər] adj inf : **to go ~** [person] perdre la tête ; [machine] se détraquer.

hazard ['hæzəd] ◇ n hasard m ◇ vt hasarder.

hazardous ['hæzədəs] adj hasardeux(euse).

hazard warning lights npl Br AUT feux mpl de détresse.

haze [heɪz] n brume f.

hazel ['heɪzl] ◇ adj noisette (inv) ◇ n [tree] noisetier m.

hazelnut ['heɪzl,nʌt] n noisette f.

hazy ['heɪzɪ] (compar -ier ; superl -iest) adj - **1.** [misty] brumeux(euse) - **2.** [memory, ideas] flou(e), vague.

H-bomb n bombe f H.

h & c abbr of hot and cold (water).

he [hiː] ◇ *pers pron* - **1.** *(unstressed)* il ; ~'s tall il est grand ; ~ who *fml* (celui) qui ; there ~ is le voilà - **2.** *(stressed)* lui ; HE can't do it lui ne peut pas le faire ◇ *n inf* [referring to animal, baby] : it's a ~ [animal] c'est un mâle ; [baby] c'est un garçon ◇ *comp* mâle ; **~-goat** bouc *m*.

HE - 1. *abbr of* high explosive - **2.** *(abbr of* His (or Her) Excellency) S.Exc., S.E.

head [hed] ◇ *n* - **1.** [of person, animal] tête *f* ; a OR per ~ par tête, par personne ; off the top of my ~, I'd say ... comme ça je dirais ... ; I couldn't make ~ nor tail of it je n'y comprenais rien ; on your own ~ be it à vos risques et périls ; I'm banging my ~ against a brick wall je me tape la tête contre les murs ; to bite OR snap sb's ~ off rembarrer qqn ; to laugh one's ~ off rire à gorge déployée ; to sing/shout one's ~ off chanter/crier à tue-tête ; to be off one's ~ Br, to be out of one's ~ Am être dingue ; to be soft in the ~ être débile ; to go to one's ~ [alcohol, praise] monter à la tête ; to keep one's ~ garder son sang-froid ; to lose one's ~ perdre la tête ; we put our ~s together nous avons conjugué nos efforts - **2.** [of table, bed, hammer] tête *f* ; [of stairs, page] haut *m* - **3.** [of flower] tête *f* ; [of cabbage] pomme *f* - **4.** [leader] chef *m* ; ~ of state chef *m* d'État - **5.** [head teacher] directeur *m*, -trice *f* - **6.** *phr* : to come to a ~ atteindre un point critique ◇ *vt* - **1.** [procession, list] être en tête de - **2.** [be in charge of] être à la tête de - **3.** FTBL : to ~ the ball faire une tête ◇ *vi* : where are you ~ing? où allez-vous?

➤ **heads** *npl* [on coin] face *f* ; ~s or tails? pile ou face?

➤ **head for** *vt fus* - **1.** [place] se diriger vers - **2.** *fig* [trouble, disaster] aller au devant de.

➤ **head off** *vt sep* - **1.** [intercept] intercepter - **2.** *fig* [threat, disaster] parer à.

headache ['hedeɪk] *n* mal *m* de tête ; to have a ~ avoir mal à la tête.

headband ['hedbænd] *n* bandeau *m*.

headboard ['hed,bɔːd] *n* dosseret *m*.

head boy *n* Br élève *chargé de la discipline et qui siège aux conseils de son école.*

head cold *n* rhume *m* de cerveau.

head count *n* compte *m*.

headdress ['hed,dres] *n* coiffe *f*.

header ['hedə'] *n* FTBL tête *f*.

headfirst [,hed'fɜːst] *adv* (la) tête la première.

headgear ['hed,ɡɪə'] *n (U)* couvre-chef *m*.

head girl *n* Br élève *chargée de la discipline et qui siège aux conseils de son école.*

headhunt ['hedhʌnt] *vt* recruter (chez la concurrence).

headhunter ['hed,hʌntə'] *n* chasseur *m* de têtes.

heading ['hedɪŋ] *n* titre *m*, intitulé *m*.

headlamp ['hedlæmp] *n* Br phare *m*.

headland ['hedlənd] *n* cap *m*.

headlight ['hedlaɪt] *n* phare *m*.

headline ['hedlaɪn] *n* [in newspaper] gros titre *m* ; TV & RADIO grand titre *m*.

headlong ['hedlɒŋ] ◇ *adv* - **1.** [quickly] à toute allure - **2.** [unthinkingly] tête baissée - **3.** [headfirst] (la) tête la première ◇ *adj* [unthinking] irréfléchi(e).

headmaster [,hed'mɑːstə'] *n* directeur *m* (d'une école).

headmistress [,hed'mɪstrɪs] *n* directrice *f* (d'une école).

head office *n* siège *m* social.

head-on ◇ *adj* [collision] de plein fouet ; [confrontation] de front ◇ *adv* de plein fouet.

headphones ['hedfəʊnz] *npl* casque *m*.

headquarters [,hed'kwɔːtəz] *npl* [of business, organization] siège *m* ; [of armed forces] quartier *m* général.

headrest ['hedrest] *n* appui-tête *m*.

headroom ['hedrʊm] *n (U)* hauteur *f*.

headscarf ['hedskɑːf] *(pl* -scarves [-skɑːvz] OR -scarfs) *n* foulard *m*.

headset ['hedset] *n* casque *m*.

headship ['hedʃɪp] *n* direction *f* (d'une école).

headstand ['hedstænd] *n* poirier *m*.

head start *n* avantage *m* au départ ; ~ on OR over avantage sur.

headstone ['hedstəʊn] *n* pierre *f* tombale.

headstrong ['hedstrɒŋ] *adj* volontaire, têtu(e).

head teacher *n* directeur *m*, -trice *f* (d'une école).

head waiter *n* maître *m* d'hôtel.

headway ['hedweɪ] *n* : to make ~ faire des progrès.

headwind ['hedwɪnd] *n* vent *m* contraire.

heady ['hedɪ] *(compar* -ier ; *superl* -iest) *adj* - **1.** [exciting] grisant(e) - **2.** [causing giddiness] capiteux(euse).

heal [hiːl] ◇ *vt* - **1.** [cure] guérir - **2.** *fig* [troubles, discord] apaiser ◇ *vi* se guérir.

➤ **heal up** *vi* se cicatriser, se refermer.

healing ['hiːlɪŋ] ◇ *adj* curatif(ive) ◇ *n (U)* guérison *f*.

health [helθ] *n* santé *f* ; to be in good/poor ~ être en bonne/mauvaise santé ; to drink (to) sb's ~ boire à la santé de qqn.

health centre *n* ≃ centre *m* médico-social.

health-conscious *adj* soucieux(euse) de sa santé.

health farm *n* établissement *m* de cure.

health food *n* produits *mpl* diététiques OR naturels.

health food shop *n* magasin *m* de produits diététiques.

health hazard *n* danger *m* OR risque *m* pour la santé.

health service *n* ≃ sécurité *f* sociale.

health visitor *n* Br infirmière *f* visiteuse.

healthy ['helθɪl (*compar* -**ier** ; *superl* -**iest**) *adj* - **1.** [gen] sain(e) - **2.** [well] en bonne santé, bien portant(e) - **3.** fig [economy, company] qui se porte bien - **4.** [profit] bon (bonne).

heap [hiːp] ◇ *n* tas *m* ; **in a ~** en tas ◇ *vt* - **1.** [pile up] entasser - **2.** fig [give] : **to ~ gifts on sb** couvrir qqn de cadeaux ; **to ~ praise on sb** combler qqn d'éloges ; **to ~ scorn on sb** accabler qqn de mépris.

◆ **heaps** *npl* inf : **~s of** [people, objects] des tas de ; [time, money] énormément de.

hear [hɪəʳ] (*pt* & *pp* **heard** [hɜːd]) ◇ *vt* - **1.** [gen & JUR] entendre - **2.** [learn of] apprendre ; **to ~ (that) ...** apprendre que ... ◇ *vi* - **1.** [perceive sound] entendre - **2.** [know] : **to ~ about** entendre parler de ; **did you ~ about her husband?** tu es au courant, pour son mari? - **3.** [receive news] : **to ~ about** avoir des nouvelles de ; **have you heard about your blood test yet?** as-tu déjà reçu des nouvelles à propos de ta prise de sang? ; **to ~ from sb** recevoir des nouvelles de qqn - **4.** phr : **to have heard of** avoir entendu parler de ; **I won't ~ of it!** je ne veux pas en entendre parler!

◆ **hear out** *vt sep* écouter jusqu'au bout.

hearing ['hɪərɪŋ] *n* - **1.** [sense] ouïe *f* ; **Joe was in OR within Jim's ~** Jim était à portée de voix de Joe ; **hard of ~** dur(e) d'oreille - **2.** [trial] audience *f* ; **to get a fair ~** pouvoir défendre sa cause ; JUR être jugé équitablement.

hearing aid *n* audiophone *m*.

hearsay ['hɪəseɪ] *n* ouï-dire *m*.

hearse [hɜːs] *n* corbillard *m*.

heart [hɑːt] *n* lit & fig cœur *m* ; **from the ~** du fond du cœur ; **to lose ~** perdre courage ; **my ~ leapt** j'ai bondi de joie ; **my ~ sank** je me suis senti abattu ; **it's a subject close to my ~** c'est un sujet qui me tient à cœur ; **from the bottom of my ~** du fond du cœur ; **his ~ isn't in it** il n'a pas le cœur à cela ; **in one's ~ of ~s** au plus profond de son cœur ;

to do sthg to one's ~'s content faire qqch à souhait ; **to break sb's ~** briser le cœur à qqn ; **to set one's ~ on sthg/on doing sthg** désirer absolument qqch/faire qqch, vouloir à tout prix qqch/faire qqch ; **to take sthg to ~** prendre qqch à cœur ; **to have a ~ of gold** avoir un cœur d'or.

◆ **hearts** *npl* cœur *m* ; **the six of ~s** le six de cœur.

◆ **at heart** *adv* au fond (de soi).

◆ **by heart** *adv* par cœur.

heartache ['hɑːteɪk] *n* peine *f* de cœur.

heart attack *n* crise *f* cardiaque.

heartbeat ['hɑːtbiːt] *n* battement *m* de cœur.

heartbreaking ['hɑːtˌbreɪkɪŋ] *adj* à fendre le cœur.

heartbroken ['hɑːtˌbrəʊkn] *adj* qui a le cœur brisé.

heartburn ['hɑːtbɜːn] *n (U)* brûlures *fpl* d'estomac.

heart disease *n* maladie *f* de cœur.

heartening ['hɑːtnɪŋ] *adj* encourageant(e).

heart failure *n* arrêt *m* cardiaque.

heartfelt ['hɑːtfelt] *adj* sincère.

hearth [hɑːθ] *n* foyer *m*.

heartland ['hɑːtlænd] *n* centre *m*, cœur *m*.

heartless ['hɑːtlɪs] *adj* sans cœur.

heartrending ['hɑːtˌrendɪŋ] *adj* déchirant(e), qui fend le cœur.

heart-searching *n* : **after a lot of ~** après s'être beaucoup interrogé.

heartthrob ['hɑːtθrɒb] *n* inf idole *f*, coqueluche *f*.

heart-to-heart ◇ *adj* à cœur ouvert ◇ *n* conversation *f* à cœur ouvert.

heart transplant *n* greffe *f* du cœur.

heartwarming ['hɑːtˌwɔːmɪŋ] *adj* réconfortant(e).

hearty ['hɑːtɪ] (*compar* -**ier** ; *superl* -**iest**) *adj* - **1.** [greeting, person] cordial(e) - **2.** [substantial - meal] copieux(euse) ; [- appetite] gros (grosse).

heat [hiːt] ◇ *n* - **1.** *(U)* [warmth] chaleur *f* - **2.** *(U)* fig [pressure] pression *f* - **3.** [eliminating round] éliminatoire *f* - **4.** ZOOL : **on Br OR in ~** en chaleur ◇ *vt* chauffer.

◆ **heat up** ◇ *vt sep* réchauffer ◇ *vi* chauffer.

heated ['hiːtɪd] *adj* [argument, discussion, person] animé(e) ; [issue] chaud(e).

heater ['hiːtəʳ] *n* appareil *m* de chauffage.

heath [hiːθ] *n* lande *f*.

heathen ['hi:ðn] ◇ adj païen(enne) ◇ n païen m, -enne f.

heather ['heðə'] n bruyère f.

heating ['hi:tɪŋ] n chauffage m.

heat rash n boutons mpl de chaleur.

heat-resistant adj résistant(e) à la chaleur.

heat-seeking [-,si:kɪŋ] adj guidé(e) par la chaleur.

heatstroke ['hi:tstrəuk] n (U) coup m de chaleur.

heat wave n canicule f, vague f de chaleur.

heave [hi:v] ◇ vt - 1. [pull] tirer (avec effort) ; [push] pousser (avec effort) - 2. inf [throw] lancer ◇ vi - 1. [pull] tirer - 2. [rise and fall] se soulever - 3. [retch] avoir des haut-le-cœur ◇ n : to give sthg a ~ [pull] tirer qqch (avec effort) ; [push] pousser qqch (avec effort).

heaven ['hevn] n paradis m ; it was ~ fig c'était divin OR merveilleux ; ~ (alone) knows! Dieu seul le sait!

◆ **heavens** ◇ npl : the ~s literary les cieux mpl ◇ excl : (good) ~s! juste ciel!

heavenly ['hevnlɪ] adj - 1. inf [delightful] délicieux(euse), merveilleux(euse) - 2. literary [of the skies] céleste.

heavily ['hevɪlɪ] adv - 1. [booked, in debt] lourdement ; [rain, smoke, drink] énormément - 2. [solidly - built] solidement - 3. [breathe, sigh] péniblement, bruyamment - 4. [fall, sit down] lourdement.

heaviness ['hevɪnɪs] n - 1. [gen] lourdeur f - 2. [intensity] intensité f.

heavy ['hevɪ] (compar -ier ; superl -iest) adj - 1. [gen] lourd(e) ; how ~ is it? ça pèse combien? ; with a ~ heart [sad] le cœur gros - 2. [traffic] dense ; [rain] battant(e) ; [fighting] acharné(e) ; [casualties, corrections] nombreux(euses) ; [smoker, drinker] gros (grosse) ; to be ~ on petrol consommer beaucoup (d'essence) - 3. [noisy - breathing] bruyant(e) - 4. [schedule] chargé(e) - 5. [physically exacting - work, job] pénible.

heavy cream n Am crème f fraîche épaisse.

heavy-duty adj solide, robuste.

heavy goods vehicle n Br poids lourd m.

heavy-handed [-'hændɪd] adj maladroit(e).

heavy industry n industrie f lourde.

heavy metal n MUS heavy metal m.

heavyweight ['hevɪweɪt] SPORT ◇ adj poids lourd ◇ n poids lourd m.

Hebrew ['hi:bru:] ◇ adj hébreu, hébraïque ◇ n - 1. [person] Hébreu m, Israélite mf - 2. [language] hébreu m.

Hebrides ['hebrɪdi:z] npl : the ~ les (îles fpl) Hébrides ; in the ~ aux Hébrides.

heck [hek] excl inf : what/where/why the ~ ...? que/où/pourquoi diable ...? ; a ~ of a nice guy un type vachement sympa ; a ~ of a lot of people un tas de gens.

heckle ['hekl] ◇ vt interpeller, interrompre ◇ vi interrompre bruyamment.

heckler ['heklə'] n perturbateur m, -trice f.

hectare ['hekteə'] n hectare m.

hectic ['hektɪk] adj [meeting, day] agité(e), mouvementé(e).

hector ['hektə'] ◇ vt rudoyer ◇ vi agir de façon autoritaire.

he'd [hi:d] = he had, he would.

hedge [hedʒ] ◇ n haie f ◇ vi [prevaricate] répondre de façon détournée.

hedgehog ['hedʒhɒg] n hérisson m.

hedgerow ['hedʒrəu] n bordure f d'arbres.

hedonism ['hi:dənɪzm] n hédonisme m.

hedonist ['hi:dənɪst] n hédoniste mf

heed [hi:d] ◇ n : to pay ~ to sb prêter attention à qqn ; to take ~ of sthg tenir compte de qqch ◇ vt fml tenir compte de.

heedless ['hi:dlɪs] adj : ~ of sthg qui ne tient pas compte de qqch.

heel [hi:l] n talon m ; to dig one's ~s in fig se buter ; to follow hard on the ~s of sb être sur les talons de qqn ; to follow hard on the ~s of sthg arriver immédiatement après qqch ; to take to one's ~s prendre ses jambes à son cou ; to turn on one's ~ tourner les talons.

hefty ['heftɪ] (compar -ier ; superl -iest) adj - 1. [well-built] costaud(e) - 2. [large] gros (grosse).

heifer ['hefə'] n génisse f.

height [haɪt] n - 1. [of building, mountain] hauteur f ; [of person] taille f ; 5 metres in ~ 5 mètres de haut ; what ~ is it? ça fait quelle hauteur? ; what ~ are you? combien mesurez-vous? - 2. [above ground - of aircraft] altitude f ; to gain/lose ~ gagner/perdre de l'altitude ; at shoulder ~ à hauteur de l'épaule - 3. [zenith] : at the ~ of the summer/season au cœur de l'été/de la saison ; at the ~ of his fame au sommet de sa gloire.

◆ **heights** npl [high places] hauteurs fpl ; to be afraid of ~s avoir le vertige.

heighten ['haɪtn] vt & vi augmenter.

heinous ['heɪnəs] adj fml odieux(euse).

heir [eə'] n héritier m.

heir apparent (pl heirs apparent) n héritier m présomptif.

heiress ['eərɪs] n héritière f.

heirloom ['eəlu:m] n meuble m/bijou m de famille.

heist [haɪst] n inf casse m.

held [held] pt & pp ▷ hold.

helices ['helɪsi:z] pl ▷ helix.

helicopter ['helɪkɒptəʳ] n hélicoptère m.

heliport ['helɪpɔ:t] n héliport m.

helium ['hi:lɪəm] n hélium m.

helix ['hi:lɪks] (pl -lixes [-lɪksi:z] OR -lices [-lɪsi:z]) n hélice f.

hell [hel] ◇ n - **1.** lit & fig enfer m - **2.** inf [for emphasis] : **he's a ~ of a nice guy** c'est un type vachement sympa ; **what/where/why the ~ ...?** que/où/pourquoi ..., bon sang? ; **a ~ of a mess** un sacré bazar ; **to hurt like ~** faire vachement mal ; **like ~ you will!** il n'y a pas de danger! ; **to get the ~ out (of)** foutre le camp (de) - **3.** phr : **all ~ broke loose** inf il y a eu de l'orage ; **to do sthg for the ~ of it** inf faire qqch pour le plaisir, faire qqch juste comme ça ; **to give sb ~** inf [verbally] engueuler qqn ; **go to ~!** v inf va te faire foutre! ; **to play ~ with sthg** inf foutre qqch en l'air ; **to ~ with him!** inf il peut aller se faire voir! ; **to ~ with the expense!** inf au diable l'avarice! ◇ excl inf merde!, zut!

he'll [hi:l] = he will.

hell-bent adj : **to be ~ on sthg/on doing sthg** vouloir à tout prix qqch/faire qqch.

hellish ['helɪʃ] adj inf infernal(e).

hello [hə'ləʊ] excl - **1.** [as greeting] bonjour! ; [on phone] allô! - **2.** [to attract attention] hé!

helm [helm] n lit & fig barre f ; **at the ~** à la barre.

helmet ['helmɪt] n casque m.

helmsman ['helmzmən] (pl -men [-mən]) n NAUT timonier m.

help [help] ◇ n - **1.** (U) [assistance] aide f ; **he gave me a lot of ~** il m'a beaucoup aidé ; **with the ~ of sthg** à l'aide de qqch ; **with sb's ~** avec l'aide de qqn ; **to be of ~** rendre service - **2.** (U) [emergency aid] secours m - **3.** [useful person or object] : **to be a ~** aider, rendre service ◇ vi aider ◇ vt - **1.** [assist] aider ; **to ~ sb (to) do sthg** aider qqn à faire qqch ; **to ~ sb with sthg** aider qqn à faire qqch ; **can I ~ you?** que désirez-vous? - **2.** [avoid] : **I can't ~ it** je n'y peux rien ; **I can't ~ feeling sad about it** je n'y peux rien, cela me rend triste ; **I couldn't ~ laughing** je ne pouvais pas m'empêcher de rire - **3.** phr : **to ~ o.s. (to sthg)** se servir (de qqch) ◇ excl au secours!, à l'aide!

➤ **help out** vt sep & vi aider.

help desk n service m d'assistance technique, help-desk m.

helper ['helpəʳ] n - **1.** [gen] aide mf - **2.** Am [to do housework] femme f de ménage.

helpful ['helpfʊl] adj - **1.** [person] serviable ; **you've been very ~** vous (nous) avez bien rendu service - **2.** [advice, suggestion] utile.

helping ['helpɪŋ] n portion f ; [of cake, tart] part f.

helping hand n coup m de main.

helpless ['helplɪs] adj impuissant(e) ; [look, gesture] d'impuissance.

helplessly ['helplɪslɪ] adv - **1.** [stand by, watch] sans rien pouvoir faire - **2.** [uncontrollably] : **to laugh ~** avoir le fou rire.

helpline ['helplaɪn] n ligne f d'assistance téléphonique.

Helsinki [hel'sɪŋkɪ] n Helsinki.

helter-skelter ['heltə'skeltəʳ] Br ◇ n toboggan m ◇ adv pêle-mêle.

hem [hem] (pt & pp -med ; cont -ming) ◇ n ourlet m ◇ vt ourler.

➤ **hem in** vt sep encercler.

he-man n inf hum vrai mâle m.

hematology [,hi:mə'tɒlədʒɪ] n hématologie f.

hemisphere ['hemɪˌsfɪəʳ] n hémisphère m.

hemline ['hemlaɪn] n ourlet m.

hemoglobin [,hi:mə'gləʊbɪn] n hémoglobine f.

hemophilia [,hi:mə'fɪlɪə] n hémophilie f.

hemophiliac [,hi:mə'fɪlɪæk] n hémophile mf.

hemorrhage ['hemərɪdʒ] ◇ n hémorragie f ◇ vi faire une hémorragie.

hemorrhoids ['hemərɔɪdz] npl hémorroïdes fpl.

hemp [hemp] n [plant, fibre] chanvre m.

hen [hen] n - **1.** [female chicken] poule f - **2.** [female bird] femelle f.

hence [hens] adv fml - **1.** [therefore] d'où - **2.** [from now] d'ici.

henceforth [,hens'fɔ:θ] adv fml dorénavant.

henchman ['hentʃmən] (pl -men [-mən]) n pej acolyte m.

henna ['henə] ◇ n henné m ◇ vt [hair] appliquer du henné sur.

hen party n soirée f entre femmes ; [before wedding] soirée où une future mariée enterre sa vie de célibataire avec ses amies.

henpecked ['henpekt] adj pej dominé par sa femme.

hepatitis [,hepə'taɪtɪs] n hépatite f.

her [hɜːʳ] ◇ pers pron - **1.** (direct - unstressed)

la, l' *(+ vowel or silent 'h')* ; *(- stressed)* elle ; **I know/like** ~ je la connais/l'aime ; **it's** ~ c'est elle ; **if I were** OR **was** ~ si j'étais elle, à sa place ; **you can't expect HER to do it** tu ne peux pas exiger que ce soit elle qui le fasse - **2.** *(referring to animal, car, ship etc) follow the gender of your translation* - **3.** *(indirect)* lui ; **we spoke to** ~ nous lui avons parlé ; **he sent** ~ **a letter** il lui a envoyé une lettre - **4.** *(after prep, in comparisons etc)* elle ; **I'm shorter than** ~ je suis plus petit qu'elle ◇ *poss adj* son (sa), ses *(pl)* ; ~ **coat** son manteau ; ~ **bed-room** sa chambre ; ~ **children** ses enfants ; ~ **name is Sarah** elle s'appelle Sarah ; **it was HER fault** c'était de sa faute à elle.

herald ['herəld] ◇ *vt fml* annoncer ◇ *n* - **1.** [messenger] héraut *m* - **2.** [sign] signe *m*.

heraldry ['herəldrɪ] *n* héraldique *f*.

herb [hɜːb] *n* herbe *f*.

herbaceous [hɜːˈbeɪʃəs] *adj* herbacé(e).

herbal ['hɜːbl] *adj* à base de plantes.

herbicide ['hɜːbɪsaɪd] *n* herbicide *m*.

herbivore ['hɜːbɪvɔːʳ] *n* herbivore *m*.

herb tea *n* tisane *f*.

herd [hɜːd] ◇ *n* troupeau *m* ◇ *vt* - **1.** [cattle, sheep] mener - **2.** *fig* [people] conduire, mener ; [into confined space] parquer.

herdsman ['hɜːdzmən] *(pl* -men [-mən]) *n* gardien *m* de troupeau.

here [hɪəʳ] *adv* - **1.** [in this place] ici ; ~ **he is/they are** le/les voici ; ~ **it is** le/la voici ; ~ **is/are** voici ; ~ **and there** çà et là - **2.** [present] là ; **he's not** ~ **today** il n'est pas là aujourd'hui - **3.** [in toasts] ~'s **to** à la santé de.

hereabouts *Br* [ˌhɪərəˈbaʊts], **hereabout** *Am* [ˌhɪərəˈbaʊt] *adv* par ici.

hereafter [ˌhɪərˈɑːftəʳ] ◇ *adv fml* ci-après ◇ *n* : **the** ~ l'au-delà *m*.

hereby [ˌhɪəˈbaɪ] *adv fml* par la présente.

hereditary [hɪˈredɪtrɪ] *adj* héréditaire.

heredity [hɪˈredɪtɪ] *n* hérédité *f*.

heresy ['herəsɪ] *(pl* -ies) *n* hérésie *f*.

heretic ['herətɪk] *n* hérétique *mf*.

herewith [ˌhɪəˈwɪð] *adv fml* [with letter] ci-joint, ci-inclus.

heritage ['herɪtɪdʒ] *n* héritage *m*, patrimoine *m*.

heritage centre *n* musée *m*.

hermaphrodite [hɜːˈmæfrədaɪt] ◇ *adj* hermaphrodite ◇ *n* hermaphrodite *m*.

hermetic [hɜːˈmetɪk] *adj* hermétique.

hermetically [hɜːˈmetɪklɪ] *adv* : ~ **sealed** fermé(e) hermétiquement.

hermit ['hɜːmɪt] *n* ermite *m*.

hernia ['hɜːnjə] *n* hernie *f*.

hero ['hɪərəʊ] *(pl* -es) *n* héros *m*.

heroic [hɪˈrəʊɪk] *adj* héroïque.

heroin ['herəʊɪn] *n* héroïne *f*.

heroine ['herəʊɪn] *n* héroïne *f*.

heroism ['herəʊɪzm] *n* héroïsme *m*.

heron ['herən] *(pl inv* OR -s) *n* héron *m*.

hero worship *n* culte *m* du héros.

herpes ['hɜːpiːz] *n* herpès *m*.

herring ['herɪŋ] *(pl inv* OR -s) *n* hareng *m*.

herringbone ['herɪŋbəʊn] *n* [pattern] chevrons *mpl*.

hers [hɜːz] *poss pron* le sien (la sienne), les siens (les siennes) *(pl)* ; **that money is** ~ cet argent est à elle OR est le sien ; **it wasn't his fault, it was HERS** ce n'était pas de sa faute à lui, c'était de sa faute à elle ; **a friend of** ~ un ami à elle, un de ses amis.

herself [hɜːˈself] *pron* - **1.** *(reflexive)* se ; *(after prep)* elle - **2.** *(for emphasis)* elle-même ; **she did it** ~ elle l'a fait toute seule.

Herts [hɑːts] *(abbr of* **Hertfordshire)** *comté anglais.*

he's [hiːz] = he is, he has.

hesitant ['hezɪtənt] *adj* hésitant(e) ; **to be** ~ **about doing sthg** hésiter à faire qqch.

hesitate ['hezɪteɪt] *vi* hésiter ; **to** ~ **to do sthg** hésiter à faire qqch.

hesitation [ˌhezɪˈteɪʃn] *n* hésitation *f* ; **to have no** ~ **in doing sthg** ne pas hésiter à faire qqch.

hessian ['hesɪən] *n Br* jute *m*.

heterogeneous [ˌhetərəˈdʒiːnjəs] *adj fml* hétérogène.

heterosexual [ˌhetərəʊˈsekʃʊəl] ◇ *adj* hétérosexuel(elle) ◇ *n* hétérosexuel *m*, -elle *f*.

het up [het-] *adj inf* excité(e), énervé(e).

hew [hjuː] *(pt* -ed ; *pp* -ed OR **hewn** [hjuːn]) *vt literary* [stone] tailler ; [wood] couper.

HEW *(abbr of* **(Department of) Health, Education and Welfare)** *n ministère américain de l'éducation et de la santé publique.*

hex [heks] *n* [curse] sort *m*.

hexagon ['heksəgən] *n* hexagone *m*.

hexagonal [hek'sægənl] *adj* hexagonal(e).

hey [heɪ] *excl* hé !

heyday ['heɪdeɪ] *n* âge *m* d'or.

hey presto [-'prestəʊ] *excl* passez muscade !

HF *(abbr of* **high frequency)** HF.

HGV *(abbr of* **heavy goods vehicle)** *n* PL *m* ; a⟨ ~ **licence** un permis PL.

hi [haɪ] *excl inf* salut !

HI *abbr of* Hawaii.

hiatus [haɪˈeɪtəs] *(pl* -es [-iːz]) *n fml* pause *f*.

hiatus hernia *n* hernie *f* hiatale.

hibernate ['haɪbəneɪt] *vi* hiberner.

hibernation [,haɪbə'neɪʃn] *n* hibernation *f*.

hiccough, hiccup ['hɪkʌp] (*pt* & *pp* -**ped** ; *cont* -**ping**) ◇ *n* hoquet *m* ; *fig* [difficulty] accroc *m* ; **to have ~s** avoir le hoquet ◇ *vi* hoqueter.

hick [hɪk] *n esp Am inf pej* péquenaud *m*, -e *f*.

hid [hɪd] *pt* ▷ hide.

hidden ['hɪdn] ◇ *pp* ▷ hide ◇ *adj* caché(e).

hide [haɪd] (*pt* hid ; *pp* hidden) ◇ *vt* : **to ~ sthg (from sb)** cacher qqch (à qqn) ; [information] taire qqch (à qqn) ◇ *vi* se cacher ◇ *n* - **1.** [animal skin] peau *f* - **2.** [for watching birds, animals] cachette *f*.

hide-and-seek *n* cache-cache *m*.

hideaway ['haɪdəweɪ] *n* cachette *f*.

hidebound ['haɪdbaʊnd] *adj pej* [person] borné(e) ; [institution] rigide.

hideous ['hɪdɪəs] *adj* hideux(euse) ; [error, conditions] abominable.

hideout ['haɪdaʊt] *n* cachette *f*.

hiding ['haɪdɪŋ] *n* - **1.** [concealment] : **to be in ~** se tenir caché(e) - **2.** *inf* [beating] : **to give sb a (good) ~** donner une (bonne) raclée OR correction à qqn.

hiding place *n* cachette *f*.

hierarchical [,haɪə'rɑːkɪkl] *adj* hiérarchique.

hierarchy ['haɪərɑːkɪ] (*pl* -**ies**) *n* hiérarchie *f*.

hieroglyphics [,haɪərə'glɪfɪks] *npl* hiéroglyphes *mpl*.

hi-fi ['haɪfaɪ] *n* hi-fi *f inv*.

higgledy-piggledy [,hɪgldɪ'pɪgldɪ] *inf* ◇ *adj* pêle-mêle *(inv)* ◇ *adv* pêle-mêle.

high [haɪ] ◇ *adj* - **1.** [gen] haut(e) ; **it's 3 feet/6 metres ~** cela fait 3 pieds/6 mètres de haut ; **how ~ is it?** cela fait combien de haut? ; **to have a ~ opinion of sb/sthg** avoir une haute opinion de qqn/qqch - **2.** [speed, figure, altitude, office] élevé(e) - **3.** [high-pitched] aigu(uë) - **4.** drugs sl qui plane, défoncé(e) - **5.** *inf* [drunk] bourré(e) ◇ *adv* haut ◇ *n* [highest point] maximum *m* ; **to reach a new ~** atteindre un nouveau record OR maximum.

highball ['haɪbɔːl] *n Am* whisky *m* à l'eau avec de la glace.

highbrow ['haɪbraʊ] *adj* intellectuel(elle).

high chair *n* chaise *f* haute *(d'enfant)*.

high-class *adj* de premier ordre ; [hotel, restaurant] de grande classe.

high command *n* haut commandement *m*.

high commissioner *n* haut commissaire *m*.

High Court *n Br* JUR Cour *f* suprême.

high-density *adj* COMPUT haute densité *(inv)*.

higher ['haɪə^r] *adj* [exam, qualification] supérieur(e).

➤ **Higher** *n* : **Higher (Grade)** SCH *examen de fin d'études secondaires en Écosse.*

higher education *n* (U) études *fpl* supérieures.

high explosive *n* explosif *m* puissant.

high-fidelity *adj* haute-fidélité *(inv)*.

high-flier *n* ambitieux *m*, -euse *f*.

high-flying *adj* [ambitious] ambitieux(euse).

high-handed [-'hændɪd] *adj* despotique.

high-heeled [-hiːld] *adj* à talons hauts.

high horse *n inf* : **to get on one's ~** monter sur ses grands chevaux.

high jump *n* saut *m* en hauteur ; **to be for the ~** *Br* fam être bon pour une engueulade.

Highland Games ['haɪlənd-] *npl* jeux *mpl* écossais.

Highlands ['haɪləndz] *npl* : **the ~** les Highlands *fpl* *(région montagneuse du nord de l'Écosse)*.

high-level *adj* [talks, discussions] à haut niveau ; [diplomats, officials] de haut niveau.

high life *n* : **the ~** la grande vie.

highlight ['haɪlaɪt] ◇ *n* [of event, occasion] moment *m* OR point *m* fort ◇ *vt* souligner ; [with highlighter] surligner.

➤ **highlights** *npl* [in hair] reflets *mpl*, mèches *fpl*.

highlighter (pen) ['haɪlaɪtə^r-] *n* surligneur *m*.

highly ['haɪlɪ] *adv* - **1.** [very] extrêmement, très - **2.** [in important position] : **~ placed** haut placé(e) - **3.** [favourably] : **to think ~ of sb/sthg** penser du bien de qqn/qqch ; **to speak ~ of sb/sthg** dire du bien de qqn/qqch.

highly-strung *adj* nerveux(euse).

high mass *n* grand-messe *f*.

high-minded [-'maɪndɪd] *adj* au caractère noble.

Highness ['haɪnɪs] *n* : His/Her/Your (Royal) ~ Son/Votre Altesse (Royale) ; their **(Royal)** ~es leurs Altesses (Royales).

high-octane *adj* à indice d'octane élevé.

high-pitched [-'pɪtʃt] *adj* aigu(uë).

high point *n* [of occasion] point *m* fort.

high-powered [-'paʊəd] *adj* - **1.** [powerful] de forte puissance - **2.** [prestigious - activity, place] de haut niveau ; [- job, person] très important(e).

high-pressure *adj* - **1.** [air, gas] à haute pression ; ~ **area** METÉOR zone *f* de hautes pressions - **2.** [selling] agressif(ive).

high priest *n* RELIG grand prêtre *m*.

high-ranking [-'ræŋkɪŋ] *adj* de haut rang.

high resolution *n* COMPUT haute résolution *f*.

high-rise *adj* : ~ **block of flats** tour *f*.

high-risk *adj* à haut risque.

high school *n* Br lycée *m* ; Am établissement *m* d'enseignement supérieur.

high seas *npl* : **the** ~ la haute mer *f*.

high season *n* haute saison *f*.

high-speed *adj* - **1.** [train] à grande vitesse - **2.** PHOT à obturation rapide.

high-spirited *adj* [person] plein(e) d'entrain.

high spot *n* point *m* fort.

high street *n* Br rue *f* principale.

hightail ['haɪteɪl] *vt* esp Am inf : **to** ~ **it** filer.

high tea *n* Br repas tenant lieu de goûter et de dîner, pris en fin d'après-midi.

high-tech [-'tek] *adj* [method, industry] de pointe.

high technology *n* technologie *f* de pointe.

high-tension *adj* à haute tension.

high tide *n* marée *f* haute.

high treason *n* haute trahison *f*.

high water *n* (U) marée *f* haute.

highway ['haɪweɪ] *n* - **1.** Am [motorway] autoroute *f* - **2.** [main road] grande route *f*.

Highway Code *n* Br : **the** ~ le code de la route.

high wire *n* corde *f* raide.

hijack ['haɪdʒæk] <> *n* détournement *m* <> *vt* détourner.

hijacker ['haɪdʒækə'] *n* [of aircraft] pirate *m* de l'air ; [of vehicle] pirate *m* de la route.

hike [haɪk] <> *n* [long walk] randonnée *f* <> *vi* faire une randonnée.

hiker ['haɪkə'] *n* randonneur *m*, -euse *f*.

hiking ['haɪkɪŋ] *n* marche *f*.

hilarious [hɪ'leərɪəs] *adj* hilarant(e).

hilarity [hɪ'lærətɪ] *n* hilarité *f*.

hill [hɪl] *n* - **1.** [mound] colline *f* - **2.** [slope] côte *f*.

hillbilly ['hɪl,bɪlɪ] (*pl* -ies) *n* Am inf pej péquenaud *m*, -e *f*.

hillock ['hɪlək] *n* petite colline *f* ; [smaller] petite élévation *f*.

hillside ['hɪlsaɪd] *n* coteau *m*.

hill start *n* démarrage *m* en côte.

hilltop ['hɪltɒp] <> *adj* au sommet de la colline <> *n* sommet *m*.

hilly ['hɪlɪ] (*compar* -ier ; *superl* -iest) *adj* vallonné(e).

hilt [hɪlt] *n* garde *f* ; **to the** ~ jusqu'au cou ; **to support/defend sb to the** ~ soutenir/défendre qqn à fond.

him [hɪm] *pers pron* - **1.** (direct - unstressed) le, l' (+ vowel or silent 'h') ; (- stressed) lui ; **I know/like** ~ je le connais/l'aime ; **it's** ~ c'est lui ; **if I were** OR **was** ~ si j'étais lui, à sa place ; **you can't expect HIM to do it** tu ne peux pas exiger que ce soit lui qui le fasse - **2.** (indirect) lui ; **we spoke to** ~ nous lui avons parlé ; **she sent** ~ **a letter** elle lui a envoyé une lettre - **3.** (after prep, in comparisons etc) lui ; **I'm shorter than** ~ je suis plus petit que lui.

Himalayan [,hɪmə'leɪən] *adj* himalayen(enne).

Himalayas [,hɪmə'leɪəz] *npl* : **the** ~ l'Himalaya *m* ; **in the** ~ dans l'Himalaya.

himself [hɪm'self] *pron* - **1.** (reflexive) se ; (after prep) lui - **2.** (for emphasis) lui-même ; **he did it** ~ il l'a fait tout seul.

hind [haɪnd] (*pl inv* OR -s) <> *adj* de derrière <> *n* biche *f*.

hinder ['hɪndə'] *vt* gêner, entraver.

Hindi ['hɪndɪ] *n* hindi *m*.

hindmost ['haɪndməʊst] *adj* arrière.

hindquarters ['haɪndkwɔːtəz] *npl* arrière-train *m*.

hindrance ['hɪndrəns] *n* obstacle *m*.

hindsight ['haɪndsaɪt] *n* : **with the benefit of** ~ avec du recul.

Hindu ['hɪnduː] (*pl* -s) <> *adj* hindou(e) <> *n* Hindou *m*, -e *f*.

Hinduism ['hɪnduːɪzm] *n* hindouisme *m*.

hinge [hɪndʒ] (*cont* hingeing) *n* [whole fitting] charnière *f* ; [pin] gond *m*.

➤ **hinge (up)on** *vt fus* [depend on] dépendre de.

hint [hɪnt] <> *n* - **1.** [indication] allusion *f* ; **to drop a** ~ faire une allusion ; **to take the** ~

saisir l'allusion - **2.** [piece of advice] conseil *m*, indication *f* - **3.** [small amount] soupçon *m* ⬦ *vi* : **to ~ at sthg** faire allusion à qqch ⬦ *vt* : **to ~ that …** insinuer que …

hinterland ['hɪntəlænd] *n* arrière-pays *m*.

hip [hɪp] *n* hanche *f*.

hipbath ['hɪpbɑ:θ] *n* bain *m* de siège.

hipbone ['hɪpbəʊn] *n* os *m* de la hanche, os *m* iliaque.

hip flask *n* flasque *f*.

hip-hop *n* [music] hip-hop *m*.

hippie ['hɪpɪ] = **hippy.**

hippo ['hɪpəʊ] (*pl* **-s**) *n* hippopotame *m*.

hippopotamus [,hɪpə'pɒtəməs] (*pl* **-muses** [-məsi:z] OR **-mi** [-maɪ]) *n* hippopotame *m*.

hippy ['hɪpɪ] (*pl* **-ies**) *n* hippie *mf*.

hire ['haɪə'] ⬦ *n* (*U*) [of car, equipment] location *f* ; **for ~** [bicycles etc] à louer ; [taxi] libre ; **on ~** en location ⬦ *vt* - **1.** [rent] louer - **2.** [employ] employer les services de.

⬥ **hire out** *vt sep* louer.

hire car *n* Br voiture *f* de location.

hire purchase *n* (*U*) Br achat *m* à crédit OR à tempérament ; **to buy sthg on ~** acheter qqch à crédit OR à tempérament.

his [hɪz] ⬦ *poss adj* son (sa), ses *(pl)* ; **~ house** sa maison ; **~ money** son argent ; **~ children** ses enfants ; **~ name is Joe** il s'appelle Joe ; **it wasn't HIS fault** ce n'était pas de sa faute à lui ⬦ *poss pron* le sien (la sienne), les siens (les siennes) *(pl)* ; **that money is ~** cet argent est à lui OR est le sien ; **it wasn't her fault, it was HIS** ce n'était pas de sa faute à elle, c'était de sa faute à lui ; **a friend of ~** un ami à lui, un de ses amis.

Hispanic [hɪ'spænɪk] ⬦ *adj* hispanique ⬦ *n* esp Am Hispano-américain *m*, -e *f*.

hiss [hɪs] ⬦ *n* [of animal, gas etc] sifflement *m* ; [of crowd] sifflet *m* ⬦ *vt* [speaker, speech] siffler ⬦ *vi* [animal, gas etc] siffler.

histogram ['hɪstəgræm] *n* histogramme *m*.

historian [hɪ'stɔ:rɪən] *n* historien *m*, -enne *f*.

historic [hɪ'stɒrɪk] *adj* historique.

historical [hɪ'stɒrɪkəl] *adj* historique.

history ['hɪstərɪ] (*pl* **-ies**) *n* - **1.** [gen] histoire *f* ; **to go down in ~** entrer dans l'histoire ; **to make ~** faire l'histoire - **2.** [past record] antécédents *mpl* ; **medical ~** passé *m* médical.

histrionics [hɪstrɪ'ɒnɪks] *npl* pej drame *m*.

hit [hɪt] (*pt* & *pp* **hit**, *cont* **-ting**) ⬦ *n* - **1.** [blow] coup *m* - **2.** [successful strike] coup *m* OR tir *m* réussi ; [in fencing] touche *f* ; **to score a ~ on sthg** toucher qqch - **3.** [success] succès *m* ; **to be a ~ with** plaire à - **4.** COMPUT visite *f* (d'un site Internet) ⬦ *comp* à succès ⬦ *vt*

- **1.** [strike] frapper ; [nail] taper sur - **2.** [crash into] heurter, percuter - **3.** [reach] atteindre - **4.** [affect badly] toucher, affecter - **5.** phr : **to ~ it off (with sb)** bien s'entendre (avec qqn).

⬥ **hit back** *vi* : **to ~ back (at)** répondre (à).

⬥ **hit on** *vt fus* - **1.** = **hit upon - 2.** Am inf [chat up] draguer.

⬥ **hit out** *vi* : **to ~ out at** [physically] envoyer un coup à ; [criticize] attaquer.

⬥ **hit upon** *vt fus* [think of] trouver.

hit-and-miss = **hit-or-miss.**

hit-and-run *adj* [accident] avec délit de fuite ; **~ driver** chauffard *m* (qui a commis un délit de fuite).

hitch [hɪtʃ] ⬦ *n* [problem, snag] ennui *m* ⬦ *vt* - **1.** [catch] : **to ~ a lift** faire du stop - **2.** [fasten] : **to ~ sthg on** OR **onto** accrocher OR attacher qqch à ⬦ *vi* [hitchhike] faire du stop.

⬥ **hitch up** *vt sep* [pull up] remonter.

hitchhike ['hɪtʃhaɪk] *vi* faire de l'auto-stop.

hitchhiker ['hɪtʃhaɪkə'] *n* auto-stoppeur *m*, -euse *f*.

hi-tech [,haɪ'tek] = **high-tech.**

hither ['hɪðə'] *adv* literary ici ; **~ and thither** çà et là.

hitherto [,hɪðə'tu:] *adv* fml jusqu'ici.

hit list *n* liste *f* noire.

hit man *n* tueur *m* (à gages).

hit-or-miss *adj* aléatoire.

hit parade *n* dated hit-parade *m*.

HIV (*abbr of* **human immunodeficiency virus**) *n* VIH *m*, HIV *m* ; **to be ~-positive** être séropositif.

hive [haɪv] *n* ruche *f* ; **a ~ of activity** une véritable ruche.

⬥ **hive off** *vt sep* [assets] séparer.

hl (*abbr of* **hectolitre**) hl.

HM (*abbr of* **His (or Her) Majesty**) SM.

HMG (*abbr of* **His (or Her) Majesty's Government**) *expression utilisée sur des documents officiels en Grande-Bretagne.*

HMI (*abbr of* **His (or Her) Majesty's Inspector**) *n* inspecteur de l'éducation nationale en Grande-Bretagne.

HMO (*abbr of* **health maintenance organization**) *n* organisme américain pour la santé publique.

HMS (*abbr of* **His (or Her) Majesty's Ship**) *expression précédant le nom d'un bâtiment de la marine britannique.*

HMSO (*abbr of* **His (or Her) Majesty's Stationery Office**) *n* service officiel des publications en Grande-Bretagne,* ≃ Imprimerie *f* nationale.

HNC (*abbr of* **Higher National Certificate**) *n* brevet de technicien en Grande-Bretagne.

HND (*abbr of* **Higher National Diploma**) *n* brevet de technicien supérieur en Grande-Bretagne.

hoard [hɔːd] ⬦ *n* [store] réserves *fpl ;* [of useless items] tas *m* ⬦ *vt* amasser ; [food, petrol] faire des provisions de.

hoarding ['hɔːdɪŋ] *n* Br [for advertisements] panneau *m* d'affichage publicitaire.

hoarfrost ['hɔːfrɒst] *n* gelée *f* blanche.

hoarse [hɔːs] *adj* [person, voice] enroué(e) ; [shout, whisper] rauque.

hoax [həʊks] *n* canular *m*.

hoaxer ['həʊksər] *n* mauvais plaisant *m*.

hob [hɒb] *n* Br [on cooker] rond *m*, plaque *f*.

hobble ['hɒbl] *vi* [limp] boitiller.

hobby ['hɒbɪ] (*pl* -ies) *n* passe-temps *m inv*, hobby *m*.

hobbyhorse ['hɒbɪhɔːs] *n* - **1.** [toy] cheval *m* à bascule - **2.** fig [favourite topic] dada *m*.

hobnob ['hɒbnɒb] (*pt* & *pp* -bed ; *cont* -bing) *vi* : **to ~ with sb** frayer avec qqn.

hobo ['həʊbəʊ] (*pl* -es OR -s) *n* Am clochard *m*, -e *f*.

Ho Chi Minh City ['həʊ,tʃiː'mɪn-] *n* Hô Chi Minh-Ville.

hock [hɒk] *n* [wine] vin *m* du Rhin.

hockey ['hɒkɪ] *n* - **1.** [on grass] hockey *m* - **2.** Am [ice hockey] hockey *m* sur glace.

hocus-pocus ['həʊkəs'pəʊkəs] *n* [trickery] supercherie *f*, tromperie *f*.

hod [hɒd] *n* hotte *f*.

hodgepodge Am = hotchpotch.

hoe [həʊ] ⬦ *n* houe *f* ⬦ *vt* biner.

hog [hɒg] (*pt* & *pp* -ged ; *cont* -ging) ⬦ *n* - **1.** Am [pig] cochon *m* - **2.** inf [greedy person] goinfre *m* - **3.** phr : **to go the whole ~** aller jusqu'au bout ⬦ *vt* inf [monopolize] accaparer, monopoliser.

Hogmanay ['hɒgməneɪ] *n* la Saint-Sylvestre en Écosse.

hoist [hɔɪst] ⬦ *n* [device] treuil *m* ⬦ *vt* hisser.

hokum ['həʊkəm] *n* (U) Am inf niaiseries *fpl*

hold [həʊld] (*pt* & *pp* held) ⬦ *vt* - **1.** [gen] tenir - **2.** [keep in position] maintenir - **3.** [as prisoner] détenir ; **to ~ sb prisoner/hostage** détenir qqn prisonnier/comme otage - **4.** [have, possess] avoir - **5.** fml [consider] considérer, estimer ; **to ~ (that) ...** considérer que ..., estimer que ... ; **to ~ sb responsible for sthg** rendre qqn responsable de qqch, tenir qqn pour responsable de qqch ; **to ~ sthg dear** tenir à qqch - **6.** [on telephone] : **please ~ the line** ne quittez pas, je vous prie

- **7.** [keep, maintain] retenir - **8.** [sustain, support] supporter - **9.** [contain] contenir ; **the main hall ~s 500** on peut tenir à 500 dans la grande salle ; **what does the future ~ for him?** que lui réserve l'avenir ? - **10.** phr : **~ it!**, **~ everything!** attendez!, arrêtez! ; **to ~ one's own** se défendre ⬦ *vi* - **1.** [remain unchanged - gen] tenir ; [- luck] persister ; [- weather] se maintenir ; **to ~ still** OR **steady** ne pas bouger, rester tranquille - **2.** [on phone] attendre ⬦ *n* - **1.** [grasp, grip] prise *f*, étreinte *f* ; **to take** OR **lay ~ of sthg** saisir qqch ; **to get ~ of sthg** [obtain] se procurer qqch ; **to get ~ of sb** [find] joindre - **2.** [of ship, aircraft] cale *f* - **3.** [control, influence] prise *f* ; **to take ~** [fire] prendre.

➤ **hold against** *vt sep* : **to ~ sthg against sb** fig en vouloir à qqn de qqch.

➤ **hold back** ⬦ *vi* [hesitate] se retenir ; **to ~ back from doing sthg** se retenir de faire qqch ⬦ *vt sep* - **1.** [restrain, prevent] retenir ; [anger] réprimer ; **to ~ sb back from doing sthg** retenir qqn de faire qqch - **2.** [keep secret] cacher.

➤ **hold down** *vt sep* [job] garder.

➤ **hold off** *vt sep* [fend off] tenir à distance ⬦ *vi* : **the rain held off** il n'a pas plu.

➤ **hold on** *vi* - **1.** [wait] attendre ; [on phone] ne pas quitter - **2.** [grip] : **to ~ on (to sthg)** se tenir (à qqch).

➤ **hold onto** *vt fus* [power, job] garder.

➤ **hold out** ⬦ *vt sep* [hand, arms] tendre ⬦ *vi* - **1.** [last] durer - **2.** [resist] : **to ~ out (against sb/ sthg)** résister (à qqn/qqch).

➤ **hold out for** *vt fus* continuer à réclamer.

➤ **hold up** *vt sep* - **1.** [raise] lever - **2.** [delay] retarder - **3.** inf [rob] faire un hold-up dans.

➤ **hold with** *vt fus* [approve of] approuver.

holdall ['həʊldɔːl] *n* Br fourre-tout *m inv*.

holder ['həʊldər] *n* - **1.** [for cigarette] porte-cigarettes *m inv* - **2.** [owner] détenteur *m*, -trice *f* ; [of position, title] titulaire *mf*.

holding ['həʊldɪŋ] ⬦ *n* - **1.** [investment] effets *mpl* en portefeuille - **2.** [farm] ferme *f* ⬦ *adj* [action, operation] mené en vue de maintenir le *statu quo*.

holding company *n* holding *m*.

holdup ['həʊldʌp] *n* - **1.** [robbery] hold-up *m* - **2.** [delay] retard *m*.

hole [həʊl] *n* - **1.** [gen] trou *m* ; **~ in one** GOLF trou réussi en un coup ; **to pick ~s in sthg** [criticize] trouver à redire à qqch - **2.** inf [predicament] pétrin *m*.

➤ **hole up** *vi* [hide, take shelter] se terrer.

holiday ['hɒlɪdeɪ] *n* - **1.** [vacation] vacances *fpl* ; **to be/go on ~** être/partir en vacances - **2.** [public holiday] jour *m* férié.

holiday camp n Br camp m de vacances.

holidaymaker ['hɒlɪdɪ,meɪkəʳ] n Br vacancier m, -ère f.

holiday pay n Br *salaire payé pendant les vacances.*

holiday resort n Br lieu m de vacances.

holiday season n Br période f des vacances.

holiness ['həʊlɪnɪs] n [holy quality] sainteté f.
➤ **Holiness** n [in titles] : **His/Your Holiness** Sa/ Votre Sainteté.

holistic [həʊ'lɪstɪk] adj holistique.

Holland ['hɒlənd] n Hollande f; **in ~** en Hollande.

hollandaise sauce [,hɒlən'deɪz-] n sauce f hollandaise.

holler ['hɒləʳ] vi & vt inf gueuler, brailler.

hollow ['hɒləʊ] ◇ adj creux (creuse) ; [eyes] cave ; [promise, victory] faux (fausse) ; [laugh] qui sonne faux ◇ n creux m.
➤ **hollow out** vt sep creuser, évider.

holly ['hɒlɪ] n houx m.

Hollywood ['hɒlɪwʊd] ◇ n [film industry] Hollywood ◇ comp hollywoodien(enne).

holocaust ['hɒləkɔːst] n [destruction] destruction f, holocauste m.
➤ **Holocaust** n : **the Holocaust** l'holocauste m.

hologram ['hɒləgræm] n hologramme m.

hols [hɒlz] npl Br inf vacances fpl.

holster ['həʊlstəʳ] n étui m.

holy ['həʊlɪ] (compar **-ier** ; superl **-iest**) adj saint(e) ; [ground] sacré(e).

Holy Communion n Sainte Communion f.

Holy Ghost n : **the ~** le Saint-Esprit.

Holy Grail [-'greɪl] n : **the ~** le Saint-Graal.

Holy Land n : **the ~** la Terre sainte.

holy orders npl ordres mpl sacrés.

Holy Spirit n : **the ~** le Saint-Esprit.

homage ['hɒmɪdʒ] (U) fml n hommage m ; **to pay ~ to sb/sthg** rendre hommage à qqn/ qqch.

home [həʊm] ◇ n - **1.** [house, institution] maison f ; **to make one's ~** s'établir, s'installer ; **it's a ~ from ~** Br OR **~ away from ~** Am on est ici comme chez soi - **2.** [own country] patrie f ; [city] ville f natale - **3.** [one's family] foyer m ; **to leave ~** quitter la maison - **4.** fig [place of origin] berceau m ◇ adj - **1.** [not foreign - gen] intérieur(e) ; [- product] national(e) - **2.** [in one's own home - cooking] familial(e) ; [- life] de famille ; [- improvements] domestique - **3.** [SPORT - game] sur son propre terrain ; [- team] qui re-

çoit ◇ adv - **1.** [to or at one's house] chez soi, à la maison - **2.** phr : **to bring sthg ~ to sb)** faire prendre conscience de qqch (à qqn) ; **to drive** OR **hammer sthg ~ to sb** enfoncer OR faire rentrer qqch dans la tête de qqn.
➤ **at home** adv - **1.** [in one's house, flat] chez soi, à la maison - **2.** [comfortable] à l'aise ; **at ~ with sthg** à l'aise dans qqch ; **to make o.s. at ~** faire comme chez soi - **3.** [in one's own country] chez nous - **4.** SPORT : **to play at ~** jouer sur son propre terrain.
➤ **home in** vi : **to ~ in on sthg** viser qqch, se diriger vers qqch ; fig pointer sur qqch.

home address n adresse f du domicile.

home banking n opérations bancaires effectuées à domicile par ordinateur.

home brew n (U) [beer] bière f faite à la maison.

homecoming ['həʊm,kʌmɪŋ] n - **1.** [return] retour m au foyer OR à la maison - **2.** Am SCH & UNIV fête donnée en l'honneur de l'équipe de football et à laquelle sont invités les anciens élèves.

home computer n ordinateur m domestique.

Home Counties npl : **the ~** les comtés entourant Londres.

home economics n (U) économie f domestique.

home fries npl Am pommes de terre fpl sautées.

home ground n - **1.** [familiar territory] : **to be on ~** lit & fig être sur son terrain - **2.** SPORT terrain m du club.

homegrown [,həʊm'grəʊn] adj du jardin.

home help n Br aide f ménagère.

homeland ['həʊmlænd] n - **1.** [country of birth] patrie f - **2.** [in South Africa] homeland m, bantoustan m.

homeless ['həʊmlɪs] ◇ adj sans abri ◇ npl : **the ~** les sans-abri mpl.

homelessness ['həʊmlɪsnəs] n fait d'être sans abri.

home loan n prêt m d'accession à la propriété.

homely ['həʊmlɪ] adj - **1.** [simple] simple - **2.** [unattractive] ordinaire.

homemade [,həʊm'meɪd] adj fait(e) (à la) maison.

home movie n film m amateur.

Home Office n Br : **the ~** ≃ le ministère de l'Intérieur.

homeopathic [,həʊmɪəʊ'pæθɪk] adj homéopathique.

homeopathy [ˌhəʊmɪˈɒpəθɪ] *n* homéopathie *f*.

homeowner [ˈhəʊmˌəʊnəʳ] *n* propriétaire *mf* (d'une maison/d'un appartement).

home page *n* COMPUT page *f* d'accueil.

home rule *n* autonomie *f*.

home run *n* Am inf coup *m* de circuit.

Home Secretary *n* Br ≃ ministre *m* de l'Intérieur.

homesick [ˈhəʊmsɪk] *adj* qui a le mal du pays.

homesickness [ˈhəʊmˌsɪknɪs] *n* mal *m* du pays.

homespun [ˈhəʊmspʌn] *adj* fig simple.

homestead [ˈhəʊmsted] *n* Am ferme *f* (avec dépendances).

home straight *n* : the ~ [of race] la dernière ligne droite ; [of task] le dernier stade.

hometown [ˈhəʊmtaʊn] *n* ville *f* natale.

home truth *n* : to tell sb a few ~s dire ses quatre vérités à qqn.

homeward [ˈhəʊmwəd] ⟨⟩ *adj* de retour ⟨⟩ *adv* = **homewards**.

homewards [ˈhəʊmwədz] *adv* vers la maison.

homework [ˈhəʊmwɜːkl] *n* (U) - **1.** SCH devoirs *mpl* - **2.** inf [preparation] boulot *m*.

homey, homy [ˈhəʊmɪ] *adj* Am confortable, agréable.

homicidal [ˈhɒmɪsaɪdl] *adj* homicide.

homicide [ˈhɒmɪsaɪd] *n* homicide *m*.

homily [ˈhɒmɪlɪ] (*pl* -ies) *n* [lecture] homélie *f*.

homing [ˈhəʊmɪŋ] *adj* de retour au gîte ; MIL : ~ **device** tête *f* chercheuse.

homing pigeon *n* pigeon *m* voyageur.

homoeopathy etc [ˌhəʊmɪˈɒpəθɪ] = **homeopathy** etc.

homogeneous [ˌhɒməˈdʒiːnjəs] *adj* homogène.

homogenize, -ise [həˈmɒdʒənaɪz] *vt* Br homogénéiser.

homosexual [ˌhɒməˈsekʃʊəl] ⟨⟩ *adj* homosexuel(elle) ⟨⟩ *n* homosexuel *m*, -elle *f*.

homosexuality [ˌhɒmə,seksjʊˈælətɪ] *n* homosexualité *f*.

homy = **homey**.

Hon. - 1. abbr of **Honourable - 2.** abbr of **Honorary**.

Honduran [hɒnˈdjʊərən] ⟨⟩ *adj* hondurien(enne) ⟨⟩ *n* Hondurien *m*, -enne *f*.

Honduras [hɒnˈdjʊərəs] *n* Honduras *m* ; **in ~** au Honduras.

hone [həʊn] *vt* aiguiser.

honest [ˈɒnɪst] ⟨⟩ *adj* - **1.** [trustworthy] honnête, probe - **2.** [frank] franc (franche), sincère ; **to be ~ ...** pour dire la vérité ..., à dire vrai ... - **3.** [legal] légitime ⟨⟩ *adv* inf = **honestly 2.**

honestly [ˈɒnɪstlɪ] ⟨⟩ *adv* - **1.** [truthfully] honnêtement - **2.** [expressing sincerity] je vous assure ⟨⟩ *excl* [expressing impatience, disapproval] franchement!

honesty [ˈɒnɪstɪ] *n* honnêteté *f*, probité *f*.

honey [ˈhʌnɪ] *n* - **1.** [food] miel *m* - **2.** [dear] chéri *m*, -e *f*.

honeybee [ˈhʌnɪbiː] *n* abeille *f*.

honeycomb [ˈhʌnɪkəʊm] *n* gâteau *m* de miel.

honeymoon [ˈhʌnɪmuːn] ⟨⟩ *n* lit & fig lune *f* de miel ⟨⟩ *vi* aller en voyage de noces, passer sa lune de miel.

honeysuckle [ˈhʌnɪˌsʌkl] *n* chèvrefeuille *m*.

Hong Kong [ˌhɒŋˈkɒŋ] *n* Hong Kong, Hongkong ; **in ~** à Hongkong.

honk [hɒŋk] ⟨⟩ *vi* - **1.** [motorist] klaxonner - **2.** [goose] cacarder ⟨⟩ *vt* : **to ~ the horn** klaxonner ⟨⟩ *n* - **1.** [of horn] coup *m* de Klaxon® - **2.** [of goose] cri *m*.

honky [ˈhɒŋkɪ] (*pl* -ies) *n* Am v inf terme injurieux désignant un Blanc.

Honolulu [ˌhɒnəˈluːluː] *n* Honolulu.

honor etc Am = **honour** etc.

honorary [Br ˈɒnərərɪ, Am ɒnəˈreərɪ] *adj* honoraire.

honor roll *n* Am tableau *m* d'honneur.

honour Br, **honor** Am [ˈɒnəʳ] ⟨⟩ *n* honneur *m* ; **in ~ of sb/sthg** en l'honneur de qqn/qqch ⟨⟩ *vt* honorer.

➤ **Honour** *n* : **His/Your Honour** Son/Votre Honneur.

➤ **honours** *npl* - **1.** [tokens of respect] honneurs *mpl* - **2.** [of university degree] ≃ licence *f* - **3.** phr : **to do the ~s** [serve food] servir ; [introduce people] faire les présentations.

honourable Br, **honorable** Am [ˈɒnrəbl] *adj* honorable.

➤ **Honourable** *adj* [in titles] : **the Honourable ...** l'honorable ...

honourably Br, **honorably** Am [ˈɒnərəblɪ] *adv* honorablement.

honour bound *adj* : **to be ~ to do sthg** être tenu(e) par l'honneur de faire qqch.

honours list *n* Br liste *f* des personnes qui doivent recevoir des titres honorifiques (conférés par la reine).

Hons. (abbr of **honours degree**) licence.

hooch [huːtʃ] *n* inf [drink] gnôle *f*.

hood [hʊd] *n* - **1.** [on cloak, jacket] capuchon *m*

- 2. [of cooker] hotte *f* **- 3.** [of pram, convertible car] capote *f* **- 4.** Am [car bonnet] capot *m*.

hooded ['hʊdɪd] *adj* **- 1.** [wearing a hood] encapuchonné(e) **- 2.** [eyes] aux paupières tombantes.

hoodlum ['hu:dləm] *n* Am inf gangster *m*, truand *m*.

hoodwink ['hʊdwɪŋk] *vt* tromper, berner.

hooey ['hu:ɪ] *n (U)* Am inf salades *fpl*.

hoof [hu:f, hʊf] (*pl* **-s** OR **hooves** [hu:vz]) *n* sabot *m*.

hook [hʊk] <> *n* **- 1.** [for hanging things on] crochet *m* **- 2.** [for catching fish] hameçon *m* **- 3.** [fastener] agrafe *f* **- 4.** [of telephone] : **off the ~** décroché **- 5.** *phr* : **to get sb off the ~** tirer qqn d'affaire <> *vt* **- 1.** [attach with hook] accrocher **- 2.** [catch with hook] prendre **- 3.** [arm, leg] : **to ~ one's arm round sthg** passer son bras autour de qqch.

➤ **hook up** *vt sep* : **to ~ sthg up to sthg** connecter qqch à qqch.

hook and eye (*pl* **hooks and eyes**) *n* agrafe *f*.

hooked [hʊkt] *adj* **- 1.** [shaped like a hook] crochu(e) **- 2.** inf [addicted] : **to be ~ (on)** être accro (à) ; [music, art] être mordu(e) (de).

hooker ['hʊkər] *n* Am inf putain *f*.

hook(e)y ['hʊkɪ] *n* Am inf : **to play ~** faire l'école buissonnière.

hooligan ['hu:lɪgən] *n* hooligan *m*, vandale *m*.

hooliganism ['hu:lɪgənɪzm] *n* hooliganisme *m*, vandalisme *m*.

hoop [hu:p] *n* **- 1.** [circular band] cercle *m* **- 2.** [toy] cerceau *m*.

hoop-la ['hu:plɑ:] *n (U)* [game] jeu *m* d'anneaux.

hooray [hʊ'reɪ] = **hurray**.

hoot [hu:t] <> *n* **- 1.** [of owl] hululement *m* **- 2.** [of horn] coup *m* de Klaxon® **- 3.** [of person] : **a ~ of laughter** un hurlement de rire **- 4.** Br inf [something amusing] : **to be a ~** être tordant(e) <> *vi* **- 1.** [owl] hululer **- 2.** [horn] klaxonner **- 3.** inf [person] : **to ~ with laughter** hurler de rire, rire aux éclats <> *vt* : **to ~ the horn** klaxonner.

hooter ['hu:tər] *n* **- 1.** [horn] Klaxon® *m* **- 2.** Br inf [nose] pif *m*.

Hoover® Br ['hu:vər] *n* aspirateur *m*.

➤ **hoover** <> *vt* [room] passer l'aspirateur dans ; [carpet] passer à l'aspirateur <> *vi* passer l'aspirateur.

hooves [hu:vz] *pl* ⊏> **hoof**.

hop [hɒp] (*pt* & *pp* **-ped** ; *cont* **-ping**) <> *n* saut *m* ; [on one leg] saut à cloche-pied <> *vi* sauter ; [on one leg] sauter à cloche-pied ; [bird] sautiller <> *vt* Am inf [bus, train] sauter dans.

➤ **hops** *npl* houblon *m*.

hope [həʊp] <> *vi* espérer ; **to ~ for sthg** espérer qqch ; **I ~ so** j'espère bien ; **I ~ not** j'espère bien que non ; **to ~ for the best** espérer que tout aille pour le mieux <> *vt* : **to ~ (that)** espérer que ; **to ~ to do sthg** espérer faire qqch <> *n* espoir *m* ; **in the ~ of** dans l'espoir de ; **I don't hold out much ~** je n'ai pas beaucoup d'espoir, je n'y compte pas trop ; **to pin one's ~s on sthg** mettre tous ses espoirs dans qqch ; **to raise sb's ~s** donner de l'espoir à qqn.

hope chest *n* Am trousseau *m*.

hopeful ['həʊpfʊl] <> *adj* **- 1.** [optimistic] plein(e) d'espoir ; **to be ~ of doing sthg** avoir l'espoir de faire qqch ; **to be ~ of sthg** espérer qqch **- 2.** [promising] encourageant(e), qui promet <> *n* espoir *m*.

hopefully ['həʊpfəlɪ] *adv* **- 1.** [in a hopeful way] avec bon espoir, avec optimisme **- 2.** [with luck] : **~,...** espérons que ...

hopeless ['həʊplɪs] *adj* **- 1.** [gen] désespéré(e) ; [tears] de désespoir **- 2.** inf [useless] nul (nulle).

hopelessly ['həʊplɪslɪ] *adv* **- 1.** [despairingly] avec désespoir **- 2.** [completely] complètement.

hopper ['hɒpər] *n* [funnel] trémie *f*.

hopping ['hɒpɪŋ] *adv* : **to be ~ mad** être fou (folle) de colère.

hopscotch ['hɒpskɒtʃ] *n* marelle *f*.

horde [hɔ:d] *n* horde *f*, foule *f*.

➤ **hordes** *npl* : **~s of** une foule de.

horizon [hə'raɪzn] *n* horizon *m* ; **on the ~** lit & fig à l'horizon.

➤ **horizons** *npl* horizons *mpl*.

horizontal [,hɒrɪ'zɒntl] <> *adj* horizontal(e) <> *n* : **the ~** l'horizontale *f*.

hormone ['hɔ:məʊn] *n* hormone *f*.

hormone replacement therapy *n* traitement *m* hormonal substitutif.

horn [hɔ:n] *n* **- 1.** [of animal] corne *f* **- 2.** MUS [instrument] cor *m* **- 3.** [on car] Klaxon® *m* ; [on ship] sirène *f*.

hornet ['hɔ:nɪt] *n* frelon *m*.

horn-rimmed [-'rɪmd] *adj* à monture d'écaille.

horny ['hɔ:nɪ] (*compar* **-ier** ; *superl* **-iest**) *adj* **- 1.** [hard] corné(e) ; [hand] calleux(euse) **- 2.** *v* inf [sexually excited] excité(e) (sexuellement).

horoscope ['hɒrəskəʊp] *n* horoscope *m*.

horrendous [hɒ'rendəs] *adj* horrible.

horrible ['hɒrəbl] *adj* horrible.

horribly ['hɒrəblı] *adv* horriblement.

horrid ['hɒrɪd] *adj* [unpleasant] horrible.

horrific [hɒ'rɪfɪk] *adj* horrible.

horrify ['hɒrɪfaɪ] (*pt* & *pp* **-ied**) *vt* horrifier.

horrifying ['hɒrɪfaɪɪŋ] *adj* horrifiant(e).

horror ['hɒrəʳ] *n* horreur *f* ; **to have a ~ of sthg** avoir horreur de qqch ; **to my/his ~** à ma/sa grande horreur.

horror film *n* film *m* d'épouvante.

horror-struck *adj* frappé(e) d'horreur.

hors d'oeuvre [ɔː'dɜːvr] (*pl* **hors d'oeuvres** [ɔː'dɜːvr]) *n* hors-d'œuvre *m inv*.

horse [hɔːs] *n* [animal] cheval *m*.

horseback ['hɔːsbæk] ⬦ *adj* à cheval ; **~ riding** Am équitation *f* ⬦ *n* : **on ~** à cheval.

horsebox Br ['hɔːsbɒks], **horsecar** Am ['hɔːskɑːʳ] *n* van *m*.

horse chestnut *n* [nut] marron *m* d'Inde ; **~ (tree)** marronnier *m* d'Inde.

horse-drawn *adj* tiré(e) par des chevaux.

horsefly ['hɔːsflaɪ] (*pl* **-flies**) *n* taon *m*.

horsehair ['hɔːsheəʳ] *n* crin *m*.

horseman ['hɔːsmən] (*pl* **-men** [-mən]) *n* cavalier *m*.

horse opera *n* Am hum western *m*.

horseplay ['hɔːspleɪ] *n* chahut *m*.

horsepower ['hɔːs,paʊəʳ] *n* puissance *f* en chevaux.

horse racing *n* (U) courses *fpl* de chevaux.

horseradish ['hɔːs,rædɪʃ] *n* [plant] raifort *m*.

horse riding *n* équitation *f*.

horseshoe ['hɔːsʃuː] *n* fer *m* à cheval.

horse show *n* concours *m* hippique.

horse-trading *n* fig & pej maquignonnage *m*.

horse trials *npl* concours *m* hippique.

horsewhip ['hɔːswɪp] (*pt* & *pp* **-ped** ; *cont* **-ping**) *vt* cravacher.

horsewoman ['hɔːs,wʊmən] (*pl* **-women** [-,wɪmɪn]) *n* cavalière *f*.

horticultural [,hɔːtɪ'kʌltʃərəl] *adj* d'horticulture.

horticulture ['hɔːtɪkʌltʃəʳ] *n* horticulture *f*.

hose [həʊz] ⬦ *n* [hosepipe] tuyau *m* ⬦ *vt* arroser au jet.

➤ **hose down** *vt sep* laver au jet.

hosepipe ['həʊzpaɪp] *n* = hose.

hosiery ['həʊzɪərɪ] *n* bonneterie *f*.

hospice ['hɒspɪs] *n* hospice *m*.

hospitable [hɒ'spɪtəbl] *adj* hospitalier(ère), accueillant(e).

hospital ['hɒspɪtl] *n* hôpital *m*.

hospitality [,hɒspɪ'tælətɪ] *n* hospitalité *f*.

hospitality suite *n* salon privé où sont offerts des rafraîchissements (lors d'une conférence etc).

hospitalize, -ise ['hɒspɪtəlaɪz] *vt* hospitaliser.

host [həʊst] ⬦ *n* - **1.** [gen] hôte *m* ; **~ city/country** ville *f*/pays *m* d'accueil - **2.** [compere] animateur *m*, -trice *f* - **3.** [large number] : **a ~ of** une foule de ⬦ *vt* présenter, animer.

hostage ['hɒstɪdʒ] *n* otage *m* ; **to be taken ~** être pris en otage ; **to be held ~** être détenu comme otage.

hostel ['hɒstl] *n* - **1.** [basic accommodation] foyer *m* - **2.** [youth hostel] auberge *f* de jeunesse.

hostelry ['hɒstəlrɪ] (*pl* **-ries**) *n* hum hostellerie *f*.

hostess ['həʊstes] *n* hôtesse *f*.

host family *n* famille *f* d'accueil.

hostile [Br 'hɒstaɪl, Am 'hɒstl] *adj* : **~ (to)** hostile (à).

hostility [hɒ'stɪlətɪ] *n* [antagonism, unfriendliness] hostilité *f*.

➤ **hostilities** *npl* hostilités *fpl*.

hot [hɒt] (*compar* **-ter** ; *superl* **-test** ; *pt* & *pp* **-ted** ; *cont* **-ting**) *adj* - **1.** [gen] chaud(e) ; **I'm ~** j'ai chaud ; **it's ~** il fait chaud - **2.** [spicy] épicé(e) - **3.** inf [expert] fort(e), calé(e) ; **to be ~ on** OR **at sthg** être fort OR calé en qqch - **4.** [recent] de dernière heure OR minute - **5.** [temper] colérique.

➤ **hot up** *vi* inf chauffer.

hot-air balloon *n* montgolfière *f*.

hotbed ['hɒtbed] *n* foyer *m*.

hotchpotch Br ['hɒtʃpɒtʃ], **hodgepodge** Am ['hɒdʒpɒdʒ] *n* inf fouillis *m*, méli-mélo *m*.

hot-cross bun *n* petit pain sucré que l'on mange le vendredi saint.

hot dog *n* hot dog *m*.

hotel [həʊ'tel] ⬦ *n* hôtel *m* ⬦ *comp* d'hôtel.

hotelier [həʊ'telɪəʳ] *n* hôtelier *m*, -ère *f*.

hot flush Br, **hot flash** Am *n* bouffée *f* de chaleur.

hotfoot ['hɒt,fʊt] *adv* à toute vitesse.

hotheaded [,hɒt'hedɪd] *adj* impulsif(ive).

hothouse ['hɒthaʊs, *pl* **-hauzɪz**] ⬦ *n* [greenhouse] serre *f* ⬦ *comp* de serre.

hot line *n* - **1.** [between government heads] téléphone *m* rouge - **2.** [special line] hot line *f*.

hotly ['hɒtlɪ] *adv* - **1.** [passionately] avec véhémence - **2.** [closely] de près.

hotplate ['hɒtpleɪt] *n* plaque *f* chauffante.

hotpot ['hɒtpɒt] *n* Br type de ragoût.

hot potato *n* inf fig affaire *f* brûlante.

hot rod *n* voiture *f* gonflée.

hot seat *n* inf : **to be in the ~** être sur la sellette.

hot spot *n* - **1.** [exciting place] endroit *m* à la mode - **2.** [politically unsettled area] point *m* chaud.

hot-tempered [-'tempəd] *adj* colérique.

hot water *n* fig : **to get into ~** s'attirer des ennuis ; **to be in ~** être dans le pétrin.

hot-water bottle *n* bouillotte *f*.

hot-wire *vt* inf *faire démarrer en court-circuitant l'allumage.*

hound [haʊnd] ◇ *n* [dog] chien *m* ◇ *vt* - **1.** [persecute] poursuivre, pourchasser - **2.** [drive] : **to ~ sb out (of)** chasser qqn (de).

hour ['aʊə'] *n* heure *f ;* **half an ~** une demi-heure ; **70 miles per** OR **an ~** 110 km à l'heure ; **on the ~** à l'heure juste ; **in the small ~s** au petit matin OR jour.

➤ **hours** *npl* - **1.** [of business] heures *fpl* d'ouverture ; **after ~s** après l'heure de fermeture, après la fermeture - **2.** [routine] : **to keep late ~s** se coucher très tard ; **to keep regular ~s** avoir une vie réglée.

hourly ['aʊəlɪ] ◇ *adj* - **1.** [happening every hour] toutes les heures - **2.** [per hour] à l'heure ◇ *adv* - **1.** [every hour] toutes les heures - **2.** [per hour] à l'heure - **3.** fig [constantly] sans cesse, constamment.

house [*n* & *adj* haʊs, *pl* 'haʊzɪz, *vb* haʊz] ◇ *n* - **1.** [gen] maison *f* ; **on the ~** aux frais de la maison ; **to put** OR **set one's ~ in order** balayer devant sa porte - **2.** POL chambre *f* - **3.** [in debates] assistance *f* - **4.** THEATRE [audience] auditoire *m*, salle *f* ; **to bring the ~ down** inf faire crouler la salle sous les applaudissements - **5.** MUS = **house music** ◇ *vt* [accommodate] loger, héberger ; [department, store] abriter ◇ *adj* - **1.** [within business] d'entreprise ; [style] de la maison - **2.** [wine] maison *(inv)*.

house arrest *n* : **under ~** en résidence surveillée.

houseboat ['haʊsbəʊt] *n* péniche *f* aménagée.

housebound ['haʊsbaʊnd] *adj* confiné(e) chez soi.

housebreaking ['haʊs,breɪkɪŋ] *n* (U) cambriolage *m*.

housebroken ['haʊs,brəʊkn] *adj* Am [pet] propre.

housecoat ['haʊskəʊt] *n* peignoir *m*.

household ['haʊshəʊld] ◇ *adj* - **1.** [domestic] ménager(ère) - **2.** [word, name] connu(e) de tous ◇ *n* maison *f*, ménage *m*.

householder ['haʊs,həʊldə'] *n* propriétaire *mf (d'une maison).*

househunting ['haʊs,hʌntɪŋ] *n* recherche *f* d'une maison (à acheter OR louer).

house husband *n* homme *m* au foyer.

housekeeper ['haʊs,kiːpə'] *n* gouvernante *f.*

housekeeping ['haʊs,kiːpɪŋ] *n* (U) - **1.** [work] ménage *m* - **2.** : **~ (money)** argent *m* du ménage.

houseman ['haʊsmən] (*pl* -**men** [-mən]) *n* Br interne *m*.

housemen ['haʊsmən] *pl* ⊳ **houseman.**

house music, house *n* house music *f*.

House of Commons *n* Br : **the ~** la Chambre des communes.

La Chambre des communes est composée de 650 députés (« MPs ») élus pour 5 ans et qui siègent environ 175 jours par an.

House of Lords *n* Br : **the ~** la Chambre des lords.

La Chambre des lords est composée de pairs et d'hommes d'Église. Il s'agit de la plus haute cour au Royaume-Uni (en excluant l'Écosse). Elle a le pouvoir d'amender certains projets de loi qui ont été votés par la Chambre des communes.

House of Representatives *n* Am : **the ~** la Chambre des représentants.

La Chambre des représentants constitue, avec le Sénat, l'organe législatif américain ; ses membres sont élus par le peuple, en proportion de la population de chaque État.

house-owner *n* propriétaire *mf* d'une maison.

houseplant ['haʊsplɑːnt] *n* plante *f* d'appartement.

house-proud *adj* qui a la manie d'astiquer.

Houses of Parliament *npl* : **the ~** le Parlement britannique *(où se réunissent la Chambre des communes et la Chambre des lords).*

house-to-house *adj* de porte en porte, maison par maison.

house-train *vt* Br [animal] dresser à être propre.

housewarming (party) [ˈhaʊsˌwɔːmɪŋ-] n pendaison f de crémaillère.

housewife [ˈhaʊswaɪf] (pl **-wives** [-waɪvz]) n femme f au foyer.

housework [ˈhaʊswɜːk] n (U) ménage m.

housing [ˈhaʊzɪŋ] ⬦ n - **1.** (U) [accommodation] logement m - **2.** [TECH - gen] boîtier m ; [- of engine] coquille f ⬦ comp [policy] du logement ; [conditions] de logement ; [shortage] de logements.

housing association n Br association f d'aide au logement.

housing benefit n (U) Br allocation f logement.

housing development n ensemble m immobilier.

housing estate Br, **housing project** Am n cité f.

hovel [ˈhɒvl] n masure f, taudis m.

hover [ˈhɒvəʳ] vi - **1.** [fly] planer - **2.** [person] : **to ~ round sb** tourner OR rôder autour de qqn - **3.** [hesitate] hésiter.

hovercraft [ˈhɒvəkrɑːft] (pl inv OR **-s**) n aéroglisseur m, hovercraft m.

hoverport [ˈhɒvəpɔːt] n hoverport m.

how [haʊ] adv - **1.** [gen] comment ; **~ do you do it?** comment fait-on ? ; **~ are you?** comment allez-vous ? ; **~ do you do?** enchanté(e) (de faire votre connaissance) - **2.** [referring to degree, amount] : **~ high is it?** combien cela fait-il de haut ?, quelle en est la hauteur ? ; **~ long have you been waiting?** cela fait combien de temps que vous attendez ? ; **~ many people came?** combien de personnes sont venues ? ; **~ old are you?** quel âge as-tu ? - **3.** [in exclamations] : **~ nice!** que c'est bien ! ; **~ awful!** quelle horreur ! ; **~ pretty you look!** que tu es jolie ! - **4.** [expressing surprise] : **~ can you be so rude?** comment peux-tu être aussi grossier ?

➤ **how about** adv : **~ about a drink?** si on prenait un verre ? ; **~ about you?** et toi ?

➤ **how much** ⬦ pron combien ; **~ much does it cost?** combien ça coûte ? ⬦ adj combien de ; **~ much bread?** combien de pain ?

howdy [ˈhaʊdɪ] excl Am inf salut !

however [haʊˈevəʳ] ⬦ adv - **1.** [nevertheless] cependant, toutefois - **2.** [no matter how] quelque ... que (+ subjunctive), si ... que (+ subjunctive) ; **~ many/much** peu importe la quantité de - **3.** [how] comment ⬦ conj [in whatever way] de quelque manière que (+ subjunctive).

howl [haʊl] ⬦ n hurlement m ; [of laughter] éclat m ⬦ vi hurler ; [with laughter] rire aux éclats.

howler [ˈhaʊləʳ] n inf bourde f, gaffe f.

howling [ˈhaʊlɪŋ] adj inf [success] fou (folle).

hp (abbr of horsepower) n CV m.

HP n - **1.** Br (abbr of hire purchase) : **to buy sthg on ~** acheter qqch à crédit - **2.** = **hp.**

HQ (abbr of headquarters) n QG m.

hr (abbr of hour) h.

HRH (abbr of His (or Her) Royal Highness) SAR.

HS abbr of high school.

HST (abbr of Hawaiian Standard Time) heure de Hawaii.

ht (abbr of height) haut.

HT (abbr of high tension) HT.

HTML (abbr of hypertext markup language) n COMPUT HTML.

hub [hʌb] n - **1.** [of wheel] moyeu m - **2.** [of activity] centre m.

hub airport n Am aéroport m important.

hubbub [ˈhʌbʌb] n vacarme m, brouhaha m.

hubcap [ˈhʌbkæp] n enjoliveur m.

HUD (abbr of Department of Housing and Urban Development) n ancien ministère américain de l'urbanisme et du logement.

huddle [ˈhʌdl] ⬦ vi se blottir ⬦ n petit groupe m.

hue [hjuː] n [colour] teinte f, nuance f.

huff [hʌf] ⬦ n : **in a ~** froissé(e) ⬦ vi : **to ~ and puff** souffler et haleter.

huffy [ˈhʌfɪ] (compar **-ier** ; superl **-iest**) adj inf - **1.** [offended] froissé(e) - **2.** [touchy] susceptible.

hug [hʌg] (pt & pp **-ged** ; cont **-ging**) ⬦ n étreinte f ; **to give sb a ~** serrer qqn dans ses bras ⬦ vt - **1.** [embrace] étreindre, serrer dans ses bras - **2.** [hold] tenir ; **to ~ sthg to o.s.** serrer qqch contre soi - **3.** [stay close to] serrer.

huge [hjuːdʒ] adj énorme ; [subject] vaste ; [success] fou (folle).

huh [hʌ] excl - **1.** [gen] hein ? - **2.** [expressing scorn] berk !

hulk [hʌlk] n - **1.** [of ship] carcasse f - **2.** [person] malabar m, mastodonte m.

hulking [ˈhʌlkɪŋ] adj énorme.

hull [hʌl] n coque f.

hullabaloo [ˌhʌləbəˈluː] n inf tintamarre m, raffut m.

hullo [həˈləʊ] excl = hello.

hum [hʌm] (pt & pp **-med** ; cont **-ming**) ⬦ vi - **1.** [buzz] bourdonner ; [machine] vrombir, ronfler - **2.** [sing] fredonner, chantonner - **3.** [be busy] être en pleine activité - **4.** phr : **to ~ and haw** bredouiller, bafouiller ⬦ vt fredonner, chantonner ⬦ n (U) bourdonnement *m ;* [of machine] vrombissement *m,* ronflement *m ;* [of conversation] brouhaha *m.*

human ['hju:mən] ◇ *adj* humain(e) ◇ *n :* ~ **(being)** être *m* humain.

humane [hju:'meɪn] *adj* humain(e).

humanely [hju:'meɪnlɪ] *adv* humainement.

human error *n* erreur *f* humaine.

humanist ['hju:mənɪst] *n* humaniste *mf.*

humanitarian [hju:ˌmænɪ'teərɪən] ◇ *adj* humanitaire ◇ *n* humanitaire *mf.*

humanity [hju:'mænətɪ] *n* humanité *f.*

   humanities *npl :* **the humanities** les humanités *fpl,* les sciences *fpl* humaines.

humanly ['hju:mənlɪ] *adv :* ~ **possible** humainement possible.

human nature *n* nature *f* humaine.

human race *n :* **the** ~ la race humaine.

human resources *npl* ressources *fpl* humaines.

human rights *npl* droits *mpl* de l'homme.

humble ['hʌmbl] ◇ *adj* humble ; [origins, employee] modeste ◇ *vt* humilier ; **to** ~ **o.s.** s'abaisser, s'humilier.

humbly ['hʌmblɪ] *adv* - **1.** [not proudly] humblement - **2.** [live, begin] modestement.

humbug ['hʌmbʌɡ] *n* - **1.** dated [hypocrisy] hypocrisie *f* - **2.** Br [sweet] *type de bonbon dur.*

humdrum ['hʌmdrʌm] *adj* monotone.

humid ['hju:mɪd] *adj* humide.

humidity [hju:'mɪdətɪ] *n* humidité *f.*

humiliate [hju:'mɪlɪeɪt] *vt* humilier.

humiliating [hju:'mɪlɪeɪtɪŋ] *adj* humiliant(e).

humiliation [hju:ˌmɪlɪ'eɪʃn] *n* humiliation *f.*

humility [hju:'mɪlətɪ] *n* humilité *f.*

hummingbird ['hʌmɪŋbɜːd] *n* colibri *m,* oiseau-mouche *m.*

humor Am = humour.

humorist ['hju:mərɪst] *n* humoriste *mf.*

humorous ['hju:mərəs] *adj* humoristique ; [person] plein(e) d'humour.

humour Br, **humor** Am ['hju:mər] ◇ *n* - **1.** [sense of fun] humour *m* - **2.** [of situation, remark] côté *m* comique - **3.** dated [mood] humeur *f* ◇ *vt* se montrer conciliant(e) envers.

hump [hʌmp] ◇ *n* bosse *f* ◇ *vt* inf [carry] porter, coltiner.

humpbacked bridge ['hʌmpbækt-] *n* pont *m* en dos d'âne.

humus ['hju:məs] *n* humus *m.*

hunch [hʌntʃ] ◇ *n* inf pressentiment *m,* intuition *f* ◇ *vt* voûter ◇ *vi* se pencher.

hunchback ['hʌntʃbæk] *n* bossu *m,* -e *f* ; **about a ~ pupils** une centaine d'élèves.

hunched [hʌntʃt] *adj* voûté(e).

hundred ['hʌndrəd] *num* cent ; **a** OR **one ~** cent ; *see also* **six.**

   hundreds *npl* des centaines.

hundredth ['hʌndrətθ] *num* centième ; *see also* **sixth.**

hundredweight ['hʌndrədweɪt] *n* [in UK] poids *m* de 112 livres, = *50,8 kg ;* [in US] poids *m* de 100 livres, = *45,3 kg.*

hung [hʌŋ] ◇ *pt* & *pp* ⊳ **hang** ◇ *adj* [parliament, jury] sans majorité.

Hungarian [hʌŋ'ɡeərɪən] ◇ *adj* hongrois(e) ◇ *n* - **1.** [person] Hongrois *m,* -e *f* - **2.** [language] hongrois *m.*

Hungary ['hʌŋɡərɪ] *n* Hongrie *f ;* **in ~** en Hongrie.

hunger ['hʌŋɡər] *n* - **1.** [gen] faim *f* - **2.** [strong desire] soif *f.*

   hunger after, hunger for *vt fus* avoir faim de, avoir soif de.

hunger strike *n* grève *f* de la faim.

hung over *adj* inf : **to be ~** avoir la gueule de bois.

hungry ['hʌŋɡrɪ] (*compar* -**ier** ; *superl* -**iest**) *adj* - **1.** [for food] : **to be ~** avoir faim ; [starving] être affamé(e) ; **to go ~** souffrir de la faim - **2.** [eager] : **to be ~ for** être avide de.

hung up *adj* inf : **to be ~ (on** OR **about)** être obsédé(e) (par).

hunk [hʌŋk] *n* - **1.** [large piece] gros morceau *m* - **2.** inf [man] beau mec *m.*

hunky-dory [ˌhʌŋkɪ'dɔːrɪ] *adj* inf au poil.

hunt [hʌnt] ◇ *n* chasse *f ;* [for missing person] recherches *fpl* ◇ *vi* - **1.** [chase animals, birds] chasser - **2.** Br [chase foxes] chasser le renard - **3.** [search] : **to** ~ **(for sthg)** chercher partout (qqch) ◇ *vt* - **1.** [animals, birds] chasser - **2.** [person] poursuivre, pourchasser.

   hunt down *vt sep* traquer.

hunter ['hʌntər] *n* - **1.** [of animals, birds] chasseur *m* - **2.** [of things] : **bargain** ~ dénicheur *m,* -euse *f* d'occasions ; **autograph ~** collectionneur *m,* -euse *f* d'autographes.

hunting ['hʌntɪŋ] ◇ *n* - **1.** [of animals] chasse *f* - **2.** Br [of foxes] chasse *f* au renard ◇ *comp* de chasse.

huntsman ['hʌntsmən] (*pl* -**men** [-mən]) *n* chasseur *m.*

hurdle ['hɜːdl] ◇ *n* - **1.** [in race] haie *f* - **2.** [obstacle] obstacle *m* ◇ *vt* [jump over] sauter.

hurl [hɜːl] *vt* - **1.** [throw] lancer avec violence - **2.** [shout] lancer.

hurrah [hʊ'rɑː] *excl* dated hourra!

hurray [hʊ'reɪ] *excl* hourra!

hurricane ['hʌrɪkən] *n* ouragan *m*.

hurried ['hʌrɪd] *adj* [hasty] précipité(e).

hurriedly ['hʌrɪdlɪ] *adv* précipitamment ; [eat, write] vite, en toute hâte.

hurry ['hʌrɪ] (*pt* & *pp* **-ied**) ◇ *vt* [person] faire se dépêcher ; [process] hâter ; **to ~ to do sthg** se dépêcher *OR* se presser de faire qqch ◇ *vi* se dépêcher, se presser ◇ *n* hâte *f*, précipitation *f*; **to be in a ~** être pressé ; **to do sthg in a ~** faire qqch à la hâte ; **to be in no ~ to do sthg** [unwilling] ne pas être pressé de faire qqch.
➡ **hurry up** ◇ *vi* se dépêcher ◇ *vt sep* faire se dépêcher.

hurt [hɜːt] (*pt* & *pp* **hurt**) ◇ *vt* - **1.** [physically, emotionally] blesser ; [one's leg, arm] se faire mal à ; **to ~ o.s.** se faire mal - **2.** fig [harm] faire du mal à ◇ *vi* - **1.** [gen] faire mal ; **my leg ~s** ma jambe me fait mal - **2.** fig [do harm] faire du mal ◇ *adj* blessé(e) ; [voice] offensé(e) ◇ *n* (U) [emotional pain] peine *f*.

hurtful ['hɜːtfʊl] *adj* blessant(e).

hurtle ['hɜːtl] *vi* aller à toute allure.

husband ['hʌzbənd] *n* mari *m*.

husbandry ['hʌzbəndrɪ] *n* fml agriculture *f*.

hush [hʌʃ] ◇ *n* silence *m* ◇ *excl* silence!, chut!

hush money *n* (U) inf pot-de-vin *m* (pour acheter le silence de qqn).

husk [hʌsk] *n* [of seed, grain] enveloppe *f*.

husky ['hʌskɪ] (*compar* **-ier** ; *superl* **-iest**) ◇ *adj* [hoarse] rauque ◇ *n* husky *m*.

hustings ['hʌstɪŋz] *npl* Br plate-forme *f* électorale.

hustle ['hʌsl] ◇ *vt* - **1.** [hurry] pousser, bousculer - **2.** Am [persuade] : **to ~ sb into doing sthg** forcer la main à qqn pour qu'il fasse qqch ◇ *n* agitation *f*.

hut [hʌt] *n* - **1.** [rough house] hutte *f* - **2.** [shed] cabane *f*.

hutch [hʌtʃ] *n* clapier *m*.

hyacinth ['haɪəsɪnθ] *n* jacinthe *f*.

hybrid ['haɪbrɪd] ◇ *adj* hybride ◇ *n* - **1.** [plant, animal] hybride *m* - **2.** [mixture] entité *f* hybride.

hydrangea [haɪ'dreɪndʒə] *n* hortensia *m*.

hydrant ['haɪdrənt] *n* bouche *f* d'incendie.

hydraulic [haɪ'drɔːlɪk] *adj* hydraulique.
➡ **hydraulics** *n* hydraulique *f*.

hydrocarbon [ˌhaɪdrə'kɑːbən] *n* hydrocarbure *m*.

hydrochloric acid [ˌhaɪdrə'klɒrɪk-] *n* acide *m* chlorhydrique.

hydroelectric [ˌhaɪdrəʊɪ'lektrɪk] *adj* hydro-électrique.

hydroelectricity [ˌhaɪdrəʊɪlek'trɪsətɪ] *n* hydro-électricité *f*.

hydrofoil ['haɪdrəfɔɪl] *n* hydrofoil *m*.

hydrogen ['haɪdrədʒən] *n* hydrogène *m*.

hydrogen bomb *n* bombe *f* à hydrogène.

hydrophobia [ˌhaɪdrə'fəʊbjə] *n* hydrophobie *f*.

hydroplane ['haɪdrəpleɪn] *n* - **1.** [speedboat] hydroglisseur *m* - **2.** [hydrofoil] hydrofoil *m*.

hyena [haɪ'iːnə] *n* hyène *f*.

hygiene ['haɪdʒiːn] *n* hygiène *f*.

hygienic [haɪ'dʒiːnɪk] *adj* hygiénique.

hygienist [haɪ'dʒiːnɪst] *n* personne qui se charge du détartrage des dents.

hymn [hɪm] *n* hymne *m*, cantique *m*.

hymn book *n* livre *m* de cantiques.

hype [haɪp] inf ◇ *n* (U) battage *m* publicitaire ◇ *vt* faire un battage publicitaire autour de.

hyped up [haɪpt-] *adj* inf [person] excité(e).

hyper ['haɪpə'] *adj* inf qui a la bougeotte.

hyperactive [ˌhaɪpər'æktɪv] *adj* hyperactif(ive).

hyperbole [haɪ'pɜːbəlɪ] *n* hyperbole *f*.

hyperinflation [ˌhaɪpərɪn'fleɪʃn] *n* hyperinflation *f*.

hyperlink ['haɪpəlɪŋk] *n* lien *m* hypertexte, hyperlien *m*.

hypermarket ['haɪpəˌmɑːkɪt] *n* hypermarché *m*.

hypersensitive [ˌhaɪpə'sensɪtɪv] *adj* hypersensible.

hypertension [ˌhaɪpə'tenʃn] *n* hypertension *f*.

hypertext ['haɪpətekst] COMPUT ◇ *n* hypertexte *m* ◇ *comp* : **~ link** lien *m* hypertexte.

hyperventilate [ˌhaɪpə'ventɪleɪt] *vi* faire de l'hyperventilation.

hyphen ['haɪfn] *n* trait *m* d'union.

hyphenate ['haɪfəneɪt] *vt* mettre un trait d'union à.

hypnosis [hɪp'nəʊsɪs] *n* hypnose *f*; **under ~** sous hypnose, en état d'hypnose.

hypnotic [hɪp'nɒtɪk] *adj* hypnotique.

hypnotism ['hɪpnətɪzm] *n* hypnotisme *m*.

hypnotist ['hɪpnətɪst] *n* hypnotiseur *m*.

hypnotize, -ise ['hɪpnətaɪz] *vt* hypnotiser.

hypoallergenic ['haɪpəʊˌælə'dʒenɪk] *adj* hypoallergénique.

hypochondriac [ˌhaɪpə'kɒndrɪæk] *n* hypochondriaque *mf*.

hypocrisy [hɪˈpɒkrəsɪ] n hypocrisie f.

hypocrite [ˈhɪpəkrɪt] n hypocrite mf.

hypocritical [ˌhɪpəˈkrɪtɪkl] adj hypocrite.

hypodermic needle [ˌhaɪpəˈdɜːmɪk-] n aiguille f hypodermique.

hypodermic syringe [ˌhaɪpəˈdɜːmɪk-] n seringue f hypodermique.

hypothermia [ˌhaɪpəˈθɜːmɪə] n hypothermie f.

hypothesis [haɪˈpɒθɪsɪs] (pl -theses [-θɪsiːz]) n hypothèse f.

hypothesize, -ise [haɪˈpɒθɪsaɪz] <> vt émettre une hypothèse OR des hypothèses sur <> vi émettre une hypothèse OR des hypothèses.

hypothetical [ˌhaɪpəˈθetɪkl] adj hypothétique.

hysterectomy [ˌhɪstəˈrektəmɪ] (pl -ies) n hystérectomie f.

hysteria [hɪsˈtɪərɪə] n hystérie f.

hysterical [hɪsˈterɪkl] adj - **1.** [gen] hystérique - **2.** inf [very funny] désopilant(e).

hysterics [hɪsˈterɪks] npl - **1.** [panic, excitement] crise f de nerfs - **2.** inf [laughter] fou rire m.

HZ (abbr of hertz) Hz.

i (pl i's OR is), **I** (pl I's OR Is) [aɪ] n [letter] i m inv, I m inv.

I[1] [aɪ] pers pron - **1.** (unstressed) je, j' (before vowel or silent 'h'); **he and I are leaving for Paris** lui et moi (nous) partons pour Paris ; **it is I** fml c'est moi - **2.** (stressed) moi ; **I can't do it** moi je ne peux pas le faire.

I[2] abbr of **Island, Isle.**

IA abbr of **Iowa.**

IAEA (abbr of **International Atomic Energy Agency**) n AIEA f.

IBA (abbr of **Independent Broadcasting Authority**) n organisme d'agrément et de coordination des stations de radio et chaînes de télévision du secteur privé en Grande-Bretagne.

Iberian [aɪˈbɪərɪən] <> adj ibérique <> n Ibère mf.

Iberian peninsula n : **the ~** la péninsule Ibérique.

ibid (abbr of **ibidem**) ibid.

i/c abbr of **in charge.**

ICA (abbr of **Institute of Contemporary Art**) n centre d'art moderne à Londres.

ICBM (abbr of **intercontinental ballistic missile**) n ICBM m.

ICC n - **1.** (abbr of **International Chamber of Commerce**) CCI f - **2.** (abbr of **Interstate Commerce Commission**) commission fédérale américaine réglementant le commerce entre les États.

ice [aɪs] <> n - **1.** [frozen water, ice cream] glace f ; **to break the ~** fig rompre OR briser la glace - **2.** (U) [on road] verglas m - **3.** (U) [ice cubes] glaçons mpl <> vt Br glacer.

➤ **ice over, ice up** vi [lake, pond] geler ; [window, windscreen] givrer ; [road] se couvrir de verglas.

ice age n période f glaciaire.

iceberg [ˈaɪsbɜːg] n iceberg m.

iceberg lettuce n laitue f iceberg.

icebox [ˈaɪsbɒks] n - **1.** Br [in refrigerator] freezer m - **2.** Am [refrigerator] réfrigérateur m.

icebreaker [ˈaɪsˌbreɪkər] n [ship] brise-glace m, brise-glaces m.

ice bucket n seau m à glace.

ice cap n calotte f glaciaire.

ice-cold adj glacé(e).

ice cream n glace f.

ice cream van n Br camionnette f de vendeur de glaces.

ICE CREAM VAN

La petite camionnette du vendeur de glaces est très caractéristique ; elle se reconnaît au carillon qui annonce son arrivée dans un quartier.

ice cube n glaçon m.

iced [aɪst] adj glacé(e).

ice floe n banc m de glace, glaciel m Can.

ice hockey n hockey m sur glace.

Iceland [ˈaɪslənd] n Islande f ; **in ~** en Islande.

Icelander [ˈaɪsləndər] n Islandais m, -e f.

Icelandic [aɪsˈlændɪk] <> adj islandais(e) <> n [language] islandais m.

ice lolly n Br sucette f glacée.

ice pick n pic m à glace.

ice rink n patinoire f.

ice skate n patin m à glace.

➡ **ice-skate** vi faire du patin (à glace).

ice-skater n patineur m, -euse f.

ice-skating n patinage m (sur glace).

icicle ['aɪsɪkl] n glaçon m (naturel).

icily ['aɪsɪlɪ] adv [in unfriendly way] d'une manière glaciale ; [say, reply] d'un ton glacial.

icing ['aɪsɪŋ] n (U) glaçage m, glace f ; **the ~ on the cake** fig un plus, la cerise sur le gâteau.

icing sugar n Br sucre m glace.

ICJ (abbr of **International Court of Justice**) n CIJ f.

icon ['aɪkɒn] n [gen & COMPUT] icône f.

iconoclast [aɪ'kɒnəklæst] n iconoclaste mf.

ICR (abbr of **Institute for Cancer Research**) n institut de recherche contre le cancer.

ICU (abbr of **intensive care unit**) n unité de réanimation.

icy ['aɪsɪ] (compar -ier ; superl -iest) adj - **1.** [weather, manner] glacial(e) - **2.** [covered in ice] verglacé(e).

id [ɪd] n ça m.

I'd [aɪd] = **I would, I had.**

ID ⋄ n (U) (abbr of **identification**) papiers mpl ⋄ abbr of **Idaho.**

Idaho ['aɪdəhəʊ] n Idaho m ; **in ~** dans l'Idaho.

ID card = **identity card.**

IDD (abbr of **international direct dialling**) n automatique m international.

idea [aɪ'dɪə] n idée f ; [intention] intention f ; **to have an ~ of** avoir une idée de ; **to have an ~ (that)** ... avoir idée que ... ; **to have no ~** n'avoir aucune idée ; **to get the ~** inf piger ; **don't get the ~ (that)** ... ne va pas croire OR t'imaginer que ... ; **the ~ is to** ... l'idée est de ..., l'intention est de ...

ideal [aɪ'dɪəl] ⋄ adj idéal(e) ; **to be ~ for** être idéal OR parfait pour ⋄ n idéal m.

idealism [aɪ'dɪəlɪzml] n idéalisme m.

idealist [aɪ'dɪəlɪst] n idéaliste mf.

idealize, -ise [aɪ'dɪəlaɪz] vt idéaliser.

ideally [aɪ'dɪəlɪ] adv idéalement ; [suited] parfaitement.

identical [aɪ'dentɪkl] adj identique.

identical twins npl vrais jumeaux mpl, vraies jumelles fpl.

identifiable [aɪ'dentɪfaɪəbl] adj identifiable, reconnaissable.

identification [aɪˌdentɪfɪ'keɪʃn] n (U) - **1.** [gen] : **~ (with)** identification f (à) - **2.** [documentation] pièce f d'identité.

identify [aɪ'dentɪfaɪ] (pt & pp **-ied**) ⋄ vt - **1.** [recognize] identifier - **2.** [subj : document, card] permettre de reconnaître - **3.** [associate] : **to ~ sb with sthg** associer qqn à qqch ⋄ vi [empathize] : **to ~ with** s'identifier à.

Identikit picture® [aɪ'dentɪkɪt-] n portrait-robot m.

identity [aɪ'dentətɪ] (pl -ies) n identité f.

identity card n carte f d'identité.

identity parade n séance d'identification d'un suspect dans un échantillon de plusieurs personnes.

ideological [ˌaɪdɪə'lɒdʒɪkl] adj idéologique.

ideology [ˌaɪdɪ'ɒlədʒɪ] (pl -ies) n idéologie f.

idiom ['ɪdɪəm] n - **1.** [phrase] expression f idiomatique - **2.** fml [style] langue f.

idiomatic [ˌɪdɪə'mætɪk] adj idiomatique.

idiosyncrasy [ˌɪdɪə'sɪŋkrəsɪ] (pl -ies) n particularité f, caractéristique f.

idiot ['ɪdɪət] n idiot m, -e f, imbécile mf.

idiotic [ˌɪdɪ'ɒtɪk] adj idiot(e).

idle ['aɪdl] ⋄ adj - **1.** [lazy] oisif(ive), désœuvré(e) - **2.** [not working - machine, factory] arrêté(e) ; [- worker] qui chôme, en chômage - **3.** [threat] vain(e) - **4.** [curiosity] simple, pur(e) ⋄ vi tourner au ralenti.

➡ **idle away** vt sep [time] perdre à ne rien faire.

idleness ['aɪdlnɪs] n oisiveté f, désœuvrement m.

idler ['aɪdlər] n paresseux m, -euse f.

idly ['aɪdlɪ] adv - **1.** [lazily] paresseusement - **2.** [without purpose] négligemment.

idol ['aɪdl] n idole f.

idolize, -ise ['aɪdəlaɪz] vt idolâtrer, adorer.

idyl(l) ['ɪdɪl] n idylle f.

idyllic [ɪ'dɪlɪk] adj idyllique.

i.e. (abbr of **id est**) c-à-d.

if [ɪf] ⋄ conj - **1.** [gen] si ; **~ I were you** à ta place, si j'étais toi - **2.** [though] bien que - **3.** [that] que ⋄ n : **~s and buts** les si et les mais mpl.

➡ **if not** conj sinon.

➡ **if only** ⋄ conj - **1.** [naming a reason] ne serait-ce que - **2.** [expressing regret] si seulement ⋄ excl si seulement !

iffy ['ɪfɪ] (compar -ier ; superl -iest) adj inf incertain(e).

igloo ['ɪgluː] (pl -s) n igloo m, iglou m.

ignite [ɪg'naɪt] ⋄ vt mettre le feu à, enflammer ; [firework] tirer ⋄ vi prendre feu, s'enflammer.

ignition [ɪg'nɪʃn] n - **1.** [act of igniting] ignition - **2.** AUT allumage m ; **to switch on the ~** mettre le contact.

ignition key *n* clef *f* de contact.

ignoble [ɪg'nəʊbl] *adj fml* infâme.

ignominious [ˌɪgnə'mɪnɪəs] *adj* ignominieux(euse).

ignominy ['ɪgnəmɪnɪ] *n* ignominie *f*.

ignoramus [ˌɪgnə'reɪməs] (*pl* -es [-iːzl]) *n* ignare *mf*.

ignorance ['ɪgnərəns] *n* ignorance *f*.

ignorant ['ɪgnərənt] *adj* - **1.** [uneducated, unaware] ignorant(e) ; **to be ~ of sthg** être ignorant de qqch - **2.** [rude] mal élevé(e). .

ignore [ɪg'nɔːr] *vt* [advice, facts] ne pas tenir compte de ; [person] faire semblant de ne pas voir.

iguana [ɪ'gwɑːnə] (*pl inv* OR -**s**) *n* iguane *m*.

ikon ['aɪkɒn] = **icon.**

IL *abbr of* **Illinois.**

ILEA ['ɪlɪə] (*abbr of* **Inner London Education Authority**) *n anciens services londoniens de l'enseignement.*

ileum ['ɪlɪəm] (*pl* **ilea** ['ɪlɪə]) *n* iléon *m*.

ilk [ɪlk] *n* : **of that ~** [of that sort] de cet acabit, de ce genre.

ill [ɪl] <> *adj* - **1.** [unwell] malade ; **to feel ~** se sentir malade OR souffrant ; **to be taken ~, to fall ~** tomber malade - **2.** [bad] mauvais(e) ; **~ luck** malchance *f* <> *adv* mal ; **to speak/think ~ of sb** dire/penser du mal de qqn.
➤ **ills** *npl* maux *mpl*, malheurs *mpl*.

ill. (*abbr of* **illustration**) ill.

I'll [aɪl] = **I will, I shall.**

ill-advised [-əd'vaɪzd] *adj* [remark, action] peu judicieux(euse) ; [person] malavisé(e) ; **to be ~ to do sthg** être malavisé de faire qqch.

ill at ease *adj* mal à l'aise.

ill-bred *adj* mal élevé(e).

ill-considered *adj* irréfléchi(e).

ill-disposed *adj* : **to be ~ towards sb** être mal disposé(e) OR malintentionné(e) envers qqn.

illegal [ɪ'liːgl] *adj* illégal(e) ; [immigrant] en situation irrégulière.

illegally [ɪ'liːgəlɪ] *adv* illégalement, d'une manière illégale.

illegible [ɪ'ledʒəbl] *adj* illisible.

illegitimate [ˌɪlɪ'dʒɪtɪmət] *adj* illégitime.

ill-equipped [-ɪ'kwɪpt] *adj* : **to be ~ to do sthg** être mal placé(e) pour faire qqch.

ill-fated [-'feɪtɪd] *adj* fatal(e), funeste.

ill feeling *n* animosité *f*.

ill-founded [-'faʊndɪd] *adj* [confidence, trust] mal fondé(e) ; [doubts] sans fondement.

ill-gotten gains [-'gɒtən-] *npl* **hum** biens *mpl* mal acquis.

ill health *n* mauvaise santé *f*.

illicit [ɪ'lɪsɪt] *adj* illicite.

illicitly [ɪ'lɪsɪtlɪ] *adv* illicitement.

ill-informed *adj* mal renseigné(e).

Illinois [ˌɪlɪ'nɔɪ] *n* Illinois *m* ; **in ~** dans l'Illinois.

illiteracy [ɪ'lɪtərəsɪ] *n* analphabétisme *m*, illettrisme *m*.

illiterate [ɪ'lɪtərət] <> *adj* analphabète, illettré(e) <> *n* analphabète *mf*, illettré *m*, -e *f*.

ill-mannered *adj* mal élevé(e) ; [behaviour] grossier(ère).

illness ['ɪlnɪs] *n* maladie *f*.

illogical [ɪ'lɒdʒɪkl] *adj* illogique.

ill-suited *adj* mal assorti(e) ; **to be ~ for sthg** être inapte à qqch.

ill-tempered *adj* qui a mauvais caractère.

ill-timed [-'taɪmd] *adj* déplacé(e), mal à propos.

ill-treat *vt* maltraiter.

ill-treatment *n* mauvais traitement *m*.

illuminate [ɪ'luːmɪneɪt] *vt* éclairer.

illuminated [ɪ'luːmɪneɪtɪd] *adj* - **1.** [lit up] lumineux(euse) - **2.** [book, manuscript] enluminé(e).

illuminating [ɪ'luːmɪneɪtɪŋ] *adj* éclairant(e).

illumination [ɪˌluːmɪ'neɪʃn] *n* [lighting] éclairage *m*.
➤ **illuminations** *npl* **Br** illuminations *fpl*.

illusion [ɪ'luːʒn] *n* illusion *f* ; **to have no ~s about** ne se faire OR n'avoir aucune illusion sur ; **to be under the ~ that** croire OR s'imaginer que, avoir l'illusion que.

illusionist [ɪ'luːʒənɪst] *n* prestidigitateur *m*, -euse *f*, illusionniste *mf*.

illusory [ɪ'luːsərɪ] *adj* illusoire.

illustrate ['ɪləstreɪt] *vt* illustrer.

illustration [ˌɪlə'streɪʃn] *n* illustration *f*.

illustrator ['ɪləstreɪtər] *n* illustrateur *m*, -trice *f*.

illustrious [ɪ'lʌstrɪəs] *adj* illustre, célèbre.

ill will *n* animosité *f*.

ill wind *n* : **it's an ~ (that blows nobody any good)** *proverb* à quelque chose malheur est bon.

ILO (*abbr of* **International Labour Organization**) *n* OIT *f*.

ILWU (*abbr of* **International Longshoremen's and Warehousemen's Union**) *n syndicat international de dockers et de magasiniers.*

I'm [aɪm] = **I am.**

image ['ɪmɪdʒ] n - **1.** [gen] image f ; **to be the ~ of sb** fig être tout le portrait de qqn, être qqn tout craché - **2.** [of company, politician] image f de marque.

imagery ['ɪmɪdʒrɪ] n (U) images fpl.

imaginable [ɪ'mædʒɪnəbl] adj imaginable.

imaginary [ɪ'mædʒɪnrɪ] adj imaginaire.

imagination [ɪˌmædʒɪ'neɪʃn] n - **1.** [ability] imagination f - **2.** [fantasy] invention f.

imaginative [ɪ'mædʒɪnətɪv] adj imaginatif(ive) ; [solution] plein(e) d'imagination.

imagine [ɪ'mædʒɪn] vt imaginer ; **to ~ doing sthg** s'imaginer OR se voir faisant qqch ; **~ (that)!** tu t'imagines!

imaginings [ɪ'mædʒɪnɪŋz] npl imaginations fpl.

imbalance [ˌɪm'bæləns] n déséquilibre m.

imbecile ['ɪmbɪsiːl] n imbécile mf, idiot m, -e f.

imbue [ɪm'bjuː] vt : **to be ~d with** être imbu(e) de.

IMF (abbr of **International Monetary Fund**) n FMI m.

imitate ['ɪmɪteɪt] vt imiter.

imitation [ˌɪmɪ'teɪʃn] ◇ n imitation f ◇ adj [leather] imitation (before n) ; [jewellery] en toc.

imitator ['ɪmɪteɪtəʳ] n imitateur m, -trice f.

immaculate [ɪ'mækjʊlət] adj impeccable.

immaculately [ɪ'mækjʊlətlɪ] adv impeccablement.

immaterial [ˌɪmə'tɪərɪəl] adj [unimportant] sans importance.

immature [ˌɪmə'tjʊəʳ] adj - **1.** [lacking judgment] qui manque de maturité - **2.** [not fully grown] jeune, immature.

immaturity [ˌɪmə'tjʊərətɪ] n immaturité f.

immeasurable [ɪ'meʒrəbl] adj incommensurable.

immediacy [ɪ'miːdjəsɪ] n caractère m immédiat.

immediate [ɪ'miːdjət] adj - **1.** [urgent] immédiat(e) ; [problem, meeting] urgent(e) - **2.** [very near] immédiat(e) ; [family] le plus proche.

immediately [ɪ'miːdjətlɪ] ◇ adv - **1.** [at once] immédiatement - **2.** [directly] directement ◇ conj dès que.

immemorial [ˌɪmɪ'mɔːrɪəl] adj immémorial(e) ; **from time ~** de temps immémorial.

immense [ɪ'mens] adj immense ; [improvement, change] énorme.

immensely [ɪ'menslɪ] adv extrêmement, immensément.

immensity [ɪ'mensətɪ] n immensité f.

immerse [ɪ'mɜːs] vt : **to ~ sthg in sthg** immerger OR plonger qqch dans qqch ; **to ~ o.s. in sthg** fig se plonger dans qqch.

immersion heater [ɪ'mɜːʃn-] n chauffe-eau m électrique.

immigrant ['ɪmɪgrənt] ◇ n immigré m, -e f ◇ comp d'immigrés.

immigration [ˌɪmɪ'greɪʃn] ◇ n immigration f ◇ comp de l'immigration.

imminence ['ɪmɪnəns] n imminence f.

imminent ['ɪmɪnənt] adj imminent(e).

immobile [ɪ'məʊbaɪl] adj immobile.

immobilization [ɪˌməʊbɪlaɪ'zeɪʃn] n immobilisation f.

immobilize, -ise [ɪ'məʊbɪlaɪz] vt immobiliser.

immobilizer [ɪ'məʊbɪlaɪzəʳ] n AUT système m antidémarrage.

immodest [ɪ'mɒdɪst] adj - **1.** [vain] vaniteux(euse), présomptueux(euse) - **2.** [indecent] impudique.

immoral [ɪ'mɒrəl] adj immoral(e).

immorality [ˌɪmə'rælətɪ] n immoralité f.

immortal [ɪ'mɔːtl] ◇ adj immortel(elle) ◇ n immortel m, -elle f.

immortality [ˌɪmɔː'tælətɪ] n immortalité f.

immortalize, -ise [ɪ'mɔːtəlaɪz] vt immortaliser.

immovable [ɪ'muːvəbl] adj - **1.** [fixed] fixe - **2.** [determined] inébranlable.

immune [ɪ'mjuːn] adj - **1.** MED : **~ (to)** immunisé(e) (contre) - **2.** fig [protected] : **to be ~ to** OR **from** être à l'abri de.

immune system n système m immunitaire.

immunity [ɪ'mjuːnətɪ] n - **1.** MED : **~ (to)** immunité f (contre) - **2.** fig [protection] : **~ to** OR **from** immunité f contre.

immunization [ˌɪmjuːnaɪ'zeɪʃn] n immunisation f.

immunize, -ise ['ɪmjuːnaɪz] vt : **to ~ sb (against)** immuniser qqn (contre).

immunodeficiency [ˌɪmjuːnəʊdɪ'fɪʃənsɪ] n immunodéficience f.

immunology [ˌɪmjuː'nɒlədʒɪ] n immunologie f.

immutable [ɪ'mjuːtəbl] adj immuable.

imp [ɪmp] n - **1.** [creature] lutin m - **2.** [naughty child] petit diable m, coquin m, -e f.

impact [n 'ɪmpækt, vb ɪm'pækt] ◇ n impact m ; **to make an ~ on** OR **upon sb** faire une forte impression sur qqn ; **to make an ~ on** OR **upon sthg** avoir un impact sur qqch ; **on ~** au moment de l'impact ◇ vt - **1.** [collide with] entrer en collision avec - **2.** [influence] avoir un impact sur.

impair [ɪm'peəʳ] *vt* affaiblir, abîmer ; [efficiency] réduire.

impaired [ɪm'peəd] *adj* affaibli(e) ; [efficiency] réduit(e).

impale [ɪm'peɪl] *vt* : **to ~ sb/sthg (on)** empaler qqn/qqch (sur).

impart [ɪm'pɑ:t] *vt fml* - **1.** [information] : **to ~ sthg (to sb)** communiquer OR transmettre qqch (à qqn) - **2.** [feeling, quality] : **to ~ sthg (to)** donner qqch (à).

impartial [ɪm'pɑ:ʃl] *adj* impartial(e).

impartiality [ɪm,pɑ:ʃɪ'ælətɪ] *n* impartialité *f*.

impassable [ɪm'pɑ:səbl] *adj* impraticable.

impasse [æm'pɑ:s] *n* impasse *f* ; **to reach an ~** aboutir à une impasse.

impassioned [ɪm'pæʃnd] *adj* passionné(e).

impassive [ɪm'pæsɪv] *adj* impassible.

impatience [ɪm'peɪʃns] *n* - **1.** [gen] impatience *f* - **2.** [irritability] irritation *f*.

impatient [ɪm'peɪʃnt] *adj* - **1.** [gen] impatient(e) ; **to be ~ to do sthg** être impatient de faire qqch ; **to be ~ for sthg** attendre qqch avec impatience - **2.** [irritable] : **to become** OR **get ~** s'impatienter.

impatiently [ɪm'peɪʃntlɪ] *adv* avec impatience.

impeach [ɪm'pi:tʃ] *vt* [official] mettre en accusation ; [president] entamer la procédure d'impeachment contre.

impeachment [ɪm'pi:tʃmənt] *n* [of president] procédure *f* d'impeachment.

impeccable [ɪm'pekəbl] *adj* impeccable.

impeccably [ɪm'pekəblɪ] *adv* impeccablement.

impecunious [,ɪmpɪ'kju:njəs] *adj* impécunieux(euse).

impede [ɪm'pi:d] *vt* entraver, empêcher ; [person] gêner.

impediment [ɪm'pedɪmənt] *n* - **1.** [obstacle] obstacle *m* - **2.** [disability] défaut *m*.

impel [ɪm'pel] (*pt* & *pp* **-led** ; *cont* **-ling**) *vt* : **to ~ sb to do sthg** inciter qqn à faire qqch.

impending [ɪm'pendɪŋ] *adj* imminent(e).

impenetrable [ɪm'penɪtrəbl] *adj* impénétrable.

imperative [ɪm'perətɪv] <> *adj* [essential] impératif(ive), essentiel(elle) <> *n* impératif *m*.

imperceptible [,ɪmpə'septəbl] *adj* imperceptible.

imperfect [ɪm'pɜ:fɪkt] <> *adj* imparfait(e) <> *n* GRAMM : **~ (tense)** imparfait *m*.

imperfection [,ɪmpə'fekʃn] *n* - **1.** [gen] imperfection *f* - **2.** [failing] défaut *m*.

imperial [ɪm'pɪərɪəl] *adj* - **1.** [of empire] impérial(e) - **2.** [system of measurement] *qui a cours légal dans le Royaume-Uni.*

imperialism [ɪm'pɪərɪəlɪzm] *n* impérialisme *m*.

imperialist [ɪm'pɪərɪəlɪst] <> *adj* impérialiste <> *n* impérialiste *mf*.

imperil [ɪm'perɪl] (Br *pt* & *pp* **-led** ; *cont* **-ling**, Am *pt* & *pp* **-ed** ; *cont* **-ing**) *vt* mettre en péril OR en danger ; [project] compromettre.

imperious [ɪm'pɪərɪəs] *adj* impérieux(euse).

impersonal [ɪm'pɜ:snl] *adj* impersonnel(elle).

impersonate [ɪm'pɜ:səneɪt] *vt* se faire passer pour.

impersonation [ɪm,pɜ:sə'neɪʃn] *n* usurpation *f* d'identité ; [by mimic] imitation *f*.

impersonator [ɪm'pɜ:səneɪtəʳ] *n* imitateur *m*, -trice *f*.

impertinence [ɪm'pɜ:tɪnəns] *n* impertinence *f*.

impertinent [ɪm'pɜ:tɪnənt] *adj* impertinent(e).

imperturbable [,ɪmpə'tɜ:bəbl] *adj* imperturbable.

impervious [ɪm'pɜ:vjəs] *adj* [not influenced] : **~ to** indifférent(e) à.

impetuous [ɪm'petʃʊəs] *adj* impétueux(euse).

impetus ['ɪmpɪtəs] *n* (U) - **1.** [momentum] élan *m* - **2.** [stimulus] impulsion *f*.

impinge [ɪm'pɪndʒ] *vi* : **to ~ on sb/sthg** affecter qqn/qqch.

impish ['ɪmpɪʃ] *adj* espiègle.

implacable [ɪm'plækəbl] *adj* implacable.

implant [*n* 'ɪmplɑ:nt, *vb* ɪm'plɑ:nt] <> *n* implant *m* <> *vt* : **to ~ sthg in** OR **into sb** implanter qqch dans qqn.

implausible [ɪm'plɔ:zəbl] *adj* peu plausible.

implement [*n* 'ɪmplɪmənt, *vb* 'ɪmplɪment] <> *n* outil *m*, instrument *m* <> *vt* exécuter, appliquer.

implementation [,ɪmplɪmen'teɪʃn] *n* application *f*, exécution *f*.

implicate ['ɪmplɪkeɪt] *vt* : **to ~ sb in sthg** impliquer qqn dans qqch.

implication [,ɪmplɪ'keɪʃn] *n* implication *f* ; **by ~** par voie de conséquence.

implicit [ɪm'plɪsɪt] *adj* - **1.** [inferred] implicite - **2.** [belief, faith] absolu(e).

implicitly [ɪm'plɪsɪtlɪ] adv - **1.** [by inference] implicitement - **2.** [believe] absolument.

implied [ɪm'plaɪd] adj implicite.

implode [ɪm'pləʊd] vi imploser.

implore [ɪm'plɔː'] vt : **to ~ sb (to do sthg)** implorer qqn (de faire qqch).

imply [ɪm'plaɪ] (pt & pp **-ied**) vt - **1.** [suggest] sous-entendre, laisser supposer OR entendre - **2.** [involve] impliquer.

impolite [ˌɪmpə'laɪt] adj impoli(e).

imponderable [ɪm'pɒndrəbl] adj impondérable.
- ➤ **imponderables** npl impondérables mpl.

import [n 'ɪmpɔːt, vb ɪm'pɔːt] ◇ n - **1.** [product, action] importation f - **2.** fml [meaning] teneur f - **3.** fml [importance] importance f ◇ vt [gen & COMPUT] importer.

importance [ɪm'pɔːtns] n importance f.

important [ɪm'pɔːtnt] adj important(e) ; **to be ~ to sb** importer à qqn.

importantly [ɪm'pɔːtntlɪ] adv : **more ~** ce qui est plus important.

importation [ˌɪmpɔː'teɪʃn] n importation f.

imported [ɪm'pɔːtɪd] adj importé(e).

importer [ɪm'pɔːtə'] n importateur m, -trice f.

impose [ɪm'pəʊz] ◇ vt [force] : **to ~ sthg (on)** imposer qqch (à) ◇ vi [cause trouble] : **to ~ (on sb)** abuser (de la gentillesse de qqn).

imposing [ɪm'pəʊzɪŋ] adj imposant(e).

imposition [ˌɪmpə'zɪʃn] n - **1.** [of tax, limitations etc] imposition f - **2.** [cause of trouble] : **it's an ~** c'est abuser de ma/notre gentillesse.

impossibility [ɪmˌpɒsə'bɪlətɪ] (pl **-ies**) n impossibilité f.

impossible [ɪm'pɒsəbl] ◇ adj impossible ◇ n : **to do the ~** faire l'impossible.

impostor, imposter Am [ɪm'pɒstə'] n imposteur m.

impotence ['ɪmpətəns] n impuissance f.

impotent ['ɪmpətənt] adj impuissant(e).

impound [ɪm'paʊnd] vt confisquer.

impoverished [ɪm'pɒvərɪʃt] adj appauvri(e).

impracticable [ɪm'præktɪkəbl] adj irréalisable.

impractical [ɪm'præktɪkl] adj pas pratique.

imprecation [ˌɪmprɪ'keɪʃn] n imprécation f.

imprecise [ɪmprɪ'saɪs] adj imprécis(e).

impregnable [ɪm'pregnəbl] adj - **1.** [fortress, defences] imprenable - **2.** fig [person] inattaquable.

impregnate ['ɪmpregneɪt] vt - **1.** [introduce substance into] : **to ~ sthg with** imprégner qqch de - **2.** fml [fertilize] féconder.

impresario [ˌɪmprɪ'sɑːrɪəʊ] (pl **-s**) n impresario m.

impress [ɪm'pres] vt - **1.** [person] impressionner - **2.** [stress] : **to ~ sthg on sb** faire bien comprendre qqch à qqn.

impression [ɪm'preʃn] n - **1.** [gen] impression f ; **to be under the ~ (that)** ... avoir l'impression que ... ; **to make an ~** faire impression - **2.** [by mimic] imitation f - **3.** [of stamp, book] impression f, empreinte f.

impressionable [ɪm'preʃnəbl] adj impressionnable.

Impressionism [ɪm'preʃənɪzm] n impressionnisme m.

impressionist [ɪm'preʃənɪst] n imitateur m, -trice f.
- ➤ **Impressionist** ◇ adj impressionniste ◇ n impressionniste mf.

impressive [ɪm'presɪv] adj impressionnant(e).

imprint [n 'ɪmprɪnt, vt ɪm'prɪnt] n - **1.** [mark] empreinte f - **2.** [publisher's name] nom m de l'éditeur.

imprinted [ɪm'prɪntɪd] adj imprimé(e).

imprison [ɪm'prɪzn] vt emprisonner.

imprisonment [ɪm'prɪznmənt] n emprisonnement m.

improbable [ɪm'prɒbəbl] adj - **1.** [story, excuse] improbable - **2.** [hat, contraption] bizarre.

impromptu [ɪm'prɒmptjuː] adj impromptu(e).

improper [ɪm'prɒpə'] adj - **1.** [unsuitable] impropre - **2.** [incorrect, illegal] incorrect(e) - **3.** [rude] indécent(e).

impropriety [ɪmprə'praɪətɪ] n inconvenance f.

improve [ɪm'pruːv] ◇ vi s'améliorer ; [patient] aller mieux ; **to ~ on OR upon sthg** améliorer qqch ◇ vt améliorer.

improved [ɪm'pruːvd] adj amélioré(e).

improvement [ɪm'pruːvmənt] n : **~ (in/on)** amélioration f (de/par rapport à).

improvisation [ˌɪmprəvaɪ'zeɪʃn] n improvisation f.

improvise ['ɪmprəvaɪz] vt & vi improviser.

imprudent [ɪm'pruːdənt] adj imprudent(e).

impudent ['ɪmpjʊdənt] adj impudent(e).

impugn [ɪm'pjuːn] vt fml contester.

impulse ['ɪmpʌls] n impulsion f ; **on ~** par impulsion.

impulse buying [-'baɪɪŋ] n (U) achats mp impulsifs.

impulsive [ɪmˈpʌlsɪv] *adj* impulsif(ive).

impunity [ɪmˈpjuːnətɪ] *n* : with ~ avec impunité.

impure [ɪmˈpjuəʳ] *adj* impur(e).

impurity [ɪmˈpjuərətɪ] (*pl* -ies) *n* impureté *f*.

IMRO [ˈɪmrəʊ] (*abbr of* **Investment Management Regulatory Organization**) *organisme britannique contrôlant les activités de banques d'affaires et de gestionnaires de fonds de retraite.*

in [ɪn] ⬦ *prep* - **1.** [indicating place, position] dans ; ~ **a box/bag/drawer** dans une boîte/un sac/un tiroir ; ~ **the room/garden/lake** dans la pièce/le jardin/le lac ; ~ **Paris** à Paris ; ~ **Belgium** en Belgique ; ~ **Canada** au Canada ; ~ **the United States** aux États-Unis ; ~ **the country** à la campagne ; **to be** ~ **hospital/prison** être à l'hôpital/en prison ; ~ **here** ici ; ~ **there** là - **2.** [wearing] en ; **she was still** ~ **her nightclothes** elle était encore en chemise de nuit ; **dressed** ~ **a suit** vêtu d'un costume - **3.** [appearing in, included in] dans ; **there's a mistake** ~ **this paragraph** il y a une erreur dans ce paragraphe ; ~ **chapter six** au sixième chapitre - **4.** [at a particular time, season] : ~ **1994** en 1994 ; ~ **April** en avril ; ~ **(the) spring** au printemps ; ~ **(the) winter** en hiver ; **at two o'clock** ~ **the afternoon** à deux heures de l'après-midi - **5.** [period of time - within] en ; [- after] dans ; **he learned to type** ~ **two weeks** il a appris à taper à la machine en deux semaines ; **I'll be ready** ~ **five minutes** je serai prêt dans 5 minutes - **6.** [during] **it's my first decent meal** ~ **weeks** c'est mon premier repas correct depuis des semaines - **7.** [indicating situation, circumstances] : ~ **the sun** au soleil ; ~ **the rain** sous la pluie ; ~ **these circumstances** dans ces circonstances, en de telles circonstances ; **a rise** ~ **prices** une augmentation des prix ; **to live/die** ~ **poverty** vivre/mourir dans la misère ; ~ **danger/difficulty** en danger/difficulté - **8.** [indicating manner, condition] : ~ **a loud/soft voice** d'une voix forte/douce ; **to write** ~ **pencil/ink** écrire au crayon/à l'encre ; **to speak** ~ **English/French** parler (en) anglais/français - **9.** [indicating emotional state] : ~ **anger** sous le coup de la colère ; ~ **joy/delight** avec joie/plaisir ; **he looked at me** ~ **amazement/horror** il me regarda stupéfait/horrifié - **10.** [specifying area of activity] dans ; **he's** ~ **computers** il est dans l'informatique ; **advances** ~ **science** des progrès en science - **11.** [referring to quantity, numbers, age] : ~ **large/small quantities** en grande/petite quantité ; ~ **(their) thousands** par milliers ; **she's** ~ **her sixties** elle a la soixantaine

- **12.** [describing arrangement] : ~ **twos** par deux ; ~ **a line/row/circle** en ligne/rang/cercle - **13.** [as regards] : **to be three metres** ~ **length/width** faire trois mètres de long/large ; **a change** ~ **direction** un changement de direction - **14.** [in ratios] : **5 pence** ~ **the pound** 5 pence par livre sterling ; **one** ~ **ten** un sur dix - **15.** (*after superl*) de ; **the longest river** ~ **the world** le fleuve le plus long du monde - **16.** (*+ present participle*) : ~ **doing sthg** en faisant qqch ⬦ *adv* - **1.** [inside] dedans, à l'intérieur ; **put the clothes** ~ mets les vêtements dedans ; **do come** ~! entrez donc! - **2.** [at home, work] là ; **I'm staying** ~ **tonight** je reste à la maison OR chez moi ce soir ; **is Judith** ~? est-ce que Judith est là? - **3.** [of train, boat, plane] : **to be** ~ être arrivé(e) - **4.** [of tide] : **the tide's** ~ c'est la marée haute - **5.** *phr* : **we're** ~ **for some bad weather** nous allons avoir du mauvais temps ; **you're** ~ **for a shock** tu vas avoir un choc ; **to be** ~ **on sthg** être au courant de qqch ⬦ *adj inf* à la mode ; **short skirts are** ~ **this year** les jupes courtes sont à la mode cette année.

➤ **ins** *npl* : **the** ~**s and outs** les tenants et les aboutissants *mpl*.

➤ **in that** *conj* étant donné que.

in. *abbr of* **inch**.

IN *abbr of* **Indiana**.

inability [ˌɪnəˈbɪlətɪ] *n* : ~ **(to do sthg)** incapacité *f* (à faire qqch).

inaccessible [ˌɪnəkˈsesəbl] *adj* inaccessible.

inaccuracy [ɪnˈækjʊrəsɪ] (*pl* -ies) *n* inexactitude *f*.

inaccurate [ɪnˈækjʊrət] *adj* inexact(e).

inaction [ɪnˈækʃn] *n* inaction *f*.

inactive [ɪnˈæktɪv] *adj* inactif(ive).

inactivity [ˌɪnækˈtɪvətɪ] *n* inactivité *f*.

inadequacy [ɪnˈædɪkwəsɪ] (*pl* -ies) *n* insuffisance *f*.

inadequate [ɪnˈædɪkwət] *adj* insuffisant(e).

inadmissible [ˌɪnədˈmɪsəbl] *adj* inadmissible ; [evidence] irrecevable.

inadvertent [ˌɪnədˈvɜːtnt] *adj* commis(e) par inadvertance.

inadvertently [ˌɪnədˈvɜːtəntlɪ] *adv* par inadvertance.

inadvisable [ˌɪnədˈvaɪzəbl] *adj* déconseillé(e).

inalienable [ɪnˈeɪljənəbl] *adj* inaliénable.

inane [ɪˈneɪn] *adj* inepte ; [person] stupide.

inanely [ɪˈneɪnlɪ] *adv* stupidement.

inanimate [ɪnˈænɪmət] *adj* inanimé(e).

inanity [ɪˈnænətɪ] *n* ineptie *f* ; [of person] stupidité *f*.

inapplicable [ɪnˈæplɪkəbl] *adj* inapplicable.

inappropriate [ɪnəˈprəʊprɪət] *adj* inopportun(e) ; [expression, word] impropre ; [clothing] peu approprié(e).

inarticulate [ˌɪnɑːˈtɪkjʊlət] *adj* inarticulé(e), indistinct(e) ; [person] qui s'exprime avec difficulté ; [explanation] mal exprimé(e).

inasmuch [ˌɪnəzˈmʌtʃ] ➡ **inasmuch as** *conj* fml attendu que.

inattention [ˌɪnəˈtenʃn] *n* : ~ (to) inattention *f* (à).

inattentive [ˌɪnəˈtentɪv] *adj* : ~ (to) inattentif(ive) (à).

inaudible [ɪˈnɔːdɪbl] *adj* inaudible.

inaugural [ɪˈnɔːgjʊrəl] *adj* inaugural(e).

inaugurate [ɪˈnɔːgjʊreɪt] *vt* [leader, president] investir ; [building, system] inaugurer.

inauguration [ɪˌnɔːgjʊˈreɪʃn] *n* [of leader, president] investiture *f* ; [of building, system] inauguration *f*.

inauspicious [ˌɪnɔːˈspɪʃəs] *adj* peu propice.

in-between *adj* intermédiaire.

inboard [ˈɪnbɔːd] *adj* in-bord *(inv)*.

inborn [ˌɪnˈbɔːn] *adj* inné(e).

inbound [ˈɪnbaʊnd] *adj* Am qui arrive.

inbred [ˌɪnˈbred] *adj* - **1.** [closely related] consanguin(e) ; [animal] croisé(e) - **2.** [inborn] inné(e).

inbreeding [ˈɪnˌbriːdɪŋ] *n* consanguinité *f* ; [of animals] croisement *m*.

inbuilt [ˌɪnˈbɪlt] *adj* [inborn] inné(e).

inc. (*abbr of* **inclusive**) : **12-15 April** ~ du 12 au 15 avril inclus.

Inc. [ɪŋk] (*abbr of* **incorporated**) ≃ SARL.

Inca [ˈɪŋkə] *n* Inca *mf*.

incalculable [ɪnˈkælkjʊləbl] *adj* incalculable.

incandescent [ˌɪnkænˈdesnt] *adj* incandescent(e).

incantation [ˌɪnkænˈteɪʃn] *n* incantation *f*.

incapable [ɪnˈkeɪpəbl] *adj* incapable ; **to be** ~ **of sthg/of doing sthg** être incapable de qqch/de faire qqch.

incapacitate [ˌɪnkəˈpæsɪteɪt] *vt* rendre inapte physiquement.

incapacitated [ˌɪnkəˈpæsɪteɪtɪd] *adj* inapte physiquement ; ~ **for work** mis(e) dans l'incapacité de travailler.

incapacity [ˌɪnkəˈpæsətɪ] *n* : ~ **(for)** incapacité *f* (eu égard à).

incarcerate [ɪnˈkɑːsəreɪt] *vt* incarcérer.

incarceration [ɪnˌkɑːsəˈreɪʃn] *n* incarcération *f*.

incarnate [ɪnˈkɑːneɪt] *adj* incarné(e).

incarnation [ˌɪnkɑːˈneɪʃn] *n* incarnation *f*.

incendiary device [ɪnˈsendjərɪ-] *n* dispositif *m* incendiaire.

incense [*n* ˈɪnsens, *vb* ɪnˈsens] ◇ *n* encens *m* ◇ *vt* [anger] mettre en colère.

incentive [ɪnˈsentɪv] *n* - **1.** [encouragement] motivation *f* - **2.** COMM récompense *f*, prime *f*.

incentive scheme *n* programme *m* d'encouragement.

inception [ɪnˈsepʃn] *n* fml commencement *m*.

incessant [ɪnˈsesnt] *adj* incessant(e).

incessantly [ɪnˈsesntlɪ] *adv* sans cesse.

incest [ˈɪnsest] *n* inceste *m*.

incestuous [ɪnˈsestjʊəs] *adj* - **1.** [sexual] incestueux(euse) - **2.** fig [too close] très fermé(e) ; [relationship] en vase clos.

inch [ɪntʃ] ◇ *n* = 2,5 *cm*, ≃ pouce *m* ◇ *vi* : **to** ~ **forward** avancer petit à petit.

incidence [ˈɪnsɪdəns] *n* [of disease, theft] fréquence *f*.

incident [ˈɪnsɪdənt] *n* incident *m*.

incidental [ˌɪnsɪˈdentl] *adj* accessoire.

incidentally [ˌɪnsɪˈdentəlɪ] *adv* à propos.

incidental music *n* musique *f* de fond.

incinerate [ɪnˈsɪnəreɪt] *vt* incinérer.

incinerator [ɪnˈsɪnəreɪtəʳ] *n* incinérateur *m*.

incipient [ɪnˈsɪpɪənt] *adj* fml naissant(e).

incision [ɪnˈsɪʒn] *n* incision *f*.

incisive [ɪnˈsaɪsɪv] *adj* incisif(ive).

incisor [ɪnˈsaɪzəʳ] *n* incisive *f*.

incite [ɪnˈsaɪt] *vt* inciter ; **to** ~ **sb to do sthg** inciter qqn à faire qqch.

incitement [ɪnˈsaɪtmənt] *n* (U) : ~ **(to sthg/to do sthg)** incitation *f* (à qqch/à faire qqch).

incl. - 1. *abbr of* **including** - **2.** *abbr of* **inclusive**.

inclement [ɪnˈklemənt] *adj* inclément(e).

inclination [ˌɪnklɪˈneɪʃn] *n* - **1.** (U) [liking, preference] inclination *f*, goût *m* - **2.** [tendency] : ~ **to do sthg** inclination *f* à faire qqch.

incline [*n* ˈɪnklaɪn, *vb* ɪnˈklaɪn] ◇ *n* inclinaison *f* ◇ *vt* [head] incliner.

inclined [ɪnˈklaɪnd] *adj* - **1.** [tending] : **to be** ~ **to sthg/to do sthg** avoir tendance à qqch/à faire qqch - **2.** [wanting] : **to be** ~ **to do sthg** être enclin(e) à faire qqch - **3.** [sloping] incliné(e).

include [ɪnˈkluːd] *vt* inclure.

included [ɪnˈkluːdɪd] *adj* inclus(e).

including [ɪnˈkluːdɪŋ] *prep* y compris.

inclusion [ɪnˈkluːʒn] *n* inclusion *f*.

inclusive [ɪnˈkluːsɪv] *adj* inclus(e) ; [including all costs] tout compris ; ~ **of VAT** TVA incluse ou comprise.

incognito [ˌɪnkɒgˈniːtəʊ] *adv* incognito.

incoherent [ˌɪnkəʊˈhɪərənt] *adj* incohérent(e).

income [ˈɪŋkʌm] *n* revenu *m*.

incomes policy *n* Br politique *f* des revenus OR salariale.

income support *n* Br *allocations supplémentaires accordées aux personnes ayant un faible revenu.*

income tax *n* impôt *m* sur le revenu.

incoming [ˈɪnˌkʌmɪŋ] *adj* - **1.** [tide, wave] montant(e) - **2.** [plane, passengers, mail] qui arrive ; [phone call] de l'extérieur - **3.** [government, official] nouveau (nouvelle).

incommunicado [ˌɪnkəmjuːˈnɪˈkɑːdəʊ] *adv :* to be held ~ être tenu(e) au secret.

incomparable [ɪnˈkɒmpərəbl] *adj* incomparable.

incompatible [ˌɪnkəmˈpætɪbl] *adj :* ~ (with) incompatible (avec).

incompetence [ɪnˈkɒmpɪtəns] *n* incompétence *f*.

incompetent [ɪnˈkɒmpɪtənt] *adj* incompétent(e).

incomplete [ˌɪnkəmˈpliːt] *adj* incomplet(ète).

incomprehensible [ɪnˌkɒmprɪˈhensəbl] *adj* incompréhensible.

inconceivable [ˌɪnkənˈsiːvəbl] *adj* inconcevable.

inconclusive [ˌɪnkənˈkluːsɪv] *adj* peu concluant(e).

incongruous [ɪnˈkɒŋgrʊəs] *adj* incongru(e).

inconsequential [ˌɪnkɒnsɪˈkwenʃl] *adj* sans importance.

inconsiderable [ˌɪnkənˈsɪdərəbl] *adj :* not ~ non négligeable.

inconsiderate [ˌɪnkənˈsɪdərət] *adj* inconsidéré(e) ; [person] qui manque de considération.

inconsistency [ˌɪnkənˈsɪstənsɪ] (*pl* -ies) *n* inconsistance *f*.

inconsistent [ˌɪnkənˈsɪstənt] *adj* - **1.** [not agreeing, contradictory] contradictoire ; [person] inconséquent(e) ; ~ with sthg en contradiction avec qqch - **2.** [erratic] inconsistant(e).

inconsolable [ˌɪnkənˈsəʊləbl] *adj* inconsolable.

inconspicuous [ˌɪnkənˈspɪkjʊəs] *adj* qui passe inaperçu(e).

incontinence [ɪnˈkɒntɪnəns] *n* incontinence *f*.

incontinent [ɪnˈkɒntɪnənt] *adj* incontinent(e).

incontrovertible [ˌɪnkɒntrəˈvɜːtəbl] *adj* indéniable, irréfutable.

inconvenience [ˌɪnkənˈviːnjəns] ⋄ *n* désagrément *m* ⋄ *vt* déranger.

inconvenient [ˌɪnkənˈviːnjənt] *adj* inopportun(e).

incorporate [ɪnˈkɔːpəreɪt] *vt* - **1.** [integrate] : to ~ sb/sthg (into) incorporer qqn/qqch (dans) - **2.** [comprise] contenir, comprendre.

incorporated [ɪnˈkɔːpəreɪtɪd] *adj* COMM constitué(e) en société commerciale.

incorporation [ɪnˌkɔːpəˈreɪʃn] *n* - **1.** [integration] incorporation *f* - **2.** COMM [of company] constitution *f* en société commerciale.

incorrect [ˌɪnkəˈrekt] *adj* incorrect(e).

incorrigible [ɪnˈkɒrɪdʒəbl] *adj* incorrigible.

incorruptible [ˌɪnkəˈrʌptəbl] *adj* incorruptible.

increase [*n* ˈɪnkriːs, *vb* ɪnˈkriːs] ⋄ *n :* ~ (in) augmentation *f* (de) ; to be on the ~ aller en augmentant ⋄ *vt* & *vi* augmenter.

increased [ɪnˈkriːst] *adj* accru(e).

increasing [ɪnˈkriːsɪŋ] *adj* croissant(e).

increasingly [ɪnˈkriːsɪŋlɪ] *adv* de plus en plus.

incredible [ɪnˈkredəbl] *adj* incroyable.

incredulous [ɪnˈkredjʊləs] *adj* incrédule.

increment [ˈɪnkrɪmənt] *n* augmentation *f*.

incriminate [ɪnˈkrɪmɪneɪt] *vt* incriminer ; to ~ o.s. se compromettre.

incriminating [ɪnˈkrɪmɪneɪtɪŋ] *adj* compromettant(e).

incrusted [ɪnˈkrʌst] = encrusted.

incubate [ˈɪnkjʊbeɪt] ⋄ *vt* incuber ⋄ *vi* être en incubation.

incubation [ˌɪnkjʊˈbeɪʃn] *n* incubation *f*.

incubator [ˈɪnkjʊbeɪtəʳ] *n* [for baby] incubateur *m*, couveuse *f*.

inculcate [ˈɪnkʌlkeɪt] *vt :* to ~ sthg in OR into sb inculquer qqch à qqn.

incumbent [ɪnˈkʌmbənt] *fml* ⋄ *adj :* to be ~ on OR upon sb to do sthg incomber à qqn de faire qqch ⋄ *n* [of post] titulaire *m*.

incur [ɪnˈkɜːʳ] (*pt* & *pp* -red ; *cont* -ring) *vt* encourir.

incurable [ɪnˈkjʊərəbl] *adj* [disease] incurable.

incursion [Br ɪnˈkɜːʃn, Am ɪnˈkɜːʒn] *n* incursion *f*.

indebted [ɪnˈdetɪd] *adj* [grateful] : ~ to sb redevable à qqn.

indecency [ɪnˈdiːsnsɪ] *n* indécence *f*.

indecent [ɪnˈdiːsnt] *adj* - **1.** [improper] indécent(e) - **2.** [unreasonable] malséant(e).

indecent assault *n* attentat *m* à la pudeur.

indecent exposure *n* outrage *m* public à la pudeur.

indecipherable [ˌɪndɪˈsaɪfərəbl] *adj* indéchiffrable.

indecision [ˌɪndɪˈsɪʒn] *n* indécision *f*.

indecisive [ˌɪndɪˈsaɪsɪv] *adj* indécis(e).

indeed [ɪnˈdiːd] *adv* - **1.** [certainly, to express surprise] vraiment ; ~ I am, yes ~ certainement - **2.** [in fact] en effet - **3.** [for emphasis] : very big/bad ~ extrêmement grand/mauvais, vraiment grand/mauvais.

indefatigable [ˌɪndɪˈfætɪɡəbl] *adj* infatigable.

indefensible [ˌɪndɪˈfensəbl] *adj* indéfendable.

indefinable [ˌɪndɪˈfaɪnəbl] *adj* indéfinissable.

indefinite [ɪnˈdefɪnɪt] *adj* - **1.** [not fixed] indéfini(e) - **2.** [imprecise] vague.

indefinitely [ɪnˈdefɪnətlɪ] *adv* - **1.** [for unfixed period] indéfiniment - **2.** [imprecisely] vaguement.

indelible [ɪnˈdeləbl] *adj* indélébile.

indelicate [ɪnˈdelɪkət] *adj* indélicat(e).

indemnify [ɪnˈdemnɪfaɪ] (*pt* & *pp* **-ied**) *vt* : to ~ sb for OR against sthg indemniser qqn de qqch.

indemnity [ɪnˈdemnətɪ] *n* indemnité *f*.

indent [ɪnˈdent] *vt* - **1.** [dent] entailler - **2.** [text] mettre en retrait.

indentation [ˌɪndenˈteɪʃn] *n* - **1.** [dent] découpure *f*, entaille *f* - **2.** [in text] alinéa *m*.

indenture [ɪnˈdentʃər] *n* contrat *m* d'apprentissage.

independence [ˌɪndɪˈpendəns] *n* indépendance *f*.

Independence Day *n* fête de l'indépendance américaine, le 4 juillet.

independent [ˌɪndɪˈpendənt] *adj* : ~ (of) indépendant(e) (de).

independently [ˌɪndɪˈpendəntlɪ] *adv* de façon indépendante ; ~ of sb/sthg indépendamment de qqn/qqch.

independent school *n* Br école *f* privée.

in-depth *adj* approfondi(e).

indescribable [ˌɪndɪˈskraɪbəbl] *adj* indescriptible.

indestructible [ˌɪndɪˈstrʌktəbl] *adj* indestructible.

indeterminate [ˌɪndɪˈtɜːmɪnət] *adj* indéterminé(e).

index [ˈɪndeks] (*pl senses 1 and 2* **-dexes** [-dek-siːz] ; *sense 3* **-dexes** OR **-dices** [-dɪsiːz]) <> *n* - **1.** [of book] index *m* - **2.** [in library] répertoire *m*, fichier *m* - **3.** ECON indice *m* <> *vt* [book] faire l'index de.

index card *n* fiche *f*.

index finger *n* index *m*.

index-linked [-ˌlɪŋkt] *adj* indexé(e).

India [ˈɪndjə] *n* Inde *f*; in ~ en Inde.

India ink Am = **Indian ink**.

Indian [ˈɪndjən] <> *adj* indien(enne) <> *n* Indien *m*, -enne *f*.

Indiana [ˌɪndɪˈænə] *n* Indiana *m*; in ~ dans l'Indiana.

Indian ink Br, **India ink** Am *n* encre *f* de Chine.

Indian Ocean *n* : the ~ l'océan *m* Indien.

Indian summer *n* été *m* indien.

india rubber *n* caoutchouc *m*.

indicate [ˈɪndɪkeɪt] <> *vt* indiquer <> *vi* AUT mettre son clignotant.

indication [ˌɪndɪˈkeɪʃn] *n* - **1.** [suggestion] indication *f* - **2.** [sign] signe *m*.

indicative [ɪnˈdɪkətɪv] <> *adj* : ~ of indicatif(ive) de <> *n* GRAMM indicatif *m*.

indicator [ˈɪndɪkeɪtər] *n* - **1.** [sign] indicateur *m* - **2.** AUT clignotant *m*.

indices [ˈɪndɪsiːz] *pl* ⊏ **index**.

indict [ɪnˈdaɪt] *vt* : to ~ sb (for) accuser qqn (de), mettre qqn en examen (pour).

indictable [ɪnˈdaɪtəbl] *adj* [person] qui peut être traduit(e) en justice ; [offence] punissable.

indictment [ɪnˈdaɪtmənt] *n* [JUR - bill] acte *m* d'accusation ; [- process] mise *f* en examen.

indie [ˈɪndɪ] *adj* Br inf indépendant(e).

indifference [ɪnˈdɪfrəns] *n* indifférence *f*.

indifferent [ɪnˈdɪfrənt] *adj* - **1.** [uninterested] : ~ (to) indifférent(e) (à) - **2.** [mediocre] médiocre.

indigenous [ɪnˈdɪdʒɪnəs] *adj* indigène.

indigestible [ˌɪndɪˈdʒestəbl] *adj* indigeste.

indigestion [ˌɪndɪˈdʒestʃn] *n* (U) indigestion *f*.

indignant [ɪnˈdɪɡnənt] *adj* : ~ (at) indigné(e) (de).

indignantly [ɪnˈdɪɡnəntlɪ] *adv* avec indignation.

indignation [ˌɪndɪɡˈneɪʃn] *n* indignation *f*.

indignity [ɪnˈdɪɡnətɪ] (*pl* **-ies**) *n* indignité *f*.

indigo [ˈɪndɪɡəʊ] <> *adj* indigo (*inv*) <> *n* indigo *m*.

indirect [ˌɪndɪˈrekt] *adj* indirect(e).

indirect costs *npl* frais *mpl* généraux.

indirect lighting n éclairage m indirect.

indirectly [,ɪndɪ'rektlɪ] adv indirectement.

indirect speech n discours m indirect.

indirect taxation n (U) contributions fpl indirectes, impôts mpl indirects.

indiscreet [,ɪndɪ'skriːt] adj indiscret(ète).

indiscretion [,ɪndɪ'skreʃn] n indiscrétion f.

indiscriminate [,ɪndɪ'skrɪmɪnət] adj [person] qui manque de discernement ; [treatment] sans distinction ; [killing] commis au hasard.

indiscriminately [,ɪndɪ'skrɪmɪnətlɪ] adv [admire] aveuglément ; [treat] sans faire de distinction ; [kill] au hasard.

indispensable [,ɪndɪ'spensəbl] adj indispensable.

indisposed [,ɪndɪ'spəʊzd] adj fml [unwell] indisposé(e).

indisputable [,ɪndɪ'spjuːtəbl] adj indiscutable.

indistinct [,ɪndɪ'stɪŋkt] adj indistinct(e) ; [memory] vague.

indistinguishable [,ɪndɪ'stɪŋgwɪʃəbl] adj : ~ (from) que l'on ne peut distinguer (de).

individual [,ɪndɪ'vɪdʒʊəl] <> adj - 1. [separate, for one person] individuel(elle) - 2. [distinctive] personnel(elle) <> n individu m.

individualist [,ɪndɪ'vɪdʒʊəlɪst] n individualiste mf.

individualistic ['ɪndɪ,vɪdʒʊə'lɪstɪk] adj individualiste.

individuality ['ɪndɪ,vɪdʒʊ'ælətɪ] n individualité f.

individually [,ɪndɪ'vɪdʒʊəlɪ] adv individuellement.

indivisible [,ɪndɪ'vɪzəbl] adj indivisible.

Indochina [,ɪndəʊ'tʃaɪnə] n Indochine f ; in ~ en Indochine.

indoctrinate [ɪn'dɒktrɪneɪt] vt endoctriner.

indoctrination [ɪn,dɒktrɪ'neɪʃn] n endoctrinement m.

indolent ['ɪndələnt] adj indolent(e).

indomitable [ɪn'dɒmɪtəbl] adj indomptable.

Indonesia [,ɪndə'niːzjə] n Indonésie f ; in ~ en Indonésie.

Indonesian [,ɪndə'niːzjən] <> adj indonésien(enne) <> n - 1. [person] Indonésien m, -enne f - 2. [language] indonésien m.

indoor ['ɪndɔː'] adj d'intérieur ; [swimming pool] couvert(e) ; [sports] en salle.

indoors [ɪn'dɔːz] adv à l'intérieur.

indubitably [ɪn'djuːbɪtəblɪ] adv indubitablement.

induce [ɪn'djuːs] vt - 1. [persuade] : to ~ sb to do sthg inciter OR pousser qqn à faire qqch - 2. MED [labour] provoquer ; [woman] provoquer l'accouchement de - 3. [bring about] provoquer.

inducement [ɪn'djuːsmənt] n [incentive] incitation f, encouragement m.

induction [ɪn'dʌkʃn] n - 1. [into official position] : ~ (into) installation f (à) - 2. [introduction to job] introduction f - 3. ELEC induction f.

induction course n stage m d'initiation.

indulge [ɪn'dʌldʒ] <> vt - 1. [whim, passion] céder à - 2. [child, person] gâter ; to ~ o.s. se faire plaisir <> vi : to ~ in sthg se permettre qqch.

indulgence [ɪn'dʌldʒəns] n - 1. [act of indulging] indulgence f - 2. [special treat] gâterie f.

indulgent [ɪn'dʌldʒənt] adj indulgent(e).

Indus ['ɪndəs] n : the (River) ~ l'Indus m.

industrial [ɪn'dʌstrɪəl] adj industriel(elle).

industrial action n : to take ~ se mettre en grève.

industrial estate Br, **industrial park** Am n zone f industrielle.

industrial injury n accident m du travail.

industrialist [ɪn'dʌstrɪəlɪst] n industriel m.

industrialization [ɪn,dʌstrɪəlaɪ'zeɪʃn] n industrialisation f.

industrialize, -ise [ɪn'dʌstrɪəlaɪz] <> vt industrialiser <> vi s'industrialiser.

industrial park Am = industrial estate.

industrial relations npl relations fpl patronat-syndicats.

industrial revolution n révolution f industrielle.

industrial tribunal n ≃ conseil m de prud'hommes.

industrious [ɪn'dʌstrɪəs] adj industrieux(euse).

industry ['ɪndəstrɪ] (pl -ies) n - 1. [gen] industrie f - 2. (U) [hard work] assiduité f, application f.

inebriated [ɪ'niːbrɪeɪtɪd] adj fml ivre.

inedible [ɪn'edɪbl] adj - 1. [meal, food] immangeable - 2. [plant, mushroom] non comestible.

ineffective [,ɪnɪ'fektɪv] adj inefficace.

ineffectual [,ɪnɪ'fektʃʊəl] adj inefficace ; [person] incapable, incompétent(e).

inefficiency [,ɪnɪ'fɪʃnsɪ] n inefficacité f ; [of person] incapacité f, incompétence f.

inefficient [,ɪnɪ'fɪʃnt] adj inefficace ; [person] incapable, incompétent(e).

inelegant [ɪn'elɪgənt] adj inélégant(e), sans élégance.

ineligible [ɪn'elɪdʒəbl] *adj* inéligible ; **to be ~ for** sthg ne pas avoir droit à qqch.

inept [ɪ'nept] *adj* inepte ; [person] stupide.

ineptitude [ɪ'neptɪtjuːd] *n* ineptie *f* ; [of person] stupidité *f*.

inequality [ˌɪnɪ'kwɒlətɪ] (*pl* -ies) *n* inégalité *f*.

inequitable [ɪn'ekwɪtəbl] *adj fml* inéquitable.

ineradicable [ˌɪnɪ'rædɪkəbl] *adj fml* tenace, dont on ne peut se débarrasser.

inert [ɪ'nɜːt] *adj* inerte.

inertia [ɪ'nɜːʃə] *n* inertie *f*.

inertia-reel seat belt *n* ceinture *f* de sécurité à enrouleur.

inescapable [ˌɪnɪ'skeɪpəbl] *adj* inéluctable.

inessential [ˌɪnɪ'senʃl] *adj* superflu(e).

inestimable [ɪn'estɪməbl] *adj* inestimable.

inevitable [ɪn'evɪtəbl] ⟨⟩ *adj* inévitable ⟨⟩ *n* : **the ~** l'inévitable *m*.

inevitably [ɪn'evɪtəblɪ] *adv* inévitablement.

inexact [ˌɪnɪg'zækt] *adj* inexact(e).

inexcusable [ˌɪnɪk'skjuːzəbl] *adj* inexcusable, impardonnable.

inexhaustible [ˌɪnɪg'zɔːstəbl] *adj* inépuisable.

inexorable [ɪn'eksərəbl] *adj* inexorable.

inexorably [ɪn'eksərəblɪ] *adv* inexorablement.

inexpensive [ˌɪnɪk'spensɪv] *adj* bon marché (*inv*), pas cher (chère).

inexperience [ˌɪnɪk'spɪərɪəns] *n* inexpérience *f*.

inexperienced [ˌɪnɪk'spɪərɪənst] *adj* inexpérimenté(e), qui manque d'expérience.

inexpert [ɪn'ekspɜːt] *adj* inexpert(e).

inexplicable [ˌɪnɪk'splɪkəbl] *adj* inexplicable.

inexplicably [ˌɪnɪk'splɪkəblɪ] *adv* inexplicablement.

inextricably [ɪn'ekstrɪkəblɪ] *adv* inextricablement.

infallible [ɪn'fæləbl] *adj* infaillible.

infamous ['ɪnfəməs] *adj* infâme.

infamy ['ɪnfəmɪ] *n* infamie *f*.

infancy ['ɪnfənsɪ] *n* petite enfance *f* ; **in its ~** *fig* à ses débuts.

infant ['ɪnfənt] *n* - **1.** [baby] nouveau-né *m*, nouveau-née *f*, nourrisson *m* - **2.** [young child] enfant *mf* en bas âge.

infantile ['ɪnfəntaɪl] *adj lit* & *pej* infantile.

infant mortality *n* mortalité *f* infantile.

infantry ['ɪnfəntrɪ] *n* infanterie *f*.

infantryman ['ɪnfəntrɪmən] (*pl* -men [-mən]) *n* fantassin *m*.

infant school *n* Br école *f* maternelle (*de 5 à 7 ans*).

infatuated [ɪn'fætjʊeɪtɪd] *adj* : **~ (with)** entiché(e) (de).

infatuation [ɪnˌfætjʊ'eɪʃn] *n* : **~ (with)** béguin *m* (pour).

infect [ɪn'fekt] *vt* - **1.** MED infecter - **2.** *fig* [subj : enthusiasm etc] se propager à.

infected [ɪn'fektɪd] *adj* : **~ (with)** infecté(e) (par).

infection [ɪn'fekʃn] *n* infection *f*.

infectious [ɪn'fekʃəs] *adj* - **1.** [disease] infectieux(euse) - **2.** *fig* [feeling, laugh] contagieux(euse).

infer [ɪn'fɜːr] (*pt* & *pp* -red ; *cont* -ring) *vt* [deduce] : **to ~ sthg (from)** déduire qqch (de).

inference ['ɪnfrəns] *n* - **1.** [conclusion] conclusion *f* - **2.** [process of deduction] : **by ~** par déduction.

inferior [ɪn'fɪərɪər] ⟨⟩ *adj* - **1.** [in status] inférieur(e) - **2.** [product] de qualité inférieure ; [work] médiocre ⟨⟩ *n* [in status] subalterne *mf*.

inferiority [ɪnˌfɪərɪ'ɒrətɪ] *n* infériorité *f*.

inferiority complex *n* complexe *m* d'infériorité.

infernal [ɪn'fɜːnl] *adj inf dated* infernal(e).

inferno [ɪn'fɜːnəʊ] (*pl* -s) *n* brasier *m*.

infertile [ɪn'fɜːtaɪl] *adj* - **1.** [woman] stérile - **2.** [soil] infertile.

infertility [ˌɪnfə'tɪlətɪ] *n* - **1.** [of woman] stérilité *f* - **2.** [of soil] infertilité *f*.

infestation [ˌɪnfe'steɪʃn] *n* infestation *f*.

infested [ɪn'festɪd] *adj* : **~ with** infesté(e) de.

infidelity [ˌɪnfɪ'delətɪ] *n* infidélité *f*.

infighting ['ɪnˌfaɪtɪŋ] *n* (U) querelles *fpl* intestines.

infiltrate ['ɪnfɪltreɪt] ⟨⟩ *vt* infiltrer ⟨⟩ *vi* : **to ~ into** s'infiltrer dans.

infinite ['ɪnfɪnət] *adj* infini(e).

infinitely ['ɪnfɪnətlɪ] *adv* infiniment.

infinitesimal [ˌɪnfɪnɪ'tesɪml] *adj* infinitésimal(e).

infinitive [ɪn'fɪnɪtɪv] *n* infinitif *m*.

infinity [ɪn'fɪnɪtɪ] *n* infini *m*.

infirm [ɪn'fɜːm] ⟨⟩ *adj* infirme ⟨⟩ *npl* : **the ~** les infirmes *mpl*.

infirmary [ɪn'fɜːmərɪ] (*pl* -ies) *n* [hospital] hôpital *m*.

infirmity [ɪn'fɜːmətɪ] (*pl* -ies) *n* infirmité *f*.

inflamed [ɪn'fleɪmd] *adj* MED enflammé(e).

inflammable [ɪn'flæməbl] *adj* inflammable

inflammation [ˌɪnfləˈmeɪʃn] *n* MED inflammation *f*.

inflammatory [ɪnˈflæmətrɪ] *adj* inflammatoire.

inflatable [ɪnˈfleɪtəbl] *adj* gonflable.

inflate [ɪnˈfleɪt] *vt* - **1.** [tyre, life jacket etc] gonfler - **2.** ECON [prices, salaries] hausser, gonfler.

inflated [ɪnˈfleɪtɪd] *adj* - **1.** [tyre, life jacket etc] gonflé(e) - **2.** pej [exaggerated] : **he has an ~ opinion of himself** il a une haute opinion de lui-même - **3.** ECON [salary, prices] exagéré(e), gonflé(e).

inflation [ɪnˈfleɪʃn] *n* ECON inflation *f*.

inflationary [ɪnˈfleɪʃnrɪ] *adj* ECON inflationniste.

inflationary spiral *n* spirale *f* inflationniste.

inflation-proof *adj* protégé(e) contre les effets de l'inflation.

inflexible [ɪnˈfleksəbl] *adj* - **1.** [material] rigide - **2.** [person, arrangement] inflexible.

inflict [ɪnˈflɪkt] *vt* : **to ~ sthg on sb** infliger qqch à qqn.

in-flight *adj* en vol *(inv)*.

inflow [ˈɪnfləʊ] *n* afflux *m*.

influence [ˈɪnfluəns] <> *n* influence *f* ; **under the ~ of** [person, group] sous l'influence de ; [alcohol, drugs] sous l'effet OR l'empire de <> *vt* influencer.

influential [ˌɪnfluˈenʃl] *adj* influent(e).

influenza [ˌɪnfluˈenzə] *n* (U) grippe *f*.

influx [ˈɪnflʌks] *n* afflux *m*.

info [ˈɪnfəʊ] *n* (U) inf info *f*.

inform [ɪnˈfɔːm] *vt* : **to ~ sb (of)** informer qqn (de) ; **to ~ sb about** renseigner qqn sur.
➤ **inform on** *vt fus* dénoncer.

informal [ɪnˈfɔːml] *adj* - **1.** [party, person] simple ; [clothes] de tous les jours - **2.** [negotiations, visit] officieux(euse) ; [meeting] informel(elle).

informally [ɪnˈfɔːmlɪ] *adv* - **1.** [talk, dress] simplement - **2.** [meet, agree] officieusement.

informant [ɪnˈfɔːmənt] *n* informateur *m*, -trice *f*.

information [ˌɪnfəˈmeɪʃn] *n* (U) : **~ (on OR about)** renseignements *mpl* OR informations *fpl* (sur) ; **a piece of ~** un renseignement ; **for your ~** fml à titre d'information.

information desk *n* bureau *m* de renseignements.

information highway, information superhighway *n* autoroute *f* de l'information.

information office *n* bureau *m* de renseignements.

information retrieval *n* recherche *f* documentaire sur ordinateur.

information scientist *n* informaticien *m*, -enne *f*.

information superhighway = **information highway**.

information technology *n* informatique *f*.

informative [ɪnˈfɔːmətɪv] *adj* informatif(ive).

informed [ɪnˈfɔːmd] *adj* : **well/badly ~** bien/mal renseigné(e) ; **he made an ~ guess** il a essayé de deviner en s'aidant de ce qu'il savait.

informer [ɪnˈfɔːməʳ] *n* indicateur *m*, -trice *f*.

infra dig [ˌɪnfrə-] *adj* dégradant(e).

infrared [ˌɪnfrəˈred] *adj* infrarouge.

infrastructure [ˈɪnfrəˌstrʌktʃəʳ] *n* infrastructure *f*.

infrequent [ɪnˈfriːkwənt] *adj* peu fréquent(e).

infringe [ɪnˈfrɪndʒ] (*cont* **infringeing**) <> *vt* - **1.** [right] empiéter sur - **2.** [law, agreement] enfreindre <> *vi* - **1.** [on right] : **to ~ on** empiéter sur - **2.** [on law, agreement] : **to ~ on** enfreindre.

infringement [ɪnˈfrɪndʒmənt] *n* - **1.** [of right] : **~ (of)** atteinte *f* (à) - **2.** [of law, agreement] transgression *f*.

infuriate [ɪnˈfjʊərɪeɪt] *vt* rendre furieux(euse).

infuriating [ɪnˈfjʊərɪeɪtɪŋ] *adj* exaspérant(e).

infuse [ɪnˈfjuːz] <> *vt* : **to ~ sb with sthg** fig insuffler qqch à qqn <> *vi* [tea] infuser.

infusion [ɪnˈfjuːʒn] *n* - **1.** [of enthusiasm, ideas] fait *m* d'insuffler ; [of money] injection *f* - **2.** [of tea, herbs] infusion *f*.

ingenious [ɪnˈdʒiːnjəs] *adj* ingénieux(euse).

ingenuity [ˌɪndʒɪˈnjuːətɪ] *n* ingéniosité *f*.

ingenuous [ɪnˈdʒenjuəs] *adj* ingénu(e), naïf (naïve).

ingest [ɪnˈdʒest] *vt* ingérer.

ingot [ˈɪŋgət] *n* lingot *m*.

ingrained [ˌɪnˈgreɪnd] *adj* - **1.** [dirt] incrusté(e) - **2.** fig [belief, hatred] enraciné(e).

ingratiate [ɪnˈgreɪʃɪeɪt] *vt* : **to ~ o.s. with sb** se faire bien voir de qqn.

ingratiating [ɪnˈgreɪʃɪeɪtɪŋ] *adj* doucereux(euse), mielleux(euse).

ingratitude [ɪnˈgrætɪtjuːd] *n* ingratitude *f*.

ingredient [ɪnˈgriːdjənt] *n* ingrédient *m* ; fig élément *m*.

ingrowing [ˈɪnˌgrəʊɪŋ], **ingrown** [ˈɪnˌgrəʊn] *adj* : **~ toenail** ongle *m* incarné.

inhabit [ɪn'hæbɪt] *vt* habiter.

inhabitant [ɪn'hæbɪtənt] *n* habitant *m*, -e *f*.

inhalation [ˌɪnhə'leɪʃn] *n* inhalation *f*.

inhale [ɪn'heɪl] ◇ *vt* inhaler, respirer ◇ *vi* [breathe in] respirer.

inhaler [ɪn'heɪlə'] *n* MED inhalateur *m*.

inherent [ɪn'hɪərənt, ɪn'herənt] *adj* : ~ **(in)** inhérent(e) (à).

inherently [ɪn'hɪərəntlɪ, ɪn'herəntlɪ] *adv* fondamentalement, en soi.

inherit [ɪn'herɪt] ◇ *vt* : **to ~ sthg (from sb)** hériter qqch (de qqn) ◇ *vi* hériter.

inheritance [ɪn'herɪtəns] *n* héritage *m*.

inheritor [ɪn'herɪtə'] *n* héritier *m*, -ère *f*.

inhibit [ɪn'hɪbɪt] *vt* - **1.** [prevent] empêcher - **2.** PSYCH inhiber.

inhibited [ɪn'hɪbɪtɪd] *adj* [person] inhibé(e).

inhibition [ˌɪnhɪ'bɪʃn] *n* inhibition *f*.

inhospitable [ˌɪnhɒ'spɪtəbl] *adj* inhospitalier(ère).

in-house ◇ *adj* interne ; [staff] de la maison ◇ *adv* [produce, work] sur place.

inhuman [ɪn'hju:mən] *adj* inhumain(e).

inhumane [ˌɪnhju:'meɪn] *adj* inhumain(e).

inimitable [ɪ'nɪmɪtəbl] *adj* inimitable.

iniquitous [ɪ'nɪkwɪtəs] *adj* inique.

iniquity [ɪ'nɪkwətɪ] (*pl* **-ies**) *n* iniquité *f*.

initial [ɪ'nɪʃl] (Br *pt* & *pp* **-led** ; *cont* **-ling**, Am *pt* & *pp* **-ed** ; *cont* **-ing**) ◇ *adj* initial(e), premier(ère) ; **~ letter** initiale *f* ◇ *vt* parapher.
➨ **initials** *npl* initiales *fpl*.

initialize, -ise [ɪ'nɪʃəlaɪz] *vt* COMPUT initialiser.

initially [ɪ'nɪʃəlɪ] *adv* initialement, au début.

initiate [ɪ'nɪʃɪeɪt] ◇ *vt* - **1.** [talks] engager ; [scheme] ébaucher, inaugurer - **2.** [teach] : **to ~ sb into sthg** initier qqn à qqch ◇ *n* initié *m*, -e *f*.

initiation [ɪˌnɪʃɪ'eɪʃn] *n* - **1.** [of talks] commencement *m*, début *m* ; [of scheme] ébauche *f*, inauguration *f* - **2.** [teaching] initiation *f*.

initiative [ɪ'nɪʃətɪv] *n* - **1.** [gen] initiative *f* ; **on one's own ~** de sa propre initiative ; **to take the ~** prendre l'initiative ; **to use one's ~** faire preuve d'initiative - **2.** [advantage] : **to have the ~** avoir l'avantage *m*.

inject [ɪn'dʒekt] *vt* - **1.** MED : **to ~ sb with sthg, to ~ sthg into sb** injecter qqch à qqn - **2.** fig [excitement] insuffler ; [money] injecter.

injection [ɪn'dʒekʃn] *n* lit & fig injection *f*.

injudicious [ˌɪndʒu:'dɪʃəs] *adj* peu judicieux(euse).

injunction [ɪn'dʒʌŋkʃn] *n* JUR injonction *f*.

injure [ɪn'dʒə'] *vt* - **1.** [limb, person] blesser ; **to ~ o.s.** se blesser ; **to ~ one's arm** se blesser au bras - **2.** fig [reputation, chances] compromettre.

injured [ɪn'dʒəd] ◇ *adj* - **1.** [limb, person] blessé(e) - **2.** fig [reputation] compromis(e) ; [pride] froissé(e) ◇ *npl* : **the ~** les blessés *mpl*.

injurious [ɪn'dʒuərɪəs] *adj* fml : ~ **(to)** nuisible (à), néfaste (à).

injury [ɪn'dʒərɪ] (*pl* **-ies**) *n* - **1.** [to limb, person] blessure *f* ; **to do o.s. an ~** se blesser - **2.** fig [to reputation] coup *m*, atteinte *f*.

injury time *n* (U) arrêts *mpl* de jeu.

injustice [ɪn'dʒʌstɪs] *n* injustice *f* ; **to do sb an ~** se montrer injuste envers qqn.

ink [ɪŋk] ◇ *n* encre *f* ◇ *comp* [pen] à encre ; [stain, blot] d'encre.
➨ **ink in** *vt sep* repasser à l'encre.

ink-jet printer *n* COMPUT imprimante *f* à jet d'encre.

inkling [ɪŋklɪŋ] *n* : **to have an ~ of** avoir une petite idée de.

inkpad [ɪŋkpæd] *n* tampon *m* encreur.

inkwell [ɪŋkwel] *n* encrier *m*.

inlaid [ˌɪn'leɪd] *adj* : ~ **(with)** incrusté(e) (de).

inland [*adj* 'ɪnlənd, *adv* ɪn'lænd] ◇ *adj* intérieur(e) ◇ *adv* à l'intérieur.

Inland Revenue *n* Br : **the ~** ≃ le fisc.

in-laws *npl* inf [parents-in-law] beaux-parents *mpl* ; [others] belle-famille *f*.

inlet [ɪnlet] *n* - **1.** [of lake, sea] avancée *f* - **2.** TECH arrivée *f*.

inmate [ɪnmeɪt] *n* [of prison] détenu *m*, -e *f* ; [of mental hospital] interné *m*, -e *f*.

inmost [ɪnməʊst] *adj* literary [secrets, thoughts] le plus profond (la plus profonde), le plus secret (la plus secrète).

inn [ɪn] *n* auberge *f*.

innards [ɪnədz] *npl* entrailles *fpl*.

innate [ɪ'neɪt] *adj* inné(e).

inner [ɪnə'] *adj* - **1.** [on inside] interne, intérieur(e) - **2.** [feelings] intime.

inner city ◇ *n* : **the ~** les quartiers *mp* pauvres ◇ *comp* des quartiers pauvres.

innermost [ɪnəməʊst] *adj* = inmost.

inner tube *n* chambre *f* à air.

innings [ɪnɪŋz] (*pl inv*) *n* Br CRICKET tour *m* de batte ; **to have had a good ~** fig avoir bien profité de l'existence.

innocence [ɪnəsəns] *n* innocence *f*.

innocent [ɪnəsənt] ◇ *adj* innocent(e) ; ~ o [crime] non coupable de ◇ *n* innocent *m*, -e *f*.

innocuous [ɪ'nɒkjʊəs] *adj* inoffensif(ive).

innovation [,ɪnə'veɪʃn] *n* innovation *f*.

innovative ['ɪnəvətɪv] *adj* - **1.** [idea, design] innovateur(trice) - **2.** [person, company] novateur(trice).

innovator ['ɪnəveɪtə'] *n* innovateur *m*, -trice *f*.

innuendo [,ɪnjuː'endəʊ] (*pl* -**es** OR -**s**) *n* insinuation *f*.

innumerable [ɪ'njuːmərəbl] *adj* innombrable.

inoculate [ɪ'nɒkjʊleɪt] *vt* : **to ~ sb (with sthg)** inoculer (qqch à) qqn ; **to ~ sb (against)** vacciner qqn (contre).

inoculation [ɪ,nɒkjʊ'leɪʃn] *n* inoculation *f*.

inoffensive [,ɪnə'fensɪv] *adj* inoffensif(ive).

inoperable [ɪn'ɒprəbl] *adj* - **1.** MED inopérable - **2.** [method] impossible à mettre en œuvre.

inoperative [ɪn'ɒprətɪv] *adj* - **1.** [rule, tax] inopérant(e) - **2.** [machine] qui ne marche pas.

inopportune [ɪn'ɒpətjuːn] *adj* inopportun(e).

inordinate [ɪ'nɔːdɪnət] *adj* excessif(ive), démesuré(e).

inordinately [ɪ'nɔːdɪnətlɪ] *adv* excessivement.

inorganic [,ɪnɔː'gænɪk] *adj* inorganique.

in-patient *n* malade hospitalisé *m*, malade hospitalisée *f*.

input ['ɪnpʊt] (*pt* & *pp* **input** OR -**ted**, *cont* -**ting**) ◇ *n* - **1.** [contribution] contribution *f*, concours *m* - **2.** COMPUT & ELEC entrée *f* ◇ *vt* COMPUT entrer.

input/output *n* COMPUT entrée-sortie *f*.

inquest ['ɪnkwest] *n* enquête *f*.

inquire [ɪn'kwaɪə'] ◇ *vt* : **to ~ when/whether/how ...** demander quand/si/comment ... ◇ *vi* : **to ~ (about)** se renseigner (sur).

◆ **inquire after** *vt fus* s'enquérir de.

◆ **inquire into** *vt fus* enquêter sur.

inquiring [ɪn'kwaɪərɪŋ] *adj* - **1.** [person, mind] curieux(euse) - **2.** [look, tone] interrogateur(trice).

inquiry [ɪn'kwaɪərɪ] (*pl* -**ies**) *n* - **1.** [question] demande *f* de renseignements ; '**Inquiries**' 'renseignements' - **2.** [investigation] enquête *f*.

inquiry desk *n* bureau *m* de renseignements.

inquisition [,ɪnkwɪ'zɪʃn] *n* inquisition *f*.

◆ **Inquisition** *n* : **the Inquisition** l'Inquisition *f*.

inquisitive [ɪn'kwɪzətɪv] *adj* inquisiteur(trice).

inroads ['ɪnrəʊdz] *npl* : **to make ~ into** [savings] entamer.

insane [ɪn'seɪn] ◇ *adj* fou (folle) ◇ *npl* : **the ~** les malades *mpl* mentaux.

insanitary [ɪn'sænɪtrɪ] *adj* insalubre.

insanity [ɪn'sænətɪ] *n* folie *f*.

insatiable [ɪn'seɪʃəbl] *adj* insatiable.

inscribe [ɪn'skraɪb] *vt* - **1.** [engrave] graver - **2.** [write] inscrire.

inscription [ɪn'skrɪpʃn] *n* - **1.** [engraved] inscription *f* - **2.** [written] dédicace *f*.

inscrutable [ɪn'skruːtəbl] *adj* impénétrable.

insect ['ɪnsekt] *n* insecte *m*.

insect bite *n* piqûre *f* d'insecte.

insecticide [ɪn'sektɪsaɪd] *n* insecticide *m*.

insect repellent *n* lotion *f* anti-moustiques.

insecure [,ɪnsɪ'kjʊə'] *adj* - **1.** [person] anxieux(euse) - **2.** [job, investment] incertain(e).

insecurity [,ɪnsɪ'kjʊərətɪ] *n* insécurité *f*.

insensible [ɪn'sensəbl] *adj* - **1.** [unconscious] inconscient(e) - **2.** [unaware, not feeling] : **~ of/to** insensible à.

insensitive [ɪn'sensətɪv] *adj* : **~ (to)** insensible (à).

insensitivity [ɪn,sensə'tɪvətɪ] *n* insensibilité *f*.

inseparable [ɪn'seprəbl] *adj* inséparable.

insert [*vb* ɪn'sɜːt, *n* 'ɪnsɜːt] ◇ *vt* : **to ~ sthg (in** OR **into)** insérer qqch (dans) ◇ *n* [in newspaper] encart *m*.

insertion [ɪn'sɜːʃn] *n* insertion *f*.

in-service training *n* Br formation *f* en cours d'emploi.

inset ['ɪnset] *n* encadré *m*.

inshore [*adj* 'ɪnʃɔː', *adv* ɪn'ʃɔː'] ◇ *adj* côtier(ère) ◇ *adv* [be situated] près de la côte ; [move] vers la côte.

inside [ɪn'saɪd] ◇ *prep* - **1.** [building, object] à l'intérieur de, dans ; [group, organization] au sein de - **2.** [time] : **~ three weeks** en moins de trois semaines ◇ *adv* - **1.** [gen] dedans, à l'intérieur ; **to go ~** entrer ; **come ~!** entrez! - **2.** [prison] sl en taule ◇ *adj* intérieur(e) ◇ *n* - **1.** [interior] : **the ~** l'intérieur *m* ; **~ out** [clothes] à l'envers ; **to know sthg ~ out** connaître qqch à fond - **2.** AUT : **the ~** [in UK] la gauche ; [in Europe, US etc] la droite.

◆ **insides** *npl* inf tripes *fpl*.

◆ **inside of** *prep* Am [building, object] à l'intérieur de, dans.

inside information n (U) renseignements mpl obtenus à la source.

inside job n inf coup m monté de l'intérieur.

inside lane n AUT [in UK] voie f de gauche ; [in Europe, US etc] voie de droite.

insider [ˌɪnˈsaɪdəʳ] n initié m, -e f.

insider dealing, insider trading n (U) délits mpl d'initiés.

inside story n : I got the ~ from his wife j'ai appris la vérité sur cette affaire par sa femme.

insidious [ɪnˈsɪdɪəs] adj insidieux(euse).

insight [ˈɪnsaɪt] n - **1.** [wisdom] sagacité f, perspicacité f - **2.** [glimpse] : ~ (into) aperçu m (de).

insignia [ɪnˈsɪgnɪə] (pl inv) n insigne m.

insignificance [ˌɪnsɪgˈnɪfɪkəns] n insignifiance f.

insignificant [ˌɪnsɪgˈnɪfɪkənt] adj insignifiant(e).

insincere [ˌɪnsɪnˈsɪəʳ] adj pas sincère.

insincerity [ˌɪnsɪnˈserətɪ] n manque m de sincérité.

insinuate [ɪnˈsɪnjʊeɪt] vt insinuer, laisser entendre.

insinuation [ɪnˌsɪnjʊˈeɪʃn] n insinuation f.

insipid [ɪnˈsɪpɪd] adj insipide.

insist [ɪnˈsɪst] ◇ vt - **1.** [claim] : to ~ (that) ... insister sur le fait que ... - **2.** [demand] : to ~ (that) ... insister pour que (+ subjunctive) ... ◇ vi : to ~ (on sthg) exiger (qqch) ; to ~ on doing sthg tenir à faire qqch, vouloir absolument faire qqch.

insistence [ɪnˈsɪstəns] n : ~ (on) insistance f (à).

insistent [ɪnˈsɪstənt] adj - **1.** [determined] insistant(e) ; to be ~ on insister sur - **2.** [continual] incessant(e).

in situ [ˌɪnˈsɪtjuː] adv in situ.

insofar [ˌɪnsəʊˈfɑːʳ] ➣ **insofar as** conj dans la mesure où.

insole [ˈɪnsəʊl] n semelle f intérieure.

insolence [ˈɪnsələns] n insolence f.

insolent [ˈɪnsələnt] adj insolent(e).

insoluble Br [ɪnˈsɒljʊbl], **insolvable** Am [ɪnˈsɒlvəbl] adj insoluble.

insolvency [ɪnˈsɒlvənsɪ] n insolvabilité f.

insolvent [ɪnˈsɒlvənt] adj insolvable.

insomnia [ɪnˈsɒmnɪə] n insomnie f.

insomniac [ɪnˈsɒmnɪæk] n insomniaque mf.

insomuch [ˌɪnsəʊˈmʌtʃ] ➣ **insomuch as** conj d'autant que.

inspect [ɪnˈspekt] vt - **1.** [letter, person] examiner - **2.** [factory, troops etc] inspecter.

inspection [ɪnˈspekʃn] n - **1.** [investigation] examen m - **2.** [official check] inspection f.

inspector [ɪnˈspektəʳ] n inspecteur m, -trice f.

inspector of taxes n inspecteur m, -trice f des impôts.

inspiration [ˌɪnspəˈreɪʃn] n inspiration f.

inspire [ɪnˈspaɪəʳ] vt : to ~ sb to do sthg pousser OR encourager qqn à faire qqch ; to ~ sb with sthg, to ~ sthg in sb inspirer qqch à qqn.

inspired [ɪnˈspaɪəd] adj - **1.** [artist, performance] inspiré(e) - **2.** [guess, idea] brillant(e).

inspiring [ɪnˈspaɪərɪŋ] adj qui inspire.

inst. (abbr of instant) : on the 4th ~ le 4 courant.

instability [ˌɪnstəˈbɪlətɪ] n instabilité f.

install Br, **instal** Am [ɪnˈstɔːl] vt - **1.** [fit] installer - **2.** [appoint] : to ~ sb (as sthg) nommer qqn (qqch) - **3.** [settle] : to ~ o.s. s'installer.

installation [ˌɪnstəˈleɪʃn] n installation f.

installment Am = instalment.

installment plan n Am achat m à crédit.

instalment Br, **installment** Am [ɪnˈstɔːlmənt] n - **1.** [payment] acompte m ; in ~s par acomptes - **2.** [episode] épisode m.

instance [ˈɪnstəns] n exemple m ; for ~ par exemple ; in the first ~ en premier lieu.

instant [ˈɪnstənt] ◇ adj - **1.** [immediate] instantané(e), immédiat(e) - **2.** [coffee] soluble ; [food] à préparation rapide ◇ n instant m ; the ~ (that) ... dès OR aussitôt que ... ; this ~ tout de suite, immédiatement.

instantaneous [ˌɪnstənˈteɪnjəs] adj instantané(e).

instantly [ˈɪnstəntlɪ] adv immédiatement.

instead [ɪnˈsted] adv au lieu de cela.

➣ **instead of** prep au lieu de ; ~ of him à sa place.

instep [ˈɪnstep] n cou-de-pied m.

instigate [ˈɪnstɪgeɪt] vt être à l'origine de, entreprendre.

instigation [ˌɪnstɪˈgeɪʃn] n : at the ~ of à l'instigation f de.

instigator [ˈɪnstɪgeɪtəʳ] n instigateur m, -trice f.

instil Br (pt & pp -led ; cont -ling), **instill** Am (pt & pp -ed ; cont -ing) [ɪnˈstɪl] vt : to ~ sthg in OR into sb instiller qqch à qqn.

instinct [ˈɪnstɪŋkt] n - **1.** [intuition] instinct m - **2.** [impulse] réaction f, mouvement m.

instinctive [ɪnˈstɪŋktɪv] adj instinctif(ive).

instinctively [ɪn'stɪŋktɪvlɪ] *adv* instinctivement.

institute ['ɪnstɪtjuːt] ◇ *n* institut *m* ◇ *vt* instituer.

institution [,ɪnstɪ'tjuːʃn] *n* institution *f*.

institutional [,ɪnstɪ'tjuːʃənl] *adj* institutionnel(elle) ; **pej** [food] d'internat.

institutionalized, -ised [,ɪnstɪ'tjuːʃnə,laɪzd] *adj* - **1. pej** [person] influencé(e) par la vie en collectivité - **2.** [established] institutionnalisé(e).

instruct [ɪn'strʌkt] *vt* - **1.** [tell, order] : **to ~ sb to do sthg** charger qqn de faire qqch - **2.** [teach] instruire ; **to ~ sb in sthg** enseigner qqch à qqn.

instruction [ɪn'strʌkʃn] *n* instruction *f*.
➡ **instructions** *npl* mode *m* d'emploi, instructions *fpl*.

instruction manual *n* manuel *m*.

instructive [ɪn'strʌktɪv] *adj* instructif(ive).

instructor [ɪn'strʌktəʳ] *n* - **1.** [gen] instructeur *m*, -trice *f*, moniteur *m*, -trice *f* - **2. Am** SCH enseignant *m*, -e *f*.

instructress [ɪn'strʌktrɪs] *n* instructrice *f*, monitrice *f*.

instrument ['ɪnstrʊmənt] *n* lit & fig instrument *m*.

instrumental [,ɪnstrʊ'mentl] ◇ *adj* - **1.** [important, helpful] : **to be ~ in** contribuer à - **2.** [music] instrumental(e) ◇ *n* morceau *m* instrumental.

instrumentalist [,ɪnstrʊ'mentəlɪst] *n* instrumentiste *mf*.

instrument panel *n* tableau *m* de bord.

insubordinate [,ɪnsə'bɔːdɪnət] *adj* insubordonné(e).

insubordination ['ɪnsə,bɔːdɪ'neɪʃn] *n* insubordination *f*.

insubstantial [,ɪnsəb'stænʃl] *adj* [structure] peu solide ; [meal] peu substantiel(elle).

insufferable [ɪn'sʌfərəbl] *adj* fml insupportable.

insufficient [,ɪnsə'fɪʃnt] *adj* fml insuffisant(e)

insular ['ɪnsjʊləʳ] *adj* [outlook] borné(e) ; [person] à l'esprit étroit.

insulate ['ɪnsjʊleɪt] *vt* - **1.** [loft, cable] isoler ; [hot water tank] calorifuger - **2.** [protect] : **to ~ sb against** OR **from sthg** protéger qqn de qqch.

insulating tape ['ɪnsjʊleɪtɪŋ-] *n* Br chatterton *m*.

insulation [,ɪnsjʊ'leɪʃn] *n* isolation *f*.

insulin ['ɪnsjʊlɪn] *n* insuline *f*.

insult [*vt* ɪn'sʌlt, *n* 'ɪnsʌlt] ◇ *vt* insulter, injurier ◇ *n* insulte *f*, injure *f* ; **to add ~ to injury** aggraver les choses.

insulting [ɪn'sʌltɪŋ] *adj* insultant(e), injurieux(euse).

insuperable [ɪn'suːprəbl] *adj* fml insurmontable.

insurance [ɪn'ʃʊərəns] ◇ *n* - **1.** [against fire, accident, theft] assurance *f* - **2. fig** [safeguard, protection] protection *f*, garantie *f* ◇ *comp* [company, agent] d'assurances ; [certificate] d'assurance.

insurance broker *n* courtier *m* d'assurances.

insurance policy *n* police *f* d'assurance.

insurance premium *n* prime *f* d'assurance.

insure [ɪn'ʃʊəʳ] ◇ *vt* - **1.** [against fire, accident, theft] : **to ~ sb/sthg against sthg** assurer qqn/qqch contre qqch - **2. Am** [make certain] s'assurer ◇ *vi* [prevent] : **to ~ against** se protéger de.

insured [ɪn'ʃʊəd] ◇ *adj* - **1.** [against fire, accident, theft] : **~ (against** OR **for sthg)** assuré(e) (contre qqch) - **2. Am** [certain] certain(e), sûr(e) ◇ *n* : **the ~** l'assuré.

insurer [ɪn'ʃʊərəʳ] *n* assureur *m*.

insurgent [ɪn'sɜːdʒənt] *n* insurgé *m*, -e *f*.

insurmountable [,ɪnsə'maʊntəbl] *adj* fml insurmontable.

insurrection [,ɪnsə'rekʃn] *n* insurrection *f*.

intact [ɪn'tækt] *adj* intact(e).

intake ['ɪnteɪk] *n* - **1.** [amount consumed] consommation *f* - **2.** [people recruited] admission *f* - **3.** [inlet] prise *f*, arrivée *f*.

intangible [ɪn'tændʒəbl] *adj* intangible, impalpable ; [proof] non tangible.

integral ['ɪntɪgrəl] *adj* intégral(e) ; **to be ~ to sthg** faire partie intégrante de qqch.

integrate ['ɪntɪgreɪt] ◇ *vi* s'intégrer ; **to ~ with** OR **into sthg** s'intégrer dans qqch ◇ *vt* intégrer ; **to ~ sb/sthg with sthg, to ~ sb/sthg into sthg** intégrer qqn/qqch dans qqch.

integrated ['ɪntɪgreɪtɪd] *adj* intégré(e).

integrated circuit *n* circuit *m* intégré.

integration [,ɪntɪ'greɪʃn] *n* : **~ (with/into)** intégration *f* (à/dans).

integrity [ɪn'tegrətɪ] *n* - **1.** [honour] intégrité *f*, honnêteté *f* - **2. fml** [wholeness] intégrité *f*, totalité *f*.

intellect ['ɪntəlekt] *n* - **1.** [ability to think] intellect *m* - **2.** [cleverness] intelligence *f*.

intellectual [,ɪntə'lektjʊəl] ◇ *adj* intellectuel(elle) ◇ *n* intellectuel *m*, -elle *f*.

intellectualize, -ise [ˌɪntəˈlektjʊəlaɪz] *vt* intellectualiser.

intelligence [ɪnˈtelɪdʒəns] *n* (U) **- 1.** [ability to think] intelligence *f* **- 2.** [information service] service *m* de renseignements **- 3.** [information] informations *fpl*, renseignements *mpl*.

intelligence quotient *n* quotient *m* intellectuel.

intelligence test *n* test *m* d'aptitude intellectuelle.

intelligent [ɪnˈtelɪdʒənt] *adj* intelligent(e).

intelligent card *n* carte *f* à puce OR à mémoire.

intelligently [ɪnˈtelɪdʒəntlɪ] *adv* intelligemment, avec intelligence.

intelligentsia [ɪnˌtelɪˈdʒentsɪə] *n* : **the ~** l'intelligentsia *f*.

intelligible [ɪnˈtelɪdʒəbl] *adj* intelligible.

intemperate [ɪnˈtempərət] *adj* fml immodéré(e).

intend [ɪnˈtend] *vt* [mean] avoir l'intention de ; **it was ~ed as advice** je voulais/il voulait juste donner des conseils ; **it wasn't ~ed as criticism** je n'ai pas/il n'a pas dit pour critiquer ; **to be ~ed for** être destiné à ; **to be ~ed to do sthg** être destiné à faire qqch, viser à faire qqch ; **to ~ doing** OR **to do sthg** avoir l'intention de faire qqch.

intended [ɪnˈtendɪd] *adj* [result] voulu(e) ; [victim] visé(e).

intense [ɪnˈtens] *adj* **- 1.** [gen] intense **- 2.** [serious - person] sérieux(euse).

intensely [ɪnˈtenslɪ] *adv* **- 1.** [irritating, boring] extrêmement ; [suffer] énormément **- 2.** [look] intensément.

intensify [ɪnˈtensɪfaɪ] (*pt* & *pp* -**ied**) ⟨⟩ *vt* intensifier, augmenter ⟨⟩ *vi* s'intensifier.

intensity [ɪnˈtensətɪ] *n* intensité *f*.

intensive [ɪnˈtensɪv] *adj* intensif(ive).

intensive care *n* : **to be in ~** être en réanimation.

intensive care unit *n* service *m* de réanimation, unité *f* de soins intensifs.

intent [ɪnˈtent] ⟨⟩ *adj* **- 1.** [absorbed] absorbé(e) **- 2.** [determined] : **to be ~ on** OR **upon doing sthg** être résolu(e) OR décidé(e) à faire qqch ⟨⟩ *n* fml intention *f*, dessein *m* ; **to all ~s and purposes** pratiquement, virtuellement.

intention [ɪnˈtenʃn] *n* intention *f*.

intentional [ɪnˈtenʃənl] *adj* intentionnel(elle), voulu(e).

intentionally [ɪnˈtenʃənəlɪ] *adv* intentionnellement ; **I didn't do it ~** je ne l'ai pas fait exprès.

intently [ɪnˈtentlɪ] *adv* avec attention, attentivement.

inter [ɪnˈtɜːʳ] (*pt* & *pp* -**red** ; *cont* -**ring**) *vt* fml enterrer.

interact [ˌɪntərˈækt] *vi* **- 1.** [communicate, work together] : **to ~ (with sb)** communiquer (avec qqn) **- 2.** [react] : **to ~ (with sthg)** interagir (avec qqch).

interaction [ˌɪntərˈækʃn] *n* interaction *f*.

interactive [ˌɪntərˈæktɪv] *adj* COMPUT interactif(ive).

intercede [ˌɪntəˈsiːd] *vi* fml : **to ~ (with sb)** intercéder (auprès de qqn).

intercept [ˌɪntəˈsept] *vt* intercepter.

interception [ˌɪntəˈsepʃn] *n* interception *f*.

interchange [*n* ˈɪntətʃeɪndʒ, *vb* ˌɪntəˈtʃeɪndʒ] ⟨⟩ *n* **- 1.** [exchange] échange *m* **- 2.** [road junction] échangeur *m* ⟨⟩ *vt* échanger.

interchangeable [ˌɪntəˈtʃeɪndʒəbl] *adj* : **~ (with)** interchangeable (avec).

intercity [ˌɪntəˈsɪtɪ] ⟨⟩ *adj* Br interurbain(e) ⟨⟩ *n* *système de trains rapides reliant les grandes villes en Grande-Bretagne* ; **Intercity 125®** *train rapide pouvant rouler à 125 miles (200 km) à l'heure*.

intercom [ˈɪntəkɒm] *n* Interphone® *m* ; **on** OR **over the ~** à l'Interphone®.

interconnect [ˌɪntəkəˈnekt] *vi* : **to ~ (with)** être relié(e) (à), être connecté(e) (à).

intercontinental [ˈɪntəˌkɒntɪˈnentl] *adj* intercontinental(e).

intercontinental ballistic missile *n* missile *m* balistique intercontinental.

intercourse [ˈɪntəkɔːs] *n* (U) [sexual] rapports *mpl* (sexuels).

interdenominational [ˈɪntədɪˌnɒmɪˈneɪʃənl] *adj* interconfessionnel(elle).

interdepartmental [ˈɪntəˌdiːpɑːtˈmentl] *adj* entre services ; [in government] entre départements.

interdependent [ˌɪntədɪˈpendənt] *adj* interdépendant(e).

interdict [ˈɪntədɪkt] *n* **- 1.** JUR interdiction ▸ **- 2.** RELIG interdit *m*.

interest [ˈɪntrəst] ⟨⟩ *n* **- 1.** [gen] intérêt *m* ; **to have an ~ in** s'intéresser à ; **to lose ~** se désintéresser ; **in the ~s of** dans l'intérêt de **- 2.** [hobby] centre *m* d'intérêt **- 3.** (U) FIN intérêt *m*, intérêts *mpl* ⟨⟩ *vt* intéresser ; **to ~ sb in sthg** [arouse interest] intéresser qqn à qqch **can I ~ you in a drink?** je peux vous offrir un verre?

interested [ˈɪntrəstɪd] *adj* intéressé(e) ; **to be ~ in** s'intéresser à ; **I'm not ~ in that** cela ne m'intéresse pas ; **to be ~ in doing sthg** avoir envie de faire qqch.

interest-free *adj* FIN sans intérêt.

interesting ['ɪntrəstɪŋ] *adj* intéressant(e).

interest rate *n* taux *m* d'intérêt.

interface [*n* 'ɪntəfeɪs , *vb* ˌɪntə'feɪs] ◇ *n* - **1.** COMPUT interface *f* - **2.** fig [junction] rapports *mpl*, relations *fpl* ◇ *vt* COMPUT interfacer.

interfere [ˌɪntə'fɪər] *vi* - **1.** [meddle] : **to ~ in sthg** s'immiscer dans qqch, se mêler de qqch ; **don't ~!** ne t'en mêle pas! - **2.** [damage] : **to ~ with sthg** gêner OR contrarier qqch ; [routine] déranger qqch.

interference [ˌɪntə'fɪərəns] *n* (U) - **1.** [meddling] : **~ (with OR in)** ingérence *f* (dans), intrusion *f* (dans) - **2.** TELEC parasites *mpl*.

interfering [ˌɪntə'fɪərɪŋ] *adj* pej qui se mêle de tout.

intergalactic [ˌɪntəɡə'læktɪk] *adj* intergalactique.

interim ['ɪntərɪm] ◇ *adj* provisoire ◇ *n* : **in the ~** dans l'intérim, entre-temps.

interior [ɪn'tɪərɪər] ◇ *adj* - **1.** [inner] intérieur(e) - **2.** POL de l'Intérieur ◇ *n* intérieur *m*.

interior decorator *n* décorateur *m*, -trice *f*.

interior designer *n* architecte *mf* d'intérieur.

interject [ˌɪntə'dʒekt] ◇ *vt* - **1.** [add] lancer - **2.** [interrupt] interrompre ◇ *vi* interrompre, lancer une remarque.

interjection [ˌɪntə'dʒekʃn] *n* - **1.** [remark] interruption *f* - **2.** GRAMM interjection *f*.

interleave [ˌɪntə'liːv] *vt* : **to ~ sthg with sthg** interfolier qqch avec qqch.

interlock [ˌɪntə'lɒk] ◇ *vi* [gears] s'enclencher, s'engrener ; [fingers] s'entrelacer ◇ *vt* [gears] enclencher, engrener ; [fingers] entrelacer.

interloper ['ɪntələupər] *n* intrus *m*, -e *f*.

interlude ['ɪntəluːd] *n* - **1.** [pause] intervalle *m* - **2.** [interval] interlude *m*.

intermarry [ˌɪntə'mærɪ] (*pt & pp* -ied) *vi* : **to ~ (with)** se marier (avec).

intermediary [ˌɪntə'miːdjərɪ] (*pl* -ies) *n* intermédiaire *mf*.

intermediate [ˌɪntə'miːdjət] *adj* - **1.** [transitional] intermédiaire - **2.** [post-beginner - level] moyen(enne) ; [- student, group] de niveau moyen.

interminable [ɪn'tɜːmɪnəbl] *adj* interminable, sans fin.

intermingle [ˌɪntə'mɪŋɡl] *vi* : **to ~ with sb** se

mêler à qqn ; **to ~ with sthg** se mélanger avec qqch.

intermission [ˌɪntə'mɪʃn] *n* entracte *m*.

intermittent [ˌɪntə'mɪtənt] *adj* intermittent(e).

intern [*vb* ɪn'tɜːn, *n* 'ɪntɜːn] ◇ *vt* interner ◇ *n* Am [gen] stagiaire *mf* ; MED interne *mf*.

internal [ɪn'tɜːnl] *adj* - **1.** [gen] interne - **2.** [within country] intérieur(e).

internal-combustion engine *n* moteur *m* à combustion interne.

internally [ɪn'tɜːnəlɪ] *adv* - **1.** [within the body] : **to bleed ~** faire une hémorragie interne - **2.** [within country] à l'intérieur - **3.** [within organization] intérieurement.

Internal Revenue *n* Am : **the ~** ≃ le fisc.

international [ˌɪntə'næʃənl] ◇ *adj* international(e) ◇ *n* Br SPORT - **1.** [match] match *m* international - **2.** [player] international *m*, -e *f*.

international date line *n* : **the ~** la ligne de changement de date.

internationally [ˌɪntə'næʃnəlɪ] *adv* dans le monde entier.

International Monetary Fund *n* : **the ~** le Fonds monétaire international.

international relations *npl* relations *fpl* internationales.

internecine [Br ˌɪntə'niːsaɪn, Am ɪntər'niːsn] *adj* fml intestin(e).

internee [ˌɪntɜː'niː] *n* interné *m*, -e *f* politique.

internet, Internet ['ɪntənet] *n* : **the ~** l'Internet *m*.

internet café, Internet café *n* cybercafé *m*.

Internet Service Provider *n* fournisseur *m* d'accès.

internment [ɪn'tɜːnmənt] *n* internement *m* politique.

interpersonal [ˌɪntə'pɜːsənl] *adj* de personne à personne, entre personnes ; [skills] de communication.

interplay ['ɪntəpleɪ] *n* : **~ (of/between)** interaction *f* (de/entre).

Interpol ['ɪntəpɒl] *n* Interpol *m*.

interpolate [ɪn'tɜːpəleɪt] *vt* fml - **1.** [add] : **to ~ sthg (into)** ajouter qqch (à) - **2.** [interrupt] interrompre.

interpose [ˌɪntə'pəuz] *vt* fml - **1.** [add] ajouter - **2.** [interrupt] interrompre.

interpret [ɪn'tɜːprɪt] ◇ *vt* : **to ~ sthg (as)** interpréter qqch (comme) ◇ *vi* [translate] faire l'interprète.

interpretation [ɪnˌtɜːprɪˈteɪʃn] n interprétation f.

interpreter [ɪnˈtɜːprɪtəʳ] n interprète mf.

interpreting [ɪnˈtɜːprɪtɪŋ] n [occupation] interprétariat m.

interracial [ˌɪntəˈreɪʃl] adj entre des races différentes, racial(e).

interrelate [ˌɪntərɪˈleɪt] ◇ vt mettre en corrélation ◇ vi : **to ~ (with)** être lié(e) (à), être en corrélation (avec).

interrogate [ɪnˈterəgeɪt] vt interroger.

interrogation [ɪnˌterəˈgeɪʃn] n interrogatoire m.

interrogation mark n Am point m d'interrogation.

interrogative [ˌɪntəˈrɒgətɪv] GRAMM ◇ adj interrogatif(ive) ◇ n interrogatif m.

interrogator [ɪnˈterəgeɪtəʳ] n interrogateur m, -trice f.

interrupt [ˌɪntəˈrʌpt] ◇ vt interrompre ; [calm] rompre ◇ vi interrompre.

interruption [ˌɪntəˈrʌpʃn] n interruption f.

intersect [ˌɪntəˈsekt] ◇ vi s'entrecroiser, s'entrecouper ◇ vt croiser, couper.

intersection [ˌɪntəˈsekʃn] n [in road] croisement m, carrefour m.

intersperse [ˌɪntəˈspɜːs] vt : **to be ~d with** être émaillé(e) de, être entremêlé(e) de.

interstate (highway) [ˈɪntəsteɪt-] n Am autoroute f.

interval [ˈɪntəvl] n - **1.** [gen] intervalle m ; **at ~s** par intervalles ; **at monthly/yearly ~s** tous les mois/ans - **2.** Br [at play, concert] entracte m.

intervene [ˌɪntəˈviːn] vi - **1.** [person, police] : **to ~ (in)** intervenir (dans), s'interposer (dans) - **2.** [event, war, strike] survenir - **3.** [time] s'écouler.

intervening [ˌɪntəˈviːnɪŋ] adj [period] qui s'est écoulé(e).

intervention [ˌɪntəˈvenʃn] n intervention f.

interventionist [ˌɪntəˈvenʃənɪst] ◇ adj interventionniste ◇ n interventionniste mf.

interview [ˈɪntəvjuː] ◇ n - **1.** [for job] entrevue f, entretien m - **2.** PRESS interview f ◇ vt - **1.** [for job] faire passer une entrevue OR un entretien à - **2.** PRESS interviewer.

interviewee [ˌɪntəvjuːˈiː] n - **1.** [for job] candidat m, -e f - **2.** PRESS interviewé m, -e f.

interviewer [ˈɪntəvjuːəʳ] n - **1.** [for job] personne f qui fait passer une entrevue - **2.** PRESS interviewer m.

interweave [ˌɪntəˈwiːv] (pt -wove ; pp -woven) fig ◇ vt entremêler ◇ vi s'entremêler.

intestate [ɪnˈtesteɪt] adj : **to die ~** mourir intestat.

intestine [ɪnˈtestɪn] n intestin m.

➤ **intestines** npl intestins mpl.

intimacy [ˈɪntɪməsɪ] (pl -ies) n - **1.** [closeness] : **~ (between/with)** intimité f (entre/avec) - **2.** [intimate remark] familiarité f.

intimate [adj n ˈɪntɪmət, vb ˈɪntɪmeɪt] ◇ adj - **1.** [gen] intime - **2.** fml [sexually] : **to be ~ with sb** avoir des rapports intimes avec qqn - **3.** [detailed - knowledge] approfondi(e) ◇ n fml intime mf ◇ vt fml faire savoir, faire connaître.

intimately [ˈɪntɪmətlɪ] adv - **1.** [very closely] étroitement - **2.** [as close friends] intimement - **3.** [in detail] à fond.

intimation [ˌɪntɪˈmeɪʃn] n fml signe m, indication f.

intimidate [ɪnˈtɪmɪdeɪt] vt intimider.

intimidation [ɪnˌtɪmɪˈdeɪʃn] n intimidation f.

into [ˈɪntʊ] prep - **1.** [inside] dans - **2.** [against] : **to bump ~ sthg** se cogner contre qqch ; **to crash ~** rentrer dans - **3.** [referring to change in state] en ; **to translate sthg ~ Spanish** traduire qqch en espagnol - **4.** [concerning] : **research/investigation ~** recherche/enquête sur - **5.** MATH : 3 ~ 2 2 divisé par 3 - **6.** inf [interested in] : **to be ~ sthg** être passionné(e) par qqch.

intolerable [ɪnˈtɒlrəbl] adj intolérable, insupportable.

intolerance [ɪnˈtɒlərəns] n intolérance f.

intolerant [ɪnˈtɒlərənt] adj intolérant(e) ; **to be ~ of** faire preuve d'intolérance à l'égard de.

intonation [ˌɪntəˈneɪʃn] n intonation f.

intone [ɪnˈtəʊn] vt psalmodier.

intoxicated [ɪnˈtɒksɪkeɪtɪd] adj - **1.** [drunk] ivre - **2.** fig [excited] : **to be ~ by OR with sthg** être grisé(e) OR enivré(e) par qqch.

intoxicating [ɪnˈtɒksɪkeɪtɪŋ] adj - **1.** [alcoholic] alcoolisé(e) - **2.** fig [exciting] grisant(e), enivrant(e).

intoxication [ɪnˌtɒksɪˈkeɪʃn] n - **1.** [drunkenness] ivresse f - **2.** [excitement] griserie f, ivresse f.

intractable [ɪnˈtræktəbl] adj - **1.** [stubborn] intraitable - **2.** [insoluble] insoluble.

intranet, Intranet [ˈɪntrənet] n intranet m

intransigent [ɪnˈtrænzɪdʒənt] adj intransigeant(e).

intransitive [ɪnˈtrænzətɪv] adj intransitif(ive).

intrauterine device [ˌɪntrəˈjuːtəraɪn-] n sté

rilet *m*, dispositif *m* anticonceptionnel intra-utérin.

intravenous [ˌɪntrə'viːnəs] *adj* intraveineux(euse).

in-tray *n* casier *m* des affaires à traiter.

intrepid [ɪn'trepɪd] *adj* intrépide.

intricacy ['ɪntrɪkəsɪ] (*pl* -ies) *n* complexité *f*.

intricate ['ɪntrɪkət] *adj* compliqué(e).

intrigue [ɪn'triːg] ◇ *n* intrigue *f* ◇ *vt* intriguer, exciter la curiosité de ◇ *vi* : to ~ against intriguer OR comploter contre.

intriguing [ɪn'triːgɪŋ] *adj* fascinant(e).

intrinsic [ɪn'trɪnsɪk] *adj* intrinsèque.

intro ['ɪntrəʊ] (*pl* -s) *n* inf introduction *f*.

introduce [ˌɪntrə'djuːs] *vt* - **1.** [present] présenter ; to ~ sb to sb présenter qqn à qqn - **2.** [bring in] : to ~ sthg (to OR into) introduire qqch (dans) - **3.** [allow to experience] : to ~ sb to sthg initier qqn à qqch, faire découvrir qqch à qqn - **4.** [signal beginning of] annoncer.

introduction [ˌɪntrə'dʌkʃn] *n* - **1.** [in book, of new method etc] introduction *f* - **2.** [first experience] : ~ to sthg premier contact *m* avec qqch - **3.** [of people] : ~ (to sb) présentation *f* (à qqn).

introductory [ˌɪntrə'dʌktrɪ] *adj* d'introduction, préliminaire.

introspective [ˌɪntrə'spektɪv] *adj* introspectif(ive).

introvert ['ɪntrəvɜːt] *n* introverti *m*, -e *f*.

introverted ['ɪntrəvɜːtɪd] *adj* introverti(e).

intrude [ɪn'truːd] *vi* faire intrusion ; to ~ on sb déranger qqn.

intruder [ɪn'truːdər] *n* intrus *m*, -e *f*.

intrusion [ɪn'truːʒn] *n* intrusion *f*.

intrusive [ɪn'truːsɪv] *adj* gênant(e), importun(e).

intuition [ˌɪntjuː'ɪʃn] *n* intuition *f*.

intuitive [ɪn'tjuːɪtɪv] *adj* intuitif(ive).

Inuit ['ɪnʊɪt] ◇ *adj* inuit (inv) ◇ *n* Inuit *mf* inv.

inundate ['ɪnʌndeɪt] *vt* - **1.** fml [flood] inonder - **2.** [overwhelm] : to be ~d with être submergé(e) de.

inured [ɪ'njʊəd] *adj* fml : to be ~ to sthg être aguerri(e) à qqch, être endurci(e) à qqch ; to become ~ to sthg s'aguerrir à qqch, s'endurcir à qqch.

invade [ɪn'veɪd] *vt* - **1.** MIL & fig envahir - **2.** [disturb - privacy etc] violer.

invader [ɪn'veɪdər] *n* envahisseur *m*, -euse *f*.

invading [ɪn'veɪdɪŋ] *adj* [troops] d'invasion.

invalid [*adj* ɪn'vælɪd, *n vb* 'ɪnvəlɪd] ◇ *adj* - **1.** [illegal, unacceptable] non valide, non valable

- **2.** [not reasonable] non valable ◇ *n* invalide *mf*.

➡ **invalid out** *vt sep* : to be ~ed out of the army être réformé(e) pour raisons de santé.

invalidate [ɪn'vælɪdeɪt] *vt* invalider, annuler.

invalid chair ['ɪnvəlɪd-] *n* fauteuil *m* roulant.

invaluable [ɪn'væljʊəbl] *adj* : ~ (to) [help, advice, person] précieux(euse) (pour) ; [experience, information] inestimable (pour).

invariable [ɪn'veərɪəbl] *adj* invariable.

invariably [ɪn'veərɪəblɪ] *adv* invariablement, toujours.

invasion [ɪn'veɪʒn] *n* lit & fig invasion *f*.

invective [ɪn'vektɪv] *n* (*U*) invectives *fpl*.

inveigle [ɪn'veɪgl] *vt* : to ~ sb into sthg attirer qqn dans qqch par la ruse ; to ~ sb into doing sthg amener qqn à faire qqch (par la ruse), persuader qqn de faire qqch (par la ruse).

invent [ɪn'vent] *vt* inventer.

invention [ɪn'venʃn] *n* invention *f*.

inventive [ɪn'ventɪv] *adj* inventif(ive).

inventor [ɪn'ventər] *n* inventeur *m*, -trice *f*.

inventory ['ɪnvəntrɪ] (*pl* -ies) *n* - **1.** [list] inventaire *m* - **2.** Am [goods] stock *m*.

inventory control *n* gestion *f* du stock.

inverse [ɪn'vɜːs] ◇ *adj* inverse ◇ *n* inverse *m*, contraire *m*.

invert [ɪn'vɜːt] *vt* retourner.

invertebrate [ɪn'vɜːtɪbreɪt] *n* invertébré *m*.

inverted commas [ɪnˌvɜːtɪd-] *npl* Br guillemets *mpl*.

inverted snob [ɪnˌvɜːtɪd-] *n* snob *mf* à l'envers, personne *f* qui fait du snobisme à l'envers.

invest [ɪn'vest] ◇ *vt* - **1.** [money] : to ~ sthg (in) investir qqch (dans) - **2.** [time, energy] : to ~ sthg in sthg/in doing sthg consacrer qqch à qqch/à faire qqch, employer qqch à qqch/à faire qqch - **3.** fml [endow] : to ~ sb with sthg investir qqn de qqch ◇ *vi* - **1.** FIN : to ~ (in sthg) investir (dans qqch) - **2.** fig [buy] : to ~ in sthg se payer qqch, s'acheter qqch.

investigate [ɪn'vestɪgeɪt] ◇ *vt* enquêter sur, faire une enquête sur ; [subj : scientist] faire des recherches sur ◇ *vi* faire une enquête.

investigation [ɪnˌvestɪ'geɪʃn] *n* - **1.** [enquiry] : ~ (into) enquête *f* (sur) ; [scientific] recherches *fpl* (sur) - **2.** (*U*) [investigating] investigation *f*.

investigative [ɪn'vestɪgətɪv] *adj* d'investigation ; **~ journalism** journalisme *m* d'enquête *OR* d'investigation.

investigator [ɪn'vestɪgeɪtəʳ] *n* investigateur *m*, -trice *f*.

investiture [ɪn'vestɪtʃəʳ] *n* investiture *f*.

investment [ɪn'vestmənt] *n* - **1.** FIN investissement *m*, placement *m* - **2.** [of energy] dépense *f*.

investment analyst *n* analyste *mf* en placements.

investment trust *n* société *f* d'investissement.

investor [ɪn'vestəʳ] *n* investisseur *m*.

inveterate [ɪn'vetərət] *adj* invétéré(e).

invidious [ɪn'vɪdɪəs] *adj* [task] ingrat(e) ; [comparison] injuste.

invigilate [ɪn'vɪdʒɪleɪt] Br ⬦ *vi* surveiller les candidats (à un examen) ⬦ *vt* surveiller.

invigilator [ɪn'vɪdʒɪleɪtəʳ] *n* Br surveillant *m*, -e *f*.

invigorating [ɪn'vɪgəreɪtɪŋ] *adj* tonifiant(e), vivifiant(e).

invincible [ɪn'vɪnsɪbl] *adj* [army, champion] invincible ; [record] imbattable.

inviolate [ɪn'vaɪələt] *adj literary* inviolé(e).

invisible [ɪn'vɪzɪbl] *adj* invisible.

invisible assets *npl* biens *mpl* incorporels.

invisible earnings *npl* revenus *mpl* invisibles.

invisible ink *n* encre *f* sympathique.

invitation [ˌɪnvɪ'teɪʃn] *n* - **1.** [request] invitation *f* - **2.** [encouragement] : **an ~ to sthg/to do sthg** une incitation à qqch/à faire qqch, une invite à qqch/à faire qqch.

invite [ɪn'vaɪt] *vt* - **1.** [ask to come] : **to ~ sb (to)** inviter qqn (à) - **2.** [ask politely] : **to ~ sb to do sthg** inviter qqn à faire qqch - **3.** [ask for] : **the chairman ~d questions** le président a invité l'assistance à poser des questions - **4.** [encourage] : **to ~ trouble** aller au devant des ennuis ; **to ~ gossip** faire causer.

inviting [ɪn'vaɪtɪŋ] *adj* attrayant(e), agréable ; [food] appétissant(e).

in vitro fertilization [ˌɪn'viːtrəʊ-] *n* fécondation *f* in vitro.

invoice ['ɪnvɔɪs] ⬦ *n* facture *f* ⬦ *vt* - **1.** [client] envoyer la facture à - **2.** [goods] facturer.

invoke [ɪn'vəʊk] *vt* - **1.** *fml* [law, act] invoquer - **2.** [feelings] susciter, faire naître ; [help] demander, implorer.

involuntary [ɪn'vɒləntrɪ] *adj* involontaire.

involve [ɪn'vɒlv] *vt* - **1.** [entail] nécessiter ; **what's ~d?** de quoi s'agit-il? ; **to ~ doing sthg**

nécessiter de faire qqch - **2.** [concern, affect] toucher ; **to be ~d in an accident** avoir un accident - **3.** [person] : **to ~ sb in sthg** impliquer qqn dans qqch ; **to ~ o.s. in sthg** s'impliquer dans qqch, prendre part à qqch.

involved [ɪn'vɒlvd] *adj* - **1.** [complex] complexe, compliqué(e) - **2.** [participating] : **to be ~ in sthg** participer *OR* prendre part à qqch - **3.** [in relationship] : **to be ~ with sb** avoir des relations intimes avec qqn ; **he doesn't want to get ~** il ne veut pas s'attacher.

involvement [ɪn'vɒlvmənt] *n* - **1.** [participation] : **~ (in)** participation *f* (à) - **2.** [concern, enthusiasm] : **~ (in)** engagement *m* (dans).

invulnerable [ɪn'vʌlnərəbl] *adj* : **~ (to)** invulnérable (à).

inward ['ɪnwəd] ⬦ *adj* - **1.** [inner] intérieur(e) - **2.** [towards the inside] vers l'intérieur ⬦ *adv* Am = **inwards.**

inwardly ['ɪnwədlɪ] *adv* intérieurement.

inwards ['ɪnwədz] *adv* vers l'intérieur.

I/O (*abbr of* input/output) E/S.

IOC (*abbr of* International Olympic Committee) *n* CIO *m*.

iodine [Br 'aɪədiːn, Am 'aɪədaɪn] *n* iode *m*.

IOM *abbr of* Isle of Man.

ion ['aɪən] *n* ion *m*.

Ionian Sea [aɪ'əʊnjən-] *n* : **the ~** la mer Ionienne.

iota [aɪ'əʊtə] *n* brin *m*, grain *m*.

IOU (*abbr of* I owe you) *n* reconnaissance *f* de dette.

IOW *abbr of* Isle of Wight.

Iowa ['aɪəʊə] *n* Iowa *m* ; **in ~** dans l'Iowa.

IPA (*abbr of* International Phonetic Alphabet) *n* API *m*.

IQ (*abbr of* intelligence quotient) *n* QI *m*.

IRA *n* - **1.** (*abbr of* Irish Republican Army) IRA *f* - **2.** (*abbr of* individual retirement account) *aux États-Unis, compte d'épargne retraite (à avantages fiscaux)*.

Iran [ɪ'rɑːn] *n* Iran *m* ; **in ~** en Iran.

Iranian [ɪ'reɪnjən] ⬦ *adj* iranien(enne) ⬦ *n* Iranien *m*, -enne *f*.

Iraq [ɪ'rɑːk] *n* Iraq *m*, Irak *m* ; **in ~** en Iraq.

Iraqi [ɪ'rɑːkɪ] ⬦ *adj* iraquien(enne), irakien(enne) ⬦ *n* Iraquien *m*, -enne *f*, Irakien *m*, -enne *f*.

irascible [ɪ'ræsəbl] *adj* irascible, coléreux(euse).

irate [aɪ'reɪt] *adj* furieux(euse).

Ireland ['aɪələnd] *n* Irlande *f* ; **in ~** en Irlande ; **the Republic of ~** la République d'Irlande.

iridescent [,ɪrɪ'desənt] *adj literary* irisé(e) ; [silk] chatoyant(e).

iris ['aɪərɪs] (*pl* **-es** [-i:z]) *n* iris *m*.

Irish ['aɪrɪʃ] <> *adj* irlandais(e) <> *n* [language] irlandais *m* <> *npl* : **the ~** les Irlandais.

Irish coffee *n* Irish coffee *m*.

Irishman ['aɪrɪʃmən] (*pl* **-men** [-mən]) *n* Irlandais *m*.

Irish Sea *n* : **the ~** la mer d'Irlande.

Irish stew *n* ragoût *m* de viande à l'irlandaise.

Irishwoman ['aɪrɪʃ,wumən] (*pl* **-women** [-,wɪmɪn]) *n* Irlandaise *f*.

irk [ɜ:k] *vt* ennuyer, contrarier.

irksome ['ɜ:ksəm] *adj* ennuyeux(euse), assommant(e).

IRN (*abbr of* **Independent Radio News**) *n* agence de presse radiophonique.

IRO (*abbr of* **International Refugee Organization**) *n organisation humanitaire américaine pour les réfugiés.*

iron ['aɪən] <> *adj* - **1.** [made of iron] de OR en fer - **2.** *fig* [very strict] de fer <> *n* - **1.** [metal, golf club] fer *m* - **2.** [for clothes] fer *m* à repasser <> *vt* repasser.

➡ **iron out** *vt sep fig* [difficulties] aplanir ; [problems] résoudre.

Iron Age <> *n* : **the ~** l'âge de fer <> *comp* de l'âge de fer.

Iron Curtain *n* : **the ~** le rideau de fer.

ironic(al) [aɪ'rɒnɪk(l)] *adj* ironique.

ironically [aɪ'rɒnɪklɪ] *adv* ironiquement.

ironing ['aɪənɪŋ] *n* repassage *m* ; **to do the ~** faire le repassage.

ironing board *n* planche *f* OR table *f* à repasser.

iron lung *n* poumon *m* d'acier.

ironmonger ['aɪən,mʌŋgəʳ] *n* Br quincaillier *m* ; **~'s (shop)** quincaillerie *f*.

ironworks ['aɪənwɜ:ks] (*pl inv*) *n* usine *f* sidérurgique.

irony ['aɪrənɪ] (*pl* **-ies**) *n* ironie *f*.

irradiate [ɪ'reɪdɪeɪt] *vt* irradier.

irrational [ɪ'ræʃənl] *adj* irrationnel(elle), déraisonnable ; [person] non rationnel(elle).

irreconcilable [ɪ,rekən'saɪləbl] *adj* inconciliable.

irredeemable [,ɪrɪ'di:məbl] *adj fml* - **1.** [irreplaceable] irréparable - **2.** [hopeless] irrémédiable.

irrefutable [,ɪrɪ'fju:təbl] *adj* irréfutable.

irregular [ɪ'regjuləʳ] *adj* irrégulier(ère).

irregularity [ɪ,regju'lærətɪ] (*pl* **-ies**) *n* irrégularité *f*.

irregularly [ɪ'regjuləlɪ] *adv* irrégulièrement.

irrelevance [ɪ'reləvəns], **irrelevancy** [ɪ'reləvənsɪ] (*pl* **-ies**) *n* manque *m* de pertinence.

irrelevant [ɪ'reləvənt] *adj* sans rapport.

irreligious [,ɪrɪ'lɪdʒəs] *adj* irréligieux(euse).

irremediable [,ɪrɪ'mi:djəbl] *adj fml* irrémédiable.

irreparable [ɪ'repərəbl] *adj* irréparable.

irreplaceable [,ɪrɪ'pleɪsəbl] *adj* irremplaçable.

irrepressible [,ɪrɪ'presəbl] *adj* [enthusiasm] que rien ne peut entamer ; **he's ~** il est d'une bonne humeur à toute épreuve.

irreproachable [,ɪrɪ'prəutʃəbl] *adj* irréprochable.

irresistible [,ɪrɪ'zɪstəbl] *adj* irrésistible.

irresolute [ɪ'rezəlu:t] *adj* irrésolu(e), indécis(e).

irrespective [,ɪrɪ'spektɪv] ➡ **irrespective of** *prep* sans tenir compte de.

irresponsible [,ɪrɪ'spɒnsəbl] *adj* irresponsable.

irretrievable [,ɪrɪ'tri:vəbl] *adj* irréparable, irrémédiable.

irreverent [ɪ'revərənt] *adj* irrévérencieux(euse).

irreversible [,ɪrɪ'vɜ:səbl] *adj* [judgement, decision] irrévocable ; [change, damage] irréversible.

irrevocable [ɪ'revəkəbl] *adj* irrévocable.

irrigate ['ɪrɪgeɪt] *vt* irriguer.

irrigation [,ɪrɪ'geɪʃn] <> *n* irrigation *f* <> *comp* d'irrigation.

irritable ['ɪrɪtəbl] *adj* irritable.

irritant ['ɪrɪtənt] <> *adj* irritant(e) <> *n* - **1.** [irritating situation] source *f* d'irritation - **2.** [substance] irritant *m*.

irritate ['ɪrɪteɪt] *vt* irriter.

irritating ['ɪrɪteɪtɪŋ] *adj* irritant(e).

irritation [ɪrɪ'teɪʃn] *n* - **1.** [anger, soreness] irritation *f* - **2.** [cause of anger] source *f* d'irritation.

IRS (*abbr of* **Internal Revenue Service**) *n Am* : **the ~** ≃ le fisc.

is [ɪz] ▷ **be.**

ISBN (*abbr of* **International Standard Book Number**) *n* ISBN *m*.

Islam ['ɪzlɑ:m] *n* islam *m*.

Islamabad [ɪz'lɑ:məbæd] *n* Islamabad.

Islamic [ɪz'læmɪk] *adj* islamique.

island ['aɪlənd] *n* - **1.** [isle] île *f* - **2.** AUT refuge *m* pour piétons.

islander ['aıləndə'] n habitant m, -e f d'une île.

isle [aıl] n île f.

Isle of Man n : the ~ l'île f de Man ; in OR on the ~ à l'île de Man.

Isle of Wight [-waıt] n : the ~ l'île f de Wight ; on the ~ à l'île de Wight.

isn't ['ıznt] = is not.

isobar ['aısəbɑ:'] n isobare f.

isolate ['aısəleıt] vt : to ~ sb/sthg (from) isoler qqn/qqch (de).

isolated ['aısəleıtıd] adj isolé(e).

isolation [aısə'leıʃn] n isolement m ; in ~ [alone] dans l'isolement ; [separately] isolément.

isolationism [,aısə'leıʃənızm] n isolationnisme m.

isosceles triangle [aı'spsıli:z-] n triangle m isocèle.

isotope ['aısətəup] n isotope m.

ISP n abbr of Internet Service Provider.

Israel ['ızreıəl] n Israël m ; in ~ en Israël.

Israeli [ız'reılı] ⇔ adj israélien(enne) ⇔ n Israélien m, -enne f.

Israelite ['ız,rıəlaıt] ⇔ adj israélite ⇔ n Israélite mf.

issue ['ıʃu:] ⇔ n - 1. [important subject] question f, problème m ; to make an ~ of sthg faire toute une affaire de qqch ; at ~ en question, en cause - 2. [edition] numéro m - 3. [bringing out - of banknotes, shares] émission f ⇔ vt - 1. [make public - decree], [statement] faire ; [- warning] lancer - 2. [bring out - banknotes, shares] émettre ; [- book] publier - 3. [passport etc] délivrer ; to ~ sthg to sb, to ~ sb with sthg fournir qqch à qqn ⇔ vi - 1. [smoke, steam] : to ~ from sortir de, s'échapper de - 2. [problems] : to ~ from découler de.

Istanbul [,ıstæn'bʊl] n Istanbul.

ISTC (abbr of Iron and Steels Confederation) n syndicat britannique des ouvriers de la sidérurgie.

isthmus ['ısməs] n isthme m.

it [ıt] pron - 1. [referring to specific person or thing - subj] il (elle) ; [- direct object] le (la), l' (+ vowel or silent 'h') ; [- indirect object] lui ; did you find ~? tu l'as trouvé(e)? ; give ~ to me at once donne-moi ça tout de suite ; give ~ a shake secoue-le - 2. [with prepositions] : in/to/at ~ y ; put the vegetables in ~ mettez-y les légumes ; on ~ dessus ; about ~ en ; under ~ dessous ; beside ~ à côté ; from/of ~ en ; he's very proud of ~ il en est très fier - 3. [impersonal use] il, ce ; ~ is cold today il fait froid aujourd'hui ; ~'s two o'clock il est deux heu-

res ; who is ~? — ~'s Mary/me qui est-ce? — c'est Mary/moi ; ~'s the children who worry me most ce sont les enfants qui m'inquiètent le plus.

IT n abbr of information technology

Italian [ı'tæljən] ⇔ adj italien(enne) ⇔ n - 1. [person] Italien m, -enne f - 2. [language] italien m.

italic [ı'tælık] adj italique.
➡ **italics** npl italiques fpl.

Italy ['ıtəlı] n Italie f ; in ~ en Italie.

itch [ıtʃ] ⇔ n démangeaison f ⇔ vi - 1. [be itchy] : my arm ~es mon bras me démange - 2. fig [be impatient] : to be ~ing to do sthg mourir d'envie de faire qqch.

itchy ['ıtʃı] (compar -ier ; superl -iest) adj qui démange.

it'd ['ıtəd] = it would, it had.

item ['aıtəm] n - 1. [gen] chose f, article m ; [on agenda] question f, point m - 2. PRESS article m.

itemize, -ise ['aıtəmaız] vt détailler.

itemized bill ['aıtəmaızd-] n facture f détaillée.

itinerant [ı'tınərənt] adj [salesperson] ambulant(e) ; [preacher] itinérant(e).

itinerary [aı'tınərərı] (pl -ies) n itinéraire m.

it'll [ıtl] = it will.

ITN (abbr of Independent Television News) n service britannique d'actualités télévisées pour les chaînes relevant de l'IBA.

its [ıts] poss adj son (sa), ses (pl).

it's [ıts] = it is, it has.

itself [ıt'self] pron - 1. (reflexive) se ; (after prep) soi - 2. (for emphasis) lui-même (elle-même) ; in ~ en soi.

ITV (abbr of Independent Television) n sigle désignant les programmes diffusés par les chaînes relevant de l'IBA.

IUCD (abbr of intrauterine contraceptive device) n stérilet m.

IUD (abbr of intrauterine device) n stérilet m.

I've [aıv] = I have.

IVF (abbr of in vitro fertilization) n FIV f.

ivory ['aıvərı] ⇔ adj [ivory-coloured] ivoire (inv) ⇔ n ivoire m ⇔ comp [made of ivory] en ivoire d'ivoire.

Ivory Coast n : the ~ la Côte-d'Ivoire ; in the ~ en Côte-d'Ivoire.

ivory tower n fig tour f d'ivoire.

ivy ['aıvı] n lierre m.

Ivy League n Am les huit grandes université de l'est des États-Unis.

J

j (pl **j's** OR **js**), **J** (pl **J's** OR **Js**) [dʒeɪ] n [letter] j m inv, J m inv.

J/A abbr of **joint account**.

jab [dʒæb] (pt & pp -**bed** ; cont -**bing**) ⬦ n - **1.** Br inf [injection] piqûre f - **2.** BOXING direct m ⬦ vt : to ~ sthg into planter OR enfoncer qqch dans ⬦ vi : to ~ at BOXING envoyer un direct à.

jabber ['dʒæbəʳ] vt & vi baragouiner.

jack [dʒæk] n - **1.** [device] cric m - **2.** [playing card] valet m.

➡ **jack in** vt sep Br inf laisser tomber, plaquer.

➡ **jack up** vt sep - **1.** [car] soulever avec un cric - **2.** fig [prices] faire grimper.

jackal ['dʒækəl] n chacal m.

jackdaw ['dʒækdɔː] n choucas m.

jacket ['dʒækɪt] n - **1.** [garment] veste f - **2.** [of potato] peau f, pelure f - **3.** [of book] jaquette f - **4.** Am [of record] pochette f.

jacket potato n pomme de terre f en robe de chambre.

jackhammer ['dʒæk,hæməʳ] n Am marteau-piqueur m.

jack-in-the-box n diable m qui sort de sa boîte.

jack knife n canif m.

➡ **jack-knife** vi [lorry] se mettre en travers de la route.

jack-of-all-trades (pl **jacks-of-all-trades**) n touche-à-tout m.

jack plug n jack m.

jackpot ['dʒækpɒt] n gros lot m.

Jacobean [,dʒækə'bɪən] adj de l'époque de Jacques Iᵉʳ.

Jacobite ['dʒækəbaɪt] ⬦ adj jacobite ⬦ n jacobite mf.

Jacuzzi® [dʒə'kuːzɪ] n Jacuzzi® m, bain m à remous.

jade [dʒeɪd] ⬦ adj [jade-coloured] vert (de) jade (inv) ⬦ n - **1.** [stone] jade m - **2.** [colour] vert m jade ⬦ comp [made of jade] de jade (inv).

jaded ['dʒeɪdɪd] adj blasé(e).

jagged ['dʒægɪd] adj déchiqueté(e), dentelé(e).

jaguar ['dʒægjuəʳ] n jaguar m.

jail [dʒeɪl] ⬦ n prison f ⬦ vt emprisonner, mettre en prison.

jailbird ['dʒeɪlbɜːd] n inf taulard m, -e f.

jailbreak ['dʒeɪlbreɪk] n évasion f de prison.

jailer ['dʒeɪləʳ] n geôlier m, -ère f.

Jakarta [dʒə'kɑːtə] n Djakarta, Jakarta.

jam [dʒæm] (pt & pp -**med** ; cont -**ming**) ⬦ n - **1.** [preserve] confiture f - **2.** [of traffic] embouteillage m, bouchon m - **3.** inf [difficult situation] : to get into/be in a ~ se mettre/être dans le pétrin ⬦ vt - **1.** [mechanism, door] bloquer, coincer - **2.** [push tightly] : to ~ sthg into entasser OR tasser qqch dans ; to ~ sthg onto enfoncer qqch sur - **3.** [block - streets] embouteiller ; [- switchboard] surcharger - **4.** RADIO brouiller ⬦ vi [lever, door] se coincer ; [brakes] se bloquer.

Jamaica [dʒə'meɪkə] n la Jamaïque ; in ~ à la Jamaïque.

Jamaican [dʒə'meɪkn] ⬦ adj jamaïcain(e), jamaïquain(e) ⬦ n Jamaïcain m, -e f, Jamaïquain m, -e f.

jamb [dʒæm] n chambranle m, montant m.

jamboree [,dʒæmbə'riː] n - **1.** [celebration] fête f, festivités fpl - **2.** [gathering of scouts] jamboree m.

jamming ['dʒæmɪŋ] n RADIO brouillage m.

jam-packed [-'pækt] adj inf plein(e) à craquer.

jam session n bœuf m, jam-session f.

Jan. [dʒæn] (abbr of **January**) janv.

jangle ['dʒæŋgl] ⬦ n [of keys] cliquetis m ; [of bells] tintamarre m ⬦ vt [keys] faire cliqueter ; [bells] faire retentir ⬦ vi [keys] cliqueter ; [bells] retentir.

janitor ['dʒænɪtəʳ] n Am & Scot concierge mf.

January ['dʒænjuərɪ] n janvier m ; see also **September**.

Japan [dʒə'pæn] n Japon m ; in ~ au Japon.

Japanese [,dʒæpə'niːz] (pl inv) ⬦ adj japonais(e) ⬦ n [language] japonais m ⬦ npl [people] : **the** ~ les Japonais mpl.

jape [dʒeɪp] n dated tour m, farce f.

jar [dʒɑːʳ] (pt & pp -**red** ; cont -**ring**) ⬦ n pot m ⬦ vt [shake] secouer ⬦ vi - **1.** [noise, voice] : to ~ (on sb) irriter (qqn), agacer (qqn) - **2.** [colours] jurer.

jargon ['dʒɑːgən] n jargon m.

jarring ['dʒɑːrɪŋ] adj [noise, colours] discordant(e).

Jas. (abbr of **James**) Jacques.

jasmine ['dʒæzmɪn] n jasmin m.

jaundice ['dʒɔːndɪs] n jaunisse f.

jaundiced ['dʒɔːndɪst] adj fig [attitude, view] aigri(e).

jaunt [dʒɔːnt] n balade f.

jaunty ['dʒɔːntɪ] (compar -ier ; superl -iest) adj désinvolte, insouciant(e).

Java ['dʒɑːvə] n Java ; **in ~** à Java.

javelin ['dʒævlɪn] n javelot m.

jaw [dʒɔː] ◇ n mâchoire f ◇ vi inf tailler une bavette.

jawbone ['dʒɔːbəʊn] n (os m) maxillaire m.

jay [dʒeɪ] n geai m.

jaywalk ['dʒeɪwɔːk] vi traverser en dehors des clous.

jaywalker ['dʒeɪwɔːkəʳ] n piéton m qui traverse en dehors des clous.

jazz [dʒæz] n - **1.** MUS jazz m - **2.** Am inf [insincere talk] baratin m.

➤ **jazz up** vt sep inf égayer.

jazz band n orchestre m de jazz.

jazz singer n chanteur m, -euse f de jazz.

jazzy ['dʒæzɪ] (compar -ier ; superl -iest) adj [bright] voyant(e).

JCR (abbr of junior common room) n salle des étudiants.

JCS n abbr of Joint Chiefs of Staff.

JD (abbr of Justice Department) n ministère américain de la Justice.

jealous ['dʒeləs] adj jaloux(ouse).

jealously ['dʒeləslɪ] adv jalousement.

jealousy ['dʒeləsɪ] n jalousie f.

jeans [dʒiːnz] npl jean m, blue-jean m.

Jedda ['dʒedə] n Djedda f.

Jeep® [dʒiːp] n Jeep® f.

jeer [dʒɪəʳ] ◇ vt huer, conspuer ◇ vi : **to ~ (at sb)** huer (qqn), conspuer (qqn).

➤ **jeers** npl huées fpl.

jeering ['dʒɪərɪŋ] adj moqueur(euse), railleur(euse).

Jehovah's Witness [dʒɪˌhəʊvəz-] n témoin m de Jéhovah.

Jello® ['dʒeləʊ] n Am gelée f.

jelly ['dʒelɪ] (pl -ies) n gelée f.

jelly baby n Br bonbon à la gélatine en forme de bébé.

jelly bean n bonbon à la gélatine couvert de sucre.

jellyfish ['dʒelɪfɪʃ] (pl inv OR -es [-iːz]) n méduse f.

jelly roll n Am gâteau m roulé.

jemmy Br ['dʒemɪ], **jimmy** Am ['dʒɪmɪ] (pl -ies) n pince-monseigneur f.

jeopardize, -ise ['dʒepədaɪz] vt compromettre, mettre en danger.

jeopardy ['dʒepədɪ] n : **in ~** en péril OR danger, menacé(e).

jerk [dʒɜːk] ◇ n - **1.** [movement] secousse f, saccade f - **2.** v inf [fool] abruti m, -e f ◇ vt : **he ~ed his head round** il tourna la tête brusquement ; **he ~ed the door open** il ouvrit la porte d'un coup sec ◇ vi [person] sursauter ; [vehicle] cahoter.

jerkily ['dʒɜːkɪlɪ] adv par à-coups, par saccades.

jerkin ['dʒɜːkɪn] n blouson m.

jerky ['dʒɜːkɪ] (compar -ier ; superl -iest) adj saccadé(e).

jerry-built ['dʒerɪ-] adj construit(e) à la vavite.

jersey ['dʒɜːzɪ] (pl -s) n - **1.** [sweater] pull m - **2.** [cloth] jersey m.

Jersey ['dʒɜːzɪ] n Jersey f ; **in ~** à Jersey.

Jerusalem [dʒəˈruːsələm] n Jérusalem.

jest [dʒest] n plaisanterie f ; **in ~** pour rire.

jester ['dʒestəʳ] n bouffon m.

Jesuit ['dʒezjʊɪt] ◇ adj jésuite ◇ n jésuite m.

Jesus (Christ) ['dʒiːzəs-] n Jésus m, Jésus-Christ m.

jet [dʒet] (pt & pp -ted ; cont -ting) ◇ n - **1.** [plane] jet m, avion m à réaction - **2.** [of fluid] jet m - **3.** [nozzle, outlet] ajutage m ◇ vi [travel by jet] voyager en jet OR en avion.

jet-black adj noir(e) comme (du) jais.

jet engine n moteur m à réaction.

jetfoil ['dʒetfɔɪl] n hydroglisseur m.

jet lag n fatigue f due au décalage horaire.

jet-propelled [-prəˈpeld] adj à réaction.

jetsam ['dʒetsəm] ▷ flotsam.

jet set n : **the ~** la jet-set.

jettison ['dʒetɪsən] vt - **1.** [cargo] jeter, larguer - **2.** fig [ideas] abandonner, renoncer à.

jetty ['dʒetɪ] (pl -ies) n jetée f.

Jew [dʒuː] n Juif m, -ive f.

jewel ['dʒuːəl] ◇ n bijou m ; [in watch] rubis m ◇ comp [box, chest] à bijoux.

jeweller Br, **jeweler** Am ['dʒuːələʳ] n bijoutier m ; **~'s (shop)** bijouterie f.

jewellery Br, **jewelry** Am ['dʒuːəlrɪ] n (U) bijoux mpl.

Jewess ['dʒuːɪs] n juive f.

Jewish ['dʒuːɪʃ] adj juif(ive).

JFK (abbr of John Fitzgerald Kennedy International Airport) n aéroport de New York.

jib [dʒɪb] (pt & pp -bed ; cont -bing) ◇ n - **1.** [of

crane] flèche f - **2.** [sail] foc m ⋄ vi : **to ~ at** rechigner à.

jibe [dʒaɪb] n sarcasme m, moquerie f.

Jidda ['dʒɪdə] = **Jedda.**

jiffy ['dʒɪfɪ] n inf : **in a ~** en un clin d'œil.

Jiffy bag® n enveloppe f matelassée.

jig [dʒɪg] (pt & pp -**ged** ; cont -**ging**) ⋄ n gigue f ⋄ vi danser la gigue ; **to ~ about** se trémousser.

jiggle ['dʒɪgl] vt secouer.

jigsaw (puzzle) ['dʒɪgsɔː-] n puzzle m.

jihad [dʒɪ'hɑːd] n djihad m.

jilt [dʒɪlt] vt laisser tomber.

jimmy Am = **jemmy.**

jingle ['dʒɪŋgl] ⋄ n - **1.** [sound] cliquetis m - **2.** [song] jingle m, indicatif m ⋄ vi [bell] tinter ; [coins, bracelets] cliqueter.

jingoism ['dʒɪŋgəʊɪzm] n chauvinisme m.

jinx [dʒɪŋks] n poisse f.

jinxed [dʒɪŋkst] adj qui a la poisse.

jitters ['dʒɪtəz] npl inf : **the ~** le trac.

jittery ['dʒɪtərɪ] adj inf nerveux(euse).

jive [dʒaɪv] ⋄ n - **1.** [dance] rock m - **2.** Am inf [glib talk] baratin m ⋄ vi danser le rock.

job [dʒɒb] n - **1.** [employment] emploi m - **2.** [task] travail m, tâche f ; **to do a good ~** faire du bon travail ; **to make a good ~ of sthg** faire bien OR réussir qqch ; **it's not my ~ to ...** ce n'est pas à moi de ... - **3.** [difficult task] : **to have a ~ doing sthg** avoir du mal à faire qqch - **4.** inf [plastic surgery] : **to have a nose ~** se faire refaire le nez - **5.** phr : **that's just the ~** Br inf c'est exactement OR tout à fait ce qu'il faut.

jobbing ['dʒɒbɪŋ] adj Br qui travaille à la tâche.

job centre n Br agence f pour l'emploi.

job creation scheme n plan m de création d'emplois.

job description n profil m du poste.

jobless ['dʒɒblɪs] ⋄ adj au chômage ⋄ npl : **the ~** les chômeurs mpl.

job lot n lot m de marchandises.

job satisfaction n satisfaction f dans le travail.

job security n sécurité f de l'emploi.

job seeker n demandeur m d'emploi.

Job Seekers Allowance n Br indemnité f de chômage.

jobsharing ['dʒɒbʃeərɪŋ] n partage m de l'emploi.

Joburg, Jo'burg ['dʒəʊbɜːg] n inf Johannesburg.

jockey ['dʒɒkɪ] (pl -**s**) ⋄ n jockey m ⋄ vi : **to**

~ for position manœuvrer pour devancer ses concurrents.

jockstrap ['dʒɒkstræp] n suspensoir m.

jocular ['dʒɒkjʊləʳ] adj - **1.** [cheerful] enjoué(e), jovial(e) - **2.** [funny] amusant(e).

jodhpurs ['dʒɒdpəz] npl jodhpurs mpl, culotte f de cheval.

Joe Public [dʒəʊ-] n l'homme m de la rue.

jog [dʒɒg] (pt & pp -**ged** ; cont -**ging**) ⋄ n : **to go for a ~** faire du jogging ⋄ vt pousser ; **to ~ sb's memory** rafraîchir la mémoire de qqn ⋄ vi faire du jogging, jogger.

jogger ['dʒɒgəʳ] n joggeur m, -euse f.

jogging ['dʒɒgɪŋ] n jogging m.

joggle ['dʒɒgl] vt secouer.

Johannesburg [dʒə'hænɪsbɜːg] n Johannesburg.

john [dʒɒn] n Am inf petit coin m, cabinets mpl.

John Hancock [-'hænkɒk] n Am inf signature f.

join [dʒɔɪn] ⋄ n raccord m, joint m ⋄ vt - **1.** [connect - gen] unir, joindre ; [- towns etc] relier - **2.** [get together with] rejoindre, retrouver - **3.** [political party] devenir membre de ; [club] s'inscrire à ; [army] s'engager dans ; **to ~ a queue** Br, **to ~ a line** Am prendre la queue ⋄ vi - **1.** [connect] se joindre - **2.** [become a member - gen] devenir membre ; [- of club] s'inscrire.

➤ **join in** ⋄ vt fus prendre part à, participer à ⋄ vi participer.

➤ **join up** vi MIL s'engager dans l'armée.

joiner ['dʒɔɪnəʳ] n menuisier m.

joinery ['dʒɔɪnərɪ] n menuiserie f.

joint [dʒɔɪnt] ⋄ adj [effort] conjugué(e) ; [responsibility] collectif(ive) ⋄ n - **1.** [gen & TECH] joint m - **2.** ANAT articulation f - **3.** Br [of meat] rôti m - **4.** inf [place] bouge m - **5.** drugs sl joint m.

joint account n compte m joint.

Joint Chiefs of Staff npl : **the ~** l'organe consultatif du ministère américain de la Défense, composé des chefs d'état-major des trois armées.

jointed ['dʒɔɪntɪd] adj articulé(e).

jointly ['dʒɔɪntlɪ] adv conjointement.

joint ownership n copropriété f.

joint-stock company n société f anonyme par actions.

joint venture n joint-venture m.

joist [dʒɔɪst] n poutre f, solive f.

jojoba [hə'həʊbəl] n jojoba m.

joke [dʒəʊk] ⋄ n blague f, plaisanterie f ; **he's just a ~** il est un objet de risée ; **to play a**

~ **on sb** faire une blague à qqn, jouer un tour à qqn ; **it's gone beyond a ~** ça commence à bien faire ; **it's no ~** *inf* [not easy] ce n'est pas de la tarte ◇ *vi* plaisanter, blaguer ; **to ~ about sthg** plaisanter sur qqch, se moquer de qqch.

joker ['dʒəʊkəʳ] *n* - **1.** [person] blagueur *m*, -euse *f* - **2.** [playing card] joker *m*.

jollity ['dʒɒlətɪ] *n* jovialité *f*, gaieté *f*.

jolly ['dʒɒlɪ] (*compar* -**ier** ; *superl* -**iest**) ◇ *adj* [person] jovial(e), enjoué(e) ; [time, party] agréable ◇ *adv* Br *inf* drôlement, rudement.

jolt [dʒəʊlt] ◇ *n* - **1.** [jerk] secousse *f*, soubresaut *m* - **2.** [shock] choc *m* ◇ *vt* secouer ; **to ~ sb into doing sthg** inciter fortement qqn à faire qqch ◇ *vi* cahoter.

Joneses ['dʒəʊnzɪz] *npl* : **to keep up with the ~** essayer d'avoir le même standing que ses voisins.

Jordan ['dʒɔːdn] *n* Jordanie *f* ; **in ~** en Jordanie ; **the (River) ~** le Jourdain.

Jordanian [dʒɔː'deɪnjən] ◇ *adj* jordanien(enne) ◇ *n* Jordanien *m*, -enne *f*.

joss stick [dʒɒs-] *n* bâton *m* d'encens.

jostle ['dʒɒsl] ◇ *vt* bousculer ◇ *vi* se bousculer.

jot [dʒɒt] (*pt* & *pp* -**ted** ; *cont* -**ting**) *n* [of truth] grain *m*, brin *m*.

➤ **jot down** *vt sep* noter, prendre note de.

jotter ['dʒɒtəʳ] *n* [notepad] bloc-notes *m*.

jottings ['dʒɒtɪŋz] *npl* notes *fpl*.

journal ['dʒɜːnl] *n* - **1.** [magazine] revue *f* - **2.** [diary] journal *m*.

journalese [ˌdʒɜːnə'liːz] *n pej* jargon *m* journalistique.

journalism ['dʒɜːnəlɪzml] *n* journalisme *m*.

journalist ['dʒɜːnəlɪst] *n* journaliste *mf*.

journey ['dʒɜːnɪ] (*pl* -**s**) *n* voyage *m*.

joust [dʒaʊst] *vi* jouter.

jovial ['dʒəʊvjəl] *adj* jovial(e).

jowls [dʒaʊlz] *npl* bajoues *fpl*.

joy [dʒɔɪ] *n* joie *f*.

joyful ['dʒɔɪfʊl] *adj* joyeux(euse).

joyfully ['dʒɔɪfʊlɪ] *adv* joyeusement, avec joie.

joyous ['dʒɔɪəs] *adj* joyeux(euse).

joyously ['dʒɔɪəslɪ] *adv* avec joie, joyeusement.

joyride ['dʒɔɪraɪdl] (*pt* -**rode** ; *pp* -**ridden**) *vi* faire une virée dans une voiture volée.

joyrider ['dʒɔɪraɪdəʳ] *n* personne qui vole une voiture pour aller faire une virée.

joyrode ['dʒɔɪrəʊdl] *pt* ➪ **joyride**.

joystick ['dʒɔɪstɪkl] *n* AERON manche *m* (à balai) ; COMPUT manette *f*.

JP *n abbr of* **Justice of the Peace**.

Jr. (*abbr of* **Junior**) Jr.

JSA *n* Br *abbr of* **Job Seekers Allowance**.

JTPA (*abbr of* **Job Training Partnership Act**) *n* programme gouvernemental américain de formation.

jubilant ['dʒuːbɪlənt] *adj* [person] débordant(e) de joie, qui jubile ; [shout] de joie.

jubilation [ˌdʒuːbɪ'leɪʃn] *n* joie *f*, jubilation *f*.

jubilee ['dʒuːbɪliː] *n* jubilé *m*.

Judaism ['dʒuː'deɪɪzml] *n* judaïsme *m*.

judder ['dʒʌdəʳ] *vi* Br trembler violemment.

judge [dʒʌdʒ] ◇ *n* juge *m* ◇ *vt* - **1.** [gen] juger - **2.** [estimate] évaluer, juger ◇ *vi* juger ; **to ~ from** OR **by, judging from** OR **by** à en juger par.

judg(e)ment ['dʒʌdʒmənt] *n* jugement *m* ; **to pass ~ (on)** JUR prononcer OR rendre un jugement (sur) ; *fig* [on person, situation] porter un jugement (sur) ; **to reserve ~** s'abstenir de donner son avis OR de porter un jugement ; **against my better ~** sachant pertinemment que j'avais tort.

judg(e)mental [dʒʌdʒ'mentl] *adj* pej qui critique, qui porte des jugements.

judicial [dʒuː'dɪʃl] *adj* judiciaire.

judiciary [dʒuː'dɪʃərɪ] *n* : **the ~** la magistrature.

judicious [dʒuː'dɪʃəs] *adj* judicieux(euse).

judo ['dʒuːdəʊ] *n* judo *m*.

jug [dʒʌg] *n* pot *m*, pichet *m*.

juggernaut ['dʒʌgənɔːt] *n* poids *m* lourd.

juggle ['dʒʌgl] ◇ *vt* lit & fig jongler avec ◇ *vi* jongler.

juggler ['dʒʌgləʳ] *n* jongleur *m*, -euse *f*.

jugular (vein) ['dʒʌgjʊləʳ-] *n* (veine *f*) jugulaire *f*.

juice [dʒuːs] *n* jus *m*.

➤ **juices** *npl* [in stomach] sucs *mpl*.

juicy ['dʒuːsɪ] (*compar* -**ier** ; *superl* -**iest**) *adj* - **1.** [fruit] juteux(euse) - **2.** *inf* [story] croustillant(e) - **3.** [role] séduisant(e), tentant(e).

jujitsu [dʒuː'dʒɪtsuːl] *n* jiu-jitsu *m*.

jukebox ['dʒuːkbɒks] *n* juke-box *m*.

Jul. (*abbr of* **July**) juill.

July [dʒuː'laɪ] *n* juillet *m* ; *see also* **September**.

jumble ['dʒʌmbl] ◇ *n* [mixture] mélange *m*, fatras *m* ◇ *vt* : **to ~ (up)** mélanger, embrouiller.

jumble sale *n* Br vente *f* de charité (où sont vendus des articles d'occasion).

jumbo jet ['dʒʌmbəʊ-l] *n* jumbo-jet *m*.

jumbo-sized [-saɪzd] *adj* géant(e), énorme.

jump [dʒʌmp] ◇ *n* - **1.** [leap] saut *m*, bond *m* - **2.** [fence] obstacle *m* - **3.** [rapid increase] flambée *f*, hausse *f* brutale - **4. phr : to keep one ~ ahead of sb** avoir une longueur d'avance sur qqn ◇ *vt* - **1.** [fence, stream etc] sauter, franchir d'un bond - **2.** inf [attack] sauter sur, tomber sur - **3.** Am [train, bus] prendre sans payer ◇ *vi* - **1.** [gen] sauter, bondir ; [in surprise] sursauter ; **to ~ across sthg** traverser qqch d'un bond - **2.** [increase rapidly] grimper en flèche, faire un bond.

◆ **jump at** *vt fus* fig sauter sur.

jumped-up ['dʒʌmpt-] *adj* Br inf pej prétentieux(euse).

jumper ['dʒʌmpəʳ] *n* - **1.** Br [pullover] pull *m* - **2.** Am [dress] robe *f* chasuble.

jump jet *n* avion *m* à décollage vertical.

jump leads *npl* câbles *mpl* de démarrage.

jump-start *vt* : **to ~ a car** faire démarrer une voiture en la poussant.

jumpsuit ['dʒʌmpsuːt] *n* combinaison-pantalon *f*.

jumpy ['dʒʌmpɪ] (*compar* -ier ; *superl* -iest) *adj* nerveux(euse).

Jun. - 1. abbr of June - **2.** = Junr.

junction ['dʒʌŋkʃn] *n* [of roads] carrefour *m* ; RAIL embranchement *m*.

junction box *n* ELEC boîte *f* d'accouplement.

juncture ['dʒʌŋktʃəʳ] *n* fml : **at this ~** à ce moment même.

June [dʒuːn] *n* juin *m* ; see also **September**.

jungle ['dʒʌŋgl] *n* lit & fig jungle *f*.

jungle gym *n* Am [in playground] cage *f* d'écureuil.

junior ['dʒuːnjəʳ] ◇ *adj* - **1.** [gen] jeune - **2.** Am [after name] junior ◇ *n* - **1.** [in rank] subalterne *mf* - **2.** [in age] cadet *m*, -ette *f* - **3.** Am SCH ≃ élève *mf* de première ; UNIV ≃ étudiant *m*, -e *f* de deuxième année.

junior college *n* Am *établissement d'enseignement supérieur où l'on obtient un diplôme en deux ans.*

junior doctor *n* interne *mf*.

junior high school *n* Am ≃ collège *m* d'enseignement secondaire.

junior minister *n* Br secrétaire *mf* d'État.

junior school *n* Br école *f* primaire.

juniper ['dʒuːnɪpəʳ] *n* genièvre *m*.

junk [dʒʌŋk] ◇ *n* [unwanted objects] bric-à-brac *m* ◇ *vt* balancer, se débarrasser de.

junket ['dʒʌŋkɪt] *n* - **1.** [pudding] lait *m* caillé - **2.** inf pej [trip] voyage *m* aux frais de la princesse.

junk food *n (U)* pej : **to eat ~** manger des cochonneries.

junkie ['dʒʌŋkɪ] *n* drugs sl drogué *m*, -e *f*.

junk mail *n (U)* pej prospectus *mpl* publicitaires envoyés par la poste.

junk shop *n* boutique *f* de brocanteur.

Junr (*abbr of Junior*) Jr.

junta [Br 'dʒʌntə, Am 'hʊntə] *n* junte *f*.

Jupiter ['dʒuːpɪtəʳ] *n* [planet] Jupiter *f*.

jurisdiction [,dʒʊərɪs'dɪkʃn] *n* juridiction *f*.

jurisprudence [,dʒʊərɪs'pruːdəns] *n* jurisprudence *f*.

juror ['dʒʊərəʳ] *n* juré *m*, -e *f*.

jury ['dʒʊərɪ] (*pl* -ies) *n* jury *m*.

jury box *n* banc *m* des jurés.

jury service *n* participation *f* à un jury.

just [dʒʌst] ◇ *adv* - **1.** [recently] : **he's ~ left** il vient de partir - **2.** [at that moment] : **I was ~ about to go** j'allais juste partir, j'étais sur le point de partir ; **I'm ~ going to do it now** je vais le faire tout de suite OR à l'instant ; **she arrived ~ as I was leaving** elle est arrivée au moment même où je partais OR juste comme je partais - **3.** [only, simply] : **it's ~ a rumour** ce n'est qu'une rumeur ; **~ add water** vous n'avez plus qu'à ajouter de l'eau ; **~ a minute** OR **moment** OR **second!** un (petit) instant! - **4.** [almost not] tout juste, à peine ; **I only ~ missed the train** j'ai manqué le train de peu ; **we have ~ enough time** on a juste assez de temps - **5.** [for emphasis] : **the coast is ~ marvellous** la côte est vraiment magnifique ; **~ look at this mess!** non, mais regarde un peu ce désordre! - **6.** [exactly, precisely] tout à fait, exactement ; **it's ~ what I need** c'est tout à fait ce qu'il me faut - **7.** [in requests] : **could you ~ move over please?** pourriez-vous vous pousser un peu s'il vous plaît? ◇ *adj* juste, équitable.

◆ **just about** *adv* à peu près, plus ou moins.

◆ **just as** *adv* [in comparison] tout aussi ; **you're ~ as clever as he is** tu es tout aussi intelligent que lui.

◆ **just now** *adv* - **1.** [a short time ago] il y a un moment, tout à l'heure - **2.** [at this moment] en ce moment.

justice ['dʒʌstɪs] *n* - **1.** [gen] justice *f* - **2.** [of claim, cause] bien-fondé *m* - **3. phr : to do ~ to sthg** [job] faire bien qqch, faire qqch comme il faut ; **to do ~ to a meal** faire honneur à un repas.

Justice of the Peace (*pl* **Justices of the Peace**) *n* juge *m* de paix.

justifiable ['dʒʌstɪfaɪəbl] *adj* justifiable, défendable.

justifiable homicide *n* homicide *m* par légitime défense.

justifiably [ˈdʒʌstɪfaɪəblɪ] *adv* à juste titre.

justification [ˌdʒʌstɪfɪˈkeɪʃn] *n* justification *f*.

justify [ˈdʒʌstɪfaɪ] (*pt & pp* -ied) *vt* [give reasons for] justifier.

justly [ˈdʒʌstlɪ] *adv* [act] avec justice ; [deserved] à juste titre.

justness [ˈdʒʌstnɪs] *n* bien-fondé *m*.

jut [dʒʌt] (*pt & pp* -ted ; *cont* -ting) *vi* : to ~ (out) faire saillie, avancer.

jute [dʒuːt] *n* jute *m*.

juvenile [ˈdʒuːvənaɪl] ◇ *adj* - **1.** JUR mineur(e), juvénile - **2.** [childish] puéril(e) ◇ *n* JUR mineur *m*, -e *f*.

juvenile court *n* tribunal *m* pour enfants.

juvenile delinquent *n* jeune délinquant *m*, -e *f*.

juxtapose [ˌdʒʌkstəˈpəʊz] *vt* juxtaposer.

juxtaposition [ˌdʒʌkstəpəˈzɪʃn] *n* juxtaposition *f*.

K

k (*pl* k's OR ks), **K** (*pl* K's OR Ks) [keɪ] *n* [letter] k *m* inv, K *m* inv.

◆ **K** - **1.** (*abbr of* **kilobyte**) Ko - **2.** *abbr of* Knight - **3.** (*abbr of* **thousand**) K.

Kabul [ˈkɑːbl] *n* Kaboul.

kaftan [ˈkæftæn] *n* cafetan *m*.

Kalahari Desert [ˌkæləˈhɑːrɪ-] *n* : the ~ le (désert du) Kalahari.

kale [keɪl] *n* chou *m* frisé.

kaleidoscope [kəˈlaɪdəskəʊp] *n* kaléidoscope *m*.

kamikaze [ˌkæmɪˈkɑːzɪ] *n* kamikaze *m*.

Kampala [kæmˈpɑːlə] *n* Kampala.

Kampuchea [ˌkæmpuːˈtʃɪə] *n* Kampuchéa *m* ; in ~ au Kampuchéa.

Kampuchean [ˌkæmpuːˈtʃɪən] ◇ *adj* cam-

bodgien(enne) ◇ *n* Cambodgien *m*, -enne *f*.

kangaroo [ˌkæŋɡəˈruː] *n* kangourou *m*.

Kansas [ˈkænzəs] *n* Kansas *m* ; in ~ dans le Kansas.

kaolin [ˈkeɪəlɪn] *n* kaolin *m*.

kaput [kəˈpʊt] *adj inf* fichu(e), foutu(e).

karat [ˈkærət] *n* Am carat *m*.

karate [kəˈrɑːtɪ] *n* karaté *m*.

Kashmir [kæʃˈmɪər] *n* Cachemire *m* ; in ~ au Cachemire.

Katar [kæˈtɑːr] = **Qatar**.

Katmandu [ˌkætmænˈduː] *n* Katmandou, Katmandu.

kayak [ˈkaɪæk] *n* kayak *m*.

Kazakhstan [ˌkæzækˈstɑːn] *n* Kazakhstan *m* ; in ~ au Kazakhstan.

KB (*abbr of* **kilobyte(s)**) *n* COMPUT Ko *m*.

KC (*abbr of* **King's Counsel**) *n* ≃ bâtonnier *m* de l'ordre.

kcal (*abbr of* **kilocalorie**) Kcal.

kd (*abbr of* **knocked down**) *livré en kit, à monter soi-même*.

kebab [kɪˈbæb] *n* brochette *f*.

kedgeree [ˌkedʒəˈriː] *n* Br *plat de riz, poisson et œufs durs mélangés*.

keel [kiːl] *n* quille *f* ; on an even ~ stable.

◆ **keel over** *vi* [ship] chavirer ; [person] tomber dans les pommes.

keen [kiːn] *adj* - **1.** [enthusiastic] enthousiaste, passionné(e) ; to be ~ on sthg avoir la passion de qqch ; he's ~ on her elle lui plaît ; to be ~ to do OR on doing sthg tenir à faire qqch - **2.** [interest, desire, mind] vif (vive) ; [competition] âpre, acharné(e) - **3.** [sense of smell] fin(e) ; [eyesight] perçant(e).

keenly [ˈkiːnlɪ] *adv* - **1.** [contested, interested] vivement - **2.** [listen, watch] attentivement.

keenness [ˈkiːnnɪs] *n* - **1.** [enthusiasm] enthousiasme *m* - **2.** [of competition] intensité *f* - **3.** [of eyesight] acuité *f* ; [of hearing] finesse *f*.

keep [kiːp] (*pt & pp* kept) ◇ *vt* - **1.** [retain, store] garder ; ~ the change! gardez la monnaie! ; to ~ sthg warm garder OR tenir qqch au chaud - **2.** [prevent] : to keep sb/sthg from doing sthg empêcher qqn/qqch de faire qqch - **3.** [detain] retenir ; [prisoner] détenir ; I don't want to ~ you je ne voudrais pas vous retenir ; what kept you? qu'est-ce qui t'a retardé? ; to ~ sb waiting faire attendre qqn - **4.** [promise] tenir ; [appointment] aller à ; [vow] être fidèle à - **5.** [not disclose] : to ~ sthg from sb cacher qqch à qqn ; to ~ sthg to o.s. garder qqch pour soi - **6.** [diary, record, notes] tenir - **7.** [own - sheep, pigs etc] élever ; [- shop] tenir

[~ car] avoir, posséder - **8.** phr : **they ~ them-selves to themselves** ils restent entre eux, ils se tiennent à l'écart ◇ vi - **1.** [remain] : **to ~ warm** se tenir au chaud ; **to ~ quiet** garder le silence ; **~ quiet!** taisez-vous ! - **2.** [continue] : **he ~s interrupting me** il n'arrête pas de m'interrompre ; **to ~ talking/walking** continuer à parler/à marcher - **3.** [continue moving] : **to ~ left/right** garder sa gauche/sa droite ; **to ~ north/south** continuer vers le nord/le sud - **4.** [food] se conserver - **5.** Br [in health] : **how are you ~ing?** comment allez-vous? ; **she's ~ing well** elle va très bien ◇ n : **to earn one's ~** gagner sa vie.

➤ **keeps** n : **for ~s** pour toujours.

➤ **keep at** vt fus : **to ~ at it** [work hard] travailler d'arrache-pied.

➤ **keep back** vt sep [information] cacher, ne pas divulguer ; [money] retenir.

➤ **keep down** vt sep [prices] empêcher de monter ; [numbers, costs] restreindre, limiter.

➤ **keep off** vt fus : **'~ off the grass'** '(il est) interdit de marcher sur la pelouse'.

➤ **keep on** vi - **1.** [continue] : **to ~ on (doing sthg)** [without stopping] continuer (de or à faire qqch) ; [repeatedly] ne pas arrêter (de faire qqch) - **2.** [talk incessantly] : **to ~ on (about sthg)** ne pas arrêter de parler (de qqch).

➤ **keep on at** vt fus Br harceler.

➤ **keep out** ◇ vt sep empêcher d'entrer ◇ vi : **'~ out'** 'défense d'entrer'.

➤ **keep to** ◇ vt fus [rules, deadline] respecter, observer ◇ vt sep [limit] : **we must ~ spending to a minimum** il faut limiter les dépenses au minimum.

➤ **keep up** ◇ vt sep [continue to do] continuer ; [maintain] maintenir ; **to ~ up appear-ances** sauver les apparences ◇ vi - **1.** [maintain pace, level etc] : **to ~ up (with sb)** aller aussi vite (que qqn) ; **to ~ up with the news** suivre l'actualité - **2.** [remain in contact] : **to ~ up with sb** rester en contact avec qqn.

keeper ['ki:pə^r] n gardien m, -enne f.

keep-fit ◇ n (U) Br gymnastique f ◇ comp de gymnastique.

keeping ['ki:pɪŋ] n - **1.** [care] garde f - **2.** [conformity, harmony] : **to be in/out of ~ with** [rules etc] être/ne pas être conforme à ; [subj : clothes, furniture] aller/ne pas aller avec

keepsake ['ki:pseɪk] n souvenir m.

keg [keg] n tonnelet m, baril m.

kelp [kelp] n varech m.

ken [ken] n : **it's beyond my ~** ça dépasse mes compétences.

kennel ['kenl] n - **1.** [shelter for dog] niche f - **2.** Am = kennels.

➤ **kennels** npl Br chenil m.

Kentucky [ken'tʌkɪ] n Kentucky m ; **in ~** dans le Kentucky.

Kenya ['kenjə] n Kenya m ; **in ~** au Kenya.

Kenyan ['kenjən] ◇ adj kenyan(e) ◇ n Kenyan m, -e f.

kept [kept] pt & pp ▷ keep.

kerb [kɜ:b] n Br bordure f du trottoir.

kerb crawler [-,krɔ:lə^r] n Br homme en voiture qui accoste les prostituées.

kerbstone ['kɜ:bstəʊn] n Br (pierre f de) bordure de trottoir.

kerfuffle [kə'fʌfl] n Br inf : **what a ~!** quelle histoire!

kernel ['kɜ:nl] n amande f.

kerosene ['kerəsi:n] n kérosène m.

kestrel ['kestrəl] n crécerelle f.

ketch [ketʃ] n ketch m.

ketchup ['ketʃəp] n ketchup m.

kettle ['ketl] n bouilloire f.

kettledrum ['ketldrʌm] n timbale f.

key [ki:] ◇ n - **1.** [gen & MUS] clef f, clé f ; **the ~ (to sthg)** fig la clé (de qqch) - **2.** [of typewriter, computer, piano] touche f - **3.** [of map] légende f ◇ adj clé (after n).

➤ **key in** vt sep [text, data] saisir ; [code] composer.

keyboard ['ki:bɔ:d] ◇ n [gen & COMPUT] clavier m ◇ vt COMPUT [text, data] saisir.

keyboarder ['ki:bɔ:də^r] n COMPUT claviste mf.

keyed up [,ki:d-] adj tendu(e), énervé(e).

keyhole ['ki:həʊl] n trou m de serrure.

keynote ['ki:nəʊt] ◇ n note f dominante ◇ comp : **~ speech** discours-programme m.

keypad ['ki:pæd] n COMPUT pavé m numérique.

keypunch ['ki:pʌntʃ] n Am perforatrice f à clavier.

key ring n porte-clés m inv.

keystone ['ki:stəʊn] n lit & fig clef f de voûte.

keystroke ['ki:strəʊk] n COMPUT frappe f d'une touche.

kg (abbr of kilogram) kg.

KGB n KGB m.

khaki ['kɑ:kɪ] ◇ adj kaki (inv) ◇ n - **1.** [colour] kaki m - **2.** [cloth] toile f kaki.

Khmer [kmeə^r] ◇ adj khmer (khmère) ◇ n - **1.** [person] Khmer m, -ère f ; **~ Rouge** Khmer rouge - **2.** [language] khmer m.

kibbutz [kɪ'bʊts] (pl kibbutzim [kɪbʊ'tsi:m] OR -es [-i:z]) n kibboutz m.

kick [kɪk] ◇ n - **1.** [with foot] coup m de pied - **2.** inf [excitement] : **to get a ~ from sthg** trouver qqch excitant ; **to do sthg for ~s** faire qqch pour le plaisir ◇ vt - **1.** [with foot] donner un coup de pied à ; **to ~ o.s.** fig se don-

ner des gifles OR des claques - **2.** inf [give up] :
to ~ **the habit** arrêter ⬦ vi - **1.** [person - repeatedly] donner des coups de pied ; [- once] donner un coup de pied - **2.** [baby] gigoter - **3.** [animal] ruer.

➤ **kick about, kick around** vi Br inf traîner.

➤ **kick off** vi - **1.** FTBL donner le coup d'envoi - **2.** inf fig [start] démarrer.

➤ **kick out** vt sep inf vider, jeter dehors.

➤ **kick up** vt fus inf : to ~ **up a fuss/row** faire toute une histoire.

kickoff ['kıkɒf] n engagement m.

kick-start vt faire démarrer à l'aide du pied OR au kick.

kid [kɪd] (pt & pp -ded ; cont -ding) ⬦ n - **1.** inf [child] gosse mf, gamin m, -e f - **2.** inf [young person] petit jeune m, petite jeune f - **3.** [goat, leather] chevreau m ⬦ comp inf [brother, sister] petit(e) ⬦ vt inf - **1.** [tease] faire marcher - **2.** [delude] : to ~ **o.s.** se faire des illusions ⬦ vi inf : to be kidding plaisanter ; no kidding! sans blague!

kiddie, kiddy ['kɪdı] (pl -ies) n inf gosse mf, gamin m, -e f.

kid gloves npl : to treat OR handle sb with ~ prendre des gants avec qqn.

kidnap ['kıdnæp] (Br pt & pp -ped ; cont -ping, Am pt & pp -ed ; cont -ing) vt kidnapper, enlever.

kidnapper Br, **kidnaper** Am ['kıdnæpə'] n kidnappeur m, -euse f, ravisseur m, -euse f.

kidnapping Br, **kidnaping** Am ['kıdnæpıŋ] n enlèvement m.

kidney ['kıdnı] (pl -s) n - **1.** ANAT rein m - **2.** CULIN rognon m.

kidney bean n haricot m rouge.

kidney machine n rein m artificiel.

Kilimanjaro [ˌkılımən'dʒɑːrəʊ] n Kilimandjaro m.

kill [kıl] ⬦ vt - **1.** [cause death of] tuer ; my feet are killing me fig j'ai horriblement mal aux pieds ; to ~ **time** tuer le temps - **2.** fig [hope, chances] mettre fin à ; [pain] supprimer ⬦ vi tuer ⬦ n mise f à mort.

➤ **kill off** vt sep - **1.** [species, animal] exterminer - **2.** fig [hope, chances] mettre fin à.

killer ['kılə'] n [person] meurtrier m, -ère f ; [animal] tueur m, -euse f.

killer whale n épaulard m, orque f.

killing ['kılıŋ] ⬦ adj inf [very funny] tordant(e) ⬦ n meurtre m ; to make a ~ inf faire une bonne affaire, réussir un beau coup.

killjoy ['kıldʒɔı] n rabat-joie m inv.

kiln [kıln] n four m.

kilo ['kiːləʊ] (pl -s) (abbr of kilogram) n kilo m.

kilo- ['kılə] prefix kilo-.

kilobyte ['kıləbaıt] n COMPUT kilo-octet m.

kilocalorie ['kılə‚kælərı] n kilocalorie f.

kilogram(me) ['kıləgræm] n kilogramme m.

kilohertz ['kıləhɜːtž] (pl inv) n kilohertz m.

kilojoule ['kılədʒuːl] n kilojoule m.

kilometre Br ['kılə‚miːtə'], **kilometer** Am [kı'lɒmıtər] n kilomètre m.

kilowatt ['kıləwɒt] n kilowatt m.

kilt [kılt] n kilt m.

kimono [kı'məʊnəʊ] (pl -s) n kimono m.

kin [kın] n ⊳ kith.

kind [kaınd] ⬦ adj gentil(ille), aimable ; would you be so ~ as to ...? voulez-vous avoir la gentillesse OR l'amabilité de ...? ⬦ n genre m, sorte f ; an agreement of a ~ une sorte d'accord ; they're two of a ~ ils se ressemblent ; in ~ [payment] en nature ; a ~ of une espèce de, une sorte de ; ~ of Am inf un peu.

kindergarten ['kındə‚gɑːtn] n jardin m d'enfants.

kind-hearted [-'hɑːtıd] adj qui a bon cœur, bon (bonne).

kindle ['kındl] vt - **1.** [fire] allumer - **2.** fig [feeling] susciter.

kindling ['kındlıŋ] n (U) petit bois m.

kindly ['kaındlı] (compar -ier ; superl -iest) ⬦ adj - **1.** [person] plein(e) de bonté, bienveillant(e) - **2.** [gesture] plein(e) de gentillesse ⬦ adv - **1.** [speak, smile etc] avec gentillesse ; to look ~ on sb/sthg être favorable à - **2.** [please] : ~ **leave the room!** veuillez sortir, s'il vous plaît! ; will you ~ ...? veuillez ..., je vous prie de ... - **3.** phr : not to take ~ to sthg mal prendre qqch.

kindness ['kaındnıs] n gentillesse f.

kindred ['kındrıd] adj [similar] semblable, similaire ; ~ **spirit** âme f sœur.

kinetic [kı'netık] adj cinétique.

kinfolk(s) ['kınfəʊk(s)] Am = kinsfolk.

king [kıŋ] n roi m.

kingdom ['kıŋdəm] n - **1.** [country] royaume m - **2.** [of animals, plants] règne m.

kingfisher ['kıŋ‚fıʃə'] n martin-pêcheur m.

kingpin ['kıŋpın] n - **1.** AUT pivot m de l'essieu avant - **2.** fig [person] pilier m, cheville f ouvrière.

king-size(d) [-saız(d)] adj [cigarette] long (longue) ; [pack] géant(e) ; a ~ **bed** un grand lit (de 195 cm).

kink [kıŋk] n [in rope] entortillement m.

kinky ['kɪŋkɪ] (*compar* -**ier** ; *superl* -**iest**) *adj* inf vicieux(euse).

kinsfolk ['kɪnzfəʊk] *npl* famille *f*.

kinship ['kɪnʃɪp] *n* (U) - **1.** [family relationship] parenté *f* - **2.** [closeness] affinités *fpl*.

kiosk ['kiːɒsk] *n* - **1.** [small shop] kiosque *m* - **2.** Br [telephone box] cabine *f* (téléphonique).

kip [kɪp] (*pt* & *pp* -**ped** ; *cont* -**ping**) Br inf ⟨⟩ *n* somme *m*, roupillon *m* ⟨⟩ *vi* faire OR piquer un petit somme.

kipper ['kɪpə'] *n* hareng *m* fumé OR saur.

Kirk [kɜːk] *n* Scot : **the ~** l'Église *f* (presbytérienne) d'Écosse.

kirsch [kɪəʃ] *n* kirsch *m*.

kiss [kɪs] ⟨⟩ *n* baiser *m* ; **to give sb a ~** embrasser qqn, donner un baiser à qqn ⟨⟩ *vt* embrasser ; **to ~ sb's cheek** embrasser qqn sur la joue ; **to ~ sb goodbye** dire au revoir à qqn en l'embrassant ⟨⟩ *vi* s'embrasser.

kissagram ['kɪsəgræm] *n* service de « télégramme parlé » comprenant un baiser, à l'occasion d'un anniversaire, par exemple.

kiss curl *n* Br accroche-cœur *m*.

kiss of life *n* : **the ~** le bouche-à-bouche.

kit [kɪt] (*pt* & *pp* -**ted** ; *cont* -**ting**) *n* - **1.** [set] trousse *f* - **2.** (U) SPORT affaires *fpl*, équipement *m* - **3.** [to be assembled] kit *m*.

➤ **kit out** *vt sep* Br équiper.

kit bag *n* sac *m* de marin.

kitchen ['kɪtʃɪn] *n* cuisine *f*.

kitchenette [ˌkɪtʃɪ'net] *n* kitchenette *f*.

kitchen garden *n* (jardin *m*) potager *m*.

kitchen sink *n* évier *m*.

kitchen unit *n* élément *m* de cuisine.

kitchenware ['kɪtʃɪnweə'] *n* (U) ustensiles *mpl* de cuisine.

kite [kaɪt] *n* - **1.** [toy] cerf-volant *m* - **2.** [bird] milan *m*.

Kite mark *n* Br ≃ NF (*conforme aux normes françaises de sécurité*).

kith [kɪθ] *n* : **~ and kin** parents et amis *mpl*.

kitsch [kɪtʃ] *n* kitsch *m* inv.

kitten ['kɪtn] *n* chaton *m*.

kitty ['kɪtɪ] (*pl* -**ies**) *n* [shared fund] cagnotte *f*.

kiwi ['kiːwiː] *n* - **1.** [bird] kiwi *m*, aptéryx *m* - **2.** inf [New Zealander] Néo-Zélandais *m*, -e *f*.

kiwi fruit *n* kiwi *m*.

KKK (*abbr of* Ku Klux Klan).

klaxon ['klæksn] *n* sirène *f*.

Kleenex® ['kliːneks] *n* Kleenex® *m*.

kleptomaniac [ˌkleptə'meɪnɪæk] *n* kleptomane *mf*.

km (*abbr of* kilometre) km.

km/h (*abbr of* kilometres per hour) km/h.

knack [næk] *n* : **to have a OR the ~ (for doing sthg)** avoir le coup (pour faire qqch).

knacker ['nækə'] Br ⟨⟩ *n* [horse slaughterer] équarrisseur *m* ⟨⟩ *vt* v inf épuiser.

knackered ['nækəd] *adj* Br v inf crevé(e), claqué(e).

knapsack ['næpsæk] *n* sac *m* à dos.

knave [neɪv] *n* [in cards] valet *m*.

knead [niːd] *vt* pétrir.

knee [niː] *n* genou *m* ; **to be on one's ~s** être à genoux ; fig être sur les genoux ; **to bring sb to their ~s** fig faire capituler qqn.

kneecap ['niːkæp] *n* rotule *f*.

knee-deep *adj* : **we were ~ in snow/water** la neige/l'eau nous arrivait jusqu'aux genoux.

knee-high *adj* à hauteur de genou.

kneel [niːl] (Br *pt* & *pp* **knelt**, Am *pt* & *pp* **knelt** OR -**ed**) *vi* se mettre à genoux, s'agenouiller.

➤ **kneel down** *vi* se mettre à genoux, s'agenouiller.

knee-length *adj* [skirt] qui arrive aux genoux ; [boots] qui montent jusqu'aux genoux.

knees-up *n* Br inf fête *f*.

knell [nel] *n* glas *m*.

knelt [nelt] *pt* & *pp* ▷ **kneel**.

knew [njuː] *pt* ▷ **know**.

knickers ['nɪkəz] *npl* - **1.** Br [underwear] culotte *f* - **2.** Am [knickerbockers] pantalon *m* de golf.

knick-knack ['nɪknæk] *n* babiole *f*, bibelot *m*.

knife [naɪf] (*pl* **knives** [naɪvz]) ⟨⟩ *n* couteau *m* ⟨⟩ *vt* donner un coup de couteau à, poignarder.

knifing ['naɪfɪŋ] *n* bagarre *f* au couteau.

knight [naɪt] *n* - **1.** [in history, member of nobility] chevalier *m* - **2.** [in chess] cavalier *m* ⟨⟩ *vt* faire chevalier.

knighthood ['naɪthʊd] *n* titre *m* de chevalier.

knit [nɪt] (*pt* & *pp* **knit** OR -**ted**, *cont* -**ting**) ⟨⟩ *adj* : **closely** OR **tightly ~** fig très uni(e) ⟨⟩ *vt* tricoter ⟨⟩ *vi* - **1.** [with wool] tricoter - **2.** [broken bones] se souder.

knitted ['nɪtɪd] *adj* tricoté(e).

knitting ['nɪtɪŋ] *n* (U) tricot *m*.

knitting machine *n* machine *f* à tricoter.

knitting needle *n* aiguille *f* à tricoter.

knitting pattern *n* modèle *m* (de tricot).

knitwear ['nɪtweə'] *n* (U) tricots *mpl*.

knives [naɪvz] *pl* ▷ **knife**.

knob [nɒb] *n* - **1.** [on door] poignée *f*, bouton

m ; [on drawer] poignée ; [on bedstead] pomme *f* - **2.** [on TV, radio etc] bouton *m*.

knobbly Br ['nɒblɪ] (*compar* **-ier** ; *superl* **-iest**), **knobby** Am ['nɒbɪ] (*compar* **-ier** ; *superl* **-iest**) *adj* noueux(euse).

knock [nɒk] ◇ *n* - **1.** [hit] coup *m* - **2.** *inf* [piece of bad luck] coup *m* dur ◇ *vt* - **1.** [hit] frapper, cogner ; **to ~ a hole in a wall** faire un trou dans un mur ; **to ~ a nail into a wall** enfoncer un clou dans un mur ; **to ~ sb/sthg over** renverser qqn/qqch - **2.** *inf* [criticize] critiquer, dire du mal de ◇ *vi* - **1.** [on door] **to ~ (at OR on)** frapper (à) - **2.** [car engine] cogner, avoir des ratés.

◆ **knock about, knock around** *inf* ◇ *vt sep* tabasser ◇ *vi* - **1.** [travel] bourlinguer - **2.** [spend time] **to ~ about with sb** fréquenter qqn.

◆ **knock back** *vt sep inf* [drink] s'enfiler.

◆ **knock down** *vt sep* - **1.** [subj : car, driver] renverser - **2.** [building] démolir - **3.** [price] (faire) baisser.

◆ **knock off** ◇ *vt sep* - **1.** [money] **to ~ £5 off** faire un rabais de 5 livres - **2.** Br *inf* [steal] chiper, piquer ◇ *vi inf* [stop working] finir son travail OR sa journée.

◆ **knock out** *vt sep* - **1.** [make unconscious] assommer - **2.** [from competition] éliminer.

◆ **knock up** ◇ *vt sep* [meal, report] préparer OR faire en vitesse ; [structure] construire à la va-vite ◇ *vi* TENNIS faire des balles.

knocker ['nɒkəʳ] *n* [on door] heurtoir *m*.

knocking ['nɒkɪŋ] *n (U)* - **1.** [on door etc] coups *mpl* - **2.** *inf* [criticism] critique *f*, critiques *fpl*.

knock-kneed [-'niːd] *adj* cagneux(euse), qui a les genoux cagneux.

knock-on effect *n* Br réaction *f* en chaîne.

knockout ['nɒkaʊt] *n* knock-out *m*, K.-O. *m*.

knockout competition *n* Br compétition *f* avec éliminatoires.

knock-up *n* TENNIS : **to have a ~** faire des balles.

knot [nɒt] (*pt* & *pp* **-ted** ; *cont* **-ting**) ◇ *n* - **1.** [gen] nœud *m* ; **to tie/untie a ~** faire/ défaire un nœud - **2.** [of people] petit attroupement *m* ◇ *vt* nouer, faire un nœud à.

knotted ['nɒtɪd] *adj* noué(e).

knotty ['nɒtɪ] (*compar* **-ier** ; *superl* **-iest**) *adj fig* épineux(euse).

know [nəʊ] (*pt* **knew** ; *pp* **known**) ◇ *vt* - **1.** [gen] savoir ; [language] savoir parler ; **to ~ (that)** ... savoir que ... ; **to let sb ~ (about sthg)** faire savoir (qqch) à qqn, informer qqn (de qqch) ; **to ~ how to do sthg** savoir faire qqch ; **to get to ~ sthg** apprendre qqch - **2.** [person, place] connaître ; **to get to ~ sb** ap-

prendre à mieux connaître qqn ◇ *vi* savoir ; **to ~ of sthg** connaître qqch ; **to ~ about** [be aware of] être au courant de ; [be expert in] s'y connaître en ; **God OR Heaven ~s!** Dieu seul le sait! ; **he ought to have known better** il aurait dû réfléchir ◇ *n* : **to be in the ~** être au courant.

know-all *n* Br (monsieur) je-sais-tout *m*, (madame) je-sais-tout *f*.

know-how *n* savoir-faire *m*, technique *f*.

knowing ['nəʊɪŋ] *adj* [smile, look] entendu(e).

knowingly ['nəʊɪŋlɪ] *adv* - **1.** [smile, look] d'un air entendu - **2.** [intentionally] sciemment.

know-it-all = **know-all**.

knowledge ['nɒlɪdʒ] *n (U)* - **1.** [gen] connaissance *f* ; **it's common ~ that** ... tout le monde sait que ... ; **without my ~** à mon insu ; **to my ~** à ma connaissance ; **to the best of my ~** à ma connaissance, autant que je sache - **2.** [learning, understanding] savoir *m*, connaissances *fpl*.

knowledgeable ['nɒlɪdʒəbl] *adj* bien informé(e).

known [nəʊn] ◇ *pp* ▷ **know** ◇ *adj* connu(e).

knuckle ['nʌkl] *n* - **1.** ANAT articulation *f* OR jointure *f* du doigt - **2.** [of meat] jarret *m*.

◆ **knuckle down** *vi* s'y mettre, se mettre au travail ; **to ~ down to sthg/to doing sthg** se mettre sérieusement à qqch/à faire qqch.

◆ **knuckle under** *vi* céder, capituler.

knuckle-duster *n* coup-de-poing *m* américain.

KO (*abbr of* **knock-out**) *n* K.-O. *m*.

koala (bear) [kəʊ'ɑːlə-] *n* koala *m*.

kook [kuːk] *n* Am *inf* fou *m*, folle *f*, dingue *mf*.

kooky ['kuːkɪ] (*compar* **-ier** ; *superl* **-iest**) *adj* Am *inf* fêlé(e), dingue.

Koran [kɒ'rɑːn] *n* : **the ~** le Coran.

Korea [kə'rɪə] *n* Corée *f* ; **in ~** en Corée.

Korean [kə'rɪən] ◇ *adj* coréen(enne) ◇ *n* - **1.** [person] Coréen *m*, -enne *f* - **2.** [language] coréen *m*.

kosher ['kəʊʃəʳ] *adj* - **1.** [meat] kasher (*inv*) - **2.** *inf* [reputable] O.K. (*inv*), réglo (*inv*).

Kosovar [kɒsəvaʳ] *n* kosovar *mf*.

Kosovo [kɔsɔvɔ] *n* Kosovo *m*.

Koweit = **Kuwait**.

kowtow [ˌkaʊ'taʊ] *vi* : **to ~ (to sb)** faire des courbettes (à OR devant qqn).

Krakow = **Cracow**.

Kremlin ['kremlɪn] *n* : **the ~** le Kremlin.

KS *abbr of* **Kansas**.

KT *abbr of* Knight.

Kuala Lumpur [ˌkwɑːləˈlʊmˌpʊəʳ] *n* Kuala Lumpur.

kudos [ˈkjuːdɒs] *n* prestige *m*, gloire *f*.

Ku Klux Klan [kuːklʌksˈklæn] *n* : the ~ le Ku Klux Klan.

kumquat [ˈkʌmkwɒt] *n* kumquat *m*.

kung fu [ˌkʌŋˈfuː] *n* kung-fu *m*.

Kurd [kɜːd] *n* Kurde *mf*.

Kurdish [ˈkɜːdɪʃ] *adj* kurde.

Kurdistan [ˌkɜːdɪˈstɑːn] *n* Kurdistan *m* ; **in ~** au Kurdistan.

Kuwait [kʊˈweɪt], **Koweit** [kəʊˈweɪt] *n* - **1.** [country] Koweït *m* ; **in ~** au Koweït - **2.** [city] Koweït City.

Kuwaiti [kʊˈweɪtɪ] ⟨⟩ *adj* koweïtien(enne) ⟨⟩ *n* Koweïtien *m*, -enne *f*.

kW (*abbr of* kilowatt) kW.

KY *abbr of* Kentucky.

l¹ (*pl* **l's** OR **ls**), **L** (*pl* **L's** OR **Ls**) [el] *n* [letter] l *m inv*, L *m inv*.
➧ **L** - **1.** *abbr of* lake - **2.** *abbr of* large - **3.** (*abbr of* left) g - **4.** *abbr of* learner.

L

En Grande-Bretagne, la lettre « L » apposée sur l'arrière d'un véhicule indique que le conducteur n'a pas encore son permis mais qu'il est en conduite accompagnée.

l² (*abbr of* litre) l.

la [lɑː] *n* MUS la *m*.

La *abbr of* Louisiana.

LA - **1.** *abbr of* Los Angeles - **2.** *abbr of* Louisiana.

L.A. (*abbr of* Los Angeles) *n* Los Angeles.

lab [læb] *n inf* labo *m*.

label [ˈleɪbl] (Br *pt* & *pp* -**led** ; *cont* -**ling**, Am *pt* & *pp* -**ed** ; *cont* -**ing**) ⟨⟩ *n* - **1.** [identification] étiquette *f* - **2.** [of record] label *m*, maison *f* de

disques ⟨⟩ *vt* - **1.** [fix label to] étiqueter - **2.** [describe] : **to ~ sb (as)** cataloguer OR étiqueter qqn (comme).

labor *etc* Am = labour *etc*.

laboratory [Br ləˈbɒrətrɪ, Am ˈlæbrəˌtɔːrɪ] (*pl* -**ies**) ⟨⟩ *n* laboratoire *m* ⟨⟩ *comp* de laboratoire.

Labor Day *n* fête du travail américaine (premier lundi de septembre).

laborious [ləˈbɔːrɪəs] *adj* laborieux(euse).

labor union *n* Am syndicat *m*.

labour Br, **labor** Am [ˈleɪbəʳ] ⟨⟩ *n* - **1.** [gen & MED] travail *m* ; **she went into ~** MED le travail a commencé - **2.** [workers, work carried out] main d'œuvre *f* ⟨⟩ *vt* : **there's no need to ~ the point** pas besoin de s'appesantir là-dessus ⟨⟩ *vi* travailler dur ; **to ~ at** OR **over** peiner sur ; **to ~ under a delusion** se faire des illusions OR des idées ; **to ~ under a misapprehension** être dans l'erreur.
➧ **Labour** POL ⟨⟩ *adj* travailliste ⟨⟩ *n (U)* Br les travaillistes *mpl*.

labour camp *n* camp *m* de travaux forcés.

labour costs *npl* coûts *mpl* de la main-d'œuvre.

laboured Br, **labored** Am [ˈleɪbəd] *adj* [breathing] pénible ; [style] lourd(e), laborieux(euse).

labourer Br, **laborer** Am [ˈleɪbərəʳ] *n* travailleur manuel *m*, travailleuse manuelle *f* ; [agricultural] ouvrier agricole *m*, ouvrière agricole *f*.

labour force *n* main-d'œuvre *f*.

labour-intensive *adj* à forte main d'œuvre.

labour market *n* marché *m* du travail.

labour of love *n* tâche *f* effectuée par plaisir.

labour pains *npl* douleurs *fpl* de l'accouchement.

Labour Party *n* Br : the ~ le parti travailliste.

labour relations *npl* relations *fpl* entre employeurs et employés.

laboursaving Br, **laborsaving** Am [ˈleɪbəˌseɪvɪŋ] *adj* : ~ **device** appareil *m* ménager.

Labrador [ˈlæbrədɔːʳ] *n* - **1.** [dog] labrador *m* - **2.** GEOGR Labrador *m*.

labyrinth [ˈlæbərɪnθ] *n* labyrinthe *m*.

lace [leɪs] ⟨⟩ *n* - **1.** [fabric] dentelle *f* - **2.** [of shoe etc] lacet *m* ⟨⟩ *comp* en OR de dentelle ⟨⟩ *vt* - **1.** [shoe etc] lacer - **2.** [drink] verser de l'alcool dans.
➧ **lace up** *vt sep* lacer.

lacemaking ['leɪsˌmeɪkɪŋ] n fabrication f de (la) dentelle.

laceration [ˌlæsə'reɪʃn] n lacération f.

lace-up ⋄ adj [shoes] à lacets ⋄ n Br chaussure f à lacets.

lack [læk] ⋄ n manque m ; **for** OR **through ~ of** par manque de ; **no ~ of** bien assez de ⋄ vt manquer de ⋄ vi : **to be ~ing in sthg** manquer de qqch ; **to be ~ing** manquer, faire défaut.

lackadaisical [ˌlækə'deɪzɪkl] adj pej nonchalant(e).

lackey ['lækɪ] (pl -s) n pej larbin m.

lacklustre Br, **lackluster** Am ['lækˌlʌstə'] adj terne.

laconic [lə'kɒnɪk] adj laconique.

lacquer ['lækə'] ⋄ n [for wood] vernis m, laque f ; [for hair] laque f ⋄ vt laquer.

lacrosse [lə'krɒs] n crosse f.

lactic acid ['læktɪk-] n acide m lactique.

lacy ['leɪsɪ] (compar -ier ; superl -iest) adj de OR en dentelle.

lad [læd] n - **1.** inf [boy] garçon m, gars m - **2.** Br [stable boy] lad m.

ladder ['lædə'] ⋄ n - **1.** [for climbing] échelle f - **2.** Br [in tights] maille f filée, estafilade f ⋄ vt & vi Br [tights] filer.

laden ['leɪdn] adj : ~ **(with)** chargé(e) (de).

la-di-da [ˌlɑːdɪ'dɑː] adj inf pej maniéré(e).

ladies Br ['leɪdɪz], **ladies' room** Am n toilettes fpl (pour dames).

lading ['leɪdɪŋ] ⊳ **bill of lading.**

ladle ['leɪdl] ⋄ n louche f ⋄ vt servir (à la louche).

lady ['leɪdɪ] (pl -ies) ⋄ n - **1.** [gen] dame f - **2.** Am inf [to address woman] ma petite dame ⋄ comp : **a ~ doctor** une femme docteur.
➤ **Lady** n Lady f ; **Our Lady** Notre-Dame f.

ladybird Br ['leɪdɪbɜːd], **ladybug** Am ['leɪdɪbʌg] n coccinelle f.

lady-in-waiting [-'weɪtɪŋ] (pl **ladies-in-waiting**) n dame f d'honneur.

lady-killer n inf bourreau m des cœurs, don Juan m.

ladylike ['leɪdɪlaɪk] adj distingué(e).

Ladyship ['leɪdɪʃɪp] n : **her/your ~** Madame la baronne/la duchesse etc.

lag [læg] (pt & pp **-ged** ; cont **-ging**) ⋄ vi : **to ~ (behind)** [person, runner] traîner ; [economy, development] être en retard, avoir du retard ⋄ vt [roof, pipe] calorifuger ⋄ n [timelag] décalage m.

lager ['lɑːgə'] n (bière f) blonde f.

lager lout n Br jeune qui, sous l'influence de l'alcool, cherche la bagarre ou commet des actes de vandalisme.

lagging ['lægɪŋ] n calorifuge m.

lagoon [lə'guːn] n lagune f.

Lagos ['leɪgɒs] n Lagos.

lah-di-dah = **la-di-da.**

laid [leɪd] pt & pp ⊳ **lay.**

laid-back adj inf relaxe, décontracté(e).

lain [leɪn] pp ⊳ **lie.**

lair [leə'] n repaire m, antre m.

laissez-faire ['leɪseɪ'feə'] ⋄ adj non-interventionniste ⋄ n non-interventionnisme m.

laity ['leɪətɪ] n RELIG ; **the ~** les laïcs mpl.

lake [leɪk] n lac m.

Lake District n : **the ~** la région des lacs (au nord-ouest de l'Angleterre).

Lake Geneva n le lac Léman OR de Genève.

lakeside ['leɪksaɪd] adj au bord de l'eau.

lama ['lɑːmə] (pl -s) n lama m.

lamb [læm] n agneau m.

lambast [læm'bæst], **lambaste** [læm'beɪst] vt démolir.

lamb chop n côtelette f d'agneau.

lambing ['læmɪŋ] n agnelage m.

lambskin ['læmskɪn] n agneau m, peau f d'agneau.

lambswool ['læmzwʊl] ⋄ n lambswool m ⋄ comp en lambswool, en laine d'agneau.

lame [leɪm] adj lit & fig boiteux(euse).

lamé ['lɑːmeɪ] n lamé m.

lame duck n - **1.** fig [person, business] canard m boiteux - **2.** Am [President] président non réélu, pendant la période séparant l'élection de l'investiture de son successeur.

lamely ['leɪmlɪ] adv [argue, lie etc] maladroitement.

lament [lə'ment] ⋄ n lamentation f ⋄ vt se lamenter sur.

lamentable ['læməntəbl] adj lamentable.

laminated ['læmɪneɪtɪd] adj [wood] stratifié(e) ; [glass] feuilleté(e) ; [steel] laminé(e).

lamp [læmp] n lampe f.

lamplight ['læmplaɪt] n lumière f de la lampe.

lampoon [læm'puːn] ⋄ n satire f ⋄ vt faire la satire de.

lamppost ['læmppəʊst] n réverbère m.

lampshade ['læmpʃeɪd] n abat-jour m.

lance [lɑːns] ⋄ n lance f ⋄ vt [boil] percer.

lance corporal n caporal m.

lancet ['lɑːnsɪt] n bistouri m, lancette f.

Lancs [læŋks] (*abbr of* **Lancashire**) *comté anglais.*

land [lænd] ◇ *n* - **1.** [solid ground] terre *f* (ferme) ; [farming ground] terre, terrain *m* - **2.** [property] terres *fpl*, propriété *f* - **3.** [nation] pays *m* ◇ *vt* - **1.** [from ship, plane] débarquer - **2.** [catch - fish] prendre - **3.** [plane] atterrir - **4.** inf [obtain] décrocher - **5.** inf [place] : **to ~ sb in trouble** attirer des ennuis à qqn ; **to be ~ed with sthg** se coltiner qqch ◇ *vi* - **1.** [plane] atterrir - **2.** [fall] tomber - **3.** [from ship] débarquer.

➤ **land up** *vi* inf atterrir.

landed gentry [ˈlændɪd-] *npl* noblesse *f* de province

landing [ˈlændɪŋ] *n* - **1.** [of stairs] palier *m* - **2.** AERON atterrissage *m* - **3.** [of goods from ship] débarquement *m*.

landing card *n* carte *f* de débarquement.

landing craft *n* péniche *f* de débarquement.

landing gear *n* (*U*) train *m* d'atterrissage.

landing stage *n* débarcadère *m*.

landing strip *n* piste *f* d'atterrissage.

landlady [ˈlændˌleɪdɪ] (*pl* -ies) *n* [living in] logeuse *f* ; [owner] propriétaire *f*.

landlocked [ˈlændlɒkt] *adj* sans accès à la mer.

landlord [ˈlændlɔːd] *n* - **1.** [of rented property] propriétaire *m* - **2.** [of pub] patron *m*.

landmark [ˈlændmɑːk] *n* point *m* de repère ; fig événement *m* marquant.

landmine [ˈlændmaɪn] *n* mine *f* (terrestre).

landowner [ˈlændˌəʊnəʳ] *n* propriétaire foncier *m*, propriétaire foncière *f*.

Land Rover® [-ˈrəʊvəʳ] *n* Land Rover® *f*.

landscape [ˈlændskeɪp] ◇ *n* paysage *m* ◇ *vt* concevoir les plans de, aménager.

landscape gardener *n* (jardinier *m*) paysagiste *mf*.

landslide [ˈlændslaɪd] *n* - **1.** [of earth] glissement *m* de terrain ; [of rocks] éboulement *m* - **2.** fig [election victory] victoire *f* écrasante.

landslip [ˈlændslɪp] *n* glissement *m* de terrain.

lane [leɪn] *n* - **1.** [in country] petite route *f*, chemin *m* - **2.** [in town] ruelle *f* - **3.** [for traffic] voie *f* ; 'keep in ~' 'ne changez pas de file' - **4.** AERON & SPORT couloir *m* - **5.** [for shipping] route *f* de navigation.

language [ˈlæŋgwɪdʒ] *n* - **1.** [of people, country] langue *f* - **2.** [terminology, ability to speak] langage *m*.

language laboratory *n* laboratoire *m* de langues.

languid [ˈlæŋgwɪd] *adj* indolent(e).

languish [ˈlæŋgwɪʃ] *vi* languir.

languorous [ˈlæŋgərəs] *adj* literary langoureux(euse).

lank [læŋk] *adj* terne.

lanky [ˈlæŋkɪ] (*compar* -ier ; *superl* -iest) *adj* dégingandé(e).

lanolin(e) [ˈlænəlɪn] *n* lanoline *f*.

lantern [ˈlæntən] *n* lanterne *f*.

Laos [laʊs] *n* Laos *m* ; **in ~** au Laos.

Laotian [ˈlaʊʃn] ◇ *adj* laotien(enne) ◇ *n* - **1.** [person] Laotien *m*, -enne *f* - **2.** [language] laotien *m*.

lap [læp] (*pt* & *pp* -ped ; *cont* -ping) ◇ *n* - **1.** [of person] : **on sb's ~** sur les genoux de qqn - **2.** [of race] tour *m* de piste ◇ *vt* - **1.** [subj : animal] laper - **2.** [in race] prendre un tour d'avance sur ◇ *vi* [water, waves] clapoter.

➤ **lap up** *vt sep* - **1.** [drink] laper - **2.** fig [compliments] se gargariser de ; [lies] gober, avaler.

laparoscopy [ˌlæpəˈrɒskəpɪ] (*pl* -ies) *n* laparoscopie *f*.

La Paz [læˈpæz] *n* La Paz.

lapdog [ˈlæpdɒg] *n* petit chien *m* d'appartement ; fig [person] toutou *m*, caniche *m*.

lapel [ləˈpel] *n* revers *m*.

Lapland [ˈlæplænd] *n* Laponie *f* ; **in ~** en Laponie.

Lapp [læp] ◇ *adj* lapon(e) ◇ *n* - **1.** [person] Lapon *m*, -e *f* - **2.** [language] lapon *m*.

lapse [læps] ◇ *n* - **1.** [failing] défaillance *f* - **2.** [in behaviour] écart *m* de conduite - **3.** [of time] intervalle *m*, laps *m* de temps ◇ *vi* - **1.** [passport] être périmé(e) ; [membership] prendre fin ; [tradition] se perdre - **2.** [person] : **to ~ into bad habits** prendre de mauvaises habitudes ; **to ~ into silence** se taire.

lapsed [læpst] *adj* [Catholic etc] qui ne pratique plus.

laptop computer *n* (ordinateur *m*) portable *m*.

larceny [ˈlɑːsənɪ] *n* (*U*) vol *m* (simple).

larch [lɑːtʃ] *n* mélèze *m*.

lard [lɑːd] *n* saindoux *m*.

larder [ˈlɑːdəʳ] *n* garde-manger *m*.

large [lɑːdʒ] *adj* grand(e) ; [person, animal, book] gros (grosse).

➤ **at large** *adv* - **1.** [as a whole] dans son ensemble - **2.** [prisoner, animal] en liberté.

➤ **by and large** *adv* dans l'ensemble.

largely [ˈlɑːdʒlɪ] *adv* en grande partie.

larger-than-life [ˈlɑːdʒəʳ-] *adj* [character] exubérant(e).

large-scale *adj* à grande échelle.

largesse, largess Am [lɑːˈdʒes] n (U) largesses fpl.

lark [lɑːk] n - **1.** [bird] alouette f - **2.** inf [joke] blague f ; **for a ~** pour rigoler.

➧ **lark about** vi s'amuser.

larva [ˈlɑːvə] (pl **-vae** [-viːl]) n larve f.

laryngitis [ˌlærɪnˈdʒaɪtɪs] n (U) laryngite f.

larynx [ˈlærɪŋks] (pl **larynges** [ləˈrɪndʒiːz] OR **larynxes** [ˈlærɪŋksɪz]) n larynx m.

lasagna, lasagne [ləˈzænjə] n (U) lasagnes fpl.

lascivious [ləˈsɪvɪəs] adj lascif(ive).

laser [ˈleɪzər] n laser m.

laser beam n rayon m laser.

laser printer n imprimante f (à) laser.

laser show n spectacle m laser.

lash [læʃ] <> n - **1.** [eyelash] cil m - **2.** [with whip] coup m de fouet <> vt - **1.** [gen] fouetter - **2.** [tie] attacher.

➧ **lash out** vi - **1.** [physically] : **to ~ out (at** OR **against)** envoyer un coup (à) - **2.** Br inf [spend money] : **to ~ out (on sthg)** faire une folie (en s'achetant qqch).

lass [læs] n jeune fille f.

lasso [læˈsuː] (pl **-s**, pt & pp **-ed** ; cont **-ing**) <> n lasso m <> vt attraper au lasso.

last [lɑːst] <> adj dernier(ère) ; **~ week/year** la semaine/l'année dernière, la semaine/l'année passée ; **~ night** hier soir ; **~ but one** avant-dernier (avant-dernière) ; **down to the ~ detail/penny** jusqu'au moindre détail/dernier sou <> adv - **1.** [most recently] la dernière fois - **2.** [finally] en dernier, le dernier (la dernière) <> pron : **the Saturday before ~** pas samedi dernier, mais le samedi d'avant ; **the year before ~** il y a deux ans ; **the ~ but one** l'avant-dernier m, l'avant-dernière f ; **to leave sthg till ~** faire qqch en dernier <> n : **the ~ I saw of him** la dernière fois que je l'ai vu <> vi durer ; [food] se garder, se conserver ; [feeling] persister.

➧ **at (long) last** adv enfin.

last-ditch adj ultime, désespéré(e).

lasting [ˈlɑːstɪŋ] adj durable.

lastly [ˈlɑːstlɪ] adv pour terminer, finalement.

last-minute adj de dernière minute.

last name n nom m de famille.

last post n Br - **1.** [postal collection] dernière levée f - **2.** MIL extinction f des feux.

last rites npl derniers sacrements mpl.

last straw n : **it was the ~** cela a été la goutte (d'eau) qui fait déborder le vase.

Last Supper n : **the ~** la Cène.

last word n : **to have the ~** avoir le dernier mot.

Las Vegas [ˌlæsˈveɪgəs] n Las Vegas.

latch [lætʃ] <> n loquet m ; **on the ~** qui n'est pas fermé à clef <> vt fermer au loquet.

➧ **latch onto** vt fus inf s'accrocher à.

latchkey [ˈlætʃkiː] (pl **-s**) n clef f de la porte d'entrée.

late [leɪt] <> adj - **1.** [not on time] : **to be ~ (for sthg)** être en retard (pour qqch) - **2.** [near end of] : **in ~ December** vers la fin décembre - **3.** [later than normal] tardif(ive) - **4.** [former] ancien(enne) - **5.** [dead] feu(e) <> adv - **1.** [not on time] en retard ; **to arrive 20 minutes ~** arriver avec 20 minutes de retard - **2.** [later than normal] tard ; **to work/go to bed ~** travailler/ se coucher tard.

➧ **of late** adv récemment, dernièrement.

latecomer [ˈleɪtˌkʌmər] n retardataire mf.

lately [ˈleɪtlɪ] adv ces derniers temps, dernièrement.

lateness [ˈleɪtnɪs] n (U) - **1.** [of person, train] retard m - **2.** [of meeting, event] heure f tardive.

late-night adj [TV programme] programmé(e) à une heure tardive ; [shop] ouvert(e) en nocturne.

latent [ˈleɪtənt] adj latent(e).

later [ˈleɪtər] <> adj [date] ultérieur(e) ; [edition] postérieur(e) ; **in ~ life** plus tard (dans la vie) <> adv : **~ (on)** plus tard.

lateral [ˈlætərəl] adj latéral(e).

latest [ˈleɪtɪst] <> adj dernier(ère) <> n : **at the ~** au plus tard.

latex [ˈleɪteks] <> n latex m <> comp en latex.

lath [lɑːθ] n latte f.

lathe [leɪð] n tour m.

lather [ˈlɑːðər] <> n mousse f (de savon) <> vt savonner <> vi mousser.

Latin [ˈlætɪn] <> adj latin(e) <> n [language] latin m.

Latin America n Amérique f latine ; **in ~** en Amérique latine.

Latin American <> adj latino-américain(e) <> n [person] Latino-Américain m, -e f.

latitude [ˈlætɪtjuːd] n latitude f.

latrine [ləˈtriːn] n latrines fpl.

latter [ˈlætər] <> adj - **1.** [later] dernier(ère) - **2.** [second] deuxième <> n : **the ~** celui-ci (celle-ci), ce dernier (cette dernière).

latter-day adj moderne.

latterly [ˈlætəlɪ] adv récemment.

lattice [ˈlætɪs] n treillis m, treillage m.

lattice window n fenêtre f treillagée.

Latvia [ˈlætvɪə] n Lettonie f ; **in ~** en Lettonie.

Latvian [ˈlætvɪən] ◇ adj letton(onne) ◇ n - **1.** [person] Letton m, -onne f - **2.** [language] letton m.

laudable [ˈlɔːdəbl] adj louable.

laugh [lɑːf] ◇ n rire m ; **we had a good ~** inf on a bien rigolé, on s'est bien amusé ; **to do sthg for ~s** OR **a ~** inf faire qqch pour rire OR rigoler ; **they had the last ~** finalement, ce sont eux qui ont bien ri ◇ vi rire.

laugh at vt fus [mock] se moquer de, rire de.

laugh off vt sep tourner en plaisanterie.

laughable [ˈlɑːfəbl] adj ridicule, risible.

laughing gas [ˈlɑːfɪŋ-] n gaz m hilarant.

laughingstock [ˈlɑːfɪŋstɒk] n risée f.

laughter [ˈlɑːftəʳ] n (U) rire m, rires mpl.

launch [lɔːntʃ] ◇ n - **1.** [gen] lancement m - **2.** [boat] chaloupe f ◇ vt lancer.

launch into vt fus se lancer dans.

launching [ˈlɔːntʃɪŋ] n lancement m.

launch(ing) pad [ˈlɔːntʃ(ɪŋ)-] n pas m de tir.

launder [ˈlɔːndəʳ] vt lit & fig blanchir.

laund(e)rette [lɔːnˈdret], **Laundromat**® Am [ˈlɔːndrəmæt] n laverie f automatique.

laundry [ˈlɔːndrɪ] (pl **-ies**) n - **1.** (U) [clothes] lessive f - **2.** [business] blanchisserie f - **3.** [room] buanderie f.

laundry basket n panier m à linge.

laureate [ˈlɔːrɪət] ▷ poet laureate.

laurel [ˈlɒrəl] n laurier m.

laurels [ˈlɒrəlz] npl : **to rest on one's ~** se reposer sur ses lauriers.

Lautro [ˈlautrəu] (abbr of Life Assurance and Unit Trust Regulatory Organization) n organisme britannique contrôlant les activités de compagnies d'assurance-vie et de SICAV.

lava [ˈlɑːvə] n lave f.

lavatory [ˈlævətrɪ] (pl **-ies**) n toilettes fpl.

lavatory paper n Br papier m hygiénique.

lavender [ˈlævəndəʳ] ◇ adj [colour] (bleu) lavande (inv) ◇ n [plant] lavande f.

lavish [ˈlævɪʃ] ◇ adj - **1.** [generous] généreux(euse) ; **to be ~ with** être prodigue de - **2.** [sumptuous] somptueux(euse) ◇ vt : **to ~ sthg on sb** prodiguer qqch à qqn.

lavishly [ˈlævɪʃlɪ] adv - **1.** [generously] généreusement - **2.** [sumptuously] somptueusement.

law [lɔː] ◇ n - **1.** [gen] loi f ; **against the ~** contraire à la loi, illégal(e) ; **to break the ~** enfreindre OR transgresser la loi ; **~ and order** ordre m public ; **to lay down the ~** pej faire la loi ; **the ~ of the jungle** la loi de la jungle

- **2.** JUR droit m - **3.** inf [police] : **the ~** les flics mpl ◇ comp [student, degree] en droit.

law-abiding [-əˌbaɪdɪŋ] adj respectueux(euse) des lois.

law-breaker n personne f qui enfreint OR transgresse les lois.

law court n tribunal m, cour f de justice.

lawful [ˈlɔːful] adj légal(e), licite.

lawfully [ˈlɔːfulɪ] adv légalement.

lawless [ˈlɔːlɪs] adj - **1.** [illegal] contraire à la loi, illégal(e) - **2.** [without laws] sans loi.

Law Lords npl Br JUR : **the ~** les juges mpl de la Chambre des Lords.

lawmaker [ˈlɔːˌmeɪkəʳ] n législateur m, -trice f.

lawn [lɔːn] n pelouse f, gazon m.

lawnmower [ˈlɔːnˌməuəʳ] n tondeuse f à gazon.

lawn party n Am garden-party f.

lawn tennis n tennis m.

law school n faculté f de droit.

lawsuit [ˈlɔːsuːt] n procès m.

lawyer [ˈlɔːjəʳ] n [in court] avocat m ; [of company] conseiller m juridique ; [for wills, sales] notaire m.

lax [læks] adj relâché(e).

laxative [ˈlæksətɪv] n laxatif m.

laxity [ˈlæksətɪ], **laxness** [ˈlæksnɪs] n relâchement m.

lay [leɪ] (pt & pp **laid**) ◇ pt ▷ lie ◇ vt - **1.** [gen] poser, mettre ; fig : **to ~ the blame for sthg on sb** rejeter la responsabilité de qqch sur qqn - **2.** [trap, snare] tendre, dresser ; [plans] faire ; **to ~ the table** mettre la table OR le couvert - **3.** [egg] pondre ◇ adj - **1.** RELIG laïque - **2.** [untrained] profane.

lay aside vt sep mettre de côté.

lay before vt sep : **to ~ sthg before sb** [proposal] présenter OR soumettre qqch à qqn.

lay down vt sep - **1.** [guidelines, rules] imposer, stipuler - **2.** [put down] déposer.

lay into vt fus inf attaquer.

lay off ◇ vt sep [make redundant] licencier ◇ vt fus inf - **1.** [leave alone] ficher la paix à - **2.** [give up] arrêter.

lay on vt sep Br [provide, supply] organiser.

lay out vt sep - **1.** [arrange] arranger, disposer - **2.** [design] concevoir.

lay over vi Am faire escale.

layabout [ˈleɪəbaut] n Br inf fainéant m, -e f.

lay-by (pl **lay-bys**) n Br aire f de stationnement.

lay days npl starie f, jours mpl de planche.

layer [ˈleɪəʳ] n couche f ; fig [level] niveau m.

layette [leɪˈet] n layette f.

layman [ˈleɪmən] (pl -men [-mən]) n - 1. [untrained person] profane m - 2. RELIG laïc m.

lay-off n licenciement m.

layout [ˈleɪaʊt] n [of office, building] agencement m ; [of garden] plan m ; [of page] mise f en page.

layover [ˈleɪəʊvəʳ] n Am escale f.

laze [leɪz] vi : **to ~ (about OR around)** paresser.

lazily [ˈleɪzɪlɪ] adv paresseusement, avec nonchalance.

laziness [ˈleɪzɪnɪs] n paresse f.

lazy [ˈleɪzɪ] (compar -ier ; superl -iest) adj [person] paresseux(euse), fainéant(e) ; [action] nonchalant(e).

lazybones [ˈleɪzɪbəʊnz] (pl inv) n paresseux m, -euse f, fainéant m, -e f.

lb (abbr of **pound**) livre (unité de poids).

LB abbr of **Labrador**.

lbw (abbr of **leg before wicket**) au cricket, faute d'un joueur qui met une jambe devant le guichet.

lc (abbr of **lower case**) bdc.

L/C abbr of **letter of credit**.

LCD (abbr of **liquid crystal display**) n affichage à cristaux liquides.

Ld abbr of **Lord**.

L-driver n Br conducteur m débutant, conductrice débutante f (qui n'a pas encore son permis).

LDS n (abbr of **Licentiate in Dental Surgery**) diplômé en chirurgie dentaire.

LEA (abbr of **local education authority**) n services régionaux de l'enseignement en Grande-Bretagne.

lead[1] [liːd] (pt & pp **led**) ◇ n - 1. [winning position] : **to be in OR have the ~** mener, être en tête - 2. [amount ahead] : **to have a ~ of ...** devancer de ... - 3. [initiative, example] initiative f, exemple m ; **to take the ~** montrer l'exemple - 4. THEATRE : **the ~** le rôle principal - 5. [clue] indice m - 6. [for dog] laisse f - 7. [wire, cable] câble m, fil m ◇ adj [role etc] principal(e) ; **~ singer** chanteur m, -euse f ◇ vt - 1. [be at front of] mener, être à la tête de - 2. [guide] guider, conduire - 3. [be in charge of] être à la tête de, diriger - 4. [organize - protest etc] mener, organiser ; **to ~ the way** lit & fig ouvrir la marche - 5. [life] mener - 6. [cause] : **to ~ sb to do sthg** inciter OR pousser qqn à faire qqch ◇ vi - 1. [path, cable etc] mener, conduire - 2. [give access] : **to ~ to/into** donner sur, donner accès à - 3. [in race, match] mener - 4. [result in] : **to ~ to sthg** aboutir à qqch, causer qqch.

➡ **lead off** ◇ vt fus [subj : door, room] donner sur ◇ vi - 1. [road, corridor] : **to ~ off (from)** partir (de) - 2. [begin] commencer.

➡ **lead up to** vt fus - 1. [precede] conduire à, aboutir à - 2. [build up to] amener.

lead[2] [led] ◇ n plomb m ; [in pencil] mine f ◇ comp en OR de plomb.

leaded [ˈledɪd] adj [petrol] au plomb ; [window] à petits carreaux.

leaden [ˈledn] adj - 1. literary [sky] de plomb - 2. fig [very dull] mortellement ennuyeux(euse).

leader [ˈliːdəʳ] n - 1. [head, chief] chef m ; POL leader m - 2. [in race, competition] premier m, -ère f - 3. Br PRESS éditorial m.

leadership [ˈliːdəʃɪp] n - 1. [people in charge] : **the ~** les dirigeants mpl - 2. [position of leader] direction f - 3. [qualities of leader] qualités fpl de chef.

lead-free [led-] adj sans plomb.

leading [ˈliːdɪŋ] adj - 1. [most important] principal(e) - 2. [main] : **~ part OR role** THEATRE rôle m principal ; fig rôle prépondérant - 3. [at front] de tête.

leading article n Br éditorial m.

leading lady n vedette f, premier rôle m féminin.

leading light n personnage m très important OR influent.

leading man n premier rôle m masculin.

leading question n question f insidieuse.

lead pencil [led-] n crayon m à mine de plomb OR à papier.

lead poisoning [led-] n saturnisme m.

lead time [liːd-] n COMM délai m de livraison.

leaf [liːf] (pl **leaves** [liːvz]) n - 1. [of tree, plant] feuille f - 2. [of table - hinged] abattant m ; [- pull-out] rallonge f - 3. [of book] feuille f, page f.

➡ **leaf through** vt fus [magazine etc] parcourir, feuilleter.

leaflet [ˈliːflɪt] ◇ n prospectus m ◇ vt [area] distribuer des prospectus dans.

leafy [ˈliːfɪ] (compar -ier ; superl -iest) adj feuillu(e) ; [suburb, lane] planté(e) d'arbres.

league [liːg] n ligue f ; SPORT championnat m ; **to be in ~ with** être de connivence avec.

league table n classement m du championnat.

leak [liːk] ◇ n lit & fig fuite f ◇ vt fig [secret information] divulguer ◇ vi fuir.

➡ **leak out** vi - 1. [liquid] fuir - 2. fig [secret, information] transpirer, être divulgué(e).

leakage [ˈliːkɪdʒ] n fuite f.

leaky ['li:kɪ] (*compar* -**ier** ; *superl* -**iest**) *adj* qui fuit.

lean [li:n] (*pt* & *pp* **leant** OR -**ed**) ◇ *adj* - **1.** [slim] mince - **2.** [meat] maigre - **3.** fig [month, time] mauvais(e) ◇ *vt* [rest] : **to ~ sthg against** appuyer qqch contre, adosser qqch à ◇ *vi* - **1.** [bend, slope] se pencher - **2.** [rest] : **to ~ on/against** s'appuyer sur/contre.

leaning ['li:nɪŋ] *n* : **~ (towards)** penchant *m* (pour).

leant [lent] *pt* & *pp* ▷ **lean.**

lean-to (*pl* **lean-tos**) *n* appentis *m*.

leap [li:p] (*pt* & *pp* **leapt** OR -**ed**) ◇ *n* lit & fig bond *m* ◇ *vi* - **1.** [gen] bondir - **2.** fig [increase] faire un bond.

➤ **leap at** *vt fus* fig [opportunity] sauter sur.

leapfrog ['li:pfrɒg] (*pt* & *pp* -**ged** ; *cont* -**ging**) ◇ *n* saute-mouton *m* ◇ *vt* dépasser (d'un bond) ◇ *vi* : **to ~ over** sauter par-dessus.

leapt [lept] *pt* & *pp* ▷ **leap.**

leap year *n* année *f* bissextile.

learn [lɜ:n] (*pt* & *pp* -**ed** OR **learnt**) ◇ *vt* : **to ~ (that)** ... apprendre que ... ; **to ~ (how) to do sthg** apprendre à faire qqch ◇ *vi* : **to ~ (of** OR **about sthg)** apprendre (qqch).

learned ['lɜ:nɪd] *adj* savant(e).

learner ['lɜ:nəʳ] *n* débutant *m*, -e *f*.

learner (driver) *n* conducteur débutant *m*, conductrice débutante *f (qui n'a pas encore son permis).*

learning ['lɜ:nɪŋ] *n* savoir *m*, érudition *f*.

learning curve *n* courbe *f* d'apprentissage.

learnt [lɜ:nt] *pt* & *pp* ▷ **learn.**

lease [li:s] ◇ *n* bail *m* ; **a new ~ of life** Br, **a new ~ on life** Am une seconde jeunesse ◇ *vt* louer ; **to ~ sthg from sb** louer qqch à qqn ; **to ~ sthg to sb** louer qqch à qqn.

leaseback ['li:sbæk] *n* cession *f* de bail, cession-bail *f*.

leasehold ['li:shəʊld] ◇ *adj* loué(e) à bail, tenu(e) à bail ◇ *adv* à bail.

leaseholder ['li:s,həʊldəʳ] *n* locataire *mf*.

leash [li:ʃ] *n* laisse *f*.

least [li:st] (*superl of* **little**) ◇ *adj* : **the ~** le moindre (la moindre), le plus petit (la plus petite) ; **he earns the ~ money of any of us** de nous tous, c'est lui qui gagne le moins ◇ *pron* [smallest amount] : **the ~** le moins ; **it's the ~ (that) he can do** c'est la moindre des choses qu'il puisse faire ; **not in the ~** pas du tout, pas le moins du monde ; **to say the ~** c'est le moins qu'on puisse dire ◇ *adv* : **(the) ~** le moins (la moins).

➤ **at least** *adv*. au moins ; [to correct] du moins.

➤ **least of all** *adv* surtout pas, encore moins.

➤ **not least** *adv* fml notamment.

leather ['leðəʳ] ◇ *n* cuir *m* ◇ *comp* en cuir.

leatherette [,leðə'ret] *n* similicuir *m*.

leave [li:v] (*pt* & *pp* **left**) ◇ *vt* - **1.** [gen] laisser ; **to ~ sb alone** laisser qqn tranquille ; **it ~s me cold** ça me laisse froid - **2.** [go away from] quitter - **3.** [bequeath] : **to ~ sb sthg, to ~ sthg to sb** léguer OR laisser qqch à qqn ; *see also* **left** ◇ *vi* partir ◇ *n* congé *m* ; **to be on ~** [from work] être en congé ; [from army] être en permission.

➤ **leave behind** *vt sep* - **1.** [abandon] abandonner, laisser - **2.** [forget] oublier, laisser.

➤ **leave off** ◇ *vt sep* - **1.** [omit] : **to ~ sthg off (sthg)** omettre qqch (de qqch) - **2.** [stop] : **to ~ off doing sthg** s'arrêter de faire qqch ◇ *vi* s'arrêter.

➤ **leave out** *vt sep* omettre, exclure ; **to feel left out** se sentir de trop, se sentir exclu.

leave of absence *n* congé *m*.

leaves [li:vz] *pl* ▷ **leaf.**

Lebanese [,lebə'ni:z] (*pl inv*) ◇ *adj* libanais(e) ◇ *n* [person] Libanais *m*, -e *f*.

Lebanon ['lebənən] *n* Liban *m* ; **in (the) ~** au Liban.

lecherous ['letʃərəs] *adj* lubrique, libidineux(euse).

lechery ['letʃərɪ] *n* lubricité *f*.

lectern ['lektən] *n* lutrin *m*.

lecture ['lektʃəʳ] ◇ *n* - **1.** [talk - gen] conférence *f* ; [- UNIV] cours *m* magistral ; **to give a ~ (on sthg)** faire une conférence (sur qqch), UNIV faire un cours (sur qqch) - **2.** [scolding] : **to give sb a ~** réprimander qqn, sermonner qqn ◇ *vt* [scold] réprimander, sermonner ◇ *vi* : **to ~ on sthg** faire un cours sur qqch ; **to ~ in sthg** être professeur de qqch.

lecture hall *n* amphithéâtre *m*.

lecturer ['lektʃərəʳ] *n* [speaker] conférencier *m*, -ère *f* ; UNIV maître assistant *m*.

lecture theatre *n* amphithéâtre *m*.

led [led] *pt* & *pp* ▷ **lead¹.**

LED (*abbr of* **light-emitting diode**) *n* LED *f*.

ledge [ledʒ] *n* - **1.** [of window] rebord *m* - **2.** [of mountain] corniche *f*.

ledger ['ledʒəʳ] *n* grand livre *m*.

lee [li:] *n* : **in the ~ of** à l'abri de.

leech [li:tʃ] *n* lit & fig sangsue *f*.

leek [li:k] *n* poireau *m*.

leer [lɪəʳ] ◇ *n* regard *m* libidineux ◇ *vi* : **to ~ at** reluquer.

Leeward Islands [ˈliːwəd-] *npl* : **the ~** les îles *fpl* Sous-le-Vent.

leeway [ˈliːweɪ] *n* - **1.** [room to manoeuvre] marge *f* de manœuvre - **2.** [time lost] : **to make up ~** rattraper son retard.

left [left] ◇ *pt* & *pp* ⊳ **leave** ◇ *adj* - **1.** [remaining] : **to be ~** rester ; **have you any money ~?** il te reste de l'argent? - **2.** [not right] gauche ◇ *adv* à gauche ◇ *n* : **on** OR **to the ~** à gauche ; **keep to the ~** gardez votre gauche.

◆ **Left** *n* POL : **the Left** la Gauche.

left-hand *adj* de gauche ; **~ side** gauche *f*, côté *m* gauche.

left-hand drive ◇ *adj* [car] avec la conduite à gauche ◇ *n* conduite *f* à gauche.

left-handed [-ˈhændɪd] ◇ *adj* - **1.** [person] gaucher(ère) - **2.** [implement] pour gaucher - **3.** Am [compliment] faux (fausse) ◇ *adv* de la main gauche.

left-hander [-ˈhændə] *n* gaucher *m*, -ère *f*.

Leftist [ˈleftɪst] POL ◇ *adj* de gauche, gauchiste ◇ *n* gauchiste *mf*.

left luggage (office) *n* Br consigne *f*.

leftover [ˈleftəʊvə] *adj* qui reste, en surplus.

◆ **leftovers** *npl* restes *mpl*.

left wing *n* POL gauche *f*.

◆ **left-wing** *adj* POL de gauche.

left-winger *n* POL homme *m*, femme *f* de gauche.

lefty [ˈleftɪ] (*pl* -ies) *n* - **1.** Br inf POL gauchiste *mf*, gaucho *m* - **2.** Am [left-handed person] gaucher *m*, -ère *f*.

leg [leg] *n* - **1.** [of person, trousers] jambe *f* ; [of animal] patte *f* ; **to be on one's last ~s** être à bout de souffle ; **you don't have a ~ to stand on!** ça ne tient pas debout! ; **to pull sb's ~** faire marcher qqn - **2.** CULIN [of lamb] gigot *m* ; [of pork, chicken] cuisse *f* - **3.** [of furniture] pied *m* - **4.** [of journey, match] étape *f* ; **away ~** FTBL match m à l'extérieur OR sur terrain adverse.

legacy [ˈlegəsɪ] (*pl* -ies) *n* lit & fig legs *m*, héritage *m*.

legal [ˈliːgl] *adj* - **1.** [concerning the law] juridique - **2.** [lawful] légal(e).

legal action *n* : **to take ~ against sb** intenter un procès à qqn, engager des poursuites contre qqn.

legal aid *n* assistance *f* judiciaire.

legality [liːˈgælətɪ] *n* légalité *f*.

legalize, -ise [ˈliːgəlaɪz] *vt* légaliser, rendre légal.

legally [ˈliːgəlɪ] *adv* légalement ; **~ binding** qui oblige en droit.

legal tender *n* monnaie *f* légale.

legation [lɪˈgeɪʃn] *n* légation *f*.

legend [ˈledʒənd] *n* lit & fig légende *f*.

legendary [ˈledʒəndrɪ] *adj* lit & fig légendaire.

leggings [ˈlegɪŋz] *npl* jambières *fpl*, leggings *mpl* OR *fpl*.

leggy [ˈlegɪ] (*compar* -ier ; *superl* -iest) *adj* [woman] qui a des jambes interminables.

legible [ˈledʒəbl] *adj* lisible.

legibly [ˈledʒəblɪ] *adv* lisiblement.

legion [ˈliːdʒən] ◇ *n* lit & fig légion *f* ◇ *adj* fml : **to be ~** être légion *(inv)*.

legionnaire's disease [ˌliːdʒəˈneəz-] *n* maladie *f* du légionnaire.

legislate [ˈledʒɪsleɪt] *vi* : **to ~ (for/against)** faire des lois (pour/contre).

legislation [ˌledʒɪsˈleɪʃn] *n* législation *f*.

legislative [ˈledʒɪslətɪv] *adj* législatif(ive).

legislator [ˈledʒɪsleɪtə] *n* législateur *m*, -trice *f*.

legislature [ˈledʒɪsleɪtʃə] *n* corps *m* législatif.

legitimacy [lɪˈdʒɪtɪməsɪ] *n* légitimité *f*.

legitimate [lɪˈdʒɪtɪmət] *adj* légitime.

legitimately [lɪˈdʒɪtɪmətlɪ] *adv* légitimement.

legitimize, -ise [lɪˈdʒɪtɪmaɪz] *vt* légitimer.

legless [ˈleglɪs] *adj* Br inf [drunk] bourré(e), rond(e).

legroom [ˈlegrʊm] *n (U)* place *f* pour les jambes.

leg-warmers [-ˌwɔːməz] *npl* jambières *fpl*.

legwork [ˈlegwɜːk] *n* : **I had to do the ~** inf j'ai dû beaucoup me déplacer.

Leics (*abbr of* Leicestershire) *comté anglais*.

leisure [Br ˈleʒə, Am ˈliːʒər] *n* loisir *m*, temps *m* libre ; **at (one's) ~** à loisir, tout à loisir.

leisure centre *n* centre *m* de loisirs.

leisurely [Br ˈleʒəlɪ, Am ˈliːʒərlɪ] ◇ *adj* [pace] lent(e), tranquille ◇ *adv* [walk] sans se presser.

leisure time *n (U)* temps *m* libre, loisirs *mpl*.

lemming [ˈlemɪŋ] *n* lemming *m* ; **like ~s** fig comme les moutons de Panurge.

lemon [ˈlemən] *n* [fruit] citron *m*.

lemonade [ˌleməˈneɪd] *n* - **1.** Br [fizzy] limonade *f* - **2.** [still] citronnade *f*.

lemon curd *n* Br crème *f* au citron.

lemon juice *n* jus *m* de citron.

lemon sole *n* limande-sole *f*.

lemon squash *n* Br citronnade *f*

lemon squeezer [-'skwi:zə'] *n* presse-citron *m inv*.

lemon tea *n* thé *m* (au) citron.

lend [lend] (*pt* & *pp* lent) *vt* - **1.** [loan] prêter ; **to ~ sb sthg, to ~ sthg to sb** prêter qqch à qqn - **2.** [offer] : **to ~ support (to sb)** offrir son soutien (à qqn) ; **to ~ assistance (to sb)** prêter assistance (à qqn) - **3.** [add] : **to ~ sthg to sthg** [quality etc] ajouter qqch à qqch.

lender ['lendə'] *n* prêteur *m*, -euse *f*.

lending library ['lendɪŋ-] *n* bibliothèque *f* de prêt.

lending rate ['lendɪŋ-] *n* taux *m* de crédit.

length [leŋθ] *n* - **1.** [gen] longueur *f* ; **what ~ is it?** ça fait quelle longueur? ; **it's five metres in ~** cela fait cinq mètres de long ; **the ~ and breadth of** partout dans, dans tout - **2.** [piece - of string, wood] morceau *m*, bout *m* ; [- of cloth] coupon *m* - **3.** [duration] durée *f* - **4.** *phr* : **to go to great ~s to do sthg** tout faire pour faire qqch.

➡ **at length** *adv* - **1.** [eventually] enfin - **2.** [in detail] à fond.

lengthen ['leŋθən] <> *vt* [dress etc] rallonger ; [life] prolonger <> *vi* allonger.

lengthways ['leŋθweɪz] *adv* dans le sens de la longueur.

lengthy ['leŋθɪ] (*compar* -ier ; *superl* -iest) *adj* très long (longue).

leniency ['li:njənsɪ] *n* clémence *f*, indulgence *f*.

lenient ['li:njənt] *adj* [person] indulgent(e) ; [laws] clément(e).

lens [lenz] *n* - **1.** [of camera] objectif *m* ; [of glasses] verre *m* - **2.** [contact lens] verre *m* de contact, lentille *f* (cornéenne).

lent [lent] *pt* & *pp* ⊳ **lend**.

Lent [lent] *n* Carême *m*.

lentil ['lentɪl] *n* lentille *f*.

Leo ['li:əʊ] *n* Lion ; **to be (a) ~** être Lion.

leopard ['lepəd] *n* léopard *m*.

leopardess ['lepədɪs] *n* léopard *m* femelle.

leotard ['li:ətɑ:d] *n* collant *m*.

leper ['lepə'] *n* lépreux *m*, -euse *f*.

leprechaun ['leprəkɔ:n] *n* lutin *m (irlandais)*.

leprosy ['leprəsɪ] *n* lèpre *f*.

lesbian ['lezbɪən] <> *adj* lesbien(enne) <> *n* lesbienne *f*.

lesbianism ['lezbɪənɪzml] *n* lesbianisme *m*.

lesion ['li:ʒn] *n* lésion *f*.

Lesotho [lə'su:tu:] *n* Lesotho *m*.

less [les] (*compar of little*) <> *adj* moins de ; **~ money/time than me** moins d'argent/de temps que moi <> *pron* moins ; **it costs ~ than you think** ça coûte moins cher que tu ne le crois ; **no ~ than £50** pas moins de 50 livres ; **the ~ ... the ~ ...** moins ... moins ... <> *adv* moins ; **~ than five** moins de cinq ; **~ and ~** de moins en moins <> *prep* [minus] moins.

lessee [le'si:] *n* preneur *m*, -euse *f*, locataire *mf*.

lessen ['lesn] <> *vt* [risk, chance] diminuer, réduire ; [pain] atténuer <> *vi* [gen] diminuer ; [pain] s'atténuer.

lesser ['lesə'] *adj* moindre ; **to a ~ extent** OR **degree** à un degré moindre.

lesson ['lesn] *n* leçon *f*, cours *m* ; **to give/take ~s (in)** donner/prendre des leçons (de) ; **to teach sb a ~** *fig* donner une (bonne) leçon à qqn.

lessor [le'sɔ:'] *n* bailleur *m*, -eresse *f*.

lest [lest] *conj fml* de crainte que.

let [let] (*pt* & *pp* let, *cont* -ting) *vt* - **1.** [allow] : **to ~ sb do sthg** laisser qqn faire qqch ; **she ~ her hair grow** elle s'est laissé pousser les cheveux ; **we can't ~ this happen** on ne peut pas laisser faire ça ; **to ~ sb know sthg** dire qqch à qqn ; **to ~ go of sb/sthg** lâcher qqn/qqch ; **to ~ sb go** [gen] laisser (partir) qqn ; [prisoner] libérer qqn - **2.** [in verb forms] : **~ them wait** qu'ils attendent ; **~'s go!** allons-y! ; **~'s see** voyons - **3.** [rent out] louer ; **'to ~'** 'à louer'.

➡ **let alone** *conj* encore moins, sans parler de.

➡ **let down** *vt sep* - **1.** [deflate] dégonfler - **2.** [disappoint] décevoir.

➡ **let in** *vt sep* [admit] laisser OR faire entrer.

➡ **let in for** *vt sep* : **you don't know what you're letting yourself in for** tu ne sais pas à quoi tu t'engages.

➡ **let in on** *vt sep* : **to ~ sb in on sthg** mettre qqn au courant de qqch.

➡ **let off** *vt sep* - **1.** [excuse] : **to ~ sb off sthg** dispenser qqn de qqch - **2.** [not punish] ne pas punir - **3.** [bomb] faire éclater ; [gun, firework] faire partir.

➡ **let on** *vi* : **don't ~ on!** ne dis rien (à personne)!

➡ **let out** *vt sep* - **1.** [allow to go out] laisser sortir ; **to ~ air out of sthg** dégonfler qqch - **2.** [laugh, scream] laisser échapper.

➡ **let up** *vi* - **1.** [rain] diminuer - **2.** [person] s'arrêter.

letdown ['letdaʊn] *n inf* déception *f*.

lethal ['li:θl] *adj* mortel(elle), fatal(e).

lethargic [lə'θɑ:dʒɪk] *adj* léthargique.

lethargy ['leθədʒɪ] *n* léthargie *f*.

Letraset® ['letrəset] *n* Letraset®.

let's [lets] = **let us.**

letter ['letər] n lettre f.

letter bomb n lettre f piégée.

letterbox ['letəbɒks] n Br boîte f aux OR à lettres.

letterhead ['letəhed] n en-tête m.

lettering ['letərɪŋ] n (U) caractères mpl.

letter of credit n lettre f de crédit.

letter opener n coupe-papier m inv.

letter-perfect adj Am absolument parfait(e).

letter quality n COMPUT qualité f courrier.

letters patent npl lettres fpl patentes.

lettuce ['letɪs] n laitue f, salade f.

letup ['letʌp] n [in fighting] répit m ; [in work] relâchement m.

leuk(a)emia [luːˈkiːmɪə] n leucémie f.

levee ['levɪ] n Am [embankment] digue f.

level ['levl] (Br pt & pp -**led** ; cont -**ling**, Am pt & pp -**ed** ; cont -**ing**) <> adj - **1.** [equal in height] à la même hauteur ; [horizontal] horizontal(e) ; **to be ~ with** être au niveau de - **2.** [equal in standard] à égalité - **3.** [flat] plat(e), plan(e) <> adv : **to draw ~ with sb** arriver à la même hauteur que qqn, rejoindre qqn <> n - **1.** [gen] niveau m ; **to be on a ~ (with)** être du même niveau (que) ; **to be on the ~** inf être réglo - **2.** Am [spirit level] niveau m à bulle <> vt - **1.** [make flat] niveler, aplanir - **2.** [demolish] raser - **3.** [aim] : **to ~ a gun at** pointer OR braquer un fusil sur ; **to ~ an accusation at** OR **against sb** lancer une accusation contre qqn.

➤ **level off, level out** vi - **1.** [inflation etc] se stabiliser - **2.** [aeroplane] se mettre en palier.

➤ **level with** vt fus inf être franc (franche) OR honnête avec.

level crossing n Br passage m à niveau.

level-headed [-'hedɪd] adj raisonnable.

level pegging [-'pegɪŋ] adj Br : **to be ~** être à égalité.

lever [Br 'liːvər, Am 'levər] n levier m.

leverage [Br 'liːvərɪdʒ, Am 'levərɪdʒ] n (U) - **1.** [force] : **to get ~ on sthg** avoir une prise sur qqch - **2.** fig [influence] influence f.

leviathan [lɪˈvaɪəθn] n fig colosse m.

levitation [ˌlevɪˈteɪʃn] n lévitation f.

levity ['levətɪ] n légèreté f.

levy ['levɪ] (pt & pp -**ied**) <> n prélèvement m, impôt m <> vt prélever, percevoir.

lewd [ljuːd] adj obscène.

lexical ['leksɪkl] adj lexical(e).

LI abbr of **Long Island.**

liability [ˌlaɪəˈbɪlətɪ] (pl -**ies**) n responsabilité f ; fig [person] danger m public.

➤ **liabilities** npl FIN dettes fpl, passif m.

liable ['laɪəbl] adj - **1.** [likely] : **to be ~ to do sthg** risquer de faire qqch, être susceptible de faire qqch - **2.** [prone] : **to be ~ to sthg** être sujet(ette) à qqch - **3.** JUR : **to be ~ (for)** être responsable (de) ; **to be ~ to** être passible de.

liaise [lɪˈeɪz] vi : **to ~ with** assurer la liaison avec.

liaison [lɪˈeɪzɒn] n liaison f.

liar ['laɪər] n menteur m, -euse f.

Lib. [lɪb] abbr of **Liberal.**

libel ['laɪbl] (Br pt & pp -**led** ; cont -**ling**, Am pt & pp -**ed** ; cont -**ing**) <> n diffamation f <> vt diffamer.

libellous Br, **libelous** Am ['laɪbələs] adj diffamatoire.

liberal ['lɪbərəl] <> adj - **1.** [tolerant] libéral(e) - **2.** [generous] généreux(euse) <> n libéral m, -e f.

➤ **Liberal** POL <> adj libéral(e) <> n libéral m, -e f.

liberal arts npl esp Am arts mpl libéraux.

Liberal Democrat n adhérent du principal parti centriste britannique.

liberalize, -ise ['lɪbərəlaɪz] vt libéraliser.

liberal-minded [-'maɪndɪd] adj large d'esprit.

Liberal Party n : **the ~** le parti libéral.

liberate ['lɪbəreɪt] vt libérer.

liberation [ˌlɪbəˈreɪʃn] n libération f.

liberator ['lɪbəreɪtər] n libérateur m, -trice f.

Liberia [laɪˈbɪərɪə] n Liberia m ; **in ~** au Liberia.

Liberian [laɪˈbɪərɪən] <> adj libérien(enne) <> n Libérien m, -enne f.

libertine ['lɪbətiːn] n libertin m.

liberty ['lɪbətɪ] (pl -**ies**) n liberté f ; **at ~** en liberté ; **to be at ~ to do sthg** être libre de faire qqch ; **to take liberties (with sb)** prendre des libertés (avec qqn).

libido [lɪˈbiːdəʊ] (pl -**s**) n libido f.

Libra ['liːbrə] n Balance f ; **to be (a) ~** être Balance.

librarian [laɪˈbreərɪən] n bibliothécaire mf.

librarianship [laɪˈbreərɪənʃɪp] n : **diploma in ~** diplôme de bibliothécaire.

library ['laɪbrərɪ] (pl -**ies**) n bibliothèque f.

library book n livre m de bibliothèque.

libretto [lɪˈbretəʊ] (pl -**s**) n livret m.

Libya ['lɪbɪə] n Libye f ; **in ~** en Libye.

Libyan ['lɪbɪən] <> adj libyen(enne) <> n Libyen m, -enne f.

lice [laɪs] pl ▷ **louse**.

licence ['laɪsəns] ◇ n - **1.** [gen] permis m, autorisation f ; **driving ~** permis m de conduire ; **TV ~** redevance f télé - **2.** COMM licence f ; **under ~** sous licence ◇ vt Am = **license**.

license ['laɪsəns] ◇ vt autoriser ◇ n Am = **licence**.

licensed ['laɪsənst] adj - **1.** [person] : **to be ~ to do sthg** avoir un permis pour OR l'autorisation de faire qqch - **2.** Br [premises] qui détient une licence de débit de boissons.

licensee [ˌlaɪsən'siː] n [of pub] gérant m, -e f.

license plate n Am plaque f d'immatriculation.

licensing hours ['laɪsənsɪŋ-] npl Br heures d'ouverture des débits de boissons.

LICENSING HOURS

Traditionnellement, les heures d'ouverture des pubs répondaient à une réglementation très stricte (liée à la législation sur la vente des boissons alcoolisées), mais celle-ci a été assouplie en 1988. Au lieu d'ouvrir uniquement de 11h 30 à 14h 30 et de 18h à 23h, les pubs restent ouverts de 11h à 23h, sauf le dimanche (de 11h à 15h et de 19h à 22h 30).

licensing laws ['laɪsənsɪŋ-] npl Br lois réglementant la vente d'alcool.

licentious [laɪ'senʃəs] adj licencieux(euse).

lichen ['laɪkən] n lichen m.

lick [lɪk] ◇ n - **1.** [act of licking] : **to give sthg a ~** lécher qqch - **2.** inf [small amount] : **a ~ of paint** un petit coup de peinture ◇ vt - **1.** [gen] lécher ; **to ~ one's lips** se lécher les lèvres ; fig se frotter les mains - **2.** inf [defeat] écraser, battre à plates coutures.

licorice ['lɪkərɪs] = **liquorice**.

lid [lɪd] n - **1.** [cover] couvercle m - **2.** [eyelid] paupière f.

lido ['liːdəʊ] (pl -s) n - **1.** Br [swimming pool] piscine f en plein air - **2.** [beach] plage f.

lie [laɪ] (pt sense 1 **lied** ; pt senses 2-6 **lay** ; pp sense 1 **lied** ; pp senses 2-6 **lain** ; cont all senses **lying**) ◇ n mensonge m ; **to tell ~s** mentir, dire des mensonges ◇ vi - **1.** [tell lie] : **to ~ (to sb)** mentir (à qqn) - **2.** [be horizontal] être allongé(e), être couché(e) - **3.** [lie down] s'allonger, se coucher - **4.** [be situated] se trouver, être - **5.** [difficulty, solution etc] résider - **6.** phr : **to ~ low** se planquer, se tapir.
➤ **lie about, lie around** vi traîner.
➤ **lie down** vi s'allonger, se coucher ; **he won't take it lying down** il ne va pas accepter ça sans rien dire.

➤ **lie in** vi Br rester au lit, faire la grasse matinée.

Liechtenstein ['lɪktənstaɪn] n Liechtenstein m ; **in ~** au Liechtenstein.

lie detector n détecteur m de mensonges.

lie-down n Br : **to have a ~** faire une sieste OR un (petit) somme.

lie-in n Br : **to have a ~** faire la grasse matinée.

lieu [ljuː, luː] ➤ **in lieu** adv à la place ; **in ~ of** au lieu de, à la place de.

Lieut. (abbr of **lieutenant**) lieut.

lieutenant [Br lef'tenənt, Am luː'tenənt] n lieutenant m.

lieutenant colonel n lieutenant-colonel m.

life [laɪf] (pl **lives** [laɪvz]) ◇ n - **1.** [gen] vie f ; **that's ~!** c'est la vie! ; **for ~** à vie ; **I can't for the ~ of me remember ...** rien à faire, je n'arrive pas à me rappeler ... ; **to breathe ~ into** donner vie à ; **to come to ~** s'éveiller, s'animer ; **to lay down one's ~** donner sa vie ; **to risk ~ and limb** risquer sa peau ; **to scare the ~ out of sb** faire une peur bleue à qqn ; **to take sb's ~** tuer qqn ; **to take one's own ~** se donner la mort - **2.** (U) inf [life imprisonment] emprisonnement m à perpétuité ◇ comp [member etc] à vie.

life-and-death adj extrêmement grave OR critique.

life annuity n rente f viagère.

life assurance = **life insurance**.

life belt n bouée f de sauvetage.

lifeblood ['laɪfblʌd] n fig élément m vital, âme f.

lifeboat ['laɪfbəʊt] n canot m de sauvetage.

lifeboatman ['laɪfbəʊtmən] (pl -men [-mən]) n sauveteur m en mer.

life buoy n bouée f de sauvetage.

life expectancy [-ɪk'spektənsɪ] n espérance f de vie.

lifeguard ['laɪfgɑːd] n [at swimming pool] maître-nageur sauveteur m ; [at beach] gardien m de plage.

life imprisonment [-ɪm'prɪznmənt] n emprisonnement m à perpétuité.

life insurance n assurance-vie f.

life jacket n gilet m de sauvetage.

lifeless ['laɪflɪs] adj - **1.** [dead] sans vie, inanimé(e) - **2.** [listless - performance] qui manque de vie ; [- voice] monotone.

lifelike ['laɪflaɪk] adj - **1.** [statue, doll] qui semble vivant(e) - **2.** [portrait] ressemblant(e).

lifeline ['laɪflaɪn] n corde f (de sauvetage) ; **fig** lien m vital (avec l'extérieur).

lifelong ['laɪflɒŋ] adj de toujours.

life peer n Br pair m à vie.

life preserver [-prɪˌzɜːvəʳ] n Am [life belt] bouée f de sauvetage ; [life jacket] gilet m de sauvetage.

life raft n canot m pneumatique (de sauvetage).

lifesaver ['laɪfˌseɪvəʳ] n [person] maître-nageur sauveteur m.

life sentence n condamnation f à perpétuité.

life-size(d) [-saɪz(d)] adj grandeur nature (inv).

lifespan ['laɪfspæn] n **- 1.** [of person, animal] espérance f de vie **- 2.** [of product, machine] durée f de vie.

lifestyle ['laɪfstaɪl] n style m de vie.

life-support system n respirateur m artificiel.

lifetime ['laɪftaɪm] n vie f ; **in my ~** de mon vivant.

lift [lɪft] ⬦ n **- 1.** [in car] : **to give sb a ~** emmener OR prendre qqn en voiture **- 2.** Br [elevator] ascenseur m ⬦ vt **- 1.** [gen] lever ; [weight] soulever **- 2.** [plagiarize] plagier **- 3.** inf [steal] voler ⬦ vi **- 1.** [lid etc] s'ouvrir **- 2.** [fog etc] se lever.

lift-off n décollage m.

ligament ['lɪgəmənt] n ligament m.

light [laɪt] (pt & pp **lit** OR **-ed**) ⬦ adj **- 1.** [not dark] clair(e) ; **~ blue/green** bleu/vert clair (inv) **- 2.** [not heavy] léger(ère) ; **to be a ~ sleeper** avoir le sommeil léger **- 3.** [traffic] fluide ; [corrections] peu nombreux(euses) **- 4.** [work] facile ⬦ n **- 1.** (U) [brightness] lumière f **- 2.** [device] lampe f **- 3.** [AUT - gen] feu m ; [- headlamp] phare m **- 4.** [for cigarette etc] feu m ; **have you got a ~?** vous avez du feu ? ; **to set ~ to sthg** mettre le feu à qqch **- 5.** [perspective] : **in the ~ of** Br, **in ~ of** Am à la lumière de ; **to see sb/sthg in a different ~** voir qqn/qqch sous un jour nouveau **- 6.** phr : **to come to ~** être découvert(e) OR dévoilé(e) ; **to see the ~** [understand] comprendre ; **to throw** OR **cast** OR **shed ~ on sthg** clarifier qqch ⬦ vt **- 1.** [fire, cigarette] allumer **- 2.** [room, stage] éclairer ⬦ adv : **to travel ~** voyager léger.

➤ **light out** vi Am inf se tirer.

➤ **light up** ⬦ vt sep **- 1.** [illuminate] éclairer **- 2.** [cigarette etc] allumer ⬦ vi **- 1.** [face] s'éclairer **- 2.** inf [start smoking] allumer une cigarette.

light aircraft n avion m léger.

light ale n Br bière blonde légère.

light bulb n ampoule f.

light cream n Am crème f liquide.

lighted ['laɪtɪd] adj [room] éclairé(e).

light-emitting diode [-ɪˈmɪtɪŋ-] n diode f électroluminescente.

lighten ['laɪtn] ⬦ vt **- 1.** [give light to] éclairer ; [make less dark] éclaircir **- 2.** [make less heavy] alléger ⬦ vi [brighten] s'éclaircir.

➤ **lighten up** vi inf se dérider.

lighter ['laɪtəʳ] n [cigarette lighter] briquet m.

light-fingered [-ˈfɪŋgəd] adj inf chapardeur(euse).

light-headed [-ˈhedɪd] adj : **to feel ~** avoir la tête qui tourne.

light-hearted [-ˈhɑːtɪd] adj **- 1.** [cheerful] joyeux(euse), gai(e) **- 2.** [amusing] amusant(e).

lighthouse ['laɪthaʊs, pl -haʊzɪz] n phare m.

light industry n industrie f légère.

lighting ['laɪtɪŋ] n éclairage m.

lighting-up time n heure où les véhicules doivent allumer leurs phares.

lightly ['laɪtlɪ] adv **- 1.** [gen] légèrement **- 2.** [frivolously] à la légère.

light meter n posemètre m, cellule f photoélectrique.

lightning ['laɪtnɪŋ] n (U) éclair m, foudre f.

lightning conductor Br, **lightning rod** Am n paratonnerre m.

lightning strike n Br grève f surprise.

light opera n opérette f.

light pen n crayon m optique, photostyle m.

lightship ['laɪtʃɪp] n bateau-feu m, bateau-phare m.

lights-out n extinction f des feux.

lightweight ['laɪtweɪt] ⬦ adj **- 1.** [object] léger(ère) **- 2.** fig & pej [person] insignifiant(e) ⬦ n **- 1.** [boxer] poids m léger **- 2.** fig & pej [person] personne f insignifiante.

light year n année-lumière f.

likable ['laɪkəbl] adj sympathique.

like [laɪk] ⬦ prep **- 1.** [gen] comme ; **to look ~ sb/sthg** ressembler à qqn/qqch ; **to taste ~ sthg** avoir un goût de qqch ; **~ this/that** comme ci/ça **- 2.** [typical of] : **that's just ~ him!** c'est bien de lui! ; ça lui ressemble! **- 3.** [such as] tel que, comme ⬦ vt **- 1.** [gen] aimer ; **~ her** elle me plaît ; **to ~ doing** OR **to do sthg** aimer faire qqch **- 2.** [expressing a wish] : **would you ~ some more cake?** vous prendrez encore du gâteau ? ; **I'd ~ to go** je voudrais bien OR j'aimerais y aller ; **I'd ~ you to come** je

voudrais bien OR j'aimerais que vous veniez ; if you ~ si vous voulez ◇ adj : people of ~ mind des gens qui pensent comme lui/moi etc ◇ n : the ~ une chose pareille ; and the ~ et d'autres choses du même genre.
➦ **likes** npl : ~s and dislikes goûts mpl.

likeable ['laɪkəbl] = likable.

likelihood ['laɪklɪhʊd] n (U) chances fpl, probabilité f ; in all ~ selon toute probabilité.

likely ['laɪklɪ] adj - 1. [probable] probable ; he's ~ to get angry il risque de se fâcher ; they're ~ to win ils vont sûrement gagner ; a ~ story! iro à d'autres! - 2. [candidate] prometteur(euse).

like-minded [-'maɪndɪd] adj de même opinion.

liken ['laɪkn] vt : to ~ sb/sthg to assimiler qqn/qqch à.

likeness ['laɪknɪs] n - 1. [resemblance] : ~ (to) ressemblance f (avec) - 2. [portrait] portrait m.

likewise ['laɪkwaɪz] adv [similarly] de même ; to do ~ faire pareil OR de même.

liking ['laɪkɪŋ] n [for person] affection f, sympathie f ; [for food, music] goût m, penchant m ; to have a ~ for sthg avoir le goût de qqch ; to be to sb's ~ être du goût de qqn, plaire à qqn.

lilac ['laɪlək] ◇ adj [colour] lilas (inv) ◇ n lilas m.

Lilo® ['laɪləʊ] (pl -s) n Br matelas m pneumatique.

lilt [lɪlt] n rythme m, cadence f.

lilting ['lɪltɪŋ] adj [voice] mélodieux(euse), chantant(e).

lily ['lɪlɪ] (pl -ies) n lis m.

lily of the valley (pl lilies of the valley) n muguet m.

Lima ['liːmə] n Lima.

limb [lɪm] n - 1. [of body] membre m - 2. [of tree] branche f - 3. phr : to be out on a ~ être en mauvaise posture.

limber ['lɪmbər] ➦ **limber up** vi s'échauffer.

limbo ['lɪmbəʊ] (pl -s) n - 1. (U) [uncertain state] : to be in ~ être dans les limbes - 2. [dance] : the ~ le limbo.

lime [laɪm] n - 1. [fruit] citron m vert - 2. [drink] : ~ (juice) jus m de citron vert - 3. [linden tree] tilleul m - 4. [substance] chaux f.

lime cordial n sirop m de citron vert.

lime-green adj vert jaune (inv).

limelight ['laɪmlaɪt] n : to be in the ~ être au premier plan.

limerick ['lɪmərɪk] n poème humoristique en cinq vers.

limestone ['laɪmstəʊn] n (U) pierre f à chaux, calcaire m.

limey ['laɪmɪ] (pl -s) n Am inf terme péjoratif désignant un Anglais.

limit ['lɪmɪt] ◇ n limite f ; he's/she's the ~! inf il/elle dépasse les bornes! ; off ~s esp Am d'accès interdit ; within ~s [to an extent] dans une certaine mesure ◇ vt limiter, restreindre ; to ~ o.s. to sthg se limiter à qqch.

limitation [ˌlɪmɪ'teɪʃn] n limitation f, restriction f ; to know one's ~s connaître ses limites.

limited ['lɪmɪtɪd] adj limité(e), restreint(e).

limited edition n [of book] édition f à tirage limité.

limited (liability) company n société f anonyme.

limitless ['lɪmɪtlɪs] adj illimité(e).

limo ['lɪməʊ] n inf abbr of limousine.

limousine ['lɪməziːn] n limousine f.

limp [lɪmp] ◇ adj mou (molle) ◇ n : to have a ~ boiter ◇ vi boiter.

limpet ['lɪmpɪt] n patelle f, bernique f.

limpid ['lɪmpɪd] adj literary limpide.

limply ['lɪmplɪ] adv mollement.

linchpin ['lɪntʃpɪn] n fig cheville f ouvrière.

Lincs. [lɪŋks] (abbr of Lincolnshire) comté anglais.

linctus ['lɪŋktəs] n Br sirop m pour la toux.

line [laɪn] ◇ n - 1. [gen] ligne f ; to walk in a straight ~ marcher en ligne droite - 2. [row] rangée f - 3. [queue] file f, queue f ; to stand OR wait in ~ faire la queue ; he's in ~ for promotion il devrait être promu bientôt - 4. [RAIL - track] voie f ; [- route] ligne f - 5. NAUT : shipping ~ compagnie f de navigation - 6. [of poem, song] vers m - 7. [wrinkle] ride f - 8. [string, wire etc] corde f ; a fishing ~ une ligne - 9. TELEC ligne f ; hold the ~! ne quittez pas! - 10. inf [short letter] : to drop sb a ~ écrire un (petit) mot à qqn - 11. [course of action] : what ~ did you take? quelle stratégie as-tu adoptée? ; to think along the same ~s partager la même opinion ; ~ of argument raisonnement m - 12. inf [work] : ~ of business branche f - 13. [borderline] frontière f - 14. [lineage] lignée f - 15. COMM gamme f - 16. phr : to be on the right ~s être sur la bonne voie ; to read between the ~s lire entre les lignes ; to draw the ~ at sthg refuser de faire OR d'aller jusqu'à faire qqch ; to step out of ~ faire cavalier seul ◇ vt - 1. [form rows along] : trees ~d the streets les rues étaient bordées d'arbres - 2. [drawer, box] tapisser ; [clothes] doubler.

➤ **lines** *npl* - **1.** SCH : to be given 100 ~s avoir 100 lignes à faire - **2.** THEATRE texte *m*.

➤ **on the line** *adv* : to put sthg/to be on the ~ mettre qqch/être en jeu.

➤ **out of line** *adj* [remark, behaviour] déplacé(e).

➤ **line up** ⬦ *vt sep* - **1.** [in rows] aligner - **2.** [organize] prévoir ⬦ *vi* [in row] s'aligner ; [in queue] faire la queue.

lineage ['lɪnɪɪdʒ] *n* lignée *f*.

linear ['lɪnɪəʳ] *adj* linéaire.

lined [laɪnd] *adj* - **1.** [paper] réglé(e) - **2.** [wrinkled] ridé(e).

line drawing *n* dessin *m* au trait.

line feed *n* saut *m* de ligne.

linen ['lɪnɪn] ⬦ *n (U)* - **1.** [cloth] lin *m* - **2.** [tablecloths, sheets] linge *m* (de maison) ⬦ *comp* - **1.** [suit etc] de OR en lin - **2.** [cupboard] à linge.

linen basket *n* panier *m* à linge.

line printer *n* imprimante *f* ligne par ligne.

liner ['laɪnəʳ] *n* [ship] paquebot *m*.

linesman ['laɪnzmən] (*pl* -**men** [-mən]) *n* TENNIS juge *m* de ligne ; FTBL juge de touche.

lineup ['laɪnʌp] *n* - **1.** SPORT équipe *f* - **2.** Am [identification parade] rangée *f* de suspects *(pour identification par un témoin)*.

linger ['lɪŋgəʳ] *vi* - **1.** [person] s'attarder - **2.** [doubt, pain] persister.

lingerie ['lænʒərɪ] *n (U)* lingerie *f*.

lingering ['lɪŋgrɪŋ] *adj* [doubt] persistant(e) ; [hope] faible ; [illness] long (longue).

lingo ['lɪŋgəʊ] (*pl* -**es**) *n inf* jargon *m*.

linguist ['lɪŋgwɪst] *n* linguiste *mf*.

linguistic [lɪŋ'gwɪstɪk] *adj* linguistique.

linguistics [lɪŋ'gwɪstɪks] *n (U)* linguistique *f*.

liniment ['lɪnɪmənt] *n* liniment *m*.

lining ['laɪnɪŋ] *n* - **1.** [of coat, curtains, box] doublure *f* - **2.** [of stomach] muqueuse *f* - **3.** AUT [of brakes] garniture *f*.

link [lɪŋk] ⬦ *n* - **1.** [of chain] maillon *m* - **2.** [connection] : ~ **(between/with)** lien *m* (entre/avec) ; **a rail/telephone** ~ une liaison ferroviaire/téléphonique ⬦ *vt* [cities, parts] relier ; [events etc] lier ; **to** ~ **arms** se donner le bras.

➤ **link up** *vt sep* relier ; **to** ~ **sthg up with sthg** relier qqch avec OR à qqch.

linkage ['lɪŋkɪdʒ] *n (U)* [relationship] lien *m*, relation *f*.

linked [lɪŋkt] *adj* lié(e).

links [lɪŋks] (*pl inv*) *n* terrain *m* de golf *(au bord de la mer)*.

linkup ['lɪŋkʌp] *n* liaison *f*.

lino ['laɪnəʊ], **linoleum** [lɪ'nəʊlɪəm] *n* lino *m*, linoléum *m*.

linseed oil ['lɪnsiːd-] *n* huile *f* de lin.

lint [lɪnt] *n (U)* - **1.** [dressing] compresse *f* - **2.** Am [fluff] peluches *fpl*.

lintel ['lɪntl] *n* linteau *m*.

lion ['laɪən] *n* lion *m*.

lion cub *n* lionceau *m*.

lioness ['laɪənes] *n* lionne *f*.

lionize, -ise ['laɪənaɪz] *vt* porter aux nues.

lip [lɪp] *n* - **1.** [of mouth] lèvre *f* ; **my** ~**s are sealed** je ne dirai rien - **2.** [of container] bord *m*.

lip-read *vi* lire sur les lèvres.

lip-reading *n* lecture *f* sur les lèvres.

lip salve [-sælv] *n* Br pommade *f* pour les lèvres.

lip service *n* : **to pay** ~ **to sthg** approuver qqch pour la forme.

lipstick ['lɪpstɪk] *n* rouge *m* à lèvres.

liquefy ['lɪkwɪfaɪ] (*pt* & *pp* -**ied**) ⬦ *vt* liquéfier ⬦ *vi* se liquéfier.

liqueur [lɪ'kjʊəʳ] *n* liqueur *f*.

liquid ['lɪkwɪd] ⬦ *adj* liquide ⬦ *n* liquide *m*.

liquid assets *npl* liquidités *fpl*.

liquidate ['lɪkwɪdeɪt] *vt* liquider.

liquidation [ˌlɪkwɪ'deɪʃn] *n* liquidation *f*.

liquidator ['lɪkwɪdeɪtəʳ] *n* liquidateur *m*, -trice *f*.

liquid crystal display *n* affichage *m* à cristaux liquides.

liquidity [lɪ'kwɪdətɪ] *n* liquidité *f*.

liquidize, -ise ['lɪkwɪdaɪz] *vt* Br CULIN passer au mixer.

liquidizer ['lɪkwɪdaɪzəʳ] *n* Br mixer *m*.

liquor ['lɪkəʳ] *n (U)* alcool *m*, spiritueux *mpl*.

liquorice ['lɪkərɪs] *n* réglisse *f*.

liquor store *n* Am magasin *m* de vins et d'alcools.

lira ['lɪərəl] *n* lire *f*.

Lisbon ['lɪzbən] *n* Lisbonne.

lisp [lɪsp] ⬦ *n* zézaiement *m* ⬦ *vi* zézayer.

lissom(e) ['lɪsəm] *adj* gracile.

list [lɪst] ⬦ *n* liste *f* ⬦ *vt* [in writing] faire la liste de ; [in speech] énumérer ⬦ *vi* NAUT donner de la bande, gîter.

listed building [ˌlɪstɪd-] *n* Br monument *m* classé.

listed company ['lɪstɪd-] *n* Br société *f* cotée en Bourse.

listen ['lɪsn] *vi* : **to** ~ **to (sb/sthg)** écouter (qqn/qqch) ; **to** ~ **for sthg** guetter qqch.

➤ **listen in** *vi* - **1.** RADIO être à l'écoute, écouter **- 2.** [eavesdrop] : **to ~ in (on sthg)** écouter (qqch).

◆ **listen up** *vi Am inf* écouter.

listener ['lɪsnəʳ] *n* auditeur *m*, -trice *f*.

listing ['lɪstɪŋ] *n* [COMPUT - action] listage *m* ; [- result] listing *m*.

◆ **listings** *npl* : **the ~s** le calendrier des spectacles.

listless ['lɪstlɪs] *adj* apathique, mou (molle).

list price *n* prix *m* de catalogue.

lit [lɪt] *pt* & *pp* ⊳ **light.**

litany ['lɪtənɪ] (*pl* **-ies**) *n* litanie *f*.

liter Am = **litre.**

literacy ['lɪtərəsɪ] *n* fait *m* de savoir lire et écrire.

literal ['lɪtərəl] *adj* littéral(e).

literally ['lɪtərəlɪ] *adv* littéralement ; **to take sthg ~** prendre qqch au pied de la lettre.

literary ['lɪtərərɪ] *adj* littéraire.

literate ['lɪtərət] *adj* **- 1.** [able to read and write] qui sait lire et écrire **- 2.** [well-read] cultivé(e).

literature ['lɪtrətʃəʳ] *n* littérature *f* ; [printed information] documentation *f*.

lithe [laɪð] *adj* souple, agile.

lithograph ['lɪθəgrɑːf] *n* lithographie *f*.

lithography [lɪ'θɒgrəfɪ] *n* lithographie *f*.

Lithuania [,lɪθjʊ'eɪnɪə] *n* Lituanie *f* ; **in ~** en Lituanie.

Lithuanian [,lɪθjʊ'eɪnɪən] ◇ *adj* lituanien (enne) ◇ *n* **- 1.** [person] Lituanien *m*, -enne *f* **- 2.** [language] lituanien *m*.

litigant ['lɪtɪgənt] *n* plaideur *m*, -euse *f*.

litigate ['lɪtɪgeɪt] *vi* plaider.

litigation [,lɪtɪ'geɪʃn] *n* litige *m* ; **to go to ~** aller en justice.

litmus paper ['lɪtməs-] *n* papier *m* de tournesol.

litre Br, **liter** Am ['liːtəʳ] *n* litre *m*.

litter ['lɪtəʳ] ◇ *n* **- 1.** (U) [rubbish] ordures *fpl*, détritus *mpl* **- 2.** [of animals] portée *f* ◇ *vt* : **to be ~ed with** être couvert(e) de.

litterbin ['lɪtə,bɪn] *n* Br boîte *f* à ordures.

litterlout Br ['lɪtəlaʊt], **litterbug** ['lɪtəbʌg] *n* personne qui jette des ordures n'importe où.

litter tray *n* caisse *f* (pour litière).

little ['lɪtl] (*compar sense 2* **less** ; *superl sense 2* **least**) ◇ *adj* **- 1.** [not big] petit(e) ; **a ~ chat** un brin de causette ; **a ~ while** un petit moment **- 2.** [not much] peu de ; **~ money** peu d'argent ; **a ~ money** un peu d'argent ◇ *pron* : **~ of the money was left** il ne restait pas beaucoup d'argent, il restait peu d'argent ; **I understood ~ of what was said** je n'ai

pas compris grand-chose à ce qu'ils ont dit ; **I see very ~ of him now** je ne le vois plus beaucoup, je ne le vois guère ; **a ~** un peu ◇ *adv* peu, pas beaucoup ; **~ by ~** peu à peu.

little finger *n* petit doigt *m*, auriculaire *m*.

little-known *adj* peu connu(e).

liturgy ['lɪtədʒɪ] (*pl* **-ies**) *n* liturgie *f*.

live¹ [lɪv] ◇ *vi* **- 1.** [gen] vivre ; **long ~ the Queen!** vive la reine! **- 2.** [have one's home] habiter, vivre ; **to ~ in Paris** habiter (à) Paris ◇ *vt* : **to ~ a quiet life** mener une vie tranquille ; **to ~ it up** inf faire la noce.

◆ **live down** *vt sep* faire oublier.

◆ **live for** *vt fus* vivre pour.

◆ **live in** *vi* [student] être interne.

◆ **live off** *vt fus* [savings, the land] vivre de ; [family] vivre aux dépens de.

◆ **live on** ◇ *vt fus* vivre de ◇ *vi* [memory, feeling] rester, survivre.

◆ **live out** ◇ *vt fus* passer ◇ *vi* [student] être externe.

◆ **live together** *vi* vivre ensemble.

◆ **live up to** *vt fus* : **to ~ up to sb's expectations** répondre à l'attente de qqn ; **to ~ up to one's reputation** faire honneur à sa réputation.

◆ **live with** *vt fus* **- 1.** [cohabit with] vivre avec **- 2.** inf [accept] se faire à, accepter.

live² [laɪv] ◇ *adj* **- 1.** [living] vivant(e) **- 2.** [coal] ardent(e) **- 3.** [bullet, bomb] non explosé(e) ; **~ ammunition** munitions *fpl* de combat **- 4.** ELEC sous tension **- 5.** RADIO & TV en direct ; [performance] en public ◇ *adv* RADIO & TV en direct ; [perform] en public.

live-in [lɪv-] *adj* [housekeeper] logé(e) et nourri(e) ; **a ~ boyfriend/girlfriend** un petit ami/une petite amie avec qui on vit.

livelihood ['laɪvlɪhʊd] *n* gagne-pain *m*.

liveliness ['laɪvlɪnɪs] *n* vivacité *f*.

lively ['laɪvlɪ] (*compar* **-ier** ; *superl* **-iest**) *adj* **- 1.** [person] plein(e) d'entrain **- 2.** [debate, meeting] animé(e) **- 3.** [mind] vif (vive).

liven ['laɪvn] ◆ **liven up** ◇ *vt sep* [person] égayer ; [place] animer ◇ *vi* s'animer.

liver ['lɪvəʳ] *n* foie *m*.

Liverpudlian ◇ *adj* de Liverpool ◇ *n* habitant *m*, -e *f* de Liverpool.

liver sausage Br, **liverwurst** Am ['lɪvəwɜːst] *n* saucisse *f* (au pâté) de foie.

livery ['lɪvərɪ] (*pl* **-ies**) *n* livrée *f*.

lives [laɪvz] *pl* ⊳ **life.**

livestock ['laɪvstɒk] *n* (U) bétail *m*.

live wire [laɪv-] *n* fil *m* sous tension ; inf fig boute-en-train *m inv*.

livid ['lɪvɪd] adj **- 1.** [angry] furieux(euse) **- 2.** [bruise] violacé(e).

living ['lɪvɪŋ] ◇ adj vivant(e), en vie ◇ n : **to earn** OR **make a ~** gagner sa vie ; **what do you do for a ~?** qu'est-ce que vous faites dans la vie?

living conditions npl conditions fpl de vie.

living expenses npl frais mpl de subsistance.

living room n salle f de séjour, living m.

living standards npl niveau m de vie.

living wage n minimum m vital.

lizard ['lɪzəd] n lézard m.

llama ['lɑːmə] (pl inv OR **-s**) n lama m.

LLB (abbr of **Bachelor of Laws**) n (titulaire d'une) licence de droit.

LLD (abbr of **Doctor of Laws**) n docteur en droit.

LMT (abbr of **Local Mean Time**) n heure locale aux États-Unis.

lo [ləʊ] excl : **~ and behold** et comme par miracle.

load [ləʊd] ◇ n **- 1.** [something carried] chargement m, charge f **- 2.** [large amount] : **~s of, a ~ of** inf des tas de, plein de ; **a ~ of rubbish** inf de la foutaise ◇ vt [gen & COMPUT] charger ; [video recorder] mettre une vidéo-cassette dans ; **to ~ sb/sthg with** charger qqn/qqch de ; **to ~ a gun/camera (with)** charger un fusil/un appareil (avec).
◆ **load up** vt sep & vi charger.

loaded ['ləʊdɪd] adj **- 1.** [question] insidieux(euse) **- 2.** inf [rich] plein(e) aux as.

loading bay ['ləʊdɪŋ-] n aire f de chargement.

loaf [ləʊf] (pl **loaves** [ləʊvz]) n : **a ~ (of bread)** un pain.

loafer ['ləʊfə'] n [shoe] mocassin m.

loam [ləʊm] n terreau m.

loan [ləʊn] ◇ n prêt m ; **on ~** prêté(e) ◇ vt prêter ; **to ~ sthg to sb, to ~ sb sthg** prêter qqch à qqn.

loan account n compte m d'avances.

loan capital n capital-obligations m.

loan shark n inf pej usurier m.

loath [ləʊθ] adj : **to be ~ to do sthg** ne pas vouloir faire qqch, hésiter à faire qqch.

loathe [ləʊð] vt détester ; **to ~ doing sthg** avoir horreur de OR détester faire qqch.

loathing ['ləʊðɪŋ] n dégoût m, répugnance f.

loathsome ['ləʊðsəm] adj dégoûtant(e), répugnant(e).

loaves [ləʊvz] pl ▷ **loaf**.

lob [lɒb] (pt & pp **-bed** ; cont **-bing**) ◇ n TENNIS lob m ◇ vt **- 1.** [throw] lancer **- 2.** TENNIS : **to ~ a ball** lober, faire un lob.

lobby ['lɒbɪ] (pl **-ies**, pt & pp **-ied**) ◇ n **- 1.** [of hotel] hall m **- 2.** [pressure group] lobby m, groupe m de pression ◇ vt faire pression sur.

lobbyist ['lɒbɪɪst] n membre m d'un groupe de pression.

lobe [ləʊb] n lobe m.

lobelia [lə'biːljə] n lobélie f.

lobotomy [lə'bɒtəmɪ] (pl **-ies**) n lobotomie f.

lobster ['lɒbstə'] n homard m.

local ['ləʊkl] ◇ adj local(e) ◇ n inf **- 1.** [person] : **the ~s** les gens mpl du coin OR du pays **- 2.** Br [pub] café m OR bistro m du coin **- 3.** Am [bus, train] omnibus m.

local anaesthetic n anesthésie f locale.

local area network n COMPUT réseau m local.

local authority n Br autorités fpl locales.

local call n communication f urbaine.

local colour n couleur f locale.

local derby n Br derby m.

locale [ləʊ'kɑːl] n fml lieu m, endroit m.

local government n administration f municipale.

locality [ləʊ'kælətɪ] (pl **-ies**) n endroit m.

localized, -ised ['ləʊkəlaɪzd] adj localisé(e).

locally ['ləʊkəlɪ] adv **- 1.** [on local basis] localement **- 2.** [nearby] dans les environs, à proximité.

local time n heure f locale.

locate [Br ləʊ'keɪt, Am 'ləʊkeɪt] ◇ vt **- 1.** [find - position] trouver, repérer ; [- source, problem] localiser **- 2.** [situate - business, factory] implanter, établir ; **to be ~d** être situé ◇ vi Am [settle] s'installer.

location [ləʊ'keɪʃn] n **- 1.** [place] emplacement m **- 2.** CINEMA : **on ~** en extérieur.

loc. cit. (abbr of loco citato) loc. cit.

loch [lɒk, lɒx] n Scot loch m, lac m.

lock [lɒk] ◇ n **- 1.** [of door etc] serrure f ; **under ~ and key** [object] sous clef ; [person] sous les verrous **- 2.** [on canal] écluse f **- 3.** AUT [steering lock] angle m de braquage **- 4.** [of hair] mèche f **- 5.** phr : **~, stock and barrel** en bloc ◇ vt **- 1.** [door, car, drawer] fermer à clef ; [bicycle] cadenasser **- 2.** [immobilize] bloquer **- 3.** [hold firmly] : **to be ~ed in an embrace** être étroitement enlacés ◇ vi **- 1.** [door, suitcase] fermer à clef **- 2.** [become immobilized] se bloquer.
◆ **locks** npl literary chevelure f, cheveux mpl.

lock in *vt sep* enfermer (à clef).

lock out *vt sep* **- 1.** [accidentally] enfermer dehors, laisser dehors ; **to ~ o.s. out** s'enfermer dehors **- 2.** [deliberately] empêcher d'entrer, mettre à la porte.

lock up <> *vt sep* **- 1.** [person - in prison] mettre en prison *OR* sous les verrous ; [- in asylum] enfermer **- 2.** [house] fermer à clef **- 3.** [valuables] enfermer, mettre sous clef <> *vi* fermer (à clef).

lockable ['lɒkəbl] *adj* qu'on peut fermer à clef.

locker ['lɒkər] *n* casier *m*.

locker room *n* Am vestiaire *m*.

locket ['lɒkɪt] *n* médaillon *m*.

lockjaw ['lɒkdʒɔː] *n* tétanos *m*.

lockout ['lɒkaut] *n* lock-out *m inv*.

locksmith ['lɒksmɪθ] *n* serrurier *m*.

lockup ['lɒkʌp] *n* **- 1.** [prison] prison *f* **- 2.** Br [garage] garage *m*, box *m*.

loco ['ləʊkəʊ] (*pl* -s) *inf* <> *adj* Am timbré(e) <> *n* Br locomotive.

locomotive ['ləʊkə,məʊtɪv] *n* locomotive *f*.

locum ['ləʊkəm] (*pl* -s) *n* remplaçant *m*, -e *f*.

locust ['ləʊkəst] *n* sauterelle *f*, locuste *f*.

lodge [lɒdʒ] <> *n* **- 1.** [of caretaker, freemasons] loge *f* **- 2.** [of manor house] pavillon *m* (de gardien) **- 3.** [for hunting] pavillon *m* de chasse <> *vi* **- 1.** [stay] : **to ~ with sb** loger chez qqn **- 2.** [become stuck] se loger, se coincer **- 3.** *fig* [in mind] s'enraciner, s'ancrer <> *vt* [complaint] déposer ; **to ~ an appeal** interjeter *OR* faire appel.

lodger ['lɒdʒər] *n* locataire *mf*.

lodging ['lɒdʒɪŋ] *n* ⊳ **board**.

lodgings *npl* chambre *f* meublée.

loft [lɒft] *n* grenier *m*.

lofty ['lɒftɪ] (*compar* -ier ; *superl* -iest) *adj* **- 1.** [noble] noble **- 2.** *pej* [haughty] hautain(e), arrogant(e) **- 3.** *literary* [high] haut(e), élevé(e).

log [lɒg] (*pt* & *pp* -ged ; *cont* -ging) <> *n* **- 1.** [of wood] bûche *f* **- 2.** [of ship] journal *m* de bord ; [of plane] carnet *m* de vol <> *vt* consigner, enregistrer.

log in *vi* COMPUT ouvrir une session.

log on *vi* COMPUT ouvrir une session.

log off *vi* COMPUT fermer une session.

log out *vi* COMPUT fermer une session.

loganberry ['ləʊgənbərɪ] (*pl* -ies) *n* sorte de framboise.

logarithm ['lɒgərɪðm] *n* logarithme *m*.

logbook ['lɒgbʊk] *n* **- 1.** [of ship] journal *m* de bord ; [of plane] carnet *m* de vol **- 2.** [of car] ≃ carte *f* grise.

log cabin *n* cabane *f* en rondins.

log fire *n* feu *m* de bois.

loggerheads ['lɒgəhedz] *n* : **at ~** en désaccord.

logic ['lɒdʒɪk] *n* logique *f*.

logical ['lɒdʒɪkl] *adj* logique.

logically ['lɒdʒɪklɪ] *adv* logiquement.

logistical [lə'dʒɪstɪkl] *adj* logistique.

logistics [lə'dʒɪstɪks] <> *n (U)* MIL logistique *f* <> *npl fig* organisation *f*.

logjam ['lɒgdʒæm] *n esp* Am impasse *f*.

logo ['ləʊgəʊ] (*pl* -s) *n* logo *m*.

logrolling ['lɒgrəʊlɪŋ] *n (U)* Am échange *m* de faveurs.

logy ['ləʊgɪ] *adj* Am *inf* patraque.

loin [lɔɪn] *n* filet *m*.

loins *npl* reins *mpl* ; **to gird one's ~s** prendre son courage à deux mains.

loincloth ['lɔɪnklɒθ] *n* pagne *m*.

loiter ['lɔɪtər] *vi* traîner.

loll [lɒl] *vi* **- 1.** [sit, lie about] se prélasser **- 2.** [hang down - head, tongue] pendre.

lollipop ['lɒlɪpɒp] *n* sucette *f*.

lollipop lady *n* Br dame qui fait traverser la rue aux enfants à la sortie des écoles.

lollipop man *n* Br monsieur qui fait traverser la rue aux enfants à la sortie des écoles.

lolly ['lɒlɪ] (*pl* -ies) *n inf* **- 1.** [lollipop] sucette *f* **- 2.** Br [ice lolly] sucette *f* glacée **- 3.** Br [money] fric *m*, blé *m*.

London ['lʌndən] *n* Londres.

Londoner ['lʌndənər] *n* Londonien *m*, -enne *f*.

lone [ləʊn] *adj* solitaire.

loneliness ['ləʊnlɪnɪs] *n* [of person] solitude *f* ; [of place] isolement *m*.

lonely ['ləʊnlɪ] (*compar* -ier ; *superl* -iest) *adj* **- 1.** [person] solitaire, seul(e) ; **to feel ~** se sentir seul **- 2.** [childhood] solitaire **- 3.** [place] isolé(e).

lone parent *n* Br père *m*/mère *f* célibataire.

loner ['ləʊnər] *n* solitaire *mf*.

lonesome ['ləʊnsəm] *adj* Am *inf* **- 1.** [person] solitaire, seul(e) **- 2.** [place] isolé(e).

long [lɒŋ] <> *adj* long (longue) ; **two days/years ~** de deux jours/ans, qui dure deux jours/ans ; **10 metres/miles ~** long de 10 mètres/miles, de 10 mètres/miles (de long) ; **a ~ memory** une bonne mémoire <> *adv* longtemps ; **how ~ will it take?** combien de temps cela va-t-il prendre? ; **how ~ will you be?** tu en as pour combien de temps? ; **how ~ is the book?** le livre fait combien de pages? ; **I no ~er like him** je ne l'aime plus ; **I can't wait any ~er** je ne peux pas attendre plus longtemps ; **so ~!** inf au revoir!, salut! ; **before ~** sous peu ; **for ~** pour longtemps ◇ *n* : **the ~ and the short of it is that ...** le fin mot de l'histoire, c'est que ..., enfin bref ... ◇ *vt* : **to ~ to do sthg** avoir très envie de faire qqch.

➡ **as long as, so long as** *conj* tant que.

➡ **long for** *vt fus* [peace and quiet] désirer ardemment ; [holidays] attendre avec impatience.

long. (*abbr of* **longitude**) long.

long-awaited [-ə'weɪtɪd] *adj* tant attendu(e).

long-distance *adj* [runner, race] de fond ; **~ lorry driver** routier *m*.

long-distance call *n* communication *f* interurbaine.

long division *n* division *f* par écrit.

long-drawn-out *adj* interminable, qui n'en finit pas.

long drink *n* long drink *m*.

longevity [lɒn'dʒevətɪ] *n* longévité *f*.

long-haired *adj* [person] aux cheveux longs ; [animal] à longs poils.

longhand ['lɒŋhænd] *n* écriture *f* normale.

long-haul *adj* long-courrier.

longing ['lɒŋɪŋ] ◇ *adj* plein(e) de convoitise ◇ *n* - **1.** [desire] envie *f*, convoitise *f* ; **a ~ for** un grand désir OR une grande envie de - **2.** [nostalgia] nostalgie *f*, regret *m*.

longingly ['lɒŋɪŋlɪ] *adv* [with desire] avec envie ; [nostalgically] avec nostalgie.

Long Island *n* Long Island ; **in ~** à Long Island.

longitude ['lɒndʒɪtjuːd] *n* longitude *f*.

long johns *npl* caleçon *m* long.

long jump *n* saut *m* en longueur.

long-lasting *adj* qui dure longtemps, durable.

long-life *adj* [milk] longue conservation *(inv)* ; [battery] longue durée *(inv)*.

long-lost *adj* [artefact] perdu(e) depuis longtemps ; [relative] perdu(e) de vue depuis longtemps.

long-playing record [-'pleɪɪŋ-] *n* 33 tours *m*.

long-range *adj* - **1.** [missile, bomber] à longue portée - **2.** [plan, forecast] à long terme.

long-running *adj* [TV programme] diffusé(e) depuis de nombreuses années ; [play] qui tient depuis longtemps à l'affiche ; [dispute] qui dure depuis longtemps.

longshoreman ['lɒŋʃɔːmən] (*pl* **-men** [-mən]) *n* Am docker *m*.

long shot *n* [guess] coup *m* à tenter *(sans grand espoir de succès)*.

longsighted [ˌlɒŋ'saɪtɪd] *adj* presbyte.

long-standing *adj* de longue date.

longsuffering [ˌlɒŋ'sʌfərɪŋ] *adj* [person] à la patience infinie.

long term *n* : **in the ~** à long terme.

➡ **long-term** *adj* à long terme.

long vacation *n* Br grandes vacances *fpl*.

long wave *n* (U) grandes ondes *fpl*.

longways ['lɒŋweɪz] *adv* dans le sens de la longueur.

longwearing [ˌlɒŋ'weərɪŋ] *adj* Am solide, résistant(e).

long weekend *n* long week-end *m*.

longwinded [ˌlɒŋ'wɪndɪd] *adj* [person] prolixe, verbeux(euse) ; [speech] interminable, qui n'en finit pas.

loo [luː] (*pl* **-s**) *n* Br inf cabinets *mpl*, petit coin *m*.

loofa(h) ['luːfə] *n* luffa *m*, éponge *f*.

look [lʊk] ◇ *n* - **1.** [with eyes] regard *m* ; **to take** OR **have a ~ (at sthg)** regarder (qqch), jeter un coup d'œil (à qqch) ; **to give sb a ~** jeter un regard à qqn, regarder qqn de travers - **2.** [search] : **to have a ~ (for sthg)** chercher (qqch) - **3.** [appearance] aspect *m*, air *m* ; **by the ~** OR **~s of it, by the ~** OR **~s of things** vraisemblablement, selon toute probabilité ◇ *vi* - **1.** [with eyes] regarder - **2.** [search] chercher - **3.** [building, window] : **to ~ (out) onto** donner sur - **4.** [seem] avoir l'air, sembler ; **he ~s as if he hasn't slept** il a l'air d'avoir mal dormi ; **it ~s like rain** OR **as if it will rain** on dirait qu'il va pleuvoir ; **she ~s like her mother** elle ressemble à sa mère ◇ *vt* - **1.** [look at] : **~ what you've done!** regarde ce que tu as fait! - **2.** [appear] : **to ~ one's age** faire OR porter son âge ; **to ~ one's best** être OR paraître à son avantage ◇ *excl* : **~!**, **~ here!** dites donc!

➡ **looks** *npl* [attractiveness] beauté *f*.

➡ **look after** *vt fus* s'occuper de.

➡ **look at** *vt fus* - **1.** [see, glance at] regarder ; [examine] examiner - **2.** [judge] considérer.

➡ **look back** *vi* [reminisce] penser au passé, évoquer le passé ; **she's never ~ed back depuis**, elle a accumulé les succès.

➡ **look down on** *vt fus* [condescend to] mépriser.

➡ **look for** *vt fus* chercher.

➡ **look forward to** *vt fus* attendre avec impatience.

➡ **look into** *vt fus* examiner, étudier.

◆ **look on** ◇ *vt fus* = **look upon** ◇ *vi* regarder.

◆ **look out** *vi* prendre garde, faire attention ; **~ out!** attention!

◆ **look out for** *vt fus* [person] guetter ; [new book] être à l'affût de, essayer de repérer.

◆ **look round** ◇ *vt fus* [house, shop, town] faire le tour de ◇ *vi* **- 1.** [turn] se retourner **- 2.** [browse] regarder.

◆ **look through** *vt fus* [gen] examiner ; [newspaper] parcourir.

◆ **look to** *vt fus* **- 1.** [depend on] compter sur **- 2.** [future] songer à.

◆ **look up** ◇ *vt sep* **- 1.** [in book] chercher **- 2.** [visit - person] aller *OR* passer voir ◇ *vi* [improve - business] reprendre ; **things are ~ing up** ça va mieux, la situation s'améliore.

◆ **look upon** *vt fus* : **to ~ upon sb/sthg as** considérer qqn/qqch comme.

◆ **look up to** *vt fus* admirer.

look-alike *n* sosie *m*.

look-in *n* Br inf : **I didn't get a ~** je n'avais aucune chance ; [in conversation] je n'ai pas pu en placer une.

lookout ['lʊkaʊt] *n* **- 1.** [place] poste *m* de guet **- 2.** [person] guetteur *m* **- 3.** [search] : **to be on the ~ for** être à la recherche de.

look-up table *n* COMPUT table *f* de recherche.

loom [luːm] ◇ *n* métier *m* à tisser ◇ *vi* [building, person] se dresser ; *fig* [date, threat] être imminent(e) ; **to ~ large** être un sujet d'inquiétude *OR* de préoccupation.

◆ **loom up** *vi* surgir.

LOOM (*abbr of* **Loyal Order of the Moose**) *n association caritative américaine.*

looming ['luːmɪŋ] *adj* imminent(e).

loony ['luːnɪ] (*compar* **-ier** ; *superl* **-iest**, *pl* **-ies**) inf ◇ *adj* [person] cinglé(e), timbré(e) ◇ *n* cinglé *m*, -e *f*, fou *m*, folle *f*.

loop [luːp] ◇ *n* **- 1.** [gen & COMPUT] boucle *f* **- 2.** [contraceptive] stérilet *m* ◇ *vt* faire une boucle à ◇ *vi* faire une boucle.

loophole ['luːphəʊl] *n* faille *f*, échappatoire *f*.

loo roll *n* Br inf rouleau *m* de papier hygiénique.

loose [luːs] ◇ *adj* **- 1.** [not firm - joint] desserré(e) ; [- handle, post] branlant(e) ; [- tooth] qui bouge *OR* branle ; [- knot] défait(e) **- 2.** [unpackaged - sweets, nails] en vrac, au poids **- 3.** [clothes] ample, large **- 4.** [not restrained - hair] dénoué(e) ; [- animal] en liberté, détaché(e) **- 5.** pej & dated [woman] facile ; [living] dissolu(e) **- 6.** [inexact - translation] approximatif(ive)

- 7. Am inf [relaxed] : **to stay ~** rester cool ◇ *n* : **on the ~** en liberté.

loose change *n* petite *OR* menue monnaie *f*.

loose end *n* détail *m* inexpliqué ; **to be at a ~ Br, to be at ~s** Am être désœuvré, n'avoir rien à faire.

loose-fitting *adj* ample.

loose-leaf binder *n* classeur *m*.

loosely ['luːslɪ] *adv* **- 1.** [not firmly] sans serrer **- 2.** [inexactly] approximativement.

loosen ['luːsn] ◇ *vt* desserrer, défaire ◇ *vi* se desserrer.

◆ **loosen up** *vi* **- 1.** [before game, race] s'échauffer **- 2.** inf [relax] se détendre.

loot [luːt] ◇ *n* butin *m* ◇ *vt* piller.

looter ['luːtə'] *n* pillard *m*, -e *f*.

looting ['luːtɪŋ] *n* pillage *m*.

lop [lɒp] (*pt & pp* **-ped** ; *cont* **-ping**) *vt* élaguer, émonder.

◆ **lop off** *vt sep* couper.

lope [ləʊp] *vi* courir en faisant des bonds.

lop-sided [-'saɪdɪd] *adj* **- 1.** [table] bancal(e), boiteux(euse) ; [picture] de travers **- 2.** fig [biased] tendancieux(euse).

lord [lɔːd] *n* Br seigneur *m*.

◆ **Lord** *n* **- 1.** RELIG : **the Lord** [God] le Seigneur ; **good Lord!** Br Seigneur!, mon Dieu! **- 2.** [in titles] Lord *m* ; [as form of address] : **my Lord** Monsieur le duc/comte etc.

◆ **Lords** *npl* Br POL : **the (House of) Lords** la Chambre des lords.

Lord Chancellor *n* Br Lord Chancelier *m*.

lordly ['lɔːdlɪ] (*compar* **-ier** ; *superl* **-iest**) *adj* **- 1.** [noble] noble **- 2.** pej [arrogant] arrogant(e), hautain(e).

Lord Mayor *n* Br Lord-Maire *m*.

Lordship ['lɔːdʃɪp] *n* : **your/his ~** Monsieur le duc/comte etc.

Lord's Prayer *n* : **the ~** le Notre Père.

lore [lɔːr] *n* (U) traditions *fpl*.

lorry ['lɒrɪ] (*pl* **-ies**) *n* Br camion *m*.

lorry driver *n* Br camionneur *m*, conducteur *m* de poids lourd.

lose [luːz] (*pt & pp* **lost**) ◇ *vt* **- 1.** [gen] perdre ; **to ~ sight of** lit & fig perdre de vue ; **to ~ one's way** se perdre, perdre son chemin ; fig être un peu perdu **- 2.** [subj : clock, watch] retarder de ; **to ~ time** retarder **- 3.** [pursuers] semer ◇ *vi* perdre.

◆ **lose out** *vi* être perdant(e) ; **to ~ out on a deal** être perdant dans une affaire.

loser ['luːzə'] *n* **- 1.** [gen] perdant *m*, -e *f* ; **a good/bad ~** un bon/mauvais joueur *m*, une bonne/mauvaise joueuse f - **2.** inf pej [unsuccessful person] raté m, -e f.

losing [ˈluːzɪŋ] adj perdant(e).

loss [lɒs] n - **1.** [gen] perte f - **2.** COMM : **to make a ~** perdre de l'argent - **3.** phr : **to be at a ~** être perplexe, être embarrassé(e) ; **I'm at a ~ to explain what happened** je n'arrive pas à expliquer comment cela a pu se produire ; **to cut one's ~es** faire la part du feu.

loss adjuster [-əˈdʒʌstəʳ] n responsable m de l'évaluation des sinistres.

loss leader n COMM article vendu à perte dans le but d'attirer la clientèle.

lost [lɒst] ◇ pt & pp ▷ **lose** ◇ adj - **1.** [gen] perdu(e) ; **to get ~** se perdre ; **get ~!** inf fous/foutez le camp! - **2.** [ineffective] : **to be ~ on sb** [advice, warning] être sans effet sur qqn, n'avoir aucun effet sur qqn - **3.** [opportunity] perdu(e), manqué(e).

lost-and-found office n Am bureau m des objets trouvés.

lost cause n cause f perdue.

lost property n (U) objets mpl trouvés.

lost property office n Br bureau m des objets trouvés.

lot [lɒt] n - **1.** [large amount] : **a ~ (of), ~s (of)** beaucoup (de) ; [entire amount] : **the ~** le tout - **2.** [at auction] lot m - **3.** inf [group of people] : **they're a strange ~** ce sont des gens bizarres - **4.** [destiny] sort m - **5.** Am [of land] terrain m ; [car park] parking m - **6.** phr : **to draw ~s** tirer au sort.

➥ **a lot** adv beaucoup.

loth [ləʊθ] = **loath**.

lotion [ˈləʊʃn] n lotion f.

lottery [ˈlɒtərɪ] (pl -ies) n lit & fig loterie f.

lotus position [ˈləʊtəs-] n position f du lotus.

loud [laʊd] ◇ adj - **1.** [not quiet, noisy - gen] fort(e) ; [- person] bruyant(e) - **2.** [colour, clothes] voyant(e) ◇ adv fort ; **~ and clear** clairement ; **out ~** tout haut.

loudhailer [ˌlaʊdˈheɪləʳ] n Br mégaphone m, porte-voix m.

loudly [ˈlaʊdlɪ] adv - **1.** [noisily] fort - **2.** [gaudily] de façon voyante.

loudmouth [ˈlaʊdmaʊθ, pl -maʊðz] n inf grande gueule f.

loudness [ˈlaʊdnɪs] n force f, intensité f ; [of TV, radio] bruit m.

loudspeaker [ˌlaʊdˈspiːkəʳ] n haut-parleur m.

Louisiana [luːˌiːzɪˈænə] n Louisiane f ; **in ~** en Louisiane.

lounge [laʊndʒ] (cont loungeing) ◇ n - **1.** [in house] salon m - **2.** [in airport] hall m, salle f - **3.** Br = **lounge bar** ◇ vi se prélasser.

➥ **lounge about, lounge around** vi flemmarder, traîner.

lounge bar n Br l'une des deux salles d'un bar, la plus confortable.

lounge suit n Br complet m, complet-veston m.

louse [laʊs] (pl sense 1 lice [laɪs] ; pl sense 2 -s) n - **1.** [insect] pou m - **2.** inf pej [person] salaud m.

➥ **louse up** vt sep Am v inf foutre en l'air.

lousy [ˈlaʊzɪ] (compar -ier ; superl -iest) adj inf minable, nul(le) ; [weather] pourri(e) ; **to feel ~** être mal fichu.

lout [laʊt] n rustre m.

louvre Br, **louver** Am [ˈluːvəʳ] n persienne f.

lovable [ˈlʌvəbl] adj adorable.

love [lʌv] ◇ n - **1.** [gen] amour m ; **a ~ of** OR **for football** une passion pour le football ; **to be in ~** être amoureux(euse) ; **to fall in ~** tomber amoureux(euse) ; **to make ~** faire l'amour ; **give her my ~** embrasse-la pour moi ; **~ from** [at end of letter] affectueusement, grosses bises ; **a ~-hate relationship** des rapports mpl d'attraction-répulsion - **2.** inf [form of address] mon chéri (ma chérie) - **3.** TENNIS zéro m ◇ vt aimer ; **to ~ to do sthg** OR **doing sthg** aimer OR adorer faire qqch.

love affair n liaison f.

lovebite [ˈlʌvbaɪt] n suçon m

loveless [ˈlʌvlɪs] adj sans amour.

love letter n lettre f d'amour.

love life n vie f amoureuse.

lovely [ˈlʌvlɪ] (compar -ier ; superl -iest) adj - **1.** [beautiful] très joli(e) - **2.** [pleasant] très agréable, excellent(e).

lovemaking [ˈlʌvˌmeɪkɪŋ] n (U) amour m, rapports mpl.

lover [ˈlʌvəʳ] n - **1.** [sexual partner] amant m, -e f - **2.** [enthusiast] passionné m, -e f, amoureux m, -euse f.

lovesick [ˈlʌvsɪk] adj qui languit d'amour.

love song n chanson f d'amour.

love story n histoire f d'amour.

loving [ˈlʌvɪŋ] adj [person, relationship] affectueux(euse) ; [care] tendre.

lovingly [ˈlʌvɪŋlɪ] adv avec amour.

low [ləʊ] ◇ adj - **1.** [not high - gen] bas (basse) [- wall, building] peu élevé(e) ; [- standard, quality] mauvais(e) ; [- intelligence] faible ; [- neckline] décolleté(e) ; **to have a ~ opinion of sb** avoir mauvaise opinion de qqn ; **to cook sthg over a ~ heat** faire cuire qqch à petit feu - **2.** [little remaining] presque épuisé(e) ; **to be ~ on sthg** manquer de qqch - **3.** [not loud - voice] bas (basse) ; [- whisper, moan] faible - **4.** [depressed] déprimé(e) - **5.** [not respectable] bas (basse) ◇ *adv* - **1.** [not high] bas ; **to fly ~** [plane] voler à basse altitude - **2.** [not loudly - speak] à voix basse ; [- whisper] faiblement ◇ *n* - **1.** [low point] niveau *m* OR point *m* bas - **2.** METEOR dépression *f*.

low-alcohol *adj* à faible teneur en alcool.

lowbrow ['ləʊbraʊ] *adj* peu intellectuel(elle).

low-calorie *adj* à basses calories.

Low Church *n* Basse Église *f*.

Low Countries *npl* : **the ~** les Pays-Bas *mpl*.

low-cut *adj* décolleté(e).

low-down *inf* ◇ *adj* méprisable ◇ *n* : **to give sb the ~ (on sthg)** mettre qqn au parfum (de qqch).

lower¹ ['ləʊəʳ] ◇ *adj* inférieur(e) ◇ *vt* - **1.** [gen] baisser ; [flag] abaisser - **2.** [reduce - price, level] baisser ; [- age of consent] abaisser ; [- resistance] diminuer.

lower² ['laʊəʳ] *vi* - **1.** [sky] se faire menaçant(e) - **2.** [person] : **to ~ at sb** regarder qqn d'un air menaçant.

Lower Chamber ['ləʊəʳ-] *n* POL Chambre *f* basse OR des communes.

lower class ['ləʊəʳ-] *n* : **the ~** OR **-es** les classes populaires *fpl*.

Lower House ['ləʊəʳ-] *n* = Lower Chamber.

lowest common denominator ['ləʊɪst-] *n* : **the ~** le plus petit dénominateur commun.

low-fat *adj* [yoghurt, crisps] allégé(e) ; [milk] demi-écrémé(e).

low-flying *adj* volant à basse altitude.

low frequency *n* basse fréquence *f*.

low gear *n* Am première (vitesse) *f*.

low-key *adj* discret(ète).

Lowlands ['ləʊləndz] *npl* : **the ~** [of Scotland] les Basses Terres *fpl* (d'Écosse).

low-level language *n* COMPUT langage *m* de bas niveau.

low-loader [-'ləʊdəʳ] *n* Br - **1.** AUT semi-remorque *m* à plate-forme surbaissée - **2.** RAIL wagon *m* à plate-forme surbaissée.

lowly ['ləʊlɪ] (*compar* **-ier** ; *superl* **-iest**) *adj* modeste, humble.

low-lying *adj* bas (basse).

Low Mass *n* messe *f* basse.

low-necked [-'nekt] *adj* décolleté(e).

low-paid *adj* mal payé(e).

low-rise *adj* bas (basse).

low season *n* basse saison *f*.

low-tech [-'tek] *adj* rudimentaire.

low tide *n* marée *f* basse.

loyal ['lɔɪəl] *adj* loyal(e).

loyalist ['lɔɪəlɪst] *n* loyaliste *mf*.

loyalty ['lɔɪəltɪ] (*pl* **-ies**) *n* loyauté *f*.

lozenge ['lɒzɪndʒ] *n* - **1.** [tablet] pastille *f* - **2.** [shape] losange *m*.

LP (*abbr of* **long-playing record**) *n* 33 tours *m*.

L-plate *n* Br plaque signalant que le conducteur du véhicule est en conduite accompagnée.

LPN (*abbr of* **licensed practical nurse**) *n* aide infirmière diplômée.

LRAM (*abbr of* **Licentiate of the Royal Academy of Music**) *n* membre de l'Académie de musique britannique.

LSAT (*abbr of* **Law School Admissions Test**) *n* aux États-Unis, test d'admission aux études de droit.

LSD¹ (*abbr of* **lysergic acid diethylamide**) *n* LSD *m*.

LSD², L.S.D., £.s.d., l.s.d. (*abbr of* **pounds, shillings and pence - librae, solidi, denarii**) *n* système monétaire en usage en Grande-Bretagne jusqu'en 1971.

LSE (*abbr of* **London School of Economics**) *n* grande école de sciences économiques et politiques à Londres.

LSO (*abbr of* **London Symphony Orchestra**) *n* orchestre symphonique de Londres.

Lt. (*abbr of* **lieutenant**) Lieut.

LT (*abbr of* **low tension**) *n* BT.

Ltd, ltd (*abbr of* **limited**) ≃ SARL ; **Smith and Sons, ~** ≃ Smith & Fils, SARL.

lubricant ['lu:brɪkənt] *n* lubrifiant *m*.

lubricate ['lu:brɪkeɪt] *vt* lubrifier.

lubrication [,lu:brɪ'keɪʃn] *n* lubrification *f*.

lucid ['lu:sɪd] *adj* lucide.

lucidly ['lu:sɪdlɪ] *adv* lucidement.

luck [lʌk] *n* chance *f* ; **good ~** chance ; **good ~!** bonne chance! ; **bad ~** malchance *f* ; **bad** OR **hard ~!** pas de chance! ; **to be in ~** avoir de la chance ; **to try one's ~ at sthg** tenter sa chance à qqch ; **with (any) ~** avec un peu de chance.

◆ **luck out** *vi* Am *inf* avoir un coup de pot.

luckily ['lʌkɪlɪ] *adv* heureusement.

luckless ['lʌklɪs] *adj* malchanceux(euse).

lucky ['lʌkɪ] (*compar* **-ier** ; *superl* **-iest**) *adj* - **1.** [fortunate - person] qui a de la chance ; [- event] heureux(euse) ; **to have a ~ escape** l'échapper belle - **2.** [bringing good luck] porte-bonheur (*inv*).

lucky dip *n* Br sac rempli de cadeaux, dans lequel on pioche sans regarder.

lucrative ['lu:krətɪv] *adj* lucratif(ive).

ludicrous ['lu:dɪkrəs] *adj* ridicule.

ludo ['lu:dəʊ] *n* Br jeu *m* des petits chevaux.

lug [lʌg] (*pt & pp* **-ged** ; *cont* **-ging**) *vt inf* traîner.

luggage ['lʌgɪdʒ] *n (U)* Br bagages *mpl*.

luggage rack *n* Br porte-bagages *m inv*.

luggage van *n* Br fourgon *m*.

lugubrious [lu:'gu:brɪəs] *adj* lugubre.

lukewarm ['lu:kwɔ:m] *adj* lit & fig tiède.

lull [lʌl] ⬦ *n* : ~ **(in)** [storm] accalmie *f* (de) ; [fighting, conversation] arrêt *m* (de) ; **the ~ before the storm** fig le calme avant la tempête ⬦ *vt* : **to ~ sb to sleep** endormir qqn en le berçant ; **to ~ sb into a false sense of security** endormir les soupçons de qqn.

lullaby ['lʌləbaɪ] (*pl* **-ies**) *n* berceuse *f*.

lumbago [lʌm'beɪgəʊ] *n (U)* lumbago *m*.

lumber ['lʌmbə'] ⬦ *n (U)* - **1.** Am [timber] bois *m* de charpente - **2.** Br [bric-a-brac] bric-à-brac *m inv* ⬦ *vi* se traîner d'un pas lourd.

➥ **lumber with** *vt sep* Br *inf* : **to ~ sb with sthg** coller qqch à qqn.

lumbering ['lʌmbərɪŋ] *adj* lourd(e), pesant(e).

lumberjack ['lʌmbədʒæk] *n* bûcheron *m*, -onne *f*.

lumbermill ['lʌmbə‚mɪl] *n* Am scierie *f*.

lumber-room *n* Br débarras *m*.

lumberyard ['lʌmbəjɑːd] *n* chantier *m* de bois.

luminous ['lu:mɪnəs] *adj* [dial] lumineux(euse) ; [paint, armband] phosphorescent(e).

lump [lʌmp] ⬦ *n* - **1.** [gen] morceau *m* ; [of earth, clay] motte *f* ; [in sauce] grumeau *m* - **2.** [on body] grosseur *f* ⬦ *vt* : **to ~ sthg together** réunir qqch ; **to ~ it** *inf* faire avec, s'en accommoder.

lumpectomy [‚lʌm'pektəmɪ] (*pl* **-ies**) *n* ablation *f* d'une tumeur au sein.

lump sum *n* somme *f* globale.

lumpy ['lʌmpɪ] (*compar* **-ier** ; *superl* **-iest**) *adj* [sauce] plein(e) de grumeaux ; [mattress] défoncé(e).

lunacy ['lu:nəsɪ] *n* folie *f*.

lunar ['lu:nə'] *adj* lunaire.

lunatic ['lu:nətɪk] ⬦ *adj pej* dément(e), démentiel(elle) ⬦ *n* - **1.** *pej* [fool] fou *m*, folle *f* - **2.** [insane person] fou *m*, folle *f*, aliéné *m*, -e *f*.

lunatic asylum *n* asile *m* d'aliénés.

lunatic fringe *n* éléments *mpl* extrémistes.

lunch [lʌntʃ] ⬦ *n* déjeuner *m* ⬦ *vi* déjeuner.

luncheon ['lʌntʃən] *n fml* déjeuner *m*.

luncheonette [‚lʌntʃə'net] *n* Am ≃ cafétéria *f*.

luncheon meat *n* sorte de saucisson.

luncheon voucher *n* Br ticket-restaurant *m*.

lunch hour *n* pause *f* de midi.

lunchtime ['lʌntʃtaɪm] *n* heure *f* du déjeuner.

lung [lʌŋ] *n* poumon *m*.

lung cancer *n* cancer *m* du poumon.

lunge [lʌndʒ] (*cont* **lungeing**) *vi* faire un brusque mouvement (du bras) en avant ; **to ~ at sb** s'élancer sur qqn.

lupin Br ['lu:pɪn], **lupine** Am ['lu:paɪn] *n* lupin *m*.

lurch [lɜ:tʃ] ⬦ *n* [of person] écart *m* brusque ; [of car] embardée *f* ; **to leave sb in the ~** laisser qqn dans le pétrin ⬦ *vi* [person] tituber ; [car] faire une embardée.

lure [ljʊə'] ⬦ *n* charme *m* trompeur ⬦ *vt* attirer *OR* persuader par la ruse.

lurid ['ljʊərɪd] *adj* - **1.** [outfit] aux couleurs criardes - **2.** [story, details] affreux(euse).

lurk [lɜ:k] *vi* - **1.** [person] se cacher, se dissimuler - **2.** [memory, danger, fear] subsister.

lurking ['lɜ:kɪŋ] *adj* [doubts, fear] vague.

Lusaka [lu:'sɑːkə] *n* Lusaka.

luscious ['lʌʃəs] *adj* - **1.** [delicious] succulent(e) - **2.** fig [woman] appétissant(e).

lush [lʌʃ] ⬦ *adj* - **1.** [luxuriant] luxuriant(e) - **2.** [rich] luxueux(euse) ⬦ *n* Am *inf* [drunkard] alcolo *mf*.

lust [lʌst] *n* - **1.** [sexual desire] désir *m* - **2.** fig : **~ for sthg** soif de qqch ; **~ for life** fureur de vivre.

➥ **lust after, lust for** *vt fus* - **1.** [wealth, power etc] être assoiffé(e) de - **2.** [person] désirer.

luster Am = lustre.

lustful ['lʌstfʊl] *adj* lubrique.

lustre Br, **luster** Am ['lʌstə'] *n* lustre *m*.

lusty ['lʌstɪ] (*compar* **-ier** ; *superl* **-iest**) *adj* vigoureux(euse).

lute [lu:t] *n* luth *m*.

luv [lʌv] *n* Br *inf* chéri *m*, -e *f*.

luvvie ['lʌvɪ] *n inf* théâtreux *m* prétentieux théâtreuse prétentieuse *f*.

Luxembourg ['lʌksəmbɜ:g] *n* - **1.** [country] Luxembourg *m* ; **in ~** au Luxembourg - **2.** [city] Luxembourg.

luxuriant [lʌg'ʒʊərɪənt] *adj* luxuriant(e).

luxuriate [lʌg'ʒʊərɪeɪt] *vi* : **to ~ in** s'abandonner aux plaisirs de.

luxurious [lʌg'ʒʊərɪəs] *adj* - **1.** [expensive] luxueux(euse) - **2.** [pleasurable] voluptueux(euse).

luxury ['lʌkʃərɪ] (*pl* -ies) ⬦ *n* luxe *m* ⬦ *comp* de luxe.

luxury goods *npl* produits *mpl* de luxe.

LV *abbr of* **luncheon voucher.**

LW (*abbr of* **long wave**) GO.

lychee [ˌlaɪ'tʃiː] *n* litchi *m*.

Lycra® ['laɪkrə] ⬦ *n* Lycra® *m* ⬦ *comp* en Lycra®.

lying ['laɪɪŋ] ⬦ *adj* [person] menteur(euse) ⬦ *n* (U) mensonges *mpl*.

lymph gland [lɪmf-] *n* ganglion *m* lymphatique.

lynch [lɪntʃ] *vt* lyncher.

lynx [lɪŋks] (*pl inv* OR **-es** [-iːz]) *n* lynx *m inv*.

Lyons ['laɪənz] *n* Lyon.

lyre ['laɪə'] *n* lyre *f*.

lyric ['lɪrɪk] *adj* lyrique.

lyrical ['lɪrɪkl] *adj* lyrique.

lyrics ['lɪrɪks] *npl* paroles *fpl*.

m¹ (*pl* **m's** OR **ms**), **M** (*pl* **M's** OR **Ms**) [em] *n* [letter] m *m inv*, M *m inv*.
◆ **M - 1.** Br *abbr of* **motorway - 2.** (*abbr of* **medium**) M.

m² - 1. (*abbr of* **metre**) m - **2.** (*abbr of* **million**) M - **3.** *abbr of* **mile.**

ma [mɑː] *n esp Am inf* maman *f*.

MA ⬦ *n abbr of* **Master of Arts** ⬦ *abbr of* **Massachusetts.**

ma'am [mæm] *n* madame *f*.

mac [mæk] (*abbr of* **mackintosh**) *n* Br *inf* [coat] imper *m*.

macabre [mə'kɑːbrə] *adj* macabre.

Macao [mə'kaʊ] *n* Macao *m*; **in ~** à Macao.

macaroni [ˌmækə'rəʊnɪ] *n* (U) macaronis *mpl*.

macaroni cheese *n* macaronis *mpl* au gratin.

macaroon [ˌmækə'ruːn] *n* macaron *m*.

mace [meɪs] *n* - **1.** [ornamental rod] masse *f* - **2.** [spice] macis *m*.

Macedonia [ˌmæsɪ'dəʊnjə] *n* Macédoine *f*; **in ~** en Macédoine.

Macedonian [ˌmæsɪ'dəʊnjən] ⬦ *adj* macédonien(enne) ⬦ *n* Macédonien *m*, -enne *f*.

machete [mə'ʃetɪ] *n* machette *f*.

Machiavellian [ˌmækɪə'velɪən] *adj* machiavélique.

machinations [ˌmækɪ'neɪʃnz] *npl* machinations *fpl*.

machine [mə'ʃiːn] ⬦ *n* lit & fig machine *f* ⬦ *vt* - **1.** SEWING coudre à la machine - **2.** TECH usiner.

machine code *n* COMPUT code *m* machine.

machinegun [mə'ʃiːngʌn] (*pt* & *pp* **-ned**; *cont* **-ning**) ⬦ *n* mitrailleuse *f* ⬦ *vt* mitrailler.

machine language *n* COMPUT langage *m* machine.

machine-readable *adj* COMPUT en langage machine.

machinery [mə'ʃiːnərɪ] *n* (U) machines *fpl*; fig mécanisme *m*.

machine shop *n* atelier *m* d'usinage.

machine tool *n* machine-outil *f*.

machine-washable *adj* lavable en machine.

machinist [mə'ʃiːnɪst] *n* - **1.** SEWING mécanicienne *f* - **2.** TECH machiniste *mf*, opérateur *m*, -trice *f*.

machismo [mə'tʃɪzməʊ] *n* machisme *m*.

macho ['mætʃəʊ] *adj* macho (*inv*).

mackerel ['mækrəl] (*pl inv* OR **-s**) *n* maquereau *m*.

mackintosh ['mækɪntɒʃ] *n* Br imperméable *m*.

macramé [mə'krɑːmɪ] *n* macramé *m*.

macro ['mækrəʊ] (*abbr of* **macroinstruction**) *n* COMPUT macro-instruction *f*.

macrobiotic [ˌmækrəʊbaɪ'ɒtɪk] *adj* macrobiotique.

macrocosm ['mækrəʊkɒzml] *n* macrocosme *m*.

macroeconomics ['mækrəʊ,iːkə'nɒmɪks] *n* (U) macroéconomie *f*.

mad [mæd] (*compar* **-der**; *superl* **-dest**) *adj* - **1.** [insane] fou (folle); **to go ~** devenir fou - **2.** [foolish] insensé(e) - **3.** [furious] furieux(euse) - **4.** [hectic - rush, pace] fou (folle); **like ~** *inf* comme un fou **- 5.** [very enthusiastic] : **to be ~ about sb/sthg** être fou (folle) de qqn/qqch.

Madagascan [ˌmædəˈgæskn] ⬦ *adj* malgache ⬦ *n* **- 1.** [person] Malgache *mf* **- 2.** [language] malgache *m*.

Madagascar [ˌmædəˈgæskəʳ] *n* Madagascar *m ;* **in ~** à Madagascar.

madam [ˈmædəm] *n* madame *f*.

madcap [ˈmædkæp] *adj* risqué(e), insensé(e).

mad cow disease *n* inf maladie *f* de la vache folle.

madden [ˈmædn] *vt* exaspérer.

maddening [ˈmædnɪŋ] *adj* exaspérant(e).

made [meɪd] *pt* & *pp* ⊳ **make**.

-made [meɪd] *suffix* fait(e) ; **factory ~** fait OR fabriqué en usine ; **French~** de fabrication française.

Madeira [məˈdɪərə] *n* **- 1.** [wine] madère *m* **- 2.** GEOGR Madère *f ;* **in ~** à Madère.

made-to-measure *adj* fait(e) sur mesure.

made-up *adj* **- 1.** [with make-up] maquillé(e) **- 2.** [prepared] préparé(e) **- 3.** [invented] fabriqué(e).

madhouse [ˈmædhaʊs] *n* fig maison *f* de fous.

madly [ˈmædlɪ] *adv* [frantically] comme un fou ; **~ in love** follement amoureux.

madman [ˈmædmən] (*pl* **-men** [-mən]) *n* fou *m*.

madness [ˈmædnɪs] *n* lit & fig folie *f*, démence *f*.

Madonna [məˈdɒnə] *n* Madone *f*.

Madrid [məˈdrɪd] *n* Madrid.

madrigal [ˈmædrɪgl] *n* madrigal *m*.

madwoman [ˈmædˌwʊmən] (*pl* **-women** [-ˌwɪmɪn]) *n* folle *f*.

maestro [ˈmaɪstrəʊ] (*pl* **-tros** OR **-tri** [-trɪ]) *n* maestro *m*.

Mafia [ˈmæfɪə] *n :* **the ~** la Mafia.

mag [mæg] (*abbr of* magazine) *n* inf revue *f*, magazine *m*.

magazine [ˌmægəˈziːn] *n* **- 1.** PRESS revue *f*, magazine *m ;* RADIO & TV magazine **- 2.** [of gun] magasin *m*.

magenta [məˈdʒentə] ⬦ *adj* magenta (*inv*) ⬦ *n* magenta *m*.

maggot [ˈmægət] *n* ver *m*, asticot *m*.

Maghreb [ˈmɑːgrəb] *n :* **the ~** le Maghreb.

magic [ˈmædʒɪk] ⬦ *adj* magique ⬦ *n* magie *f*.

magical [ˈmædʒɪkl] *adj* magique.

magic carpet *n* tapis *m* volant.

magic eye *n* Br cellule *f* photo-électrique, œil *m* électrique.

magician [məˈdʒɪʃn] *n* magicien *m*.

magic wand *n* baguette *f* magique.

magisterial [ˌmædʒɪˈstɪərɪəl] *adj* **- 1.** [behaviour, manner] magistral(e) **- 2.** JUR de magistrat.

magistrate [ˈmædʒɪstreɪt] *n* magistrat *m*, juge *m*.

magistrates' court *n* Br ≃ tribunal *m* d'instance.

Magna Carta [ˈmægnəˈkɑːtə] *n :* **the ~** La Grande Charte d'Angleterre.

magnanimous [mægˈnænɪməs] *adj* magnanime.

magnate [ˈmægneɪt] *n* magnat *m*.

magnesium [mægˈniːzɪəm] *n* magnésium *m*.

magnet [ˈmægnɪt] *n* aimant *m*.

magnetic [mægˈnetɪk] *adj* lit & fig magnétique.

magnetic disk *n* disque *m* magnétique.

magnetic field *n* champ *m* magnétique.

magnetic tape *n* bande *f* magnétique.

magnetism [ˈmægnɪtɪzm] *n* lit & fig magnétisme *m*.

magnification [ˌmægnɪfɪˈkeɪʃn] *n* grossissement *m*.

magnificence [mægˈnɪfɪsəns] *n* splendeur *f*.

magnificent [mægˈnɪfɪsənt] *adj* magnifique, superbe..

magnify [ˈmægnɪfaɪ] (*pt* & *pp* **-ied**) *vt* [in vision] grossir ; [sound] amplifier ; fig exagérer.

magnifying glass [ˈmægnɪfaɪɪŋ-] *n* loupe *f*.

magnitude [ˈmægnɪtjuːd] *n* envergure *f*, ampleur *f*.

magnolia [mægˈnəʊljə] *n* **- 1.** [tree] magnolia *m* **- 2.** [flower] fleur *f* de magnolia.

magnum [ˈmægnəm] (*pl* **-s**) *n* magnum *m*.

magpie [ˈmægpaɪ] *n* pie *f*.

maharaja(h) [ˌmɑːhəˈrɑːdʒə] *n* maharaja *m*, maharajah *m*.

mahogany [məˈhɒgənɪ] *n* acajou *m*.

maid [meɪd] *n* [servant] domestique *f*.

maiden [ˈmeɪdn] ⬦ *adj* [flight, voyage] premier(ère) ⬦ *n* literary jeune fille *f*.

maiden aunt *n* tante *f* célibataire.

maiden name *n* nom *m* de jeune fille.

maiden speech *n* POL premier discours *m*.

mail [meɪl] ⬦ *n* **- 1.** [letters, parcels] courrier *m* **- 2.** [system] poste *f* ⬦ *vt* esp Am poster.

mailbag [ˈmeɪlbæg] *n* sac *m* postal.

mailbox [ˈmeɪlbɒks] *n* Am boîte *f* à OR aux lettres.

mailing list [ˈmeɪlɪŋ-] *n* liste *f* d'adresses.

mailman ['meɪlmən] (*pl* **-men** [-mən]) *n* Am facteur *m*.

mail order *n* vente *f* par correspondance.

mailshot ['meɪlʃɒt] *n* publipostage *m*.

mail train *n* train *m* postal.

mail truck *n* Am fourgonnette *f* des postes.

mail van *n* Br - **1.** AUT fourgonnette *f* des postes - **2.** RAIL wagon-poste *m*.

maim [meɪm] *vt* estropier.

main [meɪn] ◇ *adj* principal(e) ◇ *n* [pipe] conduite *f*.
◆ **mains** *npl* : **the ~s** le secteur.
◆ **in the main** *adv* dans l'ensemble.

main course *n* plat *m* principal.

Maine [meɪn] *n* le Maine ; **in ~** dans le Maine.

mainframe (computer) ['meɪnfreɪm-] *n* ordinateur *m* central.

mainland ['meɪnlənd] ◇ *adj* continental(e) ◇ *n* : **the ~** le continent.

main line *n* RAIL grande ligne *f*.
◆ **mainline** ◇ *adj* RAIL de grande ligne ◇ *vt* drugs sl shooter ◇ *vi* drugs sl se shooter.

mainly ['meɪnlɪ] *adv* principalement.

main road *n* route *f* à grande circulation.

mainsail ['meɪnseɪl, 'meɪnsəl] *n* grand-voile *f*.

mainstay ['meɪnsteɪ] *n* pilier *m*, élément *m* principal.

mainstream ['meɪnstriːm] ◇ *adj* dominant(e) ◇ *n* : **the ~** la tendance générale.

maintain [meɪn'teɪn] *vt* - **1.** [preserve, keep constant] maintenir - **2.** [provide for, look after] entretenir - **3.** [assert] : **to ~ (that)** ... maintenir que ..., soutenir que ...

maintenance ['meɪntənəns] *n* - **1.** [of public order] maintien *m* - **2.** [care] entretien *m*, maintenance *f* - **3.** JUR pension *f* alimentaire.

maintenance order *n* Br JUR obligation *f* alimentaire.

maisonette [,meɪzə'net] *n* duplex *m*.

maize [meɪz] *n* maïs *m*.

Maj. (*abbr of* **Major**) ≃ Cdt.

majestic [mə'dʒestɪk] *adj* majestueux(euse).

majestically [mə'dʒestɪklɪ] *adv* majestueusement.

majesty ['mædʒəstɪ] (*pl* **-ies**) *n* [grandeur] majesté *f*.
◆ **Majesty** *n* : **His/Her Majesty** Sa Majesté le roi/la reine.

major ['meɪdʒər] ◇ *adj* - **1.** [important] majeur(e) - **2.** [main] principal(e) - **3.** MUS majeur(e) ◇ *n* - **1.** [in army] ≃ chef *m* de bataillon ; [in air force] commandant *m* - **2.** UNIV

[subject] matière *f* ◇ *vi* : **to ~ in** se spécialiser en.

Majorca [mə'dʒɔːkə, mə'jɔːkəl] *n* Majorque *f* ; **in ~** à Majorque.

Majorcan [mə'dʒɔːkn, mə'jɔːkn] ◇ *adj* majorquin(e) ◇ *n* Majorquin *m*, -e *f*.

majorette [,meɪdʒə'ret] *n* majorette *f*.

major general *n* général *m* de division.

majority [mə'dʒɒrətɪ] (*pl* **-ies**) *n* majorité *f* ; **a** OR **the ~** dans la majorité.

majority shareholder *n* actionnaire *mf* majoritaire.

make [meɪk] (*pt* & *pp* **made**) ◇ *vt* - **1.** [gen - produce] faire ; [- manufacture] faire, fabriquer ; **to ~ a meal** préparer un repas ; **to ~ a film** tourner OR réaliser un film - **2.** [perform an action] faire ; **to ~ a decision** prendre une décision ; **to ~ a mistake** faire une erreur, se tromper - **3.** [cause to be] rendre ; **to ~ sb happy/sad** rendre qqn heureux/triste ; **he made her a manager** il l'a nommée directrice ; **to ~ o.s. heard** se faire entendre - **4.** [force, cause to do] : **to ~ sb do sthg** faire faire qqch à qqn, obliger qqn à faire qqch ; **you made me jump** tu m'as fait sursauter ; **we were made to wait in the hall** on nous a fait attendre dans le vestibule ; **to ~ sb laugh** faire rire qqn - **5.** [be constructed] : **to be made of** être en ; **it's made of wood/metal/wool** c'est en bois/métal/laine ; **what's it made of?** c'est en quoi ? - **6.** [add up to] faire ; **2 and 2 ~ 4** 2 et 2 font 4 - **7.** [calculate] : **I ~ it 50** d'après moi il y en a 50, j'en ai compté 50 ; **what time do you ~ it?** quelle heure as-tu ? **I ~ it 6 o'clock** il est 6 heures (à ma montre) - **8.** [earn] gagner, se faire ; **she ~s £30,000 a year** elle se fait OR elle gagne 30 000 livres par an ; **to ~ a profit** faire des bénéfices ; **to ~ a loss** essuyer des pertes - **9.** [have the right qualities for] : **she'd ~ a good dancer** elle ferait une bonne danseuse ; **books ~ excellent presents** les livres constituent de très beaux cadeaux - **10.** [reach] arriver à - **11.** [cause to be a success] assurer OR faire le succès de ; **she really ~s the play/film** c'est elle qui fait le succès de la pièce/du film - **12.** [gain - friend, enemy] se faire ; **to ~ friends (with sb)** se lier d'amitié (avec qqn) - **13.** phr : **to ~ it** [reach in time] arriver à temps ; [be a success] réussir, arriver ; [be able to attend] se libérer, pouvoir venir ; **to have it made** avoir trouvé le filon ; **to ~ do with** se contenter de ◇ *n* - **1.** [brand] marque *f* ; **what ~ is your car?** de quelle marque est votre voiture ? - **2.** inf pej : **to be on the ~** [act dishonestly, selfishly] être intéressé(e).
◆ **make for** *vt fus* - **1.** [move towards] se diriger

vers - **2.** [contribute to, be conducive to] rendre probable, favoriser.

➤ **make of** vt sep - **1.** [understand] comprendre - **2.** [have opinion of] penser de.

➤ **make off** vi filer.

➤ **make off with** vt fus filer avec.

➤ **make out** ◇ vt sep - **1.** [see, hear] discerner ; [understand] comprendre - **2.** [fill out - cheque] libeller ; [- bill, receipt] faire ; [- form] remplir ◇ vt fus [pretend, claim] : **to ~ out (that)** ... prétendre que ...

➤ **make up** ◇ vt sep - **1.** [compose, constitute] composer, constituer - **2.** [story, excuse] inventer - **3.** [apply cosmetics to] maquiller ; **to ~ o.s. up** se maquiller - **4.** [prepare - gen] faire ; [- prescription] préparer, exécuter - **5.** [make complete] compléter - **6.** [resolve - quarrel] : **to ~ it up (with sb)** se réconcilier (avec qqn) ◇ vi [become friends again] se réconcilier.

➤ **make up for** vt fus compenser ; **to ~ up for lost time** rattraper le temps perdu.

➤ **make up to** vt sep : **to ~ it up to sb (for sthg)** se racheter auprès de qqn (pour qqch).

make-believe n : **it's all ~** c'est (de la) pure fantaisie.

makeover ['meɪkəʊvə^r] n transformation f.

maker ['meɪkə^r] n [of product] fabricant m, -e f ; [of film] réalisateur m, -trice f.

makeshift ['meɪkʃɪft] adj de fortune.

make-up n - **1.** [cosmetics] maquillage m ; **~ bag** trousse f de maquillage ; **~ remover** démaquillant m - **2.** [person's character] caractère m - **3.** [of team, group, object] constitution f.

makeweight ['meɪkweɪt] n complément m de poids.

making ['meɪkɪŋ] n fabrication f ; **to be the ~ of sb/sthg** être l'origine de la réussite de qqn/qqch ; **his problems are of his own ~** ses problèmes sont de sa faute ; **in the ~** en formation ; **history in the ~** l'histoire en train de se faire ; **to have the ~s of** avoir l'étoffe de.

maladjusted [ˌmælə'dʒʌstɪd] adj inadapté(e).

malaise [mə'leɪz] n fml malaise m.

malaria [mə'leərɪə] n malaria f.

Malawi [mə'lɑːwɪ] n Malawi m ; **in ~** au Malawi.

Malawian [mə'lɑːwɪən] ◇ adj malawite ◇ n Malawite mf.

Malay [mə'leɪ] ◇ adj malais(e) ◇ n - **1.** [person] Malais m, -e f - **2.** [language] malais m.

Malaya [mə'leɪə] n Malaisie f, Malaysia f occidentale ; **in ~** en Malaisie.

Malayan [mə'leɪən] ◇ adj malais(e) ◇ n Malais m, -e f.

Malaysia [mə'leɪzɪə] n Malaysia f ; **in ~** en Malaysia.

Malaysian [mə'leɪzɪən] ◇ adj malaysien(enne) ◇ n Malaysien m, -enne f.

malcontent ['mælkən,tent] n fml mécontent m, -e f.

Maldives ['mɔːldaɪvz] npl : **the ~** les (îles fpl) Maldives ; **in the ~** aux Maldives.

male [meɪl] ◇ adj [gen] mâle ; [sex] masculin(e) ◇ n mâle m.

male chauvinist (pig) n pej phallocrate m.

male nurse n infirmier m.

malevolent [mə'levələnt] adj malveillant(e).

malformed [mæl'fɔːmd] adj difforme.

malfunction [mæl'fʌŋkʃn] ◇ n mauvais fonctionnement m ◇ vi mal fonctionner.

Mali ['mɑːlɪ] n Mali m ; **in ~** au Mali.

malice ['mælɪs] n méchanceté f.

malicious [mə'lɪʃəs] adj malveillant(e).

malign [mə'laɪn] ◇ adj pernicieux(euse) ◇ vt calomnier.

malignant [mə'lɪgnənt] adj MED malin(igne).

malinger [mə'lɪŋgə^r] vi pej simuler une maladie.

malingerer [mə'lɪŋgərə^r] n pej simulateur m, -trice f.

mall [mɔːl] n esp Am : **(shopping) ~** centre m commercial.

malleable ['mælɪəbl] adj lit & fig malléable.

mallet ['mælɪt] n maillet m.

malnourished [ˌmæl'nʌrɪʃt] adj sous-alimenté(e).

malnutrition [ˌmælnjuː'trɪʃn] n malnutrition f.

malpractice [ˌmæl'præktɪs] n (U) JUR faute f professionnelle.

malt [mɔːlt] n malt m.

Malta ['mɔːltə] n Malte f ; **in ~** à Malte.

Maltese [ˌmɔːl'tiːz] (pl inv) ◇ adj maltais(e) ◇ n - **1.** [person] Maltais m, -e f - **2.** [language] maltais m.

maltreat [ˌmæl'triːt] vt maltraiter.

maltreatment [ˌmæl'triːtmənt] n mauvais traitement m.

malt whisky n whisky m pur, malt m inv.

mammal ['mæml] n mammifère m.

mammogram ['mæməgræm] n mammographie f.

Mammon ['mæmən] n le Veau d'or.

mammoth ['mæməθ] <> *adj* gigantesque <> *n* mammouth *m*.

man [mæn] (*pl* **men** [men], *pt* & *pp* **-ned** ; *cont* **-ning**) <> *n* - **1.** homme *m* ; **the ~ in the street** l'homme de la rue ; **to talk ~ to ~** parler d'homme à homme ; **to be ~ enough to do sthg** avoir le courage de faire qqch - **2.** [as form of address] mon vieux <> *vt* [ship, spaceship] fournir du personnel pour ; [telephone] répondre au ; [switchboard] assurer le service de.

manacles ['mænəklz] *npl* [round wrists] menottes *fpl* ; [round legs] chaînes *fpl*.

manage ['mænɪdʒ] <> *vi* - **1.** [cope] se débrouiller, y arriver - **2.** [survive, get by] s'en sortir <> *vt* - **1.** [succeed] : **to ~ to do sthg** arriver à faire qqch - **2.** [be responsible for, control] gérer.

manageable ['mænɪdʒəbl] *adj* maniable.

management ['mænɪdʒmənt] *n* - **1.** [control, running] gestion *f* - **2.** [people in control] direction *f*.

management consultant *n* conseiller *m*, -ère *f* en gestion.

manager ['mænɪdʒə'] *n* [of organization] directeur *m*, -trice *f* ; [of shop, restaurant, hotel] gérant *m*, -e *f* ; [of football team, pop star] manager *m*.

manageress [,mænɪdʒə'res] *n* Br [of organization] directrice *f* ; [of shop, restaurant, hotel] gérante *f*.

managerial [,mænɪ'dʒɪərɪəl] *adj* directorial(e).

managing director ['mænɪdʒɪŋ-] *n* directeur général *m*, directrice générale *f*.

Managua [mə'nægwə] *n* Managua.

Mancunian [mæŋ'kjuːnjən] <> *adj* de Manchester <> *n* [person] habitant *m*, -e *f* de Manchester.

mandarin ['mændərɪn] *n* - **1.** [fruit] mandarine *f* - **2.** [civil servant] mandarin *m*.

mandate ['mændeɪt] *n* mandat *m*.

mandatory ['mændətrɪ] *adj* obligatoire.

mandolin [mændə'lɪn] *n* mandoline *f*.

mane [meɪn] *n* crinière *f*.

man-eating [-,iːtɪŋ] *adj* mangeur d'hommes.

maneuver Am = **manoeuvre.**

manfully ['mænfʊlɪ] *adv* courageusement, vaillamment.

manganese ['mæŋgəniːz] *n* manganèse *m*.

mange [meɪndʒ] *n* gale *f*.

manger ['meɪndʒə'] *n* mangeoire *f*.

mangetout (pea) [,mãʒ'tuː-] *n* Br mangetout *m inv*.

mangle ['mæŋgl] *vt* mutiler, déchirer.

mango ['mæŋgəʊ] (*pl* **-es** OR **-s**) *n* mangue *f*.

mangrove ['mæŋgrəʊv] *n* palétuvier *m*.

mangy ['meɪndʒɪ] (*compar* **-ier** ; *superl* **-iest**) *adj* galeux(euse).

manhandle ['mæn,hændl] *vt* malmener.

manhole ['mænhəʊl] *n* regard *m*, trou *m* d'homme.

manhood ['mænhʊd] *n* : **to reach ~** devenir un homme.

manhour ['mæn,aʊə'] *n* heure-homme *f*.

manhunt ['mænhʌnt] *n* chasse *f* à l'homme.

mania ['meɪnjə] *n* : **~ (for)** manie *f* (de).

maniac ['meɪnɪæk] *n* fou *m*, folle *f* ; **a sex ~** un obsédé sexuel (une obsédée sexuelle).

manic ['mænɪk] *adj* fig [person] surexcité(e) ; [behaviour] de fou.

manic-depressive <> *adj* maniaco-dépressif (maniaco-dépressive) <> *n* maniaco-dépressif *m*, maniaco-dépressive *f*.

manicure ['mænɪ,kjʊə'] <> *n* manucure *f* <> *vt* [person] faire une manucure à ; **to ~ one's nails** se faire les ongles.

manifest ['mænɪfest] *fml* <> *adj* manifeste, évident(e) <> *vt* manifester.

manifestation [,mænɪfes'teɪʃn] *n fml* manifestation *f*.

manifestly ['mænɪfestlɪ] *adv fml* manifestement.

manifesto [,mænɪ'festəʊ] (*pl* **-s** OR **-es**) *n* manifeste *m*.

manifold ['mænɪfəʊld] <> *adj* literary nombreux(euse), multiple <> *n* AUT tubulure *f*, collecteur *m*.

Manila [mə'nɪlə] *n* Manille.

manil(l)a [mə'nɪlə] *adj* en papier kraft.

manipulate [mə'nɪpjʊleɪt] *vt* lit & fig manipuler.

manipulation [mə,nɪpjʊ'leɪʃn] *n* lit & fig manipulation *f*.

manipulative [mə'nɪpjʊlətɪv] *adj* [person] rusé(e) ; [behaviour] habile, subtil(e).

Manitoba [,mænɪ'təʊbə] *n* Manitoba *m* ; **in ~** dans le Manitoba.

mankind [mæn'kaɪnd] *n* humanité *f*, genre *m* humain.

manly ['mænlɪ] (*compar* **-ier** ; *superl* **-iest**) *adj* viril(e).

man-made *adj* [fabric, fibre] synthétique ; [environment] artificiel(elle) ; [problem] causé(e) par l'homme.

manna ['mænə] *n* manne *f*.

manned [mænd] *adj* [vehicle] doté(e) d'un équipage ; [flight] habité(e).

mannequin ['mænɪkɪn] *n* mannequin *m*.

manner ['mænəʳ] *n* - **1.** [method] manière *f*, façon *f* ; **in a ~ of speaking** pour ainsi dire - **2.** [attitude] attitude *f*, comportement *m* - **3.** [type, sort] : **all ~ of** toutes sortes de.
➤ **manners** *npl* manières *fpl*.

mannered ['mænəd] *adj fml* maniéré(e), affecté(e).

mannerism ['mænərɪzm] *n* tic *m*, manie *f*.

mannish ['mænɪʃ] *adj* masculin(e).

manoeuvrable Br, **maneuverable** Am [mə'nu:vrəbl] *adj* facile à manœuvrer, maniable.

manoeuvre Br, **maneuver** Am [mə'nu:vəʳ] ◇ *n* manœuvre *f* ◇ *vt* & *vi* manœuvrer.
➤ **manoeuvres** *npl* MIL manœuvres *fpl*.

manor ['mænəʳ] *n* manoir *m*.

manpower ['mæn,paʊəʳ] *n* main-d'œuvre *f*.

manservant ['mænsɜ:vənt] (*pl* **menservants** [men-]) *n dated* valet *m* de chambre.

mansion ['mænʃn] *n* château *m*.

man-size(d) *adj* grand(e), de grande personne.

manslaughter ['mæn,slɔ:təʳ] *n* homicide *m* involontaire.

mantelpiece ['mæntlpi:s] *n* (dessus *m* de) cheminée *f*.

mantle ['mæntl] *n* - **1.** *literary* [of snow] manteau *m* - **2.** [of leadership, high office] responsabilité *f*.

man-to-man *adj* d'homme à homme.

manual ['mænjʊəl] ◇ *adj* manuel(elle) ◇ *n* manuel *m*.

manually ['mænjʊəlɪ] *adv* à la main, manuellement.

manual worker *n* travailleur manuel *m*, travailleuse manuelle *f*.

manufacture [,mænjʊ'fæktʃəʳ] ◇ *n* fabrication *f* ; [of cars] construction *f* ◇ *vt* fabriquer ; [cars] construire.

manufacturer [,mænjʊ'fæktʃərəʳ] *n* fabricant *m* ; [of cars] constructeur *m*.

manufacturing [,mænjʊ'fæktʃərɪŋ] *n* fabrication *f*.

manufacturing industries *npl* industries *fpl* de fabrication.

manure [mə'njʊəʳ] *n* fumier *m*.

manuscript ['mænjʊskrɪpt] *n* manuscrit *m*.

Manx [mæŋks] ◇ *adj* de l'île de Man, manxois(e) ◇ *n* [language] manx *m*.

many ['menɪ] (*compar* **more** ; *superl* **most**) ◇ *adj* beaucoup de ; **how ~ ...?** combien de ...? ; **too ~** trop de ; **as ~ ... as** autant de ... que ; **so ~** autant de ; **a good ~** OR **great ~** un grand nombre de ◇ *pron* [a lot, plenty] beaucoup.

Maori ['maʊrɪ] ◇ *adj* maori(e) ◇ *n* Maori *m*, -e *f*.

map [mæp] (*pt* & *pp* **-ped** ; *cont* **-ping**) *n* carte *f*.
➤ **map out** *vt sep* [plan] élaborer ; [timetable] établir ; [task] définir.

maple ['meɪpl] *n* érable *m*.

maple leaf *n* feuille *f* d'érable.

maple syrup *n* sirop *m* d'érable.

Maputo [mə'pu:təʊ] *n* Maputo *m*.

mar [ma:ʳ] (*pt* & *pp* **-red** ; *cont* **-ring**) *vt* gâter, gâcher.

Mar. *abbr of* March.

marathon ['mærəθn] ◇ *adj* marathon (*inv*) ◇ *n* marathon *m*.

marathon runner *n* marathonien *m*, -enne *f*.

marauder [mə'rɔ:dəʳ] *n* maraudeur *m*, -euse *f*.

marauding [mə'rɔ:dɪŋ] *adj* maraudeur (euse).

marble ['ma:bl] *n* - **1.** [stone] marbre *m* - **2.** [for game] bille *f*.
➤ **marbles** *n* (U) [game] billes *fpl*.

march [ma:tʃ] ◇ *n* marche *f* ◇ *vi* - **1.** [soldiers etc] marcher au pas - **2.** [demonstrators] manifester, faire une marche de protestation - **3.** [quickly] : **to ~ up to sb** s'approcher de qqn d'un pas décidé ◇ *vt* : **to ~ sb out the door** faire sortir qqn.

March [ma:tʃ] *n* mars *m* ; *see also* **September**.

marcher ['ma:tʃəʳ] *n* [protester] marcheur *m*, -euse *f*.

marching orders ['ma:tʃɪŋ-] *npl* : **to get one's ~** se faire mettre à la porte.

marchioness ['ma:ʃənes] *n* marquise *f*.

march-past *n* défilé *m*.

Mardi Gras [,ma:dɪ'gra:] *n* mardi *m* gras, carnaval *m*.

mare [meəʳ] *n* jument *f*.

marg. [ma:dʒ] *n inf abbr of* **margarine**.

margarine [,ma:dʒə'ri:n, ,ma:gə'ri:n] *n* margarine *f*.

marge [ma:dʒ] *n inf* margarine *f*.

margin ['ma:dʒɪn] *n* - **1.** [gen] marge *f* ; **to win by a narrow ~** gagner de peu OR de justesse - **2.** [edge - of an area] bord *m*.

marginal ['ma:dʒɪnl] *adj* - **1.** [unimportant] marginal(e), secondaire - **2.** Br POL : **~ seat** cir *conscription électorale où la majorité passe facilement d'un parti à un autre.*

marginally ['mɑːdʒɪnəlɪ] *adv* très peu.

marigold ['mærɪɡəʊld] *n* souci *m*.

marihuana, marijuana [,mærɪ'wɑːnə] *n* marihuana *f*.

marina [mə'riːnə] *n* marina *f*.

marinade [,mærɪ'neɪd] ⇔ *n* marinade *f* ⇔ *vt* & *vi* mariner.

marinate ['mærɪneɪt] *vt* & *vi* mariner.

marine [mə'riːn] ⇔ *adj* marin(e) ⇔ *n* marine *m*.

marionette [,mærɪə'net] *n* marionnette *f*.

marital ['mærɪtl] *adj* [sex, happiness] conjugal(e) ; [problems] matrimonial(e).

marital status *n* situation *f* de famille.

maritime ['mærɪtaɪm] *adj* maritime.

Maritime Provinces, Maritimes *npl* : the ~ les Provinces *fpl* Maritimes.

marjoram ['mɑːdʒərəm] *n* marjolaine *f*.

mark [mɑːk] ⇔ *n* - **1.** [stain] tache *f*, marque *f* - **2.** [sign, written symbol] marque *f* - **3.** [in exam] note *f*, point *m* - **4.** [stage, level] barre *f* - **5.** [currency] mark *m* - **6.** phr : **to make one's ~** se faire un nom, réussir ; **to be quick off the ~ in doing sthg** faire qqch sans perdre de temps ; **wide of the ~** à côté de la question ⇔ *vt* - **1.** [gen] marquer - **2.** [stain] marquer, tacher - **3.** [exam, essay] noter, corriger.

➡ **mark down** *vt sep* - **1.** [COMM - prices] baisser ; [- goods] baisser le prix de, démarquer - **2.** [downgrade] baisser la note de.

➡ **mark off** *vt sep* [cross off] cocher.

➡ **mark up** *vt sep* [COMM - prices] augmenter ; [- goods] augmenter le prix de.

marked [mɑːkt] *adj* [change, difference] marqué(e) ; [improvement, deterioration] sensible.

markedly ['mɑːkɪdlɪ] *adv* [different] d'une façon marquée ; [worse, better] sensiblement, manifestement.

marker ['mɑːkəʳ] *n* [sign] repère *m*.

marker pen *n* marqueur *m*.

market ['mɑːkɪt] ⇔ *n* marché *m* ; **to be on the ~** être sur le marché OR en vente ⇔ *vt* commercialiser ⇔ *vi* Am [shop] : **to go ~ing** aller faire ses courses.

marketable ['mɑːkɪtəbl] *adj* commercialisable.

market analysis *n* analyse *f* de marché.

market day *n* jour *m* de marché.

market forces *npl* forces *fpl* OR tendances *fpl* du marché.

market garden *n* esp Br jardin *m* maraîcher.

marketing ['mɑːkɪtɪŋ] *n* marketing *m*.

marketplace ['mɑːkɪtpleɪs] *n* - **1.** [in a town] place *f* du marché - **2.** COMM marché *m*.

market price *n* prix *m* du marché.

market research *n* étude *f* de marché.

market town *n* marché *m*.

market value *n* valeur *f* marchande.

marking ['mɑːkɪŋ] *n* SCH correction *f*.

➡ **markings** *npl* [on animal, flower] taches *fpl*, marques *fpl* ; [on road] signalisation *f* horizontale.

marksman ['mɑːksmən] (*pl* -men [-mən]) *n* tireur *m* d'élite.

marksmanship ['mɑːksmənʃɪp] *n* adresse *f* au tir.

markup ['mɑːkʌp] *n* majoration *f*.

marmalade ['mɑːməleɪd] *n* confiture *f* d'oranges amères.

maroon [mə'ruːn] *adj* bordeaux *(inv)*.

marooned [mə'ruːnd] *adj* abandonné(e).

marquee [mɑː'kiː] *n* grande tente *f*.

marquess ['mɑːkwɪs] = **marquis**.

marquetry ['mɑːkɪtrɪ] *n* marqueterie *f*.

marquis ['mɑːkwɪs] *n* marquis *m*.

marriage ['mærɪdʒ] *n* mariage *m*.

marriage bureau *n* Br agence *f* matrimoniale.

marriage certificate *n* acte *m* de mariage.

marriage guidance *n* conseil *m* conjugal.

marriage guidance counsellor *n* conseiller conjugal *m*, conseillère conjugale *f*.

married ['mærɪd] *adj* - **1.** [person] marié(e) ; **to get ~** se marier - **2.** [life] conjugal(e).

marrow ['mærəʊ] *n* - **1.** Br [vegetable] courge *f* - **2.** [in bones] moelle *f*.

marry ['mærɪ] (*pt* & *pp* -ied) ⇔ *vt* - **1.** [become spouse of] épouser, se marier avec - **2.** [subj : priest, registrar] marier ⇔ *vi* se marier.

Mars [mɑːz] *n* [planet] Mars *f*.

Marseilles [mɑː'seɪlz] *n* Marseille.

marsh [mɑːʃ] *n* marais *m*, marécage *m*.

marshal ['mɑːʃl] (Br *pt* & *pp* -led ; *cont* -ling, Am *pt* & *pp* -ed ; *cont* -ing) ⇔ *n* - **1.** MIL maréchal *m* - **2.** [steward] membre *m* du service d'ordre - **3.** Am [law officer] officier *m* de police fédérale ⇔ *vt* lit & fig rassembler.

marshalling yard ['mɑːʃlɪŋ-] *n* gare *f* de triage.

marshland ['mɑːʃlænd] *n* terrain *m* marécageux.

marshmallow [Br ,mɑːʃ'mæləʊ, Am 'mɑːrʃ,meləʊ] *n* guimauve *f*.

marshy ['mɑːʃɪ] (*compar* -ier ; *superl* -iest) *adj* marécageux(euse).

marsupial [mɑː'suːpjəl] *n* marsupial *m*.

martial ['mɑːʃl] *adj* martial(e).

martial arts *npl* arts *mpl* martiaux.

martial law *n* loi *f* martiale.

Martian ['mɑːʃn] <> *adj* martien(enne) <> *n* Martien *m*, -enne *f*.

martin ['mɑːtɪn] *n* martinet *m*.

martini [mɑː'tiːnɪ] *n* [cocktail] martini *m*.

Martinique [ˌmɑːtɪ'niːk] *n* la Martinique *f* ; **in ~** à la Martinique.

martyr ['mɑːtəʳ] *n* martyr *m*, -e *f*.

martyrdom ['mɑːtədəm] *n* martyre *m*.

martyred ['mɑːtəd] *adj* de martyr.

marvel ['mɑːvl] (Br *pt* & *pp* -led ; *cont* -ling, Am *pt* & *pp* -ed ; *cont* -ing) <> *n* merveille *f* ; it's a ~ that ... c'est un miracle que ... (+ *subjunctive*) <> *vt* : **to ~ that** s'étonner de ce que <> *vi* : **to ~ (at)** s'émerveiller (de), s'étonner (de).

marvellous Br, **marvelous** Am ['mɑːvələs] *adj* merveilleux(euse).

Marxism ['mɑːksɪzm] *n* marxisme *m*.

Marxist ['mɑːksɪst] <> *adj* marxiste <> *n* marxiste *mf*.

Maryland ['meərɪlænd] *n* Maryland *m* ; **in ~** dans le Maryland.

marzipan ['mɑːzɪpæn] *n* (U) pâte *f* d'amandes.

mascara [mæs'kɑːrə] *n* mascara *m*.

mascot ['mæskət] *n* mascotte *f*.

masculine ['mæskjʊlɪn] *adj* masculin(e).

masculinity [ˌmæskjʊ'lɪnətɪ] *n* masculinité *f*.

mash [mæʃ] *vt* faire une purée de.

MASH [mæʃ] (*abbr of* **mobile army surgical hospital**) *n* hôpital *militaire de campagne*.

mashed potatoes [mæʃt-] *npl* purée *f* de pommes de terre.

mask [mɑːsk] lit & fig <> *n* masque *m* <> *vt* masquer.

masked [mɑːskt] *adj* masqué(e).

masking tape ['mɑːskɪŋ-] *n* papier *m* cache.

masochism ['mæsəkɪzm] *n* masochisme *m*.

masochist ['mæsəkɪst] *n* masochiste *mf*.

masochistic [ˌmæsə'kɪstɪk] *adj* masochiste.

mason ['meɪsn] *n* - **1.** [stonemason] maçon *m* - **2.** [freemason] franc-maçon *m*.

masonic [mə'sɒnɪk] *adj* maçonnique.

masonry ['meɪsnrɪ] *n* [stones] maçonnerie *f*.

masquerade [ˌmæskə'reɪd] *vi* : **to ~ as** se faire passer pour ; **to ~ under an assumed name** se cacher sous un faux nom.

mass [mæs] <> *n* [gen & PHYSICS] masse *f* <> *adj* [protest, meeting] en masse, en nombre ; [unemployment, support] massif(ive) <> *vt* masser <> *vi* se masser.

➤ **Mass** *n* RELIG messe *f*.

➤ **masses** *npl* - **1.** inf [lots] : **~es (of)** des masses (de) ; [food] des tonnes (de) - **2.** [workers] : **the ~es** les masses *fpl*.

Massachusetts [ˌmæsə'tʃuːsɪts] *n* Massachusetts *m* ; **in ~** dans le Massachusetts.

massacre ['mæsəkəʳ] <> *n* massacre *m* <> *vt* massacrer.

massage [Br 'mæsɑːʒ, Am mə'sɑːʒ] <> *n* massage *m* <> *vt* masser.

massage parlour *n* institut *m* de massage.

masseur [mæ'sɜːʳ] *n* masseur *m*.

masseuse [mæ'sɜːz] *n* masseuse *f*.

massive ['mæsɪv] *adj* massif(ive), énorme.

massively ['mæsɪvlɪ] *adv* massivement.

mass-market *adj* grand public (*inv*).

mass media *n* & *npl* : **the ~** les (mass) media *mpl*.

mass-produce *vt* fabriquer en série.

mass production *n* fabrication *f* OR production *f* en série.

mast [mɑːst] *n* - **1.** [on boat] mât *m* - **2.** RADIO & TV pylône *m*.

mastectomy [mæs'tektəmɪ] (*pl* -ies) *n* mastectomie *f*.

master ['mɑːstəʳ] <> *n* - **1.** [gen] maître *m* - **2.** Br [SCH - in primary school] instituteur *m*, maître *m* ; [- in secondary school] professeur *m* <> *adj* maître <> *vt* maîtriser ; [difficulty] surmonter, vaincre ; [situation] se rendre maître de.

master bedroom *n* chambre *f* principale.

master disk *n* COMPUT disque *m* d'exploitation.

masterful ['mɑːstəfʊl] *adj* autoritaire.

master key *n* passe *m*, passe-partout *m*.

masterly ['mɑːstəlɪ] *adj* magistral(e).

mastermind ['mɑːstəmaɪnd] <> *n* cerveau *m* <> *vt* organiser, diriger.

Master of Arts (*pl* **Masters of Arts**) *n* - **1.** [degree] maîtrise *f* ès lettres - **2.** [person] titulaire *mf* d'une maîtrise ès lettres.

master of ceremonies (*pl* **masters of ceremonies**) *n* maître *m* de cérémonie.

Master of Science (*pl* **Masters of Science**)

n - **1.** [degree] maîtrise *f* ès sciences - **2.** [person] titulaire *mf* d'une maîtrise ès sciences.

masterpiece ['mɑːstəpiːs] *n* chef-d'œuvre *m*.

master plan *n* stratégie *f* globale.

master's degree *n* ≃ maîtrise *f*.

masterstroke ['mɑːstəstrəʊk] *n* coup *m* magistral OR de maître.

master switch *n* interrupteur *m* général OR principal.

masterwork ['mɑːstəwɜːk] *n* chef-d'œuvre *m*.

mastery ['mɑːstərɪ] *n* maîtrise *f*.

mastic ['mæstɪk] *n* mastic *m*.

masticate ['mæstɪkeɪt] *vt* & *vi fml* mastiquer, mâcher.

mastiff ['mæstɪf] *n* mastiff *m*.

masturbate ['mæstəbeɪt] *vi* se masturber.

masturbation [ˌmæstə'beɪʃn] *n* masturbation *f*.

mat [mæt] *n* - **1.** [on floor] petit tapis *m* ; [at door] paillasson *m* - **2.** [on table] set *m* de table ; [coaster] dessous *m* de verre.

match [mætʃ] ◇ *n* - **1.** [game] match *m* - **2.** [for lighting] allumette *f* - **3.** [equal] : **to be no ~ for sb** ne pas être de taille à lutter contre qqn ◇ *vt* - **1.** [be the same as] correspondre à, s'accorder avec - **2.** [pair off] faire correspondre - **3.** [be equal with] égaler, rivaliser avec ◇ *vi* - **1.** [be the same] correspondre - **2.** [go together well] être assorti(e).

matchbox ['mætʃbɒks] *n* boîte *f* à allumettes.

matched [mætʃt] *adj* : **to be well ~** [well suited] être bien assortis(es) ; [equal in strength] être de force égale.

matching ['mætʃɪŋ] *adj* assorti(e).

matchless ['mætʃlɪs] *adj* sans pareil, incomparable.

matchmaker ['mætʃˌmeɪkəʳ] *n* marieur *m*, -euse *f*.

match play *n* GOLF match-play *m*.

match point *n* TENNIS balle *f* de match.

matchstick ['mætʃstɪk] *n* allumette *f*.

mate [meɪt] ◇ *n* - **1.** *inf* [friend] copain *m*, copine *f*, pote *m* - **2.** *Br inf* [term of address] mon vieux - **3.** [of female animal] mâle *m* ; [of male animal] femelle *f* - **4.** NAUT : **(first) ~** second *m* ◇ *vi* s'accoupler.

material [mə'tɪərɪəl] ◇ *adj* - **1.** [goods, benefits, world] matériel(elle) - **2.** [important] important(e), essentiel(elle) ◇ *n* - **1.** [substance] matière *f*, substance *f* ; [type of substance] matériau *m*, matière - **2.** [fabric] tissu *m*, étoffe

f ; [type of fabric] tissu - **3.** *(U)* [information - for book, article etc] matériaux *mpl*.

➧ **materials** *npl* matériaux *mpl*.

materialism [mə'tɪərɪəlɪzm] *n* matérialisme *m*.

materialist [mə'tɪərɪəlɪst] *n* matérialiste *mf*.

materialistic [məˌtɪərɪə'lɪstɪk] *adj* matérialiste.

materialize, -ise [mə'tɪərɪəlaɪz] *vi* - **1.** [offer, threat] se concrétiser, se réaliser - **2.** [person, object] apparaître.

materially [mə'tɪərɪəlɪ] *adv* - **1.** [benefit, suffer] matériellement - **2.** [different] essentiellement.

maternal [mə'tɜːnl] *adj* maternel(elle).

maternity [mə'tɜːnətɪ] *n* maternité *f*.

maternity benefit *n* *(U)* allocations *fpl* (de) maternité.

maternity dress *n* robe *f* de grossesse.

maternity hospital *n* maternité *f*.

math Am = maths.

mathematical [ˌmæθə'mætɪkl] *adj* mathématique.

mathematician [ˌmæθəmə'tɪʃn] *n* mathématicien *m*, -enne *f*.

mathematics [ˌmæθə'mætɪks] *n* *(U)* mathématiques *fpl*.

maths Br [mæθs], **math** Am [mæθ] (*abbr of* **mathematics**) *inf* ◇ *n* *(U)* maths *fpl* ◇ *comp* de maths.

maths coprocessor [-ˌkəʊ'prəʊsesəʳ] *n* COMPUT coprocesseur *m* mathématique.

matinée ['mætɪneɪ] *n* matinée *f*.

matinée jacket *n* Br veste *f* de bébé.

mating call ['meɪtɪŋ-] *n* appel *m* du mâle.

mating season ['meɪtɪŋ-] *n* saison *f* des amours.

matriarch ['meɪtrɪɑːk] *n* - **1.** [of society] *femme ayant une autorité matriarcale* - **2.** literary [of family] aïeule *f*, doyenne *f*.

matrices ['meɪtrɪsiːz] *pl* ▷ **matrix**.

matriculate [mə'trɪkjʊleɪt] *vi* s'inscrire.

matriculation [məˌtrɪkjʊ'leɪʃn] *n* inscription *f*.

matrimonial [ˌmætrɪ'məʊnjəl] *adj* matrimonial(e), conjugal(e).

matrimony ['mætrɪmənɪ] *n* *(U)* mariage *m*.

matrix ['meɪtrɪks] (*pl* **matrices** ['meɪtrɪsiːz] OR **-es** [-iːz]) *n* - **1.** [context, framework] contexte *m*, structure *f* - **2.** MATH & TECH matrice *f*.

matron ['meɪtrən] *n* - **1.** Br [in hospital] infirmière *f* en chef - **2.** [in school] infirmière *f* - **3.** Am [in prison] gardienne *f*.

matronly ['meɪtrənlɪ] *adj* euphemism [woman]

qui a l'allure d'une matrone ; [figure] de matrone.

matt Br, **matte** Am [mæt] *adj* mat(e).

matted ['mætɪd] *adj* emmêlé(e).

matter ['mætəʳ] ◇ *n* - **1.** [question, situation] question *f*, affaire *f* ; **a ~ of life and death** une question de vie ou de mort ; **the fact** OR **truth of the ~ is** ... la vérité c'est que ..., le fait est que ... ; **that's another** OR **a different ~** c'est tout autre chose, c'est une autre histoire ; **as a ~ of course** automatiquement ; **to make ~s worse** aggraver la situation ; **and to make ~s worse** ... pour tout arranger ... ; **as a ~ of principle** par principe ; **within a ~ of hours** en l'affaire de quelques heures ; **that's a ~ of opinion** c'est (une) affaire OR question d'opinion ; **a ~ of time** une question de temps - **2.** [trouble, cause of pain] : **there's something the ~ with my radio** il y a quelque chose qui cloche OR ne va pas dans ma radio ; **what's the ~?** qu'est-ce qu'il y a? ; **what's the ~ with him?** qu'est-ce qu'il a? - **3.** PHYSICS matière *f* - **4.** (U) [material] matière *f* ; **reading ~** choses *fpl* à lire ; **printed ~** imprimés *mpl* ◇ *vi* [be important] importer, avoir de l'importance ; **it doesn't ~** cela n'a pas d'importance.

➤ **as a matter of fact** *adv* en fait, à vrai dire.

➤ **for that matter** *adv* d'ailleurs.

➤ **no matter** *adv* : **no ~ what** coûte que coûte, à tout prix ; **no ~ how hard I try to explain** ... j'ai beau essayer de lui expliquer ...

Matterhorn ['mætə,hɔːn] *n* : **the ~** le mont Cervin.

matter-of-fact *adj* terre-à-terre, neutre.

matting ['mætɪŋ] *n* natte *f*.

mattress ['mætrɪs] *n* matelas *m*.

mature [mə'tjʊəʳ] ◇ *adj* - **1.** [person, attitude] mûr(e) - **2.** [cheese] fait(e) ; [wine] arrivé(e) à maturité ◇ *vi* - **1.** [person] mûrir - **2.** [cheese, wine] se faire.

mature student *n* Br UNIV *étudiant qui a commencé ses études sur le tard.*

maturity [mə'tjʊərətɪ] *n* maturité *f*.

maudlin ['mɔːdlɪn] *adj* larmoyant(e).

maul [mɔːl] *vt* mutiler.

Mauritania [,mɒrɪ'teɪnjəl] *n* Mauritanie *f* ; **in ~** en Mauritanie.

Mauritanian [,mɒrɪ'teɪnjən] ◇ *adj* mauritanien(enne) ◇ *n* Mauritanien *m*, -enne *f*.

Mauritian [mə'rɪʃn] ◇ *adj* mauricien(enne) ◇ *n* Mauricien *m*, -enne *f*.

Mauritius [mə'rɪʃəs] *n* l'île *f* Maurice ; **in ~** à l'île Maurice.

mausoleum [,mɔːsə'lɪəm] (*pl* -s) *n* mausolée *m*.

mauve [məʊv] ◇ *adj* mauve ◇ *n* mauve *m*.

maverick ['mævərɪk] *n* non-conformiste *mf*.

mawkish ['mɔːkɪʃ] *adj* d'une sentimentalité excessive.

max. [mæks] (*abbr of* **maximum**) max.

maxim ['mæksɪm] (*pl* -s) *n* maxime *f*.

maxima ['mæksɪmə] *pl* ▷ **maximum**.

maximize, -ise ['mæksɪmaɪz] *vt* maximiser, porter au maximum.

maximum ['mæksɪməm] (*pl* **maxima** ['mæksɪmə] OR **-s**) ◇ *adj* maximum (*inv*) ◇ *n* maximum *m*.

may [meɪ] *modal vb* - **1.** [expressing possibility] : **it ~ rain** il se peut qu'il pleuve, il va peut-être pleuvoir ; **be that as it ~** quoi qu'il en soit - **2.** [can] pouvoir ; **on a clear day the coast ~ be seen** on peut voir la côte par temps clair - **3.** [asking permission] : **~ I come in?** puis-je entrer? - **4.** [as contrast] : **it ~ be expensive but ...** c'est peut-être cher, mais ... - **5.** *fml* [expressing wish, hope] : **~ they be happy!** qu'ils soient heureux! ; *see also* **might**.

May [meɪ] *n* mai *m* ; *see also* **September**.

Maya ['maɪə] *n* : **the ~** les Mayas *mpl*.

Mayan ['maɪən] *adj* maya.

maybe ['meɪbiː] *adv* peut-être ; **~ I'll come** je viendrai peut-être.

mayday ['meɪdeɪ] *n* S.O.S. *m*.

May Day *n* le Premier mai.

mayfly ['meɪflaɪ] (*pl* -flies) *n* éphémère *m*.

mayhem ['meɪhem] *n* pagaille *f*.

mayn't [meɪnt] = **may not.**

mayonnaise [,meɪə'neɪz] *n* mayonnaise *f*.

mayor [meəʳ] *n* maire *m*.

mayoress ['meərɪs] *n* - **1.** [female mayor] femme *f* maire - **2.** [mayor's wife] femme *f* du maire.

maypole ['meɪpəʊl] *n* = mai *m*.

may've ['meɪəv] = **may have.**

maze [meɪz] *n* lit & fig labyrinthe *m*, dédale *m*.

MB - **1.** (*abbr of* **megabyte**) Mo - **2.** *abbr of* **Manitoba.**

MBA (*abbr of* **Master of Business Administration**) *n* (*titulaire d'une*) *formation supérieure au management.*

MBBS (*abbr of* **Bachelor of Medicine and Surgery**) *n* (*titulaire d'une*) *licence de médecine et de chirurgie.*

MBE (*abbr of* **Member of the Order of the British Empire**) *n* *distinction honorifique britannique.*

MC *abbr of* **master of ceremonies.**

MCAT (*abbr of* **Medical College Admissions Test**) *n* test d'admission aux études de médecine.

MCC (*abbr of* **Marylebone Cricket Club**) *n* célèbre club de cricket de Londres.

McCarthyism [məˈkɑːθɪɪzm] *n* Maccartisme *m*, Maccarthysme *m*.

McCoy [məˈkɔɪ] *n inf* : **the real ~** de l'authentique, du vrai de vrai.

MCP (*abbr of* **male chauvinist pig**) *n inf* phallo *m*.

MD ◇ *n* - **1.** *abbr of* **Doctor of Medicine** - **2.** *abbr of* **managing director** ◇ *abbr of* **Maryland.**

MDT (*abbr of* **Mountain Daylight Time**) *n* heure d'été des montagnes Rocheuses.

me [miː] *pers pron* - **1.** [direct, indirect] me, m' (+ *vowel or silent 'h'*) ; **can you see/hear ~?** tu me vois/m'entends? ; **it's ~** c'est moi ; **they spoke to ~** ils m'ont parlé ; **she gave it to ~** elle me l'a donné - **2.** [stressed, after prep, in comparisons etc] moi ; **you can't expect ME to do it** tu ne peux pas exiger que ce soit moi qui le fasse ; **she's shorter than ~** elle est plus petite que moi.

ME ◇ *n* (*abbr of* **myalgic encephalomyelitis**) myélo-encéphalite *f* ◇ *abbr of* **Maine.**

meadow [ˈmedəʊ] *n* prairie *f*, pré *m*.

meagre Br, **meager** Am [ˈmiːgər] *adj* maigre.

meal [miːl] *n* repas *m* ; **to make a ~ of sthg** Br *fig & pej* faire toute une histoire OR tout un plat de qqch.

meals on wheels *npl* Br repas *mpl* à domicile (*pour personnes âgées ou handicapées*).

mealtime [ˈmiːltaɪm] *n* heure *f* du repas ; **at ~s** aux heures des repas.

mealy-mouthed [ˌmiːlɪˈmaʊðd] *adj pej* mielleux(euse), patelin(e).

mean [miːn] (*pt & pp* **meant**) ◇ *vt* - **1.** [signify] signifier, vouloir dire ; **money ~s nothing to him** l'argent ne compte pas pour lui - **2.** [intend] : **to ~ to do sthg** vouloir faire qqch, avoir l'intention de faire qqch ; **I didn't ~ to drop it** je n'ai pas fait exprès de le laisser tomber ; **to be meant for sb/sthg** être destiné(e) à qqn/qqch ; **to be meant to do sthg** être censé(e) faire qqch ; **to ~ well** agir dans une bonne intention - **3.** [be serious about] : **I ~ it** je suis sérieux(euse) - **4.** [entail] occasionner, entraîner - **5. phr : I ~** [as explanation] c'est vrai ; [as correction] je veux dire ◇ *adj* - **1.** [miserly] radin(e), chiche ; **to be ~ with sthg** être avare de qqch - **2.** [unkind] mesquin(e), méchant(e) ; **to be ~ to sb** être mesquin envers qqn - **3.** [average] moyen(en-

ne) - **4.** *iro* : **she's no ~ singer** elle a de la voix ; **that's no ~ feat** c'est un véritable exploit ◇ *n* [average] moyenne *f* ; *see also* **means.**

meander [mɪˈændər] *vi* [river, road] serpenter ; [person] errer.

meaning [ˈmiːnɪŋ] *n* sens *m*, signification *f*.

meaningful [ˈmiːnɪŋfʊl] *adj* [look] significatif(ive) ; [relationship, discussion] important(e).

meaningless [ˈmiːnɪŋlɪs] *adj* [gesture, word] dénué(e) OR vide de sens ; [proposal, discussion] sans importance.

meanness [ˈmiːnnɪs] *n* - **1.** [stinginess] avarice *f* - **2.** [unkindness] mesquinerie *f*, méchanceté *f*.

means [miːnz] ◇ *n* [method, way] moyen *m* ; **a ~ to an end** un moyen d'arriver à ses fins ; **by ~ of** au moyen de ◇ *npl* [money] moyens *mpl*, ressources *fpl*.
➤ **by all means** *adv* mais certainement, bien sûr.
➤ **by no means** *adv fml* nullement, en aucune façon.

means test *n esp* Br enquête sur les ressources d'une personne (*qui demande une aide financière à l'État*).

meant [ment] *pt & pp* ▷ **mean.**

meantime [ˈmiːntaɪm] *n* : **in the ~** en attendant.

meanwhile [ˈmiːnwaɪl] *adv* - **1.** [at the same time] pendant ce temps - **2.** [between two events] en attendant.

measles [ˈmiːzlz] *n* : **(the) ~** la rougeole.

measly [ˈmiːzlɪ] (*compar* **-ier** ; *superl* **-iest**) *adj inf* misérable, minable.

measurable [ˈmeʒərəbl] *adj* [improvement, deterioration] sensible.

measurably [ˈmeʒərəblɪ] *adv* sensiblement.

measure [ˈmeʒər] ◇ *n* - **1.** [gen] mesure *f* - **2.** [amount] : **to achieve a ~ of independence** parvenir à une certaine indépendance ; **for good ~** pour faire bonne mesure - **3.** [indication] : **it is a ~ of her success that ...** la preuve de son succès, c'est que ... ◇ *vt & vi* mesurer.
➤ **measure up** *vi* : **to ~ up (to)** être à la hauteur (de).

measured [ˈmeʒəd] *adj* [steps, tone] mesuré(e).

measurement [ˈmeʒəmənt] *n* mesure *f*.

measuring tape [ˈmeʒərɪŋ-] *n* mètre *m* (à ruban) ; [in dressmaking] centimètre *m*.

meat [miːt] *n* viande *f*.

meatball [ˈmiːtbɔːl] *n* boulette *f* de viande.

meat pie *n* Br tourte *f* à la viande.

meaty ['miːtɪ] (compar -ier ; superl -iest) adj fig important(e).

Mecca ['mekə] n La Mecque ; **a ~ for** la Mecque de.

mechanic [mɪ'kænɪk] n mécanicien m, -enne f.

➡ **mechanics** ◇ n (U) [study] mécanique f ◇ npl fig mécanisme m.

mechanical [mɪ'kænɪkl] adj - **1.** [device] mécanique - **2.** [person, mind] fort(e) en mécanique - **3.** [routine, automatic] machinal(e).

mechanical engineering n génie m mécanique.

mechanism ['mekənɪzm] n lit & fig mécanisme m.

mechanization [,mekənaɪ'zeɪʃn] n mécanisation f.

mechanize, -ise ['mekənaɪz] vt & vi mécaniser.

MEd [,em'ed] (abbr of Master of Education) n (titulaire d'une) maîtrise en sciences de l'éducation.

medal ['medl] n médaille f.

medallion [mɪ'dæljən] n médaillon m.

medallist Br, **medalist** Am ['medəlɪst] n médaillé m, -e f.

meddle ['medl] vi : **to ~ in** se mêler de.

meddlesome ['medlsəm] adj [person] qui met son nez partout.

media ['miːdjə] ◇ pl ⊏⊐ **medium** ◇ n & npl : **the ~** les médias mpl.

mediaeval [,medɪ'iːvl] = **medieval**.

media event n événement m médiatique.

median ['miːdjən] ◇ adj MATH médian(e) ◇ n Am [of road] bande f médiane (qui sépare les deux côtés d'une grande route).

mediate ['miːdɪeɪt] ◇ vt négocier ◇ vi : **to ~ (for/between)** servir de médiateur (pour/entre).

mediation [,miːdɪ'eɪʃn] n médiation f.

mediator ['miːdɪeɪtər] n médiateur m, -trice f.

medic ['medɪk] n inf - **1.** [medical student] carabin m - **2.** [doctor] toubib m.

Medicaid ['medɪkeɪd] n Am assistance médicale aux personnes sans ressources.

medical ['medɪkl] ◇ adj médical(e) ◇ n examen m médical.

medical certificate n certificat m médical.

medical insurance n assurance f maladie.

medical officer n [in factory etc] médecin m du travail ; MIL médecin militaire.

medical student n étudiant m, -e f en médecine.

medicament ['medɪkəmənt] n médicament m.

Medicare ['medɪkeər] n Am programme fédéral d'assistance médicale pour personnes âgées.

medicated ['medɪkeɪtɪd] adj traitant(e).

medication [,medɪ'keɪʃn] n - **1.** [use of medicines] médication f - **2.** [medicine] médicament m.

medicinal [me'dɪsɪnl] adj médicinal(e).

medicine ['medsɪn] n - **1.** [subject, treatment] médecine f ; **Doctor of Medicine** UNIV docteur m en médecine - **2.** [substance] médicament m.

medicine man n sorcier m.

medieval [,medɪ'iːvl] adj médiéval(e).

mediocre [,miːdɪ'əʊkər] adj médiocre.

mediocrity [,miːdɪ'ɒkrətɪ] n médiocrité f.

meditate ['medɪteɪt] vi : **to ~ (on** OR **upon)** méditer (sur).

meditation [,medɪ'teɪʃn] n méditation f.

Mediterranean [,medɪtə'reɪnjən] ◇ n - **1.** [sea] : **the ~ (Sea)** la (mer) Méditerranée - **2.** [person] Méditerranéen m, -enne f ◇ adj méditerranéen(enne).

medium ['miːdjəm] (pl sense 1 media ['miːdjə] ; pl sense 2 mediums) ◇ adj moyen(enne) ◇ n - **1.** [way of communicating] moyen m - **2.** [spiritualist] médium m.

medium-dry adj demi-sec.

medium-size(d) [-saɪz(d)] adj de taille moyenne.

medium wave n onde f moyenne.

medley ['medlɪ] (pl -s) n - **1.** [mixture] mélange m - **2.** MUS pot-pourri m.

meek [miːk] adj docile.

meekly ['miːklɪ] adv docilement.

meet [miːt] (pt & pp met) ◇ vt - **1.** [gen] rencontrer ; [by arrangement] retrouver - **2.** [go to meet - person] aller/venir attendre, aller/venir chercher ; [- train, plane] aller attendre - **3.** [need, requirement] satisfaire, répondre à - **4.** [problem] résoudre ; [challenge] répondre à - **5.** [costs] payer - **6.** [join] rejoindre ◇ vi - **1.** [gen] se rencontrer ; [by arrangement] se retrouver ; [for a purpose] se réunir - **2.** [join] se joindre ◇ n Am [meeting] meeting m.

➡ **meet up** vi se retrouver ; **to ~ up with sb** rencontrer qqn, retrouver qqn.

➡ **meet with** vt fus - **1.** [encounter - disapproval] être accueilli(e) par ; [- success] remporter [- failure] essuyer - **2.** Am [by arrangement] retrouver.

meeting ['mi:tɪŋ] n - **1.** [for discussions, business] réunion f - **2.** [by chance] rencontre f ; [by arrangement] entrevue f - **3.** [people at meeting] : **the** ~ l'assemblée f.

meeting place n lieu m de réunion.

mega- ['megə] prefix méga-.

megabit ['megəbɪt] n COMPUT méga-bit m.

megabyte ['megəbaɪt] n COMPUT méga-octet m.

megahertz ['megəhɜ:ts] n mégahertz m.

megalomania [,megələ'meɪnjə] n mégalomanie f.

megalomaniac [,megələ'meɪnɪæk] n mégalomane mf.

megaphone ['megəfəʊn] n mégaphone m, porte-voix m.

megaton ['megətʌn] n mégatonne f.

megawatt ['megəwɒt] n mégawatt m.

melamine ['meləmi:n] n mélamine f.

melancholy ['melənkəlɪ] <> adj [person] mélancolique ; [news, facts] triste <> n mélancolie f.

mellow ['meləʊ] <> adj [light, voice] doux (douce) ; [taste, wine] moelleux(euse) <> vt : **to be ~ed by age** s'assagir avec l'âge <> vi s'adoucir.

melodic [mɪ'lɒdɪk] adj mélodique.

melodious [mɪ'ləʊdjəs] adj mélodieux(euse).

melodrama ['melədrɑ:mə] n mélodrame m.

melodramatic [,melədrə'mætɪk] adj mélodramatique.

melody ['melədɪ] (pl -ies) n mélodie f.

melon ['melən] n melon m.

melt [melt] <> vt faire fondre <> vi - **1.** [become liquid] fondre - **2.** fig : **his heart ~ed at the sight** il fut tout attendri devant ce spectacle - **3.** [disappear] : **to ~ (away)** fondre ; **to ~ into the background** s'effacer.

➤ **melt down** vt sep fondre.

meltdown ['meltdaʊn] n fusion f du cœur (du réacteur).

melting point ['meltɪŋ-] n point m de fusion.

melting pot ['meltɪŋ-] n fig creuset m.

member ['membə'] <> n membre m ; [of club] adhérent m, -e f <> comp membre.

Member of Congress (pl **Members of Congress**) n Am membre m du Congrès.

Member of Parliament (pl **Members of Parliament**) n Br ≃ député m.

Member of the Scottish Parliament n membre m du Parlement écossais.

membership ['membəʃɪp] n - **1.** [of organiza-tion] adhésion f - **2.** [number of members] nombre m d'adhérents - **3.** [members] : **the** ~ les membres mpl.

membership card n carte f d'adhésion.

membrane ['membreɪn] n membrane f.

memento [mɪ'mentəʊ] (pl -s) n souvenir m.

memo ['meməʊ] (pl -s) n note f de service.

memoirs ['memwɑ:z] npl mémoires mpl.

memo pad n bloc-notes m.

memorabilia [,memərə'bɪlɪə] npl souvenirs mpl.

memorable ['memərəbl] adj mémorable.

memorandum [,memə'rændəm] (pl -da [-də] OR -dums) n note f de service.

memorial [mɪ'mɔ:rɪəl] <> adj commémora-tif(ive) <> n monument m.

memorize, -ise ['meməraɪz] vt [phone number, list] retenir ; [poem] apprendre par cœur.

memory ['memərɪ] (pl -ies) n - **1.** [gen & COMPUT] mémoire f ; **from ~** de mémoire ; **to lose one's ~** perdre la mémoire ; **within living ~** de mémoire d'homme - **2.** [event, experience] souvenir m ; **I have no ~ of it** je n'en ai aucun souvenir ; **in ~ of** en souvenir de.

memory card n COMPUT carte f d'extension mémoire.

men [men] pl ⊳ **man.**

menace ['menəs] <> n - **1.** [gen] menace f - **2.** inf [nuisance] plaie f <> vt menacer.

menacing ['menəsɪŋ] adj menaçant(e).

menacingly ['menəsɪŋlɪ] adv [speak] d'un ton menaçant ; [look] d'un air menaçant.

menagerie [mɪ'nædʒərɪ] n ménagerie f.

mend [mend] <> n inf : **to be on the ~** aller mieux <> vt réparer ; [clothes] raccommoder ; [sock, pullover] repriser ; **to ~ one's ways** s'amender.

mending ['mendɪŋ] n : **to do the ~** faire le raccommodage.

menfolk ['menfəʊk] npl hommes mpl.

menial ['mi:njəl] adj avilissant(e).

meningitis [,menɪn'dʒaɪtɪs] n (U) méningite f.

menopause ['menəpɔ:z] n : **the** ~ la ménopause.

menservants ['mensɜ:vənts] pl ⊳ **man-servant.**

men's room n Am : **the** ~ les toilettes fpl pour hommes.

menstrual ['menstrʊəl] adj menstruel(elle).

menstruate ['menstrʊeɪt] vi avoir ses règles.

menstruation [,menstrʊ'eɪʃn] n menstrua-tion f.

menswear ['menzweə^r] *n (U)* vêtements *mpl* pour hommes.

mental ['mentl] *adj* mental(e) ; [image, picture] dans la tête.

mental age *n* âge *m* mental.

mental block *n* blocage *m* (psychologique).

mental hospital *n* hôpital *m* psychiatrique.

mentality [men'tælətı] *n* mentalité *f*.

mentally ['mentəlı] *adv* mentalement ; **to be ~ ill** être malade mental ; **to be ~ retarded** être arriéré mental.

mentally handicapped *npl :* **the ~** les handicapés *mpl* mentaux.

➡ **mentally-handicapped** *adj :* **to be mentally-handicapped** être handicapé mental (handicapée mentale).

mental note *n :* **to make a ~ to do sthg** prendre note mentalement de faire qqch.

menthol ['menθɒl] *n* menthol *m*.

mentholated ['menθəleıtıd] *adj* mentholé (e).

mention ['menʃn] ◇ *vt* mentionner, signaler ; **not to ~** sans parler de ; **don't ~ it!** je vous en prie! ◇ *n* mention *f*.

mentor ['mentɔː^r] *n* mentor *m*.

menu ['menjuː] *n* [gen & COMPUT] menu *m*.

menu bar *n* COMPUT barre *f* de menu.

menu-driven *adj* COMPUT dirigé(e) par menu.

meow Am = miaow.

MEP (*abbr of* **Member of the European Parliament**) *n* parlementaire *m* européen.

mercantile ['mɜːkəntaıl] *adj* commercial(e).

mercenary ['mɜːsınrı] (*pl* -ies) ◇ *adj* mercenaire ◇ *n* mercenaire *m*.

merchandise ['mɜːtʃəndaız] *n (U)* marchandises *fpl*.

merchant ['mɜːtʃənt] ◇ *adj* marchand(e) ◇ *n* marchand *m*, -e *f*, commerçant *m*, -e *f*.

merchant bank *n* Br banque *f* d'affaires.

merchant navy Br, **merchant marine** Am *n* marine *f* marchande.

merciful ['mɜːsıfʊl] *adj* - **1.** [person] clément(e) - **2.** [death, release] qui est une délivrance.

mercifully ['mɜːsıfʊlı] *adv* [fortunately] par bonheur, heureusement.

merciless ['mɜːsılıs] *adj* impitoyable.

mercilessly ['mɜːsılıslı] *adv* impitoyablement.

mercurial [mɜː'kjʊərıəl] *adj* literary [tempera-

ment] changeant(e), inégal(e) ; [person] d'humeur changeante.

mercury ['mɜːkjʊrı] *n* mercure *m*.

Mercury ['mɜːkjʊrı] *n* [planet] Mercure *f*.

mercy ['mɜːsı] (*pl* -ies) *n* - **1.** [kindness, pity] pitié *f* ; **at the ~ of** fig à la merci de - **2.** [blessing] : **what a ~ that ...** quelle chance que ...

mercy killing *n* euthanasie *f*.

mere [mıə^r] *adj* seul(e) ; **she's a ~ child** ce n'est qu'une enfant ; **it cost a ~ £10** cela n'a coûté que 10 livres.

merely ['mıəlı] *adv* seulement, simplement.

meretricious [,merı'trıʃəs] *adj* factice.

merge [mɜːdʒ] ◇ *vt* COMM & COMPUT fusionner ◇ *vi* - **1.** COMM : **to ~ (with)** fusionner (avec) - **2.** [roads, lines] : **to ~ (with)** se joindre (à) - **3.** [colours] se fondre ◇ *n* COMPUT fusion *f*.

merger ['mɜːdʒə^r] *n* fusion *f*.

meridian [mə'rıdıən] *n* méridien *m*.

meringue [mə'ræŋ] *n* meringue *f*.

merino [mə'riːnəʊ] *adj* de mérinos.

merit ['merıt] ◇ *n* [value] mérite *m*, valeur *f* ◇ *vt* mériter.

➡ **merits** *npl* [advantages] qualités *fpl* ; **to judge sthg on its ~s** juger qqch selon ses qualités.

meritocracy [,merı'tɒkrəsı] (*pl* -ies) *n* méritocratie *f*.

mermaid ['mɜːmeıd] *n* sirène *f*.

merrily ['merılı] *adv* joyeusement ; iro allègrement.

merriment ['merımənt] *n* hilarité *f*.

merry ['merı] (*compar* -ier ; *superl* -iest) *adj* - **1.** literary [happy] joyeux(euse) ; **Merry Christmas!** joyeux Noël! - **2.** inf [tipsy] gai(e), éméché(e).

merry-go-round *n* manège *m*.

merrymaking ['merı,meıkıŋ] *n (U)* réjouissances *fpl*.

mesh [meʃ] ◇ *n* maille *f* (du filet) ; **wire ~** grillage *m* ◇ *vi* [gears] s'engrener.

mesmerize, -ise ['mezməraız] *vt :* **to be ~d by** être fasciné(e) par.

mess [mes] *n* - **1.** [untidy state] désordre *m* ; fig gâchis *m* ; **to be (in) a ~** [room] être en désordre ; [hair] être ébouriffé ; fig [life] être sens dessus dessous - **2.** MIL mess *m*.

➡ **mess about, mess around** inf ◇ *vt sep :* **to ~ sb about** traiter qqn par-dessus OR par-dessous la jambe ◇ *vi* - **1.** [fool around] perdre OR gaspiller son temps - **2.** [interfere] : **to ~ about with sthg** s'immiscer dans qqch.

➡ **mess up** *vt sep* inf - **1.** [room] mettre en désordre ; [clothes] salir - **2.** fig [spoil] gâcher.

➤ **mess with** *vt fus inf* : don't ~ with them tiens-toi à l'écart.

message ['mesɪdʒ] *n* message *m* ; **to get the ~** *inf* piger.

messenger ['mesɪndʒə'] *n* messager *m*, -ère *f* ; **by ~** par porteur.

Messiah [mɪ'saɪə] *n* : **the ~** le Messie.

Messrs, Messrs. ['mesəz] (*abbr of mes-sieurs*) MM.

messy ['mesɪ] (*compar* **-ier** ; *superl* **-iest**) *adj* **- 1.** [dirty] sale ; [untidy] désordonné(e) ; **a ~ job** un travail salissant **- 2.** *inf* [divorce] difficile ; [situation] embrouillé(e).

met [met] *pt & pp* ➤ **meet.**

Met [met] (*abbr of* **Metropolitan Opera**) *n* : **the ~** l'opéra *m* de New-York.

metabolism [mɪ'tæbəlɪzm] *n* métabolisme *m*.

metal ['metl] ➤ *n* métal *m* ➤ *comp* en OR de métal.

metallic [mɪ'tælɪk] *adj* **- 1.** [sound, ore] métallique **- 2.** [paint, finish] métallisé(e).

metallurgist [me'tælədʒɪst] *n* métallurgiste *m*.

metallurgy [me'tælədʒɪ] *n* métallurgie *f*.

metalwork ['metəlwɜːk] *n* [craft] ferronnerie *f*.

metalworker ['metəl,wɜːkə'] *n* [craftsman] fer-ronnier *m* ; [in industry] métallurgiste *m*.

metamorphose [,metə'mɔːfəʊz] *vi* : **to ~ (into)** se métamorphoser (en).

metamorphosis [,metə'mɔːfəsɪs, ,metəmɔː'-fəʊsɪs] (*pl* **-phoses** [-'fəʊsiːz]) *n* métamorpho-se *f*.

metaphor ['metəfə'] *n* métaphore *f*.

metaphorical [,metə'fɒrɪkl] *adj* métaphori-que.

metaphysical [,metə'fɪzɪkl] *adj* métaphysi-que.

metaphysics [,metə'fɪzɪks] *n* métaphysique *f*.

mete [miːt] ➤ **mete out** *vt sep* [punishment] infliger.

meteor ['miːtɪə'] *n* météore *m*.

meteoric [miːtɪ'ɒrɪk] *adj* météorique.

meteorite ['miːtjəraɪt] *n* météorite *m or f*.

meteorological [,miːtjərə'lɒdʒɪkl] *adj* mé-téorologique.

meteorologist [miːtjə'rɒlədʒɪst] *n* météo-rologue *mf*, météorologiste *mf*.

meteorology [miːtjə'rɒlədʒɪ] *n* météorolo-gie *f*.

meter ['miːtə'] ➤ *n* **- 1.** [device] compteur *m* ;

parking ~ parcmètre *m* **- 2.** Am = metre ➤ *vt* [gas, electricity] établir la consommation de.

methadone ['meθədəʊn] *n* méthadone *f*.

methane ['miːθeɪn] *n* méthane *m*.

method ['meθəd] *n* méthode *f*.

methodical [mɪ'θɒdɪkl] *adj* méthodique.

methodically [mɪ'θɒdɪklɪ] *adv* méthodique-ment.

Methodist ['meθədɪst] ➤ *adj* méthodiste ➤ *n* méthodiste *mf*.

methodology [,meθə'dɒlədʒɪ] (*pl* **-ies**) *n* mé-thodologie *f*.

meths [meθs] *n* Br *inf* alcool *m* à brûler.

methylated spirits ['meθɪleɪtɪd-] *n* alcool *m* à brûler.

meticulous [mɪ'tɪkjʊləs] *adj* méticu-leux(euse).

meticulously [mɪ'tɪkjʊləslɪ] *adv* méticuleu-sement.

Met Office (*abbr of* **Meteorological Office**) *n* la météo britannique.

metre Br, **meter** Am ['miːtə'] *n* mètre *m*.

metric ['metrɪk] *adj* métrique.

metrication [,metrɪ'keɪʃn] *n* Br adoption *f* du système métrique.

metric system *n* : **the ~** le système métri-que.

metric ton *n* tonne *f*.

metro ['metrəʊ] (*pl* **-s**) *n* métro *m*.

metronome ['metrənəʊm] *n* métronome *m*.

metropolis [mɪ'trɒpəlɪs] (*pl* **-es** [-iːz]) *n* mé-tropole *f*.

metropolitan [,metrə'pɒlɪtn] *adj* métropoli-tain(e).

Metropolitan Police *npl* : **the ~** la police de Londres.

mettle ['metl] *n* : **to be on one's ~** être d'atta-que ; **to show** OR **prove one's ~** montrer ce dont on est capable.

mew [mjuː] = **miaow.**

mews [mjuːz] (*pl inv*) *n* Br ruelle *f*.

Mexican ['meksɪkn] ➤ *adj* mexicain(e) ➤ *n* Mexicain *m*, -e *f*.

Mexico ['meksɪkəʊ] *n* Mexique *m* ; **in ~** au Mexique.

Mexico City *n* Mexico.

mezzanine ['metsəniːn] *n* **- 1.** [floor] mezzani-ne *f* **- 2.** Am [in theatre] corbeille *f*.

MFA (*abbr of* **Master of Fine Arts**) *n* (titulaire d'une) maîtrise en beaux-arts.

mfr *abbr of* **manufacturer.**

mg (*abbr of* **milligram**) mg.

Mgr - 1. (*abbr of* **Monseigneur, Monsignor**) Mgr - **2.** *abbr of* **manager.**

MHR *abbr of* **Member of the House of Representatives.**

MHz (*abbr of* **megahertz**) MHz.

MI *abbr of* **Michigan.**

MI5 (*abbr of* **Military Intelligence 5**) *n service de contre-espionnage britannique.*

MI6 (*abbr of* **Military Intelligence 6**) *n service de renseignements britannique.*

MIA (*abbr of* **missing in action**) *expression indiquant qu'une personne a disparu lors d'un combat.*

miaow Br [miː'aʊ], **meow** Am [mɪ'aʊ] ⇔ *n* miaulement *m*, miaou *m* ⇔ *vi* miauler.

mice [maɪs] *pl* ➩ **mouse.**

Mich. *abbr of* **Michigan.**

Michigan ['mɪʃɪgən] *n* Michigan *m ;* **in** ~ dans le Michigan.

mickey ['mɪkɪ] *n :* **to take the** ~ **out of sb** Br inf se payer la tête de qqn, faire marcher qqn.

MICR (*abbr of* **magnetic ink character recognition**) *n reconnaissance magnétique de caractères.*

micro ['maɪkrəʊ] (*pl* **-s**) *n* micro *m.*

micro- ['maɪkrəʊ] *prefix* micro-.

microbe ['maɪkrəʊb] *n* microbe *m.*

microbiologist [ˌmaɪkrəʊbaɪ'ɒlədʒɪst] *n* microbiologiste *mf.*

microbiology [ˌmaɪkrəʊbaɪ'ɒlədʒɪ] *n* microbiologie *f.*

microchip ['maɪkrəʊtʃɪp] *n* COMPUT puce *f.*

microcircuit ['maɪkrəʊˌsɜːkɪt] *n* microcircuit *m.*

microcomputer [ˌmaɪkrəʊkəm'pjuːtəʳ] *n* micro-ordinateur *m.*

microcosm ['maɪkrəkɒzm] *n* microcosme *m.*

microfiche ['maɪkrəʊfiːʃ] (*pl inv* OR **-s**) *n* microfiche *f.*

microfilm ['maɪkrəʊfɪlm] *n* microfilm *m.*

microlight ['maɪkrəlaɪt] *n* ULM *m.*

micromesh ['maɪkrəʊmeʃ] *n* maille *f* superfine.

micron ['maɪkrɒn] *n* micron *m.*

microorganism [ˌmaɪkrəʊ'ɔːgənɪzml] *n* micro-organisme *m.*

microphone ['maɪkrəfəʊn] *n* microphone *m*, micro *m.*

microprocessor ['maɪkrəʊˌprəʊsesəʳ] *n* COMPUT microprocesseur *m.*

microscope ['maɪkrəskəʊp] *n* microscope *m.*

microscopic [ˌmaɪkrə'skɒpɪk] *adj* microscopique.

microsecond ['maɪkrəʊˌsekənd] *n* microseconde *m.*

microsurgery [ˌmaɪkrə'sɜːdʒərɪ] *n* microchirurgie *f.*

microwave (oven) ['maɪkrəweɪv-] *n* (four *m* à) micro-ondes *m.*

mid- [mɪd] *prefix :* ~**height** mi-hauteur ; ~**morning** milieu de la matinée ; ~**winter** plein hiver.

midair [mɪd'eəʳ] ⇔ *adj* en plein ciel ⇔ *n :* **in** ~ en plein ciel.

midday [mɪd'deɪ] *n* midi *m.*

middle ['mɪdl] ⇔ *adj* - **1.** [centre] du milieu, du centre - **2.** [in time] **she was in her** ~ **twenties** elle avait dans les 25 ans ⇔ *n* - **1.** [centre] milieu *m*, centre *m ;* **in the** ~ **(of)** au milieu (de) ; **in the** ~ **of nowhere** en pleine cambrousse - **2.** [in time] milieu *m ;* **to be in the** ~ **of doing sthg** être en train de faire qqch ; **to be in the** ~ **of a meeting** être en pleine réunion ; **in the** ~ **of the night** au milieu de la nuit, en pleine nuit - **3.** [waist] taille *f.*

middle age *n* âge *m* mûr.

middle-aged *adj* d'une cinquantaine d'années.

Middle Ages *npl :* **the** ~ le Moyen Âge.

middle-class *adj* bourgeois(e).

middle classes *npl :* **the** ~ la bourgeoisie.

middle distance *n :* **in the** ~ au second plan.

Middle East *n :* **the** ~ le Moyen-Orient.

Middle Eastern *adj* du Moyen-Orient.

middleman ['mɪdlmæn] (*pl* **-men** [-men]) *n* intermédiaire *mf.*

middle management *n* (U) cadres *mpl* moyens.

middle name *n* second prénom *m.*

middle-of-the-road *adj* modéré(e).

middle school *n* Br ≃ premier cycle *m* du secondaire.

middleweight ['mɪdlweɪt] *n* poids *m* moyen.

middling ['mɪdlɪŋ] *adj* moyen(enne).

Middx (*abbr of* **Middlesex**) *ancien comté anglais.*

Mideast [ˌmɪd'iːst] *n* Am : **the** ~ le Moyen-Orient.

midfield [ˌmɪd'fiːld] *n* FTBL milieu *m* de terrain.

midge [mɪdʒ] *n* moucheron *m.*

midget ['mɪdʒɪt] *n* nain *m*, -e *f.*

midi system ['mɪdɪ-] *n* chaîne *f* midi.

Midlands ['mɪdləndz] *npl :* **the** ~ les comtés *du* centre de l'Angleterre.

midnight ['mɪdnaɪt] ⬦ *n* minuit *m* ⬦ *comp* de minuit.

midriff ['mɪdrɪf] *n* diaphragme *m*.

midst [mɪdst] *n* - **1.** [in space] : **in the ~ of** au milieu de ; **in our ~** parmi nous - **2.** [in time] : **to be in the ~ of doing sthg** être en train de faire qqch.

midstream [mɪd'striːm] *n* : **in ~** [in river] au milieu du courant ; *fig* [when talking] en plein milieu.

midsummer ['mɪd,sʌmə'] *n* cœur *m* de l'été.

Midsummer Day *n* la Saint-Jean.

midway [,mɪd'weɪ] *adv* - **1.** [in space] : **~ (between)** à mi-chemin (entre) - **2.** [in time] : **~ through the meeting** en pleine réunion.

midweek [*adj* 'mɪdwiːk, *adv* mɪd'wiːk] ⬦ *adj* du milieu de la semaine ⬦ *adv* en milieu de semaine.

Midwest [,mɪd'west] *n* : **the ~** le Midwest.

Midwestern [,mɪd'westən] *adj* du Midwest.

midwife ['mɪdwaɪf] (*pl* **-wives** [-waɪvz]) *n* sage-femme *f*.

midwifery ['mɪd,wɪfərɪ] *n* obstétrique *f*.

miffed [mɪft] *adj inf* vexé(e).

might [maɪt] ⬦ *modal vb* - **1.** [expressing possibility] : **the criminal ~ be armed** il est possible que le criminel soit armé - **2.** [expressing suggestion] : **it ~ be better to wait** il vaut peut-être mieux attendre - **3.** *fml* [asking permission] : **he asked if he ~ leave the room** il demanda s'il pouvait sortir de la pièce - **4.** [expressing concession] : **you ~ well be right** vous avez peut-être raison - **5. phr** : **I ~ have known** OR **guessed** j'aurais dû m'en douter ⬦ *n (U)* force *f*.

mightn't ['maɪtənt] = might not.

might've ['maɪtəv] = might have.

mighty ['maɪtɪ] (*compar* **-ier** ; *superl* **-iest**) ⬦ *adj* - **1.** [powerful] puissant(e) - **2.** [very large] imposant(e) ⬦ *adv* Am *inf* drôlement, vachement.

migraine ['miːgreɪn, 'maɪgreɪn] *n* migraine *f*.

migrant ['maɪgrənt] ⬦ *adj* - **1.** [bird, animal] migrateur(trice) - **2.** [workers] émigré(e) ⬦ *n* - **1.** [bird, animal] migrateur *m* - **2.** [person] émigré *m*, -e *f*.

migrate [Br maɪ'greɪt, Am 'maɪgreɪt] *vi* - **1.** [bird, animal] migrer - **2.** [person] émigrer.

migration [maɪ'greɪʃn] *n* migration *f*.

migratory ['maɪgrətrɪ] *adj* [bird] migrateur(trice) ; [journey] migratoire.

mike [maɪk] (*abbr of* **microphone**) *n inf* micro *m*.

mild [maɪld] ⬦ *adj* - **1.** [disinfectant, reproach] lé-

ger(ère) - **2.** [tone, weather] doux (douce) - **3.** [illness] bénin(igne) ⬦ *n* bière anglaise légère.

mildew ['mɪldjuː] *n (U)* moisissure *f*.

mildly ['maɪldlɪ] *adv* - **1.** [gently] doucement ; **that's putting it ~** c'est le moins qu'on puisse dire - **2.** [not strongly] légèrement - **3.** [slightly] un peu.

mild-mannered *adj* mesuré(e), calme.

mildness ['maɪldnɪs] *n (U)* douceur *f*.

mile [maɪl] *n* mile *m* ; NAUT mille *m* ; **to see for ~s** voir sur des kilomètres ; **to walk for ~s** marcher pendant des kilomètres ; **this is ~s better** c'est cent fois mieux ; **to be ~s away** *fig* être très loin.

mileage ['maɪlɪdʒ] *n* distance *f* en miles, ≃ kilométrage *m*.

mileage allowance *n* ≃ indemnité *f* kilométrique.

mileometer [maɪ'lɒmɪtə'] *n* compteur *m* de miles, ≃ compteur kilométrique.

milestone ['maɪlstəʊn] *n* [marker stone] borne *f* ; *fig* événement *m* marquant OR important.

milieu [Br 'miːljɜː, Am miːl'juː] (*pl* **-s** OR **-x** [-z]) *n* milieu *m*.

militant ['mɪlɪtənt] ⬦ *adj* militant(e) ⬦ *n* militant *m*, -e *f*.

militarism ['mɪlɪtərɪzm] *n* militarisme *m*.

militarist ['mɪlɪtərɪst] *n* militariste *mf*.

militarized zone, militarised zone ['mɪlɪtəraɪzd-] *n* zone *f* militarisée.

military ['mɪlɪtrɪ] ⬦ *adj* militaire ⬦ *n* : **the ~** les militaires *mpl*, l'armée *f*.

military police *n* police *f* militaire.

militate ['mɪlɪteɪt] *vi* : **to ~ against** militer contre.

militia [mɪ'lɪʃə] *n* milice *f*.

milk [mɪlk] ⬦ *n* lait *m* ⬦ *vt* - **1.** [cow] traire - **2.** *fig* [use to own ends] exploiter.

milk chocolate ⬦ *n* chocolat *m* au lait ⬦ *comp* au chocolat au lait.

milk float Br, **milk truck** Am *n* voiture *f* de laitier.

milking ['mɪlkɪŋ] *n* traite *f*.

milkman ['mɪlkmən] (*pl* **-men** [-mən]) *n* laitier *m*.

milk round *n* Br [by milkman] tournée *f* du laitier.

milk shake *n* milk-shake *m*.

milk tooth *n* dent *f* de lait.

milk truck Am = milk float.

milky ['mɪlkɪ] (*compar* **-ier** ; *superl* **-iest**) *adj*

- **1.** Br [coffee] avec beaucoup de lait - **2.** [pale white] laiteux(euse).

Milky Way *n* : the ~ la Voie lactée.

mill [mɪl] ◇ *n* - **1.** [flour-mill, grinder] moulin *m* - **2.** [factory] usine *f* ◇ *vt* moudre.

➤ **mill about, mill around** *vi* grouiller.

millennium [mɪ'lenɪəm] (*pl* **millennia** [mɪ'lenɪə]) *n* millénaire *m*.

miller ['mɪlə^r] *n* meunier *m*.

millet ['mɪlɪt] *n* millet *m*.

milli- ['mɪlɪ] *prefix* milli-.

millibar ['mɪlɪbɑː^r] *n* millibar *m*.

milligram(me) ['mɪlɪgræm] *n* milligramme *m*.

millilitre Br, **milliliter** Am ['mɪlɪ,liːtə^r] *n* millilitre *m*.

millimetre Br, **millimeter** Am ['mɪlɪ,miːtə^r] *n* millimètre *m*.

millinery ['mɪlɪnrɪ] *n* chapellerie *f* féminine.

million ['mɪljən] *n* million *m* ; a ~, ~s of fig des milliers de, un million de.

millionaire [,mɪljə'neə^r] *n* millionnaire *mf*.

millionairess [,mɪljə'neərɪs] *n* millionnaire *f*.

millipede ['mɪlɪpiːd] *n* mille-pattes *m inv*.

millisecond ['mɪlɪ,sekənd] *n* millième *m* de seconde.

millstone ['mɪlstəʊn] *n* meule *f* ; he's like a ~ round my neck c'est un boulet que je traîne.

millwheel ['mɪlwiːl] *n* roue *f* de moulin.

milometer [maɪ'lɒmɪtə^r] = **mileometer**.

mime [maɪm] ◇ *n* mime *m* ◇ *vt* & *vi* mimer.

mimic ['mɪmɪk] (*pt* & *pp* **-ked** ; *cont* **-king**) ◇ *n* imitateur *m*, -trice *f* ◇ *vt* imiter.

mimicry ['mɪmɪkrɪ] *n* imitation *f*.

mimosa [mɪ'məʊzə] *n* mimosa *m*.

min. [mɪn] - **1.** (*abbr of* **minute**) mn, min - **2.** (*abbr of* **minimum**) min.

Min. *abbr of* **ministry**.

mince [mɪns] ◇ *n* Br viande *f* hachée ◇ *vt* [meat] hacher ◇ *vi* marcher à petits pas maniérés.

mincemeat ['mɪnsmiːt] *n* - **1.** [fruit] *mélange de pommes, raisins secs et épices utilisé en pâtisserie* - **2.** Am [meat] viande *f* hachée.

mince pie *n* tartelette *f* de Noël.

mincer ['mɪnsə^r] *n* hachoir *m*.

mind [maɪnd] ◇ *n* - **1.** [gen] esprit *m* ; state of ~ état d'esprit ; to bear sthg in ~ ne pas oublier qqch ; to call sthg to ~ se rappeler qqch ; to cast one's ~ back to sthg repenser à qqch ; to come into/cross sb's ~ venir à/

traverser l'esprit de qqn ; to have sthg on one's ~ avoir l'esprit préoccupé, être préoccupé par qqch ; to keep an open ~ réserver son jugement ; the trip took her ~ off her worries ce petit voyage lui a changé les idées ; that's a load OR weight off my ~! je me sens soulagé, quel soulagement ! ; to have a ~ to do sthg avoir bien envie de faire qqch ; to have sthg in ~ avoir qqch dans l'idée ; to broaden one's ~ enrichir l'esprit ; to make one's ~ up se décider ; to put OR set sb's ~ at rest rassurer qqn - **2.** [attention] : to put one's ~ to sthg s'appliquer à qqch ; to keep one's ~ on sthg se concentrer sur qqch ; to slip one's ~ sortir de l'esprit - **3.** [opinion] : to change one's ~ changer d'avis ; to my ~ à mon avis ; to speak one's ~ parler franchement ; to be in two ~s (about sthg) se tâter OR être indécis (à propos de qqch) - **4.** [person] cerveau *m* ; great ~s think alike les grands esprits se rencontrent ◇ *vi* - **1.** [be bothered] : I don't ~ ça m'est égal ; I hope you don't ~ j'espère que vous n'y voyez pas d'inconvénient ; never ~ [don't worry] ne t'en fais pas ; [it's not important] ça ne fait rien - **2.** [be careful] : ~ out! Br attention ! ◇ *vt* - **1.** [be bothered about, dislike] : I don't ~ waiting ça ne me gêne OR dérange pas d'attendre ; do you ~ if ...? cela ne vous ennuie pas si ...? ; I wouldn't ~ a beer je prendrais bien une bière - **2.** [pay attention to] faire attention à, prendre garde à - **3.** [take care of - luggage] garder, surveiller ; [- shop] tenir.

➤ **mind you** *adv* remarquez.

mind-bending [-,bendɪŋ] *adj* inf hallucinant(e).

minder ['maɪndə^r] *n* Br inf [bodyguard] ange *m* gardien.

mindful ['maɪndfʊl] *adj* : ~ of [risks] attentif(ive) à ; [responsibility] soucieux(euse) de.

mindless ['maɪndlɪs] *adj* stupide, idiot(e).

mind reader *n* : I'm not a ~ hum je ne suis pas devin.

mindset ['maɪndset] *n* façon *f* de voir les choses.

mind's eye *n* : in my ~ dans mon imagination.

mine¹ [maɪn] *poss pron* le mien (la mienne), les miens (les miennes) (*pl*) ; that money is ~ cet argent est à moi ; it wasn't your fault, it was MINE ce n'était pas de votre faute, c'était de la mienne OR de ma faute à moi ; a friend of ~ un ami à moi, un de mes amis.

mine² [maɪn] ◇ *n* mine *f* ; a ~ of information fig une mine de renseignements ◇ *vt* - **1.** [coal, gold] extraire - **2.** [road, beach, sea] miner.

mine detector n détecteur m de mines.

minefield ['maɪnfiːld] n champ m de mines ; fig situation f explosive.

minelayer ['maɪnˌleɪəʳ] n mouilleur m de mines.

miner ['maɪnəʳ] n mineur m.

mineral ['mɪnərəl] ◇ adj minéral(e) ◇ n minéral m.

mineralogy [ˌmɪnəˈrælədʒɪ] n minéralogie f.

mineral water n eau f minérale.

minestrone [ˌmɪnɪˈstrəʊnɪ] n minestrone m.

minesweeper ['maɪnˌswiːpəʳ] n dragueur m de mines.

mingle ['mɪŋgl] ◇ vt : to ~ sthg with sthg mélanger qqch à qqch ◇ vi : to ~ (with) [sounds, fragrances] se mélanger (à) ; [people] se mêler (à).

mini ['mɪnɪ] n [skirt] minijupe f.

miniature ['mɪnətʃəʳ] ◇ adj miniature ◇ n - 1. [painting] miniature f - 2. [of alcohol] bouteille f miniature - 3. [small scale] : in ~ en miniature.

minibus ['mɪnɪbʌs] (pl -es) n minibus m.

minicab ['mɪnɪkæb] n Br radiotaxi m.

minicomputer [ˌmɪnɪkəmˈpjuːtəʳ] n mini-ordinateur m.

minim ['mɪnɪm] n MUS blanche f.

minima ['mɪnɪmə] pl ⊳ **minimum**.

minimal ['mɪnɪml] adj [cost] insignifiant(e) ; [damage] minime.

minimize, -ise ['mɪnɪmaɪz] vt minimiser.

minimum ['mɪnɪməm] (pl minima ['mɪnɪmə] OR -s) ◇ adj minimum (inv) ◇ n minimum m.

minimum lending rate [-ˈlendɪŋ-] n taux m de crédit minimum.

minimum wage n salaire m minimum.

mining ['maɪnɪŋ] ◇ n exploitation f minière ◇ adj minier(ère) ; ~ **engineer** ingénieur m des mines.

minion ['mɪnjən] n larbin m, laquais m.

miniseries ['mɪnɪsɪərɪz] (pl inv) n mini-série f télévisée.

miniskirt ['mɪnɪskɜːt] n minijupe f.

minister ['mɪnɪstəʳ] n - 1. POL ministre m - 2. RELIG pasteur m.

➡ **minister to** vt fus [person] donner OR prodiguer ses soins à ; [needs] pourvoir à.

ministerial [ˌmɪnɪˈstɪərɪəl] adj ministériel(elle).

minister of state n secrétaire mf d'État.

ministry ['mɪnɪstrɪ] (pl -ies) n - 1. POL ministè-

re m ; **Ministry of Defence** ministère m de la Défense - 2. RELIG : **the ~** le saint ministère.

mink [mɪŋk] (pl inv) n vison m.

mink coat n manteau m de vison.

Minnesota [ˌmɪnɪˈsəʊtə] n Minnesota m ; in ~ dans le Minnesota.

minnow ['mɪnəʊ] n vairon m.

minor ['maɪnəʳ] ◇ adj [gen & MUS] mineur(e) ; [detail] petit(e) ; [role] secondaire ◇ n mineur m, -e f.

minority [maɪˈnɒrətɪ] (pl -ies) n minorité f ; **to be in a** OR **the ~** être en minorité.

minority government n gouvernement m minoritaire.

minster ['mɪnstəʳ] n cathédrale f.

minstrel ['mɪnstrəl] n ménestrel m.

mint [mɪnt] ◇ n - 1. [herb] menthe f - 2. [sweet] bonbon m à la menthe - 3. [for coins] : **the Mint** l'hôtel de la Monnaie ; **in ~ condition** en parfait état ◇ vt [coins] battre.

mint sauce n sauce f à la menthe.

minuet [ˌmɪnjʊˈet] n menuet m.

minus ['maɪnəs] (pl -es [-iːz]) ◇ prep moins ◇ adj [answer, quantity] négatif(ive) ◇ n - 1. MATH signe m moins - 2. [disadvantage] handicap m.

minuscule ['mɪnəskjuːl] adj minuscule.

minus sign n signe m moins.

minute¹ ['mɪnɪt] n minute f ; **at any ~** à tout moment, d'une minute à l'autre ; **at the last ~** au dernier moment, à la dernière minute ; **stop that this ~!** arrête tout de suite OR immédiatement! ; **up to the ~** [news] de dernière heure ; [design] dernier cri (inv) ; **wait a ~!** attendez une minute OR un instant!

➡ **minutes** npl procès-verbal m, compte rendu m.

minute² [maɪˈnjuːt] adj minuscule ; **in ~ detail** par le menu.

minutiae [maɪˈnjuːʃɪaɪ] npl menus détails mpl.

miracle ['mɪrəkl] n miracle m.

miraculous [mɪˈrækjʊləs] adj miraculeux(euse).

miraculously [mɪˈrækjʊləslɪ] adv miraculeusement, par miracle.

mirage [mɪˈrɑːʒ] n lit & fig mirage m.

mire [maɪəʳ] n fange f, boue f.

mirror ['mɪrəʳ] ◇ n miroir m, glace f ◇ vt refléter.

mirror image n image f inversée.

mirth [mɜːθ] n hilarité f, gaieté f.

misadventure [ˌmɪsədˈventʃəʳ] n : **death by ~** JUR mort f accidentelle.

misanthropist [mɪˈsænθrəpɪst] n misanthrope mf.

misapplication [ˈmɪsˌæplɪˈkeɪʃn] n mauvaise application f, application erronée.

misapprehension [ˈmɪsˌæprɪˈhenʃn] n idée f fausse.

misappropriate [ˌmɪsəˈprəʊprɪeɪt] vt détourner.

misappropriation [ˈmɪsəˌprəʊprɪˈeɪʃn] n détournement m.

misbehave [ˌmɪsbɪˈheɪv] vi se conduire mal.

misbehaviour Br, **misbehavior** Am [ˌmɪsbɪˈheɪvjər] n mauvaise conduite f.

misc [mɪsk] abbr of **miscellaneous**.

miscalculate [ˌmɪsˈkælkjʊleɪt] ⬦ vt mal calculer ⬦ vi se tromper.

miscalculation [ˌmɪskælkjʊˈleɪʃn] n mauvais calcul m, erreur f de calcul.

miscarriage [ˌmɪsˈkærɪdʒ] n MED fausse couche f ; **to have a ~** faire une fausse couche.

miscarriage of justice n erreur f judiciaire.

miscarry [ˌmɪsˈkærɪ] (pt & pp **-ied**) vi - **1.** [woman] faire une fausse couche - **2.** [plan] échouer.

miscellaneous [ˌmɪsəˈleɪnjəs] adj varié(e), divers(e).

miscellany [Br mɪˈselənɪ, Am ˈmɪsəleɪnɪ] (pl **-ies**) n recueil m.

mischance [ˌmɪsˈtʃɑːns] n malchance f ; **by ~** par malheur.

mischief [ˈmɪstʃɪf] n (U) - **1.** [playfulness] malice f, espièglerie f - **2.** [naughty behaviour] sottises fpl, bêtises fpl - **3.** [harm] dégât m.

mischievous [ˈmɪstʃɪvəs] adj - **1.** [playful] malicieux(euse) - **2.** [naughty] espiègle, coquin(e).

misconceived [ˌmɪskənˈsiːvd] adj [idea] mal conçu(e).

misconception [ˌmɪskənˈsepʃn] n idée f fausse.

misconduct [ˌmɪsˈkɒndʌkt] n inconduite f.

misconstrue [ˌmɪskənˈstruː] vt fml mal interpréter.

miscount [ˌmɪsˈkaʊnt] vt & vi mal compter.

misdeed [ˌmɪsˈdiːd] n méfait m.

misdemeanour Br, **misdemeanor** Am [ˌmɪsdɪˈmiːnər] n JUR délit m.

misdirected [ˌmɪsdɪˈrektɪd] adj [letter] mal adressé(e) ; [efforts, energy] mal dirigé(e).

miser [ˈmaɪzər] n avare mf.

miserable [ˈmɪzrəbl] adj - **1.** [person] malheureux(euse), triste - **2.** [conditions, life] misérable ; [pay] dérisoire ; [weather] maussade - **3.** [failure] pitoyable, lamentable.

miserably [ˈmɪzrəblɪ] adv - **1.** [reply, cry] pitoyablement - **2.** [live] misérablement - **3.** [fail] pitoyablement, lamentablement.

miserly [ˈmaɪzəlɪ] adj avare.

misery [ˈmɪzərɪ] (pl **-ies**) n - **1.** [of person] tristesse f - **2.** [of conditions, life] misère f.

misfire [ˌmɪsˈfaɪər] vi - **1.** [gun, plan] rater - **2.** [car engine] avoir des ratés.

misfit [ˈmɪsfɪt] n inadapté m, -e f.

misfortune [mɪsˈfɔːtʃuːn] n - **1.** [bad luck] malchance f - **2.** [piece of bad luck] malheur m.

misgivings [mɪsˈgɪvɪŋz] npl craintes fpl, doutes mpl.

misguided [ˌmɪsˈgaɪdɪd] adj [person] malavisé(e) ; [attempt] malencontreux(euse) ; [opinion] peu judicieux(euse).

mishandle [ˌmɪsˈhændl] vt - **1.** [person, animal] manier sans précaution - **2.** [negotiations] mal mener ; [business] mal gérer.

mishap [ˈmɪshæp] n mésaventure f ; **without ~** sans encombre OR incident.

mishear [ˌmɪsˈhɪər] (pt & pp **-heard** [-ˈhɜːd]) vt & vi mal entendre.

mishmash [ˈmɪʃmæʃ] n inf méli-mélo m.

misinform [ˌmɪsɪnˈfɔːm] vt mal renseigner, mal informer.

misinformation [ˌmɪsɪnfəˈmeɪʃn] n POL désinformation f.

misinterpret [ˌmɪsɪnˈtɜːprɪt] vt mal interpréter.

misjudge [ˌmɪsˈdʒʌdʒ] vt - **1.** [distance, time] mal évaluer - **2.** [person, mood] méjuger, se méprendre sur.

misjudg(e)ment [ˌmɪsˈdʒʌdʒmənt] n : **to make a ~** faire une erreur de jugement.

mislay [ˌmɪsˈleɪ] (pt & pp **-laid** [-ˈleɪd]) vt égarer.

mislead [ˌmɪsˈliːd] (pt & pp **-led**) vt induire en erreur.

misleading [ˌmɪsˈliːdɪŋ] adj trompeur(euse).

misled [ˌmɪsˈled] pt & pp ⬅ **mislead**.

mismanage [ˌmɪsˈmænɪdʒ] vt mal gérer, mal administrer.

mismanagement [ˌmɪsˈmænɪdʒmənt] n mauvaise gestion f OR administration f.

mismatch [ˌmɪsˈmætʃ] vt : **to be ~ed** être mal assorti(e).

misnomer [ˌmɪsˈnəʊmər] n nom m mal approprié.

misogynist [mɪˈsɒdʒɪnɪst] n misogyne mf.

misplace [ˌmɪsˈpleɪs] vt égarer.

misplaced [ˌmɪsˈpleɪst] *adj* mal placé(e), déplacé(e).

misprint [ˈmɪsprɪnt] *n* faute *f* d'impression.

mispronounce [ˌmɪsprəˈnaʊns] *vt* mal prononcer.

misquote [ˌmɪsˈkwəʊt] *vt* citer de façon inexacte.

misread [ˌmɪsˈriːd] (*pt* & *pp* -read [-ˈred]) *vt* - **1.** [read wrongly] mal lire - **2.** [misinterpret] mal interpréter.

misrepresent [ˈmɪsˌreprɪˈzent] *vt* dénaturer.

misrepresentation [ˈmɪsˌreprɪzenˈteɪʃn] *n* - **1.** (U) [wrong interpretation] mauvaise interprétation *f* - **2.** [false account] déformation *f*.

misrule [ˌmɪsˈruːl] *n* mauvais gouvernement *m*, mauvaise administration *f*.

miss [mɪs] ⬦ *vt* - **1.** [gen] rater, manquer - **2.** [home, person] : **I ~ my family/her** ma famille/elle me manque - **3.** [avoid, escape] échapper à ; **I just ~ed being run over** j'ai failli me faire écraser ⬦ *vi* rater ⬦ *n* : **to give sthg a ~** *inf* ne pas aller à qqch.
⬥ **miss out** ⬦ *vt sep* [omit - by accident] oublier ; [- deliberately] omettre ⬦ *vi* : **to ~ out on sthg** ne pas pouvoir profiter de qqch.

Miss [mɪs] *n* Mademoiselle *f*.

misshapen [ˌmɪsˈʃeɪpn] *adj* difforme.

missile [*Br* ˈmɪsaɪl, *Am* ˈmɪsəl] *n* - **1.** [weapon] missile *m* - **2.** [thrown object] projectile *m*.

missile launcher [-ˌlɔːntʃər] *n* lance-missiles *m inv*.

missing [ˈmɪsɪŋ] *adj* - **1.** [lost] perdu(e), égaré(e) - **2.** [not present] manquant(e), qui manque.

missing link *n* maillon *m* qui manque à la chaîne.

missing person *n* personne *f* disparue.

mission [ˈmɪʃn] *n* mission *f*.

missionary [ˈmɪʃənrɪ] (*pl* -ies) *n* missionnaire *mf*.

Mississippi [ˌmɪsɪˈsɪpɪ] *n* - **1.** [river] : **the ~ (River)** le Mississippi - **2.** [state] Mississippi *m* ; **in ~** dans le Mississippi.

missive [ˈmɪsɪv] *n* missive *f*.

Missouri [mɪˈzʊərɪ] *n* Missouri *m* ; **in ~** dans le Missouri.

misspell [ˌmɪsˈspel] (*pt* & *pp* -spelt OR -spelled) *vt* mal orthographier.

misspelling [ˌmɪsˈspelɪŋ] *n* faute *f* d'orthographe.

misspelt [ˌmɪsˈspelt] *pt* & *pp* ➪ **misspell**.

misspend [ˌmɪsˈspend] (*pt* & *pp* -spent [-ˈspent]) *vt* gaspiller.

mist [mɪst] *n* brume *f*.
⬥ **mist over, mist up** *vi* s'embuer.

mistake [mɪˈsteɪk] (*pt* -took ; *pp* -taken) ⬦ *n* erreur *f* ; **by ~** par erreur ; **to make a ~** faire une erreur, se tromper ⬦ *vt* - **1.** [misunderstand - meaning] mal comprendre ; [- intention] se méprendre sur - **2.** [fail to recognize] : **to ~ sb/sthg for** prendre qqn/qqch pour, confondre qqn/qqch avec ; **there's no mistaking ...** il est impossible de ne pas reconnaître ...

mistaken [mɪˈsteɪkn] ⬦ *pp* ➪ **mistake** ⬦ *adj* - **1.** [person] : **to be ~ (about)** se tromper (en ce qui concerne OR sur) - **2.** [belief, idea] erroné(e), faux (fausse).

mistaken identity *n* : **a case of ~** une erreur sur la personne.

mistakenly [mɪsˈteɪknlɪ] *adv* par erreur.

mister [ˈmɪstər] *n inf* monsieur *m*.
⬥ **Mister** *n* Monsieur *m*.

mistime [ˌmɪsˈtaɪm] *vt* [tackle, shot] mal calculer ; [announcement] faire au mauvais moment.

mistletoe [ˈmɪsltəʊ] *n* gui *m*.

mistook [mɪˈstʊk] *pt* ➪ **mistake**.

mistranslation [ˌmɪstrænsˈleɪʃn] *n* erreur *f* de traduction.

mistreat [ˌmɪsˈtriːt] *vt* maltraiter.

mistreatment [ˌmɪsˈtriːtmənt] *n* mauvais traitement *m*.

mistress [ˈmɪstrɪs] *n* maîtresse *f*.

mistrial [ˈmɪstraɪəl] *n* [in UK] erreur *f* judiciaire ; [in US] *procès annulé par manque d'unanimité parmi les jurés*.

mistrust [ˌmɪsˈtrʌst] ⬦ *n* méfiance *f* ⬦ *vt* se méfier de.

mistrustful [ˌmɪsˈtrʌstfʊl] *adj* : **~ (of)** méfiant(e) (à l'égard de).

misty [ˈmɪstɪ] (*compar* -ier ; *superl* -iest) *adj* brumeux(euse).

misunderstand [ˌmɪsʌndəˈstænd] (*pt* & *pp* -stood) *vt* & *vi* mal comprendre.

misunderstanding [ˌmɪsʌndəˈstændɪŋ] *n* malentendu *m*.

misunderstood [ˌmɪsʌndəˈstʊd] *pt* & *pp* ➪ **misunderstand**.

misuse [*n* ˌmɪsˈjuːs, *vb* ˌmɪsˈjuːz] ⬦ *n* - **1.** [of one's time, resources] mauvais emploi *m* - **2.** [of power] abus *m* ; [of funds] détournement *m* ⬦ *vt* - **1.** [one's time, resources] mal employer - **2.** [power] abuser de ; [funds] détourner.

MIT (*abbr of* Massachusetts Institute of Technology) *n l'institut de technologie du Massachusetts*.

mite [maɪt] *n* - **1.** [insect] mite *f* - **2.** *inf* [small amount] : **a ~** un brin, un tantinet **- 3.** [small child] petit *m*, -e *f*.

miter Am = mitre.

mitigate ['mɪtɪgeɪt] *vt* atténuer, mitiger.

mitigating ['mɪtɪgeɪtɪŋ] *adj* : **~ circumstances** circonstances *fpl* atténuantes.

mitigation [,mɪtɪ'geɪʃn] *n* atténuation *f*.

mitre Br, **miter** Am ['maɪtər] *n* **- 1.** [hat] mitre *f* **- 2.** [joint] onglet *m*.

mitt [mɪt] *n* **- 1. = mitten - 2.** [in baseball] gant *m*.

mitten ['mɪtn] *n* moufle *f*.

mix [mɪks] ⋄ *vt* **- 1.** [gen] mélanger **- 2.** [activities] : **to ~ sthg with sthg** combiner OR associer qqch et qqch **- 3.** [drink] préparer ; [cement] malaxer ⋄ *vi* **- 1.** [gen] se mélanger **- 2.** [socially] : **to ~ with** fréquenter ⋄ *n* **- 1.** [gen] mélange *m* **- 2.** MUS mixage *m*.

➤ **mix up** *vt sep* **- 1.** [confuse] confondre **- 2.** [disorganize] mélanger.

mixed [mɪkst] *adj* **- 1.** [assorted] assortis(ies) ; **to have ~ feelings** être partagé **- 2.** [education] mixte.

mixed-ability *adj* Br [class] tous niveaux confondus.

mixed blessing *n* quelque chose qui a du bon et du mauvais.

mixed doubles *n* double *m* mixte.

mixed economy *n* économie *f* mixte.

mixed grill *n* assortiment *m* de grillades.

mixed marriage *n* mariage *m* mixte.

mixed up *adj* **- 1.** [confused - person] qui ne sait plus où il en est, paumé(e) ; [- mind] embrouillé(e) **- 2.** [involved] : **to be ~ in sthg** être mêlé(e) à qqch.

mixer ['mɪksər] *n* [for food] mixer *m*.

mixer tap *n* Br [robinet *m*] mélangeur *m*.

mixing bowl ['mɪksɪŋ-] *n* grand bol *m* de cuisine.

mixture ['mɪkstʃər] *n* **- 1.** [gen] mélange *m* **- 2.** MED préparation *f*.

mix-up *n* inf confusion *f*.

mk, MK *abbr of* mark.

mkt *abbr of* market.

MLitt [em'lɪt] (*abbr of* **Master of Literature, Master of Letters**) *n* (titulaire d'une) maîtrise de lettres.

MLR *abbr of* minimum lending rate.

mm (*abbr of* millimetre) mm.

MN ⋄ *n abbr of* **Merchant Navy** ⋄ *abbr of* **Minnesota.**

mnemonic [nɪ'mɒnɪk] *n* mnémotechnique *f*.

m.o. *abbr of* money order.

MO ⋄ *n abbr of* **medical officer** ⋄ *abbr of* **Missouri.**

moan [məʊn] ⋄ *n* **- 1.** [of pain, sadness] gémissement *m* **- 2.** inf [complaint] plainte *f* ⋄ *vi* **- 1.** [in pain, sadness] gémir **- 2.** inf [complain] : **to ~ (about)** rouspéter OR râler (à propos de).

moaning ['məʊnɪŋ] *n* (U) [complaining] plaintes *fpl*, jérémiades *fpl*.

moat [məʊt] *n* douves *fpl*.

mob [mɒb] (*pt & pp* **-bed** ; *cont* **-bing**) ⋄ *n* foule *f* ⋄ *vt* assaillir.

mobile ['məʊbaɪl] ⋄ *adj* **- 1.** [gen] mobile **- 2.** [able to travel] motorisé(e) ⋄ *n* mobile *m*.

mobile home *n* auto-caravane *f*.

mobile library *n* bibliobus *m*.

mobile phone *n* téléphone *m* portatif.

mobile shop *n* marchand *m* ambulant.

mobility [mə'bɪlətɪ] *n* mobilité *f*.

mobility allowance *n* Br allocation *f* de transport.

mobilization [,məʊbɪlaɪ'zeɪʃn] *n* mobilisation *f*.

mobilize, -ise ['məʊbɪlaɪz] *vt & vi* mobiliser.

moccasin ['mɒkəsɪn] *n* mocassin *m*.

mock [mɒk] ⋄ *adj* faux (fausse) ; **~ exam** examen blanc ⋄ *vt* se moquer de ⋄ *vi* se moquer.

mockery ['mɒkərɪ] *n* moquerie *f* ; **to make a ~ of sthg** tourner qqch en dérision.

mocking ['mɒkɪŋ] *adj* moqueur(euse).

mockingbird ['mɒkɪŋbɜːd] *n* moqueur *m*.

mock-up *n* maquette *f*.

mod [mɒd] *n* en Angleterre, membre d'un groupe de jeunes des années 60 qui s'opposaient aux rockers.

MoD *n abbr of* Ministry of Defence.

mod cons [,mɒd-] (*abbr of* **modern conveniences**) *npl* Br inf : **all ~** tout confort, tt. conf.

mode [məʊd] *n* mode *m*.

model ['mɒdl] (Br *pt & pp* **-led** ; *cont* **-ling**, Am *pt & pp* **-ed** ; *cont* **-ing**) ⋄ *n* **- 1.** [gen] modèle *m* **- 2.** [fashion model] mannequin *m* ⋄ *adj* **- 1.** [perfect] modèle **- 2.** [reduced-scale] (en) modèle réduit ⋄ *vt* **- 1.** [clay] modeler **- 2.** [clothes] : **to ~ a dress** présenter un modèle de robe **- 3.** [copy] : **to ~ o.s. on sb** prendre modèle OR exemple sur qqn, se modeler sur qqn ⋄ *vi* être mannequin.

modem ['məʊdem] *n* COMPUT modem *m*.

moderate [*adj & n* 'mɒdərət, *vb* 'mɒdəreɪt] ⋄ *adj* modéré(e) ⋄ *n* POL modéré *m*, -e *f* ⋄ *vt* modérer ⋄ *vi* se modérer.

moderately ['mɒdərətlɪ] *adv* [not very] pas très, plus ou moins.

moderation [ˌmɒdəˈreɪʃn] *n* modération *f*; in ~ avec modération.

moderator [ˈmɒdəreɪtəʳ] *n* [of exam] examinateur *m*, -trice *f*.

modern [ˈmɒdən] *adj* moderne.

modern-day *adj* moderne, d'aujourd'hui.

modernism [ˈmɒdənɪzm] *n* modernisme *m*.

modernization [ˌmɒdənaɪˈzeɪʃn] *n* modernisation *f*.

modernize, -ise [ˈmɒdənaɪz] ⬦ *vt* moderniser ⬦ *vi* se moderniser.

modern languages *npl* langues *fpl* vivantes.

modest [ˈmɒdɪst] *adj* modeste.

modestly [ˈmɒdɪstlɪ] *adv* modestement.

modesty [ˈmɒdɪstɪ] *n* modestie *f*.

modicum [ˈmɒdɪkəm] *n* minimum *m*.

modification [ˌmɒdɪfɪˈkeɪʃn] *n* modification *f*.

modify [ˈmɒdɪfaɪ] (*pt* & *pp* -**ied**) *vt* modifier.

modular [ˈmɒdjʊləʳ] *adj* modulaire.

modulated [ˈmɒdjʊleɪtɪd] *adj* modulé(e).

modulation [ˌmɒdjʊˈleɪʃn] *n* modulation *f*.

module [ˈmɒdjuːl] *n* module *m*.

Mogadishu [ˌmɒgəˈdɪʃuː] *n* Mogadishu.

moggy [ˈmɒgɪ] (*pl* -**ies**) *n* Br inf minou *m*.

mogul [ˈməʊgl] *n* fig magnat *m*.

MOH (*abbr of* **Medical Officer of Health**) *n* en Grande-Bretagne, direction de la santé publique.

mohair [ˈməʊheəʳ] ⬦ *n* mohair *m* ⬦ *comp* en mohair.

Mohammedan [məˈhæmɪdn] ⬦ *adj* mahométan(e), musulman(e) ⬦ *n* Mahométan *m*, -e *f*.

Mohican [məʊˈhiːkən, ˈməʊɪkən] *n* Mohican *m*.

moist [mɔɪst] *adj* [soil, climate] humide ; [cake] moelleux(euse).

moisten [ˈmɔɪsn] *vt* humecter.

moisture [ˈmɔɪstʃəʳ] *n* humidité *f*.

moisturize, -ise [ˈmɔɪstʃəraɪz] *vt* hydrater.

moisturizer [ˈmɔɪstʃəraɪzəʳ] *n* crème *f* hydratante, lait *m* hydratant.

molar [ˈməʊləʳ] *n* molaire *f*.

molasses [məˈlæsɪz] *n* (U) mélasse *f*.

mold *etc* Am = **mould**.

Moldavia [mɒlˈdeɪvjə] *n* Moldavie *f*; in ~ en Moldavie.

mole [məʊl] *n* - **1.** [animal, spy] taupe *f* - **2.** [on skin] grain *m* de beauté.

molecular [məˈlekjʊləʳ] *adj* moléculaire.

molecule [ˈmɒlɪkjuːl] *n* molécule *f*.

molehill [ˈməʊlhɪl] *n* taupinière *f*.

molest [məˈlest] *vt* - **1.** [attack sexually] attenter à la pudeur de - **2.** [attack] molester.

molester [məˈlestəʳ] *n* : **child** ~ personne qui est coupable d'attentat à la pudeur sur des enfants.

mollify [ˈmɒlɪfaɪ] (*pt* & *pp* -**ied**) *vt* apaiser, calmer.

mollusc, mollusk Am [ˈmɒləsk] *n* mollusque *m*.

mollycoddle [ˈmɒlɪˌkɒdl] *vt* inf chouchouter.

Molotov cocktail [ˈmɒlətɒf-] *n* cocktail *m* Molotov.

molt Am = **moult**.

molten [ˈməʊltn] *adj* en fusion.

mom [mɒm] *n* Am inf maman *f*.

moment [ˈməʊmənt] *n* moment *m*, instant *m*; **to choose the right** ~ choisir son moment ; ~ **of truth** minute *f* de vérité ; **at any** ~ d'un moment à l'autre ; **at the** ~ en ce moment ; **at the last** ~ au dernier moment ; **for the** ~ pour le moment ; **for one** ~ pendant un instant.

momentarily [ˈməʊməntərɪlɪ] *adv* - **1.** [for a short time] momentanément - **2.** Am [soon] très bientôt.

momentary [ˈməʊməntrɪ] *adj* momentané(e), passager(ère).

momentous [məˈmentəs] *adj* capital(e), très important(e).

momentum [məˈmentəm] *n* (U) - **1.** PHYSICS moment *m* - **2.** fig [speed, force] vitesse *f*; **to gather** ~ prendre de la vitesse.

momma [ˈmɒmə], **mommy** [ˈmɒmɪ] *n* Am maman *f*.

Mon. (*abbr of* **Monday**) lun.

Monaco [ˈmɒnəkəʊ] *n* Monaco.

monarch [ˈmɒnək] *n* monarque *m*.

monarchist [ˈmɒnəkɪst] *n* monarchiste *mf*.

monarchy [ˈmɒnəkɪ] (*pl* -**ies**) *n* monarchie *f*.

monastery [ˈmɒnəstrɪ] (*pl* -**ies**) *n* monastère *m*.

monastic [məˈnæstɪk] *adj* monastique.

Monday [ˈmʌndɪ] *n* lundi *m*; *see also* **Saturday**.

monetarism [ˈmʌnɪtərɪzm] *n* monétarisme *m*.

monetarist [ˈmʌnɪtərɪst] *n* monétariste *mf*.

monetary [ˈmʌnɪtrɪ] *adj* monétaire.

money [ˈmʌnɪ] *n* argent *m*; **to make** ~ gagner de l'argent ; **to get one's** ~'s **worth** en avoir pour son argent.

moneybox [ˈmʌnɪbɒks] *n* tirelire *f*.

moneyed ['mʌnɪd] *adj* riche, cossu(e).

moneylender ['mʌnɪˌlendər] *n* prêteur *m*, -euse *f* sur gages.

moneymaker ['mʌnɪˌmeɪkər] *n* affaire *f* lucrative.

moneymaking ['mʌnɪˌmeɪkɪŋ] *adj* lucratif(ive).

money market *n* marché *m* monétaire.

money order *n* mandat *m* postal.

money-spinner [-ˌspɪnər] *n esp Br inf* mine *f* d'or.

money supply *n* masse *f* monétaire.

mongol ['mɒŋɡəl] *dated & offensive* ⬦ *adj* mongolien(enne) ⬦ *n* mongolien *m*, -ienne *f*.

➡ **Mongol** = **Mongolian**.

Mongolia [mɒŋ'ɡəʊlɪə] *n* Mongolie *f*; **in ~** en Mongolie.

Mongolian [mɒŋ'ɡəʊlɪən] ⬦ *adj* mongol(e) ⬦ *n* - **1.** [person] Mongol *m*, -e *f* - **2.** [language] mongol *m*.

mongoose ['mɒŋɡuːs] (*pl* **-s**) *n* mangouste *f*.

mongrel ['mʌŋɡrəl] *n* [dog] bâtard *m*

monitor ['mɒnɪtər] ⬦ *n* COMPUT, MED & TV moniteur *m* ⬦ *vt* - **1.** [check] contrôler, suivre de près - **2.** [broadcasts, messages] être à l'écoute de.

monk [mʌŋk] *n* moine *m*.

monkey ['mʌŋkɪ] (*pl* **-s**) *n* singe *m*.

monkey nut *n* cacahuète *f*.

monkey wrench *n* clef *f* à molette.

mono ['mɒnəʊ] ⬦ *adj* mono (*inv*) ⬦ *n* - **1.** [sound] monophonie *f* - **2.** Am inf [glandular fever] mononucléose *f* (infectieuse).

monochrome ['mɒnəkrəʊm] *adj* monochrome.

monocle ['mɒnəkl] *n* monocle *m*.

monogamous [mɒ'nɒɡəməs] *adj* monogame.

monogamy [mɒ'nɒɡəmɪ] *n* monogamie *f*.

monogrammed ['mɒnəɡræmd] *adj* marqué(é) d'un monogramme.

monolingual [ˌmɒnə'lɪŋɡwəl] *adj* monolingue.

monolithic [ˌmɒnə'lɪθɪk] *adj* monolithique.

monologue, monolog Am ['mɒnəlɒɡ] *n* monologue *m*.

mononucleosis ['mɒnəʊˌnjuːklɪ'əʊsɪs] *n* Am mononucléose *f* (infectieuse).

monoplane ['mɒnəpleɪn] *n* monoplan *m*.

monopolize, -ise [mə'nɒpəlaɪz] *vt* monopoliser.

monopoly [mə'nɒpəlɪ] (*pl* **-ies**) *n* : **~ (on** OR **of)**

monopole *m* (de) ; **the Monopolies and Mergers Commission** Br *organisme chargé de contrôler le fusionnement des entreprises*.

monorail ['mɒnəreɪl] *n* monorail *m*.

monosodium glutamate [ˌmɒnə'səʊdjəm'ɡluːtəmeɪt] *n* glutamate *m* (de sodium).

monosyllabic [ˌmɒnəsɪ'læbɪk] *adj* monosyllabique.

monosyllable ['mɒnəˌsɪləbl] *n* monosyllabe *m*.

monotone ['mɒnətəʊn] *n* ton *m* monocorde.

monotonous [mə'nɒtənəs] *adj* monotone.

monotonously [mə'nɒtənəslɪ] *adv* de façon monotone.

monotony [mə'nɒtənɪ] *n* monotonie *f*.

monoxide [mɒ'nɒksaɪd] *n* monoxyde *m*.

Monrovia [mən'rəʊvɪə] *n* Monrovia.

Monsignor [ˌmɒn'siːnjər] *n* monsignor *m*.

monsoon [mɒn'suːn] *n* mousson *f*.

monster ['mɒnstər] *n* - **1.** [creature, cruel person] monstre *m* - **2.** [huge thing, person] colosse *m* ⬦ *adj* géant(e), monstre.

monstrosity [mɒn'strɒsətɪ] (*pl* **-ies**) *n* monstruosité *f*.

monstrous ['mɒnstrəs] *adj* monstrueux(euse).

montage ['mɒntɑːʒ] *n* montage *m*.

Montana [mɒn'tænə] *n* Montana *m*; **in ~** dans le Montana.

Mont Blanc [ˌmɔ̃'blɑ̃] *n* le mont Blanc.

Montenegro [ˌmɒntɪ'niːɡrəʊ] *n* Monténégro *m*.

Montevideo [ˌmɒntɪvɪ'deɪəʊ] *n* Montevideo.

month [mʌnθ] *n* mois *m*.

monthly ['mʌnθlɪ] (*pl* **-ies**) ⬦ *adj* mensuel(elle) ⬦ *adv* mensuellement ⬦ *n* [publication] mensuel *m*.

Montreal [ˌmɒntrɪ'ɔːl] *n* Montréal.

monument ['mɒnjʊmənt] *n* monument *m*.

monumental [ˌmɒnjʊ'mentl] *adj* monumental(e).

moo [muː] (*pl* **-s**) ⬦ *n* meuglement *m*, beuglement *m* ⬦ *vi* meugler, beugler.

mooch [muːtʃ] ➡ **mooch about, mooch around** *vi inf* traîner.

mood [muːd] *n* humeur *f*; **in a (bad) ~** de mauvaise humeur ; **in a good ~** de bonne humeur.

moody ['muːdɪ] (*compar* **-ier** ; *superl* **-iest**) *adj pej* - **1.** [changeable] lunatique - **2.** [bad-tempered] de mauvaise humeur, mal luné(e).

moon [muːn] *n* lune *f*; **to be over the ~** *inf* être aux anges.

moonbeam ['muːnbiːm] *n* rayon *m* de lune.

moonlight ['muːnlaɪt] (*pt* & *pp* -ed) ⋄ *n* clair *m* de lune ⋄ *vi* travailler au noir.

moonlighting ['muːnlaɪtɪŋ] *n (U)* travail *m* au noir.

moonlit ['muːnlɪt] *adj* [countryside] éclairé(e) par la lune ; [night] de lune.

moonscape ['muːnskeɪp] *n* paysage *m* lunaire.

moon shot *n* tir *m* lunaire.

moonstone ['muːnstəʊn] *n* pierre *f* de lune.

moonstruck ['muːnstrʌk] *adj* inf fêlé(e).

moony ['muːnɪ] (*compar* -ier ; *superl* -iest) *adj* Br inf rêveur(euse).

moor [mɔːʳ] ⋄ *n esp Br* lande *f* ⋄ *vt* amarrer ⋄ *vi* mouiller.

Moor [mɔːʳ] *n* Maure *m*, Mauresque *f*.

moorings ['mɔːrɪŋz] *npl* [ropes, chains] amarres *fpl* ; [place] mouillage *m*.

Moorish ['mɔːrɪʃ] *adj* mauresque.

moorland ['mɔːlənd] *n esp Br* lande *f*.

moose [muːs] (*pl inv*) *n* [North American] orignal *m*.

moot [muːt] *vt* [question] soulever.

moot point *n* point *m* discutable.

mop [mɒp] (*pt* & *pp* -ped ; *cont* -ping) ⋄ *n* - **1.** [for cleaning] balai *m* à laver - **2.** inf [hair] tignasse *f* ⋄ *vt* - **1.** [floor] laver - **2.** [sweat] essuyer ; **to ~ one's face** s'essuyer le visage.

➡ **mop up** *vt sep* [clean up] éponger.

mope [məʊp] *vi* broyer du noir.

➡ **mope about, mope around** *vi* traîner.

moped ['məʊped] *n* vélomoteur *m*.

moral ['mɒrəl] ⋄ *adj* moral(e) ; **~ support** soutien *m* moral ⋄ *n* [lesson] morale *f*.

➡ **morals** *npl* moralité *f*.

morale [mə'rɑːl] *n (U)* moral *m*.

moralistic [ˌmɒrə'lɪstɪk] *adj* pej moralisateur(trice).

morality [mə'rælətɪ] (*pl* -ies) *n* moralité *f*.

moralize, -ise ['mɒrəlaɪz] *vi* pej : **to ~ (about** OR **on)** moraliser (sur).

morally ['mɒrəlɪ] *adv* moralement.

Moral Majority *n* groupe de pression américain ultra-conservateur lié aux églises fondamentalistes.

morass [mə'ræs] *n* fig [of detail, paperwork] fatras *m*.

moratorium [ˌmɒrə'tɔːrɪəm] (*pl* -ria [-rɪə]) *n* moratoire *m*.

morbid ['mɔːbɪd] *adj* morbide.

more [mɔːʳ] ⋄ *adv* - **1.** (with adjectives and adverbs) plus ; **~ important (than)** plus important (que) ; **~ often/quickly (than)** plus souvent/rapidement (que) - **2.** [to a greater degree] plus, davantage ; **she's ~ like a mother to me than a sister** elle est davantage une mère qu'une sœur pour moi ; **we were ~ hurt than angry** nous étions plus offensés que fâchés, nous étions offensés plutôt que fâchés - **3.** [another time] : **once/twice ~** une fois/deux fois de plus, encore une fois/deux fois ⋄ *adj* - **1.** [larger number, amount of] plus de, davantage de ; **there are ~ trains in the morning** il y a plus de trains le matin ; **~ than 70 people died** plus de 70 personnes ont péri - **2.** [an extra amount of] encore (de) ; **have some ~ tea** prends encore du thé ; **I finished two ~ chapters today** j'ai fini deux autres OR encore deux chapitres aujourd'hui ; **we need ~ money/time** il nous faut plus d'argent/de temps, il nous faut davantage d'argent/de temps ⋄ *pron* plus, davantage ; **~ than five** plus de cinq ; **he's got ~ than I have** il en a plus que moi ; **there's ~ if you want it** il y en a encore si vous en voulez ; **there's no ~ (left)** il n'y en a plus, il n'en reste plus ; **what ~ do you want?** qu'est-ce que tu veux de plus? ; **(and) what's ~** de plus, qui plus est.

➡ **any more** *adv* : **not ... any ~** ne ... plus.

➡ **more and more** ⋄ *adv* & *pron* de plus en plus ; **~ and ~ depressed** de plus en plus déprimé ⋄ *adj* de plus en plus de ; **there are ~ and ~ cars on the roads** il y a de plus en plus de voitures sur les routes.

➡ **more or less** *adv* - **1.** [almost] plus ou moins - **2.** [approximately] environ, à peu près.

moreover [mɔː'rəʊvəʳ] *adv* de plus.

morgue [mɔːg] *n* morgue *f*.

MORI ['mɒrɪ] (*abbr of* Market & Opinion Research Institute) *n* institut de sondage.

moribund ['mɒrɪbʌnd] *adj* moribond(e).

Mormon ['mɔːmən] *n* mormon *m*, -e *f*.

morning ['mɔːnɪŋ] *n* matin *m* ; [duration] matinée *f* ; **I work in the ~** je travaille le matin ; **I'll do it tomorrow ~** OR **in the ~** je le ferai demain.

➡ **mornings** *adv* Am le matin.

morning-after pill *n* pilule *f* du lendemain.

morning dress *n esp Br* habit *m*, frac *m*.

morning sickness *n (U)* nausées *fpl* (matinales).

Moroccan [mə'rɒkən] ⋄ *adj* marocain(e) ⋄ *n* Marocain *m*, -e *f*.

Morocco [mə'rɒkəʊ] *n* Maroc *m* ; **in ~** au Maroc.

moron ['mɔːrɒn] n inf idiot m, -e f, crétin m, -e f.

moronic [mə'rɒnɪk] adj idiot(e), crétin(e).

morose [mə'rəus] adj morose.

morphine ['mɔːfiːn] n morphine f.

morris dancing ['mɒrɪs-] n (U) danse folklorique anglaise.

Morse (code) [mɔːs-] n morse m.

morsel ['mɔːsl] n bout m, morceau m.

mortal ['mɔːtl] ⋄ adj mortel(elle) ⋄ n mortel m, -elle f.

mortality [mɔː'tælətɪ] n mortalité f.

mortality rate n taux m de mortalité.

mortally ['mɔːtəlɪ] adv mortellement.

mortar ['mɔːtər] n mortier m.

mortarboard ['mɔːtəbɔːd] n mortier m (chapeau).

mortgage ['mɔːgɪdʒ] ⋄ n emprunt-logement m ⋄ vt hypothéquer.

mortgagee [,mɔːgɪ'dʒiː] n créancier m, -ère f hypothécaire.

mortgagor [,mɔːgɪ'dʒɔːr] n débiteur m, -trice f hypothécaire.

mortician [mɔː'tɪʃn] n Am entrepreneur m de pompes funèbres.

mortified ['mɔːtɪfaɪd] adj mortifié(e).

mortise lock ['mɔːtɪs-] n serrure f encastrée.

mortuary ['mɔːtʃuərɪ] (pl -ies) n morgue f.

mosaic [mə'zeɪɪk] n mosaïque f.

Moscow ['mɒskəu] n Moscou.

Moslem ['mɒzləm] = Muslim.

mosque [mɒsk] n mosquée f.

mosquito [mə'skiːtəu] (pl -es OR -s) n moustique m.

mosquito net n moustiquaire f.

moss [mɒs] n mousse f.

mossy ['mɒsɪ] (compar -ier ; superl -iest) adj moussu(e), couvert(e) de mousse.

most [məust] (superl of many) ⋄ adj - **1.** [the majority of] la plupart de ; **~ tourists here are German** la plupart des touristes ici sont allemands - **2.** [largest amount of] : **(the) ~** le plus de ; **she's got (the) ~ money/sweets** c'est elle qui a le plus d'argent/de bonbons ⋄ pron - **1.** [the majority] la plupart ; **~ of the tourists here are German** la plupart des touristes ici sont allemands - **~ of them** la plupart d'entre eux - **2.** [largest amount] : **(the) ~** le plus ; **at ~ au maximum, tout au plus - 3. phr : to make the ~ of sthg** profiter de qqch au maximum ⋄ adv - **1.** [to greatest extent] : **(the) ~** le plus - **2.** fml [very] très, fort - **3.** Am [almost] presque.

mostly ['məustlɪ] adv principalement, surtout.

MOT ⋄ n (abbr of **Ministry of Transport (test)**) contrôle technique annuel obligatoire pour les véhicules de plus de trois ans ⋄ vt : **to have one's car ~'d** soumettre sa voiture au contrôle technique.

motel [məu'tel] n motel m.

moth [mɒθ] n papillon m de nuit ; [in clothes] mite f.

mothball ['mɒθbɔːl] n boule f de naphtaline.

moth-eaten adj mité(e).

mother ['mʌðər] ⋄ n mère f ⋄ vt [child] materner, dorloter.

motherboard ['mʌðəbɔːd] n COMPUT carte f mère.

motherhood ['mʌðəhud] n maternité f.

Mothering Sunday ['mʌðərɪŋ-] n fête f des Mères.

mother-in-law (pl **mothers-in-law**) n belle-mère f.

motherland ['mʌðəlænd] n mère patrie f.

motherless ['mʌðəlɪs] adj orphelin(e) de mère.

motherly ['mʌðəlɪ] adj maternel(elle).

Mother Nature n la nature.

mother-of-pearl ⋄ n nacre f ⋄ comp de nacre.

Mother's day n fête f des Mères.

mother ship n ravitailleur m.

mother superior n mère f supérieure.

mother-to-be (pl **mothers-to-be**) n future maman f.

mother tongue n langue f maternelle.

motif [məu'tiːf] n motif m.

motion ['məuʃn] ⋄ n - **1.** [gen] mouvement m ; **to set sthg in ~** mettre qqch en branle ; **to go through the ~s** [act insincerely] faire semblant de faire quelque chose - **2.** [in debate] motion f ⋄ vt : **to ~ sb to do sthg** faire signe à qqn de faire qqch ⋄ vi : **to ~ to sb** faire signe à qqn.

motionless ['məuʃənlɪs] adj immobile.

motion picture n Am film m.

motivate ['məutɪveɪt] vt - **1.** [act, decision] motiver - **2.** [student, workforce] : **to ~ sb (to do sthg)** pousser qqn (à faire qqch).

motivated ['məutɪveɪtɪd] adj motivé(e).

motivation [,məutɪ'veɪʃn] n motivation f.

motive ['məutɪv] n motif m.

motley ['mɒtlɪ] adj pej hétéroclite.

motocross ['məʊtəkrɒs] n motocross m.

motor ['məʊtəʳ] ◇ adj Br [engine] moteur m ◇ vi dated aller en automobile.

Motorail® ['məʊtəreɪl] n Br train m autocouchette OR autos-couchettes.

motorbike ['məʊtəbaɪk] n inf moto f.

motorboat ['məʊtəbəʊt] n canot m automobile.

motorcade ['məʊtəkeɪd] n cortège m de voitures.

motorcar ['məʊtəkɑːʳ] n Br automobile f, voiture f.

motorcycle ['məʊtəˌsaɪkl] n moto f.

motorcyclist ['məʊtəˌsaɪklɪst] n motocycliste mf.

motoring ['məʊtərɪŋ] ◇ adj Br [magazine, correspondent] automobile ; **a ~ offence** une infraction au code de la route ◇ n tourisme m automobile.

motorist ['məʊtərɪst] n automobiliste mf.

motorize, -ise ['məʊtəraɪz] vt motoriser.

motor lodge n Am motel m.

motor racing n (U) course f automobile.

motor scooter n scooter m.

motor vehicle n véhicule m automobile.

motorway ['məʊtəweɪ] Br ◇ n autoroute f ◇ comp d'autoroute.

mottled ['mɒtld] adj [leaf] tacheté(e) ; [skin] marbré(e).

motto ['mɒtəʊ] (pl -s OR -es) n devise f.

mould, mold Am [məʊld] ◇ n - 1. [growth] moisissure f - 2. [shape] moule m ◇ vt - 1. [shape] mouler, modeler - 2. fig [influence] former, façonner.

moulding, molding Am ['məʊldɪŋ] n - 1. [decoration] moulure f - 2. [moulded object] moulage m.

mouldy, moldy Am ['məʊldɪ] (compar -ier ; superl -iest) adj moisi(e).

moult, molt Am [məʊlt] ◇ vt perdre ◇ vi muer.

mound [maʊnd] n - 1. [small hill] tertre m, butte f - 2. [pile] tas m, monceau m.

mount [maʊnt] ◇ n - 1. [support - for jewel] monture f ; [- for photograph] carton m de montage ; [- for machine] support m - 2. [horse] monture f - 3. [mountain] mont m ◇ vt monter ; **to ~ a horse** monter sur un cheval ; **to ~ a bike** monter sur OR enfourcher un vélo ; **to ~ guard over** monter la garde auprès de ◇ vi - 1. [increase] monter, augmenter - 2. [climb on horse] se mettre en selle.

mountain ['maʊntɪn] n lit & fig montagne f ;

don't make a ~ out of a mohehill n'en fais pas une montagne.

mountain bike n VTT m.

mountaineer [ˌmaʊntɪˈnɪəʳ] n alpiniste mf.

mountaineering [ˌmaʊntɪˈnɪərɪŋ] n alpinisme m.

mountainous ['maʊntɪnəs] adj [region] montagneux(euse).

mountain range n chaîne f de montagnes.

mountain rescue n secours m en montagne.

mounted ['maʊntɪd] adj monté(e), à cheval.

mounted police n : **the ~** la police montée.

Mountie ['maʊntɪ] n inf membre de la police montée canadienne.

mourn [mɔːn] ◇ vt pleurer ◇ vi : **to ~ (for sb)** pleurer (qqn).

mourner ['mɔːnəʳ] n [related] parent m du défunt ; [unrelated] ami m, -e f du défunt.

mournful ['mɔːnfʊl] adj [face] triste ; [sound] lugubre.

mourning ['mɔːnɪŋ] n deuil m ; **in ~** en deuil.

mouse [maʊs] (pl **mice** [maɪs]) n COMPUT & ZOOL souris f.

mouse mat n COMPUT tapis m de souris.

mousetrap ['maʊstræp] n souricière f.

moussaka [muːˈsɑːkə] n moussaka f.

mousse [muːs] n mousse f.

moustache Br [məˈstɑːʃ], **mustache** Am ['mʌstæʃ] n moustache f.

mouth [n maʊθ, vt maʊð] ◇ n - 1. [of person, animal] bouche f ; [of dog, cat, lion] gueule f ; **to keep one's ~ shut** inf se taire - 2. [of cave] entrée f ; [of river] embouchure f ◇ vt [words] former silencieusement (avec la bouche).

mouthful ['maʊθfʊl] n - 1. [of food] bouchée f ; [of drink] gorgée f - 2. inf [difficult name] nom m à coucher dehors.

mouthorgan ['maʊθˌɔːɡən] n harmonica m.

mouthpiece ['maʊθpiːs] n - 1. [of telephone] microphone m ; [of musical instrument] bec m - 2. [spokesperson] porte-parole m inv.

mouth-to-mouth adj : **~ resuscitation** bouche-à-bouche m inv.

mouthwash ['maʊθwɒʃ] n eau f dentifrice.

mouth-watering [-ˌwɔːtərɪŋ] adj alléchant(e).

movable ['muːvəbl] adj mobile.

move [muːv] ◇ n - 1. [movement] mouvement m ; **to be on the ~** [person] être en déplacement ; [troops] être en marche ; **to get a ~ on** inf se remuer, se grouiller - 2. [change - of house] déménagement *m* ; [- of job] changement *m* d'emploi **- 3.** [in game - action] coup *m* ; [- turn to play] tour *m* ; **fig** démarche *f* ◇ *vt* **- 1.** [shift] déplacer, bouger **- 2.** [change - job, office] changer de ; **to ~ house** déménager **- 3.** [cause] : **to ~ sb to do sthg** inciter qqn à faire qqch **- 4.** [emotionally] émouvoir **- 5.** [propose] : **to ~ sthg/that ...** proposer qqch/que ... ◇ *vi* **- 1.** [shift] bouger **- 2.** [act] agir **- 3.** [to new house] déménager ; [to new job] changer d'emploi.

◆ **move about** *vi* **- 1.** [fidget] remuer **- 2.** [travel] voyager.

◆ **move along** ◇ *vt sep* faire avancer ◇ *vi* se déplacer ; **the police asked him to ~ along** la police lui a demandé de circuler.

◆ **move around** = **move about**.

◆ **move away** *vi* [leave] partir.

◆ **move in** ◇ *vt sep* [troops] faire intervenir ◇ *vi* [to house] emménager.

◆ **move off** *vi* [train, car] partir, s'ébranler.

◆ **move on** ◇ *vt sep* faire circuler ◇ *vi* **- 1.** [after stopping] se remettre en route **- 2.** [in discussion] changer de sujet.

◆ **move out** ◇ *vt sep* [troops] retirer ◇ *vi* [from house] déménager.

◆ **move over** *vi* s'écarter, se pousser.

◆ **move up** *vi* [on bench etc] se déplacer.

moveable ['mu:vəbl] = **movable**.

movement ['mu:vmənt] *n* mouvement *m*.

movie ['mu:vɪ] *n* **esp Am** film *m*.

movie camera *n* caméra *f*.

moviegoer ['mu:vɪ,gəʊə'] *n* **Am** cinéphile *mf*.

movie star *n* **Am** star *f*, vedette *f* de cinéma.

movie theater *n* **Am** cinéma *m*.

moving ['mu:vɪŋ] *adj* **- 1.** [emotionally] émouvant(e), touchant(e) **- 2.** [not fixed] mobile.

moving staircase *n* escalier *m* roulant.

mow [məʊ] (*pt* -ed ; *pp* -ed OR **mown**) *vt* faucher ; [lawn] tondre.

◆ **mow down** *vt sep* faucher.

mower ['məʊə'] *n* tondeuse *f* à gazon.

mown [məʊn] *pp* ▷ **mow**.

Mozambican [,məʊzæm'bi:kn] ◇ *adj* mozambicain(e) ◇ *n* Mozambicain *m*, -e *f*.

Mozambique [,məʊzæm'bi:k] *n* Mozambique *m* ; **in ~** au Mozambique.

MP *n* **- 1.** (abbr of **Military Police**) PM **- 2. Br** (abbr of **Member of Parliament**) ≃ député *m* **- 3. Can** abbr of **Mounted Police**.

mpg (abbr of **miles per gallon**) *n* miles au gallon.

mph (abbr of **miles per hour**) *n* miles à l'heure.

MPhil [,em'fɪl] (abbr of **Master of Philosophy**) *n* (titulaire d'une) maîtrise de lettres.

MPS (abbr of **Member of the Pharmaceutical Society**) *n* membre de l'Académie de pharmacie britannique.

Mr ['mɪstə'] *n* Monsieur *m* ; [on letter] M.

MRC (abbr of **Medical Research Council**) *n* conseil de la recherche médicale en Grande-Bretagne.

MRCP (abbr of **Member of the Royal College of Physicians**) *n* membre de l'Académie de médecine britannique.

MRCS (abbr of **Member of the Royal College of Surgeons**) *n* membre de l'Académie de chirurgie britannique.

MRCVS (abbr of **Member of the Royal College of Veterinary Surgeons**) *n* membre de l'Académie de chirurgie vétérinaire britannique.

Mrs ['mɪsɪz] *n* Madame *f* ; [on letter] Mme.

ms. (abbr of **manuscript**) *n* ms.

Ms [mɪz] *n* titre que les femmes peuvent utiliser au lieu de madame ou mademoiselle pour éviter la distinction entre les femmes mariées et les célibataires.

MS ◇ *n* **- 1.** (abbr of **manuscript**) ms **- 2.** (abbr of **Master of Science**) (titulaire d'une) maîtrise de sciences américaine **- 3.** (abbr of **multiple sclerosis**) SEP *f* ◇ abbr of **Mississippi**.

MSA (abbr of **Master of Science in Agriculture**) *n* (titulaire d'une) maîtrise en sciences agricoles.

MSB (abbr of **most significant bit/byte**) *n* bit/octet de poids fort.

MSc (abbr of **Master of Science**) *n* (titulaire d'une) maîtrise de sciences.

MSC (abbr of **Manpower Services Commission**) *n* agence nationale britannique pour l'emploi.

MSF (abbr of **Manufacturing Science and Finance**) *n* confédération syndicale britannique.

MSG abbr of **monosodium glutamate**.

Msgr (abbr of **Monsignor**) Mgr.

MSP *n* abbr of **Member of the Scottish Parliament**.

MSt (abbr of **Mountain Standard Time**) *n* heure d'hiver des montagnes Rocheuses.

MSW (abbr of **Master of Social Work**) *n* (titulaire d'une) maîtrise en travail social.

Mt (abbr of **mount**) Mt.

MT ◇ *n* (abbr of **machine translation**) TA *f* ◇ abbr of **Montana**.

much [mʌtʃ] (compar **more** ; superl **most**) ◇ *adj* beaucoup de ; **there isn't ~ rice left** il

ne reste pas beaucoup de riz ; **as ~ money as** ... autant d'argent que ... ; **too ~** trop de ; **how ~ ...?** combien de ...? ; **how ~ money do you earn?** tu gagnes combien? ◇ *pron* beaucoup ; **I don't think ~ of his new house** sa nouvelle maison ne me plaît pas trop ; **as ~ as** autant que ; **too ~** trop ; **how ~?** combien? ; **I'm not ~ of a cook** je suis un piètre cuisinier ; **so ~ for all my hard work** tout ce travail pour rien ; **I thought as ~** c'est bien ce que je pensais ; **it's not up to ~** *inf* ça ne vaut pas grand-chose ◇ *adv* beaucoup ; **I don't go out ~** je ne sors pas beaucoup OR souvent ; **as ~ as** autant que ; **thank you very ~** merci beaucoup ; **without so ~ as** ... sans même ...
◆ **much as** *conj* bien que (+ *subjunctive*).

muchness ['mʌtʃnɪs] *n* : **to be much of a ~** être blanc bonnet et bonnet blanc.

muck [mʌk] *inf n (U)* **- 1.** [dirt] saletés *fpl* **- 2.** [manure] fumier *m*.
◆ **muck about, muck around** Br *inf* ◇ *vt sep* : **to ~ sb about** traiter qqn par-dessus OR par-dessous la jambe ◇ *vi* traîner.
◆ **muck in** *vi* Br *inf* donner un coup de main.
◆ **muck out** *vt sep* nettoyer.
◆ **muck up** *vt sep* Br *inf* gâcher.

muckraking ['mʌkreɪkɪŋ] *n* fig mise f au jour de scandales.

mucky ['mʌkɪ] (*compar* **-ier** ; *superl* **-iest**) *adj* sale.

mucus ['mjuːkəs] *n* mucus *m*.

mud [mʌd] *n* boue f.

muddle ['mʌdl] ◇ *n* désordre *m*, fouillis *m* ; **to be in a ~** [room, finances] être en désordre ; [person] ne plus s'y retrouver ◇ *vt* **- 1.** [papers] mélanger **- 2.** [person] embrouiller.
◆ **muddle along** *vi* se débrouiller tant bien que mal.
◆ **muddle through** *vi* se tirer d'affaire, s'en sortir tant bien que mal.
◆ **muddle up** *vt sep* mélanger.

muddle-headed [-,hedɪd] *adj* [thinking] confus(e) ; [person] brouillon(onne).

muddy ['mʌdɪ] (*compar* **-ier** ; *superl* **-iest**, *pt* & *pp* **-ied**) ◇ *adj* boueux(euse) ◇ *vt* fig embrouiller.

mudflap ['mʌdflæp] *n* pare-boue *m inv*.

mudflat ['mʌdflæt] *n* laisse f.

mudguard ['mʌdgɑːd] *n* garde-boue *m inv*.

mudpack ['mʌdpæk] *n* masque *m* de beauté.

mudslinging ['mʌd,slɪŋɪŋ] *n (U)* fig attaques *fpl*.

muesli ['mjuːzlɪ] *n* Br muesli *m*.

muff [mʌf] ◇ *n* manchon *m* ◇ *vt* inf louper.

muffin ['mʌfɪn] *n* muffin *m*.

muffle ['mʌfl] *vt* étouffer.

muffled ['mʌfld] *adj* **- 1.** [sound] sourd(e), étouffé(e) **- 2.** [person] : **~ (up)** emmitouflé(e).

muffler ['mʌflər] *n* Am [for car] silencieux *m*.

mug [mʌg] (*pt* & *pp* **-ged** ; *cont* **-ging**) ◇ *n* **- 1.** [cup] (grande) tasse f **- 2.** inf [fool] andouille f ◇ *vt* [attack] agresser.

mugger ['mʌgər] *n* agresseur *m*.

mugging ['mʌgɪŋ] *n* agression f.

muggy ['mʌgɪ] (*compar* **-ier** ; *superl* **-iest**) *adj* lourd(e), moite.

mugshot ['mʌgʃɒt] *n* inf photo f (de criminel).

mujaheddin [,muːdʒəhe'diːn] *npl* moudjahiddin *mpl*.

mulatto [mjuː'lætəʊ] (*pl* **-s** OR **-es**) *n* mûlatre *m*, mûlatresse f.

mulberry ['mʌlbərɪ] (*pl* **-ies**) *n* **- 1.** [tree] mûrier *m* **- 2.** [fruit] mûre f.

mule [mjuːl] *n* mule f.

mull [mʌl] ◆ **mull over** *vt sep* ruminer, réfléchir à.

mullah ['mʌlə] *n* mollah *m*.

mulled [mʌld] *adj* : **~ wine** vin *m* chaud.

mullet ['mʌlɪt] (*pl inv* OR **-s**) *n* mulet *m*.

mulligatawny [,mʌlɪgə'tɔːnɪ] *n* soupe indienne au curry.

mullioned ['mʌlɪənd] *adj* [window] à meneaux.

multi- ['mʌltɪ] *prefix* multi-.

multicoloured Br, **multicolored** Am ['mʌltɪ,kʌləd] *adj* multicolore.

multicultural [,mʌltɪ'kʌltʃərəl] *adj* multiculturel(elle).

multifarious [,mʌltɪ'feərɪəs] *adj* divers, très varié(e).

multigym ['mʌltɪdʒɪm] *n* appareil *m* de musculation.

multilateral [,mʌltɪ'lætərəl] *adj* multilatéral(e).

multimedia [,mʌltɪ'miːdjə] *adj* multimédia (*inv*).

multimillionaire ['mʌltɪ,mɪljə'neər] *n* multimillionnaire *mf*.

multinational [,mʌltɪ'næʃənl] ◇ *adj* multinational(e) ◇ *n* multinationale f.

multiparty ['mʌltɪ,pɑːtɪ] *adj* multipartite ; **the ~ system** le pluripartisme.

multiple ['mʌltɪpl] ◇ *adj* multiple ◇ *n* multiple *m*.

multiple-choice *adj* à choix multiple.

multiple crash n carambolage m.

multiple injuries npl lésions fpl multiples.

multiple sclerosis [-sklɪ'rəʊsɪs] n sclérose f en plaques.

multiplex cinema ['mʌltɪpleks-] n complexe m multisalles.

multiplication [,mʌltɪplɪ'keɪʃn] n multiplication f.

multiplication sign n signe m de multiplication.

multiplication table n table f de multiplication.

multiplicity [,mʌltɪ'plɪsətɪ] n multiplicité f.

multiply ['mʌltɪplaɪ] (pt & pp -ied) <> vt multiplier <> vi se multiplier.

multipurpose [,mʌltɪ'pɜːpəs] adj polyvalent(e), à usages multiples.

multiracial [,mʌltɪ'reɪʃl] adj multiracial(e).

multistorey Br, **multistory** Am [,mʌltɪ'stɔːrɪ] <> adj à étages <> n [car park] parking m à étages.

multitude ['mʌltɪtjuːd] n multitude f.

multi-user adj COMPUT [system] multi-utilisateurs (inv).

multivitamin [Br 'mʌltɪvɪtəmɪn, Am 'mʌltɪvaɪtəmɪn] n multivitamine f.

mum [mʌm] Br inf <> n maman f <> adj : to keep ~ ne pas piper mot.

mumble ['mʌmbl] vt & vi marmotter.

mumbo jumbo ['mʌmbəʊ'dʒʌmbəʊ] n charabia m.

mummify ['mʌmɪfaɪ] (pt & pp -ied) vt momifier.

mummy ['mʌmɪ] (pl -ies) n - 1. Br inf [mother] maman f - 2. [preserved body] momie f.

mumps [mʌmps] n (U) oreillons mpl.

munch [mʌntʃ] vt & vi croquer.

mundane [mʌn'deɪn] adj banal(e), ordinaire.

mung bean [mʌŋ-] n mungo m.

municipal [mjuː'nɪsɪpl] adj municipal(e).

municipality [mju:,nɪsɪ'pælətɪ] (pl -ies) n municipalité f.

munificent [mjuː'nɪfɪsənt] adj munificent(e).

munitions [mjuː'nɪʃnz] npl munitions fpl.

mural ['mjʊərəl] n peinture f murale.

murder ['mɜːdər] <> n meurtre m ; to get away with ~ fig pouvoir faire n'importe quoi impunément <> vt assassiner.

murderer ['mɜːdərər] n meurtrier m, assassin m.

murderess ['mɜːdərɪs] n meurtrière f.

murderous ['mɜːdərəs] adj meurtrier(ère).

murky ['mɜːkɪ] (compar -ier ; superl -iest) adj - 1. [place] sombre - 2. [water, past] trouble.

murmur ['mɜːmər] <> n murmure m ; MED souffle m au cœur <> vt & vi murmurer.

MusB [mjuːz'biːl], **MusBac** [mjuːz'bæk] (abbr of Bachelor of Music) n (titulaire d'un) diplôme d'études musicales.

muscle ['mʌsl] n muscle m ; fig [power] poids m, impact m.

→ **muscle in** vi intervenir, s'immiscer.

muscleman ['mʌslmən] (pl -men [-men]) n hercule m.

Muscovite ['mʌskəvaɪt] <> adj moscovite <> n Moscovite mf.

muscular ['mʌskjʊlər] adj - 1. [spasm, pain] musculaire - 2. [person] musclé(e)

muscular dystrophy [-'dɪstrəfɪ] n myopathie f primitive progressive, dystrophie f musculaire.

MusD [mjuːz'diːl], **MusDoc** [mjuːz'dɒk] (abbr of Doctor of Music) n (titulaire d'un) doctorat d'études musicales.

muse [mjuːz] <> n muse f <> vi méditer, réfléchir.

museum [mjuː'ziːəm] n musée m.

mush [mʌʃ] n - 1. [gunge] bouillie f - 2. inf [sentimentality] sentimentalité f.

mushroom ['mʌʃrʊm] <> n champignon m <> vi [organization, party] se développer, grandir ; [houses] proliférer.

mushroom cloud n champignon m atomique.

mushy ['mʌʃɪ] (compar -ier ; superl -iest) adj - 1. [food] en bouillie - 2. inf [over-sentimental] à l'eau de rose, à la guimauve.

music ['mjuːzɪk] n musique f.

musical ['mjuːzɪkl] <> adj - 1. [event, voice] musical(e) - 2. [child] doué(e) pour la musique, musicien(enne) <> n comédie f musicale.

musical box Br, **music box** Am n boîte f à musique.

musical chairs n (U) chaises fpl musicales.

musical instrument n instrument m de musique.

music box Am = musical box.

music centre n chaîne f compacte.

music hall n Br music-hall m.

musician [mjuː'zɪʃn] n musicien m, -enne f.

music stand n pupitre m à musique.

musk [mʌsk] n musc m.

musket ['mʌskɪt] n mousquet m.

muskrat ['mʌskræt] *n* rat *m* musqué, ondatra *m*.

Muslim ['mʊzlɪm] ⟺ *adj* musulman(e) ⟺ *n* Musulman *m*, -e *f*.

muslin ['mʌzlɪn] *n* mousseline *f*.

musquash ['mʌskwɒʃ] *n* rat *m* musqué, ondatra *m*.

muss [mʌs] *vt* Am : **to ~ (up)** [clothes] chiffonner, froisser ; [hair] déranger.

mussel ['mʌsl] *n* moule *f*.

must [mʌst] ⟺ *modal vb* - **1.** [expressing obligation] devoir ; **I ~ go** il faut que je m'en aille, je dois partir ; **you ~ come and visit** il faut absolument que tu viennes nous voir - **2.** [expressing likelihood] : **they ~ have known** ils devaient le savoir ⟺ *n inf* : **a ~** un must, un impératif ; **the film is a ~** c'est un film à voir absolument.

mustache Am = moustache.

mustard ['mʌstəd] *n* moutarde *f* ; **~ and cress** Br moutarde blanche et cresson alénois.

mustard gas *n* gaz *m* moutarde.

muster ['mʌstəʳ] ⟺ *vt* rassembler ⟺ *vi* se réunir, se rassembler.

➠ **muster up** *vt fus* rassembler.

mustn't [mʌsnt] = **must not**.

must've ['mʌstəv] = **must have**.

musty ['mʌstɪ] (*compar* **-ier** ; *superl* **-iest**) *adj* [smell] de moisi ; [room] qui sent le renfermé OR le moisi.

mutant ['mjuːtənt] ⟺ *adj* mutant(e) ⟺ *n* mutant *m*.

mutate [mjuː'teɪt] *vi* subir une mutation, muter ; **to ~ into sthg** se changer en qqch, se transformer en qqch.

mutation [mjuː'teɪʃn] *n* mutation *f*.

mute [mjuːt] ⟺ *adj* muet(ette) ⟺ *n* muet *m*, -ette *f* ⟺ *vt* étouffer, assourdir.

muted ['mjuːtɪd] *adj* - **1.** [colour] sourd(e) - **2.** [reaction] peu marqué(e) ; [protest] voilé(e).

mutilate ['mjuːtɪleɪt] *vt* mutiler.

mutilation [ˌmjuːtɪ'leɪʃn] *n* mutilation *f*.

mutineer [ˌmjuːtɪ'nɪəʳ] *n* mutiné *m*, mutin *m*.

mutinous ['mjuːtɪnəs] *adj* [crew, soldiers] mutiné(e) ; [person, attitude] rebelle.

mutiny ['mjuːtɪnɪ] (*pl* **-ies**, *pt* & *pp* **-ied**) ⟺ *n* mutinerie *f* ⟺ *vi* se mutiner.

mutt [mʌt] *n inf* - **1.** [fool] andouille *f*, crétin *m*, -e *f*. Am [dog] clébard *m*.

mutter ['mʌtəʳ] ⟺ *vt* [threat, curse] marmonner ⟺ *vi* marmotter, marmonner ; **to ~ to o.s.** marmotter, parler dans sa barbe.

muttering ['mʌtərɪŋ] *n* - **1.** [remark] marmonnement *m*, marmottement *m* - **2.** [sound] murmure *m*.

mutton ['mʌtn] *n* mouton *m* ; **she's ~ dressed as lamb** Br c'est une vieille coquette.

mutual ['mjuːtʃʊəl] *adj* - **1.** [feeling, help] réciproque, mutuel(elle) - **2.** [friend, interest] commun(e).

mutual fund *n* Am fonds *m* commun de placement.

mutually ['mjuːtʃʊəlɪ] *adv* mutuellement, réciproquement ; **~ exclusive** qui s'excluent l'un l'autre.

Muzak® ['mjuːzæk] *n* musique *f* d'ambiance.

muzzle ['mʌzl] ⟺ *n* - **1.** [of dog - mouth] museau *m* ; [- guard] muselière *f* - **2.** [of gun] gueule *f* ⟺ *vt lit* & *fig* museler.

muzzy ['mʌzɪ] (*compar* **-ier** ; *superl* **-iest**) *adj* embrouillé(e), confus(e).

MVP (*abbr of* **most valuable player**) *n* Am *titre de meilleur joueur décerné dans une équipe à celui qui a réalisé la meilleure performance lors d'un match, d'une saison etc.*

MW (*abbr of* **medium wave**) PO.

my [maɪ] *poss adj* - **1.** [referring to oneself] mon (ma), mes (*pl*) ; **~ dog** mon chien ; **~ house** ma maison ; **~ children** mes enfants ; **~ name is Joe/Sarah** je m'appelle Joe/Sarah ; **it wasn't MY fault** ce n'était pas de ma faute à moi - **2.** [in titles] : **yes, ~ Lord** oui, monsieur le comte/duc *etc.*

mynah (bird) ['maɪnə-] *n* mainate *m*.

myopic [maɪ'ɒpɪk] *adj* myope.

myriad ['mɪrɪəd] *literary* ⟺ *adj* innombrable ⟺ *n* myriade *f*.

myrrh [mɜːʳ] *n* myrrhe *f*.

myrtle ['mɜːtl] *n* myrte *m*.

myself [maɪ'self] *pron* - **1.** (*reflexive*) me ; (*after prep*) moi - **2.** (*for emphasis*) moi-même ; **I did it ~** je l'ai fait tout seul.

mysterious [mɪ'stɪərɪəs] *adj* mystérieux(euse) ; **to be ~ about sthg** faire (un) mystère de qqch.

mysteriously [mɪ'stɪərɪəslɪ] *adv* mystérieusement.

mystery ['mɪstərɪ] (*pl* **-ies**) ⟺ *n* mystère *m* ⟺ *comp* mystérieux(euse).

mystery story *n* histoire *f* à suspense.

mystery tour *n* voyage *m* surprise (*dont la destination est inconnue*).

mystic ['mɪstɪk] ⟺ *adj* [power] occulte ; [rite] mystique, ésotérique ⟺ *n* mystique *mf*.

mystical ['mɪstɪkl] *adj* mystique.

mysticism ['mɪstɪsɪzm] *n* mysticisme *m*.

mystified ['mɪstɪfaɪd] *adj* perplexe.

mystifying ['mɪstɪfaɪɪŋ] *adj* inexplicable, déconcertant(e).

mystique [mɪ'stiːk] *n* mystique *f*.

myth [mɪθ] *n* mythe *m*.

mythic ['mɪθɪk] *adj* légendaire.

mythical ['mɪθɪkl] *adj* mythique.

mythological [ˌmɪθə'lɒdʒɪkl] *adj* mythologique.

mythology [mɪ'θɒlədʒɪ] (*pl* **-ies**) *n* mythologie *f*.

myxomatosis [ˌmɪksəmə'təʊsɪs] *n* myxomatose *f*.

n (*pl* **n's** OR **ns**), **N** (*pl* **N's** OR **Ns**) [en] *n* [letter] n *m inv*, N *m inv*.
➤ **N** (*abbr of* **north**) N.

n/a, N/A (*abbr of* **not applicable**) s.o.

NA (*abbr of* **Narcotics Anonymous**) *n* association américaine d'aide aux toxicomanes.

NAACP (*abbr of* **National Association for the Advancement of Colored People**) *n* association nationale américaine pour la promotion de gens de couleur.

NAAFI ['næfɪ] (*abbr of* **Navy, Army & Air Force Institute**) *n* organisme approvisionnant les forces armées britanniques en biens de consommation.

nab [næb] (*pt & pp* **-bed**; *cont* **-bing**) *vt inf* - **1.** [arrest] pincer - **2.** [get quickly] attraper, accaparer.

NACU (*abbr of* **National Association of Colleges and Universities**) *n* association des établissements d'enseignement supérieur américains.

nadir ['neɪˌdɪər] *n* ASTRON nadir *m*; **to be at/reach a ~** *fig* être/tomber au plus bas.

naff [næf] *adj* Br *inf* nul (nulle).

nag [næg] (*pt & pp* **-ged**; *cont* **-ging**) ◇ *vt* harceler ◇ *vi* : **to ~ at sb** harceler qqn ; **stop nagging!** arrête de me casser les pieds!

◇ *n inf* - **1.** [person] enquiquineur *m*, -euse *f* - **2.** [horse] canasson *m*.

nagging ['nægɪŋ] *adj* - **1.** [doubt] persistant(e), tenace - **2.** [husband, wife] enquiquineur(euse).

nail [neɪl] ◇ *n* - **1.** [for fastening] clou *m* ; **to hit the ~ on the head** mettre le doigt dessus - **2.** [of finger, toe] ongle *m* ◇ *vt* clouer.
➤ **nail down** *vt sep* - **1.** [lid] clouer - **2.** *fig* [person] : **to ~ sb down to sthg** faire préciser qqch à qqn.
➤ **nail up** *vt sep* [notice] fixer avec des clous, clouer.

nail-biting *adj* plein(e) de suspense.

nailbrush ['neɪlbrʌʃ] *n* brosse *f* à ongles.

nail file *n* lime *f* à ongles.

nail polish *n* vernis *m* à ongles.

nail scissors *npl* ciseaux *mpl* à ongles.

nail varnish *n* vernis *m* à ongles.

nail varnish remover [-rɪ'muːvər] *n* dissolvant *m*.

Nairobi [naɪ'rəʊbɪ] *n* Nairobi.

naive, naïve [naɪ'iːv] *adj* naïf(ïve).

naivety, naïvety [naɪ'iːvtɪ] *n* naïveté *f*.

naked ['neɪkɪd] *adj* - **1.** [body, flame] nu(e) ; **with the ~ eye** à l'œil nu - **2.** [emotions] manifeste, évident(e) ; [aggression] non déguisé(e) ; **the ~ truth** la vérité toute nue.

NALGO ['nælgəʊ] (*abbr of* **National and Local Government Officers' Association**) *n* ancien syndicat britannique de la fonction publique.

Nam [næm] (*abbr of* **Vietnam**) *n* Am Vietnam *m*.

NAM (*abbr of* **National Association of Manufacturers**) *n* organisation patronale américaine.

name [neɪm] ◇ *n* - **1.** [identification] nom *m* ; **what's your ~?** comment vous appelez-vous? ; **to know sb by ~** connaître qqn de nom ; **by the ~ of** qui répond au nom de ; **in my/his ~** à mon/son nom ; **in the ~ of peace** au nom de la paix ; **in ~ only** de nom seulement ; **to call sb ~s** traiter qqn de tous les noms, injurier qqn - **2.** [reputation] réputation *f* ; **to make a ~ for o.s.** se faire un nom - **3.** [famous person] grand nom *m*, célébrité *f* ◇ *vt* - **1.** [gen] nommer ; **to ~ sb/sthg after** Br, **to ~ sb/sthg for** Am donner à qqn/à qqch le nom de - **2.** [date, price] fixer.

namedropping ['neɪmdrɒpɪŋ] *n* : **I hate ~** je déteste les gens qui veulent donner l'impression de connaître tous les grands de ce monde.

nameless ['neɪmlɪs] *adj* inconnu(e), sans nom ; [author] anonyme.

namely ['neımlı] *adv* à savoir, c'est-à-dire.

nameplate ['neımpleıt] *n* plaque *f*.

namesake ['neımseık] *n* homonyme *m*.

Namibia [nɑːˈmıbıə] *n* Namibie *f* ; **in ~** en Namibie.

Namibian [nɑːˈmıbıən] ◇ *adj* namibien(enne) ◇ *n* Namibien *m*, -enne *f*.

nan(a) [næn(ə)] *n Br inf* mamie *f*, mémé *f*.

nan bread *n (U)* pain *m* nan.

nanny ['nænı] (*pl* -ies) *n* nurse *f*, bonne *f* d'enfants.

nanny goat *n* chèvre *f*, bique *f*.

nap [næp] (*pt & pp* -ped ; *cont* -ping) ◇ *n* : **to have** OR **take a ~** faire un petit somme ◇ *vi* faire un petit somme ; **to be caught napping** *inf fig* être pris au dépourvu.

NAPA (*abbr of* **National Association of Performing Artists**) *n* syndicat américain des gens du spectacle.

napalm ['neıpɑːm] *n* napalm *m*.

nape [neıp] *n* nuque *f*.

napkin ['næpkın] *n* serviette *f*.

nappy ['næpı] (*pl* -ies) *n Br* couche *f*.

nappy liner *n* change *m* (jetable).

narcissi [nɑːˈsısaı] *pl* ▷ **narcissus**.

narcissism ['nɑːsısızm] *n* narcissisme *m*.

narcissistic [ˌnɑːsıˈsıstık] *adj* narcissique.

narcissus [nɑːˈsısəs] (*pl* -cissuses OR -cissi [-sısaı]) *n* narcisse *m*.

narcotic [nɑːˈkɒtık] *n* stupéfiant *m*, narcotique *m*.

nark [nɑːk] *Br inf* ◇ *n* police sl mouchard *m*, indic *m* ◇ *vt* mettre en rogne.

narky ['nɑːkı] (*compar* -ier ; *superl* -iest) *adj Br inf* de mauvais poil.

narrate [Br nəˈreıt, Am ˈnæreıt] *vt* raconter, narrer.

narration [Br nəˈreıʃn, Am næˈreıʃn] *n* narration *f*.

narrative ['nærətıv] ◇ *adj* narratif(ive) ◇ *n* - **1.** [story] récit *m*, narration *f* - **2.** [skill] art *m* de la narration.

narrator [Br nəˈreıtəʳ, Am ˈnæreıtər] *n* narrateur *m*, -trice *f*.

narrow ['nærəʊ] ◇ *adj* - **1.** [gen] étroit(e) ; **to have a ~ escape** l'échapper belle - **2.** [victory, majority] de justesse ◇ *vt* - **1.** [reduce] réduire, limiter - **2.** [eyes] fermer à demi, plisser ◇ *vi* lit & fig se rétrécir.

➤ **narrow down** *vt sep* réduire, limiter.

narrow-gauge *adj* RAIL : **~ track** voie *f* étroite.

narrowly ['nærəʊlı] *adv* - **1.** [win, lose] de justesse - **2.** [miss] de peu.

narrow-minded [-ˈmaındıd] *adj* [person] à l'esprit étroit, borné(e) ; [attitude] étroit(e), borné(e).

NAS (*abbr of* **National Academy of Sciences**) *n* académie américaine des sciences.

NASA ['næsə] (*abbr of* **National Aeronautics and Space Administration**) *n* NASA *f*.

nasal ['neızl] *adj* nasal(e).

nascent ['neısənt] *adj fml* naissant(e).

NASDAQ [næzdæk] (*abbr of* **National Association of Securities Dealers Automated Quotation**) *n* [in US] NASDAQ *m*.

nastily ['nɑːstılı] *adv* - **1.** [unkindly] méchamment - **2.** [painfully] : **to fall ~** faire une mauvaise chute.

nastiness ['nɑːstınıs] *n* [unkindness] méchanceté *f*.

nasturtium [nəsˈtɜːʃəm] (*pl* -s) *n* capucine *f*.

nasty ['nɑːstı] (*compar* -ier ; *superl* -iest) *adj* - **1.** [unpleasant - smell, feeling] mauvais(e) ; [- weather] vilain(e), mauvais(e) - **2.** [unkind] méchant(e) - **3.** [problem] difficile, délicat(e) - **4.** [injury] vilain(e) ; [accident] grave ; [fall] mauvais(e).

NAS/UWT (*abbr of* **National Association of Schoolmasters/Union of Women Teachers**) *n* syndicat d'enseignants et de chefs d'établissement en Grande-Bretagne.

Natal [nəˈtæl] *n* Natal *m* ; **in ~** au Natal.

nation ['neıʃn] *n* nation *f*.

national ['næʃənl] ◇ *adj* national(e) ; [campaign, strike] à l'échelon national ; [custom] du pays, de la nation ◇ *n* ressortissant *m*, -e *f*.

national anthem *n* hymne *m* national.

national debt *n* dette *f* publique.

national dress *n* costume *m* national.

national grid *n Br* réseau *m* électrique national.

National Guard *n* : **the ~** la Garde Nationale (armée nationale américaine composée de volontaires).

National Health Service *n* : **the ~** le service national de santé britannique.

National Heritage Minister *n* ministre britannique de la culture et des sports.

National Insurance *Br n (U)* - **1.** [system] système de sécurité sociale (maladie, retraite) et d'assurance chômage - **2.** [payment] ≈ contributions *fpl* à la Sécurité sociale.

nationalism ['næʃnəlızm] *n* nationalisme *m*.

nationalist ['næʃnəlıst] ◇ *adj* nationaliste ◇ *n* nationaliste *mf*.

nationality [ˌnæʃəˈnælətı] (*pl* -ies) *n* nationalité *f*.

nationalization [ˌnæʃnəlaɪˈzeɪʃn] n nationalisation f.

nationalize, -ise [ˈnæʃnəlaɪz] vt nationaliser.

nationalized [ˈnæʃnəlaɪzd] adj nationalisé(e).

national park n parc m national.

national service n Br MIL service m national OR militaire.

National Trust n Br : the ~ organisme non gouvernemental assurant la conservation de certains sites et monuments historiques.

nation state n nation f.

nationwide [ˈneɪʃənwaɪd] ⬦ adj dans tout le pays ; [campaign, strike] à l'échelon national ⬦ adv à travers tout le pays.

native [ˈneɪtɪv] ⬦ adj - 1. [country, area] natal(e) - 2. [language] maternel(elle) ; **an English ~ speaker** une personne de langue maternelle anglaise - 3. [plant, animal] indigène ; **~ to** originaire de ⬦ n autochtone mf ; [of colony] indigène mf.

Native American n Indien m, -enne f d'Amérique, Amérindien m, -enne f.

Nativity [nəˈtɪvətɪ] n : **the ~** la Nativité.

nativity play n mystère m de la Nativité.

NATO [ˈneɪtəʊ] (abbr of North Atlantic Treaty Organization) n OTAN f.

natter [ˈnætə] Br inf ⬦ n : **to have a ~** tailler une bavette, bavarder ⬦ vi bavarder.

natty [ˈnætɪ] (compar -ier ; superl -iest) adj inf [smart] chic (inv).

natural [ˈnætʃrəl] ⬦ adj - 1. [gen] naturel(elle) ; **to die of ~ causes** mourir de mort naturelle - 2. [instinct, talent] inné(e) - 3. [footballer, musician] né(e) - 4. [parent] vraie(e) ⬦ n : **she's a ~ at dancing** c'est une danseuse née.

natural childbirth n accouchement m sans douleur.

natural gas n gaz m naturel.

natural history n histoire f naturelle.

naturalist [ˈnætʃrəlɪst] n naturaliste mf.

naturalize, -ise [ˈnætʃrəlaɪz] vt naturaliser ; **to be ~d** se faire naturaliser.

naturally [ˈnætʃrəlɪ] adv - 1. [gen] naturellement ; **to come ~ to sb** être naturel chez qqn - 2. [unaffectedly] sans affectation, avec naturel.

naturalness [ˈnætʃrəlnɪs] n naturel m.

natural resources npl ressources fpl naturelles.

natural science n sciences fpl naturelles.

natural wastage n (U) départs mpl volontaires.

nature [ˈneɪtʃə] n nature f ; **by ~** [basically] par essence ; [by disposition] de nature, naturellement.

nature reserve n réserve f naturelle.

nature trail n sentier m signalisé pour amateurs de la nature.

naturist [ˈneɪtʃərɪst] n naturiste mf.

naturopathy [ˌneɪtʃəˈrɒpəθɪ] n naturopathie f.

naughty [ˈnɔːtɪ] (compar -ier ; superl -iest) adj - 1. [badly behaved] vilain(e), méchant(e) - 2. [rude] grivois(e).

nausea [ˈnɔːzjəl] n nausée f.

nauseam [ˈnɔːzɪæm] ⬦ ad nauseam.

nauseate [ˈnɔːsɪeɪt] vt lit & fig écœurer.

nauseating [ˈnɔːsɪeɪtɪŋ] adj lit & fig écœurant(e).

nauseous [ˈnɔːsjəs] adj - 1. MED : **to feel ~** avoir mal au cœur, avoir des nausées - 2. fig [revolting] écœurant(e), dégoutant(e).

nautical [ˈnɔːtɪkl] adj nautique.

nautical mile n mille m marin.

naval [ˈneɪvl] adj naval(e).

naval officer n officier m de marine.

nave [neɪv] n nef f.

navel [ˈneɪvl] n nombril m.

navigable [ˈnævɪgəbl] adj navigable.

navigate [ˈnævɪgeɪt] ⬦ vt - 1. [plane] piloter ; [ship] gouverner - 2. [seas, river] naviguer sur ⬦ vi AERON & NAUT naviguer ; AUT lire la carte.

navigation [ˌnævɪˈgeɪʃn] n navigation f.

navigator [ˈnævɪgeɪtə] n navigateur m.

navvy [ˈnævɪ] (pl -ies) n Br inf terrassier m.

navy [ˈneɪvɪ] (pl -ies) ⬦ n marine f ⬦ adj [in colour] bleu marine (inv).

navy blue ⬦ adj bleu marine (inv) ⬦ n bleu m marine.

Nazareth [ˈnæzərɪθ] n Nazareth.

Nazi [ˈnɑːtsɪ] (pl -s) ⬦ adj nazi(e) ⬦ n Nazi m, -e f.

NB - 1. (abbr of nota bene) NB - **2.** abbr of New Brunswick.

NBA n - **1.** (abbr of National Basketball Association) fédération américaine de basket-ball - **2.** (abbr of National Boxing Association) fédération américaine de boxe.

NBC (abbr of National Broadcasting Company) n chaîne de télévision américaine.

NBS (abbr of National Bureau of Standards) n service américain des poids et mesures.

NC - 1. abbr of no charge - **2.** abbr of North Carolina.

NCC (abbr of Nature Conservancy Council) n

organisme britannique de protection de la nature.

NCCL (*abbr of* **National Council for Civil Liberties**) *n* ligue britannique de défense des libertés civiles.

NCO *n abbr of* **noncommissioned officer.**

NCU (*abbr of* **National Communications Union**) *n* syndicat britannique des communications.

ND *abbr of* **North Dakota.**

NE - 1. *abbr of* **Nebraska - 2.** *abbr of* **New England - 3.** (*abbr of* **north-east**) N.E.

Neanderthal [nɪˈændətɑːl] ⬦ *adj :* ~ **man** homme *m* de Néandertal ⬦ *n* homme *m* de Néandertal.

neap tide [niːp-] *n* (marée *f* de) morte-eau *f*.

near [nɪəʳ] ⬦ *adj* proche ; **a** ~ **disaster** une catastrophe évitée de justesse OR de peu ; **in the** ~ **future** dans un proche avenir, dans un avenir prochain ; **it was a** ~ **thing** il était moins cinq ⬦ *adv* **- 1.** [close] près ; **Christmas is drawing** ~ Noël approche **- 2.** [almost] : ~ **impossible** presque impossible ; **nowhere** ~ **ready/enough** loin d'être prêt/assez ⬦ *prep :* ~ **(to)** [in space] près de ; [in time] près de, vers ; ~ **to tears** au bord des larmes ; ~ **(to) death** sur le point de mourir ; ~ **(to) the truth** proche de la vérité ⬦ *vt* approcher de ; **to** ~ **completion** être près d'être fini ⬦ *vi* approcher.

nearby [nɪəˈbaɪ] ⬦ *adj* proche ⬦ *adv* tout près, à proximité.

Near East *n :* **the** ~ le Proche-Orient.

nearly [ˈnɪəlɪ] *adv* presque ; **I** ~ **fell** j'ai failli tomber ; **I** ~ **cried** j'étais sur le point de pleurer ; **not** ~ **enough/as good** loin d'être suffisant/aussi bon.

near miss *n* **- 1.** SPORT coup *m* qui a raté de peu **- 2.** [between planes, vehicles] quasi-collision *f*, collision *f* évitée de justesse.

nearness [ˈnɪənɪs] *n* proximité *f*.

nearside [ˈnɪəsaɪd] ⬦ *adj* [right-hand drive] de gauche ; [left-hand drive] de droite ⬦ *n* [right-hand drive] côté *m* gauche ; [left-hand drive] côté droit.

nearsighted [ˌnɪəˈsaɪtɪd] *adj* Am myope.

neat [niːt] *adj* **- 1.** [room, house] bien tenu(e), en ordre ; [work] soigné(e) ; [handwriting] net (nette) ; [appearance] soigné(e), net (nette) **- 2.** [solution, manoeuvre] habile, ingénieux(euse) **- 3.** [alcohol] pur(e), sans eau **- 4.** Am inf [very good] chouette, super (*inv*).

neatly [ˈniːtlɪ] *adv* **- 1.** [arrange] avec ordre ; [write] soigneusement ; [dress] avec soin **- 2.** [skilfully] habilement, adroitement.

neatness [ˈniːtnɪs] *n* [of room] bon ordre *m ;* [of handwriting] netteté *f ;* [of appearance] mise *f* soignée.

Nebraska [nɪˈbræskə] *n* Nebraska *m ;* **in** ~ dans le Nebraska.

nebulous [ˈnebjʊləs] *adj* nébuleux(euse).

NEC (*abbr of* **National Exhibition Centre**) *n* parc d'expositions près de Birmingham en Angleterre.

necessarily [Br ˈnesəsrəlɪ, ˌnesəˈserɪlɪ] *adv* forcément, nécessairement.

necessary [ˈnesəsrɪ] *adj* **- 1.** [required] nécessaire, indispensable ; **to make the** ~ **arrangements** faire le nécessaire **- 2.** [inevitable] inévitable, inéluctable.

necessitate [nɪˈsesɪteɪt] *vt* nécessiter, rendre nécessaire.

necessity [nɪˈsesətɪ] (*pl* **-ies**) *n* nécessité *f ;* **of** ~ inévitablement, fatalement.

neck [nek] ⬦ *n* **- 1.** ANAT cou *m ;* **to be up to one's** ~ **(in sthg)** fig être (dans qqch) jusqu'au cou ; **to breathe down sb's** ~ fig talonner qqn, être sur le dos de qqn ; **to stick one's** ~ **out** fig prendre des risques, se mouiller **- 2.** [of shirt, dress] encolure *f* **- 3.** [of bottle] col *m*, goulot *m* ⬦ *vi* inf se bécoter.

neckerchief [ˈnekətʃɪf] (*pl* **-chiefs** OR **-chieves** [-tʃiːvz]) *n* foulard *m*.

necklace [ˈneklɪs] *n* collier *m*.

neckline [ˈneklaɪn] *n* encolure *f*.

necktie [ˈnektaɪ] *n* Am cravate *f*.

nectar [ˈnektəʳ] *n* nectar *m*.

nectarine [ˈnektərɪn] *n* brugnon *m*, nectarine *f*.

NEDC (*abbr of* **National Economic Development Council**) *n* agence nationale britannique de développement économique.

Neddy [ˈnedɪ] *n* inf surnom de la NEDC.

née [neɪ] *adj* née.

need [niːd] ⬦ *n* besoin *m ;* **there's no** ~ **to get up** ce n'est pas la peine de te lever ; **there's no** ~ **for such language** tu n'as pas besoin d'être grossier ; ~ **for sthg/to do sthg** besoin de qqch/de faire qqch ; **to be in** OR **have** ~ **of sthg** avoir besoin de qqch ; **if** ~ **be** si besoin est, si nécessaire ; **in** ~ dans le besoin ⬦ *vt* **- 1.** [require] : **to** ~ **sthg/to do sthg** avoir besoin de qqch/de faire qqch ; **I** ~ **to go to the doctor** il faut que j'aille chez le médecin **- 2.** [be obliged] : **to** ~ **to do sthg** être obligé(e) de faire qqch ⬦ *modal vb :* ~ **we go?** faut-il qu'on y aille ? ; **it** ~ **not happen** cela ne doit pas forcément se produire.

➤ **needs** *adv :* **if** ~**s must** s'il le faut.

needle [ˈniːdl] ⬦ *n* **- 1.** [gen] aiguille *f ;* **it's like**

looking for a ~ in a haystack c'est comme chercher une aiguille dans une botte de foin - **2.** [stylus] saphir *m* <> *vt inf* [annoy] asticoter, lancer des piques à.

needlecord ['niːdlkɔːd] *n* velours *m* milleraies.

needlepoint ['niːdlpɔɪnt] *n* dentelle *f* à l'aiguille.

needless ['niːdlɪs] *adj* [risk, waste] inutile ; [remark] déplacé(e) ; **~ to say** ... bien entendu ...

needlessly ['niːdlɪslɪ] *adv* inutilement, sans raison.

needlework ['niːdlwɜːk] *n* - **1.** [embroidery] travail *m* d'aiguille - **2.** (U) [activity] couture *f*.

needn't ['niːdnt] = need not.

needy ['niːdɪ] (*compar* -ier ; *superl* -iest) <> *adj* nécessiteux(euse), indigent(e) <> *npl* : **the ~** les nécessiteux *mpl*.

nefarious [nɪ'feərɪəs] *adj fml* odieux(euse), abominable.

negate [nɪ'ɡeɪt] *vt fml* [efforts, achievements] annuler, détruire.

negation [nɪ'ɡeɪʃn] *n fml* [of efforts, achievements] destruction *f*.

negative ['neɡətɪv] <> *adj* négatif(ive) <> *n* - **1.** PHOT négatif *m* - **2.** LING négation *f* ; **to answer in the ~** répondre négativement OR par la négative.

neglect [nɪ'ɡlekt] <> *n* [of garden] mauvais entretien *m* ; [of children] manque *m* de soins ; [of duty] manquement *m* <> *vt* négliger ; [garden] laisser à l'abandon ; **to ~ to do sthg** négliger OR omettre de faire qqch.

neglected [nɪ'ɡlektɪd] *adj* [child] délaissé(e), abandonné(e) ; [garden] laissé(e) à l'abandon.

neglectful [nɪ'ɡlektful] *adj* négligent(e) ; **to be ~ of sb/sthg** négliger qqn/qqch.

negligee ['neɡlɪʒeɪ] *n* déshabillé *m*, négligé *m*.

negligence ['neɡlɪdʒəns] *n* négligence *f*.

negligent ['neɡlɪdʒənt] *adj* négligent(e).

negligently ['neɡlɪdʒəntlɪ] *adv* avec négligence.

negligible ['neɡlɪdʒəbl] *adj* négligeable.

negotiable [nɪ'ɡəʊʃjəbl] *adj* négociable ; [price, conditions] à débattre.

negotiate [nɪ'ɡəʊʃɪeɪt] <> *vt* - **1.** COMM & POL négocier - **2.** [obstacle] franchir ; [bend] prendre, négocier <> *vi* négocier ; **to ~ with sb (for sthg)** engager des négociations avec qqn (pour obtenir qqch).

negotiation [nɪˌɡəʊʃɪ'eɪʃn] *n* négociation *f*.

negotiator [nɪ'ɡəʊʃɪeɪtəʳ] *n* négociateur *m*, -trice *f*.

Negress ['niːɡrɪs] *n* négresse *f* (*attention : le terme 'Negress' est considéré raciste*).

Negro ['niːɡrəʊ] (*pl* -es) <> *adj* noir(e) <> *n* Noir *m* (*attention : le terme 'Negro' est considéré raciste*).

neigh [neɪ] *vi* [horse] hennir.

neighbour Br, **neighbor** Am ['neɪbəʳ] *n* voisin *m*, -e *f*.

neighbourhood Br, **neighborhood** Am ['neɪbəhʊd] *n* - **1.** [of town] voisinage *m*, quartier *m* ; **in the ~** à proximité - **2.** [approximate figure] : **in the ~ of £300** environ 300 livres, dans les 300 livres.

neighbourhood watch *n* Br *système de surveillance d'un quartier par tous ses habitants (pour prévenir les cambriolages et autres crimes)*.

neighbouring Br, **neighboring** Am ['neɪbərɪŋ] *adj* avoisinant(e).

neighbourly Br, **neighborly** Am ['neɪbəlɪ] *adj* bon voisin (bonne voisine).

neither ['naɪðəʳ, 'niːðəʳ] <> *adv* : **~ good nor bad** ni bon ni mauvais ; **that's ~ here nor there** cela n'a rien à voir <> *pron* & *adj* ni l'un ni l'autre (ni l'une ni l'autre) <> *conj* : **~ do I** moi non plus.

neo- ['niːəʊ] *prefix* néo-.

neoclassical [ˌniːəʊ'klæsɪkl] *adj* néo-classique.

neolithic [ˌniːə'lɪθɪk] *adj* néolithique.

neologism [niː'ɒlədʒɪzm] *n* néologisme *m*.

neon ['niːɒn] *n* néon *m*.

neon light *n* néon *m*, lumière *f* au néon.

neon sign *n* enseigne *f* lumineuse au néon.

Nepal [nɪ'pɔːl] *n* Népal *m* ; **in ~** au Népal.

Nepalese [ˌnepə'liːz] (*pl inv*) <> *adj* népalais(e) <> *n* Népalais *m*, -e *f*.

Nepali [nɪ'pɔːlɪ] *n* [language] népalais *m*, népali *m*.

nephew ['nefjuː] *n* neveu *m*.

nepotism ['nepətɪzm] *n* népotisme *m*.

Neptune ['neptjuːn] *n* [planet] Neptune *f*.

nerve [nɜːv] *n* - **1.** ANAT nerf *m* - **2.** [courage] courage *m*, sang-froid *m* ; **to lose one's ~** se dégonfler, flancher - **3.** [cheek] culot *m*, toupet *m* ; **to have the ~ to do sthg** avoir le culot OR le toupet de faire qqch.

➥ **nerves** *npl* nerfs *mpl* ; **to get on sb's ~s** taper sur les nerfs OR le système de qqn.

nerve centre *n lit* & *fig* centre *m* nerveux.

nerve gas *n* gaz *m* neurotoxique.

nerve-racking [-ˌrækɪŋ] *adj* angoissant(e), éprouvant(e).

nervous ['nɜːvəs] adj - **1.** [gen] nerveux(euse) - **2.** [apprehensive - smile, person etc] inquiet(ète) ; [- performer] qui a le trac ; **to be ~ about sthg** appréhender qqch.

nervous breakdown n dépression f nerveuse.

nervously ['nɜːvəslɪ] adv - **1.** [gen] nerveusement - **2.** [apprehensively] avec inquiétude.

nervousness ['nɜːvəsnɪs] n (U) - **1.** [apprehension - of voice etc] inquiétude f ; [- of performer] trac m - **2.** [tenseness] nervosité f, tension f.

nervous system n système m nerveux.

nervous wreck n : **to be a ~** être à bout de nerfs.

nervy ['nɜːvɪ] (compar -ier ; superl -iest) adj - **1.** inf [nervous] énervé(e) - **2.** Am [cheeky] culotté(e).

nest [nest] <> n nid m ; **~ of tables** table f gigogne <> vi [bird] faire son nid, nicher.

nest egg n pécule m, bas m de laine.

nestle ['nesl] vi se blottir.

nestling ['neslɪŋ] n oisillon m.

net[1] [net] (pt & pp **-ted** ; cont **-ting**) <> adj net (nette) ; **~ result** résultat final <> n - **1.** [gen] filet m - **2.** [fabric] voile m, tulle m <> vt - **1.** [fish] prendre au filet - **2.** [money - subj : person] toucher net, gagner net ; [- subj : deal] rapporter net.

net[2], **Net** [net] n : **the ~** le Net ; **to surf the ~** surfer sur le Net.

netball ['netbɔːl] n netball m.

net curtains npl voilage m.

nethead ['nethed] n inf accro mf d'Internet.

Netherlands ['neðələndz] npl : **the ~** les Pays-Bas mpl ; **in the ~** aux Pays-Bas.

netiquette ['netiket] n nétiquette f.

net profit n bénéfice m net.

net revenue n Am chiffre m d'affaires.

nett [net] adj = **net**[1].

netting ['netɪŋ] n - **1.** [metal, plastic] grillage m - **2.** [fabric] voile m, tulle m.

nettle ['netl] <> n ortie f <> vt piquer OR toucher au vif.

network ['netwɜːk] <> n réseau m <> vt - **1.** RADIO & TV diffuser - **2.** COMPUT interconnecter.

neuralgia [njuə'rældʒə] n névralgie f.

neurological [,njuərə'lɒdʒɪkl] adj neurologique.

neurologist [,njuə'rɒlədʒɪst] n neurologue mf

neurology [,njuə'rɒlədʒɪ] n neurologie f.

neurosis [,njuə'rəusɪs] (pl **-ses** [-siːz]) n névrose f.

neurosurgery [,njuərəu'sɜːdʒərɪ] n neurochirurgie f.

neurotic [,njuə'rɒtɪk] <> adj névrosé(e) <> n névrosé m, -e f.

neuter ['njuːtər] <> adj neutre <> vt [cat] châtrer.

neutral ['njuːtrəl] <> adj - **1.** [gen] neutre - **2.** [face, eyes etc] inexpressif(ive), sans expression <> n - **1.** AUT point m mort - **2.** [country] état m OR pays m neutre ; [person] personne f neutre.

neutrality [njuː'trælətɪ] n neutralité f.

neutralize, -ise ['njuːtrəlaɪz] vt neutraliser.

neutron ['njuːtrɒn] n neutron m.

neutron bomb n bombe f à neutrons.

Nevada [nɪ'vɑːdə] n Nevada m ; **in ~** dans le Nevada.

never ['nevər] adv jamais ... ne, ne ... jamais ; **~ ever** jamais, au grand jamais ; **well I ~!** ça par exemple!

never-ending adj interminable.

never-never n Br inf : **on the ~** à crédit, à tempérament.

nevertheless [,nevəðə'les] adv néanmoins, pourtant.

new [adj njuː, n njuːz] adj - **1.** [gen] nouveau(elle) ; **to be ~ to** [place] être nouveau dans ; [job] être neuf dans - **2.** [not used] neuf (neuve) ; **as good as ~** comme neuf.

◆ **news** n (U) - **1.** [information] nouvelle f ; **a piece of ~s** une nouvelle ; **that's ~s to me** première nouvelle ; **to break the ~s to sb** annoncer OR apprendre la nouvelle à qqn - **2.** RADIO informations fpl - **3.** TV journal m télévisé, actualités fpl.

New Age n New Age m.

New Age travel(l)er n voyageur m New Age.

new blood n fig sang m neuf OR frais.

newborn ['njuːbɔːn] adj nouveau-né(e).

New Brunswick [-'brʌnzwɪk] n Nouveau-Brunswick m ; **in ~** dans le Nouveau-Brunswick.

New Caledonia [-,kælɪ'dəunjə] n Nouvelle-Calédonie f ; **in ~** en Nouvelle-Calédonie.

New Caledonian [-,kælɪ'dəunjən] <> adj néo-calédonien(enne) <> n Néo-Calédonien m, -enne f.

newcomer ['njuː,kʌmər] n : **~ (to sthg)** nouveau-venu m, nouvelle-venue f (dans qqch).

New Delhi n New Delhi.

New England n Nouvelle-Angleterre f ; in ~ en Nouvelle-Angleterre.

newfangled [ˌnjuːˈfæŋgldl] adj inf pej ultra-moderne, trop moderne.

new-found adj récent(e), de fraîche date.

Newfoundland [ˈnjuːfəndlənd] n Terre-Neuve f ; in ~ à Terre-Neuve.

New Guinea n Nouvelle-Guinée f ; in ~ en Nouvelle-Guinée.

New Hampshire [-ˈhæmpʃəʳ] n New Hampshire m ; in ~ dans le New Hampshire.

New Hebrides npl Nouvelles-Hébrides fpl ; in the ~ aux Nouvelles-Hébrides.

New Jersey n le New Jersey ; in ~ dans le New Jersey.

newly [ˈnjuːlɪ] adv récemment, fraîchement.

newlyweds [ˈnjuːlɪwedz] npl nouveaux OR jeunes mariés mpl.

New Mexico n Nouveau-Mexique m ; in ~ au Nouveau-Mexique.

new moon n nouvelle lune f.

New Orleans [-ˈɔːlɪənz] n La Nouvelle-Orléans.

New Quebec n Nouveau-Québec m ; in ~ au Nouveau-Québec.

news agency n agence f de presse.

newsagent Br [ˈnjuːzeɪdʒənt], **newsdealer** Am [ˈnjuːzdiːlər] n marchand m de journaux.

news bulletin n bulletin m d'informations.

newscast [ˈnjuːzkɑːst] n - 1. RADIO informations fpl - 2. TV actualités fpl.

newscaster [ˈnjuːzkɑːstəʳ] n présentateur m, -trice f.

news conference n conférence f de presse.

newsdealer Am = newsagent.

newsflash [ˈnjuːzflæʃ] n flash m d'information.

newsgroup [ˈnjuːzgruːp] n COMPUT [on Internet] newsgroup m, groupe m de discussion.

newshound [ˈnjuːzhaʊnd] n reporter m.

newsletter [ˈnjuːzˌletəʳ] n bulletin m.

newsman [ˈnjuːzmæn] (pl -men [-mən]) n journaliste m, reporter m.

New South Wales n Nouvelle-Galles du Sud f ; in ~ en Nouvelle-Galles du Sud.

newspaper [ˈnjuːzˌpeɪpəʳ] n journal m.

newspaperman [ˈnjuːzˌpeɪpəmæn] (pl -men [-menl]) n journaliste m.

newsprint [ˈnjuːzprɪnt] n papier m journal.

newsreader [ˈnjuːzˌriːdəʳ] n présentateur m, -trice f.

newsreel [ˈnjuːzriːl] n actualités fpl filmées.

newsroom [ˈnjuːzruːm] n - 1. PRESS salle f de rédaction - 2. RADIO & TV studio m.

newssheet [ˈnjuːzʃiːt] n feuille f d'informations.

newsstand [ˈnjuːzstænd] n kiosque m à journaux.

newsworthy [ˈnjuːzˌwɜːðɪl] adj qui vaut la peine d'être publié OR qu'on en parle.

newt [njuːt] n triton m.

new technology n nouvelle technologie f, technologie de pointe.

New Testament n : the ~ le Nouveau Testament.

new town n Br ville f nouvelle.

new wave n nouvelle vague f.

New World n : the ~ le Nouveau Monde.

New Year n nouvel an m, nouvelle année f ; Happy ~! bonne année!

New Year's Day n jour m de l'an, premier m de l'an.

New Year's Eve n la Saint-Sylvestre.

New York [-ˈjɔːk] n - 1. [city] : ~ (City) New York - 2. [state] : ~ (State) l'État m de New York ; in (the State of) ~, in ~ (State) dans l'État de New York.

New Yorker [-ˈjɔːkəʳ] n New-Yorkais m, -e f.

New Zealand [-ˈziːlənd] n Nouvelle-Zélande f ; in ~ en Nouvelle-Zélande.

New Zealander [-ˈziːləndəʳ] n Néo-Zélandais m, -e f.

next [nekst] ◇ adj prochain(e) ; [room] d'à côté ; [page] suivant(e) ; ~ **Tuesday** mardi prochain ; ~ **time** la prochaine fois ; ~ **week** la semaine prochaine ; the ~ **week** la semaine suivante OR d'après ; ~ **year** l'année prochaine ; ~, **please!** au suivant! ; the day after ~ le surlendemain ; the **week after** ~ dans deux semaines ◇ adv - 1. [afterwards] ensuite, après - 2. [again] la prochaine fois - 3. (with superlatives) : he's the ~ **biggest after** Dan c'est le plus grand après OR à part Dan ◇ prep Am à côté de.
◆ **next to** prep à côté de ; it cost ~ to nothing cela a coûté une bagatelle OR trois fois rien ; I know ~ to nothing je ne sais presque OR pratiquement rien.

next door adv à côté.
◆ **next-door** adj : next-door neighbour voisin m, -e f d'à côté.

next of kin n plus proche parent m.

NF ◇ *n* (*abbr of* National Front) ≃ FN *m* ◇ *abbr of* Newfoundland.

NFL (*abbr of* National Football League) *n* fédération nationale de football américain.

NFU (*abbr of* National Farmers' Union) *n* syndicat britannique d'exploitants agricoles.

NG *abbr of* National Guard.

NGO (*abbr of* non-governmental organization) *n* ONG *f*.

NH *abbr of* New Hampshire.

NHL (*abbr of* National Hockey League) *n* fédération nationale américaine de hockey sur glace.

NHS (*abbr of* National Health Service) *n* service national de santé en Grande-Bretagne, ≃ sécurité sociale *f*.

NI ◇ *n abbr of* National Insurance ◇ *abbr of* Northern Ireland.

Niagara [naɪ'ægrə] *n* : ~ **Falls** les chutes *fpl* du Niagara.

nib [nɪb] *n* plume *f*.

nibble ['nɪbl] ◇ *vt* grignoter, mordiller ◇ *vi* : **to ~ at sth** grignoter qqch.

Nicaragua [ˌnɪkə'rægjʊə] *n* Nicaragua *m ; in* ~ au Nicaragua.

Nicaraguan [ˌnɪkə'rægjʊən] ◇ *adj* nicaraguayen(enne) ◇ *n* Nicaraguayen *m*, -enne *f*.

nice [naɪs] *adj* - **1.** [holiday, food] bon (bonne) ; [day, picture] beau (belle) ; [dress] joli(e) - **2.** [person] gentil(ille), sympathique ; **to be ~ to sb** être gentil *or* aimable avec qqn.

nice-looking [-'lʊkɪŋ] *adj* joli(e), beau (belle).

nicely ['naɪslɪ] *adv* - **1.** [made, manage etc] bien ; [dressed] joliment ; **that will do** ~ cela fera très bien l'affaire - **2.** [politely - ask] poliment, gentiment ; [- behave] bien.

nicety ['naɪsətɪ] (*pl* **-ies**) *n* délicatesse *f*, subtilité *f*.

niche [niːʃ] *n* [in wall] niche *f ; fig* bonne situation *f*, voie *f*.

nick [nɪk] ◇ *n* - **1.** [cut] entaille *f*, coupure *f* - **2. Br** prison sl [jail] : **the** ~ la taule *or* tôle - **3. Br** inf [condition] : **in good/bad** ~ en bon/mauvais état - **4.** phr : **in the** ~ **of time** juste à temps ◇ *vt* - **1.** [cut] couper, entailler - **2. Br** [steal] piquer, faucher - **3. Br** inf [arrest] pincer, choper.

nickel ['nɪkl] *n* - **1.** [metal] nickel *m* - **2. Am** [coin] pièce *f* de cinq cents.

nickname ['nɪkneɪm] ◇ *n* sobriquet *m*, surnom *m* ◇ *vt* surnommer.

Nicosia [ˌnɪkə'siːə] *n* Nicosie. *f*.

nicotine ['nɪkətiːn] *n* nicotine *f*.

niece [niːs] *n* nièce *f*.

nifty ['nɪftɪ] (*compar* **-ier** ; *superl* **-iest**) *adj* inf génial(e), super (*inv*).

Niger ['naɪdʒəʳ] *n* - **1.** [country] Niger *m ; in* ~ au Niger - **2.** [river] : **the (River)** ~ le Niger.

Nigeria [naɪ'dʒɪərɪə] *n* Nigeria *m ; in* ~ au Nigeria.

Nigerian [naɪ'dʒɪərɪən] ◇ *adj* nigérian(e) ◇ *n* Nigérian *m*, -e *f*.

Nigerien [naɪ'dʒɪərɪən] ◇ *adj* nigérien(enne) ◇ *n* Nigérien *m*, -enne *f*.

niggardly ['nɪgədlɪ] *adj* [person] pingre, avare ; [gift, amount] mesquin(e), chiche.

niggle ['nɪgl] ◇ *n* [worry] souci *m*, tracas *m* ◇ *vt* **Br** - **1.** [worry] tracasser - **2.** [criticize] faire des réflexions à, critiquer ◇ *vi* - **1.** [worry] : **to ~ at sb** tracasser qqn - **2.** [criticize] faire des réflexions, critiquer.

nigh [naɪ] *adv* literary près, proche ; **well** ~ presque.

night [naɪt] *n* - **1.** [not day] nuit *f ; at* ~ la nuit ; ~ **and day, day and** ~ nuit et jour - **2.** [evening] soir *m ; at* ~ le soir - **3.** phr : **to have an early** ~ se coucher de bonne heure ; **to have a late** ~ veiller, se coucher tard.

➡ **nights** *adv* - **1. Am** [at night] la nuit - **2. Br** [nightshift] : **to work ~s** travailler *or* être de nuit.

nightcap ['naɪtkæp] *n* - **1.** [drink] boisson alcoolisée prise avant de se coucher - **2.** [hat] bonnet *m* de nuit.

nightclothes ['naɪtkləʊðz] *npl* vêtements *mpl* de nuit.

nightclub ['naɪtklʌb] *n* boîte *f* de nuit, nightclub *m*.

nightdress ['naɪtdres] *n* chemise *f* de nuit.

nightfall ['naɪtfɔːl] *n* tombée *f* de la nuit *or* du jour.

nightgown ['naɪtgaʊn] *n* chemise *f* de nuit.

nightie ['naɪtɪ] *n* inf chemise *f* de nuit.

nightingale ['naɪtɪŋgeɪl] *n* rossignol *m*.

nightlife ['naɪtlaɪf] *n* vie *f* nocturne, activités *fpl* nocturnes.

nightlight ['naɪtlaɪt] *n* veilleuse *f*.

nightly ['naɪtlɪ] ◇ *adj* (de) toutes les nuits *or* tous les soirs ◇ *adv* toutes les nuits, tous les soirs.

nightmare ['naɪtmeəʳ] *n* lit & fig cauchemar *m*.

nightmarish ['naɪtmeərɪʃ] *adj* cauchemardesque, de cauchemar.

night owl *n* fig couche-tard *m inv*, noctambule *mf*.

night porter *n* veilleur *m* de nuit.

night safe *n* coffre *m* de nuit.

night school *n* (U) cours *mpl* du soir.

night shift *n* [period] poste *m* de nuit.

nightshirt ['naɪtʃɜːt] *n* chemise *f* de nuit d'homme.

nightspot ['naɪtˌspɒt] *n* boîte *f* de nuit, night-club *m*.

nightstick ['naɪtˌstɪk] *n* Am matraque *f*.

nighttime ['naɪttaɪm] *n* nuit *f*.

night watchman *n* gardien *m* de nuit.

nightwear ['naɪtweəʳ] *n* (U) vêtements *mpl* de nuit.

nihilism ['naɪəlɪzm] *n* nihilisme *m*.

nil [nɪl] *n* néant *m* ; Br SPORT zéro *m*.

Nile [naɪl] *n* : the ~ le Nil.

nimble ['nɪmbl] *adj* agile, leste ; fig [mind] vif (vive).

nimbly ['nɪmblɪ] *adv* agilement, lestement.

nine [naɪn] *num* neuf ; *see also* **six**.

nineteen [ˌnaɪn'tiːn] *num* dix-neuf ; *see also* **six**.

nineteenth [naɪn'tiːnθ] *num* dix-neuvième ; *see also* **sixth**.

ninetieth ['naɪntɪəθ] *num* quatre-vingt-dixième ; *see also* **sixth**.

ninety ['naɪntɪ] *num* quatre-vingt-dix ; *see also* **sixty**.

ninny ['nɪnɪ] (*pl* **-ies**) *n* inf nigaud *m*, -e *f*.

ninth [naɪnθ] *num* neuvième ; *see also* **sixth**.

nip [nɪp] (*pt* & *pp* **-ped** ; *cont* **-ping**) <> *n* - **1.** [pinch] pinçon *m* ; [bite] morsure *f* - **2.** [of drink] goutte *f*, doigt *m* <> *vt* [pinch] pincer ; [bite] mordre <> *vi* Br inf : **to ~ down the pub** faire un saut au pub.

nipper ['nɪpəʳ] *n* Br inf gamin *m*, -e *f*, gosse *mf*.

nipple ['nɪpl] *n* - **1.** ANAT bout *m* de sein, mamelon *m* - **2.** [of bottle] tétine *f*.

nippy ['nɪpɪ] (*compar* **-ier** ; *superl* **-iest**) *adj* inf - **1.** [cold] froid(e), frisquet(ette) - **2.** [quick - person] vif (vive) ; [- car] nerveux(euse).

Nissen hut ['nɪsn-] *n* hutte *f* préfabriquée en tôle.

nit [nɪt] *n* - **1.** [in hair] lente *f* - **2.** Br inf [idiot] idiot *m*, -e *f*, crétin *m*, -e *f*.

nitpicking ['nɪtpɪkɪŋ] *n* inf ergotage *m*, pinaillage *m*.

nitrate ['naɪtreɪt] *n* nitrate *m*.

nitric acid ['naɪtrɪk-] *n* acide *m* nitrique.

nitrogen ['naɪtrədʒən] *n* azote *m*.

nitroglycerin(e) [ˌnaɪtrəʊ'glɪsəriːn] *n* nitroglycérine *f*.

nitty-gritty [ˌnɪtɪ'grɪtɪ] *n* inf : **to get down to the ~** en venir à l'essentiel OR aux choses sérieuses.

nitwit ['nɪtwɪt] *n* inf imbécile *mf*, idiot *m*, -e *f*.

nix [nɪks] Am <> *n* [nothing] rien <> *adv* non <> *vt* [say no to] mettre son veto à.

NJ *abbr of* **New Jersey**.

NLF (*abbr of* **National Liberation Front**) *n* FLN *m*.

NLQ (*abbr of* **near letter quality**) *qualité quasi-courrier*.

NLRB (*abbr of* **National Labor Relations Board**) *n* commission américaine d'arbitrage en matière d'emploi.

NM *abbr of* **New Mexico**.

no [nəʊ] (*pl* **noes** [nəʊz]) <> *adv* - **1.** [gen] non ; [expressing disagreement] mais non - **2.** [not any] : **~ bigger/smaller** pas plus grand/petit ; **~ better** pas mieux <> *adj* aucun(e), pas de ; **there's ~ telling what will happen** impossible de dire ce qui va se passer ; **he's ~ friend of mine** je ne le compte pas parmi mes amis <> *n* non *m* ; **she won't take ~ for an answer** elle n'accepte pas de refus OR qu'on lui dise non.

No., no. (*abbr of* **number**) No, no.

Noah's ark ['nəʊəz-] *n* l'arche *f* de Noé.

nobble ['nɒbl] *vt* Br inf - **1.** [racehorse] droguer - **2.** [bribe] soudoyer, acheter - **3.** [detain - person] accrocher.

Nobel prize [nəʊ'bel-] *n* prix *m* Nobel.

nobility [nə'bɪlətɪ] *n* noblesse *f*.

noble ['nəʊbl] <> *adj* noble <> *n* noble *m*.

nobleman ['nəʊblmən] (*pl* **-men** [-mən]) *n* noble *m*, aristocrate *m*.

noblewoman ['nəʊblˌwʊmən] (*pl* **-women** [-ˌwɪmɪn]) *n* (femme) noble *f*, aristocrate *f*.

nobly ['nəʊblɪ] *adv* noblement.

nobody ['nəʊbədɪ] (*pl* **-ies**) <> *pron* personne, aucun(e) <> *n* pej rien-du-tout *mf*, moins que rien *mf*.

no-claim bonus *n* bonus *m*.

nocturnal [nɒk'tɜːnl] *adj* nocturne.

nod [nɒd] (*pt* & *pp* **-ded** ; *cont* **-ding**) <> *n* signe *m* OR inclination *f* de la tête <> *vt* : **to ~ one's head** incliner la tête, faire un signe de tête <> *vi* - **1.** [in agreement] faire un signe de tête affirmatif, faire signe que oui - **2.** [to indicate sthg] faire un signe de tête - **3.** [as greeting] : **to ~ to sb** saluer qqn d'un signe de tête.

➤ **nod off** *vi* somnoler, s'assoupir.

node [nəʊd] *n* nœud *m*.

nodule ['nɒdjuːl] *n* nodule *m*.

no-frills [-'frɪlz] *adj* [service] minimum ; [airline] à bas prix.

no-go area *n* Br zone *f* interdite.

noise [nɔɪz] n bruit m.

noiseless ['nɔɪzlɪs] adj silencieux(euse).

noiselessly ['nɔɪzlɪslɪ] adv sans bruit, silencieusement.

noisily ['nɔɪzɪlɪ] adv bruyamment.

noisy ['nɔɪzɪ] (compar -ier ; superl -iest) adj bruyant(e).

nomad ['nəʊmæd] n nomade mf.

nomadic [nə'mædɪk] adj nomade.

no-man's-land n no man's land m.

nominal ['nɒmɪnl] adj - **1.** [in name only] de nom seulement, nominal(e) - **2.** [very small] nominal(e), insignifiant(e).

nominally ['nɒmɪnəlɪ] adv nominalement, de nom.

nominate ['nɒmɪneɪt] vt - **1.** [propose] : **to ~ sb (for/as sthg)** proposer qqn (pour/comme qqch) - **2.** [appoint] : **to ~ sb (as sthg)** nommer qqn (qqch) ; **to ~ sb (to sthg)** nominer qqn (à qqch).

nomination [ˌnɒmɪ'neɪʃn] n nomination f.

nominee [ˌnɒmɪ'ni:] n personne f nommée OR désignée.

non- [nɒn] prefix non-.

nonaddictive [ˌnɒnə'dɪktɪv] adj qui ne provoque pas d'accoutumance OR de dépendance.

nonaggression [ˌnɒnə'greʃn] n non-agression f.

nonalcoholic [ˌnɒnælkə'hɒlɪk] adj non-alcoolisé(e).

nonaligned [ˌnɒnə'laɪnd] adj non-aligné(e).

nonbeliever [ˌnɒnbɪ'li:vər] n incroyant m, -e f, athée mf.

nonchalant [Br 'nɒnʃələnt, Am ˌnɒnʃə'lɑ:nt] adj nonchalant(e).

nonchalantly [Br 'nɒnʃələntlɪ, Am ˌnɒnʃə'lɑ:ntlɪ] adv nonchalamment.

noncombatant [Br ˌnɒn'kɒmbətənt, Am ˌnɒnkəm'bætənt] n non-combattant m, -e f.

noncommissioned officer [ˌnɒnkə-'mɪʃənd-] n sous-officier m.

noncommittal [ˌnɒnkə'mɪtl] adj évasif(ive).

noncompetitive [ˌnɒnkəm'petɪtɪv] adj qui n'est pas basé(e) sur la compétition.

non compos mentis [-ˌkɒmpəs'mentɪs] adj : **to be ~** ne pas avoir toute sa raison.

nonconformist [ˌnɒnkən'fɔ:mɪst] <> adj non-conformiste <> n non-conformiste mf.

nonconformity [ˌnɒnkən'fɔ:mətɪ] n non-conformité f.

noncontributory [ˌnɒnkən'trɪbjutərɪ] adj sans versements de la part des bénéficiaires.

noncooperation [ˌnɒnkəʊˌɒpə'reɪʃn] n refus m de coopération.

nondescript [Br 'nɒndɪskrɪpt, Am ˌnɒndɪ-'skrɪpt] adj quelconque, terne.

nondrinker [ˌnɒn'drɪŋkər] n personne f qui ne boit pas d'alcool.

nondrip [ˌnɒn'drɪp] adj qui ne coule pas.

nondriver [ˌnɒn'draɪvər] n personne f qui n'a pas le permis de conduire.

none [nʌn] <> pron - **1.** [gen] aucun(e) ; **there was ~ left** il n'y en avait plus, il n'en restait plus ; **I'll have ~ of your nonsense** je ne tolérerai pas de bêtises de ta part - **2.** [nobody] personne, nul (nulle) <> adv : **~ the worse/wiser** pas plus mal/avancé ; **~ the better** pas mieux.
- **none too** adv pas tellement OR trop.

nonentity [nɒ'nentətɪ] (pl -ies) n nullité f, zéro m.

nonessential [ˌnɒnɪ'senʃl] adj non-essentiel(elle), peu important(e).

nonetheless [ˌnʌnðə'les] adv néanmoins, pourtant.

non-event n événement m raté OR décevant.

nonexecutive director [ˌnɒnɪgsekjətɪv-] n administrateur m, -trice f.

nonexistent [ˌnɒnɪg'zɪstənt] adj inexistant(e).

nonfattening [ˌnɒn'fætnɪŋ] adj qui ne fait pas grossir.

nonfiction [ˌnɒn'fɪkʃn] n (U) ouvrages mpl généraux.

nonflammable [ˌnɒn'flæməbl] adj ininflammable.

noninfectious [ˌnɒnɪn'fekʃəs] adj qui n'est pas infectieux(euse).

noninflammable [ˌnɒnɪn'flæməbl] = nonflammable.

noninterference [ˌnɒnɪntə'fɪərəns], **nonintervention** [ˌnɒnɪntə'venʃn] n non-ingérence f, non-intervention f.

non-iron adj qui ne se repasse pas.

nonmalignant [ˌnɒnmə'lɪgnənt] adj bénin(igne).

non-member n [of club] personne f qui n'est pas membre.

non-negotiable adj qu'on ne peut pas négocier OR débattre.

no-no n inf : **it's a ~** c'est interdit OR défendu.

no-nonsense adj direct(e), sérieux(euse).

nonoperational [ˌnɒnɒpə'reɪʃənl] adj non-opérationnel(elle).

nonparticipation [ˌnɒnpɑːtɪsɪˈpeɪʃən] *n* non-participation *f*.

nonpayment [ˌnɒnˈpeɪmənt] *n* non-paiement *m*.

nonplussed, nonplused Am [ˌnɒnˈplʌst] *adj* déconcerté(e), perplexe.

non-profit-making Br, **non-profit** Am *adj* à but non lucratif.

nonproliferation [ˈnɒnprəˌlɪfəˈreɪʃən] *n* non-prolifération *f*.

nonrenewable [ˌnɒnrɪˈnjuːəbl] *adj* non renouvelable.

nonresident [ˌnɒnˈrezɪdənt] *n* - **1.** [of country] non-résident *m*, -e *f* - **2.** [of hotel] client *m*, -e *f* de passage.

nonreturnable [ˌnɒnrɪˈtɜːnəbl] *adj* [bottle] non consigné(e).

nonsense [ˈnɒnsəns] ⬦ *n* (U) - **1.** [meaningless words] charabia *m* - **2.** [foolish idea] : **it was ~ to suggest ...** il était absurde de suggérer ... - **3.** [foolish behaviour] bêtises *fpl*, idioties *fpl* ; **to make (a) ~ of sthg** gâcher OR saboter qqch ⬦ *excl* quelles bêtises OR foutaises!

nonsensical [nɒnˈsensɪkl] *adj* absurde, qui n'a pas de sens.

non sequitur [-ˈsekwɪtəʳ] *n* remarque *f* qui manque de suite.

nonshrink [ˌnɒnˈʃrɪŋk] *adj* irrétrécissable.

nonskid [ˌnɒnˈskɪd] *adj* [tyre] antidérapant(e).

nonslip [ˌnɒnˈslɪp] *adj* antidérapant(e).

nonsmoker [ˌnɒnˈsməʊkəʳ] *n* non-fumeur *m*, -euse *f*, personne *f* qui ne fume pas.

nonstarter [ˌnɒnˈstɑːtəʳ] *n* - **1.** Br inf [plan etc] : **this is a ~** ceci n'a aucune chance de réussir - **2.** [in race] non-partant *m*.

nonstick [ˌnɒnˈstɪk] *adj* qui n'attache pas, téflonisé(e).

nonstop [ˌnɒnˈstɒp] ⬦ *adj* [flight] direct(e), sans escale ; [activity] continu(e) ; [rain] continuel(elle) ⬦ *adv* [talk, work] sans arrêt ; [rain] sans discontinuer.

nontaxable [ˌnɒnˈtæksəbl] *adj* non imposable.

nontoxic [ˌnɒnˈtɒksɪk] *adj* non toxique.

nontransferable [ˌnɒntrænzˈfɜːrəbl] *adj* non transmissible.

non-U *adj* Br dated qui n'est pas très distingué(e), vulgaire.

nonviolence [ˌnɒnˈvaɪələns] *n* non-violence *f*.

nonvoter [ˌnɒnˈvəʊtəʳ] *n* abstentionniste *mf*, personne *f* qui ne vote pas.

nonvoting [ˌnɒnˈvəʊtɪŋ] *adj* - **1.** [person] abstentionniste, qui ne vote pas - **2.** FIN [shares] sans droit de vote.

nonwhite [ˌnɒnˈwaɪt] ⬦ *adj* de couleur ⬦ *n* personne *f* de couleur.

noodles [ˈnuːdlz] *npl* nouilles *fpl*.

nook [nʊk] *n* [of room] coin *m*, recoin *m* ; **every ~ and cranny** tous les coins, les coins et les recoins.

noon [nuːn] ⬦ *n* midi *m* ⬦ *comp* de midi.

noonday [ˈnuːndeɪ] *literary* = **noon**.

no one *pron* = **nobody**.

noose [nuːs] *n* nœud *m* coulant.

no-place Am = **nowhere**.

nor [nɔːʳ] *conj* : **~ do I** moi non plus ⊳ **neither**.

Nordic [ˈnɔːdɪk] *adj* nordique.

Norf (*abbr of* **Norfolk**) *comté anglais*.

norm [nɔːm] *n* norme *f*.

normal [ˈnɔːml] *adj* normal(e).

normality [nɔːˈmælɪtɪ], **normalcy** Am [ˈnɔːmlsɪ] *n* normalité *f*.

normalize, -ise [ˈnɔːməlaɪz] ⬦ *vt* normaliser ⬦ *vi* se normaliser, redevenir normal.

normally [ˈnɔːməlɪ] *adv* normalement.

Norman [ˈnɔːmən] ⬦ *adj* normand(e) ⬦ *n* Normand *m*, -e *f*.

Normandy [ˈnɔːməndɪ] *n* Normandie *f* ; **in ~** en Normandie.

Norse [nɔːs] *adj* nordique, scandinave.

north [nɔːθ] ⬦ *n* - **1.** [direction] nord *m* - **2.** [region] : **the ~** le nord ⬦ *adj* nord (*inv*) ; [wind] du nord ⬦ *adv* au nord, vers le nord ; **~ of** au nord de.

North Africa *n* Afrique *f* du Nord ; **in ~** en Afrique du Nord.

North America *n* Amérique *f* du Nord.

North American ⬦ *adj* nord-américain(e) ⬦ *n* Nord-Américain *m*, -e *f*.

Northants [nɔːˈθænts] (*abbr of* **Northamptonshire**) *comté anglais*.

northbound [ˈnɔːθbaʊnd] *adj* en direction du nord ; **~ carriageway** chaussée (du) nord.

North Carolina [-ˌkærəˈlaɪnə] *n* Caroline *f* du Nord ; **in ~** en Caroline du Nord.

North Country *n* : **the ~** le Nord de l'Angleterre.

Northd (*abbr of* **Northumberland**) *comté anglais*.

North Dakota [-dəˈkəʊtə] *n* Dakota *m* du Nord ; **in ~** dans le Dakota du Nord.

northeast [ˌnɔːθˈiːst] ⬦ *n* - **1.** [direction] nord-est *m* - **2.** [region] : **the ~** le nord-est ⬦ *adj*, nord-est (*inv*) ; [wind] du nord-est ⬦ *adv* au nord-est, vers le nord-est ; **~ of** au nord-est de.

northeasterly [,nɔ:θ'i:stəlɪ] *adj* au nord-est, du nord-est ; **in a ~ direction** vers le nord-est.

northerly ['nɔ:ðəlɪ] *adj* du nord ; **in a ~ direction** vers le nord, en direction du nord.

northern ['nɔ:ðən] *adj* du nord, nord *(inv)*.

Northerner ['nɔ:ðənə'] *n* habitant *m*, -e *f* du Nord.

Northern Ireland *n* Irlande *f* du Nord ; **in ~** en Irlande du Nord.

Northern Lights *npl* : **the ~** l'aurore *f* boréale.

northernmost ['nɔ:ðənməust] *adj* le plus au nord (la plus au nord), à l'extrême nord.

Northern Territory *n* Territoire *m* du Nord ; **in ~** dans le Territoire du Nord.

North Korea *n* Corée *f* du Nord.

North Korean ◇ *adj* nord-coréen(enne) ◇ *n* Nord-Coréen *m*, -enne *f*.

North Pole *n* : **the ~** le pôle Nord.

North Sea ◇ *n* : **the ~** la mer du Nord ◇ *comp* de la mer du Nord.

North Star *n* : **the ~** l'étoile *f* polaire.

North Vietnam *n* Nord Viêt-Nam *m* ; **in ~** au Nord Viêt-Nam.

North Vietnamese ◇ *adj* nord-vietnamien(enne) ◇ *n* Nord-Vietnamien *m*, -enne *f*.

northward ['nɔ:θwəd] ◇ *adj* au nord ; **in a ~ direction** vers le nord ◇ *adv* = **northwards**.

northwards ['nɔ:θwədz] *adv* au nord, vers le nord.

northwest [,nɔ:θ'west] ◇ *n* - **1.** [direction] nord-ouest *m* - **2.** [region] : **the ~** le nord-ouest ◇ *adj* nord-ouest *(inv)* ; [wind] du nord-ouest ◇ *adv* au nord-ouest, vers le nord-ouest ; **~ of** au nord-ouest de.

northwesterly [,nɔ:θ'westəlɪ] *adj* au nord-ouest, du nord-ouest ; **in a ~ direction** vers le nord-ouest.

Northwest Territories *npl* Can : **the ~** les Territoires *mpl* du Nord-Ouest.

North Yemen *n* Yemen *m* du Nord ; **in ~** au Yemen du Nord.

Norway ['nɔ:weɪ] *n* Norvège *f* ; **in ~** en Norvège.

Norwegian [nɔ:'wi:dʒən] ◇ *adj* norvégien(enne) ◇ *n* - **1.** [person] Norvégien *m*, -enne *f* - **2.** [language] norvégien *m*.

Nos., nos. (*abbr of* **numbers**) no.

nose [nəuz] *n* nez *m* ; **under one's ~** sous le nez ; **you're just cutting your ~ off to spite your face** c'est toi qui en pâtis ; **to have a ~ for sthg** flairer qqch, savoir reconnaître

qqch ; **he gets up my ~** inf il me tape sur les nerfs ; **keep your ~ out of my business** occupe-toi OR mêle-toi de tes affaires, occupe-toi OR mêle-toi de tes oignons ; **to look down one's ~ at sb** fig traiter qqn de haut ; **to look down one's ~ at sthg** fig considérer qqch avec mépris ; **to pay through the ~** payer les yeux de la tête ; **to poke** OR **stick one's ~ into sthg** mettre OR fourrer son nez dans qqch ; **to turn up one's ~ at sthg** dédaigner qqch.

➤ **nose about, nose around** *vi* fouiner, fureter.

nosebag ['nəuzbæg] *n* musette *f* (mangeoire).

nosebleed ['nəuzbli:d] *n* : **to have a ~** saigner du nez.

nosecone ['nəuzkəun] *n* [of rocket] coiffe *f* ; [of plane] nez *m*.

nosedive ['nəuzdaɪv] ◇ *n* [of plane] piqué *m* ◇ *vi* - **1.** [plane] descendre en piqué, piquer du nez - **2.** fig [prices] dégringoler ; [hopes] s'écrouler.

nosey ['nəuzɪ] = **nosy**.

nosh [nɒʃ] *n* Br inf [food] bouffe *f*.

nosh-up *n* Br inf gueuleton *m*, bouffe *f*.

nostalgia [nɒ'stældʒə] *n* : **~ (for sthg)** nostalgie *f* (de qqch).

nostalgic [nɒ'stældʒɪk] *adj* nostalgique.

nostril ['nɒstrəl] *n* narine *f*.

nosy ['nəuzɪ] (*compar* **-ier** ; *superl* **-iest**) *adj* curieux(euse), fouinard(e).

not [nɒt] *adv* ne pas, pas ; **I think ~** je ne crois pas ; **I'm afraid ~** je crains que non ; **~ always** pas toujours ; **~ that ...** ce n'est pas que ..., non pas que ... ; **~ at all** [no] pas du tout ; [to acknowledge thanks] de rien, je vous en prie.

notable ['nəutəbl] ◇ *adj* notable, remarquable ; **to be ~ for sthg** être célèbre pour qqch ◇ *n* notable *m*.

notably ['nəutəblɪ] *adv* - **1.** [in particular] notamment, particulièrement - **2.** [noticeably] sensiblement, nettement.

notary ['nəutərɪ] (*pl* **-ies**) *n* : **~ (public)** notaire *m*.

notation [nəu'teɪʃn] *n* notation *f*.

notch [nɒtʃ] *n* - **1.** [cut] entaille *f*, encoche *f* - **2.** fig [on scale] cran *m*.

➤ **notch up** *vt fus* marquer.

note [nəut] ◇ *n* - **1.** [gen & MUS] note *f* ; [short letter] mot *m* ; **to take ~ of sthg** prendre note de qqch ; **to compare ~s** échanger ses impressions OR ses vues - **2.** [money] billet *m* (de banque) - **3.** [importance] : **of ~** de marque, éminent(e) ◇ *vt* - **1.** [notice] remarquer, constater - **2.** [mention] mentionner, signaler.

➤ **notes** *npl* [in book] notes *fpl.*

➤ **note down** *vt sep* noter, inscrire.

notebook ['nəʊtbʊk] *n* - **1.** [for notes] carnet *m*, calepin *m* - **2.** COMPUT ordinateur *m* portable compact.

noted ['nəʊtɪd] *adj* célèbre, éminent(e).

notepad ['nəʊtpæd] *n* bloc-notes *m.*

notepaper ['nəʊtpeɪpə'] *n* papier *m* à lettres.

noteworthy ['nəʊt,wɜːðɪ] (*compar* -**ier** ; *superl* -**iest**) *adj* remarquable, notable.

nothing ['nʌθɪŋ] ⟨⟩ *pron* rien ; **I've got ~ to do** je n'ai rien à faire ; **there's ~ in it** ce n'est pas vrai du tout, il n'y a pas un brin de vérité là-dedans ; **there's ~ to it** c'est facile comme tout OR simple comme bonjour ; **for ~** pour rien ; **~ if not** avant tout, surtout ; **~ but** ne ... que, rien que ; **there's ~ for it (but to do sthg)** Br il n'y a rien d'autre à faire (que de faire qqch) ⟨⟩ *adv* : **you're ~ like your brother** tu ne ressembles pas du tout OR en rien à ton frère ; **I'm ~ like finished** je suis loin d'avoir fini.

nothingness ['nʌθɪŋnɪs] *n* néant *m.*

notice ['nəʊtɪs] ⟨⟩ *n* - **1.** [written announcement] affiche *f*, placard *m* - **2.** [attention] : **it has come to my ~ that ...** mon attention a été attirée par le fait que ... ; **it escaped my ~** je ne l'ai pas remarqué, je ne m'en suis pas aperçu ; **to take ~ (of sb/sthg)** faire OR prêter attention (à qqn/qqch) ; **to take no ~ (of sb/sthg)** ne pas faire attention (à qqn/qqch) ; **he didn't take a blind bit of ~** il n'y a tenu aucun compte - **3.** [warning] avis *m*, avertissement *m* ; **at short ~** dans un bref délai ; **until further ~** jusqu'à nouvel ordre - **4.** [at work] : **to be given one's ~** recevoir son congé, être renvoyé(e) ; **to hand in one's ~** donner sa démission, demander son congé ⟨⟩ *vt* remarquer, s'apercevoir de.

noticeable ['nəʊtɪsəbl] *adj* sensible, perceptible.

noticeably ['nəʊtɪsəblɪ] *adv* sensiblement, nettement.

notice board *n* panneau *m* d'affichage.

notification [,nəʊtɪfɪ'keɪʃn] *n* notification *f*, avis *m.*

notify ['nəʊtɪfaɪ] (*pt* & *pp* -**ied**) *vt* : **to ~ sb (of sthg)** avertir OR aviser qqn (de qqch).

notion ['nəʊʃn] *n* idée *f*, notion *f.*

➤ **notions** *npl* Am mercerie *f.*

notional ['nəʊʃənl] *adj* imaginaire, fictif(ive)

notoriety [,nəʊtə'raɪətɪ] *n* mauvaise OR triste réputation *f.*

notorious [nəʊ'tɔːrɪəs] *adj* [criminal] notoire ; [place] mal famé(e) ; **to be ~ for sthg** être réputé pour qqch.

notoriously [nəʊ'tɔːrɪəslɪ] *adv* notoirement.

Notts [nɒts] (*abbr of* **Nottinghamshire**) *comté anglais.*

notwithstanding [,nɒtwɪð'stændɪŋ] *fml* ⟨⟩ *prep* malgré, en dépit de ⟨⟩ *adv* néanmoins, malgré tout.

nougat ['nuːgɑː] *n* nougat *m.*

nought [nɔːt] *num* zéro *m* ; **~s and crosses** morpion *m.*

noun [naʊn] *n* nom *m.*

nourish ['nʌrɪʃ] *vt* nourrir.

nourishing ['nʌrɪʃɪŋ] *adj* nourrissant(e).

nourishment ['nʌrɪʃmənt] *n* (*U*) nourriture *f*, aliments *mpl.*

Nov. (*abbr of* **November**) nov.

Nova Scotia [,nəʊvə'skəʊʃə] *n* Nouvelle-Écosse *f* ; **in ~** en Nouvelle-Écosse.

Nova Scotian [,nəʊvə'skəʊʃn] ⟨⟩ *n* Néo-Écossais *m*, -e *f* ⟨⟩ *adj* néo-écossais(e).

novel ['nɒvl] ⟨⟩ *adj* nouveau (nouvelle), original(e) ⟨⟩ *n* roman *m.*

novelist ['nɒvəlɪst] *n* romancier *m*, -ère *f.*

novelty ['nɒvltɪ] (*pl* -**ies**) *n* - **1.** [gen] nouveauté *f* - **2.** [cheap object] gadget *m.*

November [nə'vembə'] *n* novembre *m* ; *see also* **September.**

novice ['nɒvɪs] *n* novice *mf.*

Novocaine® ['nəʊvəkeɪn] *n* novocaïne® *f.*

now [naʊ] ⟨⟩ *adv* - **1.** [at this time, at once] maintenant ; **any day/time ~** d'un jour/moment à l'autre ; **~ and then** OR **again** de temps en temps, de temps à autre - **2.** [in past] à ce moment-là, alors - **3.** [to introduce statement] : **~ let's just calm down** bon, on se calme maintenant ⟨⟩ *conj* : **~ (that)** maintenant que ⟨⟩ *n* : **for ~** pour le présent ; **from ~ on** à partir de maintenant, désormais ; **up until ~** jusqu'à présent ; **by ~** déjà.

NOW [naʊ] (*abbr of* **National Organization for Women**) *n organisation féministe américaine.*

nowadays ['naʊədeɪz] *adv* actuellement, aujourd'hui.

nowhere Br ['nəʊweə'], **no-place** Am *adv* nulle part ; **to appear out of** OR **from ~** apparaître tout d'un coup ; **~ near** loin de ça ; **we're getting ~** on n'avance pas, on n'arrive à rien ; **this is getting us ~** cela ne nous avance à rien.

no-win situation *n* impasse *f.*

noxious ['nɒkʃəs] *adj* toxique.

nozzle ['nɒzl] n ajutage m, buse f.

NP abbr of **notary public.**

NS abbr of **Nova Scotia.**

NSC (abbr of **National Security Council**) n conseil national américain de sécurité.

NSF ◇ n (abbr of **National Science Foundation**) fondation nationale américaine pour la science ◇ abbr of **not sufficient funds.**

NSPCC (abbr of **National Society for the Prevention of Cruelty to Children**) n association britannique de protection de l'enfance.

NSU (abbr of **nonspecific urethritis**) n urétrite f non spécifique.

NSW abbr of **New South Wales.**

NT n - 1. (abbr of **New Testament**) NT m - 2. abbr of **National Trust.**

nth [enθ] adj inf énième.

nuance ['nju:ɒns] n nuance f.

nub [nʌb] n nœud m, fond m.

Nubian Desert ['nju:bjən-] n : the ~ le désert de Nubie.

nubile [Br 'nju:baɪl, Am 'nu:bəl] adj nubile.

nuclear ['nju:klɪəʳ] adj nucléaire.

nuclear bomb n bombe f nucléaire.

nuclear disarmament n désarmement m nucléaire.

nuclear energy n énergie f nucléaire.

nuclear family n famille f nucléaire.

nuclear fission n fission f nucléaire.

nuclear-free zone n zone f antinucléaire.

nuclear fusion n fusion f nucléaire.

nuclear physics n physique f nucléaire.

nuclear power n énergie f nucléaire.

nuclear reactor n réacteur m nucléaire.

nuclear winter n hiver m nucléaire.

nucleus ['nju:klɪəs] (pl -lei [-lɪaɪ]) n lit & fig noyau m.

NUCPS (abbr of **National Union of Civil and Public Servants**) n syndicat britannique des employés de la fonction publique.

nude [nju:d] ◇ adj nu(e) ◇ n nu m ; in the ~ nu(e).

nudge [nʌdʒ] ◇ n coup m de coude ; fig encouragement m, incitation f ◇ vt pousser du coude ; fig encourager, pousser.

nudist ['nju:dɪst] ◇ adj nudiste ◇ n nudiste mf.

nudity ['nju:dətɪ] n nudité f.

nugget ['nʌgɪt] n pépite f ; ~ of information fig information f précieuse.

nuisance ['nju:sns] n ennui m, embêtement m ; he's such a ~ il est vraiment casse-pieds ; to make a ~ of o.s. embêter le monde ; what a ~! quelle plaie!

NUJ (abbr of **National Union of Journalists**) n syndicat britannique des journalistes.

nuke [nju:k] inf ◇ n bombe f nucléaire ◇ vt atomiser.

null [nʌl] adj : ~ and void nul et non avenu.

nullify ['nʌlɪfaɪ] (pt & pp -ied) vt annuler.

NUM (abbr of **National Union of Mineworkers**) n syndicat britannique des mineurs.

numb [nʌm] ◇ adj engourdi(e) ; to be ~ with [fear] être paralysé par ; [cold] être transi de ◇ vt engourdir.

number ['nʌmbəʳ] ◇ n - 1. [numeral] chiffre m - 2. [of telephone, house, car] numéro m - 3. [quantity] nombre m ; a ~ of un certain nombre de, plusieurs ; any ~ of un grand nombre de, bon nombre de - 4. [song] chanson f ◇ vt - 1. [amount to, include] compter ; to ~ among compter parmi - 2. [give number to] numéroter.

number-crunching [-,krʌntʃɪŋ] n inf calcul m numérique.

numberless ['nʌmbəlɪs] adj sans nombre, innombrable.

number one ◇ adj premier(ère), principal(e) ◇ n - 1. [priority] priorité f - 2. inf [oneself] soi, sa pomme.

numberplate ['nʌmbəpleɪt] n Br plaque f d'immatriculation.

Number Ten n la résidence officielle du premier ministre britannique.

numbness ['nʌmnɪs] n engourdissement m.

numbskull ['nʌmskʌl] = **numskull.**

numeracy ['nju:mərəsɪ] n Br compétence f en calcul.

numeral ['nju:mərəl] n chiffre m.

numerate ['nju:mərət] adj Br [person] qui sait compter.

numerical [nju:'merɪkl] adj numérique.

numerous ['nju:mərəs] adj nombreux(euse).

numskull ['nʌmskʌl] n inf crétin(e), imbécile mf.

nun [nʌn] n religieuse f, sœur f.

NUPE ['nju:pɪ] (abbr of **National Union of Public Employees**) n ancien syndicat britannique des employés de la fonction publique.

nuptial ['nʌpʃl] adj fml nuptial(e).

NURMTW (abbr of **National Union of Rail, Maritime and Transport Workers**) n syndicat britannique des transports.

nurse [nɜːs] ◇ n infirmière f ; (male) ~ infirmier m ◇ vt - 1. [patient, cold] soigner - 2. fig [desires, hopes] nourrir **- 3.** [subj : mother] allaiter.

nursemaid [ˈnɜːsmeɪd] *n* gouvernante *f*, nurse *f*.

nursery [ˈnɜːsərɪ] (*pl* **-ies**) ◇ *adj* de maternelle ◇ *n* **- 1.** [for children] garderie *f* **- 2.** [for plants] pépinière *f*.

nursery nurse *n* Br puéricultrice *f*.

nursery rhyme *n* comptine *f*.

nursery school *n* (école *f*) maternelle *f*.

nursery slopes *npl* pistes *fpl* pour débutants.

nursing [ˈnɜːsɪŋ] *n* métier *m* d'infirmière.

nursing home *n* [for old people] maison *f* de retraite privée ; [for childbirth] maternité *f* privée.

nurture [ˈnɜːtʃəʳ] *vt* **- 1.** [children] élever ; [plants] soigner **- 2.** fig [hopes etc] nourrir.

NUS (*abbr of* **National Union of Students**) *n* union nationale des étudiants de Grande-Bretagne.

nut [nʌt] *n* **- 1.** [to eat] terme générique désignant les fruits tels que les noix, noisettes etc **- 2.** [of metal] écrou *m* ; **~s and bolts** fig rudiments *mpl* **- 3.** inf [mad person] cinglé *m*, -e *f* **- 4.** inf [enthusiast] fana *mf*, mordu *m*, -e *f* **- 5.** inf [head] caboche *f*.

➣ **nuts** ◇ *adj* inf : **to be ~s** être dingue ◇ *excl* Am inf zut !

NUT (*abbr of* **National Union of Teachers**) *n* syndicat britannique d'enseignants.

nutcase [ˈnʌtkeɪs] *n* inf cinglé *m*, -e *f*.

nutcrackers [ˈnʌtˌkrækəz] *npl* casse-noix *m inv*, casse-noisettes *m inv*.

nutmeg [ˈnʌtmeg] *n* noix *f* (de) muscade.

nutrient [ˈnjuːtrɪənt] *n* élément *m* nutritif.

nutrition [njuːˈtrɪʃn] *n* nutrition *f*.

nutritional [njuːˈtrɪʃənl] *adj* nutritif(ive).

nutritionist [njuːˈtrɪʃənɪst] *n* nutritionniste *mf*.

nutritious [njuːˈtrɪʃəs] *adj* nourrissant(e).

nutshell [ˈnʌtˌʃel] *n* : **in a ~** en un mot.

nutter [ˈnʌtəʳ] *n* Br inf cinglé *m*, -e *f*.

nuzzle [ˈnʌzl] ◇ *vt* frotter son nez contre ◇ *vi* : **to ~ (up) against** se frotter contre, frotter son nez contre.

NV *abbr of* **Nevada**.

NVQ (*abbr of* **National Vocational Qualification**) *n* examen sanctionnant une formation professionnelle.

NW (*abbr of* **north-west**) N.O.

NWT *abbr of* **Northwest Territories**.

NY *abbr of* **New York**.

Nyasaland [naɪˈæsələnd] *n* Nyassaland *m*.

NYC *abbr of* **New York City**.

nylon [ˈnaɪlɒn] ◇ *n* Nylon® *m* ◇ *comp* en Nylon®.

➣ **nylons** *npl* dated [stockings] bas *mpl* nylon.

nymph [nɪmf] *n* nymphe *f*.

nymphomaniac [ˌnɪmfəˈmeɪnɪæk] *n* nymphomane *f*.

NYSE (*abbr of* **New York Stock Exchange**) *n* la bourse de New York.

NZ *abbr of* **New Zealand**.

o (*pl* **o's** OR **os**), **O** (*pl* **O's** OR **Os**) [əʊ] *n* **- 1.** [letter] o *m inv*, O *m inv* **- 2.** [zero] zéro *m*.

oaf [əʊf] *n* butor *m*.

oak [əʊk] ◇ *n* chêne *m* ◇ *comp* de OR en chêne.

OAP (*abbr of* **old age pensioner**) *n* retraité *m*, -e *f*.

oar [ɔːʳ] *n* rame *f*, aviron *m* ; **to put** OR **stick one's ~ in** mettre son grain de sel.

oarlock [ˈɔːlɒk] *n* Am [rowlock] dame *f* de nage.

oarsman [ˈɔːzmən] (*pl* **-men** [-mən]) *n* rameur *m*.

oarswoman [ˈɔːzˌwʊmən] (*pl* **-women** [-ˌwɪmɪn]) *n* rameuse *f*.

OAS (*abbr of* **Organization of American States**) *n* OEA *f*.

oasis [əʊˈeɪsɪs] (*pl* **oases** [əʊˈeɪsiːz]) *n* oasis *f*.

oatcake [ˈəʊtkeɪk] *n* galette *f* d'avoine.

oath [əʊθ] *n* **- 1.** [promise] serment *m* ; **on** OR **under ~** sous serment **- 2.** [swearword] juron *m*.

oatmeal [ˈəʊtmiːl] ◇ *n* (U) flocons *mpl* d'avoine ◇ *comp* d'avoine.

oats [əʊts] *npl* [grain] avoine *f*.

OAU (*abbr of* **Organization of African Unity**) *n* OUA *f*.

OB *abbr of* **outside broadcast**.

obdurate [ˈɒbdjʊrət] *adj* fml opiniâtre.

OBE (*abbr of* **Order of the British Empire**) *n* distinction honorifique britannique.

obedience [ə'bi:djəns] n obéissance f.
obedient [ə'bi:djənt] adj obéissant(e), docile.
obediently [ə'bi:djəntlɪ] adv docilement.
obelisk ['ɒbəlɪsk] n obélisque m.
obese [əu'bi:s] adj fml obèse.
obesity [əu'bi:sətɪ] n obésité f.
obey [ə'beɪ] ⬦ vt obéir à ⬦ vi obéir.
obfuscate ['ɒbfʌskeɪt] vt fml obscurcir.
obituary [ə'bɪtʃuərɪ] (pl -ies) n nécrologie f.
object [n 'ɒbdʒɪkt, vb ɒb'dʒekt] ⬦ n - **1.** [gen] objet m - **2.** [aim] objectif m, but m - **3.** GRAMM complément m d'objet ⬦ vt objecter ⬦ vi protester ; **to ~ to sthg** faire objection à qqch, s'opposer à qqch ; **to ~ to doing sthg** se refuser à faire qqch.
objection [əb'dʒekʃn] n objection f ; **to have no ~ to sthg/to doing sthg** ne voir aucune objection à qqch/à faire qqch.
objectionable [əb'dʒekʃənəbl] adj [person, behaviour] désagréable ; [language] choquant(e).
objective [əb'dʒektɪv] ⬦ adj objectif(ive) ⬦ n objectif m.
objectively [əb'dʒektɪvlɪ] adv d'une manière objective.
objectivity [,ɒbdʒek'tɪvətɪ] n objectivité f.
object lesson ['ɒbdʒɪkt-] n : **an ~ in sthg** une illustration de qqch.
objector [əb'dʒektər] n opposant m, -e f.
obligate ['ɒbligeɪt] vt fml obliger.
obligation [,ɒblɪ'geɪʃn] n obligation f.
obligatory [ə'blɪgətrɪ] adj obligatoire.
oblige [ə'blaɪdʒ] ⬦ vt - **1.** [force] : **to ~ sb to do sthg** forcer OR obliger qqn à faire qqch - **2.** fml [do a favour to] obliger ⬦ vi rendre service.
obliging [ə'blaɪdʒɪŋ] adj obligeant(e).
oblique [ə'bli:k] ⬦ adj oblique ; [reference, hint] indirect(e) ⬦ n TYPO barre f oblique.
obliquely [ə'bli:klɪ] adv indirectement.
obliterate [ə'blɪtəreɪt] vt [destroy] détruire, raser.
obliteration [ə,blɪtə'reɪʃn] n destruction f.
oblivion [ə'blɪvɪən] n oubli m.
oblivious [ə'blɪvɪəs] adj : **to be ~ to** OR **of** être inconscient(e) de.
oblong ['ɒblɒŋ] ⬦ adj rectangulaire ⬦ n rectangle m.
obnoxious [əb'nɒkʃəs] adj [person] odieux (euse) ; [smell] infect(e), fétide ; [comment] désobligeant(e).
o.b.o. (abbr of or best offer) à déb.
oboe ['əubəu] n hautbois m.

oboist ['əubəuɪst] n hautboïste mf.
obscene [əb'si:n] adj obscène.
obscenity [əb'senətɪ] (pl -ies) n obscénité f.
obscure [əb'skjuər] ⬦ adj obscur(e) ⬦ vt - **1.** [gen] obscurcir - **2.** [view] masquer.
obscurity [əb'skjuərətɪ] n obscurité f.
obsequious [əb'si:kwɪəs] adj fml & pej obséquieux(euse).
observable [əb'zɜ:vəbl] adj [appreciable] notable, sensible ; [visible] qu'on peut observer.
observably [əb'zɜ:vəblɪ] adv sensiblement.
observance [əb'zɜ:vəns] n observation f.
observant [əb'zɜ:vnt] adj observateur(trice).
observation [,ɒbzə'veɪʃn] n observation f.
observation post n poste m d'observation.
observatory [əb'zɜ:vətrɪ] (pl -ies) n observatoire m.
observe [əb'zɜ:v] vt - **1.** [gen] observer - **2.** [remark] remarquer, faire observer.
observer [əb'zɜ:vər] n observateur m, -trice f.
obsess [əb'ses] vt obséder ; **to be ~ed by** OR **with sb/sthg** être obsédé par qqn/qqch.
obsession [əb'seʃn] n obsession f.
obsessional [əb'seʃənl] adj obsessionnel(elle).
obsessive [əb'sesɪv] adj [person] obsessionnel(elle) ; [need etc] qui est une obsession.
obsolescence [,ɒbsə'lesns] n obsolescence f.
obsolescent [,ɒbsə'lesnt] adj [system] qui tombe en désuétude ; [machine] obsolescent(e).
obsolete ['ɒbsəli:t] adj obsolète.
obstacle ['ɒbstəkl] n obstacle m.
obstacle race n course f d'obstacles.
obstetrician [,ɒbstə'trɪʃn] n obstétricien m, -enne f.
obstetrics [ɒb'stetrɪks] n obstétrique f.
obstinacy ['ɒbstɪnəsɪ] n obstination f.
obstinate ['ɒbstənət] adj - **1.** [stubborn] obstiné(e) - **2.** [cough] persistant(e) ; [stain, resistance] tenace.
obstinately ['ɒbstənətlɪ] adv obstinément.
obstreperous [əb'strepərəs] adj turbulent(e).
obstruct [əb'strʌkt] vt - **1.** [block] obstruer - **2.** [hinder] entraver, gêner.
obstruction [əb'strʌkʃn] n - **1.** [in road] encombrement m ; [in pipe] engorgement m - **2.** SPORT obstruction f.

obstructive [əb'strʌktɪv] *adj* [tactics] d'obstruction ; [person] contrariant(e).

obtain [əb'teɪn] *vt* obtenir.

obtainable [əb'teɪnəbl] *adj* que l'on peut obtenir.

obtrusive [əb'truːsɪv] *adj* [behaviour] qui attire l'attention ; [smell] fort(e).

obtrusively [əb'truːsɪvlɪ] *adv* de façon indiscrète.

obtuse [əb'tjuːs] *adj* obtus(e).

obverse ['ɒbvɜːs] *n* - **1.** [of coin] : **the ~** la face - **2.** [opposite] inverse *m*.

obviate ['ɒbvɪeɪt] *vt fml* parer à.

obvious ['ɒbvɪəs] ⬦ *adj* évident(e) ⬦ *n* : **to state the ~** enfoncer des portes ouvertes.

obviously ['ɒbvɪəslɪ] *adv* - **1.** [of course] bien sûr - **2.** [clearly] manifestement.

obviousness ['ɒbvɪəsnɪs] *n* évidence *f*.

OCAS (*abbr of* **Organization of Central American States**) *n* ODEAC *f*.

occasion [ə'keɪʒn] ⬦ *n* - **1.** [gen] occasion *f* ; **on ~** *fml* de temps en temps, quelquefois - **2.** [important event] événement *m* ; **to rise to the ~** se montrer à la hauteur de la situation ⬦ *vt* [cause] provoquer, occasionner.

occasional [ə'keɪʒənl] *adj* [showers] passager(ère) ; [visit] occasionnel(elle) ; **I have the ~ drink/cigarette** je bois un verre/je fume une cigarette de temps à autre.

occasionally [ə'keɪʒnəlɪ] *adv* de temps en temps, quelquefois.

occasional table *n* table *f* basse.

occluded front [ə'kluːdɪd-] *n* METEOR front *m* occlus.

occult [ɒ'kʌlt] ⬦ *adj* occulte ⬦ *n* : **the ~** le surnaturel.

occupancy ['ɒkjʊpənsɪ] *n* occupation *f*.

occupant ['ɒkjʊpənt] *n* occupant *m*, -e *f* ; [of vehicle] passager *m*.

occupation [ˌɒkjʊ'peɪʃn] *n* - **1.** [job] profession *f* - **2.** [pastime, by army] occupation *f*.

occupational [ˌɒkjʊ'peɪʃənl] *adj* [accident, injury] du travail ; [pension] professionnel(elle).

occupational hazard *n* risque *m* du métier.

occupational therapist *n* ergothérapeute *mf*.

occupational therapy *n* thérapeutique *f* occupationnelle, ergothérapie *f*.

occupied ['ɒkjʊpaɪd] *adj* occupé(e).

occupier ['ɒkjʊpaɪəʳ] *n* occupant *m*, -e *f*.

occupy ['ɒkjʊpaɪ] (*pt & pp* -**ied**) *vt* occuper ; **to ~ o.s.** s'occuper.

occur [ə'kɜːʳ] (*pt & pp* -**red** ; *cont* -**ring**) *vi*
- **1.** [happen - gen] avoir lieu, se produire ; [- difficulty] se présenter - **2.** [be present] se trouver, être présent(e) - **3.** [thought, idea] : **to ~ to sb** venir à l'esprit de qqn.

occurrence [ə'kʌrəns] *n* [event] événement *m*, circonstance *f*.

ocean ['əʊʃn] *n* océan *m* ; *Am* [sea] mer *f*.

oceangoing ['əʊʃnˌgəʊɪŋ] *adj* au long cours.

Oceania [ˌəʊʃɪ'eɪnɪə] *n* Océanie *f* ; **in ~** en Océanie. .

Oceanian [ˌəʊʃɪ'eɪnɪən] ⬦ *adj* océanien(enne) ⬦ *n* Océanien *m*, -enne *f*.

ochre *Br*, **ocher** *Am* ['əʊkəʳ] *adj* ocre (*inv*).

o'clock [ə'klɒk] *adv* : **two ~** deux heures.

OCR *n* - **1.** *abbr of* **optical character reader** - **2.** *abbr of* **optical character recognition**.

Oct. (*abbr of* **October**) oct.

octagon ['ɒktəgən] *n* octogone *m*.

octagonal [ɒk'tægənl] *adj* octogonal(e).

octane ['ɒkteɪn] *n* octane *m*.

octane number, octane rating *n* indice *m* d'octane.

octave ['ɒktɪv] *n* octave *f*.

octet [ɒk'tet] *n* octuor *m*.

October [ɒk'təʊbəʳ] *n* octobre *m* ; *see also* **September**.

octogenarian [ˌɒktəʊdʒɪ'neərɪən] *n* octogénaire *mf*.

octopus ['ɒktəpəs] (*pl* -**puses** OR -**pi** [-paɪ]) *n* pieuvre *f*.

OD - **1.** *abbr of* **overdose** - **2.** *abbr of* **overdrawn**.

odd [ɒd] *adj* - **1.** [strange] bizarre, étrange - **2.** [leftover] qui reste - **3.** [occasional] : **I play the ~ game of tennis** je joue au tennis de temps en temps - **4.** [not part of pair] dépareillé(e) - **5.** [number] impair(e) - **6.** *phr* : **twenty ~ years** une vingtaine d'années.

➤ **odds** *npl* : **the ~s** les chances *fpl* ; **the ~s are that ...** il y a des chances pour que ... (+ *subjunctive*), il est probable que ... ; **against the ~s** envers et contre tout ; **~s and ends** petites choses *fpl*, petits bouts *mpl* ; **to be at ~s with sb** être en désaccord avec qqn ; **to be at ~s with sthg** ne pas concorder avec qqch.

oddball ['ɒdbɔːl] *n* *inf* excentrique *mf*.

oddity ['ɒdɪtɪ] (*pl* -**ies**) *n* - **1.** [person] personne *f* bizarre ; [thing] chose *f* bizarre - **2.** [strangeness] étrangeté *f*.

odd-job man *Br*, **odd jobber** *Am* *n* homme *m* à tout faire.

odd jobs *npl* petits travaux *mpl*.

oddly [ˈɒdlɪ] *adv* curieusement ; **~ enough** chose curieuse.

oddments [ˈɒdmənts] *npl* fins *fpl* de série.

odds-on [ˌɒdz-] *adj inf* : **~ favourite** grand favori.

ode [əʊd] *n* ode *f*.

odious [ˈəʊdjəs] *adj* odieux(euse).

odometer [əʊˈdɒmɪtəʳ] *n* odomètre *m*.

odorless Am = **odourless**.

odour Br, **odor** Am [ˈəʊdəʳ] *n* odeur *f*.

odourless Br, **odorless** Am [ˈəʊdəlɪs] *adj* inodore.

odyssey [ˈɒdɪsɪ] *n* odyssée *f*.

OECD (*abbr of* **Organization for Economic Cooperation and Development**) *n* OCDE *f*.

oesophagus Br, **esophagus** Am [ɪˈsɒfəgəs] *n* œsophage *m*.

oestrogen Br, **estrogen** Am [ˈiːstrədʒən] *n* œstrogène *m*.

of [unstressed əv, stressed ɒv] *prep* **- 1.** [gen] de ; **the cover ~ a book** la couverture d'un livre ; **the King ~ England** le roi d'Angleterre ; **to die ~ cancer** mourir d'un cancer **- 2.** [expressing quantity, amount, age etc] de ; **thousands ~ people** des milliers de gens ; **a piece ~ cake** un morceau de gâteau ; **a pound ~ tomatoes** une livre de tomates ; **a gang ~ criminals** une bande de malfaiteurs ; **a child ~ five** un enfant de cinq ans ; **a cup ~ coffee** une tasse de café **- 3.** [made from] en ; **to be made ~ sthg** être en qqch **- 4.** [with dates, periods of time] : **the 12th ~ February** le 12 février ; **the night ~ the disaster** la nuit de la catastrophe.

off [ɒf] *adv* **- 1.** [at a distance, away] : **10 miles ~** à 16 kilomètres ; **two days ~** dans deux jours ; **a long time ~** encore loin ; **far ~** au loin ; **to keep ~** se tenir éloigné(e) ; **to be ~** partir, s'en aller **- 2.** [so as to remove] : **to take ~** enlever ; **to cut sthg ~** couper qqch ; **could you help me ~ with my coat?** pouvez-vous m'aider à enlever mon manteau? **- 3.** [so as to complete] : **to finish ~** terminer ; **to kill ~** achever **- 4.** [not at work etc] : **a day/week ~** un jour/une semaine de congé **- 5.** [so as to separate] : **to fence/curtain sthg ~** séparer qqch par une clôture/un rideau **- 6.** [discounted] : **£10 ~** 10 livres de remise OR réduction **- 7.** [financially] : **to be well ~** être aisé(e) OR riche ; **to be badly ~** être pauvre *prep* **- 1.** [at a distance from, away from] de ; **to get ~ a bus** descendre d'un bus ; **to jump ~ a wall** sauter d'un mur ; **to take a book ~ a shelf** prendre un livre sur une étagère ; **~ the coast** près de la côte **- 2.** [so as to remove from] : **to cut a branch ~ a tree** couper une branche d'un arbre **- 3.** [not attending] : **to be ~ work** ne

pas travailler ; **~ school** absent de l'école **- 4.** [no longer liking] : **she's ~ her food** elle n'a pas d'appétit **- 5.** [deducted from] sur **- 6.** *inf* [from] : **to buy sthg ~ sb** acheter qqch à qqn *adj* **- 1.** [food] avarié(e), gâté(e) ; [milk] tourné(e) **- 2.** [TV, light] éteint(e) ; [engine] coupé(e) **- 3.** [cancelled] annulé(e) **- 4.** [not at work etc] absent(e) ; **I'll be ~ next week** je serai absent la semaine prochaine **- 5.** *inf* [offhand] : **he was a bit ~ with me** il n'a pas été sympa avec moi.

offal [ˈɒfl] *n* (U) abats *mpl*.

off-balance *adv* : **to throw/push sb ~** faire perdre l'équilibre à qqn.

offbeat [ˈɒfbiːt] *adj inf* original(e), excentrique.

off-centre *adj* décentré(e), décalé(e) *adv* de côté.

off-chance *n* : **on the ~ that ...** au cas où ...

off colour *adj* [ill] patraque.

offcut [ˈɒfkʌt] *n* chute *f*.

off-day *n inf* : **I'm having an ~ today** je ne suis pas dans mon assiette aujourd'hui.

off duty *adj* qui n'est pas de service ; [doctor, nurse] qui n'est pas de garde.

offence Br, **offense** Am [əˈfens] *n* **- 1.** [crime] délit *m* **- 2.** [upset] : **to cause sb ~** vexer qqn ; **to take ~** se vexer.

offend [əˈfend] *vt* offenser *vi* commettre un délit ; **to ~ against** enfreindre.

offended [əˈfendɪd] *adj* offensé(e), froissé(e).

offender [əˈfendəʳ] *n* **- 1.** [criminal] criminel *m*, -elle *f* **- 2.** [culprit] coupable *mf*.

offending [əˈfendɪŋ] *adj* qui est la cause OR à l'origine du problème.

offense [sense 2 ˈɒfens] *n* Am **- 1.** = **offence - 2.** SPORT attaque *f*.

offensive [əˈfensɪv] *adj* **- 1.** [behaviour, comment] blessant(e) **- 2.** [weapon, action] offensif(ive) *n* offensive *f* ; **to go on** OR **take the ~** passer à OR prendre l'offensive.

offensiveness [əˈfensɪvnɪs] *n* caractère *m* choquant.

offer [ˈɒfəʳ] *n* **- 1.** [gen] offre *f*, proposition *f* **- 2.** [price, bid] offre *f* **- 3.** [in shop] promotion *f* ; **on ~** [available] en vente ; [at a special price] en réclame, en promotion *vt* **- 1.** [gen] offrir ; **to ~ sthg to sb, to ~ sb sthg** offrir qqch à qqn ; **to ~ to do sthg** proposer OR offrir de faire qqch **- 2.** [provide - services etc] proposer ; [- hope] donner *vi* s'offrir.

OFFER [ˈɒfəʳ] (*abbr of* **Office of Electricity Regulation**) *n* organisme britannique chargé de *contrôler les activités des compagnies régionales de la distribution d'électricité.*

offering ['ɒfərɪŋ] *n* RELIG offrande *f*.

off-guard *adv* au dépourvu.

offhand [,ɒf'hænd] ◇ *adj* cavalier(ère) ◇ *adv* tout de suite.

office ['ɒfɪs] *n* - **1.** [place, staff] bureau *m* - **2.** [department] département *m*, service *m* - **3.** [position] fonction *f*, poste *m* ; **in ~** en fonction ; **to take ~** entrer en fonction.

office automation *n* bureautique *f*.

office block *n* immeuble *m* de bureaux.

office boy *n* garçon *m* de bureau.

officeholder ['ɒfɪs,həʊldər] *n* fonctionnaire *mf*.

office hours *npl* heures *fpl* de bureau.

office junior *n* Br employé *m*, -e *f* subalterne.

Office of Fair Trading *n* organisme de défense des consommateurs.

officer ['ɒfɪsər] *n* - **1.** [in armed forces] officier *m* - **2.** [in organization] agent *m*, fonctionnaire *mf* - **3.** [in police force] officier *m* (de police).

office work *n* travail *m* de bureau.

office worker *n* employé *m*, -e *f* de bureau.

official [ə'fɪʃl] ◇ *adj* officiel(elle) ◇ *n* fonctionnaire *mf*.

officialdom [ə'fɪʃəldəm] *n* bureaucratie *f*.

officially [ə'fɪʃəlɪ] *adv* - **1.** [formally] officiellement - **2.** [supposedly] en principe.

official receiver *n* syndic *m* de faillite.

officiate [ə'fɪʃɪeɪt] *vi* officier ; **to ~ at a wedding** célébrer un mariage.

officious [ə'fɪʃəs] *adj* pej trop zélé(e).

offing ['ɒfɪŋ] *n* : **in the ~** en vue, en perspective.

off-key ◇ *adj* faux (fausse) ◇ *adv* faux.

off-licence *n* Br *magasin autorisé à vendre des boissons alcoolisées à emporter*.

off limits *adj* esp Am interdit(e).

off-line *adj* COMPUT non connecté(e).

offload [ɒf'ləʊd] *vt* inf : **to ~ sthg (onto sb)** se décharger de qqch (sur qqn).

off-peak ◇ *adj* [electricity] utilisé(e) aux heures creuses ; [fare] réduit(e) aux heures creuses ◇ *adv* [travel] aux heures creuses.

off-putting [-,pʊtɪŋ] *adj* désagréable, rébarbatif(ive).

off sales *npl* Br vente *f* de boissons alcoolisées à emporter.

off season *n* : **the ~** la morte-saison.
off-season *adj* hors saison.

offset [,ɒf'set] (*pt & pp* **offset**, *cont* **-ting**) *vt* [losses] compenser.

offshoot ['ɒfʃuːt] *n* : **to be an ~ of sthg** être né(e) OR provenir de qqch.

offshore ['ɒfʃɔːr] ◇ *adj* [oil rig] offshore *(inv)* ; [island] proche de la côte ; [fishing] côtier(ère) ◇ *adv* au large.

offside [*adj & adv* ,ɒf'saɪd, *n* 'ɒfsaɪd] ◇ *adj* - **1.** [right-hand drive] de droite ; [left-hand drive] de gauche - **2.** SPORT hors-jeu *(inv)* ◇ *adv* SPORT hors-jeu ◇ *n* [right-hand drive] côté *m* droit ; [left-hand drive] côté gauche.

offspring ['ɒfsprɪŋ] (*pl inv*) *n* rejeton *m*.

offstage [,ɒf'steɪdʒ] *adj & adv* dans les coulisses.

off-the-peg *adj* Br de prêt-à-porter.

off-the-record ◇ *adj* officieux(euse) ◇ *adv* confidentiellement.

off-the-wall *adj* inf loufoque.

off-white *adj* blanc cassé *(inv)*.

OFGAS ['ɒfgæs] (*abbr of* **Office of Gas Supply**) *n organisme britannique chargé de contrôler les activités des compagnies régionales de la distribution du gaz.*

OFLOT ['ɒflɒt] (*abbr of* **Office of the National Lottery**) *n organisme britannique chargé de contrôler la loterie nationale.*

OFSTED ['ɒfsted] (*abbr of* **Office for Standards in Education**) *n organisme britannique chargé de contrôler les établissements scolaires.*

OFT *abbr of* **Office of Fair Trading.**

OFTEL ['ɒftel] (*abbr of* **Office of Telecommunications**) *n organisme britannique chargé de contrôler les activités des compagnies de télécommunications.*

often ['ɒfn, 'ɒftn] *adv* souvent, fréquemment ; **how ~ do you visit her?** vous la voyez tous les combien? ; **as ~ as not** assez souvent ; **every so ~** de temps en temps ; **more ~ than not** le plus souvent, la plupart du temps.

OFWAT ['ɒfwɒt] (*abbr of* **Office of Water Supply**) *n organisme britannique chargé de contrôler les activités des compagnies régionales de la distribution de l'eau.*

ogle ['əʊgl] *vt* reluquer.

ogre ['əʊgər] *n* ogre *m*.

oh [əʊ] *excl* oh! ; [expressing hesitation] euh!

OH *abbr of* **Ohio.**

Ohio [əʊ'haɪəʊ] *n* Ohio *m* ; **in ~** dans l'Ohio.

ohm [əʊm] *n* ohm *m*.

OHMS (*abbr of* **On His (or Her) Majesty's Service**) *expression indiquant le caractère officiel d'un document en Grande-Bretagne.*

oil [ɔɪl] ◇ n - **1.** [gen] huile f - **2.** [for heating] mazout m - **3.** [petroleum] pétrole m ◇ vt graisser, lubrifier.
➤ **oils** npl ART huiles fpl.

oilcan ['ɔɪlkæn] n burette f d'huile.

oil change n vidange f.

oilcloth ['ɔɪlklɒθ] n toile f cirée.

oilfield ['ɔɪlfiːld] n gisement m pétrolifère.

oil filter n filtre m à huile.

oil-fired [-ˌfaɪəd] adj au mazout.

oil industry n : the ~ l'industrie f pétrolière.

oilman ['ɔɪlmən] (pl -men [-mən]) n pétrolier m.

oil paint n peinture f à l'huile (produit).

oil painting n peinture f à l'huile.

oilrig ['ɔɪlrɪg] n [at sea] plate-forme f de forage OR pétrolière ; [on land] derrick m.

oilskins ['ɔɪlskɪnz] npl ciré m.

oil slick n marée f noire.

oil tanker n - **1.** [ship] pétrolier m, tanker m - **2.** [lorry] camion-citerne m.

oil well n puits m de pétrole.

oily ['ɔɪlɪ] (compar -ier ; superl -iest) adj - **1.** [rag etc] graisseux(euse) ; [food] gras (grasse) - **2.** pej [smarmy] onctueux(euse), mielleux(euse).

ointment ['ɔɪntmənt] n pommade f.

oiro (abbr of offers in the region of) : ~ £100 100 livres à débattre.

OK[1] (pl OKs, pt & pp OKed ; cont OKing), **okay** [ˌəʊ'keɪ] inf ◇ adj : is it ~ with OR by you? ça vous va?, vous êtes d'accord? ; are you ~? ça va? ◇ n : to give (sb) the ~ donner le feu vert (à qqn) ◇ excl - **1.** [expressing agreement] d'accord, O.K. - **2.** [to introduce new topic] : ~, can we start now? bon, on commence? ◇ vt approuver, donner le feu vert à.

OK[2] abbr of Oklahoma.

Oklahoma [ˌəʊklə'həʊmə] n Oklahoma m ; in ~ dans l'Oklahoma.

okra ['əʊkrə] n gombo m.

old [əʊld] ◇ adj - **1.** [gen] vieux (vieille), âgé(e) ; I'm 20 years ~ j'ai 20 ans ; how ~ are you? quel âge as-tu? - **2.** [former] ancien(enne) ; in the ~ days dans le temps, autrefois - **3.** inf [as intensifier] : any ~ n'importe quel (n'importe quelle) ◇ npl : the ~ les personnes fpl âgées.

old age n vieillesse f.

old age pension n Br pension f de vieillesse.

old age pensioner n Br retraité m, -e f.

Old Bailey [-'beɪlɪ] n : the ~ la Cour d'assises de Londres.

olden ['əʊldn] adj literary : in the ~ days au temps jadis.

old-fashioned [-'fæʃnd] adj - **1.** [outmoded] démodé(e), passé(e) de mode - **2.** [traditional] vieux jeu (inv).

old flame n fig ancien flirt m.

old hat adj inf pej dépassé(e).

old maid n pej vieille fille f.

old master n - **1.** [painter] maître m - **2.** [painting] tableau m de maître.

old people's home n hospice m de vieillards.

Old Testament n : the ~ l'Ancien Testament m.

old-time adj d'autrefois.

old-timer n - **1.** [veteran] vieux routier m, vétéran m - **2.** esp Am [old man] vieillard m.

old wives' tale n histoires fpl de bonne femme.

Old World n : the ~ l'Ancien monde m.

O level n Br examen optionnel destiné, jusqu'en 1988, aux élèves de niveau seconde ayant obtenu de bons résultats.

oligarchy ['ɒlɪgɑːkɪ] (pl -ies) n oligarchie f.

olive ['ɒlɪv] ◇ adj olive (inv) ◇ n olive f ; ~ (tree) olivier m.

olive green adj vert olive (inv).

olive oil n huile f d'olive.

Olympic [ə'lɪmpɪk] adj olympique.
➤ **Olympics** npl : the ~s les Jeux mpl Olympiques.

Olympic Games npl : the ~ les Jeux mpl Olympiques.

OM (abbr of Order of Merit) n distinction honorifique britannique.

O & M (abbr of organization and method) n O et M.

Oman [əʊ'mɑːn] n Oman m ; in ~ à Oman.

OMB (abbr of Office of Management and Budget) n organisme fédéral américain chargé de préparer le budget.

ombudsman ['ɒmbʊdzmən] (pl -men [-mən]) n ombudsman m.

omelet(te) ['ɒmlɪt] n omelette f ; mushroom ~ omelette aux champignons.

omen ['əʊmen] n augure m, présage m.

ominous ['ɒmɪnəs] adj [event, situation] de mauvais augure ; [sign] inquiétant(e) ; [look, silence] menaçant(e).

ominously ['ɒmɪnəslɪ] adv [speak] d'un ton menaçant ; [happen, change] de façon inquiétante.

omission [ə'mɪʃn] *n* omission *f*.

omit [ə'mɪt] (*pt* & *pp* **-ted** ; *cont* **-ting**) *vt* omettre ; **to ~ to do sthg** oublier de faire qqch.

omnibus ['ɒmnɪbəs] *n* - **1.** [book] recueil *m* - **2.** Br RADIO & TV *diffusion groupée des épisodes de la semaine.*

omnipotence [ɒm'nɪpətəns] *n* omnipotence *f*.

omnipotent [ɒm'nɪpətənt] *adj* tout-puissant (toute-puissante), omnipotent(e).

omnipresent [,ɒmnɪ'prezənt] *adj* omniprésent(e).

omniscient [ɒm'nɪsɪənt] *adj* omniscient(e).

omnivorous [ɒm'nɪvərəs] *adj* omnivore.

on [ɒn] ⬦ *prep* - **1.** [indicating position, location] sur ; **~ a chair/the wall** sur une chaise/le mur ; **to stand ~ one leg** se tenir sur une jambe ; **~ the ceiling** au plafond ; **the information is ~ disk** l'information est sur disquette ; **she had a strange look ~ her face** elle avait une drôle d'expression ; **~the left/right** à gauche/droite - **2.** [indicating means] : **the car runs ~ petrol** la voiture marche à l'essence ; **to be shown ~ TV** passer à la télé ; **~ the radio** à la radio ; **~ the telephone** au téléphone ; **to live ~ fruit** vivre OR se nourrir de fruits ; **to hurt o.s. ~ sthg** se faire mal sur qqch - **3.** [indicating mode of transport] : **to travel ~ a bus/train/ship** voyager en bus/par le train/en bateau ; **I was ~ the bus** j'étais dans le bus ; **~ foot** à pied - **4.** [concerning] sur ; **a book ~ astronomy** un livre sur l'astronomie - **5.** [indicating time, activity] : **~ Thursday** jeudi ; **~ the 10th of February** le 10 février ; **~ my birthday** le jour de mon anniversaire ; **~ my return, ~ returning** à mon retour ; **~ holiday** en vacances ; **to be ~ night shift** être de nuit - **6.** [indicating influence] sur ; **the impact ~ the environment** l'impact sur l'environnement - **7.** [indicating membership] : **to be ~ a committee** faire partie OR être membre d'un comité - **8.** [using, supported by] : **to be ~ social security** recevoir l'aide sociale ; **he's ~ tranquillizers** il prend des tranquillisants ; **to be ~ drugs** se droguer - **9.** [earning] : **to be ~ £25,000 a year** gagner 25 000 livres par an ; **to be ~ a low income** avoir un faible revenu - **10.** [obtained from] : **interest ~ investments** intérêts de placements ; **a tax ~ alcohol** une taxe sur l'alcool - **11.** [referring to musical instrument] à ; **to play sthg ~ the violin/flute/guitar** jouer qqch au violon/à la flûte/à la guitare - **12.** inf [paid by] : **the drinks are ~ me** c'est moi qui régale, c'est ma tournée ⬦ *adv* - **1.** [indicating covering, clothing] : **put the lid ~** mettez le couvercle ; **to put a sweater ~** mettre un pull ; **what did she have ~ ?** qu'est-ce qu'elle portait? ; **he had nothing ~** il était tout nu - **2.** [taking place] : **when the war was ~** quand c'était la guerre, pendant la guerre - **3.** [being shown] : **what's ~ at the Ritz?** qu'est-ce qu'on joue OR donne au Ritz? - **4.** [working - radio, TV, light] allumé(e) ; [- machine] en marche ; [- tap] ouvert(e) ; **turn ~ the power** mets le courant - **5.** [indicating continuing action] : **to work ~** continuer à travailler ; **we talked ~ into the night** nous avons parlé jusque tard dans la nuit ; **he kept ~ walking** il continua à marcher - **6.** [forward] : **send my mail ~ (to me)** faites suivre mon courrier ; **later ~** plus tard ; **earlier ~** plus tôt - **7.** [of transport] : **the train stopped and we all got ~** le train s'est arrêté et nous sommes tous montés - **8.** inf [referring to behaviour] : **it's just not ~!** cela ne se fait pas! - **9.** inf : **to be OR go ~ at sb (to do sthg)** harceler qqn (pour qu'il fasse qqch).

➤ **from ... on** *adv* : **from now ~** dorénavant, désormais ; **from then ~** à partir de ce moment-là.

➤ **on and on** *adv* : **to go ~ and ~ (about)** parler sans arrêt (de) ; **the list goes ~ and ~** la liste n'en finit plus.

➤ **on and off** *adv* de temps en temps ; **it happened ~ and off throughout the day** cela s'est produit par intervalles OR intermittence toute la journée.

➤ **on to, onto** *prep* (*only written as onto for senses 4 and 5*) - **1.** [to a position on top of] sur ; **she jumped ~ to the chair** elle a sauté sur la chaise - **2.** [to a position on a vehicle] dans ; **she got ~ to the bus** elle est montée dans le bus ; **he jumped ~ to his bicycle** il a sauté sur sa bicyclette - **3.** [to a position attached to] : **stick the photo ~ to the page with glue** colle la photo sur la page - **4.** [aware of wrongdoing] : **to be onto sb** être sur la piste de qqn - **5.** [into contact with] : **get onto the factory** contactez l'usine.

ON *abbr of* Ontario.

ONC (*abbr of* **Ordinary National Certificate**) *n brevet de technicien en Grande-Bretagne*.

once [wʌns] ⬦ *adv* - **1.** [on one occasion] une fois ; **~ a day** une fois par jour ; **~ again** OR **more** encore une fois ; **~ and for all** une fois pour toutes ; **~. in a while** de temps en temps ; **~ or twice** une ou deux fois ; **for ~** pour une fois - **2.** [previously] autrefois, jadis ; **~ upon a time** il était une fois ⬦ *conj* dès que.

➤ **at once** *adv* - **1.** [immediately] immédiatement - **2.** [at the same time] en même temps ; **all at ~** tout d'un coup.

once-over n inf : **to give sb the ~** jauger qqn d'un coup d'œil ; **to give sthg the ~** jeter un coup d'œil à qqch.

oncoming ['ɒn,kʌmɪŋ] adj [traffic] venant en sens inverse ; [danger] imminent(e).

OND (abbr of **Ordinary National Diploma**) n brevet de technicien supérieur en Grande-Bretagne.

one [wʌn] ⟨⟩ num [the number 1] un (une) ; **~ hundred** cent ; **~ thousand** mille ; **page ~** page un ; **~ of my friends** l'un de mes amis, un ami à moi ; **~ fifth** un cinquième ; **in ~s and twos** par petits groupes ⟨⟩ adj - **1.** [only] seul(e), unique ; **it's her ~ ambition/love** c'est son unique ambition/son seul amour - **2.** [indefinite] : **~ day we went to Athens** un jour nous sommes allés à Athènes ; **~ of these days** un de ces jours - **3.** inf [a] : **I've got ~ awful hangover!** j'ai une de ces gueules de bois ! ; **~ hell of a bang** une détonation de tous les diables ⟨⟩ pron - **1.** [referring to a particular thing or person] lequel voulez-vous ? ; **this ~** celui-ci ; **that ~** celui-là ; **she's the ~ I told you about** c'est celle dont je vous ai parlé ; **I'm not** OR **I've never been ~ to gossip but ...** je ne suis pas du genre à cancaner, mais ... - **2.** inf [blow] coup m ; **she really thumped him ~** elle lui a flanqué un de ces coups - **3.** fml [you, anyone] on ; **to do ~'s duty** faire son devoir.

➤ **at one** adv : **to be at ~ with sb/sthg** être d'accord avec qqn/en accord avec qqch.

➤ **for one** adv pour ma/sa etc part ; **I for ~ remain unconvinced** pour ma part je ne suis pas convaincu.

➤ **one up on** adv : **to be** OR **have ~ up on sb** avoir l'avantage sur qqn.

one-armed bandit n machine f à sous.

one-liner n bon mot m.

one-man adj [business] dirigé(e) par un seul homme ; **~ show** one-man show m inv, spectacle solo m.

one-man band n - **1.** [musician] homme-orchestre m - **2.** fig [business] entreprise f dirigée par un seul homme.

oneness ['wʌnnɪs] n (U) [harmony] accord m, harmonie f.

one-night stand n - **1.** THEATRE représentation f unique - **2.** inf [sexual relationship] aventure f d'un soir.

one-off inf ⟨⟩ adj [offer, event, product] unique ⟨⟩ n : **a ~** [product] un exemplaire unique ; [event] un événement unique.

one-on-one Am = **one-to-one**.

one-parent family n famille f monoparentale.

one-piece adj [swimsuit] une pièce (inv).

onerous ['əʊnərəs] adj [task] pénible ; [responsibility] lourd(e), pesant(e).

oneself [wʌn'self] pron - **1.** (reflexive) se ; (after prep) soi - **2.** (emphatic) soi-même.

one-sided [-'saɪdɪd] adj - **1.** [unequal] inégal(e) - **2.** [biased] partial(e).

onetime ['wʌntaɪm] adj ancien(enne).

one-to-one Br, **one-on-one** Am adj [discussion] en tête-à-tête ; **~ tuition** cours mpl particuliers.

one-upmanship [,wʌn'ʌpmənʃɪp] n art m de faire toujours mieux que les autres.

one-way adj - **1.** [street] à sens unique - **2.** [ticket] simple.

ongoing ['ɒn,gəʊɪŋ] adj en cours, continu(e).

onion ['ʌnjən] n oignon m.

online ['ɒnlaɪn] adj & adv COMPUT en ligne, connecté(e).

onlooker ['ɒn,lʊkər] n spectateur m, -trice f.

only ['əʊnlɪ] ⟨⟩ adj seul(e), unique ; **an ~ child** un enfant unique ⟨⟩ adv - **1.** [gen] ne ... que, seulement ; **he ~ reads science fiction** il ne lit que de la science fiction ; **it's ~ a scratch** c'est juste une égratignure ; **he left ~ a few minutes ago** il est parti il n'y a pas deux minutes - **2.** [for emphasis] : **I ~ wish I could** je voudrais bien ; **it's ~ natural (that) ...** c'est tout à fait normal que ... ; **I was ~ too willing to help** je ne demandais qu'à aider ; **not ~ ... but also** non seulement ... mais encore ; **I ~ just caught the train** j'ai eu le train de justesse ⟨⟩ conj seulement, mais ; **he looks like his brother, ~ smaller** il ressemble à son frère, mais en plus petit.

o.n.o., ono (abbr of **or near(est) offer**) à déb.

onrush ['ɒnrʌʃ] n [of emotion] vague f, montée f.

on-screen adj & adv COMPUT à l'écran.

onset ['ɒnset] n début m, commencement m.

onshore ['ɒnʃɔːr] adj & adv [from sea] du large ; [on land] à terre.

onside [ɒn'saɪd] adj & adv SPORT en jeu.

onslaught ['ɒnslɔːt] n attaque f.

Ont. abbr of **Ontario**.

Ontario [ɒn'teərɪəʊ] n Ontario m ; **in ~** dans l'Ontario.

on-the-job adj [training] sur le tas.

on-the-spot adj [interview] sur place.

onto [unstressed before consonant 'ɒntə , un-

stressed before vowel 'ɒntʊ , stressed 'ɒntuː]
= on to.

onus ['əʊnəs] n responsabilité f, charge f.

onward ['ɒnwəd] adj & adv en avant.

onwards ['ɒnwədz] adv en avant ; **from now ~** dorénavant, désormais ; **from then ~** à partir de ce moment-là.

onyx ['ɒnɪks] n onyx m.

oodles ['uːdlz] npl inf : **~ of** plein de, un tas de.

oof [ʊf] excl inf ouïe!, ouille!, aïe!

ooh [uː] excl inf oh!

oops [ʊps, uːps] excl inf houp!, hop là!

ooze [uːz] <> vt fig (charm, confidence) respirer <> vi : **to ~ from** OR **out of sthg** suinter de qqch <> n vase f.

opacity [ə'pæsətɪ] n opacité f ; fig obscurité f.

opal ['əʊpl] n (gem) opale f.

opaque [əʊ'peɪk] adj opaque ; fig obscur(e).

OPEC ['əʊpek] (abbr of Organization of Petroleum Exporting Countries) n OPEP f.

open ['əʊpn] <> adj - **1.** (gen) ouvert(e) - **2.** (receptive) : **to be ~ (to)** être réceptif(ive) (à) ; **to lay o.s. ~ to criticism** s'exposer aux critiques - **3.** (view, road, space) dégagé(e) - **4.** (uncovered - car) découvert(e) ; **an ~ fire** un feu de cheminée - **5.** (meeting) public(ique) ; (competition) ouvert(e) à tous - **6.** (disbelief, honesty) manifeste, évident(e) - **7.** (unresolved) non résolu(e) <> n : **in the ~** (sleep) à la belle étoile ; (eat) au grand air ; **to bring sthg out into the ~** divulguer qqch, exposer qqch au grand jour <> vt - **1.** (gen) ouvrir - **2.** (inaugurate) inaugurer <> vi - **1.** (door, flower) s'ouvrir - **2.** (shop, library etc) ouvrir - **3.** (meeting, play etc) commencer.

➤ **open on to** vt fus (subj : room, door) donner sur.

➤ **open out** vi (road, river) s'élargir.

➤ **open up** <> vt sep (develop) exploiter, développer <> vi - **1.** (possibilities etc) s'offrir, se présenter - **2.** (unlock door) ouvrir.

open-air adj en plein air.

open-and-shut adj clair(e), évident(e).

opencast ['əʊpnkɑːst] adj (mining) à ciel ouvert.

open day n journée f portes ouvertes.

open-ended [-'endɪd] adj (meeting) sans limite de durée.

opener ['əʊpnər] n (for cans) ouvre-boîtes m inv ; (for bottles) ouvre-bouteilles m inv, décapsuleur m.

open-handed [-'hændɪd] adj généreux(euse).

openhearted [,əʊpn'hɑːtɪd] adj franc (franche).

open-heart surgery n chirurgie f à cœur ouvert.

opening ['əʊpnɪŋ] <> adj (first) premier(ère) ; (remarks) préliminaire <> n - **1.** (beginning) commencement m, début m - **2.** (in fence) trou m, percée f ; (in clouds) trouée f, déchirure f - **3.** (opportunity - gen) occasion f ; (- COMM) débouché m - **4.** (job vacancy) poste m.

opening hours npl heures fpl d'ouverture.

opening night n première f.

opening time n Br (of pub) heure f d'ouverture.

open letter n lettre f ouverte.

openly ['əʊpənlɪ] adv ouvertement, franchement.

open market n marché m libre.

open marriage n mariage m moderne (où chacun est libre d'avoir des aventures).

open-minded [-'maɪndɪd] adj (person) qui a l'esprit large ; (attitude) large.

open-mouthed [-'maʊðd] adj & adv bouche bée (inv).

open-necked [-'nekt] adj à col ouvert.

openness ['əʊpənnɪs] n (frankness) franchise f.

open-plan adj non cloisonné(e).

open prison n prison f ouverte.

open sandwich n canapé m.

open season n saison f de la chasse.

open shop n absence de monopole syndical.

Open University n Br : **the ~** ≃ centre m national d'enseignement à distance.

open verdict n JUR jugement qui enregistre un décès sans en spécifier la cause.

opera ['ɒprə] n opéra m.

opera glasses npl jumelles fpl de théâtre.

opera house n opéra m.

opera singer n chanteur m, -euse f d'opéra.

operate ['ɒpəreɪt] <> vt - **1.** (machine) faire marcher, faire fonctionner - **2.** COMM diriger <> vi - **1.** (rule, law, system) jouer, être appliqué(e) ; (machine) fonctionner, marcher - **2.** COMM opérer, travailler - **3.** MED opérer ; **to ~ on sb/sthg** opérer qqn/de qqch.

operatic [,ɒpə'rætɪk] adj d'opéra.

operating room ['ɒpəreɪtɪŋ-] n Am salle f d'opération.

operating system ['ɒpəreɪtɪŋ-] n COMPUT système m d'exploitation.

operating theatre Br, **operating room** Am ['ɒpəreɪtɪŋ-] n salle f d'opération.

operation [ˌɒpəˈreɪʃn] n - **1.** [gen & MED] opération f ; **to have an ~ (for)** se faire opérer (de) - **2.** [of machine] marche f, fonctionnement m ; **to be in ~** [machine] être en marche OR en service ; [law, system] être en vigueur - **3.** [COMM - company] exploitation f ; [- management] administration f, gestion f.

operational [ˌɒpəˈreɪʃənl] adj - **1.** [machine] en état de marche - **2.** [difficulty, costs] d'exploitation.

operative [ˈɒprətɪv] <> adj en vigueur <> n ouvrier m, -ère f.

operator [ˈɒpəreɪtər] n - **1.** TELEC standardiste mf - **2.** [of machine] opérateur m, -trice f - **3.** COMM directeur m, -trice f.

operetta [ˌɒpəˈretə] n opérette f.

ophthalmic optician [ɒfˈθælmɪk-] n opticien m, -enne f.

ophthalmologist [ˌɒfθælˈmɒlədʒɪst] n ophtalmologue mf, ophtalmologiste mf.

opinion [əˈpɪnjən] n opinion f, avis m ; **to be of the ~** that être d'avis que, estimer que ; **in my ~** à mon avis.

opinionated [əˈpɪnjəneɪtɪd] adj pej dogmatique.

opinion poll n sondage m d'opinion.

opium [ˈəʊpjəm] n opium m.

opponent [əˈpəʊnənt] n adversaire mf.

opportune [ˈɒpətjuːn] adj opportun(e).

opportunism [ˌɒpəˈtjuːnɪzm] n opportunisme m.

opportunist [ˌɒpəˈtjuːnɪst] n opportuniste mf.

opportunity [ˌɒpəˈtjuːnətɪ] (pl -ies) n occasion f ; **to take the ~ to do** OR **of doing sthg** profiter de l'occasion pour faire qqch ; **to get the ~** avoir l'occasion.

oppose [əˈpəʊz] vt s'opposer à.

opposed [əˈpəʊzd] adj opposé(e) ; **to be ~ to** être contre, être opposé à ; **as ~ to** par opposition à.

opposing [əˈpəʊzɪŋ] adj opposé(e).

opposite [ˈɒpəzɪt] <> adj opposé(e) ; [house] d'en face <> adv en face <> prep en face de <> n contraire m.

opposite number n homologue mf.

opposite sex n : **the ~** le sexe opposé.

opposition [ˌɒpəˈzɪʃn] n - **1.** [gen] opposition f - **2.** [opposing team] adversaire m.
➤ **Opposition** n Br POL : **the Opposition** l'opposition.

oppress [əˈpres] vt - **1.** [persecute] opprimer - **2.** [depress] oppresser.

oppressed [əˈprest] <> adj opprimé(e) <> npl : **the ~** les opprimés mpl.

oppression [əˈpreʃn] n oppression f.

oppressive [əˈpresɪv] adj - **1.** [unjust] oppressif(ive) - **2.** [weather, heat] étouffant(e), lourd(e) - **3.** [silence] oppressant(e).

oppressor [əˈpresər] n oppresseur m.

opprobrium [əˈprəʊbrɪəm] n opprobre m.

opt [ɒpt] <> vt : **to ~ to do sthg** choisir de faire qqch <> vi : **to ~ for** opter pour.
➤ **opt in** vi : **to ~ in (to)** choisir de participer (à).
➤ **opt out** vi : **to ~ out (of)** [gen] choisir de ne pas participer (à) ; [of responsibility] se dérober (à) ; [of NHS] ne plus faire partie (de).

optic [ˈɒptɪk] adj optique.

optical [ˈɒptɪkl] adj optique.

optical character reader n COMPUT lecteur m optique de caractères.

optical character recognition n COMPUT reconnaissance f optique de caractères.

optical fibre n TELEC fibre f optique.

optical illusion n illusion f d'optique.

optician [ɒpˈtɪʃn] n - **1.** [who sells glasses] opticien m, -enne f - **2.** [ophthalmologist] ophtalmologiste mf.

optics [ˈɒptɪks] n (U) optique f.

optimism [ˈɒptɪmɪzm] n optimisme m.

optimist [ˈɒptɪmɪst] n optimiste mf.

optimistic [ˌɒptɪˈmɪstɪk] adj optimiste ; **to be ~ about** être optimiste pour.

optimize, -ise [ˈɒptɪmaɪz] vt optimaliser.

optimum [ˈɒptɪməm] adj optimum.

option [ˈɒpʃn] n option f, choix m ; **she had no ~ but to pay up** elle n'a pas pu faire autrement que de payer ; **to have the ~ to do** OR **of doing sthg** pouvoir faire qqch, avoir la possibilité de faire qqch.

optional [ˈɒpʃənl] adj facultatif(ive) ; **an ~ extra** un accessoire.

opulence [ˈɒpjʊləns] n - **1.** [wealth] opulence f - **2.** [sumptuousness] magnificence f.

opulent [ˈɒpjʊlənt] adj - **1.** [wealthy] opulent(e) - **2.** [sumptuous] magnifique.

opus [ˈəʊpəs] (pl -es [-iːz] OR **opera** [ˈɒpərə]) n MUS opus m.

or [ɔːr] conj - **1.** [gen] ou - **2.** [after negative] : **he can't read ~ write** il ne sait ni lire ni écrire - **3.** [otherwise] sinon - **4.** [as correction] ou plutôt.

OR abbr of Oregon.

oracle [ˈɒrəkl] n [prophet] oracle m.

oral [ˈɔːrəl] <> adj - **1.** [spoken] oral(e) - **2.** [MED - medicine] par voie orale, par la bouche ; [- hygiene] buccal(e) ⬦ n oral m, épreuve f orale.

orally ['ɔːrəlɪ] adv - **1.** [in spoken form] oralement - **2.** MED par voie orale.

orange ['ɒrɪndʒ] ⬦ adj orange (inv) ⬦ n - **1.** [fruit] orange f - **2.** [colour] orange m.

orangeade [ˌɒrɪndʒ'eɪd] n orangeade f.

orange blossom n (U) fleur f d'oranger.

Orangeman ['ɒrɪndʒmən] (pl -**men** [-mən]) n Br orangiste m.

orangutang [ɔːˌræŋuː'tæŋ] n orang-outang m.

oration [ɔː'reɪʃn] n fml discours m.

orator ['ɒrətə'] n orateur m, -trice f.

oratorio [ˌɒrə'tɔːrɪəʊ] (pl -**s**) n oratorio m.

oratory ['ɒrətrɪ] n art m oratoire, éloquence f.

orb [ɔːb] n globe m.

orbit ['ɔːbɪt] ⬦ n orbite f ; **to be in/go into ~ (around)** être/entrer sur orbite (autour de), être/entrer en orbite (autour de) ⬦ vt décrire une orbite autour de.

orchard ['ɔːtʃəd] n verger m ; **apple ~** champ m de pommiers, pommeraie f.

orchestra ['ɔːkɪstrə] n orchestre m.

orchestral [ɔː'kestrəl] adj orchestral(e).

orchestra pit n fosse f d'orchestre.

orchestrate ['ɔːkɪstreɪt] vt lit & fig orchestrer.

orchestration [ˌɔːke'streɪʃn] n lit & fig orchestration f.

orchid ['ɔːkɪd] n orchidée f.

ordain [ɔː'deɪn] vt - **1.** [decree] ordonner, décréter - **2.** RELIG : **to be ~ed** être ordonné prêtre.

ordeal [ɔː'diːl] n épreuve f.

order ['ɔːdə'] ⬦ n - **1.** [gen] ordre m ; **to be under ~s to do sthg** avoir (reçu) l'ordre de faire qqch - **2.** COMM commande f ; **to place an ~ with sb for sthg** passer une commande de qqch à qqn ; **on ~** commandé ; **to ~** sur commande - **3.** [sequence] ordre m ; **in ~** dans l'ordre ; **in ~ of importance** par ordre d'importance - **4.** [fitness for use] : **in working ~** en état de marche ; **out of ~** [machine] en panne ; [behaviour] déplacé(e) ; **in ~** [correct] en ordre - **5.** (U) [discipline - gen] ordre m ; [- in classroom] discipline f ; **to keep ~** maintenir l'ordre - **6.** Am [portion] part f ⬦ vt - **1.** [command] ordonner ; **to ~ sb to do sthg** ordonner à qqn de faire qqch ; **to ~ that** ordonner que - **2.** COMM commander ⬦ vi commander.

➡ **orders** npl RELIG : **to take holy ~s** entrer dans les ordres.

➡ **in the order of** Br, **on the order of** Am adv environ, de l'ordre de.

➡ **in order that** conj pour que, afin que (+ subjunctive).

➡ **in order to** conj pour, afin de.

➡ **order about, order around** vt sep commander.

order book n carnet m de commandes.

order form n bulletin m de commande.

orderly ['ɔːdəlɪ] (pl -**ies**) ⬦ adj [person] ordonné(e) ; [crowd] discipliné(e) ; [office, room] en ordre ⬦ n [in hospital] garçon m de salle.

order number n numéro m de commande.

ordinal ['ɔːdɪnl] ⬦ adj ordinal(e) ⬦ n nombre m ordinal.

ordinarily ['ɔːdənrəlɪ] adv d'habitude, d'ordinaire.

ordinary ['ɔːdənrɪ] ⬦ adj - **1.** [normal] ordinaire - **2.** pej [unexceptional] ordinaire, quelconque ⬦ n : **out of the ~** qui sort de l'ordinaire, exceptionnel(elle).

ordinary level n Br ≃ brevet m des collèges.

ordinary seaman n Br simple matelot m.

ordinary shares npl Br FIN actions fpl ordinaires.

ordination [ˌɔːdɪ'neɪʃn] n ordination f.

ordnance ['ɔːdnəns] n (U) - **1.** [supplies] matériel m militaire - **2.** [artillery] artillerie f.

Ordnance Survey n service cartographique national en Grande-Bretagne, ≃ IGN m.

ore [ɔː'] n minerai m.

oregano [ˌɒrɪ'gɑːnəʊ] n origan m.

Oregon ['ɒrɪgən] n Oregon m ; **in ~** dans l'Oregon.

organ ['ɔːgən] n - **1.** [gen] organe m - **2.** MUS orgue m.

organic [ɔː'gænɪk] adj - **1.** [of animals, plants] organique - **2.** [farming, food] biologique - **3.** fig [development] naturel(elle).

organically [ɔː'gænɪklɪ] adv [farm, grow] sans engrais chimiques.

organic chemistry n chimie f organique.

organism ['ɔːgənɪzm] n organisme m.

organist ['ɔːgənɪst] n organiste mf.

organization [ˌɔːgənaɪ'zeɪʃn] n organisation f.

organizational [ˌɔːgənaɪ'zeɪʃnl] adj - **1.** [structure, links] organisationnel(elle) - **2.** [skill] d'organisation.

organization chart n organigramme m.

organize, -ise ['ɔːgənaɪz] ⬦ vt organiser ⬦ vi [workers] se syndiquer.

organized ['ɔ:gənaɪzd] *adj* organisé(e).

organized crime *n* crime *m* organisé.

organized labour *n* main d'œuvre *f* syndiquée.

organizer ['ɔ:gənaɪzə'] *n* - **1.** [person] organisateur *m*, -trice *f* - **2.** [diary] organiseur *m*.

organza [ɔ:'gænzə] *n* organza *m*.

orgasm ['ɔ:gæzm] *n* orgasme *m*.

orgy ['ɔ:dʒɪ] (*pl* -ies) *n* lit & fig orgie *f*.

orient ['ɔ:rɪənt] = orientate.

Orient ['ɔ:rɪənt] *n* : **the** ~ l'Orient *m*.

oriental [,ɔ:rɪ'entl] ⟨⟩ *adj* oriental(e) ⟨⟩ *n* Oriental *m*, -e *f* (attention : le terme 'oriental' est considéré raciste).

orientate ['ɔ:rɪenteɪt] *vt* : **to be ~d towards** viser, s'adresser à ; **to ~ o.s.** s'orienter.

orientation [,ɔ:rɪen'teɪʃn] *n* orientation *f*.

orienteering [,ɔ:rɪən'tɪərɪŋ] *n* (U) course *f* d'orientation.

orifice ['ɒrɪfɪs] *n* orifice *m*.

origami [,ɒrɪ'gɑːmɪ] *n* origami *m*.

origin ['ɒrɪdʒɪn] *n* - **1.** [of river] source *f* ; [of word, conflict] origine *f* - **2.** [birth] : **country of ~** pays *m* d'origine.

➜ **origins** *npl* origines *fpl*.

original [ɒ'rɪdʒənl] ⟨⟩ *adj* original(e) ; [owner] premier(ère) ⟨⟩ *n* original *m*.

originality [ə,rɪdʒə'nælətɪ] *n* originalité *f*.

originally [ə'rɪdʒənəlɪ] *adv* à l'origine, au départ.

original sin *n* péché *m* originel.

originate [ə'rɪdʒəneɪt] ⟨⟩ *vt* être l'auteur de, être à l'origine de ⟨⟩ *vi* [belief, custom] : **to ~ (in)** prendre naissance (dans) ; **to ~ from** provenir de.

origination [ə,rɪdʒə'neɪʃn] *n* (U) origine *f*.

originator [ə'rɪdʒəneɪtə'] *n* auteur *m*, initiateur *m*, -trice *f*.

Orinoco [,ɒrɪ'nəʊkəʊ] *n* : **the (River)** ~ l'Orénoque *m*.

Orkney Islands ['ɔ:knɪ-], **Orkneys** ['ɔ:knɪz] *npl* : **the** ~ les Orcades *fpl* ; **in the** ~**s** dans les Orcades.

ornament ['ɔ:nəmənt] *n* - **1.** [object] bibelot *m* - **2.** (U) [decoration] ornement *m*.

ornamental [,ɔ:nə'mentl] *adj* [garden, pond] d'agrément ; [design] décoratif(ive).

ornamentation [,ɔ:nəmen'teɪʃn] *n* décoration *f*.

ornate [ɔ:'neɪt] *adj* orné(e).

ornately [ɔ:'neɪtlɪ] *adv* avec beaucoup d'ornements.

ornery ['ɔ:nərɪ] *adj* Am inf désagréable.

ornithologist [,ɔ:nɪ'θɒlədʒɪst] *n* ornithologue *mf*, ornithologiste *mf*.

ornithology [,ɔ:nɪ'θɒlədʒɪ] *n* ornithologie *f*.

orphan ['ɔ:fn] ⟨⟩ *n* orphelin *m*, -e *f* ⟨⟩ *vt* : **to be ~ed** devenir orphelin(e).

orphanage ['ɔ:fənɪdʒ] *n* orphelinat *m*.

orthodontist [,ɔ:θə'dɒntɪst] *n* orthodontiste *mf*.

orthodox ['ɔ:θədɒks] *adj* - **1.** [conventional] orthodoxe - **2.** RELIG [traditional] traditionaliste.

Orthodox Church *n* : **the** ~ l'Église *f* orthodoxe.

orthodoxy ['ɔ:θədɒksɪ] *n* orthodoxie *f*.

orthopaedic [,ɔ:θə'pi:dɪk] *adj* orthopédique.

orthopaedics [,ɔ:θə'pi:dɪks] *n* (U) orthopédie *f*.

orthopaedist [,ɔ:θə'pi:dɪst] *n* orthopédiste *mf*.

orthopedic *etc* [,ɔ:θə'pi:dɪk] = orthopaedic *etc*.

OS ⟨⟩ *n* (abbr of **Ordnance Survey**) ≃ IGN *m* ⟨⟩ abbr of **outsize**.

O/S abbr of **out of stock**.

Oscar ['ɒskə'] *n* CINEMA Oscar *m*.

oscillate ['ɒsɪleɪt] *vi* lit & fig osciller.

oscilloscope [ɒ'sɪləskəʊp] *n* oscilloscope *m*.

OSD (abbr of **optical scanning device**) *n* lecteur optique.

OSHA (abbr of **Occupational Safety and Health Administration**) *n* direction de la sécurité et de l'hygiène au travail aux États-Unis.

Oslo ['ɒzləʊ] *n* Oslo.

osmosis [ɒz'məʊsɪs] *n* osmose *f*.

osprey ['ɒsprɪ] (*pl* -s) *n* balbuzard *m*.

Ostend [ɒs'tend] *n* Ostende.

ostensible [ɒ'stensəbl] *adj* prétendu(e).

ostensibly [ɒ'stensəblɪ] *adv* en apparence, soi-disant.

ostentation [,ɒstən'teɪʃn] *n* ostentation *f*.

ostentatious [,ɒstən'teɪʃəs] *adj* ostentatoire.

osteoarthritis [,ɒstɪəʊɑ:'θraɪtɪs] *n* (U) ostéoarthrose *f*.

osteopath ['ɒstɪəpæθ] *n* ostéopathe *mf*.

osteopathy [,ɒstɪ'ɒpəθɪ] *n* ostéopathie *f*.

osteoporosis [,ɒstɪəpɔ:'rəʊsɪs] *n* ostéoporose *f*.

ostracize, -ise ['ɒstrəsaɪz] *vt* frapper d'ostracisme, mettre au ban.

ostrich ['ɒstrɪtʃ] *n* autruche *f*.

OT *n* - **1.** (*abbr of* **Old Testament**) AT *m* - **2.** *abbr of* **occupational therapy.**

OTC (*abbr of* **Officer Training Corps**) *n* section de formation des officiers en Grande-Bretagne.

other [ˈʌðəʳ] ⬦ *adj* autre ; **the ~ one** l'autre ; **the ~ day/week** l'autre jour/semaine ⬦ *adv* : **there was nothing to do ~ than confess** il ne pouvait faire autrement que d'avouer ; **~ than John** John à part ⬦ *pron* : **~s d'autres** ; **the ~ one** l'autre ; **the ~s** les autres ; **one after the ~** l'un après l'autre (l'une après l'autre) ; **one or ~ of you** l'un (l'une) de vous deux ; **none ~ than** nul (nulle) autre que.

🢒 **something or other** *pron* quelque chose, je ne sais quoi.

🢒 **somehow or other** *adv* d'une manière ou d'une autre.

otherwise [ˈʌðəwaɪz] ⬦ *adv* autrement ; **or ~** [or not] ou non ⬦ *conj* sinon.

other world *n* : **the ~** l'au-delà *m*.

otherworldly [ˌʌðəˈwɜːldlɪ] *adj* détaché(e) des biens de ce monde.

OTT (*abbr of* **over the top**) *adj Br inf* : **it's a bit ~** c'est un peu trop.

Ottawa [ˈɒtəwə] *n* Ottawa.

otter [ˈɒtəʳ] *n* loutre *f*.

OU *abbr of* **Open University.**

ouch [aʊtʃ] *excl* aïe!, ouïe!

ought [ɔːt] *aux vb* - **1.** [sensibly] : **I really ~ to go** il faut absolument que je m'en aille ; **you ~ to see a doctor** tu devrais aller chez le docteur - **2.** [morally] : **you ~ not to have done that** tu n'aurais pas dû faire cela ; **you ~ to look after your children better** tu devrais t'occuper un peu mieux de tes enfants - **3.** [expressing probability] : **she ~ to pass her exam** elle devrait réussir à son examen.

oughtn't [ˈɔːtnt] = **ought not.**

Ouija board® [ˈwiːdʒə-] *n* oui-ja *m*.

ounce [aʊns] *n* = 28,35 g, once *f*.

our [ˈaʊəʳ] *poss adj* notre, nos (*pl*) ; **~ money/house** notre argent/maison ; **~ children** nos enfants ; **it wasn't OUR fault** ce n'était pas de notre faute à nous

ours [ˈaʊəz] *poss pron* le nôtre (la nôtre), les nôtres (*pl*) ; **that money is ~** cet argent est à nous OR est le nôtre ; **it wasn't their fault, it was OURS** ce n'était pas de leur faute, c'était de notre faute à nous OR de la nôtre ; **a friend of ~** un ami à nous, un de nos amis.

ourselves [aʊəˈselvz] *pron pl* - **1.** (*reflexive*) nous - **2.** (*for emphasis*) nous-mêmes ; **we did it by ~** nous l'avons fait tout seuls.

oust [aʊst] *vt* : **to ~ sb (from)** évincer qqn (de).

ouster [ˈaʊstəʳ] *n Am* [from country] expulsion *f* ; [from office] renvoi *m*.

out [aʊt] *adv* - **1.** [not inside, out of doors] dehors ; **we all got ~** [of car] nous sommes tous sortis ; **I'm going ~ for a walk** je sors me promener ; **to run ~** sortir en courant ; **~ here** ici ; **~ there** là-bas ; **~ you go!** sors!, file! - **2.** [away from home, office, published] sorti(e) ; **John's ~ at the moment** John est sorti, John n'est pas là en ce moment ; **don't stay ~ too late** ne rentre pas trop tard ; **an afternoon ~** une sortie l'après-midi ; **let's have an evening ~** on sortait ce soir? - **3.** [extinguished] éteint(e) ; **the lights went ~** les lumières se sont éteintes - **4.** [of tides] : **the tide is ~** la marée est basse - **5.** [out of fashion] démodé(e), passé(e) de mode - **6.** [in flower] en fleur ; **the crocuses are ~** les crocus sont sortis - **7.** [visible - moon] levé(e) ; **the sun is ~** il fait du soleil ; **the stars are ~** les étoiles brillent - **8.** *inf* [on strike] en grève - **9.** [not possible] : **sorry, that's ~** désolé, cela ne va pas OR n'est pas possible - **10.** [determined] : **to be ~ to do sthg** être résolu(e) OR décidé(e) à faire qqch.

🢒 **out of** *prep* - **1.** [outside] en dehors de ; **to go ~ of the room** sortir de la pièce ; **to be ~ of the country** être à l'étranger - **2.** [indicating cause] par ; **~ of spite/love/boredom** par dépit/amour/ennui - **3.** [indicating origin, source] de, dans ; **a page ~ of a book** une page d'un livre ; **to drink ~ of a glass** boire dans un verre ; **to get information ~ of sb** arracher OR soutirer des renseignements à qqn ; **it's made ~ of plastic** c'est en plastique ; **we can pay for it ~ of petty cash** on peut le payer avec l'argent des dépenses courantes - **4.** [without] sans ; **~ of petrol/money** à court d'essence/d'argent ; **we're ~ of sugar** nous n'avons plus de sucre - **5.** [sheltered from] à l'abri de ; **we're ~ of the wind here** nous sommes à l'abri du vent ici - **6.** [to indicate proportion] sur ; **one ~ of ten people** une personne sur dix ; **ten ~ of ten** dix sur dix.

out-and-out *adj* [liar] fieffé(e) ; [disgrace] complet(ète).

outback [ˈaʊtbæk] *n* : **the ~** l'intérieur *m* du pays (*en Australie*).

outbid [aʊtˈbɪd] (*pt & pp* **outbid** ; *cont* **-ding**) *vt* : **to ~ sb (for)** enchérir sur qqn (pour).

outboard (motor) [ˈaʊtbɔːd-] *n* (moteur *m*) hors-bord *m*.

outbound [ˈaʊtbaʊnd] *adj* [train, flight] en partance.

outbreak ['aʊtbreɪk] n [of war, crime] début m, déclenchement m ; [of spots etc] éruption f.

outbuildings ['aʊtbɪldɪŋz] npl dépendances fpl.

outburst ['aʊtbɜːst] n explosion f.

outcast ['aʊtkɑːst] n paria m.

outclass [,aʊt'klɑːs] vt surclasser.

outcome ['aʊtkʌm] n issue f, résultat m.

outcrop ['aʊtkrɒp] n affleurement m.

outcry ['aʊtkraɪ] (pl -ies) n tollé m.

outdated [,aʊt'deɪtɪd] adj démodé(e), vieilli(e).

outdid [,aʊt'dɪd] pt ⊏ **outdo**.

outdistance [,aʊt'dɪstəns] vt lit & fig distancer.

outdo [,aʊt'duː] (pt **-did** ; pp **-done** [-'dʌn]) vt surpasser.

outdoor ['aʊtdɔːr] adj [life, swimming pool] en plein air ; [activities] de plein air.

outdoors [aʊt'dɔːz] adv dehors.

outer ['aʊtər] adj extérieur(e) ; **Outer London** la grande banlieue de Londres.

Outer Mongolia n Mongolie-Extérieure f.

outermost ['aʊtəməʊst] adj [area] le plus éloigné (la plus éloignée) ; [layer] le plus (la plus) à l'extérieur.

outer space n cosmos m.

outfit ['aʊtfɪt] n - **1.** [clothes] tenue f - **2.** inf [organization] équipe f.

outfitters ['aʊt,fɪtəz] n Br dated [for clothes] magasin m spécialisé de confection pour hommes.

outflank [,aʊt'flæŋk] vt MIL déborder, prendre à revers ; fig déjouer les manœuvres de.

outgoing ['aʊt,gəʊɪŋ] adj - **1.** [chairman etc] sortant(e) ; [mail] à expédier ; [train] en partance - **2.** [friendly, sociable] ouvert(e).

outgoings npl Br dépenses fpl.

outgrow [,aʊt'grəʊ] (pt **-grew** ; pp **-grown**) vt - **1.** [clothes] devenir trop grand(e) pour - **2.** [habit] se défaire de.

outhouse ['aʊthaʊs, pl -haʊzɪz] n appentis m.

outing ['aʊtɪŋ] n - **1.** [trip] sortie f - **2.** [of homosexuals] campagne, menée par des militants homosexuels, destinée à dévoiler l'homosexualité d'une personne publique.

outlandish [aʊt'lændɪʃ] adj bizarre.

outlast [,aʊt'lɑːst] vt survivre à.

outlaw ['aʊtlɔː] ⟨> n hors-la-loi m inv ⟨> vt - **1.** [practice] proscrire - **2.** [person] mettre hors la loi.

outlay ['aʊtleɪ] n dépenses fpl.

outlet ['aʊtlet] n - **1.** [for emotion] exutoire m - **2.** [hole, pipe] sortie f - **3.** [shop] : **retail ~** point m de vente - **4.** Am ELEC prise f (de courant).

outline ['aʊtlaɪn] ⟨> n - **1.** [brief description] grandes lignes fpl ; **in ~** en gros - **2.** [silhouette] silhouette f ⟨> vt - **1.** [describe briefly] exposer les grandes lignes de - **2.** [silhouette] : **to be ~d against** se dessiner OR se découper sur.

outlive [,aʊt'lɪv] vt - **1.** [subj : person] survivre à - **2.** [subj : idea, object] : **it's ~d its usefulness** cela a fait son temps.

outlook ['aʊtlʊk] n - **1.** [disposition] attitude f, conception f - **2.** [prospect] perspective f.

outlying ['aʊt,laɪɪŋ] adj [village] reculé(e) ; [suburbs] écarté(e).

outmanoeuvre Br, **outmaneuver** Am [,aʊtmə'nuːvər] vt [competitor, rival] l'emporter sur.

outmoded [,aʊt'məʊdɪd] adj démodé(e).

outnumber [,aʊt'nʌmbər] vt surpasser en nombre.

out-of-date adj [passport] périmé(e) ; [clothes] démodé(e) ; [belief] dépassé(e).

out of doors adv dehors.

out-of-the-way adj [village] perdu(e) ; [pub] peu fréquenté(e).

outpace [,aʊt'peɪs] vt - **1.** [subj : person] devancer - **2.** fig [subj : technology] dépasser.

outpatient ['aʊt,peɪʃnt] n malade mf en consultation externe.

outplay [,aʊt'pleɪ] vt SPORT dominer.

outpost ['aʊtpəʊst] n avant-poste m.

outpouring [,aʊt'pɔːrɪŋ] n literary [of emotion] effusion f.

output ['aʊtpʊt] ⟨> n - **1.** [production] production f - **2.** COMPUT sortie f ⟨> vt COMPUT sortir.

outrage ['aʊtreɪdʒ] ⟨> n - **1.** [emotion] indignation f - **2.** [act] atrocité f ⟨> vt outrager.

outraged ['aʊtreɪdʒd] adj outré(e).

outrageous [aʊt'reɪdʒəs] adj - **1.** [offensive, shocking] scandaleux(euse), monstrueux(euse) - **2.** [very unusual] choquant(e).

outran [,aʊt'ræn] pt ⊏ **outrun**.

outrank [aʊt'ræŋk] vt être le supérieur de ; MIL avoir un grade supérieur à.

outrider ['aʊt,raɪdər] n [on motorcycle] motocycliste m d'escorte.

outright [adj 'aʊtraɪt, adv ,aʊt'raɪt] ⟨> adj absolu(e), total(e) ⟨> adv - **1.** [deny] carrément, franchement - **2.** [win, fail] complètement, totalement ; **to be killed ~** être tué sur le coup.

outrun [,aʊt'rʌn] (pt **-ran** ; pp **-run** ; cont **-ning**) vt distancer.

outsell [ˌaʊtˈsell] (*pt* & *pp* -**sold**) *vt* dépasser les ventes de.

outset [ˈaʊtset] *n* : **at the ~** au commencement, au début ; **from the ~** depuis le commencement *or* début.

outshine [ˌaʊtˈʃaɪn] (*pt* & *pp* -**shone** [-ˈʃɒn]) *vt* fig éclipser, surpasser.

outside [*adv* ˌaʊtˈsaɪd, *adj, prep* & *n* ˈaʊtsaɪd] ⬦ *adj* - **1.** [gen] extérieur(e) ; **an ~ opinion** une opinion indépendante - **2.** [unlikely - chance, possibility] faible ⬦ *adv* à l'extérieur ; **to go/run/look ~** aller/courir/regarder dehors ⬦ *prep* - **1.** [not inside] à l'extérieur de, en dehors de - **2.** [beyond] : **~ office hours** en dehors des heures de bureau ⬦ *n* extérieur *m* ; **at the ~** fig au plus, au maximum.

➥ **outside of** *prep* Am [apart from] à part.

outside broadcast *n* Br RADIO & TV émission *f* réalisée à l'extérieur.

outside lane *n* AUT [in UK] voie *f* de droite ; [in Europe, US] voie *f* de gauche.

outside line *n* TELEC ligne *f* extérieure.

outsider [ˌaʊtˈsaɪdər] *n* - **1.** [in race] outsider *m* - **2.** [from society] étranger *m*, -ère *f*.

outsize [ˈaʊtsaɪz] *adj* - **1.** [bigger than usual] énorme, colossal(e) - **2.** [clothes] grande taille *(inv)*.

outsized [ˈaʊtsaɪzd] *adj* énorme, colossal(e).

outskirts [ˈaʊtskɜːts] *npl* : **the ~** la banlieue.

outsmart [ˌaʊtˈsmɑːt] *vt* être plus malin(igne) que.

outsold [ˌaʊtˈsəʊld] *pt* & *pp* ⬭ **outsell**.

outspoken [ˌaʊtˈspəʊkn] *adj* franc (franche).

outspread [ˌaʊtˈspred] *adj* [arms, legs] écarté(e) ; [wings, newspaper] déployé(e).

outstanding [ˌaʊtˈstændɪŋ] *adj* - **1.** [excellent] exceptionnel(elle), remarquable - **2.** [example] marquant(e) - **3.** [not paid] impayé(e) - **4.** [unfinished - work, problem] en suspens.

outstay [ˌaʊtˈsteɪ] *vt* : **I don't want to ~ my welcome** je ne veux pas abuser de votre hospitalité.

outstretched [ˌaʊtˈstretʃt] *adj* [arms, hands] tendu(e) ; [wings] déployé(e).

outstrip [ˌaʊtˈstrɪp] (*pt* & *pp* -**ped** ; *cont* -**ping**) *vt* devancer.

out-take *n* CINEMA & TV prise *f* ratée.

out-tray *n* corbeille *f* pour le courrier à expédier.

outvote [ˌaʊtˈvəʊt] *vt* : **to be ~d** ne pas obtenir la majorité.

outward [ˈaʊtwəd] ⬦ *adj* - **1.** [going away] : **~ journey** aller *m* - **2.** [apparent, visible] extérieur(e) ⬦ *adv* Am = **outwards**.

outwardly [ˈaʊtwədlɪ] *adv* [apparently] en apparence.

outwards Br [ˈaʊtwədz], **outward** Am *adv* vers l'extérieur.

outweigh [ˌaʊtˈweɪ] *vt* fig primer sur.

outwit [ˌaʊtˈwɪt] (*pt* & *pp* -**ted** ; *cont* -**ting**) *vt* se montrer plus malin(igne) que.

outworker [ˈaʊtˌwɜːkər] *n* travailleur *m*, -euse *f* à domicile.

oval [ˈəʊvl] ⬦ *adj* ovale ⬦ *n* ovale *m*.

Oval Office *n* : **the ~** bureau du président des États-Unis à la Maison-Blanche.

ovarian [əʊˈveərɪən] *adj* ovarien(enne).

ovary [ˈəʊvərɪ] (*pl* -**ies**) *n* ovaire *m*.

ovation [əʊˈveɪʃn] *n* ovation *f* ; **the audience gave her a standing ~** le public l'a ovationnée.

oven [ˈʌvn] *n* [for cooking] four *m*.

oven glove *n* gant *m* de cuisine.

ovenproof [ˈʌvnpruːf] *adj* qui va au four.

oven-ready *adj* prêt(e) à cuire.

ovenware [ˈʌvnweər] *n* (U) plats *mpl* qui vont au four.

over [ˈəʊvər] ⬦ *prep* - **1.** [above] au-dessus de - **2.** [on top of] sur - **3.** [on other side of] de l'autre côté de ; **they live ~ the road** ils habitent en face - **4.** [to other side of] par-dessus ; **to go ~ the border** franchir la frontière - **5.** [more than] plus de ; **~ and above** en plus de - **6.** [senior to] : **he's ~ me at work** il occupe un poste plus élevé que le mien - **7.** [concerning] à propos de, au sujet de - **8.** [during] pendant ⬦ *adv* - **1.** [distance away] : **~ here** ici ; **~ there** là-bas - **2.** [across] : **they flew ~ to America** ils se sont envolés pour les États-Unis ; **we invited them ~** nous les avons invités chez nous - **3.** [to the ground] : **to lean ~** se pencher ; **she pushed the pile of books ~** elle a renversé la pile de livres - **4.** [more] plus - **5.** [remaining] : **there's nothing (left) ~** il ne resterien - **6.** RADIO : **~andout!à vous!- 7.** [involving repetitions] : **(all) ~ again** (tout) au début ; **~ and ~ again** à maintes reprises, maintes fois ⬦ *adj* [finished] fini(e), terminé(e) ⬦ *n* over *m*.

➥ **all over** ⬦ *prep* - **1.** [covering] : **the child had chocolate all ~ her face** l'enfant avait du chocolat sur toute la figure - **2.** [throughout] partout, dans tout ; **all ~ the world** dans le monde entier ⬦ *adv* [everywhere] partout ⬦ *adj* [finished] fini(e).

over- [ˈəʊvər] *prefix* sur-.

overabundance [ˌəʊvərəˈbʌndəns] *n* surabondance *f*.

overact [ˌəʊvərˈækt] *vi* pej THEATRE en faire trop.

overactive [,əʊvər'æktɪv] adj trop actif(ive).

overall [adj & n 'əʊvərɔːl, adv ,əʊvər'ɔːl] ◇ adj [general] d'ensemble ◇ adv en général ◇ n - **1.** [gen] tablier m - **2.** Am [for work] bleu m de travail. .

➡ **overalls** npl - **1.** [for work] bleu m de travail - **2.** Am [dungarees] salopette f.

overambitious [,əʊvəræm'bɪʃəs] adj trop ambitieux(euse).

overanxious [,əʊvər'æŋkʃəs] adj trop inquiet(ète), trop anxieux(euse).

overarm ['əʊvərɑːm] adj & adv par en-dessus.

overate [,əʊvər'et] pt ➪ overeat.

overawe [,əʊvər'ɔː] vt impressionner.

overbalance [,əʊvə'bæləns] vi basculer.

overbearing [,əʊvə'beərɪŋ] adj autoritaire.

overblown [,əʊvə'bləʊn] adj pej exagéré(e).

overboard ['əʊvəbɔːd] adv : to fall ~ tomber par-dessus bord ; to go ~ inf fig en faire trop ; to go ~ about inf fig s'enthousiasmer pour.

overbook [,əʊvə'bʊk] vi surréserver.

overburden [,əʊvə'bɜːdn] vt : to be ~ed with sthg être surchargé(e) de qqch.

overcame [,əʊvə'keɪm] pt ➪ overcome.

overcapitalize, -ise [,əʊvə'kæpɪtəlaɪz] vt & vi FIN surcapitaliser.

overcast [,əʊvə'kɑːst] adj couvert(e).

overcharge [,əʊvə'tʃɑːdʒ] ◇ vt : to ~ sb (for sthg) faire payer (qqch) trop cher à qqn ◇ vi : to ~ (for sthg) demander un prix excessif (pour qqch).

overcoat ['əʊvəkəʊt] n pardessus m.

overcome [,əʊvə'kʌm] (pt -came ; pp -come) vt - **1.** [fears, difficulties] surmonter - **2.** [overwhelm] : to be ~ (by OR with) [emotion] être submergé(e) (de) ; [grief] être accablé(e) (de).

overcompensate [,əʊvə'kɒmpənseɪt] vi : to ~ (for sthg) surcompenser (qqch).

overconfident [,əʊvə'kɒnfɪdənt] adj [too certain] trop sûr(e) de soi ; [arrogant] suffisant(e).

overcook [,əʊvə'kʊk] vt faire trop cuire.

overcrowded [,əʊvə'kraʊdɪd] adj bondé(e).

overcrowding [,əʊvə'kraʊdɪŋ] n surpeuplement m.

overdeveloped [,əʊvədɪ'veləpt] adj PHOT & fig trop développé(e).

overdo [,əʊvə'duː] (pt -did [-'dɪd] ; pp -done) vt - **1.** [exaggerate] exagérer - **2.** [do too much] trop faire ; to ~ it se surmener - **3.** [overcook] trop cuire.

overdone [,əʊvə'dʌn] ◇ pp ➪ overdo ◇ adj [food] trop cuit(e).

overdose [n 'əʊvədəʊs , vb ,əʊvə'dəʊs] ◇ n overdose f ◇ vi : to ~ on prendre une dose excessive de.

overdraft ['əʊvədrɑːft] n découvert m.

overdrawn [,əʊvə'drɔːn] adj à découvert.

overdress [,əʊvə'dres] vi être trop bien habillé(e) (pour l'occasion).

overdrive ['əʊvədraɪv] n fig : to go into ~ mettre les bouchées doubles.

overdue [,əʊvə'djuː] adj - **1.** [late] : ~ (for) en retard (pour) - **2.** [change, reform] : (long) ~ attendu(e) (depuis longtemps) - **3.** [unpaid] arriéré(e), impayé(e).

overeager [,əʊvər'iːgər] adj trop zélé(e).

overeat [,əʊvər'iːt] (pt -ate ; pp -eaten) vi trop manger.

overemphasize, -ise [,əʊvər'emfəsaɪz] vt donner trop d'importance à.

overenthusiastic ['əʊvərɪn,θjuːzɪ'æstɪk] adj trop enthousiaste.

overestimate [,əʊvər'estɪmeɪt] vt surestimer.

overexcited [,əʊvərɪk'saɪtɪd] adj surexcité(e).

overexpose [,əʊvərɪk'spəʊz] vt PHOT surexposer.

overfeed [,əʊvə'fiːd] (pt & pp -fed [-fed]) vt suralimenter.

overfill [,əʊvə'fɪl] vt trop remplir.

overflow [vb ,əʊvə'fləʊ, n 'əʊvəfləʊ] ◇ vi - **1.** [gen] déborder - **2.** [streets, box] : to be ~ing (with) regorger (de) ; full to ~ing plein à craquer ◇ vt déborder de ◇ n [pipe, hole] trop-plein m.

overgrown [,əʊvə'grəʊn] adj [garden] envahi(e) par les mauvaises herbes.

overhang [n 'əʊvəhæŋ, vb ,əʊvə'hæŋ] (pt & pp -hung) ◇ n surplomb m ◇ vt surplomber ◇ vi être en surplomb.

overhaul [n 'əʊvəhɔːl, vb ,əʊvə'hɔːl] ◇ n - **1.** [of car, machine] révision f - **2.** fig [of system] refonte f, remaniement m ◇ vt - **1.** [car, machine] réviser - **2.** fig [system] refondre, remanier.

overhead [adv ,əʊvə'hed, adj & n 'əʊvəhed] ◇ adj aérien(enne) ◇ adv au-dessus ◇ n (U) Am frais mpl généraux.

➡ **overheads** npl Br frais mpl généraux.

overhead projector n rétroprojecteur m.

overhear [,əʊvə'hɪər] (pt & pp -heard [-'hɜːd]) vt entendre par hasard.

overheat [,əʊvə'hiːt] ◇ vt surchauffer ◇ vi [engine] chauffer.

overhung [ˌəʊvəˈhʌŋ] *pt* & *pp* ⊳ **over-hang.**

overindulge [ˌəʊvərɪnˈdʌldʒ] ◇ *vt* trop gâter ◇ *vi* : **to ~ (in)** abuser (de).

overjoyed [ˌəʊvəˈdʒɔɪd] *adj* : **~ (at)** transporté(e) de joie (à).

overkill [ˈəʊvəkɪl] *n* [excess] : **that would be ~** ce serait de trop.

overladen [ˌəʊvəˈleɪdn] ◇ *pp* ⊳ **overload** ◇ *adj* surchargé(e).

overlaid [ˌəʊvəˈleɪd] *pt* & *pp* ⊳ **overlay.**

overland [ˈəʊvəlænd] *adj* & *adv* par voie de terre.

overlap [*n* ˈəʊvəlæp , *vb* ˌəʊvəˈlæp] (*pt* & *pp* **-ped** ; *cont* **-ping**) ◇ *n* lit & fig chevauchement *m* ◇ *vt* [edge] dépasser de ◇ *vi* lit & fig se chevaucher.

overlay [ˌəʊvəˈleɪ] (*pt* & *pp* **-laid**) *vt* : **to be overlaid with** être recouvert(e) de.

overleaf [ˌəʊvəˈliːf] *adv* au verso, au dos.

overload [ˌəʊvəˈləʊd] (*pp* **-loaded** OR **-laden**) *vt* surcharger.

overlong [ˌəʊvəˈlɒŋ] ◇ *adj* long (trop longue) ◇ *adv* trop longtemps.

overlook [ˌəʊvəˈlʊk] *vt* - **1.** [subj : building, room] donner sur - **2.** [disregard, miss] oublier, négliger - **3.** [excuse] passer sur, fermer les yeux sur.

overlord [ˈəʊvəlɔːd] *n* suzerain *m*.

overly [ˈəʊvəlɪ] *adv* trop.

overmanning [ˌəʊvəˈmænɪŋ] *n (U)* sureffectifs *mpl*.

overnight [*adj* ˈəʊvənaɪt, *adv* ˌəʊvəˈnaɪt] ◇ *adj* - **1.** [journey, parking] de nuit ; [stay] d'une nuit - **2.** fig [sudden] : **~ success** succès *m* immédiat ◇ *adv* - **1.** [stay, leave] la nuit - **2.** [suddenly] du jour au lendemain.

overpaid [ˌəʊvəˈpeɪd] ◇ *pt* & *pp* ⊳ **overpay** ◇ *adj* trop payé(e), surpayé(e).

overpass [ˈəʊvəpɑːs] *n* Am ≃ Toboggan® *m*.

overpay [ˌəʊvəˈpeɪ] (*pt* & *pp* **-paid**) *vt* trop payer.

overplay [ˌəʊvəˈpleɪ] *vt* [exaggerate] exagérer.

overpopulated [ˌəʊvəˈpɒpjʊleɪtɪd] *adj* surpeuplé(e).

overpower [ˌəʊvəˈpaʊə] *vt* - **1.** [in fight] vaincre - **2.** fig [overwhelm] accabler, terrasser.

overpowering [ˌəʊvəˈpaʊərɪŋ] *adj* [desire] irrésistible ; [smell] entêtant(e).

overpriced [ˌəʊvəˈpraɪst] *adj* pej excessivement cher (chère).

overproduction [ˌəʊvəprəˈdʌkʃn] *n* surproduction *f*.

overprotective [ˌəʊvəprəˈtektɪv] *adj* protecteur(trice) à l'excès.

overran [ˌəʊvəˈræn] *pt* ⊳ **overrun.**

overrated [ˌəʊvəˈreɪtɪd] *adj* surfait(e).

overreach [ˌəʊvəˈriːtʃ] *vt* : **to ~ o.s.** trop entreprendre.

overreact [ˌəʊvərɪˈækt] *vi* : **to ~ (to sthg)** réagir (à qqch) de façon excessive.

override [ˌəʊvəˈraɪd] (*pt* **-rode** ; *pp* **-ridden**) *vt* - **1.** [be more important than] l'emporter sur, prévaloir sur - **2.** [overrule - decision] annuler.

overriding [ˌəʊvəˈraɪdɪŋ] *adj* [need, importance] primordial(e).

overripe [ˌəʊvəˈraɪp] *adj* trop mûr(e).

overrode [ˌəʊvəˈrəʊd] *pt* ⊳ **override.**

overrule [ˌəʊvəˈruːl] *vt* [person] prévaloir contre ; [decision] annuler ; [objection] rejeter.

overrun [ˌəʊvəˈrʌn] (*pt* **-ran** ; *pp* **-run** ; *cont* **-running**) ◇ *vt* - **1.** MIL [occupy] occuper - **2.** fig [cover, fill] : **to be ~ with** [weeds] être envahi(e) de ; [rats] être infesté(e) de ◇ *vi* dépasser (le temps alloué).

oversaw [ˌəʊvəˈsɔː] *pt* ⊳ **oversee.**

overseas [*adj* ˈəʊvəsiːz, *adv* ˌəʊvəˈsiːz] ◇ *adj* [sales, company] à l'étranger ; [market] extérieur(e) ; [visitor, student] étranger(ère) ; **~ aid** aide *f* aux pays étrangers ◇ *adv* à l'étranger.

oversee [ˌəʊvəˈsiː] (*pt* **-saw** ; *pp* **-seen** [-ˈsiːn]) *vt* surveiller.

overseer [ˈəʊvəˌsiːə] *n* contremaître *m*.

overshadow [ˌəʊvəˈʃædəʊ] *vt* [subj : building, tree] dominer ; fig éclipser.

overshoot [ˌəʊvəˈʃuːt] (*pt* & *pp* **-shot**) *vt* dépasser, rater.

oversight [ˈəʊvəsaɪt] *n* oubli *m* ; **through ~** par mégarde.

oversimplification [ˈəʊvəˌsɪmplɪfɪˈkeɪʃn] *n* simplification *f* excessive.

oversimplify [ˈəʊvəˈsɪmplɪfaɪ] (*pt* & *pp* **-ied**) *vt* & *vi* trop simplifier.

oversleep [ˌəʊvəˈsliːp] (*pt* & *pp* **-slept** [-ˈslept]) *vi* ne pas se réveiller à temps.

overspend [ˌəʊvəˈspend] (*pt* & *pp* **-spent** [-ˈspent]) *vi* trop dépenser.

overspill [ˈəʊvəspɪl] *n* [of population] excédent *m*.

overstaffed [ˌəʊvəˈstɑːft] *adj* : **to be ~** avoir un excédent de personnel.

overstate [ˌəʊvəˈsteɪt] *vt* exagérer.

overstay [ˌəʊvəˈsteɪ] *vt* : **I don't want to ~ my welcome** je ne veux pas abuser de votre hospitalité.

overstep [ˌəʊvəˈstep] (*pt* & *pp* **-ped** ; *con*

-ping) *vt* dépasser ; **to ~ the mark** dépasser la mesure.

overstock [,əʊvə'stɒk] *vt* stocker à l'excès.

overstrike [,əʊvə'straɪk] COMPUT ◇ *n* surimpression *f* ◇ *vt* surimprimer.

oversubscribed [,əʊvəsʌb'skraɪbd] *adj* : **the share offer was ~** la demande d'achats a dépassé le nombre de titres émis.

overt ['əʊvɜːt] *adj* déclaré(e), non déguisé(e).

overtake [,əʊvə'teɪk] (*pt* **-took** ; *pp* **-taken** [-'teɪkn]) ◇ *vt* - **1.** AUT doubler, dépasser - **2.** [subj : misfortune, emotion] frapper ◇ *vi* AUT doubler.

overtaking [,əʊvə'teɪkɪŋ] *n* dépassement *m* ; '**no ~**' 'défense de doubler'.

overthrow [*n* 'əʊvəθrəʊ, *vb* ,əʊvə'θrəʊ] (*pt* **-threw** [-'θruː] ; *pp* **-thrown** [-'θrəʊn]) ◇ *n* [of government] coup *m* d'État ◇ *vt* - **1.** [government] renverser - **2.** [idea] rejeter, écarter.

overtime ['əʊvətaɪm] ◇ *n* (U) - **1.** [extra work] heures *fpl* supplémentaires - **2.** Am SPORT prolongations *fpl* ◇ *adv* : **to work ~** faire des heures supplémentaires.

overtly [əʊ'vɜːtlɪ] *adv* ouvertement.

overtones ['əʊvətəʊnz] *npl* notes *fpl*, accents *mpl*.

overtook [,əʊvə'tʊk] *pt* ▷ **overtake**.

overture ['əʊvə,tjʊə'] *n* MUS ouverture *f*.
➳ **overtures** *npl* : **to make ~s to sb** faire des ouvertures à qqn.

overturn [,əʊvə'tɜːn] ◇ *vt* - **1.** [gen] renverser - **2.** [decision] annuler ◇ *vi* [vehicle] se renverser ; [boat] chavirer.

overuse [,əʊvə'juːz] *vt* abuser de.

overview ['əʊvəvjuː] *n* vue *f* d'ensemble.

overweening [,əʊvə'wiːnɪŋ] *adj* démesuré(e).

overweight [,əʊvə'weɪt] *adj* trop gros (grosse).

overwhelm [,əʊvə'welm] *vt* - **1.** [subj : grief, despair] accabler ; **to be ~ed with joy** être au comble de la joie - **2.** MIL [gain control of] écraser.

overwhelming [,əʊvə'welmɪŋ] *adj* - **1.** [overpowering] irrésistible, irrépressible - **2.** [defeat, majority] écrasant(e).

overwhelmingly [,əʊvə'welmɪŋlɪ] *adv* - **1.** [generous, happy] immensément - **2.** [in large numbers] en masse.

overwork [,əʊvə'wɜːk] ◇ *n* surmenage *m* ◇ *vt* - **1.** [person, staff] surmener - **2.** fig [idea] exploiter ◇ *vi* se surmener.

overwrought [,əʊvə'rɔːt] *adj* excédé(e), à bout.

ovulate ['ɒvjʊleɪt] *vi* ovuler.

ovulation [,ɒvjʊ'leɪʃn] *n* ovulation *f*.

ow [aʊ] *excl* aïe!

owe [əʊ] *vt* : **to ~ sthg to sb, to ~ sb sthg** devoir qqch à qqn.

owing ['əʊɪŋ] *adj* dû (due).
➳ **owing to** *prep* à cause de, en raison de.

owl [aʊl] *n* hibou *m*.

own [əʊn] ◇ *adj* propre ; **my ~ car** ma propre voiture ; **she has her ~ style** elle a son style à elle ◇ *pron* : **I've got my ~** j'ai le mien ; **he has a house of his ~** il a une maison à lui, il a sa propre maison ; **on one's ~** tout seul (toute seule) ; **to get one's ~ back** inf prendre sa revanche ◇ *vt* posséder.
➳ **own up** *vi* : **to ~ up (to sthg)** avouer OR confesser (qqch).

own brand *n* COMM produit qui porte la marque de la maison.

owner ['əʊnə'] *n* propriétaire *mf*.

owner-occupier *n* esp Br occupant *m* propriétaire.

ownership ['əʊnəʃɪp] *n* propriété *f*.

own goal *n* esp Br - **1.** FTBL : **to score an ~** marquer contre son camp - **2.** Br fig [foolish mistake] gaffe *f*.

ox [ɒks] (*pl* **oxen** ['ɒksn]) *n* bœuf *m*.

Oxbridge ['ɒksbrɪdʒ] *n* désignation collective des universités d'Oxford et de Cambridge.

oxen ['ɒksn] *pl* ▷ **ox**.

Oxfam ['ɒksfæm] *n* association humanitaire contre la faim.

oxide ['ɒksaɪd] *n* oxyde *m*.

oxidize, -ise ['ɒksɪdaɪz] *vi* s'oxyder.

Oxon (*abbr of* Oxfordshire) comté anglais.

Oxon. (*abbr of* Oxoniensis) de l'université d'Oxford.

oxtail soup ['ɒksteɪl-] *n* soupe *f* à la queue de bœuf.

ox tongue *n* langue *f* de bœuf.

oxyacetylene [,ɒksɪə'setɪliːn] ◇ *n* mélange *m* d'oxygène et d'acétylène ◇ *comp* [torch] oxyacétylénique.

oxygen ['ɒksɪdʒən] *n* oxygène *m*.

oxygenate ['ɒksɪdʒəneɪt] *vt* oxygéner.

oxygen mask *n* masque *m* à oxygène.

oxygen tent *n* tente *f* à oxygène.

oyster ['ɔɪstə'] *n* huître *f*.

oz. *abbr of* ounce.

ozone ['əʊzəʊn] *n* ozone *m*.

ozone-friendly *adj* qui préserve la couche d'ozone.

ozone layer *n* couche *f* d'ozone.

P

p¹ (*pl* p's OR ps), **P** (*pl* P's OR Ps) [pi:] *n* [letter] p *m inv*, P *m inv*.

P - 1. *abbr of* **president - 2.** (*abbr of* **prince**) Pce.

p² - **1.** (*abbr of* **page**) p - **2.** *abbr of* **penny, pence.**

pa [pɑː] *n inf esp Am* papa *m*.

p.a. (*abbr of* **per annum**) p.a.

PA ◇ *n* - **1.** Br *abbr of* **personal assistant** - **2.** (*abbr of* **public address system**) sono *f* - **3.** (*abbr of* **Press Association**) *agence de presse britannique* ◇ *abbr of* **Pennsylvania.**

PABX (*abbr of* **private automatic branch exchange**) *n* autocommutateur *m* privé.

PAC (*abbr of* **political action committee**) *n co-mité américain de promotion du recours à l'action politique.*

pace [peɪs] ◇ *n* - **1.** [speed, rate] vitesse *f*, allure *f*; at one's own ~ à son propre rythme ; **to keep ~ (with sb)** marcher à la même allure (que qqn) ; **to keep ~ (with sthg)** se maintenir au même niveau (que qqch) - **2.** [step] pas *m* ◇ *vt* [room etc] arpenter ◇ *vi* : **to ~ (up and down)** faire les cent pas.

pacemaker ['peɪsˌmeɪkəʳ] *n* - **1.** MED stimulateur *m* cardiaque, pacemaker *m* - **2.** SPORT meneur *m*, -euse *f*.

pacesetter ['peɪsˌsetəʳ] *n Am* SPORT meneur *m*, -euse *f*.

pachyderm ['pækɪdɜːm] *n* pachyderme *m*.

Pacific [pə'sɪfɪk] ◇ *adj* du Pacifique ◇ *n* : **the ~ (Ocean)** l'océan *m* Pacifique, le Pacifique.

pacification [ˌpæsɪfɪ'keɪʃn] *n* - **1.** [of person, baby] apaisement *m* - **2.** [of country] pacification *f*.

pacifier ['pæsɪfaɪəʳ] *n Am* [for child] tétine *f*, sucette *f*.

pacifism ['pæsɪfɪzm] *n* pacifisme *m*.

pacifist ['pæsɪfɪst] *n* pacifiste *mf*.

pacify ['pæsɪfaɪ] (*pt* & *pp* **-ied**) *vt* - **1.** [person, baby] apaiser - **2.** [country] pacifier.

pack [pæk] ◇ *n* - **1.** [bag] sac *m* - **2.** *esp Am* [packet] paquet *m* - **3.** [of cards] jeu *m* - **4.** [of dogs]

meute *f*; [of wolves, thieves] bande *f* - **5.** RUGBY pack *m* ◇ *vt* - **1.** [clothes, belongings] emballer ; **to ~ one's bags** faire ses bagages - **2.** [fill] remplir ; **to be ~ed into** être entassé dans ◇ *vi* [for journey] faire ses bagages OR sa valise.

◆ **pack in** ◇ *vt sep Br inf* [stop] plaquer ; **~ it in!** [stop annoying me] arrête!, ça suffit maintenant! ; [shut up] la ferme! ◇ *vi* tomber en panne.

◆ **pack off** *vt sep inf* [send away] expédier.

◆ **pack up** ◇ *vt* [clothes, belongings] mettre dans une valise ◇ *vi* - **1.** [for journey] faire sa valise - **2.** *inf* [finish work] se casser - **3.** *Br inf* [car, washing machine] tomber en panne.

package ['pækɪdʒ] ◇ *n* - **1.** [of books, goods] paquet *m* - **2.** fig [of proposals etc] ensemble *m*, série *f* - **3.** COMPUT progiciel *m* ◇ *vt* [wrap up] conditionner.

package deal *n* contrat *m* global.

package holiday *n* vacances *fpl* organisées.

packager ['pækɪdʒəʳ] *n* - **1.** [person] emballeur *m*, -euse *f* - **2.** COMM *maison d'édition qui crée des livres sur commande pour d'autres maisons.*

package tour *n* vacances *fpl* organisées.

packaging ['pækɪdʒɪŋ] *n* conditionnement *m*.

packed [pækt] *adj* : **~ (with)** bourré(e) (de).

packed lunch *n Br* panier-repas *m*.

packed-out *adj Br inf* bourré(e).

packet ['pækɪt] *n* - **1.** [gen] paquet *m* - **2.** *Br inf* [lot of money] : **their new car cost a ~** leur nouvelle voiture leur a coûté un paquet OR très cher.

packhorse ['pækhɔːs] *n* cheval *m* de charge.

pack ice *n* pack *m*.

packing ['pækɪŋ] *n* [material] emballage *m*.

packing case *n* caisse *f* d'emballage.

pact [pækt] *n* pacte *m*.

pad [pæd] (*pt* & *pp* **-ded** ; *cont* **-ding**) ◇ *n* - **1.** [of cotton wool etc] morceau *m* ; **shin ~** FTBL protège-tibia *m* ; **shoulder ~s** épaulettes *fpl* - **2.** [of paper] bloc *m* - **3.** SPACE : **(launch) ~** pas *m* de tir - **4.** [of cat, dog] coussinet *m* - **5.** *inf* [home] pénates *mpl* ◇ *vt* [furniture, jacket] rembourrer ; [wound] tamponner ◇ *vi* [walk softly] marcher à pas feutrés.

◆ **pad out** *vt sep* fig [speech, letter] délayer.

padded ['pædɪd] *adj* rembourré(e).

padded cell *n* cellule *f* matelassée.

padding ['pædɪŋ] *n* - **1.** [material] rembourrage *m* - **2.** fig [in speech, letter] délayage *m*.

paddle ['pædl] ◇ *n* - **1.** [for canoe etc] pagaie ▸

- 2. [in sea] : **to have a ~** faire trempette
- 3. [table-tennis bat] raquette f (de ping-pong)
◇ vi **- 1.** [in canoe etc] avancer en pagayant
- 2. [duck] barboter **- 3.** [in sea] faire trempette.

paddle boat, paddle steamer n bateau m à aubes.

paddling pool ['pædlɪŋ-] n Br **- 1.** [in park etc] pataugeoire f **- 2.** [inflatable] piscine f gonflable.

paddock ['pædək] n **- 1.** [small field] enclos m **- 2.** [at racecourse] paddock m.

paddy field ['pædɪ-] n rizière f.

paddy wagon ['pædɪ-] n Am [Black Maria] panier m à salade.

padlock ['pædlɒk] ◇ n cadenas m ◇ vt cadenasser.

paederast ['pedəræst] = pederast.

paediatric [,pi:dɪ'ætrɪk] = pediatric.

paediatrician [,pi:dɪə'trɪʃn] = pediatrician.

paediatrics [,pi:dɪ'ætrɪks] = pediatrics.

paedophile ['pi:dəfaɪl] = pedophile.

paella [paɪ'elə] n paella f.

paeony = peony.

pagan ['peɪgən] ◇ adj païen(enne) ◇ n païen m, -enne f.

paganism ['peɪgənɪzm] n paganisme m.

page [peɪdʒ] ◇ n **- 1.** [of book] page f **- 2.** [sheet of paper] feuille f ◇ vt **- 1.** [using a pager] biper **- 2.** [in airport] appeler au micro.

pageant ['pædʒənt] n [show] spectacle m historique.

pageantry ['pædʒəntrɪ] n apparat m.

page boy n **- 1.** Br [at wedding] garçon m d'honneur **- 2.** [hairstyle] coiffure f à la page.

pager ['peɪdʒə'] n récepteur m de poche.

pagination [,pædʒɪ'neɪʃn] n pagination f.

pagoda [pə'gəʊdə] n pagode f.

paid [peɪd] ◇ pt & pp ▷ pay ◇ adj [work, holiday, staff] rémunéré(e), payé(e) ; **badly/well ~** mal/bien payé

paid-up adj Br qui a payé sa cotisation.

pail [peɪl] n seau m.

pain [peɪn] ◇ n **- 1.** [hurt] douleur f ; **to be in ~** souffrir ; **a ~ in the neck** un enquiquineur (une enquiquineuse), un casse-pieds m inv **- 2.** inf [annoyance] : **it's/he is such a ~** c'est/il est vraiment assommant ◇ vt : **it ~s me (to do sthg)** je suis peiné (de faire qqch).

◆ **pains** npl [effort, care] : **to be at ~s to do sthg** vouloir absolument faire qqch ; **to take ~s to do sthg** se donner beaucoup de mal OR peine pour faire qqch ; **for one's ~s** pour sa peine.

pained [peɪnd] adj peiné(e).

painful ['peɪnfʊl] adj **- 1.** [physically] douloureux(euse) **- 2.** [emotionally] pénible.

painfully ['peɪnfʊlɪ] adv **- 1.** [fall, hit] douloureusement **- 2.** [remember, feel] péniblement.

painkiller ['peɪn,kɪlə'] n calmant m, analgésique m.

painless ['peɪnlɪs] adj **- 1.** [without hurt] indolore, sans douleur **- 2.** fig [changeover] sans heurt.

painlessly ['peɪnlɪslɪ] adv sans douleur.

painstaking ['peɪnz,teɪkɪŋ] adj [worker] assidu(e) ; [detail, work] soigné(e).

painstakingly ['peɪnz,teɪkɪŋlɪ] adv assidûment, avec soin.

paint [peɪnt] ◇ n peinture f ◇ vt **- 1.** [gen] peindre **- 2.** [with make-up] : **to ~ one's nails** se vernir les ongles.

paintbox ['peɪntbɒks] n ART boîte f de couleurs.

paintbrush ['peɪntbrʌʃ] n pinceau m.

painted ['peɪntɪd] adj peint(e).

painter ['peɪntə'] n peintre m.

painting ['peɪntɪŋ] n **- 1.** (U) [gen] peinture f **- 2.** [picture] toile f, tableau m.

paint stripper n décapant m.

paintwork ['peɪntwɜːk] n (U) surfaces fpl peintes.

pair [peə'] n **- 1.** [of shoes, wings etc] paire f ; **a ~ of trousers** un pantalon ; **a ~ of compasses** un compas **- 2.** [couple] couple m.

◆ **pair off** ◇ vt sep mettre par paires OR deux ◇ vi se mettre par paires OR deux par deux.

paisley (pattern) ['peɪzlɪ-] ◇ n (U) (motif m) cachemire m ◇ comp cachemire.

pajamas [pə'dʒɑːməz] esp Am = pyjamas.

Paki v inf ['pækɪ] n Br terme raciste désignant un Pakistanais.

Pakistan [Br ,pɑːkɪ'stɑːn, Am ,pækɪ'stæn] n Pakistan m ; **in ~** au Pakistan.

Pakistani [Br ,pɑːkɪ'stɑːnɪ, Am ,pækɪ'stænɪ] ◇ adj pakistanais(e) ◇ n Pakistanais m, -e f.

pal [pæl] n inf **- 1.** [friend] copain m, copine f **- 2.** [as term of address] mon vieux m.

PAL (abbr of phase alternation line) n PAL m.

palace ['pælɪs] n palais m.

palaeontology Br, **paleontology** Am [,pælɪɒn'tɒlədʒɪ] n paléontologie f.

palatable ['pælətəbl] adj **- 1.** [food] agréable au goût **- 2.** fig [idea] acceptable, agréable.

palate ['pælət] n palais m.

palatial [pə'leɪʃl] *adj* pareil(eille) à un palais.

palaver [pə'lɑːvəʳ] *n (U)* inf - **1.** [talk] palabres *fpl* - **2.** [fuss] histoire *f*, affaire *f*.

pale [peɪl] ◇ *adj* pâle ◇ *vi* : **to ~ into insignificance (beside)** n'être rien (à côté de).

pale ale *n* Br pale-ale *f*.

paleness ['peɪlnɪs] *n* pâleur *f*.

Palestine ['pælə,staɪn] *n* Palestine *f*.

Palestinian [,pælə'stɪnɪən] ◇ *adj* palestinien(enne) ◇ *n* Palestinien *m*, -enne *f*.

palette ['pælət] *n* palette *f*.

palette knife *n* ART couteau *m* à palette ; CULIN spatule *f* (en métal).

palimony ['pælɪmənɪ] *n* pension alimentaire versée à un concubin.

palindrome ['pælɪndrəʊm] *n* palindrome *m*.

palings ['peɪlɪŋz] *npl* palissade *f*.

pall [pɔːl] ◇ *n* - **1.** [of smoke] voile *m* - **2.** Am [coffin] cercueil *m* ◇ *vi* perdre de son charme.

pallbearer ['pɔːl,beərəʳ] *n* porteur *m* de cercueil.

pallet ['pælɪt] *n* palette *f*.

palliative ['pælɪətɪv] *n* palliatif *m*.

pallid ['pælɪd] *adj* literary pâle, blafard(e).

pallor ['pæləʳ] *n* literary pâleur *f*.

palm [pɑːm] *n* - **1.** [tree] palmier *m* - **2.** [of hand] paume *f*.

→ **palm off** *vt sep* inf : **to ~ sthg off on sb** refiler qqch à qqn ; **to ~ sb off with sthg** se débarrasser de qqn avec qqch ; **to ~ sthg off as** faire passer qqch pour.

palmistry ['pɑːmɪstrɪ] *n* chiromancie *f*.

palm oil *n* huile *f* de palme.

Palm Sunday *n* dimanche *m* des Rameaux.

palmtop *n* COMPUT ordinateur *m* de poche.

palm tree *n* palmier *m*.

palomino [,pælə'miːnəʊ] (*pl* -s) *n* cheval doré à crinière et queue blanches.

palpable ['pælpəbl] *adj* évident(e), manifeste.

palpably ['pælpəblɪ] *adv* de façon évidente, manifestement.

palpitate ['pælpɪteɪt] *vi* palpiter.

palpitations [,pælpɪ'teɪʃənz] *npl* palpitations *fpl*.

palsy ['pɔːlzɪ] *n* paralysie *f*.

paltry ['pɔːltrɪ] (*compar* -**ier** ; *superl* -**iest**) *adj* dérisoire.

pampas ['pæmpəz] *n* : **the ~** la pampa.

pampas grass *n* herbe *f* de la pampa.

pamper ['pæmpəʳ] *vt* choyer, dorloter.

pamphlet ['pæmflɪt] ◇ *n* brochure *f* ◇ *vi* distribuer des brochures.

pamphleteer [,pæmflə'tɪəʳ] *n* POL pamphlétaire *mf*.

pan [pæn] (*pt* & *pp* -**ned** ; *cont* -**ning**) ◇ *n* - **1.** [gen] casserole *f* - **2.** Am [for bread, cakes etc] moule *m* ◇ *vt* inf [criticize] démolir ◇ *vi* - **1.** [prospect] : **to ~ for gold** laver l'or - **2.** CINEMA faire un panoramique.

panacea [,pænə'sɪə] *n* panacée *f*.

panache [pə'næʃ] *n* panache *m*.

panama [,pænə'mɑː] *n* : **~ (hat)** panama *m*.

Panama ['pænəmɑː] *n* Panama *m* ; **in ~** au Panama.

Panama Canal *n* : **the ~** le canal de Panama.

Panama City *n* Panama.

Panamanian [,pænə'meɪnjən] ◇ *adj* panaméen(enne) ◇ *n* Panaméen *m*, -enne *f*.

pan-American *adj* panaméricain(e).

pancake ['pænkeɪk] *n* crêpe *f*.

Pancake Day *n* Br mardi gras *m*.

pancake roll *n* rouleau *m* de printemps.

Pancake Tuesday *n* mardi gras *m*.

pancreas ['pæŋkrɪəs] *n* pancréas *m*.

panda ['pændə] (*pl inv* OR -s) *n* panda *m*.

Panda car *n* Br voiture *f* de patrouille.

pandemonium [,pændɪ'məʊnjəm] *n* tohu-bohu *m inv*.

pander ['pændəʳ] *vi* : **to ~ to sb** se prêter aux exigences de qqn ; **to ~ to sthg** se plier à qqch.

pane [peɪn] *n* vitre *f*, carreau *m*.

panel ['pænl] *n* - **1.** TV & RADIO invités *mpl* ; [of experts] comité *m* - **2.** [of wood] panneau *m* - **3.** [of machine] tableau *m* de bord.

panel game *n* Br jeu télévisé où rivalisent des équipes d'invités célèbres.

panelling Br, **paneling** Am ['pænəlɪŋ] *n (U)* lambris *m*.

panellist Br, **panelist** Am ['pænəlɪst] *n* invité *m*, -e *f*.

panel pin *n* Br clou *m* sans tête.

pang [pæŋ] *n* tiraillement *m*.

panic ['pænɪk] (*pt* & *pp* -**ked** ; *cont* -**king**) ◇ *n* panique *f* ◇ *vi* paniquer.

panicky ['pænɪkɪ] *adj* [person] paniqué(e) ; [feeling] de panique.

panic stations *n* inf : **it was ~** c'était la panique générale.

panic-stricken *adj* affolé(e), pris(e) de panique.

pannier [ˈpænɪəʳ] *n* [on horse] bât *m* ; [on bicycle] sacoche *f*.

panoply [ˈpænəplɪ] *n* panoplie *f*.

panorama [ˌpænəˈrɑːmə] *n* panorama *m*.

panoramic [ˌpænəˈræmɪk] *adj* panoramique.

pansy [ˈpænzɪ] (*pl* -ies) *n* - **1.** [flower] pensée *f* - **2.** inf pej [man] tante *f*, tapette *f*.

pant [pænt] *vi* haleter.

panther [ˈpænθəʳ] (*pl inv* OR -s) *n* panthère *f*.

panties [ˈpæntɪz] *npl* inf culotte *f*.

pantihose [ˈpæntɪhəʊz] = **panty hose**.

panto [ˈpæntəʊ] (*pl* -s) *n* Br inf genre théâtral pour enfants.

pantomime [ˈpæntəmaɪm] *n* Br spectacle de Noël pour enfants, généralement inspiré de contes de fée ; ~ **dame** rôle travesti outré et ridicule dans la 'pantomime'.

PANTOMIME

Le genre typiquement britannique de la « pantomime » est très conventionnel ; certains personnages-types (« pantomime dame », « principal boy ») et certaines rengaines (« look behind you! », « oh yes he is! - oh he isn't! ») apparaissent dans toutes les pièces. Ces pièces, qui se jouent au moment des fêtes de fin d'année, sont généralement inspirées d'un conte de fées.

pantry [ˈpæntrɪ] (*pl* -ies) *n* garde-manger *m* inv.

pants [pænts] *npl* - **1.** Br [underpants - for men] slip *m* ; [- for women] culotte *f*, slip - **2.** Am [trousers] pantalon *m*.

panty hose [ˈpæntɪhəʊz] *npl* Am collant *m*.

papa [Br pəˈpɑː, Am ˈpæpə] *n* papa *m*.

papacy [ˈpeɪpəsɪ] (*pl* -ies) *n* : **the ~** la papauté.

papadum [ˈpæpədəm] = **popadum**.

papal [ˈpeɪpl] *adj* papal(e).

paparazzi [ˌpæpəˈrætsɪ] *npl* usu pej paparazzi *mpl*.

papaya [pəˈpaɪə] *n* papaye *f*.

paper [ˈpeɪpəʳ] <> *n* - **1.** (*U*) [for writing on] papier *m* ; **a piece of ~** [sheet] une feuille de papier ; [scrap] un bout de papier ; **on ~** [written down] par écrit ; [in theory] sur le papier - **2.** [newspaper] journal *m* - **3.** [in exam - test] épreuve *f* ; [- answers] copie *f* - **4.** [essay] : **~ (on)** essai *m* (sur) <> *adj* [hat, bag etc] en papier ; fig [profits] théorique <> *vt* tapisser.

➤ **papers** *npl* [official documents] papiers *mpl*.

➤ **paper over** *vt fus* fig dissimuler.

paperback [ˈpeɪpəbæk] *n* : **~ (book)** livre *m* de poche ; **in ~** en poche.

paperboy [ˈpeɪpəbɔɪ] *n* livreur *m* de journaux.

paper clip *n* trombone *m*.

papergirl [ˈpeɪpəgɜːl] *n* livreuse *f* de journaux.

paper handkerchief *n* mouchoir *m* en papier.

paper knife *n* coupe-papier *m inv*.

paper money *n* (*U*) papier-monnaie *m*.

paper shop *n* Br marchand *m* de journaux.

paperweight [ˈpeɪpəweɪt] *n* presse-papiers *m inv*.

paperwork [ˈpeɪpəwɜːk] *n* paperasserie *f*.

papier-mâché [ˌpæpjeɪˈmæʃeɪ] <> *n* papier mâché *m* <> *comp* en papier mâché.

papist [ˈpeɪpɪst] *n* pej papiste *mf*.

paprika [ˈpæprɪkə] *n* paprika *m*.

Papua [ˈpæpjʊə] *n* Papouasie *f*.

Papuan [ˈpæpjʊən] <> *adj* papou(e) <> *n* Papou *m*, -e *f*.

Papua New Guinea *n* Papouasie-Nouvelle-Guinée *f* ; **in ~** en Papouasie-Nouvelle-Guinée.

par [pɑːʳ] *n* - **1.** [parity] : **on a ~ with** à égalité avec - **2.** GOLF par *m*, normale *f* Can ; **under/over ~** en-dessous/en-dessus du par - **3.** [good health] : **below** OR **under ~** pas en forme.

para [ˈpærə] *n* Br inf para *m*.

parable [ˈpærəbl] *n* parabole *f*.

parabola [pəˈræbələ] *n* parabole *f*.

paracetamol [ˌpærəˈsiːtəmɒl] *n* paracétamol *m*.

parachute [ˈpærəʃuːt] <> *n* parachute *m* <> *vi* sauter en parachute.

parade [pəˈreɪd] <> *n* - **1.** [celebratory] parade *f*, revue *f* - **2.** MIL défilé *m* ; **to be on ~** défiler - **3.** Br [street of shops] : **shopping ~** rue *f* commerçante <> *vt* - **1.** [people] faire défiler - **2.** [object] montrer - **3.** fig [flaunt] afficher <> *vi* défiler.

parade ground *n* terrain *m* de manœuvres.

paradigm [ˈpærədaɪm] *n* paradigme *m*.

paradigmatic [ˌpærədɪgˈmætɪk] *adj* paradigmatique.

paradise [ˈpærədaɪs] *n* paradis *m*.

➤ **Paradise** *n* Paradis *m*.

paradox [ˈpærədɒks] *n* paradoxe *m*.

paradoxical [ˌpærəˈdɒksɪkl] *adj* paradoxal(e).

paradoxically [ˌpærəˈdɒksɪklɪ] *adv* paradoxalement.

paraffin [ˈpærəfɪn] *n* paraffine *f*.

paraffin wax *n* paraffine *f*.

paragliding ['pærə,glaıdıŋ] *n* parapente *m*.

paragon ['pærəgən] *n* modèle *m*, parangon *m*.

paragraph ['pærəgrɑːf] *n* paragraphe *m*.

Paraguay ['pærəgwaı] *n* Paraguay *m*; **in ~** au Paraguay.

Paraguayan [,pærə'gwaıən] ⟨ *adj* paraguayen(enne) ⟨ *n* Paraguayen *m*, -enne *f*.

parakeet ['pærəkiːt] *n* perruche *f*.

parallel ['pærəlel] ⟨ *adj* lit & fig : **~ (to** OR **with)** parallèle (à) ⟨ *n* - **1.** GEOM parallèle *f* - **2.** [similarity & GEOGR] parallèle *m* - **3.** fig [similar person, object] équivalent *m*; **to have no ~** ne pas avoir d'équivalent ⟨ *vt* fig être semblable à.

parallel bars *npl* barres *fpl* parallèles.

paralyse Br, **paralyze** Am ['pærəlaız] *vt* lit & fig paralyser.

paralysed Br, **paralyzed** Am ['pærəlaızd] *adj* lit & fig paralysé(e).

paralysis [pə'rælısıs] (*pl* **-lyses** [-lısiːz]) *n* paralysie *f*.

paralytic [,pærə'lıtık] ⟨ *adj* - **1.** MED paralytique - **2.** Br inf [drunk] ivre mort(e) ⟨ *n* paralytique *mf*.

paramedic [,pærə'medık] *n* esp Am auxiliaire médical *m*, auxiliaire médicale *f*.

paramedical [,pærə'medıkl] *adj* esp Am paramédical(e).

parameter [pə'ræmıtə'] *n* paramètre *m*.

paramilitary [,pærə'mılıtrı] *adj* paramilitaire.

paramount ['pærəmaunt] *adj* primordial(e) ; **of ~ importance** d'une importance suprême.

paranoia [,pærə'nɔıə] *n* paranoïa *f*.

paranoiac [,pærə'nɔıæk] ⟨ *adj* paranoïaque ⟨ *n* paranoïaque *mf*.

paranoid ['pærənɔıd] *adj* paranoïaque.

paranormal [,pærə'nɔːml] *adj* paranormal(e).

parapet ['pærəpıt] *n* parapet *m*.

paraphernalia [,pærəfə'neıljə] *n (U)* attirail *m*, bazar *m*.

paraphrase ['pærəfreız] ⟨ *n* paraphrase *f* ⟨ *vt* paraphraser ⟨ *vi* faire une paraphrase.

paraplegia [,pærə'pliːdʒə] *n* paraplégie *f*.

paraplegic [,pærə'pliːdʒık] ⟨ *adj* paraplégique ⟨ *n* paraplégique *mf*.

parapsychology [,pærəsaı'kɒlədʒı] *n* parapsychologie *f*.

Paraquat® ['pærəkwɒt] *n* Paraquat® *m*.

parasite ['pærəsaıt] *n* lit & fig parasite *m*.

parasitic [,pærə'sıtık] *adj* lit & fig parasite.

parasol ['pærəsɒl] *n* [above table] parasol *m*; [hand-held] ombrelle *f*.

paratrooper ['pærətruːpə'] *n* parachutiste *mf*.

parboil ['pɑːbɔıl] *vt* faire bouillir OR cuire à demi.

parcel ['pɑːsl] (Br pt & pp **-led** ; cont **-ling**, Am pt & pp **-ed** ; cont **-ing**) *n* paquet *m*.
➡ **parcel up** *vt sep* empaqueter.

parcel post *n* : **to send sthg ~** envoyer qqch par colis postal.

parched [pɑːtʃt] *adj* - **1.** [gen] desséché(e) - **2.** inf [very thirsty] assoiffé(e), mort(e) de soif.

parchment ['pɑːtʃmənt] *n* parchemin *m*.

pardon ['pɑːdn] ⟨ *n* - **1.** JUR grâce *f* - **2.** *(U)* [forgiveness] pardon *m*; **I beg your ~?** [showing surprise, asking for repetition] comment?, pardon? ; **I beg your ~!** [to apologize] je vous demande pardon! ⟨ *vt* - **1.** [forgive] pardonner ; **to ~ sb for sthg** pardonner qqch à qqn ; **~ me!** pardon!, excusez-moi! - **2.** JUR gracier ⟨ *excl* comment?

pardonable ['pɑːdnəbl] *adj* pardonnable.

pare [peə'] *vt* [apple] peler, éplucher ; [fingernails] couper.
➡ **pare down** *vt sep* - **1.** [stick, fingernails] couper - **2.** fig [reduce] réduire.

parent ['peərənt] *n* père *m*, mère *f*.
➡ **parents** *npl* parents *mpl*.

parentage ['peərəntıdʒ] *n (U)* naissance *f*.

parental [pə'rentl] *adj* parental(e).

parent company *n* société *f* mère.

parenthesis [pə'renθısıs] (*pl* **-theses** [-θısiːz]) *n* parenthèse *f*.

parenthetical [,pærən'θetıkl] *adj* entre parenthèses.

parenthood ['peərənthud] *n* condition *f* de parent.

parenting ['peərəntıŋ] *n* l'art *m* d'être parent.

parent-teacher association *n* association *f* des parents d'élèves et des professeurs.

pariah [pə'raıə] *n* paria *m*.

Paris ['pærıs] *n* Paris.

parish ['pærıʃ] *n* - **1.** RELIG paroisse *f* - **2.** Br [area of local government] commune *f*.

parish council *n* Br conseil *m* municipal.

parishioner [pə'rıʃənə'] *n* paroissien *m*, -enne *f*.

Parisian [pə'rızjən] ⟨ *adj* parisien(enne) ⟨ *n* Parisien *m*, -enne *f*.

parity ['pærətı] *n* égalité *f*.

park [pɑːk] ⬦ n parc m, jardin m public ⬦ vt garer ⬦ vi se garer, stationner.

parka ['pɑːkə] n parka f.

parking ['pɑːkɪŋ] n stationnement m ; 'no ~' 'défense de stationner' ,' stationnement interdit'.

parking garage n Am parking m couvert.

parking light n Am feu m de position.

parking lot n Am parking m.

parking meter n parcmètre m.

parking place n place f de stationnement.

parking ticket n contravention f, PV m.

Parkinson's disease ['pɑːkɪnsnz-] n maladie f de Parkinson.

park keeper n Br gardien m, -enne f de parc.

parkland ['pɑːklænd] n (U) parc m.

parkway ['pɑːkweɪ] n Am large route divisée ou bordée d'arbres.

parky ['pɑːkɪ] (compar -ier ; superl -iest) adj Br inf : it's ~ il fait frisquet.

parlance ['pɑːləns] n : in common/legal etc ~ en langage courant/juridique etc.

parliament ['pɑːləmənt] n parlement m.

parliamentarian [ˌpɑːləmen'teərɪən] n parlementaire mf.

parliamentary [ˌpɑːlə'mentərɪ] adj parlementaire.

parlour Br, **parlor** Am ['pɑːləʳ] n dated salon m.

parlour game n jeu m de salon.

parlous ['pɑːləs] adj fml précaire.

Parmesan (cheese) [ˌpɑːmɪ'zæn-] n parmesan m.

parochial [pə'rəukjəl] adj pej de clocher.

parody ['pærədɪ] (pl -ies, pt & pp -ied) ⬦ n parodie f ⬦ vt parodier.

parole [pə'rəul] ⬦ n (U) parole f ; on ~ en liberté conditionnelle ⬦ vt mettre en liberté conditionnelle.

paroxysm ['pærəksɪzm] n [of rage] accès m ; a ~ of laughter un fou rire.

parquet ['pɑːkeɪ] n parquet m.

parrot ['pærət] n perroquet m.

parrot fashion adv comme un perroquet.

parry ['pærɪ] (pt & pp -ied) vt - **1.** [blow] parer - **2.** [question] éluder.

parsimonious [ˌpɑːsɪ'məunjəs] adj fml & pej parcimonieux(euse).

parsley ['pɑːslɪ] n persil m.

parsnip ['pɑːsnɪp] n panais m.

parson ['pɑːsn] n pasteur m.

parson's nose n Br croupion m.

part [pɑːt] ⬦ n - **1.** [gen] partie f ; the best OR better ~ of la plus grande partie de ; for the most ~ dans l'ensemble ; in ~ en partie ; ~ and parcel of partie intégrante de - **2.** [of TV serial etc] épisode m - **3.** [component] pièce f - **4.** [in proportions] mesure f - **5.** THEATRE rôle m - **6.** [involvement] : ~ in participation f à ; to play an important ~ in jouer un rôle important dans ; to take ~ in participer à ; to want no ~ in ne pas vouloir se mêler de ; for my ~ en ce qui me concerne ; on my/his etc ~ de ma/sa etc part - **7.** Am [hair parting] raie f ⬦ adv en partie ⬦ vt : to ~ one's hair se faire une raie ⬦ vi - **1.** [couple] se séparer - **2.** [curtains] s'écarter, s'ouvrir.

➤ **parts** npl : in these ~s dans cette région.

➤ **part with** vt fus [money] débourser ; [possession] se défaire de.

partake [pɑː'teɪk] (pt -took ; pp -taken) vi fml : to ~ of prendre.

part exchange n reprise f ; to take sthg in ~ reprendre qqch.

partial ['pɑːʃl] adj - **1.** [incomplete] partiel(elle) - **2.** [biased] partial(e) - **3.** [fond] : to be ~ to avoir un penchant pour.

partiality [ˌpɑːʃɪ'ælətɪ] n - **1.** [bias] partialité f - **2.** [fondness] : ~ for prédilection f OR penchant m pour.

partially ['pɑːʃəlɪ] adv partiellement.

participant [pɑː'tɪsɪpənt] n participant m, -e f.

participate [pɑː'tɪsɪpeɪt] vi : to ~ (in) participer (à).

participation [pɑːˌtɪsɪ'peɪʃn] n participation f.

participle ['pɑːtɪsɪpl] n participe m.

particle ['pɑːtɪkl] n particule f.

parti-coloured ['pɑːtɪ-] adj bariolé(e).

particular [pə'tɪkjuləʳ] adj - **1.** [gen] particulier(ère) - **2.** [fussy] pointilleux(euse) ; ~ about exigeant(e) à propos de.

➤ **particulars** npl renseignements mpl.

➤ **in particular** adv en particulier.

particularity [pəˌtɪkjʊ'lærətɪ] (pl -ies) n particularité f.

particularly [pə'tɪkjuləlɪ] adv particulièrement.

parting ['pɑːtɪŋ] n - **1.** [separation] séparation f - **2.** Br [in hair] raie f.

parting shot n flèche f du Parthe.

partisan [ˌpɑːtɪ'zæn] ⬦ adj partisan(e) ⬦ n partisan m, -e f.

partition [pɑː'tɪʃn] ⬦ n - **1.** [wall, screen] cloison f - **2.** [of country] partition f ⬦ vt - **1.** [room] cloisonner - **2.** [country] partager.

partly ['pɑːtlɪ] *adv* partiellement, en partie.

partner ['pɑːtnəʳ] ⋄ *n* - **1.** [in game dance] partenaire *mf ;* [spouse] conjoint *m,* -e *f ;* [not married] compagnon *m,* compagne *f* - **2.** [in a business, crime] associé *m,* -e *f* ⋄ *vt* être le partenaire de.

partnership ['pɑːtnəʃɪp] *n* association *f ;* **to enter into ~ (with)** s'associer (avec).

partook [pɑː'tʊkn] *pt* ▷ **partake.**

partridge ['pɑːtrɪdʒ] *n* perdrix *f.*

part-time *adj* & *adv* à temps partiel.

part-timer *n* travailleur *m,* -euse *f* à temps partiel.

party ['pɑːtɪ] (*pl* -ies) ⋄ *n* - **1.** POL parti *m* - **2.** [social gathering] fête *f,* réception *f ;* **to have** OR **throw a ~** donner une fête - **3.** [group] groupe *m* - **4.** JUR partie *f ;* **to be a ~ to** être complice de ⋄ *vi* inf faire la fête.

party line *n* - **1.** POL ligne *f* du parti - **2.** TELEC ligne *f* commune à deux abonnés.

party piece *n* inf numéro *m* habituel.

party political broadcast *n* Br *moment d'antenne réservé à un parti politique.*

party politics *n (U)* politique *f* politicienne.

party wall *n* mur *m* mitoyen.

parvenu(e) ['pɑːvənjuː] *n* pej parvenu *m,* -e *f.*

pass [pɑːs] ⋄ *n* - **1.** SPORT passe *f* - **2.** [document - for security] laissez-passer *m inv ;* [- for travel] carte *f* d'abonnement - **3.** Br [in exam] mention *f* passable - **4.** [between mountains] col *m* - **5.** phr : **to make a ~ at sb** faire du plat à qqn ⋄ *vt* - **1.** [object, time] passer ; **to ~ sthg to sb, to ~ sb sthg** passer qqch à qqn - **2.** [person in street etc] croiser - **3.** [place] passer devant - **4.** AUT dépasser, doubler - **5.** [exceed] dépasser - **6.** [exam] réussir (à) ; [driving test] passer - **7.** [candidate] recevoir, admettre - **8.** [law, motion] voter ; [opinion] émettre ; [judgment] rendre, prononcer ⋄ *vi* - **1.** [gen] passer - **2.** AUT doubler, dépasser - **3.** SPORT faire une passe - **4.** [in exam] réussir, être reçu(e) - **5.** [occur] se dérouler, avoir lieu.

➤ **pass around** = **pass round.**

➤ **pass as** *vt fus* passer pour.

➤ **pass away** *vi* s'éteindre.

➤ **pass by** *vt sep :* **the news ~ed him by** la nouvelle ne l'a pas affecté ⋄ *vi* passer à côté.

➤ **pass for** = **pass as.**

➤ **pass off** *vt sep :* **to ~ sb/sthg off as** faire passer qqn/qqch pour.

➤ **pass on** ⋄ *vt sep :* **to ~ sthg on (to)** [object] faire passer qqch (à) ; [tradition, information]

transmettre qqch (à) ⋄ *vi* - **1.** [move on] continuer son chemin - **2.** = **pass away.**

➤ **pass out** *vi* - **1.** [faint] s'évanouir - **2.** Br MIL finir OR terminer les classes.

➤ **pass over** *vt fus* [problem, topic] passer sous silence.

➤ **pass round** *vt sep* faire passer.

➤ **pass to** *vt fus* passer à, revenir à.

➤ **pass up** *vt sep* [opportunity, invitation] laisser passer.

passable ['pɑːsəbl] *adj* - **1.** [satisfactory] passable - **2.** [road] praticable ; [river] franchissable.

passably ['pɑːsəblɪ] *adv* passablement.

passage ['pæsɪdʒ] *n* - **1.** [gen] passage *m* - **2.** [between rooms] couloir *m* - **3.** [sea journey] traversée *f.*

passageway ['pæsɪdʒweɪ] *n* [between houses] passage *m ;* [between rooms] couloir *m.*

passbook ['pɑːsbʊk] *n* livret *m* (d'épargne).

passé [pæ'seɪ] *adj* pej démodé(e).

passenger ['pæsɪndʒəʳ] *n* passager *m,* -ère *f.*

passerby [,pɑːsə'baɪ] (*pl* **passersby** [,pɑːsəz'baɪ]) *n* passant *m,* -e *f.*

passing ['pɑːsɪŋ] ⋄ *adj* [remark] en passant ; [trend] passager(ère) ⋄ *n* : **with the ~ of time** avec le temps.

➤ **in passing** *adv* en passant.

passion ['pæʃn] *n* passion *f ;* **to have a ~ for** avoir la passion de.

➤ **Passion** *n* : **the Passion** la Passion.

passionate ['pæʃənət] *adj* passionné(e).

passionately ['pæʃənətlɪ] *adv* avec passion.

passionfruit ['pæʃənfruːt] *n* fruit *m* de la passion.

passive ['pæsɪv] ⋄ *adj* passif(ive) ⋄ *n* GRAMM : **the ~** le passif.

passively ['pæsɪvlɪ] *adv* passivement.

passive resistance *n* résistance *f* passive.

passive smoking *n* tabagisme *m* passif.

passivity [pæ'sɪvətɪ] *n* passivité *f.*

passkey ['pɑːskiː] *n* passe *m.*

Passover ['pɑːs,əʊvəʳ] *n* : **(the) ~** la Pâque juive.

passport ['pɑːspɔːt] *n* - **1.** [document] passeport *m* - **2.** fig [means] : **~ to** clef *f* de.

passport control *n* contrôle *m* des passeports.

password ['pɑːswɜːd] *n* mot *m* de passe.

past [pɑːst] ⋄ *adj* - **1.** [former] passé(e) ; **for the ~ five years** ces cinq dernières années ; **the ~ week** la semaine passée OR dernière - **2.** [finished] fini(e) ⋄ *adv* - **1.** [in times] : **it's ten**

~ il est dix - **2.** [in front] : **to drive ~** passer (devant) en voiture ; **to run ~** passer (devant) en courant ◇ *n* passé *m ;* **in the ~** dans le temps ◇ *prep* - **1.** [in times] : **it's half ~ eight** il est huit heures et demie ; **it's five ~ nine** il est neuf heures cinq - **2.** [in front of] devant ; **we drove ~ them** nous les avons dépassés en voiture - **3.** [beyond] après, au-delà de ; **to be ~ it** inf être trop vieux pour ça ; **I wouldn't put it ~ him** inf pej cela ne m'étonnerait pas de lui.

pasta ['pæstə] *n* (U) pâtes *fpl.*

paste [peɪst] ◇ *n* - **1.** [gen] pâte *f* - **2.** CULIN pâté *m* - **3.** (U) [glue] colle *f* - **4.** (U) [jewellery] strass *m* ◇ *vt* coller.

pastel ['pæstl] ◇ *adj* pastel (*inv*) ◇ *n* pastel *m.*

paste-up *n* TYPO collage *m.*

pasteurize, -ise ['pɑːstʃəraɪz] *vt* pasteuriser.

pastiche [pæ'stiːʃ] *n* pastiche *m.*

pastille ['pæstɪl] *n* pastille *f.*

pastime ['pɑːstaɪm] *n* passe-temps *m inv.*

pasting ['peɪstɪŋ] *n* inf [beating] rossée *f.*

pastor ['pɑːstər] *n* pasteur *m.*

pastoral ['pɑːstərəl] *adj* pastoral(e)

past participle *n* participe *m* passé.

pastrami [pə'strɑːmɪ] *n* viande de bœuf fumée et épicée.

pastry ['peɪstrɪ] (*pl* -ies) *n* - **1.** [mixture] pâte *f* - **2.** [cake] pâtisserie *f.*

past tense *n* passé *m.*

pasture ['pɑːstʃər] *n* pâturage *m*, pré *m.*

pastureland ['pɑːstʃəlænd] *n* pâturage *m*, herbage *m.*

pasty[1] ['peɪstɪ] (*compar* -ier ; *superl* -iest) *adj* blafard(e), terreux(euse).

pasty[2] ['pæstɪ] (*pl* -ies) *n* Br petit pâté *m*, friand *m.*

pasty-faced ['peɪstɪ,feɪst] *adj* au teint blafard OR terreux.

pat [pæt] (*compar* -ter ; *superl* -test, *pt* & *pp* -ted ; *cont* -ting) ◇ *adj* tout prêt (toute prête), tout fait (toute faite) ◇ *n* - **1.** [light stroke] petite tape *f ;* [of butter] noix *f*, noisette *f* ◇ *vt* [person] tapoter, donner une tape à ; [animal] caresser.

Patagonia [,pætə'gəʊnjə] *n* Patagonie *f ;* **in ~** en Patagonie.

Patagonian [,pætə'gəʊnjən] ◇ *adj* patagon(onne) ◇ *n* Patagon *m*, -onne *f.*

patch [pætʃ] ◇ *n* - **1.** [piece of material] pièce *f ;* [to cover eye] bandeau *m* - **2.** [small area - of snow, ice] plaque *f* - **3.** [of land] parcelle *f*, lopin *m ;*

vegetable ~ carré *m* de légumes - **4.** MED patch *m* - **5.** [period of time] : **a difficult ~** une mauvaise passe - **6.** phr : **not to be a ~ on sb** inf ne pas arriver OR venir à la cheville de qqn ; **not to be a ~ on sthg** inf ne pas valoir qqch ◇ *vt* rapiécer.

◆ **patch together** *vt sep* faire à la va-vite.

◆ **patch up** *vt sep* - **1.** [mend] rafistoler, bricoler - **2.** fig [quarrel] régler, arranger ; **to ~ up a relationship** se raccommoder.

patchwork ['pætʃwɜːk] ◇ *adj* en patchwork ◇ *n* patchwork *m.*

patchy ['pætʃɪ] (*compar* -ier ; *superl* -iest) *adj* [gen] inégal(e) ; [knowledge] insuffisant(e), imparfait(e).

pâté ['pæteɪ] *n* pâté *m.*

patent [Br 'peɪtənt, Am 'pætənt] ◇ *adj* [obvious] évident(e), manifeste ◇ *n* brevet *m* (d'invention) ◇ *vt* faire breveter.

patented [Br 'peɪtəntɪd, Am 'pætəntɪd] *adj* breveté(e).

patentee [Br ,peɪtən'tiː, Am ,pætən'tiː] *n* titulaire *m* d'un brevet.

patent leather *n* cuir *m* verni.

patently [Br 'peɪtəntlɪ, Am 'pætəntlɪ] *adv* manifestement.

Patent Office *n* bureau *m* des brevets.

paternal [pə'tɜːnl] *adj* paternel(elle).

paternalistic [pə,tɜːnə'lɪstɪk] *adj* pej paternaliste.

paternity [pə'tɜːnətɪ] *n* paternité *f.*

paternity leave *n* congé *m* parental (*pour pères*).

paternity suit *n* JUR action *f* en recherche de paternité.

path [pɑːθ, *pl* pɑːðz] *n* - **1.** [track] chemin *m*, sentier *m* - **2.** [way ahead, course of action] voie *f*, chemin *m* - **3.** [trajectory] trajectoire *f* - **4.** phr : **our ~s had crossed before** nos chemins s'étaient déjà croisés.

pathetic [pə'θetɪk] *adj* - **1.** [causing pity] pitoyable, attendrissant(e) - **2.** [useless - efforts, person] pitoyable, minable.

pathetically [pə'θetɪklɪ] *adv* - **1.** [cry, whimper] pitoyablement - **2.** [inadequate, feeble] lamentablement.

pathological [,pæθə'lɒdʒɪkl] *adj* pathologique.

pathologist [pə'θɒlədʒɪst] *n* pathologiste *mf.*

pathology [pə'θɒlədʒɪ] *n* pathologie *f.*

pathos ['peɪθɒs] *n* pathétique *m.*

pathway ['pɑːθweɪ] *n* chemin *m*, sentier *m.*

patience ['peɪʃns] *n* - **1.** [of person] patience *f ;*

to try sb's ~ mettre la patience de qqn à l'épreuve, éprouver la patience de qqn **- 2.** [card game] réussite f.

patient ['peɪʃntl] ◇ adj patient(e) ◇ n [in hospital] patient m, -e f, malade mf ; [of doctor] patient.

patiently ['peɪʃntlɪ] adv patiemment.

patina ['pætɪnə] n patine f.

patio ['pætɪəʊ] (pl -s) n patio m.

patio doors npl portes vitrées coulissantes.

Patna rice ['pætnə-] n riz m Patna (à grains longs).

patois ['pætwɑː] (pl inv) n patois m.

patriarch ['peɪtrɪɑːk] n patriarche m.

patriarchy ['peɪtrɪɑːkɪ] (pl -ies) n patriarcat m.

patrimony [Br 'pætrɪmənɪ, Am 'pætrɪməʊnɪ] n fml patrimoine m, héritage m.

patriot [Br 'pætrɪət, Am 'peɪtrɪət] n patriote mf.

patriotic [Br ˌpætrɪ'ɒtɪk, Am ˌpeɪtrɪ'ɒtɪk] adj [gen] patriotique ; [person] patriote.

patriotism [Br 'pætrɪətɪzm, Am 'peɪtrɪətɪzm] n patriotisme m.

patrol [pə'trəʊl] (pt & pp -led ; cont -ling) ◇ n patrouille f ; **to be on ~** être de patrouille ; **to go on ~** aller en patrouille ◇ vt patrouiller dans, faire une patrouille dans.

patrol car n voiture f de police.

patrolman [pə'trəʊlmən] (pl -men [-mən]) n Am agent m de police.

patrol wagon n Am fourgon m cellulaire.

patrolwoman [pə'trəʊlˌwʊmən] (pl -women [-ˌwɪmɪn]) n Am femme f agent de police.

patron ['peɪtrən] n - **1.** [of arts] mécène m, protecteur m, -trice f - **2.** Br [of charity] patron m, -onne f - **3.** fml [customer] client m, -e f.

patronage ['peɪtrənɪdʒ] n patronage m.

patronize, -ise ['pætrənaɪz] vt - **1.** [talk down to] traiter avec condescendance - **2.** fml [back financially] patronner, protéger.

patronizing ['pætrənaɪzɪŋ] adj condescendant(e).

patron saint n saint patron m, sainte patronne f.

patter ['pætər] ◇ n - **1.** [sound - of rain] crépitement m - **2.** [talk] baratin m, bavardage m ◇ vi [feet, paws] trottiner ; [rain] frapper, fouetter.

pattern ['pætən] n - **1.** [design] motif m, dessin m - **2.** [of distribution, population] schéma m ; [of life, behaviour] mode m - **3.** [diagram] : **(sewing) ~** patron m - **4.** [model] modèle m.

patterned ['pætənd] adj à motifs.

patty ['pætɪ] (pl -ies) n petit pâté m.

paucity ['pɔːsətɪ] n indigence f.

paunch [pɔːntʃ] n bedaine f.

paunchy ['pɔːntʃɪ] (compar -ier ; superl -iest) adj ventru(e), ventripotent(e).

pauper ['pɔːpər] n indigent m, -e f, nécessiteux m, -euse f.

pause [pɔːz] ◇ n - **1.** [short silence] pause f, silence m - **2.** [break] pause f, arrêt m ◇ vi - **1.** [stop speaking] marquer un temps - **2.** [stop moving, doing] faire une pause, s'arrêter.

pave [peɪv] vt paver ; **to ~ the way for sb/sthg** ouvrir la voie à qqn/qqch.

paved [peɪvd] adj pavé(e).

pavement ['peɪvmənt] n - **1.** Br [at side of road] trottoir m - **2.** Am [roadway] chaussée f.

pavement artist n Br artiste mf des rues.

pavilion [pə'vɪljən] n pavillon m.

paving ['peɪvɪŋ] n (U) pavé m.

paving stone n pavé m.

paw [pɔː] ◇ n patte f ◇ vt - **1.** [subj : animal] donner des coups de patte à - **2.** pej [subj : person] tripoter, peloter.

pawn [pɔːn] ◇ n lit & fig pion m ◇ vt mettre en gage.

pawnbroker ['pɔːnˌbrəʊkər] n prêteur m, -euse f sur gages.

pawnshop ['pɔːnʃɒp] n boutique f de prêteur sur gages.

pay [peɪ] (pt & pp paid) ◇ vt - **1.** [gen] payer ; **to ~ sb for sthg** payer qqn pour qqch, payer qqch à qqn ; **I paid £20 for that shirt** j'ai payé cette chemise 20 livres ; **to ~ money into an account** Br verser de l'argent sur un compte ; **to ~ a cheque into an account** déposer un chèque sur un compte ; **to ~ one's way** payer sa part - **2.** [be profitable to] rapporter à ; **it will ~ you not to say anything** fig tu as intérêt OR tu gagneras à ne rien dire - **3.** [give, make] : **to ~ attention (to sb/sthg)** prêter attention (à qqn/qqch) ; **to ~ sb a compliment** faire un compliment à qqn ; **to ~ sb a visit** rendre visite à qqn ◇ vi payer ; **to ~ dearly for sthg** fig payer qqch cher ◇ n salaire m, traitement m.

◆ **pay back** vt sep - **1.** [return loan of money] rembourser - **2.** [revenge oneself on] revaloir ; **I'll ~ you back for that** tu me le paieras, je te le revaudrai.

◆ **pay off** ◇ vt sep - **1.** [repay - debt] s'acquitter de, régler ; [- loan] rembourser - **2.** [dismiss] licencier, congédier - **3.** [bribe] soudoyer, acheter ◇ vi [course of action] être payant(e).

◆ **pay out** ◇ vt sep - **1.** [money] dépenser,

débourser - **2.** [rope] laisser filer, lâcher ◇ *vi* dépenser, débourser.

➤ **pay up** *vi* payer.

payable ['peɪəbl] *adj* - **1.** [gen] payable - **2.** [on cheque] : ~ **to** à l'ordre de.

paybed ['peɪbed] *n* Br lit *m* privé.

paycheck ['peɪtʃek] *n* Am paie *f*.

payday ['peɪdeɪ] *n* jour *m* de paie.

PAYE (*abbr of* pay as you earn) *n* en Grande-Bretagne, système de retenue à la source des impôts sur le revenu.

payee [peɪ'iː] *n* bénéficiaire *mf*.

pay envelope *n* Am salaire *m*.

payer ['peɪə'] *n* payeur *m*, -euse *f*.

paying guest ['peɪŋ-] *n* hôte *m* payant.

paying-in book ['peɪŋ-] *n* Br carnet *m* de versements.

payload ['peɪləʊd] *n* charge *f* utile.

paymaster ['peɪ,mɑːstə'] *n* intendant *m*.

paymaster general *n* trésorier-payeur *m*.

payment ['peɪmənt] *n* paiement *m*.

payoff ['peɪɒf] *n* - **1.** [result] résultat *m* - **2.** Br [redundancy payment] indemnité *f* de licenciement.

payola [peɪ'əʊlə] *n inf esp Am* pot-de-vin *m*, dessous *m* de table.

pay packet *n* Br - **1.** [envelope] enveloppe *f* de paie - **2.** [wages] paie *f*.

pay-per-view *adj* [television, distributor] à péage.

pay phone, pay station Am *n* téléphone *m* public, cabine *f* téléphonique.

payroll ['peɪrəʊl] *n* registre *m* du personnel ; **they have 100 people on the ~** ils ont 100 employés OR salariés.

payslip ['peɪslɪp] *n* Br feuille *f* OR bulletin *m* de paie.

pay station Am = **pay phone**.

pay television, pay TV *n* chaîne *f* à péage.

PBS (*abbr of* Public Broadcasting Service) *n* société américaine de production télévisuelle.

PBX (*abbr of* private branch exchange) *n* autocommutateur *m* privé.

pc ◇ *n abbr of* postcard ◇ (*abbr of* per cent) p. cent.

p/c *abbr of* petty cash.

PC ◇ *n* - **1.** (*abbr of* personal computer) PC *m*, micro *m* - **2.** *abbr of* police constable - **3.** (*abbr of* privy councillor) membre du conseil privé ◇ *adj abbr of* politically correct.

PCB (*abbr of* printed circuit board) *n* plaquette *f* à circuits imprimés.

PCV (*abbr of* passenger carrying vehicle) *n* véhicule de transport en commun (en Grande-Bretagne).

pd *abbr of* paid.

PD *abbr of* police department.

pdq (*abbr of* pretty damn quick) *adv inf* illico presto.

PDSA (*abbr of* People's Dispensary for Sick Animals) *n* association britannique de soins aux animaux malades.

PDT (*abbr of* Pacific Daylight Time) *n* heure d'été du Pacifique.

PE (*abbr of* physical education) *n* EPS *f*.

pea [piː] *n* pois *m*.

peace [piːs] *n* (U) paix *f* ; [quiet, calm] calme *m*, tranquillité *f* ; **to be at ~ with sthg/sb/o.s.** être en paix avec qqch/qqn/soi-même, être en accord avec qqch/qqn/soi-même ; **to make (one's) ~ with sb** faire la paix avec qqn.

peaceable ['piːsəbl] *adj* paisible, pacifique.

peaceably ['piːsəblɪ] *adv* paisiblement, pacifiquement.

Peace Corps *n* organisation américaine de coopération avec les Pays en Voie de Développement.

peaceful ['piːsfʊl] *adj* - **1.** [quiet, calm] paisible, calme - **2.** [not aggressive - person] pacifique ; [- demonstration] non-violent(e).

peacefully ['piːsfʊlɪ] *adv* paisiblement.

peacefulness ['piːsfʊlnɪs] *n* paix *f*, calme *m*.

peacekeeping force ['piːs,kiːpɪŋ-] *n* force *f* de maintien de la paix.

peacemaker ['piːs,meɪkə'] *n* pacificateur *m*, -trice *f*.

peace offering *n inf* gage *m* de paix, cadeau *m* (pour faire la paix).

peacetime ['piːstaɪm] *n* temps *m* de paix.

peach [piːtʃ] ◇ *adj* couleur pêche *(inv)* ◇ *n* pêche *f*.

Peach Melba [-'melbə] *n* pêche *f* Melba.

peacock ['piːkɒk] *n* paon *m*.

peahen ['piːhen] *n* paonne *f*.

peak [piːk] ◇ *n* - **1.** [mountain top] sommet *m*, cime *f* - **2.** fig [of career, success] apogée *m*, sommet *m* - **3.** [of cap] visière *f* ◇ *adj* [condition] optimum ◇ *vi* atteindre un niveau maximum.

peaked [piːkt] *adj* [cap] à visière.

peak hours *npl* heures *fpl* d'affluence OR de pointe.

peak period *n* période *f* de pointe.

peak rate *n* tarif *m* normal.

peaky ['piːkɪ] (compar **-ier** ; superl **-iest**) adj Br inf souffrant(e), fatigué(e).

peal [piːl] ◇ n [of bells] carillonnement m ; [of laughter] éclat m ; [of thunder] coup m ◇ vi [bells] carillonner.

peanut ['piːnʌt] n cacahuète f.

peanut butter n beurre m de cacahuètes.

pear [peǝʳ] n poire f.

pearl [pɜːl] n perle f.

pearly ['pɜːlɪ] (compar **-ier** ; superl **-iest**) adj nacré(e).

peasant ['peznt] n - **1.** [in countryside] paysan m, -anne f - **2.** pej [ignorant person] péquenaud m, -e f.

peasantry ['pezntrɪ] n : **the ~** la paysannerie, les paysans mpl.

peashooter ['piː,ʃuːtǝʳ] n sarbacane f.

peat [piːt] n tourbe f.

peaty ['piːtɪ] (compar **-ier** ; superl **-iest**) adj tourbeux(euse).

pebble ['pebl] n galet m, caillou m.

pebbledash [,pebl'dæʃ] n Br crépi m.

pecan (nut) [pɪ'kæn-] n noix f de pecan OR pacane.

peck [pek] ◇ n - **1.** [with beak] coup m de bec - **2.** [kiss] bise f ◇ vt - **1.** [with beak] picoter, becqueter - **2.** [kiss] : **to ~ sb on the cheek** faire une bise à qqn.

pecking order ['pekɪŋ-] n hiérarchie f.

peckish ['pekɪʃ] adj Br inf : **to feel ~** avoir un petit creux.

pectin ['pektɪn] n pectine f.

pectoral ['pektǝrǝl] adj pectoral(e).

peculiar [pɪ'kjuːljǝʳ] adj - **1.** [odd] bizarre, curieux(euse) - **2.** [slightly ill] : **to feel ~** se sentir tout drôle (toute drôle) OR tout chose (toute chose) - **3.** [characteristic] : **~ to** propre à, particulier(ère) à.

peculiarity [pɪ,kjuːlɪ'ærǝtɪ] (pl **-ies**) n - **1.** [oddness] bizarrerie f, singularité f - **2.** [characteristic] particularité f, caractéristique f.

peculiarly [pɪ'kjuːljǝlɪ] adv - **1.** [especially] particulièrement - **2.** [oddly] curieusement, bizarrement - **3.** [characteristically] typiquement.

pecuniary [pɪ'kjuːnjǝrɪ] adj pécuniaire.

pedagogical [,pedǝ'gɒdʒɪkl] adj pédagogique.

pedagogy ['pedǝgɒdʒɪ] n pédagogie f.

pedal ['pedl] (Br pt & pp **-led** ; cont **-ling**, Am pt & pp **-ed** ; cont **-ing**) ◇ n pédale f ◇ vi pédaler.

pedal bin n poubelle f à pédale.

pedalo ['pedǝlǝʊ] n Br pédalo m.

pedant ['pedǝnt] n pédant m, -e f.

pedantic [pɪ'dæntɪk] adj pej pédant(e).

pedantry ['pedǝntrɪ] n pej pédantisme m, pédanterie f.

peddle ['pedl] vt - **1.** [drugs] faire le trafic de - **2.** [gossip, rumour] colporter, répandre.

peddler ['pedlǝʳ] n - **1.** [drug dealer] trafiquant m de drogue - **2.** Am = pedlar.

pederast ['pedǝræst] n pédéraste m.

pedestal ['pedɪstl] n piédestal m ; **to put sb on a ~** mettre qqn sur un piédestal.

pedestrian [pɪ'destrɪǝn] ◇ adj pej médiocre, dépourvu(e) d'intérêt ◇ n piéton m.

pedestrian crossing n Br passage m pour piétons, passage clouté.

pedestrianize, -ise [pɪ'destrɪǝnaɪz] vt transformer en zone piétonne.

pedestrian precinct Br, **pedestrian zone** Am n zone f piétonne.

pediatric [,piːdɪ'ætrɪk] adj de pédiatrie.

pediatrician [,piːdɪǝ'trɪʃn] n pédiatre mf.

pediatrics [,piːdɪ'ætrɪks] n pédiatrie f.

pedicure ['pedɪ,kjʊǝʳ] n pédicurie f.

pedigree ['pedɪgriː] ◇ adj [animal] de race ◇ n - **1.** [of animal] pedigree m - **2.** [of person] ascendance f, généalogie f.

pedlar Br, **peddler** Am ['pedlǝʳ] n colporteur m.

pedophile ['piːdǝfaɪl] n pédophile m.

pee [piː] inf ◇ n pipi m, pisse f ; **to go for a ~** aller pisser un coup ◇ vi faire pipi, pisser.

peek [piːk] inf ◇ n coup m d'œil furtif ◇ vi jeter un coup d'œil furtif.

peel [piːl] ◇ n [of apple, potato] peau f ; [of orange, lemon] écorce f ◇ vt éplucher, peler ◇ vi - **1.** [paint] s'écailler - **2.** [wallpaper] se décoller - **3.** [skin] peler.
➤ **peel off** vt sep [gen] enlever ; [label] décoller, détacher.

peeler ['piːlǝʳ] n couteau-éplucheur m.

peelings ['piːlɪŋz] npl épluchures fpl.

peep [piːp] ◇ n - **1.** [look] coup m d'œil OR regard m furtif - **2.** inf [sound] bruit m ◇ vi jeter un coup d'œil furtif.
➤ **peep out** vi apparaître, se montrer.

peephole ['piːphǝʊl] n judas m.

peeping Tom [,piːpɪŋ'tɒm] n voyeur m.

peep show n visionneuse f.

peer [pɪǝʳ] ◇ n pair m ◇ vi scruter, regarder attentivement.

peerage ['pɪǝrɪdʒ] n [rank] pairie f ; **the ~** les pairs mpl.

peeress ['pɪǝrɪs] n pairesse f.

peer group n pairs mpl.

peer pressure n influence f de ses pairs.

peeved [piːvd] adj inf fâché(e), irrité(e).

peevish ['piːvɪʃ] adj grincheux(euse).

peg [peg] (pt & pp **-ged**; cont **-ging**) ◇ n - **1.** [hook] cheville f - **2.** [for clothes] pince f à linge - **3.** [for tent] piquet m ◇ vt fig [prices] bloquer.

➤ **peg out** vi Br inf casser sa pipe.

pegboard ['pegbɔːd] n tableau m à trous.

PEI abbr of Prince Edward Island.

pejorative [pɪ'dʒɒrətɪv] adj péjoratif(ive).

pekinese [ˌpiːkə'niːz], **pekingese** [ˌpiːkɪŋ'iːz] (pl inv) n [dog] pékinois m.

➤ **Pekinese, Pekingese** ◇ adj pékinois(e) ◇ n Pékinois m, -e f.

Peking [piː'kɪŋ] n Pékin.

pekingese = pekinese.

pelican ['pelɪkən] (pl inv OR **-s**) n pélican m.

pelican crossing n Br passage pour piétons avec feux de circulation.

pellet ['pelɪt] n - **1.** [small ball] boulette f - **2.** [for gun] plomb m.

pell-mell [ˌpel'mel] adv à la débandade.

pelmet ['pelmɪt] n Br lambrequin m.

Peloponnese [ˌpeləpə'niːz] npl : **the ~** le Péloponnèse.

pelt [pelt] ◇ n - **1.** [animal skin] peau f, fourrure f - **2.** [speed] : **at full ~** à fond de train, à toute vitesse ◇ vt : **to ~ sb (with sthg)** bombarder qqn (de qqch) ◇ vi [run fast] : **to ~ along** courir ventre à terre ; **to ~ down the stairs** dévaler l'escalier.

➤ **pelt down** v impers [rain] : **it's ~ing down** il pleut à verse.

pelvic ['pelvɪk] adj pelvien(enne).

pelvis ['pelvɪs] (pl **-vises** OR **-ves** [-viːz]) n pelvis m, bassin m.

pen [pen] (pt & pp **-ned**; cont **-ning**) ◇ n - **1.** [for writing] stylo m - **2.** [enclosure] parc m, enclos m ◇ vt - **1.** literary [write] écrire - **2.** [enclose] parquer.

penal ['piːnl] adj pénal(e).

penalize, -ise ['piːnəlaɪz] vt - **1.** [gen] pénaliser - **2.** [put at a disadvantage] désavantager.

penal settlement n colonie f pénitentiaire.

penalty ['penltɪ] (pl **-ies**) n - **1.** [punishment] pénalité f ; **to pay the ~ (for sthg)** fig supporter OR subir les conséquences (de qqch) - **2.** [fine] amende f ; **~ (kick)** FTBL penalty m ; RUGBY (coup m de pied de) pénalité f.

penalty area n Br FTBL surface f de réparation.

penalty box n - **1.** Br FTBL = penalty area - **2.** ICE HOCKEY banc m des pénalités.

penalty clause n clause f pénale.

penalty goal n RUGBY but m de pénalité.

penalty kick ▷ penalty.

penance ['penəns] n - **1.** RELIG pénitence f - **2.** fig [punishment] corvée f, pensum m.

pen-and-ink adj à la plume.

pence [pens] Br pl ▷ penny.

penchant [Br pɑ̃ʃɑ̃, Am 'pentʃənt] n : **to have a ~ for sthg** avoir un faible pour qqch ; **to have a ~ for doing sthg** avoir tendance à OR bien aimer faire qqch.

pencil ['pensl] (Br pt & pp **-led**; cont **-ling**, Am pt & pp **-ed**; cont **-ing**) ◇ n crayon m ; **in ~** au crayon. ◇ vt griffonner au crayon, crayonner.

pencil case n trousse f (d'écolier).

pencil sharpener n taille-crayon m.

pendant ['pendənt] n [jewel on chain] pendentif m.

pending ['pendɪŋ] fml ◇ adj - **1.** [imminent] imminent(e) - **2.** [court case] en instance ◇ prep en attendant.

pending tray n Br (corbeille f des) affaires fpl en attente OR à traiter.

pendulum ['pendjʊləm] (pl **-s**) n balancier m.

penetrate ['penɪtreɪt] ◇ vt - **1.** [gen] pénétrer dans ; [subj : light] percer ; [subj : rain] s'infiltrer dans - **2.** [subj : spy] infiltrer ◇ vi inf [be understood] : **it didn't ~** c'est resté sans effet sur lui/elle etc.

penetrating ['penɪtreɪtɪŋ] adj pénétrant(e) ; [scream, voice] perçant(e).

penetration [ˌpenɪ'treɪʃn] n pénétration f.

pen friend n correspondant m, -e f.

penguin ['peŋgwɪn] n manchot m.

penicillin [ˌpenɪ'sɪlɪn] n pénicilline f.

peninsula [pə'nɪnsjʊlə] (pl **-s**) n péninsule f.

penis ['piːnɪs] (pl penises [-ɪz]) n pénis m.

penitent ['penɪtənt] adj repentant(e), contrit(e).

penitentiary [ˌpenɪ'tenʃərɪ] (pl **-ies**) n Am prison f.

penknife ['pennaɪf] (pl **-knives** [-naɪvz]) n canif m.

pen name n pseudonyme m.

pennant ['penənt] n fanion m, flamme f.

penniless ['penɪlɪs] adj sans le sou.

Pennines ['penaɪnz] npl : **the ~** les Pennines, la chaîne Pennine.

Pennsylvania [ˌpensɪl'veɪnjə] n Pennsylvanie f; **in ~** en Pennsylvanie.

penny ['penɪ] (pl sense 1 **-ies**; pl sense 2 **pence** [pens]) n - **1.** [coin] Br penny m; Am cent m - **2.** Br [value] pence m - **3.** phr: **a ~ for your thoughts** à quoi penses-tu?; **the ~ dropped** Br inf j'ai compris OR pigé, ça a fait tilt; **to spend a ~** Br aller au petit coin; **they are two** OR **ten a ~** Br inf il y en a à la pelle.

penny-pinching [-ˌpɪntʃɪŋ] ⋄ adj [person] radin(e), pingre; [attitude] mesquin(e) ⋄ n (U) économies fpl de bouts de chandelle.

pen pal n inf correspondant m, -e f.

pension ['penʃn] n - **1.** Br [on retirement] retraite f - **2.** [from disability] pension f.

pension off vt sep mettre à la retraite.

pensionable ['penʃənəbl] adj : **to be of ~ age** avoir l'âge de la retraite.

pension book n Br livret m de retraite.

pensioner ['penʃənə'] n Br : **(old-age) ~** retraité m, -e f.

pension fund n caisse f de retraite.

pension plan, pension scheme n plan m OR régime m de retraite.

pensive ['pensɪv] adj songeur(euse).

pentagon ['pentəgən] n pentagone m.

Pentagon n Am : **the Pentagon** le Pentagone (siège du ministère américain de la Défense).

pentathlon [pen'tæθlən] (pl **-s**) n pentathlon m.

Pentecost ['pentɪkɒst] n Pentecôte f.

penthouse ['penthaʊs, pl -haʊzɪz] n appartement m de luxe (au dernier étage).

pent up ['pent-] adj [emotions] refoulé(e); [energy] contenu(e).

penultimate [pe'nʌltɪmət] adj avant-dernier(ère).

penury ['penjʊrɪ] n indigence f, misère f.

peony ['pɪənɪ] (pl **-ies**) n pivoine f.

people ['piːpl] ⋄ n [nation, race] nation f, peuple m ⋄ npl - **1.** [persons] personnes fpl; **few/a lot of ~** peu/beaucoup de monde, peu/beaucoup de gens; **there were a lot of ~ present** il y avait beaucoup de monde - **2.** [in general] gens mpl; **~ say that ...** on dit que ... - **3.** [inhabitants] habitants mpl - **4.** POL :

the ~ le peuple ⋄ vt : **to be ~d by** OR **with** être peuplé(e) de.

people carrier n monospace m.

pep [pep] (pt & pp **-ped**; cont **-ping**) n (U) inf (U) entrain m, pep m.

pep up vt sep inf - **1.** [person] remonter, requinquer - **2.** [party, event] animer.

PEP (abbr of **personal equity plan**) n en Grande-Bretagne, plan d'épargne en actions exonéré d'impôt.

pepper ['pepə'] n - **1.** [spice] poivre m; **black/white ~** poivre noir/blanc - **2.** [vegetable] poivron m; **red/green ~** poivron m rouge/vert.

pepperbox n Am = pepper pot.

peppercorn ['pepəkɔːn] n grain m de poivre.

peppered ['pepəd] adj - **1.** [essay, speech] : **~ (with)** truffé(e) (de) - **2.** [walls] : **~ (with)** criblé(e) (de).

pepper mill n moulin m à poivre.

peppermint ['pepəmɪnt] n - **1.** [sweet] bonbon m à la menthe - **2.** [herb] menthe f poivrée.

pepper pot Br, **pepperbox** Am ['pepəbɒks] n poivrier m.

peppery ['pepərɪ] adj poivré(e).

pep talk n inf paroles fpl OR discours m d'encouragement.

peptic ulcer ['peptɪk-] n ulcère m gastroduodénal.

per [pɜː'] prep : **~ person** par personne; **to be paid £10 ~ hour** être payé 10 livres de l'heure; **~ kilo** le kilo; **as ~ instructions** conformément aux instructions.

per annum adv par an.

P-E ratio (abbr of **price-earnings ratio**) n indice de rentabilité d'une valeur.

per capita [pə'kæpɪtə] adj & adv par habitant OR tête.

perceive [pə'siːv] vt - **1.** [notice] percevoir - **2.** [understand, realize] remarquer, s'apercevoir de - **3.** [consider] : **to ~ sb/sthg as** considérer qqn/qqch comme.

percent adv pour cent.

percentage [pə'sentɪdʒ] n pourcentage m.

perceptible [pə'septəbl] adj sensible.

perception [pə'sepʃn] n - **1.** [aural, visual] perception f - **2.** [insight] perspicacité f, intuition f - **3.** [opinion] opinion f.

perceptive [pə'septɪv] adj perspicace.

perceptively [pə'septɪvlɪ] adv de manière perspicace.

perch [pɜːtʃ] (pl sense 2 only, inv OR **-es**) ⋄ n - **1.** lit & fig [position] perchoir m - **2.** [fish] perche f ⋄ vi se percher.

percolate [ˈpɜːkəleɪt] vi - **1.** [coffee] passer - **2.** fig [news] s'infiltrer, filtrer.

percolator [ˈpɜːkəleɪtəʳ] n cafetière f à pression.

percussion [pəˈkʌʃn] n MUS percussion f; the ~ **(section)** la batterie, la percussion.

percussionist [pəˈkʌʃənɪst] n percussionniste mf.

peremptory [pəˈremptərɪ] adj péremptoire.

perennial [pəˈrenjəl] ◇ adj permanent(e), perpétuel(elle) ; BOT vivace ◇ n BOT plante f vivace.

perestroika [ˌperəˈstrɔɪkə] n perestroïka f.

perfect [adj & n ˈpɜːfɪkt, vb pəˈfekt] ◇ adj parfait(e) ; **he's a ~ nuisance** il est absolument insupportable ◇ n GRAMM : **~ (tense)** parfait m ◇ vt parfaire, mettre au point.

perfect competition [ˈpɜːfɪkt-] n ECON concurrence f parfaite.

perfection [pəˈfekʃn] n perfection f; **to ~** parfaitement (bien).

perfectionist [pəˈfekʃənɪst] n perfectionniste mf.

perfectly [ˈpɜːfɪktlɪ] adv parfaitement ; **you know ~ well** tu sais très bien.

perforate [ˈpɜːfəreɪt] vt perforer.

perforations [ˌpɜːfəˈreɪʃnz] npl [in paper] pointillés mpl.

perform [pəˈfɔːm] ◇ vt - **1.** [carry out - gen] exécuter ; [- function] remplir ; **to ~ an operation** [- MED] opérer - **2.** [play, concert] jouer ◇ vi - **1.** [machine] marcher, fonctionner ; [team, person] : **to ~ well/badly** avoir de bons/ mauvais résultats - **2.** [actor] jouer ; [singer] chanter.

performance [pəˈfɔːməns] n - **1.** [carrying out] exécution f - **2.** [show] représentation f - **3.** [by actor, singer etc] interprétation f - **4.** [of car, engine] performance f.

performance art n art m de représentation.

performance car n voiture f à hautes performances OR très performante.

performer [pəˈfɔːməʳ] n artiste mf, interprète mf.

performing arts [pəˈfɔːmɪŋ-] npl : **the ~** les arts mpl du spectacle.

perfume [ˈpɜːfjuːm] n parfum m.

perfumed [Br ˈpɜːfjuːmd, Am pərˈfjuːmd] adj parfumé(e).

perfunctory [pəˈfʌŋktərɪ] adj rapide, superficiel(elle).

perhaps [pəˈhæps] adv peut-être ; **~ so/not** peut-être que oui/non.

peril [ˈperɪl] n danger m, péril m ; **at one's ~** à ses risques et périls.

perilous [ˈperələs] adj dangereux(euse), périlleux(euse).

perilously [ˈperələslɪ] adv dangereusement.

perimeter [pəˈrɪmɪtəʳ] n périmètre m ; **~ fence** clôture f ; **~ wall** mur m d'enceinte.

period [ˈpɪərɪəd] ◇ n - **1.** [gen] période f - **2.** SCH ≃ heure f - **3.** [menstruation] règles fpl - **4.** Am [full stop] point m ◇ comp [dress, house] d'époque.

periodic [ˌpɪərɪˈɒdɪk] adj périodique

periodical [ˌpɪərɪˈɒdɪkl] ◇ adj = **periodic** ◇ n [magazine] périodique m.

periodic table n tableau m de Mendéleïev.

period pains npl règles fpl douloureuses.

period piece n [furniture] meuble m d'époque.

peripatetic [ˌperɪpəˈtetɪk] adj [salesman] itinérant(e) ; [teacher] qui enseigne dans plusieurs écoles.

peripheral [pəˈrɪfərəl] ◇ adj - **1.** [unimportant] secondaire - **2.** [at edge] périphérique ◇ n COMPUT périphérique m.

periphery [pəˈrɪfərɪ] (pl **-ies**) n [edge] périphérie f.

periscope [ˈperɪskəʊp] n périscope m.

perish [ˈperɪʃ] vi - **1.** [die] périr, mourir - **2.** [food] pourrir, se gâter ; [rubber] se détériorer.

perishable [ˈperɪʃəbl] adj périssable.

➤ **perishables** npl denrées fpl périssables.

perishing [ˈperɪʃɪŋ] adj Br inf - **1.** [cold] très froid(e) - **2.** [damn] sacré(e).

peritonitis [ˌperɪtəˈnaɪtɪs] n (U) péritonite f.

perjure [ˈpɜːdʒəʳ] vt JUR : **to ~ o.s.** se parjurer.

perjury [ˈpɜːdʒərɪ] n (U) JUR parjure m, faux serment m.

perk [pɜːk] n inf à-côté m, avantage m.

➤ **perk up** vi se ragaillardir.

perky [ˈpɜːkɪ] (compar **-ier** ; superl **-iest**) adj inf [cheerful] guilleret(ette) ; [lively] plein(e) d'entrain.

perm [pɜːm] ◇ n permanente f ◇ vt : **to have one's hair ~ed** se faire faire une permanente.

permanence [ˈpɜːmənəns] n permanence f.

permanent [ˈpɜːmənənt] ◇ adj permanent(e) ◇ n Am [perm] permanente f.

permanently [ˈpɜːmənəntlɪ] adv - **1.** [blind, damaged] définitivement, de manière permanente - **2.** [closed, available] en permanence.

permeable [ˈpɜːmjəbl] *adj* perméable.

permeate [ˈpɜːmɪeɪt] *vt* - **1.** [subj : liquid, smell] s'infiltrer dans, pénétrer - **2.** [subj : feeling, idea] se répandre dans.

permissible [pəˈmɪsəbl] *adj* acceptable, admissible.

permission [pəˈmɪʃn] *n* permission *f*, autorisation *f* ; **to give sb ~ to do sthg** donner à qqn la permission de faire qqch.

permissive [pəˈmɪsɪv] *adj* permissif(ive).

permissiveness [pəˈmɪsɪvnɪs] *n* permissivité *f*.

permit [*vb* pəˈmɪt, *n* ˈpɜːmɪt] (*pt* & *pp* **-ted** ; *cont* **-ting**) ◇ *vt* permettre ; **to ~ sb to do sthg** permettre à qqn de faire qqch, autoriser qqn à faire qqch ; **to ~ sb sthg** permettre qqch à qqn ; **weather permitting** si le temps le permet ◇ *n* permis *m*.

permutation [ˌpɜːmjuːˈteɪʃn] *n* permutation *f*.

pernicious [pəˈnɪʃəs] *adj fml* [harmful] pernicieux(euse).

pernickety [pəˈnɪkətɪ] *adj inf* [fussy] tatillon(onne), pointilleux(euse).

peroxide [pəˈrɒksaɪd] *n* peroxyde *m*.

peroxide blonde *n* blonde *f* décolorée.

perpendicular [ˌpɜːpənˈdɪkjʊləʳ] ◇ *adj* perpendiculaire ◇ *n* perpendiculaire *f*.

perpetrate [ˈpɜːpɪtreɪt] *vt* perpétrer, commettre.

perpetration [ˌpɜːpɪˈtreɪʃn] *n* perpétration *f*.

perpetrator [ˈpɜːpɪtreɪtəʳ] *n* auteur *m*.

perpetual [pəˈpetʃʊəl] *adj* - **1.** *pej* [continuous] continuel(elle), incessant(e) - **2.** [long-lasting] perpétuel(elle).

perpetually [pəˈpetʃʊəlɪ] *adv* - **1.** *pej* [continuously] sans cesse, continuellement - **2.** [for ever] toujours, constamment.

perpetual motion *n* mouvement *m* perpétuel.

perpetuate [pəˈpetʃʊeɪt] *vt* perpétuer.

perpetuation [pəˌpetʃʊˈeɪʃn] *n* perpétuation *f*.

perpetuity [ˌpɜːpɪˈtjuːətɪ] *n* : **in ~** *fml* à perpétuité.

perplex [pəˈpleks] *vt* rendre perplexe.

perplexed [pəˈplekst] *adj* perplexe.

perplexing [pəˈpleksɪŋ] *adj* déroutant(e), déconcertant(e).

perplexity [pəˈpleksətɪ] *n* perplexité *f*.

perquisite [ˈpɜːkwɪzɪt] *n fml* à-côté *m*, avantage *m*.

per se [pɜːˈseɪ] *adv* en tant que tel (telle), en soi.

persecute [ˈpɜːsɪkjuːt] *vt* persécuter, tourmenter.

persecution [ˌpɜːsɪˈkjuːʃn] *n* persécution *f*.

persecutor [ˈpɜːsɪkjuːtəʳ] *n* persécuteur *m*, -trice *f*.

perseverance [ˌpɜːsɪˈvɪərəns] *n* persévérance *f*, ténacité *f*.

persevere [ˌpɜːsɪˈvɪəʳ] *vi* - **1.** [with difficulty] persévérer, persister ; **to ~** persévérer *OR* persister dans - **2.** [with determination] : **to ~ in doing sthg** persister à faire qqch.

Persia [ˈpɜːʃə] *n* Perse *f* ; **in ~** en Perse.

Persian [ˈpɜːʃn] ◇ *adj* persan(e) ; *HIST* perse ◇ *n* - **1.** [person] Persan *m*, -e *f* ; *HIST* Perse *mf* - **2.** [language] persan *m*.

Persian cat *n* chat *m* persan.

Persian Gulf *n* : **the ~** le golfe Persique.

persist [pəˈsɪst] *vi* : **to ~ (in doing sthg)** persister *OR* s'obstiner (à faire qqch).

persistence [pəˈsɪstəns] *n* persistance *f*.

persistent [pəˈsɪstənt] *adj* - **1.** [noise, rain] continuel(elle) ; [problem] constant(e) - **2.** [determined] tenace, obstiné(e).

persistently [pəˈsɪstəntlɪ] *adv* - **1.** [constantly] continuellement, constamment - **2.** [determinedly] obstinément, avec persévérance.

persnickety [pəˈsnɪkɪtɪ] *adj Am* tatillon(onne), pointilleux(euse).

person [ˈpɜːsn] (*pl* **people** [ˈpiːpl] *OR* **persons** *fml*) *n* - **1.** [man or woman] personne *f* ; **in ~** en personne ; **in the ~ of** en la personne de - **2.** *fml* [body] : **about one's ~** sur soi.

persona [pəˈsəʊnə] (*pl* **-s** *OR* **-ae** [-iː]) *n* personnage *m*.

personable [ˈpɜːsnəbl] *adj* sympathique, agréable.

personage [ˈpɜːsənɪdʒ] *n* personnage *m*.

personal [ˈpɜːsənl] ◇ *adj* - **1.** [gen] personnel(elle) - **2.** *pej* [rude] désobligeant(e) ◇ *n Am* petite annonce *f* (pour rencontres).

personal account *n* compte *m* personnel.

personal allowance *n TAX* abattement *m*.

personal assistant *n* secrétaire *mf* de direction.

personal call *n* communication *f* téléphonique privée.

personal column *n* petites annonces *fpl*.

personal computer *n* ordinateur *m* personnel *OR* individuel.

personal estate *n (U)* biens *mpl* personnels.

personal hygiene *n* hygiène *f* corporelle

personality [ˌpɜːsəˈnælətɪ] (*pl* **-ies**) *n* personnalité *f*.

personalize, -ise [ˈpɜːsənəlaɪz] *vt* - **1.** [mark with name] personnaliser - **2.** [make too personal] rendre trop personnel(elle).

personalized [ˈpɜːsənəlaɪzd] *adj* - **1.** [marked with name] personnalisé(e) - **2.** [for one person] personnel(elle).

personally [ˈpɜːsnəlɪ] *adv* personnellement ; **to take sthg ~** se sentir visé par qqch.

personal organizer *n* organiseur *m*.

personal pension plan *n* retraite *f* personnelle.

personal pronoun *n* pronom *m* personnel.

personal property *n* (U) JUR biens *mpl* personnels.

personal stereo *n* baladeur *m*, Walkman® *m*.

persona non grata [-ˈgrɑːtə] (*pl* **personae non gratae** [-ˈgrɑːtiːl]) *n* persona non grata.

personify [pəˈsɒnɪfaɪ] (*pt & pp* **-ied**) *vt* personnifier.

personnel [ˌpɜːsəˈnel] <> *n* (U) [department] service *m* du personnel <> *npl* [staff] personnel *m*.

personnel department *n* service *m* du personnel.

personnel officer *n* responsable *mf* du personnel.

person-to-person *adj* esp Am avec préavis.

perspective [pəˈspektɪv] *n* - **1.** ART perspective *f* ; **to get sthg in ~** fig mettre qqch dans son contexte - **2.** [view, judgment] point *m* de vue, optique *f*.

Perspex® [ˈpɜːspeks] *n* Br ≃ Plexiglas® *m*.

perspicacious [ˌpɜːspɪˈkeɪʃəs] *adj* perspicace.

perspiration [ˌpɜːspəˈreɪʃn] *n* - **1.** [sweat] sueur *f* - **2.** [act of perspiring] transpiration *f*.

perspire [pəˈspaɪəʳ] *vi* transpirer, suer.

persuade [pəˈsweɪd] *vt* : **to ~ sb to do sthg** persuader OR convaincre qqn de faire qqch ; **to ~ sb that** convaincre qqn que ; **to ~ sb of** convaincre qqn de.

persuasion [pəˈsweɪʒn] *n* - **1.** [act of persuading] persuasion *f* - **2.** [belief - religious] confession *f* ; [- political] opinion *f*, conviction *f*.

persuasive [pəˈsweɪsɪv] *adj* [person] persuasif(ive) ; [argument] convaincant(e).

persuasively [pəˈsweɪsɪvlɪ] *adv* d'un ton persuasif, d'une manière convaincante.

pert [pɜːt] *adj* mutin(e), coquin(e).

pertain [pəˈteɪn] *vi* fml : **~ing to** concernant, relatif(ive) à.

pertinence [ˈpɜːtɪnəns] *n* pertinence *f*.

pertinent [ˈpɜːtɪnənt] *adj* pertinent(e), approprié(e).

perturb [pəˈtɜːb] *vt* inquiéter, troubler.

perturbed [pəˈtɜːbd] *adj* fml inquiet(ète), troublé(e).

Peru [pəˈruː] *n* Pérou *m* ; **in ~** au Pérou.

perusal [pəˈruːzl] *n* lecture *f* attentive.

peruse [pəˈruːz] *vt* lire attentivement.

Peruvian [pəˈruːvjən] <> *adj* péruvien(enne) <> *n* [person] Péruvien *m*, -enne *f*.

pervade [pəˈveɪd] *vt* [subj : smell] se répandre dans ; [subj : feeling, influence] envahir.

pervasive [pəˈveɪsɪv] *adj* pénétrant(e), envahissant(e).

perverse [pəˈvɜːs] *adj* [contrary - person] contrariant(e) ; [- enjoyment] malin(igne).

perversely [pəˈvɜːslɪ] *adv* [contrarily] par esprit de contradiction.

perversion [Br pəˈvɜːʃn, Am pəˈvɜːrʒn] *n* - **1.** [sexual] perversion *f* - **2.** [of truth] travestissement *m*.

perversity [pəˈvɜːsətɪ] *n* [contrariness] caractère *m* contrariant, esprit *m* de contradiction.

pervert [*n* ˈpɜːvɜːt, *vb* pəˈvɜːt] <> *n* pervers *m*, -e *f* <> *vt* - **1.** [truth, meaning] travestir, déformer ; [course of justice] entraver - **2.** [sexually] pervertir.

perverted [pəˈvɜːtɪd] *adj* - **1.** [sexually] pervers(e) - **2.** [reasoning] tordu(e).

peseta [pəˈseɪtə] *n* peseta *f*.

peso [ˈpeɪsəʊ] (*pl* **-s**) *n* peso *m*.

pessary [ˈpesərɪ] (*pl* **-ies**) *n* [medicine] ovule *m*.

pessimism [ˈpesɪmɪzm] *n* pessimisme *m*.

pessimist [ˈpesɪmɪst] *n* pessimiste *mf*.

pessimistic [ˌpesɪˈmɪstɪk] *adj* pessimiste.

pest [pest] *n* - **1.** [insect] insecte *m* nuisible ; [animal] animal *m* nuisible - **2.** inf [nuisance] casse-pieds *mf inv*.

pester [ˈpestəʳ] *vt* harceler, importuner.

pesticide [ˈpestɪsaɪd] *n* pesticide *m*.

pestle [ˈpesl] *n* pilon *m*.

pet [pet] (*pt & pp* **-ted** ; *cont* **-ting**) <> *adj* [favourite] : **~ subject** dada *m ;* **~ hate** bête *f* noire <> *n* - **1.** [animal] animal *m* (familier) - **2.** [favourite person] chouchou *m*, -oute *f* <> *vt* caresser, câliner <> *vi* se peloter, se caresser.

petal [ˈpetl] *n* pétale *m*.

peter ['piːtəʳ] ◆ **peter out** vi [path] s'arrêter, se perdre ; [interest] diminuer, décliner.

pethidine ['peθɪdiːn] n péthidine f.

petit bourgeois [pə,tiː'buəʒwaː] (pl **petits bourgeois** [pə,tiː'buəʒwaː]) ◇ adj petit-bourgeois (petite-bourgeoise) ◇ n petit-bourgeois m, petite-bourgeoise f.

petite [pə'tiːt] adj menu(e).

petit four [,peti'fɔː] (pl **petits fours** [peti'fɔːz]) n petit-four m.

petition [pɪ'tɪʃn] ◇ n pétition f ◇ vt adresser une pétition à ◇ vi - **1.** [campaign] : to ~ for/against faire une pétition en faveur de/contre - **2.** JUR : to ~ for divorce faire une demande en divorce.

petitioner [pɪ'tɪʃənəʳ] n pétitionnaire mf.

pet name n petit nom m.

petrified ['petrɪfaɪd] adj [terrified] paralysé(e) OR pétrifié(e) de peur.

petrify ['petrɪfaɪ] (pt & pp -ied) vt [terrify] paralyser OR pétrifier de peur.

petrochemical [,petrəʊ'kemɪkl] adj pétro-chimique.

petrodollar ['petrəʊ,dɒləʳ] n FIN pétrodollar m.

petrol ['petrəl] n Br essence f.

petrolatum [,petrə'leɪtəm] n Am vaseline f.

petrol bomb n Br cocktail m Molotov.

petrol can n Br bidon m à essence.

petroleum [pɪ'trəʊljəm] n pétrole m.

petroleum jelly n Br vaseline f.

petrol pump n Br pompe f à essence.

petrol station n Br station-service f.

petrol tank n Br réservoir m d'essence.

pet shop n animalerie f.

petticoat ['petɪkəʊt] n jupon m.

pettiness ['petɪnɪs] n [small-mindedness] mesquinerie f, étroitesse f d'esprit.

petty ['petɪ] (compar -ier ; superl -iest) adj - **1.** [small-minded] mesquin(e) - **2.** [trivial] insignifiant(e), sans importance.

petty cash n (U) caisse f des dépenses courantes.

petty officer n second maître m.

petulant ['petjʊlənt] adj irritable.

pew [pjuː] n banc m d'église.

pewter ['pjuːtəʳ] n étain m.

PG (abbr of parental guidance) en Grande-Bretagne, désigne un film pour lequel l'avis des parents est recommandé.

PGA (abbr of Professional Golfers' Association) n association de joueurs de golf professionnels.

p & h (abbr of postage and handling) n Am frais de port.

PH (abbr of Purple Heart) n distinction militaire américaine.

PHA (abbr of Public Housing Administration) n services du logement social aux États-Unis.

phallic ['fælɪk] adj phallique ; ~ symbol symbole m phallique.

phallus ['fæləs] (pl -es [-iːz] OR **phalli** ['fælaɪ]) n phallus m.

phantom ['fæntəm] ◇ adj fantomatique, spectral(e) ◇ n [ghost] fantôme m.

phantom pregnancy n grossesse f nerveuse, fausse grossesse.

pharaoh ['feərəʊ] n pharaon m.

Pharisee ['færɪsiː] n Pharisien m, -enne f.

pharmaceutical [,fɑːmə'sjuːtɪkl] adj pharmaceutique.
◆ **pharmaceuticals** npl produits mpl pharmaceutiques.

pharmacist ['fɑːməsɪst] n pharmacien m, -enne f.

pharmacology [,fɑːmə'kɒlədʒɪ] n pharmacologie f.

pharmacy ['fɑːməsɪ] (pl -ies) n pharmacie f.

phase [feɪz] ◇ n phase f ◇ vt faire progressivement.
◆ **phase in** vt sep introduire progressivement.
◆ **phase out** vt sep supprimer progressivement.

PhD (abbr of Doctor of Philosophy) n (titulaire d'un) doctorat de 3ᵉ cycle.

pheasant ['feznt] (pl inv OR -s) n faisan m.

phenobarbitone Br [,fiːnəʊ'bɑːbɪtəʊn], **phenobarbitol** Am [,fiːnəʊ'bɑːbɪtl] n phénobarbital m.

phenomena [fɪ'nɒmɪnə] pl ▷ **phenomenon.**

phenomenal [fɪ'nɒmɪnl] adj phénoménal(e), extraordinaire.

phenomenon [fɪ'nɒmɪnən] (pl -mena [-mɪnə]) n phénomène m.

phew [fjuː] excl ouf!

phial ['faɪəl] n fiole f.

Philadelphia [,fɪlə'delfjə] n Philadelphie ; in ~ à Philadelphie.

philanderer [fɪ'lændərəʳ] n coureur m, don Juan m.

philanthropic [,fɪlən'θrɒpɪk] adj philanthropique.

philanthropist [fɪ'lænθrəpɪst] n philanthrope mf.

philately [fɪ'lætəlɪ] n philatélie f.

philharmonic [ˌfɪlɑː'mɒnɪk] adj philharmonique.

Philippine ['fɪlɪpiːn] adj philippin(e) ; **the ~ Islands** les Philippines fpl.

➤ **Philippines** npl : **the ~s** les Philippines fpl.

philistine [Br 'fɪlɪstaɪn, Am 'fɪlɪstiːn] n philistin m, béotien m, -enne f.

Phillips® ['fɪlɪps] comp : **~ screw** vis f cruciforme ; **~ screwdriver** tournevis m cruciforme.

philosopher [fɪ'lɒsəfəʳ] n philosophe mf.

philosophical [ˌfɪlə'sɒfɪkl] adj - **1.** [gen] philosophique - **2.** [stoical] philosophe.

philosophize, -ise [fɪ'lɒsəfaɪz] vi philosopher.

philosophy [fɪ'lɒsəfɪ] (pl -ies) n philosophie f.

phlegm [flem] n flegme m.

phlegmatic [fleg'mætɪk] adj flegmatique.

Phnom Penh [ˌnɒm'pen] n Phnom Penh.

phobia ['fəʊbjə] n phobie f ; **to have a ~ about** avoir la phobie de.

phoenix ['fiːnɪks] n phénix m.

phone [fəʊn] <> n téléphone m ; **to be on the ~** [speaking] être au téléphone ; Br [connected to network] avoir le téléphone <> comp téléphonique <> vt téléphoner à, appeler <> vi téléphoner.

➤ **phone up** vt sep & vi téléphoner.

phone book n annuaire m (du téléphone).

phone booth n cabine f téléphonique.

phone box n Br cabine f téléphonique.

phone call n coup m de téléphone OR fil ; **to make a ~** passer OR donner un coup de fil.

phonecard ['fəʊnkɑːd] n ≃ Télécarte® f.

phone-in n RADIO & TV programme m à ligne ouverte.

phone line n - **1.** [wire] câble m téléphonique - **2.** [connection] ligne f téléphonique.

phone number n numéro m de téléphone.

phone-tapping [-ˌtæpɪŋ] n écoute f téléphonique.

phonetics [fə'netɪks] n (U) phonétique f.

phoney Br, **phony** Am ['fəʊnɪ] (compar -ier ; superl -iest, pl -ies) inf <> adj - **1.** [passport, address] bidon (inv) - **2.** [person] hypocrite, pas franc (pas franche) <> n poseur m, -euse f.

phoney war n drôle de guerre f.

phony Am = **phoney**.

phosphate ['fɒsfeɪt] n phosphate m.

phosphorus ['fɒsfərəs] n phosphore m.

photo ['fəʊtəʊ] n photo f ; **to take a ~ of sb/sthg** photographier qqn/qqch, prendre qqn/qqch en photo.

photocall ['fəʊtəʊkɔːl] n séance f de photos.

photocopier ['fəʊtəʊˌkɒpɪəʳ] n photocopieur m, copieur m.

photocopy ['fəʊtəʊˌkɒpɪ] (pt & pp -ied, pl -ies) <> n photocopie f <> vt photocopier.

photoelectric cell [ˌfəʊtəʊɪ'lektrɪk-] n cellule f photoélectrique.

photo finish n SPORT photo-finish f.

Photofit® ['fəʊtəʊfɪt] n : **~ (picture)** portrait-robot m, photo-robot f.

photogenic [ˌfəʊtəʊ'dʒenɪk] adj photogénique.

photograph ['fəʊtəgrɑːf] <> n photographie f ; **to take a ~ (of sb/sthg)** prendre (qqn/qqch) en photo, photographier (qqn/qqch) <> vt photographier, prendre en photo.

photographer [fə'tɒgrəfəʳ] n photographe mf.

photographic [ˌfəʊtə'græfɪk] adj photographique.

photographic memory n mémoire f photographique.

photography [fə'tɒgrəfɪ] n photographie f.

photojournalism [ˌfəʊtəʊ'dʒɜːnəlɪzml] n photojournalisme m.

photon ['fəʊtɒn] n photon m.

photo opportunity n séance f photoprotocolaire.

photosensitive [ˌfəʊtəʊ'sensɪtɪv] adj photosensible.

Photostat® ['fəʊtəstæt] (pt & pp -ted ; cont -ting) n photostat m, photocopie f.

➤ **photostat** vt photocopier, faire un photostat de.

photosynthesis [ˌfəʊtəʊ'sɪnθəsɪs] n photosynthèse f.

phrasal verb ['freɪzl-] n verbe m à postposition.

phrase [freɪz] <> n expression f <> vt exprimer, tourner.

phrasebook ['freɪzbʊk] n guide m de conversation (pour touristes).

phraseology [ˌfreɪzɪ'ɒlədʒɪ] n phraséologie f.

physical ['fɪzɪkl] <> adj - **1.** [gen] physique - **2.** [world, objects] matériel(elle) <> n [examination] visite f médicale.

physical chemistry n chimie f physique.

physical education n éducation f physique.

physical examination n visite f médicale.

physical geography n géographie f physique.

physical jerks npl Br hum exercices mpl, gymnastique f.

physically ['fɪzɪklɪ] adv physiquement.

physically handicapped ◇ adj : to be ~ être handicapé(e) physique ◇ npl : the ~ les handicapés mpl physiques.

physical science n science f physique.

physical training n éducation f physique.

physician [fɪ'zɪʃn] n médecin m.

physicist ['fɪzɪsɪst] n physicien m, -enne f.

physics ['fɪzɪks] n (U) physique f.

physio ['fɪzɪəu] (pl -s) n Br inf - **1.** (abbr of physiotherapist) kiné mf - **2.** (abbr of physiotherapy) kiné f.

physiognomy [ˌfɪzɪ'ɒnəmɪ] (pl -ies) n physionomie f.

physiology [ˌfɪzɪ'ɒlədʒɪ] n physiologie f.

physiotherapist [ˌfɪzɪəu'θerəpɪst] n kinésithérapeute mf.

physiotherapy [ˌfɪzɪəu'θerəpɪ] n kinésithérapie f.

physique [fɪ'zi:k] n physique m.

pianist ['pɪənɪst] n pianiste mf.

piano [pɪ'ænəu] (pl -s) n piano m.

piano accordion n accordéon m à clavier.

Picardy ['pɪkədɪ] n Picardie f ; in ~ en Picardie.

piccalilli [ˌpɪkə'lɪlɪ] n piccalilli f.

piccolo ['pɪkələu] (pl -s) n piccolo m.

pick [pɪk] ◇ n - **1.** [tool] pioche f, pic m - **2.** [selection] : **to take one's ~** choisir, faire son choix - **3.** [best] : **the ~ of** le meilleur (la meilleure) de ◇ vt - **1.** [select, choose] choisir, sélectionner ; **to ~ one's way across** OR **through** sthg traverser avec précaution - **2.** [gather] cueillir - **3.** [remove] enlever - **4.** [nose] : **to ~ one's nose** se décrotter le nez ; **to ~ one's teeth** se curer les dents - **5.** [fight, quarrel] chercher ; **to ~ a fight (with sb)** chercher la bagarre (à qqn) - **6.** [lock] crocheter ◇ vi : **to ~ and choose** faire le/la difficile.
  ◆ **pick at** vt fus [food] picorer.
  ◆ **pick on** vt fus s'en prendre à, être sur le dos de.
  ◆ **pick out** vt sep - **1.** [recognize] repérer, reconnaître - **2.** [select, choose] choisir, désigner.
  ◆ **pick up** ◇ vt sep - **1.** [lift up] ramasser ; **to ~ up the pieces** fig recoller les morceaux, recommencer comme avant - **2.** [collect] aller chercher, passer prendre - **3.** [collect in car] prendre, chercher - **4.** [skill, language] apprendre ; [habit] prendre ; [bargain] découvrir ; **to ~ up speed** prendre de la vitesse - **5.** [subj : police] : **to ~ sb up for sthg** arrêter OR cueillir qqn pour qqch - **6.** inf [sexually - woman, man] draguer - **7.** RADIO & TELEC [detect, receive] capter, recevoir - **8.** [conversation, work] reprendre, continuer ◇ vi [improve, start again] reprendre.

pickaxe Br, **pickax** Am ['pɪkæks] n pioche f, pic m.

picker ['pɪkə'] n cueilleur m, -euse f.

picket ['pɪkɪt] ◇ n piquet m de grève ◇ vt mettre un piquet de grève devant.

picketing ['pɪkətɪŋ] n (U) piquets mpl de grève.

picket line n piquet m de grève.

pickings ['pɪkɪŋz] npl : **there are rich ~ to be had** ça peut rapporter beaucoup d'argent.

pickle ['pɪkl] ◇ n pickles mpl ; **to be in a ~** être dans le pétrin ◇ vt conserver dans du vinaigre, de la saumure etc.

pickled ['pɪkld] adj - **1.** [food] au vinaigre - **2.** inf [drunk] rond(e), pompette.

pick-me-up n inf remontant m.

pickpocket ['pɪkˌpɒkɪt] n pickpocket m, voleur m à la tire.

pick-up n - **1.** [of record player] pick-up m - **2.** [truck] camionnette f.

pick-up truck n camionnette f.

picky ['pɪkɪ] (compar -ier ; superl -iest) adj difficile.

picnic ['pɪknɪk] (pt & pp -ked ; cont -king) ◇ n pique-nique m ◇ vi pique-niquer.

picnicker ['pɪknɪkə'] n pique-niqueur m, -euse f.

Pict [pɪkt] n : **the ~s** les Pictes mpl.

pictorial [pɪk'tɔ:rɪəl] adj illustré(e).

picture ['pɪktʃə'] ◇ n - **1.** [painting] tableau m, peinture f ; [drawing] dessin m - **2.** [photograph] photo f, photographie f - **3.** TV image f - **4.** CINEMA film m - **5.** [in mind] tableau m, image f - **6.** fig [situation] tableau m - **7.** [epitome] : **she's the ~ of health** elle respire la santé - **8.** phr : **to get the ~** inf piger ; **to be in/out of the ~** être/ne pas être au courant ; **to put sb in the ~** mettre qqn au courant ◇ vt - **1.** [in mind] imaginer, s'imaginer, se représenter - **2.** [in photo] photographier - **3.** [in painting] représenter, peindre.
  ◆ **pictures** npl Br : **the ~s** le cinéma.

picture book n livre m d'images.

picture rail n cimaise f.

picturesque [ˌpɪktʃə'resk] adj pittoresque.

picture window n fenêtre f panoramique.

piddling ['pɪdlɪŋ] adj inf pej dérisoire, insignifiant(e).

pidgin ['pɪdʒɪn] ⬦ n pidgin m ⬦ comp : ~ **English** pidgin english m ; ~ **French** petit nègre m.

pie [paɪ] n [savoury] tourte f ; [sweet] tarte f ; **it's just ~ in the sky** ce ne sont que des projets en l'air.

piebald ['paɪbɔːld] adj pie (inv).

piece [piːs] n - **1.** [gen] morceau m ; [of string] bout m ; **a ~ of furniture** un meuble ; **a ~ of clothing** un vêtement ; **a ~ of advice** un conseil ; **a ~ of information** un renseignement ; **a ~ of work** un travail ; **to fall to ~s** tomber en morceaux ; **to be smashed to ~s** être cassé en mille morceaux ; **to take sthg to ~s** démonter qqch ; **in ~s** en morceaux ; **in one ~** [intact] intact(e) ; [unharmed] sain et sauf (saine et sauve) ; **to go to ~s** fig s'effondrer, craquer - **2.** [coin, item, in chess] pièce f ; [in draughts] pion m - **3.** PRESS article m.
➤ **piece together** vt sep [facts] coordonner.

pièce de résistance [ˌpjesdərezis'tãːs] (pl **pièces de résistance** [ˌpjesdərezis'tãːs]) n pièce f de résistance.

piecemeal ['piːsmiːl] ⬦ adj fait(e) petit à petit ⬦ adv petit à petit, peu à peu.

piecework ['piːswɜːk] n (U) travail m à la pièce OR aux pièces.

pie chart n camembert m, graphique m rond.

pied-a-terre [ˌpɪeɪdæ'teəʳ] (pl **pieds-a-terre** [ˌpɪeɪdæ'teəʳ]) n pied-à-terre m inv.

pie-eyed [-'aɪd] adj inf rond(e), gris(e).

pie plate n Am plat allant au four.

pier [pɪəʳ] n [at seaside] jetée f.

pierce [pɪəs] vt percer, transpercer ; **to have one's ears ~d** se faire percer les oreilles.

pierced [pɪəst] adj percé(e).

piercing ['pɪəsɪŋ] adj - **1.** [sound, look] perçant(e) - **2.** [wind] pénétrant(e).

piety ['paɪətɪ] n piété f.

piffle ['pɪfl] n (U) inf bêtises fpl, balivernes fpl.

piffling ['pɪflɪŋ] adj inf insignifiant(e).

pig [pɪg] (pt & pp **-ged** ; cont **-ging**) n - **1.** [animal] porc m, cochon m - **2.** inf pej [greedy eater] goinfre m, glouton m ; **to make a ~ of o.s.** se goinfrer - **3.** inf pej [unkind person] sale type m.
➤ **pig out** vi inf s'empiffrer.

pigeon ['pɪdʒɪn] (pl inv OR **-s**) n pigeon m.

pigeon-chested [-ˌtʃestɪd] adj à la poitrine bombée.

pigeonhole ['pɪdʒɪnhəʊl] ⬦ n [compartment] casier m ⬦ vt [classify] étiqueter, cataloguer

pigeon-toed [-ˌtəʊd] adj qui a les pieds en dedans.

piggish ['pɪgɪʃ] adj inf cochon(onne), dégoûtant(e).

piggy ['pɪgɪ] (compar **-ier** ; superl **-iest**, pl **-ies**) ⬦ adj de cochon ⬦ n inf cochon m.

piggyback ['pɪgɪbæk] n : **to give sb a ~** porter qqn sur son dos.

piggybank ['pɪgɪbæŋk] n tirelire f.

pigheaded [ˌpɪg'hedɪd] adj têtu(e).

piglet ['pɪglɪt] n porcelet m.

pigment ['pɪgmənt] n pigment m.

pigmentation [ˌpɪgmən'teɪʃn] n pigmentation f.

pigmy ['pɪgmɪ] (pl **-ies**) = pygmy.

pigpen Am = pigsty.

pigskin ['pɪgskɪn] ⬦ n (peau f de) porc m ⬦ comp en peau de porc.

pigsty ['pɪgstaɪ] (pl **-ies**), **pigpen** Am ['pɪgpen] n lit & fig porcherie f.

pigswill ['pɪgswɪl] n lit & fig pâtée f pour les porcs.

pigtail ['pɪgteɪl] n natte f.

pike [paɪk] (pl sense 1 only, inv OR **-s**) n - **1.** [fish] brochet m - **2.** [spear] pique f.

pikestaff ['paɪkstaːf] n manche m d'une pique.

pilaster [pɪ'læstəʳ] n pilastre m.

pilchard ['pɪltʃəd] n pilchard m.

pile [paɪl] ⬦ n - **1.** [heap] tas m ; **a ~ of, ~s of** un tas OR des tas de - **2.** [neat stack] pile f - **3.** [of carpet] poil m ⬦ vt empiler.
➤ **piles** npl MED hémorroïdes fpl.
➤ **pile in** vi inf s'empiler.
➤ **pile into** vt fus inf s'entasser dans, s'empiler dans.
➤ **pile out** vi inf sortir en se bousculant.
➤ **pile up** ⬦ vt sep empiler, entasser ⬦ vi - **1.** [form a heap] s'entasser - **2.** fig [work, debts] s'accumuler.

pile driver n sonnette f.

pileup ['paɪlʌp] n AUT carambolage m.

pilfer ['pɪlfəʳ] ⬦ vt chaparder ⬦ vi : **to ~ (from)** faire du chapardage (dans).

pilgrim ['pɪlgrɪm] n pèlerin m.

pilgrimage ['pɪlgrɪmɪdʒ] n pèlerinage m.

pill [pɪl] n - **1.** [gen] pilule f - **2.** [contraceptive] : **the ~** la pilule ; **to be on the ~** prendre la pilule.

pillage [ˈpɪlɪdʒ] ◇ n pillage m ◇ vt piller.

pillar [ˈpɪlər] n lit & fig pilier m.

pillar box n Br boîte f aux lettres.

pillbox [ˈpɪlbɒks] n - 1. [box for pills] boîte f à pilules - 2. MIL casemate f.

pillion [ˈpɪljən] n siège m arrière ; **to ride ~** monter derrière.

pillock [ˈpɪlək] n Br inf imbécile mf.

pillory [ˈpɪlərɪ] (pl -ies, pt & pp -ied) ◇ n pilori m ◇ vt : **to be pilloried** être mis(e) au pilori.

pillow [ˈpɪləʊ] n - 1. [for bed] oreiller m - 2. Am [on sofa, chair] coussin m.

pillowcase [ˈpɪləʊkeɪs], **pillowslip** [ˈpɪləʊslɪp] n taie f d'oreiller.

pilot [ˈpaɪlət] ◇ n - 1. AERON & NAUT pilote m - 2. TV émission f pilote ◇ comp pilote ◇ vt piloter.

pilot burner, pilot light n veilleuse f.

pilot scheme n projet-pilote m.

pilot study n étude f pilote OR expérimentale.

pimento [pɪˈmentəʊ] (pl inv OR -s) n piment m.

pimp [pɪmp] n inf maquereau m, souteneur m.

pimple [ˈpɪmpl] n bouton m.

pimply [ˈpɪmplɪ] (compar -ier ; superl -iest) adj boutonneux(euse).

pin [pɪn] (pt & pp -ned ; cont -ning) ◇ n - 1. [for sewing] épingle f ; **to have ~s and needles** avoir des fourmis ; **to be on ~s and needles** Am être sur des charbons ardents - 2. [drawing pin] punaise f - 3. [safety pin] épingle f de nourrice OR de sûreté - 4. [of plug] fiche f - 5. TECH goupille f, cheville f - 6. [in grenade] goupille f - 7. GOLF : **the ~** le drapeau de trou ◇ vt : **to ~ sthg to/on sthg** épingler qqch à/sur qqch ; **to ~ sb against** OR **to** clouer qqn contre ; **to ~ sthg on sb** [blame] mettre OR coller qqch sur le dos de qqn ; **to ~ one's hopes on sb/sthg** mettre tous ses espoirs en qqn/dans qqch.

➤ **pin down** vt sep - 1. [identify] définir, identifier - 2. [force to make a decision] : **to ~ sb down** obliger qqn à prendre une décision.

➤ **pin up** vt sep épingler.

PIN [pɪn] (abbr of personal identification number) n code m confidentiel.

pinafore [ˈpɪnəfɔːr] n - 1. [apron] tablier m - 2. Br [dress] chasuble f.

pinball [ˈpɪnbɔːl] n flipper m.

pinball machine n flipper m.

pincer movement [ˈpɪnsər-] n mouvement m de tenailles.

pincers [ˈpɪnsəz] npl - 1. [tool] tenailles fpl - 2. [of crab] pinces fpl.

pinch [pɪntʃ] ◇ n - 1. [nip] pincement m ; **to feel the ~** tirer le diable par la queue - 2. [of salt] pincée f ◇ vt - 1. [nip] pincer - 2. [subj : shoes] serrer - 3. inf [steal] piquer, faucher.

➤ **at a pinch** Br, **in a pinch** Am adv à la rigueur.

pinched [pɪntʃt] adj [features] tiré(e) ; **to be ~ for time/money** être à court de temps/d'argent ; **~ with cold** transi de froid.

pincushion [ˈpɪnˌkuʃn] n pelote f à épingles.

pine [paɪn] ◇ n pin m ◇ comp en pin ◇ vi : **to ~ for** désirer ardemment.

➤ **pine away** vi languir.

pineapple [ˈpaɪnæpl] n ananas m.

pinecone [ˈpaɪnkəʊn] n pomme f de pin.

pine needle n aiguille f de pin.

pinetree [ˈpaɪntriː] n pin m.

pinewood [ˈpaɪnwʊd] n - 1. [forest] pinède f - 2. (U) [material] bois m de pin.

ping [pɪŋ] ◇ n [of bell] tintement m ; [of metal] bruit m métallique ◇ vi [bell] tinter ; [metal] faire un bruit métallique.

Ping-Pong® [-pɒŋ] n ping-pong m.

pinhole [ˈpɪnhəʊl] n trou m d'épingle.

pinion [ˈpɪnjən] ◇ n pignon m ◇ vt [person] clouer.

pink [pɪŋk] ◇ adj rose ; **to go** OR **turn ~** rosir, rougir ◇ n - 1. [colour] rose m ; **in ~** en rose - 2. [flower] mignardise f.

pink gin n Br boisson alcoolisée contenant du gin et de l'angusture.

pinkie [ˈpɪŋkɪ] n Am & Scot petit doigt m.

pinking [ˈpɪŋkɪŋ] n Br AUT cliquettement m.

pinking scissors, pinking shears npl ciseaux mpl à cranter.

pin money n argent m de poche.

pinnacle [ˈpɪnəkl] n - 1. [mountain peak, spire] pic m, cime f - 2. fig [high point] apogée m.

pinny [ˈpɪnɪ] (pl -ies) n inf tablier m.

pinpoint [ˈpɪnpɔɪnt] vt - 1. [cause, problem] définir, mettre le doigt sur - 2. [position] localiser.

pinprick [ˈpɪnprɪk] n piqûre f d'épingle ; fig petit désagrément m.

pin-striped [-ˌstraɪpt] adj à très fines rayures.

pint [paɪnt] n - 1. Br [unit of measurement] = 0,568 litre, ≃ demi-litre m - 2. Am [unit of measurement] = 0,473 litre, ≃ demi-litre m - 3. Br [beer] ≃ demi m.

pintable ['pɪnteɪbl] n Br flipper m.

pinto ['pɪntəʊ] (pl -s OR -es) Am ◇ adj pie (inv) ◇ n cheval m pie.

pint-size(d) adj inf minuscule.

pinup ['pɪnʌp] n pin-up f inv.

pioneer [,paɪə'nɪəʳ] ◇ n lit & fig pionnier m ◇ vt : **to ~ sthg** être un des premiers (une des premières) à faire qqch.

pioneering [,paɪə'nɪərɪŋ] adj [work, research] de pionnier.

pious ['paɪəs] adj - **1.** RELIG pieux (pieuse) - **2.** pej [sanctimonious] moralisateur(trice).

piously ['paɪəslɪ] adv pieusement.

pip [pɪp] n - **1.** [seed] pépin m - **2.** Br RADIO top m.

pipe [paɪp] ◇ n - **1.** [for gas, water] tuyau m - **2.** [for smoking] pipe f ◇ vt acheminer par tuyau.
➤ **pipes** npl MUS cornemuse f.
➤ **pipe down** vi inf se taire, la fermer.
➤ **pipe up** vi inf se faire entendre.

pipe cleaner n cure-pipe m.

piped music n Br musique f de fond.

pipe dream n projet m chimérique.

pipeline ['paɪplaɪn] n [for gas] gazoduc m ; [for oil] oléoduc m, pipeline m ; **to be in the ~** fig être imminent OR proche.

piper ['paɪpəʳ] n joueur m, -euse f de cornemuse.

piping hot ['paɪpɪŋ-] adj bouillant(e).

pipsqueak ['pɪpskwiːk] n pej moins m que rien.

piquant ['piːkənt] adj piquant(e).

pique [piːk] n dépit m ; **a fit of ~** un accès de dépit.

piracy ['paɪrəsɪ] n - **1.** [at sea] piraterie f - **2.** [of video, program] piratage m.

piranha [pɪ'rɑːnə] n piranha m.

pirate ['paɪrət] ◇ adj [video, program] pirate ◇ n pirate m ◇ vt [video, program] pirater.

pirate radio n Br radio f pirate.

pirouette [,pɪru'et] ◇ n pirouette f ◇ vi pirouetter.

Pisces ['paɪsiːz] n Poissons mpl ; **to be (a) ~** être Poissons.

piss [pɪs] vulg ◇ n - **1.** [urine] pisse f ; **to have a ~** pisser - **2.** phr : **to take the ~ out of** se foutre de ◇ vi pisser.
➤ **piss down** v impers Br vulg pleuvoir comme vache qui pisse.
➤ **piss off** vulg ◇ vt sep emmerder ◇ vi Br foutre le camp ; **~ off!** fous le camp !

pissed [pɪst] adj vulg - **1.** Br [drunk] bourré(e) - **2.** Am [annoyed] en boule.

pissed off adj vulg qui en a plein le cul.

pistachio [pɪ'stɑːʃɪəʊ] (pl -s) n pistache f.

pistol ['pɪstl] n pistolet m.

pistol-whip vt Am frapper avec un pistolet.

piston ['pɪstən] n piston m.

pit [pɪt] (pt & pp **-ted** ; cont **-ting**) ◇ n - **1.** [hole] trou m ; [in road] petit trou ; [on face] marque f - **2.** [for orchestra] fosse f - **3.** [mine] mine f - **4.** [quarry] carrière f - **5.** Am [of fruit] noyau m - **6.** phr : **the ~ of one's stomach** le creux de l'estomac ◇ vt : **to ~ sb against sb** opposer qqn à qqn ; **to ~ one's wits against sb** se mesurer avec qqn.
➤ **pits** npl - **1.** [in motor racing] : **the ~s** les stands mpl - **2.** inf [awful] : **the ~s** l'horreur f complète OR totale.

pit bull (terrier) n pitbull m, pit-bull m.

pitch [pɪtʃ] ◇ n - **1.** SPORT terrain m - **2.** MUS ton m - **3.** [level, degree] degré m - **4.** [selling place] place f - **5.** inf [sales talk] baratin m - **6.** AERON & NAUT tangage m - **7.** [throw] lancement m ◇ vt - **1.** [throw] lancer ; **to be ~ed into sthg** être catapulté dans qqch - **2.** [set - price] fixer ; [- speech] adapter - **3.** [tent] dresser ; [camp] établir ◇ vi - **1.** [ball] rebondir - **2.** [fall] : **to ~ forward** être projeté(e) en avant - **3.** AERON & NAUT tanguer.
➤ **pitch in** vi s'y mettre.

pitch-black adj : **it's ~ in here** il fait noir comme dans un four.

pitched [pɪtʃt] adj [sloping] penché(e).

pitched battle [,pɪtʃt-] n bataille f rangée.

pitcher ['pɪtʃəʳ] n Am - **1.** [jug] cruche f - **2.** [in baseball] lanceur m.

pitchfork ['pɪtʃfɔːk] n fourche f.

piteous ['pɪtɪəs] adj pitoyable.

piteously ['pɪtɪəslɪ] adv pitoyablement.

pitfall ['pɪtfɔːl] n piège m.

pith [pɪθ] n - **1.** [in plant] moelle f - **2.** [of fruit] peau f blanche - **3.** fig [crux] essence f.

pithead ['pɪthed] n carreau m de mine.

pith helmet n casque m colonial.

pithy ['pɪθɪ] (compar **-ier** ; superl **-iest**) adj [brief] concis(e) ; [terse] piquant(e).

pitiable ['pɪtɪəbl] adj pitoyable.

pitiful ['pɪtɪfʊl] adj [condition] pitoyable ; [excuse, effort] lamentable.

pitifully ['pɪtɪfʊlɪ] adv [look, cry] pitoyablement ; [poor] lamentablement.

pitiless ['pɪtɪlɪs] adj sans pitié, impitoyable.

pitman ['pɪtmən] (pl **-men** [-mən]) n mineur m de fond.

pit pony n Br cheval m de mine.

pit prop n poteau m de mine.

pit stop n [in motor racing] arrêt m aux stands.

pitta bread ['pɪtə-] n pain m grec, pita m.

pittance ['pɪtəns] n [wage] salaire m de misère.

pitted ['pɪtɪd] adj : ~ (with) [face] grêlé(e) (par) ; [metal] piqué(e) (de).

pitter-patter ['pɪtə,pætə'] n [of rain] crépitement m.

pituitary [pɪ'tjuɪtrɪ] (pl -ies) n : ~ (gland) glande f pituitaire.

pity ['pɪtɪ] (pt & pp -ied) ⬦ n pitié f ; what a ~! quel dommage! ; it's a ~ c'est dommage ; to take OR have ~ on sb prendre qqn en pitié, avoir pitié de qqn ⬦ vt plaindre.

pitying ['pɪtɪɪŋ] adj compatissant(e).

pivot ['pɪvət] ⬦ n lit & fig pivot m ⬦ vi : to ~ (on) pivoter (sur).

pixel ['pɪksl] n COMPUT pixel m.

pixie, pixy ['pɪksɪ] (pl -ies) n lutin m.

pizza ['piːtsə] n pizza f.

pizzazz [pɪ'zæz] n inf vitalité f, énergie f.

Pl. (abbr of Place) rue.

P & L (abbr of profit and loss) n pertes et profits.

placard ['plækɑːd] n placard m, affiche f.

placate [plə'keɪt] vt calmer, apaiser.

placatory [plə'keɪtərɪ] adj apaisant(e).

place [pleɪs] ⬦ n - 1. [location] endroit m, lieu m ; ~ of birth lieu de naissance - 2. [proper position, seat, vacancy, rank] place f ; everything fell into ~ fig tout s'éclaircit ; to put sb in their ~ remettre qqn à sa place - 3. [home] : at/to my ~ chez moi - 4. [in book] : to lose one's ~ perdre sa page - 5. MATH : decimal ~ décimale f - 6. [instance] : in the first ~ tout de suite ; in the first ~ ... and in the second ~ ... premièrement ... et deuxièmement ... - 7. phr : to take ~ avoir lieu ; to take the ~ of prendre la place de, remplacer ⬦ vt - 1. [position, put] placer, mettre - 2. [apportion] : to ~ the responsibility for sthg on sb tenir qqn pour responsable de qqch - 3. [identify] remettre - 4. [an order] passer ; to ~ a bet parier - 5. [in race] : to be ~d être placé(e).

⬥ **all over the place** adv [everywhere] partout.

⬥ **in place** adv - 1. [in proper position] à sa place - 2. [established] mis en place.

⬥ **in place of** prep à la place de.

⬥ **out of place** adv pas à sa place ; fig déplacé(e).

placebo [plə'siːbəʊ] (pl -s OR -es) n placebo m.

place card n carte f marque-place.

placed [pleɪst] adj : how are we ~ for time? est-ce qu'on a assez de temps? ; how are you ~ for money? qu'est-ce que tu as comme argent?

placekick ['pleɪskɪk] n coup m de pied placé.

place mat n set m (de table).

placement ['pleɪsmənt] n placement m.

placenta [plə'sentə] (pl -s OR -tae [-tiː]) n placenta m.

place setting n couvert m.

placid ['plæsɪd] adj - 1. [person] placide - 2. [sea, place] calme.

placidly ['plæsɪdlɪ] adv avec placidité.

plagiarism ['pleɪdʒərɪzm] n plagiat m.

plagiarist ['pleɪdʒərɪst] n plagiaire mf.

plagiarize, -ise ['pleɪdʒəraɪz] vt plagier.

plague [pleɪg] ⬦ n - 1. MED peste f ; to avoid sb/sthg like the ~ fuir qqn/qqch comme la peste - 2. fig [nuisance] fléau m ⬦ vt : to be ~d by [bad luck] être poursuivi(e) par ; [doubt] être rongé(e) par ; to ~ sb with questions harceler qqn de questions.

plaice [pleɪs] (pl inv) n carrelet m.

plaid [plæd] n plaid m.

Plaid Cymru [,plaɪd'kʌmrɪ] n parti nationaliste gallois.

plain [pleɪn] ⬦ adj - 1. [not patterned] uni(e) - 2. [simple] simple - 3. [clear] clair(e), évident(e) ; to make sthg ~ to sb (bien) faire comprendre qqch à qqn - 4. [blunt] carré(e), franc (franche) - 5. [absolute] pur(e) (et simple) - 6. [not pretty] quelconque, ordinaire ⬦ adv inf complètement ⬦ n GEOGR plaine f.

plain chocolate n Br chocolat m à croquer.

plain-clothes adj en civil.

plain flour n Br farine f (sans levure).

plainly ['pleɪnlɪ] adv - 1. [obviously] manifestement - 2. [distinctly] clairement - 3. [frankly] carrément, sans détours - 4. [simply] simplement.

plain sailing n : it should be ~ from now on ça devrait aller comme sur des roulettes maintenant.

plainspoken [,pleɪn'spəʊkən] adj au franc-parler.

plaintiff ['pleɪntɪf] n demandeur m, -eresse f.

plaintive ['pleɪntɪv] adj plaintif(ive).

plait [plæt] ⬦ n natte f ⬦ vt natter, tresser.

plan [plæn] (pt & pp -ned ; cont -ning) ⬦ n plan m, projet m ; to go according to ~ se passer OR aller comme prévu ⬦ vt - 1. [organize] préparer - 2. [propose] : to ~ to do sthg projeter de faire qqch, avoir l'intention de faire qqch - **3.** [design] concevoir ⬦ *vi :* **to ~ (for sthg)** faire des projets (pour qqch).

➤ **plans** *npl* plans *mpl*, projets *mpl ;* **have you any ~s for tonight?** avez-vous prévu quelque chose pour ce soir?

➤ **plan on** *vt fus :* **to ~ on doing sthg** prévoir de faire qqch.

➤ **plan out** *vt sep* préparer dans le détail.

plane [pleɪn] ⬦ *adj* plan(e) ⬦ *n* - **1.** [aircraft] avion *m* - **2.** GEOM plan *m* - **3.** fig [level] niveau *m* - **4.** [tool] rabot *m* - **5.** [tree] platane *m* ⬦ *vt* raboter.

planet ['plænɪt] *n* planète *f.*

planetarium [ˌplænɪ'teərɪəm] (*pl* **-riums** OR **-ria** [-rɪə]) *n* planétarium *m.*

planetary ['plænɪtrɪ] *adj* planétaire.

plane tree *n* platane *m.*

plangent ['plændʒənt] *adj* literary retentissant(e).

plank [plæŋk] *n* - **1.** [of wood] planche *f* - **2.** POL [policy] point *m.*

plankton ['plæŋktən] *n* plancton *m.*

planned [plænd] *adj* [crime] prémédité(e) ; [economy] planifié(e), dirigé(e).

planner ['plænə'] *n* - **1.** [designer] : **town ~** urbaniste *mf* - **2.** [strategist] planificateur *m*, -trice *f.*

planning ['plænɪŋ] *n* - **1.** [designing] planification *f* - **2.** [preparation] préparation *f*, organisation *f.*

planning permission *n* permis *m* de construire.

plan of action *n* plan *m* d'action.

plant [plɑːnt] ⬦ *n* - **1.** BOT plante *f* - **2.** [factory] usine *f* - **3.** (U) [heavy machinery] matériel *m* ⬦ *vt* - **1.** [gen] planter - **2.** [bomb] poser ; **to ~ sthg on sb** cacher qqch sur qqn.

➤ **plant out** *vt sep* repiquer.

plantain ['plæntɪn] *n* plantain *m.*

plantation [plæn'teɪʃn] *n* plantation *f.*

planter ['plɑːntə'] *n* [farmer] planteur *m*, -euse *f.*

plant pot *n* pot *m* de fleurs.

plaque [plɑːk] *n* - **1.** [commemorative sign] plaque *f* - **2.** (U) [on teeth] plaque *f* dentaire.

plasma ['plæzmə] *n* plasma *m.*

plaster ['plɑːstə'] ⬦ *n* - **1.** [material] plâtre *m ;* **in ~** dans le plâtre - **2.** Br [bandage] pansement *m* adhésif ⬦ *vt* - **1.** [wall, ceiling] plâtrer - **2.** [cover] : **to ~ sthg (with)** couvrir qqch (de).

plasterboard ['plɑːstəbɔːd] *n* placoplâtre® *m.*

plaster cast *n* - **1.** [for broken bones] plâtre *m* - **2.** [model, statue] moule *m.*

plastered ['plɑːstəd] *adj* inf [drunk] bourré(e).

plasterer ['plɑːstərə'] *n* plâtrier *m.*

plastering ['plɑːstərɪŋ] *n* plâtrage *m.*

plaster of Paris *n* plâtre *m* de moulage.

plastic ['plæstɪk] ⬦ *adj* plastique ⬦ *n* plastique *m.*

plastic bullet *n* balle *f* de plastique.

plastic explosive *n* plastic *m.*

Plasticine® Br ['plæstɪsiːn] *n* pâte *f* à modeler.

plasticize, -ise ['plæstɪsaɪz] *vt* plastifier.

plastic money *n* (U) cartes *fpl* de crédit.

plastic surgeon *n* spécialiste *mf* en chirurgie esthétique.

plastic surgery *n* chirurgie *f* esthétique OR plastique.

plate [pleɪt] ⬦ *n* - **1.** [dish] assiette *f ;* **to have a lot on one's ~** fig avoir du pain sur la planche ; **you can't expect everything to be handed to you on a ~** fig on ne peut pas tout t'apporter sur un plateau - **2.** [sheet of metal, plaque] tôle *f* - **3.** (U) [metal covering] : **gold/silver ~** plaqué *m* or/argent - **4.** [in book] planche *f* - **5.** [in dentistry] dentier *m* ⬦ *vt :* **to be ~d (with)** être plaqué(e) (de).

Plate *n :* **the River ~** le Rio de la Plata.

plateau ['plætəʊ] (*pl* **-s** OR **-x** [-z]) *n* plateau *m ;* fig phase *f* OR période *f* de stabilité.

plateful ['pleɪtfʊl] *n* assiettée *f.*

plate-glass *adj* vitré(e).

plate rack *n* égouttoir *m.*

platform ['plætfɔːm] *n* - **1.** [stage] estrade *f ;* [for speaker] tribune *f* - **2.** [raised structure, of bus, of political party] plate-forme *f* - **3.** RAIL quai *m.*

platform ticket *n* Br ticket *m* de quai.

plating ['pleɪtɪŋ] *n* placage *m.*

platinum ['plætɪnəm] ⬦ *adj* [hair] platiné(e) ⬦ *n* platine *m* ⬦ *comp* en platine.

platinum blonde *n* blonde *f* platinée.

platitude ['plætɪtjuːd] *n* platitude *f.*

platonic [plə'tɒnɪk] *adj* platonique.

platoon [plə'tuːn] *n* section *f.*

platter ['plætə'] *n* [dish] plat *m.*

platypus ['plætɪpəs] (*pl* **-es** [-iːz]) *n* ornithorynque *m.*

plaudits ['plɔːdɪts] *npl* louanges *fpl*, éloges *mpl.*

plausible ['plɔːzəbl] *adj* plausible.

plausibly ['plɔːzəblɪ] *adv* de façon plausible.

play [pleɪ] ⬦ *n* - **1.** (U) [amusement] jeu *m*, amusement *m* - **2.** THEATRE pièce *f* (de théâtre) ; **a**

radio ~ une pièce radiophonique - **3.** SPORT : **in/out of ~** en/hors jeu - **4.** [consideration] : **to come into ~** fig entrer en jeu - **5.** [game] : ~ **on words** jeu m de mots - **6.** TECH jeu m ◇ vt - **1.** [gen] jouer ; **to ~ a part** OR **role in** fig jouer un rôle dans - **2.** [game, sport] jouer à - **3.** [team, opponent] jouer contre - **4.** MUS [instrument] jouer de - **5.** phr : **to ~ it safe** ne pas prendre de risques ◇ vi jouer.

➤ **play along** vi : **to ~ along (with sb)** entrer dans le jeu (de qqn).

➤ **play at** vt fus jouer à ; **what's he ~ing at?** inf à quoi joue-t-il?

➤ **play back** vt sep [tape] réécouter ; [film] repasser.

➤ **play down** vt sep minimiser.

➤ **play off** ◇ vt sep : **to ~ sb/sthg off against** monter qqn/qqch contre ◇ vi SPORT jouer la belle.

➤ **play (up)on** vt fus jouer sur.

➤ **play up** ◇ vt sep [emphasize] insister sur ◇ vi - **1.** [machine] faire des siennes - **2.** [child] ne pas être sage.

playable ['pleɪəbl] adj [pitch] praticable.

play-act vi jouer la comédie.

playbill ['pleɪbɪl] n affiche f.

playboy ['pleɪbɔɪ] n playboy m.

play dough Am pâte f à modeler.

player ['pleɪəʳ] n - **1.** [gen] joueur m, -euse f - **2.** THEATRE acteur m, -trice f.

playfellow ['pleɪˌfeləʊ] n camarade mf.

playful ['pleɪfʊl] adj - **1.** [person, mood] taquin(e) - **2.** [kitten, puppy] joueur(euse).

playfully ['pleɪfʊlɪ] adv en badinant.

playgoer ['pleɪˌgəʊəʳ] n amateur m de théâtre.

playground ['pleɪgraʊnd] n cour f de récréation.

playgroup ['pleɪgruːp] n jardin m d'enfants.

playhouse ['pleɪhaʊs, pl -haʊzɪz] n Am maison f en modèle réduit (pour jouer).

playing card ['pleɪɪŋ-] n carte f à jouer.

playing field ['pleɪɪŋ-] n terrain m de sport.

playlist ['pleɪlɪst] n Br liste f de disques à passer (à la radio).

playmate ['pleɪmeɪt] n camarade mf.

play-off n SPORT belle f.

playpen ['pleɪpen] n parc m.

playroom ['pleɪrʊm] n salle f de jeu.

playschool ['pleɪskuːl] n jardin m d'enfants.

plaything ['pleɪθɪŋ] n lit & fig jouet m.

playtime ['pleɪtaɪm] n récréation f.

playwright ['pleɪraɪt] n dramaturge m.

plaza ['plɑːzə] n [square] place f ; **shopping ~** centre m commercial.

plc abbr of **public limited company**.

plea [pliː] n - **1.** [for forgiveness, mercy] supplication f ; [for help, quiet] appel m - **2.** JUR : **to enter a ~ of not guilty** plaider non coupable.

plea bargaining n possibilité pour un inculpé de se voir notifier un chef d'inculpation moins grave s'il accepte de plaider coupable.

plead [pliːd] (pt & pp **-ed** OR **pled**) ◇ vt - **1.** JUR plaider - **2.** [give as excuse] invoquer ◇ vi - **1.** [beg] : **to ~ with sb (to do sthg)** supplier qqn (de faire qqch) ; **to ~ for sthg** implorer qqch - **2.** JUR plaider.

pleading ['pliːdɪŋ] ◇ adj suppliant(e) ◇ n (U) supplications fpl.

pleasant ['pleznt] adj agréable.

pleasantly ['plezntlɪ] adv [smile, speak] aimablement ; [surprised] agréablement.

pleasantry ['plezntrɪ] (pl -ies) n : **to exchange pleasantries** échanger des propos aimables.

please [pliːz] ◇ vt plaire à, faire plaisir à ; **to ~ o.s.** faire comme on veut ; ~ **yourself!** comme vous voulez! ◇ vi plaire, faire plaisir ; **to do as one ~s** faire comme on veut ; **if you ~** s'il vous plaît ◇ adv s'il vous plaît.

pleased [pliːzd] adj - **1.** [satisfied] : **to be ~ (with)** être content(e) (de) - **2.** [happy] : **to be ~ (about)** être heureux(euse) (de) ; ~ **to meet you!** enchanté(e)!

pleasing ['pliːzɪŋ] adj plaisant(e).

pleasingly ['pliːzɪŋlɪ] adv agréablement.

pleasurable ['pleʒərəbl] adj agréable.

pleasure ['pleʒəʳ] n plaisir m ; **with ~** avec plaisir, volontiers ; **it's a ~, my ~** je vous en prie.

pleat [pliːt] ◇ n pli m ◇ vt plisser.

pleated ['pliːtɪd] adj plissé(e).

plebiscite ['plebɪsaɪt] n plébiscite m.

plectrum ['plektrəm] (pl -s) n plectre m.

pled [pled] pt & pp ⊳ **plead**.

pledge [pledʒ] ◇ n - **1.** [promise] promesse f - **2.** [token] gage m ◇ vt - **1.** [promise] promettre - **2.** [make promise] : **to ~ o.s. to** s'engager à ; **to ~ sb to secrecy** faire promettre le secret à qqn - **3.** [pawn] mettre en gage.

plenary session ['pliːnərɪ-] n séance f plénière.

plenitude ['plenɪtjuːd] n plénitude f.

plentiful ['plentɪfʊl] adj abondant(e).

plenty ['plentɪ] ◇ n (U) abondance f ◇ pron : ~ **of** beaucoup de ; **we've got ~ of**

time nous avons largement le temps ◇ *adv* Am [very] très.

plethora ['pleθərə] *n* pléthore *f*.

pleurisy ['pluərəsı] *n* pleurésie *f*.

Plexiglas® ['pleksıglɑːs] *n* Am plexiglas® *m*.

pliable ['plaıəbl], **pliant** ['plaıənt] *adj* - **1.** [material] pliable, souple - **2.** fig [person] docile.

pliers ['plaıəz] *npl* tenailles *fpl*, pinces *fpl*.

plight [plaıt] *n* condition *f* critique.

plimsoll ['plımsəl] *n* Br tennis *m*.

Plimsoll line *n* ligne *f* de flottaison en charge.

plinth [plınθ] *n* socle *m*

PLO (*abbr of* Palestine Liberation Organization) *n* OLP *f*.

plod [plɒd] (*pt* & *pp* **-ded** ; *cont* **-ding**) *vi* - **1.** [walk slowly] marcher lentement OR péniblement - **2.** [work slowly] peiner.

plodder ['plɒdər] *n* pej bûcheur *m*, -euse *f*.

plonk [plɒŋk] *n (U)* Br inf [wine] pinard *m*, vin *m* ordinaire.

◆ **plonk down** *vt sep* inf poser brutalement.

plop [plɒp] (*pt* & *pp* **-ped** ; *cont* **-ping**) ◇ *n* ploc *m* ◇ *vi* faire ploc.

plot [plɒt] (*pt* & *pp* **-ted** ; *cont* **-ting**) ◇ *n* - **1.** [plan] complot *m*, conspiration *f* - **2.** [story] intrigue *f* - **3.** [of land] (parcelle *f* de) terrain *m*, lopin *m* - **4.** Am [house plan] plan *m* ◇ *vt* - **1.** [plan] comploter ; **to ~ to do sthg** comploter de faire qqch - **2.** [chart] déterminer, marquer - **3.** MATH tracer, marquer ◇ *vi* comploter.

plotter ['plɒtər] *n* [schemer] conspirateur *m*, -trice *f*.

plough Br, **plow** Am [plau] ◇ *n* charrue *f* ◇ *vt* [field] labourer.

◆ **plough into** ◇ *vt sep* [money] investir ◇ *vt fus* [subj : car] rentrer dans.

◆ **plough on** *vi* continuer péniblement OR laborieusement.

◆ **plough up** *vt sep* [field] labourer.

ploughman's ['plaumənz] (*pl inv*) *n* Br : **~ (lunch)** *repas de pain, fromage et pickles*.

ploughshare Br, **plowshare** Am ['plauʃeər] *n* soc *m* de charrue.

plow etc Am = plough etc.

ploy [plɔı] *n* stratagème *m*, ruse *f*.

PLR (*abbr of* Public Lending Right) *n* droit d'auteur versé pour les ouvrages prêtés par les bibliothèques.

pluck [plʌk] ◇ *vt* - **1.** [flower, fruit] cueillir - **2.** [pull sharply] arracher - **3.** [chicken, turkey] plumer - **4.** [eyebrows] épiler - **5.** MUS pincer ◇ *n (U)* dated courage *m*, cran *m*.

◆ **pluck up** *vt fus* : **to ~ up the courage to do sthg** rassembler son courage pour faire qqch.

plucky ['plʌkı] (*compar* **-ier** ; *superl* **-iest**) *adj* dated qui a du cran, courageux(euse).

plug [plʌg] (*pt* & *pp* **-ged** ; *cont* **-ging**) ◇ *n* - **1.** ELEC prise *f* de courant - **2.** [for bath, sink] bonde *f* - **3.** inf [for new book, film etc] pub *f*, publicité *f* ◇ *vt* - **1.** [hole] boucher, obturer - **2.** inf [new book, film etc] faire de la publicité pour.

◆ **plug in** *vt sep* brancher.

plughole ['plʌghəul] *n* bonde *f*, trou *m* d'écoulement.

plum [plʌm] ◇ *adj* - **1.** [colour] prune (*inv*) - **2.** [very good] : **a ~ job** un poste en or ◇ *n* [fruit] prune *f*.

plumage ['pluːmıdʒ] *n* plumage *m*.

plumb [plʌm] ◇ *adv* - **1.** Br [exactly] exactement, en plein - **2.** Am [completely] complètement ◇ *vt* : **to ~ the depths of** toucher le fond de.

◆ **plumb in** *vt sep* Br raccorder.

plumber ['plʌmər] *n* plombier *m*.

plumbing ['plʌmıŋ] *n (U)* - **1.** [fittings] plomberie *f*, tuyauterie *f* - **2.** [work] plomberie *f*.

plumb line *n* fil *m* à plomb.

plume [pluːm] *n* - **1.** [feather] plume *f* - **2.** [on hat] panache *m* - **3.** [column] : **a ~ of smoke** un panache de fumée.

plummet ['plʌmıt] *vi* - **1.** [bird, plane] plonger - **2.** fig [decrease] dégringoler.

plummy ['plʌmı] (*compar* **-ier** ; *superl* **-iest**) *adj* Br pej [voice] de la haute, snob.

plump [plʌmp] *adj* bien en chair, grassouillet(ette).

◆ **plump for** *vt fus* opter pour, choisir.

◆ **plump up** *vt sep* [cushion] secouer.

plumpness ['plʌmpnıs] *n* corpulence *f*, embonpoint *m*.

plum pudding *n* pudding *m* de Noël.

plunder ['plʌndər] ◇ *n (U)* - **1.** [stealing, raiding] pillage *m* - **2.** [stolen goods] butin *m* ◇ *vt* piller.

plunge [plʌndʒ] ◇ *n* - **1.** [dive] plongeon *m* ; **to take the ~** se jeter à l'eau - **2.** fig [decrease] dégringolade *f*, chute *f* ◇ *vt* : **to ~ sthg into** plonger qqch dans ◇ *vi* - **1.** [dive] plonger, tomber - **2.** fig [decrease] dégringoler.

plunger ['plʌndʒər] *n* débouchoir *m* à ventouse.

plunging ['plʌndʒıŋ] *adj* [neckline] plongeant(e).

pluperfect [,pluː'pɜːfıkt] *n* : **~ (tense)** plus-que-parfait *m*.

plural ['plʊərəl] ◇ adj - **1.** GRAMM pluriel(elle) - **2.** [not individual] collectif(ive) - **3.** [multicultural] multiculturel(elle) ◇ n pluriel m.

pluralistic [ˌplʊərə'lɪstɪk] adj pluraliste.

plurality [plʊ'rælətɪ] n - **1.** [large number] : **a ~ of** une multiplicité de - **2.** Am [majority] majorité f.

plus [plʌs] (pl **pluses** OR **plusses** [plʌsiːz]) ◇ adj : **30 ~** 30 ou plus ◇ n - **1.** MATH signe m plus - **2.** inf [bonus] plus m, atout m ◇ prep et ◇ conj [moreover] de plus.

plus fours npl pantalon m de golf.

plush [plʌʃ] adj luxueux(euse), somptueux(euse).

plus sign n signe m plus.

Pluto ['pluːtəʊ] n [planet] Pluton f.

plutocrat ['pluːtəkræt] n ploutocrate m.

plutonium [pluː'təʊnɪəm] n plutonium m.

ply [plaɪ] (pt & pp **plied**) ◇ adj : **four ~** [wool] à quatre fils & [wood] à quatre plis ◇ n [of wool] fil m ; [of wood] pli m ◇ vt - **1.** [trade] exercer - **2.** [supply] : **to ~ sb with drink** ne pas arrêter de remplir le verre de qqn ◇ vi [ship etc] faire la navette.

plywood ['plaɪwʊd] n contreplaqué m.

p.m., pm (abbr of post meridiem) : **at 3 ~** à 15 h.

PM abbr of **prime minister**.

PMS abbr of **premenstrual syndrome**.

PMT abbr of **premenstrual tension**.

pneumatic [njuː'mætɪk] adj pneumatique.

pneumatic drill n marteau piqueur m.

pneumonia [njuː'məʊnjə] n (U) pneumonie f.

po = PO².

Po [pəʊ] n : **the (River) ~** le Pô.

PO¹ abbr of **Post Office**.

PO², po abbr of **postal order**.

POA (abbr of **Prison Officers' Association**) n syndicat des agents pénitentiaires en Grande-Bretagne.

poach [pəʊtʃ] ◇ vt - **1.** [fish] pêcher sans permis ; [deer etc] chasser sans permis - **2.** fig [idea] voler - **3.** CULIN pocher ◇ vi braconner.

poacher ['pəʊtʃəʳ] n braconnier m.

poaching ['pəʊtʃɪŋ] n braconnage m.

PO Box (abbr of **Post Office Box**) n BP f.

pocket ['pɒkɪt] ◇ n lit & fig poche f ; **to be out of ~** en être de sa poche ; **to live in each other's ~s** être trop ensemble ; **to pick sb's ~** faire les poches à qqn ◇ adj de poche ◇ vt empocher.

pocketbook ['pɒkɪtbʊk] n - **1.** [notebook] carnet m - **2.** Am [handbag] sac m à main.

pocket calculator n calculatrice f de poche, calculette f.

pocketful ['pɒkɪtfʊl] n pleine poche f.

pocket-handkerchief n mouchoir m de poche.

pocketknife ['pɒkɪtnaɪf] (pl **-knives** [-naɪvz]) n canif m.

pocket money n argent m de poche.

pocket-size(d) adj de poche.

pockmark ['pɒkmɑːk] n marque f de la petite vérole.

pod [pɒd] n - **1.** [of plants] cosse f - **2.** [of spacecraft] nacelle f.

podgy ['pɒdʒɪ] (compar **-ier** ; superl **-iest**) adj inf boulot(otte), rondelet(ette).

podiatrist [pə'daɪətrɪst] n Am pédicure mf.

podium ['pəʊdɪəm] (pl **-diums** OR **-dia** [-dɪə]) n podium m.

POE (abbr of **port of entry**) n port d'arrivée.

poem ['pəʊɪm] n poème m.

poet ['pəʊɪt] n poète m.

poetic [pəʊ'etɪk] adj poétique.

poetic justice n justice f immanente.

poet laureate n poète m lauréat.

poetry ['pəʊɪtrɪ] n poésie f.

pogo stick ['pəʊgəʊ-] n échasse f à ressort.

pogrom ['pɒgrəm] n pogrom m, pogrome m.

poignancy ['pɔɪnjənsɪ] n caractère m poignant.

poignant ['pɔɪnjənt] adj poignant(e).

poinsettia [pɔɪn'setɪə] n poinsettia m.

point [pɔɪnt] ◇ n - **1.** [tip] pointe f - **2.** [place] endroit m, point m - **3.** [time] stade m, moment m ; **~ of no return** point m de non-retour - **4.** [detail, argument] question f, détail m ; **you have a ~** il y a du vrai dans ce que vous dites ; **to make a ~** faire une remarque ; **to make one's ~** dire ce qu'on a à dire, dire son mot ; **it's a sore ~ with her** fig elle est très sensible sur ce point - **5.** [main idea] point m essentiel ; **to get** OR **come to the ~** en venir au fait ; **to miss the ~** ne pas comprendre ; **beside the ~** à côté de la question ; **to the ~** pertinent(e), approprié(e) - **6.** [feature] : **good ~** qualité f ; **bad ~** défaut m - **7.** [purpose] : **what's the ~ in buying a new car?** à quoi bon acheter une nouvelle voiture? ; **there's no ~ in having a meeting** cela ne sert à rien d'avoir une réunion - **8.** [on scale, in scores] point m - **9.** MATH : **two ~ six** deux virgule six - **10.** [of compass] aire f du vent - **11.** Br ELEC prise f (de courant) - **12.** Am [full stop] point m (final) - **13.** phr : **to make a ~ of doing sthg** ne pas manquer de faire qqch ◇ vt : **to ~ sthg (at)** [gun, camera] braquer qqch (sur) ; [finger, hose] pointer qqch (sur) ⟨⟩ *vi* - **1.** [indicate with finger] : **to ~ (at sb/sthg), to ~ (to sb/sthg)** montrer (qqn/qqch) du doigt, indiquer (qqn/qqch) du doigt - **2.** [face] : **to ~ north/south** indiquer le nord/le sud - **3.** *fig* [suggest] : **to ~ to sthg** suggérer qqch, laisser supposer qqch.

➤ **points** *npl* Br RAIL aiguillage *m*.

➤ **up to a point** *adv* jusqu'à un certain point, dans une certaine mesure.

➤ **on the point of** *prep* sur le point de.

➤ **point out** *vt sep* [person, place] montrer, indiquer ; [fact, mistake] signaler.

point-blank ⟨⟩ *adj* [refusal] catégorique ; [question] de but en blanc ; **at ~ range** à bout portant ⟨⟩ *adv* - **1.** [refuse] catégoriquement ; [ask] de but en blanc - **2.** [shoot] à bout portant.

point duty *n* Br service *m* de la circulation.

pointed ['pɔintɪd] *adj* - **1.** [sharp] pointu(e) - **2.** *fig* [remark] mordant(e), incisif(ive).

pointedly ['pɔintɪdlɪ] *adv* d'un ton mordant.

pointer ['pɔintər] *n* - **1.** [piece of advice] tuyau *m*, conseil *m* - **2.** [needle] aiguille *f* - **3.** [stick] baguette *f* - **4.** COMPUT pointeur *m*.

pointing ['pɔintɪŋ] *n* [on wall] jointoiement *m*.

pointless ['pɔintlɪs] *adj* inutile, vain(e).

point of order (*pl* **points of order**) *n* question *f* de procédure OR de droit.

point of sale (*pl* **points of sale**) *n* point *m* de vente.

point of view (*pl* **points of view**) *n* point *m* de vue.

point-to-point *n* Br steeple-chase *m* pour cavaliers amateurs.

poise [pɔiz] *n* *fig* calme *m*, sang-froid *m*.

poised [pɔizd] *adj* - **1.** [ready] : **~ (for)** prêt(e) (pour) ; **to be ~ to do sthg** se tenir prêt à faire qqch - **2.** *fig* [calm] calme, posé(e).

poison ['pɔizn] ⟨⟩ *n* poison *m* ⟨⟩ *vt* - **1.** [gen] empoisonner - **2.** [pollute] polluer.

poisoning ['pɔizniŋ] *n* empoisonnement *m* ; **food ~** intoxication *f* alimentaire.

poisonous ['pɔiznəs] *adj* - **1.** [fumes] toxique ; [plant] vénéneux(euse) - **2.** [snake] venimeux (euse) - **3.** *fig* [rumours, influence] pernicieux (euse).

poison-pen letter *n* lettre *f* anonyme venimeuse.

poke [pəuk] ⟨⟩ *n* [prod, jab] coup *m* ⟨⟩ *vt* - **1.** [prod] pousser, donner un coup de coude à - **2.** [put] fourrer - **3.** [fire] attiser, tisonner - **4.** [stretch] : **he ~d his head round the door** il a passé la tête dans l'embrasure de la porte ⟨⟩ *vi* [protrude] sortir, dépasser.

➤ **poke about, poke around** *vi* inf fouiller, fourrager.

➤ **poke at** *vt fus* [with finger] pousser (du doigt) ; [with stick] pousser (avec un bâton).

poker ['pəukər] *n* - **1.** [game] poker *m* - **2.** [for fire] tisonnier *m*.

poker-faced [-,feist] *adj* au visage impassible.

poky ['pəukɪ] (*compar* **-ier** ; *superl* **-iest**) *adj* pej [room] exigu(ë), minuscule.

Poland ['pəulənd] *n* Pologne *f* ; **in ~** en Pologne.

polar ['pəulər] *adj* polaire.

polar bear *n* ours *m* polaire OR blanc.

polarity [pəu'lærətɪ] *n* polarité *f*.

polarization [,pəulərai'zeiʃn] *n* polarisation *f*.

polarize, -ise ['pəuləraiz] *vt* polariser.

Polaroid® ['pəulərɔid] *n* - **1.** [camera] Polaroïd® *m* - **2.** [photograph] photo *f* polaroïd.

Polaroids® ['pəulərɔidz] *npl* lunettes *fpl* polaroïd.

pole [pəul] *n* - **1.** [rod, post] perche *f*, mât *m* - **2.** ELEC & GEOGR pôle *m* ; **~s apart** aux antipodes (l'un de l'autre).

Pole [pəul] *n* Polonais *m*, -e *f*.

poleaxed ['pəulækst] *adj* assommé(e).

polecat ['pəulkæt] *n* putois *m*.

polemic [pə'lemik] *n* polémique *f*.

pole position *n* pole position *f*.

Pole Star *n* : **the ~** l'Étoile *f* Polaire.

pole vault *n* : **the ~** le saut à la perche.

➤ **pole-vault** *vi* sauter à la perche.

pole-vaulter [-,vɔːltər] *n* sauteur *m*, -euse *f* à la perche.

police [pə'liːs] ⟨⟩ *npl* - **1.** [police force] : **the ~** la police - **2.** [policemen] agents *mpl* de police ⟨⟩ *vt* maintenir l'ordre dans.

police car *n* voiture *f* de police.

police constable *n* Br agent *m* de police.

police department *n* Am service *m* de police.

police dog *n* chien *m* policier.

police force *n* police *f*.

policeman [pə'liːsmən] (*pl* **-men** [-mən]) *n* agent *m* de police.

police officer *n* policier *m*.

police record *n* casier *m* judiciaire.

police state *n* état *m* policier.

police station *n* commissariat *m* (de police).

policewoman [pə'liːs,wumən] (*pl* **-women** [-,wimin]) *n* femme *f* agent de police.

policy ['pɒləsɪ] (pl -ies) n - **1.** [plan] politique f - **2.** [document] police f.

policy-holder n assuré m, -e f.

polio ['pəʊlɪəʊ] n polio f.

polish ['pɒlɪʃ] ⬦ n - **1.** [for shoes] cirage m ; [for floor] cire f, encaustique f - **2.** [shine] brillant m, lustre m - **3.** fig [refinement] raffinement m ⬦ vt [shoes, floor] cirer ; [car] astiquer ; [cutlery, glasses] faire briller.

➥ **polish off** vt sep inf expédier.

➥ **polish up** vt sep [maths, language] perfectionner ; [travail] peaufiner.

Polish ['pəʊlɪʃ] ⬦ adj polonais(e) ⬦ n [language] polonais m ⬦ npl : **the ~** les Polonais mpl.

polished ['pɒlɪʃt] adj - **1.** [refined] raffiné(e) - **2.** [accomplished] accompli(e), parfait(e).

polite [pə'laɪt] adj - **1.** [courteous] poli(e) - **2.** [refined] bien élevé(e), qui a du savoir-vivre.

politely [pə'laɪtlɪ] adv poliment.

politeness [pə'laɪtnɪs] n (U) politesse f.

politic ['pɒlətɪk] adj politique.

political [pə'lɪtɪkl] adj politique.

political asylum n droit m d'asile (politique).

political football n : **the abortion issue has become a ~** les partis politiques se renvoient la balle au sujet de l'avortement.

political geography n géographie f politique.

politically [pə'lɪtɪklɪ] adv politiquement.

politically correct [pə,lɪtɪklɪ-] adj conforme au mouvement qui préconise le remplacement de termes jugés discriminants par d'autres 'politiquement corrects'.

POLITICALLY CORRECT

Le mouvement « PC » est un mouvement intellectuel, surtout américain, qui vise à établir une nouvelle éthique, notamment en bannissant de la langue certains termes jugés discriminants. Ce mouvement prône de remplacer par exemple « American Indian » par « Native American », « Black » par « African American », « short » par « vertically challenged ».

political prisoner n prisonnier m politique.

political science n (U) sciences fpl politiques.

politician [,pɒlɪ'tɪʃn] n homme m politique, femme f politique.

politicize, -ise [pə'lɪtɪsaɪz] vt politiser.

politics ['pɒlətɪks] ⬦ n (U) politique f ⬦ npl

- **1.** [personal beliefs] : **what are his ~?** de quel bord est-il? - **2.** [of group, area] politique f.

polka ['pɒlkə] n polka f.

polka dot n pois m.

poll [pəʊl] ⬦ n vote m, scrutin m ⬦ vt - **1.** [people] interroger, sonder - **2.** [votes] obtenir.

➥ **polls** npl : **to go to the ~s** aller aux urnes.

pollen ['pɒlən] n pollen m.

pollen count n taux m de pollen.

pollinate ['pɒləneɪt] vt féconder avec du pollen.

pollination [,pɒlɪ'neɪʃn] n pollinisation f.

polling ['pəʊlɪŋ] n (U) élections fpl.

polling booth n isoloir m.

polling day n Br jour m du scrutin OR des élections.

polling station n bureau m de vote.

pollster ['pəʊlstə'] n enquêteur m, -euse f.

poll tax n Br ≃ impôts mpl locaux.

pollutant [pə'luːtnt] n polluant m.

pollute [pə'luːt] vt polluer.

pollution [pə'luːʃn] n pollution f.

polo ['pəʊləʊ] n polo m.

polo neck n Br - **1.** [neck] col m roulé - **2.** [jumper] pull m à col roulé.

➥ **polo-neck** adj Br à col roulé.

poltergeist ['pɒltəgaɪst] n esprit m frappeur.

poly ['pɒlɪ] (pl -s) n inf abbr of polytechnic.

polyanthus [,pɒlɪ'ænθəs] (pl -thuses [-θəsiːz] OR -thi [-θaɪ]) n primevère f.

poly bag n Br inf sac m en plastique.

polyester [,pɒlɪ'estə'] n polyester m.

polyethylene Am = polythene.

polygamist [pə'lɪgəmɪst] n polygame mf.

polygamy [pə'lɪgəmɪ] n polygamie f.

polygon ['pɒlɪgɒn] n polygone m.

polymer ['pɒlɪmə'] n polymère m.

Polynesia [,pɒlɪ'niːzjə] n Polynésie f ; **in ~** en Polynésie ; **French ~** Polynésie française.

Polynesian [,pɒlɪ'niːzjən] ⬦ adj polynésien(enne) ⬦ n - **1.** [person] Polynésien m, -enne f - **2.** [language] polynésien m.

polyp ['pɒlɪp] n polype m.

polyphony [pə'lɪfənɪ] n fml polyphonie f.

polystyrene [,pɒlɪ'staɪriːn] n polystyrène m.

polytechnic [,pɒlɪ'teknɪk] n Br établissement d'enseignement supérieur ; en 1993, les 'polytechnics' ont été transformés en universités.

polythene Br ['pɒlɪθiːn], **polyethylene** Am [,pɒlɪ'eθɪliːn] n polyéthylène m.

polythene bag n Br sac m en plastique.

polyunsaturated [ˌpɒlɪʌn'sætʃəreɪtɪd] *adj* polyinsaturé(e).

polyurethane [ˌpɒlɪ'jʊərəθeɪn] *n* polyuréthane *m*.

pom [pɒm] *n* Austr inf *terme péjoratif désignant un Anglais*.

pomander [pə'mændər] *n* diffuseur *m* de parfum.

pomegranate ['pɒmɪˌɡrænɪt] *n* grenade *f*.

pommel ['pɒmɪl] *n* pommeau *m*.

pomp [pɒmp] *n* pompe *f*, faste *m*.

pompom ['pɒmpɒm] *n* pompon *m*.

pompous ['pɒmpəs] *adj* - **1.** [person] fat, suffisant(e) - **2.** [style, speech] pompeux(euse).

ponce [pɒns] *n* Br v inf pej - **1.** [effeminate man] homme *m* efféminé - **2.** [pimp] maquereau *m*.

poncho ['pɒntʃəʊ] (*pl* -**s**) *n* poncho *m*.

pond [pɒnd] *n* étang *m*, mare *f*.

ponder ['pɒndər] ⟨⟩ *vt* considérer, peser ⟨⟩ *vi* : **to ~ (on** OR **over)** réfléchir (sur).

ponderous ['pɒndərəs] *adj* - **1.** [dull] lourd(e) - **2.** [large, heavy] pesant(e).

pong [pɒŋ] Br inf ⟨⟩ *n* puanteur *f* ⟨⟩ *vi* puer, schlinguer.

pontiff ['pɒntɪf] *n* souverain *m* pontife.

pontificate [pɒn'tɪfɪkeɪt] *vi* pej : **to ~ (on)** pontifier (sur).

pontoon [pɒn'tuːn] *n* - **1.** [bridge] ponton *m* - **2.** Br [game] vingt-et-un *m*.

pony ['pəʊnɪ] (*pl* -**ies**) *n* poney *m*.

ponytail ['pəʊnɪteɪl] *n* queue-de-cheval *f*.

pony-trekking [-ˌtrekɪŋ] *n* randonnée *f* à cheval OR en poney.

poodle ['puːdl] *n* caniche *m*.

poof [pʊf] *n* Br v inf pej tapette *f*, pédé *m*.

pooh [puː] *excl* berk!, pouah!

pooh-pooh *vt* inf dédaigner.

pool [puːl] ⟨⟩ *n* - **1.** [pond, of blood] mare *f* ; [of rain, light] flaque *f* - **2.** [swimming pool] piscine *f* - **3.** SPORT billard *m* américain ⟨⟩ *vt* [resources etc] mettre en commun.

➤ **pools** *npl* Br : **the ~s** ≃ le loto sportif.

pooped [puːpt] *adj* inf crevé(e).

poor [pɔːr] ⟨⟩ *adj* - **1.** [gen] pauvre - **2.** [not very good] médiocre, mauvais(e) ⟨⟩ *npl* : **the ~** les pauvres *mpl*.

poorhouse ['pɔːhaʊs, *pl* -haʊzɪz] *n* hospice *m* des pauvres.

poorly ['pɔːlɪ] ⟨⟩ *adj* Br souffrant(e) ⟨⟩ *adv* mal, médiocrement.

poorness ['pɔːnɪs] *n* médiocrité *f*.

poor relation *n* fig parent *m* pauvre.

pop [pɒp] (*pt* & *pp* **-ped** ; *cont* **-ping**) ⟨⟩ *n* - **1.** (U) [music] pop *m* - **2.** (U) inf [fizzy drink] boisson *f* gazeuse - **3.** esp Am inf [father] papa *m* - **4.** [sound] pan *m* ⟨⟩ *vt* - **1.** [burst] faire éclater, crever - **2.** [put quickly] mettre, fourrer ⟨⟩ *vi* - **1.** [balloon] éclater, crever ; [cork, button] sauter - **2.** [eyes] : **his eyes popped** il a écarquillé les yeux - **3.** [go quickly] : **I'm just popping to the newsagent's** je fais un saut chez le marchand de journaux.

➤ **pop in** *vi* faire une petite visite.

➤ **pop up** *vi* surgir.

popadum ['pɒpədəm] *n* poppadum *m*.

pop art *n* pop art *m*.

pop concert *n* concert *m* pop.

popcorn ['pɒpkɔːn] *n* pop-corn *m*.

pope [pəʊp] *n* pape *m*.

pop group *n* groupe *m* pop.

poplar ['pɒplər] *n* peuplier *m*.

poplin ['pɒplɪn] *n* popeline *f*.

popper ['pɒpər] *n* Br pression *f*.

poppy ['pɒpɪ] (*pl* -**ies**) *n* coquelicot *m*, pavot *m*.

poppycock ['pɒpɪkɒk] *n (U)* inf pej idioties *fpl*, bêtises *fpl*.

Poppy Day *n* Br anniversaire *m* de l'armistice.

POPPY DAY

> Journée de commémoration pendant laquelle on porte un coquelicot en papier en souvenir des soldats britanniques morts lors des guerres mondiales.

Popsicle® ['pɒpsɪkl] *n* Am sucette *f* glacée.

pop singer *n* chanteur *m*, -euse *f* pop.

populace ['pɒpjʊləs] *n* : **the ~** le peuple.

popular ['pɒpjʊlər] *adj* - **1.** [gen] populaire - **2.** [name, holiday resort] à la mode.

popularity [ˌpɒpjʊ'lærətɪ] *n* popularité *f*.

popularize, -ise ['pɒpjʊləraɪz] *vt* - **1.** [make popular] populariser - **2.** [simplify] vulgariser.

popularly ['pɒpjʊləlɪ] *adv* communément.

populate ['pɒpjʊleɪt] *vt* peupler.

populated ['pɒpjʊleɪtɪd] *adj* peuplé(e).

population [ˌpɒpjʊ'leɪʃn] *n* population *f*.

population explosion *n* explosion *f* démographique.

populist ['pɒpjʊlɪst] *n* populiste *mf*.

pop-up *adj* - **1.** [toaster] automatique - **2.** [book] dont les images se déplient.

porcelain ['pɔːsəlɪn] *n* porcelaine *f*.

porch [pɔːtʃ] *n* - **1.** [entrance] porche *m* - **2.** Am [verandah] véranda *f*.

porcupine ['pɔːkjʊpaɪn] *n* porc-épic *m*.

pore [pɔːʳ] *n* pore *m*.
➡ **pore over** *vt fus* examiner de près.

pork [pɔːk] *n* porc *m*.

pork chop *n* côtelette *f* de porc.

pork pie *n* pâté *m* de porc en croûte.

porn [pɔːn] (*abbr of* **pornography**) *n* (*U*) inf porno *m ;* **hard ~** porno *m* hard, hard *m ;* **soft ~** porno *m* soft, soft *m*.

pornographic [ˌpɔːnəˈgræfɪk] *adj* pornographique.

pornography [pɔːˈnɒgrəfɪ] *n* pornographie *f*.

porous [ˈpɔːrəs] *adj* poreux(euse).

porpoise [ˈpɔːpəs] *n* marsouin *m*.

porridge [ˈpɒrɪdʒ] *n* porridge *m*.

port [pɔːt] ⬦ *n* **- 1.** [town, harbour] port *m* **- 2.** NAUT [left-hand side] bâbord *m ;* **to ~** à bâbord **- 3.** [drink] porto *m* **- 4.** COMPUT port *m* ⬦ *comp* **- 1.** [of a port] portuaire, du port **- 2.** NAUT [left-hand] de bâbord.

portable [ˈpɔːtəbl] *adj* portatif(ive).

Portacrib® [ˈpɔːtəˌkrɪb] *n* Am moïse *m*, porte-bébé *m*.

portal [ˈpɔːtl] *n* literary portail *m*.

Port-au-Prince [ˌpɔːtəʊˈprɪns] *n* Port-au-Prince.

portcullis [ˌpɔːtˈkʌlɪs] *n* herse *f*.

portend [pɔːˈtend] *vt* présager, augurer.

portent [ˈpɔːtənt] *n* présage *m*.

porter [ˈpɔːtəʳ] *n* **- 1.** Br [doorman] concierge *m*, portier *m* **- 2.** [for luggage] porteur *m* **- 3.** Am [on train] employé *m*, -e *f* des wagons-lits.

portfolio [ˌpɔːtˈfəʊljəʊ] (*pl* **-s**) *n* **- 1.** [case] serviette *f* **- 2.** [sample of work] portfolio *m* **- 3.** FIN portefeuille *m*.

porthole [ˈpɔːthəʊl] *n* hublot *m*.

portion [ˈpɔːʃn] *n* **- 1.** [section] portion *f*, part *f* **- 2.** [of food] portion *f*.

portly [ˈpɔːtlɪ] (*compar* **-ier ;** *superl* **-iest**) *adj* corpulent(e).

port of call *n* **- 1.** NAUT port *m* d'escale **- 2.** fig [on journey] endroit *m*.

Port of Spain *n* Port of Spain.

portrait [ˈpɔːtreɪt] *n* portrait *m*.

portraitist [ˈpɔːtreɪtɪst] *n* portraitiste *mf*.

portray [pɔːˈtreɪ] *vt* **- 1.** CINEMA & THEATRE jouer, interpréter **- 2.** [describe] dépeindre **- 3.** [paint] faire le portrait de.

portrayal [pɔːˈtreɪəl] *n* **- 1.** CINEMA & THEATRE interprétation *f* **- 2.** [painting, photograph] portrait *m* **- 3.** [description] description *f*.

Portugal [ˈpɔːtʃʊgl] *n* Portugal *m ;* **in ~** au Portugal.

Portuguese [ˌpɔːtʃʊˈgiːz] ⬦ *adj* portu-

gais(e) ⬦ *n* [language] portugais *m* ⬦ *npl :* **the ~** les Portugais *mpl*.

Portuguese man-of-war *n* galère *f*.

pose [pəʊz] ⬦ *n* **- 1.** [stance] pose *f* **- 2.** pej [affectation] pose *f*, affectation *f* ⬦ *vt* **- 1.** [danger] présenter **- 2.** [problem, question] poser ⬦ *vi* **- 1.** ART & pej poser **- 2.** [pretend to be] : **to ~ as** se faire passer pour.

poser [ˈpəʊzəʳ] *n* **- 1.** pej [person] poseur *m*, -euse *f* **- 2.** inf [hard question] question *f* difficile, colle *f*.

poseur [pəʊˈzɜːʳ] *n* pej poseur *m*, -euse *f*.

posh [pɒʃ] *adj* inf **- 1.** [hotel, clothes etc] chic (*inv*) **- 2.** Br [accent, person] de la haute.

posit [ˈpɒzɪt] *vt* fml énoncer, poser en principe.

position [pəˈzɪʃn] ⬦ *n* **- 1.** [gen] position *f ;* **in ~** en place, en position **- 2.** [job] poste *m*, emploi *m* **- 3.** [state] situation *f ;* **to be in a/no ~ to do sthg** être/ne pas être à même de faire qqch ⬦ *vt* placer, mettre en position ; **to ~ o.s.** se placer, se mettre.

positive [ˈpɒzətɪv] *adj* **- 1.** [gen] positif(ive) **- 2.** [sure] sûr(e), certain(e) ; **to be ~ about sthg** être sûr de qqch **- 3.** [optimistic] positif(ive), optimiste ; **to be ~ about sthg** avoir une attitude positive au sujet de qqch **- 4.** [definite] formel(elle), précis(e) **- 5.** [evidence] irréfutable, indéniable **- 6.** [downright] véritable.

positive discrimination *n* discrimination *f* positive.

positively [ˈpɒzətɪvlɪ] *adv* **- 1.** [optimistically] avec optimisme, de façon positive **- 2.** [definitely] formellement **- 3.** [favourably] favorablement **- 4.** [irrefutably] d'une manière irréfutable **- 5.** [completely] absolument, complètement.

positive vetting *n* Br enquête sur une personne pour des raisons de sécurité.

positivism [ˈpɒzɪtɪvɪzml] *n* positivisme *m*.

posse [ˈpɒsɪ] *n* Am détachement *m*, troupe *f*.

possess [pəˈzes] *vt* posséder.

possessed [pəˈzest] *adj* [mad] possédé(e).

possession [pəˈzeʃn] *n* possession *f*.
➡ **possessions** *npl* possessions *fpl*, biens *mpl*.

possessive [pəˈzesɪv] ⬦ *adj* possessif(ive) ⬦ *n* GRAMM possessif *m*.

possessively [pəˈzesɪvlɪ] *adv* d'une manière possessive.

possessor [pəˈzesəʳ] *n* possesseur *m*, propriétaire *mf*.

possibility [ˌpɒsəˈbɪlətɪ] (*pl* **-ies**) *n* **- 1.** [chance, likelihood] possibilité *f*, chances *fpl ;* **there is a**

~ **that** ... il se peut que ... *(+ subjunctive)* **- 2.** [option] possibilité *f*, option *f*.

possible ['pɒsəbl] ⬦ *adj* possible ; **as much as** ~ autant que possible ; **as soon as** ~ dès que possible ; **the best/worst** ~ le meilleur/pire possible ⬦ *n* possible *m*.

possibly ['pɒsəblɪ] *adv* **- 1.** [perhaps] peut-être **- 2.** [within one's power] : **I'll do all I** ~ **can** je ferai tout mon possible **- 3.** [expressing surprise] : **how could he** ~ **have known?** mais comment a-t-il pu le savoir? **- 4.** [for emphasis] : **I can't** ~ **accept your money** je ne peux vraiment pas accepter cet argent.

possum ['pɒsəm] *(pl inv* OR **-s)** *n* Am opossum *m*.

post [pəust] ⬦ *n* **- 1.** [service] : **the** ~ la poste ; **the letter is in the** ~ la lettre a été postée ; **by** ~ par la poste **- 2.** [letters, delivery] courrier *m* **- 3.** Br [collection] levée *f* **- 4.** [pole] poteau *m* **- 5.** [position, job] poste *m*, emploi *m* **- 6.** MIL poste *m* **- 7.** phr : **to pip sb at the** ~ coiffer qqn au poteau ⬦ *vt* **- 1.** [by mail] poster, mettre à la poste **- 2.** [employee] muter **- 3.** COMPUT [message, question, advertisement] envoyer sur Internet **- 4.** phr : **to keep sb** ~**ed** tenir qqn au courant.

post- [pəust] *prefix* post-.

postage ['pəustɪdʒ] *n* affranchissement *m* ; ~ **and packing** frais *mpl* de port et d'emballage.

postage stamp *n* timbre-poste *m*.

postal ['pəustl] *adj* postal(e).

postal order *n* mandat *m* postal.

postbag ['pəustbæg] *n* **- 1.** Br [bag] sac *m* postal **- 2.** inf [letters received] courrier *m*, lettres *fpl*.

postbox ['pəustbɒks] *n* Br boîte *f* aux lettres.

postcard ['pəustkɑːd] *n* carte *f* postale.

postcode ['pəustkəud] *n* Br code *m* postal

postdate [,pəust'deɪt] *vt* postdater.

poster ['pəustər] *n* [for advertising] affiche *f* ; [for decoration] poster *m*.

poste restante [,pəust'restɑːnt] *n* poste *f* restante.

posterior [pɒ'stɪərɪər] ⬦ *adj* postérieur(e) ⬦ *n* hum postérieur *m*, derrière *m*.

posterity [pɒ'sterətɪ] *n* postérité *f*.

poster paint *n* gouache *f*.

post-free *adj* esp Br franco (de port) *(inv)*.

postgraduate [,pəust'grædʒuət] ⬦ *adj* de troisième cycle ⬦ *n* étudiant *m*, -e *f* de troisième cycle.

posthaste [,pəust'heɪst] *adv* très vite, en toute hâte.

posthumous ['pɒstjuməs] *adj* posthume.

posthumously ['pɒstjuməslɪ] *adv* à titre posthume.

post-industrial *adj* post-industriel(elle).

posting ['pəustɪŋ] *n* [assignment] affectation *f*.

Post-it (note)® *n* Post-it® *m*.

postman ['pəustmən] *(pl* **-men** [-mən]) *n* facteur *m*.

postmark ['pəustmɑːk] ⬦ *n* cachet *m* de la poste ⬦ *vt* timbrer, tamponner.

postmaster ['pəust,mɑːstər] *n* receveur *m* des postes.

Postmaster General *(pl* **Postmasters General)** *n* ≃ ministre *m* des Postes et Télécommunications.

postmistress ['pəust,mɪstrɪs] *n* receveuse *f* des postes.

postmortem [,pəust'mɔːtəm] ⬦ *adj* : ~ **examination** autopsie *f* ⬦ *n* lit & fig autopsie *f*.

postnatal [,pəust'neɪtl] *adj* post-natal(e).

post office *n* **- 1.** [organization] : **the Post Office** les Postes et Télécommunications *fpl* **- 2.** [building] (bureau *m* de) poste *f*.

post office box *n* boîte *f* postale.

postoperative [,pəust'ɒpərətɪv] *adj* postopératoire.

postpaid [,pəust'peɪd] *adj* port payé.

postpone [,pəust'pəun] *vt* reporter, remettre.

postponement [,pəust'pəunmənt] *n* renvoi *m*, report *m*.

postscript ['pəustskrɪpt] *n* post-scriptum *m inv* ; fig supplément *m*, addenda *m inv*.

postulate [*n* 'pɒstjulət, *vb* 'pɒstjuleɪt] ⬦ *n* postulat *m* ⬦ *vt* [theory] avancer.

posture ['pɒstʃər] ⬦ *n* **- 1.** *(U)* [pose] position *f*, posture *f* **- 2.** fig [attitude] attitude *f* ⬦ *vi* poser, prendre des attitudes.

posturing ['pɒstʃərɪŋ] *n* pose *f*, affectation *f*.

postviral syndrome [,pəust'vaɪərl-] *n* syndrome *m* de fatigue chronique.

postwar [,pəust'wɔːr] *adj* d'après-guerre.

posy ['pəuzɪ] *(pl* **-ies)** *n* petit bouquet *m* de fleurs.

pot [pɒt] *(pt* & *pp* **-ted** ; *cont* **-ting)** ⬦ *n* **- 1.** [for cooking] marmite *f*, casserole *f* **- 2.** [for tea] théière *f* ; [for coffee] cafetière *f* **- 3.** [for paint, jam, plant] pot *m* **- 4.** *(U)* inf [cannabis] herbe *f* ⬦ *vt* [plant] mettre en pot.

potash ['pɒtæʃ] *n* potasse *f*.

potassium [pə'tæsɪəm] *n* potassium *m*.

potato [pə'teɪtəu] *(pl* **-es)** *n* pomme *f* de terre.

potato crisps Br, **potato chips** Am *npl* (pommes *fpl*) chips *fpl*.

potato peeler [-ˌpiːləʳ] n (couteau m) éplucheur m.

pot-bellied [-ˌbelɪd] adj [from overeating] ventru(e) ; [from malnutrition] au ventre gonflé.

potboiler [ˈpɒtˌbɔɪləʳ] n fig œuvre f alimentaire.

potbound [ˈpɒtbaʊnd] adj : a ~ **plant** une plante qui est devenue trop grande pour son pot.

potency [ˈpəʊtənsɪ] (U) n - **1.** [power, influence] puissance f - **2.** [of drink] teneur f en alcool - **3.** [of man] virilité f.

potent [ˈpəʊtənt] adj - **1.** [powerful, influential] puissant(e) - **2.** [drink] fort(e) - **3.** [man] viril.

potentate [ˈpəʊtənteɪt] n potentat m.

potential [pəˈtenʃl] <> adj [energy, success] potentiel(elle) ; [uses, danger] possible ; [enemy] en puissance <> n (U) [of person] capacités fpl latentes ; **to have ~** [person] promettre ; [company] avoir de l'avenir ; [scheme] offrir des possibilités.

potentially [pəˈtenʃəlɪ] adv potentiellement.

pothole [ˈpɒthəʊl] n - **1.** [in road] nid-de-poule m - **2.** [underground] caverne f, grotte f.

potholer [ˈpɒtˌhəʊləʳ] n Br spéléologue mf.

potholing [ˈpɒtˌhəʊlɪŋ] n Br spéléologie f ; **to go ~** faire de la spéléologie.

potion [ˈpəʊʃn] n [magic] breuvage m ; **love ~** philtre m.

potluck [ˌpɒtˈlʌk] n : **to take ~** [gen] choisir au hasard ; [at meal] manger à la fortune du pot.

pot plant n plante f d'appartement.

potpourri [ˌpəʊˈpʊərɪ] n (U) [dried flowers] fleurs fpl séchées.

pot roast n rôti m braisé.

potshot [ˈpɒtˌʃɒt] n : **to take a ~ (at sthg)** tirer (sur qqch) sans viser.

potted [ˈpɒtɪd] adj - **1.** [plant] : ~ **plant** plante f d'appartement - **2.** [food] conservé(e) en pot - **3.** Br fig [condensed] condensé(e), abrégé(e).

potter [ˈpɒtəʳ] n potier m.

➤ **potter about, potter around** vi Br bricoler.

Potteries [ˈpɒtərɪz] npl : **the ~** la région des poteries dans le Staffordshire (en Angleterre).

potter's wheel n tour m de potier.

pottery [ˈpɒtərɪ] (pl -ies) n poterie f ; **a piece of ~** une poterie.

potting compost [ˈpɒtɪŋ-] n terreau m.

potty [ˈpɒtɪ] (compar -ier ; superl -iest, pl -ies) Br inf <> adj : ~ **(about)** toqué(e) (de) <> n pot m (de chambre).

potty-trained adj propre.

pouch [paʊtʃ] n - **1.** [small bag] petit sac m ; **tobacco ~** blague f à tabac - **2.** [of kangaroo] poche f ventrale.

pouffe [puːf] n Br [seat] pouf m.

poultice [ˈpəʊltɪs] n cataplasme m.

poultry [ˈpəʊltrɪ] <> n (U) [meat] volaille f <> npl [birds] volailles fpl.

pounce [paʊns] vi : **to ~ (on)** [bird] fondre (sur) ; [person] se jeter (sur) ; **to ~ on** fig sauter sur.

pound [paʊnd] <> n - **1.** Br [money] livre f - **2.** [weight] = 453,6 grammes, ≃ livre f - **3.** [for cars, dogs] fourrière f <> vt - **1.** [strike loudly] marteler - **2.** [crush] piler, broyer <> vi - **1.** [strike loudly] : **to ~ on** donner de grands coups à - **2.** [heart] battre fort ; **my head is ~ing** j'ai des élancements dans la tête.

pounding [ˈpaʊndɪŋ] n (U) - **1.** [of fists] martèlement m - **2.** [of heart] battement m violent ; **to get** OR **take a ~** [city] être pilonné ; [team] être battu à plate couture OR à plates coutures.

pound sterling n livre f sterling.

pour [pɔːʳ] <> vt verser ; **shall I ~ you a drink?** je te sers quelque chose à boire? ; **to ~ money into sthg** fig investir beaucoup d'argent dans qqch <> vi - **1.** [liquid] couler à flots - **2.** fig [rush] : **to ~ in/out** entrer/sortir en foule <> v impers [rain hard] pleuvoir à verse.

➤ **pour in** vi [letters, news] affluer.

➤ **pour out** vt sep - **1.** [empty] vider - **2.** [serve - drink] verser, servir - **3.** fig [emotions] épancher.

pouring [ˈpɔːrɪŋ] adj [rain] torrentiel(elle).

pout [paʊt] <> n moue f <> vi faire la moue.

poverty [ˈpɒvətɪ] n pauvreté f ; fig [of ideas] indigence f, manque m.

poverty line n seuil m de pauvreté.

poverty-stricken adj [person] dans la misère ; [area] misérable, très pauvre.

poverty trap n Br situation dans laquelle, du fait d'une augmentation d'un revenu faible, on ne peut plus toucher les prestations sociales.

pow [paʊ] excl inf pan!, paf!

POW abbr of prisoner of war.

powder [ˈpaʊdəʳ] <> n poudre f <> vt [face, body] poudrer.

powder compact n poudrier m.

powdered [ˈpaʊdəd] adj - **1.** [milk, eggs] en poudre - **2.** [face] poudré(e).

powder puff n houppette f.

powder room n toilettes fpl pour dames.

powdery ['paʊdərɪ] adj [snow etc] poudreux(euse).

power ['paʊəʳ] ⬦ n - **1.** (U) [authority, ability] pouvoir m ; **to have ~ over sb** avoir de l'autorité sur qqn ; **to take ~** prendre le pouvoir ; **to come to ~** parvenir au pouvoir ; **to be in ~** être au pouvoir ; **to be in** OR **within one's ~ to do sthg** être en son pouvoir de faire qqch ; **~ of speech** parole f ; **the ~s that be** les autorités fpl - **2.** [strength, powerful person] puissance f, force f - **3.** (U) [energy] énergie f - **4.** [electricity] courant m, électricité f ⬦ vt faire marcher, actionner.

power base n support m politique.

powerboat ['paʊəbəʊt] n hors-bord m inv.

power broker n négociateur m, -trice f.

power cut n coupure f de courant.

power failure n panne f de courant.

powerful ['paʊəfʊl] adj - **1.** [gen] puissant(e) - **2.** [smell, voice] fort(e) - **3.** [speech, novel] émouvant(e).

powerhouse ['paʊəhaʊs, pl -haʊzɪz] n fig personne f dynamique OR énergique.

powerless ['paʊəlɪs] adj impuissant(e) ; **to be ~ to do sthg** être dans l'impossibilité de faire qqch, ne pas pouvoir faire qqch.

power line n ligne f à haute tension.

power of attorney n procuration f.

power plant n centrale f électrique.

power point n Br prise f de courant.

power-sharing [-,ʃeərɪŋ] n partage m du pouvoir.

power station n centrale f électrique.

power steering n direction f assistée.

power worker n employé m, -e f de l'électricité.

pp (abbr of per procurationem) pp.

p & p abbr of postage and packing.

PPE (abbr of philosophy, politics and economics) n philosophie, science politique et science économique (cours à l'université).

ppm (abbr of parts per million) ppm.

PPS ⬦ n (abbr of parliamentary private secretary) parlementaire britannique assurant la liaison entre un ministre et les députés de son parti ⬦ (abbr of post postscriptum) PPS.

PQ abbr of Province of Quebec.

Pr. (abbr of Prince) Pce.

PR ⬦ n - **1.** abbr of proportional representation - **2.** abbr of public relations ⬦ n abbr of Puerto Rico.

practicable ['præktɪkəbl] adj réalisable, faisable.

practical ['præktɪkl] ⬦ adj - **1.** [gen] pratique

- **2.** [plan, solution] réalisable ⬦ n épreuve f pratique.

practicality [,præktɪ'kælətɪ] n (U) aspect m pratique.

➤ **practicalities** npl détails mpl pratiques.

practical joke n farce f.

practically ['præktɪklɪ] adv - **1.** [in a practical way] d'une manière pratique - **2.** [almost] presque, pratiquement.

practice, practise Am ['præktɪs] n - **1.** (U) [at sport] entraînement m ; [at music etc] répétition f ; **to be out of ~** être rouillé(e) - **2.** [training session - at sport] séance f d'entraînement ; [- at music etc] répétition f - **3.** [act of doing] : **to put sthg into ~** mettre qqch en pratique ; **in ~** [in fact] en réalité, en fait - **4.** [habit] pratique f, coutume f - **5.** (U) [of profession] exercice m - **6.** [of doctor] cabinet m ; [of lawyer] étude f.

practiced Am = practised.

practicing Am = practising.

practise, practice Am ['præktɪs] ⬦ vt - **1.** [sport] s'entraîner à ; [piano etc] s'exercer à - **2.** [custom] suivre, pratiquer ; [religion] pratiquer ; **to ~ what one preaches** prêcher par l'exemple - **3.** [profession] exercer ⬦ vi - **1.** SPORT s'entraîner ; MUS s'exercer - **2.** [doctor, lawyer] exercer.

practised, practiced Am ['præktɪst] adj [teacher, nurse] expérimenté(e) ; [liar] fieffé(e) ; **to be ~ at doing sthg** être expert à faire qqch ; **a ~ eye** un œil exercé.

practising, practicing Am ['præktɪsɪŋ] adj [doctor, lawyer] en exercice ; [Christian etc] pratiquant(e) ; [homosexual] déclaré(e).

practitioner [præk'tɪʃnəʳ] n praticien m, -enne f ; **medical ~** médecin m.

pragmatic [præg'mætɪk] adj pragmatique.

pragmatism ['prægmətɪzm] n pragmatisme m.

pragmatist ['prægmətɪst] n pragmatiste mf.

Prague [prɑːg] n Prague.

prairie ['preərɪ] n prairie f.

praise [preɪz] ⬦ n (U) louange f, louanges fpl, éloge m, éloges mpl ; **to sing sb's ~s** chanter les louanges de qqn ⬦ vt louer, faire l'éloge de.

praiseworthy ['preɪz,wɜːðɪ] adj louable, méritoire.

praline ['prɑːliːn] n praline f.

pram [præm] n Br landau m.

PRAM [præm] (abbr of programmable random access memory) n RAM f programmable.

prance [prɑːns] vi - **1.** [person] se pavaner - **2.** [horse] caracoler.

prang [præŋ] *Br inf dated* ⟶ *n* [of car] accrochage *m* ; [of plane] collision *f* ⟶ *vt* emboutir, bousiller.

prank [præŋk] *n* tour *m*, niche *f*.

prat [præt] *n Br v inf pej* crétin *m*, -e *f*.

prattle ['prætl] *pej* ⟶ *n (U)* bavardage *m*, babillage *m* ⟶ *vi* babiller ; **to ~ on about sthg** parler sans fin de qqch.

prawn [prɔːn] *n* crevette *f* rose.

prawn cocktail *n* crevettes *fpl* mayonnaise.

prawn cracker *n genre de chips au goût de crevette.*

pray [preɪ] *vi* : **to ~ (to sb)** prier (qqn) ; **to ~ for rain** prier pour qu'il pleuve.

prayer [preə^r] *n* lit & fig prière *f* ; **to say one's ~s** faire sa prière.
➤ **prayers** *npl* [service] office *m*.

prayer book *n* livre *m* de messe.

prayer meeting *n* réunion *f* pour dire des prières.

pre- [priː] *prefix* pré-.

preach [priːtʃ] ⟶ *vt* [ger] prêcher ; [sermon] prononcer ⟶ *vi* - **1.** RELIG : **to ~ (to sb)** prêcher (qqn) - **2.** *pej* [pontificate] : **to ~ (at sb)** sermonner (qqn).

preacher ['priːtʃə^r] *n* prédicateur *m*, pasteur *m*.

preamble [prɪ'æmbl] *n* préambule *m*, avant-propos *m inv*.

prearrange [ˌpriːə'reɪndʒ] *vt* organiser OR fixer à l'avance.

precarious [prɪ'keərɪəs] *adj* précaire.

precariously [prɪ'keərɪəslɪ] *adv* d'une manière précaire.

precast [ˌpriː'kɑːst] *adj* : **~ concrete** béton *m* précoulé.

precaution [prɪ'kɔːʃn] *n* précaution *f* ; **as a ~ (against)** par précaution (contre).

precautionary [prɪ'kɔːʃənərɪ] *adj* de précaution, préventif(ive).

precede [prɪ'siːd] *vt* précéder.

precedence ['presɪdəns] *n* : **to take ~ over sthg** avoir la priorité sur qqch ; **to have OR take ~ over sb** avoir la préséance sur qqn.

precedent ['presɪdənt] *n* précédent *m*.

preceding [prɪ'siːdɪŋ] *adj* précédent(e).

precept ['priːsept] *n* précepte *m*.

precinct ['priːsɪŋkt] *n* - **1.** Br [area] : **pedestrian ~** zone *f* piétonne ; **shopping ~** centre *m* commercial - **2.** Am [district] circonscription *f* (administrative).
➤ **precincts** *npl* [of institution] enceinte *f*.

precious ['preʃəs] *adj* - **1.** [gen] précieux(eu-se) - **2.** *inf iro* [damned] sacré(e) ; **~ little** très peu, bien peu - **3.** [affected] affecté(e).

precious metal *n* métal *m* précieux.

precious stone *n* pierre *f* précieuse.

precipice ['presɪpɪs] *n* précipice *m*, paroi *f* à pic.

precipitate [*adj* prɪ'sɪpɪtət, *vb* prɪ'sɪpɪteɪt] *fml* ⟶ *adj* hâtif(ive) ⟶ *vt* [hasten] hâter, précipiter.

precipitation [prɪˌsɪpɪ'teɪʃn] *n* précipitation *f*.

precipitous [prɪ'sɪpɪtəs] *adj* - **1.** [very steep] escarpé(e), à pic - **2.** [hasty] hâtif(ive).

précis [Br 'preɪsiː, Am 'presiː] *n* résumé *m*.

precise [prɪ'saɪs] *adj* précis(e) ; [measurement, date] exact(e) ; **49.5 to be ~** 49,5 pour être exact.

precisely [prɪ'saɪslɪ] *adv* précisément, exactement.

precision [prɪ'sɪʒn] ⟶ *n* précision *f*, exactitude *f* ⟶ *comp* de précision.

preclude [prɪ'kluːd] *vt fml* empêcher ; [possibility] écarter ; **to ~ sb from doing sthg** empêcher qqn de faire qqch.

precocious [prɪ'kəʊʃəs] *adj* précoce.

precocity [prɪ'kɒsətɪ] *n* précocité *f*.

precognition [ˌpriːkɒg'nɪʃn] *n* connaissance *f* anticipée.

preconceived [ˌpriːkən'siːvd] *adj* préconçu(e).

preconception [ˌpriːkən'sepʃn] *n* préjugé *m*, idée *f* préconçue.

precondition [ˌpriːkən'dɪʃn] *n fml* condition *f* sine qua non.

precooked [ˌpriː'kʊkt] *adj* précuit(e).

precursor [ˌpriː'kɜːsə^r] *n fml* précurseur *m*.

predate [ˌpriː'deɪt] *vt* précéder.

predator ['predətə^r] *n* - **1.** [animal, bird] prédateur *m*, rapace *m* - **2.** *fig* [person] corbeau *m*.

predatory ['predətrɪ] *adj* - **1.** [animal, bird] prédateur(trice) - **2.** *fig* [person] rapace.

predecease [ˌpriːdɪ'siːs] *vt* décéder avant.

predecessor ['priːdɪsesə^r] *n* - **1.** [person] prédécesseur *m* - **2.** [thing] précédent *m*, -e *f*.

predestination [priːˌdestɪ'neɪʃn] *n* prédestination *f*.

predestine [ˌpriː'destɪn] *vt* : **to be ~d to sthg/to do sthg** être prédestiné(e) à qqch/à faire qqch.

predetermine [ˌpriːdɪ'tɜːmɪn] *vt* - **1.** [predestine] déterminer d'avance - **2.** [prearrange] organiser OR fixer à l'avance.

predetermined [ˌpriːdɪ'tɜːmɪnd] *adj* - **1.** [predestined] déterminé(e) d'avance - **2.** [pre-arranged] organisé(e) OR fixé(e) à l'avance.

predicament [prɪ'dɪkəmənt] n situation f difficile ; **to be in a ~** être dans de beaux draps.

predict [prɪ'dɪkt] vt prédire.

predictable [prɪ'dɪktəbl] adj prévisible.

predictably [prɪ'dɪktəblɪ] adv [react, behave] d'une manière prévisible ; **~, he was late** comme c'était à prévoir, il est arrivé en retard.

prediction [prɪ'dɪkʃn] n prédiction f.

predictor [prɪ'dɪktəʳ] n indicateur m.

predigest [ˌpriːdaɪ'dʒest] vt fig prédigérer.

predilection [ˌpriːdɪ'lekʃn] n : **~ for sthg** prédilection f pour qqch.

predispose [ˌpriːdɪs'pəʊz] vt : **to be ~d to sthg/to do sthg** être prédisposé(e) à qqch/à faire qqch.

predisposition [ˈpriːˌdɪspə'zɪʃn] n : **~ to sthg/to do sthg, ~ towards sthg/towards doing sthg** prédisposition f à qqch/à faire qqch.

predominance [prɪ'dɒmɪnəns] n prédominance f.

predominant [prɪ'dɒmɪnənt] adj prédominant(e).

predominantly [prɪ'dɒmɪnəntlɪ] adv principalement, surtout.

predominate [prɪ'dɒmɪneɪt] vi prédominer.

preeminent [priː'emɪnənt] adj le plus en vue (la plus en vue).

preempt [ˌpriː'empt] vt - **1.** [action, decision] devancer, prévenir - **2.** [land] acquérir par droit de préemption.

preemptive [ˌpriː'emptɪv] adj préventif(ive).

preemptive strike n attaque f préventive.

preen [priːn] vt - **1.** [subj : bird] lisser, nettoyer - **2.** fig [subj : person] : **to ~ o.s.** se faire beau (belle).

preexist [ˌpriːɪg'zɪst] vi préexister.

prefab [ˈpriːfæb] n inf maison f préfabriquée.

prefabricate [ˌpriː'fæbrɪkeɪt] vt préfabriquer.

preface [ˈprefɪs] ⬦ n : **~ (to)** préface f (de), préambule m (de) ⬦ vt : **to ~ sthg with sthg** faire précéder qqch de qqch.

prefect [ˈpriːfekt] n Br [pupil] élève de terminale qui aide les professeurs à maintenir la discipline.

prefer [prɪ'fɜːʳ] (pt & pp **-red** ; cont **-ring**) vt préférer ; **to ~ sthg to sthg** préférer qqch à qqch, aimer mieux qqch que qqch ; **to ~ to do sthg** préférer faire qqch, aimer mieux faire qqch.

preferable [ˈprefrəbl] adj : **~ (to)** préférable (à).

preferably [ˈprefrəblɪ] adv de préférence.

preference [ˈprefərəns] n préférence f.

preference shares Br npl, **preferred stock** Am n (U) actions fpl privilégiées OR de priorité.

preferential [ˌprefə'renʃl] adj préférentiel(elle).

preferred [prɪ'fɜːd] adj préféré(e).

preferred stock Am = **preference shares**.

prefigure [ˌpriː'fɪgəʳ] vt annoncer, préfigurer.

prefix [ˈpriːfɪks] n préfixe m.

pregnancy [ˈpregnənsɪ] (pl **-ies**) n grossesse f.

pregnancy test n test m de grossesse.

pregnant [ˈpregnənt] adj - **1.** [woman] enceinte ; [animal] pleine, gravide - **2.** fig [pause] lourd(e) de sens.

preheated [ˌpriː'hiːtɪd] adj préchauffé(e).

prehistoric [ˌpriːhɪ'stɒrɪk] adj préhistorique.

prehistory [ˌpriː'hɪstərɪ] n préhistoire f.

pre-industrial adj pré-industriel(elle).

prejudge [ˌpriː'dʒʌdʒ] vt [situation, issue] préjuger de ; [person] juger d'avance.

prejudice [ˈpredʒʊdɪs] ⬦ n - **1.** [biased view] : **~ (in favour of/against)** préjugé m (en faveur de/contre), préjugés mpl (en faveur de/contre) - **2.** (U) [harm] préjudice m, tort m ⬦ vt - **1.** [bias] : **to ~ sb (in favour of/against)** prévenir qqn (en faveur de/contre), influencer qqn (en faveur de/contre) - **2.** [harm] porter préjudice à.

prejudiced [ˈpredʒʊdɪst] adj [person] qui a des préjugés ; [opinion] préconçu(e) ; **to be ~ in favour of/against** avoir des préjugés en faveur de/contre.

prejudicial [ˌpredʒʊ'dɪʃl] adj : **~ (to)** préjudiciable (à), nuisible (à).

prelate [ˈprelɪt] n prélat m.

preliminary [prɪ'lɪmɪnərɪ] (pl **-ies**) adj préliminaire.

➣ **preliminaries** npl préliminaires mpl.

prelims [ˈpriːlɪmz] npl Br [exams] examens mpl préliminaires.

prelude [ˈpreljuːd] n [event] : **~ to sthg** prélude m de qqch.

premarital [,priː'mærɪtl] *adj* avant le mariage.

premature ['premə,tjʊəʳ] *adj* prématuré(e).

prematurely ['premə,tjʊəlɪ] *adv* prématurément.

premeditated [,priː'medɪteɪtɪd] *adj* prémédité(e).

premenstrual syndrome, premenstrual tension [priː'menstruəl-] *n* syndrome *m* prémenstruel.

premier ['premjəʳ] ◇ *adj* primordial(e), premier(ère) ◇ *n* premier ministre *m*.

premiere ['premɪeəʳ] *n* première *f*.

Premier League *n* en Angleterre, ligue indépendante regroupant les meilleurs clubs de football.

premiership ['premɪəʃɪp] *n* fonction *f* de premier ministre.

premise ['premɪs] *n* prémisse *f* ; **on the ~ that** en partant du principe que.

◆ **premises** *npl* local *m*, locaux *mpl* ; **on the ~s** sur place, sur les lieux.

premium ['priːmjəm] *n* prime *f* ; **at a ~** [above usual value] à prix d'or ; [in great demand] très recherché OR demandé ; **to put** OR **place a high ~ on sthg** accorder OR attacher beaucoup d'importance à qqch.

premium bond *n* Br ≈ billet *m* de loterie.

premonition [,premə'nɪʃn] *n* prémonition *f*, pressentiment *m*.

prenatal [,priː'neɪtl] *adj* Am prénatal(e).

preoccupation [priː,ɒkjʊ'peɪʃn] *n* préoccupation *f* ; **~ with sthg** souci de qqch.

preoccupied [priː'ɒkjʊpaɪd] *adj* : **~ (with)** préoccupé(e) (de).

preoccupy [priː'ɒkjʊpaɪ] (*pt* & *pp* **-ied**) *vt* préoccuper.

preordain [,priːɔː'deɪn] *vt* décider OR déterminer d'avance ; **to be ~ed to do sthg** être prédestiné à faire qqch.

prep [prep] *n* (*U*) Br inf devoirs *mpl*.

prepacked [,priː'pækt] *adj* préconditionné(e).

prepaid ['priːpeɪd] *adj* payé(e) d'avance ; [envelope] affranchi(e).

preparation [,prepə'reɪʃn] *n* préparation *f* ; **in ~ for** en vue de.

◆ **preparations** *npl* préparatifs *mpl* ; **to make ~s for** faire des préparatifs pour, prendre ses dispositions pour.

preparatory [prɪ'pærətrɪ] *adj* [work, classes] préparatoire ; [actions, measures] préliminaire.

preparatory school *n* [in UK] école *f* primaire privée ; [in US] *école privée qui prépare à l'enseignement supérieur.*

prepare [prɪ'peəʳ] ◇ *vt* préparer ◇ *vi* : **to ~ for sthg/to do sthg** se préparer à qqch/à faire qqch.

prepared [prɪ'peəd] *adj* - **1.** [done beforehand] préparé(e) d'avance - **2.** [willing] : **to be ~ to do sthg** être prêt(e) OR disposé(e) à faire qqch - **3.** [ready] : **to be ~ for sthg** être prêt(e) pour qqch.

preponderance [prɪ'pɒndərəns] *n* majorité *f*.

preponderantly [prɪ'pɒndərəntlɪ] *adv* surtout, pour la plupart.

preposition [,prepə'zɪʃn] *n* préposition *f*.

prepossessing [,priːpə'zesɪŋ] *adj* fml agréable, attrayant(e).

preposterous [prɪ'pɒstərəs] *adj* ridicule, absurde.

preppy ['prepɪ] (*pl* **-ies**) Am inf ◇ *adj* bon chic bon genre ◇ *n* personne *f* bon chic bon genre.

prep school *abbr of* preparatory school.

Pre-Raphaelite [,priː'ræfəlaɪt] ◇ *adj* préraphaélite ◇ *n* préraphaélite *mf*.

prerecorded [,priːrɪ'kɔːdɪd] *adj* enregistré(e) à l'avance, préenregistré(e).

prerequisite [,priː'rekwɪzɪt] *n* condition *f* préalable.

prerogative [prɪ'rɒgətɪv] *n* prérogative *f*, privilège *m*.

presage ['presɪdʒ] *vt* présager.

Presbyterian [,prezbɪ'tɪərɪən] ◇ *adj* presbytérien(enne) ◇ *n* presbytérien *m*, -enne *f*.

presbytery ['prezbɪtrɪ] *n* [residence] presbytère *m*.

preschool [,priː'skuːl] ◇ *adj* préscolaire ◇ *n* Am école *f* maternelle.

prescient ['presɪənt] *adj* prescient(e).

prescribe [prɪ'skraɪb] *vt* - **1.** MED prescrire - **2.** [order] ordonner, imposer.

prescription [prɪ'skrɪpʃn] *n* [MED - written form] ordonnance *f* ; [- medicine] médicament *m* ; **on ~** sur ordonnance.

prescription charge *n* Br *prix (fixe) à payer pour chaque médicament figurant sur une ordonnance.*

prescriptive [prɪ'skrɪptɪv] *adj* normatif(ive).

presence ['prezns] *n* présence *f* ; **to be in sb's ~** OR **in the ~ of sb** être en présence de qqn ; **to have ~** avoir de la présence.

presence of mind *n* présence *f* d'esprit.

present [*adj* & *n* 'preznt, *vb* prɪ'zent] ◇ *adj* - **1.** [current] actuel(elle) - **2.** [in attendance] présent(e) ; **to be ~ at** assister à $\diamond$ *n* - **1.** [current time] : **the ~** le présent ; **at ~** actuellement, en ce moment ; **for the ~** pour le moment - **2.** [gift] cadeau *m* - **3.** GRAMM : **~ (tense)** présent *m* $\diamond$ *vt* - **1.** [gen] présenter - **2.** [give] donner, remettre ; **to ~ sb with sthg, to ~ sthg to sb** donner OR remettre qqch à qqn - **3.** [portray] représenter, décrire - **4.** [arrive] : **to ~ o.s.** se présenter.

presentable [prɪ'zentəbl] *adj* présentable.

presentation [,prezn'teɪʃn] *n* - **1.** [gen] présentation *f* - **2.** [ceremony] remise *f* (de récompense/prix) - **3.** [talk] exposé *m* - **4.** [of play] représentation *f*.

presentation copy *n* exemplaire *m* offert gracieusement.

present day *n* : **the ~** aujourd'hui.

➤ **present-day** *adj* d'aujourd'hui, contemporain(e).

presenter [prɪ'zentəʳ] *n* Br présentateur *m*, -trice *f*.

presentiment [prɪ'zentɪmənt] *n* pressentiment *m*.

presently ['prezntlɪ] *adv* - **1.** [soon] bientôt, tout à l'heure - **2.** [at present] actuellement, en ce moment.

preservation [,prezə'veɪʃn] *n (U)* - **1.** [maintenance] maintien *m* - **2.** [protection] protection *f*, conservation *f*.

preservation order *n esp Br décret ordonnant la conservation d'un monument, édifice etc.*

preservative [prɪ'zɜːvətɪv] *n* conservateur *m*.

preserve [prɪ'zɜːv] $\diamond$ *vt* - **1.** [maintain] maintenir - **2.** [protect] conserver - **3.** [food] conserver, mettre en conserve $\diamond$ *n* [jam] confiture *f*.

➤ **preserves** *npl* [jam] confiture *f ;* [vegetables] pickles *mpl*, condiments *mpl*.

preserved [prɪ'zɜːvd] *adj* conservé(e).

preset [,priː'set] (*pt & pp* preset, *cont* -ting) *vt* prérégler.

preshrunk [,priː'ʃrʌŋk] *adj* irrétrécissable.

preside [prɪ'zaɪd] *vi* : **to ~ (over** OR **at sthg)** présider (qqch).

presidency ['prezɪdənsɪ] (*pl* -ies) *n* présidence *f*.

president ['prezɪdənt] *n* - **1.** [gen] président *m* - **2.** Am [company chairman] P-DG *m*.

president-elect *n titre du président des États-Unis nouvellement élu (en novembre) jusqu'à la cérémonie d'investiture présidentielle (le 20 janvier).*

presidential [,prezɪ'denʃl] *adj* présidentiel(elle).

press [pres] $\diamond$ *n* - **1.** [push] pression *f* - **2.** [journalism] : **the ~** [newspapers] la presse, les journaux *mpl ;* [reporters] les journalistes *mpl ;* **to get a good/bad ~** avoir bonne/mauvaise presse - **3.** [printing machine] presse *f ;* [for wine] pressoir *m* $\diamond$ *vt* - **1.** [push] appuyer sur ; **to ~ sthg against sthg** appuyer qqch sur qqch - **2.** [squeeze] serrer - **3.** [iron] repasser, donner un coup de fer à - **4.** [urge] : **to ~ sb (to do sthg** OR **into doing sthg)** presser qqn (de faire qqch) ; **to ~ sb for sthg** demander qqch à qqn avec insistance - **5.** [force] : **to ~ sthg on** OR **upon sb** offrir qqch à qqn avec insistance - **6.** [pursue - claim] insister sur - **7.** JUR : **to ~ charges (against sb)** porter plainte (contre qqn) $\diamond$ *vi* - **1.** [push] : **to ~ (on sthg)** appuyer (sur qqch) - **2.** [squeeze] : **to ~ (on sthg)** serrer (qqch) - **3.** [crowd] se presser.

➤ **press for** *vt fus* demander avec insistance.

➤ **press on** *vi* [continue] : **to ~ on (with sthg)** continuer (qqch), ne pas abandonner (qqch).

press agency *n* agence *f* de presse.

press agent *n* agent *m* de publicité.

press baron *n* Br baron *m* OR magnat *m* de la presse.

press box *n* tribune *f* de la presse.

press conference *n* conférence *f* de presse.

press corps *n* Am journalistes *mpl*.

press cutting *n* Br coupure *f* de journal.

pressed [prest] *adj* : **to be ~ for time/money** être à court de temps/d'argent.

press fastener *n* Br pression *f*.

press gallery *n* tribune *f* de la presse.

pressgang ['presgæŋ] $\diamond$ *n* enrôleurs *mpl*, racoleurs *mpl* $\diamond$ *vt* Br : **to ~ sb into doing sthg** forcer la main à qqn pour qu'il fasse qqch.

pressing ['presɪŋ] *adj* urgent(e).

pressman ['presmæn] (*pl* -men [-men]) *n* Br journaliste *m*.

press officer *n* attaché *m* de presse.

press release *n* communiqué *m* de presse.

press-stud *n* Br pression *f*

press-up *n* Br pompe *f*, traction *f*.

pressure ['preʃəʳ] $\diamond$ *n (U)* - **1.** [gen] pression *f ;* **to put ~ on sb (to do sthg)** faire pression sur qqn (pour qu'il fasse qqch) - **2.** [stress] tension *f* $\diamond$ *vt* : **to ~ sb to do** OR **into doing sthg** forcer qqn à faire qqch.

pressure cooker n Cocotte-Minute® f, autocuiseur m.

pressure gauge n manomètre m.

pressure group n groupe m de pression.

pressurize, -ise ['preʃəraɪz] vt - **1.** TECH pressuriser - **2.** Br [force] : **to ~ sb to do** OR **into doing sthg** forcer qqn à faire qqch.

Prestel® ['prestel] n Br ≃ Télétel® m.

prestige [pre'stiːʒ] ◇ n prestige m ◇ comp de prestige.

prestigious [pre'stɪdʒəs] adj prestigieux(euse).

prestressed concrete [,priː'strest-] n béton m précontraint.

presumably [prɪ'zjuːməblɪ] adv vraisemblablement.

presume [prɪ'zjuːm] vt présumer ; **to ~ (that)** ... supposer que ...

presumption [prɪ'zʌmpʃn] n - **1.** [assumption] supposition f, présomption f - **2.** (U) [audacity] présomption f.

presumptuous [prɪ'zʌmptʃuəs] adj présomptueux(euse).

presuppose [,priːsə'pəʊz] vt présupposer.

pretax [,priː'tæks] adj avant impôts.

pretence, pretense Am [prɪ'tens] n prétention f ; **to make a ~ of doing sthg** faire semblant de faire qqch ; **under false ~s** sous des prétextes fallacieux.

pretend [prɪ'tend] ◇ vt : **to ~ to do sthg** faire semblant de faire qqch ◇ vi faire semblant.

pretense Am = **pretence**.

pretension [prɪ'tenʃn] n prétention f ; **to have ~s to sthg** avoir des prétentions à qqch.

pretentious [prɪ'tenʃəs] adj prétentieux(euse).

pretentiously [prɪ'tenʃəslɪ] adv de façon prétentieuse.

pretentiousness [prɪ'tenʃəsnɪs] n (U) prétention f.

preterite ['pretərət] n prétérit m.

pretext ['priːtekst] n prétexte m ; **on** OR **under the ~ that** ... sous prétexte que ... ; **on** OR **under the ~ of doing sthg** sous prétexte de faire qqch.

Pretoria [prɪ'tɔːrɪəl] n Pretoria.

prettify ['prɪtɪfaɪ] (pt & pp -ied) vt enjoliver.

prettily ['prɪtɪlɪ] adv joliment.

pretty ['prɪtɪ] (compar -ier ; superl -iest) ◇ adj joli(e) ◇ adv [quite] plutôt ; **~ much** OR **well** pratiquement, presque.

pretzel ['pretsl] n bretzel m.

prevail [prɪ'veɪl] vi - **1.** [be widespread] avoir cours, régner - **2.** [triumph] : **to ~ (over)** prévaloir (sur), l'emporter (sur) - **3.** [persuade] : **to ~ on** OR **upon sb to do sthg** persuader qqn de faire qqch.

prevailing [prɪ'veɪlɪŋ] adj - **1.** [current] actuel(elle) - **2.** [wind] dominant(e).

prevalence ['prevələns] n (U) fréquence f.

prevalent ['prevələnt] adj courant(e), répandu(e).

prevaricate [prɪ'værɪkeɪt] vi tergiverser.

prevent [prɪ'vent] vt : **to ~ sb/sthg (from doing sthg)** empêcher qqn/qqch (de faire qqch).

preventable [prɪ'ventəbl] adj qui peut être évité(e).

preventative [prɪ'ventətɪv] = **preventive**.

prevention [prɪ'venʃn] n (U) prévention f.

preventive [prɪ'ventɪv] adj préventif(ive).

preview ['priːvjuː] n avant-première f.

previous ['priːvjəs] adj - **1.** [earlier] antérieur(e) - **2.** [preceding] précédent(e).

previously ['priːvjəslɪ] adv avant, auparavant.

prewar [,priː'wɔːr] adj d'avant-guerre.

prey [preɪ] n proie f ; **to fall ~ to** devenir la proie de.

◆ **prey on** vt fus - **1.** [live off] faire sa proie de - **2.** [trouble] : **to ~ on sb's mind** ronger qqn, tracasser qqn.

price [praɪs] ◇ n - **1.** [cost] prix m ; **at any ~** à tout prix ; **she achieved fame, but at a ~** elle est devenue célèbre, mais ça lui a coûté cher - **2.** [penalty] : **to pay the ~ for sthg** payer le prix pour qqch ◇ vt fixer le prix de.

price-cutting n (U) réductions fpl de prix.

price-fixing [-fɪksɪŋ] n (U) contrôle m des prix.

priceless ['praɪslɪs] adj sans prix, inestimable.

price list n tarif m.

price tag n [label] étiquette f.

price war n guerre f des prix.

pricey ['praɪsɪ] (compar -ier ; superl -iest) adj inf chérot.

prick [prɪk] ◇ n - **1.** [scratch, wound] piqûre f - **2.** vulg [stupid person] con m, conne f ◇ vt piquer.

◆ **prick up** vt fus : **to ~ up one's ears** [animal] dresser les oreilles ; [person] dresser OR tendre l'oreille.

prickle ['prɪkl] ⟨⟩ n - **1.** [thorn] épine f - **2.** [sensation on skin] picotement m ⟨⟩ vi picoter.

prickly ['prɪklɪ] (compar -ier ; superl -iest) adj - **1.** [plant, bush] épineux(euse) - **2.** fig [person] irritable.

prickly heat n (U) boutons mpl de chaleur.

pride [praɪd] ⟨⟩ n (U) - **1.** [satisfaction] fierté f ; **to take ~ in sthg/in doing sthg** être fier de qqch/de faire qqch ; **it was his ~ and joy** c'était sa fierté ; **to have ~ of place** avoir la place d'honneur - **2.** [self-esteem] orgueil m, amour-propre m ; **to swallow one's ~** ravaler son orgueil - **3.** pej [arrogance] orgueil m ⟨⟩ vt : **to ~ o.s. on sthg** être fier (fière) de qqch.

priest [priːst] n prêtre m.

priestess ['priːstɪs] n prêtresse f.

priesthood ['priːsthʊd] n - **1.** [position, office] : **the ~** le sacerdoce - **2.** [priests] : **the ~** le clergé.

prig [prɪg] n petit saint m, petite sainte f.

prim [prɪm] (compar -mer ; superl -mest) adj guindé(e).

primacy ['praɪməsɪ] n primauté f.

prima donna [ˌpriːmə'dɒnə] (pl -s) n prima donna f inv ; **to be a ~** fig & pej se prendre pour le nombril du monde.

primaeval [praɪ'miːvəl] = **primeval**.

prima facie [ˌpraɪmə'feɪʃiː] adj : **~ evidence** commencement m de preuve ; **~ case** affaire f qui, de prime abord, paraît fondée.

primal ['praɪml] adj - **1.** [original] primitif(ive) - **2.** [most important] primordial(e).

primarily ['praɪmərɪlɪ] adv principalement.

primary ['praɪmərɪ] (pl -ies) ⟨⟩ adj - **1.** [main] premier(ère), principal(e) - **2.** SCH primaire ⟨⟩ n Am POL primaire f.

PRIMARIES

Les primaires américaines sont des élections (directes ou indirectes selon les États) aboutissant à la sélection des candidats qui seront en lice pour représenter les deux partis nationaux à l'élection présidentielle.

primary colour n couleur f primaire.

primary election n Am primaire f.

primary school n école f primaire.

primate ['praɪmeɪt] n - **1.** ZOOL primate m - **2.** RELIG primat m.

prime [praɪm] ⟨⟩ adj - **1.** [main] principal(e), primordial(e) - **2.** [excellent] excellent(e) ; **~ quality** première qualité ; **~ cut of meat** morceau de premier choix ⟨⟩ n : **to be in one's ~** être dans la fleur de l'âge ; **to be**

past one's ~ être sur le retour ⟨⟩ vt - **1.** [gun, pump] amorcer - **2.** [paint] apprêter - **3.** [inform] : **to ~ sb about sthg** mettre qqn au courant de qqch.

prime minister n premier ministre m.

prime mover [-'muːvər] n fig instigateur m, -trice f.

prime number n nombre m premier.

primer ['praɪmər] n - **1.** [paint] apprêt m - **2.** [textbook] introduction f.

prime time n (U) RADIO & TV heures fpl de grande écoute.
➤ **prime-time** adj aux heures de grande écoute.

primeval [praɪ'miːvl] adj [ancient] primitif(ive).

primitive ['prɪmɪtɪv] adj primitif(ive).

primordial [praɪ'mɔːdjəl] adj primordial(e).

primrose ['prɪmrəʊz] n primevère f.

Primus stove® ['praɪməs-] n réchaud m de camping.

prince [prɪns] n prince m.
➤ **Prince** n : **Prince of Wales** Prince de Galles.

Prince Charming n hum prince m charmant.

Prince Edward Island [-'edwəd-] n l'île f du Prince-Édouard.

princely ['prɪnslɪ] (compar -ier ; superl -iest) adj princier(ère).

princess [prɪn'ses] n princesse f.
➤ **Princess** n : **Princess Royal** princesse royale.

principal ['prɪnsəpl] ⟨⟩ adj principal(e) ⟨⟩ n SCH directeur m, -trice f ; UNIV doyen m, -enne f.

principality [ˌprɪnsɪ'pælətɪ] (pl -ies) n principauté f.

principally ['prɪnsəplɪ] adv principalement.

principle ['prɪnsəpl] n principe m ; **on ~**, **as a matter of ~** par principe.
➤ **in principle** adv en principe.

principled ['prɪnsəpld] adj [behaviour] dicté(e) par des principes ; [person] qui a des principes.

print [prɪnt] ⟨⟩ n - **1.** (U) [type] caractères mpl ; **to be in ~** être disponible ; **to be out of ~** être épuisé - **2.** ART gravure f - **3.** [photograph] épreuve f - **4.** [fabric] imprimé m - **5.** [mark] empreinte f ⟨⟩ vt - **1.** [produce by printing] imprimer - **2.** [publish] publier - **3.** [write in block letters] écrire en caractères d'imprimerie ⟨⟩ vi [printer] imprimer.
➤ **print out** vt sep COMPUT imprimer.

printed circuit ['prɪntɪd-] n circuit m imprimé.

printed matter ['prɪntɪd-] n (U) imprimés mpl.

printer ['prɪntə'] n - **1.** [person, firm] imprimeur m - **2.** COMPUT imprimante f.

printing ['prɪntɪŋ] n (U) - **1.** [act of printing] impression f - **2.** [trade] imprimerie f.

printing press n presse f typographique.

printout ['prɪntaʊt] n COMPUT sortie f d'imprimante, listing m.

prior ['praɪə'] ⬦ adj antérieur(e), précédent(e) ⬦ n [monk] prieur m.
➤ **prior to** prep avant ; **~ to doing sthg** avant de faire qqch.

prioritize, -ise [praɪ'ɒrɪtaɪz] vt donner la priorité à.

priority [praɪ'ɒrətɪ] (pl -**ies**) ⬦ adj prioritaire ⬦ n priorité f ; **to have** OR **take ~ (over)** avoir la priorité (sur).
➤ **priorities** npl priorités fpl.

priory ['praɪərɪ] (pl -**ies**) n prieuré m.

prise [praɪz] vt : **to ~ sthg away from sb** arracher qqch à qqn ; **to ~ sthg open** forcer qqch.

prism ['prɪzml] n prisme m.

prison ['prɪzn] n prison f.

prison camp n camp m de prisonniers.

prisoner ['prɪznə'] n prisonnier m, -ère f ; **to be taken ~** être fait prisonnier.

prisoner of war (pl **prisoners of war**) n prisonnier m, -ère f de guerre.

prissy ['prɪsɪ] (compar -**ier** ; superl -**iest**) adj prude, guindé(e).

pristine ['prɪstiːn] adj [condition] parfait(e) ; [clean] immaculé(e).

privacy [Br 'prɪvəsɪ, Am 'praɪvəsɪ] n intimité f.

private ['praɪvɪt] ⬦ adj - **1.** [not public] privé(e) - **2.** [confidential] confidentiel(elle) - **3.** [personal] personnel(elle) - **4.** [unsociable - person] secret(ète) ⬦ n - **1.** [soldier] (simple) soldat m - **2.** [secrecy] : **in ~** en privé.
➤ **privates** npl inf parties fpl.

private company n société f privée.

private detective n détective m privé.

private enterprise n (U) entreprise f privée.

private eye n détective m privé.

private income n Br revenu m personnel.

private investigator n détective m privé.

privately ['praɪvɪtlɪ] adv - **1.** [not by the state] : **~ owned** du secteur privé - **2.** [confidentially]

en privé - **3.** [personally] intérieurement, dans son for intérieur.

private member n Br simple député m.

private parts npl inf parties fpl.

private practice n (U) Br cabinet m de médecin non conventionné.

private property n propriété f privée.

private school n école f privée.

private sector n : **the ~** le secteur privé.

privation [praɪ'veɪʃn] n privation f.

privatization [ˌpraɪvɪtaɪ'zeɪʃn] n privatisation f.

privatize, -ise ['praɪvɪtaɪz] vt privatiser.

privet ['prɪvɪt] n troène m.

privilege ['prɪvɪlɪdʒ] n privilège m.

privileged ['prɪvɪlɪdʒd] adj privilégié(e).

privy ['prɪvɪ] adj : **to be ~ to sthg** être dans le secret de qqch.

Privy Council n Br : **the ~** le Conseil privé.

PRIVY COUNCIL

En font partie tous les ministres du gouvernement ainsi que d'autres personnalités du Commonwealth. Le « Privy Council » compte environ 400 membres, mais ils ne se réunissent en plénière que dans des circonstances exceptionnelles.

Privy Purse n : **the ~** la cassette du souverain.

prize [praɪz] ⬦ adj [possession] très précieux(euse) ; [animal] primé(e) ; [idiot, example] parfait(e) ⬦ n prix m ⬦ vt priser.

prize day n Br jour m de la distribution des prix.

prizefight ['praɪzfaɪt] n combat m professionnel.

prize-giving [-ˌgɪvɪŋ] n Br distribution f des prix.

prizewinner ['praɪzˌwɪnə'] n gagnant m, -e f.

pro [prəʊ] (pl -**s**) n - **1.** inf [professional] pro mf - **2.** [advantage] : **the ~s and cons** le pour et le contre.

pro- [prəʊ] prefix pro-.

PRO (abbr of **public relations officer**) n responsable des relations publiques.

pro-am ['prəʊ'æm] ⬦ adj pro-am ⬦ n tournoi m pro-am.

probability [ˌprɒbə'bɪlətɪ] (pl -**ies**) n probabilité f ; **in all ~** selon toute probabilité.

probable ['prɒbəbl] adj probable.

probably ['prɒbəblɪ] adv probablement.

probate ['prəʊbeɪt] JUR ⬦ n homologation ⬦ vt Am homologuer.

probation [prə'beɪʃn] n (U) - **1.** JUR mise f à l'épreuve ; **to put sb on ~** mettre qqn en sursis avec mise à l'épreuve - **2.** [trial period] essai m ; **to be on ~** être à l'essai.

probationary [prə'beɪʃnrɪ] adj [teacher, nurse] à l'essai ; [period, year] d'essai.

probationer [prə'beɪʃnəʳ] n - **1.** [employee] stagiaire mf - **2.** JUR sursitaire mf avec mise à l'épreuve.

probation officer n agent m de probation.

probe [prəʊb] <> n - **1.** [investigation] : **~ (into)** enquête f (sur) - **2.** MED & TECH sonde f <> vt sonder <> vi : **to ~ for** OR **into sthg** chercher à découvrir qqch.

probing ['prəʊbɪŋ] adj [question] pénétrant(e) ; [look] inquisiteur(trice).

probity ['prəʊbətɪ] n probité f.

problem ['prɒbləm] <> n problème m ; **no ~!** inf pas de problème! <> comp difficile.

problematic(al) [ˌprɒblə'mætɪk(l)] adj problématique.

procedural [prə'siːdʒərəl] adj de procédure.

procedure [prə'siːdʒəʳ] n procédure f.

proceed [vb prə'siːd, npl 'prəʊsiːdz] <> vt [do subsequently] : **to ~ to do sthg** se mettre à faire qqch <> vi - **1.** [continue] : **to ~ (with sthg)** continuer (qqch), poursuivre (qqch) - **2.** fml [advance] avancer.
◆ **proceeds** npl recette f.

proceedings [prə'siːdɪŋz] npl - **1.** [of meeting] débats mpl - **2.** JUR poursuites fpl.

process ['prəʊses] <> n - **1.** [series of actions] processus m ; **in the ~ of** ce faisant ; **to be in the ~ of doing sthg** être en train de faire qqch - **2.** [method] procédé m <> vt [raw materials, food, data] traiter, transformer ; [application] s'occuper de.

processed cheese ['prəʊsest-] n fromage en minces lamelles préemballé.

processing ['prəʊsesɪŋ] n traitement m, transformation f.

procession [prə'seʃn] n cortège m, procession f.

processor ['prəʊsesəʳ] n - **1.** COMPUT processeur m - **2.** CULIN robot m ménager OR de cuisine.

pro-choice adj pour le droit d'avortement.

proclaim [prə'kleɪm] vt [declare] proclamer.

proclamation [ˌprɒklə'meɪʃn] n proclamation f.

proclivity [prə'klɪvətɪ] n (pl -ies) fml : **to** OR **towards sthg** propension f à qqch.

procrastinate [prə'kræstɪneɪt] vi faire traîner les choses.

procrastination [prəˌkræstɪ'neɪʃn] n procrastination f.

procreate ['prəʊkrɪeɪt] vi procréer.

procreation [ˌprəʊkrɪ'eɪʃn] n procréation f.

procurator fiscal ['prɒkjʊreɪtəʳ-] n Scot ≃ procureur m.

procure [prə'kjʊəʳ] vt [for oneself] se procurer ; [for someone else] procurer ; [release] obtenir.

procurement [prə'kjʊəmənt] n obtention f.

prod [prɒd] (pt & pp -ded ; cont -ding) <> n petit coup m ; **to give sb a ~** fig faire rappeler à qqn <> vt - **1.** [push, poke] pousser doucement - **2.** [remind, prompt] : **to ~ sb (into doing sthg)** pousser OR inciter qqn (à faire qqch).

prodigal ['prɒdɪgl] adj prodigue.

prodigious [prə'dɪdʒəs] adj prodigieux(euse).

prodigy ['prɒdɪdʒɪ] n (pl -ies) prodige m.

produce [n 'prɒdjuːs, vb prə'djuːs] <> n (U) produits mpl <> vt - **1.** [gen] produire - **2.** [cause] provoquer, causer - **3.** [show] présenter - **4.** THEATRE mettre en scène.

producer [prə'djuːsəʳ] n - **1.** [of film, manufacturer] producteur m, -trice f - **2.** THEATRE metteur m en scène.

product ['prɒdʌkt] n produit m ; **to be a ~ of sthg** être le produit OR le résultat de qqch.

production [prə'dʌkʃn] n - **1.** (U) [manufacture, of film] production f ; **to go into ~** entrer en production ; **to put sthg into ~** entreprendre la fabrication de qqch - **2.** (U) [output] rendement m - **3.** (U) THEATRE [of play] mise f en scène - **4.** [show - gen] production f ; [- THEATRE] pièce f.

production line n chaîne f de fabrication.

production manager n directeur m, -trice f de la production.

productive [prə'dʌktɪv] adj - **1.** [land, business, workers] productif(ive) - **2.** [meeting, experience] fructueux(euse).

productively [prə'dʌktɪvlɪ] adv - **1.** [operate, use] de façon productive - **2.** [spend time] de façon fructueuse.

productivity [ˌprɒdʌk'tɪvətɪ] n productivité f.

productivity deal n accord m de productivité.

Prof. (abbr of **Professor**) Pr.

profane [prə'feɪn] adj impie.

profanity [prə'fænətɪ] n (pl -ies) impiété f.

profess [prə'fes] vt professer ; **to ~ to do/be** prétendre faire/être.

professed [prəˈfest] adj déclaré(e).

profession [prəˈfeʃn] n profession f ; **by ~** de son métier.

professional [prəˈfeʃənl] ◇ adj - **1.** [gen] professionnel(elle) - **2.** [of high standard] de (haute) qualité ◇ n professionnel m, -elle f.

professional foul n faute f délibérée.

professionalism [prəˈfeʃnəlɪzm] n professionnalisme m.

professionally [prəˈfeʃnəlɪ] adv - **1.** [as professional] en professionnel ; **~ qualified** diplômé(e) - **2.** [skilfully] de façon professionnelle.

professor [prəˈfesəʳ] n - **1.** Br UNIV professeur m (de faculté) - **2.** Am & Can [teacher] professeur m.

professorship [prəˈfesəʃɪp] n chaire f.

proffer [ˈprɒfəʳ] vt : **to ~ sthg (to sb)** offrir qqch (à qqn) ; **to ~ one's hand (to sb)** tendre la main (à qqn).

proficiency [prəˈfɪʃənsɪ] n : **~ (in)** compétence f (en).

proficient [prəˈfɪʃənt] adj : **~ (in OR at sthg)** compétent(e) (en qqch).

profile [ˈprəʊfaɪl] n profil m ; **in ~** de profil ; **to keep a low ~** adopter un profil bas.

profit [ˈprɒfɪt] ◇ n - **1.** [financial] bénéfice m, profit m ; **to make a ~** faire un bénéfice ; **to sell sthg at a ~** vendre qqch à profit - **2.** [advantage] profit m ◇ vi [financially] être le bénéficiaire ; [gain advantage] tirer avantage OR profit.

profitability [ˌprɒfɪtəˈbɪlətɪ] n rentabilité f.

profitable [ˈprɒfɪtəbl] adj - **1.** [financially] rentable, lucratif(ive) - **2.** [beneficial] fructueux(euse), profitable.

profitably [ˈprɒfɪtəblɪ] adv - **1.** [at a profit] de façon rentable - **2.** [spend time] utilement.

profiteering [ˌprɒfɪˈtɪərɪŋ] n affairisme m, mercantilisme m.

profit-making ◇ adj à but lucratif ◇ n réalisation f de bénéfices.

profit margin n marge f bénéficiaire.

profit sharing [-ˌʃeərɪŋ] n participation f aux bénéfices.

profligate [ˈprɒflɪgɪt] adj - **1.** [extravagant] prodigue - **2.** [immoral] débauché(e).

pro forma [-ˈfɔːmə] adj pro forma.

profound [prəˈfaʊnd] adj profond(e).

profoundly [prəˈfaʊndlɪ] adv profondément.

profuse [prəˈfjuːs] adj [apologies, praise] profus(e) ; [bleeding] abondant(e).

profusely [prəˈfjuːslɪ] adv [sweat, bleed] abon-

damment ; **to apologize ~** se confondre en excuses.

profusion [prəˈfjuːʒn] n profusion f.

progeny [ˈprɒdʒənɪ] (pl -ies) n progéniture f.

progesterone [prəˈdʒestərəʊn] n progestérone f.

prognosis [prɒgˈnəʊsɪs] (pl -ses [-siːz]) n pronostic m.

prognostication [prɒgˌnɒstɪˈkeɪʃn] n pronostic m.

program [ˈprəʊgræm] (pt & pp -med OR -ed ; cont -ming OR -ing) ◇ n - **1.** COMPUT programme m - **2.** Am = programme ◇ vt - **1.** COMPUT programmer - **2.** Am = programme.

programer Am = programmer.

programmable [prəʊˈgræməbl] adj programmable.

programme Br, **program** Am [ˈprəʊgræm] ◇ n - **1.** [schedule, booklet] programme m - **2.** RADIO & TV émission f ◇ vt programmer ; **to ~ sthg to do sthg** programmer qqch pour faire qqch.

programmer Br, **programer** Am [ˈprəʊgræməʳ] n COMPUT programmeur m, -euse f.

programming [ˈprəʊgræmɪŋ] n programmation f.

programming language n langage m de programmation.

progress [n ˈprəʊgres, vb prəˈgres] ◇ n progrès m ; **to make ~** [improve] faire des progrès ; **to make ~ in sthg** avancer dans qqch ; **in ~** en cours ◇ vi - **1.** [improve - gen] progresser, avancer ; [- person] faire des progrès - **2.** [continue] avancer - **3.** [move on] : **to ~ to sthg** passer à qqch.

progression [prəˈgreʃn] n progression f.

progressive [prəˈgresɪv] adj - **1.** [enlightened] progressiste - **2.** [gradual] progressif(ive).

progressively [prəˈgresɪvlɪ] adv progressivement.

progress report n [on patient] bulletin m de santé ; [on student] bulletin scolaire ; [on work] compte-rendu m.

prohibit [prəˈhɪbɪt] vt prohiber ; **to ~ sb from doing sthg** interdire OR défendre à qqn de faire qqch.

prohibition [ˌprəʊɪˈbɪʃn] n - **1.** [law, rule] prohibition f - **2.** (U) [act of prohibiting] interdiction f, défense f.

prohibitive [prəˈhɪbɪtɪv] adj prohibitif(ive).

project [n ˈprɒdʒekt, vb prəˈdʒekt] ◇ n - **1.** [plan, idea] projet m, plan m - **2.** SCH [study] : **~ (on)** dossier m (sur), projet m (sur) ◇ vt

- 1. [gen] projeter **- 2.** [estimate] prévoir ◇ *vi* [jut out] faire saillie.

projectile [prə'dʒektaɪl] *n* projectile *m*.

projection [prə'dʒekʃn] *n* **- 1.** [estimate] prévision *f* **- 2.** [protrusion] saillie *f* **- 3.** *(U)* [display, showing] projection *f*.

projectionist [prə'dʒekʃənɪst] *n* projectionniste *mf*.

projection room *n* cabine *f* de projection.

projector [prə'dʒektə'] *n* projecteur *m*.

proletarian [,prəʊlɪ'teərɪən] *adj* prolétarien(enne).

proletariat [,prəʊlɪ'teərɪət] *n* prolétariat *m*.

pro-life *adj* pour le respect de la vie.

proliferate [prə'lɪfəreɪt] *vi* proliférer.

prolific [prə'lɪfɪk] *adj* prolifique.

prologue, prolog Am ['prəʊlɒg] *n* lit & fig prologue *m*.

prolong [prə'lɒŋ] *vt* prolonger.

prom [prɒm] *n* **- 1.** Br inf (*abbr of* **promenade**) promenade *f*, front *m* de mer **- 2.** Am [ball] bal *m* d'étudiants **- 3.** Br inf (*abbr of* **promenade concert**) concert *m* promenade.

promenade [,prɒmə'nɑːd] *n* Br [road by sea] promenade *f*, front *m* de mer.

promenade concert *n* Br concert *m* promenade.

prominence ['prɒmɪnəns] *n* **- 1.** [importance] importance *f* **- 2.** [conspicuousness] proéminence *f*.

prominent ['prɒmɪnənt] *adj* **- 1.** [important] important(e) **- 2.** [noticeable] proéminent(e).

prominently ['prɒmɪnəntlɪ] *adv* au premier plan, bien en vue.

promiscuity [,prɒmɪs'kjuːətɪ] *n* promiscuité *f*.

promiscuous [prɒ'mɪskjʊəs] *adj* [person] aux mœurs légères ; [behaviour] immoral(e).

promise ['prɒmɪs] ◇ *n* promesse *f*; **to make (sb) a ~** faire une promesse (à qqn) ; **to show ~** avoir de l'avenir, promettre ◇ *vt* : **to ~ (sb) to do sthg** promettre (à qqn) de faire qqch ; **to ~ sb sthg** promettre qqch à qqn ◇ *vi* promettre.

promising ['prɒmɪsɪŋ] *adj* prometteur(euse).

promissory note ['prɒmɪsərɪ-] *n* billet *m* à ordre.

promo ['prəʊməʊ] (*pl* -**s**) (*abbr of* **promotion**) *n* inf promo *f*.

promontory ['prɒməntrɪ] (*pl* -**ies**) *n* promontoire *m*.

promote [prə'məʊt] *vt* **- 1.** [foster] promouvoir **- 2.** [push, advertise] promouvoir, lancer **- 3.** [in job] promouvoir.

promoter [prə'məʊtə'] *n* **- 1.** [organizer] organisateur *m*, -trice *f* **- 2.** [supporter] promoteur *m*, -trice *f*.

promotion [prə'məʊʃn] *n* promotion *f*, avancement *m*; **to get** OR **be given ~** être promu, obtenir de l'avancement.

prompt [prɒmpt] ◇ *adj* rapide, prompt(e) ◇ *adv* : **at nine o'clock -** à neuf heures précises OR tapantes ◇ *vt* **- 1.** [motivate, encourage] : **to ~ sb (to do sthg)** pousser OR inciter qqn (à faire qqch) **- 2.** THEATRE souffler sa réplique à ◇ *n* THEATRE réplique *f*.

prompter ['prɒmptə'] *n* THEATRE souffleur *m*, -euse *f*.

promptly ['prɒmptlɪ] *adv* **- 1.** [immediately] rapidement, promptement **- 2.** [punctually] ponctuellement.

promptness ['prɒmptnɪs] *n* **- 1.** [speediness] promptitude *f* **- 2.** [punctuality] ponctualité *f*.

promulgate ['prɒmlgeɪt] *vt* promulguer.

prone [prəʊn] *adj* **- 1.** [susceptible] : **to be ~ to sthg** être sujet(ette) à qqch ; **to be ~ to do sthg** avoir tendance à faire qqch **- 2.** [lying flat] étendu(e) face contre terre.

prong [prɒŋ] *n* [of fork] dent *f*.

pronoun ['prəʊnaʊn] *n* pronom *m*.

pronounce [prə'naʊns] ◇ *vt* prononcer ◇ *vi* : **to ~ on** se prononcer sur.

pronounced [prə'naʊnst] *adj* prononcé(e).

pronouncement [prə'naʊnsmənt] *n* déclaration *f*.

pronunciation [prə,nʌnsɪ'eɪʃn] *n* prononciation *f*.

proof [pruːf] *n* **- 1.** [evidence] preuve *f* **- 2.** [of book etc] épreuve *f* **- 3.** [of alcohol] teneur *f* en alcool.

proofread ['pruːfriːd] (*pt* & *pp* -**read** [-red]) *vt* corriger les épreuves de.

proofreader ['pruːf,riːdə'] *n* correcteur *m*, -trice *f* d'épreuves.

prop [prɒp] (*pt* & *pp* -**ped** ; *cont* -**ping**) ◇ *n* **- 1.** [physical support] support *m*, étai *m* **- 2.** fig [supporting thing, person] soutien *m* **- 3.** RUGBY pilier *m* ◇ *vt* : **to ~ sthg against** appuyer qqch contre OR à.
◆ **props** *npl* accessoires *mpl*.
◆ **prop up** *vt sep* **- 1.** [physically support] soutenir, étayer **- 2.** fig [sustain] soutenir.

Prop. *abbr of* **proprietor**.

propaganda [,prɒpə'gændə] *n* propagande *f*.

propagate [ˈprɒpəgeɪt] ⟷ *vt* propager ⟷ *vi* se propager.

propagation [ˌprɒpəˈgeɪʃn] *n* propagation *f*.

propane [ˈprəʊpeɪn] *n* propane *m*.

propel [prəˈpel] (*pt* & *pp* -led ; *cont* -ling) *vt* propulser ; fig pousser.

propeller [prəˈpeləʳ] *n* hélice *f*.

propelling pencil [prəˈpelɪŋ-] *n* Br portemine *m inv*.

propensity [prəˈpensətɪ] (*pl* -ies) *n* : ~ (for OR to) propension *f* (à).

proper [ˈprɒpəʳ] *adj* - 1. [real] vrai(e) - 2. [correct] correct(e), bon (bonne) - 3. [decent - behaviour etc] convenable - 4. inf [for emphasis] : he's a ~ idiot! c'est un imbécile fini!

properly [ˈprɒpəlɪ] *adv* - 1. [satisfactorily, correctly] correctement, comme il faut - 2. [decently] convenablement, comme il faut.

proper noun *n* nom *m* propre.

property [ˈprɒpətɪ] (*pl* -ies) *n* - 1. (U) [possessions] biens *mpl*, propriété *f* - 2. [building] bien *m* immobilier ; [land] terres *fpl* - 3. [quality] propriété *f*.

property developer *n* promoteur *m* immobilier.

property owner *n* propriétaire *m* (foncier).

property tax *n* impôt *m* foncier.

prophecy [ˈprɒfɪsɪ] (*pl* -ies) *n* prophétie *f*.

prophesy [ˈprɒfɪsaɪ] (*pt* & *pp* -ied) *vt* prédire.

prophet [ˈprɒfɪt] *n* prophète *m*.

prophetic [prəˈfetɪk] *adj* prophétique

propitious [prəˈpɪʃəs] *adj* fml propice, favorable.

proponent [prəˈpəʊnənt] *n* adepte *m f*, partisan *m*, -e *f*.

proportion [prəˈpɔːʃn] *n* - 1. [part] part *f*, partie *f* - 2. [ratio] rapport *m*, proportion *f* ; in ~ to proportionnellement à ; out of all ~ to sans commune mesure avec - 3. ART : in ~ proportionné(e) ; out of ~ mal proportionné ; to get sthg out of ~ fig exagérer qqch ; a sense of ~ fig le sens de la mesure.

proportional [prəˈpɔːʃənl] *adj* proportionnel(elle).

proportional representation *n* représentation *f* proportionnelle.

proportionate [prəˈpɔːʃnət] *adj* proportionnel(elle).

proposal [prəˈpəʊzl] *n* - 1. [suggestion] proposition *f*, offre *f* - 2. [offer of marriage] demande *f* en mariage.

propose [prəˈpəʊz] ⟷ *vt* - 1. [suggest] proposer - 2. [intend] : to ~ to do OR doing sthg avoir l'intention de faire qqch, se proposer de faire qqch - 3. [toast] porter ⟷ *vi* faire une demande en mariage ; to ~ to sb demander qqn en mariage.

proposed [prəˈpəʊzd] *adj* proposé(e).

proposition [ˌprɒpəˈzɪʃn] ⟷ *n* proposition *f* ; to make sb a ~ faire une proposition à qqn ⟷ *vt* faire des propositions à.

propound [prəˈpaʊnd] *vt* fml soumettre, proposer.

proprietary [prəˈpraɪətrɪ] *adj* de marque déposée ; ~ brand marque *f* déposée.

proprietor [prəˈpraɪətəʳ] *n* propriétaire *mf*.

propriety [prəˈpraɪətɪ] fml *n* (U) [moral correctness] bienséance *f*.

propulsion [prəˈpʌlʃn] *n* propulsion *f*.

pro rata [-ˈrɑːtə] ⟷ *adj* proportionnel(elle) ⟷ *adv* au prorata.

prosaic [prəʊˈzeɪɪk] *adj* prosaïque, banal(e).

Pros. Atty (*abbr of* **prosecuting attorney**) *avocat général*.

proscenium [prəˈsiːnjəm] (*pl* -niums OR -nia [-njə]) *n* : ~ (arch) proscenium *m*.

proscribe [prəʊˈskraɪb] *vt* proscrire.

prose [prəʊz] ⟷ *n* (U) prose *f* ⟷ *comp* en prose.

prosecute [ˈprɒsɪkjuːt] ⟷ *vt* poursuivre (en justice) ⟷ *vi* [police] engager des poursuites judiciaires ; [lawyer] représenter la partie plaignante.

prosecution [ˌprɒsɪˈkjuːʃn] *n* poursuites *fpl* judiciaires, accusation *f* ; the ~ la partie plaignante ; [in Crown case] ≃ le ministère public.

prosecutor [ˈprɒsɪkjuːtəʳ] *n* esp Am plaignant *m*, -e *f*.

prospect [*n* ˈprɒspekt, *vb* prəˈspekt] ⟷ *n* - 1. [hope] possibilité *f*, chances *fpl* - 2. [probability] perspective *f* ⟷ *vi* : to ~ (for sthg) prospecter (pour chercher qqch).

➤ **prospects** *npl* : ~s (for) chances *fpl* (de), perspectives *fpl* (de).

prospecting [prəˈspektɪŋ] *n* prospection *f*.

prospective [prəˈspektɪv] *adj* éventuel(elle).

prospector [prəˈspektəʳ] *n* prospecteur *m*, -trice *f*.

prospectus [prəˈspektəs] (*pl* -es) *n* prospectus *m*.

prosper [ˈprɒspəʳ] *vi* prospérer.

prosperity [prɒˈsperətɪ] *n* prospérité *f*.

prosperous [ˈprɒspərəs] *adj* prospère.

prostate (gland) ['prɒsteɪt-] n prostate f.

prosthesis [prɒs'θiːsɪs] (pl **-ses** [-siːz]) n prothèse f.

prostitute ['prɒstɪtjuːt] n prostituée f ; **male ~** prostitué m.

prostitution [ˌprɒstɪ'tjuːʃn] n prostitution f.

prostrate [adj 'prɒstreɪt , vb prɒ'streɪt] <> adj - **1.** [lying down] à plat ventre - **2.** [with grief etc] prostré(e) <> vt : **to ~ o.s. (before sb)** se prosterner (devant qqn).

protagonist [prə'tægənɪst] n protagoniste mf.

protect [prə'tekt] vt : **to ~ sb/sthg (against), to ~ sb/sthg (from)** protéger qqn/qqch (contre), protéger qqn/qqch (de).

protection [prə'tekʃn] n : **~ (from OR against)** protection f (contre), défense f (contre).

protectionism [prə'tekʃənɪzm] n protectionnisme m.

protectionist [prə'tekʃənɪst] adj protectionniste.

protection money n argent versé par les victimes d'un racket.

protective [prə'tektɪv] adj - **1.** [layer, clothing] de protection - **2.** [person, feelings] protecteur(trice) ; **to feel ~ towards sb** se montrer protecteur envers qqn.

protective custody n détention d'une personne pour sa propre sécurité.

protectiveness [prə'tektɪvnɪs] n attitude f protectrice.

protector [prə'tektər] n - **1.** [person] protecteur m, -trice f - **2.** [object] dispositif m de protection.

protectorate [prə'tektərət] n protectorat m.

protégé ['prɒteʒeɪ] n protégé m.

protégée ['prɒteʒeɪ] n protégée f.

protein ['prəʊtiːn] n protéine f.

protest [n 'prəʊtest, vb prə'test] <> n protestation f <> vt - **1.** [state] protester de - **2.** Am [protest against] protester contre <> vi : **to ~ (about/against)** protester (à propos de/contre).

Protestant ['prɒtɪstənt] <> adj protestant(e) <> n protestant m, -e f.

Protestantism ['prɒtɪstəntɪzm] n protestantisme m.

protestation [ˌprɒte'steɪʃn] n protestation f.

protester [prə'testər] n [on march, at demonstration] manifestant m, -e f.

protest march n manifestation f, marche f de protestation.

protocol ['prəʊtəkɒl] n protocole m.

proton ['prəʊtɒn] n proton m.

prototype ['prəʊtətaɪp] n prototype m.

protracted [prə'træktɪd] adj prolongé(e).

protractor [prə'træktər] n rapporteur m.

protrude [prə'truːd] vi avancer, dépasser.

protrusion [prə'truːʒn] n avancée f, saillie f.

protuberance [prə'tjuːbərəns] n protubérance f.

proud [praʊd] adj - **1.** [satisfied, dignified] fier (fière) ; **to be ~ to do sthg** être fier de faire qqch - **2.** pej [arrogant] orgueilleux(euse), fier (fière).

proudly ['praʊdlɪ] adv - **1.** [with satisfaction, dignity] fièrement, avec fierté - **2.** pej [arrogantly] orgueilleusement.

provable ['pruːvəbl] adj qui peut être prouvé(e), prouvable.

prove [pruːv] (pp **-d** OR **proven**) vt - **1.** [show to be true] prouver - **2.** [turn out] : **to ~ (to be) false/useful** s'avérer faux/utile ; **to ~ o.s. to be** sthg se révéler être qqch.

proven ['pruːvn, 'prəʊvn] <> pp ⊳ **prove** <> adj [fact] avéré(e), établi(e) ; [liar] fieffé(e).

Provençal [ˌprɒvɒn'saːl] <> adj provençal(e) <> n - **1.** [person] Provençal m, -e f - **2.** [language] Provençal m.

Provence [prɒ'vaːns] n Provence f ; **in ~** en Provence.

proverb ['prɒvɜːb] n proverbe m.

proverbial [prə'vɜːbjəl] adj proverbial(e).

provide [prə'vaɪd] vt fournir ; **to ~ sb with sthg** fournir qqch à qqn ; **to ~ sthg for sb** fournir qqch à qqn.
◆ provide for vt fus - **1.** [support] subvenir aux besoins de - **2.** fml [make arrangements for] prévoir.

provided [prə'vaɪdɪd] ◆ **provided (that)** conj à condition que (+ subjunctive), pourvu que (+ subjunctive).

providence ['prɒvɪdəns] n providence f.

providential [ˌprɒvɪ'denʃl] adj providentiel(elle).

provider [prə'vaɪdər] n pourvoyeur m, -euse f.

providing [prə'vaɪdɪŋ] ◆ **providing (that)** conj à condition que (+ subjunctive), pourvu que (+ subjunctive).

province ['prɒvɪns] n - **1.** [part of country] province f - **2.** [speciality] domaine m, compétence f.
◆ provinces npl : **the ~s** la province.

provincial [prə'vɪnʃl] adj - **1.** [town, newspaper] de province - **2.** pej [narrow-minded] provincial(e).

provision [prə'vɪʒn] n - **1.** (U) [act of supplying] : ~ **(of)** approvisionnement m (en), fourniture f (de) - **2.** [supply] provision f, réserve f - **3.** (U) [arrangements] : **to make ~ for** [the future] prendre des mesures pour ; [one's family] pourvoir aux besoins de - **4.** [in agreement, law] clause f, disposition f.

➣ **provisions** npl [supplies] provisions fpl.

provisional [prə'vɪʒənl] adj provisoire.

Provisional IRA n branche de l'IRA qui pratique le terrorisme.

provisional licence n Br permis m de conduire provisoire (jusqu'à l'obtention du permis de conduire).

provisionally [prə'vɪʒnəlɪ] adv provisoirement, à titre provisoire.

proviso [prə'vaɪzəʊ] (pl -s) n condition f, stipulation f ; **with the ~ that** à (la) condition que (+ subjunctive).

Provo ['prəʊvəʊ] (pl -s) (abbr of **Provisional**) n inf membre de la branche de l'IRA pratiquant le terrorisme.

provocation [,prɒvə'keɪʃn] n provocation f.

provocative [prə'vɒkətɪv] adj provocant(e).

provocatively [prə'vɒkətɪvlɪ] adv d'une manière provocante.

provoke [prə'vəʊk] vt - **1.** [annoy] agacer, contrarier - **2.** [cause - fight, argument] provoquer ; [- reaction] susciter.

provoking [prə'vəʊkɪŋ] adj agaçant(e), énervant(e).

provost ['prɒvəst] n - **1.** Br UNIV doyen m - **2.** Scot [head of town council] maire m.

prow [praʊ] n proue f.

prowess ['praʊɪs] n prouesse f.

prowl [praʊl] <> n : **to be on the ~** rôder <> vt [streets etc] rôder dans <> vi rôder.

prowl car n Am voiture f de police en patrouille.

prowler ['praʊlə'] n rôdeur m, -euse f.

proximity [prɒk'sɪmətɪ] n : ~ **(to)** proximité f (de) ; **in the ~ of** à proximité de.

proxy ['prɒksɪ] (pl -ies) n : **by ~** par procuration.

prude [pruːd] n prude f.

prudence ['pruːdns] n prudence f.

prudent ['pruːdnt] adj prudent(e).

prudently ['pruːdntlɪ] adv prudemment, avec prudence.

prudish ['pruːdɪʃ] adj prude, pudibond(e).

prune [pruːn] <> n [fruit] pruneau m <> vt [tree, bush] tailler.

prurient ['prʊərɪənt] adj lascif(ive).

Prussian ['prʌʃn] <> adj prussien(enne) <> n Prussien m, -enne f.

pry [praɪ] (pt & pp pried) vi se mêler de ce qui ne vous regarde pas ; **to ~ into sthg** chercher à découvrir qqch.

PS (abbr of postscript) n PS m.

psalm [sɑːm] n psaume m.

PSBR (abbr of **public sector borrowing requirement**) n partie du budget de l'État non couverte par les impôts en Grande-Bretagne.

pseud [sjuːd] n Br inf frimeur m, -euse f.

pseudo- [,sjuːdəʊ] prefix pseudo-.

pseudonym ['sjuːdənɪm] n pseudonyme m.

psi (abbr of **pounds per square inch**) livres au pouce carré (mesure de pression).

psoriasis [sɒ'raɪəsɪs] n psoriasis m.

psst [pst] excl psitt!

PST (abbr of **Pacific Standard Time**) n heure du Pacifique.

psych [saɪk] ➣ **psych up** vt sep inf préparer psychologiquement ; **to ~ o.s. up** se préparer psychologiquement.

psyche ['saɪkɪ] n psyché f.

psychedelic [,saɪkɪ'delɪk] adj psychédélique.

psychiatric [,saɪkɪ'ætrɪk] adj psychiatrique.

psychiatric nurse n infirmière f en psychiatrie.

psychiatrist [saɪ'kaɪətrɪst] n psychiatre mf.

psychiatry [saɪ'kaɪətrɪ] n psychiatrie f.

psychic ['saɪkɪk] <> adj - **1.** [clairvoyant - person] doué(e) de seconde vue ; [- powers] parapsychique - **2.** MED psychique <> n médium m.

psychoanalyse, -yze Am [,saɪkəʊ'ænəlaɪz] vt psychanalyser.

psychoanalysis [,saɪkəʊə'næləsɪs] n psychanalyse f.

psychoanalyst [,saɪkəʊ'ænəlɪst] n psychanalyste mf.

psychological [,saɪkə'lɒdʒɪkl] adj psychologique.

psychological warfare n (U) guerre f psychologique.

psychologist [saɪ'kɒlədʒɪst] n psychologue mf.

psychology [saɪ'kɒlədʒɪ] n psychologie f.

psychopath ['saɪkəpæθ] n psychopathe mf.

psychosis [saɪ'kəʊsɪs] (pl -ses [-siːz]) n psychose f.

psychosomatic [,saɪkəʊsə'mætɪk] adj psychosomatique.

psychotherapy [,saɪkəʊ'θerəpɪ] n psychothérapie f.

psychotic [saɪˈkɒtɪk] ◇ *adj* psychotique ◇ *n* psychotique *mf*.

pt - 1. *abbr of* **pint - 2.** *abbr of* **point**.

Pt. (*abbr of* **Point**) [on map] Pte.

PT (*abbr of* **physical training**) *n* EPS *f*.

PTA (*abbr of* **parent-teacher association**) *n* association de parents d'élèves et de professeurs.

Pte. *abbr of* **Private**.

PTO ◇ *n* (*abbr of* **parent-teacher organization**) *aux États-Unis, association de parents d'élèves et de professeurs* ◇ (*abbr of* **please turn over**) TSVP.

PTV *n* **- 1.** (*abbr of* **pay television**) *télévision payante* **- 2.** (*abbr of* **public television**) *programmes télévisés éducatifs*.

pub [pʌb] *n* pub *m*.

PUB

Dans l'ensemble des îles britanniques, le pub est un des grands foyers de la vie sociale. Ces établissements - interdits aux personnes non accompagnées de moins de 16 ans - étaient soumis à des horaires stricts, mais ceux-ci se sont beaucoup assouplis récemment (voir « licensing hours »). De simple débit de boissons, qu'il était souvent, de plus en plus le pub évolue vers une sorte de brasserie servant des repas légers.

pub. *abbr of* **published**.

pub-crawl *n* Br : **to go on a ~** faire la tournée des pubs.

puberty [ˈpjuːbətɪ] *n* puberté *f*.

pubescent [pjuːˈbesnt] *adj* pubescent(e).

pubic [ˈpjuːbɪk] *adj* du pubis.

public [ˈpʌblɪk] ◇ *adj* public(ique) ; [library] municipal(e) ; **it's ~ knowledge that ...** tout le monde sait que ..., il est de notoriété publique que ... ; **to make sthg ~** rendre qqch public ; **to go ~** COMM émettre des actions dans le public ◇ *n* : **the ~** le public ; **in ~** en public.

public-address system *n* système *m* de sonorisation.

publican [ˈpʌblɪkən] *n* Br gérant *m*, -e *f* d'un pub.

publication [ˌpʌblɪˈkeɪʃn] *n* publication *f*.

public bar *n* Br bar *m*.

public company *n* société *f* anonyme (*cotée en Bourse*).

public convenience *n* Br toilettes *fpl* publiques.

public domain *n* : **in the ~** dans le domaine public.

public holiday *n* jour *m* férié.

public house *n* Br pub *m*.

publicist [ˈpʌblɪsɪst] *n* agent *m* de publicité.

publicity [pʌbˈlɪsɪtɪ] ◇ *n* (*U*) publicité *f* ◇ *comp* de publicité.

publicity stunt *n* coup *m* publicitaire.

publicize, -ise [ˈpʌblɪsaɪz] *vt* faire connaître au public.

public limited company *n* société *f* anonyme (*cotée en Bourse*).

publicly [ˈpʌblɪklɪ] *adv* publiquement, en public.

public office *n* fonctions *fpl* officielles.

public opinion *n* (*U*) opinion *f* publique.

public ownership *n* nationalisation *f*.

public prosecutor *n* ≃ procureur *m* de la République.

public relations ◇ *n* (*U*) relations *fpl* publiques ◇ *npl* relations *fpl* publiques.

public relations officer *n* responsable *m f* des relations publiques.

public school *n* **- 1.** Br [private school] école *f* privée **- 2.** Am [state school] école *f* publique.

PUBLIC SCHOOL

En Angleterre et au pays de Galles, le terme « public school » désigne une école privée de type traditionnel ; certaines de ces écoles (Eton et Harrow, par exemple) sont très réputées et recherchées. La « public school » est censée former l'élite de la nation. Aux États-Unis et parfois en Écosse, le terme désigne une école publique.

public sector *n* secteur *m* public.

public servant *n* fonctionnaire *m f*.

public service vehicle *n* Br autobus *m*.

public-spirited *adj* qui fait preuve de civisme.

public transport *n* (*U*) transports *mpl* en commun.

public utility *n* service *m* public.

public works *npl* travaux *mpl* publics.

publish [ˈpʌblɪʃ] *vt* publier.

publisher [ˈpʌblɪʃə^r] *n* éditeur *m*, -trice *f*.

publishing [ˈpʌblɪʃɪŋ] *n* (*U*) [industry] édition *f*.

publishing company, publishing house *n* société *f* OR maison *f* d'édition.

pub lunch *n* repas de midi servi dans un pub.

puce [pjuːs] *adj* puce (*inv*).

puck [pʌk] *n* ICE HOCKEY palet *m*, rondelle *f* Can.

pucker [ˈpʌkə^r] ◇ *vt* plisser ◇ *vi* se plisser.

pudding [ˈpʊdɪŋ] *n* **- 1.** [food - sweet] entremets *m* ; [- savoury] pudding *m* - **2.** *(U)* Br [course] dessert *m*.

puddle ['pʌdl] *n* flaque *f*.

pudgy ['pʌdʒɪ] = **podgy**.

puerile ['pjʊəraɪl] *adj* puéril(e).

Puerto Rican [,pwɜːtəʊ'riːkən] ◇ *adj* portoricain(e) ◇ *n* Portoricain *m*, -e *f*.

Puerto Rico [,pwɜːtəʊ'riːkəʊ] *n* Porto Rico, Puerto Rico.

puff [pʌf] ◇ *n* - **1.** [of cigarette, smoke] bouffée *f* - **2.** [gasp] souffle *m* ◇ *vt* [cigarette etc] tirer sur ◇ *vi* - **1.** [smoke] : **to ~ at** OR **on sthg** fumer qqch - **2.** [pant] haleter.

◆ **puff out** *vt sep* [cheeks, chest] gonfler.

◆ **puff up** *vi* se gonfler.

puffed [pʌft] *adj* - **1.** [swollen] : **~ (up)** gonflé(e) - **2.** Br inf [out of breath] : **~ (out)** essoufflé(e).

puffed sleeve *n* manche *f* ballon.

puffin ['pʌfɪn] *n* macareux *m*.

puffiness ['pʌfɪnɪs] *n* gonflement *m*, bouffissure *f*.

puff pastry, puff paste Am *n* (U) pâte *f* feuilletée.

puffy ['pʌfɪ] (*compar* -**ier** ; *superl* -**iest**) *adj* gonflé(e), bouffi(e).

pug [pʌg] *n* carlin *m*.

pugnacious [pʌg'neɪʃəs] *adj* fml querelleur(euse), batailleur(euse).

puke [pjuːk] *vi* inf dégobiller.

Pulitzer Prize [pʊlɪtsə-] *n* [in US] prix *m* Pulitzer.

PULITZER PRIZE

Prix institué par le journaliste américain Joseph Pulitzer, propriétaire du « New York World » et fondateur d'une école de journalisme. Décernés depuis 1917 par le conseil d'administration de l'Université de Columbia, ils récompensent chaque année en mai, entre autres, des journalistes, des écrivains et des compositeurs de musique.

pull [pʊl] ◇ *vt* - **1.** [gen] tirer - **2.** [strain - muscle, hamstring] se froisser - **3.** [tooth] arracher - **4.** [attract] attirer - **5.** [gun] sortir ◇ *vi* tirer ◇ *n* - **1.** [tug with hand] : **to give sthg a ~** tirer sur qqch - **2.** (U) [influence] influence *f*.

◆ **pull ahead** *vi* : **to ~ ahead (of)** prendre la tête (devant).

◆ **pull apart** *vt sep* [separate] séparer.

◆ **pull at** *vt fus* tirer sur.

◆ **pull away** *vi* - **1.** AUT démarrer - **2.** [in race] prendre de l'avance.

◆ **pull back** *vi* reculer.

◆ **pull down** *vt sep* [building] démolir.

◆ **pull in** *vi* AUT se ranger.

◆ **pull off** *vt sep* - **1.** [take off] enlever, ôter - **2.** [succeed in] réussir.

◆ **pull on** *vt sep* [clothes] mettre, enfiler.

◆ **pull out** ◇ *vt sep* [troops etc] retirer ◇ *vi* - **1.** RAIL partir, démarrer - **2.** AUT déboîter - **3.** [withdraw] se retirer.

◆ **pull over** *vi* AUT se ranger.

◆ **pull through** ◇ *vi* s'en sortir, s'en tirer ◇ *vt sep* tirer d'affaire.

◆ **pull together** ◇ *vt sep* : **to ~ o.s. together** se ressaisir, se reprendre ◇ *vi* fig faire un effort.

◆ **pull up** ◇ *vt sep* - **1.** [raise] remonter - **2.** [chair] avancer - **3.** [stop] : **to ~ sb up short** arrêter qqn court ◇ *vi* s'arrêter.

pull-down menu *n* COMPUT menu *m* déroulant.

pulley ['pʊlɪ] (*pl* -**s**) *n* poulie *f*.

pullout ['pʊlaʊt] *n* supplément *m* détachable.

pullover ['pʊl,əʊvə'] *n* pull *m*.

pulp [pʌlp] ◇ *adj* [fiction, novel] de quatre sous ◇ *n* - **1.** [for paper] pâte *f* à papier - **2.** [of fruit] pulpe *f* ◇ *vt* [food] réduire en pulpe.

pulpit ['pʊlpɪt] *n* chaire *f*.

pulsar ['pʌlsɑː'] *n* pulsar *m*.

pulsate [pʌl'seɪt] *vi* [heart] battre fort ; [air, music] vibrer.

pulse [pʌls] ◇ *n* - **1.** MED pouls *m* ; **to take sb's ~** prendre le pouls de qqn - **2.** TECH impulsion *f* ◇ *vi* battre, palpiter.

◆ **pulses** *npl* [food] légumes *mpl* secs.

pulverize, -ise ['pʌlvəraɪz] *vt* - **1.** [crush] pulvériser - **2.** fig [destroy - town] détruire ; [- person] démolir.

puma ['pjuːmə] (*pl inv* OR -**s**) *n* puma *m*.

pumice (stone) ['pʌmɪs-] *n* pierre *f* ponce.

pummel ['pʌml] (Br *pt* & *pp* -**led** ; *cont* -**ling**, Am *pt* & *pp* -**ed** ; *cont* -**ing**) *vt* bourrer de coups.

pump [pʌmp] ◇ *n* pompe *f* ◇ *vt* - **1.** [water, gas etc] pomper - **2.** inf [invest] : **to ~ money into sthg** injecter des capitaux dans qqch - **3.** inf [interrogate] essayer de tirer les vers du nez à ◇ *vi* [heart] battre fort.

◆ **pumps** *npl* [shoes] escarpins *mpl*.

pumpernickel ['pʌmpənɪkl] *n* pain *m* de seigle noir.

pumpkin ['pʌmpkɪn] *n* potiron *m*.

pumpkin pie *n* tarte *f* au potiron (*dessert achevant traditionnellement le dîner de Thanksgiving*).

pun [pʌn] *n* jeu *m* de mots, calembour *m*.

punch [pʌntʃ] ◇ *n* - **1.** [blow] coup *m* de poing

- **2.** [tool] poinçonneuse f - **3.** [drink] punch m ◇ vt - **1.** [hit - once] donner un coup de poing à ; [- repeatedly] donner des coups de poing à ; **to ~ a hole in sthg** faire un trou dans qqch - **2.** [ticket] poinçonner ; [paper] perforer.

➤ **punch in** vi Am pointer (en arrivant).

➤ **punch out** vi Am pointer (en partant).

Punch-and-Judy show [-'dʒuːdɪ-] n guignol m.

punch bag, punch ball, punching bag Am ['pʌntʃɪŋ-] n punching-ball m.

punch bowl n coupe f à punch.

punch-drunk adj sonné(e), groggy (inv).

punch(ed) card [pʌntʃ(t)-] n carte f perforée.

punching bag Am = punch bag.

punch line n chute f.

punch-up n Br inf bagarre f.

punchy ['pʌntʃɪ] (compar **-ier** ; superl **-iest**) adj inf [style] incisif(ive).

punctilious [pʌŋk'tɪlɪəs] adj pointilleux(euse).

punctual ['pʌŋktʃʊəl] adj ponctuel(elle).

punctually ['pʌŋktʃʊəlɪ] adv à l'heure.

punctuate ['pʌŋktʃʊeɪt] vt ponctuer.

punctuation [ˌpʌŋktʃʊ'eɪʃn] n ponctuation f.

punctuation mark n signe m de ponctuation.

puncture ['pʌŋktʃə'] ◇ n crevaison f ◇ vt [tyre, ball] crever ; [skin] piquer.

pundit ['pʌndɪt] n pontife m.

pungent ['pʌndʒənt] adj - **1.** [smell] âcre ; [taste] piquant(e) - **2.** fig [criticism] caustique, acerbe.

punish ['pʌnɪʃ] vt punir ; **to ~ sb for sthg/for doing sthg** punir qqn pour qqch/pour avoir fait qqch.

punishable ['pʌnɪʃəbl] adj punissable.

punishing ['pʌnɪʃɪŋ] adj [schedule, work] épuisant(e), éreintant(e) ; [defeat] cuisant(e).

punishment ['pʌnɪʃmənt] n punition f, châtiment m ; **to take a lot of ~** [car, furniture] être malmené.

punitive ['pjuːnətɪv] adj [action] punitif(ive) ; [tax] très lourd(e).

Punjab [ˌpʌn'dʒɑːb] n : **the ~** le Pendjab ; **in the ~** au Pendjab.

Punjabi [ˌpʌn'dʒɑːbɪ] ◇ adj du Pendjab ◇ n - **1.** [person] habitant m, -e f du Pendjab - **2.** [language] pendjabi m.

punk [pʌŋk] ◇ adj punk (inv) ◇ n - **1.** (U)

[music] : **~ (rock)** punk m - **2.** : **~ (rocker)** punk mf - **3.** Am inf [lout] loubard m.

punnet ['pʌnɪt] n Br barquette f.

punt [pʌnt] ◇ n [boat] bateau m à fond plat ◇ vi [in boat] se promener en bateau à fond plat.

punter ['pʌntə'] n Br - **1.** [gambler] parieur m, -euse f - **2.** inf [customer] client m, -e f.

puny ['pjuːnɪ] (compar **-ier** ; superl **-iest**) adj chétif(ive).

pup [pʌp] n - **1.** [young dog] chiot m - **2.** [young seal] bébé phoque m.

pupil ['pjuːpl] n - **1.** [student] élève mf - **2.** [of eye] pupille f.

puppet ['pʌpɪt] n - **1.** [toy] marionnette f - **2.** pej [person, country] fantoche m, pantin m.

puppet government n gouvernement m fantoche.

puppet show n spectacle m de marionnettes.

puppy ['pʌpɪ] (pl **-ies**) n chiot m.

puppy fat n (U) inf rondeurs fpl d'adolescence.

purchase ['pɜːtʃəs] ◇ n achat m ◇ vt acheter.

purchase order n bon m de commande OR d'achat.

purchase price n prix m d'achat.

purchaser ['pɜːtʃəsə'] n acheteur m, -euse f.

purchase tax n Br taxe f à l'achat.

purchasing power ['pɜːtʃəsɪŋ-] n pouvoir m d'achat.

purdah ['pɜːdə] n système qui oblige les femmes musulmanes à vivre à l'écart du monde.

pure [pjʊə'] adj pur(e).

purebred ['pjʊəbred] adj de race.

puree ['pjʊəreɪ] ◇ n purée f ◇ vt écraser en purée.

purely ['pjʊəlɪ] adv purement.

pureness ['pjʊənɪs] n pureté f.

purgative ['pɜːɡətɪv] n purgatif m.

purgatory ['pɜːɡətrɪ] (U) n hum [suffering] purgatoire m.

➤ **Purgatory** n [place] purgatoire m.

purge [pɜːdʒ] ◇ n POL purge f ◇ vt - **1.** POL purger - **2.** [rid] débarrasser, purger.

purification [ˌpjʊərɪfɪ'keɪʃn] n purification f, épuration f.

purifier ['pjʊərɪfaɪə'] n épurateur m.

purify ['pjʊərɪfaɪ] (pt & pp **-ied**) vt purifier, épurer.

purist ['pjʊərɪst] n puriste mf.

puritan ['pjʊərɪtən] ◇ *adj* puritain(e) ◇ *n* puritain *m*, -e *f*.

puritanical [,pjʊərɪ'tænɪkl] *adj* pej puritain (e).

purity ['pjʊərətɪ] *n* pureté *f*.

purl [pɜːl] ◇ *n* maille *f* à l'envers ◇ *vt* tricoter à l'envers.

purloin [pɜː'lɔɪn] *vt* fml OR hum voler, dérober.

purple ['pɜːpl] ◇ *adj* violet(ette) ◇ *n* violet *m*.

purport [pə'pɔːt] *vi* fml : **to ~ to do/be sthg** prétendre faire/être qqch.

purpose ['pɜːpəs] *n* - **1.** [reason] raison *f*, motif *m* - **2.** [aim] but *m*, objet *m ;* **to no ~** en vain, pour rien - **3.** [determination] détermination *f*.
◆ **on purpose** *adv* exprès.

purpose-built *adj* construit(e) spécialement.

purposeful ['pɜːpəsfʊl] *adj* résolu(e), déterminé(e).

purposely ['pɜːpəslɪ] *adv* exprès.

purr [pɜːʳ] ◇ *n* ronronnement *m* ◇ *vi* ronronner.

purse [pɜːs] ◇ *n* - **1.** [for money] portemonnaie *m inv*, bourse *f* - **2.** Am [handbag] sac *m* à main ◇ *vt* [lips] pincer.

purser ['pɜːsəʳ] *n* commissaire *m* de bord.

purse snatcher [-,snætʃər] *n* Am voleur *m*, -euse *f* à la tire.

purse strings *npl* : **to hold the ~** tenir les cordons de la bourse.

pursue [pə'sjuː] *vt* - **1.** [follow] poursuivre, pourchasser - **2.** [policy, aim] poursuivre ; [question] continuer à débattre ; [matter] approfondir ; [project] donner suite à ; **to ~ an interest in sthg** se livrer à qqch.

pursuer [pə'sjuːəʳ] *n* poursuivant *m*, -e *f*.

pursuit [pə'sjuːt] *n* - **1.** (U) fml [attempt to obtain] recherche *f*, poursuite *f* - **2.** [chase, in sport] poursuite *f ;* **in ~ of** à la poursuite de ; **in hot ~** aux trousses - **3.** [occupation] occupation *f*, activité *f*.

purveyor [pə'veɪəʳ] *n* fml fournisseur *m*.

pus [pʌs] *n* pus *m*.

push [pʊʃ] ◇ *vt* - **1.** [press, move - gen] pousser ; [- button] appuyer sur - **2.** [encourage] : **to ~ sb (to do sthg)** inciter OR pousser qqn (à faire qqch) - **3.** [force] : **to ~ sb (into doing sthg)** forcer OR obliger qqn (à faire qqch) - **4.** inf [promote] faire de la réclame pour - **5.** drugs sl vendre, fournir ◇ *vi* - **1.** [gen] pousser ; [on button] appuyer - **2.** [campaign] : **to ~ for sthg** faire pression pour obtenir qqch ◇ *n*

- **1.** [with hand] poussée *f* - **2.** [forceful effort] effort *m* - **3.** phr : **to give sb the ~** inf [end relationship] plaquer qqn ; [dismiss] ficher qqn à la porte.
◆ **push ahead** *vi* continuer, persévérer ; **to ~ ahead with sthg** persévérer dans qqch, continuer (à faire) qqch.
◆ **push around** *vt sep* inf fig marcher sur les pieds de.
◆ **push in** *vi* [in queue] resquiller.
◆ **push off** *vi* inf filer, se sauver.
◆ **push on** *vi* continuer.
◆ **push over** *vt sep* faire tomber.
◆ **push through** *vt sep* [law, reform] faire accepter.

pushbike ['pʊʃbaɪk] *n* Br vélo *m*.

push-button *adj* à touches.

pushcart ['pʊʃkɑːt] *n* charrette *f* à bras.

pushchair ['pʊʃtʃeəʳ] *n* Br poussette *f*.

pushed [pʊʃt] *adj* inf : **to be ~ for sthg** être à court de qqch ; **to be hard ~ to do sthg** avoir du mal OR de la peine à faire qqch.

pusher ['pʊʃəʳ] *n* drugs sl dealer *m*.

pushing ['pʊʃɪŋ] *prep* inf : **he's ~ 40** il frise la quarantaine.

pushover ['pʊʃ,əʊvəʳ] *n* inf : **it's a ~** c'est un jeu d'enfant.

push-start *vt* faire démarrer en poussant.

push-up *n* pompe *f*, traction *f*.

pushy ['pʊʃɪ] (compar -ier ; superl -iest) *adj* pej qui se met toujours en avant.

puss [pʊs], **pussy (cat)** ['pʊsɪ-] *n* inf minet *m*, minou *m*

pussy willow *n* saule *m*.

put [pʊt] (pt & pp put, cont -ting) *vt* - **1.** [gen] mettre ; **to ~ responsibility on sb** donner des responsabilités à qqn - **2.** [place] mettre, poser, placer ; **to ~ the children to bed** coucher les enfants - **3.** [express] dire, exprimer - **4.** [question] poser ; **to ~ it to sb that ...** suggérer à qqn que ... - **5.** [estimate] estimer, évaluer - **6.** [invest] : **to ~ money into** investir de l'argent dans ; **I've ~ a lot of time into this work** j'ai passé beaucoup de temps à faire ce travail.
◆ **put across** *vt sep* [ideas] faire comprendre.
◆ **put aside** *vt sep* - **1.** [place on one side] mettre de côté, poser - **2.** fig [money] mettre de côté ; [differences] ne pas tenir compte de.
◆ **put away** *vt sep* - **1.** [tidy away] ranger - **2.** inf [lock up] enfermer.
◆ **put back** *vt sep* - **1.** [replace] remettre (à sa place OR en place) - **2.** [postpone] remettre - **3.** [clock, watch] retarder.

◆ **put by** *vt sep* [money] mettre de côté.

◆ **put down** *vt sep* - **1.** [lay down] poser, déposer - **2.** [quell - rebellion] réprimer - **3.** inf [criticize] humilier - **4.** [write down] inscrire, noter - **5.** Br [kill] : **to have a dog/cat ~ down** faire piquer un chien/chat.

◆ **put down to** *vt sep* attribuer à.

◆ **put forward** *vt sep* - **1.** [propose] proposer, avancer - **2.** [meeting, clock, watch] avancer.

◆ **put in** *vt sep* - **1.** [spend - time] passer - **2.** [submit] présenter.

◆ **put off** *vt sep* - **1.** [postpone] remettre (à plus tard) - **2.** [cause to wait] décommander - **3.** [discourage] dissuader - **4.** [disturb] déconcerter, troubler - **5.** [cause to dislike] dégoûter - **6.** [switch off - radio, TV] éteindre.

◆ **put on** *vt sep* - **1.** [clothes] mettre, enfiler - **2.** [arrange - exhibition etc] organiser ; [- play] monter - **3.** [gain] : **to ~ on weight** prendre du poids, grossir - **4.** [switch on - radio, TV] allumer, mettre ; **to ~ the light on** allumer (la lumière) ; **to ~ the brake on** freiner - **5.** [record, CD, tape] passer, mettre - **6.** [start cooking] mettre à cuire - **7.** [pretend - gen] feindre ; [- accent etc] prendre - **8.** [bet] parier, miser - **9.** [add] ajouter - **10.** inf [tease] faire marcher.

◆ **put onto** *vt sep* : **to ~ sb onto sb/sthg** indiquer qqn/qqch à qqn.

◆ **put out** *vt sep* - **1.** [place outside] mettre dehors - **2.** [book, statement] publier ; [record] sortir - **3.** [fire, cigarette] éteindre ; **to ~ the light out** éteindre (la lumière) - **4.** [extend - hand] tendre - **5.** inf [injure] : **to ~ one's back/hip out** se démettre le dos/la hanche - **6.** [annoy, upset] : **to be ~ out** être contrarié(e) - **7.** [inconvenience] déranger ; **to ~ o.s. out** se donner du mal.

◆ **put over** *vt sep* [ideas] faire comprendre.

◆ **put through** *vt sep* TELEC passer.

◆ **put together** *vt sep* - **1.** [assemble - machine, furniture] monter, assembler ; [- team] réunir ; [- report] composer - **2.** [combine] mettre ensemble ; **more than all the others ~ together** plus que tous les autres réunis - **3.** [organize] monter, organiser.

◆ **put up** ◇ *vt sep* - **1.** [build - gen] ériger ; [- tent] dresser - **2.** [umbrella] ouvrir ; [flag] hisser - **3.** [fix to wall] accrocher - **4.** [provide - money] fournir - **5.** [propose - candidate] proposer - **6.** [increase] augmenter - **7.** [provide accommodation for] loger, héberger ◇ *vt fus* : **to ~ up a fight** se défendre.

◆ **put upon** *vt fus* Br : **to be ~ upon** se laisser faire.

◆ **put up to** *vt sep* : **to ~ sb up to sthg** pousser OR inciter qqn à faire qqch.

◆ **put up with** *vt fus* supporter.

putative ['pju:tətɪv] *adj* putatif(ive).

put-down *n* inf rebuffade *f*.

putrefaction [,pju:trɪ'fækʃn] *n* putréfaction *f*.

putrefy ['pju:trɪfaɪ] (*pt* & *pp* -ied) *vi* se putréfier.

putrid ['pju:trɪd] *adj* putride.

putsch [pʊtʃ] *n* putsch *m*.

putt [pʌt] ◇ *n* putt *m* ◇ *vt* & *vi* putter.

putter ['pʌtər] *n* [club] putter *m*.

◆ **putter about, putter around** *vi* Am bricoler.

putting green ['pʌtɪŋ-] *n* green *m*.

putty ['pʌtɪ] *n* mastic *m*.

put-up job *n* inf coup *m* monté.

put-upon *adj* inf qui se laisse marcher sur les pieds.

puzzle ['pʌzl] ◇ *n* - **1.** [toy] puzzle *m* ; [mental] devinette *f* - **2.** [mystery] mystère *m*, énigme *f* ◇ *vt* rendre perplexe ◇ *vi* : **to ~ over sthg** essayer de comprendre qqch.

◆ **puzzle out** *vt sep* comprendre.

puzzled ['pʌzld] *adj* perplexe.

puzzling ['pʌzlɪŋ] *adj* curieux(euse).

PVC (*abbr of* **polyvinyl chloride**) *n* PVC *m*.

Pvt. *abbr of* **Private**.

pw (*abbr of* **per week**) p.sem.

PWR (*abbr of* **pressurized-water reactor**) *n* REP *m*.

PX (*abbr of* **post exchange**) *n* magasin de l'armée.

pygmy ['pɪgmɪ] (*pl* -ies) *n* pygmée *m*.

pyjama [pə'dʒɑːmə] *comp* de pyjama.

pyjamas [pə'dʒɑːməz] *npl* pyjama *m* ; **a pair of ~** un pyjama.

pylon ['paɪlən] *n* pylône *m*.

pyramid ['pɪrəmɪd] *n* pyramide *f*.

pyramid selling *n* vente *f* en pyramide.

pyre ['paɪər] *n* bûcher *m* funéraire.

Pyrenean [,pɪrə'niːən] *adj* pyrénéen(enne).

Pyrenees [,pɪrə'niːz] *npl* : **the ~** les Pyrénées *fpl*.

Pyrex® ['paɪreks] ◇ *n* Pyrex® *m* ◇ *comp* en Pyrex®.

pyromaniac [,paɪrə'meɪnɪæk] *n* pyromane *mf*.

pyrotechnics [,paɪrəʊ'tekniks] ◇ *n* (U) pyrotechnie *f* ◇ *npl* fig [skill] feu *m* d'artifice.

python ['paɪθn] (*pl inv* OR -s) *n* python *m*.

q (*pl* **q's** OR **qs**), **Q** (*pl* **Q's** OR **Qs**) [kjuː] *n* [letter] q *m inv*, Q *m inv*.

Qatar [kæ'tɑːʳ] Qatar *m*, Katar *m ;* **in ~** au Qatar.

QC (*abbr of* **Queen's Counsel**) *n* ≃ bâtonnier *m* de l'ordre.

QED (*abbr of* **quod erat demonstrandum**) CQFD.

QM *abbr of* **quartermaster**.

q.t., QT (*abbr of* **quiet**) *inf :* **on the ~** en douce.

qty (*abbr of* **quantity**) qté.

quack [kwæk] ◇ *n* - **1.** [noise] coin-coin *m inv* - **2.** *inf pej* [doctor] charlatan *m* ◇ *vi* faire coin-coin.

quad [kwɒd] - **1.** *abbr of* **quadruple** - **2.** *abbr of* **quadrangle**.

quadrangle ['kwɒdræŋgl] *n* - **1.** [figure] quadrilatère *m* - **2.** [courtyard] cour *f*.

quadrant ['kwɒdrənt] *n* quadrant *m*.

quadraphonic [ˌkwɒdrə'fɒnɪk] *adj* quadriphonique.

quadrilateral [ˌkwɒdrɪ'lætərəl] ◇ *adj* quadrilatéral(e) ◇ *n* quadrilatère *m*.

quadruped ['kwɒdrʊped] *n* quadrupède *m*.

quadruple [kwɒ'druːpl] ◇ *adj* quadruple ◇ *vt* & *vi* quadrupler.

quadruplets ['kwɒdrʊplɪts] *npl* quadruplés *mpl*.

quads [kwɒdz] *npl inf* quadruplés *mpl*.

quaff [kwɒf] *vt dated* boire (à longs traits).

quagmire ['kwægmaɪəʳ] *n* bourbier *m*.

quail [kweɪl] (*pl inv* OR **-s**) ◇ *n* caille *f* ◇ *vi literary* reculer.

quaint [kweɪnt] *adj* pittoresque.

quaintness ['kweɪntnɪs] *n* pittoresque *m*.

quake [kweɪk] ◇ *n* (*abbr of* **earthquake**) *inf* tremblement *m* de terre ◇ *vi* trembler.

Quaker ['kweɪkəʳ] *n* quaker *m*, -eresse *f*.

qualification [ˌkwɒlɪfɪ'keɪʃn] *n* - **1.** [certificate] diplôme *m* - **2.** [quality, skill] compétence *f* - **3.** [qualifying statement] réserve *f*.

qualified ['kwɒlɪfaɪd] *adj* - **1.** [trained] diplô-

mé(e) - **2.** [able] : **to be ~ to do** sthg avoir la compétence nécessaire pour faire qqch - **3.** [limited] restreint(e), modéré(e).

qualify ['kwɒlɪfaɪ] (*pt* & *pp* **-ied**) ◇ *vt* - **1.** [modify] apporter des réserves à - **2.** [entitle] : **to ~ sb to do** sthg qualifier qqn pour faire qqch ◇ *vi* - **1.** [pass exams] obtenir un diplôme - **2.** [be entitled] : **to ~ (for** sthg) avoir droit (à qqch), remplir les conditions requises (pour qqch) - **3.** SPORT se qualifier.

qualifying ['kwɒlɪfaɪɪŋ] *adj* - **1.** [modifying] nuancé(e) - **2.** [entitling] : **~ exam** examen *m* d'entrée - **3.** SPORT [time] qui permet de se qualifier ; **~ round** série *f* éliminatoire.

qualitative ['kwɒlɪtətɪv] *adj* qualitatif(ive).

quality ['kwɒlətɪ] (*pl* **-ies**) ◇ *n* qualité *f* ◇ *comp* de qualité.

quality control *n* contrôle *m* de qualité.

quality press *n* Br : **the ~** la presse sérieuse.

qualms [kwɑːmz] *npl* doutes *mpl*.

quandary ['kwɒndərɪ] (*pl* **-ies**) *n* embarras *m ;* **to be in a ~ about** OR **over** sthg être bien embarrassé à propos de qqch.

quango ['kwæŋgəʊ] (*pl* **-s**) *n* (*abbr of* **quasiautonomous non-governmental organization**) Br *usu pej* commission indépendante financée par l'État.

quantifiable [kwɒntɪ'faɪəbl] *adj* quantifiable.

quantify ['kwɒntɪfaɪ] (*pt* & *pp* **-ied**) *vt* quantifier.

quantitative ['kwɒntɪtətɪv] *adj* quantitatif(ive).

quantity ['kwɒntətɪ] (*pl* **-ies**) *n* quantité *f ;* **in ~** en quantité ; **an unknown ~** une inconnue.

quantity surveyor *n* métreur *m*, -euse *f*.

quantum leap ['kwɒntəm-] *n fig* bond *m* en avant.

quantum theory ['kwɒntəm-] *n* théorie *f* des quanta.

quarantine ['kwɒrəntiːn] ◇ *n* quarantaine *f ;* **to be in ~** être en quarantaine ◇ *vt* mettre en quarantaine.

quark [kwɑːk] *n* quark *m*.

quarrel ['kwɒrəl] (Br *pt* & *pp* **-led** ; *cont* **-ling**, Am *pt* & *pp* **-ed** ; *cont* **-ing**) ◇ *n* querelle *f*, dispute *f ;* **I have no ~ with her** je n'ai rien contre elle ◇ *vi :* **to ~ (with)** se quereller (avec), se disputer (avec).

quarrelsome ['kwɒrəlsəm] *adj* querelleur (euse).

quarry ['kwɒrɪ] (*pl* **-ies**, *pt* & *pp* **-ied**) ◇ *n*

-1. [place] carrière f - **2.** [prey] proie f ⬦ vt extraire.

quarry tile n carreau m.

quart [kwɔːt] n = 1,136 litre Br, = 0,946 litre Am, ≈ litre m.

quarter ['kwɔːtəʳ] n - **1.** [fraction, weight] quart m ; **a ~ past two** Br, **a ~ after two** Am deux heures et quart ; **a ~ to two** Br, **a ~ of two** Am deux heures moins le quart - **2.** [of year] trimestre m - **3.** Am [coin] pièce f de 25 cents - **4.** [area in town] quartier m - **5.** [direction] : **from all ~s** de tous côtés.

➤ **quarters** npl [rooms] quartiers mpl.
➤ **at close quarters** adv de près.

quarterback ['kwɔːtəbæk] n SPORT quarterback m, quart-arrière mf Can.

quarterdeck ['kwɔːtədek] n gaillard m d'arrière.

quarterfinal [ˌkwɔːtə'faɪnl] n quart m de finale.

quarter-hour adj [intervals] d'un quart d'heure.

quarter light n Br AUT déflecteur m.

quarterly ['kwɔːtəlɪ] (pl -ies) ⬦ adj trimestriel(elle) ⬦ adv trimestriellement ⬦ n publication f trimestrielle.

quartermaster ['kwɔːtəˌmaːstəʳ] n MIL intendant m.

quarter note n Am MUS noire f.

quarter sessions npl [in UK] tribunal m de grande instance ; [in US] dans certains États, tribunal local à compétence criminelle, pouvant avoir des fonctions administratives.

quartet [kwɔː'tet] n quatuor m.

quarto ['kwɔːtəʊ] (pl -s) n in-quarto m inv.

quartz [kwɔːts] n quartz m.

quartz watch n montre f à quartz.

quasar ['kweɪzaːʳ] n quasar m.

quash [kwɒʃ] vt - **1.** [sentence] annuler, casser - **2.** [rebellion] réprimer.

quasi- ['kweɪzaɪ] prefix quasi-.

quaver ['kweɪvəʳ] ⬦ n - **1.** MUS croche f - **2.** [in voice] tremblement m, chevrotement m ⬦ vi trembler, chevroter.

quavering ['kweɪvərɪŋ] adj tremblant(e), chevrotant(e).

quay [kiː] n quai m.

quayside ['kiːsaɪd] n bord m du quai.

queasy ['kwiːzɪ] (compar -ier ; superl -iest) adj : **to feel ~** avoir mal au cœur.

Quebec [kwɪ'bek] n - **1.** [province] Québec m ; **in ~** au Québec - **2.** [city] Québec.

Quebecer, Quebecker [kwɪ'bekəʳ] n Québécois m, -e f.

queen [kwiːn] n - **1.** [gen] reine f - **2.** [playing card] dame f.

Queen Mother n : **the ~** la reine mère.

Queen's Counsel n Br avocat m de la Couronne.

Queen's English n Br : **the ~** l'anglais m correct.

queen's evidence n Br : **to turn ~** témoigner contre ses complices.

queer [kwɪəʳ] ⬦ adj [odd] étrange, bizarre ; **I'm feeling a bit ~** je ne me sens pas très bien ⬦ n inf pej pédé m, homosexuel m.

quell [kwel] vt réprimer, étouffer.

quench [kwentʃ] vt : **to ~ one's thirst** se désaltérer.

querulous ['kwerʊləs] adj [child] ronchonneur(euse) ; [voice] plaintif(ive).

query ['kwɪərɪ] (pl -ies, pt & pp -ied) ⬦ n question f ⬦ vt mettre en doute, douter de.

quest [kwest] n literary : **~ (for)** quête f (de).

question ['kwestʃn] ⬦ n - **1.** [gen] question f ; **to ask (sb) a ~** poser une question (à qqn) - **2.** [doubt] doute m ; **to call** OR **bring sthg into ~** mettre qqch en doute ; **it's open to ~ whether...** on peut se demander si... ; **without ~** incontestablement, sans aucun doute ; **beyond ~** [know] sans aucun doute - **3.** phr : **there's no ~ of ...** il n'est pas question de ... ⬦ vt - **1.** [interrogate] questionner - **2.** [express doubt about] mettre en question OR doute.

➤ **in question** adv : **the ... in ~** le/la/les ... en question.
➤ **out of the question** adv hors de question.

questionable ['kwestʃənəbl] adj - **1.** [uncertain] discutable - **2.** [not right, not honest] douteux(euse).

questioner ['kwestʃənəʳ] n personne f qui pose une question.

questioning ['kwestʃənɪŋ] ⬦ adj interrogateur(trice) ⬦ n (U) interrogation f.

question mark n point m d'interrogation.

question master esp Br, **quizmaster** esp Am ['kwɪzˌmaːstəʳ] n meneur m de jeu.

questionnaire [ˌkwestʃə'neəʳ] n questionnaire m.

question time n Br POL heure réservée aux questions des députés.

queue [kjuː] Br ⬦ n queue f, file f ; **to jump the ~** resquiller, passer avant son tour ⬦ vi faire la queue.

queue-jump *vi* Br resquiller.

quibble ['kwɪbl] pej ⟨⟩ *n* chicane *f* ⟨⟩ *vi* : **to ~ (over** OR **about)** chicaner (à propos de).

quiche [kiːʃ] *n* quiche *f*.

quick [kwɪk] ⟨⟩ *adj* - **1.** [gen] rapide - **2.** [response, decision] prompt(e), rapide ⟨⟩ *adv* vite, rapidement.

quicken ['kwɪkn] ⟨⟩ *vt* accélérer, presser ⟨⟩ *vi* s'accélérer.

quickly ['kwɪklɪ] *adv* - **1.** [rapidly] vite, rapidement - **2.** [without delay] promptement, immédiatement.

quickness ['kwɪknɪs] *n* [speed] rapidité *f*.

quicksand ['kwɪksænd] *n* sables *mpl* mouvants.

quicksilver ['kwɪk,sɪlvə'] *n* vif-argent *m*, mercure *m*.

quickstep ['kwɪkstep] *n* : **the ~** le fox-trot.

quick-tempered *adj* emporté(e).

quick-witted [-'wɪtɪd] *adj* [person] à l'esprit vif.

quid [kwɪd] (*pl inv*) *n* Br inf livre *f*.

quid pro quo [-'kwəu] (*pl* quid pro quos [-'kwəuz]) *n* contrepartie *f*.

quiescent [kwaɪ'esnt] *adj fml* immobile.

quiet ['kwaɪət] ⟨⟩ *adj* - **1.** [not noisy] tranquille ; [voice] bas (basse) ; [engine] silencieux(euse) ; **be ~!** taisez-vous ! - **2.** [not busy] calme - **3.** [silent] silencieux(euse) ; **to keep ~ about** sthg ne rien dire à propos de qqch, garder qqch secret - **4.** [intimate] intime ; **to have a ~ word with sb** dire deux mots en particulier à qqn - **5.** [colour] discret(ète), sobre ⟨⟩ *n* tranquillité *f* ; **on the ~** inf en douce ⟨⟩ *vt* Am calmer, apaiser.

➤ **quiet down** ⟨⟩ *vt sep* calmer, apaiser ⟨⟩ *vi* se calmer.

quieten ['kwaɪətn] *vt* calmer, apaiser.

➤ **quieten down** ⟨⟩ *vt sep* calmer, apaiser ⟨⟩ *vi* se calmer.

quietly ['kwaɪətlɪ] *adv* - **1.** [without noise] sans faire de bruit, silencieusement ; [say] doucement - **2.** [without excitement] tranquillement, calmement - **3.** [without fuss - leave] discrètement.

quietness ['kwaɪətnɪs] (*U*) *n* - **1.** [silence] silence *m* - **2.** [peacefulness] calme *m*, tranquillité *f*.

quiff [kwɪf] *n* Br mèche *f*.

quill (pen) [kwɪl-] *n* plume *f* d'oie.

quilt [kwɪlt] *n* [padded] édredon *m* ; **(continental) ~** couette *f*.

quilted ['kwɪltɪd] *adj* matelassé(e).

quince [kwɪns] *n* coing *m*.

quinine [kwɪ'niːn] *n* quinine *f*.

quins Br [kwɪnz], **quints** Am [kwɪnts] *npl* inf quintuplés *mpl*.

quintessential [kwɪntə'senʃl] *adj* typique.

quintet [kwɪn'tet] *n* quintette *m*.

quints Am = **quins**.

quintuplets [kwɪn'tjuːplɪts] *npl* quintuplés *mpl*.

quip [kwɪp] (*pt* & *pp* **-ped** ; *cont* **-ping**) ⟨⟩ *n* raillerie *f* ⟨⟩ *vi* railler.

quire ['kwaɪə'] *n* cahier *m*.

quirk [kwɜːk] *n* bizarrerie *f* ; **a ~ of fate** un caprice du sort.

quirky ['kwɜːkɪ] (*compar* **-ier** ; *superl* **-iest**) *adj* étrange, bizarre.

quit [kwɪt] (Br *pt* & *pp* quit OR **-ted**, *cont* **-ting**, Am *pt* & *pp* quit, *cont* **-ting**) ⟨⟩ *vt* - **1.** [resign from] quitter - **2.** [stop] : **to ~ smoking** arrêter de fumer ⟨⟩ *vi* - **1.** [resign] démissionner - **2.** [give up] abandonner.

quite [kwaɪt] *adv* - **1.** [completely] tout à fait, complètement ; **I ~ agree** je suis entièrement d'accord ; **not ~** pas tout à fait ; **I don't ~ understand** je ne comprends pas bien - **2.** [fairly] assez, plutôt - **3.** [for emphasis] : **she's ~ a singer** c'est une chanteuse formidable ; **it was ~ a surprise** c'était une drôle de surprise - **4.** [to express agreement] : **~ (so)!** exactement !

Quito ['kiːtəu] *n* Quito.

quits [kwɪts] *adj* inf : **to be ~ (with sb)** être quitte (envers qqn) ; **to call it ~** en rester là.

quitter ['kwɪtə'] *n* inf pej dégonflé *m*, -e *f*.

quiver ['kwɪvə'] ⟨⟩ *n* - **1.** [shiver] frisson *m* - **2.** [for arrows] carquois *m* ⟨⟩ *vi* frissonner.

quivering ['kwɪvərɪŋ] *adj* frissonnant(e).

quixotic [kwɪk'sɒtɪk] *adj* chevaleresque.

quiz [kwɪz] (*pl* quizzes, *pt* & *pp* **-zed**, *cont* **-zing**) ⟨⟩ *n* - **1.** [gen] quiz *m*, jeu-concours *m* - **2.** Am SCH interrogation *f* ⟨⟩ *vt* : **to ~ sb (about sthg)** interroger qqn (au sujet de qqch).

quizmaster esp Am = **question master**.

quizzical ['kwɪzɪkl] *adj* narquois(e), moqueur(euse).

quoits [kwɔɪts] *n* (*U*) jeu *m* de palet.

Quonset hut ['kwɒnsɪt-] *n* Am hutte *f* préfabriquée en tôle.

quorate ['kwɔːreɪt] *adj* Br dont le quorum est atteint.

quorum ['kwɔːrəm] *n* quorum *m*.

quota ['kwəutə] *n* quota *m*.

quotation [kwəu'teɪʃn] *n* - **1.** [citation] citation *f* - **2.** COMM devis *m*.

quotation marks *npl* guillemets *mpl ;* in ~ entre guillemets.

quote [kwəʊt] ◇ *n* - **1.** [citation] citation *f* - **2.** COMM devis *m* ◇ *vt* - **1.** [cite] citer - **2.** COMM indiquer, spécifier ◇ *vi* - **1.** [cite] : **to ~ (from sthg)** citer (qqch) - **2.** COMM : **to ~ for sthg** établir un devis pour qqch.
➤ **quotes** *npl inf* guillemets *mpl.*

quoted company ['kwəʊtɪd-] *n* Br société *f* cotée en Bourse.

quotient ['kwəʊʃnt] *n* quotient *m.*

qv (*abbr of* **quod vide**) *expression renvoyant le lecteur à une autre entrée dans une encyclopédie.*

qwerty keyboard ['kwɜːtɪ-] *n* Br clavier *m* QWERTY.

R

r (*pl* **r's** OR **rs**), **R** (*pl* **R's** OR **Rs**) [ɑːʳ] *n* [letter] r *m inv,* R *m inv.*
➤ **R** - **1.** (*abbr of* **right**) dr. - **2.** *abbr of* **River** - **3.** (*abbr of* **Réaumur**) R - **4.** (*abbr of* **restricted**) *aux États-Unis, indique qu'un film est interdit aux moins de 17 ans* - **5.** Am *abbr of* **Republican** - **6.** Br (*abbr of* **Rex**) *suit le nom d'un roi* - **7.** Br (*abbr of* **Regina**) *suit le nom d'une reine.*

RA (*abbr of* **Royal Academy**) *n académie britannique des beaux-arts* (*organisant notamment un salon annuel*).

RAAF (*abbr of* **Royal Australian Air Force**) *n armée de l'air australienne.*

Rabat [rəˈbɑːt] *n* Rabat.

rabbi ['ræbaɪ] *n* rabbin *m.*

rabbit ['ræbɪt] *n* lapin *m.*

rabbit hole *n* terrier *m.*

rabbit hutch *n* clapier *m.*

rabbit warren *n* garenne *f.*

rabble ['ræbl] *n* cohue *f.*

rabble-rousing *adj* [speech] qui incite à la violence.

rabid ['ræbɪd, 'reɪbɪd] *adj* lit & fig enragé(e).

rabies ['reɪbiːz] *n* rage *f.*

RAC (*abbr of* **Royal Automobile Club**) *n* club *automobile britannique,* ≃ TCF *m,* ≃ ACF *m.*

raccoon [rəˈkuːn] *n* raton *m* laveur, chat *m* sauvage Can.

race [reɪs] ◇ *n* - **1.** [competition] course *f* - **2.** [people, ethnic background] race *f* ◇ *vt* - **1.** [compete against] faire la course avec - **2.** [horse] faire courir ◇ *vi* - **1.** [compete] courir ; **to ~ against sb** faire la course avec qqn - **2.** [rush] : **to ~ in/out** entrer/sortir à toute allure - **3.** [pulse] être très rapide - **4.** [engine] s'emballer.

race car Am = **racing car.**

racecourse ['reɪskɔːs] *n* champ *m* de courses.

race driver Am = **racing driver.**

racehorse ['reɪshɔːs] *n* cheval *m* de course.

race meeting *n* courses *fpl.*

race relations *npl* relations *fpl* interraciales.

race riot *n* émeute *f* raciale.

racetrack ['reɪstræk] *n* piste *f.*

racial discrimination ['reɪʃl-] *n* discrimination *f* raciale.

racialism *etc* ['reɪʃəlɪzm] = **racism** *etc.*

racing ['reɪsɪŋ] *n (U)* : (horse) ~ les courses *fpl.*

racing car Br, **race car** Am *n* voiture *f* de course.

racing driver Br, **race driver** Am *n* coureur *m* automobile, pilote *m* de course.

racism ['reɪsɪzm] *n* racisme *m.*

racist ['reɪsɪst] ◇ *adj* raciste ◇ *n* raciste *mf.*

rack [ræk] ◇ *n* [for bottles] casier *m ;* [for luggage] porte-bagages *m inv ;* [for plates] égouttoir *m ;* **toast ~** porte-toasts *m inv* ◇ *vt literary* : **to be ~ed by** OR **with sthg** être tenaillé(e) par qqch.

racket ['rækɪt] *n* - **1.** [noise] boucan *m* - **2.** [illegal activity] racket *m* - **3.** SPORT raquette *f.*

racketeering [ˌrækəˈtɪərɪŋ] *n* racket *m.*

raconteur [ˌrækɒnˈtɜːʳ] *n* conteur *m,* -euse *f.*

racquet ['rækɪt] *n* raquette *f.*

racy ['reɪsɪ] (*compar* -**ier** ; *superl* -**iest**) *adj* [novel, style] osé(e).

RADA ['rɑːdə] (*abbr of* **Royal Academy of Dramatic Art**) *n conservatoire britannique d'art dramatique.*

radar ['reɪdɑːʳ] *n* radar *m.*

radar trap *n* piège *m* radar.

radial (tyre) ['reɪdjəl-] *n* pneu *m* à carcasse radiale.

radian ['reɪdjən] *n* radian *m.*

radiance ['reɪdjəns] n (U) rayonnement m, éclat m.

radiant ['reɪdjənt] adj - **1.** [happy] radieux(euse) - **2.** literary [brilliant] rayonnant(e) - **3.** TECH radiant(e).

radiate ['reɪdɪeɪt] ⇔ vt - **1.** [heat, light] émettre, dégager - **2.** fig [confidence, health] respirer ⇔ vi - **1.** [heat, light] irradier - **2.** [roads, lines] rayonner.

radiation [,reɪdɪ'eɪʃn] n [radioactive] radiation f.

radiation sickness n mal m des rayons.

radiator ['reɪdɪeɪtəʳ] n radiateur m.

radiator grille n calandre f.

radical ['rædɪkl] ⇔ adj radical(e) ⇔ n POL radical m, -e f.

radically ['rædɪklɪ] adv radicalement.

radii ['reɪdɪaɪ] pl ⊏⊐ radius.

radio ['reɪdɪəʊ] (pl -s) ⇔ n radio f ; on the ~ à la radio ⇔ comp de radio ⇔ vt [person] appeler par radio ; [information] envoyer par radio.

radioactive [,reɪdɪəʊ'æktɪv] adj radioactif(ive).

radioactive waste n (U) déchets mpl radioactifs.

radioactivity [,reɪdɪəʊæk'tɪvətɪ] n radioactivité f.

radio alarm n radio-réveil m.

radio-controlled [-kən'trəʊld] adj téléguidé(e).

radio frequency n radiofréquence f.

radiogram ['reɪdɪəʊ,græm] n [message] radiogramme m.

radiographer [,reɪdɪ'ɒɡrəfəʳ] n radiologue mf.

radiography [,reɪdɪ'ɒɡrəfɪ] n radiographie f.

radiology [,reɪdɪ'ɒlədʒɪ] n radiologie f.

radiopaging ['reɪdɪəʊ,peɪdʒɪŋ] n système d'appel par récepteur de poche.

radiotelephone [,reɪdɪəʊ'telɪfəʊn] n radiotéléphone m.

radiotherapist [,reɪdɪəʊ'θerəpɪst] n radiothérapeute mf.

radiotherapy [,reɪdɪəʊ'θerəpɪ] n radiothérapie f.

radish ['rædɪʃ] n radis m.

radium ['reɪdɪəm] n radium m.

radius ['reɪdɪəs] (pl radii ['reɪdɪaɪ]) n - **1.** MATH rayon m - **2.** ANAT radius m.

radon ['reɪdɒn] n radon m.

RAF [ɑːr'ef, ræf] n abbr of **Royal Air Force.**

raffia ['ræfɪə] n raphia m.

raffish ['ræfɪʃ] adj dissolu(e).

raffle ['ræfl] ⇔ n tombola f ⇔ vt mettre en tombola.

raft [rɑːft] n - **1.** [of wood] radeau m - **2.** [large number] tas m ; a ~ of policies POL un train de mesures.

rafter ['rɑːftəʳ] n chevron m.

rag [ræɡ] n - **1.** [piece of cloth] chiffon m ; it's like a red ~ to a bull c'est comme la couleur rouge pour le taureau - **2.** pej [newspaper] torchon m.

➡ **rags** npl [clothes] guenilles fpl ; from ~s to riches de la misère à la richesse.

ragamuffin ['ræɡə,mʌfɪn] n galopin m.

rag-and-bone man n chiffonnier m.

ragbag ['ræɡbæɡ] n fig ramassis m.

rag doll n poupée f de chiffon.

rage [reɪdʒ] ⇔ n - **1.** [fury] rage f, fureur f - **2.** inf [fashion] : to be (all) the ~ faire fureur ⇔ vi - **1.** [person] être furieux(euse) - **2.** [storm, argument] faire rage.

ragged ['ræɡɪd] adj - **1.** [person] en haillons ; [clothes] en lambeaux - **2.** [line, edge, performance] inégal(e).

raging ['reɪdʒɪŋ] adj [thirst, headache] atroce ; [storm] déchaîné(e).

ragout ['ræɡuː] n ragoût m.

ragtime ['ræɡtaɪm] n ragtime m.

rag trade n inf : the ~ la confection.

rag week n Br semaine de carnaval organisée par des étudiants afin de collecter des fonds pour des œuvres charitables.

raid [reɪd] ⇔ n - **1.** MIL raid m - **2.** [by criminals] hold-up m inv ; [by police] descente f ⇔ vt - **1.** MIL faire un raid sur - **2.** [subj : criminals] faire un hold-up dans ; [subj : police] faire une descente dans.

raider ['reɪdəʳ] n - **1.** [attacker] agresseur m - **2.** [thief] braqueur m.

rail [reɪl] ⇔ n - **1.** [on ship] bastingage m ; [on staircase] rampe f ; [on walkway] garde-fou m - **2.** [bar] barre f - **3.** RAIL rail m ; by ~ en train ⇔ comp [transport, travel] par le train ; [strike] des cheminots.

railcard ['reɪlkɑːd] n Br carte donnant droit à des tarifs préférentiels sur les chemins de fer.

railing ['reɪlɪŋ] n [fence] grille f ; [on ship] bastingage m ; [on staircase] rampe f ; [on walkway] garde-fou m.

railway Br ['reɪlweɪ], **railroad** Am ['reɪlrəʊd] n [system, company] chemin m de fer ; [track] voie f ferrée.

railway engine n locomotive f.

railway line *n* [route] ligne *f* de chemin de fer ; [track] voie *f* ferrée.

railwayman ['reɪlweɪmən] (*pl* -men [-mən]) *n* Br cheminot *m*.

railway station *n* gare *f*.

railway track *n* voie *f* ferrée.

rain [reɪn] ◇ *n* pluie *f* ◇ *v impers* METEOR pleuvoir ; **it's ~ing** il pleut ◇ *vi* [fall like rain] pleuvoir.

◆ **rain down** *vi* pleuvoir.

◆ **rain off** Br, **rain out** Am *vt sep* annuler à cause de la pluie.

rainbow ['reɪnbəʊ] *n* arc-en-ciel *m*.

rain check *n* Am : **I'll take a ~ (on that)** une autre fois peut-être.

raincoat ['reɪnkəʊt] *n* imperméable *m*.

raindrop ['reɪndrɒp] *n* goutte *f* de pluie.

rainfall ['reɪnfɔːl] *n* [shower] chute *f* de pluie ; [amount] précipitations *fpl*.

rain forest *n* forêt *f* tropicale humide.

rain gauge *n* pluviomètre *m*.

rainproof ['reɪnpruːf] *adj* imperméable.

rainstorm ['reɪnstɔːm] *n* trombe *f* d'eau, pluie *f* torrentielle.

rainwater ['reɪn,wɔːtəʳ] *n* eau *f* de pluie.

rainy ['reɪnɪ] (*compar* -ier ; *superl* -iest) *adj* pluvieux(euse).

raise [reɪz] ◇ *vt* - **1.** [lift up] lever ; **to ~ o.s.** se lever - **2.** [increase - gen] augmenter ; [- standards] élever ; **to ~ one's voice** élever la voix - **3.** [obtain] : **to ~ money** [from donations] collecter des fonds ; [by selling, borrowing] se procurer de l'argent - **4.** [subject, doubt] soulever ; [memories] évoquer - **5.** [children, cattle] élever - **6.** [crops] cultiver - **7.** [build] ériger, élever ◇ *n* Am augmentation *f* (de salaire).

raisin ['reɪzn] *n* raisin *m* sec.

Raj [rɑːdʒ] *n* : **the ~** l'empire britannique aux Indes.

rajah ['rɑːdʒə] *n* raja *m*, rajah *m*.

rake [reɪk] ◇ *n* - **1.** [implement] râteau *m* - **2.** dated & literary [immoral man] débauché *m* ◇ *vt* [path, lawn] ratisser ; [leaves] râteler.

◆ **rake in** *vt sep* inf amasser.

◆ **rake up** *vt sep* [past] fouiller dans.

rake-off *n* inf pourcentage *m*, commission *f*.

rakish ['reɪkɪʃ] *adj* - **1.** [dissolute] dissolu(e) - **2.** [jaunty] désinvolte.

rally ['rælɪ] (*pl* -ies, *pt* & *pp* -ied) ◇ *n* - **1.** [meeting] rassemblement *m* - **2.** [car race] rallye *m* - **3.** SPORT [exchange of shots] échange *m* ◇ *vt* rallier ◇ *vi* - **1.** [supporters] se rallier - **2.** [patient] aller mieux ; [prices] remonter.

◆ **rally round** ◇ *vt fus* apporter son soutien à ◇ *vi* inf venir en aide.

rallying ['rælɪɪŋ] *n* (U) rallye *m*.

rallying cry *n* cri *m* de ralliement.

rallying point *n* point *m* de rassemblement

ram [ræm] (*pt* & *pp* -med ; *cont* -ming) ◇ *n* bélier *m* ◇ *vt* - **1.** [crash into] percuter contre, emboutir - **2.** [force] tasser - **3.** phr : **to ~ sthg home** beaucoup insister sur qqch.

RAM [ræm] (*abbr of* **random access memory**) *n* RAM *f*.

Ramadan [,ræmə'dæn] *n* ramadan *m*.

ramble ['ræmbl] ◇ *n* randonnée *f*, promenade *f* à pied ◇ *vi* - **1.** [walk] faire une promenade à pied - **2.** pej [talk] radoter.

◆ **ramble on** *vi* pej radoter.

rambler ['ræmbləʳ] *n* [walker] randonneur *m*, -euse *f*.

rambling ['ræmblɪŋ] *adj* - **1.** [house] plein(e) de coins et recoins - **2.** [speech] décousu(e).

RAMC (*abbr of* **Royal Army Medical Corps**) *n* service de santé des armées britanniques.

ramekin ['ræmɪkɪn] *n* ramequin *m*.

ramification [,ræmɪfɪ'keɪʃn] *n* ramification *f*.

ramp [ræmp] *n* - **1.** [slope] rampe *f* - **2.** AUT [to slow traffic down] ralentisseur *m* ; 'ramp' 'dénivellation'.

rampage [ræm'peɪdʒ] ◇ *n* : **to go on the ~** tout saccager ◇ *vi* se déchaîner.

rampant ['ræmpənt] *adj* qui sévit.

ramparts ['ræmpɑːts] *npl* rempart *m*.

ramshackle ['ræm,ʃækl] *adj* branlant(e).

ran [ræn] *pt* ➞ **run**.

RAN (*abbr of* **Royal Australian Navy**) *n* marine de guerre australienne.

ranch [rɑːntʃ] *n* ranch *m*.

rancher ['rɑːntʃəʳ] *n* propriétaire *mf* de ranch.

ranch house *n* Am ranch *m*.

rancid ['rænsɪd] *adj* rance.

rancour Br, **rancor** Am ['ræŋkəʳ] *n* rancœur *f*.

random ['rændəm] ◇ *adj* fait(e) au hasard ; [number] aléatoire ◇ *n* : **at ~** au hasard.

random access memory *n* COMPUT mémoire *f* vive.

randomly ['rændəmlɪ] *adv* au hasard.

R and R (*abbr of* **rest and recreation**) *n* Am permission *f*.

randy ['rændɪ] (*compar* -ier ; *superl* -iest) *adj* inf excité(e).

rang [ræŋ] *pt* ▷ **ring**.

range [reɪndʒ] (*cont* **rangeing**) ▷ *n* - **1.** [of plane, telescope etc] portée *f* ; **at close ~** à bout portant ; **to be out of ~** être hors de portée ; **to be within ~ of** être à portée de - **2.** [of subjects, goods] gamme *f* ; **price ~** éventail *m* des prix - **3.** [of mountains] chaîne *f* - **4.** [shooting area] champ *m* de tir - **5.** MUS [of voice] tessiture *f* ▷ *vt* [place in row] mettre en rang ▷ *vi* - **1.** [vary] **to ~ between ... and ...** varier entre ... et ... ; **to ~ from ... to ...** varier de ... à ... - **2.** [include] : **to ~ over sthg** couvrir qqch.

ranger [reɪndʒəʳ] *n* garde *m* forestier.

Rangoon [ræŋ'guːn] *n* Rangoon.

rangy [reɪndʒɪ] (*compar* **-ier** ; *superl* **-iest**) *adj* élancé(e).

rank [ræŋk] ▷ *adj* - **1.** [absolute - disgrace, stupidity] complet(ète) ; [- injustice] flagrant(e) ; **he's a ~ outsider** il n'a aucune chance - **2.** [smell] fétide ▷ *n* - **1.** [in army, police etc] grade *m* ; **to pull ~** user de sa supériorité hiérarchique (pour faire faire qqch à qqn) - **2.** [social class] rang *m* - **3.** [row] rangée *f* ; **taxi ~** station *f* de taxis ; **to close ~s** serrer les rangs - **4.** phr : **the ~ and file** la masse ; [of union] la base ▷ *vt* - **1.** [classify] classer - **2.** Am [outrank] avoir un grade supérieur à ▷ *vi* : **to ~ among** compter parmi ; **to ~ as** être aux rangs de.

▶ **ranks** *npl* - **1.** MIL : **the ~s** le rang - **2.** fig [members] rangs *mpl*.

ranking [ræŋkɪŋ] ▷ *n* [rating] classement *m* ▷ *adj* Am [high-ranking] du plus haut rang.

rankle [ræŋkl] *vi* : **it ~d with him** ça lui est resté sur l'estomac OR le cœur.

ransack [rænsæk] *vt* [search through] mettre tout sens dessus dessous dans ; [damage] saccager.

ransom [rænsəm] *n* rançon *f* ; **to hold sb to ~** [keep prisoner] mettre qqn à rançon ; fig exercer un chantage sur qqn.

rant [rænt] *vi* déblatérer.

ranting [ræntɪŋ] *n* (U) invectives *fpl*.

rap [ræp] (*pt* & *pp* **-ped** ; *cont* **-ping**) ▷ *n* - **1.** [knock] coup *m* sec - **2.** MUS rap *m* - **3.** phr : **to take the ~** inf trinquer, payer les pots cassés ▷ *vt* [table] frapper sur ; [knuckles] taper sur ▷ *vi* - **1.** [knock] : **to ~ on** [door] frapper à ; [table] frapper sur - **2.** MUS rapper.

rapacious [rə'peɪʃəs] *adj* rapace.

rapacity [rə'pæsətɪ] *n* rapacité *f*.

rape [reɪp] ▷ *n* - **1.** [crime, attack] viol *m* - **2.** fig [of countryside etc] destruction *f* - **3.** [plant] colza *m* ▷ *vt* violer.

rapeseed [reɪpsiːd] *n* graine *f* de colza.

rapid [ræpɪd] *adj* rapide.

▶ **rapids** *npl* rapides *mpl*.

rapid-fire *adj* [gun] à tir rapide ; **~ questions** un feu roulant de questions.

rapidity [rə'pɪdətɪ] *n* rapidité *f*.

rapidly [ræpɪdlɪ] *adv* rapidement.

rapidness [ræpɪdnɪs] = **rapidity**.

rapist [reɪpɪst] *n* violeur *m*.

rapper [ræpəʳ] *n* rappeur *m*, -euse *f*.

rapport [ræ'pɔːʳ] *n* rapport *m*.

rapprochement [ræ'prɒʃmɑ̃] *n* rapprochement *m*.

rapt [ræpt] *adj* [interest, attention] profond(e) ; **to be ~ in thought** être plongé dans ses pensées.

rapture [ræptʃəʳ] *n* ravissement *m* ; **to go into ~s over** OR **about** s'extasier sur.

rapturous [ræptʃərəs] *adj* [applause, welcome] enthousiaste.

rare [reəʳ] *adj* - **1.** [gen] rare - **2.** [meat] saignant(e).

rarefied [reərɪfaɪd] *adj* - **1.** [air] raréfié(e) - **2.** fig [place, atmosphere] raffiné(e).

rarely [reəlɪ] *adv* rarement.

rareness [reənɪs] *n* rareté *f*.

raring [reərɪŋ] *adj* : **to be ~ to go** être impatient(e) de commencer.

rarity [reərətɪ] (*pl* **-ies**) *n* rareté *f*.

rascal [rɑːskl] *n* polisson *m*, -onne *f*.

rash [ræʃ] ▷ *adj* irréfléchi(e), imprudent(e) ▷ *n* - **1.** MED éruption *f* - **2.** [spate] succession *f*, série *f*.

rasher [ræʃəʳ] *n* tranche *f*.

rashly [ræʃlɪ] *adv* sans réflexion.

rashness [ræʃnɪs] *n* imprudence *f*.

rasp [rɑːsp] ▷ *n* [harsh sound] grincement *m* ▷ *vi* dire d'une voix âpre.

raspberry [rɑːzbərɪ] (*pl* **-ies**) *n* - **1.** [fruit] framboise *f* - **2.** [rude sound] : **to blow a ~** faire pfft.

rasping [rɑːspɪŋ] *adj* [voice] âpre ; [sound] grinçant(e).

rasta [ræstə] *n* inf rasta *mf*.

rastafarian [ˌræstə'feərɪən] *n* rastafari *mf*.

rat [ræt] *n* - **1.** [animal] rat *m* ; **to smell a ~** soupçonner anguille sous roche - **2.** inf pej [person] ordure *f*, salaud *m*.

ratbag [rætbæg] *n* Br inf pej salope *f*.

ratchet [rætʃɪt] *n* rochet *m*.

rate [reɪt] ▷ *n* - **1.** [speed] vitesse *f* ; [of pulse] fréquence *f* ; **~ of flow** débit *m* ; **at this ~** à ce train-là - **2.** [ratio, proportion] taux *m* - **3.** [price] tarif *m* ▷ *vt* - **1.** [consider] : **I ~ her very highly** je la tiens en haute estime ; **to ~ sb/sthg as**

considérer qqn/qqch comme ; **to ~** sb/sthg **among** classer qqn/qqch parmi - **2.** [deserve] mériter.
➤ **rates** npl Br impôts mpl locaux.
➤ **at any rate** adv en tout cas.

rateable value ['reɪtəbl-] n Br valeur f locative imposable.

rate of exchange n taux m OR cours m du change.

ratepayer ['reɪt,peɪə'] n Br contribuable mf.

rather ['rɑːðə'] adv - **1.** [somewhat, more exactly] plutôt - **2.** [to small extent] un peu - **3.** [preferably] : **I'd ~ wait** je préférerais attendre ; **she'd ~ not go** elle préférerait ne pas y aller - **4.** [on the contrary] : **(but) ~ ...** au contraire ...
➤ **rather than** conj plutôt que.

ratification [,rætɪfɪ'keɪʃn] n ratification f.

ratify ['rætɪfaɪ] (pt & pp -ied) vt ratifier, approuver.

rating ['reɪtɪŋ] n - **1.** [of popularity etc] cote f - **2.** Br [sailor] matelot m.
➤ **ratings** npl RADIO & TV indice m d'écoute.

ratio ['reɪʃɪəʊ] (pl -s) n rapport m.

ration ['ræʃn] <> n ration f <> vt rationner.
➤ **rations** npl vivres mpl.

rational ['ræʃənl] adj rationnel(elle).

rationale [,ræʃə'nɑːl] n logique f.

rationalization [,ræʃənəlaɪ'zeɪʃn] n rationalisation f.

rationalize, -ise ['ræʃənəlaɪz] vt rationaliser.

rationing ['ræʃənɪŋ] n rationnement m.

rat race n jungle f.

rattle ['rætl] <> n - **1.** [of bottles, typewriter keys] cliquetis m ; [of engine] bruit m de ferraille - **2.** [toy] hochet m <> vt - **1.** [bottles] faire s'entrechoquer ; [keys] faire cliqueter - **2.** [unsettle] secouer <> vi [bottles] s'entrechoquer ; [keys, machine] cliqueter ; [engine] faire un bruit de ferraille.
➤ **rattle off** vt sep réciter à toute vitesse.
➤ **rattle on** vi : **to ~ on (about sthg)** parler sans arrêt (de qqch).
➤ **rattle through** vt fus [work] expédier ; [speech, list] lire à toute allure.

rattlesnake ['rætlsneɪk], **rattler** Am ['rætlə'] n serpent m à sonnettes.

ratty ['rætɪ] (compar -ier ; superl -iest) adj inf - **1.** Br [in bad mood] de mauvais poil - **2.** Am [in bad condition] pourri(e).

raucous ['rɔːkəs] adj [voice, laughter] rauque ; [behaviour] bruyant(e).

raunchy ['rɔːntʃɪ] (compar -ier ; superl -iest) adj d'un sensualité brute.

ravage ['rævɪdʒ] vt ravager.
➤ **ravages** npl ravages mpl.

rave [reɪv] <> adj [review] élogieux(euse) <> n Br inf [party] rave f <> vi - **1.** [talk angrily] : **to ~ at** OR **against** tempêter OR fulminer contre - **2.** [talk enthusiastically] : **to ~ about** parler avec enthousiasme de.

raven ['reɪvn] <> adj [hair] de jais <> n corbeau m.

ravenous ['rævənəs] adj [person] affamé(e) ; [animal, appetite] vorace.

raver ['reɪvə'] n Br inf : **she's a ~** elle aime faire la fête.

rave-up n Br inf fête f.

ravine [rə'viːn] n ravin m.

raving ['reɪvɪŋ] adj : **~ lunatic** fou furieux (folle furieuse).
➤ **ravings** npl délire m.

ravioli [,rævɪ'əʊlɪ] n (U) ravioli mpl.

ravish ['rævɪʃ] vt [delight] ravir, enchanter.

ravishing ['rævɪʃɪŋ] adj ravissant(e), enchanteur(eresse).

raw [rɔː] adj - **1.** [uncooked] cru(e) - **2.** [untreated] brut(e) - **3.** [painful] à vif - **4.** [inexperienced] novice ; **~ recruit** bleu m - **5.** [weather] froid(e) ; [wind] âpre.

raw deal n : **to get a ~** être défavorisé(e).

raw material n matière f première.

ray [reɪ] n [beam] rayon m ; fig [of hope] lueur f.

rayon ['reɪɒn] n rayonne f.

raze [reɪz] vt raser.

razor ['reɪzə'] n rasoir m.

razor blade n lame f de rasoir.

razor-sharp adj coupant(e) comme un rasoir ; fig [person, mind] vif (vive).

razzle ['ræzl] n Br inf : **to go on the ~** faire les quatre cents coups.

razzmatazz ['ræzmətæz] n inf tape-à-l'œil m inv.

R & B (abbr of rhythm and blues) n R & B m.

RC abbr of Roman Catholic.

RCA (abbr of Royal College of Art) n école de beaux-arts à Londres.

RCAF (abbr of Royal Canadian Air Force) n armée de l'air canadienne.

RCMP (abbr of Royal Canadian Mounted Police) n police montée canadienne.

RCN n - **1.** (abbr of Royal College of Nursing) syndicat britannique des infirmières et des infirmiers - **2.** (abbr of Royal Canadian Navy) marine de guerre canadienne.

Rd abbr of Road.

R & D (*abbr of* **research and development**) *n* R-D *f*.

RDC (*abbr of* **rural district council**) *n* municipalité en zone rurale en Grande-Bretagne.

re [riː] *prep* concernant.

RE *n* - **1.** (*abbr of* **religious education**) instruction *f* religieuse - **2.** (*abbr of* **Royal Engineers**) le génie militaire britannique.

reach [riːtʃ] ◇ *vt* - **1.** [gen] atteindre ; [place, destination] arriver à ; [agreement, decision] parvenir à - **2.** [contact] joindre, contacter ◇ *vi* [land] s'étendre ; **to ~ out** tendre le bras ; **to ~ down to pick sthg up** se pencher pour ramasser qqch ◇ *n* [of arm, boxer] allonge *f* ; **within ~** [object] à portée ; [place] à proximité ; **out of OR beyond sb's ~** [object] hors de portée ; [place] d'accès difficile, difficilement accessible.

◆ **reaches** *npl* étendue *f*.

reachable [ˈriːtʃəbl] *adj* - **1.** [place] accessible ; [object] à portée - **2.** [contactable] joignable.

react [rɪˈækt] *vi* - **1.** [gen] réagir - **2.** MED : **to ~ to sthg** avoir une réaction à qqch.

reaction [rɪˈækʃn] *n* réaction *f*.

reactionary [rɪˈækʃənrɪ] ◇ *adj* réactionnaire ◇ *n* réactionnaire *mf*.

reactivate [rɪˈæktɪveɪt] *vt* réactiver.

reactor [rɪˈæktər] *n* réacteur *m*.

read [riːd] (*pt & pp* **read** [red]) ◇ *vt* - **1.** [gen] lire - **2.** [subj : sign, letter] dire - **3.** [interpret, judge] interpréter - **4.** [subj : meter, thermometer etc] indiquer - **5.** Br UNIV étudier ◇ *vi* lire ; **the book ~s well** le livre se lit bien ◇ *n* : **to be a good ~** être un bon livre, être d'une lecture agréable.

◆ **read into** *vt sep* : **to ~ a lot into sthg** attacher beaucoup d'importance à qqch.

◆ **read out** *vt sep* lire à haute voix.

◆ **read up on** *vt fus* étudier.

readable [ˈriːdəbl] *adj* agréable à lire.

readdress [ˌriːəˈdres] *vt* faire suivre.

reader [ˈriːdər] *n* [of book, newspaper] lecteur *m*, -trice *f*.

readership [ˈriːdəʃɪp] *n* [of newspaper] nombre *m* de lecteurs.

readily [ˈredɪlɪ] *adv* - **1.** [willingly] volontiers - **2.** [easily] facilement.

readiness [ˈredɪnɪs] *n* - **1.** [preparation] : **to be in ~** être prêt(e) - **2.** [willingness] empressement *m*.

reading [ˈriːdɪŋ] *n* - **1.** (*U*) [gen] lecture *f* - **2.** [interpretation] interprétation *f* - **3.** [on thermometer, meter etc] indications *fpl*.

reading lamp *n* lampe *f* de lecture OR de bureau.

reading room *n* salle *f* de lecture.

readjust [ˌriːəˈdʒʌst] ◇ *vt* [instrument] régler (de nouveau) ; [mirror] rajuster ; [policy] rectifier ◇ *vi* [person] : **to ~ (to)** se réadapter (à).

readmit [ˌriːədˈmɪt] *vt* réadmettre.

readout [ˈriːdaʊt] *n* COMPUT affichage *m*.

read-through [riːd-] *n* : **to have a ~ of sthg** parcourir qqch.

ready [ˈredɪ] (*pt & pp* **-ied**) ◇ *adj* - **1.** [prepared] prêt(e) ; **to be ~ to do sthg** être prêt à faire qqch ; **to get ~** se préparer ; **to get sthg ~** préparer qqch - **2.** [willing] : **to be ~ to do sthg** être prêt(e) OR disposé(e) à faire qqch ◇ *vt* préparer.

ready cash *n* liquide *m*.

ready-made *adj lit & fig* tout fait (toute faite).

ready meal *n* plat *m* préparé.

ready money *n* liquide *m*.

ready-to-wear *adj* prêt-à-porter.

reaffirm [ˌriːəˈfɜːm] *vt* réaffirmer.

reafforest [ˌriːəˈfɒrɪst] *vt* reboiser.

reafforestation [ˈriːəˌfɒrɪˈsteɪʃn] *n* reboisement *m*.

real [rɪəl] ◇ *adj* - **1.** [gen] vrai(e), véritable ; **~ life** réalité *f* ; **for ~** pour de vrai ; **this is the ~ thing** [object] c'est de l'authentique ; [situation] c'est pour de vrai OR de bon - **2.** [actual] réel(elle) ; **in ~ terms** dans la pratique ◇ *adv* Am très.

real ale *n* Br ale *f* véritable.

real estate *n* (*U*) biens *mpl* immobiliers.

realign [ˌriːəˈlaɪn] *vt* POL regrouper.

realignment [ˌriːəˈlaɪnmənt] *n* POL regroupement *m*.

realism [ˈrɪəlɪzml] *n* réalisme *m*.

realist [ˈrɪəlɪst] *n* réaliste *mf*.

realistic [ˌrɪəˈlɪstɪk] *adj* réaliste.

realistically [ˌrɪəˈlɪstɪklɪ] *adv* d'une manière réaliste, avec réalisme.

reality [rɪˈælətɪ] (*pl* **-ies**) *n* réalité *f* ; **in ~** en réalité.

realization [ˌrɪəlaɪˈzeɪʃn] *n* réalisation *f*.

realize, -ise [ˈrɪəlaɪz] *vt* - **1.** [understand] se rendre compte de, réaliser - **2.** [sum of money, idea, ambition] réaliser.

reallocate [ˌriːˈæləkeɪt] *vt* réattribuer.

really [ˈrɪəlɪ] ◇ *adv* - **1.** [gen] vraiment - **2.** [in fact] en réalité ◇ *excl* - **1.** [expressing doubt] vraiment? - **2.** [expressing surprise] pas possible! **- 3.** [expressing disapproval] franchement!, ça alors!

realm [relm] *n* **- 1.** fig [subject area] domaine *m* **- 2.** [kingdom] royaume *m*.

real-time *adj* COMPUT en temps réel.

realtor ['rɪəltər] *n* Am agent *m* immobilier.

ream [ri:m] *n* [of papers] rame *f*.
➡ **reams** *npl* des pages et des pages.

reap [ri:p] *vt* **- 1.** [harvest] moissonner **- 2.** fig [obtain] récolter.

reappear [,ri:ə'pɪər] *vi* réapparaître, reparaître.

reappearance [,ri:ə'pɪərəns] *n* réapparition *f*.

reapply [,ri:ə'plaɪ] (*pt* & *pp* **-ied**) *vi* : **to ~ (for a job)** postuler de nouveau (à un emploi).

reappraisal [,ri:ə'preɪzl] *n* réévaluation *f*.

reappraise [,ri:ə'preɪz] *vt* réévaluer.

rear [rɪər] <> *adj* arrière (*inv*), de derrière <> *n* **- 1.** [back] arrière *m* ; **to bring up the ~** fermer la marche **- 2.** inf [bottom] derrière *m* <> *vt* [children, animals] élever <> *vi* [horse] : **to ~ (up)** se cabrer.

rear admiral *n* vice-amiral *m*.

rearguard action ['rɪəgɑːd-] *n* combat *m* d'arrière-garde.

rear light *n* feu *m* arrière.

rearm [ri:'ɑːm] *vt* & *vi* réarmer.

rearmament [rɪ'ɑːməmənt] *n* réarmement *m*.

rearmost ['rɪəməʊst] *adj* dernier(ère).

rearrange [,ri:ə'reɪndʒ] *vt* **- 1.** [furniture, room] réarranger ; [plans] changer **- 2.** [meeting - to new time] changer l'heure de ; [- to new date] changer la date de.

rearrangement [,ri:ə'reɪndʒmənt] *n* **- 1.** [of furniture etc] réarrangement *m* **- 2.** [of meeting - to new time] changement *m* de l'heure ; [- to new date] changement de la date.

rearview mirror ['rɪəvjuː-] *n* rétroviseur *m*.

reason ['ri:zn] <> *n* **- 1.** [cause] : **~ (for)** raison *f* (de) ; **by ~ of** fml en raison de ; **for some ~** pour une raison ou pour une autre **- 2.** (*U*) [justification] : **to have ~ to do sthg** avoir de bonnes raisons de faire qqch ; **I have ~ to believe (that)** ... j'ai lieu de croire que ... **- 3.** [common sense] bon sens *m* ; **he won't listen to ~** on ne peut pas lui faire entendre raison ; **it stands to ~** c'est logique <> *vt* déduire <> *vi* raisonner.
➡ **reason with** *vt fus* raisonner (avec).

reasonable ['ri:znəbl] *adj* raisonnable.

reasonably ['ri:znəblɪ] *adv* **- 1.** [quite] assez **- 2.** [sensibly] raisonnablement.

reasoned ['ri:znd] *adj* raisonné(e).

reasoning ['ri:znɪŋ] *n* raisonnement *m*.

reassemble [,ri:ə'sembl] <> *vt* **- 1.** [reconstruct] remonter **- 2.** [regroup] rassembler <> *vi* se rassembler.

reassess [,ri:ə'ses] *vt* réexaminer.

reassessment [,ri:ə'sesmənt] *n* réexamen *m*.

reassurance [,ri:ə'ʃʊərəns] *n* **- 1.** [comfort] réconfort *m* **- 2.** [promise] assurance *f*.

reassure [,ri:ə'ʃʊə'] *vt* rassurer.

reassuring [,ri:ə'ʃʊərɪŋ] *adj* rassurant(e).

reawaken [,ri:ə'weɪkn] *vt* [interest] faire renaître.

rebate ['ri:beɪt] *n* [on product] rabais *m* ; **tax ~** ≃ dégrèvement *m* fiscal.

rebel [*n* 'rebl, *vb* rɪ'bel] (*pt* & *pp* **-led** ; *cont* **-ling**) <> *n* rebelle *mf* <> *vi* : **to ~ (against)** se rebeller (contre).

rebellion [rɪ'beljən] *n* rébellion *f*.

rebellious [rɪ'beljəs] *adj* rebelle.

rebirth [,ri:'bɜːθ] *n* renaissance *f*.

rebound [*n* 'ri:baʊnd, *vb* rɪ'baʊnd] <> *n* [of ball] rebond *m* ; **to be on the ~** [person] être sous le coup d'une déception sentimentale <> *vi* **- 1.** [ball] rebondir **- 2.** fig [action, joke] : **to ~ on** OR **upon sb** se retourner contre qqn.

rebuff [rɪ'bʌf] <> *n* rebuffade *f* <> *vt* repousser.

rebuild [,ri:'bɪld] (*pt* & *pp* **rebuilt** [,ri:'bɪlt]) *vt* reconstruire.

rebuke [rɪ'bju:k] <> *n* réprimande *f* <> *vt* réprimander.

rebut [ri:'bʌt] (*pt* & *pp* **-ted** ; *cont* **-ting**) *vt* réfuter.

rebuttal [ri:'bʌtl] *n* réfutation *f*.

rec. *abbr of* **received**.

recalcitrant [rɪ'kælsɪtrənt] *adj* récalcitrant (e).

recall [rɪ'kɔːl] <> *n* **- 1.** [memory] rappel *m* **- 2.** [change] : **beyond ~** irrévocable <> *vt* **- 1.** [remember] se rappeler, se souvenir de **- 2.** [summon back] rappeler ; **to ~ Parliament** convoquer le Parlement.

recant [rɪ'kænt] <> *vt* [statement] rétracter ; RELIG abjurer <> *vi* se rétracter ; RELIG abjurer.

recap ['ri:kæp] (*pt* & *pp* **-ped** ; *cont* **-ping**) <> *n* récapitulation *f* <> *vt* **- 1.** [summarize] récapituler **- 2.** Am [tyre] rechaper <> *vi* récapituler.

recapitulate [,ri:kə'pɪtjʊleɪt] *vt* & *vi* récapituler.

recapture [ˌriː'kæptʃəʳ] ◇ n reprise f ◇ vt - **1.** [feeling] retrouver - **2.** [territory, prisoner] reprendre.

recd, rec'd abbr of received.

recede [rɪ'siːd] vi - **1.** [person, car etc] s'éloigner ; [hopes] s'envoler - **2.** [hair] : **his hair is receding** son front se dégarnit.

receding [rɪ'siːdɪŋ] adj [hairline] dégarni(e) ; [chin, forehead] fuyant(e).

receipt [rɪ'siːt] n - **1.** [piece of paper] reçu m - **2.** (U) [act of receiving] réception f.
➡ **receipts** npl recettes fpl.

receivable [rɪ'siːvəbl] adj - **1.** [able to be received] recevable - **2.** FIN à recevoir.

receive [rɪ'siːv] ◇ vt - **1.** [gen] recevoir ; [news] apprendre - **2.** [welcome] accueillir, recevoir ; **to be well/badly ~d** [film, speech etc] être bien/mal accueilli ◇ vi [in tennis etc] recevoir le service.

receiver [rɪ'siːvəʳ] n - **1.** [of telephone] récepteur m, combiné m - **2.** [radio, TV set] récepteur m - **3.** [criminal] receleur m, -euse f - **4.** FIN [official] administrateur m, -trice f judiciaire.

receivership [rɪ'siːvəʃɪp] n : **to go into ~** être mis(e) en liquidation.

receiving end [rɪ'siːvɪŋ-] n : **to be on the ~ (of sthg)** faire les frais (de qqch).

recent ['riːsnt] adj récent(e).

recently ['riːsntlɪ] adv récemment ; **until ~** jusqu'à ces derniers temps.

receptacle [rɪ'septəkl] n récipient m.

reception [rɪ'sepʃn] n - **1.** [gen] réception f - **2.** [welcome] accueil m, réception f.

reception centre n centre m d'accueil.

reception class n Br cours m préparatoire.

reception desk n réception f.

receptionist [rɪ'sepʃənɪst] n réceptionniste mf.

reception room n salon m.

receptive [rɪ'septɪv] adj réceptif(ive).

receptiveness [rɪ'septɪvnɪs] n réceptivité f.

recess ['riːses, rɪ'ses] n - **1.** [alcove] niche f - **2.** [secret place] recoin m - **3.** POL : **to be in ~** être en vacances - **4.** Am SCH récréation f.

recessed ['riːsest, rɪ'sest] adj [window] dans un renfoncement ; [door handle, light] encastré(e).

recession [rɪ'seʃn] n récession f.

recessionary [rɪ'seʃənrɪ] adj de récession.

recessive [rɪ'sesɪv] adj BIOL récessif(ive).

recharge [ˌriː'tʃɑːdʒ] vt recharger.

rechargeable [ˌriː'tʃɑːdʒəbl] adj rechargeable.

recipe ['resɪpɪ] n lit & fig recette f.

recipient [rɪ'sɪpɪənt] n [of letter] destinataire mf ; [of cheque] bénéficiaire mf ; [of award] récipiendaire mf.

reciprocal [rɪ'sɪprəkl] adj réciproque.

reciprocate [rɪ'sɪprəkeɪt] ◇ vt rendre, retourner ◇ vi en faire autant.

recital [rɪ'saɪtl] n récital m.

recitation [ˌresɪ'teɪʃn] n récitation f.

recite [rɪ'saɪt] vt - **1.** [say aloud] réciter - **2.** [list] énumérer.

reckless ['reklɪs] adj imprudent(e).

recklessness ['reklɪsnɪs] n imprudence f.

reckon ['rekn] vt - **1.** inf [think] penser - **2.** [consider, judge] considérer - **3.** [expect] : **to ~ to do sthg** compter faire qqch - **4.** [calculate] calculer.
➡ **reckon on** vt fus compter sur.
➡ **reckon with** vt fus [expect] s'attendre à ; **he's a person to be ~ed with** il faut compter avec lui.
➡ **reckon without** vt fus compter sans.

reckoning ['rekənɪŋ] n (U) [calculation] calculs mpl ; **day of ~** jour m de vérité.

reclaim [rɪ'kleɪm] vt - **1.** [claim back] réclamer - **2.** [land] assécher.

reclamation [ˌreklə'meɪʃn] n [of land] assèchement m.

recline [rɪ'klaɪn] vi [person] être allongé(e).

reclining [rɪ'klaɪnɪŋ] adj [chair] à dossier réglable.

recluse [rɪ'kluːs] n reclus m, -e f.

reclusive [rɪ'kluːsɪv] adj reclus(e).)

recognition [ˌrekəg'nɪʃn] n reconnaissance f ; **in ~ of** en reconnaissance de ; **the town has changed beyond** OR **out of all ~** la ville est méconnaissable.

recognizable ['rekəgnaɪzəbl] adj reconnaissable.

recognize, -ise ['rekəgnaɪz] vt reconnaître.

recoil [vb rɪ'kɔɪl, n 'riːkɔɪl] ◇ vi : **to ~ (from)** reculer (devant) ◇ n [of gun] recul m.

recollect [ˌrekə'lekt] vt se rappeler.

recollection [ˌrekə'lekʃn] n souvenir m.

recommence [ˌriːkə'mens] vt & vi recommencer.

recommend [ˌrekə'mend] vt - **1.** [commend] : **to ~ sb/sthg (to sb)** recommander qqn/qqch (à qqn) - **2.** [advise] conseiller, recommander.

recommendation [ˌrekəmen'deɪʃn] n recommandation f.

recommended retail price [ˌrekə'mendɪd-] n prix m de vente conseillé.

recompense ['rekəmpens] ◇ n dédommagement m ◇ vt dédommager.

reconcile ['rekənsaıl] vt - **1.** [beliefs, ideas] concilier - **2.** [people] réconcilier ; **to be ~d with sb** se réconcilier avec qqn - **3.** [accept] : **to ~ o.s. to sthg** se faire à l'idée de qqch.

reconciliation [,rekənsılı'eıʃn] n - **1.** [of beliefs, ideas] conciliation f - **2.** [of people] réconciliation f.

recondite ['rekəndaıt] adj fml obscur(e).

reconditioned [,ri:kən'dıʃnd] adj remis(e) en état.

reconnaissance [rı'kɒnısəns] n reconnaissance f.

reconnect [,ri:kə'nekt] vt rebrancher.

reconnoitre Br, **reconnoiter** Am [,rekə'nɔıtəʳ] ◇ vt reconnaître ◇ vi aller en reconnaissance.

reconsider [,ri:kən'sıdəʳ] ◇ vt reconsidérer ◇ vi reconsidérer la question.

reconstitute [,ri:'kɒnstıtju:t] vt reconstituer.

reconstruct [,ri:kən'strʌkt] vt - **1.** [gen] reconstruire - **2.** [crime, event] reconstituer.

reconstruction [,ri:kən'strʌkʃn] n - **1.** [gen] reconstruction f - **2.** [of crime, event] reconstitution f.

reconvene [,ri:kən'vi:n] vt convoquer de nouveau.

record [n & adj 'rekɔ:d, vb rı'kɔ:d] ◇ n - **1.** [written account] rapport m ; [file] dossier m ; **to keep sthg on ~** archiver qqch ; **to go on ~ as saying (that)** ... déclarer publiquement que ... ; (police) **~** casier m judiciaire ; **off the ~** non officiel ; **to set** OR **put the ~ straight** mettre les choses au clair - **2.** [vinyl disc] disque m - **3.** [best achievement] record m ◇ adj record (inv) ◇ vt - **1.** [write down] noter - **2.** [put on tape] enregistrer.

record-breaker n personne f qui bat le record.

record-breaking adj qui bat tous les records.

recorded delivery [rı'kɔ:dıd-] n : **to send sthg by ~** envoyer qqch en recommandé.

recorder [rı'kɔ:dəʳ] n [musical instrument] flûte f à bec.

record holder n détenteur m, -trice f du record.

recording [rı'kɔ:dıŋ] n enregistrement m.

recording studio n studio m d'enregistrement.

record library n discothèque f.

record player n tourne-disque m.

recount [n 'ri:kaʊnt, vt sense 1 rı'kaʊnt, sense 2 ,ri:'kaʊnt] ◇ n [of vote] deuxième dépouillement m du scrutin ◇ vt - **1.** [narrate] raconter - **2.** [count again] recompter.

recoup [rı'ku:p] vt récupérer.

recourse [rı'kɔ:s] n : **to have ~ to** avoir recours à.

recover [rı'kʌvəʳ] ◇ vt - **1.** [retrieve] récupérer ; **to ~ sthg from sb** reprendre qqch à qqn - **2.** [one's balance] retrouver ; [consciousness] reprendre ; **to ~ o.s.** se ressaisir ◇ vi - **1.** [from illness] se rétablir ; [from shock, divorce] se remettre - **2.** fig [economy] se redresser ; [trade] reprendre.

recoverable [rı:'kʌvrəbl] adj FIN récupérable.

recovery [rı'kʌvərı] (pl -ies) n - **1.** [from illness] guérison f, rétablissement m - **2.** fig [of economy] redressement m, reprise f - **3.** [retrieval] récupération f.

recovery vehicle n Br dépanneuse f.

recreate [,ri:krı'eıt] vt recréer.

recreation [,rekrı'eıʃn] n (U) [leisure] récréation f, loisirs mpl.

recreational [,rekrı'eıʃənl] adj de récréation.

recreation room n salle f de récréation ; Am [in house] salle de jeu.

recrimination [rı,krımı'neıʃn] n récrimination f.

recrudescence [,ri:kru:'desns] n recrudescence f.

recruit [rı'kru:t] ◇ n recrue f ◇ vt recruter ; **to ~ sb to do sthg** fig embaucher qqn pour faire qqch ◇ vi recruter.

recruitment [rı'kru:tmənt] n recrutement m.

rectangle ['rek,tæŋgl] n rectangle m.

rectangular [rek'tæŋgjʊləʳ] adj rectangulaire.

rectification [,rektıfı'keıʃn] n rectification f.

rectify ['rektıfaı] (pt & pp -ied) vt [mistake] rectifier.

rectitude ['rektıtju:d] n rectitude f.

rector ['rektəʳ] n - **1.** [priest] pasteur m - **2.** Scot [head of school] directeur m ; [of college, university] président élu par les étudiants.

rectory ['rektərı] (pl -ies) n presbytère m.

rectum ['rektəm] n rectum m.

recuperate [rı'ku:pəreıt] vi se rétablir.

recuperation [rı,ku:pə'reıʃn] n rétablissement m.

recur [rı'kɜ:ʳ] (pt & pp -red ; cont -ring) vi [error,

problem] se reproduire ; [dream] revenir ; [pain] réapparaître.

recurrence [rɪ'kʌrəns] n répétition f.

recurrent [rɪ'kʌrənt] adj [error, problem] qui se reproduit souvent ; [dream] qui revient souvent.

recurring [rɪ'kɜːrɪŋ] adj - **1.** [error, problem] qui se reproduit souvent ; [dream] qui revient souvent - **2.** MATH périodique.

recyclable [ˌriː'saɪkləbl] adj recyclable.

recycle [ˌriː'saɪkl] vt recycler.

recycling [ˌriː'saɪklɪŋ] n recyclage m.

red [red] (compar -**der** ; superl -**dest**) ⬦ adj rouge ; [hair] roux (rousse) ⬦ n rouge m ; **to be in the ~** inf être à découvert ; **to see ~** voir rouge.
➥ **Red** pej ⬦ adj rouge ⬦ n rouge m f.

red alert n alerte f maximale ; **to be on ~** être en état d'alerte maximale.

red blood cell n globule m rouge.

red-blooded [-'blʌdɪd] adj hum viril(e).

red-brick adj Br [building] en brique rouge.
➥ **redbrick** adj Br : **redbrick university** université f moderne.

red card n FTBL : **to be shown the ~, to get a ~** recevoir un carton rouge.

red carpet n : **to roll out the ~ for sb** dérouler le tapis rouge pour qqn.
➥ **red-carpet** adj : **to give sb the red-carpet treatment** recevoir qqn en grande pompe.

Red Crescent n : **the ~** le Croissant Rouge.

Red Cross n : **the ~** la Croix-Rouge.

redcurrant [ˌred'kʌrənt] n [fruit] groseille f ; [bush] groseillier m.

red deer n cerf m.

redden ['redn] vt & vi rougir.

redecorate [ˌriː'dekəreɪt] ⬦ vt repeindre et retapisser ⬦ vi refaire la peinture et les papiers peints.

redeem [rɪ'diːm] vt - **1.** [save, rescue] racheter ; **to ~ o.s.** se racheter - **2.** [from pawnbroker] dégager.

redeeming [rɪ'diːmɪŋ] adj qui rachète (les défauts).

redefine [ˌriːdɪ'faɪn] vt redéfinir.

redemption [rɪ'dempʃn] n rédemption f ; **beyond** OR **past ~** fig irrémédiable.

redeploy [ˌriːdɪ'plɔɪ] vt MIL redéployer ; [staff] réorganiser, réaffecter.

redeployment [ˌriːdɪ'plɔɪmənt] n MIL redéploiement m ; [of staff] réorganisation f, réaffectation f.

redesign [ˌriːdɪ'zaɪn] vt [room] redessiner ; [system] réorganiser.

redevelop [ˌriːdɪ'veləp] vt réaménager.

redevelopment [ˌriːdɪ'veləpmənt] n réaménagement m.

red-faced [-'feɪst] adj rougeaud(e), rubicond(e) ; [with embarrassment] rouge de confusion.

red-haired [-'heəd] adj roux (rousse).

red-handed [-'hændɪd] adj : **to catch sb ~** prendre qqn en flagrant délit OR la main dans le sac.

redhead ['redhed] n roux m, rousse f.

red herring n fig fausse piste f.

red-hot adj - **1.** [extremely hot] brûlant(e) ; [metal] chauffé(e) au rouge - **2.** [very enthusiastic] ardent(e).

redid [ˌriː'dɪd] pt ⬦ **redo.**

Red Indian ⬦ adj de Peau-Rouge ⬦ n Peau-Rouge mf (attention : le terme 'Red Indian' est considéré comme raciste).

redirect [ˌriːdɪ'rekt] vt - **1.** [energy, money] réorienter - **2.** [traffic] détourner - **3.** [letters] faire suivre.

rediscover [ˌriːdɪ'skʌvər] vt redécouvrir.

redistribute [ˌriːdɪ'strɪbjuːt] vt redistribuer.

red-letter day n jour m mémorable, jour à marquer d'une pierre blanche.

red light n [traffic signal] feu m rouge.

red-light district n quartier m chaud.

red meat n viande f rouge.

redness ['rednɪs] n rougeur f.

redo [ˌriː'duː] (pt -**did** ; pp -**done**) vt refaire.

redolent ['redələnt] adj literary - **1.** [reminiscent] : **~ of** qui rappelle, évocateur(trice) de - **2.** [smelling] : **~ of** qui sent.

redone [ˌriː'dʌn] pp ⬦ **redo.**

redouble [ˌriː'dʌbl] vt : **to ~ one's efforts (to do sthg)** redoubler d'efforts (pour faire qqch).

redoubtable [rɪ'daʊtəbl] adj redoutable, formidable.

redraft [ˌriː'drɑːft] vt rédiger à nouveau.

redraw [ˌriː'drɔː] (pt -**drew** ; pp -**drawn**) vt dessiner à nouveau.

redress [rɪ'dres] ⬦ n (U) fml réparation f ⬦ vt : **to ~ the balance** rétablir l'équilibre.

redrew [ˌriː'druː] pt ⬦ **redraw.**

Red Sea n : **the ~** la mer Rouge.

Red Square n la place Rouge.

red squirrel n écureuil m.

red tape n fig paperasserie f administrative.

reduce [rɪ'djuːs] ⬦ vt réduire ; **to be ~d to**

doing sthg en être réduit à faire qqch ; **to ~ sb to tears** faire pleurer qqn ⬦ *vi* **Am** [diet] suivre un régime amaigrissant.

reduced [rɪ'djuːst] *adj* réduit(e) ; **in ~ circumstances** dans la gêne.

reduction [rɪ'dʌkʃn] *n* - **1.** [decrease] : **~ (in)** réduction *f* (de), baisse *f* (de) - **2.** [discount] rabais *m*, réduction *f*.

redundancy [rɪ'dʌndənsɪ] (*pl* -ies) *n* **Br** [dismissal] licenciement *m* ; [unemployment] chômage *m*.

redundancy payment *n* **Br** indemnité *f* de licenciement.

redundant [rɪ'dʌndənt] *adj* - **1.** **Br** [jobless] : **to be made ~** être licencié(e) - **2.** [not required] superflu(e).

redwood ['redwʊd] *n* : **~ (tree)** séquoia *m*.

reecho [ˌriː'ekəʊ] ⬦ *vt* [repeat] répéter ⬦ *vi* [echo again] retentir.

reed [riːd] ⬦ *n* - **1.** [plant] roseau *m* - **2.** **MUS** anche *f* ⬦ *comp* [basket etc] en roseau.

reedy ['riːdɪ] (*compar* -ier ; *superl* -iest) *adj* [voice] flûté(e), aigu(ë).

reef [riːf] *n* récif *m*, écueil *m*.

reek [riːk] ⬦ *n* relent *m* ⬦ *vi* : **to ~ (of sthg)** puer (qqch), empester (qqch).

reel [riːl] ⬦ *n* - **1.** [roll] bobine *f* - **2.** [on fishing rod] moulinet *m* ⬦ *vi* - **1.** [stagger] chanceler - **2.** [whirl] : **my mind was ~ing** j'avais la tête qui tournait.

⬦ **reel in** *vt sep* remonter.

⬦ **reel off** *vt sep* [list] débiter.

reelect [ˌriːɪ'lekt] *vt* : **to ~ sb (as) sthg** réélire qqn qqch.

reelection [ˌriːɪ'lekʃn] *n* réélection *f*.

reemphasize [ˌriː'emfəsaɪz] *vt* souligner de nouveau.

reenact [ˌriːɪ'nækt] *vt* [play] reproduire ; [event] reconstituer.

reenter [ˌriː'entəʳ] *vt* [room, earth's atmosphere] rentrer dans ; [country] retourner dans.

reentry [ˌriː'entrɪ] *n* [into earth's atmosphere] rentrée *f* ; [into country] retour *m*.

reexamine [ˌriːɪg'zæmɪn] *vt* examiner de nouveau.

reexport [ˌriː'ekspɔːt] **COMM** ⬦ *n* réexportation *f* ⬦ *vt* réexporter.

ref [ref] *n* - **1.** inf (*abbr of* referee) arbitre *m* - **2.** (*abbr of* reference) **ADMIN** réf. *f*.

refectory [rɪ'fektərɪ] (*pl* -ies) *n* réfectoire *m*.

refer [rɪ'fɜːʳ] (*pt* & *pp* -red ; *cont* -ring) *vt* - **1.** [person] : **to ~ sb to** [hospital] envoyer qqn à ; [specialist] adresser qqn à ; **ADMIN** renvoyer qqn

à - **2.** [report, case, decision] : **to ~ sthg to** soumettre qqch à.

⬦ **refer to** *vt fus* - **1.** [speak about] parler de, faire allusion à **OR** mention de - **2.** [apply to] s'appliquer à, concerner - **3.** [consult] se référer à, se reporter à.

referee [ˌrefə'riː] ⬦ *n* - **1.** **SPORT** arbitre *m* - **2.** **Br** [for job application] répondant *m*, -e *f* ⬦ *vt* **SPORT** arbitrer ⬦ *vi* **SPORT** être arbitre.

reference ['refrəns] *n* - **1.** [mention] : **~ (to)** allusion *f* (à), mention *f* (de) ; **with ~ to** comme suite à - **2.** (*U*) [for advice, information] : **~ (to)** consultation *f* (de), référence *f* (à) ; **for future ~** à titre d'information - **3.** **COMM** référence *f* - **4.** [in book] renvoi *m* ; **map ~** coordonnées *fpl* - **5.** [for job application - letter] référence *f* ; [- person] répondant *m*, -e *f*.

reference book *n* ouvrage *m* de référence.

reference library *n* bibliothèque *f* d'ouvrages à consulter.

reference number *n* numéro *m* de référence.

referendum [ˌrefə'rendəm] (*pl* -s **OR** -da [-də]) *n* référendum *m*.

referral [rɪ'fɜːrəl] *n* *fml* - **1.** (*U*) [act of referring] envoi *m* - **2.** [patient referred] malade envoyé *m*, malade envoyée *f*.

refill [*n* 'riːfɪl, *vb* ˌriː'fɪl] ⬦ *n* - **1.** [for pen] recharge *f* - **2.** inf [drink] : **would you like a ~?** vous voulez encore un verre? ⬦ *vt* remplir à nouveau.

refillable [ˌriː'fɪləbl] *adj* [pen] rechargeable ; [bottle] qu'on peut faire remplir à nouveau.

refine [rɪ'faɪn] *vt* raffiner ; *fig* peaufiner.

refined [rɪ'faɪnd] *adj* raffiné(e) ; [system, theory] perfectionné(e).

refinement [rɪ'faɪnmənt] *n* - **1.** [improvement] perfectionnement *m* - **2.** (*U*) [gentility] raffinement *m*.

refinery [rɪ'faɪnərɪ] (*pl* -ies) *n* raffinerie *f*.

refit [*n* 'riːfɪt, *vb* ˌriː'fɪt] (*pt* & *pp* -ted ; *cont* -ting) ⬦ *n* [of ship] réparation *f*, remise *f* en état ⬦ *vt* [ship] réparer, remettre en état.

reflate [ˌriː'fleɪt] **ECON** ⬦ *vt* relancer ⬦ *vi* effectuer une relance de l'économie).

reflation [ˌriː'fleɪʃn] *n* **ECON** relance *f*.

reflationary [ˌriː'fleɪʃənrɪ] *adj* **ECON** de relance.

reflect [rɪ'flekt] ⬦ *vt* - **1.** [be a sign of] refléter - **2.** [light, image] réfléchir, refléter ; [heat] réverbérer ; **to be ~ed in** se refléter dans - **3.** [think] : **to ~ that ...** se dire que ... ⬦ *vi* [think] : **to ~ (on OR upon)** réfléchir (sur), penser (à).

reflection [rɪˈflekʃn] n - **1.** [sign] indication f, signe m - **2.** [criticism] : ~ **on** critique f de - **3.** [image] reflet m - **4.** (U) [of light, heat] réflexion f - **5.** [thought] réflexion f ; **on** ~ réflexion faite.

reflective [rɪˈflektɪv] adj - **1.** [surface, material] réfléchissant(e) - **2.** [thoughtful] pensif(ive).

reflector [rɪˈflektəʳ] n réflecteur m.

reflex [ˈriːfleks] n : ~ **(action)** réflexe m.
➤ **reflexes** npl réflexes mpl.

reflex camera n appareil m reflex.

reflexive [rɪˈfleksɪv] adj GRAMM [pronoun] réfléchi(e) ; ~ **verb** verbe m pronominal réfléchi.

reflexology [ˌriːflekˈsɒlədʒɪ] n réflexothérapie f.

reforest [ˌriːˈfɒrɪst] = **reafforest**.

reforestation [riːˌfɒrɪˈsteɪʃn] = **reafforestation**.

reform [rɪˈfɔːm] ⬦ n réforme f ⬦ vt [gen] réformer ; [person] corriger ⬦ vi [behave better] se corriger, s'amender.

reformat [ˌriːˈfɔːmæt] (pt & pp **-ted** ; cont **-ting**) vt COMPUT reformater.

Reformation [ˌrefəˈmeɪʃn] n : **the** ~ la Réforme.

reformatory [rɪˈfɔːmətrɪ] n Am centre m d'éducation surveillée (pour jeunes délinquants).

reformed [rɪˈfɔːmd] adj [better behaved] qui s'est corrigé(e) OR amendé(e).

reformer [rɪˈfɔːməʳ] n réformateur m, -trice f.

reformist [rɪˈfɔːmɪst] ⬦ adj réformiste ⬦ n réformiste m f.

refract [rɪˈfrækt] ⬦ vt réfracter ⬦ vi se réfracter.

refrain [rɪˈfreɪn] ⬦ n refrain m ⬦ vi : **to** ~ **from doing sthg** s'abstenir de faire qqch.

refresh [rɪˈfreʃ] vt rafraîchir, revigorer ; **to** ~ **sb's memory** rafraîchir la mémoire de qqn.

refreshed [rɪˈfreʃt] adj reposé(e).

refresher course [rɪˈfreʃəʳ-] n cours m de recyclage OR remise à niveau.

refreshing [rɪˈfreʃɪŋ] adj - **1.** [pleasantly different] agréable, réconfortant(e) - **2.** [drink, swim] rafraîchissant(e).

refreshments [rɪˈfreʃmənts] npl rafraîchissements mpl.

refrigerate [rɪˈfrɪdʒəreɪt] vt réfrigérer.

refrigeration [rɪˌfrɪdʒəˈreɪʃn] n réfrigération f.

refrigerator [rɪˈfrɪdʒəreɪtəʳ] n réfrigérateur m, Frigidaire® m.

refuel [ˌriːˈfjʊəl] (Br pt & pp **-led** ; cont **-ling**, Am pt & pp **-ed** ; cont **-ing**) ⬦ vt ravitailler ⬦ vi se ravitailler en carburant.

refuge [ˈrefjuːdʒ] n lit & fig refuge m, abri m ; **to take** ~ **in** se réfugier dans.

refugee [ˌrefjʊˈdʒiː] n réfugié m, -e f.

refugee camp n camp m de réfugiés.

refund [n ˈriːfʌnd, vb rɪˈfʌnd] ⬦ n remboursement m ⬦ vt : **to** ~ **sthg to sb, to** ~ **sb sthg** rembourser qqch à qqn.

refurbish [ˌriːˈfɜːbɪʃ] vt remettre à neuf, rénover.

refurbishment [ˌriːˈfɜːbɪʃmənt] n rénovation f.

refurnish [ˌriːˈfɜːnɪʃ] vt remeubler.

refusal [rɪˈfjuːzl] n : ~ **(to do sthg)** refus m (de faire qqch).

refuse[1] [rɪˈfjuːz] ⬦ vt refuser ; **to** ~ **to do sthg** refuser de faire qqch ⬦ vi refuser.

refuse[2] [ˈrefjuːs] n (U) [rubbish] ordures fpl, détritus mpl.

refuse collection [ˈrefjuːs-] n enlèvement m des ordures ménagères.

refuse collector [ˈrefjuːs-] n éboueur m.

refuse dump [ˈrefjuːs-] n décharge f (publique).

refute [rɪˈfjuːt] vt réfuter.

reg., regd. (abbr of **registered**) : ~ **trademark** marque f déposée.

regain [rɪˈgeɪn] vt [composure, health] retrouver ; [leadership] reprendre.

regal [ˈriːgl] adj majestueux(euse), royal(e).

regale [rɪˈgeɪl] vt : **to** ~ **sb with sthg** divertir qqn en lui racontant qqch.

regalia [rɪˈgeɪljə] n (U) insignes mpl.

regard [rɪˈgɑːd] ⬦ n - **1.** (U) [respect] estime f, respect m - **2.** [aspect] : **in this/that** ~ à cet égard ⬦ vt considérer ; **to** ~ **o.s. as** se considérer comme ; **to be highly** ~**ed** être tenu(e) en haute estime.
➤ **regards** npl : **(with best)** ~**s** bien amicalement ; **give her my** ~**s** faites-lui mes amitiés.
➤ **as regards** prep en ce qui concerne.
➤ **in regard to, with regard to** prep en ce qui concerne, relativement à.

regarding [rɪˈgɑːdɪŋ] prep concernant, en ce qui concerne.

regardless [rɪˈgɑːdlɪs] adv quand même.
➤ **regardless of** prep sans tenir compte de, sans se soucier de.

regatta [rɪˈgætə] n régate f.

regd. = reg.

Regency ['riːdʒənsɪ] adj Régence (anglaise).

regenerate [rɪ'dʒenəreɪt] vt [economy, project] relancer.

regeneration [rɪˌdʒenə'reɪʃn] n [of economy, project] relance f.

regent ['riːdʒənt] n régent m, -e f.

reggae ['regeɪ] n reggae m.

regime [reɪ'ʒiːm] n régime m.

regiment ['redʒɪmənt] n régiment m.

regimental [ˌredʒɪ'mentl] adj du régiment.

regimented ['redʒɪmentɪd] adj [organization] trop rigide ; [life] strict(e).

region ['riːdʒən] n région f ; in the ~ of environ.

regional ['riːdʒənl] adj régional(e).

register ['redʒɪstə'] ◇ n [record] registre m ◇ vt - 1. [record officially] déclarer - 2. [show, measure] indiquer, montrer - 3. [express] exprimer ◇ vi - 1. [on official list] s'inscrire, se faire inscrire - 2. [at hotel] signer le registre - 3. inf [advice, fact] : **it didn't ~** je n'ai pas compris.

registered ['redʒɪstəd] adj - 1. [person] inscrit(e) ; [car] immatriculé(e) ; [charity] agréé(e) par le gouvernement - 2. [letter, parcel] recommandé(e).

registered nurse n infirmier diplômé d'État m, infirmière diplômée d'État f.

registered post Br, **registered mail** Am n : **to send sthg by ~** envoyer qqch en recommandé.

registered trademark n marque f déposée.

registrar [ˌredʒɪ'strɑːʳ] n - 1. [keeper of records] officier m de l'état civil - 2. UNIV secrétaire m général - 3. Br [doctor] chef m de clinique.

registration [ˌredʒɪ'streɪʃn] n - 1. [gen] enregistrement m, inscription f - 2. AUT = registration number.

registration document n ≃ carte f grise.

registration number n AUT numéro m d'immatriculation.

registry ['redʒɪstrɪ] (pl -ies) n bureau m de l'enregistrement.

registry office n bureau m de l'état civil.

regress [rɪ'gres] vi : **to ~ (to)** régresser (au stade de).

regression [rɪ'greʃn] n régression f.

regressive [rɪ'gresɪv] adj régressif(ive).

regret [rɪ'gret] (pt & pp -ted ; cont -ting) ◇ n regret m ◇ vt [be sorry about] : **to ~ sthg/doing sthg** regretter qqch/d'avoir fait qqch ; **we**

~ to announce ... nous sommes au regret d'annoncer ...

regretful [rɪ'gretful] adj [person] plein(e) de regrets ; [look] de regret.

regretfully [rɪ'gretfulɪ] adv à regret.

regrettable [rɪ'gretəbl] adj regrettable, fâcheux(euse).

regrettably [rɪ'gretəblɪ] adv malheureusement.

regroup [ˌriː'gruːp] vi se regrouper.

regt abbr of regiment.

regular ['regjələ'] ◇ adj - 1. [gen] régulier(ère) ; [customer] fidèle - 2. [usual] habituel(elle) - 3. Am [normal - size] standard (inv) - 4. Am [pleasant] sympa (inv) ◇ n [at pub] habitué m, -e f ; [at shop] client m, -e f fidèle.

regular army n armée f de métier.

regularity [ˌregjʊ'lærətɪ] n régularité f.

regularly ['regjʊləlɪ] adv régulièrement.

regulate ['regjʊleɪt] vt régler.

regulation [ˌregjʊ'leɪʃn] ◇ adj [standard] réglementaire ◇ n - 1. [rule] règlement m - 2. (U) [control] réglementation f.

regurgitate [rɪ'gɜːdʒɪteɪt] vt régurgiter ; fig & pej ressortir, répéter.

rehabilitate [ˌriːə'bɪlɪteɪt] vt [criminal] réinsérer, réhabiliter ; [patient] rééduquer.

rehabilitation ['riːəˌbɪlɪ'teɪʃn] n [of criminal] réinsertion f, réhabilitation f ; [of patient] rééducation f.

rehash [ˌriː'hæʃ] vt inf pej remanier.

rehearsal [rɪ'hɜːsl] n répétition f.

rehearse [rɪ'hɜːs] vt & vi répéter.

rehouse [ˌriː'haʊz] vt reloger.

reign [reɪn] ◇ n règne m ◇ vi : **to ~ (over)** lit & fig régner (sur).

reigning ['reɪnɪŋ] adj [champion] actuel(elle).

reimburse [ˌriːɪm'bɜːs] vt : **to ~ sb (for)** rembourser qqn (de).

reimbursement [ˌriːɪm'bɜːsmənt] n remboursement m.

Reims [riːmz] n Reims.

rein [reɪn] n fig : **to give (a) free ~ to sb, to give sb free ~** laisser la bride sur le cou à qqn ; **to keep a tight ~ on sb** tenir la bride haute à qqn ; **to keep a tight ~ on sthg** contrôler étroitement qqch.

➤ **reins** npl - 1. [for horse] rênes fpl - 2. [for child] laisse f.

➤ **rein in** vt sep [horse] serrer la bride à ; fig modérer.

reincarnation [ˌriːɪnkɑː'neɪʃn] n réincarnation f.

reindeer ['reɪnˌdɪəʳ] (pl inv) n renne m.
reinforce [ˌriːɪn'fɔːs] vt - **1.** [strengthen] renforcer - **2.** [back up, confirm] appuyer, étayer.
reinforced concrete [ˌriːɪn'fɔːst-] n béton m armé.
reinforcement [ˌriːɪn'fɔːsmənt] n - **1.** (U) [strengthening] renforcement m - **2.** [strengthener] renfort m.
➤ **reinforcements** npl renforts mpl.
reinstate [ˌriːɪn'steɪt] vt [employee] rétablir dans ses fonctions, réintégrer ; [policy, method] rétablir.
reinstatement [ˌriːɪn'steɪtmənt] n réintégration f, rétablissement m.
reinterpret [ˌriːɪn'tɜːprɪt] vt interpréter de nouveau (différemment).
reintroduce ['riːˌɪntrə'djuːs] vt réintroduire.
reintroduction [ˌriːɪntrə'dʌkʃn] n réintroduction f.
reissue [riː'ɪʃuː] ⬦ n [of book] réédition f ⬦ vt [book] rééditer ; [film, record] ressortir.
reiterate [riː'ɪtəreɪt] vt réitérer, répéter.
reiteration [riːˌɪtə'reɪʃn] n réitération f.
reject [n 'riːdʒekt, vb rɪ'dʒekt] ⬦ n [product] article m de rebut ⬦ vt - **1.** [not accept] rejeter - **2.** [candidate, coin] refuser.
rejection [rɪ'dʒekʃn] n - **1.** [non-acceptance] rejet m - **2.** [of candidate] refus m.
rejig [ˌriː'dʒɪg] (pt & pp -ged ; cont -ging) vt Br inf réorganiser.
rejoice [rɪ'dʒɔɪs] vi : to ~ (at OR in) se réjouir (de).
rejoicing [rɪ'dʒɔɪsɪŋ] n (U) réjouissance f.
rejoin¹ [ˌriː'dʒɔɪn] vt rejoindre ; [club] adhérer de nouveau à.
rejoin² [rɪ'dʒɔɪn] vt [reply] répondre, répliquer.
rejoinder [rɪ'dʒɔɪndəʳ] n réplique f, riposte f.
rejuvenate [rɪ'dʒuːvəneɪt] vt rajeunir.
rejuvenation [rɪˌdʒuːvə'neɪʃn] n rajeunissement m.
rekindle [ˌriː'kɪndl] vt fig ranimer, raviver.
relapse [rɪ'læps] ⬦ n rechute f ; to have a ~ faire une rechute, rechuter ⬦ vi : to ~ into retomber dans.
relate [rɪ'leɪt] ⬦ vt - **1.** [connect] : to ~ sthg to sthg établir un lien OR rapport entre qqch et qqch - **2.** [tell] raconter ⬦ vi - **1.** [be connected] : to ~ to avoir un rapport avec - **2.** [concern] : to ~ to se rapporter à - **3.** [empathize] : to ~ (to sb) s'entendre (avec qqn).
➤ **relating to** prep concernant.

related [rɪ'leɪtɪd] adj - **1.** [people] apparenté(e) - **2.** [issues, problems etc] lié(e).
relation [rɪ'leɪʃn] n - **1.** [connection] : ~ (to/between) rapport m (avec/entre) ; in ~ to par rapport à - **2.** [person] parent m, -e f.
➤ **relations** npl [relationship] relations fpl, rapports mpl.
relational [rɪ'leɪʃənl] adj COMPUT relationnel(elle).
relationship [rɪ'leɪʃnʃɪp] n - **1.** [between people, countries] relations fpl, rapports mpl ; [romantic] liaison f - **2.** [connection] rapport m, lien m.
relative ['relətɪv] ⬦ adj relatif(ive) ⬦ n parent m, -e f.
➤ **relative to** prep [compared with] relativement à ; [connected with] se rapportant à, relatif(ive) à.
relatively ['relətɪvli] adv relativement.
relativity [ˌrelə'tɪvəti] n relativité f.
relax [rɪ'læks] ⬦ vt - **1.** [person] détendre, relaxer - **2.** [muscle, body] décontracter, relâcher ; [one's grip] desserrer - **3.** [rule] relâcher ⬦ vi - **1.** [person] se détendre, se décontracter - **2.** [muscle, body] se relâcher, se décontracter - **3.** [one's grip] se desserrer.
relaxation [ˌriːlæk'seɪʃn] n - **1.** [of person] relaxation f, détente f - **2.** [of rule] relâchement m.
relaxed [rɪ'lækst] adj détendu(e), décontracté(e).
relaxing [rɪ'læksɪŋ] adj relaxant(e), qui détend.
relay ['riːleɪ] (pt & pp senses 1 & 2 -ed ; pt & pp sense 3 relaid) ⬦ n - **1.** SPORT : ~ (race) course f de relais ; in ~s fig se relayant - **2.** RADIO & TV [broadcast] retransmission f ⬦ vt - **1.** RADIO & TV [broadcast] relayer - **2.** [message, information] transmettre, communiquer - **3.** [carpet, tiles] poser à nouveau, reposer.
release [rɪ'liːs] ⬦ n - **1.** [from prison, cage] libération f - **2.** [from pain, misery] délivrance f - **3.** [statement] communiqué m - **4.** [of gas, heat] échappement m - **5.** (U) [of film, record] sortie f ; to be on ~ CINEMA passer dans les salles de cinéma - **6.** [film] nouveau film m ; [record] nouveau disque m ⬦ vt - **1.** [set free] libérer - **2.** [lift restriction on] : to ~ sb from dégager qqn de - **3.** [make available - supplies] libérer ; [- funds] débloquer - **4.** [let go of] lâcher - **5.** [TECH - brake, handle] desserrer ; [- mechanism] déclencher - **6.** [gas, heat] : to ~ sthg (from/into) se dégager (de/dans), s'échapper (de/dans) - **7.** [film, record] sortir ; [statement, report] publier.
relegate ['relɪgeɪt] vt reléguer ; to be ~d Br SPORT être relégué à la division inférieure.
relegation [ˌrelɪ'geɪʃn] n relégation f.

relent [rɪ'lent] *vi* [person] se laisser fléchir ; [wind, storm] se calmer.

relentless [rɪ'lentlɪs] *adj* implacable.

relentlessly [rɪ'lentlɪslɪ] *adv* implacablement.

relevance ['reləvəns] *(U) n* - **1.** [connection] : ~ (to) rapport *m* (avec) - **2.** [significance] : ~ (to) importance *f* (pour).

relevant ['reləvənt] *adj* - **1.** [connected] : ~ (to) qui a un rapport (avec) - **2.** [significant] : ~ (to) important(e) (pour) - **3.** [appropriate - information] utile ; [- document] justificatif(ive).

reliability [rɪ,laɪə'bɪlətɪ] *n* fiabilité *f*.

reliable [rɪ'laɪəbl] *adj* [person] sur qui on peut compter, fiable ; [device] fiable ; [company, information] sérieux(euse).

reliably [rɪ'laɪəblɪ] *adv* de façon fiable ; **to be ~ informed (that)** ... savoir de source sûre que ...

reliance [rɪ'laɪəns] *n* : ~ (on) dépendance *f* (de).

reliant [rɪ'laɪənt] *adj* : **to be ~ on** être dépendant(e) de.

relic ['relɪk] *n* relique *f* ; [of past] vestige *m*.

relief [rɪ'liːf] *n* - **1.** [comfort] soulagement *m* - **2.** [for poor, refugees] aide *f*, assistance *f* - **3.** Am [social security] aide *f* sociale.

relief map *n* carte *f* en relief.

relief road *n* Br route *f* de délestage.

relieve [rɪ'liːv] *vt* - **1.** [pain, anxiety] soulager ; **to ~ sb of sthg** [take away from] délivrer qqn de qqch - **2.** [take over from] relayer - **3.** [give help to] secourir, venir en aide à.

relieved [rɪ'liːvd] *adj* soulagé(e).

religion [rɪ'lɪdʒn] *n* religion *f*.

religious [rɪ'lɪdʒəs] *adj* religieux(euse) ; [book] de piété.

reline [,riː'laɪn] *vt* [clothes, bag] redoubler ; [brakes] changer les garnitures de.

relinquish [rɪ'lɪŋkwɪʃ] *vt* [power] abandonner ; [claim, plan] renoncer à ; [post] quitter.

relish ['relɪʃ] ◇ *n* - **1.** [enjoyment] : **with (great) ~** avec délectation - **2.** [pickle] condiment *m* ◇ *vt* [enjoy] prendre plaisir à ; **I don't ~ the thought OR idea OR prospect of seeing him** la perspective de le voir ne m'enchante OR ne me sourit guère.

relive [,riː'lɪv] *vt* revivre.

relocate [,riːləʊ'keɪt] ◇ *vt* installer ailleurs, transférer ◇ *vi* s'installer ailleurs, déménager.

relocation [,riːləʊ'keɪʃn] *n* transfert *m*, déménagement *m*.

relocation expenses *npl* frais *mpl* de déménagement.

reluctance [rɪ'lʌktəns] *n* répugnance *f*.

reluctant [rɪ'lʌktənt] *adj* peu enthousiaste ; **to be ~ to do sthg** rechigner à faire qqch, être peu disposé à faire qqch.

reluctantly [rɪ'lʌktəntlɪ] *adv* à contrecœur, avec répugnance.

rely [rɪ'laɪ] (*pt* & *pp* **-ied**) ◆ **rely on** *vt fus* - **1.** [count on] compter sur ; **to ~ on sb to do sthg** compter sur qqn OR faire confiance à qqn pour faire qqch - **2.** [be dependent on] dépendre de.

REM (*abbr of* **rapid eye movement**) *n* activité oculaire intense durant le sommeil paradoxal.

remain [rɪ'meɪn] ◇ *vt* rester ; **to ~ to be done** rester à faire ; **it ~s to be seen** ... reste à savoir ... ◇ *vi* rester.
◆ **remains** *npl* - **1.** [remnants] restes *mpl* - **2.** [antiquities] ruines *fpl*, vestiges *mpl*.

remainder [rɪ'meɪndər] *n* reste *m*.

remaining [rɪ'meɪnɪŋ] *adj* qui reste ; **last ~** dernier(ère).

remake [*n* 'riːmeɪk, *vb* ,riː'meɪk] CINEMA ◇ *n* remake *m* ◇ *vt* refaire.

remand [rɪ'mɑːnd] JUR ◇ *n* : **on ~** en détention préventive ◇ *vt* : **to ~ sb (in custody)** placer qqn en détention préventive.

remand centre *n* Br maison *f* de détention préventive.

remark [rɪ'mɑːk] ◇ *n* [comment] remarque *f*, observation *f* ◇ *vt* [comment] : **to ~ that** ... faire remarquer que ... ◇ *vi* : **to ~ on** faire des remarques sur.

remarkable [rɪ'mɑːkəbl] *adj* remarquable.

remarkably [rɪ'mɑːkəblɪ] *adv* remarquablement.

remarry [,riː'mærɪ] (*pt* & *pp* **-ied**) *vi* se remarier.

remedial [rɪ'miːdjəl] *adj* - **1.** [pupil, class] de rattrapage - **2.** [exercise] correctif(ive) ; [action] de rectification.

remedy ['remədɪ] (*pl* **-ies**, *pt* & *pp* **-ied**) ◇ *n* : ~ (for) MED remède *m* (pour OR contre) ; *fig* remède (à OR contre) ◇ *vt* remédier à.

remember [rɪ'membər] ◇ *vt* - **1.** [gen] se souvenir de, se rappeler ; **to ~ to do sthg** ne pas oublier de faire qqch, penser à faire qqch ; **to ~ doing sthg** se souvenir d'avoir fait qqch, se rappeler avoir fait qqch - **2.** [as greeting] : **to ~ sb to sb** rappeler qqn au bon souvenir de qqn ◇ *vi* se souvenir, se rappeler.

remembrance [rɪ'membrəns] *n* : in ~ of en souvenir OR mémoire de.

Remembrance Day *n* l'Armistice *m*.

remind [rɪ'maɪnd] *vt* : to ~ sb of OR about sthg rappeler qqch à qqn ; to ~ sb to do sthg rappeler à qqn de faire qqch, faire penser à qqn à faire qqch.

reminder [rɪ'maɪndə'] *n* - **1.** [to jog memory] : to give sb a ~ (to do sthg) faire penser à qqn (à faire qqch) - **2.** [letter, note] rappel *m*.

reminisce [,remɪ'nɪs] *vi* évoquer des souvenirs ; to ~ about sthg évoquer qqch.

reminiscences [,remɪ'nɪsənsɪz] *npl* souvenirs *mpl*.

reminiscent [,remɪ'nɪsnt] *adj* : ~ of qui rappelle, qui fait penser à.

remiss [rɪ'mɪs] *adj* négligent(e).

remission [rɪ'mɪʃn] *n* (U) - **1.** JUR remise *f* - **2.** MED rémission *f*.

remit[1] [rɪ'mɪt] (*pt* & *pp* **-ted** ; *cont* **-ting**) *vt* [money] envoyer, verser.

remit[2] ['riːmɪt] *n* Br [responsibility] attributions *fpl*.

remittance [rɪ'mɪtns] *n* - **1.** [amount of money] versement *m* - **2.** COMM règlement *m*, paiement *m*.

remnant ['remnənt] *n* - **1.** [remaining part] reste *m*, restant *m* - **2.** [of cloth] coupon *m*.

remodel [,riː'mɒdl] (Br *pt* & *pp* **-led** ; *cont* **-ling**, Am *pt* & *pp* **-ed** ; *cont* **-ing**) *vt* remodeler.

remold Am = remould.

remonstrate ['remənstreɪt] *vi* : to ~ (with sb about sthg) faire des remontrances (à qqn au sujet de qqch).

remorse [rɪ'mɔːs] *n* (U) remords *m*.

remorseful [rɪ'mɔːsfʊl] *adj* plein(e) de remords.

remorseless [rɪ'mɔːslɪs] *adj* implacable.

remorselessly [rɪ'mɔːslɪslɪ] *adv* implacablement.

remote [rɪ'məʊt] *adj* - **1.** [far-off - place] éloigné(e) ; [- time] lointain(e) - **2.** [person] distant(e) - **3.** [possibility, chance] vague.

remote control *n* télécommande *f*.

remote-controlled [-kən'trəʊld] *adj* télécommandé(e).

remotely [rɪ'məʊtlɪ] *adv* - **1.** [in the slightest] : not ~ pas le moins du monde, absolument pas - **2.** [far off] au loin.

remoteness [rɪ'məʊtnɪs] *n* - **1.** [of place] éloignement *m*, isolement *m* - **2.** [of person] attitude *f* distante.

remould Br, **remold** Am ['riːməʊld] *n* pneu *m* rechapé.

removable [rɪ'muːvəbl] *adj* [detachable] détachable, amovible.

removal [rɪ'muːvl] *n* - **1.** (U) [act of removing] enlèvement *m* - **2.** Br [change of house] déménagement *m*.

removal man *n* Br déménageur *m*.

removal van *n* Br camion *m* de déménagement.

remove [rɪ'muːv] *vt* - **1.** [take away - gen] enlever ; [- stain] faire partir, enlever ; [- problem] résoudre ; [- suspicion] dissiper - **2.** [clothes] ôter, enlever - **3.** [employee] renvoyer.

removed [rɪ'muːvd] *adj* : to be far ~ from être très éloigné(e) OR différent(e) de.

remover [rɪ'muːvə'] *n* [for paint] décapant *m* ; [for stains] détachant *m* ; [for nail-varnish] dissolvant *m*.

remuneration [rɪ,mjuːnə'reɪʃn] *n* rémunération *f*.

Renaissance [rə'neɪsəns] ◇ *n* : the ~ la Renaissance ◇ *comp* (de la) Renaissance.

rename [,riː'neɪm] *vt* rebaptiser.

rend [rend] (*pt* & *pp* **rent**) *vt* déchirer.

render ['rendə'] *vt* rendre ; [assistance] porter ; FIN [account] présenter.

rendering ['rendərɪŋ] *n* [of play, music etc] interprétation *f*.

rendezvous ['rɒndɪvuː] (*pl inv*) *n* rendezvous *m inv*.

rendition [ren'dɪʃn] *n* interprétation *f*.

renegade ['renɪgeɪd] *n* renégat *m*, -e *f*.

renege [rɪ'niːg] *vi* : to ~ on manquer à, revenir sur.

renegotiate [,riːnɪ'gəʊʃɪeɪt] ◇ *vt* renégocier ◇ *vi* négocier à nouveau.

renew [rɪ'njuː] *vt* - **1.** [gen] renouveler ; [negotiations, strength] reprendre ; [interest] faire renaître ; to ~ acquaintance with sb renouer connaissance avec qqn - **2.** [replace] remplacer.

renewable [rɪ'njuːəbl] *adj* renouvelable.

renewal [rɪ'njuːəl] *n* - **1.** [of activity] reprise *f* - **2.** [of contract, licence etc] renouvellement *m*.

rennet ['renɪt] *n* présure *f*.

renounce [rɪ'naʊns] *vt* [reject] renoncer à.

renovate ['renəveɪt] *vt* rénover.

renovation [,renə'veɪʃn] *n* rénovation *f*.

renown [rɪ'naʊn] *n* renommée *f*, renom *m*.

renowned [rɪ'naʊnd] *adj* : ~ (for) renommé(e) (pour).

rent [rent] ⟡ *pt* & *pp* ⟡ **rend** ⟡ *n* [for house] loyer *m* ⟡ *vt* louer.
➤ **rent out** *vt sep* louer.

rental ['rentl] ⟡ *adj* de location ⟡ *n* [for car, television, video] prix *m* de location ; [for house] loyer *m*.

rent book *n* carnet *m* de quittances de loyer.

rent boy *n* Br inf jeune garçon *m* qui se prostitue.

rented ['rentɪd] *adj* loué(e).

rent-free ⟡ *adj* gratuit(e) ⟡ *adv* sans payer de loyer.

renumber [,riː'nʌmbə'] *vt* renuméroter.

renunciation [rɪ,nʌnsɪ'eɪʃn] *n* renonciation *f.*

reoccurrence [,riːə'kʌrəns] *n* : **if there's a ~ ...** si cela se reproduit ...

reopen [,riː'əupn] ⟡ *vt* rouvrir ; [negotiations] reprendre ⟡ *vi* rouvrir ; [negotiations] reprendre ; [wound] se rouvrir.

reorganization ['riː,ɔːgənaɪ'zeɪʃn] *n* réorganisation *f.*

reorganize, -ise [,riː'ɔːgənaɪz] ⟡ *vt* réorganiser ⟡ *vi* se réorganiser.

rep [rep] *n* - **1.** (*abbr of* **representative**) VRP *m* - **2.** *abbr of* **repertory** - **3.** *abbr of* **repertory company.**

Rep. Am - **1.** *abbr of* **Representative** - **2.** *abbr of* **Republican.**

repaid [riː'peɪd] *pt* & *pp* ⟡ **repay.**

repaint [,riː'peɪnt] *vt* repeindre.

repair [rɪ'peə'] ⟡ *n* réparation *f* ; **in good/ bad ~** en bon/mauvais état ⟡ *vt* réparer.

repair kit *n* trousse *f* à outils.

repaper [,riː'peɪpə'] *vt* retapisser.

reparations [,repə'reɪʃnz] *npl* réparations *fpl.*

repartee [,repɑː'tiː] *n* repartie *f.*

repatriate [,riː'pætrɪeɪt] *vt* rapatrier.

repay [riː'peɪ] (*pt* & *pp* **repaid**) *vt* - **1.** [money] : **to ~ sb sthg, to ~ sthg to sb** rembourser qqch à qqn - **2.** [favour] payer de retour, récompenser ; **to ~ sb for sthg** récompenser qqn de OR pour qqch.

repayment [riː'peɪmənt] *n* remboursement *m.*

repeal [rɪ'piːl] ⟡ *n* abrogation *f* ⟡ *vt* abroger.

repeat [rɪ'piːt] ⟡ *vt* - **1.** [gen] répéter ; **to ~ o.s.** se répéter - **2.** RADIO & TV rediffuser ⟡ *n* RADIO & TV reprise *f*, rediffusion *f.*

repeated [rɪ'piːtɪd] *adj* répété(e).

repeatedly [rɪ'piːtɪdlɪ] *adv* à maintes reprises, très souvent.

repel [rɪ'pel] (*pt* & *pp* **-led** ; *cont* **-ling**) *vt* repousser.

repellent [rɪ'pelənt] ⟡ *adj* répugnant(e), repoussant(e) ⟡ *n* : **insect ~** crème *f* anti-insecte.

repent [rɪ'pent] ⟡ *vt* se repentir de ⟡ *vi* : **to ~ (of)** se repentir (de).

repentance [rɪ'pentəns] *n (U)* repentir *m.*

repentant [rɪ'pentənt] *adj* repentant(e).

repercussions [,riːpə'kʌʃnz] *npl* répercussions *fpl.*

repertoire ['repətwɑː'] *n* répertoire *m.*

repertory ['repətrɪ] *n* répertoire *m.*

repertory company *n* compagnie *f* OR troupe *f* de répertoire.

repetition [,repɪ'tɪʃn] *n* répétition *f.*

repetitious [,repɪ'tɪʃəs], **repetitive** [rɪ'petɪtɪv] *adj* [action, job] répétitif(ive) ; [article, speech] qui a des redites.

rephrase [,riː'freɪz] *vt* réécrire, tourner autrement.

replace [rɪ'pleɪs] *vt* - **1.** [gen] remplacer - **2.** [put back] remettre (à sa place).

replacement [rɪ'pleɪsmənt] *n* - **1.** [substituting] remplacement *m* ; [putting back] replacement *m* - **2.** [new person] : **~ (for sb)** remplaçant *m*, -e *f* (de qqn).

replacement part *n* pièce *f* de rechange.

replay [*n* 'riːpleɪ, *vb* ,riː'pleɪ] ⟡ *n* match *m* rejoué ⟡ *vt* - **1.** [match, game] rejouer - **2.** [film, tape] repasser.

replenish [rɪ'plenɪʃ] *vt* : **to ~ one's supply of sthg** se réapprovisionner en qqch.

replete [rɪ'pliːt] *adj fml* rempli(e) ; [person] rassasié(e).

replica ['replɪkə] *n* copie *f* exacte, réplique *f.*

replicate ['replɪkeɪt] *vt fml* reproduire.

replication [,replɪ'keɪʃn] *n fml* reproduction *f.*

reply [rɪ'plaɪ] (*pl* **-ies** ; *pt* & *pp* **-ied**) ⟡ *n* : **~ (to)** réponse *f* (à) ; **in ~ (to)** en réponse (à) ⟡ *vt* & *vi* répondre.

reply coupon *n* coupon-réponse *m.*

reply-paid *adj* réponse payée.

report [rɪ'pɔːt] ⟡ *n* - **1.** [account] rapport *m*, compte *m* rendu ; PRESS reportage *m* - **2.** Br SCH bulletin *m* ⟡ *vt* - **1.** [news, crime] rapporter, signaler - **2.** [make known] : **to ~ that ...** annoncer que ... - **3.** [complain about] : **to ~ sb (to)** dénoncer qqn (à) ⟡ *vi* - **1.** [give account] : **to ~ (on)** faire un rapport (sur) ; PRESS faire un reportage (sur) - **2.** [present oneself] : **to ~ (to**

sb/for sthg) se présenter (à qqn/pour qqch).

➡ **report back** *vi* : to ~ **back (to)** présenter son rapport (à).

reportage [ˌrepɔːˈtɑːʒ] *(U) n* reportage *m*.

report card *n* bulletin *m* scolaire.

reportedly [rɪˈpɔːtɪdlɪ] *adv* à ce qu'il paraît.

reported speech [rɪˈpɔːtɪd-] *n* style *m* indirect.

reporter [rɪˈpɔːtəʳ] *n* reporter *m*.

repose [rɪˈpəuz] *n* literary repos *m*.

repository [rɪˈpɒzɪtrɪ] *(pl* -ies) *n* dépôt *m*.

repossess [ˌriːpəˈzes] *vt* saisir.

repossession [ˌriːpəˈzeʃn] *n* saisie *f*.

repossession order *n* ordre *m* de saisie.

reprehensible [ˌreprɪˈhensəbl] *adj* répréhensible.

represent [ˌreprɪˈzent] *vt* - **1.** [gen] représenter ; to be well OR strongly ~ed être bien représenté - **2.** [describe] : to ~ sb/sthg as décrire qqn/qqch comme.

representation [ˌreprɪzenˈteɪʃn] *n* [gen] représentation *f*.

➡ **representations** *npl* : to make ~s to sb faire une démarche auprès de qqn.

representative [ˌreprɪˈzentətɪv] <> *adj* représentatif(ive) <> *n* représentant *m*, -e *f*.

repress [rɪˈpres] *vt* réprimer.

repressed [rɪˈprest] *adj* - **1.** [person - sexually] refoulé(e) - **2.** [feelings] réprimé(e), contenu(e).

repression [rɪˈpreʃn] *n* répression *f* ; [sexual] refoulement *m*.

repressive [rɪˈpresɪv] *adj* répressif(ive).

reprieve [rɪˈpriːv] <> *n* - **1.** fig [delay] sursis *m*, répit *m* - **2.** JUR sursis *m* <> *vt* accorder un sursis à.

reprimand [ˈreprɪmɑːnd] <> *n* réprimande *f* <> *vt* réprimander.

reprint [*n* ˈriːprɪnt, *vb* ˌriːˈprɪnt] <> *n* réimpression *f* <> *vt* réimprimer.

reprisal [rɪˈpraɪzl] *n* représailles *fpl*.

reproach [rɪˈprəutʃ] <> *n* reproche *m* <> *vt* : to ~ sb for OR with sthg reprocher qqch à qqn.

reproachful [rɪˈprəutʃful] *adj* [look, words] de reproche.

reprobate [ˈreprəbeɪt] *n* hum dépravé *m*, -e *f*.

reproduce [ˌriːprəˈdjuːs] <> *vt* reproduire <> *vi* se reproduire.

reproduction [ˌriːprəˈdʌkʃn] *n* reproduction *f*.

reproductive [ˌriːprəˈdʌktɪv] *adj* reproducteur(trice).

reprogram [ˌriːˈprəugræm] *(pt* & *pp* -ed OR -med ; *cont* -ing OR -ming) *vt* reprogrammer.

reproof [rɪˈpruːf] *n* reproche *m*, blâme *m*.

reprove [rɪˈpruːv] *vt* : to ~ sb (for) blâmer qqn (pour OR de), réprimander qqn (pour).

reproving [rɪˈpruːvɪŋ] *adj* réprobateur(trice).

reptile [ˈreptaɪl] *n* reptile *m*.

Repub. Am abbr of **Republican**.

republic [rɪˈpʌblɪk] *n* république *f*.

republican [rɪˈpʌblɪkən] <> *adj* républicain(e) <> *n* républicain *m*, -e *f*.

➡ **Republican** <> *adj* républicain(e) ; **the Republican Party** Am le parti républicain <> *n* républicain *m*, -e *f*.

repudiate [rɪˈpjuːdɪeɪt] *vt* fml [offer, suggestion] rejeter ; [friend] renier.

repudiation [rɪˌpjuːdɪˈeɪʃn] *n* fml [of offer, suggestion] rejet *m* ; [of friend] reniement *m*.

repugnant [rɪˈpʌgnənt] *adj* répugnant(e).

repulse [rɪˈpʌls] *vt* repousser.

repulsion [rɪˈpʌlʃn] *n* répulsion *f*.

repulsive [rɪˈpʌlsɪv] *adj* repoussant(e).

reputable [ˈrepjutəbl] *adj* de bonne réputation.

reputation [ˌrepjuˈteɪʃn] *n* réputation *f* ; to have a ~ for sthg être réputé pour qqch ; to have a ~ for being ... avoir la réputation d'être ...

repute [rɪˈpjuːt] *n* : of ~ de renom ; of good ~ de bonne réputation.

reputed [rɪˈpjuːtɪd] *adj* réputé(e) ; to be ~ to be sthg être réputé pour être qqch, avoir la réputation d'être qqch.

reputedly [rɪˈpjuːtɪdlɪ] *adv* à OR d'après ce qu'on dit.

reqd abbr of **required**.

request [rɪˈkwest] <> *n* : ~ **(for)** demande *f* (de) ; **on ~** sur demande ; **at sb's ~** sur OR à la demande de qqn <> *vt* demander ; to ~ sb to do sthg demander à qqn de faire qqch.

request stop *n* Br arrêt *m* facultatif.

requiem (mass) [ˈrekwɪəm-] *n* messe *f* de requiem.

require [rɪˈkwaɪəʳ] *vt* [subj : person] avoir besoin de ; [subj : situation] nécessiter ; to ~ sb to do sthg exiger de qqn qu'il fasse qqch.

required [rɪˈkwaɪəd] *adj* exigé(e), requis(e).

requirement [rɪˈkwaɪəmənt] *n* besoin *m*.

requisite [ˈrekwɪzɪt] *adj* fml requis(e).

requisition [ˌrekwɪˈzɪʃn] *vt* réquisitionner.

reran [ˌriːˈræn] *pt* ➭ **rerun**.

reread [ˌriː'riːd] (pt & pp reread [ˌriː'red]) vt relire.

rerecord [ˌriː'rɪkɔːd] vt réenregistrer.

reroute [ˌriː'ruːt] vt dérouter.

rerun [n 'riːrʌn, vb ˌriː'rʌn] (pt -ran ; pp -run, cont -ning) ⋄ n [of TV programme] rediffusion f, reprise f; fig répétition f ⋄ vt - 1. [race] réorganiser - 2. [TV programme] rediffuser ; [tape] passer à nouveau, repasser.

resale price maintenance ['riːseɪl-] n Br prix imposé aux distributeurs par le fabricant.

resat [ˌriː'sæt] pt & pp ⊳ resit.

reschedule [Br ˌriː'ʃedjʊl, Am ˌriː'skedʒʊl] vt [to new date] changer la date de ; [to new time] changer l'heure de ; FIN rééchelonner.

rescind [rɪ'sɪnd] vt [contract] annuler ; [law] abroger.

rescue ['reskjuː] ⋄ n - 1. (U) [help] secours mpl ; to go/come to sb's ~ aller/venir au secours de qqn - 2. [successful attempt] sauvetage m ⋄ vt sauver, secourir.

rescue operation n opération f de sauvetage.

rescuer ['reskjʊəʳ] n sauveteur m.

reseal [ˌriː'siːl] vt [letter] recacheter.

resealable [ˌriː'siːləbl] adj [envelope] qui peut être recacheté(e).

research [ˌrɪ'sɜːtʃ] ⋄ n (U) : ~ (on OR into) recherche f (sur), recherches fpl (sur) ; ~ and development recherche et développement ⋄ vt faire des recherches sur ⋄ vi : to ~ (into) faire des recherches (sur).

researcher [rɪ'sɜːtʃəʳ] n chercheur m, -euse f.

research work n (U) recherches fpl.

resell [ˌriː'sel] (pt & pp resold) vt revendre.

resemblance [rɪ'zembləns] n : ~ (to) ressemblance f (avec).

resemble [rɪ'zembl] vt ressembler à.

resent [rɪ'zent] vt être indigné(e) par ; I ~ that! je n'apprécie pas (ça) du tout !

resentful [rɪ'zentfʊl] adj plein(e) de ressentiment.

resentfully [rɪ'zentfʊlɪ] adv avec ressentiment.

resentment [rɪ'zentmənt] n ressentiment m.

reservation [ˌrezə'veɪʃn] n - 1. [booking] réservation f - 2. [uncertainty] : without ~ sans réserve - 3. Am [for Native Americans] réserve f indienne.

➡ **reservations** npl [doubts] réserves fpl.

reserve [rɪ'zɜːv] ⋄ n - 1. [gen] réserve f ; in ~ en réserve - 2. SPORT remplaçant m, -e f ⋄ vt - 1. [save] garder, réserver - 2. [book] réserver - 3. [retain] : to ~ the right to do sthg se réserver le droit de faire qqch.

reserve bank n Am banque f de réserve.

reserve currency n monnaie f de réserve.

reserved [rɪ'zɜːvd] adj réservé(e).

reserve price n Br prix m minimum.

reserve team n Br deuxième équipe f.

reservist [rɪ'zɜːvɪst] n réserviste m.

reservoir ['rezəvwɑːʳ] n réservoir m.

reset [ˌriː'set] (pt & pp reset, cont -ting) ⋄ vt - 1. [clock, watch] remettre à l'heure ; [meter, controls] remettre à zéro - 2. [bone] remettre - 3. COMPUT ré-initialiser ⋄ vi COMPUT ré-initialiser.

resettle [ˌriː'setl] ⋄ vt [land] repeupler ; [people] établir, implanter ⋄ vi [people] se fixer (ailleurs), s'établir (ailleurs).

resettlement [ˌriː'setlmənt] n [of land] repeuplement m ; [of people] établissement m, implantation f.

reshape [ˌriː'ʃeɪp] vt [policy, thinking] réorganiser.

reshuffle [ˌriː'ʃʌfl] ⋄ n remaniement m ; cabinet ~ remaniement ministériel ⋄ vt remanier.

reside [rɪ'zaɪd] vi fml résider.

residence ['rezɪdəns] n résidence f ; in ~ en résidence ; to take up ~ s'installer.

residence permit n permis m de séjour.

resident ['rezɪdənt] ⋄ adj résidant(e) ; [chaplain, doctor] à demeure ⋄ n résident m, -e f.

residential [ˌrezɪ'denʃl] adj : ~ course stage ou formation avec logement sur place ; ~ institution internat m.

residential area n quartier m résidentiel.

residents' association n association f de quartier.

residual [rɪ'zɪdjʊəl] adj restant(e) ; CHEM résiduel(elle).

residue ['rezɪdjuː] n reste m ; CHEM résidu m.

resign [rɪ'zaɪn] ⋄ vt - 1. [job] démissionner de - 2. [accept calmly] : to ~ o.s. to se résigner à ⋄ vi : to ~ (from) démissionner (de).

resignation [ˌrezɪg'neɪʃn] n - 1. [from job] démission f - 2. [calm acceptance] résignation f.

resigned [rɪ'zaɪnd] adj : ~ (to) résigné(e) (à).

resilience [rɪ'zɪlɪəns] n [of material] élasticité f ; [of person] ressort m.

resilient [rɪ'zɪlɪənt] adj [material] élastique ; [person] qui a du ressort.

resin ['rezɪn] n résine f.

resist [rɪ'zɪst] *vt* résister à.

resistance [rɪ'zɪstəns] *n* résistance *f*.

resistant [rɪ'zɪstənt] *adj* - **1.** [opposed] : to be ~ **to** [gen] résister à ; [change] s'opposer à - **2.** [immune] : ~ **(to)** rebelle (à).

resistor [rɪ'zɪstə'] *n* ELEC résistance *f*.

resit [*n* 'ri:sɪt, *vb* ˌri:'sɪt] (*pt* & *pp* -**sat**, *cont* -**ting**) Br ⋄ *n* deuxième session *f* ⋄ *vt* repasser, se représenter à.

resold [ˌri:'səʊld] *pt* & *pp* ⊳ **resell.**

resolute ['rezəlu:t] *adj* résolu(e).

resolutely ['rezəlu:tlɪ] *adv* résolument.

resolution [ˌrezə'lu:ʃn] *n* résolution *f*.

resolve [rɪ'zɒlv] ⋄ *n* (U) [determination] résolution *f* ⋄ *vt* - **1.** [decide] : to ~ (that) ... décider que ... ; to ~ to do sthg résoudre OR décider de faire qqch - **2.** [solve] résoudre.

resonance ['rezənəns] *n* résonance *f*.

resonant ['rezənənt] *adj* résonnant(e).

resonate ['rezəneɪt] *vi* résonner.

resort [rɪ'zɔ:t] *n* - **1.** [for holidays] lieu *m* de vacances - **2.** [recourse] recours *m* ; **as a last ~, in the last ~** en dernier ressort OR recours.

➤ **resort to** *vt fus* recourir à, avoir recours à.

resound [rɪ'zaʊnd] *vi* - **1.** [noise] résonner - **2.** [place] : to ~ **with** retentir de.

resounding [rɪ'zaʊndɪŋ] *adj* retentissant(e).

resource [rɪ'sɔ:s] *n* ressource *f*.

resourceful [rɪ'sɔ:sfʊl] *adj* plein(e) de ressources, débrouillard(e).

resourcefulness [rɪ'sɔ:sfʊlnɪs] *n* (U) ressource *f*.

respect [rɪ'spekt] ⋄ *n* - **1.** [gen] : ~ **(for)** respect *m* (pour) ; **to have ~ for sb** avoir du respect à OR pour qqn ; **to show ~ for sb** témoigner du respect à OR pour qqn ; **with ~** avec respect ; **with ~,...** sauf votre respect,... - **2.** [aspect] : **in this** OR **that ~** à cet égard ; **in every ~** à tous égards ; **in some ~s** à certains égards ⋄ *vt* respecter ; **to ~ sb for sthg** respecter qqn pour qqch.

➤ **respects** *npl* respects *mpl*, hommages *mpl* ; **to pay one's last ~s to sb** rendre un dernier hommage à qqn.

➤ **with respect to** *prep* en ce qui concerne, quant à.

respectability [rɪˌspektə'bɪlətɪ] *n* respectabilité *f*.

respectable [rɪ'spektəbl] *adj* - **1.** [morally correct] respectable - **2.** [adequate] raisonnable, honorable.

respectably [rɪ'spektəblɪ] *adv* [correctly] convenablement.

respectful [rɪ'spektfʊl] *adj* respectueux(euse).

respectfully [rɪ'spektfʊlɪ] *adv* avec respect, respectueusement.

respective [rɪ'spektɪv] *adj* respectif(ive).

respectively [rɪ'spektɪvlɪ] *adv* respectivement.

respiration [ˌrespə'reɪʃn] *n* respiration *f*.

respirator ['respəreɪtə'] *n* respirateur *m*.

respiratory [Br rɪ'spɪrətrɪ, Am 'respərətɔ:rɪ] *adj* respiratoire.

respire [rɪ'spaɪə'] *vi* respirer.

respite ['respaɪt] *n* répit *m*.

resplendent [rɪ'splendənt] *adj* resplendissant(e).

respond [rɪ'spɒnd] ⋄ *vt* répondre ⋄ *vi* : to ~ **(to)** répondre (à).

response [rɪ'spɒns] *n* réponse *f* ; **in ~** en réponse.

responsibility [rɪˌspɒnsə'bɪlətɪ] (*pl* -**ies**) *n* : ~ **(for)** responsabilité *f* (de) ; **to accept** OR **take ~ for sthg** prendre OR accepter la responsabilité de qqch.

responsible [rɪ'spɒnsəbl] *adj* - **1.** [gen] : ~ **(for sthg)** responsable (de qqch) ; **to be ~ to sb** être responsable devant qqn - **2.** [job, position] qui comporte des responsabilités.

responsibly [rɪ'spɒnsəblɪ] *adv* de façon responsable.

responsive [rɪ'spɒnsɪv] *adj* - **1.** [quick to react] qui réagit bien - **2.** [aware] : ~ **(to)** attentif(ive) (à).

respray [*n* 'ri:spreɪ, *vb* ˌri:'spreɪ] ⋄ *n* : **to give a car a ~** repeindre une voiture ⋄ *vt* repeindre.

rest [rest] ⋄ *n* - **1.** [remainder] : **the ~ (of)** le reste (de) ; **the ~ (of them)** les autres *mfpl* - **2.** [relaxation, break] repos *m* ; **to have a ~** se reposer - **3.** [support] support *m*, appui *m* - **4.** phr : **to come to ~** s'arrêter ⋄ *vt* - **1.** [relax] faire OR laisser reposer - **2.** [support] : to ~ **sthg on/against** appuyer qqch sur/contre - **3.** phr : ~ **assured** soyez certain(e) ⋄ *vi* - **1.** [relax] se reposer - **2.** [be supported] : **to ~ on/against** s'appuyer sur/contre - **3.** fig [argument, result] : **to ~ on** reposer sur ; **the responsibility ~s with you** c'est vous qui êtes responsable ; **the decision ~s with you** il vous appartient de décider.

rest area *n* Am & Austr aire *f* de repos.

restart [ˌri:'stɑ:t] ⋄ *vt* [engine] remettre en marche ; [work] reprendre, recommencer ⋄ *vi* - **1.** [play, film] reprendre - **2.** [engine] se remettre en marche.

restate [ˌri:'steɪt] *vt* répéter.

restaurant ['restərɒnt] n restaurant m.

restaurant car n Br wagon-restaurant m.

rest cure n cure f de repos.

rested ['restɪd] adj reposé(e).

restful ['restful] adj reposant(e).

rest home n maison f de repos.

resting place ['restɪŋ-] n lieu m de repos.

restitution [ˌrestɪ'tjuːʃn] n [returning] restitution f ; [compensation] réparation f.

restive ['restɪv] adj agité(e).

restless ['restlɪs] adj agité(e).

restlessly ['restlɪslɪ] adv avec agitation.

restock [ˌriː'stɒk] <> vt réapprovisionner <> vi se réapprovisionner.

restoration [ˌrestə'reɪʃn] n - **1.** [of law and order, monarchy] rétablissement m - **2.** [renovation] restauration f.

restorative [rɪ'stɒrətɪv] adj fortifiant(e).

restore [rɪ'stɔːr] vt - **1.** [law and order, monarchy] rétablir ; [confidence] redonner - **2.** [renovate] restaurer - **3.** [give back] rendre, restituer.

restorer [rɪ'stɔːrər] n [person] restaurateur m, -trice f.

restrain [rɪ'streɪn] vt [person, crowd] contenir, retenir ; [emotions] maîtriser, contenir ; **to ~ o.s. from doing sthg** se retenir de faire qqch.

restrained [rɪ'streɪnd] adj [tone] mesuré(e) ; [person] qui se domine.

restraint [rɪ'streɪnt] n - **1.** [restriction] restriction f, entrave f - **2.** (U) [self-control] mesure f, retenue f.

restrict [rɪ'strɪkt] vt restreindre, limiter ; **to ~ o.s. to** se limiter à.

restricted [rɪ'strɪktɪd] adj - **1.** [limited, small] limité(e) - **2.** [not public - document] confidentiel(elle) ; [- area] interdit(e).

restriction [rɪ'strɪkʃn] n restriction f, limitation f ; **to place ~s on sthg** apporter des restrictions à qqch.

restrictive [rɪ'strɪktɪv] adj restrictif(ive).

restrictive practices npl pratiques fpl restrictives.

rest room n Am toilettes fpl.

restructure [ˌriː'strʌktʃər] vt restructurer.

result [rɪ'zʌlt] <> n résultat m ; **as a ~** en conséquence ; **as a ~ of** [as a consequence of] à la suite de ; [because of] à cause de <> vi - **1.** [cause] : **to ~ in** aboutir à - **2.** [be caused] : **to ~ (from)** résulter (de).

resultant [rɪ'zʌltənt] adj fml qui (en) résulte.

resume [rɪ'zjuːm] vt & vi reprendre.

résumé ['rezjuːmeɪ] n - **1.** [summary] résumé m

- **2.** Am [curriculum vitae] curriculum vitae m inv, CV m.

resumption [rɪ'zʌmpʃn] n reprise f.

resurface [ˌriː'sɜːfɪs] <> vt [road] regoudronner <> vi [rivalries, problems] réapparaître.

resurgence [rɪ'sɜːdʒəns] n réapparition f.

resurrect [ˌrezə'rekt] vt fig ressusciter.

resurrection [ˌrezə'rekʃn] n fig résurrection f.

➡ **Resurrection** n : **the Resurrection** la Résurrection.

resuscitate [rɪ'sʌsɪteɪt] vt réanimer.

resuscitation [rɪˌsʌsɪ'teɪʃn] n réanimation f.

retail ['riːteɪl] <> n (U) détail m <> adv au détail.

retailer ['riːteɪlər] n détaillant m, -e f.

retail outlet n magasin m de détail.

retail price n prix m de détail.

retail price index n Br indice m des prix.

retain [rɪ'teɪn] vt conserver.

retainer [rɪ'teɪnər] n - **1.** [fee] provision f - **2.** [servant] serviteur m.

retaining wall [rɪ'teɪnɪŋ-] n mur m de soutènement.

retaliate [rɪ'tælɪeɪt] vi rendre la pareille, se venger.

retaliation [rɪˌtælɪ'eɪʃn] n (U) vengeance f, représailles fpl.

retarded [rɪ'tɑːdɪd] adj retardé(e).

retch [retʃ] vi avoir des haut-le-cœur.

retention [rɪ'tenʃn] n maintien m, conservation f ; MED rétention f.

retentive [rɪ'tentɪv] adj [memory] fidèle.

rethink [n ˌriː'θɪŋk, vb ˌriː'θɪŋk] (pt & pp **-thought** [-'θɔːt]) <> n : **to have a ~ (on** OR **about sthg)** repenser (qqch) <> vt & vi repenser.

reticence ['retɪsəns] n réticence f.

reticent ['retɪsənt] adj peu communicatif(ive) ; **to be ~ about sthg** ne pas beaucoup parler de qqch.

retina ['retɪnə] (pl **-nas** OR **-nae** [-niː]) n rétine f.

retinue ['retɪnjuː] n suite f.

retire [rɪ'taɪər] vi - **1.** [from work] prendre sa retraite - **2.** [withdraw] se retirer - **3.** [to bed] (aller) se coucher.

retired [rɪ'taɪəd] adj à la retraite, retraité(e).

retirement [rɪ'taɪəmənt] n retraite f.

retirement age n âge m de la retraite.

retirement pension n retraite f.

retiring [rɪ'taɪərɪŋ] adj - **1.** [shy] réservé(e)

- 2. [from work] sur le point de prendre sa retraite.

retort [rɪ'tɔːt] ⬦ n [sharp reply] riposte f ⬦ vt riposter.

retouch [,riː'tʌtʃ] vt retoucher.

retrace [rɪ'treɪs] vt : **to ~ one's steps** revenir sur ses pas.

retract [rɪ'trækt] ⬦ vt **- 1.** [statement] rétracter **- 2.** [undercarriage] rentrer, escamoter ; [claws] rentrer ⬦ vi [undercarriage] rentrer, s'escamoter.

retractable [rɪ'træktəbl] adj escamotable.

retraction [rɪ'trækʃn] n [of statement] rétractation f.

retrain [,riː'treɪn] ⬦ vt recycler ⬦ vi se recycler.

retraining [,riː'treɪnɪŋ] n recyclage m.

retread [n 'riːtred , vb ,riː'tred] ⬦ n pneu m rechapé ⬦ vt rechaper.

retreat [rɪ'triːt] ⬦ n retraite f ; **to beat a hasty ~** partir en vitesse ⬦ vi [move away] se retirer ; MIL battre en retraite.

retrenchment [riː'trentʃmənt] n [of spending] réduction f.

retrial [,riː'traɪəl] n nouveau procès m

retribution [,retrɪ'bjuːʃn] n châtiment m.

retrieval [rɪ'triːvl] n (U) COMPUT recherche f et extraction f.

retrieve [rɪ'triːv] vt **- 1.** [get back] récupérer **- 2.** COMPUT rechercher et extraire **- 3.** [situation] sauver.

retriever [rɪ'triːvəʳ] n [dog] retriever m.

retroactive [,retrəʊ'æktɪv] adj rétroactif(ive).

retrograde ['retrəgreɪd] adj rétrograde.

retrogressive [,retrə'gresɪv] adj rétrograde.

retrospect ['retrəspekt] n : **in ~** après coup.

retrospective [,retrə'spektɪv] ⬦ adj **- 1.** [mood, look] rétrospectif(ive) **- 2.** JUR [law, pay rise] rétroactif(ive) ⬦ n rétrospective f.

retrospectively [,retrə'spektɪvlɪ] adv **- 1.** [looking back] rétrospectivement **- 2.** JUR rétroactivement.

return [rɪ'tɜːn] ⬦ n **- 1.** (U) [arrival back, giving back] retour m **- 2.** TENNIS renvoi m **- 3.** Br [ticket] aller et retour m **- 4.** [profit] rapport m, rendement m ⬦ comp [journey] de retour ⬦ vt **- 1.** [gen] rendre ; [a loan] rembourser ; [library book] rapporter **- 2.** [send back] renvoyer **- 3.** [replace] remettre **- 4.** POL élire ⬦ vi [come back] revenir ; [go back] retourner.

◆ **returns** npl COMM recettes fpl ; **many happy ~s (of the day)!** bon anniversaire !

◆ **in return** adv en retour, en échange.

◆ **in return for** prep en échange de.

returnable [rɪ'tɜːnəbl] adj [bottle] consigné(e).

returning officer [rɪ'tɜːnɪŋ-] n Br responsable mf du scrutin.

return key n COMPUT touche f entrée.

return match n match m retour.

return ticket n Br aller et retour m.

reunification [,riːjuːnɪfɪ'keɪʃn] n réunification f.

reunion [,riː'juːnjən] n réunion f.

Reunion [,riː'juːnjən] n : **~ (Island)** (l'île f de) la Réunion ; **in ~** à la Réunion.

reunite [,riːjuː'naɪt] vt : **to be ~d with sb** retrouver qqn.

reupholster [,riːʌp'həʊlstəʳ] vt recouvrir.

reusable [,riː'juːzəbl] adj réutilisable.

reuse [n ,riː'juːs, vb ,riː'juːz] ⬦ n réutilisation f ⬦ vt réutiliser.

rev [rev] (pt & pp **-ved** ; cont **-ving**) inf ⬦ n (abbr of **revolution**) tour m ⬦ vt : **to ~ the engine (up)** emballer le moteur ⬦ vi : **to ~ (up)** s'emballer.

revalue [,riː'væljuː] vt FIN réévaluer.

revamp [,riː'væmp] vt inf [system, department] réorganiser ; [house] retaper.

rev counter n compte-tours m inv.

reveal [rɪ'viːl] vt révéler.

revealing [rɪ'viːlɪŋ] adj **- 1.** [clothes - low-cut] décolleté(e) ; [- transparent] qui laisse deviner le corps **- 2.** [comment] révélateur(trice).

reveille [Br rɪ'vælɪ, Am 'revəlɪ] n réveil m.

revel ['revl] (Br pt & pp **-led** ; cont **-ling**, Am pt & pp **-ed** ; cont **-ing**) vi : **to ~ in sthg** se délecter de qqch.

revelation [,revə'leɪʃn] n révélation f.

reveller Br, **reveler** Am ['revələʳ] n fêtard m, -e f.

revelry ['revlrɪ] n (U) festivités fpl.

revenge [rɪ'vendʒ] ⬦ n vengeance f ; **to take ~ (on sb)** se venger (de qqn) ⬦ comp [killing, attack] suscité(e) par la vengeance ⬦ vt venger ; **to ~ o.s. on sb** se venger de qqn.

revenue ['revənjuː] n revenu m.

reverberate [rɪ'vɜːbəreɪt] vi retentir, se répercuter ; fig avoir des répercussions.

reverberations [rɪ,vɜːbə'reɪʃnz] npl réverbérations fpl ; fig répercussions fpl.

revere [rɪ'vɪəʳ] vt révérer, vénérer.

reverence ['revərəns] n révérence f, vénération f.

Reverend ['revərənd] n révérend m.

Reverend Mother n révérende mère f.

reverent ['revərənt] adj respectueux(euse).

reverential [,revə'renʃl] adj révérencieux(euse).

reverie ['revəri] n rêverie f.

revers [rɪ'vɪə] (pl inv) n revers m.

reversal [rɪ'vɜːsl] n - 1. [of policy, decision] revirement m - 2. [ill fortune] revers m de fortune.

reverse [rɪ'vɜːs] ◇ adj [order, process] inverse ◇ n - 1. AUT : ~ (gear) marche f arrière ; to be in ~ être en marche arrière ; to go into ~ faire marche arrière - 2. [opposite] : the ~ le contraire - 3. [back] : the ~ [of paper] le verso, le dos ; [of coin] le revers ◇ vt - 1. [order, positions] inverser ; [decision, trend] renverser - 2. [turn over] retourner - 3. Br TELEC : to ~ the charges téléphoner en PCV ◇ vi AUT faire marche arrière ; to ~ into a wall rentrer dans un mur en faisant marche arrière.

reverse-charge call n Br appel m en PCV.

reversible [rɪ'vɜːsəbl] adj réversible.

reversing light [rɪ'vɜːsɪŋ-] n Br feu m de marche arrière.

reversion [rɪ'vɜːʃn] n (U) retour m.

revert [rɪ'vɜːt] vi : to ~ to retourner à.

review [rɪ'vjuː] ◇ n - 1. [of salary, spending] révision f ; [of situation] examen m ; salaries come up for ~ in December les salaires doivent être révisés en décembre ; the situation is under ~ on est en train d'examiner la situation - 2. [of book, play etc] critique f, compte rendu m ◇ vt - 1. [salary] réviser ; [situation] examiner - 2. [book, play etc] faire la critique de - 3. [troops] passer en revue - 4. Am [study again] réviser.

reviewer [rɪ'vjuːəʳ] n critique mf.

revile [rɪ'vaɪl] vt injurier.

revise [rɪ'vaɪz] ◇ vt - 1. [reconsider] modifier - 2. [rewrite] corriger - 3. Br [study again] réviser ◇ vi Br : to ~ (for) réviser (pour).

revised [rɪ'vaɪzd] adj [estimate, figure] nouveau(elle) ; [version] revu(e) et corrigé(e).

revision [rɪ'vɪʒn] n révision f.

revisionist [rɪ'vɪʒnɪst] ◇ adj révisionniste ◇ n révisionniste mf.

revisit [,riː'vɪzɪt] vt visiter de nouveau.

revitalize, -ise [,riː'vaɪtəlaɪz] vt revitaliser.

revival [rɪ'vaɪvl] n [of economy, trade] reprise f ; [of interest] regain m.

revive [rɪ'vaɪv] ◇ vt - 1. [person] ranimer - 2. fig [economy] relancer ; [interest] faire renaître ; [tradition] rétablir ; [musical, play] reprendre ; [memories] ranimer, raviver ◇ vi - 1. [person] reprendre connaissance - 2. fig

[economy] repartir, reprendre ; [hopes] renaître.

revoke [rɪ'vəʊk] vt [law] abroger ; [order] annuler ; [licence] retirer.

revolt [rɪ'vəʊlt] ◇ n révolte f ◇ vt révolter, dégoûter ◇ vi se révolter.

revolting [rɪ'vəʊltɪŋ] adj dégoûtant(e) ; [smell] infect(e).

revolution [,revə'luːʃn] n - 1. [gen] révolution f - 2. TECH tour m, révolution f.

revolutionary [,revə'luːʃnərɪ] (pl -ies) ◇ adj révolutionnaire ◇ n révolutionnaire mf.

revolutionize, -ise [,revə'luːʃənaɪz] vt révolutionner.

revolve [rɪ'vɒlv] vi : to ~ (around) tourner (autour de).

revolver [rɪ'vɒlvəʳ] n revolver m.

revolving [rɪ'vɒlvɪŋ] adj tournant(e) ; [chair] pivotant(e).

revolving door n tambour m.

revue [rɪ'vjuː] n revue f.

revulsion [rɪ'vʌlʃn] n répugnance f.

reward [rɪ'wɔːd] ◇ n récompense f ◇ vt : to ~ sb (for/with sthg) récompenser qqn (de/par qqch).

rewarding [rɪ'wɔːdɪŋ] adj [job] qui donne de grandes satisfactions ; [book] qui vaut la peine d'être lu(e).

rewind [,riː'waɪnd] (pt & pp rewound) vt [tape] rembobiner.

rewire [,riː'waɪəʳ] vt [house] refaire l'installation électrique de.

reword [,riː'wɜːd] vt reformuler.

rework [,riː'wɜːk] vt retravailler.

rewound [,riː'waʊnd] pt & pp ➳ rewind.

rewrite [,riː'raɪt] (pt rewrote [,riː'rəʊt] ; pp rewritten [,riː'rɪtn]) vt récrire.

REX (abbr of real-time executive routine) n superviseur en temps réel.

Reykjavik ['rekjəvɪk] n Reykjavik.

RFC (abbr of Rugby Football Club) n fédération de rugby.

RGN (abbr of registered general nurse) n en Grande-Bretagne, infirmier ou infirmière diplômé(e) d'État.

Rh (abbr of rhesus) Rh.

rhapsody ['ræpsədɪ] (pl -ies) n rhapsodie f ; to go into rhapsodies about sthg s'extasier sur qqch.

Rheims = Reims.

Rhesus ['riːsəs] n : ~ positive/negative rhésus m positif/négatif.

rhetoric ['retərɪk] n rhétorique f.

rhetorical question [rɪ'tɒrɪkl-] *n* question *f* pour la forme.

rheumatic [ru:'mætɪk] *adj* [pain, joint] rhumatismal(e) ; [person] rhumatisant(e).

rheumatism ['ru:mətɪzm] *n (U)* rhumatisme *m*.

rheumatoid arthritis ['ru:mətɔɪd-] *n* polyarthrite *f* rhumatoïde.

Rhine [raɪn] *n* : **the ~** le Rhin.

Rhineland ['raɪnlænd] *n* Rhénanie *f*.

rhinestone ['raɪnstəʊn] *n* faux diamant *m*.

rhino ['raɪnəʊ] *(pl inv OR -s)*, **rhinoceros** [raɪ'nɒsərəs] *(pl inv OR -es) n* rhinocéros *m*.

Rhode Island [rəʊd-] *n* Rhode Island *m* ; **in ~** dans le Rhode Island.

Rhodes [rəʊdz] *n* Rhodes.

Rhodesia [rəʊ'di:ʃə] *n* Rhodésie *f* ; **in ~** en Rhodésie.

Rhodesian [rəʊ'di:ʃn] <> *adj* rhodésien(enne) <> *n* Rhodésien *m*, -enne *f*.

rhododendron [ˌrəʊdə'dendrən] *n* rhododendron *m*.

Rhône [rəʊn] *n* : **the (River) ~** le Rhône.

rhubarb ['ru:bɑ:b] *n* rhubarbe *f*.

rhyme [raɪm] <> *n* - **1.** [word, technique] rime *f* ; **in ~** en vers - **2.** [poem] poème *m* <> *vi* : **to ~ (with)** rimer (avec).

rhyming slang ['raɪmɪŋ-] *n* Br sorte d'argot traditionnellement employé par les Cockneys qui consiste à remplacer un mot par un groupe de mots choisis pour la rime.

rhythm ['rɪðm] *n* rythme *m*.

rhythm and blues *n* rhythm and blues *m*.

rhythmic(al) ['rɪðmɪk(l)] *adj* rythmique.

RI <> *n* (abbr of **religious instruction**) instruction *f* religieuse <> *abbr of* **Rhode Island**.

rib [rɪb] *n* - **1.** ANAT côte *f* - **2.** [of umbrella] baleine *f* ; [of structure] membrure *f*.

ribald ['rɪbəld] *adj* paillard(e).

ribbed [rɪbd] *adj* [jumper, fabric] à côtes.

ribbon ['rɪbən] *n* ruban *m*.

rib cage *n* cage *f* thoracique.

rice [raɪs] *n* riz *m*.

rice field *n* rizière *f*.

rice paper *n* papier *m* de riz.

rice pudding *n* riz *m* au lait.

rich [rɪtʃ] <> *adj* riche ; [clothes, fabrics] somptueux(euse) ; **to be ~ in** être riche en <> *npl* : **the ~** les riches *mpl*.
◆ **riches** *npl* richesses *fpl*, richesse *f*.

richly ['rɪtʃlɪ] *adv* - **1.** [rewarded] largement ; [provided] très bien ; **~ deserved** bien mérité - **2.** [sumptuously] richement.

richness ['rɪtʃnɪs] *n (U)* richesse *f*.

Richter scale ['rɪktə'-] *n* : **the ~** l'échelle *f* de Richter.

rickets ['rɪkɪts] *n (U)* rachitisme *m*.

rickety ['rɪkətɪ] *adj* branlant(e).

rickshaw ['rɪkʃɔ:] *n* pousse-pousse *m inv*.

ricochet ['rɪkəʃeɪ] *(pt & pp -ed OR -ted ; cont -ing OR -ting)* <> *n* ricochet *m* <> *vi* : **to ~ (off)** ricocher (sur).

rid [rɪd] *(pt rid OR -ded ; pp rid, cont -ding)* <> *adj* : **to be ~ of** être débarrassé(e) de <> *vt* : **to ~ sb/sthg of** débarrasser qqn/qqch de ; **to get ~ of** se débarrasser de.

riddance ['rɪdəns] *n inf* : **good ~!** bon débarras!

ridden ['rɪdn] *pp* ▷ **ride**.

riddle ['rɪdl] *n* énigme *f*.

riddled ['rɪdld] *adj* : **to be ~ with** être criblé(e) de.

ride [raɪd] *(pt rode ; pp ridden)* <> *n* promenade *f*, tour *m* ; **to go for a ~** [on horse] faire une promenade à cheval ; [on bike] faire une promenade à vélo ; [in car] faire un tour en voiture ; **to take sb for a ~** inf fig faire marcher qqn <> *vt* - **1.** [travel on] : **to ~ a horse/a bicycle** monter à cheval/à bicyclette - **2.** Am [travel in - bus, train, elevator] prendre - **3.** [distance] parcourir, faire <> *vi* [on horseback] monter à cheval, faire du cheval ; [on bicycle] faire de la bicyclette OR du vélo ; **to ~ in a car/bus** aller en voiture/bus.
◆ **ride up** *vi* remonter.

rider ['raɪdə'] *n* [of horse] cavalier *m*, -ère *f* ; [of bicycle] cycliste *mf* ; [of motorbike] motocycliste *mf*.

ridge [rɪdʒ] *n* - **1.** [of mountain, roof] crête *f*, arête *f* - **2.** [on surface] strie *f*.

ridicule ['rɪdɪkju:l] <> *n* ridicule *m* <> *vt* ridiculiser.

ridiculous [rɪ'dɪkjʊləs] *adj* ridicule.

ridiculously [rɪ'dɪkjʊləslɪ] *adv* ridiculement.

riding ['raɪdɪŋ] <> *n* équitation *f* ; **to go ~** faire de l'équitation OR du cheval <> *comp* d'équitation.

riding crop *n* cravache *f*.

riding habit *n* habit *m* d'amazone.

riding school *n* école *f* d'équitation.

rife [raɪf] *adj* répandu(e) ; **the city was ~ with rumours** des bruits couraient dans toute la ville.

riffraff ['rɪfræf] *n* racaille *f*.

rifle ['raɪfl] <> *n* fusil *m* <> *vt* [drawer, bag] vider.

➤ **rifle through** vt fus fouiller dans.

rifle range n [indoor] stand m de tir ; [outdoor] champ m de tir.

rift [rɪft] n - **1.** GEOL fissure f - **2.** [quarrel] désaccord m.

Rift Valley n : the ~ le Rift Valley.

rig [rɪg] (pt & pp -**ged** ; cont -**ging**) ⬦ n : (oil) ~ [on land] derrick m ; [at sea] plate-forme f de forage ⬦ vt [match, election] truquer.

➤ **rig up** vt sep installer avec les moyens du bord.

rigging ['rɪgɪŋ] n [of ship] gréement m.

right [raɪt] ⬦ adj - **1.** [correct - answer, time] juste, exact(e) ; [- decision, direction, idea] bon (bonne) ; **to be ~ (about)** avoir raison (au sujet de) ; **to get a question ~** donner la bonne réponse ; **to get one's facts ~** être sûr de ce qu'on avance - **2.** [morally correct] bien (inv) ; **to be ~ to do sthg** avoir raison de faire qqch - **3.** [appropriate] qui convient - **4.** [not left] droit(e) - **5.** Br inf [complete] véritable ⬦ n - **1.** (U) [moral correctness] bien m ; **to be in the ~** avoir raison - **2.** [entitlement, claim] droit m ; **by ~s** en toute justice ; **in one's own ~** soi-même - **3.** [not left] droite f ⬦ adv - **1.** [correctly] correctement - **2.** [not left] à droite - **3.** [emphatic use] : ~ **down/up** tout en bas/en haut ; ~ **here** ici (même) ; ~ **in the middle** en plein milieu ; **go ~ to the end of the street** allez tout au bout de la rue ; **to turn ~ round** se retourner ; ~ **after Christmas** tout de suite après Noël ; ~ **now** tout de suite ; ~ **away** immédiatement ⬦ vt - **1.** [injustice, wrong] réparer - **2.** [ship] redresser ⬦ excl bon !

➤ **Right** n POL : **the Right** la droite.

right angle n angle m droit ; **to be at ~s (to)** faire un angle droit (avec).

righteous ['raɪtʃəs] adj [person] droit(e) ; [indignation] justifié(e).

righteousness ['raɪtʃəsnɪs] n vertu f.

rightful ['raɪtfʊl] adj légitime.

rightfully ['raɪtfʊlɪ] adv légitimement.

right-hand adj de droite ; ~ **side** droite f, côté m droit.

right-hand drive adj avec conduite à droite.

right-handed [-'hændɪd] adj [person] droitier(ère).

right-hand man n bras m droit.

rightly ['raɪtlɪ] adv - **1.** [answer, believe] correctement - **2.** [behave] bien - **3.** [angry, worried etc] à juste titre.

right-minded [-'maɪndɪd] adj sensé(e).

rightness ['raɪtnɪs] n - **1.** [correctness] justesse f - **2.** [moral correctness] droiture f.

righto ['raɪtəʊ] excl inf d'accord !

right of way n - **1.** AUT priorité f - **2.** [access] droit m de passage.

right-on adj inf branché(e).

rights issue n émission f de droits de souscription.

right-thinking [-'θɪŋkɪŋ] adj sensé(e).

right wing n : the ~ la droite.

➤ **right-wing** adj de droite.

right-winger n POL personne f qui est de droite.

rigid ['rɪdʒɪd] adj - **1.** [gen] rigide - **2.** [harsh] strict(e).

rigidity [rɪ'dʒɪdətɪ] n rigidité f.

rigidly ['rɪdʒɪdlɪ] adv - **1.** [gen] rigidement - **2.** [harshly] strictement.

rigmarole ['rɪgmərəʊl] n pej - **1.** [process] comédie f - **2.** [story] galimatias m.

rigor Am = **rigour**.

rigor mortis [-'mɔːtɪs] n rigidité f cadavérique.

rigorous ['rɪgərəs] adj rigoureux(euse).

rigorously ['rɪgərəslɪ] adv rigoureusement.

rigour Br, **rigor** Am ['rɪgəʳ] n rigueur f.

rig-out n Br inf accoutrement m.

rile [raɪl] vt agacer.

rim [rɪm] n [of container] bord m ; [of wheel] jante f ; [of spectacles] monture f.

rind [raɪnd] n [of fruit] peau f ; [of cheese] croûte f ; [of bacon] couenne f.

ring [rɪŋ] (pt rang ; pp vt senses 1 & 2 & vi rung, pt & pp vt sense 3 only ringed) ⬦ n - **1.** [telephone call] : **to give sb a ~** donner OR passer un coup de téléphone à qqn - **2.** [sound of bell] sonnerie f ; **the name has a familiar ~** ce nom me dit quelque chose - **3.** [circular object] anneau m ; [on finger] bague f ; [for napkin] rond m - **4.** [of people, trees etc] cercle m - **5.** [for boxing] ring m - **6.** [of criminals, spies] réseau m ⬦ vt - **1.** Br [make phone call to] téléphoner à, appeler - **2.** [bell] (faire) sonner ; **to ~ the doorbell** sonner à la porte - **3.** [draw a circle round, surround] entourer ⬦ vi - **1.** Br [make phone call] téléphoner - **2.** [bell, telephone, person] sonner ; **to ~ for sb** sonner qqn - **3.** [resound] : **to ~ with** résonner de - **4.** phr : **to ~ true** sonner juste.

➤ **ring back** vt sep & vi Br rappeler.

➤ **ring off** vi Br raccrocher.

➤ **ring out** vi - **1.** [sound] retentir - **2.** Br TELEC téléphoner à l'extérieur.

➤ **ring up** vt sep Br téléphoner à, appeler.

ring binder n classeur m à anneaux.

ringer ['rɪŋəʳ] n : **to be a dead ~ for sb** être le sosie de qqn.

ring finger n annulaire m.

ringing ['rɪŋɪŋ] ⬦ adj retentissant(e) ⬦ n [of bell] sonnerie f ; [in ears] tintement m.

ringing tone n sonnerie f.

ringleader ['rɪŋ,li:də'] n chef m.

ringlet ['rɪŋlɪt] n anglaise f.

ringmaster ['rɪŋ,mɑ:stə'] n présentateur m.

ring road n Br (route f) périphérique m.

ringside ['rɪŋsaɪd] ⬦ n : the ~ le premier rang ⬦ comp [seat] au premier rang.

ringway ['rɪŋweɪ] n Br (route f) périphérique m.

ringworm ['rɪŋwɜ:m] n teigne f.

rink [rɪŋk] n [for ice skating] patinoire f ; [for roller-skating] skating m.

rinse [rɪns] ⬦ n : to give sthg a ~ rincer qqch ⬦ vt rincer ; to ~ one's mouth out se rincer la bouche.

Rio (de Janeiro) [,ri:əʊ(dədʒə'nɪərəʊ)] n Rio de Janeiro.

Rio Grande [,ri:əʊ'grændɪ] n : the ~ le Rio Grande.

Rio Negro [,ri:əʊ'neɪgrəʊ] n : the ~ le Rio Negro.

riot ['raɪət] ⬦ n émeute f ; to run ~ se déchaîner ⬦ vi participer à une émeute.

rioter ['raɪətə'] n émeutier m, -ère f.

rioting ['raɪətɪŋ] n (U) émeutes fpl.

riotous ['raɪətəs] adj [crowd] tapageur(euse) ; [behaviour] séditieux(euse) ; [party] bruyant(e).

riot police npl ≃ CRS mpl.

riot shield n bouclier m anti-émeute.

rip [rɪp] (pt & pp -ped ; cont -ping) ⬦ n déchirure f, accroc m ⬦ vt - **1.** [tear] déchirer - **2.** [remove violently] arracher ⬦ vi se déchirer.

➤ **rip off** vt sep inf - **1.** [person] arnaquer - **2.** [product, idea] copier.

➤ **rip up** vt sep déchirer.

RIP (abbr of rest in peace) qu' il/elle repose en paix.

ripcord ['rɪpkɔ:d] n poignée f d'ouverture.

ripe [raɪp] adj mûr(e).

ripen ['raɪpn] vt & vi mûrir.

ripeness ['raɪpnɪs] n maturité f.

rip-off n inf : that's a ~! c'est de l'escroquerie OR de l'arnaque!

ripple ['rɪpl] ⬦ n ondulation f, ride f ; a ~ of applause des applaudissements discrets ⬦ vt rider.

rip-roaring adj inf [party] de tous les diables ; [success] monstre.

rise [raɪz] (pt rose ; pp risen ['rɪzn]) ⬦ n - **1.** Br [increase] augmentation f, hausse f ; [in temperature] élévation f, hausse - **2.** Br [increase in salary] augmentation f (de salaire) - **3.** [to power, fame] ascension f - **4.** [slope] côte f, pente f - **5.** phr : to give ~ to donner lieu à ⬦ vi - **1.** [move upwards] s'élever, monter ; to ~ to power arriver au pouvoir ; to ~ to fame devenir célèbre ; to ~ to a challenge/to the occasion se montrer à la hauteur d'un défi/de la situation - **2.** [from chair, bed] se lever - **3.** [increase - gen] monter, augmenter ; [- voice, level] s'élever - **4.** [rebel] se soulever.

➤ **rise above** vt fus [problem] surmonter ; [argument] ne pas faire cas de.

riser ['raɪzə'] n : early ~ lève-tôt mf inv ; late ~ lève-tard mf inv.

risible ['rɪzəbl] adj risible.

rising ['raɪzɪŋ] ⬦ adj - **1.** [ground, tide] montant(e) - **2.** [prices, inflation, temperature] en hausse - **3.** [star, politician etc] à l'avenir prometteur ⬦ n [revolt] soulèvement m.

rising damp n humidité f (qui monte du sol).

risk [rɪsk] ⬦ n risque m, danger m ; at one's own ~ à ses risques et périls ; to run the ~ of doing sthg courir le risque de faire qqch ; to take a ~ prendre un risque ; at ~ en danger ; at the ~ of au risque de ⬦ vt [health, life etc] risquer ; to ~ doing sthg courir le risque de faire qqch ; to ~ it tenter OR risquer le coup.

risk capital n capital m à risque.

risk-taking n (U) le fait de prendre des risques.

risky ['rɪskɪ] (compar -ier ; superl -iest) adj risqué(e).

risotto [rɪ'zɒtəʊ] (pl -s) n risotto m.

risqué ['ri:skeɪ] adj risqué(e), osé(e).

rissole ['rɪsəʊl] n Br rissole f.

rite [raɪt] n rite m.

ritual ['rɪtʃʊəl] ⬦ adj rituel(elle) ⬦ n rituel m.

rival ['raɪvl] (Br pt & pp -led ; cont -ling ; Am pt & pp -ed ; cont -ing) ⬦ adj rival(e), concurrent(e) ⬦ n rival m, -e f ⬦ vt rivaliser avec.

rivalry ['raɪvlrɪ] n rivalité f.

river ['rɪvə'] n rivière f, fleuve m.

river bank n berge f, rive f.

riverbed ['rɪvəbed] n lit m (de rivière OR de fleuve).

riverside ['rɪvəsaɪd] n : the ~ le bord de la rivière OR du fleuve.

rivet ['rɪvɪt] ⬦ n rivet m ⬦ vt - **1.** [fasten with rivets] river, riveter - **2.** fig [fascinate] : to be ~ed by être fasciné(e) par.

riveting ['rɪvɪtɪŋ] *adj* fig fascinant(e).

Riviera [ˌrɪvɪ'eərə] *n :* **the French ~** la Côte d'Azur ; **the Italian ~** la Riviera italienne.

Riyadh ['riːæd] *n* Riyad, Riad.

RN *n* - **1.** *abbr of* Royal Navy - **2.** *abbr of* registered nurse.

RNA (*abbr of* ribonucleic acid) *n* ARN *m.*

RNLI (*abbr of* Royal National Lifeboat Institution) *n* société britannique de sauvetage en mer.

RNZAF (*abbr of* Royal New Zealand Air Force) *n* armée de l'air néo-zélandaise.

RNZN (*abbr of* Royal New Zealand Navy) *n* marine de guerre néo-zélandaise.

roach [rəʊtʃ] *n* Am [cockroach] cafard *m.*

road [rəʊd] *n* route *f ;* [small] chemin *m ;* [in town] rue *f ;* **by ~** par la route ; **on the ~ to** fig sur le chemin de ; **on the ~** sur la route ; **we've been on the ~ for two days** on voyage depuis deux jours.

road atlas *n* atlas *m* routier.

roadblock ['rəʊdblɒk] *n* barrage *m* routier.

road-fund licence *n* Br ≃ vignette *f.*

road hog *n* inf pej chauffard *m.*

roadholding ['rəʊdˌhəʊldɪŋ] *n* AUT tenue *f* de route.

roadie ['rəʊdɪ] *n* inf membre de l'équipe technique d'un groupe en tournée.

road map *n* carte *f* routière.

road rage *n* accès de colère de la part d'un automobiliste, se traduisant parfois par un acte de violence.

road roller [-ˌrəʊlə'ᵊl] *n* rouleau *m* compresseur.

road safety *n* sécurité *f* routière.

road sense *n* [of driver] notion *f* de la conduite.

roadshow ['rəʊdʃəʊ] *n* spectacle *m* de tournée.

roadside ['rəʊdsaɪd] *n :* **the ~** le bord de la route *comp* au bord de la route.

road sign *n* panneau *m* routier OR de signalisation.

roadsweeper ['rəʊdˌswiːpə'] *n* [vehicle] balayeuse *f.*

road tax *n* ≃ vignette *f.*

road test *n* essai *m* sur route.
 road-test *vt* essayer sur route.

road transport *n* transport *m* routier.

roadway ['rəʊdweɪ] *n* chaussée *f.*

road works [-wɜːks] *npl* travaux *mpl* (de réfection des routes).

roadworthy ['rəʊdˌwɜːðɪ] *adj* en bon état de marche.

roam [rəʊm] ⬦ *vt* errer dans ⬦ *vi* errer.

roar [rɔːʳ] ⬦ *vi* [person, lion] rugir ; [wind] hurler ; [car] gronder ; [plane] vrombir ; **to ~ with laughter** se tordre de rire ⬦ *vt* hurler ⬦ *n* [of person, lion] rugissement *m ;* [of traffic] grondement *m ;* [of plane, engine] vrombissement *m.*

roaring ['rɔːrɪŋ] *adj :* **a ~ fire** une belle flambée ; **~ drunk** complètement saoul(e) ; **a ~ success** un succès monstre OR fou ; **to do a ~ trade** faire des affaires en or.

roast [rəʊst] ⬦ *adj* rôti(e) ⬦ *n* rôti *m* ⬦ *vt* - **1.** [meat, potatoes] rôtir - **2.** [coffee, nuts etc] griller.

roast beef *n* rôti *m* de bœuf, rosbif *m.*

roasting ['rəʊstɪŋ] inf ⬦ *adj* torride ⬦ *adv :* **a ~ hot day** une journée torride.

roasting tin *n* plat *m* à rôtir.

rob [rɒb] (*pt & pp* -bed ; *cont* -bing) *vt* [person] voler ; [bank] dévaliser ; **to ~ sb of sthg** [money, goods] voler OR dérober qqch à qqn ; [opportunity, glory] enlever qqch à qqn.

robber ['rɒbə'] *n* voleur *m,* -euse *f.*

robbery ['rɒbərɪ] (*pl* -ies) *n* vol *m.*

robe [rəʊb] *n* - **1.** [gen] robe *f* - **2.** Am [dressing gown] peignoir *m.*

robin ['rɒbɪn] *n* rouge-gorge *m.*

robot ['rəʊbɒt] *n* robot *m.*

robotics [rəʊ'bɒtɪks] *n* (U) robotique *f.*

robust [rəʊ'bʌst] *adj* robuste.

robustly [rəʊ'bʌstlɪ] *adv* robustement.

rock [rɒk] ⬦ *n* - **1.** (U) [substance] roche *f* - **2.** [boulder] rocher *m* - **3.** Am [pebble] caillou *m* - **4.** [music] rock *m* - **5.** Br [sweet] sucre *m* d'orge ⬦ *comp* [music, band] de rock ⬦ *vt* - **1.** [baby] bercer ; [cradle, boat] balancer - **2.** [shock] secouer ⬦ *vi* (se) balancer.
 on the rocks *adv* - **1.** [drink] avec de la glace OR des glaçons - **2.** [marriage, relationship] près de la rupture.

rock and roll *n* rock *m,* rock and roll *m.*

rock bottom *n :* **at ~** au plus bas ; **to hit ~** toucher le fond.
 rock-bottom *adj* [price] sacrifié(e).

rock cake *n* Br rocher *m.*

rock climber *n* varappeur *m,* -euse *f.*

rock-climbing *n* varappe *f ;* **to go ~** faire de la varappe.

rock dash *n* Am crépi *m.*

rocker ['rɒkə'] *n* - **1.** [chair] fauteuil *m* à bascule, rocking-chair *m* - **2.** phr : **to be off one's ~** inf être fêlé.

rockery ['rɒkərɪ] (*pl* **-ies**) *n* rocaille *f*.

rocket ['rɒkɪt] ◇ *n* - **1.** [gen] fusée *f* - **2.** MIL fusée *f*, roquette *f* ◇ *vi* monter en flèche.

rocket launcher [-ˌlɔ:ntʃəˁ] *n* lance-fusées *m inv*, lance-roquettes *m inv*.

rock face *n* paroi *f* rocheuse.

rockfall ['rɒkfɔ:l] *n* chute *f* de pierres.

rock-hard *adj* dur(e) comme de la pierre.

Rockies ['rɒkɪz] *npl* : **the ~** les Rocheuses *fpl*.

rocking chair ['rɒkɪŋ-] *n* fauteuil *m* à bascule, rocking-chair *m*.

rocking horse ['rɒkɪŋ-] *n* cheval *m* à bascule.

rock music *n* rock *m*.

rock'n'roll [ˌrɒkən'rəʊl] = **rock and roll**.

rock pool *n* mare *f* dans les rochers.

rock salt *n* sel *m* gemme.

rocky ['rɒkɪ] (*compar* **-ier** ; *superl* **-iest**) *adj* - **1.** [ground, road] rocailleux(euse), cailouteux(euse) - **2.** *fig* [economy, marriage] précaire.

Rocky Mountains *npl* : **the ~** les montagnes *fpl* Rocheuses.

rococo [rə'kəʊkəʊ] *adj* rococo (*inv*).

rod [rɒd] *n* [metal] tige *f* ; [wooden] baguette *f* ; (fishing) **~** canne *f* à pêche.

rode [rəʊd] *pt* ▷ **ride**.

rodent ['rəʊdənt] *n* rongeur *m*

rodeo ['rəʊdɪəʊ] (*pl* **-s**) *n* rodéo *m*.

roe [rəʊ] *n* (U) œufs *mpl* de poisson.

roe deer *n* chevreuil *m*.

rogue [rəʊg] ◇ *adj* - **1.** [animal] solitaire - **2.** *fig* [person] dissident(e) ◇ *n* - **1.** [likeable rascal] coquin *m* - **2.** *dated* [dishonest person] filou *m*, crapule *f*.

roguish ['rəʊgɪʃ] *adj* espiègle.

role [rəʊl] *n* rôle *m*.

roll [rəʊl] ◇ *n* - **1.** [of material, paper etc] rouleau *m* - **2.** [of bread] petit pain *m* - **3.** [list] liste *f* - **4.** [of drums, thunder] roulement *m* ◇ *vt* rouler ; [log, ball etc] faire rouler ; **to ~ one's eyes** [in fear, despair] rouler les yeux ; **~ed into one** tout à la fois ◇ *vi* rouler.
- **roll about, roll around** *vi* [person] se rouler ; [object] rouler çà et là.
- **roll back** *vt sep Am* [prices] baisser.
- **roll in** *vi inf* [money] couler à flots.
- **roll over** *vi* se retourner.
- **roll up** ◇ *vt sep* - **1.** [carpet, paper etc] rouler - **2.** [sleeves] retrousser ◇ *vi inf* [arrive] s'amener, se pointer.

roll bar *n* arceau *m* de sécurité.

roll call *n* appel *m*.

rolled gold [rəʊld-] *n* plaqué *m* or.

roller ['rəʊləˁ] *n* rouleau *m*.

Rollerblades® ['rəʊləbleɪd] *n* rollers *mpl*, patins *mpl* en ligne.

rollerblading ['rəʊləbleɪdɪŋ] *n* roller *m* ; **to go ~** faire du roller.

roller blind *n* store *m*.

roller coaster *n* montagnes *fpl* russes.

roller skate *n* patin *m* à roulettes.
- **roller-skate** *vi* faire du patin à roulettes.

roller towel *n* essuie-main *m* à rouleau.

rollicking ['rɒlɪkɪŋ] *adj* : **we had a ~ good time** on s'est amusé comme des (petits) fous.

rolling ['rəʊlɪŋ] *adj* - **1.** [hills] onduleux(euse) - **2.** *phr* : **to be ~ in it** *inf* rouler sur l'or.

rolling mill *n* laminoir *m*.

rolling pin *n* rouleau *m* à pâtisserie.

rolling stock *n* matériel *m* roulant.

rollneck ['rəʊlnek] *adj* à col roulé.

roll of honour *n* liste *f* des combattants morts au champ d'honneur.

roll-on *adj* [deodorant] à bille.

roll-on roll-off *adj Br* : **~ ferry** roll on-roll off *m inv*, roulier *m*.

roly-poly [ˌrəʊlɪ'pəʊlɪ] (*pl* **-ies**) *n Br* : **~ (pudding)** roulé *m* à la confiture.

ROM [rɒm] (*abbr of* **read only memory**) *n* ROM *f*.

romaine lettuce [rəʊ'meɪn-] *n Am* romaine *f* (laitue).

Roman ['rəʊmən] ◇ *adj* romain(e) ◇ *n* Romain *m*, -e *f*.

Roman candle *n* chandelle *f* romaine.

Roman Catholic ◇ *adj* catholique ◇ *n* catholique *mf*.

romance [rəʊ'mæns] *n* - **1.** (U) [romantic quality] charme *m* - **2.** [love affair] idylle *f* - **3.** [book] roman *m* (d'amour).

Romanesque [ˌrəʊmə'nesk] *adj* roman(e).

Romani ['rəʊmənɪ] = **Romany**.

Romania [ru:'meɪnjə] *n* Roumanie *f* ; **in ~** en Roumanie.

Romanian [ru:'meɪnjən] ◇ *adj* roumain(e) ◇ *n* - **1.** [person] Roumain *m*, -e *f* - **2.** [language] roumain *m*.

Roman numerals *npl* chiffres *mpl* romains.

romantic [rəʊ'mæntɪk] *adj* romantique.

romanticism [rəʊ'mæntɪsɪzm] *n* romantisme *m*.

romanticize, -ise [rəʊ'mæntɪsaɪz] *vt* & *vi* romancer.

Romany ['rəʊmənɪ] (*pl* **-ies**) ◇ *adj* de bohémien ◇ n - **1.** [person] bohémien m, -enne f - **2.** [language] romani m.

Rome [rəʊm] n Rome.

romp [rɒmp] ◇ n ébats mpl ◇ vi s'ébattre.

rompers ['rɒmpəz] npl, **romper suit** ['rɒmpə'-] n barboteuse f.

roof [ru:f] n toit m ; [of cave, tunnel] plafond m ; **the ~ of the mouth** la voûte du palais ; **to have a ~ over one's head** avoir OR posséder un toit ; **to go through** OR **hit the ~** fig exploser.

roof garden n jardin m sur le toit.

roofing ['ru:fɪŋ] n toiture f.

roof rack n galerie f.

rooftop ['ru:ftɒp] n toit m.

rook [rʊk] n - **1.** [bird] freux m - **2.** [chess piece] tour f.

rookie ['rʊkɪ] n Am inf bleu m.

room [ru:m, rʊm] n - **1.** [in building] pièce f - **2.** [bedroom] chambre f - **3.** (U) [space] place f ; **there is ~ for improvement** on peut faire mieux ; **~ to** OR **for manoeuvre** marge f de manœuvre.

rooming house ['ru:mɪŋ-] n Am maison f de rapport.

roommate ['ru:mmeɪt] n camarade mf de chambre.

room service n service m dans les chambres.

room temperature n température f ambiante.

roomy ['ru:mɪ] (compar **-ier** ; superl **-iest**) adj spacieux(euse).

roost [ru:st] ◇ n perchoir m, juchoir m ; **to rule the ~** faire la loi ◇ vi se percher, se jucher.

rooster ['ru:stə'] n coq m.

root [ru:t] ◇ adj [fundamental] principal(e), fondamental(e) ◇ n racine f ; fig [of problem] origine f ; **to take** ~ lit & fig prendre racine ; **to put down ~s** [person] s'enraciner ◇ vi : **to ~ through** fouiller dans.

◆ **roots** npl racines fpl.

◆ **root for** vt fus Am inf encourager.

◆ **root out** vt sep [eradicate] extirper.

root beer n Am boisson gazeuse à base de racines de plantes.

root crop n racine f.

rooted ['ru:tɪd] adj : **to be ~ to the spot** être cloué(e) sur place.

rootless ['ru:tlɪs] adj sans racines.

root vegetable n racine f.

rope [rəʊp] ◇ n corde f ; **to know the ~s** con-

naître son affaire, être au courant ◇ vt corder ; [climbers] encorder.

◆ **rope in** vt sep inf fig enrôler.

◆ **rope off** vt sep délimiter par une corde.

rop(e)y ['rəʊpɪ] (compar **-ier** ; superl **-iest**) adj Br inf - **1.** [poor-quality] pas fameux(euse), pas brillant(e) - **2.** [unwell] : **I feel a bit ~ today** je me sens un peu patraque aujourd'hui.

rosary ['rəʊzərɪ] (pl **-ies**) n rosaire m.

rose [rəʊz] ◇ pt ▷ **rise** ◇ adj [pink] rose ◇ n [flower] rose f.

rosé ['rəʊzeɪ] n rosé m.

rosebed ['rəʊzbed] n massif m de rosiers.

rosebud ['rəʊzbʌd] n bouton m de rose.

rose bush n rosier m.

rose hip n gratte-cul m.

rosemary ['rəʊzmərɪ] n romarin m.

rosette [rəʊ'zet] n rosette f.

rosewater ['rəʊz,wɔːtə'] n eau f de rose.

rosewood ['rəʊzwʊd] n bois m de rose.

ROSPA ['rɒspə] (abbr of **Royal Society for the Prevention of Accidents**) n association britannique pour la prévention des accidents.

roster ['rɒstə'] n liste f, tableau m.

rostrum ['rɒstrəm] (pl **-trums** OR **-tra** [-trə]) n tribune f.

rosy ['rəʊzɪ] (compar **-ier** ; superl **-iest**) adj rose.

rot [rɒt] (pt & pp **-ted** ; cont **-ting**) ◇ n (U) - **1.** [decay] pourriture f - **2.** Br dated [nonsense] bêtises fpl, balivernes fpl ◇ vt & vi pourrir.

rota ['rəʊtə] n liste f, tableau m.

rotary ['rəʊtərɪ] ◇ adj rotatif(ive) ◇ n Am [roundabout] rond-point m.

Rotary Club n : **the ~** le Rotary Club.

rotate [rəʊ'teɪt] ◇ vt - **1.** [turn] faire tourner - **2.** [alternate - jobs] faire à tour de rôle ; [- crops] alterner ◇ vi [turn] tourner.

rotation [rəʊ'teɪʃn] n - **1.** [turning movement] rotation f - **2.** [alternation] alternance f ; **in ~** à tour de rôle.

rote [rəʊt] n : **by ~** de façon machinale, par cœur.

rote learning n apprentissage m machinal OR par cœur.

rotor ['rəʊtə'] n rotor m.

rotten ['rɒtn] adj - **1.** [decayed] pourri(e) - **2.** inf [bad] moche - **3.** inf [unwell] : **to feel ~** se sentir mal fichu(e) - **4.** [unhappy] : **I feel ~ about it** ça me contrarie.

rotund [rəʊ'tʌnd] adj rondelet(ette).

rouble ['ru:bl] n rouble m.

rouge [ru:ʒ] n rouge m à joues.

rough [rʌf] ⇔ *adj* - **1.** [not smooth - surface] rugueux(euse), rêche ; [- road] accidenté(e) ; [- sea] agité(e), houleux(euse) ; [- crossing] mauvais(e) - **2.** [person, treatment] brutal(e) ; [manners, conditions] rude ; [area] mal fréquenté(e) - **3.** [guess] approximatif(ive) ; **~ copy, ~ draft** brouillon *m ;* **~ sketch** ébauche *f* - **4.** [harsh - voice, wine] âpre ; [- life] dur(e) ; **to have a ~ time** en baver - **5.** [tired, ill] mal fichu(e) ⇔ *adv :* **to sleep ~** coucher à la dure ⇔ *n* - **1.** GOLF rough *m* - **2.** [undetailed form] : **in ~** au brouillon ⇔ *vt phr :* **to ~ it** vivre à la dure.

rough out *vt sep* ébaucher.

roughage [ˈrʌfɪdʒ] *n (U)* fibres *fpl* alimentaires.

rough and ready *adj* rudimentaire.

rough-and-tumble *n (U)* bagarre *f.*

roughcast [ˈrʌfkɑːst] *n* crépi *m.*

rough diamond *n* Br fig : **he's a ~** sous ses dehors frustes, il a beaucoup de qualités.

roughen [ˈrʌfn] *vt* rendre rugueux(euse) OR rêche.

rough justice *n* justice *f* sommaire.

roughly [ˈrʌflɪ] *adv* - **1.** [approximately] approximativement - **2.** [handle, treat] brutalement - **3.** [built, made] grossièrement.

roughneck [ˈrʌfnek] *n* - **1.** [oil-rig worker] *personne travaillant sur une plate-forme pétrolière* - **2.** Am inf [ruffian] dur *m.*

roughness [ˈrʌfnɪs] *n* - **1.** [of skin, surface] rugosité *f* - **2.** [of treatment, person] brutalité *f.*

roughshod [ˈrʌfʃɒd] *adv :* **to ride ~ over sthg** passer outre à qqch ; **to ride ~ over sb** traiter qqn cavalièrement.

roulette [ruːˈlet] *n* roulette *f.*

round [raʊnd] ⇔ *adj* rond(e) ⇔ *prep* autour de ; **~ here** par ici ; **all ~ the country** dans tout le pays ; **just ~ the corner** au coin de la rue ; fig tout près ; **to go ~ sthg** [obstacle] contourner qqch ; **to go ~ a museum** visiter un musée ⇔ *adv* - **1.** [surrounding] : **all ~** tout autour - **2.** [near] : **~ about** dans le coin - **3.** [in measurements] : **10 metres ~** 10 mètres de diamètre - **4.** [to other side] : **to go ~** faire le tour ; **to turn ~** se retourner ; **to look ~** se retourner (pour regarder) - **5.** [at or to nearby place] : **come ~ and see us** venez OR passez nous voir ; **he's ~ at her house** il est chez elle ; **I'm just going ~ to the shop** je vais juste faire une course - **6.** [approximately] : **~ (about)** vers, environ ⇔ *n* - **1.** [of talks etc] série *f ;* **a ~ of applause** une salve d'applaudissements - **2.** [of competition] manche *f* - **3.** [of doctor] visites *fpl ;* [of postman, milkman] tournée *f* - **4.** [of ammunition] cartouche *f* - **5.** [of drinks] tournée

f - **6.** BOXING reprise *f*, round *m* - **7.** GOLF partie *f* ⇔ *vt* [corner] tourner ; [bend] prendre.

rounds *npl* [of doctor] visites *fpl ;* **to do** OR **go the ~s** [story, joke] circuler ; [illness] faire des ravages.

round off *vt sep* terminer, conclure.

round up *vt sep* - **1.** [gather together] rassembler - **2.** MATH arrondir.

roundabout [ˈraʊndəbaʊt] ⇔ *adj* détourné(e) ⇔ *n* Br - **1.** [on road] rond-point *m* - **2.** [at fairground] manège *m* - **3.** [at playground] tourniquet *m.*

rounded [ˈraʊndɪd] *adj* arrondi(e).

rounders [ˈraʊndəz] *n* Br *sorte de baseball.*

Roundhead [ˈraʊndhed] *n* Tête *f* ronde.

roundly [ˈraʊndlɪ] *adv* [beaten] complètement ; [condemned etc] franchement, carrément.

round-shouldered [-ˈʃəʊldəd] *adj* voûté(e).

round-table *adj :* **~ talks** table *f* ronde.

round the clock *adv* vingt-quatre heures sur vingt-quatre.

round-the-clock *adj* vingt-quatre heures sur vingt-quatre.

round trip ⇔ *adj* Am aller-retour ⇔ *n* aller et retour *m.*

roundup [ˈraʊndʌp] *n* [summary] résumé *m.*

rouse [raʊz] *vt* - **1.** [wake up] réveiller - **2.** [impel] : **to ~ o.s. to do sthg** se forcer à faire qqch ; **to ~ sb to action** pousser OR inciter qqn à agir - **3.** [emotions] susciter, provoquer.

rousing [ˈraʊzɪŋ] *adj* [speech] vibrant(e), passionné(e) ; [welcome] enthousiaste.

rout [raʊt] ⇔ *n* déroute *f* ⇔ *vt* mettre en déroute.

route [ruːt] ⇔ *n* - **1.** [gen] itinéraire *m* - **2.** fig [way] chemin *m*, voie *f* ⇔ *vt* [goods] acheminer.

route map *n* [for journey] croquis *m* d'itinéraire ; [for buses, trains] carte *f* du réseau.

route march *n* marche *f* d'entraînement.

routine [ruːˈtiːn] ⇔ *adj* - **1.** [normal] habituel(elle), de routine - **2.** pej [uninteresting] de routine ⇔ *n* routine *f.*

routinely [ruːˈtiːnlɪ] *adv* de façon systématique.

rove [rəʊv] literary ⇔ *vt* errer dans ⇔ *vi :* **to ~ around** errer.

roving [ˈrəʊvɪŋ] *adj* itinérant(e).

row¹ [rəʊ] ⇔ *n* - **1.** [line] rangée *f ;* [of seats] rang *m* - **2.** fig [of defeats, victories] série *f ;* **in a ~** d'affilée, de suite ⇔ *vt* [boat] faire aller à la rame ; [person] transporter en canot OR bateau ◇ *vi* ramer.

row² [raʊ] ◇ *n* - **1.** [quarrel] dispute *f*, querelle *f* - **2.** inf [noise] vacarme *m*, raffut *m* ◇ *vi* [quarrel] se disputer, se quereller.

rowboat ['raʊbəʊt] *n* Am canot *m*.

rowdiness ['raʊdɪnɪs] *n* chahut *m*, tapage *m*.

rowdy ['raʊdɪ] (*compar* **-ier** ; *superl* **-iest**) *adj* chahuteur(euse), tapageur(euse).

rower ['rəʊəʳ] *n* rameur *m*, -euse *f*.

row house [rəʊ-] *n* Am *maison attenante aux maisons voisines.*

rowing ['rəʊɪŋ] *n* SPORT aviron *m*.

rowing boat *n* Br canot *m*.

rowing machine *n* machine *f* à ramer.

royal ['rɔɪəl] ◇ *adj* royal(e) ◇ *n* inf membre *m* de la famille royale.

Royal Air Force *n* : **the ~** l'armée *f* de l'air britannique.

royal blue *adj* bleu roi (*inv*).

royal family *n* famille *f* royale.

royalist ['rɔɪəlɪst] *n* royaliste *mf*.

royal jelly *n* gelée *f* royale.

Royal Mail *n* Br : **the ~** ≃ la Poste.

Royal Marines *n* Br : **the ~** les Marines *mpl*.

Royal Navy *n* : **the ~** la marine de guerre britannique.

royalty ['rɔɪəltɪ] *n* royauté *f*.
➡ **royalties** *npl* droits *mpl* d'auteur.

RP (*abbr of* **received pronunciation**) *n* prononciation standard de l'anglais britannique.

RPI (*abbr of* **retail price index**) *n* IPC *m*.

rpm *npl* (*abbr of* **revolutions per minute**) tours *mpl* par minute, tr/min.

RR *abbr of* **railroad**.

RRP *n abbr of* **recommended retail price**.

RSA (*abbr of* **Royal Society of Arts**) *n société britannique pour la promotion des arts, de l'industrie et du commerce.*

RSC (*abbr of* **Royal Shakespeare Company**) *n compagnie de théâtre britannique.*

RSI (*abbr of* **repetitive strain injury**) *n* douleur de poignet provoquée par les mouvements effectués au clavier d'un ordinateur.

RSPB (*abbr of* **Royal Society for the Protection of Birds**) *n ligue britannique pour la protection des oiseaux.*

RSPCA (*abbr of* **Royal Society for the Prevention of Cruelty to Animals**) *n société britannique protectrice des animaux,* ≃ SPA *f*.

RST (*abbr of* **Royal Shakespeare Theatre**) *n célèbre théâtre à Stratford-upon-Avon.*

RSVP (*abbr of* **répondez s'il vous plaît**) RSVP.

Rt Hon (*abbr of* **Right Honourable**) *expression utilisée pour des titres nobiliaires.*

Rt Rev (*abbr of* **Right Reverend**) *expression utilisée pour un évêque de l'Église anglicane.*

rub [rʌb] (*pt & pp* **-bed** ; *cont* **-bing**) ◇ *vt* frotter ; **to ~ sthg in** [cream etc] faire pénétrer qqch (en frottant) ; **to ~ one's eyes/hands** se frotter les yeux/les mains ; **to ~ it in** inf fig remuer le couteau dans la plaie ; **to ~ sb up the wrong way** Br, **to ~ sb the wrong way** Am fig prendre qqn à rebrousse-poil ◇ *vi* frotter.
➡ **rub off on** *vt fus* [subj : quality] déteindre sur.
➡ **rub out** *vt sep* [erase] effacer.

rubber ['rʌbəʳ] ◇ *adj* en caoutchouc ◇ *n* - **1.** [substance] caoutchouc *m* - **2.** Br [eraser] gomme *f* - **3.** Am inf [condom] préservatif *m* - **4.** [in bridge] robre *m*, rob *m* - **5.** Am [overshoe] caoutchouc *m*.

rubber band *n* élastique *m*.

rubber plant *n* caoutchouc *m*.

rubber boot *n* Am botte *f* de caoutchouc.

rubber dinghy *n* canot *m* pneumatique.

rubberize, -ise ['rʌbəraɪz] *vt* caoutchouter.

rubberneck ['rʌbənek] *vi* Am inf faire le badaud.

rubber ring *n* anneau *m* en caoutchouc ; [for swimmer] bouée *f*.

rubber stamp *n* tampon *m*.
➡ **rubber-stamp** *vt* fig approuver sans discussion.

rubber tree *n* hévéa *m*.

rubbery ['rʌbərɪ] *adj* caoutchouteux(euse).

rubbing ['rʌbɪŋ] *n* [of brass] décalque *m*.

rubbish ['rʌbɪʃ] ◇ *n* (U) - **1.** [refuse] détritus *mpl*, ordures *fpl* - **2.** inf fig [worthless objects] camelote *f* ; **the play was ~** la pièce était nulle - **3.** inf [nonsense] bêtises *fpl*, inepties *fpl* ◇ *vt* inf débiner.

rubbish bin *n* Br poubelle *f*.

rubbish dump *n* Br dépotoir *m*.

rubbishy ['rʌbɪʃɪ] *adj* inf qui ne vaut rien, nul (nulle).

rubble ['rʌbl] *n* (U) décombres *mpl*.

rubella [ruːˈbelə] *n* rubéole *f*.

ruby ['ruːbɪ] (*pl* **-ies**) *n* rubis *m*.

RUC (*abbr of* **Royal Ulster Constabulary**) *n corps de police d'Irlande du Nord.*

ruched [ruːʃt] *adj* garni(e) d'un ruché.

ruck [rʌk] *n* - **1.** inf [fight] bagarre *f* - **2.** RUGBY mêlée *f* ouverte.

rucksack ['rʌksæk] *n* sac *m* à dos.

ructions ['rʌkʃnz] *npl* inf grabuge *m*.

rudder ['rʌdə'] n gouvernail m.

ruddy ['rʌdɪ] (compar -ier ; superl -iest) adj - **1.** [complexion, face] coloré(e) - **2.** Br inf dated [damned] sacré(e).

rude [ru:d] adj - **1.** [impolite - gen] impoli(e) ; [- word] grossier(ère) ; [- noise] incongru(e) - **2.** [sudden] : it was a ~ awakening le réveil fut pénible - **3.** literary [primitive] grossier(ère), rudimentaire.

rudely ['ru:dlɪ] adv - **1.** [impolitely] impoliment - **2.** [suddenly] brusquement.

rudeness ['ru:dnɪs] n [impoliteness] impolitesse f ; [of joke] grossièreté f.

rudimentary [,ru:dɪ'mentərɪ] adj rudimentaire.

rudiments ['ru:dɪmənts] npl rudiments mpl.

rue [ru:] vt regretter (amèrement).

rueful ['ru:fʊl] adj triste.

ruff [rʌf] n fraise f.

ruffian ['rʌfjən] n voyou m.

ruffle ['rʌfl] vt - **1.** [hair] ébouriffer ; [water] troubler - **2.** [person] froisser ; [composure] faire perdre.

rug [rʌg] n - **1.** [carpet] tapis m - **2.** [blanket] couverture f.

rugby ['rʌgbɪ] n rugby m.

Rugby League n rugby m à treize.

Rugby Union n rugby m à quinze.

rugged ['rʌgɪd] adj - **1.** [landscape] accidenté(e) ; [features] rude - **2.** [vehicle etc] robuste.

ruggedness ['rʌgɪdnɪs] n [of landscape] aspect m accidenté.

rugger ['rʌgə'] n Br inf rugby m.

ruin ['ru:ɪn] <> n ruine f <> vt ruiner ; [clothes, shoes] abîmer.

➡ **in ruin(s)** adv lit & fig en ruine.

ruination [ru:ɪ'neɪʃn] n ruine f.

ruinous ['ru:ɪnəs] adj [expensive] ruineux(euse).

rule [ru:l] <> n - **1.** [gen] règle f ; as a ~ en règle générale - **2.** [regulation] règlement m ; to bend the ~s faire une entorse au règlement - **3.** (U) [control] autorité f <> vt - **1.** [control] dominer - **2.** [govern] gouverner - **3.** [decide] : to ~ (that) ... décider que ... <> vi - **1.** [give decision - gen] décider ; [- JUR] statuer - **2.** fml [be paramount] prévaloir - **3.** [king, queen] régner ; POL gouverner.

➡ **rule out** vt sep exclure, écarter.

rulebook ['ru:lbʊk] n : the ~ le règlement.

ruled [ru:ld] adj [paper] réglé(e).

ruler ['ru:lə'] n - **1.** [for measurement] règle f - **2.** [leader] chef m d'État.

ruling ['ru:lɪŋ] <> adj au pouvoir <> n décision f.

rum [rʌm] (compar -mer ; superl -mest) <> n rhum m <> adj Br dated bizarre.

Rumania [ru:'meɪnjə] = Romania.

Rumanian [ru:'meɪnjən] = Romanian.

rumba ['rʌmbə] n rumba f.

rumble ['rʌmbl] <> n - **1.** [of thunder, traffic] grondement m ; [in stomach] gargouillement m - **2.** Am inf [fight] bagarre f <> vt Br inf dated : to ~ sb voir clair dans le jeu de qqn <> vi [thunder, traffic] gronder ; [stomach] gargouiller.

rumbustious [rʌm'bʌstɪəs] adj Br bruyant(e).

ruminate ['ru:mɪneɪt] vi : to ~ (about OR on sthg) ruminer (qqch).

rummage ['rʌmɪdʒ] vi fouiller.

rummage sale n Am vente f de charité.

rummy ['rʌmɪ] n rami m.

rumour Br, **rumor** Am ['ru:mə'] n rumeur f.

rumoured Br, **rumored** Am ['ru:məd] adj : he is ~ to be very wealthy le bruit court OR on dit qu'il est très riche.

rump [rʌmp] n - **1.** [of animal] croupe f - **2.** inf [of person] derrière m - **3.** POL restant m.

rumple ['rʌmpl] vt froisser, chiffonner.

rump steak n romsteck m.

rumpus ['rʌmpəs] n inf chahut m.

rumpus room n Am salle f de jeu.

run [rʌn] (pt ran ; pp run, cont -ning) <> n - **1.** [on foot] course f ; to go for a ~ faire un petit peu de course à pied ; to break into a ~ se mettre à courir ; on the ~ en fuite, en cavale ; to make a ~ for it se sauver - **2.** [in car - for pleasure] tour m ; [- journey] trajet m - **3.** [series] suite f, série f ; a ~ of bad luck une période de déveine ; in the short/long ~ à court/long terme - **4.** THEATRE : to have a long ~ tenir longtemps l'affiche - **5.** [great demand] : on ~ sur fort - **6.** [in tights] échelle f - **7.** [in cricket, baseball] point m - **8.** [track - for skiing, bobsleigh] piste f <> vt - **1.** [race, distance] courir ; to ~ errands (for sb) faire des courses OR commissions (pour qqn) - **2.** [manage - business] diriger ; [- shop, hotel] tenir ; [- course] organiser - **3.** [operate] faire marcher - **4.** [car] avoir, entretenir - **5.** [water, bath] faire couler - **6.** [publish] publier - **7.** inf [drive] : can you ~ me to the station? tu peux m'amener OR me conduire à la gare? - **8.** [move] : to ~ sthg along/over sthg passer qqch le long de/sur qqch <> vi - **1.** [on foot] courir ; to ~ for it se sauver - **2.** [pass - road, river, pipe] passer ; to ~ through sthg traverser qqch - **3.** Am [in election] : to ~ (for) être candidat (à) **- 4.** [operate - machine, factory] marcher ; [- engine] tourner ; **everything is running smoothly** tout va comme sur des roulettes, tout va bien ; **to ~ on sthg** marcher à qqch ; **to ~ off sthg** marcher sur qqch **- 5.** [bus, train] faire le service ; **trains ~ every hour** il y a un train toutes les heures ; **to be running late** [person] être en retard ; [bus, train] avoir du retard **- 6.** [flow] couler ; **my nose is running** j'ai le nez qui coule ; **to ~ dry** se tarir **- 7.** [colour] déteindre ; [ink] baver **- 8.** [continue - contract, insurance policy] être valide ; [- THEATRE] se jouer ; **output is running at 100 units a day** la production est de 100 unités par jour.

➡ **run across** *vt fus* [meet] tomber sur.

➡ **run along** *vi dated* : **~ along now!** filez maintenant !

➡ **run away** *vi* **- 1.** [flee] : **to ~ away (from)** s'enfuir (de) ; **to ~ away from home** faire une fugue **- 2.** *fig* [avoid] : **to ~ away from sthg** éviter qqch.

➡ **run away with** *vt fus* : **don't let your enthusiasm ~ away with you!** ne t'emballe pas trop !

➡ **run down** ◇ *vt sep* **- 1.** [in vehicle] renverser **- 2.** [criticize] dénigrer **- 3.** [production] restreindre ; [industry] réduire l'activité de ◇ *vi* [clock] s'arrêter ; [battery] se décharger.

➡ **run into** *vt fus* **- 1.** [encounter - problem] se heurter à ; [- person] tomber sur ; **to ~ into debt** s'endetter, faire des dettes **- 2.** [in vehicle] rentrer dans **- 3.** [amount to] se monter à, s'élever à.

➡ **run off** ◇ *vt sep* [a copy] tirer ◇ *vi* : **to ~ off (with)** s'enfuir (avec).

➡ **run on** *vi* [meeting] durer ; **time is running on** le temps passe.

➡ **run out** *vi* **- 1.** [food, supplies] s'épuiser ; **time is running out** il ne reste plus beaucoup de temps **- 2.** [licence, contract] expirer.

➡ **run out of** *vt fus* manquer de ; **to ~ out of petrol** tomber en panne d'essence, tomber en panne sèche.

➡ **run over** *vt sep* renverser.

➡ **run through** *vt fus* **- 1.** [practise] répéter **- 2.** [read through] parcourir.

➡ **run to** *vt fus* **- 1.** [amount to] monter à, s'élever à **- 2.** [afford] : **I think I could ~ to a new suit** je crois bien que je pourrais me payer OR m'offrir un nouveau costume.

➡ **run up** *vt fus* [bill, debt] laisser accumuler.

➡ **run up against** *vt fus* se heurter à.

run-around *n inf* : **to give sb the ~** faire des réponses de Normand à qqn.

runaway ['rʌnəweɪ] ◇ *adj* [train, lorry] fou (folle) ; [horse] emballé(e) ; [victory] haut la main ; [inflation] galopant(e) ◇ *n* fuyard *m*, fugitif *m*, -ive *f*.

rundown ['rʌndaʊn] *n* **- 1.** [report] bref résumé *m* **- 2.** [of industry] réduction *f* délibérée.

➡ **run-down** *adj* **- 1.** [building] délabré(e) **- 2.** [person] épuisé(e).

rung [rʌŋ] ◇ *pp* ▷ **ring** ◇ *n* échelon *m*, barreau *m*.

run-in *n inf* prise *f* de bec.

runnel ['rʌnl] *n* ruisseau *m*.

runner ['rʌnə'] *n* **- 1.** [athlete] coureur *m*, -euse *f* **- 2.** [of guns, drugs] contrebandier *m* **- 3.** [of sledge] patin *m* ; [for car seat] glissière *f* ; [for drawer] coulisseau *m*.

runner bean *n Br* haricot *m* à rames.

runner-up (*pl* runners-up) *n* second *m*, -e *f*.

running ['rʌnɪŋ] ◇ *adj* **- 1.** [argument, battle] continu(e) **- 2.** [consecutive] : **three weeks ~** trois semaines de suite **- 3.** [water] courant(e) ◇ *n* **- 1.** *(U)* SPORT course *f* ; **to go ~** faire de la course **- 2.** [management] direction *f*, administration *f* **- 3.** [of machine] marche *f*, fonctionnement *m* **- 4.** *phr* : **to be in the ~ (for)** avoir des chances de réussir (dans) ; **to be out of the ~ (for)** n'avoir aucune chance de réussir (dans) ; **to make the ~** [in race] mener la course ; [in relationship] prendre l'initiative ◇ *comp* de course.

running commentary *n* commentaire *m* suivi.

running costs *npl* frais *mpl* d'exploitation.

running mate *n Am* candidat *m* à la vice-présidence.

running repairs *npl* réparations *fpl* courantes.

runny ['rʌnɪ] (*compar* **-ier** ; *superl* **-iest**) *adj* **- 1.** [food] liquide **- 2.** [nose] qui coule.

run-of-the-mill *adj* banal(e), ordinaire.

runt [rʌnt] *n* avorton *m*.

run-through *n* répétition *f*.

run-up *n* **- 1.** [preceding time] : **in the ~ to sthg** dans la période qui précède qqch **- 2.** SPORT course *f* d'élan.

runway ['rʌnweɪ] *n* piste *f*.

rupture ['rʌptʃə'] *n* rupture *f*.

rural ['rʊərəl] *adj* rural(e).

ruse [ruːz] *n* ruse *f*.

rush [rʌʃ] ◇ *n* **- 1.** [hurry] hâte *f* ; **there's no ~** ça ne presse pas, ce n'est pas pressé **- 2.** [surge] ruée *f*, bousculade *f* ; **to make a ~ for sthg** se ruer OR se précipiter vers qqch ; **a ~ of air** une bouffée d'air ; **a ~ of blood to the head** un coup de sang **- 3.** [demand] : **~ (on OR for)** ruée *f* (sur) ◇ *vt* **- 1.** [hurry - work] faire à la hâte ; [- meal] expédier ; **to ~ sb into doing sthg** forcer qqn à faire qqch à la hâte **- 2.** [send quickly] transporter OR envoyer d'urgence - **3.** [attack suddenly] prendre d'assaut ⬥ vi - **1.** [hurry] se dépêcher ; **to ~ into sthg** faire qqch sans réfléchir - **2.** [move quickly, suddenly] se précipiter, se ruer ; **the blood ~ed to her head** le sang lui monta à la tête.

➡ **rushes** npl - **1.** BOT joncs mpl - **2.** CINEMA épreuves fpl de tournage, rushes mpl.

rushed [rʌʃt] adj [person] pressé(e) ; [work] fait(e) à la hâte.

rush hour n heures fpl de pointe OR d'affluence.

rush job n travail m d'urgence.

rusk [rʌsk] n biscotte f.

russet ['rʌsɪt] adj feuille-morte (inv).

Russia ['rʌʃə] n Russie f ; **in ~** en Russie.

Russian ['rʌʃn] ⬥ adj russe ⬥ n - **1.** [person] Russe mf - **2.** [language] russe m.

Russian roulette n roulette f russe.

rust [rʌst] ⬥ n rouille f ⬥ vi se rouiller.

rustic ['rʌstɪk] adj rustique.

rustle ['rʌsl] ⬥ n [of leaves] bruissement m ; [of papers] froissement m ⬥ vt - **1.** [paper] froisser - **2.** Am [cattle] voler ⬥ vi [leaves] bruire ; [papers] produire un froissement.

rustproof ['rʌstpruːf] adj inoxydable.

rusty ['rʌstɪ] (compar **-ier** ; superl **-iest**) adj lit & fig rouillé(e).

rut [rʌt] n ornière f ; **to get into a ~** s'encroûter ; **to be in a ~** être prisonnier de la routine.

rutabaga [ˌruːtə'beɪɡə] n Am rutabaga m.

ruthless ['ruːθlɪs] adj impitoyable.

ruthlessly ['ruːθlɪslɪ] adv de façon impitoyable.

ruthlessness ['ruːθlɪsnɪs] n caractère m impitoyable.

RV n - **1.** (abbr of **revised version**) traduction de la Bible de 1611 révisée entre 1881 et 1895 - **2.** Am (abbr of **recreational vehicle**) camping-car m.

Rwanda [ru'ændə] n Ruanda m, Rwanda m ; **in ~** au Ruanda.

Rwandan [ru'ændən] ⬥ adj ruandais(e) ⬥ n Ruandais m, -e f.

rye [raɪ] n - **1.** [grain] seigle m - **2.** [bread] pain m de seigle.

rye bread n pain m de seigle.

rye grass n ivraie f.

rye whiskey n whisky m à base de seigle.

S

s (pl **ss** OR **s's**), **S** (pl **Ss** OR **S's**) [es] n [letter] s m inv, S m inv.

➡ **S** (abbr of **south**) S.

SA - **1.** abbr of **South Africa** - **2.** abbr of **South America**.

Saar [sɑː] n : **the ~** la Sarre.

Sabbath ['sæbəθ] n : **the ~** le sabbat.

sabbatical [sə'bætɪkl] n année f sabbatique ; **to be on ~** faire une année sabbatique.

saber Am = **sabre**.

sabotage ['sæbətɑːʒ] ⬥ n sabotage m ⬥ vt saboter.

saboteur [ˌsæbə'tɜː] n saboteur m.

sabre Br, **saber** Am ['seɪbə] n sabre m.

saccharin(e) ['sækərɪn] n saccharine f.

sachet ['sæʃeɪ] n sachet m.

sack [sæk] ⬥ n - **1.** [bag] sac m - **2.** Br inf [dismissal] : **to get** OR **be given the ~** être renvoyé(e), se faire virer ⬥ vt Br inf [dismiss] renvoyer, virer.

sackful ['sækful] n sac m.

sacking ['sækɪŋ] n [fabric] toile f à sac.

sacrament ['sækrəmənt] n sacrement m.

sacred ['seɪkrɪd] adj sacré(e).

sacrifice ['sækrɪfaɪs] lit & fig ⬥ n sacrifice m ⬥ vt sacrifier.

sacrilege ['sækrɪlɪdʒ] n lit & fig sacrilège m.

sacrilegious [ˌsækrɪ'lɪdʒəs] adj sacrilège.

sacrosanct ['sækrəʊsæŋkt] adj sacro-saint (e).

sad [sæd] (compar **-der** ; superl **-dest**) adj triste.

sadden ['sædn] vt attrister, affliger.

saddle ['sædl] ⬥ n selle f ⬥ vt - **1.** [horse] seller - **2.** fig [burden] : **to ~ sb with sthg** coller qqch à qqn.

➡ **saddle up** ⬥ vt fus seller ⬥ vi seller son cheval.

saddlebag ['sædlbæɡ] n sacoche f (de selle ou de bicyclette).

saddler ['sædlə] n sellier m.

sadism ['seɪdɪzm] n sadisme m.

sadist ['seɪdɪst] n sadique mf.

sadistic [sə'dɪstɪk] adj sadique.

sadly ['sædlɪ] *adv* - **1.** [unhappily] tristement - **2.** [unfortunately] malheureusement.

sadness ['sædnɪs] *n* tristesse *f*.

s.a.e., sae *abbr of* stamped addressed envelope.

safari [sə'fɑːrɪ] *n* safari *m* ; **to go on ~** aller en safari.

safari park *n* réserve *f*.

safe [seɪf] ◇ *adj* - **1.** [not dangerous - gen] sans danger ; [- driver, play, guess] prudent(e) ; **it's not ~** c'est dangereux ; **it's ~ to say (that)** ... on peut dire à coup sûr que ... ; **in ~ hands** en bonnes mains - **2.** [not in danger] hors de danger, en sécurité ; **your secret is ~ with me** je saurai garder votre secret ; **~ and sound** sain et sauf (saine et sauve) - **3.** [not risky - bet, method] sans risque ; [- investment] sûr(e) ; **to be on the ~ side** par précaution ◇ *n* coffre-fort *m*.

safebreaker ['seɪf,breɪkəʳ] *n* perceur *m* de coffre-fort.

safe-conduct *n* sauf-conduit *m*.

safe-deposit box *n* coffre-fort *m*.

safeguard ['seɪfgɑːd] ◇ *n* : **~ (against)** sauvegarde *f* (contre) ◇ *vt* : **to ~ sb/sthg (against)** sauvegarder qqn/qqch (contre), protéger qqn/qqch (contre).

safe house *n* lieu *m* sûr.

safekeeping [,seɪf'kiːpɪŋ] *n* bonne garde *f*.

safely ['seɪflɪ] *adv* - **1.** [not dangerously] sans danger - **2.** [not in danger] en toute sécurité, à l'abri du danger - **3.** [arrive - person] à bon port, sain et sauf (saine et sauve) ; [- parcel] à bon port - **4.** [for certain] : **I can ~ say (that)** ... je peux dire à coup sûr que ...

safe sex *n* sexe *m* sans risques, S.S.R. *m*.

safety ['seɪftɪ] ◇ *n* sécurité *f* ◇ *comp* de sécurité.

safety belt *n* ceinture *f* de sécurité.

safety catch *n* cran *m* de sûreté.

safety curtain *n* rideau *m* de fer.

safety-deposit box = **safe-deposit box**.

safety island *n* Am refuge *m*.

safety match *n* allumette *f* de sûreté.

safety net *n* filet *m* (de protection).

safety pin *n* épingle *f* de sûreté OR de nourrice.

safety valve *n* soupape *f* de sûreté.

saffron ['sæfrən] *n* safran *m*.

sag [sæg] (*pt & pp* -**ged** ; *cont* -**ging**) *vi* - **1.** [sink downwards] s'affaisser, fléchir - **2.** fig [decrease] baisser.

saga ['sɑːgə] *n* saga *f* ; fig & pej histoire *f*.

sage [seɪdʒ] ◇ *adj* sage ◇ *n* - **1.** (U) [herb] sauge *f* - **2.** [wise man] sage *m*.

saggy ['sægɪ] (*compar* -**gier** ; *superl* -**giest**) *adj* [bed] affaissé(e) ; [breasts] pendant(e).

Sagittarius [,sædʒɪ'teərɪəs] *n* Sagittaire *m* ; **to be (a) ~** être Sagittaire.

Sahara [sə'hɑːrə] *n* : **the ~ (Desert)** le (désert du) Sahara.

Saharan [sə'hɑːrən] *adj* saharien(enne).

said [sed] *pt & pp* ⊳ say.

sail [seɪl] ◇ *n* - **1.** [of boat] voile *f* ; **to set ~** faire voile, prendre la mer - **2.** [journey] tour *m* en bateau ◇ *vt* - **1.** [boat] piloter, manœuvrer - **2.** [sea] parcourir ◇ *vi* - **1.** [person - gen] aller en bateau ; [- SPORT] faire de la voile - **2.** [boat - move] naviguer ; [- leave] partir, prendre la mer ; **the ship ~ed into harbour** le bateau est entré au port - **3.** fig [through air] voler.

➝ **sail through** *vt fus* fig réussir les doigts dans le nez.

sailboard ['seɪlbɔːd] *n* planche *f* à voile.

sailboat Am = **sailing boat**.

sailcloth ['seɪlklɒθ] *n* toile *f* à voile.

sailing ['seɪlɪŋ] *n* - **1.** (U) SPORT voile *f* ; **to go ~** faire de la voile - **2.** [departure] départ *m*.

sailing boat Br, **sailboat** Am ['seɪlbəʊt] *n* bateau *m* à voiles, voilier *m*.

sailing ship *n* voilier *m*.

sailor ['seɪləʳ] *n* marin *m*, matelot *m* ; **to be a good ~** avoir le pied marin.

saint [seɪnt] *n* saint *m*, -e *f*.

Saint Helena [-ɪ'liːnə] *n* Sainte-Hélène *f* ; **on ~** à Sainte-Hélène.

Saint Lawrence [-'lɒrəns] *n* : **the ~ (River)** le Saint-Laurent.

Saint Lucia [-'luːʃə] *n* Sainte-Lucie.

saintly ['seɪntlɪ] (*compar* -**ier** ; *superl* -**iest**) *adj* [person] saint(e) ; [life] de saint.

Saint Patrick's Day [-'pætrɪks-] *n* la Saint-Patrick.

SAINT PATRICK'S DAY

La Saint-Patrick (17 mars) est une fête célébrée par les Irlandais et descendants d'Irlandais du monde entier. De grands défilés se tiennent dans les rues de Dublin, New York et Sydney. La coutume veut que chacun arbore une feuille de trèfle à la boutonnière, ou porte un vêtement de couleur verte, le vert symbolisant l'Irlande. À cette occasion, certains bars américains servent même de la bière verte.

sake [seɪk] *n* : **for the ~ of sb** par égard pour qqn, pour (l'amour de) qqn ; **for the chil-**

dren's ~ pour les enfants ; **for the ~ of my health** pour ma santé ; **for the ~ of argument** à titre d'exemple ; **to do sthg for its own ~** faire qqch pour le plaisir ; **for God's** OR **heaven's ~** pour l'amour de Dieu OR du ciel.

salad ['sæləd] n salade f.

salad bowl n saladier m.

salad cream n Br sorte de mayonnaise douce.

salad dressing n vinaigrette f.

salad oil n huile f de table.

salamander ['sælə,mændər] n salamandre f.

salami [sə'lɑːmɪ] n salami m.

salaried ['sælərɪd] adj salarié(e).

salary ['sælərɪ] (pl -ies) n salaire m, traitement m.

salary scale n échelle f des salaires.

sale [seɪl] n - **1.** [gen] vente f ; **on ~** en vente ; **(up) for ~** à vendre - **2.** [at reduced prices] soldes mpl ; **the shop is having a ~** le magasin fait des soldes ; **in a ~** en solde.
◆ **sales** ⋄ npl - **1.** [quantity sold] ventes fpl - **2.** [at reduced prices] : **the ~s** les soldes mpl ⋄ comp [figures, department] des ventes ; **~s manager** directeur commercial m, directrice commerciale f.

saleroom Br ['seɪlrʊm], **salesroom** Am ['seɪlzrʊm] n salle f des ventes.

sales assistant ['seɪlz-], **salesclerk** ['seɪlzklɑːrk] Am n vendeur m, -euse f.

sales conference n conférence f du personnel des ventes.

sales drive n campagne f de vente.

sales force n force f de vente.

salesman ['seɪlzmən] (pl -men [-mən]) n [in shop] vendeur m ; [travelling] représentant m de commerce.

sales pitch n boniment m.

sales rep n inf représentant m de commerce.

sales representative n représentant m de commerce.

salesroom Am = saleroom.

sales slip n Am [receipt] ticket m de caisse.

sales tax n taxe f à l'achat.

sales team n équipe f de vente.

saleswoman ['seɪlz,wʊmən] (pl -women [-,wɪmɪn]) n [in shop] vendeuse f ; [travelling] représentante f de commerce.

salient ['seɪljənt] adj fml qui ressort.

saline ['seɪlaɪn] adj salin(e) ; **~ drip** perfusion f de sérum artificiel.

saliva [sə'laɪvə] n salive f.

salivate ['sælɪveɪt] vi saliver.

sallow ['sæləʊ] adj cireux(euse).

sally ['sælɪ] (pl -ies, pt & pp -ied) n [sortie] sortie f.
◆ **sally forth** vi hum OR literary sortir.

salmon ['sæmən] (pl inv OR -s) n saumon m.

salmonella [,sælmə'nelə] n salmonelle f.

salmon pink ⋄ adj rose saumon (inv) ⋄ n rose m saumon.

salon ['sælɒn] n salon m.

saloon [sə'luːn] n - **1.** Br [car] berline f - **2.** Am [bar] saloon m - **3.** Br [in pub] : **~ (bar)** bar m - **4.** [in ship] salon m.

salopettes [,sælə'pets] npl combinaison f de ski.

salt [sɔːlt, sɒlt] ⋄ n sel m ; **the ~ of the earth** le sel de la terre ; **to rub ~ into sb's wounds** remuer OR retourner le couteau dans la plaie ; **take what he says with a pinch of ~** ne prenez pas ce qu'il dit au pied de la lettre ⋄ comp [food] salé(e) ⋄ vt [food] saler ; [roads] mettre du sel sur.
◆ **salt away** vt sep mettre de côté.

SALT [sɔːlt] (abbr of Strategic Arms Limitation Talks/Treaty) n SALT m, négociations américano-soviétiques sur la limitation des armes stratégiques.

saltcellar Br, **salt shaker** Am [-,ʃeɪkər] n salière f.

salted ['sɔːltɪd] adj salé(e).

saltpetre Br, **saltpeter** Am [,sɔːlt'piːtər] n salpêtre m.

salt shaker Am = saltcellar.

saltwater ['sɔːlt,wɔːtər] ⋄ n eau f de mer ⋄ adj de mer.

salty ['sɔːltɪ] (compar -ier ; superl -iest) adj [food] salé(e) ; [water] saumâtre.

salubrious [sə'luːbrɪəs] adj salubre.

salutary ['sæljʊtrɪ] adj salutaire.

salute [sə'luːt] ⋄ n salut m ⋄ vt saluer ⋄ vi faire un salut.

Salvadorean, Salvadorian [,sælvə'dɔːrɪən] ⋄ adj salvadorien(enne) ⋄ n Salvadorien m, -enne f.

salvage ['sælvɪdʒ] ⋄ n (U) - **1.** [rescue of ship] sauvetage m - **2.** [property rescued] biens mpl sauvés ⋄ vt sauver.

salvage vessel n bateau m de sauvetage.

salvation [sæl'veɪʃn] n salut m.

Salvation Army n : **the ~** l'Armée f du Salut.

salve [sælv] vt : **to do sthg to ~ one's conscience** faire qqch pour avoir la conscience en paix.

salver ['sælvər] n plateau m.

salvo ['sælvəʊ] (pl -**s** OR -**es**) n salve f.

Samaritan [sə'mærɪtn] n : **good** ~ bon Samaritain m.

samba ['sæmbə] n samba f.

same [seɪm] <> adj même ; **she was wearing the ~ jumper as I was** elle portait le même pull que moi ; **at the ~ time** en même temps ; **one and the ~** un seul et même (une seule et même) <> pron : **the ~** le même (la même), les mêmes (pl) ; **I'll have the ~ as you** je prendrai la même chose que toi ; **she earns the ~ as I do** elle gagne autant que moi ; **to do the ~** faire de même, en faire autant ; **all** OR **just the ~** [anyway] quand même, tout de même ; **it's all the ~ to me** ça m'est égal ; **it's not the ~** ce n'est pas pareil <> adv : **the ~** [treat, spelled] de la même manière.

sameness ['seɪmnɪs] n pej monotonie f.

Samoa [sə'məʊə] n Samoa m ; **in** ~ à Samoa ; **American ~** les Samoa américaines fpl.

Samoan [sə'məʊən] <> adj samoan(e) <> n Samoan m, -e f.

samosa [sə'məʊsə] n genre de brick indien aux légumes.

sample ['sɑ:mpl] <> n échantillon m <> vt - **1.** [taste] goûter - **2.** MUS faire le sampling de.

sampler ['sɑ:mplə'] n SEWING modèle m de broderie.

sanatorium, sanitorium Am [ˌsænə'tɔ:rɪəm] (pl -**riums** OR -**ria** [-rɪə]) n sanatorium m.

sanctify ['sæŋktɪfaɪ] (pt & pp -**ied**) vt sanctifier.

sanctimonious [ˌsæŋktɪ'məʊnjəs] adj moralisateur(trice).

sanction ['sæŋkʃn] <> n sanction f <> vt sanctionner.
🔹 **sanctions** npl sanctions fpl.

sanctity ['sæŋktətɪ] n sainteté f.

sanctuary ['sæŋktʃʊərɪ] (pl -**ies**) n - **1.** [for birds, wildlife] réserve f - **2.** [refuge] asile m - **3.** [holy place] sanctuaire m.

sanctum ['sæŋktəm] (pl -**s**) n fig [private place] retraite f.

sand [sænd] <> n sable m <> vt [wood] poncer.
🔹 **sands** npl plage f de sable.

sandal ['sændl] n sandale f.

sandalwood ['sændlwʊd] n (bois m de) santal m.

sandbag ['sændbæg] n sac m de sable.

sandbank ['sændbæŋk] n banc m de sable.

sandblast ['sændblɑ:st] vt décaper à la sableuse, sabler.

sandbox Am = sandpit.

sandcastle ['sænd,kɑ:sl] n château m de sable.

sand dune n dune f.

sander ['sændə'] n ponceuse f.

sandpaper ['sænd,peɪpə'] <> n (U) papier m de verre <> vt poncer (au papier de verre).

sandpit Br ['sændpɪt], **sandbox** Am ['sændbɒks] n bac m à sable.

sandstone ['sændstəʊn] n grès m.

sandstorm ['sændstɔ:m] n tempête f de sable.

sand trap n Am & Can GOLF bunker m, fosse f de sable Can.

sandwich ['sænwɪdʒ] <> n sandwich m <> vt fig : **to be ~ed between** être (pris(e)) en sandwich entre.

sandwich board n panneau m publicitaire (d'homme sandwich ou posé comme un tréteau).

sandwich course n Br stage m de formation professionnelle.

sandy ['sændɪ] (compar -**ier** ; superl -**iest**) adj - **1.** [beach] de sable ; [earth] sableux(euse) - **2.** [sand-coloured] sable (inv).

sane [seɪn] adj - **1.** [not mad] sain(e) d'esprit - **2.** [sensible] raisonnable, sensé(e).

sang [sæŋ] pt ⊏> sing.

sanguine ['sæŋgwɪn] adj optimiste.

sanitary ['sænɪtrɪ] adj - **1.** [method, system] sanitaire - **2.** [clean] hygiénique, salubre.

sanitary towel, sanitary napkin Am n serviette f hygiénique.

sanitation [ˌsænɪ'teɪʃn] n (U) [in house] installations fpl sanitaires.

sanitation worker n Am éboueur m.

sanitize, -ise ['sænɪtaɪz] vt fig expurger.

sanitorium Am = sanatorium.

sanity ['sænətɪ] n (U) - **1.** [saneness] santé f mentale, raison f - **2.** [good sense] bon sens m.

sank [sæŋk] pt ⊏> sink.

San Marino [ˌsænmə'ri:nəʊ] n Saint-Marin m ; **in** ~ à Saint-Marin.

San Salvador [ˌsæn'sælvədɔ:'] n San Salvador.

Sanskrit ['sænskrɪt] n sanskrit m, sanscrit m.

Santa (Claus) ['sæntə(,klɔ:z)] n le père Noël.

São Paulo [ˌsaʊ'paʊləʊ] n - **1.** [city] São Paulo - **2.** [state] : ~ **(State)** São Paulo m, l'État m de São Paulo ; **in** ~ dans le São Paulo.

sap [sæp] (pt & pp -**ped** ; cont -**ping**) <> n - **1.** [of plant] sève f - **2.** Am inf [gullible person] nigaud m, -e f <> vt [weaken] saper.

sapling ['sæplɪŋ] *n* jeune arbre *m*.

sapphire ['sæfaɪə'] *n* saphir *m*.

Sarajevo [,særə'jeɪvəʊ] *n* Sarajevo.

sarcasm ['sɑːkæzm] *n* sarcasme *m*.

sarcastic [sɑː'kæstɪk] *adj* sarcastique.

sarcophagus [sɑː'kɒfəgəs] (*pl* **-gi** [-gaɪ] OR **-guses** [-gəsiːz]) *n* sarcophage *m*.

sardine [sɑː'diːn] *n* sardine *f*.

Sardinia [sɑː'dɪnjə] *n* Sardaigne *f*; **in ~** en Sardaigne.

sardonic [sɑː'dɒnɪk] *adj* sardonique.

Sargasso Sea [sɑː'gæsəʊ-] *n* : **the ~** la mer des Sargasses.

sari ['sɑːrɪ] *n* sari *m*.

sarong [sə'rɒŋ] *n* sarong *m*.

sarsaparilla [,sɑːspə'rɪlə] *n* salsepareille *f*.

sartorial [sɑː'tɔːrɪəl] *adj fml* vestimentaire.

SAS (*abbr of* **Special Air Service**) *n commando d'intervention spéciale de l'armée britannique*.

SASE *abbr of* **self-addressed stamped envelope**.

sash [sæʃ] *n* [of cloth] écharpe *f*.

sash window *n* fenêtre *f* à guillotine.

Saskatchewan [,sæs'kætʃɪ,wən] *n* Saskatchewan *m*.

sassy ['sæsɪ] *adj* Am inf culotté(e).

sat [sæt] *pt & pp* ⊳ **sit**.

Sat. (*abbr of* **Saturday**) sam.

SAT [sæt] *n* - **1.** (*abbr of* **Standard Assessment Test**) *examen national en Grande-Bretagne pour les élèves de 7 ans, 11 ans et 14 ans* - **2.** (*abbr of* **Scholastic Aptitude Test**) *examen d'entrée à l'université aux États-Unis*.

Satan ['seɪtn] *n* Satan *m*.

satanic [sə'tænɪk] *adj* satanique.

satchel ['sætʃəl] *n* cartable *m*.

sated ['seɪtɪd] *adj* [person, hunger] : **~ (with)** rassasié(e) (de).

satellite ['sætəlaɪt] ⟨⟩ *n* satellite *m* ⟨⟩ *comp* - **1.** [link] par satellite ; **~ dish** antenne *f* parabolique - **2.** [country, company] satellite.

satellite TV *n* télévision *f* par satellite.

satiate ['seɪʃɪeɪt] *vt* [person, hunger] rassasier.

satin ['sætɪn] ⟨⟩ *n* satin *m* ⟨⟩ *comp* [sheets, pyjamas] de OR en satin ; [wallpaper, finish] satiné(e).

satire ['sætaɪə'] *n* satire *f*.

satirical [sə'tɪrɪkl] *adj* satirique.

satirist ['sætərɪst] *n* satiriste *mf*.

satirize, -ise ['sætəraɪz] *vt* faire la satire de.

satisfaction [,sætɪs'fækʃn] *n* satisfaction *f*.

satisfactory [,sætɪs'fæktərɪ] *adj* satisfaisant(e).

satisfied ['sætɪsfaɪd] *adj* - **1.** [happy] : **~ (with)** satisfait(e) (de) - **2.** [convinced] : **to be ~ that** être sûr(e) que.

satisfy ['sætɪsfaɪ] (*pt & pp* **-ied**) *vt* - **1.** [gen] satisfaire - **2.** [convince] convaincre, persuader ; **to ~ sb that** convaincre qqn que ; **to ~ o.s. that** s'assurer que.

satisfying ['sætɪsfaɪɪŋ] *adj* satisfaisant(e).

satsuma [,sæt'suːmə] *n* satsuma *f*.

saturate ['sætʃəreɪt] *vt* : **to ~ sthg (with)** saturer qqch (de).

saturated fat ['sætʃəreɪtɪd-] *n* matière *f* grasse saturée.

saturation [,sætʃə'reɪʃn] ⟨⟩ *n* saturation *f* ⟨⟩ *comp* [bombing] en masse.

saturation point *n* : **to reach ~** arriver à saturation *f*.

Saturday ['sætədɪ] ⟨⟩ *n* samedi *m* ; **it's ~** on est samedi ; **are you going ~?** inf tu y vas samedi? ; **see you ~!** inf à samedi! ; **on ~** samedi ; **on ~s** le samedi ; **last ~** samedi dernier ; **this ~** ce samedi ; **next ~** samedi prochain ; **every ~** tous les samedis ; **every other ~** un samedi sur deux ; **the ~ before** l'autre samedi ; **the ~ before last** pas samedi dernier, mais le samedi d'avant ; **the ~ after next**, **~ week**, **a week on ~** samedi en huit ; **to work ~s** travailler le samedi ⟨⟩ *comp* [paper] du OR de samedi ; **I have a ~ appointment** j'ai un rendez-vous samedi ; **~ morning/afternoon/evening** samedi matin/après-midi/soir ; **a ~ job** un petit boulot (le samedi pour gagner de l'argent de poche).

Saturn ['sætən] *n* [planet] Saturne *f*.

sauce [sɔːs] *n* - **1.** CULIN sauce *f* - **2.** Br inf [cheek] toupet *m*.

sauce boat *n* saucière *f*.

saucepan ['sɔːspən] *n* casserole *f*.

saucer ['sɔːsə'] *n* sous-tasse *f*, soucoupe *f*.

saucy ['sɔːsɪ] (*compar* **-ier** ; *superl* **-iest**) *adj* inf coquin(e).

Saudi Arabia ['saʊdɪ-] *n* Arabie *f* Saoudite ; **in ~** en Arabie Saoudite.

Saudi (Arabian) ['saʊdɪ-] ⟨⟩ *adj* saoudien(enne) ⟨⟩ *n* [person] Saoudien *m*, -enne *f*.

sauna ['sɔːnə] *n* sauna *m*.

saunter ['sɔːntə'] *vi* flâner.

sausage ['sɒsɪdʒ] *n* saucisse *f*.

sausage roll *n* Br feuilleté *m* à la saucisse.

sauté [Br 'səʊteɪ, Am səʊ'teɪ] (*pt & pp* **sautéed** OR **sautéd**) ⟨⟩ *adj* sauté(e) ⟨⟩ *vt* [potatoes] faire sauter ; [onions] faire revenir.

savage ['sævɪdʒ] ◇ *adj* [fierce] féroce ◇ *n* sauvage *mf* ◇ *vt* attaquer avec férocité.

savageness ['sævɪdʒnɪs], **savagery** ['sævɪdʒrɪ] *n* férocité *f*.

savanna(h) [sə'vænə] *n* savane *f*.

save [seɪv] ◇ *vt* - **1.** [rescue] sauver ; **to ~ sb's life** sauver la vie à OR de qqn - **2.** [money - set aside] mettre de côté ; [- spend less] économiser ; **we ~d £10 by buying in bulk** on a économisé 10 livres en achetant en grosses quantités - **3.** [time] gagner ; [strength] économiser ; [food] garder - **4.** [avoid] éviter, épargner ; **to ~ sb sthg** épargner qqch à qqn ; **to ~ sb from doing sthg** éviter à qqn de faire qqch - **5.** SPORT arrêter - **6.** COMPUT sauvegarder ◇ *vi* [save money] mettre de l'argent de côté ◇ *n* SPORT arrêt *m* ◇ *prep* fml : **~ (for)** sauf, à l'exception de.

◆ **save up** *vi* mettre de l'argent de côté.

save as you earn *n* Br plan d'épargne national par prélèvements mensuels.

saveloy ['sævəlɔɪ] *n* Br cervelas *m*.

saver ['seɪvər] *n* - **1.** [object] : **it's a money ~** ça me fait économiser de l'argent - **2.** FIN épargnant *m*, -e *f*.

saving grace ['seɪvɪŋ-] *n* : **its ~ was ...** ce qui le rachetait, c'était ...

savings ['seɪvɪŋz] *npl* économies *fpl*.

savings account *n* Am compte *m* d'épargne.

savings and loan association *n* Am société *f* de crédit immobilier.

savings bank *n* caisse *f* d'épargne.

saviour Br, **savior** Am ['seɪvjər] *n* sauveur *m*.

◆ **Saviour** *n* : **the Saviour** le Sauveur.

savoir-faire [,sævwɑː'feər] *n* savoir-vivre *m*.

savour Br, **savor** Am ['seɪvər] *vt* lit & fig savourer.

savoury Br, **savory** Am ['seɪvərɪ] (*pl* -ies) ◇ *adj* - **1.** [food] salé(e) - **2.** [respectable] recommandable ◇ *n* petit plat *m* salé.

Savoy [sə'vɔɪ] *n* Savoie *f*; **in ~** en Savoie.

saw [sɔː] (Br *pt* -ed ; *pp* sawn, Am *pt* & *pp* -ed) ◇ *pt* ▷ **see** ◇ *n* scie *f* ◇ *vt* scier.

sawdust ['sɔːdʌst] *n* sciure *f* (de bois).

sawed-off shotgun Am = sawn-off shotgun.

sawmill ['sɔːmɪl] *n* scierie *f*, moulin *m* à scie Can.

sawn [sɔːn] Br *pp* ▷ **saw**.

sawn-off shotgun Br, **sawed-off shotgun** ['sɔːd-] Am *n* carabine *f* à canon scié.

sax [sæks] *n* inf saxo *m*.

Saxon ['sæksn] ◇ *adj* saxon(onne) ◇ *n* Saxon *m*, -onne *f*.

saxophone ['sæksəfəʊn] *n* saxophone *m*.

saxophonist [Br sæk'sɒfənɪst, Am 'sæksəfəʊnɪst] *n* saxophoniste *mf*.

say [seɪ] (*pt* & *pp* said) ◇ *vt* - **1.** [gen] dire ; **could you ~ that again?** vous pouvez répéter ce que vous venez de dire? ; **(let's) ~ you won a lottery ...** supposons que tu gagnes le gros lot ... ; **it ~s a lot about him** cela en dit long sur lui ; **she's said to be ...** on dit qu'elle est ... ; **to ~ to o.s.** se dire ; **to ~ nothing of** sans parler de ; **that goes without ~ing** cela va sans dire ; **I'll ~ this for him ...** je dois lui rendre cette justice que ... ; **it has a lot to be said for it** cela a beaucoup d'avantages ; **she didn't have much to ~ for herself** inf elle n'avait pas grand-chose à dire - **2.** [subj : clock, watch] indiquer ◇ *n* : **to have a/no ~** avoir/ne pas avoir voix au chapitre ; **to have a ~ in sthg** avoir son mot à dire sur qqch ; **to have one's ~** dire ce que l'on a à dire, dire son mot.

◆ **that is to say** *adv* c'est-à-dire.

SAYE *n abbr of* save as you earn.

saying ['seɪɪŋ] *n* dicton *m*.

say-so *n* inf [permission] autorisation *f*.

SBA (*abbr of* **Small Business Administration**) *n* organisme fédéral américain d'aide aux petites entreprises.

s/c *abbr of* self-contained.

SC ◇ *n abbr of* supreme court ◇ *abbr of* South Carolina.

scab [skæb] *n* - **1.** [of wound] croûte *f* - **2.** inf pej [non-striker] jaune *m*.

scabby ['skæbɪ] (*compar* -ier ; *superl* -iest) *adj* couvert(e) de croûtes.

scabies ['skeɪbiːz] *n* (U) gale *f*.

scaffold ['skæfəʊld] *n* échafaud *m*.

scaffolding ['skæfəldɪŋ] *n* échafaudage *m*.

scalawag Am = scallywag.

scald [skɔːld] ◇ *n* brûlure *f* ◇ *vt* ébouillanter ; **to ~ one's arm** s'ébouillanter le bras.

scalding ['skɔːldɪŋ] *adj* bouillant(e).

scale [skeɪl] ◇ *n* - **1.** [gen] échelle *f*; **to ~** [map, drawing] à l'échelle - **2.** [of ruler, thermometer] graduation *f* - **3.** MUS gamme *f* - **4.** [of fish, snake] écaille *f* - **5.** Am = scales ◇ *vt* - **1.** [cliff, mountain, fence] escalader - **2.** [fish] écailler.

◆ **scales** *npl* balance *f*.

◆ **scale down** *vt fus* réduire.

scale diagram *n* plan *m* à l'échelle.

scale model *n* modèle *m* réduit.

scallion ['skæljən] *n* Am [spring onion] ciboule *f*.

scallop ['skɒləp] ◇ *n* [shellfish] coquille *f*

Saint-Jacques ⟨⟩ *vt* [edge, garment] feston-ner.

scallywag Br [ˈskælɪwæg], **scalawag** Am [ˈskæləwæg] *n inf* polisson *m*, -onne *f*.

scalp [skælp] ⟨⟩ *n* **- 1.** ANAT cuir *m* chevelu **- 2.** [trophy] scalp *m* ⟨⟩ *vt* scalper.

scalpel [ˈskælpəl] *n* scalpel *m*.

scalper [ˈskælpər] *n Am* [tout] revendeur *m* de billets.

scam [skæm] *n inf* arnaque *f*.

scamp [skæmp] *n inf* coquin *m*, -e *f*.

scamper [ˈskæmpər] *vi* trottiner.

scampi [ˈskæmpɪ] *n (U)* scampi *mpl*.

scan [skæn] (*pt & pp* **-ned** ; *cont* **-ning**) ⟨⟩ *n* MED scanographie *f* ; [during pregnancy] échographie *f* ⟨⟩ *vt* **- 1.** [examine carefully] scruter **- 2.** [glance at] parcourir **- 3.** TECH balayer **- 4.** COMPUT faire un scannage de ⟨⟩ *vi* **- 1.** LITERATURE se scander **- 2.** COMPUT scanner.

scandal [ˈskændl] *n* **- 1.** [gen] scandale *m* **- 2.** [gossip] médisance *f*.

scandalize, -ise [ˈskændəlaɪz] *vt* scandaliser.

scandalous [ˈskændələs] *adj* scandaleux(euse).

Scandinavia [ˌskændɪˈneɪvjə] *n* Scandinavie *f* ; **in ~** en Scandinavie.

Scandinavian [ˌskændɪˈneɪvjən] ⟨⟩ *adj* scandinave ⟨⟩ *n* [person] Scandinave *mf*.

scanner [ˈskænər] *n* [gen & COMPUT] scanner *m*.

scant [skænt] *adj* insuffisant(e).

scanty [ˈskæntɪ] (*compar* **-ier** ; *superl* **-iest**) *adj* [amount, resources] insuffisant(e) ; [income] maigre ; [dress] minuscule.

scapegoat [ˈskeɪpɡəʊt] *n* bouc *m* émissaire.

scar [skɑːr] (*pt & pp* **-red** ; *cont* **-ring**) ⟨⟩ *n* cicatrice *f* ⟨⟩ *vt* **- 1.** [skin, face] marquer d'une cicatrice ; [landscape] défigurer **- 2.** fig [mentally] marquer.

scarce [skeəs] *adj* rare, peu abondant(e) ; **to make o.s. ~** s'esquiver.

scarcely [ˈskeəslɪ] *adv* à peine ; **~ anyone** presque personne ; **I ~ ever go there now** je n'y vais presque OR pratiquement plus jamais.

scarcity [ˈskeəsətɪ] *n* manque *m*.

scare [skeər] ⟨⟩ *n* **- 1.** [sudden fear] : **to give sb a ~** faire peur à qqn **- 2.** [public fear] panique *f* ; **bomb ~** alerte *f* à la bombe ⟨⟩ *vt* faire peur à, effrayer.

➤ **scare away, scare off** *vt sep* faire fuir.

scarecrow [ˈskeəkrəʊ] *n* épouvantail *m*.

scared [skeəd] *adj* apeuré(e) ; **to be ~** avoir

peur ; **to be ~ stiff** OR **to death** être mort de peur.

scarey [ˈskeərɪ] **= scary.**

scarf [skɑːf] (*pl* **-s** OR **scarves** [skɑːvz]) *n* [wool] écharpe *f* ; [silk etc] foulard *m*.

scarlet [ˈskɑːlət] ⟨⟩ *adj* écarlate ⟨⟩ *n* écarlate *f*.

scarlet fever *n* scarlatine *f*.

scarves [skɑːvz] *pl* ⟼ **scarf.**

scary [ˈskeərɪ] (*compar* **-ier** ; *superl* **-iest**) *adj inf* qui fait peur.

scathing [ˈskeɪðɪŋ] *adj* [criticism] acerbe ; [reply] cinglant(e) ; **to be ~ about sb/sthg** critiquer qqn/qqch de manière acerbe.

scatter [ˈskætər] ⟨⟩ *vt* [clothes, paper etc] éparpiller ; [seeds] semer à la volée ⟨⟩ *vi* se disperser.

scatterbrained [ˈskætəbreɪnd] *adj inf* écervelé(e).

scattered [ˈskætəd] *adj* [wreckage, population] dispersé(e) ; [paper] éparpillé(e) ; [showers] intermittent(e).

scattering [ˈskætərɪŋ] *n* [small number] petit nombre *m* ; [small amount] petite quantité *f*.

scatty [ˈskætɪ] (*compar* **-ier** ; *superl* **-iest**) *adj* Br inf écervelé(e).

scavenge [ˈskævɪndʒ] ⟨⟩ *vt* [object] récupérer ⟨⟩ *vi* [person] : **to ~ for sthg** faire les poubelles pour trouver qqch.

scavenger [ˈskævɪndʒər] *n* **- 1.** [animal] animal *m* nécrophage **- 2.** [person] personne *f* qui fait les poubelles.

SCE (*abbr of* **Scottish Certificate of Education**) *n* certificat de fin d'études secondaires en Écosse.

scenario [sɪˈnɑːrɪəʊ] (*pl* **-s**) *n* **- 1.** [possible situation] hypothèse *f*, scénario *m* **- 2.** [of film, play] scénario *m*.

scene [siːn] *n* **- 1.** [in play, film, book] scène *f* ; **to make a ~** fig faire une scène ; **behind the ~s** dans les coulisses **- 2.** [sight] spectacle *m*, vue *f* ; [picture] tableau *m* **- 3.** [location] lieu *m*, endroit *m* ; **on the ~** sur les lieux ; **a change of ~** un changement de décor **- 4.** [area of activity] : **the political ~** la scène politique ; **the music ~** le monde de la musique ; **it's not my ~** inf ce n'est pas mon truc **- 5.** phr : **to set the ~ for sb** mettre qqn au courant de la situation ; **to set the ~ for sthg** préparer la voie à qqch.

scenery [ˈsiːnərɪ] *n (U)* **- 1.** [of countryside] paysage *m* **- 2.** THEATRE décor *m*, décors *mpl*.

scenic [ˈsiːnɪk] *adj* [tour] touristique ; **a ~ view** un beau panorama.

scenic route *n* route *f* touristique.

scent [sent] ◇ n - **1.** [smell - of flowers] senteur f, parfum m ; [- of animal] odeur f, fumet m - **2.** fig [track] piste f - **3.** (U) [perfume] parfum m ◇ vt lit & fig sentir.

scented ['sentɪd] adj parfumé(e).

scepter Am = sceptre.

sceptic Br, **skeptic** Am ['skeptɪk] n sceptique mf.

sceptical Br, **skeptical** Am ['skeptɪkl] adj : ~ (about) sceptique (sur).

scepticism Br, **skepticism** Am ['skeptɪsɪzm] n scepticisme m.

sceptre Br, **scepter** Am ['septər] n sceptre m.

SCF (abbr of Save the Children Fund) n association caritative britannique s'occupant des enfants.

schedule [Br 'ʃedjuːl, Am 'skedʒʊl] ◇ n - **1.** [plan] programme m, plan m ; (according) to ~ selon le programme, comme prévu ; on ~ [at expected time] à l'heure (prévue) ; [on expected day] à la date prévue ; ahead of/behind ~ en avance/en retard (sur le programme) - **2.** [list - of times] horaire m ; [- of prices] tarif m ◇ vt : to ~ sthg (for) prévoir qqch (pour).

scheduled flight [Br 'ʃedjuːld-, Am 'skedʒʊld-] n vol m régulier.

schematic [skɪ'mætɪk] adj schématique.

scheme [skiːm] ◇ n - **1.** [plan] plan m, projet m - **2.** [dishonest plan] combine f - **3.** [arrangement] arrangement m ; colour ~ combinaison f de couleurs ; the ~ of things l'ordre des choses ◇ vt pej : to ~ to do sthg conspirer pour faire qqch ◇ vi pej conspirer.

scheming ['skiːmɪŋ] adj intrigant(e).

schism ['sɪzm, 'skɪzm] n schisme m

schizophrenia [,skɪtsə'friːnjə] n schizophrénie f.

schizophrenic [,skɪtsə'frenɪk] ◇ adj schizophrène ◇ n schizophrène mf.

schlepp [ʃlep] Am inf ◇ vt trimbaler ◇ vi : to ~ (around) se trimbaler.

schmal(t)z [ʃmɔːlts] n inf sentimentalité f à la guimauve.

schmuck [ʃmʌk] n Am inf rigolo m.

scholar ['skɒlər] n - **1.** [expert] érudit m, -e f, savant m, -e f - **2.** dated [student] écolier m, -ère f, élève mf - **3.** [holder of scholarship] boursier m, -ère f.

scholarship ['skɒləʃɪp] n - **1.** [grant] bourse f (d'études) - **2.** [learning] érudition f.

scholastic [skə'læstɪk] adj fml scolaire.

school [skuːl] n - **1.** [gen] école f ; [secondary school] lycée m, collège m - **2.** [university department] faculté f - **3.** Am [university] université f - **4.** [of fish] banc m.

school age n âge m scolaire.

schoolbook ['skuːlbʊk] n livre m scolaire OR de classe.

schoolboy ['skuːlbɔɪ] n écolier m, élève m.

schoolchild ['skuːltʃaɪld] (pl -children [-tʃɪldrən]) n écolier m, -ère f, élève mf.

schooldays ['skuːldeɪz] npl années fpl d'école.

school dinner n déjeuner m à la cantine (de l'école).

school district n Am aux États-Unis, autorité locale décisionnaire dans le domaine de l'enseignement primaire et secondaire.

school friend n camarade mf d'école.

schoolgirl ['skuːlgɜːl] n écolière f, élève f.

schooling ['skuːlɪŋ] n instruction f.

schoolkid ['skuːlkɪd] n inf écolier m, -ère f, élève mf.

school-leaver [-,liːvər] n Br élève qui a fini ses études secondaires.

school-leaving age [-'liːvɪŋ-] n Br âge m de fin de scolarité.

schoolmarm ['skuːlmɑːm] n Am institutrice f.

schoolmaster ['skuːl,mɑːstər] n [primary] instituteur m, maître m d'école ; [secondary] professeur m.

schoolmistress ['skuːl,mɪstrɪs] n [primary] institutrice f, maîtresse f d'école ; [secondary] professeur m.

school of thought n école f (de pensée).

school report n bulletin m.

schoolroom ['skuːlrʊm] n salle f de classe.

schoolteacher ['skuːl,tiːtʃər] n [primary] instituteur m, -trice f ; [secondary] professeur m.

school uniform n uniforme m scolaire.

schoolwork ['skuːlwɜːk] n (U) travail m scolaire OR de classe.

school year n année f scolaire.

schooner ['skuːnər] n - **1.** [ship] schooner m, goélette f - **2.** Br [sherry glass] grand verre m à xérès.

sciatica [saɪ'ætɪkə] n sciatique f.

science ['saɪəns] ◇ n science f ◇ comp [student] en sciences ; [degree] de OR ès sciences ; [course] des sciences.

science fiction n science-fiction f.

science park n parc m scientifique.

scientific [,saɪən'tɪfɪk] adj scientifique.

scientist ['saɪəntɪst] n scientifique mf.

sci-fi [,saɪ'faɪ] (abbr of science fiction) n inf science-fiction f, S.F. f.

Scilly Isles ['sɪlɪ-], **Scillies** ['sɪlɪz] npl : the ~

les îles *fpl* Sorlingues ; **in the ~** aux îles Sorlingues.

scintillating ['sɪntɪleɪtɪŋ] *adj* brillant(e).

scissors ['sɪzəz] *npl* ciseaux *mpl* ; **a pair of ~**
une paire de ciseaux.

sclerosis [sklɪ'rəʊsɪs] ▷ **multiple sclerosis.**

scoff [skɒf] ◇ *vt* Br inf bouffer, boulotter
◇ *vi* : **to ~ (at)** se moquer (de).

scold [skəʊld] *vt* gronder, réprimander.

scone [skɒn] *n* scone *m*.

scoop [skuːp] ◇ *n* - **1.** [for sugar] pelle *f* à
main ; [for ice cream] cuiller *f* à glace - **2.** [of ice
cream] boule *f* - **3.** [news report] exclusivité *f*,
scoop *m* ◇ *vt* [with hands] prendre avec les
mains ; [with scoop] prendre avec une pelle à
main.
scoop out *vt sep* évider.

scoot [skuːt] *vi* inf filer.

scooter ['skuːtər] *n* - **1.** [toy] trottinette *f*
- **2.** [motorcycle] scooter *m*.

scope [skəʊp] *n* (U) - **1.** [opportunity] occasion *f*,
possibilité *f* - **2.** [of report, inquiry] étendue *f*,
portée *f*.

scorch [skɔːtʃ] ◇ *vt* [clothes] brûler légèrement, roussir ; [skin] brûler ; [land, grass] dessécher ◇ *vi* roussir.

scorched earth policy [skɔːtʃt-] *n* politique *f* de la terre brûlée.

scorcher ['skɔːtʃər] *n* inf [day] journée *f* torride.

scorching ['skɔːtʃɪŋ] *adj* inf [day] torride ; [sun]
brûlant(e).

score [skɔːr] ◇ *n* - **1.** SPORT score *m* - **2.** [in test]
note *f* - **3.** dated [twenty] vingt - **4.** MUS partition *f* - **5.** [subject] : **on that ~** à ce sujet, sur ce
point ◇ *vt* - **1.** [goal, point etc] marquer ; **to
~ 100%** avoir 100 sur 100 - **2.** [success, victory]
remporter - **3.** [cut] entailler ◇ *vi* - **1.** SPORT
marquer (un but/point *etc*) - **2.** [in an argu-
ment] : **to ~ over sb** marquer un point contre
qqn.
scores *npl* : **~s of** des tas de, plein de.
score out *vt sep* Br barrer, rayer.

scoreboard ['skɔːbɔːd] *n* tableau *m*.

scorecard ['skɔːkɑːd] *n* carte *f* de score.

scorer ['skɔːrər] *n* marqueur *m*.

scorn [skɔːn] ◇ *n* (U) mépris *m*, dédain *m* ; **to
pour ~ on sb** accabler qqn de mépris ◇ *vt*
- **1.** [person, attitude] mépriser - **2.** [help, offer] rejeter, dédaigner.

scornful ['skɔːnfʊl] *adj* méprisant(e) ; **to be
~ of sthg** mépriser qqch, dédaigner qqch.

Scorpio ['skɔːpɪəʊ] (*pl* -s) *n* Scorpion *m* ; **to be
(a) ~** être Scorpion.

scorpion ['skɔːpjən] *n* scorpion *m*.

Scot [skɒt] *n* Écossais *m*, -e *f*.

scotch [skɒtʃ] *vt* [rumour] étouffer ; [plan] faire
échouer.

Scotch [skɒtʃ] ◇ *adj* écossais(e) ◇ *n* scotch
m, whisky *m*.

Scotch egg *n* Br œuf dur enrobé de chair à
saucisse et recouvert de chapelure.

Scotch (tape)® *n* Am Scotch® *m*.

scot-free *adj* inf : **to get off ~** s'en tirer sans
être puni(e).

Scotland ['skɒtlənd] *n* Écosse *f* ; **in ~** en Écosse.

Scotland Yard *n* ancien nom du siège de la
police à Londres (aujourd'hui New Scotland
Yard).

Scots [skɒts] ◇ *adj* écossais(e) ◇ *n* [dialect]
écossais *m*.

Scotsman ['skɒtsmən] (*pl* -men [-mən]) *n*
Écossais *m*.

Scotswoman ['skɒtswʊmən] (*pl* -women
[-ˌwɪmɪn]) *n* Écossaise *f*.

Scottish ['skɒtɪʃ] *adj* écossais(e).

Scottish National Party *n* parti nationaliste écossais.

Scottish Parliament *n* Parlement *m*
écossais.

THE SCOTTISH PARLIAMENT ◼

Le Parlement écossais fut inauguré officiellement le 1er juillet 1999. Siégeant à Édimbourg, il est constitué de 129 membres
(« Members of the Scottish Parliament » ou
« MSPs. ») dirigés par le président du Parlement (First Minister). Il est chargé de voter
la plupart des lois en matière de politique
intérieure, notamment celles concernant
les impôts. En revanche, les lois concernant
la politique étrangère, l'économie, la défense et les affaires européennes demeurent sous le contrôle du gouvernement britannique à Londres.

scoundrel ['skaʊndrəl] *n* dated gredin *m*.

scour [skaʊər] *vt* - **1.** [clean] récurer - **2.** [search
- town etc] parcourir ; [- countryside] battre.

scourer ['skaʊrər] *n* [pad] tampon *m* à récurer ; [powder] poudre *f* à récurer.

scourge [skɜːdʒ] *n* fléau *m*.

Scouse [skaʊs] *n* inf - **1.** [person] habitant *m*, -e
f de Liverpool - **2.** [accent] accent *m* de Liverpool.

scout [skaʊt] *n* MIL éclaireur *m*.
Scout *n* [boy scout] Scout *m*.
scout around *vi* : **to ~ around (for)** aller à
la recherche (de).

scoutmaster ['skaʊt,mɑːstəʳ] *n* chef *m* scout.

scowl [skaʊl] ◇ *n* regard *m* noir, air *m* renfrogné ◇ *vi* se renfrogner, froncer les sourcils ; **to ~ at sb** jeter des regards noirs à qqn.

SCR (*abbr of* **senior common room**) *n* Br *salle des étudiants de 3ᵉ cycle.*

scrabble ['skræbl] *vi* - **1.** [scrape] : **to ~ at sthg** gratter qqch - **2.** [feel around] : **to ~ around for sthg** tâtonner pour trouver qqch.

Scrabble® ['skræbl] *n* Scrabble® *m.*

scraggy ['skrægɪ] (*compar* -**ier** ; *superl* -**iest**) *adj* décharné(e), maigre.

scram [skræm] (*pt & pp* -**med** ; *cont* -**ming**) *vi* inf filer, ficher le camp.

scramble ['skræmbl] ◇ *n* [rush] bousculade *f*, ruée *f* ◇ *vi* - **1.** [climb] : **to ~ up a hill** grimper une colline en s'aidant des mains OR à quatre pattes - **2.** [compete] : **to ~ for sthg** se disputer qqch.

scrambled eggs ['skræmbld-] *npl* œufs *mpl* brouillés.

scrambler ['skræmbləʳ] *n* COMPUT brouilleur *m.*

scrap [skræp] (*pt & pp* -**ped** ; *cont* -**ping**) ◇ *n* - **1.** [of paper, material] bout *m* ; [of information] fragment *m* ; [of conversation] bribe *f* ; **it won't make a ~ of difference** cela ne changera absolument rien - **2.** [metal] ferraille *f* - **3.** inf [fight, quarrel] bagarre *f* ◇ *vt* [car] mettre à la ferraille ; [plan, system] abandonner, laisser tomber.

➡ **scraps** *npl* [food] restes *mpl.*

scrapbook ['skræpbʊk] *n* album *m* (*de coupures de journaux etc*).

scrap dealer *n* ferrailleur *m*, marchand *m* de ferraille.

scrape [skreɪp] ◇ *n* - **1.** [scraping noise] raclement *m*, grattement *m* - **2.** dated [difficult situation] : **to get into a ~** se fourrer dans le pétrin ◇ *vt* - **1.** [clean, rub] gratter, racler ; **to ~ sthg off sthg** enlever qqch de qqch en grattant OR raclant - **2.** [surface, car, skin] érafler ◇ *vi* gratter.

➡ **scrape through** *vt fus* réussir de justesse.

➡ **scrape together, scrape up** *vt sep* : **to ~ some money together** réunir de l'argent en raclant les fonds de tiroirs.

scraper ['skreɪpəʳ] *n* grattoir *m*, racloir *m.*

scrap heap *n* tas *m* de ferraille ; **on the ~** fig au rebut, au placard.

scrapings ['skreɪpɪŋz] *npl* raclures *fpl.*

scrap merchant *n* Br ferrailleur *m*, marchand *m* de ferraille.

scrap metal *n* ferraille *f.*

scrap paper Br, **scratch paper** Am *n* (papier *m*) brouillon *m.*

scrappy ['skræpɪ] (*compar* -**ier** ; *superl* -**iest**) *adj* [work, speech] décousu(e).

scrapyard ['skræpjɑːd] *n* parc *m* à ferraille.

scratch [skrætʃ] ◇ *n* - **1.** [wound] égratignure *f*, éraflure *f* - **2.** [on glass, paint etc] éraflure *f* - **3. phr** : **to be up to ~** être à la hauteur ; **to do sthg from ~** faire qqch à partir de rien ◇ *vt* - **1.** [wound] écorcher, égratigner - **2.** [mark - paint, glass etc] rayer, érafler - **3.** [rub] gratter ; **to ~ o.s.** se gratter ◇ *vi* gratter ; [person] se gratter.

scratch card *n* carte *f* à gratter.

scratchpad ['skrætʃpæd] *n* Am bloc-notes *m.*

scratch paper Am = scrap paper.

scratchy ['skrætʃɪ] (*compar* -**ier** ; *superl* -**iest**) *adj* - **1.** [record] qui grésille, qui craque - **2.** [material] qui gratte.

scrawl [skrɔːl] ◇ *n* griffonnage *m*, gribouillage *m* ◇ *vt* griffonner, gribouiller.

scrawny ['skrɔːnɪ] (*compar* -**ier** ; *superl* -**iest**) *adj* [person] efflanqué(e) ; [body, animal] décharné(e).

scream [skriːm] ◇ *n* - **1.** [cry] cri *m* perçant, hurlement *m* ; [of laughter] éclat *m* - **2.** inf [funny person] : **he's a ~** il est tordant ◇ *vt* hurler ◇ *vi* [cry out] crier, hurler.

scree [skriː] *n* éboulis *m.*

screech [skriːtʃ] ◇ *n* - **1.** [cry] cri *m* perçant - **2.** [of tyres] crissement *m* ◇ *vt* hurler ◇ *vi* - **1.** [cry out] pousser des cris perçants - **2.** [tyres] crisser.

screen [skriːn] ◇ *n* - **1.** [gen] écran *m* - **2.** [panel] paravent *m* ◇ *vt* - **1.** CINEMA projeter, passer ; TV téléviser, passer - **2.** [hide] cacher, masquer - **3.** [shield] protéger - **4.** [candidate, employee] passer au crible, filtrer - **5.** MED : **to ~ sb for sthg** faire subir à qqn un test de dépistage pour qqch.

➡ **screen off** *vt sep* séparer par un paravent.

screen door *n* porte *f* avec moustiquaire.

screen dump *n* COMPUT vidage *m* d'écran.

screening ['skriːnɪŋ] *n* - **1.** CINEMA projection *f* ; TV passage *m* à la télévision - **2.** [for security] sélection *f*, tri *m* - **3.** MED dépistage *m.*

screenplay ['skriːnpleɪ] *n* scénario *m.*

screen print *n* sérigraphie *f.*

screen saver *n* COMPUT économiseur *m* (d'écran).

screen test *n* bout *m* d'essai.

screenwriter ['skriːnˌraɪtəʳ] *n* scénariste *mf.*

screw [skruː] ◇ *n* [for fastening] vis *f* ◇ *vt* - **1.** [fix with screws] : **to ~ sthg to sthg** visser qqch à OR sur qqch - **2.** [twist] visser - **3.** vulg [woman] baiser ⬦ vi [bolt, lid] se visser.

➤ **screw up** vt sep - **1.** [crumple up] froisser, chiffonner - **2.** [eyes] plisser ; [face] tordre - **3.** vinf [ruin] gâcher, bousiller.

screwball ['skru:bɔ:l] n Am inf [person] cinglé m, -e f.

screwdriver ['skru:,draɪvəʳ] n [tool] tournevis m.

screwtop jar ['skru:tɒp-] n pot m à couvercle à pas de vis.

screwy ['skru:ɪ] adj Am inf fou (folle), cinglé(e).

scribble ['skrɪbl] ⬦ n gribouillage m, griffonnage m ⬦ vt & vi gribouiller, griffonner.

scribe [skraɪb] n scribe m.

scrimp [skrɪmp] vi : **to ~ and save** économiser OR lésiner sur tout.

script [skrɪpt] n - **1.** [of play, film etc] scénario m, script m - **2.** [writing system] écriture f - **3.** [handwriting] (écriture f) script m.

scripted ['skrɪptɪd] adj préparé(e) à l'avance.

Scriptures ['skrɪptʃəz] npl : **the ~** les (saintes) Écritures fpl.

scriptwriter ['skrɪpt,raɪtəʳ] n scénariste mf.

scroll [skrəʊl] ⬦ n rouleau m ⬦ vt COMPUT faire défiler.

➤ **scroll down** vi COMPUT défiler vers le bas.
➤ **scroll up** vi COMPUT défiler vers le haut.

scroll bar n COMPUT barre f de défilement.

scrooge [skru:dʒ] n inf pej grippe-sou m.

scrotum ['skrəʊtəm] (pl -ta [-tə] OR -tums) n scrotum m.

scrounge [skraʊndʒ] inf ⬦ vt : **to ~ money off sb** taper qqn ; **can I ~ a cigarette off you?** je peux te piquer une cigarette ? ⬦ vi faire le parasite ; **to ~ off sb** Br vivre aux crochets de qqn.

scrounger ['skraʊndʒəʳ] n inf parasite m.

scrub [skrʌb] (pt & pp -bed ; cont -bing) ⬦ n - **1.** [rub] : **to give sthg a ~** nettoyer qqch à la brosse - **2.** (U) [undergrowth] broussailles fpl ⬦ vt [floor, clothes etc] laver OR nettoyer à la brosse ; [hands, back] frotter ; [saucepan] récurer.

scrubbing brush Br ['skrʌbɪŋ-], **scrub brush** Am n brosse f dure.

scruff [skrʌf] n : **by the ~ of the neck** par la peau du cou.

scruffy ['skrʌfɪ] (compar -ier ; superl -iest) adj mal soigné(e), débraillé(e).

scrum(mage) ['skrʌm(ɪdʒ)] n RUGBY mêlée f.

scrumptious ['skrʌmpʃəs] adj inf délicieux(euse), fameux(euse).

scrunch [skrʌntʃ] ⬦ vt écraser, faire craquer ⬦ vi craquer, crisser.

scrunchie, scrunchy ['skrʌntʃɪ] n chouchou m.

scruples ['skru:plz] npl scrupules mpl.

scrupulous ['skru:pjʊləs] adj scrupuleux(euse).

scrupulously ['skru:pjʊləslɪ] adv scrupuleusement ; **~ clean** d'une propreté méticuleuse ; **~ honest** d'une honnêteté scrupuleuse.

scrutinize, -ise ['skru:tɪnaɪz] vt scruter, examiner attentivement.

scrutiny ['skru:tɪnɪ] n (U) examen m attentif.

scuba diving ['sku:bə-] n plongée f sous-marine (avec bouteilles).

scud [skʌd] (pt & pp -ded ; cont -ding) vi literary [clouds] courir.

scuff [skʌf] vt - **1.** [damage] érafler - **2.** [drag] : **to ~ one's feet** traîner les pieds.

scuffle ['skʌfl] ⬦ n bagarre f, échauffourée f ⬦ vi se bagarrer, se battre.

scull [skʌl] ⬦ n aviron m ⬦ vi ramer.

scullery ['skʌlərɪ] (pl -ies) n arrière-cuisine f.

sculpt [skʌlpt] vt sculpter.

sculptor ['skʌlptəʳ] n sculpteur m.

sculpture ['skʌlptʃəʳ] ⬦ n sculpture f ⬦ vt sculpter.

scum [skʌm] n - **1.** (U) [froth] écume f, mousse f - **2.** v inf pej [person] salaud m - **3.** (U) v inf pej [people] déchets mpl.

scupper ['skʌpəʳ] vt - **1.** NAUT couler - **2.** Br fig [plan] saboter, faire tomber à l'eau.

scurf [skɜ:f] n (U) pellicules fpl.

scurrilous ['skʌrələs] adj calomnieux(euse).

scurry ['skʌrɪ] (pt & pp -ied) vi se précipiter ; **to ~ away** OR **off** se sauver, détaler.

scurvy ['skɜ:vɪ] n scorbut m.

scuttle ['skʌtl] ⬦ n seau m à charbon ⬦ vi courir précipitamment OR à pas précipités.

scythe [saɪð] ⬦ n faux f ⬦ vt faucher.

SD abbr of **South Dakota**.

SDI (abbr of **Strategic Defense Initiative**) n IDS f.

SDLP (abbr of **Social Democratic and Labour Party**) n parti travailliste d'Irlande du Nord.

SDP (abbr of **Social Democratic Party**) n parti social-démocrate en Grande-Bretagne.

SE (abbr of **south-east**) S-E.

sea [si:] ⬦ n - **1.** [gen] mer f ; **at ~** en mer ; **by**

~ par mer ; **by the ~** au bord de la mer ; **out to ~** au large **- 2. phr : to be all at ~** nager complètement **- 3.** fig [large number] multitude f ◇ comp [voyage] en mer ; [animal] marin(e), de mer.

➤ **seas** npl : **the ~s** les mers fpl.

sea air n air m marin OR de la mer.

sea anemone n anémone f de mer.

seabed ['si:bed] n : **the ~** le fond de la mer.

seabird ['si:bɜ:d] n oiseau m marin OR de mer.

seaboard ['si:bɔ:d] n littoral m, côte f.

sea breeze n brise f de mer.

seafaring ['si:ˌfeərɪŋ] adj [nation] maritime ; **a ~ man** un marin.

seafood ['si:fu:d] n (U) fruits mpl de mer.

seafront ['si:frʌnt] n front m de mer.

seagoing ['si:ˌgəʊɪŋ] adj [boat] de mer.

seagull ['si:gʌl] n mouette f.

seahorse ['si:hɔ:s] n hippocampe m.

seal [si:l] (pl inv OR -s) ◇ n **- 1.** [animal] phoque m **- 2.** [official mark] cachet m, sceau m ; **~ of approval** approbation f ; **to put** OR **set the ~ on sthg** sceller qqch **- 3.** [official fastening] cachet m **- 4.** [TECH - device] joint m d'étanchéité ; [- join] joint m étanche ◇ vt **- 1.** [envelope] coller, fermer **- 2.** [document, letter] sceller, cacheter **- 3.** [block off] obturer, boucher.

➤ **seal off** vt sep [area, entrance] interdire l'accès de.

sealable ['si:ləbl] adj qui peut être fermé(e) hermétiquement.

sea lane n couloir m maritime.

sealant ['si:lənt] n enduit m étanche.

sea level n niveau m de la mer.

sealing wax ['si:lɪŋ-] n cire f à cacheter.

sea lion (pl inv OR -s) n otarie f.

sealskin ['si:lskɪn] n peau f de phoque.

seam [si:m] n **- 1.** SEWING couture f ; **to be bursting at the ~s** fig être plein à craquer **- 2.** [of coal] couche f, veine f.

seaman ['si:mən] (pl -men [-mən]) n marin m.

seamanship ['si:mənʃɪp] n habileté f de marin.

sea mist n brume f de mer.

seamless ['si:mlɪs] adj **- 1.** SEWING sans coutures **- 2.** fig [faultless] parfait(e), irréprochable.

seamstress ['semstrɪs] n couturière f.

seamy ['si:mɪ] (compar -ier ; superl -iest) adj sordide.

séance ['seɪɒns] n séance f de spiritisme.

seaplane ['si:pleɪn] n hydravion m.

seaport ['si:pɔ:t] n port m de mer.

search [sɜ:tʃ] ◇ n [of person, luggage, house] fouille f ; [for lost person, thing] recherche f, recherches fpl ; **~ for** recherche de ; **in ~ of** à la recherche de ◇ vt [house, area, person] fouiller ; [memory, mind, drawer] fouiller dans ; **to ~ one's bag/pocket for sthg** fouiller dans son sac/sa poche pour essayer de retrouver qqch ; **to ~ a house/an area for sthg** fouiller une maison/un quartier pour essayer de retrouver qqch ◇ vi : **to ~ (for sb/sthg)** chercher (qqn/qqch).

➤ **search out** vt sep découvrir.

search engine n COMPUT moteur m de recherche.

searcher ['sɜ:tʃəʳ] n chercheur m, -euse f.

searching ['sɜ:tʃɪŋ] adj [question] poussé(e), approfondi(e) ; [look] pénétrant(e) ; [review, examination] minutieux(euse).

searchlight ['sɜ:tʃlaɪt] n projecteur m.

search party n équipe f de secours.

search warrant n mandat m de perquisition.

searing ['sɪərɪŋ] adj **- 1.** [pain] fulgurant(e) ; [heat] torride **- 2.** fig [exposure, attack] virulent(e).

sea salt n sel m marin OR de mer.

seashell ['si:ʃel] n coquillage m.

seashore ['si:ʃɔ:ʳ] n : **the ~** le rivage, la plage.

seasick ['si:sɪk] adj : **to be** OR **feel ~** avoir mal de mer.

seaside ['si:saɪd] n : **the ~** le bord de la mer.

seaside resort n station f balnéaire.

season ['si:zn] ◇ n **- 1.** [gen] saison f ; **in ~** [food] de saison ; **out of ~** [holiday] hors saison ; [food] hors de saison **- 2.** [of films] cycle m ◇ vt assaisonner, relever.

seasonal ['si:zənl] adj saisonnier(ère).

seasoned ['si:znd] adj [traveller, campaigner] chevronné(e), expérimenté(e) ; [soldier] aguerri(e).

seasoning ['si:znɪŋ] n assaisonnement m.

season ticket n carte f d'abonnement.

seat [si:t] ◇ n **- 1.** [gen] siège m ; [in theatre] fauteuil m ; **take a ~!** asseyez-vous! **- 2.** [place to sit - in bus, train] place f **- 3.** [of trousers] fond m ◇ vt **- 1.** [sit down] faire asseoir, placer ; **please be ~ed** veuillez vous asseoir ; **to ~ o.s.** s'asseoir **- 2.** [have room for] : **the car ~s five** on tient à cinq dans cette voiture ; **the hall ~s 200** il y a 200 places assises dans cette salle.

seat belt n ceinture f de sécurité.

seated ['si:tɪd] adj assis(e).

-seater [ˈsiːtəʳ] *suffix* : **a two~ (car)** une voiture à deux places.

seating [ˈsiːtɪŋ] ⬦ *n* (U) [capacity] sièges *mpl*, places *fpl* (assises) ⬦ *comp* [plan] de table ; **~ capacity** nombre *m* de places assises.

SEATO [ˈsiːtəʊ] (*abbr of* Southeast Asia Treaty Organization) *n* OTASE *f*.

sea urchin *n* oursin *m*.

seawall [ˌsiːˈwɔːl] *n* digue *f*.

seawater [ˈsiːˌwɔːtəʳ] *n* eau *f* de mer.

seaweed [ˈsiːwiːd] *n* (U) algue *f*.

seaworthy [ˈsiːˌwɜːðɪ] *adj* en bon état de navigabilité.

sebaceous [sɪˈbeɪʃəs] *adj* sébacé(e).

sec. *abbr of* second.

SEC (*abbr of* Securities and Exchange Commission) *n* commission américaine des opérations de Bourse, ≃ COB *f*.

secateurs [ˌsekəˈtɜːz] *npl* Br sécateur *m*.

secede [sɪˈsiːd] *vi fml* : **to ~ (from)** se séparer (de), faire sécession (de).

secession [sɪˈseʃn] *n fml* sécession *f*.

secluded [sɪˈkluːdɪd] *adj* retiré(e), écarté(e).

seclusion [sɪˈkluːʒn] *n* solitude *f*, retraite *f*.

second[1] [ˈsekənd] ⬦ *n* - **1.** [gen] seconde *f* ; **wait a ~!** une seconde!, (attendez) un instant! ; **~ (gear)** seconde *f* - **2.** Br UNIV ≃ licence *f* avec mention assez bien ⬦ *num* deuxième, second(e) ; **his score was ~ only to hers** il n'y a qu'elle qui ait fait mieux que lui OR qui l'ait surpassé ; *see also* **sixth** ⬦ *vt* [proposal, motion] appuyer.

➤ **seconds** *npl* - **1.** COMM articles *mpl* de second choix - **2.** [of food] rabiot *m*.

second[2] [sɪˈkɒnd] *vt* Br [employee] affecter temporairement.

secondary [ˈsekəndrɪ] *adj* secondaire ; **to be ~ to** être moins important(e) que.

secondary modern *n* Br ≃ collège *m*.

secondary picketing *n* (U) piquets *mpl* de grève de solidarité.

secondary school *n* école *f* secondaire, lycée *m*.

second best [ˈsekənd-] *adj* deuxième ; **to come off ~** se faire battre, perdre ; **don't settle for ~** ne choisis que ce qu'il y a de mieux.

second-class [ˈsekənd-] *adj* - **1.** pej [citizen] de deuxième zone ; [product] de second choix - **2.** [ticket] de seconde OR deuxième classe - **3.** [stamp] à tarif réduit - **4.** Br UNIV [degree] ≃ avec mention assez bien.

second cousin [ˈsekənd-] *n* petit cousin *m*, petite cousine *f*.

second-degree burn [ˈsekənd-] *n* brûlure *f* du deuxième degré.

seconder [ˈsekəndəʳ] *n* personne qui appuie une proposition.

second floor [ˈsekənd-] *n* Br troisième étage *m* ; Am deuxième étage.

second-guess [ˈsekənd-] *vt esp Am inf* - **1.** [hindsight] juger avec le recul - **2.** [predict] anticiper, prévoir.

second-hand [ˈsekənd-] ⬦ *adj* - **1.** [goods, shop] d'occasion - **2.** *fig* [information] de seconde main ⬦ *adv* - **1.** [not new] d'occasion - **2.** *fig* [indirectly] : **to hear sthg ~** apprendre qqch de seconde main OR indirectement.

second hand [ˈsekənd-] *n* [of clock] trotteuse *f*.

second-in-command [ˈsekənd-] *n* commandant *m* en second.

secondly [ˈsekəndlɪ] *adv* deuxièmement, en second lieu.

secondment [sɪˈkɒndmənt] *n* Br affectation *f* temporaire.

second nature [ˈsekənd-] *n* seconde nature *f*.

second-rate [ˈsekənd-] *adj pej* de deuxième ordre, médiocre.

second thought [ˈsekənd-] *n* : **to have ~s about sthg** avoir des doutes sur qqch ; **on ~s** Br, **on ~** Am réflexion faite, tout bien réfléchi.

secrecy [ˈsiːkrəsɪ] *n* (U) secret *m*.

secret [ˈsiːkrɪt] ⬦ *adj* secret(ète) ⬦ *n* secret *m* ; **in ~** en secret.

secret agent *n* agent *m* secret.

secretarial [ˌsekrəˈteərɪəl] *adj* [course, training] de secrétariat, de secrétaire ; **~ staff** secrétaires *mpl*.

secretariat [ˌsekrəˈteərɪət] *n* secrétariat *m*.

secretary [Br ˈsekrətrɪ, Am ˈsekrəˌterɪ] (*pl* -ies) *n* - **1.** [gen] secrétaire *mf* - **2.** POL [minister] ministre *m*.

secretary-general (*pl* secretaries-general) *n* secrétaire *m* général.

Secretary of State *n* - **1.** Br : **~ (for)** ministre *m* (de) - **2.** Am ≃ ministre *m* des Affaires étrangères.

secrete [sɪˈkriːt] *vt* - **1.** [produce] sécréter - **2.** *fml* [hide] cacher.

secretion [sɪˈkriːʃn] *n* sécrétion *f*.

secretive [ˈsiːkrətɪv] *adj* secret(ète), dissimulé(e).

secretly [ˈsiːkrətlɪ] *adv* secrètement.

secret police *n* police *f* secrète.

secret service *n* [in UK] ≃ Deuxième Bureau *m ;* [in US] *service de protection du président, du vice-président et de leur famille.*

sect [sekt] *n* secte *f.*

sectarian [sek'teəriən] *adj* [killing, violence] d'ordre religieux.

section ['sekʃn] ◇ *n* - **1.** [portion - gen] section *f,* partie *f ;* [- of road, pipe] tronçon *m ;* [- of document, law] article *m ;* **the sports ~** - PRESS] la rubrique des sports - **2.** GEOM coupe *f,* section *f* ◇ *vt* sectionner.

sector ['sektər] *n* secteur *m.*

secular ['sekjʊlər] *adj* [life] séculier(ère) ; [education] laïque ; [music] profane.

secure [sɪ'kjʊər] ◇ *adj* - **1.** [fixed - gen] fixe ; [- windows, building] bien fermé(e) - **2.** [safe - job, future] sûr(e) ; [- valuable object] en sécurité, en lieu sûr - **3.** [free of anxiety - childhood] sécurisant(e) ; [- marriage] solide ; **to feel ~** se sentir en sécurité ◇ *vt* - **1.** [obtain] obtenir - **2.** [fasten - gen] attacher ; [- door, window] bien fermer - **3.** [make safe] assurer la sécurité de.

securely [sɪ'kjʊəlɪ] *adv* [fixed, locked] solidement, bien.

security [sɪ'kjʊərətɪ] (*pl* **-ies**) ◇ *n* sécurité *f* ◇ *comp* de sécurité.

➤ **securities** *npl* FIN titres *mpl,* valeurs *fpl.*

security blanket *n* doudou *m.*

Security Council *n :* **the ~** le Conseil de Sécurité.

security forces *npl* forces *fpl* de sécurité.

security guard *n* garde *m* de sécurité.

security risk *n personne qui présente un risque pour la sécurité nationale ou d'une organisation.*

secy (*abbr of* **secretary**) secr.

sedan [sɪ'dæn] *n* Am berline *f.*

sedan chair *n* chaise *f* à porteurs.

sedate [sɪ'deɪt] ◇ *adj* posé(e), calme ◇ *vt* donner un sédatif à.

sedation [sɪ'deɪʃn] *n (U)* sédation *f ;* **under ~** sous calmants.

sedative ['sedətɪv] ◇ *adj* sédatif(ive) ◇ *n* sédatif *m,* calmant *m.*

sedentary ['sedntrɪ] *adj* sédentaire.

sediment ['sedɪmənt] *n* sédiment *m,* dépôt *m.*

sedition [sɪ'dɪʃn] *n* sédition *f.*

seditious [sɪ'dɪʃəs] *adj* séditieux(euse).

seduce [sɪ'djuːs] *vt* séduire ; **to ~ sb into doing sthg** amener OR entraîner qqn à faire qqch.

seduction [sɪ'dʌkʃn] *n* séduction *f.*

seductive [sɪ'dʌktɪv] *adj* séduisant(e).

see [siː] (*pt* saw ; *pp* seen) ◇ *vt* - **1.** [gen] voir ;

~ you! au revoir! ; **~ you soon/later/tomorrow!** *etc* à bientôt/tout à l'heure/demain! *etc ;* **I'll ~ what I can do** je vais voir ce que je peux faire - **2.** [accompany] : **I saw her to the door** je l'ai accompagnée OR reconduite jusqu'à la porte ; **I saw her onto the train** je l'ai accompagnée au train - **3.** [like] : **what do you ~ in him?** qu'est-ce que tu lui trouves? - **4.** [make sure] : **to ~ (that)** ... s'assurer que ... ◇ *vi* voir ; **you ~,...** voyez-vous,... ; **I ~** je vois, je comprends ; **let's ~,** let me ~ voyons, voyons voir.

➤ **seeing as, seeing that** *conj* inf vu que, étant donné que.

➤ **see about** *vt fus* [arrange] s'occuper de.

➤ **see off** *vt sep* - **1.** [say goodbye to] accompagner (pour dire au revoir) - **2.** Br [chase away] faire partir OR fuir.

➤ **see through** ◇ *vt fus* [scheme] voir clair dans ; **to ~ through sb** voir dans le jeu de qqn ◇ *vt sep* [deal, project] mener à terme, mener à bien.

➤ **see to** *vt fus* s'occuper de, se charger de.

seed [siːd] *n* - **1.** [of plant] graine *f* - **2.** SPORT : **fifth ~** joueur classé cinquième *m,* joueuse classée cinquième *f.*

➤ **seeds** *npl* fig germes *mpl,* semences *fpl.*

seedless ['siːdlɪs] *adj* sans pépins.

seedling ['siːdlɪŋ] *n* jeune plant *m,* semis *m.*

seedy ['siːdɪ] (*compar* **-ier** *; superl* **-iest**) *adj* miteux(euse).

seek [siːk] (*pt* & *pp* sought) *vt* - **1.** [gen] chercher ; [peace, happiness] rechercher ; **to ~ to do sthg** chercher à faire qqch ; **to ~ revenge** chercher à se venger - **2.** [advice, help] demander.

➤ **seek out** *vt sep* chercher.

seem [siːm] ◇ *vi* sembler, paraître ; **to ~ bored** avoir l'air de s'ennuyer ; **to ~ sad/tired** avoir l'air triste/fatigué ; **I ~ to remember** ... je crois me rappeler ... ◇ *v impers* : **it ~s (that)** ... il semble OR paraît que ...

seeming ['siːmɪŋ] *adj* fml apparent(e).

seemingly ['siːmɪŋlɪ] *adv* apparemment.

seemly ['siːmlɪ] (*compar* **-ier** *; superl* **-iest**) *adj* dated & literary convenable.

seen [siːn] *pp* ⮞ **see.**

seep [siːp] *vi* suinter.

seersucker ['sɪə,sʌkər] *n* crépon *m* de coton.

seesaw ['siːsɔː] *n* bascule *f.*

seethe [siːð] *vi* - **1.** [person] bouillir, être furieux(euse) - **2.** [place] : **to be seething with** grouiller de.

seething ['siːðɪŋ] *adj* [furious] furieux(euse).

see-through *adj* transparent(e).

segment [ˈsegmənt] *n* - **1.** [section] partie *f*, section *f* - **2.** [of fruit] quartier *m*.

segregate [ˈsegrɪgeɪt] *vt* séparer.

segregation [ˌsegrɪˈgeɪʃn] *n* ségrégation *f*.

Seine [seɪn] *n* : **the (River)** ~ la Seine.

seismic [ˈsaɪzmɪk] *adj* sismique.

seize [siːz] *vt* - **1.** [grab] saisir, attraper - **2.** [capture] s'emparer de, prendre - **3.** [arrest] arrêter - **4.** fig [opportunity, chance] saisir, sauter sur.

➤ **seize (up)on** *vt fus* saisir, sauter sur.

➤ **seize up** *vi* - **1.** [body] s'ankyloser - **2.** [engine, part] se gripper.

seizure [ˈsiːʒəʳ] *n* - **1.** MED crise *f*, attaque *f* - **2.** (U) [of town] capture *f* ; [of power] prise *f*.

seldom [ˈseldəm] *adv* peu souvent, rarement.

select [sɪˈlekt] ◇ *adj* - **1.** [carefully chosen] choisi(e) - **2.** [exclusive] de premier ordre, d'élite ◇ *vt* sélectionner, choisir.

select committee *n* commission *f* d'enquête.

selected [sɪˈlektɪd] *adj* choisi(e).

selection [sɪˈlekʃn] *n* sélection *f*, choix *m*.

selective [sɪˈlektɪv] *adj* sélectif(ive) ; [person] difficile.

selector [sɪˈlektəʳ] *n* [person] sélectionneur *m*, -euse *f*.

self [self] (*pl* **selves** [selvz]) *n* moi *m* ; **she's her old** ~ **again** elle est redevenue elle-même.

self- [self] *prefix* auto-.

self-addressed envelope [-əˈdrest-] *n* enveloppe *f* portant ses propres nom et adresse.

self-addressed stamped envelope [-əˈdrest-] *n* Am enveloppe *f* affranchie pour la réponse.

self-adhesive *adj* autocollant(e).

self-appointed [-əˈpɔɪntɪd] *adj* pej : **she's the** ~ **leader** elle se pose en chef.

self-assembly *adj* Br qu'on monte OR assemble soi-même.

self-assertive *adj* qui sait s'affirmer.

self-assurance *n* confiance *f* en soi, assurance *f*.

self-assured *adj* sûr(e) de soi, plein(e) d'assurance.

self-catering *adj* [holiday - in house] en maison louée ; [- in flat] en appartement loué.

self-centred [-ˈsentəd] *adj* égocentrique.

self-cleaning *adj* autonettoyant(e).

self-coloured *adj* Br uni(e).

self-confessed [-kənˈfest] *adj* de son propre aveu.

self-confident *adj* sûr(e) de soi, plein(e) d'assurance.

self-conscious *adj* timide, embarrassé(e).

self-contained [-kənˈteɪnd] *adj* [flat] indépendant(e), avec entrée particulière ; [person] qui se suffit à soi-même.

self-control *n* maîtrise *f* de soi.

self-controlled *adj* maître (maîtresse) de soi.

self-defence *n* autodéfense *f* ; **in** ~ JUR en légitime défense ; [reply] pour sa défense.

self-denial *n* abnégation *f*.

self-destruct [-dɪsˈtrʌkt] ◇ *adj* autodestructeur(trice) ◇ *vi* s'autodétruire.

self-determination *n* autodétermination *f*.

self-discipline *n* autodiscipline *f*.

self-doubt *n* manque *m* de confiance en soi.

self-drive *adj* Br sans chauffeur.

self-educated *adj* autodidacte.

self-effacing [-ɪˈfeɪsɪŋ] *adj* qui cherche à s'effacer.

self-employed [-ɪmˈplɔɪd] *adj* qui travaille à son propre compte.

self-esteem *n* respect *m* de soi, estime *f* de soi.

self-evident *adj* qui va de soi, évident(e).

self-explanatory *adj* évident(e), qui ne nécessite pas d'explication.

self-expression *n* libre expression *f*.

self-focusing [-ˈfəukəsɪŋ] *adj* autofocus (inv), à mise au point automatique.

self-government *n* autonomie *f*.

self-help *n* (U) initiative *f* personnelle.

self-important *adj* suffisant(e).

self-imposed [-ɪmˈpəuzd] *adj* que l'on s'impose à soi-même.

self-indulgent *adj* pej [person] qui ne se refuse rien ; [film, book, writer] nombriliste.

self-inflicted [-ɪnˈflɪktɪd] *adj* que l'on s'inflige à soi-même, volontaire.

self-interest *n* (U) pej intérêt *m* personnel.

selfish [ˈselfɪʃ] *adj* égoïste.

selfishness [ˈselfɪʃnɪs] *n* égoïsme *m*.

selfless [ˈselflɪs] *adj* désintéressé(e).

self-locking [-ˈlɒkɪŋ] *adj* à fermeture automatique.

self-made *adj* : ~ **man** self-made-man *m*.

self-medication *n* automédication *f*.

self-opinionated *adj* opiniâtre.

self-perpetuating [-pəˈpetʃueɪtɪŋ] *adj* qui se perpétue indéfiniment.

self-pity n apitoiement m sur soi-même.

self-portrait n autoportrait m.

self-possessed adj maître (maîtresse) de soi.

self-proclaimed [-prə'kleɪmd] adj pej soi-disant (inv), prétendu(e).

self-raising flour Br [-,reɪzɪŋ-], **self-rising flour** Am n farine f avec levure incorporée.

self-regard (U) n - **1.** pej [self-interest] intérêt m personnel - **2.** [self-respect] respect m de soi.

self-regulating [-'regjʊleɪtɪŋ] adj qui se réglemente soi-même.

self-reliant adj indépendant(e), qui ne compte que sur soi.

self-respect n respect m de soi.

self-respecting [-rɪs'pektɪŋ] adj qui se respecte.

self-restraint n (U) retenue f, mesure f.

self-righteous adj satisfait(e) de soi.

self-rising flour Am = self-raising flour.

self-rule n autonomie f.

self-sacrifice n abnégation f.

selfsame ['selfseɪm] adj exactement le même (exactement la même).

self-satisfied adj suffisant(e), content(e) de soi.

self-sealing [-'si:lɪŋ] adj [envelope] autocollant(e).

self-seeking [-'si:kɪŋ] adj égoïste.

self-service ◇ n libre-service m, self-service m ◇ comp libre-service, self-service.

self-starter n AUT démarreur m automatique.

self-styled [-'staɪld] adj pej soi-disant (inv), prétendu(e).

self-sufficient adj autosuffisant(e) ; **to be ~ in** satisfaire à ses besoins en.

self-supporting [-sə'pɔ:tɪŋ] adj [business, industry] financièrement indépendant(e).

self-taught adj autodidacte.

self-test vi COMPUT faire un autotest.

self-will n obstination f.

sell [sel] (pt & pp **sold**) ◇ vt - **1.** [gen] vendre ; **to ~ sthg for £100** vendre qqch 100 livres ; **to ~ sthg to sb, to ~ sb sthg** vendre qqch à qqn - **2.** fig [make acceptable] : **to ~ sthg to sb, to ~ sb sthg** faire accepter qqch à qqn ; **to ~ o.s.** se faire valoir ◇ vi - **1.** [person] vendre - **2.** [product] se vendre ; **it ~s for OR at £10** il se vend 10 livres.

➤ **sell off** vt sep vendre, liquider.

➤ **sell out** ◇ vt sep : **the performance is sold out** il ne reste plus de places, tous les billets ont été vendus ◇ vi - **1.** [shop] : **we've sold out** on n'en a plus - **2.** [betray one's principles] être infidèle à ses principes.

➤ **sell up** vi vendre son affaire.

sell-by date n Br date f limite de vente.

seller ['selər] n vendeur m, -euse f.

seller's market n marché m à la hausse.

selling ['selɪŋ] n (U) vente f.

selling price n prix m de vente.

Sellotape® ['seləteɪp] n Br ≃ Scotch® m, ruban m adhésif.

➤ **sellotape** vt scotcher.

sell-out n : **the match was a ~** on a joué à guichets fermés.

seltzer ['seltsər] n Am eau f de seltz.

selves [selvz] pl ⊳ self.

semantic [sɪ'mæntɪk] adj sémantique.

semantics [sɪ'mæntɪks] n (U) sémantique f.

semaphore ['seməfɔ:r] n (U) signaux mpl à bras.

semblance ['sembləns] n semblant m.

semen ['si:men] n (U) sperme m, semence f.

semester [sɪ'mestər] n semestre m.

semi ['semɪ] n - **1.** Br inf (abbr of semidetached house) maison f jumelée - **2.** Am abbr of semitrailer.

semi- [,semɪ] prefix semi-, demi-.

semiautomatic [,semɪ,ɔ:tə'mætɪk] adj semi-automatique.

semicircle ['semɪ,sɜ:kl] n demi-cercle m.

semicircular [,semɪ'sɜ:kjʊlər] adj semi-circulaire, demi-circulaire.

semicolon [,semɪ'kəʊlən] n point-virgule m.

semiconscious [,semɪ'kɒnʃəs] adj à demi conscient(e).

semidetached [,semɪdɪ'tætʃt] ◇ adj jumelé(e) ◇ n Br maison f jumelée.

semifinal [,semɪ'faɪnl] n demi-finale f.

semifinalist [,semɪ'faɪnəlɪst] n demi-finaliste mf.

seminal ['semɪnl] adj - **1.** [of semen] séminal(e) - **2.** [influential] qui fait école.

seminar ['semɪnɑ:r] n séminaire m.

seminary ['semɪnərɪ] (pl -ies) n RELIG séminaire m.

semiotics [,semɪ'ɒtɪks] n (U) sémiotique f.

semiprecious ['semɪ,preʃəs] adj semi-précieux(euse).

semiskilled [,semɪ'skɪld] adj spécialisé(e).

semi-skimmed [-skɪmd] adj [milk] demi-écrémé.

semitrailer [ˌsemɪˈtreɪlə^r] n - **1.** [trailer] semi-remorque f - **2.** Am [lorry] semi-remorque m.

semolina [ˌseməˈliːnə] n semoule f.

Sen. - 1. abbr of senator - **2.** abbr of Senior.

SEN (abbr of State Enrolled Nurse) n en Grande-Bretagne, infirmier ou infirmière diplômé(e) d'État.

Senate [ˈsenɪt] n POL : the ~ le sénat ; the United States ~ le Sénat américain.

senator [ˈsenətə^r] n sénateur m.

send [send] (pt & pp sent) vt - **1.** [gen] envoyer ; [letter] expédier, envoyer ; **to ~ sb sthg, to ~ sthg to sb** envoyer qqch à qqn ; **~ her my love** embrasse-la pour moi ; **to ~ sb for sthg** envoyer qqn chercher qqch ; **to ~ sb home** renvoyer qqn (chez lui) ; **to ~ sb to the doctor's/to prison** envoyer qqn chez le médecin/en prison - **2.** [cause to move] : **the explosion sent glass everywhere** l'explosion a projeté des débris de verre partout.

➤ **send down** vt sep [send to prison] coffrer.

➤ **send for** vt fus - **1.** [person] appeler, faire venir - **2.** [by post] commander par correspondance.

➤ **send in** vt sep [report, application] envoyer, soumettre.

➤ **send off** vt sep - **1.** [by post] expédier - **2.** SPORT expulser.

➤ **send off for** vt fus commander par correspondance.

➤ **send up** vt sep - **1.** Br inf [imitate] parodier, ridiculiser - **2.** Am [send to prison] coffrer.

sender [ˈsendə^r] n expéditeur m, -trice f.

send-off n fête f d'adieu.

send-up n Br inf parodie f.

Senegal [ˌsenɪˈɡɔːl] n Sénégal m ; **in ~** au Sénégal.

Senegalese [ˌsenɪɡəˈliːz] ◇ adj sénégalais(e) ◇ npl : **the ~** les Sénégalais mpl.

senile [ˈsiːnaɪl] adj sénile.

senile dementia n démence f sénile.

senility [sɪˈnɪlətɪ] n sénilité f.

senior [ˈsiːnjə^r] ◇ adj - **1.** [highest-ranking] plus haut placé(e) - **2.** [higher-ranking] : **~ to sb** d'un rang plus élevé que qqn - **3.** SCH [pupils, classes] grand(e) ; **~ year** Am dernière année ◇ n - **1.** [older person] aîné m, -e f - **2.** SCH grand m, -e f.

senior citizen n personne f âgée OR du troisième âge.

senior high school n Am ≃ lycée m.

seniority [ˌsiːnɪˈɒrətɪ] n [in rank] supériorité f, ancienneté f.

sensation [senˈseɪʃn] n sensation f.

sensational [senˈseɪʃənl] adj - **1.** [gen] sensationnel(elle) - **2.** [pej & PRESS] à sensation.

sensationalist [senˈseɪʃnəlɪst] adj pej à sensation.

sense [sens] ◇ n - **1.** [ability, meaning] sens m ; **to make ~** [have meaning] avoir un sens ; **to make ~ of sthg** comprendre qqch ; **~ of humour** sens de l'humour ; **~ of smell** odorat m - **2.** [feeling] sentiment m - **3.** [wisdom] bon sens m, intelligence f ; **to make ~** [be sensible] être logique ; **to talk ~** parler raison ; **there's no ~ in arguing/fighting** cela ne sert à rien de discuter/se battre - **4.** phr : **to come to one's ~s** [be sensible again] revenir à la raison ; [regain consciousness] reprendre connaissance ◇ vt [feel] sentir.

➤ **in a sense** adv dans un sens.

senseless [ˈsenslɪs] adj - **1.** [stupid] stupide - **2.** [unconscious] sans connaissance.

sensibilities [ˌsensɪˈbɪlətɪz] npl susceptibilité f.

sensible [ˈsensəbl] adj [reasonable] raisonnable, judicieux(euse).

sensibly [ˈsensəblɪ] adv raisonnablement, judicieusement.

sensitive [ˈsensɪtɪv] adj - **1.** [gen] : **~ (to)** sensible (à) - **2.** [subject] délicat(e) - **3.** [easily offended] : **~ (about)** susceptible (en ce qui concerne).

sensitivity [ˌsensɪˈtɪvətɪ] n sensibilité f.

sensor [ˈsensə^r] n détecteur m.

sensual [ˈsensjʊəl] adj sensuel(elle).

sensuous [ˈsensjʊəs] adj qui affecte les sens.

sent [sent] pt & pp ➭ **send**.

sentence [ˈsentəns] ◇ n - **1.** GRAMM phrase f - **2.** JUR condamnation f, sentence f ◇ vt : **to ~ sb (to)** condamner qqn (à).

sententious [senˈtenʃəs] adj sentencieux(euse).

sentiment [ˈsentɪmənt] n - **1.** [feeling] sentiment m - **2.** [opinion] opinion f, avis m - **3.** pej [sentimentality] sentimentalité f, sensiblerie f.

sentimental [ˌsentɪˈmentl] adj sentimental(e).

sentimentality [ˌsentɪmenˈtælətɪ] n pej sentimentalité f, sensiblerie f.

sentinel [ˈsentɪnl] n sentinelle f.

sentry [ˈsentrɪ] (pl -ies) n sentinelle f.

Seoul [səʊl] n Séoul.

separable ['seprəbl] adj : ~ **(from)** séparable (de).

separate [adj & n 'seprət, vb 'sepəreɪt] ⬦ adj - **1.** [not joined] : ~ **(from)** séparé(e) (de) - **2.** [individual, distinct] distinct(e) ⬦ vt - **1.** [gen] : to ~ **sb/sthg (from)** séparer qqn/qqch (de) ; to ~ **sthg into** diviser OR séparer qqch en - **2.** [distinguish] : to ~ **sb/sthg (from)** distinguer qqn/qqch (de) ⬦ vi se séparer ; to ~ **into** se diviser OR se séparer en.

➡ **separates** npl Br coordonnés mpl.

separated ['sepəreɪtɪd] adj [not living together] séparé(e).

separately ['seprətlɪ] adv séparément.

separation [,sepə'reɪʃn] n séparation f.

separatist ['seprətɪst] n séparatiste mf.

sepia ['siːpjə] adj sépia (inv).

Sept. (abbr of September) sept.

September [sep'tembər] ⬦ n septembre m ; **when are you going?** — ~ quand partez-vous? — en septembre ; **one of the hottest** ~**s on record** un des mois de septembre les plus chauds qu'on ait connus ; **in** ~ en septembre ; **last** ~ en septembre dernier ; **this** ~ en septembre de cette année ; **next** ~ en septembre prochain ; **by** ~ en septembre, d'ici septembre ; **every** ~ tous les ans en septembre ; **during** ~ pendant le mois de septembre ; **at the beginning of** ~ au début du mois de septembre, début septembre ; **at the end of** ~ à la fin du mois de septembre, fin septembre ; **in the middle of** ~ au milieu du mois de septembre, à la mi-septembre ⬦ comp (du mois de) septembre ; [election] au mois de septembre, en septembre.

septet [sep'tet] n septuor m.

septic ['septɪk] adj infecté(e).

septicaemia Br, **septicemia** Am [,septɪ'siːmɪə] n septicémie f.

septic tank n fosse f septique.

sepulchre Br ['sepəlkər], **sepulcher** Am ['sepəlkər] n literary sépulcre m, tombeau m.

sequel ['siːkwəl] n - **1.** [book, film] : ~ **(to)** suite f (de) - **2.** [consequence] : ~ **(to)** conséquence f (de).

sequence ['siːkwəns] n - **1.** [series] suite f, succession f - **2.** [order] ordre m ; **in** ~ par ordre - **3.** [of film] séquence f.

sequester [sɪ'kwestər], **sequestrate** [sɪ'kwes-treɪt] vt séquestrer, mettre sous séquestre.

sequin ['siːkwɪn] n paillette f.

Serb = Serbian.

Serbia ['sɜːbjə] n Serbie f ; **in** ~ en Serbie.

Serbian ['sɜːbjən], **Serb** [sɜːb] ⬦ adj serbe ⬦ n - **1.** [person] Serbe mf - **2.** [dialect] serbe m.

Serbo-Croat [,sɜːbəʊ'krəʊæt], **Serbo-Croatian** [,sɜːbəʊkrəʊ'eɪʃn] ⬦ adj serbo-croate ⬦ n [language] serbo-croate m.

serenade [,serə'neɪd] ⬦ n sérénade f ⬦ vt donner la sérénade à.

serene [sɪ'riːn] adj [calm] serein(e), tranquille.

serenely [sɪ'riːnlɪ] adv sereinement, avec sérénité.

serenity [sɪ'renətɪ] n sérénité f, tranquillité f.

serf [sɜːf] n serf m, serve f.

serge [sɜːdʒ] n serge f.

sergeant ['sɑːdʒənt] n - **1.** MIL sergent m - **2.** [in police] brigadier m.

sergeant major n sergent-major m.

serial ['sɪərɪəl] n feuilleton m.

serialize, -ise ['sɪərɪəlaɪz] vt [on TV] diffuser en feuilleton ; [in newspaper etc] publier en feuilleton.

serial killer n meurtrier m en série.

serial number n numéro m de série.

series ['sɪəriːz] (pl inv) n série f.

serious ['sɪərɪəs] adj sérieux(euse) ; [illness, accident, trouble] grave ; **to be** ~ **about doing sthg** songer sérieusement à faire qqch.

seriously ['sɪərɪəslɪ] adv sérieusement ; [ill] gravement ; [wounded] grièvement, gravement ; **to take sb/sthg** ~ prendre qqn/qqch au sérieux.

seriousness ['sɪərɪəsnɪs] n - **1.** [of mistake, illness] gravité f ; **in all** ~ en toute sincérité - **2.** [of person, speech] sérieux m.

sermon ['sɜːmən] n sermon m.

serpent ['sɜːpənt] n literary serpent m.

serrated [sɪ'reɪtɪd] adj en dents de scie.

serum ['sɪərəm] (pl -s) n sérum m.

servant ['sɜːvənt] n domestique mf.

serve [sɜːv] ⬦ vt - **1.** [work for] servir - **2.** [have effect] : **to** ~ **to do sthg** servir à faire qqch ; **to** ~ **a purpose** [subj : device etc] servir à un usage ; **it** ~**s my purpose** cela fait l'affaire - **3.** [provide for] desservir - **4.** [meal, drink, customer] servir ; **to** ~ **sthg to sb, to** ~ **sb sthg** servir qqch à qqn - **5.** JUR : **to** ~ **sb with a summons/writ, to** ~ **a summons/writ on sb** signifier une assignation/une citation à qqn, notifier une assignation/une citation à qqn - **6.** [prison sentence] purger, faire ; [apprenticeship] faire - **7.** SPORT servir - **8.** phr : **it** ~**shim/youright** c'est bien fait pour lui/toi ⬦ vi servir ; **to** ~ **as** servir de ; **to ~ on a committee** être membre d'un comité $\diamond$ n SPORT service m.

$\blacktriangleright$ **serve out, serve up** vt sep [food] servir.

server ['sɜːvəʳ] n COMPUT serveur m.

service ['sɜːvɪs] $\diamond$ n - 1. [gen] service m ; **in/out of ~** en/hors service ; **to be of ~ (to sb)** être utile (à qqn), rendre service (à qqn) - 2. [of car] révision f ; [of machine] entretien m $\diamond$ vt - 1. [car] réviser ; [machine] assurer l'entretien de - 2. FIN [debt] rembourser.

$\blacktriangleright$ **services** npl - 1. [on motorway] aire f de services - 2. [armed forces] : **the ~s** les forces fpl armées - 3. [help] service m.

serviceable ['sɜːvɪsəbl] adj pratique.

service area n aire f de services.

service charge n service m.

service industries npl : **the ~** le secteur tertiaire.

serviceman ['sɜːvɪsmən] (pl -men [-mən]) n soldat m, militaire m.

service provider n COMPUT fournisseur m d'accès, provider m.

service station n station-service f.

servicewoman ['sɜːvɪsˌwʊmən] (pl -women [-ˌwɪmɪn]) n femme f soldat.

serviette [ˌsɜːvɪ'et] n serviette f (de table).

servile ['sɜːvaɪl] adj servile, obséquieux(euse).

servility [sɜː'vɪlətɪ] n servilité f.

serving ['sɜːvɪŋ] $\diamond$ adj [spoon, dish] de service $\diamond$ n [of food] portion f.

sesame ['sesəmɪ] n sésame m.

session ['seʃn] n - 1. [gen] séance f ; **in ~** en séance - 2. Am [school term] trimestre m.

set [set] (pt & pp **set** ; cont **-ting**) $\diamond$ adj - 1. [fixed - time] fixe ; [- phrase] figé(e) - 2. Br SCH [book] au programme - 3. [ready] : **~ (for sthg/to do sthg)** prêt(e) (à qqch/à faire qqch) - 4. [determined] : **to be ~ on sthg** vouloir absolument qqch ; **to be ~ on doing sthg** être résolu(e) à faire qqch ; **to be dead ~ against sthg** s'opposer formellement à qqch - 5. phr : **to be ~ in one's ways** tenir à ses habitudes $\diamond$ n - 1. [of keys, tools, golf clubs etc] jeu m ; [of stamps, books] collection f ; [of saucepans] série f ; [of tyres] train m ; **a ~ of teeth** [natural] une dentition, une denture ; [false] un dentier - 2. [television, radio] poste m - 3. CINEMA plateau m ; THEATRE scène f - 4. TENNIS manche f, set m $\diamond$ vt - 1. [place] placer, poser, mettre ; [jewel] sertir, monter ; **to be ~ back from sthg** être en retrait de qqch - 2. [cause to be] : **to ~ sb free** libérer qqn, mettre qqn en liberté ; **to ~ sthg in motion** mettre qqch en branle OR en route ; **to ~ sb's mind at rest** tran-

quilliser qqn ; **to ~ sthg on fire** mettre le feu à qqch - 3. [prepare - trap] tendre ; [- table] mettre - 4. [adjust] régler - 5. [fix - date, deadline, target] fixer - 6. [establish - example] donner ; [- trend] lancer ; [- record] établir - 7. [homework, task] donner ; [problem] poser - 8. MED [bone, leg] remettre - 9. [arrange] : **to ~ sthg to music** mettre qqch en musique - 10. [story] : **to be ~** se passer, se dérouler $\diamond$ vi - 1. [sun] se coucher - 2. [jelly] prendre ; [glue, cement] durcir.

$\blacktriangleright$ **set about** vt fus [start] entreprendre, se mettre à ; **to ~ about doing sthg** se mettre à faire qqch.

$\blacktriangleright$ **set against** vt sep - 1. [compare] mettre en balance ; **to ~ expenses against tax** déduire les dépenses des impôts - 2. [cause to oppose] : **to ~ sb against sb** monter qqn contre qqn.

$\blacktriangleright$ **set ahead** vt sep Am [clock] avancer.

$\blacktriangleright$ **set apart** vt sep [distinguish] distinguer.

$\blacktriangleright$ **set aside** vt sep - 1. [save] mettre de côté - 2. [not consider] rejeter, écarter.

$\blacktriangleright$ **set back** vt sep - 1. [delay] retarder - 2. inf [cost] : **it ~ me back £300** cela m'a coûté 300 livres.

$\blacktriangleright$ **set down** vt sep - 1. [write down] : **to ~ sthg down (in writing)** coucher qqch par écrit - 2. [put down] déposer.

$\blacktriangleright$ **set in** vi [weather, feeling] commencer, s'installer ; [infection] se déclarer.

$\blacktriangleright$ **set off** $\diamond$ vt sep - 1. [cause] déclencher, provoquer - 2. [bomb] faire exploser ; [firework] faire partir $\diamond$ vi se mettre en route, partir.

$\blacktriangleright$ **set on** vt sep : **to ~ a dog on sb** lâcher un chien contre OR sur qqn.

$\blacktriangleright$ **set out** $\diamond$ vt sep - 1. [arrange] disposer - 2. [explain] présenter, exposer $\diamond$ vt fus [intend] : **to ~ out to do sthg** entreprendre OR tenter de faire qqch $\diamond$ vi [on journey] se mettre en route, partir.

$\blacktriangleright$ **set up** $\diamond$ vt sep - 1. [organization] créer, fonder ; [committee, procedure] constituer, mettre en place ; [meeting] arranger, organiser ; **to ~ o.s. up** s'établir à son compte ; **to ~ up house** OR **home** s'installer - 2. [statue, monument] dresser, ériger ; [roadblock] placer, installer - 3. [equipment] préparer, installer - 4. inf [make appear guilty] monter un coup contre $\diamond$ vi [in business] s'établir.

setback ['setbæk] n contretemps m, revers m.

set menu n menu m fixe.

set piece n ART & LITERATURE morceau m traditionnel.

setsquare ['setskweəʳ] n Br équerre f.

settee [se'tiː] n canapé m.

setter ['setəʳ] n [dog] setter m.

setting ['setɪŋ] *n* **- 1.** [surroundings] décor *m*, cadre *m* **- 2.** [of dial, machine] réglage *m*.

settle ['setl] ◇ *vt* **- 1.** [argument] régler ; **that's ~d then** (c'est) entendu **- 2.** [bill, account] régler, payer **- 3.** [calm - nerves] calmer ; **to ~ one's stomach** calmer les douleurs d'estomac **- 4.** [make comfortable] installer ; **to ~ o.s.** s'installer ◇ *vi* **- 1.** [make one's home] s'installer, se fixer **- 2.** [make oneself comfortable] s'installer **- 3.** [dust] retomber ; [sediment] se déposer **- 4.** [bird, insect] se poser.

◆ **settle down** *vi* **- 1.** [give one's attention] : **to ~ down to sthg/to doing sthg** se mettre à qqch/à faire qqch **- 2.** [make oneself comfortable] s'installer **- 3.** [become respectable] se ranger **- 4.** [become calm] se calmer.

◆ **settle for** *vt fus* accepter, se contenter de.

◆ **settle in** *vi* s'adapter.

◆ **settle on** *vt fus* [choose] fixer son choix sur, se décider pour.

◆ **settle up** *vi* : **to ~ up (with sb)** régler (qqn).

settled ['setld] *adj* [weather] au beau fixe.

settlement ['setlmənt] *n* **- 1.** [agreement] accord *m* **- 2.** [colony] colonie *f* **- 3.** [payment] règlement *m*.

settler ['setlə'] *n* colon *m*.

set-to *n inf* bagarre *f*.

set-top box *n* boîtier *m* électronique.

set-up *n inf* **- 1.** [system] : **what's the ~?** comment est-ce que c'est organisé ? **- 2.** [deception to incriminate] coup *m* monté.

seven ['sevn] *num* sept ; *see also* **six.**

seventeen [,sevn'tiːn] *num* dix-sept ; *see also* **six.**

seventeenth [,sevn'tiːnθ] *num* dix-septième ; *see also* **sixth.**

seventh ['sevnθ] *num* septième ; *see also* **sixth.**

seventh heaven *n* : **to be in (one's) ~** être au septième ciel.

seventieth ['sevntjəθ] *num* soixante-dixième ; *see also* **sixth.**

seventy ['sevntɪ] *num* soixante-dix ; *see also* **sixty.**

sever ['sevə'] *vt* **- 1.** [cut through] couper **- 2.** fig [relationship, ties] rompre.

several ['sevrəl] ◇ *adj* plusieurs ◇ *pron* plusieurs *mfpl.*

severance ['sevrəns] *n* [of relations] rupture *f*.

severance pay *n* indemnité *f* de licenciement.

severe [sɪ'vɪə'] *adj* **- 1.** [weather] rude, rigoureux(euse) ; [shock] gros (grosse), dur(e) ;

[pain] violent(e) ; [illness, injury] grave **- 2.** [person, criticism] sévère.

severely [sɪ'vɪəlɪ] *adv* **- 1.** [injured] grièvement ; [damaged] sérieusement **- 2.** [sternly] sévèrement.

severity [sɪ'verətɪ] *n* **- 1.** [of storm] violence *f* ; [of problem, illness] gravité *f* **- 2.** [sternness] sévérité *f*.

sew [səʊ] (Br *pp* sewn, Am *pp* sewed OR sewn) *vt* & *vi* coudre.

◆ **sew up** *vt sep* **- 1.** [join] recoudre **- 2.** inf [deal] : **it's (all) sewn up!** c'est dans la poche!

sewage ['suːɪdʒ] *n (U)* eaux *fpl* d'égout, eaux usées.

sewage farm *n* champs *mpl* d'épandage.

sewer ['suə'] *n* égout *m*.

sewerage ['suərɪdʒ] *n* système *m* d'égouts.

sewing ['səʊɪŋ] *n (U)* **- 1.** [activity] couture *f* **- 2.** [work] ouvrage *m*.

sewing machine *n* machine *f* à coudre.

sewn [səʊn] *pp* ▷ **sew.**

sex [seks] *n* **- 1.** [gender] sexe *m* **- 2.** *(U)* [sexual intercourse] rapports *mpl* (sexuels) ; **to have ~ with** avoir des rapports (sexuels) avec.

sex appeal *n* sex-appeal *m*.

sex education *n* éducation *f* sexuelle.

sexism ['seksɪzm] *n* sexisme *m*.

sexist ['seksɪst] ◇ *adj* sexiste ◇ *n* sexiste *mf*.

sex life *n* vie *f* sexuelle.

sex object *n* objet *m* sexuel.

sex shop *n* sex-shop *m*.

sextet [seks'tet] *n* sextuor *m*.

sextuplet [seks'tjuːplɪt] *n* sextuplé *m*, -e *f*.

sexual ['sekʃʊəl] *adj* sexuel(elle).

sexual assault *n* agression *f* sexuelle, tentative *f* de viol.

sexual harassment *n* harcèlement *m* sexuel.

sexual intercourse *n (U)* rapports *mpl* (sexuels).

sexuality [,sekʃʊ'ælətɪ] *n* sexualité *f*.

sexy ['seksɪ] (*compar* -ier ; *superl* -iest) *adj* inf sexy (inv).

Seychelles [seɪ'ʃelz] *npl* : **the ~** les Seychelles *fpl* ; **in the ~** aux Seychelles.

SF, sf (*abbr of* science fiction) *n* SF *f*.

SFO (*abbr of* Serious Fraud Office) *n* service britannique de la répression des fraudes.

SG (*abbr of* Surgeon General) *n* directeur fédéral américain de la santé publique.

Sgt (*abbr of* sergeant) Sgt.

sh [ʃ] *excl* chut!

shabby ['ʃæbɪ] (*compar* **-ier ; *superl* -iest**) *adj*
- **1.** [clothes] élimé(e), râpé(e) ; [furniture] minable ; [person, street] miteux(euse) - **2.** [behaviour] moche, méprisable.

shack [ʃæk] *n* cabane *f*, hutte *f*.

shackle ['ʃækl] *vt* enchaîner ; **fig** entraver.
◆ **shackles** *npl* fers *mpl* ; **fig** entraves *fpl*.

shade [ʃeɪd] ⬥ *n* - **1.** (U) [shadow] ombre *f* - **2.** [lampshade] abat-jour *m inv* - **3.** [colour] nuance *f*, ton *m* - **4.** [of meaning, opinion] nuance *f* ⬥ *vt* [from light] abriter ; **to ~ one's eyes** s'abriter les yeux ⬥ *vi* : **to ~ into** se fondre en.
◆ **shades** *npl inf* [sunglasses] lunettes *fpl* de soleil.

shading ['ʃeɪdɪŋ] (U) *n* ombres *fpl*.

shadow ['ʃædəʊl] ⬥ *n* ombre *f* ; **to be a ~ of one's former self** n'être plus que l'ombre de soi-même ; **there's not a** OR **the ~ of a doubt** il n'y a pas l'ombre d'un doute.

shadow cabinet *n* cabinet *m* fantôme.

shadowy ['ʃædəʊl] *adj* - **1.** [dark] ombreux(euse) - **2.** [hard to see] indistinct(e) - **3.** [sinister] mystérieux(euse).

shady ['ʃeɪdɪ] (*compar* **-ier ; *superl* -iest**) *adj* - **1.** [garden, street etc] ombragé(e) ; [tree] qui donne de l'ombre - **2.** *inf* [dishonest] louche.

shaft [ʃɑːft] ⬥ *n* - **1.** [vertical passage] puits *m* ; [of lift] cage *f* - **2.** TECH arbre *m* - **3.** [of light] rayon *m* - **4.** [of tool, golf club] manche *m* ⬥ *vt* *vinf* - **1.** [dupe] avoir, baiser - **2.** *Am* [treat unfairly] s'en prendre à.

shaggy ['ʃægɪ] (*compar* **-ier ; *superl* -iest**) *adj* hirsute.

shaggy-dog story *n* histoire *f* farfelue OR à dormir debout.

shake [ʃeɪk] (*pt* shook ; *pp* shaken) ⬥ *vt* - **1.** [move vigorously - gen] secouer ; [- bottle] agiter ; **to ~ sb's hand** serrer la main de OR à qqn ; **to ~ hands** se serrer la main ; **to ~ one's head** secouer la tête ; [to say no] faire non de la tête - **2.** [shock] ébranler, secouer ⬥ *vi* trembler ⬥ *n* [tremble] tremblement *m* ; **to give sthg a ~** secouer qqch.
◆ **shake down** *vt sep Am inf* - **1.** [rob] racketter - **2.** [search] fouiller.
◆ **shake off** *vt sep* [police, pursuers] semer ; [illness] se débarrasser de.

shakedown ['ʃeɪkdaʊn] *n Am inf* - **1.** [extortion] racket *m* - **2.** [search] fouille *f*.

shaken ['ʃeɪkn] *pp* ⬥ shake.

shakeout ['ʃeɪkaʊt] *n* FIN récession *f*.

Shakespearean [ʃeɪk'spɪərɪən] *adj* shakespearien(enne).

shake-up *n inf* remaniement *m*.

shaky ['ʃeɪkɪ] (*compar* **-ier ; *superl* -iest**) *adj* [building, table] branlant(e) ; [hand] tremblant(e) ; [person] faible ; [argument, start] incertain(e).

shale [ʃeɪl] *n* schiste *m*.

shall [weak form ʃəl, strong form ʃæl] *aux vb* - **1.** (*1st person sg* & *1st person pl*) (to express future tense) : **I ~ be ...** je serai ... - **2.** (*esp 1st person sg* & *1st person pl*) (in questions) : **~ we have lunch now?** tu veux qu'on déjeune maintenant? ; **where ~ I put this?** où est-ce qu'il faut mettre ça? - **3.** [will definitely] : **we ~ succeed** nous réussirons - **4.** (in orders) : **you ~ tell me!** tu vas OR dois me le dire!

shallot [ʃə'lɒt] *n* échalote *f*.

shallow ['ʃæləʊ] *adj* - **1.** [water, dish, hole] peu profond(e) - **2.** *pej* [superficial] superficiel(elle).
◆ **shallows** *npl* bas-fond *m*.

sham [ʃæm] (*pt* & *pp* **-med** ; *cont* **-ming**) ⬥ *adj* feint(e), simulé(e) ⬥ *n* comédie *f* ⬥ *vi* faire semblant, jouer la comédie.

shambles ['ʃæmblz] *n* désordre *m*, pagaille *f*.

shame [ʃeɪm] ⬥ *n* - **1.** (U) [remorse, humiliation] honte *f* ; **to bring ~ on** OR **upon sb** faire la honte de qqn - **2.** [pity] : **it's a ~ (that ...)** c'est dommage (que ... (+ *subjunctive*)) ; **what a ~!** quel dommage! ⬥ *vt* faire honte à, mortifier ; **to ~ sb into doing sthg** obliger qqn à faire qqch en lui faisant honte.

shamefaced [ˌʃeɪm'feɪst] *adj* honteux(euse), penaud(e).

shameful ['ʃeɪmfʊl] *adj* honteux(euse), scandaleux(euse).

shameless ['ʃeɪmlɪs] *adj* effronté(e), éhonté(e).

shammy ['ʃæmɪ] (*pl* **-ies**) *n* : **~ (leather)** peau *f* de chamois.

shampoo [ʃæm'puː] (*pl* **-s**, *pt* & *pp* **-ed** ; *cont* **-ing**) ⬥ *n* shampooing *m* ⬥ *vt* : **to ~ sb** OR **sb's hair** faire un shampooing à qqn.

shamrock ['ʃæmrɒk] *n* trèfle *m*.

shandy ['ʃændɪ] (*pl* **-ies**) *n* panaché *m*.

shan't [ʃɑːnt] = shall not.

shantytown ['ʃæntɪtaʊn] *n* bidonville *m*.

shape [ʃeɪp] ⬥ *n* - **1.** [gen] forme *f* ; **in the ~ of a T** en forme de T ; **to take ~** prendre forme OR tournure - **2.** [guise] : **in the ~ of** sous forme de ; **in any** OR **some ~ or form** de n'importe quelle sorte - **3.** [health] : **to be in good/bad ~** être en bonne/mauvaise forme ; **to lick** OR **knock sb into ~** dresser qqn ⬥ *vt* - **1.** [pastry, clay etc] : **to**

~ sthg (into) façonner OR modeler qqch (en) - **2.** [ideas, project, character] former.

🔹 **shape up** vi [person, plans] se développer, progresser ; [job, events] prendre tournure OR forme.

SHAPE [ʃeɪp] (abbr of **Supreme Headquarters Allied Powers, Europe**) n quartier général des forces alliées en Europe.

-shaped [ˈʃeɪpt] suffix : egg~ en forme d'œuf ; **L~** en forme de L.

shapeless [ˈʃeɪplɪs] adj informe.

shapely [ˈʃeɪplɪ] (compar **-ier** ; superl **-iest**) adj bien fait(e).

shard [ʃɑːd] n tesson m.

share [ʃeəʳ] ⬦ n [portion, contribution] part f ; **to have a ~ in the profits** participer aux bénéfices ⬦ vt partager ; **to ~ the news with sb** faire part d'une nouvelle à qqn ⬦ vi : **to ~ (in sthg)** partager (qqch).

🔹 **shares** npl actions fpl.

🔹 **share out** vt sep partager, répartir.

share capital n capital m actions.

share certificate n titre m OR certificat m d'actions.

shareholder [ˈʃeəˌhəʊldəʳ] n actionnaire mf.

share index n indice m des valeurs boursières.

share-out n partage m, répartition f.

shareware [ˈʃeəweəʳ] n in COMPUT shareware m.

shark [ʃɑːk] (pl inv OR **-s**) n - **1.** [fish] requin m - **2.** fig [dishonest person] escroc m, pirate m.

sharp [ʃɑːp] ⬦ adj - **1.** [knife, razor] tranchant(e), affilé(e) ; [needle, pencil, teeth] pointu(e) - **2.** [image, outline, contrast] net (nette) - **3.** [person, mind] vif (vive) ; [eyesight] perçant(e) - **4.** [sudden - change, rise] brusque, soudain(e) ; [- hit, tap] sec (sèche) - **5.** [words, order, voice] cinglant(e) - **6.** [cry, sound] perçant(e) ; [pain, cold] vif (vive) ; [taste] piquant(e) - **7.** MUS : **C/D ~** do/ré dièse ⬦ adv - **1.** [punctually] : **at 8 o'clock ~** à 8 heures pile OR tapantes - **2.** [immediately] : **~ left/right** tout à fait à gauche/droite ⬦ n MUS dièse m.

sharpen [ˈʃɑːpn] ⬦ vt - **1.** [knife, tool] aiguiser ; [pencil] tailler - **2.** fig [senses] aiguiser ; [mind] affiner ; [disagreement, conflict] aviver, envenimer ⬦ vi [senses] s'aiguiser.

sharp end n Br fig : **to be at the ~** être en première ligne.

sharpener [ˈʃɑːpnəʳ] n [for pencil] taille-crayon m ; [for knife] aiguisoir m (pour couteaux).

sharp-eyed [-ˈaɪd] adj : **she's very ~** elle remarque tout, rien ne lui échappe.

sharply [ˈʃɑːplɪ] adv - **1.** [distinctly] nettement

- **2.** [suddenly] brusquement - **3.** [harshly] sévèrement, durement.

sharpness [ˈʃɑːpnɪs] n - **1.** [of image, outline] netteté f - **2.** [of mind] vivacité f - **3.** [of remarks, criticism] dureté f, sévérité f.

sharpshooter [ˈʃɑːpˌʃuːtəʳ] n tireur m d'élite.

sharp-tongued [-ˈtʌŋd] adj qui a la langue acérée.

sharp-witted [-ˈwɪtɪd] adj à l'esprit vif.

shat [ʃæt] pt & pp ⬳ **shit**.

shatter [ˈʃætəʳ] ⬦ vt - **1.** [window, glass] briser, fracasser - **2.** fig [hopes, dreams] détruire - **3.** fig [upset] : **to be ~ed (by)** être bouleversé(e) (par) ⬦ vi se fracasser, voler en éclats.

shattered [ˈʃætəd] adj - **1.** [upset] bouleversé(e) - **2.** Br inf [very tired] flapi(e).

shattering [ˈʃætərɪŋ] adj - **1.** [upsetting] bouleversant(e) - **2.** Br [tiring] crevant(e), épuisant(e).

shatterproof [ˈʃætəpruːf] adj anti-éclats.

shave [ʃeɪv] ⬦ n : **to have a ~** se raser ; **that was a close ~** fig on l'a échappé belle, il était moins cinq ⬦ vt - **1.** [remove hair from] raser ; **to ~ one's legs** se raser les jambes - **2.** [wood] planer, raboter ⬦ vi se raser.

🔹 **shave off** vt sep [beard, hair] se raser.

shaven [ˈʃeɪvn] adj rasé(e).

shaver [ˈʃeɪvəʳ] n rasoir m électrique.

shaving brush [ˈʃeɪvɪŋ-] n blaireau m.

shaving cream [ˈʃeɪvɪŋ-] n crème f à raser.

shaving foam [ˈʃeɪvɪŋ-] n mousse f à raser.

shavings [ˈʃeɪvɪŋz] npl [of wood, metal] copeaux mpl.

shaving soap [ˈʃeɪvɪŋ-] n savon m à barbe.

shawl [ʃɔːl] n châle m.

she [ʃiː] ⬦ pers pron - **1.** [referring to woman, girl, animal] elle ; **~'s tall** elle est grande ; **SHE can't do it** elle, elle ne peut pas le faire ; **there ~ is** la voilà ; **if I were** OR **was ~** fml si j'étais elle, à sa place - **2.** [referring to boat, car, country] follow the gender of your translation ⬦ n : **it's a ~** [animal] c'est une femelle ; [baby] c'est une fille ⬦ comp : **~-elephant** éléphant m femelle ; **~-wolf** louve f.

sheaf [ʃiːf] (pl **sheaves** [ʃiːvz]) n - **1.** [of papers, letters] liasse f - **2.** [of corn, grain] gerbe f.

shear [ʃɪəʳ] (pt **-ed** ; pp **-ed** OR **shorn**) vt [sheep] tondre.

🔹 **shears** npl - **1.** [for garden] sécateur m, cisaille f - **2.** [for dressmaking] ciseaux mpl.

🔹 **shear off** ⬦ vt sep [branch] couper ; [piece of metal] cisailler ⬦ vi se détacher.

sheath [ʃiːθ] (*pl* **sheaths** [ʃiːðz]) *n* - **1.** [for knife, cable] gaine *f* - **2.** Br [condom] préservatif *m*.

sheathe *vt* - **1.** [knife] engainer, rengainer - **2.** [cover - gen] recouvrir ; [- cable] gainer.

sheath knife *n* couteau *m* à gaine.

sheaves [ʃiːvz] *pl* ▷ **sheaf**.

shed [ʃed] (*pt & pp* **shed**, *cont* **-ding**) ◇ *n* [small] remise *f*, cabane *f* ; [larger] hangar *m* ◇ *vt* - **1.** [hair, skin, leaves] perdre - **2.** [tears] verser, répandre ; **to ~ blood** verser le sang - **3.** [employees] se défaire de, congédier - **4.** [load - subj : lorry] déverser, perdre.

she'd [weak form ʃid, strong form ʃiːd] = **she had, she would**.

sheen [ʃiːn] *n* lustre *m*, éclat *m*.

sheep [ʃiːp] (*pl inv*) *n* mouton *m*.

sheepdog ['ʃiːpdɒg] *n* chien *m* de berger.

sheepfold ['ʃiːpfəʊld] *n* parc *m* à moutons.

sheepish ['ʃiːpɪʃ] *adj* penaud(e).

sheepishly ['ʃiːpɪʃlɪ] *adv* d'un air penaud.

sheepskin ['ʃiːpskɪn] *n* peau *f* de mouton.

sheepskin jacket *n* veste *f* en mouton.

sheepskin rug *n* (petit tapis *m* en) peau *f* de mouton.

sheer [ʃɪəʳ] *adj* - **1.** [absolute] pur(e) - **2.** [very steep] à pic, abrupt(e) - **3.** [material] fin(e).

sheet [ʃiːt] *n* - **1.** [for bed] drap *m* ; **as white as a ~** blanc (blanche) comme un linge - **2.** [of paper, glass, wood] feuille *f* ; [of metal] plaque *f*.

sheet feed *n* COMPUT alimentation *f* feuille à feuille.

sheet ice *n* verglas *m*.

sheeting ['ʃiːtɪŋ] *n* (U) [metal] tôles *fpl* ; [plastic etc] feuilles *fpl*.

sheet lightning *n* (U) éclair *m* diffus.

sheet metal *n* (U) tôle *f*.

sheet music *n* (U) partition *f*.

sheik(h) [ʃeɪk] *n* cheik *m*.

shelf [ʃelf] (*pl* **shelves** [ʃelvz]) *n* [for storage] rayon *m*, étagère *f*.

shelf life *n* durée *f* de conservation.

shell [ʃel] ◇ *n* - **1.** [of egg, nut, snail] coquille *f* - **2.** [of tortoise, crab] carapace *f* - **3.** [on beach] coquillage *m* - **4.** [of building, car] carcasse *f* - **5.** MIL obus *m* ◇ *vt* - **1.** [peas] écosser ; [nuts, prawns] décortiquer ; [eggs] enlever la coquille de, écaler - **2.** MIL bombarder.

➡ **shell out** inf ◇ *vt sep* débourser ◇ *vi* : **to ~ out (for)** casquer (pour).

she'll [ʃiːl] = **she will, she shall**.

shellfish ['ʃelfɪʃ] (*pl inv*) *n* - **1.** [creature] crustacé *m*, coquillage *m* - **2.** (U) [food] fruits *mpl* de mer.

shelling ['ʃelɪŋ] *n* MIL bombardement *m*.

shellshock ['ʃelʃɒk] *n* (U) psychose *f* traumatique.

shell suit *n* Br survêtement *m* (en Nylon® imperméabilisé).

shelter ['ʃeltəʳ] ◇ *n* abri *m* ◇ *vt* - **1.** [protect] abriter, protéger - **2.** [refugee, homeless person] offrir un asile à ; [criminal, fugitive] cacher ◇ *vi* s'abriter, se mettre à l'abri.

sheltered ['ʃeltəd] *adj* - **1.** [from weather] abrité(e) - **2.** [life, childhood] protégé(e), sans soucis ; **~ housing** foyers-logements *mpl* (pour personnes âgées ou handicapées).

shelve [ʃelv] ◇ *vt* fig mettre au Frigidaire®, mettre en sommeil ◇ *vi* descendre en pente.

shelves [ʃelvz] *pl* ▷ **shelf**.

shelving ['ʃelvɪŋ] *n* (U) étagères *fpl*, rayonnages *mpl*.

shenanigans [ʃɪ'nænɪgənz] *npl* inf [trickery] micmacs *mpl*, manigances *fpl*.

shepherd ['ʃepəd] ◇ *n* berger *m* ◇ *vt* fig conduire.

shepherd's pie ['ʃepədz-] *n* ≃ hachis *m* Parmentier.

sherbet ['ʃɜːbət] *n* - **1.** Br [sweet powder] poudre *f* aromatisée - **2.** Am [sorbet] sorbet *m*.

sheriff ['ʃerɪf] *n* Am shérif *m*.

sherry ['ʃerɪ] (*pl* **-ies**) *n* xérès *m*, sherry *m*.

she's [ʃiːz] = **she is, she has**.

Shetland ['ʃetlənd] *n* : **(the) ~ (Islands)** les (îles) Shetland *fpl* ; **in (the) ~ (Islands)** dans les Shetland.

sh(h) [ʃ] *excl* chut !

shield [ʃiːld] ◇ *n* - **1.** [armour] bouclier *m* - **2.** Br [sports trophy] plaque *f* ◇ *vt* : **to ~ (from)** protéger qqn (de OR contre).

shift [ʃɪft] ◇ *n* - **1.** [change] changement *m*, modification *f* - **2.** [period of work] poste *m* ; [workers] équipe *f* ◇ *vt* - **1.** [move] déplacer, changer de place ; **to ~ the blame onto sb** rejeter la responsabilité sur qqn - **2.** [change] changer, modifier ◇ *vi* - **1.** [move - gen] changer de place ; [- wind] tourner, changer - **2.** [change] changer, se modifier - **3.** Am AUT changer de vitesse.

shift key *n* [on typewriter] touche *f* de majuscules.

shiftless ['ʃɪftlɪs] *adj* fainéant(e), paresseux(euse).

shift stick *n* Am levier *m* de vitesse.

shifty ['ʃɪftɪ] (*compar* **-ier** ; *superl* **-iest**) *adj* inf sournois(e), louche.

Shiite ['ʃiːaɪt] ◇ *adj* chiite ◇ *n* Chiite *mf*.

shilling ['ʃɪlɪŋ] *n* shilling *m*.

shilly-shally ['ʃɪlɪˌʃælɪ] (*pt* & *pp* -ied) *vi* hésiter, être indécis(e).

shimmer ['ʃɪməʳ] ◇ *n* reflet *m*, miroitement *m* ◇ *vi* miroiter.

shin [ʃɪn] (*pt* & *pp* -ned ; *cont* -ning) *n* tibia *m*.
➡ **shin up** Br, **shinny up** Am *vt fus* grimper à.

shinbone ['ʃɪnbəʊn] *n* tibia *m*.

shine [ʃaɪn] (*pt* & *pp* shone) ◇ *n* brillant *m* ◇ *vt* - **1.** [direct] : **to ~ a torch on sthg** éclairer qqch - **2.** [polish] faire briller, astiquer ◇ *vi* briller ; **to ~ at sthg** fig briller dans qqch.

shingle ['ʃɪŋgl] *n* (U) [on beach] galets *mpl*.
➡ **shingles** *n* (U) zona *m*.

shining ['ʃaɪnɪŋ] *adj* - **1.** [gleaming] brillant(e), luisant(e) - **2.** [achievement] extraordinaire ; **to be a ~ example of sthg** être un modèle de qqch.

shinny ['ʃɪnɪ] Am ➡ **shinny up** = shin up.

shiny ['ʃaɪnɪ] (*compar* -ier ; *superl* -iest) *adj* brillant(e).

ship [ʃɪp] (*pt* & *pp* -ped ; *cont* -ping) ◇ *n* bateau *m* ; [larger] navire *m* ◇ *vt* [goods] expédier ; [troops, passengers] transporter.

shipbuilder ['ʃɪpˌbɪldəʳ] *n* constructeur *m* de navires.

shipbuilding ['ʃɪpˌbɪldɪŋ] *n* construction *f* navale.

ship canal *n* canal *m* maritime.

shipment ['ʃɪpmənt] *n* [cargo] cargaison *f*, chargement *m*.

shipper ['ʃɪpəʳ] *n* affréteur *m*, chargeur *m*.

shipping ['ʃɪpɪŋ] *n* (U) - **1.** [transport] transport *m* maritime - **2.** [ships] navires *mpl*.

shipping agent *n* agent *m* maritime.

shipping company *n* compagnie *f* de navigation.

shipping forecast *n* météo *f* marine.

shipping lane *n* voie *f* de navigation.

shipshape ['ʃɪpʃeɪp] *adj* bien rangé(e), en ordre.

shipwreck ['ʃɪprek] ◇ *n* - **1.** [destruction of ship] naufrage *m* - **2.** [wrecked ship] épave *f* ◇ *vt* : **to be ~ed** faire naufrage.

shipwrecked ['ʃɪprekt] *adj* naufragé(e).

shipyard ['ʃɪpjɑːd] *n* chantier *m* naval.

shire [ʃaɪəʳ] *n* [county] comté *m*.
➡ **Shire** *n* : **the Shires** *les Comtés du centre de l'Angleterre*.

shire horse *n* cheval *m* de gros trait.

shirk [ʃɜːk] *vt* se dérober à.

shirker ['ʃɜːkəʳ] *n* tire-au-flanc *m*.

shirt [ʃɜːt] *n* chemise *f*.

shirtsleeves ['ʃɜːtsliːvz] *npl* : **to be in (one's) ~** être en manches OR en bras de chemise.

shirttail ['ʃɜːteɪl] *n* pan *m* de chemise.

shirty ['ʃɜːtɪ] (*compar* -ier ; *superl* -iest) *adj* Br inf de mauvais poil, de mauvaise humeur.

shit [ʃɪt] (*pt* & *pp* -ted OR shat, *cont* -ting) vulg ◇ *n* - **1.** [excrement] merde *f* - **2.** (U) [nonsense] conneries *fpl* - **3.** [person] salaud *m* ◇ *vi* chier ◇ *excl* merde!

shiver ['ʃɪvəʳ] ◇ *n* frisson *m* ; **to give sb the ~s** fig donner le frisson OR la chair de poule à qqn ◇ *vi* : **to ~ (with)** trembler (de), frissonner (de).

shoal [ʃəʊl] *n* [of fish] banc *m*.

shock [ʃɒk] ◇ *n* - **1.** [surprise] choc *m*, coup *m* - **2.** (U) MED : **to be suffering from ~, to be in (a state of) ~** être en état de choc - **3.** [impact] choc *m*, heurt *m* - **4.** ELEC décharge *f* électrique ◇ *vt* - **1.** [upset] bouleverser - **2.** [offend] choquer, scandaliser.

shock absorber [-əbˌzɔːbəʳ] *n* amortisseur *m*.

shocked [ʃɒkt] *adj* - **1.** [upset] bouleversé(e) - **2.** [offended] choqué(e), scandalisé(e).

shocking ['ʃɒkɪŋ] *adj* - **1.** [very bad] épouvantable, terrible - **2.** [outrageous] scandaleux(euse).

shockproof ['ʃɒkpruːf] *adj* antichoc *(inv)*.

shock tactics *npl* tactique *f* de choc.

shock therapy, shock treatment *n* traitement *m* par électrochocs.

shock troops *npl* troupes *fpl* de choc.

shock wave *n* onde *f* de choc.

shod [ʃɒd] ◇ *pt* & *pp* ➤ **shoe** ◇ *adj* chaussé(e).

shoddy ['ʃɒdɪ] (*compar* -ier ; *superl* -iest) *adj* [goods, work] de mauvaise qualité ; [treatment] indigne, méprisable.

shoe [ʃuː] (*pt* & *pp* -ed OR shod, *cont* -ing) ◇ *n* chaussure *f*, soulier *m* ◇ *vt* [horse] ferrer.

shoebrush ['ʃuːbrʌʃ] *n* brosse *f* à chaussures.

shoe cleaner *n* produit *m* pour chaussures.

shoehorn ['ʃuːhɔːn] *n* chausse-pied *m*.

shoelace ['ʃuːleɪs] *n* lacet *m* de soulier.

shoemaker ['ʃuːˌmeɪkəʳ] *n* [repairer] cordonnier *m* ; [manufacturer] fabricant *m* de chaussures.

shoe polish *n* cirage *m*.

shoe repairer [-rɪˌpeərəʳ] *n* cordonnier *m*.

shoe shop *n* magasin *m* de chaussures.

shoestring ['ʃuːstrɪŋ] ⬦ adj [budget] étroit(e) ⬦ n fig : **on a ~** à peu de frais.

shoetree ['ʃuːtriː] n embauchoir m.

shone [ʃɒn] pt & pp ⊳ shine.

shoo [ʃuː] ⬦ vt chasser ⬦ excl ouste!

shook [ʃʊk] pt ⊳ shake.

shoot [ʃuːt] (pt & pp shot) ⬦ vt - 1. [kill with gun] tuer d'un coup de feu ; [wound with gun] blesser d'un coup de feu ; **to ~ o.s.** [kill o.s.] se tuer avec une arme à feu - 2. Br [hunt] chasser - 3. [arrow] décocher, tirer - 4. [direct - glance, look] lancer, décocher ; **to ~ questions at sb** bombarder qqn de questions - 5. CINEMA tourner - 6. Am [play - pool] jouer à ⬦ vi - 1. [fire gun] : **to ~ (at)** tirer (sur) - 2. Br [hunt] chasser - 3. [move quickly] : **to ~ in/out/past** entrer/sortir/passer en trombe, entrer/sortir/passer comme un bolide - 4. CINEMA tourner - 5. SPORT tirer, shooter ⬦ n - 1. Br [hunting expedition] partie f de chasse - 2. [of plant] pousse f ⬦ excl Am inf - 1. [go ahead] vas-y! - 2. [damn] zut!

➤ **shoot down** vt sep - 1. [aeroplane] descendre, abattre - 2. [person] abattre - 3. fig [proposal] démolir ; [person] descendre en flammes.

➤ **shoot up** vi - 1. [child, plant] pousser vite - 2. [price, inflation] monter en flèche - 3. drugs sl se shooter.

shooting ['ʃuːtɪŋ] n - 1. [killing] meurtre m - 2. (U) [hunting] chasse f.

shooting range n champ m de tir.

shooting star n étoile f filante.

shooting stick n canne-siège f.

shoot-out n fusillade f.

shop [ʃɒp] (pt & pp -ped ; cont -ping) ⬦ n - 1. [store] magasin m, boutique f ; **to talk ~** parler métier OR boutique - 2. [workshop] atelier m ⬦ vi faire ses courses ; **to go shopping** aller faire les courses OR commissions.

➤ **shop around** vi comparer les prix.

shop assistant n Br vendeur m, -euse f.

shop floor n : **the ~** fig les ouvriers mpl.

shopkeeper ['ʃɒp.kiːpər] n commerçant m, -e f.

shoplifter ['ʃɒp.lɪftər] n voleur m, -euse f à l'étalage.

shoplifting ['ʃɒp.lɪftɪŋ] n (U) vol m à l'étalage.

shopper ['ʃɒpər] n personne f qui fait ses courses.

shopping ['ʃɒpɪŋ] n (U) [purchases] achats mpl.

shopping bag n sac m à provisions.

shopping centre Br, **shopping mall** Am,

shopping plaza Am [-.plɑːzəl] n centre m commercial.

shopping list n liste f des commissions.

shopping mall Am, **shopping plaza** Am = shopping centre.

shopsoiled Br ['ʃɒpsɔɪld], **shopworn** Am ['ʃɒpwɔːn] adj qui a fait l'étalage, abîmé(e) (en magasin).

shop steward n délégué syndical m, déléguée syndicale f.

shopwalker ['ʃɒp.wɔːkər] n Br surveillant m, -e f de magasin.

shopwindow [.ʃɒp'wɪndəʊ] n vitrine f.

shopworn Am = shopsoiled.

shore [ʃɔːr] n rivage m, bord m ; **on ~** à terre.

➤ **shore up** vt sep étayer, étançonner ; fig consolider.

shore leave n permission f à terre.

shoreline ['ʃɔːlaɪn] n côte f.

shorn [ʃɔːn] ⬦ pp ⊳ shear ⬦ adj tondu(e).

short [ʃɔːt] ⬦ adj - 1. [not long - in time] court(e), bref (brève) ; [- in space] court - 2. [not tall] petit(e) - 3. [curt] brusque, sec (sèche) - 4. [lacking] : **time/money is ~** nous manquons de temps/d'argent ; **we're £10 ~** il nous manque 10 livres ; **to be ~ of** manquer de ; **to be ~ of breath** être essoufflé(e) - 5. [abbreviated] : **to be ~ for** être le diminutif de ⬦ adv : **to be running ~ of** [running out of] commencer à manquer de, commencer à être à court de ; **to cut sthg ~** [visit, speech] écourter qqch ; [discussion] couper court à qqch ; **to stop ~** s'arrêter net ; **to bring** OR **pull sb up ~** arrêter qqn net ⬦ n - 1. Br [alcoholic drink] alcool m fort - 2. [film] court métrage m.

➤ **shorts** npl - 1. [gen] short m - 2. Am [underwear] caleçon m.

➤ **for short** adv : **he's called Bob for ~** Bob est son diminutif.

➤ **in short** adv (enfin) bref.

➤ **nothing short of** prep rien moins que, pratiquement.

➤ **short of** prep [unless, without] : **~ of doing sthg** à moins de faire qqch, à part faire qqch.

shortage ['ʃɔːtɪdʒ] n manque m, insuffisance f.

short back and sides n Br coupe f bien dégagée.

shortbread ['ʃɔːtbred] n sablé m.

short-change vt - 1. [subj : shopkeeper] : **to ~ sb** ne pas rendre assez à qqn - 2. fig [cheat] tromper, rouler.

short circuit n court-circuit m.

short-circuit ◇ vt court-circuiter ◇ vi se mettre en court-circuit.

shortcomings [ˈʃɔːtˌkʌmɪŋz] npl défauts mpl.

shortcrust pastry [ˈʃɔːtkrʌst-] n pâte f brisée.

short cut n - **1.** [quick route] raccourci m - **2.** [quick method] solution f miracle.

shorten [ˈʃɔːtn] ◇ vt - **1.** [holiday, time] écourter - **2.** [skirt, rope etc] raccourcir ◇ vi [days] raccourcir.

shortening [ˈʃɔːtnɪŋ] n (U) CULIN matière f grasse.

shortfall [ˈʃɔːtfɔːl] n déficit m.

shorthand [ˈʃɔːthænd] n (U) - **1.** [writing system] sténographie f - **2.** [abbreviation] forme f abrégée.

shorthanded [ˌʃɔːtˈhændɪd] adj : **to be ~** manquer de personnel.

shorthand typist n Br sténodactylo f.

short-haul adj court-courrier (inv).

short list n Br liste f des candidats sélectionnés.

short-list vt Br : **to be short-listed (for)** être au nombre des candidats sélectionnés (pour).

short-lived [-ˈlɪvd] adj de courte durée.

shortly [ˈʃɔːtlɪ] adv - **1.** [soon] bientôt - **2.** [curtly] d'une manière brusque, sèchement.

shortness [ˈʃɔːtnɪs] n - **1.** [of visit etc] brièveté f - **2.** [of person] petite taille f ; [of skirt, hair] peu m de longueur.

short-range adj à courte portée.

short shrift [-ˈʃrɪft] n : **to give sb ~** envoyer promener qqn.

shortsighted [ˌʃɔːtˈsaɪtɪd] adj myope ; fig imprévoyant(e).

short-staffed [-ˈstɑːft] adj : **to be ~** manquer de personnel.

short story n nouvelle f.

short-tempered [-ˈtempəd] adj emporté(e), irascible.

short-term adj [effects, solution] à court terme ; [problem] de courte durée.

short time n Br : **on ~** en chômage partiel.

short wave n (U) ondes fpl courtes.

shot [ʃɒt] ◇ pt & pp ⊳ **shoot** ◇ n - **1.** [gunshot] coup m de feu ; **like a ~** sans tarder, sans hésiter - **2.** [marksman] tireur m - **3.** SPORT coup m - **4.** [photograph] photo f ; CINEMA plan m - **5.** inf [attempt] : **to have a ~ at sthg** essayer de faire qqch - **6.** [injection] piqûre f - **7.** [of alcohol] coup m.

shotgun [ˈʃɒtgʌn] n fusil m de chasse.

shot put n [event] lancer m du poids ; [object] poids m.

should [ʃʊd] aux vb - **1.** [indicating duty] : **we ~ leave now** il faudrait partir maintenant - **2.** [seeking advice, permission] : **~ I go too?** est-ce que je devrais y aller aussi? - **3.** [as suggestion] : **I ~ deny everything** moi, je nierais tout - **4.** [indicating probability] : **she ~ be home soon** elle devrait être de retour bientôt, elle va bientôt rentrer - **5.** [was or were expected] : **they ~ have won the match** ils auraient dû gagner le match - **6.** [indicating intention, wish] : **I ~ like to come with you** j'aimerais bien venir avec vous - **7.** (as conditional) : **you ~ go if you're invited** tu devrais y aller si tu es invité - **8.** (in subordinate clauses) : **we decided that you ~ meet him** nous avons décidé que ce serait toi qui irais le chercher - **9.** [expressing uncertain opinion] : **I ~ think he's about 50 (years old)** je pense qu'il doit avoir dans les 50 ans.

shoulder [ˈʃəʊldəʳ] ◇ n épaule f ; **to look over one's ~** se retourner ; **he needed a ~ to cry on** il avait besoin de réconfort ; **to rub ~s with sb** fig côtoyer qqn ◇ vt - **1.** [carry] porter - **2.** [responsibility] endosser.

shoulder bag n sac m en bandoulière.

shoulder blade n omoplate f.

shoulder-length adj : **~ hair** cheveux milongs.

shoulder strap n - **1.** [on dress] bretelle f - **2.** [on bag] bandoulière f.

shouldn't [ˈʃʊdnt] = should not.

should've [ˈʃʊdəv] = should have.

shout [ʃaʊt] ◇ n [cry] cri m ◇ vt & vi crier.

shout down vt sep huer, conspuer.

shout out vt sep crier.

shouting [ˈʃaʊtɪŋ] n (U) cris mpl.

shove [ʃʌv] ◇ n : **to give sb/sthg a ~** pousser qqn/qqch ◇ vt pousser ; **to ~ sb about** bousculer qqn ; **to ~ clothes into a bag** fourrer des vêtements dans un sac.

shove off vi - **1.** [in boat] pousser au large - **2.** inf [go away] ficher le camp, filer.

shovel [ˈʃʌvl] (Br pt & pp -led ; cont -ling, Am pt & pp -ed ; cont -ing) ◇ n [tool] pelle f ◇ vt enlever à la pelle, pelleter.

show [ʃəʊ] (pt -ed ; pp shown OR -ed) ◇ n - **1.** [display] démonstration f, manifestation f - **2.** [at theatre] spectacle m ; [on radio, TV] émission f - **3.** CINEMA séance f - **4.** [exhibition] exposition f ; **on ~** exposé(e) ; **for ~** pour (faire de) l'effet ; **flower ~** floralies fpl ◇ vt - **1.** [gen] montrer ; [profit, loss] indiquer ; [respect] témoigner ; [courage, mercy] faire preuve de ; **he has nothing to ~ for all his hard work**

tout son travail n'a rien donné ; **to ~ sb sthg, to ~ sthg to sb** montrer qqch à qqn ; **to ~ sb how to do sthg** montrer OR faire voir à qqn comment faire qqch ; **it just goes to ~ that ...** cela prouve que ... - **2.** [escort] : **to ~ sb to his seat/table** conduire qqn à sa place/sa table - **3.** [film] projeter, passer ; [TV programme] donner, passer ◇ *vi* - **1.** [indicate] indiquer, montrer - **2.** [be visible] se voir, être visible - **3.** CINEMA : **what's ~ing tonight?** qu'est-ce qu'on joue comme film ce soir?

➡ **show around** = **show round**.

➡ **show off** ◇ *vt sep* exhiber ◇ *vi* faire l'intéressant(e).

➡ **show round** *vt sep* : **to ~ sb round a town/a house** faire visiter une ville/une maison à qqn.

➡ **show up** ◇ *vt sep* [embarrass] embarrasser, faire honte à ◇ *vi* - **1.** [stand out] se voir, ressortir - **2.** [arrive] s'amener, rappliquer.

showbiz ['ʃəʊbɪz] *n inf* show-biz *m*.

show business *n* (U) monde *m* du spectacle, show-business *m*.

showcase ['ʃəʊkeɪs] *n lit* & *fig* vitrine *f*.

showdown ['ʃəʊdaʊn] *n* : **to have a ~ with sb** s'expliquer avec qqn, mettre les choses au point avec qqn.

shower ['ʃaʊəʳ] ◇ *n* - **1.** [device, act] douche *f* ; **to have** OR **take a ~** prendre une douche, se doucher - **2.** [of rain] averse *f* - **3.** *fig* [of questions, confetti] avalanche *f*, déluge *m* - **4.** *Am* [party] fête organisée en l'honneur d'une femme qui va se marier, par exemple, et à laquelle chacun des invités offre un petit cadeau ◇ *vt* : **to ~ sb with** couvrir qqn de ◇ *vi* [wash] prendre une douche, se doucher.

shower cap *n* bonnet *m* de douche.

showerproof ['ʃaʊəpruːf] *adj* imperméable.

shower room *n* salle *f* d'eau.

showery ['ʃaʊərɪ] *adj* pluvieux(euse).

showing ['ʃəʊɪŋ] *n* CINEMA projection *f*.

show jumping [-,dʒʌmpɪŋ] *n* jumping *m*.

showman ['ʃəʊmən] (*pl* -men [-mən]) *n* - **1.** [at fair, circus] forain *m* - **2.** *fig* [publicity-seeker] : **he's a real ~** il a le sens du spectacle.

showmanship ['ʃəʊmənʃɪp] *n* sens *m* du spectacle.

shown [ʃəʊn] *pp* ▷ **show.**

show-off *n inf* m'as-tu-vu *m*, -e *f*.

show of hands *n* : **to have a ~** voter à main levée.

showpiece ['ʃəʊpiːs] *n* [main attraction] joyau *m*, trésor *m*.

showroom ['ʃəʊrʊm] *n* salle *f* OR magasin *m*

d'exposition ; [for cars] salle de démonstration.

showy ['ʃəʊɪ] (*compar* -**ier** ; *superl* -**iest**) *adj* voyant(e) ; [person] prétentieux(euse).

shrank [ʃræŋk] *pt* ▷ **shrink.**

shrapnel ['ʃræpnl] *n* (U) éclats *mpl* d'obus.

shred [ʃred] (*pt* & *pp* -**ded** ; *cont* -**ding**) ◇ *n* - **1.** [of material, paper] lambeau *m*, brin *m* - **2.** *fig* [of evidence] parcelle *f* ; [of truth] once *f*, grain *m* ◇ *vt* [food] râper ; [paper] déchirer en lambeaux.

shredder ['ʃredəʳ] *n* [machine] destructeur *m* de documents.

shrew [ʃruː] *n* [animal] musaraigne *f*.

shrewd [ʃruːd] *adj* fin(e), astucieux(euse).

shrewdness ['ʃruːdnɪs] *n* finesse *f*, perspicacité *f*.

shriek [ʃriːk] ◇ *n* cri *m* perçant, hurlement *m* ; [of laughter] éclat *m* ◇ *vt* hurler, crier ◇ *vi* pousser un cri perçant ; **to ~ with laughter** éclater de rire.

shrill [ʃrɪl] *adj* [sound, voice] aigu(ë) ; [whistle] strident(e).

shrimp [ʃrɪmp] *n* crevette *f*.

shrine [ʃraɪn] *n* [place of worship] lieu *m* saint.

shrink [ʃrɪŋk] (*pt* **shrank** ; *pp* **shrunk**) ◇ *vt* rétrécir ◇ *vi* - **1.** [cloth, garment] rétrécir ; [person] rapetisser ; *fig* [income, popularity etc] baisser, diminuer - **2.** [recoil] : **to ~ away from sthg** reculer devant qqch ; **to ~ from doing sthg** rechigner OR répugner à faire qqch.

shrinkage ['ʃrɪŋkɪdʒ] *n* rétrécissement *m* ; *fig* diminution *f*, baisse *f*.

shrink-wrap *vt* emballer sous film plastique.

shrivel ['ʃrɪvl] (Br *pt* & *pp* -**led** ; *cont* -**ling**, Am *pt* & *pp* -**ed** ; *cont* -**ing**) ◇ *vt* : **to ~ (up)** rider, flétrir ◇ *vi* : **to ~ (up)** se rider, se flétrir.

shroud [ʃraʊd] ◇ *n* [cloth] linceul *m* ◇ *vt* : **to be ~ed in** [darkness, fog] être enseveli(e) sous ; [mystery] être enveloppé(e) de.

Shrove Tuesday ['ʃrəʊv-] *n* Mardi *m* gras.

shrub [ʃrʌb] *n* arbuste *m*.

shrubbery ['ʃrʌbərɪ] *n* massif *m* d'arbustes.

shrug [ʃrʌg] (*pt* & *pp* -**ged** ; *cont* -**ging**) ◇ *n* haussement *m* d'épaules ◇ *vt* : **to ~ one's shoulders** hausser les épaules ◇ *vi* hausser les épaules.

➡ **shrug off** *vt sep* ignorer.

shrunk [ʃrʌŋk] *pp* ▷ **shrink.**

shrunken ['ʃrʌŋkn] *adj* [person] ratatiné(e).

shucks [ʃʌks] *excl* Am *inf* - **1.** [it was nothing] de rien! - **2.** [damn] zut!

shudder ['ʃʌdəʳ] ◇ *n* frisson *m*, frémissement *m* ⬭ *vi* - **1.** [tremble] : **to ~ (with)** frémir (de), frissonner (de) ; **I ~ to think** je n'ose pas y penser - **2.** [shake] vibrer, trembler.

shuffle [ˈʃʌfl] ⬭ *n* - **1.** [of feet] marche *f* traînante - **2.** [of cards] : **to give the cards a ~** battre les cartes ⬭ *vt* - **1.** [drag] : **to ~ one's feet** traîner les pieds - **2.** [cards] mélanger, battre ⬭ *vi* - **1.** [walk] : **to ~ in/out** entrer/sortir en traînant les pieds - **2.** [fidget] remuer.

shun [ʃʌn] (*pt* & *pp* -**ned** ; *cont* -**ning**) *vt* fuir, éviter.

shunt [ʃʌnt] *vt* - **1.** RAIL aiguiller - **2.** fig [move] transférer, déplacer.

shunter [ˈʃʌntəʳ] *n* RAIL [engine] locomotive *f* de manœuvre.

shush [ʃʊʃ] *excl* chut !

shut [ʃʌt] (*pt* & *pp* **shut**, *cont* -**ting**) ⬭ *adj* [closed] fermé(e) ⬭ *vt* fermer ; **~ your mouth** OR **face!** v inf ta gueule!, la ferme! ⬭ *vi* - **1.** [door, window] se fermer - **2.** [shop] fermer.

➤ **shut away** *vt sep* [valuables, papers] mettre sous clef ; **to ~ o.s. away** s'enfermer.

➤ **shut down** *vt sep* & *vi* fermer.

➤ **shut in** *vt sep* enfermer ; **to ~ o.s. in** s'enfermer.

➤ **shut out** *vt sep* - **1.** [noise] supprimer ; [light] ne pas laisser entrer ; **to ~ sb out** laisser qqn à la porte - **2.** [feelings, thoughts] chasser.

➤ **shut up** inf ⬭ *vt sep* [silence] faire taire ⬭ *vi* se taire.

shutdown [ˈʃʌtdaʊn] *n* fermeture *f*

shutter [ˈʃʌtəʳ] *n* - **1.** [on window] volet *m* - **2.** [in camera] obturateur *m*.

shuttle [ˈʃʌtl] ⬭ *adj* : **~ service** (service *m* de) navette *f* ⬭ *n* [train, bus, plane] navette *f* ⬭ *vi* faire la navette.

shuttlecock [ˈʃʌtlkɒk] *n* volant *m*.

shy [ʃaɪ] (*pt* & *pp* **shied**) ⬭ *adj* - **1.** [timid] timide - **2.** [wary] : **to be ~ of doing sthg** avoir peur de faire qqch, hésiter à faire qqch ⬭ *vi* [horse] s'effaroucher.

➤ **shy away from** *vt fus* : **to ~ away from sthg** reculer devant qqch ; **to ~ away from doing sthg** répugner à faire qqch.

shyly [ˈʃaɪlɪ] *adv* timidement.

shyness [ˈʃaɪnɪs] *n* timidité *f*.

Siam [ˌsaɪˈæm] *n* Siam *m* ; **in ~** au Siam.

Siamese [ˌsaɪəˈmiːz] (*pl inv*) ⬭ *adj* siamois(e) ⬭ *n* - **1.** [person] Siamois *m*, -e *f* - **2.** : **~ (cat)** chat *m* siamois.

Siamese twins *npl* [brothers] frères *mpl* siamois ; [sisters] sœurs *fpl* siamoises.

SIB (*abbr of* **Securities and Investment Board**) *n organisme britannique qui fait appliquer la réglementation concernant les investissements.*

Siberia [saɪˈbɪərɪə] *n* Sibérie *f* ; **in ~** en Sibérie.

Siberian [saɪˈbɪərɪən] ⬭ *adj* sibérien(enne) ⬭ *n* Sibérien *m*, -enne *f*.

sibling [ˈsɪblɪŋ] *n* [brother] frère *m* ; [sister] sœur *f*.

Sicilian [sɪˈsɪljən] ⬭ *adj* sicilien(enne) ⬭ *n* [person] Sicilien *m*, -enne *f*.

Sicily [ˈsɪsɪlɪ] *n* Sicile *f* ; **in ~** en Sicile.

sick [sɪk] *adj* - **1.** [ill] malade - **2.** [nauseous] : **to feel ~** avoir envie de vomir, avoir mal au cœur ; **to be ~** Br [vomit] vomir ; **to make sb ~** fig écœurer qqn, dégoûter qqn - **3.** [fed up] : **to be ~ of** en avoir assez OR marre de - **4.** [joke, humour] macabre.

sickbay [ˈsɪkbeɪ] *n* infirmerie *f*.

sickbed [ˈsɪkbed] *n* lit *m* de malade.

sicken [ˈsɪkn] ⬭ *vt* écœurer, dégoûter ⬭ *vi* Br : **to be ~ing for sthg** couver qqch.

sickening [ˈsɪknɪŋ] *adj* [disgusting] écœurant(e), dégoûtant(e).

sickle [ˈsɪkl] *n* faucille *f*.

sick leave *n* (U) congé *m* de maladie.

sickly [ˈsɪklɪ] (*compar* -**ier** ; *superl* -**iest**) *adj* - **1.** [unhealthy] maladif(ive), souffreteux(euse) - **2.** [smell, taste] écœurant(e).

sickness [ˈsɪknɪs] *n* - **1.** [illness] maladie *f* - **2.** Br (U) [nausea] nausée *f*, nausées *fpl* ; [vomiting] vomissement *m*, vomissements *mpl*.

sickness benefit *n* (U) prestations *fpl* en cas de maladie.

sick pay *n* (U) indemnité *f* OR allocation *f* de maladie.

sickroom [ˈsɪkrʊm] *n* chambre *f* de malade.

side [saɪd] ⬭ *n* - **1.** [gen] côté *m* ; **at** OR **by my/her** etc **~** à mes/ses etc côtés ; **to stand to one ~** se tenir sur le côté ; **on every ~, on all ~s** de tous côtés ; **from ~ to ~** d'un côté à l'autre ; **~ by ~** côte à côte ; **to put sthg to** OR **on one ~** mettre qqch de côté - **2.** [of table, river] bord *m* - **3.** [of hill, valley] versant *m*, flanc *m* - **4.** [in war, debate] camp *m*, côté *m* ; SPORT équipe *f*, camp ; [of argument] point *m* de vue ; **to be on sb's ~** être avec qqn, soutenir qqn ; **to take sb's ~** prendre le parti de qqn - **5.** [aspect - gen] aspect *m* ; [- of character] facette *f* ; **to be on the safe ~** pour plus de sûreté, par précaution - **6.** phr : **on the large/small ~** plutôt grand/petit, un peu trop grand/petit ; **to do sthg on the ~** faire qqch en plus ; **to keep** OR **stay on the right ~ of sb** se faire bien voir de qqn ⬭ *adj* [situated on side] latéral(e).

➤ **side with** vt fus prendre le parti de, se ranger du côté de.

sideboard ['saɪdbɔːd] n [cupboard] buffet m.

sideboards Br ['saɪdbɔːdz], **sideburns** Am ['saɪdbɜːnz] npl favoris mpl, rouflaquettes fpl.

sidecar ['saɪdkɑːr] n side-car m.

side dish n accompagnement m, garniture f.

side effect n - **1.** MED effet m secondaire OR indésirable - **2.** [unplanned result] effet m secondaire, répercussion f.

sidekick ['saɪdkɪk] n inf [friend] copain m, copine f ; pej acolyte mf.

sidelight ['saɪdlaɪt] n AUT feu m de position.

sideline ['saɪdlaɪn] n - **1.** [extra business] activité f secondaire - **2.** SPORT ligne f de touche ; on the ~ fig dans la coulisse.

sidelong ['saɪdlɒŋ] adj & adv de côté.

side-on adj & adv de côté.

side plate n assiette f à pain, petite assiette.

side road n [not main road] route f secondaire ; [off main road] route transversale.

sidesaddle ['saɪd,sædl] adv : to ride ~ monter en amazone.

sideshow ['saɪdʃəʊ] n spectacle m forain.

sidestep ['saɪdstep] (pt & pp -ped ; cont -ping) vt faire un pas de côté pour éviter OR esquiver ; fig éviter.

side street n [not main street] petite rue f ; [off main street] rue transversale.

sidetrack ['saɪdtræk] vt : to be ~ed se laisser distraire.

sidewalk ['saɪdwɔːk] n Am trottoir m.

sideways ['saɪdweɪz] adj & adv de côté.

siding ['saɪdɪŋ] n voie f de garage.

sidle ['saɪdl] ➤ **sidle up** vi : to ~ up to sb se glisser vers qqn.

SIDS (abbr of sudden infant death syndrome) n mort subite du nourrisson.

siege [siːdʒ] n siège m.

Sierra Leone [sɪˈerəlɪˈəʊn] n Sierra Leone f ; in ~ en Sierra Leone.

Sierra Leonean [sɪˈerəlɪˈəʊnjən] ⟨⟩ adj de la Sierra Leone ⟨⟩ n habitant m, -e f de la Sierra Leone.

sieve [sɪv] ⟨⟩ n [for flour, sand etc] tamis m ; [for liquids] passoire f ; I've got a head OR memory like a ~ ma mémoire est une passoire ⟨⟩ vt [flour etc] tamiser ; [liquid] passer.

sift [sɪft] ⟨⟩ vt - **1.** [flour, sand] tamiser - **2.** fig [evidence] passer au crible ⟨⟩ vi : to ~ through examiner, éplucher.

sigh [saɪ] ⟨⟩ n soupir m ; to heave a ~ of relief pousser un soupir de soulagement ⟨⟩ vi [person] soupirer, pousser un soupir.

sight [saɪt] ⟨⟩ n - **1.** [seeing] vue f ; in ~ en vue ; in/out of ~ en/hors de vue ; to catch ~ of apercevoir ; to know sb by ~ connaître qqn de vue ; to lose ~ of perdre de vue ; to shoot on ~ tirer à vue ; at first ~ à première vue, au premier abord - **2.** [spectacle] spectacle m - **3.** [on gun] mire f ; to set one's ~s on sthg décider d'obtenir qqch, viser qqch ; to set one's ~s on doing sthg décider de faire qqch - **4.** [a lot] : a ~ better/worse bien mieux/pire ⟨⟩ vt apercevoir.

➤ **sights** npl [of city] attractions fpl touristiques.

sighting ['saɪtɪŋ] n : there has been a ~ of the escaped criminal on a vu le fugitif.

sightseeing ['saɪt,siːɪŋ] n tourisme m ; to go ~ faire du tourisme.

sightseer ['saɪt,siːər] n touriste mf.

sign [saɪn] ⟨⟩ n - **1.** [gen] signe m ; no ~ of aucune trace de ; there's no ~ of him yet il n'est pas encore arrivé - **2.** [notice] enseigne f ; AUT panneau m ⟨⟩ vt signer ; to ~ one's name signer.

➤ **sign away** vt sep signer la renonciation à.

➤ **sign for** vt fus - **1.** [letter, parcel] signer à la réception de - **2.** SPORT [team] signer un contrat avec.

➤ **sign in** vi signer à l'arrivée OR en arrivant.

➤ **sign on** vi - **1.** [enrol - MIL] s'engager ; [- for course] s'inscrire - **2.** [register as unemployed] s'inscrire au chômage.

➤ **sign out** vi signer à la sortie OR en sortant.

➤ **sign up** ⟨⟩ vt sep [worker] embaucher ; [soldier] engager ⟨⟩ vi MIL s'engager ; [for course] s'inscrire.

signal ['sɪgnl] (Br pp & pt -led ; cont -ling, Am pp & pt -ed ; cont -ing) ⟨⟩ n signal m ⟨⟩ adj fml remarquable ⟨⟩ vt - **1.** [indicate] indiquer - **2.** [gesture to] : to ~ sb (to do sthg) faire signe à qqn (de faire qqch) ⟨⟩ vi - **1.** AUT clignoter, mettre son clignotant - **2.** [gesture] : to ~ sb (to do sthg) faire signe à qqn (de faire qqch).

signal box Br, **signal tower** Am n poste m d'aiguillage.

signally ['sɪgnəlɪ] adv fml remarquablement, singulièrement.

signalman ['sɪgnlmən] (pl -men [-mən]) n RAIL aiguilleur m.

signal tower Am = signal box.

signatory ['sɪgnətrɪ] (pl -ies) n signataire mf.

signature [ˈsɪgnətʃəˈ] n [name] signature f.
signature tune n indicatif m.
signet ring [ˈsɪgnɪt-] n chevalière f.
significance [sɪgˈnɪfɪkəns] n - **1.** [importance] importance f, portée f - **2.** [meaning] signification f.
significant [sɪgˈnɪfɪkənt] adj - **1.** [considerable] considérable - **2.** [important] important(e) - **3.** [meaningful] significatif(ive).
significantly [sɪgˈnɪfɪkəntlɪ] adv - **1.** [considerably] considérablement, énormément - **2.** [meaningfully] d'une manière significative.
signify [ˈsɪgnɪfaɪ] (pt & pp -ied) vt signifier, indiquer.
signing [ˈsaɪnɪŋ] n Br SPORT footballeur etc qui a signé un contrat avec un club.
sign language n langage m des signes.
signpost [ˈsaɪnpəʊst] n poteau m indicateur.
Sikh [siːk] <> adj sikh (inv) <> n [person] Sikh mf.
Sikhism [ˈsiːkɪzm] n sikhisme m.
silage [ˈsaɪlɪdʒ] n fourrage m ensilé.
silence [ˈsaɪləns] <> n silence m <> vt réduire au silence, faire taire.
silencer [ˈsaɪlənsəˈ] n silencieux m.
silent [ˈsaɪlənt] adj - **1.** [person, place] silencieux(euse) ; **to be ~ about** sthg garder le silence sur qqch - **2.** CINEMA & LING muet(ette).
silently [ˈsaɪləntlɪ] adv silencieusement.
silent partner n Am (associé m) commanditaire m, bailleur m de fonds.
silhouette [ˌsɪluːˈet] <> n silhouette f <> vt : **to be ~d against** se profiler sur, se silhouetter sur.
silicon [ˈsɪlɪkən] n silicium m.
silicon chip [ˌsɪlɪkən-] n puce f, pastille f de silicium.
silicone [ˈsɪlɪkəʊn] n silicone f.
Silicon Valley n Silicon Valley f (centre de l'industrie électronique américaine).
silk [sɪlk] <> n soie f <> comp en OR de soie.
silk screen printing n sérigraphie f.
silkworm [ˈsɪlkwɜːm] n ver m à soie.
silky [ˈsɪlkɪ] (compar -ier ; superl -iest) adj soyeux(euse).
sill [sɪl] n [of window] rebord m.
silliness [ˈsɪlɪnɪs] n (U) stupidité f, bêtise f.
silly [ˈsɪlɪ] (compar -ier ; superl -iest) adj stupide, bête.
silo [ˈsaɪləʊ] (pl -s) n silo m.
silt [sɪlt] n vase f, limon m.
➤ **silt up** vi s'envaser.
silver [ˈsɪlvəˈ] <> adj [colour] argenté(e) <> n

(U) - **1.** [metal] argent m - **2.** [coins] pièces fpl d'argent - **3.** [silverware] argenterie f <> comp en argent, d'argent.
silver foil, silver paper n (U) papier m d'argent OR d'étain.
silver-plated [-ˈpleɪtɪd] adj plaqué(e) argent.
silver screen n inf : **the ~** le grand écran.
silversmith [ˈsɪlvəsmɪθ] n orfèvre mf.
silverware [ˈsɪlvəweəˈ] n (U) - **1.** [dishes, spoons, etc] argenterie f - **2.** Am [cutlery] couverts mpl.
silver wedding n noces fpl d'argent.
similar [ˈsɪmɪləˈ] adj : **~ (to)** semblable (à), similaire (à).
similarity [ˌsɪmɪˈlærətɪ] (pl -ies) n : **~ (between/ to)** similitude f (entre/avec), ressemblance f (entre/avec).
similarly [ˈsɪmɪləlɪ] adv de la même manière, pareillement.
simile [ˈsɪmɪlɪ] n comparaison f.
simmer [ˈsɪməˈ] <> vt faire cuire à feu doux, mijoter <> vi cuire à feu doux, mijoter.
➤ **simmer down** vi inf se calmer.
simper [ˈsɪmpəˈ] <> n sourire m affecté <> vi minauder.
simpering [ˈsɪmpərɪŋ] adj affecté(e).
simple [ˈsɪmpl] adj - **1.** [gen] simple - **2.** dated [mentally retarded] simplet(ette), simple d'esprit.
simple-minded [-ˈmaɪndɪd] adj simplet(ette), simple d'esprit.
simpleton [ˈsɪmpltən] n dated niais m, -e f.
simplicity [sɪmˈplɪsətɪ] n simplicité f.
simplification [ˌsɪmplɪfɪˈkeɪʃn] n simplification f.
simplify [ˈsɪmplɪfaɪ] (pt & pp -ied) vt simplifier.
simplistic [sɪmˈplɪstɪk] adj simpliste.
simply [ˈsɪmplɪ] adv - **1.** [gen] simplement - **2.** [for emphasis] absolument ; **quite ~** tout simplement.
simulate [ˈsɪmjʊleɪt] vt simuler.
simulation [ˌsɪmjʊˈleɪʃn] n simulation f.
simulator [ˈsɪmjʊleɪtəˈ] n simulateur m.
simultaneous [Br ˌsɪmʊlˈteɪnjəs, Am ˌsaɪməlˈteɪnjəs] adj simultané(e).
simultaneously [Br ˌsɪmʊlˈteɪnjəslɪ, Am ˌsaɪməlˈteɪnjəslɪ] adv simultanément, en même temps.
sin [sɪn] (pt & pp -ned ; cont -ning) <> n péché m ; **to live in ~** vivre en concubinage <> vi : **to ~ (against)** pécher (contre).
sin bin n inf ICE HOCKEY prison f.

since [sɪns] ◇ adv depuis ; **long ~** il y a long-temps ◇ prep depuis ◇ conj - **1.** [in time] depuis que - **2.** [because] comme, puisque.

sincere [sɪn'sɪəʳ] adj sincère.

sincerely [sɪn'sɪəlɪ] adv sincèrement ; **Yours ~** [at end of letter] veuillez agréer, Monsieur/Madame, l'expression de mes sentiments les meilleurs.

sincerity [sɪn'serətɪ] n sincérité f.

sinecure ['saɪnɪˌkjʊəʳ] n sinécure f.

sinew ['sɪnjuː] n tendon m.

sinewy ['sɪnjuːɪ] adj musclé(e).

sinful ['sɪnfʊl] adj [thought] mauvais(e) ; [desire, act] coupable ; **~ person** pécheur m, -eresse f.

sing [sɪŋ] (pt **sang** ; pp **sung**) vt & vi chanter.

Singapore [ˌsɪŋə'pɔːʳ] n Singapour m.

Singaporean [ˌsɪŋə'pɔːrɪən] ◇ adj singapourien(enne) ◇ n [person] Singapourien m, -enne f.

singe [sɪndʒ] (cont **singeing**) ◇ n légère brûlure f ◇ vt brûler légèrement ; [cloth] roussir.

singer ['sɪŋəʳ] n chanteur m, -euse f.

Singhalese [ˌsɪŋhə'liːz] ◇ adj cingalais(e), ceylanais(e) ◇ n - **1.** [person] Cingalais m, -e f, Ceylanais m, -e f - **2.** [language] cingalais m.

singing ['sɪŋɪŋ] ◇ adj [lesson, teacher] de chant ◇ n (U) chant m.

singing telegram n télégramme m chanté.

single ['sɪŋgl] ◇ adj - **1.** [only one] seul(e), unique ; **every ~** chaque - **2.** [unmarried] célibataire - **3.** Br [ticket] simple ◇ n - **1.** Br [one-way ticket] billet m simple, aller m (simple) - **2.** MUS (disque m) 45 tours m.
➤ **singles** npl TENNIS simples mpl.
➤ **single out** vt sep : **to ~ sb out (for)** choisir qqn (pour).

single bed n lit m à une place.

single-breasted [-'brestɪd] adj [jacket] droit (e).

single cream n Br crème f liquide.

single currency n monnaie f unique.

single-decker (bus) [-'dekəʳ-] n Br bus m sans impériale.

Single European Market n : **the ~** le Marché unique.

single file n : **in ~** en file indienne, à la file.

single-handed [-'hændɪd] adv tout seul (toute seule).

single-minded [-'maɪndɪd] adj résolu(e) ; **to be ~ about sthg** concentrer toute son attention sur qqch.

single parent n père m OR mère f célibataire.

single-parent family n famille f monoparentale.

single quotes npl guillemets mpl.

single room n chambre f pour une personne OR à un lit.

singles bar n club m pour célibataires.

singlet ['sɪŋglɪt] n Br tricot m de peau ; SPORT maillot m.

single ticket n Br billet m simple, aller m (simple).

singsong ['sɪŋsɒŋ] ◇ adj [voice] chantant(e) ◇ n Br inf : **to have a ~** chanter en chœur.

singular ['sɪŋgjʊləʳ] ◇ adj singulier(ère) ◇ n singulier m.

singularly ['sɪŋgjʊləlɪ] adv singulièrement.

Sinhalese ['sɪnəliːz] = **Singhalese.**

sinister ['sɪnɪstəʳ] adj sinistre.

sink [sɪŋk] (pt **sank** ; pp **sunk**) ◇ n [in kitchen] évier m ; [in bathroom] lavabo m ◇ vt - **1.** [ship] couler - **2.** [teeth, claws] : **to ~ sthg into** enfoncer qqch dans ◇ vi - **1.** [in water - ship] couler, sombrer ; [- person, object] couler - **2.** [ground] s'affaisser ; [sun] baisser ; **his spirits sank** il a été pris de découragement ; **to ~ into a chair** se laisser tomber dans un fauteuil ; **to ~ to one's knees** tomber à genoux ; **to ~ into poverty/despair** sombrer dans la misère/le désespoir - **3.** [value, amount] baisser, diminuer ; [voice] faiblir.
➤ **sink in** vi : **it hasn't sunk in yet** je n'ai pas encore réalisé.

sink board n Am égouttoir m.

sinking ['sɪŋkɪŋ] n naufrage m.

sinking fund n fonds m OR caisse f d'amortissement.

sink unit n bloc-évier m.

sinner ['sɪnəʳ] n pécheur m, -eresse f.

Sinn Féin [ˌʃɪn'feɪn] n Sinn Féin m.

sinuous ['sɪnjʊəs] adj sinueux(euse).

sinus ['saɪnəs] (pl -es [-iːz]) n sinus m inv.

sip [sɪp] (pt & pp -ped ; cont -ping) ◇ n petite gorgée f ◇ vt siroter, boire à petits coups.

siphon ['saɪfn] ◇ n siphon m ◇ vt - **1.** [liquid] siphonner - **2.** fig [money] canaliser.
➤ **siphon off** vt sep - **1.** [liquid] siphonner - **2.** fig [money] canaliser.

sir [sɜːʳ] n - **1.** [form of address] monsieur m - **2.** [in titles] : **Sir Phillip Holden** sir Phillip Holden.

siren ['saɪərən] n sirène f.

sirloin (steak) ['sɜːlɔɪn-] n bifteck m dans l'aloyau OR d'aloyau.

sissy ['sɪsɪ] (pl -ies) n inf poule f mouillée, dégonflé m, -e f.

sister ['sɪstər] ◇ adj [organization] sœur ; ~ **ship** sister-ship m ◇ n - **1.** [sibling] sœur f - **2.** [nun] sœur f, religieuse f - **3.** Br [senior nurse] infirmière f chef.

sisterhood ['sɪstəhʊd] n RELIG communauté f religieuse.

sister-in-law (pl **sisters-in-law**) n belle-sœur f.

sisterly ['sɪstəlɪ] adj de sœur, fraternel(elle).

sit [sɪt] (pt & pp **sat**, cont -**ting**) ◇ vt Br [exam] passer ◇ vi - **1.** [person] s'asseoir ; **to be sitting** être assis(e) ; **to ~ on a committee** faire partie OR être membre d'un comité - **2.** [court, parliament] siéger, être en séance - **3.** [be situated] se trouver, être - **4.** phr : **to ~ tight** ne pas bouger.

↠ **sit about, sit around** vi rester assis(e) à ne rien faire.

↠ **sit back** vi [relax] se détendre ; **to ~ back in a chair** se caler dans un fauteuil ; **we can't just ~ back and do nothing!** il faut que nous fassions quelque chose!

↠ **sit down** ◇ vt sep asseoir ◇ vi s'asseoir.

↠ **sit in on** vt fus assister à.

↠ **sit out** vt sep - **1.** [meeting, play etc] rester jusqu'à la fin de - **2.** [dance] : **to ~ out a dance** ne pas danser.

↠ **sit through** vt fus rester jusqu'à la fin de.

↠ **sit up** vi - **1.** [sit upright] se redresser, s'asseoir - **2.** [stay up] veiller.

sitcom ['sɪtkɒm] n inf sitcom f.

sit-down ◇ adj [meal] servi(e) à la table ; [protest] sur le tas ◇ n Br inf : **to have a ~** (s'asseoir pour) se reposer.

site [saɪt] ◇ n [of town, building] emplacement m ; [archaeological] site m ; CONSTR chantier m ◇ vt situer, placer.

sit-in n sit-in m, occupation f des locaux.

sitter ['sɪtər] n - **1.** ART modèle m - **2.** [babysitter] baby-sitter mf.

sitting ['sɪtɪŋ] n - **1.** [of meal] service m - **2.** [of court, parliament] séance f.

sitting duck n inf cible f OR proie f facile.

sitting room n salon m.

sitting tenant n Br locataire mf en possession des lieux.

situate ['sɪtjʊeɪt] vt situer.

situated ['sɪtjʊeɪtɪd] adj : **to be ~** être situé(e), se trouver.

situation [ˌsɪtjʊ'eɪʃn] n - **1.** [gen] situation f - **2.** [job] situation f, emploi m ; '~s vacant' Br 'offres d'emploi'.

situation comedy n sitcom f.

sit-up n redressement m assis.

six [sɪks] ◇ num adj six (inv) ; **she's ~ (years old)** elle a six ans ◇ num pron six mfpl ; **I want ~** j'en veux six ; **~ of us went** six d'entre nous sont allés ; **there were ~ of us** nous étions six ◇ num n - **1.** [gen] six m inv ; **two hundred and ~** deux cent six ; **we sell them in ~es** on les vend par paquets de six - **2.** [six o'clock] : **it's ~** il est six heures ; **we arrived at ~** nous sommes arrivés à six heures - **3.** [six degrees] : **it's ~ below** il fait moins six.

six-shooter [-'ʃuːtər] n Am revolver m à six coups.

sixteen [sɪks'tiːn] num seize ; see also **six**.

sixteenth [sɪks'tiːnθ] num seizième ; see also **sixth**.

sixth [sɪksθ] ◇ num adj sixième ◇ num adv - **1.** [in race, competition] sixième, en sixième place - **2.** [in list] sixièmement ◇ num pron sixième mf ◇ n - **1.** [fraction] sixième m - **2.** [in dates] : **the ~ (of September)** le six (septembre).

sixth form n Br SCH ≃ (classe f) terminale f.

sixth form college n Br établissement m préparant aux A-levels.

sixth sense n sixième sens m.

sixtieth ['sɪkstɪəθ] num soixantième ; see also **sixth**.

sixty ['sɪkstɪ] (pl -ies) num soixante ; see also **six**.

↠ **sixties** npl - **1.** [decade] : **the sixties** les années fpl soixante - **2.** [in ages] : **to be in one's sixties** être sexagénaire - **3.** [in temperatures] : **in the sixties** ≃ entre 15 et 20 degrés.

size [saɪz] n [of person, clothes, company] taille f ; [of building] grandeur f, dimensions fpl ; [of problem] ampleur f, taille ; [of shoes] pointure f ; **to cut sb down to ~** rabattre le caquet à qqn.

↠ **size up** vt sep [person] jauger ; [situation] apprécier, peser.

sizeable ['saɪzəbl] adj assez important(e).

-sized [-saɪzd] suffix : **medium~** de taille moyenne.

sizzle ['sɪzl] vi grésiller.

SK abbr of **Saskatchewan**.

skate [skeɪt] (pl sense 2 only, inv OR -**s**) ◇ n - **1.** [ice skate, roller skate] patin m - **2.** [fish] raie f ◇ vi [on ice skates] faire du patin à glace, patiner ; [on roller skates] faire du patin à roulettes.

↠ **skate over, skate round** vt fus [problem] éluder, éviter.

skateboard ['skeɪtbɔːd] *n* planche *f* à roulettes, skateboard *m*, skate *m*.

skateboarder ['skeɪtbɔːdəʳ] *n* personne *f* qui fait du skateboard OR du skate OR de la planche à roulettes.

skater ['skeɪtəʳ] *n* [on ice] patineur *m*, -euse *f*; [on roller skates] patineur à roulettes.

skating ['skeɪtɪŋ] *n* [on ice] patinage *m*; [on roller skates] patinage à roulettes.

skating rink *n* patinoire *f*.

skein [skeɪn] *n* [of thread] écheveau *m*.

skeletal ['skelɪtl] *adj* [emaciated] squelettique.

skeleton ['skelɪtn] ◇ *adj* [crew, service] squelettique, réduit(e) ◇ *n* squelette *m*; **to have a ~ in the cupboard** fig avoir un secret honteux.

skeleton key *n* passe *m*, passe-partout *m inv*.

skeleton staff *n* personnel *m* réduit.

skeptic *etc* Am = **sceptic** *etc*.

sketch [sketʃ] ◇ *n* **- 1.** [drawing] croquis *m*, esquisse *f* **- 2.** [description] aperçu *m*, résumé *m* **- 3.** [by comedian] sketch *m* ◇ *vt* **- 1.** [draw] dessiner, faire un croquis de **- 2.** [describe] donner un aperçu de, décrire à grands traits ◇ *vi* dessiner.

➤ **sketch in** *vt sep* [details] ajouter, donner.

➤ **sketch out** *vt sep* esquisser, décrire à grands traits.

sketchbook ['sketʃbʊk] *n* carnet *m* à dessins.

sketchpad ['sketʃpæd] *n* bloc *m* à dessins.

sketchy ['sketʃɪ] (*compar* -ier ; *superl* -iest) *adj* incomplet(ète).

skew [skjuː] ◇ *n* Br : **on the ~** de travers, en biais ◇ *vt* [distort] fausser.

skewer ['skjʊəʳ] ◇ *n* brochette *f*, broche *f* ◇ *vt* embrocher.

skew-whiff [ˌskjuːˈwɪf] *adj* Br inf de guingois, de traviole.

ski [skiː] (*pt* & *pp* **skied** ; *cont* **skiing**) ◇ *n* ski *m* ◇ *comp* de ski ◇ *vi* skier, faire du ski.

ski boots *npl* chaussures *fpl* de ski.

skid [skɪd] (*pt* & *pp* **-ded** ; *cont* **-ding**) ◇ *n* dérapage *m*; **to go into a ~** déraper ◇ *vi* déraper.

skid mark *n* trace *f* de frein OR dérapage.

skid row *n* Am inf : **to be on ~** être sur le pavé.

skier ['skiːəʳ] *n* skieur *m*, -euse *f*.

skies [skaɪz] *pl* ⟶ **sky**.

skiing ['skiːɪŋ] ◇ *n* (U) ski *m*; **to go ~** faire du ski ◇ *comp* de ski.

ski instructor *n* moniteur *m*, -trice *f* de ski.

ski jump *n* [slope] tremplin *m*; [event] saut *m* à OR en skis.

skilful, skillful Am ['skɪlfʊl] *adj* habile, adroit(e).

skilfully, skillfully Am ['skɪlfʊlɪ] *adv* habilement, adroitement.

ski lift *n* remonte-pente *m*.

skill [skɪl] *n* **- 1.** (U) [ability] habileté *f*, adresse *f* **- 2.** [technique] technique *f*, art *m*.

skilled [skɪld] *adj* **- 1.** [skilful] : **~ (in OR at doing sthg)** habile OR adroit(e) (pour faire qqch) **- 2.** [trained] qualifié(e).

skillet ['skɪlɪt] *n* Am poêle *f* à frire.

skillful *etc* Am = **skilful** *etc*.

skim [skɪm] (*pt* & *pp* **-med** ; *cont* **-ming**) ◇ *vt* **- 1.** [cream] écrémer ; [soup] écumer **- 2.** [move above] effleurer, raser **- 3.** [newspaper, book] parcourir ◇ *vi* : **to ~ through sthg** [newspaper, book] parcourir qqch.

skim(med) milk [skɪm(d)-] *n* lait *m* écrémé.

skimp [skɪmp] ◇ *vt* lésiner sur ◇ *vi* : **to ~ on** lésiner sur.

skimpy ['skɪmpɪ] (*compar* -ier ; *superl* -iest) *adj* [meal] maigre ; [clothes] étriqué(e) ; [facts] insuffisant(e).

skin [skɪn] (*pt* & *pp* **-ned** ; *cont* **-ning**) ◇ *n* peau *f*; **by the ~ of one's teeth** de justesse ; **to jump out of one's ~** Br sursauter, sauter au plafond ; **to make sb's ~ crawl** donner la chair de poule à qqn ; **to save OR protect one's own ~** sauver sa peau ◇ *vt* **- 1.** [dead animal] écorcher, dépouiller ; [fruit] éplucher, peler **- 2.** [graze] : **to ~ one's knee** s'érafler OR s'écorcher le genou.

skincare ['skɪnkeəʳ] *n* (U) soins *mpl* pour la peau.

skin-deep *adj* superficiel(elle).

skin diver *n* plongeur sous-marin *m*, plongeuse sous-marine *f*.

skin diving *n* plongée *f* sous-marine.

skinflint ['skɪnflɪnt] *n* inf grippe-sou *m*, avare *mf*.

skin graft *n* greffe *f* de la peau.

skinhead ['skɪnhed] *n* Br skinhead *m*, skin *m*.

skinny ['skɪnɪ] (*compar* -ier ; *superl* -iest) *adj* maigre.

skint [skɪnt] *adj* Br v inf fauché(e), à sec.

skin test *n* cuti *f*, cutiréaction *f*.

skin-tight *adj* moulant(e), collant(e).

skip [skɪp] (*pt* & *pp* **-ped** ; *cont* **-ping**) ◇ *n* **- 1.** [jump] petit saut *m* **- 2.** Br [container] benne *f* ⋄ *vt* [page, class, meal] sauter ⋄ *vi* - **1.** [gen] sauter, sautiller - **2.** Br [over rope] sauter à la corde.

ski pants *npl* fuseau *m*.

ski pole *n* bâton *m* de ski.

skipper ['skɪpəʳ] *n* NAUT & SPORT capitaine *m*.

skipping ['skɪpɪŋ] *n* Br (U) saut *m* à la corde.

skipping rope *n* Br corde *f* à sauter.

ski resort *n* station *f* de ski.

skirmish ['skɜːmɪʃ] ⋄ *n* escarmouche *f* ⋄ *vi* s'engager dans une escarmouche ; fig avoir une escarmouche.

skirt [skɜːt] ⋄ *n* [garment] jupe *f* ⋄ *vt* - **1.** [town, obstacle] contourner - **2.** [problem] éviter.

➤ **skirt round** *vt fus* - **1.** [town, obstacle] contourner - **2.** [problem] éviter.

skirting board ['skɜːtɪŋ-] *n* Br plinthe *f*.

ski stick *n* bâton *m* de ski.

skit [skɪt] *n* sketch *m*.

skittish ['skɪtɪʃ] *adj* [person] frivole ; [animal] ombrageux(euse).

skittle ['skɪtl] *n* Br quille *f*.

➤ **skittles** *n* (U) [game] quilles *fpl*.

skive [skaɪv] *vi* Br inf : **to ~ (off)** s'esquiver, tirer au flanc.

skivvy ['skɪvɪ] (*pl* -ies, *pt* & *pp* -ied) Br inf ⋄ *n* boniche *f*, bonne *f* à tout faire ⋄ *vi* faire la boniche.

skulduggery [skʌl'dʌgərɪ] *n* (U) magouilles *fpl*.

skulk [skʌlk] *vi* [hide] se cacher ; [prowl] rôder.

skull [skʌl] *n* crâne *m*.

skullcap ['skʌlkæp] *n* calotte *f*.

skunk [skʌŋk] *n* [animal] mouffette *f*.

sky [skaɪ] (*pl* skies) *n* ciel *m*.

skycap ['skaɪkæp] *n* Am porteur *m* (dans un aéroport).

skydiver ['skaɪˌdaɪvəʳ] *n* parachutiste *mf* qui fait de la chute libre.

skydiving ['skaɪˌdaɪvɪŋ] *n* parachutisme *m* en chute libre.

sky-high inf ⋄ *adj* [prices] astronomique, exorbitant(e) ⋄ *adv* : **to blow sthg ~** [building etc] faire sauter qqch ; [argument, theory] démolir qqch ; **to go ~** [prices] monter en flèche.

skylark ['skaɪlɑːk] *n* alouette *f*.

skylight ['skaɪlaɪt] *n* lucarne *f*.

skyline ['skaɪlaɪn] *n* ligne *f* d'horizon.

skyscraper ['skaɪˌskreɪpəʳ] *n* gratte-ciel *m* inv.

slab [slæb] *n* [of concrete] dalle *f* ; [of stone] bloc *m* ; [of cake] pavé *m*.

slack [slæk] ⋄ *adj* - **1.** [not tight] lâche - **2.** [not busy] calme - **3.** [person] négligent(e), pas sérieux(euse) ⋄ *n* [in rope] mou *m*.

➤ **slacks** *npl* pantalon *m*.

slacken ['slækn] ⋄ *vt* [speed, pace] ralentir ; [rope] relâcher ⋄ *vi* [speed, pace] ralentir.

slag [slæg] *n* (U) [waste material] scories *fpl*.

slagheap ['slæghiːp] *n* terril *m*.

slain [sleɪn] *pp* ⊳ **slay**.

slalom ['slɑːləm] *n* slalom *m*.

slam [slæm] (*pt* & *pp* -med ; *cont* -ming) ⋄ *vt* - **1.** [shut] claquer - **2.** [criticize] éreinter - **3.** [place with force] : **to ~ sthg on** OR **onto** jeter qqch brutalement sur, flanquer qqch sur ⋄ *vi* claquer.

slander ['slɑːndəʳ] ⋄ *n* calomnie *f* ; JUR diffamation *f* ⋄ *vt* calomnier ; JUR diffamer.

slanderous ['slɑːndrəs] *adj* calomnieux(euse) ; JUR diffamatoire.

slang [slæŋ] ⋄ *adj* argotique ⋄ *n* (U) argot *m*.

slant [slɑːnt] ⋄ *n* - **1.** [angle] inclinaison *f* ; OR **at a ~** de biais - **2.** [perspective] point *m* de vue, perspective *f* ⋄ *vt* [bias] présenter d'une manière tendancieuse ⋄ *vi* [slope] être incliné(e), pencher.

slanting ['slɑːntɪŋ] *adj* [roof] en pente.

slap [slæp] (*pt* & *pp* -ped ; *cont* -ping) ⋄ *n* claque *f*, tape *f* ; [on face] gifle *f* ; **a ~ in the face** fig une gifle ⋄ *vt* - **1.** [person, face] gifler ; [back] donner une claque OR une tape à - **2.** [place with force] : **to ~ sthg on** OR **onto** jeter qqch brutalement sur, flanquer qqch sur ⋄ *adv* inf [directly] en plein.

slapdash ['slæpdæʃ], **slaphappy** ['slæpˌhæpɪ] *adj* inf [work] bâclé(e) ; [person, attitude] insouciant(e).

slapstick ['slæpstɪk] *n* (U) grosse farce *f*.

slap-up *adj* Br inf [meal] fameux(euse).

slash [slæʃ] ⋄ *n* - **1.** [long cut] entaille *f* - **2.** esp Am [oblique stroke] barre *f* oblique ⋄ *vt* - **1.** [cut] entailler - **2.** inf [prices] casser ; [budget, unemployment] réduire considérablement.

slat [slæt] *n* lame *f* ; [wooden] latte *f*.

slate [sleɪt] ⋄ *n* ardoise *f* ⋄ *vt* inf [criticize] descendre en flammes.

slatted ['slætɪd] *adj* à lames ; [wooden] en lattes de bois.

slaughter ['slɔːtəʳ] ⋄ *n* - **1.** [of animals] abattage *m* - **2.** [of people] massacre *m*, carnage *m* ⋄ *vt* - **1.** [animals] abattre - **2.** [people] massacrer.

slaughterhouse ['slɔːtəhaus, *pl* -hauzɪz] *n* abattoir *m*.

Slav [slɑːv] ⋄ *adj* slave ⋄ *n* Slave *mf*.

slave [sleɪv] ⬦ *n* esclave *mf* ; **to be a ~ to sthg** *fig* être esclave de qqch ⬦ *vi* travailler comme un nègre ; **to ~ over sthg** peiner sur qqch.

slaver [ˈsleɪvəʳ] *vi* [salivate] baver.

slavery [ˈsleɪvəri] *n* esclavage *m*.

slave trade *n* : **the ~** la traite des noirs.

Slavic [ˈslɑːvɪk] ⬦ *adj* slave ⬦ *n* [language] slave *m* ; HISTORY slavon *m*.

slavish [ˈsleɪvɪʃ] *adj* servile.

Slavonic [sləˈvɒnɪk] = **Slavic**.

slay [sleɪ] (*pt* **slew** ; *pp* **slain**) *vt* literary tuer.

sleazy [ˈsliːzɪ] (*compar* -**ier** ; *superl* -**iest**) *adj* [disreputable] mal famé(e).

sledge [sledʒ], **sled** Am [sled] *n* luge *f* ; [larger] traîneau *m*.

sledgehammer [ˈsledʒˌhæməʳ] *n* masse *f*.

sleek [sliːk] *adj* - **1.** [hair, fur] lisse, luisant(e) - **2.** [shape] aux lignes pures.

sleep [sliːp] (*pt* & *pp* **slept**) ⬦ *n* sommeil *m* ; **to go to ~** s'endormir ; **my foot has gone to ~** j'ai le pied engourdi OR endormi ; **to put an animal to ~** euphemism piquer un animal ⬦ *vi* - **1.** [be asleep] dormir - **2.** [spend night] coucher.

➤ **sleep around** *vi* inf pej coucher à droite et à gauche.

➤ **sleep in** *vi* faire la grasse matinée.

➤ **sleep off** *vt sep* dormir pour faire passer.

➤ **sleep through** *vt fus* : **I slept through the alarm** je n'ai pas entendu le réveil.

➤ **sleep together** *vi* euphemism coucher ensemble.

➤ **sleep with** *vt fus* euphemism coucher avec.

sleeper [ˈsliːpəʳ] *n* - **1.** [person] : **to be a heavy/light ~** avoir le sommeil lourd/léger - **2.** [RAIL - berth] couchette *f* ; [- carriage] wagon-lit *m* ; [- train] train-couchettes *m* - **3.** Br [on railway track] traverse *f*.

sleepily [ˈsliːpɪlɪ] *adv* d'un air endormi.

sleeping bag [ˈsliːpɪŋ-] *n* sac *m* de couchage.

sleeping car [ˈsliːpɪŋ-] *n* wagon-lit *m*.

sleeping partner [ˈsliːpɪŋ-] *n* Br (associé *m*) commanditaire *m*, bailleur *m* de fonds.

sleeping pill [ˈsliːpɪŋ-] *n* somnifère *m*.

sleeping policeman [ˈsliːpɪŋ-] *n* Br inf ralentisseur *m*.

sleeping tablet [ˈsliːpɪŋ-] *n* somnifère *m*.

sleepless [ˈsliːplɪs] *adj* : **to have a ~ night** passer une nuit blanche.

sleeplessness [ˈsliːplɪsnɪs] *n* insomnie *f*.

sleep mode *n* COMPUT mode *m* veille.

sleepwalk [ˈsliːpwɔːk] *vi* être somnambule.

sleepy [ˈsliːpɪ] (*compar* -**ier** ; *superl* -**iest**) *adj* - **1.** [person] qui a envie de dormir - **2.** [place] endormi(e).

sleet [sliːt] ⬦ *n* neige *f* fondue ⬦ *v impers* : **it's ~ing** il tombe de la neige fondue.

sleeve [sliːv] *n* - **1.** [of garment] manche *f* ; **to have sthg up one's ~** *fig* avoir qqch en réserve - **2.** [for record] pochette *f*.

sleeveless [ˈsliːvlɪs] *adj* sans manches.

sleigh [sleɪ] *n* traîneau *m*.

sleight of hand [ˌslaɪt-] *n (U)* - **1.** [skill] habileté *f* - **2.** [trick] tour *m* de passe-passe.

slender [ˈslendəʳ] *adj* - **1.** [thin] mince - **2.** fig [resources, income] modeste, maigre ; [hope, chance] faible.

slept [slept] *pt* & *pp* ⊳ **sleep**.

sleuth [sluːθ] *n* inf hum limier *m*.

S level (*abbr of* Special level) *n* [in UK] *examen optionnel de niveau supérieur au A level, sanctionnant la fin des études secondaires.*

slew [sluː] ⬦ *pt* ⊳ **slay** ⬦ *vi* [car] déraper.

slice [slaɪs] ⬦ *n* - **1.** [thin piece] tranche *f* - **2.** fig [of profits, glory] part *f* - **3.** SPORT slice *m* ⬦ *vt* - **1.** [cut into slices] couper en tranches - **2.** [cut cleanly] trancher - **3.** SPORT slicer ⬦ *vi* : **to ~ through sthg** trancher qqch.

sliced bread [ˌslaɪst-] *n (U)* pain *m* en tranches.

slick [slɪk] ⬦ *adj* - **1.** [skilful] bien mené(e), habile - **2.** pej [superficial - talk] facile ; [- person] rusé(e) ⬦ *n* nappe *f* de pétrole, marée *f* noire.

slicker [ˈslɪkəʳ] *n* Am [raincoat] ciré *m*.

slide [slaɪd] (*pt* & *pp* **slid** [slɪd]) ⬦ *n* - **1.** [in playground] toboggan *m* - **2.** PHOT diapositive *f*, diapo *f* - **3.** [for microscope] porte-objet *m* - **4.** Br [for hair] barrette *f* - **5.** [decline] déclin *m* ; [in prices] baisse *f* ⬦ *vt* faire glisser ⬦ *vi* glisser ; **to let things ~** fig laisser les choses aller à vau-l'eau.

slide projector *n* projecteur *m* de diapositives.

slide rule *n* règle *f* à calcul.

sliding door [ˌslaɪdɪŋ-] *n* porte *f* coulissante.

sliding scale [ˌslaɪdɪŋ-] *n* échelle *f* mobile.

slight [slaɪt] ⬦ *adj* - **1.** [minor] léger(ère) ; **the ~est** le moindre (la moindre) ; **not in the ~est** pas du tout - **2.** [thin] mince ⬦ *n* affront *m* ⬦ *vt* offenser, faire un affront à.

slightly [ˈslaɪtlɪ] *adv* - **1.** [to small extent] légèrement - **2.** [slenderly] : **~ built** mince.

slim [slɪm] (*compar* -**mer** ; *superl* -**mest**, *pt* & *pp* -**med** ; *cont* -**ming**) ⬦ *adj* - **1.** [person, object]

mince - 2. [chance, possibility] faible ⬦ *vi* maigrir ; [diet] suivre un régime amaigrissant.

slime [slaɪm] *n* (U) substance *f* visqueuse ; [of snail] bave *f*.

slimmer ['slɪmər] *n* personne *f* suivant un régime amaigrissant.

slimming ['slɪmɪŋ] ⬦ *n* amaigrissement *m* ⬦ *adj* [product] amaigrissant(e), pour maigrir.

slimness ['slɪmnɪs] *n* minceur *f*.

slimy ['slaɪmɪ] (*compar* **-ier** ; *superl* **-iest**) *adj* lit & fig visqueux(euse).

sling [slɪŋ] (*pt* & *pp* **slung**) ⬦ *n* **- 1.** [for arm] écharpe *f* **- 2.** NAUT [for loads] élingue *f* ⬦ *vt* **- 1.** [hammock etc] suspendre ; **to ~ a bag over one's shoulder** mettre son sac en bandoulière **- 2.** inf [throw] lancer.

slingback ['slɪŋbæk] *n* chaussure *f* à talon ouvert.

slingshot ['slɪŋʃɒt] *n* Am lance-pierres *m inv*.

slink [slɪŋk] (*pt* & *pp* **slunk**) *vi* : **to ~ away** OR **off** s'en aller furtivement.

slip [slɪp] (*pt* & *pp* **-ped** ; *cont* **-ping**) ⬦ *n* **- 1.** [mistake] erreur *f* ; **a ~ of the pen** un lapsus ; **a ~ of the tongue** un lapsus **- 2.** [of paper - gen] morceau *m* ; [- strip] bande *f* **- 3.** [underwear] combinaison *f* **- 4.** phr : **to give sb the ~** inf fausser compagnie à qqn ⬦ *vt* glisser ; **to ~ sthg on** enfiler qqch ⬦ *vi* **- 1.** [slide] glisser ; **to ~ into sthg** se glisser dans qqch **- 2.** [decline] décliner ; **to let things ~** laisser les choses aller à vau-l'eau **- 3.** phr : **to let sthg ~** laisser échapper qqch.
⬥ **slip up** *vi* fig faire une erreur.

slip-on *adj* : **~ shoes** mocassins *mpl*.
⬥ **slip-ons** *npl* mocassins *mpl*.

slippage ['slɪpɪdʒ] *n* baisse *f*.

slipped disc [,slɪpt-] *n* hernie *f* discale.

slipper ['slɪpər] *n* pantoufle *f*, chausson *m*.

slippery ['slɪpərɪ] *adj* glissant(e).

slip road *n* Br bretelle *f*.

slipshod ['slɪpʃɒd] *adj* peu soigné(e).

slipstream ['slɪpstriːm] *n* sillage *m*.

slip-up *n* inf gaffe *f*.

slipway ['slɪpweɪ] *n* cale *f* de lancement.

slit [slɪt] (*pt* & *pp* **slit**, *cont* **-ting**) ⬦ *n* [opening] fente *f* ; [cut] incision *f* ⬦ *vt* [make opening in] faire une fente dans, fendre ; [cut] inciser.

slither ['slɪðər] *vi* [person] glisser ; [snake] onduler.

sliver ['slɪvər] *n* [of glass, wood] éclat *m* ; [of meat, cheese] lamelle *f*.

slob [slɒb] *n* inf [in habits] saligaud *m* ; [in appearance] gros lard *m*.

slobber ['slɒbər] *vi* baver.

slog [slɒg] (*pt* & *pp* **-ged** ; *cont* **-ging**) inf ⬦ *n* **- 1.** [tiring work] corvée *f* **- 2.** [tiring journey] voyage *m* pénible ⬦ *vi* **- 1.** [work] travailler comme un bœuf OR un nègre **- 2.** [move] avancer péniblement.

slogan ['slɒugən] *n* slogan *m*.

sloop [sluːp] *n* sloop *m*.

slop [slɒp] (*pt* & *pp* **-ped** ; *cont* **-ping**) ⬦ *vt* renverser ⬦ *vi* déborder.

slope [sləup] ⬦ *n* pente *f* ; **to be on a slippery ~** fig être sur une pente savonneuse ⬦ *vi* [land] être en pente ; [handwriting, table] pencher.

sloping ['sləupɪŋ] *adj* [land, shelf] en pente ; [handwriting] penché(e).

sloppy ['slɒpɪ] (*compar* **-ier** ; *superl* **-iest**) *adj* **- 1.** [careless] peu soigné(e) **- 2.** inf [sentimental] sentimental(e), à l'eau de rose.

slosh [slɒʃ] ⬦ *vt* renverser ⬦ *vi* : **to ~ about** [liquid] clapoter ; [person] patauger.

sloshed [slɒʃt] *adj* inf bourré(e).

slot [slɒt] (*pt* & *pp* **-ted** ; *cont* **-ting**) *n* **- 1.** [opening] fente *f* **- 2.** [groove] rainure *f* **- 3.** [in schedule] créneau *m*.
⬥ **slot in** ⬦ *vt sep* [part] insérer ⬦ *vi* [part] s'emboîter.

sloth [sləuθ] *n* **- 1.** [animal] paresseux *m* **- 2.** literary [laziness] paresse *f*.

slot machine *n* **- 1.** [vending machine] distributeur *m* automatique **- 2.** [for gambling] machine *f* à sous.

slot meter *n* Br compteur *m* à pièces.

slouch [slautʃ] ⬦ *n* [posture] allure *f* avachie ⬦ *vi* être avachi(e).

slough [slau] ⬥ **slough off** *vt sep* **- 1.** [skin] : **to ~ off one's skin** muer **- 2.** fig [get rid of] se débarrasser de.

Slovak ['sləuvæk] ⬦ *adj* slovaque ⬦ *n* **- 1.** [person] Slovaque *mf* **- 2.** [language] slovaque *m*.

Slovakia [slə'vækɪə] *n* Slovaquie *f* ; **in ~** en Slovaquie.

Slovakian [slə'vækɪən] ⬦ *adj* slovaque ⬦ *n* Slovaque *mf*.

Slovenia [slə'viːnjə] *n* Slovénie *f* ; **in ~** en Slovénie.

Slovenian [slə'viːnjən] ⬦ *adj* slovène ⬦ *n* Slovène *mf*.

slovenly ['slʌvnlɪ] *adj* négligé(e).

slow [sləu] ⬦ *adj* **- 1.** [gen] lent(e) **- 2.** [clock, watch] : **to be ~** retarder **- 3.** [not busy] calme ⬦ *adv* lentement ; **to go ~** [driver] aller lentement ; [workers] faire la grève perlée ⬦ *vt* & *vi* ralentir.

➤ **slow down, slow up** vt sep & vi ralentir.

slow-acting adj à action lente.

slowcoach ['sləʊkəʊtʃ], **slow-poke** Am n inf lambin m, -e f.

slowdown ['sləʊdaʊn] n ralentissement m.

slow handclap n applaudissements mpl rythmés (pour montrer sa désapprobation).

slowly ['sləʊlɪ] adv lentement ; ~ **but surely** lentement mais sûrement.

slow motion n : **in** ~ au ralenti m.
➤ **slow-motion** adj au ralenti.

slow-poke ['sləʊpəʊk] Am = **slowcoach**.

SLR (abbr of **single-lens reflex**) n reflex m.

sludge [slʌdʒ] n boue f.

slug [slʌg] (pt & pp **-ged** ; cont **-ging**) ◇ n - **1.** [animal] limace f - **2.** inf [of alcohol] rasade f - **3.** Am inf [bullet] balle f ◇ vt inf donner un coup de poing violent à.

sluggish ['slʌgɪʃ] adj [person] apathique ; [movement, growth] lent(e) ; [business] calme, stagnant(e).

sluice [sluːs] ◇ n écluse f ◇ vt : **to** ~ **sthg down** OR **out** laver qqch à grande eau.

slum [slʌm] (pt & pp **-med** ; cont **-ming**) ◇ n [area] quartier m pauvre ◇ vt : **to** ~ **it** inf hum s'encanailler.

slumber ['slʌmbəʳ] literary ◇ n sommeil m ◇ vi dormir paisiblement.

slump [slʌmp] ◇ n - **1.** [decline] : ~ **(in)** baisse f (de) - **2.** [period of poverty] crise f (économique) ◇ vi lit & fig s'effondrer.

slung [slʌŋ] pt & pp ▷ **sling**.

slunk [slʌŋk] pt & pp ▷ **slink**.

slur [slɜːʳ] (pt & pp **-red** ; cont **-ring**) ◇ n - **1.** [of voice] : **to speak with a** ~ mal articuler - **2.** [slight] : ~ **(on)** atteinte f (à) - **3.** [insult] affront m, insulte f ◇ vt mal articuler.

slurp [slɜːp] vt boire avec bruit.

slurred [slɜːd] adj mal articulé(e).

slurry ['slʌrɪ] n AGR purin m.

slush [slʌʃ] n [snow] neige f fondue, sloche f Can.

slush fund, slush money Am n fonds mpl secrets, caisse f noire.

slut [slʌt] n - **1.** inf [dirty, untidy] souillon f - **2.** v inf [sexually immoral] salope f.

sly [slaɪ] (compar **slyer** OR **slier** ; superl **slyest** OR **sliest**) ◇ adj - **1.** [look, smile] entendu(e) - **2.** [person] rusé(e), sournois(e) ◇ n : **on the** ~ en cachette.

slyness ['slaɪnɪs] n (U) ruse f.

smack [smæk] ◇ n - **1.** [slap] claque f ; [on face] gifle f - **2.** [impact] claquement m ◇ vt - **1.** [slap] donner une claque à ; [face] gifler

- **2.** [place violently] poser violemment - **3.** phr : **to** ~ **one's lips** se lécher les babines ◇ adv inf [directly] en plein ; ~ **in the middle** en plein milieu.

small [smɔːl] ◇ adj - **1.** [gen] petit(e) - **2.** [trivial] petit, insignifiant(e) ◇ n : **the** ~ **of the back** le creux OR le bas des reins.
➤ **smalls** npl Br inf dated dessous mpl.

small ads [-ædz] npl Br petites annonces fpl.

small arms npl armes fpl (à feu) portatives.

small change n petite monnaie f.

small fry n menu fretin m.

smallholder ['smɔːlˌhəʊldəʳ] n Br petit cultivateur m, petit exploitant m agricole.

smallholding ['smɔːlˌhəʊldɪŋ] n Br petite exploitation f agricole.

small hours npl : **in the** ~ au petit jour OR matin.

smallness ['smɔːlnɪs] n [of building, person] petite taille f ; [of amount, income] modicité f, petitesse f.

smallpox ['smɔːlpɒks] n variole f, petite vérole f.

small print n : **the** ~ les clauses fpl écrites en petits caractères.

small-scale adj [activity, organization] peu important(e).

small talk n (U) papotage m, bavardage m.

small-time adj de second ordre.

smarmy ['smɑːmɪ] (compar **-ier** ; superl **-iest**) adj mielleux(euse).

smart [smɑːt] ◇ adj - **1.** [stylish - person, clothes, car] élégant(e) - **2.** esp Am [clever] intelligent(e) - **3.** [fashionable - club, society, hotel] à la mode, in (inv) - **4.** [quick - answer, tap] vif (vive), rapide ◇ vi - **1.** [eyes, skin] brûler, piquer - **2.** [person] être blessé(e).

smart card n carte f à mémoire.

smart drug n médicament agissant comme un stimulant mental, nootrope m.

smarten ['smɑːtn] ➤ **smarten up** vt sep [room] arranger ; **to** ~ **o.s. up** se faire beau (belle).

smash [smæʃ] ◇ n - **1.** [sound] fracas m - **2.** inf [car crash] collision f, accident m - **3.** inf [success] succès m fou - **4.** SPORT smash m ◇ vt - **1.** [glass, plate etc] casser, briser - **2.** fig [defeat] détruire ◇ vi - **1.** [glass, plate etc] se briser - **2.** [crash] : **to** ~ **through sthg** défoncer qqch ; **to** ~ **into sthg** s'écraser contre qqch.
➤ **smash up** vt sep casser, briser ; [car] bousiller.

smash-and-grab (raid) n Br vol effectué après avoir brisé une vitrine.

smashed [smæʃt] adj inf bourré(e).

smash hit n succès m fou.

smashing ['smæʃɪŋ] adj inf super (inv).

smash-up n collision f, accident m.

smattering ['smætərɪŋ] n : **to have a ~ of** German savoir quelques mots d'allemand.

SME (abbr of **small and medium-sized enterprise**) n PME f.

smear [smɪər] ◇ n - **1.** [dirty mark] tache f - **2.** MED frottis m - **3.** [slander] diffamation f ◇ vt - **1.** [smudge] barbouiller, maculer - **2.** [spread] : **to ~ sthg onto sthg** étaler qqch sur qqch ; **to ~ sthg with sthg** enduire qqch de qqch - **3.** [slander] calomnier.

smear campaign n campagne f de diffamation.

smear test n frottis m.

smell [smel] (pt & pp **-ed** OR **smelt**) ◇ n - **1.** [odour] odeur f - **2.** [sense of smell] odorat m ◇ vt sentir ◇ vi - **1.** [flower, food] sentir ; **I can't ~** je ne sens rien du tout ; **to ~ of sthg** sentir qqch ; **to ~ good/bad** sentir bon/mauvais - **2.** [smell unpleasantly] sentir (mauvais), puer.

smelly ['smelɪ] (compar **-ier** ; superl **-iest**) adj qui sent mauvais, qui pue.

smelt [smelt] ◇ pt & pp ⊳ **smell** ◇ vt [metal] extraire par fusion ; [ore] fondre.

smile [smaɪl] ◇ n sourire m ◇ vi sourire ◇ vt : **to ~ one's agreement** acquiescer d'un sourire.

smiley ['smaɪlɪ] n smiley.

smiling ['smaɪlɪŋ] adj souriant(e).

smirk [smɜːk] ◇ n sourire m narquois ◇ vi sourire d'un air narquois.

smith [smɪθ] n forgeron m.

smithereens [ˌsmɪðə'riːnz] npl inf : **to be smashed to ~** être brisé(e) en mille morceaux.

smithy ['smɪðɪ] (pl **-ies**) n forge f.

smitten ['smɪtn] adj hum : **to be ~ (with)** être fou (folle) (de).

smock [smɒk] n blouse f.

smog [smɒg] n smog m.

smoke [smoʊk] ◇ n - **1.** (U) [from fire] fumée f - **2.** [act of smoking] : **to have a ~** [cigarette] fumer une cigarette ; [cigar] fumer un cigare ◇ vt & vi fumer.

smoked [smoʊkt] adj [food] fumé(e).

smokeless fuel ['smoʊklɪs-] n combustible qui ne produit pas de fumée.

smokeless zone ['smoʊklɪs-] n zone où la combustion de matériaux est réglementée.

smoker ['smoʊkər] n - **1.** [person] fumeur m, -euse f - **2.** RAIL compartiment m fumeurs.

smokescreen ['smoʊkskriːn] n fig couverture f.

smoke shop n Am bureau m de tabac.

smokestack ['smoʊkstæk] n cheminée f.

smokestack industry n Am industrie f lourde.

smoking ['smoʊkɪŋ] n tabagisme m ; **'no ~'** 'défense de fumer'.

smoking compartment Br, **smoking car** Am n compartiment m fumeurs.

smoky ['smoʊkɪ] (compar **-ier** ; superl **-iest**) adj - **1.** [room, air] enfumé(e) - **2.** [taste] fumé(e).

smolder Am = **smoulder**.

smooch [smuːtʃ] vi inf se bécoter et se peloter.

smooth [smuːð] ◇ adj - **1.** [surface] lisse - **2.** [sauce] homogène, onctueux(euse) - **3.** [movement] régulier(ère) - **4.** [taste] moelleux(euse) - **5.** [flight, ride] confortable ; [landing, take-off] en douceur - **6.** pej [person, manner] doucereux(euse), mielleux(euse) - **7.** [operation, progress] sans problèmes ◇ vt [hair] lisser ; [clothes, tablecloth] défroisser ; **to ~ the way** aplanir les difficultés OR les obstacles.

◆ **smooth out** vt sep défroisser.

◆ **smooth over** vt fus [difficulties] aplanir ; [disagreements] arranger.

smoothly ['smuːðlɪ] adv - **1.** [move] sans heurt - **2.** pej [suavely] d'un ton doucereux - **3.** [without problems] sans problèmes.

smoothness ['smuːðnɪs] n (U) - **1.** [of surface] aspect m lisse - **2.** [of mixture] onctuosité f - **3.** [of movement] régularité f - **4.** [of flight, ride] confort m - **5.** pej [of person] caractère m doucereux.

smooth-talking [-ˌtɔːkɪŋ] adj doucereux(euse), mielleux(euse).

smother ['smʌðər] vt - **1.** [cover thickly] : **to ~ sb/sthg with** couvrir qqn/qqch de - **2.** [person, fire] étouffer - **3.** fig [emotions] cacher, étouffer.

smoulder Br, **smolder** Am ['smoʊldər] vi lit & fig couver.

smudge [smʌdʒ] ◇ n tache f ; [of ink] bavure f ◇ vt [drawing, painting] maculer ; [paper] faire une marque OR trace sur ; [face] salir.

smug [smʌg] (compar **-ger** ; superl **-gest**) adj suffisant(e).

smuggle ['smʌgl] vt - **1.** [across frontiers] faire passer en contrebande - **2.** [against rules] : **to ~ sthg in/out** faire entrer/sortir qqch clandestinement.

smuggler ['smʌglər] n contrebandier m, -ère f.

smuggling ['smʌglɪŋ] n (U) contrebande f.

smugness ['smʌgnɪs] n suffisance f.

smut [smʌt] n - **1.** [dirty mark] tache f de suie - **2.** (U) pej [books, talk etc] obscénités fpl.

smutty ['smʌtɪ] (compar -ier ; superl -iest) adj pej [book, language] cochon(onne).

snack [snæk] ◇ n casse-croûte m inv ◇ vi Am manger un morceau.

snack bar n snack m, snack-bar m.

snag [snæg] (pt & pp -ged ; cont -ging) ◇ n [problem] inconvénient m, écueil m ◇ vt accrocher ◇ vi : **to ~ (on)** s'accrocher (à).

snail [sneɪl] n escargot m.

snake [sneɪk] ◇ n serpent m ◇ vi serpenter.

snap [snæp] (pt & pp -ped ; cont -ping) ◇ adj [decision, election] subit(e) ; [judgment] irréfléchi(e) ◇ n - **1.** [of branch] craquement m ; [of fingers] claquement m - **2.** [photograph] photo f - **3.** [card game] ≃ bataille f ◇ vt - **1.** [break] casser net - **2.** [move] : **to ~ sthg open/shut** ouvrir/fermer qqch avec un bruit sec ; **to ~ one's fingers** claquer des doigts - **3.** [speak sharply] dire d'un ton sec ◇ vi - **1.** [break] se casser net - **2.** [move] : **to ~ into place** s'emboîter avec un bruit sec - **3.** [dog] : **to ~ at** essayer de mordre - **4.** [speak sharply] : **to ~ (at sb)** parler (à qqn) d'un ton sec - **5.** phr : **to ~ out of it** inf réagir, se secouer.
➤ **snap up** vt sep [bargain] sauter sur.

snap fastener n esp Am pression f.

snappish ['snæpɪʃ] adj hargneux(euse).

snappy ['snæpɪ] (compar -ier ; superl -iest) adj inf - **1.** [stylish] chic - **2.** [quick] prompt(e) ; **make it ~!** dépêche-toi!, et que ça saute!

snapshot ['snæpʃɒt] n photo f.

snare [sneəʳ] ◇ n piège m, collet m ◇ vt prendre au piège, attraper.

snarl [snɑːl] ◇ n grondement m ◇ vi gronder.

snarl-up n enchevêtrement m ; [of traffic] embouteillage m.

snatch [snætʃ] ◇ n [of conversation] bribe f ; [of song] extrait m ◇ vt - **1.** [grab] saisir - **2.** fig [time] réussir à avoir ; [opportunity] saisir ; **to ~ a look at sthg** regarder qqch à la dérobée ◇ vi : **to ~ at sthg** essayer de saisir qqch.

snazzy ['snæzɪ] (compar -ier ; superl -iest) adj inf [clothes, car] beau (belle), super (inv) ; [dresser] qui s'habille chic.

sneak [sniːk] (Am pt snuck) ◇ n Br inf rapporteur m, -euse f ◇ vt : **to ~ a look at sb/sthg** regarder qqn/qqch à la dérobée ◇ vi [move quietly] se glisser ; **to ~ up on sb** s'approcher de qqn sans faire de bruit.

sneakers ['sniːkəz] npl Am tennis mpl, baskets fpl.

sneaking ['sniːkɪŋ] adj secret(ète).

sneak preview n avant-première f.

sneaky ['sniːkɪ] (compar -ier ; superl -iest) adj inf sournois(e).

sneer [snɪəʳ] ◇ n [smile] sourire m dédaigneux ; [laugh] ricanement m ◇ vi - **1.** [smile] sourire dédaigneusement - **2.** [ridicule] : **to ~ at sthg** tourner qqch en ridicule.

sneeze [sniːz] ◇ n éternuement m ◇ vi éternuer ; **it's not to be ~d at!** inf il ne faut pas cracher dessus!

snicker ['snɪkəʳ] vi Am ricaner.

snide [snaɪd] adj sournois(e).

sniff [snɪf] ◇ n reniflement m ◇ vt - **1.** [smell] renifler - **2.** [inhale - drug] sniffer ◇ vi - **1.** [to clear nose] renifler - **2.** [to show disapproval] faire la grimace.
➤ **sniff out** vt sep - **1.** [detect by sniffing] flairer - **2.** inf [seek out] rechercher.

sniffer dog ['snɪfəʳ-] n chien m renifleur.

sniffle ['snɪfl] vi renifler.

snigger ['snɪgəʳ] ◇ n rire m en dessous ◇ vi ricaner.

snip [snɪp] (pt & pp -ped ; cont -ping) ◇ n inf [bargain] bonne affaire f ◇ vt couper.

snipe [snaɪp] vi - **1.** [shoot] : **to ~ at sb/sthg** canarder qqn/qqch - **2.** [criticize] : **to ~ at sb** critiquer qqn sournoisement.

sniper ['snaɪpəʳ] n tireur m isolé.

snippet ['snɪpɪt] n fragment m.

snivel ['snɪvl] (Br pt & pp -led ; cont -ling, Am pt & pp -ed ; cont -ing) vi geindre.

snob [snɒb] n snob mf.

snobbery ['snɒbərɪ] n snobisme m.

snobbish ['snɒbɪʃ], **snobby** ['snɒbɪ] (compar -ier ; superl -iest) adj snob (inv).

snooker ['snuːkəʳ] ◇ n [game] ≃ jeu m de billard ◇ vt Br inf fig : **to be ~ed** être coincé(e).

snoop [snuːp] vi inf fureter.

snooper ['snuːpəʳ] n inf fouineur m, -euse f.

snooty ['snuːtɪ] (compar -ier ; superl -iest) adj inf prétentieux(euse).

snooze [snuːz] ◇ n petit somme m ◇ vi faire un petit somme.

snore [snɔːʳ] ◇ n ronflement m ◇ vi ronfler.

snoring ['snɔːrɪŋ] n (U) ronflement m, ronflements mpl.

snorkel ['snɔːkl] n tuba m.

snorkelling Br, **snorkeling** Am ['snɔːklɪŋ] n : **to go ~** faire de la plongée avec un tuba.

snort [snɔːt] ◇ n [of person] grognement m ;

[of horse, bull] ébrouement m ◇ vi [person] grogner ; [horse] s'ébrouer ◇ vt drugs sl sniffer.

snotty ['snɒtɪ] (compar **-ier** ; superl **-iest**) adj inf - **1.** [snooty] prétentieux(euse) - **2.** [face, child] morveux(euse).

snout [snaut] n groin m.

snow [snəʊ] ◇ n neige f ◇ v impers neiger.

➤ **snow in** vt sep : **to be ~ed in** être bloqué(e) par la neige.

➤ **snow under** vt sep fig : **to be ~ed under (with)** être submergé(e) (de).

snowball ['snəʊbɔːl] ◇ n boule f de neige ◇ vi fig faire boule de neige.

snowbank ['snəʊbæŋk] n congère f, banc m de neige **Can.**

snow blindness n cécité f des neiges.

snowboard ['snəʊ,bɔːd] n surf m des neiges.

snowboarding ['snəʊ,bɔːdɪŋ] n surf m (des neiges).

snowbound ['snəʊbaʊnd] adj bloqué(e) par la neige.

snow-capped [-kæpt] adj couronné(e) de neige.

snowdrift ['snəʊdrɪft] n congère f.

snowdrop ['snəʊdrɒp] n perce-neige m inv.

snowfall ['snəʊfɔːl] n chute f de neige.

snowflake ['snəʊfleɪk] n flocon m de neige.

snowman ['snəʊmæn] (pl **-men** [-men]) n bonhomme m de neige.

snowmobile ['snəʊməbiːl] n scooter m des neiges, motoneige f **Can.**

snow pea n Am mange-tout m inv.

snowplough Br, **snowplow** Am ['snəʊplaʊ] n chasse-neige m inv.

snowshoe ['snəʊʃuː] n raquette f.

snowstorm ['snəʊstɔːm] n tempête f de neige.

snowy ['snəʊɪ] (compar **-ier** ; superl **-iest**) adj neigeux(euse).

SNP (abbr of **Scottish National Party**) n parti nationaliste écossais.

Snr, snr abbr of **senior**.

snub [snʌb] (pt & pp **-bed** ; cont **-bing**) ◇ n rebuffade f ◇ vt snober, ignorer.

snuck [snʌk] Am pt ▷ **sneak**.

snuff [snʌf] n tabac m à priser.

snuffle ['snʌfl] vi renifler.

snuff movie n film porno où l'acteur est tué à la fin.

snug [snʌg] (compar **-ger** ; superl **-gest**) adj - **1.** [person] à l'aise, confortable ; [in bed] bien au chaud - **2.** [place] douillet(ette) - **3.** [close-fitting] bien ajusté(e).

snuggle ['snʌgl] vi se blottir.

so [səʊ] ◇ adv - **1.** [to such a degree] si, tellement ; **~ difficult (that) ...** si OR tellement difficile que ... ; **don't be ~ stupid!** ne sois pas si bête! ; **he's not ~ stupid as he looks** il n'est pas si OR aussi bête qu'il en a l'air ; **we're ~ glad you could come** nous sommes si contents que vous ayez pu venir ; **he's ~ sweet/kind** il est tellement mignon/gentil ; **we had ~ much work!** nous avions tant de travail ! ; **I've never seen ~ much money/many cars** je n'ai jamais vu autant d'argent/de voitures - **2.** [in referring back to previous statement, event etc] : **~ what's the point then?** alors à quoi bon? ; **~ you knew already?** alors tu le savais déjà? ; **I don't think ~** je ne crois pas ; **I'm afraid ~** je crains bien que oui ; **if ~** si oui ; **is that ~?** vraiment? - **3.** [also] aussi ; **~ can/do/would etc I** moi aussi ; **she speaks French and ~ does her husband** elle parle français et son mari aussi ; **as with ..., ~ with** il en va pour ... comme pour ; **just as some people like family holidays, ~ others prefer to holiday alone** de même que certains aiment les vacances en famille, de même d'autres préfèrent passer leurs vacances tout seuls - **4.** [in this way] : **like this way ~** comme cela OR ça, de cette façon ; **hold your arm out, ~** étendez votre bras, comme cela OR ça - **5.** [in expressing agreement] : **~ there is** en effet, c'est vrai ; **~ I see** c'est ce que je vois - **6.** [unspecified amount, limit] : **they pay us ~ much a week** ils nous payent tant par semaine ; **not ~ much ... as** pas tant ... que ; **it's not ~ much the money as the time involved** ce n'est pas tant l'argent que le temps que ça demande ; **or ~** environ, à peu près ; **a year/week or ~ ago** il y a environ un an/une semaine ◇ conj alors ; **he said yes and ~ we got married** il a dit oui, alors on s'est mariés ; **I'm away next week ~ I won't be there** je suis en voyage la semaine prochaine donc OR par conséquent je ne serai pas là ; **~ what have you been up to?** alors, qu'est-ce que vous devenez? ; **~ what?** inf et alors?, et après? ; **~ there!** inf là!, et voilà!

➤ **so as** conj afin de, pour ; **we didn't knock ~ as not to disturb them** nous n'avons pas frappé pour ne pas les déranger.

➤ **so that** conj [for the purpose that] pour que (+ subjunctive) ; **he lied ~ that she would go free** il a menti pour qu'elle soit relâchée.

SO abbr of **standing order**.

soak [səʊk] ◇ vt laisser OR faire tremper ◇ vi - **1.** [become thoroughly wet] : **to leave sthg to ~, to let sthg ~** laisser OR faire tremper qqch - **2.** [spread] : **to ~ into sthg** tremper dans qqch ; **to ~ through (sthg)** traverser (qqch).

➤ **soak up** *vt sep* absorber.

soaked [səʊkt] *adj* trempé(e) ; **to be ~ through** être trempé (jusqu'aux os).

soaking ['səʊkɪŋ] *adj* trempé(e).

so-and-so *n inf* - **1.** [to replace a name] : **Mr ~** Monsieur Untel - **2.** [annoying person] enquiquineur *m*, -euse *f*.

soap [səʊp] ⬦ *n* - **1.** (U) [for washing] savon *m* - **2.** TV soap opera *m* ⬦ *vt* savonner.

soap bubble *n* bulle *f* de savon.

soap flakes *npl* savon *m* en paillettes.

soap opera *n* soap opera *m*.

soap powder *n* lessive *f*.

soapsuds ['səʊpsʌdz] *npl* mousse *f* de savon.

soapy ['səʊpɪ] (*compar* -**ier** ; *superl* -**iest**) *adj* [water] savonneux(euse) ; [taste] de savon.

soar [sɔːʳ] *vi* - **1.** [bird] planer - **2.** [balloon, kite] monter - **3.** [prices, temperature] monter en flèche - **4.** [building, tree, mountain] s'élever, s'élancer - **5.** [music, voice] monter.

soaring ['sɔːrɪŋ] *adj* - **1.** [prices, temperature] qui monte en flèche - **2.** [building, tree, mountain] qui s'élève - **3.** [music, voice] qui monte.

sob [sɒb] (*pt & pp* -**bed** ; *cont* -**bing**) ⬦ *n* sanglot *m* ⬦ *vt* dire en sanglotant ⬦ *vi* sangloter.

sobbing ['sɒbɪŋ] *n* (U) sanglots *mpl*.

sober ['səʊbəʳ] *adj* - **1.** [not drunk] qui n'est pas ivre - **2.** [serious] sérieux(euse) - **3.** [plain - clothes, colours] sobre.

➤ **sober up** *vi* dessoûler.

sobering ['səʊbərɪŋ] *adj* qui donne à réfléchir.

sobriety [səʊ'braɪətɪ] *n fml* [seriousness] sérieux *m*.

Soc. *abbr of* Society.

so-called [-kɔːld] *adj* - **1.** [misleadingly named] soi-disant (*inv*) - **2.** [widely known as] ainsi appelé(e).

soccer ['sɒkəʳ] *n* football *m*

sociable ['səʊʃəbl] *adj* sociable.

social ['səʊʃl] *adj* social(e).

social climber *n pej* arriviste *mf*.

social club *n* club *m*.

social conscience *n* conscience *f* sociale.

social democracy *n* social-démocratie *f*.

social event *n* événement *m* social.

social fund *n* fonds *m* d'entraide.

socialism ['səʊʃəlɪzm] *n* socialisme *m*.

socialist ['səʊʃəlɪst] ⬦ *adj* socialiste ⬦ *n* socialiste *mf*.

socialite ['səʊʃəlaɪt] *n* mondain *m*, -e *f*.

socialize, -ise ['səʊʃəlaɪz] *vi* fréquenter des gens ; **to ~ with sb** fréquenter qqn, frayer avec qqn.

socialized medicine ['səʊʃəlaɪzd-] *n* **Am** soins médicaux payés par les impôts.

social life *n* vie *f* sociale.

socially ['səʊʃəlɪ] *adv* - **1.** [in society] socialement, en société - **2.** [outside business] en dehors du travail.

social order *n* ordre *m* social.

social science *n* sciences *fpl* humaines.

social security *n* aide *f* sociale.

social services *npl* services *mpl* sociaux.

social studies *n* sciences *fpl* sociales.

social work *n* (U) assistance *f* sociale.

social worker *n* assistant social *m*, assistante sociale *f*.

society [sə'saɪətɪ] (*pl* -**ies**) *n* - **1.** [gen] société *f* - **2.** [club] association *f*, club *m*.

socioeconomic ['səʊsɪəʊ,iːkə'nɒmɪk] *adj* socio-économique.

sociological [,səʊsjə'lɒdʒɪkl] *adj* sociologique.

sociologist [,səʊsɪ'ɒlədʒɪst] *n* sociologue *mf*.

sociology [,səʊsɪ'ɒlədʒɪ] *n* sociologie *f*.

sock [sɒk] *n* chaussette *f* ; **to pull one's ~s up** *inf fig* se secouer.

socket ['sɒkɪt] *n* - **1.** [for light bulb] douille *f* ; [for plug] prise *f* de courant - **2.** [of eye] orbite *f* ; [for bone] cavité *f* articulaire.

sod [sɒd] *n* - **1.** [of turf] motte *f* de gazon - **2.** v inf [person] con *m*.

soda ['səʊdə] *n* - **1.** CHEM soude *f* - **2.** [soda water] eau *f* de Seltz - **3.** Am [fizzy drink] soda *m*.

soda syphon *n* siphon *m* d'eau de Seltz.

soda water *n* eau *f* de Seltz.

sodden ['sɒdn] *adj* trempé(e), détrempé(e).

sodium ['səʊdɪəm] *n* sodium *m*.

sofa ['səʊfə] *n* canapé *m*.

sofa bed *n* canapé-lit *m*.

Sofia ['səʊfjə] *n* Sofia.

soft [sɒft] *adj* - **1.** [not hard] doux (douce), mou (molle) - **2.** [smooth, not loud, not bright] doux (douce) - **3.** [without force] léger(ère) - **4.** [caring] tendre - **5.** [lenient] faible, indulgent(e).

soft-boiled *adj* à la coque.

soft drink *n* boisson *f* non alcoolisée.

soft drugs *npl* drogues *fpl* douces.

soften ['sɒfn] ⬦ *vt* - **1.** [fabric] assouplir ; [substance] ramollir ; [skin] adoucir - **2.** [shock, blow] atténuer, adoucir - **3.** [attitude] modérer, adoucir ⬦ vi **- 1.** [substance] se ramollir **- 2.** [attitude, person] s'adoucir, se radoucir.

➥ **soften up** vt sep inf [persuade] amadouer.

softener ['sɒfnə'] n [for washing] adoucissant m.

soft focus n flou m ; **in ~** en flou.

soft furnishings npl Br tissus mpl d'ameublement.

softhearted [ˌsɒft'hɑːtɪd] adj au cœur tendre.

softly ['sɒftlɪ] adv **- 1.** [gently, quietly] doucement **- 2.** [not brightly] faiblement **- 3.** [leniently] avec indulgence.

softness ['sɒftnɪs] n **- 1.** [of bed, ground, substance] mollesse f, moelleux m **- 2.** [of skin, sound, light] douceur f **- 3.** [lenience] indulgence f.

soft-pedal vi inf y aller doucement.

soft sell n inf méthode f de vente discrète OR non agressive.

soft-spoken adj à la voix douce.

soft toy n jouet m en peluche.

software ['sɒftweə'] n (U) COMPUT logiciel m.

software package n COMPUT logiciel m, progiciel m.

softwood ['sɒftwʊd] n bois m tendre.

softy ['sɒftɪ] (pl **-ies**) n inf **- 1.** pej [weak person] mauviette f, poule f mouillée **- 2.** [sensitive person] : **he's a big ~** c'est un tendre.

soggy ['sɒgɪ] (compar **-ier** ; superl **-iest**) adj trempé(e), détrempé(e).

soil [sɔɪl] ⬦ n (U) **- 1.** [earth] sol m, terre f **- 2.** fig [territory] sol m, territoire m ⬦ vt souiller, salir.

soiled [sɔɪld] adj sale.

solace ['sɒləs] n literary consolation f, réconfort m.

solar ['səʊlə'] adj solaire.

solarium [sə'leərɪəm] (pl **-riums** OR **-ria** [-rɪə]) n solarium m.

solar panel n panneau m solaire.

solar plexus [-'pleksəs] n plexus m solaire.

solar system n système m solaire.

sold [səʊld] pt & pp ⊳ **sell.**

solder ['səʊldə'] ⬦ n (U) soudure f ⬦ vt souder.

soldering iron ['səʊldərɪŋ-] n fer m à souder.

soldier ['səʊldʒə'] n soldat m.

➥ **soldier on** vi Br persévérer.

sold-out adj [tickets] qui ont tous été vendus ; [play, concert] qui joue à guichets fermés.

sole [səʊl] (pl sense 2 only, inv OR **-s**) ⬦ adj **- 1.** [only] seul(e), unique **- 2.** [exclusive] exclusif(ive) ⬦ n **- 1.** [of foot] semelle f **- 2.** [fish] sole f.

solely ['səʊllɪ] adv seulement, uniquement ; **~ responsible** seul OR entièrement responsable.

solemn ['sɒləm] adj solennel(elle) ; [person] sérieux(euse).

solemnly ['sɒləmlɪ] adv **- 1.** [speak, behave] avec solennité, sérieusement **- 2.** [promise, swear] solennellement.

sole trader n Br COMM entreprise f unipersonnelle OR individuelle.

solicit [sə'lɪsɪt] ⬦ vt [request] solliciter ⬦ vi [prostitute] racoler.

solicitor [sə'lɪsɪtə'] n Br JUR notaire m.

solicitous [sə'lɪsɪtəs] adj **- 1.** [caring] plein(e) de sollicitude **- 2.** [anxious] : **~ about** OR **for** préoccupé(e) de, soucieux(euse) de.

solid ['sɒlɪd] ⬦ adj **- 1.** [not fluid, sturdy, reliable] solide **- 2.** [not hollow - tyres] plein(e) ; [- wood, rock, gold] massif(ive) **- 3.** [without interruption] : **two hours ~** deux heures d'affilée ⬦ n solide m.

solidarity [ˌsɒlɪ'dærətɪ] n solidarité f.

solid fuel n combustible m solide.

solidify [sə'lɪdɪfaɪ] (pt & pp **-ied**) vi se solidifier.

solidly ['sɒlɪdlɪ] adv **- 1.** [sturdily] solidement **- 2.** [completely] tout à fait, absolument **- 3.** [without interruption] sans s'arrêter, sans interruption.

soliloquy [sə'lɪləkwɪ] (pl **-ies**) n soliloque m.

solitaire [ˌsɒlɪ'teə'] n **- 1.** [jewel, board game] solitaire m **- 2.** Am [card game] réussite f, patience f.

solitary ['sɒlɪtrɪ] adj **- 1.** [lonely, alone] solitaire **- 2.** [just one] seul(e).

solitary confinement n isolement m cellulaire.

solitude ['sɒlɪtjuːd] n solitude f.

solo ['səʊləʊ] (pl **-s**) ⬦ adj solo (inv) ⬦ n solo m ⬦ adv en solo.

soloist ['səʊləʊɪst] n soliste mf.

Solomon Islands ['sɒləmən-] npl : **the ~** les îles fpl Salomon ; **in the ~** dans les îles Salomon.

solstice ['sɒlstɪs] n solstice m.

soluble ['sɒljʊbl] adj soluble.

solution [sə'luːʃn] n **- 1.** [to problem] : **~ (to)** solution f (de) **- 2.** [liquid] solution f.

solve [sɒlv] vt résoudre.

solvency ['sɒlvənsɪ] n solvabilité f.

solvent ['sɒlvənt] ⬦ adj FIN solvable ⬦ n dissolvant m, solvant m.

solvent abuse *n* usage *m* de solvants.

Som. (*abbr of* **Somerset**) comté anglais.

Somali [sə'mɑːlɪ] ◇ *adj* somali(e), somalien(enne) ◇ *n* - **1.** [person] Somali *m*, -e *f*, Somalien *m*, -enne *f* - **2.** [language] somali *m*.

Somalia [sə'mɑːlɪə] *n* Somalie *f* ; **in** ~ en Somalie.

sombre Br, **somber** Am ['sɒmbə'] *adj* sombre.

some [sʌm] ◇ *adj* - **1.** [a certain amount, number of] : ~ **meat** de la viande ; ~ **money** de l'argent ; ~ **coffee** du café ; ~ **sweets** des bonbons - **2.** [fairly large number or quantity of] quelque ; **I had** ~ **difficulty getting here** j'ai eu quelque mal à venir ici ; **I've known him for** ~ **years** je le connais depuis plusieurs années *OR* pas mal d'années ; **we haven't seen them for** ~ **time** ça fait quelque temps qu'on ne les a pas vus - **3.** (*contrastive use*) [certain] : ~ **jobs are better paid than others** certains boulots sont mieux rémunérés que d'autres ; ~ **people like his music** il y en a qui aiment sa musique - **4.** [in imprecise statements] quelque, quelconque ; **she married** ~ **writer or other** elle a épousé un écrivain quelconque *OR* quelque écrivain ; **there must be** ~ **mistake** il doit y avoir erreur - **5.** *inf* [very good] : **that was** ~ **party!** c'était une soirée formidable!, quelle soirée! - **6.** *inf iro* [not very good] : ~ **party that was!** tu parles d'une soirée! ; ~ **help you are!** tu parles d'une aide!, beaucoup tu m'aides! ◇ *pron* - **1.** [a certain amount] : **can I have** ~**?** [money, milk, coffee etc] est-ce que je peux en prendre? ; ~ **of it is mine** une partie est à moi - **2.** [a certain number] quelques-uns (quelques-unes), certains (certaines) ; **can I have** ~**?** [books, pens, potatoes etc] est-ce que je peux en prendre (quelques-uns)? ; ~ (**of them**) **left early** quelques-uns d'entre eux sont partis tôt ; ~ **say he lied** certains disent *OR* il y en a qui disent qu'il a menti ◇ *adv* quelque, environ ; **there were** ~ **7,000 people there** il y avait quelque *OR* environ 7 000 personnes.

somebody ['sʌmbədɪ] ◇ *pron* quelqu'un ◇ *n* : **he really thinks he's** ~ il se prend pour *OR* se croit quelqu'un.

someday ['sʌmdeɪ] *adv* un jour, un de ces jours.

somehow ['sʌmhaʊ], **someway** Am ['sʌmweɪ] *adv* - **1.** [by some action] d'une manière ou d'une autre - **2.** [for some reason] pour une raison ou pour une autre.

someone ['sʌmwʌn] *pron* quelqu'un.

someplace Am = **somewhere**.

somersault ['sʌməsɔːlt] ◇ *n* cabriole *f*, culbute *f* ◇ *vi* faire une cabriole *OR* culbute.

something ['sʌmθɪŋ] ◇ *pron* - **1.** [unknown thing] quelque chose ; ~ **odd/interesting** quelque chose de bizarre/d'intéressant ; **or** ~ *inf* ou quelque chose comme ça - **2.** [useful thing] : (**at least**) **that's** ~ c'est toujours ça, c'est déjà quelque chose ; **there's** ~ **in what you say** il y a du vrai dans ce que vous dites - **3.** *phr* : **that's really** ~**!** ce n'est pas rien! ; **she's** ~ **of a cook** elle est assez bonne cuisinière ◇ *adv* : ~ **like**, ~ **in the region of** environ, à peu près.

sometime ['sʌmtaɪm] ◇ *adj* ancien(enne) ◇ *adv* un de ces jours ; ~ **last week** la semaine dernière.

sometimes ['sʌmtaɪmz] *adv* quelquefois, parfois.

someway Am = **somehow**.

somewhat ['sʌmwɒt] *adv* quelque peu.

somewhere Br ['sʌmweə'], **someplace** Am ['sʌmpleɪs] *adv* - **1.** [unknown place] quelque part ; ~ **else** ailleurs ; ~ **near here** près d'ici - **2.** [used in approximations] environ, à peu près - **3.** *phr* : **to be getting** ~ avancer, faire des progrès.

son [sʌn] *n* fils *m*.

sonar ['səʊnɑː'] *n* sonar *m*.

sonata [sə'nɑːtə] *n* sonate *f*.

song [sɒŋ] *n* chanson *f* ; [of bird] chant *m*, ramage *m* ; **for a** ~ *inf* [cheaply] pour une bouchée de pain ; **to make a** ~ **and dance about sthg** *inf* faire toute une histoire *OR* tout un plat à propos de qqch.

songbook ['sɒŋbʊk] *n* recueil *m* de chansons.

sonic ['sɒnɪk] *adj* sonique.

sonic boom *n* bang *m*.

son-in-law (*pl* **sons-in-law**) *n* gendre *m*, beau-fils *m*.

sonnet ['sɒnɪt] *n* sonnet *m*.

sonny ['sʌnɪ] *n inf* fiston *m*.

soon [suːn] *adv* - **1.** [before long] bientôt ; ~ **after** peu après - **2.** [early] tôt ; **write back** ~ réponds-moi vite ; **how** ~ **will it be ready?** ce sera prêt quand?, dans combien de temps est-ce que ce sera prêt? ; **as** ~ **as** dès que, aussitôt que - **3.** *phr* : **I'd just as** ~ ... je préférerais ..., j'aimerais autant ...

sooner ['suːnə'] *adv* - **1.** [in time] plus tôt ; **no** ~ ... **than** ... à peine ... que ... ; ~ **or later** tôt ou tard ; **the** ~ **the better** le plus tôt sera le mieux - **2.** [expressing preference] : **I would** ~ ... je préférerais ..., j'aimerais mieux ...

soot [sʊt] *n* suie *f*.

soothe [suːð] vt calmer, apaiser.

soothing ['suːðɪŋ] adj - **1.** [pain-relieving] lénifiant(e), lénitif(ive) - **2.** [music, words] apaisant(e).

sooty ['sutɪ] (compar -ier ; superl -iest) adj couvert(e) de suie.

sop [sɒp] n pej : ~ **(to)** concession f (à).

SOP (abbr of standard operating procedure) n marche à suivre normale.

sophisticated [sə'fɪstɪkeɪtɪd] adj - **1.** [stylish] raffiné(e), sophistiqué(e) - **2.** [intelligent] averti(e) - **3.** [complicated] sophistiqué(e), très perfectionné(e).

sophistication [sə,fɪstɪ'keɪʃn] n - **1.** [stylishness] raffinement m, sophistication f - **2.** [intelligence] intelligence f - **3.** [complexity] sophistication f, perfectionnement m.

sophomore ['sɒfəmɔːr] n Am étudiant m, -e f de seconde année.

soporific [,sɒpə'rɪfɪk] adj soporifique.

sopping ['sɒpɪŋ] adj : ~ **(wet)** tout trempé (toute trempée).

soppy ['sɒpɪ] (compar -ier ; superl -iest) adj inf - **1.** [sentimental - book, film] à l'eau de rose ; [- person] sentimental(e) - **2.** [silly] bêta(asse), bête.

soprano [sə'prɑːnəʊ] (pl -s) n [person] soprano mf ; [voice] soprano m.

sorbet ['sɔːbeɪ] n sorbet m.

sorcerer ['sɔːsərər] n sorcier m.

sordid ['sɔːdɪd] adj sordide.

sore [sɔːr] <> adj - **1.** [painful] douloureux(euse) ; **to have a ~ throat** avoir mal à la gorge - **2.** Am [upset] fâché(e), contrarié(e) - **3.** literary [great] : **to be in ~ need of sthg** avoir grandement besoin de qqch <> n plaie f.

sorely ['sɔːlɪ] adv literary [needed] grandement.

sorority [sə'rɒrətɪ] n Am club m d'étudiantes.

sorrel ['sɒrəl] n oseille f.

sorrow ['sɒrəʊ] n peine f, chagrin m.

sorrowful ['sɒrəʊfʊl] adj triste, affligé(e).

sorry ['sɒrɪ] (compar -ier ; superl -iest) <> adj - **1.** [expressing apology, disappointment, sympathy] désolé(e) ; **to be ~ about sthg** s'excuser pour qqch ; **to be ~ for sthg** regretter qqch ; **to be ~ to do sthg** être désolé or regretter de faire qqch ; **to be OR feel ~ for sb** plaindre qqn ; **to be OR feel ~ for o.s.** s'apitoyer sur son sort - **2.** [poor] : **in a ~ state** en piteux état, dans un triste état <> excl - **1.** [expressing apology] pardon!, excusez-moi! ; **~, we're sold out** désolé, on n'en a plus - **2.** [asking for repetition] pardon?, comment? - **3.** [to correct oneself] non, pardon OR je veux dire.

sort [sɔːt] <> n genre m, sorte f, espèce f ; **what ~ of car have you got?** qu'est-ce que tu as comme voiture? ; **~ of** [rather] plutôt, quelque peu ; **a ~ of** une espèce OR sorte de <> vt trier, classer.

◆ **sorts** npl : **of ~s** si on veut, si on peut dire ; **to be out of ~s** ne pas être dans son assiette, être patraque.

◆ **sort out** vt sep - **1.** [classify] ranger, classer - **2.** [solve] résoudre.

sortie ['sɔːtiː] n sortie f.

sorting office ['sɔːtɪŋ-] n centre m de tri.

sort-out n Br inf : **to have a ~** faire du rangement.

SOS (abbr of save our souls) n SOS m.

so-so inf <> adj quelconque <> adv comme ci comme ça.

soufflé ['suːfleɪ] n soufflé m.

sought [sɔːt] pt & pp ▷ **seek.**

sought-after adj recherché(e), demandé(e).

soul [səʊl] n - **1.** [gen] âme f ; **I didn't see a ~** je n'ai pas vu âme qui vive - **2.** [music] soul m.

soul-destroying [-dɪ,strɔɪɪŋ] adj abrutissant(e).

soulful ['səʊlfʊl] adj [look] expressif(ive) ; [song etc] sentimental(e).

soulless ['səʊllɪs] adj [job] abrutissant(e) ; [place] sans âme.

soul mate n âme f sœur.

soul music n soul m.

soul-searching n (U) examen m de conscience.

sound [saʊnd] <> adj - **1.** [healthy - body] sain(e), en bonne santé ; [- mind] sain - **2.** [sturdy] solide - **3.** [reliable - advice] judicieux(euse), sage ; [- investment] sûr(e) <> adv : **to be ~ asleep** dormir à poings fermés, dormir d'un sommeil profond <> n son m ; [particular sound] bruit m, son m ; **I don't like the ~ of that** fig cela ne me dit rien qui vaille ; **by the ~ of it** ... d'après ce que j'ai compris ... <> vt [alarm, bell] sonner ; **to ~ one's horn** klaxonner <> vi - **1.** [make a noise] sonner, retentir ; **to ~ like sthg** ressembler à qqch - **2.** [seem] sembler, avoir l'air ; **to ~ like sthg** avoir l'air de qqch, sembler être qqch.

◆ **sound out** vt sep : **to ~ sb out (on OR about)** sonder qqn (sur).

sound barrier n mur m du son.

sound bite n petite phrase f (prononcée par un homme politique etc à la radio ou à la télévision pour frapper les esprits).

soundcard ['saʊndkɑːd] n COMPUT carte f son.

sound effects *npl* bruitage *m*, effets *mpl* sonores.

sounding ['saʊndɪŋ] *n* NAUT & fig sondage *m*.

sounding board *n* - **1.** THEATRE abat-voix *m inv* - **2.** fig [person] *personne sur laquelle on peut essayer une nouvelle idée.*

soundly ['saʊndlɪ] *adv* - **1.** [beaten] à plates coutures - **2.** [sleep] profondément.

soundness ['saʊndnɪs] *n* [of argument] solidité *f*, validité *f* ; [of theory, method] fiabilité *f*.

soundproof ['saʊndpruːf] *adj* insonorisé(e).

soundtrack ['saʊndtræk] *n* bande-son *f*.

sound wave *n* onde *f* sonore.

soup [suːp] *n* soupe *f*, potage *m*.
➡ **soup up** *vt sep* inf [car] gonfler le moteur de.

soup kitchen *n* soupe *f* populaire.

soup plate *n* assiette *f* creuse OR à soupe.

soup spoon *n* cuiller *f* à soupe.

sour ['saʊəʳ] ◇ *adj* - **1.** [taste, fruit] acide, aigre - **2.** [milk] aigre ; **to go** OR **turn ~** tourner à l'aigre ; fig [relationship] mal tourner, tourner au vinaigre - **3.** [ill-tempered] aigre, acerbe ◇ *vt* fig faire tourner au vinaigre, faire mal tourner ◇ *vi* tourner au vinaigre, mal tourner.

source [sɔːs] *n* - **1.** [gen] source *f* - **2.** [cause] origine *f*, cause *f*.

sour cream *n* crème *f* aigre.

sour grapes *n* (U) inf : **what he said was just ~** il a dit ça par dépit.

sourness ['saʊənɪs] *n* - **1.** [of taste, fruit] aigreur *f*, acidité *f* - **2.** [of milk, person] aigreur *f*.

south [saʊθ] ◇ *n* - **1.** [direction] sud *m* - **2.** [region] : **the ~** le sud ; **the South of France** le Sud de la France, le Midi (de la France) ◇ *adj* sud *(inv)* ; [wind] du sud ◇ *adv* au sud, vers le sud ; **~ of** au sud de.

South Africa *n* Afrique *f* du Sud ; **in ~** en Afrique du Sud ; **the Republic of ~** la République d'Afrique du Sud.

South African ◇ *adj* sud-africain(e) ◇ *n* [person] Sud-Africain *m*, -e *f*.

South America *n* Amérique *f* du Sud ; **in ~** en Amérique du Sud.

South American ◇ *adj* sud-américain(e) ◇ *n* [person] Sud-Américain *m*, -e *f*.

southbound ['saʊθbaʊnd] *adj* qui se dirige vers le sud ; [carriageway] sud *(inv)*.

South Carolina [-ˌkærə'laɪnə] *n* Caroline *f* du Sud ; **in ~** en Caroline du Sud.

South Dakota [-də'kəʊtə] *n* Dakota *m* du Sud ; **in ~** dans le Dakota du Sud.

southeast [ˌsaʊθ'iːst] ◇ *n* - **1.** [direction] sud-est *m* - **2.** [region] : **the ~** le sud-est ◇ *adj* au sud-est, du sud-est ; [wind] du sud-est ◇ *adv* au sud-est, vers le sud-est ; **~ of** au sud-est de.

Southeast Asia *n* Asie *f* du Sud-Est ; **in ~** en Asie du Sud-Est.

southeasterly [ˌsaʊθ'iːstəlɪ] *adj* au sud-est, du sud-est ; [wind] du sud-est ; **in a ~ direction** vers le sud-est.

southeastern [ˌsaʊθ'iːstən] *adj* du sud-est, au sud-est.

southerly ['sʌðəlɪ] *adj* au sud, du sud ; [wind] du sud ; **in a ~ direction** vers le sud.

southern ['sʌðən] *adj* du sud ; [France] du Midi.

Southern Africa *n* Afrique *f* australe ; **in ~** en Afrique australe.

Southerner ['sʌðənəʳ] *n* habitant *m*, -e *f* du Sud.

South Korea *n* Corée *f* du Sud ; **in ~** en Corée du Sud.

South Korean ◇ *adj* sud-coréen(enne) ◇ *n* Sud-Coréen *m*, -enne *f*.

South Pole *n* : **the ~** le pôle Sud.

South Vietnam *n* Sud Viêt-Nam *m* ; **in ~** au Sud Viêt-Nam.

South Vietnamese ◇ *adj* sud-vietnamien(enne) ◇ *n* Sud-Vietnamien *m*, -enne *f*.

southward ['saʊθwəd] ◇ *adj* au sud, du sud ◇ *adv* = **southwards**.

southwards ['saʊθwədz] *adv* vers le sud.

southwest [ˌsaʊθ'west] ◇ *n* - **1.** [direction] sud-ouest *m* - **2.** [region] : **the ~** le sud-ouest ◇ *adj* au sud-ouest, du sud-ouest ; [wind] du sud-ouest ◇ *adv* au sud-ouest, vers le sud-ouest ; **~ of** au sud-ouest de.

southwesterly [ˌsaʊθ'westəlɪ] *adj* au sud-ouest, du sud-ouest ; [wind] du sud-ouest ; **in a ~ direction** vers le sud-ouest.

southwestern [ˌsaʊθ'westən] *adj* au sud-ouest, du sud-ouest.

South Yemen *n* Yémen *m* du Sud ; **in ~** au Yémen du Sud.

souvenir [ˌsuːvə'nɪəʳ] *n* souvenir *m*.

sou'wester [saʊ'westəʳ] *n* [hat] suroît *m*.

sovereign ['sɒvrɪn] ◇ *adj* souverain(e) ◇ *n* - **1.** [ruler] souverain *m*, -e *f* - **2.** [coin] souverain *m*.

sovereignty ['sɒvrɪntɪ] *n* souveraineté *f*.

soviet ['səʊvɪət] *n* soviet *m*.
➡ **Soviet** ◇ *adj* soviétique ◇ *n* [person] Soviétique *mf*.

Soviet Union *n* : **the (former)** ~ l'(ex-)Union *f* soviétique.

sow[1] [səʊl] (*pt* **-ed** ; *pp* **sown** OR **-ed**) *vt* lit & fig semer.

sow[2] [saʊl] *n* truie *f*.

sown [səʊn] *pp* ⊳ **sow**[1].

sox [sɒks] ⊳ **bobby sox.**

soya ['sɔɪə] *n* soja *m*.

soy(a) bean ['sɔɪ(ə)-] *n* graine *f* de soja.

soy sauce [sɔɪ-] *n* sauce *f* au soja.

sozzled ['sɒzld] *adj* Br inf rond(e), pompette.

spa [spɑː] *n* station *f* thermale.

spa bath *n* Jacuzzi® *m*.

space [speɪs] ⊳ *n* - **1.** [gap, roominess, outer space] espace *m* ; [on form] blanc *m*, espace ; **to stare into** ~ regarder dans le vide - **2.** [room] place *f* - **3.** [of time] : **within** OR **in the** ~ **of ten minutes** en l'espace de dix minutes ; ~ **of time** laps *m* de temps ⊳ *comp* spatial(e) ⊳ *vt* espacer.

 space out *vt sep* espacer.

space age *n* : **the** ~ l'ère *f* spatiale.

 space-age *adj* de l'ère spatiale.

space bar *n* barre *f* d'espacement.

space capsule *n* capsule *f* spatiale.

spacecraft ['speɪskrɑːft] (*pl inv*) *n* vaisseau *m* spatial.

spaceman ['speɪsmæn] (*pl* **-men** [-men]) *n* astronaute *m*, cosmonaute *m*.

space probe *n* sonde *f* spatiale.

spaceship ['speɪsʃɪp] *n* vaisseau *m* spatial.

space shuttle *n* navette *f* spatiale.

space station *n* station *f* orbitale OR spatiale.

spacesuit ['speɪssuːt] *n* combinaison *f* spatiale.

spacewoman ['speɪsˌwʊmən] (*pl* **-women** [-ˌwɪmɪn]) *n* astronaute *f*, cosmonaute *f*.

spacing ['speɪsɪŋ] *n* TYPO espacement *m*.

spacious ['speɪʃəs] *adj* spacieux(euse).

spade [speɪd] *n* - **1.** [tool] pelle *f* - **2.** [playing card] pique *m*.

 spades *npl* pique *m* ; **the six of** ~**s** le six de pique.

spadework ['speɪdwɜːk] *n* inf gros *m* du travail.

spaghetti [spə'getɪ] *n* (*U*) spaghettis *mpl*.

Spain [speɪn] *n* Espagne *f* ; **in** ~ en Espagne.

span [spæn] (*pt* & *pp* **-ned** ; *cont* **-ning**) ⊳ *pt* ⊳ **spin** ⊳ *n* - **1.** [in time] espace *m* de temps, durée *f* - **2.** [range] éventail *m*, gamme *f* - **3.** [of bird, plane] envergure *f* - **4.** [of bridge] travée *f* ; [of arch] ouverture *f* ⊳ *vt* - **1.** [in time] embrasser, couvrir - **2.** [subj : bridge] franchir.

spandex ['spændeks] *n* Am textile proche du Lycra®.

spangled ['spæŋgld] *adj* : ~ **(with)** pailleté(e) (de).

Spaniard ['spænjəd] *n* Espagnol *m*, -e *f*.

spaniel ['spænjəl] *n* épagneul *m*.

Spanish ['spænɪʃ] ⊳ *adj* espagnol(e) ⊳ *n* [language] espagnol *m* ⊳ *npl* : **the** ~ les Espagnols.

Spanish America *n* Amérique *f* hispanophone.

Spanish American ⊳ *adj* - **1.** [in US] hispanique - **2.** [in Latin America] hispano-américain(e) ⊳ *n* - **1.** [in US] Hispanique *mf* - **2.** [in Latin America] Hispano-Américain *m*, -e *f*.

spank [spæŋk] ⊳ *n* fessée *f* ⊳ *vt* donner une fessée à, fesser.

spanner ['spænər] *n* clé *f* à écrous.

spar [spɑːr] (*pt* & *pp* **-red** ; *cont* **-ring**) ⊳ *n* espar *m* ⊳ *vi* - **1.** BOXING s'entraîner à la boxe - **2.** [verbally] : **to** ~ **(with)** se disputer (avec).

spare [speər] ⊳ *adj* - **1.** [surplus] de trop ; [component, clothing etc] de réserve, de rechange ; ~ **bed** lit *m* d'appoint - **2.** [available - seat, time, tickets] disponible ⊳ *n* - **1.** [tyre] pneu *m* de rechange OR de secours - **2.** [part] pièce *f* détachée OR de rechange ⊳ *vt* - **1.** [make available - staff, money] se passer de ; [- time] disposer de ; **to have an hour to** ~ avoir une heure de battement OR de libre ; **with a minute to** ~ avec une minute d'avance ; **with £2 to** ~ et il nous/lui *etc* reste encore deux livres - **2.** [not harm] épargner - **3.** [not use] épargner, ménager ; **to** ~ **no expense** ne pas regarder à la dépense - **4.** [save from] : **to** ~ **sb sthg** épargner qqch à qqn, éviter qqch à qqn.

spare part *n* pièce *f* détachée OR de rechange.

spare room *n* chambre *f* d'amis.

spare time *n* (*U*) temps *m* libre, loisirs *mpl*.

spare tyre *n* - **1.** AUT pneu *m* de rechange OR de secours - **2.** hum [fat waist] bourrelet *m* (de graisse).

spare wheel *n* roue *f* de secours.

sparing ['speərɪŋ] *adj* : **to be** ~ **with** OR **of sthg** être économe de qqch, ménager qqch.

sparingly ['speərɪŋlɪ] *adv* [use] avec modération ; [spend] avec parcimonie.

spark [spɑːk] ⊳ *n* lit & fig étincelle *f* ⊳ *vt* [interest] susciter, éveiller ; [scandal] provoquer ; [debate] déclencher.

sparking plug ['spɑːkɪŋ-] Br = **spark plug.**

sparkle ['spɑːkl] ⬦ n (U) [of eyes, jewel] éclat m ; [of stars] scintillement m ⬦ vi étinceler, scintiller.

sparkler ['spɑːklər] n [firework] cierge m merveilleux.

sparkling wine ['spɑːklɪŋ-] n vin m mousseux.

spark plug n bougie f.

sparrow ['spærəʊ] n moineau m.

sparse ['spɑːs] adj clairsemé(e), épars(e).

spartan ['spɑːtn] adj austère, de spartiate.

spasm ['spæzm] n - **1.** MED spasme m ; [of coughing] quinte f - **2.** [of emotion] accès m.

spasmodic [spæz'mɒdɪk] adj spasmodique.

spastic ['spæstɪk] MED ⬦ adj handicapé(e) moteur ⬦ n handicapé m, -e f moteur.

spat [spæt] pt & pp ➢ spit.

spate [speɪt] n [of attacks etc] série f.

spatial ['speɪʃl] adj spatial(e).

spatter ['spætər] ⬦ vt éclabousser ⬦ vi gicler.

spatula ['spætjʊlə] n spatule f.

spawn [spɔːn] ⬦ n (U) frai m, œufs mpl ⬦ vt fig donner naissance à, engendrer ⬦ vi [fish, frog] frayer.

spay [speɪ] vt châtrer.

SPCA (abbr of Society for the Prevention of Cruelty to Animals) n société américaine protectrice des animaux, ≃ SPA f.

SPCC (abbr of Society for the Prevention of Cruelty to Children) n société américaine pour la protection de l'enfance.

speak [spiːk] (pt spoke ; pp spoken) ⬦ vt - **1.** [say] dire ; **to ~ ill of sb** dire du mal de qqn - **2.** [language] parler ⬦ vi parler ; **to ~ to OR with sb** parler à qqn ; **to ~ to sb about sthg** parler de qqch à qqn ; **to ~ about sb/sthg** parler de qqn/qqch ; **to ~ well/highly of sb** dire du bien/beaucoup de bien de qqn ; **nobody ~ of** pas grand-monde ; **nothing to ~ of** pas grand-chose.

➡ **so to speak** adv pour ainsi dire.

➡ **speak for** vt fus [represent] parler pour, parler au nom de ; **~ for yourself!** parle pour toi! ; **it ~s for itself** cela tombe sous le sens, c'est évident.

➡ **speak out** vi oser prendre la parole ; **to ~ out against** s'élever contre, se dresser contre.

➡ **speak up** vi - **1.** [support] : **to ~ up for sb/sthg** parler en faveur de qqn/qqch, soutenir qqn/qqch - **2.** [speak louder] parler plus fort.

speaker ['spiːkər] n - **1.** [person talking] personne f qui parle - **2.** [person making speech] orateur m - **3.** [of language] : **a German ~** une personne qui parle allemand - **4.** [loudspeaker] haut-parleur m.

speaking ['spiːkɪŋ] ⬦ adv : **politically ~** politiquement parlant ; **~ as** [in the position of] en tant que ; **~ of** [on the subject of] à propos de ⬦ n (U) discours m, parole f.

speaking clock n Br horloge f parlante.

spear [spɪər] ⬦ n lance f ⬦ vt transpercer d'un coup de lance.

spearhead ['spɪəhed] ⬦ n fer m de lance ⬦ vt [campaign] mener ; [attack] être le fer de lance de.

spec [spek] n Br inf : **on ~** à tout hasard.

special ['speʃl] ⬦ adj - **1.** [gen] spécial(e) - **2.** [needs, effort, attention] particulier(ère) ⬦ n - **1.** [on menu] plat m du jour - **2.** TV émission f spéciale.

special agent n [spy] agent m secret.

special constable n Br auxiliaire m de police.

special correspondent n envoyé m spécial.

special delivery n (U) [service] exprès m, envoi m par exprès ; **by ~** en exprès.

special effects npl effets mpl spéciaux.

specialist ['speʃəlɪst] ⬦ adj spécialisé(e) ⬦ n spécialiste mf.

speciality [ˌspeʃɪ'ælətɪ] (pl -ies), **specialty** Am ['speʃltɪ] (pl -ies) n spécialité f.

specialize, -ise ['speʃəlaɪz] vi : **to ~ (in)** se spécialiser (dans).

specially ['speʃəlɪ] adv - **1.** [specifically] spécialement ; [on purpose] exprès - **2.** [particularly] particulièrement.

special needs [- niːdz] n : **~ children** enfants ayant des difficultés scolaires ; **~ teacher** enseignant spécialisé s'occupant d'enfants ayant des difficultés scolaires.

special offer n promotion f.

special school n école f pour enfants handicapés, établissement m spécialisé.

specialty n Am = speciality.

species ['spiːʃiːz] (pl inv) n espèce f.

specific [spə'sɪfɪk] adj - **1.** [particular] particulier(ère), précis(e) - **2.** [precise] précis(e) - **3.** [unique] : **~ to** propre à.

➡ **specifics** npl détails mpl.

specifically [spə'sɪfɪklɪ] adv - **1.** [particularly] particulièrement, spécialement - **2.** [precisely] précisément.

specification [ˌspesɪfɪ'keɪʃn] n stipulation f.

➡ **specifications** npl TECH caractéristiques fpl techniques, spécification f.

specify ['spesɪfaɪ] (*pt* & *pp* **-ied**) *vt* préciser, spécifier.

specimen ['spesɪmən] *n* - **1.** [example] exemple *m*, spécimen *m* - **2.** [of blood] prélèvement *m ;* [of urine] échantillon *m*.

specimen copy *n* spécimen *m*.

specimen signature *n* spécimen *m* de signature

speck [spek] *n* - **1.** [small stain] toute petite tache *f* - **2.** [of dust] grain *m*.

speckled ['spekld] *adj :* ~ **(with)** tacheté(e) de.

specs [speks] *npl* inf [glasses] lunettes *fpl*.

spectacle ['spektəkl] *n* spectacle *m*.
➡ **spectacles** *npl* Br [glasses] lunettes *fpl*.

spectacular [spek'tækjʊləˀ] ⬦ *adj* spectaculaire ⬦ *n* pièce *f* OR revue *f* à grand spectacle.

spectate [spek'teɪt] *vi* regarder, être là en tant que spectateur.

spectator [spek'teɪtəˀ] *n* spectateur *m*, -trice *f*.

spectator sport *n* sport *m* que l'on regarde en tant que spectateur.

spectre Br, **specter** Am ['spektəˀ] *n* spectre *m*.

spectrum ['spektrəm] (*pl* **-tra** [-trə]) *n* - **1.** PHYSICS spectre *m* - **2.** fig [variety] gamme *f*.

speculate ['spekjʊleɪt] ⬦ *vt :* **to ~ that ...** émettre l'hypothèse que ... ⬦ *vi* - **1.** [wonder] faire des conjectures - **2.** FIN spéculer.

speculation [,spekjʊ'leɪʃn] *n* - **1.** [gen] spéculation *f* - **2.** [conjecture] conjectures *fpl*.

speculative ['spekjʊlətɪv] *adj* spéculatif(ive).

speculator ['spekjʊleɪtəˀ] *n* FIN spéculateur *m*, -trice *f*.

sped [sped] *pt* & *pp* ▷ **speed**.

speech [spiːtʃ] *n* - **1.** (U) [ability] parole *f* - **2.** [formal talk] discours *m ;* **to give** OR **make a ~** faire un discours - **3.** THEATRE texte *m* - **4.** [manner of speaking] façon *f* de parler - **5.** [dialect] parler *m*.

speech day *n* Br distribution *f* des prix.

speech impediment *n* défaut *m* d'élocution.

speechless ['spiːtʃlɪs] *adj :* ~ **(with)** muet(ette) (de).

speech processing *n* traitement *m* de la parole.

speech recognition *n* COMPUT reconnaissance *f* de la parole.

speech therapist *n* orthophoniste *mf*.

speech therapy *n* orthophonie *f*.

speed [spiːd] (*pt* & *pp* **-ed** OR **sped**) ⬦ *n* vitesse *f ;* [of reply, action] vitesse, rapidité *f* ⬦ *vi* - **1.** [move fast] : **to ~ along** aller à toute allure OR vitesse ; **to ~ away** démarrer à toute allure - **2.** AUT [go too fast] rouler trop vite, faire un excès de vitesse.
➡ **speed up** ⬦ *vt sep* [person] faire aller plus vite ; [work, production] accélérer ⬦ *vi* aller plus vite ; [car] accélérer.

speedboat ['spiːdbəʊt] *n* hors-bord *m inv*.

speed bump *n* dos-d'âne *m inv*.

speeding ['spiːdɪŋ] *n* (U) excès *m* de vitesse.

speed limit *n* limitation *f* de vitesse.

speedo ['spiːdəʊ] (*pl* **-s**) *n* Br inf compteur *m* (de vitesse).

speedometer [spɪ'dɒmɪtəˀ] *n* compteur *m* (de vitesse).

speed trap *n* radar *m* de contrôle.

speedway ['spiːdweɪ] *n* - **1.** (U) SPORT course *f* de motos - **2.** Am [road] voie *f* express.

speedy ['spiːdɪ] (*compar* **-ier** *; superl* **-iest**) *adj* rapide.

speleology [,spiːlɪ'ɒlədʒɪ] *n* spéléologie *f*.

spell [spel] (Br *pt* & *pp* **spelt** OR **-ed**, Am *pt* & *pp* **-ed**) ⬦ *n* - **1.** [period of time] période *f* - **2.** [enchantment] charme *m ;* [words] formule *f* magique ; **to cast** OR **put a ~ on sb** jeter un sort à qqn, envoûter qqn ⬦ *vt* - **1.** [word, name] écrire - **2.** fig [signify] signifier ⬦ *vi* épeler.
➡ **spell out** *vt sep* - **1.** [read aloud] épeler - **2.** [explain] : **to ~ sthg out (for** OR **to sb)** expliquer qqch clairement (à qqn).

spellbound ['spelbaʊnd] *adj* subjugué(e).

spell-check ⬦ *vt* [text, file, document] vérifier l'orthographe de ⬦ *n* vérification *f* orthographique.

spell-checker [-tʃekəˀ] *n* correcteur *m* OR vérificateur *m* orthographique.

spelling ['spelɪŋ] *n* orthographe *f*.

spelt [spelt] Br *pt* & *pp* ▷ **spell**.

spend [spend] (*pt* & *pp* **spent**) *vt* - **1.** [pay out] : **to ~ money (on)** dépenser de l'argent (pour) - **2.** [time, life] passer ; [effort] consacrer.

spender ['spendəˀ] *n :* **to be a big ~** être très dépensier(ère), dépenser beaucoup.

spending ['spendɪŋ] *n* (U) dépenses *fpl*.

spending money *n* argent *m* de poche.

spending power *n* (U) pouvoir *m* d'achat.

spendthrift ['spendθrɪft] *n* dépensier *m*, -ère *f*.

spent [spent] ⬦ *pt* & *pp* ▷ **spend** ⬦ *adj*

[fuel, match, ammunition] utilisé(e) ; [patience, energy] épuisé(e).

sperm [spɜ:m] (*pl inv* OR **-s**) *n* sperme *m*.

spermicidal cream [ˌspɜ:mɪˈsaɪdl-] *n* crème *f* spermicide.

sperm whale *n* cachalot *m*.

spew [spju:] *vt* & *vi* vomir.

sphere [sfɪərˈ] *n* sphère *f*.

spherical [ˈsferɪkl] *adj* sphérique.

sphincter [ˈsfɪŋktəˈ] *n* sphincter *m*.

sphinx [sfɪŋks] (*pl* **-es** [-i:z]) *n* sphinx *m*.

spice [spaɪs] ◇ *n* - **1.** CULIN épice *f* - **2.** (*U*) fig [excitement] piment *m* ◇ *vt* - **1.** CULIN épicer - **2.** fig [add excitement to] pimenter, relever.

spick-and-span [ˌspɪkənˈspæn] *adj* impeccable, nickel (*inv*).

spicy [ˈspaɪsɪ] (*compar* **-ier** ; *superl* **-iest**) *adj* - **1.** CULIN épicé(e) - **2.** fig [story] pimenté(e), piquant(e).

spider [ˈspaɪdəˈ] *n* araignée *f*.

spider's web, spiderweb Am [ˈspaɪdəwebl] *n* toile *f* d'araignée.

spidery [ˈspaɪdərɪ] *adj* en pattes d'araignée.

spiel [ʃpi:l] *n inf* baratin *m*.

spike [spaɪk] *n* [metal] pointe *f*, lance *f* ; [of plant] piquant *m* ; [of hair] épi *m*.
➤ **spikes** *npl* Br chaussures *fpl* à pointes.

spiky [ˈspaɪkɪ] (*compar* **-ier** ; *superl* **-iest**) *adj* [branch, plant] hérissé(e) de piquants ; [hair] en épi.

spill [spɪl] (Br *pt* & *pp* **spilt** OR **-ed**, Am *pt* & *pp* **-ed**) ◇ *vt* renverser ◇ *vi* - **1.** [liquid] se répandre - **2.** [people] : **to ~ out of a building** sortir d'un bâtiment en masse.

spillage [ˈspɪlɪdʒ] *n* [of oil] déversement *m*.

spilt [spɪlt] Br *pt* & *pp* ▷ **spill.**

spin [spɪn] (*pt* **span** OR **spun** ; *pp* **spun**, *cont* **-ning**) ◇ *n* - **1.** [turn] : **to give sthg a ~** faire tourner qqch - **2.** AERON vrille *f* - **3.** inf [in car] tour *m* - **4.** SPORT effet *m* ◇ *vt* - **1.** [wheel] faire tourner ; **to ~ a coin** jouer à pile ou face - **2.** [washing] essorer - **3.** [thread, wool, cloth] filer - **4.** SPORT [ball] donner de l'effet à ◇ *vi* tourner, tournoyer ; **my head is spinning** j'ai la tête qui tourne.
➤ **spin out** *vt sep* [money, story] faire durer.

spina bifida [ˌspaɪnəˈbɪfɪdə] *n* spina-bifida *m*.

spinach [ˈspɪnɪdʒ] *n* (*U*) épinards *mpl*.

spinal column [ˈspaɪnl-] *n* colonne *f* vertébrale.

spinal cord [ˈspaɪnl-] *n* moelle *f* épinière.

spindle [ˈspɪndl] *n* - **1.** TECH broche *f*, axe *m* - **2.** [for textiles] fuseau *m*.

spindly [ˈspɪndlɪ] (*compar* **-ier** ; *superl* **-iest**) *adj* grêle, chétif(ive).

spin doctor *n pej* expression désignant la personne qui au sein d'un parti politique est chargée de promouvoir l'image de celui-ci.

spin-dry *vt* Br essorer.

spin-dryer *n* Br essoreuse *f*.

spine [spaɪn] *n* - **1.** ANAT colonne *f* vertébrale - **2.** [of book] dos *m* - **3.** [of plant, hedgehog] piquant *m*.

spine-chilling *adj* qui glace le sang.

spineless [ˈspaɪnlɪs] *adj* [feeble] faible, qui manque de cran.

spinner [ˈspɪnəˈ] *n* [of thread] fileur *m*, -euse *f*.

spinning [ˈspɪnɪŋ] *n* [of thread] filage *m*.

spinning top *n* toupie *f*.

spin-off *n* [by-product] dérivé *m*.

spinster [ˈspɪnstəˈ] *n* célibataire *f* ; pej vieille fille *f*.

spiral [ˈspaɪərəl] (Br *pt* & *pp* **-led** ; *cont* **-ling**, Am *pt* & *pp* **-ed** ; *cont* **-ing**) ◇ *adj* spiral(e) ◇ *n* spirale *f* ◇ *vi* - **1.** [staircase, smoke] monter en spirale - **2.** [amount, prices] monter en flèche ; **to ~ downwards** descendre en flèche.

spiral staircase *n* escalier *m* en colimaçon.

spire [spaɪəˈ] *n* flèche *f*.

spirit [ˈspɪrɪt] ◇ *n* - **1.** [gen] esprit *m* ; **to enter into the ~ of sthg** participer à qqch de bon cœur - **2.** (*U*) [determination] caractère *m*, courage *m* ◇ *vt* : **to ~ sb out of a building** faire sortir qqn d'un bâtiment de façon secrète.
➤ **spirits** *npl* - **1.** [mood] humeur *f* ; **to be in high ~s** être gai(e) ; **to be in low ~s** être déprimé(e) - **2.** [alcohol] spiritueux *mpl*.

spirited [ˈspɪrɪtɪd] *adj* fougueux(euse) ; [performance] interprété(e) avec brio.

spirit level *n* niveau *m* à bulle d'air.

spiritual [ˈspɪrɪtʃʊəl] *adj* spirituel(elle).

spiritualism [ˈspɪrɪtʃʊəlɪzm] *n* spiritisme *m*.

spiritualist [ˈspɪrɪtʃʊəlɪst] *n* spirite *mf*.

spit [spɪt] (Br *pt* & *pp* **spat**, *cont* **-ting**, Am *pt* & *pp* **spit**, *cont* **-ting**) ◇ *n* - **1.** (*U*) [spittle] crachat *m* ; [saliva] salive *f* - **2.** [skewer] broche *f* ◇ *vi* cracher ◇ *v impers* Br : **it's spitting** il tombe quelques gouttes.
➤ **spit out** *vt sep* cracher ; **~ it out!** inf accouche!

spite [spaɪt] ◇ *n* rancune *f* ; **to do sthg out of** OR **from ~** faire qqch par malice ◇ *vt* contrarier.
➤ **in spite of** *prep* en dépit de, malgré ; **to do sthg in ~ of o.s.** faire qqch malgré soi.

spiteful [ˈspaɪtfʊl] adj malveillant(e).

spitting image [ˈspɪtɪŋ-] n : **to be the ~ of sb** être le portrait (tout) craché de qqn.

spittle [ˈspɪtl] n (U) crachat m.

splash [splæʃ] ◇ n - **1.** [sound] plouf m - **2.** [small quantity] goutte f - **3.** [of colour, light] tache f ◇ vt éclabousser ◇ vi - **1.** [person] : to ~ **about** OR **around** barboter - **2.** [liquid] jaillir.

◆ **splash out** inf ◇ vt sep [money] claquer ◇ vi : **to ~ out (on)** dépenser une fortune (pour).

splashdown [ˈsplæʃdaʊn] n amerrissage m.

splashguard [ˈsplæʃgɑːd] n Am garde-boue m inv.

splay [spleɪ] ◇ vt écarter ◇ vi : **to ~ (out)** s'écarter.

spleen [spliːn] n - **1.** ANAT rate f - **2.** (U) fig [anger] mauvaise humeur f.

splendid [ˈsplendɪd] adj splendide ; [work, holiday, idea] excellent(e).

splendidly [ˈsplendɪdlɪ] adv - **1.** [marvellously] de façon splendide, splendidement - **2.** [magnificently] magnifiquement.

splendour Br, **splendor** Am [ˈsplendəʳ] n splendeur f.

splice [splaɪs] vt [join - gen] coller ; [- rope] épisser.

splint [splɪnt] n attelle f.

splinter [ˈsplɪntəʳ] ◇ n éclat m ◇ vt [wood] fendre en éclats ; [glass] briser en éclats ◇ vi [wood] se fendre en éclats ; [glass] se briser en éclats.

splinter group n groupe m dissident.

split [splɪt] (pt & pp **split** ; cont **-ting**) ◇ n - **1.** [in wood] fente f - **2.** [in garment - tear] déchirure f ; [- by design] échancrure f - **3.** POL : ~ **(in)** division f OR scission f (au sein de) - **4.** [difference] : ~ **between** écart m entre ◇ vt - **1.** [wood] fendre ; [clothes] déchirer - **2.** POL diviser - **3.** [share] partager ; **to ~ the difference** fig couper la poire en deux ◇ vi - **1.** [wood] se fendre ; [clothes] se déchirer - **2.** POL se diviser ; [road, path] se séparer - **3.** Am inf [leave] se casser.

◆ **splits** npl : **to do the ~s** faire le grand écart.

◆ **split off** ◇ vt sep : **to ~ sthg off (from)** enlever OR détacher qqch (de) ◇ vi : **to ~ off (from)** se détacher (de).

◆ **split up** ◇ vt sep : **to ~ sthg up (into)** diviser OR séparer qqch (en) ◇ vi [group, couple] se séparer.

split end n [in hair] fourche f.

split-level adj [house] à deux niveaux.

split pea n pois m cassé.

split personality n : **to have a ~** souffrir d'un dédoublement de la personnalité.

split screen n écran m divisé.

split second n fraction f de seconde.

splitting [ˈsplɪtɪŋ] adj : **I've got a ~ headache** j'ai un mal de tête épouvantable OR atroce.

splutter [ˈsplʌtəʳ] ◇ n [of person] bafouillage m ◇ vi [person] bredouiller, bafouiller ; [engine] tousser ; [fire] crépiter.

spoil [spɔɪl] (pt & pp **-ed** OR **spoilt**) vt - **1.** [ruin - holiday] gâcher, gâter ; [- view] gâter ; [- food] gâter, abîmer - **2.** [over-indulge, treat well] gâter ; **to ~ o.s.** s'offrir une gâterie, se faire plaisir.

◆ **spoils** npl butin m.

spoiled [spɔɪld] adj = **spoilt**.

spoilsport [ˈspɔɪlspɔːt] n trouble-fête mf inv.

spoilt [spɔɪlt] ◇ pt & pp ➭ **spoil** ◇ adj [child] gâté(e).

spoke [spəʊk] ◇ pt ➭ **speak** ◇ n rayon m.

spoken [ˈspəʊkn] pp ➭ **speak**.

spokesman [ˈspəʊksmən] (pl **-men** [-mən]) n porte-parole m inv.

spokesperson [ˈspəʊks,pɜːsn] n porte-parole m inv.

spokeswoman [ˈspəʊks,wʊmən] (pl **-women** [-,wɪmɪn]) n porte-parole m inv.

sponge [spʌndʒ] (Br cont **spongeing**, Am cont **sponging**) ◇ n - **1.** [for cleaning, washing] éponge f - **2.** [cake] gâteau m OR biscuit m de Savoie ◇ vt éponger ◇ vi inf : **to ~ off sb** taper qqn.

sponge bag n Br trousse f de toilette.

sponge cake n gâteau m OR biscuit m de Savoie.

sponge pudding n Br pudding m.

sponger [ˈspʌndʒəʳ] n inf pej parasite m.

spongy [ˈspʌndʒɪ] (compar **-ier** ; superl **-iest**) adj spongieux(euse).

sponsor [ˈspɒnsəʳ] ◇ n sponsor m ◇ vt - **1.** [finance, for charity] sponsoriser, parrainer - **2.** [support] soutenir.

sponsored walk [ˌspɒnsəd-] n marche organisée pour recueillir des fonds.

SPONSORED WALK

Les « sponsored walks » sont destinées à rassembler des fonds, chaque marcheur établissant une liste de personnes ayant accepté de donner une certaine somme d'argent par kilomètre parcouru. Le terme « sponsored » s'applique également à d'autres activités, sportives ou non : « sponsored swim », « sponsored parachute jump », etc.

sponsorship ['spɒnsəʃɪp] n sponsoring m, parrainage m.

spontaneity [ˌspɒntə'neɪɪtɪ] n spontanéité f.

spontaneous [spɒn'teɪnjəs] adj spontané(e).

spontaneously [spɒn'teɪnjəslɪ] adv spontanément.

spoof [spuːf] n : ~ (of OR on) parodie f (de).

spook [spuːk] vt Am faire peur à.

spooky ['spuːkɪ] (compar -ier ; superl -iest) adj inf qui donne la chair de poule.

spool [spuːl] ◇ n [gen & COMPUT] bobine f ◇ vi faire un spooling.

spoon [spuːn] ◇ n cuillère f, cuiller f ◇ vt : to ~ sthg onto a plate verser qqch dans une assiette avec une cuillère.

spoon-feed vt nourrir à la cuillère ; to ~ sb fig mâcher le travail à qqn.

spoonful ['spuːnfʊl] (pl -s OR spoonsful ['spuːnsfʊl]) n cuillerée f.

sporadic [spə'rædɪk] adj sporadique.

sport [spɔːt] ◇ n - 1. [game] sport m - 2. dated [cheerful person] chic type m/fille f ◇ vt arborer, exhiber.
 ◆ **sports** ◇ npl Br [sports day] réunion f sportive scolaire ◇ comp de sport.

sporting ['spɔːtɪŋ] adj - 1. [relating to sport] sportif(ive) - 2. [generous, fair] chic (inv) ; to have a ~ chance of doing sthg avoir des chances de faire qqch.

sports car ['spɔːts-] n voiture f de sport.

sports day n Br réunion f sportive scolaire.

sports jacket ['spɔːts-] n veste f sport.

sportsman ['spɔːtsmən] (pl -men [-mən]) n sportif m.

sportsmanship ['spɔːtsmənʃɪp] n sportivité f, esprit m sportif.

sports pages npl pages fpl des sports.

sports personality n personnalité f sportive.

sportswear ['spɔːtsweəʳ] n (U) vêtements mpl de sport.

sportswoman ['spɔːtsˌwʊmən] (pl -women [-ˌwɪmɪn]) n sportive f.

sporty ['spɔːtɪ] (compar -ier ; superl -iest) adj inf - 1. [person] sportif(ive) - 2. [car, clothes etc] chic (inv).

spot [spɒt] (pt & pp -ted ; cont -ting) ◇ n - 1. [mark, dot] tache f - 2. [pimple] bouton m - 3. [drop] goutte f - 4. inf [small amount] : to have a ~ of lunch manger un morceau ; to have a ~ of bother avoir quelques ennuis - 5. [place] endroit m ; on the ~ sur place ; to do sthg on the ~ faire qqch immédiatement OR sur-le-

champ - 6. RADIO & TV numéro m - 7. phr : to have a soft ~ for sb avoir un faible pour qqn ; to put sb on the ~ embarrasser qqn par des questions ◇ vt [notice] apercevoir.

spot check n contrôle m au hasard OR intermittent.

spotless ['spɒtlɪs] adj [clean] impeccable.

spotlight ['spɒtlaɪt] n [in theatre] projecteur m, spot m ; [in home] spot m ; to be in the ~ être en vedette.

spot-on adj Br inf absolument exact(e) OR juste, dans le mille.

spot price n prix m comptant.

spotted ['spɒtɪd] adj [pattern, material] à pois.

spotty ['spɒtɪ] (compar -ier ; superl -iest) adj - 1. Br [skin] boutonneux(euse) - 2. Am [patchy] irrégulier(ère).

spouse [spaʊs] n époux m, épouse f.

spout [spaʊt] ◇ n bec m ◇ vt pej débiter ◇ vi : to ~ from OR out of jaillir de.

sprain [spreɪn] ◇ n entorse f ◇ vt : to ~ one's ankle/wrist se faire une entorse à la cheville/au poignet, se fouler la cheville/le poignet.

sprang [spræŋ] pt ⊳ spring.

sprat [spræt] n sprat m.

sprawl [sprɔːl] ◇ n (U) étendue f ◇ vi - 1. [person] être affalé(e) - 2. [city] s'étaler.

sprawling ['sprɔːlɪŋ] adj [city] tentaculaire.

spray [spreɪ] ◇ n - 1. (U) [of water] gouttelettes fpl ; [from sea] embruns mpl - 2. [container] bombe f, pulvérisateur m - 3. [of flowers] gerbe f ◇ vt [product] pulvériser ; [plants, crops] pulvériser de l'insecticide sur ◇ vi : to ~ over sb/sthg asperger qqn/qqch.

spray can n bombe f.

spray paint n peinture f en bombe.

spread [spred] (pt & pp spread) ◇ n - 1. (U) [food] pâte f à tartiner - 2. [of fire, disease] propagation f - 3. [of opinions] gamme f - 4. PRESS double page f ◇ vt - 1. [map, rug] étaler, étendre ; [fingers, arms, legs] écarter - 2. [butter, jam etc] : to ~ sthg (over) étaler qqch (sur) - 3. [disease, rumour, germs] répandre, propager - 4. [in time] : to be ~ over s'étaler sur - 5. [wealth, work] distribuer, répartir ◇ vi - 1. [disease, rumour] se propager, se répandre - 2. [water, cloud] s'étaler.
 ◆ **spread out** ◇ vt sep - 1. [distribute] : to be ~ out [people, houses etc] être dispersé(e) ; [city, forest] être étendu(e) - 2. [map, rug] étaler, étendre - 3. [fingers, arms, legs] écarter ◇ vi se disperser.

spread-eagled [-ˌiːɡld] adj affalé(e).

spreadsheet ['spredʃiːt] n COMPUT tableur m.

spree [spri:] *n* : **to go on a spending** OR **shopping** ~ faire des folies.

sprig [sprɪg] *n* brin *m*.

sprightly ['spraɪtlɪ] (*compar* **-ier** ; *superl* **-iest**) *adj* alerte, fringant(e).

spring [sprɪŋ] (*pt* **sprang** ; *pp* **sprung**) ⬦ *n* - **1.** [season] printemps *m ;* **in** ~ au printemps - **2.** [coil] ressort *m* - **3.** [jump] saut *m*, bond *m* - **4.** [water source] source *f* ⬦ *comp* de printemps ⬦ *vt* - **1.** [make known suddenly] : **to** ~ **sthg on sb** annoncer qqch à qqn de but en blanc ; **to** ~ **a surprise on sb** surprendre qqn - **2.** [develop] : **to** ~ **a leak** faire eau ⬦ *vi* - **1.** [jump] sauter, bondir - **2.** [move suddenly] : **to** ~ **to one's feet** se lever d'un bond ; **to** ~ **into action** passer à l'action ; **to** ~ **to life** se mettre en marche - **3.** [originate] : **to** ~ **from** provenir de.

➤ **spring up** *vi* [problem] surgir, se présenter ; [friendship] naître ; [wind] se lever.

springboard ['sprɪŋbɔ:d] *n* lit & fig tremplin *m*.

spring-clean ⬦ *vt* nettoyer de fond en comble ⬦ *vi* faire le nettoyage de printemps.

spring onion *n* Br ciboule *f*.

spring roll *n* Br rouleau *m* de printemps.

spring tide *n* marée *f* de vive-eau.

springtime ['sprɪŋtaɪm] *n* : **in (the)** ~ au printemps.

springy ['sprɪŋɪ] (*compar* **-ier** ; *superl* **-iest**) *adj* [carpet] moelleux(euse) ; [mattress, rubber] élastique.

sprinkle ['sprɪŋkl] *vt* : **to** ~ **water over** OR **on sthg, to** ~ **sthg with water** asperger qqch d'eau ; **to** ~ **salt** *etc* **over** OR **on sthg, to** ~ **sthg with salt** *etc* saupoudrer qqch de sel *etc*.

sprinkler ['sprɪŋklə'] *n* [for water] arroseur *m*.

sprinkling ['sprɪŋklɪŋ] *n* [of water] quelques gouttes *fpl ;* [of sand] couche *f* légère ; **a** ~ **of people** quelques personnes.

sprint [sprɪnt] ⬦ *n* sprint *m* ⬦ *vi* sprinter.

sprinter ['sprɪntə'] *n* sprinter *m*.

sprite [spraɪt] *n* lutin *m*.

spritzer ['sprɪtsə'] *n* : **a white wine** ~ du vin blanc additionné d'eau de Seltz.

sprocket ['sprɒkɪt] *n* pignon *m*.

sprout [spraʊt] ⬦ *n* - **1.** [vegetable] : **(Brussels)** ~**s** choux *mpl* de Bruxelles - **2.** [shoot] pousse *f* ⬦ *vt* [leaves] produire ; **to** ~ **shoots** germer ⬦ *vi* - **1.** [grow] pousser - **2.** fig [buildings] : **to** ~ **(up)** surgir.

spruce [spru:s] ⬦ *adj* net (nette), pimpant(e) ⬦ *n* épicéa *m*.

➤ **spruce up** *vt sep* astiquer, briquer ; **to** ~ **o.s. up** se faire tout beau.

sprung [sprʌŋ] *pp* ⬥ **spring**.

spry [spraɪ] (*compar* **-ier** ; *superl* **-iest**) *adj* vif (vive).

SPUC (*abbr of* **Society for the Protection of the Unborn Child**) *n* ligue *contre l'avortement*.

spud [spʌd] *n* inf patate *f*.

spun [spʌn] *pt* & *pp* ⬥ **spin**.

spunk [spʌŋk] *n* (*U*) inf [courage] cran *m*.

spur [spɜ:'] (*pt* & *pp* **-red** ; *cont* **-ring**) ⬦ *n* - **1.** [incentive] incitation *f* - **2.** [on rider's boot] éperon *m* ⬦ *vt* - **1.** [encourage] : **to** ~ **sb to do sthg** encourager OR inciter qqn à faire qqch - **2.** [bring about] provoquer.

➤ **on the spur of the moment** *adv* sur un coup de tête, sous l'impulsion du moment.

➤ **spur on** *vt sep* encourager.

spurious ['spʊərɪəs] *adj* - **1.** [affection, interest] feint(e) - **2.** [argument, logic] faux (fausse).

spurn [spɜ:n] *vt* repousser.

spurt [spɜ:t] ⬦ *n* - **1.** [gush] jaillissement *m* - **2.** [of activity, energy] sursaut *m* - **3.** [burst of speed] accélération *f* ; **to put on a** ~ sprinter ⬦ *vi* - **1.** [gush] : **to** ~ **(out of** OR **from)** jaillir (de) - **2.** [run] foncer, sprinter.

sputter ['spʌtə'] *vi* [engine] tousser, bafouiller ; [fire] crépiter.

spy [spaɪ] (*pl* **spies**, *pt* & *pp* **spied**) ⬦ *n* espion *m* ⬦ *vt* inf apercevoir ⬦ *vi* espionner, faire de l'espionnage ; **to** ~ **on sb** espionner qqn.

spying ['spaɪɪŋ] *n* (*U*) espionnage *m*.

spy satellite *n* satellite *m* espion.

Sq., sq. *abbr of* **square**.

squabble ['skwɒbl] ⬦ *n* querelle *f* ⬦ *vi* : **to** ~ **(about** OR **over)** se quereller (à propos de).

squad [skwɒd] *n* - **1.** [of police] brigade *f* - **2.** MIL peloton *m* - **3.** SPORT [group of players] équipe *f* (*parmi laquelle la sélection sera faite*).

squad car *n* voiture *f* de police.

squadron ['skwɒdrən] *n* escadron *m*.

squadron leader *n* Br commandant *m*.

squalid ['skwɒlɪd] *adj* sordide, ignoble.

squall [skwɔ:l] *n* [storm] bourrasque *f*.

squalor ['skwɒlə'] *n* (*U*) conditions *fpl* sordides.

squander ['skwɒndə'] *vt* gaspiller.

square [skweə'] ⬦ *adj* - **1.** [in shape] carré(e) ; **one - metre** Br **un mètre carré** ; **three metres** ~ trois mètres sur trois - **2.** [not owing money] : **to be** ~ être quitte - **3.** inf [unfashionable] vieux jeu (*inv*) ⬦ *n* - **1.** [shape] carré *m* - **2.** [in town] place *f* - **3.** inf [unfashionable person] : **he's a** ~ il est vieux jeu - **4. phr** : **to be back to ~ one** se retrouver au point de départ ⬦ *vt* - **1.** MATH élever au carré - **2.** [reconcile] accorder.

➤ **square up** *vi* - **1.** [settle up] : **to ~ up with sb** régler ses comptes avec qqn - **2.** [for fight] : **to ~ up to sb** se mettre en posture de combat face à qqn ; **to ~ up to a problem** faire face à un problème.

squared ['skweəd] *adj* quadrillé(e).

square dance *n* quadrille *m*.

square deal *n* arrangement *m* équitable.

squarely ['skweəlɪ] *adv* - **1.** [directly] carrément - **2.** [honestly] honnêtement.

square meal *n* bon repas *m*.

square root *n* racine *f* carrée.

squash [skwɒʃ] ⬦ *n* - **1.** SPORT squash *m* - **2.** Br [drink] : **orange ~** orangeade *f* - **3.** Am [vegetable] courge *f* ⬦ *vt* écraser.

squat [skwɒt] (*compar* **-ter** ; *superl* **-test**, *pt* & *pp* **-ted** ; *cont* **-ting**) ⬦ *adj* courtaud(e), ramassé(e) ⬦ *n* Br [building] squat *m* ⬦ *vi* - **1.** [crouch] : **to ~ (down)** s'accroupir - **2.** [in building] squatter.

squatter ['skwɒtə'] *n* Br squatter *m*.

squawk [skwɔ:k] ⬦ *n* cri *m* strident OR perçant ⬦ *vi* pousser un cri strident OR perçant.

squeak [skwi:k] ⬦ *n* - **1.** [of animal] petit cri *m* aigu - **2.** [of door, hinge] grincement *m* ⬦ *vi* - **1.** [mouse] pousser un petit cri aigu - **2.** [door, hinge] grincer.

squeaky ['skwi:kɪ] (*compar* **-ier** ; *superl* **-iest**) *adj* [voice, door] grinçant(e) ; [shoes] qui craquent.

squeal [skwi:l] ⬦ *n* - **1.** [of person, animal] cri *m* aigu - **2.** [of brakes] grincement *m* ; [of tyres] crissement *m* ⬦ *vi* - **1.** [person, animal] pousser des cris aigus - **2.** [brakes] grincer ; [tyres] crisser.

squeamish ['skwi:mɪʃ] *adj* facilement dégoûté(e).

squeeze [skwi:z] ⬦ *n* - **1.** [pressure] pression *f* - **2.** inf [squash] : **it was a ~** on était serrés comme des sardines ⬦ *vt* - **1.** [press firmly] presser - **2.** [liquid, toothpaste] exprimer ; **to ~ information out of sb** soutirer OR arracher des informations à qqn - **3.** [cram] : **to ~ sthg into sthg** entasser qqch dans qqch ⬦ *vi* : **to ~ into/under** se glisser dans/sous.

squeezebox ['skwi:zbɒks] *n* Br accordéon *m*.

squeezer ['skwi:zə'] *n* : **orange/lemon ~** presse-citron *m inv*.

squelch [skweltʃ] *vi* : **to ~ through mud** patauger dans la boue.

squib [skwɪb] *n* [firework] pétard *m* ; **it was a damp ~** ça a été une déception.

squid [skwɪd] (*pl inv* OR **-s**) *n* calmar *m*.

squiffy ['skwɪfɪ] (*compar* **-ier** ; *superl* **-iest**) *adj* Br inf dated pompette.

squiggle ['skwɪgl] *n* gribouillis *m*.

squint [skwɪnt] ⬦ *n* : **to have a ~** loucher, être atteint(e) de strabisme ⬦ *vi* : **to ~ at sthg** regarder qqch en plissant les yeux.

squire ['skwaɪə'] *n* [landowner] propriétaire *m*.

squirm [skwɜ:m] *vi* - **1.** [wriggle] se tortiller - **2.** fig [wince] avoir des haut-le-cœur ; **to ~ with embarrassment** ne plus savoir où se mettre.

squirrel [Br 'skwɪrəl, Am 'skwɜ:rəl] *n* écureuil *m*.

squirt [skwɜ:t] ⬦ *vt* [water, oil] faire jaillir, faire gicler ; **to ~ sb/sthg with sthg** asperger qqn/qqch de qqch ⬦ *vi* : **to ~ (out of)** jaillir (de), gicler (de).

Sr - **1.** *abbr of* **senior** - **2.** *abbr of* **sister**.

SRC *n* - **1.** (*abbr of* **Students' Representative Council**) *comité étudiant* - **2.** (*abbr of* **Science Research Council**) *conseil britannique de la recherche scientifique*.

Sri Lanka [ˌsriː'læŋkə] *n* Sri Lanka *m* ; **in ~** au Sri Lanka.

Sri Lankan [ˌsriː'læŋkn] ⬦ *adj* sri lankais(e) ⬦ *n* [person] Sri Lankais *m*, -e *f*.

SRN (*abbr of* **State Registered Nurse**) *n* en Grande-Bretagne, infirmier ou infirmière diplômé(e) d'État.

SS (*abbr of* **steamship**) SS.

SSA (*abbr of* **Social Security Administration**) *n* sécurité sociale américaine.

ssh [ʃ] *excl* chut !

SSSI (*abbr of* **Site of Special Scientific Interest**) *n* en Grande-Bretagne, site déclaré d'intérêt scientifique.

St - **1.** (*abbr of* **saint**) St, Ste - **2.** *abbr of* **Street**.

ST (*abbr of* **Standard Time**) *n* heure légale.

stab [stæb] (*pt* & *pp* **-bed** ; *cont* **-bing**) ⬦ *n* - **1.** [with knife] coup *m* de couteau - **2.** inf [attempt] : **to have a ~ (at sthg)** essayer (qqch), tenter (qqch) - **3.** [twinge] : **~ of pain** élancement *m* ; **~ of guilt** remords *m* ⬦ *vt* - **1.** [person] poignarder ; **to ~ sb to death** tuer qqn d'un coup/à coups de poignard - **2.** [food] piquer ⬦ *vi* : **to ~ at sthg** frapper qqch.

stabbing ['stæbɪŋ] ⬦ *adj* [pain] lancinant(e) ⬦ *n* agression *f* à coups de couteau.

stability [stə'bɪlətɪ] *n* stabilité *f*.

stabilize, -ise ['steɪbəlaɪz] ⬦ *vt* stabiliser ⬦ *vi* se stabiliser.

stabilizer ['steɪbəlaɪzə'] *n* stabilisateur *m*.

stable ['steɪbl] ◇ adj stable ◇ n écurie f.
stable lad n garçon m d'écurie.
staccato [stə'kɑːtəʊ] adj [note] piqué(e) ; [sound, voice] saccadé(e).
stack [stæk] ◇ n - **1.** [pile] pile f - **2.** inf [large amount] : **~s** OR **a ~ of** des tas de, un tas de ◇ vt - **1.** [pile up] empiler - **2.** [fill] : **to be ~ed with** être encombré de.
➣ **stack up** vi Am inf être à la hauteur.
stadium ['steɪdjəm] (pl **-diums** OR **-dia** [-djə]) n stade m.
staff [stɑːf] ◇ n [employees] personnel m ; [of school] personnel enseignant, professeurs mpl ◇ vt pourvoir en personnel.
staffing ['stɑːfɪŋ] n dotation f en personnel ; **~ levels** les besoins mpl en personnel.
staff nurse n Br infirmier m, -ère f.
staff room n salle f des professeurs.
Staffs [stæfs] (abbr of **Staffordshire**) comté anglais.
stag [stæg] (pl inv OR **-s**) n cerf m.
stage [steɪdʒ] ◇ n - **1.** [phase] étape f, phase f, stade m - **2.** [platform] scène f ; **on ~** sur scène ; **to set the ~ for sthg** préparer la voie à qqch - **3.** [acting profession] : **the ~** le théâtre ◇ vt - **1.** THEATRE monter, mettre en scène - **2.** [organize] organiser.
stagecoach ['steɪdʒkəʊtʃ] n diligence f.
stage door n entrée f des artistes.
stage fright n trac m.
stagehand ['steɪdʒhænd] n machiniste m.
stage-manage vt lit & fig mettre en scène.
stage name n nom m de scène.
stagflation [stæg'fleɪʃn] n stagflation f.
stagger ['stægə'] ◇ vt - **1.** [astound] stupéfier - **2.** [working hours] échelonner ; [holidays] étaler ◇ vi tituber.
staggering ['stægərɪŋ] adj stupéfiant(e).
staging ['steɪdʒɪŋ] n mise f en scène.
stagnant ['stægnənt] adj stagnant(e).
stagnate [stæg'neɪt] vi stagner.
stagnation [stæg'neɪʃn] n stagnation f.
stag party n soirée f entre hommes ; [before wedding] soirée où un futur marié enterre sa vie de garçon avec ses amis.
staid [steɪd] adj guindé(e), collet monté.
stain [steɪn] ◇ n [mark] tache f ◇ vt [discolour] tacher.
stained [steɪnd] adj - **1.** [marked] taché(e) - **2.** [coloured] coloré(e).
stained glass [ˌsteɪnd-] n (U) [windows] vitraux mpl.
stainless steel ['steɪnlɪs-] n acier m inoxydable, Inox® m.

stain remover [-ˌrɪmuːvə'] n détachant m.
stair [steə'] n marche f.
➣ **stairs** npl escalier m.
staircase ['steəkeɪs] n escalier m.
stairway ['steəweɪ] n escalier m.
stairwell ['steəwel] n cage f d'escalier.
stake [steɪk] ◇ n - **1.** [share] : **to have a ~ in sthg** avoir des intérêts dans qqch - **2.** [wooden post] poteau m - **3.** [in gambling] enjeu m ◇ vt : **to ~ money (on** OR **upon)** jouer OR miser de l'argent (sur) ; **to ~ one's reputation (on)** jouer OR risquer sa réputation (sur) ; **to ~ a claim to sthg** revendiquer qqch.
➣ **stakes** npl enjeux mpl.
➣ **at stake** adv en jeu.
stakeout ['steɪkaʊt] n esp Am [police surveillance] surveillance f.
stalactite ['stæləktaɪt] n stalactite f.
stalagmite ['stæləgmaɪt] n stalagmite f.
stale [steɪl] adj - **1.** [food, water] pas frais (fraîche) ; [bread] rassis(e) ; [air] qui sent le renfermé - **2.** [person] qui manque d'entrain.
stalemate ['steɪlmeɪt] n - **1.** [deadlock] impasse f - **2.** CHESS pat m.
staleness ['steɪlnɪs] n [of food] manque m de fraîcheur.
stalk [stɔːk] ◇ n - **1.** [of flower, plant] tige f - **2.** [of leaf, fruit] queue f ◇ vt [hunt] traquer ◇ vi : **to ~ in/out** entrer/sortir d'un air hautain.
stall [stɔːl] ◇ n - **1.** [in street, market] éventaire m, étal m ; [at exhibition] stand m - **2.** [in stable] stalle f ◇ vt - **1.** AUT caler - **2.** [delay - person] faire patienter ◇ vi - **1.** AUT caler - **2.** [delay] essayer de gagner du temps.
➣ **stalls** npl Br [in cinema, theatre] orchestre m.
stallholder ['stɔːlˌhəʊldə'] n Br marchand m qui possède un éventaire.
stallion ['stæljən] n étalon m.
stalwart ['stɔːlwət] ◇ adj [loyal] fidèle ◇ n pilier m.
stamen ['steɪmən] n étamine f.
stamina ['stæmɪnə] n (U) résistance f.
stammer ['stæmə'] ◇ n bégaiement m ◇ vi bégayer.
stamp [stæmp] ◇ n - **1.** [for letter] timbre m - **2.** [tool] tampon m - **3.** fig [of authority etc] marque f ◇ vt - **1.** [mark by stamping] tamponner - **2.** [stomp] : **to ~ one's foot** taper du pied - **3.** [envelope, postcard] timbrer, affranchir ◇ vi - **1.** [stomp] taper du pied - **2.** [tread heavily] : **to ~ on sthg** marcher sur qqch.
➣ **stamp out** vt sep [fire] éteindre en piétinant ; [opposition] éliminer ; [corruption, crime] supprimer ; [disease] éradiquer.

stamp album *n* album *m* de timbres.

stamp-collecting [-kə,lektɪŋ] *n* philatélie *f.*

stamp collector *n* collectionneur *m*, -euse *f* de timbres, philatéliste *mf*.

stamp duty *n* Br droit *m* de timbre

stamped addressed envelope ['stæmptə,drest-] *n* Br enveloppe *f* affranchie pour la réponse.

stampede [stæm'piːd] ◇ *n* débandade *f* ◇ *vi* s'enfuir à la débandade.

stamp machine *n* distributeur *m* de timbres-poste.

stance [stæns] *n* lit & fig position *f.*

stand [stænd] (*pt* & *pp* **stood**) ◇ *n* - **1.** [stall] stand *m* ; [selling newspapers] kiosque *m* - **2.** [supporting object] : **umbrella ~** porte-parapluies *m* *inv* ; **hat ~** porte-chapeaux *m inv* - **3.** SPORT tribune *f* - **4.** MIL résistance *f* ; **to make a ~** résister - **5.** [public position] position *f* ; **to take a ~ on sthg** prendre position sur qqch - **6.** Am JUR barre *f* ; **to take the ~** comparaître à la barre ◇ *vt* - **1.** [place] mettre (debout), poser (debout) - **2.** [withstand, tolerate] supporter - **3.** [treat] : **to ~ sb a meal/a drink** payer à déjeuner/à boire à qqn - **4.** JUR : **to ~ trial** comparaître en jugement - **5.** [be likely] : **to ~ to do sthg** risquer de faire qqch ◇ *vi* - **1.** [be upright - person] être *OR* se tenir debout ; [- object] se trouver ; [- building] se dresser ; **~ still!** ne bouge pas!, reste tranquille! - **2.** [stand up] se lever - **3.** [liquid] reposer - **4.** [offer] tenir toujours ; [decision] demeurer valable - **5.** [be in particular state] : **as things ~ ...** vu l'état actuel des choses ... ; **unemployment/production ~s at ...** le nombre de chômeurs/la production est de ... - **6.** [have opinion] : **where do you ~ on ...?** quelle est votre position sur ...? - **7.** Br POL se présenter - **8.** Am [park car] : 'no ~ing' 'stationnement interdit'.

➤ **stand aside** *vi* s'écarter.

➤ **stand back** *vi* reculer.

➤ **stand by** ◇ *vt fus* - **1.** [person] soutenir - **2.** [statement, decision] s'en tenir à ◇ *vi* - **1.** [in readiness] : **to ~ by (for sthg/to do sthg)** être prêt(e) (pour qqch/pour faire qqch) - **2.** [remain inactive] rester là.

➤ **stand down** *vi* [resign] démissionner.

➤ **stand for** *vt fus* - **1.** [signify] représenter - **2.** [tolerate] supporter, tolérer.

➤ **stand in** *vi* : **to ~ in for sb** remplacer qqn.

➤ **stand out** *vi* ressortir.

➤ **stand up** ◇ *vt sep* inf [boyfriend, girlfriend] poser un lapin à ◇ *vi* - **1.** [rise from seat] se lever ; **~ up!** debout! - **2.** [claim, evidence] être accepté(e).

➤ **stand up for** *vt fus* défendre.

➤ **stand up to** *vt fus* - **1.** [weather, heat etc] résister à - **2.** [person, boss] tenir tête à.

standard ['stændəd] ◇ *adj* - **1.** [normal - gen] normal(e) ; [- size] standard (*inv*) - **2.** [accepted] correct(e) - **3.** [basic] de base ◇ *n* - **1.** [level] niveau *m* - **2.** [point of reference] critère *m* ; TECH norme *f* - **3.** [flag] étendard *m*.

➤ **standards** *npl* [principles] valeurs *fpl*.

standard-bearer *n* fig porte-drapeau *m*.

standardize, -ise ['stændədaɪz] *vt* standardiser.

standard lamp *n* Br lampadaire *m*.

standard of living (*pl* **standards of living**) *n* niveau *m* de vie.

standard time *n* heure *f* légale.

standby ['stændbaɪ] (*pl* -s) ◇ *n* [person] remplaçant *m*, -e *f* ; **on ~** prêt à intervenir ◇ *comp* [ticket, flight] stand-by (*inv*).

stand-in *n* remplaçant *m*, -e *f*.

standing ['stændɪŋ] ◇ *adj* [invitation, army] permanent(e) ; [joke] continuel(elle) ◇ *n* - **1.** [reputation] importance *f*, réputation *f* - **2.** [duration] : **of long ~** de longue date ; **we're friends of 20 years' ~** nous sommes amis depuis 20 ans.

standing committee *n* comité *m* permanent.

standing order *n* prélèvement *m* automatique.

standing ovation *n* : **to give sb a ~** se lever pour applaudir qqn.

standing room *n* (*U*) places *fpl* debout.

standoffish [,stænd'ɒfɪʃ] *adj* distant(e).

standpipe ['stændpaɪp] *n* colonne *f* d'alimentation.

standpoint ['stændpɔɪnt] *n* point *m* de vue.

standstill ['stændstɪl] *n* : **at a ~** [traffic, train] à l'arrêt ; [negotiations, work] paralysé(e) ; **to come to a ~** [traffic, train] s'immobiliser ; [negotiations, work] cesser.

stank [stæŋk] *pt* ⊳ **stink**.

stanza ['stænzə] *n* strophe *f.*

staple ['steɪpl] ◇ *adj* [principal] principal(e), de base ◇ *n* - **1.** [for paper] agrafe *f* - **2.** [principal commodity] produit *m* de base ◇ *vt* agrafer.

staple diet *n* nourriture *f* de base.

staple gun *n* agrafeuse *f* (professionnelle).

stapler ['steɪplə^r] *n* agrafeuse *f.*

star [stɑː^r] (*pt* & *pp* -**red** ; *cont* -**ring**) ◇ *n* - **1.** [gen] étoile *f* - **2.** [celebrity] vedette *f*, star *f* - **3.** [asterisk] astérisque *m* ◇ *comp* [quality] de star ; **~ performer** vedette *f* ◇ *vt* CINEMA &

THEATRE avoir pour vedette ◇ *vi* : **to ~ (in)** être la vedette (de).

◆ **stars** *npl* horoscope *m*.

star attraction *n* attraction *f* principale, clou *m*.

starboard ['stɑːbəd] ◇ *adj* de tribord ◇ *n* : **to ~** à tribord.

starch [stɑːtʃ] *n* amidon *m*.

starched [stɑːtʃt] *adj* amidonné(e).

starchy ['stɑːtʃɪ] (*compar* **-ier** ; *superl* **-iest**) *adj* [food] féculent(e).

stardom ['stɑːdəm] *n* (U) célébrité *f*.

stare [steəʳ] ◇ *n* regard *m* fixe ◇ *vi* : **to ~ at** sb/sthg fixer qqn/qqch du regard.

starfish ['stɑːfɪʃ] (*pl inv* OR **-es** [-iːz]) *n* étoile *f* de mer.

stark [stɑːk] ◇ *adj* - **1.** [room, decoration] austère ; [landscape] désolé(e) - **2.** [reality, fact] à l'état brut ; [contrast] dur(e) ◇ *adv* : **~ naked** tout nu (toute nue), à poil.

starlight ['stɑːlaɪt] *n* lumière *f* des étoiles.

starling ['stɑːlɪŋ] *n* étourneau *m*.

starlit ['stɑːlɪt] *adj* [night] étoilé(e) ; [countryside] illuminé(e) par les étoiles.

starry ['stɑːrɪ] (*compar* **-ier** ; *superl* **-iest**) *adj* étoilé(e).

starry-eyed [-'aɪd] *adj* innocent(e).

Stars and Stripes *n* : **the ~** le drapeau des États-Unis, la bannière étoilée.

THE STARS AND STRIPES

Ceci n'est que l'une des nombreuses appellations populaires du drapeau américain, au même titre que « Old Glory » ou « Stars and Bars ». Les 50 étoiles représentent les 50 États actuels, alors que les rayures rouges et blanches symbolisent les 13 États fondateurs de l'Union. Les Américains sont très fiers de leur bannière étoilée et il n'est pas rare de la voir flotter devant les maisons particulières.

star sign *n* signe *m* du zodiaque.

star-studded *adj* avec de nombreuses vedettes.

start [stɑːt] ◇ *n* - **1.** [beginning] début *m* ; **to make a good/bad** OR **for a ~** pour commencer, d'abord ; [jump] sursaut *m* - **3.** [starting place] départ *m* - **4.** [time advantage] avance *f* ◇ *vt* - **1.** [begin] commencer ; **to ~ doing** OR **to do sthg** commencer à faire qqch - **2.** [turn on - machine] mettre en marche ; [- engine, vehicle] démarrer, mettre en marche - **3.** [set up - business, band] créer ◇ *vi* - **1.** [begin] commencer, débuter ; **to ~ with** pour commencer, d'abord - **2.** [func-

tion - machine] se mettre en marche ; [- car] démarrer - **3.** [begin journey] partir - **4.** [jump] sursauter - **5.** *inf* [be annoying] : **don't (you) ~!** ne commence pas, toi !

◆ **start off** ◇ *vt sep* [meeting] ouvrir, commencer ; [rumour] faire naître ; [discussion] entamer, commencer ◇ *vi* - **1.** [begin] commencer ; [begin job] débuter - **2.** [leave on journey] partir.

◆ **start on** *vt fus* entamer.

◆ **start out** *vi* - **1.** [in job] débuter - **2.** [leave on journey] partir.

◆ **start up** ◇ *vt sep* - **1.** [business] créer ; [shop] ouvrir - **2.** [car, engine] mettre en marche ◇ *vi* - **1.** [begin] commencer - **2.** [machine] se mettre en route ; [car, engine] démarrer.

starter ['stɑːtəʳ] *n* - **1.** Br [of meal] hors-d'œuvre *m inv* - **2.** AUT démarreur *m* - **3.** [to begin race] starter *m*.

starter motor *n* démarreur *m*.

starter pack *n* [information] informations *de base nécessaires pour commencer une activité* ; [equipment] kit *m* de base.

starting block ['stɑːtɪŋ-] *n* starting-block *m*, bloc *m* de départ.

starting point ['stɑːtɪŋ-] *n* point *m* de départ.

starting price ['stɑːtɪŋ-] *n* cote *f* de départ.

startle ['stɑːtl] *vt* faire sursauter.

startling ['stɑːtlɪŋ] *adj* surprenant(e).

start-up *n* (U) - **1.** [launch] création *f* (d'entreprise) ; **~ costs** frais *mpl* de création d'une entreprise - **2.** [new company] start-up *f*.

starvation [stɑː'veɪʃn] *n* faim *f*.

starve [stɑːv] ◇ *vt* - **1.** [deprive of food] affamer - **2.** *fig* [deprive] : **to ~ sb of sthg** priver qqn de qqch ◇ *vi* - **1.** [have no food] être affamé(e) ; **~ to death** mourir de faim - **2.** *inf* [be hungry] avoir très faim, crever OR mourir de faim.

Star Wars *n* la Guerre des Étoiles (*nom populaire de l'Initiative de Défense Stratégique, programme militaire spatial du Président Reagan*).

state [steɪt] ◇ *n* état *m* ; **he's not in a fit ~ to drive** il n'est pas en état de conduire ; **to be in a ~** être dans tous ses états ◇ *comp* d'État ◇ *vt* - **1.** [express - reason] donner ; [- name and address] décliner ; **to ~ that ...** déclarer que ... - **2.** [specify] préciser.

◆ **State** *n* : **the State** l'État *m*.

◆ **States** *npl* : **the States** les États-Unis *mpl*.

state-controlled *adj* étatisé(e), sous contrôle de l'État.

State Department *n* Am ≃ ministère *m* des Affaires étrangères.

state education n Br enseignement m public.

stateless ['steɪtlɪs] adj apatride.

stately ['steɪtlɪ] (compar -ier ; superl -iest) adj majestueux(euse).

stately home n Br château m.

statement ['steɪtmənt] n - **1.** [declaration] déclaration f - **2.** JUR déposition f - **3.** [from bank] relevé m de compte.

state of affairs n état m des choses.

state of emergency n état m d'urgence.

state of mind (pl states of mind) n humeur f.

state-of-the-art adj tout dernier (toute dernière) ; [technology] de pointe.

state-owned [-'əʊnd] adj national(e), d'État.

state school n école f publique.

state secret n secret m d'État.

state's evidence n Am : to turn ~ témoigner contre ses complices.

stateside ['steɪtsaɪd] Am ◇ adj des États-Unis ◇ adv aux États-Unis.

statesman ['steɪtsmən] (pl -men [-mən]) n homme m d'État.

statesmanship ['steɪtsmənʃɪp] n (U) habileté f politique.

static ['stætɪk] ◇ adj statique ◇ n (U) parasites mpl.

static electricity n électricité f statique.

station ['steɪʃn] ◇ n - **1.** RAIL gare f ; [for buses, coaches] gare routière - **2.** RADIO station f - **3.** [building] poste m - **4.** fml [rank] rang m ◇ vt - **1.** [position] placer, poster - **2.** MIL poster.

stationary ['steɪʃnərɪ] adj immobile.

stationer ['steɪʃnər] n papetier m, -ère f ; ~'s (shop) papeterie f.

stationery ['steɪʃnərɪ] n (U) [equipment] fournitures fpl de bureau ; [paper] papier m à lettres.

station house n Am poste m de police.

stationmaster ['steɪʃn,mɑːstər] n chef m de gare.

station wagon n Am break m.

statistic [stə'tɪstɪk] n statistique f.
➤ **statistics** n (U) [science] statistique f.

statistical [stə'tɪstɪkl] adj statistique ; [expert] en statistiques ; [report] de statistiques.

statistician [,stætɪ'stɪʃn] n statisticien m, -enne f.

statue ['stætjuː] n statue f.

statuesque [,stætju'esk] adj sculptural(e).

statuette [,stætju'et] n statuette f.

stature ['stætʃər] n - **1.** [height, size] stature f, taille f - **2.** [importance] envergure f.

status ['steɪtəs] n (U) - **1.** [legal or social position] statut m - **2.** [prestige] prestige m.

status quo [-'kwəʊ] n : the ~ le statu quo.

status symbol n signe m extérieur de richesse.

statute ['stætjuːt] n loi f.

statute book n : the ~ ≃ le code, les textes mpl de loi.

statutory ['stætjʊtrɪ] adj statutaire.

staunch [stɔːntʃ] ◇ adj loyal(e) ◇ vt [flow] arrêter ; [blood] étancher.

stave [steɪv] (pt & pp -d OR stove) n MUS portée f.
➤ **stave off** vt sep [disaster, defeat] éviter ; [hunger] tromper.

stay [steɪ] ◇ vi - **1.** [not move away] rester ; to ~ put ne pas bouger - **2.** [as visitor - with friends] passer quelques jours ; [- in town, country] séjourner ; to ~ in a hotel descendre à l'hôtel - **3.** [continue, remain] rester, demeurer ; to ~ away from sb ne pas s'approcher de qqn ; to ~ away from a place ne pas aller à un endroit ; to ~ out of sthg ne pas se mêler de qqch - **4.** Scot [reside] habiter ◇ n [visit] séjour m.
➤ **stay in** vi rester chez soi, ne pas sortir.
➤ **stay on** vi rester (plus longtemps).
➤ **stay out** vi - **1.** [from home] ne pas rentrer - **2.** [strikers] rester en grève.
➤ **stay up** vi ne pas se coucher, veiller ; to ~ up late se coucher tard.

stayer ['steɪər] n Br [horse] stayer m ; [person] personne f qui a de l'endurance.

staying power ['steɪɪŋ-] n endurance f.

St Bernard [Br -'bɜːnəd, Am -bər'nɑːrd] n saint-bernard m inv.

STD n - **1.** (abbr of subscriber trunk dialling) téléphone interurbain - **2.** (abbr of sexually transmitted disease) MST f.

stead [sted] n : to stand sb in good ~ être utile à qqn.

steadfast ['stedfɑːst] adj ferme, résolu(e) ; [supporter] loyal(e).

steadily ['stedɪlɪ] adv - **1.** [gradually] progressivement - **2.** [regularly - breathe] régulièrement ; [- move] sans arrêt - **3.** [calmly] de manière imperturbable.

steady ['stedɪ] (compar -ier ; superl -iest, pt & pp -ied) ◇ adj - **1.** [gradual] progressif(ive) - **2.** [regular] régulier(ère) - **3.** [not shaking] ferme ; to hold sthg ~ tenir qqch bien OR sans bouger - **4.** [calm - voice] calme ; [- stare] imperturbable - **5.** [stable - job, relationship] stable

- 6. [sensible] sérieux(euse) ⬦ vt **- 1.** [stop from shaking] empêcher de bouger ; **to ~ o.s.** se remettre d'aplomb **- 2.** [control - nerves] calmer ; **to ~ o.s.** retrouver son calme.

steak [steɪk] n steak m, bifteck m ; [of fish] darne f.

steakhouse ['steɪkhaʊs, pl -haʊzɪz] n grill m, grill-room m.

steal [stiːl] (pt **stole** ; pp **stolen**) ⬦ vt voler, dérober ; **to ~ a look at** jeter un regard furtif à ⬦ vi **- 1.** [take illegally] voler **- 2.** [move secretly] se glisser.

stealing ['stiːlɪŋ] n (U) vol m.

stealth [stelθ] n : **by ~** en secret, discrètement.

stealthy ['stelθɪ] (compar **-ier** ; superl **-iest**) adj furtif(ive).

steam [stiːm] ⬦ n (U) vapeur f ; **to let off ~** fig se défouler ; **to run out of ~** fig s'essouffler ⬦ comp à vapeur ⬦ vt CULIN cuire à la vapeur ⬦ vi **- 1.** [give off steam] fumer **- 2.** [ship] avancer.

➡ **steam up** ⬦ vt sep **- 1.** [mist up] embuer **- 2.** fig [get angry] : **to get ~ed up (about)** s'énerver (pour) ⬦ vi se couvrir de buée.

steamboat ['stiːmbəʊt] n (bateau m à) vapeur m.

steam engine n locomotive f à vapeur.

steamer ['stiːmər] n **- 1.** [ship] (bateau m à) vapeur m **- 2.** CULIN cuiseur-vapeur m.

steam iron n fer m à vapeur.

steamroller ['stiːm,rəʊlər] n rouleau m compresseur.

steam shovel n Am bulldozer m.

steamy ['stiːmɪ] (compar **-ier** ; superl **-iest**) adj **- 1.** [full of steam] embué(e) **- 2.** inf [erotic] érotique.

steel [stiːl] ⬦ n (U) acier m ⬦ comp en acier, d'acier ⬦ vt : **to ~ o.s. (for)** s'armer de courage (pour).

steel industry n industrie f sidérurgique, sidérurgie f.

steel wool n paille f de fer.

steelworker ['stiːl,wɜːkər] n sidérurgiste mf.

steelworks ['stiːlwɜːks] (pl inv) n aciérie f.

steely ['stiːlɪ] (compar **-ier** ; superl **-iest**) adj **- 1.** [steel-coloured] acier (inv) **- 2.** [strong - person] dur(e) ; [- determination, will] de fer.

steep [stiːp] adj **- 1.** [hill, road] raide, abrupt(e) **- 2.** [increase, decline] énorme **- 3.** inf [expensive] excessif(ive).

steeped [stiːpt] adj fig : **~ in** imprégné(e) de.

steeple ['stiːpl] n clocher m, flèche f.

steeplechase ['stiːpltʃeɪs] n **- 1.** [horse race] steeple-chase m **- 2.** [athletics race] steeple m.

steeplejack ['stiːpldʒæk] n réparateur m de cheminées industrielles et de clochers.

steeply ['stiːplɪ] adv **- 1.** [at steep angle] en pente raide **- 2.** [considerably] en flèche.

steer ['stɪər] ⬦ n bœuf m ⬦ vt **- 1.** [ship] gouverner ; [car, aeroplane] conduire, diriger **- 2.** [person] diriger, guider ⬦ vi : **to ~ well** [ship] gouverner bien ; [car] être facile à manœuvrer ; **to ~ clear of sb/sthg** éviter qqn/qqch.

steering ['stɪərɪŋ] n (U) direction f.

steering column n colonne f de direction.

steering committee n comité m d'organisation.

steering lock n rayon m de braquage.

steering wheel n volant m.

stellar ['stelər] adj stellaire.

stem [stem] (pt & pp **-med** ; cont **-ming**) ⬦ n **- 1.** [of plant] tige f **- 2.** [of glass] pied m **- 3.** [of pipe] tuyau m **- 4.** GRAMM radical m ⬦ vt [stop] arrêter.

➡ **stem from** vt fus provenir de.

stench [stentʃ] n puanteur f.

stencil ['stensl] (Br pt & pp **-led** ; cont **-ling**, Am pt & pp **-ed** ; cont **-ing**) ⬦ n pochoir m ⬦ vt faire au pochoir.

stenographer [stəˈnɒɡrəfər] n Am sténographe mf.

stenography [stəˈnɒɡrəfɪ] n Am sténographie f.

step [step] (pt & pp **-ped** ; cont **-ping**) ⬦ n **- 1.** [pace] pas m ; **in/out of ~ with** fig en accord/désaccord avec ; **to watch one's ~** faire attention où l'on marche ; fig faire attention à ce que l'on fait **- 2.** [action] mesure f **- 3.** [stage] étape f ; **~ by ~** petit à petit, progressivement **- 4.** [stair] marche f **- 5.** [of ladder] barreau m, échelon m **- 6.** Am MUS ton m ⬦ vi **- 1.** [move foot] : **to ~ forward** avancer ; **to ~ off** OR **down from sthg** descendre de qqch ; **to ~ back** reculer **- 2.** [tread] : **to ~ on/in sthg** marcher sur/dans qqch.

➡ **steps** npl **- 1.** [stairs] marches fpl **- 2.** Br [stepladder] escabeau m.

➡ **step aside** vi **- 1.** [move away] s'écarter **- 2.** [leave job] démissionner.

➡ **step back** vi [pause to reflect] prendre du recul.

➡ **step down** vi [leave job] démissionner.

➡ **step in** vi intervenir.

➡ **step up** vt sep intensifier.

stepbrother ['step,brʌðər] n demi-frère m.

stepchild ['steptʃaɪld] (*pl* -children [-ˌtʃɪldrən]) *n* beau-fils *m*, belle-fille *f*.

stepdaughter ['step,dɔːtə^r] *n* belle-fille *f*.

stepfather ['step,fɑːðə^r] *n* beau-père *m*.

stepladder ['step,lædə^r] *n* escabeau *m*.

stepmother ['step,mʌðə^r] *n* belle-mère *f*.

stepping-stone ['stepɪŋ-] *n* pierre *f* de gué ; *fig* tremplin *m*.

stepsister ['step,sɪstə^r] *n* demi-sœur *f*.

stepson ['stepsʌn] *n* beau-fils *m*.

stereo ['steriəʊ] (*pl* -s) ◇ *adj* stéréo *(inv)* ◇ *n* - **1.** [appliance] chaîne *f* stéréo - **2.** [sound] : **in ~** en stéréo.

stereophonic [ˌsteriə'fɒnɪk] *adj* stéréophonique.

stereotype ['steriətaɪp] ◇ *n* stéréotype *m* ◇ *vt* stéréotyper.

sterile ['steraɪl] *adj* stérile.

sterility [ste'rɪlətɪ] *n* stérilité *f*.

sterilization [ˌsteraɪlaɪ'zeɪʃn] *n* stérilisation *f*.

sterilize, -ise ['sterəlaɪz] *vt* stériliser.

sterilized milk ['sterəlaɪzd-] *n* lait *m* stérilisé.

sterling ['stɜːlɪŋ] ◇ *adj* - **1.** [of British money] sterling *(inv)* - **2.** [excellent] exceptionnel(elle) ◇ *n (U)* livre *f* sterling ◇ *comp* [traveller's cheques] en livres sterling.

sterling silver *n* argent *m* fin.

stern [stɜːn] ◇ *adj* sévère ◇ *n* NAUT arrière *m*.

sternly ['stɜːnlɪ] *adv* sévèrement.

steroid ['stɪərɔɪd] *n* stéroïde *m*.

stethoscope ['steθəskəʊp] *n* stéthoscope *m*.

stetson ['stetsn] *n* chapeau *m* de cow-boy.

stevedore ['stiːvədɔː^r] *n* Am docker *m*.

stew [stjuː] ◇ *n* ragoût *m* ◇ *vt* [meat] cuire en ragoût ; [fruit] faire cuire ◇ *vi* : **to let sb ~** *fig* laisser mariner qqn.

steward ['stjʊəd] *n* - **1.** [on plane, ship, train] steward *m* - **2.** Br [at demonstration, meeting] membre *m* du service d'ordre.

stewardess ['stjʊədɪs] *n* hôtesse *f*.

stewing steak Br ['stjuːɪŋ-], **stewbeef** Am ['stjuːbiːf] *n (U)* bœuf *m* à braiser.

St. Ex. *abbr of* stock exchange.

stg *abbr of* sterling.

stick [stɪk] (*pt & pp* stuck) ◇ *n* - **1.** [of wood, dynamite, candy] bâton *m* - **2.** [walking stick] canne *f* - **3.** SPORT crosse *f* - **4.** *phr* : **to get the wrong end of the ~** mal comprendre ◇ *vt* - **1.** [push] : **to ~ sthg in** OR **into** planter qqch dans ; **to ~ sthg through sthg** transpercer qqch avec qqch - **2.** [with glue, adhesive tape] : **to**

~ sthg (on OR **to)** coller qqch (sur) - **3.** *inf* [put] mettre - **4.** Br *inf* [tolerate] supporter ; **to ~ it** tenir le coup ◇ *vi* - **1.** [adhere] : **to ~ (to)** coller (à) - **2.** [jam] se coincer - **3.** [remain] : **to ~ in sb's mind** marquer qqn.

➤ **stick around** *vi inf* rester dans les parages.

➤ **stick at** *vt fus* [activity] persévérer dans ; **~ at a job** rester dans un emploi.

➤ **stick by** *vt fus* [statement] s'en tenir à ; [person] ne pas abandonner.

➤ **stick out** ◇ *vt sep* - **1.** [head] sortir ; [hand] lever ; [tongue] tirer - **2.** *inf* [endure] : **to ~ it out** tenir le coup ◇ *vi* - **1.** [protrude] dépasser - **2.** *inf* [be noticeable] se remarquer.

➤ **stick out for** *vt fus* Br exiger.

➤ **stick to** *vt fus* - **1.** [follow closely] suivre - **2.** [principles] rester fidèle à ; [decision] s'en tenir à ; [promise] tenir.

➤ **stick together** *vi* rester ensemble ; *fig* se serrer les coudes.

➤ **stick up** ◇ *vt sep* - **1.** [poster, notice] afficher - **2.** [with gun] attaquer à main armée ◇ *vi* dépasser.

➤ **stick up for** *vt fus* défendre.

➤ **stick with** *vt fus* - **1.** [decision, choice] s'en tenir à - **2.** [follow closely] rester avec.

sticker ['stɪkə^r] *n* [label] autocollant *m*.

sticking plaster ['stɪkɪŋ-] *n* sparadrap *m*.

stick insect *n* phasme *m*.

stick-in-the-mud *n inf* réac *mf*.

stickleback ['stɪklbæk] *n* épinoche *f*.

stickler ['stɪklə^r] *n* : **to be a ~ for** être à cheval sur.

stick-on *adj* autocollant(e), adhésif(ive).

stickpin ['stɪkpɪn] *n* Am épingle *f* de cravate.

stick shift *n* Am levier *m* de vitesses.

stick-up *n inf* vol *m* à main armée.

sticky ['stɪkɪ] (*compar* -ier ; *superl* -iest) *adj* - **1.** [hands, sweets] poisseux(euse) ; [label, tape] adhésif(ive) - **2.** *inf* [awkward] délicat(e) - **3.** [humid] humide.

stiff [stɪf] ◇ *adj* - **1.** [rod, paper, material] rigide ; [shoes, brush] dur(e) ; [fabric] raide - **2.** [door, drawer, window] dur(e) (à ouvrir/fermer) ; [joint] ankylosé(e) ; **to have a ~ back** avoir des courbatures dans le dos ; **to have a ~ neck** avoir le torticolis - **3.** [formal] guindé(e) - **4.** [severe - penalty] sévère ; [- resistance] tenace ; [- competition] serré(e) - **5.** [difficult - task] difficile - **6.** [drink] bien tassé(e) ; [wind] fort(e) ◇ *adv inf* : **to be bored ~** s'ennuyer à mourir ; **to be frozen/scared ~** mourir de froid/peur.

stiffen ['stɪfn] ◇ *vt* - **1.** [material] raidir ; [with starch] empeser - **2.** [resolve] renforcer ◇ *vi*

- 1. [body] se raidir ; [joints] s'ankyloser **- 2.** [competition, resistance] s'intensifier **- 3.** [wind] devenir plus fort, fraîchir.

stiffener ['stɪfnər] *n* **- 1.** [starch] amidon *m* **- 2.** TECH raidisseur *m*.

stiffness ['stɪfnɪs] (U) *n* **- 1.** [inflexibility] raideur *f*, rigidité *f* **- 2.** [of body, joint] ankylose *f* **- 3.** [formality] froideur *f*.

stifle ['staɪfl] *vt* & *vi* étouffer.

stifling ['staɪflɪŋ] *adj* étouffant(e).

stigma ['stɪgmə] *n* **- 1.** [disgrace] honte *f*, stigmate *m* **- 2.** BOT stigmate *m*.

stigmatize, -ise ['stɪgmətaɪz] *vt* stigmatiser.

stile [staɪl] *n* échalier *m*.

stiletto heel [stɪ'letəʊ-] *n* Br talon *m* aiguille.

still [stɪl] ◇ *adv* **- 1.** [up to now, up to then] encore, toujours ; **I've ~ got £5 left** il me reste encore 5 livres **- 2.** [even now] encore **- 3.** [nevertheless] tout de même **- 4.** (*with comparatives*) : **~ bigger/more important** encore plus grand/plus important ◇ *adj* **- 1.** [not moving] immobile **- 2.** [calm] calme, tranquille **- 3.** [not windy] sans vent **- 4.** [not fizzy - gen] non gazeux(euse) ; [- mineral water] plat(e) ◇ *n* **- 1.** PHOT photo *f* **- 2.** [for making alcohol] alambic *m*.

stillborn ['stɪlbɔːn] *adj* mort-né(e).

still life (*pl* -s) *n* nature *f* morte.

stillness ['stɪlnɪs] *n* [calmness] tranquillité *f*.

stilted ['stɪltɪd] *adj* emprunté(e), qui manque de naturel.

stilts ['stɪlts] *npl* **- 1.** [for person] échasses *fpl* **- 2.** [for building] pilotis *mpl*.

stimulant ['stɪmjʊlənt] *n* stimulant *m*.

stimulate ['stɪmjʊleɪt] *vt* stimuler.

stimulating ['stɪmjʊleɪtɪŋ] *adj* stimulant(e).

stimulation [,stɪmjʊ'leɪʃn] *n* stimulation *f*.

stimulus ['stɪmjʊləs] (*pl* -li [-laɪ]) *n* **- 1.** [encouragement] stimulant *m* **- 2.** BIOL & PSYCH stimulus *m*.

sting [stɪŋ] (*pt* & *pp* stung) ◇ *n* **- 1.** [by bee] piqûre *f* ; [of bee] dard *m* **- 2.** [sharp pain] brûlure *f* ; **to take the ~ out of sthg** adoucir *or* atténuer qqch ◇ *vt* **- 1.** [gen] piquer **- 2.** [subj : criticism] blesser ◇ *vi* piquer.

stinging nettle ['stɪŋɪŋ-] *n* Br ortie *f*.

stingray ['stɪŋreɪ] *n* pastenague *f*.

stingy ['stɪndʒɪ] (*compar* -ier ; *superl* -iest) *adj* *inf* radin(e).

stink [stɪŋk] (*pt* stank *OR* stunk ; *pp* stunk) ◇ *n* puanteur *f* ◇ *vi* **- 1.** [smell] puer, empester **- 2.** *inf fig* [be worthless] ne rien valoir.

stink-bomb *n* boule *f* puante.

stinking ['stɪŋkɪŋ] *inf* ◇ *adj* [cold] gros (grosse) ; [weather] pourri(e) ; [place] infect(e) ◇ *adv* : **to be ~ rich** être plein(e) aux as.

stint [stɪnt] ◇ *n* [period of work] part *f* de travail ◇ *vi* : **to ~ on** lésiner sur.

stipend ['staɪpend] *n* traitement *m*, salaire *m*.

stipulate ['stɪpjʊleɪt] *vt* stipuler.

stipulation [,stɪpjʊ'leɪʃn] *n* **- 1.** [statement] stipulation *f* **- 2.** [condition] condition *f*.

stir [stɜːr] (*pt* & *pp* -red ; *cont* -ring) ◇ *n* **- 1.** [act of stirring] : **to give sthg a ~** remuer qqch **- 2.** [public excitement] sensation *f* ◇ *vt* **- 1.** [mix] remuer **- 2.** [move gently] agiter **- 3.** [move emotionally] émouvoir **- 4.** [move] : **to ~ o.s.** se remuer ◇ *vi* bouger, remuer.

➡ **stir up** *vt sep* **- 1.** [dust] soulever **- 2.** [trouble] provoquer ; [resentment, dissatisfaction] susciter ; [rumour] faire naître.

stir-fry *vt* faire sauter à feu très vif.

stirring ['stɜːrɪŋ] ◇ *adj* excitant(e), émouvant(e) ◇ *n* [of interest, emotion] éveil *m*.

stirrup ['stɪrəp] *n* étrier *m*.

stitch [stɪtʃ] ◇ *n* **- 1.** SEWING point *m* ; [in knitting] maille *f* **- 2.** MED point *m* de suture **- 3.** [stomach pain] : **to have a ~** avoir un point de côté **- 4.** *phr* : **to be in ~es** être plié(e) en deux (de rire), se tenir les côtes ◇ *vt* **- 1.** SEWING coudre **- 2.** MED suturer.

stitching ['stɪtʃɪŋ] *n* (U) points *mpl*, piqûres *fpl*.

stoat [stəʊt] *n* hermine *f*.

stock [stɒk] ◇ *n* **- 1.** [supply] réserve *f* **- 2.** (U) COMM stock *m*, réserve *f* ; **in ~** en stock ; **out of ~** épuisé(e) **- 3.** FIN valeurs *fpl* ; **~s and shares** titres *mpl* **- 4.** [ancestry] souche *f* **- 5.** CULIN bouillon *m* **- 6.** [livestock] cheptel *m* **- 7.** *phr* : **to take ~ (of)** faire le point (de) ◇ *adj* classique ◇ *vt* **- 1.** COMM vendre, avoir en stock **- 2.** [fill - shelves] garnir ; [- lake] empoissonner.

➡ **stock up** *vi* : **to ~ up (with)** faire des provisions (de).

stockade [stɒ'keɪd] *n* palissade *f*.

stockbroker ['stɒk,brəʊkər] *n* agent *m* de change.

stockbroking ['stɒk,brəʊkɪŋ] *n* commerce *m* des valeurs en Bourse.

stockcar ['stɒkkɑːr] *n* stock-car *m*.

stock company *n* Am société *f* anonyme par actions.

stock control *n* contrôle *m* des stocks.

stock cube *n* Br bouillon-cube *m*.

stock exchange *n* Bourse *f*.

stockholder ['stɒk,həʊldər] *n* Am actionnaire *mf*.

Stockholm ['stɒkhəʊml] *n* Stockholm.

stocking ['stɒkɪŋ] *n* [for woman] bas *m*.

stock-in-trade *n* rudiments *mpl* du métier.

stockist ['stɒkɪst] *n* Br dépositaire *m*, stockiste *m*.

stock market *n* Bourse *f*.

stock phrase *n* cliché *m*.

stockpile ['stɒkpaɪl] ◇ *n* stock *m* ◇ *vt* [weapons] amasser ; [food] stocker.

stockroom ['stɒkrʊml] *n* réserve *f*.

stock-still *adv* sans bouger.

stocktaking ['stɒkˌteɪkɪŋ] *n* (U) inventaire *m*.

stocky ['stɒkɪ] (*compar* -ier ; *superl* -iest) *adj* trapu(e).

stodgy ['stɒdʒɪ] (*compar* -ier ; *superl* -iest) *adj* - **1.** [food] lourd(e) (à digérer) - **2.** pej [book] indigeste.

stoic ['stəʊɪk] ◇ *adj* stoïque ◇ *n* stoïque *mf*.

stoical ['stəʊɪkl] *adj* stoïque.

stoicism ['stəʊɪsɪzml] *n* stoïcisme *m*.

stoke [stəʊk] *vt* [fire] entretenir.

stole [stəʊl] ◇ *pt* ▷ **steal** ◇ *n* étole *f*.

stolen ['stəʊln] *pp* ▷ **steal**.

stolid ['stɒlɪd] *adj* impassible.

stomach ['stʌmək] ◇ *n* [organ] estomac *m* ; [abdomen] ventre *m* ◇ *vt* [tolerate] encaisser, supporter.

stomachache ['stʌməkeɪk] *n* : to have ~ avoir mal au ventre.

stomach pump *n* pompe *f* stomacale.

stomach ulcer *n* ulcère *m* de l'estomac.

stomach upset *n* embarras *m* gastrique.

stomp [stɒmp] *vi* : to ~ in/out entrer/sortir d'un pas bruyant, entrer/sortir d'un pas lourd.

stone [stəʊn] (*pl sense 3 only*, *inv* OR -s) ◇ *n* - **1.** [rock] pierre *f* ; [smaller] caillou *m* ; a ~'s throw from à deux pas de - **2.** [seed] noyau *m* - **3.** Br [unit of measurement] = 6,348 *kg* ◇ *comp* de OR en pierre ◇ *vt* [person, car etc] jeter des pierres sur.

Stone Age *n* : the ~ l'âge *m* de pierre.

stone-cold *adj* complètement froid(e) OR glacé(e).

stoned [stəʊnd] *adj* inf - **1.** drugs sl défoncé(e) - **2.** [drunk] soûl(e), bourré(e).

stonemason ['stəʊnˌmeɪsn] *n* tailleur *m* de pierre OR pierres.

stonewall [ˌstəʊn'wɔːl] *vi* être évasif(ive).

stoneware ['stəʊnweəʳ] *n* poterie *f* en grès.

stonewashed ['stəʊnwɒʃt] *adj* délavé(e).

stonework ['stəʊnwɜːk] *n* maçonnerie *f*.

stony ['stəʊnɪ] (*compar* -ier ; *superl* -iest) *adj* - **1.** [ground] pierreux(euse) - **2.** [unfriendly] froid(e).

stood [stʊd] *pt* & *pp* ▷ **stand**.

stooge [stuːdʒ] *n* [in comedy act] comparse *m* ; fig pantin *m*, fantoche *m*.

stool [stuːl] *n* [seat] tabouret *m*.

stoop [stuːp] ◇ *n* - **1.** [bent back] : to walk with a ~ marcher le dos voûté - **2.** Am [of house] porche *m* ◇ *vi* - **1.** [bend down] se pencher - **2.** [hunch shoulders] être voûté(e) - **3.** fig [debase oneself] : to ~ to doing sthg s'abaisser jusqu'à faire qqch.

stop [stɒp] (*pt* & *pp* -ped ; *cont* -ping) ◇ *n* - **1.** [gen] arrêt *m* ; to come to a ~ [car, train etc] s'arrêter ; [production, growth] cesser ; to put a ~ to sthg mettre un terme à qqch - **2.** [full stop] point *m* ◇ *vt* - **1.** [gen] arrêter ; [end] mettre fin à ; to ~ doing sthg arrêter de faire qqch ; to ~ work arrêter de travailler, cesser le travail - **2.** [prevent] : to ~ sb/sthg (from doing sthg) empêcher qqn/qqch (de faire qqch) - **3.** [wages] retenir ; [cheque] faire opposition à - **4.** [block] boucher ◇ *vi* s'arrêter, cesser ; to ~ at nothing (to do sthg) ne reculer devant rien (pour faire qqch).

➤ **stop off** *vi* s'arrêter, faire halte.

➤ **stop over** *vi* s'arrêter un jour/quelques jours.

➤ **stop up** ◇ *vt sep* [block] boucher ◇ *vi* Br veiller.

stopcock ['stɒpkɒk] *n* robinet *m* d'arrêt

stopgap ['stɒpgæp] *n* bouche-trou *m*.

stopover ['stɒpˌəʊvəʳ] *n* halte *f*.

stoppage ['stɒpɪdʒ] *n* - **1.** [strike] grève *f* - **2.** Br [deduction] retenue *f*.

stopper ['stɒpəʳ] *n* bouchon *m*.

stopping ['stɒpɪŋ] *adj* Br : ~ train train *m* omnibus.

stop press *n* nouvelles *fpl* de dernière heure.

stopwatch ['stɒpwɒtʃ] *n* chronomètre *m*.

storage ['stɔːrɪdʒ] *n* - **1.** [of goods] entreposage *m*, emmagasinage *m* ; [of household objects] rangement *m* - **2.** COMPUT stockage *m*, mémorisation *f*.

storage heater *n* Br radiateur *m* à accumulation.

store [stɔːʳ] ◇ *n* - **1.** esp Am [shop] magasin *m* - **2.** [supply] provision *f* - **3.** [place of storage] réserve *f* - **4.** phr : to set great ~ by OR on accorder OR attacher beaucoup d'importance à, faire grand cas de ◇ *vt* - **1.** [save] mettre en

réserve ; [goods] entreposer, emmagasiner
- **2.** COMPUT stocker, mémoriser.

➤ **in store** *adv* : **who knows what the future holds in ~?** qui sait ce que nous réserve l'avenir ? ; **there's a shock in ~ for him** un choc l'attend.

➤ **store up** *vt sep* [provisions] mettre en réserve ; [goods] emmagasiner ; [information] mettre en mémoire, noter.

store detective *n* surveillant *m*, -e *f* de magasin.

storehouse ['stɔːhaʊs, *pl* -haʊzɪz] *n* entrepôt *m* ; fig mine *f*.

storekeeper ['stɔːˌkiːpəʳ] *n* Am commerçant *m*, -e *f*.

storeroom ['stɔːrʊm] *n* magasin *m*.

storey Br (*pl* -s), **story** Am (*pl* -ies) ['stɔːrɪ] *n* étage *m*.

stork [stɔːk] *n* cigogne *f*.

storm [stɔːm] ◇ *n* - **1.** [bad weather] orage *m* ; **a ~ in a teacup** une tempête dans un verre d'eau - **2.** fig [of abuse] torrent *m* ; [of applause] tempête *f* ◇ *vt* MIL prendre d'assaut ◇ *vi* - **1.** [go angrily] : **to ~ in/out** entrer/sortir comme un ouragan - **2.** [speak angrily] fulminer.

storm cloud *n* nuage *m* orageux.

storming ['stɔːmɪŋ] *n* prise *f* d'assaut.

stormy ['stɔːmɪ] (*compar* -ier ; *superl* -iest) *adj* lit & fig orageux(euse).

story ['stɔːrɪ] (*pl* -ies) *n* - **1.** [gen] histoire *f* ; **it's the (same) old ~** c'est toujours la même histoire, c'est toujours pareil ; **to cut a long ~ short** (enfin) bref - **2.** PRESS article *m* ; RADIO & TV nouvelle *f* - **3.** Am = storey.

storybook ['stɔːrɪbʊk] *adj* [romance etc] de conte de fées.

storyteller ['stɔːrɪˌteləʳ] *n* - **1.** [narrator] conteur *m*, -euse *f* - **2.** euphemism [liar] menteur *m*, -euse *f*.

stout [staʊt] ◇ *adj* - **1.** [rather fat] corpulent(e) - **2.** [strong] solide - **3.** [resolute] ferme, résolu(e) ◇ *n* (U) stout *m*, bière *f* brune.

stoutness ['staʊtnɪs] *n* [fatness] corpulence *f*.

stove [stəʊv] ◇ *pt* & *pp* ⊳ **stave** ◇ *n* [for cooking] cuisinière *f* ; [for heating] poêle *m*, calorifère *m* Can.

stow [stəʊ] *vt* : **to ~ sthg (away)** ranger qqch.

➤ **stow away** *vi* embarquer clandestinement.

stowaway ['stəʊəweɪ] *n* passager *m* clandestin.

straddle ['strædl] *vt* enjamber ; [chair] s'asseoir à califourchon sur.

strafe [strɑːf] *vt* MIL mitrailler.

straggle ['strægl] *vi* - **1.** [buildings] s'étendre,

s'étaler ; [hair] être en désordre - **2.** [person] traîner, lambiner.

straggler ['stræɡləʳ] *n* traînard *m*, -e *f*.

straggly ['stræɡlɪ] (*compar* -ier ; *superl* -iest) *adj* [hair] en désordre.

straight [streɪt] ◇ *adj* - **1.** [not bent] droit(e) ; [hair] raide - **2.** [frank] franc (franche), honnête - **3.** [tidy] en ordre - **4.** [choice, exchange] simple - **5.** [alcoholic drink] sec, sans eau - **6.** inf [conventional] normal(e) - **7.** gay sl hétéro (inv) - **8.** phr : **let's get this ~** entendons-nous bien ◇ *adv* - **1.** [in a straight line] droit - **2.** [directly, immediately] droit, tout de suite - **3.** [frankly] carrément, franchement - **4.** [undiluted] sec, sans eau - **5.** phr : **to go ~** [criminal] rester dans le droit chemin ◇ *n* SPORT : **the ~** la ligne droite.

➤ **straight off** *adv* tout de suite, sur-le-champ.

➤ **straight out** *adv* sans mâcher ses mots.

straightaway [ˌstreɪtə'weɪ] *adv* tout de suite, immédiatement.

straighten ['streɪtn] ◇ *vt* - **1.** [tidy - hair, dress] arranger ; [- room] mettre de l'ordre dans - **2.** [make straight - horizontally] rendre droit(e) ; [- vertically] redresser ◇ *vi* [person] : **to ~ (up)** se redresser.

➤ **straighten out** *vt sep* [problem] résoudre ; **to ~ things out** arranger les choses.

straight face *n* : **to keep a ~** garder son sérieux.

straightforward [ˌstreɪt'fɔːwəd] *adj* - **1.** [easy] simple - **2.** [frank] honnête, franc (franche).

strain [streɪn] ◇ *n* - **1.** [mental] tension *f*, stress *m* - **2.** MED foulure *f* ; **back ~** tour *m* de reins - **3.** TECH contrainte *f*, effort *m* - **4.** [type - of plant] variété *f* ; [- of virus] souche *f* ◇ *vt* - **1.** [work hard - eyes] plisser fort ; **to ~ one's ears** tendre l'oreille - **2.** [MED - muscle] se froisser ; [- eyes] se fatiguer ; **to ~ one's back** se faire un tour de reins - **3.** [patience] mettre à rude épreuve ; [budget] grever - **4.** [drain] passer - **5.** TECH exercer une contrainte sur ◇ *vi* : **to ~ to do sthg** faire un gros effort pour faire qqch, se donner du mal pour faire qqch.

➤ **strains** *npl* [of music] accords *mpl*, airs *mpl*.

strained [streɪnd] *adj* - **1.** [worried] contracté(e), tendu(e) - **2.** [relations, relationship] tendu(e) - **3.** [unnatural] forcé(e).

strainer ['streɪnəʳ] *n* passoire *f*.

strait [streɪt] *n* détroit *m*.

➤ **straits** *npl* : **in dire** OR **desperate ~s** dans une situation désespérée.

straitened ['streitnd] *adj fml* : **in ~ circumstances** dans la gêne, dans le besoin.

straitjacket ['streit,dʒækit] *n* camisole *f* de force.

straitlaced [,streit'leist] *adj* collet monté *(inv)*.

Strait of Gibraltar *n* : **the ~** le détroit de Gibraltar.

Strait of Hormuz [,hɔː'muːʰ] *n* : **the ~** le détroit d'Hormuz OR Ormuz.

strand [strænd] *n* - **1.** [of cotton, wool] brin *m*, fil *m* ; [of hair] mèche *f* - **2.** [theme] fil *m*.

stranded ['strændid] *adj* [boat] échoué(e) ; [people] abandonné(e), en rade.

strange [streindʒ] *adj* - **1.** [odd] étrange, bizarre - **2.** [unfamiliar] inconnu(e).

strangely ['streindʒli] *adv* étrangement, bizarrement ; **~ (enough)** chose curieuse.

stranger ['streindʒəʳ] *n* - **1.** [unfamiliar person] inconnu *m*, -e *f* ; **to be a ~ to sthg** ne pas connaître qqch ; **to be no ~ to sthg** bien connaître qqch - **2.** [from another place] étranger *m*, -ère *f*.

strangle ['stræŋgl] *vt* étrangler ; *fig* étouffer.

stranglehold ['stræŋglhəuld] *n* - **1.** [round neck] étranglement *m* - **2.** *fig* [control] : **~ (on)** domination *f* (de).

strangulation [,stræŋgjʊ'leiʃn] *n* strangulation *f*.

strap [stræp] (*pt* & *pp* **-ped** ; *cont* **-ping**) *n* [for fastening] sangle *f*, courroie *f* ; [of bag] bandoulière *f* ; [of rifle, dress, bra] bretelle *f* ; [of watch] bracelet *m* *vt* [fasten] attacher.

strapless ['stræplis] *adj* sans bretelles.

strapping ['stræpiŋ] *adj* bien bâti(e), robuste.

Strasbourg ['stræzbɜːg] *n* Strasbourg.

strata ['strɑːtə] *pl* ⊳ **stratum**.

stratagem ['strætədʒəm] *n* stratagème *m*.

strategic [strə'tiːdʒik] *adj* stratégique.

strategist ['strætidʒist] *n* stratège *m*.

strategy ['strætidʒi] (*pl* **-ies**) *n* stratégie *f*.

stratified ['strætifaid] *adj* - **1.** GEOL stratifié(e) - **2.** *fig* [society] divisé(e) en différentes couches sociales.

stratosphere ['strætə,sfiəʳ] *n* : **the ~** la stratosphère.

stratum ['strɑːtəm] (*pl* **-ta** [-tə]) *n* - **1.** GEOL strate *f*, couche *f* - **2.** *fig* [of society] couche *f*.

straw [strɔː] *n* paille *f* ; **to clutch at ~s** se raccrocher à n'importe quoi ; **the last ~** la goutte qui fait déborder le vase ; **that's the last ~!** ça c'est le comble! *comp* de OR en paille.

strawberry ['strɔːbəri] (*pl* **-ies**) *n* [fruit] fraise *f* *comp* [tart, yoghurt] aux fraises ; [jam] de fraises.

straw poll *n* sondage *m* d'opinion.

stray [strei] *adj* - **1.** [animal] errant(e), perdu(e) - **2.** [bullet] perdu(e) ; [example] isolé(e) *n* [animal] animal *m* errant *vi* - **1.** [person, animal] errer, s'égarer - **2.** [thoughts] vagabonder, errer.

streak [striːk] *n* - **1.** [line] bande *f*, marque *f* ; **~ of lightning** éclair *m* - **2.** [in character] côté *m* ; **a ~ of cruelty** une propension à la cruauté - **3.** [period] : **a winning/losing ~** une période de succès/d'échecs, une série de succès/d'échecs *vi* [move quickly] se déplacer comme un éclair.

streaked [striːkt] *adj* [marked] : **to be ~ with** être maculé(e) de, porter des traces de.

streaky ['striːki] (*compar* **-ier** ; *superl* **-iest**) *adj* [paint] qui n'est pas uniforme ; [surface] couvert(e) de traces.

streaky bacon *n* Br bacon *m* assez gras.

stream [striːm] *n* - **1.** [small river] ruisseau *m* - **2.** [of liquid, light] flot *m*, jet *m* - **3.** [of people, cars] flot *m* ; [of complaints, abuse] torrent *m* - **4.** Br SCH classe *f* de niveau *vi* - **1.** [liquid] couler à flots, ruisseler ; [light] entrer à flots - **2.** [people, cars] affluer ; **to ~ past** passer à flots *vt* Br SCH répartir par niveau.

streamer ['striːməʳ] *n* [for party] serpentin *m*.

streamline ['striːmlain] *vt* - **1.** [make aerodynamic] caréner, donner un profil aérodynamique à - **2.** [make efficient] rationaliser.

streamlined ['striːmlaind] *adj* - **1.** [aerodynamic] au profil aérodynamique - **2.** [efficient] rationalisé(e).

street [striːt] *n* rue *f* ; **it's right up his ~** Br *inf* c'est son rayon ; **to be ~s ahead of sb** Br *inf* devancer OR dépasser qqn de loin.

streetcar ['striːtkɑːʳ] *n* Am tramway *m*.

street-credibility *n* (U) *inf* image *f* (de marque).

street lamp, street light *n* réverbère *m*.

street lighting *n* éclairage *m* des rues.

street map *n* plan *m*.

street market *n* marché *m* en plein air.

street plan *n* plan *m*.

street value *n* [of drugs] valeur *f* à la revente.

streetwise ['striːtwaiz] *adj* *inf* averti(e), futé(e).

strength [streŋθ] *n* - **1.** [gen] force *f* ; **on the ~ of** [evidence] sur la foi de ; [advice] en s'appuyant sur, en vertu de - **2.** [power, influence] puissance *f* ; **to go from ~ to ~** connaître un succès de plus en plus éclatant, prospérer - **3.** [solidity, of currency] solidité *f* - **4.** [number] effectif *m* ; **in ~** en force, en grand nombre ; **at full ~** au (grand) complet ; **to be below ~** avoir un effectif insuffisant.

strengthen ['streŋθn] ⬦ *vt* - **1.** [structure, team, argument] renforcer - **2.** [economy, currency, friendship] consolider - **3.** [resolve, dislike] fortifier, affermir - **4.** [person] enhardir ⬦ *vi* - **1.** [sales, economy] s'améliorer - **2.** [opposition] s'affermir, se renforcer - **3.** [friendship] se cimenter, se consolider - **4.** [currency] se raffermir.

strenuous ['strenjʊəs] *adj* [exercise, activity] fatigant(e), dur(e) ; [effort] vigoureux(euse), acharné(e).

stress [stres] ⬦ *n* - **1.** [emphasis] : **~ (on)** accent *m* (sur) - **2.** [mental] stress *m*, tension *f* ; **to be under ~** être stressé(e) - **3.** TECH : **~ (on)** contrainte *f* (sur), effort *m* (sur) - **4.** LING accent *m* ⬦ *vt* - **1.** [emphasize] souligner, insister sur - **2.** LING accentuer.

stressed [strest] *adj* [tense] stressé(e).

stressful ['stresfʊl] *adj* stressant(e).

stretch [stretʃ] ⬦ *n* - **1.** [of land, water] étendue *f* ; [of road, river] partie *f*, section *f* - **2.** [of time] période *f* - **3.** [effort] : **by no ~ of the imagination** même avec beaucoup d'imagination ⬦ *vt* - **1.** [material] allonger ; [legs] se dégourdir ; [muscles] distendre - **2.** [pull taut] tendre, étirer - **3.** [overwork - person] surmener ; [- resources, budget] grever - **4.** [challenge] : **to ~ sb** pousser qqn à la limite de ses capacités ⬦ *vi* - **1.** [area] : **to ~ over** s'étendre sur ; **to ~ from ... to** s'étendre de ... à - **2.** [person, animal] s'étirer - **3.** [material, elastic] se tendre, s'étirer ⬦ *adj* extensible.

➤ **at a stretch** *adv* d'affilée, sans interruption.

➤ **stretch out** ⬦ *vt sep* [arm, leg, hand] tendre ⬦ *vi* [lie down] s'étendre, s'allonger.

stretcher ['stretʃə̩'] *n* brancard *m*, civière *f*.

stretcher party *n* équipe *f* de brancardiers.

stretchmarks ['stretʃmɑːks] *npl* vergetures *fpl*.

stretchy ['stretʃɪ] (*compar* -ier ; *superl* -iest) *adj* extensible, élastique.

strew [struː] (*pt* -ed ; *pp* strewn [struːn] OR -ed) *vt* : **to be strewn on** OR **over** être éparpillé(e) sur ; **to be strewn with** être jonché(e) de.

stricken ['strɪkn] *adj* : **to be ~ by** OR **with panic** être pris(e) de panique ; **to be ~ by an illness** souffrir OR être atteint(e) d'une maladie.

strict [strɪkt] *adj* - **1.** [gen] strict(e) - **2.** [faithful] :

she's a **~ Catholic** elle observe rigoureusement la foi catholique.

strictly ['strɪktlɪ] *adv* - **1.** [gen] strictement ; **~ speaking** à proprement parler - **2.** [severely] d'une manière stricte, sévèrement.

strictness ['strɪktnɪs] *n* sévérité *f*.

stride [straɪd] (*pt* strode ; *pp* stridden ['strɪdn]) ⬦ *n* - **1.** [long step] grand pas *m*, enjambée *f* - **2.** *phr* : **to take sthg in one's ~** ne pas se laisser démonter par qqch ⬦ *vi* marcher à grandes enjambées OR à grands pas.

➤ **strides** *npl* [progress] : **to make (great) ~s** faire des progrès rapides.

strident ['straɪdnt] *adj* - **1.** [voice, sound] strident(e) - **2.** [demand, attack] véhément(e), bruyant(e).

strife [straɪf] *n* (U) conflit *m*, lutte *f*.

strike [straɪk] (*pt* & *pp* struck) ⬦ *n* - **1.** [by workers] grève *f* ; **to be (out) on ~** être en grève ; **to go on ~** faire grève, se mettre en grève - **2.** MIL raid *m* - **3.** [of oil, gold] découverte *f* ⬦ *comp* de grève ⬦ *vt* - **1.** [hit - deliberately] frapper ; [- accidentally] heurter - **2.** [subj : thought] venir à l'esprit de ; **she ~s me as (being) very capable** elle me fait l'impression d'être très capable, elle me paraît très capable - **3.** [impress] : **to be struck by** OR **with** être frappé(e) par - **4.** [conclude - deal, bargain] conclure - **5.** [light - match] frotter - **6.** [find] découvrir, trouver ; **to ~ a balance (between)** trouver le juste milieu (entre) ; **to ~ a serious/happy** *etc* **note** adopter un ton sérieux/gai *etc* - **7.** *phr* : **to be struck blind** être frappé(e) de cécité, devenir aveugle ; **to be struck dumb** rester muet ; **to ~ fear** OR **terror into sb** frapper qqn de terreur ; **to ~ (it) lucky** avoir de la veine ; **to ~ it rich** trouver le filon ⬦ *vi* - **1.** [workers] faire grève - **2.** [hit] frapper - **3.** [attack] attaquer - **4.** [chime] sonner.

➤ **strike back** *vi* se venger, exercer des représailles.

➤ **strike down** *vt sep* terrasser.

➤ **strike off** *vt sep* : **to be struck off** être radié(e) OR rayé(e).

➤ **strike out** ⬦ *vt sep* rayer, barrer ⬦ *vi* [head out] se mettre en route, partir ; **to ~ out on one's own** [in business] se mettre à son compte.

➤ **strike up** ⬦ *vt fus* - **1.** [conversation] commencer, engager ; **to ~ up a friendship (with)** se lier d'amitié (avec) - **2.** [music] commencer à jouer ⬦ *vi* commencer à jouer.

strikebound ['straɪkbaʊnd] *adj* paralysé(e) par la grève.

strikebreaker ['straɪkˌbreɪkə̩'] *n* briseur *m* de grève.

strike pay n (U) allocation f de grève, allocation-gréviste f.

striker ['straɪkə'] n - **1.** [person on strike] gréviste mf - **2.** FTBL buteur m.

striking ['straɪkɪŋ] adj - **1.** [noticeable] frappant(e), saisissant(e) - **2.** [attractive] d'une beauté frappante.

striking distance n : to be within ~ (of) être à deux pas (de) ; to be within ~ of doing sthg fig être à deux doigts de faire qqch.

string [strɪŋ] (pt & pp strung) ◇ n - **1.** (U) [thin rope] ficelle f - **2.** [piece of thin rope] bout m de ficelle ; **(with) no ~s attached** sans conditions ; **to pull ~s** faire jouer le piston - **3.** [of beads, pearls] rang m - **4.** [series] série f, suite f - **5.** [of musical instrument] corde f ◇ comp : ~ **vest** tricot m de peau à grosses mailles ; ~ **bag** filet m à provisions.
  ➤ **strings** npl MUS : the ~s les cordes fpl.
  ➤ **string along** vt sep inf [deceive] faire marcher, tromper.
  ➤ **string out** vt fus échelonner.
  ➤ **string together** vt sep fig aligner.
  ➤ **string up** vt sep inf [kill by hanging] pendre.

string bean n haricot m vert.

stringed instrument [,strɪŋd-] n instrument m à cordes.

stringent ['strɪndʒənt] adj strict(e), rigoureux(euse).

string quartet n quatuor m à cordes.

strip [strɪp] (pt & pp -ped ; cont -ping) ◇ n - **1.** [narrow piece] bande f ; **to tear a ~ off sb, to tear sb off a ~** Br passer un bon savon à qqn, sonner les cloches à qqn - **2.** Br SPORT tenue f ◇ vt - **1.** [undress] déshabiller, dévêtir - **2.** [paint, wallpaper] enlever - **3.** [take away from] : **to ~ sb of sthg** dépouiller qqn de qqch ◇ vi - **1.** [undress] se déshabiller, se dévêtir - **2.** [do a striptease] faire un strip-tease.
  ➤ **strip off** ◇ vt sep enlever, ôter ◇ vi se déshabiller, se dévêtir.

strip cartoon n Br bande f dessinée.

stripe [straɪp] n - **1.** [band of colour] rayure f - **2.** [sign of rank] galon m.

striped [straɪpt] adj à rayures, rayé(e).

strip lighting n éclairage m au néon.

stripper ['strɪpə'] n - **1.** [performer of striptease] strip-teaseuse f, effeuilleuse f - **2.** [for paint] décapant m.

strip-search ◇ n fouille f d'une personne dévêtue ◇ vt : **to ~ sb** obliger qqn à se déshabiller pour le fouiller.

strip show n (spectacle m de) strip-tease m.

striptease ['strɪptiːz] n strip-tease m.

stripy ['straɪpɪ] (compar -ier ; superl -iest) adj à rayures, rayé(e).

strive [straɪv] (pt strove ; pp striven ['strɪvn]) vi : **to ~ for sthg** essayer d'obtenir qqch ; **to ~ to do sthg** s'efforcer de faire qqch.

strobe (light) ['strəub-] n lumière f stroboscopique.

strode [strəud] pt ▷ **stride.**

stroke [strəuk] ◇ n - **1.** MED attaque f cérébrale - **2.** [of pen, brush] trait m - **3.** [in swimming - movement] mouvement m des bras ; [- style] nage f - **4.** [in rowing] coup m d'aviron - **5.** [in golf, tennis etc] coup m - **6.** [of clock] : **on the third** ~ = au quatrième top ; **at the ~ of 12** sur le coup de minuit - **7.** Br TYPO [oblique] barre f - **8.** [piece] : **a ~ of genius** un trait de génie ; **a ~ of luck** un coup de chance OR de veine ; **not to do a ~ of work** ne pas en ficher une datte OR rame, ne rien faire ; **at a ~** d'un seul coup ◇ vt caresser.

stroll [strəul] ◇ n petite promenade f, petit tour m ◇ vi se promener, flâner.

stroller ['strəulə'] n Am [for baby] poussette f.

strong [strɒŋ] adj - **1.** [gen] fort(e) ; **to be ~ at sthg** être fort en qqch ; ~ **point** point m fort - **2.** [structure, argument, friendship] solide - **3.** [healthy] robuste, vigoureux(euse) ; **to be still going ~** [person, group] être toujours d'attaque, être solide au poste ; [machine] marcher toujours bien - **4.** [policy, measures] énergique - **5.** [in numbers] : **the crowd was 2,000 ~** il y avait une foule de 2 000 personnes - **6.** [team, candidate] sérieux(euse), qui a des chances de gagner.

strongarm ['strɒŋɑːm] adj : ~ **tactics** la méthode forte.

strongbox ['strɒŋbɒks] n coffre-fort m.

stronghold ['strɒŋhəuld] n fig bastion m.

strong language n (U) euphemism grossièretés fpl.

strongly ['strɒŋlɪ] adv - **1.** [gen] fortement - **2.** [solidly] solidement.

strong man n [in circus] homme m fort, hercule m.

strong-minded [-'maɪndɪd] adj résolu(e).

strong room n chambre f forte.

strong-willed [-'wɪld] adj têtu(e), volontaire.

stroppy ['strɒpɪ] (compar -ier ; superl -iest) adj Br inf difficile.

strove [strəuv] pt ▷ **strive.**

struck [strʌk] pt & pp ▷ **strike.**

structural ['strʌktʃərəl] adj de construction.

structurally ['strʌktʃərəlɪ] adv du point de vue de la construction.

structure ['strʌktʃər] ⟨> n - 1. [organization] structure f - 2. [building] construction f ⟨> vt structurer.

struggle ['strʌgl] ⟨> n - 1. [great effort] : ~ (for sthg/to do sthg) lutte f (pour qqch/pour faire qqch) - 2. [fight] bagarre f ⟨> vi - 1. [make great effort] : to ~ (for) lutter (pour) ; to ~ to do sthg s'efforcer de faire qqch - 2. [to free oneself] se débattre ; [fight] se battre - 3. [move with difficulty] : to ~ to one's feet se lever avec difficulté.

◆ **struggle on** vi : to ~ on (with) persévérer (dans).

struggling ['strʌglɪŋ] adj qui a du mal OR des difficultés.

strum [strʌm] (pt & pp -med ; cont -ming) vt [guitar] gratter de ; [tune] jouer.

strung [strʌŋ] pt & pp ▷ string.

strut [strʌt] (pt & pp -ted ; cont -ting) ⟨> n - 1. CONSTR étai m, support m - 2. AERON pilier m ⟨> vi se pavaner.

strychnine ['strɪkniːn] n strychnine f.

stub [stʌb] (pt & pp -bed ; cont -bing) ⟨> n - 1. [of cigarette] mégot m ; [of pencil] morceau m - 2. [of ticket, cheque] talon m ⟨> vt : to ~ one's toe se cogner le doigt de pied.

◆ **stub out** vt sep écraser.

stubble ['stʌbl] n (U) - 1. [in field] chaume m - 2. [on chin] barbe f de plusieurs jours.

stubborn ['stʌbən] adj - 1. [person] têtu(e), obstiné(e) - 2. [stain] qui ne veut pas partir, rebelle.

stubbornly ['stʌbənlɪ] adv obstinément.

stubby ['stʌbɪ] (compar -ier ; superl -iest) adj boudiné(e).

stucco ['stʌkəʊ] n stuc m.

stuck [stʌk] ⟨> pt & pp ▷ stick ⟨> adj - 1. [jammed, trapped] coincé(e) - 2. [stumped] : to be ~ sécher - 3. [stranded] bloqué(e), en rade.

stuck-up adj inf pej bêcheur(euse).

stud [stʌd] n - 1. [metal decoration] clou m décoratif - 2. [earring] clou m d'oreille - 3. Br [on boot, shoe] clou m ; [on sports boots] crampon m - 4. [of horses] haras m ; to be put out to ~ être utilisé comme étalon.

studded ['stʌdɪd] adj : ~ (with) parsemé(e) (de), constellé(e) (de).

student ['stjuːdnt] ⟨> n étudiant m, -e f ⟨> comp [life] estudiantin(e) ; [politics] des étudiants ; [disco] pour étudiants ; ~ nurse élève-infirmière f ; ~ teacher professeur m stagiaire.

students' union n - 1. [organization] union f des étudiants - 2. [building] club m (des étudiants).

stud farm n haras m.

studied ['stʌdɪd] adj étudié(e), calculé(e).

studio ['stjuːdɪəʊ] (pl -s) n studio m ; [of artist] atelier m.

studio apartment n Am = studio flat.

studio audience n public m invité.

studio flat Br, **studio apartment** Am n studio m.

studious ['stjuːdjəs] adj studieux(euse).

studiously ['stjuːdjəslɪ] adv studieusement.

study ['stʌdɪ] (pl -ies, pt & pp -ied) ⟨> n - 1. [gen] étude f - 2. [room] bureau m ⟨> vt - 1. [learn] étudier, faire des études de - 2. [examine] examiner, étudier ⟨> vi étudier, faire ses études.

stuff [stʌf] ⟨> n (U) - 1. inf [things] choses fpl ; and all that ~ et tout ça ; to know one's ~ s'y connaître - 2. [substance] substance f - 3. inf [belongings] affaires fpl ⟨> vt - 1. [push] fourrer - 2. [fill] : to ~ sthg (with) remplir OR bourrer qqch (de) - 3. inf [with food] : to ~ o.s. (with OR on) se gaver (de), s'empiffrer (de) - 4. CULIN farcir.

stuffed [stʌft] adj - 1. [filled] : ~ with bourré(e) de - 2. inf [with food] gavé(e) - 3. CULIN farci(e) - 4. [toy] en peluche ; he loves ~ animals il adore les peluches - 5. [preserved - animal] empaillé(e) - 6. phr : get ~! Br inf va te faire foutre!

stuffing ['stʌfɪŋ] n (U) - 1. [filling] bourre f, rembourrage m - 2. CULIN farce f.

stuffy ['stʌfɪ] (compar -ier ; superl -iest) adj - 1. [room] mal aéré(e), qui manque d'air - 2. [person, club] vieux jeu (inv).

stumble ['stʌmbl] vi trébucher.

◆ **stumble across, stumble on** vt fus tomber sur.

stumbling block ['stʌmblɪŋ-] n pierre f d'achoppement.

stump [stʌmp] ⟨> n [of tree] souche f ; [of arm, leg] moignon m ⟨> vt [subj : question, problem] dérouter, rendre perplexe ⟨> vi : to ~ in/out entrer/sortir à pas lourds.

◆ **stumps** npl CRICKET piquets mpl.

◆ **stump up** vt fus Br inf cracher, payer.

stun [stʌn] (pt & pp -ned ; cont -ning) vt - 1. [knock unconscious] étourdir, assommer - 2. [surprise] stupéfier, renverser.

stung [stʌŋ] pt & pp ▷ sting.

stun grenade n grenade f cataplexiante.

stunk [stʌŋk] pt & pp ▷ stink.

stunning ['stʌnɪŋ] adj - 1. [very beautiful] ravissant(e) ; [scenery] merveilleux(euse) - 2. [surprising] stupéfiant(e), renversant(e).

stunt [stʌnt] ◇ n - **1.** [for publicity] coup m - **2.** CINEMA cascade f ◇ vt retarder, arrêter.
stunted ['stʌntɪd] adj rabougri(e).
stunt man n cascadeur m.
stupefy ['stju:pɪfaɪ] (pt & pp -ied) vt - **1.** [tire] abrutir - **2.** [surprise] stupéfier, abasourdir.
stupendous [stju:'pendəs] adj extraordinaire, prodigieux(euse).
stupid ['stju:pɪd] adj - **1.** [foolish] stupide, bête - **2.** inf [annoying] fichu(e).
stupidity [stju:'pɪdətɪ] n (U) bêtise f, stupidité f.
stupidly ['stju:pɪdlɪ] adv stupidement.
stupor ['stju:pə'] n stupeur f, hébétude f.
sturdy ['stɜ:dɪ] (compar -ier ; superl -iest) adj [person] robuste ; [furniture, structure] solide.
sturgeon ['stɜ:dʒən] (pl inv) n esturgeon m.
stutter ['stʌtə'] ◇ n bégaiement m ◇ vi bégayer.
sty [staɪ] (pl sties) n [pigsty] porcherie f.
stye [staɪ] n orgelet m, compère-loriot m.
style [staɪl] ◇ n - **1.** [characteristic manner] style m - **2.** (U) [elegance] chic m, élégance f - **3.** [design] genre m, modèle m ◇ vt [hair] coiffer.
styling mousse ['staɪlɪŋ-] n mousse f coiffante.
stylish ['staɪlɪʃ] adj chic (inv), élégant(e).
stylist ['staɪlɪst] n [hairdresser] coiffeur m, -euse f.
stylized, -ised ['staɪlaɪzd] adj stylisé(e).
stylus ['staɪləs] (pl -es) n [on record player] pointe f de lecture, saphir m.
stymie ['staɪmɪ] vt inf [plan] contrarier, contrecarrer ; **to be ~d** [person] être coincé(e).
styrofoam® ['staɪrəfəum] n Am polystyrène m.
suave [swɑ:v] adj doucereux(euse).
sub [sʌb] n inf - **1.** SPORT (abbr of substitute) remplaçant m, -e f - **2.** (abbr of submarine) sous-marin m - **3.** Br (abbr of subscription) cotisation f - **4.** Am [sandwich] sandwich m (de baguette).
sub- [sʌb] prefix sous-, sub-.
subcommittee ['sʌbkə,mɪtɪ] n sous-comité m.
subconscious [,sʌb'kɒnʃəs] ◇ adj inconscient(e) ◇ n : **the ~** l'inconscient m.
subconsciously [,sʌb'kɒnʃəslɪ] adv inconsciemment.
subcontinent [,sʌb'kɒntɪnənt] n sous-continent m.
subcontract [,sʌbkən'trækt] vt sous-traiter.
subculture ['sʌb,kʌltʃə'] n sous-culture f.
subdivide [,sʌbdɪ'vaɪd] vt subdiviser.

subdue [səb'dju:] vt - **1.** [control - rioters, enemy] soumettre, subjuguer ; [- temper, anger] maîtriser, réprimer - **2.** [light, colour] adoucir, atténuer.
subdued [səb'dju:d] adj - **1.** [person] abattu(e) - **2.** [anger, emotion] contenu(e) - **3.** [colour] doux (douce) ; [light] tamisé(e).
subeditor [,sʌb'edɪtə'] n secrétaire mf de rédaction.
subgroup ['sʌbgru:p] n sous-groupe m.
subheading ['sʌb,hedɪŋ] n sous-titre m.
subhuman [,sʌb'hju:mən] adj pej [crime] brutal(e), bestial(e).
subject [adj, n & prep 'sʌbdʒekt, vt səb'dʒekt] ◇ adj soumis(e) ; **to be ~ to** [tax, law] être soumis à ; [disease, headaches] être sujet (sujette) à ◇ n - **1.** [gen] sujet m - **2.** SCH & UNIV matière f ◇ vt - **1.** [control] soumettre, assujettir - **2.** [force to experience] : **to ~ sb to sthg** exposer OR soumettre qqn à qqch.
➡ **subject to** prep sous réserve de.
subjection [səb'dʒekʃn] n sujétion f, soumission f.
subjective [səb'dʒektɪv] adj subjectif(ive).
subjectively [səb'dʒektɪvlɪ] adv subjectivement.
subject matter n (U) sujet m.
sub judice [-'dʒu:dɪsɪ] adj JUR en train de passer devant le tribunal.
subjugate ['sʌbdʒugeɪt] vt [people, country] conquérir, subjuguer.
subjunctive [səb'dʒʌŋktɪv] n GRAMM : **~ (mood)** (mode m) subjonctif m.
sublet [,sʌb'let] (pt & pp sublet, cont -ting) vt sous-louer.
sublime [sə'blaɪm] adj sublime ; **from the ~ to the ridiculous** du sublime au ridicule OR grotesque.
sublimely [sə'blaɪmlɪ] adv suprêmement, souverainement.
subliminal [,sʌb'lɪmɪnl] adj subliminal(e).
submachine gun [,sʌbmə'ʃi:n-] n mitraillette f.
submarine [,sʌbmə'ri:n] n sous-marin m.
submenu ['sʌb,menju:] n COMPUT sous-menu m.
submerge [səb'mɜ:dʒ] ◇ vt immerger, plonger ; **to ~ o.s. in sthg** fig se plonger dans qqch ◇ vi s'immerger, plonger.
submission [səb'mɪʃn] n - **1.** [obedience] soumission f - **2.** [presentation] présentation f, soumission f.
submissive [səb'mɪsɪv] adj soumis(e), docile.
submit [səb'mɪt] (pt & pp -ted ; cont -ting)

◇ *vt* soumettre ◇ *vi* : **to ~ (to)** se soumettre (à).

subnormal [ˌsʌb'nɔːml] *adj* arriéré(e), attardé(e).

subordinate [*adj & n* sə'bɔːdɪnət, *vt* sə'bɔːdɪneɪt] ◇ *adj* fml [less important] : **~ (to)** subordonné(e) (à), moins important(e) (que) ◇ *n* subordonné *m*, -e *f* ◇ *vt* subordonner, faire passer après.

subordinate clause [sə'bɔːdɪnət-] *n* proposition *f* subordonnée.

subordination [sə,bɔːdɪ'neɪʃn] *n* subordination *f*.

subpoena [sə'piːnə] (*pt & pp* -**ed**) JUR ◇ *n* citation *f*, assignation *f* ◇ *vt* citer OR assigner à comparaître.

sub-post office *n* Br petit bureau *m* de poste.

subroutine ['sʌbruːˌtiːn] *n* COMPUT sousprogramme *m*.

subscribe [səb'skraɪb] ◇ *vi* - **1.** [to magazine, newspaper] s'abonner, être abonné(e) - **2.** [to view, belief] : **to ~ to** être d'accord avec, approuver ◇ *vt* [money] donner.

subscriber [səb'skraɪbəʳ] *n* - **1.** [to magazine, service] abonné *m*, -e *f* - **2.** [to charity, campaign] souscripteur *m*, -trice *f*.

subscription [səb'skrɪpʃn] *n* - **1.** [to magazine] abonnement *m* - **2.** [to charity, campaign] souscription *f* - **3.** [to club] cotisation *f*.

subsection ['sʌb,sekʃn] *n* subdivision *f*, paragraphe *m*.

subsequent ['sʌbsɪkwənt] *adj* ultérieur(e), suivant(e).

subsequently ['sʌbsɪkwəntlɪ] *adv* par la suite, plus tard.

subservient [səb'sɜːvjənt] *adj* [servile] : **~ (to)** servile (vis-à-vis de), obséquieux(euse) (envers).

subset ['sʌbset] *n* MATH sous-ensemble *m*.

subside [səb'saɪd] *vi* - **1.** [pain, anger] se calmer, s'atténuer ; [noise] diminuer - **2.** [CONSTR - building] s'affaisser ; [- ground] se tasser.

subsidence [səb'saɪdns, 'sʌbsɪdns] *n* [CONSTR - of building] affaissement *m* ; [- of ground] tassement *m*.

subsidiarity [səbsɪdɪ'ærɪtɪ] *n* subsidiarité *f*.

subsidiary [səb'sɪdjərɪ] (*pl* -**ies**) ◇ *adj* subsidiaire ◇ *n* : **~ (company)** filiale *f*.

subsidize, -ise ['sʌbsɪdaɪz] *vt* subventionner.

subsidy ['sʌbsɪdɪ] (*pl* -**ies**) *n* subvention *f*, subside *m*.

subsist [səb'sɪst] *vi* : **to ~ (on)** vivre (de).

subsistence [səb'sɪstəns] *n* subsistance *f*, existence *f*.

subsistence allowance *n* (U) Br frais *mpl* de subsistance.

subsistence farming *n* agriculture *f* d'autoconsommation.

subsistence level *n* minimum *m* vital.

substance ['sʌbstəns] *n* - **1.** [gen] substance *f* - **2.** [importance] importance *f*.

substandard [ˌsʌb'stændəd] *adj* de qualité inférieure.

substantial [səb'stænʃl] *adj* - **1.** [considerable] considérable, important(e) ; [meal] substantiel(elle) - **2.** [solid, well-built] solide.

substantially [səb'stænʃəlɪ] *adv* - **1.** [considerably] considérablement ; **~ better** bien mieux ; **~ bigger** beaucoup plus grand - **2.** [mainly] en grande partie.

substantiate [səb'stænʃɪeɪt] *vt* fml prouver, établir.

substantive ['sʌbstəntɪv] *adj* fml [meaningful] positif(ive), constructif(ive).

substitute ['sʌbstɪtjuːt] ◇ *n* - **1.** [replacement] : **~ (for)** [person] remplaçant *m*, -e *f* (de) ; [thing] succédané *m* (de) ; **to be no ~ for sthg** ne pas pouvoir remplacer qqch - **2.** SPORT remplaçant *m*, -e *f* ◇ *vt* : **to ~ A for B** substituer A à B, remplacer B par A ◇ *vi* : **to ~ for sb/sthg** remplacer qqn/qqch.

substitute teacher *n* Am suppléant *m*, -e *f*.

substitution [ˌsʌbstɪ'tjuːʃn] *n* substitution *f*, remplacement *m*.

subterfuge ['sʌbtəfjuːdʒ] *n* subterfuge *m*.

subterranean [ˌsʌbtə'reɪnjən] *adj* souterrain(e).

subtitle ['sʌb,taɪtl] *n* sous-titre *m*.

subtle ['sʌtl] *adj* subtil(e)

subtlety ['sʌtltɪ] *n* subtilité *f*.

subtly ['sʌtlɪ] *adv* subtilement.

subtotal ['sʌb,təʊtl] *n* total *m* partiel.

subtract [səb'trækt] *vt* : **to ~ sthg (from)** soustraire qqch (de).

subtraction [səb'trækʃn] *n* soustraction *f*.

subtropical [ˌsʌb'trɒpɪkl] *adj* subtropical(e).

suburb ['sʌbɜːb] *n* faubourg *m*.
➠ **suburbs** *npl* : **the ~s** la banlieue.

suburban [sə'bɜːbn] *adj* - **1.** [of suburbs] de banlieue - **2.** pej [life] étriqué(e) ; [person] à l'esprit étroit.

suburbia [sə'bɜːbɪə] *n* (U) la banlieue.

subversion [səb'vɜːʃn] *n* subversion *f*.

subversive [səb'vɜːsɪv] ◇ *adj* subversif(live) ⬦ *n* personne *f* qui agit de façon subversive.

subvert [səb'vɜːt] *vt* subvertir, renverser.

subway ['sʌbweɪ] *n* - **1.** Br [underground walkway] passage *m* souterrain - **2.** Am [underground railway] métro *m*.

sub-zero *adj* au-dessous de zéro.

succeed [sək'siːd] ⬦ *vt* succéder à ⬦ *vi* réussir ; **to ~ in doing sthg** réussir à faire qqch.

succeeding [sək'siːdɪŋ] *adj fml* [in future] à venir ; [in past] suivant(e).

success [sək'ses] *n* succès *m*, réussite *f*.

successful [sək'sesfʊl] *adj* - **1.** [attempt] couronné(e) de succès - **2.** [film, book etc] à succès ; [person] qui a du succès.

successfully [sək'sesfʊlɪ] *adv* avec succès.

succession [sək'seʃn] *n* succession *f*; **in (quick OR close) ~** coup sur coup.

successive [sək'sesɪv] *adj* successif(ive).

successor [sək'sesə'] *n* successeur *m*.

success story *n* réussite *f*.

succinct [sək'sɪŋkt] *adj* succinct(e).

succinctly [sək'sɪŋktlɪ] *adv* succinctement, de façon succincte.

succour Br, **succor** Am ['sʌkə'] *n* (U) *literary* secours *m*.

succulent ['sʌkjʊlənt] *adj* succulent(e).

succumb [sə'kʌm] *vi* : **to ~ (to)** succomber (à).

such [sʌtʃ] ⬦ *adj* tel (telle), pareil(eille) ; **~ nonsense** de telles inepties ; **do you have ~ a thing as a tin-opener?** est-ce que tu aurais un ouvre-boîtes par hasard? ; **~ money/books as I have** le peu d'argent/de livres que j'ai ; **~ ... that** tel ... que ⬦ *adv* - **1.** [for emphasis] si, tellement ; **it's ~ a horrible day!** quelle journée épouvantable! ; **~ a lot of books** tellement de livres ; **~ a long time** si OR tellement longtemps - **2.** [in comparisons] aussi ⬦ *pron* : **and ~ (like)** et autres choses de ce genre ; **this is my car, ~ as it is** voilà ma voiture, pour ce qu'elle vaut ; **have some wine, ~ as there is** prenez un peu de vin, il en reste un petit fond.

➥ **as such** *adv* en tant que tel (telle), en soi.

➥ **such and such** *adj* tel et tel (telle et telle).

suchlike ['sʌtʃlaɪk] ⬦ *adj* de ce genre, de la sorte ⬦ *pron* : **and ~** [people] et autres gens de ce genre ; [things] et autres choses de ce genre.

suck [sʌk] *vt* - **1.** [with mouth] sucer - **2.** [draw in] aspirer - **3.** *fig* [involve] : **to be ~ed into sthg** être impliqué(e) dans qqch.

➥ **suck up** *vi inf* : **to ~ up (to sb)** faire de la lèche (à qqn).

sucker ['sʌkə'] *n* - **1.** [suction pad] ventouse *f* - **2.** *inf* [gullible person] poire *f*.

suckle ['sʌkl] ⬦ *vt* allaiter ⬦ *vi* téter.

sucrose ['suːkrəʊz] *n* saccharose *m*.

suction ['sʌkʃn] *n* succion *f*.

suction pump *n* pompe *f* aspirante.

Sudan [suː'dɑːn] *n* Soudan *m*; **in (the) ~** au Soudan.

Sudanese [,suːdə'niːz] ⬦ *adj* soudanais(e) ⬦ *npl* : **the ~** les Soudanais *mpl*.

sudden ['sʌdn] *adj* soudain(e), brusque ; **all of a ~** tout d'un coup, soudain.

sudden death *n* SPORT jeu pour départager les ex aequo (*le premier point perdu entraîne l'élimination immédiate*).

suddenly ['sʌdnlɪ] *adv* soudainement, tout d'un coup.

suddenness ['sʌdnnɪs] *n* soudaineté *f*.

suds [sʌdz] *npl* mousse *f* de savon.

sue [suː] *vt* : **to ~ sb (for)** poursuivre qqn en justice (pour).

suede [sweɪd] ⬦ *n* daim *m* ⬦ *comp* en daim.

suet ['suːɪt] *n* graisse *f* de rognon.

Suez ['suːɪz] *n* Suez.

Suez Canal *n* : **the ~** le canal de Suez.

suffer ['sʌfə'] ⬦ *vt* - **1.** [pain, injury] souffrir de - **2.** [consequences, setback, loss] subir ⬦ *vi* souffrir ; **to ~ from** MED souffrir de.

sufferance ['sʌfrəns] *n* : **on ~** par tolérance.

sufferer ['sʌfrə'] *n* MED malade *mf*.

suffering ['sʌfrɪŋ] *n* souffrance *f*.

suffice [sə'faɪs] *vi fml* suffire.

sufficient [sə'fɪʃnt] *adj* suffisant(e).

sufficiently [sə'fɪʃntlɪ] *adv* suffisamment.

suffix ['sʌfɪks] *n* suffixe *m*.

suffocate ['sʌfəkeɪt] *vt* & *vi* suffoquer.

suffocation [,sʌfə'keɪʃn] *n* suffocation *f*.

suffrage ['sʌfrɪdʒ] *n* suffrage *m*.

suffuse [sə'fjuːz] *vt* baigner.

sugar ['ʃʊgə'] ⬦ *n* sucre *m* ⬦ *vt* sucrer.

sugar beet *n* betterave *f* à sucre.

sugar bowl *n* sucrier *m*.

sugarcane ['ʃʊgəkeɪn] *n* (U) canne *f* à sucre.

sugar-coated [-'kəʊtɪd] *adj* dragéifié(e).

sugared ['ʃʊgəd] *adj* sucré(e).

sugar lump *n* morceau *m* de sucre.

sugar refinery *n* raffinerie *f* de sucre.

sugary ['ʃʊgərɪ] *adj* - **1.** [food] sucré(e) - **2.** *pej* [sentimental] doucereux(euse).

suggest [sə'dʒest] *vt* - **1.** [propose] proposer, suggérer - **2.** [imply] suggérer.

suggestion [sə'dʒestʃn] n - **1.** [proposal] proposition f, suggestion f - **2.** (U) [implication] suggestion f.

suggestive [sə'dʒestɪv] adj suggestif(ive) ; **to be ~ of sthg** suggérer qqch.

suicidal [sʊɪ'saɪdl] adj suicidaire.

suicide ['sʊɪsaɪd] n suicide m ; **to commit ~** se suicider.

suicide attempt n tentative f de suicide.

suit [suːt] ⟨⟩ n - **1.** [for man] costume m, complet m ; [for woman] tailleur m - **2.** [outfit] : **ski/ diving ~** combinaison f de ski/de plongée - **3.** [in cards] couleur f - **4.** JUR procès m, action f - **5.** phr : **to follow ~** fig faire de même ⟨⟩ vt - **1.** [subj : clothes, hairstyle] aller à - **2.** [be convenient, appropriate to] convenir à ; **to ~ o.s.** faire comme on veut ⟨⟩ vi convenir, aller.

suitability [ˌsuːtə'bɪlətɪ] n convenance f ; [of candidate] aptitude f.

suitable ['suːtəbl] adj qui convient, qui va.

suitably ['suːtəblɪ] adv convenablement ; **~ impressed** favorablement impressionné.

suitcase ['suːtkeɪs] n valise f.

suite [swiːt] n - **1.** [of rooms] suite f - **2.** [of furniture] ensemble m.

suited ['suːtɪd] adj - **1.** [suitable] : **to be ~ to/for** convenir à/pour, aller à/pour - **2.** [couple] : **well ~** très bien assortis ; **ideally ~** faits l'un pour l'autre.

suitor ['suːtər] n dated soupirant m.

sulfate Am = sulphate.

sulfur Am = sulphur.

sulfuric acid Am = sulphuric acid.

sulk [sʌlk] ⟨⟩ n bouderie f ⟨⟩ vi bouder.

sulky ['sʌlkɪ] (compar -ier ; superl -iest) adj boudeur(euse).

sullen ['sʌlən] adj maussade.

sulphate Br, **sulfate** Am ['sʌlfeɪt] n sulfate m.

sulphur Br, **sulfur** Am ['sʌlfər] n soufre m.

sulphuric acid Br, **sulfuric acid** Am [sʌl'fjʊərɪk-] n acide m sulfurique.

sultan ['sʌltən] n sultan m.

sultana [səl'tɑːnə] n Br [dried grape] raisin m sec.

sultry ['sʌltrɪ] (compar -ier ; superl -iest) adj - **1.** [weather] lourd(e) - **2.** [sexual] sensuel(elle).

sum [sʌm] (pt & pp -med ; cont -ming) n - **1.** [amount of money] somme f - **2.** [calculation] calcul m.

➤ **sum up** ⟨⟩ vt sep [summarize] résumer ⟨⟩ vi récapituler.

Sumatra [sʊ'mɑːtrə] n Sumatra f ; **in ~** à Sumatra.

Sumatran [sʊ'mɑːtrən] ⟨⟩ adj sumatranais(e) ⟨⟩ n Sumatranais m, -e f.

summarily ['sʌmərəlɪ] adv sommairement.

summarize, -ise ['sʌməraɪz] ⟨⟩ vt résumer ⟨⟩ vi récapituler.

summary ['sʌmərɪ] (pl -ies) ⟨⟩ adj sommaire ⟨⟩ n résumé m.

summation [sʌ'meɪʃn] n - **1.** [total] addition f - **2.** [summary] résumé m.

summer ['sʌmər] ⟨⟩ n été m ; **in ~** en été ⟨⟩ comp d'été ; **the ~ holidays** les grandes vacances fpl.

summer camp n Am colonie f de vacances.

summerhouse ['sʌməhaʊs, pl -haʊzɪz] n pavillon m (de verdure).

summer school n université f d'été.

summertime ['sʌmətaɪm] ⟨⟩ adj d'été ⟨⟩ n été m.

Summer Time n Br heure f d'été.

summery ['sʌmərɪ] adj estival(e).

summing-up [ˌsʌmɪŋ-] (pl summings-up [ˌsʌmɪŋz-]) n JUR résumé m.

summit ['sʌmɪt] n sommet m.

summon ['sʌmən] vt appeler, convoquer.
➤ **summon up** vt sep rassembler.

summons ['sʌmənz] (pl -es [-iːz]) JUR ⟨⟩ n assignation f ⟨⟩ vt assigner.

sumo (wrestling) ['suːməʊ-] n sumo m.

sump [sʌmp] n carter m.

sumptuous ['sʌmptʃʊəs] adj somptueux(euse).

sum total n somme f totale.

sun [sʌn] (pt & pp -ned ; cont -ning) ⟨⟩ n soleil m ; **in the ~** au soleil ⟨⟩ vt : **to ~ o.s.** se chauffer au soleil.

Sun. (abbr of **Sunday**) dim.

sunbathe ['sʌnbeɪð] vi prendre un bain de soleil.

sunbather ['sʌnbeɪðər] n personne f qui prend un bain de soleil.

sunbeam ['sʌnbiːm] n rayon m de soleil.

sunbed ['sʌnbed] n lit m à ultra-violets.

sunburn ['sʌnbɜːn] n (U) coup m de soleil.

sunburned ['sʌnbɜːnd], **sunburnt** ['sʌnbɜːnt] adj brûlé(e) par le soleil, qui a attrapé un coup de soleil.

sun cream n crème f solaire.

sundae ['sʌndeɪ] n coupe de glace aux fruits et à la Chantilly.

Sunday ['sʌndɪ] n dimanche m ; **~ lunch** déjeuner m du dimanche OR dominical ; see also **Saturday**.

Sunday paper n Br *journal hebdomadaire paraissant le dimanche.*

Sunday school n catéchisme m.

sundial ['sʌndaɪəl] n cadran m solaire.

sundown ['sʌndaʊn] n coucher m du soleil.

sundries ['sʌndrɪz] npl fml articles mpl divers, objets mpl divers.

sundry ['sʌndrɪ] adj fml divers ; **all and ~** tout le monde, n'importe qui.

sunflower ['sʌn,flaʊəʳ] n tournesol m.

sung [sʌŋ] pp ⊳ sing.

sunglasses ['sʌn,glɑːsɪz] npl lunettes fpl de soleil.

sunhat ['sʌnhæt] n chapeau m de soleil.

sunk [sʌŋk] pp ⊳ sink.

sunken ['sʌŋkən] adj - **1.** [in water] coulé(e), submergé(e) - **2.** [garden] en contrebas ; [cheeks, eyes] creux(euse).

sunlamp ['sʌnlæmp] n lampe f à ultra-violets.

sunlight ['sʌnlaɪt] n lumière f du soleil.

Sunni ['sʊnɪ] (pl -s) n Sunnite mf.

sunny ['sʌnɪ] (compar -ier ; superl -iest) adj - **1.** [day, place] ensoleillé(e) ; **it's ~** il fait beau, il fait (du) soleil - **2.** [cheerful] radieux(euse), heureux(euse) - **3.** phr : **~ side up** Am [egg] sur le plat.

sunray lamp n lampe f à ultra-violets.

sunrise ['sʌnraɪz] n lever m du soleil.

sunroof ['sʌnruːf] n toit m ouvrant.

sunscreen ['sʌnskriːn] n écran OR filtre m solaire.

sunset ['sʌnset] n coucher m du soleil.

sunshade ['sʌnʃeɪd] n parasol m.

sunshine ['sʌnʃaɪn] n lumière f du soleil.

sunspot ['sʌnspɒt] n tache f solaire.

sunstroke ['sʌnstrəʊk] n (U) insolation f.

suntan ['sʌntæn] ◇ n bronzage m ◇ comp [lotion, cream] solaire.

suntanned ['sʌntænd] adj bronzé(e).

suntrap ['sʌntræp] n endroit très ensoleillé.

sunup ['sʌnʌp] n Am inf lever m du soleil.

super ['suːpəʳ] adj inf génial(e), super (inv).

superabundance [,suːpərə'bʌndəns] n surabondance f.

superannuation ['suːpə,rænjʊ'eɪʃn] n (U) pension f de retraite.

superb [suː'pɜːb] adj superbe.

superbly [suː'pɜːblɪ] adv superbement.

Super Bowl n Am : **the ~** le Super Bowl ; *finale du championnat des États-Unis de football américain.*

superbug ['suːpəbʌg] n *germe résistant aux traitements antibiotiques.*

supercilious [,suːpə'sɪlɪəs] adj hautain(e).

supercomputer [,suːpəkəm'pjuːtəʳ] n superordinateur m, supercalculateur m.

superficial [,suːpə'fɪʃl] adj superficiel(elle).

superfluous [suː'pɜːfluəs] adj superflu(e).

superglue ['suːpəgluː] n colle f forte.

superhero ['suːpə,hɪərəʊ] n superman m, surhomme m.

superhighway ['suːpə,haɪweɪ] n - **1.** Am autoroute f - **2.** = information highway.

superhuman [,suːpə'hjuːmən] adj surhumain(e).

superimpose [,suːpərɪm'pəʊz] vt : **to ~ sthg (on)** superposer qqch (à).

superintend [,suːpərɪn'tend] vt diriger.

superintendent [,suːpərɪn'tendənt] n - **1.** Br [of police] ≃ commissaire m - **2.** [of department] directeur m, -trice f.

superior [suː'pɪərɪəʳ] ◇ adj - **1.** [gen] : **~ (to)** supérieur(e) (à) - **2.** [goods, craftsmanship] de qualité supérieure ◇ n supérieur m, -e f.

superiority [suː,pɪərɪ'ɒrətɪ] n supériorité f.

superlative [suː'pɜːlətɪv] ◇ adj exceptionnel(elle), sans pareil(eille) ◇ n GRAMM superlatif m.

supermarket ['suːpə,mɑːkɪt] n supermarché m.

supernatural [ˌsuːpəˈnætʃrəl] <> *adj* surnaturel(elle) <> *n* : **the ~** le surnaturel *m*.

superpower [ˈsuːpəˌpaʊəʳ] *n* superpuissance *f*.

superscript [ˈsuːpəskrɪpt] *adj* écrit(e)/imprimé(e) au-dessus de la ligne.

supersede [ˌsuːpəˈsiːd] *vt* remplacer.

supersonic [ˌsuːpəˈsɒnɪk] *adj* supersonique.

superstar [ˈsuːpəstɑːʳ] *n* superstar *f*.

superstition [ˌsuːpəˈstɪʃn] *n* superstition *f*.

superstitious [ˌsuːpəˈstɪʃəs] *adj* superstitieux(euse).

superstore [ˈsuːpəstɔːʳ] *n* hypermarché *m*.

superstructure [ˈsuːpəˌstrʌktʃəʳ] *n* superstructure *f*.

supertanker [ˈsuːpəˌtæŋkəʳ] *n* supertanker *m*.

supertax [ˈsuːpətæks] *n* tranche *f* supérieure de l'impôt.

supervise [ˈsuːpəvaɪz] *vt* surveiller ; [work] superviser.

supervision [ˌsuːpəˈvɪʒn] *n* surveillance *f* ; [of work] supervision *f*.

supervisor [ˈsuːpəvaɪzəʳ] *n* surveillant *m*, -e *f*.

supper [ˈsʌpəʳ] *n* - **1.** [evening meal] dîner *m* - **2.** [before bedtime] collation *f*.

supplant [səˈplɑːnt] *vt* supplanter.

supple [ˈsʌpl] *adj* souple.

supplement [*n* ˈsʌplɪmənt, *vb* ˈsʌplɪment] <> *n* supplément *m* <> *vt* compléter.

supplementary [ˌsʌplɪˈmentərɪ] *adj* supplémentaire.

supplementary benefit *n* Br *ancien nom des allocations supplémentaires accordées aux personnes ayant un faible revenu.*

supplier [səˈplaɪəʳ] *n* fournisseur *m*.

supply [səˈplaɪ] (*pl* -ies ; *pt* & *pp* -ied) <> *n* - **1.** [store] réserve *f*, provision *f* ; **to be in short ~** manquer - **2.** [system] alimentation *f* - **3.** (U) ECON offre *f* <> *vt* - **1.** [provide] : **to ~ sthg (to sb)** fournir qqch (à qqn) - **2.** [provide to] : **to ~ sb (with)** fournir qqn (en), approvisionner qqn (en) ; **to ~ sthg with sthg** alimenter qqch en qqch.

 supplies *npl* [food] vivres *mpl* ; MIL approvisionnements *mpl* ; **office supplies** fournitures *fpl* de bureau.

supply teacher *n* Br suppléant *m*, -e *f*.

support [səˈpɔːt] <> *n* - **1.** (U) [physical help] appui *m* - **2.** (U) [emotional, financial help] soutien *m* - **3.** [object] support *m*, appui *m* <> *vt* - **1.** [physically] soutenir, supporter ; [weight] supporter - **2.** [emotionally] soutenir - **3.** [financially] subvenir aux besoins de ; **to ~ o.s.** subvenir

à ses propres besoins - **4.** [theory] être en faveur de, être partisan de ; [political party, candidate] appuyer ; SPORT être un supporter de.

supporter [səˈpɔːtəʳ] *n* - **1.** [of person, plan] partisan *m*, -e *f* - **2.** SPORT supporter *m*.

supportive [səˈpɔːtɪv] *adj* qui est d'un grand secours, qui soutient.

suppose [səˈpəʊz] <> *vt* supposer ; **I don't ~ you could ...?** [in polite requests] vous ne pourriez pas ... par hasard ? ; **you don't ~ ...?** [asking opinion] vous ne pensez pas que ...? <> *vi* supposer ; **I ~ (so)** je suppose que oui ; **I ~ not** je suppose que non <> *conj* et si, à supposer que (+ subjunctive).

supposed [səˈpəʊzd] *adj* - **1.** [doubtful] supposé(e) - **2.** [reputed, intended] : **to be ~ to be** être censé(e) être.

supposedly [səˈpəʊzɪdlɪ] *adv* soi-disant.

supposing [səˈpəʊzɪŋ] *conj* et si, à supposer que (+ subjunctive).

supposition [ˌsʌpəˈzɪʃn] *n* supposition *f*.

suppository [səˈpɒzɪtrɪ] (*pl* -ies) *n* suppositoire *m*.

suppress [səˈpres] *vt* - **1.** [uprising] réprimer - **2.** [information] supprimer - **3.** [emotions] réprimer, étouffer.

suppression [səˈpreʃn] *n* - **1.** [of uprising, emotions] répression *f* - **2.** [of information] suppression *f*.

suppressor [səˈpresəʳ] *n* ELEC dispositif *m* antiparasite.

supranational [ˌsuːprəˈnæʃənl] *adj* supranational(e).

supremacy [sʊˈpreməsɪ] *n* suprématie *f*.

supreme [sʊˈpriːm] *adj* suprême.

Supreme Court *n* [in US] : **the ~** la Cour suprême.

supremely [sʊˈpriːmlɪ] *adv* suprêmement.

supremo [sʊˈpriːməʊ] (*pl* -s) *n* Br inf grand chef *m*.

Supt. *abbr of* superintendent.

surcharge [ˈsɜːtʃɑːdʒ] <> *n* [extra payment] surcharge *f* ; [extra tax] surtaxe *f* <> *vt* surcharger.

sure [ʃʊəʳ] <> *adj* - **1.** [gen] sûr(e) ; **to be ~ of o.s.** être sûr de soi - **2.** [certain] : **to be ~ (of sthg/of doing sthg)** être sûr(e) (de qqch/de faire qqch), être certain(e) (de qqch/de faire qqch) ; **to make ~ (that)** ... s'assurer OR vérifier que ... **- 3. phr : to be ~ to do sthg** [remember] s'assurer de faire qqch ; **I am** OR **I'm ~ (that)** ... je suis bien certain que ..., je ne doute pas que ... ◇ adv **- 1.** inf [yes] bien sûr **- 2.** Am [really] vraiment.

➤ **for sure** adv sans aucun doute.

➤ **sure enough** adv en effet, effectivement.

surefire ['ʃʊəfaɪəʳ] adj inf certain(e), infaillible.

surefooted ['ʃʊə.fʊtɪd] adj d'un pied sûr.

surely ['ʃʊəlɪ] adv sûrement.

sure thing excl Am inf d'accord!

surety ['ʃʊərətɪ] n (U) caution f.

surf [sɜːf] ◇ n ressac m ◇ vi surfer.

surface ['sɜːfɪs] ◇ n surface f ; **on the ~** fig à première vue, vu de l'extérieur ; **below** OR **beneath the ~** fig au fond ; **to scratch the ~** [of problem] effleurer le problème ; [of subject] effleurer le sujet ◇ vi **- 1.** [diver] remonter à la surface ; [submarine] faire surface **- 2.** [problem, rumour] apparaître OR s'étaler au grand jour **- 3.** inf hum [after absence] refaire surface.

surface mail n courrier m par voie de terre/de mer.

surface-to-air adj sol-air (inv).

surfboard ['sɜːfbɔːd] n planche f de surf.

surfeit ['sɜːfɪt] n fml excès m.

surfer ['sɜːfəʳ] n surfeur m, -euse f.

surfing ['sɜːfɪŋ] n surf m.

surge [sɜːdʒ] ◇ n **- 1.** [of people, vehicles] déferlement m ; ELEC surtension f **- 2.** [of emotion, interest] vague f, montée f ; [of anger] bouffée f ; [of sales, applications] afflux m ◇ vi **- 1.** [people, vehicles] déferler **- 2.** [emotion] monter.

surgeon ['sɜːdʒən] n chirurgien m.

surgery ['sɜːdʒərɪ] (pl -ies) n **- 1.** (U) MED [performing operations] chirurgie f **- 2.** Br MED [place] cabinet m de consultation **- 3.** Br MED & POL [consulting period] consultation f.

surgical ['sɜːdʒɪkl] adj chirurgical(e) ; **~ stocking** bas m orthopédique.

surgical spirit n Br alcool m à 90°.

Surinam [.sʊərɪ'næm] n Surinam m, Suriname m ; **in ~** au Surinam.

surly ['sɜːlɪ] (compar -ier ; superl -iest) adj revêche, renfrogné(e).

surmise [sɜː'maɪz] vt fml présumer.

surmount [sɜː'maʊnt] vt surmonter.

surname ['sɜːneɪm] n nom m de famille.

surpass [sə'pɑːs] vt fml dépasser.

surplus ['sɜːpləs] ◇ adj en surplus ◇ n surplus m.

surprise [sə'praɪz] ◇ n surprise f ; **to take sb by ~** prendre qqn au dépourvu ◇ vt surprendre.

surprised [sə'praɪzd] adj surpris(e) ; **I wouldn't be ~ (if ...)** ça ne m'étonnerait pas (que ...).

surprising [sə'praɪzɪŋ] adj surprenant(e).

surprisingly [sə'praɪzɪŋlɪ] adv étonnamment.

surreal [sə'rɪəl] adj surréaliste.

surrealism [sə'rɪəlɪzm] n surréalisme m.

surrealist [sə'rɪəlɪst] ◇ adj surréaliste ◇ n surréaliste m f.

surrender [sə'rendəʳ] ◇ n reddition f, capitulation f ◇ vt fml [weapons, passport] rendre ; [claim, rights] renoncer à ◇ vi **- 1.** [stop fighting] : **to ~ (to)** se rendre (à) **- 2.** fig [give in] : **to ~ (to)** se laisser aller (à), se livrer (à).

surreptitious [.sʌrəp'tɪʃəs] adj subreptice.

surrogate ['sʌrəgeɪt] ◇ adj de substitution ◇ n substitut m.

surrogate mother n mère f porteuse.

surround [sə'raʊnd] ◇ n bordure f ◇ vt entourer ; [subj : police, army] cerner.

surrounding [sə'raʊndɪŋ] adj environnant(e).

surroundings [sə'raʊndɪŋz] npl environnement m.

surtax ['sɜːtæks] n surtaxe f.

surveillance [sɜː'veɪləns] n surveillance f.

survey [n 'sɜːveɪ, vb sə'veɪ] ◇ n **- 1.** [investigation] étude f ; [of public opinion] sondage m **- 2.** [of land] levé m ; [of building] inspection f ◇ vt **- 1.** [contemplate] passer en revue **- 2.** [investigate] faire une étude de, enquêter sur **- 3.** [land] faire le levé de ; [building] inspecter.

surveyor [sə'veɪəʳ] n [of building] expert m ; [of land] géomètre m.

survival [sə'vaɪvl] n **- 1.** [continuing to live] survie f **- 2.** [relic] vestige m.

survive [sə'vaɪv] ◇ vt survivre à ◇ vi survivre.

➤ **survive on** vt fus vivre de.

survivor [sə'vaɪvəʳ] n survivant m, -e f ; fig battant m, -e f.

susceptible [sə'septəbl] adj : **~ (to)** sensible (à).

suspect [adj & n 'sʌspekt, vb sə'spekt] ◇ adj suspect(e) ◇ n suspect m, -e f ◇ vt **- 1.** [distrust] douter de **- 2.** [think likely, consider guilty] soupçonner ; **to ~ sb of sthg** soupçonner qqn de qqch.

suspend [sə'spend] vt **- 1.** [gen] suspendre **- 2.** [from school] renvoyer temporairement.

suspended animation [sə'spendɪd-] n hibernation f.

suspended sentence [sə'spendɪd-] n condamnation f avec sursis.

suspender belt [sə'spendə'-] n Br porte-jarretelles m inv.

suspenders [sə'spendəz] npl - **1.** Br [for stockings] jarretelles fpl - **2.** Am [for trousers] bretelles fpl.

suspense [sə'spens] n suspense m ; **to keep sb in ~** tenir qqn en suspens.

suspension [sə'spenʃn] n - **1.** [gen & AUT] suspension f - **2.** [from school] renvoi m temporaire.

suspension bridge n pont m suspendu.

suspicion [sə'spɪʃn] n soupçon m ; **to be under ~** être considéré comme suspect ; **to have one's ~s (about)** avoir des soupçons OR des doutes (sur).

suspicious [sə'spɪʃəs] adj - **1.** [having suspicions] soupçonneux(euse) - **2.** [causing suspicion] suspect(e), louche.

suspiciously [sə'spɪʃəslɪ] adv - **1.** [with suspicious attitude] de façon soupçonneuse, avec méfiance - **2.** [causing suspicion] de façon suspecte OR louche.

suss [sʌs] ➡ **suss out** vt sep Br inf piger, comprendre.

sustain [sə'steɪn] vt - **1.** [maintain] soutenir - **2.** [nourish] nourrir - **3.** fml [suffer - damage] subir ; [- injury] recevoir - **4.** fml [weight] supporter.

sustenance ['sʌstɪnəns] n (U) fml nourriture f.

suture ['suːtʃə'] n suture f.

svelte [svelt] adj svelte.

SW - 1. (abbr of short wave) OC - **2.** (abbr of south-west) S-O.

swab [swɒb] n MED tampon m.

swagger ['swægə'] ⟨⟩ n air m de parade ⟨⟩ vi parader.

Swahili [swɑː'hiːlɪ] ⟨⟩ adj swahili(e) ⟨⟩ n [language] swahili m.

swallow ['swɒləʊ] ⟨⟩ n - **1.** [bird] hirondelle f - **2.** [of food] bouchée f ; [of drink] gorgée f ⟨⟩ vt avaler ; fig [anger, tears] ravaler ⟨⟩ vi avaler.

swam [swæm] pt ⟹ swim.

swamp [swɒmp] ⟨⟩ n marais m ⟨⟩ vt - **1.** [flood] submerger - **2.** [overwhelm] déborder, submerger.

swan [swɒn] n cygne m.

swap [swɒp] (pt & pp -ped ; cont -ping) ⟨⟩ n [exchange] échange m ⟨⟩ vt : **to ~ sthg (with sb/ for sthg)** échanger qqch (avec qqn/contre qqch) ⟨⟩ vi échanger.

swap meet n Am foire f au troc.

SWAPO ['swɑːpəʊ] (abbr of South West Africa People's Organization) n SWAPO f.

swarm [swɔːm] ⟨⟩ n essaim m ⟨⟩ vi - **1.** [bees] essaimer - **2.** fig [people] grouiller ; **to be ~ing (with)** [place] grouiller (de).

swarthy ['swɔːðɪ] (compar -ier ; superl -iest) adj basané(e).

swashbuckling ['swɒʃˌbʌklɪŋ] adj de cape et d'épée.

swastika ['swɒstɪkə] n croix f gammée.

swat [swɒt] (pt & pp -ted ; cont -ting) vt écraser.

swatch [swɒtʃ] n échantillon m.

swathe [sweɪð] ⟨⟩ n [large area] étendue f ⟨⟩ vt literary emmailloter, envelopper.

swathed [sweɪðd] adj literary : **~ (in)** emmailloté(e) (de), enveloppé(e) (de).

swatter ['swɒtə'] n tapette f.

sway [sweɪ] ⟨⟩ vt - **1.** [cause to swing] balancer - **2.** [influence] influencer ⟨⟩ vi se balancer ⟨⟩ n fml : **to hold ~ over sb** tenir qqn sous son empire ; **to come under the ~ of** se laisser influencer par.

Swazi ['swɑːzɪ] n Swazi mf.

Swaziland ['swɑːzɪlænd] n Swaziland m ; **in ~** au Swaziland.

swear [sweə'] (pt swore ; pp sworn) ⟨⟩ vt jurer ; **to ~ to do sthg** jurer de faire qqch ; **to ~ an oath** prêter serment ⟨⟩ vi jurer.
➡ **swear by** vt fus [have confidence in] jurer par.
➡ **swear in** vt sep JUR assermenter.

swearword ['sweəwɜːd] n juron m, gros mot m.

sweat [swet] ⟨⟩ n - **1.** [perspiration] transpiration f, sueur f ; **to be in a cold ~** avoir des sueurs froides - **2.** (U) inf [hard work] corvée f ⟨⟩ vi - **1.** [perspire] transpirer, suer - **2.** inf [worry] se faire du mouron.

sweatband ['swetbænd] n SPORT bandeau m ; [of hat] cuir m intérieur.

sweater ['swetə'] n pullover m.

sweat pants n Am pantalon m de jogging OR survêtement.

sweatshirt ['swetʃɜːt] n sweat-shirt m.

sweatshop ['swetʃɒp] n ≃ atelier m clandestin.

sweatsuit [swetsjuːt] n jogging m, survêtement m.

sweaty ['swetɪ] (compar -ier ; superl -iest) adj - **1.** [skin, clothes] mouillé(e) de sueur - **2.** [place] chaud(e) et humide ; [activity] qui fait transpirer.

swede [swiːd] n Br rutabaga m.

Swede [swiːd] n Suédois m, -e f.

Sweden ['swiːdn] n Suède f ; **in ~** en Suède.

Swedish ['swiːdɪʃ] ⬦ adj suédois(e) ⬦ n [language] suédois m ⬦ npl : **the ~** les Suédois mpl.

sweep [swiːp] (pt & pp swept) ⬦ n - **1.** [sweeping movement] grand geste m - **2.** [with brush] : **to give sthg a ~** donner un coup de balai à qqch, balayer qqch - **3.** [electronic] balayage m - **4.** [chimney sweep] ramoneur m ⬦ vt - **1.** [gen] balayer ; [scan with eyes] parcourir des yeux - **2.** [move] : **to ~ sthg off sthg** enlever qqch de qqch d'un grand geste ; **to be swept out to sea** être emporté vers le large ⬦ vi - **1.** [wind] s'engouffrer - **2.** [emotion] : **to ~ through sb** s'emparer de qqn - **3.** [person] : **to ~ along/in** avancer/entrer rapidement.
➤ **sweep aside** vt sep écarter, rejeter.
➤ **sweep away** vt sep [destroy] emporter, entraîner.
➤ **sweep up** ⬦ vt sep [with brush] balayer ⬦ vi balayer.

sweeper ['swiːpər] n FTBL libero m.

sweeping ['swiːpɪŋ] adj - **1.** [effect, change] radical(e) - **2.** [statement] hâtif(ive) - **3.** [curve] large.

sweepstake ['swiːpsteɪk] n sweepstake m.

sweet [swiːt] ⬦ adj - **1.** [gen] doux (douce) ; [cake, flavour, pudding] sucré(e) - **2.** [kind] gentil(ille) - **3.** [attractive] adorable, mignon(onne) ⬦ n Br - **1.** [candy] bonbon m - **2.** [dessert] dessert m.

sweet-and-sour adj aigre-doux (aigre-douce).

sweet corn n maïs m.

sweeten ['swiːtn] vt sucrer.

sweetener ['swiːtnər] n - **1.** [substance] édulcorant m - **2.** inf [bribe] pot-de-vin m.

sweetheart ['swiːthɑːt] n - **1.** [term of endearment] chéri m, -e f, mon cœur m - **2.** [boyfriend, girlfriend] petit ami m, petite amie f.

sweetness ['swiːtnɪs] n - **1.** [gen] douceur f ; [of taste] goût m sucré, douceur - **2.** [attractiveness] charme m.

sweet pea n pois m de senteur.

sweet potato n patate f douce.

sweet shop n Br confiserie f.

sweet tooth n : **to have a ~** aimer les sucreries.

swell [swel] (pt -ed ; pp swollen OR -ed) ⬦ vi - **1.** [leg, face etc] enfler ; [lungs, balloon] se gonfler ; **to ~ with pride** se gonfler d'orgueil - **2.** [crowd, population etc] grossir, augmenter ; [sound] grossir, s'enfler ⬦ vt grossir, aug-

menter ⬦ n [of sea] houle f ⬦ adj Am inf chouette, épatant(e).

swelling ['swelɪŋ] n enflure f.

sweltering ['sweltərɪŋ] adj étouffant(e), suffocant(e).

swept [swept] pt & pp ⬅ **sweep**.

swerve [swɜːv] vi faire une embardée.

swift [swɪft] ⬦ adj - **1.** [fast] rapide - **2.** [prompt] prompt(e) ⬦ n [bird] martinet m.

swiftly ['swɪftlɪ] adv - **1.** [quickly] rapidement, vite - **2.** [promptly] promptement.

swiftness ['swɪftnɪs] n - **1.** [quickness] rapidité f - **2.** [promptness] promptitude f.

swig [swɪg] (pt & pp -ged ; cont -ging) inf ⬦ vt lamper ⬦ n lampée f.

swill [swɪl] ⬦ n (U) [pig food] pâtée f ⬦ vt Br [wash] laver à grande eau.

swim [swɪm] (pt swam, pp swum, cont -ming) ⬦ n : **to have a ~** nager ; **to go for a ~** aller se baigner, aller nager ⬦ vi - **1.** [person, fish, animal] nager - **2.** [room] tourner ; **my head was swimming** j'avais la tête qui tournait, la tête me tournait.

swimmer ['swɪmər] n nageur m, -euse f.

swimming ['swɪmɪŋ] ⬦ n natation f ; **to go ~** aller nager ⬦ comp [club, competition] de natation.

swimming baths npl Br piscine f.

swimming cap n bonnet m de bain.

swimming costume n Br maillot m de bain.

swimming pool n piscine f.

swimming trunks npl maillot m OR slip m de bain.

swimsuit ['swɪmsuːt] n maillot m de bain.

swindle ['swɪndl] ⬦ n escroquerie f ⬦ vt escroquer, rouler ; **to ~ sb out of sthg** escroquer qqch à qqn.

swine [swaɪn] n inf [person] salaud m.

swing [swɪŋ] (pt & pp swung) ⬦ n - **1.** [child's toy] balançoire f - **2.** [change - of opinion] revirement m ; [- of mood] changement m, saute f - **3.** [sway] balancement m - **4.** inf [blow] : **to take a ~ at sb** lancer OR envoyer un coup de poing à qqn - **5.** phr : **to be in full ~** battre son plein ; **to get into the ~ of things** se mettre dans le bain ⬦ vt - **1.** [move back and forth] balancer - **2.** [move in a curve] faire virer ⬦ vi - **1.** [move back and forth] se balancer - **2.** [turn - vehicle] virer, tourner ; **to ~ round** [person] se retourner - **3.** [hit out] : **to ~ at sb** lancer OR envoyer un coup de poing à qqn - **4.** [change] changer.

swing bridge n pont m tournant.

swing door n porte f battante.

swingeing ['swɪndʒɪŋ] adj esp Br très sévère.

swinging ['swɪŋɪŋ] adj inf - **1.** [lively] animé(e), plein(e) d'entrain - **2.** [uninhibited] dans le vent.

swipe [swaɪp] ◇ n : **to take a ~ at** envoyer OR donner un coup à ◇ vt inf [steal] faucher, piquer ◇ vi : **to ~ at** envoyer OR donner un coup à.

swipe card n carte f magnétique.

swirl [swɜːl] ◇ n tourbillon m ◇ vt agiter, remuer ◇ vi tourbillonner, tournoyer.

swish [swɪʃ] ◇ n [of tail] battement m ; [of dress] froufrou m ◇ vt [tail] battre l'air de ◇ vi bruire, froufrouter.

Swiss [swɪs] ◇ adj suisse ◇ n [person] Suisse mf ◇ npl : **the ~** les Suisses mpl.

swiss roll n Br gâteau m roulé.

switch [swɪtʃ] ◇ n - **1.** [control device] interrupteur m, commutateur m ; [on radio, stereo etc] bouton m - **2.** [change] changement m - **3.** Am RAIL aiguillage m ◇ vt [swap] échanger ; [jobs] changer de ◇ vi : **to ~ to/from** passer à/de.

➡ **switch off** ◇ vt sep éteindre ◇ vi inf fig décrocher.

➡ **switch on** vt sep allumer.

Switch® n système de paiement non différé par carte bancaire.

switchblade ['swɪtʃbleɪd] n Am couteau m à cran d'arrêt.

switchboard ['swɪtʃbɔːd] n standard m.

switchboard operator n standardiste mf.

switched-on [ˌswɪtʃt-] adj inf branché(e).

Switzerland ['swɪtsələnd] n Suisse f ; **in ~** en Suisse.

swivel ['swɪvl] (Br pt & pp -led ; cont -ling, Am pt & pp -ed ; cont -ing) ◇ vt [chair] faire pivoter ; [head, eyes] faire tourner ◇ vi [chair] pivoter ; [head, eyes] tourner.

swivel chair n fauteuil m pivotant OR tournant.

swollen ['swəʊln] ◇ pp ▷ swell ◇ adj [ankle, face] enflé(e) ; [river] en crue.

swoon [swuːn] vi literary s'évanouir ; hum se pâmer.

swoop [swuːp] ◇ n - **1.** [downward flight] descente f en piqué ; **in one fell ~** d'un seul coup - **2.** [raid] descente f ◇ vi - **1.** [bird, plane] piquer - **2.** [police, army] faire une descente.

swop [swɒp] = swap.

sword [sɔːd] n épée f ; **to cross ~s (with sb)** croiser le fer (avec qqn).

swordfish ['sɔːdfɪʃ] (pl inv OR -es [-iːz]) n espadon m.

swordsman ['sɔːdzmən] (pl -men [-mən]) n tireur m d'épée.

swore [swɔːʳ] pt ▷ swear.

sworn [swɔːn] ◇ pp ▷ swear ◇ adj - **1.** [committed] : **to be ~ enemies** être ennemis jurés - **2.** JUR sous serment.

swot [swɒt] (pt & pp -ted ; cont -ting) Br ◇ n pej bûcheur m, -euse f ◇ vi : **to ~ (for)** bûcher (pour).

➡ **swot up** vt sep & vi inf potasser, bûcher.

swum [swʌm] pp ▷ swim.

swung [swʌŋ] pt & pp ▷ swing.

sycamore ['sɪkəmɔːʳ] n sycomore m.

sycophant ['sɪkəfænt] n flagorneur m, -euse f, lèche-bottes m f inv.

Sydney ['sɪdnɪ] n Sydney.

syllable ['sɪləbl] n syllabe f.

syllabub ['sɪləbʌb] n ≃ sabayon m.

syllabus ['sɪləbəs] (pl -buses [-bəsiːz] OR -bi [-baɪ]) n programme m.

symbol ['sɪmbl] n symbole m.

symbolic [sɪm'bɒlɪk] adj symbolique ; **to be ~ of** être le symbole de.

symbolism ['sɪmbəlɪzm] n symbolisme m.

symbolize, -ise ['sɪmbəlaɪz] vt symboliser.

symmetrical [sɪ'metrɪkl] adj symétrique.

symmetry ['sɪmətrɪ] n symétrie f.

sympathetic [ˌsɪmpə'θetɪk] adj - **1.** [understanding] compatissant(e), compréhensif(ive) - **2.** [willing to support] : **~ (to)** bien disposé(e) (à l'égard de) - **3.** [likable] sympathique.

sympathize, -ise ['sɪmpəθaɪz] vi - **1.** [feel sorry] compatir ; **to ~ with sb** plaindre qqn ; [in grief] compatir à la douleur de qqn - **2.** [understand] : **to ~ with sthg** comprendre qqch - **3.** [support] : **to ~ with sthg** approuver qqch, soutenir qqch.

sympathizer, -iser ['sɪmpəθaɪzəʳ] n sympathisant m, -e f.

sympathy ['sɪmpəθɪ] n (U) - **1.** [understanding] : **~ (for)** compassion f (pour), sympathie f (pour) - **2.** [agreement] approbation f, sympathie f ; **to be in ~ (with sthg)** être d'accord (avec qqch) - **3.** [support] : **in ~ (with sb)** en solidarité (avec qqn).

➡ **sympathies** npl - **1.** [support] soutien m, loyauté f - **2.** [to bereaved person] condoléances fpl.

symphonic [sɪm'fɒnɪk] adj symphonique.

symphony ['sɪmfənɪ] (pl -ies) n symphonie f.

symphony orchestra n orchestre m symphonique.

symposium [sɪm'pəʊzjəm] (pl -siums OR -sia [-zjə]) n symposium m.

symptom ['sɪmptəm] n symptôme m.

symptomatic [ˌsɪmptə'mætɪk] adj symptomatique.

synagogue ['sɪnəgɒg] n synagogue f.

sync [sɪŋk] n inf : **out of ~** mal synchronisé(e) ; **in ~** bien synchronisé.

synchromesh gearbox ['sɪŋkrəʊmeʃ-] n boîte f de vitesses synchronisées.

synchronize, -ise ['sɪŋkrənaɪz] ⟷ vt synchroniser ⟷ vi être synchronisés(es).

synchronized swimming ['sɪŋkrənaɪzd-] n natation f synchronisée.

syncopated ['sɪŋkəpeɪtɪd] adj syncopé(e).

syncopation [ˌsɪŋkə'peɪʃn] n syncope f.

syndicate [n 'sɪndɪkət , vb 'sɪndɪkeɪt] ⟷ n syndicat m, consortium m ⟷ vt PRESS publier dans plusieurs journaux.

syndrome ['sɪndrəʊm] n syndrome m.

synod ['sɪnəd] n synode m.

synonym ['sɪnənɪm] n : **~ (for** OR **of)** synonyme m (de).

synonymous [sɪ'nɒnɪməs] adj : **~ (with)** synonyme (de).

synopsis [sɪ'nɒpsɪs] (pl -ses [-si:z]) n résumé m ; [film] synopsis m.

syntax ['sɪntæks] n syntaxe f.

synthesis ['sɪnθəsɪs] (pl -ses [-si:z]) n synthèse f.

synthesize, -ise ['sɪnθəsaɪz] vt synthétiser ; CHEM faire la synthèse de.

synthesizer ['sɪnθəsaɪzəʳ] n MUS synthétiseur m.

synthetic [sɪn'θetɪk] adj - **1.** [man-made] synthétique - **2.** pej [insincere] artificiel(elle), forcé(e).

syphilis ['sɪfɪlɪs] n syphilis f.

syphon ['saɪfn] = **siphon.**

Syria ['sɪrɪə] n Syrie f; **in ~** en Syrie.

Syrian ['sɪrɪən] ⟷ adj syrien(enne) ⟷ n [person] Syrien m, -enne f.

syringe [sɪ'rɪndʒ] (cont **syringeing**) ⟷ n seringue f ⟷ vt [wound] seringuer ; [ear] nettoyer à l'aide d'une seringue.

syrup ['sɪrəp] n (U) - **1.** [sugar and water] sirop m - **2.** Br [golden syrup] mélasse f raffinée.

system ['sɪstəm] n - **1.** [gen] système m ; **road/railway ~** réseau m routier/de chemins de fer ; **transport ~** réseau m des transports ; **digestive ~** appareil m digestif - **2.** [equipment - gen] installation f ; [- electric, electronic] appareil m - **3.** (U) [methodical approach] système m, méthode f - **4.** phr : **to get sthg out of one's ~** inf laisser OR donner libre cours à qqch ; **to get it out of one's ~** inf se défouler.

systematic [ˌsɪstə'mætɪk] adj systématique.

systematize, -ise ['sɪstəmətaɪz] vt systématiser.

system disk n COMPUT disque m système.

systems analyst ['sɪstəmz-] n COMPUT analyste fonctionnel m, analyste fonctionnelle f.

systems engineer ['sɪstəmz-] n COMPUT ingénieur m de système.

system software n (U) COMPUT logiciel m d'exploitation.

T

t (pl **t's** OR **ts**), **T** (pl **T's** OR **Ts**) [ti:] n [letter] t m inv, T m inv.

ta [tɑ:] excl Br inf merci!

TA (abbr of **Territorial Army**) n armée de réserve britannique.

tab [tæb] n - **1.** [of cloth] étiquette f - **2.** [of metal] languette f - **3.** Am [bill] addition f - **4.** (abbr of **tabulator**) [on typewriter] tabulateur m - **5.** phr : **to keep ~s on sb** tenir OR avoir qqn à l'œil, surveiller qqn.

Tabasco sauce® [tə'bæskəʊ-] n sauce f Tabasco.

tabby ['tæbɪ] (pl -ies) n : **~ (cat)** chat tigré m, chatte tigrée f.

tabernacle ['tæbənækl] n tabernacle m.

tab key n touche f de tabulation.

table ['teɪbl] ⟷ n table f ; **to turn the ~s on sb** fig renverser les rôles, retourner la situation ⟷ vt - **1.** Br [propose] présenter, proposer - **2.** Am [postpone] ajourner la discussion de.

tableau ['tæbləʊ] (pl -x [-z] OR -s) n tableau m vivant.

tablecloth ['teɪblklɒθ] n nappe f.

table d'hôte ['tɑ:bl,dəʊt] n : **the ~** le menu à prix fixe.

table lamp n lampe f.

table licence n licence autorisant la vente de boissons alcoolisées seulement aux repas.

table linen n linge m de table.

table manners npl : **to have good/bad ~** savoir/ne pas savoir se tenir à table.

tablemat ['teɪblmæt] n dessous-de-plat m inv.

table salt n sel m fin.

tablespoon ['teɪblspuːn] n - **1.** [spoon] cuiller f de service - **2.** [spoonful] cuillerée f à soupe.

tablet ['tæblɪt] n - **1.** [pill] comprimé m, cachet m - **2.** [of stone] plaque f commémorative - **3.** [of soap] savonnette f, pain m de savon.

table tennis n ping-pong m, tennis m de table.

tableware ['teɪblweəʳ] n vaisselle f.

table wine n vin m de table.

tabloid ['tæblɔɪd] n : **~ (newspaper)** tabloïd m, tabloïde m ; **the ~ press** la presse populaire.

TABLOID

> Dans les pays anglo-saxons, le format tabloïde est caractéristique des journaux populaires. Les principaux journaux populaires britanniques sont : the Daily Express, the Daily Mail, the Daily Mirror, The Star, The Sun et Today.

taboo [təˈbuː] (pl **-s**) <> adj tabou(e) <> n tabou m.

tabulate ['tæbjʊleɪt] vt présenter sous forme de tableau.

tachograph ['tækəgrɑːf] n tachygraphe m.

tachometer [tæˈkɒmɪtəʳ] n tachymètre m.

tacit ['tæsɪt] adj tacite.

taciturn ['tæsɪtɜːn] adj taciturne.

tack [tæk] <> n - **1.** [nail] clou m - **2.** NAUT bord m, bordée f - **3.** fig [course of action] tactique f, méthode f ; **to change ~** changer de tactique <> vt - **1.** [fasten with nail - gen] clouer ; [- notice] punaiser - **2.** SEWING faufiler <> vi NAUT tirer une bordée.

➤ **tack on** vt sep inf ajouter, rajouter.

tackle ['tækl] <> n - **1.** FTBL tacle m ; RUGBY placage m - **2.** [equipment] équipement m, matériel m - **3.** [for lifting] palan m, appareil m de levage <> vt - **1.** [deal with] s'attaquer à - **2.** FTBL tacler ; RUGBY plaquer - **3.** [attack] empoigner - **4.** [talk to] : **to ~ sb about** OR **on sthg** parler franchement à qqn de qqch, entreprendre qqn sur qqch.

tacky ['tækɪ] (compar **-ier** ; superl **-iest**) adj - **1.** inf [film, remark] d'un goût douteux ; [jewellery] de pacotille - **2.** [sticky] collant(e), pas encore sec (sèche).

taco ['tækəʊ] (pl **-s**) n galette de maïs fourrée à la viande et au fromage.

tact [tækt] n (U) tact m, délicatesse f.

tactful ['tæktfʊl] adj [remark] plein(e) de tact ; [person] qui a du tact OR de la délicatesse.

tactfully ['tæktfʊlɪ] adv avec tact, avec délicatesse.

tactic ['tæktɪk] n tactique f.

➤ **tactics** n (U) MIL tactique f.

tactical ['tæktɪkl] adj tactique.

tactical voting n Br vote m tactique.

tactless ['tæktlɪs] adj qui manque de tact OR délicatesse.

tactlessly ['tæktlɪslɪ] adv sans tact, sans délicatesse.

tadpole ['tædpəʊl] n têtard m.

Tadzhikistan [tɑːˌdʒɪkɪˈstɑːn] n Tadjikistan m ; **in ~** au Tadjikistan.

taffeta ['tæfɪtə] n (U) taffetas m.

taffy ['tæfɪ] (pl **-ies**) n Am caramel m.

tag [tæg] (pt & pp **-ged** ; cont **-ging**) <> n - **1.** [of cloth] marque f - **2.** [of paper] étiquette f - **3.** (U) [game] jeu m du chat - **4.** COMPUT balise f <> vt marquer, étiqueter.

➤ **tag along** vi inf suivre.

Tagus ['teɪgəs] n : **the ~** le Tage.

Tahiti [tɑːˈhiːtɪ] n Tahiti m ; **in ~** à Tahiti.

Tahitian [tɑːˈhiːʃn] <> adj tahitien(enne) <> n Tahitien m, -enne f.

tail [teɪl] <> n - **1.** [gen] queue f ; **with one's ~ between one's legs** fig la queue entre les jambes - **2.** [of coat] basque f, pan m ; [of shirt] pan <> comp arrière <> vt inf [follow] filer.

➤ **tails** <> n [side of coin] pile f <> npl [formal dress] queue-de-pie f, habit m.

➤ **tail off** vi - **1.** [voice] s'affaiblir ; [noise] diminuer - **2.** [figures, sales] diminuer, baisser.

tailback ['teɪlbæk] n Br bouchon m.

tailcoat [ˌteɪlˈkəʊt] n habit m, queue-de-pie f.

tail end n fin f.

tailgate ['teɪlgeɪt] n AUT hayon m.

taillight ['teɪllaɪt] n feu m arrière.

tailor ['teɪləʳ] <> n tailleur m <> vt fig adapter.

tailored ['teɪləd] adj ajusté(e), cintré(e).

tailor-made adj fig sur mesure.

tail pipe n Am tuyau m d'échappement.

tailplane ['teɪlpleɪn] n plan m fixe horizontal.

tailwind ['teɪlwɪnd] n vent m arrière.

taint [teɪnt] <> n souillure f <> vt [reputation] souiller, entacher.

tainted ['teɪntɪd] adj - **1.** [reputation] souillé(e), entaché(e) - **2.** Am [food] avarié(e).

Taiwan [ˌtaɪ'wɑːn] n Taiwan ; **in ~** à Taiwan.

Taiwanese [ˌtaɪwə'niːz] ⟨⟩ adj taiwanais(e) ⟨⟩ n Taiwanais m, -e f.

take [teɪk] (pt **took** ; pp **taken**) ⟨⟩ vt - **1.** [gen] prendre ; **to ~ a seat** prendre un siège, s'asseoir ; **to ~ control/command** prendre le contrôle/le commandement ; **to ~ an exam** passer un examen ; **to ~ a walk** se promener, faire une promenade ; **to ~ a bath/photo** prendre un bain/une photo ; **to ~ a lot of criticism** être très critiqué(e) ; **to ~ pity on sb** prendre qqn en pitié, avoir pitié de qqn ; **to ~ offence** se vexer, s'offenser ; **to ~ an interest in** s'intéresser à - **2.** [lead, drive] emmener - **3.** [accept] accepter - **4.** [contain] contenir, avoir une capacité de - **5.** [tolerate] supporter - **6.** [require] demander ; **how long will it ~?** combien de temps cela va-t-il prendre? - **7.** [wear] : **what size do you ~?** [clothes] quelle taille faites-vous? ; [shoes] vous chaussez du combien? - **8.** [assume] : **I ~ it (that)** ... je suppose que ..., je pense que ... - **9.** [rent] prendre, louer ⟨⟩ vi [dye, vaccine, fire] prendre ⟨⟩ n CINEMA prise f de vues.

➤ **take aback** vt sep surprendre, décontenancer ; **to be taken aback** être décontenancé(e) OR surpris(e).

➤ **take after** vt fus tenir de, ressembler à.

➤ **take apart** vt sep [dismantle] démonter.

➤ **take away** vt sep - **1.** [remove] enlever - **2.** [deduct] retrancher, soustraire.

➤ **take back** vt sep - **1.** [return] rendre, rapporter - **2.** [accept] reprendre - **3.** [statement, accusation] retirer.

➤ **take down** vt sep - **1.** [dismantle] démonter - **2.** [write down] prendre - **3.** [lower] baisser.

➤ **take in** vt sep - **1.** [deceive] rouler, tromper - **2.** [understand] comprendre - **3.** [include] englober, couvrir - **4.** [provide accommodation for] recueillir.

➤ **take off** ⟨⟩ vt sep - **1.** [remove] enlever, ôter - **2.** [have as holiday] : **to ~ a week/day off** prendre une semaine/un jour de congé ; **to ~ time off** prendre un congé - **3.** Br [imitate] imiter - **4.** [go away suddenly] : **to ~ o.s. off** s'en aller, partir ⟨⟩ vi - **1.** [plane] décoller - **2.** [go away suddenly] partir - **3.** [be successful] démarrer.

➤ **take on** ⟨⟩ vt sep - **1.** [accept] accepter, prendre - **2.** [employ] embaucher, prendre - **3.** [confront] s'attaquer à ; [competitor] faire concurrence à ; SPORT jouer contre ⟨⟩ vt fus [assume] prendre.

➤ **take out** vt sep - **1.** [from container] sortir ; [from pocket] prendre - **2.** [delete] enlever, sup-

primer - **3.** [go out with] emmener, sortir avec ; **to ~ it** OR **a lot out of sb** inf épuiser qqn, vider qqn.

➤ **take out on** vt sep : **to ~ sthg out on sb** passer qqch sur qqn ; **don't ~ it out on me!** ne t'en prends pas à moi!

➤ **take over** ⟨⟩ vt sep - **1.** [take control of] reprendre, prendre la direction de - **2.** [job] : **to ~ over sb's job** remplacer qqn, prendre la suite de qqn ⟨⟩ vi - **1.** [take control] prendre le pouvoir - **2.** [in job] prendre la relève.

➤ **take to** vt fus - **1.** [person] éprouver de la sympathie pour, sympathiser avec ; [activity] prendre goût à - **2.** [begin] : **to ~ to doing sthg** se mettre à faire qqch.

➤ **take up** vt sep - **1.** [begin - job] prendre ; **to ~ up singing** se mettre au chant - **2.** [continue - story] reprendre, continuer - **3.** [discuss] : **to ~ an issue up with sb** aborder une question avec qqn - **4.** [use up] prendre, occuper.

➤ **take up on** vt sep - **1.** [accept] : **to ~ sb up on an offer** accepter l'offre de qqn - **2.** [ask to explain] : **to ~ sb up on sthg** demander à qqn d'expliquer qqch.

➤ **take upon** vt sep : **to ~ it upon o.s. to do sthg** prendre sur soi de faire qqch.

takeaway Br ['teɪkəˌweɪl], **takeout** Am ['teɪkaʊt] n - **1.** [shop] restaurant m qui fait des plats à emporter - **2.** [food] plat m à emporter.

take-home pay n salaire m net (après déductions).

taken ['teɪkn] ⟨⟩ pp ⊳ **take** ⟨⟩ adj : **she was very ~ with him/the idea** il/l'idée lui plaisait beaucoup.

takeoff ['teɪkɒf] n [of plane] décollage m.

takeout Am = takeaway.

takeover ['teɪkˌəʊvəʳ] n - **1.** [of company] prise f de contrôle, rachat m - **2.** [of government] prise f de pouvoir.

takeover bid n offre f publique d'achat, OPA f.

taker ['teɪkəʳ] n preneur m, -euse f.

takeup ['teɪkʌp] n [of shares] souscription f.

takings ['teɪkɪŋz] npl recette f.

talc [tælk], **talcum (powder)** ['tælkəm-] n talc m.

tale [teɪl] n - **1.** [fictional story] histoire f, conte m - **2.** [anecdote] récit m, histoire f.

talent ['tælənt] n : **~ (for)** talent m (pour).

talented ['tæləntɪd] adj qui a du talent, talentueux(euse).

talent scout n dénicheur m, -euse f de talents.

talisman ['tælɪzmən] (pl **-s**) n talisman m.

talk [tɔːk] ◇ n - **1.** [conversation] discussion f, conversation f - **2.** (U) [gossip] bavardages mpl, racontars mpl - **3.** [lecture] conférence f, causerie f ◇ vi - **1.** [speak] : to ~ (to sb) parler (à qqn) ; to ~ about parler de ; ~ing of Lucy,... à propos de Lucy,... ; to ~ big se vanter - **2.** [gossip] bavarder, jaser - **3.** [make a speech] faire un discours, parler ; to ~ on OR about parler de ◇ vt parler.

◆ **talks** npl entretiens mpl, pourparlers mpl.

◆ **talk down to** vt fus parler avec condescendance à.

◆ **talk into** vt sep : to ~ sb into doing sthg persuader qqn de faire qqch.

◆ **talk out of** vt sep : to ~ sb out of doing sthg dissuader qqn de faire qqch.

◆ **talk over** vt sep discuter de.

talkative [ˈtɔːkətɪv] adj bavard(e), loquace.

talker [ˈtɔːkəʳ] n causeur m, -euse f, bavard m, -e f.

talking point [ˈtɔːkɪŋ-] n sujet m de conversation OR discussion.

talking-to [ˈtɔːkɪŋ-] n inf savon m, réprimande f ; to give sb a good ~ passer un bon savon à qqn.

talk show n Am talk-show m, causerie f.

tall [tɔːl] adj grand(e) ; how ~ are you? combien mesurez-vous? ; she's 5 feet ~ elle mesure 1,50 m.

tallboy [ˈtɔːlbɔɪ] n commode f.

tall order n : that's a ~ c'est demander beaucoup, cela va être difficile.

tall story n histoire f à dormir debout.

tally [ˈtælɪ] (pl -ies, pt & pp -ied) ◇ n compte m ◇ vi correspondre, concorder.

talon [ˈtælən] n serre f, griffe f.

tambourine [ˌtæmbəˈriːn] n tambourin m.

tame [teɪm] ◇ adj - **1.** [animal, bird] apprivoisé(e) - **2.** pej [person] docile ; [party, story, life] terne, morne ◇ vt - **1.** [animal, bird] apprivoiser - **2.** [people] mater, dresser.

tamely [ˈteɪmlɪ] adv [accept, agree] docilement.

tamer [ˈteɪməʳ] n dompteur m, -euse f.

Tamil [ˈtæmɪl] ◇ adj tamoul(e), tamil(e) ◇ n - **1.** [person] Tamoul m, -e f, Tamil m, -e f - **2.** [language] tamoul m, tamil m.

tamper [ˈtæmpəʳ] ◆ **tamper with** vt fus [machine] toucher à ; [records, file] altérer, falsifier ; [lock] essayer de crocheter.

tampon [ˈtæmpɒn] n tampon m.

tan [tæn] (pt & pp -ned ; cont -ning) ◇ adj brun clair (inv) ◇ n bronzage m, hâle m ◇ vi bronzer.

tandem [ˈtændəm] n [bicycle] tandem m ; in ~ en tandem.

tandoori [tænˈdʊərɪ] ◇ n tandouri m, tandoori m ◇ comp tandouri, tandoori.

tang [tæŋ] n [taste] saveur f forte OR piquante ; [smell] odeur f forte OR piquante.

tangent [ˈtændʒənt] n GEOM tangente f ; to go off at a ~ fig changer de sujet, faire une digression.

tangerine [ˌtændʒəˈriːn] n mandarine f.

tangible [ˈtændʒəbl] adj tangible.

Tangier [tænˈdʒɪəʳ] n Tanger.

tangle [ˈtæŋgl] ◇ n - **1.** [mass] enchevêtrement m, emmêlement m - **2.** fig [confusion] embrouillamini m ; to get into a ~ s'empêtrer, s'embrouiller ◇ vt : to get ~d (up) s'emmêler ◇ vi s'emmêler, s'enchevêtrer.

◆ **tangle with** vt fus inf se frotter à.

tangled [ˈtæŋgld] adj emmêlé(e) ; fig embrouillé(e).

tango [ˈtæŋgəʊ] (pl -es) ◇ n tango m ◇ vi danser le tango.

tangy [ˈtæŋɪ] (compar -ier ; superl -iest) adj piquant(e), fort(e).

tank [tæŋk] n - **1.** [container] réservoir m ; fish ~ aquarium m - **2.** MIL tank m, char m (d'assaut).

tankard [ˈtæŋkəd] n chope f.

tanker [ˈtæŋkəʳ] n - **1.** [ship - for oil] pétrolier m - **2.** [truck] camion-citerne m - **3.** [train] wagon-citerne m.

tankful [ˈtæŋkfʊl] n [of petrol] réservoir m plein d'essence.

tanned [tænd] adj bronzé(e), hâlé(e).

tannin [ˈtænɪn] n tannin m, tanin m.

Tannoy® [ˈtænɔɪ] n système m de haut-parleurs.

tantalize, -ise [ˈtæntəlaɪz] vt mettre au supplice.

tantalizing [ˈtæntəlaɪzɪŋ] adj [smell] très appétissant(e) ; [possibility, thought] très tentant(e).

tantamount [ˈtæntəmaʊnt] adj : ~ to équivalent(e) à.

tantrum [ˈtæntrəm] (pl -s) n crise f de colère ; to have OR throw a ~ faire OR piquer une colère.

Tanzania [ˌtænzəˈnɪə] n Tanzanie f ; in ~ en Tanzanie.

Tanzanian [ˌtænzəˈnɪən] ◇ adj tanzanien(enne) ◇ n Tanzanien m, -enne f.

tap [tæp] (pt & pp -ped ; cont -ping) ◇ n - **1.** [device] robinet m - **2.** [light blow] petite tape f, petit coup m ⬦ vt **- 1.** [hit] tapoter, ta-per **- 2.** [resources, energy] exploiter, utiliser **- 3.** [telephone, wire] mettre sur écoute ⬦ vi taper, frapper.

tap dance n claquettes fpl.

tap dancer n danseur m, -euse f de cla-quettes.

tape [teɪp] ⬦ n **- 1.** [magnetic tape] bande f ma-gnétique ; [cassette] cassette f **- 2.** [strip of cloth, adhesive material] ruban m **- 3.** SPORT bande f d'arrivée ⬦ vt **- 1.** [record] enregistrer ; [on video] magnétoscoper, enregistrer au ma-gnétoscope **- 2.** [stick] scotcher **- 3.** Am [ban-dage] bander.

tape deck n dérouleur m de bande magné-tique.

tape measure n centimètre m, mètre m.

taper ['teɪpəʳ] ⬦ n [candle] bougie f fine ⬦ vi s'effiler ; [trousers] se terminer en fuseau.
➡ **taper off** vi diminuer.

tape-record [-rɪˌkɔːd] vt enregistrer (au magnétophone).

tape recorder n magnétophone m.

tape recording n enregistrement m (au magnétophone).

tapered ['teɪpəd] adj [fingers] effilé(e), fuse-lé(e) ; [trousers] en fuseau.

tapestry ['tæpɪstrɪ] (pl -ies) n tapisserie f.

tapeworm ['teɪpwɜːm] n ténia m.

tapioca [ˌtæpɪ'əʊkə] n tapioca m.

tapir ['teɪpəʳ] (pl inv OR -s) n tapir m.

tappet ['tæpɪt] n poussoir m.

tar [tɑːʳ] n (U) goudron m.

tarantula [tə'ræntjʊlə] n tarentule f.

target ['tɑːgɪt] ⬦ n **- 1.** [of missile, bomb] objec-tif m ; [for archery, shooting] cible f **- 2.** fig [for criti-cism] cible f **- 3.** fig [goal] objectif m ; **on ~** dans les temps ⬦ vt **- 1.** [city, building] viser **- 2.** fig [subj : policy] s'adresser à, viser ; [subj : advertis-ing] cibler.

tariff ['tærɪf] n **- 1.** [tax] tarif m douanier **- 2.** [list] tableau m OR liste f des prix.

Tarmac® ['tɑːmæk] n [material] macadam m.
➡ **tarmac** n AERON : **the tarmac** la piste.

tarnish ['tɑːnɪʃ] ⬦ vt lit & fig ternir ⬦ vi se ternir.

tarnished ['tɑːnɪʃt] adj lit & fig terni(e).

tarot ['tærəʊ] n : **the ~** le tarot, les tarots mpl.

tarot card n tarot m.

tarpaulin [tɑː'pɔːlɪn] n [material] toile f gou-dronnée ; [sheet] bâche f.

tarragon ['tærəgən] n estragon m.

tart [tɑːt] ⬦ adj **- 1.** [bitter] acide **- 2.** [sarcastic]

acide, acerbe ⬦ n **- 1.** CULIN tarte f **- 2.** v inf [prostitute] pute f, grue f.
➡ **tart up** vt sep Br inf pej [room] retaper, réno-ver ; **to ~ o.s. up** se faire beau (belle).

tartan ['tɑːtn] ⬦ n tartan m ⬦ comp écos-sais(e).

tartar(e) sauce ['tɑːtəʳ-] n sauce f tartare.

tartness ['tɑːtnɪs] n acidité f.

task [tɑːsk] n tâche f, besogne f.

task force n MIL corps m expéditionnaire.

taskmaster ['tɑːskˌmɑːstəʳ] n : **hard ~** tyran m.

Tasmania [tæz'meɪnjə] n Tasmanie f.

Tasmanian [tæz'meɪnjən] ⬦ adj tasma-nien(enne) ⬦ n Tasmanien m, -enne f.

tassel ['tæsl] n pompon m, gland m.

taste [teɪst] ⬦ n **- 1.** [gen] goût m ; **have a ~!** goûte! ; **in good/bad ~** de bon/mauvais goût **- 2.** fig [liking] : **~ (for)** penchant m (pour), goût m (pour) **- 3.** fig [experience] aperçu m ; **to have had a ~ of sthg** avoir tâté OR goûté de qqch ⬦ vt **- 1.** [sense - food] sentir **- 2.** [test, try] déguster, goûter **- 3.** fig [experience] tâter de, goûter de ⬦ vi : **to ~ of/like** avoir le goût de ; **to ~ good/odd** etc avoir bon goût/un drôle de goût etc.

taste bud n papille f gustative.

tasteful ['teɪstfʊl] adj de bon goût.

tastefully ['teɪstfʊlɪ] adv avec goût.

tasteless ['teɪstlɪs] adj **- 1.** [object, decor, remark] de mauvais goût **- 2.** [food] qui n'a aucun goût, fade.

taster ['teɪstəʳ] n dégustateur m, -trice f.

tasty ['teɪstɪ] (compar -ier ; superl -iest) adj [de-licious] délicieux(euse), succulent(e).

tat [tæt] n (U) Br inf pej camelote f.

tattered ['tætəd] adj en lambeaux.

tatters ['tætəz] npl : **in ~** [clothes] en lam-beaux ; [confidence] brisé(e) ; [reputation] rui-né(e).

tattoo [tə'tuː] (pl -s) ⬦ n **- 1.** [design] tatouage m **- 2.** Br [military display] parade f OR défilé m militaire ⬦ vt tatouer.

tattooist [tə'tuːɪst] n tatoueur m.

tatty ['tætɪ] (compar -ier ; superl -iest) adj Br inf pej [clothes] défraîchi(e), usé(e) ; [flat, area] mi-teux(euse), minable.

taught [tɔːt] pt & pp ▷ teach.

taunt [tɔːnt] ⬦ vt railler, se moquer de ⬦ n raillerie f, moquerie f

Taurus ['tɔːrəs] n Taureau m ; **to be (a) ~** être Taureau.

taut [tɔːt] adj tendu(e).

tauten ['tɔːtn] ⬦ vt tendre ⬦ vi se tendre.

tautology [tɔː'tɒlədʒɪ] *n* tautologie *f*.

tavern ['tævn] *n* taverne *f*.

tawdry ['tɔːdrɪ] (*compar* -**ier** ; *superl* -**iest**) *adj* pej [jewellery] clinquant(e) ; [clothes] voyant(e), criard(e).

tawny ['tɔːnɪ] *adj* fauve.

tax [tæks] ◇ *n* taxe *f*, impôt *m* ◇ *vt* - **1.** [goods] taxer - **2.** [profits, business, person] imposer - **3.** [strain] mettre à l'épreuve.

taxable ['tæksəbl] *adj* imposable.

tax allowance *n* abattement *m* fiscal.

taxation [tæk'seɪʃn] *n* (U) - **1.** [system] imposition *f* - **2.** [amount] impôts *mpl*.

tax avoidance [-ə'vɔɪdəns] *n* évasion *f* fiscale.

tax collector *n* percepteur *m*.

tax cut *n* baisse *f* de l'impôt.

tax-deductible [-dɪ'dʌktəbl] *adj* déductible des impôts.

tax disc *n* Br vignette *f*.

tax evasion *n* fraude *f* fiscale.

tax-exempt Am = tax-free.

tax exemption *n* exonération *f* d'impôt.

tax exile *n* Br *personne qui vit à l'étranger pour échapper au fisc.*

tax-free Br, **tax-exempt** Am *adj* exonéré(e) (d'impôt).

tax haven *n* paradis *m* fiscal.

taxi ['tæksɪ] ◇ *n* taxi *m* ◇ *vi* [plane] rouler au sol.

taxicab ['tæksɪkæb] *n* taxi *m*.

taxidermist ['tæksɪdɜːmɪst] *n* taxidermiste *mf*.

taxi driver *n* chauffeur *m* de taxi.

taximeter ['tæksɪˌmiːtəʳ] *n* taximètre *m*.

taxing ['tæksɪŋ] *adj* éprouvant(e).

tax inspector *n* inspecteur *m* des impôts.

taxi rank Br, **taxi stand** *n* station *f* de taxis.

taxman ['tæksmæn] (*pl* -**men** [-men]) *n* percepteur *m*.

taxpayer ['tæksˌpeɪəʳ] *n* contribuable *mf*.

tax relief *n* allègement *m* OR dégrèvement *m* fiscal.

tax return *n* déclaration *f* d'impôts.

tax year *n* année *f* fiscale.

TB *n abbr of* **tuberculosis.**

T-bone steak *n* steak *m* dans l'aloyau.

tbs., tbsp. (*abbr of* **tablespoon(ful)**) cs.

TD *n* - **1.** (*abbr of* **Treasury Department**) *ministère américain de l'Économie et des Finances* - **2.** *abbr of* **touchdown.**

tea [tiː] *n* - **1.** [drink, leaves] thé *m* - **2.** Br [afternoon meal] goûter *m* ; [evening meal] dîner *m*.

teabag ['tiːbæg] *n* sachet *m* de thé.

tea ball *n* Am boule *f* à thé.

tea break *n* Br pause pour prendre le thé, ≃ pause-café *f*.

tea caddy [-ˌkædɪ] *n* boîte *f* à thé.

teacake ['tiːkeɪk] *n* Br *petit pain rond avec des raisins secs.*

teach [tiːtʃ] (*pt* & *pp* **taught**) ◇ *vt* - **1.** [instruct] apprendre ; **to ~ sb sthg, to ~ sthg to sb** apprendre qqch à qqn ; **to ~ sb to do sthg** apprendre à qqn à faire qqch ; **to ~ (sb) that ...** apprendre (à qqn) que ... - **2.** [subj : teacher] enseigner ; **to ~ sb sthg, to ~ sthg to sb** enseigner qqch à qqn ◇ *vi* enseigner.

teacher ['tiːtʃəʳ] *n* [in primary school] instituteur *m*, -trice *f*, maître *m*, maîtresse *f* ; [in secondary school] professeur *m*.

teachers college Am = teacher training college.

teacher's pet *n* pej chouchou *m*, chouchoute *f*.

teacher training college Br, **teachers college** Am *n* ≃ institut *m* universitaire de formation des maîtres, ≃ IUFM *m*.

teaching ['tiːtʃɪŋ] *n* enseignement *m*.

teaching aid *n* support *m* pédagogique.

teaching hospital *n* Br centre *m* hospitalo-universitaire, C.H.U. *m*.

teaching practice *n* (U) stage *m* de formation.

teaching staff *npl* enseignants *mpl*.

tea cloth *n* Br - **1.** [tablecloth] nappe *f* - **2.** [tea towel] torchon *m*.

tea cosy Br, **tea cozy** Am *n* couvre-théière *m inv*, cosy *m*.

teacup ['tiːkʌp] *n* tasse *f* à thé.

teak [tiːk] ◇ *n* teck *m* ◇ *comp* en teck.

tea leaves *npl* feuilles *fpl* de thé.

team [tiːm] *n* équipe *f*.

◆ **team up** *vi* : **to ~ up (with sb)** faire équipe (avec qqn).

team games *npl* jeux *mpl* d'équipe.

teammate ['tiːmmeɪt] *n* co-équipier *m*, -ère *f*.

team spirit *n* esprit *m* d'équipe.

teamster ['tiːmstəʳ] *n* Am routier *m*, camionneur *m*.

teamwork ['tiːmwɜːk] *n* (U) travail *m* d'équipe, collaboration *f*.

tea party *n* thé *m*.

teapot ['tiːpɒt] *n* théière *f*.

tear[1] [tɪəʳ] *n* larme *f* ; **in ~s** en larmes.

tear[2] [teəʳ] (*pt* **tore** ; *pp* **torn**) ◇ *vt* - **1.** [rip] déchirer ; **to ~ sthg open** ouvrir qqch (en le déchirant) ; **to ~ sb/sthg to pieces** fig éreinter qqn/qqch **- 2.** [remove roughly] arracher **- 3.** phr : **to be torn between** être tiraillé(e) entre ◇ vi **- 1.** [rip] se déchirer **- 2.** [move quickly] foncer, aller à toute allure **- 3.** phr : **to ~ loose** s'échapper ◇ n déchirure f, accroc m.

➤ **tear apart** vt sep **- 1.** [rip up] déchirer, mettre en morceaux **- 2.** fig [country, company] diviser ; [person] déchirer.

➤ **tear at** vt fus déchirer.

➤ **tear away** vt sep : **to ~ o.s. away (from)** s'arracher (de OR à).

➤ **tear down** vt sep [building] démolir ; [poster] arracher.

➤ **tear off** vt sep [clothes] enlever à la hâte.

➤ **tear up** vt sep déchirer.

tearaway ['teərə,weɪ] n Br inf casse-cou mf inv.

teardrop ['tɪədrɒp] n larme f.

tearful ['tɪəfʊl] adj **- 1.** [person] en larmes **- 2.** [event] larmoyant(e).

tear gas [tɪər-] n (U) gaz m lacrymogène.

tearing ['teərɪŋ] adj inf terrible, fou (folle).

tearjerker ['tɪə,dʒɜːkər] n hum roman m OR film m qui fait pleurer dans les chaumières.

tearoom ['tiːrʊm] n salon m de thé.

tease [tiːz] ◇ n taquin m, -e f ◇ vt [mock] : **to ~ sb (about sthg)** taquiner qqn (à propos de qqch).

tea service, tea set n service m à thé.

tea shop n salon m de thé.

teasing ['tiːzɪŋ] adj taquin(e).

Teasmaid® ['tiːzmeɪd] n Br théière f automatique avec horloge incorporée.

teaspoon ['tiːspuːn] n **- 1.** [utensil] petite cuillère f, cuillère à café **- 2.** [amount] cuillerée f à café.

tea strainer n passoire f.

teat [tiːt] n tétine f.

teatime ['tiːtaɪm] n Br l'heure f du thé.

tea towel n torchon m.

tea urn n fontaine f à thé.

technical ['teknɪkl] adj technique.

technical college n Br collège m technique.

technical drawing n (U) dessin m industriel.

technicality [,teknɪ'kælətɪ] (pl -ies) n **- 1.** [intricacy] technicité f **- 2.** [detail] détail m technique.

technically ['teknɪklɪ] adv **- 1.** [gen] techniquement **- 2.** [theoretically] en théorie.

technician [tek'nɪʃn] n technicien m, -enne f.

Technicolor® ['teknɪ,kʌlər] n (U) Technicolor® m.

technique [tek'niːk] n technique f.

techno ['teknəʊ] n MUS techno f.

technobabble ['teknəʊ,bæbl] n inf jargon m technique.

technocrat ['teknəkræt] n technocrate mf.

technological [,teknə'lɒdʒɪkl] adj technologique.

technologist [tek'nɒlədʒɪst] n technologue mf.

technology [tek'nɒlədʒɪ] (pl -ies) n technologie f.

technophobe ['teknəfəʊb] n technophobe.

teddy ['tedɪ] (pl -ies) n : **~ (bear)** ours m en peluche, nounours m.

tedious ['tiːdjəs] adj ennuyeux(euse).

tedium ['tiːdjəm] n fml ennui m.

tee [tiː] n GOLF tee m.

➤ **tee off** vi GOLF partir du tee.

teem [tiːm] vi **- 1.** [rain] pleuvoir à verse **- 2.** [place] : **to be ~ing with** grouiller de.

teen [tiːn] adj inf [fashion] pour ados ; [music, problems] d'ados.

teenage ['tiːneɪdʒ] adj adolescent(e).

teenager ['tiːn,eɪdʒər] n adolescent m, -e f.

teens [tiːnz] npl adolescence f.

teeny (weeny) [,tiːnɪ'wiːnɪ], **teensy (weensy)** [,tiːnzɪ'wiːnzɪ] adj inf minuscule, tout petit (toute petite).

tee shirt n tee-shirt m.

teeter ['tiːtər] vi vaciller ; **to ~ on the brink of** fig être au bord de.

teeter-totter n Am bascule f.

teeth [tiːθ] pl ▷ tooth.

teethe [tiːð] vi [baby] percer ses dents.

teething ring ['tiːðɪŋ-] n anneau m de dentition.

teething troubles ['tiːðɪŋ-] npl fig difficultés fpl initiales.

teetotal [tiː'təʊtl] adj qui ne boit jamais d'alcool.

teetotaller Br, **teetotaler** Am [tiː'təʊtlər] n personne f qui ne boit jamais d'alcool.

TEFL ['tefl] (abbr of teaching of English as a foreign language) n enseignement de l'anglais langue étrangère.

Teflon® ['teflɒn] ◇ n Téflon® m ◇ comp en Téflon®.

Tehran, Teheran [,teə'rɑːn] n Téhéran.

tel. (abbr of telephone) tél.

Tel-Aviv [ˌteləˈviːv] n : ~(-Jaffa) Tel-Aviv(-Jaffa).

tele- [ˈtelɪ] prefix télé-.

telebanking [ˈtelɪˌbæŋkɪŋ] n télébanque f.

telecast [ˈtelɪkɑːst] n émission f de télévision.

telecom [ˈtelɪkɒm] n, **telecoms** [ˈtelɪkɒmz] npl Br inf télécommunications fpl.

telecommunications [ˈtelɪkəˌmjuːnɪˈkeɪʃnz] npl télécommunications fpl.

teleconference [ˈtelɪˌkɒnfərəns] n téléconférence f.

telegram [ˈtelɪɡræm] n télégramme m.

telegraph [ˈtelɪɡrɑːf] <> n télégraphe m <> vt télégraphier.

telegraph pole, telegraph post Br n poteau m télégraphique.

telepathic [ˌtelɪˈpæθɪk] adj télépathique.

telepathy [tɪˈlepəθɪ] n télépathie f.

telephone [ˈtelɪfəʊn] <> n téléphone m ; to be on the ~ Br [connected] avoir le téléphone ; [speaking] être au téléphone <> vt téléphoner à <> vi téléphoner.

telephone book n annuaire m.

telephone booth n cabine f téléphonique.

telephone box n Br cabine f téléphonique.

telephone call n appel m téléphonique, coup m de téléphone.

telephone directory n annuaire m.

telephone exchange n central m téléphonique.

telephone kiosk n Br cabine f téléphonique.

telephone number n numéro m de téléphone.

telephone operator n standardiste mf.

telephone tapping [-ˈtæpɪŋ] n mise f sur écoute.

telephonist [tɪˈlefənɪst] n Br téléphoniste mf.

telephoto lens [ˌtelɪˈfəʊtəʊ-] n téléobjectif m.

teleprinter [ˈtelɪˌprɪntəʳ], **teletypewriter** Am [ˌtelɪˈtaɪpˌraɪtəʳ] n téléscripteur m.

Teleprompter® [ˌtelɪˈprɒmptəʳ] n téléprompteur m.

telesales [ˈtelɪseɪlz] npl vente f par téléphone.

telescope [ˈtelɪskəʊp] n télescope m.

telescopic [ˌtelɪˈskɒpɪk] adj télescopique.

teleshopping [ˌtelɪˈʃɒpɪŋ] n téléachat m.

teletext [ˈtelɪtekst] n télétexte m.

telethon [ˈtelɪθɒn] n téléthon m.

teletypewriter Am = teleprinter.

televise [ˈtelɪvaɪz] vt téléviser.

television [ˈtelɪˌvɪʒn] n - 1. (U) [medium, industry] télévision f; on ~ à la télévision - 2. [apparatus] (poste m de) télévision f, téléviseur m.

television licence n Br redevance f.

television programme n émission f de télévision.

television set n poste m de télévision, téléviseur m.

teleworker [ˈtelɪwɜːkəʳ] n télétravailleur m, -euse f.

teleworking [ˈtelɪˌwɜːkɪŋ] n télétravail m.

telex [ˈteleks] <> n télex m <> vt [message] envoyer par télex, télexer ; [person] envoyer un télex à.

tell [tel] (pt & pp told) <> vt - 1. [gen] dire ; [story] raconter ; to ~ sb (that) ... dire à qqn que ... ; to ~ sb sthg, to ~ sthg to sb dire qqch à qqn ; to ~ sb to do sthg dire OR ordonner à qqn de faire qqch ; I told you so! je te l'avais bien dit! - 2. [judge, recognize] savoir, voir ; he can't ~ the time il ne sait pas lire l'heure ; could you ~ me the time? tu peux me dire l'heure (qu'il est)? ; there's no ~ing ... on ne peut pas savoir ... <> vi - 1. [speak] parler - 2. [judge] savoir - 3. [have effect] se faire sentir.

◆ **tell apart** vt sep distinguer.

◆ **tell off** vt sep gronder.

teller [ˈteləʳ] n - 1. [of votes] scrutateur m, -trice f - 2. Esp am [in bank] caissier m, -ère f.

telling [ˈtelɪŋ] adj [remark] révélateur(trice).

telling-off (pl tellings-off) n réprimande f.

telltale [ˈtelteɪl] <> adj révélateur(trice) <> n rapporteur m, -euse f, mouchard m, -e f.

telly [ˈtelɪ] (pl -ies) (abbr of television) n Br inf télé f; on ~ à la télé.

temerity [tɪˈmerətɪ] n témérité f.

temp [temp] inf <> n (abbr of temporary (employee)) intérimaire mf <> vi travailler comme intérimaire.

temp. (abbr of temperature) temp.

temper [ˈtempəʳ] <> n - 1. [angry state] : to be in a ~ être en colère ; to lose one's ~ se mettre en colère ; to have a short ~ être emporté - 2. [mood] humeur f - 3. [temperament] tempérament m <> vt [moderate] tempérer.

temperament [ˈtemprəmənt] n. tempérament m.

temperamental [ˌtemprə'mentl] *adj* [volatile, unreliable] capricieux(euse).

temperance ['temprəns] *(U) n* [moderation] modération *f*; [from alcohol] tempérance *f*.

temperate ['temprət] *adj* tempéré(e).

temperature ['temprətʃəʳ] *n* température *f*; **to take sb's ~** prendre la température de qqn; **to have a ~** avoir de la température OR de la fièvre.

tempered ['tempəd] *adj* - **1.** [steel] trempé(e) - **2.** [moderated] tempéré(e), modéré(e).

tempest ['tempɪst] *n* literary tempête *f*.

tempestuous [tem'pestjʊəs] *adj* lit & fig orageux(euse).

tempi ['tempiː] *pl* ▷ tempo.

template ['templɪt] *n* gabarit *m*.

temple ['templ] *n* - **1.** RELIG temple *m* - **2.** ANAT tempe *f*.

templet ['templɪt] = **template**.

tempo ['tempəʊ] *(pl* -**pos** OR -**pi** [-piː]) *n* tempo *m*.

temporarily [ˌtempə'rerəlɪ] *adv* temporairement, provisoirement.

temporary ['tempərərɪ] *adj* temporaire, provisoire.

tempt [tempt] *vt* tenter; **to ~ sb to do sthg** donner à qqn l'envie de faire qqch; **to be** OR **feel ~ed to do sthg** être tenté OR avoir envie de faire qqch.

temptation [temp'teɪʃn] *n* tentation *f*.

tempting ['temptɪŋ] *adj* tentant(e).

ten [ten] *num* dix; *see also* **six**.

tenable ['tenəbl] *adj* - **1.** [argument, position] défendable - **2.** [job, post]: **~ for** auquel on est nommé(e) pour.

tenacious [tɪ'neɪʃəs] *adj* tenace.

tenacity [tɪ'næsətɪ] *n (U)* ténacité *f*.

tenancy ['tenənsɪ] *(pl* -**ies**) *n* location *f*.

tenant ['tenənt] *n* locataire *mf*.

Ten Commandments *npl*: **the ~** les dix commandements *mpl*.

tend [tend] *vt* - **1.** [have tendency]: **to ~ to do sthg** avoir tendance à faire qqch; **I ~ to think (that)** ... j'ai tendance à penser que ... - **2.** [look after] s'occuper de, garder.

tendency ['tendənsɪ] *(pl* -**ies**) *n*: **~ (to do sthg)** tendance *f* (à faire qqch); **a ~ towards fascism** une tendance fasciste.

tender ['tendəʳ] ⬦ *adj* tendre; [bruise, part of body] sensible, douloureux(euse) ⬦ *n* COMM soumission *f* ⬦ *vt* fml [apology, money] offrir; [resignation] donner.

tenderize, -ise ['tendəraɪz] *vt* attendrir.

tenderly ['tendəlɪ] *adv* [caringly] tendrement.

tenderness ['tendənɪs] *(U) n* - **1.** [compassion] tendresse *f* - **2.** [soreness] sensibilité *f*.

tendon ['tendən] *n* tendon *m*.

tendril ['tendrəl] *n* vrille *f*.

tenement ['tenəmənt] *n* immeuble *m*.

Tenerife [ˌtenə'riːf] *n* Tenerife; **in ~** à Tenerife.

tenet ['tenɪt] *n* fml principe *m*.

tenner ['tenəʳ] *n* Br inf [amount] dix livres; [note] billet *m* de dix livres.

Tennessee [ˌtenə'siː] *n* Tennessee *m*; **in ~** dans le Tennessee.

tennis ['tenɪs] ⬦ *n (U)* tennis *m* ⬦ *comp* de tennis.

tennis ball *n* balle *f* de tennis.

tennis court *n* court *m* de tennis.

tennis racket *n* raquette *f* de tennis.

tenor ['tenəʳ] ⬦ *adj* [saxophone, recorder] ténor *(inv)*; [voice] de ténor ⬦ *n* - **1.** [singer] ténor *m* - **2.** fml [meaning] sens *m*, substance *f*.

tenpin bowling Br ['tenpɪn-], **tenpins** Am ['tenpɪnz] *n (U)* bowling *m* (à dix quilles).

tense [tens] ⬦ *adj* tendu(e) ⬦ *n* temps *m* ⬦ *vt* tendre ⬦ *vi* se contracter.

tensed up [tenst-] *adj* contracté(e), tendu(e).

tension ['tenʃn] *n* tension *f*.

ten-spot *n* Am billet *m* de dix dollars.

tent [tent] *n* tente *f*.

tentacle ['tentəkl] *n* tentacule *m*.

tentative ['tentətɪv] *adj* - **1.** [hesitant] hésitant(e) - **2.** [not final] provisoire.

tentatively ['tentətɪvlɪ] *adv* - **1.** [hesitantly] de façon hésitante - **2.** [not finally] provisoirement.

tenterhooks ['tentəhʊks] *npl*: **to be on ~** être sur des charbons ardents.

tenth [tenθ] *num* dixième; *see also* **sixth**.

tent peg *n* piquet *m* de tente.

tent pole *n* montant *m* OR mât *m* de tente.

tenuous ['tenjʊəs] *adj* ténu(e).

tenuously ['tenjʊəslɪ] *adv* de façon ténue.

tenure ['tenjəʳ] *n (U)* fml - **1.** [of property] bail *m* - **2.** [of job]: **to have ~** être titulaire.

tepee ['tiːpiː] *n* tipi *m*.

tepid ['tepɪd] *adj* tiède.

tequila [tɪ'kiːlə] *n* tequila *f*.

Ter., Terr. *abbr of* **Terrace**.

term [tɜːm] ⬦ *n* - **1.** [word, expression] terme *m* - **2.** SCH & UNIV trimestre *m* - **3.** [period of time] durée *f*, période *f*; **a prison ~** une peine de prison; **in the long/short ~** à long/court terme ⬦ *vt* appeler.

terms *npl* - **1.** [of contract, agreement] conditions *fpl* - **2.** [basis] : **in international/real ~s** en termes internationaux/réels ; **on equal** OR **the same ~s** d'égal à égal ; **to be on good ~s (with sb)** être en bons termes (avec qqn) ; **to be on speaking ~s** s'adresser la parole, se parler ; **to be on speaking ~s with sb** adresser la parole à qqn, parler à qqn ; **to come to ~s with sth** accepter qqch - **3.** *phr* : **to think in ~s of doing sth** envisager de OR penser faire qqch.

in terms of *prep* sur le plan de, en termes de.

terminal ['tɜ:mɪnl] ⬦ *adj* MED en phase terminale ⬦ *n* - **1.** AERON, COMPUT & RAIL terminal *m* - **2.** ELEC borne *f*.

terminally ['tɜ:mɪnəlɪ] *adv* : **to be ~ ill** être en phase terminale.

terminate ['tɜ:mɪneɪt] ⬦ *vt* - **1.** *fml* [end - gen] terminer, mettre fin à ; [- contract] résilier - **2.** [pregnancy] interrompre ⬦ *vi* - **1.** [bus, train] s'arrêter - **2.** [contract] se terminer.

termination [,tɜ:mɪ'neɪʃn] *n* - **1.** (U) *fml* [ending - gen] conclusion *f* ; [- of contract] résiliation *f* - **2.** [of pregnancy] interruption *f* (volontaire) de grossesse.

termini ['tɜ:mɪnaɪ] *pl* ⬡ **terminus.**

terminology [,tɜ:mɪ'nɒlədʒɪ] *n* terminologie *f*.

terminus ['tɜ:mɪnəs] (*pl* -**ni** [-naɪ] OR -**nuses** [-nəsi:z]) *n* terminus *m*.

termite ['tɜ:maɪt] *n* termite *m*.

Terr. = Ter.

terrace ['terəs] *n* - **1.** [patio, on hillside] terrasse *f* - **2.** Br [of houses] rangée *f* de maisons.

terraces *npl* FTBL : **the ~s** les gradins *mpl*.

terraced ['terəst] *adj* [hillside] en terrasses.

terraced house *n* Br maison attenante aux maisons voisines.

terracotta [,terə'kɒtə] *n* terre *f* cuite.

terrain [te'reɪn] *n* terrain *m*.

terrapin ['terəpɪn] (*pl inv* OR -**s**) *n* tortue *f* d'eau douce.

terrestrial [tə'restrɪəl] *adj* *fml* terrestre.

terrible ['terəbl] *adj* terrible ; [holiday, headache, weather] affreux(euse), épouvantable.

terribly ['terəblɪ] *adv* terriblement ; [sing, write, organized] affreusement mal ; [injured] affreusement.

terrier ['terɪə'] *n* terrier *m*.

terrific [tə'rɪfɪk] *adj* - **1.** [wonderful] fantastique, formidable - **2.** [enormous] énorme, fantastique.

terrified ['terɪfaɪd] *adj* terrifié(e) ; **to be ~ of** avoir une terreur folle OR peur folle de.

terrify ['terɪfaɪ] (*pt* & *pp* -**ied**) *vt* terrifier.

terrifying ['terɪfaɪɪŋ] *adj* terrifiant(e).

terrine [te'ri:n] *n* terrine *f*.

territorial [,terɪ'tɔ:rɪəl] *adj* territorial(e).

Territorial Army *n* Br : **the ~** l'armée territoriale.

territorial waters *npl* eaux *fpl* territoriales.

territory ['terətrɪ] (*pl* -**ies**) *n* territoire *m*.

terror ['terə'] *n* terreur *f*.

terrorism ['terərɪzm] *n* terrorisme *m*.

terrorist ['terərɪst] *n* terroriste *mf*.

terrorize, -ise ['terəraɪz] *vt* terroriser.

terror-stricken *adj* épouvanté(e).

terry(cloth) ['terɪ(klɒθ)] *n* tissu *m* éponge.

terse [tɜ:s] *adj* brusque.

tersely ['tɜ:slɪ] *adv* avec brusquerie.

tertiary ['tɜ:ʃərɪ] *adj* tertiaire.

tertiary education *n* enseignement *m* supérieur.

Terylene® ['terəli:n] *n* Térylène® *m*.

TESL [tesl] (*abbr of* **teaching of English as a second language**) *n* enseignement de l'anglais seconde langue.

TESSA ['tesə] (*abbr of* **tax-exempt special savings account**) *n* en Grande-Bretagne, plan d'épargne exonéré d'impôt.

test [test] ⬦ *n* - **1.** [trial] essai *m* ; [of friendship, courage] épreuve *f* ; **to put sb/sth to the ~** mettre qqn/qqch à l'épreuve - **2.** [examination - of aptitude, psychological] test *m* ; SCH & UNIV interrogation *f* écrite/orale ; [- of driving] (examen *m* du) permis *m* de conduire - **3.** [MED - of blood, urine] analyse *f* ; [- of eyes] examen *m* ⬦ *vt* - **1.** [try] essayer ; [determination, friendship] mettre à l'épreuve - **2.** SCH & UNIV faire faire une interrogation écrite/orale à ; **to ~ sb on sth** interroger qqn sur qqch - **3.** [MED - blood, urine] analyser ; [- eyes, reflexes] faire un examen de.

testament ['testəmənt] *n* - **1.** [will] testament *m* - **2.** [proof] : **~ to** témoignage *m* de.

test ban *n* interdiction *f* d'essais nucléaires.

test card *n* Br mire *f*.

test case *n* JUR affaire-test *f*.

test-drive *vt* essayer.

tester ['testə'] *n* - **1.** [person] contrôleur *m*, -euse *f* - **2.** [sample] échantillon *m*.

test flight *n* vol *m* d'essai.

testicles ['testɪklz] *npl* testicules *mpl*.

testify ['testɪfaɪ] (*pt* & *pp* -**ied**) ⬦ *vt* : **to ~ that ...** témoigner que ... ⬦ *vi* - **1.** JUR témoigner **- 2.** [be proof] : **to ~ to sthg** témoigner de qqch.

testimonial [ˌtestɪ'məʊnjəl] n **- 1.** [character reference] recommandation f **- 2.** [tribute] témoignage m d'estime.

testimony [Br 'testɪmənɪ, Am 'testəməʊnɪ] n témoignage m.

testing ['testɪŋ] adj éprouvant(e).

testing ground n banc m d'essai.

test match n Br match m international.

test paper n **- 1.** SCH interrogation f écrite **- 2.** CHEM papier m réactif.

test pattern n Am mire f.

test pilot n pilote m d'essai.

test tube n éprouvette f.

test-tube baby n bébé-éprouvette m.

testy ['testɪ] (compar **-ier** ; superl **-iest**) adj [person] irritable ; [remark] désobligeant(e).

tetanus ['tetənəs] n tétanos m.

tetchy ['tetʃɪ] (compar **-ier** ; superl **-iest**) adj ombrageux(euse), qui prend ombrage facilement.

tête-à-tête [ˌteɪtɑː'teɪt] n tête-à-tête m inv.

tether ['teðə'] <> vt attacher <> n : **to be at the end of one's ~** être au bout du rouleau.

Texan ['teksn] n Texan m, -e f.

Texas ['teksəs] n Texas m ; **in ~** au Texas.

Tex-Mex [ˌteks'meks] adj Tex-Mex (inv).

text [tekst] n texte m.

textbook ['tekstbʊk] n livre m OR manuel m scolaire.

textile ['tekstaɪl] <> n textile m <> comp textile.

➡ **textiles** npl [industry] textile m.

texture ['tekstʃə'] n texture f ; [of paper, wood] grain m.

TGIF inf (abbr of thank God it's Friday!) encore une semaine de tirée!

TGWU (abbr of Transport and General Workers' Union) n le plus grand syndicat interprofessionnel britannique.

Thai [taɪ] <> adj thaïlandais(e) <> n **- 1.** [person] Thaïlandais m, -e f **- 2.** [language] thaï m.

Thailand ['taɪlænd] n Thaïlande f ; **in ~** en Thaïlande.

thalidomide [θə'lɪdəmaɪd] n thalidomide f.

Thames [temz] n : **the ~** la Tamise.

than [weak form ðən, strong form ðæn] conj que ; **Sarah is younger ~ her sister** Sarah est plus jeune que sa sœur ; **more ~ three days/ 50 people** plus de trois jours/50 personnes.

thank [θæŋk] vt : **to ~ sb (for)** remercier qqn

(pour OR de) ; **~ God OR goodness OR heavens!** Dieu merci!

➡ **thanks** <> npl remerciements mpl <> excl merci!

➡ **thanks to** prep grâce à.

thankful ['θæŋkfʊl] adj **- 1.** [grateful] : **~ (for)** reconnaissant(e) (de) **- 2.** [relieved] soulagé(e).

thankfully ['θæŋkfʊlɪ] adv **- 1.** [with relief] avec soulagement **- 2.** [with gratitude] avec reconnaissance.

thankless ['θæŋklɪs] adj ingrat(e).

thanksgiving ['θæŋks,gɪvɪŋ] n action f de grâce.

➡ **Thanksgiving (Day)** n fête nationale américaine commémorant l'installation des premiers colons en Amérique.

THANKSGIVING

« Thanksgiving » commémore, le 4ᵉ jeudi de novembre, l'installation des premiers colons en Amérique ; le dîner en famille qui a généralement lieu à cette occasion est traditionnellement composé d'une dinde aux airelles accompagnée de patates douces, avec, comme dessert, une tarte au potiron.

---

thank you excl : **~ (for)** merci (pour OR de).

➡ **thankyou** n merci m.

that [ðæt, weak form of pron sense 2 & conj ðət] (pl **those** [ðəʊz]) <> pron **- 1.** (demonstrative use : pl 'those') ce, cela, ça ; (as opposed to 'this') celui-là (celle-là) ; **who's ~?** qui est-ce? ; **is ~ Maureen?** c'est Maureen? ; **what's ~?** qu'est-ce que c'est que ça? ; **~'s a shame** c'est dommage ; **I had never seen ~ before** je n'avais jamais vu cela OR ça auparavant ; **which shoes are you going to wear, these or those?** quelles chaussures vas-tu mettre, celles-ci ou celles-là? ; **those who** ceux (celles) qui **- 2.** (to introduce relative clauses - subject) qui ; (- object) que ; (- with prep) lequel (laquelle), lesquels (lesquelles) (pl) ; **we came to a path ~ led into the woods** nous arrivâmes à un sentier qui menait dans les bois ; **show me the book ~ you bought** montre-moi le livre que tu as acheté ; **on the day ~ we left** le jour où nous sommes partis <> adj (demonstrative : pl 'those') ce (cette), cet (before vowel or silent 'h'), ces (pl) ; (as opposed to 'this') ce (cette) ...-là, ces (pl) ; **those chocolates are delicious** ces chocolats sont délicieux ; **later ~ day** plus tard ce jour-là ; **I prefer ~ book** je préfère ce livre-là ; **I'll have ~ one** je prendrai celui-là <> adv aussi, si ; **it wasn't ~ bad/good** ce

n'était pas si mal/bien que ça ⬦ *conj* que ;
tell him ~ the children aren't coming dites-lui
que les enfants ne viennent pas ; **he recommended ~ I phone you** il m'a conseillé de
vous appeler.

➤ **at that** *adv* en plus, par surcroît.

➤ **that is (to say)** *adv* c'est-à-dire.

➤ **that's it** *adv* [that's all] c'est tout ; **~'s it, I'm
leaving** ça y est, je m'en vais.

➤ **that's that** *adv* : **and ~'s ~** un point c'est
tout.

thatched [θætʃt] *adj* de chaume.

Thatcherism ['θætʃərɪzm] *n* thatcherisme
m.

that's [ðæts] = **that is.**

thaw [θɔː] ⬦ *vt* [ice] faire fondre OR dégeler ;
[frozen food] décongeler ⬦ *vi* - **1.** [ice] dégeler,
fondre ; [frozen food] décongeler - **2.** fig [peo-
ple, relations] se dégeler ⬦ *n* dégel *m*.

the [weak form ðə, before vowel ði, strong form
ðiː] *def art* - **1.** [gen] le (la), l' (+ vowel or silent
'h'), les (pl) ; **~ book** le livre ; **~ sea** la mer ;
~ man l'homme ; **~ boys/girls** les garçons/
filles ; **~ highest mountain in ~ world** la montagne la plus haute du monde ; **has ~ postman been?** est-ce que le facteur est passé? ;
~ monkey is a primate le singe est un primate ; **~ Joneses are coming to supper** les Jones
viennent dîner ; **you're not THE John Smith,
are you?** vous n'êtes pas le célèbre John
Smith, si? ; **it's THE place to go to in Paris** c'est
l'endroit à la mode OR l'endroit chic de Paris (où il faut aller) ; **to play ~ piano** jouer du
piano - **2.** (with an adjective to form a noun) :
~ British les Britanniques ; **~ old/young** les
vieux/jeunes ; **~ impossible** l'impossible
- **3.** [in dates] : **~ twelfth of May** le douze mai ;
~ forties les années quarante - **4.** [in compari-
sons] : **~ more ... ~ less** plus ... moins ; **~ sooner
~ better** le plus tôt sera le mieux - **5.** [in ti-
tles] : **Alexander ~ Great** Alexandre le
Grand ; **George ~ First** Georges Premier.

theatre, theater Am ['θɪətər] *n* - **1.** THEATRE
théâtre *m* - **2.** Br MED salle *f* d'opération
- **3.** Am [cinema] cinéma *m*.

theatregoer, theatergoer Am ['θɪətə-
ˌgəʊər] *n* habitué *m*, -e *f* du théâtre.

theatrical [θɪˈætrɪkl] *adj* théâtral(e) ; [compa-
ny] de théâtre.

theft [θeft] *n* vol *m*.

their [ðeər] *poss adj* leur, leurs (pl) ; **~ house**
leur maison ; **~ children** leurs enfants ; **it
wasn't THEIR fault** ce n'était pas de leur faute à eux.

theirs [ðeəz] *poss pron* le leur (la leur), les
leurs (pl) ; **that house is ~** cette maison est la

leur, cette maison est à eux/elles ; **it wasn't
our fault, it was THEIRS** ce n'était pas de notre faute, c'était de la leur ; **a friend of ~** un
de leurs amis, un ami à eux/elles.

them [weak form ðəm, strong form ðem] *pers
pron pl* - **1.** (direct) les ; **I know ~** je les connais ; **if I were** OR **was ~** si j'étais eux/elles, à
leur place - **2.** (indirect) leur ; **we spoke to ~**
nous leur avons parlé ; **she sent ~ a letter** elle leur a envoyé une lettre ; **I gave it to ~** je
le leur ai donné - **3.** (stressed, after prep, in
comparisons etc) eux (elles) ; **you can't expect
THEM to do it** tu ne peux pas exiger que ce
soit eux qui le fassent ; **with ~** avec eux/
elles ; **without ~** sans eux/elles ; **we're not
as wealthy as ~** nous ne sommes pas aussi
riches qu'eux/qu'elles.

thematic [θɪˈmætɪk] *adj* thématique.

theme [θiːm] *n* - **1.** [topic, motif] thème *m*, sujet
m - **2.** MUS thème *m* ; [signature tune] indicatif *m*.

theme park *n* parc *m* à thème.

theme song *n* chanson *f* principale, thème *m* principal.

theme tune *n* chanson *f* principale, thème *m* principal.

themselves [ðemˈselvz] *pron* - **1.** (reflexive)
se ; (after prep) eux (elles) - **2.** (for emphasis)
eux-mêmes *mpl*, elles-mêmes *fpl* ; **they did
it ~** ils l'ont fait tout seuls.

then [ðen] *adv* - **1.** [not now] alors, à cette époque - **2.** [next] puis, ensuite - **3.** [in that case]
alors, dans ce cas - **4.** [therefore] donc - **5.** [al-
so] d'ailleurs, et puis.

thence [ðens] *adv fml & literary* de là.

theologian [θɪəˈləʊdʒən] *n* théologien *m*.

theology [θɪˈɒlədʒɪ] *n* théologie *f*.

theorem ['θɪərəm] *n* théorème *m*.

theoretical [θɪəˈretɪkl] *adj* théorique.

theoretically [θɪəˈretɪklɪ] *adv* théoriquement.

theorist ['θɪərɪst] *n* théoricien *m*, -enne *f*.

theorize, -ise ['θɪəraɪz] *vi* : **to ~ (about)**
émettre une théorie (sur), théoriser (sur).

theory ['θɪərɪ] (*pl* -**ies**) *n* théorie *f* ; **in ~** en
théorie.

therapeutic [ˌθerəˈpjuːtɪk] *adj* thérapeutique.

therapist ['θerəpɪst] *n* thérapeute *mf*, psychothérapeute *mf*.

therapy ['θerəpɪ] *n* (U) thérapie *f*.

there [ðeər] ⬦ *pron* - **1.** [indicating existence of
sthg] : **~ is/are** il y a ; **~'s someone at the door** il
y a quelqu'un à la porte ; **~ must be some
mistake** il doit y avoir erreur - **2.** fml (with
vb) : **~ followed an ominous silence** un silen-

ce lourd de menaces suivit ⬦ *adv* - **1.** [in existence, available] y, là ; **is anybody ~?** il y a quelqu'un? ; **is John ~, please?** [when telephoning] est-ce que John est là, s'il vous plaît? - **2.** [referring to place] y, là ; **I'm going ~ next week** j'y vais la semaine prochaine ; **~ it is** c'est là ; **~ he is!** le voilà! ; **over ~** là-bas ; **it's six kilometres ~ and back** cela fait six kilomètres aller-retour - **3.** [point in conversation, particular stage] là ; **can I stop you ~?** est-ce que je peux vous arrêter là? ; **we're getting ~** on y arrive - **4.** *inf phr* : **all/not all ~** qui a/n'a plus toute sa tête ⬦ *excl* : **~, I knew he'd turn up** tiens *OR* voilà, je savais bien qu'il s'amènerait ; **~, ~** allons, allons.

➤ **there and then, then and there** *adv* immédiatement, sur-le-champ.

➤ **there you are** *adv* - **1.** [handing over something] voilà - **2.** [emphasizing that one is right] vous voyez bien ; **~ you see, what did I tell you!** tu vois, qu'est-ce que je t'avais dit! - **3.** [expressing reluctant acceptance] c'est comme ça, que voulez-vous?

thereabouts [ˌðeərə'baʊts], **thereabout** Am [ˌðeərə'baʊt] *adv* : or **~** [nearby] par là ; [approximately] environ.

thereafter [ˌðeər'ɑːftə'] *adv fml* après cela, par la suite.

thereby [ˌðeər'baɪ] *adv fml* ainsi, de cette façon.

therefore ['ðeəfɔː'] *adv* donc, par conséquent.

therein [ˌðeər'ɪn] *adv fml* [inside] dedans ; [in that matter] en cela.

there's [ðeəz] = there is.

thereupon [ˌðeərə'pɒn] *adv fml* sur ce, sur quoi.

thermal ['θɜːml] *adj* thermique ; [clothes] en Thermolactyl®.

thermal reactor *n* réacteur *m* thermique.

thermal underwear *n (U)* sous-vêtements *mpl* en thermolactyl.

thermodynamics [ˌθɜːməʊdaɪ'næmɪks] *n (U)* thermodynamique *f*.

thermoelectric [ˌθɜːməʊɪ'lektrɪk] *adj* thermoélectrique.

thermometer [θə'mɒmɪtə'] *n* thermomètre *m*.

thermonuclear [ˌθɜːməʊ'njuːklɪə'] *adj* thermonucléaire.

thermoplastic [ˌθɜːməʊ'plæstɪk] ⬦ *adj* thermoplastique ⬦ *n* thermoplastique *m*, thermoplaste *m*.

Thermos (flask)® ['θɜːməs-] *n* (bouteille *f*) Thermos® *m or f*.

thermostat ['θɜːməstæt] *n* thermostat *m*.

thesaurus [θɪ'sɔːrəs] (*pl* **-es** [-iːz]) *n* dictionnaire *m* de synonymes.

these [ðiːz] *pl* ⬈ **this**.

thesis ['θiːsɪs] (*pl* **theses** ['θiːsiːz]) *n* thèse *f*.

they [ðeɪ] *pers pron pl* - **1.** [people, things, animals - unstressed] ils (elles) ; [- stressed] eux (elles) ; **~'re pleased** ils sont contents (elles sont contentes) ; **~'re pretty earrings** ce sont de jolies boucles d'oreille ; **THEY can't do it** eux (elles), ils (elles) ne peuvent pas le faire ; **there ~ are** les voilà - **2.** [unspecified people] on, ils ; **~ say it's going to snow** on dit qu'il va neiger ; **~'re going to put up petrol prices** ils vont augmenter le prix de l'essence.

they'd [ðeɪd] = they had, they would.

they'll [ðeɪl] = they shall, they will.

they're [ðeə'] = they are.

they've [ðeɪv] = they have.

thick [θɪk] ⬦ *adj* - **1.** [gen] épais (épaisse) ; [forest, hedge, fog] dense ; [voice] indistinct(e) ; **to be 6 inches ~** avoir 15 cm d'épaisseur - **2.** *inf* [stupid] bouché(e) - **3.** [full, covered] : **to be ~ with** [dust] être couvert(e) de ; [people] être plein(e) de ; **~ with smoke** [from cigarettes] enfumé(e) ; [from fire] plein d'une fumée épaisse ⬦ *n* : **in the ~ of** au plus fort de, en plein *OR* au beau milieu de.

➤ **thick and fast** *adv* : **questions came ~ and fast** les questions pleuvaient.

➤ **through thick and thin** *adv* envers et contre tout, quoi qu'il advienne.

thicken ['θɪkn] ⬦ *vt* épaissir ⬦ *vi* s'épaissir.

thickening ['θɪknɪŋ] *n* épaississant *m*.

thicket ['θɪkɪt] *n* fourré *m*.

thickly ['θɪklɪ] *adv* - **1.** [not thinly - spread] en couche épaisse ; [- cut] en tranches épaisses - **2.** [densely - wooded, populated] très - **3.** [speak, say] d'une voix indistincte.

thickness ['θɪknɪs] *n* épaisseur *f*.

thickset [ˌθɪk'set] *adj* trapu(e).

thick-skinned [-'skɪnd] *adj* qui a la peau dure.

thief [θiːf] (*pl* **thieves** [θiːvz]) *n* voleur *m*, -euse *f*.

thieve [θiːv] *vt & vi* voler.

thieves [θiːvz] *pl* ⬈ **thief**.

thieving ['θiːvɪŋ] ⬦ *adj* voleur(euse) ⬦ *n (U)* vol *m*.

thigh [θaɪ] *n* cuisse *f*.

thighbone ['θaɪbəʊn] *n* fémur *m*.

thimble ['θɪmbl] *n* dé *m* (à coudre).

thin [θɪn] (*compar* **-ner** ; *superl* **-nest**, *pt & pp*

-ned ; *cont* **-ning**) ⬦ *adj* - **1.** [slice, layer, paper] mince ; [cloth] léger(ère) ; [person] maigre - **2.** [liquid, sauce] clair(e), peu épais (peu épaisse) - **3.** [sparse - crowd] épars(e) ; [- vegetation, hair] clairsemé(e) ; **to be ~ on top** [person] se dégarnir ⬦ *adv :* **to be wearing ~** [joke] n'être plus amusant(e) ; **my patience is wearing ~** je suis à bout de patience ⬦ *vi* [hair] : **to be thinning** s'éclaircir, se dégarnir.

⬟ **thin down** *vt sep* [liquid, paint] délayer, diluer ; [sauce] éclaircir.

thin air *n :* **to appear out of ~** apparaître tout d'un coup ; **to disappear into ~** disparaître complètement, se volatiliser.

thing [θɪŋ] *n* - **1.** [gen] chose *f* ; **the (best) ~ to do would be ...** le mieux serait de ... ; **for one ~** en premier lieu, pour commencer ; **(what) with one ~ and another** au bout du compte ; **the ~ is ...** le problème, c'est que ... ; **it's just one of those ~s** *inf* c'est comme ça, ce sont des choses qui arrivent ; **to have a ~ about sb/sthg** *inf* [like] adorer qqn/qqch, être fou de qqn/qqch ; [dislike] avoir qqn/qqch en horreur ; **to make a ~ (out) of** *inf* faire un plat **~ de** toute une histoire de - **2.** [anything] : **I don't know a ~** je n'y connais absolument rien - **3.** [object] chose *f*, objet *m* - **4.** [person] : **you poor ~!** mon pauvre! - **5.** *inf* [fashion] : **the ~** la mode.

⬦ **things** *npl* - **1.** [clothes, possessions] affaires *fpl* - **2.** *inf* [life] : **how are ~s?** comment ça va?

thingamabob [ˈθɪŋəməˌbɒb], **thingamajig** [ˈθɪŋəmədʒɪg], **thingummy (jig)** Br [ˈθɪŋəmɪ-], **thingie** Br, **thingy** Br [ˈθɪŋɪ] *n inf* truc *m*, machin *m*.

think [θɪŋk] (*pt* & *pp* thought) ⬦ *vt* - **1.** [believe] : **to ~ (that)** croire que, penser que ; **I ~ so/not** je crois que oui/non, je pense que oui/non - **2.** [have in mind] penser à - **3.** [imagine] s'imaginer ; **I can't ~ why you agreed to do it** je ne comprends pas OR je me demande bien pourquoi tu as accepté de le faire - **4.** [remember] : **did you ~ to bring any money?** avez-vous pensé à apporter de l'argent? - **5.** [in polite requests] : **do you ~ you could help me?** tu pourrais m'aider? ⬦ *vi* - **1.** [use mind] réfléchir, penser - **2.** [have stated opinion] : **what do you ~ of** OR **about his new film?** que pensez-vous de son dernier film? ; **to ~ a lot of sb/sthg** penser beaucoup de bien de qqn/qqch - **3.** *phr* : **to ~ better of sthg/of doing sthg** décider après tout de ne pas faire qqch ; **to ~ nothing of doing sthg** trouver tout à fait normal OR tout naturel de faire qqch ; **to ~ twice** y réfléchir à deux fois ⬦ *n inf* : **to have a ~ (about sthg)** réfléchir (à qqch).

⬟ **think about** *vt fus :* **to ~ about sb/sthg** songer à OR penser à qqn/qqch ; **to ~ about doing sthg** songer à faire qqch ; **I'll ~ about it** je vais y réfléchir.

⬟ **think back** *vi :* **to ~ back (to)** repenser (à).

⬟ **think of** *vt fus* - **1.** [consider] = think about - **2.** [remember] se rappeler - **3.** [conceive] penser à, avoir l'idée de ; **to ~ of doing sthg** avoir l'idée de faire qqch - **4.** [show consideration for] penser à.

⬟ **think out, think through** *vt sep* bien étudier, bien considérer.

⬟ **think over** *vt sep* réfléchir à.

⬟ **think up** *vt sep* imaginer.

thinker [ˈθɪŋkəʳ] *n* penseur *m.*

thinking [ˈθɪŋkɪŋ] ⬦ *adj* qui pense, qui réfléchit ⬦ *n (U)* opinion *f*, pensée *f* ; **to do some ~** réfléchir ; **to my way of ~** à mon avis.

think tank *n* comité *m* d'experts.

thinly [ˈθɪnlɪ] *adv* - **1.** [not thickly - spread] en couche mince ; [- cut] en tranches minces - **2.** [sparsely - wooded, populated] peu.

thinner [ˈθɪnəʳ] *n* diluant *m.*

thinness [ˈθɪnnɪs] *n (U)* [of slice, layer, paper] minceur *f* ; [of person] maigreur *f* ; [of cloth] légèreté *f.*

thin-skinned [-ˈskɪnd] *adj* susceptible, très sensible.

third [θɜːd] ⬦ *num* troisième ; *see also* sixth ⬦ *n* UNIV ≃ licence *f* mention passable.

third-class *adj* Br UNIV : **~ degree** ≃ licence *f* mention passable.

third-degree burns *npl* brûlures *fpl* du troisième degré.

thirdly [ˈθɜːdlɪ] *adv* troisièmement, tertio.

third party *n* tiers *m*, tierce personne *f.*

third party insurance *n* assurance *f* de responsabilité civile.

third-rate *adj pej* de dernier OR troisième ordre.

Third World *n* : **the ~** le tiers-monde.

thirst [θɜːst] *n* soif *f* ; **~ for** *fig* soif de.

thirsty [ˈθɜːstɪ] (*compar* **-ier** ; *superl* **-iest**) *adj* - **1.** [person] : **to be** OR **feel ~** avoir soif - **2.** [work] qui donne soif.

thirteen [ˌθɜːˈtiːn] *num* treize ; *see also* six.

thirteenth [ˌθɜːˈtiːnθ] *num* treizième ; *see also* sixth.

thirtieth [ˈθɜːtɪəθ] *num* trentième ; *see also* sixth.

thirty [ˈθɜːtɪ] (*pl* **-ies**) *num* trente ; *see also* sixty.

thirty-something *adj* caractéristique de certaines personnes ayant la trentaine et issues d'un milieu aisé.

this [ðɪs] (pl **these** [ðiːz]) ⬦ pron (demonstrative use) ce, ceci ; (as opposed to 'that') celui-ci (celle-ci) ; ~ **is for you** c'est pour vous ; **who's ~?** qui est-ce? ; **what's ~?** qu'est-ce que c'est? ; **which sweets does she prefer, these or those?** quels bonbons préfère-t-elle, ceux-ci ou ceux-là? ; ~ **is Daphne Logan** [introducing another person] je vous présente Daphne Logan ; [introducing oneself on phone] ici Daphne Logan, Daphne Logan à l'appareil ; **to talk about ~ and that** parler de choses et d'autres ; **to do ~ and that** faire toutes sortes de choses ⬦ adj - **1.** (demonstrative use) ce (cette), cet (before vowel or silent 'h'), ces (pl) ; (as opposed to 'that') ce (cette) ...-ci, ces ...-ci (pl) ; **these chocolates are delicious** ces chocolats sont délicieux ; **I prefer ~ book** je préfère ce livre-ci ; **I'll have ~ one** je prendrai celui-ci ; ~ **afternoon** cet après-midi ; ~ **morning** ce matin ; ~ **week** cette semaine - **2.** inf [a certain] un certain (une certaine) ⬦ adv aussi ; **it was ~ big** c'était aussi grand que ça ; **you'll need about ~ much** il vous en faudra à peu près comme ceci.

thistle [ˈθɪsl] n chardon m.

thither [ˈðɪðər] ⟹ hither.

tho' [ðəʊ] = though.

thong [θɒŋ] n - **1.** [of leather] lanière f - **2.** Am [flip-flop] tong f.

thorn [θɔːn] n épine f ; **to be a ~ in sb's flesh** OR **side** être une source continuelle d'exaspération pour qqn.

thorny [ˈθɔːnɪ] (compar **-ier** ; superl **-iest**) adj lit & fig épineux(euse).

thorough [ˈθʌrə] adj - **1.** [exhaustive - search, inspection] minutieux(euse) ; [- investigation, knowledge] approfondi(e) - **2.** [meticulous] méticuleux(euse) - **3.** [complete, utter] complet(ète), absolu(e).

thoroughbred [ˈθʌrəbred] n pur-sang m inv.

thoroughfare [ˈθʌrəfeər] n fml rue f, voie f publique.

thoroughly [ˈθʌrəlɪ] adv - **1.** [fully, in detail] à fond - **2.** [completely, utterly] absolument, complètement.

thoroughness [ˈθʌrənɪs] (U) n - **1.** [exhaustiveness] minutie f - **2.** [meticulousness] soin m méticuleux.

those [ðəʊz] pl ⟹ that.

though [ðəʊ] ⬦ conj bien que (+ subjunctive), quoique (+ subjunctive) ⬦ adv pourtant, cependant.

thought [θɔːt] ⬦ pt & pp ⟹ think ⬦ n - **1.** [gen] pensée f ; [idea] idée f, pensée ; **after**

much ~ après avoir mûrement réfléchi - **2.** [intention] intention f.

➡ **thoughts** npl - **1.** [reflections] pensées fpl, réflexions fpl ; **to collect one's ~s** rassembler ses idées - **2.** [views] opinions fpl, idées fpl.

thoughtful [ˈθɔːtfʊl] adj - **1.** [pensive] pensif(ive) - **2.** [considerate - person] prévenant(e), attentionné(e) ; [- remark, act] plein(e) de gentillesse.

thoughtfulness [ˈθɔːtfʊlnɪs] (U) n - **1.** [pensiveness] air m pensif - **2.** [considerateness - of person] prévenance f ; [- of remark, act] délicatesse f.

thoughtless [ˈθɔːtlɪs] adj [person] qui manque d'égards (pour les autres) ; [remark, behaviour] irréfléchi(e).

thoughtlessness [ˈθɔːtlɪsnɪs] n (U) manque m d'égards OR de prévenance.

thousand [ˈθaʊznd] num mille ; **a** OR **one ~** mille ; ~**s of** des milliers de ; see also **six**.

thousandth [ˈθaʊzntθ] num millième ; see also **sixth**.

thrash [θræʃ] vt - **1.** [hit] battre, rosser - **2.** inf [defeat] écraser, battre à plates coutures.

➡ **thrash about, thrash around** vi s'agiter.

➡ **thrash out** vt sep [problem] débrouiller, démêler ; [idea] débattre, discuter.

thrashing [ˈθræʃɪŋ] n - **1.** [hitting] rossée f, correction f - **2.** inf [defeat] défaite f.

thread [θred] ⬦ n - **1.** [gen] fil m - **2.** [of screw] filet m, pas m ⬦ vt - **1.** [needle] enfiler - **2.** [move] : **to ~ one's way through the crowd** se faufiler parmi la foule.

threadbare [ˈθredbeər] adj usé(e) jusqu'à la corde.

threat [θret] n : ~ **(to)** menace f (pour).

threaten [ˈθretn] ⬦ vt : **to ~ sb (with)** menacer qqn (de) ; **to ~ to do sthg** menacer de faire qqch ⬦ vi menacer.

threatening [ˈθretnɪŋ] adj menaçant(e) ; [letter] de menace.

three [θriː] num trois ; see also **six**.

three-D adj [film, picture] en relief.

three-day event n concours m complet d'équitation.

three-dimensional [-dɪˈmenʃənl] adj [film, picture] en relief ; [object] à trois dimensions.

threefold [ˈθriːfəʊld] ⬦ adj triple ⬦ adv : **to increase ~** tripler.

three-legged race [-ˈlegɪd-] n course f à trois pieds.

three-piece adj : ~ **suit** (costume m) trois

pièces *m* ; ~ **suite** canapé *m* et deux fau-
teuils assortis.

three-ply *adj* [wool] à trois fils.

three-point turn *n* Br demi-tour *m* en
trois manœuvres.

three-quarters *npl* [fraction] trois quarts
mpl.

threesome ['θriːsəm] *n* trio *m*, groupe *m* de
trois personnes.

three-star *adj* trois étoiles.

three-wheeler [-'wiːləʳ] *n* voiture *f* à trois
roues.

thresh [θreʃ] *vt* battre.

threshing machine ['θreʃɪŋ-] *n* batteuse *f*.

threshold ['θreʃhəʊld] *n* seuil *m* ; **to be on the
~ of** fig être au bord OR seuil de.

threshold agreement *n* accord *m* d'indexation des salaires sur le coût de la vie.

threw [θruː] *pt* ⯈ **throw**.

thrift [θrɪft] *n* - **1.** [gen] (U) économie *f*, épargne *f* - **2.** Am [savings bank] = **thrift institution.**

thrift institution *n* Am caisse *f* d'épargne.

thrift shop, thrift store *n* Am *magasin
vendant des articles d'occasion au profit
d'œuvres charitables.*

thrifty ['θrɪftɪ] (*compar* **-ier** ; *superl* **-iest**) *adj*
économe.

thrill [θrɪl] ⬦ *n* - **1.** [sudden feeling] frisson *m*,
sensation *f* - **2.** [enjoyable experience] plaisir *m*
⬦ *vt* transporter, exciter ⬦ *vi* : **to ~ to a
story/the music** être transporté(e) par une
histoire/la musique.

thrilled [θrɪld] *adj* : **~ (with sthg/to do sthg)**
ravi(e) (de qqch/de faire qqch), enchan-
té(e) (de qqch/de faire qqch).

thriller ['θrɪləʳ] *n* thriller *m*.

thrilling ['θrɪlɪŋ] *adj* saisissant(e), palpi-
tant(e).

thrive [θraɪv] (*pt* **-d** OR **throve** ; *pp* **-d**) *vi* [person]
bien se porter ; [plant] pousser bien ; [business]
prospérer.

thriving ['θraɪvɪŋ] *adj* [person] bien por-
tant(e) ; [plant] qui pousse bien ; [business]
prospère.

throat [θrəʊt] *n* gorge *f* ; **to ram** OR **force sthg
down sb's ~** fig rebattre les oreilles de qqn
avec qqch ; **it stuck in my ~** fig ça m'est resté
en travers de la gorge ; **to be at each other's
~s** se disputer, se battre.

throaty ['θrəʊtɪ] (*compar* **-ier** ; *superl* **-iest**) *adj*
guttural(e).

throb [θrɒb] (*pt* & *pp* **-bed** ; *cont* **-bing**) ⬦ *n*
[of drums] battement *m* ; [of pulse] pulsation *f* ;
[of engine] vibration *f* ⬦ *vi* [heart] palpiter, bat-

tre fort ; [engine] vibrer ; [music] taper ; **my
head is throbbing** j'ai des élancements dans
la tête.

throes [θrəʊz] *npl* : **to be in the ~ of** [war, disease]
être en proie à ; **to be in the ~ of an argument**
être en pleine dispute.

thrombosis [θrɒm'bəʊsɪs] (*pl* **-boses**
[-'bəʊsiːz]) *n* thrombose *f*.

throne [θrəʊn] *n* trône *m*.

throng [θrɒŋ] ⬦ *n* foule *f*, multitude *f* ⬦ *vt*
remplir, encombrer ⬦ *vi* affluer.

throttle ['θrɒtl] ⬦ *n* [valve] papillon *m* des
gaz ; [lever] commande *f* des gaz ⬦ *vt* [stran-
gle] étrangler.

through [θruː] ⬦ *adj* [finished] : **are you ~?** tu
as fini? ; **to be ~ with sthg** avoir fini qqch
⬦ *adv* : **to let sb ~** laisser passer qqn ; **to
read sthg ~** lire qqch jusqu'au bout ; **to sleep
~ till ten** dormir jusqu'à dix heures ⬦ *prep*
- **1.** [relating to place, position] à travers ; **to travel
~ sthg** traverser qqch ; **to cut ~ sthg** couper
qqch - **2.** [during] pendant - **3.** [because of] à
cause de - **4.** [by means of] par l'intermédiaire de, par l'entremise de - **5.** Am [up till and in-
cluding] : **Monday ~ Friday** du lundi au vendredi.
⬦ **through and through** *adv* [completely] jusqu'au bout des ongles ; [thoroughly] par
cœur, à fond.

throughout [θruː'aʊt] ⬦ *prep* - **1.** [during]
pendant, durant ; **~ the meeting** pendant
toute la réunion - **2.** [everywhere in] partout
dans ⬦ *adv* - **1.** [all the time] tout le temps
- **2.** [everywhere] partout.

throve [θrəʊv] *pt* ⯈ **thrive.**

throw [θrəʊ] (*pt* **threw** ; *pp* **thrown**) ⬦ *vt*
- **1.** [gen] jeter ; [ball, javelin] lancer ; **to ~ one's
arms around sb** jeter ses bras autour de
qqn ; **to ~ o.s. into sthg** fig se jeter à corps
perdu dans qqch - **2.** [rider] désarçonner
- **3.** [have suddenly - tantrum, fit] piquer - **4.** fig [con-
fuse] déconcerter, décontenancer ⬦ *n* lan-
cement *m*, jet *m*.
⬦ **throw away** *vt sep* - **1.** [discard] jeter - **2.** fig
[money] gaspiller ; [opportunity] perdre.
⬦ **throw in** *vt sep* [include] donner en plus OR
en prime.
⬦ **throw out** *vt sep* - **1.** [discard] jeter - **2.** fig
[reject] rejeter - **3.** [from house] mettre à la porte ; [from army, school] expulser, renvoyer.
⬦ **throw up** ⬦ *vt sep* [dust, water] jeter, projeter ⬦ *vi* inf [vomit] dégobiller, vomir.

throwaway ['θrəʊəˌweɪ] *adj* - **1.** [disposable] jetable, à jeter - **2.** [remark] désinvolte.

throwback ['θrəʊbæk] *n* : **~ (to)** retour *m* (à).

throw-in n Br FTBL rentrée f en touche, remise f en jeu.

thrown [θrəʊn] pp ▷ throw.

thru [θru:] Am inf = through.

thrush [θrʌʃ] n - **1.** [bird] grive f - **2.** MED muguet m.

thrust [θrʌst] ◇ n - **1.** [forward movement] poussée f ; [of knife] coup m - **2.** [main aspect] idée f principale, aspect m principal ◇ vt - **1.** [shove] enfoncer, fourrer - **2.** [jostle] : to ~ one's way se frayer un passage.

➤ **thrust upon** vt sep : to ~ sthg upon sb imposer qqch à qqn.

thrusting [θrʌstɪŋ] adj [person] qui se met en avant.

thruway [θru:weɪ] n Am voie f express.

thud [θʌd] (pt & pp -ded ; cont -ding) ◇ n bruit m sourd ◇ vi tomber en faisant un bruit sourd.

thug [θʌg] n brute f, voyou m.

thumb [θʌm] ◇ n pouce m ; to twiddle one's ~s se tourner les pouces ◇ vt inf [hitch] : to ~ a lift faire du stop OR de l'auto-stop.

➤ **thumb through** vt fus feuilleter, parcourir.

thumb index n répertoire m à onglets.

thumbnail [θʌmneɪl] ◇ adj bref (brève), concis(e) ◇ n ongle m du pouce.

thumbnail sketch n croquis m rapide.

thumbs down [ˌθʌmz-] n : to get OR be given the ~ être rejeté(e).

thumbs up [ˌθʌmz-] n [go-ahead] : to give sb the ~ donner le feu vert à qqn.

thumbtack [θʌmtæk] n Am punaise f.

thump [θʌmp] ◇ n - **1.** [blow] grand coup m - **2.** [thud] bruit m sourd ◇ vt - **1.** [hit] cogner, taper sur - **2.** [place heavily] poser violemment ◇ vi - **1.** [move heavily] : to ~ in/out entrer/sortir à pas pesants - **2.** [heart] battre fort.

thunder [θʌndər] ◇ n (U) - **1.** METEOR tonnerre m - **2.** fig [of traffic] vacarme m ; [of applause] tonnerre m ◇ vt tonner, tonitruer ◇ v impers METEOR tonner ◇ vi fig [traffic] tonner, gronder.

thunderbolt [θʌndəbəʊlt] n coup m de foudre.

thunderclap [θʌndəklæp] n coup m de tonnerre.

thundercloud [θʌndəklaʊd] n nuage m orageux.

thundering [θʌndərɪŋ] adj Br inf & dated terrible, monstre.

thunderous [θʌndərəs] adj [noise] assourdissant(e) ; ~ applause un tonnerre d'applaudissements.

thunderstorm [θʌndəstɔ:m] n orage m.

thunderstruck [θʌndəstrʌk] adj fig stupéfait(e), sidéré(e).

thundery [θʌndərɪ] adj orageux(euse).

Thur, Thurs (abbr of Thursday) jeu.

Thursday [θɜ:zdɪ] n jeudi m ; see also Saturday.

thus [ðʌs] adv fml - **1.** [therefore] par conséquent, donc, ainsi - **2.** [in this way] ainsi, de cette façon, comme ceci.

thwart [θwɔ:t] vt contrecarrer, contrarier.

thyme [taɪm] n thym m.

thyroid [θaɪrɔɪd] n thyroïde f.

tiara [tɪ'ɑ:rə] n [worn by woman] diadème m.

Tiber [taɪbər] n : the (River) ~ le Tibre.

Tibet [tɪ'bet] n Tibet m ; in ~ au Tibet.

Tibetan [tɪ'betn] ◇ adj tibétain(e) ◇ n - **1.** [person] Tibétain m, -e f - **2.** [language] tibétain m.

tibia [tɪbɪə] (pl -biae [-bii:] OR -s) n tibia m.

tic [tɪk] n tic m.

tick [tɪk] ◇ n - **1.** [written mark] coche f ; to put a ~ beside sthg cocher qqch - **2.** [sound] tictac m - **3.** [insect] tique f ◇ vt cocher ◇ vi faire tic-tac ; what makes him ~? fig je me demande comment il fonctionne.

➤ **tick away, tick by** vi passer.

➤ **tick off** vt sep - **1.** [mark off] cocher - **2.** [tell off] passer un savon à, enguirlander.

➤ **tick over** vi [engine, business] tourner au ralenti.

ticked [tɪkt] adj Am en rogne.

tickertape [tɪkəteɪp] n (U) bande f de télé-imprimeur.

ticket [tɪkɪt] n - **1.** [for access, train, plane] billet m ; [for bus] ticket m ; [for library] carte f ; [label on product] étiquette f - **2.** [for traffic offence] P.-V. m, papillon m - **3.** POL liste f.

ticket agency n billetterie f.

ticket collector n Br contrôleur m, -euse f.

ticket holder n personne f munie d'un billet.

ticket inspector n Br contrôleur m, -euse f.

ticket machine n distributeur m de billets.

ticket office n bureau m de vente des billets.

ticking off [tɪkɪŋ-] (pl tickings off [tɪkɪŋz-]) n : to give sb a ~ passer un savon à qqn, enguirlander qqn ; to get a ~ recevoir un savon, se faire enguirlander.

tickle [tɪkl] ◇ vt - **1.** [touch lightly] chatouiller - **2.** fig [amuse] amuser ◇ vi chatouiller.

ticklish ['tɪklɪʃ] *adj* - **1.** [person] qui craint les chatouilles, chatouilleux(euse) - **2.** fig [delicate] délicat(e), difficile.

tick-tack-toe *n* Am [game] ≃ morpion *m*.

tidal ['taɪdl] *adj* [force] de la marée ; [river] à marées ; [barrier] contre la marée.

tidal wave *n* raz-de-marée *m inv*.

tidbit Am = **titbit.**

tiddler ['tɪdlər] *n* Br [fish] petit poisson *m*.

tiddly ['tɪdlɪ] (*compar* -**ier** ; *superl* -**iest**) *adj* Br inf - **1.** [tipsy] pompette, gai(e) - **2.** [tiny] minuscule.

tiddlywinks ['tɪdlɪwɪŋks], **tiddledywinks** Am ['tɪdldɪwɪŋks] *n* jeu *m* de puce.

tide [taɪd] *n* - **1.** [of sea] marée *f* - **2.** fig [of opinion, fashion] courant *m*, tendance *f* ; [of protest] vague *f*.

➤ **tide over** *vt sep* dépanner.

tidemark ['taɪdmɑːk] *n* - **1.** [of sea] ligne *f* de marée haute - **2.** Br [round bath, neck] ligne *f* de crasse.

tidily ['taɪdɪlɪ] *adv* soigneusement, avec ordre.

tidiness ['taɪdɪnɪs] *n* (U) ordre *m*.

tidings ['taɪdɪŋz] *npl* literary nouvelles *fpl*.

tidy ['taɪdɪ] (*compar* -**ier** ; *superl* -**iest**, *pt* & *pp* -**ied**) ◇ *adj* - **1.** [room, desk] en ordre, bien rangé(e) ; [hair, dress] soigné(e) - **2.** [person - in habits] ordonné(e) ; [- in appearance] soigné(e) - **3.** inf [sizeable] coquet(ette), rondelet(ette) ◇ *vt* ranger, mettre de l'ordre dans.

➤ **tidy away** *vt sep* ranger.

➤ **tidy up** ◇ *vt sep* ranger, mettre de l'ordre dans ◇ *vi* ranger.

tie [taɪ] (*pt* & *pp* **tied** ; *cont* **tying**) ◇ *n* - **1.** [necktie] cravate *f* - **2.** [string, cord] cordon *m* - **3.** fig [link] lien *m* - **4.** [in game, competition] égalité *f* de points - **5.** Am RAIL traverse *f* ◇ *vt* - **1.** [fasten] attacher - **2.** [shoelaces] nouer, attacher ; ~ **a knot** faire un nœud - **3.** fig [link] : **to be ~d to** être lié(e) à - **4.** fig [restricted] : **to be ~d to** être cloué(e) à ◇ *vi* [draw] être à égalité.

➤ **tie down** *vt sep* fig [restrict] restreindre la liberté de.

➤ **tie in with** *vt fus* concorder avec, coïncider avec.

➤ **tie up** *vt sep* - **1.** [with string, rope] attacher - **2.** [shoelaces] nouer, attacher - **3.** fig [money, resources] immobiliser - **4.** fig [link] : **to be ~d up with** être lié(e) à.

tiebreak(er) ['taɪbreɪk(ər)] *n* - **1.** TENNIS tiebreak *m* - **2.** [in game, competition] question *f* subsidiaire.

tied [taɪd] *adj* SPORT : **a ~ match** un match nul.

tied cottage *n* Br logement *m* de fonction (*mis à la disposition d'un employé agricole etc*).

tied up *adj* [busy] occupé(e), pris(e).

tie-dye *vt* nouer et teindre.

tie-in *n* - **1.** [link] lien *m*, rapport *m* - **2.** [product] : **the book is a ~ with the TV series** le livre est tiré de la série télévisée.

tiepin ['taɪpɪn] *n* épingle *f* de cravate.

tier [tɪər] *n* [of seats] gradin *m* ; [of cake] étage *m*.

Tierra del Fuego [tɪ,erədel'fweɪgəʊl *n* Terre de Feu *f* ; **in ~** en Terre de Feu.

tie-up *n* - **1.** [link] lien *m*, rapport *m* - **2.** Am [interruption] interruption *f*, arrêt *m*.

tiff [tɪf] *n* bisbille *f*, petite querelle *f*.

tiger ['taɪgər] *n* tigre *m*.

tiger cub *n* petit *m* du tigre.

tight [taɪt] ◇ *adj* - **1.** [clothes, group, competition, knot] serré(e) ; **the dress was a ~ fit** la robe était un peu juste - **2.** [taut] tendu(e) - **3.** [painful - chest] oppressé(e) ; [- stomach] noué(e) - **4.** [schedule] serré(e), minuté(e) - **5.** [strict] strict(e), sévère - **6.** [corner, bend] raide - **7.** inf [drunk] soûl(e), rond(e) - **8.** inf [miserly] radin(e), avare ◇ *adv* - **1.** [firmly, securely] bien, fort ; **to hold ~** tenir bien ; **hold ~!** tiens bon! ; **to shut** OR **close sthg ~** bien fermer qqch - **2.** [tautly] à fond.

➤ **tights** *npl* collant *m*, collants *mpl*.

tighten ['taɪtn] ◇ *vt* - **1.** [belt, knot, screw] resserrer ; **to ~ one's hold** OR **grip on** resserrer sa prise sur - **2.** [pull tauter] tendre - **3.** [make stricter] renforcer ◇ *vi* - **1.** [rope] se tendre - **2.** [grip, hold] se resserrer.

➤ **tighten up** *vt sep* - **1.** [belt, screw] resserrer - **2.** [make stricter] renforcer.

tightfisted [,taɪt'fɪstɪd] *adj* pej radin(e), pingre.

tightknit [,taɪt'nɪt] *adj* [family, community] uni(e).

tight-lipped [-'lɪpt] *adj* - **1.** [in anger] les lèvres serrées - **2.** [silent] qui ne dit rien, qui garde le silence.

tightly ['taɪtlɪ] *adv* - **1.** [closely] : **to fit ~** être juste ; **to pack ~** entasser, tasser - **2.** [firmly] bien, fort - **3.** [tautly] à fond.

tightness ['taɪtnɪs] *n* - **1.** [of clothes] étroitesse *f* - **2.** [in chest] oppression *f* - **3.** [strictness] sévérité *f*, rigueur *f*.

tightrope ['taɪtrəʊp] *n* corde *f* raide ; **to be on** OR **walking a ~** fig être sur la corde raide.

tightrope walker *n* funambule *mf*.

Tigré ['tiːgreɪ] *n* Tigré *m* ; **in ~** dans le Tigré.

tigress ['taɪgrɪs] *n* tigresse *f*.

Tigris ['taɪgrɪs] *n* : **the (River) ~** le Tigre.

tilde [ˈtɪldə] n tilde m.

tile [taɪl] n [on roof] tuile f ; [on floor, wall] carreau m.

tiled [taɪld] adj [floor, wall] carrelé(e) ; [roof] couvert de tuiles.

tiling [ˈtaɪlɪŋ] n [of floor, wall] carrelage m ; [of roof - action] pose f de tuiles ; [- tuiles] tuiles fpl.

till [tɪl] ⟨⟩ prep jusqu'à ; **from six ~ ten o'clock** de six heures à dix heures ⟨⟩ conj jusqu'à ce que (+ subjunctive) ; **wait ~ I come back** attends que je revienne ; (after negative) avant que (+ subjunctive) ; **it won't be ready ~ tomorrow** ça ne sera pas prêt avant demain ⟨⟩ n tiroir-caisse m.

tiller [ˈtɪləʳ] n NAUT barre f.

tilt [tɪlt] ⟨⟩ n inclinaison f ⟨⟩ vt incliner, pencher ⟨⟩ vi s'incliner, pencher.

timber [ˈtɪmbəʳ] n - **1.** (U) [wood] bois m de charpente OR de construction - **2.** [beam] poutre f, madrier m.

timbered [ˈtɪmbəd] adj en bois.

time [taɪm] ⟨⟩ n - **1.** [gen] temps m ; **a long ~** longtemps ; **in a short ~** dans peu de temps, sous peu ; **to take ~** prendre du temps ; **to be ~ for sthg** être l'heure de qqch ; **to get the ~ to do sthg** prendre le temps de faire qqch ; **it's a good ~ to do sthg** c'est le moment de faire qqch ; **to have a good ~** s'amuser bien ; **to have a hard ~ doing sthg** avoir du mal à faire qqch ; **in good ~** de bonne heure ; **ahead of ~** en avance, avant l'heure ; **on ~** à l'heure ; **it's high ~ (that) ...** il est grand temps que ... ; **~ and a half** une fois et demie le tarif normal ; **to have no ~ for sb/sthg** ne pas supporter qqn/qqch ; **to make good ~** [on journey] bien rouler OR marcher ; [in schedule] bien avancer ; **to pass the ~** passer le temps ; **to play for ~** essayer de gagner du temps ; **to take one's ~ (doing sthg)** prendre son temps (pour faire qqch) - **2.** [as measured by clock] heure f ; **what's the ~?** quelle heure est-il? ; **in a week's/year's ~** dans une semaine/un an ; **to keep ~** être toujours à l'heure ; **to lose ~** retarder - **3.** [point in time in past] époque f ; **to be ahead of one's ~** être en avance sur son temps ; **before my ~** avant que j'arrive ici - **4.** [occasion] fois f ; **from ~ to ~** de temps en temps, de temps à autre ; **~ after ~, ~ and again** à maintes reprises, maintes et maintes fois ; **at the best of ~s** même quand tout va bien - **5.** MUS mesure f ⟨⟩ vt - **1.** [schedule] fixer, prévoir - **2.** [race, runner] chronométrer - **3.** [arrival, remark] choisir le moment de.

~ times ⟨⟩ npl fois fpl ; **four ~s as much as me** quatre fois plus que moi ⟨⟩ prep MATH fois.

~ at a time adv d'affilée ; **one at a ~** un par un, un seul à la fois ; **months at a ~** des mois et des mois.

~ at (any) one time adv à la fois.

~ at times adv quelquefois, parfois.

~ at the same time adv en même temps.

~ about time adv : **it's about ~ (that) ...** il est grand temps que ... ; **about ~ too!** ce n'est pas trop tôt!

~ for the time being adv pour le moment.

~ in time adv - **1.** [not late] : **in ~ (for)** à l'heure (pour) - **2.** [eventually] à la fin, à la longue ; [after a while] avec le temps, à la longue.

time-and-motion study n étude f de productivité (axée sur l'efficacité des employés).

time bomb n lit & fig bombe f à retardement.

time-consuming [-kən.sjuːmɪŋ] adj qui prend beaucoup de temps.

timed [taɪmd] adj [race, test] chronométré(e) ; **well ~** opportun(e) ; **badly ~** inopportun(e).

time difference n décalage m horaire

time-honoured [-.ɒnəd] adj consacré(e).

timekeeping [ˈtaɪm.kiːpɪŋ] n ponctualité f.

time lag n décalage m.

time-lapse adj : **~ photography** accéléré m.

timeless [ˈtaɪmlɪs] adj éternel(elle).

time limit n délai m.

timely [ˈtaɪmlɪ] (compar -ier ; superl -iest) adj opportun(e).

time machine n machine f à voyager dans le temps.

time off n temps m libre.

time out n - **1.** SPORT temps m mort - **2.** [break] : **to take ~ to do sthg** trouver le temps de faire qqch.

timepiece [ˈtaɪmpiːs] n dated [watch] montre f ; [clock] horloge f.

timer [ˈtaɪməʳ] n minuteur m.

timesaving [ˈtaɪm.seɪvɪŋ] adj qui fait gagner du temps.

time scale n période f ; [of project] délai m.

time-share n BR logement m en multipropriété.

time-sharing [-ˈʃeərɪŋ] n - **1.** [in holiday home] multipropriété f - **2.** COMPUT (travail m en) temps m partagé.

time sheet n feuille f de présence.

time signal n top m horaire.

time switch n minuterie f.

timetable [ˈtaɪm.teɪbl] n - **1.** SCH emploi m du

temps - **2.** [of buses, trains] horaire *m* - **3.** [schedule] calendrier *m*.

time zone *n* fuseau *m* horaire.

timid ['tɪmɪd] *adj* timide.

timidly ['tɪmɪdlɪ] *adv* timidement.

timing ['taɪmɪŋ] *n* (U) - **1.** [of remark] à-propos *m* - **2.** [scheduling] : **the ~ of the election** le moment choisi pour l'élection - **3.** [measuring] chronométrage *m*.

timing device *n* mouvement *m* d'horlogerie.

timpani ['tɪmpənɪ] *npl* timbales *fpl*.

tin [tɪn] ⬦ *n* - **1.** (U) [metal] étain *m* ; [in sheets] fer-blanc *m* - **2.** Br [can] boîte *f* de conserve - **3.** [small container] boîte *f* ; **cake ~** [for baking] moule *m* à gâteau ; [for storing] boîte *f* à gâteaux ⬦ *comp* en étain, d'étain.

tin can *n* boîte *f* de conserve.

tinder ['tɪndəʳ] *n* petit bois *m*.

tinfoil ['tɪnfɔɪl] *n* (U) papier *m* (d')aluminium.

tinge [tɪndʒ] *n* - **1.** [of colour] teinte *f*, nuance *f* - **2.** [of feeling] nuance *f*.

tinged [tɪndʒd] *adj* : **~ with** teinté(e) de.

tingle ['tɪŋgl] *vi* picoter ; **to ~ with** brûler de.

tingling ['tɪŋglɪŋ] *n* (U) picotement *m*.

tinker ['tɪŋkəʳ] ⬦ *n* Br - **1.** pej [gypsy] romanichel *m*, -elle *f* - **2.** [rascal] polisson *m*, -onne *f* ⬦ *vi* : **to ~ (with sthg)** bricoler (qqch).

tinkle ['tɪŋkl] ⬦ *n* - **1.** [sound] tintement *m* - **2.** Br inf [phone call] : **to give sb a ~** passer un coup de fil à qqn ⬦ *vi* [ring] tinter.

tin mine *n* mine *f* d'étain.

tinned [tɪnd] *adj* Br en boîte.

tinnitus [tɪ'naɪtəs] *n* acouphène *m*.

tinny ['tɪnɪ] (*compar* **-ier** ; *superl* **-iest**) *adj* - **1.** [sound] métallique - **2.** inf pej [badly made] : **a ~ car** un tas de ferraille, une vraie casserole.

tin opener *n* Br ouvre-boîtes *m inv*.

tin-pot *adj* Br inf pej [country, dictator] de rien du tout.

tinsel ['tɪnsl] *n* (U) guirlandes *fpl* de Noël.

tint [tɪnt] ⬦ *n* teinte *f*, nuance *f* ; [in hair] rinçage *m* ⬦ *vt* teinter.

tinted ['tɪntɪd] *adj* [glasses, windows] teinté(e).

tiny ['taɪnɪ] (*compar* **-ier** ; *superl* **-iest**) *adj* minuscule.

tip [tɪp] (*pt* & *pp* **-ped** ; *cont* **-ping**) ⬦ *n* - **1.** [end] bout *m* ; **it's on the ~ of my tongue** je l'ai sur le bout de la langue - **2.** Br [dump] décharge *f* - **3.** [to waiter etc] pourboire *m* - **4.** [piece of advice] tuyau *m* ⬦ *vt* - **1.** [tilt] faire basculer - **2.** [spill] renverser - **3.** [waiter etc]

donner un pourboire à ⬦ *vi* - **1.** [tilt] basculer - **2.** [spill] se renverser - **3.** [give money to waiter etc] laisser un pourboire.

➡ **tip off** *vt sep* prévenir.

➡ **tip over** ⬦ *vt sep* renverser ⬦ *vi* se renverser.

tip-off *n* tuyau *m* ; [to police] dénonciation *f*.

tipped ['tɪpt] *adj* [cigarette] qui a un embout, à bout filtre.

Tipp-Ex® ['tɪpeks] Br ⬦ *n* Tipp-ex® *m* ⬦ *vt* effacer avec du Tipp-Ex®.

tipple ['tɪpl] *n* inf : **what's your ~?** qu'est-ce que tu aimes boire d'habitude?

tipsy ['tɪpsɪ] (*compar* **-ier** ; *superl* **-iest**) *adj* inf gai(e).

tiptoe ['tɪptəʊ] ⬦ *n* : **on ~** sur la pointe des pieds ⬦ *vi* marcher sur la pointe des pieds.

tip-top *adj* inf dated excellent(e).

TIR (*abbr of* **Transports Internationaux Routiers**) TIR.

tirade [taɪ'reɪd] *n* diatribe *f*.

Tirana, Tiranë [tɪ'rɑːnə] *n* Tirana.

tire ['taɪəʳ] ⬦ *n* Am = **tyre** ⬦ *vt* fatiguer ⬦ *vi* - **1.** [get tired] se fatiguer - **2.** [get fed up] : **to ~ of** se lasser de.

➡ **tire out** *vt sep* épuiser.

tired ['taɪəd] *adj* - **1.** [sleepy] fatigué(e), las (lasse) - **2.** [fed up] : **to be ~ of sthg/of doing sthg** en avoir assez de qqch/de faire qqch.

tiredness ['taɪədnɪs] *n* fatigue *f*.

tireless ['taɪəlɪs] *adj* infatigable.

tiresome ['taɪəsəm] *adj* ennuyeux(euse).

tiring ['taɪərɪŋ] *adj* fatigant(e).

Tirol = **Tyrol**.

tissue ['tɪʃuː] *n* - **1.** [paper handkerchief] mouchoir *m* en papier - **2.** (U) BIOL tissu *m* - **3.** phr : **a ~ of lies** un tissu de mensonges.

tissue paper *n* (U) papier *m* de soie.

tit [tɪt] *n* - **1.** [bird] mésange *f* - **2.** vulg [breast] nichon *m*, néné *m*.

titbit Br ['tɪtbɪt], **tidbit** Am ['tɪdbɪt] *n* - **1.** [of food] bon morceau *m* - **2.** fig [of news] petite nouvelle *f* ; **a ~ of gossip** un petit potin.

tit for tat [-'tæt] *n* un prêté pour un rendu.

titillate ['tɪtɪleɪt] ⬦ *vt* titiller ⬦ *vi* titiller les sens.

titivate ['tɪtɪveɪt] *vt* pomponner.

title ['taɪtl] *n* titre *m*.

titled ['taɪtld] *adj* titré(e).

title deed *n* titre *m* de propriété.

titleholder ['taɪtl,həʊldəʳ] *n* SPORT tenant *m*, -e *f* du titre.

title page *n* page *f* de titre.

title role n rôle m principal.

titter ['tɪtər] vi rire bêtement.

tittle-tattle ['tɪtl̩ˌtatl̩] n (U) inf pej ragots mpl, cancans mpl.

titular ['tɪtjʊlər] adj nominal(e).

T-junction n intersection f en T.

TLS (abbr of **Times Literary Supplement**) n édition littéraire du Times.

TM ⬦ n (abbr of **transcendental meditation**) MT f ⬦ abbr of **trademark**.

TN abbr of Tennessee.

TNT (abbr of **triṇitrotoluene**) n TNT m.

to [unstressed before consonant tə, unstressed before vowel tʊ, stressed tu:] ⬦ prep - **1.** [indicating place, direction] à ; **to go ~ Liverpool/Spain/school** aller à Liverpool/en Espagne/à l'école ; **to go ~ the butcher's** aller chez le boucher ; **~ the left/right** à gauche/droite - **2.** (to express indirect object) à ; **to give sthg ~ sb** donner qqch à qqn ; **we were listening ~ the radio** nous écoutions la radio ; **he refused to give an answer ~ my question** il refusa de répondre à ma question - **3.** [indicating reaction, effect] à ; **~ my delight/surprise** à ma grande joie/surprise ; **it worked ~ our advantage** cela a tourné à notre avantage ; **to be ~ sb's liking** être au goût de qqn - **4.** [in stating opinion] **~ me,...** à mon avis,... ; **it seemed quite unnecessary ~ me/him** etc cela me/lui etc semblait tout à fait inutile - **5.** [indicating state, process] : **to drive sb ~ drink** pousser qqn à boire ; **to shoot ~ fame** devenir célèbre du jour au lendemain ; **it could lead ~ trouble** cela pourrait causer des ennuis - **6.** [as far as] à, jusqu'à ; **to count ~ 10** compter jusqu'à 10 ; **we work from 9 ~ 5** nous travaillons de 9 heures à 17 heures - **7.** [in expressions of time] moins ; **it's ten ~ three/quarter ~ one** il est trois heures moins dix/une heure moins le quart - **8.** [per] à ; **40 miles ~ the gallon** ≃ 7 litres aux cent (km) - **9.** [accompanied by] : **a poem set ~ music** un poème mis en musique ; **we danced ~ the sound of guitars** on a dansé au son des guitares - **10.** [of, for] de ; **the key ~ the car** la clef de la voiture ; **a letter ~ my daughter** une lettre à ma fille ⬦ adv [shut] : **push the door ~** fermez la porte ⬦ **with infinitive - 1.** (forming simple infinitive) : **~ walk** marcher ; **~ laugh** rire - **2.** (following another verb) : **to begin ~ do sthg** commencer à faire qqch ; **to try ~ do sthg** essayer de faire qqch ; **to want ~ do sthg** vouloir faire qqch - **3.** (following an adjective) : **difficult ~ do** difficile à faire ; **ready ~ go** prêt à partir - **4.** (indicating purpose) pour ; **he worked hard ~ pass his exam** il a travaillé dur pour

réussir son examen - **5.** (substituting for a relative clause) : **I have a lot ~ do** j'ai beaucoup à faire ; **he told me ~ leave** il m'a dit de partir - **6.** (to avoid repetition of infinitive) : **I meant to call him but I forgot ~** je voulais l'appeler, mais j'ai oublié - **7.** [in comments] : **~ be honest ...** en toute franchise ... ; **~ sum up,...** en résumé,..., pour récapituler,....

toad [təʊd] n crapaud m.

toadstool ['təʊdstu:l] n champignon m vénéneux.

toady ['təʊdɪ] (pl -ies, pt & pp -ied) pej ⬦ n lèche-bottes m f inv ⬦ vi : **to ~ (to sb)** lécher les bottes (de qqn).

to and fro adv : **to go ~** aller et venir ; **walk ~** marcher de long en large.

➤ **to-and-fro** adj de va-et-vient.

toast [təʊst] ⬦ n - **1.** (U) [bread] pain m grillé, toast m - **2.** [drink] toast m ; **to drink a ~ to sb/sthg** lever son verre en l'honneur de qqn/à qqch ⬦ vt - **1.** [bread] (faire) griller - **2.** [person] porter un toast à.

toasted sandwich [ˌtəʊstɪd-] n sandwich m grillé.

toaster ['təʊstər] n grille-pain m inv.

toast rack n porte-toasts m inv.

tobacco [tə'bækəʊ] n (U) tabac m.

tobacconist [tə'bækənɪst] n buraliste mf ; **~'s (shop)** bureau m de tabac.

Tobago [tə'beɪgəʊ] ⥤ **Trinidad and Tobago.**

toboggan [tə'bɒgən] ⬦ n luge f, traîne f sauvage Can ⬦ vi faire de la luge, faire de la traîne sauvage Can.

today [tə'deɪ] ⬦ n aujourd'hui m ⬦ adv aujourd'hui.

toddle ['tɒdl̩] vi [child] marcher d'un pas hésitant.

toddler ['tɒdlər] n tout-petit m (qui commence à marcher).

toddy ['tɒdɪ] (pl -ies) n grog m.

to-do (pl -s) n inf dated histoire f.

toe [təʊ] ⬦ n [of foot] orteil m, doigt m de pied ; [of sock, shoe] bout m ⬦ vt : **to ~ the line** se plier.

TOEFL [tɒfl̩] (abbr of **Test of English as a Foreign Language**) n test d'anglais passé par les étudiants étrangers désirant faire des études dans une université américaine.

toehold ['təʊhəʊld] n prise f ; **to have a ~ in a market** fig avoir un pied dans un marché.

toenail ['təʊneɪl] n ongle m d'orteil.

toffee ['tɒfɪ] n caramel m.

toffee apple n Br pomme f caramélisée.

tofu [ˈtəʊfuː] *n* tofu *m*.

toga [ˈtəʊgə] *n* toge *f*.

together [təˈgeðəʳ] ◇ *adv* - **1.** [gen] ensemble - **2.** [at the same time] en même temps ◇ *adj inf* équilibré(e).

➤ **together with** *prep* ainsi que.

togetherness [təˈgeðənɪs] *n* (U) unité *f*.

toggle [ˈtɒgl] *n* bouton *m* de duffle-coat.

toggle switch *n* ELECTRON & COMPUT interrupteur *m* à bascule.

Togo [ˈtəʊgəʊ] *n* Togo *m ;* **in ~** au Togo.

Togolese [ˌtəʊgəˈliːz] ◇ *adj* togolais(e) ◇ *n* Togolais *m*, -e *f*.

togs [tɒgz] *npl inf* fringues *fpl*.

toil [tɔɪl] *literary* ◇ *n* labeur *m* ◇ *vi* travailler dur.

➤ **toil away** *vi :* **to ~ away (at sthg)** travailler dur (à qqch).

toilet [ˈtɔɪlɪt] *n* [lavatory] toilettes *fpl*, cabinets *mpl ;* **to go to the ~** aller aux toilettes OR aux cabinets.

toilet bag *n* trousse *f* de toilette.

toilet paper *n* (U) papier *m* hygiénique.

toiletries [ˈtɔɪlɪtrɪz] *npl* articles *mpl* de toilette.

toilet roll *n* rouleau *m* de papier hygiénique.

toilet soap *n* savonnette *f*.

toilet tissue *n* (U) papier *m* hygiénique.

toilet-trained [-ˌtreɪnd] *adj* propre.

toilet water *n* eau *f* de toilette.

to-ing and fro-ing [ˌtuːɪŋənˈfrəʊɪŋ] *n* (U) allées *fpl* et venues.

token [ˈtəʊkn] ◇ *adj* symbolique ◇ *n* - **1.** [voucher] bon *m* - **2.** [symbol] marque *f*.

➤ **by the same token** *adv* de même.

Tokyo [ˈtəʊkjəʊ] *n* Tokyo.

told [təʊld] *pt* & *pp* ▷ **tell**.

tolerable [ˈtɒlərəbl] *adj* passable.

tolerably [ˈtɒlərəblɪ] *adv* passablement.

tolerance [ˈtɒlərəns] *n* tolérance *f*.

tolerant [ˈtɒlərənt] *adj* tolérant(e).

tolerate [ˈtɒləreɪt] *vt* - **1.** [put up with] supporter - **2.** [permit] tolérer.

toleration [ˌtɒləˈreɪʃn] *n* (U) tolérance *f*.

toll [təʊl] ◇ *n* - **1.** [number] nombre *m* - **2.** [fee] péage *m* - **3.** phr : **to take its ~** se faire sentir ◇ *vt* & *vi* sonner.

tollbooth [ˈtəʊlbuːθ] *n* poste *m* de péage.

toll bridge *n* pont *m* à péage.

toll-free Am ◇ *adj :* **~ number** numéro *m* vert ◇ *adv :* **to call ~** appeler un numéro vert.

tomato [Br təˈmɑːtəʊ, Am təˈmeɪtəʊ] (*pl* -es) *n* tomate *f*.

tomb [tuːm] *n* tombe *f*.

tombola [tɒmˈbəʊlə] *n esp Br* tombola *f*.

tomboy [ˈtɒmbɔɪ] *n* garçon *m* manqué.

tombstone [ˈtuːmstəʊn] *n* pierre *f* tombale.

tomcat [ˈtɒmkæt] *n* matou *m*.

tomfoolery [tɒmˈfuːlərɪ] *n* (U) bêtises *fpl*.

tomorrow [təˈmɒrəʊ] ◇ *n* demain *m* ◇ *adv* demain.

ton [tʌn] (*pl inv* OR **-s**) *n* - **1.** [imperial] = 1016 kg Br, = 907,2 kg Am, ≃ tonne *f* - **2.** [metric] = 1000 kg, tonne *f* - **3.** phr : **to weigh a ~** inf peser une tonne ; **to come down on sb like a ~ of bricks** tomber sur qqn à bras raccourcis.

➤ **tons** *npl inf :* **~s (of)** des tas (de), plein (de).

tonal [ˈtəʊnl] *adj* tonal(e).

tone [təʊn] *n* - **1.** [gen] ton *m* - **2.** [on phone] tonalité *f ;* [on answering machine] bip *m* sonore - **3.** phr : **to lower the ~ (of)** rabaisser le ton (de).

➤ **tone down** *vt sep* modérer.

➤ **tone in** *vi :* **to ~ in (with)** s'harmoniser (avec).

➤ **tone up** *vt sep* tonifier.

tone-deaf *adj* qui n'a aucune oreille.

toner [ˈtəʊnəʳ] *n* - **1.** [for photocopier, printer] toner *m* - **2.** [cosmetic] astringent *m*, lotion *f* tonique.

Tonga [ˈtɒŋgə] *n* Tonga ; **in ~** à Tonga.

tongs [tɒŋz] *npl* pinces *fpl ;* [for hair] fer *m* à friser.

tongue [tʌŋ] *n* - **1.** [gen] langue *f ;* **to have a sharp ~** avoir la langue bien acérée OR affilée ; **to have one's ~ in one's cheek** inf ne pas être sérieux ; **to hold one's ~** fig tenir sa langue ; **~s will wag** on va jaser - **2.** [of shoe] languette *f*.

tongue-in-cheek *adj* ironique.

tongue-tied [-ˌtaɪd] *adj* muet(ette).

tongue twister [-ˌtwɪstəʳ] *n* phrase *f* difficile à dire.

tonic [ˈtɒnɪk] *n* - **1.** [tonic water] Schweppes® *m* - **2.** [medicine] tonique *m ;* **the holiday was a real ~** fig ces vacances m'ont fait beaucoup de bien.

tonic water *n* Schweppes® *m*.

tonight [təˈnaɪt] ◇ *n* ce soir *m ;* [late] cette nuit *f* ◇ *adv* ce soir ; [late] cette nuit.

tonnage [ˈtʌnɪdʒ] *n* tonnage *m*.

tonne [tʌn] (*pl inv* OR **-s**) *n* tonne *f*.

tonsil [ˈtɒnsl] *n* amygdale *f*.

tonsil(l)itis [ˌtɒnsɪˈlaɪtɪs] *n* (U) amygdalite *f*.

too [tuː] *adv* - **1.** [also] aussi - **2.** [excessively] trop ; **~ many people** trop de gens ; **it was over all ~ soon** ça s'était terminé bien trop tôt ; **I'd be only ~ happy to help** je serais trop heureux de vous aider ; **I wasn't ~ impressed** ça ne m'a pas impressionné outre mesure.

took [tʊk] *pt* ⊳ take.

tool [tuːl] *n* lit & fig outil *m* ; **to down ~s** Br cesser le travail ; **the ~s of sb's trade** les outils du métier de qqn.

➤ **tool around** *vi* Am inf traîner.

tool bar *n* COMPUT barre *f* d'outils.

tool box *n* boîte *f* à outils.

tool kit *n* trousse *f* à outils.

toot [tuːt] ⬦ *n* coup *m* de Klaxon® ⬦ *vt* : **to ~ one's horn** klaxonner ⬦ *vi* klaxonner.

tooth [tuːθ] (*pl* teeth [tiːθ]) *n* dent *f* ; **to be long in the ~** Br pej n'être plus tout jeune ; **to be fed up to the back teeth with** Br inf en avoir ras le bol de ; **to grit one's teeth** serrer les dents ; **to lie through one's teeth** mentir comme un arracheur de dents.

➤ **teeth** *npl* fig [power] : **to have no teeth** être impuissant.

toothache ['tuːθeɪk] *n* mal *m* OR rage *f* de dents ; **to have ~** avoir mal aux dents.

toothbrush ['tuːθbrʌʃ] *n* brosse *f* à dents.

toothless ['tuːθlɪs] *adj* édenté(e).

toothpaste ['tuːθpeɪst] *n* (pâte *f*) dentifrice *m*.

toothpick ['tuːθpɪk] *n* cure-dents *m inv*.

tooth powder *n* poudre *f* dentifrice.

tootle ['tuːtl] *vi* inf : **to ~ off** se sauver.

top [tɒp] (*pt* & *pp* **-ped** ; *cont* **-ping**) ⬦ *adj* **- 1.** [highest] du haut **- 2.** [most important, successful - officials] important(e) ; [- executives] supérieur(e) ; [- pop singer] fameux(euse) ; [- sportsman, sportswoman] meilleur(e) ; [- in exam] premier(ère) **- 3.** [maximum] maximum ; **at ~ speed** à toute vitesse ⬦ *n* **- 1.** [highest point - of hill] sommet *m* ; [- of page, pile] haut *m* ; [- of tree] cime *f* ; [- of list] début *m*, tête *f* ; **at the ~ of the stairs/the street** en haut de l'escalier/la rue ; **on ~** dessus ; **to go over the ~** Br en faire un peu trop, exagérer ; **at the ~ of one's voice** à tue-tête **- 2.** [lid - of bottle, tube] bouchon *m* ; [- of pen] capuchon *m* ; [- of jar] couvercle *m* **- 3.** [of table, box] dessus *m* **- 4.** [clothing] haut *m* **- 5.** [toy] toupie *f* **- 6.** [highest rank - in league] tête *f* ; [- in scale] haut *m* ; [- SCH] premier *m*, -ère *f* ⬦ *vt* **- 1.** [be first in] être en tête de **- 2.** [better] surpasser ; **to ~ an offer** surenchérir **- 3.** [exceed] dépasser.

➤ **on top of** *prep* **- 1.** [in space] sur **- 2.** [in addition to] en plus de **- 3.** [in control of] : **to be on ~ of one's work** avoir son travail bien en main

- 4. *phr* : **my work is getting on ~ of me** je me suis laissé dépasser par mon travail ; **things are getting on ~ of me** je suis complètement dépassé.

➤ **top up** Br, **top off** Am *vt sep* remplir.

topaz ['təʊpæz] *n* topaze *f*.

top brass *n* (U) inf : **the ~** les gros bonnets *mpl*.

topcoat ['tɒpkəʊt] *n* **- 1.** [item of clothing] manteau *m* **- 2.** [paint] dernière couche *f*.

top dog *n* inf chef *m*.

top-flight *adj* de premier ordre.

top floor *n* dernier étage *m*.

top gear *n* quatrième/cinquième vitesse *f*.

top hat *n* haut-de-forme *m*.

top-heavy *adj* mal équilibré(e).

topic ['tɒpɪk] *n* sujet *m*.

topical ['tɒpɪkl] *adj* d'actualité.

topknot ['tɒpnɒt] *n* [in hair] houppe *f*.

topless ['tɒplɪs] *adj* [woman] aux seins nus ; **~ swimsuit** monokini *m*.

top-level *adj* au plus haut niveau.

topmost ['tɒpməʊst] *adj* le plus haut (la plus haute).

top-notch *adj* inf de premier choix.

topographer [təˈpɒɡrəfəʳ] *n* topographe *mf*.

topography [təˈpɒɡrəfɪ] *n* topographie *f*.

topped [tɒpt] *adj* : **~ by** OR **with** recouvert(e) de.

topping ['tɒpɪŋ] *n* garniture *f*.

topple ['tɒpl] ⬦ *vt* renverser ⬦ *vi* basculer.

➤ **topple over** *vi* tomber.

top-ranking [-ˈræŋkɪŋ] *adj* [official] haut placé(e) ; [player] haut classé(e).

TOPS [tɒps] (*abbr of* **Training Opportunities Scheme**) *n* programme de recyclage professionnel en Grande-Bretagne.

top-secret *adj* top secret (top secrète).

top-security *adj* de haute surveillance.

topsoil ['tɒpsɔɪl] *n* terre *f*.

topspin ['tɒpspɪn] *n* lift *m*.

topsy-turvy [ˌtɒpsɪˈtɜːvɪ] ⬦ *adj* **- 1.** [messy] sens dessus dessous **- 2.** [confused] : **to be ~** ne pas tourner rond ⬦ *adv* [messily] sens dessus dessous.

tor [tɔːʳ] *n* esp Br [hill] colline *f* rocheuse.

torch [tɔːtʃ] *n* **- 1.** Br [electric] lampe *f* électrique **- 2.** [burning] torche *f*.

tore [tɔːʳ] *pt* ⊳ tear².

torment [*n* ˈtɔːment, *vb* tɔːˈment] ⬦ *n* tourment *m* ⬦ *vt* tourmenter.

tormentor [tɔː'mentəʳ] *n* bourreau *m*.

torn [tɔːn] *pp* ▷ **tear²**.

tornado [tɔː'neɪdəʊ] (*pl* **-es** OR **-s**) *n* tornade *f*.

Toronto [tə'rɒntəʊ] *n* Toronto.

torpedo [tɔː'piːdəʊ] (*pl* **-es**) ◇ *n* torpille *f* ◇ *vt* torpiller.

torpedo boat *n* torpilleur *m*.

torpor ['tɔːpəʳ] *n* torpeur *f*.

torque [tɔːk] *n* couple *m* (de torsion).

torrent ['tɒrənt] *n* torrent *m*.

torrential [tə'renʃl] *adj* torrentiel(elle).

torrid ['tɒrɪd] *adj* **- 1.** [hot] torride **- 2.** fig [passionate] ardent(e).

torso ['tɔːsəʊ] (*pl* **-s**) *n* torse *m*.

tortoise ['tɔːtəs] *n* tortue *f*.

tortoiseshell ['tɔːtəʃel] ◇ *adj* : **~ cat** chat *m* roux tigré ◇ *n* (U) [material] écaille *f* ◇ *comp* en écaille.

tortuous ['tɔːtʃʊəs] *adj* **- 1.** [winding] tortueux(euse) **- 2.** [over-complicated] alambiqué(e).

torture ['tɔːtʃəʳ] ◇ *n* torture *f* ◇ *vt* torturer.

torturer ['tɔːtʃərəʳ] *n* tortionnaire *mf*.

Tory ['tɔːrɪ] (*pl* **-ies**) ◇ *adj* tory, conservateur(trice) ◇ *n* tory *mf*, conservateur *m*, -trice *f*.

toss [tɒs] ◇ *vt* **- 1.** [throw] jeter ; **to ~ a coin** jouer à pile ou face ; **to ~ one's head** rejeter la tête en arrière **- 2.** [salad] remuer ; [pancake] faire sauter **- 3.** [throw about] ballotter ◇ *vi* **- 1.** [with coin] jouer à pile ou face **- 2.** [move about] : **to ~ and turn** se tourner et se retourner ◇ *n* **- 1.** [of coin] coup *m* de pile ou face **- 2.** [of head] mouvement *m* brusque.
→ **toss up** *vi* jouer à pile ou face.

toss-up *n* inf : **it was a ~ who'd win** il était impossible de savoir qui allait gagner.

tot [tɒt] (*pt & pp* **-ted** ; *cont* **-ting**) *n* **- 1.** inf [small child] tout-petit *m* **- 2.** [of drink] larme *f*, goutte *f*.
→ **tot up** *vt sep* inf additionner.

total ['təʊtl] (Br *pt & pp* **-led** ; *cont* **-ling**, Am *pt & pp* **-ed** ; *cont* **-ing**) ◇ *adj* total(e) ; [disgrace, failure] complet(ète) ; **a ~ fool** un abruti fini ◇ *n* total *m* ; **in ~** au total ◇ *vt* **- 1.** [add up] additionner **- 2.** [amount to] s'élever à **- 3.** Am inf [wreck] bousiller, détruire.

totalitarian [ˌtəʊtælɪ'teərɪən] *adj* totalitaire.

totality [təʊ'tælətɪ] *n* totalité *f*.

totally ['təʊtəlɪ] *adv* totalement ; **I ~ agree** je suis entièrement d'accord.

tote bag [təʊt-] *n* Am sac *m* (à provisions).

totem pole ['təʊtəm-] *n* mât *m* totémique.

toto ['təʊtəʊ] → **in toto** *adv* fml entièrement, complètement.

totter ['tɒtəʳ] *vi* lit & fig chanceler.

toucan ['tuːkən] *n* toucan *m*.

touch [tʌtʃ] ◇ *n* **- 1.** (U) [sense] toucher *m* **- 2.** [detail] touche *f* ; **to put the finishing ~es to sthg** mettre la dernière main à qqch **- 3.** (U) [skill] marque *f*, note *f* **- 4.** [contact] : **to keep in ~ (with sb)** rester en contact (avec qqn) ; **to get in ~ with sb** entrer en contact avec qqn ; **to lose ~** [friends] se perdre de vue ; **to lose ~ with sb** perdre qqn de vue ; **to be out of ~ with** ne plus être au courant de **- 5.** SPORT : **in ~** en touche ; **in touche - 6.** [small amount] : **a ~** un petit peu **- 7.** phr : **it was ~ and go** c'était tangent ; **it was ~ and go whether ...** il n'était pas sûr que ... ; **he's a soft ~** [for money] on peut le taper facilement ◇ *vt* toucher ◇ *vi* **- 1.** [with fingers etc] toucher **- 2.** [be in contact] se toucher.
→ **a touch** *adv* [loud, bright] un peu trop.
→ **touch down** *vi* [plane] atterrir.
→ **touch on** *vt fus* effleurer.

touch-and-go *adj* incertain(e).

touchdown ['tʌtʃdaʊn] *n* **- 1.** [of plane] atterrissage *m* **- 2.** [in American football] but *m*.

touched [tʌtʃt] *adj* **- 1.** [grateful] touché(e) **- 2.** inf [slightly mad] fêlé(e).

touching ['tʌtʃɪŋ] *adj* touchant(e).

touch judge *n* RUGBY juge *m* de touche.

touchline ['tʌtʃlaɪn] *n* ligne *f* de touche.

touchpaper ['tʌtʃˌpeɪpəʳ] *n* papier *m* nitraté.

touch screen *n* écran *m* tactile.

touch-type *vi* taper au toucher.

touchy ['tʌtʃɪ] (*compar* **-ier** ; *superl* **-iest**) *adj* **- 1.** [person] susceptible ; **to be ~ about sthg** ne pas aimer parler de qqch **- 2.** [subject, question] délicat(e).

tough [tʌf] *adj* **- 1.** [material, vehicle, person] solide ; [character, life] dur(e) **- 2.** [meat] dur(e) **- 3.** [decision, problem, task] difficile **- 4.** [rough - area of town] dangereux(euse) **- 5.** [strict] sévère **- 6.** inf [unfortunate] : **~ luck!** pas de veine! ; **that's ~!** c'est vache!, c'est dur!

toughen ['tʌfn] *vt* **- 1.** [character] endurcir **- 2.** [material] renforcer.

toughened ['tʌfnd] *adj* [glass] trempé(e).

toughness ['tʌfnɪs] (U) *n* **- 1.** [resilience] dureté *f* **- 2.** [of material] solidité *f* **- 3.** [of decision, problem, task] difficulté *f* **- 4.** [strictness] sévérité *f*.

toupee ['tuːpeɪ] *n* postiche *m*.

tour [tʊəʳ] ◇ *n* **- 1.** [journey] voyage *m* ; [by pop group etc] tournée *f* **- 2.** [of town, museum] visite f, tour *m* ⇔ *vt* visiter ⇔ *vi* : to ~ round a country visiter un pays.

tourer ['tʊərə'] *n* voiture *f* de tourisme.

touring ['tʊərɪŋ] ⇔ *adj* [show, theatre group] en tournée ; [exhibition] ambulant(e) ⇔ *n* tourisme *m* ; to go ~ faire du tourisme.

tourism ['tʊərɪzml] *n* tourisme *m*.

tourist ['tʊərɪst] *n* touriste *mf*.

tourist class *n* classe *f* touriste.

tourist (information) office *n* office *m* de tourisme.

touristy ['tʊərɪstɪ] *adj* pej touristique.

tournament ['tɔːnəmənt] *n* tournoi *m*.

tourniquet ['tʊənɪkeɪ] *n* tourniquet *m*.

tour operator *n* voyagiste *m*.

tousle ['taʊzl] *vt* ébouriffer.

tout [taʊt] ⇔ *n* revendeur *m* de billets ⇔ *vt* [tickets] revendre ; [goods] vendre ⇔ *vi* : to ~ for trade racoler les clients.

tow [təʊ] ⇔ *n* : to give sb a ~ remorquer qqn ; 'on ~' Br 'véhicule en remorque' ; with sb in ~ à la suite de qqn ⇔ *vt* remorquer.

towards Br [tə'wɔːdz], **toward** Am [tə'wɔːd] *prep* - **1.** [gen] vers ; [movement] vers, en direction de - **2.** [in attitude] envers - **3.** [for the purpose of] pour.

towaway zone ['təʊəweɪ-] *n* Am *zone de stationnement interdit sous peine de mise à la fourrière.*

towbar ['təʊbɑː] *n* barre *f* de remorquage.

towel ['taʊəl] *n* serviette *f* ; [tea towel] torchon *m*.

towelling Br, **toweling** Am ['taʊəlɪŋ] ⇔ *n* (U) tissu *m* éponge ⇔ *comp* en tissu éponge.

towel rail *n* porte-serviettes *m inv*.

tower ['taʊə'] ⇔ *n* tour *f* ; a ~ of strength Br un appui solide ⇔ *vi* s'élever ; to ~ over sb/ sthg dominer qqn/qqch.

tower block *n* Br tour *f*.

towering ['taʊərɪŋ] *adj* imposant(e).

town [taʊn] *n* ville *f* ; to go out on the ~ faire la tournée des grands ducs ; to go to ~ on sthg fig ne pas lésiner sur qqch.

town centre *n* centre-ville *m*.

town clerk *n* ≃ secrétaire *mf* de mairie.

town council *n* conseil *m* municipal.

town hall *n* mairie *f*.

town house *n* [fashionable house] hôtel *m* particulier

town plan *n* plan *m* de ville.

town planner *n* urbaniste *mf*.

town planning *n* urbanisme *m*.

townsfolk ['taʊnzfəʊk], **townspeople** ['taʊnz,piːpl] *npl* citadins *mpl*.

township ['taʊnʃɪp] *n* - **1.** [in South Africa] township *f* - **2.** [in US] ≈ canton *m*.

towpath ['təʊpɑːθ, *pl* -pɑːðz] *n* chemin *m* de halage.

towrope ['təʊrəʊp] *n* câble *m* de remorquage.

tow truck *n* Am dépanneuse *f*.

toxic ['tɒksɪk] *adj* toxique.

toxin ['tɒksɪn] *n* toxine *f*.

toy [tɔɪ] *n* jouet *m*.

➡ **toy with** *vt fus* - **1.** [idea] caresser - **2.** [coin etc] jouer avec ; to ~ with one's ~s food manger du bout des dents.

toy boy *n* inf étalon *m*, *jeune amant d'une femme plus âgée.*

toy shop *n* magasin *m* de jouets.

trace [treɪs] ⇔ *n* trace *f* ; without ~ sans laisser de traces ⇔ *vt* - **1.** [relatives, criminal] retrouver ; [development, progress] suivre ; [history, life] retracer - **2.** [on paper] tracer.

trace element *n* oligo-élément *m*.

tracer bullet ['treɪsə'-] *n* balle *f* traçante.

tracing ['treɪsɪŋ] *n* [copy] calque *m*.

tracing paper ['treɪsɪŋ-] *n* (U) papier-calque *m*.

track [træk] ⇔ *n* - **1.** [path] chemin *m* ; off the beaten ~ hors des sentiers battus - **2.** SPORT piste *f* - **3.** RAIL voie *f* ferrée - **4.** [of animal, person] trace *f* ; to hide OR cover one's ~s brouiller les pistes ; to stop dead in one's ~s s'arrêter net - **5.** [on record, tape] piste *f* - **6.** phr : to keep ~ of sb rester en contact avec qqn ; to keep ~ of [events] suivre ; to lose ~ of sb perdre contact avec qqn ; to lose ~ of [events] ne plus suivre ; to lose ~ of time perdre la notion du temps ; to be on the right ~ être sur la bonne voie ; to be on the wrong ~ être sur la mauvaise piste ⇔ *vt* suivre la trace de ⇔ *vi* [camera] faire un travelling.

➡ **track down** *vt sep* [criminal, animal] dépister ; [object, address etc] retrouver.

trackball ['trækbɔːl] *n* COMPUT boule *f* de commande.

tracker dog ['trækə'-] *n* chien *m* policier.

track event *n* épreuve *f* sur piste.

tracking station ['trækɪŋ-] *n* station *f* d'observation.

track record *n* palmarès *m*.

track shoes *npl* chaussures *fpl* à pointes.

tracksuit ['træksuːt] *n* survêtement *m*.

tract [trækt] *n* - **1.** [pamphlet] tract *m* - **2.** [of land, forest] étendue *f* - **3.** MED appareil *m*, système *m*.

traction ['trækʃn] *n (U)* - **1.** PHYSICS traction *f* - **2.** MED extension *f*; in ~ en extension.

traction engine *n* locomobile *f*.

tractor ['træktər] *n* tracteur *m*.

tractor-trailer *n* Am semi-remorque *m*.

trade [treɪd] ⬦ *n* - **1.** *(U)* [commerce] commerce *m* - **2.** [job] métier *m*; by ~ de son état ⬦ *vt* [exchange]: **to ~ sthg (for)** échanger qqch (contre) ⬦ *vi* - **1.** COMM: **to ~ (with sb)** commercer (avec qqn) - **2.** Am [shop]: **to ~ at** OR **with** faire ses courses OR chez.

➤ **trade in** *vt sep* [exchange] échanger, faire reprendre.

trade barrier *n* barrière *f* douanière.

trade deficit *n* déficit *m* commercial.

trade discount *n* remise *f* confraternelle OR à la profession.

trade fair *n* exposition *f* commerciale.

trade gap *n* déficit *m* commercial.

trade-in *n* reprise *f*.

trademark ['treɪdmɑːk] *n* - **1.** COMM marque *f* de fabrique - **2.** fig [characteristic] marque *f*.

trade name *n* nom *m* de marque.

trade-off *n* compromis *m*.

trade price *n* prix *m* de gros.

trader ['treɪdər] *n* marchand *m*, -e *f*, commerçant *m*, -e *f*.

trade route *n* route *f* commerciale.

trade secret *n* secret *m* de fabrication.

tradesman ['treɪdzmən] (*pl* -**men** [-mən]) *n* commerçant *m*.

tradespeople ['treɪdz,piːpl] *npl* commerçants *mpl*.

trade(s) union *n* Br syndicat *m*.

Trades Union Congress *n* Br: **the ~** la Confédération des syndicats britanniques.

trade(s) unionist [-'juːnjənɪst] *n* Br syndicaliste *mf*.

trade wind *n* alizé *m*.

trading ['treɪdɪŋ] *n (U)* commerce *m*.

trading estate *n* Br zone *f* industrielle.

trading stamp *n* timbre-prime *m*.

tradition [trə'dɪʃn] *n* tradition *f*.

traditional [trə'dɪʃənl] *adj* traditionnel(elle).

traditionally [trə'dɪʃnəlɪ] *adv* traditionnellement.

traffic ['træfɪk] (*pt* & *pp* -**ked**; *cont* -**king**) ⬦ *n (U)* - **1.** [vehicles] circulation *f* - **2.** [illegal trade]: ~ **(in)** trafic *m* (de) ⬦ *vi*: **to ~ in** faire le trafic de.

traffic circle *n* Am rond-point *m*.

traffic island *n* refuge *m*.

traffic jam *n* embouteillage *m*.

trafficker ['træfɪkər] *n*: ~ **(in)** trafiquant *m*, -e *f* (de).

traffic lights *npl* feux *mpl* de signalisation.

traffic offence Br, **traffic violation** Am *n* infraction *f* au code de la route.

traffic sign *n* panneau *m* de signalisation.

traffic violation Am = traffic offence.

traffic warden *n* Br contractuel *m*, -elle *f*.

tragedy ['trædʒədɪ] (*pl* -**ies**) *n* tragédie *f*.

tragic ['trædʒɪk] *adj* tragique.

tragically ['trædʒɪklɪ] *adv* tragiquement, de façon tragique.

trail [treɪl] ⬦ *n* - **1.** [path] sentier *m*; **to blaze a ~** fig faire œuvre de pionnier - **2.** [trace] piste *f*; **on the ~ of** sur la piste de ⬦ *vt* - **1.** [drag] traîner - **2.** [follow] suivre ⬦ *vi* - **1.** [drag, move slowly] traîner - **2.** SPORT [lose]: **to be ~ing** être mené(e).

➤ **trail away, trail off** *vi* s'estomper.

trailblazing ['treɪl,bleɪzɪŋ] *adj* de pionnier.

trailer ['treɪlər] *n* - **1.** [vehicle - for luggage] remorque *f*; [- for living in] caravane *f* - **2.** CINEMA bande-annonce *f*.

trailer park *n* Am *terrain aménagé pour les camping-cars*.

train [treɪn] ⬦ *n* - **1.** RAIL train *m* - **2.** [of dress] traîne *f* ⬦ *vt* - **1.** [teach]: **to ~ sb to do sthg** apprendre à qqn à faire qqch - **2.** [for job] former; **to ~ sb as/in** former qqn comme/dans - **3.** SPORT: **to ~ sb (for)** entraîner qqn (pour) - **4.** [plant] faire grimper - **5.** [gun, camera] braquer ⬦ *vi* - **1.** [for job]: **to ~ (as)** recevoir OR faire une formation (de) - **2.** SPORT: **to ~ (for)** s'entraîner (pour).

trained [treɪnd] *adj* formé(e).

trainee [treɪ'niː] ⬦ *adj* stagiaire, apprenti(e) ⬦ *n* stagiaire *mf*.

trainer ['treɪnər] *n* - **1.** [of animals] dresseur *m*, -euse *f* - **2.** SPORT entraîneur *m*.

➤ **trainers** *npl* Br chaussures *fpl* de sport.

training ['treɪnɪŋ] *n (U)* - **1.** [for job]: ~ **(in)** formation *f* (de) - **2.** SPORT entraînement *m*.

training college *n* Br école *f* professionnelle.

training course *n* cours *m* OR stage *m* de formation.

training shoes *npl* Br chaussures *fpl* de sport.

train of thought *n*: **my/his ~** le fil de mes/ses pensées.

train set *n* train *m* électrique.

train-spotter [-spɒtəʳ] n - **1.** Br passionné m, -e f de trains - **2.** inf [nerd] crétin m, -e f.

train station n Am gare f.

traipse [treɪps] vi traîner.

trait [treɪt] n trait m.

traitor ['treɪtəʳ] n traître m.

trajectory [trə'dʒektərɪ] (pl -ies) n trajectoire f.

tram [træm], **tramcar** ['træmkɑːʳ] n Br tram m, tramway m.

tramlines ['træmlaɪnz] npl Br - **1.** [for trams] voies fpl de tram - **2.** TENNIS lignes fpl de côté.

tramp [træmp] ◇ n - **1.** [homeless person] clochard m, -e f - **2.** Am inf [woman] traînée f ◇ vt [countryside] parcourir, battre ; **to ~ the streets** battre le pavé ◇ vi marcher d'un pas lourd.

trample ['træmpl] ◇ vt piétiner ◇ vi : **to ~ on sthg** piétiner qqch ; **to ~ on sb** fig bafouer qqn.

trampoline ['træmpəliːn] n trampoline m.

trance [trɑːns] n transe f ; **in a ~** en transe.

tranquil ['træŋkwɪl] adj tranquille.

tranquility Am = tranquillity.

tranquilize Am = tranquillize.

tranquilizer Am = tranquillizer.

tranquillity Br, **tranquility** Am [træŋ'kwɪlətɪ] n tranquillité f.

tranquillize, -ise Br, **tranquilize** Am ['træŋkwɪlaɪz] vt mettre sous tranquillisants OR calmants.

tranquillizer Br, **tranquilizer** Am ['træŋkwɪlaɪzəʳ] n tranquillisant m, calmant m.

transact [træn'zækt] vt traiter, régler.

transaction [træn'zækʃn] n transaction f.

transatlantic [,trænzət'læntɪk] adj [flight, crossing] transatlantique ; [politics] d'outre-Atlantique.

transceiver [træn'siːvəʳ] n émetteur-récepteur m.

transcend [træn'send] vt transcender.

transcendental meditation [,trænsen'dentl-] n méditation f transcendantale.

transcribe [træn'skraɪb] vt transcrire.

transcript ['trænskrɪpt] n transcription f.

transept ['trænsept] n transept m.

transfer [n 'trænsfɜːʳ, vb træns'fɜːʳ] (pt & pp -red ; cont -ring) ◇ n - **1.** [gen] transfert m ; [of power] passation f ; [of money] virement m - **2.** [design] décalcomanie f - **3.** Am [ticket] ticket permettant de changer de train ou de bus sans payer de supplément ◇ vt - **1.** [gen] transférer ; [power, control] faire passer ; [money] virer - **2.** [employee] transférer, muter ◇ vi être transféré.

transferable [træns'fɜːrəbl] adj transférable, transmissible ; **not ~** [ticket] non cessible.

transference ['trænsfərəns] n [of power] passation f.

transfer fee n Br SPORT prix m d'un transfert.

transfigure [træns'fɪgəʳ] vt transfigurer.

transfix [træns'fɪks] vt : **to be ~ed with fear** être paralysé(e) par la peur.

transform [træns'fɔːm] vt : **to ~ sb/sthg (into)** transformer qqn/qqch (en).

transformation [,trænsfə'meɪʃn] n transformation f.

transformer [træns'fɔːməʳ] n ELEC transformateur m.

transfusion [træns'fjuːʒn] n transfusion f.

transgenic [trænz'dʒenɪk] adj transgénique.

transgress [træns'gres] fml ◇ vt transgresser ◇ vi pécher.

transgression [træns'greʃn] n fml - **1.** [fault] faute f - **2.** (U) [doing wrong] transgression f.

transient ['trænzɪənt] ◇ adj passager(ère) ◇ n Am [person] voyageur m, -euse f en transit.

transistor [træn'zɪstəʳ] n transistor m.

transistor radio n transistor m.

transit ['trænsɪt] n : **in ~** en transit.

transit camp n camp m volant.

transition [træn'zɪʃn] n transition f ; **in ~** en transition.

transitional [træn'zɪʃənl] adj de transition.

transitive ['trænzɪtɪv] adj GRAMM transitif(ive).

transit lounge n salle f de transit.

transitory ['trænzɪtrɪ] adj transitoire.

translate [træns'leɪt] ◇ vt traduire ◇ vi [person] traduire ; [expression, word] se traduire.

translation [træns'leɪʃn] n traduction f.

translator [træns'leɪtəʳ] n traducteur m, -trice f.

translucent [trænz'luːsnt] adj translucide.

transmission [trænz'mɪʃn] n - **1.** [gen] transmission f - **2.** RADIO & TV [programme] émission f.

transmit [trænz'mɪt] (pt & pp -ted ; cont -ting) vt transmettre.

transmitter [trænz'mɪtəʳ] n émetteur m.

transparency [trans'pærənsɪ] (pl -ies) n - **1.** PHOT diapositive f ; [for overhead projector] transparent *m* - **2.** *(U)* [quality] transparence *f.*

transparent [træns'pærənt] *adj* transparent(e).

transpire [træn'spaɪəʳ] *fml* <> *vt* : it ~s that ... on a appris que ... <> *vi* [happen] se passer, arriver.

transplant [*n* 'trænsplɑːnt, *vb* træns'plɑːnt] <> *n* MED greffe *f*, transplantation *f* <> *vt* - **1.** MED greffer, transplanter - **2.** [seedlings] repiquer - **3.** [move] transplanter.

transport [*n* 'trænspɔːt, *vb* træn'spɔːt] <> *n* transport *m* <> *vt* transporter.

transportable [træn'spɔːtəbl] *adj* transportable.

transportation [ˌtrænspɔː'teɪʃn] *n* esp Am transport *m.*

transport cafe *n* Br restaurant *m* de routiers, routier *m.*

transporter [træn'spɔːtəʳ] *n* [for cars] transporteur *m* de voitures.

transpose [træns'pəʊz] *vt* transposer.

transsexual [træns'sekʃʊəl] *n* transsexuel(elle).

transvestite [trænz'vestaɪt] *n* travesti *m*, -e *f.*

trap [træp] (*pt* & *pp* -ped ; *cont* -ping) <> *n* piège *m* <> *vt* prendre au piège ; **to be trapped** être coincé ; **to be trapped in a relationship** être piégé dans une relation.

trapdoor [ˌtræp'dɔːʳ] *n* trappe *f.*

trapeze [trə'piːz] *n* trapèze *m.*

trapper ['træpəʳ] *n* trappeur *m.*

trappings ['træpɪŋz] *npl* signes *mpl* extérieurs.

trash [træʃ] *n* *(U)* - **1.** Am [refuse] ordures *fpl* - **2.** inf pej [poor-quality thing] camelote *f.*

trashcan ['træʃkæn] *n* Am poubelle *f.*

trashy ['træʃɪ] (*compar* -ier ; *superl* -iest) *adj* inf qui ne vaut rien, nul (nulle).

trauma ['trɔːmə] *n* MED trauma *m* ; fig traumatisme *m.*

traumatic [trɔː'mætɪk] *adj* traumatisant(e).

traumatize, -ise ['trɔːmətaɪz] *vt* traumatiser.

travel ['trævl] (Br *pt* & *pp* -led ; *cont* -ling, Am *pt* & *pp* -ed ; *cont* -ing) <> *n* *(U)* voyage *m*, voyages *mpl* <> *vt* parcourir <> *vi* - **1.** [make journey] voyager - **2.** [move - current, signal] aller, passer ; [- news] se répandre, circuler.
➤ **travels** *npl* voyages *mpl.*

travel agency *n* agence *f* de voyages.

travel agent *n* agent *m* de voyages ; **to/at the ~'s** à l'agence *f* de voyages.

travel brochure *n* dépliant *m* touristique.

traveler *etc* Am = **traveller** *etc.*

travelled Br, **traveled** Am ['trævld] *adj* - **1.** [person] qui a beaucoup voyagé - **2.** [road, route] très fréquenté(e).

traveller Br, **traveler** Am ['trævləʳ] *n* - **1.** [person on journey] voyageur *m*, -euse *f* - **2.** [sales representative] représentant *m* - **3.** = New Age travel(l)er.

traveller's cheque *n* chèque *m* de voyage.

travelling Br, **traveling** Am ['trævlɪŋ] *adj* - **1.** [theatre, circus] ambulant(e) - **2.** [clock, bag etc] de voyage ; [allowance] de déplacement ; **~ time** durée *f* du voyage.

travelling expenses *npl* frais *mpl* de déplacement.

travelling salesman *n* représentant *m.*

travelogue, travelog Am ['trævəlɒg] *n* - **1.** [talk] compte-rendu *m* OR récit *m* de voyage - **2.** [film] documentaire *m.*

travelsick ['trævəlsɪk] *adj* : **to be ~** avoir le mal de la route/de l'air/de mer.

traverse ['trævəs, ˌtrə'vɜːs] *vt* fml traverser.

travesty ['trævəstɪ] (*pl* -ies) *n* parodie *f.*

trawl [trɔːl] <> *n* [fishing net] chalut *m* > *vt* [area of sea] pêcher au chalut dans <> *vi* : **to ~ for cod/mackerel** pêcher la morue/le hareng au chalut.

trawler ['trɔːləʳ] *n* chalutier *m.*

tray [treɪ] *n* plateau *m.*

treacherous ['tretʃərəs] *adj* traître (traîtresse).

treachery ['tretʃərɪ] *n* traîtrise *f.*

treacle ['triːkl] *n* Br mélasse *f.*

tread [tred] (*pt* trod ; *pp* trodden) <> *n* - **1.** [on tyre] bande *f* de roulement ; [of shoe] semelle *f* - **2.** [way of walking] pas *m* ; [sound] bruit *m* de pas <> *vt* [crush] : **to ~ sthg into** écraser qqch dans <> *vi* : **to ~ (on)** marcher (sur) ; **to ~ carefully** fig y aller doucement.

treadle ['tredl] *n* pédale *f.*

treadmill ['tredmɪl] *n* - **1.** [wheel] trépigneuse *f* - **2.** fig [dull routine] routine *f*, train-train *m.*

treas. (*abbr of* **treasurer**) trés.

treason ['triːzn] *n* trahison *f.*

treasure ['treʒəʳ] <> *n* trésor *m* <> *vt* [object] garder précieusement ; [memory] chérir.

treasure hunt *n* chasse *f* au trésor.

treasurer ['treʒərəʳ] *n* trésorier *m*, -ère *f.*

treasure trove *n* JUR trésor *m*, objets de valeur trouvés et que personne n'a réclamés.

treasury ['treʒərɪ] (*pl* -ies) *n* [room] trésorerie *f.*

➤ **Treasury** *n* : **the Treasury** le ministère des Finances.

treasury bill *n* bon *m* du Trésor.

treat [triːt] ⋄ *vt* - **1.** [gen] traiter ; **to ~ sb like a child** traiter qqn en enfant ; **to ~ sthg as a joke** prendre qqch à la rigolade - **2.** [on special occasion] : **to ~ sb to sthg** offrir OR payer qqch à qqn ; **to ~ o.s. to sthg** s'offrir qqch, se payer qqch ⋄ *n* - **1.** [gift] cadeau *m* ; **to give sb a ~** faire plaisir à qqn ; **this is my ~** [pay for meal, drink] c'est moi qui régale - **2.** [delight] plaisir *m*.

treatise ['triːtɪz] *n* : **~ (on)** traité *m* (de).

treatment ['triːtmənt] *n* traitement *m*.

treaty ['triːtɪ] (*pl* -ies) *n* traité *m*.

treble ['trebl] ⋄ *adj* - **1.** [MUS - voice] de soprano ; [- recorder] aigu (aiguë) - **2.** [triple] triple ⋄ *n* [on stereo control] aigu *m* ; [boy singer] soprano *m* ⋄ *vt* & *vi* tripler.

treble clef *n* clef *f* de sol.

tree [triː] *n* - **1.** [gen] arbre *m* ; **to be barking up the wrong ~** fig se tromper d'adresse - **2.** COMPUT arbre *m*, arborescence *f*.

tree-lined *adj* bordé(e) d'arbres.

tree surgeon *n* arboriculteur *m*, -trice *f*.

treetop ['triːtɒp] *n* cime *f*.

tree-trunk *n* tronc *m* d'arbre.

trek [trek] (*pt* & *pp* -**ked** ; *cont* -**king**) ⋄ *n* randonnée *f* ⋄ *vi* faire une randonnée ; fig se traîner.

trellis ['trelɪs] *n* treillis *m*.

tremble ['trembl] *vi* trembler.

tremendous [trɪ'mendəs] *adj* - **1.** [size, success, difference] énorme ; [noise] terrible - **2.** inf [really good] formidable.

tremendously [trɪ'mendəslɪ] *adv* [exciting, expensive, big] extrêmement ; [loud] terriblement.

tremor ['tremər] *n* tremblement *m*.

tremulous ['tremjuləs] *adj* literary [voice] tremblant(e) ; [smile] timide.

trench [trentʃ] *n* tranchée *f*.

trenchant ['trentʃənt] *adj* mordant(e), incisif(ive).

trench coat *n* trench-coat *m*.

trench warfare *n* (U) guerre *f* de tranchées.

trend [trend] *n* [tendency] tendance *f*.

trendsetter ['trend,setər] *n* personne *f* qui lance une mode.

trendy ['trendɪ] (*compar* -**ier** ; *superl* -**iest**, *pl* -**ies**) inf ⋄ *adj* branché(e), à la mode ⋄ *n* personne *f* branchée.

trepidation [,trepɪ'deɪʃn] *n* fml : **in** OR **with ~** avec inquiétude.

trespass ['trespəs] *vi* [on land] entrer sans permission ; **'no ~ing'** 'défense d'entrer'.

trespasser ['trespəsər] *n* intrus *m*, -e *f* ; **'~s will be prosecuted'** 'défense d'entrer sous peine de poursuites'.

trestle ['tresl] *n* tréteau *m*.

trestle table *n* table *f* à tréteaux.

trial ['traɪəl] *n* - **1.** JUR procès *m* ; **to be on ~ (for)** passer en justice (pour) - **2.** [test, experiment] essai *m* ; **on ~** à l'essai ; **by ~ and error** en tâtonnant - **3.** [unpleasant experience] épreuve *f* ; **~s and tribulations** tribulations *fpl*.

trial basis *n* : **on a ~** à l'essai.

trial period *n* période *f* d'essai.

trial run *n* essai *m*.

trial-size(d) *adj* [pack, box] d'essai.

triangle ['traɪæŋgl] *n* - **1.** [gen] triangle *m* - **2.** Am [set square] équerre *f*.

triangular [traɪ'æŋgjulər] *adj* triangulaire.

triathlon [traɪ'æθlɒn] (*pl* -**s**) *n* triathlon *m*.

tribal ['traɪbl] *adj* tribal(e).

tribe [traɪb] *n* tribu *f*.

tribulation [,trɪbju'leɪʃn] *n* ➤ trial.

tribunal [traɪ'bjuːnl] *n* tribunal *m*.

tribune ['trɪbjuːn] *n* HISTORY tribune *f*.

tributary ['trɪbjutrɪ] (*pl* -ies) *n* affluent *m*.

tribute ['trɪbjuːt] *n* tribut *m*, hommage *m* ; **to pay ~ to** payer tribut à, rendre hommage à ; **to be a ~ to sthg** témoigner de qqch.

trice [traɪs] *n* : **in a ~** en un clin d'œil.

triceps ['traɪseps] (*pl inv* OR -**es** [-iːzl]) *n* triceps *m*.

trick [trɪk] ⋄ *n* - **1.** [to deceive] tour *m*, farce *f* ; **to play a ~ on sb** jouer un tour à qqn - **2.** [to entertain] tour *m* - **3.** [knack] truc *m* ; **that will do the ~** inf ça fera l'affaire ⋄ *comp* [knife, moustache etc] truqué(e), faux (fausse) ⋄ *vt* attraper, rouler ; **to ~ sb into doing sthg** amener qqn à faire qqch (par la ruse).

trickery ['trɪkərɪ] *n* (U) ruse *f*.

trickle ['trɪkl] ⋄ *n* [of liquid] filet *m* ; **a ~ of people/letters** quelques personnes/lettres ⋄ *vi* [liquid] dégouliner ; **to ~ in/out** [people] entrer/sortir par petits groupes.

trick or treat *n* une gâterie ou une farce *(phrase rituelle des enfants déguisés qui font la quête le soir de Halloween)*.

trick question *n* question-piège *f*.

tricky ['trɪkɪ] (*compar* -**ier** ; *superl* -**iest**) *adj* [difficult] difficile.

tricycle ['traɪsɪkl] *n* tricycle *m*.

trident ['traɪdnt] n trident m.

tried [traɪd] <> pt & pp ▷ **try** <> adj : **~ and tested** [method, system] qui a fait ses preuves.

trier ['traɪə'] n : **to be a ~** être persévérant(e).

trifle ['traɪfl] n - **1.** Br CULIN ≃ diplomate m - **2.** [unimportant thing] bagatelle f.

➤ **a trifle** adv un peu, un tantinet.

➤ **trifle with** vt fus badiner avec ; [sb's affections] se jouer de.

trifling ['traɪflɪŋ] adj insignifiant(e).

trigger ['trɪgə'] <> n [on gun] détente f, gâchette f <> vt déclencher, provoquer.

➤ **trigger off** vt sep déclencher, provoquer.

trigonometry [ˌtrɪgə'nɒmətrɪ] n trigonométrie f.

trilby ['trɪlbɪ] (pl -ies) n Br feutre m.

trill [trɪl] <> n trille m <> vi triller.

trillions ['trɪljənz] npl inf : **~ (of)** tout un tas (de), plein (de).

trilogy ['trɪlədʒɪ] (pl -ies) n trilogie f.

trim [trɪm] (compar -mer ; superl -mest, pt & pp -med ; cont -ming) <> adj - **1.** [neat and tidy] net (nette) - **2.** [slim] svelte <> n - **1.** [of hair] coupe f - **2.** [on clothes] garniture f ; [inside car] garniture intérieure <> vt - **1.** [cut - gen] couper ; [- hedge] tailler - **2.** [decorate] : **to ~ sthg (with)** garnir OR orner qqch (de).

➤ **trim away, trim off** vt sep couper.

trimmed [trɪmd] adj : **~ with** [clothes] orné(e) de.

trimming ['trɪmɪŋ] n - **1.** [on clothing] parement m - **2.** CULIN garniture f.

Trinidad and Tobago ['trɪnɪdæd-] n Trinité-et-Tobago f ; **in ~** à Trinité-et-Tobago.

Trinidadian [ˌtrɪnɪ'dædɪən] <> adj trinidadien(enne) <> n Trinidadien m, -enne f.

Trinity ['trɪnətɪ] n RELIG : **the ~** la Trinité.

trinket ['trɪŋkɪt] n bibelot m.

trio ['triːəʊ] (pl -s) n trio m.

trip [trɪp] (pt & pp -ped ; cont -ping) <> n - **1.** [journey] voyage m - **2.** drugs sl trip m <> vt [make stumble] faire un croche-pied à <> vi [stumble] : **to ~ (over)** trébucher (sur).

➤ **trip up** vt sep - **1.** [make stumble] faire un croche-pied à - **2.** [catch out] prendre en défaut.

tripartite [ˌtraɪ'pɑːtaɪt] adj tripartie(e), tripartite.

tripe [traɪp] n (U) - **1.** CULIN tripe f - **2.** inf [nonsense] bêtises fpl, idioties fpl.

triple ['trɪpl] <> adj triple <> vt & vi tripler.

triple jump n : **the ~** le triple saut.

triplets ['trɪplɪts] npl triplés mpl, triplées fpl.

triplicate ['trɪplɪkət] <> adj en trois exemplaires <> n : **in ~** en trois exemplaires.

tripod ['traɪpɒd] n trépied m.

Tripoli ['trɪpəlɪ] n Tripoli.

tripper ['trɪpə'] n Br excursionniste mf.

tripwire ['trɪpwaɪə'] n fil m de détente.

trite [traɪt] adj pej banal(e).

triumph ['traɪəmf] <> n triomphe m <> vi : **to ~ (over)** triompher (de).

triumphal [traɪ'ʌmfl] adj triomphal(e).

triumphant [traɪ'ʌmfənt] adj [exultant] triomphant(e).

triumphantly [trɪ'ʌmfəntlɪ] adv de façon triomphante, triomphalement.

triumvirate [traɪ'ʌmvɪrət] n HIST triumvirat m.

trivet ['trɪvɪt] n - **1.** [over fire] trépied m - **2.** [to protect table] dessous-de-plat m inv.

trivia ['trɪvɪə] n (U) [trifles] vétilles fpl, riens mpl.

trivial ['trɪvɪəl] adj insignifiant(e).

triviality [ˌtrɪvɪ'ælətɪ] (pl -ies) n banalité f.

trivialize, -ise ['trɪvɪəlaɪz] vt banaliser.

trod [trɒd] pt ▷ **tread.**

trodden ['trɒdn] pp ▷ **tread.**

Trojan ['trəʊdʒən] <> adj troyen(enne) <> n Troyen m, -enne f ; **to work like a ~** travailler comme un nègre OR une bête de somme.

troll [trəʊl] n troll m.

trolley ['trɒlɪ] (pl -s) n - **1.** Br [for shopping, luggage] chariot m, caddie® m - **2.** Br [for food, drinks] chariot m, table f roulante - **3.** Am [tram] tramway m, tram m.

trolleybus ['trɒlɪbʌs] n trolleybus m.

trombone [trɒm'bəʊn] n MUS trombone m.

troop [truːp] <> n bande f, troupe f <> vi : **to ~ in/out/off** entrer/sortir/partir en groupe.

➤ **troops** npl troupes fpl.

trooper ['truːpə'] n - **1.** MIL soldat m - **2.** Am [policeman] policier m (appartenant à la police d'un État).

troopship ['truːpʃɪp] n transport m.

trophy ['trəʊfɪ] (pl -ies) n trophée m.

tropical ['trɒpɪkl] adj tropical(e).

Tropic of Cancer ['trɒpɪk-] n : **the ~** le tropique du Cancer.

Tropic of Capricorn ['trɒpɪk-] n : **the ~** le tropique du Capricorne.

tropics ['trɒpɪks] npl : **the ~** les tropiques mpl.

trot [trɒt] (pt & pp **-ted** ; cont **-ting**) ◇ n [of horse] trot m ◇ vi trotter.
- **on the trot** adv inf de suite, d'affilée.
- **trot out** vt sep pej débiter.

Trotskyism ['trɒtskɪɪzml] n trotskisme m.

trotter ['trɒtə'] n [pig's foot] pied m de porc.

trouble ['trʌbl] ◇ n (U) **- 1.** [difficulty] problème m, difficulté f ; **to be in ~** avoir des ennuis ; **to get into ~** s'attirer des ennuis ; **the ~ (with sb/sthg) is ...** l'ennui (avec qqn/qqch), c'est que ... **- 2.** [bother] peine f, mal m ; **to take the ~ to do sthg** se donner la peine de faire qqch ; **it's no ~!** ça ne me dérange pas! ; **to be asking for ~** chercher les ennuis **- 3.** [pain, illness] mal m, ennui m **- 4.** [fighting] bagarre f ; POL troubles mpl, conflits mpl ◇ vt **- 1.** [worry, upset] peiner, troubler **- 2.** [bother] déranger **- 3.** [give pain to] faire mal à.
- **troubles** npl **- 1.** [worries] ennuis mpl **- 2.** POL troubles mpl, conflits mpl.

troubled ['trʌbld] adj **- 1.** [worried] inquiet(ète) **- 2.** [disturbed - period] de troubles, agité(e) ; [- country] qui connaît une période de troubles.

trouble-free adj sans problèmes.

troublemaker ['trʌbl,meɪkə'] n fauteur m, -trice f de troubles.

troubleshooter ['trʌbl,ʃuːtə'] n expert m, spécialiste mf.

troublesome ['trʌblsəm] adj [job] pénible ; [cold] gênant(e) ; [back, knee] qui fait souffrir.

trouble spot n point m chaud.

trough [trɒf] n **- 1.** [for animals - with water] abreuvoir m ; [- with food] auge f **- 2.** [low point - of wave] creux m ; fig point m bas **- 3.** METEOR dépression f.

trounce [traʊns] vt inf écraser.

troupe [truːp] n troupe f.

trouser press ['traʊzə'-] n presse f à pantalons.

trousers ['traʊzəz] npl pantalon m.

trouser suit ['traʊzə'-] n Br tailleur-pantalon m.

trousseau ['truːsəʊ] (pl **-x** [-z] OR **-s**) n trousseau m.

trout [traʊt] (pl inv OR **-s**) n truite f.

trove [trəʊv] ▷ **treasure trove.**

trowel ['traʊəl] n [for gardening] déplantoir m ; [for cement, plaster] truelle f

truancy ['truːənsɪ] n absentéisme m.

truant ['truːənt] n [child] élève mf absentéiste ; **to play ~** faire l'école buissonnière.

truce [truːs] n trêve f.

truck [trʌk] ◇ n **- 1.** Esp am [lorry] camion m **- 2.** RAIL wagon m à plate-forme ◇ vt Am transporter par camion.

truck driver n esp Am routier m.

trucker ['trʌkə'] n Am routier m.

truck farm n Am jardin m maraîcher.

trucking ['trʌkɪŋ] n Am camionnage m.

truck stop n Am relais m routier.

truculent ['trʌkjʊlənt] adj agressif(ive).

trudge [trʌdʒ] ◇ n marche f pénible ◇ vi marcher péniblement.

true ['truː] adj **- 1.** [factual] vrai(e) ; **to come ~** se réaliser **- 2.** [genuine] vrai(e), authentique ; **~ love** le grand amour **- 3.** [exact] exact(e) **- 4.** [faithful] fidèle, loyal(e) **- 5.** TECH droit(e) ; [wheel] dans l'axe.

true-life adj vrai(e), vécu(e).

truffle ['trʌfl] n truffe f.

truism ['truːɪzml] n truisme m.

truly ['truːlɪ] adv **- 1.** [gen] vraiment **- 2.** [sincerely] vraiment, sincèrement **- 3.** phr : **yours ~** [at end of letter] je vous prie de croire à l'expression de mes sentiments distingués.

trump [trʌmp] ◇ n atout m ◇ vt couper.

trump card n fig atout m.

trumped-up ['trʌmpt-] adj pej inventé(e) de toutes pièces.

trumpet ['trʌmpɪt] ◇ n trompette f ◇ vi [elephant] barrir.

trumpeter ['trʌmpɪtə'] n trompettiste mf.

truncate [trʌŋ'keɪt] vt tronquer.

truncheon ['trʌntʃən] n matraque f.

trundle ['trʌndl] ◇ vt [cart, wheelbarrow] pousser lentement ◇ vi aller lentement.

trunk [trʌŋk] n **- 1.** [of tree, person] tronc m **- 2.** [of elephant] trompe f **- 3.** [box] malle f **- 4.** Am [of car] coffre m.
- **trunks** npl maillot m de bain.

trunk call n Br communication f interurbaine.

trunk road n (route f) nationale f.

truss [trʌs] n **- 1.** MED bandage m herniaire **- 2.** CONSTR ferme f.

trust [trʌst] ◇ vt **- 1.** [have confidence in] avoir confiance en, se fier à ; **to ~ sb to do sthg** compter sur qqn pour faire qqch **- 2.** [entrust] : **to ~ sb with sthg** confier qqch à qqn **- 3.** fml [hope] : **to ~ (that) ...** espérer que ... ◇ n **- 1.** (U) [faith] : **~ (in sb/sthg)** confiance f (en qqn/dans qqch) ; **to take sthg on ~** accepter qqch les yeux fermés ; **to put OR place one's ~ in sb** faire confiance à qqn **- 2.** (U) [responsibility] responsabilité f ; **a posi-**

tion of ~ un poste de confiance - **3.** FIN : in ~ en dépôt - **4.** COMM trust *m*.

trust company *n* société *f* fiduciaire.

trusted ['trʌstɪd] *adj* [person] de confiance ; [method] qui a fait ses preuves.

trustee [trʌs'tiː] *n* FIN & JUR fidéicommissaire *mf ;* [of institution] administrateur *m*, -trice *f*.

trusteeship [,trʌs'tiːʃɪp] *n* FIN & JUR fidéicommis *m ;* [of institution] fonction *f* d'administrateur.

trust fund *n* fonds *m* en fidéicommis.

trusting ['trʌstɪŋ] *adj* confiant(e).

trustworthy ['trʌst,wɜːðɪ] *adj* digne de confiance.

trusty ['trʌstɪ] (*compar* -ier ; *superl* -iest) *adj* hum fidèle.

truth [truːθ] *n* vérité *f ;* in (all) ~ à dire vrai, en vérité.

truth drug *n* sérum *m* de vérité.

truthful ['truːθful] *adj* [person, reply] honnête ; [story] véridique.

try [traɪ] (*pt & pp* -ied, *pl* -ies) <> *vt* - **1.** [attempt, test] essayer ; [food, drink] goûter ; **to ~ to do sthg** essayer de faire qqch - **2.** JUR juger - **3.** [put to the test] éprouver, mettre à l'épreuve <> *vi* essayer ; **to ~ for sthg** essayer d'obtenir qqch <> *n* - **1.** [attempt] essai *m*, tentative *f ;* **to have a ~ at sthg** essayer de faire qqch ; **to give sthg a ~** essayer qqch - **2.** RUGBY essai *m*.

➤ **try on** *vt sep* [clothes] essayer.

➤ **try out** *vt sep* essayer.

trying ['traɪɪŋ] *adj* pénible, éprouvant(e).

try-out *n* inf essai *m*.

tsar [zɑːr] *n* tsar *m*.

T-shirt *n* tee-shirt *m*.

tsp. (*abbr of* teaspoon) cc.

T-square *n* té *m*.

TT *abbr of* teetotal.

Tuareg ['twɑːreg] *n* [person] Touareg *m*, -ègue *f*.

tub [tʌb] *n* - **1.** [of ice cream - large] boîte *f ;* [- small] petit pot *m ;* [of margarine] barquette *f* - **2.** [bath] baignoire *f*.

tuba ['tjuːbə] *n* tuba *m*.

tubby ['tʌbɪ] (*compar* -ier ; *superl* -iest) *adj* inf rondouillard(e), boulot(otte).

tube [tjuːb] *n* - **1.** [cylinder, container] tube *m* - **2.** ANAT : **bronchial ~s** bronches *fpl* - **3.** Br [underground train] métro *m ;* **the ~** [system] le métro ; **by ~** en métro.

tubeless ['tjuːblɪs] *adj* [tyre] sans chambre à air.

tuber ['tjuːbər] *n* tubercule *m*.

tuberculosis [tjuː,bɜːkjʊ'ləʊsɪs] *n* tuberculose *f*.

tube station *n* Br station *f* de métro.

tubing ['tjuːbɪŋ] *n* (U) tubes *mpl*, tuyaux *mpl*.

tubular ['tjuːbjʊlər] *adj* tubulaire.

TUC *n abbr of* **Trades Union Congress.**

tuck [tʌk] <> *n* SEWING rempli *m* <> *vt* [place neatly] ranger.

➤ **tuck away** *vt sep* [store] mettre de côté OR en lieu sûr ; **to be ~ed away** [village, house] être caché(e) OR blotti(e).

➤ **tuck in** <> *vt* - **1.** [child, patient] border - **2.** [clothes] rentrer <> *vi* inf boulotter ; **~ in!** allez-y, mangez!

➤ **tuck up** *vt sep* [child, patient] border.

tuck shop *n* Br [at school] petite boutique qui vend des bonbons et des gâteaux.

Tudor ['tjuːdər] *adj* - **1.** HISTORY des Tudors - **2.** ARCHIT Tudor (inv).

Tue., Tues. (*abbr of* Tuesday) mar.

Tuesday ['tjuːzdɪ] *n* mardi *m ; see also* **Saturday.**

tuft [tʌft] *n* touffe *f*.

tug [tʌg] (*pt & pp* -ged ; *cont* -ging) <> *n* - **1.** [pull] : **to give sthg a ~** tirer sur qqch - **2.** [boat] remorqueur *m* <> *vt* tirer <> *vi* : **to ~ (at)** tirer (sur).

tugboat ['tʌgbəʊt] *n* remorqueur *m*.

tug-of-love *n* Br inf conflit entre des parents pour obtenir la garde des enfants.

tug-of-war *n* lutte *f* de traction à la corde ; fig lutte acharnée.

tuition [tjuː'ɪʃn] *n* (U) cours *mpl*.

tulip ['tjuːlɪp] *n* tulipe *f*.

tulle [tjuːl] *n* tulle *m*.

tumble ['tʌmbl] <> *vi* - **1.** [person] tomber, faire une chute ; [water] tomber en cascades - **2.** fig [prices] tomber, chuter <> *n* chute *f*, culbute *f*.

➤ **tumble to** *vt fus* Br inf piger.

tumbledown ['tʌmbldaʊn] *adj* délabré(e), qui tombe en ruines.

tumble-dry *vt* faire sécher en machine.

tumble-dryer [-,draɪər] *n* sèche-linge *m inv*.

tumbler ['tʌmblər] *n* [glass] verre *m* (droit).

tummy ['tʌmɪ] (*pl* -ies) *n* inf ventre *m*.

tumour Br, **tumor** Am ['tjuːmər] *n* tumeur *f*.

tumult ['tjuːmʌlt] *n* tumulte *m*.

tumultuous [tjuː'mʌltjʊəs] *adj* tumultueux(euse) ; [applause] frénétique.

tuna [Br 'tjuːnə, Am 'tuːnə] (*pl inv* OR -s) *n* thon *m*.

tundra ['tʌndrə] *n* toundra *f*.

tune [tjuːn] <> *n* - **1.** [song, melody] air *m*

- 2. [harmony] : **in ~** [instrument] accordé(e), juste ; [play, sing] juste ; **out of ~** [instrument] mal accordé(e) ; [play, sing] faux ; **to the ~ of** fig d'un montant de ; **to be in/out of ~ (with)** fig être en accord/désaccord (avec) ; **to change one's ~** inf changer de ton ◇ vt **- 1.** MUS accorder **- 2.** RADIO & TV régler **- 3.** [engine] régler ◇ vi RADIO & TV : **to ~ to a channel** se mettre sur une chaîne.

➡ **tune in** vi RADIO & TV être à l'écoute ; **to ~ in to** se mettre sur.

➡ **tune up** vi MUS accorder son instrument.

tuneful ['tjuːnful] adj mélodieux(euse).

tuneless ['tjuːnlɪs] adj discordant(e).

tuner ['tjuːnə'] n **- 1.** RADIO & TV syntoniseur m, tuner m **- 2.** MUS [person] accordeur m.

tuner amplifier n ampli-tuner m.

tungsten ['tʌŋstən] ◇ n tungstène m ◇ comp au tungstène.

tunic ['tjuːnɪk] n tunique f.

tuning fork ['tjuːnɪŋ-] n diapason m.

Tunis ['tjuːnɪs] n Tunis.

Tunisia [tjuː'nɪzɪə] n Tunisie f ; **in ~** en Tunisie.

Tunisian [tjuː'nɪzɪən] ◇ adj tunisien(enne) ◇ n [person] Tunisien m, -enne f.

tunnel ['tʌnl] (Br pt & pp **-led** ; cont **-ling**, Am pt & pp **-ed** ; cont **-ing**) ◇ n tunnel m ◇ vi faire OR creuser un tunnel.

tunnel vision n rétrécissement m du champ visuel ; fig & pej vues fpl étroites.

tunny ['tʌnɪ] (pl inv OR **-ies**) n thon m.

tuppence ['tʌpəns] n Br dated deux pence mpl.

turban ['tɜːbən] n turban m.

turbid ['tɜːbɪd] adj trouble.

turbine ['tɜːbaɪn] n turbine f.

turbo ['tɜːbəʊ] (pl **-s**) n turbo m.

turbocharged ['tɜːbəʊtʃɑːdʒd] adj turbo (inv).

turbojet [,tɜːbəʊ'dʒet] n [engine] turboréacteur m ; [plane] avion m à turboréacteur.

turboprop [,tɜːbəʊ'prɒp] n [engine] turbopropulseur m ; [plane] avion m à turbopropulseur.

turbot ['tɜːbət] (pl inv OR **-s**) n turbot m.

turbulence ['tɜːbjʊləns] n (U) **- 1.** [in air, water] turbulence f **- 2.** fig [unrest] agitation f.

turbulent ['tɜːbjʊlənt] adj **- 1.** [air, water] agité(e) **- 2.** fig [disorderly] tumultueux(euse), agité(e).

tureen [tə'riːn] n soupière f.

turf [tɜːf] (pl **-s** OR **turves** [tɜːvz]) ◇ n [grass surface] gazon m ; [clod] motte f de gazon ◇ vt gazonner.

➡ **turf out** vt sep Br inf [person] virer ; [old clothes] balancer, bazarder.

turf accountant n Br bookmaker m.

turgid ['tɜːdʒɪd] adj fml [style, writing] pompeux(euse), ampoulé(e).

Turk [tɜːk] n Turc m, Turque f.

Turkestan, Turkistan [,tɜːkɪ'stɑːn] n Turkistan m ; **in ~** au Turkistan.

turkey ['tɜːkɪ] (pl **-s**) n dinde f.

Turkey ['tɜːkɪ] n Turquie f ; **in ~** en Turquie.

Turkish ['tɜːkɪʃ] ◇ adj turc (turque) ◇ n [language] turc m ◇ npl : **the ~** les Turcs mpl.

Turkish bath n bain m turc.

Turkish delight n loukoum m.

Turkmenian [,tɜːk'meniən] adj turkmène.

Turkmenistan [,tɜːkmeni'stɑːn] n Turkménistan m.

turmeric ['tɜːmərɪk] n curcuma m.

turmoil ['tɜːmɔɪl] n agitation f, trouble m.

turn ['tɜːn] ◇ n **- 1.** [in road] virage m, tournant m ; [in river] méandre m **- 2.** [revolution, twist] tour m **- 3.** [change] tournure f, tour m **- 4.** [in game] tour m ; **it's my ~** c'est (à) mon tour ; **in ~** tour à tour, chacun (à) son tour ; **to take (it in) ~s to do sthg** faire qqch à tour de rôle **- 5.** [end - of year, century] fin f **- 6.** [performance] numéro m **- 7.** MED crise f, attaque f **- 8. phr : to do sb a good ~** rendre (un) service à qqn ◇ vt **- 1.** [gen] tourner ; [omelette, steak etc] retourner ; **to ~ sthg inside out** retourner qqch ; **to ~ one's thoughts/attention to sthg** tourner ses pensées/son attention vers qqch **- 2.** [change] : **to ~ sthg into** changer qqch en **- 3.** [become] : **to ~ red** rougir ; **his hair is ~ing grey** ses cheveux grisonnent ; **the demonstration ~ed nasty** la manifestation a mal tourné ◇ vi **- 1.** [gen] tourner ; [person] se tourner, se retourner **- 2.** [in book] : **to ~ to a page** se reporter OR aller à une page **- 3.** [for consolation] : **to ~ to sb/sthg** se tourner vers qqn/qqch **- 4.** [change] : **to ~ into** se changer en, se transformer en.

➡ **turn against** vt fus se retourner contre.

➡ **turn around = turn round.**

➡ **turn away** ◇ vt sep [refuse entry to] refuser ◇ vi se détourner.

➡ **turn back** ◇ vt sep [sheets] replier ; [person, vehicle] refouler ◇ vi rebrousser chemin.

➡ **turn down** vt sep **- 1.** [reject] rejeter, refuser **- 2.** [radio, volume, gas] baisser.

➡ **turn in** vi inf [go to bed] se pieuter.

➡ **turn off** ◇ vt fus [road, path] quitter ◇ vt sep [radio, TV, engine, gas] éteindre ; [tap] fermer ◇ vi [leave path, road] tourner.

turn on ◇ vt sep - **1.** [radio, TV, engine, gas] allumer ; [tap] ouvrir ; **to ~ the light on** allumer la lumière - **2. inf** [excite sexually] exciter ◇ vt fus [attack] attaquer.

turn out ◇ vt sep - **1.** [light, gas fire] éteindre - **2.** [produce] produire - **3.** [eject - person] mettre dehors - **4.** [empty - pocket, bag] retourner, vider ◇ vt fus : **to ~ out to be** s'avérer ; **it ~ed out to be a success** en fin de compte, cela a été une réussite ; **it ~s out that ...** il s'avère OR se trouve que ... ◇ vi - **1.** [end up] finir - **2.** [arrive - person] venir.

turn over ◇ vt sep - **1.** [playing card, stone] retourner ; [page] tourner - **2.** [consider] retourner dans sa tête - **3.** [hand over] rendre, remettre ◇ vi - **1.** [roll over] se retourner - **2.** Br TV changer de chaîne.

turn round ◇ vt sep - **1.** [reverse] retourner - **2.** [wheel, words] tourner ◇ vi [person] se retourner.

turn up ◇ vt sep [TV, radio] mettre plus fort ; [gas] monter ◇ vi - **1.** [arrive - person] se pointer - **2.** [be found - person, object] être retrouvé ; [- opportunity] se présenter.

turnabout ['tɜːnəbaʊt] n [of situation] revirement m ; [of policy] changement m.

turnaround Am = turnround.

turncoat ['tɜːnkəʊt] n pej renégat m.

turning ['tɜːnɪŋ] n [off road] route f latérale ; **take the first ~ on the left** prenez la première à gauche.

turning circle n rayon m de braquage.

turning point n tournant m, moment m décisif.

turnip ['tɜːnɪp] n navet m.

turnout ['tɜːnaʊt] n [at election] taux m de participation ; [at meeting] assistance f.

turnover ['tɜːnˌəʊvəʳ] n (U) - **1.** [of personnel] renouvellement m - **2.** FIN chiffre m d'affaires.

turnpike ['tɜːnpaɪk] n Am autoroute f à péage.

turnround Br ['tɜːnraʊnd], **turnaround** Am ['tɜːnəraʊnd] n - **1.** COMM : **~ (time)** délai m - **2.** [change] retournement m.

turn signal lever n Am (manette f de) clignotant m.

turnstile ['tɜːnstaɪl] n tourniquet m.

turntable ['tɜːnˌteɪbl] n platine f.

turn-up n Br [on trousers] revers m inv ; **a ~ for the books** inf une sacrée surprise.

turpentine ['tɜːpəntaɪn] n térébenthine f.

turps [tɜːps] n Br inf térébenthine f.

turquoise ['tɜːkwɔɪz] ◇ adj turquoise (inv) ◇ n - **1.** [mineral, gem] turquoise f - **2.** [colour] turquoise m.

turret ['tʌrɪt] n tourelle f.

turtle ['tɜːtl] (pl inv OR -s) n tortue f de mer.

turtledove ['tɜːtldʌv] n tourterelle f.

turtleneck ['tɜːtlnek] n [garment] pull m à col montant ; [neck] col m montant.

turves [tɜːvz] Br pl ⊳ turf.

tusk [tʌsk] n défense f.

tussle ['tʌsl] ◇ n lutte f ◇ vi se battre ; **to ~ over sthg** se disputer qqch.

tut [tʌt] excl mais non!, allons donc!

tutor ['tjuːtəʳ] ◇ n - **1.** [private] professeur m particulier - **2.** UNIV directeur m, -trice f d'études ◇ vt : **to ~ sb (in sthg)** donner à qqn des cours particuliers (de qqch).

tutorial [tjuːˈtɔːrɪəl] ◇ adj [group, class] de travaux dirigés ◇ n travaux mpl dirigés.

tutu ['tuːtuː] n tutu m.

tux ['tʌks] n inf smoking m.

tuxedo [tʌkˈsiːdəʊ] (pl -s) n smoking m.

TV (abbr of television) ◇ n - **1.** (U) [medium, industry] télé f ; **on ~** à la télé - **2.** [apparatus] (poste m de) télé f ◇ comp de télé.

TV dinner n repas m surgelé (sur un plateau).

TV movie n téléfilm m.

twaddle ['twɒdl] n (U) inf bêtises fpl, fadaises fpl.

twang [twæŋ] ◇ n - **1.** [sound] bruit m de pincement - **2.** [accent] nasillement m ◇ vt [guitar] pincer ◇ vi [wire, string] vibrer.

tweak [twiːk] vt inf [ear] tirer ; [nose] tordre.

twee [twiː] adj Br pej mièvre.

tweed [twiːd] ◇ n tweed m ◇ comp de OR en tweed.

tweet [twiːt] vi gazouiller.

tweezers ['twiːzəz] npl pince f à épiler.

twelfth [twelfθ] num douzième ; see also sixth.

Twelfth Night n la fête des Rois.

twelve [twelv] num douze ; see also six.

twentieth ['twentɪəθ] num vingtième ; see also sixth.

twenty ['twentɪ] (pl -ies) num vingt ; see also six.

twenty-twenty vision n vision f de dix dixièmes à chaque œil.

twerp [twɜːp] n inf crétin m, -e f, andouille f.

twice [twaɪs] adv deux fois ; **~ a day** deux fois par jour ; **he earns ~ as much as me** il gagne deux fois plus que moi ; **~ as big** deux fois plus grand ; **~ my size/age** le double de ma taille/mon âge.

twiddle ['twɪdl] ⬥ vt jouer avec ⬥ vi : **to ~ with sthg** jouer avec qqch.

twig [twɪg] n brindille f, petite branche f.

twilight ['twaɪlaɪt] n crépuscule m.

twill [twɪl] n sergé m.

twin [twɪn] ⬥ adj jumeau (jumelle) ; [town] jumelé(e) ; **~ beds** lits mpl jumeaux ⬥ n jumeau m, jumelle f.

twin-bedded [-'bedɪd] adj à deux lits.

twin carburettor n carburateur m double-corps.

twine [twaɪn] ⬥ n (U) ficelle f ⬥ vt : **to ~ sthg round sthg** enrouler qqch autour de qqch.

twin-engined [-'endʒɪnd] adj bimoteur.

twinge [twɪndʒ] n [of pain] élancement m ; **a ~ of guilt** un remords.

twinkie ['twɪŋkɪ] n Am [cake] petit gâteau fourré à la crème.

twinkle ['twɪŋkl] ⬥ n [of stars, lights] scintillement m ; [in eyes] pétillement m ⬥ vi [star, lights] scintiller ; [eyes] briller, pétiller.

twin room n chambre f à deux lits.

twin set n Br twin-set m.

twin town n ville f jumelée.

twin tub n machine f à double tambour.

twirl [twɜːl] ⬥ vt faire tourner ⬥ vi tournoyer.

twist [twɪst] ⬥ n - **1.** [in road] zigzag m, tournant m ; [in river] méandre m, coude m ; [in rope] entortillement m - **2.** [turn] : **to give the lid a ~** [to open] dévisser le couvercle ; [to close] visser le couvercle - **3.** fig [in plot] tour m ⬥ vt - **1.** [wind, curl] entortiller - **2.** [contort] tordre - **3.** [turn] tourner ; [lid, to open] dévisser ; [- to close] visser - **4.** [sprain] : **to ~ one's ankle** se tordre OR se fouler la cheville - **5.** [words, meaning] déformer ⬥ vi - **1.** [river, path] zigzaguer - **2.** [be contorted] se tordre - **3.** [turn] : **to ~ round** se retourner.

twisted ['twɪstɪd] adj pej tordu(e).

twister ['twɪstər] n Am tornade f.

twisty ['twɪstɪ] (compar **-ier** ; superl **-iest**) adj inf sinueux(euse), en zigzag.

twit [twɪt] n Br inf crétin m, -e f.

twitch [twɪtʃ] ⬥ n tic m ⬥ vt [rope] tirer d'un coup sec ; [ears - subj : animal] remuer ⬥ vi [muscle, eye, face] se contracter.

twitter ['twɪtər] vi - **1.** [bird] gazouiller - **2.** pej [person] jacasser.

two [tuː] num deux ; **in ~** en deux ; see also **six.**

two-bit adj pej de pacotille.

two-dimensional adj à deux dimensions ; pej superficiel(elle), simpliste.

two-door adj [car] à deux portes.

twofaced [,tuː'feɪst] adj pej fourbe.

twofold ['tuːfəʊld] ⬥ adj double ⬥ adv doublement ; **to increase ~** doubler.

two-handed [-'hændɪd] adj à deux poignées.

two-piece adj : **~ swimsuit** deux-pièces m inv ; **~ suit** [for man] costume m (deux-pièces).

two-ply adj [yarn] à deux fils ; [wood] à deux épaisseurs.

two-seater n [car] voiture f à deux places ; [plane] biplace m.

twosome ['tuːsəm] n inf couple m.

two-stroke ⬥ adj à deux temps ⬥ n deux-temps m inv.

two-time vt inf tromper.

two-tone adj de deux tons.

two-way adj [traffic, trade] dans les deux sens ; **~ radio** poste m émetteur-récepteur.

TX abbr of Texas.

tycoon [taɪ'kuːn] n magnat m.

type [taɪp] ⬥ n - **1.** [sort, kind] genre m, sorte f ; [model] modèle m ; [in classification] type m - **2.** [person] : **he's not the marrying ~** il n'est pas du genre à se marier ; **he's/she's not my ~** inf lui/elle, ce n'est pas mon genre OR type - **3.** (U) TYPO caractères mpl ⬥ vt [letter, reply] taper (à la machine) ; **to ~ data into a computer** introduire des données dans un ordinateur ⬥ vi taper (à la machine).

➤ **type up** vt sep taper.

typecast ['taɪpkɑːst] (pt & pp typecast) vt : **to be ~ as** être cantonné dans le rôle de ; **to be ~** être cantonné aux mêmes rôles.

typeface ['taɪpfeɪs] n TYPO œil m de caractère.

typescript ['taɪpskrɪpt] n texte m dactylographié.

typeset ['taɪpset] (pt & pp typeset, cont -ting) vt composer.

typewriter ['taɪp,raɪtər] n machine f à écrire.

typhoid (fever) ['taɪfɔɪd-] n typhoïde f.

typhoon [taɪ'fuːn] n typhon m.

typhus ['taɪfəs] n typhus m.

typical ['tɪpɪkl] adj : **~ (of)** typique (de), caractéristique (de) ; **that's ~ (of him/her)!** c'est bien de lui/d'elle!

typically ['tɪpɪklɪ] adv typiquement.

typify ['tɪpɪfaɪ] (pt & pp -ied) vt - **1.** [characterize] être caractéristique de - **2.** [represent] représenter.

typing ['taɪpɪŋ] n dactylo f, dactylographie f.

typing error *n* faute *f* de frappe.

typing pool *n* bureau *m* OR pool *m* des dactylos.

typist [ˈtaɪpɪst] *n* dactylo *mf*, dactylographe *mf*.

typo [ˈtaɪpəʊ] *n* inf. coquille *f*.

typographic(al) error [ˌtaɪpəˈgræfɪk(l)-] *n* faute *f* typographique.

typography [taɪˈpɒgrəfɪ] *n* typographie *f*.

tyrannical [tɪˈrænɪkl] *adj* tyrannique.

tyranny [ˈtɪrənɪ] *n* tyrannie *f*.

tyrant [ˈtaɪrənt] *n* tyran *m*.

tyre Br, **tire** Am [ˈtaɪəʳ] *n* pneu *m*.

tyre pressure *n* pression *f* (de gonflage).

Tyrol, Tirol [ˈtɪrɒl] *n* Tyrol *m*.

Tyrolean [tɪrəˈliːən], **Tyrolese** [ˌtɪrəˈliːz] ◇ *adj* tyrolien(enne) ◇ *n* Tyrolien *m*, -enne *f*.

Tyrrhenian Sea [tɪˈriːnɪən-] *n* : the ~ la mer Tyrrhénienne.

tzar [zɑːʳ] = tsar.

u (*pl* u's OR us), **U** (*pl* U's OR Us) [juː] *n* [letter] u *m* inv, U *m* inv.

U (*abbr of* **universal**) en Grande-Bretagne, désigne un film tous publics.

UAW (*abbr of* **United Automobile Workers**) *n* syndicat américain de l'industrie automobile.

UB40 (*abbr of* **unemployment benefit form 40**) *n* en Grande-Bretagne, carte de pointage pour bénéficier de l'allocation de chômage.

U-bend *n* siphon *m*.

ubiquitous [juːˈbɪkwɪtəs] *adj* omniprésent(e).

UCAS [ˈjuːkas] (*abbr of* **Universities and Colleges Admissions Service**) *n* organisme gérant les inscriptions dans les universités au Royaume-Uni.

UCATT [juːˈkæt] (*abbr of* **Union of Construc-** tion, Allied Trades and Technicians) *n* syndicat britannique des employés du bâtiment.

UCCA [ˈʌkə] (*abbr of* **Universities Central Council on Admissions**) *n* ancien organisme centralisant les demandes d'inscription dans les universités britanniques, maintenant remplacé par l' UCAS.

UCL (*abbr of* **University College, London**) *n* université londonienne.

UCW (*abbr of* **The Union of Communication Workers**) *n* syndicat britannique des communications.

UDA (*abbr of* **Ulster Defence Association**) *n* ancienne organisation paramilitaire protestante en Irlande du Nord.

UDC (*abbr of* **Urban District Council**) *n* conseil d'une communauté urbaine.

udder [ˈʌdəʳ] *n* mamelle *f*.

UDI (*abbr of* **unilateral declaration of independence**) *n* déclaration unilatérale d'indépendance.

UDR (*abbr of* **Ulster Defence Regiment**) *n* régiment de réservistes en Irlande du Nord.

UEFA [juːˈeɪfə] (*abbr of* **Union of European Football Associations**) *n* UEFA *f*.

UFC (*abbr of* **Universities Funding Council**) *n* organisme répartissant les crédits entre les universités en Grande-Bretagne.

UFO (*abbr of* **unidentified flying object**) *n* OVNI *m*, ovni *m*.

Uganda [juːˈgændə] *n* Ouganda *m* ; in ~ en Ouganda.

Ugandan [juːˈgændən] ◇ *adj* ougandais(e) ◇ *n* [person] Ougandais *m*, -e *f*.

ugh [ʌg] *excl* pouah!, beurk!

ugliness [ˈʌglɪnɪs] (*U*) *n* - **1.** [unattractiveness] laideur *f* - **2.** fig [unpleasantness] caractère *m* pénible OR désagréable.

ugly [ˈʌglɪ] (*compar* **-ier** ; *superl* **-iest**) *adj* - **1.** [unattractive] laid(e) - **2.** fig [unpleasant] pénible, désagréable.

UHF (*abbr of* **ultra-high frequency**) *n* UHF.

UHT (*abbr of* **ultra-heat treated**) UHT.

UK (*abbr of* **United Kingdom**) *n* Royaume-Uni *m*, R.U. *m*.

Ukraine [juːˈkreɪn] *n* : the ~ l'Ukraine *f* ; in the ~ en Ukraine.

Ukrainian [juːˈkreɪnjən] ◇ *adj* ukrainien(enne) ◇ *n* - **1.** [person] Ukrainien *m*, -enne *f* - **2.** [language] ukrainien *m*.

ukulele [ˌjuːkəˈleɪlɪ] *n* guitare *f* hawaïenne, ukulélé *m*.

Ulan Bator [uˈlɑːnˈbɑːtə] *n* Oulan-Bator.

ulcer [ˈʌlsəʳ] *n* ulcère *m*.

ulcerated [ˈʌlsəreɪtɪd] *adj* ulcéré(e).

Ulster [ˈʌlstəʳ] n Ulster m ; **in ~** dans l'Ulster.

Ulsterman [ˈʌlstəmən] (pl **-men** [-mən]) n habitant m OR natif m de l'Ulster.

Ulster Unionist Party n parti politique essentiellement protestant favorable au maintien de l'Ulster au sein du Royaume-Uni.

ulterior [ʌlˈtɪərɪəʳ] adj : **~ motive** arrière-pensée f.

ultimata [ˌʌltɪˈmeɪtə] pl ▷ **ultimatum**.

ultimate [ˈʌltɪmət] ◇ adj - **1.** [final] final(e), ultime - **2.** [most powerful] ultime, suprême ◇ n : **the ~** le fin du fin dans.

ultimately [ˈʌltɪmətlɪ] adv [finally] finalement.

ultimatum [ˌʌltɪˈmeɪtəm] (pl **-tums** OR **-ta** [-tə]) n ultimatum m.

ultra- [ˈʌltrə] prefix ultra-.

ultramarine [ˌʌltrəməˈriːn] adj (bleu) outremer (inv).

ultrasonic [ˌʌltrəˈsɒnɪk] adj ultrasonique.

ultrasound [ˈʌltrəsaʊnd] n (U) ultrasons mpl.

ultraviolet [ˌʌltrəˈvaɪələt] adj ultraviolet(ette).

um [ʌm] excl heu!

umbilical cord [ʌmˈbɪlɪkl-] n cordon m ombilical.

umbrage [ˈʌmbrɪdʒ] n : **to take ~ (at)** prendre ombrage (de).

umbrella [ʌmˈbrelə] ◇ n [portable] parapluie m ; [fixed] parasol m ◇ adj [organization] qui en regroupe plusieurs autres.

UMIST [ˈjuːmɪst] (abbr of **University of Manchester Institute of Science and Technology**) n institut de science et de technologie de l'université de Manchester.

umpire [ˈʌmpaɪəʳ] ◇ n arbitre m ◇ vt arbitrer ◇ vi être l'arbitre.

umpteen [ˌʌmpˈtiːn] num adj inf je ne sais combien de.

umpteenth [ˌʌmpˈtiːnθ] num adj inf énième.

UMW (abbr of **United Mineworkers of America**) n syndicat américain de mineurs.

UN (abbr of **United Nations**) n : **the ~** l'ONU f, l'Onu f.

unabashed [ˌʌnəˈbæʃt] adj nullement décontenancé(e).

unabated [ˌʌnəˈbeɪtɪd] adj : **the rain continued ~** la pluie continua de tomber sans répit.

unable [ʌnˈeɪbl] adj : **to be ~ to do sthg** ne pas pouvoir faire qqch, être incapable de faire qqch.

unabridged [ˌʌnəˈbrɪdʒd] adj intégral(e).

unacceptable [ˌʌnəkˈseptəbl] adj inacceptable.

unaccompanied [ˌʌnəˈkʌmpənɪd] adj - **1.** [child] non accompagné(e) ; [luggage] sans surveillance - **2.** [song] a cappella, sans accompagnement.

unaccountable [ˌʌnəˈkaʊntəbl] adj - **1.** [inexplicable] inexplicable - **2.** [not responsible] : **to be ~ for sthg** ne pas être responsable de qqch ; **to be ~ to sb** ne pas être responsable envers OR devant qqn.

unaccountably [ˌʌnəˈkaʊntəblɪ] adv [inexplicably] de façon inexplicable, inexplicablement.

unaccounted [ˌʌnəˈkaʊntɪd] adj : **to be ~ for** manquer.

unaccustomed [ˌʌnəˈkʌstəmd] adj - **1.** [unused] : **to be ~ to sthg/to doing sthg** ne pas être habitué(e) à qqch/à faire qqch - **2.** [not usual] inaccoutumé(e), inhabituel(elle).

unacquainted [ˌʌnəˈkweɪntɪd] adj : **to be ~ with sb/sthg** ne pas connaître qqn/qqch.

unadulterated [ˌʌnəˈdʌltəreɪtɪd] adj - **1.** [unspoilt - wine] non frelaté(e) ; [- food] naturel(elle) - **2.** [absolute - joy] sans mélange ; [- nonsense, truth] pur et simple (pure et simple).

unadventurous [ˌʌnədˈventʃərəs] adj qui manque d'audace.

unaffected [ˌʌnəˈfektɪd] adj - **1.** [unchanged] : **~ (by)** non affecté(e) (par) - **2.** [natural] naturel(elle).

unafraid [ˌʌnəˈfreɪd] adj sans crainte, sans peur.

unaided [ˌʌnˈeɪdɪd] adj sans aide.

unambiguous [ˌʌnæmˈbɪgjʊəs] adj non équivoque.

un-American [ˈʌn-] adj anti-américain(e).

unanimity [ˌjuːnəˈnɪmətɪ] n unanimité f.

unanimous [juːˈnænɪməs] adj unanime.

unanimously [juːˈnænɪməslɪ] adv à l'unanimité.

unannounced [ˌʌnəˈnaʊnst] adj sans tambour ni trompette.

unanswered [ˌʌnˈɑːnsəd] adj qui reste sans réponse.

unappealing [ˌʌnəˈpiːlɪŋ] adj peu attirant(e).

unappetizing, -ising [ˌʌnˈæpɪtaɪzɪŋ] adj peu appétissant(e).

unappreciated [ˌʌnəˈpriːʃɪeɪtɪd] adj peu apprécié(e).

unappreciative [ˌʌnəˈpriːʃɪətɪv] adj : **~ (of)** indifférent(e) (à).

unapproachable [ˌʌnəˈprəʊtʃəbl] adj inabordable, d'un abord difficile.

unarmed [ˌʌnˈɑːmd] *adj* non armé(e).

unarmed combat *n* combat *m* sans armes.

unashamed [ˌʌnəˈʃeɪmd] *adj* [luxury] insolent(e) ; [liar, lie] effronté(e), éhonté(e).

unassisted [ˌʌnəˈsɪstɪd] *adj* sans aide.

unassuming [ˌʌnəˈsjuːmɪŋ] *adj* modeste, effacé(e).

unattached [ˌʌnəˈtætʃt] *adj* - **1.** [not fastened, linked] ~ **(to)** indépendant(e) (de) - **2.** [without partner] libre, sans attaches.

unattainable [ˌʌnəˈteɪnəbl] *adj* inaccessible.

unattended [ˌʌnəˈtendɪd] *adj* [luggage, shop] sans surveillance ; [child] seul(e).

unattractive [ˌʌnəˈtræktɪv] *adj* - **1.** [not beautiful] peu attrayant(e), peu séduisant(e) - **2.** [not pleasant] déplaisant(e).

unauthorized, -ised [ˌʌnˈɔːθəraɪzd] *adj* non autorisé(e).

unavailable [ˌʌnəˈveɪləbl] *adj* qui n'est pas disponible, indisponible.

unavoidable [ˌʌnəˈvɔɪdəbl] *adj* inévitable.

unavoidably [ˌʌnəˈvɔɪdəblɪ] *adj* inévitablement ; **to be ~ detained** être retardé pour des raisons indépendantes de sa volonté.

unaware [ˌʌnəˈweəʳ] *adj* ignorant(e), inconscient(e) ; **to be ~ of sthg** ne pas avoir conscience de qqch, ignorer qqch.

unawares [ˌʌnəˈweəz] *adv* : **to catch** OR **take sb ~** prendre qqn au dépourvu.

unbalanced [ˌʌnˈbælənst] *adj* - **1.** [biased] tendancieux(euse), partial(e) - **2.** [deranged] déséquilibré(e).

unbearable [ʌnˈbeərəbl] *adj* insupportable.

unbearably [ʌnˈbeərəblɪ] *adv* insupportablement ; **it's ~ hot** il fait une chaleur insupportable.

unbeatable [ˌʌnˈbiːtəbl] *adj* imbattable.

unbecoming [ˌʌnbɪˈkʌmɪŋ] *adj* [unattractive] peu seyant(e).

unbeknown(st) [ˌʌnbɪˈnəʊn(st)] *adv* : **~ to** à l'insu de.

unbelievable [ˌʌnbɪˈliːvəbl] *adj* incroyable.

unbelievably [ˌʌnbɪˈliːvəblɪ] *adv* incroyablement ; **to be ~ stupid** être d'une bêtise incroyable.

unbend [ˌʌnˈbend] (*pt* & *pp* unbent) *vi* [relax] se détendre.

unbending [ˌʌnˈbendɪŋ] *adj* inflexible, intransigeant(e).

unbent [ˌʌnˈbent] *pt* & *pp* ➩ unbend.

unbia(s)sed [ˌʌnˈbaɪəst] *adj* impartial(e).

unblemished [ˌʌnˈblemɪʃt] *adj* fig sans tache.

unblock [ˌʌnˈblɒk] *vt* déboucher.

unbolt [ˌʌnˈbəʊlt] *vt* déverrouiller.

unborn [ˌʌnˈbɔːn] *adj* [child] qui n'est pas encore né(e).

unbreakable [ˌʌnˈbreɪkəbl] *adj* incassable.

unbridled [ˌʌnˈbraɪdld] *adj* effréné(e), débridé(e).

unbuckle [ˌʌnˈbʌkl] *vt* déboucler.

unbutton [ˌʌnˈbʌtn] *vt* déboutonner.

uncalled-for [ˌʌnˈkɔːld-] *adj* [remark] déplacé(e) ; [criticism] injustifié(e).

uncanny [ʌnˈkænɪ] (*compar* -ier ; *superl* -iest) *adj* étrange, mystérieux(euse) ; [resemblance] troublant(e).

uncared-for [ˌʌnˈkeəd-] *adj* délaissé(e), négligé(e).

uncaring [ˌʌnˈkeərɪŋ] *adj* qui ne se soucie pas des autres.

unceasing [ˌʌnˈsiːsɪŋ] *adj* fml incessant(e), continuel(elle).

unceremonious [ˈʌnˌserɪˈməʊnjəs] *adj* brusque.

unceremoniously [ˈʌnˌserɪˈməʊnjəslɪ] *adv* brusquement.

uncertain [ʌnˈsɜːtn] *adj* incertain(e) ; **in no ~ terms** sans mâcher ses mots.

unchain [ˌʌnˈtʃeɪn] *vt* désenchaîner.

unchallenged [ˌʌnˈtʃælɪndʒd] *adj* incontesté(e), indiscuté(e).

unchanged [ˌʌnˈtʃeɪndʒd] *adj* inchangé(e).

unchanging [ˌʌnˈtʃeɪndʒɪŋ] *adj* invariable, immuable.

uncharacteristic [ˈʌnˌkærəktəˈrɪstɪk] *adj* inhabituel(elle).

uncharitable [ˌʌnˈtʃærɪtəbl] *adj* peu charitable.

uncharted [ˌʌnˈtʃɑːtɪd] *adj* [land, sea] qui n'est pas sur la carte ; **~ territory** fig domaine inexploré.

unchecked [ˌʌnˈtʃekt] *adj* non maîtrisé(e), sans frein.

uncivilized, -ised [ˌʌnˈsɪvɪlaɪzd] *adj* non civilisé(e), barbare.

unclassified [ˌʌnˈklæsɪfaɪd] *adj* [documents] non classé(e) ; [information] non secret(ète).

uncle [ˈʌŋkl] *n* oncle *m*.

unclean [ˌʌnˈkliːn] *adj* - **1.** [dirty] sale - **2.** RELIG impur(e).

unclear [ˌʌnˈklɪəʳ] *adj* - **1.** [message, meaning, motive] qui n'est pas clair(e) - **2.** [uncertain - person, future] incertain(e).

Uncle Sam l'Oncle Sam (*personnage repré-*

sentant les États-Unis dans la propagande pour l'armée).

unclothed [ˌʌn'kləʊðd] *adj* nu(e), sans vêtements.

uncomfortable [ˌʌn'kʌmftəbl] *adj* - **1.** [shoes, chair, clothes etc] inconfortable ; fig [fact, truth] désagréable - **2.** [person - physically] qui n'est pas à l'aise ; [- ill at ease] mal à l'aise.

uncomfortably [ˌʌn'kʌmftəbli] *adv* - **1.** [in physical discomfort] inconfortablement - **2.** fig [uneasily] avec gêne.

uncommitted [ˌʌnkə'mɪtɪd] *adj* non engagé(e).

uncommon [ʌn'kɒmən] *adj* - **1.** [rare] rare - **2.** fml [extreme] extraordinaire.

uncommonly [ʌn'kɒmənli] *adv* fml extraordinairement.

uncommunicative [ˌʌnkə'mjuːnɪkətɪv] *adj* peu expansif(ive), peu communicatif(ive).

uncomplicated [ˌʌn'kɒmplɪkeɪtɪd] *adj* simple, peu compliqué(e).

uncomprehending [ˈʌnˌkɒmprɪ'hendɪŋ] *adj* qui ne comprend pas.

uncompromising [ˌʌn'kɒmprəmaɪzɪŋ] *adj* intransigeant(e).

unconcerned [ˌʌnkən'sɜːnd] *adj* [not anxious] qui ne s'inquiète pas.

unconditional [ˌʌnkən'dɪʃənl] *adj* inconditionnel(elle).

uncongenial [ˌʌnkən'dʒiːnjəl] *adj* fml peu agréable.

unconnected [ˌʌnkə'nektɪd] *adj* [facts, events] sans rapport.

unconquered [ˌʌn'kɒŋkəd] *adj* qui n'a pas été conquis(e).

unconscious [ʌn'kɒnʃəs] ⟨⟩ *adj* - **1.** [having lost consciousness] sans connaissance - **2.** fig [unaware] : **to be ~ of** ne pas avoir conscience de, ne pas se rendre compte de - **3.** [unnoticed - desires, feelings] inconscient(e) ⟨⟩ *n* PSYCH inconscient *m*.

unconsciously [ʌn'kɒnʃəsli] *adv* inconsciemment.

unconstitutional [ˈʌnˌkɒnstɪ'tjuːʃənl] *adj* inconstitutionnel(elle), anticonstitutionnel(elle).

uncontested [ˌʌnkən'testɪd] *adj* incontesté(e) ; [election] sans opposition.

uncontrollable [ˌʌnkən'trəʊləbl] *adj* - **1.** [unrestrainable - emotion, urge] irrépressible, irrésistible ; [- increase, epidemic] qui ne peut être enrayée(e) - **2.** [unmanageable - person] impossible, difficile.

uncontrolled [ˌʌnkən'trəʊld] *adj* [emotion,

urge] non contenu(e) ; [increase] effréné(e) ; [inflation, epidemic] galopant(e).

unconventional [ˌʌnkən'venʃənl] *adj* peu conventionnel(elle), original(e).

unconvinced [ˌʌnkən'vɪnst] *adj* qui n'est pas convaincu(e), sceptique.

unconvincing [ˌʌnkən'vɪnsɪŋ] *adj* peu convaincant(e).

uncooked [ˌʌn'kʊkt] *adj* non cuit(e), cru(e).

uncooperative [ˌʌnkəʊ'ɒpərətɪv] *adj* peu coopératif(ive).

uncork [ˌʌn'kɔːk] *vt* déboucher.

uncorroborated [ˌʌnkə'rɒbəreɪtɪd] *adj* non corroboré(e).

uncouth [ʌn'kuːθ] *adj* grossier(ère).

uncover [ʌn'kʌvər] *vt* découvrir.

uncurl [ˌʌn'kɜːl] *vi* [hair] se défriser, se déboucler ; [wire, snake] se dérouler.

uncut [ˌʌn'kʌt] *adj* - **1.** [film] intégral(e), sans coupures - **2.** [jewel] brut(e), non taillé(e).

undamaged [ˌʌn'dæmɪdʒd] *adj* non endommagé(e), intact(e).

undaunted [ˌʌn'dɔːntɪd] *adj* non découragé(e).

undecided [ˌʌndɪ'saɪdɪd] *adj* [person] indécis(e), irrésolu(e) ; [issue] indécis(e).

undemanding [ˌʌndɪ'mɑːndɪŋ] *adj* [task] astreignant(e), peu exigeant(e) ; [person] peu exigeant(e).

undemonstrative [ˌʌndɪ'mɒnstrətɪv] *adj* peu expansif(ive), peu démonstratif(ive).

undeniable [ˌʌndɪ'naɪəbl] *adj* indéniable, incontestable.

under ['ʌndər] ⟨⟩ *prep* - **1.** [gen] sous - **2.** [less than] moins de ; **children ~ five** les enfants de moins de cinq ans - **3.** [subject to - effect, influence] sous ; **~ the circumstances** dans ces circonstances, étant donné les circonstances ; **to be ~ an obligation to sb** être redevable à qqn, avoir une dette de reconnaissance envers qqn ; **to be ~ the impression that ...** avoir l'impression que ... - **4.** [undergoing] : **~ discussion** en discussion ; **~ consideration** à l'étude, à l'examen ; **~ review** qui doit être révisé - **5.** [according to] selon, conformément à ⟨⟩ *adv* - **1.** [underneath] dessous ; [underwater] sous l'eau ; **to go ~** [company] couler, faire faillite - **2.** [less] audessous.

under- ['ʌndər] *prefix* sous-.

underachiever [ˌʌndərə'tʃiːvər] *n personne dont les résultats ne correspondent pas à ses possibilités.*

underage [ˌʌndər'eɪdʒ] *adj* mineur(e) ; **~ drinking** consommation *f* d'alcool par les mineurs ; **~ sex** rapports *mpl* sexuels entre des mineurs.

underarm ['ʌndərɑːm] ◇ *adj* [deodorant] pour les aisselles ◇ *adv* [throw, bowl] par en-dessous.

underbrush ['ʌndəbrʌʃ] *n (U)* **Am** sous-bois *m inv.*

undercarriage ['ʌndə,kærɪdʒ] *n* train *m* d'atterrissage.

undercharge [,ʌndə'tʃɑːdʒ] *vt* faire payer insuffisamment à.

underclothes ['ʌndəkləʊðz] *npl* sous-vêtements *mpl.*

undercoat ['ʌndəkəʊt] *n* [of paint] couche *f* de fond.

undercook [,ʌndə'kʊk] *vt* ne pas assez cuire.

undercover ['ʌndə,kʌvəʳ] ◇ *adj* secret(ète) ◇ *adv* clandestinement.

undercurrent ['ʌndə,kʌrənt] *n* fig [tendency] courant *m* sous-jacent.

undercut [,ʌndə'kʌt] (*pt* & *pp* **undercut**, *cont* **-ting**) *vt* [in price] vendre moins cher que.

underdeveloped [,ʌndədɪ'veləpt] *adj* [country] sous-développé(e) ; [person] qui n'est pas complètement développé(e) OR formé(e).

underdog ['ʌndədɒg] *n* : **the ~** l'opprimé *m ;* SPORT celui (celle) que l'on donne perdant(e).

underdone [,ʌndə'dʌn] *adj* [food] pas assez cuit(e) ; [steak] saignant(e).

underemployment [,ʌndərɪm'plɔɪmənt] *n* sous-emploi *m.*

underestimate [*n* ,ʌndər'estɪmət , *vb* ,ʌndər'estɪmeɪt] ◇ *n* sous-estimation *f* ◇ *vt* sous-estimer.

underexposed [,ʌndərɪk'spəʊzd] *adj* PHOT sous-exposé(e).

underfinanced [,ʌndə'faɪnænst] *adj* insuffisamment financé(e).

underfoot [,ʌndə'fʊt] *adv* sous les pieds ; **to trample sthg ~** fouler qqch aux pieds ; **the ground ~** le sol.

undergo [,ʌndə'gəʊ] (*pt* **-went** ; *pp* **-gone** [-'gɒn]) *vt* subir ; [pain, difficulties] éprouver.

undergraduate [,ʌndə'grædjʊət] ◇ *adj* [course, studies] pour étudiants de licence ◇ *n* étudiant *m*, -e *f* qui prépare la licence.

underground [*adj* & *n* 'ʌndəgraʊnd, *adv* ,ʌndə'graʊnd] ◇ *adj* **- 1.** [below the ground] souterrain(e) **- 2.** fig [secret] clandestin(e) ◇ *adv* : **to go/be forced ~** entrer dans la clandestinité ◇ *n* **- 1.** Br [subway] métro *m* **- 2.** [activist movement] résistance *f.*

undergrowth ['ʌndəgrəʊθ] *n (U)* sous-bois *m inv.*

underhand [,ʌndə'hænd] *adj* sournois(e), en dessous.

underinsured [,ʌndərɪn'ʃʊəd] *adj* sous-assuré(e).

underlay ['ʌndəleɪ] *n* [for carpet] thibaude *f.*

underline [,ʌndə'laɪn] *vt* souligner.

underlying [,ʌndə'laɪɪŋ] *adj* sous-jacent(e).

undermanned [,ʌndə'mænd] *adj* à court de personnel OR de main d'œuvre.

undermentioned [,ʌndə'menʃnd] *adj* fml (cité(e)) ci-dessous.

undermine [,ʌndə'maɪn] *vt* fig [weaken] saper, ébranler.

underneath [,ʌndə'niːθ] ◇ *prep* **- 1.** [beneath] sous, au-dessous de ' **- 2.** [in movements] sous ◇ *adv* **- 1.** [beneath] en dessous, dessous **- 2.** fig [fundamentally] au fond ◇ *adj* inf d'en dessous ◇ *n* [underside] : **the ~** le dessous.

undernourished [,ʌndə'nʌrɪʃt] *adj* sous-alimenté(e).

underpaid [*pt* & *pp* ,ʌndə'peɪd, *adj* 'ʌndəpeɪd] ◇ *pt* & *pp* ➦ **underpay** ◇ *adj* sous-payé(e).

underpants ['ʌndəpænts] *npl* slip *m.*

underpass ['ʌndəpɑːs] *n* [for cars] passage *m* inférieur ; [for pedestrians] passage *m* souterrain.

underpay [,ʌndə'peɪ] (*pt* & *pp* **-paid**) *vt* sous-payer.

underpin [,ʌndə'pɪn] (*pt* & *pp* **-ned** ; *cont* **-ning**) *vt* étayer.

underplay [,ʌndə'pleɪ] *vt* réduire l'importance de, minimiser.

underprice [,ʌndə'praɪs] *vt* mettre un prix trop bas à.

underprivileged [,ʌndə'prɪvɪlɪdʒd] *adj* défavorisé(e), déshérité(e).

underproduction [,ʌndəprə'dʌkʃn] *n* sous-production *f.*

underrated [,ʌndə'reɪtɪd] *adj* sous-estimé(e).

underscore [,ʌndə'skɔːʳ] *vt* lit & fig souligner.

undersea ['ʌndəsiː] *adj* sous-marin(e).

undersecretary [,ʌndə'sekrətərɪ] (*pl* **-ies**) *n* sous-secrétaire *m.*

undersell [,ʌndə'sel] (*pt* & *pp* **-sold**) *vt* COMM vendre moins cher que ; **to ~ o.s.** fig ne pas se mettre assez en valeur.

undershirt ['ʌndəʃɜːt] *n* **Am** maillot *m* de corps.

underside ['ʌndəsaɪd] *n* : **the ~** le dessous.

undersigned [ˈʌndəsaɪnd] *n fml* : **I, the ~** je soussigné(e).

undersize(d) [ˌʌndəˈsaɪz(d)] *adj* trop petit(e).

underskirt [ˈʌndəskɜːt] *n* jupon *m*.

undersold [ˌʌndəˈsəʊld] *pt & pp* ⊳ **undersell**.

understaffed [ˌʌndəˈstɑːft] *adj* à court de personnel.

understand [ˌʌndəˈstænd] (*pt & pp* -stood) ◇ *vt* - **1.** [gen] comprendre ; **to make o.s. understood** se faire comprendre - **2.** *fml* [be informed] : **I ~ (that)** ... je crois comprendre que ..., il paraît que ... ◇ *vi* comprendre.

understandable [ˌʌndəˈstændəbl] *adj* compréhensible.

understandably [ˌʌndəˈstændəblɪ] *adv* - **1.** [speak] de façon compréhensible - **2.** [naturally] naturellement.

understanding [ˌʌndəˈstændɪŋ] ◇ *n* - **1.** [knowledge, sympathy] compréhension *f* ; **it was my ~ that** ... j'avais compris que ... - **2.** [agreement] accord *m*, arrangement *m* ; **to come to an ~ (over)** s'entendre (sur) ; **on the ~ that** ... à condition que ... (+ *subjunctive*) ◇ *adj* [sympathetic] compréhensif(ive).

understate [ˌʌndəˈsteɪt] *vt* réduire l'importance de, minimiser.

understatement [ˌʌndəˈsteɪtmənt] *n* - **1.** [inadequate statement] affirmation *f* en dessous de la vérité - **2.** *(U)* [quality of understating] euphémisme *m*.

understood [ˌʌndəˈstʊd] *pt & pp* ⊳ **understand**.

understudy [ˈʌndəˌstʌdɪ] (*pl* -ies) *n* doublure *f*.

undertake [ˌʌndəˈteɪk] (*pt* -took ; *pp* -taken [-ˈteɪkn]) *vt* - **1.** [take on - gen] entreprendre ; [- responsibility] assumer - **2.** [promise] : **to ~ to do sthg** promettre de faire qqch, s'engager à faire qqch.

undertaker [ˈʌndəˌteɪkər] *n* entrepreneur *m* des pompes funèbres.

undertaking [ˌʌndəˈteɪkɪŋ] *n* - **1.** [task] entreprise *f* - **2.** [promise] promesse *f*.

undertone [ˈʌndətəʊn] *n* - **1.** [quiet voice] voix *f* basse - **2.** [vague feeling] courant *m*.

undertook [ˌʌndəˈtʊk] *pt* ⊳ **undertake**.

undertow [ˈʌndətəʊ] *n* courant *m* sous-marin.

undervalue [ˌʌndəˈvæljuː] *vt* [house, antique etc] sous-évaluer ; [person] sous-estimer, mésestimer.

underwater [ˌʌndəˈwɔːtər] ◇ *adj* sous-marin(e) ◇ *adv* sous l'eau.

underwear [ˈʌndəweər] *n (U)* sous-vêtements *mpl*.

underweight [ˌʌndəˈweɪt] *adj* qui ne pèse pas assez, qui est trop maigre.

underwent [ˌʌndəˈwent] *pt* ⊳ **undergo**.

underworld [ˈʌndəˌwɜːld] *n* [criminal society] : **the ~** le milieu, la pègre.

underwrite [ˈʌndəraɪt] (*pt* -wrote ; *pp* -written) *vt* - **1.** FIN garantir - **2.** [in insurance] garantir, assurer contre.

underwriter [ˈʌndəˌraɪtər] *n* assureur *m*.

underwritten [ˈʌndəˌrɪtn] *pp* ⊳ **underwrite**.

underwrote [ˈʌndərəʊt] *pt* ⊳ **underwrite**.

undeserved [ˌʌndɪˈzɜːvd] *adj* immérité(e).

undesirable [ˌʌndɪˈzaɪərəbl] *adj* indésirable.

undeveloped [ˌʌndɪˈveləpt] *adj* [land] non exploité(e), inexploité(e).

undid [ˌʌnˈdɪd] *pt* ⊳ **undo**.

undies [ˈʌndɪz] *npl inf* dessous *mpl*, lingerie *f*.

undignified [ʌnˈdɪɡnɪfaɪd] *adj* peu digne, qui manque de dignité.

undiluted [ˌʌndaɪˈljuːtɪd] *adj* - **1.** [quality, emotion] sans mélange - **2.** [liquid] non dilué(e).

undiplomatic [ˌʌndɪpləˈmætɪk] *adj* peu diplomate.

undischarged [ˌʌndɪsˈtʃɑːdʒd] *adj* [debt] non acquitté(e), non liquidé(e) ; **~ bankrupt** [person] failli *m* non réhabilité.

undisciplined [ʌnˈdɪsɪplɪnd] *adj* indiscipliné(e).

undiscovered [ˌʌndɪˈskʌvəd] *adj* non découvert(e).

undisputed [ˌʌndɪˈspjuːtɪd] *adj* incontesté(e).

undistinguished [ˌʌndɪˈstɪŋɡwɪʃt] *adj* médiocre, quelconque.

undivided [ˌʌndɪˈvaɪdɪd] *adj* indivisé(e), entier(ère).

undo [ʌnˈduː] (*pt* -did ; *pp* -done) *vt* - **1.** [unfasten] défaire - **2.** [nullify] annuler, détruire.

undoing [ʌnˈduːɪŋ] *n (U) fml* perte *f*, ruine *f*.

undone [ʌnˈdʌn] ◇ *pp* ⊳ **undo** ◇ *adj* - **1.** [unfastened] défait(e) - **2.** [task] non accompli(e).

undoubted [ʌnˈdaʊtɪd] *adj* indubitable, certain(e).

undoubtedly [ʌnˈdaʊtɪdlɪ] *adv* sans aucun doute.

undreamed-of [ʌnˈdriːmdɒv], **undreamt-of** [ʌnˈdremtɒv] *adj* inimaginable.

undress [ʌnˈdres] ◇ *vt* déshabiller ◇ *vi* se déshabiller.

undressed [ˌʌn'drest] *adj* déshabillé(e) ; **to get ~** se déshabiller.

undrinkable [ˌʌn'drɪŋkəbl] *adj* [unfit to drink] non potable ; [disgusting] imbuvable.

undue [ˌʌn'djuː] *adj fml* excessif(ive).

undulate ['ʌndjʊleɪt] *vi* onduler.

unduly [ˌʌn'djuːlɪ] *adv fml* trop, excessivement.

undying [ʌn'daɪɪŋ] *adj literary* éternel(elle).

unearned income [ˌʌnɜːnd-] *n (U)* rentes *fpl*.

unearth [ˌʌn'ɜːθ] *vt* - **1.** [dig up] déterrer - **2.** fig [discover] découvrir, dénicher.

unearthly [ʌn'ɜːθlɪ] *adj* - **1.** [ghostly] mystérieux(euse) - **2.** inf [uncivilized - time of day] indu(e), impossible.

unease [ʌn'iːz] *n (U)* malaise *m*.

uneasy [ʌn'iːzɪ] (*compar* -ier ; *superl* -iest) *adj* [person, feeling] mal à l'aise, gêné(e) ; [peace] troublé(e), incertain(e) ; [silence] gêné(e).

uneatable [ˌʌn'iːtəbl] *adj* [not fit to eat] non comestible ; [disgusting] immangeable.

uneaten [ˌʌn'iːtn] *adj* non mangé(e).

uneconomic ['ʌnˌiːkə'nɒmɪk] *adj* peu économique, peu rentable.

uneducated [ˌʌn'edjʊkeɪtɪd] *adj* [person] sans instruction.

unemotional [ˌʌnɪ'məʊʃənl] *adj* qui ne montre OR trahit aucune émotion.

unemployable [ˌʌnɪm'plɔɪəbl] *adj* inapte au travail.

unemployed [ˌʌnɪm'plɔɪd] ⟨⟩ *adj* au chômage, sans travail ⟨⟩ *npl* : **the ~** les chômeurs *mpl*.

unemployment [ˌʌnɪm'plɔɪmənt] *n* chômage *m*.

unemployment benefit Br, **unemployment compensation** Am *n* allocation *f* de chômage.

unenviable [ˌʌn'envɪəbl] *adj* peu enviable.

unequal [ˌʌn'iːkwəl] *adj* - **1.** [different] inégal(e) - **2.** [unfair] injuste.

unequalled Br, **unequaled** Am [ˌʌn'iːkwəld] *adj* inégalé(e).

unequivocal [ˌʌnɪ'kwɪvəkl] *adj* sans équivoque.

unerring [ˌʌn'ɜːrɪŋ] *adj* sûr(e), infaillible.

UNESCO [juː'neskəʊ] (*abbr of* United Nations Educational, Scientific and Cultural Organization) *n* UNESCO *f*, Unesco *f*.

unethical [ʌn'eθɪkl] *adj* immoral(e).

uneven [ˌʌn'iːvn] *adj* - **1.** [not flat - surface] inégal(e) ; [- ground] accidenté(e) - **2.** [inconsistent] inégal(e) - **3.** [unfair] injuste.

uneventful [ˌʌnɪ'ventfʊl] *adj* sans incidents.

unexceptional [ˌʌnɪk'sepʃənl] *adj* qui n'a rien d'exceptionnel.

unexpected [ˌʌnɪk'spektɪd] *adj* inattendu(e), imprévu(e).

unexpectedly [ˌʌnɪk'spektɪdlɪ] *adv* subitement, d'une manière imprévue.

unexplained [ˌʌnɪk'spleɪnd] *adj* inexpliqué(e).

unexploded [ˌʌnɪk'spləʊdɪd] *adj* [bomb] non explosé(e), non éclaté(e).

unexpurgated [ˌʌn'ekspəgeɪtɪd] *adj* non expurgé(e), intégral(e).

unfailing [ʌn'feɪlɪŋ] *adj* qui ne se dément pas, constant(e).

unfair [ˌʌn'feəʳ] *adj* injuste.

unfair dismissal *n* licenciement *m* injuste OR abusif.

unfairness [ˌʌn'feənɪs] *n* injustice *f*.

unfaithful [ˌʌn'feɪθfʊl] *adj* infidèle.

unfamiliar [ˌʌnfə'mɪljəʳ] *adj* - **1.** [not well-known] peu familier(ère), peu connu(e) - **2.** [not acquainted] : **to be ~ with sb/sthg** mal connaître qqn/qqch, ne pas connaître qqn/qqch.

unfashionable [ˌʌn'fæʃnəbl] *adj* démodé(e), passé(e) de mode ; [person] qui n'est plus à la mode.

unfasten [ˌʌn'fɑːsn] *vt* défaire.

unfavourable Br, **unfavorable** Am [ˌʌn'feɪvrəbl] *adj* défavorable.

unfazed [ʌn'feɪzd] *adj* inf imperturbable, impassible.

unfeeling [ʌn'fiːlɪŋ] *adj* impitoyable, insensible.

unfinished [ˌʌn'fɪnɪʃt] *adj* inachevé(e).

unfit [ˌʌn'fɪt] *adj* - **1.** [not in good health] qui n'est pas en forme - **2.** [not suitable] : **~ (for)** impropre (à) ; [person] inapte (à).

unflagging [ˌʌn'flægɪŋ] *adj* inlassable, infatigable.

unflappable [ˌʌn'flæpəbl] *adj* esp Br imperturbable, flegmatique.

unflattering [ˌʌn'flætərɪŋ] *adj* peu flatteur(euse).

unflinching [ʌn'flɪntʃɪŋ] *adj* inébranlable.

unfold [ʌn'fəʊld] ⟨⟩ *vt* - **1.** [map, newspaper] déplier - **2.** [explain - plan, proposal] exposer ⟨⟩ *vi* [become clear] se dérouler.

unforeseeable [ˌʌnfɔː'siːəbl] *adj* imprévisible.

unforeseen [ˌʌnfɔː'siːn] *adj* imprévu(e).

unforgettable [ˌʌnfə'getəbl] *adj* inoublia-ble.

unforgivable [ˌʌnfə'gɪvəbl] *adj* impardon-nable.

unformatted [ˌʌn'fɔ:mætɪd] *adj* COMPUT non formaté(e).

unfortunate [ʌn'fɔ:tʃnət] *adj* - **1.** [unlucky] malheureux(euse), malchanceux(euse) - **2.** [regrettable] regrettable, fâcheux(euse).

unfortunately [ʌn'fɔ:tʃnətlɪ] *adv* malheu-reusement.

unfounded [ˌʌn'faʊndɪd] *adj* sans fonde-ment, dénué(e) de tout fondement.

unfriendly [ˌʌn'frendlɪ] (*compar* -**ier** ; *superl* -**iest**) *adj* hostile, malveillant(e).

unfulfilled [ˌʌnfʊl'fɪld] *adj* - **1.** [ambition, poten-tial, prophecy] non réalisé(e), inaccompli(e) ; [promise] non tenu(e) - **2.** [person, life] insatis-fait(e), frustré(e).

unfurl [ˌʌn'fɜ:l] *vt* déployer.

unfurnished [ˌʌn'fɜ:nɪʃt] *adj* non meu-blé(e).

ungainly [ʌn'geɪnlɪ] *adj* gauche.

ungenerous [ˌʌn'dʒenərəs] *adj* - **1.** [mean - per-son] peu généreux(euse) ; [- amount] mes-quin(e) - **2.** [unkind] peu charitable, mes-quin(e).

ungodly [ˌʌn'gɒdlɪ] *adj* - **1.** [irreligious] impie, irréligieux(euse) - **2.** *inf* [unreasonable] in-du(e), impossible.

ungrateful [ʌn'greɪtfʊl] *adj* ingrat(e), peu reconnaissant(e).

ungratefulness [ʌn'greɪtfʊlnɪs] *n* ingrati-tude *f*.

unguarded [ˌʌn'gɑ:dɪd] *adj* - **1.** [house, camp etc] sans surveillance - **2.** [careless] : **in an ~ moment** dans un moment d'inattention.

unhappily [ʌn'hæpɪlɪ] *adv* - **1.** [sadly] triste-ment - **2.** [unfortunately] malheureusement.

unhappiness [ʌn'hæpɪnɪs] *n* (U) tristesse *f*, chagrin *m*.

unhappy [ʌn'hæpɪ] (*compar* -**ier** ; *superl* -**iest**) *adj* - **1.** [sad] triste, malheureux(euse) - **2.** [uneasy] : **to be ~ (with** OR **about)** être in-quiet(ète) (au sujet de) - **3.** [unfortunate] mal-heureux(euse), regrettable.

unharmed [ˌʌn'hɑ:md] *adj* indemne, sain et sauf (saine et sauve).

UNHCR (*abbr of* **United Nations High Com-mission for Refugees**) *n* HCR *m*.

unhealthy [ʌn'helθɪ] (*compar* -**ier** ; *superl* -**iest**) *adj* - **1.** [person, skin] maladif(ive) ; [condi-tions, place] insalubre, malsain(e) ; [habit] mal-sain - **2.** *fig* [undesirable] malsain(e).

unheard [ˌʌn'hɜ:d] *adj* : **her warning went ~** on n'a pas tenu compte de son avertisse-ment.

unheard-of [ʌn'hɜ:dɒv] *adj* - **1.** [unknown] in-connu(e) - **2.** [unprecedented] sans précédent, inouï(e).

unheeded [ˌʌn'hi:dɪd] *adj* : **his advice went ~** on n'a pas suivi OR écouté ses conseils.

unhelpful [ˌʌn'helpfʊl] *adj* - **1.** [person, attitude] peu serviable, peu obligeant(e) - **2.** [advice, book] qui n'aide en rien, peu utile.

unhindered [ˌʌn'hɪndəd] *adj* sans obstacles, sans encombre.

unhook [ˌʌn'hʊk] *vt* - **1.** [dress, bra] dégrafer - **2.** [coat, picture, trailer] décrocher.

unhurt [ˌʌn'hɜ:t] *adj* indemne, sain et sauf (saine et sauve).

unhygienic [ˌʌnhaɪ'dʒi:nɪk] *adj* non hygiéni-que.

UNICEF ['ju:nɪˌsef] (*abbr of* **United Nations In-ternational Children's Emergency Fund**) *n* UNICEF *m*, Unicef *m*.

unicorn ['ju:nɪkɔ:n] *n* licorne *f*.

unicycle ['ju:nɪsaɪkl] *n* monocycle *m*.

unidentified *adj* non identifié(e).

unidentified flying object [ˌʌnaɪ'dentɪ-faɪd-] *n* objet *m* volant non identifié.

unification [ˌju:nɪfɪ'keɪʃn] *n* unification *f*.

uniform ['ju:nɪfɔ:m] <> *adj* [rate, colour] uni-forme ; [size] même <> *n* uniforme *m*.

uniformity [ˌju:nɪ'fɔ:mətɪ] *n* uniformité *f*.

uniformly ['ju:nɪfɔ:mlɪ] *adv* uniformément.

unify ['ju:nɪfaɪ] (*pt* & *pp* -**ied**) *vt* unifier.

unifying ['ju:nɪfaɪɪŋ] *adj* qui unifie, unifica-teur(trice).

unilateral [ˌju:nɪ'lætərəl] *adj* unilatéral(e).

unimaginable [ˌʌnɪ'mædʒɪnəbl] *adj* inima-ginable, inconcevable.

unimaginative [ˌʌnɪ'mædʒɪnətɪv] *adj* qui manque d'imagination, peu imagina-tif(ive).

unimpaired [ˌʌnɪm'peəd] *adj* intact(e).

unimpeded [ˌʌnɪm'pi:dɪd] *adj* sans entrave.

unimportant [ˌʌnɪm'pɔ:tənt] *adj* sans im-portance, peu important(e).

unimpressed [ˌʌnɪm'prest] *adj* qui n'est pas impressionné(e).

uninhabited [ˌʌnɪn'hæbɪtɪd] *adj* inhabité(e).

uninhibited [ˌʌnɪn'hɪbɪtɪd] *adj* sans inhibi-tions, qui n'a pas d'inhibitions.

uninitiated [ˌʌnɪ'nɪʃɪeɪtɪd] *npl* : **the ~ les** non-initiés, les profanes.

uninjured [ˌʌn'ɪndʒəd] *adj* qui n'est pas blessé(e), indemne.

uninspiring [ˌʌnɪn'spaɪrɪŋ] *adj* qui n'a rien d'inspirant.

unintelligent [ˌʌnɪn'telɪdʒənt] *adj* inintelligent(e).

unintentional [ˌʌnɪn'tenʃənl] *adj* involontaire, non intentionnel(elle).

uninterested [ˌʌn'ɪntrəstɪd] *adj* indifférent(e).

uninterrupted ['ʌnˌɪntə'rʌptɪd] *adj* ininterrompu(e), continu(e).

uninvited [ˌʌnɪn'vaɪtɪd] *adj* qui n'a pas été invité(e).

union ['juːnjən] ⟨⟩ *n* - **1.** [trade union] syndicat *m* - **2.** [alliance] union *f* ⟨⟩ *comp* syndical(e).

Unionist ['juːnjənɪst] *n* Br POL unioniste *mf*.

unionize, -ise ['juːnjənaɪz] *vt* syndiquer.

Union Jack *n* : the ~ l'Union Jack *m*, le drapeau britannique.

THE UNION JACK

> Le drapeau du Royaume-Uni est composé de trois éléments. Il rassemble en effet la croix de Saint-Georges anglaise (croix sur fond blanc), la croix de Saint-André écossaise (blanche sur fond bleu) et la croix de Saint-Patrick irlandaise (rouge). Le drapeau gallois, avec son dragon rouge sur fond vert, ne fait pas partie de l'Union Jack.

union shop *n* Am atelier *m* d'ouvriers syndiqués.

unique [juː'niːk] *adj* - **1.** [exceptional] unique, exceptionnel(elle) - **2.** [exclusive] : ~ **to** propre à - **3.** [very special] unique.

uniquely [juː'niːklɪ] *adv* - **1.** [exclusively] uniquement - **2.** [exceptionally] exceptionnellement.

unisex ['juːnɪseks] *adj* unisexe.

unison ['juːnɪzn] *n* unisson *m* ; **in** ~ à l'unisson ; [say] en chœur, en même temps.

UNISON ['juːnɪzn] *n* « super-syndicat » britannique des services publics.

unit ['juːnɪt] *n* - **1.** [gen] unité *f* - **2.** [machine part] élément *m*, bloc *m* - **3.** [of furniture] élément *m* ; **storage** ~ meuble *m* de rangement - **4.** [department] service *m* - **5.** [chapter] chapitre *m*.

unit cost *n* prix *m* de revient unitaire.

unite [juː'naɪt] ⟨⟩ *vt* unifier ⟨⟩ *vi* s'unir.

united [juː'naɪtɪd] *adj* - **1.** [in harmony] uni(e) ; **to be** ~ **in sthg** être uni dans qqch - **2.** [unified] unifié(e).

United Arab Emirates *npl* : **the** ~ les Émirats *mpl* arabes unis.

united front *n* : **to present a** ~ montrer un front uni.

United Kingdom *n* : **the** ~ le Royaume-Uni.

United Nations *n* : **the** ~ les Nations *fpl* Unies.

United States *n* : **the** ~ **(of America)** les États-Unis *mpl* (d'Amérique) ; **in the** ~ aux États-Unis.

unit price *n* prix *m* unitaire.

unit trust *n* Br société *f* d'investissement à capital variable.

unity ['juːnətɪ] *n* (U) unité *f*.

Univ. *abbr of* **University.**

universal [ˌjuːnɪ'vɜːsl] *adj* universel(elle).

universal joint *n* joint *m* universel OR de cardan.

universe ['juːnɪvɜːs] *n* univers *m*.

university [ˌjuːnɪ'vɜːsətɪ] (*pl* **-ies**) ⟨⟩ *n* université *f* ⟨⟩ *comp* universitaire ; [lecturer] d'université ; ~ **student** étudiant *m*, -e *f* à l'université.

unjust [ˌʌn'dʒʌst] *adj* injuste.

unjustifiable [ʌn'dʒʌstɪfaɪəbl] *adj* injustifiable.

unjustified [ʌn'dʒʌstɪfaɪd] *adj* injustifié(e).

unkempt [ˌʌn'kempt] *adj* [clothes, person] négligé(e), débraillé(e) ; [hair] mal peigné(e).

unkind [ʌn'kaɪnd] *adj* - **1.** [uncharitable] méchant(e), pas gentil(ille) - **2.** fig [weather, climate] rude, rigoureux(euse).

unkindly [ʌn'kaɪndlɪ] *adv* méchamment.

unknown [ˌʌn'nəʊn] ⟨⟩ *adj* inconnu(e) ⟨⟩ *n* [person] inconnu *m*, -e *f* ; **the** ~ l'inconnu *m*.

unlace [ˌʌn'leɪs] *vt* défaire, délacer.

unladen [ˌʌn'leɪdn] *adj* sans charge ; ~ **weight** poids *m* à vide.

unlawful [ˌʌn'lɔːfʊl] *adj* illégal(e).

unleaded [ˌʌn'ledɪd] ⟨⟩ *adj* sans plomb ⟨⟩ *n* essence *f* sans plomb.

unleash [ˌʌn'liːʃ] *vt* literary déchaîner.

unleavened [ˌʌn'levnd] *adj* sans levain, azyme.

unless [ən'les] *conj* à moins que (+ subjunctive) ; ~ **I'm mistaken** à moins que je (ne) me trompe ; ~ **otherwise informed** sauf avis contraire.

unlicensed, unlicenced Am [ˌʌn'laɪsənst] *adj* [person] qui ne détient pas de licence ; [activity] non autorisé(e), illicite ; [vehicle] sans vignette ; [restaurant, premises] qui ne détient pas de licence de débit de boissons.

unlike [ˌʌn'laɪk] *prep* - **1.** [different from] différent(e) de - **2.** [in contrast to] contrairement à, à la différence de - **3.** [not typical of] : **it's** ~ **you**

to complain cela ne te ressemble pas de te plaindre.

unlikely [ʌn'laɪklɪ] adj - **1.** [event, result] peu probable, improbable ; [story] invraisemblable. - **2.** [bizarre - clothes etc] invraisemblable

unlimited [ʌn'lɪmɪtɪd] adj illimité(e).

unlisted [ʌn'lɪstɪd] adj Am [phone number] qui est sur la liste rouge.

unlit [ʌn'lɪt] adj - **1.** [lamp, fire, cigarette] non allumé(e) - **2.** [street, building] non éclairé(e).

unload [ʌn'ləʊd] vt décharger ; **to ~ sthg on** OR **onto sb** fig se décharger de qqch sur qqn.

unlock [ʌn'lɒk] vt ouvrir.

unloved [ʌn'lʌvd] adj qui n'est pas aimé(e) ; **to feel ~** ne pas se sentir aimé.

unluckily [ʌn'lʌkɪlɪ] adv malheureusement.

unlucky [ʌn'lʌkɪ] (compar **-ier** ; superl **-iest**) adj - **1.** [unfortunate - person] malchanceux(euse), qui n'a pas de chance ; [- experience, choice] malheureux(euse) - **2.** [object, number etc] qui porte malheur.

unmanageable [ʌn'mænɪdʒəbl] adj [vehicle, parcel] peu maniable ; [hair] difficiles à coiffer.

unmanly [ʌn'mænlɪ] (compar **-ier** ; superl **-iest**) adj qui n'est pas viril.

unmanned [ʌn'mænd] adj sans équipage.

unmarked [ʌn'mɑːkt] adj - **1.** [uninjured - body, face] sans marque - **2.** [unidentified - box, suitcase] sans marque d'identification ; [- police car] banalisé(e).

unmarried [ʌn'mærɪd] adj célibataire, qui n'est pas marié(e).

unmask [ʌn'mɑːsk] vt démasquer ; [truth, hypocrisy] dévoiler.

unmatched [ʌn'mætʃt] adj sans pareil(eille).

unmentionable [ʌn'menʃnəbl] adj [subject] dont il ne faut pas parler ; [word] qu'il ne faut pas dire.

unmistakable [ʌnmɪ'steɪkəbl] adj facilement reconnaissable.

unmitigated [ʌn'mɪtɪgeɪtɪd] adj [disaster] total(e) ; [evil] non mitigé(e).

unmoved [ʌn'muːvd] adj : **~ (by)** indifférent(e) (à).

unnamed [ʌn'neɪmd] adj [person] anonyme ; [object] sans dénomination.

unnatural [ʌn'nætʃrəl] adj - **1.** [unusual] anormal(e), qui n'est pas naturel(le) - **2.** [affected] peu naturel(elle) ; [smile] forcé(e).

unnecessary [ʌn'nesəsərɪ] adj [remark, expense, delay] inutile ; **it's ~ to do sthg** ce n'est pas la peine de faire qqch.

unnerving [ʌn'nɜːvɪŋ] adj troublant(e).

unnoticed [ʌn'nəʊtɪst] adj inaperçu(e).

UNO (abbr of **United Nations Organization**) n ONU m, Onu m.

unobserved [ʌnəb'zɜːvd] adj inaperçu(e).

unobtainable [ʌnəb'teɪnəbl] adj impossible à obtenir.

unobtrusive [ʌnəb'truːsɪv] adj [person] effacé(e) ; [object] discret(ète) ; [building] que l'on remarque à peine.

unoccupied [ʌn'ɒkjʊpaɪd] adj [house] inhabité(e) ; [seat] libre.

unofficial [ʌnə'fɪʃl] adj non officiel(elle).

unopened [ʌn'əʊpənd] adj non ouvert(e), qui n'a pas été ouvert(e).

unorthodox [ʌn'ɔːθədɒks] adj peu orthodoxe.

unpack [ʌn'pæk] ◇ vt [suitcase] défaire ; [box] vider ; [clothes] déballer ◇ vi défaire ses bagages.

unpaid [ʌn'peɪd] adj - **1.** [person] bénévole ; [work] sans rémunération, bénévole - **2.** [rent] non acquitté(e) ; [bill] impayé(e).

unpalatable [ʌn'pælətəbl] adj d'un goût désagréable ; fig dur(e) à avaler.

unparalleled [ʌn'pærəleld] adj [success, crisis] sans précédent ; [beauty] sans égal.

unpatriotic ['ʌn,pætrɪ'ɒtɪk] adj [person] peu patriote ; [act] antipatriotique.

unpick [ʌn'pɪk] vt découdre.

unpin [ʌn'pɪn] (pt & pp **-ned** ; cont **-ning**) vt [sewing, hair] retirer les épingles de.

unplanned [ʌn'plænd] adj imprévu(e) ; [pregnancy] accidentel(elle).

unpleasant [ʌn'pleznt] adj désagréable.

unpleasantness [ʌn'plezntnɪs] n caractère m désagréable.

unplug [ʌn'plʌg] (pt & pp **-ged** ; cont **-ging**) vt débrancher.

unpolished [ʌn'pɒlɪʃt] adj - **1.** [not shined - floor] non poli(e) ; [- furniture, shoes] non ciré(e) - **2.** [not accomplished] peu raffiné(e).

unpolluted [ʌnpə'luːtɪd] adj non pollué(e).

unpopular [ʌn'pɒpjʊlə'] adj impopulaire.

unprecedented [ʌn'presɪdəntɪd] adj sans précédent.

unpredictable [ʌnprɪ'dɪktəbl] adj imprévisible.

unprejudiced [ʌn'predʒʊdɪst] adj sans préjugés.

unprepared [ʌnprɪ'peəd] adj non préparé(e) ; **to be ~ for sthg** ne pas s'attendre à qqch.

unprepossessing ['ʌn,priːpə'zesɪŋ] adj peu avenant(e).

unpretentious [ˌʌnprɪ'tenʃəs] *adj* sans prétention.

unprincipled [ʌn'prɪnsəpld] *adj* sans scrupules.

unprintable [ˌʌn'prɪntəbl] *adj* **fig** qu'on ne peut pas répéter, grossier(ère).

unproductive [ˌʌnprə'dʌktɪv] *adj* improductif(ive).

unprofessional [ˌʌnprə'feʃənl] *adj* [person, work] peu professionnel(elle) ; [attitude] contraire à l'éthique de la profession.

unprofitable [ˌʌn'prɒfɪtəbl] *adj* peu rentable.

UNPROFOR ['ʌnprəfɔː] *(abbr of United Nations Protection Force) n* FORPRONU *f.*

unprompted [ˌʌn'prɒmptɪd] *adj* spontané(e).

unpronounceable [ˌʌnprə'naʊnsəbl] *adj* imprononçable.

unprotected [ˌʌnprə'tektɪd] *adj* sans protection.

unprovoked [ˌʌnprə'vəʊkt] *adj* sans provocation.

unpublished [ˌʌn'pʌblɪʃt] *adj* inédit(e).

unpunished [ˌʌn'pʌnɪʃt] *adj* : **to go ~** rester impuni(e).

unqualified [ˌʌn'kwɒlɪfaɪd] *adj* - **1.** [person] non qualifié(e) ; [teacher, doctor] non diplômé(e) - **2.** [success] formidable ; [support] inconditionnel(elle).

unquestionable [ʌn'kwestʃənəbl] *adj* [fact] incontestable ; [honesty] certain(e).

unquestioning [ʌn'kwestʃənɪŋ] *adj* aveugle, absolu(e).

unravel [ʌn'rævl] *(Br pt & pp* **-led** *; cont* **-ling**, *Am pt & pp* **-ed** *; cont* **-ing**) *vt* - **1.** [undo - knitting] défaire ; [- fabric] effiler ; [- threads] démêler - **2. fig** [solve] éclaircir.

unreadable [ˌʌn'riːdəbl] *adj* illisible.

unreal [ˌʌn'rɪəl] *adj* [strange] irréel(elle).

unrealistic [ˌʌnrɪə'lɪstɪk] *adj* irréaliste.

unreasonable [ʌn'riːznəbl] *adj* qui n'est pas raisonnable, déraisonnable.

unrecognizable [ˌʌn'rekəgnaɪzəbl] *adj* méconnaissable.

unrecognized [ˌʌn'rekəgnaɪzd] *adj* - **1.** [person] non reconnu(e) - **2.** [achievement, talent] méconnu(e).

unrecorded [ˌʌnrɪ'kɔːdɪd] *adj* non enregistré(e).

unrefined [ˌʌnrɪ'faɪnd] *adj* - **1.** [not processed] non raffiné(e), brut(e) - **2.** [vulgar] peu raffiné(e).

unrehearsed [ˌʌnrɪ'hɜːst] *adj* [performance] sans répétition ; [speech, response] improvisé(e).

unrelated [ˌʌnrɪ'leɪtɪd] *adj :* **to be ~ (to)** n'avoir aucun rapport (avec).

unrelenting [ˌʌnrɪ'lentɪŋ] *adj* implacable.

unreliable [ˌʌnrɪ'laɪəbl] *adj* [machine, method] peu fiable ; [person] sur qui on ne peut pas compter.

unrelieved [ˌʌnrɪ'liːvd] *adj* [pain, gloom] constant(e).

unremarkable [ˌʌnrɪ'mɑːkəbl] *adj* quelconque.

unremitting [ˌʌnrɪ'mɪtɪŋ] *adj* inlassable.

unrepeatable [ˌʌnrɪ'piːtəbl] *adj* [comment] qu'on ne peut pas répéter.

unrepentant [ˌʌnrɪ'pentənt] *adj* impénitent(e).

unrepresentative [ˌʌnreprɪ'zentətɪv] *adj :* **~ (of)** peu représentatif(ive) (de).

unrequited [ˌʌnrɪ'kwaɪtɪd] *adj* non partagé(e).

unreserved [ˌʌnrɪ'zɜːvd] *adj* - **1.** [support, admiration] sans réserve - **2.** [seat] non réservé(e).

unresolved [ˌʌnrɪ'zɒlvd] *adj* non résolu(e).

unresponsive [ˌʌnrɪ'spɒnsɪv] *adj :* **to be ~ to** ne pas réagir à.

unrest [ʌn'rest] *n (U)* troubles *mpl.*

unrestrained [ˌʌnrɪ'streɪnd] *adj* effréné(e).

unrestricted [ˌʌnrɪ'strɪktɪd] *adj* sans restriction, illimité(e).

unrewarding [ˌʌnrɪ'wɔːdɪŋ] *adj* ingrat(e).

unripe [ˌʌn'raɪp] *adj* qui n'est pas mûr(e).

unrivalled **Br**, **unrivaled** **Am** [ʌn'raɪvld] *adj* sans égal(e).

unroll [ˌʌn'rəʊl] *vt* dérouler.

unruffled [ˌʌn'rʌfld] *adj* [person] imperturbable.

unruly [ʌn'ruːlɪ] *(compar* **-ier** *; superl* **-iest)** *adj* [crowd, child] turbulent(e) ; [hair] indisciplinés.

unsafe [ˌʌn'seɪf] *adj* - **1.** [dangerous] dangereux(euse) - **2.** [in danger] : **to feel ~** ne pas se sentir en sécurité.

unsaid [ˌʌn'sed] *adj :* **to leave sthg ~** passer qqch sous silence.

unsaleable, unsalable **Am** [ˌʌn'seɪləbl] *adj* invendable.

unsatisfactory ['ʌnˌsætɪs'fæktərɪ] *adj* qui laisse à désirer, peu satisfaisant(e).

unsavoury **Br**, **unsavory** **Am** [ˌʌn'seɪvərɪ] *adj* [person] peu recommandable ; [district] mal famé(e).

unscathed [ˌʌn'skeɪðd] *adj* indemne.

unscheduled [**Br** ˌʌn'ʃedjuːld, **Am** ˌʌn'skedʒʊld] *adj* non prévu(e).

unscientific [ˈʌnˌsaɪənˈtɪfɪk] *adj* peu scientifique.

unscrew [ˌʌnˈskruː] *vt* dévisser.

unscripted [ˌʌnˈskrɪptɪd] *adj* improvisé(e).

unscrupulous [ʌnˈskruːpjʊləs] *adj* sans scrupules.

unseat [ˌʌnˈsiːt] *vt* - **1.** [rider] désarçonner - **2.** fig [MP] faire perdre son siège à ; [leader] faire perdre sa position à.

unseeded [ˌʌnˈsiːdɪd] *adj* qui n'est pas classé(e) en tête de série.

unseemly [ʌnˈsiːmlɪ] (*compar* **-ier** ; *superl* **-iest**) *adj* inconvenant(e).

unseen [ˌʌnˈsiːn] *adj* [not observed] inaperçu(e).

unselfish [ʌnˈselfɪʃ] *adj* désintéressé(e).

unselfishly [ʌnˈselfɪʃlɪ] *adv* de manière désintéressée.

unsettle [ʌnˈsetl] *vt* perturber.

unsettled [ʌnˈsetld] *adj* - **1.** [person] perturbé(e), troublé(e) - **2.** [weather] variable, incertain(e) - **3.** [argument] qui n'a pas été résolu(e) ; [situation] incertain(e).

unsettling [ʌnˈsetlɪŋ] *adj* inquiétant(e).

unshak(e)able [ʌnˈʃeɪkəbl] *adj* inébranlable.

unshaven [ˌʌnˈʃeɪvn] *adj* non rasé(e).

unsheathe [ʌnˈʃiːð] *vt* dégainer.

unsightly [ʌnˈsaɪtlɪ] *adj* laid(e).

unskilled [ˌʌnˈskɪld] *adj* non qualifié(e).

unsociable [ʌnˈsəʊʃəbl] *adj* sauvage.

unsocial [ʌnˈsəʊʃl] *adj* : to work ~ hours travailler en dehors des heures normales.

unsold [ˌʌnˈsəʊld] *adj* invendu(e).

unsolicited [ˌʌnsəˈlɪsɪtɪd] *adj* non sollicité(e).

unsolved [ˌʌnˈsɒlvd] *adj* non résolu(e).

unsophisticated [ˌʌnsəˈfɪstɪkeɪtɪd] *adj* simple.

unsound [ˌʌnˈsaʊnd] *adj* - **1.** [theory] mal fondé(e) ; [decision] peu judicieux(euse) - **2.** [building, structure] en mauvais état.

unspeakable [ʌnˈspiːkəbl] *adj* indescriptible.

unspeakably [ʌnˈspiːkəblɪ] *adv* indescriptiblement.

unspecified [ˌʌnˈspesɪfaɪd] *adj* non spécifié(e).

unspoiled [ˌʌnˈspɔɪld], **unspoilt** [ˌʌnˈspɔɪlt] *adj* intact(e) ; [countryside] qui n'a pas été défiguré(e).

unspoken [ˌʌnˈspəʊkən] *adj* [thought, wish] inexprimé(e) ; [agreement] tacite.

unsporting [ʌnˈspɔːtɪŋ] *adj* qui n'est pas fair-play.

unstable [ˌʌnˈsteɪbl] *adj* instable.

unstated [ˌʌnˈsteɪtɪd] *adj* non déclaré(e).

unsteady [ˌʌnˈstedɪ] (*compar* **-ier** ; *superl* **-iest**) *adj* [hand] tremblant(e) ; [table, ladder] instable.

unstinting [ʌnˈstɪntɪŋ] *adj* [praise, support] sans réserve ; [person] généreux(euse), prodigue.

unstoppable [ˌʌnˈstɒpəbl] *adj* qu'on ne peut pas arrêter.

unstrap [ʌnˈstræp] (*pt* & *pp* **-ped** ; *cont* **-ping**) *vt* défaire les attaches de.

unstructured [ˌʌnˈstrʌktʃəd] *adj* non structuré(e).

unstuck [ʌnˈstʌk] *adj* : to come ~ [notice, stamp, label] se décoller ; fig [plan, system] s'effondrer ; fig [person] essuyer un échec.

unsubstantiated [ˌʌnsəbˈstænʃɪeɪtɪd] *adj* sans fondement.

unsuccessful [ˌʌnsəkˈsesfʊl] *adj* [attempt] vain(e) ; [meeting] infructueux(euse) ; [candidate] refusé(e).

unsuccessfully [ˌʌnsəkˈsesfʊlɪ] *adv* en vain, sans succès.

unsuitable [ˌʌnˈsuːtəbl] *adj* qui ne convient pas ; [clothes] peu approprié(e) ; to be ~ for ne pas convenir à.

unsuited [ˌʌnˈsuːtɪd] *adj* - **1.** [not appropriate] : to be ~ to/for ne pas convenir à/pour - **2.** [not compatible] : to be ~ (to each other) ne pas aller ensemble.

unsung [ˌʌnˈsʌŋ] *adj* [hero] méconnu(e).

unsure [ˌʌnˈʃɔːr] *adj* - **1.** [not certain] : to be ~ (about/of) ne pas être sûr(e) (de) - **2.** [not confident] : to be ~ (of o.s.) ne pas être sûr(e) de soi.

unsurpassed [ˌʌnsəˈpɑːst] *adj* non surpassé(e).

unsuspecting [ˌʌnsəˈspektɪŋ] *adj* qui ne se doute de rien.

unsweetened [ˌʌnˈswiːtnd] *adj* non sucré(e).

unswerving [ʌnˈswɜːvɪŋ] *adj* [loyalty, determination] inébranlable.

unsympathetic [ˈʌnˌsɪmpəˈθetɪk] *adj* [unfeeling] indifférent(e).

untamed [ˌʌnˈteɪmd] *adj* [animal] sauvage ; fig [person] farouche.

untangle [ˌʌnˈtæŋgl] *vt* [string, hair] démêler.

untapped [ˌʌnˈtæpt] *adj* inexploité(e).

untaxed [ˌʌnˈtækst] *adj* non imposé(e).

untenable [ˌʌnˈtenəbl] *adj* indéfendable.

unthinkable [ʌnˈθɪŋkəbl] *adj* impensable.

unthinkingly [ʌn'θɪŋkɪŋlɪ] *adv* sans réfléchir.

untidy [ʌn'taɪdɪ] (*compar* -**ier** ; *superl* -**iest**) *adj* [room, desk] en désordre ; [work, handwriting] brouillon (*inv*) ; [person, appearance] négligé(e).

untie [ˌʌn'taɪ] (*cont* untying) *vt* [knot, parcel, shoelaces] défaire ; [prisoner] détacher.

until [ən'tɪl] ⟨⟩ *prep* - **1.** [gen] jusqu'à ; ~ now jusqu'ici - **2.** (*after negative*) avant ; not ~ tomorrow pas avant demain ; we weren't told the news ~ four o'clock on ne nous a appris la nouvelle qu'à quatre heures ⟨⟩ *conj* - **1.** [gen] jusqu'à ce que (+ *subjunctive*) - **2.** (*after negative*) avant que (+ *subjunctive*) ; don't sign ~ you've checked everything ne signe rien avant d'avoir tout vérifié.

untimely [ʌn'taɪmlɪ] *adj* [death] prématuré(e) ; [arrival] intempestif(ive) ; [remark] mal à propos ; [moment] mal choisi(e).

untiring [ʌn'taɪərɪŋ] *adj* infatigable.

untold [ˌʌn'təʊld] *adj* [amount, wealth] incalculable ; [suffering, joy] indescriptible.

untouched [ˌʌn'tʌtʃt] *adj* - **1.** [unharmed - person] indemne ; [- thing] intact(e) - **2.** [uneaten - meal] auquel on n'a pas touché.

untoward [ˌʌntə'wɔːd] *adj* malencontreux(euse).

untrained [ˌʌn'treɪnd] *adj* - **1.** [person, worker] sans formation - **2.** [voice] non travaillé(e) ; [mind] non formée(e).

untrammelled Br, **untrammeled** Am [ʌn'træməld] *adj fml* libre.

untranslatable [ˌʌntræns'leɪtəbl] *adj* intraduisible.

untreated [ˌʌn'triːtɪd] *adj* - **1.** MED non soigné(e) - **2.** [sewage, chemical] non traité(e).

untried [ˌʌn'traɪd] *adj* [method] qui n'a pas été mis(e) à l'épreuve ; [product] qui n'a pas été essayé(e).

untroubled [ˌʌn'trʌbld] *adj* [undisturbed] : to be ~ by sthg rester impassible devant qqch.

untrue [ˌʌn'truː] *adj* - **1.** [not accurate] faux (fausse), qui n'est pas vraie(e) - **2.** [unfaithful] : to be ~ to sb être infidèle à qqn.

untrustworthy [ˌʌn'trʌst,wɜːðɪ] *adj* [person] qui n'est pas digne de confiance.

untruth [ˌʌn'truːθ] *n* mensonge *m*.

untruthful [ˌʌn'truːθfʊl] *adj* [person] menteur(euse) ; [statement] mensonger(ère).

untutored [ˌʌn'tjuːtəd] *adj* [person] peu instruit(e).

unusable [ˌʌn'juːzəbl] *adj* inutilisable.

unused [sense 1 ˌʌn'juːzd, sense 2 ʌn'juːst] *adj* - **1.** [clothes] neuf (neuve) ; [machine] qui n'a jamais servi ; [land] qui n'est pas exploité - **2.** [unaccustomed] : to be ~ to sthg/to doing sthg ne pas avoir l'habitude de qqch/de faire qqch.

unusual [ʌn'juːʒl] *adj* rare, inhabituel(elle).

unusually [ʌn'juːʒəlɪ] *adv* exceptionnellement.

unvarnished [ʌn'vɑːnɪʃt] *adj fig* [truth] tout nu (toute nue) ; [account] sans embellissement.

unveil [ʌn'veɪl] *vt lit* & *fig* dévoiler.

unwaged [ˌʌn'weɪdʒd] *adj* Br non salarié(e).

unwanted [ʌn'wɒntɪd] *adj* [object] dont on ne se sert pas ; [child] non désiré(e) ; to feel ~ se sentir mal-aimé(e).

unwarranted [ʌn'wɒrəntɪd] *adj* injustifié(e).

unwavering [ʌn'weɪvərɪŋ] *adj* [determination] inébranlable.

unwelcome [ʌn'welkəm] *adj* [news, situation] fâcheux(euse) ; [visitor] importun(e) ; to make sb feel ~ faire sentir à qqn qu'il dérange.

unwell [ˌʌn'wel] *adj* : to be/feel ~ ne pas être/se sentir bien.

unwholesome [ʌn'həʊlsəm] *adj* malsain(e).

unwieldy [ʌn'wiːldɪ] (*compar* -**ier** ; *superl* -**iest**) *adj* - **1.** [cumbersome] peu maniable - **2.** *fig* [system] lourd(e) ; [method] trop complexe.

unwilling [ˌʌn'wɪlɪŋ] *adj* : to be ~ to do sthg ne pas vouloir faire qqch ; to be an ~ helper aider à contrecœur.

unwind [ˌʌn'waɪnd] (*pt* & *pp* -**wound**) ⟨⟩ *vt* dérouler ⟨⟩ *vi fig* [person] se détendre.

unwise [ˌʌn'waɪz] *adj* imprudent(e), peu sage.

unwitting [ʌn'wɪtɪŋ] *adj fml* involontaire.

unwittingly [ʌn'wɪtɪŋlɪ] *adv fml* involontairement.

unworkable [ˌʌn'wɜːkəbl] *adj* impraticable.

unworldly [ˌʌn'wɜːldlɪ] *adj* détaché(e) de ce monde.

unworthy [ʌn'wɜːðɪ] (*compar* -**ier** ; *superl* -**iest**) *adj* [undeserving] : ~ (of) indigne (de).

unwound [ˌʌn'waʊnd] *pt* & *pp* ⟥ unwind.

unwrap [ˌʌn'ræp] (*pt* & *pp* -**ped** ; *cont* -**ping**) *vt* défaire.

unwritten law [ˌʌnrɪtn-] *n* droit *m* coutumier.

unyielding [ʌn'jiːldɪŋ] *adj* inflexible.

unzip [ˌʌn'zɪp] (*pt* & *pp* -**ped** ; *cont* -**ping**) *vt* ouvrir la fermeture éclair de.

up [ʌp] (*pt* & *pp* -**ped** ; *cont* -**ping**) ⟨⟩ *adv*

- 1. [towards or in a higher position] en haut ; **she's ~ in her bedroom** elle est en haut dans sa chambre ; **we walked ~ to the top** on est montés jusqu'en haut ; **a house ~ in the mountains** une maison à la montagne ; **pick it ~!** ramasse-le! ; **the sun came ~** le soleil s'est levé ; **prices are going ~** les prix augmentent ; **~ there** là-haut **- 2.** [into an upright position] : **to stand ~** se lever ; **to sit ~** s'asseoir (bien droit) ; **~ you get!** allez, lève-toi! **- 3.** [northwards] : **I'm coming ~ to York next week** je viens à York la semaine prochaine ; **~ north dans le nord - 4.** [along a road, river] : **their house is a little further ~** leur maison est un peu plus loin **- 5.** [close up, towards] : **to come ~ to sb** s'approcher de qqn ◇ *prep* **- 1.** [towards or in a higher position] en haut de ; **~ a hill/mountain** en haut d'une colline/d'une montagne ; **~ a ladder** sur une échelle ; **I went ~ the stairs** j'ai monté l'escalier **- 2.** [at far end of road] : **they live ~ the road from us** ils habitent un peu plus haut OR loin que nous (dans la même rue) ; **her flat is just ~ the corridor** son appartement est juste au bout du couloir **- 3.** [against current of river] : **to sail ~ the Amazon** remonter l'Amazone en bateau ◇ *adj* **- 1.** [out of bed] levé(e) ; **I was ~ at six today** je me suis levé à six heures aujourd'hui **- 2.** [at an end] : **the five weeks are ~ next Monday** les cinq semaines finissent OR se terminent lundi prochain ; **time's ~** c'est l'heure **- 3.** [under repair] : 'road ~' 'attention travaux' **- 4.** inf [wrong] : **is something ~?** il y a quelque chose qui ne va pas? ; **what's ~?** qu'est-ce qui ne va pas?, qu'est-ce qu'il y a? ◇ *n* : **~s and downs** hauts et bas *mpl* ◇ *vt* inf [price, cost] augmenter.

➤ **up against** *prep* : **we came ~ against a lot of opposition** nous nous sommes heurtés à une forte opposition ; **to be ~ against it** avoir beaucoup de mal (à s'en sortir).

➤ **up and down** ◇ *adv* : **to jump ~ and down** sauter ; **to walk ~ and down** faire les cent pas ◇ *prep* : **she's ~ and down the stairs all day** elle n'arrête pas de monter et descendre l'escalier toute la journée ; **she looked ~ and down the ranks of soldiers** elle passa les troupes en revue ; **we walked ~ and down the avenue** nous avons arpenté l'avenue.

➤ **up to** *prep* **- 1.** [as far as] jusqu'à **- 2.** [indicating level] jusqu'à ; **it could take ~ to six weeks** cela peut prendre jusqu'à six semaines ; **it's not ~ to standard** ce n'est pas de la qualité voulue, ceci n'a pas le niveau requis **- 3.** [well or able enough for] : **to be ~ to doing sthg** [able to] être capable de faire qqch ; [well enough for] être en état de faire qqch ; **my French isn't**

~ to much mon français ne vaut pas grand-chose OR n'est pas fameux **- 4.** inf [secretly doing something] : **what are you ~ to?** qu'est-ce que tu fabriques? ; **they're ~ to something** ils mijotent quelque chose, ils préparent un coup **- 5.** [indicating responsibility] : **it's not ~ to me to decide** ce n'est pas moi qui décide, il ne m'appartient pas de décider ; **it's ~ to you** c'est à vous de voir.

➤ **up until** *prep* jusqu'à.

up-and-coming *adj* à l'avenir prometteur.

up-and-up *n* : **to be on the ~** Br [improving] aller de mieux en mieux ; **on the ~** Am [honest] honnête.

upbeat ['ʌpbiːt] *adj* optimiste.

upbraid [ʌp'breɪd] *vt* : **to ~ sb (for sthg/for doing sthg)** réprimander qqn (pour qqch/pour avoir fait qqch).

upbringing ['ʌpˌbrɪŋɪŋ] *n* éducation *f*.

update [ˌʌp'deɪt] *vt* mettre à jour.

upend [ʌp'end] *vt* [object] mettre debout.

upfront [ˌʌp'frʌnt] ◇ *adj* : **~ (about)** franc (franche) (au sujet de) ◇ *adv* [in advance] d'avance.

upgrade [ˌʌp'greɪd] *vt* [facilities] améliorer ; [employee] promouvoir ; [pay] augmenter.

upheaval [ʌp'hiːvl] *n* bouleversement *m*.

upheld [ʌp'held] *pt* & *pp* ▷ **uphold**.

uphill [ˌʌp'hɪl] ◇ *adj* **- 1.** [slope, path] qui monte **- 2.** fig [task] ardu(e) ◇ *adv* : **to go ~** monter.

uphold [ʌp'həʊld] (*pt* & *pp* **-held**) *vt* [law] maintenir ; [decision, system] soutenir.

upholster [ʌp'həʊlstəʳ] *vt* rembourrer.

upholstery [ʌp'həʊlstərɪ] *n* rembourrage *m* ; [of car] garniture *f* intérieure.

upkeep ['ʌpkiːp] *n* entretien *m*.

upland ['ʌplənd] *adj* des hautes terres.

➤ **uplands** *npl* hautes terres *fpl*.

uplift [ʌp'lɪft] *vt* élever ; [person] élever l'âme de.

uplifting [ʌp'lɪftɪŋ] *adj* édifiant(e).

uplighter ['ʌplaɪtəʳ] *n* applique *qui diffuse une lumière dirigée vers le haut*.

up-market *adj* haut de gamme *(inv)*.

upon [ə'pɒn] *prep* fml sur ; **~ hearing the news** ... à ces nouvelles ... ; **summer/the weekend is ~ us** l'été/le week-end approche.

upper ['ʌpəʳ] ◇ *adj* supérieur(e) ◇ *n* [of shoe] empeigne *f*.

upper class *n* : **the ~** la haute société.

➤ **upper-class** *adj* [accent, person] aristocratique.

uppercut ['ʌpəkʌt] *n* uppercut *m*.

upper hand *n* : **to have the ~** avoir le dessus ; **to gain** OR **get the ~** prendre le dessus.

uppermost ['ʌpəməʊst] *adj* le plus haut (la plus haute) ; **it was ~ in his mind** c'était sa préoccupation majeure.

Upper Volta [-'vɒltə] *n* Haute-Volta *f ;* **in ~** en Haute-Volta.

uppity ['ʌpətɪ] *adj* inf prétentieux(euse).

upright [*adj sense 1 & adv* ,ʌp'raɪt, *adj sense 2 & n* 'ʌpraɪt] ◇ *adj* - **1.** [person] droit(e) ; [structure] vertical(e) ; [chair] à dossier droit ; **~ freezer** congélateur *m* armoire ; **~ vacuum cleaner** aspirateur *m* balai - **2.** fig [honest] droit(e) ◇ *adv* [stand, sit] droit ◇ *n* montant *m*.

upright piano *n* piano *m* droit.

uprising ['ʌp,raɪzɪŋ] *n* soulèvement *m*.

uproar ['ʌprɔːr] *n* - **1.** *(U)* [commotion] tumulte *m* - **2.** [protest] protestations *fpl*.

uproarious [ʌp'rɔːrɪəs] *adj* - **1.** [noisy] tumultueux(euse) - **2.** [amusing] tordant(e).

uproot [ʌp'ruːt] *vt* lit & fig déraciner.

upset [ʌp'set] (*pt & pp* upset, *cont* **-ting**) ◇ *adj* - **1.** [distressed] peiné(e), triste ; [offended] vexé(e) - **2.** MED : **to have an ~ stomach** avoir l'estomac dérangé ◇ *n :* **to have a stomach ~** avoir l'estomac dérangé ◇ *vt* - **1.** [distress] faire de la peine à - **2.** [plan, operation] déranger - **3.** [over-turn] renverser.

upsetting [ʌp'setɪŋ] *adj* [distressing] bouleversant(e).

upshot ['ʌpʃɒt] *n* résultat *m*.

upside down [,ʌpsaɪd-] ◇ *adj* à l'envers ◇ *adv* à l'envers ; **to turn sthg ~** fig mettre qqch sens dessus dessous.

upstage [,ʌp'steɪdʒ] *vt* éclipser.

upstairs [,ʌp'steəz] ◇ *adj* d'en haut, du dessus ◇ *adv* en haut ◇ *n* étage *m*.

upstanding [,ʌp'stændɪŋ] *adj* droit(e).

upstart ['ʌpstɑːt] *n* parvenu *m*, -e *f*.

upstate [,ʌp'steɪt] Am ◇ *adj :* **~ New York** la partie nord de l'État de New York ◇ *adv* dans/vers le nord de l'État.

upstream [,ʌp'striːm] ◇ *adj* d'amont ; **to be ~ (from)** être en amont (de) ◇ *adv* vers l'amont ; [swim] contre le courant.

upsurge ['ʌpsɜːdʒ] *n :* **~ (of/in)** recrudescence *f* (de).

upswing ['ʌpswɪŋ] *n :* **~ (in)** [popularity] remontée *f* (de) ; **an ~ in economic activity** une reprise de l'activité économique.

uptake ['ʌpteɪk] *n :* **to be quick on the ~** saisir vite ; **to be slow on the ~** être lent(e) à comprendre.

uptight [ʌp'taɪt] *adj* inf tendu(e).

up-to-date *adj* - **1.** [modern] moderne - **2.** [most recent - news] tout dernier (toute dernière) - **3.** [informed] : **to keep ~ with** se tenir au courant de.

up-to-the-minute *adj* de dernière minute.

uptown [,ʌp'taʊn] Am ◇ *adj* [area] résidentiel(elle) ◇ *adv* dans/vers les quartiers résidentiels.

upturn ['ʌptɜːn] *n :* **~ (in)** reprise *f* (de).

upturned [ʌp'tɜːnd] *adj* [car, cup] renversé(e) ; [nose] retroussé(e).

upward ['ʌpwəd] ◇ *adj* [movement] ascendant(e) ; [look, rise] vers le haut ◇ *adv* Am = **upwards**.

upwardly-mobile ['ʌpwədlɪ-] *adj* susceptible de promotion sociale.

upwards ['ʌpwədz] *adv* vers le haut.
➡ **upwards of** *prep* plus de.

upwind [,ʌp'wɪnd] *adj :* **to be ~ of sthg** être dans le vent OR au vent par rapport à qqch.

URA (*abbr of* Urban Renewal Administration) *n* administration américaine des rénovations urbaines.

Urals ['jʊərəlz] *npl :* **the ~** l'Oural *m ;* **in the ~** dans l'Oural.

uranium [jʊ'reɪnjəm] *n* uranium *m*.

Uranus ['jʊərənəs] *n* [planet] Uranus *f*.

urban ['ɜːbən] *adj* urbain(e).

urbane [ɜː'beɪn] *adj* courtois(e).

urbanize, -ise ['ɜːbənaɪz] *vt* urbaniser.

urban renewal *n* réaménagement *m* des zones urbaines.

urchin ['ɜːtʃɪn] *n* dated gamin *m*, -e *f*.

Urdu ['ʊəduː] *n* ourdou *m*.

urge [ɜːdʒ] ◇ *n* forte envie *f ;* **to have an ~ to do sthg** avoir une forte envie de faire qqch ◇ *vt* - **1.** [try to persuade] : **to ~ sb to do sthg** pousser qqn à faire qqch, presser qqn de faire qqch - **2.** [advocate] conseiller.

urgency ['ɜːdʒənsɪ] *n (U)* urgence *f*.

urgent ['ɜːdʒənt] *adj* [letter, case, request] urgent(e) ; [plea, voice, need] pressant(e).

urgently ['ɜːdʒəntlɪ] *adv* d'urgence ; [appeal] d'une manière pressante.

urinal [,jʊə'raɪnl] *n* urinoir *m*.

urinary ['jʊərɪnərɪ] *adj* urinaire.

urinate ['jʊərɪneɪt] *vi* uriner.

urine ['jʊərɪn] *n* urine *f*.

URL (*abbr of* uniform resource locator) *n* COMPUT URL *m* (*adresse électronique*).

urn [ɜːn] *n* - **1.** [for ashes] urne *f* - **2.** [for tea] : **tea ~** fontaine *f* à thé.

Uruguay [ˈjʊərəgwaɪ] *n* Uruguay *m* ; **in ~** en Uruguay.

Uruguayan [ˌjʊərəˈgwaɪən] ⇔ *adj* uruguayen(enne) ⇔ *n* Uruguayen *m*, -enne *f*.

us [ʌs] *pers pron* nous ; **can you see/hear~?** vous nous voyez/entendez? ; **it's ~** c'est nous ; **you can't expect US to do it** vous ne pouvez pas exiger que ce soit nous qui le fassions ; **she gave it to ~** elle nous l'a donné ; **with/without ~** avec/sans nous ; **they are more wealthy than ~** ils sont plus riches que nous ; **some of ~** quelques-uns d'entre nous.

US *n abbr of* United States.

USA *n* - **1.** *abbr of* United States of America - **2.** *(abbr of* United States Army*)* armée de terre américaine.

usable [ˈjuːzəbl] *adj* utilisable.

USAF *(abbr of* United States Air Force*) n* armée de l'air américaine.

usage [ˈjuːzɪdʒ] *n* - **1.** LING usage *m* - **2.** *(U)* [handling, treatment] traitement *m*.

USCG *(abbr of* United States Coast Guard*) n* service de surveillance côtière américain.

USDA *(abbr of* United States Department of Agriculture*) n* ministère américain de l'Agriculture.

USDAW [ˈʌzdɔː] *(abbr of* Union of Shop, Distributive and Allied Workers*) n* syndicat britannique des personnels de la distribution.

USDI *(abbr of* United States Department of the Interior*) n* ministère américain de l'Intérieur.

use [*n* & *aux vb* juːs, *vt* juːz] ⇔ *n* - **1.** [act of using] utilisation *f*, emploi *m* ; **to be in ~** être utilisé ; **to be out of ~** être hors d'usage ; **to make ~ of sthg** utiliser qqch - **2.** [ability to use] usage *m* ; **to let sb have the ~ of sthg** prêter qqch à qqn - **3.** [usefulness] **to be of ~** être utile ; **it's no ~** ça ne sert à rien ; **what's the ~ (of doing sthg)?** à quoi bon (faire qqch)? ⇔ *aux vb* : **I ~d to live in London** avant j'habitais à Londres ; **he didn't ~ to be so fat** il n'était pas si gros avant ; **there ~d to be a tree here** (autrefois) il y avait un arbre ici ⇔ *vt* - **1.** [gen] utiliser, se servir de, employer - **2.** *pej* [exploit] se servir de.

➤ **use up** *vt sep* [supply] épuiser ; [food] finir ; [money] dépenser.

used [*senses 1 and 2* juːzd, *sense 3* juːst] *adj* - **1.** [handkerchief, towel] sale - **2.** [car] d'occasion - **3.** [accustomed] : **to be ~ to sthg/to doing sthg** avoir l'habitude de qqch/de faire qqch ; **to get ~ to sthg** s'habituer à qqch.

useful [ˈjuːsfʊl] *adj* utile ; **to come in ~** être utile.

usefulness [ˈjuːsfʊlnɪs] *n (U)* utilité *f*.

useless [ˈjuːslɪs] *adj* - **1.** [gen] inutile - **2.** *inf* [person] incompétent(e), nul (nulle).

uselessness [ˈjuːslɪsnɪs] *n (U)* inutilité *f*.

Usenet® [ˈjuːznet] *n* Usenet® *m*, forum *m* électronique.

user [ˈjuːzər] *n* [of product, machine] utilisateur *m*, -trice *f* ; [of service] usager *m*.

user-friendly *adj* convivial(e), facile à utiliser.

USES *(abbr of* United States Employment Service*) n services américains de l'emploi.*

usher [ˈʌʃər] ⇔ *n* placeur *m* ⇔ *vt* : **to ~ sb in/out** faire entrer/sortir qqn.

usherette [ˌʌʃəˈret] *n* ouvreuse *f*.

USIA *(abbr of* United States Information Agency*) n agence américaine de renseignements.*

USM *n* - **1.** *(abbr of* United States Mail*)* ≃ la Poste - **2.** *(abbr of* United States Mint*)* ≃ la Monnaie.

USN *(abbr of* United States Navy*) n marine de guerre américaine.*

USPHS *(abbr of* United States Public Health Service*) n aux États-Unis, Direction des affaires sanitaires et sociales.*

USS *(abbr of* United States Ship*) expression précédant le nom d'un bâtiment de la marine américaine.*

USSR *(abbr of* Union of Soviet Socialist Republics*) n* : **the (former) ~** l'(ex-)URSS *f* ; **in the ~** en URSS.

usu. *abbr of* usually.

usual [ˈjuːʒəl] *adj* habituel(elle) ; **as ~** comme d'habitude.

usually [ˈjuːʒəlɪ] *adv* d'habitude, d'ordinaire.

usurp [juːˈzɜːp] *vt* usurper.

usury [ˈjuːʒʊrɪ] *n (U)* usure *f*.

UT *abbr of* Utah.

Utah [ˈjuːtɑː] *n* Utah *m* ; **in ~** dans l'Utah.

utensil [juːˈtensl] *n* ustensile *m*.

uterus [ˈjuːtərəs] *(pl* **-ri** [-raɪ] OR **-ruses** [-rəsiːz]*) n* utérus *m*.

utilitarian [ˌjuːtɪlɪˈteərɪən] *adj* utilitaire.

utility [juːˈtɪlətɪ] *(pl* **-ies***) n* - **1.** *(U)* [usefulness] utilité *f* - **2.** [public service] service *m* public - **3.** COMPUT utilitaire *m*.

utility room *n* buanderie *f*.

utilize, -ise [ˈjuːtəlaɪz] *vt* utiliser ; [resources] exploiter, utiliser.

utmost [ˈʌtməʊst] ⇔ *adj* le plus grand (la plus grande) ⇔ *n* : **to do one's ~** faire tout son possible, faire l'impossible ; **to the ~** au plus haut point.

utopia [juːˈtəʊpjəl] *n* utopie *f*.

utter [ˈʌtəˈ] ⟨⟩ *adj* total(e), complet(ète) ⟨⟩ *vt* prononcer ; [cry] pousser.

utterly [ˈʌtəlɪ] *adv* complètement.

U-turn *n* demi-tour *m* ; **fig** revirement *m*.

UV (*abbr of* ultra-violet) UV.

UV-A, UVA (*abbr of* ultra-violet-A) UVA.

UV-B, UVB (*abbr of* ultra-violet-B) UVB.

UWIST [ˈjuːwɪst] (*abbr of* University of Wales Institute of Science and Technology) *n* institut de science et de technologie de l'université du pays de Galles.

Uzbek [ˈʊzbek] ⟨⟩ *adj* ouzbek ⟨⟩ *n* - **1.** [person] Ouzbek *mf* - **2.** [language] ouzbek *m*.

Uzbekistan [ʊzˌbekɪˈstɑːn] *n* Ouzbékistan *m* ; **in ~** en Ouzbékistan.

v¹ (*pl* **v's** OR **vs**), **V** (*pl* **V's** OR **Vs**) [viː] *n* [letter] v *m inv*, V *m inv*.

v² - **1.** (*abbr of* verse) v. - **2.** (*abbr of* vide) [cross-reference] v. - **3.** *abbr of* versus - **4.** (*abbr of* volt) v.

VA *abbr of* Virginia.

vac (*abbr of* vacation) *n* Br inf vacances *fpl*.

vacancy [ˈveɪkənsɪ] (*pl* -ies) *n* - **1.** [job] poste *m* vacant - **2.** [room available] chambre *f* à louer ; 'vacancies' 'chambres à louer' ; '**no vacancies**' 'complet'.

vacant [ˈveɪkənt] *adj* - **1.** [room] inoccupé(e) ; [chair, toilet] libre - **2.** [job, post] vacant(e) - **3.** [look, expression] distrait(e).

vacant lot *n* terrain *m* inoccupé ; [for sale] terrain *m* à vendre.

vacantly [ˈveɪkəntlɪ] *adv* d'un air distrait.

vacate [vəˈkeɪt] *vt* quitter.

vacation [vəˈkeɪʃn] *n* Am vacances *fpl*.

vacationer [vəˈkeɪʃənəˈ] *n* Am vacancier *m*, -ère *f*.

vacation resort *n* Am camp *m* de vacances.

vaccinate [ˈvæksɪneɪt] *vt* vacciner.

vaccination [ˌvæksɪˈneɪʃn] *n* vaccination *f*.

vaccine [Br ˈvæksiːn, Am vækˈsiːn] *n* vaccin *m*.

vacillate [ˈvæsəleɪt] *vi* hésiter.

vacuum [ˈvækjʊəm] ⟨⟩ *n* - **1.** TECH & **fig** vide *m* - **2.** [cleaner] aspirateur *m* ⟨⟩ *vt* [room] passer l'aspirateur dans ; [carpet] passer à l'aspirateur.

vacuum cleaner *n* aspirateur *m*.

vacuum-packed *adj* emballé(e) sous vide.

vacuum pump *n* pompe *f* à vide.

vagabond [ˈvægəbɒnd] *n* literary vagabond *m*, -e *f*.

vagaries [ˈveɪgərɪz] *npl* caprices *mpl*.

vagina [vəˈdʒaɪnə] *n* vagin *m*.

vagrancy [ˈveɪgrənsɪ] *n* vagabondage *m*.

vagrant [ˈveɪgrənt] *n* vagabond *m*, -e *f*.

vague [veɪg] *adj* - **1.** [gen] vague, imprécis(e) - **2.** [absent-minded] distrait(e).

vaguely [ˈveɪglɪ] *adv* vaguement.

vain [veɪn] *adj* - **1.** [futile, worthless] vain(e) - **2.** pej [conceited] vaniteux(euse).
➨ **in vain** *adv* en vain, vainement.

vainly [ˈveɪnlɪ] *adv* - **1.** [in vain] en vain, vainement - **2.** [conceitedly] avec vanité.

valance [ˈvæləns] *n* - **1.** [on bed] tour *m* de lit - **2.** Am [over window] cantonnière *f*.

vale [veɪl] *n* literary val *m*.

valedictory [ˌvælɪˈdɪktərɪ] *adj* fml d'adieu.

valentine card [ˈvæləntaɪn-] *n* carte *f* de la Saint-Valentin.

Valentine's Day [ˈvæləntaɪnz-] *n* : **(St) ~** la Saint-Valentin.

valet [ˈvæleɪ, ˈvælɪt] *n* valet *m* de chambre.

valet parking *n* : '**~**' 'voiturier'.

valet service *n* - **1.** [for clothes] service *m* pressing - **2.** [for cars] nettoyage *m* complet.

Valetta, Valleta [vəˈletə] *n* la Valette.

valiant [ˈvæljənt] *adj* vaillant(e).

valid [ˈvælɪd] *adj* - **1.** [reasonable] valable - **2.** [legally usable] valide.

validate [ˈvælɪdeɪt] *vt* valider.

validity [vəˈlɪdətɪ] *n* validité *f*.

Valium® [ˈvælɪəm] *n* Valium® *m*.

Valletta = Valetta.

valley [ˈvælɪ] (*pl* -s) *n* vallée *f*.

valour Br, **valor** Am [ˈvæləˈ] *n (U)* fml & literary bravoure *f*.

valuable [ˈvæljʊəbl] *adj* - **1.** [advice, time, information] précieux(euse) - **2.** [object, jewel] de valeur.

→ **valuables** *npl* objets *mpl* de valeur.

valuation [,vælju'eɪʃn] *n* - **1.** (U) [pricing] estimation *f*, expertise *f* - **2.** [estimated price] valeur *f* estimée - **3.** [opinion] opinion *f*.

value ['vælju:] ⇔ *n* valeur *f*; **to be good ~** être d'un bon rapport qualité-prix ; **to place a high ~ on sthg** accorder beaucoup de valeur à qqch ; **to get ~ for money** en avoir pour son argent ; **to take sb/sthg at face ~** prendre qqn/qqch au pied de la lettre ⇔ *vt* - **1.** [estimate price of] expertiser - **2.** [cherish] apprécier.

→ **values** *npl* [morals] valeurs *fpl*.

value-added tax [-ædɪd-] *n* taxe *f* sur la valeur ajoutée.

valued ['vælju:d] *adj* précieux(euse).

value judg(e)ment *n* jugement *m* de valeur.

valuer ['væljuə'] *n* expert *m*.

valve [vælv] *n* [on tyre] valve *f*; TECH soupape *f*.

vamoose [və'mu:s] *vi inf* s'éclipser.

vampire ['væmpaɪə'] *n* vampire *m*.

van [væn] *n* - **1.** AUT camionnette *f* - **2.** Br RAIL fourgon *m*.

V and A (*abbr of* **Victoria and Albert Museum**) *n grand musée londonien des arts décoratifs.*

vandal ['vændl] *n* vandale *mf*.

vandalism ['vændəlɪzm] *n* vandalisme *m*.

vandalize, -ise ['vændəlaɪz] *vt* saccager.

vanguard ['vænga:d] *n* avant-garde *f*; **in the ~ of** à l'avant-garde de.

vanilla [və'nɪlə] ⇔ *n* vanille *f* ⇔ *comp* [ice cream, yoghurt] à la vanille.

vanish ['vænɪʃ] *vi* disparaître.

vanishing point ['vænɪʃɪŋ-] *n* point *m* de fuite.

vanity ['vænətɪ] *n* (U) pej vanité *f*.

vanity unit *n élément de salle de bains avec lavabo encastré.*

vanquish ['væŋkwɪʃ] *vt literary* vaincre.

vantagepoint ['va:ntɪdʒ,pɔɪnt] *n* [for view] bon endroit *m* ; fig position *f* avantageuse.

vapour Br, **vapor** Am ['veɪpə'] *n* (U) vapeur *f*; [condensation] buée *f*.

vapour trail *n* traînée *f* de vapeur.

variable ['veərɪəbl] ⇔ *adj* variable ; [mood] changeant(e) ⇔ *n* variable *f*.

variance ['veərɪəns] *n fml* : **at ~ (with)** en désaccord (avec).

variant ['veərɪənt] ⇔ *adj* différent(e) ⇔ *n* variante *f*.

variation [,veərɪ'eɪʃn] *n* : **~ (in)** variation *f* (de).

varicose veins ['værɪkəus-] *npl* varices *fpl*.

varied ['veərɪd] *adj* varié(e).

variety [və'raɪətɪ] (*pl* -ies) *n* - **1.** [gen] variété *f* - **2.** [type] variété *f*, sorte *f*.

variety show *n* spectacle *m* de variétés.

various ['veərɪəs] *adj* - **1.** [several] plusieurs - **2.** [different] divers.

varnish ['va:nɪʃ] ⇔ *n* vernis *m* ⇔ *vt* vernir.

varnished ['va:nɪʃt] *adj* verni(e).

vary ['veərɪ] (*pt* & *pt* -ied) ⇔ *vt* varier ⇔ *vi* : **to ~ (in/with)** varier (en/selon), changer (en/selon).

varying ['veərɪŋ] *adj* qui varie, variable.

vascular ['væskjulə'] *adj* vasculaire.

vase [Br va:z, Am veɪz] *n* vase *m*.

vasectomy [və'sektəmɪ] (*pl* -ies) *n* vasectomie *f*.

Vaseline® ['væsəli:n] *n* vaseline *f*.

vast [va:st] *adj* vaste, immense.

vastly ['va:stlɪ] *adv* extrêmement, infiniment.

vastness ['va:stnɪs] *n* immensité *f*.

vat [væt] *n* cuve *f*.

VAT [væt, vi:eɪ'ti:] (*abbr of* **value added tax**) *n* TVA *f*.

Vatican ['vætɪkən] *n* : **the ~** le Vatican.

Vatican City *n* l'État *m* de la cité du Vatican, le Vatican ; **in ~** au Vatican.

vault [vɔ:lt] ⇔ *n* - **1.** [in bank] chambre *f* forte - **2.** [roof] voûte *f* - **3.** [jump] saut *m* - **4.** [in church] caveau *m* ⇔ *vt* sauter ⇔ *vi* : **to ~ over sthg** sauter (par-dessus) qqch.

vaulted ['vɔ:ltɪd] *adj* voûté(e).

vaulting horse ['vɔ:ltɪŋ-] *n* cheval-d'arçons *m inv*.

vaunted ['vɔ:ntɪd] *adj fml* : **much ~** tant vanté(e).

VC *n* - **1.** (*abbr of* **vice-chairman**) vice-président *m* - **2.** (*abbr of* **Victoria Cross**) *la plus haute distinction militaire britannique.*

VCR (*abbr of* **video cassette recorder**) *n* magnétoscope *m*.

VD (*abbr of* **venereal disease**) *n* (U) MST *f*.

VDU (*abbr of* **visual display unit**) *n* moniteur *m*.

veal [vi:l] *n* (U) veau *m*.

veer [vɪə'] *vi* virer.

veg [vedʒ] *n inf* - **1.** (*abbr of* **vegetable**) légume *m* - **2.** *(U)* (*abbr of* **vegetables**) légumes *mpl.*

vegan ['vi:gən] <> *adj* végétalien(enne) <> *n* végétalien *m*, -enne *f*.

vegetable ['vedʒtəbl] <> *n* légume *m* <> *adj* [matter, protein] végétal(e) ; [soup, casserole] de OR aux légumes.

vegetable garden *n* jardin *m* potager.

vegetable knife *n* couteau *m* à légumes.

vegetable oil *n* huile *f* végétale.

vegetarian [,vedʒɪ'teəriən] <> *adj* végétarien(enne) <> *n* végétarien *m*, -enne *f*.

vegetarianism [,vedʒɪ'teəriənizm] *n* végétarisme *m*.

vegetate ['vedʒɪteɪt] *vi pej* végéter.

vegetation [,vedʒɪ'teɪʃn] *n (U)* végétation *f*.

veggie ['vedʒɪ] (*abbr of* **vegetarian**) Br inf <> *adj* végétarien(enne) <> *n* végétarien *m*, -enne *f*.

vehement ['vi:mənt] *adj* véhément(e).

vehemently ['vi:məntlɪ] *adv* avec véhémence.

vehicle ['vi:ɪkl] *n lit* & *fig* véhicule *m*.

vehicular [vɪ'hɪkjʊləʳ] *adj fml* [transport] de véhicules ; ~ **traffic** circulation *f*.

veil [veɪl] *n lit* & *fig* voile *m*.

veiled [veɪld] *adj* [threat, reference] voilé(e).

vein [veɪn] *n* - **1.** ANAT veine *f* - **2.** [of leaf] nervure *f* - **3.** [of mineral] filon *m* - **4.** [mood] : **in the same** ~ dans le même style.

Velcro® ['velkrəʊ] *n* Velcro® *m*.

vellum ['veləm] *n* vélin *m*.

velocity [vɪ'lɒsətɪ] (*pl* **-ies**) *n* vélocité *f*.

velour [və'lʊəʳ] *n* velours *m*.

velvet ['velvɪt] <> *n* velours *m* <> *comp* de OR en velours.

vend [vend] *vt fml* & JUR vendre.

vendetta [ven'detə] *n* vendetta *f*.

vending machine ['vendɪŋ-] *n* distributeur *m* automatique.

vendor ['vendəʳ] *n* - **1.** *fml* [salesperson] marchand *m*, -e *f* - **2.** JUR vendeur *m*, -eresse *f*.

veneer [və'nɪəʳ] *n* placage *m* ; *fig* apparence *f*.

venerable ['venərəbl] *adj* vénérable.

venerate ['venəreɪt] *vt* vénérer.

venereal disease [vɪ'nɪəriəl-] *n* maladie *f* vénérienne.

Venetian [vɪ'ni:ʃn] <> *adj* vénitien(enne) <> *n* Vénitien *m*, -enne *f*.

venetian blind [vɪ,ni:ʃn-] *n* store *m* vénitien.

Venezuela [,venɪz'weɪlə] *n* Venezuela *m* ; **in** ~ au Venezuela.

Venezuelan [,venɪz'weɪlən] <> *adj* vénézuélien(enne) <> *n* Vénézuélien *m*, -enne *f*.

vengeance ['vendʒəns] *n* vengeance *f* ; **it began raining with a** ~ il a commencé à pleuvoir très fort ; **she's back with a** ~ elle fait un retour en force.

vengeful ['vendʒfʊl] *adj* vengeur(eresse).

Venice ['venɪs] *n* Venise.

venison ['venɪzn] *n* venaison *f*.

venom ['venəm] *n lit* & *fig* venin *m*.

venomous ['venəməs] *adj lit* & *fig* venimeux(euse).

vent [vent] <> *n* [pipe] tuyau *m* ; [opening] orifice *m* ; **to give** ~ **to** donner libre cours à <> *vt* [anger, feelings] donner libre cours à ; **to** ~ **sthg on sb** décharger qqch sur qqn.

ventilate ['ventɪleɪt] *vt* ventiler.

ventilation [,ventɪ'leɪʃn] *n* ventilation *f*.

ventilator ['ventɪleɪtəʳ] *n* ventilateur *m*.

Ventimiglia [ventɪ'mɪljə] *n* Vintimille.

ventriloquist [ven'trɪləkwɪst] *n* ventriloque *mf*.

venture ['ventʃəʳ] <> *n* entreprise *f* <> *vt* risquer ; **to** ~ **to do sthg** se permettre de faire qqch <> *vi* s'aventurer.

venture capital *n* capital-risque *m*.

venturesome ['ventʃəsəm] *adj* - **1.** [person] téméraire - **2.** [action] risqué(e).

venue ['venju:] *n* lieu *m*.

Venus ['vi:nəs] *n* [planet] Vénus *f*.

veracity [və'ræsətɪ] *n* véracité *f*.

veranda(h) [və'rændə] *n* véranda *f*.

verb [vɜ:b] *n* verbe *m*.

verbal ['vɜ:bl] *adj* verbal(e).

verbally ['vɜ:bəlɪ] *adv* verbalement.

verbatim [vɜ:'beɪtɪm] *adj* & *adv* mot pour mot.

verbose [vɜ:'bəʊs] *adj* verbeux(euse).

verdict ['vɜ:dɪkt] *n* - **1.** JUR verdict *m* - **2.** [opinion] : ~ **(on)** avis *m* (sur).

verge [vɜ:dʒ] *n* - **1.** [of lawn] bordure *f* ; [of road] bas-côté *m*, accotement *m* - **2.** [brink] : **on the** ~ **of sthg** au bord de qqch ; **on the** ~ **of doing sthg** sur le point de faire qqch.

➡ **verge (up)on** *vt fus* friser, approcher de.

verger ['vɜ:dʒəʳ] *n* bedeau *m*.

verification [,verɪfɪ'keɪʃn] *n* vérification *f*.

verify ['verɪfaɪ] (*pt* & *pp* **-ied**) *vt* vérifier.

veritable ['verɪtəbl] *adj hum or fml* véritable.

vermilion [vəˈmɪljən] ⬦ adj vermillon (inv) ⬦ n vermillon m.

vermin [ˈvɜːmɪn] npl vermine f.

Vermont [vɜːˈmɒnt] n Vermont m ; **in ~** dans le Vermont.

vermouth [ˈvɜːməθ] n vermouth m.

vernacular [vəˈnækjʊləʳ] ⬦ adj vernaculaire ⬦ n dialecte m.

verruca [vəˈruːkə] (pl -**cas** OR -**cae** [-kaɪ]) n verrue f plantaire.

versa ⬐ vice versa.

versatile [ˈvɜːsətaɪl] adj [person, player] aux talents multiples ; [machine, tool, food] souple d'emploi.

versatility [ˌvɜːsəˈtɪlətɪ] n [of person] variété f de talents ; [of machine, tool] souplesse f d'emploi.

verse [vɜːs] n - **1.** (U) [poetry] vers mpl - **2.** [stanza] strophe f - **3.** [in Bible] verset m.

versed [vɜːst] adj : **to be well ~ in sthg** être versé(e) dans qqch.

version [ˈvɜːʃn] n version f.

versus [ˈvɜːsəs] prep - **1.** SPORT contre - **2.** [as opposed to] par opposition à.

vertebra [ˈvɜːtɪbrə] (pl -**brae** [-briː]) n vertèbre f.

vertebrate [ˈvɜːtɪbreɪt] n vertébré m.

vertical [ˈvɜːtɪkl] adj vertical(e).

vertical integration n FIN intégration f verticale.

vertically [ˈvɜːtɪklɪ] adv verticalement.

vertigo [ˈvɜːtɪɡəʊ] n (U) vertige m ; **to suffer from ~** avoir le vertige.

verve [vɜːv] n verve f.

very [ˈverɪ] ⬦ adv - **1.** [as intensifier] très ; **~ much** beaucoup - **2.** [as euphemism] : **not ~** pas très ⬦ adj : **the ~ room/book** la pièce/le livre même ; **the ~ man/thing I've been looking for** juste l'homme/la chose que je cherchais ; **at the ~ least** tout au moins ; **~ last/first** tout dernier/premier ; **of one's ~ own** bien à soi.

➡ **very well** adv très bien ; **I can't ~ well tell him ...** je ne peux tout de même pas lui dire que ...

vespers [ˈvespəz] n (U) vêpres fpl.

vessel [ˈvesl] n fml - **1.** [boat] vaisseau m - **2.** [container] récipient m.

vest [vest] n - **1.** Br [undershirt] maillot m de corps - **2.** Am [waistcoat] gilet m.

vested interest [ˈvestɪd-] n : **~ (in)** intérêt m particulier (à).

vestibule [ˈvestɪbjuːl] n - **1.** fml [entrance hall] vestibule m - **2.** Am [on train] sas m.

vestige [ˈvestɪdʒ] n vestige m.

vestry [ˈvestrɪ] (pl -**ies**) n sacristie f.

Vesuvius [vɪˈsuːvjəs] n le Vésuve.

vet [vet] (pt & pp -**ted** ; cont -**ting**) ⬦ n - **1.** Br (abbr of **veterinary surgeon**) vétérinaire mf - **2.** Am (abbr of **veteran**) ancien combattant m, vétéran m ⬦ vt [candidates] examiner avec soin.

veteran [ˈvetrən] ⬦ adj [experienced] chevronné(e) ⬦ n - **1.** MIL ancien combattant m, vétéran m - **2.** [experienced person] vétéran m.

veteran car n Br voiture f d'époque (construite avant 1905).

Veteran's Day n aux États-Unis, fête nationale en l'honneur des anciens combattants (le 11 novembre).

veterinarian [ˌvetərɪˈneərɪən] n Am vétérinaire mf.

veterinary science [ˈvetərɪnrɪ-] n science f vétérinaire.

veterinary surgeon [ˈvetərɪnrɪ-] n Br fml vétérinaire mf.

veto [ˈviːtəʊ] (pl -**es**, pt & pp -**ed** ; cont -**ing**) ⬦ n veto m ⬦ vt opposer son veto à.

vetting [ˈvetɪŋ] n (U) [of candidates] examen m minutieux.

vex [veks] vt contrarier.

vexed question [ˌvekst-] n question f controversée.

VFD (abbr of **voluntary fire department**) n pompiers bénévoles aux États-Unis.

vg (abbr of **very good**) tb.

vgc (abbr of **very good condition**) TBE, tbe.

VHF (abbr of **very high frequency**) VHF.

VHS (abbr of **video home system**) n VHS m.

VI abbr of **Virgin Islands**.

via [ˈvaɪə] prep - **1.** [travelling through] via, par - **2.** [by means of] au moyen de.

viability [ˌvaɪəˈbɪlətɪ] n viabilité f.

viable [ˈvaɪəbl] adj viable.

viaduct [ˈvaɪədʌkt] n viaduc m.

vibrant [ˈvaɪbrənt] adj vibrant(e).

vibrate [vaɪˈbreɪt] vi vibrer.

vibration [vaɪˈbreɪʃn] n vibration f.

vicar [ˈvɪkəʳ] n [in Church of England] pasteur m.

vicarage [ˈvɪkərɪdʒ] n presbytère m.

vicarious [vɪˈkeərɪəs] adj : **to take a ~ pleasure in sthg** retirer du plaisir indirectement de qqch.

vice [vaɪs] *n* - **1.** [immorality, fault] vice *m* - **2.** [tool] étau *m*.

vice- [vaɪs] *prefix* vice-.

vice-admiral *n* vice-amiral *m*.

vice-chairman *n* vice-président *m*, -e *f*.

vice-chancellor *n* UNIV président *m*, -e *f*.

vice-president *n* vice-président *m*, -e *f*.

vice squad *n* brigade *f* des mœurs.

vice versa [ˌvaɪsɪ'vɜːsə] *adv* vice versa.

vicinity [vɪ'sɪnətɪ] *n* : in the ~ (of) aux alentours (de), dans les environs (de).

vicious ['vɪʃəs] *adj* violent(e), brutal(e).

vicious circle *n* cercle *m* vicieux.

viciousness ['vɪʃəsnɪs] *n* violence *f*, brutalité *f*.

vicissitudes [vɪ'sɪsɪtjuːdz] *npl* fml vicissitudes *fpl*.

victim ['vɪktɪm] *n* victime *f*.

victimize, -ise ['vɪktɪmaɪz] *vt* faire une victime de.

victor ['vɪktər] *n* vainqueur *m*.

Victoria Cross [vɪk'tɔːrɪə-] *n* Croix *f* de Victoria.

Victoria Falls [vɪk'tɔːrɪə-] *npl* les chutes *fpl* Victoria.

Victorian [vɪk'tɔːrɪən] *adj* victorien(enne).

Victoriana [ˌvɪktɔːrɪ'ɑːnə] *n (U)* objets *mpl* de l'époque victorienne.

victorious [vɪk'tɔːrɪəs] *adj* victorieux(euse).

victory ['vɪktərɪ] *(pl* -ies) *n* : ~ (over) victoire *f* (sur).

video ['vɪdɪəʊ] *(pl* -s, *pt* & *pp* -ed ; *cont* -ing) ⟨⟩ *n* - **1.** [medium, recording] vidéo *f* - **2.** [machine] magnétoscope *m* - **3.** [cassette] vidéocassette *f* ⟨⟩ *comp* vidéo *(inv)* ⟨⟩ *vt* - **1.** [using video recorder] enregistrer sur magnétoscope - **2.** [using camera] faire une vidéo de, filmer.

video camera *n* caméra *f* vidéo.

video cassette *n* vidéocassette *f*.

videoconference [ˈvɪdɪəʊˈkɒnfərəns] *n* vidéoconférence *f*.

videodisc Br, **videodisk** Am ['vɪdɪəʊdɪsk] *n* vidéodisque *m*.

video game *n* jeu *m* vidéo.

video machine *n* magnétoscope *m*.

video-on-demand *n* service de location de vidéos par câble.

videophone ['vɪdɪəʊfəʊn] *n* vidéophone *m*, visiophone *m*.

videorecorder ['vɪdɪəʊrɪˌkɔːdər] *n* magnétoscope *m*.

video recording *n* enregistrement *m* vidéo.

video shop *n* vidéoclub *m*.

videotape ['vɪdɪəʊteɪp] *n* - **1.** [cassette] vidéocassette *f* - **2.** *(U)* [ribbon] bande *f* vidéo.

vie [vaɪ] *(pt* & *pp* vied ; *cont* vying) *vi* : to ~ for sthg lutter pour qqch ; to ~ with sb (for sthg/ to do sthg) rivaliser avec qqn (pour qqch/ pour faire qqch).

Vienna [vɪ'enə] *n* Vienne.

Viennese [ˌvɪə'niːz] ⟨⟩ *adj* viennois(e) ⟨⟩ *n* Viennois *m*, -e *f*.

Vietnam [Br ˌvjet'næm, Am ˌvjet'nɑːm] *n* Viêt-nam *m* ; in ~ au Viêt-nam.

Vietnamese [ˌvjetnə'miːz] ⟨⟩ *adj* vietnamien(enne) ⟨⟩ *n* [language] vietnamien *m* ⟨⟩ *npl* : the ~ les Vietnamiens.

view [vjuː] ⟨⟩ *n* - **1.** [opinion] opinion *f*, avis *m* ; ~ on sthg opinion sur qqch ; in my ~ à mon avis ; to take the ~ that ... être d'avis que ... - **2.** [scene, ability to see] vue *f* ; to come into ~ apparaître ⟨⟩ *vt* - **1.** [consider] considérer - **2.** [examine - gen] examiner ; [- house] visiter.

➤ **in view of** *prep* vu, étant donné.

➤ **with a view to** *conj* dans l'intention de, avec l'idée de.

viewdata ['vjuːˌdeɪtə] *n* vidéotex *m*.

viewer ['vjuːər] *n* - **1.** TV téléspectateur *m*, -trice *f* - **2.** [for slides] visionneuse *f*.

viewfinder ['vjuːˌfaɪndər] *n* viseur *m*.

viewpoint ['vjuːpɔɪnt] *n* point *m* de vue.

vigil ['vɪdʒɪl] *n* veille *f* ; RELIG vigile *f*.

vigilance ['vɪdʒɪləns] *n* vigilance *f*.

vigilant ['vɪdʒɪlənt] *adj* vigilant(e).

vigilante [ˌvɪdʒɪ'læntɪ] *n* membre *m* d'un groupe d'autodéfense.

vigor Am = vigour.

vigorous ['vɪɡərəs] *adj* vigoureux(euse).

vigour Br, **vigor** Am ['vɪɡər] *n* vigueur *f*.

Viking ['vaɪkɪŋ] ⟨⟩ *adj* viking *(inv)* ⟨⟩ *n* Viking *mf*.

vile [vaɪl] *adj* [mood] massacrant(e), exécrable ; [person, act] vil(e), ignoble ; [food] infect(e), exécrable.

vilify ['vɪlɪfaɪ] *(pt* & *pp* -ied) *vt* calomnier.

villa ['vɪlə] *n* villa *f* ; [bungalow] pavillon *m*.

village ['vɪlɪdʒ] *n* village *m*.

villager ['vɪlɪdʒər] *n* villageois *m*, -e *f*.

villain ['vɪlən] *n* - **1.** [of film, book] méchant *m*, -e *f* ; [of play] traître *m* - **2.** [criminal] bandit *m*.

Vilnius ['vɪlnɪəs] *n* Vilnious.

VIN *(abbr of* **vehicle identification number**) *n* numéro d'immatriculation.

vinaigrette [ˌvɪnɪˈɡret] n vinaigrette f.

vindicate [ˈvɪndɪkeɪt] vt justifier.

vindication [ˌvɪndɪˈkeɪʃn] n justification f.

vindictive [vɪnˈdɪktɪv] adj vindicatif(ive).

vine [vaɪn] n vigne f.

vinegar [ˈvɪnɪɡəʳ] n vinaigre m.

vine leaf n feuille f de vigne.

vineyard [ˈvɪnjəd] n vignoble m.

vintage [ˈvɪntɪdʒ] <> adj - 1. [wine] de grand cru - 2. [classic] typique <> n année f, millésime m.

vintage car n Br voiture f d'époque (construite entre 1919 et 1930).

vintage wine n vin m de grand cru.

vintner [ˈvɪntnəʳ] n négociant m en vins.

vinyl [ˈvaɪnɪl] <> n vinyle m <> comp de or en vinyle.

viola [vɪˈəʊlə] n alto m.

violate [ˈvaɪəleɪt] vt violer.

violation [ˌvaɪəˈleɪʃn] n violation f.

violence [ˈvaɪələns] n violence f.

violent [ˈvaɪələnt] adj - 1. [gen] violent(e) - 2. [colour] criard(e).

violently [ˈvaɪələntlɪ] adv violemment ; [die] de mort violente.

violet [ˈvaɪələt] <> adj violet(ette) <> n - 1. [flower] violette f - 2. [colour] violet m.

violin [ˌvaɪəˈlɪn] n violon m.

violinist [ˌvaɪəˈlɪnɪst] n violoniste mf.

VIP (abbr of very important person) n VIP mf.

viper [ˈvaɪpəʳ] n vipère f.

viral [ˈvaɪrəl] adj viral(e).

virgin [ˈvɜːdʒɪn] <> adj literary [land, forest, soil] vierge <> n [woman] vierge f ; [man] garçon m/ homme m vierge.

Virginia [vəˈdʒɪnjə] n Virginie f ; **in ~** en Virginie.

Virgin Islands n : **the ~** les îles fpl Vierges ; **in the ~** dans les îles Vierges.

virginity [vəˈdʒɪnətɪ] n virginité f.

Virgo [ˈvɜːɡəʊ] (pl -s) n Vierge f ; **to be (a) ~** être Vierge.

virile [ˈvɪraɪl] adj viril(e).

virility [vɪˈrɪlətɪ] n virilité f.

virtual [ˈvɜːtʃʊəl] adj virtuel(elle) ; **it's a ~ certainty** c'est quasiment or pratiquement certain.

virtually [ˈvɜːtʃʊəlɪ] adv virtuellement, pratiquement.

virtual memory n COMPUT mémoire f virtuelle.

virtual reality n réalité f virtuelle.

virtue [ˈvɜːtjuː] n - 1. [good quality] vertu f - 2. [benefit] : **~ (in doing sthg)** mérite m (à faire qqch).
➤ **by virtue of** prep fml en vertu de.

virtuoso [ˌvɜːtjʊˈəʊzəʊl] (pl -sos or -si [-siː]) n virtuose mf.

virtuous [ˈvɜːtʃʊəs] adj vertueux(euse).

virulent [ˈvɪrʊlənt] adj virulent(e).

virus [ˈvaɪrəs] n COMPUT & MED virus m.

visa [ˈviːzə] n visa m.

vis-à-vis [ˌviːzɑːˈviː] prep fml par rapport à.

viscose [ˈvɪskəʊs] n viscose f.

viscosity [vɪˈskɒsətɪ] n viscosité f.

viscount [ˈvaɪkaʊnt] n vicomte m.

viscous [ˈvɪskəs] adj visqueux(euse).

vise [vaɪs] n Am étau m.

visibility [ˌvɪzɪˈbɪlətɪ] n visibilité f.

visible [ˈvɪzəbl] adj visible.

visibly [ˈvɪzəblɪ] adv visiblement.

vision [ˈvɪʒn] n - 1. (U) [ability to see] vue f - 2. [foresight, dream] vision f - 3. (U) TV image f.

visionary [ˈvɪʒənrɪ] (pl -ies) <> adj visionnaire <> n visionnaire mf.

visit [ˈvɪzɪt] <> n visite f ; **on a ~** en visite <> vt [person] rendre visite à ; [place] visiter.
➤ **visit with** vt fus Am - 1. [go and see] aller voir - 2. [chat to] parler avec.

visiting card [ˈvɪzɪtɪŋ-] n carte f de visite.

visiting hours [ˈvɪzɪtɪŋ-] npl heures fpl de visite.

visitor [ˈvɪzɪtəʳ] n [to person] invité m, -e f ; [to place] visiteur m, -euse f ; [to hotel] client m, -e f.

visitors' book n livre m d'or ; [in hotel] registre m.

visitor's passport n Br passeport m temporaire.

visor [ˈvaɪzəʳ] n visière f.

vista [ˈvɪstə] n [view] vue f.

VISTA [ˈvɪstə] (abbr of Volunteers in Service to America) n programme américain d'aide aux personnes les plus défavorisées.

visual [ˈvɪʒʊəl] adj visuel(elle).

visual aids npl supports mpl visuels.

visual display unit n écran m de visualisation.

visualize, -ise [ˈvɪʒʊəlaɪz] vt se représenter, s'imaginer.

visually [ˈvɪʒʊəlɪ] adv visuellement ; **~ handicapped** malvoyant(e).

vital ['vaɪtl] *adj* **- 1.** [essential] essentiel(elle)
- 2. [full of life] plein(e) d'entrain.

vitality [vaɪ'tælətɪ] *n* vitalité *f*.

vitally ['vaɪtəlɪ] *adv* absolument.

vital statistics *npl* inf [of woman] mensurations *fpl*.

vitamin [Br 'vɪtəmɪn, Am 'vaɪtəmɪn] *n* vitamine *f*.

vitriolic [,vɪtrɪ'ɒlɪk] *adj* au vitriol.

viva ['vaɪvə] *n* viva voce.

vivacious [vɪ'veɪʃəs] *adj* enjoué(e).

vivacity [vɪ'væsətɪ] *n* vivacité *f*.

viva voce [,vaɪvə'vəʊsɪ] *n* examen *m* oral.

vivid ['vɪvɪd] *adj* **- 1.** [bright] vif (vive)
- 2. [clear - description] vivant(e) ; [- memory] net
(nette), précis(e).

vividly ['vɪvɪdlɪ] *adv* [describe] d'une manière
vivante ; [remember] clairement.

vivisection [,vɪvɪ'sekʃn] *n* vivisection *f*.

vixen ['vɪksn] *n* [fox] renarde *f*.

viz [vɪz] (*abbr of* vide licet) c.-à-d.

VLF (*abbr of* very low frequency) *n* très basse
fréquence.

V-neck *n* [neck] décolleté *m* en V ; [sweater]
pull *m* à décolleté en V.

VOA (*abbr of* Voice of America) *n* station radiophonique américaine à destination de
l'étranger.

vocabulary [və'kæbjʊlərɪ] (*pl* -ies) *n* vocabulaire *m*.

vocal ['vəʊkl] *adj* **- 1.** [outspoken] qui se fait entendre **- 2.** [of the voice] vocal(e).
➤ **vocals** *npl* chant *m*.

vocal cords *npl* cordes *fpl* vocales.

vocalist ['vəʊkəlɪst] *n* chanteur *m*, -euse *f*
(*dans un groupe*).

vocation [vəʊ'keɪʃn] *n* vocation *f*.

vocational [vəʊ'keɪʃənl] *adj* professionnel(elle).

vociferous [və'sɪfərəs] *adj* bruyant(e).

vodka ['vɒdkə] *n* vodka *f*.

vogue [vəʊg] ◇ *adj* en vogue, à la mode
◇ *n* vogue *f*, mode *f;* **in ~** en vogue, à la
mode

voice [vɔɪs] ◇ *n* **- 1.** [gen] voix *f;* **to raise/
lower one's ~** élever/baisser la voix ; **to
keep one's ~ down** parler bas **- 2.** [influence] :
to have a ~ in avoir son mot à dire dans
◇ *vt* [opinion, emotion] exprimer.

voice box *n* larynx *m*.

voice mail *n* COMPUT messagerie *f* vocale ; **to
send/receive ~** envoyer/recevoir un message sur une boîte vocale.

voice-over *n* voix *f* off.

void [vɔɪd] ◇ *adj* **- 1.** [invalid] nul (nulle) ▷
null - 2. fml [empty] : **~ of** dépourvu(e) de, dénué(e) de ◇ *n* vide *m*.

voile [vɔɪl] *n* (U) voile *m*.

vol. (*abbr of* volume) vol.

volatile [Br 'vɒlətaɪl, Am 'vɒlətl] *adj* [situation]
explosif(ive) ; [person] lunatique, versatile ;
[market] instable.

vol-au-vent ['vɒləʊvɑ̃] *n* vol-au-vent *m* inv.

volcanic [vɒl'kænɪk] *adj* volcanique.

volcano [vɒl'keɪnəʊ] (*pl* -es OR -s) *n* volcan *m*.

vole [vəʊl] *n* campagnol *m*.

Volga ['vɒlgə] *n* : **the (River) ~** la Volga.

volition [və'lɪʃn] *n* fml : **of one's own ~** de son
propre gré.

volley ['vɒlɪ] (*pl* -s) ◇ *n* **- 1.** [of gunfire] salve *f*
- 2. fig [of questions, curses] torrent *m* ; [of blows]
volée *f*, pluie *f* **- 3.** SPORT volée *f* ◇ *vt* frapper
à la volée, reprendre de volée.

volleyball ['vɒlɪbɔːl] *n* volley-ball *m*.

volt [vəʊlt] *n* volt *m*.

Volta ['vɒltə] *n* Volta *f*.

voltage ['vəʊltɪdʒ] *n* voltage *m*, tension *f*.

voluble ['vɒljʊbl] *adj* volubile, loquace.

volume ['vɒljuːm] *n* **- 1.** [gen] volume *m* **- 2.** [of
work, letters] quantité *f;* [of traffic] densité *f*. ·

volume control *n* réglage *m* du volume.

voluminous [və'luːmɪnəs] *adj* fml **- 1.** [garment]
immense **- 2.** [container] volumineux(euse).

voluntarily [Br 'vɒləntrɪlɪ, Am ,vɒlən'terəlɪ]
adv volontairement.

voluntary ['vɒləntrɪ] *adj* **- 1.** [not obligatory] volontaire **- 2.** [unpaid] bénévole.

voluntary liquidation *n* liquidation *f* volontaire.

voluntary redundancy *n* Br départ *m* volontaire.

volunteer [,vɒlən'tɪəʳ] ◇ *n* **- 1.** [gen & MIL] volontaire *mf* **- 2.** [unpaid worker] bénévole *mf*
◇ *vt* **- 1.** [offer] : **to ~ to do sthg** se proposer
OR se porter volontaire pour faire qqch
- 2. [information, advice] donner spontanément
◇ *vi* **- 1.** [offer one's services] : **to ~ (for)** se porter volontaire (pour), proposer ses services (pour) **- 2.** MIL s'engager comme volontaire.

voluptuous [və'lʌptʃʊəs] *adj* voluptueux(euse).

vomit ['vɒmɪt] ◇ *n* vomi *m* ◇ *vi* vomir.

voracious [və'reɪʃəs] *adj* vorace.

vortex ['vɔːteks] (*pl* -texes [-teksɪz] OR -tices
[-tɪsiːz]) *n* vortex *m* ; fig [of events] tourbillon *m*.

vote [vəʊt] ⬦ *n* - **1.** [individual decision] : ~ **(for/against)** vote *m* (pour/contre), voix *f* (pour/contre) - **2.** [ballot] vote *m* ; **to put sthg to the** ~ procéder à un vote sur qqch - **3.** [right to vote] droit *m* de vote ⬦ *vt* - **1.** [declare] élire - **2.** [choose] : **to** ~ **to do sthg** voter OR se prononcer pour faire qqch ; **they** ~**d to return to work** ils ont voté le retour au travail ⬦ *vi* : **to** ~ **(for/against)** voter (pour/contre).

� **vote in** *vt sep* élire.

� **vote out** *vt sep* évincer par un vote.

vote of confidence (*pl* votes of confidence) *n* vote *m* de confiance.

vote of no confidence (*pl* votes of no confidence) *n* motion *f* de censure.

vote of thanks (*pl* votes of thanks) *n* discours *m* de remerciement.

voter ['vəʊtər] *n* électeur *m*, -trice *f*.

voting ['vəʊtɪŋ] *n* scrutin *m*.

vouch [vaʊtʃ] � **vouch for** *vt fus* répondre de, se porter garant de.

voucher ['vaʊtʃər] *n* bon *m*, coupon *m*.

vow [vaʊ] ⬦ *n* vœu *m*, serment *m* ⬦ *vt* : **to** ~ **to do sthg** jurer de faire qqch ; **to** ~ **(that)** ... jurer que ...

vowel ['vaʊəl] *n* voyelle *f*.

voyage ['vɔɪdʒ] *n* voyage *m* en mer ; [in space] vol *m*.

voyeur [vwa:'jɜːr] *n* voyeur *m*, -euse *f*.

voyeurism [vwa:'jɜːrɪzm] *n* voyeurisme *m*.

VP *n abbr of* vice-president.

vs *abbr of* versus.

VSO (*abbr of* Voluntary Service Overseas) *n organisation britannique envoyant des travailleurs bénévoles dans des pays en voie de développement pour contribuer à leur développement technique.*

VSOP (*abbr of* very special old pale) *appellation réservée à certains cognacs et armagnacs.*

VT *abbr of* Vermont.

VTOL ['vi:tɒl] (*abbr of* vertical takeoff and landing) *n* ADAV *m*.

VTR (*abbr of* video tape recorder) *n* magnétoscope *m*.

vulgar ['vʌlɡər] *adj* - **1.** [in bad taste] vulgaire - **2.** [offensive] grossier(ère).

vulgarity [vʌl'ɡærətɪ] (*U*) *n* - **1.** [poor taste] vulgarité *f* - **2.** [offensiveness] grossièreté *f*.

vulnerability [ˌvʌlnərə'bɪlətɪ] *n* vulnérabilité *f*.

vulnerable ['vʌlnərəbl] *adj* vulnérable ; ~ **to** [attack] exposé(e) à ; [colds] sensible à.

vulture ['vʌltʃər] *n* lit & fig vautour *m*.

w (*pl* w's OR ws), **W** (*pl* W's OR Ws) ['dʌblju:] *n* [letter] w *m inv*, W *m inv*.

� **W** - **1.** (*abbr of* west) O, W - **2.** (*abbr of* watt) w.

WA *abbr of* Washington.

wacky ['wækɪ] (*compar* -ier ; *superl* -iest) *adj inf* farfelu(e).

wad [wɒd] *n* - **1.** [of cotton wool, paper] tampon *m* - **2.** [of banknotes, documents] liasse *f* - **3.** [of tobacco] chique *f* ; [of chewing-gum] boulette *f*.

wadding ['wɒdɪŋ] *n* rembourrage *m*, capitonnage *m*.

waddle ['wɒdl] *vi* se dandiner.

wade [weɪd] *vi* patauger.

� **wade through** *vt fus fig* se taper.

wadge [wɒdʒ] *n* Br inf morceau *m* ; [of papers] tas *m*.

wading pool ['weɪdɪŋ-] *n* Am pataugeoire *f*.

wafer ['weɪfər] *n* [thin biscuit] gaufrette *f*.

wafer-thin *adj* mince comme du papier à cigarette OR une pelure d'oignon.

waffle ['wɒfl] ⬦ *n* - **1.** CULIN gaufre *f* - **2.** Br inf [vague talk] verbiage *m* ⬦ *vi* parler pour ne rien dire.

waft [wa:ft, wɒft] *vi* flotter.

wag [wæɡ] (*pt* & *pp* -ged ; *cont* -ging) ⬦ *vt* remuer, agiter ⬦ *vi* [tail] remuer.

wage [weɪdʒ] ⬦ *n* salaire *m*, paie *f*, paye *f* ⬦ *vt* : **to** ~ **war against** faire la guerre à.

� **wages** *npl* salaire *m*.

wage claim *n* revendication *f* salariale.

wage differential *n* écart *m* des salaires.

wage earner [-ˌɜːnər] *n* salarié *m*, -e *f*.

wage freeze *n* blocage *m* des salaires.

wage packet *n* Br - **1.** [envelope] enveloppe *f* de paye - **2.** fig [pay] paie *f*, paye *f*.

wager ['weɪdʒər] *n* pari *m*.

wage rise *n* Br augmentation *f* de salaire.

waggish ['wæɡɪʃ] *adj inf* facétieux(euse), plaisant(e).

waggle ['wæɡl] inf ⬦ *vt* agiter, remuer ; [ears] remuer ⬦ *vi* remuer.

waggon ['wægən] Br = wagon.

wagon ['wægən] n - **1.** [horse-drawn] chariot m, charrette f - **2.** Br RAIL wagon m.

waif [weif] n enfant abandonné m, enfant abandonnée f.

wail [weıl] ◇ n gémissement m ◇ vi gémir.

wailing ['weılıŋ] n (U) gémissements mpl, plaintes fpl.

waist [weıst] n taille f.

waistband ['weıstbænd] n ceinture f.

waistcoat ['weıskəut] n esp Br gilet m.

waistline ['weıstlaın] n taille f.

wait [weıt] ◇ n attente f ; **to have a long ~** attendre longtemps ◇ vi attendre ; **I can't ~ to see you** je brûle d'impatience de te voir ; **(just) you ~!** tu ne perds rien pour attendre! ; **~ and see!** tu vas bien voir! ; **a minute** OR **second** OR **moment!** [interrupting person] minute (papillon)! ; [interrupting oneself] attends voir! ◇ vt Am [delay] retarder.

◆ **wait about, wait around** vi attendre ; [waste time] perdre son temps à attendre.

◆ **wait for** vt fus attendre ; **to ~ for sb to do sthg** attendre que qqn fasse qqch.

◆ **wait on** vt fus [serve food to] servir.

◆ **wait up** vi veiller, ne pas se coucher.

waiter ['weıtər] n garçon m, serveur m.

waiting game ['weıtıŋ-] n politique f d'attente.

waiting list ['weıtıŋ-] n liste f d'attente.

waiting room ['weıtıŋ-] n salle f d'attente.

waitress ['weıtrıs] n serveuse f.

waive [weıv] vt [fee] renoncer à ; [rule] prévoir une dérogation à.

waiver ['weıvər] n JUR dérogation f.

wake [weık] (pt woke OR **-d** ; pp woken OR **-d**) ◇ n [of ship] sillage m ; **in one's ~** fig dans son sillage ; **in the ~ of** fig à la suite de ◇ vt réveiller ◇ vi se réveiller.

◆ **wake up** ◇ vt sep réveiller ◇ vi - **1.** [wake] se réveiller - **2.** fig [become aware] : **to ~ up (to sthg)** prendre conscience (de qqch), se sensibiliser (à qqch).

waken ['weıkən] fml ◇ vt réveiller ◇ vi se réveiller.

waking hours ['weıkıŋ-] npl heures fpl de veille.

Wales [weılz] n pays m de Galles ; **in ~** au pays de Galles.

walk [wɔːk] ◇ n - **1.** [way of walking] démarche f, façon f de marcher - **2.** [journey - for pleasure] promenade f ; [- long distance] marche f ; **it's a long ~** c'est loin à pied ; **to go for a ~** aller se promener, aller faire une promenade - **3.** [route] promenade f ◇ vt - **1.** [accompany - person] accompagner ; [- dog] promener - **2.** [distance] faire à pied ; **to ~ the streets** [homeless] être sur le pavé ; [in search] arpenter la ville ; [prostitute] faire le trottoir ◇ vi - **1.** [gen] marcher - **2.** [for pleasure] se promener.

◆ **walk away with** vt fus inf fig gagner OR remporter haut la main.

◆ **walk in on** vt fus [interrupt] déranger ; [in embarrassing situation] prendre en flagrant délit.

◆ **walk off** vt sep [headache, cramp] faire une promenade pour se débarrasser de.

◆ **walk off with** vt fus inf - **1.** [steal] faucher - **2.** [win easily] gagner OR remporter haut la main.

◆ **walk out** vi - **1.** [leave suddenly] partir - **2.** [go on strike] se mettre en grève, faire grève.

◆ **walk out on** vt fus quitter.

walkabout ['wɔːkə,baut] n Br [by president etc] bain m de foule.

walker ['wɔːkər] n [for pleasure] promeneur m, -euse f ; [long-distance] marcheur m, -euse f.

walkie-talkie [,wɔːkı'tɔːkı] n talkie-walkie m.

walk-in adj - **1.** [cupboard] assez grand(e) pour qu'on puisse y entrer - **2.** Am [easy] facile.

walking ['wɔːkıŋ] n (U) marche f à pied, promenade f.

walking shoes npl chaussures fpl de marche.

walking stick n canne f.

Walkman® ['wɔːkmən] n baladeur m, Walkman® m.

walk of life (pl walks of life) n milieu m.

walk-on adj [part, role] de figurant(e).

walkout ['wɔːkaut] n [strike] grève f, débrayage m.

walkover ['wɔːk,əuvər] n victoire f facile.

walkway ['wɔːkweı] n passage m ; [between buildings] passerelle f.

wall [wɔːl] n - **1.** [of room, building] mur m ; [of rock, cave] paroi f ; **to come up against a brick ~** se heurter à un mur ; **to drive sb up the ~** rendre qqn fou, taper sur le système de qqn - **2.** ANAT paroi f.

wallchart ['wɔːltʃɑːt] n planche f murale.

wall cupboard n placard m mural.

walled [wɔːld] adj fortifié(e).

wallet ['wɒlıt] n portefeuille m.

wallflower ['wɔːl,flauər] n - **1.** [plant] giroflée f - **2.** inf fig [person] : **to be a ~** faire tapisserie.

Walloon [wɒˈluːn] ◇ *adj* wallon(onne) ◇ *n* - **1.** [person] Wallon *m*, -onne *f* - **2.** [language] wallon *m*.

wallop [ˈwɒləp] *inf* ◇ *n* gros coup *m* ◇ *vt* [person] flanquer un coup à ; [ball] taper fort dans.

wallow [ˈwɒləʊ] *vi* - **1.** [in liquid] se vautrer - **2.** [in emotion] : to ~ in se complaire dans.

wall painting *n* peinture *f* murale.

wallpaper [ˈwɔːlˌpeɪpəʳ] ◇ *n* papier *m* peint ◇ *vt* tapisser.

Wall Street *n* Wall Street *m (quartier financier de New York)*.

wall-to-wall *adj* : ~ carpet moquette *f*.

wally [ˈwɒlɪ] (*pl* -ies) *n* Br inf idiot *m*, -e *f*, andouille *f*.

walnut [ˈwɔːlnʌt] *n* - **1.** [nut] noix *f* - **2.** [tree, wood] noyer *m*.

walrus [ˈwɔːlrəs] (*pl inv* OR -es [-iːz]) *n* morse *m*.

waltz [wɔːls] ◇ *n* valse *f* ◇ *vi* - **1.** [dance] valser, danser la valse - **2.** *inf* [walk confidently] marcher d'un air dégagé OR de façon désinvolte.

wan [wɒn] (*compar* -ner ; *superl* -nest) *adj* pâle, blême.

wand [wɒnd] *n* baguette *f*.

wander [ˈwɒndəʳ] *vi* - **1.** [person] errer - **2.** [mind] divaguer ; [thoughts] vagabonder.

wanderer [ˈwɒndərəʳ] *n* vagabond *m*, -e *f*.

wandering [ˈwɒndərɪŋ] *adj* ambulant(e).

wanderlust [ˈwɒndəlʌst] *n* bougeotte *f*, envie *f* de voyager.

wane [weɪn] ◇ *n* : on the ~ en déclin ; [power, interest] faiblissant(e) ◇ *vi* - **1.** [influence, interest] diminuer, faiblir - **2.** [moon] décroître.

wangle [ˈwæŋgl] *vt inf* se débrouiller pour obtenir.

wanna [ˈwɒnə] *esp Am* = want a, want to.

want [wɒnt] ◇ *n* - **1.** [need] besoin *m* - **2.** [lack] manque *m* ; for ~ of faute de, par manque de - **3.** [deprivation] pauvreté *f*, besoin *m* ◇ *vt* - **1.** [desire] vouloir ; to ~ to do sthg vouloir faire qqch ; to ~ sb to do sthg vouloir que qqn fasse qqch - **2.** *inf* [need] avoir besoin de ; you ~ to be more careful tu devrais être plus prudent.

want ad *n* Am inf petite annonce *f*.

wanted [ˈwɒntɪd] *adj* : to be ~ (by the police) être recherché(e) (par la police).

wanting [ˈwɒntɪŋ] *adj* : to be ~ in manquer de ; to be found ~ ne pas être à la hauteur ; not to be found ~ être à la hauteur.

wanton [ˈwɒntən] *adj* [destruction, neglect] gratuit(e).

war [wɔːʳ] (*pt* & *pp* -red ; *cont* -ring) ◇ *n* guerre *f* ; to go to ~ entrer OR se mettre en guerre ; to have been in the ~s Br être dans un sale état ◇ *vi* se battre.

War., Warks. (*abbr of* **Warwickshire**) *comté anglais*.

warble [ˈwɔːbl] *vi* [bird] gazouiller.

war crime *n* crime *m* de guerre.

war criminal *n* criminel *m* de guerre.

war cry *n* cri *m* de guerre.

ward [wɔːd] *n* - **1.** [in hospital] salle *f* - **2.** Br POL circonscription *f* électorale - **3.** JUR pupille *mf*.

ward off *vt fus* [danger] écarter ; [disease, blow] éviter ; [evil spirits] éloigner.

war dance *n* danse *f* guerrière.

warden [ˈwɔːdn] *n* - **1.** [of park etc] gardien *m*, -enne *f* - **2.** Br [of youth hostel, hall of residence] directeur *m*, -trice *f* - **3.** Am [of prison] directeur *m*, -trice *f*.

warder [ˈwɔːdəʳ] *n* [in prison] gardien *m*, -enne *f*.

ward of court *n* pupille *mf* sous tutelle judiciaire.

wardrobe [ˈwɔːdrəʊb] *n* garde-robe *f*.

wardrobe mistress *n* Br costumière *f*.

warehouse [ˈweəhaʊs, *pl* -haʊzɪz] *n* entrepôt *m*, magasin *m*.

wares [weəz] *npl* marchandises *fpl*.

warfare [ˈwɔːfeəʳ] *n (U)* guerre *f*.

war game *n* - **1.** [military exercise] manœuvres *fpl* militaires - **2.** [game of strategy] jeu *m* de stratégie militaire.

warhead [ˈwɔːhed] *n* ogive *f*, tête *f*.

warily [ˈweərɪlɪ] *adv* avec précaution OR circonspection.

warlike [ˈwɔːlaɪk] *adj* belliqueux(euse).

warm [wɔːm] ◇ *adj* - **1.** [gen] chaud(e) ; are you ~ enough? tu as assez chaud? ; it's ~ today il fait chaud aujourd'hui - **2.** [friendly] chaleureux(euse) ◇ *vt* chauffer.

warm over *vt sep* Am lit & fig resservir.

warm to *vt fus* [person] se prendre de sympathie pour ; [idea, place] se mettre à aimer.

warm up ◇ *vt sep* réchauffer ◇ *vi* - **1.** [person, room] se réchauffer - **2.** [machine, engine] chauffer - **3.** SPORT s'échauffer.

warm-blooded [-'blʌdɪd] *adj* à sang chaud.

war memorial *n* monument *m* aux morts.

warm front *n* METEOR front *m* chaud.

warm-hearted [-'hɑːtɪd] *adj* chaleureux(euse), affectueux(euse).

warmly ['wɔːmlɪ] *adv* - **1.** [in warm clothes] : **to dress ~** s'habiller chaudement - **2.** [in a friendly way] chaleureusement.

warmness ['wɔːmnɪs] *n* chaleur *f*.

warmonger ['wɔː,mʌŋgə'] *n* belliciste *mf*.

warmth [wɔːmθ] *n* chaleur *f*.

warm-up *n* SPORT échauffement *m*.

warn [wɔːn] <> *vt* avertir, prévenir ; **to ~ sb of sthg** avertir qqn de qqch ; **to ~ sb not to do sthg** conseiller à qqn de ne pas faire qqch, déconseiller à qqn de faire qqch <> *vi* : **to ~ of sthg** annoncer un risque de qqch.

warning ['wɔːnɪŋ] <> *adj* d'avertissement <> *n* avertissement *m*.

warning light *n* voyant *m*, avertisseur *m* lumineux.

warning triangle *n* Br triangle *m* de signalisation.

warp [wɔːp] <> *vt* - **1.** [wood] gauchir, voiler - **2.** [personality] fausser, pervertir <> *vi* [wood] gauchir, se voiler <> *n* [of cloth] chaîne *f*.

warpath ['wɔːpɑːθ] *n* : **to be on the ~** *fig* être sur le sentier de la guerre.

warped [wɔːpt] *adj* - **1.** [wood] gauchi(e) - **2.** [personality, idea] perverti(e).

warrant ['wɒrənt] <> *n* JUR mandat *m* <> *vt* - **1.** [justify] justifier - **2.** [guarantee] garantir.

warrant officer *n* adjudant *m*.

warranty ['wɒrəntɪ] (*pl* **-ies**) *n* garantie *f*.

warren ['wɒrən] *n* terrier *m*.

warring ['wɔːrɪŋ] *adj* en guerre.

warrior ['wɒrɪə'] *n* guerrier *m*, -ère *f*.

Warsaw ['wɔːsɔː] *n* Varsovie ; **the ~ Pact** le pacte de Varsovie.

warship ['wɔːʃɪp] *n* navire *m* de guerre.

wart [wɔːt] *n* verrue *f*.

wartime ['wɔːtaɪm] <> *adj* de guerre <> *n* : **in ~** en temps de guerre.

war-torn *adj* déchiré(e) par la guerre.

war widow *n* veuve *f* de guerre.

wary ['weərɪ] (*compar* **-ier** ; *superl* **-iest**) *adj* prudent(e), circonspect(e) ; **to be ~ of** se méfier de ; **to be ~ of doing sthg** hésiter à faire qqch.

was [weak form wəz, strong form wɒz] *pt* ▷ **be**.

wash [wɒʃ] <> *n* - **1.** [act] lavage *m* ; **to have a ~** se laver ; **to give sthg a ~** laver qqch

- **2.** [clothes] lessive *f* - **3.** [from boat] remous *m* <> *vt* - **1.** [clean] laver ; **to ~ one's hands** se laver les mains - **2.** [carry] : **the waves ~ed the oil/body onto the beach** les vagues ont rejeté le pétrole/corps sur la plage <> *vi* se laver.

◆ **wash away** *vt sep* emporter.

◆ **wash down** *vt sep* - **1.** [food] arroser - **2.** [clean] laver à grande eau.

◆ **wash out** *vt sep* - **1.** [stain, dye] faire partir, enlever - **2.** [container] laver.

◆ **wash up** <> *vt sep* - **1.** Br [dishes] : **to ~ the dishes up** faire OR laver la vaisselle - **2.** [subj: sea, river] rejeter <> *vi* - **1.** Br [wash dishes] faire OR laver la vaisselle - **2.** Am [wash oneself] se laver.

washable ['wɒʃəbl] *adj* lavable.

wash-and-wear *adj* qui ne nécessite aucun repassage.

washbasin Br ['wɒʃ,beɪsn], **washbowl** Am ['wɒʃbəʊl] *n* lavabo *m*.

washcloth ['wɒʃ,klɒθ] *n* Am gant *m* de toilette.

washed-out [,wɒʃt-] *adj* - **1.** [pale] délavé(e) - **2.** [exhausted] lessivé(e).

washed-up [,wɒʃt-] *adj* inf [person] fini(e) ; [project] fichu(e).

washer ['wɒʃə'] *n* - **1.** TECH rondelle *f* - **2.** [washing machine] machine *f* à laver.

washer-dryer *n* machine *f* à laver séchante.

washing ['wɒʃɪŋ] *n* (U) - **1.** [action] lessive *f* - **2.** [clothes] linge *m*, lessive *f*.

washing line *n* corde *f* à linge.

washing machine *n* machine *f* à laver.

washing powder *n* Br lessive *f*, détergent *m*.

Washington ['wɒʃɪŋtən] *n* - **1.** [state] : **~ State** l'État *m* de Washington - **2.** [city] : **~ D.C.** Washington.

washing-up *n* Br vaisselle *f*.

washing-up liquid *n* Br liquide *m* pour la vaisselle.

washout ['wɒʃaʊt] *n* inf fiasco *m*.

washroom ['wɒʃrʊm] *n* Am toilettes *fpl*.

wasn't [wɒznt] = **was not**.

wasp [wɒsp] *n* guêpe *f*.

Wasp, WASP [wɒsp] (*abbr of* **White Anglo-Saxon Protestant**) *n* inf *personne de race blanche, d'origine anglo-saxonne et protestante.*

waspish ['wɒspɪʃ] *adj* revêche, grincheux(euse).

wastage ['weɪstɪdʒ] *n* gaspillage *m*.

waste [weɪst] ⬦ *adj* [material] de rebut ; [fuel] perdu(e) ; [area of land] en friche ⬦ *n* - **1.** [misuse] gaspillage *m* ; **it's a ~ of money** [extravagance] c'est du gaspillage ; [bad investment] c'est de l'argent perdu ; **to go to ~** [gen] être gaspillé ; [food] se perdre ; [work] ne servir à rien ; **a ~ of time** une perte de temps - **2.** (U) [refuse] déchets *mpl*, ordures *fpl* ⬦ *vt* [money, food, energy] gaspiller ; [time, opportunity] perdre.

➤ **wastes** *npl* literary étendues *fpl* désertes.

wastebasket Am = **wastepaper basket**.

waste disposal unit *n* broyeur *m* d'ordures.

wasteful ['weɪstfʊl] *adj* [person] gaspilleur(euse) ; [activity] peu économique.

waste ground *n* (U) terrain *m* vague.

wasteland ['weɪst,lænd] *n* [in country] terre *f* à l'abandon ; [in city] terrain *m* vague.

waste paper *n* papier *m* de rebut.

wastepaper basket, wastepaper bin [,weɪst'peɪpəʳ-], **wastebasket** Am ['weɪst,bɑːskɪt] *n* corbeille *f* à papier.

watch [wɒtʃ] ⬦ *n* - **1.** [timepiece] montre *f* - **2.** [act of watching] : **to keep ~** faire le guet, monter la garde ; **to keep ~ on sb/sthg** surveiller qqn/qqch - **3.** [guard] garde *f* ; NAUT [shift] quart *m* ⬦ *vt* - **1.** [look at] regarder - **2.** [spy on, guard] surveiller - **3.** [be careful about] faire attention à ; **~ your language!** surveille ton langage! ; **~ it!** inf attention! ⬦ *vi* regarder.

➤ **watch out** *vi* faire attention, prendre garde.

➤ **watch over** *vt fus* veiller sur.

watchdog ['wɒtʃdɒg] *n* - **1.** [dog] chien *m* de garde - **2.** fig [organization] organisation *f* de contrôle.

watchful ['wɒtʃfʊl] *adj* vigilant(e).

watchmaker ['wɒtʃ,meɪkəʳ] *n* horloger *m*.

watchman ['wɒtʃmən] (*pl* **-men** [-mən]) *n* gardien *m*.

watchword ['wɒtʃwɜːd] *n* mot *m* d'ordre.

water ['wɔːtəʳ] ⬦ *n* - **1.** [liquid] eau *f* ; **to pour** OR **throw cold ~ on sthg** fig se montrer négatif à l'égard de qqch ; **to tread ~** flotter ; **that's all ~ under the bridge** tout ça, c'est du passé - **2.** [urine] : **to pass ~** uriner ⬦ *vt* arroser ⬦ *vi* - **1.** [eyes] pleurer, larmoyer - **2.** [mouth] : **my mouth was ~ing** j'en avais l'eau à la bouche ; **it made my mouth ~** cela m'a fait venir l'eau à la bouche.

➤ **waters** *npl* [sea] eaux *fpl*.

➤ **water down** *vt sep* - **1.** [dilute] diluer ; [alcohol] couper d'eau - **2.** usu pej [plan, demand] atténuer, modérer ; [play, novel] édulcorer.

water bed *n* lit *m* d'eau.

water bird *n* oiseau *m* aquatique.

water biscuit *n* cracker *m*, craquelin *m*.

waterborne ['wɔːtəbɔːn] *adj* [disease] d'origine hydrique.

water bottle *n* gourde *f*, bidon *m* (à eau).

water buffalo *n* karbau *m*, kérabau *m*.

water cannon *n* canon *m* à eau.

water chestnut *n* châtaigne *f* d'eau.

water closet *n* dated toilettes *fpl*, waters *mpl*.

watercolour ['wɔːtə,kʌləʳ] *n* - **1.** [picture] aquarelle *f* - **2.** [paint] peinture *f* à l'eau, couleur *f* pour aquarelle.

water-cooled [-,kuːld] *adj* à refroidissement par eau.

watercourse ['wɔːtəkɔːs] *n* cours *m* d'eau.

watercress ['wɔːtəkres] *n* cresson *m*.

watered-down [,wɔːtəd-] *adj* usu pej modéré(e), atténué(e) ; [version] édulcoré(e).

waterfall ['wɔːtəfɔːl] *n* chute *f* d'eau, cascade *f*.

waterfront ['wɔːtəfrʌnt] *n* quais *mpl*.

water heater *n* chauffe-eau *m inv*.

waterhole ['wɔːtəhəʊl] *n* mare *f*, point *m* d'eau.

watering can ['wɔːtərɪŋ-] *n* arrosoir *m*.

water jump *n* brook *m*.

water level *n* niveau *m* de l'eau.

water lily *n* nénuphar *m*.

waterline ['wɔːtəlaɪn] *n* NAUT ligne *f* de flottaison.

waterlogged ['wɔːtəlɒgd] *adj* - **1.** [land] détrempée(e) - **2.** [vessel] plein(e) d'eau.

water main *n* conduite *f* principale d'eau.

watermark ['wɔːtəmɑːk] *n* - **1.** [in paper] filigrane *m* - **2.** [showing water level] laisse *f*.

watermelon ['wɔːtə,melən] *n* pastèque *f*.

water pipe *n* conduite *f* d'eau.

water pistol *n* pistolet *m* à eau.

water polo *n* water-polo *m*.

waterproof ['wɔːtəpruːf] ⬦ *adj* imperméable ⬦ *n* imperméable *m* ⬦ *vt* imperméabiliser.

water rates *npl* Br taxe *f* sur l'eau.

water-resistant *adj* qui résiste à l'eau.

watershed ['wɔːtəʃed] *n* fig [turning point] tournant *m*, moment *m* critique.

waterside ['wɔːtəsaɪd] ⬦ *adj* au bord de l'eau ⬦ *n* : **the ~** le bord de l'eau.

water skiing *n* ski *m* nautique.

water softener *n* adoucisseur *m* d'eau.

water-soluble *adj* soluble dans l'eau.

waterspout ['wɔːtəspaʊt] *n* trombe *f*.

water supply *n* alimentation *f* en eau, approvisionnement *m* d'eau.

water table *n* niveau *m* hydrostatique.

water tank *n* réservoir *m* d'eau, citerne *f*.

watertight ['wɔːtətaɪt] *adj* - **1.** [waterproof] étanche - **2.** *fig* [excuse, contract] parfait(e) ; [argument] irréfutable ; [plan] infaillible.

water tower *n* château *m* d'eau.

waterway ['wɔːtəweɪ] *n* voie *f* navigable.

waterworks ['wɔːtəwɜːks] (*pl inv*) *n* [building] installation *f* hydraulique, usine *f* de distribution d'eau.

watery ['wɔːtərɪ] *adj* - **1.** [food, drink] trop dilué(e) ; [tea, coffee] pas assez fort(e) - **2.** [pale] pâle.

watt [wɒt] *n* watt *m*.

wattage ['wɒtɪdʒ] *n* puissance *f* OR consommation *f* en watts.

wave [weɪv] ◇ *n* - **1.** [of hand] geste *m*, signe *m* - **2.** [of water, emotion, nausea] vague *f* - **3.** [of light, sound] onde *f* ; [of heat] bouffée *f* - **4.** [in hair] cran *m*, ondulation *f* ◇ *vt* - **1.** [arm, handkerchief] agiter ; [flag, stick] brandir - **2.** [signal to] : **he ~d the car on** il a fait signe à la voiture d'avancer ◇ *vi* - **1.** [with hand] faire signe de la main ; **to ~ at** OR **to sb** faire signe à qqn, saluer qqn de la main - **2.** [flags, trees] flotter.

⬥ **wave aside** *vt sep* *fig* [dismiss] écarter, rejeter.

⬥ **wave down** *vt sep* : **to ~ down a vehicle** faire signe à un véhicule de s'arrêter.

wave band *n* bande *f* de fréquences, gamme *f* d'ondes.

wavelength ['weɪvleŋθ] *n* longueur *f* d'ondes ; **to be on the same ~** *fig* être sur la même longueur d'ondes.

waver ['weɪvəʳ] *vi* - **1.** [falter] vaciller, chanceler - **2.** [hesitate] hésiter, vaciller - **3.** [fluctuate] fluctuer, varier.

wavy ['weɪvɪ] (*compar* **-ier** ; *superl* **-iest**) *adj* [hair] ondulé(e) ; [line] onduleux(euse).

wax [wæks] ◇ *n* (*U*) - **1.** [in candles, polish] cire *f* ; [for skis] fart *m* - **2.** [in ears] cérumen *m* ◇ *vt* cirer ; [skis] farter ◇ *vi* - **1.** *dated* or *hum* [become] devenir ; **to ~ and wane** connaître des hauts et des bas - **2.** [moon] croître.

waxen ['wæksən] *adj* cireux(euse).

wax paper *n* Am papier *m* sulfurisé.

waxworks ['wækswɜːks] (*pl inv*) *n* [museum] musée *m* de cire.

way [weɪ] ◇ *n* - **1.** [means, method] façon *f* ; **~s and means** moyens *mpl* ; **to get** OR **have one's ~** obtenir ce qu'on veut ; **she expects to have everything her own ~** elle s'attend à ce qu'on lui fasse ses quatre volontés - **2.** [manner, style] façon *f*, manière *f* ; **in the same ~** de la même manière OR façon ; **this/that ~** comme ça, de cette façon ; **in a ~** d'une certaine manière, en quelque sorte ; **in a big/small ~** à un haut/moindre degré - **3.** [skill] : **to have a ~ with** savoir comment s'y prendre avec ; **to have a ~ of doing sthg** avoir le chic pour faire qqch - **4.** [route, path] chemin *m* ; **~ in** entrée *f* ; **~ out** sortie *f* ; **to be out of one's ~** [place] ne pas être sur sa route ; **on the** OR **one's ~** sur le OR son chemin ; **across** OR **over the ~** juste en face ; **to be under ~** [ship] faire route ; *fig* [meeting] être en cours ; **to get under ~** [ship] se mettre en route ; *fig* [meeting] démarrer ; **'give ~'** Br AUT 'vous n'avez pas la priorité' ; **to be in the ~** gêner ; **to be out of the ~** [finished] être fini ; [not blocking] ne pas gêner ; **to go out of one's ~ to do sthg** se donner du mal pour faire qqch ; **to keep out of sb's ~** éviter qqn ; **keep out of the ~!** restez à l'écart ! ; **to make one's ~** aller ; **to make one's ~ towards** se diriger vers ; **to make ~ for** faire place à ; **to stand in sb's ~** *fig* [subj : obstacle] gêner qqn ; [subj : person] s'opposer à la volonté de qqn ; **to work one's ~** progresser - **5.** [direction] : **to go/look/come this ~** aller/regarder/venir par ici ; **the right/wrong ~ round** [in sequence] dans le bon/mauvais ordre ; **she had her hat on the wrong ~ round** elle avait mis son chapeau à l'envers ; **the right/wrong ~ up** dans le bon/mauvais sens - **6.** [distance] : **all the ~** tout le trajet ; *fig* [support etc] jusqu'au bout ; **most of the ~** presque tout le trajet OR chemin ; **a long ~** loin ; **to go a long ~ towards doing sthg** *fig* contribuer largement à faire qqch - **7.** *phr* : **to give ~** [under weight, pressure] céder ; **no ~!** pas question ! ◇ *adv* *inf* [a lot] largement ; **~ better** bien mieux.

⬥ **ways** *npl* [customs, habits] coutumes *fpl*.

⬥ **by the way** *adv* au fait.

⬥ **by way of** *prep* - **1.** [via] par - **2.** [as a sort of] en guise de.

⬥ **in the way of** *prep* comme.

waylay [ˌweɪ'leɪ] (*pt* & *pp* **-laid** [-'leɪd]) *vt* arrêter (au passage).

way of life *n* façon *f* de vivre.

way-out *adj* *inf* excentrique.

wayside ['weɪsaɪd] *n* [roadside] bord *m* (de la route) ; **to fall by the ~** *fig* tomber à l'eau.

wayward ['weɪwəd] *adj* qui n'en fait qu'à sa tête ; [behaviour] capricieux(euse).

WC (*abbr of* water closet) *n* W.-C. *mpl*.

WCC (*abbr of* World Council of Churches) *n* assemblée mondiale des Églises.

we [wiː] *pers pron* nous ; WE can't do it nous, nous ne pouvons pas le faire ; **as ~ say in France** comme on dit en France ; **~ British** nous autres Britanniques.

weak [wiːk] *adj* - **1.** [gen] faible - **2.** [delicate] fragile - **3.** [unconvincing] peu convaincant(e) - **4.** [drink] léger(ère).

weaken ['wiːkn] ◇ *vt* - **1.** [undermine] affaiblir - **2.** [reduce] diminuer - **3.** [physically - person] affaiblir ; [- structure] fragiliser ◇ *vi* faiblir.

weak-kneed [-niːd] *adj* inf pej lâche.

weakling ['wiːklɪŋ] *n* pej mauviette *f*.

weakly ['wiːklɪ] *adv* faiblement.

weak-minded [-'maɪndɪd] *adj* [weak-willed] faible de caractère.

weakness ['wiːknɪs] *n* - **1.** (U) [physical - of person] faiblesse *f* ; [- of structure] fragilité *f* - **2.** [liking] : **to have a ~ for sthg** avoir un faible pour qqch - **3.** [imperfect point] point *m* faible, faiblesse *f*.

weal [wiːl] *n* marque *f*.

wealth [welθ] *n* - **1.** (U) [riches] richesse *f* - **2.** [abundance] : **a ~ of** une profusion de.

wealth tax *n* Br impôt *m* sur la fortune.

wealthy ['welθɪ] (*compar* -ier ; *superl* -iest) *adj* riche.

wean [wiːn] *vt* - **1.** [baby, lamb] sevrer - **2.** [discourage] : **to ~ sb from** OR **off sthg** [interest, habit] faire perdre qqch à qqn ; [drugs, alcohol] détourner qqn de qqch.

weapon ['wepən] *n* arme *f*.

weaponry ['wepənrɪ] *n* (U) armement *m*.

wear [weəʳ] (*pt* wore ; *pp* worn) ◇ *n* (U) - **1.** [type of clothes] tenue *f* - **2.** [damage] usure *f* ; **~ and tear** usure - **3.** [use] : **these shoes have had a lot of ~** ces chaussures ont fait beaucoup d'usage ; **to be the worse for ~** être fatigué ; [drunk] être mûr ◇ *vt* - **1.** [clothes, hair] porter ; **she ~s her hair in a bun** elle porte un chignon - **2.** [damage] user ◇ *vi* - **1.** [deteriorate] s'user - **2.** [last] : **to ~ well** durer longtemps, faire de l'usage ; **to ~ badly** ne pas durer longtemps - **3.** *phr* : **to ~ thin** [excuse] ne plus marcher.

➤ **wear away** ◇ *vt sep* [rock, wood] user ; [grass] abîmer ◇ *vi* [rock, wood] s'user ; [grass] s'abîmer.

➤ **wear down** ◇ *vt sep* - **1.** [material] user - **2.** [person, resistance] épuiser ◇ *vi* s'user.

➤ **wear off** *vi* disparaître.

➤ **wear on** *vi* [time] passer lentement ; [evening, afternoon] se traîner ; [discussion] traîner en longueur.

➤ **wear out** ◇ *vt sep* - **1.** [shoes, clothes] user - **2.** [person] épuiser ◇ *vi* s'user.

wearable ['weərəbl] *adj* mettable.

wearily ['wɪərɪlɪ] *adv* péniblement ; **to sigh ~** pousser un soupir de lassitude.

weariness ['wɪərɪnɪs] *n* lassitude *f*.

wearing ['weərɪŋ] *adj* [exhausting] épuisant(e).

weary ['wɪərɪ] (*compar* -ier ; *superl* -iest) *adj* - **1.** [exhausted] las (lasse) ; [sigh] de lassitude - **2.** [fed up] : **to be ~ of sthg/of doing sthg** être las de qqch/de faire qqch.

weasel ['wiːzl] *n* belette *f*.

weather ['weðəʳ] ◇ *n* temps *m* ; **what's the ~ like?** quel temps fait-il? ; **good ~** beau temps ; **to make heavy ~ of it** se compliquer la tâche ; **to be under the ~** être patraque ◇ *vt* [crisis, problem] surmonter ◇ *vi* [rock] s'éroder ; [wood] s'user.

weather-beaten [-ˌbiːtn] *adj* - **1.** [face, skin] tanné(e) - **2.** [building, stone] abîmé(e) par les intempéries.

weathercock ['weðəkɒk] *n* girouette *f*.

weathered ['weðəd] *adj* [stone] érodé(e) ; [building, wood] qui a souffert des intempéries.

weather forecast *n* météo *f*, prévisions *fpl* météorologiques.

weatherman ['weðəmæn] (*pl* -men [-men]) *n* météorologue *m*.

weather map *n* carte *f* météorologique.

weatherproof ['weðəpruːf] *adj* [clothing] imperméable ; [building] à l'épreuve des intempéries.

weather report *n* bulletin *m* météorologique.

weather ship *n* navire *m* météo.

weather vane [-veɪn] *n* girouette *f*.

weave [wiːv] (*pt* wove ; *pp* woven) ◇ *n* tissage *m* ◇ *vt* - **1.** [using loom] tisser - **2.** [move] : **to ~ one's way** se faufiler ◇ *vi* [move] se faufiler.

weaver ['wiːvəʳ] *n* tisserand *m*, -e *f*.

web, Web [web] *n* - **1.** [cobweb] toile *f* (d'araignée) - **2.** COMPUT : **the ~** le Web, la Toile - **3.** *fig* [of lies] tissu *m*.

webbed [webd] *adj* palmé(e).

webbing ['webɪŋ] *n* (U) sangles *fpl*.

web-footed [-'fʊtɪd] *adj* aux pieds palmés.

webmaster ['web,mɑːstəʳ] *n* webmaster *m*, webmestre *m*.

web page, Web page *n* page *f* Web.

website, Web site *n* COMPUT site *m* Internet OR Web.

wed [wed] (*pt* & *pp* wed OR -ded) literary ◇ *vt* épouser ◇ *vi* se marier.

we'd [wiːd] = we had, we would.

Wed. (*abbr of* Wednesday) mer.

wedded ['wedɪd] *adj* [committed] : ~ **to** dévoué(e) à.

wedding ['wedɪŋ] *n* mariage *m*.

wedding anniversary *n* anniversaire *m* de mariage.

wedding cake *n* pièce *f* montée.

wedding dress *n* robe *f* de mariée.

wedding reception *n* réception *f* de mariage.

wedding ring *n* alliance *f*.

wedge [wedʒ] ⬦ *n* - **1.** [for steadying] cale *f* - **2.** [for splitting] coin *m* ; **to drive a ~ between** fig semer la discorde entre ; **the thin end of the ~** fig le commencement de la fin - **3.** [of cake, cheese] morceau *m* ⬦ *vt* caler.

wedlock ['wedlɒk] *n* (U) literary mariage *m*.

Wednesday ['wenzdɪ] *n* mercredi *m* ; *see also* Saturday.

wee [wiː] ⬦ *adj* Scot petit(e) ⬦ *n* inf pipi *m* ⬦ *vi* inf faire pipi.

weed [wiːd] ⬦ *n* - **1.** [plant] mauvaise herbe *f* - **2.** Br inf [feeble person] mauviette *f* ⬦ *vt* désherber.

⬤ **weed out** *vt sep* éliminer.

weeding ['wiːdɪŋ] *n* désherbage *m*.

weedkiller ['wiːd,kɪlər] *n* désherbant *m*.

weedy ['wiːdɪ] (*compar* -**ier** ; *superl* -**iest**) *adj* Br inf [feeble] qui agit comme une mauviette.

week [wiːk] *n* semaine *f* ; **Saturday ~, a ~ on Saturday** samedi en huit.

weekday ['wiːkdeɪ] *n* jour *m* de semaine.

weekend [,wiːk'end] *n* week-end *m* ; **on** OR **at the ~** le week-end.

weekend bag *n* sac *m* de voyage.

weekly ['wiːklɪ] ⬦ *adj* hebdomadaire ⬦ *adv* chaque semaine ⬦ *n* hebdomadaire *m*.

weeny ['wiːnɪ] *adj* Br inf tout petit (toute petite).

weep [wiːp] (*pt* & *pp* **wept**) ⬦ *n* : **to have a ~** pleurer ⬦ *vt* & *vi* pleurer.

weeping willow [,wiːpɪŋ-] *n* saule *m* pleureur.

weepy ['wiːpɪ] (*compar* -**ier** ; *superl* -**iest**) *adj* [person] pleurnicheur(euse) ; [film] sentimental(e).

wee-wee *n* & *vi* = wee.

weft [weft] *n* trame *f*.

weigh [weɪ] *vt* - **1.** [gen] peser - **2.** NAUT : **to ~ anchor** lever l'ancre.

⬤ **weigh down** *vt sep* - **1.** [physically] : **to be ~ed down with sthg** plier sous le poids de

qqch - **2.** [mentally] : **to be ~ed down by** OR **with sthg** être accablé par qqch.

⬤ **weigh (up)on** *vt fus* peser à.

⬤ **weigh out** *vt sep* peser.

⬤ **weigh up** *vt sep* - **1.** [consider carefully] examiner ; **to ~ up the pros and cons** peser le pour et le contre - **2.** [size up] juger, évaluer.

weighbridge ['weɪbrɪdʒ] *n* Br pont-bascule *m*.

weighing machine ['weɪɪŋ-] *n* balance *f*.

weight [weɪt] ⬦ *n* lit & fig poids *m* ; **to put on** OR **gain ~** prendre du poids, grossir ; **to lose ~** perdre du poids, maigrir ; **to pull one's ~** faire sa part du travail, participer à la tâche ; **to take the ~ off one's feet** se reposer, s'asseoir ; **to throw one's ~ about** faire l'important ; **to carry ~** avoir du poids ⬦ *vt* : **to ~ sthg (down)** [hold in place] maintenir qqch avec un poids ; [make heavier] alourdir qqch.

weighted ['weɪtɪd] *adj* : **to be ~ in favour of/ against** être favorable/défavorable à.

weighting ['weɪtɪŋ] *n* indemnité *f*.

weightlessness ['weɪtlɪsnɪs] *n* apesanteur *f*.

weightlifter ['weɪt,lɪftər] *n* haltérophile *m*.

weightlifting ['weɪt,lɪftɪŋ] *n* haltérophilie *f*.

weight training *n* musculation *f*.

weighty ['weɪtɪ] (*compar* -**ier** ; *superl* -**iest**) *adj* [serious] important(e), de poids.

weir [wɪər] *n* barrage *m*.

weird [wɪəd] *adj* bizarre.

weirdo ['wɪədəʊ] (*pl* -**s**) *n* inf drôle de type *m*.

welcome ['welkəm] ⬦ *adj* - **1.** [guest, help etc] bienvenu(e) ; **to make sb ~** faire bon accueil à qqn - **2.** [free] : **you're ~** ... n'hésitez pas à ... - **3.** [in reply to thanks] : **you're ~** il n'y a pas de quoi, de rien ⬦ *n* accueil *m* ⬦ *vt* - **1.** [receive] accueillir - **2.** [approve of] se réjouir de ⬦ *excl* bienvenue!

welcoming ['welkəmɪŋ] *adj* accueillant(e).

weld [weld] ⬦ *n* soudure *f* ⬦ *vt* souder.

welder ['weldər] *n* soudeur *m*.

welfare ['welfeər] ⬦ *adj* social(e) ⬦ *n* - **1.** [well-being] bien-être *m* - **2.** Am [income support] assistance *f* publique.

welfare state *n* État-providence *m*.

well [wel] (*compar* **better** ; *superl* **best**) ⬦ *adj* bien ; **I'm very ~, thanks** je vais très bien, merci ; **all is ~** tout va bien ; **(all) ~ and good** très bien ; **just as ~** aussi bien ⬦ *adv* bien ; **the team was ~ beaten** l'équipe a été battue à plates coutures ; **to go ~** aller bien ; **~ done!** bravo! ; **~ and truly** bel et bien ; **to be ~ in with sb** inf être bien avec qqn ; **you're**

~ **out of it** inf c'est mieux comme ça pour toi ⬦ n [for water, oil] puits m ⬦ excl - **1.** [in hesitation] heu!, eh bien! - **2.** [to correct oneself] bon!, enfin! - **3.** [to express resignation] : **oh ~**! eh bien! - **4.** [in surprise] tiens!

➤ **as well** adv - **1.** [in addition] aussi, également - **2.** [with same result] : **I/you** etc **may** OR **might as ~ (do sthg)** je/tu etc ferais aussi bien (de faire qqch).

➤ **as well as** conj en plus de, aussi bien que.

➤ **well up** vi : tears ~ed up in her eyes les larmes lui montaient aux yeux.

we'll [wi:l] = we shall, we will.

well-adjusted adj bien dans sa peau.

well-advised [-əd'vaɪzd] adj sage ; **you would be ~ to do sthg** tu ferais bien de faire qqch.

well-appointed [-ə'pɔɪntɪd] adj bien équipé(e).

well-balanced adj (bien) équilibré(e).

well-behaved [-bɪ'heɪvd] adj sage.

wellbeing [,wel'bi:ɪŋ] n bien-être m.

well-bred [-'bred] adj bien élevé(e).

well-built adj bien bâti(e).

well-chosen adj bien choisi(e).

well-disposed adj : **to be ~ to** OR **towards sb** être bien disposé(e) envers qqn ; **to be ~ towards sthg** être favorable à qqch.

well-done adj CULIN bien cuit(e).

well-dressed [-'drest] adj bien habillé(e).

well-earned [-ɜːnd] adj bien mérité(e).

well-established adj bien établi(e).

well-fed adj bien nourri(e).

well-groomed [-'gru:md] adj soigné(e).

wellhead ['welhed] n source f.

well-heeled [-'hi:ld] adj inf nanti(e).

wellies ['weliz] npl Br inf = **wellington boots**.

well-informed adj : **to be ~ (about/on)** être bien informé(e) (sur).

Wellington ['welɪŋtən] n Wellington.

wellington boots ['welɪŋtən-], **wellingtons** ['welɪŋtənz] npl bottes fpl de caoutchouc.

well-intentioned [-ɪn'tenʃnd] adj bien intentionné(e).

well-kept adj - **1.** [building, garden] bien tenu(e) - **2.** [secret] bien gardé(e).

well-known adj bien connu(e).

well-mannered [-'mænəd] adj bien élevé(e).

well-meaning adj bien intentionné(e).

well-nigh [-naɪ] adv presque, pratiquement.

well-off adj - **1.** [rich] riche - **2.** [well-provided] : **to be ~ for sthg** être bien pourvu(e) en qqch ; **he doesn't know when he is ~** inf il ne connaît pas son bonheur.

well-paid adj bien payé(e).

well-preserved adj fig bien conservé(e).

well-proportioned [-prə'pɔːʃnd] adj bien proportionné(e).

well-read [-'red] adj cultivé(e).

well-rounded [-'raundɪd] adj [education, background] complet(ète).

well-spoken adj qui parle bien.

well-thought-of adj qui a une bonne réputation.

well-thought-out adj bien conçu(e).

well-timed [-'taɪmd] adj bien calculé(e), qui vient à point nommé.

well-to-do adj riche.

wellwisher ['wel,wɪʃər] n admirateur m, -trice f.

well-woman clinic n Br centre m de santé pour femmes.

Welsh [welʃ] ⬦ adj gallois(e) ⬦ n [language] gallois m ⬦ npl : **the ~** les Gallois mpl.

Welsh Assembly n Assemblée f galloise.

THE WELSH ASSEMBLY

L'Assemblée galloise, qui siège à Cardiff, est constituée de 60 membres (Members of Parliament ou MPs) dirigés par le président de l'Assemblée (First Secretary). Elle est chargée de voter la plupart des lois en matière de politique intérieure, mais, contrairement au Parlement écossais, elle n'est pas compétente dans le domaine des impôts. La politique étrangère, l'économie, la défense et les affaires européennes demeurent sous le contrôle du gouvernement britannique à Londres.

Welshman ['welʃmən] (pl -men [-mən]) n Gallois m.

Welsh rarebit [-'reəbɪt] n toast m au fromage chaud.

Welshwoman ['welʃ,wumən] (pl -women [-,wɪmɪn]) n Galloise f.

welter ['weltər] n [of ideas, emotions] confusion f.

welterweight ['weltəweɪt] n poids m welter.

wend [wend] vt literary : **to ~ one's way homewards** [set off] se mettre en route pour rentrer à la maison ; [be on one's way] être sur le chemin de la maison.

wendy house ['wendɪ-] n Br maison f en modèle réduit (pour jouer).

went [went] pt ⟹ **go**.

wept [wept] *pt* & *pp* ⊏➤ weep.

were [wɜːʳ] ⊏➤ be.

we're [wɪəʳ] = we are.

weren't [wɜːnt] = were not.

werewolf ['wɪəwʊlf] (*pl* -wolves [-wʊlvz]) *n* loup-garou *m*.

west [west] ⬦ *n* - **1.** [direction] ouest *m* - **2.** [region] : **the ~** l'ouest *m* ⬦ *adj* ouest (*inv*) ; [wind] d'ouest ⬦ *adv* de l'ouest, vers l'ouest ; **~ of** à l'ouest de.
➤ **West** *n* POL : **the West** l'Occident *m*.

West Bank *n* : **the ~** la Cisjordanie ; **on the ~** en Cisjordanie.

westbound ['westbaʊnd] *adj* en direction de l'ouest.

West Country *n* Br : **the ~** le sud-ouest de l'Angleterre.

West End *n* Br : **the ~** le West-End (*quartier des grands magasins et des théâtres, à Londres*).

westerly ['westəlɪ] *adj* à l'ouest ; [wind] de l'ouest ; **in a ~ direction** vers l'ouest.

western ['westən] ⬦ *adj* - **1.** [gen] de l'ouest - **2.** POL occidental(e) ⬦ *n* [book, film] western *m*.

Westerner ['westənəʳ] *n* - **1.** POL Occidental *m*, -e *f* - **2.** [inhabitant of west of country] personne *f* de l'ouest.

westernize, -ise ['westənaɪz] *vt* occidentaliser.

Western Samoa *n* Samoa *fpl* occidentales ; **in ~** dans les Samoa occidentales.

West German ⬦ *adj* ouest-allemand(e) ⬦ *n* Allemand *m*, -e *f* de l'Ouest.

West Germany *n* : **(former) ~** (ex-) Allemagne *f* de l'Ouest ; **in ~** en Allemagne de l'Ouest.

West Indian ⬦ *adj* antillais(e) ⬦ *n* Antillais *m*, -e *f*.

West Indies [-'ɪndiːz] *npl* : **the ~** les Antilles *fpl* ; **in the ~** aux Antilles.

Westminster ['westmɪnstəʳ] *n* quartier de Londres où se situe le Parlement britannique.

West Virginia *n* Virginie-Occidentale *f* ; **in ~** en Virginie-Occidentale.

westward ['westwəd] *adj* & *adv* vers l'ouest.

westwards ['westwədz] *adv* vers l'ouest.

wet [wet] (*compar* -ter ; *superl* -test, *pt* & *pp*

wet OR -ted, *cont* -ting) ⬦ *adj* - **1.** [damp, soaked] mouillé(e) - **2.** [rainy] pluvieux(euse) - **3.** [not dry - paint, cement] frais (fraîche) - **4.** Br *inf pej* [weak, feeble] ramolli(e) ⬦ *n inf* POL modéré *m*, -e *f* ⬦ *vt* mouiller ; **to ~ o.s.** [child] mouiller sa culotte ; *inf* [be terrified] pisser dans son froc.

wet blanket *n inf pej* rabat-joie *m inv*.

wet-look *adj* brillant(e).

wetness ['wetnɪs] *n* - **1.** [dampness] humidité *f* - **2.** Br *inf pej* [feebleness] faiblesse *f*.

wet nurse *n* nourrice *f*.

wet rot *n* pourriture *f* humide.

wet suit *n* combinaison *f* de plongée.

WEU (*abbr of* **Western European Union**) *n* UEO *f*.

we've [wiːv] = we have.

whack [wæk] *inf* ⬦ *n* - **1.** [share] part *f* - **2.** [hit] grand coup *m* ⬦ *vt* donner un grand coup à, frapper fort.

whacked [wækt] *adj* Br *inf* [exhausted] crevé(e).

whacky ['wækɪ] *adj* = wacky.

whale [weɪl] *n* baleine *f* ; **to have a ~ of a time** *inf* drôlement bien s'amuser.

whaling ['weɪlɪŋ] *n* pêche *f* à la baleine.

wham [wæm] *excl inf* vlan !

wharf [wɔːf] (*pl* -s OR wharves [wɔːvz]) *n* quai *m*.

what [wɒt] ⬦ *adj* - **1.** (*in direct, indirect questions*) quel (quelle), quels (quelles) (*pl*) ; **~ colour is it?** c'est de quelle couleur ? ; **he asked me ~ colour it was** il m'a demandé de quelle couleur c'était - **2.** (*in exclamations*) quel (quelle), quels (quelles) (*pl*) ; **~ a surprise!** quelle surprise ! ; **~ an idiot I am!** ce que je peux être bête ! ⬦ *pron* - **1.** (*interrogative - subject*) qu'est-ce qui ; (*- object*) qu'est-ce que, que ; (*- after prep*) quoi ; **~ are they doing?** qu'est-ce qu'ils font ?, que font-ils ? ; **~ is going on?** qu'est-ce qui se passe ? ; **~ are they talking about?** de quoi parlent-ils ? ; **~ about another drink/going out for a meal?** et si on prenait un autre verre/allait manger au restaurant ? ; **~ about the rest of us?** et nous alors ? ; **~ if ...?** et si ...? - **2.** (*relative - subject*) ce qui ; (*- object*) ce que ; **I saw ~ happened/fell** j'ai vu ce qui s'était passé/était tombé ; **you can't have ~ you want** tu ne peux pas avoir ce que tu veux ⬦ *excl* [expressing disbelief] comment !, quoi !

whatever [wɒt'evəʳ] ⬦ *adj* quel (quelle) que soit ; **any book ~** n'importe quel livre ; **no chance ~** pas la moindre chance ; **nothing ~** rien du tout ⬦ *pron* quoi que (+ *subjunctive*) ; **I'll do ~ I can** je ferai tout ce que je peux ; **~ can this be?** qu'est-ce que cela peut-il bien être? ; **~ that may mean** quoi que cela puisse bien vouloir dire ; **or ~** ou n'importe quoi d'autre.

whatnot ['wɒtnɒt] *n inf* **- 1.** [thing] machin *m* **- 2.** [other things] : **and ~** et d'autres bricoles.

whatsoever [ˌwɒtsəʊ'evər] *adj* : **I had no interest ~** je n'éprouvais pas le moindre intérêt ; **nothing ~** rien du tout.

wheat [wiːt] *n* blé *m*.

wheat germ *n* germe *m* de blé.

wheatmeal ['wiːtmiːl] *n* farine *f* de blé.

wheedle ['wiːdl] *vt* : **to ~ sb into doing sthg** enjôler qqn pour qu'il fasse qqch ; **to ~ sthg out of sb** enjôler qqn pour obtenir qqch.

wheel [wiːl] ◇ *n* **- 1.** [gen] roue *f* **- 2.** [steering wheel] volant *m* ◇ *vt* pousser ◇ *vi* : **to ~ (round)** se retourner brusquement.

wheelbarrow ['wiːlˌbærəʊ] *n* brouette *f*.

wheelbase ['wiːlbeɪs] *n* empattement *m*.

wheelchair ['wiːlˌtʃeər] *n* fauteuil *m* roulant.

wheelclamp ['wiːlˌklæmp] ◇ *n* sabot *m* de Denver ◇ *vt* : **my car was ~ed** on a mis un sabot à ma voiture.

wheeler-dealer ['wiːlər-] *n pej* combinard *m*.

wheeling and dealing ['wiːlɪŋ-] *n (U) pej* combines *fpl*.

wheeze [wiːz] ◇ *n* [sound] respiration *f* sifflante ◇ *vi* respirer avec un bruit sifflant.

wheezy ['wiːzɪ] (*compar* **-ier** ; *superl* **-iest**) *adj* [person] poussif(ive) ; [cough] sifflant(e) ; [voice, chest] d'asthmatique.

whelk [welk] *n* bulot *m*, buccin *m*.

when [wen] ◇ *adv* (*in direct, indirect questions*) quand ; **~ does the plane arrive?** *or* **à quelle heure arrive l'avion?** ; **he asked me ~ I would be in London** il m'a demandé quand je serais à Londres ◇ *conj* **- 1.** [referring to time] quand, lorsque ; **he came to see me ~ I was abroad** il est venu me voir quand j'étais à l'étranger ; **one day ~ I was on my own** un jour que *OR* où j'étais tout seul ; **on the day ~ it happened** le jour où cela s'est passé **- 2.** [whereas, considering that] alors que.

whenever [wen'evər] ◇ *conj* quand ; [each time that] chaque fois que ◇ *adv* n'importe quand.

where [weər] ◇ *adv* (*in direct, indirect questions*) où ; **~ do you live?** où habitez-vous? ; **do you know ~ he lives?** est-ce que vous savez où il habite? ◇ *conj* **- 1.** [referring to place, situation] où ; **this is ~ ...** c'est là que ... **- 2.** [whereas] alors que.

whereabouts [*adv* ˌweərə'baʊts, *n* 'weərəbaʊts] ◇ *adv* où ◇ *npl* : **their ~ are still unknown** on ne sait toujours pas où ils se trouvent.

whereas [weər'æz] *conj* alors que.

whereby [weə'baɪ] *conj fml* par lequel (laquelle), au moyen duquel (de laquelle).

wheresoever [ˌweəsəʊ'evər] *conj* = **wherever**.

whereupon [ˌweərə'pɒn] *conj fml* après quoi, sur quoi.

wherever [weər'evər] ◇ *conj* où que (+ subjunctive) ◇ *adv* **- 1.** [no matter where] n'importe où **- 2.** [where] où donc ; **~ did you hear that?** mais où donc as-tu entendu dire cela?

wherewithal ['weəwɪðɔːl] *n fml* : **to have the ~ to do sthg** avoir les moyens de faire qqch.

whet [wet] (*pt & pp* **-ted** ; *cont* **-ting**) *vt* : **to ~ sb's appetite for sthg** donner à qqn envie de qqch.

whether ['weðər] *conj* **- 1.** [indicating choice, doubt] si **- 2.** [no matter if] : **~ I want to or not** que je le veuille ou non.

whew [hwjuː] *excl* ouf!

whey [weɪ] *n* petit-lait *m*.

which [wɪtʃ] ◇ *adj* **- 1.** (*in direct, indirect questions*) quel (quelle), quels (quelles) (*pl*) ; **~ house is yours?** quelle maison est la tienne? ; **~ one?** lequel (laquelle)? **- 2.** [to refer back to sthg] : **in ~ case** auquel cas ◇ *pron* **- 1.** (*in direct, indirect questions*) lequel (laquelle), lesquels (lesquelles) (*pl*) ; **do you prefer?** lequel préférez-vous? ; **I can't decide ~ to have** je ne sais vraiment pas lequel prendre **- 2.** (*in relative clauses - subject*) qui ; (*- object*) que ; (*- after prep*) lequel (laquelle), lesquels (lesquelles) (*pl*) ; **take the slice ~ is nearer to you** prends la tranche qui est le plus près de toi ; **the television ~ we bought** le téléviseur que nous avons.acheté ; **the settee on ~ I am sitting** le canapé sur lequel je suis assis ; **the film of ~ you spoke** le film dont vous avez parlé **- 3.** (*referring back - subject*) ce qui ; (*- object*) ce que ; **why did you say you were ill, ~ nobody believed?** pourquoi as-tu dit que tu étais malade, ce que personne n'a cru?

whichever [wɪtʃ'evər] ◇ *adj* quel (quelle) que soit ; **choose ~ colour you prefer** choisissez la couleur que vous préférez, n'importe laquelle ◇ *pron* n'importe lequel (laquelle).

whiff [wɪf] *n* **- 1.** [of perfume, smoke] bouffée *f* ; [of food] odeur *f* **- 2.** *fig* [sign] signe *m*.

while [waɪl] ◇ *n* moment *m* ; **let's stay here**

for a ~ restons ici un moment ; **we've been waiting for a ~** nous attendons depuis un moment ; **for a long ~** longtemps ; **after a ~** après quelque temps ; **to be worth one's ~** valoir la peine ◇ *conj* - **1.** [during the time that] pendant que - **2.** [as long as] tant que - **3.** [whereas] alors que.
➤ **while away** *vt sep* passer.

whilst [waɪlst] *conj* = **while**.

whim [wɪm] *n* lubie *f*.

whimper ['wɪmpə'] ◇ *n* gémissement *m* ◇ *vt* & *vi* gémir.

whimsical ['wɪmzɪkl] *adj* saugrenu(e).

whine [waɪn] ◇ *n* gémissement *m*, longue plainte *f* ◇ *vi* - **1.** [make sound] gémir - **2.** [complain] : **to ~ (about)** se plaindre (de).

whinge [wɪndʒ] (*cont* **whingeing**) *vi* Br : **to ~ (about)** se plaindre (de).

whip [wɪp] (*pt* & *pp* -**ped** ; *cont* -**ping**) ◇ *n* - **1.** [for hitting] fouet *m* - **2.** Br POL chef *m* de file (*d'un groupe parlementaire*) ◇ *vt* - **1.** [gen] fouetter - **2.** [take quickly] : **to ~ sthg out** sortir qqch brusquement ; **to ~ sthg off** ôter OR enlever qqch brusquement.
➤ **whip up** *vt sep* [provoke] stimuler, attiser.

whiplash injury ['wɪplæʃ-] *n* coup *m* du lapin.

whipped cream [wɪpt-] *n* crème *f* fouettée.

whippet ['wɪpɪt] *n* whippet *m*.

whip-round *n* Br *inf* : **to have a ~** faire une collecte.

whirl [wɜːl] ◇ *n* - **1.** *lit* & *fig* tourbillon *m* ; **I/my mind was in a ~** tout tourbillonnait en moi/dans ma tête - **2.** *phr* : **let's give it a ~** *inf* tentons le coup ◇ *vt* : **to ~ sb/sthg round** [spin round] faire tourbillonner qqn/qqch ◇ *vi* tourbillonner ; *fig* [head, mind] tourner.

whirlpool ['wɜːlpuːl] *n* tourbillon *m*.

whirlpool bath *n* = **spa bath**.

whirlwind ['wɜːlwɪnd] ◇ *adj fig* éclair (*inv*) ◇ *n* tornade *f*.

whirr [wɜːr] ◇ *n* [of engine] ronronnement *m* ◇ *vi* [engine] ronronner.

whisk [wɪsk] ◇ *n* CULIN fouet *m*, batteur *m* (à œufs) ◇ *vt* - **1.** [move quickly] emmener OR emporter rapidement - **2.** CULIN battre.

whisker ['wɪskə'] *n* moustache *f*.
➤ **whiskers** *npl* favoris *mpl*.

whisky Br (*pl* -**ies**), **whiskey** Am & Irish (*pl* -**s**) ['wɪskɪ] *n* whisky *m*.

whisper ['wɪspə'] ◇ *n* murmure *m* ◇ *vt* murmurer, chuchoter ◇ *vi* chuchoter.

whispering ['wɪspərɪŋ] *n* chuchotement *m*.

whist [wɪst] *n* whist *m*.

whistle ['wɪsl] ◇ *n* - **1.** [sound] sifflement *m* - **2.** [device] sifflet *m* ◇ *vt* & *vi* siffler.

whistle-stop tour *n* : **to make a ~ of** [subj : politician] faire une tournée éclair dans.

whit [wɪt] *n* brin *m*.

Whit [wɪt] *n* Br Pentecôte *f*.

white [waɪt] ◇ *adj* - **1.** [in colour] blanc (blanche) ; **to go** OR **turn ~** [hair] blanchir ; [face] pâlir - **2.** [coffee, tea] au lait ◇ *n* - **1.** [colour, of egg, eye] blanc *m* - **2.** [person] Blanc *m*, Blanche *f*.
➤ **whites** *npl* - **1.** SPORT tenue *f* blanche - **2.** [washing] linge *m* blanc.

white blood cell *n* globule *m* blanc.

whiteboard ['waɪtbɔːd] *n* tableau *m* blanc.

white Christmas *n* Noël *m* blanc.

white-collar *adj* de bureau.

white elephant *n* *fig* objet *m* coûteux et inutile.

white goods *npl* - **1.** [linen] articles *mpl* de blanc - **2.** [household machines] électroménager *m*.

white-haired [-'heəd] *adj* aux cheveux blancs.

Whitehall ['waɪthɔːl] *n* rue de Londres, centre administratif du gouvernement britannique.

> **WHITEHALL**
>
> Cette rue réunit de nombreux services gouvernementaux, et son nom est souvent employé pour désigner le gouvernement lui-même.

white horses *npl* Br [of waves] moutons *mpl*.

white-hot *adj* chauffé(e) à blanc.

White House *n* : **the ~** la Maison-Blanche.

white knight *n* chevalier *m* blanc.

white lie *n* pieux mensonge *m*.

white light *n* lumière *f* blanche.

white magic *n* magie *f* blanche.

white meat *n* viande *f* blanche.

whiten ['waɪtn] *vt* & *vi* blanchir.

whitener ['waɪtnə'] *n* agent *m* blanchissant.

whiteness ['waɪtnɪs] *n* blancheur *f*.

white noise *n* son *m* blanc.

whiteout ['waɪtaʊt] *n* jour *m* blanc.

white paper *n* POL livre *m* blanc

white sauce *n* sauce *f* blanche.

White Sea *n* : **the ~** la mer Blanche.

white spirit *n* Br white-spirit *m*.

white-tie *adj* [dinner] en habit.

whitewash ['waɪtwɒʃ] ◇ *n* - **1.** (U) [paint] chaux *f* - **2.** *pej* [cover-up] : **a government ~** une combine du gouvernement pour étouffer l'affaire ⬦ *vt* - **1.** [paint] blanchir à la chaux - **2.** pej [cover up] blanchir.

whitewater rafting [ˈwaɪtˌwɔːtəʳ-] *n* raft *m*, rafting *m*.

white wedding *n* mariage *m* en blanc.

white wine *n* vin *m* blanc.

whiting [ˈwaɪtɪŋ] (*pl inv* OR -**s**) *n* merlan *m*.

Whit Monday [wɪt-] *n* le lundi *m* de Pentecôte.

Whitsun [ˈwɪtsn] *n* Pentecôte *f*.

whittle [ˈwɪtl] *vt* [reduce] : **to ~ sthg away** OR **down** réduire qqch.

whiz (*pt* & *pp* **-zed** ; *cont* **-zing**), **whizz** [wɪz] ⬦ *n inf* : **to be a ~ at sthg** être un as de qqch ⬦ *vi* [go fast] aller à toute allure.

whiz(z) kid *n inf* petit prodige *m*.

who [huː] *pron* - **1.** *(in direct, indirect questions)* qui ; **~ are you?** qui êtes-vous? ; **I didn't know ~ she was** je ne savais pas qui c'était - **2.** *(in relative clauses)* qui ; **he's the doctor ~ treated me** c'est le médecin qui m'a soigné ; **I don't know the person ~ came to see you** je ne connais pas la personne qui est venue vous voir.

WHO (*abbr of* **World Health Organization**) *n* OMS *f*.

who'd [huːd] = **who had**, **who would**.

whodu(n)nit [ˌhuːˈdʌnɪt] *n inf* polar *m*.

whoever [huːˈevəʳ] *pron* - **1.** [unknown person] quiconque - **2.** [indicating surprise, astonishment] qui donc - **3.** [no matter who] qui que (+ *subjunctive*) ; **~ you are** qui que vous soyez ; **~ wins** qui que ce soit qui gagne.

whole [həʊl] ⬦ *adj* - **1.** [entire, complete] entier(ère) - **2.** [for emphasis] : **a ~ lot of questions** toute une série de questions ; **a ~ lot bigger** bien plus gros ; **a ~ new idea** une idée tout à fait nouvelle ⬦ *n* - **1.** [all] : **the ~ of the school** toute l'école ; **the ~ of the summer** tout l'été - **2.** [unit, complete thing] tout *m*.
→ **as a whole** *adv* dans son ensemble.
→ **on the whole** *adv* dans l'ensemble.

wholefood [ˈhəʊlfuːd] *n* Br aliments *mpl* complets.

whole-hearted [-ˈhɑːtɪd] *adj* sans réserve, total(e).

wholemeal [ˈhəʊlmiːl] Br, **whole wheat** Am *adj* complet(ète).

wholemeal bread *n* Br (U) pain *m* complet.

whole note *n* Am ronde *f*.

wholesale [ˈhəʊlseɪl] ⬦ *adj* - **1.** [buying, selling] en gros ; [price] de gros - **2.** pej [excessive] en

masse ⬦ *adv* - **1.** [in bulk] en gros - **2.** pej [excessively] en masse.

wholesaler [ˈhəʊlˌseɪləʳ] *n* marchand *m* de gros, grossiste *mf*.

wholesome [ˈhəʊlsəm] *adj* sain(e).

whole wheat Am = **wholemeal**.

who'll [huːl] = **who will**.

wholly [ˈhəʊlɪ] *adv* totalement.

whom [huːm] *pron fml* - **1.** *(in direct, indirect questions)* qui ; **~ did you phone?** qui avez-vous appelé au téléphone? ; **~ for/of/to ~** pour/de/à qui - **2.** *(in relative clauses)* que ; **the girl ~ he married** la jeune fille qu'il a épousée ; **the man of ~ you speak** l'homme dont vous parlez ; **the man to ~ you were speaking** l'homme à qui vous parliez.

whoop [wuːp] ⬦ *n* cri *m* ⬦ *vi* pousser des cris (de joie/de triomphe).

whoopee [wʊˈpiː] *excl* youpi!

whooping cough [ˈhuːpɪŋ-] *n* coqueluche *f*.

whoops [wʊps] *excl* oups!

whoosh [wʊʃ] *inf* ⬦ *n* [of water, air] jet *m* ⬦ *vi* [water] jaillir.

whop [wɒp] *vt inf* battre à plates coutures.

whopper [ˈwɒpəʳ] *n inf* - **1.** [something big] : **it's a real ~** c'est absolument énorme - **2.** [lie] mensonge *m* énorme.

whopping [ˈwɒpɪŋ] *inf* ⬦ *adj* énorme ⬦ *adv* : **a ~ great lorry/lie** un camion/mensonge absolument énorme.

whore [hɔːʳ] *n* offensive putain *f*.

who're [ˈhuːəʳ] = **who are**.

whose [huːz] ⬦ *pron (in direct, indirect questions)* à qui ; **~ is this?** à qui est ceci? ⬦ *adj* - **1.** à qui ; **~ car is that?** à qui est cette voiture? ; **~ son is he?** de qui est-il le fils? - **2.** *(in relative clauses)* dont ; **that's the boy ~ father's an MP** c'est le garçon dont le père est député ; **the girl ~ mother you phoned yesterday** la fille à la mère de qui OR de laquelle tu as téléphoné hier.

whosoever [ˌhuːsəʊˈevəʳ] *pron* dated quiconque.

who's who [huːz-] *n* [book] Bottin® *m* mondain.

who've [huːv] = **who have**.

why [waɪ] ⬦ *adv (in direct questions)* pourquoi ; **~ did you lie to me?** pourquoi m'as-tu menti? ; **~ don't you all come?** pourquoi ne pas tous venir?, pourquoi est-ce que vous ne viendriez pas tous? ; **~ not?** pourquoi pas? ⬦ *conj* pourquoi ; **I don't know ~ he said that** je ne sais pas pourquoi il a dit cela

◇ *pron* : there are several reasons ~ he left il est parti pour plusieurs raisons, les raisons pour lesquelles il est parti sont nombreuses ; **I don't know the reason ~** je ne sais pas pourquoi ◇ *excl* tiens!

➤ **why ever** *adv* pourquoi donc.

WI ◇ *n abbr of* **Women's Institute** ◇ **- 1.** *abbr of* **West Indies - 2.** *abbr of* **Wisconsin.**

wick [wɪk] *n* **- 1.** [of candle, lighter] mèche *f* **- 2.** *phr* : **to get on sb's ~** Br *inf* taper sur les nerfs de qqn.

wicked ['wɪkɪd] *adj* **- 1.** [evil] mauvais(e) **- 2.** [mischievous, devilish] malicieux(euse) **- 3.** *inf* [very good] génial(e), super *(inv)*.

wicker ['wɪkə'] *adj* en osier.

wickerwork ['wɪkəwɜːk] ◇ *n* vannerie *f* ◇ *comp* en osier.

wicket ['wɪkɪt] *n* CRICKET **- 1.** [stumps, dismissal] guichet *m* **- 2.** [pitch] terrain *m* entre les guichets.

wicket keeper *n* CRICKET gardien *m* de guichet.

wide [waɪd] ◇ *adj* **- 1.** [gen] large ; **how ~ is the room?** quelle est la largeur de la pièce? ; **to be six metres ~** faire six mètres de large OR de largeur **- 2.** [gap, difference] grand(e) **- 3.** [experience, knowledge, issue] vaste **- 4.** [eyes] écarquillé(e) **- 5.** [off-target] qui passe à côté ◇ *adv* **- 1.** [broadly] largement ; **open ~!** ouvrez grand! **- 2.** [off-target] : **the shot went ~** le coup est passé loin du but OR à côté.

wide-angle lens *n* PHOT objectif *m* grand angle.

wide-awake *adj* tout à fait réveillé(e).

wide boy *n* Br *inf pej* escroc *m*.

wide-eyed [-'aɪd] *adj* **- 1.** [surprised, frightened] aux yeux écarquillés **- 2.** [innocent] aux yeux grands ouverts.

widely ['waɪdlɪ] *adv* **- 1.** [smile, vary] largement **- 2.** [extensively] beaucoup ; **to be ~ read** avoir beaucoup lu ; **it is ~ believed that ...** beaucoup pensent que ..., nombreux sont ceux qui pensent que ... ; **~ known** largement OR bien connu, largement OR bien connue.

widen ['waɪdn] ◇ *vt* **- 1.** [make broader] élargir **- 2.** [gap, difference] agrandir, élargir ◇ *vi* **- 1.** [become broader] s'élargir **- 2.** [gap, difference] s'agrandir, s'élargir **- 3.** [eyes] s'agrandir.

wide open *adj* grand ouvert (grande ouverte) ; **the ~ spaces** les grands espaces.

wide-ranging [-'reɪndʒɪŋ] *adj* varié(e) ; [consequences] de grande envergure.

wide screen *n* TV & CIN écran *m* 16/9.

wide-screen *adj* [television, film, format] 16/9.

widespread ['waɪdspred] *adj* très répandu(e).

widow ['wɪdəʊ] *n* veuve *f*.

widowed ['wɪdəʊd] *adj* veuf (veuve).

widower ['wɪdəʊə'] *n* veuf *m*.

width [wɪdθ] *n* largeur *f* ; **in ~** de large.

widthways ['wɪdθweɪz] *adv* en largeur.

wield [wiːld] *vt* **- 1.** [weapon] manier **- 2.** [power] exercer.

wife [waɪf] *(pl* **wives** [waɪvz]*) n* femme *f*, épouse *f*.

wig [wɪg] *n* perruque *f*.

wiggle ['wɪgl] *inf* ◇ *n* **- 1.** [movement] tortillement *m* **- 2.** [wavy line] ondulation *f* ◇ *vt* remuer ◇ *vi* se tortiller.

wiggly ['wɪglɪ] *(compar* **-ier** ; *superl* **-iest)** *adj inf* [line] ondulé(e).

wigwam ['wɪgwæm] *n* wigwam *m*.

wild [waɪld] ◇ *adj* **- 1.** [animal, attack, scenery, flower] sauvage **- 2.** [weather, sea] déchaîné(e) **- 3.** [laughter, hope, plan] fou (folle) ; **the crowd went ~** la foule s'est déchaînée ; **to run ~** être déchaîné **- 4.** [eyes] de fou (de folle) ; [hair] en bataille **- 5.** [random - estimate] fantaisiste ; **I made a ~ guess** j'ai dit ça au hasard **- 6.** *inf* [very enthusiastic] : **to be ~ about** être dingue de ◇ *n* : **in the ~** dans la nature.

➤ **wilds** *npl* : **the ~s of** le fin fond de ; **to live in the ~s** habiter en pleine nature.

wild card *n* COMPUT caractère *m* joker.

wildcat ['waɪldkæt] *n* [animal] chat *m* sauvage.

wildcat strike *n* grève *f* sauvage.

wildebeest ['wɪldɪbiːst] *(pl inv* OR **-s)** *n* gnou *m*.

wilderness ['wɪldənɪs] *n* étendue *f* sauvage ; **to be in the ~** *fig* faire une traversée du désert.

wildfire ['waɪld,faɪə'] *n* : **to spread like ~** se répandre comme une traînée de poudre.

wild flower *n* fleur *f* sauvage.

wild-goose chase *n inf* : **it turned out to be a ~** ça s'est révélé être totalement inutile.

wildlife ['waɪldlaɪf] *n (U)* faune *f* et flore *f*.

wildly ['waɪldlɪ] *adv* **- 1.** [enthusiastically, fanatically] frénétiquement **- 2.** [guess, suggest] au hasard ; [shoot] dans tous les sens **- 3.** [very - different, impractical] tout à fait **- 4.** [menacingly] farouchement.

wild rice *n* riz *m* sauvage.

wild West *n inf* : **the ~** le Far West.

wiles [waɪlz] *npl* artifices *mpl*.

wilful Br, **willful** Am [ˈwɪlful] adj - **1.** [determined] obstiné(e) - **2.** [deliberate] délibéré(e).

will¹ [wɪl] ◇ n - **1.** [mental] volonté f; against one's ◇ contre son gré ; at ◇ à volonté - **2.** [document] testament m ◇ vt : to ◇ sthg to happen prier de toutes ses forces pour que qqch se passe ; to ◇ sb to do sthg concentrer toute sa volonté sur qqn pour qu'il fasse qqch.

will² [wɪl] modal vb - **1.** (to express future tense) : I ◇ see you next week je te verrai la semaine prochaine ; when ◇ you have finished it? quand est-ce que vous l'aurez fini? ; I'll be arriving at six j'arriverai à six heures ; ◇ you be here next week? — yes I ◇/no I won't est-ce que tu seras là la semaine prochaine? — oui/non - **2.** [indicating willingness] : ◇ you have some more tea? voulez-vous encore du thé? ; I won't do it je refuse de le faire, je ne veux pas le faire - **3.** [in commands, requests] : you ◇ leave this house at once tu vas quitter cette maison tout de suite ; close that window, ◇ you? ferme cette fenêtre, veux-tu? ; ◇ you be quiet! veux-tu te taire!, tu vas te taire! - **4.** [indicating possibility, what usually happens] : the hall ◇ hold up to 1000 people la salle peut abriter jusqu'à 1000 personnes ; this ◇ stop any draughts ceci supprimera tous les courants d'air ; pensions ◇ be paid monthly les pensions sont payées tous les mois - **5.** [expressing an assumption] : that'll be your father cela doit être ton père - **6.** [indicating irritation] : well, if you ◇ leave your toys everywhere ... que veux-tu, si tu t'obstines à laisser traîner tes jouets partout ... ; she ◇ keep phoning me elle n'arrête pas de me téléphoner.

willful Am = wilful.

willing [ˈwɪlɪŋ] adj - **1.** [prepared] : if you're ◇ si vous voulez bien ; to be ◇ to do sthg être disposé(e) OR prêt(e) à faire qqch - **2.** [eager] enthousiaste.

willingly [ˈwɪlɪŋlɪ] adv volontiers.

willingness [ˈwɪlɪŋnɪs] n - **1.** [preparedness] : ◇ to do sthg bonne volonté f à faire qqch - **2.** [keenness] enthousiasme m.

willow (tree) [ˈwɪləʊ-] n saule m.

willowy [ˈwɪləʊɪ] adj svelte.

willpower [ˈwɪlˌpaʊəʳ] n volonté f.

willy [ˈwɪlɪ] (pl -ies) n Br inf zizi m.

willy-nilly [ˌwɪlɪˈnɪlɪ] adv - **1.** [at random] n'importe comment - **2.** [wanting to or not] bon gré mal gré.

wilt [wɪlt] vi [plant] se faner ; fig [person] dépérir.

Wilts [wɪlts] (abbr of Wiltshire) comté anglais.

wily [ˈwaɪlɪ] (compar -ier ; superl -iest) adj rusé(e).

wimp [wɪmp] n pej inf mauviette f.

win [wɪn] (pt & pp won, cont -ning) ◇ n victoire f ◇ vt - **1.** [game, prize, competition] gagner - **2.** [support, approval] obtenir ; [love, friendship] gagner ◇ vi gagner ; you/I etc can't ◇ il n'y a rien à faire.
◆ **win over, win round** vt sep convaincre, gagner à sa cause.

wince [wɪns] ◇ vi : to ◇ (at/with) [with body] tressaillir (à/de) ; [with face] grimacer (à/de) ◇ n tressaillement m.

winch [wɪntʃ] ◇ n treuil m ◇ vt hisser à l'aide d'un treuil.

Winchester disk [ˈwɪntʃestəʳ-] n disque m (dur) Winchester.

wind¹ [wɪnd] ◇ n - **1.** METEOR vent m - **2.** [breath] souffle m - **3.** (U) [in stomach] gaz mpl ; to break ◇ euphemism lâcher un vent - **4.** [in orchestra] : the ◇ les instruments mpl à vent - **5.** phr : to get ◇ of sthg inf avoir vent de qqch ◇ vt - **1.** [knock breath out of] couper le souffle à - **2.** Br [baby] faire faire son rot à.

wind² [waɪnd] (pt & pp wound) ◇ vt - **1.** [string, thread] enrouler - **2.** [clock] remonter - **3.** phr : to ◇ its way [river, road] serpenter ◇ vi [river, road] serpenter.
◆ **wind back** vt sep [tape] rembobiner.
◆ **wind down** ◇ vt sep - **1.** [car window] baisser - **2.** [business] cesser graduellement ◇ vi - **1.** [clock] ralentir - **2.** [relax] se détendre.
◆ **wind forward** vt sep [tape] embobiner.
◆ **wind up** vt sep - **1.** [finish - meeting] clôturer ; [- business] liquider - **2.** [clock, car window] remonter - **3.** Br inf [deliberately annoy] faire marcher - **4.** inf [end up] : to ◇ up doing sthg finir par faire qqch ◇ vi inf [end up] finir.

windbreak [ˈwɪndbreɪk] n pare-vent m inv.

windcheater Br [ˈwɪndˌtʃiːtəʳ], **windbreaker** Am [ˈwɪndˌbreɪkəʳ] n coupe-vent m inv.

windchill factor [ˈwɪndtʃɪl-] n facteur d'abaissement de la température provoqué par le vent, facteur m vent Can, indice m de refroidissement Can.

winded [ˈwɪndɪd] adj essoufflé(e).

windfall [ˈwɪndfɔːl] n - **1.** [fruit] fruit m que le vent a fait tomber - **2.** [unexpected gift] aubaine f.

winding [ˈwaɪndɪŋ] adj sinueux(euse).

wind instrument [wɪnd-] n instrument m à vent.

windmill [ˈwɪndmɪl] n moulin m à vent.

window [ˈwɪndəʊ] n - **1.** [gen & COMPUT] fenêtre *f* **- 2.** [pane of glass, in car] vitre *f* **- 3.** [of shop] vitrine *f*.

window box *n* jardinière *f*.

window cleaner *n* laveur *m*, -euse *f* de vitres.

window dressing *n (U)* **- 1.** [in shop] étalage *m* **- 2.** fig [non-essentials] façade *f*.

window envelope *n* enveloppe *f* à fenêtre.

window frame *n* châssis *m* de fenêtre.

window ledge *n* rebord *m* de fenêtre.

windowpane *n* vitre *f*.

window shade *n* Am store *m*.

window-shopping *n* lèche-vitrines *m* ; to go ~ (aller) faire du lèche-vitrines.

windowsill ['wɪndəʊsɪl] *n* [outside] rebord *m* de fenêtre ; [inside] appui *m* de fenêtre.

windpipe ['wɪndpaɪp] *n* trachée *f*.

windscreen Br ['wɪndskriːn], **windshield** Am ['wɪndʃiːld] *n* pare-brise *m inv*.

windscreen washer *n* lave-glace *m*.

windscreen wiper [-ˌwaɪpəʳ] *n* essuie-glace *m*.

windshield Am = windscreen.

windsock ['wɪndsɒk] *n* manche *f* à air.

windsurfer ['wɪndˌsɜːfəʳ] *n* **- 1.** [person] véliplanchiste *mf* **- 2.** [board] planche *f* à voile.

windsurfing ['wɪndˌsɜːfɪŋ] *n* : to go ~ faire de la planche à voile.

windswept ['wɪndswept] *adj* **- 1.** [scenery] balayé(e) par les vents **- 2.** [person] échevelé(e) ; [hair] ébouriffé(e).

wind tunnel [wɪnd-] *n* soufflerie *f*, tunnel *m* aérodynamique.

Windward Islands ['wɪndwəd-] *n* : the ~ les îles *fpl* du Vent.

windy ['wɪndɪ] (*compar* -ier ; *superl* -iest) *adj* venteux(euse) ; it's ~ il fait OR il y a du vent.

wine [waɪn] *n* vin *m*.

wine bar *n* Br bar *m* à vin.

wine bottle *n* bouteille *f* à vin.

wine box *n* Cubitainer® *m*.

wine cellar *n* cave *f* (à vin).

wineglass ['waɪnɡlɑːs] *n* verre *m* à vin.

wine list *n* carte *f* des vins.

wine merchant *n* Br marchand *m* de vins.

winepress ['waɪnpres] *n* pressoir *m*.

wine tasting [-ˌteɪstɪŋ] *n* dégustation *f* (de vins).

wine waiter *n* sommelier *m*.

wing [wɪŋ] *n* aile *f*.

➤ **wings** *npl* **- 1.** THEATRE : the ~s les coulisses *fpl* **- 2.** [pilot's badge] galons *mpl*.

wing commander *n* Br lieutenant-colonel *m*.

winger ['wɪŋəʳ] *n* SPORT ailier *m*.

wing nut *n* vis *f* à ailettes.

wingspan ['wɪŋspæn] *n* envergure *f*.

wink [wɪŋk] <> *n* clin *m* d'œil ; to have forty ~s inf faire un petit roupillon ; not to sleep a ~, not to get a ~ of sleep inf ne pas fermer l'œil <> *vi* **- 1.** [with eyes] : to ~ (at sb) faire un clin d'œil (à qqn) **- 2.** literary [lights] clignoter.

winkle ['wɪŋkl] *n* bigorneau *m*.

➤ **winkle out** *vt sep* extirper ; to ~ sthg out of sb arracher qqch à qqn.

winner ['wɪnəʳ] *n* [person] gagnant *m*, -e *f*.

winning ['wɪnɪŋ] *adj* **- 1.** [victorious, successful] gagnant(e) **- 2.** [pleasing] charmeur(euse).

➤ **winnings** *npl* gains *mpl*.

winning post *n* poteau *m* d'arrivée.

Winnipeg ['wɪnɪˌpeɡ] *n* Winnipeg.

winsome ['wɪnsəm] *adj* literary séduisant(e).

winter ['wɪntəʳ] <> *n* hiver *m* ; in ~ en hiver <> *comp* d'hiver.

winter sports *npl* sports *mpl* d'hiver.

wintertime ['wɪntətaɪm] *n (U)* hiver *m* ; in ~ en hiver.

wint(e)ry ['wɪntrɪ] *adj* d'hiver.

wipe [waɪp] <> *n* **- 1.** [action of wiping] : to give sthg a ~ essuyer qqch, donner un coup de torchon à qqch **- 2.** [cloth] lingette *f* <> *vt* essuyer.

➤ **wipe away** *vt sep* [tears] essuyer.

➤ **wipe out** *vt sep* **- 1.** [erase] effacer **- 2.** [eradicate] anéantir.

➤ **wipe up** *vt sep* & *vi* essuyer.

wiper ['waɪpəʳ] *n* [windscreen wiper] essuie-glace *m*.

wire ['waɪəʳ] <> *n* **- 1.** *(U)* [metal] fil *m* de fer **- 2.** [cable etc] fil *m* **- 3.** esp Am [telegram] télégramme *m* <> *comp* en fil de fer <> *vt* **- 1.** [fasten, connect] : to ~ sthg to sthg relier qqch à qqch avec du fil de fer **- 2.** [ELEC - plug] installer ; [- house] faire l'installation électrique de **- 3.** esp Am [send telegram to] télégraphier à.

wire brush *n* brosse *f* métallique.

wire cutters *npl* cisaille *f*.

wireless ['waɪəlɪs] *n* dated T.S.F. *f*.

wire netting *n (U)* grillage *m*.

wire-tapping [-ˌtæpɪŋ] *n (U)* écoute *f* téléphonique.

wire wool *n* Br paille *f* de fer.

wiring ['waɪərɪŋ] n (U) installation f électrique.

wiry ['waɪrɪ] (compar -ier ; superl -iest) adj - **1.** [hair] crépu(e) - **2.** [body, man] noueux(euse).

Wisconsin [wɪs'kɒnsɪn] n Wisconsin m ; in ~ dans le Wisconsin.

wisdom ['wɪzdəm] n sagesse f.

wisdom tooth n dent f de sagesse.

wise [waɪz] adj sage ; **to get ~ to** sthg inf piger qqch ; **to be no ~r, to be none the ~r** ne pas en savoir plus (pour autant), ne pas être plus avancé.
➤ **wise up** vi esp Am piger.

wisecrack ['waɪzkræk] n pej vanne f.

wish [wɪʃ] ◇ n - **1.** [desire] souhait m, désir m ; ~ **for** sthg/to do sthg désir de qqch/de faire qqch - **2.** [magic request] vœu m ◇ vt - **1.** [want] : **to ~ to do** sthg souhaiter faire qqch ; **I ~ (that) he'd come** j'aimerais bien qu'il vienne ; **I ~ I could** si seulement je pouvais - **2.** [expressing hope] : **to ~ sb** sthg souhaiter qqch à qqn ◇ vi [by magic] : **to ~ for** sthg souhaiter qqch.
➤ **wishes** npl : **best ~es** meilleurs vœux ; **(with) best ~es** [at end of letter] bien amicalement.
➤ **wish on** vt sep : **to ~** sthg **on** sb souhaiter qqch à qqn.

wishbone ['wɪʃbəʊn] n bréchet m.

wishful thinking [,wɪʃful-] n : **that's just ~** c'est prendre mes/ses etc désirs pour des réalités.

wishy-washy ['wɪʃɪ,wɒʃɪ] adj inf pej [person] sans personnalité ; [ideas] vague.

wisp [wɪsp] n - **1.** [tuft] mèche f - **2.** [small cloud] mince filet m OR volute f.

wispy ['wɪspɪ] (compar -ier ; superl -iest) adj [hair] fin(e).

wistful ['wɪstfʊl] adj nostalgique.

wit [wɪt] n - **1.** [humour] esprit m - **2.** [funny person] homme m d'esprit, femme f d'esprit - **3.** [intelligence] : **to have the ~ to do** sthg avoir l'intelligence de faire qqch.
➤ **wits** npl : **to have** OR **keep one's ~s about one** être attentif(ive) OR sur ses gardes ; **to be scared out of one's ~s** inf avoir une peur bleue ; **to be at one's ~s' end** ne plus savoir que faire.

witch [wɪtʃ] n sorcière f.

witchcraft ['wɪtʃkrɑːft] n sorcellerie f.

witchdoctor ['wɪtʃ,dɒktəʳ] n sorcier m.

witch-hazel n hamamélis m.

witch-hunt n pej chasse f aux sorcières.

with [wɪð] prep - **1.** [in company of] avec ; **I play tennis ~ his wife** je joue au tennis avec sa femme ; **we stayed ~ them for a week** nous avons passé une semaine chez eux ; **you can leave it ~ me** je m'en occupe, laissez-moi faire - **2.** [indicating opposition] avec ; **to argue ~ sb** discuter avec qqn ; **the war ~ Germany** la guerre avec OR contre l'Allemagne - **3.** [indicating means, manner, feelings] avec ; **I washed it ~ detergent** je l'ai lavé avec un détergent ; **the room was hung ~ balloons** la pièce était ornée de ballons ; **"All right", she said ~ a smile** « Très bien », dit-elle en souriant OR avec un sourire ; **she was trembling ~ fright** elle tremblait de peur ; **~ care** avec soin - **4.** [having] avec ; **a man ~ a beard** un homme avec une barbe, un barbu ; **the man ~ the moustache** l'homme à la moustache ; **a city ~ many churches** une ville qui a de nombreuses églises ; **the computer comes ~ a printer** l'ordinateur est vendu avec une imprimante - **5.** [regarding] : **he's very mean ~ money** il est très près de ses sous, il est très avare ; **what will you do ~ the house?** qu'est-ce que tu vas faire de la maison? ; **the trouble ~ her is that ...** l'ennui avec elle OR ce qu'il y a avec elle c'est que ... - **6.** [indicating simultaneity] : **I can't do it ~ you** watching me je ne peux pas le faire quand OR pendant que tu me regardes - **7.** [because of] : **~ the weather as it is, we've decided to stay at home** vu le temps qu'il fait OR étant donné le temps, nous avons décidé de rester à la maison ; **~ my luck, I'll probably lose** avec ma chance habituelle, je suis sûr de perdre - **8.** phr : **I'm ~ you** [I understand] je vous suis ; [I'm on your side] je suis des vôtres ; [I agree] je suis d'accord avec vous.

withdraw [wɪð'drɔː] (pt -drew ; pp -drawn) ◇ vt - **1.** fml [remove] : **to ~** sthg **(from)** enlever qqch (de) - **2.** [money, troops, remark] retirer ◇ vi - **1.** fml [leave] : **to ~ (from)** se retirer (de) - **2.** MIL se replier ; **to ~ from** évacuer ; **to ~ to safety** se mettre à l'abri - **3.** [quit, give up] : **to ~ (from)** se retirer (de).

withdrawal [wɪð'drɔːəl] n - **1.** [gen] : **~ (from)** retrait m (de) - **2.** MIL repli m - **3.** MED manque m.

withdrawal symptoms npl crise f de manque.

withdrawn [wɪð'drɔːn] ◇ pp ▷ withdraw ◇ adj [shy, quiet] renfermé(e).

withdrew [wɪð'druː] pt ▷ withdraw.

wither ['wɪðəʳ] ◇ vt flétrir ◇ vi - **1.** [dry up] se flétrir - **2.** [weaken] mourir.

withered ['wɪðəd] adj flétri(e).

withering ['wɪðərɪŋ] *adj* [look] foudroyant(e).

withhold [wɪð'həʊld] (*pt* & *pp* **-held** [-'held]) *vt* [services] refuser ; [information] cacher ; [salary] retenir.

within [wɪ'ðɪn] ◇ *prep* - **1.** [inside] à l'intérieur de, dans ; ~ **her** en elle, à l'intérieur d'elle-même - **2.** [budget, comprehension] dans les limites de ; [limits] dans - **3.** [less than - distance] à moins de ; [- time] d'ici, en moins de ; ~ **the week** avant la fin de la semaine ◇ *adv* à l'intérieur.

without [wɪð'aʊt] ◇ *prep* sans ; ~ **a coat** sans manteau ; **I left** ~ **seeing him** je suis parti sans l'avoir vu ; **I left** ~ **him seeing me** je suis parti sans qu'il m'ait vu ; **to go** ~ **sthg** se passer de qqch ◇ *adv* : **to go** OR **do** ~ s'en passer.

withstand [wɪð'stænd] (*pt* & *pp* **-stood** [-'stʊd]) *vt* résister à.

witness ['wɪtnɪs] ◇ *n* - **1.** [gen] témoin *m* ; **to be** ~ **to sthg** être témoin de qqch - **2.** [testimony] : **to bear** ~ **to sthg** témoigner de qqch ◇ *vt* - **1.** [accident, crime] être témoin de - **2.** [fig] [changes, rise in birth rate] assister à - **3.** [countersign] contresigner.

witness box Br, **witness stand** Am *n* barre *f* des témoins.

witter ['wɪtər] *vi* Br inf pej radoter, parler pour ne rien dire.

witticism ['wɪtɪsɪzm] *n* mot *m* d'esprit.

witty ['wɪtɪ] (*compar* **-ier** ; *superl* **-iest**) *adj* plein(e) d'esprit, spirituel(elle).

wives [waɪvz] *pl* ▷ **wife**.

wizard ['wɪzəd] *n* magicien *m* ; fig as *m*, champion *m*, -onne *f*.

wizened ['wɪznd] *adj* ratatiné(e).

wk (*abbr* of **week**) sem.

Wm. (*abbr* of **William**) *Guillaume*.

WO *n abbr of* **warrant officer**.

wobble ['wɒbl] *vi* [hand, wings] trembler ; [chair, table] branler.

wobbly ['wɒblɪ] (*compar* **-ier** ; *superl* **-iest**) *adj* inf [jelly] tremblant(e) ; [table] branlant(e).

woe [wəʊ] *n* literary malheur *m*.

wok [wɒk] *n* wok *m*.

woke [wəʊk] *pt* ▷ **wake**.

woken ['wəʊkn] *pp* ▷ **wake**.

wolf [wʊlf] (*pl* **wolves** ['wʊlvz]) *n* [animal] loup *m*.

➤ **wolf down** *vt sep* inf engloutir.

wolf whistle *n* sifflement *m* admiratif (*à l'adresse d'une femme*).

wolves [wʊlvz] *pl* ▷ **wolf**.

woman ['wʊmən] (*pl* **women**) ◇ *n* femme *f* ◇ *comp* : ~ **doctor** femme *f* médecin ; ~ **footballer** footballeuse *f* ; ~ **taxi driver** femme *f* chauffeur de taxi ; ~ **teacher** professeur *m* femme.

womanhood ['wʊmənhʊd] *n* (U) - **1.** [adult life] : **to reach** ~ devenir une femme - **2.** [women] femmes *fpl*.

womanize, -ise ['wʊmənaɪz] *vi* pej courir les femmes.

womanly ['wʊmənlɪ] *adj* féminin(e).

womb [wuːm] *n* utérus *m*.

wombat ['wɒmbæt] *n* wombat *m*.

women ['wɪmɪn] *pl* ▷ **woman**.

women's group *n* groupe *m* féministe.

Women's Institute *n* Br : **the** ~ l'association locale des femmes.

women's lib *n* libération *f* de la femme.

women's liberation *n* libération *f* de la femme.

won [wʌn] *pt* & *pp* ▷ **win**.

wonder ['wʌndər] ◇ *n* - **1.** (U) [amazement] étonnement *m* - **2.** [cause for surprise] : **it's a** ~ **(that)** ... c'est un miracle que ... ; **it's no** OR **little** OR **small** ~ **(that)** ... il n'est pas étonnant que ... - **3.** [amazing thing, person] merveille *f* ; **to work** OR **do** ~**s** faire des merveilles ◇ *vt* - **1.** [speculate] : **to** ~ **(if** OR **whether)** se demander (si) - **2.** [in polite requests] : **I** ~ **whether you would mind shutting the window?** est-ce que cela ne vous ennuierait pas de fermer la fenêtre ? ◇ *vi* - **1.** [speculate] se demander ; **to** ~ **about sthg** s'interroger sur qqch - **2.** literary [be amazed] : **to** ~ **at sthg** s'étonner de qqch.

wonderful ['wʌndəfʊl] *adj* merveilleux(euse).

wonderfully ['wʌndəfʊlɪ] *adv* - **1.** [very well] merveilleusement, à merveille - **2.** [for emphasis] extrêmement.

wonderland ['wʌndələnd] *n* pays *m* merveilleux.

wonky ['wɒŋkɪ] (*compar* **-ier** ; *superl* **-iest**) *adj* Br inf bancal(e).

wont [wəʊnt] ◇ *adj* : **to be** ~ **to do sthg** avoir l'habitude de faire qqch ◇ *n* dated or literary : **as is one's** ~ comme à son habitude OR à l'accoutumée.

won't [wəʊnt] = **will not**.

woo [wuː] *vt* - **1.** literary [court] courtiser - **2.** [try to win over] chercher à rallier (à soi OR à sa cause).

wood [wʊd] ◇ *n* bois *m* ; **touch** ~! touchons du bois ! ; **you can't see the** ~ **for the trees** Br ce sont les arbres qui cachent la forêt ⬦ *comp* en bois.

➤ **woods** *npl* bois *mpl*.

wooded ['wʊdɪd] *adj* boisé(e).

wooden ['wʊdn] *adj* - **1.** [of wood] en bois - **2.** pej [actor] gauche.

wooden spoon *n* cuillère *f* de bois ; **to win** OR **get the ~** Br fig être classé dernier.

woodland ['wʊdlənd] *n* région *f* boisée.

woodpecker ['wʊd,pekə^r] *n* pivert *m*.

wood pigeon *n* ramier *m*.

woodshed ['wʊdʃed] *n* bûcher *m*.

woodwind ['wʊdwɪnd] *n* : **the ~** les bois *mpl*.

woodwork ['wʊdwɜːk] *n* menuiserie *f*.

woodworm ['wʊdwɜːm] *n* ver *m* du bois ; **to have ~** être piqué par les vers.

woof [wʊf] ⬦ *n* aboiement *m* ⬦ *excl* ouah !

wool [wʊl] *n* laine *f ;* **to pull the ~ over sb's eyes** inf rouler qqn (dans la farine).

woollen Br, **woolen** Am ['wʊlən] *adj* en laine, de laine.

➤ **woollens** *npl* lainages *mpl*.

woolly ['wʊlɪ] (*compar* **-ier** ; *superl* **-iest**) ⬦ *adj* - **1.** [woollen] en laine, de laine - **2.** inf [idea, thinking] confus(e) ⬦ *n* inf lainage *m*.

woolly-headed [-'hedɪd] *adj* inf pej confus(e).

woozy ['wuːzɪ] (*compar* **-ier** ; *superl* **-iest**) *adj* inf sonné(e).

Worcester sauce ['wʊstə^r-] *n (U)* sauce épicée à base de soja et de vinaigre.

Worcs (*abbr of* **Worcestershire**) *ancien comté anglais*.

word [wɜːd] ⬦ *n* - **1.** LING mot *m ;* **in your own ~s** dans vos mots à vous ; **too stupid for ~s** vraiment trop bête ; **~ for ~** [repeat, copy] mot pour mot ; [translate] mot à mot ; **in other ~s** en d'autres mots OR termes ; **not in so many ~s** pas exactement ; **in a ~** en un mot ; **by ~ of mouth** de bouche à oreille ; **to put in a (good) ~ for sb** glisser un mot en faveur de qqn ; **just say the ~** vous n'avez qu'un mot à dire ; **to have a ~ (with sb)** parler (à qqn) ; **to have ~s with sb** inf avoir des mots avec qqn ; **to have the last ~** avoir le dernier mot ; **she doesn't mince her ~s** elle ne mâche pas ses mots ; **to weigh one's ~s** peser ses mots ; **I couldn't get a ~ in edgeways** je n'ai pas réussi à placer un seul mot - **2.** *(U)* [news] nouvelles *fpl* - **3.** [promise] parole *f ;* **to give sb one's ~** donner sa parole à qqn ; **to be as good as one's ~, to be true to one's ~** tenir (sa) parole ⬦ *vt* [letter, reply] rédiger.

word game *n* jeu *m* de lettres.

wording ['wɜːdɪŋ] *n (U)* termes *mpl*.

word-perfect *adj :* **he had his lines ~** il connaissait ses répliques au mot près.

wordplay ['wɜːdpleɪ] *n (U)* jeux *mpl* de mots.

word processing *n (U)* COMPUT traitement *m* de texte.

word processor [-ˌprəʊsesə^r] *n* COMPUT machine *f* à traitement de texte.

wordwrap ['wɜːdræp] *n* COMPUT retour *m* à la ligne automatique.

wordy ['wɜːdɪ] (*compar* **-ier** ; *superl* **-iest**) *adj* pej verbeux(euse).

wore [wɔː^r] *pt* ⬦ **wear**.

work [wɜːk] ⬦ *n* - **1.** *(U)* [employment] travail *m*, emploi *m ;* **to be in ~** avoir un emploi ; **out of ~** sans emploi, au chômage ; **at ~** au travail - **2.** [activity, tasks] travail *m ;* **at ~** au travail ; **to have one's ~ cut out doing sthg** OR **to do sthg** avoir du mal OR de la peine à faire qqch - **3.** ART & LITERATURE œuvre *f* - **4.** phr : **he's a nasty piece of ~** inf c'est un salaud ⬦ *vt* - **1.** [person, staff] faire travailler - **2.** [machine] faire marcher - **3.** [wood, metal, land] travailler - **4.** [cause to become] : **to ~ o.s. into a rage** mettre en rage - **5.** [make] : **to ~ one's way through a crowd** se frayer un chemin à travers une foule ; **to ~ one's way along** avancer petit à petit ; **he ~ed his way to the top** il est parvenu au sommet à la force du poignet ⬦ *vi* - **1.** [do a job] travailler ; **to ~ on sthg** travailler à qqch - **2.** [function] fonctionner, marcher - **3.** [succeed] marcher - **4.** [have effect] : **to ~ against sb** jouer contre qqn ; **to ~ against sthg** aller à l'encontre de qqch - **5.** [become] : **to ~ loose** se desserrer.

➤ **works** ⬦ *n* [factory] usine *f* ⬦ *npl* - **1.** [mechanism] mécanisme *m* - **2.** [digging, building] travaux *mpl* - **3.** inf [everything] : **the ~s** tout le tralala.

➤ **work off** *vt sep* [anger etc] passer.

➤ **work on** *vt fus* - **1.** [pay attention to] travailler à - **2.** [take as basis] se baser sur.

➤ **work out** ⬦ *vt sep* - **1.** [plan, schedule] mettre au point - **2.** [total, answer] trouver ⬦ *vi* - **1.** [figure, total] : **to ~ out at** se monter à - **2.** [turn out] se dérouler - **3.** [be successful] (bien) marcher - **4.** [train, exercise] s'entraîner.

➤ **work up** *vt sep* - **1.** [excite] : **to ~ o.s. up into** se mettre dans - **2.** [generate] : **to ~ up an appetite** s'ouvrir l'appétit ; **to ~ up enthusiasm** s'enthousiasmer ; **to ~ up courage** trouver du courage.

workable ['wɜːkəbl] *adj* [plan] réalisable ; [system] fonctionnel(elle).

workaday ['wɜːkədeɪ] *adj* pej ordinaire, commun(e).

workaholic [ˌwɜːkə'hɒlɪk] *n* bourreau *m* de travail.

workbasket ['wɜːkˌbɑːskɪt] *n* corbeille *f* à ouvrage.

workbench ['wɜːkbentʃ] *n* établi *m*.

workbook ['wɜːkbʊk] *n* cahier *m* d'exercices.

workday ['wɜːkdeɪ] *n* - **1.** [day's work] journée *f* de travail - **2.** [not weekend] jour *m* ouvrable.

worked up [ˌwɜːkt-] *adj* dans tous ses états.

worker ['wɜːkə'] *n* travailleur *m*, -euse *f*, ouvrier *m*, -ère *f* ; **to be a hard/fast ~** travailler dur/vite ; **to be a good ~** bien travailler.

workforce ['wɜːkfɔːs] *n* main *f* d'œuvre.

workhouse ['wɜːkhaʊs] *n* - **1.** Br [poorhouse] hospice *m* - **2.** Am [prison] maison *f* de correction.

working ['wɜːkɪŋ] *adj* - **1.** [in operation] qui marche - **2.** [having employment] qui travaille - **3.** [conditions, clothes, hours] de travail.

➤ **workings** *npl* [of system, machine] mécanisme *m* ; **I'll never understand the ~s of his mind** *fig* je ne comprendrai jamais ce qui se passe dans sa tête.

working capital *n* (U) - **1.** [assets minus liabilities] fonds *mpl* de roulement - **2.** [available money] capital *m* d'exploitation.

working class *n* : **the ~** la classe ouvrière.

➤ **working-class** *adj* ouvrier(ère)

working day *n* = workday.

working group *n* groupe *m* de travail.

working knowledge *n* connaissance *f* pratique.

working man *n* ouvrier *m*.

working model *n* modèle *m* opérationnel.

working order *n* : **in ~** en état de marche.

working party *n* groupe *m* de travail.

working week *n* semaine *f* de travail.

work-in-progress *n* travail *m* en cours.

workload ['wɜːkləʊd] *n* quantité *f* de travail.

workman ['wɜːkmən] (*pl* **-men** [-mən]) *n* ouvrier *m*.

workmanship ['wɜːkmənʃɪp] *n* (U) travail *m*.

workmate ['wɜːkmeɪt] *n* camarade *mf* OR collègue *mf* de travail.

work of art *n* lit & fig œuvre *f* d'art.

workout ['wɜːkaʊt] *n* séance *f* d'entraînement.

work permit [-ˌpɜːmɪt] *n* permis *m* de travail.

workplace ['wɜːkpleɪs] *n* lieu *m* de travail.

workroom ['wɜːkrʊm] *n* salle *f* de travail.

works council *n* comité *m* d'entreprise.

workshop ['wɜːkʃɒp] *n* atelier *m*.

workshy ['wɜːkʃaɪ] *adj* Br fainéant(e).

workstation ['wɜːkˌsteɪʃn] *n* COMPUT poste *m* de travail.

work surface *n* plan *m* de travail.

worktable ['wɜːkˌteɪbl] *n* table *f* de travail.

worktop ['wɜːktɒp] *n* Br plan *m* de travail.

work-to-rule *n* Br grève *f* du zèle.

world [wɜːld] ◇ *n* - **1.** [gen] monde *m* ; **what/ where in the ~ ...?** que/où diable ...? ; **the ~ over** dans le monde entier - **2.** loc : **to be dead to the ~** dormir profondément ; **to get the best of both ~s** gagner sur tous les plans ; **to think the ~ of sb** admirer qqn énormément, ne jurer que par qqn ; **to do sb the ~ of good** faire un bien fou à qqn, faire énormément de bien à qqn ; **a ~ of difference** une énorme différence ◇ *comp* [power] mondial(e) ; [language] universel(elle) ; [tour] du monde.

World Bank *n* : **the ~** la Banque mondiale.

world-class *adj* de niveau international.

World Cup ◇ *n* : **the ~** la Coupe du monde ◇ *comp* de Coupe du monde.

world-famous *adj* de renommée mondiale ; **to become ~** acquérir une renommée mondiale.

worldly ['wɜːldlɪ] *adj* de ce monde, matériel(elle) ; **~ goods** literary biens *mpl*.

world music *n* world music *f*.

world power *n* puissance *f* mondiale.

World Series *n* Am : **the ~** le championnat américain de baseball.

World Trade Organization *n* Organisation *f* mondiale du commerce.

World War I *n* la Première Guerre mondiale.

World War II *n* la Deuxième Guerre mondiale.

world-weary *adj* [person] las (lasse) du monde ; [cynicism, sigh] blasé(e).

worldwide ['wɜːldwaɪd] ◇ *adj* mondial(e) ◇ *adv* dans le monde entier.

World Wide Web *n* : **the ~** le World Wide Web.

worm [wɜːm] ◇ *n* [animal] ver *m* ◇ *vt* : **to ~ one's way** [move] avancer à plat ventre OR en rampant ; **to ~ one's way into sb's affec-**

tions gagner insidieusement l'affection de qqn.

🠊 **worms** *npl* [parasites] vers *mpl*.

🠊 **worm out** *vt sep* : **to ~ sthg out of sb** soutirer qqch à qqn.

worn [wɔːn] ⬦ *pp* ▷ **wear** ⬦ *adj* - **1.** [threadbare] usé(e) - **2.** [tired] las (lasse).

worn-out *adj* - **1.** [old, threadbare] usé(e) - **2.** [tired] épuisé(e).

worried ['wʌrɪd] *adj* soucieux(euse), inquiet(ète) ; **you really had me ~** vous m'avez fait faire bien du souci ; **to be ~ (about)** se faire du souci (à propos de) ; **to be ~ sick** se faire un sang d'encre.

worrier ['wʌrɪəʳ] *n* anxieux *m*, -euse *f*.

worry ['wʌrɪ] (*pl* **-ies**, *pt* & *pp* **-ied**) ⬦ *n* - **1.** [feeling] souci *m* - **2.** [problem] souci *m*, ennui *m* ⬦ *vt* inquiéter, tracasser ⬦ *vi* s'inquiéter ; **to ~ about** se faire du souci au sujet de ; **don't worry!, not to ~!** ne vous en faites pas!

worrying ['wʌrɪɪŋ] *adj* inquiétant(e).

worse [wɜːs] ⬦ *adj* - **1.** [not as good] pire ; **to get ~** [situation] empirer - **2.** [more ill] : **he's ~ today** il va plus mal aujourd'hui ⬦ *adv* plus mal ; **they're even ~ off** c'est encore pire pour eux ; **~ off** [financially] plus pauvre ⬦ *n* pire *m* ; **for the ~** pour le pire ; **a change for the ~** une détérioration.

worsen ['wɜːsn] *vt* & *vi* empirer.

worsening ['wɜːsnɪŋ] *adj* qui va en empirant.

worship ['wɜːʃɪp] (Br *pt* & *pp* **-ped** ; *cont* **-ping**, Am *pt* & *pp* **-ed** ; *cont* **-ing**) ⬦ *vt* adorer ⬦ *n* - **1.** (U) RELIG culte *m* - **2.** [adoration] adoration *f*.

🠊 **Worship** *n* : **Your/Her/His Worship** Votre/Son Honneur *m*.

worshipper Br, **worshiper** Am ['wɜːʃɪpəʳ] *n* - **1.** RELIG fidèle *mf* - **2.** [admirer] adorateur *m*, -trice *f*.

worst [wɜːst] ⬦ *adj* : **the ~** le pire (la pire), le plus mauvais (la plus mauvaise) ; **his ~ enemy** son pire ennemi ⬦ *adv* le plus mal ; **the ~ affected area** la zone la plus touchée ⬦ *n* : **the ~** le pire ; **to get the ~ of it** [in fight] avoir le dessous ; **if the ~ comes to the ~** au pire.

🠊 **at (the) worst** *adv* au pire.

worsted ['wʊstɪd] *n* laine *f* peignée.

worth [wɜːθ] ⬦ *prep* - **1.** [in value] : **to be ~ sthg** valoir qqch ; **how much is it ~?** combien cela vaut-il? - **2.** [deserving of] : **it's ~ a visit** cela vaut une visite ; **it's/she is ~ it** cela/elle en vaut la peine ; **to be ~ doing sthg** valoir la peine de faire qqch ⬦ *n* valeur *f* ; **a week's/**

£20 ~ of groceries pour une semaine/20 livres d'épicerie.

worthless ['wɜːθlɪs] *adj* - **1.** [object] sans valeur, qui ne vaut rien - **2.** [person] qui n'est bon à rien.

worthwhile [,wɜːθ'waɪl] *adj* [job, visit] qui en vaut la peine ; [charity] louable.

worthy ['wɜːðɪ] (*compar* **-ier** ; *superl* **-iest**) *adj* - **1.** [deserving of respect] digne - **2.** [deserving] : **to be ~ of sthg** mériter qqch - **3.** *pej* [good but unexciting] méritant(e).

would [wʊd] *modal vb* - **1.** (*in reported speech*) : **she said she ~ come** elle a dit qu'elle viendrait - **2.** [indicating likelihood] : **what ~ you do?** que ferais-tu? ; **what ~ you have done?** qu'aurais-tu fait? ; **I ~ be most grateful** je vous en serais très reconnaissant - **3.** [indicating willingness] : **she ~n't go** elle ne voulait pas y aller ; **he ~ do anything for her** il ferait n'importe quoi pour elle - **4.** (*in polite questions*) : **~ you like a drink?** voulez-vous *OR* voudriez-vous à boire? ; **~ you mind closing the window?** cela vous ennuierait de fermer la fenêtre? - **5.** [indicating inevitability] : **he ~ say** that j'étais sûr qu'il allait dire ça, ça ne m'étonne pas de lui - **6.** [giving advice] : **I ~ report it if I were you** si j'étais vous je préviendrais les autorités - **7.** [expressing opinions] : **I ~ prefer** je préférerais ; **I ~ have thought (that) ...** j'aurais pensé que ... - **8.** [indicating habit] : **he ~ smoke a cigar after dinner** il fumait un cigare après le dîner ; **she ~ often complain about the neighbours** elle se plaignait souvent des voisins.

would-be *adj* prétendu(e).

wouldn't ['wʊdnt] = **would not.**

would've ['wʊdəv] = **would have.**

wound¹ [wuːnd] ⬦ *n* blessure *f* ; **to lick one's ~s** *fig* panser ses plaies ⬦ *vt* blesser.

wound² [waʊnd] *pt* & *pp* ▷ **wind²**.

wounded ['wuːndɪd] ⬦ *adj* blessé(e) ⬦ *npl* : **the ~** les blessés *mpl*.

wounding ['wuːndɪŋ] *adj* blessant(e).

wove [wəʊv] *pt* ▷ **weave.**

woven ['wəʊvn] *pp* ▷ **weave.**

wow [waʊ] *excl inf* oh là là!

WP ⬦ *n* (*abbr of* **word processing, word processor**) TTX *m* ⬦ (*abbr of* **weather permitting**) *si le temps le permet*.

WPC (*abbr of* **woman police constable**) *n* Br *femme agent de police* ; **~ Roberts** l'agent Roberts.

wpm (*abbr of* **words per minute**) mots/min.

WRAC [ræk] (*abbr of* **Women's Royal Army**

Corps] n section féminine de l'armée de terre britannique.

WRAF [ræf] (abbr of **Women's Royal Air Force**) n section féminine de l'armée de l'air britannique.

wrangle ['ræŋgl] ⬦ n dispute f ⬦ vi : to ~ (with sb over sthg) se disputer (avec qqn à propos de qqch).

wrap [ræp] (pt & pp -ped ; cont -ping) ⬦ vt - **1.** [cover in paper, cloth] : to ~ sthg (in) envelopper OR emballer qqch (dans) ; to ~ sthg around OR round sthg enrouler qqch autour de qqch - **2.** [encircle] : to ~ one's hands around OR round sthg entourer qqch de ses mains ; to wrap one's fingers around OR round sthg entourer qqch de ses doigts ; to ~ one's arms around OR round sb enlacer qqn ⬦ n [garment] châle m.

➤ **wrap up** ⬦ vt sep - **1.** [cover in paper or cloth] envelopper, emballer - **2.** inf [complete] conclure, régler ⬦ vi [put warm clothes on] : to ~ up well OR warmly! couvrez-vous bien!

wrapped up [ræpt-] adj inf : to be ~ in sthg être absorbé(e) par qqch ; to be ~ in sb ne penser qu'à qqn.

wrapper ['ræpər] n papier m ; Br [of book] jaquette f, couverture f.

wrapping ['ræpɪŋ] n emballage m.

wrapping paper n (U) papier m d'emballage.

wrath [rɒθ] n (U) literary courroux m.

wreak [ri:k] vt [destruction, havoc] entraîner.

wreath [ri:θ] n couronne f.

wreathe [ri:ð] vt literary couronner.

wreck [rek] ⬦ n - **1.** [car, plane, ship] épave f - **2.** inf [person] loque f ; I feel a ~ je me sens épuisé ; I look a ~ j'ai l'air d'une véritable loque ⬦ vt - **1.** [destroy] détruire - **2.** NAUT provoquer le naufrage de ; to be ~ed s'échouer - **3.** [spoil - holiday] gâcher ; [- health, hopes, plan] ruiner.

wreckage ['rekɪdʒ] n (U) débris mpl.

wrecker ['rekər] n Am [vehicle] dépanneuse f.

wren [ren] n roitelet m.

wrench [rentʃ] ⬦ n - **1.** [tool] clef f anglaise - **2.** [injury] entorse f - **3.** [emotional] déchirement m ⬦ vt - **1.** [pull violently] tirer violemment ; to ~ sthg off arracher qqch - **2.** [arm, leg, knee] se tordre.

wrest [rest] vt literary : to ~ sthg from sb arracher violemment qqch à qqn.

wrestle ['resl] ⬦ vt lutter ⬦ vi - **1.** [fight] : to ~ (with sb) lutter (contre qqn) - **2.** fig [struggle] : to ~ with sthg se débattre OR lutter contre qqch.

wrestler ['reslər] n lutteur m, -euse f.

wrestling ['reslɪŋ] n lutte f.

wretch [retʃ] n pauvre diable m.

wretched ['retʃɪd] adj - **1.** [miserable] misérable - **2.** inf [damned] fichu(e), maudit(e).

wriggle ['rɪgl] ⬦ vt remuer, tortiller ⬦ vi remuer, se tortiller.

➤ **wriggle out of** vt fus : to ~ out of sthg se tirer de qqch ; to ~ out of doing sthg éviter de faire qqch.

wring [rɪŋ] (pt & pp wrung) vt - **1.** [washing] essorer, tordre - **2.** [hands, neck] tordre.

➤ **wring out** vt sep essorer, tordre.

wringing ['rɪŋɪŋ] adj : ~ (wet) [person] trempé(e) ; [clothes] mouillé(e), à tordre.

wrinkle ['rɪŋkl] ⬦ n - **1.** [on skin] ride f - **2.** [in cloth] pli m ⬦ vt plisser ⬦ vi se plisser, faire des plis.

wrinkled ['rɪŋkld], **wrinkly** ['rɪŋklɪ] adj - **1.** [skin] ridé(e) - **2.** [cloth] froissé(e).

wrist [rɪst] n poignet m.

wristband ['rɪstbænd] n [of watch] bracelet m.

wristwatch ['rɪstwɒtʃ] n montre-bracelet f.

writ [rɪt] n acte m judiciaire.

write [raɪt] (pt wrote ; pp written) ⬦ vt - **1.** [gen & COMPUT] écrire - **2.** Am [write to] : to ~ sb a letter écrire une lettre à qqn - **3.** [cheque, prescription] faire ⬦ vi [gen & COMPUT] écrire ; to ~ to sb Br écrire à qqn.

➤ **write back** ⬦ vt sep : to ~ a letter back répondre par une lettre ⬦ vi répondre.

➤ **write down** vt sep écrire, noter.

➤ **write in** vi écrire.

➤ **write into** vt sep : to ~ a clause into a contract insérer une clause dans un contrat.

➤ **write off** ⬦ vt sep - **1.** [project] considérer comme fichu - **2.** [debt, investment] passer aux profits et pertes - **3.** [person] considérer comme fini - **4.** Br inf [vehicle] bousiller ⬦ vi écrire pour demander des renseignements ; to ~ off to sb écrire à qqn ; to ~ off for sthg écrire pour demander qqch.

➤ **write up** vt sep [notes] mettre au propre.

write-off n [vehicle] : to be a ~ être complètement démoli(e).

write-protect vt COMPUT protéger en écriture.

writer ['raɪtər] n - **1.** [as profession] écrivain m - **2.** [of letter, article, story] auteur m.

write-up n inf critique f.

writhe [raɪð] vi se tordre.

writing ['raɪtɪŋ] n (U) - **1.** [handwriting, activity] écriture f ; in ~ par écrit - **2.** [something written] écrit m.

➤ **writings** npl écrits mpl.

writing case *n* Br nécessaire *m* de correspondance.

writing desk *n* secrétaire *m*.

writing paper *n* (U) papier *m* à lettres.

written ['rɪtn] ◇ *pp* ▷ write ◇ *adj* écrit(e).

WRNS (*abbr of* **Women's Royal Naval Service**) *n* section *féminine de la marine de guerre britannique*.

wrong [rɒŋ] ◇ *adj* **- 1.** [not normal, not satisfactory] qui ne va pas ; **is something ~?** y a-t-il quelque chose qui ne va pas? ; **what's ~?** qu'est-ce qui ne va pas? ; **there's something ~ with the switch** l'interrupteur ne marche pas bien **- 2.** [not suitable] qui ne convient pas **- 3.** [not correct - answer, address] faux (fausse), mauvais(e) ; [- decision] mauvais ; **to be ~** [person] avoir tort ; **to be ~ to do sthg** avoir tort de faire qqch **- 4.** [morally bad] : **it's ~ to ...** c'est mal de ... ◇ *adv* [incorrectly] mal ; **to get sthg ~** se tromper à propos de qqch ; **to go ~** [make a mistake] se tromper, faire une erreur ; [stop functioning] se détraquer ; **don't get me ~** *inf* comprenez-moi bien ◇ *n* mal *m* ; **to be in the ~** être dans son tort ◇ *vt* faire du tort à.

wrong-foot Br *vt* **- 1.** SPORT prendre à contre-pied **- 2.** *fig* [surprise] prendre par surprise OR au dépourvu.

wrongful ['rɒŋfʊl] *adj* [unfair] injuste ; [arrest, dismissal] injustifié(e).

wrongly ['rɒŋlɪ] *adv* **- 1.** [unsuitably] mal **- 2.** [mistakenly] à tort.

wrong number *n* faux numéro *m*.

wrote [rəʊt] *pt* ▷ write.

wrought iron [rɔːt-] *n* fer *m* forgé.

wrung [rʌŋ] *pt* & *pp* ▷ wring.

WRVS (*abbr of* **Women's Royal Voluntary Service**) *n* association *de femmes au service des déshérités*.

wry [raɪ] *adj* **- 1.** [amused - smile, look] amusé(e) ; [- humour] ironique **- 2.** [displeased] désabusé(e).

wt. (*abbr of* **weight**) pds.

WTO (*abbr of* **World Trade Organization**) *n* OMC *f*.

WV *abbr of* West Virginia.

WW *abbr of* world war.

WWW (*abbr of* **World Wide Web**) *n* WWW *m*.

WY *abbr of* Wyoming.

Wyoming [waɪ'əʊmɪŋ] *n* Wyoming *m* ; **in ~** dans le Wyoming.

WYSIWYG ['wɪzɪwɪg] (*abbr of* **what you see is what you get**) WYSIWYG, tel écran, tel écrit.

x (*pl* **x's** OR **xs**), **X** (*pl* **X's** OR **Xs**) [eks] *n* **- 1.** [letter] x *m inv*, X *m inv* **- 2.** [unknown thing] x *m inv* **- 3.** [to mark place] croix *f* **- 4.** [at end of letter] : **XXX** grosses bises.

xenophobia [ˌzenə'fəʊbjə] *n* xénophobie *f*.

Xerox® ['zɪərɒks] ◇ *n* **- 1.** [machine] photocopieuse *f* **- 2.** [copy] photocopie *f* ◇ *vt* photocopier.

Xmas ['eksməs] ◇ *n* Noël *m* ◇ *comp* de Noël.

X-ray ◇ *n* **- 1.** [ray] rayon *m* X **- 2.** [picture] radiographie *f*, radio *f* ◇ *vt* radiographier.

xylophone ['zaɪləfəʊn] *n* xylophone *m*.

y (*pl* **y's** OR **ys**), **Y** (*pl* **Y's** OR **Ys**) [waɪ] *n* **- 1.** [letter] y *m inv*, Y *m inv* **- 2.** MATH y *m inv*.

Y2K (*abbr of* **the year 2000**) *n* **- 1.** [year] l'an 2000 **- 2.** COMPUT le bogue de l'an 2000.

yacht [jɒt] *n* yacht *m*.

yachting ['jɒtɪŋ] *n* yachting *m*.

yachtsman ['jɒtsmən] (*pl* **-men** [-mən]) *n* yachtman *m*.

yachtswoman ['jɒts,wʊmən] (*pl* **-women** [-,wɪmɪn]) *n* yachtwoman *f*.

yahoo [jɑː'huː] *n* rustre *m*.

yak [jæk] *n* yack *m*.

Yale lock® [jeɪl-] *n* serrure *f* à barillet.

yam [jæm] *n* igname *f*.

Yangtze ['jæŋtsɪ] *n* : **the ~** le Yang-tseu-kiang, le Yangzi Jiang *m*.

yank [jæŋk] *vt* tirer d'un coup sec.

Yank [jæŋk] *n* Br inf *terme péjoratif désignant un Américain*, Amerloque *mf*.

Yankee ['jæŋkɪ] *n* - **1.** Br inf [American] *terme péjoratif désignant un Américain*, Amerloque *mf* - **2.** Am [citizen] Yankee *mf*.

yap [jæp] (*pt* & *pp* **-ped** ; *cont* **-ping**) *vi* - **1.** [dog] japper - **2.** pej [person] jacasser.

yard [jɑːd] *n* - **1.** [unit of measurement] = *91,44 cm*, yard *m* - **2.** [walled area] cour *f* - **3.** [area of work] chantier *m* - **4.** Am [attached to house] jardin *m*.

yardstick ['jɑːdstɪk] *n* mesure *f*.

yarn [jɑːn] *n* - **1.** [thread] fil *m* - **2.** inf [story] histoire *f* ; **to spin sb a ~** raconter une histoire à qqn.

yashmak ['jæʃmæk] *n* litham *m*.

yawn [jɔːn] ◇ *n* - **1.** [when tired] bâillement *m* ; **to give a ~** bâiller - **2.** Br inf [boring event] : **it was a real ~** c'était vraiment ennuyeux ◇ *vi* - **1.** [when tired] bâiller - **2.** [gape] s'ouvrir, béer.

yd *abbr of* **yard**.

yeah [jeə] *adv* inf ouais.

year [jɪəʳ] *n* - **1.** [calendar year] année *f* ; **all (the) ~ round** toute l'année ; **~ in ~ out** année après année - **2.** [period of 12 months] année *f*, an *m* ; **to be 21 ~s old** avoir 21 ans - **3.** [financial year] année *f* ; **the ~ 1992-93** l'exercice 1992-93.

➥ **years** *npl* [long time] années *fpl*.

yearbook ['jɪəbʊk] *n* annuaire *m*, almanach *m*.

yearling ['jɪəlɪŋ] *n* yearling *m*.

yearly ['jɪəlɪ] ◇ *adj* annuel(elle) ◇ *adv* - **1.** [once a year] annuellement - **2.** [every year] chaque année ; **twice ~** deux fois par an.

yearn [jɜːn] *vi* : **to ~ for sthg/to do sthg** aspirer à qqch/à faire qqch.

yearning ['jɜːnɪŋ] *n* : **~ (for sb/sthg)** désir *m* ardent pour qqn/de qqch.

yeast [jiːst] *n* levure *f*.

yell [jel] ◇ *n* hurlement *m* ◇ *vi* & *vt* hurler.

yellow ['jeləʊ] ◇ *adj* - **1.** [colour] jaune - **2.** [cowardly] lâche ◇ *n* jaune *m* ◇ *vi* jaunir.

yellow card *n* FTBL carton *m* jaune.

yellow fever *n* fièvre *f* jaune.

yellow lines *n* bandes *fpl* jaunes.

yellowness ['jeləʊnɪs] *n (U)* couleur *f* jaune.

Yellow Pages® *n* : **the ~** les pages *fpl* jaunes.

Yellow River *n* : **the ~** le fleuve Jaune.

Yellow Sea *n* : **the ~** la mer Jaune.

yelp [jelp] ◇ *n* jappement *m* ◇ *vi* japper.

Yemen ['jemən] *n* Yémen *m* ; **in ~** au Yémen.

Yemeni ['jemənɪ] ◇ *adj* yéménite ◇ *n* Yéménite *mf*.

yen [jen] (*pl sense 1 inv* ; *pl sense 2* **-s**) *n* - **1.** [Japanese currency] yen *m* - **2.** [longing] : **to have a ~ for sthg/to do sthg** avoir une forte envie de qqch/de faire qqch.

yeoman of the guard ['jəʊmən-] (*pl* yeomen of the guard ['jəʊmən-]) *n* hallebardier *m* de la garde royale.

yep [jep] *adv* inf ouais.

yes [jes] ◇ *adv* - **1.** [gen] oui ; **~, please** oui, s'il te/vous plaît - **2.** [expressing disagreement] si ◇ *n* oui *m inv*.

yes-man *n* pej béni-oui-oui *m inv*.

yesterday ['jestədɪ] ◇ *n* hier *m* ; **the day before ~** avant-hier ◇ *adv* hier.

yet [jet] ◇ *adv* - **1.** [gen] encore ; **~ faster** encore plus vite ; **not ~** pas encore ; **~ again** encore une fois ; **as ~** jusqu'ici - **2.** déjà ; **have they finished ~?** est-ce qu'ils ont déjà fini? ◇ *conj* et cependant, mais.

yeti ['jetɪ] *n* yéti *m*.

yew [juː] *n* if *m*.

Y-fronts *npl* Br slip *m*.

YHA (*abbr of* **Youth Hostels Association**) *n* association britannique des auberges de jeunesse.

Yiddish ['jɪdɪʃ] ◇ *adj* yiddish (*inv*) ◇ *n* [language] yiddish *m*.

yield [jiːld] ◇ *n* rendement *m* ◇ *vt* - **1.** [produce] produire - **2.** [give up] céder ◇ *vi* - **1.** [gen] : **to ~ (to)** céder (à) - **2.** Am AUT [give way] : **'~' '**cédez le passage'.

yippee [Br jɪ'piː, Am 'jɪpɪ] *excl* hourra!

YMCA (*abbr of* **Young Men's Christian Association**) *n* union chrétienne de jeunes gens (*proposant notamment des services d'hébergement*).

yo [jəʊ] *excl* inf salut!

yob(bo) ['jɒb(əʊ)] *n* Br inf voyou *m*, loubard *m*.

yodel ['jəʊdl] (Br *pt* & *pp* **-led** ; *cont* **-ling**, Am *pt* & *pp* **-ed** ; *cont* **-ing**) *vi* iodler, jodler.

yoga ['jəʊgə] *n* yoga *m*.

yoghourt, yoghurt, yogurt [Br 'jɒgət, Am 'jəʊgərt] *n* yaourt *m*.

yoke [jəʊk] *n* lit & fig joug *m*.

yokel ['jəʊkl] *n* pej péquenaud *m*, -e *f*.

yolk [jəʊk] n jaune m (d'œuf).

yonder ['jɒndər] adv literary là-bas.

Yorks. [jɔːks] (abbr of **Yorkshire**) comté anglais.

Yorkshire pudding ['jɔːkʃər-] n pâte à choux cuite qui accompagne le rosbif.

Yorkshire terrier ['jɔːkʃər-] n Yorkshire-terrier m.

you [juː] pers pron - **1.** (subject - sg) tu ; (- polite form, pl) vous ; ~'**re a good cook** tu es/vous êtes bonne cuisinière ; **are ~ French?** tu es/vous êtes français? ; ~ **French** vous autres Français ; ~ **idiot!** espèce d'idiot! ; **if I were** OR **was ~** si j'étais toi/vous, à ta/votre place ; **there ~ are** [you've appeared] te/vous voilà ; [have this] voilà, tiens/tenez ; **that jacket really isn't ~** cette veste n'est pas vraiment ton/votre style - **2.** (object - unstressed, sg) te ; (- polite form, pl) vous ; **I can see ~** je te/vous vois ; **I gave it to ~** je te/vous l'ai donné - **3.** (object - stressed, sg) toi ; (- polite form, pl) vous ; **I don't expect YOU to do it** je n'exige pas que ce soit toi qui le fasses/vous qui le fassiez - **4.** (after prep, in comparisons etc, sg) toi ; (- polite form, pl) vous ; **we shall go without ~** nous irons sans toi/vous ; **I'm shorter than ~** je suis plus petit que toi/vous - **5.** [anyone, one] on ; ~ **have to be careful** on doit faire attention ; **exercise is good for ~** l'exercice est bon pour la santé.

you'd [juːd] = **you had, you would.**

you'll [juːl] = **you will.**

young [jʌŋ] ◇ adj jeune ◇ npl - **1.** [young people] : **the ~** les jeunes mpl - **2.** [baby animals] les petits mpl.

younger ['jʌŋgər] adj plus jeune.

youngish ['jʌnɪʃ] adj assez jeune.

young man n jeune homme m.

youngster ['jʌŋstər] n jeune m.

young woman n jeune femme f.

your [jɔːr] poss adj - **1.** (referring to one person) ton (ta), tes (pl) ; (polite form, pl) votre, vos (pl) ; ~ **dog** ton/votre chien ; ~ **house** ta/votre maison ; ~ **children** tes/vos enfants ; **what's ~ name?** comment t'appelles-tu/vous appelez-vous? ; **it wasn't YOUR fault** ce n'était pas de ta faute à toi/de votre faute à vous - **2.** (impersonal - one's) son (sa), ses (pl) ; ~ **attitude changes as you get older** on change sa manière de voir en vieillissant ; **it's good for ~ teeth/hair** c'est bon pour les dents/les cheveux ; ~ **average Englishman** l'Anglais moyen.

you're [jɔːr] = **you are.**

yours [jɔːz] poss pron (referring to one person) le tien (la tienne), les tiens (les tiennes) (pl) ; (polite form, pl) le vôtre (la vôtre), les vôtres (pl) ; **that desk is ~** ce bureau est à toi/à vous, ce bureau est le tien/le vôtre ; **it wasn't her fault, it was YOURS** ce n'était pas de sa faute, c'était de ta faute à toi/de votre faute à vous ; **a friend of ~** un ami à toi/vous, un de tes/vos amis.

➤ Yours adv [in letter] ▭ **faithfully, sincerely** etc.

yourself [jɔːˈself] (pl **-selves** [-ˈselvz]) pron - **1.** (reflexive - sg) te ; (- polite form, pl) vous ; (after preposition - sg) toi ; (- polite form, pl) vous - **2.** (for emphasis - sg) toi-même ; (- polite form) vous-même ; (- pl) vous-mêmes ; **did you do it ~?** tu l'as/vous l'avez fait tout seul?

youth [juːθ] n - **1.** (U) [period, quality] jeunesse f - **2.** [young man] jeune homme m - **3.** (U) [young people] jeunesse f, jeunes mpl.

youth club n centre m de jeunes.

youthful ['juːθfʊl] adj - **1.** [eager, innocent] de jeunesse, juvénile - **2.** [young] jeune.

youthfulness ['juːθfʊlnɪs] n jeunesse f.

youth hostel n auberge f de jeunesse.

youth hostelling [-ˈhɒstəlɪŋ] n Br : **to go ~** voyager en dormant dans des auberges de jeunesse.

you've [juːv] = **you have.**

yowl [jaʊl] ◇ n [of dog, person] hurlement m ; [of cat] miaulement m ◇ vi [dog, person] hurler ; [cat] miauler.

yo-yo ['jəʊjəʊ] n yo-yo m.

yr abbr of **year.**

YTS (abbr of **Youth Training Scheme**) n programme gouvernemental britannique d'insertion des jeunes dans la vie professionnelle.

Yucatan [ˌjʌkəˈtɑːn] n Yucatán m.

yuck [jʌk] excl inf berk!

Yugoslav = **Yugoslavian.**

Yugoslavia [ˌjuːgəˈslɑːvɪə] n Yougoslavie f ; **in ~** en Yougoslavie ; **the former ~** l'ex-Yougoslavie.

Yugoslavian [ˌjuːgəˈslɑːvɪən], **Yugoslav** [ˌjuːgəˈslɑːv] ◇ adj yougoslave ◇ n Yougoslave mf.

yule log [juːl-] n - **1.** [piece of wood] bûche f - **2.** [cake] bûche f de Noël.

yuletide ['juːltaɪd] n (U) literary époque f de Noël.

yummy ['jʌmɪ] (compar **-ier** ; superl **-iest**) adj inf délicieux(euse).

yuppie, yuppy ['jʌpɪ] (pl **-ies**) n inf yuppie mf.

YWCA (*abbr of* Young Women's Christian Association) *n* union chrétienne de jeunes filles (*proposant notamment des services d'hébergement*).

z (*pl* z's OR zs), **Z** (*pl* Z's OR Zs) [Br zed, Am ziː] *n* [letter] z *m inv*, Z *m inv*.

Zagreb ['zɑːgreb] *n* Zagreb.

Zaïre [zɑːˈɪəʳ] *n* Zaïre *m ;* in ~ au Zaïre.

Zaïrese [zɑːˈɪəriːz] ⬦ *adj* zaïrois(e) ⬦ *n* Zaïrois *m*, -e *f*.

Zambesi, Zambezi [zæmˈbiːzɪ] *n :* the ~ le Zambèze.

Zambia ['zæmbɪə] *n* Zambie *f ;* in ~ en Zambie.

Zambian ['zæmbɪən] ⬦ *adj* zambien(enne) ⬦ *n* Zambien *m*, -enne *f*.

zany ['zeɪnɪ] (*compar* -ier *; superl* -iest) *adj inf* dingue.

Zanzibar [ˌzænzɪˈbɑː] *n* Zanzibar *m*.

zap [zæp] (*pt* & *pp* -ped ; *cont* -ping) ⬦ *vt* [kill] descendre, tuer ⬦ *vi inf :* to ~ (off) somewhere foncer quelque part.

zeal [ziːl] *n* zèle *m*.

zealot ['zelət] *n fml* fanatique *mf*.

zealous ['zeləs] *adj* zélé(e).

zebra [Br 'zebrə, Am 'ziːbrə] (*pl inv* OR -s) *n* zèbre *m*.

zebra crossing *n* Br passage *m* pour piétons.

Zen (Buddhism) [zen-] *n* bouddhisme *m* zen.

zenith [Br 'zenɪθ, Am 'ziːnəθ] *n* lit & fig zénith *m*.

zeppelin ['zepəlɪn] *n* zeppelin *m*.

zero [Br 'zɪərəʊ, Am 'ziːrəʊl (*pl inv* OR -es) ⬦ *adj* zéro, aucun(e) ⬦ *n* zéro *m*.

⬥ **zero in on** *vt fus* - **1.** [subj : weapon] se diriger droit sur - **2.** [subj : person] s'attaquer (d'entrée de jeu) à.

zero-rated [-ˌreɪtɪd] *adj* Br exempt(e) de TVA.

zest [zest] *n (U)* - **1.** [excitement] piquant *m* - **2.** [eagerness] entrain *m* - **3.** [of orange, lemon] zeste *m*.

zigzag ['zɪgzæg] (*pt* & *pp* -ged ; *cont* -ging) ⬦ *n* zigzag *m* ⬦ *vi* zigzaguer.

zilch [zɪltʃ] *n* Am inf zéro *m*, que dalle.

Zimbabwe [zɪmˈbɑːbwɪ] *n* Zimbabwe *m ;* in ~ au Zimbabwe.

Zimbabwean [zɪmˈbɑːbwɪən] ⬦ *adj* zimbabwéen(enne) ⬦ *n* Zimbabwéen *m*, -enne *f*.

Zimmer frame® ['zɪməʳ-] *n* déambulateur *m*.

zinc [zɪŋk] *n* zinc *m*.

Zionism ['zaɪənɪzm] *n* sionisme *m*.

Zionist ['zaɪənɪst] ⬦ *adj* sioniste ⬦ *n* Sioniste *mf*.

zip [zɪp] (*pt* & *pp* -ped ; *cont* -ping) *n* Br [fastener] fermeture *f* Éclair®.

⬥ **zip up** *vt sep* [jacket] remonter la fermeture Éclair® de ; [bag] fermer la fermeture Éclair® de.

zip code *n* Am code *m* postal.

zip fastener *n* Br = zip.

zipper ['zɪpəʳ] *n* Am = zip.

zit [zɪt] *n esp* Am inf bouton *m*.

zither ['zɪðəʳ] *n* cithare *f*.

zodiac ['zəʊdɪæk] *n :* the ~ le zodiaque ; sign of the ~ signe *m* du zodiaque.

zombie ['zɒmbɪ] *n fig* & pej zombi *m*.

zone [zəʊn] *n* zone *f*.

zoo [zuː] *n* zoo *m*.

zoological [ˌzəʊəˈlɒdʒɪkl] *adj* zoologique.

zoologist [zəʊˈɒlədʒɪst] *n* zoologiste *mf*.

zoology [zəʊˈɒlədʒɪ] *n* zoologie *f*.

zoom [zuːm] ⬦ *vi inf* - **1.** [move quickly] aller en trombe - **2.** [rise rapidly] monter en flèche ⬦ *n* PHOT zoom *m*.

⬥ **zoom in** *vi* CINEMA : to ~ in (on) faire un zoom (sur).

⬥ **zoom off** *vi inf* partir en trombe.

zoom lens *n* zoom *m*.

zucchini [zuːˈkiːnɪ] (*pl inv*) *n* Am courgette *f*.

Zulu ['zuːluː] ⬦ *adj* zoulou(e) ⬦ *n* - **1.** [person] Zoulou *m*, -e *f* - **2.** [language] zoulou *m*.

Zürich ['zjʊərɪk] *n* Zurich.

CONJUGAISONS

	1 avoir	**2 être**	**3 chanter**
Indicatif présent	j'ai tu as il, elle a nous avons vous avez ils, elles ont	je suis tu es il, elle est nous sommes vous êtes ils, elles sont	je chante tu chantes il, elle chante nous chantons vous chantez ils, elles chantent
Indicatif imparfait	il, elle avait	il, elle était	il, elle chantait
Indicatif passé simple	il, elle eut ils, elles eurent	il, elle fut ils, elles furent	il, elle chanta ils, elles chantèrent
Indicatif futur	j'aurai il, elle aura	je serai il, elle sera	je chanterai il, elle chantera
Conditionnel présent	j'aurais il, elle aurait	je serais il, elle serait	je chanterais il, elle chanterait
Subjonctif présent	que j'aie qu'il, elle ait que nous ayons qu'ils, elles aient	que je sois qu'il, elle soit que nous soyons qu'ils, elles soient	que je chante qu'il, elle chante que nous chantions qu'ils, elles chantent
Subjonctif imparfait	qu'il, elle eût qu'ils, elles eussent	qu'il, elle fût qu'ils, elles fussent	qu'il, elle chantât qu'ils, elles chantassent
Impératif	aie ayons, ayez	sois soyons, soyez	chante chantons, chantez
Participe présent	ayant	étant	chantant
Participe passé	eu, eue	été	chanté, e

	4 baisser	**5 pleurer**	**6 jouer**
Indicatif présent	je baisse tu baisses il, elle baisse nous baissons vous baissez ils, elles baissent	je pleure tu pleures il, elle pleure nous pleurons vous pleurez ils, elles pleurent	je joue tu joues il, elle joue nous jouons vous jouez ils, elles jouent
Indicatif imparfait	il, elle baissait	il, elle pleurait	il, elle jouait
Indicatif passé simple	il, elle baissa ils, elles baissèrent	il, elle pleura ils, elles pleurèrent	il, elle joua ils, elles jouèrent
Indicatif futur	je baisserai il, elle baissera	je pleurerai il, elle pleurera	je jouerai il, elle jouera
Conditionnel présent	je baisserais il, elle baisserait	je pleurerais il, elle pleurerait	je jouerais il, elle jouerait
Subjonctif présent	que je baisse qu'il, elle baisse que nous baissions qu'ils, elles baissent	que je pleure qu'il, elle pleure que nous pleurions qu'ils, elles pleurent	que je joue qu'il, elle joue que nous jouions qu'ils, elles jouent
Subjonctif imparfait	qu'il, elle baissât qu'ils, elles baissassent	qu'il, elle pleurât qu'ils, elles pleurassent	qu'il, elle jouât qu'ils, elles jouassent
Impératif	baisse baissons, baissez	pleure pleurons, pleurez	joue jouons, jouez
Participe présent	baissant	pleurant	jouant
Participe passé	baissé, e	pleuré, e	joué, e

	7 saluer	8 arguer	9 copier
Indicatif présent	je salue tu salues il, elle salue nous saluons vous saluez ils, elles saluent	j'argue, arguë tu argues, arguës il, elle argue, arguë nous arguons vous arguez ils, elles arguent, arguënt	je copie tu copies il, elle copie nous copions vous copiez ils, elles copient
Indicatif imparfait	il, elle saluait	il, elle arguait	il, elle copiait
Indicatif passé simple	il, elle salua ils, elles saluèrent	il, elle argua ils, elles arguèrent	il, elle copia ils, elles copièrent
Indicatif futur	je saluerai il, elle saluera	j'arguerai, arguërai il, elle arguera, arguëra	je copierai il, elle copiera
Conditionnel présent	je saluerais il, elle saluerait	j'arguerais, arguërais il, elle arguerait, arguërait	je copierais il, elle copierait
Subjonctif présent	que je salue qu'il, elle salue que nous saluions qu'ils, elles saluent	que j'argue, arguë qu'il, elle argue, arguë que nous arguions qu'ils, elles arguent, arguënt	que je copie qu'il, elle copie que nous copiions qu'ils, elles copient
Subjonctif imparfait	qu'il, elle saluât qu'ils, elles saluassent	qu'il, elle arguât qu'ils, elles arguassent	qu'il, elle copiât qu'ils, elles copiassent
Impératif	salue saluons, saluez	argue, arguë arguons, arguez	copie copions, copiez
Participe présent	saluant	arguant	copiant
Participe passé	salué, e	argué, e	copié, e

	10 prier	11 payer	12 grasseyer
Indicatif présent	je prie tu pries il, elle prie nous prions vous priez ils, elles prient	je paie, paye tu paies, payes il, elle paie, paye nous payons vous payez ils, elles paient, payent	je grasseye tu grasseyes il, elle grasseye nous grasseyons vous grasseyez ils, elles grasseyent
Indicatif imparfait	il, elle priait	il, elle payait	il, elle grasseyait
Indicatif passé simple	il, elle pria ils, elles prièrent	il, elle paya ils, elles payèrent	il, elle grasseya ils, elles grasseyèrent
Indicatif futur	je prierai il, elle priera	je paierai, payerai il, elle paiera, payera	je grasseyerai il, elle grasseyera
Conditionnel présent	je prierais il, elle prierait	je paierais, payerais il, elle paierait, payerait	je grasseyerais il, elle grasseyerait
Subjonctif présent	que je prie qu'il, elle prie que nous priions qu'ils, elles prient	que je paie, paye qu'il, elle paie, paye que nous payions qu'ils, elles paient, payent	que je grasseye qu'il, elle grasseye que nous grasseyions qu'ils, elles grasseyent
Subjonctif imparfait	qu'il, elle priât qu'ils, elles priassent	qu'il, elle payât qu'ils, elles payassent	qu'il, elle grasseyât qu'ils, elles grasseyassent
Impératif	prie prions, priez	paie, paye payons, payez	grasseye grasseyons, grasseyez
Participe présent	priant	payant	grasseyant
Participe passé	prié, e	payé, e	grasseyé, e

	13 ployer	**14 essuyer**	**15 créer**
Indicatif présent	je ploie tu ploies il, elle ploie nous ployons vous ployez ils, elles ploient	j'essuie tu essuies il, elle essuie nous essuyons vous essuyez ils, elles essuient	je crée tu crées il, elle crée nous créons vous créez ils, elles créent
Indicatif imparfait	il, elle ployait	il, elle essuyait	il, elle créait
Indicatif passé simple	il, elle ploya ils, elles ployèrent	il, elle essuya ils, elles essuyèrent	il, elle créa ils, elles créèrent
Indicatif futur	je ploierai il, elle ploiera	j'essuierai il, elle essuiera	je créerai il, elle créera
Conditionnel présent	je ploierais il, elle ploierait	j'essuierais il, elle essuierait	je créerais il, elle créerait
Subjonctif présent	que je ploie qu'il, elle ploie que nous ployions qu'ils, elles ploient	que j'essuie qu'il, elle essuie que nous essuyions qu'ils, elles essuient	que je crée qu'il, elle crée que nous créions qu'ils, elles créent
Subjonctif imparfait	qu'il, elle ployât qu'ils, elles ployassent	qu'il, elle essuyât qu'ils, elles essuyassent	qu'il, elle créât qu'ils, elles créassent
Impératif	ploie ployons, ployez	essuie essuyons, essuyez	crée créons, créez
Participe présent	ployant	essuyant	créant
Participe passé	ployé, e	essuyé, e	créé, e

	16 avancer	**17 manger**	**18 céder**
Indicatif présent	j'avance tu avances il, elle avance nous avançons vous avancez ils, elles avancent	je mange tu manges il, elle mange nous mangeons vous mangez ils, elles mangent	je cède tu cèdes il, elle cède nous cédons vous cédez ils, elles cèdent
Indicatif imparfait	il, elle avançait	il, elle mangeait	il, elle cédait
Indicatif passé simple	il, elle avança ils, elles avancèrent	il, elle mangea ils, elles mangèrent	il, elle céda ils, elles cédèrent
Indicatif futur	j'avancerai il, elle avancera	je mangerai il, elle mangera	je céderai, cèderai il, elle cédera, cèdera
Conditionnel présent	j'avancerais il, elle avancerait	je mangerais il, elle mangerait	je céderais, cèderais il, elle céderait, cèderait
Subjonctif présent	que j'avance qu'il, elle avance que nous avancions qu'ils, elles avancent	que je mange qu'il, elle mange que nous mangions qu'ils, elles mangent	que je cède qu'il, elle cède que nous cédions qu'ils, elles cèdent
Subjonctif imparfait	qu'il, elle avançât qu'ils, elles avançassent	qu'il, elle mangeât qu'ils, elles mangeassent	qu'il, elle cédât qu'ils, elles cédassent
Impératif	avance avançons, avancez	mange mangeons, mangez	cède cédons, cédez
Participe présent	avançant	mangeant	cédant
Participe passé	avancé, e	mangé, e	cédé, e

	19 semer	20 rapiécer	21 acquiescer
Indicatif présent	je sème tu sèmes il, elle sème nous semons vous semez ils, elles sèment	je rapièce tu rapièces il, elle rapièce nous rapiéçons vous rapiécez ils, elles rapiècent	j'acquiesce tu acquiesces il, elle acquiesce nous acquiesçons vous acquiescez ils, elles acquiescent
Indicatif imparfait	il, elle semait	il, elle rapiéçait	il, elle acquiesçait
Indicatif passé simple	il, elle sema ils, elles semèrent	il, elle rapiéça ils, elles rapiécèrent	il, elle acquiesça ils, elles acquiescèrent
Indicatif futur	je sèmerai il, elle sèmera	je rapiécerai, rapiècerai il, elle rapiécera, rapiècera	j'acquiescerai il, elle acquiescera
Conditionnel présent	je sèmerais il, elle sèmerait	je rapiécerais, rapiècerais il, elle rapiécerait, rapiècerait	j'acquiescerais il, elle acquiescerait
Subjonctif présent	que je sème qu'il, elle sème que nous semions qu'ils, elles sèment	que je rapièce qu'il, elle rapièce que nous rapiécions qu'ils, elles rapiècent	que j'acquiesce qu'il, elle acquiesce que nous acquiescions qu'ils, elles acquiescent
Subjonctif imparfait	qu'il, elle semât qu'ils, elles semassent	qu'il, elle rapiéçât qu'ils, elles rapiéçassent	qu'il, elle acquiesçât qu'ils, elles acquiesçassent
Impératif	sème semons, semez	rapièce rapiéçons, rapiécez	acquiesce acquiesçons, acquiescez
Participe présent	semant	rapiéçant	acquiesçant
Participe passé	semé, e	rapiécé, e	acquiescé

	22 siéger	23 déneiger	24 appeler
Indicatif présent	je siège tu sièges il, elle siège nous siégeons vous siégez ils, elles siègent	je déneige tu déneiges il, elle déneige nous déneigeons vous déneigez ils, elles déneigent	j'appelle tu appelles il, elle appelle nous appelons vous appelez ils, elles appellent
Indicatif imparfait	il, elle siégeait	il, elle déneigeait	il, elle appelait
Indicatif passé simple	il, elle siégea ils, elles siégèrent	il, elle déneigea ils, elles déneigèrent	il, elle appela ils, elles appelèrent
Indicatif futur	je siégerai, siègerai il, elle siégera, siègera	je déneigerai il, elle déneigera	j'appellerai il, elle appellera
Conditionnel présent	je siégerais, siègerais il, elle siégerait, siègerait	je déneigerais il, elle déneigerait	j'appellerais il, elle appellerait
Subjonctif présent	que je siège qu'il, elle siège que nous siégions qu'ils, elles siègent	que je déneige qu'il, elle déneige que nous déneigions qu'ils, elles déneigent	que j'appelle qu'il, elle appelle que nous appelions qu'ils, elles appellent
Subjonctif imparfait	qu'il, elle siégeât qu'ils, elles siégeassent	qu'il, elle déneigeât qu'ils, elles déneigeassent	qu'il, elle appelât qu'ils, elles appelassent
Impératif	siège siégeons, siégez	déneige déneigeons, déneigez	appelle appelons, appelez
Participe présent	siégeant	déneigeant	appelant
Participe passé	siégé	déneigé, e	appelé, e

	25 peler	26 interpeller	27 jeter
Indicatif présent	je pèle tu pèles il, elle pèle nous pelons vous pelez ils, elles pèlent	j'interpelle tu interpelles il, elle interpelle nous interpellons vous interpellez ils, elles interpellent	je jette tu jettes il, elle jette nous jetons vous jetez ils, elles jettent
Indicatif imparfait	il, elle pelait	il, elle interpellait	il, elle jetait
Indicatif passé simple	il, elle pela ils, elles pelèrent	il, elle interpella ils, elles interpellèrent	il, elle jeta ils, elles jetèrent
Indicatif futur	je pèlerai il, elle pèlera	j'interpellerai il, elle interpellera	je jetterai il, elle jettera
Conditionnel présent	je pèlerais il, elle pèlerait	j'interpellerais il, elle interpellerait	je jetterais il, elle jetterait
Subjonctif présent	que je pèle qu'il, elle pèle que nous pelions qu'ils, elles pèlent	que j'interpelle qu'il, elle interpelle que nous interpellions qu'ils, elles interpellent	que je jette qu'il, elle jette que nous jetions qu'ils, elles jettent
Subjonctif imparfait	qu'il, elle pelât qu'ils, elles pelassent	qu'il, elle interpellât qu'ils, elles interpellassent	qu'il, elle jetât qu'ils, elles jetassent
Impératif	pèle pelons, pelez	interpelle interpellons, interpellez	jette jetons, jetez
Participe présent	pelant	interpellant	jetant
Participe passé	pelé, e	interpellé, e	jeté, e

	28 acheter	29 dépecer	30 envoyer
Indicatif présent	j'achète tu achètes il, elle achète nous achetons vous achetez ils, elles achètent	je dépèce tu dépèces il, elle dépèce nous dépeçons vous dépecez ils, elles dépècent	j'envoie tu envoies il, elle envoie nous envoyons vous envoyez ils, elles envoient
Indicatif imparfait	il, elle achetait	il, elle dépeçait	il, elle envoyait
Indicatif passé simple	il, elle acheta ils, elles achetèrent	il, elle dépeça ils, elles dépecèrent	il, elle envoya ils, elles envoyèrent
Indicatif futur	j'achèterai il, elle achètera	je dépècerai il, elle dépècera	j'enverrai il, elle enverra
Conditionnel présent	j'achèterais il, elle achèterait	je dépècerais il, elle dépècerait	j'enverrais il, elle enverrait
Subjonctif présent	que j'achète qu'il, elle achète que nous achetions qu'ils, elles achètent	que je dépèce qu'il, elle dépèce que nous dépecions qu'ils, elles dépècent	que j'envoie qu'il, elle envoie que nous envoyions qu'ils, elles envoient
Subjonctif imparfait	qu'il, elle achetât qu'ils, elles achetassent	qu'il, elle dépeçât qu'ils, elles dépeçassent	qu'il, elle envoyât qu'ils, elles envoyassent
Impératif	achète achetons, achetez	dépèce dépeçons, dépecez	envoie envoyons, envoyez
Participe présent	achetant	depeçant	envoyant
Participe passé	acheté, e	dépecé, e	envoyé, e

	31 aller	**32 finir**	**33 haïr**
Indicatif présent	je vais tu vas il, elle va nous allons vous allez ils, elles vont	je finis tu finis il, elle finit nous finissons vous finissez ils, elles finissent	je hais tu hais il, elle hait nous haïssons vous haïssez ils, elles haïssent
Indicatif imparfait	il, elle allait	il, elle finissait	il, elle haïssait
Indicatif passé simple	il, elle alla ils, elles allèrent	il, elle finit ils, elles finirent	il, elle haït ils, elles haïrent
Indicatif futur	j'irai il, elle ira	je finirai il, elle finira	je haïrai il, elle haïra
Conditionnel présent	j'irais il, elle irait	je finirais il, elle finirait	je haïrais il, elle haïrait
Subjonctif présent	que j'aille qu'il, elle aille que nous allions qu'ils, elles aillent	que je finisse qu'il, elle finisse que nous finissions qu'ils, elles finissent	que je haïsse qu'il, elle haïsse que nous haïssions qu'ils, elles haïssent
Subjonctif imparfait	qu'il, elle allât qu'ils, elles allassent	qu'il, elle finît qu'ils, elles finissent	qu'il, elle haït qu'ils, elles haïssent
Impératif	va allons, allez	finis finissons, finissez	hais haïssons, haïssez
Participe présent	allant	finissant	haïssant
Participe passé	allé, e	fini, e	haï, e

	34 ouvrir	**35 fuir**	**36 dormir**
Indicatif présent	j'ouvre tu ouvres il, elle ouvre nous ouvrons vous ouvrez ils, elles ouvrent	je fuis tu fuis il, elle fuit nous fuyons vous fuyez ils, elles fuient	je dors tu dors il, elle dort nous dormons vous dormez ils, elles dorment
Indicatif imparfait	il, elle ouvrait	il, elle fuyait	il, elle dormait
Indicatif passé simple	il, elle ouvrit ils, elles ouvrirent	il, elle fuit ils, elles fuirent	il, elle dormit ils, elles dormirent
Indicatif futur	j'ouvrirai il, elle ouvrira	je fuirai il, elle fuira	je dormirai il, elle dormira
Conditionnel présent	j'ouvrirais il, elle ouvrirait	je fuirais il, elle fuirait	je dormirais il, elle dormirait
Subjonctif présent	que j'ouvre qu'il, elle ouvre que nous ouvrions qu'ils, elles ouvrent	que je fuie qu'il, elle fuie que nous fuyions qu'ils, elles fuient	que je dorme qu'il, elle dorme que nous dormions qu'ils, elles dorment
Subjonctif imparfait	qu'il, elle ouvrît qu'ils, elles ouvrissent	qu'il, elle fuît qu'ils, elles fuissent	qu'il, elle dormît qu'ils, elles dormissent
Impératif	ouvre ouvrons, ouvrez	fuis fuyons, fuyez	dors dormons, dormez
Participe présent	ouvrant	fuyant	dormant
Participe passé	ouvert, e	fui, e	dormi

	37 mentir	**38 servir**	**39 acquérir**
Indicatif présent	je mens tu mens il, elle ment nous mentons vous mentez ils, elles mentent	je sers tu sers il, elle sert nous servons vous servez ils, elles servent	j'acquiers tu acquiers il, elle acquiert nous acquérons vous acquérez ils, elles acquièrent
Indicatif imparfait	il, elle mentait	il, elle servait	il, elle acquérait
Indicatif passé simple	il, elle mentit ils, elles mentirent	il, elle servit ils, elles servirent	il, elle acquit ils, elles acquirent
Indicatif futur	je mentirai il, elle mentira	je servirai il, elle servira	j'acquerrai il, elle acquerra
Conditionnel présent	je mentirais il, elle mentirait	je servirais il, elle servirait	j'acquerrais il, elle acquerrait
Subjonctif présent	que je mente qu'il, elle mente que nous mentions qu'ils, elles mentent	que je serve qu'il, elle serve que nous servions qu'ils, elles servent	que j'acquière qu'il, elle acquière que nous acquérions qu'ils, elles acquièrent
Subjonctif imparfait	qu'il, elle mentît qu'ils, elles mentissent	qu'il, elle servît qu'ils, elles servissent	qu'il, elle acquît qu'ils, elles acquissent
Impératif	mens mentons, mentez	sers servons, servez	acquiers acquérons, acquérez
Participe présent	mentant	servant	acquérant
Participe passé	menti	servi, e	acquis, e

	40 venir	**41 cueillir**	**42 mourir**
Indicatif présent	je viens tu viens il, elle vient nous venons vous venez ils, elles viennent	je cueille tu cueilles il, elle cueille nous cueillons vous cueillez ils, elles cueillent	je meurs tu meurs il, elle meurt nous mourons vous mourez ils, elles meurent
Indicatif imparfait	il, elle venait	il, elle cueillait	il, elle mourait
Indicatif passé simple	il, elle vint ils, elles vinrent	il, elle cueillit ils, elles cueillirent	il, elle mourut ils, elles moururent
Indicatif futur	je viendrai il, elle viendra	je cueillerai il, elle cueillera	je mourrai il, elle mourra
Conditionnel présent	je viendrais il, elle viendrait	je cueillerais il, elle cueillerait	je mourrais il, elle mourrait
Subjonctif présent	que je vienne qu'il, elle vienne que nous venions qu'ils, elles viennent	que je cueille qu'il, elle cueille que nous cueillions qu'ils, elles cueillent	que je meure qu'il, elle meure que nous mourions qu'ils, elles meurent
Subjonctif imparfait	qu'il, elle vînt qu'ils, elles vinssent	qu'il, elle cueillît qu'ils, elles cueillissent	qu'il, elle mourût qu'ils, elles mourussent
Impératif	viens venons, venez	cueille cueillons, cueillez	meurs mourons, mourez
Participe présent	venant	cueillant	mourant
Participe passé	venu, e	cueilli, e	mort, e

	43 partir	44 revêtir	45 courir
Indicatif présent	je pars tu pars il, elle part nous partons vous partez ils, elles partent	je revêts tu revêts il, elle revêt nous revêtons vous revêtez ils, elles revêtent	je cours tu cours il, elle court nous courons vous courez ils, elles courent
Indicatif imparfait	il, elle partait	il, elle revêtait	il, elle courait
Indicatif passé simple	il, elle partit ils, elles partirent	il, elle revêtit ils, elles revêtirent	il, elle courut ils, elles coururent
Indicatif futur	je partirai il, elle partira	je revêtirai il, elle revêtira	je courrai il, elle courra
Conditionnel présent	je partirais il, elle partirait	je revêtirais il, elle revêtirait	je courrais il, elle courrait
Subjonctif présent	que je parte qu'il, elle parte que nous partions qu'ils, elles partent	que je revête qu'il, elle revête que nous revêtions qu'ils, elles revêtent	que je coure qu'il, elle coure que nous courions qu'ils, elles courent
Subjonctif imparfait	qu'il, elle partît qu'ils, elles partissent	qu'il, elle revêtît qu'ils, elles revêtissent	qu'il, elle courût qu'ils, elles courussent
Impératif	pars partons, partez	revêts revêtons, revêtez	cours courons, courez
Participe présent	partant	revêtant	courant
Participe passé	parti, e	revêtu, e	couru, e

	46 faillir	47 défaillir	48 bouillir
Indicatif présent	je faillis, faux tu faillis, faux il, elle faillit, faut nous faillissons, faillons vous faillissez, faillez ils, elles faillissent, faillent	je défaille tu défailles il, elle défaille nous défaillons vous défaillez ils, elles défaillent	je bous tu bous il, elle bout nous bouillons vous bouillez ils, elles bouillent
Indicatif imparfait	il, elle faillissait, faillait	il, elle défaillait	il, elle bouillait
Indicatif passé simple	il, elle faillit ils, elles faillirent	il, elle défaillit ils, elles défaillirent	il, elle bouillit ils, elles bouillirent
Indicatif futur	je faillirai, faudrai il, elle faillira, faudra	je défaillirai, défaillerai il, elle défaillira, défaillera	je bouillirai il, elle bouillira
Conditionnel présent	je faillirais, faudrais il, elle faillirait, faudrait	je défaillirais, défaillerais il, elle défaillirait, défaillerait	je bouillirais il, elle bouillirait
Subjonctif présent	que je faillisse, faille qu'il, elle faillisse, faille que nous faillissions, faillions qu'ils, elles faillissent, faillent	que je défaille qu'il, elle défaille que nous défaillions qu'ils, elles défaillent	que je bouille qu'il, elle bouille que nous bouillions qu'ils, elles bouillent
Subjonctif imparfait	qu'il, elle faillît qu'ils, elles faillissent	qu'il, elle défaillît qu'ils, elles défaillissent	qu'il, elle bouillît qu'ils, elles bouillissent
Impératif	faillis, faux ; faillissons, faillons ; faillissez, faillez	défaille défaillons, défaillez	bous bouillons, bouillez
Participe présent	faillissant, faillant	défaillant	bouillant
Participe passé	failli	défailli	bouilli, e

	49 gésir *	50 saillir	51 ouïr
Indicatif présent	je gis tu gis il, elle gît nous gisons vous gisez ils, elles gisent	– – il, elle saille – – ils, elles saillent	j'ouïs, ois tu ouïs, ois il, elle ouït, oit nous ouïssons, oyons vous ouïssez, oyez ils, elles ouïssent, oient
Indicatif imparfait	il, elle gisait	il, elle saillait	il, elle ouïssait, oyait
Indicatif passé simple	–	il, elle saillit ils, elles saillirent	il, elle ouït ils, elles ouïrent
Indicatif futur	–	– il, elle saillera	j'ouïrai, orrais il, elle ouïra, orra
Conditionnel présent	–	– il, elle saillerait	j'ouïrais il, elle ouïrait, orrait
Subjonctif présent	–	– qu'il, elle saille – qu'ils, elles saillent	que j'ouïsse, oie qu'il, elle ouïsse, oie que nous ouïssions, oyions qu'ils, elles ouïssent, oient
Subjonctif imparfait	–	qu'il, elle saillît qu'ils, elles saillissent	qu'il, elle ouït qu'ils, elles ouïssent
Impératif	–	–	ouïs, ois ; ouïssons, oyons ; ouïssez, oyez
Participe présent	gisant	saillant	oyant
Participe passé	–	sailli, e	ouï, e

* Gésir est défectif aux autres temps et modes.

	52 recevoir	53 devoir	54 mouvoir
Indicatif présent	je reçois tu reçois il, elle reçoit nous recevons vous recevez ils, elles reçoivent	je dois tu dois il, elle doit nous devons vous devez ils, elles doivent	je meus tu meus il, elle meut nous mouvons vous mouvez ils, elles meuvent
Indicatif imparfait	il, elle recevait	il, elle devait	il, elle mouvait
Indicatif passé simple	il, elle reçut ils, elles reçurent	il, elle dut ils, elles durent	il, elle mut ils, elles murent
Indicatif futur	je recevrai il, elle recevra	je devrai il, elle devra	je mouvrai il, elle mouvra
Conditionnel présent	je recevrais il, elle recevrait	je devrais il, elle devrait	je mouvrais il, elle mouvrait
Subjonctif présent	que je reçoive qu'il, elle reçoive que nous recevions qu'ils, elles reçoivent	que je doive qu'il, elle doive que nous devions qu'ils, elles doivent	que je meuve qu'il, elle meuve que nous mouvions qu'ils, elles meuvent
Subjonctif imparfait	qu'il, elle reçût qu'ils, elles reçussent	qu'il, elle dût qu'ils, elles dussent	qu'il, elle mût qu'ils, elles mussent
Impératif	reçois recevons, recevez	dois devons, devez	meus mouvons, mouvez
Participe présent	recevant	devant	mouvant
Participe passé	reçu, e	dû, due, dus, dues	mû, mue, mus, mues

	55 émouvoir	**56 promouvoir**	**57 vouloir**
Indicatif présent	j'émeus tu émeus il, elle émeut nous émouvons vous émouvez ils, elles émeuvent	je promeus tu promeus il, elle promeut nous promouvons vous promouvez ils, elles promeuvent	je veux tu veux il, elle veut nous voulons vous voulez ils, elles veulent
Indicatif imparfait	il, elle émouvait	il, elle promouvait	il, elle voulait
Indicatif passé simple	il, elle émut ils, elles émurent	il, elle promut ils, elles promurent	il, elle voulut ils, elles voulurent
Indicatif futur	j'émouvrai il, elle émouvra	je promouvrai il, elle promouvra	je voudrai il, elle voudra
Conditionnel présent	j'émouvrais il, elle émouvrait	je promouvrais il, elle promouvrait	je voudrais il, elle voudrait
Subjonctif présent	que j'émeuve qu'il, elle émeuve que nous émouvions qu'ils, elles émeuvent	que je promeuve qu'il, elle promeuve que nous promouvions qu'ils, elles promeuvent	que je veuille qu'il, elle veuille que nous voulions qu'ils, elles veuillent
Subjonctif imparfait	qu'il, elle émût qu'ils, elles émussent	qu'il, elle promût qu'ils, elles promussent	qu'il, elle voulût qu'ils, elles voulussent
Impératif	émeus émouvons, émouvez	promeus promouvons, promouvez	veux, veuille ; voulons, veuillons ; voulez, veuillez
Participe présent	émouvant	promouvant	voulant
Participe passé	ému, e	promu, e	voulu, e

	58 pouvoir	**59 savoir**	**60 valoir**
Indicatif présent	je peux, puis tu peux il peut nous pouvons vous pouvez ils, elles peuvent	je sais tu sais il, elle sait nous savons vous savez ils, elles savent	je vaux tu vaux il, elle vaut nous valons vous valez ils, elles valent
Indicatif imparfait	il, elle pouvait	il, elle savait	il, elle valait
Indicatif passé simple	il, elle put ils, elles purent	il, elle sut ils, elles surent	il, elle valut ils, elles valurent
Indicatif futur	je pourrai il, elle pourra	je saurai il, elle saura	je vaudrai il, elle vaudra
Conditionnel présent	je pourrais il, elle pourrait	je saurais il, elle saurait	je vaudrais il, elle vaudrait
Subjonctif présent	que je puisse qu'il, elle puisse que nous puissions qu'ils, elles puissent	que je sache qu'il, elle sache que nous sachions qu'ils, elles sachent	que je vaille qu'il, elle vaille que nous valions qu'ils, elles vaillent
Subjonctif imparfait	qu'il, elle pût qu'ils, elles pussent	qu'il, elle sût qu'ils, elles sussent	qu'il, elle valût qu'ils, elles valussent
Impératif	–	sache sachons, sachez	vaux valons, valez
Participe présent	pouvant	sachant	valant
Participe passé	pu	su, e	valu, e

	61 prévaloir	**62 voir**	**63 prévoir**
Indicatif présent	je prévaux tu prévaux il, elle prévaut nous prévalons vous prévalez ils, elles prévalent	je vois tu vois il, elle voit nous voyons vous voyez ils, elles voient	je prévois tu prévois il, elle prévoit nous prévoyons vous prévoyez ils, elles prévoient
Indicatif imparfait	il, elle prévalait	il, elle voyait	il, elle prévoyait
Indicatif passé simple	il, elle prévalut ils, elles prévalurent	il, elle vit ils, elles virent	il, elle prévit ils, elles prévirent
Indicatif futur	je prévaudrai il, elle prévaudra	je verrai il, elle verra	je prévoirai il, elle prévoira
Conditionnel présent	je prévaudrais il, elle prévaudrait	je verrais il, elle verrait	je prévoirais il, elle prévoirait
Subjonctif présent	que je prévale qu'il, elle prévale que nous prévalions qu'ils, elles prévalent	que je voie qu'il, elle voie que nous voyions qu'ils, elles voient	que je prévoie qu'il, elle prévoie que nous prévoyions qu'ils, elles prévoient
Subjonctif imparfait	qu'il, elle prévalût qu'ils, elles prévalussent	qu'il, elle vît qu'ils, elles vissent	qu'il, elle prévît qu'ils, elles prévissent
Impératif	prévaux prévalons, prévalez	vois voyons, voyez	prévois prévoyons, prévoyez
Participe présent	prévalant	voyant	prévoyant
Participe passé	prévalu, e	vu, e	prévu, e

	64 pourvoir	**65 asseoir**	**66 surseoir**
Indicatif présent	je pourvois tu pourvois il, elle pourvoit nous pourvoyons vous pourvoyez ils, elles pourvoient	j'assieds, j'assois tu assieds, assois il, elle assied, assoit nous asseyons, assoyons vous asseyez, assoyez ils, elles asseyent, assoient	je sursois tu sursois il, elle sursoit nous sursoyons vous sursoyez ils, elles sursoient
Indicatif imparfait	il, elle pourvoyait	il, elle asseyait, assoyait	il, elle sursoyait
Indicatif passé simple	il, elle pourvut ils, elles pourvurent	il, elle assit ils, elles assirent	il, elle sursit ils, elles sursirent
Indicatif futur	je pourvoirai il, elle pourvoira	j'assiérai, j'assoirai il, elle assiéra, assoira	je surseoirai il, elle surseoira
Conditionnel présent	je pourvoirais il, elle pourvoirait	j'assiérais, j'assoirais il, elle assiérait, assoirait	je surseoirais il, elle surseoirait
Subjonctif présent	que je pourvoie qu'il, elle pourvoie que nous pourvoyions qu'ils, elles pourvoient	que j'asseye, j'assoie qu'il, elle asseye, assoie que nous asseyions, assoyions qu'ils, elles asseyent, assoient	que je sursoie qu'il, elle sursoie que nous sursoyions qu'ils, elles sursoient
Subjonctif imparfait	qu'il, elle pourvût qu'ils, elles pourvussent	qu'il, elle assît qu'ils, elles assissent	qu'il, elle sursît qu'ils, elles sursissent
Impératif	pourvois pourvoyons, pourvoyez	assieds, assois ; asseyons, assoyons ; asseyez, assoyez	sursois sursoyons, sursoyez
Participe présent	pourvoyant	asseyant, assoyant	sursoyant
Participe passé	pourvu, e	assis, e	sursis

	67 seoir	68 pleuvoir	69 falloir
Indicatif présent	–	–	–
	il, elle sied	il pleut	il faut
	–	–	–
	–	–	–
	ils, elles siéent	–	–
Indicatif imparfait	il, elle seyait	il pleuvait	il fallait
Indicatif passé simple	–	il plut	il fallut
		–	
Indicatif futur	–	–	–
	il, elle siéra	il pleuvra	il faudra
Conditionnel présent	–	–	–
	il, elle siérait	il pleuvrait	il faudrait
Subjonctif présent	–	–	–
	qu'il, elle siée	qu'il pleuve	qu'il faille
	–		
	qu'ils, elles siéent	–	
Subjonctif imparfait	–	qu'il plût	qu'il fallût
		–	–
Impératif	–	–	–
Participe présent	seyant	pleuvant	–
Participe passé	–	plu	fallu

	70 échoir	71 déchoir	72 choir
Indicatif présent	–	je déchois	je chois
		tu déchois	tu chois
	il, elle échoit	il, elle déchoit	il, elle choit
	–	nous déchoyons	–
		vous déchoyez	
	ils, elles échoient	ils, elles déchoient	ils, elles choient
Indicatif imparfait	il, elle échoyait	–	–
Indicatif passé simple	il, elle échut	il, elle déchut	il, elle chut
	ils, elles échurent	ils, elles déchurent	ils, elles churent
Indicatif futur	–	je déchoirai	je choirai, cherrai
	il, elle échoira, écherra	il, elle déchoira	il, elle choira, cherra
Conditionnel présent	–	je déchoirais	je choirais, cherrais
	il, elle échoirait, écherrait	il, elle déchoirait	il, elle choirait, cherrait
Subjonctif présent	–	que je déchoie	–
	qu'il, elle échoie	qu'il, elle déchoie	
	–	que nous déchoyions	
	qu'ils, elles échoient	qu'ils, elles déchoient	
Subjonctif imparfait	qu'il, elle échût	qu'il, elle déchût	qu'il, elle chût
	qu'ils, elles échussent	qu'ils, elles déchussent	–
Impératif	–	–	–
Participe présent	échéant	–	–
Participe passé	échu, e	déchu, e	chu, e

	73 vendre	**74 répandre**	**75 répondre**
Indicatif présent	je vends tu vends il, elle vend nous vendons vous vendez ils, elles vendent	je répands tu répands il, elle répand nous répandons vous répandez ils, elles répandent	je réponds tu réponds il, elle répond nous répondons vous répondez ils, elles répondent
Indicatif imparfait	il, elle vendait	il, elle répandait	il, elle répondait
Indicatif passé simple	il, elle vendit ils, elles vendirent	il, elle répandit ils, elles répandirent	il, elle répondit ils, elles répondirent
Indicatif futur	je vendrai il, elle vendra	je répandrai il, elle répandra	je répondrai il, elle répondra
Conditionnel présent	je vendrais il, elle vendrait	je répandrais il, elle répandrait	je répondrais il, elle répondrait
Subjonctif présent	que je vende qu'il, elle vende que nous vendions qu'ils, elles vendent	que je répande qu'il, elle répande que nous répandions qu'ils, elles répandent	que je réponde qu'il, elle réponde que nous répondions qu'ils, elles répondent
Subjonctif imparfait	qu'il, elle vendît qu'ils, elles vendissent	qu'il, elle répandît qu'ils, elles répandissent	qu'il, elle répondît qu'ils, elles répondissent
Impératif	vends vendons, vendez	répands répandons, répandez	réponds répondons, répondez
Participe présent	vendant	répandant	répondant
Participe passé	vendu, e	répandu, e	répondu, e

	76 mordre	**77 perdre**	**78 rompre**
Indicatif présent	je mords tu mords il, elle mord nous mordons vous mordez ils, elles mordent	je perds tu perds il, elle perd nous perdons vous perdez ils, elles perdent	je romps tu romps il, elle rompt nous rompons vous rompez ils, elles rompent
Indicatif imparfait	il, elle mordait	il, elle perdait	il, elle rompait
Indicatif passé simple	il, elle mordit ils, elles mordirent	il, elle perdit ils, elles perdirent	il, elle rompit ils, elles rompirent
Indicatif futur	je mordrai il, elle mordra	je perdrai il, elle perdra	je romprai il, elle rompra
Conditionnel présent	je mordrais il, elle mordrait	je perdrais il, elle perdrait	je romprais il, elle romprait
Subjonctif présent	que je morde qu'il, elle morde que nous mordions qu'ils, elles mordent	que je perde qu'il, elle perde que nous perdions qu'ils, elles perdent	que je rompe qu'il, elle rompe que nous rompions qu'ils, elles rompent
Subjonctif imparfait	qu'il, elle mordît qu'ils, elles mordissent	qu'il, elle perdît qu'ils, elles perdissent	qu'il, elle rompît qu'ils, elles rompissent
Impératif	mords mordons, mordez	perds perdons, perdez	romps rompons, rompez
Participe présent	mordant	perdant	rompant
Participe passé	mordu, e	perdu, e	rompu, e

	79 prendre	**80 craindre**	**81 peindre**
Indicatif présent	je prends tu prends il, elle prend nous prenons vous prenez ils, elles prennent	je crains tu crains il, elle craint nous craignons vous craignez ils, elles craignent	je peins tu peins il, elle peint nous peignons vous peignez ils, elles peignent
Indicatif imparfait	il, elle prenait	il, elle craignait	il, elle peignait
Indicatif passé simple	il, elle prit ils, elles prirent	il, elle craignit ils, elles craignirent	il, elle peignit ils, elles peignirent
Indicatif futur	je prendrai il, elle prendra	je craindrai il, elle craindra	je peindrai il, elle peindra
Conditionnel présent	je prendrais il, elle prendrait	je craindrais il, elle craindrait	je peindrais il, elle peindrait
Subjonctif présent	que je prenne qu'il, elle prenne que nous prenions qu'ils, elles prennent	que je craigne qu'il, elle craigne que nous craignions qu'ils, elles craignent	que je peigne qu'il, elle peigne que nous peignions qu'ils, elles peignent
Subjonctif imparfait	qu'il, elle prît qu'ils, elles prissent	qu'il, elle craignît qu'ils, elles craignissent	qu'il, elle peignît qu'ils, elles peignissent
Impératif	prends prenons, prenez	crains craignons, craignez	peins peignons, peignez
Participe présent	prenant	craignant	peignant
Participe passé	pris, e	craint, e	peint, e

	82 joindre	**83 battre**	**84 mettre**
Indicatif présent	je joins tu joins il, elle joint nous joignons vous joignez ils, elles joignent	je bats tu bats il, elle bat nous battons vous battez ils, elles battent	je mets tu mets il, elle met nous mettons vous mettez ils, elles mettent
Indicatif imparfait	il, elle joignait	il, elle battait	il, elle mettait
Indicatif passé simple	il, elle joignit ils, elles joignirent	il, elle battit ils, elles battirent	il, elle mit ils, elles mirent
Indicatif futur	je joindrai il, elle joindra	je battrai il, elle battra	je mettrai il, elle mettra
Conditionnel présent	je joindrais il, elle joindrait	je battrais il, elle battrait	je mettrais il, elle mettrait
Subjonctif présent	que je joigne qu'il, elle joigne que nous joignions qu'ils, elles joignent	que je batte qu'il, elle batte que nous battions qu'ils, elles battent	que je mette qu'il, elle mette que nous mettions qu'ils, elles mettent
Subjonctif imparfait	qu'il, elle joignît qu'ils, elles joignissent	qu'il, elle battît qu'ils, elles battissent	qu'il, elle mît qu'ils, elles missent
Impératif	joins joignons, joignez	bats battons, battez	mets mettons, mettez
Participe présent	joignant	battant	mettant
Participe passé	joint, e	battu, e	mis, e

	85 moudre	86 coudre	87 absoudre
Indicatif présent	je mouds tu mouds il, elle moud nous moulons vous moulez ils, elles moulent	je couds tu couds il, elle coud nous cousons vous cousez ils, elles cousent	j'absous tu absous il, elle absout nous absolvons vous absolvez ils, elles absolvent
Indicatif imparfait	il, elle moulait	il, elle cousait	il, elle absolvait
Indicatif passé simple	il, elle moulut ils, elles moulurent	il, elle cousit ils, elles cousirent	il, elle absolut ils, elles absolurent
Indicatif futur	je moudrai il, elle moudra	je coudrai il, elle coudra	j'absoudrai il, elle absoudra
Conditionnel présent	je moudrais il, elle moudrait	je coudrais il, elle coudrait	j'absoudrais il, elle absoudrait
Subjonctif présent	que je moule qu'il, elle moule que nous moulions qu'ils, elles moulent	que je couse qu'il, elle couse que nous cousions qu'ils, elles cousent	que j'absolve qu'il, elle absolve que nous absolvions qu'ils, elles absolvent
Subjonctif imparfait	qu'il, elle moulût qu'ils, elles moulussent	qu'il, elle cousît qu'ils, elles cousissent	qu'il, elle absolût qu'ils, elles absolussent
Impératif	mouds moulons, moulez	couds cousons, cousez	absous absolvons, absolvez
Participe présent	moulant	cousant	absolvant
Participe passé	moulu, e	cousu, e	absous, oute

	88 résoudre	89 suivre	90 vivre
Indicatif présent	je résous tu résous il, elle résout nous résolvons vous résolvez ils, elles résolvent	je suis tu suis il, elle suit nous suivons vous suivez ils, elles suivent	je vis tu vis il, elle vit nous vivons vous vivez ils, elles vivent
Indicatif imparfait	il, elle résolvait	il, elle suivait	il, elle vivait
Indicatif passé simple	il, elle résolut ils, elles résolurent	il, elle suivit ils, elles suivirent	il, elle vécut ils, elles vécurent
Indicatif futur	je résoudrai il, elle résoudra	je suivrai il, elle suivra	je vivrai il, elle vivra
Conditionnel présent	je résoudrais il, elle résoudrait	je suivrais il, elle suivrait	je vivrais il, elle vivrait
Subjonctif présent	que je résolve qu'il, elle résolve que nous résolvions qu'ils, elles résolvent	que je suive qu'il, elle suive que nous suivions qu'ils, elles suivent	que je vive qu'il, elle vive que nous vivions qu'ils, elles vivent
Subjonctif imparfait	qu'il, elle résolût qu'ils, elles résolussent	qu'il, elle suivît qu'ils, elles suivissent	qu'il, elle vécût qu'ils, elles vécussent
Impératif	résous résolvons, résolvez	suis suivons, suivez	vis vivons, vivez
Participe présent	résolvant	suivant	vivant
Participe passé	résolu, e	suivi, e	vécu, e

	91 paraître	92 naître	93 croître
Indicatif présent	je parais tu parais il, elle paraît nous paraissons vous paraissez ils, elles paraissent	je nais tu nais il, elle naît nous naissons vous naissez ils, elles naissent	je croîs tu croîs il, elle croît nous croissons vous croissez ils, elles croissent
Indicatif imparfait	il, elle paraissait	il, elle naissait	il, elle croissait
Indicatif passé simple	il, elle parut ils, elles parurent	il, elle naquit ils, elles naquirent	il, elle crût ils, elles crûrent
Indicatif futur	je paraîtrai il, elle paraîtra	je naîtrai il, elle naîtra	je croîtrai il, elle croîtra
Conditionnel présent	je paraîtrais il, elle paraîtrait	je naîtrais il, elle naîtrait	je croîtrais il, elle croîtrait
Subjonctif présent	que je paraisse qu'il, elle paraisse que nous paraissions qu'ils, elles paraissent	que je naisse qu'il, elle naisse que nous naissions qu'ils, elles naissent	que je croisse qu'il, elle croisse que nous croissions qu'ils, elles croissent
Subjonctif imparfait	qu'il, elle parût qu'ils, elles parussent	qu'il, elle naquît qu'ils, elles naquissent	qu'il, elle crût qu'ils, elles crûssent
Impératif	parais paraissons, paraissez	nais naissons, naissez	croîs croissons, croissez
Participe présent	paraissant	naissant	croissant
Participe passé	paru, e	né, e	crû, crue, crus, crues

	94 accroître	95 rire	96 conclure
Indicatif présent	j'accrois tu accrois il, elle accroît nous accroissons vous accroissez ils, elles accroissent	je ris tu ris il, elle rit nous rions vous riez ils, elles rient	je conclus tu conclus il, elle conclut nous concluons vous concluez ils, elles concluent
Indicatif imparfait	il, elle accroissait	il, elle riait	il, elle concluait
Indicatif passé simple	il, elle accrut ils, elles accrurent	il, elle rit ils, elles rirent	il, elle conclut ils, elles conclurent
Indicatif futur	j'accroîtrai il, elle accroîtra	je rirai il, elle rira	je conclurai il, elle conclura
Conditionnel présent	j'accroîtrais il, elle accroîtrait	je rirais il, elle rirait	je conclurais il, elle conclurait
Subjonctif présent	que j'accroisse qu'il, elle accroisse que nous accroissions qu'ils, elles accroissent	que je rie qu'il, elle rie que nous riions qu'ils, elles rient	que je conclue qu'il, elle conclue que nous concluions qu'ils, elles concluent
Subjonctif imparfait	qu'il, elle accrût qu'ils, elles accrussent	qu'il, elle rît qu'ils, elles rissent	qu'il, elle conclût qu'ils, elles conclussent
Impératif	accrois accroissons, accroissez	ris rions, riez	conclus concluons, concluez
Participe présent	accroissant	riant	concluant
Participe passé	accru, e	ri	conclu, e

	97 nuire	**98 conduire**	**99 écrire**
Indicatif présent	je nuis tu nuis il, elle nuit nous nuisons vous nuisez ils, elles nuisent	je conduis tu conduis il, elle conduit nous conduisons vous conduisez ils, elles conduisent	j'écris tu écris il, elle écrit nous écrivons vous écrivez ils, elles écrivent
Indicatif imparfait	il, elle nuisait	il, elle conduisait	il, elle écrivait
Indicatif passé simple	il, elle nuisit ils, elles nuisirent	il, elle conduisit ils, elles conduisirent	il, elle écrivit ils, elles écrivirent
Indicatif futur	je nuirai il, elle nuira	je conduirai il, elle conduira	j'écrirai il, elle écrira
Conditionnel présent	je nuirais il, elle nuirait	je conduirais il, elle conduirait	j'écrirais il, elle écrirait
Subjonctif présent	que je nuise qu'il, elle nuise que nous nuisions qu'ils, elles nuisent	que je conduise qu'il, elle conduise que nous conduisions qu'ils, elles conduisent	que j'écrive qu'il, elle écrive que nous écrivions qu'ils, elles écrivent
Subjonctif imparfait	qu'il, elle nuisît qu'ils, elles nuisissent	qu'il, elle conduisît qu'ils, elles conduisissent	qu'il, elle écrivît qu'ils, elles écrivissent
Impératif	nuis nuisons, nuisez	conduis conduisons, conduisez	écris écrivons, écrivez
Participe présent	nuisant	conduisant	écrivant
Participe passé	nui	conduit, e	écrit, e

	100 suffire	**101 confire**	**102 dire**
Indicatif présent	je suffis tu suffis il, elle suffit nous suffisons vous suffisez ils, elles suffisent	je confis tu confis il, elle confit nous confisons vous confisez ils, elles confisent	je dis tu dis il, elle dit nous disons vous dites ils, elles disent
Indicatif imparfait	il, elle suffisait	il, elle confisait	il, elle disait
Indicatif passé simple	il, elle suffit ils, elles suffirent	il, elle confit ils, elles confirent	il, elle dit ils, elles dirent
Indicatif futur	je suffirai il, elle suffira	je confirai il, elle confira	je dirai il, elle dira
Conditionnel présent	je suffirais il, elle suffirait	je confirais il, elle confirait	je dirais il, elle dirait
Subjonctif présent	que je suffise qu'il, elle suffise que nous suffisions qu'ils, elles suffisent	que je confise qu'il, elle confise que nous confisions qu'ils, elles confisent	que je dise qu'il, elle dise que nous disions qu'ils, elles disent
Subjonctif imparfait	qu'il, elle suffît qu'ils, elles suffissent	qu'il, elle confît qu'ils, elles confissent	qu'il, elle dît qu'ils, elles dissent
Impératif	suffis suffisons, suffisez	confis confisons, confisez	dis disons, dites
Participe présent	suffisant	confisant	disant
Participe passé	suffi	confit, e	dit, e

	103 contredire	104 maudire	105 bruire
Indicatif présent	je contredis tu contredis il, elle contredit nous contredisons vous contredisez ils, elles contredisent	je maudis tu maudis il, elle maudit nous maudissons vous maudissez ils, elles maudissent	je bruis tu bruis il, elle bruit – – –
Indicatif imparfait	il, elle contredisait	il, elle maudissait	il, elle bruyait
Indicatif passé simple	il, elle contredit ils, elles contredirent	il, elle maudit ils, elles maudirent	–
Indicatif futur	je contredirai il, elle contredira	je maudirai il, elle maudira	je bruirai il, elle bruira
Conditionnel présent	je contredirais il, elle contredirait	je maudirais il, elle maudirait	je bruirais il, elle bruirait
Subjonctif présent	que je contredise qu'il, elle contredise que nous contredisions qu'ils, elles contredisent	que je maudisse qu'il, elle maudisse que nous maudissions qu'ils, elles maudissent	–
Subjonctif imparfait	qu'il, elle contredît qu'ils, elles contredissent	qu'il, elle maudît qu'ils, elles maudissent	–
Impératif	contredis contredisons, contredisez	maudis maudissons, maudissez	–
Participe présent	contredisant	maudissant	–
Participe passé	contredit, e	maudit, e	bruit

	106 lire	107 croire	108 boire
Indicatif présent	je lis tu lis il, elle lit nous lisons vous lisez ils, elles lisent	je crois tu crois il, elle croit nous croyons vous croyez ils, elles croient	je bois tu bois il, elle boit nous buvons vous buvez ils, elles boivent
Indicatif imparfait	il, elle lisait	il, elle croyait	il, elle buvait
Indicatif passé simple	il, elle lut ils, elles lurent	il, elle crut ils, elles crurent	il, elle but ils, elles burent
Indicatif futur	je lirai il, elle lira	je croirai il, elle croira	je boirai il, elle boira
Conditionnel présent	je lirais il, elle lirait	je croirais il, elle croirait	je boirais il, elle boirait
Subjonctif présent	que je lise qu'il, elle lise que nous lisions qu'ils, elles lisent	que je croie qu'il, elle croie que nous croyions qu'ils, elles croient	que je boive qu'il, elle boive que nous buvions qu'ils, elles boivent
Subjonctif imparfait	qu'il, elle lût qu'ils, elles lussent	qu'il, elle crût qu'ils, elles crussent	qu'il, elle bût qu'ils, elles bussent
Impératif	lis lisons, lisez	crois croyons, croyez	bois buvons, buvez
Participe présent	lisant	croyant	buvant
Participe passé	lu, e	cru, e	bu, e

	109 faire	110 plaire	111 taire
Indicatif présent	je fais tu fais il, elle fait nous faisons vous faites ils, elles font	je plais tu plais il, elle plaît nous plaisons vous plaisez ils, elles plaisent	je tais tu tais il, elle tait nous taisons vous taisez ils, elles taisent
Indicatif imparfait	il, elle faisait	il, elle plaisait	il, elle taisait
Indicatif passé simple	il, elle fit ils, elles firent	il, elle plut ils, elles plurent	il, elle tut ils, elles turent
Indicatif futur	je ferai il, elle fera	je plairai il, elle plaira	je tairai il, elle taira
Conditionnel présent	je ferais il, elle ferait	je plairais il, elle plairait	je tairais il, elle tairait
Subjonctif présent	que je fasse qu'il, elle fasse que nous fassions qu'ils, elles fassent	que je plaise qu'il, elle plaise que nous plaisions qu'ils, elles plaisent	que je taise qu'il, elle taise que nous taisions qu'ils, elles taisent
Subjonctif imparfait	qu'il, elle fît qu'ils, elles fissent	qu'il, elle plût qu'ils, elles plussent	qu'il, elle tût qu'ils, elles tussent
Impératif	fais faisons, faites	plais plaisons, plaisez	tais taisons, taisez
Participe présent	faisant	plaisant	taisant
Participe passé	fait, e	plu	tu, e

	112 extraire	113 clore	114 vaincre
Indicatif présent	j'extrais tu extrais il, elle extrait nous extrayons vous extrayez ils, elles extraient	je clos tu clos il, elle clôt nous closons vous closez ils, elles closent	je vaincs tu vaincs il, elle vainc nous vainquons vous vainquez ils, elles vainquent
Indicatif imparfait	il, elle extrayait	–	il, elle vainquait
Indicatif passé simple	–	–	il, elle vainquit ils, elles vainquirent
Indicatif futur	j'extrairai il, elle extraira	je clorai il, elle clora	je vaincrai il, elle vaincra
Conditionnel présent	j'extrairais il, elle extrairait	je clorais il, elle clorait	je vaincrais il, elle vaincrait
Subjonctif présent	que j'extraie qu'il, elle extraie que nous extrayions qu'ils, elles extraient	que je close qu'il, elle close que nous closions qu'ils, elles closent	que je vainque qu'il, elle vainque que nous vainquions qu'ils, elles vainquent
Subjonctif imparfait	–	–	qu'il, elle vainquît qu'ils, elles vainquissent
Impératif	extrais extrayons, extrayez	clos –	vaincs vainquons, vainquez
Participe présent	extrayant	closant	vainquant
Participe passé	extrait, e	clos, e	vaincu, e

	115 frire	**116 foutre**
Indicatif présent	je fris tu fris il, elle frit – – –	je fous tu fous il, elle fout nous foutons vous foutez ils, elles foutent
Indicatif imparfait	–	il, elle foutait
Indicatif passé simple	–	–
Indicatif futur	je frirai il, elle frira	je foutrai il, elle foutra
Conditionnel présent	je frirais il, elle frirait	je foutrais il, elle foutrait
Subjonctif présent	–	que je foute qu'il, elle foute que nous foutions qu'ils, elles foutent
Subjonctif imparfait	–	–
Impératif	fris –	fous foutons, foutez
Participe présent	–	foutant
Participe passé	frit, e	foutu, e

ENGLISH IRREGULAR VERBS

Infinitive	Past Tense	Past Participle
arise	arose	arisen
awake	awoke	awoken
be	was, were	been
bear	bore	born(e)
beat	beat	beaten
become	became	become
begin	began	begun
bend	bent	bent
beseech	besought	besought
bet	bet (*also* betted)	bet (*also* betted)
bid	bid (*also* bade)	bid (*also* bidden)
bind	bound	bound
bite	bit	bitten
bleed	bled	bled
blow	blew	blown
break	broke	broken
breed	bred	bred
bring	brought	brought
build	built	built
burn	burnt (*also* burned)	burnt (*also* burned)
burst	burst	burst
buy	bought	bought
can	could	-
cast	cast	cast
catch	caught	caught
choose	chose	chosen
cling	clung	clung
come	came	come
cost	cost	cost
creep	crept	crept
cut	cut	cut
deal	dealt	dealt
dig	dug	dug
do	did	done
draw	drew	drawn
dream	dreamed (*also* dreamt)	dreamed (*also* dreamt)
drink	drank	drunk
drive	drove	driven
dwell	dwelt	dwelt
eat	ate	eaten
fall	fell	fallen
feed	fed	fed
feel	felt	felt
fight	fought	fought
find	found	found
flee	fled	fled
fling	flung	flung
fly	flew	flown
forbid	forbade	forbidden
forget	forgot	forgotten
forsake	forsook	forsaken
freeze	froze	frozen
get	got	got (*Am* gotten)
give	gave	given

Infinitive	Past Tense	Past Participle
go	went	gone
grind	ground	ground
grow	grew	grown
hang	hung (also hanged)	hung (also hanged)
have	had	had
hear	heard	heard
hide	hid	hidden
hit	hit	hit
hold	held	held
hurt	hurt	hurt
keep	kept	kept
kneel	knelt (also kneeled)	knelt (also kneeled)
know	knew	known
lay	laid	laid
lead	led	led
lean	leant (also leaned)	leant (also leaned)
leap	leapt (also leaped)	leapt (also leaped)
learn	learnt (also learned)	learnt (also learned)
leave	left	left
lend	lent	lent
let	let	let
lie	lay	lain
light	lit (also lighted)	lit (also lighted)
lose	lost	lost
make	made	made
may	might	-
mean	meant	meant
meet	met	met
mistake	mistook	mistaken
mow	mowed	mown (also mowed)
pay	paid	paid
put	put	put
quit	quit (also quitted)	quit (also quitted)
read	read	read
rend	rent	rent
rid	rid	rid
ride	rode	ridden
ring	rang	rung
rise	rose	risen
run	ran	run
saw	sawed	sawn
say	said	said
see	saw	seen
seek	sought	sought
sell	sold	sold
send	sent	sent
set	set	set
shake	shook	shaken
shall	should	-
shear	sheared	shorn (also sheared)
shed	shed	shed
shine	shone	shone
shoot	shot	shot
show	showed	shown

Infinitive	Past Tense	Past Participle
shrink	shrank	shrunk
shut	shut	shut
sing	sang	sung
sink	sank	sunk
sit	sat	sat
slay	slew	slain
sleep	slept	slept
slide	slid	slid
sling	slung	slung
slit	slit	slit
smell	smelt (*also* smelled)	smelt (*also* smelled)
sow	sowed	sown (*also* sowed)
speak	spoke	spoken
speed	sped (*also* speeded)	sped (*also* speeded)
spell	spelt (*also* spelled)	spelt (*also* spelled)
spend	spent	spent
spill	spilt (*also* spilled)	spilt (*also* spilled)
spin	spun	spun
spit	spat	spat
split	split	split
spoil	spoiled (*also* spoilt)	spoiled (*also* spoilt)
spread	spread	spread
spring	sprang	sprung
stand	stood	stood
steal	stole	stolen
stick	stuck	stuck
sting	stung	stung
stink	stank	stunk
stride	strode	stridden
strike	struck	struck (*also* stricken)
strive	strove	striven
swear	swore	sworn
sweep	swept	swept
swell	swelled	swollen (*also* swelled)
swim	swam	swum
swing	swung	swung
take	took	taken
teach	taught	taught
tear	tore	torn
tell	told	told
think	thought	thought
throw	threw	thrown
thrust	thrust	thrust
tread	trod	trodden
wake	woke (*also* waked)	woken (*also* waked)
wear	wore	worn
weave	wove (*also* weaved)	woven (*also* weaved)
wed	wedded	wedded
weep	wept	wept
win	won	won
wind	wound	wound
wring	wrung	wrung
write	wrote	written

Achevé d'imprimer par l'Imprimerie
Maury-Eurolivres à Manchecourt
Nº de projet 10078266 - 27,5 - OAB56º
Nº de projet 10078267 - 8 - OAB56º
Nº de projet 10075102 - 45 - OSB50º
Dépôt légal : janvier 2001 - Nº d'imprimeur : 83410

Imprimé en France - (Printed in France)

Big Dipper [-'dɪpəʳ] *n* - **1.** *Br* [rollercoaster] montagnes *fpl* russes - **2.** *Am* ASTRON : **the ~** la
Grande Ourse.
Black Maria *n inf* panier *m* à salade.
city ['sɪtɪ] (*pl* -**ies**) *n* ville *f*, cité *f*.
➡ **City** *n Br* : **the City** la City *(quartier financier de Londres)*.

THE CITY

> La City, quartier financier de la capitale, est
> une circonscription administrative autono-
> me de Londres ayant sa propre police. Le
> terme « the City » est souvent employé
> pour désigner le monde britannique de la
> finance.

couch potato *n inf* flemmard *m*, -e *f (qui
passe son temps devant la télé)*.
ELT (*abbr of* **English language teaching**) *n* enseignement de l'anglais.
fall [fɔːl] (*pt* **fell**, *pp* **fallen**) ◇ *vi* - **1.** [gen] tomber ; **to ~ flat** [joke] tomber à plat - **2.** [decrease]
baisser - **3.** [become] : **to ~ asleep** s'endormir
◇ *n* - **1.** [gen] : **~ (in)** chute (de) - **2.** *Am* [au-
tumn] automne *m*.
➡ **falls** *npl* chutes *fpl*.
favourite *Br*, **favorite** *Am* ['feɪvrɪt] ◇ *adj*
favori(ite) ◇ *n* favori *m*, -ite *f*.
hadn't ['hædnt] = **had not**.
selves [selvz] *pl* ⤳ **self**.
step [step] (*pt* & *pp* -**ped**, *cont* -**ping**) ◇ *n*
- **1.** [pace] pas *m* ; **in/out of ~ with** *fig* en
accord/désaccord avec ; **to watch one's ~**
faire attention où l'on marche ; *fig* faire attention à ce que l'on fait - **2.** [action] mesure
f - **3.** [stage] étape *f* ; **~ by ~** petit à petit, progressivement - **4.** [stair] marche *f* - **5.** [of lad-
der] barreau *m*, échelon *m* - **6.** *Am* MUS ton *m*
◇ *vi* - **1.** [move foot] : **to ~ forward** avancer ; **to
~ off** OR **down from sthg** descendre de
qqch ; **to ~ back** reculer - **2.** [tread] : **to ~ on/in
sthg** marcher sur/dans qqch.
➡ **steps** *npl* - **1.** [stairs] marches *fpl* - **2.** *Br* [step-
ladder] escabeau *m*.
➡ **step aside** *vi* - **1.** [move away] s'écarter
- **2.** [leave job] démissionner.